本书为“广东省哲学社会科学‘十一五’规划研究项目”成果
本书的出版得到“五邑大学学术著作出版基金”资助

五邑大学文学院学人文丛

上古音及相关问题综合研究

以复辅音声母为中心

庞光华　著

中国·广州

图书在版编目（CIP）数据

上古音及相关问题综合研究：以复辅音声母为中心／庞光华著．—广州：暨南大学出版社，2015. 7
ISBN 978－7－5668－1030－4

Ⅰ. ①上…　Ⅱ. ①庞…　Ⅲ. ①汉语—上古音—复辅音—声母—研究　Ⅳ. ①H111

中国版本图书馆CIP数据核字（2014）第100713号

出版发行：暨南大学出版社

地　址：中国广州暨南大学
电　话：总编室（8620）85221601
　　　　营销部（8620）85225284　85228291　85228292（邮购）
传　真：（8620）85221583（办公室）　85223774（营销部）
邮　编：510630
网　址：http：//www. jnupress. com　http：//press. jnu. edu. cn

排　版：广州良弓广告有限公司
印　刷：深圳市新联美术印刷有限公司

开　本：787mm×1092mm　1/16
印　张：48
字　数：1510千
版　次：2015年7月第1版
印　次：2015年7月第1次

定　价：198.00元

序

我与光华相识是在上个世纪末。在我的“说文解字研读”课上，有一个坐在前排、身边放着一个拉杆箱（里面都是书，以后他每次上课都带着这个拉杆箱）的人，不是班里的学生，下课后他到讲台跟我说，他是北外日语中心的硕士，对中国古代文化及文字音韵训诂十分感兴趣，想做这方面的研究，便来听我的课。当时我们的课是可以随便旁听的。他听了“说文解字研读”和“淮南子研读”，后来就去广东的大学工作了。2002 年他考取我的汉语史博士生，攻读汉语史博士学位，毕业后去香港科技大学做博士后研究，又去马来西亚的大学教书，现在任教于广东五邑大学。光华从日语转入汉语，跟他要继承和发扬中国传统文化的理念有很大关系，而且，日语的研究对他研究汉语史，又有很多裨益。

光华笃志学问，他的精力几乎完全放到了做学问之上，摒弃了世俗利益的诱惑。他与我的谈话，除了学问，还是学问，似乎从来没有谈过生活上的事，即使春节时打拜年电话，有时一聊就是半个多小时，内容还是他近期做学问的情况或他对某一学术问题的想法。光华做学问的兴趣十分广泛，涉猎语言文字及文史哲各个方面，有人说他的文章读起来比较吃力，就是因为他引证广博。

光华很看重传统学术精神及方法的继承，尤其是对清儒的朴学精神赞赏有加。在这一点上我们有着十分近似的看法。我曾经说过，中国语言学应该沿着中国自己的道路不断地前行，所谓中国自己的道路就是清代学者开辟的以朴学为基础的道路。朴学是以事实为研究对象，以事实为研究出发点，并以此为基础得出结论。这种结论往往是可靠的、坚实的。然而近若干年来，中国语言学似乎背离了这样一条路，几乎被西方各种不着边际的虚妄的所谓理论左右。光华的著作，他的治学精神，是沿着朴学的道路前行的，这使我们看到，有良知的中国学者还是大有人在的，这也许就是中国语言学发展的希望。

光华的博士论文是对古有复辅音声母的批评，他从多方面、多层次对上古不存在复辅音声母进行了有力的论证，得出了令人信服的结论。现在这本著作，就是他对博士论文《论汉语上古音无复辅音声母》的增补及某些修订，使原来的某些看法更加深化，材料更加丰赡。我觉得，这本书的长处主要在于：

一、基本立足点与出发点是正确的。他的基本立足点和出发点是材料，是上古文献。这一点非常重要，尤其是在目前，更显得难能可贵。

二、能多角度、多层次讨论汉语上古音没有复辅音声母的问题，有些是他人所忽略、不曾注意的，如汉字形体变迁的问题，异字同形的问题等。

三、能充分利用前人的研究成果，无论是立论或驳论都能言之有据。

四、文章从音理上对于多组声母相谐的问题，如明母与晓母、晓母与心母等都提出了很好的见解，有力地证明这些都与复辅音声母无关。

本书的第四章“音韵学相关问题研究”，不是他博士论文的一部分，而是对音韵学一些个别的具体的问题的一些看法。我曾经建议他将之作为另一本书单独出版。考虑到现实出版界的状况，就只好放在一起了。

我已经退休多年，对复辅音声母的问题，没有很多关注。光华请我作序，就写了上面几句，姑且算序吧。

张双棣于北京博雅西园
2014 年 11 月

自　序

拙著《论汉语上古音无复辅音声母》出版后，陆续发现了一些错误，需要订正。恩师何建章教授和畏友萧旭先生帮我校订错字最多，我十分感谢他们热忱的帮助。我自己也在不断学习和研究，收集了不少新材料，也借此机会增补进去。本书实际上是《论汉语上古音无复辅音声母》的增补改订本，与旧著相比，自以为有较大的改善，明显地具有更大的科学价值。希望学术界的朋友在讨论有关问题的时候尽量以此版为准。新增加的参考文献大都在书末补入了，只有少数新增补的文献随文出注，未能在文末的参考文献中逐一详尽地排列[①]，这是要向读者告罪的。增补的材料有不少是我在香港科技大学中国语言研究中心做博士后访问学者期间收集的，我十分感谢张敏教授为我提供了一个如此难得的机会，使我得以恣意参考香港各大学的中文藏书。我在马来西亚教书时也收集了一些资料。在吉隆坡的那段时间，虽然我的心绪只有孤苦寂寞，但对基于汉藏语系同源词的汉藏对音的批评性研究[②]、对《说文解字叙》中的“转注”的解释，都是那个时候做出的。新版较初版已超出五十万字，全书100多万言，主要是增补材料，使内容更加丰满，一些不成熟的提法已尽可能得到修正，也有不少新的研究。我博士毕业后数年的心血尽萃于此，但不如人意的地方还是很多，有些问题还不能得到根本的解决，有的判断仅仅代表我目前的认识。若干年之后，不知能否再出修订本。蒋礼鸿先生《敦煌变文字义通释》、杨宽先生《战国史》、何建章师《战国策注释》、张双棣师《古代汉语字典》、蒋绍愚师《近代汉语研究概况》、张永言先生《语文学论集》，甚至大学者钱钟书的《管锥编》，这些论著都经过千锤百炼，不断补订，足以垂范后学。四川经学家廖平对自己的经学观点一生改订过六次；日本学者编撰的辞典之类工具书从来是不断修订，有的甚至有十几版。美国语言学大家乔姆斯基一生不断改订发展自己的语言学说，在他有一本书出版一年后说：“由于学术的快速发展，此书需要修订了。”乔姆斯基的学说历来受到很多批评，然而这并不妨碍他成为一位卓越的语言学家。我在此书中对一些学者的观点也提出了批评，偶尔还较严厉，但我决不抹杀这些学者在学术上的成就。他们中有一些学者献身学术的精神令我感动，如郑张尚芳先生，尽管我对郑张先生的《上古音系》一书有许多不同的看法。

我曾经是日语专业出身，受教于许多日本学者，我的硕士学位论文[③]的指导教官是东京大学的神野志隆光教授，日本学术界中存在激烈的学派对立，但我实在不希望中国学术界也这样。学术的百家争鸣不是生死抗争，学术上的错误人人难免，只要这些错误是诚实的。我自己在本书的初版中打磨不精，犯的错误不少[④]，感到非常惭愧和悔恨，我下定决心要努力在本书中予以修订。在古汉语研究中，古文字和上古音是很容易犯错的两个领域，学术界的同行似应彼此宽容，以善意的讨论代替无情的攻伐，尤其不能抓辫子和打棍子。我生平很喜欢《左传·宣公十二年》的一段话，讲的是春秋时期的晋国大将荀林父率军救郑，与攻破郑国的楚军在黄河边的邲城决战，但因晋军内部将帅不和，军令不统一，最终兵败。荀林父回国向晋景公请死。这时晋国大臣士贞子谏曰：“不可。城濮之役，晋师三日谷，文公犹有忧色。左右曰：‘有喜而忧，如有忧而喜乎？’公曰：‘得臣犹在，忧未歇也。困兽犹斗，况国相乎！’及楚杀子玉，公喜而后可知也，曰：‘莫余毒也已。’是晋再克而楚再败也。楚是以再世不竞。今天或者大警晋也，而又杀林父以重楚胜，其无乃久不竞乎？林父之事君也，进思尽忠，退思补过，社稷之卫也，若之何杀之？夫其败也，如日月之食焉，何损于明？”这段话可算千古名言。一个真诚的学者即使在学术上犯了大的错误，也是可以原谅的。

但如果学者已经非常清楚地知道自己在学术研究中犯了严重的过失，还一味敝帚自珍，死不认错，视陈说如性命，拒绝与时俱进，这就不是学者态度。不幸的是，现在敝帚自珍的学者似乎太多，很少有自我批评的精神。如果学者只会死要面子，不肯真诚地探索真理，我们的学术就不会走向光明。

近年来，我颠沛流离，忧世伤生。虽然费了五年的光阴来完善此书，但有好些感兴趣的音韵学、训诂学、文字学、古文献学、神话学和中外文化交流史[⑤]的论题没有工夫来做，想翻译的很多日文论著也没有着手，《诗经兴义论考》《汉字语源学》二书至今没有完成，实在愧对师友。面对沉香斋的四壁图书，唯有祈祷苍天假我年寿，以完成我的著述，并进一步改正我的错误。

本书涉及的内容有考古学、民族学、历史学、中外文化交流史等方面的研究，比较详细地列举了相关材料。这是因为上古音和汉藏语系的问题要想取得实质性的突破，非得有多学科、多角度的配合研究不可。每一个学科都可以从各自的角度对同一个问题进行独自的考察。[⑥]我列举的这些多学科的材料和相关论述是为了证明：第一，远古时代的西藏地区在旧石器时代就已经有独自的文化，因此，汉语与藏语即使真有同源关系，二者的分离也在距今万年以前。从而不能根据汉藏语同源的假设来做汉藏同源词对音研究。第二，远古时代的西藏与其他民族之间已经存在文化交流，因此不能说西藏从来都与外地文化隔绝从而易于保留远古音。第三，藏缅语民族与汉语民族在历史上有长久的交流，因此，二者之间发生语言上的相互影响是非常自然的。二者的关系词与其解释为同源词，不如解释为借词。第四，汉语民族从远古以来就是一个文化很开放的民族，非常善于吸收其他民族的文化。同时也融合并汉化了许多藏缅语民族和阿尔泰语系民族，这些异民族的某些语言特征在其民族汉化的同时也被带进了汉语。比如，我在本书中认为存在内爆音的汉语方言的人群其上古时代不是汉民族，而是古百越语民族，在其汉化的过程中将本民族固有的内爆音带入了汉语。从内爆音的角度，我大胆推断汉语和壮侗语不同源，从而倾向于白保罗的观点（虽然我否定汉藏对音），而与李方桂、邢公畹等学者的看法不同。我相信从多方面来进行的综合研究肯定是将来音韵学研究取得进步的一大发展方向。我在这诸多方面的工作并非《文心雕龙·铭箴》所谓“水火井灶，繁辞不已”，而是鉴于《淮南子·要略》所称：“夫道论至深，故多为之辞，以抒其情；万物至众，故博为之说，以通其意。辞虽坛卷连漫，绞纷远缓，所以洮汰涤荡至意，使之无凝竭底滞，卷握而不散也。”

庞光华　识于沉香斋

2013 年 5 月

注释

①主要是因为有的材料太琐碎，我在本书中只提到名称，没有引述。

②见本书第一章第八节。

③日文本《古事记·日本书纪中神话的比较研究》（北京日本学研究中心硕士学位论文，1998 年）。

④举一个我在研究中犯过的错误：据《中国考古学·夏商卷》第 117 页：“往骨器、象牙器上镶嵌绿松石，在大汶口文化中即见到过，往玉器上镶嵌绿松石，则见于山东龙山文化和陶寺文化。二里头文化不仅有镶嵌绿松石的玉器，

更有镶嵌绿松石的铜器，且工艺精美绝伦。”我国考古发现了夏代晚期（二里头文化第四期）的镶嵌绿松石的兽面纹铜饰牌（参看《中国考古学·夏商卷》第110页）。在殷墟妇好墓出土了一个镶嵌绿松石的象牙杯，直到春秋战国时代还有用绿松石装饰的青铜器。我曾经在没有深入广泛地考察的时候就认为我国并不出产绿松石，上古时候的绿松石当是来自古代的伊朗地区或西伯利亚（关于“绿松石”的概况，可参看《大英百科全书》的“turquoise”条。又名“土耳其石”，其名称就与“Turk”相关）。我因此认为在夏代以前，汉民族和远方异民族就有文化交流。后来读到章鸿钊《宝石说》卷三“绿松石”条（《石雅·宝石说》，上海古籍出版社，1993年）：“绿松石出土久远，中国往古早有用之者，惟未详其名。最近河南孟津出土之绿松石珠，每于其锐端穿一小孔，形如耳坠。……瑞典安特生氏于1923年至1924年在甘肃古墓中得绿松石珠甚夥，形状大小不等，有孔甚多，亦或无孔。安氏从其余石器陶器等察之，谓其时代约当夏商之间。两地出土之遗物，前北京农商部地质调查所矿产陈列馆曾收藏其一部。河南殷墟出土中亦有绿松石，则明出周以前。又辽宁旅顺老铁山郭家屯出土之石器亦有以绿松石为之者，其时代虽不详，论者每谓当归诸春秋战国以前云。凡此皆中国古昔之物，而视其遗迹，似愈西而用之愈早，且其制作亦愈精，则其来源之所在，或不难退察得之矣。”从章鸿钊先生的这段论述来看，我国上古时代的绿松石很可能是来自中亚地区。据同书同节，我国现在探明的矿石场中，只有湖北襄阳产绿松石。但据同书第513页所引顾祖禹《读史方舆纪要》，在陕西兴安州天柱山下很可能出产绿松石。我现在感觉到我国远古时代的绿松石很可能来自湖北襄阳和陕西天柱山，不一定来自古伊朗。最近的考古学发掘更进一步证实了我国上古有自己的绿松石。据许宏等人《偃师市二里头遗址中心区》（《偃师二里头遗址研究》，科学出版社，2005年）一文的介绍，在2004年对偃师市二里头遗址中心区的考古发掘中，“春季，在宫城以南发现了一处绿松石废料坑，出土数千枚绿松石石块粒，相当一部分带有切割琢磨的痕迹。该坑时代属于二里头文化四期偏晚。秋季循此线索继续钻探试掘，确认这里存在一处范围不小于1000平方米的绿松石器制造作坊遗址，使用上限至少可上溯至二里头文化三期”。这一重大考古发现证实了我国自二里头文化时期就确实有了自己的绿松石制造作坊。因此，我国自远古以来的用绿松石作为装饰的习俗与古伊朗地区无关，虽然后者也出产大量的绿松石。

⑤我对中外文化交流史研究的兴趣主要是在上古时代。我一向认为我国上古时代与外民族已经存在很多文化交流，我们伟大的民族自古以来就不是一个封闭的民族，而是一个融入了世界文化的民族。我很感谢曾经在北京外国语大学教我中外文化交流史课程的张志老师，因为是张老师唤起了我对“中外文化交流史”这门学问的兴趣。张志老师当年（80年代末期）鼓励我努力学外语，一再对我说：“学日语很有用，另外还要把英语学通。”张老师自己通晓英语、日语、法语、德语、俄语，还懂得意大利语、拉丁语。在北外懂外语最多的教授是张老师和姚小平，而不是许国璋或王佐良、周珏良。张老师对各种外语词典的优劣得失很有见解，经常跟我说日本学者编撰的词典天下第一。我去日本留学的时候，张老师对我说：“日本学者编的《梵和大辞典》很重要，你在日本就是不吃不喝也要把这本书买回来。”我后来在日本用2万多日元（当时大约等于1600元人民币）买了一部新版的《梵和大辞典》（讲谈社，1996年。本书多次引用），回国后对张老师说起此事，张老师夸我有出息，说我舍得为学术花钱。在1997年底北外国际交流学院举办的一次关于国际汉学研究的讨论会上，我最后做了长篇的即席发言，主要是呼吁研究国际汉学的学者不仅要有过硬的外语功力，还要有相当的国学修养。如果对一篇中文的学术论文都不能吃透，那么面对用外语写出的论文我们怎能判断其价值呢？同时，我强调对外国学者研究汉学的论著要实事求是地对待，不能一味吹捧，我当场还举了一些例子。张老师会后称赞我的发言是：旁征博引，侃侃而谈，很有启发性。遗憾的是，我十年前所批评的现象现在不但没有多少改观，反而越来越坏了。张老师有一回也批评我有时太狂，说我在有的学术讨论中批评他人的时候只管学术，不留情面，容易伤感情。我觉得现在的自己变乖了很多。张老师给我们讲课的时候，尤其重视从语言的角度来发挥，强调对语言间的借词的研究是研究文化交流的重要内容，因为文化的载体最重要的是语言。例如，他提到俄语的词汇中对中国的称呼是来源于我国古代北方的强大民族“契丹”这个名称；他说我国称俄国为俄罗斯是来源于蒙古语对俄国的称呼，俄国人并不自称其国名为俄罗斯。还提到汉语中有许多常见的词汇都是从佛经中来的，不读佛经将不能充分理解中国文化。他非常重视利玛窦对中西文化交流的贡献。他有时给我们讲一些掌故，说：北京的长春街是为了纪念宋末元初的道教徒长春真人丘处机而命名的；法国天才学者伯希和在赴俄国的旅程中学会了俄语；陈寅恪留学欧洲的时候很穷，但学会了二十多门外语；方豪的《中西交通史》是很重要的名著。可惜天妒英才，张老师在外语上用功过度，

好些学术见解来不及著述，却患上了帕金森综合症，不能写作了。在我手中仅仅存有张老师编的教学参考书《中外文化交流史资料简编》，其中选了很多英语原著。他曾对我说他本来选用了很多日本学者的论著，但由于排版的问题，日文资料后来全部删除了。言谈间，他深感遗憾。我对日汉对音的最初了解是在张老师的课堂上，我能够在汉语音韵学研究上轻松地分别尖团音声母和各种入声字等等，也是张老师教育的结果。我 2005 年从北京大学博士毕业的时候与马铭兄去张老师位于北京黑龙潭的家里看他，见到张老师已是老态龙钟，面容消瘦，双手不停地颤抖，话语低沉，进食都很困难。那时的情景使我恍然想到为什么释迦牟尼佛祖当年能够从人的生老病死中悟出人生的空虚和痛苦，想到将来的某一天我自己也会有同样的遭遇，我不禁悲从中来。2008 年 1 月，张老师在经历了长期的病痛折磨之后，往生彼岸了，我为老师祈祷冥福。

⑥2005 年 7 月 6 日《科学时报》上《中国科学家对生命起源多个难题做出统一解释》一文中有一段称："生命起源与物质起源、宇宙起源和意识起源一道并称当今四大基本科学难题，是世界科技前沿领域之一。由于其高度交叉性，涵盖的学科领域包括化学、生物、地质、考古、航天、数学及物理等几乎所有自然科学门类。生命起源研究是一项古老而又充满挑战的综合性前沿领域，许多具体的生命科学难题均由其衍生而来。"现在重大学术问题的解决往往是多学科配合的结果。我相信汉藏语问题的精密研究必须借助多学科的研究，这不是纯粹依靠同源词可以解决的。

再举一个有趣的例子。据 2007 年 1 月 4 日《中国青年报》上一篇文章《德国科学家研究称气候变化加速唐朝灭亡》称："据新华社 1 月 3 日电：德国研究人员发表研究报告说，罕见的季风期异常导致唐王朝统治晚期灾荒连连，进而作为引发农民起义的因素之一，加速唐朝灭亡。德国研究人员格拉尔德·豪格认为，湖泊沉积岩岩心中钛元素含量和磁性是相应历史时期冬季季风强弱的标志。在正常情况下，冬季季风期和夏季季风期交替，在夏季带来丰沛降雨，冬季则相对少雨，气温也在一定幅度内变化。但在最近 1. 5 万年中，曾 3 次出现冬季季风过强而夏季季风过弱的异常现象，每次都会导致一段异常寒冷的时期，其中前两次出现在最近一次冰期，最后一次就出现在公元 700 年至 900 年，与唐王朝统治时期部分吻合。唐朝统治始于公元 618 年，结束于 907 年。豪格领导的研究团队从广东湛江一处湖泊中提取沉积岩岩心，并根据检测结果推断，公元 750 年前后唐王朝开始经历一段相对干旱时期，在这一段时间内，曾不止一次出现以 3 年为周期的极干旱时期，导致降雨量减少和持续干旱，造成灾荒，进而作为引发农民起义的因素之一，加速唐朝灭亡。豪格还根据从委内瑞拉卡里亚科地区提取的沉积岩岩心样本推断，同一时期在太平洋对岸中美洲出现的玛雅文明最终灭亡，部分也是由于这一因素作祟。豪格等人的研究报告 4 日发表在英国最新一期《自然》杂志上。"这样的观点在学术界当然可以讨论，但其研究方法却是开拓了新材料，有一定的启发性。我后来看到学术界有人说其结论在我国学者中早已存在，但我想豪格等人利用自然科学的方法和材料来讨论历史学，这是不应抹杀的。傅斯年在《历史语言研究所工作之旨取》中早已说过："现代的历史学研究，已经成了一个各种科学的方法之汇集。地质、地理、考古、生物、气象、天文等学，无一不供给研究历史问题者之工具。"

目　录

序 …… 1

自　序 …… 1

第一章　综论 …… 1
　第一节　古有复辅音声母说概述 …… 1
　第二节　对古有复辅音声母说的怀疑和批评概述 …… 6
　第三节　本书的目的和方法 …… 28
　第四节　本课题研究的意义 …… 37
　第五节　本书的重要原则和理论阐释 …… 58
　第六节　关于用对音材料来研究上古音 …… 77
　第七节　关于用方言材料来研究上古音 …… 112
　第八节　对基于汉藏语系的汉藏对音的批评 …… 126

第二章　从方法上论上古汉语无复辅音声母 …… 175
　第一节　从汉字形体变迁论上古音的复声母问题 …… 175
　第二节　从六书论上古音的复声母问题 …… 192
　第三节　从异字同形论上古音的复声母问题 …… 204
　第四节　从反切的起源论上古音的复声母问题 …… 232
　第五节　从自反原理论上古音的复声母问题 …… 280
　第六节　从经典异读异文论上古音的复声母问题 …… 301
　第七节　从材料的时代性论上古音的复声母问题 …… 321
　第八节　从连音变读论上古音的复声母问题 …… 329
　第九节　从训读论上古音的复声母问题 …… 339
　第十节　从叠韵互音论上古音的复声母问题 …… 363

第三章　从音理上辨上古音无复辅音声母 …… 370
　第一节　论上古音中来母的音值及其谐声问题 …… 370
　第二节　论明母、晓母相谐的问题 …… 395
　第三节　论晓母、心母相谐的问题 …… 433

第四节　论复声母 ml 的构拟 …… 446
第五节　论复声母 sn 的构拟 …… 448
第六节　论心母、喻四及舌头音相谐的问题 …… 459
第七节　论来母、心母相谐的问题 …… 470
第八节　论晓匣母、疑母相谐的问题 …… 479
第九节　论透母、晓母相通的问题 …… 490
第十节　论复声母 pl 的构拟 …… 501
第十一节　论复声母 sm 的构拟 …… 510
第十二节　论复声母 mn 的构拟 …… 517
第十三节　论喻四与见系字谐声的问题 …… 524
第十四节　论汉语古音中有腭化声母及重纽问题 …… 538

第四章　音韵学相关问题研究 …… 545
一、再论重唇音轻唇化的年代问题 …… 545
二、“檨”的上古音问题 …… 550
三、上古音的去声问题 …… 551
四、长言短言问题 …… 552
五、《老子》“沌沌”的通假问题 …… 553
六、“车”的古音问题 …… 554
七、南方方言中的唇鼻音声母没有轻唇化 …… 555
八、云母字读晓母问题 …… 556
九、音韵学中的“清浊”问题 …… 557
十、“狁”的读音问题 …… 562
十一、沈曾植误解“纽”字 …… 563
十二、真耕通押问题 …… 564
十三、一二四等与三等之间的区别问题 …… 567
十四、“月氏”的“月”的读音问题 …… 568
十五、中唐时期的匣母和喻三读音相近问题 …… 570
十六、再论《切韵》中云母的音值问题 …… 573
十七、上古音中的真耕二部的主元音问题 …… 578
十八、“夥”字的形音结构问题 …… 579
十九、《楚辞》的一处押韵问题 …… 580
二十、“节”的上古音问题 …… 581
二十一、钱钟书误解古音一例 …… 582
二十二、上古音中押双声的问题 …… 583
二十三、梵汉对音中的轻声问题 …… 584
二十四、音韵与避讳问题 …… 585

二十五、中古音里的云母和以母两读问题 …… 587
二十六、战国楚方言音系中的元音构拟问题 …… 589
二十七、王力《汉语语音史》中的提法有不当 …… 590
二十八、王力《汉语语音史》所论音变恐有不当 …… 591
二十九、日母的音值问题 …… 592
三十、去声为入的问题 …… 595
三十一、长入问题 …… 598
三十二、上古音中的浊塞音韵尾的商榷 …… 599
三十三、语音史上入声消失的年代问题 …… 607
三十四、关于清音浊化音变的问题 …… 611
三十五、对李方桂《上古音研究》的意见 …… 614
三十六、湘方言中表示“给与”的“阿” …… 618
三十七、上古汉语中“法、废”相通问题 …… 620
三十八、谈《文心雕龙·声律》篇的一个问题 …… 621
三十九、《文心雕龙》札记二则 …… 623
四十、说“熊蹯” …… 624
四十一、再说中古“虞、模”的音值 …… 625
四十二、论六朝时代的吴方言和楚方言的分野 …… 628
四十三、对王士元《白马非马》的商榷 …… 634
四十四、对汉语研究中字本位理论的意见 …… 635
四十五、“背包”的“背”的读音问题 …… 636
四十六、“李”字的形声结构新考 …… 637
四十七、“股”字的形声结构分析 …… 640
四十八、“搅”的古韵问题 …… 643
四十九、陆机《文赋》的一处用韵 …… 644

第五章　本书的总结 …… 645

跋　叹学问之难 …… 652

参考及引用文献 …… 662

附录一：何建章教授與《戰國策》研究 …… 695

附录二：“司空”新考 …… 718

第一章 综论

第一节 古有复辅音声母说概述

首先要说明本书讨论的上古音声母的时代具体限定在《诗经》时代至东汉以前①。远古汉语乃至原始汉语的音韵问题本书不讨论，东汉末年以后的音韵问题也不予讨论。构拟上古音声母的主要材料是形声字，但是利用汉字的“谐声原则”去分析汉字读音的声母，往往会遇到非常麻烦的问题，因为汉字的谐声情况远比我们想象的复杂。李方桂《中国上古音声母问题》②说：“研究上古音的声母一定要根据中国谐声字的系统来看，中国的谐声字有很多很复杂的东西，有些现象现在也没有办法可以解释。”本书要实证性地讨论汉字的形声结构中的若干重要的现象③，指出上古音声母研究中应该注意的若干问题，辨析一般音韵学家们的论著中所出现的一些错误，并对音韵学上的某些问题作出自己的论述。

从高本汉以来，有相当多的研究上古音声母的学者主张上古音有复辅音声母④。他们列举出了一系列材料用于构拟复辅音声母，认为只有用构拟复辅音的方法才能有效地解释汉字中的一些复杂的谐声现象。现将主张古有复辅音声母的学者的意见大致综述如下：

高本汉主要利用谐声字材料构拟了十九种复辅音声母，如 gl、kl、sl、xl、bl、pl、xm、sn 等。本书将会对其主要依据的材料予以辨析，论证那些材料不能支持复辅音声母的构拟。

林语堂较早地发表了《古有复辅音说》⑤一文，从联绵字、异文、谐声字的角度论证古有复辅音声母。该文有一个明显的出发点就是利用了西方语言学的方法，但是西方语言学并不完全适应汉语的性质。由于林语堂的文章影响很大，我们在后面的论述中有时会提到他的文章，将对他文章中的材料予以较为详细的辩驳。

陈独秀《中国古代语音有复声母说》⑥主要根据谐声字、联绵字、声训和对音材料来论证古汉语有复辅音声母，最后说：“笃守成说者，或目复辅音之说为怪诞不经，余则以为此说乃追求中国原始语音新途径之一，其前途虽犹待芟夷开辟，而比之旧说语意含糊，无发音学根据之任意通转，不失为踏实可寻之途径也。”其他学者类似的说法很多，提倡古有复辅音的主要论文大致收入了赵秉璇、竺家宁编的《古汉语复声母论文集》⑦。《古汉语复声母论文集》的末尾附录有研究复辅音的论著目录，收罗较为详备，我们这里不再一一陈述。⑧

罗常培等《普通语音学纲要》说：“现代汉语的方言里，我们还没有发现过上面这一类的复辅音。”⑨但是罗常培对被高本汉、林语堂、陈独秀等人认为是复辅音表现的材料基本上是认可的，该书第 122 ~ 123 页倾向于承认古汉语有复辅音的说法。类似的不十分确定的意见也见于陆志韦《陆志韦语言学著作集（一）》“上古声母总论”一节，其文称：“上古有复辅音。其详不得而知，可是能用 kl、 ngl、t'l、sl、pl（ml）当代表音。汉朝以后全失去。"[10]陆志韦也是面对一些谐声材料不知该如何处理，只好乞灵于复辅音来解释[11]。

杨剑桥《汉语现代音韵学》第八章"上古汉语的复辅音声母"说："我们认为，根据目前的研究，上古汉语确实存在着复辅音声母，这至少有以下十二种证据。"[12]杨剑桥说的十二种证据是谐声字、声训、读若、反切、重文、异读、音注、异文、方言、联绵词、古文字、亲属语言。他总结说："由此可见，上古汉语复辅音声母的存在实在是无可怀疑的事实。唐兰曾经用'声母的转读'来解释以上一些现象，但是如果'声母的转读'数量如此之多，范围如此之广，则上古汉语还能有'声母'存在吗？显然'声母转读说'是不能令人首肯的，这种驳论是不能成立的。"[13]根据我们的研究，杨剑桥排比的十二种证据没有一种可以证明上古汉语必然有复辅音声母，我们将对他说的一些主要证据作考证性的辩驳，指出为什么与复辅音无关。

美国学者罗杰瑞在《汉语概说》中甚至说："这样一推理，高本汉作出了一个最重要的发现，即中古音虽只有单辅音声母，而上古音则有复辅音声母。现在谁也不怀疑上古音有复辅音声母，而如何确切构拟，却仍有争议。"[14]邵荣芬先生《欣欣向荣的汉语音韵学》[15]也提到："关于上古汉语复辅音声母的问题虽然早就被提出来了，但在国内引起争论是从高本汉的学说发表以后开始的。起初持反对或怀疑态度的人比较多。后来，尤其是近年来随着汉语方言研究以及同系属语言的比较研究逐渐展开，相信上古有复声母的人日渐多起来。从1980年到现在发表的有关复声母的论文，反对上古有复声母的只有一篇，而同意上古有复声母的不下二十篇。说明对这个问题的看法也有明显走向一致的趋势。"郑张尚芳先生在《上古音研究十年回顾与展望（二）》[16]一文中说："虽然还有少数人怀疑，但古汉语存在复辅音声母也已成了共识，即使持否定态度而影响很大的王力氏，在《同源字典》中也说'黑'的古音可能是mxək，故与'墨mək同源'（第253页）。问题是要弄清复声母有哪些成分、结构规则及演变条例，高xm、王mx、李hm、张mh，到底应取哪一形式为是，也应有定着。"[17]他的《上古音系》[18]第76页"复声母问题"根据汉藏语系中的其他语言的声母情况，认为上古汉语一定会有复声母，他说："既然同为汉藏语系的藏缅、侗台、苗瑶各语族都是复声母丰富的语言，唯独汉语例外没有复声母是说不过去的，不然汉语就成了与其他兄弟语言都不一样的怪胎了。观察时代较早的藏文、缅文、傣文、泰文，书面拼式中保留的复声母今读常常单声母化，说明这些语言都经历了或正在经历复声母简化的过程。因此认为汉语上古阶段有复声母，以后才单声母化，该是合理的推测；汉语应是整个汉藏语言复声母简化过程中发展较快、完成较早的一个模式。"郑张先生的这段论述包含了两个问题：如果古汉语本来有复声母，后来较早地简化为单声母，那么具体早到什么时代呢？为什么会在那个时代发生复辅音声母单辅音化呢？上古汉语与古藏语、古缅语之间有关系词，这是事实。但是这些关系词到底是同源词还是借词，很多时候非常不容易确定，而且其时代层次也必须认真研究。另外，上古汉语也有复杂的方言，古汉语与古藏缅语之间的借词往往是在古方言中发生，古方言的借词中常常会有一些特殊的音变。我们在利用所谓的汉藏语系来研究汉语上古音的时候，对所用的材料一定要经过严格鉴别。

台湾学者竺家宁有一本颇有分量的专书《古汉语复声母研究》[19]，专门系统研究古汉语的复辅音问题，所用的材料主要是谐声字。竺家宁也力主古汉语有复辅音声母。

虽然上面引述的罗杰瑞的话表明上古音有复辅音声母的观点影响很大，但是事实上并非像罗杰瑞所宣称的"谁也不怀疑上古音有复辅音声母"。本书的研究工作就是要对被学者们用来证明复辅音的材料进行较大规模的辨析和考证，我们的研究将表明用来证明复辅音的材料其实是不可靠的，这些材料根本不能反映上古音有复辅音声母。高本汉以来主张有复辅音的音韵学者对汉字的谐声结构做了过分简单的处理，未能理解汉字的形声结构中所蕴含的异常丰富复杂的情况，以及其他方面的问题。学者们认为只能用复声母来解释的现象，经过仔细的辨析之后，我们认为其实可以用单辅音声母来解释。

我曾试图对主张古有复声母的学者的意见进行理论上的概括和总结，为此仔细阅读了关于复声母的著作，结果失望地发现学者们并没有能够从理论上予以详细的阐释。他们主张古有复声母的各种根据可以大致分类归纳如下：

（1）在古汉语自身的材料中，有许多的谐声字、声训、读若、反切、重文、异读、古代音注、异文、方言、联绵词等材料可以反映古汉语曾经有过复声母。

（2）从汉藏语系的角度出发，认为既然汉语与藏缅语系诸语言是亲属语言，有发生学上的关系，也就是汉语与藏缅语在原始时代是同出一源。而无论现代藏语，还是古代公元 7 世纪以来的古藏文都有复声母，在与汉语有亲属关系的缅甸语、泰语等语言中也有复声母，那么作为同系语言的汉语上古音也应该有过复声母。学者们在构拟古汉语的复声母的时候，往往利用相当多的民族语言的材料，主要有两个角度：一个是语言类型学，另一个是他们认定的同源词。

（3）现代汉语方言中没有发现复声母现象，那是因为上古汉语经过了数千年的演变。学者不能以今律古，根据今天的方言中没有复声母就说上古汉语没有复声母。

（4）他们认为自己是音韵学上的审音派，最精于音理。在他们眼中，清代小学家们讲古音通转很多时候是没有道理的，他们常常批评清儒说的“一声之转”是“无所不通，无所不转”。只有采用复声母的观点，才能避免“无所不通，无所不转”，才合于音理。

（5）他们还常常利用语言类型学的观点为复声母辩护，认为在印欧语中有复声母是很普遍的。古汉语也是人类的一种语言，应该合于语言的通则，在上古或远古时期存在过复声母。

（6）由于我国古代典籍浩繁，古文献中常常保留了不少的古代外语的音译词。所以，他们还常常利用古汉语与古代外族语言之间的借词的对音关系来构拟复声母。对音材料是他们经常利用的一件武器。

以上六条是我对主张古有复声母的学者的各种根据所作的概括。以上各种根据的性质和重要性互有不同，最重要的是汉语自身所拥有的大量的谐声字材料。他们认为这些谐声字的读音与其声符的读音之间的关系很多时候不能用声音通转来解释，而应该用构拟复声母来解释。因为声母之间的通转要有一定的条件，不符合这个条件就不能认为可以通转。然而，声母通转的条件是什么呢？怎样确定呢？是靠人为的假设，还是实事求是地从研究材料本身得出呢？本书将要对这个问题作出回答，我们的答案将立足于对古汉语各种材料自身的客观的研究，我们的研究将表明语言的多样性和复杂性往往会背离人们的假设和想象，不是人为的理论所能涵盖得了的。

注释

①原则上包含东汉，但东汉是上古到中古的过渡期，本书有时会指出在东汉才出现的新生现象。章太炎《国学讲义》（海潮出版社，2007 年）第 80 页谈到音韵学分期的时候，认为先秦至汉武帝以前为一期；汉武帝至三国末、两晋南北朝为一期。我们这里论述的上古音包含了章太炎说的第一、二期。

②李方桂：《上古音研究》，商务印书馆，1998 年。

③学者们辛勤地制作了《说文》中的所有谐声字的谐声统计表，这是很有参考价值的。如管燮初《从说文中的谐

声字看上古汉语声类》(《中国语文》1982年第1期)、王珊珊博士学位论文《古汉语复辅音声母研究》第610页所附《说文谐声字统计表》、刘志诚《两周金文音系的声母系统》(《川东学刊》1995年第3期)根据《金文编》和《汉语古文字字形表》统计并编排出的《金文谐声总表》和《金文谐声几率统计表》、王文耀《殷周文字声类研究》(上海辞书出版社,2004年)一书所载的《重文交换声符声母变化表》都是非常客观的统计工作,提供了声母研究的不少宝贵材料,很值得重视。但是所有这些异文材料也包含了很复杂的情况,我们在利用时也有作慎重的考辨。无论是我国清代的小学家、经学家,还是日本的研究古典的学者,都很重视对文本的考辨工作,这也是本书特别重视的。

④本书采用“复辅音声母”或“复声母”这样的术语,有时也省称为“复辅音”,这只是音韵学界的一种流行的称呼。事实上,本书只是否认汉语上古音有复辅音声母的存在。而在韵母部分,在现代汉语方言中却有复辅音存在。不过这些特殊的方音大都出现得比较晚,与上古音无关。如据黄家教、崔荣昌《韶关方言新派老派的主要差异》(《中国语文》1983年第2期)一文介绍了新派韶关方言音系中阳声韵B,也就是存在nt韵尾和ŋʔ韵尾,这是一种后起的特殊的阳声韵,恐怕只能看成是复辅音韵尾。据李小凡《释厦门、苏州、庆元(竹口)方言的声调变异》[《陕西师范大学学报(哲学社会科学版)》2004年第5期]的介绍,在吴语南部方言的竹口方言中的古全浊声母的平声字由于当地方言中的单字调系统与连调系统的互动关系,结果发生了入声化的音变,产生了喉塞音尾,其中阳声韵字也带上了入声尾,如[ŋʔ]。这就产生了复辅音韵尾。严学窘《新喻市方言词读音成分的层次性》(《严学窘民族研究文集》,民族出版社,1996年)描述了赣方言中的新喻市水北乡方言中的阴平调存在大量开韵尾和-ŋ尾带有[ʔ]尾的词语,如张toŋʔ、汤tʻoŋʔ、刚koŋʔ、康kʻoŋʔ、邦poŋʔ、江pʻoŋʔ;还有n尾韵加带t尾,例如班punt、攀pʻunt、翻fant、真tint、听tʻint等等;还有阴平m带p的,例如张tomp、双somp、央iomp、光kuomp、荒fomp、汪uomp等等。祝敏鸿《通城方言入声的特点》(《语言研究》2002年增刊)也论述到鄂东地区的通城方言中有入声尾ʔn,主要来自中古音的咸山摄入声字和臻深摄合口入声字,极少数来自曾梗摄细音入声字。通城方言还有收ŋʔ的入声韵母,即iŋʔ、uŋʔ、əŋʔ,只出现在少数口语词中,往往表示“少、小”的意思,其来源尚不明朗。这些带鼻音的入声字是白读音。这样的问题不在本书讨论之列。不过,我们有理由认为这些复辅音韵尾都是各自的方言中后起的现象,与上古音无关。如通城方言中的入声尾ʔn,一般与中古音合口的t尾相对应。因而其音变的过程也许是t→ʔ→ʔn,这样的音变不会存在于中古以前。

⑤林语堂:《语言学论丛》,《林语堂名著全集(第十九卷)》,东北师范大学出版社,1994年。

⑥陈独秀:《陈独秀音韵学论文集》,中华书局,2001年。

⑦赵秉璇、竺家宁:《古汉语复声母论文集》,北京语言文化大学出版社,1998年。

⑧其中收入的严学窘的《原始汉语复声母类型的痕迹》旁征博引,材料最为丰博,构拟的复辅音也最多,然而其材料也最为驳杂,缺少审辨,其所用材料大都不能证成其说。就是主张古有复声母的学者也对严学窘此文颇有批评,如郑张尚芳、潘悟云等人。

⑨罗常培、王均:《普通语音学纲要(修订本)》,商务印书馆,2002年,第122页。

⑩陆志韦:《陆志韦语言学著作集(一)》,中华书局,1985年,第282页。

⑪在较早期的著作中,潘尊行《由反切推求史前中国语》(载《新月》1929年第二卷第2期)一文也是主张古汉语有复辅音声母,此不详引。何九盈《中国现代语言学史》(广东教育出版社,2000年)第260~261页对潘尊行此文作了介绍,可以参看。何九盈先生评价潘尊行之文曰:“潘文并不长,论证亦欠深入,不过他提出的这些课题,确有进一步研究的价值。”复声母的观点在20世纪30年代就影响到了古文字学家。如陈梦家《中国文字学》(中华书局,2006年)第三章“汉字的结构”第55页就相信古有复声母说。历史学大家陈寅恪先生也相信古汉语有复声母的观点。

⑫杨剑桥:《汉语现代音韵学》,复旦大学出版社,1998年,第149页。

⑬杨剑桥:《汉语现代音韵学》,复旦大学出版社,1998年,第154页。

⑭(美)罗杰瑞著,张惠英译:《汉语概说》,语文出版社,1995年,第40页。

⑮邵荣芬:《邵荣芬音韵学论集》,首都师范大学出版社,1997年,第706页。

⑯郑张尚芳:《上古音研究十年回顾与展望(二)》,《古汉语研究》1999年第1期,第8页。

⑰其他学者如唐作藩先生在《从同源词窥测上古汉语的复辅音声母》(《汉语史学习与研究》,商务印书馆,2001

年）一文中称："我们从汉语的同源词来看，上古汉语存在复辅音声母是肯定的。根据现已掌握的同源词语料考察，大概塞音或塞擦音带边音的最为常见。如 pl－、tl－、kl－、tsl 等等……" 李新魁也在《汉语音韵学》（《汉语音韵学》，北京出版社，1986 年，第 409 页）中说："我们认为，上古汉语很可能有复辅音，虽然现代方言中还没有发现有真正复辅音的痕迹，我们不能没有这种遗迹便认为上古时期不存在复辅音。不过我们以为，拟构上古的复辅音，应该严格控制复辅音的结构形式和数量，不能单凭有无谐声行为来构拟。也就是说，不能认为凡是有谐声行为的，便是复辅音的表现。看来，上古时期的复辅音，主要存在于第二个音素为［l］的结构中，即主要表现为［kl－］、［pl－］、［bl－］、［gl－］等。第一音素为［s－］、［z－］的，是否为复辅音呢？当然也有可能。但应慎重对待。"

⑱郑张尚芳：《上古音系》，上海教育出版社，2003 年。

⑲竺家宁：《古汉语复声母研究》，中国文化大学中文研究所博士学位论文，1981 年。

第二节　对古有复辅音声母说的怀疑和批评概述

日本学者藤堂明保《汉字语源辞典》[①]对复辅音的态度相当慎重，他说：“汉藏语系的各语言间的比较研究，是只有在先完成了各语言自身的词族的研究之后才能着手的课题。而且，必须和与汉语关系较深的泰语系各语言首先进行比较研究。但是，根据泰语系各语言所能确认的复声母，目前只限于pl、ml、kl、tl之类，即（复辅音的）第二个要素仅有‘l’。由此看来，在上古汉语中，可以认为确实存在过的复声母还仅限于这样的程度。这种做法才稳妥。”[②]李方桂对复辅音的态度也比较慎重，他在《上古音研究》中没有把讨论复辅音的部分放在“上古声母”一节，而是放在“上古的介音”一节里。他在该书第24页说：“上古时期的复声母问题十分的复杂，其中有许多现象一直到现在我们仍然没有满意的解决方法。这里我们亦不多去讨论。”[③]他提到高本汉所构拟的一些复辅音，我认为那些材料与复辅音无关，完全可以用单辅音去解释。虽然董同龢《汉语音韵学》[④]和《上古音韵表稿》[⑤]认为有些谐声材料可能反映了古有复辅音声母，但是他所构拟的上古音声母系统中并没有任何复辅音声母，这表明董同龢对复辅音声母的存在也抱有存疑的态度。

有些音韵学者甚至把在上古音中同是喉牙音声母的谐声字也构拟为复辅音，忽视了古人说的旁纽为双声[⑥]以及转音的道理，本书没有必要对这类明显是牵强附会的复辅音构拟予以辨析[⑦]。

反对古有复辅音的学者也不乏其人，我们把反对派的根据分条大致列举于下：

（1）从语言的系统性的角度反对古有复辅音。代表学者是王力[⑧]。王力先生在《汉语语音史》卷上第一章明确表示了不相信高本汉等人所构拟的复辅音，王力先生论述曰：“上古汉语有没有复辅音？这是尚未解决的问题。从谐声系统看，似乎有复辅音，但是，现代汉语为什么没有复辅音的痕迹？人们常常举‘不律为笔’为例，但是‘不律为笔’只是一种合音，正如‘如是为尔’‘而已为耳’‘不可为叵’一样，我们不能以此证明‘笔’的上古音就是［pliet］。一般拟测上古的复辅音，都是靠谐声偏旁作为证据的。高本汉拟测的复音声母，有下列十九种。……其实依照高本汉的原则去发现上古复辅音声母，远远不止十九种。高本汉所承认的谐声偏旁，应该拟测为复辅音，而高氏撇开不讲的，有彗声的‘慧’，埶声的‘势’，辥声的‘孽’，旨声的‘诣’，支声的‘岐歧伎技芰’，支声的‘跂’，氏声的‘祇軝疷’，岁声的‘颟翽哕’，岁声的‘秽’，岁声的‘刿’，等等。至于《说文》所说的谐音字，为高氏所不承认（或者是故意抹杀）的，那就更多。如谷声有‘俗’，公声有‘松’，区声有‘枢’，丙声有‘更’，号声有‘饕’，川声有‘训’，屰声有‘朔’，庚声有‘唐’，彦声有‘产’，多声有‘宜’等，不胜枚举。上古的声母系统，能这样杂乱无章吗？所以我不能接受高本汉上古复辅音的拟测。”王力先生虽然没有从正面反击高本汉等学者列举出的可以证明古有复辅音的材料，但是他深刻意识到构拟上古汉语的复辅音声母必须联系到上古音的音系。如果真的有那么多的复辅音，那么这些复辅音声母在上古音的音系中处于什么样的位置呢？上古音系该怎样建立呢？众多的复辅音声母和单辅音声母在上古音系中是怎样的关系呢？王力先生的观察显然是有说服力的。[⑨]我们必须将上古音声母的构拟放在整个上古音系统中来综合考虑，而不能仅凭一些彼此孤立的材料来构拟复辅音。本书在重新分析学者们排比的复辅音材料的时候，时刻不忘语言的系统性。我们用得最多的方法是通假字系联法。正是因为强调了系统性的方法，所以我们才能对学者们煞费苦心地找出的证明古有复辅音的材料做出新的分析和结论。[10]

（2）用异读现象来解释被用于论证复辅音声母的谐声字和又音、异文等材料，从而反对复辅音的假设，持这种观点的主要学者是唐兰。唐兰在《中国文字学》之七“中国原始语言的推测”[11]里对Cl型复辅音声母进行了批驳，他还说：“要照我们的解释，则任何声母都有转读来母的可能，但并不是每个必须转读。”他认为谐声字中声母区别较大，彼此不容易通转的现象是异读现象，也就是一字多音。唐兰先生的这种见解不是没有道理的，因为一个字有不同的读音以及一个字代表不同的词，这种现象在古今中外的语言中都是非常正常，极其普遍的。其书第41页总结说：“中国语言何以有这么多的声母转读呢？我不想多作假设。但是，我就听到过有人把‘顺’念作‘忿’，这种异读的偶然流布，在广大的区域、绵长的历史内，当然可能造成这种混乱的局势的。中国语言的元音部分，在古代大概比较固定，而辅音部分却非常含糊或疏忽，所以容易流动。例如：韵尾的辅音可以脱落（像入声），也可以转变。声母辅音也还有脱落，如‘影、喻’等母，那末，当然也可以转变。我想一个语言学家，如其肯虚心地，不单抄袭西方人的看法，他总会觉察出中国语言的特点就在这辅音比较容易流动这一层。”唐兰先生的观点是旗帜鲜明地反对古有复辅音声母。他用声母比较容易流动来解释声母会发生多种较大的变化，从而产生各种异读[12]。唐兰先生的观点不无道理，但是我们认为这种看法还嫌笼统，不能有力地说明谐声字的复杂现象[13]。

（3）刘又辛先生在《古汉语复辅音说质疑》[14]一文里从三个方面批评了高本汉、林语堂提出来的论证古有复辅音的证据。第一是“关于古今俗语的问题”，即从语言的历史发展方面论述古无复辅音。如“角”字，刘又辛说：“‘角’的上古声母可能属来母，到隋唐时期，才渐读为见母[15]；再到后来，来母的读法就完全消失，只保存在字书和方言中了。对于这个‘角’字，如果用复辅音说加以解释，就很不容易通过。”第二是“关于汉藏语系亲属语言的证据”，刘又辛认为用汉藏同源词对音的方法来构拟上古音声母还没有可靠的成果，他说：“咱们研究上古汉语，不能不依靠文字材料。汉语具有四千多年的文字记载，藏语则到7世纪时才有文字，其他语言的文字更晚。如果我们根据亲属语言的近代语言材料，用以作为构拟几千年前上古汉语语音的依据，那是要十分慎重的。”他还引述了岑麒祥《普通语言学》第16页的论述：“汉藏语系的诸语言，因为它们分隔了很久，并且分布的地区很广，其间的共同点也是不多的。在这种情况下，在词源关系上找不到足够的、确实可靠的证据。把它们加以比较就常显得软弱无力，难以令人信服。”刘又辛称岑麒祥的“这个意见值得我们深思。”孙玉文近来完成的论文《上古音构拟的检验标准问题》[16]批评滥用汉藏对音来构拟上古音声母。第三是“关于谐声声符的两谐问题”，刘又辛认为如果用高本汉、林语堂等人的方法根据谐声字来构拟复辅音声母，那么会出现三辅音声母、四辅音声母的情况，他认为：“这样一来，不是脱离汉语的实际情况更远了吗？”[17]

（4）从方言的角度反对古有复辅音。如刘又辛在《古汉语复辅音说质疑》中也以现代方言里没有复辅音为理由来批评古有复辅音说，因为他认为：“汉语方言是一个蕴藏丰富的语言宝库，古代汉语各个方面的早期状态，都在方言中保留着痕迹。从近几十年来构拟上古音的全面情况来看，凡是比较经得起考验的假说，大都可以在方言中找得出古音演变的线索和例证。”[18]既然现代汉语方言中没有复辅音存在，那么上古时期未必就有复辅音。有很多不相信复辅音的学者往往都会以现代汉语方言没有复辅音作为理由[19]。丁启阵近年出版了《论古无复辅音声母》[20]一书，认为支持古有复辅音的一切证据都不能成立，认为谐声字中各种复杂的谐声是古代汉语的方音现象。周长楫在《上古汉语有复辅音说之辩难》[21]一文中反对古有复辅音，认为上古汉语无复辅音：第一，汉字谐声的特殊现象是汉字时空音变或俗读误读造成的，不可作为复辅音的根据；第二，汉藏语系的诸多语言有复辅音不能类推上古汉语有复辅音；第三，古今汉语与方言中特殊的语音现象，如切语的使用、重叠词变双声、叠韵或衍音词，是汉语语音在使用上的特点，与复辅音的性质特点不相符合。周先生还说："我们不禁要问，像严先生为周秦古音拟定的如此庞大的复辅音系统可信吗？它符合周秦古音的实际面貌吗？如果说周秦古音真有如此纷繁复杂的复辅音系统，为什么在上古的典籍或其他书面材料里没有反应呢？注意兼顾收录古音和方音的《切韵》[22]，为什么没有记录一点复辅音的材料呢？今天汉语如此复杂的方言是丰富的语言宝库，古汉语早期的状态，应或多或少在今汉语方言里留有一些痕迹吧，尤其是一些具有悠久历史的方言，例如被誉为蕴藏有上古汉语化石的闽方言，竟也找不出一个复辅音的例证来，这就不能不使人对上古汉语有复辅音的看法产生怀疑。"批评古有复辅音声母说的还有朱星《古汉语概论》[23]、徐德庵《论古汉语有复辅音说的片面性》[24]、蔡永贵《复辅音声母：一个并不可信的假说——谐声字"一声两谐"现象新探》[25]。刘志诚《两周金文音系的声母系统》[26]根据《金文编》和《汉语古文字字形表》统计并编排出了《金文谐声总表》和《金文谐声几率统计表》，其文构拟的两周金文的辅音系统没有出现复辅音声母。

除了以上各条之外，本书至少还可以补充以下几条反对上古有复辅音声母的理由：

（5）迄今为止主张古有复辅音的学者都不能有力地说明复辅音声母消失的原因，以及比较确切的消失年代[27]。复辅音为什么会在六朝以前就消失得毫无踪影呢？这是主张古有复辅音的学者都不能回答的问题。

（6）主张古有复辅音的学者往往滥用材料来构拟复辅音，把很多与复辅音毫无关系的材料也看成复辅音的反映。例如，有的学者认为声母不同的叠韵联绵词也是来自复辅音的分化，这是毫无根据的，没有可信的证明。如他们认为联绵词"迷离、孟浪、朦胧、螟蛉"都是复辅音 ml 分化成的，本书对这类明显的牵强附会没有必要反驳[28]。我们要特别强调指出：凡是一切可靠的通假字都不能作为构拟复辅音声母的根据。因为通假字的条件是两个字的声母本身已经相通或相近，彼此之间处于可以音变的范围之内。否则，不能成为通假字。复辅音声母如果分化为两个单辅音声母的字，那么这两个字就没有相通假的可能。反过来，如果是通假字，那么一定不会与复辅音的分化有关系。构拟复辅音的学者经常用很多通假字为根据，这在方法上和理论上就是错误的。这是我要非常强调的一点。我们在本章第五节中对此还有讨论。

（7）从高本汉以来的主张古有复辅音的学者在音理的分析和阐释上有很多可疑之处。高本汉、林语堂、陈独秀等人及其以后的诸多音韵学者都看到了汉字的读音与其谐声偏旁在声母上有时会出现比较大的差别。这些学者认为这些谐声现象已经超出了声母之间相互通转的可能，于是就认为这些本身不可能相互间发生音变的单辅音声母是来自复辅音的分化。这样简单的操作就是主张古有复辅音的学者们的基本逻辑[29]。他们常常强调：这样的谐声材料不构拟复辅音就不能够得到合理的解释。我们要指出主张古有复辅音的学者大都没有能够正确认识到汉字的谐声问题所具有的复杂性，许多现象不利用构拟复辅音完全可以得到合理的解释。相反，构拟复辅音却会与上古汉语本身所具有的系统性相冲突。有许多本来是可以通转的声母被他们看成不能够通转，而他们往往自命为审音派[30]，常常攻击所谓的"无所不通、无所不转"。殊不知审音只有立足于考古的基础上才能进行[31]。我们坚持以古证古的原则，在本书中将发掘出一批现代学者认为不能通转的辅音，但是其在古人的眼中确实能够音转。这样，我们只能相信古人，不能够以今律古。本书对大量谐声材料的分析，一般都是主张古有复辅音的学者所没有做过的工作。本书采用的某些方法和理论也往往不见于主张古有复辅音的学者的论著。我们努力做到实事求是，不抱任何成见。

（8）主张古有复声母的学者往往拘泥于一些孤立的现象，对古汉语自身的系统性问题注意得不够。例如，上古汉语有很多的通假字、同源字，这是任何学者都承认的事实，这是古汉语的系统性的一种体现。通假字和同源字的条件至少是古音能够通转。如果在古书中能够找到确切的材料证明一些确凿无疑的通假关系或同源关系，那么学者们构拟的任何复声母都必须符合这样的通假关系或同源关系。然而主张古有复声母的学者对此几乎视而不见，他们构拟的大量复声母都经不住通假字或同源字的检验。由于确定同源字的方法在学术界还有分歧，所以本书将主要运用通假字系联法来剖析既往关于复声母的构拟。后文对此还有说明。

（9）本章用专门的一节来讨论对音材料的问题，指出不能滥用对音材料。因为要确定古汉语的音译词所对应的外语原始词很多时候是非常困难的，我们不能主观地采取有利于自己的某一种意见。而且现在的学者常常不容易了解古代的人们音译外语词的原则和方法，以及所根据的方言特征。正如《释氏要览》卷上称："沙门。肇师云：出家之都名也。梵云：沙迦懑（懑门字上声呼之）曩。唐言'勤息'，谓此人勤修善品、息诸恶故。又秦译云'勤行'，谓勤修善法行趣涅槃也。或云'沙门那'。或云'桑门'。皆译人楚夏尔。"所谓"译人楚夏"就是指翻译家所根据的方言不同，这包含两层意思：第一，翻译家所根据的佛经的原文可能有不同语言的版本，有的是中亚语。第二，翻译家所根据的汉语可能是不同的方言[32]。《释氏要览》卷中称："佛宝：梵语'佛陀'或云'浮屠'。或云'部多'。或云'母驮'或'没陀'。皆是五天竺语楚夏也。并译为觉。所谓自觉、觉他、觉行圆满。今略称佛也。"可知在五天竺语中也有楚夏之别，同样方言复杂。这是利用对音材料的学者不能忽视的。

（10）我们想引述陈寅恪先生一段关于语言学的论述。懂得20多种外语的陈寅恪先生在《与刘叔雅论国文试题书》[33]中有一段话有较大的参考价值："夫印欧系语文之规律，未尝不间有可供中国之文法作参考及采用者。如梵语文典中，语根之说是也。今于印欧系之语言中，将其规则之属于世界语言公律者，除去不论。其他属于某种语言之特性者，若亦同视为天经地义、金科玉律，按条逐句，一一施诸不同系之汉文，有不合者，即指为不通。呜呼。文通、文通，何其不通如是耶?"陈寅恪先生的这段话强调了比较语言学的一个大前提必须是一个共同的语系，不能将不同语系的语言规律彼此套用，虽然语言类型学的观点也必须重视[34]。世界上语言众多，情形异常复杂，一般学者所知有限。如果要根据语言类型学的观点来下判断，那么一定要多方列举语言事实，而不能如许慎《说文解字叙》所批评的一样："俗儒鄙夫，玩其所习，蔽所希闻，不见通学。"我们在古文献中发现东汉时代的大学者服虔似乎不知道汉语有过复声母[35]。而且有迹象表明，在东汉时代的异民族语言中，有的就没有复声母。我们有证据可以说明复辅音声母未必是古今世界各语言的通律，我将自己收集到的材料排比如下：

日语是与汉语不同源的一种语言，而日语从古到今从没有存在过复声母。[36]南印度的泰米尔语也没有任何复辅音声母[37]，其祖语是古印度的原始土著语言达罗毗荼语，据学者研究也没有复辅音声母，其复辅音是由于非重读元音失落而产生的，非原始语音形态。[38]

据赵明鸣《突厥语词典语言研究》[39]第172~173页的论述，成书于11世纪70年代的《突厥语词典》虽然有16种复辅音，但并没有复辅音声母存在。赵明鸣说："在《突厥语词典》语言中，复辅音都分布于音节的末尾。在多音节词中，有的复辅音还可以处于词间。但是，我们未发现有复辅音处于词首的例证。这表明，《突厥语词典》语言中复辅音的音势结构是典型的后置型结构而非前置型结构。这是古代突厥语文献语言复辅音音势结构的一个重要特征。……现代突厥诸语言在基本保留《突厥语词典》语言复辅音音势结构的同时又有所发展。……与此同时，现代突厥诸语言中还出现了相当一批与古代突厥语复辅音的分布完全相反的前置型复辅音结构，以维吾尔语为例，……毫无疑问，这种前置型复辅音的出现表明，分布于我国新疆境内的突厥诸语言近代以来与属于印欧语系的俄语发生了密切的直接接触和间接接触。”赵明鸣的研究说明：古代突厥语没有复辅音声母存在，现代突厥诸语言的前置型复辅音是后来由于不同语言之间的接触才产生的，是晚起的现象。

据哈尔马塔《印度—伊朗人的出现：印度—伊朗语》[40]提到：“达罗毗荼语的辅音系统甚为贫乏，尤其是缺少辅音丛，以致难以建立原始印度语与原始达罗毗荼语进行最古交流的语言学依据。”可知印度最古老的土著语言达罗毗荼语缺少复辅音，也就是辅音丛[41]。属于达罗毗荼语系的泰米尔语是现在还活着的语言，明显没有复辅音。

蒙古语的权威学者清格尔泰在《蒙古语巴林土语的语音和词汇》[42]一文中提到：“在蒙古书面语中，出现复辅音是极个别的现象，可是在现代巴林土语和许多蒙古语方言土语中复辅音是很普遍的。这是语言发展过程中词的非重读音节的短元音弱化，进而脱落的结果。巴林土语里虽有以开音节结尾的词，但只有以长元音、复元音结尾的，而没有像蒙古书面语和某些土语（如鄂尔多斯）那样以短元音结尾的开音节词。因此，非重读音节的短元音的失落，特别是闭音节下面的辅音加元音的音节中的短元音的失落，是产生复辅音的主要来源。……某些相邻的两个辅音当中可以听到极弱化的元音，有时也会完全脱落，如：arad（人民）可以说［arat］，也可以说［art］。”清格尔泰先生的研究清楚地说明蒙古语的复辅音一般是后起的，是由于短元音的弱化乃至失落而造成的[43]，古代的蒙古语极少有复辅音。[44]据德力格尔玛、波·索德编著《蒙古语族语言概论》[45]第二章第 79 ~ 80 页论述：蒙古语族语言“复辅音是现代蒙古语族语言语音发展的共同趋势。只是由于重音位置不同而复辅音出现的位置有所不同而已。现代蒙古语、达斡尔语、卡尔梅克语、布里亚特语等语言的词重音落在第一音节，同时非重读音节的短元音产生了弱化或失落，因而在词中或词末出现一系列复辅音。土族语、保安语、东部裕固语、东乡语等语言的重音一般都落在词的最末一个音节，词的第一音节的元音往往产生清化或失落，因而它们的复辅音一般出现在词首”。可见蒙古语族诸语言的复辅音都不是自古就有的，而是后起的。另外，据同书第 80 页，莫戈勒语的复辅音是受外来语影响而产生的。我通检过日本著名蒙古语学者小泽重男的《元朝秘史蒙古语辞典》[46]，可知在《元朝秘史》中所记录的蒙古语似乎没有复辅音声母存在。[47]

日本著名语言学家服部四郎《日语的系统》[48]一书中的第二篇“日语和琉球语、朝鲜语、阿尔泰语的亲族关系”第四节“（日语）与乌拉尔阿尔泰语族等的关系”提到乌拉尔阿尔泰语族有一些与印欧语不同的特征，例如：没有复辅音声母；没有以 r 开头的词汇[49]；有元音和谐律；无冠词；无“性”；动词有胶着变化，而无屈折变化等[50]。可知没有复辅音声母是乌拉尔阿尔泰语族的共同特征。在非洲赤道以南的班图诸语言包含 150 种语言，这些语言不属于同一个语系，但其通例是没有复辅音。[51]

据日本学者北村甫主编《世界的语言》[52]中的“闪含语族”[53]章第 66 ~ 67 页指出：在古典阿拉伯语中“音节必以辅音开头，在同一音节内没有复辅音[54]，也没有不同的元音所构成的复合元音。因此，在借入外语（例如法语）的时候，如果该法语词是二合复辅音开头的，那么或者是在该词的最前面加上辅助性的元音，或者在那二合复辅音之间插入元音，从而阿拉伯语化”[55]。又据同书大江孝男所撰“阿尔泰诸语言”章第122页指出：在阿尔泰诸语言中“单词的音韵构造比较简单，其固有词汇没有复辅音声母，一般也没有以r开头的词汇”。可见在阿尔泰语系和闪含语系的固有词汇中没有复辅音声母。据同书“乌拉尔诸语言”章（小泉保所撰）第91页指出：在乌拉尔语系中，二合复辅音的例子很少，令人怀疑其原始母语到底有没有二合复辅音。这些事实必须引起学者们的高度关注，不得专门用英语等印欧语或藏缅语来作汉语有复声母的旁证。以语言类型学为证据而主张汉语古有复辅音声母的学者难道可以抹杀这些事实么？

我最近注意到古埃及神话众多古老的神名中似乎没有一个神名是复辅音声母，当然我根据的是其英文转写的名称。但这是一个非常值得注意的现象，希望能引起有关专家的关注。只有一个例外是Ptah，然而这个例子也可以有其他的解释，就是其最前面的声母P很可能是不发音的，如同“Ptolemy”一般音译为“托勒密”，其P并不发音。类似的例证甚多，翻开一部英文词典，凡是以Pt开头的词汇，其中的P都不发音，无一例外[56]。这个现象很值得重视，尚待进一步的考证。还有一个现象也有参考价值：聂鸿音先生《道光〈石泉县志〉中的羌语词》[57]一文根据道光年间编撰的《石泉县志》（1833年赵德林等修）所记录的羌语的译音词和现代的羌语方言进行比较，得出结论认为《石泉县志》中的羌语所显出的复辅音声母没有现代的羌语方言的复声母多。这就说明现代羌语方言中的有些复声母是后起的。我们不能把所有的复声母都当作该语言中的原始形式。这个现象在蒙古语的发展史上极为明显。

这些语言类型学上的证据，足以摧破上古汉语一定有复声母的神话。

（11）声母之间能否通转不能取决于人为的想象，而要从语言事实本身得出结论[58]。今天的学者不能自命为审音派[59]，任意规定古代的语音哪些能够通转，哪些不能通转。事实上，现代汉语方言所反映出的复杂的音变现象就常常出人意料，本书经常利用方言的音变现象来作为讨论的旁证，以阐释音变的规律。有的外语提供的语音演变的信息，复声母派学者并不十分重视。复声母派学者信奉的一些所谓音变原理有许多经不住西方历史语言学的检验。例如，在英语中有“aphaeresis”这种音变。据R. L. Trask《历史语言学》[60]第66页的介绍，这叫做“首音失落”。英语的knee一词本来是发声的复声母kn，但语音演变的结果是前面的塞音k的发音失落了，而n的发音却得以保留。如果按照古汉语复声母派的学者的审音观点，应该是n失落，k保留才合于音理。然而，英语语音演变的事实却正好与这个审音原理相反。类似的例子如knight、know、knock、knob、knot、knuckle、knife、knit、knave、knead、knavish、knap、knack，这些词中的kn无一例外都是读n音，本来的k失落了。再举数例：第一，英语的recognize中的舌根塞音g本来是要发音的，但在英语世界中，很多人已经失落了这个g。虽然按照orthography，还是写出g来，但已经不发音了。这也是鼻音前的塞音失落的例子。第二，英语adjacent中的d居然失落了发音成分（non－rhotic）。第三，Wednesday中的第一个d本来也是发音的，但后来也失落了。这些在英语都叫syncope。第四，英语pneumonia的起首辅音p本来是发音的，但后来也失落了，而不是鼻音成分的n失落。

我们再举一个有参考价值的例子：布龙菲尔德《语言论》[61]第十八章“比较法”论述到：“波罗的—斯拉夫语就这样同印度—伊朗语、亚美利亚语和阿尔巴尼亚语一致，在某些形式里出现咝音，而其他语言却用软腭音，例如‘百’这个词。”这个例子在西方历史音韵学中已是常识。“百”在阿维斯塔语中是s声母，在拉丁语、古爱尔兰语中是k声母[62]，但语言学家们构拟的原始印欧语是唇化的k声母，也有学者认为是硬腭塞音的c，总之不是复辅音sk－之类。[63]

据日本学者佐藤圭四郎《古代印度》[64]第 58 页提及的一个音变例子：原始雅利安语中的 g，相对应的梵语有的作 j，在古伊朗语作 z 或 s。例如希腊语表示“神圣的”一词是 agnos，在梵语作 yajña（意思是“牺牲”），阿维斯塔语的同义词作 yasna。我们认为这个音变的过程也许是 g→j→z→s。无论如何，西方的语言学家并没有用复声母来解释从 g→z 或 s 的音变。

再如，据欧阳觉亚等《黎语调查研究》[65]第 278 页“方言、土语之间的语音比较”所提供的资料，保定黎语中的复声母 pl－，对应中沙和黑土黎语的单声母 l－，从此可知其复声母 pl 的演变不是失落 l，而是失落了 p，保留 l。作者总结：保定的 pl 声母，中沙和黑土一律并入 l。但一般的复声母派学者根据自己的审音原理认为，pl 这样的复声母的演变方向应该是失落 l，保留 p（因为 p 是清塞音，相对其中的 l 来说是强势音）。据同书第 572 页对壮侗语族诸语言的演变趋势的总结：“原始共同语的复辅音声母，大部分语言都简化了，大部分地区的壮语及布依、侗、佽佬、水、毛南语变成唇化或腭化声母。黎语只保留一个 pl。”这段简要的总结显示在壮侗语族的复声母的演变趋势是变成唇化或腭化声母，而不是简单地分化为普通的单辅音声母，但古汉语复辅音派的学者一般都没有注意到这样的音变情况。古汉语复辅音派学者往往以精于西方历史语言学自居，然而他们构拟复辅音的方法常常不与西方历史语言学及我国的民族语言学相符合。类似的例子可以举出很多。据马学良主编《汉藏语概论》[66]第 119 页称：藏语的 Cl－型复辅音“在单辅音化的过程中，往往是前一辅音（C）脱落，后一辅音 l－保留下来”。可见藏语的 Cl－型复辅音的演变趋势是前一辅音（C）脱落，不论这个前辅音的清浊。这与古汉语复声母派学者构拟的 Cl－型复辅音的音变规律显然不同。

我们现在从西方语言词汇的历史音变来仔细地考察一些具体的例子。如 kleptomania（偷窃狂）一词有极其古老的来源。根据权威的《钱伯斯语源学辞典》第 567 页，其音变的过程是从原始印欧语 klep－→希腊语 kléptein，拉丁语 clepere，哥特语 hlifan、hliftus→新拉丁语 kleptomania→英语 kleptomania。可见其复辅音声母从来没有消失或单辅音化，其中的－l－始终存在，直到现在的英语；据同书同页，美国俗语 klutz（笨人、傻瓜）一词的渊源是中古高地德语，其复声母 kl－在其辗转相借中从未发生过任何变化，没有简化成单辅音 k 或 l。我们发现英语中的 kl－开头的单词，凡是有古老词源可考的，都没有发生过任何特别的音变，从古到今都大抵是如此。而古汉语复声母派学者坚决主张上古时代的复声母 kl－无一例外地简化为单辅音声母 k－。这与西方语源学不合。再如，古汉语复声母派学者主张上古汉语的 gl－型复声母的演变趋势是无一例外地简化为单声母 l－，失去前面的浊塞音（因为他们的审音认为浊音的强度较弱，所以容易脱落）。我们认为这与西方的历史音韵学完全不符。根据《钱伯斯语源学辞典》第 434～438 页的考察和研究，英语中大量的以 gl－开头的词汇，从远古到现在其复辅音类型基本未变，如 glad、glade、glamour、glance、gland、glare、glass、glaze、gleam、glee、glen、glint、glory……例子非常多，其复辅音声母从来没有分化为 g 或 l，或简化为任何单辅音。类似的英语中的 cl－型复声母的词汇在语源学上也是复声母，而没有分化为单辅音声母；再如，古汉语复声母派的学者构拟了 sk－这样的复声母，并说到中古分化为 s－和 k－这样的单辅音。但是，英语中的由复声母sk－构成的词汇非常多，从古到今始终没有分化为 s－和 k－这样的单辅音声母，而且 sk－中的 s 从来没有失落，一直都要发音，例如 skald、skate、skein、skeleton、skeptic、sketch、skid、skiff、skill、skillet、skim、skimp、skin、skink、skip、skipper 等等，其例甚多。我从《钱伯斯语源学辞典》中还可以举出非常多的例证，表明汉语复声母派学者所构拟的复辅音类型的演变规律与西方语源学不合，不能得到西方历史语言学的支持。奇怪的是古汉语复辅音派学者往往有西方历史语言学的背景。

这种现象不是发人深省吗？我们可以明确地说在复辅音派学者口中的西方历史语言学只是一个幌子，与他们构拟的古汉语复声母及其演变规律根本毫无关系。因此，如果古汉语真的有复辅音声母，那么绝不可能在现代汉语的众多方言中消失得毫无踪迹，一定会有残余现象。如果不是这样的话，我们宁可相信古汉语从来就没有过复辅音声母。

（12）学者们在根据形声字来构拟复声母的时候，往往有一个重要的大前提：在上古汉语中，一个汉字只能有一个音，其分化出的音必定与这个古本音有密切的关系，二者只能在古音通转的范围内。一旦一个汉字的两个音的声母彼此之间的关系超出了古音通转的范围，学者们便认为这是来自上古音复声母的分化。这个“字有定音”的说法居然一直没有受到怀疑，然而这显然是错误的[67]。我们在本书第二章有专节讨论在古文字学中广泛存在的异字同形现象，也就是一个汉字可以表示不同的词，二者只是字形相同，往往音义皆殊，其例甚多，此不详及。汉字中的异字同形的问题牵涉到文字学理论中的一个很重要的难题，那就是“转注”，我们这里对此予以研究，举例如下：

先秦的“立”字形有喻三和来母两个音，后来在战国的楚系文字中从“立”分化出了“位”来专门读喻三音，而“立”的喻三音后来消失了，专门读来母。我认为这种类型的分化字就是《说文解字叙》说的“转注”，也就是说“位”是“立”的转注字。《说文叙》在论及“转注”的时候所举“考、老”关系的例子，应该分析为“老”字在先秦古文字中有来母的“老”音和溪母的“考”音，但最先没有“考”的字形。后来为了区分同一个“老”字具有的这两个音，就造了一个后起的分化字“考”，以专读溪母音，从而“老”的溪母音消失，专读来母音。因此可以说“考”是“老”的转注字。又如“辟”字形本来包含的意思很多，读音也有不同。后来表示“劈柴”的意思就分化出“劈”字形，表示“回避”的意思就分化出“避”字形，表示“偏僻”的意思就分化出“僻”字形，表示“便嬖”的意思分化出“嬖”字形。本来在上古时代，“劈柴、回避、偏僻、便嬖”等都是用“辟”字来表达，[68]因此可以说“劈、避、僻、嬖”等都是“辟”的转注字。“大”字古有“大、太”二音二义，后分化出“太”表示最大之义，因此“太”是“大”的转注字。“弟”古有“兄弟、孝悌”二音二义，后分化出“悌”专门表示“孝悌”，因此“悌”是“弟”的转注字。“竟”古有“终竟、边境”等义，后分化出“境”专门表示“边境”，因此“境”是“竟”的转注字。“县”古有“郡县、悬挂”等义，战国中期以后分化出“悬”专门表示“悬挂、倒悬”，因此“悬”是“县”的转注字。“共”古有“恭敬、共同、供给”等义，后分化出“恭”专门表示“恭敬”，分化出“供”专门表示“供给”，因此“恭、供”是“共”的转注字。“田”古有“田地、田猎”等义，后分化出“畋”专门表示“畋猎”，因此，“畋”是“田”的转注字。“反”古有“反叛、返还”等义，后分化出“返”专门表示“返还、返回”义，因此“返”是“反”的转注字。“责”古有“责任、债务”等义，后分化出“债”专门表示“债务”，因此“债”是“责”的转注字。“舍”古有“舍去、舍留”等义，后分化出“捨”专门表示“舍去”，因此“捨”是“舍”的转注字。“亨”古有“亨通、烹饪”等义，后分化出“烹”专门表示“烹饪”，因此“烹”是“亨”的转注字。“它”古有“蛇、其它”等义，后分化出“蛇”专门表示“虫蛇”，因此“蛇”是“它”的转注字。“孰”古有“煮熟、谁”等义，后分化出“熟”专门表示“煮熟、烧熟”，因此“熟”是“孰”的转注字。“曾”古有“增加、层、曾经”以及作为副词的用法，后分化出“增”专门表示“增加”，分化出“層”表示“层级”，因此“增、層”是“曾”的转注字。“然”古有“燃烧、然而”以及表示“肯定”等义，后分化出“燃”专门表示“燃烧”，因此“燃”是“然”的转注字。“莫”古有“表示否定、日晚”等义，后分化出“暮”专门表示“日晚”，因此“暮”是“莫”的转注字。“何”古有“表示疑问、担扛”等义，后分化出“荷”专门表示“担扛”，因此“荷”是“何”的转注字。“女”古有“女人、第二人称代词”等义，后分化出“汝”专门表示第二人称代词，因此“汝”是“女”的转注字。“见”古有“看见、出现”等义，后分化出“现”专门表示“出现”，因此“现”是“见”的转注字。“自”古有“自我、鼻子”等义，后分化出“鼻”专门表示“鼻子”，因此“鼻”是“自”的转注字。“前”古有“前进、剪断”等义，后分化出“翦”专门表示“剪断”，因此“翦”是“前”的转注字。“正”古有“正确、征讨”等义，后分化出“征”专门表示“征讨”，因此“征”是“正”的转注字。“师”古有“军队长官、狮子”等义，后分化出“狮”专门表示“狮子”，因此“狮”是“师”的转注字。“取”古有“夺取、娶妻”等义，后分化出“娶”专门表示“娶妻”，因此“娶”是“取”的转注字。“韦”古有“皮革、违背”等义，后分化出“违”专门表示“违背”，因此“违”是“韦”的转注字。“北”古有“北方、后背”等义，后分化出“背”专门表示“后背”，因此“背”是“北”的转注字。“因”古有“婚姻、沿袭”等义，后分化出“姻”专门表示“婚姻”，因此“姻”是“因”的转注字。“昏”古有“昏暗、婚姻”等义，后分化出“婚”专门表示“婚姻”，因此“婚”是“昏”的转注字。类例甚多，断非偶然。文字学者多谓《说文》中的“转注”只有“考老”二字（后人多不知《说文叙》的意思是：“考”是“老”的转注字），今知其不然。

这样的分化字由于是造字法的一种（也就是《汉书·艺文志》所说的“造字之本”），所以《说文》将转注列为六书之一，与象形、指事、会意、形声、假借并列。王国维《观堂集林》卷六《桐乡徐氏印谱序》误以为“转注”是六书之用，与“假借”相同，非造字之法。其说非是。我以为六书都是造字之体，非有体用之分[69]。“假借”也是用同音字来临时当作另一个字，结果造成一个字形表示多个词；而“转注”是把一个本来包含多音多义的字造出分化字来，这跟“假借”刚好方向相反。这两种方法在汉字发展史上长期共存，但二者均为造字之法则不可疑。我关于“转注”的解释，与《林沄学术文集·古文字转注举例》中的观点相似而不相同。因为林沄《古文字转注举例》指出金文中的“考”与“老”同形：“同一字形兼具老、考两字之用。因为，这个字形不但可以表示年老之意，也可以表示父亲之意。……至于‘考’字，是在原有的‘老’字上加注声符‘丂’而产生的分化字。……总之，‘老’字本来兼作‘考’字用，是不添新字形的造字，这就是转注。西周已出现了加注‘丂’声符的‘考’字。出现专用的‘考’字后，‘老’字仍有按旧习惯用作‘考’者，‘考’字则不能用作‘老’字。大概到东周后期才完全分化为用各有当的两个字。”可见林沄说的“转注”是指同一个字形可以表示意思相关的不同的词（也就是“一形多用”），与我认为“转注”是通过分化字来造新字的观点不同。我的观点明确地说：转注字就是分化字。我对“转注”的解释完全符合《说文叙》说的：“建类一首，同意相受。”我讲的这些本字和分化字都具有同一个字根（或称“母字”），这就是“建类一首”；把字根中包含的各种音义用专门的分化字来表达，这就是“同意相受”。我们的解释应该无困难。如果按照林沄说的，“转注”是“一形多用”，那么转注就不会是一种造字法。而《说文》的六书分明是在讲造字法，这是很清楚的。林沄说的“一形多用”是非常重要的古文字现象，是“转注字”产生的基础，但其本身并不是“转注”。

裘锡圭《文字学概要》干脆主张放弃“转注”不提，这有蔑古之嫌[70]。实际上，“转注”现象和规律在古文字中大量存在，许慎明指其为六书之一，厥功甚伟，不可等闲视之。本书第二章讨论异字同形的一节表明在古文字中有大量的同形字或一形多用的现象，从同形字中分化出后起字，这就是转注的规律。根据我这里对“转注”的解释和后面对“异字同形”的论述，上古汉语中的一个汉字包含多种读音是很正常的现象，这些读音彼此之间有的有同源关系，有的没有同源关系，不是从一个古本音分化出来的。因此，学者们不能用一个字有多种异读音来构拟复声母，其原因就是一个汉字本来就可以表示没有同源关系的不同的读音。我对六书中的“转注”的解释希望能引起学者的注意[71]。

（13）日本学者春日和男《新编国语史概说》[72]第一编第三章第二节“日语的系统”[73]第 62～66 页提出作者研究意见，认为日语和藏缅语同源。作者假设了原始日语本来有复辅音声母，但都是单音节。后来在奈良时代的日语已经在复声母的两个辅音之间插入了元音，从而演变为多音节的语言，码化出来是 CCV→CVCV 的音变。我们并不同意这样的假设，但是这个假设所设想的音变规律是单音节的复辅音声母的两个辅音之间插入了元音从而演变为多音节，绝对不是其中的一个辅音脱落从而变为单辅音声母，也即 CCV→CV 的音变。因此，日本学者的这个复辅音声母的音变假设明显不同于我国的复声母派学者。也就是说，日本语言学者的这个假设也可以作为我们反驳汉语有复声母说的一个理由。

（14）汉藏语系的观点是 19 世纪的西方学者提出的假设，迄今没有得到充分的证明。汉语与藏缅语之间的关系词未必能够用同源词的观点来解释。[74]因为在先秦时期汉民族与藏民族的祖先就有很多的交流。本章后面会列举出很多材料表明先秦时期的中外文化交流及各种交通相当频繁，并非一般人想象的那样落后。[75]我们还可据以举出旁证：古代印度的梵文与巴利文被公认为是关系密切的语言，其间的关系词多得不可胜数，其对应关系非常明显。但是，《大英百科全书》“pāli language”条明确地称巴利语并非从吠陀语、梵语发展出来，这是发人深思的。日本学者服部四郎认为日语和日本的阿伊努语虽然在上古时代有密切的关系，但要证明二者同源是极其困难的。[76]法国著名历史语言学家梅耶《历史语言学中的比较方法》[77]第 27 页早就说过：“反过来，远东的那些语言，如汉语和越南语，就差不多没有一点形态上的特点，所以语言学家想从形态的特点上找出一些与汉语或越南语的各种土语有亲属关系的语言，就无所凭借，而想根据汉语、西藏语等后代语言构拟出一种‘共同语’，是要遇到一些几乎无法克服的阻力的。”[78]这真是名家的通达之见。[79]本章后面有专节讨论汉藏对音的问题。总之，汉语和藏缅语之间的关系词不可随意用同源关系来解释。研究和构拟汉语上古音，断不能立足于汉藏语同源这一假设。

古有复辅音的学说还存在多方面的不足[80]，这就是本书在下面准备详细探讨的。[81]

注释

①我国学者王继如《训诂问学丛稿》（江苏古籍出版社，2001 年）一书中有专文对《汉字语源辞典》予以介绍和简评。

②［日］滕堂明保：《汉字语源辞典》，学灯社，1966 年，第 32～33 页。

③李方桂主张上古音有 s 词头的观点另需讨论，不在本书之中。

④董同龢：《汉语音韵学》，中华书局，2001 年。

⑤董同龢：《上古音韵表稿》，《国立中央研究院历史语言研究所集刊（第十八册）》，商务印书馆，1948 年。

⑥景审《慧琳〈一切经音义〉序》云：“古来反音，多以旁纽而为双声，始自服虔，原无定旨。”谢启昆《小学考》第 386 页录神珙《反纽图序》称：“傍纽者皆是双声。”神珙据戴震考证为中晚唐人，在元和后，在守温之前［参看《戴震全书（第 3 册）》，黄山书社，1994 年，第 321～322 页］。另可参看黄侃《文字声韵训诂笔记》（上海古籍出版社，1983 年）第 92 页“《说文》说解中有实义之字与本篆为双声者”条指出《说文》中有一种倾向是用与本篆有双声关系的字来作为训诂。多有举例，此不录。黄侃《声韵通例》（《黄侃国学文集》，中华书局，2006 年）：“凡古音喉、

牙，有时为双声。”这是承认喉牙音可以相通转，也就是旁纽而为双声；黄侃《声韵通例》（《黄侃国学文集》，中华书局，2006 年）：“凡古音同类者，为旁纽双声。”

⑦关于古代“音变、音转”的综述性文章可以参看孙雍长《音转研究述要》［《河北师院学报（社会科学版）》1994 年第 4 期］以及孙雍长《训诂原理》（语文出版社，1997 年）“音转义存”一节，孙雍长之文收罗清代训诂学家们的意见比较详备。还可参看钱大昕《十驾斋养新录》卷四“说文读若之字或取转声”条。这里再补充一些我收集的材料：有的学者利用泥母与来母相通的现象来构拟复声母 nl，这是完全无视音变的事实。且不说在汉语的现代方言中存在着大量的 n 与 l 直接相通的证据。早在高本汉的《中国音韵学研究》（商务印书馆，1995 年）第 355 ~ 359 页就已经详细地论述过了 n 与 l 之间互相音变的问题。董同龢《汉语音韵学》（中华书局，2001 年）第 154 页称：来母“现代方言多作 l - 或与泥母字混为一个 n - 、l - 变异不定的音，现在假定中古它们是舌尖边音是自然的事，如加鼻化作用，自然容易和 n - 混了”。本书对于这样的复声母构拟不打算浪费笔墨去予以批评。

伯希和在《吐火罗语与库车语》一文的注解四（《吐火罗语考》，中华书局，2004 年，第 140 ~ 141 页）列举了一些唐代的对音材料，指出在唐代的音译中，疑母的 ng 与群母的 g 相通，证据坚强，无可置疑。钢和泰《译音梵书与中国古音》（《胡适学术文集·语言文字研究卷》，中华书局，1993 年，第 237 页）介绍了宋代法天的梵文音译是用疑母的“拟”来音译梵文的 gi。董同龢《汉语音韵学》（中华书局，2001 年）第 151 页提到中古音中的疑母 ŋ 在厦门方言中读 g。据张盛裕《潮阳声母与广韵声母的比较（二）》（《方言》1982 年第 2 期）称在潮阳方言中的疑母字有 18 个字读为 g 声母，有 7 个字有 g/ŋ 两读，其中读 g 声母是白读。这些材料说明凡是疑母与群母相通相谐的现象都与复声母无关，不能构拟复声母 ŋg。在民族语言中也有证据。如买提热依木·沙依提《突厥语言学导论》（民族出版社，2004 年）第 87 页指出在突厥语中存在着辅音 g 与 ŋ 的交替，与复辅音无关。据德国突厥语学权威学者冯·加班《古代突厥语语法》（内蒙古教育出版社，2004 年）第 45 页所论，在古突厥语中存在词中的 ŋ 和 g 的交替现象，其例如 äŋim→ägim、äŋin→ägin、äŋir→ägir。

又如，来母与定母本来能够直接相通，可是有的音韵学者偏偏要构拟古汉语的复辅音 dl，这是完全没有根据的。罗常培《厦门音系》（《罗常培文集（第一卷）》，山东教育出版社，1999 年）“声母”节称：“l 是舌尖中、带音的边音。但是舌头极软，用力极松，两边所留的通气空隙很小，听起来并不像北平的 l 音那样清晰，几乎有接近 d 音的倾向。所以厦门人用‘老’字音注英文的 d 母，并且模仿外国语里用 d 字起头儿的字往往用 l 音来替代它。”罗常培先生的这段论述清楚地表明在厦门方言中，l 与 d 是完全可以相通转的，与复辅音毫无关系。另如在《广韵》和《玉篇》中从定母的“同”得声的“裥”与从来母的“龙”得声的“襱”是异体字，这显然是因为作为声符的“同”和“龙”可以音近相通而变换声符，从而形成异体字。又如，在《集韵》中，从来母的“良”得声的“阆”和从定母的“唐”得声的“闛”是异体字。类似的音变还见于古代的印度语。如岑仲勉《中外史地考证》（中华书局，2004 年）第 444 页称：“在印度语，舌面 da 固常转为舌面 la 也。”另可参看季羡林《中印文化关系史论文集》（生活·读书·新知三联书店，1982 年）第 337 ~ 377 页、罗杰瑞《闽方言中的来母字和早期汉语》（《民族语文》2005 年第 4 期）。我们不再详细引述。唐作藩先生《从同源词窥测上古汉语的复辅音声母》（《汉语史学习与研究》，商务印书馆，2001 年）一文对王力先生《同源字典》中讲的音转现象多有批评，认为应该用复辅音来解释：“其实，《同源字典》中的一些析为旁纽或邻纽的同源字组，其发音方法不同或发音部位相差较大，在上古也有可能是复辅音声母。”我们认为王力《同源字典》讲音转的时候确实有时比较宽泛，多次讲到明母和来母可以发生直接音变，这就可以商榷，因此王先生《同源字典》有的时候是把不是同源字关系的字当作了同源字。但问题并不是像有的人说的那么严重。

⑧有的学者认为王力先生并没有明确反对过上古汉语有复辅音声母。这是不妥当的。唐作藩先生《从同源词窥测上古汉语的复辅音声母》（《汉语史学习与研究》，商务印书馆，2001 年，第 61 页）称：“王力先生认为上古汉语只有五大类、七小类、三十三个单声母，而无复辅音声母。”我们认为唐作藩先生的意见是对的。郭锡良《音韵问题答梅祖麟》（《古汉语研究》2003 年第 3 期）也说过：“有无复辅音。王力一家持保留态度，没有复辅音。”

⑨比较详细地介绍王力先生论述“谐声”的文章是唐作藩先生的《王力先生的“谐声说”》，载《语言学论丛（第 28 辑）》，商务印书馆，2003 年。

⑩另可参看罗杰瑞《闽方言中的来母字和早期汉语》(《民族语文》2005 年第 4 期)。

⑪唐兰:《中国文字学》,上海古籍出版社,2001 年。

⑫R. L. Trask《历史语言学》(外语教学与研究出版社,2000 年)第 63 页提到:在大多数语言中,元音比辅音更不稳定。他也提到在太平洋的语言中,据说元音比辅音更稳定。

⑬唐兰的论述事实上始终没有能够说服那些主张古有复辅音的学者,何九盈先生《中国现代语言学史》(广东教育出版社,2000 年)第 262 页就明确表示了不同意唐兰的意见。

⑭刘又辛《文字训诂论集》(中华书局,1993 年);又见《音韵学研究(第一辑)》(中华书局,1984 年)。

⑮光华按,刘先生此说受到了不少学者的批评,但现在看来,顾炎武《唐韵正》卷十五(《音学五书》,中华书局,1982 年,第 433 页)"角"字条早已说过"角"的古音为"禄",而且所列举的证据十分充足。这个问题还有待进一步研究。陈建生《"角里"音读考》(《安徽广播电视大学学报》1999 年第 1 期)对这个问题作了一些独自的考察,也可供参考。

⑯北京大学中国语言学研究中心《语言学论丛》编委会:《语言学论丛(第 31 辑)》,商务印书馆,2005 年。

⑰刘又辛还论述了不能利用联绵词来作为构拟复辅音的根据,他认为双声联绵词、叠韵联绵词、调声联绵词都是由重言词演变而来。刘又辛的这个观点是一家之言,我们对此不打算加以讨论。

⑱林焘、王理嘉《语音学教程》(北京大学出版社,1999 年)第 100 页称:"汉藏语系语言里的复辅音总的说来没有印欧语言那样丰富。至今为止,在汉语各方言里还没有发现真正的复辅音,广东台山一带和安徽黄山附近的方言有[tɬ][tɬ·],如台山端芬地区'字'[tɬɿ],'词'[tɬ·ɿ],是舌尖塞音和舌尖边擦音的结合,和其他方言中的塞擦音[ts]、[ts·]相当,并不是真正的复辅音。客家方言'瓜'读[kva],其中的[v]和其他方言的[u]相当,是[u]的一种变体,也不能认为[kv]是复辅音。"孟庆慧《黄山话的 tɬ tɬ· ɬ·及探源》(《中国语文》1981 年第 1 期)明确称:"我们认为黄山话的 tɬ、tɬ·不是复辅音。我们把 tɬ 叫做舌尖、边不送气清塞擦音,把 tɬ·叫做舌尖、边送气清擦音。"孟庆慧此文还明确说:"我们认为,黄山话的 tɬ、tɬ·、ɬ 不是古代汉语语音特点的残留现象。"他最后认为:"黄山话里大量的 tɬ－、tɬ·－、ɬ－字音,正是汉越语言融合的历史痕迹。这些来自越人的语音成分,今天作为黄山话的底层被保留下来了。"

⑲我们这里有必要作一些音理上的解析。如在谐声字中的 m 声母和 b 声母相通与复辅音无关。关于 m 与 b 之间可以发生互相音变的情况,乔全生《山西南部方言称"树"为[po]考》(《中国语文》2002 年第 1 期)一文综述的有关材料比较全面详细,可以参看。本书不再引述(乔全生在此文中考证山西南部方言称"树"为[po],实际上是"木"的训读音)。据李如龙《福建方言》(福建人民出版社,2000 年)第 126～128 页揭示的材料显示:马来语中的辅音 b,在借入闽南方言的时候有音变为 m 的倾向。如(1)马来语 baŋko,借入闽南方言为"芒果",音 manga;(2)马来语 bulaiu,借入闽南方言为"巫来由",音 melaju(指"马来人");(3)马来语 tibun,借入闽南方言为"知吻",音 timun(义为"黄瓜")。据张盛裕《潮阳声母与广韵声母的比较(一)》(《方言》1982 年第 1 期)称在潮阳方言中许多明母字读为 b 声母;还有不少的明母字有 b 与 m 两读,其中 b 是白读;还有一种情况是中古音的明母字白读为 m 声母,文读为 b 声母。凡此例证极多,此不录。厦门方言把"母"读为 bu。汉字在日语的音读中,鼻音声母读为同部位的塞音非常普遍。如"母"bo,"美"bi,"幕"baku,"墨"boku,"没"botu,"万"ban,类例甚多。这是 m 与 b 相通的证据,与复辅音的分化没有关系。在异族语的借词中也有这样的音变,例如力提甫·托乎提主编的《阿尔泰语言学导论》(山西教育出版社,2004 年)第 523～524 页指出:梵文的 amita(即汉文佛经中的"阿弥陀"),借入突厥语中作 abita,m 音变为 b。岑仲勉《西突厥史料补阙及考证》(中华书局,2004 年)第 245 页称:古突厥文的 ban 音译为汉语的"万"。突厥文的 bakČan 音译为汉语"默然"。据同书第 250 页,汉语的"三昧"对音突厥文的 sambai。据赵明鸣《突厥语词典语言研究》(中央民族大学出版社,2001 年)第 175 页的论述,成书于 11 世纪 70 年代的《突厥语词典》中存在 m 与 b 交替的现象:"这种交替形式发生于'突厥人'和乌古斯、克普恰克、苏瓦尔人之间。例如,män—bän 我,mün—bün 肉汤;又如,büküm—mükim 女式的等。"据林光明《大悲咒研究》(佶茂出版社,1996 年)第 155 页,梵文 bodhi 在汉语的音译中有"菩提"和"冒地"两译(另可参看宇井伯寿《佛教辞典》第 970 页。《梵和大辞

典》bodhi 条下没有收入"冒地"一词，当为遗漏）。这些都是 m 与 b 相通的证据。例如王福堂《汉语方言语音的演变和层次》（语文出版社，1999 年）第 99 页指出："闽南话次浊字鼻音声母也有变成浊塞音（如厦门'马'be，'蜈'gia。光华按，这里的引文省略了声调）。这也是一种鼻辅音向口辅音的转化。"王福堂先生这里指出的音变是很重要的，表明了次浊鼻音声母可以向同部位的浊塞音发生音变，也就是通转。类似的例子如《说文》中的"饱"字有古文从"卯"得声，明母的"卯"可以用作帮母的"饱"的声符。这是无可置疑的例子。在厦门方言中，"麻、码、密、猫、茉"都音 ba（只有声调不同），那么李方桂先生《上古音研究》所指出的"塞音不常与同部位的鼻音相谐"这一原则就要非常谨慎地运用。因为鼻音与同部位的浊塞音相通无论在方言的音变中，还是古汉语的通假字中都有大量的例证，是绝对无可怀疑的事实（且举一例：《老子》第六十九章："不敢进寸而退尺。"《老子》第九章："功遂身退，天之道也。"此二句的马王堆帛书甲本"退"都作"芮"，这只能理解为鼻音与同部位塞音相通）。从对音材料上可举一例：据日本大学者白鸟库吉《中亚史上的人种问题》[《白鸟库吉全集（第 6 卷）》，岩波书店，1970 年，第 524 页）一文认为《汉书・西域传》"乌孙国"条中的乌孙贵族的称谓中带有"靡"字是一种尊称，应为突厥语 bei、bi 之类表示王号的词的音译。如果此说可信，这也表明 b 与 m 是可以相通的。孙竹在《蒙古语文集》第 77 页提到：蒙古语族的"某些地区在部分词里 b 与 m 交替。这种现象似乎主要出现在词中，词首和词尾虽然有，但那是罕见的"。多有举证，其例从略。据林伦伦《粤西闽语的音韵特征》（《语文研究》1998 年第 2 期）的论述，雷州话的双唇浊塞音声母［b－］并非来自中古音的并母，而是来自明母字。如"磨、马、买、卖、米、梅、猫、密、麦、帽"。类例极多。邓海峰《湖南新田沙田土话的语音特征》（《语言研究》2002 年增刊）论及湖南新田沙田土话的语音中，明母字常常读为唇塞音，如"麻"pa，"梅"pəu，"买"pie，"卖"pie，"妹"pəu，"庙"piəu。赵杰《北京话中的满汉融合词探微》（《中国语文》1993 年第 4 期）讨论了满汉语言融合的方式和语言接触的规律，注意到："在双语接触没有语言规范的口语借词中，发音部位或方法相似的音素是经常自由变读的。"曹志耘《金华汤溪方言帮母端母的读音》（《方言》1990 年第 1 期）一文提到，金华汤溪方言中的古鼻音尾的帮母字的白读音是 m 声母，如"扮、本、帮、崩、兵"，古鼻音尾的端母的白读音是 n 声母，如"胆、丹、顿、党、灯、东"等等。曹志耘描述的这个情况，我认为是同化音变造成的，是其本来的清塞音声母被鼻音尾同化为同部位的鼻音。这个音理上的解释应无困难。傅国通《武义方言的连读变调》（《方言》1984 年第 2 期）描写了武义方言中的古鼻音尾的帮母字的读音是 ʔm 声母，如"扮、变、饼、兵"，这也是同化音变的一种特殊现象。据王均等《壮侗语族语言简志》（民族出版社，1984 年）第 212 页："西傣一部分地区还保留浊塞音声母 b 和 d；德傣没有 b 和 d。b 在德傣的大部分地区并入 m。"据欧阳觉亚等《黎语调查研究》（中国社会科学出版社，1983 年）第 280 页"方言、土语之间的语音比较"所提供的资料，如果保定黎语的 p、t、k 声母在通什方言中是双数调，那么在黑土方言中全部变为 m、n、ŋ。

据侯精一、温端政主编《山西方言调查研究报告》（山西高校联合出版社，1993 年）第 396～397 页的"文水音系"一节里指出：在山西文水方言中，"［m］与［u］相拼，中间有明显的［b］，……但［məŋ］［məʔ］等音节的声、韵之间没有［b］。［n］与［ou］相拼，中间有较明显的［d］"。在同书第 398 页的"交城音系"一节里指出：m、n、ŋ 在几个后低元音前带有同部位的浊塞音成分。分别读如 mb、nd、ŋg。在粤方言中也有类似的现象。据詹伯慧主编《广东粤方言概要》（暨南大学出版社，2002 年）第 120 页指出：在四邑片粤语中，明母和微母字"大部分读带有不同程度的鼻音成分的浊声母"。同书第 127 页称："广州话鼻音声母已是纯鼻音，但高明粤语的鼻音声母 m－、n－、ŋ－则略带塞音。"例子不录。类似的例子还有赵元任《中山方言》（《国立中央研究院历史语言研究所集刊（第二十册）・上册》，中华书局，1987 年，第 51 页）称在中山方言里面，"鼻音声母 m、n、ŋ，在元音前带一点塞音的过渡音，成为 mb、nd、ŋg，所以听起来发硬"。曹志耘《严州方言语音特点》（《语言研究》1997 年第 1 期）提到严州方言的音系中，来自古明微母的 m 母，逢非鼻尾韵、非鼻化韵时，遂安读带同部位浊塞音的 mb，寿昌有的人略带同部位浊音色彩，淳安、建德读 m。例如遂安：毛 mb、米 mb、木 mbu、袜 mb。我们认为从音理上看，这与复辅音没有关系。林焘、王理嘉《语音学教程》（北京大学出版社，1999 年）第 100 页称："汉语有的方言在鼻辅音之后也可能出现塞音或擦音，山西中部文水、平遥一带就有这种现象，如文水话'母'［mbu］，'努'［ndou］，'女'［nzu］，'腰'［nzu-en］，其中［nz］擦音成分较重一些。有人称之为'鼻擦音'。这些音实际上只是鼻辅音解除阻碍时肌肉比较紧张造成的，……后面的塞音或擦音只是一种过渡性的附加音，和上述少数民族语言中的［mb］［nt］［mts·］等性质并不相同，不能算是复辅音。”

我完全赞同林焘、王理嘉二位先生的分析，山西方言中的 mb、nd、nz 都不能算是复辅音。马伯乐《唐代长安方言考》（中华书局，2005 年）第二编“辅音系统”第 32 页明确指出 7 世纪的声母系统中是 m、n、ŋ，而 8 世纪的声母系统中才有 mb、nd、ŋg。同书第 40 页说：在 7 ~ 8 世纪的汉语西北方言中，“鼻音的发音极为特别：鼻音的除阻换成了口音的除阻，而成阻和持阻还保留着鼻音，即 n > nd、m > mb、ŋ > ŋg，除非在鼻韵尾的影响下才有助于保持鼻声母发音过程的完整”。马伯乐此书的第 36 ~ 38 页列举了大量的例证，指出 mb、nd、ŋg 是由 m、n、ŋ 音变而来的，时代要晚于 m、n、ŋ，与上古音无关。我们没有理由根据民族语言中有复辅音声母 mb、nd 等，就认为汉语上古音也有这样的复辅音声母（值得注意的是在藏语中相关的复声母还有 np、nt 这样的鼻音加清塞音构成，而不仅仅是 mb、nd 这样的鼻音加浊塞音。二者在同一音系中不共见）。陆志韦《古音说略》（《陆志韦语言学著作集（一）》，中华书局，1985 年）第 283 页：“同一个方言里，m、n、ŋ 跟 mp、mb、nt、nd、ŋk、ŋg 不并存。”这是很重要的观测，说明二者是作为音位变体而存在，不存在音位对立。而复声母与单声母的关系绝不可能是音位变体的关系。聂鸿音《西夏语中汉语借词的时间界限》（《民族语文》1994 年第 1 期）提到过同样的现象：在西夏语中的汉语借词可以分为早晚两期，“汉语明、泥、疑三声母在早期借词里是鼻音。在晚期借词里，不带鼻音韵尾的明、泥两个声母和疑母开口音节是浊塞音”。更何况 m 与 b 在音理上完全可以作为同部位的变体形式出现。林伦伦《粤西闽语的音韵特征》（《语文研究》1998 年第 2 期）指出：在雷州话中可能存在 m→mb→b 的语音演变。这实际上是承认有 m→mb 的音变过程。他还提到在粤东闽方言也有相似的语音现象。据日本学者北村甫主编《世界的语言》［《讲座语言（第 6 卷）》，大修馆书店，1981 年］中的“乌拉尔诸语言”章（小泉保所撰）第 91 页指出：在乌拉尔语系的沃古尔语中存在 ŋ→ŋk 的音变，其中的 k 是后来派生出的。据德国突厥语学权威学者冯·加班《古代突厥语语法》（内蒙古教育出版社，2004 年）第 44 ~ 45 页所论，在突厥语碑铭中鼻音前的 b - 与写本中 m - 存在交替现象，举例如 bäŋü→mäŋü，bän→män，buŋ→muŋ，bin→min，bïŋ、biŋ→miŋ。这是韵尾对声母的同化现象。聂鸿音《中国文字学概要》（语文出版社，1998 年）第 92 页举了一个例子：在羌语支语言中的“日”的声母在羌语麻窝话、木雅语中是 m，而在普米语、尔龚语中是 b。聂鸿音最后说：“普米语、尔龚语的声母［b］可以看成是［m］的同部位变读。”这显然是正确的。聂鸿音《回鹘文玄奘传中的汉字古音》（《民族语文》1988 年第 6 期）注意到在 11 世纪左右成书的回鹘文译本《玄奘传》中出现的汉语借词里面有一个现象：“部分鼻音声母字变读为同部位的浊塞音声母。”如多数阴声韵和入声韵的明母字在借入回鹘语后音变为 b 声母，阳声韵的明母字则不变；罗常培在《唐五代西北方音》一书中根据汉藏对音的材料早已作出过同样的结论。这与复辅音声母完全没有关系。李荣《切韵音系》（科学出版社，1956 年）第 120 ~ 121 页指出：唐朝自善无畏、不空以后，常用鼻音声母而无鼻音韵尾的字去对音梵文的不送气浊塞音。R. L. Trask《历史语言学》（外语教学与研究出版社，2000 年）第 60 页举了一个例子：巴斯克语中的 musti 在多数方言中音变为 busti。这种鼻辅音向同部位的浊塞音音变，是塞化现象，R. L. Trask 称为“denasalization”（去鼻音化）。在上古的印欧语的不同语言中也存在格尾 bh 与 m 相对应的现象（参看布龙菲尔德《语言论》第十八章“比较法”，商务印书馆，1997 年）。即使是在少数民族语言中的 mb 或 mp 之类的带鼻冠音的复声母也未必都是典型的复声母。根据蒙朝吉《汉瑶词典（布努语）》（四川民族出版社，1996 年）第 6 ~ 7 页的论述，布努语的声母系统中有大量带 m 鼻冠音的复声母，也有带 n、ng 鼻冠音的复声母。但是作者在说明中指出：“m，在其他辅音之前作声母时，只表示鼻音成分，不表示发音部位。”那么布努语中的 mb、md、ms、mg 等这样的复声母实际上根本不是典型的复声母，只能理解为带有唇鼻音成分的单辅音，m 与后面的辅音是同时发音的，不存在时间上的先后，这显然不能看作是通常意义上的复声母。在壮侗语中常常有带鼻冠音的浊塞音，没有任何语言学家把这样的辅音当作复辅音看待，可参看王均等《壮侗语族语言简志》（民族出版社，1984 年）一书中的各壮侗语的音系及其相关说明。又如，据侯精一、温端政主编《山西方言调查研究报告》下卷（山西高校联合出版社，1993 年）第 441 页称：在山西的西区方言中的鼻擦音声母 nz 是由古音的泥母和日母演变而来。因此，山西方言中的 nz 显然与任何复声母都没有关系。据日本学者矢放昭文《〈华英通语〉反映的一百五十年前粤语面貌》（《第十届国际粤方言研讨会论文集》，中国社会科学出版社，2007 年）一文的介绍，在晚清成书的《华英通语》的狩野文库本、福泽本都明显是用鼻音声母字来音译英文的同部位的塞音。如以“呢要”的合音对音 dew，“拿氏”的合音对音 does，“味”对音 be，“奴”对音 do，“摩”对音 bow（还有一点要注意的是《华英通语》中使用的大量的“合音”方法实际上全都是反切的方法，与佛经中的二合法无关）。他还提到在香港新界的方音中存在非鼻音化的现象，其例不录（矢放昭文关于香港新界的方言材料是利用了张双庆等的《香港新界方言调查报告》，张双庆等《香港新界方言》）。没有学者认为这些近现代方言中的语音现象是来自上古汉语的复辅音。日本学者森博达《古代的音韵与日本书纪的成立》（大修馆书店，1991 年）一书第 150 页引述了日本著名语言学家有坂秀世的论文的一条注解，我们译述如下：“又，[m] 与 [mb]、[n] 与 [nd] 的差异，在唐代慧琳《一切经音义》的反切中没有任何表现，而慧琳《音义》被认为是记录了唐代的秦音。也许这两组音在中国人看来，并不被认为有什么不同。……这可能只是同一语音的不同变体而已。但对于来自吐蕃、西域的真言祖师，或在唐的日本人这样的外国人的听觉来说，却能够明显地感觉到其发音的差别。”有坂秀世的这段话虽然只是一个注解，却很有见地。格勒《藏族早期历史与文化》（商务印书馆，2006 年）第 71 ~ 72 页论述了古藏语中的辅音 - n 与 - d 可以相通：“这个问题在一些藏文史书中已有明确的说明，如《白史》中说：‘昔之名词中，“答”（即 - d）“那”（即 - n）亦多互用。如“赞普”（btsan po）与“则波”（btsad - po），“郡波”（tçhun - po）与“屈波”（tçhud - po）等多互借用，则“本”（bon）与“博”（bod）二字，亦可能互相换用也。’现代语言学家经研究也证明了古代藏语中韵尾 - n 和 - d 确实（光华按，原文作‘却是’，当误，径改）可以互换用（原文注解参见罗秉芬、安世兴《浅谈历史上藏文的改进》，载《中央民族学院学术论文选集 · 民族语文》）。王忠对‘博’的来源也作了同样的解释，他说：‘拉萨一带，古称“博”（bod），今仍为藏族和西藏地方的通称。“博”为本教之名，赤松德赞与佛证盟碑称本教为 bod - kyi - chos 与佛教之 sanys - rgyas - kyi - chos 相对而言，古藏文写本中仅有一汉藏对译字书之 Bon - Po 作“师公”解释，可见 bon 为后起的俗字，想系 bod 已为藏族之通称以后，作为宗教名称之 bod 须有另一写法，以示区别。藏文演变规律，- n 与 - d 可以互换。’”在厦门、福州、潮州等地的方言中，普遍存在古疑母字读为 g 的现象，其例众多，并非例外音变。据李如龙《福建县市方言志 12 种》（福建教育出版社，2001 年）中的《南安市方言志》所记录的南安方言，有不少入声字读成同部位的塞音尾。例如其书第 17 页称“毒、独、逐”音 tŋ，“落”白读音 laŋ，“速”白读音 saŋ，“角、菊”白读和“觉”同音 kaŋ，“学”音 haŋ；同书第 16 页，“律”音 lun，“突”音 tun，“没、勿、物”音 bun，“卒”音 tsun，“佛”的白读音 pun，“一”白读和“疾”同音 tsin，“日”音 lin，“滑、猾”的白读和“掘”同音 kun，“兀”音 gun。类例不可胜数。据香港中国语文学会《近现代汉语新词词源词典》（汉语大词典出版社，2002 年）第 168 页，1852 年出版的魏源《海国图志》把英语的男爵 baron 音译为“麻伦”或“马伦司”。

另外，在全国各地方言中广泛存在的影母读后鼻音的现象，也是喉塞音 [ʔ] 音变为 [ŋ]，这应该看作是塞音与鼻音相通。而且在谐声字中证据充分，不容忽视。且举见母与疑母谐声的例子，如：

见母：诡、浇、艮、幵、皋、见、敢、冠、龟、今、斤。

疑母：危、尧、眼、研、翱、砚、巖、元、嵬、吟、龂。

《李方桂先生口述史》（清华大学出版社，2003 年）第 113 页提到：“日耳曼族语言和南斯拉夫族语言就有鼻音 m，这在梵语、拉丁语等语言里却是 b，我们谁也无法解释为什么出现这样的差别。”李方桂的话表明，没有学者认为这样的差别是由原始印欧语的复声母 mb 分化而来，同时我们现在知道这是很正常的音变现象，并非不可解释。李方桂先生的话未免言过其实。总之，我们不能同意用复声母来解释鼻音与同部位的塞音相通的现象，持这样观点的学者如尉迟治平《论隋唐长安音和洛阳音的声母系统》（《语言研究》1985 年第 2 期）、储泰松《梵汉对音与中古音研究》（《古汉语研究》1998 年第 1 期）、王珊珊《梵汉对音中的一个特殊现象》（《古汉语研究》2003 年第 1 期）。我们对这些文章不再予以讨论。

我还要补充一点的是，现代学者构拟古汉语的复辅音的一大前提条件是，有谐声关系的两个辅音之间不可能具有通转关系，也就是说这两个辅音之间在音理上不可能彼此发生音变。因此，学者们认为这才需要构拟复辅音来解释其谐声现象。但是像 m 和 b 之间、n 和 d 之间，都是发音部位相同的辅音，在音理上，彼此完全可以互相发生音变；在古书中，彼此相通假的例证非常多。因此，这与为古汉语构拟复辅音的学者们说的复辅音完全不是一回事，千万不可混为一谈。

林焘、王理嘉同书第 101 页有一段音理上的分析也很有参考价值："塞擦音是由发音部位相同而且清浊一致的塞音和擦音组成的，从语图上可以很清楚地看出先擦后塞的组合过程，很像是由塞音和擦音组成的复辅音。但是这个组合过程是在发辅音的一个过程中完成的，也就是说，从塞音到擦音，只经历了一次成阻、持阻和除阻，因此不能算是复辅音。在许多语言里，塞擦音的功能也是和一个辅音相同的。"这段音理上的阐释有助于我们辨析真正的复辅音，而不能简单地认为只要是两个辅音联在一起就是复辅音。

⑳丁启阵：《论古无复辅音声母》，澳门语言学会，2000 年。

㉑周长楫：《上古汉语有复辅音说之辩难》，《厦门大学学报（哲学社会科学版）》1998 年第 2 期。

㉒姚永铭《慧琳音义与切韵研究》（《语言研究》2000 年第 1 期）一文将慧琳《音义》的注音与《广韵》注音进行了比对，发现《广韵》中的不少异读音在慧琳《音义》中明确标注为不同的方言音。因此，《广韵》是兼包南北的综合韵书是无可置疑的。

㉓朱星：《古汉语概论》，天津人民出版社，1959 年。

㉔徐德庵：《论古汉语有复辅音说的片面性》，《古代汉语论文集》，巴蜀书社，1991 年，第 157 页。

㉕蔡永贵：《复辅音声母：一个并不可信的假说——谐声字"一声两谐"现象新探》，《宁夏大学学报（人文社会科学版）》2005 年第 2 期。

㉖刘志诚：《两周金文音系的声母系统》，《川东学刊》1995 年第 5 卷第 3 期。

㉗国内学者只有何九盈先生《上古音》（商务印书馆，1991 年）第 93 页明确说过："但我又不赞成上古汉语（指《诗经》时代，包括战国时期在内）仍然存在复辅音。我认为在上古汉语中留下了许多远古复声母的遗迹，但复辅音声母作为一个系统已经消失。"何先生主张远古汉语肯定有复声母存在，但是上古音中已经没有复辅音了。这样的提法与一般主张上古音有复辅音的学者有根本的不同。

㉘上引徐德庵《论古汉语有复辅音说的片面性》、周长楫《上古汉语有复辅音说之辩难》对这类用于构拟复声母的材料也予以了批评，认为其与复声母无关。黄侃《声韵通例》（《黄侃国学文集》，中华书局，2006 年）："凡双声、叠韵、叠字三者同理，皆有本音：复述本音为叠字；一字演为二声，一声变入他韵，一声仍在本韵，为双声；一字演为二声，一声改为他纽，一声仍在本纽，为叠韵。"则黄侃认为双声叠韵联绵词来源于叠字。此见甚精，足以摧破今人所谓联绵词来自复声母分化之说。黄侃《声韵通例》："凡叠韵字，上字或变入他韵；双声字，下字或变入他纽；仍有本音，上字必与本音同纽，下字必与本音同韵。"这是揭示双声叠韵联绵词各自分化演变的规律。在汉语方言中有些语词在语流中可能产生复声母的音变，这需要加以说明。如詹伯慧主编《广东粤方言概要》（暨南大学出版社，2002 年）第 8 页称："某些语词连续快说时出现了 pl－和 kl－这样的复声母。"其例不录。这与上古汉语有无复声母完全无涉。从音理上分析，这是粤方言的语流中由于前一音节的元音弱化从而失落其元音，进而产生复声母的语流音变。这是多音节的语词产生出复声母，其产生的原因和轨迹清晰可辨，而不是由复声母分化为联绵词。

㉙何九盈先生《中国现代语言学史》（广东教育出版社，2000 年）第 258～259 页在批评吴其昌的《来纽明纽古复辅音通转考》一文时就说："一是没有进行任何音理上的分析，只是具体材料的堆砌。二是取材不严，如'美丽''霉黧'都是同义连用，而吴氏认为是联绵词。'礼，门也'分明是义训，与声音无关，吴氏也当复辅音看待。著者所用的还是钱大昕考证古声母的方法，却远不如钱大昕的论证那样有说服力。因为复辅音的考证比单辅音声母的考证要复杂得多。"类似的旁证具有方法论上的意义。如包拟古《释名复声母研究》（《古汉语复声母论文集》，北京语言文化大学出版社，1998 年，第 94 页）就提到过："马伯乐看过 Wulff 的论文后，指出他的很多例证都是由高棉语转来的借字，如果把这种例子以及大批拟声字都剔除，他的例证只有一半可用。"

㉚冯蒸先生《论汉语上古声母研究中的考古派和审音派》（《汉字文化》1998 年第 2 期）对审音派的观点和立场有比较详细的阐述，此文下了不少功夫，可参看。

㉛王力先生非常强调这点。黄侃《文字声韵训诂笔记》（上海古籍出版社，1983 年）第 149 页"音韵在于史证"条称："空言易于实证，故言音理者多，然一则失于躁而无味，一则失于虚而难求。折中言之，当言理而得之史证，言表谱而纲之以音理也。故音韵之中约分三端：一音理，二音史，三音证。古人言学，皆不能离事而言理。余之言音韵，

就音史、音证言之，而音理在焉。盖音韵之学重在施于训诂，而不在空言也。”近观聂鸿音《番汉对音与上古汉语》（《民族语文》2003年第2期）也有此意：“不能用过分的音理分析取代文献学和历史地理学的考究。”又说：“我无意贬低上古汉语研究中的音理分析，在这里想强调的只是，音理分析只能用来解释带规律性的、确实无误的文献资料，使人们明白它们之间的因果关系，而不能在没有文献资料或者不能确定资料性质的情况下用来虚拟事实。”黄、聂二家所言实为明通之论。

㉜当然，由于“译人楚夏”用的是“楚夏”一语，似乎不包含第一层含义，但现代佛学及中亚语言学的发展已经证明我们提及的第一层含义是很重要的。

㉝陈寅恪：《与刘叔雅论国文试题书》，《陈寅恪集·金明馆丛稿二编》，生活·读·新知三联书店，2001年，第251~252页。

㉞举两个例子：例一，李方桂《上古音研究》中为上古汉语的声母系统构拟了一套圆唇舌根音声母和韵尾。李方桂参照的语言之一也许有原始印欧语，因为原始印欧语据西方学者的构拟有圆唇舌根音声母。但我注意到西方学者构拟的原始印欧语声母系统有两个特点与任何音韵学者所构拟的汉语上古音都不同。第一，原始印欧语的声母系统只有塞音而没有塞擦音，也很少擦音；第二，原始印欧语的声母系统是一套不送气的清塞音，而且有两套浊塞音，以其送气不送气构成音位对立。这与历代的汉语音系都相反。在汉语的全浊声母清化以前都是两套清塞音和一套浊塞音，两套清塞音是以送不送气为区别特征。因此，汉语上古音不能轻易与原始印欧语进行比对，二者绝对是处于不同语音演变阶段的语言，汉语上古音应该在后。更重要的是据克里斯特尔《剑桥语言百科全书》（中国社会科学出版社，2002年）第463页的介绍，原始印欧语的圆唇舌根音kw－在第一组凯尔特语中写作q，后作c；第二组凯尔特语在语言学上称作P－凯尔特语，因为kw－演变为P－。可见原始印欧语中的圆唇舌根音kw在第二组凯尔特语中音变为P－声母。这样的音变在上古和中古汉语的音变中从来没有出现过。所以，我们认为李方桂先生参照原始印欧语的声母系统来构拟汉语上古音的圆唇舌根音声母是不稳妥的。后来的冯蒸先生参证原始印欧语的圆唇舌根音声母来解释湖南双峰方言中的一些特殊的音变现象，也不恰当。例二，李方桂《上古音研究》的声母系统中有清擦音，没有浊擦音。这样处理也许是考虑到了上古印欧语的情况，以及音变的一些规律。例如，据《大英百科全书》“Iranian languages”条论述古代的伊朗语的语音特征时说：“The most characteristic features of the Iranian phonological system are those that distinguish it from the Indo－Aryan system. These are the development of various fricative sounds（indicated in phonetic symbols as x，f，θ，and later γ，β，ð），and of the voiced sibilant sounds z and ž. Even in Iranian，however，these sounds did not persist universally.”这里分明将清擦音的产生排得最早，浊擦音的产生排得较后。其音产生的时代顺序是：x，f，θ→γ，β，ð→z，ž。然而汉语上古音以及汉语语音演变史与此不同，不好轻易比附。其中很重要的一个区别是汉语的f声母产生得很晚，其产生在唐代，已经是中古后期，靠近近代音的范围。而古汉语的z却应当产生得很早，在上古已经存在。而且，在原始印欧语中，不少学者也认为存在s及其音位变体的z（当s邻近浊塞音的时候，自然变成z），二者不形成音位对立。我们后面对此有论证。总之，西方语音演变史上的现象可以供我们研究上古音参考，但不能轻易比附。汉语音韵的特点要根据汉语自身的材料来决定，在音韵学上理论推理过多是有害的。

㉟考《左传·襄公十年》：“会于柤，会吴子寿梦也。”杜注：“寿梦，吴子乘。”《正义》曰：“十二年吴子乘卒是也。服虔云：‘寿梦’，发声。吴，蛮夷，言多发声，数语共成一言。寿梦，一言也；经言乘，传言寿梦，欲使学者知之也。然‘寿梦’与‘乘’声小相涉。服以经传之异，即欲使同之，然则余祭、戴吴。岂复同声也？当是名字之异，故末言之。”东汉著名古文经学家服虔说的“吴，蛮夷，言多发声，数语共成一言”，这句话表明在服虔的心中，蛮夷之人的语言词汇是以多音节为主的，也就是“数语共成一言”（这句话的意思似乎也可能包含另一层内涵：蛮夷语言中有较多的复辅音），这就反过来证明在服虔时代的汉语，以及作为大经学家的服虔所了解的东汉以前的汉语肯定都是以单音节的词汇为主的（明显的联绵词除外），也就是在服虔眼中的汉语与蛮夷人的语言是有本质的不同的。黄侃《文字声韵训诂笔记》（上海古籍出版社，1983年）第99页曰：“中国语言以单音为根，一音之法，必表一完整之意，与西人之为复语种族不同。其间有二音者，必本于胡语，如珊瑚之类是也。”《黄侃论学杂著》（中华书局，1964年）第372页称赞孙炎注释《尔雅》时的“字别为义”之法“正叔然之精卓也”。《诗经》的毛传和郑玄笺注的一个显著的不同就

是毛传的训诂是以《诗经》的单音节词为主（重叠词除外），而郑玄已明显注意到了《诗经》有双音节词的现象。当然，我们认为上古汉语有联绵词也是事实，然而与复声母无关。

㊱日本学者研究日语史的论著甚多，不能详举，关于上古日语的概况可参看春日和男《新编国语史概说》（有精堂，1995 年）第二编第一章。详细的重要文献可参考桥本进吉《上代语研究》（岩波书店，1951 年）；有坂秀世《上代音韵考》（三省堂，1950 年）；有坂秀世《国语音韵史研究考》（明世堂，1944 年）；森三隆《上代国语音韵研究》（樱枫社，1971 年）；左伯梅友《奈良时代的国语》（三省堂，1950 年）。以上各书都是日文本。

㊲《中国大百科全书·语言文字卷》"泰米尔语"条（周流溪撰）；日本学者大野晋《日语的起源》（岩波书店，2003 年）试图论证日语和泰米尔语是同源的语言，尤其注意到泰米尔语和日语一样从古到今都没有复辅音声母。

㊳《大英百科全书》（英文本）"达罗毗荼语"条在论述"Sounds of Dravidian"时，称："The loss of vowels in unaccented noninitial syllables in Toda, Kota, some dialects of Kannada, and Tamil, and the resulting consonant clusters（e. g. , Kota anjrčgĕgvdk, 'because of the fact that [someone] will cause [someone] to terrify [someone]'）. Metathesis（the transposition of sounds, as in 'aks' from 'ask'）and vowel contraction resulted in initial consonant clusters in Telugu and other Central Dravidian languages—e. g. , Tamil kolu, but Kui krōga, both meaning 'fat'."（光华按，《中国大百科全书·语言文字卷》"达罗毗荼语系"条是季羡林先生所撰写，没有作出类似《大英百科全书》这样的论述，稍嫌不足）。听说在英国出版过《达罗毗荼语语源辞典》一书，我不能得到，无以参考，甚为遗憾。

㊴赵明鸣：《突厥语词典语言研究》，中央民族大学出版社，2001 年。

㊵［巴基斯坦］A. H. 丹尼、［俄罗斯］V. M. 马松主编，芮传明译：《中亚文明史》，中国对外翻译出版公司，2002 年，第 282 页。

㊶我对达罗毗荼语了解很少，这里仅仅依据哈尔马塔的这些论述。《中国大百科全书·语言文字卷》第 45 页"达罗毗荼语系"条（季羡林撰）没有提到这样的观点，而且根据季羡林的叙述，似乎达罗毗荼语中有可能存在复辅音。这要待有关专家的裁定，我只好抱不知为不知的态度。1984 年在英国牛津出版了 Burrow 等学者编撰的《达罗毗荼语语源辞典（修订本）》，我未能见到此书。但属于达罗毗荼语系的泰米尔语明显没有复辅音，这是事实。有的学者如日本的语言学家大野晋坚决主张泰米尔语和日语有同源关系，而日语从上古就没有复辅音。参看大野晋《日语的起源》（岩波书店，2003 年）、《日语的形成》（岩波书店，1994 年）（均为日文本，既没有中文译本，也没有英语译本。此书甚不易得，香港大学冯平山图书馆有收藏，香港的其余各大学图书馆没有此书。此书是大野晋先生晚年关于日语起源的最详尽的论著，是其一生对此学术问题的总结性专书）。

㊷清格尔泰：《清格尔泰民族研究文集》，民族出版社，1998 年。

㊸元音的弱化与失落在语言中是比较常见的现象。参看 R. L. Trask《历史语言学》（外语教学与研究出版社，2000 年）第 67 页的论述。作者认为元音一般比辅音容易失落，多有举证。

㊹据蒙古语著名学者道布先生《清格尔泰先生与中国蒙古语族语言研究》（《道布文集》，上海辞书出版社，2005 年）的介绍，清格尔泰于 1963 年在《内蒙古大学学报》用蒙古语发表了《蒙语语音系统》一文，此文"认为现代蒙古语中复辅音的形成与重音的位置和'依附元音'的规律有关，并且进而按复辅音能否自成音节、结合的紧密程度，分别进行了研究"。可惜我不懂蒙古语，不能直接引述清格尔泰先生的蒙古语原文。道布先生自己也写过一篇很详细的《蒙古语巴林土语的复辅音、过渡性元音和音节结构》（收入《道布文集》），其文也称："原来蒙古文里多音节词第一个音节以后的元音，在现代口语里，除去一部分演化为各种前化元音的成素或长元音的成素外，其余都脱落了。由于元音脱落，现代口语就形成了许多复辅音。"另可参看道布的《蒙古语简志》第 14～15 页："弱化元音是与复辅音相联系的语音现象。复辅音的稳定性不强，弱化元音稳定性也不强。"在古朝鲜语中也发现有类似的现象，如韩国学者金泰完《训民正音与汉语复辅音声母再论》（《语文研究》1998 年第 1 期）提到："《鸡林类事》的'菩萨（pal－sal）'与《训民正音》文献的'psal'比较，词头辅音群是第一音节的元音脱落所致。从而，我们才得以假设，中世纪韩国语初期（12 世纪）的'pal－sal'到 15 世纪以前的某一时期，因元音脱落，转变为'psal'。"金泰完认为，中世纪后期韩国语中出现如下的词头辅音群：ps、pc、pt 等等。他在后文提到："另外还有《鸡林类事》的'白米曰汉菩萨''粟曰

田菩萨'的'菩萨'与15世纪的'psal'(米)相对应。可知此时尚无词头的'ps'是其间有某种元音的第二音节语。如把'pasal'构拟的话,可推测是由第一元音的脱落变为'psal'的。另一方面,由《鸡林类事》的'女儿曰宝妲'构拟的'patal'也显示上述单词相同的元音脱落的事实,即:'patal'经过'ptal'的阶段到15世纪后,才变成'stal'的。"可见在韩国语中的复辅音声母也是由于前面音节的元音弱化脱落造成的,非韩国语自上古以来就有。他还说:"原先,韩国语在词头位置上只有一个辅音,词头辅音群的出现,无疑是非常费解的事情。不难猜测由此做出许多解除这些不稳定的努力。词头辅音群最终从韩国语消失,应归功于这些努力。"但他相信《鸡林类事》的"风曰孛缆"是古汉语复声母的反映,这却失之草率。本书第二章"论反切的起源"一节里对此有讨论。我细读他的这篇文章,发现他似乎没有确凿的证据可以论证上古汉语有复声母,以及如何影响了古代韩国语,然而金泰完却轻易地相信了上古汉语有复声母的观点,此殊不可解。

㊺德力格尔玛、波·索德编著:《蒙古语族语言概论》,中央民族大学出版社,2006年。

㊻收入小泽重男《元朝秘史蒙古语文法讲义》(风间书房,1993年)。小泽重男曾任国际蒙古学会会长,是公认的蒙古学权威学者,曾将《蒙古秘史》翻译为日语,还著有研究性的《蒙古秘史》(日文本),其他著述尚多。

㊼据学者研究,《元朝秘史》中的对音比较严谨。冯承钧先生《评元秘史译音用字考》(《西域南海史地考证论著汇辑》,中华书局,1936年)称:"(《元朝秘史》)此书译人的译法谨严,考究原名极易,不像《元史》译例不纯,有些名称很难还原。"陈援庵先生的《元秘史译音用字考》对《元朝秘史》的译音用字问题有深入细密的研究。

㊽[日]服部四郎:《日语的系统》,岩波书店,1999年。服部四郎(1908—1995)于1931年毕业于东京帝国大学文学院语言学专业,1936年任东大讲师,1942年任副教授,1943年获博士学位,1949年开始担任东大语言学讲座教授。1969年退休,获名誉教授。1971年获"文化功勋名人"(光华按,日语原文是"文化功劳者")称号。1972年当选日本学士院会员。1983年获文化勋章。他对日语、蒙古语、朝鲜语、阿尔泰语、阿伊努语均有专门研究,且引入欧美的结构主义语言学,开拓了独自的研究方法。《日语的系统》是他用历史比较语言学的方法来研究日语的起源及其系属的论文集(12篇)。他著有《服部四郎论文集·阿尔泰诸语言研究》共四卷(三省堂,1986~1993年。按:此四卷本书为光华所未见)。其语言学研究以严谨著称,其著作颇具论战风格,与其他诸多学者往复论辩,而不失学者中正平和的态度,在日本学者中似不易得。

㊾据语言学家说巴斯克语中也没有以r开头的词。看R. L. Trask《历史语言学》(外语教学与研究出版社,2000年)第67页的论述。

㊿共列举了14条,此不全录。服部四郎《日语的系统》(岩波书店,1999年)此书中有专门的一篇《阿尔泰诸语言的构造》一文,讨论得比较详细,其中头一条就指出阿尔泰诸语言的一个共同特征是没有复辅音声母(日语汉字写作"子音群")。

51参看《中国大百科全书·语言文字卷》"班图诸语言"条(周流溪撰)。

52[日]北村甫主编:《世界的语言》,《讲座语言(第6卷)》,大修馆书店,1981年。

53日本著名学者松田伊作所撰。

54光华按,日语原文是"子音连续",也就是汉语学者所称的复辅音。

55光华按,这样的现象并不孤立。据R. L. Trask《历史语言学》(外语教学与研究出版社,2000年)第67页的论述,在晚期拉丁语中,凡是以s开头的词,在进入西班牙语后都变成以es-开头;巴斯克语没有以r-开头的词,因此所有的借词,只要以r-开头,都变成er-开头了。

56根据《钱伯斯语源学辞典》(The H. W. Wilson Company, 2002)第859页"ptarmigan"条称:"ptarmigan"是1599年借自Gaelic语的tarmachan,在更早的Scottish语中的形式有termigan和tormichan。英文的"ptarmigan"是1684年最早见于记录,据说是受到了希腊语带pt词汇的影响。光华按,从此可知英文中带pt声母的词汇形式是受外来词的影响而形成,时代相当晚,并非该词汇的原始或上古形式。

57见《民族语文》2000年第1期,第21~26页。

58在韵母方面有类似的现象,可参看黄侃《文字声韵训诂笔记》(上海古籍出版社,1983年)第70页"说文字中带声”条。

(59)李方桂先生通晓西方语言学，大概只能归入审音派，但他的《上古音研究》中的韵母系统是阴阳两分，而不是阴阳入三分。这完全是考古派的方法。而黄侃《文字声韵训诂笔记》（上海古籍出版社，1983 年）就力主阴阳入三分，取法戴震，与其师章太炎有别。则黄侃似乎应该归入审音派，而其考古之功断非现在的审音派学者所能企及。我以为上古音研究既需考古，也需审音，非有此疆彼界。李方桂考古之功不深，其上古音系得之于审音太多，往往与古不合。潘悟云以审音派自居，他主张“闭塞力度”的音学理论，朱晓农《从群母论浊声和摩擦——实验语音学在汉语音韵学中的实验》（《语言研究》2003 年第 2 期）认为这不合理，明确表示不赞成：“它引起的问题比解决的问题更大。”

(60)［英］R. L. Trask：《历史语言学》，外语教学与研究出版社，2000 年。

(61)［美］布龙菲尔德著，袁家骅等译：《语言论》，商务印书馆，1997 年，第 395 页。

(62)在其他印欧系语言中还有别的声母表现形式。

(63)另参看威廉·汤姆逊著、黄振华译《十九世纪末以前的语言学史》（世界图书出版公司，2009 年）第 120 ~ 121 页；我们再从《大英百科全书》“吐火罗语”条引述一点吐火罗语的相关材料（用英语原文）作为参证：“Tocharian forms an independent branch of the Indo – European language family not closely relatedto other neighbouring Indo – European languages（Indo – Aryan and Iranian）. Rather，Tocharian shows a closer affinity with the western（centum）languages：compare，for example，Tocharian A känt，B kante ‘100’ and Latin centum with Sanskrit Śatám；A klyos –，B klyaus – ‘hear’ and Latin clueo with Sanskrit Śru –；A kus，B kuse ‘who’ and Latin qui，quod with Sanskrit kas.” R. L. Trask《历史语言学》（外语教学与研究出版社，2000 年）第 124 页介绍了一条音变规律叫“舌根音软化”，论述到：在英语中有一个规律是“舌根音软化”，是指舌根塞音 k/g 在前元音的前面转化为 s/ʃ/dʒ/，有所举证。作者显然没有想过用复声母 sk – 来解释，这是很科学的态度。印欧语学者一般认为古老的赫梯语保留了原始印欧语的腭音，后来演变成咝音。据日本著名语言学家大野晋《日语的起源》（岩波书店，2003 年）一书的论述，日语和泰米尔语有同源关系，二者可以对应的同源关系词非常多。大野晋此书《日语和泰米尔语对应词一览表》第 6 页指出了一个现象：日语的［s］声母和泰米尔语的［c］声母有对应关系，举例甚多。此不录。

(64)［日］佐藤圭四郎：《世界历史 6·古代印度》，河出书房新社，1989 年。

(65)欧阳觉亚等：《黎语调查研究》，中国社会科学出版社，1983 年。

(66)马学良主编：《汉藏语概论》，民族出版社，2003 年。

(67)洪亮吉《汉魏音·叙》［《洪亮吉集（第一册）》，中华书局，2001 年，第 178 页］有曰：“反语出，而一字拘于一音；四声作，而一音又拘于一韵。而声音之道，有执而不通者焉。”洪亮吉很重视上古时代的汉语方音现象。他甚至说反切出而古音亡：“止于魏者，以反语之作始于孙炎，而古音之亡亦由于是。”

(68)当然，我们这里举的这个例子确实是同源分化字，这种现象也包含在“转注”之中。

(69)主张六书分“体用”的学者并不始于王国维。明代的杨慎，清代的戴震、段玉裁都主张如此，另可参看杨树达《文字形义学》第 15 页（上海古籍出版社，1988 年）。清代学者顾千里《书段氏注说文后》（《顾千里集》卷二十四，中华书局，2007 年）坚决反对戴震、段玉裁“六书分四体二用”的观点，称六书皆造字之本：“《保氏》六艺余九数等未见有分体用者也，何以六书乃独分乎？其无当故显然也。郑司农之注云‘六书：象形、会意、转注、处事、假借、谐声也’，六者并列，转注、假借二者交错于四者之间，其不分体用亦已显然，其必与班、许同以此为造字之本，更何待言，安得独诋班以实为巨谬乎？故曰皆大不然也。”前人关于“转注”的论述和各种相关材料比较详细的收集可参看张斌等主编《中国古代语言学资料汇纂·文字学分册》（福建人民出版社，1993 年）第 191 ~ 275 页。

(70)裘锡圭在《文字学概要》第 102 页称：“我们认为，在今天研究汉字，根本不用去管转注这个术语。不讲转注，完全能够把汉字的构造讲清楚。至于旧的转注说中有价值的内容，有的可以放在文字学里适当的部分去讲，有的可以放到语言学里去讲。总之，我们完全没有必要卷入无休无止的关于转注定义的争论中去。”裘锡圭此书介绍了古人关于转注含义的九种观点，然而不取其中任何一种。朱骏声《说文通训定声》不仅改变了《说文》转注的例字，还改变了其定义，将六书的转注解释为“意义的引申”，王力主编《古代汉语（第一册）》（中华书局，2007 年）居然赞同其说，称："朱骏声的说法不是没有理由的，他不迷信古人的精神，是值得肯定的。"我们认为朱骏声先生和王力先生的看法是完全错误的。《说文》的六书无一例外是分析汉字结构的方法，是专指字形而言，不可能是指字义的引申，因为这与分析汉字结构或创造新的汉字毫无关系。戴震、段玉裁、王念孙都相信转注就是互训。然而互训是词义训诂的问题，与汉字的字形结构分析无关，不符合六书的精神。戴震、段玉裁等人关于转注的解释肯定是错误的。

㉑转注字就是一形多用字的分化字，这样的观点早在清朝就有学者提出，而长期没有得到应有的重视。如郑知同《六书浅说》："转注以声旁为主，一字分用，但各以形旁注之。转注与形声相反而实相成。"饶炯《文字存真》："转注本用字后之造字。一因篆体形晦，义不甚显，而从本篆加形加声以明之，是即王氏《释例》之所为累增字也。一因义有推广，文无分辨，而从本篆加形加声以别之。一因方言转变，音无由判，而从本篆加声以别之，是即王氏《释例》之所为分别文也。"（详细论述参看张斌等《中国古代语言学资料汇纂·文字学分册》，福建人民出版社，1993 年，第 249 ~ 251 页）饶炯的观点很精彩，而且论述详明，是前贤转注论中最为可信的，远远先于我而发。王筠《说文释例》中阐释的累增字和分别文确实都属于转注字（只是王筠本人没有意识到这就是转注字，他的《说文释例》还是坚持转注是互训）。孔广居《说文疑疑·论六书次第》："以文生字，字又生字，生生不穷，谓之转注，是转注即寓乎四象之中者也。转注多以本义相生。"如果把其中的"生生不穷"解释为由字根产生出分化字，那么这就是正确的，只是孔广居原义不甚精确明晰。我最近注意到郑张尚芳早在 1981 年的《上古音系表解》和 1984 年的《上古音构拟小议》［载《语言学论丛（第 14 辑）》，商务印书馆，1984 年］就对"转注"做出了有益的讨论，与我这里的论述非常相似，而早于我二十多年就得出了类似的结论。此二文都收入《郑张尚芳语言学论文集》（中华书局，2012 年）。郑张先生称："转注"其实就是同字根变形的孳乳分化字（许慎"建类一首"即指同根字），可以分三类分化形式。一、改笔或增减笔；二、加形；三、加声。凡在原字根上加形加声而形成的次生"形声字"都实属转注。它们既是同字根分化字，其语音自然本同。光华按，郑张先生这些论述本来很有见地，只是他没有充分注意到汉字中的"异字同形"的现象，有些转注字是读音同源（有时稍有差异，但也在通转范围之内），然而有些转注字却是同一个字根代表两个不同源的字，读音不可相通，这样的转注字是郑张先生没有注意到的。另外，郑张先生所说的三类分化形式其实就是裘锡圭《文字学概要》"八、形声字产生的途径"一节所说的形声字所产生的三种途径，只是裘锡圭没有把这些形声字归入转注的范畴，而郑张先生对这个问题的论述似乎还要早于裘锡圭。

㉒［日］春日和男：《新编国语史概说》，有精堂，1995 年。

㉓光华按，这里的"系统"相当于汉语说的"语系"。

㉔学者们为了确立同源词关系，想了许多办法，然而直到现在还没有一种方法可以让人完全信服。邢公畹先生提出过汉台语的深层对应方法，以此来证明汉台语同源。但聂鸿音先生有《"深层对应"献疑》（《民族语文》2002 年第 1 期）专门批评邢公畹先生的"深层对应"说。批评者还有丁邦新先生《汉藏系语言研究方法的检讨》（《中国语文》2000 年第 6 期）。

㉕关于如何确立两种语言是否有亲属关系，学者们一般强调用关系词之间语音对应的方法。但是学者们越来越清楚地意识到音义相似的对应不能作为确立同源词的方法，用语音演变规律的对应才能确立是否是同源关系。因此，在有亲属关系的语言之间，音义都非常相近的两个词很可能不是同源词，而是借词；倒是音义不一定非常相近，但符合音变规律的对应才是真正的同源词。然而现在研究汉藏语同源词的学者往往只是从关系词的音义是否相近来确定同源词，不注意音变规律的对应，因此所得出的结论未必是可信的。正因为如此，本书不轻易谈论汉藏语系与汉藏同源词的问题。

㉖参看服部四郎《日语的系统》（岩波书店，1999 年）第 338 页。

㉗［法］梅耶著，岑麒祥译：《历史语言学中的比较方法》，世界图书出版公司，2008 年。

㉘奇怪的是现在有的学者居然煞费苦心地专门来寻找甚至构拟上古汉语的形态。其出发点就是假设上古汉语是有形态的，我认为其前提根本就是错误的。

㉙岑麒祥的译本序中没有充分认识到梅耶的这个卓识的重要性，不恰当地批评梅耶"这就未免言过其实"。本书第一章已经有专节从跨学科的方法论证了所谓的"汉藏语系"实际上并不存在。

⑳我们这里再举一个例子：有的学者居然认为古音声母中的清音和浊音不能发生通假关系，认为清浊有别义功能，古人不会相混。我们认为这种想法完全是以今律古，古人对于清浊音的分辨实际上在一般情况下并不严格，只有严格审音的专门学者才能做到严密地区分清浊。在东汉以前，古人认为清声母和浊声母可以成为通假关系，也可以成为谐声关系。这怎能牵涉到复声母的问题？黄侃《声韵通例》（《黄侃国学文集》，中华书局，2006 年）："凡清浊音同类者，亦互相变。"这是承认清浊声母可以相通转。钱大昕《潜研堂文集》卷十五称："但古人一音异读，多由南北方言清浊讹变，非真义随音异，若泾渭之悬殊。自葛洪、徐邈等创立凡例，强生分别，而休文据以定四声，习俗相沿，牢不可破，而汉魏以前之正音遂无可考矣。"钱大昕的这段论述是说声母的清浊在方言中的相混不一定有别义的功能。据赵明鸣《突厥语词典语言研究》（中央民族大学出版社，2001 年）第 174 页的论述，成书于 11 世纪 70 年代的《突厥语词典》中存在清辅音与浊辅音交替的现象，例如 b—p，d—t，h—ɣ 之类的交替，并不别义。据德国突厥语学权威学者冯·加班《古代突厥语语法》（内蒙古教育出版社，2004 年）第 45 ~ 48 页所论，在古突厥语中浊辅音和清辅音之间的交替是常见的音变现象，没有别义功能。其例甚多。今人过于强调审音，越推越密，反而与古不合。清代学者刘禧延［《丛书集成新编（第 14 册）·刘氏遗著》，新文丰出版公司，1985 年，第 202 页］在论及清代的古音学研究的时候尝曰："近诸考古家互有移并，然或过于求密，致失之拘。甚或古人用韵，有不合其部分者，辄略而弗言以曲全己说。始固由经典以求古音，究将执其所谓古音以局古人。此特自为一家之说，于古人未必尽合也。"这番话对于现在的古音学研究也是痛下针砭，一点不过时。

㉑主张古有复辅音的学者有时会出现其他的问题。如邓晓华《古南方汉语的特征》（《古汉语研究》2000 年第 3 期）称："以往的研究，往往试图通过完善上古复辅音构拟来解释南方汉语的各种变异问题，例如邢公畹先生认为闽语中的 kha，泰语的 kha[1]，都是从跟上古汉语＊kag'股'有关的一系词变来的，构拟为＊pqag。看来，这个结论需重新考虑。'骹'的古汉语构拟形式涉及古音构拟的一个重要问题，即上古复辅音拟测问题。弄清复辅音的问题，对于研究汉语发展史，构拟古音及考证词义的演变，都有重要的意义。但是，'骹'的上古音形式却并非用复辅音能解决。"

第三节　本书的目的和方法

反对古有复辅音说的观点虽然得到一些学者的支持，但是并没有将支持复辅音声母的各种主要材料击倒，反对派往往不能对各种复杂的谐声现象作出合理的正面的解释。有的学者甚至认为同谐声者本来就不一定同组。这样的意见本来并没有错，但是由于缺少论证，所以不能令主张古有复辅音的学者口服心服。现在，主张古有复辅音的学者反而逐渐增多，就是因为他们坚信他们所利用的材料是站得住脚的，是无可置疑的。本书将要从正面辨析那些用于证明古有复辅音的材料和证据是不可靠的。我们认为不利用构拟复辅音的方法，也能解释那些比较困难的谐声。这样深入细致地辨析考证材料的工作，我们的前辈还是很少做过的，我们的研究工作要达到的目的就是证明上古汉语的语音中没有复辅音存在。由于时间和篇幅的限制，我们将辨析用于论证复辅音的主要材料，没有可能也没有必要将一切材料都毫发无遗地辨析干净。学者们可以推广本书的理论和方法去辨析我们没有论及的那些材料。

本书完全是从客观的、实际的材料出发，而不是从任何现成的理论假设出发，因此本书的意义还在于避免了现在的上古音研究中过分重视“假设”的问题[①]。我想引述伟大的科学家牛顿在一封信中所说的话：“对事与物的推论，最好和最安全的方法似乎应该先聪明地寻求事物的性质，再逐渐提出假说来解释。要知道假说只能用来辅助解释事物的性质，假说本身并非事物的性质，除非它可供做实验。因为如果假说的可能性也要作为事物的真实性来实验，那么我就不知道如何使科学得以确定了。”[②]本书是用充分的材料来检验音韵学上的某些假设和理论，而不是企图为某些既成的理论提供证据，更不是为了迁就某些理论假设而歪曲事实或主观地剪裁事实[③]，本书的论述完全是以坚实的考证为基础[④]。我们力求博采文献，戒绝空谈，不作任何没有根据的假设，也避免好大喜功地建立所谓的体系[⑤]。吕叔湘先生曾经在《把我国语言科学推向前进》[⑥]一文中告诫我们：“我有一个印象，喜欢搞理论的人多，肯在观察、实验上用功夫的人少，特别是在青年同志里边是如此。别人也有这样的印象。我看语言研究，至少是语法研究，也有类似的情况。为什么会有这种偏向？我想，这是因为搞理论可以得到一种美学上的满足，用通俗的话来说就是‘过瘾’。你看，化学元素周期表、原子核模型，美不美？美得很啊。语法体系不是也可以搞得很美吗？观察呀、实验啊，既零碎，又枯燥，腻味死了。然而，没有办法：不搞观察和实验就产生不出理论。”吕叔湘先生的这番话是说一切理论都要立足于坚实的实践，要从客观的材料出发，要系统地、准确地掌握材料。这并不是轻视理论，而是轻视脱离实践基础的空理论[⑦]。我们尤其要提防专门用新奇理论来解释中国历史文化的倾向。一代国学宗师罗振玉在《碑别字续拾序》[⑧]说过：“尝怪当世少年，乃务倡隐怪之说，肆向壁之谈，一若学问之事，前贤已发挥无遗，非另辟畦径，不能标新领异者。吾殊不知其何心也。”著名考古学家和人类学家李济先生《再谈中国上古史的重建问题》[⑨]一文论述到：“冒牌的科学，甚至于有计划的欺骗，都在科学界发生过。不过这一类的事件尚可以鉴别；最应该防备的，是借用科学理论，发挥个人的偏见。这些不成熟的半吊子[⑩]的科学历史观，已经在中国的史学界出现过不止一次了。譬如：有一位研究中国古代史的外国籍的汉学家，曾经把若干少数民族在中国境内近代地域的分布情形，用作解释两千年前的中国历史，并作了若干推论，说中国文化受了很大的土耳其的影响。这完全是对于民族学的一种误解。我们现在知道，有不少的史学家想利用各种的时髦的社会学理论解释中国上古史。但是他们不但对于社会学这门学问本身没有下过功夫，连中国上古史的原始资料也认识不了许多。不过一般的读者因为他们说法新颖，往往就迷住了。这一类的发展，对史学这门学问本身是不幸的。”[11]我们在上古音研究中一定要提防和反对这种怪现象，现在这种荒唐的事情在音韵学界不仅有，而且很嚣张。具体表现为滥用半生不熟的理论和方法来随心所欲地乱谈假设，并在这种假设的基础上作许多无根的推论。这种乌七八糟的行为居然被无识之徒吹捧为主流，必将成为千古笑柄。

本书要为上古音韵学的科学研究做一点较为扎实的基础工作。我们也深信这样的坚实客观的考据性探索将会有利于理论上的深入研究，具有理论上的价值，并且本书不作任何高谈阔论的纯粹理论假设。事实上，学者们对音韵学研究方法上的问题早已有所觉察。如鲁国尧先生《致宁继福论〈中原音韵〉书》[12]说：“我看，迄今对于汉语音韵学的研究（包括《中原》的研究在内）都着重于语音系统的考察，而单个字音的演变却未受到足够的重视。近年来，近代词义的研究方兴未艾，而近代字音的研究却很沉寂，《汉语大词典》《汉语大字典》[13]正在编纂中，如果对字义、词义的变化写得很详细，而对字音、词音的演变不作探讨，未免是美中不足。我看单个字音的研究应该重视。我写了三篇宋词用韵考，曾利用《广韵》《集韵》《中原音韵》等与宋词韵字参稽比较，考察了二十几个字音。”鲁国尧先生的意见确实是痛下针砭，颇为中肯。我们认为对具体的材料不作深入细致的考察[14]，就想急于建造理论，提出大胆的假设，构造体系，这不是科学的态度[15]。只靠一些有限的现象就得出结论，并且在这样的结论上又进一步推出其他的结论，这往往是不可靠的。朱德熙先生称之为“以小本钱做大买卖”[16]。事实上，深入细致的考据工作是颇得学术界的重视的。孙玉文教授的博士学位论文《汉语变调构词研究》[17]、汪维辉教授的博士学位论文《东汉—隋常用词演变研究》[18]、董志翘教授的博士学位论文《〈入唐求法巡礼行记〉词汇研究》[19]、陈剑的博士学位论文《殷墟卜辞的分期分类对甲骨文字考释的重要性》[20]都是以考据为主的学位论文，而且都获得学术奖。本书也是以考据为主，但我们在文章中也要涉猎一些规律性和理论性的问题，其中有些问题还相当重要，例如上古汉语中是否真的已经有了反切？古人所说的“合音”到底是不是反切？“倒纽”的现象与上古音声母的关系如何？在上古汉语的语音中，果真如很多学者说的那样有复辅音存在吗？现代的音韵学者用于论证上古音有复辅音的证据是否可靠？其论证的方法是否经得住检验？“自反”原理对于揭示汉字的谐声结构有多大的重要性？本书常常利用古代汉语的“系统性”来驳正学者们的论述及其所根据的材料。毫无疑问，语言的“系统性”问题是密切关系到语言学理论的重大问题，本书的讨论将揭示语言的“系统性”原理所具有的重要的实用价值，具体表现在研究上古音声母时非凡的功用。前辈学者黄侃《文字声韵训诂笔记》第199页早已精辟地指出：“求语根之专书，端推刘熙《释名》。有《释名》然后知名必有义，义必出于音。然《释名》只单就每字论，而无系统条贯，可为求语根之书，不能为求语根之学也。”这是强调语言的系统性在考求语根上的作用。我在本书中特别关注通过通假字系联法来讨论上古音的声母问题[21]，避免被一些孤立的谐音现象所迷惑。我们的上述工作都将立足于考据，在充分的材料的基础上展开。

另外，本书在坚持以考据为主的同时，也注意利用语音学和方言学的方法来做审音的工作，尽可能地对古汉语的一些音变现象作出音理上的分析，但是我们的审音正如王力先生所要求的一样，是在考古基础上的审音，而不是不顾汉语史自身的材料和问题，一味地迁就所谓的汉藏语对音或汉藏语同源的假设。李方桂在《汉语研究的方向》[22]中说：“‘蚓’（螾）这个字按照我们推测上古音的方法，至少在我上古的拟音为 rin，这种音值好像跟现在的念法不大相像，但却是完全根据汉语的材料来定的音，并没有受到别的影响，也就是说并不是在别的语言里有这个字而影响它拟成这个样子。后来，我们发现在西藏文里也有蚯蚓这个字，叫做 srin。大凡藏文在名词前头有 s－，我们并不知道它有什么用处，但是乍看起来，至少觉得这两种读音是有点相近的情形。对不对，我们并不知道，也许是一种偶合或误会的现象。那么成系统的研究，就要看诸位将来远大的前途了。……我们在这里的拟测并不靠西藏语的比较，而是单纯就汉语的本身来拟测，然后再跟藏语作比较。”早在 1939 年李方桂先生[23]就说过：“因为比较研究是求历史上的关系，所以全系的比较不如一支系的比较容易。因为相近的一小支的语言，它们的历史上的时间变迁都较少，比较起来简单，并且同较大的支系去比较也得拿它作基础。所以把西藏语同汉语比，就不如把西藏语同它相近的缅甸语比；把暹罗语同汉语比，就不如把暹罗语同它同系的别的台语比等。我们把台语的系统弄清楚之后再与汉语比，那么我们就立在较稳固的基础上。”[24]本书讨论汉语上古音的声母问题是以古汉语自身材料为基础。汉藏语对音或汉藏语同源不是本书所讨论的课题[25]。对于经过认真的研究仍然不能解释的音变现象，我们的态度是付之阙如。我们不打算对某些目前还难于解释的复杂音变强作解释，而是尊重语言事实本身。吕叔湘先生在其论文《数量词后的来、多、半》[26]中有一段话很能发人深省：“我不知道这个解释讲得通讲不通。我写这篇短文的主要目的是向读者求教，关于‘来’字的规律是否符合事实。如果这些规律本身站得住，解释的是否圆满应该不影响规律的存在。如果规律站不住，也就是说，对于事实的观察不正确或不全面，那末所作解释，尽管听起来很有道理，也是要落空的。”吕叔湘先生的态度是科学的、实事求是的，也是本书采取的态度。

本书力求做到在材料、方法、考证、理论各个方面都既严谨，也有创新。

在材料上，我们尽量广泛地收集文献上的材料，而且注意利用古文字学上的材料和学者们的研究成果，并一一注明所出。我们自己也努力寻求古文字材料，并非都利用其他学者所完成的成果。本书还注意参考日本学者的研究成果。但是我们丝毫不迷信日本学者的观点，我时刻不忘用自己的研究来印证和检验日本学者的意见[27]。在具体的材料上，例如赵元任先生《反切语八种》[28]指出民间惯于利用反切的方法来创造隐语，此文是很重要的文献。我们也注意到清代学者郝懿行的《晒书堂文集》已经有了类似的观察和论述[29]。

在方法上，本书广泛利用了通假字系联法。在其他学者的论著中运用通假字系联法来研究上古音声母还不是很普遍。本书在研究上古音声母的时候，时刻不忘将汉字的形、音、义三者作为一个整体来考虑，这也是本书在方法上的一个特色，因为有许多音韵学家讨论上古音常常是离开字义，就音韵本身来进行讨论，而不是将形、音、义三者紧密相连。事实上，研究上古音的声母问题，是绝对不能忽视文字学和训诂学的重大作用的。黄侃《文字声韵训诂笔记》[30]：“二曰古无训诂，声音即训诂。黄先生尝云：古无训诂书，声音即训诂也。”许多音韵学问题的解决要借助于文字学和训诂学的研究，许多音韵学家的错误也往往是因为忽视了文字学和训诂学方面的材料。我们在本书中将充分考虑到这一点。另外，本书非常谨慎地使用对音的方法。在没有十分把握的时候，我也会在文章中注明。例如我们采用了日本学者、梵学大家宇井伯寿关于支娄迦谶翻译佛经中的音译材料，因为我们认为这是可以信赖的研究成果。本书采用的其他对音材料都经过严密的选择和斟酌，且一一详注所依据的文献，并非草率从事。谨慎地利用对音材料对考论古汉语的语音往往有重大的价值。

在考证上，我们继承清代汉学家的宝贵学风，务求严谨，孤证不立论。如同清代音韵学家陈澧

《切韵考》[31]卷一序所称："惟以考据为准，不以口耳为凭，必使信而有征，故宁拙而勿巧。"《清史稿・傅山传》所录傅山论书法之言："宁拙毋巧，宁丑毋媚，宁支离毋轻滑，宁真率毋安排。"如果没有充分的证据，我们不会轻易地赞成或反对某种观点，也就是前辈学者说的"既不轻信，亦不轻诋"。务求昭学术之公，持是非之平。我们的态度如同《文心雕龙・序志》所言："有同乎旧谈者，非雷同也，势自不可异也；有异乎前论者，非苟异也，理自不可同也。同之与异，不屑古今，擘肌分理，唯务折衷。"亦如江有诰《音学十书・古韵凡例》称："精益求精，密益求密，不敢妄为立异，亦不苟为雷同。"邹汉勋《读书偶识》[32]自叙："然见必出诸己理，不阿于人。虽见书未广，容有闇同者；交士未多，容有遥合者。亦唯自信，无抄袭焉尔。"本书不回避各种复杂现象和困难问题，实事求是地面对材料所反映的问题，决不以空论代替实证。我努力避免《四库提要》卷五十八"明儒学案"条所说的："及其末流之弊，议论多而是非起，是非起而朋党立。"虽然我曾经认真地学习过清代小学，然而在具体的考证上却也难免疏漏。本书中出现的任何错误都是诚实的，是我在真诚地探索中所犯的错误，而不是《说文解字叙》所批评的："人用己私，是非无正，巧说邪辞，使天下学者疑。"

在理论上，本书的考证和研究是与一系列的理论观点紧密相连的。例如，把自反理论用于上古音声母研究，将解释一系列复杂的谐声问题，尽管并不是我最早注意到汉字中有"自反"现象，但却是我较早地把"自反"理论和上古音声母研究相联系[33]。又如，本书充分注意到汉字的谐声结构中有训读的现象存在，这样的研究在前辈学者中除了杨树达、黄侃、沈兼士之外，其他学者似乎还很少做类似的研究。我们认为用训读可以解释一些比较困难的谐声问题。另外，我们对反切起源的论述也关系到汉语史的一个重大的课题。

我们还需要作一点说明：本书第二章各节虽有各自讨论的中心，但是各节之间有着紧密的关联。我们对有的问题的分析事实上涉及多方面的内容，要牵涉到不同章节中所使用的方法。因此，我们把例子归属于哪一章哪一节也只有相对的标准。例如，我们讨论了相当一些例子既属于自反的问题，也属于训读的问题，我们往往是把这些例子归属于"论训读"一节来讨论，而没有放在"论自反"一节。这样的处理只是方便做法。

注释

①关于对科学研究中侈谈假设的批评，可参看何九盈《汉语和亲属语言比较研究的基本原则》[《语言学论丛（第29辑）》，商务印书馆，2004年] 一文第22～23页。

②［英］迈克尔・怀特著，陈可岗译：《最后的炼金术士：牛顿传》，中信出版社，2004年，第232页。

③唐兰《古文字学导论（增订本）・下编》（齐鲁书社，1981年）第273～274页称："（四）戒苟且浮躁。有些人拿住问题，就要明白。因为不能完全明白，就不惜穿凿附会。因为穿凿得似乎可以通，就自觉新奇可喜。因为新奇可喜，就照样去解决别的问题。久而久之，就构成一个系统。外面望去，虽似七宝楼台，实在却是空中楼阁。最初，有些假设，连自己也不敢相信，后来成了系统，就居之不疑。这种研究是愈学愈糊涂。"这段话真是名家之言，对现在的某些专靠用假设来作推论的语言学研究是当头棒喝。傅斯年《"城子崖"序》（《中国现代学术经典——傅斯年卷》，河北教育出版社，1996年）称："'过犹不及'的教训，在就实物作推论时，犹当记着。把假定当作证明，把设想当作假设，把远若无干的事当作近若有关，……都不足以增进新知识，即不足以促成所关学科之进展。"《中国大百科全书・语言文字卷》"赵元任"条（李荣撰）称赵元任的《中国话的文法》一书："显然受了结构主义语言学的影响，可是作者持论通达，从来不拿事实迁就理论。"薛凤生《汉语音韵史十讲》（华语教学出版社，1999年）第2页称："我们不能只说喜欢或重视理论，而是要面对这些所谓的'理论'，拿出'赤胆屠龙'的勇气来，批驳我们认为是错误的'理

论’。”苏联著名学者彼得鲁舍夫斯基曾经提到：著名历史学大师巴托尔德认为“任何理论性的概括或概念，如不以分析事实为其坚实的基础，就不可能有科学的价值，而这种基础是要靠对史料进行细致的考订和缜密的研究”，巴托尔德的这种可贵的科学方法被他的后继历史学家继承下来，其中不仅有他的及门弟子，而且还有受到他的著作影响的人们。（《蒙古入侵时期的突厥斯坦·序言（俄文第二版）》，上海古籍出版社，2007 年）。梅耶《历史语言学中的比较方法》（世界图书出版公司，2008 年）“序”称：“近年来，许多语言学家曾经提出一些证明得极坏的假设，所以我们更加有把这些方法加以考察的必要。新的词源研究做得很多，但是大多数连一点证明的迹象也看不出。目前大家对于保证词源的比较做得正确的那些条件还没有一致的意见，所以对这些词源研究作详细的批评是徒劳无功的。”

④最近耿振生教授出版了他的新著《20 世纪汉语音韵学方法论》（北京大学出版社，2004 年），对 20 世纪的音韵学者们所利用的各种研究方法进行了相当详细的述评，很值得参考。

⑤张琨先生《中国境内非汉语研究的动向》（《中国语言学论集》，台湾幼狮文化事业公司，1977 年）一文批评了白保罗，称：“我刚才说 Benendict 的书出得太早，我的态度就是不要好高骛远，好大喜功，要从小处着手。因为他那本书里，材料是几十年以前的材料，很多现在的新材料完全没有用。有些材料只有几十个字，有调没调也没说，音标也不正确。拿这种材料来做比较研究，那就好像在沙滩上要盖大洋楼一样，那是绝对不行的。所以说我们应该要注意材料，……这种工作没有十年二十年是做不出来的。”

⑥吕淑湘：《吕叔湘文集（第 4 卷）》，商务印书馆，1992 年，第 17 页。

⑦《李方桂先生口述史》（清华大学出版社，2003 年）第 75 页在评价张琨先生的时候说：“他具有极强的责任感，并且也有自己的观点，有独立的见解，工作十分认真，很少做那种空洞的理论研究。”李方桂先生的这些话很能发人深省。

⑧（清）罗振玉：《雪堂类稿（乙编）》，辽宁教育出版社，2003 年，第 262 ~ 263 页。

⑨李济《安阳》（河北教育出版社，2001 年，第 364 页）。原刊于《国立中央研究院历史语言研究所集刊》（“国立中央研究院”历史语言研究所，1962 年）第三本。

⑩光华按，原文作“半调子”，当误，径改。

⑪此文发表于 1962 年。

⑫鲁国尧：《鲁国尧语言学论文集》，江苏教育出版社，2003 年，第 476 ~ 477 页。

⑬光华按，原文“汉语”误作“汉字”。径改。

⑭李济《安阳发掘与中国古史问题》（《安阳》，河北教育出版社，2001 年）举了一个例子来说明精确理解材料的重要性：“尤其传得热闹的，为郭沫若氏的《汤盘孔鼎之扬榷》一文。在这一文中，他认为《四书》中《大学》所载的汤之盘铭苟‘日新、日日新、又日新’为‘兄日辛、祖日辛、父日辛’的误读。这一解释，轰动了当时的学术界；很多人以为其新颖可喜，就竞相传说。但在那时除了罗振玉外，很少人曾经检查过这一批原始资料。著者（光华按，即李济先生自己）在整理殷句兵时，对于三句兵的考古价值已觉得甚低，并将此意告诉董作宾先生。直到 1950 年，董作宾才明白地指出，所说的‘商三戈’铭文，全是伪刻。他并从甲骨文上，证明郭沫若氏所扬榷的，显然只是一种肤浅的偏见。这一例可以说明，用地下材料的人，首先必须做的一件事，应该是对于原始资料的本身，加一番彻底的检查。若没有这一番工夫，就是以罗振玉、王国维、郭沫若这些人的聪明及学力，也要闹出‘商三句兵’的错误解释一类的笑话。”光华按，郭沫若《汤盘孔鼎之扬榷》一文收入郭沫若《金文丛考》中。另外，李济同书中的《论“道森氏·晓人”案件及原始资料之鉴定与处理》一文也值得一读。

⑮恩格斯在 1890 年 10 月 5 日给施密特的信中批评当时德国的青年作家，说：“我们的历史观首先是进行研究工作的指南，并不是按照黑格尔学派的方式构造体系的方法。……他们只是用历史唯物主义的套语，……来把自己相当贫乏的历史知识（经济史还处在襁褓之中呢）尽速构成体系，于是就自以为非常了不起了。”［见《马克思恩格斯选集（第 4 卷）》，人民出版社，2004 年，第 475 页］我们认为恩格斯的话直到现在也还没有过时。

⑯史有为《一代语言学名师与学术进步》（《朱德熙先生纪念文集》，语文出版社，1993 年）称朱德熙“他不希望我们学习美国一些人那种小本钱做大买卖、只讲新奇理论的做法”。鲁国尧先生《重温朱德熙先生的教导》（见《朱德

熙先生纪念文集》和《鲁国尧语言学论文集》）引述了朱德熙给他的一封信："我看主要精力和时间仍应放在语言事实的收集和分析上。近年来，美国语言学有重理论轻事实的弊病。"鲁国尧称朱德熙的这个见解是"朱子晚年定论"。日本学者杉村博文《悼念朱德熙先生》（见《朱德熙先生纪念文集》）载有朱德熙先生的语录："乔姆斯基的心太大，他要把语法现象都描写清楚。我只要能够把汉语语法的百分之六十描写清楚，就心满意足了。我老怀疑自然语言的规律性、系统性到底有多强？"李零《最后的电话》（亦见《朱德熙先生纪念文集》）说："有一次我跟他（朱德熙）谈起美国学生做论文，先要挖空心思找理论。他跟我透底说'咱们搞中国的东西要有自尊和自信'。他觉得美国现在的理论太多太花，千万不要迷信。"2005 年下半年，我的老师陆俭明先生在香港科技大学中国语言研究中心讲演的时候，特别强调了发掘各种语言事实和材料的重要性。当时张敏教授也发言表示语言研究不能仅靠一点理论推来推去。我注意到古文字学家、考古学家、方言学家、训诂学家、古文献学家、历史语言学和比较语言学学家、民族语言学家、中外交通史专家似乎从来没有空谈理论的。有的学者动辄拿西方语言学理论来作幌子，实则，西方语言学流派众多，历史较长，也不可一概而论。例如作为历史语言学和比较语言学的发祥地与长期学术中心的是德国，而德国的语言学家往往致力于语言本身的规律的探索，而不谈空泛的大理论。早期留学德国的陈寅恪、季羡林都是考据家，而不是理论家。西方语言学本来也有强大的考据传统，尤其是德国和法国。我国著名学者赵元任、李方桂长期在美国留学和工作，但他们的研究并没有侈谈理论，更多的是探索语言本身的规律。只要看看赵元任的《反切语八种》一文就知道前辈学者的作风。西方语言学名著布龙菲尔德《语言论》一书也举证浩博，非空谈理论可比。高本汉《中国音韵学研究》乃是一部有理论和方法的考据名著，非语言学理论家所能为。吕叔湘曾感叹叶斯丕森的《英语语法精义》一书收集例句数万条，功力深厚。他还说自己的《中国文法要略》中的好些观点已经过时，但其中收集的材料还相当多，有参考价值。吕叔湘还对《马氏文通》的大规模的材料收集非常赞叹。王力先生晚年的《汉语语音史》《汉语语法史》的大部分篇幅都在排比材料，纯粹论述性的话并不多。钱钟书一向自称没有系统的理论，但他的《管锥编》《谈艺录》是公认的世界名著，这两部书主要是在排比各种材料。英国一位著名的考古学家说过：只管收集材料，永远不要管理论。日本的京都学派是世界汉学中心之一，而京都学派简直可以称作考据派或材料派。日本的汉学家（包括汉语言学家）都以功力深厚著称，我没有看到一个日本的中国学专家是空谈理论的。我注意到在 20 世纪 50 年代以前，我国留学欧美的学者，无论是学语言学还是学历史学，似乎都是在学西方的考据学。在中国学术界产生最大影响的西方学者似乎都是考据家，如伯希和、马伯乐、沙畹、高本汉（高本汉的著作还有对《诗经》《尚书》《左传》的训诂学研究，以及对上古汉语的通假字研究。在台湾有翻译本）等人。法国语言学家梅耶的成就断然不是现在的美国语言学家所能完成的。傅斯年声称史学就是史料学，而傅斯年是长期留学欧洲的学者。陈寅恪先生特别强调"在史中求史识"。以现代史学的眼光来看，学者们比起《新唐书》来更重视《旧唐书》，就是因为《新唐书》包含了较多的史论，有所谓春秋笔法，主观批评性的东西不少，考证工夫不够（例如《四库提要》卷四十六"新唐书纠谬"条称吴缜的《新唐书纠谬》对《新唐书》的批评是有道理的："然欧宋之作新书，意主文章，而疏于考证，抵牾踳驳，本自不少；缜自序中所举八失，原亦深中其病，不可谓无裨史学也。"同书同卷"旧唐书"条："自宋嘉祐后，欧阳修、宋祁等重撰新书，此书遂废；然其本流传不绝，儒者表昫等之长以攻修祁等之短者，亦不绝。"）。而《旧唐书》有更大的史料价值，材料丰富，叙述更客观。《史记·太史公自序》早已记录孔子的格言："我欲载之空言，不如见之于行事之深切著明也。"《史记·高祖本纪》记录刘邦的话："空言虚语，非所守也。"我们绝不可离开丰富的语言材料而肆谈语言学理论。

⑰孙玉文：《汉语变调构词研究》，北京大学出版社，2000 年。

⑱汪维辉：《东汉—隋常用词演变研究》，南京大学出版社，2000 年。

⑲董志翘：《〈入唐求法巡礼行记〉词汇研究》，中国社会科学出版社，2000 年。

⑳陈剑：《殷墟卜辞的分期分类对甲骨文字考释的重要性》，北京大学博士学位论文，2001 年。

㉑最近注意到黄侃先生《声韵略说》已经说过："从前论古韵者，专就《说文》形声及古用韵之文以求韵部；专就古书通借字，以求声类。"然而，今之音韵学者很少注意到通假字系联法。

㉒李方桂《汉语研究的方向》（《中国语言学论集》，台湾幼狮文化事业公司，1997 年）。李方桂此文承孙玉文教授提示线索，特此致谢。

㉓李方桂《藏汉系语言研究法》（1939年12月29日的讲演稿），载《国学季刊》1951年第7卷第2期。

㉔孙玉文教授最近完成了《上古音构拟的检验标准问题》（《语言学论丛（第31辑）》，商务印书馆，2005年），对构拟上古音的方法和原则有很重要的论述，可以参看。

㉕考古学家对于考古学自身的材料和民族学方面的参证材料的关系，也有清晰的论述，可供我们作为旁证。如张忠培《民族学与考古学的关系》（《中国考古学——走近历史真实之道》，科学出版社，2004年，第132页）称："在类比研究中，应以考古学遗存与现象处于内证或主证的地位，只能将民族学资料处居外证或辅证的地位。这样，类比研究的方法基本上应是：先搞清楚考古学遗存与现象并依此逻辑提出认识与问题，其次和民族学进行类比，最后接受考古学遗存与现象的验证。"

㉖吕叔湘：《汉语语法论文集（增订本）》，商务印书馆，1999年，第212页。

㉗日本汉学家虽然对我国学术文化有相当的研究，但是问题也不少。我国学者理当实事求是地对待。例如：陈寅恪先生说过："日本人对我国国学之研究超过中国，工具好材料多，是中国史学的主要竞争对手。但其弱点为只研究佛教材料如大藏经，而不涉及其他文史典籍，只在佛教史中打圈子；或研究唐史而不注意佛教史，因此都不能得到圆满的结果。"（参看石泉、李涵《听寅恪师唐史课笔记一则》，《纪念陈寅恪先生诞辰百年学术论文集》，北京大学出版社，1989年）日本学者村上嘉英《现代闽南语词典》（日本天理大学，1981年）一书在考释闽南语方言的本字的时候常常出错，可参看张振兴《评村上嘉英〈现代闽南语词典〉》一文的"三：用字"（《中国语文》1983年第3期）。日本著名佛学家寺本宛雅把西藏文的多罗那它《印度佛教史》翻译为日语，错误甚多，我国学者如张建木对此多有批评。另外，对待西方的汉学家们的汉学研究也不可过于迷信。例如罗常培先生在《汉语方音研究小史》（《罗常培语言学论文集》，商务印书馆，2004年）一文对于西洋人研究汉语方音的缺点就有三点恰如其分的批评，称早期的西方汉学家的汉语方音研究，"第一，拼法不一致——各家拼法的参差跟错误都使我们应用上发生大困难。例如卫三畏在他的《分音字典·索引》里所注的上海音，都是很可疑的。关于陕西、山西、河南、甘肃的方言，有一个叫做'标准罗马字社'的曾经发刊了一些以北京音作根据的音表，那些音表简直错的一塌糊涂。但是一直到现在，在所有讲中国方言的书中，最'像煞有介事'而结果最坏的，莫过于柏克尔在《翟尔士大字典》里每个字底下所注的十二种方言（广州、客家、福州、温州、宁波、北京、汉口、扬州、四川、朝鲜、日本、越南）。若拿他跟上面所举的几种字典比较，至少可以看出他有四分之一是不对的。……第二，语音学知识的缺乏。……第三，出发点的错误——从前的西洋人研究中国现代方言的大缺陷，就是没有历史的出发点。……其实研究现代方音惟一有效的出发点就是古音。例如马伯乐《安南语音学》和高本汉的《中国音韵学研究》，都因为抓到了这个出发点，才能对于汉语音韵学有相当的贡献，其余的人恐怕大多数都走错路了"。法国大汉学家伯希和《六朝同唐代的几个艺术家》[《西域南海史地译丛（第八编）》，商务印书馆，1995年] 有曰："像翟理斯的《中国绘画艺术史导言》同希尔特的《纂辑家摘录杂抄》一类的书，虽然有用，然而只算初步的撰述，所取材料，滥不鉴别，略为审核，即须摒弃。"可知西洋汉学家对我国浩瀚的古文献材料并不都很精熟，尽管翟理斯、希尔特（光华按，现在一般音译为"夏德"）都是西方著名的大汉学家。苏曼殊《拜伦诗选自序》（《翻译论集》，商务印书馆，1984年）有称："去秋，白零大学教授法兰居士游秣陵，会衲于秖桓精舍，谭及英人近译《大乘起信论》，以为破碎过剩。"《耶稣会士中国书简集（第四卷）》（大象出版社，2005年）第219页载《耶稣会士巴多明神父致同一耶稣会杜赫德神父的信》称："和珅向康熙皇帝的大部分阿哥们教授鞑靼语和汉语。"这显然是常识性错误，和珅是乾隆朝中后期才受到乾隆帝的重视，从未向康熙皇帝的阿哥们教授过鞑靼语和汉语（不过，此文提到和珅是当时最博学的语言天才，表明十八世纪的巴多明神父已经注意到了这点）。胡适在1914年8月写了《解儿司误读汉文》（《胡适学术文集·语言文字研究》，中华书局，1993年）一文称："《敦煌录》者，……颇多附会妄诞之言，抄笔尤俗陋，然字迹固极易辨认也。不意此君（解儿司）所译释，乃讹谬无数。其最可笑者，……类此之谬处尚多。彼邦号称汉学名宿者尚尔，真可浩叹。"解儿司即 Giles，是英国著名的汉学家，将许多唐诗翻译为英语，在西方负有盛名。著名翻译家钱歌川先生的《翻译的基本知识》（湖南科学技术出版社，1981年）和《翻译漫谈》（中国对外翻译出版公司，1980年）这两本书对西方汉学家翻译我国古代典籍和诗歌中出现的种种错误给予了尖锐的批评。朱光潜《谈翻译》[《朱光潜全集（4）》，安徽教育出版社，1988年，第300页] 一文称："英美人译中国诗常随意增加原文所没有

的话，以求强合音律。这些都不足为训，只是乱译。”吕叔湘《〈中诗英译比录〉序》（《吕叔湘语文论集》，商务印书馆，1983 年）指出过一些西方学者在翻译中误解中国古诗的情况，例如吕叔湘指出：“中文动词之特殊意蕴，往往非西人所能识别。”吕叔湘此文举了不少的例子。一代宗师钱钟书先生在《管锥编》与小说集《人·兽·鬼》中常常批评和挖苦西方汉学家的中国汉学造诣不高（且举二例：例一，钱钟书《人·兽·鬼》“灵感”一文有一段嘲讽西方汉学家的绝妙好辞：“好半天，有位对于‘支那学’素有研究的老头子恍然大悟道：‘是了！是了！这并非用欧洲语言写的，咱们搅错了。这是中国语文，他们所谓拉丁化的汉字，怪不得我们不认识。’……和‘支那学’者连座的老头子问他道：‘你总该认识中文的，它这上面讲些什么？’‘支那学’者严肃地回答：‘亲爱的大师，学问贵在专门。先父毕生专攻汉文的圈点，我四十年来研究汉文的音韵，你问的是汉文的意义，那不属于我的研究范围。至于汉文是否有意义，我在自己找到确切证据以前，也不敢武断。我这种态度，亲爱的大师，你当然理解。’”这虽是文学上的嘲讽，也可见钱钟书先生对所谓的西方汉学家的印象。例二，钱钟书《汉译第一首英语诗〈人生颂〉及有关二三事》［《七缀集（修订本）》，上海古籍出版社，1994 年，第 147 页］在严厉批评了英国学者威妥玛很糟糕地翻译了朗费罗的《人生颂》之后，说：“单凭这篇译文，我们很容易嘲笑那位在中国久住的外交官、回英国主持汉文讲座的大学教授。”我们从这篇翻译可见享有盛名的威妥玛的中文写作并不高明（他从 1841—1883 年的 40 多年一直住在中国），他回英国担任了剑桥大学的汉语教授（1888—1895 年）。陈寅恪先生在《致沈兼士》（《陈寅恪集·书信集》，三联书店，2001 年，第 171 页）中说：“但中国因有文字特异之点，较西洋尤复杂，西洋人苍雅之学不能通，故其将来研究有完全满意之结果可期；此事终不能不由中国人自办，则无疑也。”苍雅之学就是我国的小学，即文字训诂之学。西方汉学家除高本汉之外似乎没有几个学者懂得我国的训诂学和文字学（美国有的汉学家如夏含夷是不错的）。傅斯年在《历史语言研究所工作之旨趣》这篇名文中也说过：“西洋人研究中国或牵连中国的事物，本来没有很多的成绩，因为他们读中国书不能亲切，认中国事实不能严辩，所以关于一切文字审求、文籍考订、史事辨别等等，在他们永远一筹莫展。”傅斯年在《“城子崖”序》中称：“又如近年时行讨论的斯其太形象，有的欧洲学人在未断定此项物品出现于中国土地之年岁之前，先预断其流传方向是自西向东的。我不是说这个断定事实上错误，我只是说这个断定尚无事实为之证明。”（《中国现代学术经典——傅斯年卷》，河北教育出版社，1996 年）。现在法国的沙伽尔之流对我国古文献和古汉语更是外行，经常牵强附会地乱说，在我国居然还有人附会其言，可笑之极。吾师何九盈先生在《所谓“亲属”语言的词汇比较问题》（《音史新论：庆祝邵荣芬先生八十寿辰学术论文集》，学苑出版社，2005 年）一文中对沙伽尔的《论汉语、南岛语的亲属关系》提出了尖锐的批评，指出沙伽尔的文章在论证中出现将后起字当古汉语，把假借字当本字，把联绵字当单字，把意思上有明显区别的字当作同源词进行比对，照抄有错误的原文，错误理解运用古文献而擅立不可思议的条目等错误。何先生的论文相当严谨，字字皆有根据（丁邦新先生也有专文批评沙伽尔的研究）。法国著名汉学家谢和耐的《中国社会史》（江苏人民出版社，1995 年）虽是花了多年时间写成，然而粗疏浅薄，殊无可观，乃初学者入门的基本读物，非专家的参考书。张永言《语文学论集（增补本）》（语文出版社，1999 年）第 273 页的注解二指出了一个罗杰瑞和梅祖麟误解《方言》郭璞注的例子，可以表明西方学者理解我国古文献能力不足。马伯乐是西方汉学界一代大师，然而其学术见解也有不少问题，我国前辈学者颇有批评（参看郭沫若《答马伯乐教授》，收入《郭沫若全集·历史编（第 3 卷）》；齐思和《评马司帛洛〈中国上古史〉》，收入齐思和《中国史探研》，河北教育出版社，2001 年）。董同龢《与高本汉先生商榷“自由押韵”说兼论上古楚方言特色》（《董同龢先生语言学论文选集》，食货出版社，1974 年）指出了西方一代汉学宗师高本汉关于《老子》押韵分析的许多错误，董同龢说：“我把他的本证逐一审查之下，发现可靠的只有十六条，有问题的三条，而其中半数竟都由错误而来。因此，他的结论中的大部也就不得不推翻。”

㉘赵元任：《赵元任语言学论文集》，商务印书馆，2002 年。

㉙我国古代典籍浩繁，可以发掘的材料很多。学者要做尖端的学术研究，自己动手积累原始材料是很重要的。举一二小例：我最近注意到东汉时代的纬书中已经有“地球是运动的”这样的思想，远远在西方学术之前；巴利文佛经《那先比丘经》卷下提到：“王复问那先：卿曹诸沙门言‘天下地皆在水上，水在风上，风在空上，我不信是’。”则公元前的古印度佛教和尚早就有了地球是悬空在宇宙中的观点。真是令人惊异。我不知道研究学术史和思想史的专家是

否注意到了这些材料？

㉚黄侃述，黄焯录：《文学声韵训诂笔记》，上海古籍出版社，1983 年，第 180 页。

㉛（清）陈澧著，罗伟家点校：《切韵考》，广东高等教育出版社，2004 年。

㉜（清）邹汉勋：《读书偶识》，中华书局，2008 年。

㉝英国科学家贝弗里奇在《科学研究的艺术》一书中论述到："詹纳并不是第一个给人种牛痘以预防天花的人。哈维不是第一个提出血液循环假设的人。达尔文绝非第一个提出进化论的人。哥伦布不是第一个到美洲去的欧洲人。巴斯德不是第一个提出疾病的细菌学说的人。利斯特不是第一个用石炭酸作为伤口消毒剂的人。但……使这些发现得以成功的主要功劳应归功于他们。"转引自姜念涛《科学家的思维方法》（云南人民出版社，1985 年）第 76 页。

第四节　本课题研究的意义

本书选定这个课题来详细研讨的意义在于以下几点：

（1）对于音韵学的意义。上古音的研究一直是音韵学界关注的重点和难点。其中关于上古音韵部的研究由于有《诗经》和先秦的群经、诸子的韵文材料，所以自从清代的顾炎武以来，通过江永、戴震、段玉裁、王念孙、孔广森、江有诰、章炳麟、黄侃、王力、李方桂、董同龢等学者的研究，上古音韵部的划分和韵部系统的确立已经基本上完成[①]。但从现代学者章炳麟、黄侃才开始各自提出了明确的声母系统[②]。其后高本汉、王力、李方桂、董同龢、周法高在前人的基础上又各自提出了自己的上古音声母系统。2003年，郑张尚芳的《上古音系》[③]总结了自己多年来对上古音的研究，提出了新的上古音体系。前辈学者研究上古音声母系统的主要根据是谐声字。但是由于汉语谐声字的情况非常复杂，学者们对谐声现象往往作出不同的理解和处理，其中一种重要的处理方法就是用构拟复辅音来解释发音部位相差较大的谐声现象。学者们构拟复辅音有多种原因，其中很重要的一种是西方语言学家提出的所谓汉藏语系的假设，认为汉语和藏语有发生学上的同源关系[④]，而现代藏语又有大量的复辅音存在[⑤]。于是有许多音韵学者理直气壮地为上古汉语构拟了许多复辅音声母。但是确立汉藏语同源词的理论和方法近来受到了学术界的怀疑和批评，甚至汉藏语到底是否同源还是一个有待于论证的假设。本书不是要通过汉藏同源词的比较来构拟上古音声母，而是尽量从汉语自身的材料出发来验证学者们构拟的复辅音声母是否与汉语自身的材料相符合。我们在本书的研究中发现：汉语的上古音中并没有复辅音声母存在，上古音声母系统如果导入复辅音的构拟，将会如王力先生所说的一样变得非常混乱，而且会与上古汉语自身的材料相冲突，如本书所经常运用的通假字系联法所显示的汉字声母之间的关系往往与复辅音构拟不相容。我们将指出学者们对用于构拟复辅音的材料大多是作了简单化的处理，没有深刻意识到汉语谐声字的复杂情况，学者们用于构拟复辅音的材料实际上并不能支持他们所构拟的复辅音声母。因此，我们的研究将有助于完善汉语上古音声母系统的建立和一些比较困难的音值的构拟。

（2）对于训诂学的意义。我国的训诂学在清代有了登峰造极的发展，这与清代古音学的发展有密切的关系。取得重要成就的训诂学家有不少是古音学家，如顾炎武、江永、钱大昕、戴震、孔广森、段玉裁、王念孙等人。清代小学家以及晚清以来的刘申叔、黄侃等著名学者大都认为正宗的训诂学的方法是声训，训诂学的方法强调因声求义[⑥]，不拘字形。正确地运用通假的方法来研究训诂是清代小学繁荣的重要原因[⑦]。而讲通假必须根据古音，古音包含韵母和声母两个方面（且不论声调）。清代的古韵之学很先进，而古声纽之学不能与之比肩[⑧]。这非常不利于训诂学家对通假字的确认。清代著名学者朱骏声的《说文通训定声》是讲通假讲得很好的专书，然而朱骏声此书有不少的错误往往就出在轻视了声纽间的关系，把本来不是通假关系的字看成了通假字[⑨]。另外，近百年来，古文字材料大量发现，古文字学有了相当大的发展。但是古文字材料中遍地是通假字，不明古音通假将无所措手足。本书对上古音中声母的谐声关系的研究将有助于训诂学家们对文字之间通假关系的确立。例如有不少的古文字学家认为明母和来母能够直接相通，列举了一些谐声字材料作为根据，本书在逐一辨析这些谐声字材料后，认为这些材料有许多不能成为明母和来母相通的证据。然而在一定的语音条件下，明母与来母似乎又可以相通。关键是要找出特殊的语音条件，以及比较确凿的音变证据。

（3）对文字学的意义。自从《说文》以来，对文字的结构的分析，尤其是对形声字的形声结构的分析是文字学家们关注的一大焦点。然而只有很少的学者注意到了形声字中有自反的原理。也很少有学者注意到在文字的偏旁结构中可能存在着训读的现象。对这两个问题的讨论将成为本书的两个专节。这两节的讨论将有助于解释一些似乎奇怪的谐声现象，从而也说明不用构拟复辅音声母同样能够合理地解释汉字中的一些比较复杂的谐声现象。

（4）对古文献学的意义。我国的古文献学与经学有密切关系，《经典释文》是汉代至六朝的经学家们对上古经典的注音的总汇，其中包含许多的异读音。这些异读音被有的音韵学者用来构拟复辅音。实际上，《经典释文》中的异读音包含很复杂的现象。其中很重要的一种体例是六朝的经学家们常常用异读音来表示不同的训诂和不同的文本，甚至用注音来表示错字。《经典释文》中还有不少的训读现象，这是利用《经典释文》的学者经常忽视的。本书有专节讨论经典中的异读音的问题，这对于学者们正确利用古代学者对经典的注释会有参考价值。

（5）对汉藏语研究的意义。本书是以汉语自身的材料为讨论对象，并不借助汉藏语比较。但是我们的研究却有助于对汉藏语到底是否同源的讨论[10]，因为我们的研究表明，汉语上古音中很可能没有复辅音声母，而从古到今的藏语中倒有大量的复辅音声母存在，因此对汉语和藏语之间的关系词到底是同源词还是借词就要慎重研究[11]。我们在本章中有专节详细讨论汉藏语的关系问题，我们后面对复辅音问题的详尽的论述将进一步支持我们的观点。我们这里仅仅指出一点：我们中华民族和汉语是不断发展的。由于汉文化长期的优势地位，汉语在历史发展中不断汉化了其他的一些非汉语民族，从而使他们融入汉民族中[12]，这不可避免地把他们本民族的语言的一些特征也带进了汉语。如《隋书·经籍志一》曰："又后魏初定中原，军容号令，皆经夷语，后染华俗，多不能通，故录其本言，相传教习，谓之'国语'。"后魏就是北魏，本来是说鲜卑语[13]，汉化之后，竟连本民族的语言都不懂了，需要进行专门的"教习"。随着方言的融合，这些民族语言的语音现象就会扩展到汉语的通语中[14]。我们认为应该用民族交流与融合以及语言接触来解释汉藏语的关系词[15]，而不应当轻易地认为二者之间有发生学上的同源关系[16]。有证据表明至少在殷商的甲骨文时期，汉民族与现代藏族的先民就是不同的民族，而且是非常敌对的民族，彼此说不同的语言。而且有考古学上的证据表明西藏高原在旧石器时代就有人类文化存在[17]，也就是说，即使汉民族与藏民族有种族发生学上的同源关系，那么在旧石器时代就已经分化为不同的人群了。因此，我们有理由相信利用汉语和藏语有发生学上的同源关系这一假设来构拟汉语上古音系在方法论上是站不住的[18]。汉语的上古音时代距今最远不过三千年，而汉民族与藏民族的分化肯定是在距今万年甚至数万年以前[19]。我在后面的专节中列举的理由应该是比较充分的。王力先生《先秦古韵拟测问题》[20]一文称："至于先秦古韵的拟测，虽然也可以利用汉藏语比较，但是我们的目的不在于重建共同汉藏语；而且，直到现在为止，这一方面也还没有做出满意的成绩。一般做法是依靠三种材料：第一种是《诗经》及其他先秦韵文；第二种是汉字的谐声系统；第三种是《切韵》音系（从这个音系往上推）。"郭锡良教授《音韵问题答梅祖麟》[21]也说："要求《诗经》时代的上古汉语同古藏语相似，是很不合理的。……我们认为，上古汉语不可能、也不应该与古藏语太相似；……构拟要看对象，如果是重建汉藏共同语，当然要用汉藏语比较材料，只能采用历史比较的方法；如果是构拟史料丰富的先秦的《诗经》音系，当然应该以文献资料为主，适当参考其他资料，采取以历史文献考证为基础的内部构拟法。李方桂先生深明此理，所以尽管他掌握了非常多的汉藏语材料，他在《上古音研究》中却极少引用。”[22]何九盈教授《汉语和亲属语言比较研究的基本原则》[23]一文明确表示不同意包拟古等国外学者过分强调比较构拟的做法，何先生说：“我的看法刚好和他[24]相反。上古音的构拟并不代表汉语的原始形式，它与亲属语言的距离还相当遥远，故不可能也不应该‘与亲属语言的形式密合’。在上古音构拟中乱用‘比较构拟’，其必然的结果是把上古音的面貌弄成一个非驴非马的样子。”后来罗杰瑞先生在《早期汉语三等介音的来源》[25]的讲演中大概是受到了王力、郭锡良等学者的启发，也意识到：“用汉藏语比较得来的音是共同汉藏语的音，不是汉语上古音。”而且藏民族在与汉民族分化以后地处西戎，与西域其他各族有众多的文化交流，甚至是一些印欧民族，并非处于民族文化幽闭和孤立的状态，其语言文化不可能没有变异，甚至会有非常大的变迁，如同隋唐时代的日本语言和文化在汉文化的影响下所发生的翻天覆地的变化一样。另外，公元前2000年—公元前1500年左右，雅利安人在中亚的大规模的征服行动难道对西域及西羌民族会没有一点影响吗？这有待于今后学术界的研究。如果根据汉民族与藏民族有种族发生学上的同源关系，就轻易地将汉语和藏语进行比对，那么汉民族与蒙古族、鲜卑族、满族等等其他很多民族都属于蒙古人种，具有种族发生学上的同源关系，我们是否就能够将汉语和蒙古语、满语等语言进行比对呢？而且根据现代很多学者的观点，现代人类都具有一个共同的来源，最早是来源于非洲[26]。那么根据这个学说，就可以说汉语不仅与藏语同源，而且与印欧语也同源，也就是与梵语、波斯语、希腊语、拉丁语等等都同源，我们难道能够利用这个观点来参照上古的梵语、波斯语、希腊语、拉丁语等等去构拟汉语上古音吗[27]？日本民族、蒙古民族与我汉民族都是蒙古人种，但根本没有语言上的同源关系，学术界没有一人把汉语看成与蒙古语、日语同源，可见人种是否同源与语言是否同源根本是两回事。语言学者千万不能根据汉语民族与藏语民族可能有人种上的同源关系，就说汉语和藏语有发生学上的同源关系。我们希望根据汉藏语同源的假设来构拟汉语上古音的学者们能够认真考虑我们的意见[28]，我们的主张绝不是一味立异[29]，更何况汉藏语还未必同源。.

注释

①王国维《观堂集林》卷八《周代金石文韵读序》称：“古韵之学，自昆山顾氏、而婺源江氏、而休宁戴氏、而金坛段氏、而曲阜孔氏、而高邮王氏、而歙县江氏，作者不过七人。然古韵廿二部之目，遂令后世无可增损。故训诂、名物、文字之学，有待于将来者甚多。至古韵之学，谓之前无古人，后无来者可也。原斯学能完密至此者，以其材料不过群经、诸子及汉魏有韵之文，其方法则皆因乎古人用韵之自然，而不容以后说私意参乎其间。以至简入有涯，故不数传而遂臻其极也。余读诸家韵书，窃叹言韵至王、江二氏已无遗憾。”可见清代学者古韵之学的巨大成就。

②清代学者邹汉勋《五韵论》大致归纳出了上古音有二十纽的声母系统，但是邹汉勋只留下一些提纲。不过他的观点对后来的黄侃有些影响，黄侃本人也承认这一点。例如，黄侃《文字声韵训诂笔记》（上海古籍出版社，1983年）第161页称：“邹汉勋谓等韵一四等为古音，此为发明古声十九之先导。”而黄侃就是主张古声十九纽的，且以一四等为古本韵。不过，周祖谟先生《邹汉勋五韵论辨惑》（《问学集（上册)》，中华书局，1981年）一文对邹汉勋的《五韵论》颇多批评，评价很低。周祖谟称邹汉勋的二十声纽系统“乃邹氏删并字母之说。彼以为宋人字母重出者多，……然此皆邹氏一己之方音，奚可持此以议古人？”周祖谟此文对邹汉勋的批评非常尖锐，此不录。

③郑张尚芳：《上古音系》，上海教育出版社，2003年。

④比较系统的最新研究是吴安其《汉藏语同源研究》（中央民族大学出版社，2002年），薛才德《汉语藏语同源字研究》（上海大学出版社，2001年），施向东《汉语和藏语同源体系的比较研究》（华语教学出版社，2000年），丁邦

新、孙宏开主编《汉藏语同源词研究（一）》（广西民族出版社，2000 年），龚煌城《汉藏语研究论文集》（北京大学出版社，2004 年）等。

⑤据《中国考古学年鉴 1994》（1993 年 7、8 月），中国社会科学院考古研究所与西藏文管会在西藏的朗县东北约 50 公里处考古发掘了吐蕃时期的墓葬群，该书第 272 页称："1993 年墓葬出土的木质建筑构件上墨书藏文字母及房址出土的刻画于陶片上的藏文字母，具有重要价值，这次发现也是西藏境内首次考古出土古代藏文资料。"另参看《中国历史大辞典（音序本）·下》（上海辞书出版社，2007 年）第 2660 页"吐蕃简牍"条；王尧、陈践编著有《吐蕃简牍综录》一书（文物出版社，1986 年）。吐蕃的古文献有简牍、碑刻和手卷，我不知道藏语学界对这些考古发掘的古藏文是否已经有了精密的音韵学的研究，这种研究的成果或许对我们的研究工作会有些参考价值，汉藏对音总不能老是用现代藏语来作为参照的对象。

⑥我们这里列举一些古代学者的言论为证：许瀚《致杨宝卿书》曰："古人造字，实由于音。近代若王氏父子及金坛段氏，略悟此义，惟未有专成一书者。欲治《说文》，宜从事声音之学。"（录自支伟成《清代朴学大师列传》，岳麓书社，1998 年，第 181 页）

龚自珍《论说文以声为义》引段玉裁之说曰："古者先有声音，而后有文字。是故九千字之中，从某为声者，必同于某义。如从非声者，定是赤义。从番声者，定是白义。从于声者，定是大义。从酉声者，定是臭义。从力声者，定是义理之义。从劦声者，定是和义。全书八九十端，此可以窥见上古之语言，于劦部发其凡焉。"（录自张舜徽《声论集要》。《龚自珍全集》不见此文。另可参考《龚自珍全集》第四辑"说文段注札记"，上海古籍出版社，1999 年。）

王引之《春秋名字解诂叙》："诂训之要，在声音不在文字。声之相同相近者，义每不甚相远。"（《经义述闻》，中华书局，1998 年）

阮元《与高邮宋定之论〈尔雅〉书》："山、水、器、乐、草、木、虫、鱼诸篇亦无不以声音为本，特后人不尽知耳。"阮元《释矢》曰："可知古人造字，字出乎音义，而义皆本乎音也。"其《释门》曰："凡事物有音可进，进而靡已者，其音皆读若门，或转若免、若每、若孟，而其义皆同。其字则辗转相假，或假之于同部之迭韵，或假之于同纽之双声。"（《揅经室集》，中华书局，1993 年）

黄承吉《字义起于右旁之声说》："六书之中，谐声之字为多。谐声之字，其右旁之声必兼有义，而义皆起于声。凡字之以某为声者，皆原起于右旁之声义以制字，是为诸字所起之纲。其在左之偏旁部分，则即由纲之声义而分为某事某物之目。纲同而目异，目异而纲实同。如右旁为某声义之纲，而其事物若属于水，则其左加以水旁而为目。若属于木火土金，则加以木火土金之旁而为目。若属于天时人事，则加以天时人事之旁而为目。其大较也。盖古人之制偏旁，原以为一声义中分属之目，而非为此字声义从出之纲。纲为母而目为子。凡制字所以然之原义，未有不起于纲者。……要以凡字皆起于声，任举一字，闻其声即已通知其义。是以古书凡同声之字，但举其右旁之纲之声，不必拘于左旁之目之迹，而皆可通用。……声在是则义在是。是以义起于声。"（此则与下则皆录自张舜徽《声论集要》）

钱塘《与王无言书》曰："夫文字惟宜以声为主。声同，则其性情旨趣殆无不同。若夫形，特加于其旁以识其为某事物而已，固不当以之为主也。……至制为文，则声具而意显。以形加之为字，字百而意一也。意一则声一，声不变者，以意之不可变也，此所谓文字之本音也。……然则因声见意者，周人之法也，可以明文字之宜何主矣。"（我必须强调清儒论古人造字的法则是音义合一之时，所论汉字的范围是《说文解字》。东汉后的新生字及俗字有的来源复杂，各种方言混糅。造字的原理已不能定于一是）

黄侃《文字声韵训诂笔记》（上海古籍出版社，1983 年）第 39 页："形声之字虽以取声为主，然所取之声必兼形义方为正派。"黄侃《声韵通例·与人论治小学书》（《黄侃国学文集》，中华书局，2006 年）："不通古音，不知声、义同依之理。"

⑦如王念孙《〈说文解字注〉序》："不明乎假借之指，则或据《说文》本字以改书传假借之字，或据《说文》引经假借之字以改经之本字，而训诂之学晦矣。……若夫辨点画之正俗，察篆隶之繁省，沾沾自谓得之，而于转注、假借之通例，茫乎未之有闻，是知有文字而不知有声音训诂也。其视若膺之学，浅深相去为何如邪！"王念孙这番话是发人深省的。段玉裁《六书音均表》表一《古假借必同部说》："自《尔雅》而下，训诂之学不外假借转注二端。"同表

《古转注同部说》:“训诂之学古多取诸同部。”王引之《〈经籍籑诂〉序》:“夫训诂之旨本于声音，揆厥所由，实同条贯。”伯申先生举证数十例，专论假借。盖不明假借便疏于训诂之学。王引之《经义述闻》卷二十六“尔雅上”第一条就说:“古人训诂之旨本于声音。六书之用，广于假借。”《经义述闻》卷三十二有专门一节“经文假借”，讨论假借颇详。王国维《观堂集林》卷六《毛公鼎考释序》:“古代文字假借至多。自周至汉，音亦屡变。假借之字，不能一一求其本字，故古器文义有不可强通者亦势也。”段玉裁《〈广雅疏证〉序》:“《尔雅》《方言》《释名》《广雅》，转注假借之条目也。义属于形，是为转注；义属于声，是为假借。……怀祖氏能以三者互求，尤能以古音得经义，盖天下一人而已矣。”阮元《王伯申〈经义述闻〉序》曰:“古书之最重者莫逾于经，经自汉、晋以及唐、宋，固全赖古儒解注之力。然其间未发明而沿旧误者尚多，皆由于声音文字假借转注未能通彻之故。”清儒盛言训诂之旨本乎声音，其实质正是以假借为训诂学之枢要。清儒小学、经学昌明，端赖明乎假借之功。及至末流，不慎于古音，用假借未当。然不得据以诋清儒之矩范！郝懿行《尔雅义疏》滥用通假者甚多［杨树达《积微居小学述林》卷六“温故知新说”已称:“郝氏于声韵本无通解。郝书所举双声叠韵多误说不足据。”《国故论衡疏证》(中华书局，2008 年）的第 17 页称:“郝于声变，犹多亿必之言。”郭诚永疏证多指责其讲音变之误；另可参见张永言《语文学论集·论郝懿行的〈尔雅义疏〉》、萧璋《文字训诂论集》]，王念孙曾为之删削，黄侃《尔雅略说》称王氏此举乃成人之美］。清儒论音训之言，孙雍长《训诂原理》(语文出版社，1997 年)、张舜徽《声论集要》(《张舜徽学术论著选》，华中师范大学出版社，1997 年）收采较完备，此不详录。新派人物胡适在《致胡近仁》(《胡适学术文集·语言文字研究》，中华书局，1993 年，第 225～226 页）的信中也说:“文字学须从字音一方面入手，此乃清儒的一大贡献；从前那些从‘形’下手的人(如王荆公)，大半都是荒谬。自从清代学者注重音声假借、声类通转以后，始有‘科学的文字学’可言。”

实际上，宋代的王观国《学林》(中华书局，2006 年）卷十“姓名异音”条已经论述了音同相借的文字现象。王观国此书其他地方还有所讨论。可知古音相通而假借的问题，宋代学者已经明白，非清代学者的专利。

⑧清代学者在上古音声母研究上有最大贡献的是钱大昕。近观《国故论衡疏证》(中华书局，2008 年）的第 16 页郭诚永疏证称:“吾友赵克刚氏近撰《段玉裁对上古音声母系统的研究》一文，知段氏于古声纽自有一家之言，但未专门立说尔。”

⑨如《说文通训定声》“方”字注称:“方，假借为‘当’。”这恐不可靠，“方”与“当”的声母相差太远，学者们对《说文通训定声》的这类错误往往注意得不够。如张永言先生《说文通训定声简介》［《语文学论集（增补本)，语文出版社，1999 年］对朱骏声讲通假的不当之处不发一言。而前辈大学者黄侃却早有敏锐的洞察，其《求本字捷术》(《黄侃论学杂著》，中华书局，1964 年）一文称:“若不先计较，率尔指同，均为假借，则其用过宏。朱骏声于此不甚明瞭，犹不若王筠之慎也。”黄侃《声韵通例·与人论治小学书》(《黄侃国学文集》，中华书局，2006 年):“通假文字，朱君允倩十得六七；朱君说异部通假，实多允当；其说同韵通假，愚心良多未安。盖通假由音转者多；其以音近通假者，固亦有之，然不以偶然同韵，臆定其为一系也。”

⑩主张古有复辅音的学者在利用藏语来构拟上古汉语的复辅音声母时常常说藏族先民自上古以来就一直居住在青藏高原，与外界没有什么接触，所以保留的原始汉藏语的古音成分最多。这是利用汉藏语对音来构拟汉语上古音的学者们所经常出示的理由之一。然而我们认为这样的观点是不可靠的。我们姑且从考古学上举出几个材料为证：1990 年，中国社会科学院考古研究所西藏工作队及西藏文管会在西藏拉萨的曲贡村发掘了一批石室墓。有一种意见认为：经考古学研究和 C_{14}测定，其墓的年代为公元前 758 年—公元前 401 年。在这些石室墓中出土有一件带铁柄的青铜镜，这是西藏地区考古发现的最早的青铜器和铁器。经过考古学研究发现，这件铁柄青铜镜不是西藏本土所产，而是从南亚或中亚地区输入的外来品。而霍巍在《西藏古代墓葬制度史》(四川人民出版社，1995 年，第 49～50 页）一书中认为墓葬年代的下限应该更早，霍巍说:“这类带柄铜镜据笔者的研究，属于西方流行的带柄镜系统，与中国长江、黄河流域的带柄镜没有关系。类似的器物，还发现于中国的新疆、四川、云南等省区，其中年代最早的为西周中、晚期，最晚的可到战国、西汉初年。因此，结合曲贡村墓地 M3 所出木炭的 C14 年代数据，为公元前 750 年—公元前 630 年之间，可将这批墓葬的年代定在春秋战国时期。”足见公元前 8 世纪—公元前 5 世纪，或公元前 8 世纪—公元前 7 世纪，西藏已经与远方外文化有所交流。相关材料和文献可参看中国社会科学院考古研究所西藏工作队及西藏文管会《西藏拉萨

市曲贡村石室墓发掘简报》（《考古》1991年第10期）、赵慧民《西藏曲贡出土的铁柄铜镜的有关问题》（《考古》1994年第7期）、霍巍《西藏曲贡村石室墓出土的带柄铜镜及其相关问题初探》（同上）、汤惠生《略论青藏高原的旧石器和细石器》（《考古》1999年第5期）。又，据中国社会科学院考古研究所编《新中国的考古发现和研究》（文物出版社，1984年）第171～172页的“西藏的新石器遗存”一节的论述，于1978年和1979年两次发掘的西藏昌都县卡若遗址是新石器时代后期的文化遗址，其中出土了三枚海贝装饰品，考古学者认为“大概是辗转交换得来的稀有物”。西藏是内陆高寒地区，不可能生产海贝，这三枚海贝一定是产于南亚的海洋地区。虽然西藏地区可能是从云南或川西平原间接获得了三枚海贝，但是足以说明新石器时代的西藏高原就已经与其他地区和民族有了物质文化交流。而且此书第171页称：“地处海拔四五千米的西藏高原上的细石器遗存，与广泛分布于我国北方地带的细石器属于同一传统，它为进一步探讨这个地区的石器文化面貌，以及与我国其他地区之间的文化关系提供了线索。”西藏的细石器是1956年初次发现于西藏那曲县，1966年又有所发现。1976年在藏北的五个地方采集到了上百件的细石器，考古学者认为这些细石器属于中石器时代或新石器时代早期。霍巍在《西藏古代墓葬制度史》第50页还介绍了一些材料，如：“中亚考古队在藏北高原、西藏中部所发现的石丘墓，出土器物中有青铜三棱镞、叶形铁镞等，有研究者推测其年代可能相当于蒙古及原苏联阿尔泰区石丘墓中最原始的一种，时代为公元前7—5世纪，与上述拉萨曲贡村墓地的年代相似。”这些考古学的证据非强词夺理所能抹杀。童恩正《西藏考古综述》（《南方文明》，重庆出版社，2004年；又见于《文物》1985年第9期）也论述了上古时期的西藏与外族的文化交流，其文“早期金属时代”一节有曰：“西藏的动物纹饰，过去曾有人推测与伊朗的古文化有关。但鉴于文献记载中西藏与西北的羌族、东北的鲜卑族都发生过密切的关系，应该认为此种文化因素从东北方向传入的可能性也是很大的。……属于这一时期的遗迹可能还有岩画，最早发现于靠近藏西的印度拉达克的桑斯噶尔、巴基斯坦的拉哈尔等地，其后在西藏境内亦有发现。其内容有狩猎图像、山羊图像，可能与古代游牧民族的拜火教有关。……最后，在西藏古代的遗物中，发现最广且至今仍受人珍视的是料珠，藏语称之为gzi。有的是农民从耕土中挖得，有的来自古墓，……关于这些料珠的时代和来源，目前尚难以肯定，但其中无疑应有公元7世纪以前的遗物。西藏的传说都认为料珠来自伊朗，这种可能是确实存在的。”童恩正此文的注释还提及了其他学者的一些论著，都很有参考价值，此不录。童恩正《西藏高原上的手斧》（《南方文明》，重庆出版社，2004年；又见于《考古》1989年第9期）一文指出在西藏高原东部（今四川省甘孜藏族自治州）考古发现的两件属于旧石器时代的手斧来源“可能是受了外来的影响”。童恩正说：“西藏高原以东的四川盆地，以北的新疆和青海，以西的阿富汗，迄今都没有发现手斧的报道，但是南面的印巴次大陆，却是莫维士所观察到的‘手斧传统’与‘砍砸器传统’的连接之处。当莫维士将印巴次大陆西北的索安文化列入砍砸器传统时，即已经注意到了在旁遮普的北部亦有手斧的存在，在博德瓦尔地区的羌特那、克什米尔的帕哈干均有手斧出土。西藏高原的手斧，很可能即是受了印度北部手斧文化的影响而产生的。更引人注意的是，在羌特那遗址阿舍利文化晚期的遗物中，亦出现了勒瓦娄石片，这也为西藏高原的勒瓦娄打片技术提供了一个来源。在历史时代中，西藏高原与印巴次大陆的文化联系是非常密切的。”童恩正先生的这段论述是很值得注意的。这说明了西藏高原并非与外族的文化处于隔膜状态，而是从石器时代开始就已经与外族有了文化交流。

霍巍在《西藏古代墓葬制度史》（四川人民出版社，1995年）一书的第303～309页比较详细地讨论了西藏古墓中的外来文化，稍引其言如下：“西藏高原本地所具有的文化因素，早在史前时期的石棺葬中便已很明显地表现出来。……西藏的东部地区，从史前时代一直到早期部落时期（相当于考古学上的早期金属器时代），看来都一直与西北地区的考古文化有着十分密切的关系。像昌都小恩达遗址和贡觉香贝所出土的石棺墓葬中，都出土有一种小平底的双耳罐，与黄河上游的原始文化同类器物十分相似；同时，可能也与川西—滇西北高原的考古文化之间有一定的关系。西藏的西部地区目前主要发现了一批石丘墓葬，当中有二次葬及火葬后将骨灰葬入墓中的葬俗。这种墓葬的形制特点与葬俗，都与西北地区的古代墓葬有共同之点。即使是在本地文化特征十分浓厚的西藏南部雅鲁藏布江流域的古代墓葬（包括拉萨、山南河谷）中，从史前时期一直到吐蕃时代，我们也同样观察到两种基本文化因素的存在。”霍巍还指出了西藏新石器时代或吐蕃时期的文化中的长条形磨光石器、双耳陶罐、原始火葬、二次葬、乱骨葬、下肢弯曲的屈肢葬、殉牲、饰花料珠、带柄铜镜、圆底带流陶罐，这些文化习俗都与远古时代的新疆或甘青地区的考古文化有相似相通之处，当时受到后者文化的影响。其中的饰花料珠很可能是来自古伊朗一带的中亚地区。其中的殉牲动物主要是马、牛、羊，远古的甘青地区、内蒙古、新疆等地的游牧民族也同样有以这三种动物来殉葬的习俗，学者认为西藏的这种殉牲习俗当是来自北方游牧民族文化的影响。我完全同意学者们的这个意见。我补充强调一点：最早能够驯化“马”的民族正是中亚草原的游牧民族，而且很可能是讲原始印欧语的民族，后来这样的游牧民族向西和向南迁徙，于是将驯马术带到了其他地区，时间在公元前2000年以后。西藏地区从新石器时代起就有殉马的习俗，这说明那时西藏人已经掌握了驯马术。这肯定是从北方的游牧民族那里传来的。或者说在西藏最早有殉马墓葬的人群或部族本来就是从北方前来的游牧民族，例如春秋时代的秦穆公任用贤臣百里奚、蹇叔后大举攻伐西戎，在西部开疆拓土，这必然导致西戎民族大规模地迁徙。那些在秦军的打击下迁徙的西戎部族中有没有因此而进入西藏地区的呢？我认为这是很值得研究的问题，尚待考古学上实证。霍巍此书还提到：西藏高原的石丘墓与新疆近年来考古发掘的一批古墓葬形制上有不少相似的因素。西藏高原所发现的片食洞穴墓也与新疆的同类墓葬相似。

意大利考古学家杜齐《西藏考古》（西藏人民出版社，1987年）第5~6页介绍了作者在西藏做的一些史前考古工作，收集的一些考古文物后说：“就其总体来说，这些文物显示了它们与中亚大平原艺术的密切联系。但正如我与巴萨格里教授指出的那样（杜齐于1935年，巴萨格里于1949年），它们同时也证实了与其他文化中心的直接或间接的联系。最近（1961年）戈德曼在这一领域进行了深入的研究，他证实了它们与伊朗之间的联系。这是完全可能的。因为，无可怀疑的是，西藏（特别是西藏西部）在早期就与伊朗文化有着联系。这可能是出于迁徙和贸易的原因，艺术及装饰主题也随之从伊朗传入了西藏。”此书非常重视西藏文化所接受的外来影响，文繁不录（此书后来有向红笳的翻译第二版）。

王恒杰、张雪慧《民族考古学基础》（中央民族大学出版社，1999年）第十章“西藏考古”第二节专门论述“吐蕃文化与其他地区文化有密切关系”。今稍引述其言（第339~340页）：“早在石器时代，就可看到西藏的考古文化与祖国其他考古文化的联系和共同因素。如西藏的打制石片均用锤击法打片，多由破裂面向背面加工；常见器形为砍砸器、边刮器、尖状器，这些是华北旧石器常见的特征。细石器中的石镞、尖状器、雕刻器、边刮器等，亦基本属于华北细石器工艺传统。卡若遗址大量的打制砾石工具，如砍砸器、边刮器、穿孔石器、手锛等，明显带有从中石器到新石器南方两广洞穴遗址、贝丘遗址、露天遗址砾石工艺特征。新石器时代以后的吐蕃时期考古文化，同样反映出与祖国其他考古文化的重要关系。有研究认为西藏发现的一些青铜等金属制品与我国北方草原地区考古文化不无关系。与吐蕃考古文化联系尤为密切、明确者，当推毗邻之川、滇、甘、青等地。在岷江上游、青花江流域、大渡河流域、雅砻江、金沙江流域，以及四川甘孜、石棉、盐源泸沽湖畔等地，都发现有古代石棺葬。吐蕃时期的墓葬遗址与川西、滇西北的石棺葬有很多共同之处，而且位置越靠东，就越与后者相近。川西、滇西北石棺葬的年代为大约上起战国，下至西汉后期，个别还延续到东汉，相当于西藏吐蕃早期或早于吐蕃时期，则其年代下限与西藏相皮类型和杜布类型相当。相皮类型、杜布类型与川西、滇西北石棺葬当属同一系统文化遗存。通过对川西、滇西北石棺葬的研究，有人进一步认为：石棺中的主要器物，如双大耳罐、单耳罐、乳丁纹陶罐、三叉青铜器等，有可能来自滇西，受滇西青铜文化的影响。有些墓内出土的巴蜀文化器物，如铜斧、铜鍪等，则受了巴蜀文化的影响。还有的墓内出土的秦半两钱、汉五铢钱、汉陶罐等则明显受到西汉文化的影响。在广泛的文化接触中，吐蕃时期文化与甘肃、青海地区有关文化的关系显得更为密切。”在列举出了一系列的考古材料后，其书作结论说：“所以吐蕃文化与甘、青地区古代羌文化有着十分密切的关系。”类似的论述在这一章中还有，而且在有关的注解中提到了其他学者的研究论著，皆表明西藏自原始时期就与其他地区和异民族有广泛而长久的文化交流，绝不是处于文化自闭状态。

史坦因《西藏人的思想、政治与宗教》（《西洋汉学家佛学论集》，华宇出版社，1985年）也论述道：“在典型的计划中，据说松赞干布借由罗盘指向东西南北的四大国借进技术。‘从东方的中国及Minyak引进工学及神算的书籍。由西方尼泊尔的Sok引进食品、财富及货物。从南方的印度引进圣教。从北方的Hor及Yugur引进法律经典。’……（西藏）北部是现在的新疆，藏人发现一串绿洲，人种及语言都属印欧系，信仰佛教，西藏文化受其影响甚大。……另外一个地名Tasik（笼统地说是伊朗），对西藏也颇具影响。……在西藏与伊朗之间尚有其他国家对西藏文化也颇有影响：如北方的Gilgit或Bolor（Drusha）、克什米尔、早先Gandhara及Uddiyana的土地。此地，印欧的佛教徒曾被土耳其及印度的统治者所征服。”另可参看李永宪《西藏的原始艺术》（四川人民出版社，1998 年），此书对远古西藏与外部地区的文化交流也有所讨论，此不录。唐朝大画家阎立本的名画《步辇图》中，朝见唐太宗的吐蕃使者穿的锦袍饰有联珠立鸟纹缘，而这种织锦纹饰是常见于中亚和西亚地区的装饰。参看《中国大百科全书·考古卷》“中国境内发现的中亚与西亚遗物”条。

清代的萧腾麟编撰《西藏见闻录》卷上“经营”称：在乾隆二十四年前后的西藏有比较繁荣的对外贸易，“贸易货殖，男妇皆习其业，……蕃贾辐辏，外来者缠头回回、白布回回、歪物子。货物则玛瑙、玻璃、珊瑚、车渠之属，有灿其宝绫缎霞绮……亦有以货易货，彼此交换，各称其值者”。［录自戴鞍钢等主编《中国地方志经济资料汇编》（汉语大词典出版社，1999 年）第 1164 页。在同一页上相关的记述甚多，文繁不录］

藏学界公认布达拉宫的圣观音殿建于吐蕃王朝，其中的圣观音像于公元 7 世纪松赞干布时代来自古代南亚地区的僧伽罗国（光华按，就是现在的斯里兰卡），此事绝非虚构。因为这件事清楚而详尽地记载于《西藏的观世音》一书的第九章，是十手十一面观世音像，文中对其形体姿态有非常细致的描写。

近年来出版了一部中文版的奇书《西藏的观世音》，此书本藏于拉萨大昭寺释迦佛殿宝瓶柱的柱子顶端。直到公元 11 世纪被来自古印度的高僧阿底峡发掘出来。原书用古藏文写成，近年由卢亚军翻译为中文（我所根据的是汉欣文化事业有限公司的版本，出版于 2004 年 9 月）。此书披露了松赞干布以来的藏族与外民族交往的大量事实，甚至说松赞干布懂得尼泊尔语，而且松赞干布笃信佛法，自称是观世音菩萨转世的吐蕃赞普。此书极为珍贵，我们理当引述。例如其书第四章称：“观世音菩萨又为雪域吐蕃时时可在本土开采宝藏，每每能从域外招财进宝，常常将有超凡的菩萨纷至沓来而作了加持。”这里明称吐蕃“每每能从域外招财进宝”，这分明是对外文化交流。第十章（参看此书第 144 ~ 145 页）有曰：松赞干布“赞普预见，若与赤尊公主成婚，吐蕃不仅可以因此而得到释迦牟尼八岁等身不动金刚像和由饮光佛加持开光的弥勒法轮像以及天成旃檀母像，还可一字不漏地得到尼国诸如《佛说大乘庄严宝王经》《白莲华经》等所有佛经以及五部陀罗尼等其他经藏。……赞普预见，若与文成公主联姻，吐蕃不仅可以因此而得到作为陪嫁的释迦牟尼十二岁等身金像，还可凭藉这尊佛像的加持神力，一字不漏地获得汉唐的所有佛经”。这些话显示出松赞干布对外文化交流的强烈愿望，尤其渴望从唐朝与尼泊尔引进大量的佛经和佛像。后来这些文化物品果然都被尼泊尔公主和唐朝的文成公主带到了吐蕃，随从的还有大量的工匠和仆从。尼泊尔国王在看完了松赞干布的三封信后，大为震惊：“吐蕃赞普不仅通晓尼泊尔语，……”此书还明确记载了松赞干布能听懂尼泊尔公主说的话（参看此书第 159 页）。此章还特别说道：“在赞普宫殿的正南上方，建有一座粟特族人建筑式样的九层后妃宫殿，规模之大与赞普的宫殿不相上下。”（参看此书第 160 页）。这个记载非常重要，表明在松赞干布时代的吐蕃就早已有了与粟特人交往的事实，而且其交往对古代的吐蕃文化影响颇大，以致在吐蕃出现了庞大的粟特样式的建筑。尼泊尔国王叮嘱其女儿赤尊公主在嫁入吐蕃后“言辞要和似唐帛”，可知唐帛在尼泊尔和吐蕃已经广为人知。其书第十一章称松赞干布向唐朝求婚时用汉语写了三封信，分别装入金银铜三个函中，其文曰：“皇上暗自忖度，……他未曾到过我大唐之地，却通晓汉语汉文，莫非他果真有幻化神通。”（参看此书第 173 页）这说明松赞干布时代汉语汉文已经传入西藏。至于松赞干布本人到底懂不懂汉语，尚待考证。其书第五章称：远远早于松赞干布的吐蕃先王“直贡赞布率兵出征迦湿弥罗国大获全胜，凯旋而归”，并俘虏了一些战俘。迦湿弥罗国是中亚古国，又叫罽宾。可见远在松赞干布以前，上古的吐蕃就与中亚古国有过战争关系，而且那时的赞普将迦湿弥罗的俘虏带到了吐蕃，这肯定能带来各种文化交流（光华按，关于中亚的“迦湿弥罗国”，玄奘《大唐西域记》有记载。这个国家有非常古老的历史，而且在中西文化交通史上有重要的地位，是古代中国与中亚、西亚之间文化交流的重要孔道。“迦湿弥罗”的战俘到达吐蕃就意味着中亚文化到达了吐蕃，那些战俘中应该有能工巧匠、各种文化人等等）。其书第九章详细记载了古代吐蕃的才子屯米桑布扎被松赞干布派往天竺学习文字的经过，屯米桑布扎后来成为吐蕃著名的文字大师和翻译家，“屯米桑布扎学成之后，他在天竺又求得一批大乘佛经，诸如《正法如意珠陀罗尼》《无量瀑流游戏经》《瀑流巴擦经》和《大悲莲花经》等。屯米将这批佛经带回吐蕃献给了赞普”。（参看此书第 129 页）并且称：“为使吐蕃也能有自己的文字，赞普曾派遣众多天资聪颖的吐蕃学子前往天竺求学。”（参看此书第 127 页）此书第九章还非常明确地提到：“吐蕃语没有天竺语的长短音之分。”（参看此书第 129 页）这里的“长短音”只能是说元音的长短，这明确地显示上古吐蕃语没有长短元音的对立。有的学者主张上古汉语有长短元音的对立是不能够用古藏语作根据的。

1985 年考古发现了位于西藏西部的阿里高原的古格王国遗址，其中考古发现的红庙等众多寺庙中都有大量的壁画。尤其是红庙南墙有一幅大型故事画，描绘了西藏中世纪的古格王国国王、王后等众多人物迎接来自古印度超岩寺的高僧阿底峡的场面（阿底峡是孟加拉人，在西藏传播佛教 10 年）。其绘画手法，学者们公认为包含了汉地、印度、尼泊尔，甚至西亚的因素，表明了中世纪的西藏与外民族之间存在大量的文化交流（学者们的有关研究可参看张建林等《古格故城》，文物出版社，1991 年）。又，自从吐蕃的松赞干布弘扬佛法以后，不仅有许多的藏族僧侣到印度去留学和求法，而且吐蕃政府还从印度迎接了许多高僧到西藏布道［来到西藏的印度高僧如寂护、莲花生、莲花戒、无垢友、法称，来自克什米尔如阿难陀，到印度留学的西藏高僧如毗卢遮那、遍照护。还派遣了不少的藏族人到唐朝的长安去留学，学习汉文的儒家经典、佛经、医药等汉文化。参看王森《西藏佛教发展史略》（中国社会科学出版社，1997 年）以及杨贵明、马吉祥编译的《藏传佛教高僧传略》，青海人民出版社，1992 年］。公元 1076 年，在西藏古格举行了纪念阿底峡的火龙年法会，会后许多僧侣前往克什米尔和印度留学，培养出了一些西藏的佛经翻译家。西藏的佛教寺院里有很多的印度僧人。据日本学者佐佐木教悟等人所编著《印度佛教史概说》（复旦大学出版社，1989 年）第十四章论述到了伊斯兰教入侵印度，导致印度的佛教徒大量逃往西藏和尼泊尔，其书第 93 页曰："伊斯兰教徒对比哈尔的超岩寺等很多寺院进行的破坏，使得这些寺院的很多僧尼逃到了中国西藏、尼泊尔，也有的逃到南印度。当时积极保护佛教、深受超岩寺佛学影响的西藏，在收容大量印度僧人的同时，也传入了数目庞大的佛典。现存西藏大藏经的基本部分就是来自超岩寺的藏书，西藏密教学就是在此佛学传统的基础上成立的。"同书第 113 ~ 114 页称："前弘期是译经极为兴盛的赤松德赞和热巴中王时代，印度人戒玉觉和西藏人智军是当时有名的翻译家，译出了说一切有部律，显教的大部分经典和纯密教经典，大乘论书的半数以上也是这一时代译出的。"

印度文化通过佛教大规模地进入西藏，以致后来竟然产生了西藏民族来源于印度的观点。如 1662 年成书的《蒙古源流》就说过古印度的一废王子进入西藏而成为第一代藏王。在藏文典籍如《布顿佛教史》和《青史》中都传说古印度的茹巴底国王因为战争失败而带领随从男扮女装逃入西藏，从而成为藏族的先民。藏文的《智者喜宴》则称西藏的赞普是出自印度的释迦离遮毗族。相关的论述可参看格勒《藏族早期历史与文化》（商务印书馆，2006 年）第二章第三节，马长寿《辟所谓"西藏种族论"并驳斥经史内所流传的藏族起源于印度的谬论》（《马长寿民族学论集》，人民出版社，2003 年；安应民《吐蕃史》，宁夏人民出版社，1989 年，第 1 ~ 4 页）。藏民族起源于印度的观点当然是荒谬的。（格勒在前书第 60 页经过仔细的辨析后认为："吐蕃第一代赞普来自印度王族释迦系之说显然是公元十世纪以后佛教徒的牵强附会之说。"）但之所以有这种观点，很重要的一个原因就是古西藏与古印度有广泛的大规模的文化交流，古印度文化大量进入西藏，并且成为官方的贵族文化。古西藏的王室贵族与南亚国家还有通婚关系，如尼泊尔的公主嫁到西藏成为松赞干布的王妃，从而使西藏的王室贵族混入了印欧人的血统。《西藏的观世音》第十章"迎娶赤尊公主"载有松赞干布给尼泊尔国王的一封用尼泊尔语写成的信，称："我松赞干布出身王族非劣种，我吐蕃王统可上溯到先王南日松赞、聂赤赞布、释迦王族、众敬王族直至光音天之子具力和力友。"这里明确提到松赞干布的祖先有释迦王族。在此书第五章"氏族与王统史"中提到释迦族实际上是发源自"离雪山不远的恒河畔"，族中的三个王子和他们同父异母的三个公主婚配而生的儿女一出生就大声地发出"释迦、释迦"的声音，所以被称为释迦族（参考此书第 90 ~ 91 页）。这些都是"西藏种族源于印度论"得以产生的原因，并非完全捕风捉影。这些证据足以表明古代的西藏虽然地处高原，但并非与外界隔绝。古西藏与外族的文化交流从未间断，其自身的语言也必然会不断地变迁，尤其是在西藏处于民族分裂状态中的时候，由于没有强有力的中央集权，西藏各地区的语言和文化更是会朝着自己的方向发展。公元 14 世纪的藏族高僧布顿在西藏的夏鲁寺担任主持的时候，不仅西藏各地都有人前来听他说法，而且还有汉地、蒙古、维吾尔以及印度、尼泊尔、不丹等地的僧徒慕名而来跟他学佛法。1353 年，有蒙古王子前来夏鲁寺请求他传法。元顺帝曾经派专使两次给他颁发诏书和赏赐，并邀请他到朝廷传法（不过被布顿推辞了）。在元代的时候，中原王朝与西藏地区有很多的文化交流，中央政府已经可以管辖西藏地区。因此认为西藏语地处高原从而易于保留古音的观点是没有根据的。

据《中国少数民族语言使用情况》（中国藏学出版社，1994 年）第 750 页，在阿坝藏族自治州有 30 余万藏族人口，其中使用嘉戎语的有10万人，使用羌语的约4万人。木里藏族自治县有3万多藏族人口，其中26000人使用普米语，还有的藏族人使用汉语。另外，藏族以外的民族有的也使用藏语，如青海省的部分蒙古族和土族转用藏语，西藏自治区的部分门巴族和珞巴族也兼用藏语，甚至在印度、尼泊尔、锡金都有人使用藏语。从这些铁证可知，如果藏民族真的是一直居住在与其他民族隔绝的高寒雪国，那么为什么会有藏族人说非藏语？而且怎么会有其他民族的人也说藏语？据罗瑞奇《蒙古语中的藏语借词》（《国外藏学研究译文集（第16辑）》，西藏人民出版社，2002年）一文专门讨论了藏语通过藏传佛教传入蒙古，从而对蒙古语产生了较大的影响。稍引其言："随着藏文《甘珠尔》的蒙译（1624年），众多的藏语借词，特别是专门的哲学术语，在18世纪被融摄进来。……大多数藏语借词出现在较晚的18和19世纪下半叶，这个时间是与清朝统治者支持下蒙古僧侣阶层的扩大相一致的。当时，进入西藏寺院修习的蒙古僧侣的数量实际上也在膨胀。在林丹汗统治下，最先传进来的是哲学和宗教术语，它们被那些将藏传佛教教规翻译成蒙文的翻译家们作为借词所采用。此后，随着藏语知识的传播，单一词汇甚或日常使用的表述方法亦为蒙古语所融摄。……有的句子完全是由藏语词汇构成，只是增加了蒙古语变格和动词的后缀。"其文列举了大量具体的例子，例如蒙古语本来没有r开头的词汇，但在藏语借词中出现了r开头的词汇，如蒙古语rimbe（命令、等级）是借自藏语rim－pa。蒙古语的动词后缀也受到藏语的影响。喀尔喀蒙古语的藏语借词的发音最接近标准藏语。由这些藏语影响蒙古语的例子可见，在历史上藏语与蒙古语有很深的接触。甚至西藏的精神领袖达赖喇嘛的"达赖"一词也是借用了蒙古语，意思是"大海"[《佛光大辞典》"达赖喇嘛"条："达赖喇嘛之称号为蒙藏语之并称，dalai（达赖），为蒙古语'海'之意；lama（喇嘛），为西藏语bla－ma之讹略，乃'上人'之意，原系佛弟子中内有智德，外有胜行者之尊称。达赖喇嘛即统治西藏的法王之意，然在西藏，达赖喇嘛之称号多用于外交上，藏人另有数种尊称，……达赖之近侧人员则称为'布格'（藏Sbugs），意为大内。又历代之达赖喇嘛多冠有'嘉穆错'（藏rgyomtsho）名号，即藏语'海'之意。"达赖喇嘛之称始于明朝万历六年（1578），时蒙古土默特部顺义王俺答汗迎请索南嘉措至青海传教，崇奉甚恭；俺答汗赠索南嘉措以"法王金刚持达赖喇嘛"称号，意为"遍知一切德智如海之金刚上师"，用以表示敬意，此为达赖名义之始]。又如，阿尔泰语系突厥语族西匈奴语支的撒拉语也从藏语中借用了一些词汇，这是学术界公认的。二者若无接触，怎能产生这样的借词？

另一个例子是在印度很荒凉的地区金诺尔和拉霍尔—斯比提交界处发现了公元10世纪末至12世纪中叶的大量藏文石刻铭文。这个考古发现是印度学者拉克斯曼·S·塔库尔带队于1988—1995年之间进行了七次考古发掘所完成的。详细参看拉克斯曼·S·塔库尔《金诺尔和拉霍尔—斯比提地区所发现的藏文历史铭文考述》（《国外藏学研究译文集（第15辑）》，西藏人民出版社，2001年）。另外，霍巍《从考古材料看吐蕃与中亚和西亚的古代交通》（见《中国藏学》1995年第4期）也有参考价值。

根据周锡银等著《藏族原始宗教》（四川人民出版社，1999年）第七章第四节"本教不等于藏族的原始宗教"论述到："在远古时期，据有雅隆河谷及雅拉香波山麓的藏族个部，本身应有其'土生土长'的宗教信仰，这种植根于蒙昧时期的信仰，才是藏族的原始宗教。而本教是在传说中的藏族第八代先祖止弄赞普时代，由象雄、克什米尔等地区传入的，即《土观宗派源流》所说的'当止弄赞普时……乃分别从克什米尔、勃律、象雄等三地请来本教徒'。所以本教应属于外来宗教，只不过在传入藏区时，还带一些原始宗教的性质，所以很容易与藏地的本土宗教相融合。一经融合，二者就很难区分。这样就使后人产生了错觉。"为了说明本教是西藏地区的外来宗教，此书引述了藏文经典《西藏王统记》《新红史》《西藏王臣记》《白琉璃》《土观宗派源流》等书。本教先在象雄地区流传，后在止弄赞普时代传入藏区。张云《上古西藏与波斯文明》（中国藏学出版社，2005年）利用国外学者的研究指出本教受到了古代波斯的拜火教的影响，可知就连藏族最古老的宗教本教都是从外族传入西藏的。张云此书专门探讨上古西藏与古代波斯之间的文化交流，列举了许多材料考证上古西藏受到了波斯文化的影响，尤其注意参考外国学者的研究。张云这本书的学术性较强，很有必要参看。文繁难详引。

林梅村《丝绸之路考古十五讲》（北京大学出版社，2006年）第265页论及："在青海都兰一座吐蕃大墓中发现了吐蕃赞蒙（皇后）与吐谷浑王通信的简牍，今称学渭一号大墓。学渭一号大墓……属于唐代早期吐蕃墓葬，也是我国首次发现的吐蕃墓葬，从中发掘出波斯织锦，粟特系统镀金银器，波斯、拜占庭织锦以及阿拉伯世界出产的大食锦等珍贵文物，生动反映了唐蕃古道国际贸易的盛况。……公元7世纪，萨珊波斯一朝覆亡。许多波斯王室成员流亡唐朝，学渭一号大墓出土波斯织锦，写有波斯王的名字，本为波斯王室所有。这件波斯王室用品流入中国，显然是这些波斯难民带入中国的。”

在今天的中国，藏民族也并非仅仅居于西藏高原，在青海、甘肃、四川、云南都有藏族人。而且这四省的藏族人口与西藏地区的藏族人口几乎相当。这样的藏族人口分布形势断然不会是完全形成于近代。据蒙古语学者道布先生《青海省小外斯部落蒙古语的几个语音特点》（《道布文集》，上海辞书出版社，2005年）一文称：“（青海省）河南蒙古族自治县的蒙古族长期生活在藏族包围之中，现在大部分人已经忘记了自己的母语，转用了藏语；只有一小部分蒙古族还能说自己的母语，但是也都不认识蒙古文了。全自治县通行的文字是藏文。……河南蒙古族自治县蒙古族的历史可以追溯到17世纪下半叶。更早的时候，他们驻牧在新疆的乌鲁木齐一带。”现代著名学者、美国的劳费尔在1916年就在《通报》上发表过《西藏语里的外来词》一文，后来劳费尔在《中国伊朗编》（商务印书馆，2001年）附录五还写了“西藏语里的外来词补注”，对旧著加以增补修订。劳费尔是著名的比较语言学家和中外文化交流史专家，其文表明西藏语中确实有许多外来词。如果藏民族从不与异族接触且发生文化交流，那么这些外来词（也就是借词）就不可能产生。难道有的学者能将劳费尔的研究一笔抹杀么？在新疆的米兰地区出土了不少古藏文的简牍，写作年代学术界推定在公元8—9世纪。早在公元8—9世纪新疆与西藏已有了相当的文化交流，文字就已经到达了新疆，我们可以据此推断西藏语言一定要早于藏文到达新疆。近年来，林梅村先生《大谷探险队所获佉卢文藏文双语文书》（《西风古道》，生活·读书·新知三联书店，2000年）一文甚至认为：古藏语曾经受到新疆的古于阗文的影响。有的西方学者明确称藏文是根据古于阗文创造出来的。藏语和古于阗语之间有很多彼此的借词（参看恩默瑞克撰、荣新江翻译《于阗语中的藏语借词和藏语中的于阗文借词》，收入《国外藏学研究译文集（第六辑）》，西藏人民出版社，1989年）。事实上，西方学者对古代西藏的研究传统一向都很重视西藏地区的外来影响。格勒《藏族早期历史与文化》（商务印书馆，2006年）有几章专门讨论古代西藏和其他民族的各种交流，很详细。文繁不录。余太山《内陆欧亚古代史研究》（福建人民出版社，2005年）第十章“西藏与内陆亚洲关系研究”（张云撰）也是专门研究古代西藏与其他民族和地区文化交流情况的论著，列举的文献相当详细。学者按图索骥，不难得其详情。石硕写了一部《西藏文明东向发展史》（四川人民出版社，1994年）专门讨论西藏文明向东方传播和发展，而且在第35页说：“综上所述，假如我们把西藏高原新石器时代文化看作一个整体，那么这个整体显然已非封闭和单一的文化系统，而是一个已经与外来文化发生了深刻渊源关系的文化系统。并且因不同外来文化从不同方向上的传入和渗透而形成三元格局——土著文化在主要吸收黄河上游南下的氐羌系统文化基础上形成藏东卡若文化；雅鲁藏布江中下游流域属典型土著系统的曲贡文化以及源自华北的细石器文化传统经北方草原地区南下进入藏北高原而形成的细石器文化。”另可参看林梅村《丝绸之路考古十五讲》（北京大学出版社，2006年）第十二讲“唐蕃古道”第一节“藏族的形成及其与外界的交往”，文繁不录。

戴庆厦主编《汉语与少数民族语言关系概论》（中央民族学院出版社，1992年）第三章第一节“汉语对藏缅语的影响”有比较详细的讨论，稍引其言：“藏缅语各语言普遍都受到汉语的影响，但受影响的程度大小不一，有的相差很大。影响大的语言，不仅借入了大量的汉语词语，而且在语音、语法上还受到汉语的影响。如嘎卓语受汉语的影响，涉及语音、词汇、语法各个方面。……一般说来，藏缅语中受汉语影响较大的，是与汉族往来比较密切的一些民族的语言。如白语、土家语、嘎卓语等。他们当中兼用汉语的人较多，知识分子的比例也较大。……有些受汉语影响较大的语言，汉语借词已进入基本词汇的各个领域，甚至连本语里已有的词也向汉语借用。有的名称，本语里虽有相应的词语表达，但还从其他语言里吸收了同样的意义的词来丰富自己。……在藏语的外来词中，汉语借词最多，占90%以上。在汉语借词中，初步统计老借词不超过10%，绝大部分为新借词。……这些老借词，已完全融化在藏语之中，和本族固有词一样成为藏语的基本词汇。它不仅为广大群众所使用，而且还可以作为词根与本族词语构成新词和词组。”此节还有许多具体的论述，不再转录。我们认为汉语和藏语之间的关系词应该解释为借词。

宿白《西藏发现的两件有关中外文化交流的重要文物》（《魏晋南北朝唐宋考古文稿辑丛》，文物出版社，2011年）提到1959年在西藏进行文物普查时，发现了一件中亚—西亚制造的大型银壶，还有一件是印度东部制造的一组寺院木石模型。另参看宿白《三记拉萨大昭寺藏鎏金银壶》（《魏晋南北朝唐宋考古文稿辑丛》，文物出版社，2011年）。

我最后举一个有趣的例子。藏族有一个很悠久的传说，称藏族是一个猕猴与一个岩罗刹女相交合而产生的后代。如《西藏的观世音》（甘肃人民出版社，2011 年）第四章称：“曾几何时，在罗刹之境楞伽城，十颈罗刹王与罗跋那天王为一美貌无比的仙女而失和。在这场斗争中，大力猴哈黎摩达（观世音弟子的化身）不知所从，便逃回到普陀山观世音的身边。观世音问他愿不愿去北方雪域的深山中修炼，大力猴欣然应诺。于是观世音便教之以离苦修行之术，……随后就让他前往北方雪域的深山中去修行。猕猴禅师藉其神通转眼间就来到雪域吐蕃之地。……忽然有一天，猕猴禅师正在坐禅时，一岩罗刹女装扮的雌猴来到他面前，一会儿扬土，一阵子露阴以求交配，就这样一连折腾了七天七夜。”最后猕猴终于与吐蕃本土的那个岩罗刹女相交合从而生出了藏族人。从这些记载分明可以看出作为藏族始祖的那个猕猴根本就不是藏族土生土长的，而是来自南海观世音菩萨之处，应该是南亚地区。这样的传说显示出藏族在起源的时候就与外民族有相当大的关联。现代的生物学也证明在西藏地区根本就没有猕猴生息过。猕猴分布于南亚、东南亚和我国的云南、贵州、四川、青海、陕西、河北、广西、广东、福建、台湾、浙江、安徽等地（参看《简明生物学词典》，上海辞书出版社，1985 年，第 1303 页）。

因此，认为藏族自古以来地处西藏，与外界隔绝，从而易于保留古语古音的观点完全是主观猜测，没有任何根据。

我们还可以引述一段萨丕尔《语言论》中的话作为理论概括：“语言，像文化一样，很少是自给自足的。……要想指出一种完全孤立的语言或方言，那是很难的，尤其是在初民社会里。邻里人群接触，不管程度或性质怎样，一般都足以引起语言上的交互影响。”（这段译文转录自《罗常培语言学论文集》，商务印书馆，2004 年，第 222 页）布龙菲尔德《语言论》第二十五章“文化上的借用”称：“每一个言语社团都向他的邻区学习。”这是千真万确的。从另一个角度可以获得证实，例如我国自上古就重视对外语的翻译。考《汉书・佞幸传》：“单于怪贤年少，以问译，上令译报曰：‘大司马年少，以大贤居位。’单于乃起拜，贺汉得贤臣。”注：“译，传语之人也。”又《汉书・匈奴传下》：“单于再拜受诏。译前，欲解取故印绂，单于举掖授之。”这里的翻译从上下文来看只能是汉人，不是匈奴人，则西汉王朝有通晓匈奴语的翻译。《汉书・傅介子传》：“介子与士卒俱赍金币，扬言以赐外国为名。至楼兰，楼兰王意不亲介子，介子阳引去，至其西界，使译谓曰：‘汉使者持黄金、锦绣行赐诸国，王不来受，我去之西国矣。’即出金币以示译。译还报王，王贪汉物，来见使者。”则西汉有通晓古楼兰语的翻译。《汉书・西域传下》：“至莽篡位，建国二年，以广新公甄丰为右伯，当出西域。车师后王须置离闻之，与其右将股鞮、左将尸泥支谋曰：闻甄公为西域太伯，当出，故事给使者牛、羊、谷、刍茭，导译。”则西汉确有通达当时西域语的翻译。《汉书・地理志下》：“自夫甘都卢国船行可二月余，有黄支国，民俗略与珠厓相类。其州广大，户口多，多异物，自武帝以来皆献见。有译长，属黄门。……自黄支船行可八月，到皮宗；船行可二月，到日南、象林界云。黄支之南，有已程不国，汉之译使自此还矣。”则西汉就有通晓古南岛语或南亚语的翻译（关于黄支国，可参看朱杰勤主编《中外关系史辞典》，湖北人民出版社，1992 年，第 41 页）。汉代有通晓西羌藏缅语族的翻译。考《后汉书・西羌传》：“至王莽辅政，欲燿威德，以怀远为名，乃令译讽旨诸羌，使共献西海之地。”“译讽旨诸羌”，则其翻译官必定懂得羌语。同篇还曰：“张纡遣从事司马防将千余骑及金城兵会战于木乘谷，迷吾兵败走，因译使欲降，纡纳之。”类似的证据很多。

⑪李方桂有一段话很有参考价值，今引录如下：比如说，傣语有一种声调系统与汉语的非常相像。那该说什么呢？说它们有联系，因为它们有同类的声调系统，在这方面或多或少比较发达吗？人们会说：“噢，这种相似一定有某种原因。所以它们可能从根本上是相互有联系的语言。”而别的人又会反驳说：“哎，这种语音变化在任何古语里都会产生。它们并不表示任何明确的、根本的关系。”所以，我认为可以得出不同的结论，但其中没有一种确定无疑。如果你研究傣语就知道，傣语声调系统与汉语的声调系统非常相似。同样，苗瑶语声调系统同傣语，还有汉语等非常相近。另外，像藏语这样的语言就有非常不同的声调系统——不同于汉语，不同于傣语，也不同于苗瑶语。但是人们却认为“藏语与汉语是发生学上的关系”，而“苗瑶语和傣语与汉语之间没有系属关系”，等等。这些观点，大多是想方设法根据这一种观念形成的：什么种类的相似点可构成某种发生学关系（《李方桂先生谈语言研究》，《中央民族大学学报》1994 年第 6 期）。魏建功《古音系研究》（中华书局，1996 年）第 279 页称：“过去的汉学先生讲究不用单文孤证。如今只凭了比较同语族语的时兴，单举一二例来比附，是危险的！”李荣先生在 1983 年的上古音学术讨论会上发言说：“至于汉藏语的比较，现在还处在‘貌合神离’的阶段，看着藏文有点儿像，就凑上了。目前，汉藏语的研究还在起步时期，

我们不能过分苛求。要依据汉藏语的比较来研究上古音，现在恐怕为时尚早。”朱德熙先生《方言分区和连读变调刍议》（《朱德熙选集》，东北师范大学出版社，2001 年）一文所举的动物的分类与演化的例子对于汉藏语学者也有参考作用。朱先生曰：“有的生物学家指出，鸟类和哺乳动物之间确实存在不少共同的特征，但是这并不能证明二者有直接的共同祖先，这种共同点不过是器官或功能在演化过程中的‘趋同现象’（convergency）。例如蝙蝠的翼手和鸟类的翅膀在构造、形状和飞行方式上有惊人的相似之处，但是并没有人因此推断鸟类和蝙蝠有共同的祖先。”日本著名语言学家服部四郎《日语的系统》（岩波书店，1999 年）一书中的《对安田德太郎博士的著作的批评》在论述日语中的一些基本词汇和南方诸语言之间存在较大的相似性的问题时认为：“日语和南方诸语言比较的时候，太相似的反而可能是借词，这一点必须充分予以考虑。”他还举例说：“英语中的 face 和法语中的 face 当然有对应关系，但这不是英语和法语都共同保留了远古印欧语的原始形态，而是英语从较古的法语中借入了 face 一词，这是一种借词现象，与语言之间是否有同源关系无关。”服部四郎此文还认为即使语言中的基本词汇也会发生缓慢的变化，并非长久不变。服部四郎对安田德太郎的有些批评富有启发性，例如安田德太郎说日语基本词汇的一些语根和南方诸语言有对应关系，而在阿尔泰语系中绝对找不到关系词。但服部四郎指出安田德太郎的观点忽视了阿尔泰语学的研究成果，事实上，日语的基本数词就和朝鲜语、阿尔泰语有明显的对应关系；而且日语的三身代词（表示“你、我、他”的基本代词）以及近称、中称、远称三个代词的语根和阿尔泰语系诸语言也有明显的对应关系。因此，不能根据日语中的这些基本词汇和南方诸语言有对应关系就说日语和南方诸语言同源，因为这些基本词汇在北方的阿尔泰语系中也可以找到关系词以及有对应关系的语根。服部四郎的研究态度是比较严谨的。

⑫吕思勉先生《吕著中国通史》（华东师范大学出版社，1992 年）第二十四章“古代对于异族的同化”对于古代的汉民族同化异民族作了一些论述，我们这里稍引其结论：“汉族因其文化之高，把附近的民族，逐渐同化，而汉族的疆域，亦即随之拓展。和汉族接近的民族，当汉族开拓时，自然也有散向四方，即汉族的版图以外去的，然亦多少带了些中原的文化以俱去，这又是中国的文化扩展的路径。这便是古代中国同化异民族的真相。”柳诒徵《中国文化史》（中国大百科全书出版社，1988 年）第 302 页也有类似的论述，柳诒徵在引述了《汉书・高帝纪》和《史记・货殖列传》之后曰：“由此推之，秦时南越、滇、蜀，皆赖中夏之民为之开化。尉佗之文理，卓氏之筹策，特其著者耳。吾国人民之优秀实冠绝于四裔，虽为政府强迫迁徙，亦能自立于边徼。故秦代谪戍移民之法，虽在当时为暴虐，而播华风于榛狉之地，使野蛮之族皆同化于中县，其所成就，正非当时政府意计所及也。”夏曾佑《中国古代史》（河北教育出版社，2001 年）第 184 页称：“戎狄与中国杂居，自古已然，但自春秋始可考。”张荫麟《中国史纲》（上海古籍出版社，1999 年）第 38 页：“周室的分封本来是一种武装殖民的事业。所有周朝新建的国家大都是以少数外来的贵族（包括国君、公子、公孙、卿大夫及其子孙）立在多数土著的被征服者之上。这些贵族的领主地位要靠坚强的武力来维持。而直至春秋时代，所有诸夏的国家若不是与戎狄蛮夷杂错而居，便是与这些外族相当接近，致时有受其侵袭的危险。”学者们的这些论述确实是有根据的，今举二例以见一斑：例一，《后汉书・南蛮西南夷列传》所载的白狼夷歌的《远夷乐德歌诗》中的歌词有曰：“蛮夷贫薄，倭让龙洞。无所报嗣，莫支度由。”《远夷怀德歌》曰：“荒服之外，荒服之仪。土地境埆，犁籍怜怜。食肉衣皮，阻苏邪犁。不见盐谷，莫砀粗沐。吏译传风，罔译传微。大汉安乐，是汉夜拒。携负归仁，踪优路仁。”从这两首歌可以看出，汉代的西南夷自己也认为与汉民族相比较起来只能是“蛮夷贫薄”“土地境埆，犁籍怜怜”“不见盐谷”，他们普遍向往“大汉安乐”，愿意“携负归仁”，归化进汉民族。例二，据韩儒林翻译的古代突厥的《阙特勤碑文》（见林幹编《突厥与回纥历史论文选集・上册》，中华书局，1987 年，第 479 页）有曰：“出产无量金银粟（?）丝（?）之唐家，言语阿誉，复多财物，彼等迷于温言及财富，复招引远地异族与之接近。”可见在唐代的突厥人的眼中，作为汉民族的唐朝非常富强，而且善于怀柔远方的异民族。同文还说到：“突厥匐弃其突厥名字（或官衔）而用唐家匐之名字。”凡此足见汉民族的同化力，同时突厥语言的某些成分也渗透到了汉语中来。

再从古文献中举一个例子，《孟子・滕文公上》称孟子曰：“陈良，楚产也，悦周公、仲尼之道，北学于中国。北方之学者，未能或之先也。彼所谓豪杰之士也。子之兄弟事之数十年，师死而遂倍之！昔者孔子没，三年之外，门人治任将归，入揖于子贡，相向而哭，皆失声，然后归。子贡反，筑室于场，独居三年，然后归。他日，子夏、子张、子游以有若似圣人，欲以所事孔子事之，强曾子。曾子曰：‘不可；江汉以濯之，秋阳以暴之，皜皜乎不可尚已。’今也南蛮鴃舌之人，非先王之道。”南方楚国的陈良到中原来学习中原的文化，反而比一般的北方人还要学得好，可见在战国时代的文化交流并非很困难的事情。有的学者认为《孟子》的“南蛮鴃舌之人”说的是古汉语的一种南方方言，有的学者又认为是古代的异民族语言。我们根据古文献和古代文化史判断，古书中的“南蛮鴃舌之人”或说“夷语”的人应该是说古代的非汉语的异民族语言（如《新唐书·南蛮传上》：“南诏，或曰鹤拓，曰龙尾，曰苴咩，曰阳剑，本哀牢夷后，乌蛮别种也。夷语‘王’为‘诏’。”南诏国是哀牢夷之后，其语言称“王”为“诏”，这绝不是上古汉语流传下来的某种方言，肯定是异民族的语言（关于“诏”的考论可参看饶宗颐《说“诏”》一文，收入《饶宗颐二十世纪学术文集（卷七）·中外关系史》，中国人民大学出版社，2009 年，第 214 ~ 215 页。饶宗颐此文引用到了法国学者考证的用希腊文写成的月氏铭文，此铭文称“王”为“Sao”。饶宗颐称“Sao”正与“诏”对音）。这里的“夷语”事实上与《孟子》的“南蛮鴃舌”是相近的。类似的例子在《新唐书·南蛮传》中有很多，此不详引。另可参看钱钟书《七缀集》关于“夷语、鸟语”的论述和广博的引证，上海古籍出版社，1994 年，第 142 ~ 143 页）。但那些异民族的知识分子除了会自己本民族的语言之外，也有能力学习汉民族的语言和文化，只有这样才能够与汉民族交流。战国时代的中国是中外文化大交流的时期，这已经是学术界的共识。这里可举一个旁证：《北史·高昌传》称西域的高昌国“其风俗政令，与华夏略同。……文字亦同华夏，兼用胡书。有《毛诗》《论语》《孝经》，置学官弟子，以相教授。虽习读之，而皆为胡语”。饶宗颐《上古塞种史若干问题》（《于阗史丛考》，上海书店，1993 年）一文据此认为：“此高昌用胡语读汉人经典，实为双语国家，与于阗相同。”这是古代异民族的人能够通晓汉语的铁证。黄烈《谈汉唐西域四个古文化区汉文的流行》（《纪念陈寅恪教授国际学术讨论会文集》，中山大学出版社，1989 年）对这个问题做了比较详细的研究。《番汉合时掌中珠》的《序》有两句话很能表示古代异民族人的心态：“不学番言，则岂和番人之众？不会汉语，则岂入汉人之数？”我国古代的氐族也是明显的例子。考《三国志·魏志》三十裴注引《魏略》曰：“氐人有王，所从来久矣。自汉开益州，置武都郡，排其种人，分窜山谷间，或在福禄，或在汧、陇左右。其种非一，称盘瓠之后，或号青氐，或号白氐，或号蚺氐，此盖虫之类而处中国人，即其服色而名之也。其自相号曰盍稚，各有王侯，多受中国封拜。近去建安中，兴国氐王阿贵、白项氐王千万各有部落万余。……其俗，语不与中国同，及羌杂胡同，各处有姓，姓如中国之姓矣。……多知中国语，由与中国错居故也。其自还种落间，则自氐语。”足见古代的周边民族是比较主动地学汉语的。严学宭《民族研究文集》（民族出版社，1997 年）中有一篇《中国的双语现象》，可以参看。克里斯特尔《剑桥语言百科全书》（中国社会科学出版社，2002 年）第 560 ~ 561 页专门简要分析了多语现象并存的原因，包括政治、宗教、文化、教育、经济、自然灾害（洪水、火山爆发、饥荒和其他此类事件可以成为人口流动的主要原因。人们重新定居，于是出现了新的语言接触的局面）诸多方面的原因。

《全唐诗》卷一九九载岑参之诗《与独孤渐道别长句兼呈严八侍》曰：“花门将军善胡歌，叶河蕃王能汉语。”则明确称吐蕃王会说汉语，汉族人的将军能用异民族语言唱歌。《全唐诗》卷二九八王建《凉州行》：“凉州四边沙皓皓，汉家无人开旧道。边头州县尽胡兵，将军别筑防秋城。万里人家皆已没，年年旌节发西京。多来中国收妇女，一半生男为汉语。蕃人旧日不耕犁，相学如今种禾黍。”这首诗很能表现古代汉民族与周边异民族之间文化交流的一些方式。凉州附近的异民族军队来抢夺汉族的妇女，生下的男孩虽有异民族的血统，却会说汉语，受到汉文化的滋养。这是汉语汉文化渗入异民族的一种方式。更考《全唐诗》卷十八张籍《横吹曲辞·陇头（一曰陇头水）》诗称：“陇头已断人不行，胡骑夜入凉州城。汉家处处格斗死，一朝尽没陇西地。驱我边人胡中去，散放牛羊食禾黍。去年中国养子孙，今著毡裘学胡语。谁能更使李轻车，收取凉州属汉家。”这大概是说吐蕃攻陷陇西地区，唐朝军队大败，凉州失陷于吐蕃人之手，凉州的汉人被迫“著毡裘学胡语”。《全唐诗》卷一八一李白《奔亡道中五首》诗称：“俗变羌胡语，人多沙塞颜。申包惟恸哭，七日鬓毛斑。”这也是说汉人胡化。这种文化交流也可以将异民族的语言带入汉语中来。我怀疑唐朝的安史之乱也使得胡人的一些语言进入汉语中成了借词。

还有一个典型的例子是 1974 年以来在河北省平山县考古发掘出的战国时代的中山王墓，表明战国时期的中山国是一个有高度汉文化的国家，而中山国本来是由少数民族的白狄所建立的国家，墓中出土的青铜器铭文甚至引述有《诗经》。这是汉文化在先秦就同化了异民族的确凿证据。另可参看李学勤《平山墓葬群与中山国的文化》一文（《文物》

1979 年第 1 期）。有的学者甚至认为中山国本来就不是由异民族的白狄所建立的，如《张政烺文史论集》（中华书局，2004 年）第 468 页称：中山王壶与鼎的铭文“尊崇周天子，奉行周礼，申明《诗》《书》之教，可见其为周同姓之国。古籍或言中山即鲜虞，是白狄别种，今疑其不然”。李学勤先生还指出中山王鼎铭文中有文句出典于《大戴礼记・武王践祚》。不过李学勤先生《虎噬鹿器座与有翼神兽》（《比较考古学随笔》，广西师范大学出版社，1997 年）一文指出在中山王墓出土的一件错金银器，其造型为猛虎噬小鹿。乌恩等学者曾指出这种造型是北方草原民族文化的风格。乌恩、李学勤都说这是中山王墓中包含有异民族文化的证据。李学勤据此认为古书上说的中山国是白狄所建的记载是不可置疑的。

⑬学术界有人认为鲜卑语与蒙古语比较接近，清末大学者沈曾植《海日楼札丛》卷二“鲜卑语与蒙古语”条已有此见解。但伯希和《汉译突厥名称之起源》（《西域南海史地考证译丛（第二编）》，商务印书馆，1995 年，第 53 页）的“注八”提到：“魏国字汇好像是‘突厥式’，而不是‘蒙古式’，但是这个问题必须要详细研究。”《陈寅恪集》中的《讲义及杂稿》（生活・读书・新知三联书店，2002 年）第 454 页称：“因鲜卑语与蒙古语近，自不无同族关系。”另可参看白鸟库吉《东胡民族考》［《塞外民族史研究（上）》，岩波书店，1986 年］、聂鸿音《鲜卑语言解读述论》（《民族研究》2001 年第 1 期）。

⑭民族融合会导致语言上的融合。如《左传・襄公四年》：“昔有夏之方衰也，后羿自鉏迁于穷石，因夏民以代夏政。”《左传》此节下文明称“后羿”为“夷羿”，这表明“后羿”有可能是异民族人，那么“后羿”族所说的语言应该是不同于夏后族的语言。在后羿灭夏之后，还是要“因夏民”。也就是说这时候的后羿政权的统治阶层与当地原有的夏民是说不同的语言。同时，这两种不同的语言又很容易发生相互影响，这在民族发展史上是比较常见的现象。历史上的鲜卑族、契丹族、女真族、蒙古族、满族都曾经入主中原，其上层统治集团本来与中原的汉民族是说不同的语言，但是后来都被汉民族同化。同时，这些异民族自身的语言的某些成分和特征也渗入汉语中来了。我认为考察同源词千万不可忽视这种现象，这种情况造成的同源词实际上是借词，而不是在真正意义上的同源词。在印欧语研究中有一个例子值得注意：英语和法语是同源的语言，但语言学家公认英语中存在大量的法语借词，而不是从同源关系上来对待英语的法语借词。戴庆厦主编的《汉语与少数民族语言关系概论》（中央民族学院出版社，1992 年）一书的第四章“少数民族转用汉语”专门讨论了满族、回族、土家族、畲族、高山族等少数民族被汉民族的文化和语言同化的情况，可以参看。刘镇发《客、粤语与邻近民族语言的共同词》（《语文研究》1998 年第 4 期）一文专门讨论了客家话、粤方言和壮侗语族之间的共同词，举证数十例（刘镇发此文还提到了其他学者的一些研究，如李新魁、欧阳觉亚、房学嘉、林嘉书等等，其论著也足资参考。文繁不录）。美国东方学家麦高文《中亚古国史》（中华书局，2004 年）第四章“匈奴帝国之前期”第 124 页有一段论述也颇有参考价值：“可是据中国的传说，这些古代的吉尔吉斯人确属白种；中国人说他们身高、肤白、赤发、绿眼。有些学者，据此认为吉尔吉斯人的起源本属纯正的印度欧罗巴族，不过因为与东方的土兰尼安人有了长期的接触，其体貌才变成蒙古利亚型，其语言才变成突厥语。”又比如，韦庆稳《试论百越民族的语言》（《百越民族史论集》，中国社会科学出版社，1982 年）一文称：“粤语、吴语、闽语等方言区都是古代百越民族分布的地区。这些方言的特点，很可能就是上古百越民族被同化以后在语言上留下的遗迹。例如粤语的 ni‘这’，很可能是上古百越语的词。这就是方言的底层（详见陈伟等译《语言的底层问题译文集》）。”王启涛《论“南染吴越，北杂夷虏”》（《语文研究》1997 年第 2 期）一文具体论述到《颜氏家训・音辞篇》所说的汉语北方方言中出现的“鱼虞不分、支脂不分、洽狎不分”就是阿尔泰语影响的结果，其表现是 o、u 不分，ie、i 不分等等，因为这样的元音混同在阿尔泰语中常有出现。又如，北方汉语方言的声调比较少，有的甚至只有三个声调，王启涛说这也是北方的阿尔泰语影响的结果，因为阿尔泰语本身没有声调。我以为王启涛此文是很有参考价值的。梁敏、张均如《侗台语族概论》（中国社会科学出版社，1996 年）第 842 页有曰：“汉语以名词为中心的修饰词组，所有的修饰成分全都放在中心成分的前面，而侗台语族诸语言名词性修饰词组的修饰成分大都放在中心成分之后，所以壮侗诸族人民在学习汉语文时往往不自觉地把本民族修饰词组的词序应用到他们说的汉语中去，把‘小孩子’说成‘娃仔小’，把‘历史老师’说成‘老师历史’。”日本学者桥本万太郎《语言地理类型学》力主汉语北方方言受阿尔泰语影响很大，此为学术界所共知。黄锡惠《汉语东北方言中的满语影响》（《语文研究》1997 年第 4 期）讨论了东北方言中吸收的满语词汇，多有举证，此

不转录。此文引述了一些古代的汉族人移民或作为战俘进入东北地区的文献资料，也足资参考。赵杰《北京话中的满汉融合词探微》（《中国语文》1993 年第 4 期）讨论了满汉语言融合的方式和语言接触的规律，也可参看。此文提到："尤其是进京定鼎的历代满族人，自觉地把满语融进了自己的满式汉语。"另可参看徐通锵《历史上汉语和其他语言的融合问题说略》（见《语言学论丛（第 7 辑）》，商务印书馆，1981 年），文繁不录。汉民族与阿尔泰语系民族的接触早在先秦就有。如《史记·秦本纪》称秦惠文王更元后的七年，"韩、赵、魏、燕、齐帅匈奴共攻秦"。匈奴与韩、赵、魏、燕、齐各国一起组成联合军，共同伐秦。这说明阿尔泰语系的匈奴与汉民族各国之间并非任何时候都处于敌对状态，也有彼此合作的时候，二者之间的关系词只能用借词来解释。

⑮陈保亚教授的《语言接触与语言联盟》（语文出版社，1996 年）一书的研究方法有参考价值。语言学家现在往往有一个观念：语言的明显的演变是基于接触，而不是纯粹的自身的发展。何大安《规律与方向》（北京大学出版社，2004 年）第 109 页称："今天的任何一支方言，都不会是孤立地从祖语传衍而来。在发展过程当中，固然有传统的成分，有自创的成分，也有外来的成分。而所谓外来的成分，不只是其他的汉语方言，甚至会有非汉语在内。"这是通达之见。

⑯张政烺《跋唐蕃会盟碑》（《张政烺文史论集》，中华书局，2004 年，第 377 页）认为《隋书》中的"附国"，《后汉书》中的"发羌"，都是指藏族。因为"附、发"与"吐蕃"的"蕃"古音相近［今按，张政烺先生此说皆得自郑天挺，郑天挺撰有专门论文研究"附国、发羌"的地望和对音，载于郑天挺《清史探微》（北京大学出版社，1999 年）一书中。而较早主张"发羌"是"吐蕃"的是姚薇元的《藏族考源》。在史书中是《新唐书·吐蕃传》。马学良主编《汉藏语概论》（民族出版社，2003 年）第 93 ~ 94 页也提及此说。而现代有的学者坚决反对此说，如马长寿《氐与羌》（上海人民出版社，1984 年）；格勒《藏族早期历史与文化》（商务印书馆，2006 年）第二章第三节。格勒之文论证较详密，应属可信］。张政烺先生此文还说："在商周春秋时的'濮'可能便是'Bod'的译音。濮的分布区域比较广，往东到长江中游的湖北湖南一带，往南到云南北部。至于康藏高原的情况，因为交通不便反而记载不清楚。古书上常见的'百濮'，说明当时部落繁盛，还没能出现一个统一的国家。中国古史上第一次记载'濮'的活动是在商代末年。"傅斯年《〈新获卜辞写本后记〉跋》提到："今西藏人自称曰'濮'。"《尚书·牧誓》中言及的帮助周武王伐纣的"濮"，有的学者认为就是"吐蕃"的"蕃"的译音。这是一个非常流行的意见。但是现在看来这种观点是错误的。吕思勉《吕著中国通史》（华东师范大学出版社，1992 年）第 339 页称："西南的大族为'濮'，此即现在的倮㑩。"吕思勉先生显然认为"濮"不是藏族先民，因为"倮㑩"族学术界公认为是彝族。陈连开《中国民族史纲要》（中国财政经济出版社，1999 年）第 82 页称"濮"是在今川东、鄂西。这显然也不认为"濮"就是藏族先民。吴永章《中南民族关系史》（民族出版社，1992 年）有专门的"濮的民族关系"一节，对"濮"的讨论较详细，引证了不少材料，但始终没有认为"濮"是藏族的先民。翁独健《中国民族关系史纲要》（中国社会科学出版社，1990 年）第76 ~ 77页称："濮在楚西南，是汉武陵蛮的先民，发展为后来的苗瑶语族。"这显然也是否定"濮"为藏民族先民之说。前辈学者徐中舒《殷周之际史迹检讨》（《徐中舒历史论文选辑》，中华书局，1998 年）对古文献中关于"濮"的记载有详细的引述（我们不再转录，参看《徐中舒历史论文选辑》第 672 ~ 673 页），徐中舒有曰："杜预《春秋释例》云'建宁郡南有濮夷，无君长总统，各以邑落自聚，故称百濮'。按建宁郡在今云南境内，此为晋时百濮之所在，春秋以前，此诸族必尚居江、汉流域。"百濮在晋代还居住在云南之地，可知绝对不是藏族的先民。西周时期的青铜器《宗周钟》铭文中提到有"南国𠬝子"。《徐中舒历史论文选辑》第 666 页考证"𠬝"就是"濮"。徐中舒曰："则南国𠬝子在文、武时亦为周之疆土。𠬝、濮古同在帮并母，疑𠬝子即《牧誓》'微、卢、彭、濮人'之濮。𠬝子遣间来逆邵王，则王实亲履其地。"如果此说不误，则"濮"绝非藏族先民。杨树达《积微居金文说》增订本（中华书局，1997 年）卷五"宗周钟跋"说与徐中舒同，也考定《宗周钟》铭文中的𠬝就是古文献中的濮。杨树达曰："今以铭文核之，实伐荆楚之𠬝子也。然则𠬝子为何人乎？以音求之，𠬝盖经传之濮。"杨树达之文也引述了不少文献，认为濮在春秋时处于江汉之南，地近于楚。段玉裁《说文解字注》（上海古籍出版社，1995 年）第 535 页"濮"字注曰："《牧誓》《左传》之濮人、百濮，则在江汉之南。"日本学者白川静《金文通释》卷二颇重视杨树达之说［《金文诂林补（第二册）》（"国立中央研究院"历史语言研究所，1982 年）第 751 ~ 755 页详细介绍了白川静之文］。根据杨树达和白川静之说，上古文献中

的濮和西周金文中的𠬝可以肯定不是藏族的先民，不会是吐蕃的“蕃”的异译。藏族先民一般被认为是古代的氐羌族系统，但无论是在上古文献中，还是在古文字材料中，𠬝或濮与氐羌始终都是不同的民族，古人从来没有把二者相混过。童恩正先生《四川西南地区大石墓族属试探——附谈有关古代濮族的几个问题》（《古代的巴蜀》，重庆出版社，2004 年；又见于《考古》1978 年第 2 期）一文也讨论了有关“濮族”的问题：“濮族是中国西南地区历史悠久、分布最广的一种族系。从战国至西汉时期，相继在西南出现的夜郎、滇、邛都等奴隶制王国，其主要民族都应属于这一系统。”童恩正认为汉代的夜郎、滇、邛都都是古代的濮族，这显然是认为濮族并非藏族先民。童先生此文还对濮族的历史做了一些概述，并且指出在汉代哀牢夷故地，晋代时候出现的一些濮人与我国上古时候的濮人并非同一种族，而可能是属于现在的孟—高棉语民族的先民。方国瑜《中国西南历史地理考释》（中华书局，1992 年）第 22 页称：“哀牢地居民之族别较多，而以濮人为主要，《后汉书・西南夷哀牢传》《华阳国志・南中志・永昌郡》所载如此。郭义恭《广志》所载濮人有数种（《太平御览》卷三六九及七九一引），杜佑《通典》卷一八七亦载之。《通典》说‘诸濮与哀牢地相接’，实则诸濮即在哀牢地。哀牢部族应为古之濮人。明董难《百濮考》说‘哀牢即永昌濮人’。桂馥《札朴・滇游随笔》引董难说，认为‘濮与蒲音相近，讹为蒲耳’。即今蒲曼族，与崩龙族、佤族为同族属，即古濮人之遗裔。”方国瑜之说虽与童恩正有所不同，但明确认为古代的濮人与崩龙族、佤族是同一族属，而非藏族先民。清代学者桂馥《札朴》卷十“濮人”条（中华书局，1992 年，第 398 页）在引证了一些古文献之后说：“哀牢即今永昌。濮人即今顺宁所名蒲蛮者是也。‘濮’与‘蒲’音相近，讹为‘蒲’耳。”《中国大百科全书・民族卷》“濮”条和《中国历史大辞典・民族史卷》第 767 页“濮”条的解释都没有说“濮”与藏族先民有关系，而且根据此二书的解释来看，也不可能认为“濮”与藏族有关。我们赞同濮是现在苗瑶族的先民的观点。另外，从古音学上看，“濮”与“发”的古音也不相近（末尾的入声辅音不同，不可相混），无缘通假。我最近注意到黄侃《说文段注小笺》（《说文笺识四种》，上海古籍出版社，1983 年，第 192 页）称：“濮，百濮借为僰。”《钱玄同文集》（中国人民大学出版社，1999 年）第 288 页说与黄侃同。这是一个被忽视的意见。“僰”族显然不是藏族的一支，而是与藏族不同的民族。在古书中“僰”一直被认为是西南夷，与氐羌族有别。如《说文》“羌”字下曰：“西戎牧羊人也。从人从羊。羊亦声。南方蛮闽从虫，北方狄从犬，东方貉从豸，西方羌从羊。此六种也，西南僰人、僬侥从人。盖在坤地，颇有顺理之性。”这明显是认为“羌人”与“僰人”为不同种族。黄侃先生此说尚有待进一步的论证。僰人，学术界一般认为是现在白族的先民［《中国历史大辞典（音序本）・上册》（上海辞书出版社，2007 年）第 474 页“滇僰”条称：“秦汉时滇国主体民族，源于氐羌。经南北朝时期的发展，不断吸收汉族文化，融合汉族移民，至唐代形成白蛮。为近代白族先民。白族本称僰人。明白族学者李元阳在其所编万历《云南通志》中一律改为‘白人’。”《滇志》卷三十“僰夷”条称：“种在黑水之外，今称百夷，盖声相近而讹也。”檀萃《滇海虞衡志》卷十三“志蛮”：“僰夷一名摆夷，又称白夷。”］，“白”与“僰”声音也很相近，完全可以通转（奇怪的是现在居然有一种意见说僰人在明朝万历皇帝的大军征伐下四散奔逃，作为一个整体民族已不存在。我认为并非如此。僰人的后代就是现在的白族）。虽然“濮”与“僰”在音韵上也可以相通，但是僰人与濮的关系还有待考证。童恩正《四川西南地区大石墓族属试探——附谈有关古代濮族的几个问题》一文竟然有与黄侃、钱玄同一样的观点，其根据如《史记・货殖列传》的“滇僰”，在《华阳国志・南中志》中作“滇濮”。童先生称：“《史记》中的‘滇僰’，就是《汉书》中的滇，而僰即是濮，二字同音异写。”童恩正此文的注释中还引用了《吕氏春秋・恃君》的高诱注和《路史・国名记》为证以说明“僰”与“濮”古音相近。童恩正此文没有提到黄侃之文，他们的观点应该是暗合，并不存在童恩正抄袭黄侃的可能。近来的黄懿陆《滇国研究》（云南美术出版社，2001 年）第二章“僰人研究”多方举证，阐明古书中的僰人不是羌人，而是百越人。段渝《政治结构与文化模式——巴蜀古代文明研究》（学林出版社，1999 年）也认为“僰人”就是“濮人”，并非羌人。如果黄侃、童恩正等学者的观点是正确的，那也可以说僰族或濮族不是藏族先民，前引《淮南子・齐俗》：“羌、氐、僰、翟，婴儿生皆同声，及其长也，虽重象狄騠，不能通其言，教俗殊也。”这里明确称“僰族”与羌族、氐族（古羌族是藏族的先民）是说不同语言的民族，彼此不能相互沟通语言。著名学者郑德坤有长篇专论《僰人考》（《郑德坤古史论集选》，商务印书馆，2007 年）考论僰人的历史文化颇详细。

⑰我们这里稍稍列举一些考古材料：据中国社会科学院考古研究所编《新中国的考古发现和研究》（文物出版社，

1984 年）第 171～172 页，1978 年和 1979 年两次发掘的西藏昌都县卡若遗址是西藏新石器时代后期的文化遗址，遗址可分两期，早期的出土文物有红陶的陶罐、陶盆等，晚期的出土文物则以灰陶居多。遗址还出土了成批的骨器、兽禽骨和狩猎工具，甚至猪牛的骨骼，考古学者认为这是家畜。这个遗址的时间跨度较大，据 C_{14} 测定，第四层的最早年代和第二层的最晚年代大约是公元前 3000—公元前 2000 年（光华按，此取近似值，并非精确转录原文的数字）。这个年代相当于汉民族的夏代以前。根据《中国考古学年鉴 1986》（文物出版社，1988 年，第 205～206 页），1985 年西藏文管会在西藏琼结县久河区札林乡邦嘎村考古发掘了四个祭祀坑，出土有陶片、羊骨、木炭、深色灰土、石磨盘等，其中包含有 600 多条（片）兽骨。考古工作者认定是新石器时代晚期的遗址。据《中国考古学年鉴 1992》（文物出版社，1994 年）第 303 页，1991 年 8 月，西藏文物管理委员会于西藏林芝县八一多布村北的小山包上考古发掘了石棺墓葬群，出土有人骨、陶瓶、陶罐、石斧、石锛等，考古工作者"根据石器和陶器的形制与特征与卡若遗址的同类出土物相类似的情况判断，其墓群的年代似为新石器时代晚期"。据同书第 302 页，西藏文管会在 1991 年 7 月于西藏拉萨西郊的堆龙德庆县乃琼乡八村南大约 1000 米处大洪积扇的西南角上，考古发掘了新石器时代的遗址，出土有兽骨 50 多块，陶片 1000 多片，还有石刀、石臼、研磨球等。考古工作者认为"德龙查遗址的遗迹和遗物与拉萨北郊的曲贡村新时期遗址晚期遗存有很多相似之处，其时代相当或稍晚"。据同书第 301～302 页，西藏文管会于 1991 年 10 月在雅鲁藏布江中游北岸的贡嘎县昌果乡昌果村考古发掘了一个新石器时代遗址，获得石器标本 300 余件及大量陶片，其中有两件磨制石器，一件是玉斧。考古工作者认为"昌果遗址的陶器特征与昌都卡若遗址、拉萨曲贡遗址的陶器特征均不相同，可能是西藏地区一种新的原始文化类型"。据同书，1991 年，西藏文管会的考古工作者还发掘了多处石器时代的遗址，在此我们不再逐一转录有关的考古材料。另可参看邱中郎《青藏高原旧石器的发现》（《古脊椎动物与古人类》1958 年第 2、3 期），林一璞《西藏塔工林芝村发现的古人类遗骸》（《古脊椎动物与古人类》1961 年第 3 期），王恒杰《西藏自治区林芝县发现的新石器时代遗址》（《考古》1975 年第 5 期），戴尔俭《西藏聂拉木县发现的石器》（《考古》1972 年第 1 期），尚坚等《西藏墨脱县又发现一批新石器时代遗物》（《考古》1978 年第 2 期），安志敏《藏北申札、双湖的旧石器和细石器》（《考古》1979 年第 6 期）、《海拉尔的中石器遗存——兼论细石器的起源和传说》（《考古学报》1978 年第 3 期），《西藏出土一批新石器时代文物》（《光明日报》1979 年 2 月 17 日），《西藏发现大量古人类石器》（《甘肃日报》1980 年 5 月 21 日），西藏文管会《拉萨曲贡村遗址调查试掘简报》（《文物》1985 年第 9 期），社科院考古所、西藏文管会《西藏拉萨市曲贡村新石器时代遗址第一次发掘简报》（《考古》1991 年第 10 期），童恩正《西藏考古综述》（《南方文明》，重庆出版社，2004 年；又见于《文物》1985 年第 9 期）、《西藏考古新发现》（《南方文明》，重庆出版社，2004 年；又见于《新观察》1980 年第 1 期）、《西藏昌都卡若新石器时代遗址的发掘及其相关问题》（《南方文明》，重庆出版社，2004 年；又见于《民族研究》1983 年第 1 期）。

⑱现在有不少学者都认为语言和种族是两回事，即使承认种族同源，也不能确认二者的语言是同源的。这是西方很多学者都有的观点，几乎已经是常识。姑举一例：萨丕尔《语言论》（商务印书馆，2003 年）第 187 页称："一群语言完全不必和一个种族集体或一个文化区相应，这很容易举例证明。我们甚至可以指出一种语言怎样和种族、文化的界线互相交错。英语不是一个统一的种族说的。几百万美国黑人不会说别的语言。英语就是他们的母语。"萨丕尔还有很多精彩的论述，在此不再转录。但我国力主汉藏语同源的学者对这一国际性的观点却视而不见。另可参看赵元任《语言问题》（商务印书馆，1997 年）第 99 页的有关论述。我国历史上的鲜卑族人完全汉化，后来只会说汉语，不会说鲜卑语了。我国现在的蒙古族、满族的许多人都只会说汉语，不会蒙古语和满语了。顾颉刚《浪口村随笔》（辽宁教育出版社，1998 年）卷六"羌与西藏"篇有曰："故甘肃之番人已失去其本来面目而转为藏人，犹之五胡、辽、金之后悉化为汉人矣。青海之蒙古人多改说番话，其所崇奉之宗教更无异趋，是蒙古人亦为藏人矣。文化力量足以陶铸一世，有如是者。国外学者必欲以种姓血统作分别部落之标准，不亦慎乎。"日本著名语言学家服部四郎《日语的系统》（岩波书店，1999 年）一书在批评大野晋的学说的时候，特别强调要把日本人的起源和日语的起源当作两个不同的问题而严格地区别开来。此书第 339 页特别举例指出了西伯利亚地区的诸小民族在发展的过程中放弃本来的语言而转用其他语言的现象，颇有参考价值。

⑲假如真的存在过汉藏语系，以及汉藏民族的共同体。

⑳王力：《王力文集（第17卷）》，山东教育出版社，1989年，第291页。

㉑郭锡良：《音韵问题答梅祖麟》，《古汉语研究》2003年第3期，第11页。

㉒郭锡良教授此文引述了王力先生的有关论述。

㉓何九盈：《汉语和亲属语言比较研究的基本原则》，《语言学论丛（第29辑）》，商务印书馆，2004年，第31页。

㉔光华按，指包拟古。

㉕这是罗杰瑞先生2004年12月21日在北京大学中文系二层学术报告厅的讲演。这里引用的话是我现场做的记录，不见于当时发的演讲提纲之中。从《李方桂先生口述史》（清华大学出版社，2003年）第五章“对历史比较语言学的主导原则和方法论的讨论”的记述来看，李方桂先生对语言之间是否有同源关系的问题，态度是非常慎重的，李方桂绝不轻言两种语言有发生学上的同源关系。李方桂《上古音研究》几乎没有借助汉藏语同源词，虽然李方桂本人对藏语有专门研究。恰恰是李方桂在考论唐代的西藏碑铭的时候，研究了其中的汉藏对音，然而与汉藏语系的问题毫无关系。

㉖参看斯宾塞·韦尔斯《出非洲记》（东方出版社，2004年）。另外，2007年5月10日《科技时报》的一篇文章《英科学家新发现可能证实人类非洲起源说》有如下的报道：“众说纷纭的澳大利亚土著起源问题近日有了新的答案。英国科学家利用基因手段证明，澳大利亚土著源于非洲。这个结论有可能会结束有关人类起源究竟是‘非洲起源’还是‘多地区起源’的争论，表明地球上所有肤色的人种均为5万年前非洲人的后裔。对于人类起源问题，目前国际学术界有很多理论。最著名的包括‘非洲起源说’及‘多地区起源论’。非洲起源说认为，人类共同的祖先来自于5万年前的非洲。多地区起源论则认为人类是在世界不同地区分别完成起源和进化。而非洲起源说最大的理论障碍就是如何解释澳大利亚土著的起源，因为在澳大利亚所发现的一些头骨化石和残留工具，与那些生活在南亚沿海地带的非洲早期移民有着明显的区别。澳大利亚四面环水，孤立在波涛汹涌的汪洋大海之中，其土著居民更是别具一格。他们有着宽鼻子、厚嘴唇、深色的眼睛、棕色的皮肤、波浪形的头发。持非洲起源说的人类学家认为，澳大利亚土著居民的头发为波浪形，与非洲黑人非常相似，应属非洲人种。另外一些学者则认为，澳大利亚人与欧洲人一样，有着发达的体毛和狭窄的鼻子，其体征接近欧洲人，因此他们应是来自欧洲。还有的学者将澳大利亚的凯洛尔人头骨和印度尼西亚的瓦贾克人头骨相比较，发现两者大同小异，据此认为澳大利亚人是由亚洲现代人发展而来。也有的学者认为，澳大利亚土著是由早期的移民者与当地的直立人杂交繁殖所产生。由剑桥大学和安格利亚鲁斯金大学的研究人员组成的研究小组，分析了澳大利亚土著居民和来自新几内亚的美拉尼西亚人的线粒体DNA（母系）和Y染色体DNA（父系），并提取了现代土著人及亚洲人群的血样，然后比较各种不同的DNA谱系。研究人员假设了一个DNA的平均变化率，通过计算DNA样本的变化，可以追溯出人类起源的分支交汇点，并可计算出人类祖先到达世界各地的时间表。结果显示，澳大利亚人共具有四个DNA分支，而这四个DNA分支的祖先都是距今7万年前至5万年前的非洲现代人。最新的研究还显示，澳大利亚土著人的遗传基因中，没有来自直立人的遗传基因特征，这表明，澳大利亚的早期移民并没有与直立人杂交繁殖，他们与其他欧亚大陆上的人有着共同的祖先。科学家推测，5万年前，当亚欧大陆板块仍连接在一起时，非洲人首先迁移到了欧亚大陆。当时的澳大利亚和新几内亚之间没有像今天这样深的海洋，海峡之间也很狭窄，直到8000年前，澳大利亚和新几内亚之间的陆桥才被海洋淹没。早期的定居者可能是穿越了澳大利亚和邻近的新几内亚岛大陆桥，到达澳大利亚定居下来。领导该项研究的安格利亚鲁斯金大学的福斯特博士表示，科学家早就猜测澳大利亚土著人与新几内亚人有着共同的祖先，但由于化石记录的结果差异太大，一直难于证明。这次最新的研究结果首次发现了他们之间的基因联系，证明他们均源自非洲。一些研究人员认为，最新的研究结果为人类起源的‘多地区起源论’敲响了丧钟。”我们不嫌繁琐，详细转述如上。

又据2006年8月16日《TOM科技》所载文章《考古学家找到古老项链，证实人类起源于非洲》称：“一批制作于数万年前的项链和手工制品表明，人类确实发源于非洲并由那里逐渐迁徙到了亚洲大陆。这一结论是由剑桥大学波尔·梅拉斯教授领导的一支考古研究小组得出的。他们所开展的研究活动证实了人类学家有关人类拥有共同发祥地的假说。梅拉斯教授和其同事们将一些出土自非洲和印度的原始人类制品进行了比对。据研究人员介绍，这些物品中包括由鸵鸟蛋壳制成的项链、箭头和各种刻有十字交叉图案的器件。尽管接受比对的物品制作于不同时期并且相距数千公里，但它们却具有很大的相似性。梅拉斯教授指出，出土自非洲的手工制品完成于5—7万年以前，而从印度和斯里兰卡发现的类似物品却要‘年轻’得多——距今‘只有’3.5万年。考古学家们在进行比对后得出结论称，制作上述物品的技术均出自非洲，并随着人类的迁徙（发生在大约5.5万年前）被带到了亚洲大陆。梅拉斯认为，今后还应继续在阿拉伯半岛和伊朗境内寻找类似的古人制品，以便更为准确地确定出人类从非洲迁徙到印度和东南亚其他地区的路线。不过，根据现有的材料已经能够令人信服地证明：非洲确实是人类的共同发源地。梅拉斯教授同时还相信，尽管晚些时候在澳大利亚找到的一些较为简单，但这并不能驳斥他的假说。他解释说，在人类长途迁徙的过程中，难民会导致一些‘技术上的衰落’：长途跋涉必然导致加工工艺趋向简化。”

据2005年3月22日《瞭望东方周刊》上刊载的一篇文章《现代人类起源于非洲渐成定论》称：关于人类最早的起源地，学术界一直充满争议。一个比较流行的观点是，所有现代人的祖先都是来自东非的，他们在大约10万年前离开了故乡，冲出了非洲，走向了世界。从那时起，他们开始取代当地的原始人，占领全世界。这一理论的最有力证据，就是非洲人相对其他大陆上的人类在基因上极为多样化，这就意味着他们具有更久远的历史。另一种相对冷门的理论认为，现代人是在各个大陆上古人类各自发展起来的，他们对人类的基因库都有所贡献。2001年1月12日的《科学》杂志上发表的一篇文章称，智人的基因就兼有古人和现代人的特征。而这种理论最大的根据，就是世界各地人类在外形特征，比如肤色、发色、身材和颅骨形状上的差异。巴罗克斯的新发现为“非洲起源说”提供了新的有力支撑。这位科学家发现，埃塞俄比亚在地理位置上和全球51个地方的距离与该地区人类的遗传多样性有关，离埃塞俄比亚越远，遗传多样性越少。他由此推论，人类在离开埃塞俄比亚后，一些基因在迁徙的路上渐渐丢失掉了。巴罗克斯说：“开始这项研究的灵感，来自于我们对于人类免疫基因多样性的研究，我们想知道：被更多疾病困扰的地区的人类，在这些免疫基因上是否拥有更多的遗传多样性。”巴罗克斯进一步发现，随着距非洲距离越来越长，遗传多样性的衰退程度，正好沿着人类早期迁徙的路线慢慢增大，如果人类起源于不同地区的话，就不可能有这样严格的规律。“人类的外形在这么短的时间内发展出这么大的变化，确实令人惊讶，但是大多数生物学家还是接受这种变化的。”巴罗克斯说：“我们的祖先在到达世界各地后，开始散居在当地的原始人类中间，并逐渐取代他们的优势地位，最终迫使他们退出了历史舞台。而我们祖先最大的武器，就是他们的工具制造技术。”

㉗达尔文《人类的由来》（商务印书馆，2005年）第一篇第七章“论人的种族”第280页：“根据存在于某几种语言之间的一些基本上的差别，有些语言学家曾经作出推论，认为人在变得很广泛地分散在地面之前，还不是一种能说话的动物。但我们也不妨加以猜测：认为当初也许已经有了语言，但这种语言远不如今天人们所说的任何种语言那样完善，而需要姿态和手势的很多的协助，而这种原始的语言却没有能在后来更加高度发展的各种语言中留下什么痕迹来。任何不完善的语言总要比没有语言好，如果当初没有任何语言可供使用，人的理智是不是能发展提高到他在早期便已达成的优越的地位所要求的那种标准，看来是成问题的。”这段论述很重要。根据达尔文的观点，人类在广泛散布于世界各地的时候，语言是很原始的，很多时候要借助于肢体和手势，后来的发展甚至可以完全遗弃那些原始语言的成分。因此，在讨论两种语言同源的时候去强调这两种语言有共同的原始语言作为其祖先，这是完全没有意义的。语源学上的原始祖语一定是有相当发展程度的语言，而不是人类自身的文明还处于原始时期的语言。如果在旧石器时代末期或新石器时代早期就分化为不同的语言，往不同的方向发展，即使人种相同，也不应当归属于一个语系。同一个人种完全能够拥有不同语系的语言。我们在此明确地强调：人种之间存在共同来源与语言之间是否有同源性没有必然的关系。徐文堪的论文《从欧亚大陆的史前语言接触看汉藏语系的起源问题》（《吐火罗人起源研究》，昆仑出版社，2007年）综述了近年来国际学术界关于人类共同起源于非洲的观点，并介绍了俄国、美国的语言学者所主张的人类语言同源说，进而讨论汉藏语系的起源问题。我们不能赞成徐文堪的说法，我们这一节的论述完全适合于对徐文堪的批评。

㉘李方桂先生对汉藏语学者的某些方法非常反感。据《李方桂先生口述史》第四章，李方桂对白保罗有很多严厉的批评，如其书第96页称：“我指的是实地调查研究过一门语言。他（按，指白保罗）从未如此。除了利用词典搞所谓的语言研究外，他从未研究过任何语言。他仅仅是把所有的词汇从词典中抽出而已，这样做极其简单。我的意思是，许多人都这么做，其中有些还颇有成就。他们抽出这种语言的某个词，又抽出另一种语言中相应的词相比：‘噢，它们

看起来十分相似。’就这样，他们很快发现一些有联系的语言。……我认为马提索夫对提倡这种类型的胡闹要负部分责任。”李方桂在这一章中颇多类似的语言。

㉙何九盈师《汉语和亲属语言比较研究的基本原则》（《语言学论丛（第29辑）》，商务印书馆，2004年）一文对白保罗等人搞的所谓“远程构拟”提出了严厉的批评，并且利用张琨的语言把白保罗等人倡导的“汉藏语系”批评为“建立在沙滩上的大洋楼”。何九盈师批评白保罗的一些观点“都缺少起码的事实根据，纯属空论，无法验证”（见其文第15页）。有趣的是何先生还引述了白保罗自己的话：“不加鉴别地使用远程构拟可能导致语言学的灾难。”何先生加按语说：“他的话不幸而言中。我们现在正面临着这样的灾难。”（见其文第20页）何先生此文还强调构拟汉语古音应该以汉语自身的材料为基础进行内部构拟，比较构拟必须与内部构拟相结合。后来居然有人攻击何先生此文是民族主义的言论，这种人真是不可救药，未可语大道。难道媚洋人以自重就是国际主义么？难道我国乾嘉学派的辉煌成就是靠洋理论取得的么？古人有言曰：学我者病，似我者死。我国有的学者过分迷信西方的某些理论，自诩是与国际接轨，而缺少实事求是的裁断。折之私衷，未敢苟同。美国著名语言学家萨丕尔甚至提出过印欧语与闪语同源的假设。这个假设至今没有被学术界接受。据索绪尔《普通语言学教程》（商务印书馆，1996年）第四编第一章第268页提到：“曾有人想找出芬兰·乌戈尔语系和印欧语系以及印欧语系和闪语系等等间的类似之点。但是这种比较很快就会碰到一些无可逾越的障碍。我们不应该把可能和可证明混为一谈。世界上一切语言都有普遍的亲属关系是不大可能的，就算真是这样——如意大利语言学家特龙贝提所相信的——由于其中发生了太多的变化，也无法证明。”西方学界惯于提出假设来开拓学术思路，但在这个假设被证明以前，我们不能根据这个假设来推论其他的结论，更不能往复无穷地推论下去。我国现代的上古音研究很多时候是建立在过分重视假设的基础上的，这是很不严谨的。据钱钟书先生的观点，科学上的假设在没有被证明以前有时和神话并没有本质的区别（参看钱钟书的英文论文*Myth*，*Nature and Individual*，收入《钱钟书英文文集》，外语教学与研究出版社，2005年）。

第五节 本书的重要原则和理论阐释

在这一节中要对本书涉及的一些理论原则问题作明确的阐释。

（1）本书认定凡是学者们构拟的上古汉语的复辅音声母 ab（暂时用 ab 这个符号来表示，a 和 b 是两个单辅音），其 a 和 b 这两个单辅音绝对没有互相通假的可能。如果能够证明 a 和 b 之间存在着古音通假关系，那么 ab 复声母就不能成立。同样的道理，假设 ab 复声母存在，那么由这个复声母分化而来的 a 和 b 这两个单声母之间就断然不会有古音通假关系。这个前提，在理论上是无可非难的，这是本书用通假字系联法来攻破古有复声母说的重要前提。

（2）本书还有一个重要的前提是认定凡是复声母 CL－，其中的 C 代表塞音声母，在音理上不能够与单辅音 l 发生通假关系。例如，假设有复声母 kl 存在，那么 kl 复声母就不可能与单辅音的 l 发生通假关系。除非 kl 复声母已经分化为单辅音 l，才有可能与单辅音 l 发生通假关系。这个前提万分重要，是本书许多论证的基础。我们认为这个提法在音理上是完全正确的。因为 kl 这样的塞音加上边音的复声母，从音理上看，p 或 t、k 之类的塞音是强势音，而处于介音位置的 l 是弱势的边音，是比较次要的音素，所以 kl 中的 k 在决定谐声关系或通假关系的时候所发挥的作用要大于 l。kl 和 k 能否相通尚不能有清楚的定论，至于 kl 与 l 在音理上则是没有相通假或谐声的可能。这从音理上是完全可以下断言的。我们对此还可以做一个音理上的推导：klang 与 kang、lang 这两个音比较起来，klang 在音理上更接近于 kang，而不是 lang；如果 klang 与 lang 之间可以有通假关系，那么 klang 与 kang 就更应该可以相通。这样一来，kang、lang 都可与 klang 相通转，因此 kang 与 lang 至少在一定的程度上和在一定的范围内可以相通。然而主张古有复声母的学者坚决认为 kang 与 lang 之间不能相通。这就是理论上的自相矛盾。所以复声母 kl 能够与单辅音 l 相通假或者相谐声的观点一定不能自圆其说。因此，本书认为凡是主张复声母 kl 能够与单辅音 l 相通假或者相谐声的观点是不能成立的。我们的这个观点是很重要的，这将从根本上否定雅洪托夫提出的上古音的二等字都带有介音 l 的观点。因为雅洪托夫主张的上古音中的二等字都是带有 l 的复声母，是为了解释二等字多与来母字相通或相谐的问题[①]。现在我们认为即使采用雅洪托夫的说法，认为上古音中的二等字是带 l 的复声母，也不能够与单辅音声母的 l 相通。因此，我们认为雅洪托夫的这个著名的观点实际上并不能够解决问题，不打算予以采纳。后面有专门一节讨论上古音中的来母的音值问题，按照我们的论述，从多方面的材料来看，上古音中的来母实际上不是 l，而应该是 l^h 这样的送气音，这个送气流音有一个音位变体是 l－。上古还存在舌根边音的 L－。只有这样构拟才能解释关于来母的很多复杂的谐声现象。后文将会有详细的讨论。而 l^h 显然是没有理由会作为介音成分出现的。

（3）假设有复声母 ab，其中的 a 代表擦音 s、z、h、ɣ，b 代表塞音 p、t、k 等。本书认定在这样的复声母结构中，ab 式复声母在音理上不可能与单声母 a 发生通假关系。因为作为擦音的 a（即 s、z、h、ɣ），相对于塞音的 b（即 p、t、k 等）是弱势音，这样的 ab 式复声母的音势在更大的程度上应该是取决于 b，而不是 a。因此，ab 式复声母是否有可能与单辅音声母 b 相通，还需要作严密的论证。但没有可能与单辅音声母 a 相通。本书的这个前提在音理上是完全可以成立的，这个前提与本书所采用的通假字系联法密切相关。

以上三个前提应该是没有疑问的。我们现在还要进一步提出一个假设：

（4）任何真正的复辅音声母都不能与单辅音声母发生谐声和通假关系。假设有复声母 kl，那么 kl 既不能与单辅音的 k 发生谐声和通假关系，也不能与单辅音的 l 发生谐声和通假关系。对于这个假设，可以举出三个证据：

第一，我们可以举出李方桂先生《上古音研究》中拟音为证。李方桂《上古音研究》的上古音声母系统中没有复声母的位置，但此书“上古的介音”一节讨论了上古音中的可能存在复声母的问题，并且说：“高本汉等已经拟有 sl－、sn－等复声母，我觉得也该有 st－、sk－等复声母，这个 s 可以算是一个词头 prefix，也因此在上古汉语的构词学里将占很重要的位置，与汉语有关系的藏语就明显地有个s－词头（参看 Conrady，1896）。”而且李方桂在各韵部的例字中构拟了不少的复声母。从李方桂构拟的具体的复声母中可以看出李方桂对谐声和通假的语音条件的理解。如人们常举的“各/落”，一般主张复声母的学者只认为“落”的上古音声母是复声母 gl 或 gr，似乎并不认为“各”的上古音声母是复辅音。但是李方桂《上古音研究》第 58 页鱼部的拟音是：“各” klak，“落” glak。郑张尚芳《上古音系》第 330 页的拟音是：“各” klaag，“落” graag。两家都把“各”的上古音声母构拟为 kl。也就是说李方桂、郑张尚芳都认为只有假设“各”是复声母 kl，才有可能与 gl 或 gr 发生谐声关系。这事实上就是从音理上否定了单声母 k 能与复声母 gl 或 gr 发生通假关系或谐声关系的可能性。我们完全赞同这样的观点。再如，郑张尚芳《上古音系》第 409 页对“龙”字的拟音 b · roŋ 也值得注意，其之所以在前面加上 b，显然是为了解释与並母的“庞”（郑张先生拟音为 brooŋ）字相谐声的问题[②]。我们且不论其是非[③]，但可以看出郑张尚芳先生明显认为上古音中的复辅音声母 br 不能与单辅音声母 r 在音理上发生谐声关系。我们对郑张先生的这个观点表示赞同。

第二，北京大学孙玉文教授告诉我：单辅音声母的字与复辅音声母的字（暂时假设上古汉语有复声母，并依照一般学者的构拟）不能够组合成双声联绵词。如果采取雅洪托夫或李方桂的观点，认为二等字有介音 l/r，那么有的明显是双声的联绵词，就不能成为双声关系了。如：上古就有的双声联绵词“绵蛮”，其中的“蛮”是二等字，按照雅洪托夫或李方桂的构拟，二者的声母关系就是 m 与 ml/mr，这样“绵蛮”就不是双声关系了。这就说明即使上古汉语真的有复声母，也与单声母有显著的区别，不能构成双声联绵词。这个事实也可以证明单辅音声母的字与复辅音声母的字不大可能发生谐声关系和通假关系。

第三，古人的声训往往关系到同源词的问题[④]。我们认为在古代的声训材料中，不存在复声母与单声母之间发生声训关系的现象。姑举一例：《白虎通 · 五行》：“吕者，巨也。”《太平御览》卷二十七引《风俗通》：“吕之言巨也。”蔡邕《月令章句》：“吕，距也。”这样的材料只可解释为声训。也就是说古人认为“吕”与“巨”在音义上有同源关系，我们断然不能把“吕”的上古音声母构拟为复声母 gl[⑤]，而同时把“巨”的上古音声母构拟为单辅音的 g[⑥]。因为古人认为“吕”和“巨”是声训关系，就是说“吕”与“巨”在音义上有同源关系，如果是这样拟音，二者便没有理由成为同源关系。因此，这样的声训材料反而从音理上可以证明“吕”的上古音声母不是复辅音 gl，而是单辅音的来母。而且按照学者们的意见，gl 型的复辅音的演变趋势是前面的塞音 g 脱落（因为是浊音），而后面的 l 得以保存[⑦]。因此，gl 如果在汉代已经失去 g 而变为 l，则仍然不可能与 g 发生声训关系。这就说明上古音中的来母不会是单纯的边音 l－，我们后面有详细的讨论。我们用通假字系联法可以证明

"吕"的上古音就是来母。如：考战国时的金文中山王鼎铭文中有一个从"吕"从"心"的字（上下结构），学者们皆考定为"虑"的假借字或异体字[⑧]。而"虑"字从不与见群母字发生通假关系[⑨]，其上古音声母不会是 gl-，因此这就反过来证明"吕"的上古音声母也是来母，不会是复声母 gl-。又如：在上古文献中，"吕"与"旅、鲁"有通假关系[⑩]，而"旅、鲁"都不与见群母字发生通假关系，二者的上古音不会是复声母 gl/kl，否则就不能与"吕"存在通假关系。这就反证"吕"的声母也不可能是声母 gl-。又如：古有联绵词"吕梁"，如《庄子·达声》："孔子观于吕梁。"[⑪]《释文》引司马云："吕梁，河水有石绝处。"《吕氏春秋·爱类》："吕梁未发。"[⑫]"吕梁"必为双声联绵词，而"梁"的上古音不可能是复声母 gl/kl，这也说明"吕"的上古音不会是复声母 gl/kl，否则"吕梁"就不是双声了。又如：考《史记·蔡泽列传》："而从唐举相。"《集解》引荀卿曰："梁有唐举。"《索隐》："荀卿书作'唐莒'。"则分明以"举"和"莒"是通假字，"举"的上古音只能是单辅音的见母，那么"莒"也肯定是见母，不可能是复声母 kl。否则这里的通假关系不能解释。

以上这个假设跟本书中的一些通假字系联有一定的关系。

自从李方桂《上古音研究》提出了中古音的二等字在上古音中有介音成分 r，这个观点得到广泛接受。李方桂先生构拟二等介音 r，是为了解释中古二等韵所配的声母往往是卷舌音。李方桂在《上古音研究》第 22 页说："因此我在前面讨论声母的时候已经提起二等韵里在上古时代应当有一个舌尖音卷舌化的介音 r，而不认为二等韵的元音与一等韵有任何不同。"可见李方桂构拟的 r 介音不同于一般的复声母的第二个辅音。因为学者们构拟的复声母 ab 在演变为中古音声母的时候，是分化为 a 或 b 两个单辅音，也就是说 ab 复声母在演变中会脱落其中的 a 或 b，而李方桂说的 r 是使声母发生卷舌化音变，然后消失，任何时候都不会导致第一个辅音脱落。因此，即使上古音中果真存在二等介音 r，这样的声母也与一般的复声母的后置辅音有大不相同的性质，不能算是典型的复声母，只能当作介音看待[⑬]。况且本书有理由不采取李方桂构拟的 r 介音的观点[⑭]。王力先生的上古音系中就没有 r 介音。另外，日本学者平山久雄《用声母腭化因素 j 代替上古汉语的介音 r》[⑮]一文也明确反对李方桂先生主张的上古二等韵有 r 介音的观点。

值得注意的是李方桂从来不用 Cr-型的声母结构去解释塞音声母与来母谐声的问题。现在有一些学者主张上古音中的来母不是 l，而是 r，于是认为 Cr-型的声母可与 C 或来母谐声，这与李方桂的主张完全不同。我们上文已经说过不能同意这样的音理分析。所以，主张古有复声母的学者不能援引李方桂关于 r 介音的构拟作为挡箭牌。我们重申：Cr-型的声母结构在音理上既不能与单声母的 C 谐声，也不能与单辅音的来母谐声。

这样，上古音中的来母的音值和喻四的音值问题就变得很突出。我们的观点是上古音中的来母应该是送气流音的 lh，这个送气流音同时有两个音位变体，一是 l-，一是 h-。喻四的音值，我们姑且采用李方桂《上古音研究》的意见，构拟为 r-。王力先生《汉语语音史》构拟为舌面边音 ʎ。实际上，李方桂和王力的构拟是很接近的。因为喻四实际上也只出现在三等韵，照理会带有三等介音 j。而 rj 在音值上与 ʎ 是相当接近的[⑯]，就如同泥母三等与日母的关系[⑰]。不过，我们认为李方桂和王力对上古音中的喻四音值的构拟虽然比较接近，但是李方桂的构拟更加合理[⑱]。

在以上三个大前提确立以后，还有一个重要的问题要解决。那就是 a 和 b 两个单辅音，我们怎样才能确定二者之间能够相通，也就是会发生音变关系呢？这是个很棘手的问题。因为只要我们一旦证明了 a 和 b 这两个单辅音之间有音变关系，那么 ab 型或 ba 型复辅音声母就不能成立。本书采用了一系列的方法，其中之一是我们从古书本身发现一些线索可以证明 a 和 b 在古音中确实能够通假。这里要做一些比较详细的讨论。

本书常常采用通假字系联法来证明学者们构拟的复辅音往往与古汉语的通假字系统相冲突，在这样的情况下，我们可以明确地认为那些复辅音的构拟都是不能成立的。但是我们立论的前提是那些相互系联起来的通假字必须是真正的通假字。而我国古籍中的异文、异读的现象很复杂，有时候要确立两个异文、异读的字是否是通假字并不是很容易的事情。我在古书中发现了东汉大学者郑玄在注释《周礼》的时候，经常使用“声之误”这样的术语。我们认为凡是郑玄认为是“声之误”的地方，可以肯定地认为就是通假字，也就是二者之间有音变关系。因为“声之误”这个术语的意思只能理解为：第一，一个声音被错误地读成了另外一个相近的声音；第二，由于两个字声音相同或相近，结果一个字被错误地写成了另一个字。无论是哪一种情况，“声之误”都只能认为是直接的音变，也就是通假，而与复辅音没有关系。因此，详细地考察郑玄说的“声之误”，就可以清楚地知道在郑玄心中的通假字，从而确知在东汉以前的声母之间的通转关系。而只要证明了两个字是通假关系，那么它们的声母之间的关系就一定是音变的关系，而不是由复辅音分化而成。我们对郑玄注中的“声之误”做过穷尽性的考察，现在举例说明如下。

例一，《周礼·典妇功》：“凡授嫔妇功。”注：“授当为受，声之误。”“受、授”的古音皆为禅母幽部。郑玄称之为“声之误”是说正因为二者音同，所以“受”才误成了“授”。

例二，《周礼·司市》：“上旌于思次以令市。”注：“玄谓思当为司字，声之误也。”司与思的古音同为心母之部，而郑玄称之为“声之误”就是因为二者同音，所以“司”才误成了“思”。

例三，《周礼·委人》：“凡其余聚以待颁赐。”注：“余当为馀，声之误也。”馀和余的古音都是余母鱼部。而郑玄称之为“声之误”就是因为二者同音，所以“馀”才误成了“余”。

例四，《周礼·内饔》：“豕盲眡而交睫腥。”注：“腥当为星，声之误也。”腥与星古音全同，而郑玄认为是“声之误”，因为腥与星古音相同，所以“星”字被误成了“腥”。

例五，《周礼·男巫》：“男巫掌望祀望衍授号旁招以茅。”注：“玄谓衍读为延，声之误也。”衍和延的古音都是余母元部，而郑玄以之为“声之误”，是说因为二者古音相同，所以“延”才误成了“衍”。

以上五例表明在郑玄的眼中，由于两个字读音相同，结果一个字被错误地写成了另一个字，这种情况叫作“声之误”。这样典型的例子说明郑玄说的“声之误”一定表明了古音相通，不可能牵涉到复声母的问题。后来其他学者的“声之误”例子，也是同样的原则。如《荀子·大略》：“仁非其里而虚之，非礼也。”杨注：“虚读为居，声之误也。”“虚”的上古音为晓母鱼部，“居”的上古音是见母鱼部，同为喉牙音，完全符合通假的条件，与复辅音无关[19]。因此，这就有利于我们利用郑玄注中的“声之误”来确定通假字。如：

例一，《周礼·腊人》：“凡祭祀，共豆脯，荐脯、膴胖，凡腊物。”注：“脯非豆实，豆当为羞，声之误。”“羞”是心母，“豆”是定母。这是汉代以前心母可与定母相通的铁证。这还可以解释上古音中的心母的“羞”的确可以从透母的“丑”得声，因为在古代方音中“心母”与“透母”确实可以发生音转。[20]则 sd、st、sth 这样的复辅音声母都不能成立，凡是古汉语中的心母与定母、端母、透母相谐声的现象都与复声母无关，只能是音变关系。我们对此在本书第三章中还有进一步的讨论。

例二，《礼记·檀弓上》：“其慎也，盖殡也。”注：“慎当为引。礼家读‘然’，声之误也。”《经典释文》："慎，依注作引。羊刃反。""慎"的上古音是禅母真部，"引"的上古音是余母真部，"然"的上古音是日母元部。郑玄称"声之误"是说"然"的上古音可以与"慎、引"相通。这个有力的证据表明在东汉以前，日母与禅母、余母音近可通。我们这里还补充一个材料：《方言》卷十一："自关而东，赵、魏之郊谓之鼅鼄或谓之蠾蝓（注：烛臾二音）。蠾蝓者，侏儒语之转也。北燕朝鲜洌水之间谓之蝳蜍（注：齐人又呼社公，亦言周公，音毒余）。"据《方言》此文，"蠾蝓"可以音转为"侏儒"，《方言》称为"语之转也"。而"儒"是日母，"蝓"是余母，二者之间确实可以通转，与任何复声母都没有关系。

例三，《周礼·典瑞》："侯执信圭伯执躬圭。"注："信当为身，声之误也。"《经典释文》："信音身。"信的古音为心母真部，身的古音为书母真部。郑玄认为"身"音可以误成"信"音，也就是"身"音可以音变为"信"音，这分明是说书母与心母上古音相通。从音理上讲，"心母"与"书母"都是清擦音，发音方法相同。心母为舌尖齿音，书母为舌面颚音，发音部位相去也不远，所以二者音近可通。

例四，《周礼·士师》："若邦凶荒则以荒辩之法治之。"注："玄谓'辩'当为'贬'，声之误也。遭饥荒，则刑罚国事有所贬损。""贬"的古音为帮母谈部，收 m 尾；"辩"的古音为并母元部，收 n 尾，而郑玄说二者是"声之误"的关系，也就是可以相通。这是什么原因呢？我们认为这就是学者们说的"异化现象"，因为"贬"的声母是唇音，与 m 尾可以发生异化作用。可知异化现象早在汉代就已经存在。[21]

例五，《礼记·曲礼上》："故曰疑而筮之，则弗非也；日而行事，则必践之。"注："践读曰善，声之误也。"《经典释文》："践，依注音善。""践"的上古音是从母元部，"善"的上古音是禅母元部。郑玄称"声之误"是说"善"可以音变为"践"，也就是说在东汉以前禅母与从母可以相通。

例六，《周礼·考工记·匠人》："里为式然后可以傅众力。"郑玄注："里读为已，声之误也。"《四部丛刊》本的《经典释文》："里音己。"《十三经注疏》本《经典释文》作："里音以。"《四库全书》本《经典释文》作："里读为已，音以，出注。"黄焯《经典释文汇校》[22]对此没有任何讨论。贾公彦疏："释曰必破'里'为'己'者，'里'则于义无取，为'已'则于义合，故从已也。"从《周礼》的上下文和各本《经典释文》考察，可以明确的是"里读为已"的"已"是已经的"已"，而不是自己的"己"。"已"的上古音是余母之部，"里"的上古音是来母之部，余母古与定母相近，与来母旁纽为双声，音近可通，符合声音通转的条件，不可能有复辅音的问题。

例七，《尚书·君牙》："冬祁寒，小民亦惟曰怨咨。"传："冬大寒，亦天之常道。民犹怨嗟。"《互注》："《礼记·缁衣》'《君雅》曰：夏日暑雨，小民惟曰怨资；冬祁寒小民亦惟曰怨'。注云'资'当为'至'，齐鲁之语，声之误也。'祁'之言'是'也，齐西偏之语也。"这里事实上也是引用了郑玄的说法。"至"的上古音为章母，为舌音；"资"的上古音为精母，为齿头音，二者本是有所区别的。但是正如郑玄所说，在汉代以前的齐鲁方言中，"至"与"资"音近可通，所以郑玄称其为"声之误"。龙宇纯《上古音刍议》[23]列举了大量的照三系字与精系字互为谐声的例子，此不转录。我们在研究上古音系的时候千万不可忽视方音的存在及其扩散从而对雅言造成的影响。这就可以合理地解释一个谐声关系：叔/椒。"叔"的上古音是书母觉部，"椒"的上古音是精母幽部，书母与精母的关系似乎比较疏远，但是我们现在知道在汉代以前的齐鲁方言中，精母与章母音近可通，而章母与书母旁纽为双声，都是照三系字，发音部位相同，可以通假。正因为如此，从"叔"得声的"椒"可以读为精母。这是古代方言中的音变，与任何复辅音声母都没有关系。

例八，《礼记·礼运》："蒉桴而土鼓犹若可以致其敬於鬼神。"注："蒉读为由，声之误也。由，堛也。""蒉"的上古音是群母微部，"由"是余母幽部，二者的声母韵母都有较大区别。而郑玄明称二者可以通假。这该怎样解释呢？我们说过如果能确定是通假关系，那么就一定不会是复辅音的分化。考《说文》："蒉，艸器也。从艸，贵声。臾，古文蒉。象形。《论语》曰'有荷臾而过孔氏之门'。"今本《论语·宪问》"臾"作"蒉"。可知"蒉"的古文作"臾"。那么"臾"这个字就有了两个不同的读音，代表两个不同的字，一是作为"蒉"的古文（又见《广韵·至韵》），为群母微部；一是余母侯部，就是见于《说文·申部》的训为"束缚捽抴"的"臾"，中古音"羊朱切"。《礼记·礼运》的"蒉"字一定有别本或古本作"臾"，汉代有的学者把"臾"释读为"蒉"，但郑玄认为应该读为"由"。余母侯部的"臾"和余母幽部的"由"古音很近，完全可以通转。所以不能根据郑玄说的"蒉读为由"来构拟任何复辅音声母。退一步说，如果这里的"蒉"真的就是群母微部字，那么也只能说群母与余母在东汉以前的上古音中确实能相通，因为郑玄说"蒉"与"由"的古音关系是"声之误"，而且郑玄用了"读为"这样的术语，那么可以很明确地判定"蒉"与"由"是通假字，这是毫无可疑的。段玉裁《说文解字注》第6页"䰟"字条注："凡言读若者皆拟其音也；凡传注言读为者，皆易其字也。注经必兼兹二者，故有读为，有读若。"段玉裁说的"易其字"就是说的通假。王引之《经义述闻》第三十二"经文假借"条称："是以汉世经师作注有'读为'之例，有'当作'之条，皆由声同声近者。"既然是通假字，那就只能说"蒉"可以音变为"由"，这与复辅音毫无关系。

例九，我们现在讨论一个最麻烦的例子：《礼记·丧大记》："君、大夫鬊爪实于绿中，士埋之。"郑玄注："'绿'当为'角'，声之误也。角中，谓棺内四隅也。鬊，乱发也；将实爪发棺中，必为小囊盛之。此'绿'或为'簍'。"孔颖达《正义》："知'绿'当为'角'者，上文'绿'为色以饰棺裹，非藏物之处。以'绿'与'角'声相近。经云'绿中'，故读'绿'为'角'。"《经典释文》[24]第794页："绿音角，出注。"《十三经注疏》本《礼记正义》所附《释文》无此言。朱彬《礼记训纂》[25]从《释文》："绿音角，出注。"从郑玄注可知，至少在东汉时，见母字的"角"可以音变为来母字的"绿"，所以郑玄说"绿"是"角"的"声之误"。孔颖达明明说过："'绿'与'角'声相近。"这句话的意思只能理解为"绿"与"角"的古音可以通转，也就是可以互相假借。孙希旦《礼记集解》卷四十四《丧大记》第二十二之二[26]称："愚谓'绿'当为'簍'。"即使从孙希旦之说"绿"为"簍"。这里的"簍"正如《经典释文》的注音也是"鲁口反"，为来母字。因此，我们根据《礼记·丧大记》的郑玄注，可以比较明确地认为在汉代及其以前的方言中，见母可以与来母相通，这是直接的音变，与任何复辅音无关。

考郑玄注《周礼》《礼记》《诗经》共有"声之误"一语80次。其中《毛诗》郑笺有一次。《诗经·大雅·绵》："其绳则直，缩版以载，作庙翼翼。"毛传："言不失绳直也，乘谓之缩，君子将营宫室，宗庙为先，廐库为次，居室为后。"郑笺云："绳者营其广轮方制之正也。既正，则以索缩其筑版，上下相承而起，庙成则严显翼翼然。'乘'声之误，当为'绳'也。"《经典释文》："'绳'如字，本或作'乘'。案《经》作'绳'，《传》作'乘'；《笺》云《传》破之'乘'字，后人遂误改《经》文。""绳"与"乘"古音相通，都是船纽蒸部，完全符合通转的条件，绝对与复辅音无关。郑玄注《周礼》《礼记》用"声之误"者共有79次，除了这里举的"绿"为"角"的"声之误"之外，尚有78次。我对这78例的"声之误"作了穷尽性的考察，发现没有一例与音韵学家说的复辅音有关，

78 例全部符合古音通转的条件和规律。在郑玄的 80 次“声之误”用例中，难道偏偏就可以认为“绿”和“角”是与复辅音有关吗？正如先贤所说“例不十，法不立”。我们只能认为“绿”与“角”是古音相通，也就是来母与见母可以相通。其声母通转在音理上是可以解释的，我们在第三章讨论来母的上古音值的时候会作详尽的研究。总之，见母与来母相通或相谐声与复辅音无关。更何况古文献明称“角”曾有来母音。

我们可以举出另一个例子：“隆”是三等字，“降”在中古以后无论读见母还是匣母都是二等字。《说文》：“隆，丰大也。从生降声。”力中切。王念孙《读书杂志・墨子第一》[27]“隆”条曰：“念孙案，古者‘降’与‘隆’通，不烦改字。……是隆、降古同声，故‘隆’字亦通作‘降’。”王念孙在此列举了大量的异文材料，证据确凿，不容置疑。《读书杂志・荀子第八》[28]“隆物”条也称：“念孙案，‘降’与‘隆’同。古字或以‘隆’为‘降’。”《诗经・小雅・都人士》：“彼君子女，绸直如发。”郑笺云：“无隆杀也。”《经典释文》：“‘隆’俗本作‘降’。”[29]“降”与“隆”古音相通是没有疑问的。既然二者是通假字，那么正如我们在本书的绪论指出的一样，这一定是见母与来母能够直接相通，与复辅音无关[30]。

以上关于利用郑玄“声之误”来讨论古代的音变是一个典型的例子，也是我们以古证古的原则的体现。我们坚决不赞成以审音为幌子而以今律古、以今臆古。

本书还经常使用通假字系联法。这种方法我们在这里也有必要稍作交代。如果我们从古代文献中可以确认 a 和 b 两个字是通假字，有确凿不易的证据（如大量的异文材料，声训，以及清代小学家的训诂学等），而 a 或 b 中的一个又绝对不与 ab 或 ba 式复声母发生关系，那么我们就可以判定 a 或 b 中的另一个也不会与 ab 或 ba 式复声母发生关系。这就是通假字系联法。我们力求从古代典籍本身找出古人认定是音变或音通的材料[31]，并作为我们反驳复声母说的根据。运用通假字是本书中经常使用的方法，对于确立古音通假的条例，本书基本上是采用清儒的办法。但是本书特别强调一切结论都应该是从材料和事实出发，而不是从预先设定的理论假设出发。

本书坚信王国维《再与林博士论洛诰书》[32]所说：“吾侪当以事实决事实，而不当以后世之理论决事实，此又今日为学者之所当然也。”因此，对于确立是否是通假字，主要应当依据材料本身而定。我们姑且对古音声母通转的条件作出几条通则：

第一，凡是发音部位相同的声母均可以通转，其中包括塞音、塞擦音、擦音与同部位的鼻音可以通转；舌尖塞音与同部位的边音可以通转。因为二者只有发音方法的不同，发音部位相同足可以使得彼此相通[33]。

第二，发音方法的相同有时能够使得发音部位不同的声母可以相通，例如根据本书第三章的论述，合口介音 u 可以使得喉牙音的晓母与唇音的明母相通。这是因为合口介音 u 有使声母发生唇齿化音变的功能，类似的例子如广东方言可以把“科学”的“科”读为 fo 平声[34]。晓母合口字与 f－声母可以相通。虽然二者的发音部位相去甚远，然而二者相通是事实，非理论假设所能否定。最值得注意的例子是西安方言中的舌尖塞擦音或翘舌塞擦音音变为唇齿塞擦音的现象。据《现代汉语方言大辞典（合订本）》第一册 77 页：西安方言“老派话［tʂ、tʂʻ、ʂ、ʐ］不与合口呼相拼。古知系合口字与宕摄庄组字和江摄知庄组字以及其他少数字老派读［pf、pfʻ、f、v］，新派读［tʂ、tʂʻ、ʂ、ʐ］。[35]……城区和水流、新合、灞桥、长延堡、三桥、草滩读［pf、pfʻ］声母的字，狄寨读［tʂ、tʂʻ］[36]”。这种音变是明显的唇齿化音变[37]。

又如，s－与 h－或 x－发音部位相去较远，然而三者都是清擦音，发音方法相同。在古代的方言中有许多证据表明 s－与 h－或 x－彼此确实可以相通，我们必须正视事实本身，不得主观地歪曲事实以迁就理论。

第三，介音成分可能会导致发音部位不同的声母发生通转关系。这在古今音变和现代方言中有很多证据。

第四，在语音中的同化作用、异化作用、弱化作用[38]、强化作用[39]、腭化作用[40]，以及鼻辅音向口辅音转化、音位的自由变体、合口介音使声母发生唇齿化音变、边音的擦音化音变[41]、辅音的气化音变等等，这些音变原理都可能导致不同发音部位或不同发音方法的声母相通[42]。本书在论述的时候会具体指出音变的条件[43]。

正如本节上文所论，由于古代方言音变现象复杂，古人自己有时会用某种方式透露出古代方言音变的信息。在现代方言中的音变往往也有出人意料的地方。凡是有古代或现代的方言明确显示是音转的现象，我们就应该实事求是，不能拘泥于主观设定的音理结构，而应该考虑不断完善音理结构本身。

注释

① 雅洪托夫《上古汉语的复辅音声母》(《汉语史论集》，北京大学出版社，1986 年) 一文首先注意到“二等字几乎任何时候都不以辅音 l 起首”，然后说：“然而，当一些声母为 l 的字和声母为其他辅音的字处在同一字族时，声母为其他辅音的字在多数场合是二等字而不是一等字。声母为 l 的字可能是声母为任何其他辅音的二等字的声旁；反之亦然，声母为任何其他辅音的二等字也可能是声母为 l 的字的声旁。最后，同一个字既能表示声母为 l 的音节，又能表示声母为其他辅音的二等字。对一等字来说，同样声母为 l－的字就不存在这种关系。……由此可见，上述例子不能推翻我们的下述见解：声母为 l－的字最初在写法上只能跟二等字有联系，而不能跟一等字发生关系。……依我看，二等字既然像上面我所指出的那样同声母为 l 的字紧密相连，那么它们当中应该有过介音 l，即它们的声母曾是复辅音 kl、pl、ml 等等。当然，这种复辅音的字在语音上曾经跟声母为 l－的字相当接近，这样这两类字才能进入同一字族。”以上是雅洪托夫关于二等字有介音 l 的基本观点。然而，按照我们的观点，雅洪托夫的看法是不能成立的。

② 据黄布凡主编《藏缅语族语言词汇》(中央民族学院出版社，1992 年)，“龙”在藏文书面语中读 ɦbrug，在墨脱门巴语中有 bruʔ/lu 两读，在羌语读 luŋ。由于郑张先生相信汉藏同源的观点，且主张通过汉藏对音来构拟汉语上古音。因此，藏文 ɦbrug 和墨脱门巴语 bruʔ 也许对郑张先生的构拟产生了影响。此不深论。

③ 本书第二章第九节对“龙/庞”这组谐声材料有专门的辨析，认为与复声母无关。

④ 如东汉的《释名》是以声训为原则，王国维《观堂别集》卷四“《尔雅草木虫鱼鸟兽释例》自序”引沈曾植之言曰：“君不读刘成国《释名》乎？每字必以其双声释之，其非双声者，大抵讹字也。”其书的体例是用动词或形容词来解释名词，也就是用动词或形容词来作为名词的语源。这种语源学观念在春秋时就已经存在，参看庞光华《释名书后》(《古籍研究》，2003 年第 3 期)。这种语言规律在古印度语言中也存在，参看饶宗颐《梵学集》；在北非的语言中也存在。据《中国大百科全书·语言文字卷》“阿非罗—亚细亚语系”条称：在阿非罗—亚细亚语系中“名词和动词的词根由动词派生而来”。在远古的苏美尔语中，动词与名词同性，看不出有什么区别。

⑤ 还有谐声字的材料如：“筥、莒”都从“吕”得声。

⑥ 郑张尚芳先生坚决主张古有复辅音声母，而他的《上古音系》第 384 页也把“巨、距”的上古音声母拟为单辅音的 g，而不是复声母。

⑦ 实际上，学者们所假设的这种复辅音演变的趋势未必尽符合事实。孙宏开《藏缅语若干音变探源》［《中国语言学报(第一期)》，商务印书馆，1982 年］指出：“藏语中塞音加边音组成的乙类复辅音常常是塞音脱落。……羌语则往往把复辅音中的边音丢掉了。”孙宏开的话当为事实。可见在藏缅语复辅音声母的演变中并不是清塞音加边音的复辅

音就是边音脱落，浊塞音加边音的复辅音就是浊塞音脱落。孙宏开在此文中还概括了复声母演变的三种途径：脱落、融合、分化，后来学者对复辅音演化趋势的解释似乎都没有超出这三点。克里斯特尔《剑桥语言百科全书》（中国社会科学出版社，2002 年）第 48 页“蒙特利尔的‘l’脱落”条：“辅音‘l’在 il（他、它），elle（她、它），ils（他们），la（宾格‘他、它、这’）和 les（宾格‘这些、他们’）的发音中常常脱落。标准形式是保留‘l’这个音。”

⑧ 参看《张政烺文史论集》（中华书局，2004 年）第 486 ~ 487 页、《朱德熙文集（第 5 卷）》（商务印书馆，1999 年）第 102 页、《金文编》（中华书局，1985 年）第 712 页。

⑨ 虽然据《说文》，“虑”是从晓母的“虍”声，毕竟与复声母 kl/gl 无关。

⑩ 参看宗福邦等主编：《故训汇纂》，商务印书馆，2003 年，第 321、997 页。

⑪又见《列子·黄帝篇》。

⑫又见《淮南子·本经》。另可参看王叔岷《庄子校诠（中册）》（“国立中央研究院”历史语言研究所，1988 年）第 702 ~ 703 页。

⑬王洪君教授多次对我说 - r - 作为介音成分出现在一般语言中是很正常的。龚煌城的《上古汉语与原始汉藏语带 r 与 l 复声母的构拟》和英文论文“The Palatalazation of Velars in Old Chinese”（都收入《汉藏语研究论文集》，北京大学出版社，2004 年）对 r 和 l 在藏缅语族中作为介音成分的现象多有论述。李方桂构拟二等介音 r 也许与他对藏语的研究有关。因为在藏语中作为复辅音声母后置辅音的 r 确实有卷舌化的功能。孙宏开《藏缅语若干音变探源》［《中国语言学报（第一期）》，商务印书馆，1982 年］指出：“藏语中的融合情况是：基本辅音和后置辅音 r 结合成的复辅音在现代口语中大部分变读为卷舌塞擦音。”不过孙宏开同文也指出：在缅甸语中“舌根辅音和后置辅音 l、r、j 结合时，融合为舌面音”。孙宏开也多有举证。也就是说介音 r 不仅有卷舌化的功能，也有舌面化的功能。而且从孙宏开此文来看，在藏缅语中的复辅音中的后置辅音 r 也没有导致其前面的塞音脱落的功能，而是与前面的塞音融合为塞擦音。据马学良主编《汉藏语概论》（民族出版社，2003 年）第 118 页称：藏语的 Cr - 型复辅音“后来都趋于简化。到现代藏语各方言，大部分变作了卷舌音或舌面音”。R. L. Trask《历史语言学》（外语教学与研究出版社，2000 年）第 62 页也论述到了在瑞典语中，r 有卷舌化的功能。

⑭李方桂构拟的 Cr - 型的声母结构在音理上并非没有可议之处。例如，在汉藏诸语言中的 Cr - 型的声母结构比较普通的演变趋势是其中的 r 演变为 j/i，不一定完全消失，而李方桂为汉语上古音构拟的 Cr - 型的声母中的 r，由于是二等韵的标识，所以从来没有演变为 j/i。因此，李方桂的构拟与语言类型学不合。另外，根据李方桂《上古音研究》的构拟，其中的以母是 r，邪母是 rj。可是中古音的邪母，学者们公认是 z，这是舌尖浊擦音，不是卷舌音。因此李方桂实际上认为汉语古音中存在 rj→z 的音变，而这种音变显然不是卷舌化音变（只是擦化音变）。在这点上，李方桂还是自相矛盾的［也就是李方桂事实上承认 r 不一定会发生卷舌化音变，而他又相信古汉语的卷舌音是 r 介音造成的。我们可另举一旁证：古印度神话中的大神“因陀罗”，其梵语名 indra，巴利语名 inda（又作因达罗、因提梨、因提、因抵。意译作天主、帝。为最胜、无上之义。即指帝释天，为佛教之护法神，乃十二天之一）。可见梵语中的 - dra，到了巴利语 - da 中失落了 - r -，前面的 d 并没有发生卷舌化的音变］。还有的学者认为二等介音是［l］。这也有可疑之处。孙宏开在《论藏缅语族中的羌语支语言》（*Language and Linguistics*，2001，2.1：pp.157 - 181）一文提到：“我们在亲属语言比较中，经常可以发现复辅音后置辅音［ - l］在演变过程中变为［u］。”这样的演变与古汉语二等韵的演变显然不同。据江荻《藏语语音史研究》（民族出版社，2002 年）第 247 ~ 248 页称：“从藏文形式上看，与［sr - ］声母类似的复辅音声母还有如下几类：［kr - ］、［khr - ］、［gr - ］、［pr - ］、［phr - ］、［br - ］、［tr - ］、［dr - ］。这些复辅音声母在现代拉萨话基本都演变为舌尖后塞擦音单辅音声母［tʂ］，即使基本辅音为擦音的［hr - ］也变为舌尖后塞擦音［ʂ］。”举例较多，此不录。可知在藏文中作为复声母的第二辅音［r - ］可以使其前面的塞音音变为卷舌的塞擦音，然后消失。而且要注意的是藏文原来浊声母的 gr - 、br - 、dr - 也是变为清音的［tʂ］。而古汉语复声母派学者所构拟的复辅音声母 kr - 、khr - 、gr - 、pr - 、phr - 、br - 、tr - 、dr - 绝不会发生类似藏文中的音变现象：音变为舌尖后塞擦音单辅音声母 tʂ。因此，藏文的复声母的音变规律不能支持古汉语复声母派学者所构拟的复辅音声母。而他们自己并没有意识到这样的矛盾。江荻《藏语语音史研究》第 247 页还提到藏文的复声母 sr - 还有一个音变趋势是简化为单辅音

的 s－。这个音变现象也不能支持古汉语复声母的构拟。例如，在古汉语谐声字中有来母和心母相通的现象，如“吏/史”。有的学者把“吏”构拟为复声母 sr－/sl－。这个复声母的演变趋势是失去前面的擦音 s－，只留下 r－/l－（因为“吏”现在是来母音），这与藏文 sr－→s－的音变方向不同。因此藏文的复辅音声母 sr－不能支持古汉语一定存在 sr－复声母的观点（可注意的是在印欧语系中似乎sr－声母的词也很少见。如古老的梵文、巴利文等印度伊朗语以及英语、法语都没有 sr－声母的词）。江荻此书还讨论了藏文中的不少复声母在藏语各方言中的演化现象，都可供参考，而这些例证都不能支持古汉语复声母的构拟。R. L. Trask《历史语言学》（外语教学与研究出版社，2000 年）第 61 页论述到：在英语中音节末的边音的舌根化趋势已经有几个世纪了。处于音节末尾和中间的 l 可以舌根化为 w，有古英语和波兰语为证。我们根据这些材料可以进一步否认学者们为二等韵构拟 r/l 介音的观点。因为古英语和波兰语中处于音节末尾和中间的 l 舌根化的现象显示出是音变为 w。这样的演变与古汉语二等韵的演变显然不同。因此，古英语和波兰语的非起头 l 的舌根化音变的例子不能支持学者们为二等韵构拟 r/l 介音的观点。难道二等韵在中古音中全是合口吗？黄侃《声韵通例》（《黄侃国学文集》，中华书局，2006 年）：“分等者，大概以本韵之洪为一等，变韵之洪为二等。”这是认为二等没有 r/l 介音，一二等只有洪细之别。王力先生的观点也是如此。其实，即使不取 r 介音的观点也可以说明卷舌音的来源。王力先生《汉语语音史》（中国社会科学出版社，1986 年）第 310 页就认为《中原音韵》中的卷舌音是从庄系的舌叶音和知系二等的舌面塞擦音演变而来。从音理上看，卷舌音 tʂ、tʂ‘、ʂ的产生与舌尖后元音 ʅ 的产生有密切关系，卷舌音 tʂ、tʂ‘、ʂ一般只与舌尖后元音 ʅ 相拼（据说在现代方言中发现有例外，其性质有待于研究。然而我问过王洪君教授、李小凡教授，他们都说 tʂ、tʂ‘、ʂ很难与舌面前元音 i 相拼）。因此，可以认为卷舌音 tʂ、tʂ‘、ʂ的产生是与舌尖后元音 ʅ 同时存在的，如果在当时的音系中没有舌尖后元音 ʅ，那么也就不会有卷舌音 tʂ、tʂ‘、ʂ。卷舌塞擦音的产生很可能并不如高本汉、李方桂说的在《切韵》中已经存在（周祖谟《唐五代的北方语音》与高本汉、李方桂略同，见《周祖谟语言学论文集》，商务印书馆，2001 年），王力、李荣、邵荣芬三家的《切韵》音系都没有卷舌音，郑张尚芳的《切韵》音系中的庄系声母也是舌叶音，不是舌尖后卷舌音。王力先生《汉语语音史》的晚唐五代音系和宋代音系都没有 tʂ、tʂ‘、ʂ，也没有舌尖后元音 ʅ，但在宋代朱熹的音系中，有了舌尖前元音。也就是舌尖前元音的产生要早于舌尖后元音 ʅ［（蒋冀骋《近代汉语纲要》本来同意王力先生对朱熹音系的构拟，但后来又发表论文不同意朱熹的反切音系中有舌尖高元音的观点，他的文章《朱熹反切音系中已有舌尖前高元音说质疑》（《古汉语研究》2001 年第 4 期）从现代闽方言、宋代闽方言的语音实际出发，参以韵图编制的具体情况，证明朱熹叶音反切是闽方音的反映，时贤所谓的舌尖前高元音已见于朱熹反切的说法是没有根据的］。罗常培《唐五代西北方音》的声母系统中也没有 tʂ、tʂ‘、ʂ，但罗常培认为在其韵母系统中已经产生了舌尖前后元音。而高田时雄《据敦煌文献研究汉语史》不同意罗常培的意见，认为 i 有音变为舌尖前元音的迹象，但还没有变为舌尖后元音。吾师蒋绍愚教授《近代汉语研究概况》（北京大学出版社，2001 年）第 59 页称：“高田时雄的论证是可信的。”我们也赞成高田时雄的意见，认为罗常培先生有自相矛盾的地方。因为罗先生的唐五代西北方音的声母系统中没有卷舌音 tʂ、tʂ‘、ʂ，而舌尖后元音又只能与 tʂ、tʂ‘、ʂ相配。这就造成了罗先生难以自圆其说的矛盾。周祖谟先生《宋代汴洛语音考》［《问学集（下）》，中华书局，1966 年］为宋代的汴洛音构拟了舌尖后卷舌音，也就是 tʂ、tʂ‘、ʂ（周祖谟的音标不同，今统一如此作）。而蒋冀骋等《近代汉语纲要》（湖南教育出版社，1997 年）第 83 页取消了周祖谟的这组拟音，称：“我们认为卷舌音北宋时尚未出现，故拟为舌面前塞擦音、擦音。”也就是把周祖谟的 tʂ、tʂ‘、ʂ改成了 tɕ、tɕ‘、ɕ。王力对朱熹的注音的声母系统的构拟相同（蒋冀骋采用王力之说），没有 tʂ、tʂ‘、ʂ。李范文《宋代西北方音》（中国社会科学出版社，1994 年）第 262 页根据汉语和西夏文的对音等材料构拟了南宋时期的西北方音的声母系统，没有出现卷舌音 tʂ、tʂ‘、ʂ，其书第八章的韵母系统中也没有舌尖前后元音（李范文此书论述颇详密广博，结论应属可信）。龚煌城《十二世纪末汉语的西北方音（声母部分）》（《汉藏语研究论文集》，北京大学出版社，2004 年）也利用西夏文的《番汉合时掌中珠》中的西夏文和汉语的对音材料得出结论指出十二世纪末的西北方音的声母系统中知章庄三组声母合而为一，作舌面前塞擦音，其声母系统中没有卷舌塞擦音和擦音。周祖谟先生《宋代汴洛语音考》认为邵雍的《声音倡和图》中已经有了舌尖前后元音，但陆志韦、竺家宁、蒋冀骋等学者都坚决不同意周祖谟的观点（并见蒋冀骋《近代汉语纲要》，湖南教育出版社，1997 年，第 91～92 页，文繁不录），唐作藩师《唐宋间止、蟹二摄的分合》（《汉语史学习与研究》，商务印书馆，2001 年）

和蒋绍愚师《近代汉语研究概况》也没有赞成周祖谟之说。总结以上的论述，《说文系传》所根据的朱翱的反切音系、唐末五代的西北方音系统、北宋邵雍《声音倡和图》音系、南宋朱熹的注音系统、宋代的西北方音音系，都没有卷舌音 ʈʂ、ʈʂ‘、ʂ，也没有舌尖后元音 ʅ。因此，ʈʂ、ʈʂ‘、ʂ与舌尖后元音 ʅ 的产生应该是在《中原音韵》的时代，最早不过金代后期。在《切韵》音系中不可能有 ʈʂ、ʈʂ‘、ʂ。金有景《汉语史上［ï］（ʅ、ɿ）音的产生年代》一文甚至认为：支思韵字开始读成实在的舌尖元音的比较保险而可靠的年代，可能是清初樊腾凤的《五方元音》（1654—1664 年）和赵绍箕《拙庵韵悟》（1674 年）两书所代表的年代。这个说法要比迄今通行的说法晚很多年，比"始见于晚唐至五代（836—960 年）说"晚七八百年，比"始见于《切韵指掌图》（1203 年）说"晚四百多年，比"始见于《中原音韵》（1324 年）说"晚三百多年（《徐州师范大学学报》1998 年第 3 期）。其说未必可信。后来冯蒸在《中国大陆近三年（1996—1998）汉语音韵研究述评》（《无锡教育学院学报》1999 年第 1 期）一文中称金有景此文"是一篇有重要发现的论文"。但没有补充新的证据。而据赵杰《北京话的满语底层和"轻音""儿化"探源》（北京燕山出版社，1996 年）第四章的"舌尖后辅音聚合群"一节的论述："满语京语有舌尖后塞擦音和擦音［ʈʂ、ʈʂ‘、ʂ、ʐ］，过了清初后的北京，这种舌尖后的发音习惯已完全带到了他们的旗人汉语中，这些音不仅影响和加速了明末北京汉语由舌叶音向舌尖后辅音的演变（明天启六年（1626 年），金尼阁《西儒耳目资》音系中卷舌音［ʈʂ］等尚未产生，今日北京语音里卷舌音所接的［i、y］等因声母类化而变成［ʅ］、［ʋ］等，而在金书中有好些还能保存原来的前高元音），而且促成了明末汉语韵部的分化。……产生于乾隆年代并有满族学者乌扎拉文通作序言的无名氏《圆音正考》（1743 年）一书，是一本指导当时人学汉语标准音的正音著作，书中已把舌尖后辅音［ʐ］作为正音，而把北方汉语的舌面前音［j］作为被纠正的音。"根据赵杰此书的论述，北京话中的舌尖后塞擦音和擦音 ʈʂ、ʈʂ‘、ʂ、ʐ 的产生是由于满语的影响，从舌叶音音变而来。照此观点，北京话的舌尖后塞擦音和擦音 ʈʂ、ʈʂ‘、ʂ、ʐ 的出现要晚到满族人入主中原之后。此说与金有景的观点比较接近。因此，ʈʂ、ʈʂ‘、ʂ的产生不可能是由 r 介音造成的（因为如果承认 ʈʂ、ʈʂ‘、ʂ的产生是由 r 介音造成的，就等于承认至少在宋代还有 r 介音，这样才能使得在《中原音韵》中产生 ʈʂ、ʈʂ‘、ʂ。这显然与事实不合。近来麦耘《汉语语音史上的 ï 韵母》一文经过长篇论述，认为 ʅ 见于庄组字是在庄组与章组声母合流以前，朱翱音中已经有 ʈʂ、ʈʂ‘、ʂ声母。麦耘的观察是有见地的。即使他的说法是对的，也不影响我们的结论。因为《说文系传》所引的朱翱音是处于五代时期，距离《切韵》的产生已经有三百多年。我们这里主要强调《切韵》中没有 ʈʂ、ʈʂ‘、ʂ声母。只要这点能成立，那么李方桂说的上古音中二等字就不会有 r 介音。不过，麦耘的观点是值得重视的。我自己最近注意到崔世珍的《翻译朴通事》上所注的汉字音的左音中存在一个很重要的语音现象。根据李得春《朝鲜对音文献表音手册》（黑龙江朝鲜民族出版社，2002 年）所收录的崔世珍《翻译朴通事》上的汉字音的左音，我们可以发现汉字左音的音位系统中既有卷舌音声母 ʈʂ、ʈʂ‘、ʂ、dʐ、ʐ，也有系统的全浊塞音、塞擦音、擦音声母。例证众多，一览即明。这说明声母 ʈʂ、ʈʂ‘、ʂ之类的卷舌音的产生是在全浊声母清化以前，也就是在五代北宋以前。北宋时代北方音的全浊声母已经完全清化了。因此，古汉语的卷舌音声母 ʈʂ、ʈʂ‘、ʂ在晚唐五代的北方话中很可能已经存在了。其产生的确切上限还不能确定。总之，本书有理由不采取二等韵在上古音中有 r 介音的观点。李方桂采用知章组有 r 介音的观点的重要根据之一是相信了罗常培先生的《知彻澄娘音值考》（《罗常培语言学论文集》，商务印书馆，2004 年）的观点：根据各种对音材料，中古的知彻澄的音值是舌尖卷舌塞音［另外，郑张尚芳《上古音系》采取罗常培的观点，从罗常培之说的还有尉迟治平的《周、隋长安方音初探》（《语言研究》1982 年第 2 期）］。而许多学者的中古音系中都没有采取罗常培的说法，认为是舌面塞音，如高本汉、陆志韦、王力、董同龢、李荣、邵荣芬、日本学者平山久雄等人。《陆志韦语言学著作集（一）》（中华书局，1985 年）第 13 ~ 15 页比较全面地批评了罗常培的论断，令人信服。徐通锵《历史语言学》（商务印书馆，1996 年）第 91 页详细引述了陆志韦的意见，并表示赞同。周法高先生《梵文 ṭḍ 的对音》（《中国语言学论文集》，联经出版事业公司，1981 年）一文收集了大量的汉译佛典中用来母字来对音梵文 ṭḍ 的例证，同时也明确认为古汉语中不存在 ṭḍ 这样的音。他说："原来梵文的 ṭ 等，相当于国际音标的（ʈ）等，在汉语里没有这一类的音，于是除了借用知系字外，有时还借用来母字。……或许来母的 l 音略有卷舌作用吧。"后来，季羡林在《论梵文 ṭḍ 的音译》（《中印文化关系史论文集》，生活 · 读书 · 新知三联书店，1982 年）进一步从印度古代语言史上提出许多证据，指出在古印度的俗语中存在 ḍ > ḷ > l 的现象，条件是 ḍ 在两个元音之间，也就是说汉译佛典用来母对音梵文的顶音，很可能是因为原本就不是梵文的顶音，而是ḷ或 l。因此并不存在用来母去对音梵文的顶音的现象。这正是罗常培所说的："那些转到其他各母的例外，我想恐怕是译者方音的不同，或者是所根据的原本的歧异。"但在古汉语中不存在与梵文的顶音完全相同的辅音，这是陆志韦、周法高的共识，季羡林的长篇论文并不否认这点。王力先生《汉语语音史》卷上第四章明确说："知彻澄三母，高本汉拟测为［ȶ、ȶ'、ȡ'］，陆志韦也拟测为［ȶ、ȶ'、ȡ'］，罗常培拟测为［ʈʂ、ʈʂ'、ɖʐ'］。高本汉、陆志韦是对的。罗常培先生根据梵汉对译断定知彻澄是卷舌音，恐怕是靠不住的。因为音译往往只是近似，不是完全同音。"平山久雄《用声母腭化因素 j 代替上古汉语的介音 r》（《平山久雄语言学论文集》，商务印书馆，2005 年）一文也专门论述了知彻澄的音值不是卷舌塞音，而应该是舌面塞音，二者音近可通，所以二者之间可以出现对音现象。他认为："依我看，对音的这种情况只能表示，知组在当时的汉语音系中音色最近似梵语的卷舌塞音；两者的发音部位未必是一致的。即使知组是非卷舌的舌面前塞音，其听觉的印象也应当和卷舌塞音接近。……我认为知组的舌面音说比卷舌音说妥当。"平山久雄列举了一些理由，是有说服力的，文繁不录。我们在阿依语中发现了卷舌塞音确实可以与舌面塞音相通的现象。据《阿依语研究》（民族出版社，2005 年）第 28 页，阿依语中有一套卷舌音，包括卷舌塞音、鼻音和边音。如 ʈ、ʈh、ɖ、ɳ，这些音在语流音变中经常有舌面化的倾向，读音与 ȶ、ȶh、ȡ、ȵ 相类似。而卷舌塞擦音也可以自由变读为舌面塞擦音，如 ʈʂ、ʈʂh、ɖʐ 可以变读为 tɕ、tɕh、dʑ。因此，只要知彻澄的音值不是卷舌塞音，而是舌面塞音，那么李方桂构拟 r 介音的根据就完全落空了（实际上，舌叶塞擦音也与卷舌塞擦音比较相近，可以通转。如：据《普米语简志》第 5 页，舌叶音 ʧ、ʧh、ʤ、ʃ、ʒ 与低元音相拼时舌尖稍抬起，音值近似 ʈʂ、ʈʂh、ɖʐ、ʂ、ʐ。因此，与外语的卷舌音对音的汉语声母不一定非得是卷舌音，而有可能是与之相近的音）。另外，据陈新雄《郦道元〈水经注〉里的语音现象》（《锲不舍斋论学集》，台湾学生书局，1984 年），《水经注》中有一二等韵字相通的现象。例如：《水经注》卷十二："桑干水自源东南流，右会马邑川水，水出马邑西川，俗谓之磨川矣。盖狄语音讹，马、磨声相近故尔。"其中的"马"是一等字，"磨"是二等字。如果这时的"磨"还带有 r 介音，那怎能与没有 r 介音的"马"相通？又如，《水经注》卷十六《甘水注》称："余按，甘水东十许里，洛城南有故甘城焉，北对河南故城，世谓之鉴洛城。鉴、甘声相近，即故甘城也。""鉴"是二等字，"甘"是一等字，二者音近相通。如果"鉴"还带有 r 介音，那么二者断然不会相通。尚有类例。可知在六朝时代的二等字就不可能有 r 介音，更何况以后？又，如果同意李方桂《切韵》中的知彻澄娘是卷舌音声母而且是由 r 介音造成的，那么至少后汉时代的知组和庄组字就一定还带有 r 介音，这样才能使其后来在《切韵》中产生卷舌音声母。但当时的梵汉对音材料显示后汉的知庄组字没有带 r 介音的。这足以反驳李方桂之说。另外，据说卷舌鼻音和塞音最早出现在远古印度的达罗毗荼语，后来扩散进入雅利安语。何大安《声韵学中的观念和方法》（大安出版社，1998 年）第 154 页提到：古印度的印度伊朗语、南亚语系中的门达语、达罗毗荼语"这三支语言语音上的共同点之一，是都有卷舌塞音和卷舌鼻音 ṭ、ṇ。但是这一套卷舌音却不是印欧语和南亚语所原有的。它是达罗毗荼语的特色。由于长时期的语言接触，其他两种语言也产生了相同的卷舌音"。[《中国大百科全书·语言文字卷》第 45 页"达罗毗荼语系"条（季羡林撰）没有提到达罗毗荼语有卷舌塞音和卷舌鼻音]。卷舌塞音和卷舌鼻音在印欧语、南亚语中尚且是借来的，如果说卷舌塞音和卷舌鼻音在中古汉语中存在一定要有充分根据。至于《切韵》中的来母为什么几乎没有二等韵的字？我现在尝试提出解释：第一，按照现在音韵学界的一般意见，上古音中的来母和以母是流音，虽然各家的构拟稍有不同，如有的学者认为上古音的来母是 r，以母是 l（我已经表示不赞同这个构拟）。如果我们把上古音的流音声母合在一起来考察，就会发现一些规律。以母 r（采李方桂的构拟）是流音，但只出现在三等韵（韵图归入四等韵），至少大家公认没有一二等韵。但并没有音韵学者提出疑问说为什么以母只能与三等韵相结合，不能与一二等韵相结合。音韵学界似乎认为以母只与三等韵相结合是很正常的，没有人提出上古音或远古音中因此就存在什么空格。那么为什么学者对同是流音的来母很少与二等韵结合就认为这是不正常呢？为什么就认为这是上古音发生音变后留下的空格呢？《孟子·滕文公上》："夫物之不齐，物之情也；或相倍蓰，或相什百，或相千万。子比而同之，是乱天下也。"上古音距离汉语原始音至少已经有数千年，我们不能期望汉语上古音系还是非常严整的。《切韵》所反映出的中古音特征更是如此。上古音系或中古音系有不整齐的地方是正常的，我们不能强行填补空格。如果我们把音系中的流音成分当作一个系统来考察，那么我们就发现上古音系中没有一个流音声母能够与一二三四等韵都同样容易相结合，这只能说明流音声母与韵母的结合受到了限制。旁证如阿尔泰语系诸语言有一个共同的语音特征是没有 r 开头的词汇。因此，中古音的来母少与二等韵相配合是正常的，无须特别解释，与上古音中是否有复辅音声母完全无关，也绝不能得出结论说上古音的二等韵有流音介音 l 或 r。第二，从汉语语音史发展的规律来看，二等韵的演变有与三等韵同步或趋同的现象。如在近代北方音中，见系开口二等字演变出细音介音，从而发生腭化音变，与三等韵合流，演变为舌面塞擦音。从上古音到中古音及以后的发展中，知组声母从端组声母的二三等中分化出来，这也是二三等韵同步演变的一个证据。庄组声母包含二三等韵，不与一四等韵相结合。可知在近代音以前，如果一个声母除了与三等韵结合以外只能再与另外一个等的韵相结合，那么这个声母只能是与二等韵相结合，而不是与一四等韵相结合。至于唐代以后的三四等韵合流为细音，那已是近代音演变的范围（在现代方言中三四等韵合流的现象非常普遍）。唐代以前的三等韵与二等韵关系更密切，只有来母是例外，这个现象应该解释。我们可以假设上古音中的来母如果有二等韵，那么在上古音阶段或上古音向中古音的演变中，来母的二等韵已经并入了三等韵，所以在《广韵》中的来母三等字特别多（当然一等字也很多）。我之所以认为来母二等字不是并入一等字，而是并入三等字，就是因为我看到了二等韵和三等韵的发展趋势以及与声母的结合比较接近，而与一等韵有所不同。再由于同是流音声母的以母只能与三等韵相结合，而来母的三等韵字也特别多，因此可以认为流音声母最容易和三等韵相结合（当然由于来母的结合能力比较强，来母与以母有所不同，能与一四等韵相结合）。这也说明来母二等韵并入三等韵是可能的。我们从这个角度也可以解释《切韵》中的来母字为什么极少与二等韵相拼，这当然与复声母没有任何关系。

更何况我们还有更直接的证据表明上古音中的二等韵不可能带有 l/r 这样的介音。因为在上古汉语中有大量的二等字与一等字发生通假关系或谐声关系，而那样的一等字往往不与来母字发生通假关系或谐声关系。这就证明那些二等字不可能是带有 l/r 介音的复声母。今举证如下：第一，“江”是见母二等字，有的学者构拟其声母是 kl/kr（罗杰瑞、梅祖麟还专门就“江”字进行过讨论）。然而，从文字学的角度来看，“江”肯定是从“工”得声。但同样从“工”得声的“功、攻、工、杠、红”等等都是一等字，不可能带有 l/r 介音。而且“工”与“公”在上古音中相通（参看《故训汇纂》，商务印书馆，2003 年，第 654 页），而一等字的“公”的上古音只能是k－声母，不可能带有 l/r 介音。这就证明从“工”得声的二等字的‘江’的上古音也没有 l/r 介音，否则其与大量一等字的谐声和通假关系就无法解释。第二，“惯”是二等字，而所从得声的“贯”以及“毌、遦”都是一等字。“贯、毌、遦”的上古音声母只能是 k－，不会带有 l/r 介音。这就证明“惯”也只能是单辅音声母，如果是 kr/kl 声母，那怎么会与那些一等字发生谐声关系呢？第三，“关”是见母二等字。但考《墨子·备城门》：“方尚必为关龠守之。”孙诒让《墨子间诂》引苏云称“关”为“管”之借，而“管”是一等字。又，在上古文献中“关”与一等字的“贯”相通。考《汉书·王嘉传》颜师古注：“关，贯也。”朱骏声《说文通训定声》称“关”假借为“贯”。如果“关”是复声母 kl/kr，那么它与单辅音的 k－怎能相通假？可见二等字“关”的上古音就是单声母，不可能带有 l/r 介音。第四，“骇”是匣母开口二等字，而其声符“亥”是一等字，同声符的“该、赅、陔、荄”都是一等字，不会带有 l/r 介音。因此，二等的“骇”也不可能带有 l/r 介音。第五，“喃”是二等字，其声符“南”是一等字，其上古音不会带有 l/r 介音。所以二等字“喃”的上古音也不会带有 l/r 介音。第六，“呱、孤、觚”都是从“瓜”得声而为模韵合口一等字，而其声符“瓜”是二等字。同样从“瓜”得声的“胍”等字也是二等字。第七，“项”是二等字，其声符“工”却是一等字。如果“项”带有 l/r 介音，那么为什么会用没有 l/r 介音的“工”为声符？类例众多，无穷无尽，不再详举。我们的方法就是用二等字和一等字相通相谐的材料来证明二等字不可能带有 l/r 介音，因为那些一等字的上古音没有 l/r 介音。一切二等字带有 l/r 介音的构拟尽同此破。

⑮收入平山久雄：《平山久雄语言学论文集》，商务印书馆，2005 年。而且，平山久雄在注解中还提到李方桂主张知庄组声母有 r 介音的观点可能受到了日本学者藤堂明保的影响。

⑯不过，李方桂的拟音中喻四字的上古音没有三等介音 j，而是把上古音中的邪母构拟为 rj，从而使得李方桂的上古音系中没有浊擦音声母。我们不同意李方桂对上古音中的邪母的构拟，采用王力先生的观点认为邪母在上古与中古相同，音值是舌尖浊擦音 z。至于上古音中的邪母与喻四、定母的密切关系，可以用 d 和 r 的擦音化来解释。喻四 rj 比

较容易发生擦音化的音变（三等介音 j 就是一个舌面浊擦音），从而音变为浊擦音 z－。中古音的定母没有二三等，其上古音中的三等变为了中古音的澄母。也就是上古音中的定母三等应该是 dj，这个音同样可以发生擦音化的音变，变为浊擦音就是邪母的 z，变为舌面音就是澄母。其之所以会有不同的音变是因为三等介音 j 的性质是舌面擦音，既可以使前面的声母发生擦音化的音变，也可以使前面的声母发生舌面化的音变。当然，j 使前面的声母发生舌面化的音变（也就是腭化）是主要的趋势。擦音化音变是一种弱化音变。塞音确实可以弱化为同部位的擦音。R. L. Trask《历史语言学》（外语教学与研究出版社，2000 年）第 56 页讨论了擦音化音变，举例如：拉丁语 habebat→意大利语 aveva，拉丁语 faba→意大利语 fava。这是浊塞音 b 向同部位的浊擦音 v 音变。可作旁证。

⑰马伯乐《唐代长安方言考》（中华书局，2005 年）第 26 页有曰："全部这些情况显然表明，尽管在 nj 和 ɳ 之间有细微的发音差别，但这种差别是不易觉察到的。"

⑱我们采用李方桂的构拟也能够比较合理地解释上古音中的喻四归定的问题。李方桂《上古音研究》中多次强调 r 和 d 是相当接近的，完全可以通转。例如日本梵学大家水野弘元《巴利文法》（华宇出版社，1986 年）第 59 页指出：梵语的 d 在巴利文中变为 r 或 l。我们不采用郑张尚芳、潘悟云、梅祖麟、龚煌城等人把汉语上古音中的喻四拟为 l－的观点。因为从音理上看，l－声母是比较稳定的，它可以有不同的音位变体（如可以有 n－这样的音位变体），但在音系中作为独立的音位是任何时候都存在的。这是学者们的通识。如果把喻四拟为 l－，反而不能合理地说明上古音中的喻四归定的现象。因为在上古音中，喻四与定母的通假关系和谐声关系要远远多于喻四与来母的谐声关系和通假关系。我们没有理由认为在上古音中，l（假设是喻四）主要是与 d（定母）发生谐声和通假关系，r（假设是来母）反而与 d－较少地发生谐声和通假关系。从音理上看，在古汉语中的 r 是比 l 更不稳定的辅音，更容易被读为 d－或者发生辅音失落音变。我们可以从音理上把 r－归入 d－［有一个外语音变的旁证：R. L. Trask《历史语言学》（外语教学与研究出版社，2000 年）第 60 页讨论了一个例子：在前巴斯克语中的 erur 意思是"雪"，进入西巴斯克语后音变为 edur］，但是很难从音理上把 l 归入 d。更重要的是喻四只出现在三等韵，是细音。如果把喻四构拟为 l－，那么为什么拼合能力很强的 l－声母只出现在三等韵中呢？也就是说上古音中没有 la、lo、lu 这样极为常见的音，这真是匪夷所思。但是如果说汉语上古音中没有 ra、re、ro、ru 这样的音，这倒是完全有可能的。所以，我们不采用上古音中的喻四为 l－的观点。事实上，把上古音中的喻四构拟为 l－的主张主要是依靠对音材料得出的结论。然而对音材料的问题比较复杂，不能过分依赖，只可作为参考而加以审慎地利用。我们后面有专门一节来讨论对音材料与上古音研究的关系问题。现在对上古音中的喻四的问题作点讨论。主张汉语上古音的喻四为 l－、来母为 r－的学者有蒲立本、薛斯勒、包拟古、俞敏、郑张尚芳、潘悟云、梅祖麟、龚煌城等人。这一派的主要根据是：第一，在汉藏语同源词中，与汉语的来母相对应的藏语同源词主要是 r－，而与喻四相对应的主要是 l－。可见汉语上古音中的来母应该是 r－、喻四是 l－。第二，在古汉越语中，与汉语的来母相对应的主要是 r－，与喻四相对应的主要是 l－。而在较后期的汉越语中，才反过来。足见汉语上古音中的来母应该是 r－、喻四是 l－。有关的材料综述可参看郑张尚芳《上古音系》第 90～91 页，潘悟云《汉语历史音韵学》第 267～271 页。我们不赞成学者们的这些论述。我认为学者们列举的这些材料不能得出这样的结论。这是因为用同样一个表音符号 r－来表示的音可能有相当大的不同（如布龙菲尔德《语言论》第二十五章"文化上的借用"称："然而更经常的是，他会想法避免双重的肌肉调配活动，用本土语言的发音动作来替代某种外语发音动作；例如在一句英语里，他说法语 rouge 时用英语的 r 代替法语的小舌颤音，……所谓语音替代，就是说话者用自己语言的音位来替代外语语音。在两个语音系统彼此平行的范围以内，这种替代只是忽略了次要的差别。比如，讲英语的人用自己的 r（舌尖齿龈后擦音或闪音）和 l（舌尖齿龈闪音）代替欧洲大陆语言的各种 r 和 l。"据《中国大百科全书·语言文字卷》"巴斯克语"条，在巴斯克语中的 r 就分为硬 r 和软 r）。从汉语上古音中的喻四的通假关系、谐声关系，以及向中古音和近代音的演变趋势来看，上古音中的喻四可以断定是一个不送气的辅音（高本汉就认为喻四是不送气的）。根据我们的观点，上古音中的来母倒是一个送气音的 lh/hl。我们在上文已经详论过汉藏语同源词的一切对音材料都不能用，不能作为讨论汉语上古音的根据，此可不论。古汉越语中的 r－有可能是送气的［可参看一个旁证：林光明《藏语读咒入门》（嘉丰出版社，2005 年）第 140～141 页］。而且在缅甸语中的 r 就是一个清音，这个现象非常值得注意。如果古汉越语的 r－也是一个清音（到后世才浊化。rh 这样的音并不少见），那么当然与上古汉语送气流音的

lh/hl 就更加靠近，二者可以对音。而古汉越语中的 l－却是与汉语上古音中的不送气流音的喻四 r－更接近（都是浊音），所以才形成这样的对音情况。我们举出一个旁证能够表明把上古音的喻四构拟为 r－可以与邪母 z 相通的现象，而且可以解释其在中古音演变为零声母的现象：据《藏缅语语音和词汇》（中国社会科学出版社，1991 年）所揭示的一些藏缅语的音系可以看出，r－声母实际的音值往往接近于浊擦音 ʐ 或半元音，如此书“卫藏方言语音系统”第 150 页：“r 作声母实际读作卷舌半元音或卷舌浊擦音。”同书“康方言语音系统”第 157 页：“辅音 r 实际读音近似半元音 ɹ。”同书“安多方言（牧区话）语音系统”第 160 页：“r 作声母实际音值是浊擦音 ʐ，作韵尾时是 r。”同书“安多方言（农区话）语音系统”第 165 页：“颤音 r 实际音值近似浊擦音 ʐ。”同书“错那门巴语语音系统”第 137 页：“辅音 r 作声母时，音值近似［ʐ］，作韵尾或和其他辅音构成复辅音时，发颤音，音值近似［r］。”同书“墨脱门巴语语音系统”第 174 页：“r 作声母时实际读卷舌半元音 ɹ。”据黄布凡主编《藏缅语族语言词汇》（中央民族学院出版社，1992 年）第 633 页，在藏语阿力克话的音位系统中，“r 实际读音近似 ʐ，颤动不大”。陆绍尊《门巴语方言研究》（民族出版社，2002 年）第 115 页指出在门巴语的方言中，“达旺土语有浊擦音 ʐ，麻玛土语没有这个声母，相应读为颤音 r”。陆绍尊《普米语方言研究》（民族出版社，2001 年）第 111 页指出在普米语的南部方言土语中，存在着方言间的 r 声母与 ʐ 声母的对应关系，同书第 114 页称：“鲁甸和新营盘土语的颤音 r，箐花土语没有 r，相应读为浊擦音。”郑张尚芳《古来母以母今方言读擦音塞擦音问题》［《语言（第 3 卷）》，首都师范大学出版社，2002 年，第 285 页］也注意到：“r、l 母变 z 本有其例。汉越语源于唐代华南官话，其以母字正规就读 z。……古汉越语来母一般为 r，但也有作 z 的，如‘漏，ro2 或 zo2，……壮语的 r，布依语多数点变为 z。”可知这些藏缅语中的 r 的演变趋势与上古汉语中的喻四的演变方向非常相似。而喻四在中古就演变成了半元音的 j，据欧阳觉亚等《黎语调查研究》（中国社会科学出版社，1983 年）第 278 页“方言、土语之间的语音比较”所提供的资料，在保定黎语中的 r 声母，有时对应中沙和黑土黎语的 z 声母。据买提热依木·沙依提《突厥语言学导论》（民族出版社，2004 年）第二章“突厥语族语言的共同特点”第 84～85 页在突厥语中存在着辅音 z 与 r 的交替，举例甚多。R. L. Trask《历史语言学》（外语教学与研究出版社，2000 年）第 78～79 页提到：在前拉丁文中，两个元音之间的 s 容易浊化为 z（这是一种同化现象，因为元音是浊音），这样的 z 又会弱化音变为流音 r。这样一来就与本来就有的 r 合流了。索绪尔《普通语言学教程》（商务印书馆，1996 年）第 218 页提到：“巴黎土话把两个元音间的 r 变成了 z。例如把 père（父亲），mère（母亲）说成 pèse、mèse。”日本学者天井信之《日语语源》（角川书店，1978 年）第 95 页论述了在日语方言中存在 z 音变为 r 的现象，多有举例。如：manzoku“满足”在关西方言中读为 manroku；zaisho“在所”读为 raisho；nezumi“鼠”读为 nerumi；zentai“整体”读为 rentai；suzushii“凉”读为 surushii。日本音声学会编《音声学大辞典》（三修社，1976 年）第 765 页“摩擦性的 r”条指出：在南部英国的英语中，可以听到摩擦化的 r。例如，在 p、t、k 之后的 r 就是如此。如：Pray、true、dream、cream。我们可以认为这就是认为 r 可以发生擦音化的音变［英语是 Spirantization，另可参看德国学者布斯曼《语言学词典》（商务印书馆，2003 年）第 163 页“擦音化”条］。而且在上古音中，喻四与浊擦音的邪母 z 关系很密切（李方桂甚至把上古音中的浊擦音 z 归入喻四，拟为 rj）。因此，把上古汉语中的喻四构拟为 r－正好可以解释与浊擦音邪母的密切关系［姑举一个方言中的例子：据张盛裕《潮阳声母与广韵声母的比较（二）》（《方言》1982 年第 2 期）称在潮阳方言中的喻四声母的字有 27 个要读为 z 声母，如“瑜、谕、榆、阅、维、惟、裕”等等］，就如同上面列举的民族语言中的 r－被读成浊擦音 ʐ，这是同样的音变原理（光华按，如果这个解释可以成立，那么这种音变现象就是汉语上古音的遗留。但我现在认为这也很可能是一种晚近的音变现象，是由喻四声母先演变为零声母，然后由于三等介音 j 继续前化，从而音变为 z，而不是直接从喻四演变为 z。这种可能性很大，而且在其他方言中也有类似的音变）。实际上，rj 与 ʎj 在音值上是相当接近的［王力先生《汉语语音史》（《王力文集（第 10 卷）》，山东教育出版社，1987 年）卷上第 25 页注解 3 称：“最近看见李方桂先生一篇文章，他把喻四的上古音拟测为某种 r，和我的意见相近。”］不过，王洪君教授对我说过在一般语言中迄今没有发现在一个音系中有 l－与 ʎ－构成音位对立的现象，二者在一个音系中通常是以音位变体的形式出现。从这个角度上看，李方桂的构拟似乎更精确，而且李方桂的构拟更容易解释上古音中的喻四归定的现象。另外，把喻四构拟为 r 也有利于解释中古音演变为零声母。据 R. L. Trask《历史语言学》（外语教学与研究出版社，2000 年）第 66 页的论述，英语中的 r 除了在元音前是容易失落的，如 far、dark 中的 r 在历史上本来是发音的，后来演变的结果是不发音了。而且上古汉语的喻四只出现在三等韵，有介音 j，这就隔绝了 r 和主元音的直接接触，导致了这个 r 最终失落。根据我们后面的论述，东汉时代有的方言中的喻四已经是零声母了。更由于上古音中的喻四主要是和舌尖音的定母和邪母发生通转关系，而不是主要和舌面音声母发生通转关系，所以把喻四构拟为舌尖音的 r－，比构拟为舌面边音要合理。要注意的是李方桂的上古音系中根本没有舌面音声母，也就是没有舌面塞音和舌面塞擦音。

⑲有的学者认为 k－与 h－/x－难以相通，我不知道是何道理。从我们这里举的材料来看，古人明确认为见母与晓母之间可以相通，也就是二者之间可以有音变的关系。这是无可置疑的。

⑳这个材料也表明李方桂《上古音研究》（商务印书馆，1998 年）第 10 页所提出的一条谐声原则是错误的。李方桂说："上古的舌尖塞擦音或擦音互谐，不跟舌尖塞音相谐。"李方桂的这条谐声原则将由于郑玄的注音而作废。

㉑我们这里将自己收集到的关于异化原理的材料大致排比如下：罗常培等《普通语音学纲要》（商务印书馆，2002 年）第 180 页称："当两个或更多的相同或相似的音连起来发的时候，为了避免重复，其中一个音变得和其他的音不相同或不相似，这种作用叫异化作用。……而异化作用则是发音人在发音时为了避免老是重复发同一个音而带来的不便。……我们可以用一句浅显的话来说，异化作用就是为了避免发音时绕嘴才产生的。异化作用不像同化作用那么普遍，而且异化作用照例以出现在彼此不直接相连的那些声音之间为常，它在语音史的研究上有很大的意义。"同书第 182 页论述了"后退的异化"，曰："后面的音使前面的音异化。这是因为发音人在未发前面的音时，已经预料要发后面的和前面相似的音，为了避免前后雷同，在发前面的音时就改得和后面的不相同或不相似了"。作者举了"凡、法"二字的中古音读重唇音，而在现代的潮州话中要读"h"声母，就是由于"凡、法"都是闭口韵从而产生了异化作用。

高本汉《上古中国音当中的几个问题》（《赵元任语言学论文集》，商务印书馆，2002 年）已经指出在古汉语中合口呼后边的 m 容易发生异化作用，而演变为 n。高本汉说："在－n 韵尾有一全套合口的韵，而在－m 韵尾，差不多全没有合口的韵。咱们就得问，为什么会这样？那末最显然的回答，就是在那－m 韵里，－m 是一个唇音，u（w）也是一个唇音，所以一个很可能的解释就是说在最先倒是真有像 kuâm，kuam，kĭwäm 那类的字，可是后来因为一种异化作用，就是在同一个字里头避免有同类音隔开音而读两次的现象，使得那类的字改变了音。……那末上古音的 ĭum 既然变成了古音的 ĭung，那一定是因为有异化作用，就是因为有了一个唇音 u 就不高兴再有一个唇音 m。这种倾向从现代的广州语当中还可以得一个有趣的证据。"

"古音的 m 韵尾在广州语大致是保存的，像盐字古音是 kam，广州语也是 kam。可是到了凡字，……在客话是 fam，在汕头也还是 kuam，而在广州语是 fan 不是 fam 了。所以这就是异化作用，就是讨厌两个唇音在一块儿的趋向，使得那 m 变成 n 了。……就是说在上古音开合口都是全的，但是因异化作用 m 变了 n。上古音的 uâm 等等韵，到后来变成 uân 等等。"高本汉《谐声说》（亦见《赵元任语言学论文集》）也说："照我的意见看起来，这种现象倒可以用中国合口字避唇音韵尾的倾向来解释。比方'风'字从'凡'上古音 pium，里头的 u、m 两唇音不好念，所以由异化作用就变成古音的 piung 了。"

王力《汉语语音史》［《王力文集（第 10 卷）》，山东教育出版社，1987 年］卷下第五章第一节"唇音的影响"指出："以上所述，绝大多数都是合口呼或撮口呼的唇音字演变为开口呼。这是因为合口呼的［u］头和撮口呼的［y］都是圆唇的元音，前面有了唇音声母，就不一定再要圆唇了。最典型的例子是现代北京话唇音声母［p］［p‘］［m］［f］后面都没有［u］［y］。唇音母对韵尾［m］［p］还有起一种异化作用（又叫做'避同音'）。由于韵尾［m］［p］也是唇音，它和唇音声母同性相斥，产生矛盾，以致韵尾［m］转化为韵尾［n］或［ng］。"同章第八节"异化作用"也说："两个音素相同或相近出现在同一个词或同一个音节里，互相排斥，导致其中一个音素变成另一个音素，这就叫做异化作用。在汉语语音发展史上，最典型的异化作用是唇音声母影响唇音韵尾［m］，使之变成舌尖韵尾［n］或舌根韵尾［ng］。"同书卷下第七章第一节也说："因为［u］［o］［iu］（［y］）都是圆唇元音，［m］是唇音，唇与唇有矛盾，所以韵尾转化为［ng］。"

林焘、王理嘉《语音学教程》（北京大学出版社，1999 年）第 154 页称："和同化作用相对的是语音的异化作用。相同或相似的音在语流中接近时，发音容易拗口，于是产生了异化作用，变得发音不相同或不相似。……例如，汉语在隋唐时期有［－m］韵尾的韵母，其中有少数字能和唇音声母配合，如'品、禀、凡、犯、范'等。到了元代，

[- m]韵尾仍保留，可是这几个唇音声母的字却读成了 [- n] 韵尾，这显然是因为音节首尾都是唇音，产生了异化作用。现代广州话仍旧保留了这种历时音变的痕迹。……拉丁语 marmor（大理石）到了法语变成 marbre，第二音节的 m 被第一音节的 m 异化成 b；传到英国后，前后两个 r 又产生异化作用，变成了 marble，也是很典型的例子。”

张清常《 - m 韵古今变迁一瞥》(《语言学论文集》，商务印书馆，1993 年）也论述到这个问题：“至于咸摄覃谈咸衔盐严添为开口，凡算合口（还可能不是合口），深摄侵只有开口，这应该如何解释呢？可以回答说：合口 u 或 w 与闭口韵 m 韵尾容易发生异化作用，因而这些闭口韵抵销合口转为开口，所以《切韵》音系的咸摄深摄由于古音变迁而成了这种局面。”

王福堂《汉语方言语音的演变和层次》(语文出版社，1999 年）第 2 页说：“汉语语音的变化大多是由发音上的同化作用引起的，……也有因异化作用引发的音变，同样也是发音上省力方便要求的结果。例如广州话：帆（fan)、篮(lam)、乏（fat)、蜡（lap)。咸摄字‘帆’‘乏’的韵尾本来应该和‘篮’‘蜡’相同，都是唇音 m、p。但‘帆’‘乏’因为声母也是唇音，发音过程中要求发音部位先在唇部，然后转向其它部位后再转回到唇部。一个音节内同一唇部先后有两个发音动作，显然比较费事。于是，在发音省力方便的要求之下，韵尾被声母所异化，变成了舌尖音 n、t。这样，‘帆’‘乏’二字就不再和‘篮’‘蜡’同韵，而和山摄‘兰’(lan)、‘辣’(lat) 同韵了。”王福堂先生此文就不仅指出了语音异化的现象，而且从语音演变的角度解释了异化发生的原因，是有说服力的。

另外李方桂先生《上古音研究》一书也常常提到异化原理，仅举二例：李方桂《上古音研究》（商务印书馆，1998 年）第 18 页说：“其他喻三开口字也多数可以用唇音异化作用去解释。”同书第 63 页：“宵部唇音声母 pj - 不变轻唇，因为后面 - u 的异化作用阻止 pj - 的圆唇作用。”在近代汉语音韵的演变中也有异化现象，如薛凤生解释《中原音韵》时代以后，“齐微”韵发生分裂，“齐韵”不再跟“微韵”互押，而是变得跟“支思”韵互押，其原因就是“齐韵”发生了异化作用，丢掉了韵尾 y。参看薛凤生《汉语音韵史十讲》(华语教学出版社，1999 年）第 7 页。我们可以说在唇音方面的异化现象远在春秋以前就已经存在，在古文字材料中就有这样的例子。如西周晚期的《大克鼎》铭文有曰：“勿法朕令（命)。”西周早期的《大盂鼎》也有：“勿法朕令（命)。”同样的话还见于西周中晚期的《伯晨鼎》、西周晚期的《逆钟》等，此语实为金文习语。而在经典中，这里的“法”作“废”。《尚书・洛诰》：“不敢废乃命。”《尚书・多士》：“厥惟废元命。”古文字学家们公认金文中这里的“法”为“废”之借。而“法”是收 p 的入声，“废”是收 t 的入声，二者虽同为唇音，而韵尾差别较大，但是二者确实是通假字，这该怎样解释呢？其实这里面有唇音异化的问题。“法”的上古音是帮母叶部，声母和韵尾都是同样的唇音 p，于是发生异化作用使韵尾异化为 t，从而与“废”的古音相近。此例可证异化作用发生的时间是很早的。类似的例子如《郭店楚墓竹简・缁衣》：“古心以体法。”裘锡圭在按语中说：“简文‘法’字疑当读为‘废’，二字古通。”又，据裘锡圭《睡虎地秦墓竹简注释商榷八则》(《裘锡圭学术文化随笔》，中国青年出版社，1999 年）“三：泛蘚”一条的论述，《睡虎地秦墓竹简・秦律杂抄》中的“泛蘚”是双音联绵词，以音求之，当同于“翩跹、蹒跚、盘旋、盘桓”，在银雀山竹书《十阵》中的“軬山”是同样的联绵词。裘锡圭认为这些双音词“皆为音近义通之词”。但裘先生没有注意到“泛”的上古音是谈部，收 m 尾，而其他联绵词是元部，收 n 尾。然而由于“泛”是唇音声母，可发生异化音变，从而收 n 尾。如果裘锡圭这里指出的训诂是正确的，那么“泛”字发生异化作用就提早到秦朝。邓海峰《湖南新田沙田土话的语音特征》(《语言研究》2002 年增刊）论及湖南新田沙田土话的语音中，om、iom 与 oŋ、ioŋ 是自由变体。我认为 om、iom 读成 oŋ、ioŋ 一定是因为 o 与 m 之间发生了异化作用。反过来 oŋ、ioŋ 也可以读成 om、iom，则是因为圆唇元音的同化作用。清代学者刘禧延《中州切音谱赞论》(见任中敏《新曲苑・第三十种》，中华书局，1940 年）已经注意到了闭口韵的唇音声母有异化现象：“(侵寻、监咸、廉纤）三韵中所有唇音字，‘禀、品、泛、凡、范、贬’之类，《中原音韵》诸书皆分入他韵（品入真文，禀入庚青，凡泛范入寒山，贬入先天)。盖此数字出音已合唇，若再闭口收，音似未纯，故分移于抵腭鼻音，此亦权宜之法。”刘禧延所论实际上就是异化。日本梵学大家水野弘元《巴利文法》(华宇出版社，1986 年）第五章“巴利语与梵语等的发音和缀字的比较”第 70 ~ 73 页讨论了梵文和巴利语中的异化现象及其规则。如二子音在母音之间时，dy→jj，rt→tt，ts、ps、thy、tsy→cch，等等。二子音在语首时，sk→kh，st、sty、str→th，sp→ph，等等。日本音声学会编《音声学大辞典》(三修社，1976 年）第 47 ~ 48 页有“异化作用”条，解说较详细，可参看。其中举例提到拉丁语 arbor→西班牙语 arbol、意大利语 albero，这些音变中都有 r→l 的过程，这是一种异化音变。另可参看戴维·克里斯特尔编《现代语言学词典》（商务印书馆，2000 年）第 114 页“异化”条（这条也提到拉丁语词汇中的 r 异化为英语词汇中的 l）、哈杜墨德·布斯曼著《语言学词典》（商务印书馆，2003 年）第 113～114 页“异化”条、MATTHEWS《牛津简明语言学词典》（牛津大学出版社，2005 年）第 102 页的“dissimilation”条、特拉斯克《语音学和音系学词典》（语文出版社，2000 年）第 85 页“异化”条。光华按，最后四本英国和德国学者的语言学词典关于“异化”的解释都很简略，远不能与日本学者的《音声学大辞典》相比。《语言学百科词典》（上海辞书出版社，1998 年）第 226 页“异化”条也很简单，单举俄语为例，与以上各辞书的用例不同。

㉒黄焯：《经典释文汇校》，中华书局，1981 年。

㉓龙宇纯：《中上古汉语音韵论文集》，五四书店、利氏学社，2002 年，第 396～401 页。

㉔（唐）陆德明：《经典释文》，上海古籍出版社，1985 年。

㉕（清）朱彬：《礼记训纂》，中华书局，1996 年，第 684 页。

㉖（清）孙希旦：《礼记集解》，中华书局，1998 年，第 1181 页。

㉗（清）王念孙：《读书杂志》，江苏古籍出版社，1985 年，第 567 页。

㉘（清）王念孙：《读书杂志》，江苏古籍出版社，1985 年，第 735 页。

㉙类似的例证参看《故训汇纂》（商务印书馆，2003 年）第 2434 页，此不录。

㉚又如《水经注》卷九《淇水注》：“袁本初自往征瓒，合战于界桥南二十里。绍将麹义破瓒于界城桥。……世谓之鬲城桥，盖传呼失实矣。”这是非常有力的证据。见母的“界”在六朝及以前的方言中又读成来母的“鬲”，郦道元称这是“传呼失实”，“传呼失实”这个话只能理解为方言中的音变，则分明是认为“界”在方言中可以读为“鬲”。既然是音变，那就绝对不是复辅音的分化。关于利用古今方言来讨论音变的问题，我们在本章第七节有专门的论述。

㉛我们这里可举一个材料作为旁证：关于《切韵》音系中的匣母、喻三、喻四三母的关系问题，学者们的意见有所不同。高本汉认为喻三已经与匣母发生分离，而与喻四相近，拟喻三为 j，喻四为零声母。李方桂《上古音研究》（商务印书馆，1998 年）第 7 页的中古声母音系与高本汉的系统一脉相承，拟喻三为 j－，喻四为 ji－。李方桂在注解 1 中说：“有些人以为喻三可以跟匣相配而写作 ɣj－，这也许是在《切韵》时期以前的情形，到了隋唐的时候显然喻三已与匣母分离而近乎喻四了，因此我也暂以区别重纽三四等的办法去区分它。”附和此说的还有周祖谟。但是王力先生《汉语语音史》卷上第四章“隋—中唐音系”就坚持在隋至中唐时代，都还是喻三归匣，与喻四不同。李荣《切韵音系》（科学出版社，1956 年）第 128 页“切韵声母表”也坚持“云并入匣”。董同龢《汉语音韵学》（中华书局，2001 年）第七章“中古音系”第 150 页也认为喻三归匣，与喻四不同。持同样观点的还有邵荣芬《切韵研究》、李新魁《汉语音韵学》（北京出版社，1986 年）第七章第 166～168 页。以上两派意见，到底哪一个是正确的呢？我赞成高本汉、李方桂、周祖谟的观点，认为《切韵》中的云母和以母已经合流而为零声母，与匣母不同。详细的讨论参看拙著《论切韵中的云母的音值》（待刊）。

㉜王国维：《观堂集林（卷一）》，中华书局，1984 年。

㉝黄侃《声韵通例》（见《黄侃国学文集》，中华书局，2006 年）：“凡古音同类者，互相变。”

㉞胡萍《绥宁关峡苗族“评话”的语音调查》（《湘南土话论丛》，湖南师范大学出版社，2004 年）称在湘南土话的关峡苗族“评话”中，溪母在 u 韵前读 f，如“苦”fu[55]，“哭”fu[31]。类例甚多。

㉟例如，猪、出、书、入、砖、穿、栓、软。

老派：pf、pf、f、v、pf、pf、f、v

新派：tʂ、tʂʻ、ʂ、ʐ、tʂ、tʂʻ、ʂ、ʐ

㊱例如，猪、出、砖、穿。

城区：pf、pf、pf、p

狄寨：ts、tʂʻ、ts、tʂʻ

㊲类似的论述还可参看王福堂等《汉语方音字汇（第二版重排本）》（语文出版社，2003 年）第 10 页、第 265～

267 页；孙立新《西安方言研究》（西安出版社，2007 年）。

㊳R. L. Trask《历史语言学》（外语教学与研究出版社，2000 年）第 60 页提到：同化与弱化两种最常见的音变。

㊴一般说来音变中的“强化”的现象要少于“弱化”现象，但“强化”的存在却是事实。可参看 R. L. Trask《历史语言学》（外语教学与研究出版社，2000 年）第 55 ~ 60 页。从此书第 60 页举的俄语音变的例子来看，浊塞音清化为清塞音是一种强化音变。

㊵我现在非常相信腭化音变早在先秦的通语或方言中肯定已经发生了。本书后面的论述指出照三系字、精系字与见系三等字之间存在谐声和通假关系，这种关系在先秦就已经存在。我认为只有承认腭化音变早在先秦就广泛存在才能解释这种现象。

㊶在语言学中有一个术语叫“delateralize”，可译为“除去边音”。在英语中较普遍（这是一种条件音变）。参看 R. L. Trask《历史语言学》（外语教学与研究出版社，2000 年）第 77 页。有的学者认为边音 l 比较稳定，其实也不尽然。l 在汉语方言中常常与 n 形成音位变体。而且古汉语的日母字在现代汉语方言中也常常读为 l。l 与舌尖塞音也经常有通转关系。但在一个音系中，一般都存在 l 这个音位，从这个角度看，也可以说 l 这个音位比较稳定。

㊷还有的音变现象不是受语音本身的演变影响，而是受汉字形体的影响。李荣《语音演变规律的例外》（见《音韵存稿》，商务印书馆，1982 年）一文讨论了由于汉字字形的影响可能产生例外音变的问题。竺家宁《韵籁声母演变的类化现象》［《语言学论丛（第 29 辑）》，商务印书馆，2004 年］详细讨论了由于字形的类化作用从而产生特殊读音的情况。稍引其文：“汉字的音变，有时候不是语音本身造成的，而是受到字形的影响，即所谓的有边读边。这种音变方式，我们称之为‘受字形的类化’，这是汉语音变特有的现象，不存在于西方的语音演变中，是经由语音和文字形体的互动产生的。现代国语（普通话）音读中充斥着这类音变的结果（见拙著《汉语音变的特殊类型》）。这种音变方式不始于今日，早在宋代的《九经直音》就已经出现这样的现象（见拙著《宋代语音的类化现象》）。”竺家宁先生在文中比较详细地研讨了由于汉字形体的影响，人们习惯于认字认半边，而产生了一些特殊的读音。竺先生指出的现象不能忽视。

㊸黄侃《文字声韵训诂笔记》（上海古籍出版社，1983 年）第 116 页指出：“凡以声相变者，无不有关于韵；凡以韵相变者，无不有关于声。此语言转变之大则，又以之示限制也。钱玄同知韵关于声，而不知声关于韵。故尝言声变而不言旁转，此其弊也。”此真是至理名言，为治音韵学之准绳。

第六节　关于用对音材料来研究上古音

本书收集了相当多的对音材料来考论上古汉语的声母问题。用对音材料来研究古音是很重要的方法，但也必须慎重。汪荣宝《歌戈鱼虞模古读考》[①]一文在我国首先采用对音，尤其是梵汉对音的方法来考订古音韵母的音值，但没有涉及古音的声母问题。稍早于汪荣宝的俄国学者钢和泰《音译梵书与中国古音》[②]涉及了古音的声母问题，然而由于是采用了宋代法天的梵咒译音，所以与上古音没有什么关系。加拿大汉学家蒲立本的《上古汉语的辅音系统》[③]大量使用对音材料来论定上古音的声母的音值，然而蒲立本对“对音”材料的使用不大慎重，有很多材料不可靠。我们这一节要具体讨论译音材料的有关问题[④]。

我们首先讨论学者们常常利用的一个例子：《汉书·西域传》的“乌弋山离”。同在《西域传》中又省作“乌弋”。不少学者认为是“Alexandaria”的音译[⑤]，于是音韵学家们就用这个对音来考论汉语的上古音，如李方桂《上古音研究》第13页就用来考论上古音中的喻四声母是近于r或l的音。郑张尚芳《上古音系》、潘悟云《汉语历史音韵学》等著作据此认为汉语上古音喻四是l。蒲立本的《上古汉语的辅音系统》也利用了这个对音材料。但是我们认为这个材料不好轻易利用。因为即使我们可以说《汉书》中的“乌弋山离”相当于西文中的“Alexandaria”，但却不能说就是“Alexandaria”的直接的音译。我们没有根据说希腊文的“Alexandaria”在两千多年前的西汉时期的语音形式就是今天的“Alexandaria”。“乌弋山离”完全可能是根据“Alexandaria”在西汉时期中亚方言中的变体形式（如在中亚塞语中的读音）对音出来的，而不是直接从希腊文对音译出。汉代的译音词“乌弋山离”的对音原文很有可能是已经消亡了的一种中亚古语的方言，只是在意思上相当于“Alexandaria”而已。[⑥]即使是主张“乌弋山离”就是“Alexandaria”的音译的学者，意见也并不彼此相同。如孙毓棠先生有专论《安息与乌弋山离》[⑦]讨论“乌弋山离”的音译是将“弋”字的古音拟定为diak或tiak，并非r或l声母。

类似的例子如古代西域国“粟特”又名“粟弋”。《后汉书·西域传》作“粟弋”、《北史·西域传》作“粟特”、义净《南海寄归内法传》和《大唐西域求法高僧传》作“速利”、唐玄奘《大唐西域记》又作“窣利”[⑧]。王国维《西湖考上》[⑨]明称：“粟特当玄奘之所谓窣利。”季羡林等《大唐西域记校注》[⑩]卷一第73页引马迦特之说称“窣利”为中世波斯语Sūlik的对音，此说应为可信。即使如此，我们也不能说中古汉语的“特”和“弋”都可以对音外语lik，因为有可能“粟特”“粟弋”“窣利”分别来自不同的外语音译。这种可能性很大。况且《汉书》的“乌弋山离”在《后汉书·西域传》中又作“排特”，“特”可以看作是“弋”的异译音，但“乌”与“排”读音相去甚远，因此“乌弋”与“排特”不可能是同一外语词的异译，二者是根据了不同的外语词音译出来的[⑪]，这种情况在古人的对音中非常普遍，这也是我们要慎言对音的原因。更何况有证据表明学术界对“乌弋山离”到底是不是“Alexandaria”的对音词还有很多不同的看法，似乎不宜轻下定论。如岑仲勉先生《汉书西域传地里校释》[⑫]中的“乌弋山离”一章对关于“乌弋山离”的对音问题的各种意见作了比较详细的讨论，可以参看。今根据岑仲勉先生此文大致介绍如下：

法国东方学家沙畹认为“乌弋山离”似为“Alexandaria”的译音，也没有把话说得太死，可参看沙畹《魏略西戎传笺注》[13]。岑仲勉先生明确表示不赞同沙畹的说法。日本大学者白鸟库吉也不同意沙畹的意见，认为“乌弋”一词是古代波斯“大流士王碑”中的“Haruvatis”一词中的Haru的对音，“山离”是Zarin的对音，在古伊朗语中是“海”的意思。日本东方学学者藤田丰八认为“乌弋山离”的汉代古音是音译了Gud－i－Zarah这一地名，与“Alexandaria”毫无关系。岑仲勉先生认为藤田丰八的意见是有根据的，且认为《汉书》“乌弋山离”的地望必为阿富汗南部无疑。岑仲勉最后认为琼斯密所提到的Koh－i－Zal这个古地名才是《汉书》中的“乌弋山离”的对音词。从以上各家的意见来看，各家众说纷纭，根本没有定论。我们切不可主观地根据“乌弋山离”是“Alexandaria”的对音这个假设来论定汉语上古音的音值。最近读到聂鸿音先生的《番汉对音和上古汉语》[14]也讨论到了“乌弋山离”的对音问题，并且批评了把上古音中的余母构拟为［l］的观点。聂鸿音先生的文章指出了一个很重要的现象：在梵汉对音材料中，从来没有发现用古汉语的余母字去音译梵文、巴利文中的l音的例子[15]。这是很值得重视的一个观察。聂先生的文章颇值得参考，在材料和论述上，本书与聂鸿音之文有很大的不同，彼此互可发明。

我们另外补充一个可以参考的材料：古代史书上的“犁轩”，按照学者们的意见也是“Alexandaria”的译音[16]。我们只能理解“犁轩”是希腊语“Alexandaria”在某种中亚古语中的某种变体形式的译音或中亚某古方言的译音，而不可能是希腊语“Alexandaria”的直接的对音，因为二者的对音明显不合，差得太远。根据上引伯希和之文提及的巴利文佛经《那先比丘经》卷下[17]：“我本生大秦国，国名阿荔散。”其中“阿荔散”的巴利文原文作Alasanda，这个对音才是比较准确的，而且是直接的对音。伯希和、方豪、张星烺等学者均认为巴利文原文Alasanda就是“亚历山大Alexandaria”的直接译音，这应是可靠的。[18]巴利文的《那先比丘经》所记录的事一定发生在公元前2世纪中期以前，因为此经清楚地表明当时的大夏国王是希腊人，而大夏国在公元前2世纪中后期（大约公元前140—公元前130年）已经被大月氏人征服，其国王不再是希腊人了。所以巴利文的《那先比丘经》所反映出的对音应该是公元前2世纪时候的对音现象，正好是我国的西汉时代。可见西汉时代的巴利文所音译的古希腊文的“亚历山大”是Alasanda，这个对音比较精确。而Alasanda不可能产生出汉语的“乌弋山离”这样的对音形式。我据此怀疑“乌弋山离”根本就不是“Alexandaria”的音译，其对音原文已经无法考证，我们最好采取不知为不知的态度。

再举一例：佛经中的“般若”一词明显是一个译音词，而“般若”在佛学界一般读为“波若”音。这是否与音变有关呢？我们认为这个材料与音变没有关系。据日本著名梵学家宇井伯寿《佛教辞典》[19]第873页，汉译佛典中的“般若”一词实际上不是从梵文Prajñā直接音译过来的，而是从古印度的巴利语paññā音译来的。巴利语paññā正好可与“般若”对音，是带有鼻音的；而梵文Prajñā没有带鼻音，在佛典中是音译为“波若”等名词。由于“般若”与“波若”在意思上是相同[20]的，所以“般若”可以读成“波若”。这种现象可以理解为一种训读。在古汉语中，“训读”的现象广泛存在，本书后面有专节讨论[21]。

郑张尚芳先生《上古音系》[22]第213页利用对音材料来证明汉语古音的去声是来自－s尾。郑张先生有这样一段论述：“有迹象表明，去声带－s现象直到魏晋南北朝前期尚未完全消失。曹魏时以‘对马’译倭国地名Tusima，此一日本旧地名沿用至今，让人奇怪怎么中间少译了个音节。这正说明在对译时‘对’还读tuus，快读时tuusma译tusima是合适的（后来隋代就改译为都斯麻，可是人们还是喜欢沿用‘对马’)。日本有人主张此可能由‘与马韩相对’得名，则‘对’既然借的是汉语音义，tusi 就更是‘对’tuus 的转译了。有人怀疑古倭语是否就是今天日语的祖语，其实这也是无可怀疑的。因为‘倭’古义明注指‘东海女王国’(唐时日释昌住《新撰字镜》注同)。”郑张先生还说“倭奴”就是日语“女人”wonna 的译音。

我们认为郑张尚芳这里讲的对音材料和结论是不可靠的。关于“对马”的译音问题颇为复杂，直到现在日本学术界尚且没有统一的看法，但绝不会是如郑张先生所言。我们这里译述日本学者山中襄太《地名语源辞典》[23]第 236 页“对马”条的叙述[24]：“‘对马’在《古事记》[25]中写作‘津岛’，日语读音是 tuima。”据金泽庄三郎的意见，“津”就是“港湾之岛”的意思，《魏志》是根据 tuima 这个读音才写成了“对马”。日本自己也采用了“对马”这样的表记法。《北史》《隋书》的《倭国传》都写作“都斯麻”。山本直文认为“都斯麻”是阿伊努语 tu-shima 的对音，意思是“两个岛”。“对马”确实是由南北两个岛组成。小山正平在《万叶集与阿伊努语》中说：“在阿伊努语中，tui-ma 的意思是‘休息的港湾’。”镜味完二认为，在 Ceram 语中，tui-ma 的意思是“鹿”。在对马，现在都还是用烧鹿骨的方法来进行占卜。安田德太郎认为在 Lepcha 语[26]中 tyū 是“聚集”的意思，是“对马”的“对”的译音。“对马”意思是“聚集之岛”。

从我们以上的翻译介绍来看，“对马”在日本最古的文献《古事记》中是写作“津岛”，读音不是 tusima，而是 tuima。“对”是日本古语 tui 的对音，根本没有 - s 尾存在。至于现代日语把“对马”读为“tusima”，这实际上是《北史》《隋书》的《倭国传》中“都斯麻”的对音，而“都斯麻”有可能是来自古代的阿伊努语 tu-shima 的对音，与“对马”有不同的语源[27]。而且在我们上面的介绍中，可知一般的日本学者并不认为“对马”一词的意思是“与马韩相对”，仅仅是尾崎雄二郎主张“对马”一词的意思可能是“与马韩相对”。这仅是个别学者的意见，不可视为定论。郑张尚芳先生据此立说是不大妥当的。

另外，《后汉书》称日本古代叫做“倭奴”。据我所知，日本学者中没有一人主张“倭奴”是日语“女人”wonna 的译音。现在的一般意见认为“倭奴”有可能是“阿伊努”的译音，“阿伊势”是日本现在唯一的一个少数民族，但在上古时代却是比较强大的，长期与大和民族处于敌对状态，后被大和民族击败。沈曾植《海日楼札丛》[28]卷二“流鬼国”条末尾有一段有趣的论述：“日本人言库页岛人自名爱依。爱依乃鄂伦也。日本亦挹娄之别。《唐书》言日本古称倭奴。倭奴即鄂伦，即爱依矣。”沈曾植所言之“爱依”就是“阿伊努”的别译。他认为日本古代民族的阿伊努与我国的鄂伦春族同源，都是我国古书中所说的“挹娄”民族的别种。这种观点出自一代大儒之口，非常奇特，尚待实证。但他也认为“倭奴”就是“阿伊努”，这与现代日本学者的观点相吻合，当为可信。根据以上的论述，我们可以明确地认为郑张尚芳先生这里讲的对音是不可信的，不能作为研究上古音声调的根据[29]。

学者如潘悟云等[30]根据佛经翻译中的“三昧”是对音梵文 samādhi，从而认为作为去声的“昧”有词尾可以对音 dhi。并得出结论说：“这些材料都说明汉语的去声尾是有舌面性质的。”我们认为这样的结论不可信。据荻原云来《梵和大辞典》第 1419 页和宇井伯寿《佛教辞典》第 377 ~ 378 页，梵文的 samādhi 是音译为古汉语的“三昧、三昧地、三摩地[31]、三摩提、三摩帝、三摩底”等等。可见“三昧”应该理解为“三昧地”的省略形式或略译。为什么会有“三昧”这样的形式呢？首先，根据日语吴音的音读，我们可知“三昧”在日语吴音中读为 sammai，有个韵尾音 i，可以勉强与 dhi 对音。又，“昧”是去声字，按照施向东《玄奘译著中的梵汉对音和唐初中原方音》[32]的研究，中古时代的去声是长音，正好对音梵文 samādhi 中的长音 ā。正因为这两层理由，所以可用“三昧”来音译梵文 samādhi[33]，并不是因为去声的“昧”带有舌面性质的尾音。日语吴音的音读是六朝时候的南方音，存古性较强，往往可以代表东汉时代的读书音。因此，梵汉对音的这条材料不能作为古汉语的去声带有舌面性质的尾音的证据，也不能据以证明上古汉语有 -s 尾辅音[34]。

丁邦新《上古阴声字具辅音韵尾说补正》[35]利用 Coblin 的梵汉对音材料指出在翻译佛经中存在这样一个例子：梵文的 Brhadratha 被音译为古汉语的“毗梨害他罗”[36]。丁邦新先生认为这是用“害”来对音 had，“正显示‘害’字当时有 -d 尾”。我们认为丁邦新先生的这个论断不能成立。考古汉语中的“害”不仅是去声字，还确实收有 -t 的入声一读。《集韵》《类篇》中的“害”都有“何割切”一音，与“曷”同音，正是收了 -t 的入声。根据考古文献，可知“害”与“曷”自上古以来就相通，证据很多。《说文》“害”字段注：“《诗》《书》多假‘害’为‘曷’。”[37]朱骏声《说文通训定声》“害”字注：“害，假借为曷。”《淮南子·览冥》：“天下谁敢害吾意者。”王念孙《读书杂志·淮南内篇第六》：“害，读为曷。”《诗经·周南·葛覃》：“害浣害否。”马瑞辰《毛诗传笺通释》：“害即曷之假借。”《汉书·翟方进传》：“害其可不旅力同心戒之哉！”颜师古注：“害，读曰曷。”类例颇多[38]。江有诰《音学十书·唐韵四声正》[39]第 301 页“害”字条明确认为“害”的古音有入声一读。江有诰曰：“胡盖切。按，古有入声，当与曷部并收。”江氏举有《诗经》的《四月》《荡》《生民》《召旻》以及《老子》、《素问》等古文献中的押韵材料为证。正因为有这样的通假关系，东汉以降的古人就可以把“害”直接读为“曷”音，后来的《集韵》《类篇》中的“害”都有“何割切”一读，这是有实际的语音作根据的，并非无根之谈[40]。《释名》卷一：“害，割也。如割削物也。”分明是用入声的“割”来做“害”的声训。我们认为正是基于这样的理由，翻译佛经才用“害”去对音梵文或中亚古语的 had。这不能证明古汉语的去声字曾经带有 -d 尾。这个例子从另一个角度显示出了梵汉对音材料的复杂性。

虽然我国古书中记录了大量的外语译音词，但要准确地找出西汉以前的译音词所根据的外语原文的那个对应词是非常困难的，很多时候是根本不可能的，因为上古时代西域及中亚的许多古语已经死亡，无迹可寻。对于语言学家和中外交通史专家所拟的对音词，学术界往往有不同的意见，很难有定论。本书会充分考虑到问题的复杂性。这里举几个例子：

例一，据法国著名汉学家沙畹《西突厥史料》第 207 页[41]，沙畹认为中国史书中的“蠕蠕”的“蠕”是西方历史中的“Hyaonas”的对音，也就是说“蠕”是后者的音译词。虽然沙畹是国际著名的东方学家，但他指出的这个对音实在令人难以信服，绝对不能据之以考汉语古音。

例二，陈寅恪先生在《五胡问题及其他》[42]中指出古书中指异民族的“胡”字是古代外语 Huna 省掉了 na 的音译[43]。而饶宗颐先生在《上古塞种史若干问题》[44]一文中批评了陈寅恪先生的观点，指出：“印度笈多时期碑铭均称匈奴为 Hūna，实有二音。去 na 而仅存首音，是说似不近理。”[45]

例三，白居易诗《暮江吟》：“半江瑟瑟半江红。”关于这句中的“瑟瑟”，学者们有不同的意见。张永言《汉语外来词杂谈》[46]称：“‘瑟瑟’在汉语无理据可说，可能是个外来词。据近人考证，古代伊朗所产绿松石很驰名，波斯语称一种质地较粗的绿松石为 jamsat，‘瑟瑟’大约就是这个词的省译。”而张永言先生在此文的注解中提到另一位学者沈福伟认为“瑟瑟”是阿拉伯语 jaza 的对音。张永言批评沈福伟的看法是“对音不合，似不可信”。这个问题虽然暂时不可作决断[47]，但可见在古代的具体的对音问题上，学者们的意见常常有分歧。这在研究中外文化交流史上是相当常见的现象。同时，我们认为张永言先生所揭示的对音也有问题，不大吻合，未必可信[48]。

例四，根据戴庆厦主编《汉语与少数民族语言关系概论》[49]第365页，汉语译音词“亦都护”是古代突厥语 idiqut 的译音。我们姑且相信作者所指出的对音是可信的。考“亦都护”一词在我国正史中最早出现是《元史》，当然元代的译音也有可能是采用了前代固有的音译名词。然而无论如何，我们都没有理由说在元代或元代之前的“都”的韵母是 i，“护”有过收 t 的入声一读。

例五，中外交通史的著名学者张星烺先生的名著《中西交通史料汇编》[50]堪称皇皇巨著，里面有很多我国古书中用以记录西域和外国地名的对音词，这诚然是我们考订古音的好材料。但我们不可忽视冯承钧《评〈中西交通史料汇编〉》[51]对此书的地理考证和所确定的对音词有相当多的批评。后来张星烺又对冯承钧的批评作了不少回应性的反批评。我们不论定其是非，只是想说这种现象表明了用对音词来考论汉语的古音韵是必须要有严谨态度的，不可草率。马伯乐在《唐代长安方言考》[52]第12页甚至感叹道：“人们利用梵汉对音来研究古代语言，这是个相当危险的尝试。……人们在音译专有名词时即使加倍小心也难免各行其道。”[53]

例六，伍铁平《语言词汇的地理分布》[54]一文下的功夫很大，但在讲对音的时候个别地方可以商榷。如其文第二节“表示‘书’的词在世界主要语言中的分布”有一个注解提到古汉语的一些帮母字在日语音读中读为晓母的 h，如汉语的“本”在日语读 hon、“北”读 hoku 等等。伍先生因此称古汉语中的帮母与晓母可以相转，b/h 曾经发生过交替现象。我们认为伍铁平先生这里所讲的对音是错误的。我们实在不能将现代日语中的音读现象不加区别地与古汉语相比对，因为日语的读音也有历史发展演变的过程。现代日语的 h 在古日语是读为 f，在上古日语是读为 p/b，这在日本学术界已成定论[55]。据日本学者考定，日语中 h 声母的产生大约是在室町时代末至江户时代初。因此不能认为古汉语中存在过帮母与晓母之间的交替[56]。

例七，有的学者提到《庄子·山木》“建德之国”中的“建德”可能与“身毒”有对音关系。考《庄子》原文是：“南越有邑焉，名为建德之国。其民愚而朴，少私而寡欲；知作而不知藏，与而不求其报；不知义之所适，不知礼之所将。猖狂妄行，乃蹈乎大方。其生可乐，其死可葬。”[57]这里对“建德”之国的描述与上古的“身毒、天竺”国情民俗大不相同，不应该指后者[58]。而且我国古人似乎并不把“身毒”当作南越之国，而是作为南海之国。另，“身毒”一词是来自中亚古语的译音，而不是直接来自古印度。不过，“建德”是“身毒”的音译在音理上并非完全不可能。这个问题尚待深入研究，现在不可作结论。尤其不能据此以推出其他的结论。

例八，聂鸿音《鲜卑语言解读述论》[59]提到了白鸟库吉《东胡民族考》讲对音的错误：“例如他把鲜卑语的‘慕容’比附为蒙古语的 bayan（富），但任何文献都没有说过‘慕容’是‘富’的意思；他又把鲜卑语的‘嗢石兰’比附为蒙古语的 arsalan（狮），但任何文献都没有说过‘嗢石兰’是‘狮’的意思。更有甚者，白鸟库吉先是把作为山名的‘弹汗’比附为蒙古语的 cagan（白），后来又把作为姓氏的‘素和’比附为蒙古语的同一个词。蒙古语 cagan（白）通常音译为‘察罕’，‘察’与‘弹’‘素’在读音上的巨大差别当然是不言自明的。”

例九，牛汝辰《关于西域地名、族名的汉译对音研究》[60]一文提到：“在今阿富汗巴里黑以东，从阿姆河北之地前往至兴都库什山要道上的吐火罗故地有一个遗址，被考古学家们判定为唐代昏磨（Klum）城的所在地。这个昏磨城应当与蓝市城或监氏城是同一座城的不同音译。”我们认为牛汝辰指出的这个对音不可能成立。“昏磨”与“蓝市”或“监氏”断然不会是一声之转，也不可能是同一外语词的不同音译。二者在语音上不能建立对应关系[61]。

例十，研究中西文化交流史的权威学者方豪在其名著《中西交通史[62]（上册）》第148~149页考证了"黎轩"的对音问题，排比了众家的意见，最后没有断案。沈曾植《海日楼札丛》[63]卷三"罽宾"条第87页称："罽宾转音，近加布尔。"加布尔就是阿富汗的喀布尔。然而，法国大学者沙畹、烈维《罽宾考》[64]一文称："查《汉书》Kabul一地，别名高附，罽宾与Kabul实无关系也。"沙畹、烈维的考证是对的[65]，比沈曾植的说法合于音理。冯承钧乃一代学术翻译大师，而韩儒林《关于西北史中的审音与勘同》[66]一文也批评他翻译的《多桑蒙古史》对于蒙古语中的"元音和谐律似乎也不甚注意，因而在译名的复原和解释中，还存在不少问题未能解决"。

例十一，日本大学者白鸟库吉《匈奴属于什么种族》[67]等论文讲对音不大慎重，好些地方很牵强附会，尤其是对古汉语音韵学的运用不很严谨。其名虽高，终不可为法。日本著名学者桑原骘藏曾批评白鸟库吉的学说是天马行空。桑原之说并非没有根据。

例十二，邵循正在《中国伊朗编》中译本《序》[68]中称："古代语言资料的研究是重要的，但这本身有很大的局限性。对音和还原工作是必要的，但在没有确切证据之前只能是假定的、不可靠的根据。问题就在于这几十年欧美最流行的东方学往往满足于一些零碎的语言材料的研究，甚至缺乏根据的虚构，而引申出一个牵涉范围很广的结论。这样的结论实际上不可能是确当的。就本书的植物方面而论，作者以为可以写出关于人工栽种植物的一部最完备的历史。事实上作者没有也根本不可能达到这个目的。"我认为直到现在邵循正先生的这段论述对某些过分依赖对音的语言学研究还是有痛下针砭的作用。

关于中古时期的翻译佛经的对音研究是比较可信的，但也要慎重。《大唐西域记》卷一《序论》："然则佛兴西方，法流东国，通译音讹，方言语谬，音讹则义失，语谬则理乖，故曰必也正名乎，贵无乖谬矣。"本书引述的宇井伯寿对支娄迦谶翻译佛经中的音译的研究是相当可信的。本书引述的对音材料都是经过我的慎重考察而采择的[69]，我力求充分考虑到对音材料的种种复杂性[70]。例如西晋以前的佛经往往不是从梵语译出，而是从巴利语、吐火罗语[71]、犍陀罗语等语言文本译出。这是利用翻译佛经材料中的对音来研究古音的学者应该充分重视的。宇井伯寿先生就很注意这一点，所以本书才加以引述。我们这里引述一点可以参考的材料：

法国东方学家烈维（Levi）撰、冯承钧译《所谓乙种吐火罗语即龟兹语考》[72]称："夫中国佛经之初译，在纪元二世纪时，其间有佛教所用之语，非印度之原字所能对照，惟用龟兹语始能解其译音，如'沙门'，梵文'Sramana'，龟兹语为'Samane'，中国之译音与前者远、后者近也。又如'沙弥'，梵文作'Sramanera'，龟兹语为'Saumir'；又'波逸提'，梵文为'Payantika'，龟兹语作'Payti'之类，皆可证明二世纪之汉译本于龟兹语，非直译梵文也。此单就音之一方面言也。"

伯希和撰、王国维译《今日东方古言语学及史学上之发明与其结论》[73]称："今反而论支那之佛教，则知介绍佛教及其美术于中国者，舍伊朗民族末由矣。故支那佛教于教义上自不得不受介绍者之影响。至其受影响之程度，今日尚未易言之。兹姑举一例，如支那汉代翻译之名僧安世高居洛阳二十余年，所出经典不少。其人实生于伊兰民族中而安息王之世子也。当时西域贾胡尚称之曰'安侯'。自是迄于魏晋之间，支那之翻经僧或出康居，或出大月氏，或出波斯，大抵生于伊兰族中，而自印度来者寥寥。故支那佛教之教义中，例如有'无量光'义之'阿弥陀佛'，并西方极乐净土之说，非视为伊兰民族之思想殆不可也。支那佛教中之某种书殆出东来之伊兰人手。但证据未备，尚未能断言。今所得断定者，支那佛教中之人名、地名及学语之音译，非假定为经伊兰语之介绍，殆不能说明之是也。”[74]

以上两篇文献现在不大被学者们注意，所以我们在此加以引述。严可均辑录《全梁文》卷七十一引僧佑《梵汉译经音义同异记》：“自前汉之末，经法始通，译音胥讹，未能明练。故浮屠桑门，遗谬汉史，音字犹然，况于义乎。案中夏彝典，诵诗执礼，师资相授，犹有讹乱。诗云：有免斯首，斯当作鲜，齐语音讹，遂变诗文，此桑门之例也。”从此可见，东汉以来的梵汉译音有许多是不准确的，不能精确对音，自然不能不加考释地一概作为汉语语音史的材料。吕澂先生《中国佛学源流略讲》[75]第二讲《西域传本佛典的广译》第 37 页称竺法护时代“当时译本所据，常常不是梵文原本，而是转译的西域文本。转译有两种：一是转写，用西域文字写梵本；一是转译，即将梵文译成西域文。这些本子通称为‘胡本’。当时从事翻译，非通晓西域文不可”。同书第 39 ~ 40 页称：“中国初期传译的佛经，大都是通过西域得来的。佛经传入西域，时间要比内地早，……西域各国都有自己通行的语言文字。佛经经过西域文的翻译而成为‘胡本’，传入内地的佛经，就是用这种‘胡本’翻译的，在文字的转换中，自然会有些改动，再经过译者因学说师承不同作些改变，西域佛学，不能说与印度的完全一样。”[76]

《水野弘元著作选集一：佛教文献研究》[77]第 82 页称：“向印度以外的地域传播的佛教也沿用印度文的经典，但在民众不能理解它时，就被翻译成当地的语言。今日在中亚地方发现、发掘到以属于吐火罗语的库车语、维吾尔语，或伊朗系的粟特语、波斯语，或叙利亚语及其他西域诸国语书写的种种佛典片段，如实地表明此事。在佛教兴盛于印度并扩展到中亚的时代，以西域诸语言书写的佛典一定远比今日所知道的多。”日本学者辛岛静志《早期汉译佛教经典所依据的语言》[78]所做的研究尤其有启发性，通过大量具体实例的讨论，说明现存的梵语佛典是中世纪的印度语不断梵语化的结果。6 世纪以前的汉译佛经多是根据吐火罗语、犍陀罗语、大夏语等。辛岛静志的考论很具体翔实。

另有一个材料可以作为旁证参考：奇书《西藏的观世音》[79]第一章提到，印度高僧阿底峡在西藏的聂塘湾传播佛教，是“用阿婆商夏语给众非人讲经说法”，而阿婆商夏语是古印度的一种俗语，与典雅的梵文有较大的区别。后来阿底峡去朝觐松赞干布的本尊神殿时才用梵文来施礼。[80]可见为普通民众传教一般难用梵文，因为梵文过于专门和艰深，普通民众不易掌握。[81]另外，季羡林也有类似的论述。如季羡林《中印文化关系史论文集》[82]第 377 页说：“在玄应《音义》、慧琳《音义》和玄奘《大唐西域记》里，我们常常看到‘旧言某某，讹也（或讹略也）’这一类的句子。其实这些旧日的音译也不‘讹’，也不‘略’，因为据我们现在的研究，有很多中译佛典的原文不是梵文，而是俗语，或中亚古语言。这些认为是‘讹略’的旧译就是从俗语或中亚古语言里译过来的。”[83]季羡林《吐火罗文研究》[84]指出汉语佛典《贤愚经·波婆梨品》与吐火罗文的剧本《弥勒会见记》有惊人的相似之处；《吐火罗文弥勒会见记译释》[85]指出汉译佛典中的“弥勒”不是来自梵文的音译，而是音译自吐火罗文 Metrak[86]；《吐火罗语的发现与考释及其在中印文化交流中的作用》[87]指出汉译佛典中的“恒河”的“恒”字和“须弥山”的“须弥”都不是音译自梵语，而是音译自吐火罗语；《浮屠与佛》[88]指出汉语中的“佛”不是从梵文的 Buddha 音译过来，而是从古代的龟兹文或焉耆文音译过来[89]。在汉语典籍中，“佛”的出现要早于“佛陀”。[90]季羡林《印度古代语言论集》[91]中有一篇“论梵本《妙法莲花经》”，指出大乘经典的梵本《妙法莲花经》是脱胎于古印度东部方言写成的古本，有明显的俗语成分。可知，连大乘佛经最早都是用俗语写成的。岑麒祥《汉语外来语词典》[92]第 316 页“龟兹”条称：“我国好些佛教名词和音乐用语，如沙门、沙弥、鸡识、沙识、沙腊等等，都是经由古龟兹话输送过来的。”

周一良《中国的梵文研究》[93]一文称："此外如'和尚、沙门、禅、沙弥'等等，都是汉化很深的梵语。不过他们并不是从梵文直接翻译过来，乃是从印度方言或者中亚语言间接音译而来的。这张单子开下去无穷无尽。"

张广达《论隋唐时期中原与西域文化交流的几个特点》[94]综述了一些材料表明我国隋唐时期的佛教实际上受到西域于阗佛教的影响比较大，有明显的西域色彩。其中的一些名词术语乃是从西域语中音译过来的，不可与梵文等古印度语对音。如"和尚"一词就是从于阗语中音译过来的。学者们的这些论述是值得重视的。姚大力《探新应当有坚实的依据——评〈中国北方诸族的源流〉》[95]一文对朱学渊《中国北方诸族的源流》一书粗率地用对音来考论同源词提出了严肃的批评。姚大力先生的这篇论文很有必要参看。

其实，日本著名的东洋学家羽田亨《关于汉译佛典》一文[96]也早已论述了早期的汉译佛典有不少是从中亚的胡语翻译过来的，尤其是出自吐火罗语[97]，而不是译自印度古语。羽田博士提到古印度语的佛典有不少的中亚语译本。如赞宁《宋高僧传》[98]卷三"论"曰："自五天竺至岭北，累累而译也。……如天竺经律传到龟兹，龟兹不解天竺语，呼天竺为印特伽国者，因而译之。……二重译，如经传岭北楼兰、焉耆，不解天竺言，且译为胡语。如梵云'邬波陀耶'，疏勒云'鹘社'，于阗云'和尚'。又天王，梵云'拘均罗'，胡云'毗沙门'是。"赞宁此文特别强调了胡梵之别，也就是中亚语和古印度语的区别。而且早在赞宁以前的六朝时代的僧叡《大品经序》已曰："胡音失者，正之以天竺。"这里的胡音是指西域文本的佛经，与古印度文本的语音有所区别。蒋维乔《中国佛教史》[99]一书提出一个很重要的观点：我国的小乘佛教传自罽宾，大乘佛教传自于阗。我认为这话大体上没有错[100]。可知大小乘的佛经文本最早都不是从古印度来的，且早期佛经从安息、月氏、龟兹传来的也不少，其佛经原本不会是梵文。

日本著名学者松本文三郎《观音的语义及古印度与中国对他的信仰》[101]一文讨论一个很有趣的例子：在汉语佛经中的"观音、观世音"有另外一个翻译是"观自在"，二者在字面上差别很大，为什么会产生这种现象呢？松本引述了日本平安朝学者明觉《悉檀要诀》中的论述，指出"观音、观世音"的"音"是龟兹语 svara 的对音，"观自在"的"自在"是梵文 śvara 的对音。由于 s 与 ś 音近容易相混，结构造成了不同的汉语翻译。松本称："在印度，ś 与 s 往往被误为同音。一般口语中，ś 变化为 s。例如，Riśi（仙人），在巴利语中变成 Isi；Îśa（神、支配者）则变成 Îsa。旧译家所依的原本中，此菩萨的名称，非如玄奘所说是 Avalokita－Îśvara，而是 A valokita－svara，Îś变成 s，而此 svara 的意思是'声音'。此或许是旧译家译为'观音'或'观世音'之所以。……若果真如玄应所说，龟兹本作 svara，印度本作 Îśvara，则新旧两译皆正确，皆无可非议之处。而旧译家的原本非直接来自印度，大多来自西域地方，隋唐以后原本主要传自天竺，若把这点一并加以考虑，更能明了新旧两译相异之所以。玄奘周游印度，往复都经过西域地方，因此不可能不知道西域地方的语言和印度语如何地差异，可是他在《西域记》说旧译'讹谬'，真难摸透他的意思。现行本的《西域记》有'皆讹谬也'，恐怕此'谬'字为后人转写之际加上去的。前面所记《大慈恩寺三藏法师传》虽亦有与此几乎相同的文句，但仅有'皆讹也'，而没有'谬'字。'谬'有误译的意思，但旧译皆非误译。所谓'讹'是方言，即乡音、土音的意思，西域语原为梵语方言化所致，因此说'讹'是对的。旧译即讹言的正确翻译。……原始佛教的经典自古非以梵文书写。最初用当时流行的方言文字写，后译为梵文。一旦用梵文写，就专依梵文解释，翻为梵文以前的方言文字的意义反被忽视，因此有时难免有附会之弊。"[102]羽田亨的论文发表于1911年，松本此文发表于1930年，而均有此精卓之见，早于我国的季羡林等人[103]，确实令人钦佩。另可参考方豪《中西交通史（上册）》[104]第128页的有关讨论。

日本学者水野弘元《佛典成立史》[105]第二章“经典的语言与文字”也谈论到：“虽然相同名称的经典来自同一个泉源，但用各地不同的印度话传承下来，致使汉译佛经也出现三四种不同的版本。若将它们跟巴利文经典一比较，便发现有极类似、若干不同和差别甚大等情形，而且经典长短也有各式各样，不尽相同。它本来是一种说法，由于不同的地区语言和时代传承的缘故，才会逐渐产生这些变化。”同书第三章“经典的流通状况”第102页称：“反之，当佛教越过印度国境，远播到西北部的阿富汗和中亚各地时，好像都被译作当地各个民族的语言了。尤其，大乘佛教更不拘泥于文字，目的在传播佛教的精髓，依我看，这样才肯轻易翻译为别地区的语言。……因为这个缘故，才使佛教传到中亚时，也让经典在各地被译成居民的语言了，这些中亚各种语言的经典和印度诸类语言的经典，不少在后来到了中国都被译成汉文。”同书第106页：“由此可见，初期的佛经翻译家和佛学者，不乏出身中亚，因为安息、月支、康居、龟兹等中亚诸国，佛教很兴隆，佛经也被译成当地各民族的语言，之后才被译成汉文。”[106]

又，方豪《中西交通史[107]（上册）》第134页提到：贵霜的迦腻色伽王于公元78年即位后，崇信佛法，召开第四次大会，规定以梵文编定佛经。佛经用梵文写定恐以此为权舆，此前没有过。[108]阿育王弘扬佛法时的经典语言不是梵文，这已成定论。[109]

据日本学者佐佐木教悟等人编著的《印度佛教史概说》[110]第十一章“笈多王朝时代的佛教”二“佛典的梵语化”的论述：“这个时代[111]所面临的一个不可回避的课题是与婆罗门教的竞争，佛典的梵语化就是以此为背景而进行的。本书第九章已经介绍过，从公元前3世纪以来，梵语作为文化语已渐趋于固定，而佛典的梵语化早在贵霜王朝和案达罗王国之时就已进行。……可是，佛教在2世纪除了《说一切有部》以及受其影响较大的一部分大乘经典以外，一般仍使用俗语或混入大量俗语的不完全的梵语（佛教梵语）。”

据李约瑟《中国科学技术史（第4卷）》[112]第198页有一个很重要的注解提到：在公元220年左右由竺律炎、支谦翻译为中文的《摩登伽经》，日本学者天文历法史专家新城新藏怀疑此书不是纯印度的著作，因为其中有一些观测肯定是在北纬43度进行的。李约瑟接着说：“我们不必认为这些梵文著作（或部分梵文著作）全部来自印度。如隋时或隋以前由那连提那舍译为《大方等大集经》的（省略其梵文书名），其中有许多突厥历资料（如十二肖兽等），大概是全部在新疆写成的。”可知甚至梵文本佛经也可能不是在印度完成。李约瑟这里还提到：以佛经形式出现的一些天文学著作，如《宿耀经》“可能直接从康居文[113]译为汉文，而不是从梵文译出的”。[114]

我们可举一个实例：蒲立本《上古汉语的辅音系统》[115]以及其他一些学者都利用梵文的Brahm一词音译为古汉语的“梵”，从而认为“梵”的古音应该是复声母bl或br。我们认为这是不可信的。日本梵学大家宇井伯寿《译经史研究》[116]第482页和第539页指出我国早期佛经中的“梵”字并非梵文brahma的译音，而是印度俗语bam的译音。后来的“婆罗门”才是从梵文brahman来的译音词。可见蒲立本等学者的材料和结论实在不能成立。据日本巴利文权威学者水野弘元《巴利文法》[117]第五章“巴利语与梵语等的发音和缀字的比较”第54页指出：梵语的带r的复辅音声母在巴利语中往往失去r，变为单辅音声母：“在梵语语首的重子音kr、gr、ghr、tr、dr、dhr、pr、bhr、mr、vr、śr、sr、hr等，都省去r，而变成k、g、gh、t、d、dh、p、bh、m、v、ś、s、h等。”举例颇多，不录。可知“梵”

字最早一定是从巴利语等古印度方言音译出来的。

古代的佛经翻译家和佛经音义的学者有时候审音很精细，尤其是不空这样的密宗大师。还有其他佛教学者也是如此。

例一，考慧琳《一切经音义》卷五有“啰”字注音曰：“罗字上声兼弹舌呼即是也。经中书‘洛’字不相当，非也。”这是对唐玄奘主持翻译的《大般若经》的一处批评，从这个批评中可以看出一些音韵学的信息。第一，中唐以后的佛经学者[118]很注意对音的精确性，从东汉到盛唐的佛经翻译都是用来母字对音梵文或中亚语的 r 声母，但中唐时代的佛学家审音更精确，认为汉语的来母 l 与梵文的 r 并不完全相同，所以特别创造了“囉”字来对音梵文的 r，还特别说明其发音特征是“罗字上声兼弹舌呼”。“弹舌呼”突出了梵文的 r 的颤音特点。同时也表明中唐时代的北方汉语通语中肯定没有 r 声母。第二，唐玄奘用了来母入声的“洛”字，而其梵文原文应该没有 -k 音尾。这说明当时翻译《大般若经》的学者有的方言已经失去入声尾，而为阴声韵了[119]。

例二，慧琳《一切经音义》卷五有“曩”字注音曰：“曩朗反，兼鼻声呼。经中书‘娜’字，不切当也。”这也是对唐玄奘主持翻译的《大般若经》的一处批评。从这个批评推测相应的梵文原文应该是有鼻音韵尾成分的，而唐玄奘等人却用了阴声韵来对音。本该用“曩”的地方，却用了“娜”，似乎是由于“曩”的鼻音韵尾失落，也就是宕摄荡韵开口一等字的后鼻音失落。[120]

例三，慧琳《一切经音义》卷五有“娜”字注音曰：“那可反，经中书‘柁’字，不切当。娜字为正。”同书同卷“么”字注音：“莫可反，经中书‘婆’字，不切当，宜改之。”同书同卷“絮”字注音：“奴雅反，经书‘荼’字，非也。”这三个例子都是对唐玄奘翻译的《大般若经》的批评，表明在盛唐时代的西北方音中已经存在鼻音声母与同部位的塞音声母相混的现象。这引起了中唐时代的佛教学者的批评。按照慧琳《音义》的原文，只能理解为翻译佛经应该用鼻声母 m-、n-的字，但事实上《大般若经》却用了塞音声母 b-、d-的字。

蒙朝吉《瑶族布努语方言研究》[121]第 39 页指出：在都安梅珠东努语话中有很多的汉语借词，而这些“汉语借词往往以壮语为中介。壮语北部方言没有送气的塞音和塞擦音声母，所以汉语借词中的送气音声母都读作不送气的”。类似的现象值得注意。[122]

另外，我们还要指出的是借词往往没有非常忠实地音译外语词，而是为了适应本族语言的语音系统和语音习惯的要求而发生一些变异。赵元任《语言问题》[123]第 134～136 页的一些论述也很有参考价值：“还有一个最重要的语言里头的不规则啊，就是借语的现象。从有关系的语言借到别的有关系的语言，它借的那个时代参差了，结果在音韵上的地位就乱了。……借语是听见哪一国或者哪一处方言的话那么说，照耳朵听的，就取自己所有的最近的声音，借过来用。借语啊，各种时代借的不同，结果，它就会跟本来一直传下来的音的规律就不同了。借语的结果往往就很不规则，……很早就有借语上的不规则字。……这种借语的现象，有的时候可以弄得很复杂。比方在广东中山县乡下有个隆都，那个地方的多数人从福建迁移过去，说闽南话，是闽南系统，因为四周都是广东话，所以他们那闽南话里头有许多借入广东话，像广东音。可是那边又有西南官话的影响，有西南音。借的时候他照耳朵听的相像，不一定照古时候音韵相当的清浊平仄这个类，所以那里头就很乱了。”萨丕尔《语言论》[124]第 177 页称：“借用外国词总要修改它们的语音。一定会有外国音或重音上的特点不能适合本地的语音习惯。它们会改变得尽可能地不破坏这种习惯。时常会出现语音的妥协。”赵元任《借语举例》[125]说过：“关于不同的语言之间借语的现象当中有两个因子需要注意的。第一是借外国语词的时候总尽量用本国的音位，不求说的跟原文一样的外国音。第二是有时候听见某外国语词有点儿像本国意义相近的语词，那么甚至声音不太近，也就半音译半意译的来了。”萨丕尔和赵元任的这些话是有见地的。[126]即使在现代汉语方言之间产生的借词也有这样的现象。例如，潘家懿、谢洪猷《粤语对南粤诸方言的辐射和渗透》[127]一文提及：粤方言在向南粤诸方言辐射和渗透的时候，诸方言“借词不借音或不完全借音，或借用粤语词中的某一语素，结合各自的母语拼合起来，从而构成似粤非粤的词”。例如海丰话、汕头话、梅州话、中山闽语在向粤方言借词的时候都发生过这样的部分改造现象，并非完全忠实地借入。其例甚多，此不录。

例一，众所周知，白语中的词汇大略有百分之六十是汉语借词。赵衍荪、徐琳《白汉词典》[128]第471～472页称：“显然，有些古汉语借词的语音，是根据原来的白语语音系统加以改变，使之进入白语后适应于白语语音的结构情况而稳固下来，成为丰富发展本语言的重要手段。”根据《白汉词典》第474页所列举的一些例子可知，汉语收k、p的全浊音的入声字在借入白语后往往会变为收t尾音。如汉语的“薄、浊、毒、叠”在借入白语后都变成收t了。

例二，据美国学者麦高文《中亚古国史》[129]第285页所言：“如冒顿的冒，我们虽知其读如Mok或Bok，但其中的k，可当匈奴语的k，或gh，或r。”这是很重要的现象。

例三，据林向荣《嘉戎语研究》[130]第88页称：在嘉荣语中“有的汉借词在语音上受本语影响更加接近嘉戎语的语音特点，离汉语语音相差甚远。……特别是那时[131]马尔康卓克基话的音系里，没有唇齿清擦音f，舌尖后清擦音 ʂ，他们常用自己语言里的h或ɸ来代替f音；以舌叶音tʃ、tʃ‘、ʃ来代替汉语的舌尖后音ʈʂ、ʈʂ‘、ʂ”。其例不录。最有趣的是林向荣举的例证中有汉语的阴声韵的字在借入嘉戎语后产生了塞音尾。如“贝母”的“母”音mok，“钟子”的“子”音tsət。“母、子”在古汉语中都不是入声字，但在借入嘉戎语后变成了入声字。同书第133页有曰：嘉戎语中的汉语旧借词“在语音上除明显地还保留着汉语中古时期的语音特点——－t、－k塞音韵尾外，更加接近和服从嘉戎语的语音结构特点。它常用自己语言中与汉语借词相近似的语音去代替汉语借词的辅音或元音；在声调上由于自己的语言是没有声调的，因此受这一语音特点的影响，从嘉戎人嘴里念出来的汉语借词是没有固定声调的”。

例四，元代的《蒙古字韵》是用八思巴文字来对当时的汉字进行注音，但是八思巴文字的注音把汉语的清声母和浊声母完全搞颠倒了。学者们对八思巴文和汉语音韵学的关系早有注意[132]。我们这里仅仅转述李新魁《汉语音韵学》[133]第53～54页的一段论述：“例如在声母系统方面，八思巴字与汉字的对音中，译音人用八思巴字的清音字母来标注汉语的全浊音字，而以浊音字母来注清音字，两者恰好颠倒过来。这种现象之所以出现，很可能是因为当时的全浊音声母字已经消变，仅有声调上的不同。而译音人不能区别清浊声母并且把声调的差异当成是传统韵书上所说的清浊声母的不同，在用八思巴字对译时，把它们搞颠倒了。”恐怕不仅仅只在元代的音译中会出现这样的错误，元代之前难道就不会有吗?[134]

例五，据宇井伯寿《佛教辞典》第117页，梵语中的haridrā，意思是黄姜，在汉语中音译作“呵梨陀”。其中的“陀”对音drā，这绝不说明“陀”的古音有复声母dr一音，最多只能说明古人的音译存在省略的现象，因为汉译佛经中的“陀”有很多例子是对音da。

因此，利用借词来考论古音也是要慎重的。现在有些搞梵汉对音的人在利用梵汉对音来研究中古音的韵母的时候，过分拘泥于梵汉对音的材料来构拟中古韵母的音值，这是不可取的。再举一个例子：

我国古人在音译外语的 l 尾时往往翻译为 n。韩儒林《女真译名考》[135]称："盖上起金元，下至明代，外来语韵尾辅音为 l 者，常译为 n。如'阿尔泰山'（Altai）译为'按台山'，suldus 译为'逊都思'，其例故不胜枚举也。"岑仲勉《突厥集史》下"突厥语及其相关外语之汉文译写的考定表"[136]一节称汉语的"殷"与突厥文的"al"相对应。此可与韩儒林之说相参证。法国学者沙畹、烈维《罽宾考》[137]一文称："盖迦腻色伽（Kaniska）一名，悟空《行记》有译为罽腻吒者，首一音相合也。后一音之'宾'，为印度文 pil（a）或 pîr（a）之译音。盖中国译梵文，音尾无声母，则以鼻音代之，已有此例。如 ráhula 译为罗云之例是也。则罽宾之原音，应为 Kapil（a）或 Kapir（a）。"

这个例子显示出：译音词所揭示的对音并非完全精确。耿振生教授在其新著《20 世纪汉语音韵学方法论》[138]一书的第十章"研究汉语音韵史的几条通例"中批评了汪荣宝在利用梵汉对音来研究古汉语韵母的音值时的失误，耿先生说："汪氏之所以考虑不周，原因可能是他对上古诗韵未予注意，不理会从先秦到南北朝韵部的分合，一味地强调了对音材料中所反映的字音，而忽略了汉语文献考据的成果。如果了解到歌戈韵跟鱼虞模韵自先秦至南北朝一直是畛域分明，就应该有更周密的深入考察，看出两系的分别，不至于造成那么大的漏洞给别人讥弹。实际上，当对音所反映的音类分合不一致的时候，就需要追究分歧产生的原因，不能把对音当作唯一的依据。"[139]我认为耿振生教授的这段论述是非常圆通的。耿先生所批评的现象似乎到现在都还存在[140]。

在利用对音材料的时候还要注意的是我国古代的传世文献由于流传年代久远，有时会出现文本上的讹误，这就需要校勘。

例一，《旧唐书·南蛮传》："西复降寻传蛮。"其中的"寻传"显然是一个音译词。但是根据《景颇族简史》[141]、何光岳《氐羌源流史》[142]第 578～579 页认为"寻传"的"传"应该是"傅"之误。景颇族人自称为"singhpo""jinghpo""singbo"，汉语音译作"寻傅、寻博"等。因此，有的学者认为《旧唐书》中的"寻传"当是"寻傅"之误，是现在的"阿昌族"和"景颇族"的先民。

例二，据岑仲勉《中外史地考证[143]（下）》第 711～712 页所论，俄国东方学家 Katanoy 著有《东土耳其斯坦民族记》一书，其书第二十节记有吐鲁番一带的地名。其中有"Murtuq"一名，斯坦因拼作"Murtuk"。与此相对应的古汉语音译词在《西域同文志》中作"穆图拉克"。但是二者事实上难以精确对音。因此，岑仲勉先生认为《西域同文志》中的"穆图拉克"有所讹误，应该作"穆拉图克"。

例三，根据彭大雅《黑鞑事略》的记载，蒙古人把通古斯滨江群落称为"斛速益律子"，而学者们指出与此相对应的蒙古文原文是"usu irgen"。这样一比较，就发现今本《黑鞑事略》中所记的这个汉语音译词与蒙古文原文不合。贾敬彦指出"斛速益律子"中的"子"应该是"干"的错字，二者因为形近而误[144]。类似的校勘学上的工夫是在利用对音材料考论古音的时候所不可缺少的。

例四，缪钺在《北朝之鲜卑语》[145]一文中批评日本学者白鸟库吉《东胡民族考》在讲对音的时候有时不注意文本的校勘。例如《魏书·官氏志》说"渴烛浑氏后改为味氏"，白鸟库吉据此认为鲜卑语有读若"渴烛浑"的一个词，意思是"味"，于是他提出这个词相当于蒙古语的 amtêkhang（有甘味），实际上《魏书》的"味"是"咮"字的错字。清代学者陈毅在《魏书官氏志疏证》中早已指出过这个误字。又如《魏书·官氏志》说"尸突氏后改为屈氏"，其中"尸突"本是"屈突"讹文。《广韵》《元和姓纂》《通志·氏族略》均作"屈突"，而白鸟库吉误认为鲜卑语有读若"尸突"的一个词，意思是"屈"，于是将其比附为蒙古语的 akdoi（屈），又指"尸突"为"户突"之讹。这就更离谱了[146]。

例五，陈寅恪《敦煌本唐梵翻译对字音〈般若波罗蜜多心经〉跋》[147]论及："寅恪尝取此本与今存诸梵本及译本校读一过，……惟此本对音，自'尾你也乞叉喻'至'只哆啰拏'一节重复，当是传写之误。而梵文对音下所注之中文，意义往往讹舛，句读难析，亦多未当。又与玄奘译本之文详略互异，其非出于梵汉兼通之大法师如慈恩其人者，固不待言。疑此本梵文对音，虽受自西僧，而此土学侣取汉译之义，逐字注之，以不解梵语文法，固多谬讹也。"韩儒林《关于西北史中的审音与勘同》[148]一文提到："西北民族史料中，问题最多的恐怕是译名（人名、地名、物名、制度、风俗习惯的名称等）了。就拿汉文史籍来说，或由于所根据的资料来源不同（如有的得自所记载的本民族，有的则是根据重译或三译），或由于编纂历史的人不懂民族语言，致使同名异译、前后颠倒、或脱或衍等现象屡见不鲜。在传抄或印刷中，音译音用字形近而造成错上加错的例子，就更不胜枚举了。"韩儒林此文所讨论的一些例子很有参考价值，文繁不录[149]。邵循正《〈中国伊朗编〉序》[150]称："对音和还原工作是必要的，但在有确切证据之前只能是假设的、不可靠的根据。问题就在于这几十年欧美最流行的东方学往往满足于一些较零碎的语言材料的研究，甚至缺乏根据的虚构，而引申出一个牵涉范围很广的结论。这样的结论实际上不可能是确当的。……书中语言学的虚构很多（主要是中古波斯语），可靠性是有问题的。汉语中也有个别的显然的虚构，例如硬把 Kimkha 的对音拟为'锦花'，这样的杜撰是不应有的。其实 Kimkha 或 Kimkhab 并不是生疏的字，在乾隆朝修的《五体清文鉴》的'回语'（维吾尔语）中，录有此字，相对的汉语作'销金缎'。这就是明代的'金花'缎。"这些论述都是学者们的经验之谈，搞对音的学者不能忽视。

例六，古印度的最古老的经典称为"吠陀"，梵语 Veda，巴利语同。又作吠驮、韦陀、围陀、毗陀、鞞陀、比陀、皮陀。这些对音都是吻合的，没有不合音理的地方（此词意译为"智、明、明智、明解、分"等等）。但是据丁福保《佛学大辞典》"吠陀"条称此词的异译中有一个特殊的音译词作"薜陀"，"薜"明显不能对音梵文的 Ve。我认为这其实与古人的对音毫无关系，更不牵涉音韵学的任何问题。我认为"薜陀"的"薜"乃是"薛"的错字，二者形近易讹。佛典中确有"薛陀"一词，是"吠陀"的异译[151]。

但是我们丝毫不低估对音材料的重要价值，对音的材料往往能提供意外的信息[152]。例如，学术界曾经争论《中原音韵》中到底是否还有入声。我们从对音的材料可以断言在元代的《中原音韵》和元曲中已经没有任何入声存在。因为在元代的杂剧中存在大量的蒙古语的译音词，而语言学家们早已能够将这些译音词还原为蒙古语[153]。这些蒙古语由于时代不远，学者们找出来的语源词是相当可信的。我曾经把这些蒙古语和它们在元杂剧中的译音词进行了比对，发现在蒙古语中不带塞音尾的音节往往是被音译为汉语的入声字。这些例证数量颇大，绝非孤例，我们因此可以断定在元杂剧中已经没有入声的存在[154]。有关的材料和研究可参看方龄贵《元明戏曲中的蒙古语》[155]或方龄贵《古典戏曲外来语考释词典》[156]；另外也应参看孙玉溱《元杂剧中的蒙古语曲白》[157]。日本学者小泽重男《元朝秘史蒙古语文法讲义》[158]一书所附的《元朝秘史蒙古语辞典》给《元朝秘史》中用汉字音译的蒙古语全部找出了相对应的蒙古语原文，很有利于对音研究。《元朝秘史》中如此大量的对音材料也显示出汉语音写版《元朝秘史》[159]产生时所用的方言中肯定没有入声存在。

今据小泽重男此书的材料分类略引例证如下：

－t 类汉字	－k 类汉字	－p 类汉字
忽 qu	速 su	合 qa

突 du	木 mu	塔 ta
剌 ra/la	勒 l	荅 da
吉 gi	卜 bu	帖 te
达 da	格 ge	
别 be	额 e	
迭 de	昔 si	
篾 me	亦 yi	
薛 se	模 mü	
劣 re	克 g	

类例尚多，不再转录[160]。

我们再举几个例子：例一，据《新编东洋史辞典》[161]第 231 页“Kucha”条，Kucha 一名的突厥话作 Küsen，在元代的史书中的对音词是“曲先”，可见元代的“曲”绝对不是带 -k 尾的入声。例二，据《中国地名辞源》[162]第 69 页“达赉淖尔”条，“达赉淖尔”在唐代称“俱伦泊”，在元代称“阔连海”。元代的“阔连”对应唐代的“俱伦”，可知元代的“阔”不是收 -t 的入声。例三，唐朝传入我国的摩尼教，在北宋以前的文献中称“摩尼”，如《唐会要》；而在南宋的《佛祖统纪》是作“末尼”，都是 mani 的译音。考《佛祖统纪》三十九曰：“唐太宗贞观五年，初波斯国苏鲁支，立末尼火祆教，敕于京师立大秦寺。”同书四十一曰：“代宗永泰三年，敕回纥奉末尼者，建大云光明寺。”同书四十二曰：“五代梁末帝贞明六年，陈州末尼聚众反，立母乙为天子。”可见本为收 -t 尾的入声字“末”已经读阴声韵了。例四，十三世纪初乃蛮太阳汗之子名“屈出律”，在元代又音译为“曲书律”“古出鲁克”，都是 Kuchlug 的对音[163]，可知“曲 -k、屈 -t、出 -t”都已经不是入声，而是读舒声音了。类似的例子还可以举出很多[164]。

我们现在再举一个例子来说明对音的方法对古汉语音韵研究的重大价值[165]。有的音韵学家主张汉语上古音阴声韵的“歌”部是带 r 音尾。如李方桂《上古音研究》第 53 页认为汉语上古音的“歌”部带有 r 韵尾。许多音韵学家都不同意这样的构拟，各有其相应的理由。我们也不赞成李方桂的意见。我们这里列举出有关的对音材料来证明自上古以来的“歌”部就不带 -r 尾。我将自己收集的对音材料排比于下：

（1）我国古代往往用 -n 尾的阳声韵去对音外语的 -r。如法国著名东方学家烈维《吐火罗语》一文[166]称：“安息盖为适用于波斯 Arsak 王朝之古称，……观安息（Arsak）之例，足见汉语之 n 与外国语之 r 在韵母后互换之易。”[167]烈维在此文的注解十二引述了一条窣利语材料后说“汉文第一字鼻音收声曾由侨居其地之伊兰侨民用流音 r 代之”云云。[168]窣利语就是粟特语。光华按，“安息”一词在《史记·大宛列传》中已经出现，属于上古时代。[169]日本学者石田干之助《长安之春》[170]一书在“隋唐时期传入中国的伊朗文化”章指出在我国从唐、五代到宋的历法书中记录了粟特语中表示“星期四”的译音词为“温没斯”或“温没司”，而与此汉语译音词相对应的粟特文原文是 Wrmzt。这显然是用汉语的“温”来音译粟特文的“Wr”[171]。伯希和《吐火罗语与库车语》[172]称：“安息确可比对 Arsak，然在纪元初年，当汉语古齿音闭口音纯为齿音之时，而汉语无 r 尾声，遂有时以 n 译写外国语尾声之 r；佛教传布中国之初，译梵文俗语一种写法之 Uttarāvatī（= Uttarakuru）为‘鬱单越’或‘鬱单曰’，译 Parinirvāna 为‘般涅槃’，其理正同。”伯希和在此文的注解十二[173]还举有一例：“至若‘鲜卑’名称，在中国上溯至纪元前300年左右，我以为此名代表之原名，与后译之‘室韦’所本者同，似为Särbi、Sirbi、Sirvi等对音，我们在此处又见一用n译r之例，惟在汉代同汉以前译法如是。”伯希和的话清楚地表明这样的对音在汉代以前就是如此，非始于唐代。余太山《柔然与阿瓦尔同族论质疑》[174]指出中古汉语的“般”可以音译外国音“pan”或“par”。据周季文《藏译汉音的〈般若波罗蜜多心经〉校注》[175]的介绍，在唐代中后期，汉语的《般若波罗蜜多心经》在被音译为藏文时，汉语的“涅槃”的“槃”被音译为par。岑仲勉《突厥集史（下）》[176]第1127页指出突厥文的“Urga”被音译为汉语的“温禺、温偶”。也就是用汉语的“温”来音译突厥文的“ur”[177]。同书第1128页指出突厥文中的“qar”被音译为汉语的“寒”。据岑仲勉先生《汉书西域传地里校释》[178]附录五“西域地名”，古突厥文Batar被音译为汉语的“卑阗”[179]。这明显是用“阗”的尾音n来对音r。据岑仲勉先生《楚辞中的古突厥语》[180]一文的论述：“故古突厥文bars（虎也）可以转呼为ban即‘班’。”饶宗颐《上古塞种史若干问题》[181]指出《诗经》中的“混夷”，《汉书·匈奴传》所记秦穆公时候的“绲戎”，其中的“混、绲”都是古代埃及文中出现的Hur（或Hrw）的译音。这也是用n来对音r的例子。饶宗颐先生指出的这个例子时代最早，早到了先秦的西周时期。饶先生指出的这个对音应该是可靠的，与我们上面所引述的大量材料相吻合。这样，我们就可以为一个音韵学上的疑难问题作出裁定。李方桂先生等音韵学家所主张的汉语上古音中的阴声韵“歌”部是收－r尾，现在看来这是没有根据的。因为我们上面的论述显示：我国自上古以来直到唐代，在音译外语的带－r韵尾的音的时候，一直是用收－n的阳声韵的字去音译。摩尼教经典中摩尼的母亲的名字是Maryam，在汉语中是音译为“满艳”[182]。据R. L. Trask的《历史语言学》[183]第55页在讨论异化问题的时候，举有一例：在拉丁语中表示“灵魂”的词anima在进入巴士克语（Basque）中发生了异化音变而成arima。这表示n可与r相通。根据北村甫编《世界的语言·阿伊努语》[184]章第420页论及：在阿伊努语中，在两个音节的连接点的相邻辅音会产生辅音连接限制和辅音交替。如：－rr－→－nr－；－rn－→－nn－。这样的与形态变化无关的辅音交替显示r与n可以相通。日本著名语言学家服部四郎《日语的系统》[185]一书中的《阿尔泰诸语言》一文提到：通古斯语族是没有以r开头的单词的，凡是外来语的r开头的词汇，有的方言是把r－改换成n－或l－。

（2）我国古代还用－t尾的入声字去对音外语的－r。如据法国著名汉学家沙畹“西突厥史料”第四篇《西突厥史略》第216页[186]所论述：“De Guignes[187]昔已认识希腊人之Tardou，即中国人之‘达头’。今日吾人较广之知识，愈足证明此考订之是，且在语学一方面亦可证实也。案‘达头’之‘达’昔读若tat，而语尾之t在译写外国语名中则等若r。此dharma之所以作‘达摩’，而tarkan之所以作‘达干’也。”沙畹的论述是有见地的。这表明在我国中古时期，t与r是比较接近的两个音，是可以相通的。同书第204页称：“至若Moukri似即中国载籍所称之‘勿吉’或‘靺鞨’。”如果沙畹所指出的这个对音不错的话，那么在公元五世纪，我国古人是用“吉”或“鞨”来音译外语的kri，这也是用古汉语的t来音译外语的r的证明。考佛经中“天龙八部”中的“干闼婆”是音译梵语gandharva，这是用收－t的“闼”来对音梵语dhar。

据季羡林等《大唐西域记校注》[188]第89页，《新唐书·西域传·安国》：“募勇健者为柘羯。柘羯，犹中国言战士也。”其中“柘羯”的“羯”是对音kar或kīr。而“羯”是收－t尾的。

其他例子如古代西域的Samarkand国，《魏书》作“悉万斤”，《新唐书·康国传》作“萨末鞬”，《大唐西域记》卷一作“飒秣建”。“末、秣”是收－t的入声字，而古人以之来音译外语的mar[189]。

又，据周季文《藏译汉音的〈般若波罗蜜多心经〉校注》[190]的介绍和研究，大致在唐代宗宝应二年到唐宣宗大中五年（八世纪中期到九世纪中期），汉语的《般若波罗蜜多心经》被逐字音译为藏文。其中与藏文对应的汉语音应该是唐代中后期的西北方音[191]。其中汉语的“菩萨”的“萨”被音译为藏文的 sar。“萨”的古音是收 -t 的入声，而藏文用 -r 来音译 -t。据同文，“灭”、“佛”、“舌”、“实”、“说”、“曰”、“涅”的尾音 -t 也被音译为 -r。“切”的尾音 -t 在藏文音译的《千字文》中也被译为 -r。据周季文等《敦煌吐蕃汉藏对音字汇》[192]有“汉—藏古今字音对照表”：“八”对音 par，“劣”对音 ljwar，“决”对音 kwar，“厥”对音 kwar，“绝”对音 tshwar，“桀”对音 kher，“絜”对音 kjar，“节”对音 tsar。

另外，古代史书中的“突厥”二字，学术界公认为是 Türküt 的译音[193]。这表明古人是用“突”的尾音 -t 去音译外语的 -r。

岑仲勉“突厥语及其相关外语之汉文译写的考定表”[194]也指出：突厥文的“Apar、Abar”在中古时被音译为汉语的“阿拔”，而“拔”是收 t 的入声字。突厥文的“Ongur、Ugur”被音译为汉语的“恩屈”，而“屈”是收 t 的入声字。突厥文的“Kasar”被音译为汉语的“葛萨”，而“萨”是收 t 的入声字。突厥文的“bara”音、梵文的“vara”音[195]被音译为汉语的“钵”，而“钵”是收 t 的入声字。突厥文的 Kügär 被音译为汉语的“曲越”，而“越”是收 t 的入声字。突厥文的“tarqan”中的“tar”被音译为汉语的“达”，而“达”是收 t 的入声。突厥文的“nur”，被音译为汉语的“讷”，而“讷”是收 t 的入声字。突厥文的“Bur”被音译为汉语的“勃”，而“勃”是收 t 的入声字。突厥文的 Sir 被音译为汉语“薛延陀”的“薛”，而“薛”是收 t 的入声字[196]。据岑仲勉先生《汉书西域传地里校释》[197]附录五“西域地名”，古突厥文的 Bartang 是音译汉语的“佛堂”。这明显是以“佛”来对音 Bar，而“佛”是收 t 的入声，其尾音 t 是对音 r。岑仲勉《西突厥史料补阙及考证》[198]第 245 页称：古突厥文的 ir 音译为汉语的“乙”。这些材料确实是在古音中 t 和 r 相近的证据，不可轻易抹杀。

岑仲勉《中外史地考证（下）》[199]第 445 页有曰：“唐人对外语 r 收声者常读如 t。”

罗常培《从借字看文化的接触》[200]称：“没药，……当是阿拉伯文 murr 的对音，译云‘苦的’。中文或作没药，或作‘末药’。‘没’muət 和‘末’muât 的声音都和 murr 很相近的。”这分明是说 -r 与 -t 可以相通。同文又曰：“藏文借字的时代有明文可考的，咱们可举‘笔’字作例。汉文的‘笔’字藏文借字作 pir。……古汉语的 -t 尾许多中亚语都用 -r 来对，所以 pir 恰是古汉语 piēt 很精确的对音。”这些论述是完全可信的。

据韩儒林《突厥官号考释》[201]一文的考释，《北史·突厥传》中的“他钵可汗”中的“他钵”是突厥文 Tabar 的对音。而“钵”是收 -t 的入声字，对音突厥文中的 -r。

姚大力《探新应当有坚实的依据——评〈中国北方诸族的源流〉》[202]的注解 18 称：“古代常以 -t 收声的入声字来音写非汉语的 -r 收声音节。所以‘鞑靼’是 tatar 最贴近汉语的音写形式。”与这个注解相对应的正文说：“年代上稍后于突厥碑铭的汉文史料中所出现的‘鞑靼’一名，乃是对 tatar 这个突厥语名称的精确音写。”

李方桂《上古音研究》第 13 ~ 14 页称：“因此可以推测喻母四等很近 r 或者 l。又因为它[203]常跟舌尖塞音谐声，所以也可以说很近 d -。”这表明李方桂认为 r 与 d 是可以相通转的。

罗常培《唐五代西北方音自序》[204]注意到唐五代西北方音中的入声 p、t、k，藏文写作 b、r（或 d）、g（罗先生原注：参看第 69 页）。可见藏文的 r 或 d，都可以对音唐五代西北方音中的入声 t[205]。

据高田时雄《回鹘字注音的吐鲁番汉文写本残片》[206]的考察，回鹘语 var 对音汉文的收 -t 的

“八”。

日本梵学大家榊亮三郎有一篇关于古代波斯 Mithra 教及其信仰的讲演[207]，其文论及：唐代的不空三藏翻译的《宿耀经》有曰：“日耀、太阳，胡名蜜。”榊博士指出其中收 - t 的“蜜”是古伊朗语的 Mihr 的译音，当为可信。韩儒林《关于西北史中的审音与勘同》[208]一文也称：“入声字中‘质、术’等十三韵的字，收声为 t，唐代民族语中音节有 d、t、r、l 收声的，用汉字音译时，均选用这十三韵中声音相近的字，如‘密’译 mir（星期日），‘阙特勤’译 Kül Tigin（人）。”不过，较早论述“密、蜜”与 Mir 对音的论著似乎是伯希和、沙畹撰《摩尼教流行中国考》一文[209]。李约瑟《中国科学技术史（第 4 卷）·天文》[210]第 78 ~ 79 页提到这个对音的学者是 Dudgeon[211]。

根据北村甫编《世界的语言·阿伊努语》[212]第 420 页论及：在阿伊努语中，在两个音节的连接点的相邻辅音会产生辅音连接限制和辅音交替。如：- rt - → - tt -；- rc - → - tc -。这样的与形态变化无关的辅音交替显示 r 与 t 可以相通。

不仅如此，类似的情况在翻译佛经中有明显的反映。如俞敏《后汉三国梵汉对音谱》[213]的梵汉对音表显示，后汉三国的佛经翻译家们往往是用汉语收 t 的入声字来对译梵音的 r 音。如用“遏”对音 ar，用“郁”对音 ur，用“羯”对音 kar，用“诘”对音 kir，用“揭”对音 gar，用“竭”对音 kar 和 gar，用“阅”对音 dhar，用“弗”对音 pur，用“拔”对音 var，用“萨”对音 sar[214]。但俞敏的有些推论却未必可靠。如在同书第 20 页称：“‘萨’这个字，从后汉起最常用来对 sarva 里的 sar。唐译经师玄奘、义净、不空、智广……这些位字音讲究极了，就是维持这个音译不动。他们的音大概就是收 - l。”这样的推论是错误的，不能说唐代的“萨”字在玄奘、义净、不空、智广的方言中是收 - l[215]。不过，俞敏同文也指出有用歌部字去音译 - r 尾的梵语词的情况。我认为这有两种解释：第一，这些音译是省译，而不是完全精确的对音。省译在翻译佛经中是很常见的，此为佛学常识[216]；第二，正如我们上面所指出的一样，后汉三国时代的翻译佛经有很多，甚至基本上都不是从梵文直接翻译过来的[217]，而是从印度俗语或巴利语或中亚语的佛经文本翻译过来的，其中的音译情况当然与梵文有所不合，这是很自然的。更考《出三藏记集》卷一“胡汉译经文字音义同异记第四”[218]称：“自前汉之末，经法始通，译音胥讹，未能明练。故‘浮屠、桑门’，遗谬汉史。音字犹然，况于义乎？案中夏彝典，诵诗执礼，师资相授，犹有讹乱。……华戎远译，何怪于‘屠、桑’哉。”《大唐西域记》卷一“序论”称：“然则佛兴西方，法流东国，通译音讹，方言语谬。音讹则义失，语谬则理乖。”[219]

正因为如此，俞敏所揭示的这些例子是否可靠就值得怀疑[220]。以上的论述表明自上古音以来的歌部应该从来不是收 r 尾的[221]。

如果有对音方面的专门修养，有时对训诂学都有帮助。且举一例，《孟子·公孙丑上》：“齐人有言曰：虽有智慧，不如乘势；虽有镃基，不如待时。”赵注：“镃基，田器耒耜之属。”焦循《孟子正义》[222]第 183 ~ 184 页旁征博引，指出“镃基”就是锄头，王念孙《广雅疏证》也有精辟的论述。但“镃基”一词为什么有锄头的意思呢？《说文》仅仅说那是齐方言。我最近读到《顾颉刚学术文化随笔》[223]第一篇《殷人自西徂东》条引述陈文彬的观点，谈到《孟子》中的“镃基”是阿尔泰语系的遗痕，可与日语的“suki”相对应。光华按，陈文彬的意见是很重要的发现，我比较赞成。在日语中的“suki”确实有“锄头”的意思，其汉字写法之一就是“锄”。只是，陈文彬先生认为“镃基”相当于日语中的“犁”的“suki”，我认为是错误的。因为我国训诂学显示“镃基”是“锄”而不应是“犁”。由于“犁”和“锄”在日语中的读音都是“suki”，所以造成了陈文彬先生的疏忽。我们借助于对音知识就可以更深入地理解《孟子》中齐方言的“镃基”怎么会有“锄”的意思。我们从此也可知上古汉语中“兹”声字和“其”声字都只能是单辅音声母。

对音材料有时甚至可以为理解远古文化提供新的角度。我举几个最近研究的例子：

例一，西方文化自远古以来就把神或上帝称作 god。根据英文本《钱伯斯语源学辞典》第 440 页的考证和论述，god 一词在印欧语系中有极为悠久的历史，其原始印欧语词根的构拟是 ĝheu－或ĝhu－。据日本学者小稻义男等许多学者共同编著的《新英和大辞典》第五版[224]，god 一词是由 ghau 一词演化而成。而我国历史文化中所称的上古圣帝“尧”，其上古音为疑母宵部开口四等[225]。上古音的“尧”与 ĝheu－或 ĝhu－相比对，其声母的 ŋ 与 ĝh/gh 二音在上古汉语中互通[226]，二者的元音成分也很相近。故“尧”与“god”的上古音极为近似，这难道是巧合吗？“尧”是否有可能是原始印欧语的表示上帝的 ĝheu－或 ĝhu－、ghau 的译音呢？我认为这种可能性真的不能排除。这是一个很重要而又有趣的思路。我国传说中的尧、舜、禹这样的圣王，其名称皆应是尊号，而非人名，如同成吉思汗乃尊号而非人名。考《史记·五帝本纪》：“帝尧者。”《集解》称：“谥法曰：翼善传圣曰尧。”《索隐》：“尧，谥也。放勋，名。帝喾之子，姓伊祁氏。”则“尧”决为美称，他的名本是“放勋”。而且古书中确称“尧”为“帝尧”，盖“帝”为 ĝheu－或 ĝhu－、ĝhau 的意译，“尧”为 ĝheu－或 ĝhu－、ghau 的音译。合则为帝尧[227]，此为美称，非人名也。《尚书》以“帝尧”为古圣王之首，而不列举黄帝、颛顼。可知“尧”一名传自太古，其名称的起源恐反在“黄帝”以前。

例二，有的比较神话学者认为中国的远古圣王帝“舜”可能相当于英文中 sun 的古语的译音。也有人认为舜是女真文中“日”的译音[228]。这些学者揭示的比较材料的时代性太晚，未能利用西方历史语源学特别是原始印欧语研究的成果。我们根据英文本《钱伯斯语源学辞典》第 1091 页的论述，sun 在古代波斯的阿维斯塔语有同源词是“xvəng”（意思是“太阳的”，英文解释是“of the sun”）。《原始印欧语文化百科全书》第 556 页也提到阿维斯塔语的“xvəng”，并认为这是来自更古老的 suans 这一语形。“舜”上古音是书母文部合口，拟音是 ɕjwən，与 suans 在音理上音近相通。因此，汉民族的上古圣君“舜”这一称号很有可能是远古中亚语 suans 的译音，意思是“太阳”或“日神”。

例三，我国远古文化称至上神是“帝”，在甲骨文中就有“帝”字了。关于为什么“帝”能够成为至上神的名称，学者们有些研究。如郭沫若《先秦天道观的进展》[229]首先批评了至上神的“帝”是从“花蒂”的意思引申出来的说法[230]，接着介绍了外国学者波尔的看法：“帝”的字形与古巴比伦文字中表示天神的一个字形相似[231]，那个巴比伦字的读音是 din－gir 或 di－gir，dim－mer，其首音与“帝”音相近，而又和“帝”字一样兼有天神和人王二义[232]。郭沫若总结道：“波尔的见解也还不好便立被抛弃，就近年安得生对彩色陶器的推断以及卜辞中的十二辰的起源上看来，巴比伦和中国在古代的确是有过交通的痕迹，则‘帝’的观念来自巴比伦是很有可能的。我现在对于波尔氏说要提出一番修正，便是巴比伦的❋的观念在殷商时代输入了中国，殷人故意用了字形和字音相近的‘帝’字来翻译了它，因而‘帝’字便以花蒂一跃而兼有天神和人王的称号。”[233]波尔和郭沫若的观点是值得注意的。只是即使承认汉字的“帝”与巴比伦字的 din－gir 或 di－gir、dim－mer 有对应关系，也不好认可“帝”就是后者的音译，也许是后者的中亚古语的变体音的翻译，或者另有直接的来源。我自己进一步做了一些考察，得出了有趣的发现。据《新英和大辞典》第五版第 2466 页[234]，古希腊至上神“宙斯”Zeus，在古希腊文是 Zeús，在梵文是 Dyaus，意思是“天/日”，英语中的 deity 与之同源。考《梵和大辞典》第 617 页，梵语的 dyu－是用在复合词中的前缀，表示“天、日、光明”等意思。其动词有 dyut，表示

“发光、辉煌、照耀”等意思。dyuti 是女性的 dyu。据《牛津古典神话和宗教词典》[235]第 580 页“Zeus”条的解释，Zeus 在远古印度的最早经典《梨俱吠陀》（Rigveda）中作 Dyaus，其原始语根似应作diéu－，意思是“day、sky”。据权威的英文本《钱伯斯语源学辞典》第 261 页“deity”条的论述，英语的 deity 有非常古老的来源。在原始印欧语的词根构拟作 deyeu－，后变作原始印欧语 deiwos→原始日耳曼语 Tīwaz；在拉丁文是 deus，在梵语是 devá－s。总结以上所引的古老印欧语，我相信汉语中的“帝”与原始印欧语词根 deyeu－的 de 或 diéu 的 dié，原始印欧语 deiwos 的 dei，梵语 devá－s 的 de 以及梵语 dyu－、dyaus 的 dy，拉丁语 deus 的 de，原始日耳曼语 Tīwaz 的 Tī，都是同源词，“帝”表示至上神应该是这些古老印欧语的词根或词首的音译[236]，在印欧语中表示“天、日、天神、白昼”。于是我们发现，汉语的“帝”和现代英语的常用词“deity”居然有着共同的古老渊源，都源于原始印欧语[237]。这个有趣的发现当然不能证明汉语和印欧语同源，但可以证明远古汉语与印欧语之间早已存在借词关系，也就是汉语民族和印欧语民族之间的文化交流关系。[238]

以上几个利用比较语言学来做的比较神话学上的研究是我利用对音材料来考察汉民族的远古文化，虽然有待更多方面的确证，但对音材料所显示出的研究线索绝对是不可轻视的。本书将注意利用对音材料来讨论上古音的声母问题。.

注释

① 载《国学季刊》第一卷第二号。王力《王力文集》（山东教育出版社，1986 年）第四卷《汉语音韵学》第 382～390 页收入汪荣宝此文作为参考资料。

② 见《国学季刊》第一卷第一号。后收入《胡适学术文集·语言文字研究卷》（中华书局，1993 年）。

③［加拿大］蒲立本：《上古汉语的辅音系统》，中华书局，1999 年。

④另外，传统国学家黄侃的《文字声韵训诂笔记》（上海古籍出版社，1983 年）第 141 页有“译外国语条”称：“译外国语，有时可以见此土音之变迁。又可以见声类之分合。辑音于此等亦宜具列。如汉世称桑门，后译沙门；汉世称伊蒲，后译优婆塞。此等还音，虽无关宏旨，而用以明音韵时地不同，亦不可忽也。”纯粹的旧学家黄侃也认为对音材料对音韵研究有用，只是还嫌重视得不够。前辈学者中利用对音材料研究音韵学的大学者还有罗常培、李方桂、俞敏；徐通锵、叶蜚声《译音对勘与汉语的音韵研究》（载于《北京大学学报》1980 年第 3 期）一文对二十世纪以来学者们用对音的方法来研究古汉语音韵的情况作了一些综述。后来的朱庆之先生也有专文《佛典与汉语音韵研究》［《汉语史研究集刊（第二辑）》，巴蜀书社，2000 年］作综述性的讨论，聂鸿音先生的《番汉对音和上古汉语》（《民族语文》2003 年第 2 期）一文对音译与上古音研究的关系问题的讨论深入细密，颇有见地，值得注意。耿振生教授在《20 世纪汉语音韵学方法论》（北京大学出版社，2004 年）一书的第九章“译音对勘法”所作的有关论述更加具体深入，不可不参看。尉迟治平《对音还原法发凡》（《南阳师范学院学报》2002 年第 2 期）对梵汉对音的性质和方法、语料作了一些概述。此文特别论述到梵汉对音中的梵文如果是复辅音，那么不同的佛经翻译家会采用不同的方法来处理，或省译为单辅音单音节的一个汉字，或译为叠韵的两个汉字，或译为两个汉字，而前一个汉字用入声字，表示前一个汉字音很短促，或用二合法来精确模仿梵音。此文的一些具体的论述较有启发性。另可参看尉迟治平《周隋长安方言初探》（《语言研究》1982 年第 2 期）。聂鸿音先生在《西夏语中汉语借词的时间界限》（《民族语文》1994 年第 1 期）一文指出：“汉语明、泥、疑三声母在（西夏语的）早期借词里是鼻音。在晚期借词里，不带鼻音韵尾的明、泥两个声母和疑母开口音节是浊塞音，疑母合口音节是半元音 w。”聂鸿音在结论中总结：这是古鼻声母（开音节）向浊塞（擦）音声母转换。这样的考察与马伯乐的结论相符合，即明、泥、疑读浊塞音是晚期的现象，不是上古汉语存在复辅音的反映（聂鸿音此文举证甚多，而且特别以早期借词与晚期借词相对举，此不录）。他认为西夏语中晚期借词的输入年代当在残唐五代至西夏建国之初。刘广和先生利用梵汉对音来研究古汉语音韵，发表了一系列的论文，并出版了论文集。

他还写了一篇综论性的文章《历史语言的若干研究方法评议》(《汉语学习》2000年第5期),涉及梵汉对音的地方很多,还讨论了这种对音方法的优点和不足。总的来说,20世纪50年代后,主要是俞敏先生及其弟子如刘广和、施向东、尉迟治平等学者较大规模地用梵汉对音来研究音韵学。前辈学者季羡林为梵学权威,其主编的《大唐西域记校注》涉及梵汉对音甚多,其部分论文也论及梵汉对音的问题。李荣的《切韵音系》和邵荣芬的《切韵研究》都重视梵汉对音。台湾学者龚煌城也是专门利用汉藏对音和汉语、西夏语对音来研讨上古音和宋代的西北方音。李范文利用西夏文与汉语的对音来研究宋代西北方音,写成了大部头的专著。

⑤关于"乌弋山离"的研究概况可参看孙毓棠先生的论文《安息与乌弋山离》及其所附的注释(《孙毓棠学术论文集》,商务印书馆,1995年),朱杰勤主编《中外关系史辞典》(湖北人民出版社,1992年)第8页"乌弋山离"条(余太山撰),以及冯承钧《评〈中西交通史料汇编〉》(《中西交通史料汇编(第四册)》,中华书局,2003年)。

⑥我们可以举一个旁证:在中古的翻译佛经中,"阿罗汉"有一个异译是"阿罗诃"。我们却不能说这里的"汉"与"诃"是一声之转。事实上,根据中村元《佛教语大辞典》(东京书籍株式会社,1985年)第11页,"阿罗汉"是梵文arhat的主格arhan的译音,而"阿罗诃"是古印度的巴利语arahā的译音,二者的来源本不相同。其他的例子可参看伯希和《塞语中之若干西域地名》[《西域南海史地考证译丛(第二编)》,商务印书馆,1995年],其文所说的相当一部分地名都是在意思上相当,而不是直接的音译。

⑦孙毓棠:《孙毓棠学术论文集》,中华书局,1995年,第411页。

⑧学者认为这种音译来自中期波斯语。另参看《中国大百科全书·外国历史卷》"粟特语"条和"粟特"条。

⑨王国维:《观堂集林(卷十三)》,中华书局,1984年,第610页。

⑩季羡林:《大唐西域记校注》,中华书局,1995年。

⑪据上引冯承钧《评〈中西交通史料汇编〉》一文称:"'排特'似为中世波斯语安息Partu之对音。"可备一说。

⑫岑仲勉:《汉书西域传地里校释》,中华书局,2004年。

⑬冯承钧译《西域南海史地考证译丛(第七编)》(商务印书馆,1995年)第52~53页。相应的译文是:"按乌弋即《前汉书》乌弋山离之省称,似为亚历山大之译音。"可知沙畹在此仅作推测之言,没有坚强的论证。一般音韵学者迷信为定论,实为轻信。我国著名学者夏曾佑《中国古代史》(河北教育出版社,2001年)第336页提到"乌弋山离"在"今波斯东境"。这与沙畹的意见不同,值得注意。

⑭聂鸿音:《番汉对音和上古汉语》,《民族语文》2003年第2期,第14~21页。

⑮我们可以补充证据:现代日语有大量的外语借词(日语写作:外来语,读作gairaiŋo),而从英语、法语、德语等西方语言借入的外来语中,外语的r和l在进入日语后完全不能分别,数量众多,无一例外,由此造成了不少的同音词。又如,赵杰《北京话中的满汉融合词探微》(《中国语文》1993年第4期)讨论了满汉语言融合的方式和语言接触的规律,指出北京话在借入满语的r音时,换成了汉语的l音。类例众多。

⑯参看伯希和《犁轩为埃及亚历山大城说》[《西域南海史地考证译丛(第二卷)·第七编》,商务印书馆1995年]。

⑰光华按,原文"丘"与"经"的位置互讹,径改。关于《那先比丘经》的文献学方面的情况可参看水野弘元、中村元等《新佛教解题事典》第76~77页(春秋社,1968年),梁启超《〈那先比丘经〉书》(《佛学研究十八篇》,辽宁教育出版社,1998年),任继愈主编《佛教大辞典》(江苏古籍出版社,2002年)第575页,刘宝金《中国佛典通论》(河北教育出版社,1997年)第90—91页,中村元《新佛教辞典》(诚信书房,2006年)第536页"弥兰陀王问经"条,平川彰《印度佛教史》(商周出版社,2004年)第195页,《佛光大辞典》"那先比丘经"条,《中华佛教百科全书》"那先比丘经"条(此经产生于公元前1世纪,所记的是公元前2世纪的高僧龙军与希腊系统的国王弥兰陀讨论佛法,并使弥兰陀最终皈依佛法。龙军所论皆为小乘佛法的上座部系统,未及大乘),《水野弘元著作选集一:佛教文献研究》(法鼓文化事业股份有限公司,2003年)考订二卷本的汉译本《那先比丘经》在东汉时代已经产生(这个观点被任继愈主编《佛教大辞典》第575页"那先比丘经"条所采纳)。水野弘元的考论很重要,今稍引述其文:二卷本的汉译本《那先比丘经》"从其译语译风来看,可认为它是2世纪的后汉时代译出的。因为在现存汉译中,传出最古

形的是后汉安世高的译经，在他的译经中，常常以散文的形式译出原本的诗偈，也没有‘偈’一语，称韵文为‘绝’。同样在后汉稍晚的支娄迦谶，一定以韵文的形式译出诗偈，其后的译经也承袭此风。然而，在《那先比丘经》，也没有‘偈’或‘颂’或‘绝’一语，译出原文的偈时都取散文的形式。在译有名的‘诸行无常云云’的无常偈语时，因为当时不知‘行’或者‘无常’的原语的意思，所以用很长的说明文来表达。……其次，即使是术语等的汉译，也比安世高的翻译幼稚不明确。这是当时还没有佛教用语的含译所致吧”。水野弘元先生还举出了一系列佛教翻译术语上的证据，表明《那先比丘经》是在汉译佛经的初期就翻译成中文了。如将佛经中的“戒”翻译为“孝顺”，将佛经的“名色”翻译为“名身”；也如同安世高一样用散文来翻译原文的韵文。而这样的翻译方法在东汉的支娄迦谶之后就已经少有了［光华按，并非没有例外，后来的鸠摩罗什就曾用偈体来翻译原文的散文，也用散文来翻译原文的偈颂，参看陈寅恪《童受喻鬘论梵文残本跋》（《陈寅恪集·金明馆丛稿二编》，生活·读书·新知三联书店，2001 年）。陈寅恪称：“盖罗什译经，或删去原文之繁重，或不拘原文体制，或变异原文。”］

⑱另可参看方豪《中西交通史》（岳麓书社，1987 年）第 147 ~ 150 页。张星烺《中西交通史料汇编（第一册）》（中华书局，2003 年）第 148 页。关于巴利文的 Alassandā 一词最详尽的解说可参看 G. P. Malalasekera 所编撰《巴利文正名辞典（第一卷）》（Munshiram Manohariai Publishers Pvt Ltd.，1995）第 187 页 Alassandā 条。其文提到 Alassandā 是 Yonas 的一个城市，有庞大的佛教社团。一般认为是印度 Baktria 地区的一个岛名。该文还提及了 Alassandā 一词在印度古文献中出现的一些情况。

⑲［日］宇井伯寿：《佛教辞典》，大东出版社，1977 年。

⑳巴利语 paññā 与梵文 Prajñā 是相对应的同义词。

㉑最近发现聂鸿音先生的《番汉对音和上古汉语》一文也注意到了同样的问题。

㉒郑张尚芳：《上古音系》，上海教育出版社，2003 年。

㉓［日］山中襄太：《地名语源辞典》，校仓书房，1978 年。

㉔为了行文的方便，我们采用译述的方式，并非与日语原文逐字对应，但在意思上与日语原文没有出入。

㉕光华按，《古事记》是日本现存最早的一部用汉文写成的日本古籍，成书于公元 712 年，属于日本奈良时代早期。此书并非用纯正的汉语写成，而是采用了变体汉文。其中常常用汉语来记录上古日语的固有名词的语音。

㉖中文一般翻译为“雷布查语”，是藏缅语族中的一支。

㉗加拿大的蒲立本《上古汉语的辅音系统》（中华书局，1999 年）第 131 ~ 132 页较早地使用了“对马”一词的对音来论证上古汉语的 - s 尾的问题。我们这里对郑张尚芳的批评完全适用于对蒲立本的批评。又，吾友李香博士在《关于“去声源于 - s 尾”的若干证据的商榷》（《语言学论丛（第 28 辑）》，商务印书馆，2003 年）一文也对“对马”的对音问题进行了考辨，但在论证上与我们有较大的不同，读者可以比观。

㉘沈曾植：《海日楼札丛》，辽宁教育出版社，1998 年。

㉙郑张先生此文还举了我国古书中的“桃花石”的例子，采用法国学者德经的说法，认为“桃花石”是“大魏”的译音，以此证明汉语的去声本来是带 - s 尾的。这个例子也非常不可靠。关于“桃花石”的对音问题，民族史和中外文化交流史的学者做过很多的讨论，意见颇有分歧。其中有一种观点认为“桃花石”是“唐家子”的译音，不是“大魏”的译音，这就与汉语的去声是否带 - s 尾毫无关系。有关的材料和文献太多，我们不打算详细引述［可参看罗常培先生《从借字看文化的接触》（《罗常培语言学论文集》，商务印书馆，2004 年，第 236 ~ 237 页）、罗常培《语言与文化》（北京出版社，2004 年）第四章、《中国历史大辞典·民族史卷》（上海辞书出版社，1995 年）“桃花石”条（光华按，“桃花石”一名是元代道士丘处机的音译，此前没有）］。另外，郑张尚芳此文所列举的一些日语中的汉语借词的例子大都不可靠。如郑张先生认为日语“芥”读 karasi，“筛、杀”读 sarasu 这些词都是古汉语的借词，这是不可信的。因为从来没有日语专业学者认为这些词是从汉语来的借词，它们本身就是日语固有的词汇，不能作为讨论古汉语音韵的证据。“盖”读 kabusu，其中的 su 是日语本身的一种形态变化的标记语尾词，表示“他动词（就是及物动词）”，绝对不是固有的词根［这种构词法在古日语中很常见，在历史语言学中也很普遍。参看 R. L. Trask《历史语言学》（外语教学与研究出版社，2000 年）第 32 页］。上引李香之文也谈到了这点。我们还可引取一个旁证：日本著名语言学家服

部四郎《日语的系统》（岩波书店，1999 年）第九篇“关于日语起源的论争”提到：日本的阿伊努语的北海道方言有较多的闭音节，其中有 - s 尾的。但 - s 尾的闭音节的演变是在末尾生出一个元音 i，从而成为开音节，并不是 - s 的消亡。这说明如果真有 - s 尾的闭音节，那么其演变的趋势不是一概地失去 - s 而转化为声调特征，而是有可能添加新的元音而成为开音节尾的 si。这种音变如果在古汉语中发生，那么就应该会产生双音节词。但事实上，古汉语的双音节词的产生与这样的音变毫无关系。这似乎从另一个角度可以证明上古汉语不存在 - s 尾的音节。（光华按，日本学者关于阿伊努语的专门研究论著甚多，也有金田一京助、知里真志保等名家，但我没有条件前往日本收集更多的材料，深感遗憾。我这里引述的服部四郎此文不是专门研究阿伊努语的论著，但其结论是非常可信的）又，聂鸿音先生的《番汉对音和上古汉语》（《民族语文》2003 年第 2 期）一文也对蒲立本利用对音材料来证明上古汉语的去声带有 - s 尾予以强烈的批评，认为蒲立本所用的材料既很孤立，也很不可靠，多有举证，指出早期的汉译佛经中的去声字所对应的原文并没有带 - s。论证坚强，此不录。聂鸿音此文也讨论了“桃花石”的对音问题，同样批评了郑张尚芳，与我的观点大致相同。

㉚如潘悟云《汉语历史音韵学》（上海教育出版社，2000 年）第 184 页等。较早使用这条材料的似乎是蒲立本。

㉛光华按，这个音译最为普通，流行很广。

㉜施向东：《玄奘译著中的梵汉对音和唐初中原方音》，《语言研究》1983 年第 1 期，第 27 ~ 48 页。

㉝日本学者水野弘元《巴利语辞典》（春秋社，1970 年）第 297 页在巴利语中也是作“samādhi”之形。另可参看石田瑞麿《例文佛教语大辞典》（小学馆，1997 年）第 395 页“三昧”条，有贺要延《佛教语读音辞典》（国书刊行会，1993 年）第 412 页“三昧”条，中村元《佛教语大辞典》（东京书籍株式会社，1985 年）第 489 页“三昧”条。

㉞李香在《关于“去声源于 - s 尾”的若干证据的商榷》［《语言学论丛（第 28 辑）》，商务印书馆，2003 年］也讨论了同样的问题。李香此文还讨论了对音方面的其他一些材料，可以参看。我们还可举一旁证：汉语中有一个音译词“逊奈”是阿拉伯语“Sunnah”（意思是“行为、道路”）的译音，难道我们可以据此说“奈”是带有 - h 尾的么？

㉟丁邦新：《丁邦新语言学论文集》，商务印书馆，1998 年，第 40 页。

㊱我查阅了丁福保《佛学大辞典》［光华按，丁福保此书至今有学术参考价值，非它书所能取代。其书主要是翻译利用了日本学者织田得能的《佛教大辞典》而成，但也有所增补。《佛光大辞典》“丁福保”条称：“民国元年（1912），致力‘佛学大辞典’之编纂，参取日本织田得能等之佛教辞典，历经十载，至民国十年六月始出版。此辞典之编纂，对佛教之贡献颇钜。”这是持平之论，并非有的人说的完全抄袭织田词典］，荻原云来《梵和大辞典》，宇井伯寿《佛教辞典》，中村元《佛教语大辞典》，石田瑞麿《例文佛教语大辞典》，《佛光大辞典》，这些权威的大辞典都没有收入“毗梨害他罗”一词（我手中没有望月信亨的《佛教大辞典》，未能检索）。另外，根据对音，似应作“毗梨害罗他”。

㊲段注还提到：“今人分别害去曷入，古无去入之分也。”

㊳可参看《故训汇纂》（商务印书馆，2003 年）第 575 页。邹汉勋《读书偶识》（中华书局，2008 年）卷十第 213 页：“古‘曷、害’通用字，从害者多可从曷，声类同也。”

㊴（清）江有诰：《音学十书》，中华书局，1993 年。

㊵另参看顾炎武《音学五书·唐韵正》（中华书局，2005 年）第 461 页“曷”字条。顾炎武认为“曷”的上古音还有去声一读，与“害”同音。同书还讨论了许多以“曷”为声符的字，都表明上古音阴声韵的去声字和入声字关系密切。

㊶［法］沙畹著，冯承钧译：《西突厥史料》，中华书局，2004 年。

㊷陈寅恪：《陈寅恪集·讲义及杂稿》，生活·读书·新知三联书店，2001 年。

㊸光华按，这里的 na 是表示土地或国家的语尾成分。

㊹载张广达、荣新江：《于阗史丛考》，上海书店，1993 年。

㊺光华按，陈寅恪先生的观点可以商榷。王钟翰主编《中国民族史》（中国社会科学出版社，2001 年）第 200 页称：“据王国维考证，‘匈奴’二字急读为‘胡’。”也就是“匈奴”二字反切就是“胡”。我认为王国维的意见是对

的。"胡"字指"匈奴"在《战国策》等先秦文献中早已出现。不过，陈寅恪先生的说法也不好轻易否定。考"胡"的中古音为匣母模韵合口一等，上古音为匣母鱼部合口［我们采取上古音（至少其中的喉牙音）就有合口的观点，按照李方桂《上古音研究》"胡"的上古音也是圆唇舌根音］，可拟音为 ɣua，这与 hu 是有可能对音的。尚待进一步的考证，现在不可下断言。又，《陈寅恪"元白诗证史"讲席侧记》（湖北教育出版社，2006 年）第 63 页在讲解白居易《琵琶引》的时候提到一个例子："裴"亦"尉迟"之转音。我认为这个转音从音理上不容易解释，因为"尉"的古音只有影母，而"裴"是並母，二者相通的可能性很小。

㊻张永言：《语文学论集（增补本）》，语文出版社，1999 年。

㊼实际上，劳费尔《中国伊朗编》（商务印书馆，2001 年）第 345 页已经说："我不相信瑟瑟是示格南语或阿拉伯语 jaza 的译音，但是我现在相信瑟瑟是一个伊朗字的译音（很可能是康国语），然而这字源尚未详。"元稹《梦游春》："纰软钿头裙。"自注："瑟瑟色。"知"瑟瑟"在唐朝人的观念中确实常常用来指一种颜色。《陈寅恪"元白诗证史"讲席侧记》（湖北教育出版社，2006 年）第 23 页有曰："瑟瑟，乃绿色透明的玻璃，都是外来之物。"

㊽又，我国自远古就能生产绿松石，先秦时期的青铜器有时就镶嵌"绿松石"来作为装饰。在考古学材料上证据甚多。

㊾戴庆厦主编：《汉语与少数民族语言关系概论》，中央民族学院出版社，1992 年。

㊿张星烺：《中西交通史料汇编》，中华书局，2003 年。

51张星烺：《中西交通史料汇编（第四册）》，中华书局，2003 年。

52［法］马伯乐著，聂鸿音译：《唐代长安方言考》，中华书局，2005 年。

53不过，马伯乐同书同页《不空学派的密咒对音》也称："有一类对音资料的精确性是不容置疑的，这就是密咒。人们在音译密咒的文字时却是循规蹈矩的。"

54见《中国社会科学》1984 年第 6 期，又收入周荐编《二十世纪现代汉语词汇论文精选》（商务印书馆，2004 年）。此文的有些论述颇具参考价值。如第三节有一个注解称："语音上发生了讹变。在借词中，和同源词之间存在严格的语音对应规律的不同，其语音往往要受制于借入语言的语音特点，发生很多变化（许多是没有规律的），致使所借入的词同原来的词相比，语音上的差距有时极大。同'纸单子'相比，qirtas 中多出了一个 r。马迪哈桑将这种现象与希腊语借入汉语'丝'的词 ser（丝）和英语借自汉语'土丝'的 tusser 相比较，这几个词中都多出了一个 r。"另可参看同文第三节正文的一些论述。同文第四节的一个注解提到："汉语没有与梵文或其他语言中的 r 对应的音，因此跟外语借入汉语词时有时多一个 r 音相反，汉语音译外语词时往往略去 r。"

55日语中的这个音变规律甚至连西方语言学家都注意到了。参看 R. L. Trask《历史语言学》（外语教学与研究出版社，2000 年）第 69 页的有关论述。

56伍铁平先生此文第四节的一个注解提到《老子》中有"浮提"国，其中的"浮提"可能与"佛陀"有对音关系。这个材料是非常不可信的，纯属子虚乌有。各本《老子》并没有"浮提"的记载。

57集《庄子》校注之大成的王叔岷先生《庄子校诠》（"国立中央研究院"历史语言研究所，1988 年）第 729 页对"建德之国"也没有任何注解和考证。

58《庄子》此文的"建德之国"可能是出典于《老子》四十一章："广德若不足，建德若偷。"马王堆帛书乙本也作"建德"。此处的"建德"与"广德"相对应，当为偏正结构，而非动宾结构。高明《帛书老子校注》（中华书局，1998 年）第 23 页引俞樾的说法："建"读为"健"，乃言刚健之德。光华按，此说甚确。《老子》所言者乃"刚健之德"，就是《易经·乾卦》："象曰：天行健，君子以自强不息。"而完全不同于《庄子》说的"愚而朴，少私而寡欲；知作而不知藏，与而不求其报；不知义之所适，不知礼之所将。猖狂妄行，乃蹈乎大方"。如果《庄子》此文是出典于《老子》，那么只能说《庄子》此文的作者已经误解了《老子》；如果《庄子》此文与《老子》无关，那么《庄子》中的"建德之国"的"建德"就同于"有德、树德、立德"，这仅仅是一个寓言，并非专有名词。不过凑巧的是在西汉时期的南越王国正好有一个君王就名叫"赵建德"。这仅仅是偶合呢？还是南越王国的前代帝王（如赵佗）读过《庄子·山木》，于是为之命名为"建德"呢？也可能"建德"一词本身就是先秦以来的一个常用语，就算不读《老子》、

《庄子》，一般知识分子也常用“建德”一语，那么“赵建德”的名字就可能与《老子》《庄子》无关。

(59)聂鸿音：《鲜卑语言解读述论》，《民族研究》2001年第1期，第63～70，109页。

(60)牛汝辰：《关于西域地名、族名的汉译对音研究》，《中国边疆史地研究》1999年第1期，第97～102页。

(61)牛先生此文还有不适当的考论。如在汉代有一异民族“坚昆”，又名“鬲昆”。他认为这是汉代语音中有复声母kl－的表现。但他紧接着就说“坚昆”或“鬲昆”是原蒙古语的读法Qirghun的译音。可是这个原蒙古语本身根本没有复声母，如果汉代的“坚”或“鬲”是复声母kl（牛先生原文作gl，实则“坚”是见母音，非群母），那么反而与原蒙古语的读法Qirghun不能对音。此例足以反证汉代的“坚”或“鬲”都不是复声母kl。

(62)方豪：《中西交通史（上册）》，岳麓书社，1987年。

(63)（清）沈曾植：《海日楼札丛》，辽宁教育出版社，1998年。

(64)冯承钧译：《西域南海史地考证译丛（第二卷）·第七编》，商务印书馆，1995年，第58～59页。

(65)［法］沙畹著，冯承钧译：《魏略西戎传笺注》，商务印书馆，1931年。

(66)韩儒林：《穹庐集》，河北教育出版社，2001年。

(67)［日］白鸟库吉：《塞外民族史研究（上）》，岩波书店，1986年。

(68)［美］芬费尔著，林筠因译：《中国伊朗编》，商务印书馆，2001年。

(69)史有为的《汉语外来词》（商务印书馆，2003年）一书采取的材料虽多，但辨析的工夫太少，资料颇驳杂，本书没有从中取材。

(70)可举一旁证：据张星烺《中西交通史料汇编（第一册）》（中华书局，2003年）第151页的论述，《魏书》所记的大秦的都城曰安都，但在《魏略》作安谷城。张星烺先生指出其原文是Antioch，是古代叙利亚的首府，并认为作“安都”是省略了Antioch尾音的ch，作“安谷”是取Antioch的首尾二音，也就是省略了中间的tio。可知古人音译外来语时采取的方法常常不同。我们不能根据“安都”有异译作“安谷”，就简单地认为这与复辅音有关。

(71)关于“吐火罗文”的命名是否恰当，学者们尚有不同的看法，此不详及。在安息以东的中亚各国的语言虽然彼此有所不同，但都能彼此互通。考《史记·大宛列传》：“自大宛以西至安息，国虽颇异言，然大同俗，相知言。”“颇异言”的意思是“稍异言”。

(72)见《女师大学术季刊》1900年第1卷第4期；又见于［法］伯希和等著，冯承钧译《吐火罗语考》（中华书局，2004年）。

(73)［法］伯希和撰，王国维译：《今日东方古言语学及史学上之发明与其结论》，《王国维遗书·观堂译稿》，上海书店出版社，1983年。

(74)光华按，伯希和的这篇论文原文是法文，先由日本梵学大家榊亮三郎翻译为日文，发表在日本的《艺文》杂志上。王国维的这篇译文不是直接从法文翻译，而是从榊亮三郎的日文本翻译过来的。

(75)吕澂：《中国佛学源流略讲》，中华书局，1988年。

(76)吕先生此书第41页举有一证：“大乘经以于阗为中心向各地流通，其时在公元1世纪左右。于阗流行的经，似乎还进行过修订和补充。例如上说的般若，最初支谶所译的《道行》，原本就是印人通过西域带来的；其次，朱士行译的《放光》、竺法护译的《光赞》，也是来自西域，这些与印度流行的梵本不同。经末多了《常啼菩萨品》与《法上品》，这两品梵本都没有。内容记载常啼因求般若不得，甚是苦恼，后来空中有人告诉他，东行二万里遇到法上就能得到般若波罗蜜，云云。这一故事可能就是在般若流通到于阗之后加上去的。”《陈寅恪集·讲义及杂稿》（生活·读书·新知三联书店，2001年）中有一篇“论禅宗与三论宗之关系”特别强调我国佛教与中亚地区的密切关系，以及中亚佛教与印度佛教的不同。陈寅恪先生提到了竺道生倡导的“顿悟成佛”和“一阐提能成佛”的观点是来自中亚，在古印度是没有的。梁启超《佛学研究十八篇》中有“佛教与西域”和“又佛教与西域”两篇专论。

(77)［日］水野弘元著，许洋主译：《水野弘元著作选集：佛教文献研究》，法鼓文化事业股份有限公司，2003年。

(78)［日］辛岛静志著，徐文堪译：《早期汉译佛教经典所依据的语言》，《汉语史研究集刊（第十辑）》，巴蜀书社，2007年。

⑲此书本藏于拉萨大昭寺释迦佛殿宝瓶柱的柱子顶端。直到公元11世纪被来自古印度的高僧阿底峡发掘出来。原书用古藏文写成，由卢亚军翻译为中文（我所根据的是汉欣文化事业有限公司的版本，出版于2004年9月）。

⑳［印度］阿底峡尊者发掘，卢亚军等译：《西藏的观世音》，汉欣文化事业有限公司，2004年，第28～29页。

㉑日本学者佐佐木教悟等撰《印度佛教史概说》（复旦大学出版社，1989年）第70页称："因为佛教抛弃了俗语而完全采用梵语，是与佛教的基本立场相对立的，所以随着佛教专门化的加强，佛教与民众的距离也越来越大了。"

㉒季羡林：《中印文化关系史论文集》，生活·读书·新知三联书店，1982年。

㉓我们这里再补充一个例子：蒲立本、郑张尚芳、潘悟云等学者都利用《汉书》中的"罽宾"是对音梵文的Kashimir对音材料而认为古汉语的去声字曾经带有－s尾或类似于shi这样的舌面音。我们考察古文献后认为这条对音材料不可信。考玄奘《大唐西域记》卷三："至迦湿弥罗国。"原注："旧曰罽宾，讹也。北印度境。"玄奘的自注很清楚地说明"罽宾"不是梵文Kashimir（光华按，这里的梵文形式并不是最精确的写法，精确的形式可参看季羡林等《大唐西域记校注》第321页注释一。我们这里只是为了行文方便而省略了一些符号）的精确对音，这个梵文词汇的精确的音写是"迦湿弥罗"，而不是"罽宾"。因此，"罽宾"一词非常有可能根本不是从梵文的Kashimir音译而来的，"罽宾"本来就是西域国名，其国的语言并不是梵文。况且"罽宾"一名早见于《汉书·西域传》［"罽宾"一名在古书中的出现情况，可参看岑仲勉《汉书西域传地里校释》（中华书局，2004年）中的"罽宾"章，岑仲勉此文征引古文献最详尽］。我们可以比较明确地说《汉书·西域传》中的任何外族地名都不是从梵文音译来的，而是来自中亚古语。所以"罽宾"所对应的外语原文很有可能是某种中亚的古语，甚至有可能已经死亡。法国大学者烈维、沙畹《罽宾考》［《西域南海史地考证译丛（第二卷）·第七编》，商务印书馆，1995年］虽然认为"罽宾"是相当于"克什米尔"（就是"迦湿弥罗"），但烈维、沙畹的拟音完全是另一回事。烈维、沙畹把"罽宾"的外语原音拟测为Kapil（a）或Kapir（a），并没有带s音。蒲立本、郑张尚芳、潘悟云等学者把"罽宾"与梵文Kashimir进行对音，其出发点就已经错误。岑仲勉《汉书西域传地理校释》中的"罽宾"章对"罽宾"的讨论和考证最为详博。诸家的意见颇为分歧，绝不可迷信"罽宾"是对音梵文的Kashimir。我后来注意到聂鸿音先生的《番汉对音和上古汉语》（《民族语文》2003年第2期）一文也讨论了这个问题，与我的观点近似。类似的旁证可参看伯希和《塞语中之若干西域地名》［《西域南海史地考证译丛（第二卷）·第二编》，商务印书馆，1995年，第46～47页］，此文讨论的例子表明塞语中表示的西域地名与相应的塞语词本身并不能精确对音，只是二者相当而已。还有伯希和的《库车阿克苏乌什之古名》［《西域南海史地考证译丛（第一卷）·第一编》，商务印书馆，1995年］一文也讨论了中亚土语的地名常常有梵语化的名称。类似的例证常见于中亚古地学中。

㉔季羡林：《吐火罗文研究》，《季羡林文集（第十二卷）》，江西教育出版社，1998年。

㉕季羡林：《吐火罗文研究》，《季羡林文集（第十一卷）》，江西教育出版社，1998年。

㉖光华按，《陈寅恪集·读书札记三集》（生活·读书·新知三联书店，2001年）的《高僧传笺证稿本》早已提到："盖古译音中如'弥勒、沙弥'之类，皆中亚语，今日方知。"陈寅恪先生当是利用了西方学者如烈维等人的观点。陈寅恪先生此文特别强调我国早期佛典与中亚地区关系很深。只是陈先生此文还是认为中亚流传的佛经依然是梵文本。持这种观点的还有日本学者羽溪了谛《西域之佛教》（商务印书馆，1999年）第104页："但据法显及玄奘所述，当时西域地方之僧侣，皆效法天竺，不特了解其语言，且能写作其文字，故知彼等赍来中国之经典，大抵皆为梵语所书者，且又汉人自与印度直接交通以来，尊信梵语经典之风盛行，对于胡语经典，颇不加重视。"云云。我国学者俞敏《后汉三国梵汉对音谱》皆据梵文来考论后汉三国时代的梵汉对音。我们认为即使是梵文，恐怕也是混合梵文。况且羽溪了谛《西域之佛教》第104页还提到在唐德宗时代都还有粟特文的《大乘理趣六波罗蜜多经》，宋太宗时代还有于阗文的《大乘祝藏经》。可知胡语本佛经肯定存在。在东汉三国时代的僧侣未必如同隋唐以后那样轻视胡语本佛经。羽溪了谛先生没有对时代特征作仔细的考察。羽田亨《西域文明史概论》（中华书局，2005年）第15页："近年来考古发掘的结果，除梵文佛典外，在和田、龟兹、焉耆等地，都有翻译成当地语文的佛典发现。此外，还发现了许多译成粟特语、突厥语的佛典。于是我们知道那里的佛典，不仅有梵文的原典，也有译成西域各地语文的佛典。"

㉗季羡林：《吐火罗语的发现与考释及其在中印文化交流中的作用》，《中印文化关系史论文集》，生活·读书·新

知三联书店，1982 年。

⑱季羡林：《浮屠与佛》，《季羡林学术论著自选集》，北京师范学院出版社，1991 年。

⑲季羡林撰写的《中国大百科全书·语言学卷》“吐火罗语”条重申了最早的汉语佛经不是翻译自梵文、巴利文，而是来自吐火罗文。不过，这里有一个问题：我觉得吐火罗语的佛经也许是汉语早期翻译佛经的来源之一，但古印度的巴利语、犍陀罗语、罽宾语（不过这种语言与吐火罗语很接近。从罽宾语翻译出的佛经与从吐火罗语翻译出的佛经在音译上一定是很相似的。而罽宾自古为佛教重镇）、古波斯语的佛经也是最早的汉语佛经的重要来源，不应当限于吐火罗语一种语言。例如，安世高、安玄都来自古代安息，他们根据的佛经原文难道会全是吐火罗语吗？我想应该是古代的波斯语（要么就是古印度的俗语。因为中亚各国语言彼此相通，古波斯学者也能直接研究和记诵天竺语）。来自大月氏的支谦、支娄迦谶等人也许依据的佛经是吐火罗语，也可能是中亚俗语，但混入了吐火罗语的成分。在我国已经发现了中亚古语驴唇文写本的《无量寿经》，足见最早传入我国的佛经的原始语言很复杂。

⑳而著名学者聂鸿音《音节简省是外来新词语规范化的首要原则》（《语文建设》1994 年第 1 期）一文没有注意到季羡林先生此文，还在唱不大合适的旧调：“中国词汇史上有个关于‘佛’的著名例子。这个词首次出现在东汉明帝永平十三年（公元 70 年），当时译成‘佛’，后来大约是北朝时期又有人译成了‘佛陀’。对照梵文的 buddha 可知，‘佛陀’要比‘佛’译得精确一些，然而我们却看到，这个后起的、精确的‘佛陀’却始终也没能取代原有的、不精确的‘佛’。”聂鸿音没有注意到东汉时代的“佛”并不是从梵文的 buddha 音译过来的。因此，他说“佛陀”是比“佛”更精确的音译是无的放矢，但后来聂鸿音《番汉对音和上古汉语》（见《民族语文》2003 年第 2 期）已经充分意识到了这个问题。不过，季羡林的这篇文章的主要观点和证据受到了周法高先生《论〈浮屠与佛〉》一文的比较尖锐的批评。参看周法高《中国语言学论文集》（联经出版事业公司，1981 年）第 283 ~ 289 页。

㉑季羡林：《印度古代语言论集》，中国社会科学出版社，1982 年。

㉒岑麒祥：《汉语外来语词典》，商务印书馆，1990 年。

㉓周一良：《中国的梵文研究》，《周一良学术论著自选集》，首都师范大学出版社，1995 年，第 447 ~ 448 页。

㉔张广达：《论隋唐时期中原与西域文化交流的几个特点》，《西域史地丛稿初编》，上海古籍出版社，1995 年。

㉕姚大力：《探新应当有坚实的依据——评〈中国北方诸族的源流〉》，《九州学林（创刊号）》，复旦大学出版社，2003 年。

㉖载于日本《艺文》1911 年第 2 卷第 3 号，后收入《羽田博士史学论文集（下卷）》“语言·宗教篇”。

㉗羽田亨也认为吐火罗语就是月氏语，月氏是古代的佛教重镇，我国最早的汉译佛典是来自月氏。月氏属于印度日耳曼民族。另参看羽溪了谛《西域之佛教》（商务印书馆，1999 年）第二章“大月氏国之佛教”，讨论很详细。羽田亨《西域文明史概论》（中华书局，2005 年）第 16 ~ 17 页：“印度僧人直接到中国宣传佛教、传经、翻译经文，记录所见，实是较后的事情。最初大概由称为大月氏、安息、康国的西域诸国人传布。西域既先于中国传入佛教、翻译佛经，则初传入中国的佛教，必然是此诸国所行佛教的余波，其影响自属非浅。古代中国译经中的用语，有并非出自印度佛经而出自西域诸国之语言，今已很清楚。例如，‘沙门、外道、出家’等字都是。再举一例，大家都知道佛教有所谓十二因缘。在此术语中，梵文和汉语意义不合者有四五个。近来在突厥、回鹘文佛经中所见，却完全与汉文的一致。初见此现象，会认为回鹘文佛典是从汉文翻译的。然而我们知道该回鹘文佛典是从古代焉耆语，即甲种吐火罗语翻译来的，所以不能这样简单断定。最合理的解释是：汉文译文和回鹘语译文都是译自吐火罗语。此说若是，则汉译、回鹘语译十二因缘术语之与梵文不合者，实在吐火罗语佛典。这方面当是由梵文译成吐火罗语时，或其后发生了变化。这虽不过一例，也可见西域佛教不是纯粹的印度佛教，而是经过一些变化的佛教。”详细的论述还有皮诺尔《论吐火罗语中佛教术语的翻译》（《吐火罗人起源研究》，昆仑出版社，2007 年）。

㉘（宋）赞宁：《宋高僧传》，中华书局，1993 年。

㉙蒋维乔《中国佛教史》（上海古籍出版社，2006 年），此书的主要部分是翻译利用了日本佛教学者境野哲的《中国佛教史纲》。因此，此书的主要观点可以说是境野哲的观点。而境野哲身后出版的《中国佛教精史》（书刊行会，1935 年）关于中国佛教史的论述远比《中国佛教史纲》详细，此书尚无中文译本。

⑩罽宾即迦湿弥罗，为小乘佛教的重镇，这为学术界所公认，不需举证。吕澂先生《中国佛学源流略讲》（中华书局，1988年）第40～42页专门论述了在于阗流行大乘佛教的问题。蒋天枢《陈寅恪先生传》[《陈寅恪先生编年事辑（增订本）》，上海古籍出版社，1997年]引述了陈寅恪先生关于佛典来源的论述："中亚大小乘俱盛，大乘盛于和阗。如朱士行在于阗，为彼地小乘所嫉，然实于其地得放光般若梵本，又经于阗僧无罗叉等之翻译。至东晋法显《佛国记》云'于阗众僧乃数万人，多大乘也'。则于阗必已盛弘大乘。今所发掘区域，于阗近旁多大乘经典；而天山北路，小乘夙盛。卑摩罗叉，《十诵》大师，先在龟兹，弘阐律藏。玄奘《西域记》：'屈支诸国皆说一切有部。'今德人发掘库车诸地，所得有部律藏甚多。可证六代李唐小乘之学行于天山北路，旧籍所记良不诬也。"陈寅恪先生的这些论述见于《陈寅恪集·读书札记三集》的"高僧传笺证稿本"。

⑩收入松本文三郎《佛教史杂考》（华宇出版社，1984年）。松本此文发表于昭和五年（即公元1930年）九月的《宁乐》。

⑩松本此文还引述了明觉《悉檀要诀》中精彩的意见"ś、s二字梵文多滥"云云。实则是梵文中的ś在巴利文中多作s。参看水野弘元《巴利语词典》和《巴利文法》。

⑩季羡林等《大唐西域记校注》第289页"注释一"也讨论了"观世音"和"观自在"两种不同的翻译问题，结论与松本相同。但是松本根据明觉《悉檀要诀》和玄应《一切经音义》明确认为译为"观世音、观音"是根据了龟兹语的底本，"观自在"的原文才是梵文。这一区别季羡林等人没有明确指出。另外，松本考证出观音崇拜的最初特征是把观音当作航海守护神，以避免惊涛骇浪的凶险。我认为这是完全正确的，我国学者对观音崇拜的这一本来特质似乎多没有清晰的认识。另外，台湾学者林光明《大悲咒研究（修订版）》（佶茂出版社，1996年）第150～151页也讨论了"观世音"和"观自在"的译音问题，比较详细，此不录。台湾佛学大师印顺《初期大乘佛教之起源与展开》（正闻出版社，1992年）第489页有一个敏锐的观察："玄应以为：译为观自在，是正确的；译为观世音，是讹传的。然从所说的天竺本，雪山以来——北方本的不同而论，显然是方言的不同。《华严经》的《入法界品》，是从南方来的，译为观自在。早期大乘——盛行于北方的，如《阿弥陀经》《法华经》等，作观世音。观世音的信仰，到底先起于南方，还是北方？"印顺最后认为作"观世音"才是原始的本意，则他认为观世音信仰是先兴起于北印度，是先出现于北方经典《阿弥陀经》《法华经》等，后出现于南方系的经典《华严经》。光华按，印顺的这个观点与松本文三郎正好相反。如果从"观世音"演变成"观自在"，那就是从龟兹语svara演变成梵文śvara。是s发生了腭化音变，从而音变为ś。印顺此文还引述了玄应《一切经音义》卷五的一段解释："旧译观世音，或言光世音，并讹。又寻天竺多罗叶本，皆云舍婆罗，则译为自在。雪山以来经本，皆云娑婆罗，则译为音。当以舍、娑两声相近，遂致讹失。"考"舍"的古音是书母，是照三系声母；"娑"的古音是心母，是精系声母。这里的梵汉对音正是"舍"对音ś，"娑"对音s。足见古人对音精确。根据玄应《音义》和松本文三郎的论述，则"观自在"是本意，"观世音"是后起的讹传。由于古传观世音是住在南海的普陀山，所以其名号和信仰最早也可能来自南方，那么也可能如玄应所说，"观自在"才是正确的翻译。我个人倾向于"观自在"早于"观世音"的说法。而且根据玄应的说法，"观自在"的名号也是来自古印度的多罗叶本，未必就是吐火罗文。据日本学者编撰的《新佛典解题事典》（春秋社，1968年）第84页的介绍，日本佛教学者本田义英博士在《佛典的内相和外相》一书中认为"观音"一名要早于"观自在"。据说本田义英此书讨论较详，但我没能找到原书。季羡林《原始佛典的语言问题》（《季羡林学术论著自选集》，首都师范大学出版社，1991年）一文提到古印度的摩揭陀语是一种东部方言，梵语的r在摩揭陀语中音变为l，s音变为ś。可知梵语的s在古印度的诸多方言中往往音变为ś。吐火罗语中的辅音常常有腭化的音变。《中华佛教百科全书·吐火罗语》条称："A、B二种方言在音韵组织方面大致无别，都不具备'本来有声闭锁音'。而大部分子音都呈口盖音化。"这里的"口盖音化"就是日语中的"腭化"。

⑩方豪：《中西交通史》，岳麓书社，1987年。

⑩[日]水野弘元著，刘欣如译：《佛典成立史》，东大图书股份有限公司，1996年。

⑩《佛光大辞典·龟兹》条也称："于汉译佛典之音译中，若干梵语之音译语，毋宁系龟兹语之音译，如沙门一语，梵语为s/raman！a，龟兹语为sama^ne；波逸提，梵语为pa^ya＝ttika，龟兹语为pa^yti等。又就意译而言，如外道

一语，梵语为 mi = thya^dr! s! t! i，意为谬见；龟兹语为 pa = rnann˜n˜e，意为外。故知佛典中若干汉译并非由梵语原本直译而来，乃经由译自梵语原本之龟兹语等中亚之土语转译而来，或直接由此类土语译出。”

⑩⑦方豪：《中西交通史》，岳麓书社，1987 年。

⑩⑧最早用梵文来编写佛经的恐怕是说一切有部。后才传开来，这与贵霜王权的支持有关。季羡林先生《三论原始佛教的语言问题》称大约在公元前 2 世纪已经开始用梵文写佛经，后来的一切有部以梵文为经典语言是沿袭了早已成立的一个传统。我不同意这个见解。我认为正是从一切有部的著名论藏《大毗婆沙论》开始用梵文写作（用梵文写作大概是由护法王迦腻色伽决定的），才导致了后来将非梵语的佛经逐渐翻译为梵语。三藏中首先是一切有部用梵文写了论藏，再后是律藏，最后是经藏。

⑩⑨阿育王石柱上的铭文是用古代的雅利安俗语写成，据说是普拉克里特语（参看《中国大百科全书·考古学卷》“阿育王石刻和石柱”条）。水野弘元《佛典成立史》（东大图书股份有限公司，1996 年）第二章“经典的语言与文字”提到：“原来，阿育王在印度各地和国外发布许多法敕文，将它刻在大岩石和石柱上，今天发现不少这些古老的资料。曾在七八个地方发现法敕文，以同样文章表示十三章法敕，那些语言也是各地方都不相同。有些法敕文出现于印度境内，在地区上也能细分成四或五个群，而同一地方使用相同语言。”云云。

⑪⓪［日］佐佐木教悟著，杨曾文译：《印度佛教史概说》，复旦大学出版社，1989 年。

⑪①光华按，指公元 4 世纪的笈多王朝。

⑪②［英］李约瑟著，《中国科学技术史》翻译小组译：《中国科学技术史》，科学出版社，1975 年。

⑪③光华按，现在一般翻译为“粟特文”。

⑪④季羡林写过三篇论文讨论原始佛教的语言问题，认为原始佛典是用半摩揭陀语写成，同时强调摩揭陀语和巴利语不同。日本学者水野弘元《佛典成立史》（东大图书股份有限公司，1996 年）第二章“经典的语言与文字”提到：“那么，最先的经典语言是用什么话呢？依我看，那是释尊说法用的摩伽陀话。”水野弘元也强调摩揭陀语和巴利语不同：“如果依据南传佛教的传统说法，只有他们经典上的巴利语，才是释尊当年使用的语言，而巴利语就叫做摩伽陀语，或根本语。但若依照近代的学术研究来看，那种观点是不对的，纵使释尊说的摩伽陀话还有若干痕迹和影响，其实，从语言形式的特征来看，巴利语跟摩伽陀语并不一样。”（光华按，此书的中文翻译的术语有的不大妥当。如不用通行的“犍陀罗”，而用“肯达拉”；不用通行的“达罗毗荼”，而用“特拉威达”。不用“旁遮普”，而用“彭贾普”；不用“泰米尔”，而用“塔米鲁”。这样的处理不可为训）。水野弘元认为佛典第一次结集时采用的语言是摩伽陀语，是恒河中游一带的俗语。作者非常强调释尊时代的印度有非常复杂的地方语言，不同职业和身份的人说不同的语言（但水野弘元有一个提法值得注意：古印度耆那教用的半摩伽陀语和巴利语很接近）。台湾佛学权威学者印顺的《原始佛教圣典集成》第一章第四节有不同的观点，可以参看。但印顺也认为原始佛典的语言绝非梵文。印顺说佛陀在舍卫城传法二十五年，那时候所用的语言不应该是摩揭陀语。

⑪⑤［加拿大］蒲立本著，潘悟云、徐文堪译：《上古汉语的辅音系统》，中华书局，1999 年。

⑪⑥［日］宇井伯寿：《译经史研究》，岩波书店，1971 年。

⑪⑦［日］水野弘元著，许洋主译：《巴利文法》，华宇出版社，1986 年。

⑪⑧尤其是不空等密宗大师。

⑪⑨陈寅恪先生说过，唐玄奘的音译没有后来的密宗翻译家的音译精确，看来真是如此。石泉、李涵《听寅恪师唐史课笔记一则》（《纪念陈寅恪先生诞辰百年学术论文集》，北京大学出版社，1989 年）一文称：陈寅恪说过“困难在于玄奘的译音并不很准确，不如密宗的翻译准确，常多自相矛盾之处，故不易复原。此点在用《西域记》时最须仔细”。唐代的佛教学者已经对玄奘有了批评。慧琳《音义》之可贵如此。玄奘的佛经翻译与梵文原本有出入，现在学者也有所论及。例如《中华佛教百科全书·俱舍论》条称：“《俱舍论》传译于中国时期较早。陈天嘉四年（563），真谛在广州制旨寺译出《俱舍论偈》一卷，五百九十七颂，今佚。又译出《阿毗达磨俱舍释论》二十二卷，通称旧论。唐代永徽二年（651），玄奘又重新译出《阿毗达磨俱舍论本颂》一卷，六百〇四颂。五年（654），又译出《阿毗达磨俱舍论》三十卷，通称新论。旧论保存了梵本的面目，新论则颂文颇多开合，又在长行里牒引颂文的部分也都没有显明

区别出来。”

⑳这个例子比较费解。细读原文，既然梵文原文是带有鼻音的，那么其汉语音译词也该是带有鼻音才对。而唐玄奘等人选用了阴声韵的“娜”字，这似乎也可能表明“娜”在盛唐时代的西北音中有后鼻音韵尾一读，读与“囊”同音，所以才选用了“娜”字，而不是“囊”失去鼻音韵尾。这种理解似乎更合理。只是根据罗常培《唐五代西北方音》的考察，唐五代西北方音中的宕摄确实有失落后鼻音的现象，如“囊”音 no。类例参看罗常培《唐五代西北方音》（“国立中央研究院”历史语言研究所，1933 年）第 148 页，蒋绍愚《近代汉语研究概况》（北京大学出版社，2001 年）43 页。

㉑蒙朝吉：《瑶族布努语方言研究》，民族出版社，2001 年。

㉒《中国大百科全书·语言文字卷》“布努语”条（毛宗武撰）也提到这点。

㉓赵元任：《语言问题》，商务印书馆，1997 年。

㉔［美］萨丕尔：《语言论》，商务印书馆，2003 年。

㉕赵元任：《赵元任语言学论文集》，商务印书馆，2002 年，第 618 页。

㉖罗常培先生《从借字看文化的接触》（《罗常培语言学论文集》，商务印书馆，2004 年；《语言与文化》第四章，语文出版社，2011 年）也讨论了借词的读音往往会为了适应借入语的语言习惯而发生若干改变。罗常培此文还引述了萨丕尔和布龙菲尔德的著作。赵杰《北京话中的满汉融合词探微》（《中国语文》1993 年第 4 期）讨论了满汉语言融合的方式和语言接触的规律，也注意到了借词会根据借入语的语音特点而发生变异。布龙菲尔德《语言论》第二十五章“文化上的借用”称：“然而更经常的是，他会想法避免双重的肌肉调配活动，用本土语言的发音动作来替代某种外语发音动作。例如在一句英语里，他说法语 rouge 时用英语的［r］代替法语的小舌颤音，用英语的［uw］代替法语的非复合元音性的［u:］。这种语音替代在不同的人和不同的场合会有程度上的差别，没有学过怎样发法语音位的人们准会这样做的。历史学家把这种现象归入一种适应类型，就是外来形式经过改变来适应自己语言的基本发音习惯。所谓语音替代，就是说话者用自己语言的音位来替代外语语音。在两个语音系统彼此平行的范围以内，这种替代只是忽略了次要的差别。比如，讲英语的人用自己的［r］（舌尖齿龈后擦音或闪音）和［l］（舌尖齿龈闪音）代替欧洲大陆语言的各种［r］和［l］，用送气塞音代替法语的不送气塞音，用齿龈音代替法语的齿背音，用复元音［ij、uw、ej、ow］代替长元音。要是语音系统相差较大，有些替代在贷方人听起来也许要吃惊的。……美诺米尼语只有一组清塞音，没有边音和颤音。塔加洛语没有［f］类型的音，用［p］代替西班牙语的［f］。”

㉗潘家懿、谢洪猷：《粤语对南粤诸方言的辐射和渗透》，《语文研究》1997 年第 4 期，第 40～45 页。

㉘赵衍荪、徐琳：《白汉词典》，四川民族出版社，1996 年。

㉙［美］麦高文著，章巽译：《中亚古国史》，中华书局，2004 年。

㉚林向荣：《嘉戎语研究》，四川民族出版社，1993 年。

㉛指 20 世纪 50 年代林向荣开始调查嘉戎语的时候。

㉜罗常培、蔡美彪《八思巴字与元代汉语》（科学出版社，1959 年）对八思巴文所反映的元代语音有专门研究。另有龙果夫《八思巴字与古汉语》（科学出版社，1959 年）。

㉝李新魁：《汉语音韵学》，北京出版社，1986 年。

㉞举一个简单的例子：据高本汉《中上古汉语音韵纲要》（齐鲁书社，1987 年）第 69 页的注释 1 称：“应该看到，日译汉音在移植汉字时总是漏掉 u 介音。”

㉟韩儒林：《女真译名考》，《穹庐集》，河北教育出版社，2001 年，第 542 页。

㊱岑仲勉：《突厥集史》，《岑仲勉著作集》，中华书局，2004 年。

㊲冯承钧译：《西域南海史地考证译丛（第二卷）·第七编》，商务印书馆，1995 年，第 58～59 页。

㊳［法］沙畹等著，冯承钧译：《罽宾考》，耿振生：《20 世纪汉语音韵学方法论》，北京大学出版社，2004 年。

㊴徐通锵、叶蜚声《译音对勘与汉语音韵学的研究》（《北京大学学报》1980 年第 3 期）和徐通锵《历史语言学》（商务印书馆，1996 年）第 92 页有类似的论述。

⑭还要注意的是古代的翻译家有时因为自己的方言问题，或自己审音有误，或对原文的把握有误，结果导致了错误的音译。这与一般说的对音不精确不同。辛岛静志《早期汉译佛教经典所依据的语言》［《汉语史研究集刊（第十辑）》，巴蜀书社，2007 年］有一节题名是“由于译者对中世印度语和梵语混淆而导致的误译”，讨论了具体的例子，可以参看。文繁不录。

⑭景颇族简史编写组：《景颇族简史》，云南人民出版社，1983 年。

⑭何光岳：《氐羌源流史》，江西教育出版社，2000 年。

⑭岑仲勉：《中外史地考证》，中华书局，2004 年。

⑭参看姚大力《探新应当有坚实的依据——评〈中国北方诸族的源流〉》（载《九州学林》，复旦大学出版社，2003 年，第 314 页）。

⑭缪钺：《北朝之鲜卑语》（《中国文化研究汇刊》1951 年第 10 卷），又参看聂鸿音《鲜卑语言解读述论》（见《民族研究》2001 年第 1 期）。

⑭又如“拓跋”与“秃发”本为同一鲜卑语词的异译，而白鸟库吉误视为两个不同的词。这是另一类的错误。

⑭陈寅恪：《陈寅恪集・金明馆丛稿二编》，生活・读・新知三联书店，2001 年。

⑭韩儒林：《穹庐集》，河北教育出版社，2001 年。

⑭可举一例以为参考：韩儒林此文称：“各民族之间的互译，也有一套规律。例如蒙古人译藏族字遇到字首辅音为 r 或 gr 时，须将后的元音放到前面去重复读。如蒙古人将藏语 Rin－Chen（大宝）读为 Irin－chen，因而汉文译为‘亦邻真’，Phag－mo－gru 汉文译为‘帕木古鲁’，就是好例。”他又注意到：“到元代才开始用‘儿’字来译民族语言的 r。”

⑮［美］劳费尔著，林筠因译：《中国伊朗编》，商务印书馆，2001 年。

⑮巫白慧《梨俱吠陀神曲选》（商务印书馆，2010 年）“译者导论”第 1 页对此没有作辨析，似不应该。

⑮且举一个特殊的例子：辛岛静志《早期汉译佛教经典所依据的语言》（《汉语史研究集刊（第十辑）》，巴蜀书社，2007 年）通过《长阿含经》的梵汉对音研究，指出：“‘那头’表明两个元音之间的－g－被－d－替代。相反，‘那迦’则表明－d－被－g－替代。这两个音写词看来都表明汉译《长阿含经》依据的原典语言里不时被用作滑辅音。”这些特殊音变只有通过对音研究才能了解。辛岛此文还提到了梵文和于阗文之间的音变，也很特殊。不录。

⑮还要注意的是在元代文献中的大量译音词并不是全来自蒙古语，而有一部分是音译自阿拉伯语、维吾尔语和藏语。据说还有女真语，参看孙伯君《元明戏曲中的女真语》（《民族语文》，2003 年第 3 期）。

⑮在法语中的处于单词末尾的辅音原来都是要发音的，后来全部脱落了，变得都不发音，这与我国古汉语中入声尾的消失比较相近。参看 R. L. Trask《历史语言学》（外语教学与研究出版社，2000 年）第 66 页。郭绍虞先生《中国文学批评史》（上海古籍出版社，1988 年）第五十九章第 406 页在讨论明朝的公安派文学理论受戏剧家影响的时候，有一个简洁明了的观察颇有趣：“戏曲是当时新兴的文学，所以对于戏曲有特嗜的人，往往也即是反对复古的人。”也就是说元代的戏剧文学和戏剧家天然地就有反传统的趋势。正是这个文化上的大背景造成了《中原音韵》采取了不同于传统的《广韵》系韵书的实际语音。《中原音韵》在音韵上不重存古，而重实际语音。吴梅《顾曲麈谈》（参看《吴梅戏曲论文集》，中国戏剧出版社，1983 年）第一章第二节称：“又词中所用入韵，有协入三声者，有独用入声者，故万不可守入派三声之例。则入声一调断不能缺，此填曲家所以万万不可用词韵也。”吴梅《词学通论》（复旦大学出版社，2006 年）也论及词韵和曲韵的不同：“词韵和曲韵，须知有不同处。曲中如寒山、桓欢，分为两部。家麻、车遮，亦分为二。词则通用，不相分别。且四声缺入声，而词则明明有必须用入之调，故曲韵不可用为词韵也。”（吴梅此言主要是转述了清朝的戈载《词林正韵发凡》）我们还要注意的是从前的曲论家大都认为《中原音韵》没有入声，如清朝的王德晖《顾误录》称：“前所遵字音，惟《中原音韵》一书，迨后填词竞工南曲，而登歌者遂尚南音。入声仍归入唱，尽反《中原》之音，一遵《洪武正韵》。”这是我们不能忽视的意见。

⑮方龄贵：《元明戏曲中的蒙古语》，汉语大词典出版社，1991 年。

⑮方龄贵：《古典戏曲外来语考辞词典》，汉语大词典出版社、云南大学出版社，2001 年。

⑮孙玉溱《元杂剧中的蒙古语曲白》(《中国语文》1982年第1期),旁证如钱大昕《十驾斋养新录》卷五“元时方音”条:“《辍耕录》云:‘今中州之韵入声似平,又可去声,所以‘蜀、术’等字皆与‘鱼、虞’相近。’”

⑱［日］小泽重男:《元朝秘史蒙古语文法讲义》,风间书房,1993年。

⑲关于《元朝秘史》的有关综合研究可参看小泽重男《元朝秘史》(岩波书店,1994年)。其汉语本的产生年代一般认为是在14世纪后半期,大概是明代初年。其蒙古语原典产生于13世纪的中前期。

⑯李文泽《金末元初北方话中的入声分析》(《汉语史研究集刊(第十辑)》,巴蜀书社,2007年)一文分析了金末元初的耶律楚材的685首诗歌的押韵情况,认为元代初年的北方话中尚有入声存在,只是处于日渐消亡的状况。李文泽发现耶律楚材的685首诗歌中的入声单独成韵,基本不与其他声韵相混,平声和入声通押的只有一例。不同的入声韵可以混押。我认为耶律楚材诗歌的押韵情况可以解释为诗韵和曲韵的不同,也就是金末元初的诗韵有保守的趋向,强调有入声的存在,只是由于当时北方学者的审音能力有限,不容易精确区分三种不同的入声韵尾,所以有不同入声尾混押的情况。这只是诗韵中保留的存古的现象,不能据此认为金末元初的北方话中还有入声。而《中原音韵》所反映的曲韵才是北方话的实际语音。我们还可举出旁证。尤其值得注意的是据学者们对北宋的邵雍《皇极经世书声音图》的研究,发现邵雍此书的音系中的入声已经弱化甚或消失,参看蒋绍愚师《近代汉语研究概要》(北京大学出版社,2006年)第62页;更考王国维《人间词话》(参考《人间词话新注》,齐鲁书社,1991年)第59条称:“稼轩《贺新郎》词:‘柳暗凌波路,送春归孟风暴雨,一番新绿。’又,《定风波》词:‘从此酒酣明月夜,耳热。’‘绿、热’二字皆作上去用。与韩玉《东蒲词》《贺新郎》以‘玉、曲’叶‘注、女’,《卜算子》以‘夜、谢’叶‘食、月’,已开北曲四声通押之祖。”因此,辛稼轩、韩玉时代已经有入声读为上去的现象;夏承焘《词韵约例》[《夏承焘集(第二册)》,浙江古籍出版社、浙江教育出版社,1997年]讨论词的四声通叶的时候,称:“今按唐人《云谣曲子》中之《渔歌子》《喜秋天》两曲,殆为此例之最早者。”夏承焘还列举了不少例证,说明词中早有入声和舒声通押,在金元人词中此例尤多,黄庭坚的《撼庭竹》有上入叶平之例。夏承焘《“阳上作去”“入派三声”说》[《夏承焘集(第二册)》]认为在《中原音韵》之前的宋词中,早有了“阳上作去”“入派三声”的现象,详细讨论了方千里和周邦彦的词。吴梅《词学通论》(复旦大学出版社,2006年)第二章“论平仄四声”讨论宋词中早已有了入派三声的现象,论述甚精,举例颇多,今稍转录其文如下:“惟古人用入声字,其叶韵处,固不外七部之例。如晏几道《梁州令》‘莫唱阳关曲’,曲字作邱雨切,叶鱼虞韵。柳永《女冠子》‘楼台悄似玉’,玉字作于句切。又《黄莺儿》‘暖律潜催幽谷’,谷字作公五切,皆叶鱼虞韵。辛弃疾《丑奴尔曼》‘过者一霎’,霎字作始鲜切,叶家麻韵。张炎《西子妆慢》‘遥岑寸壁’,碧字作邦彼切,叶支微韵。又《征招换头》‘京洛染淄尘’,洛字须韵作郎到切,叶萧豪韵。此与曲韵无所分别。至如句中用入,派作三声处,则大有不同。大抵词中入声协入三声之理,与南曲略同,不能谨守菉斐所派三声之例。如欧词《摸鱼子》‘恨人去寂寂,风枕孤难宿’,寂寂叶精妻切。苏轼《行香子》‘酒斟时许满十分’,周邦彦《一寸金》‘便入鱼钓乐’,十入二字叶绳知切。秦观《望海潮》‘金谷俊游’,谷叶公五切。又《金明词池》‘才子倒玉山休诉’,玉叶语居切。姜夔《暗香》‘旧时月色’,月叶胡靴切。诸如此类,不可胜数。而按诸菉斐旧律,或有未尽合者。此不得责订韵者之误,亦不可责填词者之非也。盖入声叶韵处,其派入三声,本有定法。某字作上,某字作平,某字作去,一定不易。”(光华按,吴梅举例多是引述戈载《词林正韵发凡》)。详细讨论词中舒声和入声通押的论著还有鲁国尧《论宋词韵及其与金元词韵的比较》(《鲁国尧语言学论文集》,江苏教育出版社,2003年),鲁国尧《宋词阴入通叶现象的考察》[《音韵学研究(第二辑)》,中华书局,1986年;收入鲁国尧《语言学文集:考证、义理、辞章》,上海人民出版社,2008年]。清朝学者万树《词律》、戈载《词林正韵》都早已注意到了宋词中的阴入通叶的问题,都多有举例。万树《词律发凡》总结道:“入之派入三声,为曲言之也。然词、曲一理。今词中之作平者,比比而是,比上作平者更多,难以条举。”另外参看刘永济《词论》(中华书局,2007年)卷上《通论·声韵第四》。明朝的杨慎《词品》(《历代词话》,大象出版社,2002年)卷一“填词用韵宜谐俗”条早有言曰:“元人周德清著《中原音韵》,一以中原之音为正,伟矣。然予观宋人填词,亦已有开先者。盖真见在人心目,有不约而同者。”清朝的陈廷焯《词坛丛话》(《历代词话》,大象出版社,2002年):“词止一韵,或转韵,皆是古体。宋词如《戚氏》《西江月》《换巢鸾凤》《少年心》《惜分钗》《渔家傲》诸阕,元人小曲,如《干荷叶》《天净沙》《凭栏人》《平湖乐诸阕》平上去三声

并用，是宋词已为曲韵滥觞。至元则全入于曲矣。”沈祥龙《论词随笔》（《历代词话》，大象出版社，2002年）：“张玉田《词源》，谓平声可代以上入。沈伯时谓入声可代平声。按《词林韵释》入声有作平声者，有作上去者。知入作平者可代平，作上去者不可代平也。上代平，亦必就音审择。”

⑯①［日］京大东洋史辞典编纂会编：《新编东洋史辞典》，创元社，1991年。

⑯②贾文毓、李引主编：《中国地名辞源》，华夏出版社，2005年。

⑯③参看《新编东洋史辞典》（东京创元社，1991年）第232页。《中国历史大辞典（音序本）》（上海辞书出版社，2007年）第2087页。

⑯④有个别人说前人已经用对音材料证明元曲中没有入声，没有对我具体说明其论著。但我相信我所收集的材料不可能与前人完全雷同。我的研究完全是独立进行的。

⑯⑤由于讨论的不是声母的问题，所以才放在最后，事实上，这里解决的问题非常重要。

⑯⑥［法］谢阁兰等著，冯承钧译：《吐火罗语考》，中华书局，2004年，第95页。

⑯⑦美国东方学家麦高文《中亚古国史》（中华书局，2004年）第134页也认为：“因为‘安息’二字，古音读如［Ansak］，而帕西安帝国的建立者名［Arsak］，两者原是一音之转。”与烈维的观点完全相同，当属可信。

⑯⑧见同书第97页。

⑯⑨张星烺《中西交通史料汇编（第三册）》（中华书局，1978年）第72页称：“安息二字即阿萨喀（Arsaka）朝之译音。汉使以朝代名为国名也。……公元前250年，阿萨开斯（Arsakes）称王，波斯人称此为阿萨喀朝，即汉时称之安息也。”岑仲勉《汉书西域传地里校释》（中华书局，2004年）十九“安息”第207页：“琼斯密云：‘安息者安息族（Arsaks，Arsacidae）之国家，即帕而特（Parthia）。’悦金斯云，此种考据，学者久已知之。……安息开国之主，波斯语称曰Arsaces，即位于Astauene省之Assak城，安息二字虽可为都名对音，但传文既别有番兜城，则拟为王朝称号者无可非议矣。”岑麒祥《汉语外来语词典》（商务印书馆，1990年）第21页也称“安息”对应波斯语Arsaces。也就是认为“安”对音ar。各家均无异议。有的学者毫无根据妄疑此对音不可靠，而又毫无反证，可谓疑其所不可疑。学者态度是不易轻信，也不宜轻疑。信与疑皆当有根据，不可逞义气。

⑰⓪［日］石田干之助：《长安之春》，讲谈社，1984年。

⑰①［日］石田干之助：《长安之春》，讲谈社，1984年，第171页。

⑰②［法］谢阁兰等著，冯承钧译：《吐火罗语考》，中华书局，2004年，第106页。

⑰③［法］谢阁兰等著，冯承钧译：《吐火罗语考》，中华书局，2004年，第143页。

⑰④余太山：《柔然与阿瓦尔同族论质疑》，《文史（第二十四辑）》，中华书局，1985年，第109页。

⑰⑤周季文：《藏译汉音的〈般若波罗蜜多心经〉校注》，《语言研究》1982年第1期。

⑰⑥岑仲勉：《突厥集史（下）》，《岑仲勉著作集》，中华书局，2004年。

⑰⑦光华按，“温偶”一词早见于《汉书·匈奴传下》：“此温偶騟王所居地也。”在《后汉书》中作“温禺”。

⑰⑧岑仲勉：《汉书西域传地里校释》，中华书局，2004年。

⑰⑨光华按，“卑阗”一词早见于《汉书·西域传·康居国传》，属于上古时代。

⑱⓪岑仲勉：《岑仲勉史学论文续集》，中华书局，2004年，第182页。

⑱①饶宗颐：《上古塞种史若干问题》，《于阗史丛考》，上海书店，1993年。

⑱②可参看刘迎胜《古代中原与内陆亚洲地区的语言交往》（《学术集林（第7辑）》，上海东方出版社，1996年）、牛汝辰《关于西域地名、族名的汉译对音研究》（《中国边疆史地研究》1999年第1期），我们不再引述。R. L. Trask《历史语言学》（外语教学与研究出版社，2000年）第55页在讨论异化的时候提到：r与n二者因为异化现象而通转。如拉丁文的anima→巴斯克语arima。据朝克《满—通古斯诸语比较研究》（民族出版社，1997年）第45页的论述，在通古斯诸语言中，r可以发生同化音变而成n。

⑱③［英］R. L. Trask：《历史语言学》，外语教学与研究出版社，2000年。

⑱④［日］北村甫：《世界的语言·阿伊努语》，《讲座语言（第6卷）》，大修馆书店，1981年。

⑱⑤［日］服部四郎：《日语的系统》，岩波书店，1999年。

⑱⑥［法］沙畹著，冯承钧译：《西突厥史料》，中华书局，2004年。

⑱⑦光华按，中文一般音译为“德经”，此人是法国东方学家。

⑱⑧季羡林：《大唐西域记校注》，中华书局，1995年。

⑱⑨有关的一些讨论见季羡林等《大唐西域记校注》（中华书局，1995年）第88～89页。张星烺《中西交通史料汇编（第三册）》（中华书局，2003年）第1281页。

⑲⓪周季文：《藏译汉音的〈般若波罗蜜多心经〉校注》，《语言研究》1982年第1期。

⑲①可能是当时敦煌一带的方言，尚待深考。

⑲②周季文：《敦煌吐蕃汉藏对音字汇》，中央民族大学出版社，2006年。

⑲③据伯希和《汉译突厥名称之起源》［《西域南海史地考证译丛（第一卷）·第二编》，商务印书馆，1995年］一文的论述，汉语的“突厥”一词不是突厥语 Türk 的译音，而是 Türküt 一词的音译，Türküt 一词也许是柔然语（－t 尾是表示复数形式）。也就是说汉语的“突厥”一名是根据柔然语音译而来。这种译名现象在我国文化史上很多，如我国古称俄国为“俄罗斯”的译名不是从俄语音译来的，而是从蒙古语音译来的；伯希和认为汉语的“吐蕃”一名不是从西藏语音译而来，而是从突厥语音译来的。

⑲④岑仲勉：《岑仲勉著作集》，中华书局，2004年。

⑲⑤光华按，这是我选取突厥文和梵文单词中的一部分音节，并非整个单词。

⑲⑥以上九条材料散见于岑仲勉此文的各处，我收集归纳如上。

⑲⑦岑仲勉：《汉书西域传地里校释》，中华书局，2004年。

⑲⑧岑仲勉：《西突厥史料补阙及考证》，中华书局，2004年。

⑲⑨岑仲勉：《中外史地考证》，中华书局，2004年。

⑳⓪罗常培《罗常培语言学论文集》（商务印书馆，2004年）；罗常培《语言与文化》（语文出版社，1989年）第四章。

⑳①韩儒林：《穹庐集》，河北教育出版社，2001年。

⑳②香港城市大学中国文化中心：《九州学林（创刊号）》，复旦大学出版社，2003年。

⑳③李方桂原文作“他”，径改。

⑳④罗常培：《罗常培语言学论文集》，商务印书馆，2004年。

⑳⑤姚大力《探新应当有坚实的依据——评〈中国北方诸族的源流〉》（《九州学林（创刊号）》，复旦大学出版社，2003年）一文也注意到了同样的问题，其文称：“用‘万’、‘末’等带－n 或－t 收声的汉字来译写－mar 的音节，完全符合当日的转写规则。”见上揭书第321页。

⑳⑥［日］高田时雄著，钟翀等译：《敦煌·民族·语言》，中华书局，2005年，第204页。

⑳⑦见于日本大汉学家宫崎市定《榊亮三郎博士的 Mithra 教研究笔记》（《大唐西域记》，中央公论社，1987年）。

⑳⑧韩儒林：《穹庐集》，河北教育出版社，2001年，第216页。

⑳⑨伯希和、沙畹撰，冯承钧译《摩尼教流行中国考》［《西域南海史地考证译丛（第二卷）·第八编》，商务印书馆，1995年］第54～55页。羽田亨《西域文明史概论》（中华书局，2005年）第68页也讨论了“蜜”对音粟特语“mir”的问题。根据羽田亨此文的介绍，最早提出这个问题的是德国著名东方学家穆勒。可惜我不能参考有关的德文原著。

㉑⓪［英］李约瑟著，《中国科学技术史》翻译小组译：《中国科学技术史》，科学出版社，1975年。

㉑①徐文堪《外来语古今谈》（语文出版社，2005年）第47～48页也提到了我们这里讨论的“蜜”的对音问题，然而丝毫没有言及我们所说的－t 与－r 可以对音的现象。此书是通俗读物，所引诸例杂取各家，不明注所处，仅在书末附录参考文献，本非学术撰述之体。所以其中的材料难以作学术性的引述和讨论，只有逐一核查原文。

㉑②［日］北村甫：《世界的语言·阿伊努语》，《讲座语言（第6卷）》，大修馆书店，1981年。

㉑³俞敏：《俞敏语言学论文集》，商务印书馆，1999 年，第 18 ~ 20 页。

㉑⁴郑张尚芳在《上古音研究十年回顾与展望（一）》（《古汉语研究》1998 年第 4 期）一文中对俞敏的这篇文章有较高的评价："要特别指出的是，俞敏氏的构拟建立在梵汉对音与汉藏对比基础上，尤值得重视，只是散见在《后汉三国梵汉对音谱》（《中国语言学论文选》，光生馆，1984 年），及《汉藏同源字谱稿》（《民族语文》1989 年第 1 期）内。"

㉑⁵在现代赣方言中的 - l 尾，方言学家公认为是从 - t 尾音变而成。另可参看王洪君《汉语非线性音系学》（北京大学出版社，1999 年）第 202 页。

㉑⁶我们可以举出其他类似的旁证：张永言《汉语外来词杂谈》（《语文学论集》，语文出版社，1999 年）提到隋唐以来的文献中有一个词"胡簶"，意思是"盛箭矢之器"（光华按，这个词在字书中始见于《玉篇》，然而不知是原本《玉篇》所有，还是在唐代增补进去的）。岑仲勉《隋唐史（上册）》（中华书局，1982 年）第 222 页认为"胡簶"是突厥语"qurluq"的译音。岑仲勉的这个对音应该是正确的。则"胡"字可以对音 qur，这只能理解为省译，不能认为六朝以后的"胡"字还带有 r 尾音；又如，据宇井伯寿《佛教辞典》（大东出版社，1977 年）第 997 页，佛经中的"摩诃"和"摩贺"都是梵文 mahat 的译音，这只能理解为省译，不能说"诃"与"贺"是带有 t 尾的入声。类似的例子在佛经中非常多。在汉藏对音中也有这样的情况。据李方桂《藏语复辅音的中文转写》［《国立中央研究院历史语言研究所集刊（第五十本）》，"国立中央研究院"历史语言研究所，1979 年，第 231 ~ 240 页］一文考察了 7—9 世纪的藏语中的专有名词与相应的汉语对音词的对音关系（李方桂自称此文利用了罗常培、劳费尔、伯希和、图奇、汤姆斯等学者的研究成果）。李方桂在第 232 页指出藏语中的复辅音往往省译为汉语的单音节词，被省略掉的复辅音的第二个辅音很多时候是 r，也有 d 的情况。如藏语 khri 音译为"弃"，lde 音译为"猎、隶"等。梵学大家水野弘元《巴利文法》（华宇出版社，1986 年）第五章"巴利语与梵语等的发音和缀字的比较"专门设有"音的省略""第 57 页称："顺便一提，在汉译语中，有不少是从这种意义的省略的原语翻译过来的。……在巴利语中，也有可能因厌气语之繁杂，而省略语中一部分的。"

㉑⁷光华按，后汉时代的梵文本佛经无论在印度还是在中亚都很少。因为早期的佛经本来就不是用梵文写成的。参看季羡林《原始佛教的语言问题》《再论原始佛教的语言问题》《三论原始佛教的语言问题》，均收入《季羡林自选集》（重庆出版社，2000 年）。梵本佛经很可能是从印度西北部的说一切有部的论学佛典开始的。

㉑⁸（梁）释僧佑：《出藏记集》，中华书局，1995 年，第 13 ~ 14 页。

㉑⁹又见《法苑珠林》卷四所引。

㉒⁰光华按，俞敏提供的这些例子与上文我们引述的伯希和的论述不合。

㉒¹我最近注意到日本的阿伊努语中有一个例子也有参考价值。据日本著名语言学家服部四郎《日语的系统》（岩波书店，1999 年）第 355 页的介绍，日本阿伊努语的卡拉夫脱方言的一大半存在一种音变现象：音节末的 r 的演变趋势不是失去 r，而是在其后产生出一个元音，从而形成开音节。从这个角度来看，上古汉语如果真有 - r 尾，其演变的趋势也不应该是完全消失，而有可能是发展出双音节词，但汉语史中从来没有这种演变。因此，我们只能认为上古汉语的语音中根本就没有 - r 尾。

㉒²（清）焦循：《孟子正义》，中华书局，1996 年。

㉒³顾颉刚著，顾洪编：《顾颉刚学术文化随笔》，中国青年出版社，1998 年。

㉒⁴［日］小稻义男等编著：《新英和大辞典（第五版）》，研究社，1982 年。

㉒⁵据郭锡良《汉字古音手册》（李珍华、周长楫《汉字古今音表》同）构拟"尧"的上古音是 ŋiau。这是王力先生《汉语史稿》的上古音系统的处理办法。据王力《汉语语音史》的构拟则是 ŋio。据赵彤《战国楚方言音系研究》（北京大学博士学位论文，2003 年）的构拟，则是 ŋiu。这三种构拟都与原始印欧语的 ĝheu - 或 ĝhu - 、ghau 音近相通。如果采用四等韵在唐代以前没有 i 介音的观点来构拟（有些学者和我自己就持这个观点），也是可以相通的，符合对音的音近范围。

㉒⁶群母和疑母古音相近，互相通转是很正常的语音现象。

㉗我国古人在利用外语音译词的时候，以意译与音译合用之例甚多，此不详说。

㉘参看萧兵《楚辞的文化破译》（湖北人民出版社，1991 年）第 78 ~ 87 页。此书所引述的各家材料很丰富。

㉙见郭沫若《青铜时代》[《郭沫若全集·历史编（第一卷）》，人民出版社，1982 年，第 329 ~ 330 页]。

㉚《说文》说："帝，谛也。"这也是没有根据的。

㉛光华按，巴比伦文字的那个与汉字的"帝"相对应的表示天神的字我们无法写出，下面用※符号来表示。请读者参看郭沫若原文第 329 ~ 330 页。

㉜据郭沫若的注解，此处的波尔其人其书是指 C. J. Ball 的 *Chinese and Sumerian*（《汉语和苏美尔语》）。郭沫若未言其书的出版地和时间。

㉝郭沫若此文的下一段的论述也很有趣，但恐易惹争议，我们不再引述。

㉞［日］小稻义男等编著：《新英和大辞典（第五版）》，研究社，1982 年。

㉟Simon Price，Emily Kearns 编撰：《牛津古典神话和宗教词典》，牛津大学出版社，2004 年。

㊱张舜徽先生《解释帝字受义的根源答友人问》（《张舜徽学术论著选》，华中师范大学出版社，1997 年）也注意到了郭沫若和鲍尔的意见，但张舜徽认为"帝"字是得义于"日"。按照张舜徽此文的论述，"帝"和"日"是同源词，在语音上也有相通的关系。光华按，"帝"的上古音和"日"的上古音在韵部上有明显区别，不宜看成是同源词。古文献上没有明显的训诂学的证据可以表明"帝"有"日"义。例如《易经》所说的"帝出乎震"。古注释"震"为"东方"。张舜徽先生根据这个材料认为"帝"有"日"义，逻辑上很难讲通。在《周易》中"震"可指"雷霆"，从未有"日"义。张先生此文没有提供任何一个过硬的证据可以说明古文献中的"帝"有"日"的意思，在古书中倒是有很多"帝"与"天"互训的例子。张舜徽此文之说断不可信。吴秋辉《侘傺轩文存》（齐鲁书社，1997 年）第150 ~ 153 页专门讨论"帝"字的词源，然沿袭旧说，没有发明。

㊲我们也清楚看到了古希腊的至上神"宙斯"Zeus 在语源上居然与普通的英语词汇 deity 是同源的。

㊳再结合郭沫若的研究，我认为我国上古经典如《尚书》中称的"帝尧""帝舜"之类名号一定发生在商代以后，在夏代的国君的名号不是"帝"，也不是"王"，而是"后"，在古书中常有"夏后氏"的说法。而且用"帝"作为至上神也是从商代才开始的，夏代及其以前应该没有"帝"的观念。例如夏末暴君夏桀把自己比作"日"，但并没有涉及"帝"的观念。

第七节　关于用方言材料来研究上古音

在本书中，为了解释古汉语的音变现象，我征引了不少现代汉语的方言材料来作为旁证。我们利用现代汉语的方言材料是为了从音理上说明某些被音韵学家们认为是不能通转的语音事实上是可以相通的。我们绝对不能假设上古汉语有复辅音声母来解释现代汉语方言中的音变现象。这是非常重要的原则问题。我们现在要对有关问题作一点说明。

我们首先要确认上古汉语有大量的方言存在，有时差别大到彼此不能沟通。如《吕氏春秋・知化》："夫齐之与吴也，习俗不同，言语不通，我得其地不能处，得其民不得使。"春秋时期的吴国的统治阶级至少是说汉语的[①]，但是吴国的汉语方言和齐国方言彼此不能相通。《颜氏家训・音辞篇》称："夫九州之人，言语不同，生民已来，固常然矣。自《春秋》标齐言之传，《离骚》目楚词之经，此盖其较明之初也。后有扬雄著《方言》，其言大备。然皆考名物之同异，不显声读之是非也。"[②]

然而至少在西周以前我国确实有雅言存在。王力先生《汉语语音史・导论》第三章"方言"也说："我们所根据的语音史料，是方言还是普通话？在各种同时代的语音史料中，有没有方言的差别？在同时代的诗人用韵中，有没有方言的差别？这些都是很难解决的问题。我曾经把《诗经》的十五国风分别研究过，没有发现方言的痕迹。我曾经把《楚辞》和《诗经》对比，想找出华北方音和荆楚方音的异同。我虽然发现《楚辞》用韵的一些特点，但是也难断定那是方言的特点，还是时代的特点。"王力先生的观察显然是正确的。《诗经》中的十五国风的用韵并没有方言的色彩，而且《诗经》中的雅、颂时代一般早于国风。其用韵特征相当吻合，足证当时确实存在着流行的雅言[③]，或叫作共同语，相当于今天的普通话。这一点完全得到了古文字学上的证明。

例如，王国维《观堂集林》[④]卷八"《周代金石文韵读》序"在盛赞清代古音学之昌盛之后，称："惟昔人于有周一代韵文，除群经、诸子、《楚辞》外，所见无多。余更搜其见金石刻者，得四十余篇。其时代则自宗周以讫战国之初，其国别如杞、邻、邾、娄、徐、许等，并出国风十五之外，然求其用韵与《三百篇》无乎不合。故即王、江二家部目，谱而读之，非徒补诸家古韵书之所未详，亦以证国朝古韵之学之精确无以易也。"

郭沫若《两周金文辞大系考释》[⑤]初序曰："国别之器得国三十又二，曰吴、曰越、曰徐、曰楚、曰江、曰黄、曰都、曰邓、曰蔡、曰许、曰郑、曰陈、曰宋、曰鄫、曰滕、曰薛、曰邾、曰鄀、曰鲁、曰杞、曰纪、曰祝、曰莒、曰齐、曰戴、曰卫、曰燕、曰晋、曰苏、曰虢、曰虞、曰秦。由长江流域溯流而上，于江河之间顺流而下，更由黄河流域溯流而上。地之比邻者，其文化色彩大抵相同。更综而言之，可得南北二系。江淮流域诸国，南系也；黄河流域，北系也。南文尚华藻，字多秀丽；北文重事实，字多浑厚。此其大较也。徐楚乃南系之中心，而徐多古器，旧文献中每视荆舒为蛮夷化外，足证乃出于周人之敌忾。徐楚均商之同盟，自商之亡即与周为敌国。此于旧史有征。而于宗轴彝铭，凡周室与'南夷'用兵之事尤几于累代不绝。故徐楚实商文化之嫡系。南北二流实商周之派演。……民族之商周，益以地域之南北，故二系之色彩浑如泾渭之异流。然自春秋而后，氏族畛域渐就混同，文化色彩亦渐趋画一。证诸彝铭，则北自燕晋，南迄徐吴；东自齐邾，西迄秦都；构思既见从同，用韵亦复一致。是足征周末之中州确已有‘书同文，行同伦’之实际。未几至嬴秦而一统，势所必然也。”[⑥]

实则明代的陈第《毛诗古音考》[⑦]的“自序”已经说过：“又《左》、《国》、《易象》、《离骚》、《楚辞》、秦碑、汉赋以至上古歌谣、箴铭颂赞，往往韵与《诗》合，实古音之证也。”陈第《读诗拙言》[⑧]曰：“古人之书皆有韵，不特诗也。”陈第在此书中考索了先秦的诸子书的用韵，称《老子》《庄子》的用韵“与《毛诗》古音若合符节。故通《诗》之音以读《易》，得十之六；读《离骚》，得十之五；读《易林》《急就》《参同》《太元》诸书与古歌谣皆开卷而得其概，庶几不至于龃龉矣”。江有诰《音学十书》[⑨]中有“群经韵读”一卷和“先秦韵读”二卷，对先秦的散文作品的用韵进行了归纳和总结，许翰《攀古小庐全集（上）》[⑩]有《经韵》卷，中含“《尚书》韵”、“《论语》韵”、“《孟子》韵”、“《左传》韵”、“《左传》韵补遗”、“《孝经》韵”，也是对《诗经》、《楚辞》以外的散文中的用韵进行分析，结果都表明先秦的散文的用韵情况和《诗经》相当吻合，很少有出入[⑪]。这说明上古确实有雅言音系存在，而且雅言音系的势力和影响颇为广泛。

我们在研究上古音的音系的时候，实际上是研究当时的雅言音系，而不应当把一些明显是方言的语言现象纳入雅言音系来考察，尤其不能把方言中的词汇现象当作音韵现象来看待。否则，上古音的音系就会非常庞杂混乱，丧失音系应有的规范性特征。学者们对此是警惕的。如王力《汉语语音史》卷上第五章“晚唐—五代音系”称徐锴《说文解字系传》所采用的朱翱反切中“匣母与喻三喻四混合，和现代吴语相符合。这恐怕是方言现象。现在我们依守温字母，把喻三喻四合并为喻母，匣母独立”[⑫]。李方桂《上古音研究》第62页在讨论上古音中的宵部的时候说：“从上面的例子看起来韵尾-kw把圆唇成分失去，在一二等里还影响元音，在三四等里似乎不发生什么影响。在一等字里对元音的影响不很一致，《切韵》时代多数是â，尤其是在舌尖音声母之后，在唇音及舌根音声母后面有变â，uo，跟u的，很多字有两读三读的，我们不愿意像高本汉、董同龢两位另外拟不同元音来解释这种不同的演变，只好认为是方言混杂的现象。”[⑬]

但是，古今方言中特殊的音变现象却不可不注意。我们已经指出过只要是音变就一定不是复辅音的分化。近年来，对于中古以前的古方言的研究有两部专著颇为可观：一是汪启明的《先秦两汉齐语研究》[⑭]；一是华学诚的《周秦汉晋方言研究史》[⑮]。另外，丁启阵的《秦汉方言》[⑯]也颇堪参考[⑰]。同门大师兄赵彤于2006年出版了他的博士学位论文《战国楚方言音系》[⑱]。有的学者利用方言材料来构拟复辅音[⑲]，我们认为这在方法上和理论上都是讲不通的。古人明确揭示的属于古方言中由于“语讹”等原因产生的音转现象应该是指方言中确实存在的音变现象[⑳]，清代的训诂学家们往往利用古方言来讲通假。这就表明古方言现象应该是音变现象，而不是复辅音的分化，因为我们已经指出过凡是由复辅音的分化而来的单辅音之间一定不能有通假关系，也就是音变关系。反之，只要能确定是通假关系的两个单辅音，那就一定不会是来自复辅音的分化。这是铁案难移的原则。我们这里举几个古方言中音变的例子。

例一，考《水经注》卷三十一“淯水注”：“洱水又东南流，注于淯水。世谓之肄水。肄、洱声相近，非也。”杨守敬、熊会贞《水经注疏》[㉑]第2600页有熊会贞的注曰：“会贞按：《广韵》，肄，羊至切。洱，而止切，又仍吏切。是声相近也。……非也二字，驳谓之肄水之说。”这很清楚地表明在六朝方言中日母（洱）与余母（肄）音近可以通转。这是方言中的音变现象，因此凡是日母与余母相通相谐的现象都与复辅音毫不相干[㉒]。

第二，《水经注》卷二十六“沭水注”：“沭水又南，径东海郡即丘县，故《春秋》之祝丘也。”而“即”是精母，“祝”是章母。这表明上古音的章母（读与端母相近）在中古时有的方言中已经变为精母。这并非孤例。我们在古方言中还可以找到类例。如《礼记·缁衣》：“《君雅》曰：夏日暑雨，小民惟曰怨资；冬祁寒，小民亦惟曰怨。”郑玄注云：“‘资’当为‘至’，齐鲁之语，声之误也。‘祁’之言‘是’也，齐西偏之语也。”这里郑玄谈的是方言中的音变。我们在绪论中就指出过郑玄注中的“声之误”都是指古音中的通假现象，有相当一些是古方言中的音变现象。这里的“至”的上古音为章母，为舌音；“资”的上古音为精母，为齿头音，二者本是有所区别的。但是正如郑玄所说，在汉代以前的齐鲁方言中，“至”与“资”音近可通。郑玄称其为“声之误”，表明在齐鲁方言中，章母可以音变为精母。这与复辅音无关。我们在研究上古音系的时候千万不可忽视方音的存在及其扩散对雅言造成的影响。《方言》卷十：“誺，不知也。”郭璞注：“音癡眩。江东曰‘咨’，此亦如声之转也。”“知”的上古音为端母，中古音为知母，“咨”的上古音和中古音为精母，而郭璞注称上古音为端母的“知”在东晋的江东方言中要读如精母的“咨”。又如《水经注》卷三十一“滍水注”：“滍水又东，犨水注之，俗谓之秋水，非也。”“犨”的中古音是昌母，“秋”的中古音是清母。从《水经注》此文可知，在六朝时期的方言中，有的昌母可音变为清母[23]。类例如《颜氏家训·书证》[24]：“或问曰：《东宫旧事》何以呼‘鸱尾’为‘祠尾’？答曰：张敞者，吴人，不甚稽古，随宜记注，逐乡俗讹谬，造作书字耳。吴人呼祠祀为鸱祀，故以‘祠’代‘鸱’字。”考“鸱”的上古音和中古音都是昌母脂部，“祠”的上古音和中古音都是邪母之部。此例足证至少在中古的吴方言中，邪母可音变为昌母。同书同篇又称吴人“呼盏为竹简反”。“盏”的中古音是庄母，“竹”的中古音是知母。而在吴方言中，庄母可音变为知母。这些方言中的音变现象绝不能用复辅音来解释。

例三，《水经注》卷三“河水注”：“高奴县，……民俗语讹谓之高楼城也。”“奴”是泥母，“楼”是来母。这是说六朝方言中，泥母可以音变为来母。《水经注》说的“民俗语讹”只能理解为方言中的音变现象。泥母与来母在方言中可以相混，均读为来母，这在现代汉语方言中极为常见，为方言学常识，无须举证[25]。可是有的音韵学家却利用泥母与来母相通的现象来构拟复辅音声母 nl 或 nr，这是连起码的语言事实都不顾了。这些音韵学者们构拟的 nl 或 nr 这样的复辅音，由于是比较明显的错误，所以本书不予以反驳，也不多提及。

例四，《水经注》卷二十四“睢水”条：“睢水又东，径横城北，……杜预曰‘梁国睢阳县南有横亭’。今在睢阳县西南。世谓之‘光城’。盖‘光、横’声相近，习传之非也。”“光”为见母，“横”为匣母，这是见母与匣母能够直接相通的证据，不可用复声母来解释。

例五，《史记·孝文本纪》：“诽谤之木。”《索隐》：“按：《尸子》云‘尧立诽谤之木’。诽音非，亦音沸。韦昭云‘虑政有阙失，使书于木，此尧时然也，后代因以为饰。今宫外桥梁头四植木是也’。郑玄注《礼》云‘一纵一横为午，谓以木贯表柱四出，即今之华表’。崔浩以为木贯表柱四出名‘桓’，陈楚俗‘桓’声近‘和’，又云和表，则‘华’与‘和’又相讹耳。”崔浩指出在中古以前的陈楚之间的方言中，“桓”声近“和”，“桓”的上古音是匣母元部，“和”是匣母歌部，歌、元本为阴阳对转，虽有阴声韵和阳声韵之不同，但在古方言中确实是相近的，是可以彼此发生音变的。另如《广韵·八戈》“何”字注：“韩灭，子孙分散，江淮间音以‘韩’为‘何’[26]，字随音变，遂为何氏，出庐江。”对于这个简单的事实，学者不必求之过深，作出异样的构拟[27]。

例六，本书后面有论及上古音中的照三系字与见系字相通的问题，这与复声母完全无关。在古方言中我们找到了一个铁证可以证明二者确实是属于音变。考《汉书·高帝纪》："立后土祠于汾阴脽上。"苏林曰："脽音谁。"如淳曰："脽者，河之东岸特堆掘，长四五里，广二里余，高十余丈。汾阴县治脽之上。后土祠在县西。汾在脽之北，西流与河合。"师古曰："二说皆是也。脽者，以其形高起如人尻脽，故以名云。一说此临汾水之上，地本名鄈，音与葵同，彼乡人呼葵音如谁，故转而为脽字耳，故《汉旧仪》云葵上。"师古明称："彼乡人呼'葵'音如'谁'，故转而为脽字耳。"这表明在古代的方言中，群母的"葵"确实可与禅母的"谁"相通，这是可以确定的古方言中的直接的音变[28]。

例七，据六朝时代王嘉《拾遗记》[29]卷九称："侧理纸万番，此南越所献。后人言'陟里'，与'侧理'相乱。"按，"陟"的中古音是知母，竹力切；"侧"的中古音是庄母，阻力切。可知，六朝时代的西北方言中已经有"庄知相混"的现象。

例八，《宋书·乐志》称："晋《俳歌》又云：'皎皎白绪，节节为双。'吴音呼绪为紵。"按，"绪"的中古音是邪母，"紵"的中古音是澄母，可知六朝时代的吴方言有把邪母读成澄母的现象。

现代方言中音变的例子有时也会出人意料。

例一，吾友熊燕博士《客赣方言语音系统的历史层次》[30]第17页指出，在客赣方言中，"遇摄一等在透定母变h的方言里一般读成hu，只有南城、泰和、宜黄等少数方言中发现u前是读成唇齿擦音f的，如'肚'：宜黄fu、城南fu、泰和fu。除泰和外，都与晓匣母合流"。合口的透定母读为f声母虽然是比较晚近的现象，而且是经过了th→h→f这样的音变过程。然而这样的音变毕竟与复声母无关。现代方言中即使是很奇特的音变现象也不能用复声母来解释。

例二，据陈水润《水东方言的语音特点》[31]的介绍，作为闽南方言中的一支的水东话由于受到壮语的影响，而发生了一些奇特的音变现象。例如，该方言有本为s声母的字读为小舌清塞音q的现象，如"四、三、生、所、扫、赛、梳、审、送、胜、色、塞"等都读q声母。而且q声母在电城方言中与齐齿呼相拼的时候要读为s等声母。这似乎难以从音理上给以合理的解释，但语言事实就是如此，而且绝对与复声母无关。

例三，林伦伦《粤西闽语的音韵特征》[32]指出："雷州话的疑母字'我、牛、月、外'等字读［b］声母（除'我'之外都是合口呼字），可能是［u］介音促成了这种演变。这两种现象都是雷州话独特的语音演变，跟汉语语音史的规律性演变无关。"相信古有复声母的林伦伦也没有认为这样的语音现象是由古代的复辅音分化造成的。我自己推测其音变的过程也许是ŋu→mu[33]→bu[34]（且不考虑其中有的细音成分）[35]。

例四，广东粤方言中存在端母这样的清塞音读零声母的现象。如在台山方言和开平方言中，端母字的"多、大、都"等都读作零声母。据詹伯慧主编《广东粤方言概要》[36]第228页，雅瑶、台山、赤坎三地方言中的端母都读作零声母。不少方言学家挖空心思都不能作出合理的解释。后来，我在由香港中文大学举办的第十届国际粤方言研讨会上，听香港科技大学张敏教授解释说："这是因为端母在那些方言中经过了浊化而音变为内爆音ɗ，然后再失落。这是一个典型的弱化音变，而且可能与百越语的底层影响有关。"我大惊，很是佩服张敏教授十分简洁而圆满地解决了这个难题[37]。

例五，李星辉《湖南永州岚角山土话音系》[38]称疑母的"鱼"和透母的"他"的读音同是ɣ声母（韵母也相同，声调不同），这该怎样解释呢？我认为"他"读ɣ声母不是"他"的读音，而是意思为"他"的"渠"的训读音[39]，本为群母，后发生擦化音变，音转为ɣ是很自然的。现代音韵学者公认上古音的群母本有一二四等，并非仅有三等，这是因为后来群母的一二四等都擦化为舌根浊擦音，在中古音中仅留下了三等音。

例六，据王福堂等《汉语方音字汇》第 140 和第 142 页，厦门方言中的以母字“榆、愉、裕、喻”都读 lu。而按照厦门方言中的通例，中古音的以母字应读零声母，与云母、影母合流。另外，以母的“锐”字在济南方言、南昌方言和厦门方言中也读 l-。据曹志耘主编《汉语方言地图集》[40]第 95 页，以母开口的“盐”在湖南南部的宁远方言中读 l-声母。同书第 96 页以母合口的“用”在湖南南部的资兴方言中读 l-声母。据张晓勤《宁远平话研究》[41]第 96 页，宁远平话中的以母大多数读零声母，但少数字如“盐、瑶、野、夜”读 l-声母。郑张尚芳《上古音构拟小议》[42]提到了现代汉语方言中的一些以母字读 l 的例子。如厦门方言中的“檐”、建阳方言中的“痒”、益阳方言中的“孕”、温州郊区方言中的“鹞”都读 l 声母。据曹志耘《严州方言语音特点》[43]的考察，在严州方言中的遂安土话里面，有以母字读 l 声母的现象，如“拥、用、育”都是 l-声母。这该怎样解释呢？曹志耘先生自己没有予以进一步的音理上的探讨。可知以母字在方言中读 l 并非孤例。这是不是上古音的以母 r→l 音变呢[44]？如果真是这样的音变，那么厦门方言、宁远方言、严州方言等的某些语音现象就保留了与上古音近似的形态。然而我认为事实绝对不是如此。

这里主要考察严州方言。严州方言中的以母字读 l 声母应该是非常晚的音变现象，与上古音毫无关系。根据曹志耘此文提供的材料，综合起来看，云母、以母都已经与影母合流，先变成了零声母。再由零声母演变出一个后鼻音声母 ŋ[45]；由于“拥、用、育”都是三等韵，有细音介音，从而使得后鼻音声母 ŋ 向 ɳ 演变，其后又向 n 音变（这时细音介音消失）；之后，由于在遂安土话中，n 和 l 声母可以相混，于是再发生了 n→l 的音变。这就是古音喻母字读 l 声母的原因和演变过程。可知这是非常晚的音变现象，断然与上古音无关，绝不是 r→l 这样直接的演变。这个音变的全过程可以码化为 rj→ʔj/j→ŋj→ɳj→n→l。我们推定这样的音变过程时发现，凡是有这种音变现象的地方，其方言中的泥母几乎都读 l-，而且方言中的疑母也有相当一部分要读 l-音。如湖南的宁远平话就是如此。

但是我对上海方言表示“我们”的自称代词是“阿拉”一词的分析却与这一节的论述有所不同。“阿拉”的“阿”是接头词，关键是“拉”的本字是什么？上海方言为什么有这样的自称代词？其实自称代词“阿拉”来自宁波方言，要读带喉塞音的入声，这个入声是后起的。但“拉”成为自称代词的词干却有非常古老的来源。我认为这个“拉”来自上古汉语的以母自称代词“余、予”。对于上古音的以母，李方桂认为是流音 r，本书认可这个构拟。而 r 音转为 l 是很自然的。由于以母至少在东汉时代就已经有零声母音[46]，因此宁波方言中的自称代词词干的“拉”应该产生在东汉以前，甚至先秦。“余”不仅可以表示单数的“我”[47]，而且可以表示复数的“我们”，在春秋时代就已经如此。考《左传·闵公二年》：“懿公好鹤，鹤有乘轩者。将战，国人受甲者皆曰：‘使鹤，鹤实有禄位，余焉能战?’”这里的“余”是指“国人”，必是复数。接头词“阿”是后来附上去的，其作为接头词的时间也出现得很早[48]。

例七，曹志耘《严州方言语音特点》[49]还提到一个严州方言的语音特点，在建德地区的土话中，全浊声母清化后是去声送气，平上入都不送气。这简直是绝无仅有的。我也无法解释现象这样的例外音变。

例八，在普通话中，人称代词的复数主要是通过在单数词“我”“你”“他”后附加“们”来实现，广州话中的人称代词一般在其单数形式之后加词尾“哋”[50]来表示复数，但是广东台山方言的复数多采用奇特的屈折变化，尤其以韵母和声调的屈折音变最为常见，第一人称采用变调，第二、第三人称则采用变韵兼变调。例如：

	第一人称		第二人称		第三人称	
	单数	复数	单数	复数	单数	复数
普通话	uo²¹⁴	uo²¹⁴ mən	ni²¹⁴	ni²¹⁴ mən	t'ɑ⁴⁴	t'ɑ⁵⁵ mən
广州话	ŋɔ¹³	ŋɔ¹³ tei²²	nei¹³	nei¹³ tei²²	k'œy¹³	k'œy¹³ tei²²
台山台城	ŋɔi³³	ŋɔi²¹	nei³³	niak²¹	k'ui³³	k'iak²¹
台山端芬	ŋo³³	ŋo²¹	ni³³	niak²¹	k'ui³³	k'iak²¹

我们应该怎样解释台城和端芬方言中第二、第三人称代词的复数音变呢？我苦思良久，现在初步认为第二人称代词的复数形式是“ni”（你）+“若”，合音而成，合音的原理近似反切；第三人称代词的复数形式是“k'ui”（佢或渠）+“若”，合音而成。“若”在古汉语中本来可以表示“你、他”的单数和复数，在台山方言中前面加“你”或“佢”是为了区分第二人称和第三人称，同时采用了合音词的形式。我觉得这个解释可以成立，但尚待深考。

例九，陈章太、李如龙《闽语研究》[51]第3页所收的“闽方言十八点声母对照表”，船母的“蛇”在建瓯方言和松溪方言中读零声母，在建阳方言中读 ɦ－声母。据王福堂等《汉语方言音字汇》[52]第266页，“船”在建瓯方言中读 y 声母。同书第298页，中古音为船母合口三等的“顺”在湖南双峰话中读 ɣyɛn。这是一个很独特的读音。我认为可以解释为中古音的船母常常与禅母相混，有 dʑ→ʑ 的音变，再由于合口介音的影响，于是发生了 ʑ→ɣ 的音变，这是辅音后化产生的音变。类似的辅音后化音变如袁家骅《汉语方言概要》[53]第111页所举的湖南双峰话的禅母的“寿”“常”读舌根浊擦音 ɣ，则必定是经过了 ʑ→ɣ 的辅音后化音变。另外，在温州方言和建瓯方言中也有部分禅母字读 ɦ 的现象，不再详举。据李如龙《福建县市方言志12种·建阳市方言志》所收的“同音字表”，“绍、邵”读 ɦ 声母，这也是辅音后化音变[54]。这个辅音后化音变的原理还可以解释方言中的一些奇特的音变。方言学家已经注意到客赣方言、闽方言、晋方言中都存在一些合口的“生、书、船、禅”等读 f 声母的现象。一般音韵学家解释说这是合口介音造成的特殊音变。我从前也认为如此，但仔细考察起来发现没有这么简单。现在先列举临汾方言中的一些材料：

生：要、所、刷、闩、拴、双（白读音）、霜

书：书、输、舒、叔（白读音）、束、鼠、水

船：赎、顺、唇

禅：淑、属、署、熟、蜀、殊（白读音）、谁、薯

在客家方言中也有很多同样的例子[55]。据曹志耘《严州方言语音特点》[56]的考察，严州方言中的“船、顺、训、血”这些合口三四等字，在淳安读 s 声母，在建德、寿昌读 ɕ 声母，在遂安读 f 声母。我认为这是一种条件音变[57]。我现在对这些特殊音变的解释是：其中浊塞擦音的船母一定与禅母合流同读 ʑ，然后发生后化音变而成 ɦ/ɣ，再清化为 h/x，从而与晓母合流或者代替原来的晓母合口音（因为原本的晓母合口音可能已经演变成了 f），接着由于合口介音的影响而发生唇齿化音变而成 f[58]；生母字 ʃ 和书母字 ɕ 也是经过了 ʃ/ɕ→h/x（合口）→f 的音变过程。我这样解释是考虑到了在现代方言中有的船禅母字有读 ɦ/ɣ 的现象。我们必须把这些特殊音变综合起来考虑[59]。至于船母的“蛇”在建瓯

方言和松溪方言读零声母，“船”在建瓯方言中读 y 声母，这在音理上就很容易解释了。我很明确地认为，这是因为闽方言中的船禅母字先读 ɦ/ɣ，然后失落声母，从而音变为零声母。在闽方言中，匣母失落辅音而变为零声母的现象是很常见的，陈章太、李如龙《闽语研究》[60]第 11 页“论闽方言的一致性”所举例证甚多。

例十，在湖南的某些方言（如娄底）中，中古音为并母开口二等的“爬”读 luo 或 lua，在湖南双峰话中，“爬”读 lo[61]。有的学者认为这是古有复声母 bl 的证据。我认为这与复声母没有关系。读为 luo 或 lua 的“爬”应该是“挪”的训读，与任何音变都无关。在娄底方言中，来母和泥母洪音不分，都读 l 声母，“挪”是泥母洪音，在娄底方言中要读 l 声母，音正是 luo。因此，我认为“爬”读 luo 或 lua 的本字是“挪”，无关音变[62]。

例十一，在合肥方言中，日母字一般读卷舌音的 ʐ 声母，这是当地方言正常的读音。但有些影母字和个别疑母字也读卷舌音 ʐ 声母，如“案、按、安、藕”[63]，从而与日母同音。这样的特殊音变似乎不好解释。那个别疑母字肯定是先音变成零声母，与影母音合流，然后演变为 ʐ 声母，有可能是零声母 ø→j→ʑ→ʐ 这样的音变过程。这个音变解释应无可疑。可资比较的是，广东惠州与增城的方言中存在影母字和以母字读 z－声母的现象，这些字在大埔方言中是读 ʐ 声母[64]。

前辈学者对古代方言中的音变现象本来已有精辟的论述，这是反驳利用方言来构拟复辅音的有力证据。我们这里姑且引用黄侃先生《声韵略说・论音之变迁由于地者》[65]中的一段议论为旁证，其他学者的论述不再详细引述。

黄侃《论音之变迁由于地者》

往者輶轩之使，巡游万国，采览异言；良以列土树疆，水土殊则，声音异习，俗变则名言分；虽王者同文，而自然之声，不能以力变也。《汉书・地理志》云：“民有刚柔缓急音声不同，系水土之风气，故谓之风。”《王制》云：“广谷大川异制，民生其间者异俗。”《淮南王书》云：“清土多利，重土多迟；清水音小，浊水音大。”凡此皆音由地异之明文也。今观扬氏《殊言》所载方国之语，大氐一声转变而别制字形；其同字形者，又往往异其发音。故《淮南书》“元泽”注曰：“元，读如常山人谓伯为元（黄侃自注：原作穴）之元。”《汉书》名“昧蔡”，服注：“蔡读楚言蔡。”《说文》：“蕃，沛人言若虘。”《释名》：“风，豫、司、兖、冀，横口合唇言之，风，氾也；青、徐，踧口开唇推气言之。风，放也。”此皆一字随地异读之例。如其依音造字，便成二文矣。汉世方音歧出，观诸书注家所引可明。然昔人对于方言，有仿效与讥诃二途。仿效者，如卫出公之效夷言，吴夫差云好冠来，《孟子》所云置之庄狱是也。讥诃者，如子路之喭，夫子病之；鴂舌之音，孟子斥之。以仿效之故，方言往往易于转化；以讥诃之故，令人言语向慕正音，而其质终有不可变者存也。大抵地域之分，南北为其大介。昔《荀子》屡以楚、夏对言；至《方言》多载南楚之语；《楚辞》一篇，纯乎楚声；《文心雕龙》载张华论韵，谓“士衡多楚，可谓衔灵均之声余，失黄钟之正响”。至永嘉之乱，中原入夷，逖彼东南，遂为正朔；自尔南土之音，转为雅正；虽方言俚语，尚有楚风（黄侃自注：《宋书》谓高祖累叶江南，楚言未变；此文明言江南音正，楚者特其方语）。以视北朝人士，音辞鄙陋者，抑又有间矣。《经典释文・序录》云：“方言差别，固自不同；河北江南，最为巨异；或失在浮清，或滞于沈浊。”《切韵序》云：“吴、楚则时伤轻浅，燕，赵则多伤重浊，秦、陇则去声为入，梁、益则平声似去。”《颜氏家训・音辞》所载南土殊音，往往至今存在。至云“岐山当读为奇，江南音祇，江陵陷没，此音遂被关中”；今则举国读音，奇、祇无别。其他如戌、庶，如、儒，紫、姊，洽、狎，举、矩，北音混同，今则或同或异；攻、工，北音有异，今复尽同。又如《匡谬正俗》及《一切经音义》所载各地殊音，在今无悉同者。要之，因地殊音之理，终古不易也。又何怪今日北音之入声似去，吾楚之浊声上、去无别哉。[66]

正因为如此，本书要利用大量的方言材料来论证古汉语中的音变现象[67]，而不是求助于构拟复辅音声母[68]。

注释

①吴国的青铜器上的金文虽然多为鸟虫书，但毕竟还是汉字，不是异族的语言文字。施谢捷编有《吴越文字汇编》一书（江苏教育出版社，1998 年），可以参看。

②我们不能低估上古时代各地方言之间的巨大差异。事实上，上古时代其他民族的语言也常常存在多种方言，而且彼此差别很大。如上古时代的希腊语，由于多里安人的入侵，结果分为好几种不同的方言；据《大英百科全书》“Greek language”条：“In contrast to the rather uniform Mycenaean Greek, the language of the Archaic and Classical periods consisted of a number of dialects as a result of the Dorian invasions of Greece and later of overseas Greek colonizations. These dialects comprised a West group (including Doric), an Aeolic group, an Ionic – Attic group, and an Arcado – Cypriot group. Much great literature also developed on a dialect basis. For example, the Homeric epics are Asiatic Ionic interspersed with older Aeolic and even Mycenaean elements; the choral lyrics in Greek tragedies are based on Doric, interspersed with elements from Ionic epic and Lesbian poetry; Herodotus and Hippocrates wrote their famous prose in Ionic; and Thucydides and Plato wrote in the Attic (i. e., Athenian) dialect, which was also the language of dialogue in comedy and, interspersed with Doric choral elements, in tragedy.”又据《大英百科全书》“Coptic language”条：“Coptic is usually divided by scholars into six dialects, four of which were in Upper Egypt and two of which were in Lower Egypt; these differ from one another chiefly in their sound systems.”古代印度的方言也非常多。

③古代的雅言并不一定随着王朝的更替或京城的变迁而迅速发生大的变化，其作为读书音往往能够保持比较强的生命力。如《魏书·咸阳王禧传》：“高祖曰：自上古以来及诸经籍，焉有不先正名，而得行礼乎？今欲断诸北语，一从正音。年三十以上，习性已久，容或不可卒革。三十以下，见在朝廷之人，语音不听仍旧。若有故为，当降爵黜官。各宜深戒。如此渐习，风化可新。若仍旧俗，恐数世之后，伊洛之下复成被发之人。”《魏书·乐志》：“太和初，高祖垂心雅古，务正音声。”《通志》（《四库全书》本）卷八十四称：“先是，帝尝与仆射李冲论语音事。冲曰：‘四方之语，竟知谁是帝者之言即为正音。’帝曰：‘若如卿言，将见伊洛之间复成被发之俗，卿此论实负社稷，罪合万死。’冲免冠谢，良久乃已。”黄侃《文字声韵训诂笔记》（上海古籍出版社，1983 年）第 141 页在引述此事后加按语：“孝文死时只三十三岁，竺守郑学，过于经生。”可知本为鲜卑族的北魏在入主中原以后并没有想推广本民族固有的语言和文化，而是努力学习标准的汉语雅言，甚至比江南的六朝更加尊崇汉民族的古代文化，也就是“垂心雅古，务正音声”。所以后来《隋书·儒林传·序》称：“南北所治，章句好尚，互有不同。江左《周易》则王辅嗣，《尚书》则孔安国，《左传》则杜元凯。河、洛《左传》则服子慎，《尚书》《周易》则郑康成。《诗》则并主于毛公，《礼》则同遵于郑氏。”可知异民族统治下的中原在经学上采取的是汉代学者的注释；而以正统王朝自居的江东六朝采用的经书注解是魏晋学者的观点，要晚于服虔、郑玄等人。另可参看黄侃述《文字声韵训诂笔记》第 140 ~ 141 页“注音字母之弊”条，此不录。

④王国维：《观堂集林》，河北教育出版社，2001 年。

⑤郭沫若：《两周金文辞大系考释》，上海书店出版社，1999 年。

⑥另亦见《两周金文辞大系考释》第 252 页，郭沫若有大致相同的论述。李学勤《古乐与文化史》（《缀古集》，

上海古籍出版社，1998 年）也提到：“从北宋到现在，已经发现了许多有韵的青铜器铭文，秦、齐、晋、楚、徐、越等国都有，其用韵仍然是一致的，而且和《诗经》相符合。这样统一的韵部分划，无疑是古代文化统一性的具体变现。”

⑦（明）陈第：《毛诗古音考》，商务印书馆，1937 年。

⑧（明）陈第：《读诗拙言》，商务印书馆，1937 年。

⑨（清）江有诰：《音学十书》，中华书局，1993 年。

⑩（清）许翰：《攀古小庐全集》，齐鲁书社，1985 年。

⑪另外，邓廷桢《双砚斋笔记》（中华书局，1987 年）卷一“古人用韵不必诗歌”条也是讨论上古的散文用韵的情况，举例甚多。同书同卷还有“周官多韵语”条、“仪礼多韵语”条，同书卷三有“诸子多有韵文”条。今人龙宇纯《先秦散文中的韵文》（《丝竹轩小学论集》，中华书局，2009 年；原文发表于《崇基学报》1963 年第 3 卷第 1 期）对先秦散文中的韵文现象分别作了详尽的归纳和总计，对江有诰的《先秦韵读》予以详细的补正。龙先生此文用功甚大，讨论很细密，颇有分量。

⑫光华按，朱翱反切所表明的这种现象只能解释为朱翱所根据的吴方言是匣母失落了浊擦音声母，从而与喻三喻四合流。蒋冀骋《近代汉语音韵研究》同意王力把喻三从匣母中分离出来，甚至进而又主张匣母、喻三、喻四应三分，各自独立。

⑬李方桂《上古音研究》（商务印书馆，1998 年）第 61 页在讨论上古音的阳部的时候说：“这部二等也只有一韵（庚），跟鱼部同，不像元部谈部二等有两个韵。这里也有两类字跟我们所拟定 gwj -、gwji - 的演变规则不合（狂、永），是否由于方言的混杂现象就不可知了。”

⑭汪启明：《先秦两汉齐语研究》，巴蜀书社，1998 年。

⑮华学诚：《周秦汉晋方言研究史》，复旦大学出版社，2002 年。

⑯丁启阵：《秦汉方言》，东方出版社，1991 年。

⑰清代学者对于汉语的方言问题注意和讨论得比较多，可参看罗常培《汉语方音研究小史》以及《杨雄〈方言〉在中国语言学史上的地位》（《罗常培语言学论文集》，商务印书馆，2004 年）。现代学者在讨论其他问题的时候也偶尔涉及古方言的问题。如陈登原《国史旧闻》（中华书局，2000 年）卷之肆的“古音随地不同”条也是讨论古文献中记录的方音问题。再如陈新雄《古音研究》（五南图书公司，1999 年）第二章的“方言问题”一节。

⑱赵彤：《战国楚方言音系》，中国戏剧出版社，2006 年。

⑲汪启明《先秦两汉齐语研究》就利用汉代以前的齐方言来论证古有复辅音。

⑳或者是指不同来源的异族语，因为我国古代“方言”一词的含义颇广，包含少数民族的语言和其他外语，如西域诸国的中亚语、梵语之类，在古人的意识中都可以叫作方言。参看鲁国尧《“方言”与〈方言〉》一文（《鲁国尧自选集》，河南教育出版社，1994 年）。

㉑（北魏）郦道元注，杨守敬、熊会贞撰：《水经注疏》，江苏古籍出版社，1989 年。

㉒我们在古书中还能找到类似的例证，如《礼记·檀弓上》：“其慎也，盖殡也。”注：“慎当为引。礼家读‘然’，声之误也。”《经典释文》：“慎，依注作引。羊刃反。”“慎”的上古音是禅母真部，“引”的上古音是余母真部，“然”的上古音是日母元部。郑玄称“声之误”是说“然”的上古音可以与“慎、引”相通。这个证据表明在东汉以前，日母与禅母、余母音近可通，而与复辅音无关。

㉓另可参看张永言《语文学论集（增补本）》（语文出版社，1999 年，第 154 页）。又，张永言先生《语文学论集（增补本）》中有《水经注中语音史料点滴》（1983 年）和《郦道元语言论拾零》（1964 年）二文专论《水经注》中的语音史料问题，而台湾学者陈新雄也有《郦道元水经注里所见的语音现象》（后收入陈新雄《锲不舍斋论学集》，台湾学生书局，1984 年）。二氏所论各有特色，互可发明。

㉔王利器：《颜氏家训集解》，中华书局，1993 年。

㉕据陈章太、李行健主编《普通话基础方言基本词汇集（第 5 卷）》（语文出版社，1996 年）第 4716 页“古泥来母的分混”方言地图，可知在汉语方言中泥母与来母相混，可自由变读，读为 l 的地区有连云港、南京、安庆、常德、

毕节、遵义、贵阳、桂林；读为n的地区有信阳、襄樊、武汉、宜昌、天门、兰州、达县、南充、成都、重庆、西昌、大理等。（光华按，我的方言是重庆话，按照我的方言读音是把n声母读为l声母，而不是相反。这在四川方言中是比较普遍的现象）

㉖光华按，在现代吴方言的音变中，山摄（和咸摄）的寒山删先仙元各韵往往失去-n尾，而读为阴声韵。如苏州方言中的-n只出现在高元音i、u、y和央元音ə的后面，-ŋ只出现在低元音a与后元音o的后面。苏州方言中的山摄与咸摄都读阴声韵（参看袁家骅《汉语方言概要（第二版）》，语文出版社，2001年，第61、73页；陆志韦《陆志韦语言学著作集（一）》，中华书局，1985年，第198页；陈立中《湘语与吴语音韵比较研究》，中国社会科学出版社，2004年，第95~97页；钱乃荣《当代吴语研究》，江苏教育出版社，1992年）。因此，我们似乎有理由认为《广韵》指出的江淮间的这种音变现象属于现代吴方言中的音变现象，然而不是中古时代的吴方言（六朝时代的金陵方言应该属于当时的吴方言。参看鲍明炜《六朝金陵吴语辨》，收入《吴语论丛》，上海教育出版社，1988年），而是中古时代的楚方言。这表明中古时期江淮之间流行的楚方言是现代吴语的前身，东晋时代的吴语不是现代吴语的前身。《史记索隐》提到陈楚俗"桓"声近"和"，古书明确称其属于楚方言的音变现象。当时的陈楚诸国只可能流行楚方言，而不是当时的吴方言。如果这个推断可以成立，那么在现代吴方言中的山摄失去-n尾而读为阴声韵的现象就可以追溯到六朝以前的楚方言，而不是东晋时代的吴方言［最近注意到林语堂有相关专门论文《陈宋淮楚歌寒对转考》，收入《庆祝蔡元培先生六十五岁论文集》（"国立中央研究院"历史语言研究所，1933年）。林语堂也认为在汉代及以前的陈宋淮楚地区存在歌寒对转，此断非当时吴方言的音变现象］。而且古书中还记载了似乎是相反方向的音变现象。考《尚书·禹贡》："蔡、蒙旅平，和夷底绩。"《经典释文》（《十三经注疏》，中华书局，1998年）第150页称："郑云'和读曰洹'。"《水经注》卷三十六《桓水》注引郑玄之说"洹"作"桓"。这种现象似乎可以解释为歌部的"和"在舌根擦音后面发生了鼻化现象［这种鼻化音变在民族语言中有类似现象，《藏缅语语音和词汇》（中国社会科学出版社，1991年）第249页提及在彝语西部方言语音系统中，"h与任何元音相拼时，都使元音鼻化，如ha[33]'破'的实际读音为hã。"同书第251页提到在彝语西部方言语音系统中，"喉擦音h往往带有鼻化"。同书第263页提到在傈僳语中，"鼻化元音除自成音节外，只与h相拼"。同书第270页提到在纳西语东部方言语音系统中，"韵母v、və与舌根音x相拼时，有鼻化现象"。可见喉擦音声母与鼻化元音关系密切。类似的鼻化音变现象如王楙《野客丛书》卷二十三"地名语讹"条称："镇戎军有笄头山，隗嚣使王元猛塞鸡头道即此也。后讹为訮屯山。"则是"头"鼻音化为"屯"］。

但是也有另一种解释的可能，就是这里的"洹"不是阳声的桓韵，而是读阴声韵。在白语中有类例，如白语没有鼻音韵尾，汉语中带鼻音韵尾的词借入白语后，都失去鼻音尾［参看孙宏开等主编《中国的语言》（商务印书馆，2007年）第517页］。

㉗关于阴阳对转音理上的解释，徐通锵先生《"阴阳对转"新论》（收入徐通锵《汉语研究方法论初探》，商务印书馆，2004年）一文用现代语言学理论作了自己的研究，认为阴阳对转的机制是由古代方言间的叠置式音变（即文白异读）造成的。自成一家之言，可以参看，但不是定论。

㉘另可参看朱正义：《关中方言古词论稿》，上海古籍出版社，2004年，第60~61页。

㉙（前秦）王嘉：《拾遗记》，上海古籍出版社，1999年，第555页。

㉚熊燕：《客赣方言语音系统的历史层次》，北京大学博士学位论文，2004年。

㉛陈水润：《水东方言的语音特点》，《广东石油化工专科学校学报（社科版）》1994年第2期。

㉜林伦伦：《粤西闽语的音韵特征》，《语文研究》1998年第2期。

㉝这是受合口介音的影响由ŋ唇化音变为m。

㉞明母字在闽方言中读为b声母是很常见的现象。例如陈章太、李如龙《闽语研究》（语文出版社，1991年）第3页"论闽方言的一致性"之"闽方言十八点声母对照表"提到微母的"味"古为明母，在泉州、永春、漳州、龙岩、大田这五个方言点都读b声母。在厦门方言中b声母已经清化为p声母。我曾经考虑过闽方言中是否存在过ŋu→ɦu→bu的音变过程，也就是后鼻音声母先气化为匣母，再由匣母合口发生唇齿化音变，成为b。我久经思考后发现不能这样解释音理。因为闽方言中的舌根鼻音按规律只能音变为g，不能音变为ɦ，"论闽方言的一致性"一节所考察的闽方

言十八点无一例外。因此，我们只能从音理上解释为合口介音使得声母 ŋ→m 音变，进而 m→b 音变。又据同书第 11 页，匣母字“旱”在莆田方言中读 mua，在大田方言中读 muã，而在沙县方言中读 ŋuĩ，于是我推断其音变过程是闽方言中的匣母合口 ɦu→ŋu→mu→bu 音变（“旱”虽是开口字，但在某些闽方言中一定是合口，如果不是合口，则不能有这样的音变过程）。

㉟雷州方言的疑母合口字的这些音变例子甚至有助于解释古文字中一些特殊的通假字现象。例如，上海博物馆藏战国楚简《容成氏》第五简：“又吴迥。”古文字学家（如李零）一般将其读为“有无通”。这就把疑母合口的“吴”通假成了明母的“无”。这与任何复声母都无关，可以解释为合口介音将后鼻音声母同化为唇鼻音声母，正如同雷州方言的情形一样。在古文献中也有例证可寻。考《左传·哀公十一年》：“公叔务人见保者而泣。”其“公叔务人”在《礼记·檀弓下》作“公叔禺人”。明母的“务”和疑母的“禺”是通假字［王念孙《六书音均表书后》就认为二者是通假字，见罗振玉编《高邮王氏遗书》（江苏古籍出版社，2000 年）第 150 页］，其音变原理也是“禺”合口介音（其中古音是虞韵）将后鼻音声母同化为唇鼻音声母。

㊱詹伯慧：《广东粤方言概要》，暨南大学出版社，2002 年。

㊲我们认为这样的音变是在汉语方言中发生的，虽然可能受到了壮侗语底层的影响，但音变方向与壮侗语中的内爆音有所不同。据梁敏、张均如《侗台语族概论》（中国社会科学出版社，1996 年）第 93 页的论述：“ʔb、ʔd 起变化往往是成对的，一个变，另一个也变，而且变化的趋向大都一致，如壮、傣等语言，ʔb、ʔd 要么分别变成鼻音 m、n，要么分别变成通音 v、l。”似乎没有变成零声母的。另参看王福堂《壮侗语吸气音声母 ʔb、ʔd 对汉语方言的影响》［《语言学论丛（第 33 辑）》，商务印书馆，2006 年］。这是在壮侗语内部的音变趋势，在汉语方言中也许有所不同。其详细情况尚待深入研究。在汉语方言中还有端母读为 ʔd 而不进一步音变为其他声母的现象。如唐伶《永州南部土话语音研究》（北京语言大学出版社，2010 年）第 129 ~ 130 页论述永州南部土话中有的方言点将端母读为 ʔd。另外，我注意到不仅是端母字，而且定母仄声字也读零声母，这显然是其清化后与端母字合流的结果。定母平声字与透母合流。这种现象显示出端母字与定母仄声字读零声母一定发生在全浊声母清化以后，最早也在唐代［初唐已有浊音声母清化的现象。中唐时代白居易的名篇《琵琶行》以“住、部、妒、污、数、度、故、妇”为韵，则是上声和去声通押，其中凡是上声字都是浊声母，如“妇”是浊上字，是奉母。这表明白居易时代已经发生了浊上变去的音变，也意味着那时的全浊声母在实际的北方语音中已经发生了清化音变。关于浊上变去，学术界多举韩愈《讳辨》中的“杜”（上声）和“度”（去声）谐音为例。我们这里补充白居易的例子，类例尚多］，与上古音变无关。我国自唐朝以后，汉民族文化对周边民族的同化力大为增强，超过了前代。我认为端母字与定母仄声字读零声母的现象与其看成是汉语受到了壮侗语的影响，不如看成是壮侗语民族汉化时受了本民族壮侗语底层的影响，将汉语的端母字与定母仄声字读成内爆音，进而音变为零声母。也就是说，那些将汉语的端母字与定母仄声字读作零声母的雅瑶、台山、赤坎三地的原住民很可能最早不是汉语民族人，而是壮侗语民族人。

㊳李星辉：《湖南永州岚角山土话音系》，《湘南土话论丛》，湖南师范大学出版社，2004 年。

㊴在广东各方言中表示“他”的人称代词往往写作“佢”，相当于古代汉语表示第三人称代词的“渠”。

㊵曹志耘等编绘：《汉语方言地图集》，商务印书馆，2008 年。

㊶张晓勤：《宁远平话研究》，湖南教育出版社，1999 年。

㊷郑张尚芳：《上古音构拟小议》，《语言学论丛（第 14 辑）》，商务印书馆，1984 年。

㊸曹志耘：《严州方言语音特点》，《语言研究》1997 年第 1 期。

㊹有的音韵学者所主张的上古音中的喻四本来就是 l-。

㊺在建德、寿昌方言中，影母读舌根鼻音声母的现象甚普遍，如“矮、安、弯、碗”。这种音变现象极为普遍，参看本书第三章第十三节的有关注释。在淳安方言中，“乌、永、匀”读 v 声母。这一定是云母的“永”和以母的“匀”先变成了零声母，由于还是合口，于是发生唇齿化音变 w/u→v。因此，合口的喻母字“永、匀”才与影母字“乌”一起读为 v 声母。这样的音变过程说明严州方言的喻母字不可能保留有上古音。

㊻本书认为以母在上古音中就有零声母的音变情况。

㊼在甲骨文，中第一人称代词的“余”表示单数，不表示复数，参看陈梦家《殷墟卜辞综述》（中华书局，1988年）第96页和孟世凯《甲骨学辞典》（上海人民出版社，2009年）第302页。

㊽东汉蔡文姬的《悲愤诗》：“人言母当去，岂复有还时。阿母常仁恻，今何更不慈。”光华按，从此可知东汉时代就有当面称母亲为“阿母”的现象，而厦门方言就是当面称母亲为“阿母”，也有称“阿妈”的。可知这样的称谓继承了一个古老的传统。汉乐府《十五从军征》：“家中有阿谁?”《三国志·庞统传》：“阿谁为失?”王力先生《汉语语法史》（商务印书馆，1989年）第二章“名词”认为作为接头词的“阿”是来自上古汉语的“伊”。当属可信。

㊾曹志耘：《严州方言语音特点》，《语言研究》1997年第1期。

㊿我怀疑这个粤方言字是“等”字的方言音变。

(51)陈章太、李如龙：《闽语研究》，语文出版社，1991年。

(52)王福堂：《汉语方音字汇》，语文出版社，2003年。

(53)袁家骅：《汉语方言概要》，语文出版社，2001年。

(54)还可参看陈章太、李如龙《闽语研究》（语文出版社，1991年）第146~147页。

(55)参看项梦冰、曹晖编《汉语方言地理学》（中国文史出版社，2005年）第94~95页。

(56)曹志耘：《严州方言语音特点》，《语言研究》1997年1期。

(57)光华按，以时代层次论之，在声母方面，寿昌方音的时代性最早，其次建德，最晚近的是遂安和淳安。但在韵母方面未必是这样的时代顺序。

(58)我要说明的是其中的“训、血”都是晓母合口字，而hu向f音变广泛存在于汉语方言中。严州方言的这种现象显示出“船、顺”曾经与晓母的“训、血”合流过。这个方言事实可以进一步证成我的解释。

(59)我的解释与项梦冰等学者的看法不同。

(60)陈章太、李如龙：《闽语研究》，语文出版社，1991年。

(61)参看《汉语方言词汇》（语文出版社，2005年）第369页。同书同页提到“爬”在建瓯方言中读两个音节“pa、la”。原注称：la是“爬”（pa）的衍音。光华按，la（拉）用在词尾作衍音的情况在全国方言中很常见，与音变无关。

(62)根据王福堂等《汉语方音字汇（第二版重排本）》和李荣主编《现代汉语方言大词典（合订本）》，“爬”似乎从来没有读来母的，我们这里提到的部分湖南方言的读音是例外，不能用音变去解释。

(63)参看陈章太、李行建主编《普通话基础方言基本词汇集（第2卷）》（语文出版社，1996年）“合肥音系”节。值得注意的是，此书的第1820页把合肥方音中的“挨、爱、艾、碍、哀”都归入零声母；而王福堂等《汉语方音字汇（第二版重排本）》把这些字都归入ʐ声母。其中是非尚待进一步的方言调查，现在不予讨论。多卷本的《现代汉语方言大词典》正好没有“合肥方言卷”。

(64)参看项梦冰、曹晖编《汉语方言地理学》（中国文史出版社，2005年）第173~174页。项梦冰称这是“相当晚近的音变现象，而且并不限于惠州”。这是正确的。在广东各地的粤方言中有不少云母和以母读z-的现象，这都是中古以后的音变，与上古音中的以母与邪母相通无关。

(65)黄侃：《黄侃论学杂著》，上海古籍出版社，1980年，第103~105页。

(66)黄侃先生还有一篇《论音之变迁属于时者》（《黄侃论学杂著·声韵略说》），也可参考，今作为旁证引述全文如下：

段君有音韵随时代迁移说。略云：“唐、虞而下，隋、唐而上，其中变更甚多；音韵之不同，必论其世，约而言之：唐、虞、夏、商、周、秦、汉初为一时，汉武帝后洎汉末为一时，魏、晋、宋、齐、梁、陈、隋为一时；古人之文具在，凡音转、音变、四声，其迁移之时代，皆可寻究。”今案：段君言音韵当论其世，是也，而所分时代，只得大齐。实说者，音韵迁流，百年前后，即生区畛；以今验古，足信其然。惟音用圆神，蜕代之迹，不甚明了；必合数百年观之，差别始大显耳。

《说文序》曰：“六国之时，言语异声。”据此片文，足征自古语言，随时迁异。是故有輶轩之使，采录远古之言。

子云《方言》之作，如其《答刘子骏书》所云：其根柢纯本于严君平、林闾翁孺所得輶轩之使旧奏；然后把弱翰，赍油素，以问诸方人，加以论思而燕其疑。（光华按，黄先生在此并非忠实引述杨雄的原文，而是隐括其意而加以引述，所以我们不加引号）。计汉时，去古未远，而方音迁变，固已多矣；故其书自叙其例，有云："敦、丰、庞、乔、怃、般、嘏、奕、戎、京、奘、将，大也。皆古今语也，初别国不相往来之言也，今或同。句。而旧书雅记故俗语，不失其方（黄侃自注：句。旧书七字连读，言旧书雅记中所载故时之俗语也）；而后人不知，故为之作释也。"又云："假、狢、怀、摧、詹、戾、艐、至也，皆古雅之别语也，今则或同。"如上二文，可知古今转移，为变甚大，以《说文》形声偏旁论之，"存"，从子，才声，此与"在"，一音一义也，而《诗》之"存"字，已入痕韵；"元"，从一，兀声，此与"原"异音异义也，而经传多用为同字。是音之变可明者，一也。《诗》之"龙"字，皆在东韵，而《楚辞》以韵"游"（黄侃自注：以音理言之，犹"农"有"獿"音）。是战国时，楚音有此，今我荆湖南北皆无此音。是音之变可明者，二也。《方言》所载楚语，今多不存，而今之楚语，多为《方言》所称他国之语。是音之变可明者，三也。古虽有一字数读，然不异纽，则异韵；未有不易纽韵，而徒以音之轻重表意者。汉人则厚薄、主簿有分（黄侃自注：簿即薄字之变）。荼毒、荼迟有分，无为、相为有分，相与、干与有分，奇伟、奇偶有分，旅祭、旅陈有分，即四声成立之渐。是音之变可明者，四也。古有平、入而已，其后而有上、去。然法言以前，无去不可入。《切韵》之后，去、入始有严介。宋人词律，于去声尤谨。是音之变可明者，五也。榷举数条，而音从时变之义已憭。若夫诸夏杂夷狄之言，南国受雅言之绪，详其征佐，且俟余篇。

以上是黄侃先生的原文。光华按，黄先生的这些论述非常重要，其中有些观点较少被学术界注意。今稍作点评：如黄先生曰：《诗》之"龙"字，皆在东韵，而《楚辞》以韵"游"（黄侃自注：以音理言之，犹"农"有"獿"音）。今按，钢和泰《音译梵书与中国古音》（《胡适学术文集·语言文字研究》，中华书局，1993 年，第 238 页）指出，在北宋初期法天翻译的梵文咒语中，"例如'龙'字，法天读如 Lu，没有鼻音的收声。……我们研究回鹘文译的汉音，'龙'字也读如 Lu，不读如 Lung。所以我想法天的方音里，'龙'字一定读如 Lu，不读如 Lung。'曩'字，法天读作 Na，不像今音读如 Nang。"胡适先生加有一个按语："'龙'变为 Lu，'曩'变为 Na，与'侬'变为'奴'，'阿侬'变为'阿奴'，正同一例。此必是宋时确有这个变迁。"钢和泰与胡适的论述大可与黄侃先生此文相参证。而且根据岑仲勉《西突厥史料补阙及考证》（中华书局，2004 年）第 248 页，汉语的"龙"在突厥文中的音译是 lúu，与钢和泰之说相合。冯·加班《古代突厥语语法》（内蒙古教育出版社，2004 年）第 49 页论述："回鹘文中表示同一汉字的"龙"有 loŋ、luo 等变体。"聂鸿音《回鹘文〈玄奘传〉中的汉字古音》（《民族语文》1988 年第 6 期）注意到 11 世纪左右成书的回鹘文译本的《玄奘传》，里面的汉语借词的宕摄和梗摄字在借入回鹘文中都变读为阴声韵，失去了后鼻音韵尾。罗常培《唐五代西北方音》根据汉藏对音也早就指出了在唐五代的西北方音中的宕摄和梗摄有类似的失落鼻音尾的音变现象，此不录（又可参看蒋绍愚《近代汉语研究概况》的有关章节）。据高田时雄《回鹘字注音的吐鲁番汉文写本残片》（《敦煌·民族·语言》，中华书局，2005 年）的考察，用回鹘语拼写的吐鲁番文书中的"当、上、方、广"都是 o 韵，失落了鼻音尾。另外，在彝语中"龙"也是读为 lu^{33}。彝族人是以龙为图腾的，可参看马学良《白狼歌中的"偻让"考》（《马学良民族研究文集》，民族出版社，1992 年）一文。根据戴庆厦、孙宏开等编著《藏缅语语音和词汇》（中国社会科学出版社，1991 年）第 492 页"龙"字条，可知"龙"在彝语中有数种读法：lu^{21}、lo^{21}、lo^{33} 等［但没有记录马学良先生所说的 lu^{33} 这样的读音。而黄布凡主编《藏缅语族语言词汇》（中央民族学院出版社，1992 年）第 102 页"龙"字条称彝语的喜德方言读 lu^{33}，与马学良先生之说相合。《汉彝词典》第 490 页称"龙"有 lu 音，而没有标音调］，在傈僳语中读 lu^{31}，在纳西语中读 lv^{31}，在白语中读 lu^{21}、nv^{21}，在怒语中读 lu^{31}、liu^{35}。这些汉藏诸语言中的"龙"的读音一般都被认为是从汉语中来的借词，都是阴声韵，完全能够证明黄侃、钢和泰的观点是对的。《章太炎国学讲义》（海潮出版社，2007 年）第 81 页早已指出："'等'字一多肯切，一多改切；'莽'字，一模朗切，一莫补切。'等'本与'待'相通借，多改切之'等'，即出于'待'。莫补切之'莽'，古书中不乏其例。《离骚》莽与序、暮为韵。又莽何罗，即马何罗。"

又，黄侃曰：汉人则厚薄、主簿有分（黄侃自注：簿即薄字之变）。荼毒、荼迟有分，无为、相为有分，相与、干与有分，奇伟、奇偶有分，旅祭、旅陈有分，即四声成立之渐。今按，这正是后来学者们论述的“四声别义”的问题。黄侃认为“四声别义”兴起于汉代，非先秦所有，后来周祖谟先生的《四声别义创始之时代》（《周祖谟学术论著自选集》，北京师范学院出版社，1993 年）一文称：“以余考之，一字两读，决非起于葛洪、徐邈，推其本源，盖远自后汉始。魏晋诸儒，第衍其绪余，推而广之，非创始也。”周祖谟先生此文考察了郑玄《三礼注》，高诱《吕览》《淮南子注》，服虔和应劭各自的《汉书音义》，发现“其中一字两音者至多”。实则，黄侃先生远在周祖谟先生之前早已有此观察，周祖谟先生之文没有提到黄侃之文。吴秋辉《侘傺轩文存》（齐鲁书社，1997 年）第 213 页“口”字条：“读以善善、恶恶、道道、转转、磨磨、上上、下下等，凡一字而兼有动静两义者，率皆以声为别。”李如龙《论音义相生》（《汉语方言的比较研究》，商务印书馆，2001 年）也讨论了类似的问题。陈梦家《中国文字学》（中华书局，2006 年）第 60 页稍稍提到：“象形字具有一切词性。词性变更了，往往用‘声调’来区别它，如长短的长（A）为平声，长高的长（V）为上声。在英语中，动词用作名词，或名词用作动词，它们的区别法有二：一是以带音不带音为区别，二是以 Accent 的前后为区别，……和汉语以四声区别很相似。”孙玉文的《汉语变调构词研究》（北京大学出版社，2000 年）专门讨论古汉语中用四声别义来构词的现象。用声母的清浊交替来别义似乎在民族语言中还有例证。如在阿昌语中就有用浊声母表示自动，用相应的清声母表示使动。这与古汉语的清浊别义简直一模一样。如读为浊声母的“见”（后写作“现”）与清声母的“见”正是浊声母为自动，清声母为他动，而“他动”正可以理解为“自动”的“使动”化。在古汉语中类例甚多，参看《梅祖麟语言学论文集》（商务印书馆，2000 年）中的《内部拟构汉语三例》。同时古书中还有用四声来区别自动和他动的。如《史记·平原君虞卿列传》：“居顷之，而魏请为从。赵孝成王召虞卿谋。过平原君（《索隐》过音戈）。平原君曰：‘原卿之论从也。’虞卿入见王。王曰：‘魏请为从。’对曰：‘魏过。’（《集解》光卧反）”《索隐》和《集解》的注音表明“过”读平声是他动词，读去声是自动词。这个现象也值得深入研究。不过，我们也不能完全忽视不同的意见。如段玉裁《说文解字注》“宿”字注称：“息逐切，三部。按，去声息救切。此南北音不同，非有异义也。‘星宿’‘宿留’非不可读入声。”

㊼高本汉《中国音韵学研究》的重大科学价值之一就是利用了大量的方言材料来作为构拟古音的参考。董同龢《汉语音韵学》也很重视古音在现代方言中的读音情况。然而后来享有盛名的李方桂《上古音研究》却几乎没有利用任何方言材料。我们认为这是一个缺陷。根据《李方桂先生口述史》（清华大学出版社，2003 年），李方桂先生在此书中一再声称对汉语方言没有研究。这也许是事实。

㊽现代方言中的某些材料表面上似乎与复声母相似，实则毫不相关。如在山西平定方言中似乎有复声母 tɭ、tsɭ、kɭ、k‘ɭ。但这些复声母根本不是上古音的遗留，而是现代方言中的儿化音变，只出现在多音节词中，是儿韵尾导致了声母的复辅音化。山东济宁的金乡方言的儿化音变也是使“儿”（ɭ 或 r）插入声母和韵母之间而成为一种中缀，形成一种特殊的复声母，然而这也与古音无关。学术界对这类音变现象已有定论，可参看徐通锵《山西平定方言的“儿化”和晋中的所谓“嵌 l 词”》（《中国语文》1981 年第 3 期）、马凤如《山东金乡话儿化对声母的影响》（《中国语文》1984 年第 4 期）、王洪君《汉语非线性音系学》（北京大学出版社，1999 年）第 208 ~ 211 页。

第八节　对基于汉藏语系的汉藏对音的批评

现在有许多学者在研究汉语上古音的时候，要参照古藏语的语音特征。他们这样做是首先无条件地承认有汉藏语系的存在，然后根据汉藏语系这个假设前提找出一批汉藏语同源词，并且认为汉语上古音的音系特征必须符合汉藏语同源词对音的要求，否则是不科学的。这一论调近数十年来备受关注，被有的学者看作汉语上古音研究的主流方法。然而，本书经过慎重研究，终于不能苟同这种观点。我们这里专立一节，对立足于汉藏语系的汉藏对音和汉语上古音研究的关系问题谈一些批评性的意见[①]，分条列举如下：

（1）从语法学的角度来说，有线索显示上古汉语与所谓的共同汉藏语或原始藏语已经有很大的区别。从商代甲骨文到上古汉语的语序都是SVO占绝对优势，SOV的句式虽然存在，但所占比例不大，而且有语法标记的限制。而现在的藏缅诸语言一般是以SOV为基本特征，这个特征被学者们认为是保留了远古的形态。有的汉藏语学者为了证成汉藏语系的观点，拼命证明远古汉语发生过SOV→SVO的演变，然而证据薄弱，主观猜测过多，难以服人[②]。商代的甲骨文已经是以SVO为主的语言[③]。因此，若果真存在过汉藏语系，那么在甲骨文时代的汉语和藏语就早已有了很大的不同。我认为无论汉藏语是否同源，古藏文对汉语上古音的研究和构拟并无重大的参考价值。何大安《声韵学中的观念和方法》[④]第255页论及："汉语从其他汉藏语系语言分化出来的年代，可能相当早。在汉文化逐渐凝铸的同时，汉语必然曾经与东亚地区的其他语言有过深刻的接触，而它的简化则在文字创制以前便完成了。所以在从殷商甲骨文以来的书写系统里，已经不太看得出来原始汉藏语声母、韵尾上种种繁复的特征。汉语的基本骨干在三四千年以前定型以后，仍然不断与北方、南方的非汉语发生接触与融合，留下各种顶层与底层的影响痕迹。"何大安先生的这段见解非常正确[⑤]。我补充的是：上古汉语的基本语序框架是SVO，而SOV的句式一般是代词在否定句中或疑问代词作宾语时，才需要前置于动词[⑥]；而且在上古汉语中，就算是有条件的宾语前置有时也有例外。考《左传·宣公三年》："螭魅罔两，莫能逢之。用能协于上下，以承天休。"这里各本皆作"莫能逢之"，没有作"莫之能逢"的。《说文》"鼎"字注、《群书治要》卷五以及《太平御览》多处引《左传》此文皆如此作。而古书中本来多有"莫之能V"这样的句式。如《诗经·溱洧》小序称："刺乱也。兵革不息，男女相弃，淫风大行，莫之能救焉。"又《史记·苏秦列传》："奉阳君弗说之。"而不是作"奉阳君弗之说"。类例甚多[⑦]。可见即使在否定句中，代词作宾语也不一定要前置于动词。我们实在没有充分的根据说明在远古古汉语中发生过大规模的SOV→SVO的演变。日语、朝鲜语以及众多的阿尔泰诸语言都是SOV的语序，千年来没有发生过向SVO的演变。为什么偏偏汉语在远古时代就发生过大规模的SOV→SVO的演变呢？其动力是什么呢？如果学者们不能作出有力的解释，那就不能取信于人。

有的学者找出的其他一些例子并没有准确理解古文献。如冯胜利《论上古汉语的重音转移与宾语后置》[⑧]提到上古汉语有的名词宾语也可以置于动词之前。举例如：①《尚书·皋陶谟》："慎其身修。"光华按，此例不可靠。其中的"身"不是"修"的宾语前置，而是"身修"一语作"慎"的宾语，"身修"的结构同于"家齐、国治、天下平"，绝对是主谓结构，不能当作宾语置于动词前。②

《周礼·大宗伯》："荐豆、笾彻。"[9] "笾彻" 并不是宾语前置，其本身就是主谓结构，虽然在意思上同于 "彻笾"。与此相同的有《庄子·德充符》："为天子之诸御：不爪翦，不穿耳。" 今按，"爪翦" 的结构同于 "腰斩"[10]，也是主谓结构。古书中这种错综成辞的情况，俞樾《古书疑义举例》卷一 "错综成文例" 有专门的讨论。上古时代的及物动词与不及物动词常常是同一形式，虽然上古时代确实存在用声母的清浊来区分动词的及物与不及物，但不是一概如此，不可以偏概全。③《左传·昭公十九年》："谚所谓 '室于怒，市于色' 者。" ④《墨子·非乐上》："启乃淫溢康乐，野于饮食。" 光华按，这两个例子明显不是上古汉语 SOV 句式的体现，"室于怒，市于色" 就是 "怒于室，色于市" 的倒装形式，是上古谚语的强调手法[11]；又，冯胜利明显把 "野于饮食" 解释为 "饮食于野" 的倒装，即使如此，也不是动词的宾语置于动词之前。更何况对于《墨子·非乐上》的 "野于饮食"，学者们有不同的解释。据孙诒让《墨子间诂》[12]，清代学者毕沅、孙星衍的观点认为这里的 "野于" 是 "于野" 的讹文。而且《墨子》在 "野于饮食" 的后面很快就有 "渝食于野" 这样的文句，我们没有理由说 "野于饮食" 是原始汉语的遗留句式，而 "渝食于野" 是后来的句法演变。联系《墨子》原文的上下文语境 "野于饮食，将将铭苋磬以力"[13]，我认为《墨子》原文这里之所以出现比较特殊的倒装句式，是因为要 "食" 和 "力" 押韵，二者上古音押职部[14]。我们有理由说在先秦汉语中的正常句法是 "饮食于野"，而不是 "野于饮食"，我们绝不能说 "野（郊野）于饮食" 是远古汉语的古老形式，后来发展演变成 "饮食于野"。考《周礼·司暴》："以属游饮食于市者。"《诗经·硕鼠》小序："刺重敛也。国人刺其君重敛，蚕食于民。"《诗经·株林》："乘我乘驹，朝食于株。"《仪礼·燕礼第六》："尊士旅食于门西。"《仪礼·大射礼第七》："尊士旅食于西鑮之南。"《汉书·哀帝纪》："及赐食于前。"《上海博物馆藏战国楚竹书（二）·容成氏》有曰："后稷既已受命，乃食于野，宿于野。" 这是出土的战国时代的文献，断非伪造或篡改。类例甚多。冯胜利此文所举的这些例证皆不能成立。他想证明远古汉语是 SOV 句式的语言，不亦难乎？

冯胜利此文还有一个很大的自相矛盾之处。其文称："我们知道，就语言的一般规律而言，SVO 型的语言的普通重音都在句末（如英语），而 SOV 型语言的重音一般都在动词左边的宾语上（如日语跟德语）。如果说原始汉语是 SOV 型的语言，那么它的重音形式应该在动词左边。" 但冯胜利同文又说汉语中的代词一般是轻读的（他是根据一些合音词来判断的），也就是句子的重音不会落在代词上面。然而正是否定句中的代词宾语和疑问代词宾语常常置于动词之前而成为 SOV 的句法。冯胜利这里的论述完全是自相矛盾的，因为他一方面说 SOV 的句法中的 O 要重读，而这个 O 在上古汉语中一般是代词，而他又说代词一般不会重读。这不是左手打右手吗？他用句子重音后移来解释上古汉语发生过 SOV→SVO 的演变，这也是没有说服力的。因为如果句子重音后移，那么句子的重音应该落在动词上。但按照冯胜利的解释，句子重音只能落在宾语上面，所以导致了宾语后移。冯胜利的这个解释完全出于主观猜测，没有实证的根据，是不能令人信服的。

现代汉语的有些句型不能作为汉语有 SOV 的证据。例如，"他什么都懂" "他哪儿也不去" "他任何事都不想做"，这些句子中的重音都只能是在动词前的疑问词上面。有的学者认为现代汉语中的这些句式都明显是为了强调宾语而把这些表示全称的疑问词提到动词前面，这是倒装句。有的学者反驳说这不是倒装句，而本来就是宾语前置，是汉语本来就有 SOV 句型的证据。因为如果是倒装句，那么应该能够将倒装的宾语还原到动词的后面，但实际上这些疑问词都不能还原到动词之后，可见这是正常语序，与倒装无关。这样的疑问词为了达到强调的目的一般需要标记成分的 "都" 或 "也"。我现在的意见是，这种带有标记的疑问词位于动词之前表全称与 SOV 无关。这些句子中的疑问词加“都/也”根本没有必要看作宾语，而应该分析为与后面的动词一起构成主谓结构的述语，也就是“他”是主语，“什么都懂”“哪儿也不去”“任何事都不想做”这些成分都是主谓结构作述语，没有宾语出现[15]。我这样分析还有日语可作旁证。有趣的是，在日语语法中有与汉语的这种句型几乎一模一样的情况。在日语中也是疑问词加［も］表示全称[16]。这个时候，一定不能加上表示宾语的格助词［を］。也就是说，在日语中这样的句型也是主谓结构，不是宾语加动词[17]。一般学者纠缠在宾语是倒装还是本来就前置的问题上，结果还是没能解决问题。有的学者还利用它来证明现代汉语也有 SOV 的句型，这真是不幸。

另外，如在“连他也不知道”这样的句子中，代词的“他”显然要重读。“他不去，我们去”中的“他”和“我们”都要重读，因为它们是比较重音。更考《史记・秦始皇本纪》：“故曰‘安民可与行义，而危民易与为非’，此之谓也。”《史记・乐书》：“诗曰：‘诱民孔易’，此之谓也。”《左传・宣公十二年》：“不行谓之《临》，有帅而不从，临孰甚焉！此之谓矣。”这些句中的代词“此”一定要重读，类似的文句在上古文献中非常多。因此，不是如同冯胜利所说的代词在句子中一般不会重读，代词重读的现象很多。冯胜利此文下了很大的功夫，然而考论未密，疑窦尚多，未可凭信。

还有的学者找出了“唯命是从”这样的句型，认为其中的“是”是代词作宾语置于动词之前，是重复本来的宾语“命”[18]。这样的结构在先秦文献和古文字材料中已经存在，所以必须辨明。首先，根据潘玉坤《西周金文语序研究》[19]第 217 页的论述：“西周铭文宾语前置不多，出乎我们的意料。若与甲骨卜辞相比，最值得注意的变化要算肯定句中代词宾语前置现象的出现和‘唯……是……’式的产生。后来的典籍，这两种形式的宾语前置出现都很正常。”这段话有两点值得注意。一是肯定句中代词宾语前置现象和“唯……是……”式都是在西周时代才出现的，在商代甲骨文中没有这种现象，可见它们不是原始汉语的遗留，不能作为原始汉语是 SOV 的证据；二是潘玉坤把“唯……是……”式一概看成宾语前置是不妥当的。同书同页称：“所谓‘有规则’的宾语前置，实际包括了四种情形：1. 宾语为代词‘是/之’；2. ‘唯……是……’式；3. 借助结构助词‘于’将宾语提前；4. ‘唯 + 宾语 + 动词’式。除了第四式见于西周早期之外，其余三式均用于中期或晚期。”可见在西周金文中的宾语前置断然不会是原始汉语的残留，而一般是西周新兴的语言现象。举一个金文中具体的例子。西周晚期的《衵伯庸盘》曰：“其万年疆无。”[20]金文中的套语是“万年无疆”之类，称“其万年疆无”是比较偶然的现象，而且时代在西周晚期，类似的文句在西周中前期的金文中没有出现过[21]，因此断然与原始汉语的语序结构无关。

我认为“唯 O 是 V”句式中的“是”并不是一般人所说的代词，而是副词，训为“仅仅、只”或“乃”。“是”在上古汉语中很多时候不是用作代词，而是用作副词。如《论语・为政》：“子游问孝。子曰：今之孝者，是谓能养。至于犬马，皆能有养。不敬，何以别乎？”王引之《经传释词》卷九：“是，犹衹也。言衹能养也。”这里的“是”绝不能训为代词的“此”，只能是副词。我认为也可训为“乃”。“是谓能养”言乃谓能养；《诗经・葛覃》：“是刈是濩。”《诗经・生民》：“恒之秬秠，是获是亩。恒之穈芑，是任是负。以归肇祀。”其中的“是”都训“乃”。类例不可胜数。《左传・僖公四年》：“齐侯曰：岂不谷是为？先君之好是继。与不谷同好，如何？”杜注：“乃寻先君之好。”则分明训后一个“是”为“乃”。“唯命是从”言“只有您的命令才服从”（他人的命令不服从），这是对对方的尊敬之言；《左传・襄公十四年》：“鸡鸣而驾，塞井夷灶，唯余马首是瞻。”《左传・宣公十二年》："敢不唯命是听。"《史记·齐太公世家》："唯大夫更立公子之当立者，唯命是听。"这里的"是"也训"乃"。这个句式中的"唯"和"是"都是强调名词的标记，一般学者认为这是宾语位于动词的前面，即使如此，也只能看作是一种为了加强语气的倒装句，而不能看作是原始汉语的普通语序的遗留，因为这个句式带有明显的固定标记"唯"和"是"。因此，这样的例子不能作为在肯定句中代词也可以作宾语置于动词前的证据。又，这种句法在古文献中偶尔有省略"唯"字的情况。如《史记·殷本纪》："爱妲己，妲己之言是从。"有时可以省略"是"，如《国语·晋语四》："将夺其国，何有于妻，唯秦所命从也。"这里根本就没有"是"，仅有"唯"作标记。可知"唯"和"是"可以省略其中一个，其句法形式和意思都不变。所以我们可以说"唯……是……"句式中的"唯"和"是"所起的语法功能是相同的，其中的"唯"显然不是代词，那么"是"也不应是代词（代词似乎很难用作语法标记），不然二者的语法功能会有所不同。同在《左传》中，还可以有最简单的省略形式作"唯命"，如《左传·宣公十二年》："其俘诸江南以实海滨，亦唯命。其翦以赐诸侯，使臣妾之，亦唯命。"《左传·隐公元年》："佗邑唯命。"《左传·僖公三十年》："子若欲战，则吾退舍，子济而陈，迟速唯命。"《左传·哀公十三年》："将以二乘与六人从，迟速唯命。"《左传·定公元年》："若从践土，若从宋，亦唯命。"《左传·昭公元年》："鍼惧选，楚公子不获，是以皆来，亦唯命。"这些句子中的"唯命"只能理解为"唯命是听"的省略形式。鉴于有这样的情形，我现在甚至认为"唯命是听"这样的句法结构是主谓结构，而不是宾语提前[22]，因为在古汉语语法中，只有主语可以省略谓语，而不能只留下宾语而省略谓语。我强烈认为把"唯命是听"这样的句型分析为主谓结构更合理，这样一来很多麻烦都不存在了。而且我们还有其他的证据。如《国语·晋语二》："是之不果奉，而暇晋是皇。"韦昭注："暇，不暇；不暇以晋为务也。"其中的"皇"（就是后来的"惶"，当训为"急"）只能看作不及物动词，在上古文献中没有发现"皇"或"惶"带宾语的例子。所以前面的"是"只能解释为"乃"，而不是"皇"的宾语前置，这个句子只能分析为主谓结构，绝不是名词加复指代词作宾语提前。还可以比较《史记·三王世家》："唯命不可为常。"这个句子只能分析为主谓结构，不能说"命"是"常"的宾语前置。再比较《左传·昭公元年》："小国将君是望，敢不唯命是听。无乃非盟载之言，以阙君德，而执事有不利焉，小国是惧。"这段话很有研究价值。其中的"小国是惧"只能是"小国乃惧"的意思，是主谓结构，断不会是"惧怕小国"，否则文理不通。其中的"小国将君是望"的"是"依然是"乃"的意思，绝非代词。《国语·周语中》："君若惠及之，唯官是征。"《诗经·商颂·閟宫》："戎狄是膺，荆舒是惩。"也只能分析为主谓结构，断非宾语前置，其中的"是"训"乃"。《诗经·小雅·小旻》："谋之其臧，则具是违。谋之不臧，则具是依。"其中的"是"训"乃"，是副词，断不可能作为复指代词宾语前置，因为"是"的前面没有名词宾语。《诗经·南山有台》："乐只君子，德音是茂。"这个"是"肯定不是代词宾语前置，因为"茂"是形容词，而不是及物动词。《诗经·采菽》："平平左右，亦是率从。""是"的前面没有名词，所以这里的"是"肯定不是复指代词作宾语前置，只能训"乃"，是副词。《诗经·小雅·小旻》："匪先民是程，匪大犹是经。维迩言是听，维迩言是争。"这几个肯定句和否定句相并列，都只能分析为主谓结构。《诗经·日月》："日居月诸，下土是冒。"言"下土乃冒"。《诗经·山有枢》："宛其死矣，他人是愉。"肯定是"他人乃愉"的意思。《诗经·羔裘》："岂不尔思？中心是悼。"言"中心乃悼"，如果倒置为"悼中心"，则文理不通，可知绝非宾语前置。《诗经·小雅·雨无正》："匪舌是出，维躬是瘁。"其中的"维躬是瘁"只能是主谓结构，断不能分析为宾语前置，其中的"是"也显然不可能是代词。我们对此还可以提出一个很充分的理由：先秦文献中的“瘁”都是不及物动词或形容词，从没有带过宾语。举几个例子：《诗经·小雅·出车》：“忧心悄悄，仆夫况瘁。”《诗经·小雅·雨无正》：“戎成不退，饥成不遂。曾我䞄御，惨惨日瘁。”《诗经·小雅·蓼莪》：“蓼蓼者莪，匪莪伊蔚。哀哀父母，生我劳瘁。”《诗经·大雅·瞻卬》：“人之云亡，邦国殄瘁。”这其中没有一个是及物动词。所以“维躬是瘁”肯定是主谓结构。这个例子非常明显，足可以否定这类句型中的“是”是代词的传统说法。最后举一个例子：《诗经·破斧》：“既破我斧，又缺我斨。周公东征，四国是皇。哀我人斯，亦孔之将。既破我斧，又缺我锜。周公东征，四国是吪。哀我人斯，亦孔之嘉。既破我斧，又缺我銶。周公东征，四国是遒。哀我人斯，亦孔之休。”其中的“四国是皇”肯定是“四国乃皇”。我上面说过“皇”在上古文献中是不及物动词，没有带宾语的例子[23]。“四国是吪、四国是遒”中的“是”都训“乃”，这样意思既通顺，又合乎语法[24]。一般语法学家对这类句型的分析差不多都搞错了[25]。金文中的《陈逆簋》称：“子孙是保。”按照金文通例，这句话只能理解为“子孙乃保”，绝不是“保子孙”的意思。

在古书和古文字中还有一种句法常常被人误解为宾语前置。如《诗经·小雅·出车》：“赫赫南仲，猃狁于襄。”《诗经·大雅·崧高》：“四国于蕃，四方于宣。”《古代汉语虚词词典》[26]第765页、何乐士《古代汉语虚词词典》[27]第544页都认为这是宾语前置。只是何乐士此书有一个说明：其中的“于”相当于“是”，可不译出。这个说明是不可忽视的。王引之《经传释词》认为《诗经》“赫赫南仲，猃狁于襄”中的“于”相当于“是”；《虚词诂林》第17页引裴学海《古书虚字集释》称：“于，犹‘是’也。训见《经传释词》。”多有举例。此外还见于吴昌莹《经词衍释》。我认为王引之、裴学海、吴昌莹的意见是对的，这些例子中的“于”相当于“是”，训“乃”[28]，并非宾语前置。类似的文句见于金文，潘玉坤《西周金文语序研究》[29]第216页称：在金文中有例句是借助结构助词“于”将宾语提前。这也是错误的。我们认为这类句子也应当是主谓结构。

总之，我们没有理由说原始汉语的语序框架就是完全的SOV，后来发生过向SVO的转变[30]。那种推测空言无征，近于画鬼，其证据大多不能成立，学者们的错误主要是把上古汉语的主谓结构的句型分析成了宾语前置于动词，结果导致了上古汉语有许多SOV句式这一错误认识，并用以支持汉藏语同源说，这是很大的错误[31]。所以，我们有理由说上古汉语与藏缅诸语言已经是有根本区别的语言，即使有同源关系，在上古汉语时期，二者也分化已久，在语序上已经有明显的类型上的不同，在语音上绝不能精确对音，更何况汉藏语还未必同源。

（2）藏语的语序有一个特征是形容词和指示代词作定语时位于中心词之后，这与汉语完全不同。从甲骨文以来的汉语一直是形容词和指示代词作定语时位于中心词之前，几千年来没有发生变化。形容词如果位于中心词之后，那就变成了主谓结构，而不是定中结构。二者在语法上有完全不同的作用。我认为这绝不是小事。在日语中也是修饰语一定位于中心词之前，从古到今一两千年也没有发生变化。在朝鲜语中也是如此。这种语序在阿尔泰语系诸语言中极为普遍。阿拉伯语有诸多方言，但修饰语始终是在被修饰语的后面，千年来这种语序从未改变[32]。我们没有理由认为汉语在远古阶段发生过修饰语和中心词的语序的倒置现象，而且是毫无例外地完全颠倒。这简直匪夷所思。因为如果远古汉语真的发生过“中定”→“定中”的演变，那么在某些情况下一定会留下未变的痕迹，不可能毫无例外、干干净净地全变。我认为与其认为远古汉语发生过“中定”→“定中”的演变，不如说原始汉语本来就是“定中”式的语言，汉藏语本来就不同源。潘玉坤《西周金文语序研究》[33]第八章“特殊语序问题”讨论了西周金文中存在的定语后置的现象，并分类举例，如“介词结构作后置定语”“名词性后置定语”“动词性后置定语”“数词、数量短语作后置定语”。我们且不说这些分类讨论未必可靠，值得注意的是，这里面根本没有形容词和代词作后置定语的现象，与藏语完全不同。还有不少学者对这些金文中的文句有不同的分析和解释，不见得一定要处理为定语后置。例如《多友鼎》的“人孚(俘)”，潘玉坤解释说这就是“人之被俘者”，是定语后置。我认为这里的“人孚”在结构上相当于后来的“人犯”，不能看作动词作定语后置。“日盘、月轮”虽然在意思上是“如盘之日、如轮之月”，但其构词形式本身不是定语后置。语法分析强调形式，不能完全由意思来定。类似的例子如：《战国策・齐策四》：“齐人有冯谖者，贫乏不能自存。”有人就认为“齐人有冯谖者”属于定语后置，这是完全错误的分析。这句话只能分析为“齐人（中）有冯谖者”，而不能随意解释为“有个叫冯谖的齐人”。同篇：“使吏召诸民当偿者。”这句也不是定语后置，不能把“诸民当偿者”解释为“应当还债的诸民”，而只能解释为“诸民（中）当偿者”。《韩非子・外储说左下》：“客有为齐王画者。”只能分析为“客（中）有为齐王画者”，而不能解释为“有为齐王画的客人”。这才是最稳妥的解释。上古汉语中类似这样的句子有很多，都应该作这般分析，而绝不是定语后置。这类“者”字结构确实不能分析为定语后置，还有一个理由：上古汉语中的“者”字结构凡是作定语的都是前置于中心词，无一例外，而且极为明显。这些例证很古老，在《诗经》中很普遍。考《诗经・秦风・黄鸟》：“彼苍者天，歼我良人。”“彼苍者”作“天”的定语。《诗经・鄘风・干旄》：“彼姝者子，何以畀之?”“彼姝者”作“子”的定语。《诗经・小雅・皇皇者华》：“皇皇者华。”“皇皇者”作“华”的定语。《诗经・小雅・小弁》：“有漼者渊，萑苇淠淠。”“有漼者”作“渊”的定语。绝无后置之例[34]。

（3）上古汉语中已经存在的一些接头词与语言学中的前缀完全不同，万万不能混为一谈。如“有夏、有殷、有周”之类的“有”绝不是有语法意义和语法功能的前缀，它们与“夏、殷、周”在意思上完全相同[35]。如《左传・哀公元年》：“归于有仍，生少康焉，为仍牧正。”前称“有仍”，后面紧接着就只说“仍”。二者意思完全相同。因此，“有夏、有殷、有周”之类的材料与多音节、形态变化等毫无关系，不能用这样的例子来证明汉藏语同源。类似的例子还有上古文献中的“勾吴”、“于越”之类。这些例子有一个共同现象：一般是在单音节名词（尤其是国名）的前面加上一个发语词（古汉语称作“语辞”），并非形态变化[36]。而藏语自古就有形态变化，这与汉语在发生学上就不同，二者不可能同源。

（4）古书中还有具体词汇的例子。考《后汉书・西羌传》：“羌人谓奴为无弋。”学者们对此颇有兴趣，结果找出藏语中的“无弋”的关系词是“milag”。我们绝对没有根据说羌语“无弋”或藏语“milag”与汉代表示奴隶的汉语词有同源关系。考上古文献《左传・昭公七年》：“天有十日，人有十等，下所以事上，上所以共神也。故王臣公，公臣大夫，大夫臣士，士臣皂，皂臣舆，舆臣隶，隶臣僚，僚臣仆，仆臣台。马有圉，牛有牧，以待百事。”这是我国上古时代最早的关于奴隶名称的详细记载。其中的“皂、舆、隶、僚、仆、台”都是等级不同的奴隶，“民”字最早有可能是对奴隶的泛称。但这些最早的表示“奴”的汉语词没有一个与汉代的羌语“无弋”或藏语“milag”存在同源关系，彼此之间不能建立语音对应关系。这样的材料反而可以证明古汉语与西羌语、古藏语没有同源关系。其间比较有把握的关系词只能解释为借词，而不是同源词。

（5）《西藏的观世音》[37]第九章记载了古藏文创立时的情况，其言有曰[38]：“吐蕃文是由‘拼音规则’与‘音素符号’拼合书写的。它有五个前置字，十个后置字，前后置字的作用是为了不使（词的音、形、义）混淆。……吐蕃文依据天竺文的五十个字母摄集转换为三十个字母，但其中的五个半字母是天竺文中所没有的。所谓‘五个半字母’中的‘半个字母’，是指字母‘阿’只能作为前后置字，故名。”这是公元7世纪吐蕃文创立时期对吐蕃语的精确描述，可见在吐蕃文依据天竺文字创立的时候，吐蕃语就有前后缀来发挥重要的语法功能，以避免各种混淆。而上古汉语以至甲骨文、金文都没有明显的前后缀来作为当时构词法的主要特征。我们根据《西藏的观世音》的这段记载，甚至可以推断出汉语和藏语根本没有发生学的关系，二者不是同源的。立足于汉藏语系的汉藏对音从方法上讲是站不住的。

（6）现在有一部分学者认为上古汉语是有形态的，有前后缀的语法形式。有的学者费尽功夫找了一些似是而非的证据去构拟上古汉语的形态。但他们忘记了一个基本的事实。他们这样的观点是要颠覆汉语从古到今是公认的孤立语（isolating language）这一事实。无可争辩的事实是，汉语是表意文字[39]，汉字最古老的形态是象形文字，乃至图画文字（原始形态）。这在汉字文字学上已是定论[40]。而西方语言学家一般认为象形化程度高的文字首先是孤立语，其次是胶着语，屈折语的文字极少有象形化的特征。因此，我们根据甲骨文和早期记名金文（或族名金文）高度象形化这一特点，可以断定早在甲骨文和早期记名金文时期的汉语就不可能是屈折语，绝对没有丰富的形态变化。说上古汉语到中古汉语的发展是从有丰富形态的语言演变成没有形态的语言，这是完全不可信的。古汉语中存在的变调构词和声母的清浊交替来构词在古汉语和古文献上都有大量明确的记载，而学者们所说的一些形态变化为什么在古文献中没有任何反映呢？有的学者穷尽一生的努力来研究汉语形态学，甚至写出专书，其出发点就已经错误[41]。而藏语从上古以来就有丰富的前后缀及其他的形态变化。藏文的创立是根据梵文字母，而不是根据汉字，就是因为汉字这种由象形文字发展而来的表意文字难以表达出藏语的形态变化，虽然在藏文创立时期的汉文化已经对藏文化产生了很大的影响。汉文和藏文的这个重大不同可以显示出汉语似乎与藏语没有同源关系[42]。如果原始汉语有丰富的形态，那么在汉字创立的时候就不会走象形文字的路，而应该向拼音文字的方向发展，这样才能满足其形态变化的需要。然而事实是，最古老的汉字是象形文字，这个重大的特征就表明原始汉语不可能有丰富的形态变化。这与古藏语有本质的不同。因此，我们可以据此说汉藏语不同源。胶着语有时也可以用表意文字来书写，但这种表意文字应该是一种外来的文字系统，而不是胶着语自身发展的必然结果。例如，古日语在有假名以前是用汉字来书写的，如最古老的诗集《万叶集》[43]。但《万叶集》在当时需要有高深文化教养的人才能用日语固有的语音读出来，其书写形式显然不可能通行于当时社会。上古日语的各种形态变化也可以用汉字音来表现，而且比较明显。上古时代的赫梯语是一种古老的印欧语，最早是用表意文字的美索不达米亚的楔形文字来书写的。这些语言都是采用了外来文字系统，而不是本民族语言自然发展的结构。然而在上古汉字中，显然没有用纯粹的汉字音来表示形态的现象。这只能说明自古以来汉字所表现的汉语本身就没有形态。从语言发展的规律来看，一种语言从没有形态发展出各种形态是有可能的[44]，但没有可能从拥有丰富的形态变化发展为失去所有的形态变化，这在语言学上讲不通。而且无论是从无形态发展为有形态，还是相反的过程，其变化一定需要强大的外力影响，按照语言自身的演变很难发生这样大的转变[45]。如果上古汉语在向中古汉语发展的过程中，从有形态发展为无形态，那么推动这种变化的外力是什么呢？难道是北方的阿尔泰语系的影响吗？但阿尔泰语系恰恰是有丰富形态变化的语言。我们实在很难找到古代到底有什么样的外力能够推动古汉语从有形态演变为无形态。我敢断言：上古汉语绝无丰富的形态变化。一些学者指出的语言现象断然与形态无关。这个重大现象也表明汉藏语不同源。

（7）现在学术界公认藏文在创立时期的公元7世纪没有声调，其声调是后来才有的，但上古汉语就有声调已经不可置疑[46]。也即是汉语声调的产生比藏语要早至少1500—2000年。假如存在过汉藏语系，那么在汉藏语分离后，汉语语音的发展演变肯定比藏语要快得多（因为汉语早于藏语一两千年就有了声调，而所谓的原始汉藏语一般认为是没有声调的），距离原始汉藏语就很远。二者的语音演变既然不是同步的，那么二者的对音就很困难。即使用公元7世纪的藏文语音去和西周春秋的汉语上古音比对也是很不科学的方法。所以从这个角度看，立足于汉藏语系的汉藏同源词对音的方法也是不可取的。

（8）我们从人类学上也可以获得一些线索和启发。据霍巍《西藏古代墓葬制度史》[47]第九章“西藏墓葬考古材料与藏族族源研究”中“西北地区古人类材料与藏族族源的关系”的综合介绍，1986年春，在新疆哈密焉布拉克发现了古墓群，出土了相当数量的彩陶器和小件青铜器，还有铁制品。陶器的器形和纹样与甘青地区的辛店文化有相似之处。墓葬的年代在春秋以前。此墓葬群中出土有人骨，据韩康信研究鉴定，其包含欧洲人种支系和蒙古人种支系[48]。其中的蒙古人种头骨的综合特征与现代藏族卡姆型头骨之间有强烈的一致性。因此，韩康信、张君《藏族体质人类学特征及其种族源》[49]说：“如不纯系偶然，焉布拉组与西藏卡姆组属同类性质是可信的，其接近程度甚至超过了焉布拉组与甘肃古代组之间的接近程度。由此可见，与现代藏族很接近的甚至带有某些更不分化性质的古代居民在公元前10世纪—公元前5世纪生活在西北边陲地区。”可知藏民族在族源上与远古的新疆地区的民族有密切关系。而我们知道汉民族在上古时代从来没有在新疆地区长期生活过，新疆在上古以来一直是汉民族眼中的西域地区。汉民族的仰韶文化的分布范围很广，向西一直延伸到甘青地区，但从未到达新疆。而藏民族有可能最早是从新疆地区慢慢迁入西藏的，其年代必然远远在公元前10世纪以前。因此，从体质人类学上看，汉民族和藏民族根本不同源。霍巍在《西藏古代墓葬制度史》的第307页还提到一个例子：1990年在西藏拉萨曲贡村石室墓第203号墓的北端中部出土了一面带柄青铜镜。这种青铜镜与黄河流域、长江流域自唐宋以后出土的带柄青铜镜不属于同一个文化系统，但同类青铜镜在新疆出土最多，而且年代都比较早。所以霍巍认为西藏的这面青铜镜是从新疆地区传入的。

（9）有的学者根据《国语》等古文献中的一些关于远古时代汉民族帝王世系的记载来推论汉民族与藏民族在远古时代有共同的祖先，同出一源，于是得出结论说汉藏语应该同源[50]。我们认为这样的推论实在过于粗疏，对我国上古文献作了简单化的处理。我们从整部《国语》绝对得不出汉藏民族同源的结论。例如《国语·晋语四》：“公子欲辞，司空季子曰：同姓为兄弟。黄帝之子二十五人，其同姓者二人而已；唯青阳与夷鼓皆为己姓。青阳，方雷氏之甥也。夷鼓，彤鱼氏之甥也。其同生而异姓者，四母之子别为十二姓。凡黄帝之子，二十五宗，其得姓者十四人为十二姓。姬、酉、祁、己、滕、箴、任、荀、僖、姞、儇、依是也。唯青阳与苍林氏同于黄帝，故皆为姬姓。同德之难也如是。昔少典娶于有蟜氏，生黄帝、炎帝。黄帝以姬水成，炎帝以姜水成。成而异德，故黄帝为姬，炎帝为姜，二帝用师以相济也，异德之故也。异姓则异德，异德则异类。异类虽近，男女相及，以生民也。”这样的话绝对与汉藏民族是否同源无关，不得主观曲解。况且战国时代关于我国远古时代的帝王世系的记载乃是在战国时代的大一统观念下产生的，似乎不能早于战国中后期。

“古史辨”派的主要学者顾颉刚早在1923年发表的《答刘胡两先生书》[51]就已经对上古时代大一统的帝王世系提出了怀疑和批判，反对民族一元论的观点，其文论述：“在现在公认的古史上，一统的世系已经笼罩了百代帝王、四方种族。民族一元论可谓建设得十分巩固了。但我们一读古书，商出于玄鸟，周出于姜嫄，任、宿、须句出于太皞，郯出于少皞，陈出于颛顼，六、蓼出于皋陶、庭坚，楚、夔出于祝融、鬻熊（恐是一人）。他们原是各有各的始祖，何尝要求统一。自从春秋以来，大国攻灭小国多了，疆界日益大，民族日益并合，种族观念渐淡而一统观念渐强，于是许多民族的始祖的传说亦渐渐归到一条线上，有了先后君臣的关系。”这分明是说上古时代民族本是多元的，民族一元论是随着战国时代的国家与民族的不断融合而渐渐产生的。顾颉刚的这个观点后来一直没有被他放弃，他在1933年发表的《〈古史辨〉第四册序》中进一步阐述了自己的观点：“从古书里看，在周代时原是各个民族各有始祖，而与他族不相统属。如《诗经》中记载商人的祖先是‘天命玄鸟’降下来的，周人的祖先是姜嫄‘履帝武’而得来的，都以为自己的民族出于上帝。这当然不可信。但当时商、周两族自己不以为同出于一系，则是一个极清楚的事实。……到了战国时，许多小国并合的结果，成了几个极大的国；后来秦始皇又成了统一的事业。……疆域的统一虽可使用武力，而消弭民族间的恶感，使其能安居于一国之中，则武力便无所施其技。于是有几个聪明人起来，把甲国的祖算作了乙国的祖的父亲，又把丙国的神算作了甲国的祖的父亲。他们起来喊道：‘咱们都是黄帝的子孙，分散得远了，所以情谊疏了，风俗也不同了。如今又合为一国，咱们应当化除畛域的成见。’……本来楚国人的鸩舌之音，中原人是不屑听的，到这时知道楚国是帝高阳的后人，而帝高阳是黄帝的孙儿了。本来越国人的文身雕题，中原人是不屑看的，到这时知道越国人是禹的后人，而禹是黄帝的玄孙了。……最显著的当时所谓华夏民族是商和周，而周祖后稷是帝喾元妃之子，商祖契是帝喾次妃之子，帝喾则是黄帝的曾孙，可见华夏的商周与蛮夷的楚越本属一家。”

直到今天看来，顾颉刚的这个观点仍然不能轻易抹杀[52]。裘锡圭先生《新出土先秦文献与古史传说》[53]总结说：“顾氏认为我国古代各族都出自黄帝的大一统的帝王世系，是战国以来各族不断融合、各国逐渐趋于统一的大形势的产物。这显然是很有道理的。”裘锡圭此文还利用上博简中的《子羔》篇指出，在战国中期或前期成书的《子羔》篇中，夏商周三代的始祖禹、契、后稷都是感天而生，这是先秦以来一直盛行的“圣人无父，感天而生”的观念[54]。也就是说，在《子羔》篇的时代还不存在夏商周有共同祖先的观念，裘锡圭最后总结道：“它[55]的写作时代当属战国早期或中期。所以至少在战国早期，契和后稷皆为帝喾之子、禹为颛顼之孙鲧之子的说法尚未兴起。退一步说，即使把《子羔》篇当作子羔跟孔子问答的实录，也可以得出在春秋晚期这些说法尚未兴起的推论。总之，这些说法应该是在进入战国时代以后才兴起的。大一统帝王世系的最后形成当然更晚，大概不会早于战国晚期。从上面的讨论来看，顾颉刚关于大一统帝王世系的见解，应该是相当接近事实的。”可知大一统的帝王世系的观点是在战国后期才兴起的[56]，根本不能作为远古时代汉藏民族同源论的证据。更考《史记·五帝本纪》：“自黄帝至舜、禹，皆同姓而异其国号，以章明德。”上古时代说的“同姓”就是同一个民族、同一个种族的意思，可见汉民族的民族系统在黄帝时代已经成型，与藏民族并无同源关系。这样，汉藏语同源的假设就更加不可信了，二者之间的关系词只能用借词来解释，而不能用同源词关系来解释。

（10）藏族的先民一般被认为可能是古羌族，至少是融合了古羌人[57]。聂鸿音《汉文史籍中的西羌语和党项语》[58]一文经过细致的考证后指出：“唐宋时代的党项语近似于后代的羌语，而汉魏六朝的西羌语则基本上是藏语，这后一情况恰与俞敏先生对先秦两汉羌语和西羌语的考察结论相仿。”可知汉代的西羌语与藏语关系密切。在夏代以前的汉民族和西羌民族肯定是不同的民族。《后汉书·西羌传》：“昔夏后氏太康失国，西夷背叛。及后相即位，乃征畎夷，七年然后来宾。至于后泄，始加爵命，由是服从。后桀之乱，畎夷入居邠、岐之间，成汤既兴，伐而攘之。及殷室中衰，诸夷皆叛。至于武丁，征西戎、鬼方，三年乃克。故其诗曰：‘自彼氐羌，莫敢不来王。’”这显示夏代的太康（大禹的孙子）失国的时候，西夷的藏缅语民族背叛了汉民族的中央政府，这样的现象在我国历史上是很常见的[59]。而殷商时期的甲骨文表明商代的“羌”是与中原汉民族的商非常敌对的，商人经常把抓获的羌人用作祭祀中的牺牲，可参看陈梦家《殷虚卜辞综述》第八章“方国地理”第276～282页。今稍引陈梦家之文：“武丁时代以及以后的伐羌方，其意义极为重大。武丁伐羌方所用的兵力，……较之同时代伐土、邛等方国更为雄厚。……卜辞记羌事者可分为三类：一、记征伐羌或羌方的；二、记俘获羌人；三、记俘获的羌人的用途。关于后者，可分为两项：甲、用作从事劳作的奴隶；乙、‘用羌’，即在祭祀中杀之以为牺牲。”汉语可以说现在只能追溯到甲骨文时代，而殷商是起源于东方的民族，古羌族以及藏民族的先民一直是西方民族，要说二者本来同源非得追溯到若干万年以前不可，这绝不能作为语言比对的根据。因为太古茫昧，缙绅先生难言。考《后汉书·西羌传》：“建武九年，隗嚣死，司徒掾班彪上言：今凉州部皆有降羌，羌胡被发左衽，而与汉人杂处，习俗既异，言语不通。”汉代以前的羌人与汉人确实是说不同的语言，并非仅仅是方言不同而已。可参看傅斯年的著名论文《夷夏东西说》[60]，傅斯年此文收罗文献很精细，论证颇详密，文中指出：“商代发迹于东北渤海与古兖州是其建业之地。”蒙文通《古史甄微》“上古文化”一章称：“中国古代之文化，创始于泰族，导源于东方。炎、黄二族后起，自应多承袭之。然二族故各有其独擅之文化[61]。”蒙文通说的“泰族”是指东方的海岱民族，可参看蒙文通《古史甄微》“海岱民族”一章。吕思勉《吕著中国通史》[62]第十九章“中国民族的由来”在反驳了西方学者提出的中国人种西来说之后概括了中国远古文化的五大现象，然后说：“皆足证其文化起于东南沿海之处。”钱穆《国史大纲》[63]第20～21页也说：“商民族亦在东方，……夏王朝建筑在黄河上游，为高地居民所建之王朝，而商王朝则建筑在黄河下流，为低地居民所建之王朝。”汉民族文化起源于东方，与古羌族（包含古藏族）起源于西方不同。史学家们的研究足可以反驳汉藏同源说。最近读到罗骥《论汉语主体源于东夷》[64]。罗骥此文认为汉语与东夷语有发生学上的关系，而且“从汉语史来看，汉语的几个基本特征与古羌语和古阿尔泰语、古苗语、古百越语或有根本差异，或不可能有来源关系，据此推论，这几个基本特征只能源于东夷语”。这简直否定了汉藏语同源。类似的观点在学术界很普遍，无须多举证。我只是补充一个为一般人所忽视的考古材料。在辽宁建平县发现了十余件红山文化时代的玉猪龙[65]，是玉玦[66]，这种造型的玉器是红山文化所独有的，在其他新石器时代的文物中没有类似的发现；但是在后来的商代的玉器中却发现了一件与之非常形似的龙玉玦[67]，二者的造型都很独特，在其他文化遗址中几乎没有发现过类似的玉器，我们认为这两个玉器造型不可能没有源流关系。这是商代玉器受到红山文化影响的一个证据，这也表明商代文化与东方文化有密切的关系[68]。

（11）我国汉民族从远古以来就一直流行对龙虎组合的崇拜，在这种崇拜中尤其突出了左龙右虎这样的组合。1987年在河南濮阳西水坡45号墓考古发现了公元前4500年的蚌壳塑的左龙右虎的图像，二者中间是墓主人。有的学者（如冯时）认为这是我国最早的天文图[69]，尚待进一步的考证[70]。但这个仰韶文化时期的墓葬确实显示出公元前4500年汉民族人已经有了崇拜龙虎组合的习俗。1957年在安徽阜南县出土了青铜器龙虎尊，1986年在四川广汉三星堆也出土了龙虎尊（肩上三龙，肩下三虎），二者的年代都是商代，三星堆的龙虎尊时代稍晚[71]。造型的组合虽非左龙右虎，但也是龙虎组合。曾侯乙墓出土的漆箱盖表面有清晰的左龙右虎组合的图像，中间为北斗，其年代为公元前5世纪。孙祥星、刘一曼编《中国铜镜图典》[72]第 348 页录《尚方七乳四神镜》铭曰："左龙右虎辟不（羊）。"同书第 349 页录《侯氏七乳禽兽镜》铭曰："左龙右虎辟不阳。"不阳即不祥。同书第 350 页录《柏师七乳神兽镜》上的"回首后顾虎"有榜题曰"辟邪"。此明谓虎能辟邪。同书第 355 页有镜铭："左龙右虎辟不羊（祥）。"类似的材料书中有很多。这些铜镜都是汉代的文物。《礼记・曲礼上》："左青龙而右白虎，招摇在上。"《吴子・治兵》："必左青龙、右白虎。"《淮南子・兵略》："所谓天数者，左青龙，右白虎，前朱雀，后玄武。"《隋书》卷十"礼仪志第五"："重箱盘舆，左青龙，右白虎，金凤翅，画虡文鸟兽。"可见龙虎崇拜从 6500 年前以来一直存在于汉民族文化中，没有中断过。尤其是西水坡的墓葬是在 6500 年以前仰韶文化时期，按照一些汉藏语学者的观点，就是在这个年代前后汉藏语发生分离，然后朝各自的方向发展。假如这个推测成立，那么汉藏民族在没有分离的时候就已经流行了对龙虎组合的崇拜，这在后来的藏民族的习俗和宗教观念中应该有所反映，然而藏族从古以来就没有龙虎组合崇拜的习俗和宗教，在其语言中也没有龙虎组合崇拜的反映。藏族的原始宗教和信仰中也有龙崇拜的现象，但与汉民族的远古神话中的龙崇拜大不相同。藏族神话中有一种母龙神话，认为母龙是创造天地日月的创世神，颇类似我国的盘古。但其母龙神话与汉民族的远古神话从比较神话学的角度来看没有什么瓜葛[73]，绝对不能与后世的汉民族自称为龙的传人的观念扯上关系。汉民族神话中创世神的观念实际上出现得比较晚，似应在东汉时代，此前没有创世神的传说。我国西汉以前的神话中绝无盘古的影子[74]。另外，藏族原始的龙神可以泛指水中的鱼、蛙、蝌蚪之类，而我国远古时代的龙从来不会用于指鱼、蛙、蝌蚪这样的动物。在西藏，最古老的动物崇拜似乎是牦牛。邓廷良《嘉戎族源初探》[75]称："广大嘉戎地区、甘孜藏区，乃至藏东皆崇拜牦牛，而理塘则尤甚。"谢继胜《牦牛图腾型藏族族源神话探索》[76]称："古代藏族人将野牦牛加以神话，把牦牛作为神灵或者是神灵的伴属、坐骑等。古代藏族神话里常把野牦牛叫作'星辰'，说它以前在天上……西藏一些土著神灵，如雅拉香波山神、冈底斯山神等都化身白牦牛；另外一些土著神灵的坐骑也都是牦牛，例如十二丹玛女神之一的勉尔玛的坐骑就是一头白牦牛，而只是化身牦牛或与牦牛有联系的神灵往往是最原始的土著神。"此文讨论西藏地区的牦牛崇拜甚详，文繁难详引。这与汉民族上古文化大异其趣。因此，从宗教习俗上也看不出汉藏民族是同源异流的。而在西方历史语言学和比较语言学中，根据宗教术语和各种神名的比较来确定同源词是很重要的方法[77]。从这个角度看，汉藏民族不会是同源的。而且濮阳西水坡古墓时期距离汉语上古音的年代长达 3500 年，那个时候的汉民族和藏民族就已经是不同的民族了，汉语和藏语早已向各自的方向在发展[78]。这可以表明立足于汉藏语同源的汉藏对音是不可信的。

（12）河南濮阳西水坡 45 号墓的蚌塑左龙右虎图像的考古发现，显示出 6500 年以前的仰韶文化时期已经广泛流行珍重"蚌壳"的习俗。在公元前 2600—公元前 2000 年的河南龙山文化的后冈二期类型考古遗址中，发现居住处的面下，或墙外、门口的一侧埋放了很多大蚌壳片，有的考古学者认为那是用蚌壳来进行房屋的奠基仪式。另外还发现了蚌刀和蚌镰。李济当年在山西夏县西阴村考古发掘出了女人装饰用的长方形蚌壳[79]。在夏代的二里头宫殿建筑遗址出土了蚌和蚌片装饰物。在郑州商城考古也出土了蚌器[80]。而藏民族从来没有用蚌壳为装饰品或陪葬的习俗。从这个角度看，也可说在 6500 年以前的仰韶文化时期，汉民族和藏民族就已经是不同的民族。如果那时的汉藏民族有密切关系的话，那么藏民族的文化或语言中应该有尊崇蚌壳的影子，但事实上蚌壳文化在上古的藏文化中没有什么表现。

（13）在公元前 3000 年左右的甘肃临洮的马家窑文化考古中发现了青铜刀和一些铜器碎块，经鉴定是青铜器。这是我国迄今为止发现的最早的青铜器[81]。甘肃永登蒋家坪马家窑文化马厂类型遗址中也发现过青铜小刀。在甘肃青海地区的齐家文化墓葬中，多次发现了青铜和红铜的生产工具和装饰品，如刀、斧、凿、匕、锥、钻头、指环等。公元前2800—公元前2300年的龙山文化分布在山东、河南、河北、山西南部、陕西渭水流域以及安徽北部，这时已经出现了青铜器，而且在龙山文化中发现了青铜容器，这是青铜文明比较成熟的标志[82]。在夏代的二里头文化考古中发现了青铜器，如锛、凿、刀、锥、鱼钩、戈、戚、镞、爵、斝、盉、觚、鼎、铃等，这些是我国考古发现的非常早的青铜器[83]。属于商代早期的郑州商城出土的杜岭方鼎高100厘米，重86.4公斤，是商代早期的青铜礼器精品；在商代后期的殷墟出土的青铜器，其技术和艺术已经炉火纯青，为当时全世界的最高水平；而西藏地区的青铜文化出现得非常晚，比汉民族要晚至少2000年，而且较早的青铜器都是外来的。因此，我们可以说，如果汉藏民族同源，那么在汉民族开始用青铜器的时期，汉藏民族在那以前就早已分离为不同的民族了，因为藏民族并没有与汉民族同时或稍晚掌握青铜器技术。

（14）汉民族是丝绸的发明者。李济先生《中国上古史之重建工作及其问题》[84]一文中认为丝绸是上古文化研究中中国本土文化的重要指标，也就是说，一个远古的文化遗址中如果发现了蚕桑丝绸，那么这个文化遗址就一定是汉民族的文化遗址。1926年，李济在山西夏县西阴村的史前遗址就考古发现了一个蚕茧，经科学鉴定，确是家蚕[85]。在浙江良渚文化的钱山漾遗址却考古发现了丝织品，是家蚕丝，采用平纹织法，每平方厘米有经纬线各47根（一说是48根）[86]。这是考古学上的铁证，说明我国新石器时代已经有了蚕桑技术。良渚文化的年代上限是在距今5200年左右。钱山漾遗址是良渚文化的早期，在公元前2700年左右，早于中原的夏王朝700年。在山西省芮城县西王村发现了新石器时代的陶蛹。在浙江省余姚市河姆渡遗址发现了蚕纹牙盅。1980年，在正定南阳庄仰韶遗址内发现了两件陶蚕蛹。另外，在辽宁新石器时代的红山文化遗址考古发现了玉蚕，这是颇为轰动的大发现，距今至少5000年[87]。据赵丰、金琳《纺织考古》[88]第20页：“20世纪80年代，郑州市文物工作队在荥阳市青台村新石器时代遗址进行了较大规模的发掘，其中从第七层及其相关地层中出土了距今5500年左右的丝麻织物残片，……据张松林和高汉玉的观察，在W164和W486两个瓮棺内发现有丝织物残片。从丝纤维来看，其单茧丝面积为36~38平方微米，截面呈三角形，丝线无捻度，是典型的桑蚕丝。”在夏代，汉民族已经熟练地掌握了蚕桑技术[89]。然而西藏地区的蚕桑技术是唐代的文成公主入藏才带过去的。也就是说，当汉民族开始掌握蚕桑技术的时候，汉藏民族就早已是不同的民族了。不然的话，藏民族应该与汉民族同时或稍晚掌握蚕桑技术才对，然而事实绝非如此。藏民族的蚕桑技术要晚于汉民族数千年。

（15）从《西藏的观世音》一书所反映出的藏民族产生的渊源历程及其神话观念来看，没有任何神话传说可以显示出汉藏民族是同源的。另如西藏古传的“七兄弟星”的神话与我国上古以来的北斗七星的神话观念毫无关系，彼此根本不同，不得妄相牵引。此不详论。西藏古来的“天绳”神话从其神话形态来看应该比较古老[90]，然而其与汉民族上古神话是完全不同的观念，彼此之间从比较神话学的角度不能建立任何联系。西藏古来有“天有七日”的神话，这种观念很可能不是西藏固有的，而是来自古代的印度[91]，而且与西藏古代的历法无关；我国远古就有“天有十日”的神话，这种观念在商代以前就已经存在，而且与历法中的十天干有密切关系。因此，西藏的“天有七日”的神话和汉民族的“天有十日”的神话肯定是不同系统的神话，绝无同源关系，不会是从同一远古神话分别演变而来。更考《新唐书·吐蕃传上》：“其俗，重鬼右巫，事羱羝为大神。”《旧唐书·吐蕃传上》：“多事瓶羝之神，人信巫觋。”这与汉民族的远古宗教信仰大不相同。因此，从比较神话学的角度，我们也没有发现汉语民族与藏语民族同源的证据。

（16）从远古神话的角度来看，早在山东新石器时代的大汶口文化时期的陶器上就已经有一只神鸟背负太阳飞行的图像。由此可知神鸟或神鸟背负太阳飞行的神话早在五六千年前就已经存在了，后来在三星堆祭祀坑考古出土的青铜大神树上面有九只神鸟，这正是我国上古文献中“天有十日”的神话和神鸟背负太阳飞行的神话。在战国以后，这种观念一直流传不绝，直到现在。而西藏的神话中从来没有神鸟背负太阳飞行的传说。这表明在公元前三四千年的大汶口文化时期的汉民族和藏民族就已经是不同的民族[92]。如果那时候汉藏民族还没有分离，那么藏民族的神话中就应该有神鸟背负太阳飞行的神话的影子，然而藏民族古老的文化中根本没有这种神话。这也表明汉藏民族不同源。

（17）龟卜和骨卜文化是汉民族文化的一个重要特征，我们也可以据此为线索看看汉民族和藏民族是否同源。据考古学研究，占卜用的龟甲和兽骨在我国的十七个省市自治区的200多处考古遗址都有发现，但直到现在在新疆地区都没有发现。考古发现目前最早的卜骨出现在河南省西南地区汉水上游支流丹江一带的淅川下王岗遗址，这里出土了仰韶文化三期的羊肩胛骨，距今约6000年；还有一个是甘肃省武山傅家门遗址，出土了6件卜骨，是羊猪牛的肩胛骨，距今约5800年。在内蒙古昭盟富河沟门遗址出土了占卜用的鹿、羊的肩胛骨，距今约5500年。龙山文化也有卜骨发现，而且与黑陶文化紧密相连。李济先生《黑陶文化在中国上古史中所占的地位》[93]有一段论述很重要，称：“我们再看一看卜骨分布的情形。自从发掘城子崖，出现卜骨以后，考古家对这种遗物均予以极大的注意。直到现在，有记录可查的资料，在华北出土卜骨的遗址已有50处以上。但是这些出卜骨的遗址大都集中在潼关以东的平原地带。陕西与甘肃的考古发现中，虽然也有卜骨出土的记录，但大部分都是商或商以后的遗存。如陕西华县的南沙村和邠县的下孟村可以晚到周代；此外凤县和甘肃临夏的大河庄都是比较晚的遗址。其他将近50处出卜骨的遗址，差不多都分布在河南、山东及河北，也是以殷商时代的居多。不过在这一带却很清楚地出现了先殷时代的卜骨。如山东历城县的城子崖、河南安阳的晁家村和河北邯郸的涧沟村；这些地方都没有疑问地是属于黑陶文化的遗址。尤其是小屯本身的先殷文化层出土的没有文字的卜骨，很清楚地说明了这一习惯原始于华北东部的先史时代。”可知原始时代的卜骨文化是发祥于华北东部的区域，与黑陶文化的分布比较一致，二者是相关联的两种文化，这二者与西藏民族毫无关系。商代的骨卜文化正是承袭了这一系的文化传统，后来又发展出龟卜文化。李济此文继续说：“值得注意的一点是这些先殷时代的骨，包括了牛、羊、猪、鹿以及好些别的食草的四蹄兽类的骨。到了殷商时代，用作骨卜的，差不多以牛肩胛骨为主要的材料。用龟的习惯也是比较晚期的；在早期的卜骨中很少见用龟的。用肩胛骨占卜的习惯到了有文字记录的时代分布甚广，不过似乎也有一点限制，就是这一习惯的传播大概以游牧民族为限。”

龟文化在中原地区出现得很早，在豫中淮河支流的舞阳贾湖的一处裴李岗文化遗址发现了用龟壳随葬的习俗，时代距今约8000年。在山东泗水尹家城遗址龙山文化层出土了龟腹甲，有火灼痕，距今约3900年。这是关于龟卜最早的发现，而且是在东部地区的山东。在辽宁的红山文化还发现了玉龟。汉民族在商代很流行龟卜，明显是东方和南方的文化系统。其所用的龟大都来自南方的长江流域，还有来自东海或南海的[94]。所以称汉民族以及汉语与东方海洋文化有紧密的关系，这是无可置疑的。在汉民族文化中，龟是四灵之一，也是天上的四象之一，在汉代的典籍中还有关于龟文化的详细记载[95]，距离商代已经有千年以上。这种龟文化直到现在还存在于民间。在藏族的语言文化中没有发现古老的崇拜龟以及流行龟文化的遗迹。

但藏民族似乎在比较古老的年代起就有骨卜的习俗，那么藏民族在牛或羊的肩胛骨上刻辞占卜的习俗与远古时代的汉民族的骨卜是否有同源关系呢？这一点应该予以辨明。在《敦煌古藏文写卷》中发现了吐蕃羊骨卜辞共192条[96]，其年代在吐蕃早期。审其内容，有许多性质可考：第一，其中多有国王占卜之事或关于国王的事情，则当时的吐蕃必属于有专制王权时期，而不属于原始部族时期。第二，有不少关于平民的占卜，则其年代一定很晚，不会推到上古。因为我国殷商时期的龟甲占卜文化中绝无平民参与。第三，有许多记录日常琐事的内容，这与原始占卜的神圣性和神秘性相违背。第四，有许多祈祷钱财、幸福和平安的内容，与我国甲骨占卜颇有不同。第五，其第151条曰："妖魔、精灵来加害，被本教师制服。"其第152条曰："二本教师胜妖魔、精灵。"则其时代在本教流行之后。第六，其第186条曰："一贫妇从吉祥天女手中获财，欢喜，吉。"已有"吉祥天女"字样；第82条曰："昴宿被罗睺吞食。"出现了印度文化中的"罗睺"，则应在佛教初传藏区之后。但由于这些卜辞中的佛教色彩不浓厚，还没有出现观世音的名号，所以似乎在松赞干布时代之前。综合以上各条，我们可以认为这些古藏文的骨卜的年代最早不过公元六七世纪（更何况学术界一般认为藏文创立于公元7世纪）[97]。在藏族还流行线卜和箭卜，这是汉民族所没有的。如果藏族的骨卜是藏族在原始时期就与汉民族同有的文化，那么骨卜的历史就要远远早于线卜和箭卜，但事实上，并没有证据说明藏族骨卜的历史要早于线卜和箭卜数千年[98]。各种证据显示藏族的骨卜也是藏民族从外族输入的占卜文化，如同线卜一样[99]，其时代决然在我国的春秋以后，可能从甘肃地区传入，此与汉藏民族文化是否同源毫不相干。据奥地利学者内贝斯基《西藏的神灵与鬼怪》[100]一文称："羊肩胛骨占卜法是藏族的古老占卜方法之一。本教巫师过去一直在用这种占卜法，在某些特殊的情况下，本教巫师还用人的肩胛骨来替代羊的肩胛骨进行占卜。"可见西藏的羊肩胛骨占卜法是由本教巫师来进行的，与本教关系密切[101]，而本教不是西藏地区最原始的本土宗教，而是较早进入西藏的一种外来宗教。从这点也可以推断羊肩胛骨占卜法不会是西藏地区5000年前就有的原始占卜法，一定是外来的。更何况，本教巫师有时还用人的肩胛骨来代替羊的肩胛骨，这是汉民族文化中所绝对没有的。李济先生《中国考古报告集之一——城子崖发掘报告序》[102]还称："现在我们可以知道这习俗[103]的沿革最早的一段似与黑陶文化有分不开的关系。最显要的证据就是在我们现在所知道的黑陶文化遗址中都有卜骨的遗存。黑陶的遗址散布在山东及河南的东部，中心地点大约总在山东一带。它与西北部及北部的彩陶文化对峙到若何程度，尚无从知悉。但它们是两个独立的系统，在各地方的发展有早晚的不同，却是很清楚的。"似乎可以说凡是有黑陶文化和骨卜文化同时并存的文化都一定是汉民族的文化，而且是属于东部地区的文化[104]。在藏缅语民族中不存在这样的文化系统。藏民族虽然有晚起的骨卜文化，但与黑陶文化不相牵连，这也显示出藏民族的骨卜文化与汉族原始时期的骨卜文化不是同一个系统，不能作为二者文化同源的证据。我们可以明确地说，在龙山文化时代的汉民族和藏民族肯定是不同的民族，甚至可以说在汉民族开始使用骨卜的时候或用龟甲来作随葬品的时候，汉民族和藏民族肯定不是一个民族共同体。

（18）我国新石器时代的仰韶文化的一大特点是发现了彩陶。在仰韶文化的半坡遗址和河南渑池的仰韶遗址都考古发现了彩陶。半坡彩陶的年代据考古学研究和碳十四测定是在距今6800—6300年。类似的彩陶在西藏的考古中几乎没有发现[105]。因此，我们可以说在半坡彩陶文化时期的汉民族与藏民族早已是不同的民族。那时距离汉语上古音时代已经有3000多年了。如果存在汉藏语系，那么在比汉语上古音时代早3000多年前的时代，汉语和藏语就早已分离，汉民族和藏民族就已经是不同的民族了[106]。因此，谈论汉藏语同源词是没有意义的。

（19）汉民族在远古时代还有一项伟大的成就是漆器。在距今7000年的河姆渡文化中已经出土了漆器，如1973年浙江河姆渡遗址T17第四层出土了漆木筒，色泽金黄发光，年代在公元前5000—公元前4500年；1977年在河姆渡遗址的T231第三层出土了木胎漆碗，漆膜呈红色，稍有光泽，年代在公元前4400—公元前3900年；1973年在江苏常州圩墩遗址出土的马家浜文化时期的喇叭形木器，器身髹饰物与当代漆膜相同，年代在公元前5000—公元前4000年。稍后的龙山文化、良渚文化、陶寺文化都有漆器出土。在中原的夏代二里头文化中已有较多的漆器出土了。据《中国考古学·夏商卷》[107]第117页："二里头文化时期的漆器主要出土在二里头遗址的墓葬中。到目前为止已发现数十件之多，其中器形明确者以觚最多，有十多件，在墓中漆觚常与铜爵、陶盉配组。还有漆鼓和漆棺。二里头文化的漆器，已经有了精美的花纹。"同书第118页附有《二里头遗址出土漆器统计表》，很明晰。1973—1974年在河北藁城台西村商代遗址出土了盘、盒等漆器残片，木胎已经腐朽，朱红地绘黑漆饕餮纹、夔纹、云雷纹、蕉叶纹，有的镶嵌绿松石和金箔，另外在河南安阳殷墟遗址出土了雕镂镶嵌的漆器残片。1975—1985年在河南罗山发掘的商代晚期息族墓地出土了漆器。古文献记载夏代以前的舜已有漆器。考《韩非子·十过》："尧禅天下，虞舜受之，作为食器，斩山木而财之，削锯修之迹流漆墨其上，输之于宫以为食器，诸侯以为益侈，国之不服者十三。"则漆器在华夏文明中起源于远古在考古与文献中都能得到确证。春秋时代的漆器似乎已经很普遍。上村岭虢国墓地出土了春秋时代的漆器。《韩非子·喻老》："智伯兼范、中行而攻赵不已，韩、魏反之，军败晋阳，身死高梁之东，遂卒被分，漆其首以为溲器。"《韩非子·显学》提到孔子死后儒分为八家，其中有"漆雕氏之儒"。战国时代的庄子是漆园吏。春秋战国时代楚国的漆器尤其著名。我们可以说漆器文化是汉民族固有的一种文化，可以作为与其他文化相区别的一个标志。

然而在上古的西藏根本没有考古发现任何漆器。李永宪《西藏原始艺术》、霍巍《西藏古代墓葬制度史》、格勒《藏族早期历史与文化》、杜齐《西藏考古》等著作都没有言及西藏有漆器发现。西藏新石器时代的典型文化遗址卡若遗址也没有漆器出土。因此，在距今7000年的河姆渡文化时期的汉民族和藏民族肯定不是一个民族共同体。这也说明汉藏民族本不同源[108]。

（20）我们从新石器时代的陶器类型上也可以有证据说明汉民族与藏民族很可能不同源。例如，鼎是汉民族特有的发明，其他民族都没有用鼎的习俗[109]。我们把鼎作为参照器物，也可以考察民族文化之间的异同。也就是说，凡是有陶鼎发现的文化遗址就是汉民族或者受汉民族文化影响的文化遗址。汉民族从新石器时代中晚期以来已经流行陶鼎，在这之后又发展出青铜鼎，成为国之重器。例如，在河北的磁山文化和河南的裴李岗文化中均发现了三足钵形鼎，磁山文化的年代据碳十四测定在公元前6000—公元前5600年，裴李岗文化遗址的年代在公元前6000年前[110]；山东滕县的北辛文化，其年代要早于山东泰安的大汶口文化，其陶器的主要类型包含鼎，同时有三足盆、三足罐、三足釜，这样的三足器都是汉民族文化特有的器物类型。北辛文化的年代经碳十四测定在公元前5300—公元前4400年之间。大汶口文化中也发现了陶鼎[111]。在河南仰韶文化中已经有了实足类陶鼎，仰韶文化的庙底沟类型中出土了釜形鼎。三足鼎是仰韶文化的重要陶器类型，仰韶文化的秦王寨类型和后岗类型都考古发现了三足陶鼎[112]。仰韶文化的存续年代在公元前4800—公元前2700年之间。在浙江良渚文化遗址的早期就出土了陶鼎，普遍采用轮制，器形规整，有的陶鼎上刻有旋涡钩连纹和曲折纹图案，其时代已在公元前3000年以前。在大汶口文化中也发现了陶鼎，还有陶鬶和陶豆，这都是汉民族的典型陶器类型[113]，也发现了其他三足器。稍后在山东的龙山文化也出土了陶鼎，而且数量很大，包含罐形鼎和盆形鼎[114]，夏代的二里头文化中已经出现了青铜鼎，这时的陶鼎就比较罕见了[115]。后在商代早期的郑州商城也考古发现了青铜鼎。我国的商代文化与龙山文化有直接的因袭关系，是属于同一系文化的发展。据李济《黑陶文化在中国上古史中所占的地位》的考察结论，龙山文化的基本成分包括：①黑陶；②三足器，包括斝、鼎、鬶等；③高足豆；④磨制方转偏锋端刃器，包括大的锛与小的凿；⑤石镞，包括树叶形与三棱形；⑥卜骨[116]。而这些标志龙山文化特征的典型器物在西藏的新石器考古中都没有类似的发现，二者在新石器时代的考古学上肯定是不同系统的文化，断不是同源异流。而龙山文化的这些器物类型在后来汉民族的商文化中都得到很好的继承和发扬。因此，汉藏民族绝不同源。

简单地说，至少在公元前4000年以前，汉民族就已经使用陶鼎，而在藏民族的新石器时代的考古文化中从来没有发现有用鼎的证据。因此，在汉民族开始使用陶鼎的时候，汉民族和藏民族肯定是不同的民族。而且，汉民族的鼎器文化在上古时代从来没有传播到藏民族文化中。陶鼎仅仅是一个例子，如果我们把西藏地区的新石器时代考古的陶器类型和汉民族新石器时代的陶器类型进行逐一详尽的比较，从二者的系统性上，我们可以非常清楚地看到二者确实属于不同的文化系统，很难说二者的文化是同源异流。

类似的对比可以扩大到考古文物中的“三足器”。三足器是我国汉民族考古学文化上的典型器物，我用其作为标准器可以作出一个判断：凡是史前考古发现有三足器的文化遗址就应该归属于汉民族文化或受汉民族文化直接影响的文化，凡是没有发现三足器的新石器时代文化遗址就应该与典型的汉民族文化较为疏远。这个前提是无可置疑的[117]。我们稍稍梳理一下有关的考古遗址：新石器时代早期的考古学遗址如在甘肃的大地湾遗址下层考古发现了三足钵、三足罐和圈足碗，而且是有代表性的器物。大地湾文化据碳十四测年为公元前5850—公元前5400年。陕西省西乡县李家村遗址也出土了与大地湾遗址相似的陶器，如钵形三足器、杯形三足器。李家村文化的年代应该与大地湾相接近。河南裴李岗文化据碳十四测年为公元前5500—公元前4900年，考古发现的陶器有三足钵和三足壶，而且三足钵在陶器中很有代表性。河北省武安县磁山文化据碳十四测年在公元前5400—公元前5100年，出土了柳叶形的石磨盘，多为四足或三足，陶器有三足钵。长江中下游地区的河姆渡文化据碳十四测年在公元前5000—前3300年，陶器以夹砂黑陶为最具特色，出现了三足器和袋足器。山东大汶口文化大约开始于公元前4300年，公元前2500年左右发展为龙山文化，陶器以夹砂红陶和泥质红陶为主，有大量的三足器和圈足器[118]。南京市北阴阳营遗址分布于江苏省宁镇地区和安徽省东南部，时代在公元前4000—公元前3000年，夹砂红陶和泥质红陶的三足器、圈足器很普遍。河南汤阴县考古发现的白营遗址是龙山文化的遗址，据碳十四测年为公元前2590—公元前2100年，其晚期的代表性器物有罐形扁足鼎、鬼脸式足鼎、带流鬶、罐形甗等三足器。陕西龙山文化的客省庄遗址发现了较多的鬲、斝、鬶、盉、鼎等三足陶器。长江下游地区的良渚文化也有成熟的圈足器和三足器[119]。类似的三足器在新石器时代的黄河中下游和长江下游地区的文化遗址中有广泛的考古发现，我们不再逐一详举。但在黄河上游的青海柳湾新石器时代考古遗址中就没有发现三足器和圈足器，柳湾遗址中的典型陶器虽然也有彩陶，但彩陶并不是汉民族文化特有的现象。甘肃的大地湾文化应该是目前知道的汉民族文化在西北地区最边缘的大规模的文化遗址，由于在青海和新疆的新石器时代的陶器中都没有发现三足器，我们认为史前的汉民族文化没有到达青海腹地和新疆地区[120]。远古的西藏与新疆、青海有相当的文化交流存在，但在新石器时代似乎并没有直接接触过汉民族文化，因为西藏地区的新石器时代考古完全没有发现三足器[121]。

由于甘肃大地湾文化遗址的年代最古，最早可以溯源到距今8000—7500年前，因此，我们有根据说在大地湾时代的汉民族与西藏民族已经是不同的民族。这是我们明确的结论。

（21）我们在上古汉语文献中也能发现线索，这些线索表明至少在春秋时期，藏民族就与中原有文化交流，二者明显是不同的民族。考《左传·宣公二年传》："公嗾夫獒焉。明搏而杀之。盾曰：弃人用犬，虽猛何为。"杜预注："獒，猛犬也。"《经典释文》引《尚书传》云："（獒）大犬也。"又引《尔雅》云："狗四尺为獒。"另可参看《公羊传·宣公六年》，此不录。《尚书·周书·旅獒》："西旅献獒。"传曰："西戎远国贡大犬獒。"《释文》："马云作豪，酋豪也。"《左传》、《尔雅》等上古文献中的"獒"实际乃是远方的西戎民族进贡给中原汉民族的一种犬，并非我汉民族所原产。更考《尚书·旅獒》又曰："惟克商，遂通道于九夷八蛮。"传曰："四夷慕化，贡其方贿。九八言非一，皆通道路，无远不服。"《旅獒》又曰："西旅厎贡厥獒。"传曰："西戎之长致贡其獒，犬高四尺曰獒。以大为异。"今按，《尚书·旅獒》被公认为是一篇伪古文[122]，梅氏《尚书考异》、阎若遽《古文尚书疏证》、崔述《古文尚书辨伪》都指出其中的某些文句是出自《国语·鲁语》、《左传》、《论语》等书。也就是说，伪《古文尚书》中的《旅獒》文本虽然晚出于魏晋时期，但其中的内容还是多有根据的。如上引《尚书·旅獒》曰："惟克商，遂通道于九夷八蛮。"学者们就指出这是本于《国语·鲁语下》："仲尼曰：隼之来也远矣！此肃慎氏之矢也。昔武王克商，通道于九夷、百蛮，使各以其方贿来贡，使无忘职业。"[123]韦昭注："肃慎，北夷之国，隼来远矣。……九夷，东夷九国也。百蛮，蛮有百邑也。"[124]商末周初时的交通颇为发达，并不像一般人假想的那样艰难，只要参看一下《逸周书·王会解》就可以明白商末周初时汉民族与其他民族之间的物质文化交流的盛况[125]。《国语·楚语上》："蛮、夷、戎、狄，其不宾也久矣，中国所不能用也。"韦昭注："宾，服也。"《楚语》有这样的话，正好从反面证明蛮、夷、戎、狄在此很久以前是宾服汉民族的，这必然包含很多的文化交流。《尚书传》明确说"獒"是从西戎远国进贡来的，至少这点无可置疑。现在的生物科学研究已经有非常清楚的结论："獒犬"实际上是一种凶猛的西藏犬（远比"狼"更凶猛）。另可参看任乃强《羌族源流探索》[126]第25～26页"驯化藏犬的奇迹"一节[127]。进贡獒犬的藏民族至少在春秋时期就已经被认为是"西戎远国"。在春秋时代的汉民族眼中，当时的藏民族就是远方异族，非我华夏同类。但同时可见，早在春秋时期汉民族与藏民族之间就已经有了文化交流。我们也因此可以说，即使是在春秋时代汉语和藏语就早已不能对音，所以当时的藏民族才被当作"西戎远国"，类似的注解虽然出现于所谓的伪《孔传》，但至少也是晋代以前的古人的观点，当有根据，未可轻易抹杀。黄侃《讲尚书条例》[128]："《孔传》伪托之人，或云王肃；假使真出于肃，肃善贾、马之学，其说必本于贾、马者多。且作伪必有据。……有所傍而作伪者，其伪中势必杂真；以非此不足以欺世故也。今谓：伪《书》自不可据，伪《传》则过半可从；与其信后人臆说，何如伪《传》尚为近古呼?"李学勤在《尚书孔传的出现时间》[129]一文中作了最新的考证后指出：今本《尚书孔传》在魏晋之间已经存在，并不像很多学者所说的那样成书于东晋。

（22）立足于汉藏语同源词的汉藏对音在方法上不可靠，还可以从上古文献中找到一些旁证。考《吕氏春秋·用众》："戎人生乎戎，长乎戎而戎言，不知其所受之；楚人生乎楚，长乎越而楚言，不知其所受之。今使楚人长乎戎，戎人长乎楚，则楚人戎言，戎人楚言矣。"这段话表明先秦时的戎人的语言与楚人的语言是不能相通的，这断然不是方言间的不同，二者已经是不同的语言了。而按照一般的说法，先秦时的戎言和楚言（就是汉语的楚方言）肯定都属于汉藏语系。《荀子·劝学》："干、越、夷、貉之子，生而同声，长而异俗，教使之然也。”这说明上古时的“干、越、夷、貉”各民族之间的语言是不相通的。彼此间即使有发生学上的同源关系，也早已分化为不同的语言了，更何况还没有证据说这些语言真的是同系的语言。《淮南子·齐俗》：“羌、氐、僰、翟，婴儿生皆同声，及其长也，虽重象狄騠，不能通其言，教俗殊也。”可见在西汉前期，《淮南子》就已经注意到在种族关系非常密切的羌族和氐族之间早已是说不同的语言了，甚至借助翻译有时还不能彼此沟通[130]。彼此之间最多只有对应关系，不可能有比较精确的对音关系。更考《汉书·匈奴传下》：“夷狄之人贪而好利，被发左衽，人而兽心，其与中国殊章服，异习俗，饮食不同，言语不通。”上古时代的汉语与周边藏缅语之间的区别非常大，绝不是方言之间的不同。如果当时汉语族和藏缅语族之间的区别还限于方言之间的不同，那么藏缅语民族学习汉语就如同现在的广东人、福建人学习普通话，是很困难的，然而事实根本不是如此。《后汉书·南蛮西南夷列传》所载的白狼夷歌的《远夷怀德歌》曰：“荒服之外，荒服之仪。土地墝埆，犁籍怜怜。食肉衣皮，阻苏邪犁。不见盐谷，莫砀粗沐。吏译传风，罔译传微。”西南夷与汉民族说不同的语言，他们甚至认为“吏译传风，罔译传微”，就是说虽然有翻译官（即原文的“吏译”），也不能够把对方高深微妙的文化精确地翻译出来。《文献通考》卷一四八称：“白狼：东汉明帝永平中，朱辅为益州刺史，移檄西南夷，喻以圣德，白狼王唐菆等百余国重译来庭，有歌诗三章。辅所献也。《东观汉记》备载其词及夷人本语，皆重译训诂为华言，使览晓焉。”《文选·蜀都赋》：“陪以白狼，夷歌成章。”李善注：“朱辅驿传其诗奏之。”这明明是说《白狼歌》是从夷语翻译为汉语，有的学者竟然说《白狼歌》的原文是汉语，其夷语是从汉语翻译过去的，此说当不可信。另参看《东观汉记》卷十七“朱酺”条。白狼语现在公认是一种藏缅语，而早在汉代就与上古汉语有天壤之别，借助翻译还不一定能精确交流。类似的比较著名的例子如《说苑》所录的《古越人歌》。《说苑·善说》：“越人拥楫而歌，歌辞曰：‘滥兮抃草滥予昌枑泽予昌州州饉州焉乎秦胥胥缦予乎昭澶秦踰渗惿随河湖。’鄂君子晳曰：‘吾不知越歌，子试为我楚说之。’于是乃召越译，乃楚说之曰：‘今夕何夕兮搴中洲流，今日何日兮得与王子同舟。蒙羞被好兮不訾诟耻，心几顽而不绝兮得知王子。山有木兮木有枝，心说君兮君不知。’”[131]有学者认为这首《古越人歌》作于春秋时代[132]。可知春秋时代的楚国人已经不懂得古越语，需要专门的翻译。古越语属于侗台语[133]。有的学者如邢公畹先生等人坚持认为侗台语与汉语同源。即使果真如此，春秋时代的汉语与侗台语也已经不能对音，彼此早已是不同的语言[134]。更何况远在3000年之后的今天要根据汉藏语同源的假设来构拟《诗经》时代至西汉末年的汉语的上古音，这难道能说是科学的方法吗?[135]

（23）据李永宪《西藏的原始艺术》[136]一书的研究和介绍，西藏旧石器文化不仅具有明显的本土特征，同时也与相邻地区的旧石器文化有着比较密切的关系，其中与我国华北和西北地区的旧石器晚期文化最为接近，与南亚北部及东南亚地区的旧石器文化也可能有一些联系[137]。有一个显著的例子：中国的旧石器时代的考古文化中没有发现手斧。而在西藏日土西印度河上游的旧石器时代考古文化中发现了手斧，需注意的是在印度旁遮普的北部也考古发现了手斧，在博德瓦尔地区的羌特那、克什米尔的帕哈干也有手斧出土[138]。这显示出西藏在旧石器时代已经有独立的土著文化，同时与外部文化也已经有了接触和交流。如果真的存在汉藏语系，那么汉语和藏语在西藏的旧石器时代肯定已经分离了。分离时的汉民族文化也必然是处于旧石器时代。在远古西藏拥有旧石器手斧以前，汉藏民族早已是不同的民族了。这时距今已经有万年。

（24）早期的西方学者提出汉藏语同源说的时候有一个前提：他们认为西藏民族的历史并不长，

西藏土著民族是外来的，最早迁入西藏距今不过3000年，正好与汉语上古音的年代相当。因此在3000年或稍早以前的时候正是汉藏民族发生分离的时候。在那以前的汉藏民族是共同体。所以可以借助汉藏同源词的比较来构拟汉语上古音。现在已经很清楚：这个假设的前提是根本不存在的。西藏旧石器时代的考古学研究已经把西藏地区原始的土著文化的年代推到了一万年以前。在西藏，到目前至少发现了八处旧石器时代文化遗址。汉藏民族如果真的存在过共同体，也一定是在一万年前的旧石器时代，远远在汉语上古音时代以前。更何况还没有确凿的证据可以表明汉藏语真的就是同源。西方学者当初提出汉藏语系的观点所依据的各种理由已经十分陈旧，而且非常不充分。因此，无论汉藏语是否同源，参照古藏文对汉语上古音研究都没有什么意义[139]。

在2006年6月16日的“新华网”上，有一篇考古报道《考古发现青藏铁路沿线是史前文明起源地之一》称：“即将通车的青藏铁路沿线不仅汇聚了众多自然瑰宝，更闪耀着文明的光芒。考古发掘与研究证明，青藏铁路沿线也是人类史前文明起源地之一。考古发现，早在旧石器时代晚期，青藏铁路沿线就有了古代人类的活动。考古学家在唐古拉山区的沱沱河、可可西里，柴达木盆地的小柴旦湖边均发现了这时期人类活动的遗物，采集到一大批人工打制的石制品，有石核、石刀、砍砸器、刮削器、尖状器等。考古学家们推测，至迟在3万年以前，人类就已经生活在这里。青海省文物考古所所长许新国说，在青藏铁路建设前期，他曾经作为青藏铁路文物普查队负责人带领一支考古队在昆仑山下北侧70多公里处的青海省格尔木市青藏铁路三岔河大桥建设工地地表进行文物普查，发现了30多件石片、石刀和石核等细石器时代的文物。他认为，‘如果在地层内发现同样的文物的话，不仅说明中华民族的祖先从3万到1万年前就在青藏高原生活，更证明昆仑山也是华夏文明的一个重要起源地’。……在青藏线起点的西宁市和青海省东部地区，一系列的考古发现使考古学家们越来越惊叹这个地区史前文物的丰富与史前文化的发达。从旧石器时代的小柴旦遗址、拉乙亥遗址到新石器时期的胡李家遗址、宗日遗址、喇家遗址以及青铜时代的诺木洪文化遗存，史前文化遗存不仅遍布青海东部的广大区域，而且文物数量十分巨大、文化类型齐全。”[140]这篇最新的报道显示出至少在万年前的旧石器时代青藏铁路沿线就已经有人类活动，这样的人群我们可以推断为是藏缅语族的人群[141]，也许是古羌族，但绝不可能是汉语民族。我们没有任何证据说远古时代汉语民族曾经在现今的青藏铁路沿线一带的广大地区生息活动[142]，虽然仰韶文化曾经传入了甘青地区。那么，这样的最新考古只能证明汉语民族和藏缅语民族的确在万年前的旧石器时代就不是一个民族。据此，立足于汉藏语同源的汉藏对音肯定是错误的。

（25）我不明白为什么很多学者一定要企图证明汉藏语同源[143]。上古西亚的苏美尔语对其周遭语言有深刻的影响，但其系属一直不明；欧洲的巴斯克语常常作为历史语言学家引证的例子，其系属也不明。日语最善于吸收外来词，到现在也不能最终确定是属于哪一个语系。西伯利亚地区存在所谓的“西伯利亚诸语言”，其包含三组语言和一个独立语言，虽然共处于西伯利亚，但彼此没有同源关系，不属于一个语系[144]。主要分布于新几内亚及其周边地区的“巴布亚诸语言”包含近700种语言，彼此差别很大。其中的350～450种语言分别属于76～105个语系。非洲赤道以南的广大地区有150种左右的语言统称为“班图语”，说这些语言的人称为“班图人”。而美国语言学家格林伯格经过研究后认定这些在地理上很接近的班图诸语言既不是一个语族，也不是一个语系。可知在地理上靠得很近或有过密切接触的语言之间未必有亲属关系。据西方学者研究，古埃及语和古希伯来语之间已经发现了500个左右的关系词，学者们都认为那是借词，并没有因此说古埃及语和古希伯来语同源[145]。世界学者对苏美尔语的研究成果并没有借助于同源词的比较。我国古文字学家对远古文字如甲骨文、金文的释读没有一个是借助于汉藏语同源词比较才成功的。著名的古文字学家如罗振玉、王国维、郭沫若、董作宾、杨树达、唐兰、于省吾、陈梦家、张政烺、胡厚宣、容庚、李孝定、朱德熙、裘锡圭、李学勤、姚孝遂、饶宗颐、李家浩、何琳仪，日本学者岛邦男、白川静、贝塚茂树，他们没有一个关心汉藏语同源词，只是专门根据古汉语、古文字、古文献自身的材料在研究，成就辉煌。郭沫若在《序〈美术考古一世纪〉》[146]一文中称他的甲骨文和金文的研究在很大程度上是得益于德国学者写的《美术考古一世纪》，郭沫若正是通过这本书懂得了考古学的方法和学术研究中的历史观念。他说："我自己要坦白地承认：假如我没有译读这本书，我一定没有本领把殷墟卜辞和殷周青铜器整理得出一个头绪来，因而我的古代社会研究也就会成为沙上楼台的。"郭沫若在古文字学上的成就与汉藏语系的假设毫无关系。现在搞汉藏语对音研究的学者对汉语古文字材料基本是外行，却自称用汉藏对音来研究汉语上古音是国际学术主流，他们主张汉语上古音系的重建必须要符合汉藏对音的要求，否则是落后的，是不符合世界学术的最新发展的，是考古派而不是审音派。白保罗、马蹄索夫、龚煌城[147]、梅祖麟诸人的玩意儿不可为训。我不知道西方学者中是否有一个人借助汉藏语同源的研究所取得的汉语古文字学的成就超过了上面的这些古文字学家，我甚至不知道哪一个汉藏语学者对《说文》学有过专门的研究。我敢唐突高明：无论他的藏语水平多高，凡是对汉语古文字学没有专门修养的人要谈论汉藏语同源的问题，几乎都是力不从心的，其结论不可轻信。

（26）要证明汉藏语同源的途径应该是先分别独立研究藏语和汉语的历史，建立各自的上古音系并确立其较具体的时代框架，然后彻底搞清楚汉语和藏语在各自的演变史上的发展演变规律和趋势，从而根据历史语言学的原理构拟出汉语和藏语各自的远古形态及其音系或其主要特征。在这个基础上才能将远古汉语和远古藏语进行比较，从而确定其中可能有的关系词到底是同源词还是借词。不幸的是，搞汉藏语比较的学者没有一个是按照这样的程序在做的。他们首先把汉藏语系当作一个无可置疑的大前提，然后把一些可能的关系词一概宣布为同源词，找出了几百个，再根据这些同源词来构拟汉语上古音。这样的汉藏语研究根本不符合西方历史语言学的规范，怎能让人信服呢？这不是循环论证是什么？[148]

（27）有的学者说汉藏语同源词已经发现了六七百个，难道可以全部否定么？只要其中有一个是同源词，就能证明汉藏语同源。我认为这样的逻辑简直是似是而非。因为迄今为止学术界还没有找到一个很有效的方法可以严格区分同源词和借词[149]，那六七百个所谓的汉藏语"同源词"，我也可以说成不同历史阶段的借词。你能有证据反驳我么？更何况那六七百个关系词恐怕多数还不可信：有的是巧合，本来毫无关系而被学者牵强附会错认了；有的是在不同的民族语言之间辗转相借；有的是学者们为了牵合汉藏对音而以自己构拟的汉语上古音为基础所认定的一些汉藏语同源词；有的是藏语民族在古代被同化为汉民族的时候带入了汉语，后来扩散至汉语通语中。这样的证据怎能证明汉藏语同源？怎能服学者之心？即使在一些语法方面，汉语和藏语有一定的对应关系，我也相信那是古代的藏缅语族的民族汉化或与汉语民族密切接触时带进汉语的，因此这只能是一种借贷的关系，而不是真正意义上的同源关系。况且语法上的对应关系完全可能是出于世界语言的某些共同规律，不一定要用同源关系来解释。从古文献上我们可以发现在远古时代汉语民族和西部藏缅语系民族亲密接触的事实。今主要以周代和秦代为例，稍涉及汉代，详考古文献如下[150]：

西周在灭商建国之前长期处于戎狄之地，与西戎有很多文化交流。在商代后期才内附汉化，考古学研究已经证明周人的青铜器制造是从商人那里学来的。在占卜上，周人本来是用筮占，后来才懂得的龟卜也是从商人那里学来的。这些都可证明周文化与商文化很可能并非同一系统，商文化要远远高于先周文化[151]，不过商周民族在语言上应该都使用汉语，只是在夏代后期[152]，周人西迁，与西羌的异民族杂处，染上了西羌文化，在语言上必然有许多从西羌诸族语来的借词，其中包含大量古藏文的借词，同时远古汉语也完全可能借入了包括藏语在内的古西羌诸族语。周人在归附殷商之前主要是属于西方的氐羌文化系统，受西方异族语言文化的影响，是西夷化了的汉民族[153]，而殷商是东方文化系统，与周有所不同，虽然二者在远古时期都是说汉语的汉民族。考《史记·周本纪》："后稷卒，子不窋立。不窋末年，夏后氏政衰，去稷不务。不窋以失其官而奔戎狄之间。不窋卒，子鞠立。鞠卒，子公刘立。公刘虽在戎狄之间，复修后稷之业。……行者有资，居者畜积。民赖其庆，多徙而保归焉。周道之兴，自此始，故诗人歌乐其德。"《集解》："《山海经·大荒经》曰：'黑水青水之间有广都之野，后稷葬焉。'皇甫谧曰：'冢去中国三万里也。'"今本《山海经·海内经》曰："西南黑水之间，有都广之野，后稷葬焉。"与《史记集解》所引颇有出入，当以《史记集解》所引为长[154]。《国语·周语上》："昔我先王世后稷，以服事虞、夏。及夏之衰也，弃稷不务，我先王不窋用失其官，而自窜于戎、狄之间。"可见周民族的远祖稷与西方异国异族关系密切。更观《山海经·海内西经》："后稷之葬，在氐国西。"《淮南子·地形》："后稷垅在建木西。"《山海经·海内南经》："氐人国在建木西。"可见周人的远祖后稷本来是生活在西戎的氐羌之地，并且死后葬于西戎之地。自后稷以后，周民族也是一直处于戎狄之间，周人必然染有西戎的风俗，且在语言上肯定会多有交流。《史记·司马相如列传》曰："公刘发迹于西戎。"《史记·匈奴列传》："夏道衰，而公刘失其稷官，变于西戎。""变于西戎"就是汉民族的西夷化。《史记·周本纪》："于是古公乃贬戎狄之俗，而营筑城郭室房，而邑别居之。"足见古公时周人才开始脱离戎俗。顾炎武《日知录·骑》："古者马可以驾车，不可言走。曰走者，单骑之称。古公之国邻于戎翟，其习尚有相同者。"《诗·大雅·绵》："古公亶父，来朝走马，率西水浒，至于岐下。""走马"即是戎俗。周人和西戎间一定有大量的文化交流。《后汉书·西羌传》："及武乙暴虐，犬戎寇边，周古公逾梁山而避于岐下。及子季历，遂伐西落鬼戎。太丁之时，季历复伐燕京之戎，戎人大败周师。后二年，周人克余无之戎，于是太丁命季历为牧师。自是之后，更伐始呼、翳徒之戎，皆克之。乃文王为西伯，西有昆夷之患，北有猃狁之难，遂攘戎狄而戍之，莫不宾服。乃率西戎，征殷之叛国以事纣。"这段记载比较详细，可知周文王曾经"率西戎征殷之叛国以事纣"，西戎的语言文化一定传入了周人中。《说文》"鸾"字注曰："周成王时，氐羌献鸾鸟。"[155]《说文》"翰"字注曰："天鸡赤羽也。从羽干声。……周成王时蜀人献之。"《孟子·滕文公下》："周公兼夷狄，驱猛兽而百姓宁；孔子成《春秋》而乱臣贼子惧。《诗》云：'戎狄是膺，荆舒是惩，则莫我敢承。'无父无君，是周公所膺也。"《左传·昭公四年》："周幽为大室之盟，戎狄叛之。"这条文献反而证明在周幽王为大室之盟以前，周与夷狄之间有很多友好的往来。《汉书·武帝纪》："周之成康，刑错不用，德及鸟兽，教通四海。海外肃昚，北发渠搜，氐羌徕服。"足见西周的周成王和周康王时期与各异民族颇多交往。陈全方《周原与周文化》[156]介绍了1976年在陕西扶风召陈的西周建筑乙区遗址中，出土了两个蚌雕人头像，高鼻深目，为白色人种。其中一人头上刻有"巫"字，当是胡巫。这可证明即使在周原地方的周人对白色人种的印欧人也已经有所了解。另外可供参考的材料如《诗经·商颂·殷武》："昔有成汤，自彼氐羌，莫敢不来享，莫敢不来王。曰商是常。"郑笺："氐羌，夷狄国在西方者也。"《竹书纪年》称成汤十九年"氐羌来宾"。《史记·太史公自序》："汉兴以来，……泽流罔极，海外殊俗，重译款塞，请来献见者，不可胜道。"这是司马迁对西汉以来的中外文化交流的概括。《吕氏春秋·功名》称："善为君者，蛮夷反舌殊俗异习皆服之，德厚也。"《尚书·牧誓》记载了周武王伐殷的时候，有不少的异民族参加了助周伐殷的战争，其中有西南夷的蜀国："及庸、蜀、羌、髳、微、卢、彭、濮人。"传："八国皆蛮夷戎狄属文王者，国名；羌在西；蜀，叟；髳、微在巴蜀；卢、彭在西北；庸、濮在江汉之南。"均可见远古时期汉民族与西方异民族之间的交流。而且根据《史记》等上古文献，可知周的始祖"后稷"的母亲是"姜嫄"。而"姜"与"羌"是同源字，"姜嫄"一定是古代羌族的一个女子。

再如，春秋时期的秦国一直被中原的诸侯国当作西戎之国。秦国地处宗周故地，与西戎杂居，和古氐羌族有持久而广泛的接触和交流，当然也包含各种战争在内。考《史记·六国年表》："今秦杂戎翟之俗，先暴戾，后仁义。"《春秋公羊传·昭公五年》："秦伯卒，何以不名？秦者，夷也。匿嫡之名也。"何休注："嫡子生不以名令于四竟，择勇猛者而立之。"陈立《公羊义疏》[157]卷六十一称："《通义》云：秦居西陲，杂犬戎之西，非实夷国也。用西夷俗尔。"又《汉书·地理志》："天水、陇西，山多林木，民以板为室屋。及安定、北地、上郡、西河，皆迫近戎狄，修习战备，高上气力，以射猎为先。故《秦诗》曰'在其板屋'；又曰'王于兴师，修我甲兵，与子偕行'。及《车辚》、《四载》、《小戎》之篇，皆言车马田狩之事。"《汉书·赵充国传》赞曰："山西天水、陇西、安定、北地处势迫近羌胡，民俗修习战备，高上勇力鞍马骑射。故《秦诗》曰：'王于兴师，修我甲兵，与子皆行。'其风声气俗自古而然。"陈立根据这些文献说："此于春秋皆秦地，明时皆用夷俗也。"《榖梁传·僖公三十三年》："夏，四月辛巳，晋人及姜戎败秦师于殽。不言战而言败何也？狄秦也。其狄之何也？秦越千里之险，入虚国，进不能守，退败其师徒，乱人子女之教，无男女之别，秦之为狄，自殽之战始也。"注："明秦本非夷狄。"但春秋以来的秦国确实与戎狄杂居，流行西戎之俗。《管子·小匡》称齐桓公"西服流沙西虞，而秦戎始从"。这里称"秦"为"戎"。《史记·秦本纪》："大费生子二人：一曰大廉，实鸟俗氏；二曰若木，实费氏。其玄孙曰费昌，子孙或在中国，或在夷狄。……其玄孙曰中潏，在西戎，保西垂。生蜚廉。"《秦本纪》又曰："（秦文公）十三年，初有史以纪事，民多化者。十六年，文公以兵伐戎，戎败走。于是文公遂收周余民有之，地至岐，岐以东献之周。"秦国的国土本来有很多是西戎之地，是秦国用武力夺取来的。《汉书·天文志》："秦、楚、吴、粤，夷狄也，为强伯。"由此可明知秦国的先世与西戎关系密切。类似的记载在古文献中还有，此不详录。例如《史记·秦本纪》："缪公任好元年，自将伐茅津。"《正义》引刘伯庄云："茅津，戎号也。"又引《括地志》云："茅津及茅城在陕州河北县西二十里。《水经注》云茅亭，茅，戎号。"春秋以来直到战国，秦国与西戎颇多战争，占领西戎的地方，俘虏西戎人，从而使得西羌的语言和文化传入秦国。《秦本纪》又曰："（秦惠文王）十四年，更为元年。……五年，王游至北河。"《集解》引徐广曰："戎地，在河上。"秦惠文王曾游观作为戎地的北河。《秦本纪》曰："（武公）十一年，初县杜、郑。灭小虢。"《正义》按："此虢灭时，陕州之虢犹谓之小虢。又云，小虢，羌之别种。"《史记·秦始皇本纪》："地东至海暨朝鲜，西至临洮、羌中。"《正义》引《括地志》云："临洮郡即今洮州，亦古西羌之地，在京西千五百五十一里羌中。从临洮西南芳州扶松府以西，并古诸羌地也。"《广韵·五支》的"弥"字下注曰："（弥）又羌复姓后，秦将军'弥姐婆触'。"《广韵》这里明确称古代的西羌人"弥姐婆触"当了秦国的将军，可见秦与西羌的关系。《后汉书·西羌传》所记最详："至周贞王八年，秦厉公灭大荔，取其地。赵亦灭代戎，即北戎也。韩、魏复共稍并伊、洛、阴戎，灭之。其遗脱者皆逃走，西踰汧、陇。自是中国无戎寇，唯余义渠种焉。至贞王二十五年，秦伐义渠，虏其王。后十四年，义渠侵秦至渭阴。后百许年，义渠败秦师于洛。后四年，义渠国乱，秦惠王遣庶长操将兵定之，义渠遂臣于秦。后八年，秦伐义渠，取郁郅。后二年，义渠败秦师于李伯。明年，秦伐义渠，取徒泾二十五城。及昭王立，义渠王朝秦，遂与昭王母宣太后通，生二子。至王赧四十三年，宣太后诱杀义渠王于甘泉宫，因起兵灭之，始置陇西、北地、上郡焉。……及忍子研立，时秦孝公雄强，威服羌戎。孝公使太子驷率戎狄九十二国朝周显王。研至豪健，故羌中号其后为研种。及秦始皇时，务并六国，以诸侯为事，兵不西行，故种人得以繁息。秦既兼天下，使蒙恬将兵略地，西逐诸戎，北却鱅狄，筑长城以界之，鱅羌不复南度。”在这样的民族交流中，西羌诸民族的藏缅系语言渗入汉语中是非常自然的。

史学家蒙文通先生的《周秦少数民族研究》[158]一书有专门的“秦为戎族”和“秦即犬戎之一支”两节，对古文献中的有关记述作了一些梳理，可以参看。崔瑞德、鲁惟一主编的《剑桥秦汉中国史》[159]在叙述秦国统一天下的原因的时候，相当看重秦国靠近戎狄这一点，其书曰：“秦远处于华夏大家庭之西，孤立于其他各国之外。……作为一个与非华夏民族的‘夷狄’发生冲突的边陲国家，秦取得了丰富的军事经验。……出于同样的原因，秦相对地说能摆脱更纯粹的‘华夏’国家文化传统的束缚，这使它更容易制定激进的革新措施。”[160] 1974 年，湖北当阳季家湖的楚国城遗址中出土了一件战国时代的青铜钟，其铭文称秦人是“秦戎”。俞伟超《古代“西戎”和“羌”、“胡”考古学文化归属问题的探讨》一文[161]对秦国的戎族性质也有所论述，尤其强调了秦国的文化与甘肃地区的异民族文化有密切关系。

更考《汉书・百官公卿表上》：“典属国，秦官，掌蛮夷降者。武帝元狩三年昆邪王降，复增属国，置都尉、丞、候、千人。属官，九译令。成帝河平元年省并大鸿胪。”秦代甚至有专门的职官典属国来管理所有的蛮夷降者。考古学上还有材料很能说明问题。据苏联学者鲁登科《蒙昧时代阿尔泰山区居民的文化》一文的介绍，在 20 世纪 50 年代，苏联学者在今阿尔泰山巴兹里克 5 号墓考古发掘了一辆四轮车，考古鉴定这是 2000 年前的遗物。其车轮辐条做工精致，高 2.15 米，轮的外缘用弯曲的桦木制成（我们这里是根据刘迎胜《古代中原与内陆亚洲地区的语言交往》[162]转述，特此声明。有的学者认为这种四轮车与我国西北古族高车得名有关，尚待考证）。这是远古时代在中亚地区极早的四轮车。又如，20 世纪 30 年代从伊拉克考古发现的古代乌尔王朝的木版画的“军旗”，其年代在公元前 2500—公元前 2200 年，画中有四辆四轮战车，分别由四头驴拉着[163]。古乌尔王国的四轮战车的年代更在中亚的四轮车之前。可是我国在春秋以前的四轮车只是 1993 年在甘肃礼县地区的秦国大墓中才有发现，制作精美，虽然仅仅是小小的青铜车模型。由此，可以认为我国最早的四轮车出现在秦国墓葬中，这与中亚的文化交流有密切的关系，那个四轮车模型很可能不是秦国自己制作的，而是来自中亚的异民族。据顾森《中国汉画图典》[164]第 531 页所著录汉代江苏徐州的三幅画像石，共有三驾车，每架车都是四轮车，图像甚分明。

又如，根据《中国考古学・两周卷》[165]第八章“东周时期中原地区的墓葬”第 326 页的叙述：“早在甘肃天水毛家坪的 12 座西周秦墓中，墓主的头都一致向西。死者头向朝西的现象较常见于古代甘青地区葬俗中，这可能影响到了秦墓的墓向。”在东周考古发掘的 618 座秦墓中，墓主头向西的有 508 座，凤翔秦景公大墓也是向西的。这样的葬俗断然是西方戎俗影响的结果。俞伟超先生在《古代“西戎”和“羌”、“胡”考古学文化归属问题的探讨》[166]一文中有这样的考察：“周人的葬俗，本是仰身直肢葬。所有西周墓葬，几乎都是仰身直肢葬。但是从平王东迁以后，在河南、山西、河北等地的春秋墓葬，突然一变旧俗，极为盛行卷曲得不太厉害的屈肢葬，只是到了战国时期，特别是战国中期以后，仰身直肢葬的比例才又慢慢增大，重新多于屈肢葬。看一看西周以来文化系统的葬式，就知道那种屈肢葬肯定是受外来因素的影响才发生的。放在当时历史文化的环境中考虑，屈肢葬既本是起源于甘青地区的葬俗，那么，这自然是受到西北地区影响的结果。这种影响，无疑是随着犬戎等西戎诸族随平王东迁而带到中原的。”在此文中俞伟超先考察了甘肃青海地区羌族盛行的屈肢葬。周人本来盛行直肢葬，在周平王东迁以后，周人在河南、山西、河北等地的春秋墓葬，突然一变旧俗，极为盛行卷曲得不太厉害的屈肢葬，这是受到了西方羌民族文化的影响。2006 年 11 月 17 日的《兰州晨报》登载了考古学报道《甘肃张家川出土完整战国车马》[167]，其文详细报道了 2006 年甘肃张家川的重大考古发现，其文曰：“考古专家通过对发现的墓葬形制，出土陶器中的铲足鬲、夹砂褐陶单耳罐、双子母口灰陶罐以及车上的彩绘图案、铜器上的纹饰等多方面分析，初步断定这批墓葬的年代应在战国中晚期。相关专家告诉记者，从墓葬形制和出土遗物看，该墓葬既具有战国秦墓的特征，同时与战国秦墓有区别。随葬品中玻璃器物应为西方传来的，大量的动物形金箔饰和铜大角鹿（羊）及错金铁牌饰和部分陶器具有北方草原文化的风格，而铲足鬲是西方羌戎文化的产物。从墓葬形制、随葬器物，如大量的金银器、青铜和髹漆彩绘的高等级车乘等方面看，该墓地是一个规格较高、保存较好的战国墓地，对研究战国时期的戎人文化和秦戎关系具有极其重要的价值。考古工作者还新发现了一种墓葬形制：即以长方形竖穴带九级台阶的墓道，墓道内随葬车马，在墓道一侧（多在墓道北壁东端）开挖土洞为墓室的墓葬形制。考古人员说，目前还没有相关文字记载的器物出土，仅从一茧形壶的底部发现了一个象形符号，但没有提供墓主身份的任何信息。经初步断定，此墓室是秦时期羌族的一位贵族的墓葬，距今 2300 多年。1 号和 3 号墓室被发掘后，没有发现墓主人的尸骨，有可能尸骨被盗墓者破坏或此地土质碱性太大，导致尸骨腐朽无存。”我认为断定它是羌族古墓是可信的，有一个事实可以作为根据：此墓发现了一具屈肢葬的人体骨架，而屈肢葬正是古羌族的典型形式。同时也可见甘肃的古羌族在战国时明显受到了秦文化的影响，同时还从中亚地区输入了玻璃器，又从北方草原文化吸取了很多成分。

而我国后来的传统文化正是沿着周秦文化发展下来的，也就是说，早在先周时期直到秦始皇一统天下，西戎的古藏缅语族的语言文化早已渗透到华夏文化中。《孟子·滕文公上》：“吾闻用夏变夷者，未闻变于夷者也。”赵注：“当以诸夏之礼义化变夷蛮之人耳，未闻变化于夷蛮之人，则其道也。”这正是儒家思想家对渗入华夏文化中的异族文化的反应。春秋时代是一个四夷交侵中华的时代，汉民族与周边少数民族混杂的现象非常严重，所以齐桓公才提出“尊王攘夷”的口号。这句口号本身就表明夷人的势力和文化已经深入汉民族中了。如《国语·晋语二》：“宰孔谓其御曰：‘晋侯将死矣。景霍以为城，而汾河涑浍以为渊，戎翟之民实环之。’”注：“环，绕也。”《左传·昭公十五年》：“晋居深山，戎狄之与邻，而远于王室。王灵不及，拜戎不暇，其何以献器？”晋国是春秋时期中原的第一大国，而其周边有异民族环绕[169]。《国语·周语中》：“襄王十三年，郑人伐滑。王使游孙伯请滑，郑人执之。王怒，将以狄伐郑。”可见周襄王还想过要联合异民族的狄人去讨伐郑国。《周语中》还说：“十七年，王降狄师以伐郑。王德狄人，将以其女为后。……夫狄无列于王室，郑伯南也，王而卑之，是不尊贵也。狄，豺狼之德也，郑未失周典，王而蔑之，是不明贤也。平、桓、庄、惠皆受郑劳，王而弃之，是不庸勋也。郑伯捷之齿长矣，王而弱之，是不长老也。狄，隗姓也，郑出自宣王，王而虐之，是不爱亲也。夫礼，新不间旧，王以狄女间姜、任，非礼且弃旧也。王一举而弃七德，臣故曰利外矣。《书》有之曰：‘必有忍也，若能有济也。’王不忍小忿而弃郑，又登叔隗以阶狄。狄，封豕豺狼也，不可厌也。王不听。十八年，王黜狄后。狄人来诛杀谭伯。……初，惠后欲立王子带，故以其党启狄人。狄人遂入，周王乃出居于郑，晋文公纳之。"周襄王娶了狄人女子为王后。《左传·僖公二十一年》："蛮夷猾夏，周祸也。"《左传·成公七年》："季文子曰：中国不振旅，蛮夷入伐，而莫之或恤，无吊者也夫。"同篇又曰："蛮夷属于楚者，吴尽取之，是以始大，通吴于上国。"《左传·襄公三十一年》："文王伐崇，再驾而降为臣，蛮夷帅服，可谓畏之。"汉民族和周围异民族从上古以来交流关系可参看《史记·匈奴列传》和《后汉书·西羌传》。

战国时代的秦惠文王于公元前316年派兵消灭了古蜀国之后，曾迁入蜀地万户人口[169]，从而使得汉人在蜀地与异民族杂居[170]。因此在汉语中有大量的古氐羌语（包含古藏语）的借词是毫不奇怪的。晋代江统的《徙戎论》概述了自上古以来的汉民族与异民族之间的战争冲突，其实战争也是民族文化交流的一种途径，我们稍引其文作为参考，据《晋书·江统传》："当春秋时，义渠、大荔居秦、晋之域，陆浑、阴戎处伊、洛之间，鄋瞒之属害及济东，侵入齐、宋，陵虐邢、卫，南夷与北狄交侵中国，不绝若线。齐桓攘之，存亡继绝，北伐山戎，以开燕路。故仲尼称管仲之力，嘉左衽之功。逮至春秋之末，战国方盛，楚吞蛮氏，晋翦陆浑，赵武胡服，开榆中之地，秦雄咸阳，灭义渠之等。……建武中，以马援领陇西太守，讨叛羌，徙其余种于关中，居冯翊、河东空地，而与华人杂处。数岁之后，族类蕃息，既恃其肥强，且苦汉人侵之。"据《汉书·地理志下》："武都郡，武帝元鼎六年置。莽曰乐平。户五万一千三百七十六，口二十三万五千五百六十。"应劭曰："故白马氐羌。"可知氐羌故地的23万多人都成为汉朝的武都郡居民，其中肯定有不少氐羌族人。《汉书·夏侯胜传》："孝武皇帝躬仁谊，厉威武，北征匈奴，单于远遁，南平氐羌、昆明、瓯骆两越。"师古曰："瓯骆皆越号。"在汉代，西羌与汉人在关中杂居的情况非常突出，这肯定会促进古羌族与汉民族之间语言文化的交流。

在东汉时期，西南夷有百余小国计600多万人口归化汉朝。考《后汉书·南蛮西南夷列传》："永平中，益州刺史梁国朱辅，好立功名，慷慨有大略。在州数岁，宣示汉德，威怀远夷。自汶山以西，前世所不至，正朔所未加。白狼、槃木、唐菆等百余国，户百三十余万，口六百万以上，举种奉贡，种为臣仆。"而这些在蜀周边的异民族归化人大多是古羌人。考《华阳国志》卷四《南中志》："移南中劲卒青羌万余家于蜀，为五部。"又，《华阳国志》卷八："三年更以益、梁州为轻车刺史，乘传奏事。以蜀多羌夷，置西夷府。"参证《华阳国志》的这两段记载，可知东汉明帝永平年间归化汉朝的异民族人应该是以古羌族人为主[171]。何光岳《汉源流史》[172]一书用了相当大的篇幅来讨论我国历史上自汉朝以来的各个时期中异民族融合进入汉民族的情况，介绍得比较详细，很值得参考。我们不再引述。《后汉书·五行志》："灵帝好胡服、胡帐、胡床、胡坐、胡饭、胡空侯、胡笛、胡舞，京都贵戚皆竞为之。此服妖也。其后董卓多拥胡兵，填塞街衢，虏掠宫掖，发掘园陵。"可见东汉灵帝时代胡风胡俗流行于汉民族，以致汉灵帝和首都的贵族都喜胡风，与胡风胡俗相伴随的胡人语言必然也侵入汉语中。史学研究有明确的定论：董卓的"胡兵"是指羌族兵，而东汉时代的羌语与藏语有密切的关系，是藏缅语族的一支。在汉代肯定有羌语渗透到汉语中。王桐龄《中国民族史》[173]一书讨论古代的汉民族与周边少数民族的交流及融合关系甚为详悉，收集了许多材料，编制成许多表格，一目了然，甚为清晰。其书第五章第七节"吐蕃血统之加入"专门讨论古代的藏民族融入汉民族的史实。

以上的古文献考证显示出一个明确的事实：汉语和藏缅语之间的关系词确实应该从借词的角度来解释，而不必认定为同源词。汉民族和藏缅民族在很长的历史上有密切的交流和接触。历史语言学家不可轻视文献考据之功。

（28）上古汉语和藏语可能的关系词应该用借用关系来解释，而不能随便看作同源词。我们没有任何理由说藏民族自上古以来一直处于与其他民族隔绝的状态。我们从考古学上甚至可以找到直接的证据。距今5300—4100年的西藏新石器时代的卡若遗址出土了一批玉器，有玉斧、玉凿、玉镰、玉璜，尤其值得注意的是，有一件玉璜的造型和穿孔特征与中原地区的同类玉璜相似，这应该是辗转的文化交流。另据苏秉琦主编《中国通史（第二卷）》[⑪]第528页："西藏细石器的广泛存在并且大多处在海拔甚高的藏北高原，……这里的细石器同我国北方的细石器有不少共同点，如楔形石核、圆锥形石核和圆柱形石核等，在北方地区也都有广泛的分布。"同书第四章"周边地区的远古文化"第548～549页在讨论西藏新石器时代的卡若文化与其他原始文化的关系的时候有如下的论述："卡若细石器中的锥状石核和柱状石核，以及从这种石核上剥离下来的细长石叶，在藏北高原有较多的发现，也同样见于甘肃地区的马家窑—齐家文化系统。卡若文化的磨制石器中颇有特色的长条形石斧和石锛也见于马家窑—齐家文化系统。卡若陶器均为平底，基本器形只有壶、罐、盆、碗；马家窑文化的陶器除极少数圈足器外，也基本是平底器，器形也以壶、罐、盆、碗为主。卡若文化陶器上的刻划纹饰，如波折纹、菱形纹、贝形纹、平行线纹、正倒三角纹和网络纹等，同样也是半山—马厂期彩陶的常见纹饰，只是装饰的手段不同罢了。卡若遗址多木骨泥墙的平顶房屋，马家窑—齐家文化也多见这种房屋。特别是卡若遗址发现了许多粟的朽灰和碳化物等，而粟作农业历来是中国北方的传统农业，南方历来种稻而很少种粟，卡若的粟作农业很可能是受马家窑文化影响而产生的。卡若文化与马家窑文化年代相若，相隔也不算太远，相互间发生某些关系是可能的。从总体来看，似乎马家窑文化对卡若文化具有更多的影响。卡若文化对四川和云南的新石器文化具有明显的影响，如四川岷江上游汶川、理县等地的条形石斧和石锛，西昌礼州遗址的半月形石刀，陶器全部夹砂并用平行刺点纹组成三角纹和菱形纹的作风，以及罐、壶、钵等器形，都是卡若文化中常见的。云南滨川白羊村的平背弧刃半月形石刀、条形石斧和石锛、宽叶形石镞，陶器多夹砂并饰绳纹、刻划纹、剔刺纹、压印纹、附加堆纹等的作风，以及木骨泥墙的平顶房屋等，都与卡若文化中同类因素相似。云南元谋大墩子的凹背弧刃或直背弧刃石刀，两端开刃的石凿，柳叶形和三角形石镞，梯形石斧和石锛，骨抿子，陶器夹砂并饰绳纹、刻划纹、剔刺纹、篦纹、附加堆纹等，还有某些小口罐、盆、钵等器形，也都与卡若文化的同类因素相似。白羊村和大墩子的新石器文化均晚于卡若文化，显然是卡若文化通过澜沧江和金沙江河谷等南下影响云南的新石器文化而不是相反。……卡若文化以及西藏其他新石器文化乃至旧石器文化的发现，说明西藏居民有非常悠久的历史和自身的发展谱系，并不是从外地迁来的。但如果说在发展中受过北方民族的影响，甚至有部分羌人或氐人南下西藏，从而造成文化乃至种族的某种融合，那倒是符合历史实际的。"可见藏民族在新石器时代以前就与甘肃地区的马家窑—齐家文化有文化交流，同时与四川、云南地区的新石器文化有交流关系。我们还可以根据这段论述来否定汉藏民族同源论和汉藏语系的观点。

（29）西方学者提出汉藏语系的观点是受到了印欧语系观点的启发。实际上，当时的欧洲学者对上古汉语和上古藏语的研究都是非常有限的。我们上面的论证已经显示：汉语民族和藏语民族在一万年前的旧石器时代已经是不同的民族，公元前5000年的河姆渡文化时期和公元前4500年前的河南濮阳西水坡古墓时期肯定不存在共同汉藏语了。公元前4000多年的仰韶文化明显是汉语民族的文化系统，与西藏地区的新石器文化有显著的不同，而且发展水平要高于西藏的新石器文化。而学者们在研究印欧语系的时候，所讨论的原始印欧语的年代大约在公元前2000年或稍前，也有人认为是在公元前3000—公元前4000年的；所用材料除赫梯语外一般是在公元前1000年以后。1786年，英国学者琼斯在研究了梵文之后，将梵文和古代的希腊文、拉丁文进行比较，发现二者在动词词根和语法形式方面都有系统的相似点和对应关系，他认为这些相似点不是出于偶然，因为这些语言都来源于一个共同的原始母语。于是他提出了印欧语系的假设，这个假设后来得到了学术界的证实和接受。印欧语学者比对的各种同源词或关系词的时间层次一般没有超过公元前1000年，只有赫梯语材料的年代超过了公元前1000年[175]。琼斯所用的语言材料也是在公元前数百年而已，距今只有2000多年，而且一般都有古文献或铭刻的记录[176]。然而上古汉语和上古藏语的情形远远比印欧语系的问题要复杂。我们说过假如真的有过汉藏语系，那么汉语和藏语的分化是在一万年以前的旧石器时代，远远早于原始印欧语的年代；二者之间要从发生学的角度来找出系统的对应关系是非常艰难的，甚至是不现实的。再由于汉字从一开始就是表意文字，不是表音文字，其远古音要经过专门研究才能搞清楚，而不能作为证明汉藏语系的前提。而藏文是从公元7世纪才有的，其所记录的藏语语音比汉藏语分离时（假设二者真的同源过）的原始藏语已经晚了上万年。因此，古藏文所体现出的语音特征也不能作为证明有过汉藏语系的根据。这与印欧语研究的情形有很大的不同。我认为要从同源词的角度建立汉语和藏语之间的对应关系从理论上是讲不通的。刘广和教授写的《中国大百科全书·语言文字卷》“汉藏对音”条只介绍了罗常培的《唐五代西北方音》，一字不提汉藏语同源的问题和立足于汉藏语系的汉藏对音。我认为这是很严谨的[177]。

我现在找到了一个参照材料可以表明不能把印欧语研究的方法简单地类推到汉藏诸语言研究中。我最近考察发现原始印欧语开始发生分化的时候，原始印欧语民族已经有了相当的文明，在文化上已经不是印欧语民族的原始时期，而已经是青铜时代。讲原始印欧语的民族大约在公元前2000年或稍前开始了从中亚大草原向其他地区的大规模的迁移和征服行动。这时候的印欧语民族在文化上已经相当发达，至少有如下的文化装备：一、拥有成熟的青铜兵器及其相关的青铜冶炼技术；二、拥有战马拉的轻型战车；三、有完善的驯马术，能够熟练地用马。拥有这三项重要文化装备的印欧语民族显然是有高度文明的民族[178]，这时候的所谓原始印欧语肯定是相当成熟、完善的语言，该语言的主要特征已经定型。后来印欧语的各个分支语言虽经千年的分化演变，但是其同源的迹象仍然比较明显。我的这个论断是不可置疑的。类似的例子如我国在商代就已经有了高度的青铜文明，这时候的汉字是甲骨文和金文。青铜文明是一个民族文明成熟的重要标志，这时候的汉语（和汉字）也是比较成熟和定性的。也就是说，汉语在我国的青铜文明高度发达的商代已经确立了其基本的和主要的特征，2000多年以后的学者还能利用《说文》中的小篆和古文这些战国文字去释读早已消失了的商代的甲骨文和金文，并获得了巨大的成功。而在仰韶文化时代的陶器符号，由于是新石器时代的产物，过于原始，学者们至今无法准确破译[179]。又如，我国在上古时期就早已有明显的方言分化。西汉时代的大学者扬雄就编撰了《方言》，其中的方言现象不可能是在西汉才开始形成，应该在先秦时代就已经存在。但是汉语的各大方言虽然分化得很早，但毕竟是在商代以后才明显分化的，其分化的背景是汉语和汉字都已经相当成熟了[180]。所以虽然最早的汉语方言之间已经分化了2000多年，但依然只能算作汉语方言，其同源性非常明显。现在的北方官话和南方的吴方言、闽方言、粤方言从源头上看，都已经分化了1200年以上[181]，各方言区的人之间已经不能听懂对方的语言，但彼此之间的差别从来没有淹没其同源性的痕迹。其所以如此，就是因为在各方言最初分化时期的汉语已经是非常完善和成熟的语言，其基本和主要的语言特征已经定型了。虽然分化了2000年，其同源性还是很明显[182]。汉字和汉语的例子完全可以证明原始印欧语为什么在分化了2000年以后，其各支语言的同源性还是比较清楚，其根本原因就在于印欧语在分化时已经是完善和比较成型的语言。但是根据我们上文的论述，汉语和藏语即使同源，二者在旧石器时代也已经分化了，远远在青铜文明以前。那时候的汉语和藏语都根本没有成型，其自由发展演变的余地很大。所以在夏代以前，汉语和藏语就已经演变成根本不同的语言[183]，二者之间的区别是不同语言之间的区别，而不是同一语言内部的不同方言的区别。因此，我们没有理由将印欧语研究的方法类推到汉藏诸语言研究中。二者各自的情况和相关的时代性及其文化背景不同。我们从这个观点和理论来看，也有充分的理由说基于汉藏语同源的汉藏对音在理论上是不能成立的。我在青铜文明和语言分化之间建立了联系，从而找到了研究语言的新的参照系。这个新说是前人没有想到的。我更加自信我已经击破了汉藏语同源词对音的理论，甚至可以否定汉藏语系了。我为之狂欢[184]。

（30）民族史的材料可以有重要的参考价值，这些材料表明汉藏语系的观点以及据此而进行的汉藏对音是不可信的。如“畲族”就是一个明显的例子。畲族的民族语言公认为属于汉藏语系的苗瑶语族[185]。“畲”的意思是“火耕”，来源于畲民族一直从事刀耕火种。“畲田”的意思是“刀耕火种之地”[186]。我们姑且承认畲民族的语言是与汉语同源的，同属于汉藏语系。但是直到南宋时代，畲民还是从事刀耕火种，也就是“畲民族”、“畲语”同汉民族、汉语的分离是至是少在或早于原始民族的刀耕火种时代，在原始农业以前。从这个例子中，我们也可以说所谓的汉藏语系早在原始农业的刀耕火种时代就已经分离了。在这个时代就已经分化的语言断然不能作为历史比较语言学的比较构拟的根据，因为西方学者构拟的原始印欧语已经是处于印欧语民族的青铜文化比较发达的时代了。我们因此坚决反对在构拟汉语上古音的时候采用所谓的汉藏语同源词的比较。所谓的汉藏语同源词的比较方法其出发点就已经错误，而且不能用印欧语历史比较语言学来作幌子。

（31）从藏民族和汉民族的丧葬习俗的不同也可以看出二者是不同源的文化系统。因为藏民族自古以来就流行天葬[187]，学者们虽然还不能考证出天葬开始出现的确切年代，但天葬应该是藏民族自身固有的文化传统。丧葬文化自古为大事，而且一旦确立，就会形成一定的传统。但无论从文献记载来看，还是从现今发达的考古学来看，汉民族文化从远古以来就从来没有实行过天葬的习俗。因此二者必不同源。

（32）我们可以从一些具体的例子获得一些启发。如《吕氏春秋·察传》、《韩非子·外储说左上》都有“母猴”一词，然而在《史记·项羽本纪》、《汉书·伍被传》中作“沐猴”，在古书中又作“猕猴”。据张永言《语源探索三例》[188]比较详细的讨论，这些词中的“母、沐”是来自藏缅语的译音词，意思就是“猿/猴”。借入汉语后，由于字面意思不明，所以加上表意的“猴”。然而我们注意到在上古汉语中的“猿/猴”不可能与藏缅语中表示“猿/猴”意思的“母、沐”构成相对应的关系词。张永言介绍了白保罗构拟的共同汉藏语形式是 mrok/mruk。但我们认为这个构拟显然不能解释“猿/猴”的上古音的来源。至少上古音中的“猿/猴”与藏缅语中表示“猿/猴”意思的“母、沐”难以建立语音对应关系。不过，张永言先生认为在《诗经·角弓》中已经出现的“猱”大约与藏缅语的 mio（k）/mju（k）同源。我们对此有两点说明：第一，我们完全可以把二者的关系解释为借词，不见得是同源关系；第二，二者应该是比较可靠的关系词。这说明上古汉语和藏缅语之间的真正关系词的对应关系是比较明显的，符合上古汉语的谐声字和假借字的音转关系[189]。这个例子正好说明与汉语上古音差得比较远的藏缅语关系词到底是不是真的关系词，其对应的时代层次如何，这都要慎重考虑[190]。

总结以上的论述，我们很清楚地发现在旧石器时代晚期和新石器时代的河姆渡文化、仰韶文化、大汶口文化、龙山文化、良渚文化以及青铜器时代的夏代二里头文化、早商文化、殷墟文化中，都可以发现汉民族文化和藏民族文化是不同源的。而且人类学研究也表明西藏古人在体质人类学上与古代新疆的某些居民相近，而与汉民族不同。因此，汉民族和藏民族绝对是沿着各自的文化线索发展而来的，根本找不到二者有同源异流的痕迹。我们现在可以说汉藏语同源的观点得不到古文献学、历史学、考古学、古文字学、比较神话学、民族学、人类学等方面的支持，仅凭一些较晚的记载和时代性成问题的关系词是不能证明汉藏语同源的。以上各点理由足以让人怀疑“汉藏语系”这个概念的成立。如果从借词的角度研究汉语和藏语的关系词，我无异议[191]，只是要注意慎重利用，并严密关注其关系词的时代性；如果根本就以汉藏语系为一个大前提，从汉藏语同源的立场来讨论关系词，并据以构拟汉语上古音的音系，根据是非常脆弱的，逻辑也完全是循环论证。由于没有区分同源词和借词的可靠标准，所以纯粹依靠汉藏语的关系词来建立汉藏语系是不可行的。上述从多角度和用多种方法来检测的结果，使我可以明确地说许多人煞有介事、大吹大擂地立足于汉藏语同源的汉藏对音对汉语上古音研究没有什么价值。我希望学者们在研究汉语上古音的时候千万不要利用所谓汉藏语同源词对音的材料。现在已经有不少的学者误入了歧途。他们的努力纵然令人钦佩，然而其研究成果不能让人信服[192]。我的结论是基于以上的学术性证据，断然与民族主义无关。我希望批评者正视我的各种根据，我盼望汉语言学者尤其不要引洋人以自重，不要过分迷信西洋学者的观点，也不要轻率地将印欧语系比较语言学的方法简单地类推到汉藏诸语言研究中。我们已经证明这种类推方法是不可靠的，“如曰不然，请待来哲”[193]。

我这一节的论述肯定会开罪许多人，但我毅然决然要“宁犯天下之大不韪而不为吾心之所不安”。我不禁想起那位伟大的无产阶级导师的名言：“对于一切科学的批评，我都是欢迎的，但我决不让步于所谓世俗的偏见。”知我罪我，请待百年之后。

注释

①请读者诸君注意：我没有反对一般意义上的汉藏对音，如罗常培《唐五代西北方音》中讲的汉藏对音，李方桂则通过研究《唐蕃会盟碑》来讨论其中的汉藏对音。这样的对音并不是以汉藏语系为前提，且与上古音无关。我只是批评立足于汉藏同源词的汉藏对音，并且批评将汉语上古音要符合汉藏同源词对音的观点。

②另参看刘丹青《先秦汉语语序特点的类型学观照》（《语言研究》2004 年第 3 期）。杨树达先生早在 1930 年的《国文中之倒装宾语》［后收入《积微居小学金石论丛（增订本）》，中华书局，1983 年］就列举了上古汉语中倒装宾语的十七种情况，举证甚充分，但决不言与其他语言的关系，只就古汉语自身而论，这是慎重的态度。

③张玉金《甲骨文语法学》（学林出版社，2001 年）第 148 页称：“在甲骨卜辞中，宾语一般都放在谓语动词之后，这样的例子在前面已列举了很多。但有些时候，宾语可以放在谓语动词之前。卜辞中的宾语前置，主要有下述三种情况。一是否定句中代词宾语前置；二是由“惠”和“唯”提示的宾语前置；三是一些名词性宾语前置。”颇有举证和阐述。王力先生《汉语语法史》（商务印书馆，1989 年）第十三章“词序的发展”曰：“主—动—宾的词序，是从上古汉语到现代汉语的词序。但是，在上古汉语里，有一些特殊的情况，就是宾语可以放在动词的前面。这种结构是有条件的。总的条件是：这个前置的宾语必须是个代词。”王先生的这段论述基本上是正确的，与甲骨文相合。但同页还说：“在原始时代的汉语里，可能的情况是这样：代词作为宾语的时候，正常的位置本来就在动词的前面（像法语一样）。到了先秦时代，由于语言的发展，这种结构分为三种情况。”沈培《殷墟甲骨卜辞语序研究》（文津出版社，1992 年）第 27 页根据甲骨文资料对王力先生此说提出了批评：“尽管这种看法可能有一定的道理，但是我们在甲骨卜辞中还没有看到肯定句代词宾语前置的例子。有不少学者举‘兹用’、‘兹御’作为代词宾语前置的例子。我们认为这恐怕是有问题的。‘兹用’有否定形式，作‘兹不用’或‘兹毋用’，按照否定句代词宾语前置的规律，如果把‘兹’看作宾语，应当作‘不兹用’或‘毋兹用’才对。因此，我们认为‘兹不用’、‘兹毋用’等应当是受事主语句，不是宾语

前置句；‘兹御’虽未见有‘兹不御’、‘兹毋御’的说法，但也同样应看作受事主语句。”沈培先生的考察是可信的。陈梦家先生早在《殷墟卜辞综述》第三章“文法·动词”一节中就已经说过：“我们以为不是一切附有否定词者皆可以先置宾语，而此等句中宾语之先置尚有其他条件。易言之，在两种条件下才可以先置宾语：一是只有在有否定词‘不’之句中，二是只有在有人称代词‘我’的句中。”后来沈培先生在博士学位论文中对陈梦家的论述作了一些补充和修订，他说：“从上引卜辞可以看出，卜辞中代词宾语前置的否定句，并不限于‘不我’句。否定词也可以是‘勿’，代词宾语也可以是‘余、尔’（原注：我们在本章第二节‘由“惠”和“唯”提示的宾语前置句一节中还将看到“之”作宾语时也可以提前，但“之”前有焦点标志“惠”和“唯”，情况与一般的否定句中宾语前置不一样）。”沈培先生此书还综述了管燮初《殷墟甲骨刻辞的语法研究》、周光午《先秦否定句代词宾语位置问题》、唐钰明的博士学位论文的相关看法。沈培先生此书还讨论了“甲骨卜辞中到底有哪些代词宾语不前置的否定句”，辩证了一些学者误用甲骨文的例子。沈先生同样承认在甲骨文中，否定句中的代词宾语后置的例子已经出现。沈先生对在甲骨文中宾语前置的问题作了相当详细的研讨，但这都是在充分肯定甲骨文通常是以主—动—宾为词序的前提下展开的。唐钰明先生《甲骨文“唯宾动”式及其蜕变》（《著名中年语言学家自选集·唐钰明卷》，安徽教育出版社，2002 年）对甲骨文的语序作了比较详细的考察后，明确表示：“我认为甲骨文并不存在无限制的自由式的前置宾语。有些学者拿汉藏语系某些语言与甲骨文类比，认为早期汉语存在类似‘我他打’、‘我书读’的语序，看来是缺乏根据的。”唐先生还说：“‘动＋名’句的名词无疑是宾语，变换为‘名＋动’后，名词是否还能理解为宾语呢？回答是否定的。”唐先生此文用了以古证古的变换分析法来考察甲骨文的语序问题，具有启发性。唐钰明先生的有些观点与我近似，而且先于我而发（唐钰明此文最早发表于《中山大学学报》1990 年第 3 期）。甲骨文的语序现象足以批驳汉语和藏语同源的观点。

④何大安：《声韵学中的观念和方法》，大安出版社，1998 年。

⑤大学者郭沫若《古代文字之辩证的发展》（收入《郭沫若全集·考古编（第 10 卷）》，中国科学出版社，2002 年）早就认为：“殷王室尽管深于迷信，但当时的文化程度距离原始蒙昧时期已经很远了。单以甲骨文而论，已经是具有严密规律的文字系统。后人所谓‘六书’，从文字结构中看出的六条构成文字的原则，即所谓指事、象形、象意、形声、假借、转注，在甲骨文中都可以找出不少的例证，文法也和后代的相同。故中国文字，到了甲骨文时代，毫无疑问是经过了至少两三千年的发展了。”

⑥也有在肯定句中将代词宾语提于动词前的，如《诗经·小雅·节南山》：“赫赫师尹，民具尔瞻。”其中的“尔”是“瞻”的宾语（据郑玄笺可知“尔”就是第二人称代词），位于动词的前面。

⑦可参看史存直《汉语史纲要》（中华书局，2008 年）第 344～345 页，收集例证甚多；王力《汉语语法史》（商务印书馆，1989 年）第 207～208 页。

⑧冯胜利：《论上古汉语的重音转移与宾语后置》，《语言研究》1994 年第 1 期。

⑨冯胜利原文“笾”误作“边”。径正。

⑩如《史记·商君列传》：“不告奸者腰斩。”

⑪蒋冀骋《古谚“室于怒市于色”所反映的原始汉语状格助词》（《汉语史研究集刊（第 10 辑）》，巴蜀书社，2007 年）一文认为《左传》的“室于怒市于色”是原始汉语的语序特点，其中的“于”是状格助词，也就是后置词，而不是所谓的倒装句。此文举了汉藏诸语言的材料为证。蒋冀骋此文在“第三届汉语史学术研讨会暨第六届中古汉语国际学术研讨会”（成都四川大学，2007 年 10 月）宣讲，当时的与会学者颇有不同看法。我也不赞成蒋冀骋的观点。蒋冀骋在大会上强调《左传》此文是“古谚”，所以能反映原始汉语。实际上，《左传》只称“谚”，而不是“古谚”，先秦典籍称引“谚”的有很多，相当普遍，不能认为是原始汉语的反映。此文牵强附会的地方有很多，我们不能逐一辩难。我的解释是：《左传》此处之所以要用“室于怒市于色”这样的倒装句，根本不是原始汉语的格助词后置的问题，而是上古时代的一种修辞法——“押双声”的运用。“室”的上古音声母是书母，“市”的上古音声母是禅母，二者旁纽为双声，只有清浊的不同，所以可以作为准双声押韵。“押双声”（在英语诗歌中叫“押头韵”）是上古时代很重要的一种修辞方法，有关的材料和论述参看本书第一章第九节“例二十二”。

⑫（清）孙诒让：《墨子间诂》，上海书店出版社，1986 年，第 161～162 页。

⑬后一句的训诂很难。

⑭（清）孙诒让：《墨子间诂》（上海书店出版社，1986年）第161页注引俞曲园之说已经注意到“力字与食字为韵”。

⑮在现代汉语中，主谓结构作述语很正常。如“他母亲死了”、“他钱被偷了”、“我兴趣没了”、“小王皮包丢了”等，都可以分析为主谓结构作述语。

⑯在日语中，疑问词加［も］既表示“都”，也表示“也”；可以全称肯定，也可以全称否定。

⑰日语本来就是SOV的语言。其主语和宾语都位于动词的前面，需要用格助词来加以区分。

⑱《马氏文通》已经这样分析。后来的黎锦熙《比较文法》（中华书局，1986年）第三章第三节也坚持这样分析，举了很多例子。

⑲潘玉坤：《西周金文语序研究》，华东师范大学出版社，2005年。

⑳中国社会科学院考古研究所编：《殷周金文集成》，中华书局，2007年。各家释文对此皆无异说。

㉑唐钰明先生《甲骨文“唯宾动”式及其蜕变》（《著名中年语言学家自选集·唐钰明卷》，安徽教育出版社，2002年）有一个观察：“‘宾是动’式在甲骨文和西周金文中尚未见，它是西周春秋之交出现的。”如果这个观察可信，那么就绝对与原始汉语的语序无关。尚待深考。

㉒最近注意到沈培《殷墟甲骨卜辞语序研究》（文津出版社，1992年）一书在分析甲骨文中的“惠/唯+NV”句式的时候也不把其中的NV看成宾语前置，而看成受事主语句。

㉓类例如《诗经·周颂·执竞》：“执竞武王，无竞维烈。不显成康，上帝是皇。”

㉔唐钰明《甲骨文“唯宾动”式及其蜕变》（收入《著名中年语言学家自选集·唐钰明卷》，安徽教育出版社，2002年）仍然认为这类句式中的“是”是宾语前置的标志，我不能苟同。

㉕裘锡圭《谈谈古文字资料对古汉语研究的重要性》（裘锡圭《古代文史研究新探》，江苏古籍出版社，2000年）一文利用金文中“是”字的用例，称：“我们检查了一下西周、春秋金文里‘是’字作宾语用或者可能作宾语用的二十来个例句，发现‘是’字全部是前置的。”裘先生考察了一些例句之后称：“连一个例外也没有。”其中一个有关金文的最关键的例子有问题。那是《沇子簋》中的“懿父迺（乃）是子”。这里的“是”前面的字明显是“迺”，此不可疑。但细考铭文的原文拓片，如《三代吉金文存（中册）》（中华书局，1983年）第975页、《殷周金文集成释文（第3卷）》（香港中文大学出版社，2001年）第465页、《金文今译类检（殷商西周卷）》（广西教育出版社，2003年）第244页，其中被释读为“是”的字原文模糊不清，不可能精确隶定，虽然有的学者释读为“是”，但其根据确实非常薄弱，与金文中一般的“是”难以对应。我们认为那个字绝不是“是”字（释为“是”字的还有张亚初《殷周金文集成引得》、中国社会科学院考古研究所编《殷周金文集成释文》等）。于省吾《双剑誃吉金文选》（中华书局，1998年）第173页就不认为那是“是”字，而是“某”字；《金文今译类检（殷商西周卷）》中的“沇子它簋盖”篇明确称：“倒数第二字残，缺释。”这样的处理是对的，那个字确实不可辨认。因此，裘锡圭先生所据的这个例子可以反驳我的关键性证据不能成立。其他的金文例子如“子孙是保”、“子子孙孙是尚”、“是以先行”、“是用寿老”（光华按，这个“老”应是“考”的错字），我认为这些例子都不能成为反驳我们的有力证据。例如，“子孙是保”这样的话是金文中的套语，“永保、永宝、永宝用”是金文中极为常见的公式化语言，我注意到“永保、永宝、永宝用”的后面一般没有名词作宾语，也就是说这些词在金文中一般用作不及物动词，因此，“子孙是保”中的“是”不可能是代词宾语前置。这里的“是”与金文中的“其”的一些用法相当。可比对西周中期的《师虎簋》：“子子孙孙其永宝用。”西周晚期《扬簋》：“子子孙孙其万年永宝用。”类似的文句在金文中非常多，这样的“其”显然不可能是代词宾语前置，近于表示意愿的“将”。在上古文献如《尚书·君陈》中有：“懋昭周公之训，惟民其乂。”周秉钧先生将“惟民其乂”语译为“人民就会安定”（参看《十三经今注今译》上册，岳麓书社，1994年，第220页），这显然没有把“其”当作代词宾语前置。《君陈》中还有一句：“惟日孜孜。”其中的“日”显然不可能是“孜孜”的前置宾语，这个例句的结构非常明显。《尚书·泰誓》：“戎商必克。”这只能理解为主谓结构，不能说是“必克戎商”的倒置。金文中的“是以、是用”都是“乃以、乃用”的意思，不可能是当作宾语前置。裘锡圭先生还列举了一些先秦文献中的例子，我们在上文

中已经作了解释，那些“是”都应该训作“乃”，而不是宾语前置。在古书中还有一个例子也得说明。考《尚书・无逸》：“自时厥后立王，生则逸，生则逸，不知稼穑之艰难，不闻小人之劳，惟耽乐之从。”其中的“惟耽乐之从”似乎可与“惟命是从”相比对，其实二者毫不相干。首先，“惟耽乐之从”（这里的“从”训为“放纵”）的“之”从上下文看显然不是代词，就是后来的“的”，因为其与前面的“稼穑之艰难”、“小人之劳”相并列。在古文献中的“N之V”句式是为了将动词名词化，这与宾语前置无关。类例如“艰难”在古汉语中一般是形容词，而在“稼穑之艰难”中显然名词化了。

㉖中国社会科学院语言研究所古代汉语研究室编：《古代汉语虚词词典》，商务印书馆，2002年。

㉗何乐士编：《古代汉语虚词词典》，语文出版社，2006年。

㉘《虚词诂林》（黑龙江人民出版社，1993年）第17页引裴学海《古书虚字集释》称：“于，犹‘乃’也。”

㉙潘玉坤：《西周金文语序研究》，华东师范大学出版社，2005年。

㉚王力先生《汉语语法史》（商务印书馆，1989年）第十三章也只是说：“在原始时代的汉语里，可能的情况是这样：代词作为宾语的时候，正常的位置本来就在动词的前面（像法语一样）。到了先秦时代，由于语言的发展，这种结构分为三种情况：第一种情况是旧式结构的残留，代词宾语无条件地放在动词的前面。”举有《尚书》和《诗经》的三条例子。王先生所论述的远古时代汉语的前置宾语也只限于代词，并非一概称为SOV式的语序。

㉛俞敏《汉藏两族人和话同源探索》（《俞敏语言学论文集》，商务印书馆，1999年）为了附会藏语的语序，他认为《诗经》中有定语后置于中心词的例子，如“桑柔”、“中林”、“周行”。他所举的例子没有一个能成立。如《诗经・桑柔》：“菀彼桑柔，其下侯旬；采采其刘，瘼此下民。”郑玄笺云：“桑之柔濡，其叶菀然茂盛。”可见郑玄是把“桑柔”解释为“桑之柔濡”，这绝不是定语后置于中心词。况且《诗经》中还有“桑中”的说法，而绝没有“中桑”一语。至于“周行”一语，根据古人的训诂，绝不能解释为“行周”，因此根本不存在定语后置的问题。俞敏先生还把“姜原”解释成“无非是高‘原’上的‘姜’罢了”。这种解释也毫无道理。考《诗经・生民》：“厥初生民，时维姜嫄。”毛诗作“嫄”，韩诗作“原”，只能理解为女子之名。郑玄笺：“姜姓者，炎帝之后，有女名嫄。”郑玄注是很通达的，不可置疑，怎能随心所欲地解释为“高原”？《左传》中常有“齐姜”，是指齐国的姜姓女子；如果说成“姜齐”，那就是指“姜姓的齐国”。二者的意思就完全不同了。因此，我们绝不能把“姜原”看成定语后置，以为等同于“原姜”。这无论如何都讲不通。至于“中林”在意思上同于“林中”。考《诗经・桑柔》：“瞻彼中林，甡甡其鹿。朋友已谮，不胥以谷。”这分明是为了“林”和“谮”押韵（侵部）而倒置，不能看作定语后置。《周易・屯》：“六三，即鹿无虞，惟入于林中，君子几不如舍，往吝。”这是上古文献用“林中”而不用“中林”的例子。俞敏先生所举的例子都是不能成立的。

㉜波斯语也是修饰语位于被修饰语的后面，波斯语是SOV式句型。马来语也是修饰语位于被修饰语的后面，定语在名词后面，状语在动词后面，这个语序没有改变过。

㉝潘玉坤：《西周金文语序研究》，华东师范大学出版社，2005年。

㉞另参看中国社会科学院语言研究所古代汉语研究室编《古代汉语虚词词典》（商务印书馆，2002年）第822页。

㉟参看王力先生《汉语语法史》（商务印书馆，1989年）第二章“名词”。

㊱因为语言的形态变化一定伴随着语法功能和意义的变化。

㊲我所根据的是台湾汉欣文化事业有限公司的版本，出版于2004年9月。

㊳［印度］阿底峡尊者发掘，卢亚军翻译：《西藏的观世音》，汉欣文化事业有限公司，2004年，第129页。

㊴这是从汉字的起源来说的。在甲骨文中已经存在大量的形声字。由于汉字很早就有声符存在，所以有的学者认为汉字既是表意文字，也是表音文字。这也不无道理。参看《赵元任语言学论文集》（商务印书馆，2006年）中的英语论文*A Note on An Early Logographic Theory of Chinese Writing*。

㊵参看陈梦家《中国文字学》（中华书局，2006年）第32~36页、高明《“图形文字”即汉字古体说》（《高明论著选集》，科学出版社，2001年）、裘锡圭《文字学概要》（商务印书馆，1988年）第43~44页。其中裘锡圭《文字学概要》称：“商代后期的甲骨文有两百多年历史，可以按照字形的特点分早晚期。早期甲骨文一般比晚期更象形。在金

文里，一部分主要用作族名的金文象形程度显著地高于用于记事的一般金文。后者大都见于商代后期的晚期铜器上，字形跟晚期甲骨文相似。族名金文不管是见于早期铜器的，还是见于晚期铜器的，都比早期甲骨文还要象形。在族名金文里，彼此的象形程度也有高低之别，不过这种差别似乎并不是完全为时代的早晚所决定的。……铸有族名金文的铜器，时代往往比早期甲骨文晚，甚至西周早期的铜器上都还时常能看到这种金文。但是它们的字形却比早期甲骨文更象形。这种现象应该是古人对待族名的保守态度所造成的。”可知象形程度越高的汉字就越是古老的字体。同书第45页称：“商代文字字形的方向相当不固定。一般的字写作向左或向右都可以。有的字形还可以倒写或侧写。字形方向不固定的现象，也是跟象形程度比较高的特点紧密联系在一起的。这种现象在周代文字里仍可看到，不过已经比较少见，到秦汉时代就基本绝迹了。”陈梦家《中国文字学》（中华书局，2006年）第30页称：“象形字愈古愈近于图画，这是一个原则。”详细参看陈梦家此书第32～36页所录的族名金文，以及其与甲骨文的比较。

㊶不过，上古汉语确实存在四声的交替来别义、声母的清浊交替来别义的现象。但仅此而已，绝无词缀或元音交替等典型的形态变化。

㊷还有一个现象很值得注意。考《新唐书·吐蕃传上》：“其吏治，无文字，结绳齿木为约。……喜浮屠法，习呪诅，国之政事，必以桑门参决。”《旧唐书》略同。这段记载很重要，显示出在佛教传入吐蕃而且相当流行之后，吐蕃还没有自己的文字。

㊸相当于我国的《诗经》。

㊹参看哈杜墨德·布斯曼《语言学词典》（商务印书馆，2003年）第349页“形态化”条。

㊺何大安《声韵学中的观念和方法》（大安出版社，1998年）第十二章“语言接触的社会背景”有一段论述可作参考：“太平洋玻里尼亚地区的语言，是南岛语系的语言。根据推测，先在玻里尼亚居民来到以前，这个地区没有其他的民族居住，而他们到达这个地区至少有3000多年了。这些居民散居在这个洋区的许多岛屿上。因为海洋的隔离，他们不但与其他语言的居民无法往来，各岛屿之间也少有接触。因此逐渐分化成许多小方言，几乎一个岛就有一种方言。这些方言，可以说都是语言分化造成的，并且分化的年代相当久远。但是从比较研究的观点来看，这些方言的差距却非常的小。它们当然也会彼此接触，但是相对来说，这些接触活动，并不十分剧烈。因此玻里尼亚语，可以作为观察语言分化的代表性例子。从这里我们看到，如果仅仅是分化，即使经过了3000年，变化还是有限。使语言活动显得更活泼、更富变化的，主要是语言接触。”这段论述很有参考价值。

㊻唐作藩教授还有专题论文《上古汉语有五声说：从〈诗经〉用韵看上古的声调》［《语言学论丛（第33辑）》，商务印书馆，2006年］。

㊼崔巍：《西藏古代墓葬制度史》，四川人民出版社，1995年。

㊽韩康信的详细研究论文是《哈密焉布拉克古墓人骨种系成分之研究》（《丝绸之路古代居民种族人类学研究》，新疆人民出版社，1994年）。

㊾韩康信、张君：《藏族体质人类的特征及其种族源》，《文博》1991年第6期，第13页。

㊿例如俞敏《汉藏两族人和话同源探索》（《俞敏语言学论文集》，商务印书馆，1999年）一文主要的逻辑是：炎帝和黄帝都是少典之子，是同源的。炎帝姜姓，与西部的羌族同源，藏族是古羌族的后代，而汉族是黄帝的后代。因此，汉族与藏族同源，从而汉语和藏语也同源。这样的推论简直粗糙极了，把复杂的民族史过分简单化了。例如，《国语》只是说“黄帝以姬水成，炎帝以姜水成”，所以炎帝姓姜。绝不能因为“姜、羌”是同源字就得出结论说古代的羌族都是炎帝的后代。“羌”字从人从羊，其字的本义就是“牧羊人”。在上古华夏人眼中，西部地区凡是以牧羊为重要生活方式的民族都可以称作“羌族”，其种族十分复杂，与“姜水”这条河没有必然关系。汉民族先民是把古羌族与牧羊相联系，而不是把羌族与姜水相联系。不能因为炎帝姓姜就说炎帝是藏民族的祖先。俞敏先生的推论不能成立。这就犹如西汉以前我国史书（如《史记》、《汉书》）上的西方国家“大秦”［参看《中国历史大辞典（音序本）·上》第405～406页“大秦”条］与秦始皇建立的“大秦”帝国毫无关系一样。俞敏先生此文在好些地方的推论都缺乏学术的严密性，论证很不充分，把一些关键性的细节轻轻带过。马学良主编《汉藏语概论》（民族出版社，2003年）第70页完全采用俞敏的说法是不应该的，把复杂的学术问题过分简单化实在是有点说不过去，奇怪的是我国文史学界居然

很少人对此提出抗议。类似的例子如同中亚地区的“大夏”国和我国上古大禹建立的“夏”王朝毫无关系，我国春秋时代还有“大夏”。考《左传·昭公元年》：“迁实沈于大夏，主参。”注：“大夏，今晋阳县。”《史记·秦始皇本纪》：“东有东海，北过大夏。”《正义》称：“杜预云‘大夏，太原晋阳县’。按：在今并州，‘迁实沈于大夏，主参’，即此也。”《秦始皇本纪》又曰：“禹凿龙门，通大夏。”《正义》括地志云：“大夏，今并州晋阳及汾、绛等州是。昔高辛氏子实沈居之，西近河。”《史记·封禅书》：“寡人北伐山戎，过孤竹；西伐大夏，涉流沙，束马悬车，上卑耳之山。”齐桓公征伐过的大夏一定是在流沙之东。另可参看《中国历史大辞典（音序本）·上》第418～419页“大夏”条。可知同一个地名在上古时代可以指完全不同的地方，这在上古时代甚至现在都是很常见的现象，有的著名学者如余太山的《古族新考》（中华书局，2000年）就因为没有充分注意同一个“大夏”有不同的所指，把中亚的“大夏”和我国境内的“大夏”相混同，这是不应有的错误。所以其考证有不可信的地方。另外，《左传·襄公二十九年》：“见舞大夏者，曰：美哉！勤而不德，非禹其谁能修之？”这里的大夏是禹的乐舞，与中亚的大夏国简直毫不相干。张星烺《中西交通史料汇编（第四册）》（中华书局，1978年）第11页提到：“大夏之名，黄帝时已传至中国。”可知中亚的大夏国与我国的夏王朝绝对无关。郑德坤《月氏为虞后及“氏”和“氐”的问题：答徐中舒先生》（《郑德坤古史论集选》，商务印书馆，2007年）参考西方学者的观点，指出中亚古国“大夏”一名是古代安息帝国对此族的称呼 Dahae。如果此说可信（从对音上看大致没有问题，只是“夏”的古音是舌根浊擦音的匣母，其对应的 h 是清声母。但远古时代的外国语也不是现代学者可以十分精确地搞清楚的，或许上古时代波斯语中的这个 h 要读浊音，也未可知。因为开头的声母 d 是浊音，其后面的［h］也许受到同化而发生浊化音变，这在音理上毫无困难），那么中亚古国“大夏”一名是来自上古时代的波斯语译音（张星烺《中西交通史料汇编（第四册）》没有提到这样的观点，应该是没有注意到，而不是批判性地放弃此说）。

再如郑德坤《月氏为虞后及“氏”和“氐”的问题：答徐中舒先生》一文所附的《冯家升先生来书》有一段论述很有参考价值：“所驳徐君以匈奴、大夏、月‘氏’、越等国为虞夏之后之说，至确。夫以两民族之名称偶尔相同，两地出土之器物偶尔相似，遽断此民族为彼民族之后裔，诚为含沙射影之谈。古罗马帝国，中史每作大秦，正与嬴秦名同，罗马附近及亚历山大且曾发掘类似中国之器物，如有谓大秦为嬴秦之后者，想徐君亦当掩口葫芦也。至以匈奴为夏禹后，大抵本《史记·匈奴传》‘其先祖夏后氏之苗裔也’一语。按此不过附会之谈，正如足下所谓‘乃由四海之内皆兄弟的儒家思想演化而来’者。史册所载，何可胜数。居今日而尚以此为据，诚为徐君怪！”如果看到《史记·匈奴列传》有明确的记载“匈奴，其先祖夏后氏之苗裔也，曰淳维”，就据此得出结论说华夏民族和匈奴族同源（著名学者郭沫若、徐中舒都作过类似的推论），因此汉语和匈奴语同源，而匈奴语就是现在的土耳其语的原始语，于是就推论汉语和土耳其语同源。这样的说法还有科学性吗？那些搞汉藏对音的学者所玩的把戏与此仅是五十步和百步的关系。冯家升此文还举了几个例子，很有趣。转录两个：一、《北史·魏本纪》有明文称：“魏之先，出自黄帝轩辕氏。黄帝子曰昌意，昌意之少子受封北国，有大鲜卑山，因以为号。其后世为君长，统幽都之北广莫之野，畜牧迁徙，射猎为业，淳朴为俗，简易为化，不为文字，刻木结绳而已。时事远近，人相传授，如史官之纪录焉。黄帝以土德王。北俗谓土为托，谓后为跋，故以为氏。其裔始均，仕尧时，逐女魃于弱水，北人赖其勋，舜命为田祖。”如果根据这段记载来推论，那么鲜卑族拓跋氏也是汉民族的一支，本来是东北亚的鲜卑语也与汉语同源了。这简直是天方夜谭。二、《北周书·文帝纪上》称：“太祖文皇帝姓宇文氏，讳泰，字黑獭，代武川人也。其先出自炎帝神农氏，为黄帝所灭，子孙遁居朔野。有葛乌菟者，雄武多算略，鲜卑慕之，奉以为主，遂总十二部落，世为大人。其后曰普回，因狩得玉玺三纽，有文曰皇帝玺，普回心异之，以为天授。其俗谓天曰宇，谓君曰文，因号宇文国，并以为氏焉。”根据这段记载，宇文部族也是炎黄子孙了，与汉民族同源异流［钱穆《国史大纲》（商务印书馆，2004年）第248页论到：“按，《晋书》以宇文莫槐为鲜卑，惟《魏书》、《北史》则谓是匈奴南单于之远裔，而鲜卑奉以为主。又谓‘其语与鲜卑语颇异’。则宇文氏或是匈奴而杂有鲜卑之血统也。”］。而且史书还记载说契丹族的辽也是炎帝之后，那么契丹语也和汉语同源吗？冯家升先生此文至今还有参考价值（例如冯先生有一个观点值得注意，他似乎认为黄帝的传说是从秦国人那里传播出来的，本来是上帝，传到中原后就不再是上帝，而成了少典的儿子。冯先生至少注意到了黄帝传说起源的时代性和地域性的问题，这是敏锐的。其主张自然不是定论，尚待深考），可惜不大被人重视了，这是学术界不应有的疏忽。汉藏语学者昧于考据，妄谈构拟；逞心臆说，自诩主流；迹近妖妄，焉可凭据。

(51)顾颉刚：《顾颉刚古史论文集（第一册）》，中华书局，1988年。

(52)20世纪40年代以前就有郑德坤《月氏为虞后及“氏”和“氐”的问题：答徐中舒先生》（《郑德坤古史论集选》，商务印书馆，2007年）一文中的“上古帝系略说”一节支持顾颉刚的观点，并有所阐发，其中包含了对《国语》中有关黄帝族系的批判。文繁不录。

(53)裘锡圭：《中国出土古文献十讲》，复旦大学出版社，2004年。

(54)我们可以征引古文献作参考：《说文》“姓”字注曰：“人所生也。古之神圣母感天而生子，故称天子。从女从生，生亦声。《春秋传》曰：天子因生以赐姓。”《广韵》“姓”字注也引《说文》此言。《太平御览》卷三六二引《说文》基本相同，曰：“姓，人所生也。古之神圣人母，感天而生子，故称天子。因生以从女生。生亦声也。”《礼记·丧服小记》：“王者禘其祖之所自出，以其祖配之。”郑玄注：“始祖感天神灵而生，祭天则以祖配之。”

(55)光华按，即《子羔》篇。

(56)我自己甚至认为这样的大一统观念似乎应该发生在战国的齐湣王和秦昭王分别称东帝和西帝以后，也就是在公元前288年之后。虽然仅仅两个月后，秦国和齐国就分别取消了帝号，但“天下大一统”的观念应该从此广泛流行。这时距离秦国统一天下仅仅67年，所以属于战国晚期。

(57)可参看《通典·吐蕃》《旧唐书·吐蕃传》《新唐书·吐蕃传》《唐会要·吐蕃》，然而其具体情况也非常复杂，不可作简单处理。当代民族史学者王钟翰主编的《中国民族史（增订本）》（中国社会科学出版社，2001年）第363页称：“古羌人西迁而形成吐蕃之说，源于古汉文史籍。此说忽视了民族的发展和演变，将吐蕃的形成过程，包括与其他民族同化、融合的历史简化甚至曲解，自然不是科学的论断。”曾国庆《藏族历史文化》（民族出版社，2004年）第一讲“远古藏族历史”称：“考古资料充分证明，早在旧石器时代，青藏高原的西藏地方就有了人类居住，就有了藏民族的先人及藏族原始文化。也正是基于此，它否定了若干年来关于藏族族源‘北来说’和‘南来说’的观点。‘北来说’即‘藏族源于西羌’、‘藏羌相等’之说，始作俑者见于《旧唐书·吐蕃传》……”但曾国庆同时也承认原始的藏民族后来也不断融合了古羌人。我认为以上两位学者的观点不足以推翻古书中的记载。因为我国古书往往将西方民族统称为“羌”，其内部的种族情况很复杂，并非一个单一的民族，对汉民族来说，其共同特征是以牧羊为重要生活方式的民族。古人在要加以区别的时候是在“羌”的前面加一个限制性的定语，参看陈梦家《殷墟卜辞综述》第八章“方国地理”、何光岳《氐羌源流史》下编“羌族系统”第203～228页，此二书各有较为详细的讨论，本书不录。可知我国中原王朝的古人对羌族内部的情况是有比较详细的区分的。我们完全可以说自上古以来，西藏民族被汉民族看作西羌民族的一支，是在总的“羌”名之下。这样理解是无可非难的。而上面引述的两位当代学者批评藏族源于西羌的观点忽视了在古人心中的“羌”事实上是西方的许多不同民族的混合体，并非特指现代羌族的祖先。我还从古文献上找到了一个具体的证据，《旧唐书·吐蕃传上》称吐蕃之俗：“重兵死，恶病终。”而《后汉书·西羌传》也称西羌人之俗是：“以战死为吉利，病终为不祥。”这个现象确实能够显示出西羌民族和西藏民族之间的密切关联。

(58)聂鸿音：《汉文史籍中的西羌语和党项语》，《语言研究》2000年第4期，第12页。

(59)例如东汉末年中原大乱，西羌和西域各民族都各自独立发展，不向汉民族中央政府称臣纳贡；唐朝衰亡后，西域各国不受汉民族中央政府的控制，开始发展自己的政治文化。我们千万不能认为《后汉书》所说的“昔夏后氏太康失国，西夷背叛”反映了夏代初年汉民族和藏缅语系民族还是处于汉藏语系民族共同体的时期。事实上夏代初年的汉民族和藏缅语系民族绝对是不同民族。我国三代时期的汉民族和藏缅语系民族从来就有交流，而且从夏代开始汉民族对周围的藏缅语系民族就有一定的控制力。

(60)刘梦溪主编：《中国现代学术经典·傅斯年卷》，河北教育出版社，1996年。

(61)刘梦溪主编：《中国现代学术经典·廖平蒙文通卷》，河北教育出版社，1996年。

(62)吕思勉：《吕著中国通史》，华东师范大学出版社，1992年。

(63)钱穆：《国史大纲》，商务印书馆，2004年。

(64)罗骥：《论汉语主体源于东夷》，《古汉语研究》2002年第3期，第51～57页。

⑥⑤学术界也称为“兽形玉器”。林沄先生《所谓“玉猪龙”并不是龙》［《林沄学术文集（二）》，科学出版社，2008年］坚决主张这种玉器不是龙形器。其定名如何与本文的讨论没有实质性关系。

⑥⑥许多文物书籍都有著录，如高大伦等主编《中国文物鉴赏辞典》（漓江出版社，1993年）第168页、梁白泉主编《国宝大观》（上海文化出版社，1992年）第9~10页、王然主编《中国文物大典》（中国大百科全书出版社，2001年）第640页、中国文物学会专家委员会编《中国文物大辞典》（中央编译出版社，2008年）第46页。

⑥⑦见余继明编著《夏商周春秋战国玉器》（浙江大学出版社，2001年）第10页所著录。

⑥⑧当然商文化中的玉龙也有很多自己的特色，与红山文化不同，参看孙守道《三星他拉红山文化玉龙考》（《文物》1984年第6期）、郭大顺《红山文化》（文物出版社，2006年）第四章“东亚史前玉文化中心之一”。

⑥⑨参看冯时《中国天文考古学》（社会科学文献出版社，2001年）第六章“星象考源”第四节、李学勤《西水坡“龙虎墓”与四象的起源》（《走出疑古时代（修订本）》，辽宁大学出版社，1997年）。

⑦⓪我认为也可能是为了辟邪，相当于后来的镇墓兽。因为汉代的铜镜铭文上经常说左龙右虎能辟邪。李学勤《西水坡“龙虎墓”与四象的起源》一文认为：“我们不妨大胆猜想，西水坡45号墓室内的龙、虎图形是象征死者魂升天上，而墓室外人骑龙图形则表示其升天的过程。”李先生引用了一件汉代铜镜铭文作例证：“驾蛟龙，乘浮云，白虎引兮直上天。”李先生的观点也很有道理，可备一说。饶宗颐先生《濮阳龙虎蚌塑图像涵义蠡测》（见《饶宗颐二十世纪学术文集（卷一）》，新文丰出版公司，2003年）一文不主张从天文学上解读濮阳龙虎图的含义，而是从风水的角度予以解释，且对冯时的观点有所批评。饶先生一代大儒，其说值得注意。饶先生还提到：此龙虎图像“必具有以龙虎表示拱卫区穴的意念，故用蠙珠来砌成龙虎之象”。这与我的观点一致。达尔文《人类的由来》（商务印书馆，2005年）第一篇第三章第140页：“在野蛮人中间，对邪恶的精灵的信仰比对善良的精灵的信仰要普遍得多。”由于对邪恶的精灵的恐惧，辟邪文化就产生了。我国青铜时代的饕餮形象就是为了辟邪，所以形象凶恶；后来的门神和门前石狮子都是为了辟邪；把住宅的大门漆成红颜色也是为了辟邪；佛寺和道观中形象凶怒的护法神手执兵器也是为了辟邪。在我国远古的文化观念中，龙虎都是能够辟邪的动物，东汉以后慢慢发展出了狮子辟邪的文化，六朝时用为镇墓兽的辟邪实际上就是石狮子（光华按，东晋的镇墓兽称为辟邪而不叫狮子，是因为在晋代要避晋景帝司马师的名讳）。

⑦①参看梁白泉主编《国宝大观》（上海文化出版社，1992年）第230~232页。三星堆的这个文化现象应该是受到了中原王朝的影响。虽然有很多证据说明三星堆文化是一个十分开放的文化系统，但我也有理由认为三星堆文化的主流人群不是远古的汉民族，因为其主要青铜器类型与中原汉民族有明显的不同，例如三星堆文化没有发现青铜鼎、斝等汉民族特有的文化，另外也没有在其青铜器上发现汉字（而商代的中原汉民族已经有完善的汉字系统）。

⑦②孙祥星、刘一曼编：《中国铜镜图典》，文物出版社，1992年。

⑦③不过和《山海经》中的烛龙有些地方似乎有点相近。《山海经》一书中的神话包罗万象，其中有许多本来就不是汉民族固有的神话，而是异民族的文化观念，只不过在战国时代传入汉民族而已。在甲骨文中根本找不出可以和烛龙、母龙相对应的神。

⑦④参看拙著《盘古考》［收入庞光华《沉香斋论学文存》（待刊）］。

⑦⑤邓廷良：《嘉戎族源初探》，《西南民族学院学报》1986年第1期，第24页。

⑦⑥谢继胜：《牦牛图腾型藏族族源神话探索》，《西藏研究》1986年第3期，第130~131页。

⑦⑦例如古印度梵文中的神名和古波斯文中的神名比较，二者的神名很多时候还可以和古希腊文中的神名相比较。

⑦⑧藏民族的古传大史诗《格萨尔王传》的产生年代至少在11世纪以后，有的学者认为是12或13世纪的作品，以后在流传中不断在民间加工修订，世代相传。作品中的佛教色彩比较重，显然不能作为探索藏族原始文化的依据。有的学者认为“格萨尔”这一名字也是外族输入的。例如法国著名学者石泰安在其名著《藏族格萨尔王传与说唱艺人研究》一书中推测“格萨尔”一名是古罗马英雄“恺撒”的转音；我认为此说不可轻易忽视。吴均、任乃强等学者都认为“格萨尔”是外来语的藏语译音，而不是藏语固有的名词。虽然各家所还原的原音彼此有不同，但都提示《格萨尔王传》中的神话传说与藏民族的原始文化无关，不能作为汉藏民族同源的证据。

⑦⑨参看李济《中国最近发现之新史料》（《李济与清华》，清华大学出版社，1997年）。

(80)贝壳自远古以来就被认为具有巨大的宗教意义，古印度四大吠陀之一的《阿闼婆吠陀》就有对“贝”的赞歌，具有明显的吉祥意义。今引述一段：“我们借助海贝杀死了鬼怪，战胜了贪婪的魔王。我们借助海贝，战胜了贫病、灾殃。……贝壳是万能的药方，珍珠使我们免于恐慌。来自天，来自海，信度河带来生自金子的贝，海贝珍贵如宝石，可以使人长寿永不衰。”芮传明《贝、珠等物有何巫术——宗教意义》（《千古之谜——世界文化史500疑案·宗教篇》，中州古籍出版社，2000年）一文对“贝”在远古先民中的文化意义作了民俗学上的一些介绍，颇有举例。我们这里引述的吠陀经文就是从此文转述的。我国文化史上的“蚌”一向被认为是能够生珍珠的，这种观念在先秦就有了。而且，蚌壳在我国原始先民的文化意识中肯定具有辟邪的功能。在商代考古中发现了大量的蚌器。《中国考古学·夏商卷》（中国社会科学出版社，2003年）第418页称：“商代的蚌器生产仍然属于很重要的行业。无论是早商还是晚商的遗址和墓葬中，都常常发现有大量蚌制品。除一部分生产、生活实用器或少量武器外，蚌最主要的用途是制作各种各样的饰物。工具或用具类蚌器有镰、铲、锯、刀、纺纶、颜料器等。蚌镰是商代最主要的收割工具，其发现数量超过石镰。”西藏昌都县卡若遗址是新石器时代的文化遗址，出土了三枚海贝装饰品，这是从南亚地区输入的，与仰韶文化无关。

(81)只是这极少数的铜刀是当地铸造的还是从外族输入的尚待深入研究，如果是从外族输入，那就很可能来自中亚的古伊朗地区，而不是来自中原地区的汉民族。我认为马家窑遗址中发现的这把青铜刀很可能是从外地输入的。因为在马家窑遗址及其附近并没有考古发现青铜器作坊以及大量的作为燃料的木炭灰。这就表明该青铜刀不是当地冶炼出来的。在甘肃地区，最早的铜器文化还是要归属于齐家文化。另外，由于在马家窑文化中发现了彩陶文化，所以有的学者认为其应该归属于仰韶文化的一个类型。但近年的发掘和研究显示，马家窑文化不仅在年代上要晚于仰韶文化，更重要的是与仰韶文化的器物类型以及其他文化内涵有相当大的不同，也许与仰韶文化有所交流，但明显有独自的文化特征。马家窑文化主要分布于黄河上游，以甘肃、青海、宁夏为主要集中地区。我认为马家窑文化不是汉民族的文化，主要应该是藏缅民族的文化系统。证据如下：第一，在其晚期的彩陶上发现有卍字符号，这不是汉语民族所本来就有的。马家窑文化陶器上的符号与仰韶文化陶器上的符号有明显的差别，不能认为是出于同一系统。第二，马家窑文化的墓葬类型的重要形式包含了二次葬、侧身屈肢葬和俯身葬，这绝不是远古汉民族的墓葬形式。第三，马家窑文化没有发现新石器时代汉民族典型的陶器类型如陶鼎和三足器，这显示其不属于汉民族的文化。第四，其分布的主要地区——甘肃、青海、宁夏都是远古时代藏缅民族的主要分布范围，而不是汉民族的主要活动领域。第五，马家窑文化的彩陶纹饰有许多明显的旋涡纹。这样的纹饰不见于仰韶文化的其他类型。因此，我认为马家窑的彩陶文化与仰韶文化的关系只能用文化交流来解释，而不能解释为文化同源。

(82)参看马承源主编《中国青铜器》（上海古籍出版社，1992年）第一章第一节。我们要强调的是，不仅青铜器的有无是可以标志汉民族文化与藏缅族文化是否同源的重要证据，而且铜器（铜器和青铜器在考古学上是两个不同的术语）的有无及其产生年代也可以标志汉民族和藏缅民族文化不同源的年代上限。在西安半坡仰韶文化遗址中，发现过质地不纯的黄铜片，在临潼姜寨的仰韶文化遗址中也发现成分不纯的黄铜片。

(83)参看《中国考古学·夏商卷》（中国社会科学出版社，2003年）第113~115页。在二里头的夏代文化中已经出现了大型的专业青铜作坊和青铜器工业中心，并出现了青铜礼器，铸铜技术水平比龙山文化明显提高，已经出现了合范浇注。这是青铜铸造技术显著发展的重要标志。

(84)见李济《安阳》（河北教育出版社，2001年）。李济先生此文还提到中国上古文化的固有元素还有骨卜和殷代的装饰艺术，这二者都是中国上古文化所特有的因素，可以作为是本土文化还是外来文化的参照指标。另可参看李济《安阳的发现对谱写中国可考历史新的首章的重要性》（《安阳》，河北教育出版社，2001年）的有关论述。

(85)参看李济《西阴村史前的遗址》（《李济与清华》，清华大学出版社，1997年）。但夏鼐《我国古代蚕、桑、丝绸的历史》（《考古学论文集（下）》，河北教育出版社，2001年）一文认为李济之说不可靠。后来唐云明《我国育蚕织绸起源时代初探》（《唐云明考古论文集》，河北教育出版社，1990年）却批评夏鼐的观点，支持李济的说法，认为夏县西阴村的那半个蚕茧是家蚕，就是仰韶文化时期的遗物，不是后来混入的。唐云明此文的一些论述和注解明显是在刻意反驳夏鼐。唐文还提到一个证据：“在西阴村遗址中还发现了‘既能用之加捻，也能起牵伸作用’的陶、石纺纶，这就为西阴村遗址可能已经有了育蚕织绸业提供了又一证据。”唐云明总结说：“这样，在山西、河北距今5000年以上，有可能已经育蚕织绸了。”文章最后说：“综上所述，正因为在黄河流域的仰韶文化、齐家文化，长江流域良渚文化、河姆渡文化以及长城以北红山文化时，有了浑厚的基础，到了商代才出现了罗、纨、绮、縠、锦、绣等，不仅有平纹组织，而且还出现了菱花暗文和绚烂的刺绣等，这才符合事物发展的客观规律。”此文收集的有关丝绸起源的考古材料比较齐全，似乎可以推倒夏鼐之说。郭郛《从河北省正定南阳庄出土的陶蚕蛹试论我国家蚕的起源问题》（见《农业考古》1987年第1期）：“我们的祖先在5500年前，在山西等黄河中下游地区开始了蚕的家化。”郭郛也认为山西夏县西阴村出土的蚕茧是仰韶文化的遗物。

(86)参看赵丰、金琳《纺织考古》（文物出版社，2007年）第一章“早期纺织”。

(87)另可参看陈文华《农业考古》（文物出版社，2005年）第65页、日本学者布目顺郎《养蚕的起源和古代的绢》（雄山阁，1979年）、陈维稷主编《中国纺织科学技术史（古代部分）》（科学出版社，1984年）、邹逸麟编著《中国历史地理概述（修订本）》（上海教育出版社，2005年）第十一章第一节“丝棉织业的地理分布及其变迁”、邹逸麟《有关我国历史上蚕桑业的几个历史地理问题》（《椿庐史地论稿》，天津古籍出版社，2005年）、章楷《我国蚕业发展概述》（《农史研究集刊（第二册）》，科学出版社，1960年）、史念海《黄河流域蚕桑事业盛衰的变迁》（《河山集》，生活·读书·新知三联书店，1963年）和周匡明《养蚕起源问题研究》（《农业考古》1982年第1期）。

(88)赵丰、金琳：《纺织考古》，文物出版社，2007年。

(89)在二里头考古发掘中发现了丝织品，参看《中国考古学·夏商卷》（中国社会科学出版社，2003年）第121页。商代的桑蚕技术已经很发达了，参看胡厚宣、胡振宇《殷商史》（上海人民出版社，2003年）第十六章“蚕桑纺织”。在二里头文化遗址中发现了丝绸制品是一件大事，如果二里头文化真是夏代的遗址，那么我们就可以明确地说夏代是汉民族的文化和政权，而不是北方的阿尔泰系民族（如匈奴、通古斯族等）的文化。因为丝绸技术向来是汉民族独有的技术，而且蚕桑技术肯定只能出现在农业民族，而不会首先出现在游牧民族。所以二里头文化一定是农业民族的文化，而且一定是汉民族先民的文化。郭沫若《中国古代社会研究》附录九“夏禹的问题”［《郭沫若全集·历史编（第一卷）》］曾经根据《山海经》和《史记·匈奴列传》认为夏民族（如果这个夏民族就是指华夏民族）和匈奴有密切的关系。这种观点现在看来显然是错误的。既然公元前3000年左右的汉民族已经出现了蚕桑技术，那么这时候的汉民族和藏民族就肯定不是一个民族共同体。

另外，与汉藏语同源说有密切关系的一种观点是“汉民族西来说”，这种观点曾经在20世纪初很流行，虽然早已被学术界广泛摈弃，但近年来有一些人借尸还魂，我们不打算在本书中详加反驳，只是提醒学界注意早已过时的“汉民族西来说”可能曾经被主张汉藏语同源说的人所利用。

(90)参看丹珠昂奔等主编《藏族大辞典》（甘肃人民出版社，2003年）第768页“天绳神话”条，但其中已经融入了印度文化的成分，如已经出现了古印度的大神“梵天”，这当是后世增补进去的，非神话的原始形态。

(91)在佛经中多有关于“天有七日”的观念。如《阿毗达磨藏显宗论》卷十七、《阿毗达磨大毗婆沙论》卷一三三、《阿毗达磨俱舍论》卷十二、《佛祖统纪》卷三十、《杂阿毗昙心论》卷十一、《瑜伽师地论》卷二。类例甚多（皆《大正藏》本）。

(92)从考古发掘的文物类型来看，可以断定大汶口文化是汉民族的文化，与后来的龙山文化、二里头文化有明显的相通之处，此不详述（例如大汶口文化的大中型墓葬中发现了用玉来陪葬的习俗，这是远古以来的汉民族才有的）。碳十四测定大汶口文化的年代范围在公元前4200—公元前2500年之间。参看中国社会科学院考古研究所编著《中国考古学中碳十四年代数据集（1965—1991）》（文物出版社，1991年），张江凯、魏峻《新石器时代考古（三）》（文物出版社，2006年）。

(93)李济：《安阳》，河北教育出版社，2001年。

(94)骨卜和龟卜文化的讨论参看王宇信等主编《甲骨学一百年》（社会科学文献出版社，1999年）第220~230页，所评述各家论著比较清晰，且引证较广博，我们不再转述。

(95)如《史记》有专门的《龟策列传》。

(96)王尧、陈践编著：《敦煌吐蕃文书论文集》，四川民族出版社，1988年。

(97)参看王尧、陈践：《吐蕃时期的占卜研究》，《敦煌吐蕃文书论文集》，四川民族出版社，1988 年。

(98)谢继胜《藏族的占卜及其演变》（《民间文学论坛》1989 年第 3 期）一文论及藏族的线卜：“巫师把五股从公羊肩胛骨剪下的羊毛，捻成无色的粗毛线拧在一起，然后给神灵献贡品，祈请神灵。”这只是谈到从公羊的肩胛骨上剪下毛线来作线卜，而没有同时言及用公羊的肩胛骨本身来占卜。这似乎暗示出从公羊的肩胛骨上剪下毛线来作线卜可能要早于用公羊的肩胛骨本身来占卜。

(99)根据周锡银等著《藏族原始宗教》（四川人民出版社，1999 年）第 228 页：“罗桑却季尼玛所著《土观宗派源流》一书告诉我们，这种线卜，早在吐蕃‘上丁二王’的止贡赞普时期，就已从象雄等地随同本教的传入而传入了。……后来本教徒将其称为‘象雄占卜法’，理由就是它是由象雄地区传来的。”

(100)［奥地利］内贝斯基著，谢继胜译：《西藏的神灵与鬼怪》，《国外藏学研究译文集》，西藏人民出版社，1993 年。

(101)根据王尧、陈践《吐蕃时期的占卜研究》（《敦煌吐蕃文书论文集》，四川民族出版社，1988 年）：“这种羊骨卜时间较早，所问的事，大多是军国大事（也有涉及个人生命和生活的小事），而这些问卜的人，大概都是些大相之类的高官，问卜是通过职业的本教巫师进行的。”也就是说，西藏的羊骨卜是通过职业的本教巫师进行的，确实与本教关系密切。西藏的羊骨卜一直流传到现代。据常霞青《论西藏本教的类属》（《藏族史论文集》，四川民族出版社，1988 年）：“骨卜，这种古老的占卜法，直到西藏民主改革以前，仍在流行。……其卜法是：将牛羊的肩胛骨烧灼后，观看胛骨上烧裂的纹理，来断定吉凶。”

(102)收入李济《安阳》（河北教育出版社，2001 年）。

(103)光华按，指骨卜。

(104)李济先生《安阳》（河北教育出版社，2001 年）中的“黑陶文化在中国上古史中所占的地位”第 434 页有详细的以时代为纲的《卜骨分布表》。李济《安阳的发现对谱写中国可考历史新的首章的重要性》（见同书）也称：“不过说卜骨的发源地位于龙山文化的领域之内，应是有相当可靠性的。”

(105)在西藏新石器时代的卡若文化遗址中，考古发掘了少量的彩陶，花纹甚简单。卡若文化遗址的陶器文饰主要是绳纹和刻划纹，陶色有灰、黄、红、黑之分，其中以灰陶和红陶最多，早期红陶较多，晚期灰陶较多。卡若陶器都是夹砂陶，以夹细砂的陶质为多。更重要的是，卡若遗址经过碳十四测定，其年代为公元前 3300—公元前 2100 年，晚于仰韶文化。然而仰韶文化所反映出的综合文化发展水平却要远远高于卡若文化。这表明西藏的卡若文化绝不是汉民族的仰韶文化的分化或延续，二者是不同源的文化。有的学者如李永宪《西藏原始艺术》（河北教育出版社，2001 年）第四章第二节“西藏高原的早期陶器”认为：“从陶器的器形和彩陶纹饰上看，卡若文化的陶器制作技术与黄河上游地区的史前文化应有一定的关联。”这样的关联只能用文化交流和影响来解释，断不可用文化同源来解释。

(106)在学术界中，有一种观点认为仰韶文化相当于我国上古传说中的黄帝时代。而有的学者认为黄帝时代的汉语民族和藏语民族是一个民族共同体。我们现在可以肯定地说这种看法是错的。因为即使把黄帝时代推到了仰韶文化时期，我们也完全能够从考古学的角度认为仰韶文化时期的汉语民族和藏语民族肯定不是一个民族共同体。因为仰韶时期的彩陶文化及其相关的文化系统在整体上要远远高于时代较晚的西藏地区的新石器时代文化。如果西藏新石器时代文化是从仰韶文化中分离出去的，那么为什么经过了上千年的发展，其文化水平反而落后于仰韶文化？这无论如何都说不通。而且西藏新石器时代文化的多处遗址有明显的共通性，这就说明这些遗址是本土发展起来的，而不是完全从外族文化传入的。其与外族文化的关系只能是影响关系，而不是同源关系。

(107)中国社会科学院考古研究所编著：《中国考古学·夏商卷》，中国社会科学出版社，2003 年。

(108)考《史记·大宛列传》：“自大宛以西至安息，国虽颇异言，然大同俗，相知言。其人皆深眼，多须顐，善市贾，争分铢。俗贵女子，女子所言而丈夫乃决正。其地皆无丝漆。”可见在西汉时代，中亚各国还不能自己制造漆器，也没有自己的丝绸产品。

(109)似乎是安特生首先提出鼎是中国固有文化的重要标志，后来的学者如李济先生、雷海宗先生都深信其说，盖已成定论。

⑩磁山文化、裴李岗文化的墓葬都以单人仰身直肢葬为主，这是汉民族的典型墓葬形式。

⑪据张江凯、魏峻《新石器时代考古》（文物出版社，2006 年）第 136 页称：大汶口文化“在三足器中，除常见釜形、盆形、罐形和盂形鼎外，早期阶段还有相当多的带仰角把的釜形鼎、罐形鼎和壶形鼎，后者实即晚些时候广为流行的陶鬶之祖形”。大汶口文化的器物中，三足器已经很多，这是其很明显的器物类型特征。

⑫参看张江凯《新石器时代考古》（文物出版社，2006 年）第三章第一节“仰韶文化”。

⑬在大汶口文化的随葬品中发现了猪头、龟甲和獐牙，这样的随葬品完全不见于藏缅语族的墓葬中。而且从墓葬中人的头骨考察，大汶口文化的人群有生前拔牙的习俗，这也不见于藏缅语族的墓葬中。

⑭李济《黑陶文化在中国上古史中所占的地位》（《安阳》，河北教育出版社，2001 年）称：“龙山文化中的新器形，为若干不同的三足器，即：鼎、斝及圈足器的豆、杯等，这些差不多是在仰韶文化中所没有见过的。”龙山文化的典型三足器还有陶鬶。

⑮战国至汉代出现的铅釉陶鼎和彩绘陶鼎一般是用作明器。

⑯参看李济《安阳》（河北教育出版社，2001 年）第 431 页。

⑰例如，在黄河流域的汉民族新石器时代文化遗址中广泛发现了三足器，而新石器时代的华南和西南地区以及东南沿海地区几乎没有三足器发现。只有广西桂林的甑皮岩遗址上层（据学术界估计为公元前 5500 年左右，下层为公元前 7000 年左右）的出土文物发现了少量的泥质陶的三足器，而一般陶器绝大多数是夹砂陶，红陶为大宗。由于此地还发现了蹲葬式的人骨架，这与汉民族的埋葬习俗完全不同（而与广西南宁新石器时代的贝丘遗址相似），因此这个遗址不可能是汉民族的史前遗址。那些极少数的三足器只能用文化交流来解释，不能把整个文化遗址解释为史前汉民族文化的分支。

⑱例如有釜形鼎、钵形鼎、罐形鼎、实足鬶、袋足鬶。

⑲良渚文化发现鼎和袋足鬶。考古研究已经表明良渚文化与大汶口文化、山东龙山文化有相当的文化交流关系。

⑳从考古学上看，新石器时代的汉民族文化最多到达了青海东北部和东部地区，是马家窑文化（包括半山文化和马厂文化）和齐家文化的延伸，此时已经是新石器时代晚期。马家窑文化的时代序列是从仰韶文化的庙底沟类型发展而来的，后又发展为甘肃的齐家文化。马家窑文化年代据碳十四测年在公元前 3300—公元前 2050 年。青海乐都柳湾遗址位于青海东部边区，与甘肃接壤，共考古发掘有半山类型的墓葬 257 座（据《中国大百科全书・考古学卷》“柳湾墓地”），其中有合葬墓，合葬的死者都是采用“同棺叠压葬”，即几个死者同置于一棺，上下叠压，实行一次合葬，这绝不是汉民族的丧葬文化；又，在柳湾遗址的半山类型墓葬中完全没有发现三足器和圈足器，有特色的陶器都是平底器。因此，柳湾墓地遗址的主流文化一定是非汉语民族的文化。在时代稍后的柳湾马厂类型文化墓葬发掘有 872 座（据《中国大百科全书・考古学卷》“柳湾墓地”），完整的和可复原的陶器已有一万多件，完全没有三足器；这时的合葬墓也是采用“同棺叠压葬”，明显是前一时代墓葬习俗的延续。但在马厂类型的墓葬中发现了绿松石和海贝，这一定是通过辗转的文化交流得来的，由此可见，至少从柳湾的马厂类型墓葬开始，青海柳湾地区就已经与东部地区的汉民族有文化交流。柳湾遗址到了齐家文化时期，就出现了盉这样的三足器，汉民族文化已经较大规模地进入柳湾了。考古学研究已经表明甘肃齐家文化的东部遗址在年代上要早于西部遗址。柳湾墓地这样的文化年代序列非常清楚地表明乐都柳湾原始的土著文化绝不是汉民族文化，汉文化是在新石器时代晚期逐渐进入的。这是文化交流，并非同一原始文化的分流。乐都柳湾地区的原始土著民族应该是羌族。

西汉就在乐都设置破羌县，十六国的后凉在此设乐都郡。“乐都”一名本非汉语，乃是从羌语音译而来。因此，在西汉的汉民族看来，乐都早已是羌族人的地方，只是在西汉正式纳入汉民族中央政府的管辖。又，在青海大通上孙家寨出土的画有裸体男性舞蹈纹的彩陶盆绝不是汉民族所造，在柳湾墓地的马厂类型墓葬中发现了一彩陶壶，其外壁雕塑出一裸体人像。在青海同德宗日也出土了陶器盆，盆内绘有两组分别为 11 人和 13 人连臂舞蹈的图像（参看谢端琚《甘青地区史前考古》，文物出版社，2002 年，第 74 ~ 75 页）。这些都是同一系文化的产物，当是羌民族的远古文化。

在青海的民和县考古发现了新石器时代的马厂遗址，完全没有三足器，出土的陶器与半山式陶器比较接近，但陶质较粗糙。马厂遗址也不会是以汉民族为主体的文化。详细的讨论和相关文献可参看谢端琚《甘青地区史前考古》第十四章“诸文化族属的探讨”（文物出版社，2002 年），文繁不录。

从考古学的时代序列来看，现在学术界公认的是仰韶文化的庙底沟类型→石岭下类型→马家窑类型→半山类型→马厂类型→齐家文化，主要趋势是甘肃东部的汉民族文化逐渐向西发展，不断与甘肃中西部以及青海地区的土著文化相融合。汉民族文化到达青海的最西部地区似乎是同德，但从青海的整个地图来看，同德还是处于青海的东部地区，新石器时代的汉民族文化似乎没有再向同德以西的青海地区延伸。我们不能把甘肃西部和青海地区的土著文化一概视为汉民族的文化。我现在强烈认为马家窑文化只是受到仰韶文化的影响，很可能不是汉民族的文化，只是与后者有大量的文化接触和交流。从这个角度来看，最好不要把马家窑文化看成仰韶文化的一个类型，就叫作马家窑文化。

⑫这一段综述主要参考了《中国大百科全书·考古学卷》，谢端琚《甘青地区史前考古》，严文明主编《中国考古学研究的世纪回顾·新石器时代考古卷》，张江凯、魏峻《新石器时代考古》，张之恒《中国新石器时代考古》。

⑫孙星衍《尚书今古文注疏》、皮锡瑞《今文尚书考证》都不收录此文，但王先谦《尚书孔传参正》收入了“旅獒”篇。

⑬（三国吴）韦昭注：《国语》，上海古籍出版社，1988 年，第 215 页。

⑭《史记·五帝本纪》：“息慎。”《集解》引郑玄曰：“息慎，或谓之肃慎，东北夷。”肃慎分布在今长白山北，东滨日本海，西近嫩江，北达黑龙江以北的广大地区。后来的女真族、满族、赫哲族都与之有关联。参看《中国历史大辞典（音序本）·中》（上海辞书出版社，2007 年）第 2474 页“肃慎”条。陈梦家《西周铜器断代（上册）》（中华书局，2004 年）第 381 ~ 383 页对“肃慎”的考证颇详。

⑮我们在上文的注解中有详细的举证。

⑯任乃强：《羌族源流探索》，重庆出版社，1984 年。

⑰任乃强先生此文明确说《左传》中的“獒”是驯化了的西藏犬。我在 2005 年 4 月 25 日的“网易科技”上看到有一段关于藏犬“獒”的报道：“獒产于我国西藏和青海，被毛长而厚重，耐寒冷，能在冰雪中安然入睡。性格刚毅，力大凶猛，野性尚存，使人望而生畏。护领地，护食物，善攻击，对陌生人有强烈敌意，但对主人极为亲热，是看家护院、牧马放羊的得力助手。它壮如牛、吼如狮、刚柔兼备，能牧牛羊，能解主人之意，能驱豺狼虎豹。据藏族同胞介绍，一条成年藏獒可以斗败三条恶狼，可以使金钱豹甘拜下风。在西藏被喻为‘天狗’。西方人在认识了藏獒的神奇后，称其为‘东方神犬’。”此文同时附有 4 副“獒”的照片，样子确实很凶猛。萧兵先生《藏獒》（上海文艺出版社，2007 年）一书和萧兵等《山海经的文化寻踪》（湖北人民出版社，2004 年）中的“考释部分·巫药篇”第六章“神树护卫者”对藏獒文化作了相当详细的讨论和阐述，收集了不少材料，可以参考。文繁不详引。

⑱黄侃：《黄侃国学文集》，中华书局，2006 年。

⑲李学勤：《〈尚书孔传〉的出现时间》，《古籍整理研究学刊》2002 年第 1 期，第 2 页。

⑳《淮南子》的“重象狄畧”就是指翻译。

㉑此据向宗鲁《说苑校证》（中华书局，2000 年）第 278 页引录，然而此本有几句注解混入了正文，经正；另可参看逯钦立《先秦汉魏晋南北朝诗（上册）》（中华书局，1984 年）第 24 页，逯钦立辑录此诗的各种版本异文较全。

㉒有的学者更是明确定为公元前 528 年。

㉓有的学者认为《古越人歌》可以用壮语去解释，参看韦庆稳《试论百越民族的语言》（《百越民族史论集》，中国社会科学出版社，1982 年）；郑张尚芳《越人歌的解读》，原文是法文，中译文见《语言研究论丛（第 7 辑）》（语文出版社，1997 年）。另可参看郑张尚芳《句践〈维甲〉令中之古越语的解读》（《民族语文》1999 年第 7 期）、袁炳昌等主编《中国少数民族音乐史（上册）》（中央民族大学出版社，1998 年）第 643 ~ 644 页。

㉔因此侗台语和古汉语的关系词与其用同源词来解释，不如用借词来解释。现代汉语方言中的帮母端母读为内爆音的现象，方言学者已经公认是受到了古百越语底层的影响。古百越语有内爆音是学者公认的。而上古汉语音系中根本没有内爆音，各家学者的构拟都是如此。所以，我们似乎能够据此认为古汉语和古百越语不是同源的语言。二者之间的关系词属于借词的可能性很大。考《史记·南越列传》：“秦时已并天下，略定扬越（《索隐》案：《战国策》云：吴起为楚收扬越。《正义》：夏禹九州本属扬州，故云扬越）。置桂林、南海、象郡（《索隐》案：《本纪》始皇三十三

年略陆梁地，以为南海、桂林、象郡）。以谪徙民，与越杂处十三岁。”秦始皇派五十万大军平定南越，这五十万人后来并没有回到中原，而是留在了南越，与当地讲古百越语的民族杂居。从此以后的南越统治者和政府高层一直是汉族人。汉武帝大军收复南越后，南越地区与中原汉文化的交流更多。而且后来由于汉文化的强势影响，有很多百越民族被汉化了，其中古百越语的成分必然进入汉语中。因此，我认为汉语和古百越语之间肯定存在大量的借词。我现在甚至认为在吴方言区和海南方言中能够讲内爆音的人群在上古时期根本就不是汉民族人，而是古百越族人，只是在后来的历史中被汉化了，把原来自身固有的内爆音带进了汉语。我认为由于汉文化和汉语在我国历史上的长久优势地位，要把以纯粹汉语方言为母语的帮端二母音变为内爆音是很困难的（据陈鸿迈《海口方言词典》的考察，海口长流地区的方言还把汉语古音的明母和微母读成内爆音 ʔb。汉语方言自身恐怕难以发生这样的音变），只能解释为古百越语民族在汉化过程中由于本民族固有语音习惯的影响，才把汉语的帮端二母音变为内爆音。后来也许稍稍扩散到了一些汉语方言中，造成一些特殊音变。但汉语方言中内爆音的主要来源应该是壮侗语民族汉化带来的。我希望这个观点能够得到学术界的重视。如果这个观点将来能够得到多学科的进一步证实，那么汉语就不会是与侗台语同源的语言。邢公畹先生《汉台语比较手册》中所揭示的一切关系词材料都是借词，而不是同源词。

⑬⑤现在甚至还有学者参考利用公元 11 世纪才创造的西夏文来研究和构拟汉语上古音。我们认为这是非常不严谨的做法。放下时代性不说，西夏文本身是表意文字，其语音系统经过许多学者的研究至今都不能被充分还原，西夏语专家彼此的意见颇有分歧。我们怎么能够利用研究得很不成熟的距离汉语上古音 2000 年之久的所谓西夏语音来构拟汉语上古音？我们没有任何理由要求汉语上古音的语音特征要符合西夏语的语音特征。然而，有的学者实在走得太远了。我国学者李范文利用西夏文和汉语的对音材料来研究宋代的西北方音，这是比较慎重的操作，与有的人根据西夏文来构拟汉语上古音不可同日而语。孰是孰非，不是一眼即明吗？

⑬⑥李永宪：《西藏的原始艺术》，四川人民出版社，1998 年。

⑬⑦参看此书第一章第二节“西藏原始艺术与西藏原始文化”。

⑬⑧另外在我国的广西地区也考古发现了手斧。

⑬⑨我们可举一个旁证：日本著名语言学家服部四郎《日语的系统》（岩波书店，1999 年）一书中的《关于〈日语的起源〉的论争》批评了日本著名学者大野晋关于日语和朝鲜语同源的一些论述。大野晋认为日语和朝鲜语有同源关系，二者在距今 2300 年以前发生了分离。服部四郎坚决反对此说，他认为：如果认定日语和朝鲜语的原始共同语是在距今 2300 年前，那么这种原始共同语距离奈良时代的上古日语只有 1200 年，距离中古朝鲜语只有 1800 年。在二者分离后如此短的时间里，二者的差异已经非常大，以至于二者的亲属关系极难证明。因此他认为大野晋的推论几乎是不可能成立的。服部四郎还认为如果日语和朝鲜语真的是同源的，那么在距今五六千年前二者已经发生分离的可能性很大，远远比大野晋估计的年代要早。而且由于在奈良时代的上古日语中，只有少数的日语词汇与朝鲜语很相似，其他大多数与朝鲜语没有对应关系的上古日语词汇是怎样来的呢？服部四郎认为那一定是在远古时代有重要的底层事件发生。他有一个提法值得注意：日语和朝鲜语在语言年代学上的距离不会少于 4000 年。如果远古日语是从南朝鲜（现韩国）南部地区进入日本的北九州，那么现在的朝鲜语并不是从当初留在南朝鲜（现韩国）南部的远古朝鲜语直接发展而来的。这中间一定发生过语言更替。我认为这是一个很有趣的意见。服部四郎《日语的系统》第 339 页还谈到日语和阿伊努语是否同源的问题，他认为即使真能证明二者同源，二者的分离为不同的语言也恐在近万年以前。光华按，日本学者金田一京助、服部四郎都不相信日语和阿伊努语同源，而安田德太郎认为二者是同源的。服部四郎这里的论述值得参考。假设日语和朝鲜语有同源关系，那么二者分离的时间要远远早于一般学者设想的年代，距离上古日语至少三四千年，上古日语和朝鲜语只有极少数的词汇有对应关系，大多数的上古日语词与朝鲜语词汇之间没有发现对应关系。日语和阿伊努语同是处于日本的两种语言，二者在远古时代关系密切，但二者之间到底有没有同源关系，实在不容易确定。即使有亲属关系，二者的分离也在近万年前。我现在对服部四郎先生当年的感受和想法非常能够理解。我们认为语言是一个系统，如果要证明汉藏语同源，那么首先一定要尽可能研究清楚远古汉语和远古藏语各自的词汇系统，尤其是基本词汇系统，看看二者之间是否存在系统上的对应关系，尤其要注意那些没有对应关系的基本词汇该怎样解释。日本学者在研究日语和其他语言的亲属关系时，所采用的方法和学者之间所进行的讨论对于我国学者的汉

藏语系研究是很有参考作用的。

⑭这篇报道还有一些描述和推断，例如提到了我国上古神话中的著名神话西王母的问题。然而我认为那些推断不大靠得住，古文献中的神话不是纯粹的考古学所能解决的问题，所以我略去未引述。

⑭我根据民族史认为也不可能是印欧语系民族或阿尔泰语系民族。

⑭人类学家颜訚从体质人类学的角度对新石器时代的仰韶文化、大汶口文化的居民遗骨作过研究，认为其与甘肃地区新石器时代的居民在体质上存在不同。

⑭汉藏语系的观点在我国学术界发生影响的时间相当早，最早似乎见于我国留学欧洲的学者。如陈寅恪《与妹书》："我今学藏文甚有兴趣，因藏文与中文，系同一系文字。……如以西洋语言科学之法，为中藏文比较之学，则成效当较乾嘉诸老，更上一层。"［此信发表于1923年的《学衡》，见《陈寅恪集·书信集》（生活·读书·新知三联书店，2001年）。光华按，陈寅恪先生此处行文混淆了语言和文字，实则最多只能说汉语和藏语有可能同源，属于同一语系，却不能说中文和藏文是同一系］。傅斯年在《历史语言研究所工作之旨取》中已经说过："又如西藏、缅甸、罗等语，实在和汉语出于一语族，将来以比较语言学的方法来建设中国古代言语学，取资于这些语言中的印证处至多。"此文发表于1928年的《国立中央研究院历史语言研究所集刊（第一本第一分）》。然而陈寅恪和傅斯年都不是汉藏诸语言的专家（虽然陈寅恪先生博通多种语言），在当时似乎不具备对汉藏语系观点进行批评的条件。

⑭参看黄长著《中国大百科全书·语言文字卷》"西伯利亚诸语言"条。

⑭英国学者拉尔夫·伊利斯《埃及禁果》（陕西师范大学出版社，2005年）第304页提到詹姆斯·霍切《新王国与第三中间期古埃及语中的闪米特语》一书，此书收录了古代埃及语中的古希伯来语词汇大约500个。可惜，我没能读到詹姆斯·霍切此书。但拉尔夫·伊利斯有完全相反的推测，他认为这些古埃及语和古希伯来语之间的关系词不是靠古埃及语借了古希伯来语的词汇，而本来就是埃及固有的词汇，借入了古希伯来语。因为古希伯来人曾经在古埃及生活了数百年。我自己赞成拉尔夫·伊利斯的观点。另外，据阿甫基耶夫《古代东方史》（上海书店出版社，2007年）第六章"最古埃及国家"第150～151页论述古埃及语："某些历史学家想证明埃及的民族、语言和文化起源于亚细亚闪族的企图，是不正确的。有些历史伪造者试图硬把古代埃及文化包括到'雅利安—诺尔底种族'的圈子里去，指出埃及头盖骨和'雅利安—亚细亚系'的头盖骨之间的亲属关系，这些说法更不正确，并且是毫无根据的。只可以说古代埃及人同相邻的西奈半岛、巴勒斯坦和阿拉伯各部落有某些文化上的相互关系。而当个别的亚洲部落潜入或侵入埃及的时候，这些相互关系便稍稍地加强了。在历史时期内常常有这样的侵入发生，但是在极古时期里却没有任何确实的资料足以证明有这样的亚洲部落的大规模侵入。这样看来，古代埃及人是从极其遥远的史前时期就居住在尼罗河流域和三角洲地带的民族。早在原始公社制度时期便已产生的古埃及语在整个奴隶制时代仍然存在。古埃及语的基本词汇和某些特色一直保存到公元后头几个世纪封建制度发生的时候，甚至还要晚些。古埃及语和其他一切语言一样，它是许多世代的产物，在这许多时代中，它形成起来、丰富起来、发展起来、精练起来。古埃及语和各种古闪族语（腓尼基语、阿卡德语、亚述语和希伯来语）的某些接近，在某种程度上是由埃及对西亚细亚各国的政治的和文化的联系所引起的相互影响。古埃及语和外国侵略者（希克索斯、利比亚人、埃提奥庇亚人等，他们曾在公元前2000年—1000年中间突入埃及）的语言的融合，结局总是使古埃及语取得胜利的。融合的时候通常都是其中某一种成为胜利者，保存自己的文法构造和基本词汇，并继续按其内部发展的规律发展着。"这一段论述对于我们理解语言之间的交流有重要的参考价值，其基本观点不是从同源的角度，而是从语言融合的角度去解释语言之间的相似性。古代的埃及语言虽然与古闪族语（腓尼基语、阿卡德语、亚述语和希伯来语）存在某些接近之处，但这些接近之处并不是由语言的同源造成的。我们因此要谨慎地谈论汉语和藏语是否同源的问题，绝不能把汉藏语同源当作一个无可争议的大前提来作为研究汉语上古音的根据。

⑭郭沫若：《考古论集》，《郭沫若全集·考古编》，科学出版社，2003年。

⑭龚煌城甚至把公元11世纪才创立的西夏文字也牵扯进来支持他的汉语上古音构拟，这在出发点上就已经错误，二者的时代性相差太远，而且由于西夏文字自身是表意文字，读音要经过研究才能大致构拟，关于这一点学者之间的意见颇多分歧，我们不能拿不确定的构拟来作为学术推论的基础。重要的是，有些人想当然地把西夏语和汉语看作同

源的语言，这个大前提是有问题的，西夏国虽然民族主体是党项族，但党项族中有许多不同的部族，其来源并不单一，民族语言很复杂。比如唐代的党项族中就有拓跋部，其著名首领有拓跋赤辞，唐初臣服于吐谷浑，与吐谷浑主慕容伏允结为姻亲，后在唐朝名将李靖的攻击下归附唐朝，其孙拓跋守寂后来帮助唐朝平定安史之乱。拓跋族是发源于东北亚鲜卑族的一支，语言属于西伯利亚语系，断然与汉语不同源，但在唐朝初年就已经是党项族的一支了，可见党项族的语言构成很复杂，不能简单地认为与汉语同源。党项族的拓跋部是党项羌八部之一，实力最强，其部族首领在唐朝受中央政府赐姓“李”，在宋朝受赐姓“赵”。元昊建立西夏国后，改姓嵬名氏，自称出于鲜卑帝胄。因此，唐宋时代的党项族语言中应该混有鲜卑语的成分，这显然与汉语不同源。如果这些拓跋部都早已完全被汉化而说纯粹的汉语，那么他们就更容易融入汉民族，而不容易融入党项族。再加上党项族和后来的西夏国与周边民族都有广泛的交流，其关系词应当认定为借词，而不是同源词。类似的旁证如《中亚文明史（第5卷）》（中国对外翻译出版公司，2006年）第45页论及浩罕：“汗国人口由乌兹别克斯坦人、塔吉克斯坦人、哈萨克人、吉尔吉斯人构成，他们又可以细分成许多部落和氏族。乌兹别克人包括那些在巴布尔时代（大约1500年）已经说突厥语的人，塔吉克人中同样也包括说波斯语的萨尔特人。……浩罕汗国的特征是在许多城市和乡村中，种族不同和语言各异的人们共同居住在一起。”可知，一个民族完全可能包含不同语言的种族。我国唐宋时代的党项族就是如此。

⑭⑧就连力主汉藏语同源的俞敏在《汉藏两族人和话同源探索》（《俞敏语言学论文集》，商务印书馆，1999年）一文中也承认汉藏同源的理论有循环论证的弱点。

⑭⑨严学宭《谈汉藏语系同源词和借词》（《民族研究文集》，民族出版社，1997年）第71～72页也称：“不过，划清本民族固有词和外来借词的界限，目前尚没有准则可遵循。像汉藏系各民族语言同出一源，而又比邻而居，其语言间必多互为借用、互为影响。借入之后，又多服从本民族的语音结构规律，掩盖了原有的特征，宛如一家人一样，很难辨别谁是客人、谁是主人。如壮语中的古老汉语借词，都鱼目混珠了。”这真是经验之谈。

⑮⓪钱穆《国史大纲》（商务印书馆，2004年）第55～56页论述：“又自列国内乱、诸侯兼并下引起一现象，则为戎狄横行。当时中国本为一种华、夷杂处之局。旧说东夷、南蛮、西戎、北狄，各远居四裔，而诸夏在中原；此观念殊不可恃。当时盖为一种华、夷杂处的局面。……而此局面自始而然，亦并非自周王室东迁，四裔异族乃始交侵而入中国。”钱穆此节引证了一些上古文献，文繁不录。

⑮①如同取代苏美尔文化的阿卡德文化反而远远低于苏美尔文化，推翻西罗马的野蛮人文化远远低于古罗马文化，征服宋朝的蒙古人文化远远低于汉人，征服明朝的满族人的文化也远远低于汉人。

⑮②光华按，西方部分学者毫无根据地怀疑夏朝的存在是不应该的。

⑮③光华按，汉民族长期与异民族杂处而夷化，这种现象在中古时期还有很多，陈寅恪先生的著作多次提及这个问题。

⑮④袁珂《山海经校注》未注意到《史记集解》所录的异文。

⑮⑤光华按，《说文》此条大概是本于《逸周书·王会篇》。

⑮⑥陈全方：《周原与周文化》，上海人民出版社，1988年。

⑮⑦（清）陈立：《公羊义疏》，《清人注疏十三经》本，中华书局，1998年，第514页。

⑮⑧后收入蒙文通《古族甄微》（巴蜀书社，1993年）。

⑮⑨（英）崔瑞德、鲁惟一编，杨品泉等译：《剑桥中国秦汉史》，中国社会科学出版社，1992年。

⑯⓪不过《剑桥中国秦汉史》在行文上是采用间接叙述的方式，不怎么引述经典原文。这未必是优点，正如《隋书·潘徽传》所言：“过伤浅局，全无引据。”

⑯①俞伟超：《先秦两汉考古学论集》，文物出版社，1985年。

⑯②刘迎胜：《古代中原与内陆亚洲地区的语言交往》，王元化主编：《学术集林（卷七）》，上海远东出版社，1996年，第177页。

⑯③参看高火《古代西亚艺术》（河北教育出版社，2003年）第50～51页和朱伯雄主编《世界经典美术鉴赏辞典》（中国青年出版社，2001年）第22页。但罗世平主编、李建群著《古代埃及和美索不达米亚美术》（中国人民大学出

版社，2004 年）第 189 页称这件乌尔的镶嵌画年代在公元前 3000 年。

⑯顾森编著：《中国汉画图典》，浙江摄影出版社，1997 年。

⑯中国社会科学院考古研究所编著：《中国考古学·两周卷》，中国社会科学出版社，2004 年。

⑯俞伟超：《先秦两汉考古学论集》，文物出版社，1985 年。

⑯新浪新闻网同日予以转载。本文的有关引述是从新浪网上拷贝下来的，特此声明。我转录这段材料的时间就是 2006 年 11 月 17 日。那时候还没有正式的考古发掘报告，也没有在《考古》、《文物》等学术期刊出现相关的介绍和研究。

⑯《左传》中多次言及晋国和戎狄民族之间的战争，另参看钱穆《国史大纲》（商务印书馆，2004 年）第二编第四章“齐桓晋文之霸业”一节。

⑯参看葛剑雄《中国移民史（第 2 卷）》（福建人民出版社，1997 年）第 35 页。

⑰考《史记·张仪列传》：“今夫蜀，西僻之国而戎翟之伦也。”同篇又曰：“夫蜀，西僻之国也，而戎翟之长也。”则先秦的蜀地一定有许多的藏缅语民族杂居。

⑰光华按，黄懿陆的《滇国研究》（云南美术出版社，2001 年）第四章“《白狼歌》研究”和黄懿陆《滇国史》（云南人民出版社，2004 年）第 332～334 页所附《白狼歌》的“壮语翻译表”，都认为《白狼歌》的原文是古壮语，而不是古羌语，并且将汉译的《白狼歌》与从壮语译出的《白狼歌》进行了比对。然而黄懿陆先生的现代语翻译与《后汉书》的《白狼歌》古汉语翻译在意思上出入比较大，让人怀疑《白狼歌》的原文很可能不是古壮语（虽然黄懿陆先生解释说那是因为古汉语的翻译采用了意译，然而纵然是意译也不该在意思上有这么大的差距）。根据我们上面征引的文献来看，《白狼歌》的原文应该是古羌语。如方国瑜在《么些民族考》一文中就主张《白狼歌》的夷语原文是古羌文。马学良、戴庆厦《〈白狼歌〉研究》（《民族语文》1982 年第 5 期）一文在讨论《白狼歌》同现代藏缅语族中的哪个语言最近的问题时说：“我们同意彝语说、纳西语说，即认为白狼语同彝语支语言比较接近。但我们还要补充一点，就是白狼语同缅语支语言（包括缅语、载瓦语、阿昌语等）也比较接近，而且在语音上似乎比同彝语支语言更为接近。……总之，我们认为白狼语同缅语支、彝语支比较接近，可能属于古代缅语支、彝语支的一种语言。”马学良、戴庆厦的这篇文章考证绵密，功力深厚，值得重视。而彝语支语言正是由古羌语发展而来的。当然，这个问题还有待于民族语言学者的进一步考证，现在不可下定论。还可参看马学良撰《中国大百科全书·中国文学卷》“白狼王歌”条和同书《语言文字卷》“白狼王歌”条，马学良认为该歌的原文是藏缅语。戴庆厦主编《二十世纪的中国少数民族语言研究》（书海出版社，1998 年）第 61～63 页对《白狼歌》的研究概况及相关文献有比较详细的介绍。

⑰何光岳：《汉源流史》，江西教育出版社，1996 年。

⑰王桐龄：《中国民族史》，北平文化学社，1934 年。

⑰苏秉琦主编：《中国通史（第二卷）》，上海人民出版社，1995 年。

⑰要注意的是赫梯语和古代的希腊语、拉丁语也有很大的区别。

⑰近年来，有的学者主张印欧语系的分离在距今 8000 年以前，比汉藏语系的分离要早，此说臆测成分太多，根本不能证实。即使根据这个观点，印欧语系在 8000 年前分化后直到现在还能比较清晰地确认其语系的源流，其同源词比较明显。而汉语和藏语分化的时间比印欧语分化的时间要晚，而其同源性已经难以证明，所有的关系词都难以确定是否同源词。这就说明不能轻易用印欧语系的方法来分析汉语和藏语的关系。

⑰值得注意的是刘广和教授的导师是俞敏先生。俞敏先生平生深信汉藏语系的假说，费了不少的力气去寻找汉藏语同源词。而刘广和一向不谈论和讨论汉藏语是否同源的问题。我认为这并非刘广和背离师门，而是刘广和先生治学比较严谨，不肯轻言未经证实的假说。在与刘先生的几次接触和交谈中，我亲身感受到刘先生在学问上确实很慎重。但刘先生在“汉藏对音”条中没有提及李方桂、周季文的汉藏对音研究（与汉藏语同源词无关），这似乎是遗漏。

⑰美国学者斯宾塞·韦尔斯《出非洲记》（东方出版社，2004 年）第 134 页提及：“更有意思的是，在印欧语系所有的语言中，都有大量的关于马和车轮的词汇，表明使用古印欧语的人群已经把马驯化为交通工具了。”同书第 137 页：“很有可能，少数讲印欧语的入侵者，最终使本土的伊朗人完全接受了他们的语言和文化。伦福儒将这一过程称为‘精英支配’，军事力量、经济实力和组织才能，使那些讲印欧语的草原骑手对当地古老的文明实行文化霸权。在战争

中使用马是他们获得优势的关键因素，用马驾驶战车，或把马当作坐骑，战车和骑兵这两大草原生活的发明，保证了讲印欧语的游牧人在与步兵团作战时具有明显的优势。在随后的3000年里，使用马的军队一直都具有较大的优势。”《中国大百科全书·生物学卷》“马”条称：“家马约于4500年前在亚洲驯化，品种繁多。”马似乎是最早在亚洲被驯化的（下面还有说）。我们可举印欧语中最早的赫梯语和赫梯语民族为例加以考察。学术界公认赫梯语是印欧语中最原始的一支。但学术界已经公认赫梯人在公元前14世纪以前就已经开始制造和使用铁了（其时是我国的商代，赫梯人使用铁器的年代远在汉民族以前，汉民族是在春秋时期才使用铁器的，晚于赫梯人七八百年），其使用青铜器更远在铁器以前。另外，赫梯人是最早使用马拉战车的民族，早于古巴比伦人，古巴比伦人本来是用牛拉战车，而不是马。古巴比伦人在公元前16世纪开始使用马拉战车，这是从赫梯人那里学来的。赫梯人早在公元前2000年左右就迁入了安纳托利亚地区，并对当地土著的哈梯人进行了武力征服。在公元前19世纪左右，赫梯人建立了多部落联合体的奴隶制小国（这时候的赫梯人肯定有了完善的青铜兵器和工具，否则奴隶制政权难以建立和维持），军事力量较强，商业贸易很繁荣。公元前1650年左右，赫梯人进入古王国时期，公元前1595年征服了巴比伦国，但并没有直接统治美索不达米亚。在公元前14世纪能够与古埃及新王国第18王朝分庭抗礼的西亚古国只有赫梯。在公元前14或13世纪，赫梯人制定了《赫梯法典》，并改造了巴比伦的楔形文字，从而创制了自己的楔形文字。这些事实反映出讲原始印欧语的民族确实在其民族分化的时候，就已经有了高度的文明。赫梯人在西迁小亚细亚的时候就已经有了马拉战车和青铜兵器。苏联学者阿甫基耶夫《古代东方史》（生活·读书·新知三联书店，1957年）第384页有一插图是刻有战车图像的赫梯浮雕，明显是马拉战车。同书第374页称赫梯人的冶金技术已经非常发达了，可以使用比较完善的青铜工具，例如青铜镰刀。此书对古代赫梯历史文化的叙述比较详细，虽出版较早，但至今没有他书可以替代（此书将“赫梯”翻译为“喜特”，今一概改用“赫梯”）。此书记载了赫梯人对埃及、巴比伦和亚述等国家的战争，并有相当的军事实力，足见其金属技术已经非常发达了。日本学者岸本通夫等人所撰《古代东方》（河出书房新社，2004年）第275页、第295页也附有赫梯马拉战车的浮雕图像。此书对古代赫梯人的马和战车特别关注，一开始使用马拉战车的人不是赫梯人，而是另一支讲印欧语的部族所建立的米坦尼国（这个国家的统治阶级是印欧语民族，其普通国民有不少是西亚土著），马拉战车技术是由米坦尼传入埃及和赫梯。而且根据此书第269～271页的介绍，在考古发现的用赫梯语写成的文书中出现了“米坦尼国的驯马师机库里说”这样的字句。可知印欧语民族掌握驯马术和马拉战车技术一定在公元前2000年以前。据《中亚文明史》（中国对外翻译出版公司，2002年）第一卷第275～276页的论述，原始印度伊朗人在公元前3500年就已经发展了牧马业，这是原始印度伊朗人的社会经济史的第二阶段，“第三阶段的特征是掌握了骑马术，这使得原始印度伊朗人得以发展游牧的养马业，并组织起庞大的骑兵”。

最近在网上看到一则考古学研究，是说哈萨克斯坦地区的原始先民可能是最早掌握驯马术的人群。2006年10月30日的“新浪科技”上有一篇《考古发现哈萨克斯坦人是最早驯马者》，今录全文如下：新浪科技讯　据澳大利亚广播公司报道，从一个5600年历史的马场遗迹的土壤中发现的证据显示，古代哈萨克斯坦的波泰人（Botai）可能便是人类历史上最早驯服野马的人。但波泰人在骑马的同时可能也吃马肉和挤马奶。位于哈萨克斯坦北部的马场是一个考古遗址的组成部分，被称为“Krasnyi Yar”。匹兹堡卡内基自然历史博物馆馆长桑德拉·奥尔森（Sandra Olsen）博士表示，这里曾是黄铜时代波泰人居住的一个很大的村落。奥尔森博士领导的小组多年来一直从事野马驯化的研究。在本周费城举行的美国地质协会会议上，来自匹兹堡大学的地质学家罗斯玛丽·卡普（Rosemary Capo）副教授，向与会科学家呈现了有关野马驯化的一些土壤证据。史密森尼学会专门研究动植物驯化起源的考古学家梅林达·泽德尔表示：“我们真的不了解马在驯化过程中发生的任何重要变化。”泽德尔根据对古代粪便的研究推测马骨骼的变化。她说，到目前为止，还没有找到一种直接方式验证到底是什么人最早驯服了野马。出于这些原因的考虑，泽德尔和她的同事将研究重点放在寻找相对不那么直接的证据上面。泽德尔在提到会议上的土壤证据时说：“我们已经有了一种书写野马驯化史的方式，而且是全新的。这就好像是大侦探佩里·梅森在破案一样，利用间接证据查找事情的源头。”土壤证据来源于用标杆围起的圆形区域。研究人员发现马场内外的土壤存在差别：马场内土壤中所含磷的数量最高是外部土壤的10倍，但是氮的浓度较低。其中的原因是可以推测出来的——外部土壤中富含马粪。而相比之下，现代马的粪便中却含有丰富的磷、钾和氮，其中氮是最容易渗入地下水或者蒸发到空气中的。对土壤进行分析的卡普表示，从另一方面来说，磷可以因为钙和铁的缘故而保留在土壤中。“高含量的磷也显示出人类居住的迹象。然而在通常情况下，它们是与其他地球化学信号一同存在的，但我们并没有在马场土壤样本中发现相关的证据。”土壤样本中发现的高浓度的纳——可以从尿液中提取——提醒了奥尔森。他表示，只要对长期存在于土壤样本中的甾体顶部、甾体底部脂肪分子进行检测，便可得出野马驯化的确凿证据。相关分析工作已在安排之中。波泰人究竟对野马做了什么呢？奥尔森说，他们可能把野马当作食物或者牲畜群，也可能利用马奶酿造富含维生素的中度酒精饮料——马奶酒。直到现在，马奶酒仍是哈萨克斯坦人钟爱的饮品。

光华按，哈萨克斯坦正是远古时代的印欧语民族的发祥地之一，中亚地区早在5600年之前就已经有了驯马文化。这个时期的驯马民族也一定拥有了青铜文化（在世界文化史上，一般而言，似乎一个民族的青铜文化的发生要早于其驯马术的掌握。埃及、苏美尔、印度、中国都是如此。只是藏族似乎是例外，前面已论及西藏在新石器时代就有用马来殉葬的习俗，这是西藏以北的异民族文化影响的结果，而不是西藏自身文化发展的结果）。除赫梯人和米坦尼国的例子以外，印欧语民族南下后之所以能够征服古印度的土著文明，就是因为当时的印欧语民族使用了先进的青铜兵器和马拉战车，最终消灭了古印度的哈拉帕文明和摩亨佐达罗文明。这从远古印度的神话可以得到证明。远古雅利安人的宗教经典《梨俱吠陀》中的主神是因陀罗，他就是乘在名马哈里所拉的战车上，挥动兵器金刚杵（vajra），率领众神进攻敌人（关于因陀罗的神话可参看魏庆征《古代印度神话》，山西人民出版社、北岳文艺出版社，1999年，第821页）。因陀罗的神话确实显示出印欧人在攻占北印度（学者们估定在公元前1500年左右）以前已经懂得利用青铜兵器和马拉战车。据《中亚文明史（第一卷）》（中国对外翻译出版公司，2002年）第269页：“根据最近的研究，马的最早驯养是在乌克兰南部，时当公元前四千纪中叶，可能还更早一些。马的驯养和两轮马车、四轮马车的发明，对于原始印度—伊朗人的发展和扩散具有重大意义。一方面，他们通过畜马而更好地发展其经济；另一方面，他们获得了可以大规模地进行史无前例迁徙的手段。事实上，他们已经开始入侵其邻近地区，例如在青铜时代攻打了东匈牙利平原。”同书同章第268页还提到：东印欧语群和西印欧语群有共同的农业词汇，这似乎表明原始印欧语在发生分离的时候已经处于农业文明阶段了。这时候的印欧语民族肯定早已有了高度的文明，其语言虽然通常称作原始印欧语，但绝不是原始形态的语言，其语言的基本特质已经确立，从古印度高度复杂的梵文文法就可以看出这一点。

根据J. P. Mallory和D. Q. Adams编撰《印欧语系文化百科全书》（伦敦和芝加哥，1997年）一书中对原始印欧语民族青铜文化论述作了一些介绍。例如第79页，在安纳托利亚，公元前3000年就已经出现了箭头。此书类似的例子和材料非常多，难以逐一详录。

我们附带言及一个问题：我国春秋时代交侵中华的周边夷狄民族应该不是印欧语民族。据钱穆《国史大纲》（商务印书馆，2004年）第二编第四章“齐桓晋文之霸业”第61页称：“僖（公）二十七年，晋人作三行以御狄。”钱穆以小字自注：“此在胜城濮后，以狄皆步卒，便于山险，故晋亦编练步军也。”如果果真如此，则春秋时代晋国周边的异民族军队是步兵，不是骑兵或车兵，那就不会是印欧语民族的军队。这个问题牵涉甚广，尚待深考。

⑰⑨裘锡圭《文字学概要》认为那些陶器上的符号不是文字，这是对的。我在本书的后记也从新的角度提出了证据，我认为一个民族的文字必然是发生在其拥有青铜文明之后，在青铜文明之前不可能有文字。

⑱⓪从甲骨文和金文来看，在商代肯定有了汉语的标准语。西周时代的汉语标准语已经很完善了。甲骨刻辞和钟鼎铭文都有明显的规律和比较固定的格式。其书写形式虽然不是很固定，但也有规律可循。

⑱①可举一个证据：在近代汉语的北方话中，在唐代就产生了处置句中的“把”字句，有关的综述可参看蒋绍愚、曹广顺主编《近代汉语语法史研究综述》（商务印书馆，2006年）第十一章“处置式”，蒋绍愚《近代汉语研究概况》（北京大学出版社，2001年）第四章第四节，袁宾等主编《二十世纪的近代汉语研究（上册）》第三编第四章，蒋冀骋、吴福祥《近代汉语纲要》（湖南教育出版社，1997年）语法部分第六章。这是一个在北方话中广泛使用的句型，但在现在的吴方言、粤方言和闽方言中都没有发现处置式的“把”字句，而是主要是用“将”来表示处置。苏州方言、江苏泰兴方言和建瓯方言用“拿”。潮州方言除了用“将”，还用“对”。厦门方言和福州方言除了用“将”，还用“共”。温州方言用“逮”。而处置式的“将”字句在东晋时代已经见于南朝人的文献（如干宝《搜神记》等文献以及汉译佛经），在口语中肯定产生得更早，而且在北方话中同样流行；而处置式的“把”字句产生于中唐或稍前的北方文

献（如寒山诗），一千多年来北方方言的这种“把”字句一直没能够渗透到南方的吴粤闽方言中。因此，吴粤闽方言用“将”作处置式是沿袭了至少从东晋六朝以来的传统，这只能表明吴、粤、闽方言在北方话产生“把”字句之前就已经独立存在了，距今至少1200年以上，甚至可能在距今1600年以上。而北方方言也绝不用“拿、共、对”这样的词来作处置式，因此我们可以说在南方方言产生“拿、共、对”这样的词来作处置式的时候，已经是与北方方言分离之后了。如果细心考察，我们也许还能发现其他的线索以表明吴、粤、闽方言从北方通语中分化出来的时间。

⑱当然，中国历史上长期的中央集权政治、不断的移民运动、共同的书面语（文言文）、科举制度等都促进了各方言间的接触。

⑱因为青铜器在夏代就已经出现了，而且还初具规模。参看《中国考古学・夏商卷》（中国社会科学出版社，2003年）第109～115页。

⑱我现在进而提出一个理论假设：在判定一个语系是否成立和其包含的语族范围的问题上，这个语系的原始语民族的文化装备程度是一个很重要的参照指标。如果两种语言的分离早在新石器时代的早期甚至旧石器时代以前就开始了，那么它们只能算作不同源的语言，而不能作为同一个语系的语言；只有在青铜器时代才分化的语言才能看作同源的语言，才能划在一个语系之内。新石器时代中晚期才分化的语言可能情况比较复杂，不可一概而论，要根据两种语言的具体情况作具体研究，因为两种尚未成熟的同源语言一旦分化之后，有许多非语言的其他因素会影响语言演变的速度和方向，所以我们不能作明确的论断。而拥有青铜文明的民族的语言显然已经比较完善和定型了，其后分化的痕迹比较容易考察。汉语民族和藏语民族既然在旧石器时代晚期就已经不是一个民族，已经是不同的人群，那么汉语和藏语就不能看作同源的语言，汉藏语系的观点是不能成立的，二者之间的关系词肯定是借词，而不是语言学上的同源词。所以学者们找出的关系词再多也不能证明汉藏语同源。希望我的这个假设能够推动汉藏诸语言的新研究。

⑱参看《中国大百科全书・民族卷》“畲语”条和《中国历史大辞典（音序本）・中册》2242页“畲族”条。畲族的来源有不同说法，约分四说：第一，与瑶族同源于汉晋时代的武陵蛮；第二，古越人后裔（光华按，此说最不可靠）；第三，由我国古代南蛮的一支发展而来；第四，与春秋战国时的徐夷有渊源关系。隋唐时代泛称为蛮僚。宋代才被汉民族称为“畲”。南宋的刘克庄《后村先生大全集・漳州谕畲》开始有“畲民”的称呼。清朝乾隆年间的学者吴楚椿有《畲民考》。

⑱参看《中国历史大辞典（音序本）・中册》第2242页“畲田”条和《中国大百科全书・民族卷》“畲族”条。

⑱参看丹珠昂奔等主编《藏族大辞典》（甘肃人民出版社，2003年）第768～769页的“天葬”、“天葬师”、“天葬台”等条和《中国大百科全书・民族卷》“天葬”条。但解说最详尽的是“百度百科”：天葬，就是将死者的尸体喂鹫鹰。鹫鹰食后飞上天空，藏族则认为死者顺利升天。天葬在天葬场举行，各地有固定地点。人死后，停尸数日，请喇嘛念经择日送葬。出殡一般很早，有专人将尸体送至天葬师首先焚香供神，鹫见烟火而聚集在天葬场周围。天葬师随即将尸体衣服剥去，按一定程序肢解尸体，肉骨剥离。骨头用石头捣碎，并拌以糌粑，肉切成小块放置一旁。最后用哨声呼来鹫，按骨、肉顺序来喂食，直到吞食净尽。天葬是藏地古老而独特的风俗习惯，也是大部分西藏人采用的丧葬方法。藏族的丧葬形式是经历了历史变化的，据藏文史籍记载，在远古的“七天墀”之时，诸王死时是“握天绳升天”，“如虹散失，无有尸骸”。这种情况同藏族当时的认识有关，当时藏族认为其祖先来自天上，人死后归天。藏语称天葬为“杜垂杰哇”，意为“关（尸）到葬场”；又称“恰多”，意为“喂鹫鹰”。“恰”是一种专门食尸肉秃鹰，谓之“哈桂”。据此可知这种“天葬”亦可谓之“鸟葬”。天葬习俗始于何时，未见具体而确切的记载，佛教传入西藏后，对于西藏丧葬习俗的影响很大，在佛教中“布施”是信众奉行的准则，布施有多种，舍身也是一种布施，据敦煌发现的《要行舍身经》中载，即劝人于死后分割血肉，布施尸陀林（葬尸场）中。在汉地隋以前已有此风俗。这种风俗对于共同信奉佛教的藏族或许是殊途同归。在佛教故事中也有“尸毗王以身施鸽”及“摩诃萨埵投身饲虎”的佛经故事，宣扬“菩萨布施，不惜生命”等。

藏族较为普遍的一种葬俗，亦称“鸟葬”，用于一般的农牧民和普通人。藏族佛教信徒们认为，天葬寄托着一种升上“天堂”的愿望。每个地区都有天葬场地，即天葬场，有专人（天葬师）从事此业。人死后把尸体卷曲起来，把头屈于膝部，合成坐的姿势，用白色藏被包裹，放置于门后右侧的土台上，请喇嘛诵超度经。择吉日由背尸人将尸体背到天葬台，先点“桑”烟引来秃鹫，喇嘛诵经完毕，由天葬师处理尸体。然后，群鹫应声飞至，争相啄食，以食尽最为吉祥，说明死者没有罪孽，灵魂已安然升天。如未被食净，则要将剩余部分拣起焚化，同时念经超度。藏族人认为，天葬台周围山上的秃鹫，除吃人尸体外，不伤害任何小动物，是“神鸟”。天葬仪式一般在清晨举行。死者家属在天亮前，要把尸体送到天葬台，太阳徐徐升起，天葬仪式开始。未经允许，最好不要去观看。

天葬是藏族人民最能接受、也是藏区最普遍的一种葬俗。依据西藏古墓遗址推断，天葬可能起源于公元7世纪以后，有学者认为，这种丧葬形式是由直贡噶举所创立的。公元1179年，直贡巴仁钦贝在墨竹工卡县直贡地方建造了直贡替寺，并在当时推行和完善了天葬制度。

关于天葬，藏传佛教认为，点燃桑烟是铺上五彩路，恭请空行母到天葬台，尸体作为供品，敬献诸神，祈祷赎去逝者在世时的罪孽，请诸神把其灵魂带到天界。据说，如此葬法是效仿释迦牟尼“舍身饲虎”的行为，所以西藏至今仍流行天葬。

光华按，以上“百度百科”的解释很详细，但这种解释认为天葬是在公元7世纪以后才产生的，也就是在佛教进入西藏以后才出现，这却未必。因为佛教的丧葬传统是火葬和水葬，而不是天葬。虽然在不丹、锡金、尼泊尔、拉达克等国家和地区的藏族中也有天葬的习俗，但在古印度的佛教文化中却没有天葬文化。要注意的是，在公元前古代波斯的琐罗亚斯德教也实行天葬。古代波斯的天葬与西藏的天葬之间是否有同源关系，尚待学者的深入研究，我自己暂时不能确切回答。而西藏天葬的起源与印度的佛教无关，则无可置疑。我相信西藏的天葬一定起源于佛教入藏以前。

⑱⑧张永言：《语文学论集（增补本）》，语文出版社，1999年。

⑱⑨班弨《论汉语中的台语底层》（民族出版社，2006年）第二章第三节“《尔雅》中的台语底层词”认定《尔雅》中一共有50个词汇以古台语为底层。由于作者否认汉台语同源，因此认定这些汉语词汇是古台语的借词。我对此的意见是：一、作者所举出50个关系词，其中的语音对应关系有相当一部分不可信，不是真正的关系词；二、有一小部分可能是关系词，但不能认为是上古汉语借自古台语，而是相反，是古台语借自上古汉语。因为汉民族在公元前1500年左右就有了文字，在商代除了甲骨文和金文外，还有别的书写工具如简册等。考《尚书·多士》：“惟尔知，惟殷先人有册有典，殷革夏命。今尔又曰：‘夏迪简在王庭，有服在百僚。’”可知商朝人已经“有册有典”。甚至夏朝都有了简册，所以其文又曰：“夏迪简在王庭。”“迪简”的意思是“法书”，是记载法制的简册。而古台语民族根本没有文字，借词只能口耳相传，没有典籍传播方便。由于汉民族文化长时期的优势地位，其典籍广泛传播，古台语民族在学习汉民族文化的过程中借入了少许词汇（汉民族借入古印度的梵语词汇主要是通过佛经翻译，可知典籍是输入借词的最好方式）；当然更多的是在与汉民族接触交往的过程中学习的，不一定要通过学习古典。汉民族在民间也许通过文化交流可以借入一些异民族的词汇，但最初一般是通过某些汉语方言借入（西汉杨雄《方言》中收入异民族的借词较多），最初只是方言词汇，不够典雅，因此不容易很快直接进入汉文化的经典中去。即使采风官有意收集，也是最早进入民歌。由于先秦的楚文化包容了不少南方的异民族，包括壮侗语系民族，因此楚系典籍更容易出现古台语的借词（我颇疑心《庄子》中有侗台语的借词，尚待深考）。

⑲⑩在印欧语比较语言学中有显著的例子。例如古印度的梵语和古伊朗的上古亚利安语之间的同源词的对应关系非常明显，如在古老的神名方面的对应关系就是一个显著的例证。可参看高楠顺次郎、木村贤泰所撰《印度哲学宗教史》（台湾商务印书馆，1995年）第8～10页对二者之间的同源关系词的论述。据《中亚文明史（第一卷）》（中国对外翻译出版公司，2002年）第266页：“在上古时代，阿维斯陀语与早期梵语（即吠陀梵语）是如此的接近，以至于我们可以利用二者间的语音对应关系，将阿维斯陀语句子逐词逐音地转换成早期梵语。”

⑲①美国学者劳费尔就研究过藏语中的借词问题。

⑲②例如，有的学者如郑张尚芳认为上古汉语还没有复合元音，只有单元音，其重要根据就是古藏语没有复合元音。然而深通藏语的李方桂在《上古音研究》中就认为有复合元音。李方桂的做法是对的。我们不能根据古藏语没有复合元音就认定上古汉语也没有复合元音。我认为上古汉语存在复合元音，以后有机会再作详论。

⑲③借用《宋书·谢灵运传论》之言。

第二章　从方法上论上古汉语无复辅音声母

第一节　从汉字形体变迁论上古音的复声母问题

现代音韵学家们利用汉字的形声字的原理去推考上古音的声母，取得了很大的成绩。最先大规模地利用谐声的方法去论考上古音的学者是段玉裁。段氏的《六书音均表》[①]称："一声可谐万字，万字而必同部。同声必同部。明乎此，而部分、音变、平入之相配、四声之今古不同，皆可得矣。"段氏能将《说文》中的9000多字全部分别归入古音17部，在相当大的程度上要归功于他善于利用汉字的谐声原则。现代的音韵学家，自从高本汉以来，如董同龢《上古音韵表稿》、陆志韦《古音说略》、李方桂《上古音研究》等著作都利用谐声原则来考论上古音的声母，产生了很大的影响。学者们的意见，其论著俱在，我们无须一一详列。因为我们不是要批评前人的方法，而是要讨论前人所忽视的汉字形体的变迁与谐声原则的关系问题，这是前辈学者们注意不够的。我们首先要强调的是，在利用谐声原则去分析汉字的读音的时候，万万不可忽视字形在长期的发展演变中所造成的种种复杂现象。如果我们根据已经讹变的字形去推导上古音，那是危险的。而字形发生变异或错讹是异常普遍的现象。我国文字的形体是在不断地发生变异的。文字形体变异后，字形与字音的关系就失去了造字逻辑的联系。这时如果据字形以推考字音，那结论是不可靠的[②]。古文字本来能够体现汉字的形、音、义的密切关系。如《说文叙》："壁中书者，鲁恭王坏孔子宅而得《礼》、《记》、《尚书》、《春秋》、《论语》、《孝经》。又北平侯张苍献《春秋左氏传》。郡国亦往往于山川得鼎彝。其铭即前代之古文。皆自相似，虽叵复见远流。其详可得略说也。"《魏书·江式传》："及宣王太史史籀著大篆十五篇，与古文或同或异，时人即谓之《籀书》。至孔子定《六经》，左丘明述《春秋》，皆以古文，厥意可得而言。""厥意可得而言"就是指汉字的形、音、义的逻辑关系是清楚的，有道理可说的。而汉代的草书，其形、音、义之间的关系就已经不明白了。如《魏书·江式传》："又有草书，莫知谁始，考其书形，虽无厥谊，亦是一时之变通也。""虽无厥谊"就是说字的形、音、义的关系就已经不能合理地分析了。实际上，汉代人对于汉字结构的分析就有很多不科学的地方[③]。

现代的语言学家们对文字演变的复杂性也相当地警惕。如陈梦家《中国文字学》[④]第120页："因为晚周的文字在形体上有很多讹变，所以根据它而分析字形没有不错误的。"同书第119页称："《说文》的转注，是根据六国、秦、汉的字体而说的，错误很多。"黄侃先生《广韵校录》[⑤]卷十"广韵误合二字为一字"一章专门讨论了《广韵》将《说文》中的不同的两个字误合为一个字的情形，多有举证[⑥]。沈兼士《右文说在训诂学上之沿革及其推阐》一文之末附有《林语堂先生来书》曰："字源之学，最为谨严，若不科以精细音理及严格的客观的比附为法则，又易为貌似而实异之字所误。"同文又附有《李方桂先生来书》曰："此类研究，不患其材料之不多，但患其材料之不精确可靠，……材料多而杂，则有掩没条例之虞。”另如《积微居友朋书札》[7]中录有郭沫若致杨树达的第十四通信论及文字学的问题，指出《说文》中的“鬲、高、亯”等字的小篆之形都是讹字，“不可沿讹形以为说”。裘锡圭先生《文字学概要》第八章第六节第四点“声旁的破坏”列举了在隶书中的一些字已经改变了篆文中的形声字的结构，原形声字的声旁已被破坏。因此，我们不可轻易根据隶书的字形去分析汉字的形声结构[8]。这是需要我们特别注意的[9]。我们现在通过一些实例，以见文字学与音韵学的关系。

例一，有的音韵学家利用“妒/户”这组材料来构拟复辅音声母 dh。我们认为这条材料不能成立。因为“妒”是一个晚起的讹俗字[10]。《说文》段注认为本字是“妬”，而非“妒”。段注说：“柘、橐、蠹等字皆以石为声，户非声也。”又说：“妬，妇妬夫也。从女石声。”吾谓段说不可易。朱骏声《说文通训定声》以“妒、妬”二字并存，不辨正俗，殊逊段注。我们现在从古文献的角度来检讨段注是否正确。我查阅了儒家《十三经》，发现共出现“妬”字六处，而且全部见于先秦的古文经《毛诗》的几处小序和《左传》。但“妒”字只出现一次，而且是在汉代才成书的《公羊传》。《公羊传・庄公十二年》：“闵公矜此妇人，妒其言。”《公羊传》述宋万杀闵公的经纬甚详。而《左传》与《穀梁传》并无此文。更检《左传・襄公二十一年》：“叔向之母妬叔虎之母美而不使。”阮元《校勘记》曰：“毛本妬作妒。案《说文》‘妒’字注‘妇妒夫也’。《干禄字书》以妒为正，非也。今石经及诸本并作‘妬’。”阮元的校勘很有说服力，可与段注相映证。我们的观点还可以得到古文字学的支持。在睡虎地秦简《日书》中就只有“妬”，而没有“妒”。马王堆帛书《战国纵横家书》：“秦不妬得。”马王堆帛书《称》：“隐忌妬妹。”均只有“妬”，而不见“妒”。在古书中有证据表明“石”与“户”容易互讹。据王念孙《读书杂志・汉书第七》“三石山”条[11]：“三石当作三户，字之误也。”因此，“妒/户”这条材料与复辅音无关。

例二，潘悟云《流音考》[12]认为战国陶文中的从“酉”从“九”（左右结构）的字是“酒”的古文，并说这个字是从“九”得声。潘悟云据此构拟 kl 式的复声母。我们认为潘悟云的这个材料是不可靠的。他没有注明他说的那个战国陶文是根据了什么古文字资料，以及为什么这个字就是“酒”的古文。考徐文镜《古籀汇编》、何琳仪《战国古文字典》以及其他的古文字资料书都没有收入那个从“酉”从“九”（左右结构）的字。只有高明《古文字类编》[13]第 330 页收录了这个字，称这个字是“酒”的别体。但是后来的高明、葛英会《古陶文字征》[14]第 247 页收录这个从“酉”从“九”[15]的时候，《古陶文字征》原注只有一句：“《说文》所无。”并没有说这个字就是从“九”得声，也没有说这个字就是“酒”字在战国古文中的异体字，可见高明先生后来已经放弃了这个字是“酒”的异体字的提法。潘悟云的说法一定是采用了《古文字类编》的观点。他不知道高明先生后来的《古陶文字征》已经放弃了前说。而且为什么这个字就不会是从“酉”得声的呢？总之，潘悟云的论断是很主观的[16]。

例三，严学窘先生《原始汉语复声母类型的痕迹》一文利用“亡/良”这组谐声材料来构拟原始汉语的复辅音 ml[17]，其他还有不少的音韵学者也是如此。但我们认为“亡/良”这组材料与复辅音无关。今考证如下，《说文》：“良，善也。从畐省亡声。”大徐本引徐锴之说曰：“良，甚也。故从畐。”但是我们必须注意《说文》“良”字下还附有三个“良”的古文，这些古文中前两个都不是从“亡”，最后一个才是从“亡”。清代的《说文》学家如段玉裁、王筠、朱骏声对“良”字的形声问题没有新的说法。桂馥《说文解字义证》引有一个古印文的“良”字是从“亡”。现代古文字学研究已经证明“良”所从的“亡”是后起的讹误之形。容庚《金文编》[18]所录的金文中“良”共有 13 个字形，没有一个是从“亡”的。林义光《文源》在引证了一些金文材料之后认为金文中的“良”字“亦不从亡，当即‘量’之古文”。《金文诂林》[19]引述顾廷龙《释良》一文中提到顾廷龙的叔祖王胜之的观点也是认为“良”就是“量”字，与林义光的意见相同。姚孝遂赞同林义光的分析，认为“良”字本来并不从“亡”[20]。但姚孝遂认为“良”在甲骨文中的“形体难以索解”，并且认为“良”也不是“量”的古文。《金文诂林补》[21]引白川静之说也认为“良”的形体解释困难，并且认为《说文》所附的三个“良”的古文“皆讹变之甚者也”。《金文诂林补》[22]引日本学者加藤常贤之说也称“良”在古文字中的形体结构“仍尚未全部明白也”。商承祚《说文中之古文考》[23]根据甲骨文、金文中的“良”字之形认为：甲骨文、金文中的“良”“皆不从亡。从亡者，写误也”。徐在国也稍稍讨论了“良”的古文问题[24]，然而语焉不详，未有实质性论断。古文字学者大都认为《说文》以“良”从“亡”是后起的讹误之形。高田忠周《古籀篇》卷七十三[25]也认为《说文》说的“良”从“亡”声“未详”。也就是说高田忠周认为“良”从“亡”声是不可理解的，是没有证据的。《金文诂林》[26]引述张日升的观点认为：“（良）许谓畐省亡声，并误。”张日升同时也不赞成“良”是“量”的古文之说。戴家祥《金文大字典》第 4832 页引述顾廷龙之说，并无别解。根据我们以上引证的诸家之说，可知《说文》以“良”从“亡”声是后起的形体讹变之后的字形，讹变原因也许是为了使偏旁成为一个独立的字，以便于记忆和书写。因此，《说文》说的“良”从“亡”声是不可靠的，不能用作证明古有复辅音声母 ml 的根据。

我们还可以用通假字系联法来证明“良”的上古音声母不会是复辅音 ml。《释名・释言语》：“良，量也。”这显然是声训[27]。朱骏声《说文通训定声》也说“良”与“量”古音相通。上引顾廷龙《释良》一文也颇有举证认为“良”与“量”相通（如“粮”有异体字作“糧”等）。而“量”字从不与明母字发生通假关系和谐声关系，其上古音声母不会是复辅音 ml，这就反过来证明与“量”为双声的“良”的上古音声母也不会是复辅音 ml；否则，二者不会有声训关系。

例四，裘锡圭先生在《谈谈古文字资料对古汉语研究的重要性》[28]中还有一段论述尤其令我们感兴趣，裘先生曰：“讲古音离不开谐声，讲谐声一般都以《说文》为根据。但是从地下发现的古文字资料看，《说文》小篆的字形以及《说文》对字形的分析有不少是有问题的。”裘先生具体举例有[29]：据《说文》段注，“帅”从“㠯”声，但在金文中并不作“㠯”。作“㠯”乃是在小篆中的讹变。《说文》说“畀”从“由”声，但在甲骨文中“畀”是象形字，象矢形而突出扁平的镞部，应是“金鎞箭”之“鎞”的初文，根本不从“由”；《说文》说“并”从“幵”声，但在甲骨文中字形作二人相并，根本不从“幵”。裘先生此文还举了一个很有趣的例子：从“去”声的字其读音可分为两系，一系是鱼部字，如“呿、祛”等；一系是属叶部收 p 尾的，如“劫、怯、层、鉣”等。《说文》把“层、鉣”说为从“劫”省声，但“怯”字仍然说为从“去”声。古音学家大都把属于叶部的从“去”声的字全都看作从“劫”省声。裘先生认为：“从古文字来看，这个问题非常简单，原来小篆的‘去’把较古的文字里两个读音不同的字混在一起了。……从‘去’得声的鱼部字，所从的是离去的‘去’；从‘去’得声的叶部字，所从的则是象器盖相合的‘去’（盍）。过去认为是会意字的‘法’字也可能是从‘去’（盍）声的。有些从‘去’的字有鱼部和叶部两读，这应该是后起的混乱现象。”裘锡圭先生的精彩论述是很有启发性的，值得音韵学家们高度重视。

例五，有人以“麻”字从“林”得声，就说这是明母与来母相谐的证据，从而构拟上古的复声母“ml”或“lm”。我们认为这是完全没有根据的。在《说文》中有一部首“𣏟”（与双木“林”写法不同），《说文》解释说：“𣏟，葩之总名也。𣏟之为言微也，微纤为功，象形。”段注：“𣏟微音相近。《春秋说题辞》曰‘麻之为言微也’。𣏟麻古盖同字。”《说文》𣏟部收有三字。《说文》：“麻，与𣏟同。人所治，在屋下。从广从𣏟。”而且段注还说“麻”是会意字。唐朝的唐玄度《新加九经字样》[30]解释说：“麻，马平，网人所治；在屋下，故从广从𣏟。‘𣏟’音‘派’，‘麾、磨’等字从之。”可见“麻”所从的“𣏟”并非山林字，而是读为唇音的“派”。也就是说“麻”根本不是从森林的“林”得声[31]，完全牵涉不到复声母的问题。

例六，有许多音韵学家利用“造/告”这一组材料来构拟上古复辅音 sk 或 dzk 之类的声母。我们认为这个证据不能成立。考《说文》：“造，就也。从辵告声。谭长说‘造，上士也’。‘艁’，古文造从舟。”清代的《说文》各家注对于“造”的形声结构均无异辞。但小篆“造”的形声结构却令很多现代学者伤透了脑筋。日本学者藤堂明保[32]干脆认为“造”是会意字，不是形声字。他分析“造”字和“告”字的结构都是会意字。镰田正等[33]也认为“造”是会意字。以上两位日本学者大概就是看到了把“告”当作声符，就不易说明其谐声关系[34]。这些日本学者的观点表明“造”的文字结构确实不好分析。

清代学者王筠《说文解字句读》已经引用金文来证明《说文》所附的古文“艁”字形是有根据的，在金文中的“造”多有从“舟”之形。吴大澄《说文古籀补》和容庚《金文编》都说金文中还有异体作从宀从舟告声，也是把“告”当作声符，与《说文》相同。但周法高主编《金文诂林》[35]引林义光《文源》曰：“按，古作‘艁’（《羊子戈》），舟、告皆声也。”这是近代的学者首先指出古文的“艁”所从的“舟”是声旁。同时《文源》又采取传统的说法，认为“告”也是声符。这就把“艁”看作了双声字[36]。李家浩先生也主此说。金文中有“䑪”字，郭沫若《金文丛考》[37]第 638～639 页释读为“造”，显然是以其古文“艁”从“舟”声。其说与林义光相同。但问题是“舟”是章母，与“造”的上古音从母相去较远。从章母到从母的音变条件还不好解释。“艁”从“舟”声之说暂时还只能存疑。

高田忠周《古籀篇》卷六十五第 14 页[38]明确认为“造”所从的“告”并非“告诉”的“告”，其字上部与“牛”大不相同。其余不详引。尾崎雄二郎[39]虽把“造”当作形声字，但也认为“造”所从的不是“告”，“告”是一个误字，本来是表示“就”（即“靠近”）的意思。小林信明[40]也认为“造”所从的“告”不是从牛，而是从“之”，或是从“生”。《新选汉和辞典》的这个看法显然是采取了高田忠周《古籀篇》的观点。这些日本学者的观点现在已经得到古文字学材料的证明。在战国时代的楚系文字中，“造”所从的“告”与一般的“告诉”的“告”有比较明显的不同。如《郭店楚墓竹简·穷达以时》有“告古”[41]，古文字学家公认这就是文献中的“造父”。裘锡圭先生在按语中指出：“楚简‘告’字中的上端皆直，此‘告’字上端则向左斜折，与楚简‘造’（原作‘告’，当误）、‘俈’等字所从之‘告’相同，故此字无疑当读为‘造’。有学者指出‘造’字所从之‘告’与‘祝告’之‘告’本非一字，是有道理的。”裘锡圭先生根据古文字材料指出“造”所从的“告”本来就不是“告诉”的“告”，这在战国时期的楚系文字中表现得相当明显。陈剑博士在《释造》一文[42]中运用古文字材料比较清晰地梳理了“造”所从的“告”的字形从甲骨文演变到战国文字的源流，指出“造”所从的“告”与“告诉”的“告”根本不是一个字，二者毫无关系。陈剑博士当面向我讲述过他的见解。古文字学者们的这些论述应该是正确的。正因为如此，我们才比较肯定地认为“造/告”这组材料与复辅音无关，因为“造”根本不是从“告诉”的“告”得声，只是在战国时期的秦系文字中

"造"所从的偏旁才误成了"告"，在楚系文字中并非如此。

我们还有其他的证据显示"造"的上古音声母绝对不是复辅音。从一般的上古音系统看，"造"的上古音是"从母幽部"，而"就"也是"从母幽部"。《说文》这里显然是在用声训。"造"与"就"在西汉以前就相通，如银雀山汉简《唐革（勒）赋》中的"造父"都写作"就父"。"就"字，《说文》释为"高也。从京从尤"，是把"就"当作会意字。没有任何证据显示"就"的上古音为复辅音，即使是主张上古有复辅音的学者也没有人把"就"的上古音声母构拟为复辅音，因而"就"的上古音只能是单辅音的从母。而《说文》又用"就"来作为"造"的声训，这就表明"造"的声母至少在《说文》时代是与"就"为双声的。王力先生的上古音体系正好符合这一事实。如果把"造"构拟为复辅音，那么"造"和"就"将不会成为声训关系。《说文》有存古的保守性质，《说文》的声母系统应该能反映上古音的事实。事实上，音韵学家们也正是利用《说文》来研究上古音，我们不可轻易认为《说文》中的音韵系统与上古音的声母系统有根本性的变化，虽然在一定程度上的变化也许是不可避免的。从《说文》的声训关系也可以看出"造"的上古音声母与复辅音完全无关。

我们在古文字中还找到了别的证据表明"造"的上古音绝不是复辅音 sk 或 dzk 这样的声母。在战国文字中，韩国的兵器有一戈，上面的铭文有"造"字作从"曹"（在左）从"攴"（在右）之形[43]，明显是以"曹"为声旁。同样的字还见于《考古》1988 年 7 期第 617 页所著录的韩国的兵器戟上面的铭文。李家浩先生告诉我这个读为"造"的从"曹"从"攴"的字是战国文字中的韩国文字所特有的字形。可知在战国文字中"造"与"曹"音近相通。按照中古的《切韵》音系和王力先生的上古音体系，二者既是双声（从母），也是叠韵（幽部）。而"曹"从来不与见母字发生通假关系和谐声关系，其上古音声母不可能是复辅音 sk 或 dzk 之类的声母，这就反过来证明与"曹"为双声相通的"造"的上古音声母也不会是 sk 或 dzk 这样的复辅音，否则二者不会相通。这些证据都是比较过硬的。

例七，有的音韵学者利用"隤/贵"这组材料来构拟上古复辅音声母 dk。这也是不可靠的。"隤"字实际上并非从"贵"得声。吾友赵彤博士在《利用古文字资料考订几个上古音问题》一文中有很好[44]研究，今引述其文如下：

《说文》从"贵"声的字可以分为两部分：一部分为牙喉音、物部，如"溃、愦、缋、聩、阓、匮"；一部分为舌音、微部，如"遗、颓、隤"[45]。表面上看，微部和物部是对转关系，牙音和舌音谐声也不乏其例；但是，我们知道微部和物部互相谐声的例子非常罕见，而且从"贵"声的字在声母和韵部上都截然地分为两类，这都使我们怀疑《说文》的说法。金文"遗"作，并不从"贵"。楚简中"遗"作[46]，"贵"作、[47]，"缋"作[48]。"遗"字的写法与金文相合，明显不从"贵"。据此可以推知，《说文》从"贵"声的字中，属于牙喉音、物部的是真正从"贵"得声的，而属于舌音、微部的是从"遗"字所从的声旁得声，[49]小篆中由于字形讹变，这两个偏旁混同了。

赵彤从古文字角度作出的论述是可信的，"隤"字实际上不是从"贵"得声，而是从"遗"得声。因此，"隤/贵"这组材料与复辅音无关。

例八，有的学者利用"谷/俗"这组谐声材料来构拟汉语上古音的复辅音声母 zk 或 rjk。我们认为这是不可信的。考《说文》："俗，习也。从人谷声。"似足切。"俗"字在先秦古文字中早见于《毛公鼎》、《永盂》、《徐郊尹鼎》、《古玺汇编》5664 号、《睡虎地秦墓竹简》等。"俗"的古音声母是邪母，而"谷"字一般认为是见母，这样的谐声关系该怎样解释呢？我们首先认为《说文》对"俗"的形声结构的分析是准确的，"俗"确实是从"谷"声，其他的例子如"欲、裕、浴"都是从"谷"得声，这该怎样解释呢？我们认为这些字（包括“俗”）实际上并不是从见母的“谷”（山谷字）得声，这里的“谷”本身就要读如“欲”音。古汉语中的“谷”在上古本来就读余母。前辈学者已经注意到了这点。顾炎武《唐韵正》卷十五[50]“谷”字条称：“按山谷之谷，《广韵》虽有‘余蜀’、‘古禄’二切。其实‘欲’乃正音。《易·井·九二》‘井谷射鲋’。陆德明《音义》‘一音浴’。《书·尧典》‘宅嵎夷，曰旸谷’。一音‘欲’。《左传·僖三十二年》注‘此道在二殽之间南谷中’。一音‘欲’。《史记·樊哙传》‘破豨胡骑横谷’。《正义》曰：‘谷音欲。’《货殖传》‘畜至用谷量马牛’。《索隐》曰：‘谷音欲。’《苦县老子铭》书‘谷神不死’作‘浴神’。转去声则音‘裕’。今人读‘谷’为‘谷’而加山作‘峪’，乃音‘裕’，非矣。杨慎曰‘顺天府有平谷县，今或添山作“峪”，非也’。宋苏轼诗‘入谷惊密蒙’。自注：‘谷音浴。’”顾炎武的论述非常详密精彩，他博征文献指出“谷”的古音本来就读为余母的“欲、浴”，并非见母。顾炎武认为“今人读‘谷’为‘穀’”是后世的音变。虽然他没有论述“谷”是什么时候以及为什么变为见母音[51]，但指出“谷”的上古音是读如“欲”，是余母而不是见母，这是完全正确的，证据确凿，不可置疑[52]。另如《广韵》也指出“谷”有“欲”音。今本《老子》六十四章：“圣人欲不欲。”郭店楚简本正作：“圣人谷不谷。”

那么“俗”的形声关系应该怎样解释呢？我们认为“俗”所从的“谷”当为“欲”之借，这是个形声兼会意字，会“人之欲即为俗”；若把“俗”当作纯粹的形声字，则“俗”的形声之义不可解[53]。我们这样解释并非牵强，而是有训诂学上的根据，古人确实把“俗”与“欲”相关联。如《释名·释言语》：“俗，欲也。俗人所欲也。”《汉书·地理志下》：“好恶取舍，动静亡常，随君上之情欲，故谓之俗。”[54]《孝经·广要道章》：“移风易俗。”韦昭曰：“随其取舍之情欲，故谓之俗。”《礼记·乐记》：“移风易俗。”孔颖达疏：“俗，谓君上之情欲，谓好恶取舍。”这都明显是用“欲”来声训“俗”[55]。而“欲”的古音是余母，与邪母非常音近，经常相通[56]。足证这与复辅音声母毫无关系。

从古人的声训也可证明“俗”的上古音绝非复辅音 zk 或 rjk。如《说文》：“俗，习也。”段玉裁注：“以双声为训。”《广雅》：“俗，习也。”《史记·乐书》：“移风易俗，天下皆宁。”《正义》：“下习谓之俗。”《荀子·荣辱》：“是注错习俗之节异也。”王念孙《读书杂志·荀子第一》“习俗”[57]条在批评杨注时称：“念孙按，‘习’‘俗’双声字，‘俗’即是‘习’。”据王念孙此言可知：“俗”与“习”的上古音就是双声，必然都是邪母，如果“俗”的上古音声母是复辅音，那么将与“习”不构成双声关系，这显然与古训不相符合。又如，《说文解字系传》：“俗之言续也，传相习也。”《周礼·土均》：“与其施舍、礼俗、丧纪、祭祀。”贾公彦疏：“俗者，续也。”这显然是以“续”来声训“俗”，二者当为双声。又如，《周礼·合方氏》：“同其好善。”郑玄注：“所好所善，谓风俗所高尚。”孔颖达疏：“俗，谓民所承袭。”这也是用“袭”来声训“俗”，“俗”与“袭”为双声。这些古代的声训材料证明“俗”的上古音声母必定不是 zk 或 rjk 之类，否则古代训诂学中的声训关系将完全被破坏。

例九，与上面一组材料有点类似。有的音韵学家利用“松、颂、讼/公”这样的谐声材料来构拟上古汉语 zk 之类的复辅音声母，我们认为这是不能成立的。考《说文》：“松，木也。从木公声。松或从容。”祥容切。《说文》：“颂，皃也。从页公声。”余封切，又似用切。籀文“颂”不从“公”，而从“容”（《玉篇》同）。《说文》：“讼，争也。从言公声。”似用切。古文“讼”从“谷”。《说文》：“容，盛也。从宀、谷。古文‘容’从‘公’。”余封切。徐铉曰：“屋与谷皆所以盛受也。”我们上面把《说文》中的“容、松、颂、讼”进行了排比，发现了一个重要的规律：《说文》中这几个从

“公”声的字，在古文或籀文中是从“容”或“谷”声。我们在上一个例子的讨论中指出“容”或“俗”所从得声“谷”的上古音是余母音，读如“欲”[58]，而不是见母的“谷”。这样一来，问题就非常清楚了。“松、颂、讼”所从的“公”声，实际上这些“公”都是先秦古文字中的读余母音的“谷”的异体字，而不是见母的“公”，二者只是同形而已[59]。更考《郭店楚墓竹简》共有八次出现“容”字，全部都是从“公”，没有一个从“谷”的例子；《望山楚简》有一处“容”字，也是从“公”[60]。因此，“松、颂、讼”都应该是从余母的“谷”或“容”得声[61]。而“松、颂、讼”的上古音都是邪母东部，与“容、谷”声韵皆通，完全在古音通转的范围之内[62]，与复辅音声母毫不相干。上古音中的邪母与余母非常音近[63]，这是众所公认的，我们不再多谈。不过，我们也怀疑“谷”在先秦的秦系文字中已经有了见母一读，与余母音并存。“谷”为见母屋部，而“公”是见母东部，二者为严格的阳入对转关系，可以相通，所以产生了偏旁由于音近而互换，从而出现了“松、颂、讼”这样的字[64]。因此，“松、颂、讼/公”这组谐声字不能作为构拟 zk 或其他任何复辅音声母的根据。

例十，《说文》中“杏”的读音颇让音韵学家困惑。《说文》：“杏，相与语唾而不受也。从丶从否。否亦声。”天口切。此字在《说文》中有异体从“豆”从“欠”。困难的问题是如果“杏”真的如大徐本所说是以唇音的“否”为声符，那么“杏”读“天口切”确实很费解。但是《说文解字系传》与大徐本有微妙的区别，《系传》作“从否从丶，否亦声”。《说文解字诂林》引《说文校议》称：“杏，疑当作‘丶亦声’。按此以本部首为声，故言‘亦声’。”《说文校议》的观察和意见是完全正确的。段玉裁注本就改作：“从丶从否，丶亦声。”段注曰：“丶各本作‘否’，非。今正。”王筠《说文解字句读》：“当云‘丶亦声’。”我完全赞同段玉裁之说。朱骏声《说文通训定声》称：“此字据或体从欠豆声，则小篆当从否丶声。”桂馥《说文解字义证》：“‘从丶从否。否亦声’者，徐锴本‘从否从丶。丶亦声’[65]。凡言‘亦声’皆谓从本部得声也。”可知清代的《说文》四大家与姚文田、严铁桥都认为“丶”才是“杏”的声符，这是对的。因此，这里根本不存在唇音与透母谐声的问题。但是“杏”在字书中（如《玉篇》、《广韵》）有一个异体字作“音”，而“音”显然只能是唇音字，这又该怎样解释呢？其实这个问题一点也不难解释。据《广韵・去声・五十候》：“音，《说文》作‘杏’，相与语唾而不受也。隶变如上。”[66]可知“音”是“杏”隶变后产生的讹体，与“杏”是异体字，与唇音的“音”本来不相干[67]。《广韵》中的“音”就没有唇音一读，而是透母音。而《集韵》“杏”字注有“普后切”一音，这实际上是对唇音的“音”的注音，这种现象属于“音随形变”[68]。也就是古人后来忘记了“音”是透母的“杏”的异体字，而把“音”单纯看作“剖、部”等字的声符，于是《集韵》就注音为“普后切”。这根本牵涉不到透母与唇音相谐声的问题[69]。这样的异读音与复辅音声母没有关系。

例十一，《说文》：“穴，土室也。从宀八声。”“穴”字在先秦古文字中见于睡虎地秦墓竹简，但不见于甲骨文和金文。“穴”的古音是匣母，而所从得声的“八”声母。这是怎么回事呢？《说文》段注、王筠注、桂馥注都对这个问题不发一言。只有朱骏声《说文通训定声》称：“穴”所从的“八”，“按象嵌空之形，非八字”。朱骏声的意见是对的，“穴”所从的“八”并非数字的“八”，而是象空穴之形，与数字的“八”在韵母上相合是偶然现象，不能认为是从数字的“八”得声[70]。因此，我们不能利用此字来构拟任何复声母。

例十二，严学窘《原始汉语复声母类型的痕迹》[71]根据“進/藺”来构拟复声母 tsl，理由是“藺”是从“進”省声。我们认为这是完全错误的。考《说文》：“藺，今藺似鸲鹆而黄，从隹両省声。良刃切。籀文不省。”可知“闀”是从冂省声，所从的“隹”是意符（因为“闀”是一种鸟），根本不是从“進”省声。因此，“進/闀”不能作为构拟复声母 tsl 的根据。

例十三，《广韵》十八尤：“腄，羽求切。县名、在东莱。”葛信益先生在《广韵异读字有误认声旁之讹者》一文[72]中加按语曰：“《玉篇》‘腄’注云‘竹垂切。《说文》瘢腄也。又驰伪切，县名’。《汉书·地理志》‘腄’，颜师古音‘直瑞反’。《广韵》平声支韵‘腄’，竹垂切，瘢胝。去声寘韵‘腄’，‘驰伪切，县名，在东莱’。均取‘垂’声为音。此尤韵‘腄’字读‘羽求切’，似又从‘邮’省矣。盖所谓后起之讹音者也。”葛先生的解释是可信的。可知“腄”读“竹垂切”是认为“垂”是声符，读“羽求切”是认为“邮”是声符，也就是认为“腄”是从“邮”省声。正因为人们对文字的形声结构的分析有所不同，才产生了异读音。这种异读音的产生往往有历史顺序的先后，只是在后代的韵书中被处理为异读音了。这与所谓的复辅音的分化毫无关系。

例十四，葛信益先生在《广韵异读字有误认声旁之讹者》一文还提到下面这个例子。《广韵》二十六衔注“髟”音为“所衔切”。《说文》：“髟，长发猋猋也。从长从彡。凡髟之属皆从髟。”大徐本注音“必凋切”，又“所衔切”。段玉裁注首先确定“髟”为会意字，而不是形声字，然后段玉裁说：“其云‘所衔切’者，大谬。误认‘彡’声也。”段玉裁的意见显然是正确的。“髟”本来是会意字，没有声符。但由于后来人们误认为“髟”所从的“彡”是声符，把“髟”当作形声字，才产生了“所衔切”一音。

例十五，《广韵》九麌对“䎽”字注音为“王矩切”。而《说文》“䎽”字下注音为“读若翩”。大徐本音“王矩切”。段玉裁注曰：“（䎽）按此当纰延切。古音在十二部。《篇韵》‘王矩切’，盖有认为‘羽’声者耳。”段玉裁还批评了《广韵》的释义。葛信益在《广韵异读字有误认声旁之讹者》一文称段注“此言甚是”，足见对文字的形声结构的不同分析会产生异读音。这些都不能作为构拟复辅音的根据。

例十六，“矜”字，今本《说文》称是从“今”声，而段注本改“今”为“令”，并详细阐述了改动的理由。现代古文字学支持段玉裁的说法是正确的。考《老子》三十章：“果而勿矜。”帛书甲乙本都作“矜”，《郭店楚墓竹简·老子甲》的“矜”作从左“矛”右“命”之形，而“命”和“令”在古文字中可以互用，所以在战国的楚系文字中的“矜”还是作从“令”之形，不是从“今”，马王堆帛书中的“矜”都是作“矜”形[73]。此古文字材料足证段玉裁小学之精。段玉裁经考证指出在汉代石经《论语》、《魏受禅表》都作“矜”，不是作“矜”。大徐本对“矜”的注音是“居陵切”，又“居巾切”，这两个注音都与“今”音不合。段玉裁说“矜”古音为“邻”，这是很对的。段玉裁还敏锐地指出“矜”是在汉代的韦玄成的《戒子孙诗》中才开始与“心”押韵。考《汉书·韦玄成传》：“于异卿士，非同我心，三事惟艰，莫我肯矜。”“矜”确实与“心”为韵。韦玄成是西汉元帝时的名臣，则“矜”变为“今”声在西汉元帝时已经出现。在西汉隶书中的“今”和“令”比较形近，容易相混，作为偏旁的“令”讹变为“今”当是在西汉的俗书中就出现了。音随形变，“予今”自此后就读今声了。此例虽与复辅音无关，但可以说明汉字形体变迁之理。

例十七，有的音韵学者利用“臨/品”这组谐声材料来构拟上古复辅音 phl。我们认为这组材料与复辅音无关。《说文》：“臨，监臨也[74]。从卧，品声。”力寻切。清代《说文》四大家的注释都没有怀疑过“臨”是从“品”得声的形声字。我们自然也不能轻易怀疑“臨”是以“品”为声。但是“品”的古音声母为滂母，而“臨”却是来母，这样的谐声关系该怎样解释呢？现在我们可以从古文字学的角度来分析。陈初生《金文常用字典》[75]第799页“臨”字条称：“‘臨’金文表示人俯视象物之形。所从的‘品’其实不是小篆的‘品’字。三个‘口’的上面或下面都有分别有一长竖[76]，且三个‘口’作横排并列之形，像众物之象，小篆变为‘品’[77]，本是会意字，《说文》变为形声，非是。”光华按，考《盂鼎》、《毛公鼎》等中的“臨”字都是如此。在金文中有从三个“口”横排并列之形“㗊”的字如“霝”字[78]，其中的“㗊”与金文中“臨”从的所谓“品”绝不同形，形音义皆殊，不可相混。小篆文字中所从的“品”有时确实是从古文字讹变而来，这并非孤例。考《说文》“龠”字，《说文》称其从“品”，但是甲骨文和金文中的“龠”都不从“品”，字形分明[79]，只是到了小篆才讹变成“品”。

又，《说文》中从“品”的字，其“品”往往是义符（表示“众多”之义），不表音声。如《说文》“喦”字注：“多言也。从品相连。《春秋传》曰：次于喦北。读与聂同。”尼辄切。《说文》“嵒”字注：“山岩也。从山品，读若吟。臣铉等曰：从品，象岩厓连属之形。”五咸切。以上两个“喦”字只是在隶变以后才变得同形，在小篆中形音义皆殊，断不可相混。《说文》有个从“品”从“木”的字（上下结构）注：“鸟群鸣也。从品在木上。”稣到切。《说文》“區”字注称：“踦區，藏匿也。从品在匸中。品，众也。”岂俱切。《说文》“碞”字注：“磛喦也。从石品。《周书》曰：畏于民碞。读与岩同臣铉等曰：从品与喦同意。”五衔切。《说文》“龠”字注称：“乐之竹管，三孔，以和众声也。从品、侖；侖，理也。”以上各字所从的“品”都是义符，无一表音。

另外，我们还可以用通假字系联法来证明“临”的上古音声母不可能是复辅音phl。我们上文指出“林”与“临”的上古音相通[80]，而“林”从来不与唇音的滂母发生通假关系和谐声关系，因此“林”的上古音声母不会是复辅音phl，这就反过来证明与“林”古音相通的“临”的上古音声母也不会是复辅音phl。又如，“临”与“隆”的上古音相通。《广雅》：“临，大也。”王念孙《广雅疏证》：“临之言隆也。”《诗经・大雅・皇矣》：“与尔临冲。”马瑞辰《毛诗传笺通释》[81]第854页：“临、隆二字双声，古通用。”《韩诗》“临”作“隆”。《墨子・备城门》：“今之世常所以攻者，临。”孙诒让《墨子间诂》[82]第450页：“临声转作隆。”而“隆”字从不与滂母发生通假关系和谐声关系，其上古音声母不会是复辅音phl，这就反过来证明与“隆”为双声相通假的“临”的上古音声母也不会是复辅音phl，否则二者不会是双声通假关系。这样的通假字系联法应该是有说服力的。

汉字形体的变迁会造成形声字的读音与其声符的读音产生较大的差距，另外古人对文字结构的不同的分析和认识会造成一些“又读音”。这些现象都不是语音直接的演变，不能作为论证复声母的根据。

注释

①卷一《古谐声说》。

②古人的著作如《颜氏家训・书证篇》、《颜氏家训・杂艺篇》、张守节《史记正义・论字例》、焦竑《俗书刊误・论字易讹》等诸多文献都讨论了文字的讹俗变迁的现象。

③如《说文叙》：“诸生竞说字解经谊（光华按：原本作‘諠’，当为‘谊’之误。今遍检晋代以前的文献，没有‘諠称（或宣称）’一词。整部《四库全书》只有《说文叙》一处用‘諠称’。其余的后代的六部书只是引用《说文叙》的‘諠称’。可知当如段玉裁所说‘諠’为‘谊’之误）。称秦之隶书为仓颉时书，云：父子相传，何得改易？乃猥曰：马头人为长，人持（光华按：《四部丛刊》本‘持’为‘时’）十为斗，虫者屈中也。廷尉说律至以字断法：苛人受钱，苛之字止句也。若此者甚众，皆不合孔氏古文，谬于史籀。俗儒啚夫，玩其所习，蔽所希闻，不见通学，未

尝睹字例之条。怪旧埶而善野言，以其所知为秘妙，究洞圣人之微恉。又见《仓颉篇》中‘幼子承诏’，因号古帝之所作也。其辞有神仙之术焉。其迷误不谕，岂不悖哉？人用己私，是非无正，巧说邪辞使天下学者疑。”《魏书·江式传》：“后（许）慎嗟时人之好奇，叹儒俗之穿凿，惋文毁于誉，痛字败于訾，更诡任情，变乱于世，故撰《说文解字》十五篇。……乃曰追来为归，巧言为辩，小兔为䨲，神虫为蚕，如斯甚众，皆不合孔氏古书、史籀大篆、许氏《说文》、《石经》三字也。凡所关古，莫不惆怅焉。”

我们在此列举一点参考材料：从文献上宏观地看我国古代文字形体的变迁，从先秦到唐代大致可以分为以下九个阶段（不包含甲骨文这样的古文字）：

第一，上古时的演变。《说文解字叙》：“以讫五帝三王之世，改易殊体。及宣王太史籀箸大篆十五篇，与古文或异。”《魏书·江式传》：“迄于三代，厥体颇异，虽依类取制，未能悉殊仓氏矣。及宣王太史史籀著大篆十五篇，与古文或同或异，时人即谓之《籀书》。”《汉书·王莽传上》：“《史篇》文字。”注引孟康曰：“史籀所作十五篇古文书也。”师古曰：“周宣王太史史籀所作大篆书也。籀音直救反。”裘锡圭先生《文字学概要》第48~51页力证籀文确实是西周宣王时代的字体，旧说不可废，明确批评了王国维、唐兰的观点（杨树达《中国文字学概要》第一章也附和王国维之说，认为史籀非人名）。实则，陈梦家《尚书通论·古文考略》就早已批评王国维之说。陈梦家在书中称王国维“此说是不能成立的。《史籀篇》是西周晚叶的官定字书，上承殷与西周的官书形体。故就《说文》所存录者与卜辞、金文相比较，则籀文同于殷卜辞、西周金文者十之八，同于东周金文者十之二。……大篆《史籀篇》是殷王室卜辞和西周王室诸侯金文相承的官书”。陈梦家自称此文是录自他1939年所写的《中国文字学讲义》一书。而后来的学者几乎没有人注意到陈梦家的这种论述（光华按，陈梦家《中国文字学》已经于2006年由中华书局出版）。另外，根据近来李家浩先生的论证，《说文》中所录的籀文与西周厉王、宣王时的金文在形体上较接近，而与春秋战国时的文字之形有所不同（李家浩先生之说是依据他在北京大学中文系开设的“说文解字概论”课程的讲义，尚未发表）。何琳仪《战国文字通论》（中华书局，1989年）第二章第二节“籀文”引据有唐兰之说，也称“籀文”是周宣王时代的文字，旧说不可轻易否定。高亨《史籀篇作者考》（《文史述林》，中华书局，1980年）也批评其师王国维之说，认为“史籀”确实是周宣王时候的太史，在《诗经》中有类似的记录。洪诚《中国历代语言文字学文选》（《洪诚文集》，江苏古籍出版社，2000年）第93页注解［30］也不同意王国维之说：“王氏臆测之说，可作参考。”李学勤先生在《试说张家山简〈史律〉》（《文物》2002年第4期）引证了陈佩芬的一篇论文，也主张旧说不可轻疑。另外如《颜氏家训·书证篇》：“世间小学者，不通古今，必依小篆是正书记。凡《尔雅》、《三苍》、《说文》，岂能悉得苍颉本指哉？亦是随代损益，各有同异。”这是说《说文》、《尔雅》、《三苍》中的字已与之前的古字不同。

第二，周平王东迁，王室衰微，礼坏乐崩。春秋时各国已渐渐流行有自己特色的文字。《晋书·卫恒传》载卫恒《四体书势》曰：“昔周宣王时，史籀始著《大篆》十五篇，或与古同，或与古异，世谓之籀书者也。及平王东迁，诸侯力政，家殊国异，而文字乖形。”《水经注》卷十六“谷水注”有曰：“平王东迁，文字乖错。”祝敏申《说文解字与中国古文字学》一书也认为在春秋中期时，秦系文字与东方各国文字已经颇有不同。

第三，战国时各国文字有所不同。《说文解字叙》：“至孔子书六经，左丘明述《春秋传》，皆以古文。厥意可得而说。其后诸侯力政，不统于王。恶礼乐之害己，而皆去其典籍。分为七国，田畴异畮，车涂异轨，律令异法，衣冠异制，言语异声，文字异形。秦始皇帝初兼天下，丞相李斯乃奏同之，罢其不与秦文合者。”《魏书·江式传》：“其后七国殊轨，文字乖别。”王国维《致容庚》［《王国维文集（第4卷）》，中国文史出版社，1997年］第422页称：“此外如燕齐之陶器、各国兵器、货币、钵印不下数千百品，其文字并讹变草率，不合殷周古文，且难以六书求之，今日传世古文中最难识者，即此一类文字也。”

第四，秦始皇废古文，李斯等改易史籀，作小篆。又有隶书（《鲁国尧自选集》中的《隶书辨》力证“隶书”一名乃是班固在《汉书·艺文志》中开始使用，东汉以前未有此名）。从此，秦系文字独传后世。《说文解字叙》：“（李）斯作《仓颉篇》，中车府令赵高作《爰历篇》，太史令胡毋敬作《博学篇》，皆取史籀大篆，或颇省改，所谓小篆者也。是时，秦烧灭经书，涤除旧典，大发隶卒，兴役戍，官狱职务繁，初有隶书，以趣约易，而古文由此绝矣。”隶书出，古人造字之意渐亡。《周书·艺术传·赵文深传》：“文深少学楷隶，年十一，献书于魏帝。立义归朝，除大丞相府法曹参军。文深雅有钟、王之则，笔势可观。当时碑榜，唯文深及冀俊而已。……太祖以隶书纰缪，命文深与黎季明、沈遐等依《说文》及《字林》刊定六体，成一万余言，行于世。”可见古人已经注意到“隶书纰缪”。我们这里有必要稍稍提及隶书的起源问题。隶书的起源远在先秦，并不晚于小篆。且略举数证：《水经注》卷十六“谷水注”有曰：“孙畅之尝见青州刺史傅弘仁，说临淄人发古冢得桐棺。前和外隐为隶字，言齐太公六世孙胡公之棺也。惟三字是古，余同今书。证知隶自出古，非始于秦。”（《水经注》卷十三则认为是王次仲发明隶书而不是程邈，其文曰：“王次仲少有异志，年及弱冠，变苍颉旧文为今隶书。秦始皇时，官务烦多，以次仲所易文简便于事要，奇而召之，三征而辄不至。次仲履真怀道，穷数术之美。”卫恒《四体书势》却说：“上谷王次仲始作楷法。”）《颜氏家训·书证》：“开皇二年五月，长安民掘得秦时铁称权，旁有铜涂镌铭二所。其一所曰：‘廿六年，皇帝尽并兼天下诸侯，黔首大安，立号为皇帝，乃诏丞相状、绾，法度量则不壹嫌疑者，皆明壹之。’凡四十字。其一所曰：‘元年，制诏丞相斯、去疾，法度量，尽始皇帝为之，皆有刻辞焉。今袭号而刻辞不称始皇帝，其于久远也，如后嗣为之者，不称成功盛德，刻此诏，故刻左，使毋疑。’凡五十八字，一字磨灭，见有五十七字，了了分明。其书兼为古隶。”1975 年在湖北云梦睡虎地出土的秦简也是隶书。1980 年在四川青川县出土了一件战国木牍，上有三行隶书。据考证，此墨写隶书为战国秦武王二年即公元前 309 年所作。杨宽《战国史》第十二章“战国时代文化的发展”（上海人民出版社，1998 年）还引用了江陵凤凰山秦墓出土的秦昭王时期的刻有“泠贤”二字的玉玺以及战国后期秦国的“高奴禾石铜权”的铭文（此为隶书字体），杨先生推断说：“在秦始皇没有完成统一以前，实际上小篆和隶书两种字体都早已存在。”这些都是隶书远在先秦就已经存在的证据。朱德熙先生《秦始皇“书同文字”的历史作用》（见《朱德熙文集》第 5 卷，商务印书馆，1999 年）亦曰：“实际上广义的隶书在战国时期已经出现了。我们看到的楚国竹简上的文字，有的写得很草率，结构和用笔都已有隶书的意味。拿秦国文字来说，许多兵器上的铭文写的比较草率，这种文字虽然还没有根本改变篆文的结构，但是已经出现了向隶书过渡的明显迹象。”裘锡圭先生《文字学概要·隶书的形成》对于“隶书”形成于战国时期有详细的论述。李学勤先生《秦简的古文字学考察》（《云梦秦简研究》，中华书局，1981 年）也论证了秦的隶书的形成应在战国晚期。主此说的还有刘又辛等《汉字发展史纲要》（中国大百科全书出版社，2000 年）。

第五，汉代继续使用秦系隶书文字，且又发展出了草书。《说文叙》：“汉兴有草书（徐锴曰：案，书传多云张并作草。又云齐相杜探作。据《说文》，则张并之前已有矣，萧子良云槁书者。董仲舒欲言灾异，槁草未上即为槁书。槁者草之初也。《史记》‘上官夺屈原槁草’。今云汉典有草，知所言槁草是创草，非草书也）。”《魏书·江式传》：“又有草书，莫知谁始，考其书形，虽无厥谊，亦是一时之变通也。”张彦远《法书要录》卷一收有后汉赵壹的《非草书》，对汉代的草书颇有攻击。祝敏申《说文解字与中国古文字学》一书认为在战国时的楚国文字中已有草书萌芽的现象。（这里的“草书”完全没有书法艺术的性质，而是文字正体结构的草率讹变。因此乃是文字结构的问题，而不是书法的问题）汉代的学者往往用会意字的方法去分析文字的结构，有不少牵强附会的地方，已见于《说文解字叙》。又如：《太平御览》卷八一二引桓子《新论》曰：“淮南王之子娉迎道人作为金银。又云：字金与公，鈆则金之公，而银者，金之昆弟也。”另，东汉时俗字的大量出现恐与纬书也有密切关系。俞正燮《癸巳类稿》卷七《纬字论》称：“汉人言谶纬非圣人所作，中多近鄙别字，颇类世俗之辞，恐贻误后生。”俞正燮此文论述很精彩，抨击了纬书专用会意解字法。《隋书·经籍志》：“汉末，郎中郗萌集图纬谶杂占为五十篇，谓之《春秋灾异》。宋均、郑玄并为谶律之注。然其文辞浅俗，颠倒舛谬，不类圣人之旨。相传疑世人造为之后，或者又加点窜，非其实录。起王莽好符命，光武以图谶兴，遂盛行于世。汉时，又诏东平王苍正五经章句，皆命从谶。俗儒趋时，益为其学，篇卷第目，转加增广。言五经者，皆凭谶为说。唯孔安国、毛公、王璜、贾逵之徒独非之，相承以为妖妄，乱中庸之典。”许慎《说文叙》所批评的俗儒俗字或许多是针对纬书而发。邓廷桢《双砚斋笔记》（中华书局，1987 年）第 256 ~ 257 页对篆书变为隶书后的世俗解字多有批评。周寿昌《思益堂日札》（中华书局，2007 年）卷三“《汉杨孟文颂碑》”条也注意到俗字的问题：“古人云：‘字体坏于六朝，至隋唐而益甚。’予案汉碑俗恶之字正不少，而《汉司隶校尉杨孟文颂》俗写最多。”此文举例甚多。现代学者讨论俗字的论著尤多。

第六，王莽改制时期，对文字也颇有改变。《说文叙》：“及亡新居摄，使大司空甄丰等校文书之部。自以为应制作，颇改定古文。”《魏书·江式传》：“及亡新居摄，自以应运制作，使大司空甄丰校文字之部，颇改定古文。”

第七，曹魏时期的古文，字形又有变异。《水经注》卷十六“谷水注”有曰：“魏初传古文出邯郸淳，《石经古文》转失淳法。”《魏书·江式传》：“魏初博士清河张揖著《埤仓》、《广雅》、《古今字诂》，究诸《埤》、《广》，缀拾遗漏，增长事类，抑亦于文为益者。然其《字诂》，方之许慎篇，古今体用，或得或失矣。……又建《三字石经》于汉碑之西，其文蔚炳，三体复宣。校之《说文》，篆隶大同，而古字少异。”《晋书·卫恒传》录卫恒《四体书势》有曰：“魏初传古文者，出于邯郸淳。恒祖敬侯写淳《尚书》，后以示淳，而淳不别。至正始中，立三字石经，转失淳法。”

第八，晋以后，俗书大兴，文字的形体结构再变。《颜氏家训·书证篇》：“世间小学者，不通古今，必依小篆是正书记。凡《尔雅》、《三苍》、《说文》，岂能悉得苍颉本指哉？亦是随代损益，各有同异。西晋已往，字书何可全非？但令体例成就不为专辄耳。考校是非，特须消息。”《颜氏家训·杂艺篇》：“晋宋以来，多能书者。故其时俗递相染尚，所有部帙，楷正可观。不无俗字，非为大损。至梁天监之间，斯风未变；大同之末，讹替滋生。”《魏书·江式传》：“皇魏承百王之季，绍五运之绪，世易风移，文字改变，篆形谬错，隶体失真。俗学鄙习，复加虚巧，谈辩之士，又以意说，炫惑于时，难以釐改。故传曰，以众非，非行正。信哉得之于斯情矣。”《文心雕龙·练字》：“自晋来用字，率从简易。时并习易，人谁取难？”

第九，北魏时，魏太武帝颇制新字。《魏书·帝纪四》称北魏太武帝“初造新字千余”云云。王应麟《困学纪闻》卷二十曰：“‘巧言’为‘辩’，‘文子’为‘学’。宋景文云：此后魏、北齐里俗伪字也。”俞正燮《癸巳存稿》卷三“魏新字”条有所考证，其文曰：“《高宗御诗初集》卷二十三注云：‘北魏太武帝始光二年初造新字千余，颁为楷式。花之从化，当昉于是时。’谨案，《魏太武纪》‘随时改作’，又云‘制定文字’。其时崔元伯、崔浩实与著作。《周书·黎景熙传》云：‘从祖广，太武时为尚书郎，善古学。尝从吏部尚书清河崔元伯受字义，又从司空崔浩学楷篆，自是家传其法。季明亦传习之，颇与许字相异。’则新字兼改篆法。《赵文深传》云：‘太祖命文深、季明、沈遐等依《说文》及《字林》刊定六体。’则周篆又依《说文》。今石鼓与籀文不合，又与《说文》有异，是新字篆魏太武时物。马定国谓宇文周时物，宇文周时复用《说文》，石鼓不尔也。”钱钟书《管锥篇（第三册）》第977～980页对古代的“俗字”的有关情况作了一些概述，可以参看。另可参考张涌泉《汉语俗字研究》（岳麓书社，1995年）。

陈梦家《中国文字学》（中华书局，2006年）一书的第五章“字体变异的原因”专门讨论了字体在汉字发展史上的演变的各种原因，比较详尽，可以参看，此不录。陈梦家此书虽然写作年代较早，但至今还有参考价值。刘又辛等《汉字发展史纲要》（中国大百科全书出版社，2000年）也很注意讨论汉字的历史演变，但有些地方反不如陈梦家之书有启发性。

④陈梦家：《中国文字学》，中华书局，2006年。

⑤黄侃笺识，黄焯编次：《广韵校录》，上海古籍出版社，1985年。

⑥黄侃先生还有一本专门的《正字初编》（武汉大学出版社，1983年）讨论古代文字中的正字、借字、俗字、别字、后起字、讹字等问题。

⑦杨树达著，杨逢彬整理：《积微居友朋书札》，湖南教育出版社，1986年。

⑧这里转录几个裘先生举的例子，如“泰”本是从“大”声，“贼”本是从“则”声，“布”本是从“父”声，“志”本是从“之”声，“寺”本是从“之”声，“那”本是从“冉”声，“细”本是从“囟”声，“龛”本是从“今”声，“蛋”本是从“延”声，“查”本是从“且”声。诸如此类，从现在的汉字结构上已经看不出原篆的声旁。

⑨在出土的古文字材料中也可能会有误字，参看裘锡圭《谈谈上博简和郭店简中的错别字》（《中国出土古文献十讲》，复旦大学出版社，2004年）。另如《诗经·简兮》：“山有榛。”阜阳汉简本《诗经》“榛”作“业”。胡平生《阜阳汉简诗经》（见《阜阳汉简诗经研究》，上海古籍出版社，1988年）认为汉简本《诗经》的“業”当是“亲”的错字，而“亲”正是“榛”的假借字或异体字。《睡虎地秦墓竹简》的编注者常常指出睡虎地秦墓竹简本身有不少的错字。裘锡圭《睡虎地秦墓竹简注释商榷八则》（《裘锡圭学术文化随笔》，中国青年出版社，1999年）中的第七则也有同样的论述。从古文献来看，上古时期就已经有错字，这已无可置疑。典型的例子如《吕氏春秋·察传》：“子夏之晋，过卫。有读《史记》者曰：晋师三豕涉河。子夏曰：非也，是己亥也。夫‘己’与‘三’相近，‘豕’与‘亥’相似。”东汉大儒郑玄在三礼注、《毛诗》笺中都有“字之误”这样的术语，表明郑玄看到的经书就已经有不少的错字。

我们这里从正史中略举数例：《史记·天官书》："鬼哭若呼，其人逢俉。化言。"《索隐》："化当为讹，字之误耳。"《汉书·司马相如传上》："葴持若荪。"师古曰："葴，寒浆也。持当为符，字之误耳。"《后汉书·丁鸿传》："间者月满先节，过望不亏。"注："《东观记》亦作'先节'，俗本作'失节'，字之误也。"《隋书·王劭传》："《易稽览图》：五月贫之从东北来立，……谨案：五月贫之从东北来立者，'贫之'当为'真人'，字之误也。"《三国志·向朗传》："自去长史，优游无事垂三十年。"注："臣松之案：朗坐马谡免长史，则建兴六年中也。朗至延熙十年卒，整二十年耳，此云'三十'，字之误也。"后来清代大儒王念孙《读书杂志》也常常用"字之误也"这样的术语来校勘古书中的错字。清代学者沈廷芳著有专门的《十三经注疏正字》（收入《四库全书》），又如：《诗经·小雅·宾之初筵》："匪由勿语。"郑玄笺："勿犹无也。……其所陈说，非所当说，无为人说之也，亦无从而行之也，亦无以语人也。"段玉裁《诗经小学》称："按郑笺，则'匪'字本作'勿'，后人妄改'勿由'为'匪由'，与上匪言、勿言成偶语耳。"而汉石经《鲁诗》正是作"勿"。段玉裁之说得到了汉石经《鲁诗》的证实，足见段玉裁学术之精（另可参看于茀《金石简帛诗经研究》，北京大学出版社，2004年）第123页。《老子》七十九章："是以圣人执左契，而不责于人。"其中的"左"字，马王堆帛书乙本作"左"，甲本作"右"，二者虽同为上古文献，然必有一误，当以作"右"为确。《老子》十六章："夫物芸芸，各复归其根。""夫物"在马王堆帛书甲乙本均作"天物"，高明《帛书老子校注》以为当从今本作"夫物"，我以为当从帛书本作"天物"（"夫"与"天"在古文字中形近易误）。考《尚书·武成》："今商王受无道，暴殄天物，害虐烝民。"《说苑·修文》："田不以礼，曰暴天物。"《后汉书·皇后纪十上》："未有内遭家难，外遇灾害，览总大麓，经营天物。"皆为"天物"用例。

⑩在文字学中，俗字的产生应该很早。裘锡圭《文字学概要》甚至主张甲骨文就是一种俗体字，而金文属于正体字；据《中国大百科全书·语言学卷》"埃及圣书字"条：古代埃及的圣书字分为碑铭体、僧侣体和大众体，其中以前二者的时代较早。而碑铭体是庄严字体，僧侣体是草书字体。在第一王朝时期正草两体并用，不分僧俗。到公元前3世纪，草体主要由僧侣用于宗教写经，因此称僧侣体。僧侣体好似狂草，在外形上与碑铭体很不相同。

⑪（清）王念孙：《读书杂志·汉书第七》，江苏古籍出版社，2000年，第272页。

⑫潘悟云：《著名中年语言学家自选集·潘悟云卷》，安徽教育出版社，2002年，第319页。

⑬高明编：《古文字类编》，中华书局，1982年。

⑭高明、葛英会编著：《古陶文字征》，中华书局，1991年。

⑮这个字从古文字字形来看，可以隶定为上下结构，也可以隶定为左右结构。《古文字类编》隶定为左右结构，《古陶文字征》隶定为上下结构。

⑯潘悟云在引用古文字的时候一般不注明所根据的材料和文献，这是不符合学术规范的。

⑰严学宭：《原始汉语复声母类型的痕迹》，《古汉语复声母论文集》，北京语言文化大学出版社，1998年，第139页。

⑱容庚：《金文编》，中华书局，1985年，第381～382页。

⑲周法高主编：《金文诂林（第七册）》，香港中文大学出版社，1974年，第3567～3568页。

⑳于省吾主编：《甲骨文字诂林（第四册）》，中华书局，1996年，第3355页。

㉑周法高编撰：《金文诂林补（第三册）》，"国立中央研究院"历史语言研究所，1982年，第1510页。

㉒周法高编撰：《金文诂林补（第三册）》，"国立中央研究院"历史语言研究所，1982年，第1506～1507页。

㉓商承祚：《说文中之古文考》，上海古籍出版社，1983年，第53页。

㉔徐在国：《隶定古文疏证》，安徽大学出版社，2000年，第120～121页。

㉕［日］高田忠周纂述：《古籀篇》，台湾大通书局，1982年，第31～32页。

㉖周法高主编：《金文诂林（第七册）》，香港中文大学出版社，1974年，第3570页。

㉗《释名》一书，学者们公认为以声训为原则，其中以双声为主，往往也是叠韵。王国维《观堂别集》卷四"《尔雅草木虫鱼鸟兽释例》自序"引沈曾植之言曰："君不读刘成国《释名》乎？每字必以其双声释之，其非双声者，大抵讹字也。"李慈铭《越缦堂读书记》（上海书店出版社，2000年）第144～145页"释名"条称："《释名·释采

帛》篇云：‘白，启也，如冰启时色也。……’按《释名》一书，皆以声音为训。‘白’之与‘启’，声尤不类，当作‘白，判也，如冰判时色也’。《诗》‘迨冰未泮’（光华按，见于《邶风·匏有苦叶》）。《毛传》‘泮，散也’。盖泮为判之假借。‘白’与‘判’音近，‘白’有明辨谊，万物至曙而始辨，五色至白而始分。判者辨也、分也，故‘白’之谊引申为辨白，为告白，如史传所言事得白，以状白事之类是也。雪者至白之物也，故曰昭雪，曰洗雪，雪者白谊之引也。”李慈铭的这段论述是正确的，无懈可击。王先谦《释名疏证补》（上海古籍出版社，1984年）第221页“白，启也”条下的疏证曰：“先谦按，……白、启声不近，俟考。”可知一代大儒王先谦当年没能看到李慈铭的这条读书记。不过，《释名》有时也纯取叠韵，不见得都是双声。

㉘裘锡圭：《古代文史研究新探》，江苏古籍出版社，2000年，第158页。

㉙我们之所以不直录裘先生原文是因为原文所有的甲骨文和金文难以用电脑打出。

㉚（唐）唐玄度：《新加九经字样》，中华书局，1985年，第22页。

㉛裘锡圭先生告诉我在战国文字中𣏟很可能就有“麻”音。实则，黄侃述《文字声韵训诂笔记》第165页称：“麻与𣏟同。”

㉜［日］藤堂明保编：《学研汉和大字典》，学习研究社，1981年，第1316页。

㉝［日］镰田正、米山寅太郎：《新汉语林》，大修馆书店，1989年，第1087页。

㉞只有小川环树《角川新字源》（角川书店，2006年）第999页根据《说文》认为“造”是形声字，从“告”声。

㉟周法高主编：《金文诂林（第七册）》，香港中文大学出版社，1974年，第0178条。

㊱关于汉字中的双声符的情况，可以参看陈伟武《双声符字综论》[《中国古文字研究（第一辑）》，吉林大学出版社，1999年]，陈氏此文提到的有关文献比较详细；黄丽娟《战国多声字研究》（《新出土文献与古代文明研究》，上海大学出版社，2004年）。其实，王国维《观堂集林》卷六“释‘昱’”（河北教育出版社，2003年，第140页）早已注意到：“古故有一字二声之字。”

㊲郭沫若：《金文丛考》，《郭沫若全集·考古编》，科学出版社，2002年。

㊳［日］高田忠周纂述：《古籀篇》，大通书局，1982年，第14页。

㊴［日］尾崎雄二郎等编集：《角川大字源》，角川书店，1993年，第1746页。

㊵［日］小林明信：《新选汉和辞典》，小学馆，1985年，第1037页。

㊶本来不是“告”字，这里暂时从原文作这样的隶定。

㊷收入复旦大学出土文献与古文字研究中心编《出土文献与古文字研究（第一辑）》（复旦大学出版社，2006年）。陈剑此文很长，其结语较简明。其书第100页略谓“造”所从的声符与“告”不是一个字，而是“草”的象形初文，在甲骨文中用作时间名词时读作“早”。而“草、早”都与“造”古音相通，可以用作“造”的声符。

㊸中国古文字研究会等编：《古文字研究（第十辑）》，中华书局，1983年，第274页图30。

㊹中国人民大学中文系编：《语言研究的务实与创新——庆祝胡明扬教授八十华诞学术论文集》，外语教学与研究出版社，2004年，第401～402页。

㊺“遗”是以母字，以母上古与舌音关系密切，姑且算舌音。

㊻荆门市博物馆编：《郭店楚墓竹简·老子甲本》，文物出版社，1998年，第38简。

㊼荆门市博物馆编：《郭店楚墓竹简·老子甲本》，文物出版社，1998年，第12、29简。

㊽荆门市博物馆编《郭店楚墓竹简·老子乙本》（文物出版社，1998年）第10简。原竹简残片第20号，李家浩先生（《读〈郭店楚墓竹简〉琐议》）缀合。文载《郭店楚简研究》［《中国哲学（第二十辑）》，辽宁教育出版社，2000年］。

㊾陈剑先生说，据金文的字形，“遗”字所从的声旁或许就是“遗”的表意初文，像有物从双手间遗落。

㊿（清）顾炎武：《音学五书》，中华书局，1982年，第426～427页。

(51)在六朝时，“谷”已经有见母一音了。

(52)根据顾炎武此文的论述，“谷”还有平声一读，也是余母。顾炎武曰：“杨慎曰：《汉书·艺文志》‘鬼谷区’三篇。师古曰‘即鬼臾区’。今本误作‘鬼容区’。”还说：“上声则音与。”

(53)由于在古汉语和古文字中，作为偏旁的“人”有时候可有可无，并不影响字义和字音。所以在古文字中，“俗”有时可以作为“谷”的异体字来使用，相当于“谷”增加了“人”这个偏旁，然而音义皆与“谷”相同，与风俗的“俗”是异字同形。何琳仪先生《战国古文字典（上册）》（中华书局，1998 年）第 346 页就指出战国时代的燕国玺文中的“俗”字作为姓氏的时候是“谷”的异体字。我们认为这纯粹是文字学的问题，与音变无关。

(54)《汉书》此言被古代学者广泛引用，如《左传》杜注、《后汉书》李贤注、《诗经》孔颖达疏。

(55)《荀子·解蔽》：“由俗谓之道，尽嗛矣。”杨注：“俗，当为欲。”

(56)李方桂《上古音研究》认为上古音中的余母是 r，邪母是 rj。钱玄同等学者认为邪母上古音读如定母，而自从曾运乾以来一般学者也认为喻四归定。从这个角度也可以说明上古音中的余母与邪母音近可通。林语堂《古音中已遗失的声母》也早已主张喻四与邪母上古音相近可通。何九盈先生《中国现代语言学史》（广东教育出版社，2000 年）第 250 页赞成林语堂的这个主张。管燮初《从〈说文〉中的谐声字看上古汉语声类》（《中国语文》1982 年第 1 期）附注 9 列举了《说文》中的以母（即余母）与邪母相谐声的形声字共 27 个。

(57)（清）王念孙：《读书杂志》，江苏古籍出版社，2000 年，第 647 页。

(58)《郭店楚墓竹简》（文物出版社，1998 年）中的“欲”就是写作“谷”。

(59)我经过反复思考，认为作为偏旁的“公”与“谷”可以互换可能有两种情况：1. 根据我们在本书第三章第十三节的论述，在上古音中喻四与见母本来就是可通的，例证甚多。而且“公”与“谷”在韵母上是东部与屋部的阳入对转；因此，“公”与“谷”作为偏旁可以相通而互换，但是以作“谷”为更古的形式。这种解释的可能性最大。2. 据裘锡圭《谈谈上博简和郭店简中的错别字》（《中国出土古文献十讲》，复旦大学出版社，2004 年）的考察，上博简《缁衣》五“君好则民㕣之”。与此相对应的郭店简本《缁衣》作“君好则民欲之”。今本《礼记·缁衣》作：“君好之，民必欲之。”裘锡圭指出上博简中的“㕣”当是“谷”的错字。而我们进一步认为“口”与“厶”在文字学上很容易相混，因此“㕣”有可能进一步被误为“公”。这样一来，“谷”就被误成了“公”。这是从“㕣”字形的讹变上作出的解释。在《郭店楚墓竹简·语丛一》中有七个从“宀”从“㕣”的字，都读为“容”。不过，我自己倾向于第一种音理上的解释。《郭店楚墓竹简·五行》有一个“伀”字，读为“容”。更可证在战国时代确实存在“容”或“谷”有“公”作异体字的现象。

(60)参看滕壬生《楚系简帛文字编（增订本）》（湖北教育出版社，2008 年）第 687 页。我认为“容”从“公”应该是战国时代楚系文字的特征，不是秦系文字的现象。上博简和香港中文大学所藏竹简中都有“容”字从“公”，不从“谷”。另参看汤馀惠主编《战国文字编》（福建人民出版社，2001 年）第 499 页“容”字条。董莲池《说文解字考正》（作家出版社，2005 年）第 289 页“容”条称：《古玺汇编》第 1069 页所录的“容”也是从“公”，《信阳楚简》的“榕”所从的“容”也是从“公”。董莲池明确称：“可见‘容’本从宀，公声。迄今所见战国前古文字，‘容’无从谷者，篆从谷甚为可疑。古文字从宀从穴每无别，因疑篆文‘容’本是从穴公声之字，许慎云‘从宀、谷’，不可从。”光华按，董莲池的这些分析本有见地。只是我认为“容”从“谷”是秦系文字的写法，以“谷”为声符，颇合上古音韵；而楚系文字的“容”以“公”为声符，则是在战国时代的楚系文字中已经存在余母读为零声母的现象，影母与见母可以相通。在战国的秦系文字中，余母和见母不能相通，或者是“公”在战国楚系文字中有余母的读音，所以一些邪母东部字可以用“公”作声符。附带指出：董莲池在这里犯了一个音韵学上的错误，他把“容”说成“中古音是喻三，上古隶匣”，这恐怕不是偶然笔误。“容”的中古音是喻四，上古音与定母、邪母相近。其与见母相通是另外一个音韵学问题，不是匣母和见母相通的问题。

(61)“容”也是从“谷”得声。“容”的上古音为东部，“谷”的上古音为屋部，是严格的阳入对转，且二者都是余母。

(62)在古代的训诂学中，“颂”与“容”有声训关系。本来，“容貌”的“容”的本字是“颂”，后来因为古音通假关系而写成了“容”。参看《说文》“颂”字的段注。《文心雕龙·颂赞》：“颂者，容也。”《释名·释言语》：“颂，容也。述说其成功之形容也。”在古文献中类似的声训材料多得数不胜数，详细的文献引证可参看《故训汇纂》（商务印书馆，2003 年）第 2495 页，我们不再一一引述。

(63)在上面（例八）的讨论中已经指出。这里引述的《说文》中的“颂”也是有“余封切”和“似用切”二音，也就是有余母和邪母二音。实际上在上古这两个音是非常相近的。

(64)“谷”读余母可能是战国时期六国文字的读音，而秦篆读见母。汉代人一般是沿袭了秦系文字的读音（当然，六国古文字的读音也没有完全失传，往往保留在汉代的方言音中），所以才发生将见母的“谷”变换为“公”的现象。不过，根据本书第三章第十三节的论述，先秦时的余母也有可能与见母发生通转关系。

(65)今本《说文解字系传》确实是作“否亦声”，与桂馥所引不同，或许是版本不同，或许是桂馥误引。但桂馥的结论是完全正确的。

(66)《康熙字典》第 184 页引述了《广韵》此文，而文字稍有不同。我们这里据《广韵》原文引述。

(67)这可以解释为“异字同形”。这在古汉语和古文字中极为常见，本章后面有专节讨论“异字同形”的现象，可以参看。

(68)“音随形变”的现象出现得很早，在中古时期已经比较普遍。我们这里从《水经注》中引述一些例子。《水经注》卷十“浊漳水”条：“《地理风俗记》曰‘扶柳县西北五十里有西梁城，故县也’。世以为‘五梁城’。盖字状致谬耳。”《水经注》卷二十二“洧水”条：“东径洧阳故城南。俗谓之复阳城，非也。盖‘洧、复’字类，音读变。”《水经注》卷二十四“瓠子河”条：“《地理志》‘千乘有延乡县’。世人谓故城为‘从城’。延、从字相似，读随字改，所未详也。”《水经注》卷二十六“巨洋水”条：“城东北二十里有‘丹山’，世谓之‘凡山’。县在西南，非山也。丹、凡字相类，音从字变也。”《水经注》卷二十八“沔水”条：“县西北四十里汉水中有洲名‘沧浪洲’。庾仲雍《汉水记》谓之‘千龄洲’，非也。是世俗语讹，音与字变矣。”另可参看张永言《郦道元语言论拾零》（《语文学论集》，语文出版社，1999 年），张永言先生此文对“音随形变”的现象已经有所注意。与此相对的是“字随音变”。如《广韵》“瞒”字注：“曹操一名瞒，又姓，《风俗通》云：瞒氏，荆蛮之后，本姓蛮，其枝裔随音变改为瞒氏。”《广韵》“何”字注：“又，姓，出自周成王母弟唐叔虞，后封于韩，韩灭，子孙分散，江淮间音以‘韩’为‘何’，字随音变，遂为何氏。”

(69)管燮初《从〈说文〉中的谐声字看上古汉语声类》（《中国语文》1982 年第 1 期）附注 4 透露出了当初管燮初和邵荣芬两位先生面对“音”字既读透母音，又与唇音字相谐声这一现象时的困惑。

(70)有的学者，如邵荣芬等人对“穴”的形声关系就感到困惑。

(71)严学宭：《原始汉语复声母类型的痕迹》，《古汉语复声母论文集》，北京语言文化大学出版社，1998 年，第 193 页。

(72)葛信益：《广韵丛考》，北京师范大学出版社，1993 年。

(73)高明《帛书老子校注》（中华书局，1996 年）把帛书中的“矜”一概写成“矜”，实为不妥。

(74)段玉裁注认为注释中的“临”为衍文。可备一说。

(75)陈初生编纂：《金文常用字典》，陕西人民出版社，2004 年。

(76)《金文诂林》（香港中文大学，1975 年）第 1122 页“临”字条引用高田忠周之说认为金文“临”所从“川”是表示“水”。

(77)光华按，《金文诂林》引林义光《文源》已经指出小篆“临”字所从的“品”是金文字形的变体，在金文并非“品”字形。

(78)《说文》：“霝，雨零也。从雨㗊，㗊象零形。《诗》曰：霝雨其濛。”郎丁切。光华按，今本《说文》“霝”字的解说中只有一个㗊。依据《说文》的体例，似乎应该重叠一个㗊。有的学者据大徐本《说文》断句为“从雨，㗊象零形”，似不可取。无论如何，“霝”是会意字，不是形声字，并非以“㗊”为声符。《说文》中以“霝”为声符的形声字颇有一些。

⑲参看陈初生编纂《金文常用字典》（陕西人民出版社，2004 年）第 220 ~ 223 页，所排比的金文甚多。无论是“龠”字还是从“龠”的字都是如此，绝不从“品”。陈初生在第 220 页称：龠“《说文》谓从品、侖，不确”。黄德宽等《古文字谱系疏证》（商务印书馆，2007 年）第一册第 805 页“龠”字条也有很详细的讨论，“龠”在古文字中绝不从“品”，从“品”乃是小篆中的讹变。董莲池《说文解字考正》（作家出版社，2006 年）第 83 页“龠”字条也有明晰的考论。日本学者白川静《字统》（平凡社，1984 年）第 828 页“龠”字条也稍稍提及甲骨文中的“龠”是从两“口”的象形字，也举出了甲骨文和金文中的字形，然从古文字角度所论不如我国学者详细。

⑳古文字中的通假材料参看王辉《古文字通假字典》（中华书局，2008 年）第 785 页“林”条。

㉑（清）马瑞辰：《毛诗传笺通释》，中华书局，1992 年。

㉒（清）孙诒让：《墨子间诂》，中华书局，1986 年。

第二节　从六书论上古音的复声母问题

在依据汉字的形体来推导其声母的特征的时候，我们还必须强调那个所讨论的汉字非得是形声字不可。然而，有时判断一个字是否是形声字并不容易。常常有可能将不是形声字的字误断为形声字。但是，现代的许多音韵学者都相当忽视这个问题，有时把不是形声字的字当作形声字，并据以推考其声母。这样的做法，出发点就已经错误。李家浩先生《从战国“忠信”印谈古文字中的异读现象》[1]一文中有很好的意见：“很多汉字在充当合体字的组成部分时，既可以用作声符，也可以用作意符，很不好区分。如‘见’字，在‘砚’字里是声符，在‘视’字里则是意符。结果导致一些人把合体的表意字也当作形声字看待，把它的一半偏旁作为声符来读；即使是形声字，也误把它的意符当作声符来读。”李家浩先生的观点是很有见地的，说明在讨论上古音的时候，六书的问题千万不可忽视。

我通观《说文》，知大小徐本《说文》对《说文》中的一个字到底是“会意字”还是“形声字”，已经有不同的看法。有好多形声字的声符与本字读音的关系也不易理解。[2]且举一例：《说文》：“元，始也。从一兀声。”这是大徐本。而徐锴的《系传》说：“俗本有‘声’字，人妄加之也。”则徐锴认为“元”是会意字，不是形声字[3]。可见是会意字还是形声字并不容易断定。再举一个很典型的例子：《说文》：“续，连也。赓，古文续，从庚从贝。”徐铉曰：“今俗作古行切。”根据《说文》的解释和体例，“赓”是会意字，但是世俗往往误认“赓”是从“庚”得声的形声字，所以俗音作“古行切”。徐铉已经指出这是世俗的讹音。段玉裁注论之颇精：“按《说文》非误也。许谓会意字，故从庚贝会意。‘庚贝’者，贝更迭相联属也。《唐韵》以下皆谓形声字，从贝庚声，故当‘皆行反’。不知此字果从贝庚声，许必入之贝部或庚部矣。其误起源于《孔传》以‘续’释‘赓’，故遂不用许说。抑知以今字释古文，古人自有此例。即如许云‘舄，誰也’，非以今字释古文乎？《毛诗》‘西有长庚’。《传》曰：‘庚，续也。’此正谓‘庚’与‘赓’同义。‘赓’有‘续’义，故古文‘续’字取以会意也。认会意为形声，其瞀乱有如此者。”段玉裁非常清楚地认识到误把会意字当作形声字，结果是“其瞀乱有如此者”。[4]从段玉裁的论述中，我们还可以看到《说文》中的会意字有的在《广韵》中被分析成了形声字，所以《广韵》的反切注音有时与《说文》不相符合。这时候，我们分析文字的结构就只能根据《说文》，而不能依据《广韵》。我们在后文的讨论中还会提到这个问题。

徐锴《说文解字系传·祛妄》卷三十六也说：“六书之内，形声居多，其会意之字，学者不了。鄙近传写，多妄加声字，笃论之士，说宜檃栝。”这是说会意字的问题比形声字要复杂。胡朴安《中国文字学史》[5]引卢文弨之言曰：“鼎臣于许氏本书，有难晓处，往往私自改易。而楚金独否。盖谐声读若之字，锴多于铉。学者可由锴书以达形声相生、音义相转之理。即其于形声诸字，求之不得者，虽删去声字，然犹著疑词于其下。”卢文弨实际上是指出了徐铉和徐锴都曾怀疑《说文》中的许多形声字应该是会意字。钱大昕《十驾斋养新录》卷四“二徐私改谐声字”条批评徐铉、徐锴常常不明古音，擅自删去作为形声字标记的“声”字。然而，我们认为《说文》中的许多字到底是形声字还是会意字，是很复杂的问题，并不如钱大昕所想象的那么简单。这点应当引起学者们的注意。

再如《说文》：“哭，哀声也。从吅从狱省声。”则《说文》把“哭”当作了形声字。而段注在反驳许慎之后曰：“哭入犬部从犬吅，皆会意而移以言人。”段玉裁认为“哭”是会意字，而非形声字。

《说文》以“家、蝇”为形声字，段注均不取其说，而以“家、蝇”诸字为会意字。《说文》“尒”字，各本皆以之为会意字，而段注本却加上“入声”二字，把“尒”看作形声字[⑥]。

《说文》以“疑”为形声字，而段注以之为会意字。

《说文》以“思”为从心从囟声的形声字，而段注却删掉“声”字，说：“各本作囟声，今依《韵会》订。《韵会》曰：‘自囟至心，如丝相贯不绝也。’然则会意非形声。”

《说文》以“曾”为形声字。而杨树达《积微居小学金石论丛》卷一“释‘曾’”力驳许书，以“曾”为会意字。

《说文》：“罪，捕鱼竹网。从网非。”段注本作“从网非声”。段注曰：“‘声’字旧缺，今补。本形声之字。始皇改为会意字也。”

《说文》：“蓏，在木曰果，在艸曰蓏。”郎果切。段注认为这是合体会意字，批评徐锴把“蓏”分析为形声字。

《说文》：“企，举踵也。从人，止声。”则以“企”为形声字。杨树达《积微居小学述林》卷五《主名与官名的会意字》也批驳《说文》，认为“企”是会意字。

《说文》：“耶，断耳也。从刀耳。”则《说文》以之为会意字，但段注称：“会意包形声。”

《说文》“彭”字注称是从“彡”得声的形声字，徐铉称是从“形”省声，《说文校议》反驳道：“形、彭，声亦相远。”段注明确把“彭”分析为会意字，“彡”非声符。王筠《说文解字句读》在这点上并没有反对段玉裁的观点。

而且恐怕汉代以前的人就已经对文字的结构有不同的分析。如《说文》：“啬，爱濇也。从来亩。来者，亩而藏之。故田夫谓之啬夫。一曰棘省声。古文啬从田。”这是很典型的例子。段玉裁注：“来亩者，会意；棘省声者，形声；别一说也。”也就是在东汉以前就已有两种意见，一种认为“啬”是会意字，一种认为是“棘省声”的形声字。由于《说文》讲省声往往不可信，我们赞成“啬”为会意字之说。段玉裁也认为“棘省声”的说法是“少迂矣”。又，《说文》中有“魝”字，一般学者很容易把它分析为从“鱼”得声的形声字，但《说文》称：“魝，楚人谓治鱼也。从刀从鱼。读若锲。”古屑切。则分明以之为会意字，而且段注也没有说“魝”是形声字，只是说“蓟”以“魝”为声符。我们也认为“魝”是会意字，不能分析为形声字。

凡此皆表明是会意字还是形声字，很多时候实在不容易判断。《仪礼·大射》：“膳尊两甒在南有豐幂。”郑注：“膳尊，君尊也。后陈之尊之也。豐以承尊也。说者以为若井鹿卢，其为字从豆䒴声，近似豆。”在而洪亮吉《汉魏音·叙》[⑦]据《说文》批评郑玄之说，称“豐”是象形字，“豐”中的“豆”上面的部分不成字，不是声符，郑玄误把“豐”分析成了形声字[⑧]。洪亮吉此文指出许慎的《说文》和郑玄的经注对文字结构的分析已经颇有不同。洪亮吉还举有一些其他的例子，这里不再一一转录，大都是认为许慎正确而郑玄不对。陆志韦《古音说略》[⑨]里面也有类似的感想。如陆先生说：“有些带有偏旁的字，就形体跟音韵看来，多应当作形声字，而大徐的本子并没有这样注明。……还有好些字好像本不应当作形声，可是大小徐的本子都作得声。或是本子上作某声而凭音理应当是另一个声。大小徐早已表示怀疑，可是怀疑反而有错了的。”唐兰《古文字学导论》第268页称：“其次得确定形声字与非形声字的界限和分出形声字里的声母。例如，……‘龙’旧以为童省声，实象蜥蜴类戴角的形状。这是得区别的。又如‘信’字当得读为从人言声，不当读为从言人声。这类也得辨明。”[⑩]

这确实是经验之谈[11]。裘锡圭《文字学概要》一书中常常指出《说文》对文字结构分析的错误[12]。学者们在利用谐声原则去推求声母的时候，首先必须考虑那个字是否真是形声字，不然就失去了立论的依据[13]。而主张古有复辅音的学者有时将会意字当作形声字看待去构拟复辅音，这是不可信的。

例一，严学窘先生《原始汉语复声母类型的痕迹》利用“辇/扶”这组材料来构拟原始汉语的复辅音 bl[14]。还有其他一些音韵学者也是如此。我们认为此例明显不能成立。考《说文》：“辇，挽车也。从车从扶，在车前引之。”力展切。按照《说文》的体例，“辇”明显是会意字，而不是形声字，所从的扶不是声符。段玉裁注本第 730 页明确称“辇”是会意字。朱骏声《说文通训定声》称“辇”是会意字，同时又说扶亦声，这是错误的。扶不可能是声符。而且据桂馥《说文解字义证》“辇”字注称，在古文献中“辇”与“连”声相近，《周礼·乡师》注曰：“故书辇为连。”《管子·立政篇》：“不敢畜连乘车。”《管子·海王篇》：“行服连轺輂。”桂馥称《管子》中的这两例“连”“皆谓辇也”。因此如果要说谐声，也只能说“辇”是从“连”省声，而不可能是从“扶”得声。诸桥辙次主编《广汉和辞典》[15]下卷第 838 页也认为“辇”是会意字，“扶”是意符，不是声符。因此，可以比较肯定地认为“辇”是会意字，“扶”不是声符，不能利用“辇/扶”这样的材料来构拟复辅音 bl[16]。

例二，高本汉在 *Word Families in Chinese*[17]一书中提到过我国上古音中的“sn”复声母时，举有“叒/桑”为例。考《说文》叒部的“桑”下曰：“从叒木。”依《说文》惯例，“桑”应是会意字。杨树达《中国文字学概要》第五章[18]就明以“桑”是会意字，并非从“叒”得声。藤堂明保《学研汉和大字典》、镰田正等《新汉语林》、小林信明《新选汉和辞典》诸家无不以“桑”为会意字。小川环树等编《角川新字源》以“桑”为象形字[19]。裘锡圭《文字学概要》[20]第 113 页把“桑”归入表意字中的象物字[21]，并举出了在甲骨文中的两个字形。从甲骨文的字形观察，正如裘锡圭所说：“上部象桑树的繁茂枝叶。”没有当作形声字的。只有尾崎雄二郎等《角川大字源》说“桑”是形声字，颇为失考。[22]

例三，林语堂《古有复辅音说》称：“以‘童’声（t 母）谐‘龙’字（l 母）。”这是由于误信《说文》而未能深研字形。《说文》：“龙，鳞虫之长。……童省声。”段注：“《六书故》所见唐本作从肉从飞及童省。”实则“龙”字在古文字中并不从“童”。“龙”在古文字中是象形字，而不是形声字。《甲骨文字诂林（第二册）》第 1758 页引王襄之说：“古‘龙’字，繁简不一，象其屈伸变化之形。”同书第 1759 页引陈邦怀之说批评《说文》曰：“许君说童省声，恐不然也。”又引李孝定之说曰：“龙字固象形，而叶氏失之于凿。”[23]日本学者诸桥辙次等《广汉和辞典》[24]也根据甲骨文和金文认定“龙”是象形字。藤堂明保[25]、小川环树[26]、尾崎雄二郎[27]也把“龙”归入象形字，没有当作形声字的。在甲骨文和金文中“龙”字的写法虽各有不同，但均为象形字，没有作形声字的。裘锡圭《文字学概要》[28]第 113 ~ 114 页把“龙”归入表意字中的象物字，说：“本象大口长身的一种怪兽。”《说文》根据小篆讹变的字形来解释，是不可信的。所以林语堂和其他很多音韵学者根据《说文》错误的解释来推断复辅音是不可靠的。

例四，有许多音韵学家根据“麦/来”这组材料去构拟上古的复辅音 ml。包括日本的藤堂明保《学研汉和大字典》第 1547 页“麦”字注也主张“麦”是会意兼形声，上古为复辅音 ml。他还说“麦”和“赉”是同源字。王力先生本来一直反对上古有复辅音，但在他的《同源字典》[29]却称“麦”和“来”是同源字[30]，王力先生是说来母和明母是邻纽，可以通转，而无关复辅音。但王先生的这条材料被主张古有复辅音的学者批评为滥用通转。现在我们作新的考证。我们认为“麦”和“来”既不能用作复辅音的证据，也不是同源字。二者只是意思上有些关联，没有音韵上的同源关系。二者在韵母上的之职对转是偶合现象。《说文》以“麦”和“来”分属两部。考《说文》：“麦，芒穀秋穜厚薶，故谓之麦。麦，金也。金王而生，火王而死。从‘来’，有穗者；从夂。凡麦之属皆从麦。”《说文解字系传》：“臣锴曰：麦之言幕也，埋之意。”莫获反。“麦”字产生得很早，在甲骨文和金文中就已经存在[31]。但《说文》和《说文解字系传》都没有说“麦”从“来”声，只是说“麦”从“来”。《说文》和《说文解字系传》都没有把“麦”当作形声字。我们认为“麦”显然是会意字，所从的“来”不是声符。镰田正等《新汉语林》第1263页“麦”字注明称“麦”是会意字。小川环树等《角川新字源》第1161页和小林信明《新选汉和辞典》第1199页“麦”字注也认为“麦”是会意字。尾崎雄二郎[32]的见解与众不同，解释说“麦”是形声字，但“来”不是音符，而是义符；“夂”才是声符，表示“芒刺”之义。这种解释虽然比较特殊[33]，但也认为“麦”不是从“来”得声。《甲骨文字诂林（第二册）》第1453页引李孝定之说称：甲骨文中的“来”是“来麰之象形，与麦字同为象形，卜辞皆以为行来字”。细读《说文》：“麦，芒穀秋穜厚薶，故谓之麦。”《说文解字系传》：“臣锴曰：麦……埋之意。”桂馥《说文解字义证》“麦”字下曰：“麦、薶声相近。”可知《说文》是用“薶”在声训“麦”，以“薶”和“麦”为同源字[34]。更考《广雅》：“麦，薶也”。传本《广雅》此处本来有讹文，王念孙《广雅疏证》正是根据《说文》确定《广雅》应作“麦，薶也”，也就是说王念孙也认为《说文》是以“薶”和“麦”为声训。“薶”的上古音为明母之部，“麦”为明母职部，声母为双声，韵母阴入对转，完全符合声训的条件。镰田正等《新汉语林》第1263页“麦”字注解释说：“‘来’是有芒的麦的象形字。‘夂’义为根深深扎入地中。因为是在秋天播种，为了越冬，所以根要深入地中。”“根要深入地中”正是“埋”义。王襄《古文流变臆说》第69～70页和李孝定《甲骨文字集释》也说“麦”所从的“夂”象麦根。徐复等[35]也称：“夂象麦根之说可从。”“麦”的音义皆得于“薶（埋）”，二者必是同源字。我们在论“自反”一节里将会考证“薶”的上古音只能是明母，不可能是复辅音ml。从“薶/麦”为同源字就可以证明“麦”的上古音声母只能是明母，而不是复辅音ml。再考前人的注疏，可以确定“麦”与复辅音ml无关。《说文系传》明确说：“麦之言幕也。”这显然是声训，以“麦”和“幕”的上古音为双声。而“幕”的上古音只能是明母，因为“幕”从来不与“来”母字发生通假关系和谐声关系。这就可以反过来证明“麦”的上古音只能是明母，而不是复辅音ml。还有一条旁证：《方言》卷十一：“蝉，其小者谓之麦蚻。”郭注：“如蝉而小，青色。今关西呼为麦蠽。”钱绎《方言笺疏》：“《释虫》‘蠽，茅蜩’。郭注云‘江东呼为茅蠽，似蝉而小，青色’。……按：‘茅、麦’同声。”也就是钱绎认为“茅”与“麦”古音为双声。而“茅”的上古音声母只能是明母，不可能是复辅音ml，因为“茅”从来不与来母字发生谐声关系和通假关系。这个材料也反过来证明与“茅”为双声的“麦”的上古音声母也只能是明母，不可能是复辅音ml。最后，我们认为并不是像藤堂明保先生说的那样“赉”和“麦”是同源字，只能说“赉”和“来”是同源字，“麦”和“薶（埋）”是同源字。依据《说文》，可知“来”的音义是强调“来”是天所赐的祥瑞之物，故后引申为“行来”之“来”[36]。“麦”的音义是强调“来”为了越冬而要深埋入地下，音义皆与“薶”相通，“麦”所从的“来”只有表意作用，没有任何表音的功能。自从罗振玉以来，有的古文字学家未能细考，竟说“麦”与“来”本为一字[37]。不知古人造字有时区分甚细微，未可将二者混而为一。《甲骨文字诂林》[38]引于省吾之说称：“甲骨文的‘来’指的是小麦，而甲骨文的‘麦’则指的是大麦。”[39]于省吾先生的文章特别强调在甲骨文中“往来”的“来”与“来麦”的“来”区别分明，毫不相混[40]。同书第1461页姚孝遂加按语称甲骨文中的“来”与“麦”“均有别，从不混同”。姚孝遂先生的意见是值得重视的，不应该认为在甲骨文中的“来”和“麦”本为一字。我还就此事问过李家浩先生和沈培先生，他们二位的意见都与姚孝遂相同。谁知后来姚孝遂的学生董莲池博士在《说文部首形义通释》[41]一书中却说甲骨文中的“麦”“当是‘来’字的繁化形式”。这比起他的老师的观点反而退步了[42]。

例五，还有很多的音韵学家根据“吝/文”这一对谐声材料来构拟上古汉语的复辅音ml。我们认为这条例子也不能成立。大徐本《说文》曰：“吝，恨惜也。从口文声。《易》曰‘以往吝。’臣铉等曰：今俗别作悋，非是。”良刃切。《易经》“以往吝”的“吝”，《说文解字》又引作“遴”。可知“吝”确为来母无疑[43]。《说文解字系传》曰：“吝，恨惜也。从口文声。《易》曰：‘以徃吝。’臣锴曰：恨惜形于言，故从口。”里刃反。小川环树《角川新字源》和尾崎雄二郎《角川大字源》采取《说文》之说，都是把“吝”当作从“文”得声的形声字。在战国文字中，“吝”有异体作“叟”。《老子》十五章：“犹兮若畏四邻。”马王堆帛书《老子》乙本“邻”作“叟”。《老子》八十章：“邻国相望。”帛书乙本《老子》“邻”作“叟”。战国《中山王方壶》：“叟邦难亲。”叟读为“邻”。《上海博物馆藏战国楚竹书（一）》的《孔子诗论》有一个从“叟”的字，学者们多认为该字读为“吝”或读为“离”[44]。似乎此例可以成为构拟上古汉语复辅音ml的一条依据。其实不然。段玉裁《说文解字注》就反对大小徐本《说文》以“吝”为形声字的观点，认为“吝”是会意字。段玉裁说：“按，此字盖从口文会意。凡恨惜者多文之以口，非文声也。”段玉裁明确说“吝”不是从“文”得声。段玉裁的观点得到了清代的另一位学者张文虎的支持。《说文解字诂林》“吝”字下引张文虎《舒艺室随笔》说：“案，从口文盖取文过之义。……凡吝于改过者，必文饰之也。”张文虎明确表示了赞成段玉裁之说[45]。我们赞成段玉裁、张文虎的意见，“吝”应该是会意字，不是从“文”得声。藤堂明保《学研汉和大字典》第222页、诸桥辙次《广汉和辞典（上卷）》第544页、镰田正等《新汉语林》第196页也主张“吝”是会意字，从“文”为文饰之义，完全同于段玉裁之说。因而不能利用“吝/文”来证明上古汉语有复辅音ml。可以参考尾崎雄二郎《角川大字源》对“吝”的音义解释，《角川大字源》第305页认为“吝”与贪惏的“惏”是同源字，音义皆得于“惏”。这是可备一说的。“吝”字早见于甲骨文等古文字中，参看高明编《古文字类编》第123页、何琳仪《战国古文字典》1363页。我们有一旁证可以说明“邻”的上古音声母只能是来母，不会是复辅音ml。《管子·水地》：“邻以理者。”《荀子·法行篇》“邻”作“栗”。这是说“邻”与“栗”古音相通。王念孙《读书杂志·管子第七》“邻以理”条引王引之曰：“邻，坚貌也。《聘义》曰‘缜密以栗，知也’。郑注‘栗，坚貌’。《荀子·法行篇》曰‘缜栗而理，知也’。‘栗’与‘邻’一声之转耳。本书《五行篇》‘五谷邻熟’。尹注曰‘邻，坚貌’。《尔雅·释草》类曰‘粼，坚中’。郭注曰‘其中实’。义与此并相近也。”王引之详密的论证表明“邻”与“栗”古音相通，王引之称二者乃“一声之转”。而“栗”字从来不与明母字发生通假关系和谐声关系，因而“栗”的上古音声母不可能是复辅音ml，即使主张古有复辅音的学者也没有一人说“栗”的上古音是复辅音ml。“栗”的上古音声母只能是单辅音的来母。既然“栗”与“邻”的上古音相近可通，这就可证明“邻”的上古音声母只能是来母，而不是复辅音的ml。又，在古书中有证据表明“邻”与“临”古音相通。《史记·货殖列传》：“北邻乌桓。”《索隐》：“‘邻’，一作‘临’。临者，亦却背之义，他并类此也。”“临”的上古音声母不可能是复辅音ml，因为“临”从来不与明母字发生通假关系和谐声关系。这就反过来证明与“临”古音相通的“邻”的上古音声母也不会是复辅音 ml。我们这样从通假字的系联出发，证明了与“邻”古音相通的“吝”的上古音声母也只能是单辅音的来母，而不可能是复辅音 ml，否则就会与古汉语的通假字的系联关系相冲突。这样系联通假字的结果也表明“吝”正如段玉裁所说是会意字，而不是形声字，“吝”所从的“文”不是声符。所以“吝/文”这组材料与所谓的复辅音无关。

上文提到的在战国古文字中有一个“叜”字[46]，战国中山王鼎铭文和马王堆帛书《老子》乙本就有此字。有相当一些古文字学家认为这个字所从的“文”和“吅”都是声符，是双声字。其实，此字所从的“文”不能看成是声符，“吅”才是声符。这个字在战国文字中多用为“隣”字，有时也用为“憐”字。而“吅”正是“隣”的古文。没有理由认为“文”也是声符。张政烺先生就认为：此字“从文吅声。吅，古文隣，见汉代碑刻及《汗简》等书”[47]。张政烺先生不认为“文”也是声符，这显然是正确的[48]。因此不能用此字作为构拟复辅音 ml 的证据。

例六，有学者利用“丧/亡”这组材料来构拟复辅音 sm。我们认为这是不可靠的。吾友赵彤博士在其论文《利用古文字资料考订几个上古音问题》（《语言研究的务实与创新——庆祝胡明扬教授八十华诞学术论文集》，外语研究与教学出版社，2004 年）中有很好的批评意见[49]：

> 《说文·哭部》：“丧，亡也。从哭，从亡，会意。亡亦声。”“丧”甲骨文作[50]，于省吾先生认为“本从桑声”，“其所从之两口是代表器形，乃采桑时所用之器”，“为采桑之本字”。[51]按，甲骨文“桑”字作，“丧”从“桑”声是很清楚的。金文“丧”字作[52]，下部从“亡”，后来发展为小篆“丧”字的写法。其所从的“亡”究竟是形旁还是声旁？这个问题可以从楚简中找到答案。楚简中“丧”有三种写法：[53]、[54]、[55]。第一种写法直接承自甲骨文，第二种写法加“亡”，第三种写法加“死”，从“亡”从“死”显然是同义意符互换。[56]可见，《说文》根据小篆对“丧”字字形的分析完全是错误的。有些学者把“丧”的上古声母拟作 * sm -[57]，现在看来是不对的，因为：第一，“丧”并不从“亡”声；第二，“丧”本从“桑”声，“桑”并没有与明母相通的证据；第三，免簋铭文有一个从日丧声的字，读为“昧爽”之“爽”[58]，“爽”字也没有与明母相通的证据。至于“亡”和“丧”是否是同源关系，目前也无法证实。

以上是赵彤博士的论述，应该是有说服力的。

例七，有的学者根据“畞/久”而认为明母与见母可以相谐。我们认为这是错误的。考《说文》：“畞，或从十久。”可知“久”并非“畞”的声符。段玉裁等《说文》学家都没有说“畞”是从“久”得声，怎能把“畞”当作是从“久”声的形声字呢？因此，“畞/久”显然不能作为明母与见母可以相谐的证据。

例八，严学宭先生《原始汉语复声母类型的痕迹》利用“任/凭”来构拟复声母 np -。[59]这条材料是完全不可靠的。考《说文》：“凭，依几也。从几从任。《周书》‘凭玉几’。读若冯。”从《说文》的解释可知“凭”是会意字，不可能是形声字。大徐本称：“臣铉等曰：人之依冯机所胜载。故从任。”皮冰切。大徐本分明是把“凭”分析为会意字；《说文系传》明称：“臣锴曰：会意。”段注也明确称其为会意字，徐笺同。《说文解字诂林》所引各家注没有一家把“凭”分析为从“任”得声的形声字。所以“任/凭”这组材料与复声母 np - 无关。

例九，严学宭先生《原始汉语复声母类型的痕迹》利用“斯/其”来构拟复声母 sk -。[60]这个例子也不可信。考《说文》:“斯,析也。从斤其声。《诗》曰‘斧以斯之’。”息移切。《说文系传》同。清代《说文》学者有不少人都采取《说文》的这个形声分析。然而段玉裁注不同意此说:“‘其声’未闻。‘斯’字自《三百篇》及《唐韵》在支部无误,而‘其’声在之部,断非声也。”段玉裁之所以有此敏锐的洞察力,是因为段玉裁发现了上古音中的支、之、脂三部分立。桂氏、王氏等《说文》名家在古音学上不及段玉裁深湛,所以不能有此发明。朱骏声《说文通训定声》明称“斯”是“从其会意”,把“斯”分析为会意字。我们认为段玉裁、朱骏声的观点是可信的,“斯”是会意字,并非以“其”为声符。所以“斯/其”与复声母 sk－无关。

例十,严学窘先生《原始汉语复声母类型的痕迹》利用“癸/矢”来构拟复声母 sk－。[61]这个例子也不可信。考《说文》:“癸,冬时水土平,可揆度也。象水从四方流入地中之形。癸承壬,象人足。凡癸之属皆从癸。”居诔切。其字籀文从矢。大徐本没有说籀文是从“矢”得声,但小徐本《说文》却说“矢”是声符,《韵会》引《说文》同。细审《说文》的解释,可以判定《说文》是把小篆的“癸”分析为象形字,不是形声字。其籀文之形,有可能是从金文“癸”的或体演变而来。考甲骨文、金文、战国文字中多有“癸”字,多与小篆的“癸”字形相合。从古文字的字形来看,“癸”断然不会是从“矢”得声。“癸”在甲骨文和金文中都是象形字,不是形声字。《甲骨文字诂林(第四册)》[62]第 3686 条引述吴其昌之说称:癸“其原始之初谊为矢之象形”。吴其昌还认为“癸”在甲骨文中之形是象双“矢”相交。但同书同条引李孝定之说有不同意见,称吴其昌之说是“望文之训”。罗振玉、郭沫若认为“癸”是“戣”的初文或本字;姚孝遂在按语中对此字的形义结构存疑,不下断语。我们注意到没有一个古文字学家认为“癸”在古文字中是从“矢”得声的形声字。虽然,我们现在还不好断定小徐本的说法就是错误的,但至少也不能肯定是正确的。所以这个材料不能用来构拟复声母 sk－。

例十一,“彬”字有学者认为是从“林”声,于是有复声母 bl－的构拟。这实在是误会。考《说文》:“份,古文份从彡林。林者,从焚省声。”府巾切。可知“彬”的声符不是“林”,而是“焚”,正是唇音字,与复声母无关。

例十二,包拟古《原始汉语与汉藏语》[63]第 132 页在构拟上古汉语的复声母 khl－的时候,所根据的材料有“见/靦”。“靦”是“他典切”音。考《说文》:“靦,面见也。从面见,见亦声。或从旦。”《说文》的这个重文很重要,表明“靦”其实是以“旦”为声符的形声字,其或体所从的“见”其实是义符(因为解释中有“面见也”这样的意思,这分明是会意造字),而不是声符。因此“见亦声”的提法是错误的。包拟古据此例构拟复声母 khl－是错误的。

例十三,“甚”字的读音及其相关谐声字被不少音韵学家利用来构拟复声母。考《说文》:“甚,尤安乐也。从甘,从匹。匹,耦也。”[64]古文“甚”从口从匹[65]。常枕切。据《说文》体例,则“甚”为会意字,所从的“甘”是义符,非声符。但“甚”声字明显分为两系:一是“常枕切”的禅母音或澄母音(上古音归入定母)一类,如“湛、葚、椹、黮、斟”等[66];一是溪母一类的喉牙音,如“勘、堪、戡、磡、嵁、歁、碪”。这都不是个别例子,不能以例外目之[67],我们必须予以解释。我认为“甚”声字有这两类读音是由于先秦古人[68]对“甚”字的音义结构有不同分析造成的,一般人认为如同《说文》一样把“甚”分析为会意字,则是禅母一类音;另有一些人却把“甚”分析为从见母的“甘”声的形声字,这就产生了溪母一类的喉牙音的谐声字。这样的现象在先秦就已经存在[69]。我相信先秦时代的“甚”字就已经有“口含切”一音了。后来还出现两读的现象,如“戡”字有“竹甚”和“口含”二切。因此,“甚”声字分为两类但与任何复声母都没有关系。我们还可以从通假字材料获得一些音韵上的线索。如《尚书·商书》的“西伯戡黎”,《说文》引“戡”作“𢦟”字，从“今”声。二者必为通假字。而且据《说文》，“𢦟”训“杀”，“戡”训“刺”，音义皆通，二者当为同源词。“今”与“甘”上古音都是见母侵部，完全可以相通。“𢦟”音口含切，不可能是舌头音与舌根音组合成的复声母，这就说明“戡”也不是复声母，是单辅音的溪母音。

例十四,《说文》:“皛，显也。从三白。读若皎。”乌皎切。《广韵》音胡了切。根据《说文》体例,“皛”分明是会意字，不是从“白”得声的形声字。但黄德宽主编《古文字谱系疏证（一册)》第760页却说“皛”从三白，白亦声。我可以说这是毫无根据的。皛不从白得声，犹如“森”不从“木”得声,“品”不从“口”得声，“鱻”不从“鱼”得声，“矗”不从“直”得声，“卉”不从“中”得声,“驫”不从“马”得声，“蟲”不从“虫”得声，“垚”不从“土”得声，“焱”不从“火”得声,“厽”不从“厶”得声，“众”不从“人”得声，“羴”不从“羊”得声，“轟”不从“车”得声,“毳”不从“毛”得声，“惢”不从“心”得声，“麤”不从“鹿”得声，“磊”不从“石”得声，“犇”不从“牛”得声，“晶”不从“日”得声等，类例尚多。杨树达《中国文字学概要》[70]第207~212页明确将这种重叠式的汉字都归入会意字，举证甚多，这是完全正确的[71]。因此“皛”的形音结构完全与复声母没有关系。我们也因此说梅祖麟等人利用“森/林”来构拟复声母是完全错误的。

例十五,《说文》中的“驳”和“駮”二字也常常被利用来构拟复声母。《说文》:“驳，马色不纯也。从马爻声。”北角切。段注：“与駮各字。”[72]《说文》:“駮，駮兽[73]。如马，倨牙，食虎豹。从马交声。”北角切。《说文》中还有一个从“瓜”“交”声的字“瓝”:“小瓜也。从瓜交声。臣铉等曰交非声。未详”。蒲角切。“爻”是喻三字,“交”是见母字，而“驳”和“駮”二字据反切都读为帮母，瓝是並母字。现在看来，这三个字都是会意字。正如徐铉所说：瓝所从的“交”非声。朱骏声《说文通训定声》称瓝又作“瓟”,“瓟”才是形声字。瓝从“交”而有“小”义，就犹如“狡”从“交”而训“少狗”[74]。“驳”和“駮”也不是以“爻”和“交”为声符。“驳”为什么用“爻”来作为形符表意呢？考《说文》:“爻，交也。象易六爻头交也。”“交”就是“交错”的意思。李鼎祚《周易集解》引虞翻曰:“六画称爻。”可知各种文饰相交就是“爻”，这正是“不纯”的意思，所以“马色不纯”的“驳”采用“爻”来作为形符表意。另，帮母的“駮”其所以用见母的“交”作为形符表意，大概是以“交”通为“效”[75]，为“效法、象”之义[76]。因为《说文》释“駮”为“如马”，而“效马”正是“如马”的意思。总之，以上三字都是会意字，今本《说文》误记作形声字，或为传写之误，不可从。

类似的例子是举不尽的，我们在利用形声字材料研究上古音的声母问题的时候首先要注意这个字是不是形声字，这个大前提的确立有时并不容易，会牵涉很专门的文字学与古文字学的知识。

注释

①李家浩：《从战国“忠信”印谈古文字中的异读现象》,《北京大学学报（哲学社会科学版)》1987年第2期，第17页。

②河北教育出版社出版的中国现代学术经典丛书收有《廖平蒙文通卷》，此书的“蒙文通卷”前有蒙默的《蒙文通先生小传》。此文称一代鸿儒刘申叔先生曾对蒙文通说：“大徐本《说文》的许多会意字在段注中被当作了形声字。”

③此说为钱大昕所驳斥。但是杨树达《积微居小学述林（卷二)》“释‘元’”也释“元”为会意字。论证坚实，足以反驳钱大昕之说。

④但是现代古文字学家中还有人不注意段玉裁的论述，把“赓”当作从“庚”得声的形声字，如李孝定《甲骨文字集释》第4271～4272页就是。容庚《金文编》第438页也认为“赓”是从“庚”得声的形声字，不信《说文》。

⑤第二篇“徐锴之系传”章。

⑥实则段注本不确。

⑦顾廷龙主编：《续修四库全书·经部（第245册）》，上海古籍出版社，2002年，第570页。

⑧关于“豐”的结构关系的分析，胡培翚《仪礼正义（第二册）》（江苏古籍出版社，1993年）第807页引胡承珙之言也认为豐不成字，不是“豐”的声符。胡承珙引述戴侗《六书故》引唐本《说文》：“豐，从豆从山，丰声。”段玉裁《说文解字注》（上海古籍出版社，1995年）第208页、桂馥《说文解字义证》（齐鲁书社，1994年）第412页“豐”字下也有详注。此不多引。

⑨陆志韦《古音说略》第一章“哪些字是形声字”一节。

⑩不过，现代学者多认为“信”是从“人”得声，与唐兰所说相反。考《老子》七十九章：“天道无亲，常与善人。”而马王堆帛书《老子》甲本正作：“与善信。”可证“信”与“人”音近可通。王国维《观堂集林》卷六“《桐乡徐氏印谱》序”已经明言：“信字本从言人声，千字亦人声，故亦得从千声。”裘锡圭《文字学概要》也认为“信”从“人”声。黄德宽主编《古文字谱系疏证》（商务印书馆，2007年）第3524页提到战国文字有一个左“言”右“仁”结构的字，认为此字是“信”字繁文。这个字分明是以“仁”为声符。这个例子也说明“信”与“人、仁”古音相通。

⑪再举一例：《说文》：“载，乘也。从车𢦏声。”作代切。从“𢦏”声的“载”是精母字，但是《说文》：“戴，分物得增益曰戴。从異𢦏声。”都代切。“戴”也是从“𢦏”声，却读端母。这组材料被有的学者利用来构拟复声母。但是我们有理由认为“戴”可能是以“異”为声符，而不是以“𢦏”为声符。“異”是喻四声母，上古音与舌头音相通，因此可以作为端母的“戴”的声符。形声字的声符不仅表音，往往还表意。“戴”所从的“異”就不仅仅是表音，而且还表意。“戴”所从的“異”为“益”之借，所以《说文》称“戴”的意思是“分物得增益”。这样分析颇与文字学相合。

⑫例如其书的“形声字”一章。

⑬耿振生先生《20世纪汉语音韵学方法论》（北京大学出版社，2004年）第106页也注意到同样的问题，并有所举证，可以参看。

⑭严学宭：《原始汉语复声母类型的痕迹》，《古汉语复声母论文集》，北京语言文化大学出版社，1998年，第139页。

⑮［日］诸桥辙次主编：《广汉和辞典》，大修馆书店，1982年。我国学者王继如《训诂问学丛稿》（江苏古籍出版社，2001年）一书中有专文对《广汉和辞典》予以介绍和简评。

⑯黄侃《说文笺识四种》（上海古籍出版社，1983年）第190页，称“㚘”是伴侣之伴的本字。

⑰1934年，张世禄翻译为《汉语词类》（商务印书馆，1937年）。后来又有聂鸿音的翻印本。

⑱杨树达：《中国文字学概要》，《杨树达文集》，上海古籍出版社，1988年，第163页。

⑲镰田正等《新汉语林》也认为在甲骨文中，“桑”是象形字。

⑳裘锡圭：《文字学概要》，商务印书馆，1996年。

㉑就是象形字的一种。

㉒我们这里附带说一下《说文》中的一条体例。考《说文》之义例，540部首中的每一部首在其所隶属的各字中，其部首一般不能作为声符。这是《说文》的一条规律（也有个别例外，后有说）。今举一例：户部下共有“扉、房、戹、扇、扃、戾”等九个字，此九字均不从“户”得声。而从户得声的字如“扈”却不在户部，而在邑部。“所”从“户”声，也不在户部而在斤部。再如《说文》“黑”部所隶属的许多字如“黔、默、黗、党、黚、黛、黝、点、黟、黵、黖、黴、黱、黳、䵼、黜、黪、黶”等无一从“黑”得声。我们搞清楚了《说文》的这条通则，就会更加明白高

本汉以叒部的“桑”从“叒”声是错误的。这条规律还有助于我们澄清《说文》自身的一些问题。如《说文》口部与不部均出现“否”字。学者们多不能辨析（如段玉裁注称“否”不能出现在口部，而应在不部）。而按照《说文》的这个规律，就很容易断定“否”字只应收在口部，不可见于不部，因“否”是从不得声。这样一来，不部就没有隶属的字。实际上，据《说文》：“不，鸟飞上翔不下来也。从一，一犹天也。象形。”既然“不”是“从一，一犹天也”，那么“不”字就没有必要单独立为一部，而应当隶属一部。这样才更加符合《说文》自身的通例。当然，即使只剩一个“不”字，也无所谓。如《说文》幵部就只有一个“幵”字，并无别的隶属字。又如《说文》的克部只有一个“克”字，录部只有一个“录”字。

然而《说文解字叙》的段玉裁注在解说“会意”的时候，有曰：“有似形声而实会意者，如‘拘、钩、笱’皆在句部，不在手、金、竹部；‘莽、莫、葬’不入犬、日、死部；‘纠’不入纟部之类是也。”但段注第88页却说“拘、钩、笱”“三字皆会意兼形声，不入手、竹、金部者，会意合二字为一字必以所重为主。三字皆重句，故入句部。段氏显然是在曲护《说文》。而黄侃《文字声韵训诂笔记》（上海古籍出版社，1983年）第91～92页“说文部首数可以增省”条却说：“句部‘拘’可改入手部，（笱）可改入竹部，‘钩’可改入金部。而‘句’可改入口部，则可省一部。”黄先生之说颇为有识，不似段氏的拘泥。《说文》中确实有几处自乱其例的地方（当然也可视之为《说文》的变例），除了上举句部的“拘”、“钩”、“笱”诸字以外，另如丩部隶有“纠”等两个从“丩”声的字。臤部隶有“紧、坚”两个从“臤”声的字。丑部隶有“羞”等两个从“丑”声的字。但是这一切均违反《说文》自身的体例。依据黄侃先生的意见，可以据《说文》本身的义法，将“纠、紧”归入纟部，“坚”归入土部，如此类推。陆宗达《说文解字通论》（北京出版社，1981年）对《说文》的这点自乱其例的地方也有所批评，该书第230页说：“许书的体例是把形声字的形作偏旁，且以偏旁分部。如‘辧’，从刀，辡声，《说文解字》列在刀部；‘瓣’，从瓜，辡声，列在瓜部；依此为例，‘辯’从言，辡声，应入言部，但今入辡部。又如从句的‘苟’入艹部，‘鸲’入鸟部，‘朐’入肉部，‘枸’入木部，‘郇’入邑部，‘昫’入日部，‘客’入人部，‘耇’入老部，‘驹’入马部，‘狗’入犬部，等等，皆符合依偏旁分部之例。但‘拘’从手，句声，却不入手部；‘笱’从竹，句声，并不入竹部；‘钩’从金，句声，也不入金部（三字都入句部）。这种编字紊乱的现象很多，决非传写的讹误，而是许慎自乱其例。”清代的胡秉虔《说文管见·说文分部》［收入《丛书集成·初编（第1131册）》一节也对《说文》分部不合理的现象颇有批评，此不录［另可参看张斌、许威汉主编《中国古代语言学资料汇纂——文字学分册》（福建人民出版社，1993年）一书的第382～384页］。唐兰《古文字学导论》第277～278页也批评《说文》分部有不当之处，此不录。我们还可以举出其他的例子：1.《说文》亢部只隶属一个字“竷，从亢从夋。亢亦声”。《说文》有“亢亦声”三字，就表明这是亢部字而又从“亢”得声。考《说文》中从亢声的字如“吭、杭、迒、沆、抗、炕、伉、忼、邟”等皆不在亢部，何以偏偏有一个孤单的例外？此与《说文》全书的通例不合。2.《说文》皕部所收的“奭”字，《说文》曰：“奭，盛也。从大从皕，皕亦声。此燕昭公名。读若郝。《史篇》名丑。”则是“皕”部所收的“奭”字是以部首的“皕”为声。这是《说文》的一个变例。《说文》中这样的变例只占极少数。不能根据这些个别的变例，去怀疑全书据形系联的通例。这样的变例有一个明显的标志，就是要加上“亦声”二字。《说文》中凡是用一个字所在的部的部首字同时作为声符的时候，一定要加上“亦声”二字。这是《说文》很重要的一条体例。如果没有“亦声”二字，则一个字所在的部的部首字不能同时作为声符。这是很重要的原则。

㉓叶氏是指叶玉森。

㉔［日］诸桥辙次主编：《广汉和辞典（下卷）》，大修馆书店，1982年，第1430页。

㉕［日］藤堂明保编：《学研汉和大字典》，学习研究社，1978年，第1561页。

㉖［日］小川环树等编：《角川新字源》，角川书店，2006年，第1173页。

㉗［日］尾崎雄二郎：《角川大字源》，角川书店，1993年，第2032页。

㉘裘锡圭：《文字学概要》，商务印书馆，1996年。

㉙王力：《同源字典》，商务印书馆，1999年，第92页。

㉚邢公畹《原始汉台语复辅音声母的演替系列》（《邢公畹语言学论文集》，商务印书馆，2000年）也认为“来”

和“麦”是同源词。

㉛青铜器有《麦鼎》和《麦盉》。

㉜［日］尾崎雄二郎：《角川大字源》，角川书店，1993年，第2011页。

㉝光华按：此说应不可信。

㉞《说文》中有大量的声训现象，有很多时候不容易被发现。再举一例：《说文》：“彦，美士有文，人所言也。”这实际上是用“言”来声训“彦”。虽然现在的学者可以批评《说文》这样的声训不免于牵强附会，但我们必须注意许慎确实是认为“言”与“彦”之间可以有声训关系，这非常有利于我们考论上古音。《说文》中这样的宝贵材料还有待于进一步的发掘和整理。

㉟徐复、宋文民著：《说文五百四十部首正解》，江苏古籍出版社，2003年，第159页。

㊱但此说为于省吾所驳，后有说。

㊲古文字学者们只是说“来”与“麦”本为一字，并不是说二者是同源字。

㊳于省吾主编：《甲骨文字诂林（第二册）》，中华书局，1996年，第1450页。

㊴在上古时代，古人确实把“来”与“禾”相联系。这里补充一个文字上的证据。考《说文·啬部》，“牆”所从的“啬”的上部本是“来”字，但“牆”的籀文是“从二禾”，这可以解释为义近偏旁互换，在文字学上是比较常见的现象。这表明在上古时代，“来”与“禾”确实意思相近。

㊵《甲骨文字诂林》（中华书局，1996年）第1456页，姚孝遂先生加按语说：“卜辞谷物之‘来’与‘往来’之‘来’以分化为二字，不相混淆。目前尚未见以‘来’为谷物名之明确例证。‘来’之另一义指贡纳言，如‘来马’、‘来牛’等。此外，‘来’亦表示‘将来’。”

㊶董莲池：《说文部首形义通释》，东北师范大学出版社，2000年，第151～152页。

㊷吴秋辉《侘傺轩文存》（齐鲁书社，1997年）第78页也讨论了“来/麦”的关系，主张“麦”字的下方所从的是“足形”，也就是“麦”的本义才是“往来”的“来”；而“来”的本义是“麦子”，后来二者的意思完全颠倒了。这个解释虽与我们的解释有所不同，由于其时代较早，故堪参考。

㊸关于“邻”与“吝”相通，可参看张儒等《汉字通用声素研究》（山西古籍出版社，2002年）第844页，例证甚多。

㊹马承源主编：《上海博物馆藏战国楚竹书》，上海古籍出版社，2002年，第126页。

㊺可参看张文虎：《舒艺室随笔》卷二，辽宁教育出版社，2003年，第36页。此不详录。

㊻其实严格说来“吅”字原文应该隶定为“从”。

㊼张政烺：《张政烺文史论集》，中华书局，2004年，第490页。

㊽不过，这个问题比较复杂，我们在本书的第三章全面讨论复声母ml的时候还有补充说明。

㊾今按照赵彤先生发给我的电子本原文引述。

㊿参看中国社会科学院考古研究所编《甲骨文编》（中华书局，2004年）第54页。

(51)《甲骨文字释林》（中华书局，1993年）第76页。亦可参看《甲骨文简明词典》（中华书局，1988年）第334页。按，“丧”或许是从“桑”分化出来，专门表示“丧失”之“丧”，未必是“采桑”的本字，但其从“桑”声则是很清楚的。陈剑先生说：也可能“丧”所从“吅”或众口作义符乃表示哭泣意（犹“哭”之从口，或“嚣”之“㗊”，表示众口发声），故“丧”或即“丧事”之“丧”之本字。

(52)参看《金文编》第79页。金文中还有一个从走从丧的字，《金文编》录于“丧”字头下，陈剑先生说：此字可能本是从走丧声的另外一个字。

(53)马承源主编：《上海博物馆藏战国楚竹书·民之父母》，上海古籍出版社，2002年，第6、7、11、12简。

(54)《郭店楚墓竹简·语丛一》（文物出版社，1998年）第98简及同书《语丛三》第35简。此形上部写法与另外两形不同，或许不是楚系固有的写法。《语丛》前三篇中多有此类情况。

(55)《郭店楚墓竹简·老子》（文物出版社，1998年）丙本第8、9、10简及同书《性自命出》第67简；《上海博物馆藏战国楚竹书·性情论》第29简及同书《民之父母》第9、13、14简。

㊽加藤常贤已经注意到金文“丧”字所从的“亡”是意符，他说：“而观之丧字之从亡，乃用为意符，似非用为声符也。”《金文诂林补（第一册）》（“国立中央研究院”历史语言研究所，1982年）第492页。

㊾如张琨、张谢蓓蒂《汉语＊S－鼻音声母》、郑张尚芳《上古汉语的S－头》，均收入《古汉语复声母论文集》。李方桂《上古音研究》也把“丧”的声母拟作＊sm－，但是括注问号。

㊿参看容庚：《金文编》，中华书局，1985年，第232页。

⑸严学宭：《原始汉语复声母类型的痕迹》，赵秉璇、竺家宁主编：《古汉语复声母论文集》，北京语言文化大学出版社，1988年，第129页。

⑹严学宭：《原始汉语复声母类型的痕迹》，赵秉璇、竺家宁主编：《古汉语复声母论文集》，北京语言文化大学出版社，1988年，第136页。

⑹严学宭：《原始汉语复声母类型的痕迹》，赵秉璇、竺家宁主编：《古汉语复声母论文集》，北京语言文化大学出版社，1988年，第136页。

⑹于省吾主编：《甲骨文字诂林》，中华书局，1996年，第3590～3591页。

⑹［美］包拟古撰，潘悟云、冯蒸译：《原始汉语与汉藏语》，中华书局，1995年。

⑹此处断句采用段注本。“甚”字为什么会从“匹”？这不大好理解。黄德宽主编《古文字谱系疏证（第四册）》（商务印书馆，2007年）第3923页也不能分析其文字结构，仅称“会意不明”。

⑹黄德宽主编《古文字谱系疏证（第四册）》（商务印书馆，2007年）第3921页列举的《郭店老子甲》、《包山楚简》等中的“甚”都从“口”，不从“甘”，足见《说文》所称的古文确有根据。但战国古文字中也有从“甘”之例。作为偏旁的“甘”和“口”在古文字中可以相通。段玉裁《说文解字注》（上海古籍出版社，1995年）第202页“甚”字注已经说过：“从口犹从甘也。”

⑹与此类相关联的还有舌头音系字，如“黮、媅”等端母。“湛”上古是定母音。

⑹“甚”声字在先秦古文字中早已出现，也非孤例，参看黄德宽主编《古文字谱系疏证（第四册）》（商务印书馆，2007年）第3921～3923页。

⑹应该是不同方言区的人们。

⑹黄德宽主编《古文字谱系疏证（第四册）》（商务印书馆，2007年）第3922页提到先秦金文中的“湛”有读为“堪”的现象。

⑺杨树达：《中国文字学概要》，《杨树达文集》，上海古籍出版社，1988年。

⑺黄德宽先生等学者似乎忽略了杨树达的这部重要文字学著作。

⑺光华按，据《说文》和段注，“驳”与“駮”是两个不同的字，不得相混。然而在隶书中二者有相混的迹象（当然也可以说是音同相通假）。据顾南原《隶书字典（下）》（中国书店出版社，1995年）662页：“《杨君石门颂》‘有司议駮’。按：駮，兽名也。碑盖以‘駮’为‘驳’。”

⑺此据段注本。大徐本不叠“駮”字。

⑺参看《故训汇纂》（商务印书馆，2003年）第1417页引《说文》：“狡。少狗也。”《淮南子·俶真》：“狡狗之死也。”高诱注：“狡，少也。”《故训汇纂》1418页引《说文段注》：“狡者，少壮之义。”《故训汇纂》第1418页且称“交”古与“狡”相通。另参看朱骏声《说文通训定声》“狡”字条。

⑺参看宗福邦等主编：《故训汇纂》，商务印书馆，2003年，第71页。

⑺参看《故训汇纂》（商务印书馆，2003年）第960页引《说文》：“效，象也。”朱骏声《说文通训定声》“效”字条称：“效，像也。”朱骏声引证文献甚详。

第三节　从异字同形论上古音的复声母问题

我们在利用汉字的谐声原则来研究上古音的时候，应当非常重视汉字史中广泛存在的“异字同形”的现象。所谓“异字同形”就是两个音义皆殊的汉字恰好完全同形，当然有时候也是形音同而意思不相关。“异字同形”的实质是同一个字形可以表达音义完全不同的字[①]。从音韵学研究的立场上说，我们要注意一个字形所表达的不同的读音。前辈学者对“异字同形”已经有相当的观察和研究。早至先秦以来的古人就已经注意到这个问题。如《战国策·秦策三》：“郑人谓玉未理者璞，周人谓鼠未腊者璞。”[②]在周人心中的“璞”与在郑人心中的“璞”本来不是同一个字，但是恰好形音皆同。我们只能认为“璞”代表了两个不同的字[③]。《说文》有曰：“丨，上下通也。引而上行读若囟，引而下行读若退。”可见同一个字形“丨”有两个完全不相干的读音，一读若“囟”，一读若“退”[④]。《经典释文》卷一“条例”引郑康成云：“其始书之也，仓卒无其字，或以音类比方假借为之，趣于近之而已，受之者非一邦之人，人用其乡，同言异字、同字异言，于兹遂生矣。”“同言异字”是指假借；“同字异言”也可以说就是“异字同形”。另如《周礼·考工记》注曰：“郑司农云：菑读如杂厕之厕，谓建辐也。泰山原所树立物为‘菑’，声葴；博立枭棊亦为‘菑’。”这说明东汉大儒郑玄懂得汉字中有“异字同形”的现象。[⑤]《说文》：“姐，蜀谓母曰姐，淮南谓之社。从女且声。”这里的“社”与“社稷、社会”的“社”属于异字同形。

林沄的《王、士同源及相关问题》[⑥]指出，在金文中“王”与“士”二字有时候同形，且认为甲骨文中有的被释作“王”的字，其实应该释作“士”。林沄此文还举有在甲骨文中，“月”与“夕”有同形之例[⑦]，“卜”与“外”亦有同形之例。而“王”与“士”、“月”与“夕”、“卜”与“外”都没有音韵上的任何关系，不是同源字，只是字形相同而已。林沄称之为“一形多读”。《林沄学术文集》中的《古文字转注举例》一文比较详细地讨论了古文字中“一形多用”的现象。林沄先生的理论阐释得到了朱骏声《说文通训定声》对“转注”的解释的启发，他将“一形多用”和“转注”相牵连。我们对古文字中“一形多用”的现象特别感兴趣。林沄先生在文章中指出金文中的“考”与“老”同形：“同一字形兼具老、考两字之用。因为，这个字形不但可以表示年老之意，也可以表示父亲之意。……至于‘考’字，是在原有的‘老’字上加注声符‘丂’而产生的分化字。……总之，‘老’字本来兼作‘考’字用，是不添新字形的造字，这就是转注。西周已出现了加注‘丂’声符的‘考’字。出现专用的‘考’字后，‘老’字仍有按旧习惯用作‘考’者，‘考’字则不能用作‘老’字。大概到东周后期才完全分化为用各有当的两个字。”林先生还特别强调了“老”和“考”是两个不同的词：“古汉字用同一个字形兼记这两个词，就好像东巴文中用一个戴男式帽子的人形兼记‘子’、‘男’、‘丈夫’三个不同的词，用戴男式帽子而又披长发的人形兼记‘叟’、‘祖父’两个不同的词。”林先生指出这种“一形多用”的形成是“因为一个字形和几个不同词的词义都有关系，所以可以兼作不同词的表意字”。林先生此文还讨论了一些例子，如在甲骨文中，表示“立”和“位”的是同一个字形，表示“女”和“母”的是同一个字形，表示“鼻”和“自”的是同一个字形，表示“主”和“示”的是同一个字形，表示“禾”和“年”的是同一个字形，表示“帚”和“妇”的是同一个字形，表示“毕”和“禽”的是同一个字形，但是这些同形字之间只有意思上的一定相关性，而完全没有音韵上的同源关系。林沄先生的这些论述可能受过裘锡圭先生《文字学概要》的启发[8]，但他所讨论的例子有好些是裘锡圭先生的书没有论及的。我们认为林沄这两篇论文所探讨的文字中的同形现象或“一形多用”现象是非常重要的。文字学家们往往把这里说的“一形多用”和纯粹的“异字同形”相区别，当然这是必要的。因为“一形多用”所说的一个字形所表示的多个词之间常常是在意思上有一定关联的，并不是毫不相关的两个字，而“异字同形”则是说毫无关系的多个字恰好同形。但本章所讨论的“异字同形”包含了“一形多用”在内，本章在讨论中对二者不作严格区分，统一称作“异字同形”，这仅仅是为了行文方便，特此声明。

裘锡圭先生《文字学概要》第5页早已注意到古文字中“一形多用”的问题，裘先生说：“在早期的文字里，存在着表意的字形‘一形多用’的现象。同一个字形可以用来代表两个以上的意义都跟这个字形有关联，但是彼此的语音并不相近的词。”裘先生举了在纳西文里，象杯中有茶叶形的一个字形“既代表‘茶’这个词，又代表‘饮’这个词（裘先生原注：二词不同音）”。同书第213页说：“在早期的汉字里，‘一形多用’曾经是相当普遍的一种现象，而且这种现象通常是存在于同时同地的文字里。”裘锡圭所举的例子是，在甲骨文中，表示“月”与“夕”的是同一个字形；又像成年男子的一个字形既表示“夫”，也表示“大”。“月”与“夕”，“夫”与“大”在意思上有些关联，但在音韵上毫无关系，不能看作同源字。裘先生还举有其他一些例子，本书不作详引。

裘锡圭先生《文字学概要》的“同形字”一章写得相当好[9]。在汉字中异字同形的现象甚为普遍。汉字中凡一字多音多义，而其音义又无互相通借或引申之可能者都是异字同形。论其原因，我们可以列出几种：①有时是因为一个字的俗体写法与其他字同形；②有时是因为两个字产生和使用的时间与地域都不相同，原本是不同系统的字，但恰好是同形，后又因为不同方言的字混合在一起，于是就出现了同形字；③有时是因为一个字在使用中发生讹误，或繁化，或简化，或同化，或异化，而正好变得与另一个字同形；④在近代又有一些简化字变得与古文中的一些字同形。其实，较早论述“异字同形”现象的文字学家是陈梦家。其《中国文字学》[10]第三章“汉字的结构”第48页的“同字异读”一节所讨论的问题实际上就是我们这里说的“异字同形”问题，颇有举例。

黄侃《文字声韵训诂笔记》[11]第50页曰：“盖古文异字同体者多，同形异义者众也。”同书第204页曰：“故一文可表数义，如《说文》‘中’，古文以为‘艸’字；疋，古文以为《诗》大‘疋’字，亦以为‘足’字[12]；又如‘亥’之古文与‘豕’为一；‘玄’之古文与‘申’实同。”黄侃此书还有其他举证，此不详录[13]。可注意的是黄侃此书中已经出现“异字同形”一语。黄侃自称其说为章太炎所取。黄侃《量守庐群书笺识》[14]第344页曰：“同形异字，其例至多。《说文》之字每不见于群籍，不得辄以为许误。”黄侃《说文笺识》[15]第122页“巫”字条称：“凡象形指事字本无定音，后世或专行一音，其说多窒。所赖群书音读间有存者，又由声子以推声母，犹可考见其大略耳。”黄侃的这个见解非常有见地[16]，他说的“象形指事字本无定音”就是文字学上的“异字同形”。可惜直到现在还有浅薄之人坚持说“字有定音”，完全不懂文字音韵之学。

章太炎《太炎文录续编》卷一《古文六例》[17]已曰：“古文有形音同而字异者。古文形同字异者。如‘单’为豕，又为亥。‘廿’为二十并，又为疾[18]。‘王’为天下所归往，又为石之美者。‘士’为事，又为地之吐生物者，此类多矣。亦有形音皆同而字异者。‘包’从巳，为子未成。‘夒’从巳又为手。‘川’为通流水，首从川，又为鬊。‘匕’为相与比叙，又为饭匙。‘十’为数之终，于彝器又为古文甲字。‘十’音如叶，与甲音亦无大异。此类形音皆同，义则各别。而象形指事各自可说，非声近通借也。许书说解，多存一曰之例。盖皆二字形音适同，不得尽谓为假借也。”章氏之论颇为有识[19]。

《郭店楚墓竹简》中的《六德》有曰：“君子不卡如道。”整理者注释曰：“卡，并非见于《字汇补》之‘卡’，或疑即一般认为‘弁’字异体之‘卞’字之所从出，在此疑读为‘变’。下文‘夫妇卡生言’、‘男女不卡’之‘卡’则疑当读为‘辨’。”整理者的意见应该是正确的。郭店简中的《语丛四》有曰：“士无双不可。”这里的“双”千万不可误会为现代简化汉字的“双”，而是战国楚系文字的“友”的一种写法[20]。同书《语丛一》：“所以会古含之事也。”其中的“含”就是“今”字的繁写形式，结果与匣母的“含”同形了[21]。罗振玉编《三代吉金文存》18·28录战国时期楚国的一个铜勺上的铭文有曰：“秦忑为之。”李家浩先生曾特别对我说过铭文中的“忑”与后世“忐忑”中的“忑”不是同一个字，只是同形而已。另外，《说文》中“墉”的古文还用作“城郭”的“郭”。段玉裁曰：“此云古文墉者，盖古读如庸，秦以后读如郭。”《说文》中“李”的古文把偏旁“子”移到了右边，作“杍”字形，这样一来就和“梓”的异体字“杍”同形了，实则二者音义皆殊，毫无关系。战国时期赵国的兵器文字中的“伐器”的“器”有的被省略写作“哭”，这就与“哭笑”的“哭”同形了，二者也是音义皆殊，没有关系。殷墟妇好墓出土的铜器铭文中的“妇好”的“好”字，张政烺先生认为要读成“子”音，只是由于是用作女人的名字，才加上女字旁作“好”，与好坏的“好”完全是两个字，只是同形而已[22]。《老子》第十二章：“是以圣人为腹不为目，故去彼取此。”马王堆帛书甲本“取”作“耳”，乙本作“取”。这样的异文关系不能解释为通假，而应该认为是“取”省略了“又”[23]，从而变得与“耳”字同形。在古文字中，“全”有异体作“仝”，这就和读舌尖塞音的“仝”同形了[24]。

又如，“𠂤”字的不同用法可以作为说明“异字同形”的好例子。朱德熙先生《战国铜器铭文中的食官》[25]一文说：“战国铜器刻辞里常常出现‘𠂤’字。……这类𠂤字过去多读为‘师’。左师、右师固有此官名，但以𠂤为‘师’是商代和西周文字的习惯，战国时代的兵器铭辞和玺引文字里，‘师’字通常都写作‘帀’，从来没有写作‘𠂤’的。我们认为这些𠂤字都是‘官’字的简体。”朱德熙先生此文有详细的考证。现在的古文字学家们几乎公认朱德熙的这个观点是正确的。“𠂤”在甲骨文和西周金文中是用作“师”字，当读为“师”[26]；而在战国文字中，“𠂤”不是作为“师”的省写或异体，而是用作“官”字，故读音就是“官”。只有少数古文字学者如王文耀等所编的《金文引得·春秋战国卷》[27]仍把战国文字中的“𠂤”释读为“师”，这显然是错误的。朱德熙《长沙帛书考释（五篇）》[28]之叁论述到战国楚帛书中的字形似“笑”的字其实应该释为“莽”，因为“莽”所从的“茻”在古文字中有时可以省写作“艸”。

我们还收集了其他一些例子来说明“异字同形”的问题。例如：在先秦的古文字中，“乂”与“五”的古文同形[29]，“若”与“单”在籀文中同形，“甲”的古文与“七”的古文非常相近，几乎同形；在金文中“司”字反写与“后”同形[30]，“田”与“周”也有同形之例。《说文》：“佴，佽也。”而“耻”的古文也作“佴”。定州出土的汉代竹简本《论语》的“耻”就作“佴”[31]。据《说文》，“宅”的古文作“厇”，而“度”的古文也作“厇”；据《说文》，“㡿”为“却屋”之义，而“斥”的本字也作“㡿”。“鼻”字古文与自己的“自”同形，“人”字有时与“大”字同形[32]；“害”与“周”在古文字中有时同形[33]。在隶书中，“土”与“士”、“丈”与“支”、“並”与“普”均有同形之例。《新唐书·李密传》："今稟无见粮，难以持久。"[34]这个"稟"并非"稟受"之"稟"，而是义为粮仓的"廪"的省写。这完全是异字同形。《章太炎全集》卷四《与刘光汉书》："按，古文'仁'字作'尸'，'夷'字亦作'尸'。"[35]又，《说文》："罽，鱼网也。从网㓹声。㓹，籀文锐。"这是说作为"罽"的声旁的㓹与"锐"的籀文同形。实际上二者的性质是不同的。

陈世辉、汤馀惠所著的《古文字学概要》[36]第155页说："同一文字形体在不同的文字里表示不同的意义，甚至同一形体却代表两个不同的字。"该书指出在金文中"番"字的下部从田乃象兽掌之形，与田地字无关。西周金文中"小子"二字的合书之形与战国中山王鼎的"少"字同形。商周古文中的"才"字与战国兵器中都戈的"中"字同形。西周金文的"在"字与战国中山方壶铭文中的"士"字同形。

李家浩先生《从战国"忠信"印谈古文字中的异读现象》[37]一文也论述了战国文字中的异字同形问题，颇有启发性。其文第11页曰："在古文字里，两个形近的字常常混用，如战国文字中'百'与'金'，秦汉简帛文字中的'赢'与'嬴'，'壶'与'壹'，'遂'与'逐'等。两个形近的字作为偏旁而混用亦不乏其例，如战国文字'焦'旁与'鱼'旁，'弓'旁与'尸'旁。……下面将要提到的表一：20的'躳'字所从的'身'旁与二年宁冢子得鼎的'为'字同形，以致有人把古文字中的'为'误释为'身'。表一：11的'身'字与'氏'字字形非常相近，所以表一：13的'身'就讹作'氏'了。"李家浩先生此文第12～13页从三个方面，列举了六个证据，以证明先秦印文中的"躳"字可以有"身"的读音，引证江有诰、杨树达、沈兼士、黄宾虹的意见。其文证据充分，论证有力，当为可信。李家浩此文还举有一些古文字中"一字异读"的例子，都是很有价值的。[38]

以上关于"异字同形"的论述颇有益于音韵学者们的参考[39]，提醒音韵学者在利用汉字的形体去推导古音的时候要特别留心，应当充分注意文字的复杂现象，尤其是在讨论谐声问题的时候。可是音韵学家们在利用汉字的谐声原则的时候往往忽视异字同形的现象，把汉字的谐声问题简单化，以致得出不少错误的结论。现在就让我们作较为仔细的考察：

例一，有的音韵学家以"立/位"为例，认为"位"从"立"声而读舌根音（喻三），并据此构拟复声母。今案，此说不可据。"位"是会意字，并非从"立"得声。《说文》："位，从人立。"段注："会意，于备切。"在古文字中，"位"多没有人旁而作"立"，与站立、竖立的"立"同形。藤堂明保《汉字语源辞典》第720页及《学研汉和大字典》第59页、小林信明《新选汉和辞典》第68页、镰田正等《新汉语林》第72页、小川环树《新字源》第52页、尾崎雄二郎《角川大字源》第93页都明说"位"是会意字，而非形声字或会意兼形声字。更考《周礼·小宗伯》："掌建国之神位。"郑注："故书位作立。"郑司农云："立读为位。古者立、位同字。古文《春秋经》公即位为公即立。"《管子·七法·为兵之数》："立少而观多。"银雀山汉简《王兵》"立"作"位"。又《周易·说卦》："天地定位。"马王堆帛书《易之义》作"天地定立"。《史记·范雎蔡泽列传》："臣闻明主立政。"《索隐》按：《战国策》"立"作"莅"也。《左传·昭公二十二年》："又恶王子朝之言。"杜注："子朝有欲位之言。"《释文》："一本'位'作'立'。"钱大昕《十驾斋养新录》卷十三"广雅"条："古文'位'与'立'同。"在古文字材料中"位"多作"立"，例证极众，在金文中遍地皆是，不胜枚举。滕壬生《楚系简帛文字编》[40]第660页说《望山楚简》一号墓占卜简的"位"不从人，仅作"立"。吴大澂《说文古籀补》："立，古'位'字。《颂鼎》'王各大室即立'。'立'当读'位'。"容庚《金文编》"位"字下也称金文中"位"不从人，多作"立"形。这在古文字学界已成定论和常识。从古文字史上看，“立”字形产生得很早，在甲骨文中已有，在西周和春秋时期的金文中有很多。但是“位”字形不但不见于甲骨文，而且从商代直到战国时期的金文中都还没有见到。我们只是在战国时期的竹简中发现有“位”字，因此可以说“位”是战国时期才产生的一个新字，如《包山楚墓竹简》、《郭店楚墓竹简》、江陵天星观一号墓出土的楚简中出现有“位”字。甚至可以设想“位”是在战国时候的楚系文字中产生的一个字，是为了与“立”相区别。因为原来的“立”字形包含有来母和喻三两种读法，代表两个不同的字，只是字形相同而已。我们可以说作为“位”的异体字的“立”与站立之“立”本为二字，绝无音韵上的同源关系，不得相混。这就是“异字同形”[41]。我们上面提到的林沄先生《古文字转注举例》已经明确地认为在甲骨文中，表示“立”与“位”是同一字形，但是却代表了两个不同的词，在音韵上没有同源关系。喻遂生《从纳西东巴文看甲骨文研究》[42]也注意到同样的问题，其文称在甲骨文中作“立”字形的字有“立”和“位”两种读音[43]。北京大学中文系沈培教授也曾当面对我表示过同样的见解。这无疑是正确的。喻遂生的文章中所举的东巴文的例子颇似我国古文字的某些情形。如在东巴文中的一个字形读 ba 音的时候表示“花”，同一个字形读 zi 音的时候表示“美丽”。同一个字形读 le 音表示獐子，读 hy 音表示野兽。类例甚多。这些不同的读音之间绝对没有同源关系，虽然字形相同。

在战国早期的《中山王方壶》的铭文中“位”作从“立”从“胃”（左“立”右“胃”）之形[44]，显然是以“胃”作声符，以免与站立字相混。张政烺先生解释说：“从立，胃声，字书不见，当是‘位’之异体。金文以‘立’为‘位’。‘立’字出现早，含义多，读音歧异，不免混淆，故以‘胃’为声符加于‘立’字之旁，遂产生此从立胃声之形声字。”[45]《学研汉和大字典》第 59 页就指出“位”与“围、胃”是同源字，其语源义为“定位、限定”[46]。现在考古发掘出的《中山王方壶》铭文上的“位”正是从“胃”。而且《诗经·大雅·大明》：“天位殷适。”《韩诗外传》卷五引“位”本作“谓”。足见藤堂先生此说之精湛。王力《同源字典》也没有把“立/位”收为同源字。董同龢《上古音韵表稿》一“声母”之 6“带 l 的复声母的问题”中没有“立/位”这个例证，这是非常谨慎的。[47]唐兰先生《中国文字学·文字的发生》[48]七“中国原始语言的推测”第 41 页已经主张“位”从“立”而读于母是异读，唐兰先生说的异读就是说这两个读音是不同系统的，没有同源关系。这与本书的观点相合[49]。龙宇纯《再论上古音 -b 尾说》[50]一文也认为“立”字有两个不同的音，一读来母的“立”，一读“位”。稍引其言：“文字学中有所谓‘同形异字’的现象，如‘夕’之与‘月’，‘妇’之与‘帚’，凭借联想力以已有象形象意字喻其相关之意，代表另一语言更为一字。‘位’与‘立’的关系，显然与‘月’‘夕’‘妇’‘帚’相同，本以一‘立’字代表语音无关的两个语言，一者力入切，一者于愧切，其后于后者加人旁而形成位字，本是文字学上的问题，不干于音韵之学。”[51]

例二，许多音韵学者都利用“柳/卯”这一组材料来构拟上古汉语的复辅音 ml。我们经过对文献材料的综合考察，认为这条例证不能成立。“柳”字所从的“卯”是否就读为“子丑寅卯”的“卯”，这是要仔细考察的。《说文》中“柳”所从的字作“丣”，与“卯”在字形上稍有区别。这两种字形实际上是异体字，并不表示两个不同的字。《说文》：“柳，小杨也。从木丣声。丣，古文‘酉’。”力九切。则“丣”用作“酉”是六国文字的用法，非秦系文字。《说文》中颇有“丣”字作为偏旁。如《说文》玉部的“[illegible]”字注曰：“石之有光，璧珋也。出西胡中。从玉丣声。”力求切。又《说文》：“贸，易财也。从贝丣声。”《说文》：“鄮，会稽县。从邑贸声。”此字所从的“卯”，《说文》是作“丣”形。《玉篇》称“茆”与“茻”同字。然而现代的古文字学家们发现，先秦古文字的材料几乎一致显示出《说文》说的“柳”从“丣”的观点是错误的，因为在古文字材料中“柳”是从“卯”，没有从“丣”的。有个别著名古文字学家甚至说“丣”是《说文》独有的字形，前不见于古文字，后不见于隶书。我们认为从上面列举的《说文》自身的材料看来，《说文》中的“丣”字形显然与“卯”是可以相混的异体字。而且“丣”字形并不是完全不见于古文字。高明、葛英会《古陶文字征》[52]第225页所录先秦秦系文字的“贸”就明显从“丣”，而不是从“卯”。罗福颐《古玺汇编》797号录有“痭”字，其字形也明显从“丣”，而不是从“卯”。此字见于《集韵》：“痭，疾也。”同书第264页认为这是晋国的玺印，应是晋国文字。何琳仪《战国古文字典》第262页引录《东亚钱志》“二·九五”的“留”字也是明显从“丣”形，而不是从“卯”形。“丣”大概是战国以来秦晋文字的一种写法[53]，上不见于殷周的甲骨文、金文，也罕见于战国时代的六国文字。所以有的古文字学家认为“丣”是《说文》独有的字形，现在看来也可以商榷。《说文》的小篆本来就是主要承袭了秦系文字，所以有时候能保留只见于战国时期的秦系文字而不见于六国文字的字形。对于音韵学家来说，问题是为什么同是从“卯”或“丣”得声，“柳、聊”和“琊”读来母，而“贸”和“鄮”就读明母呢？这是否是上古汉语复辅音的反映呢？我们认为这个现象不是复辅音的反映，而是异字同形的问题。我们认为作为偏旁的“卯”或“丣”在先秦本来就有两种读音，一为来母，一为明母，二者同是幽部。而不应该是来自复辅音的分化。段玉裁《说文解字注》“昴”字注已经注意到这个问题，段玉裁曰：“‘卯’古音读如‘某’，‘丣’古文‘酉’字，字别而音同在三部。虽同在三部而不同纽。是以‘丣’为声之‘刘、留、聊、柳……’为一纽；‘卯’声之‘昴’为一纽。古今读音皆有分别，‘丣’声之不读‘莫饱切’犹‘卯’声之不读‘力九切’也。”段玉裁虽然拘于《说文》，认为“卯”和“丣”截然为二字，这是不妥当的，但他认定“卯”和“丣”自古有两种不同的读音，一为明母，一为来母，从不相混，这真是千古卓识[54]。我们可以从语言的系统性出发来证明“卯”或“丣”在先秦的读音正如段玉裁所说应当分为来母和明母两系。因为从古人的声训来看，“卯”或“丣”的上古音肯定有明母一读，与来母不相混，而不是复辅音 ml 的分化。①考《说文》：“卯，冒也。”《释名·释天》：“卯，冒也。”《礼记·月令》：“孟春之月。”孔颖达疏：“卯，冒也。”《玉篇》同。这些古注明显是声训，是以“卯”和“冒”为双声。而“冒”字从来不与来母字发生谐声关系和通假关系，因此“冒”的声母不可能是复辅音 ml。如果把“卯”的上古声母构拟为复辅音 ml，那么就得把与“卯”为双声的“冒”也得构拟为复辅音 ml，而这是没有任何根据的。因此也可以反过来证明“卯”的上古声母不是复辅音 ml，只能是明母。②古人的声训还以“卯”和“茂”为双声。如《淮南子·天文》：“卯则茂茂然。”《史记·律书》：“卯之为言茂也，言万物茂也。”《晋书·乐志上》：“卯者茂也，言阳气生而孳茂也。”《史记》和《晋书》的这一节都颇用声训，非仅此例。《白虎通·五行》：“卯者，茂也。”《周礼·大师》一注曰：“辰与建交错贸处如表里然”。陆德明音义曰：“贸音茂。”[55]《公羊传·宣公一年》：“曷为不系乎周？”注：“据王师败绩于贸戎系王。”《经典释文》：“贸音茂。”[56]这些自西汉前期以来的声训材料表明“卯”与“茂”必为双声无疑。而“茂”从不与来母字发生通假关系和谐声关系，其古音声母不可能是复辅音 ml。这就反过来证明与“茂”为双声的“卯”的古音声母只能是明母，不会是复辅音 ml。③朱骏声《说文通训定声》说：“卯，又借为‘昧’。古文《尚书·尧典》曰‘卯穀’。郑读为‘昧’。卯、昧双声。”朱骏声说的“卯、昧双声”无疑是正确的。而“昧”字的古音声母只能是明母，从来不与来母字发生通假关系和谐声关系，因而不可能是复辅音 ml。这也反过来证明与“昧”为双声的“卯”的古音声母不会是复辅音 ml，只有可能是明母。④据《说文》：“饱，从食包声。”《说文》同时指出“饱”有一个古文作“从卯声”。这显然是以“卯”和“包”旁纽为双声，音近可通。如果把“卯”的上古音声母构拟为复辅音 ml，那么对《说文》说的“饱”的古文或从“卯”声的现象就无法解释。因为“包”声字从不与来母字发生通假关系和谐声关系。汉代的声训是承袭自先秦的，《说文》、《释名》的声训材料至少可以反映先秦春秋战国时期的声母情况。我们从古文字材料中发现的证据与古文献相吻合。如先秦的材料《睡虎地秦墓竹简・日书》中的“卯”，就有“卯”和“茅”两种写法，显然是以二者为通假字。而“茅”字的上古音只有明母一音，就是主张古有复辅音的学者也没有一人认为“茅”的上古音声母是复辅音 ml，因为“茅”字从来不与来母字发生通假关系和谐声关系。这个古文字的例证与汉代古文献所反映的声母情况完全吻合，如《周礼・醢人》：“茆菹。”郑注：“郑大夫读‘茆’为‘茅’。”又《韩非子・外储说右上第三十四》：“楚国之法，车不得至于茆门。”陈奇猷注：“茆、茅字同。”同篇：“荆庄王有茅门之法曰。”《说苑・至公》引“茅”作“茆”。这些材料显示出“茆”与“茅”为通假字。《春秋・成公元年》经文的“茅戎”，《公羊传》和《穀梁传》都作“贸戎”。[57]这就进一步证明“卯”的上古音声母只能是明母，而不会是复辅音 ml。⑤《史记・天官书》：“昴，髦头，胡星也。”这显然是以“昴”和“髦”为声训，而“髦”从来不与来母字发生通假关系和谐声关系，其上古音声母不会是带有来母的复辅音，这就反过来证明“昴”的上古音声母也不可能是复辅音 ml。但是应该怎样看待“昴”和“留”的训诂关系呢？如《诗经・召南・小星》：“维参与昴。”毛传：“参，伐也；昴，留也。”孔颖达疏引《春秋元命苞》曰：“昴，六星，昴之为言留也，言物成就系留。”吴其昌就利用这个材料来证明上古有复辅音 ml。我们认为这个材料不能证明复辅音 ml 的存在，因为东汉纬书《春秋元命苞》说的“昴之为言留也”并不是以“昴”和“留”为双声的声训。毛传以“留”释“昴”犹如以“伐”释“参”，这不是声训。段玉裁《说文解字注》“昴”字注曰：“古谓之昴，汉人谓之留，故《天官书》言‘昴’，《律书》直言‘留’。毛以汉人语释古语也。《元命苞》云：昴，六星，昴之为言留，物成就系留。此‘昴’亦呼‘留’之义也。”段玉裁的注很清楚地表明以“留”释“昴”并非声训，而是以今语释古语，先秦称“昴”，汉代人称“留”，并非以二者为双声。汉代人用的“之为言”句式中确实有很大一部分是声训，同时也有很多不是声训。如《穀梁传・隐公三年》：“周不可以求之，求之为言得，不得，未可知之辞也。”[58]莫非“求”与“得”也是双声么？《礼记・郊特牲》：“祊之为言倞也。”郑注：“倞犹索也，倞或为谅。”《经典释文》：“倞音亮。”“祊”与“倞”也不是声训。《春秋繁露・深察名号》：“名之为言真也。”并非以“名”与“真”为声训。同篇又曰：“民之为言固。”“民”与“固”也非声训。《广韵》“堂”字下引《白虎通》曰：“堂之为言明也。”非以“堂”与“明”为声训。《白虎通义・五行》：“夏之言大也。”非以“夏”与“大”为声训。《风俗通义・声音》：“雅之为言正也。”非以“雅”与“正”为声训。另如《穀梁传・僖公四年》：“溃之为言上下不相得也。”《穀梁传・昭公二十二年》：“乱之为言事未有所成也。”二例皆为义释，非关音训。另可参看段玉裁《说文解字注》“祼”字注，段玉裁有很精辟的见解，此不详举[59]。我们还可用同样的方法证明从“卯”得声的“留、刘、聊、柳”等字的上古音声母只能是来母，而不会是复辅音声母 ml。我们只以“留、刘”二字为例。

先说“留”字。《易・系辞上》：“旁行而不流。”《经典释文》：“流，京作留。”《诗经・邶风・旄丘》：“流离之子。”《尔雅・释鸟》郭璞注引“流”作“留”。《史记・司马相如列传》：“杂以流夷。”《汉书・司马相如列传》“流”作“留”。《庄子・天地》：“留动而生物。”《经典释文》：“留，或作流。”《荀子・君子》：“贵贱有等，则令行而不流。”王念孙《读书杂志》称：“流读为留。”银雀山汉简《孙膑兵法·地葆》："不留，死水也。"整理者读"留"为"流"。马王堆帛书《十大经·观》："周留四国。"整理者读"留"为"流"。马王堆汉墓竹简《天下至道谈》："汗留至国。"整理者读"留"为"流"。以上各证表明自先秦以来，"流"与"留"音近相通，必为双声。如果"留"的上古音为复辅音 ml，那么必然就只有把"流"的上古音声母也构拟为复辅音 ml，否则二者不能相通。而这样的复声母构拟显然是没有根据的。因为"流"字从来不与明母字发生通假关系和谐声关系，没有理由把"流"的上古音声母构拟为复辅音 ml。这就反过来证明与"流"相通的"留"的上古音声母也不会是复辅音 ml。

再看"刘"字。有证据显示"刘"与"娄"声字相通。如《汉书·武帝纪》："膢五日。"颜师古有比较详细的注解："如淳曰：'膢音楼。《汉仪注》立秋貙膢。'伏俨曰：'膢音刘。刘，杀也。'苏林曰：'膢，祭名也。貙，虎属。常以立秋日祭兽王者，亦以此日出猎，还，以祭宗庙，故有貙膢之祭也。'师古曰：'《续汉书》作貙刘。膢、刘义各通耳。'"《尔雅·释诂上》："刘，陈也。"郭璞注曰："未详。"郝懿行《尔雅义疏》曰："按，'刘'与'膢'声义又同。《汉书·五帝纪》注'膢'音'刘'。又刘、膢通。古读'膢'如'胪'。胪、旅古字通，旅亦陈也。"根据《汉书》注和郝懿行《尔雅义疏》的系联，"刘"与"膢"古音相通，必为双声，而"膢"的上古音不可能是复辅音 ml，只有可能是来母，因为"膢"和所从的"娄"声字从来不与明母字发生通假关系和谐声关系，因此没有任何理由把"膢"的上古音声母构拟为复辅音 ml[60]。这就反过来证明与"膢"相通假的"刘"的上古音声母只能是来母字，不会是复辅音 ml，否则二者不会有汉代人所注的直音关系。而且正如郝懿行《尔雅义疏》所说，"膢"与"胪"的古音相通。"胪"与"旅"的古音也相通。三者都是双声，均为来母。而"胪"和"旅"都不与明母字发生通假关系和谐声关系，上古音声母不会是复辅音 ml。这就进一步反过来证明可以系联为通假关系的"刘、膢、胪、旅"的上古音都只能是来母，不可能是复辅音 ml。我们正是这样从语言的系统性出发来批评所谓的"古有复辅音说"及其所依据的材料是不可靠的。因此，我们根据以上的论证认为"柳/卯"类的材料不能成为古有复辅音 ml 的证据。这组"柳/卯"材料，我们处理为从"卯"声，古有来母和明母两读，其上古音的母语不能构拟为复辅音 ml，否则将会与古汉语材料的系统性发生冲突，并导致一系列不可克服的困难。而且根据我们上面的引证，在古文字中，"异字同形"或"一字异读"的现象非常多，古文字中的"卯"声母从其通假关系和谐声关系来看，完全可能有明母和来母两读。我们的解释没有困难。

我们从《说文》中还找到了"卯"可以读明母和来母的根据。据《说文》："酉，就也。八月黍成，可为酎酒。象古文酉之形。凡酉之属皆从酉。'丣'，古文酉从卯。"这是一条非常重要的线索。上文证明，在《说文》以及战国古文字中"丣"实际上与"卯"可以混合用，这就是说"卯"也可以用来表示古文的"酉"（即"丣"字）。正因为如此，"卯"在先秦就有"酉"音，即余母幽部。现代音韵学家公认余母（即喻四）与来母关系密切[61]。李方桂《上古音研究》第 13 页甚至说："因此可以推测喻母四等很近 r 或者 l。"所以，当"卯"声字读来母时实际上是"酉"的异体字或古文。我们主张"卯"声字自上古就有明母与来母两读的观点可以说是毫无可疑的了。

例三，《礼记·礼运》："蕢桴而土鼓犹若可以致其敬於鬼神。"注："蕢读为由，声之误也。由，堛也。""蕢"的上古音是群母微部，"由"是余母幽部，二者的声母韵母都有较大区别。而郑玄明称二者可以通假。这该怎样解释呢？我们前面说过如果能确定是通假关系，那么就一定不会是复辅音的分化。考《说文》："蕢，艸器也。从艸，贵声。臾，古文蕢。象形。《论语》曰'有荷臾而过孔氏之门'。"今本《论语·宪问》"臾"作"蒉"。可知"蒉"的古文作"臾"。那么"臾"这个字就有了两个不同的读音，代表两个不同的字，一是作为"蒉"的古文（又见《广韵·至韵》），为群母微部；一是余母侯部，见于《说文·申部》训为"束缚捽抴"的"臾"，中古音"羊朱切"。《礼记·礼运》的"蒉"字一定有别本或古本作"臾"，汉代有的学者把"臾"释读为"蒉"，但郑玄认为应该读为"由"。余母侯部的"臾"和余母幽部的"由"古音很近，完全可以通转。所以不能根据郑玄说的"蒉读为由"来构拟任何复辅音声母。退一步说，如果这里的"蒉"真的就是群母微部字，那么也只能说群母与余母在东汉以前的上古音中确实能相通，因为郑玄说"蒉"与"由"的古音关系是"声之误"，而且用了"读为"这样的术语，那么可以很明确地判定"蒉"与"由"是通假字。既然是通假字，那就只能说"蒉"可以音变为"由"，这与复辅音毫无关系。

例四，有相当多的音韵学者利用"命/令"来作为上古有复辅音 ml 的证据。我们认为这条材料也是不能成立的。考《说文》："命，使也。从口从令。"此大徐本没有说"命"是从令得声。徐锴《系传》明确地称"命"是会意字。段注本作"从口令"。本来依据段注惯例，段注也认为"命"是会意字。但是段注与王筠《说文解字句读》却明说"令亦声"，这就把它当作形声字了。《说文解字句读》还举有金文为例，说："金刻多借'令'为'命'。《史伯硕父鼎》'永令万年'，其证也。"金刻就是指金文。《说文谐声补遗》也称"令亦声"。而且也引用金文为证："命、令二字通用，故从其声"云云。另如《说文通训定声》也认为"命"是会意兼形声字[62]。我们认为清代小学家"令亦声"的提法是错误的。

考《说文古籀补》称："古文命、令为一字。"都是作"令"形。容庚《金文编》也说在金文《免盘》的铭文中的"命"字不从"口"。从古文字学上考察，"令"字形的产生先于"命"字形，在甲骨文中已有"令"字，但没有"命"字。在西周的金文中才出现了"命"字。所以容庚《金文编》第 641 页说："'令'孳乳为'命'。"在甲骨文中的"令"应该认为有两个读音的，一读为明母；一读如"令"，为来母字。这两个读音应该看作是两个词的读音，而不是有共同来源的一个读音的分化。在周代的金文中，为了区别这两个读音，就在"令"上加口而成为"命"。"命"与"令"在意思上有关联但不是同源字，就犹如在甲骨文中，"母"与"女"同形而且在意思上相关联，却不是同源字；"夫"与"大"在甲骨文中同形而且在意思上有关联，却不是同源字；"月"与"夕"在甲骨文中同形而且在意思上有关联，却不是同源字；"禾"和"年"在甲骨文中同形而且意思上有关联，却不是同源字；"帚"和"妇"在甲骨文中同形而且意思上有关联，却不是同源字[63]。正因为如此，在甲骨文中表示"命"和"令"的同一个字形是有两个读音的，一读如"命"，一读如"令"，并不存在语音分化的问题[64]。

唐兰先生《中国文字学》[65]第 40～41 页早已指出"令"与"命"的读音是彼此没有同源关系的异读："金文的'令'字，大家都知道和'命'是一个字，而且金文的'铃'字就从'命'，可以知道周时的'命'字还读来母。显然在晚周以后，要把'令'和'命'分开，才把它们读成两个声音（命令犹螟蛉），所以'令'声的字入明母的只有'命'字。"唐兰先生是反对复辅音声母的，他这里的论述似乎是主张"命"与"令"本来是同音的，但是在晚周以后，为了区分二者，于是将"命"读成明母。唐兰先生此说与我们的看法不同。我们认为古文字中的"令"字本身就有明母和来母两读。"命"字产生以后，也有明母和来母两读。我们可以认为这种现象是林沄说的"一字多用"，而不是出于同一个远古音的分化。我们认为"命"是会意字[66]，而不是会意兼形声字。《学研汉和大字典》认为

“命”是会意字，而不兼形声。其字的结构原理是“会集众人，用口宣示意志”。藤堂先生还举有一个类似的字作为旁证：“鸣”与“命”是同源字[67]。“鸣”是从鸟从口的会意字，绝不是从“鸟”得声的会意兼形声字。藤堂先生《汉字语源辞典》列举“命、鸣、名”等为同源字，却没有把“令”算在内，而把“令”和“灵、丽”看作一组同源字[68]。这是很有见地的。《新选汉和辞典》称“命”为会意字，且说：“命是合‘口’与‘令’而成的字。‘令’是君王发号施令。因为是宣之于口，于是就作‘命’。”《新汉语林》也称“命”是会意字，加口于“令”是为了利用声母辅音的不同从而与“令”相区别。

我们认为这三位日本学者的意见与大小徐本《说文》相合，是正确的。我们总括日本学者的观点，可以认为“命”与“令”的区别是“命”是用口头形式来表示和传达，“令”是用书面文告的形式来表示和传达[69]。古人在造字时确实用“口”旁来表示发出声音之义。如《说文》：“后”字下曰：“从一、口，发号者，君后也。”则是以“后”所从的“口”为“发号”之义[70]。《说文》：“呴，厚怒声。从口、后，后亦声。”《说文》此字可训“厚怒声”，是因为“后”与“厚”相通假[71]。在“后”加上“口”旁表示“怒声”。又《说文》：“君，尊也。从尹，发号，故从口。”也是用“口”旁表示“发号”。《说文》：“名，自命也。从口从夕。夕者，冥也。冥不相见，故以口自名。”用“口”来表示“自名”（犹言自称、自呼）。《说文》：“吾，自称也。从口五声。”从“口”表示称呼。《说文》：“�，野人言之。从口质声。”明显是用“口”表示“言之”。《尚书·舜典》：“帝曰：‘龙，……命汝作纳言，夙夜出纳朕命，惟允！’”“纳言”之职是出纳君王之“命”。可证“命”必是指口头语言，“命”是“言”。

在文献中，“令”可以是一种法令文书，是政府公文的一种；而“命”在文献中从来没有书面文告的意思。我们可以举出许多例证来观察。《说文》：“后”字下曰：“施令以告四方，故厂之。”可知“令”显然是文书公告，仅仅用口头说话怎能告四方？《广韵》：“令，律也。”“律”是成文的东西。《汉书·食货志下》：“令禁铸钱。”师古注：“令，谓法令也。”“法令”是写在文书上的。《汉书·宣帝纪》：“诸触讳在令前者。”师古注：“令，谓令诏书。”明确地说“令”是文书。《孟子·梁惠王下》：“王速出令，反其旄倪，止其重器，谋于燕众，置君而后去之，则犹可及止也。”这个例子中的“令”显然只能是书面的命令，因为当时齐国攻伐燕国的军队远在燕国，孟子劝齐宣王下令撤军。《周礼·小宰》：“以治王官之政令。”孙诒让《周礼正义》注曰：“凡施行为政，布告为令。”《尔雅》：“令，告也。”邵晋涵《尔雅正义》注曰：“令，谓布告令于外也。”均是称“令”为政府文书，并非口头之言。《史记·酷吏列传》：“客有让周曰：‘君为天子决平，不循三尺法。’”《集解》引《汉书音义》曰：“以三尺竹简书法律也。”比较《汉书·朱博传》：“如太守汉吏，奉三尺律令以从事耳。”《史记》的“三尺法”就是《汉书》的“三尺律令”。可证，“令”与“法、律”都是写在三尺竹简之上的。古有“律令”和“法令”二字联言之例，也是因为“律”、“法”和“令”都是书面文件。《史记·秦始皇本纪》载丞相李斯言：“士则学习法、令、辟、禁。”“法、令、辟、禁”都是官方的文书。陈继儒《群碎录》[72]“令甲”条：“今人称法令曰令甲，出汉宣帝诏。盖是法令首卷。”称“法令首卷”，则“令”必是书面文本。陈继儒《枕谭》[73]也有“令甲”条：“今人称法令曰令甲。然考《汉书》有令乙令丙，则汉律当有十卷。”我通检了《史记》《汉书》《后汉书》《三国志》直到新旧两《唐书》，仅仅只有《宋书·夷蛮传》有一处“法命”的用例：“禀命攻讨，万里推锋，法命肃齐，文武毕力，洁己奉公，以身率下。”而“法令”一词的用例则多达数百例。据此我们甚至可以认为《宋书》

的“法命”也有可能是“法令”之误。“命”之所以几乎不能跟“法”或“律”联言而成“法命”或“律命”，就是因为古人心中的“命”是用语言传达的，而与书面化的“法”、“律”不类[74]。更考《孟子·离娄上》：“顺天者存，逆天者亡。齐景公曰：‘既不能令，又不受命，是绝物也。’”《孟子》此文分明以“命”与“令”有区别。观赵氏注曰：“言诸侯既不能令告邻国，使之进退；又不能事大国，往受教命；是所以自绝于物。”其中的“令告邻国”一定是用书面文告，邻国怎能听得到口头命令？而“往受教命”就是要前往听取口头的教命，与看看文书不同。这个例子最能显示“命”与“令”的不同。《汉书·食货志上》：“令命家田三辅公田。”师古注引：“李奇曰：令，使也。命者，教也。令离宫卒教其家田公田也。”这也显示古人心中的“命”和“令”是有所不同的。当然，我们也不可忽视个别的例外，这是因为：①语言是发展的，并不是永远受到造字时的规律的约束；②著作家们也有自己的个性和对语言独自的理解；③传世文献也可能出现讹误。所以我们偶尔也可以看到“令”作动词，用作口头命令的时候。如《史记·孙子吴起列传》：“令之曰：汝知而心与左右手背乎？”这样的例外不能否定规律，更何况这里的“令”还有可能是“命”的误字。在战国时期的青铜器铭文中，“令”可以加“口”旁而成为“命”，这个“命”的读音不是明母的“命”，而应该读为来母的“令”，因为在古文字中常常有加或不加“口”旁而音义皆不变的情况，但有时却会造成同形字，这与复辅音是无关的。例如战国时代的三晋兵器铭文中作为地方长官的县令的“令”常常写作“命”。楚国行政长官“令尹”，在《郭店楚墓竹简·穷达以时》中写作“命尹”。有的古文字学家说在甲骨文中“令”有明显用为口头命令的意思。这完全不足以反驳我们的观点，因为我们明确地说过“令”这个字形在甲骨文中本来就有明母的“命”音一读。

至于明母的“命”与来母的“令”是不是同源关系，学者们对此的意见有分歧，我们认为二者不是同源词。因为我们在上文提到“命”与“名”、“鸣”肯定是同源字，音义皆相通[75]，都是明母字。而“名”和“鸣”二字从不与来母字发生通假关系和谐声关系，其上古音不会是复辅音ml，这就可以反过来证明“命”的上古音声母不是复辅音ml。我们稍举例证：《说文》：“名，自命也。”《史记·晋世家》：“名，自命也。”这显然是以“命”和“名”为声训，二者必为双声；《广雅》：“命、鸣，名也。”王念孙《广雅疏证》：“名、鸣、命，古亦同声同义。”[76]另外“命”与“名”古音相通的例子多得不可胜数[77]。有的古文字学家认为“命”与“名”同源并不妨碍“命”与“令”同源，这实际上是说来母与明母能够互相发生直接的音变。我们之所以不敢明确说来母与明母的古音可以相通是因为除了王力先生以外，绝大多数的音韵学家都不赞成来母与明母之间能够直接发生音变，认为这在音理上讲不通，所以才有很多音韵学家要构拟复辅音ml来解释明母与来母相谐声的问题。也就是说很多音韵学家要构拟复辅音ml的大前提就是大家一致公认来母与明母不可能发生直接的音变。我们在本章之所以要把“卯”的上古音处理为有来母与明母两读就是因为考虑到我们既不赞成复辅音的观点，也不能轻易认为明母与来母之间可以发生直接的音变。所以本书采取了折中的处理办法，认为“令”同“卯”一样在上古音中本来就有明母与来母两读，这样既回避了复辅音ml的问题，也回避了来母与明母之间直接音变的问题。这样的处理希望得到古文字学家们的理解。

另外，我们从通假字的关系来考察“令”的上古音声母，所选例子都明显是属于双声的，所以批评者不得以“通假字可以音近而不必音同”为理由相责难。①在古籍中“令”与“灵”常常相通。如《广雅·释言》：“灵，令也。”此为声训。马王堆汉墓竹简《合阴阳》：“九曰青令。”而同是马王堆汉墓竹简的《天下至道谈》中将“青令”作“青灵”。《玉篇》：“舲，与艫同。”《说文》：“艫，軨或从霝。”[78]“令”和“灵”必是双声，如果把“令”的上古音声母构拟为复辅音 ml，那么必然就要把“灵”的上古音声母也构拟为 ml，而这显然是没有根据的，因为“灵”或“霝”字从来不与明母字发生通假关系和谐声关系，故其上古音不可能是复辅音 ml。②又如《史记·齐太公世家》：“于是桓公称曰：‘寡人南伐至召陵，望熊山；北伐山戎、离枝、孤竹。’”《集解》引《地理志》曰：“‘令支县有孤竹城。’疑‘离枝’即‘令支’也，‘令’、‘离’声相近。应劭曰：‘令音铃。’‘铃’、‘离’声亦相近。《管子》亦作‘离’字。《索隐》‘离枝’音‘零支’，又音‘令祇’。”《史记集解》认为“令”与“离”古音相近，必是以二者为双声。而“离”从来不与明母字发生通假关系和谐声关系，没有任何理由说“离”的上古音声母是复辅音 ml。因此这就可以表明与“离”为双声的“令”的上古音声母也不可能是复辅音 ml，只能就是来母。③又如“怜”和“憐”古音相通，当是双声。如《楚辞·七谏·自悲》：“憐余身不足以卒意兮。”注：“憐一作怜。”《集韵·先韵》：“憐，或作怜。”《诗经·齐风·庐令》：“庐令令。”据王先谦《诗三家义集疏》[79]，三家诗“令”作“鏻”。《说文》犬部“獜”字注引《诗经》“令”作“獜”。又《楚辞·九歌·大司命》：“乘龙兮辚辚。”注：“《诗》云‘有车辚辚’也。《释文》作轸。”凡此皆证明“令”与“粦”声字相通，二者应为双声。如果把“令”的上古音构拟为复声母 ml，那么“粦”的上古音声母也得构拟为复辅音 ml，这也是完全没有根据的。因为“粦”声字从来不与明母字发生通假关系和谐声关系，此足证其上古音不可能是复声母 ml。这也证明“令”的上古音不会是复辅音 ml。至于“粦”声字与“吝”相通假的问题，本书别有考证。我们在这里只简单地说“吝”不是形声字[80]，不是从“文”得声，不能用“吝”来作为明母与来母谐声的证据。④《尔雅·释宫》的“瓴”字，《经典释文》：“力丁反，《诗传》作‘令’，音陵。”足证“令”有“陵”音。而“陵”的上古音声母只能是来母，因为“陵”从不与明母发生通假关系和谐声关系，故其上古音声母不会是复辅音 ml。因此，与“陵”同音的“令”的上古音声母也只能是来母，不可能是复辅音 ml。⑤《庄子·让王》：“昔周之兴，有士二人处于孤竹。”《经典释文》曰：“司马云：孤竹国在辽东令支县界，伯夷、叔齐其君之二子也。‘令’音郎定反。”据此知“令”与“郎”为双声，而“郎”从不与明母字发生通假关系和谐声关系，其上古音声母只能是来母，不会是复辅音 ml，因此与“郎”为双声的“令”的上古音声母也只能是来母，而不会是复辅音 ml。最后一条材料虽然时代可能偏后，但其注音也可能是师传的旧音，至少可以作为旁证参考。这总比有的人用东汉以后的材料来推论远在甲骨文之前的所谓原始汉语的语音要稳妥些。古人常常给“令”这个常用字注音，是要作声调和韵母方面的区分，因为从古人的注音来看，“令”有平声和去声两读，而且有时还可读为“连”音，从来不是说“令”有“命”音。也就是说古文献中的“令”只与来母字发生通假关系，不与明母字发生通假关系，这就表明“令”的上古音声母只能是来母，而不会是复辅音 ml。

“命”与名、鸣同源，强调的是声音方面。“令”强调的是书面上的文告方面。王力先生《同源字典》第 329 页根据“命”和“令”在古书中常互训以及二者叠韵，便把它们归为同源字。有的古文字学家也认同“命”与“令”是同源字。本书不能接受这个结论。更何况如同王力先生所说，来母和明母是可以相通的，因此，即使接受王力先生的观点，“命/令”也与复辅音 ml 无关，我们在上面作的通假字系联就能证明这一点。[81]

例五，有的音韵学家根据“龙”和“尨”在古书中有互为异文之例，就认为二者的古音相通，从而构拟复辅音 ml。我们认为这是将古书中异文的性质简单化了。异文有时并非是二字的通假，而有可能是错字，是二者形近互讹，或者是异字同形。考察古书，可以得到这样的结论。如《周礼·玉人》：

"天子用全，上公用龙，侯用瓒，伯用将。"注："郑司农云：全，纯色也；龙当为尨。尨谓杂色。"《周礼·牧人》："凡外祭毁事用尨可也。"注："故书毁为甈，尨作龙。杜子春云：甈当为毁，龙当为尨；尨谓杂色不纯。"《经典释文》："尨，亡江反。"《周礼》的郑司农注和杜子春注都说"龙当为尨"，"当为"二字如段玉裁所说是汉代人表示误字的用语。段玉裁《说文解字注》"衹"字注曰："古人云'当为'者皆是改其形误之字。"《周礼》注所揭示的古书，有时确实是误字。且举一例以为旁证：《周礼·考工记·匠人》："凡任索约大汲其版。"郑注："故书'汲'作'没'。杜子春云当为'汲'。"郑玄本人也认为应该是"汲"。这里只能认为在古文经"故书"原文中的"没"是"汲"的形近而误的错字，而不能认为"没"与"汲"音近相通。这是一种可能的解释。

但是这种解释有一个问题，就是"龙"和"尨"在古文字的字形上并不相近，区分比较明显，似乎不容易互讹。因此"尨"又作"龙"很可能不是误字，在古注中也有很多证据表明"龙"与"尨"确实是古音相通。如《周礼·巾车》："駹车雚蔽。"注："故书駹作龙；杜子春云：龙读为駹。"《周礼·犬人》："凡几珥沈辜，用駹可也。"注："故书駹作龙。郑司农云：龙读为駹，谓不纯色也。"这条例证似乎可以说明"龙"与"駹"相通假。郑司农已经清楚地认识到经典原文的意思是"谓不纯色也"，而"龙"字在古书中从来没有表示"不纯色"的意思，只有"駹"或"尨"能表示"不纯色"。《周易·说卦》："震为雷为龙。"《经典释文》："龙，虞、干作駹。"《左传·襄公四年》中有"尨圉"，而《潜夫论·五德篇》中作"龙圉"。这些证据似乎都表明"龙"和"尨"音近相通。"龙"和"尨"的声母相差较大，二者如何能相通呢？其实"龙"的上古音中本来就有明母一读。《集韵》称"龙"有"莫江切"一读，上古音正为明母东部。《集韵》一书虽晚于《广韵》，但其中的注音却多有存古的性质，不得以其晚出而认为其中的材料都是晚出，这已经得到古文字学家研究的证明。王引之《经义述闻·礼记上》"驾仓龙"条[82]的王引之按语广征群书，认为"龙"训为高大的马的时候要读如"駹"。朱骏声《说文通训定声》也认为"龙"与"尨"古音相通假。《诗经·秦风·小戎》："龙盾之合。"马瑞辰《毛诗传笺通释》[83]称："龙、厖、蒙三字古声近通用。"马瑞辰也引证《周礼》故训。[84]因此我们认为"龙"自上古以来就有明母一读，与来母音并存，二者意思各别。"龙"读来母时是鳞虫之长，读明母时是"駹"的异体字或通假字，二者没有音韵上的同源关系。"龙"读来母和明母二音是用字的问题，不是造字的问题。因此"龙/尨"这组材料与复辅音完全无关，绝不能据以构拟复辅音 ml，而有许多音韵学家正是依据"龙"和"尨"在古书中有互为异文之例，就以之来构拟复声母，这是错误的。

例六，有的学者利用"万/虿"这组谐声材料来论证古有复辅音声母。我们认为这组材料与复辅音无关。考《说文》并没有"虿"字，只有"蠆"，曰："毒虫也。象形。蠆或从䖵。"丑芥切。《说文》明确地说了"蠆"是象形字，而不是形声字，不是从"万"得声。"蠆"字所从的上部偏旁并非"万"字的繁体。朱骏声《说文通训定声》[85]称"蠆"字"俗作虿，与牡蛎字无别"。可见"蠆"的俗字作"虿"，才变得从"万"。这只是为了让偏旁成字，以便于记忆[86]。段玉裁《说文解字注》第 665 页注也称："蠆，俗作虿，非。"段玉裁已经指出"虿"是"蠆"俗体讹误之形。所以"蠆"字不能用作论证古有复辅音的证据。"万/虿"这组材料也与复辅音无关。段玉裁注还说到："蠆，按《字林》'他割反'，玄应书'他达切'。皆旧音也。"段玉裁称《字林》和《一切经音义》中的注音是旧音，这是很可注意的。因为有的音韵学者认为"万/厉"这样的材料与复辅音的分化有关。我们认为这也是不可靠的。因为"厉"不是从"万"得声，而是从"蠆"得声。《说文》明称："厉，旱石也。从厂‘蠆’省声。”力制切。《说文》载有“厉”的异体从“蠆”，不从“万”。朱骏声[87]从《说文》之说。段玉裁注颇有新说，认为“厉”的篆文本来应该是作“厲”，说：“厉从蠆省声，则字当作厲；隶体蠆作蚕，厲作厉，皆从‘萬’，非也。后人以隶改篆，则又篆皆从‘萬’也。”段玉裁的意见虽是一家之言，但也很值得重视，“厉”从“万”很有可能是隶变后的讹误之形。但是段玉裁并没有反对《说文》所说的“厉”是从蠆省声之说。因此，诚如《说文》所说“厉”是从蠆得声，而无论蠆是如《广韵》的丑芥切，还是如上引《字林》和玄应《音义》所记之反切，蠆的上古音都是透母，与“厉”的来母旁纽为双声[88]，音近可通，完全在古音通转的范围之内，与复辅音无关。再考《说文》：“万，虫也。……象形。”无贩切。《玉篇》、《广韵》皆称：“万，虫名也。”段玉裁注：“谓虫名也。假借为十千数名，而十千无正字，遂久假不归，学者昧其本义矣。与虫部蠆同象形。盖‘万’亦蠆之类也。”《说文》以“万”与“蠆”为二字，都是象形字。而且《说文解字诂林》引述孔广居《说文疑疑》的论述对有关以“万”为声符的字逐一进行了辩难，颇与本书的观点相通。我们只能说作为数字的“万”是借用作为“虫名”的“万”字为之，并不是借“蠆”，二者的读音差别太大，没有理由说“万”与“蠆”的上古音本来相近。况且在甲骨文中，“万”主要是用作地名，其读音难以确定。

自从清代的徐灏《说文解字注笺》以来，有一种见解认为“万”与“蠆”本来同字，只因为“万”借用为十千的专用字，于是又造出“蠆”字来表示毒虫。[89]徐灏的这个观点后来得到了古文字学家的支持。如郭沫若《卜辞通纂》第71页就明确说“蠆”即“万”字，是“蝎”的象形文。李孝定在《甲骨文字集释》中赞同郭沫若的观点。裘锡圭《文字学概要》[90]第114页把“蠆”归入表意字中的象物字，说：“蠆与万古音相近，是由一字分化的。”姚孝遂在《甲骨文字诂林》的按语中赞成徐灏的说法，同时批评了《说文校录》和《说文解字句读》把“蠆”分析为从虫万声的观点。姚孝遂的说法是正确的，“万”与“蠆”绝对没有声韵上的同源关系。即使如有的古文字学家所说的那样，“万”与“蠆”本为一字，我们也可以认为那个最早的象形字是一个字有两个完全不同的读音，一读如明母的“万”，一读如透母的“蠆”，这两个读音没有同源关系。现在还没有证据表明“蠆”本来读明母而其读为透母的“蠆”的读音是后起的。因此，我们只能认为如果真是像古文字学家们说的那样“万”与“蠆”本来同字[91]，那么那个最早的象形初文就拥有明母与透母两个并存的读音，这两个读音间没有同源关系（也就是本书论述的异字同形）。如果像徐灏所说“蠆”是在“万”用作数字后才造的后起字，那么也只能认为是古人为了让“蠆”与“万”在读音上不致相混才另造后起字形[92]，其得音另有来源，绝不可能是由明母的“万”音变而成。我们认为古文字中的“萬”声字包含两个完全不相干的来源，一是明母元部，一是来母月部，我们希望古文字学家认真考虑我们的意见[93]。

我们可用通假字系联法来检验。考《史记·陈杞世家》：“桓公弟佗，其母蔡女，故蔡人为佗杀五父及桓公太子免而立佗。”《索隐》：“谯周曰‘春秋传谓他即五父，与此违’者，此以他为厉公，太子免弟跃为利公，而《左传》以厉公名跃。他立未逾年，无谥，故‘蔡人杀陈他’。又《庄二十二年传》云‘陈厉公，蔡出也，故蔡人杀五父而立之’。则他与五父俱为蔡人所杀，其事不异，是一人明矣。《史记》既以他为厉公，遂以跃为利公。寻‘厉、利’声相近，遂误以他为厉公，五父为别人，是太史公错耳。班固又以厉公跃为桓公弟，又误。”《史记索隐》明称“厉、利声相近”，则必是以其声音可相通，而“利”与明母字绝不发生通假关系和谐声关系，其上古音不可能是 ml－这样的复声母，这就反过来证明与“利”声相通的“厉”也不会是复声母 ml－[94]。又如《史记·刺客列传》：“居顷之，豫让又漆身为厉。”《集解》：“厉音赖。”《索隐》：“疠音赖。赖，恶疮病也。……然厉赖声相近，古多假‘厉’为‘赖’，今之‘癞’字从疒，故楚有赖乡，亦作‘厉’字，战国策说此亦作‘厉’字。”足证“厉”与“赖”相通，而“赖”的上古音只能是单辅音的来母音，这也证明与“赖”相通的“厉”也是来母音，而不会是任何复声母。

例七，《说文》：“匋，瓦器也。从缶包省声。古者昆吾作匋。案《史篇》读与缶同。”徒刀切。依照《说文》的分析，匋字应是从“包”得声，《史篇》称“读与缶同”[95]，则是以“匋”从“缶”得声，但绝不会读“徒刀切”。考《说文》：“陶，再成丘也。在济阴从阜匋声。《夏书》曰：东至于陶丘。陶丘有尧城，尧尝所居，故尧号陶唐氏。徒刀切。”则读“徒刀切”的应是“陶”字，而不是“匋”。“匋”与“陶”在秦系文字中的读音本不相同，但在六国文字中二者是同音字。我们认为《说文》所解释的匋“从缶包省声”是小篆，“读与缶同”的是籀文，皆是秦系文字，是唇音。而读为“徒刀切”的“匋”是六国文字的用法，文字系统本不相同。在六国文字中“匋”还可以省写作“缶”，而读“徒刀切”。何琳仪《战国文字通论（订补本）》第37页说：“齐燕陶文中则每以‘缶’为‘匋’（陶）。”这实际上是异字同形[96]。在六国文字系统中的“陶、匋”不能分析为从“包”省声，要读定母；后来流传下来的是六国文字系统的读音，秦系文字系统的唇音反而没有很好地流传[97]。

我们从通假字系联的角度可以证明“陶、匋”绝不是复声母。例如，《尚书》中的“皋陶”有别本作“皋繇”[98]，“繇”是以母字，自古无异说，上古音常与定母相通。如果上古音的“陶”是复声母，则不会与单辅音的“繇”相通。又，在古文献中“陶”与“妯”相通[99]，而“妯”从以母的“由”得声，在上古音中绝不与唇音字发生通假关系或谐声关系，所以“妯”的上古音与唇音无关，这就表明与“妯”相通的“陶”的上古音声母与唇音无关，而只能是舌头音的定母，不会是复辅音声母。又如，在古文献中与“陶”相通的字还有“逃、滔、蹈”[100]，这些字中上古都与唇音字不发生通假关系或谐声关系，故不可能读与唇音有关的声母，只能是单辅音的舌音。这就反过来表明“陶”的上古音只能是定母，或可以稍音转为以母，而不可能是复声母。

我们还可以从文字学的角度正面解释“陶、匋”读定母的原因。我的观点是“陶、匋”读定母是因为二者是从“缶”得声，这个“缶”不是唇音字，而是以母字的“䍃”的省声（此字绝不是从唇音的“缶”得声，本身是一个独立的、不可再分析的字），从“䍃”声的字大多是以母字，如“繇、摇、遥、窑、瑶、谣、傜”等，例证很多。战国时代的六国文字中读为定母的“匋”应该是从“䍃”省声，而不是从唇音的缶或包得声。这样解释，一切疑惑都涣然冰释。《说文》不收“䍃”字，只作为声符出现。更何况“陶、匋”二字既有定母音，也有以母音，其以母音的来历就是因为二者都是从“䍃”省声[101]，其以母音应该稍早于定母音。我认为在音韵学上，凡是一个字有定母和以母两读的，都是以母音早于定母音。以母音变为定母容易，定母音变为以母几乎不可能。因为从汉语语音史来看，到了中古时期，以母已经演变为零声母或j-声母，如果有过定母音变为以母的情况，那么上古的定母在中古一定有音变为零声母或j-声母的现象，但事实上，这种音变在汉语上古音演变为中古音的时候从没有出现过[102]。

现在很多学者不明白《说文》说的“匋从缶包省声”为什么会读为“徒刀切”，于是有种种解释。日本学者镰田正等《新汉语林》第157页把“匋”看作象形字，其形象人挟带陶器之形。《新汉语林》既然把“匋”当作象形字，那就不存在谐声的问题。藤堂明保《学研汉和大字典》第168页把“匋”看成会意字，认为“勹”是意符，是“包”的意思。小川环树《角川新字源》第794页也把“匋”处理为会意字，但认为所从的“勹”本来是雕刻刀的象形字，作“勹”是讹误之形。然而后来作为

《角川新字源》的增补本的《角川大字源》第 1404 页放弃了《角川新字源》的分析和结论，认为“匋”就是形声字，“勹”为声符，是“炰”和“炮”的省略形式，意为“烧、烤”，与“燔”是同源字。以上各家的分析其缺点是都没有注意到古文字的系统性。《角川大字源》从《说文》，把“匋”当作形声字，意为“瓦器”，读唇音，“勹”为声符；读“徒刀切”的“匋”是“陶”的异体字，意为“再成丘”。二者是异字同形。把“匋”处理为纯粹的会意字或象形字都没有道理。赵彤的博士论文《战国楚方言音系研究》第 127 页根据“匋”字从“勹”声，就认为这是定母与帮母相谐，这一观点忽视了文字的系统性和异字同形的问题，是不稳妥的[103]。因此不能利用“陶/缶”这样的材料来构拟 dp/db 之类的复辅音声母。

我们在研究上古音声母的时候一定要注意“一形多用”或“异字同形”的现象，也就是要注意一个字可能会代表多个词，有不同的读音。这些读音之间没有同源关系，而且其中有的读音在中古时可能已经失去了。这些情况是需要特别注意的，我们不能轻易地滥用复辅音来解释其谐声。

注释

① 据《中国大百科全书・考古学卷》“苏美尔文字”条和同书《语言文字卷》“楔形字”条的介绍，远古时代的苏美尔文字就存在一字多音多义的现象。比较详细的介绍则可以参看日本著名学者杉勇《楔形文字入门》（讲谈社，2006 年），此书提到最早是欧洲学者辛库斯和罗林森（此二人的名字是根据该书的日语记音译出，他们二人是楔形文字研究史上非常著名的学者，贡献甚大）的研究发现了楔形文字存在一字多音的现象。例如，在楔形文字中，读为 a 音的文字在表示“儿子”的意思的时候要读为 bar 音。又如，聂洪音《中国文字概略》（语文出版社，1998 年）第 174 页提到：“突厥文的每个字母往往不只代表一个读音，在大多数情况下，一个字母都是既可以代表辅音因素，也可以代表一个‘元音 + 辅音’的音节。”清代著名学者王筠《说文释例》卷三“一字数音”条对古文字中的一字多音的现象讨论甚详，文繁不录。总之，学者们不能用似是而非的“字有定音”的观点来作为批评我们的根据。我不知道“字有定音”的观点是怎样流传开来的，我认为这是完全不符合语言事实的，简直应该加以批判。

②另如《西京杂记》卷六“两秋胡曾参毛遂”条谓：“物固亦有似之而非者。玉之未理者为璞，死鼠未腊者亦为璞。月之旦为朔，车之辀亦谓之朔。名齐实异，所宜辨也。”所谓“名齐实异”就是异字同形。《刘子・审名》曰：“周之玉璞，其实死鼠。楚之凤凰，乃是山鸡。”

③ 当然，也可以认为是同一个字代表不同的词。

④ 裘锡圭先生《释郭店〈缁衣〉“出言有丨，梨民所訢”——兼说“丨”为“针”之初文》（《中国出土古文献十讲》，复旦大学出版社，2004 年）也承认“丨”有“囟”和“退”这两个读音是有根据的。裘锡圭此文还考证郭店楚简和上博楚简中的“丨”字是用作“针”的象形初文。

⑤清代《说文》四大家之一的王筠在其代表作《说文释例》（中华书局，1998 年）卷三“一字数音”条所讨论的例子有不少是属于异字同形的现象，例证颇多，一览即明，毋需转述（如“㗊”读若“书卷”之“卷”，古文以为“醜”字；“羍”读若“瓠”，又读若“籥”。当然王筠此节中有一些属于古音通假的范围，但异字同形也很多）。在近现代的学者中，讨论“异字同形”问题最主要的论著有黄侃述《文字声韵训诂笔记》中“初文音义不定于一”条，杨树达《积微居小学金石论丛》卷五“积微居小学述林后记”，唐兰《中国文字学》第二十四节，裘锡圭《文字学概要》“同形字”，李家浩《战国官印考释（六篇）》（中国古文字学研究会第九届年会论文，南京，1992 年）与《战国官印考释两篇》（载《著名中年语言学家自选集・李家浩卷》），陈世辉、汤馀惠著《古文字学概要》，陈炜湛《甲骨文简论》第四章，蒋绍愚《古汉语词汇纲要》第 192 ~ 196 页，吕叔湘《语文常谈》第 36 ~ 37 页，龙宇纯《上古阴声字具辅音韵尾说检讨》，陈伟武《战国秦汉同形字论纲》，刘钊《古文字构形学》第三章“甲骨文构形的分析”第五节“形体的相通”和第六节“形体的讹混”、第十一章“古文字中形近易混形体的区别形式”、第十六章“古文字构形的演变

条例”，刘钊的论述较详，举例甚多。陈独秀的《小学识字教本》对汉字中异字同形的现象也早就有相当的注意和讨论，眼光颇为犀利。唐兰《古文字学导论》第245~248页论述了古文字中因讹误而常常造成异字同形的现象。张振兴《章平（永福）方言的文白异读》（《著名中年语言学家自选集·张振兴卷》，安徽教育出版社，2002年，第51~53页。）一文也讨论了在闽语永福方言中同形字的现象，举证颇丰，很值得参考。台湾学者戴君仁著有《同形异字》一文（《戴静山先生全集》，此文最早发表于台湾大学《文史哲学报》1963年第12卷。光华按，此文我未能寓目），龙宇纯也有《广同形异字》[台湾大学《文史哲学报》1988年第36期。此文后收入龙宇纯《丝竹轩小学论集》（中华书局，2009年），龙宇纯此文收集了大量的材料，举证颇充分。我是在完成此书四年后读到《丝竹轩小学论集》，惊叹龙先生的渊博和卓识，龙先生文中所举的例子，本书不再引述，读者务请参看。龙宇纯《中国文字学》定本第108页和第140页也讨论了“同形异字”的问题。又，龙宇纯《再论上古音-b尾说》（《中上古汉语音韵论文集》，五四书店、利氏学社，2002年，第356页）对此也有所论述。又，龙宇纯《中上古汉语音韵论文集》中还有一篇“有关古韵分部内容的两点意见”力主一个字的上古音可能分属不同的韵部，他说：“则当《诗经》时代，必然已有一字异音的现象，只是不如隋唐之于后为烈而已。”龙宇纯的这个观点虽然言之过激，但并非没有根据。实际上，清代大音韵学家江有诰的《音学十书》中的《唐韵四声正》就常常指出一个字在上古音中有不同的声调，有的在《广韵》中消失了（光华按，《广韵》失收许多古音的原因之一大概是《切韵序》中所说的：为《切韵》审音的学者比较强调“捃选精切，除削疏缓”）。江有诰还指出“命、令”二字在上古音中可以既归入耕部，也归入真部。不过，龙宇纯一概否定“通韵”“合韵”则未必可取]。另外，拙著《〈文字学概要〉书后》（见台湾《书目季刊》第三十七卷第四期）也讨论到了“异字同形”的问题。我们在这里介绍一下学者们的一些论述，同时也提供我们自身的研究成果。在我们下面的讨论中，凡是没有言及研究者姓名的地方，都是本书作者自己的研究。本书还收集了一些可供参考的材料载于后面的脚注之中，可以参看。

⑥ 见林沄：《林沄学术文集》，中国大百科全书出版社，1998年。

⑦ 我最近觉得这或许有理据可说。考《史记·封禅书》：“朝朝日，夕夕月。”则“夕”可以用作祭祀礼拜“夕月”的专用名词，所以“夕”就可以引申出“夕月”的意思。《国语·周语上》：“古者，先王既有天下，又崇立上帝、明神而敬事之，于是乎有朝日、夕月以教民事君。”《国语·鲁语下》：“故天子大采朝日，与三公、九卿祖识地德；日中考政，与百官之政事，师尹维旅、牧、相宣序民事；少采夕月，与大史、司载纠虔天刑。”可知“朝日、夕月”的礼仪在上古时代很重要，而且是天子之礼。

⑧ 林沄在文章中提到裘锡圭论述过同样的问题。

⑨ 裘先生此书讲的同形字就是我们所讨论的异字同形。裘先生《文字学概要》的其他地方也偶尔提到类似的文字现象，如同书第124~125页称“隻”在甲骨文中是“获”的表义初文，后来又表示量词的“只”。二者音义皆殊，乃是异字同形。

⑩ 陈梦家：《中国文字学》，中华书局，2006年。

⑪黄侃：《文字声韵训诂笔记》，上海古籍出版社，1983年。

⑫《说文》：“疋，足也。上象腓肠，下从止。《弟子职》曰：问疋何止？古文以为《诗》‘大疋’字，亦以为‘足’字；或曰‘胥’字。一曰疋，记也。”后来龙宇纯的《广同形异字》（见台湾大学《文史哲学报》1988年第36期。此文后收入龙宇纯《丝竹轩小学论集》，中华书局，2009年）也讨论了“疋”字有三个读音，代表了不同的三个词，但龙先生此文的注解提到了“疋”的这种现象是来自上古复辅音sŋ-。这是我坚决不赞同的。既然是同形异字，那么一个字所包含的两个不同的读音一般就不能有同源关系，不会是来自同一个古音。龙先生既主张同形异字，又认为那个字所有的两个不同的读音来自一个共同的古音，这显然在理论上是自相矛盾的。

⑬另当参看黄侃《文字声韵训诂笔记》（上海古籍出版社，1983年）第165~166页，黄侃举证颇多，且甚有益于参考。

⑭黄侃：《量守庐群书笺识》，武汉大学出版社，1985年。

⑮黄侃：《说文笺识》，中华书局，2006年。

⑯光华按，黄侃《说文笺识》包含有许多富有启发性的重要见解，至今还没有受到学术界应有的重视。例如“打人”的“打”是阴声韵，所从的“丁”不能有此读音，学者多不能正确解释其读音的来源［丁声树先生也不能解释。参看《丁声树先生百年诞辰纪念文集》（商务印书馆，2009 年）中张惠英的文章］。黄侃《说文笺识》第 122 页指出阴声韵“打”的本字在《说文》中作“笪”。《说文》：“笪，笞也。”黄侃说：“此即打人字。”又，同书第 122 页称“何、胡”用作疑问词的时候都是“曷”的假借字，当以“曷”为本字。同书第 125 页称“即”用作语词时是“则”的借字，“既”用作语词是“已”的借字。这些都是精彩的见解。类例甚多。

⑰章太炎：《太炎文录续编》，《章太炎全集》，上海人民出版社，1985 年。

⑱光华按：《说文》称“疾”的古文作“甘”。而裘锡圭《文字学概要》（商务印书馆，1996 年）“形声字”第 157 页说：“从古文字看，‘甘’绝不可能是‘疾’的古文。”

⑲《洪诚文集》（江苏古籍出版社，2000 年）第 38 ~ 39 页亦论及异字同形。

⑳另参看黄德宽等《古文字谱系疏证》第一册（商务印书馆，2007 年）第 33 ~ 34 页。

㉑“口”作为繁化字符在古文字中很常见，不再举证。

㉒参看《张政烺文史论集》（中华书局，2004 年）第 648 页。不过李学勤《中国古代文明研究》（华东师范大学出版社，2005 年）第 70 页却称：“‘好’不能理解为子姓，因为金文中妇女名‘好’的多见，作为姓的‘子’却没有从‘女’旁的。”

㉓作为偏旁的“又”在古文字中可以作为羡文，可有可无，音义皆不变，但有时可以造成同形字。

㉔这样的省形现象还有类例。如“荼”在六朝以后有异体省变字作“茶”。

㉕朱德熙、裘锡圭：《战国铜器铭文中的食官》，《文物》1973 年第 12 期。

㉖但是郭沫若《两周金文辞大系图录考释》（《郭沫若全集 · 考古编（第八卷）》，科学出版社，2002 年）第 22 ~ 23 页“小臣单觶”篇的考释称：“自字习见，多于师旅有关，旧释为‘师’，然有‘师自’同见于一辞者，知其非是。古追归字以此得声，师𨸏字从此会意。”郭沫若此篇还有一些推论，都富有启发性，不再转录。郭沫若还举有三件青铜器铭文有“师自”同见于一辞的例子，请参看原文。郭沫若此篇把“自”释为“堆”的象形初文，在铜器铭文中读为“屯”。陈梦家《西周铜器断代》（中华书局，2004 年）第 10 页只曰：“卜辞金文某自之自乃是师戍所在，此铭‘才成自’，而《競卣》‘隹白懋父以成自即东命南尸’，是以成地的师旅东伐南夷。”陈梦家的观点与郭沫若接近，只是没有明确说“自”要读为“屯”，也没有明说要读为“师”（但陈梦家似乎更倾向于读为“师”。于省吾《双剑誃吉金文选》也读为“师”）。另参看白川静《金文通释（日文本）· 第一册》第 93 ~ 96 页。我认为郭沫若的见解很重要，不可轻易忽视。考《左传 · 哀公元年》：“元年春，楚子围蔡，报柏举也。里而栽，广丈，高倍。夫屯昼夜九日，如子西之素。”这里的“屯”只能是屯兵的意思（杜预注认为“夫”就是“兵”的意思；沈钦韩《补注》称：“古者版筑之役，即士卒为之。”）。《左传》称军队一般是“师”，这里用“屯”是因为当时的楚军不仅要作战，而且要在那里搞建设，从事土木工程。西周初年防守“成”的驻军一定不仅是担任军事任务，而且要从事建设性任务，所以称“屯”。古代军队从事农业就叫作“屯田”。西周初年的“屯”也许相当于后世的“军屯”。郭沫若此文还说：“与敦同，古当有二读。阴声为堆，阳声为屯。字废乃有堆与屯字代替之也。”郭沫若对西周字的解释与传统解释不同（朱德熙是采用传统说法），也敏锐地注意到古文字中的一字多音多用的现象。

㉗王文耀：《金文引得（春秋战国卷）》，广西教育出版社，2002 年。

㉘朱德熙：《长沙帛书考释（五篇）》，《朱德熙文集（第五卷）》，商务印书馆，1999 年。

㉙不过这两个字在声音上似乎有些关系，都是疑母，为双声。

㉚《说文》：“司，臣司事于外者。从反后。”容庚《金文编》（中华书局，1985 年）第 640 页称：“司与后为一字。”

㉛另可参看裘锡圭先生《简帛古籍的用字方法是校读传世先秦秦汉古籍的重要根据》［《中国出土古文献十讲》（复旦大学出版社，2004 年），第 171 ~ 172 页］一文。

㉜“大”字就是正面的人形，是象形字。

㉝不仅在古文字中有例子，在上古文献中也可以找到例证，如《春秋公羊传·宣公六年》：“灵公有周狗，谓之獒。”何休注：“周狗，可以比周之狗，所指如意。”而阮元《十三经注疏校勘记》却考证说：“按《尔雅·释畜》‘狗四尺谓獒’。郭注：‘《公羊传》曰：灵公有害狗，谓之獒也。’又宋本张华《博物志》云‘晋灵公有害狗’。‘害’与‘周’形相近，故文异。‘害狗’谓能害人之狗。”阮元的考证是正确的。今本《公羊传》的“周狗”应该作“害狗”。由于东汉时代的经学家何休所看到的《公羊传》就已经是作“周狗”。因此，我们可以说至少在东汉时代《公羊传》的不同版本原文就已经有了“周狗”和“害狗”这两种异文，何休采用了“周狗”之文，晋代的张华和郭璞采用了“害狗”之文。这个异文确实表明“周”与“害”在汉代以前就形近易混。

㉞光华按，“见”读为“现”。

㉟李家浩先生《从战国“忠信”印谈古文字中的异读现象》[见《北京大学学报（哲学社会科学版）》1987年第2期]第12页认为：“‘仁’可能是由‘人’分化出来的一个字。古文字中的‘仁’写作从‘人’从两短横，这两短横是表示区别于‘人’字而仍因‘人’字以为声的标记。后来这两短横讹作‘二’，遂成为现在的‘仁’。”在战国文字中，作为偏旁的“人”和“尸”的形体非常接近，很容易混淆。可参看汤馀惠等《战国文字编》、滕壬生《楚系简帛文字编》、容庚《金文编》的“人”部和“尸”部所隶各字以及何琳仪《战国古文字典》。《金文诂林（第十册）》（香港中文大学出版社，1975年）第5302页引林义光《文源》曰：“从‘尸’之字与从‘人’同义。”高田忠周《古籀篇》三十六第10页曰：“……尸字与人字形义相关如此，且音亦近。故‘仁’古文或从‘尸’作‘𡰥’。”吾友陈剑博士在《释屍》(《追寻中华古代文明的踪迹——李学勤先生学术活动五十年纪念文集》，复旦大学出版社，2002年，第50页）一文中也注意到：“而作为偏旁的‘尸’字则往往末笔弯曲度减小，……与小篆的‘人’字形体颇为接近。换句话说，本来在早期古文字和后来的秦汉文字中，‘人’跟‘尸’主要是以末笔的弯曲度来区分的；而在六国文字中，由于‘尸’字末笔写得越来越直，与‘人’字近似。”陈剑此文具体论证了在战国文字中一个被古文字学家们释为从“人”的“傎”字实际上应该释读为从“尸”的“屍”。我们要补充一点的是“尸”与“人”的古音也是可以相通的。又，《说文》：“仁，古文‘仁’或从‘尸’。”王筠《说文解字句读》注曰：“‘尸’仍是‘人’，横陈于上耳，以其字形平也。故又为古文‘夷’。”《说文解字诂林》引《说文重文管见》曰：“案，‘尸’即‘人’。此字亦作‘夷’。”《说文》、《集韵》、《类篇》“仁”字的古文作“𡰥”。容庚《金文编》（中华书局，1985年）第559页引战国《中山王鼎》铭文“亡不逄仁”的“仁”就作“𡰥”。这也是“人”旁与“尸”旁可以相混的实例。《金文编》第218页“敉”字注曰：“敉，《说文》或从‘人’作‘侎’，此从‘尸’。”刘钊《古文字构形学》（福建人民出版社，2006年）第339页称：“古文字中人、尸二字有时相混。”滕壬生《楚系简帛文字编》（湖北教育出版社，2008年）“序”第11页举了不少例子说明在战国楚简文字中作为偏旁的“人”和“尸”形近相混。如“居”或从“人”，《包山楚简》中的从“尸”从“示”的字同在《包山楚简》中也从“人”，不从“尸”。《包山楚简》中的“屈”字也从“人”不从“尸”。

㊱陈世辉、汤馀惠：《古文字学概要》，福建人民出版社，2011年。

㊲李家浩：《从战国“忠信”印谈古文字中的异读现象》，《北京大学学报（哲学社会科学版）》1987年第2期。

㊳这里转录李家浩讨论过的数例：如例二，《魏三体石经》古文的“狄”字与马王堆帛书篆书《阴阳五行》的“醉”所从的“卒”同形，此字形还见于《古玺汇编》所录的楚国官印。也就是在《魏三体石经》中的古文“狄”字，在战国的楚系文字中是用作“卒”字。例三，《说文》和马王堆帛书《五十二病方》的“凷”字都是用作“块”的异体字。但是银雀山汉墓竹简《晏子》却把“凷”用为“谄”的异体字（或假借字）。例五，曾侯乙墓出土的钟盘铭文所记的音阶名“鼓”字，还有异体字作“喜”。在金文中，作为地名的“喜”有的应读为“鼓”。例六，《古玺汇编》438·4826是印文“王之上吉”，其中的“吉”是用作“士”的异体字。例七，战国时齐国文字的“去”字很多时候是用作“大”的异体字。李家浩先生此文的论述颇多精彩之处。

㊴我还收集了不少可供参考的材料，今列之于注解中。如明朝学者焦竑《焦氏笔乘续集》（中华书局，2008年）卷六“俗书之误”条所讨论的实际上是由于俗字的演变而产生的异字同形。颇有举证，此不录。

王筠《说文释例》卷三“一字数音”条所讨论的古文字中的一字多音现象有不少就是异字同形。段玉裁《说文解字注》“臭”字注谈到了字的古音不相近而字能相通的现象。《说文》：“臭，……古文以为泽字。”段玉裁注曰：“此说古文假借也。假借多取诸同音，亦有不必同音者。如用‘臭’为‘泽’，用‘丂’为‘亏’，用‘屮’为‘艹’之类。”不过用“丂”为“亏”可以理解为“形近借用”，用“屮”为“艹”既可以理解为“形近借用”，也可理解为因为义近而训读。用“臭”为“泽”的问题比较复杂，本书后面有专门讨论。由于这些字之间虽有借用关系，但并无音韵上的通假关系，因此我们可以将这些现象处理为异字同形。

张玉金在其论文《论汉字中的同形字符》[《文字学论丛（第二辑）》，崇文书局，2004 年] 一文也专门讨论了在古文字中一形表示多字的现象。文章说：“所谓同形字符，就是指形体相同而音义不同的字符。如现代汉字‘朏’（月未盛之明）中的‘月’、‘肝’中的‘月’和‘服’中的‘月’即为同形字符。同形字符古已有之。甲骨文是目前我们所能见到的最早的成系统的汉字材料，它象形程度较高，离汉字初创时期不太远。这种文字材料中同形字符已很常见。”张玉金此文举有两个甲骨文中的具体的例子。本书仅介绍其中一例。例一，如同是一个“口”字形包含了十二种意思，也就是代表了十二个字符。(1) 像人头的“口”；(2) 像人口的“口”；(3) 像城邑的“口”；(4) 像宗庙台基之“口”；(5) 像钉子的“口”；(6) 像神主底座的“口”；(7) 像鼓面的“口”；(8) 像宫室的“口”；(9) 像金属熔块的“口”；(10) 像星星的“口”；(11) 像太阳的“口”；(12) 为抽象的指事符号的“口”。张玉金此文还说：“周代金文中同形字符也比较常见。……战国文字中同形字符更为常见。”文章就金文和战国文字各举有一例，本书不再引述。有意义的是张玉金在文章中还归纳了形成异字同形的六种原因，我们节引其文如下：“1. 客观事物是丰富多彩的，当两个或几个客观事物具有相似性的时候，就可能在汉字中形成同形字符。2. 同一种字体中的两个字符形体相近，书写时稍不注意，就会混同，形成同形字符。例如，‘山’和‘火’这两种事物没什么相似性，但在甲骨文中这两个字符却很相似。若无语例，有时甚至分不清是‘山’还是‘火’。3. 书写工具的独特性，也会导致同形字符的形成。例如甲骨文大都是用刀在坚硬的甲骨上刻出来的。用刀刻字，刻方形容易，刻圆形难。一些本该刻成圆形的字符，都刻成了方形，这样就与本该作方形的字符同形了。4. 同一种字体中的字符，有些本不同形，但是由于有省略，导致形体混同，形成同形字符。如战国文字中的‘目’、‘贝’、‘鼎’都是不同的字符，但在合体字中有时发生省略，这样就形成同形字符。5. 由于文字具有系统性，所以前一代同形的字符，在后一代也同形。即使有变化，也是往同一个方向变，变化之后仍为同形字符。6. 文字本质上是一种符号体系。这种体系要求符号要尽可能多，而符号素要尽可能少，这样才能构成最佳的符号体系。汉字相当于符号，而字符相当于符号素，所以字符减少，是其必然的发展趋势。减少字符的途径，就是在发展演变过程中发生偏旁混同，形成同形字符，合多为一。”张玉金对异字同形产生的原因的分析和概括是比较全面的，我们对其文所概括的六点原因均表示赞同。此文还列举有别的例子，可以参看。

又朱德熙、裘锡圭合写的《关于侯马盟书的几点补释》[《朱德熙文集（第五卷）》，商务印书馆，1999 年] 一文指出本来上古音为定母支部的“廌”字（《广韵》音池尔切），但在侯马盟书中却用为“荐”字的异体（或省写），其文曰：“可见‘廌’字古有‘荐’音。”“廌”字所有的这两个音是各自独立的没有任何亲缘关系的读音，是一个字形表示不同的词，与复辅音的分化完全无关。李学勤先生《说郭店简“道”字》（《重写学术史》，河北教育出版社，2002 年）一文指出在古文字中的“衜”字，在甲骨文、春秋晚期的《石鼓文》、马王堆帛书《篆书阴阳五行》中，都读作“行”，但是《汗简》《古文四声韵》都说此字是“道”的古文，出自《古尚书》《古老子》。而在《郭店楚墓竹简》中此字都是用作“道”字，与《汗简》、《古文四声韵》合，没有一例可读成“行”。这就是说同是一个“衜”，在古文字中既用作“行”（另可参看《张政烺文史论集》，中华书局，2004 年，第 22 页），也用作“道”，代表两个不同的字。李学勤先生的这个观点是很正确的。李若晖博士在《由上海博物馆藏楚简重论“衜”字》（《上博馆藏战国楚竹书研究》，上海书店出版社，2002 年）一文也讨论了“衜”在郭店楚简中用作“道”的异体字的问题，因为在郭店楚简中的“衜”字在上博简中都是作“道”。李若晖此文还提到了裘锡圭先生的《释“衍”“侃”》一文，并说：“现在以裘先生的观点为基础，再来看‘衜’的形义问题，甲骨文中的‘衜’与楚简中的‘衜’没有任何继承关系，应是完全独立的两个同形字。”一个字完全可能有不同的音，洪亮吉在《汉魏音・叙》中早就指出：“反语出而一字拘于一音。”在反切注音流行以前，一个字形本来可有不同的读音，原因是它本来就代表不同的词。

杨树达《增订积微居小学金石论丛》卷一“释旁”也说：“口为古‘城’字，又为古‘方’字者，古文同形不嫌异字也。”陈炜湛《甲骨文简论》（上海古籍出版社，1987 年）第四章第二节“甲骨文字形体结构的特点”也论及甲骨文中“异字同形”的现象。陈先生指出在甲骨文中“下”与“入”同形，“山”与“火”同形，“母”与“女”同形，“正”与“足”同形，“甲”与“七”同形，“工”与“壬”同形，“子”与“巳”同形，“月”与“夕”同形，“内”与“丙”同形，“臣”与“目”同形。

罗振玉《读碑小笺》［《雪堂类稿（甲编）》，辽宁教育出版社，2003 年］论及俗别字而造成异字同形的问题。姑举二例：第 63 条“‘斫’为‘研’字别体”称：“魏郑文公‘斫注图史’，‘斫’字疑是‘研’字之误，嗣读隋赵芬碑‘研寻百氏’之‘研’亦作‘斫’，始知‘斫’盖是‘研’字别体也。古碑不容率尔臆断如此。”“研”字变得与砍斫的“斫”同形。第 64 条论及“夕”与“勺”多相混。第 67 条“‘牡’为‘壮’之别字”：“《说文》‘牙，牡齿也’；《五经文字》作‘壮齿’。玉囊作孙季逑先生《释人篇》证误，考‘牡’为‘壮’之别字。今考后齐宇文苌碑‘方期克牡’；隋张贵男墓志‘牡武光其弼谐’；书‘壮’字均作‘牡’。虞书孔子庙堂碑亦书‘壮’作‘牡’，均囊说之确证。隋首山舍利塔铭‘华夏之牡丽’，亦从牛作‘牡’。”光华按，“牡丽”就是“壮丽”的别体。

王国维《观堂集林》卷十三“鬼方昆夷玁狁考”一文指出：“凡女性之字，金文皆从女作，而先秦以后所写经传，往往省去女旁。”如作为女姓的“己”姓，在金文中是作“妃”，这就与后妃之字同形，实则二者毫不相干。王国维就说：作为“己”姓的异体字的“妃”，“非妃匹之妃”。

何琳仪《战国文字通论》（江苏教育出版社，2003 年）第四章“形近互作”一节讨论了在战国文字中的偏旁因为形近而相混的现象，何先生说：“形体相近的偏旁往往容易写混，这是古今通例。如：‘日’和‘曰’、‘目’和‘且’、‘土’和‘士’、‘邑’和‘阜’等，在后代字书里经常混淆。”何先生举出的作为偏旁形近易混的例子有：“人”与“弓”易混，“人”与“彳”易混，“目”与“田”易混，“日”与“目”易混，“目”与“自”易混，“贝”与“目”易混，“日”与“田”易混，“口”与“日”易混，“止”与“屮”易混，“弋”与“戈”易混，“口”与“卩”易混，“卩”与“邑”易混，“土”与“壬”易混，“土”与“立”易混（光华按：在古文献中寻得一例：《史记·殷本纪》：“三公咸有功于民，故后有立。”《集解》引徐广曰：“‘立’一作‘土’。”），“舟”与“月”易混。何琳仪先生所揭示的现象是非常重要的，有助于我们留心古文字中异字同形的问题。刘钊《古文字构形学》（福建人民出版社，2006 年）第十六章“古文字构形演变条例”也举有许多例子，很值得参看。

李荣《语音演变规律的例外》（《音韵存稿》，商务印书馆，1982 年）一文中的“本字问题”举有一个例子：现代汉语“酒盅、茶盅”的“盅”并不是《说文》、《广韵》中的“盅”字，二者是异字同形，李荣先生说：“只是字形碰巧相同而已。”“酒盅、茶盅”的“盅”本字作“鍾”。《广韵》：“鍾，酒器也。”

吾友陈剑博士在其博士论文《殷墟卜辞的分期分类对甲骨文字考释的重要性》（北京大学博士学位论文，2001 年）中论述到了甲骨文中存在的“异字同形”的问题。姑且介绍其文所讨论的一个例子。其文第 59～61 页论述了甲骨文和金文中作为偏旁的“友”和“比”的同形之例。一些很像是从“友”的字，实际上应该释作从“比”。陈剑先生指出在甲骨文和金文中声符跟“友”近似的一个字形“很可能都是以两手相‘比并’表意，是作为‘比’字的异体来用的，与‘友’字无关”。此文还讨论了类似的一些例子，我们不再引述。

张涌泉《汉语俗字研究》（岳麓书社，1998 年）第三章的第十节“异形借用”里所讨论的汉语俗字中的“异形借用”的现象实际上就是“异字同形”的问题。裘锡圭先生在为《汉语俗字研究》所作的序言中说：“第三章第十节把字形变化所引起的两个以上的字混而无别的现象，以及某个字的俗体恰好造得跟另一个字相同的现象称为‘异形借用’。实际上这是一种异字同形的现象，跟字形的借用是不同性质的。”张涌泉所举的例子是：（1）“狠”字，《说文》指犬争斗声，音五闲切；而《广韵》又称：“很，很戾也。俗作狠。”而《龙龛手鉴·犬部》又把“狠”当作“貌”的俗体。（2）“坏、坯”字，《说文》：“坏，丘再成者也（段注本改‘再’为‘一’）。一曰瓦未烧。从土不声。”《广韵》音偏杯切。而《宋元以来俗字谱》称在明清前后“好壞”的“壞”的俗体也作“坏”。《京本通俗小说·碾玉观音》中“教壞了你”的“壞”是作“坯”字。（3）“泒”字，《说文》以之为水名。《广韵》音古胡切。而在唐代以来的俗字中，“瓜”和“爪”可混同不分。《干禄字书》称“泒”为“派”的俗字。胡鸣玉《订讹杂录》卷十曰：“派，水之邪流也。俗作‘泒’。”（4）“燋”字，《说文》：“燋，所已然持火也。”而《干禄字书》则以“燋”为“焦”的通行字。（5）“羔”字所从的“灬”在俗字中可变换为同义的“火”，而“美”字所从的“大”在俗字中也可变为“火”。

这样一来，在俗字中的“羔”和“美”就成了同形字。(6)“[illegible]”字，《广韵》：“啖，啖食。或作啖。”音徒敢切。而在敦煌写本中，“噉”又多用作“喊”的俗字。大概是因为“敢”与“咸”的读音近似，所以在俗字中变换声旁。(7)“体”字，本来是“笨”的异体字。而在宋元前后，“體”的俗字也可写作“体”。这样本来毫无关系的两个字就成了同形字。张涌泉此书还举有个别其他例子，就不再转录了。

叶贵良《“三刀”考索》(《中国语文》2001年第6期)比较详细地考证了古汉语中的“州”字有异体字作“刕”，举有顾颉刚、顾廷龙编的《尚书文字合编》的材料为证。而“刕”字在《广韵》为力脂切，在《集韵》为良脂切，本为姓名用字，与“州”绝无关系。作为“州”字俗体的“刕”就与作为姓的“刕”同形了，实则二者音义皆殊，本为二字。实则，清代学者邓廷桢《双砚斋笔记》卷四已经论及：“王濬梦悬三刀于梁上，须臾又益一刀。李毅解之以为益州。则以‘州’为‘三刀’矣。”

有的“异字同形”是形音皆同而实在是不同的字。我们可以引录吕叔湘先生的意见。吕叔湘《语文常谈》“一字多义与数字同形”有曰：“需要讨论的是一个字的几个意义相差到什么程度，在语言里就不应当还把它看成一个字。最明显的是译音字。例如长度单位的‘米’，跟吃的‘米’毫无关系；重量单位的‘克’，跟克服的‘克’毫无关系。其次是虚字，虚字一般都是借用一个同音的实字。例如必须的‘须’借用胡须的‘须’；不要的‘别’借用分别的‘别’。这些都应该破除字形的假象，看成同音同形的两个不同的字。此外还有许多字，几个意义的差别也很大。随便举几个例子：快速的‘快’和痛快的‘快’；缓慢的‘慢’和傲慢的‘慢’；树木的‘木’和麻木的‘木’；配偶的‘偶’和偶然的‘偶’；排列的‘排’和排除的‘排’；快速的‘疾’和疾病的‘疾’；竹简的‘简’和简单的‘简’；材料的‘料’和料想的‘料’；露水的‘露’和显露的‘露’，等等。这些字的不同意义很可能原来就没有关系，有的也许当初有联系，可是现在也联系不上了。这种字也应当看做两个同音字。”吕叔湘先生虽然论述的是形音皆同而意思不同的文字问题，但也能使学者们充分注意到在汉字中大量存在着“异字同形”的现象。周世烈有专门的《同形词词典》(中国国际广播出版社，1995年)收录了大量的同形词，虽然偏重于现代汉语，但也还有参考价值。本书没有从中引取例证。

另外《说文解字·叙》曰：“六曰假借。假借者，本无其字，依声托事。令长是也。”(不过学术界多以为“令、长”二字并非假借字的典型例子)。许慎所说的假借和后来清儒说的假借或通借不同，绝不可混为一谈。许君所说的假借字实为一种“异字同形”。如“难”本为鸟名，而假借为难易字。“易”之本义为蜥蜴，而假借为容易。“焉”为黄色鸟而假借为语助。“离”为鸟名，而假借为离开。“来”为麦而假借为来去。“颁”为大头而假借为颁布。“新”为取木而假借为新旧。若斯之类皆应归属为“异字同形”(假借字可以算作“异字同形”，也就是上引吕叔湘说的“同音同形的两个不同的字”，但“异字同形”有很多不是假借字，因为“异字同形”的字很多时候其读音是不同的。参看蒋绍愚《古汉语词汇纲要》，北京大学出版社，1989年，第195～196页的论述)。本书主要是揭示同形而异音的问题。黄侃《声韵略说》(《黄侃论学杂著》，中华书局，1964年)有一段论述上古汉字“一字数音”的问题的文字也可供参考：“一字或有数音，古今所同也。有人言古代字止一音，无一字数音者；不知一字数音，其原远在太古。是故一‘丨’也，有读进、读退之分；一‘丙’也，有读导、读沾、读誓之异；伐，有长言、短言之殊；风，有横口、踧唇之异；既不能禁一音之转变，又几能限一时之必一音哉?”

喻遂生《从纳西东巴文看甲骨文研究》四“借形字的音韵问题”(《甲金语言文字研究论集》，巴蜀书社，2002年，第231～232页)一节根据纳西文的实例强调上古汉语的异字同形的问题：“在研究上古音时，我们常囿于假借字或同源字的框框，认为同字必然音同或音近，并以这类一字数音去推上古音。甲金文的实际音读已无法起古人而问之，今数音不同，我们常释之以原本相同，因分化而致异。东巴文鲜活生动明确地显示出借形字记录的是不同的词，而这些词不一定有同源关系，语音不一定相同或相近，借形字的语音不能作为系联古音的材料。”作为旁证，喻遂生举了一些纳西文的例子，因为原文的纳西东巴文符号复杂，所以此处不再转录原文。

我们再根据自己的研究来比较详细地讨论几个例子，也说明一下“异字同形”的现象有时是可以从历史文化和文字学方面解释清楚的：

例一，《郭店楚墓竹简》中的《老子》甲和《太一生水》有把“弱”写作“溺”的现象。今以通行字引之，如《老子》甲有曰：“骨溺筋柔而捉固。”同篇又曰：“溺也者，道之用也。”《太一生水》有曰：“天道贵溺。”以上三处的“溺”，整理者都读为“弱”。“弱”字比“溺”似乎要普通，为什么这里的“弱”要加“水”旁，而写作“溺”呢？我们认为这并不是因为“溺”和“弱”音近相通（虽然二者确实古音相通），而是古人要用“水”旁来表意。以上三处用例都是道家贵柔的思想。而在古代的道家眼中，“水”是柔弱的象征。如今本《老子》七十八章：“天下柔弱莫过于水，而攻坚；强莫之能先。”《淮南子·原道》曰：“天下之物，莫柔弱于水。”《文子·道原》：“天下莫柔弱于水，水为道也。广不可极，深不可测。”正因为道家以“水”象征“柔弱”，所以竹简本《老子》和同样是道家思想的《太一生水》就在“弱”字边上加“水”旁以更加明确地表示“柔弱”的意思，也就是说加“水”旁有表意作用。这样一来“弱”字就变得和另一个完全不同的字“溺”同形了，但是读音仍是柔弱的弱，而不是溺水的溺。

例二，今本《老子》第六十六章：“江海所以能为百谷王，以其善下之，故能为百谷王。”这里的两个“谷”字，郭店简本《老子》甲和马王堆帛书甲本、乙本《老子》都是作“浴”。又今本《老子》第六章：“谷神不死，是谓玄牝。”《经典释文》曰：“谷，河上本作浴。”东汉陈相边韶建《老子碑铭》引亦作“浴神”，与河上本同。俞樾曰：“河上本‘浴’字当读为‘谷’。……河上古本作‘浴’者，‘谷’之异文。”朱谦之《老子校释》下按语曰：“作‘谷神’是也。今宋本及道藏河上本皆作‘谷’，不作‘浴’。《列子·天瑞篇》引《黄帝书》：‘谷神不死，是谓玄牝。’庾肩吾诗：‘谈玄止谷神。’庾信诗：‘虚无养谷神。’后汉高义方清诫曰：‘智虑赫赫尽，谷神绵绵存。’范应元曰：‘谷神二字，傅奕云：幽而通也。’皆以‘谷神’二字连读。”考马王堆帛书《老子》甲乙本“谷”皆作“浴”。这是什么缘故呢？我们认为这是因为在古人的意识中，“谷”中是有水的，所以在“谷”字的左边加“水”旁以表明“谷”中有水。今考察文献：《老子》第三十二章：“譬道在天下，犹川谷与江海。”“谷”与川、江、海并列。《老子》第三十九章：“谷无以盈，将恐竭。”可见“谷”中本来多水，所以不竭。《说文》：“谷，泉出通川为谷。从水半见出于口。”《山海经·海外东经》：“朝阳之谷，神曰天吴，是为水伯。”谷中之神称水伯，足见谷中多水。又如《管子·水地》：“故涸泽数百岁，谷之不徙，水之不绝者生庆忌。”《尔雅·释水》：“水注川曰溪，注溪曰谷，注谷曰沟。”《楚辞·招魂》：“川谷径复。”王注：“注溪曰谷。”王注盖引《尔雅》之词。《楚辞·天问》：“川谷何洿？东流不溢。”这些证据都表明古人确实是把“谷”和“水”相关联，“谷”中多水。正因为如此，帛书本《老子》和楚简本《老子》才在“谷”的左旁加“水”来表意。这样，“谷”就变成了“浴”，与“沐浴”中的“浴”字同形，实则本为二字。作为川谷字的异体的“浴”读音同于“谷”，与沐浴的“浴”无关。所以上引的今本《老子》的各家注中，俞樾说的“河上本‘浴’字当读为‘谷’”是最正确的意见。古人造字本来就有这样的倾向。如据《说文》，“户”的古文是从“木”作“床”，就是因为“户（门户）”是用木材做的，所以就加“木”旁来表意。又如“府”字在战国的古文字中常常写作从“贝”从“府”的𡪞。这是因为在古人的意识中“府”通常是用来储存财货的地方，所以就在“府”字下加上表意的偏旁“贝”，“贝”就是财货。考《尚书·武成》：“散鹿台之财。”孔传：“纣所积之府仓。”孔颖达疏：“藏财为府。”《论语·先进》：“鲁人为长府。”皇侃疏：“藏钱帛曰府。”《礼记·曲礼下》：“在府言府。”郑注：“府，谓宝藏货贿之处也。”《汉书·卜式传》：“仓府空。”颜师古注：“府，钱所聚也。”《汉书·张良传》：“天府之国。”师古注：“财物所聚谓之府。”《淮南子·说林》：“过府而负手者。”高诱注：“府，藏货所主也。”《玉篇》：“府，藏货也。”《国语·越语下》：“府仓实。”韦昭注：“货财曰府。”《周礼·序官》：“天府。”贾公彦疏引郑云：“藏财货曰府。”我们这就明白了为什么古人要把“府”写作“𡪞”。朱谦之先生《老子校释》的按语强调原本应作“谷”，不当作“浴”。这是把“浴”看成了与“谷”不同的字，实为拘虚之见，没有懂得异字同形的道理。《老子》原文无论作“谷”还是“浴”都是正确的，并不存在歧义。二者的读音都要读成“谷”（上古音是以母）。

例三，《淮南子·俶真》：“及世之衰也，至伏羲氏，其道昧昧芒芒然，吟德怀和。”王念孙《读书杂志》称：“‘吟’非吟咏之吟，乃‘含’字也。《原道》篇‘含德之所致也’。高彼注曰：‘含，怀也。’此云‘含德怀和’，《本经》篇云‘含德怀道’。‘含’、‘怀’一声之转，其义一也。‘含’字从口今声，移口于旁，字体小异耳。若训为吟咏之吟，则与怀和不类也。《汉书·礼乐志》：‘灵安留，吟青黄。’服虔曰‘吟音含。’是‘含’字古或作‘吟’也。”正如王念孙所论述：“‘含’字移口于旁，则与吟咏之‘吟’同形，实为二字，音虽近而义则殊。”在古文中，偏旁移动位置是比较常见的现象。

据李孝定先生《同形异字说平议》可知，戴君仁先生撰有论文《同形异字说》，对汉字中的“同形异字”现象作了专门的研究，举证数十例。遗憾的是，我们没有能够找到戴君仁先生的这篇论文。李孝定先生针对戴君仁先生这篇论文，专门发表了学术性的书评《同形异字说平议》（《汉字的起源与演变论丛》，联经出版事业公司，1986 年）。李孝定先生此文颇为雄辩，有些地方是对的，但也有些地方不足以反驳戴君仁先生之说。此不详及。

㊵滕壬生：《楚系简帛文字编》，湖北教育出版社，1995 年。

㊶有的古文字学家也称这个例子为“一形多用”，因为“立”与“位”二字在意思上还是有些关联的。

㊷喻遂生：《甲金语言文字研究论集》，巴蜀书社，2002 年，第 230 页。

㊸喻遂生之文蒙孙玉文教授提示线索，特致谢忱。

㊹中国社会科学院考古研究所编《殷周金文集成（第 15 册）》（中华书局，2007 年）第 9735（器）。

㊺张政烺：《张政烺文史论集》，中华书局，2004 年，第 479 页。

㊻“位”有“限定”之义。如《周礼・诸子》：“正其位。”郑注：“位，朝位也。”还有《礼记・坊记》：“朝廷有位。”《礼记・燕义》：“正其位。”郑注皆释“位”为“朝位”。《左传・昭公十一年》：“单子会韩宣子于戚。视下言徐。叔向曰：‘单子其将死乎，朝有著定。’”杜注：“著定朝内列位常处谓之表著。”同篇又曰：“会朝之言，必闻于表著之位。”足见“朝廷列位”是有“常处”的。《集韵》：“位，居有著定也。”“位”分明有“限定”之义。构词中尚有“定位、位次、席位、品位、爵位、位置、岗位、到位、就位、穴位、在位、座位”等，“位”皆有“限定”之义。

㊼朱德熙先生《在长沙马王堆汉墓帛书座谈会上的发言》［《朱德熙文集（第五卷）》，商务印书馆，1999 年］认为：“帛书‘位’字往往写作‘立’，似乎这两个字的读音一直到汉初还是很接近的。”朱先生是把“位”和“立”看成了通假字，这是不妥当的。二者应是异字同形或一形多用的关系。

㊽唐兰：《中国文字学》，上海古籍出版社，2001 年。

㊾戴君仁《同形异字说》也认为“立”可以表示“立、位”二字。但是李孝定《同形异字说平议》称：“在古文献中，‘位’多作‘立’。戴氏说即以一‘立’形，表‘立、位’二语，并说段玉裁、席世昌想就二字求其音通，是不对的。按‘立、位’二字之义相因，用‘立’为‘位’，说为义之引申，是可以成立的；段、徐二氏之意，是说以‘立’为‘位’，乃假借的关系，其说较胜，这与‘月、夕’的关系，颇为相类。”光华按，我们不能赞成李孝定先生之说。且说“月、夕”二字的上古音相差较大，“月”为疑母月部，“夕”为邪母铎部，声母与韵部都有很大的不同，无论如何不能当成是通假字。李孝定既说“立、位”是意思上的引申关系，又说“立、位”是通假关系，这是难以自圆其说的。因为在文字学中，既是意思上的引申关系，又是音韵上的通假关系，这种情况似乎仅限于同源字。但要确认“立/位”是同源字，这是很困难的，王力《同源字典》也没有把“立/位”收为同源字。

㊿龙宇纯：《中上古汉语音韵论文集》，五四书店、利氏学社，2002 年，第 356 页。

51类似的论述还见于龙宇纯《上古阴声字具辅音韵尾说检讨》（《中上古汉语音韵论文集》，五四书店、利氏学社，2002 年）。

52高明、葛英会编著：《古陶文字征》，中华书局，1991 年。

53当然秦系文字也有“卯”字形，《云梦睡虎地秦简》的《日书》中的“卯”就作“卯”，而不作“丣”。

54段玉裁把“卯”声锁定为明母，把“丣”声锁定为来母，这是不确切的。因为古文字材料表明“卯”和“丣”确实是异体关系，并非毫无关系的两个字。邓廷桢《双砚斋笔记》（中华书局，1987 年）第 256 ~ 257 页也提到“劉”所从的“丣”不是明母的“卯”，而是“酉”的异体。而上古音中的来母和喻四音近相通是很正常的。

55（汉）郑玄注，（唐）贾公彦：《周礼注疏》，《十三经注疏》，中华书局，1998 年，第 795 页。

56（清）阮元校刻：《十三经注疏》，中华书局，1998 年，第 2278 页。

57类似的例证很多，可参看张儒等《汉字通用声素研究》（山西古籍出版社，2002 年）第 103 页和郭晋稀《声类疏证》（上海古籍出版社，1993 年）第 633 页，此不详列。

58《十三经注疏》（中华书局，1998 年）断句为“求之为言，得不得”。非是。

(59)周大璞主编《训诂学初稿》(武汉大学出版社，2005年)第239页也注意到这个问题：“(之言、之为言)先秦文献中用这两个术语，也有只释其义，与音无关的。例如：《易·乾·文言》‘潜之为言也，隐而未见，行而未成’。《礼记·祭统》‘畀之为言与也’。”尚有其他数例，不录。王力主编《古代汉语(第二册)》“古汉语通论(十七)”称：“‘之言’、‘之为言’，使用这两个术语时，必然是‘声训’；除了释义之外，释者与被释者之间有时是同音的关系，有时是双声叠韵的关系。”这样的论述是不确切的。

(60)类似的证据如《说文》“畱”字或从“娄”，这只能是因为作为声符的“畱”和“娄”古音相通，可以发生声符替换。

(61)在古方言中确实存在来母与余母相通的现象。如《水经注》卷二十二“潩水”：“东流入潩水，时人谓之‘勑水’，非也；‘勑、潩’音相类，故字从声变耳。”“勑”的古音是来母，“潩”的古音声母是余母，而郦道元明确地称二者在中古方言中“音相类”，是可以发生通转的，所以六朝时的方言才把“潩水”读为“勑水”，这个古方言中的现象只能理解为音变，绝不可能牵涉到复辅音声母的分化。另如“律”从余母的“聿”得声而读来母。“乐”读来母，“药”为余母。《白虎通·五行》：“酉，老也。”《白虎通》言训诂大多为声训，此为一例。余母的“酉”与来母的“老”构成声训关系。《礼记·月令》：“孟春之月。”郑注：“观斗所建。”孔颖达疏：“酉，留也。”这也是声训(光华按，我们认为“留”所从的“卯”实际上就是“酉”的古文)。收集相关材料较多的是黄焯《古今声类通转表》(上海古籍出版社，1983年)第75页，排比形声字和又读音的材料甚详。李方桂《上古音研究》中的上古音声母系统中，把r和l并列放在通音的位置上。郑张尚芳《上古音系》(上海教育出版社，2003年)第91页的注解也作了一些类似的讨论。季羡林《原始佛教的语言问题》(原载《语言研究》1958年第1期；后收入季羡林的多种论文集，如《季羡林学术论著自选集》等)一文论述：在古印度的混合梵语里存在不少的r→l的音变，这种音变还存在于古印度的东部方言中(季羡林自己举了四个例子)；在混合梵语里还有l→r的音变。不过，总的来看，在上古汉语中，来母和余母相通相谐的现象并不很多，这也许是因为上古音中的来母的音值是送气流音和舌根边音，来母读l在上古音中只是变体读音，是方言音变，而非普遍的雅言语音。

附带讨论一个相关的古文字材料。我最近读到金文《小克鼎》：“用匄康勫屯右。”郭沫若《两周金文辞大系考释》[《郭沫若全集·考古编(第八卷)》，科学出版社，2002年]新编页第264页称“勫”是“踰”字，“此假借为‘乐’”。郭沫若用小字自注：“近人不明假借，或以为不可通，殊觉可笑。”“勫”的上古音声母是余母，而康乐的“乐”是来母。郭沫若认为在金文这里二者的古音相通假。郭沫若之说应为可信，他自己也非常自信。日本的金文大家白川静《金文通释》卷三第516页对此有所解说，虽然说郭沫若的解释没有举出证据，但他自己的意见显然与郭沫若相近似(白川静的断句与郭沫若不同，“屯右”属下文。当以郭沫若的断句为确切)。白川静称：“金文中有‘勫于永命、勫于大服’这样的文例，以此知‘勫’有‘惬意、适意’之义。‘惬意、适意’不正与‘乐’相近么?”(《金文今译类检·殷商西周卷》，广西教育出版社，2003年)第422页也采用郭沫若之说。于省吾《双剑誃吉金文选》(中华书局，1998年)第145页、陈梦家《西周铜器断代》(中华书局，2004年)第264页都没有对“勫”作出详细的解说。金文《微䜌鼎》有类似的文句：“用易(锡)康勫(乐)鲁休。”(参看郭沫若《两周金文辞大系考释》，科学出版社，2002年，第265页)，这个材料显示郭沫若的考释是很通畅的。后来张亚初《殷周金文集成引得》(中华书局，2001年)将金文的“勫”读为“擢”，不知何故?用之于《小克鼎》《微䜌鼎》的铭文则明显不可通。

(62)认同此说的还有日本学者小川环树等所编的《角川新字源》，及其增补本《角川大字源》。但是《角川大字源》却说“命”的声符不是“令”，而是“令”所从的“亼”，其义是“叫”或“教”。意符是“口”和“卩”。且说其音是从kei向me发生转化。我们认为《角川大字源》所说的这种音变完全没有根据，信口开河，不能揭示音变的条件。但《角川大字源》在不承认复辅音这点上是合理的。《角川大字源》把“亼”当作声符，几乎没有任何著作表示赞成。本书引用到的同是日本学者的著作《学研汉和大字典》《新选汉和辞典》《新汉语林》的分析都与《角川大字源》不同。

(63)上面所引述的林沄先生的论文还指出：在甲骨文中“考”与“老”同形而且在意思上有关联，但根据林沄先生的论述，二者却不是同源字，在甲骨文中的那个字本身就有两个读音，一读如“考”，一读如“老”，并不存在一个读音从另一个读音中分化出来的问题。不过，我们认为“考”和“老”这两个字的关系也许真是同源词，在上古音中，来母和溪母确实存在着相通的关系，例子有很多。我们在本书第三章第一节里面有详细的讨论。

(64)持这种观点的学者还有北京大学中文系的沈培教授。沈培先生尚没有撰文发表，然口头上向我表示过这样的观点。

(65)唐兰：《中国文字学》，上海古籍出版社，2001 年。

(66)高本汉的字典里也把“命”分析为会意字，这是很有见地的。

(67)日文原文是“同系”。

(68)其语源义是“美好”。

(69)朱骏声《说文通训定声》“命”字注称：“按，在事为令，在言为命，散文则通，对文则别。”这个解释似乎与我的意见有点相通。

(70)不过《说文》的这条解释不被古文字学家们所接受。《甲骨文字诂林（第一册）》（中华书局，1996 年）第 479 页引王国维之说称“后”在甲骨文中不是从“口”，而是从倒子之形，作“毓”和“育”等形。从“口”乃是讹变。王国维说：“此字变体甚多，……以字形言，此字即《说文》‘育’字之或体‘毓’字。……其实‘毓’、‘后’、‘後’三字本一字。”郭沫若《卜辞通纂·世系》第 17 页在称赞王国维“此字之释至精确”之后，也批评王国维沿袭《说文》之旧说曰：“古文献中无用‘后’为继体君之意者。——更考典籍中用‘后’之例，均限于先公先王。其存世者则称‘王’而不称‘后’。卜辞亦如是。是则‘后’乃古语也。”姚孝遂在《甲骨文字诂林》的按语中还指出“后”在甲骨文中有从“子”而不是从倒子之例。凡此均表明“后”从“口”乃是后起的讹变之形。但是至少在春秋以来的金文中，已经有“后”字从口之形，如容庚《金文编》（中华书局，1985 年）第 639 页引录《吴王光鉴》：“虔敬乃后。”还有战国时代的中山王墓出土的《兆域图》中的“后”字也从口。这些古文字之形都在《说文》的小篆之前。所以《说文》之说虽然不正确，但也并非没有根据。郭沫若《殷契粹编》在写甲骨文释文的时候，通常都是将甲骨文中的“毓”直接写作“后”。

(71)“后”与“厚”相通可参看《故训汇纂》（商务印书馆，2003 年）第 291 页的“后”字条，例证极多。此为常识，本书不录。

(72)《丛书集成初编》本。

(73)《丛书集成初编》本。

(74)古书中也似乎有“律命”一语，但与律令、法律无关，而是历法和音乐上的一个用法。如《晋书·律历志上》：“于时郡国或得汉时故钟，吹律命之皆应。”《宋书·律历志上》：“又汉世故钟，以律命之，不叩而自应。”《魏书·律历志上》：“又得古玉律，勖以新律命之，谓其应合，遂改晋调。”这些“律命”实际上并不是一个词，而是用在“以律命之”这个短语中，其中的“命”是动词，与“鸣”义相近，而与“命令”毫不相干。

(75)考《淮南子·说林》：“头虱与空木之瑟，名同实异也。”“虱”与“瑟”古音相同，而《淮南子》称为“名同”。这表明古人心中的“名”强调的是声音方面（即字音），而不是字形和字义。这是非常宝贵的材料。

(76)可参看徐复主编：《广雅诂林》，江苏古籍出版社，1998 年，第 270 页。

(77)参看宗福邦等主编：《故训汇纂》，商务印书馆，2003 年，第 341 页。

(78)类似的例证极多，可参看张儒、刘毓庆《汉字通用声素研究》（山西古籍出版社，2002 年）第 552 ~ 553 页。

(79)（清）王先谦：《诗三家义集疏》，中华书局，1987 年。

(80)从段玉裁说。

(81)我们在研究同源字的时候要注意意思相近而无同源关系的情况，我们在汉语中颇能找到类似的旁证。如：（1）《说文》：“垣，墙也。”段注有曰：“垣，自其大言之；墙，自其高言之。”《说文》：“壁，垣也。”段注：“按：壁，自其直立言之。”据《说文》本身的释义，垣、墙、壁三者是同义词。而据段注可知三者各有其强调的重心，所以用三词分别表达。“垣、墙、壁”三者只是同义词，不是同源字，彼此没有语音上的关系。（此例由蒋绍愚师在讲课时提示，特致谢忱）。（2）《说文》：“聋，无闻也。”《说文》：“聩，聋也。”段注：“《国语》曰‘聋聩不可使听’。韦云‘耳不别五声之和曰聋；生而聋曰聩'。""聋"和"聩"是同义词，却不是同源字，音韵上没有关系。(3)《淮南子·俶真》："虽欲翱翔，其势焉得？"高注："翱翔，鸟之高飞，翼上下曰翱，直刺不动曰翔。""翱"与"翔"可以说是同义词（二者的差别仅仅在于动还是不动翅膀），但二者绝不是同源字，没有音韵上的关系。(4)《说文》："陁，小崩也。"（段注引《吴都赋》作"崩"）段注："大曰崩，小曰陁。""陁"与"崩"仅有大小之别，然绝非同源字。(5)《周礼·瘦人》："马八尺以上为龙，七尺以上为騋，六尺以上为马。"龙、騋、马三者绝无同源关系，不是一声之转。(6)《说文》："俳，戏也。"段注："以其戏言之谓之俳，以其音乐言之谓之倡，亦谓之优，其实一物也。"但是"俳、倡、优"三者只是近义词，不是同源字，没有音韵上的关系。(7)《尔雅·释器》："木豆谓之豆，竹豆谓之笾，瓦豆谓之登。"豆、笾、登三者仅仅是材质不同但形制相同的器物，然而古人对之区别甚为清晰，三者不是同源字。类例多如恒河沙数（可参看《尔雅》《广雅》所列举的同义词，大部分不是同源字），难以枚举。

㉜（清）王引之：《经文述闻》，《高邮王氏四种之三》，凤凰出版社，2013 年，第 206 ~ 207 页。

㉝（清）马瑞辰：《毛诗传笺通释》，中华书局，1992 年，第 377 页。

㉞另可参看宗福邦等主编：《故训汇纂》，商务印书馆，2003 年，第 2652 页。

㉟（清）朱骏声：《说文通训定声》，中华书局，1998 年，第 666 页。

㊱在英语中也有类似的文字演变现象。语言学一般称为"folk etymology"。参看 R. L. Trask《历史语言学》（北京外语教学和研究出版社，2000 年）第 35 页。此文讨论的例子如英语的 bridegroom 一词的形成。还举有法语的例子。

㊲（清）朱骏声：《说文通训定声》，中华书局，1998 年，第 666 页。

㊳景审《慧琳〈一切经音义〉序》云："古来反音，多以旁纽而为双声，始自服虔，原无定旨。"

㊴黄侃《说文段注小笺》说与徐灏同。见黄侃《说文笺识四种》（上海古籍出版社，1983 年）第 207 页。

㊵裘锡圭：《文字学概要》，商务印书馆，1996 年。

㊶只能理解为字形相同，并不能说音韵上有同源关系。

㊷这在文字学上是很常见的现象。

㊸关于"萬"声字在古文字中的通假现象可参看白于蓝《战国秦汉简帛古书通假字汇纂》（福建人民出版社，2012 年）第 773 ~ 775 页。

㊹另可参看《故训汇纂》（商务印书馆，2003 年）第 295 页。据同书同页，"厉"还与"烈、连"相通假，而"烈、连"的上古音只能是来母，这表明与"烈、连"可以相通的"厉"也一定是来母。

㊺段玉裁《经韵楼集》（上海古籍出版社，2008 年）第 13 页论及"包"声字与"缶"声字可以相通，曰："包声、缶声，古音同在尤幽部。"

㊻在古文字中，"陶"还有用作唇音"缶"的例子。如金文《邛君壶》："子孙永匋用。"这里的"匋"只能理解为"缶"的异体字，读为"宝"。"匋用"就是"宝用"，为金文中的套语。

㊼要注意的是《广韵·下平声卷二》"六豪"收有两个异体字"詾"和"詾"，音定母的徒刀切。后者明显是以唇音的"包"为声符。我们认为这是因为"詾"省略了"缶"而省变为"詾"，读音还是六国文字系统的定母，而不是秦系文字的帮母。这是文字字形的演变问题，与音变无关。

㊽如《离骚》、《尚书大传》、《说文》所引《尚书》，参看朱骏声《说文通训定声》（中华书局，1998 年）第 279 页。高亨《古字通假会典》（齐鲁书社，1997 年）第 717 页。

㊾参看高亨：《古字通假会典》，齐鲁书社，1997 年，第 719 页。

⑩参看高亨：《古字通假会典》，齐鲁书社，1997 年，第 742 页。

⑩类似的例子还有后来的俗字"窑"，读以母。从音理上分析也应该是从"䍃"省声。当然，这是个后起俗字，本不足以论上古音，只是作为参考。更考日本著名的金文学者白川静的《字统》（平凡社，1984 年）第 117 页，"罐"字似乎可以省略声符而写作"缶"，这与任何音变都无关。

⑩日本学者村山七郎、大林太良《日语的起源》（弘文堂，1973 年）第 205 ~ 206 页，村山七郎为了证明古代日语和北方的阿尔泰语系同源，列举了一些词汇的对音，他认为古阿尔泰语的 d－与古日语的 y－相对应，从而构拟了原始

日语存在 d－→y－的音变。我们认为村山构拟的这个音变过程未必能成立，至少上古汉语到中古汉语的音变过程不能支持村山七郎的这个假设。

⑩杨树达《积微居金文说》（中华书局，1997 年）第 91～92 页在批评了罗振玉的说法后称："大徐音徒刀切。今以字形核之，'匋'读徒刀切者，非古音也。何者？'匋'字实从勹声，而读与'缶'同，'勹''缶'皆唇音字，非舌音字也。"杨树达还有进一步的举证，此不录，其论述称金文中的"匋"都是唇音字。但杨树达只是简单地说"匋"读舌音是后起音，而没有考证其来源。杨树达也没有注意到古文字的不同区域的各自的系统性问题。我们的解释足以消除杨树达的疑问。陈初生《金文常用字典》（陕西人民出版社，2004 年）第 581 页完全引述杨树达之说，同时指出在金文《邛君壶》中"匋"是读唇音，与"宝"相通。不过，前辈学者如阮元、罗振玉、高田忠周等人早已认为"匋"在金文中与"宝"相通，有的人就直接释读为"宝"。另参看《金文诂林》（香港中文大学出版社，1975 年）第 3436～3441 页，所录学者之说很详备。

第四节　从反切的起源论上古音的复声母问题

反切之法到底起源于何时？这是我国音韵学界长期争执不休的问题。有相当一部分学者坚持认为"反切"之法是东汉时期佛教传入我国以后，我国学者受到梵学的影响，才发明的。传统的说法是从东汉末孙炎的《尔雅音义》开始用系统的反切法来注音[①]。这种传统的说法在近代以来不断受到学者们的抨击。但有的学者只是把反切起源的时代稍稍提前至东汉中期而已[②]。周祖谟先生等人仍然认为反切之法乃是受到了佛教的影响。所以周先生说："至若反切之所以兴于汉末者，当与象教东来有关。"[③]然而周先生和其他的许多学者一样没能够具体指出究竟受到佛教怎么样的影响才产生了反切之法。周先生还指责了清代学者们卓越的研究："清人乃谓反切之语，自汉以上即已有之，近人又谓郑玄以前已有反语，皆不足信也。"实际上，周先生并没有仔细讨论过清代以及清代以前的学者们的意见及其所列举的证据。真正在学理上进行精密的研究从而反驳反切起源于上古的论著是黄侃的《论反切之起源》[④]，其文颇为雄辩，企图对前辈学者们举出的例证逐一进行反驳。我们这里稍稍引述如下：

黄侃《声韵略说·论反切之起源》称："反切之兴，本于俚俗常言，用声音自然之理，此是真论。方俗语言多与反切相合，此亦无可诘难。独以反切作音始于孙炎，此乃六朝唐人公认之论，前所举诸家异论，其症结处，在自睹毛公以下，孙炎之前，确有反切之文，因是疑颜、陆诸人所说为非是。兹条辨之……"黄侃先生实际上并不反对反切之法起源于上古之说[⑤]，但他坚决认为用反切来进行纯粹的表音是始于孙炎。孙炎之前的反切（即合声）可以说主要不是用于表音，而是音义合一的分音与合音的方法。黄侃在此文中比较详切地辨析了徐邈《毛诗音》卫宏，《古文官书》，应劭《汉书音义》，服虔《汉书音训》《左传音》《通俗文》这些文献中的反切事实上不是汉代学者本来就有的反切，而是六朝以后的经师"依义翻出"的反切，也就是六朝以来的学者根据汉代学者的训诂和注音用反切的形式表示出来，予方便于初学者。关于马融、郑众、郑玄、服虔[⑥]、应劭、刘熙等汉代学者著作中纯粹用来表音的反切，黄侃先生认为都是后人增补的[⑦]。

我们这里引述黄侃先生对《毛诗音》中的所谓毛传有"反切"说的批评，黄侃称："《毛诗音》。诸汉人经音有反切者，尽同此破[⑧]。陆德明《经典释文》引毛音，多云徐云、沈云。则陆氏所据毛音，多出徐、沈；其不言者，或六朝经师所为。故《泮水》释文云：狄，沈云，毛如字，未详所出；云未详所出者，以毛于此诗初无训解。而王训远，其字当作逖，音他历反；郑破为剔，治也。既王、郑二家皆不如字，则沈所云毛如字者，竟是无根，故元朗不之信。又《匏有苦叶》释文云：轨，依传意直音犯；此缘元朗拘执《说文》。以由辀以上必当作軓（从凡）。而不作轨（从九）。故逆推传意以为云尔。据此，可知凡云毛音某者，皆推意为之，而非公自作音也。又《角弓》释文云：髦，旧音毛；寻毛、郑之意当与《尚书》同音莫侯反。此因毛传：髦，夷髦也；笺：西夷别名，武王伐纣，其等有八国从焉；是郑述毛意，以髦为即庸、蜀、羌、髳之髳，故陆亦推郑意以为当音莫侯反，以髳之音旧读莫侯反也。其余毛或无传，而陆有毛音，亦是推出。如《绿衣》：'女所治兮。'释文云：女如字，本之崔灵恩。盖见郑于女字有笺，以为尔汝之汝，遂谓毛既无传，必与郑殊。自馀'说怿女美'之说怿，'说于桑田'之说，'烝在栗薪'之栗，'鄂不韡韡'之不，'有兔斯首'之斯，'谓之尹吉'之吉，‘王赫斯怒’之斯，‘柔远能迩’之能，皆同此例。其毛有传者，则其音直是由义翻出，而与郑必有小殊。故《关雎》释文云：好，毛：如字；以郑读为和好之好也。《葛覃》释文云：施，毛：以豉反；以传训施为移，而笺不释施，臆谓郑必与毛殊也。《小星》释文云：‘裯，毛：直留反’；以传训裯为禅被，而郑改为床账，音宜殊也。洪亮吉言《释文》所载《周官》前后郑音及《诗》毛、郑等音，均属依义翻出[9]，自为笃论。然则毛不作音，何论反切？今世出载汉师经音，皆当作六朝人音观；决不可执此为反切汉时已有，自生疑障。”

黄侃先生的这篇考论十分精彩，无可辩驳。吴承仕《经籍旧音序录》[10]第10～11页有与黄侃先生大致相同的论述，不可不引述，其言曰：“汉末已行反语，具如前述。然以各家所引汉人反语一切无别，概斥为当人所作，则又非谛。毛公、孔安国、二郑、杜、贾之伦，世次绵远，不作反语，自无可疑。《释文》所引建安以前诸师反语，明为后儒依义作之。作者非一时，又不尽出一人之手，要为唐以前音。沿袭来久，今更无从辨证。既无主名，故次诸汉人之列。至就建安以还各家音切言之，亦有四事可说：《释文·序录》曰：‘书音之用，本示童蒙，前儒或用假借字为音，更令学者疑昧。余今所撰，务从易识，援引众训，读者但取其意义，亦不全写旧文。’此为德明以见行反语改易前儒读如、读若之文。此一事也。后人托古作音，托者谁氏，莫得主名，则姑以为古人之音。此又一事也。‘享’字有‘香两反’、‘普庚反’之异，‘说’字有‘始锐反’、‘徒活反’之殊，《释文》引汉魏人音颇多此类，概由师授不同，音随义转，后人自下反语，以定从违，异读所关，非曰伪托。此又一事也。《释文》中有引先儒直音复下反语者，此是德明为所引之直音作切，非被引人自作切。此又一事也。”黄侃说的“其音直是由义翻出”，与吴承仕说的“音随义转，后人自下反语，以定从违”是同样的意思。黄、吴二先生的论述是完全正确的，是非常有见地的。《经典释文》所引的汉代建安以前的反切都是六朝经师根据相传的直音和训诂而作的反切，不得看成是汉代学者自己所作[11]。

周祖谟先生论反切之文没有提及黄侃、吴承仕二先生的这两篇重要论著。清代学者洪亮吉《汉魏音·叙》[12]：“今《汉魏音》之作盖欲为守汉魏诸儒训诂之学者设耳。止于魏者，以反语之作始于孙炎，而古音之亡亦由于是。故以此为断焉。……其后儒以反语改汉人之音者，亦置不录，以非其旧也。”洪亮吉、黄侃等人注意到六朝学者常常根据汉代学者的训诂或直音而用反切来表示其音义，也就是所谓“依义翻出”，这是非常重要的经学问题，对研究《经典释文》中的异读音有重要价值。可知六朝学者的注音是将表音和表意紧密相连，其注音的不同往往是意味着其训诂的意思不同，这并不是一个纯粹的音韵学问题，而同时也是一个训诂学的问题。《经典释文》中的注音往往是音义合一，这条规律必须引起研究《经典释文》的学者的充分注意，不可把《经典释文》中的注音完全当作音韵学的问题来看待。洪亮吉是较早注意到这点的学者，得到了黄侃先生的赞同。我们也认为洪亮吉发现“依义翻出”这条规律确实是重要贡献。

总的说来，黄侃先生的观点和我们的看法并无任何矛盾。黄侃完全承认在孙炎用反切于单纯表音之前的合音就是反切之法[13]。如果把那些合音的原理当作与孙炎以来的反切在方法上是相同的，那么反切的起源只能推到上古，远在孙炎之前；如果把纯粹用于表音而不表意的反切当作正宗的反切，那么就如同黄侃先生所说孙炎的《尔雅音义》一书是反切的始创者。但是从方法上看，孙炎之前的合音与孙炎以后的反切在原理上基本一致，本书认为我国上古就有的合音可以看成是反切[14]，这是众多学者的公论。我们在这一章中要广征博引先儒们关于反切起源的研究，证明反切之法灼然无疑是我国上古就已存在的方法，其起源绝不是来自佛教。只是在东汉以前的反切是音义合一的方法，不是仅仅用于标音而已，更重要的是一种带有文学性的修辞手法。至于孙炎用反切来纯粹注音，那倒有可能是受到了梵文字母的启发[15]，但这与反切这一方法的起源毫无关系。由于“反切的起源”问题关系重大，我们必须详细列举反切起源于我国上古的证据，我们这里对有关文献的总结引用也许是迄今为止最为全面的梳理。

我们首先想介绍和引证刘博平先生的论述。刘博平先生在小学上造诣颇深，其遗著《刘赜小学著作二种》[16]所录《小学札记》中有《〈说文〉有合音说》[17]。此文所揭示的《说文》中的合音现象就是反切，这对于研究上古音和反切的起源有重大参考价值，而刘先生此文又长期未能引起应有的学术讨论。所以我们这里特别予以注意，并加以检讨。先详录刘先生之文，以便于研究[18]：

《〈说文〉有合音说》

切语之法以两字合音明一字之音，论者以为起于汉魏之际，不知许君已用其法以说文字音义也。前人但谓蒺藜为茨，不律为笔，扶摇为飙，终葵为椎，族蠡为痤，昆吾为壶，令丁为铃之合音。然此等合音仅由声音缓急而成，与字义无关。本书乃指其为音义兼备之合音法而言也，与蒺藜、不律等殊科。惟汉人韵宽，大抵以顾、江所分古韵部居绳之尚无不尽合者，声类则舌上与舌头、正齿与齿头、轻唇与重唇俱不分，喻纽归舌，旁纽可为双声，益去古未远也。兹录许君以合音兼义为训者于左方，至合音二字如厕诸多字句中，则点识其旁以指出之（亦有隔字为合音者不计。如“祲，精气感祥”。精感合音为祲；“萍，无根，浮水而生者”。浮生合音为萍；“觵，角有所触发也”。角发合音为觵；“竹，冬生艹也”。冬艹合音为竹；“鞶，革中辨也”。革辨合音为鞶；“黑，火所熏之色也”。熏色合音为黑；“媌，目里好也”。目好合音为媌之类是）。“社，地主也”（地主切为社）；“璺，遗玉也”（遗玉切为璺）；“班，分瑞玉”（分瑞切为班）；“蔟，行蚕蓐”（蚕蓐切为蔟）；“八，象分别相背之形”。“柬”下云“八，分别也”（分别切为八）；“必，分极也”（分极切为必）；“咤，叱怒也”（叱怒切为咤）；“咮，鸟口也”（鸟口切为咮）；“彷，附行也”（附行切为彷）；“很，行难也”（行难切为很）；“廿，二十并也”（二十切为廿。刘先生自注：“廿古本音为奴合切”云云）；“谢，辞去也”（辞去切为谢）；“詐，慚语也”（慚语切为詐）；“韶，虞舜乐也”（舜乐切为韶）；“鬻，炊釜沸也”（釜沸切为鬻）；“殴，恶姿也”（恶姿切为殴）；“眅，多白眼也”（白眼切为眅）；“𥆞，小儿白眼也”（白眼切为𥆞）；“眊，目少精也”（目少切为眊）；“眇，一目小也”（目小切为眇）；“眄，目偏合也”（目偏切为眄）；“盻，恨视也”（恨视切为盻）；“𠘧，鸟之短羽飞𠘧𠘧也”（短羽切为𠘧）；“隹，鸟之短尾总名也”（短尾切为隹）；“膈，肉表革里也”（肉表切为膈）；“筱，箭属小竹也”（小竹切为筱）；“籗，罩鱼者也”（罩鱼切为籗）；“豆，古食肉器也”（食肉切为豆）；“舍，市居曰舍”（市居切为舍）；“韘，射决也”（射决切为韘）；“橅，昆仑河隅之长木也”（长木切为橅）；“杪，木标末也”（木标切为杪）；“枓，高木也”（高木切为枓）；“朴，相高也”（相高切为朴）；“欂，壁柱也”（壁柱切为欂）；“柘，行马也”（行马切为柘）；“椟，检匣也”（检匣切为椟）；“梼，断木也”（断木切为梼）；“麓，林属于山为麓”（林属切为麓）；“粉，傅面者也”（傅面切为粉）；“疡，头创也”（头创切为疡）；“瘴，足气不至也”（不至切为瘴）；“胄，兜鍪也”（兜鍪切为胄）；“真，仙人变形而登天也”（登天切为真）；“袷，交衽也”（交衽切为袷）；“襩，绁衣也”（绁衣切为襩）；“褫，夺衣也”（夺衣切为褫）；“裋，竖使布长襦”（长襦切为裋）；“辩，驳文也”（驳文切为辩）；“驸，副马也”（副马切为驸）；“馺，马行相及也”（相及切为馺）；“骤，马疾步也”（疾步切为骤）；“狄之为言淫辟也”（淫辟切为狄）；

“赭，赤土也”（赤土切为赭）；“赫，火赤也”（火赤切为赫）；“欢，喜款也”（喜款切为欢）；“潏，涌出也”（涌出切为潏）；“泭，编木以渡也”（编木切为泭）；“澍，时雨澍生万物”（时雨切为澍）；“龙，鳞虫之长也”（鳞虫切为龙）；“挢，举手也”（举手切为挢）；“扣，牵马也”（牵马切为扣）；“姹，少女也”（少女切为姹）；“䵹，直项貌”（直项切为䵹）；“嬥，直好貌”（直好切为嬥）；“繑，绔纽”（绔纽切为繑）；“彝，宗庙常器也”（常器切为彝）；“蠭，飞虫则人者”（飞虫切为蠭）；“钯，兵车也”（兵车切为钯）；“镛，大钟谓之镛”（大钟切为镛）；“㥦，通沟也”（通沟切为㥦）”云云[19]。

刘先生的观察非常敏锐，揭示了《说文》中的一个重要现象。他以大量证据明确地指出《说文》的注解中确实已经存在反切，而这种反切明显有表意的作用，所以才出现在许慎的注解中。刘先生所举的例子大都符合音理，我们仅对其中的个别例子稍作疏证。

例一，《说文》：“真，仙人变形而登天也。”侧邻切。今按，“真”字的得音是“登天”切。“登”为端母，“真”为章母，上古音与端母颇近，即是钱大昕《十驾斋养新录》卷五《舌音类隔之说不可信》所说的舌上音上古归入舌头音，也是黄侃所说的照三归端。从“真”得声的字多为舌头音，如滇、颠、巅、癫、攧、傎、槙、巅、蹎、填、阗、瑱、置等等。

例二，《说文》：“狄，赤狄，本犬种。狄之为言淫辟也。从犬，亦省声。”徒历切。《说文》省声之说多不可信，前人已有定论。今按，《说文》称“狄之为言淫辟也”，“狄”的得声为“淫辟切”。“狄”为定母，“淫”为余母；在上古音中，余母（即喻四）与定母极为近似，音近可通。且“狄”与“辟”为叠韵，皆为锡部。所以“淫辟切”正是“狄”音[20]。在我国历史文化中，“狄”是指北方的异族[21]，故又称“北狄”。而我国古人常常用“淫辟”一词来指北方人，可以引为旁证。如《史记·五帝本纪》：“欢兜进言共工，共工果淫辟。”而共工在历史文化中一直被当作水神。在五行中，北方属水[22]。《史记·律书》：“颛顼有共工之陈，以平水害。”《集解》引文颖曰：“共工，主水官也。少昊氏衰，秉政作虐，故颛顼伐之。本主水官，因为水行也。”《左传·昭公十七年》：“共工氏以水纪，故为水师而水名。”《山海经·大荒北经》：“祝融降处于江水，生共工。共工生术器，术器首方颠，是复土穰，以处江水。”《淮南子·本经》：“舜之时，共工振滔洪水，以薄空桑。”《淮南子·兵略》：“共工为水害，故颛顼诛之。”以上各例表明共工在我国先秦的文化思想中确实与水关系密切[23]。另外，有证据说明共工确实与北方关系密切，是处于北方之神。考《尚书·舜典》：“流共工于幽州。”《孟子·万章上》同；《韩非子·外储说右上》：“尧不听，又举兵而诛共工于幽州之都。”而幽州自上古以来一直是指北方地区[24]。《大戴礼记》卷七“五帝德第六十二”：“流共工于幽州以变北狄。”分明以共工与北狄相关联。所以《史记》说“共工果淫辟”实际上也就是在说北方人“淫辟”。《淮南子·泰族》：“师延为平公鼓朝歌北鄙之音，师旷曰：‘此亡国之乐也。’大息而抚之，所以防淫辟之风也。”可知“朝歌北鄙之音”有“淫辟之风”。后世将青楼妓院集中的地方叫作“北里”[25]，其名称来源就是因为古人常常把北方风土与淫辟相联系。

例三，《说文》：“壶，昆吾圆器也。象形。从大，象其盖也。凡壶之属皆从壶。”户吴切。今按，“壶”的得音为“昆吾”切。“昆”古音与“混”相通，古人对于此二字每混用不别。《汉书·晁错传》：“陇西太守臣昆邪。”颜师古注：“昆读曰混。”《诗经·小雅·采薇》：“西有昆夷之患。”《经典释文》：“昆，本又作混。”例证极多，此不详举[26]。

例四，刘先生认为“乌口切”为“呕”音，这是可信的。“乌”近世读泥母，这是避俗改读[27]。

古音读端母，《广韵》音“都了切”，《集韵》、《韵会》音“丁了切”。考《汉书·扬雄传下》：“譬若江湖之雀，勃解之鸟。”师古曰：“鸟字或作岛。岛，海中山也，其义两通。”“鸟”与“岛”古为双声相通；《集韵》：“岛，古作鸟。”《释名》：“岛，到也。人所奔到也。亦言鸟也。”且“咮”与“口”上古音皆为侯部。所以“鸟口切”与“咮”音相通[28]，当无可疑。

有的学者怀疑刘博平先生说的合音有的出于偶合，并认为有些用于反切的两个字在古书中并没有作为一个词存在过。如刘先生说的“精感合音为祲”，有的学者认为古书中似乎没有“精感”一词。我们认为此说不足以难刘博平先生，因为我们在没有充分考察古文献的时候，不好轻易地认为古书中就一定没有某个词。考《后汉书·郎顗传》：“行有玷缺，则气逆于天，精感变出，以戒人君。”《魏书·张渊传》：“至于精灵所感，迅逾骇向。荆轲慕丹，则白虹贯日而不彻。”注：“昔荆轲慕燕太子丹之义，入秦为刺客，虽至精感上而事竟不捷。”《晋书·刘琨传》：“忠允义诚，精感天地。”类似的例子颇为不少，不再列举。

又如，有的学者认为“熏色合音为黑”中的“熏色”不辞。实则不然，考《格古要论》卷下“太湖石”条：“出苏州太湖，先雕置急水中，舂撞久之，如天成，或用烟熏色黑。”这真是“熏色”为“黑”了。《喻林》卷四十五：“譬如种种熏色，置一器中。”[29]况且《说文》本身就说：“黑，火所熏之色也。”由于“之”是语气词，古人完全可能用“熏之色”中的“熏色”合音为“黑”。刘博平先生敏锐的观察和见解是不能轻易否定的。

又如，“浮生”反切为“萍”。考《隋书·天文志上》：“日月众星，自然浮生虚空之中。”《古乐书》卷下“石音制度第十四”：“石以浮名，旧注以为浮生，于土不根着者。”《六书故》：“萍，浮生水上不根着之草也。”《尔雅翼》卷二“兔丝”条：“又，今兔丝田野墟落中甚多，皆浮生蓝纻麻蒿上。”《尔雅翼》卷三“龙”条：“凡浮生不根茇者生于萍藻。”《岭外代答》卷三“蜑蛮”：“以舟为室，视水如陆，浮生江海者，蜑也。”《全唐诗》卷八李煜《书灵筵手巾》：“浮生共憔悴，壮岁失婵娟。”《全唐诗》卷十九李白《相和歌辞·对酒二首》：“浮生速流电，倏忽变光彩。”《全唐诗》卷三十七王绩《独酌》：“浮生知几日，无状逐空名。”在古书中，“浮生”一词用例甚多。在佛经中尤为常见，此不详引。

又如，“辞去”反切为“谢”。考《史记·吕太后本纪》：“急归将印辞去。”《史记·孔子世家》：“辞去，而老子送之曰……”《史记·梁孝王世家》：“后二日，复入小见，辞去。”《史记·张仪列传》：“苏秦之舍人乃辞去。”《史记·孟尝君列传》：“客怒，以饭不等，辍食辞去。”《史记·廉颇蔺相如列传》：“臣等不肖，请辞去。”《史记·滑稽列传》：“即入见辞去，疾步数还顾。”另外，在《汉书》、《后汉书》以及东汉以前的典籍中多有“辞去”一词。不得认为“辞去”一词不见于东汉以前。

总之，我们认为刘博平教授的研究非常重要，可以解释一些比较麻烦的谐声字的谐声关系。今举一例，在《说文》中有一个从“艸”从“风”的字“葻”。大徐本《说文》解释说：“葻，草得风貌。从艸风。读若婪。”卢含切。则大徐本是把这个字分析为会意字，并非以“风”为声符；依照《说文》的体例，“葻”应该是比较典型的会意字。《说文系传》就明确称：“臣锴曰：此会意。”但正是《说文系传》把“葻”分析为会意兼形声。因为《说文系传》的解释中有“风亦声”三个字。后来的段玉裁注、桂馥注、王筠注、朱骏声注，以及《说文解字诂林》所录的各家注都是采取了《说文系传》的分析，认为是会意兼形声，并非单纯的会意字。而“婪”是来母，“风”的上古音声母是帮母，二者的声母相去甚远，不大可能相通。这是否是从复辅音分化而成的？其实这与复辅音声母毫无关系。

我们认为"嵐"并非仅仅以"风"为声符，依据《说文》的解释，"嵐"是得音于"得风"切。"得"的上古音声母是端母，由于作为反切下字的"风"是三等字，有三等介音 j，所以反切的结果是端母弱化为来母[30]。于是"嵐"就读若"婪"。这就是从"风"的"嵐"读若"婪"的原因。到了东汉时候，人们就是根据这个"嵐"字的结构和音义而新造了"岚"字，与"嵐"同音[31]。

我们发现除了《说文》之外，颇多类例。其实古人早已认为反切之法为我国上古所固有，并非始传自西域。但我国上古时的反切是音义合一，即反切二字与所反切的一字在意思上是相同的，这与东汉以后用反切来纯粹表音而不管意义有根本的区别。古人把我国上古就有的反切叫"合声"，后来又有"急声、慢声"、"切脚字"等名称。最早以训诂的形式揭示我国固有的反切的著作是《小尔雅·广训》："诸，之乎也；旃，之焉也；恶乎，于何也；乌乎，吁嗟也；吁嗟，呜呼也；有所叹美，有所伤痛，随事有义也。"其中的"之乎"反切为"诸"，"之焉"反切为"旃"。《小尔雅》是以训诂的方法揭示我国上古自有的"反切"或"合声"，足见我国固有的反切重在意思上的相同，而不是仅仅用来表音。我国古代有许多学者都认为"反切"起于我国上古，今列举如下[32]：例如[33]清代大儒顾炎武《音学五书·音论》卷下"反切之始"条用大量无可辩驳的证据论证了反切肯定是我国上古所固有，他所列举的证据非常广博，远远超越了前人，所以我们要作较为详细的引述。顾炎武曰："按反切之语自汉以上即已有之。宋沈括谓古语已有二声合为一字者，如'不可'为'叵'，'何不'为'盍'，'如是'为'尔'，'而已'为'耳'，'之乎'为'诸'（《周礼·士师》'五戒一曰誓，用之于军旅；二曰诰，用之于会同；三曰禁，用诸田役；四曰纠，用诸国中；五曰宪，用诸都鄙。徐言之则为'之于'，疾言之则为'诸'，一也；《小尔雅》曰'诸，之乎也。'）。郑樵谓慢声为二，急声为一。慢声为'者焉'，急声为'旃'；慢声为'者与'，急声为'诸'；慢声为'而已'，急声为'耳'；慢声为'之矣'，急声为'只'是也[34]。愚尝考之经传，盖不止此。如《诗·墙有茨》传'茨，蒺藜也'（本《尔雅》文），'蒺藜'正切'茨'字；'八月断壶'[35]，今人谓之'胡卢'，《北史·后妃传》作'瓠芦'，'瓠芦'正切'壶'字；《左传》有'山鞠穷乎'，'鞠穷'是'芎藭'，'鞠穷'正切'芎'字；'著于丁宁'，注'丁宁，钲也'，《广韵》'丁，中茎切'，'丁宁'正切'钲'字；'守陴者皆哭'，注'陴，城上僻倪'，僻音避，'僻倪'正切'陴'字；'弃甲则那'，'那，何也'，后人言'奈何奈何'正切'那'字；'六卿三族降听政'，注'降，和同也'，'和同'正切'降'字；《春秋·桓十二年》'公及宋公、燕人盟于谷丘'，《左传》作'句渎之丘'，'句渎'正切'谷'字；《公羊传》'邾娄'后名'邹'，'邾娄'正切'邹'字；《礼记·檀弓》'铭，明旌也'，'明旌'正切'铭'字；《玉藻》'终葵，椎也'，《方言》'齐人谓椎为终葵'，'终葵'正切'椎'字；《尔雅》'禘，大祭也'，'大祭'正切'禘'字；'不律'谓之'笔'，'不律'正切'笔'字[36]；'须，葰芜'，'葰芜'正切'须'字；《列子》'杨朱南之沛'，《庄子》'阳子居南之沛'，'子居'正切'朱字'古；人谓耳为'聪'，《易传》'聪不明也'，《灵枢经》'少阳根于窍，阴结于窻笼'，'窻笼'者，耳中也；'窻笼'正切'聪'字；《方言》'鼅鼄或谓之蠾蝓'，'蠾蝓'正切'鼄'字；'壻'谓之'倩'，注：'今俗呼女壻为卒便'，'卒便'正切'倩'字；《说文》'铃，令丁也'。'令丁'正切'铃'字；'鸠，鹘鸼也'，'鹘鸼'正切'鸠'字；'痤，一曰族絫'，徐铉以为即《左传》之'瘯蠡'，'瘯蠡'正切'痤'字；《释名》'韠，蔽膝也。所以蔽膝前也'，'蔽膝'正切'韠'字；王子年《拾遗记》'晋武帝赐张华侧理纸'。'侧理'正切'纸'字；《水经注》'晏谟伏琛云潍水即扶淇之水也'。'扶淇'正切'潍'字；《广韵》'狻猊，狮子'。'狻猊'正切'狮'字[37]；以此推之，反语不始于汉末矣。"顾炎武所举的证据十分坚实[38]。足见反切之法为我国上古所固有，最初是音义合一，而非仅仅用于表音。后来陈澧在《切韵考》[39]卷六“通论”引述并赞同顾炎武之说[40]。

顾炎武接着说：“《左传·襄十年》‘会于柤，会吴子寿梦也’。注‘寿梦，吴子乘’。《十二年》经书‘吴子乘卒’。服虔云‘寿梦，发声；吴，蛮夷，言多发声，数语共成一言’。按：‘梦’古音‘莫登反’，‘寿梦’二字合为‘乘’字。”顾炎武此说显然是正确的，后来的许多学者都有相同的见解。钱大昕《十驾斋养新录》[41]卷二“乘”条：“《襄二十年》‘吴子乘卒’，即寿梦也。服虔以‘寿梦’为发声。‘寿梦’一言也，经言‘乘’，传言‘寿梦’，欲使学者知之也。予谓‘乘’、‘寿’为齿音，‘寿’当读如‘畴’，与‘乘’为双声，‘梦’古音莫登切，与‘乘’叠韵，并两字为一言。孙炎制反切盖萌芽于此。”汪远孙《国语发正》[42]曰：“《成十六年传》文‘茷’是‘茂’字之误。内传作‘茂’，外传作‘发钩’，合两字为一声。如‘勃题’为‘披’，‘寿梦’为‘乘’之比。”今人杨树达《积微居金文说·者减钟跋》也指出吴子“寿梦”二字合音为“乘”。而杨伯峻《春秋左传注》谓吴王寿梦，乃是名“乘”字“寿梦”，未能参看前辈学者们的意见，显然是没有根据的臆说[43]。

在清代还有一位大学者俞正燮也是坚决主张“反切”为我国上古所固有，并非来自西域，他的论述和举证十分精湛，我们理当详细引录其文。俞正燮在《癸巳类稿》卷七“反切证义”中说：“三国时，孙炎作反语，以双声字读就叠韵字，即得之。后人恶反字，因之名曰切，盖两合读法，缓呼之则二字，急呼则一字也。论者谓反切自西域入中国，且分别反切异义，乃不思之过。就缓读、急读法求之，《春秋》‘谷邱’，《左传》‘句渎之邱’（《桓十二》），‘句渎’，谷也。《春秋》‘遇于垂’，《左传》‘遇于犬邱’（《隐八》），‘犬邱’，垂也。《春秋》‘垂葭’，《左传》‘实郥氏’（《定十三年》），‘垂葭’（音如姑），郥也。《春秋》‘吴子乘’，《左传》‘吴子寿梦’（《襄十二》），‘寿’（音畴梦音萌），乘也。《春秋》‘密州’，《左传》‘买朱钼’（《襄三十一》），‘朱钼’，州也[44]。《左传》‘先言寺人披’（《僖二十四》），后言‘寺人勃提’（《僖二十五》），‘勃提’，披也。《左传》先言‘公子钼’（《哀五》），后言‘且于’（《哀六》），‘且于’，钼也。是皆一字，古人缓读之则二字，以反言切之即是反切。注谓地之一名、人之一名者，未明反语义也。以此推之，大祭为禘，蔽膝为韠，茅蒐为韎（《诗笺》），兹其为钼，丁（音争）宁为钲，行人为信，鬼臾为车（车区），邾娄为邹[45]，不来为狸，颛孙为申，鞠穷为芎，蕨攈为芰，蒺藜为茨，终葵为椎，负樊为蜚，不聿为笔，编笄为篦，口齿为啮，早晚为寁，居间为介，还来为回，叱人为嗔，何不为盍，奈何为那，之焉为旃，之乎为诸，之矣为只，如是为尔，而已为耳，皆见经传。合读二字为一，又有常语：叔母为婶，舅母为妗，姆阿为妈（常行字），山並为神（《七经孟子考文补遗》），末有为靡，弗曾为分，不要为别，不可为叵，等物为底，是么为傻（山瓦切），作么为怎，不阿为巴，末阿为吗，皆中土自然之言，急读之即反切。又析张为渚乡，潘为蒲坂（皇甫谧言如此，今怀来），衷为征钟（《宋书·五行志》‘征钟落地’。盖谓衷衣裤）。椶为子公（王褒《僮约》‘披薜戴子公’。注：‘子公笠也。’见《太平御览·笠部》）。老为潦倒，癃为龙钟，恰为丘八（《鉴诫录》冯涓对蜀太祖王建击抡）[46]，太为特杀，曲为屈律，圈为屈挛，孔为窟笼，团为突栾，饽为饽锣，衖为胡衕，就为即溜，精为鲫令[47]，（瓠为葫芦），荆芥为举乡古拜，则又即一字缓读为二，亦切法也。《溪蛮丛笑》‘（不阑者班也，不乃者摆也），不乃羹’。不乃是摆，谓数调之。《史记·陈涉世家》‘伙颐’是惊美辞，分言之，则音为伙而颐为音助，合言之则音如虺，今人语犹然（又三字合一音，沈括《笔谈》云：‘萨婆诃是《楚辞》之些。又二字合三音，则《淮南》“鵕鶊”’，注“读为私鈚头”。又三字四音而中有反，则《左传》“申包胥”，《战国策》谓之“棼冒勃苏”。私鈚，鵊也。头，鶅也。棼，申也。冒勃，反包也。苏，胥也’）。凡此，皆反切所出，自然之故，至美之义，见经史正文及小说所记方言畛文，其人皆不见西域书，反切不出西域，至显白矣。郑樵云：中土人明于目，梵聪于耳。则尤自诬其耳。中国谐声，是耳聪也，孙炎作反语，后又互反之。《匡谬正俗》云‘晋灼《汉书音义》杨恽反由婴（杨旧音盈）’；《吴志·诸葛恪传》云‘成子阁’者，反语石子冈也。《宋书·五行志》作‘杨子阁’，《晋书·五行志》作‘常子阁’。又云‘清暑反楚’声。《宋书》云‘袁愍反殒门’。《齐书》云‘胜熹反始兴’；又‘陶郎来反唐来劳’，又‘东田反癫童’，又‘旧宫反穷厩’。《梁书》云‘同泰反大通’，又‘鹿子开反来子哭’。《隋书·五行志》云‘杨英反嬴殃’。《南史》云‘叔宝反少福’。《搜神记》云‘温休者是幽婚也’。《金楼子》云‘高厚者狗号’。《甄异传》云‘高褐者葛号’。《宣室志》云‘侵诘者金截’。《隋唐嘉话》云‘卢浩反老胡’。《集异记》云‘任调反饶甜，珍药反张镒’。《续异志》云‘卢钩反蝼蛄’。《谈薮》云‘蓬莱反裴聋’。《朝野佥载》云‘叔麟反身戮’，又‘宠之反痴种’，又‘德靖反鼎贼’。《酉阳杂俎》云‘洗白马反泻白米’。《启颜录》云‘天州反偷毡，毛贼反墨槽，曲录铁反契綟秃’，又‘木桶反朦秃’，又‘奔墨反北门，窟后反口缺’。《唐摭言》云‘方千诗，草里论反村里老。译佛书者，亦以般若反不染，其它酒则索郎反桑落，物则蠮螉反蜘蛛’。《金楼子》云‘宋玉戏太宰屡游之谈，连反语，遂有鲍照伐鼓、孝绰布武、韦粲浮柱之作’。《颜氏家训·文章篇》‘世人或有文章引《诗》“伐鼓渊渊”者，宋玉已有屡游之诮，如此流比幸须避之’。《书证篇》云‘鲍昭谜字，皆取会流俗，不足以形声论也。盖反切以双声叠韵，或流为口吃诗，故求古反切在方言异文、廋辞雅谐微茫之际。中国自言反切，佛书自言字母，离之则两美。’”

在此文的论述中，或许有个别例子不大妥当，但就整体而言，俞正燮的论证是颇为精到的，而且举证精博，可见反切在佛教传入我国以前早已广泛盛行。俞正燮之文与顾炎武先后相辉映。足证我国上古自有反切，非关西域的梵天文字。他说的“中国自言反切，佛书自言字母，离之则两美”，这是非常正确的。而且他还明确地声称古人说的急读、缓读、合音就是反切的问题。他说：“盖两合读法，缓呼之则二字，急呼则一字也。论者谓反切自西域入中国，且分别反切异义，乃不思之过。”又说：“是皆一字，古人缓读之则二字，以反言切之即是反切。”又说：“急读之即反切。”这都是完全正确的解释。可叹他这篇重要的论著至今没有得到音韵学家们应有的关注。陈澧在《切韵考》[48]卷六“通论”中明确地辨析了切语之法并非连读二字以成一音，陈澧的论述很精辟：“连读二字成一音，诚为直捷，然上字必用支鱼歌麻诸韵字，下字必用喉音字。支鱼歌麻韵无收音而喉音直出。其上不收，其下直接，故可相连而成一音，否则中有窒碍不能相连矣。”这是很正确的意见。上古音中的反切语不能解释为连读现象，正如陈澧所言。

戴震《声韵考》卷一[49]“反切之始”节的论述完全可以与俞正燮的文章相发明，戴震称：“按，经传字音，汉儒笺、注，但曰‘读如某’。魏孙炎始作反语。厥后考经论韵，踵相师法。虽孙氏以前未尝有，然言辞缓急，矢口得声，如‘蒺藜’为‘茨’，‘奈何’为‘那’，‘之焉’为‘旃’，‘之于’亦为‘诸’之类，反语之法，适与此合。”戴震明称‘反语之法，适与此合’，这就是说上古就有的合音之法就是反切的原理。另可参看《戴震全书（三）》第321～322页“书玉篇卷末声论反纽图后”[50]，文繁不录。

朱骏声在《说文通训定声·自叙》中也称：“若夫‘如此’为‘尔’，‘之焉’为‘旃’，两字便成翻语；‘蒺藜’即‘茨’，‘茅蒐’即‘韎’，三代自有合音。”朱骏声明确说“三代自有合音”，这里说的“翻语”和“合音”互文同义。不能把“合音”当作是与“翻语”不同的两种方法。《说文》：“髑，髑髅，顶也。”朱骏声《说文通训定声》称：“‘髑髅’之合音为‘头’字。”[51]这就是说“髑髅”反切就音“头”；朱骏声《说文通训定声》称：“丁宁者，钲之合音也。”[52]其“鉏”字条注称：“《左传·哀公六年》中的‘齐公子鉏’亦作‘南郭且于’，‘且于之合音为鉏’。”[53]同书“买”字条称：“朱鉏之合音为州。”同书“披”字条注：“按，披者，勃鞮之合音。”类例尚多。

这些合音只能理解为反切，不可作其他的任何解释。有的学者认为这是上古汉语复辅音声母的反映，这是错误的[54]。

毕沅《汉魏音说》：“孙炎、韦昭务为反语。切韵虽始叔然，然古训‘不可’为‘叵’，‘何不’为‘盍’之类，已合二声为一字。”“合二声为一字”主要是反切。

郝懿行也有专文论反切的起源，见于郝懿行《晒书堂文集》[55]，其言甚为精博。郝懿行也坚决认为反切乃是我国古来固有之法，非关梵文。黄侃《声韵略说·论反切之起源》[56]引述了郝懿行此文的全文，由于黄侃先生在引述中加入了自己的按语，可以看到黄侃自己的意见，所以我们根据黄侃之文转录郝懿行的论述，但是郝懿行的全文是根据《晒书堂文集》原文进行了校对[57]。郝懿行曰：“牟默人曰：反语始于魏孙叔然炎。炎，受学于康成之门人者也。而郑注《士昏礼记》曰：用昕使者，用昏壻也。壻，悉计反，从士从胥，俗作婿，女之夫。《汉书·陈胜传》应劭注曰：沈，音长含反。《地理志》应劭注曰：沓，音长答反。《文选·韦孟·谏诗》注引应劭曰：坠，直魏反。《汉书·项羽传》注：服虔曰，惴，音章瑞反。《扬雄传》注：服虔曰，踢，注石鉏反。[58]《史记·张耳传》之《索隐》引服虔曰：孱，鉏闲反。应、服及郑同时，年辈大于叔然，而皆作反语，何也？……余应之曰：……此更不须致难。盖应劭《汉书》注，有直音某不加反语者；……有用音某兼加反语者，亦《地理志》蜀郡绵虒下：虒音斯；湔音子千反；……是也。前此许慎作《说文》，郑玄注经，高诱注《吕览》、《淮南》，并云读若某字，不加音某，而应劭、韦昭、谯周遂并加反音。刘熙，亦东汉末人也，其著《释名·释长幼》篇云：长，苌也，言体苌也，长，音丁丈反[59]。刘与服、郑，年辈相若，亦作反音，证知反语不始于叔然矣。宋景文《笔记》云：孙炎作反切，语本出于俚俗常言，尚数百种。故谓就为鲫溜，凡人不慧者，即曰不鲫溜；谓团为突栾，谓精曰鲫令，谓孔曰窟笼，不可胜举。懿行案：今俚人作隐语，如载蛤为咱，捏几为你之类，其人不必知书，自解反语，明此是天地自然之声也。证以经典音读，此类尤多。惠定宇《九经古义·仪礼·大射仪》‘奏狸首’注下：案礼说云，不来反为狸，犹并夹为筞（侃案误），终葵为椎，邾娄为邹，勃鞮为披，寿梦为乘，不可为叵（郝氏以小字注：羊舌职，《说苑》作羊殖，舌职为殖也。颛孙师之子为申详，颛孙为申也）。[60]后世反切之学出之。懿行又案：不特此也。《诗》言：韎韐有奭，《诗》笺云：茅蒐，搜声也。韦昭《晋语》注云：急疾呼茅蒐成韎也。是以韎为茅蒐之合声。又《左氏·昭二十五年》太子栾。惠氏补注引董逌云：《竹书》有宋景公𦈡，而史为头曼，孙炎以为𦈡头曼之合声。[61]推是而言，《释草》之䳷，鸿荟；茨，蒺藜；《释虫》蠰，啮桑；蛂，蟥蛢[62]；皆合声也。是皆反语之所从出也。是反语在叔然前，确乎可信。或自叔然始畅其说，后世遂谓叔然作之尔，即其实非也。”

郝懿行明确认为我国自古就有的“合音”就是反语的前身，郝懿行用了“皆反语之所从出也”这样的表述。我们认为郝懿行这样的表达是无可非议的。我国自古就有的“合音”虽然主要是反切，但正如我们在本章后面所阐释的一样，也有个别不是反切但属于合音的情况，最典型的例子就是“何不”合音为“盍”，这也是合音，但不是反切。不过在汉代以前的古文献中，这样的合音我们只找到了“何不/盍”这样一个例子[63]，其余的都属于反切。另外，我国上古以来的合音还有一个最重要的特点就是音义合一，既表示读音，也表示意思，并不是纯粹的表示读音，这与后来的仅仅用于表示读音的反切有所不同。但在方法上，古人说的合音可以说基本上就是反切，这样的结论是无可置疑的。郝懿行在论述中所举的例证都坚实有力。黄侃先生对有的例子不同意。如黄侃称“䜌”为“头曼”之合声是“不可解”。且不说在清代学者中，并非仅仅郝懿行一人这样说，有好些大学者也都是这样主张的。就是从音理上看，“头”是定母，“䜌”是来母，旁纽为双声。怎么能说这是不可解呢？郝懿行认为孙炎只是将反切的运用发扬光大而已，不能把发明反切之功归于孙炎。这是很有见地的[64]。《荀子·宥坐》：“女庸安知吾不得之桑落之下？”郝懿行在《荀子补注》[65]称：“今按，‘桑落’，‘索郎’反语也。‘索’言‘萧索’，‘郎’言‘郎当’，皆谓困穷之貌。”郝懿行说的反语就是反切的应用，即“索郎”切为“桑”，“郎索”切为“落”。郝懿行深信先秦我国已有反切。

清代著名的《说文》学家王筠《说文释例》[66]卷十二“双声叠韵”条也坚决认为反切为我国所固有，并非来自西域。其文曰：“梵书有二合音，吾儒未尝无也。彼有二合音，不复有两字分其音，是以长存也。吾儒有二合音，又有两字分记其音，是以沿袭而不觉也。双声叠韵非乎？‘茨，蒺藜也’；茨、蒺双声，茨、藜叠韵。‘之于，诸也’；诸、之双声，诸、于叠韵。经典中形容之词，如窈窕、参差之等莫不然；无论知与不知，作诗属对必不误。”同书第281页下称：“‘㝱’下云‘污衺’者，污、㝱双声，衺、㝱叠韵也；‘窳’下云‘污窬’放此。与《尔雅》‘茨，蒺藜’同。此反切之祖也。后人穷思毕精，不能出古人范围之外。”王筠就是这样明确认为《尔雅》、《说文》中已有了反切的[67]。

陈澧在《切韵考》[68]卷六“通论”批评了切韵之学起于西域的观点，他在自注中说：“谓字母起自西域则是也，谓反切之学起自西域则误也。郑渔仲、陈直斋皆未之辨耳。”这都是明确主张反切起源于我国上古，非舶来自西域。

王引之《经传释词》卷六“那”条称：“那者，‘奈何’之合声也。宣二年《左传》曰‘弃甲则那’？杜注‘那犹何也’。《日知录》曰‘直言之曰那，长言之曰奈何，一也’。”同书卷七“耳”条：“耳，犹而已也。”则是以“而已”切为“耳”。王引之从训诂学的角度确认了上古有合声的存在，也就是有反切的存在。

《说文》：“貔，豹属，出貉国，从豸㮰声。《诗》曰‘献其貔皮’。《周书》曰‘如虎如貔’。貔，猛兽。”清代学者徐灏《说文解字注笺》：“《方言》貅与狸为双声，其作貔者因貊而误耳。《书》传‘执夷’疑当作‘报夷’。‘报夷’之合声为貔也。”徐灏的意见是值得注意的。他说的合声也是反切。“报夷”切为“貔”，在音理上也没有困难。

胡元玉《郑许字义异同评》[69]一文称：“谐声之义奈何？按《说文》谐谕互训；《吕览·古乐篇》注，训合为和谐；《书》之八音克谐，即谓八音合奏，其声和谐也。由是言之，谐声即合声，断无可疑。合声即反语，谓合二字急疾呼之以成声。郑以茅蒐为韎字之合声，孙炎以头曼为䜌字之合声[70]。是其证也。又谓为发声。服虔《左传》注曰：寿梦发声。吴蛮夷言多发声，数语共成一言，寿梦，即乘之合声也。……发亦急疾之谓。据《说文》云：反，覆也，从又，厂，象形。是反之本义乃象以物覆手，反覆相合之形。反之本义为合，故合声亦谓为反语；反语必急疾读之以取音，故又谓反为切；切者，急切之谓也。自西域沙门之学兴，于是又改为翻，义同翻译。名称既陋，法亦违古。合二字为一声，乃方音之流变，《尔雅》所以通方俗殊语，亦周公所作；谐声为六书之一，当不诬矣。方言之殊，由方音转变，故往往有音而无义。汉人作经音，即借此立法，泛取二字合而急疾读之，而反语之名立。

而说者惑于颜介谬说，岂通论哉？”胡元玉的这段论述十分精辟，但极少被现代学者注意和引用[71]。胡元玉明确地主张“合声即反语，谓合二字急疾呼之以成声”。胡元玉还精辟地解释了“反、切”二字的意思，认为“反”与“合”同义，“切”的意思就是“急切”，切语就是急读，也就是合音。因此，合音、反语、切语、反切都是一个意思。如此精湛地从训诂学的角度予以解释，在我们所知道的学者中还没有第二人。胡元玉的这篇重要文献必须得到学者们的关注。我国自古就有的合音肯定是反切，这点可以说毫无可疑。

刘熙载《说文双声叙》甚至主张：“切音始于西域乎？非也。始于魏孙炎乎？亦非也。然则于何而起？曰：起于始制文字者也。”[72]刘熙载的观点虽然比较大胆，但不为无见。

黄侃《声韵略说·论反切未行以前之证音法二》[73]也有很精博的论说，其文称：“合声者，两字相合，共成一声；此即反切之理所从出也。其说出于《诗》笺、《国语》注。《诗》言：韎韐有奭。《诗笺》云：茅蒐，韎韐声也。《国语十二》注：急疾呼茅蒐成韎。案《说文》：蒐从艸鬼，而郑、韦皆以为鬼声；然则蒐之本音宜如帅、率，韎之本音读如没，茅率合读即没音；故曰，茅蒐，韎声，韐者，衍字也。急疾呼茅蒐成韎，犹急疾呼德红成东矣[74]。今先举《说文》、《尔雅》之合声，次及群籍。见于《说文》者：廿，二十并也；人汁切。案：廿即二十二字之合音。卅，三十并也；苏沓切。案：卅即三十二字之合音。竊，从穴，从米，卨、廿皆声；廿文疾；卨，古文偰，千结切。案廿卨，卨廿，顺逆言之，皆可得竊字之声。以两声作字，是作字时，且含有反切之理矣。韲，从韭，次、朿皆声；祖鸡切。案次朿，朿次，顺逆读之，皆可得韲字之声。见于《尔雅》者，《释天》：扶摇谓之猋。扶摇合声为猋[75]。《释器》：不律谓之笔。不律合声为笔。《释草》：蘻，鸿荟；鸿荟合声为蘻。茨，蒺藜；蒺藜合声为茨。藿，芄兰；芄兰合声为藿。杜，土卤；土卤合声为杜。此外，若句读为谷（《左传》），寿梦为乘（同上），勃鞮为披（同上），蔽膝为韠（《释名》），终葵为椎（《方言》）。以及而已为耳，者焉为旃，之乎为诸；下及六朝反语、反音，皆是一理。反切者，特本此理构成，而最为通用者耳（《淮南子九》注：鵕鸃，读若私鈚头，二字三音；此又后来翻译家二合音、三合音之远祖也）。”这段引文中加括号者是黄侃先生用小字写的自注。黄侃先生承认上古就有合音，而且这种合音就是反切。如“扶摇”反切正好是“猋”音。如果不解释为反切，那么这里的合音到底该怎样去合呢？我们发现现代的音韵学家们对古人所说的“合音”实际上并没有从音理上给出一个合理的解释。有的学者仅仅说“合音”就是“急读”。如果“急读”主要不是反切，那又是什么呢？我们坚定地认为古代小学家们说的这些“合声”实际上主要就是“反切”（只有个别的变例），不可作其他解释。黄侃先生这段精彩的论述应该引起学者们的高度重视。

章太炎《新方言·释言第二》[76]：“王侯自称不谷，不谷即‘仆’之合音。《淮南·人间训》注：‘不谷，不禄也。’此为望文生训。古人‘死’言‘不禄’，不应以此自称。”《老子》三十九章：“是以王侯自称孤、寡、不谷。”朱谦之《老子校释》赞成章太炎之说；何建章先生《战国策注释》第402页[77]也采取此说。

章太炎《新方言·释器第六》[78]：“《说文》：鬴，鍑属。或作釜。䤐，秦名土鍑曰䤐。今多谓釜为䤐，相承以锅为之。惠、潮、嘉应之客籍谓之釜庐，釜读如浦。古无轻唇音，釜正读浦。庐，余音也。一曰：《说文》云：庐，饭器也。釜亦饭器，故互受通称矣。”其中所说的“惠、潮、嘉应之客籍谓之釜庐。庐，余音也”，章太炎认为在东南方言中，“庐”之类的读音会作为语尾词出现，“釜庐”就是“釜”，“庐”无意义。这里的“庐”应该与《说文》中的训为“饭器”的“庐”无关。我们认为这完全可以用反切[79]来解释，我们必须注意到“釜庐”二字正好是叠韵，上古音都是“鱼”部。急声则为“釜”，慢声则为“釜庐”。“釜庐”反切也是“釜”，与语尾余声无关。我们还能够找到前辈学者类似的错误。如刘申叔《新方言序》说：“淮泗之间列‘溜’音于语末，娄、溜叠韵，故邾曰邾娄。”刘申叔先生在此有注曰：“今北方语无论名辞、动辞，其下皆系以儿音。‘儿、娄’本异纽而今相近，则邾娄之语遍行矣。”则刘先生认为古代“邾”又名“邾娄”实际上是儿化音现象，恐非是。顾炎武《音学五书》的《音论》卷下“反切之始”条有曰：“《公羊传》‘邾娄’后名‘邹’，‘邾娄’正切‘邹’字。”上引的俞正燮《癸巳类稿·反切证义》也认为这是反切现象。我们认为顾炎武和俞正燮的意见是正确的。

王国维《观堂集林》卷十三“鬼方昆夷玁狁考”一文指出：在西周时期危害中国的西方异民族“玁狁”就是“獯鬻”，“玁狁”二字合音为“獯”。这只能解释为“玁狁”反切为“獯”字音[80]。

吴秋辉《侘傺轩文存》[81]第 260 ~ 261 页“王八”条称：“今‘王八’二字，实为‘鳖’之切音。……特语言之缓急轻重，稍不同耳。‘萧’之为‘香蒿’，‘莫’之为‘茅蒐’，‘菲’为‘夫须’，庶类之名称，其似此者甚多，惜无人为之一一考正也。”[82]吴秋辉同书《中国文字正变源流考》篇“仓颉造字”条有一个有趣的观点：远古时代造字的圣人本是“契”，后来的“仓颉”乃是“契”的反切语。“仓颉”一名起于战国时期[83]。

刘盼遂《春秋名字解诂补证》[84]“宓不齐字子贱”条称：“盼遂考程易畴《通艺录》云：‘宓子贱名不齐，合读则为卑。’按程氏此言极是。《春秋》名字本有合声之例，如‘成然’为‘旃’；（王氏《解诂》之说）。‘勃鞮’为‘披’，‘弥牟’为‘木’，……‘且于’为‘鉏’（汪氏《经义知新记》之说）；‘子居’为‘朱’，‘寿梦’为‘乘’（顾氏《音论》之说）；……‘得臣’为‘瑱’（此盼遂所发明，详‘楚得臣子玉’条下）；之等。皆徐言则二，疾言则一。子贱之名，亦犹是矣。”刘氏同文“楚得臣子玉”条称：“窃谓‘得臣’者，‘瑱’之切音也，疾言之为‘瑱’，徐言之则为‘得臣’。‘瑱’在《玉篇》佗甸反，为古本音，与‘得’为舌头双声，与‘臣’为古韵真韵叠韵，故‘瑱’为‘得臣’之合音矣。《说文》：‘瑱，以玉充耳也。’《诗·墉风》：‘君子偕老，玉之瑱兮。’名‘瑱’字‘玉’，正由此矣。程易畴[85]《通艺录》云‘楚子玉名得臣，合读则为敦，与取字义正合，亦如寺人“勃鞮”之为“披”也’。盼遂按：程氏合音‘得臣’为‘敦’，盖谓‘敦’借为‘琱’。《尔雅·释器》‘玉谓之雕’。《说文》‘琱，治玉也’。然‘臣’在古音真部，敦在古音谆部，而又改字迁就，疑不如谓为‘瑱’之长言之为合也。”无论如程易畴所说“得臣”合音为“敦”，假借为“琱”，还是如刘盼遂所说“得臣”合音为“瑱”，楚国名将成得臣字子玉，其“得臣”二字乃是合音字的缓读，“得臣”反切为“瑱”，此确为事实。我自己比较赞同刘盼遂先生的解释，其似乎比程瑶田之说有力。

沈兼士《扬雄方言中有切音》[86]敏锐地指出在西汉末年扬雄《方言》中至少有两处切音的现象。①《方言》卷十“怜也”条：“凡言相怜哀，……九疑湘潭之间谓之‘人兮’。”沈兼士认为“人兮”反切为“昵”，“适与湘潭表示怜哀之语音吻合”。②《方言》卷十：“食阎，怂恿，劝也。”沈兼士认为“食阎”反切为煽动的“煽”或“扇”，正是表示怂恿之意[87]。

蒋礼鸿《义府续貂》[88]有“细腰、小腰”条：“固棺之具谓之细腰、小腰，急读则成‘簫’，即今之插簫、簫钉之簫也。章氏《新方言》谓簫编竹为之，编则有横关，故今凡有横关谓之簫，簫丁（钉）亦其一矣。其说盖非也。”蒋礼鸿先生这里用传统的“急读”来解释，我们认为古人说的急读实际上就是反切，“细腰”或“小腰”反切就是“簫”。

徐德庵《方言丛考》[89]有曰："《诗·秦风·无衣》：'岂曰无衣，与子同袍。'《释文》：'袍，抱毛反。'《左传·昭公十二年》：'王皮冠，秦复陶，翠被，豹舄，执鞭以出。'杜注：'秦复陶，秦所遗羽衣也。'《广韵》：'复，房六切。''陶，徒刀切。'复陶的切音正为袍。"徐德庵指出的现象当为事实，分音则为"复陶"，合音则为"袍"。

在古文字中，学者们也发现了合音（即反切）的现象。如青铜器《者减钟》铭文中有吴王名曰"皮然"[90]。唐兰先生《石鼓年代考》[91]认为金文中的"皮然"就是典籍中吴王诸樊。"皮然"二字合音（也就是反切）为"樊"。裘锡圭在为施谢捷《吴越文字汇编》[92]写的"序"中称唐兰的这个观点是诸家考释中最合理的[93]。

另外，关于《者减钟》铭文中的"者减"二字的考释，杨树达《积微居金文说》卷五"《者减钟》跋"称："者减之合音为'转'，故铭文作'者减'而《史记》作'转'。"[94]即杨树达认为"者减"反切就是"转"[95]。

现在举几个我们自己研究所得的例子，以见反切之法确实起源于我国上古：

例一，《尔雅·释诂》："权舆，始也。"对于"权舆"二字的解释，古今众说纷纭。郝懿行《尔雅义疏》："权舆者，《广雅疏证》以为其萌虇蕍之假音，则与'才、落'义皆相近。"《广雅》："萌、梦，孽也。"《广雅疏证》卷十上注曰："《说文》云：梦，灌渝，读若萌。'梦，灌渝'即《尔雅》之'其萌虇蕍'也。……虇蕍之言权舆也。《尔雅》云：'权舆，始也。'始生故以为名。"王国维《观堂别集》卷四"《尔雅草木虫鱼鸟兽名释例》自序"录沈曾植之言曰："以《尔雅》'权舆'二字言，《释诂》之'权舆，始也'；《释草》之'其萌虇蕍'；《释虫》之'蠸舆父受瓜'。三实一名。又《释草》之'权黄华'，《释木》之'权黄英'，其义亦与此相关。"王国维《观堂集林》卷五"尔雅草木虫鱼鸟兽名释例"称："是凡色黄者谓之权，长言之则为权舆矣。"今按，前贤对于"权舆"的解释尚未透辟。我们认为"权舆"反切或合音为"句"[96]。

"句"在典籍中有草木初生之义。《礼记·月令》："句者毕出。"郑玄注："句，屈生者。"《经典释文》："句，屈生也。"《太玄·玄数》："神句芒。"范望注："句，取物春句屈而生。"《鹖冠子》卷上："勾萌动作与地俱。"注："屈生曰勾。"因草木初生为"屈曲"之状，故称"屈生"。古书中有言"勾萌"者，"勾"（即"句"）与"萌"同义，皆为"初生"。如《淮南子·时则》："养幼小、存孤独，以通句萌。"高诱注："顺春阳长养幼小，使繁茂也……故草木不句萌者，以通达也。"《淮南子·本经》："草木之句萌衔华戴实而死者不可胜数。"《南齐书·乐志》："阳季勾萌达。"《隋书·音乐志下》："勾萌既申，芟柞伊始。"《旧唐书·德宗纪下》："朕以春方发生，候及仲月，勾萌毕达，天地和同。"《宋史·乐志七·感生帝》："既苏昆虫，毕达勾萌。"《翻译名义集》卷三："微阳潜布于下泉，勾萌未达于上土。"《管子·五行》："草木区萌。"尹注："萌牙区别而生也。"今按，"区萌"一语不辞，"区"当为"句"之假借，言"草木句萌"也。戴望《管子校正》曰："区萌即句芒。《乐记》曰'草木茂、区萌达'是也。"《礼记·乐记》："然后草木茂，区萌达，羽翼奋。"郑玄注："屈生曰区。"《经典释文》："区，依注音句，古侯反；徐丘于反。"知故书凡言"区萌"者皆为"句萌"之借。"勾"或"句"与"萌"同义，为草木初生之义。如《礼记·月令》："句者毕出，萌者尽达。""句"与"萌"互文同义[97]。可知，"句"与"权舆"完全同义。上举的"句萌"就是《尔雅·释草》中的"其萌虇蕍"。前人不知"权舆"反切就是"句"。虽然依据今人的上古拟音，"权舆"反切与"句"音略有不同，如"权"为群母，"舆"为鱼部，而"句"为见母侯部；但毕竟"见、群"旁纽为双声[98]，“鱼、侯”在战国末期已经比较音近。在段玉裁《六书音均表》中“侯”为第四部，“鱼”为第五部。上古音中多有“鱼、侯”合韵之例[99]。二者完全符合音转的条件，上古时的反切由于是一种分音的形式，而且主要是强调用于反切的二字与被切字在意思上相同，倒不是强调在语音上有精确的对应。所以并不如后来专门用于注音的反切那样精确。因此我们认为“权舆”合音为“句”是有根据的，不得因为语音稍有不合而怀疑我们的解释[100]。似乎也可认为“权舆”是“芽”的分音词，“芽”的上古音是疑母鱼部，疑母和群母同为舌根音，完全可以相通，在福建方言中，好些地方的疑母要读为群母。因此，“权舆”反切和“芽”古音相通，“芽”正是萌芽之义，此为常训，不烦举证。我现在认为“权舆”反切为“芽”的可能性很大[101]。

然麦耘《读〈尔雅·释诂〉札记两则》[102]却对“权舆”一词的形成和构造有完全不同的解释，我们也得提及。麦耘此文首先一反传统的观点，认为《尔雅》和《广雅》的“权舆”不同于《尔雅·释草》的“虇蕍”，从而批评了王念孙的观点。麦耘认为“蕍”的声母为喻四，虽然“舆”中古音声母是喻四，但上古音声母却属牙音，为见系字。因此“权舆”的“舆”不能和“虇蕍”的“蕍”相通。他说：“高本汉、李新魁先生均认为中古喻四字之中有部分于上古不入舌音，而入牙音，换言之，曾（运乾）先生说亦未尽然。‘舆’字即其一。……综上所述，‘舆’与‘蕍’之声母于中古虽同为喻四，然上古不同，而其韵则固已异矣。故二字决不可通，王念孙说不可信。”麦耘利用了一些古文字的材料来证明“与”在古文字中是从“牙”得声，然后指出了“权舆”一词是旁纽的双声联绵词[103]。

但麦耘紧接着的一些论述，本书却不能表示赞同。麦耘说：“然则‘虇’为单音节词，‘权舆’乃双声联绵词，其间差异又当何说？此事与古汉语构词法之一大问题甚有关联，即汉语双声联绵词之形成取何途径？窃以为未可以一律概之，而似至少可有如下形成方法：于原有单音节词根后增加一个声母相近同而无实际意义之音节，形成双声联绵词，其目的在于使词语更具音乐性，或造成新词以荷载不断分化之词义。是则‘权舆’一语中，‘权’为词根，‘舆’为后加之音节；‘舆’韵母为‘a’，作无实际意义之后加音正合适。此或可称为‘增音构词法’，以现代语言学理论视之，或可归于屈折构词法之一种。……惟此亦一种假想，非搜罗大量例证，未敢遽定也。”我们认为麦耘的这段议论完全是出于假设，没有作任何论证。他没有注意到古汉语中大量存在的合音现象。“权舆”在先秦西汉文献中始终是作为一个联绵词使用，我们在上古文献中还没有发现“虇”作为“权舆”的同义词来用的例子[104]。因此不能说“权舆”是“权”（即“虇”）的“增音构词”。麦耘这里所谓的“增音构词法”有可能存在，但“权舆”一词却不在其中。我们仍然认为“权舆”合音为“句”或“芽”，才是合理的解释。我们有切实的证据表明“舆”的上古音声母不是疑母[105]，而只能是余母。我们找到了几个坚实的证据：①上古汉语有“容舆”这个双声联绵词[106]。今考古文献如下：司马相如《哀秦二世赋》[107]曰：“弭节容舆兮，历吊二世。”《楚辞》中多见“容舆”一词。如《离骚》：“忽吾行此流沙兮，遵赤水而容舆。”《九歌·湘君》：“时不可兮再得，聊逍遥兮容舆。”[108]《远游》还有：“纷溶舆而并驰。”在汉代以前的文献中例证颇多。而“容”只能是余母。如果认为“舆”的上古音声母是疑母，那么“容舆”就不是双声联绵词了。因此，“舆”的上古音声母只能是余母。②《老子》十五章：“豫若冬涉川，犹若畏四邻。”严可均曰：河上“豫”作“舆兮”，王弼作“豫焉”。严可均又曰：“犹”，河上、王弼作“犹兮”。王昶曰：诸本“犹”下亦有“兮”字，陆希声至元本二句并与此同。罗振玉曰：景龙、御注二本均无“兮”字[109]。光华按，当以作“舆兮”为古本。因为马王堆帛书本《老子》甲、乙两本此处正是作“與呵”。《老子》此处用“與兮……犹兮……”相对为文，这样的句式在经典中均为双声或叠韵互举。“犹”字在上古音中只能是余母，不可能作舌根音，因此这里的“與”只能是余母。类似的句式还出现在《老子》中。考《老子》二十一章（河上本）：“忽兮恍兮，其中有象；恍兮忽兮，其中有物。”王弼与河上同[110]。帛书本《老子》甲乙两本均与河上本、王本吻合[111]。其中的“忽兮恍兮”和“恍兮忽兮”都是双声对举[112]。类例如《庄子·山木》：“侗乎其无识，傥乎其怠疑。”“侗”与“傥”为双声，皆是透母[113]。另外，《老子》十五章的“與”有“豫”的异文，只能解释为通假字，而“豫”的上古音只能是余母，这表明“與”的上古音肯定是余母，不可作其他解释。③在典籍中“與”与“予”有通假关系。如《说文》“予”字段注：“予、與，古今字。”《穀梁传·僖公十年》：“吾与女未有过切，是何與我之深也！”王引之《经义述闻》卷二十五[114]引王念孙之说曰：“予、與，古字通。”《方言》卷二：“予，雠也。”戴震疏证：“予、與，亦声义通。”类似的证据非常多[115]。而“予”的上古音声母只能是余母，因此“與”也必然是余母。据此各证，似可证明麦耘之说不能成立。

例二，《方言》卷六：“耸、𦗔、聋也；半聋，梁益之间谓之𦗔[116]。秦晋之间，听而不聪，闻而不达，谓之𦗔；生而聋，陈楚江淮之间谓之耸。[117]荆扬之间及山之东西，双聋者谓之耸。”今按：“生而聋”中的“生聋”二字反切即为“耸”；“双聋”二字反切也为“耸”。在上古音中，“生”、“双”为山母（照二系字），“耸”为心母（精系字）。据黄侃先生之说，在上古音中，照二归精。则山母与心母极为近似，完全可以相通[118]；“聋”与“耸”叠韵，均为东部。如此惊人的吻合，难道仅仅是偶然的吗？

例三，《汉书·地理志上》：“丹扬郡，故鄣郡。属江都。武帝元封二年更名丹扬。属扬州。”今按，“丹扬”反切与“鄣”音相通。可证汉武帝时反切之法也为人们所熟悉。

例四，慧琳《一切经音义》卷四十一在解释“蝇”字的注中说：“孕蒸反，郑笺《毛诗》‘蝇之为虫，污白为黑’。《方言》陈楚秦晋之间谓之蝇，东齐谓之羊声，讹转也。郭璞曰：江东人呼羊声似蝇也。”光华按，《方言》这个记载不能理解为羊的叫声似“蝇”字音，而应当解释为“蝇”字音与“羊声”二字的反切或合音相通。“蝇”的上古音为余母蒸部，“羊声”二字的反切音是余母耕部，古音近似，在古方言中稍有音转，所以《方言》称为“讹转”。具体说来，上古音中的陈楚秦晋之间方言的蒸部在东齐方言中演变为耕部，主元音有所高化。

例五，钱大昕《声类》卷二“释地”：“訾楼，丛也。《春秋》‘取訾楼’，《公羊》作‘丛’。‘訾’与‘丛’声相近。”郭晋稀《声类疏证》[119]完全采取钱大昕之说，并为之疏证。今按，钱大昕之说未谛。《左传》的“訾楼”之所以有《公羊传》“丛”的异文是因为“訾楼”相切为“丛”，并非如钱大昕所说是“訾”与“丛”音近，因为二者的韵部相差较大。“楼”为侯部，“丛”为东部，侯、东为阴阳对转。“訾”为精母，“丛”为从母，旁纽为双声。所以“訾楼”相切可与“丛”音相通，只是稍有音转而已，完全在通转的范围内。我们自信这个解释比钱大昕之说更加合乎音理。

例六，《说文》：“柬，分别简之也。从束从八。八，分别也。”“分别”反切正与“八”音非常相近，这绝非偶合。刘博平先生已有所论及。

例七，《仪礼·大射仪》：“乃席工于西皆上。”郑玄注：“工谓瞽矇，善歌讽诵诗者也。”胡氏《仪礼正义》引《释官》曰：“凡言工，皆瞽矇也。大师、少师亦瞽者为之，故通称工。”《仪礼·燕礼》：“席工于西皆上少东。”郑玄注：“工谓瞽矇，歌讽诵诗者也。”《左传·襄公十四年》：“工诵箴谏。”孔颖达《正义》：“工亦瞽也。”《国语·鲁语上》：“故工史书世。”韦昭注：“工，瞽师官也。”

则在先秦经典中的“工”可用作“瞽矇”之官，其训诂之义似难索解。今按，“瞽矇”反切正为“工”音。工与矇上古音都为东部，工与瞽为见母双声。因此，“工”可有瞽矇之义[120]。

例八，江苏吴方言有个方言词，依据方音记录下来是“底稿”，意思是“什么样的”，但江苏人经常用“底稿”二字的反切语“鸟”（都了切）[121]，意思同样表示“什么样的”。又如，厦门方言把“他们”叫作 in[122]。从方言语音上讲，这应该是厦门方言中“伊人”二字的合音。潮州方言的“他们”就是作“伊人”，其双音节形式是 i naŋ，单音节的合音形式是 iŋ。厦门方言中“人”的文读作 lin。所以厦门方言中的“伊人”二字的合音或反切正是 in。此二例可作旁证。

以上各证都是古人或现代方言对于反切法的运用，与复辅音无关[123]。

《文心雕龙·指瑕》：“近代辞人，率多猜忌，至乃比语求蚩，反音取瑕。”“反音”就是利用反切为隐语，是我国古代一种极为重要的修辞方法，又叫“反语”[124]。本书前引俞正燮《癸巳类稿》卷七“反切证义”条论之颇详[125]。学者们的论述都表明我国古人对于运用反切法之纯熟，而对“反语”的运用是一个源远流长的传统，并非兴自魏晋以降。近年来，傅定淼发表了一系列论文，对我国上古的反切现象作了精详的考证和发掘，并出版了专书《反切起源考》[126]。此书有重要的学术价值，并且与本书关系甚大，我们理应详细介绍。但限于篇幅，在此仅摘录其部分例证如下：

①《说文》：“鸠，鹘鸼也。”鹘鸼切为鸠（2 页）。②《国语·吴语》：“三军皆哗扣以振旅，其声动天地。”韦注：“哗扣，欢呼。”哗扣切为吼（2 页）。③《尔雅·释木》：“谓榇，采薪。”采薪切为榇（2 页）。④《春秋·桓公十二年》的“谷丘”，《左传》作“句渎”，句渎切为谷（3 页）。⑤《尔雅·释草》：“茨，蒺藜。”蒺藜切为茨（3 页）。⑥《古文苑·扬雄〈蜀都赋〉》：“五谷冯戎。”章注：“冯戎，富盛也。”《说文》：“芃，草盛也。《诗》曰‘芃芃黍苗’。”冯戎切为芃（3 页）。⑦《战国策·魏策一》：“白骨疑象，武夫类玉。”《说文》：“珷，三采玉也。”桂馥《说文解字义证》：“反语武夫为珷，然则武夫即珷也。”《汉书·董仲舒传》：“五伯比于他诸侯为贤，其比三王，犹武夫之与美玉也。”武夫切为珷（4 页）。⑧《说文》：“卅，三十并也。”三十切为卅（5 页）。⑨《说文》：“𥛚，数祭也。”数祭切为𥛚（5 页）。⑩《楚辞·离骚》王逸注：“飞廉，风伯也。”飞廉切为风（6 页）。⑪《方言》卷十一：“蟧，梁益之间谓之蛒，或谓之蝎，或谓之蛒蛭。”蛒蛭切为蝎（6 页）。⑫《周礼·小司徒》：“以比追胥。”注：“胥，伺捕盗贼也。”伺捕切为胥（7 页）。⑬《孟子·公孙丑上》：“必求龙断而登之。”李维琦曰“龙断”合音为“峦”（7 页）。⑭《方言》卷十：“䀡，不知也。”不知切为䀡（8 页）。⑮《左传·襄公廿六年》：“六卿三族降听政也。”杜注：“降，和同也。”和同切为降（8 页）。⑯《尔雅·释草》：“盱，虺床。”虺床切为盱（8 页）。⑰《诗经·鹊巢》：“维鹊有巢，维鸠居之。”毛传：“鸠，秸鞠。”秸鞠切为鸠（8 页）。⑱《说文》：“柘，行马也。”行马切为柘（9 页）。⑲《方言》卷六：“棱，怜也。”同书卷七：“怜职，爱也；言相爱怜者，吴越之间谓之怜职。”怜职切为棱（9 页）。⑳《说文》：“彷，附行也。”附行切为彷（104 页）。㉑《说文》：“牪，牛驳如星。”驳星切为牪（105 页）。㉒《释名·释天》：“辟，析也，所历皆破析也。”破析切为辟（105 页）。㉓《周礼·司关》注：“关，界上之门也。”界门切为关（107 页）。㉔《说文》：“杂，五采相合。”采合切为杂（107 页）。㉕《礼记·玉藻》：“戎容暨暨。”注：“果毅貌也。”果毅切为暨（107 页）。㉖《释名·释姿容》：“戴，载也，载之于头也。”载头切为戴（107 页）。㉗《尔雅·释丘》：“水潦所还，埒丘。”潦还切为埒（108 页）。㉘《仪礼·士昏礼》注：“扃，所以扛鼎。”扛鼎切

为扁（108 页）。㉙《庄子·马蹄》："一而不党，命曰天放。"不党切为放（109 页）。㉚《庄子·田子方》魏文侯曰："夫魏真我累耳。"我累切为魏（134 页）。

我们从傅定淼先生的书中仅仅转述以上三十例，傅先生此书还有许多精彩的举证，本书未能一一引录。但是已经可以看到我国上古确实自有反切的用例，且为数不少。

赵元任先生在 1931 年的《国立中央研究院历史语言研究所集刊（第二本第三分）》发表了一篇极有分量的长篇论文《反切语八种》[127]，这篇论文有一系列的重要论述，非常详细而且科学地描述了存在于我国某些方言区中的八种反切语的情况。赵元任所介绍的材料和得出的一些结论是很有启发性的，我们在这里引录与本书关系密切的部分。赵先生首先指出：各方言中的反切语是一种秘密语，只在有限的范围里面流行，最早使用反切语的往往是民间文化程度并不太高的一部分人。赵先生说："实际用反切语的大多数是小学生、算命瞎子、流氓、做贼的等类的人。"反切语在各方言中有不同的名称，其中在广东东莞叫作"盲佬语"，在福州叫"廋语"。赵先生在《总论》九"关于反切语的著作"一节引用了容肇祖《反切的秘密语》说："这种语，在广州名为'燕子语'，在东莞县名为'盲佬语'。'盲佬语'俗里相传以为当初由瞎子发明，后来给人家懂了，瞎子都不敢说了。在前清办学堂的时候，中小学里很为流行。但是用这种秘密语来谈秽亵的事情的人很多。后来懂得的人渐渐多了，到如今大都看作很下流的一种语。"这说明所谓"盲佬语"的反切语确实是在民间自发形成的表现形式比较隐晦的语言，所以语言学家们多称之为秘密语。但是这种秘密语与音韵学关系非常密切，尤其有助于我们研究反切的起源。赵元任先生在文章中有一段很有洞察力的判断，他说："上文既说明反切语跟韵书的反切是两路的东西，那末也不必等先有文字的反切而后有反切语，就是在中国没有文字以前就有反切语都是可能的，还许文字的反切是从反切语的暗示而来的呐。不过这都是完全凭空虚造的假设，也没凭据说它是有，甚至说它是像有，也没凭据说它一定不会有。"赵先生在说这话的时候，虽然未能举出有力的证据，但在今天看来这样的观察完全是天才的预言，他说："就是在中国没有文字以前就有反切语都是可能的，还许文字的反切是从反切语的暗示而来的呐，"这样的见解和本书在上面长篇引证的顾炎武、俞正燮等众多学者的论述完全吻合，与傅定淼在《反切起源考》中的研究也完全一致。赵先生在 1931 年所作出的论断，现在已经得到古文献和古音韵研究的证明，已是铁案难移。他说："反切语的来源，作者在书籍中始终没有看见提过。"又说："近来关于反切语的文章也很少。"[128]现在有了傅定淼的最新研究和本书详博的引证，赵先生当年的论断已经不是他所说的"是完全凭空虚造的假设，也没凭据说它是有，甚至说它是像有"，而已经是科学的观察了。赵先生这篇精彩的论著表明，在现代民间也广泛盛行着用汉字反切来制造隐语的做法。赵先生精详的论述可参看其原著，本书稍稍引录一小部分例子。赵先生介绍了八种反切语，我们这里转录的例子限于前面五种。后三种是"倒纽"，本书后面再作介绍。为了行文方便，赵先生原文所有的国际音标一概省略。

1. 北平 mai - ka 式反切语

"有"读为"爷九"、"一"读为"野鸡"、"争"读为"窄庚"、"走"读为"宰狗"

"事"读为"色志"、"北"读为"白给"、"在"读为"宰盖"、"上"读为"色杠"

2. 北平 mei - ka 式反切语

"北"读为"背给"、"风"读为"费庚"、"说"读为"睡锅"、"算"读为"岁贯"

3. 北平 man - t'a 式反切语

“一”读为“因梯”、“回”读为“魂颓”、“左”读为“赞太”、“来”读为“兰台”

“太”读为“叹太”、“商”读为“扇汤”、“好”读为“寒讨”、“袍”读为“盘桃”

4. 常州的反切语

“一”读为“因力”、“格”读为“庚勒”、“人”读为“逆林”、“叫”读为“镜料”

“件”读为“近恋”、“让”读为“迎亮”、“路”读为“论妬”、“走”读为“整柳”

5. 昆山的反切语

“一”读为“郁结”、“商”读为“沙臧”、“身”读为“沙真”、“能”读为“拿灯”

“搭”读为“笃辣”、“勒”读为“乐得”、“争”读为“渣常”、“脱”读为“秃勒”

以上五种反切语都是顺读（即正纽）的反切，在各地作为民间的语言形式颇为流行。这些现代方言的证据表明在上古时代反切完全可能由民间自发地产生，绝不需要语言学的专门传授。实际上，在上文引述的郝懿行《晒书堂文集》论反切起源的文章中，郝懿行已经注意到了民间隐语利用反切的现象，其言曰：“懿行案：今俚人作隐语，如载蛤为咱，捍几为你之类，其人不必知书，自解反语，明此是天地自然之声也。”这简直是天才的真知灼见，远远先于赵元任先生而发[129]。可知对反切的利用就是毫无知识的文盲也能做到，并不是像有的学者说的一样要有很专门的知识[130]，而是完全有可能在民间自发地形成[131]。在现代方言的秘密语中颇有类例。如郝志伦《汉语隐语论纲》[132]第153～154页也提到了反切式的秘密语，介绍了容肇祖的《反切的秘密语》。郝志伦自己也举了例子：“60年代初，在笔者的家乡四川东部地区的中学生群体中，曾流行过一种类似‘可可话’的隐语。昆明学生中的‘可可话’是保持第二音节（即下字）不变，其第一音节取本字韵母拼以声母 k。例如，把‘吃饭’chi fan 改读成 ki chi kan fan（省略声调）。而笔者家乡中学生群体中流行的隐语也是保持第二音节不变，只不过其第一音节是取本字韵母拼以声母 l，例如：‘吃饭’chi fan 改读成 li chi lan fan。记得这类隐语在当时极为流行，很容易学，也很好懂，只不过即兴即灭。”这样的反切式秘密语的实例应该重视。陈志良于1939年的《说文月刊》一卷上发表了《上海的反切语》一文，陈叔丰于1940年第3期的《中国语文》上发表了《潮山的反切语》，此二文讨论颇精，此不详录。日本近代著名的东洋学家羽田亨在其论文《天与袄与祁连》[133]提出了一种见解：“祁连”反切为“天”。同时羽田博士已经在此文中明确认为反切的方法事实上在孙炎《尔雅音义》以前早已存在，他主要根据顾炎武、沈树真[134]等人的论述，所举的例子如“寿梦”反切为“乘”，“不律”反切为“笔”等。据张惠英《崇明方言研究》[135]第66～69页所讨论的上海崇明方言中的合音现象，可以很清楚地知道崇明方言中的合音有一类明显是反切原理的运用。如“分”是“弗曾”的合音；“弗消”是“弗需要”的合音[136]；“秀壶”是“锡酒壶”的合音。这些都是明显的反切原理的运用[137]。据《现代汉语方言大辞典》（合订本）第一册第79页所讨论的西安方言的合音现象，虽然不是严格的反切原理，但与反切法还是比较近似的，主要是方言中的合音现象始终与任何复声母无关。

在广东五邑地区的江门话中也有一些常用的合音词。江门话中的合音词完全是反切的运用，无一例外。举证如下：

1. 唔好/meu^{35}/

/meu^{35}/的意思是：不要；别。有人简单地认为，这是“无”，但实际上它是“唔好”的合音，可以单独使用，也可以在后面加动词或动词短语。如：

/meu^{35}/去（别去）

/meu^{35}/睇电视（别看电视）

2. 时候/seo^{42}/

/seo^{42}/是“时候”的合音，用法与“时候”一样，如：

吃饭/seo^{42}/（吃饭的时候）

/niŋ^{21} seo^{42}/（那时候）

3. 未曾/meŋ^{21}/

/meŋ^{21}/的意思是：没有。是“未曾”的合音。表示没有做过某事或某动作，可以单独使用，也可以在后面加动词或动词短语，如：

A：你吃呃饭未？（你吃饭了吗？）B：/meŋ^{21}/。（没有）

我/meŋ^{21}/见到佢（我没有见到过他）

我/meŋ^{21}/翻来（我还没回来）

4. 几样/gêŋ^{24}/

/gêŋ^{24}/是“几样”的合音，在江门话中“几样”表示怎么样的意思。如：

你打算/gêŋ^{24}/？（你打算怎么样？）

/gêŋ^{24}/可以将工作做好？（怎么样才可以把工作做好？）

由于被广府话同化，“几样”的使用频率已经越来越少，取而代之的是“点样”，但是其合音的现象仍然存在，/gêŋ^{24}/变成了/diaŋ^{24}/。

以上是江门方言中合音词的例子。

从音理上看，反切的原理就是利用汉字的双声叠韵来注音。而我国古人对双声叠韵的理解和运用早在《诗经》时代就已非常成熟，清代大儒钱大昕有过很好的论述[138]。这表明我国先民早在《诗经》时代就对双声叠韵有了相当成熟的理解和运用，钱大昕指出这绝不是偶然现象。对双声叠韵的掌握就为反切的产生和运用准备了基础，本章所提供的大量证据也得到了支持[139]。

根据以上比较详尽的引证和阐发，我们可以断言凡是古人说的合声、急读、缓读等问题实际上就是反切的问题，反切的方法远在佛教进入我国以前就已经广为流行。只是我国上古以来的反切法不是一般的用来表示语音的方法，而是既表音，又表意的方法，而且主要是在古代文学作品中用为文学性的修辞方法；或者是用作一个单音节词的分音词，这个单音节词和双音节的分音词在意思上是相同的，这与中古的纯粹表音的反切有很大的不同。孙炎以前的反切并没有被语言学家们利用来普遍地表示语音；沈兼士《扬雄方言中有切音》[140]在承认我们这里说的合音是反切之后，也认为：这些合音现象“皆言语自然之势，而非音义家应用之以注音，二者固未可并为一谈也”。据现存的古文献来看，最早用反切法来纯粹表音的学者大概是曹魏时的孙炎。他比较大规模地用反切法来为《尔雅》注音。他的《尔雅音义》已经用反切来完全表音，与意义无关[141]。

当然，我们也有必要作一点补充，以避免问题的绝对化。我们在上文中广征博引古籍中的“合音”的例证确实主要是反切的现象，完全符合反切的原理。这是通例。但是也有少数变例，我们也不可忽视。那就是古人的合音中有少数情况不属于“反切”，即不是前一字的声母与后一字的韵母相拼合，而是后一字的声母并入前一字的韵母。这也是一种合音，为数不多，但这种合音的原理古人确实运用过，而且是自上古就已经存在。这个合音的变例，我们也要举例说明，例如：“盍”字，根据古人的训诂，这个字在表示“反问”语气的时候，应该是“何不”二字的合音。其合音的方式不是反切，而是“不”的声母并入了“何”的韵母中，而成为闭口韵的“盍”。在古人的训诂中有很多证据。如《左传·桓公十一年》：“盍请济师于王。”杜注：“盍，何不也。”《论语·先进》：“盍彻乎?”《集解》引郑玄曰：“盍者，何不也。”《左传·襄公二十一年》：“子盍诘盗?”孔颖达《正义》：“郑玄、服虔皆以‘盍’为‘何不’也。”《礼记·檀弓上》：“子盍言子之知于公乎?”郑玄注：“盍，何不也。”《国语·鲁语上》：“君盍以名器请籴于齐?”韦昭注：“盍，何不也。”《孟子·公孙丑下》：“子盍为我言之?”赵注：“盍，何不也。”《论语·公冶长》：“盍各言尔志?”皇侃疏：“盍，何不也。”[142]“何不”二字合音正是“盍”，这种合音的方式不是反切。[143]但这是少数的变例[144]。

有了以上旁征博引的材料，我们就有了充分的根据来批评一些音韵学家用来证明上古有复辅音的材料。我们这里以林语堂的论文中所举的例子为代表[145]，凡是类似的材料都可以用反切的方法来解释，而不需要构拟复声母[146]。

林语堂《古有复辅音说》[147]对于我们在上面列举的文献材料注意到一点点，如洪迈《容斋随笔》、宋景文《笔记》、刘玉麟《甓斋遗稿》，但他不相信古人说的合音主要就是说的反切，而说那是古代的复辅音。他说：“所以他们虽遇有极明显复辅音的证据，往往当他们为叠韵字之变相，或只是反切之一例，无论如何总是对他们无正当的了解。……以今日我们知道外国文的眼光看他，‘突郎’、‘突栾’、‘不来’当是含着复辅音无疑，应拼做 tlang、tluan、blai（bli）。”林语堂的这些话完全没有经过任何论证，便一口咬定那是复辅音，而不是反切。我们认为古人说的合音就是反切，不仅得到了傅定淼先生《反切起源考》的有力论证，也得到了赵元任《反切语八种》所揭示的多种现代方言仍然利用反切语这一铁证的支持。难道能说赵元任先生介绍的八种现代反切语都是复辅音的反映吗？林语堂毫无根据地依据所谓外国语的眼光，粗暴地断言古人说的合音现象是包含着复辅音的，这完全是武断。他在文章中列举的一些合音现象，本书在上面的诸多引文中大都涉猎到了，只能理解为反切，不可能是复辅音。今将林语堂的合音例子转录于下：

①孔曰窟窿；②角为矻落；③圈为窟挛；④云曰屈林；⑤錮为錮鏴；⑥窟礌子亦名魁礌子；⑦不律谓之笔；⑧狸之言不来也；⑨风曰孛缆；⑩蒲为勃卢；⑪蓬为勃笼；⑫盘为勃阑；⑬团为突栾；⑭螳为突郎；⑮顶为滴𩕳；⑯铎为突落；⑰秃说秃驴。以上十七例是林语堂列举来作为复辅音的证据的合音例子。我们现在可以肯定地说这十七例大都是反切现象，与复辅音毫无关系。我们可以将这些例子作一些分析和说明。

我们在上文引用到的明朝田汝成《西湖游览志余》卷二“委巷琐谈”条非常明确地说过：“杭人有以二字反切一字以成声者，如以‘秀’为‘鲫溜’；以‘团’为‘突栾’；以‘精’为‘鲫令’；以‘俏’为‘鲫跳’；以‘孔’为‘窟窿’；以‘盘’为‘勃阑’；以‘铎’为‘突落’；以‘窠’为‘窟驼’；以‘圈’为‘屈挛’；以‘蒲’为‘鹘卢’。”这就是田汝成亲身观察到的明朝的杭州人用二字反切来表示一字的方法，这大概是从宋代直接流传下来的方法。这绝对与复辅音声母无关。我们下面会提到这些用双音节的分音词来表示一个单音节的词的方法中有一种很重要的形式就是所谓的“嵌 l 词”。而“嵌 l 词”的原理正是对反切的运用。顾炎武和俞正燮等前辈大学者都非常明确地说古人的合音大都属于反切，这是完全可信的。

关于第 6 例“窟礌子亦名魁礌子”，林语堂自己说：“这或者是叠韵字，与本问题无干。”他自己承认这个例子与复辅音无关。

关于第4例“云曰屈林”，这是出于宋代的孙穆《鸡林类事》所记的古代朝鲜语，《鸡林类事》中所记的这些词汇是否都是古汉语的借词尚有待于实事求是的考证，不可盲目迷信。而林语堂轻率地相信《鸡林类事》中记录的古代朝鲜词语一概都是古汉语的借词，并据此来推断复辅音，这是非常草率的，不可轻信。林语堂说：“按鸡林，《辞源》以为即新罗，未知确否。而依孙穆所志鸡林的话都的确与中国话有相关联，如‘佛曰孛而’、而‘笔曰皮卢’，明明是与《尔雅》的‘不律谓之笔’相符。”《鸡林类事》的“笔曰皮卢”的“皮卢”应该是古汉语的蜀方言“不律”的借词[148]。但是我们认为古代朝鲜语外语借词的来源是多方面的，并不都是来自汉语。如“佛曰孛而”，我们就很难找到“孛而”可以对应哪个古汉语词[149]。“孛而”不大可能是汉语的借词。就算是古汉语的借词，那也是在佛教进入我国以后才有可能出现的词汇，也就是至少在东汉以后才有可能产生。但是没有任何证据显示我国在东汉时候还有所谓的复辅音存在。因此，《鸡林类事》中的“佛曰孛而”绝不能作为我国上古有复辅音的证据。事实上，古代的朝鲜不仅和我国汉民族有大量的文化交流，而且与我国东北和北方的阿尔泰民族有广泛而长期的接触和交流，完全有可能是从我国北方的其他民族借入了“孛而”一词。至于“云曰屈林”，我们可以相当肯定地说这与汉语无关，更不能用来作为古汉语有复辅音的证据。关于“皮卢”是“不律”的借词，这是可能的。但顾炎武、俞正燮等众多学者都指出“不律”是“笔”的反切语，与复辅音无关。《尔雅》的“不律谓之笔”尚且不能证明古汉语有复辅音，何况晚至宋代的朝鲜语中的古汉语的借词？

关于第9例“风曰孛缆”，这也是出于《鸡林类事》中记录的古代朝鲜语。我们认为这也不能作为古汉语有复辅音的证据。这个例子被相当一些音韵学家引述[150]，学者们似乎对这个问题特别感兴趣，不断有论文发表。我们这里只阐述自己的观点，不打算对有关论著作逐一述评。首先，我们认为“风曰孛缆”中的“孛缆”有可能是古汉语中词汇的译音词，但那并不是“风”的上古音的直接对音。考古文献，知我国上古称风神为“飞廉”。《楚辞·离骚》：“后飞廉使奔属。”王注：“飞廉，风伯也；风为号令，以喻君命。言己使清白之臣如望舒先驱，求贤使风伯奉君命于后，以告百姓；或曰：驾乘龙云，必假疾风之力，使奔属于后。”洪兴祖《补注》曰：“属音注，连也。《吕氏春秋》曰‘风师曰飞廉’。应劭曰‘飞廉，神禽，能致风气’。晋灼曰‘飞廉，鹿身、头如雀、有角而蛇尾豹文’。《河图》曰‘风者，天地之使，乃告号令’。”《楚辞·远游》：“前飞廉以启路。”王注：“风伯先导以开径也。”《楚辞·九辩》：“通飞廉之衙衙。”王注：“风伯次且而扫尘也。”《文选·陆士衡·演连珠五十首》：“臣闻钻燧吐火以续汤谷之晷，挥翮生风而继飞廉之功。”五臣注：“飞廉，风师也。”都是以“飞廉”为风神。“风伯”就是“风神”。《意林》卷四引《风俗通义》称：“《楚辞》云‘风伯，飞廉也’。按《周礼》祀风师，箕星也；主簸扬，能致风气。戊戌之神作风伯，故丙戌日祀于西北。”《史记·孝武本纪》：“于是上令长安则作蜚廉桂观。”《集解》引应劭曰：“飞廉，神禽，能致风气。”《史记·司马相如列传》：“召屏翳，诛风伯。”《正义》引张云：“风伯字飞廉。”我们根据以上的材料可知我国古代用“飞廉”指风神、风师、风伯，因而可以用来代指“风”。“风”字古读重唇音和闭口音，已是音韵学常识。前引傅定淼《反切起源考》已说过“飞廉”相切为“风”。这可以说已成定论。《鸡林类事》中的“风曰孛缆”的“孛缆”不是古汉语“风”的借音词，而是“飞廉”的借音词。“孛缆”和“飞廉”可以对音，仅仅稍有音转而已。因此，林语堂和其他一些音韵学家利用《鸡林类事》中的“风曰孛缆”来作为推导我国上古有复辅音的例证是不能成立的[151]。

还有相当多的学者认为“孛缆”是阿尔泰语的借词。学者们指出：“孛缆”在朝鲜语中是公元7世纪以后才出现的一个词，与上古汉语无涉，而是借自我国东北的阿尔泰语。提倡此说的论著有黄有福等《“孛缆”语源考》[152]、金永哲《关于“风曰孛缆”和复辅音——与尚玉河同志商榷》[153]、应琳《“风曰孛缆”考》[154]、尉迟治平《“风”之谜和夷语走廊》[155]。这些学者们的意见也是不可忽视的，“孛缆”确实也有可能是来自阿尔泰语的借词，与上古汉语无涉[156]。丁启阵先生《论古无复辅音声母》[157]也赞成“孛缆”源于阿尔泰语的观点，认为“孛缆”一词与古汉语是否有复辅音无关[158]。

我们还可以从通假字系联的角度来证明“风”的上古音声母断然不会是复辅音pl之类。在古文字中，“风”与“凤凰”的“凤”是通假字。在甲骨文中的“凤”字大都是用作“风”，这已成定论。罗振玉《殷墟书契考释》中第32页上：“考卜辞中诸‘凤’字谊均为‘风’，古金文不见‘风’字。”《甲骨文编》第511页：凤“卜辞用为‘风’字”[159]。又，“凤”是从“凡”得声，在西周金文中“凡”有时用作“盘”的通假字，有的学者甚至认为“凡”就是“盘”的象形初文[160]。而“凤、凡、盘”这些字从不与来母字发生通假关系和谐声关系，其上古音声母不可能是复辅音声母pl，这就反过来证明“风”的上古音声母也不会是复辅音声母pl，只能是单辅音的帮母。如果把“风”的上古音声母构拟为复辅音pl，这将与上古汉语的通假字系统相冲突。

关于第1例“孔曰窟窿”，上文引用到的明朝田汝成《西湖游览志余》卷二“委巷琐谈”条已经说过明朝的杭州人是把“孔”读为“窟窿”，是用二字的反切语，也就是“窟窿”切为“孔”。章太炎《新方言·释地第八》：“《说文》：空，窍也。堀，兔堀也。引申凡空窍曰堀，字亦作窟。今人谓地有空窍为窟笼，笼者，收声也。或曰：窟笼合音为空。”我们认为章太炎引的“或曰：窟笼合音为空”是正确的，这是完全符合音理的。但林语堂找到了一条旁证，证明“孔”是复辅音。他说：“直接的如暹罗语之klong、kluang、kuang可谓保存中国古语复辅音最明白无疑的凭据。”又说：“由印度支那系中的语言作比较的工夫，求能证实中原音也有复辅音的材料。最可惜的就是，除去一条暹罗语中klong（意为一卷、一圆筒）能证明中国语‘孔—窟窿—孔竉’的关系以外，未能多引例证。此外如汉朝经学家直接的证据也是一条无有，但是汉朝实已太迟了，要听我们老祖宗说南蛮鴂舌的话，非远超周秦而上不可。”我们认为这条旁证也不能成为证明上古汉语中的“孔”是复辅音“kl”的证据。我们认为暹罗语中的“klong”即使能确认其是汉语的借词，也不可能是“孔”的译音词，只有可能是“窟窿”的译音词。而且时代极晚，绝对不能作为上古复辅音的证据。今遍考文献，我们可以确知“窟窿”一词最早也是在宋朝才产生的俗语词。其早期形式是写作“窟笼”。如宋祁《宋景文公笔记·释俗》：“孔曰窟笼。”在元杂剧中还有这样写的。如孙仲章《河南府张鼎勘头巾》：“他慌了，拿过一块板来，上头有个窟笼。”顾学颉、王学奇《元曲释词（二）》第287页[161]“窟笼”条还举有元杂剧中的《来生债》、《魔合罗》的用例。我们现在所能找到的“窟窿”的最早的用例是元杂剧中的郑廷玉《崔府君断冤家债主》：“来到这墙边也，随身带着这刀子，将这墙上剜一个大窟窿，我入的这墙来。”孔文卿《地藏王证东窗事犯》：“则我便是个了事公人，鬼窟窿里衣饭也能寻趁，一去二十载无音信。”顾炎武的《天下郡国利病书》有“窟窿山”。《全唐诗》、《全宋词》中都没有“窟窿”的用例。《汉语大词典》“窟窿”条下所引最早的例子是《老残游记》第一回中的文例。《汉语大词典》所举的例子时代嫌晚。《汉语大词典》“窟竉”条下引有《警世通言》中的文例曰：“恶心孔再透一个窟竉，黑肚肠重打三重�跶。”“窟竉”是“窟窿”的异体写法。在《广韵·董韵》中的“竉”字注曰：“孔竉。”林语堂说“孔竉”“这便是‘窟笼’的转语”。林语堂的说法有问题。因为在文献中“孔竉”

的出现早于“窟笼”，我们只可说“窟笼”是“孔竉”的转语，而不应反过来说。我们根据古文献可知，按产生时代的先后顺序排列应该是先有“孔”，次有“竉”，再次有“孔竉”，再次有“窟笼”，再次有“窟窿”，再次有“窟竉”。“孔竉”出现于《广韵》注，“窟笼”出现于宋代文献。“窟窿”开始出现于元杂剧。时代这么晚的材料怎么能据以推考上古音呢？上引章太炎《新方言·释地第八》已经注意到：“今人谓地有空窍为窟笼。”也就是说章太炎已经认为“空窍为窟笼”是“今人”的俗语，时代是相当晚的[162]。从汉语史的分期来看，也是属于近代汉语的范围，怎能据以考证上古音？林语堂本来是有历史观念的，我们上文引用过他的话：“汉朝经学家直接的证据也是一条无有，但是汉朝实已太迟了，要听我们老祖宗说南蛮鴂舌的话，非远超周秦而上不可。”他意识到要根据周秦的材料才能考论复辅音的问题，可是他现在却用了唐朝以后的材料来论证上古的复辅音声母，这显然是自相矛盾，他的结论自然是不可信的。这个例子足以说明理论和实践是两回事，要完美地统一并非易事。吴秋辉《侘傺轩文存》[163]第207页“孔”字条的意见很明确：“北人谓孔曰窟窿，亦为孔之切音。孔之切音本为窟窿，北音重浊，故往往转作平声，然大概仍作上声读也。”这是前辈学者的真知灼见。我们还可以看看相关的通假字系联。在上古文献里，“孔”与“空”是通假字。如《淮南子·原道》：“万物之总，皆阅一孔。”马王堆帛书《十六经成法》有相关的文字作：“万物之多，皆阅一空。”[164]二者的“空”和“孔”必为通假字，而“空”的上古音不可能是复声母 kl－，只能是单辅音的溪母，因此“孔”的上古音也一定是单辅音的溪母，而不会是任何复声母。

关于“②角为砣落；③圈为窟挛；⑤锢为锢辘；⑩蒲为勃卢；⑪蓬为勃笼；⑫盘为勃阑；⑬团为突栾；⑭螳为突郎；⑯铎为突落；⑰秃说秃驴”。这些例子都可以无例外地解释为是用“嵌 l 词”的方式产生的分音词，而学者们关于“嵌 l 词”的问题有很多研究，现在已经可以确定“嵌 l 词”与复声母没有关系。讨论过这个问题的有王立达《太原方言词汇的几个特点和若干虚词的用法》[165]、赵秉璇《晋中话“嵌 l 词”汇释》[166]、徐通锵《山西平定方言的“儿化”和晋中的所谓“嵌 l 词”》[167]、梁玉璋《福州方言的“切脚字”》[168]、栗治国《伊盟方言的“分音词”》[169]、张崇《“嵌 l 词”探源》[170]、李蓝《方言比较、区域方言史与方言分区》[171]、丁启阵《论古无复辅音声母（下卷）·“嵌 l 词”现象来历新探》[172]、王洪君《汉语非线性音系学》[173]“汉语中常用的两种语音构词法”一文[174]。其中一般学者的文章都没有明确主张“嵌 l 词”是从复声母演化而来的。而徐通锵[175]、丁启阵、李蓝的文章都坚决反对“嵌 l 词”来源于复声母的观点。李蓝的文章不仅征引广博，而且讨论很详尽，值得注意。例如，李蓝此文称：“晋语分音词和福州切脚字是一种比较古老的语言现象，但分音词和切脚字也确实是从一个声韵两分的单字音节分别加上附加声和附加韵而来，因此，这种语言现象实际上与古复辅音声母没什么关系。佤语是一种有复辅音声母的语言，佤语也有分音型的反切语。当一个佤语音节说成反切语时，如果是复辅音声母，则把复辅音声母当作一个整体来与韵母分开并与另外的韵母构成一个声母字，不是把复辅音声母分成两个辅音来组成两个声母字（王敬骝，1983 年）[176]。这是分音词、切脚字与古复辅音声母没有关系的最强有力的证据。”这样的观察和结论显然是有说服力的[177]。事实上，我们从前面的正文和注解中引述的大量古人的文献中就可以知道，宋朝、元朝直到清代的学者都是把这些分音词明确地看成是反切的运用，而且在宋代的民间是很流行用反切的方法来创造分音词的[178]。我们绝对不能毫无根据地认为这些分音词是来自上古汉语中的复辅音声母的分化。

我们对此还可以举出一个旁证：黄家教、崔荣昌《韶关方言新派老派的主要差异》[179]一文对韶关方言中新派的阳声韵 B[180]的产生过程作出了分析和解释，其文曰：“阳声韵的字，有的新派读为阳声韵 B，即于鼻音韵尾之后加上个塞音。例如‘船’字就读成ʃuŋʔ。老派有文白两读，‘船’字读书音是ʃuŋ，说话音则在ʃu之后加上ʔ，紧接着念uŋ，成为ʃuʔuŋ。因为ʃuʔ与uŋ紧密联结，可以记成ʃuʔŋ。……由此看来，新派口语的阳声韵B，很可能是ʃuʔŋ中的ʔ向后转移的结果。”黄家教、崔荣昌此文所揭示的音变现象实际上可以说是一种分音的现象[181]，在一个音节的中间嵌入辅音ʔ，此后处于音节中的ʔ转移到了末尾，从而形成了复辅音韵尾。可见分音的现象并不仅仅存在于太原方言和福州方言。另外还有不少的学者讨论过汉语方言以及民族语言中反切语的运用问题。如邢公畹《汉语方言调查》[182]、曹广衢《布依语的反语》[183]、王敬骝《佤语的反语》[184]、王春德《燕子口苗语的反切语》[185]、石林《汉语榕江方言的反语》[186]、张成材《西安方言的反语》[187]、曹聪孙《汉语隐语说略》[188]等等。

我们正是基于这些理由，从而认为林语堂等人用这些分音词的材料来构拟上古汉语的复辅音声母是完全没有根据的。

关于第8例“狸之言不来也”，这个例子也常常被其他的音韵学家引用。其实，这个例子也完全不能作为复辅音的证据。这个例子属于反切中的倒纽。“狸之言不来也”中的“不来”倒纽反切就是“狸”，也就是说“来不”相切为“狸”。这是个特殊的例子，涉及反切中的一种重要现象。我们在此要做详尽的考证[189]。我们本来打算把“倒纽”的问题作为独立的一章来讨论，但是由于被学者们利用来论证古有复辅音的材料中只有“狸之言不来也”这一例属于“倒纽”，所以我们还是在本节的末尾来研讨这个问题，不再独立成节。现作详尽的征引和考证如下：

《史记·封禅书》：“是时苌弘以方事周灵王，诸侯莫朝周，周力少，苌弘乃明鬼神事，设射狸首。狸首者，诸侯之不来者。”《集解》引徐广曰：“狸，一名‘不来’。”《汉书·司马相如传上》：“射《狸首》，兼《驺虞》。”注引郭璞曰：“《狸首》，《逸诗》篇名，诸侯以为射节。”《仪礼·大射三》：“上射揖，司射退反位。乐正命大师曰：奏《狸首》。”郑玄注：“《狸首》，逸诗《曾孙》也。狸之言不来也。其诗有‘射诸侯首不朝者’之言，因以名篇，后世失之，谓之《曾孙》。”胡培翚《仪礼正义》[190]第918页疏曰：“云‘狸之言不来也’者，解诗篇名狸之意。‘狸’与‘来’古音相近，‘不来’即‘狸’之合声，犹‘终葵’之为‘椎’，‘邾娄’之为‘邹’也。”胡培翚这里明确地说“不来”合声为“狸”，并举出“终葵”合声为“椎”、“邾娄”合声为“邹”作为旁证。与此相同的还有惠栋《九经古义·仪礼·大射礼》“奏狸首”条注。这当然是正确的。只是胡培翚未能揭示出倒纽的问题，“不来”之所以能合声为“狸”，是因为倒纽的原因，即不是“不来”切为“狸”，而是“来不”切为“狸”。“不”和“狸”都是之部，为叠韵；“来”和“狸”都是来母，为双声。这样的解释完全符合音理。因此，古书上说的“狸之言不来也”这条材料与复辅音无关[191]。“倒纽”是反切中的重要现象，我们必须列举大量的旁证才能取信于人。

如傅定淼先生在《反切源于合音新证》[192]中揭示了古籍中许多倒纽的现象。后来，傅先生在《反切起源考》中也作了很多论述，相当精彩。我们认为傅先生的研究有很大的贡献，我们根据《反切源于合音新证》一文，将傅先生列举的例子转述一小部分于此。傅先生在文章中首先强调：“倒纽也仍然植根于上古合音。”[193]他在古书中找到了相当数量的倒纽例证，如：

(1)班固《东都赋》“琴丽”之“琴”，《说文》大徐音丑林切，《文选》李注则音“林”，司马相如《大人赋》字径作“林离”，“林”实为“丽、琴”合音。

(2)《左传·哀公十一年》“属镂”之剑，《荀子·成相》作“独鹿”，“镂、属”合音为“鹿”。

(3)《说文·金部》:"鐎,鐎斗也",段注:"即刁斗也。""斗、鐎"合音为"刁"。

再看联绵词倒组合音变成单音词(或单音词衍生为倒组合音联绵词)的例子:

(4)《尔雅·释草》:"蒤,虎杖。""杖(定母)、虎(鱼部)"合音为"蒤"(定母鱼部)。"孟,狼尾","尾(明母)、狼(阳部)"合音为"孟"(明母阳部)。"红,茏古","古(见母)、茏(东部)"为"红"(匣母东部),声属旁纽之变,《广雅·释草》"古"作"蘈"(匣母),则声、韵皆合。"苄,地黄","黄(匣母)、地(歌部)"为"苄"(匣母鱼部),韵部通转稍异,犹如《广韵》"切语借用"之法。

(5)《方言》五:"杯𥫽(注:盛杯器笼也),陈楚宋卫之间……又谓之豆筥。"《急就篇》颜注:"篝,一名𥫽,盛杯器也。""豆(侯部)筥(见母)"倒组合音为"篝"(见母侯部)。

(6)《后汉书·光武纪》注引《广雅》:"兜零,笼也。"《说文·竹部》:"篓,竹笼也。""零(来母)、兜(侯部)"合音为"篓"(来母侯部)。

(7)《说文·立部》:"錞,磊錞,重聚也。""錞(端母,本音当在文部)、磊(微部)"合音为"堆"(端母微部)。

(8)《释名·释衣服》:"摶腊犹把作,粗貌也。""作(精母)、把(鱼部)"合音为"粗"(清母鱼部),声母旁纽稍变。

(9)《说文·玉部》:"珍塾,石之次玉者","琳,美玉也",音义大同。"塾(来母)、玲(侵部)"合音为"琳"(来母侵部)。

傅先生说:"这些例子应足以证明反切中的正纽、倒纽均源出上古汉语合音。又不仅正纽、倒纽,双反之法也不例外,上古汉语联绵词中不乏由双反构成转语的例证。"如:

(10)《周礼·春官》:"鞮鞻氏掌四夷之乐与其声歌",郑注:"四夷之乐……西方曰株离。"《说文·走部》作"娄,四夷之舞各自有曲","株离"班固《东都赋》作"兜离","兜、株"古音近。"鞻",郑注音"屦",以《说文》则当音"娄",《玉篇》也只音力钩、力豆二切,《广韵》只音落侯切。黄生《义府》认为:"鞮鞻当音低娄,反语即为兜离,兜离转音为侏离。"其说甚是,但当先有"兜离(侏离)"之语,而后以其反语变音作为职官名称。"兜(端母)离(歌部,汉音支部)"合音为"鞮"(端母支部),"离(来母)、兜(侯部)"合音为"鞻"(来母侯部),上下二字韵部适互易其位,非双反不足以为解释。

(11)《说文·木部》:"枥㯕,柙指也。"杨树达先生认为"枥㯕之为言犹离析也","以木离析罪人之手指而束之,故谓之枥㯕"。"离析"是合成词,"枥㯕"则是"离析"双反音变的联绵词,"离(来母)析(锡部)"合音为"枥(来母锡部)","析(心母)、离(支部)"合音为"㯕"(心母支部)。

傅定淼先生最后批评了反切起源于梵文拼音的观点,他说:"由此看来,反切的种种规则与古合音的构造形式一脉相承,而与梵文音素拼音法相去殊远,要把反切的源头归之于梵文拼音,不免有牵强附会之嫌。张世禄先生《中国音韵学史·反切和四声的起源》虽然也认为梵文拼音学理对于反切注音的风行可能有一定影响，却又明确指出：‘反切的形式是依据于中国文字的性质和语言上自然变异的现象而产生的。’这个结论，除了反切用于注音是否果真由于佛经翻译尚可讨论外，是颇为允当的。”

“倒纽”在古书中常常写作“到纽”。顾炎武《音学五书·音论》卷下：“南北朝人作反语多是双反，韵家谓之正纽、到纽”云云。陶燠民《闽语研究》[194]有曰：“廋语者，皆以口语为根据，或颠倒其双声叠韵，或掺杂无谓之韵纽，以混人听闻。”陶燠民已经注意到在民间的廋语中有“颠倒其双声叠韵”的语言现象，也就是“倒纽”。明代的焦竑所撰《俗书刊误》卷十二有曰：“《反纽图谱序》曰：‘七步之才，五音为首，文字聿肇，反切为初，一字有讹，余音皆失。’其法有双声、叠韵、罗纹、音和、反纽、傍纽、正纽诸门。中国所用，音和一门耳。”焦竑提到的“反纽”应该就是理解为“倒纽”。《反纽图谱》俗传为沙门神珙所撰，神珙，旧说以为北魏时人。但据戴震考证称神珙乃是唐宪宗元和以后的人。盖为中晚唐人[195]。赵元任先生在《反切语八种》中所介绍的苏州、广州、福州三地的反切语都是“倒纽”的反切语，也就是反切上字为韵母，反切下字为声母，这是非常重要的方言现象，颇有助于我们研究上古音。我们这里还是要转录一小部分赵先生所列举的实例，作为我们论证的具体根据。

1. 苏州式反切语

“风”读为“翁分”、“搭”读为“鸭凳”、“太”读为“挨吞”、“来”读为“孩伦”

“家”读为“挨根”、“头”读为“侯亭”、“就”读为“厚尽”、“量”读为“阳林”

“说”读为“厄胜”、“人”读为“形人”、“拉”读为“狭论”、“浪”读为“巷论”

“件”读为“现近”、“论”读为“恨论”、“大”读为“贺邓”、“两”读为“样令”

2. 广州 la－mi 式反切语

“有”读为“柳以”、“匀”读为“邻荣”、“同”读为“龙亭”、“上”读为“亮盛”

“人”读为“邻延”、“量”读为“强零”、“就”读为“漏治”、“本”读为“卵扁”

3. 福州 la－mi 式反切语

“美”读为“里美”、“酒”读为“柳旨”、“欲”读为“陆弋”、“上”读为“亮盛”

“沙”读为“拉诗”、“场”读为“凉亭”、“古”读为“鲁几”、“莫”读为“落密”

以上的例证都属于“倒纽”，这种现象至今还在苏州、广州、福州的方言中流行，可以印证傅定淼《反切起源考》中所揭示的汉代以前的古籍中的倒纽确为事实[196]。

在厦门方言中，我 gua，常常有切脚字作 lua gin；拍 p‘aʔ，有切脚字作 laʔ p‘it。这种切脚字也可以分析为 lua gin 倒纽相切为 gua；laʔ p‘it 倒纽相切为 p‘aʔ。类似的切脚字在厦门方言中很多。

马重奇《闽南漳州方言的 la－mi 式和 ma－sa 式音的秘密语形式》[197]一文对闽南漳州方言中的倒纽现象有比较详细的描述，指出了那也是一种民间自发形成的秘密语，并非有高深学问的专家的创作。如：“天”读为“荐梯”；“好”读为“老喜”；“菜”读为“籁此刺”；“常”读为“凉匙”；“待”读为“籁弟”；“没”读为“律篾”；“普”读为“鲁鄙”；“大”读为“癞治”；“吴”读为“炉疑”；“步”读为“路奋”；“沙”读为“拉丝”。类似的例子在此文中还有很多。这些反切语全部是倒纽[198]。

“倒纽”现象的发现和研究对我们探讨上古音有很大的帮助[199]，我们坚决不能赞同在古代典籍中出现的倒纽现象被一些音韵学家利用为证明复辅音的材料[20]。

我们可以非常明确地得出结论：反切的原理和现象在上古汉语中早已存在，只是上古先民并不把反切用来专门标音。利用反切为文字游戏在宋代已经非常流行，利用反切的原理而产生的复合词与复辅音声母没有关系，不得作牵强附会的曲解，以为汉语的某些双音节复合词是来自上古汉语复辅音声母的分化。

总结以上的论述，我们可以断言：凡是用分音词的双音节形式来表达一个单音节词的一切材料都是对反切的运用，与复辅音声母没有关系。我国上古时代已经有了反切的原理，至少在春秋时代就有了用反切来创造分音词的现象。这在古书中有大量的证据。我们这一节的研究不仅论证了分音词、切脚字与复辅音声母无关，还论证了我国反切的原理产生于上古，并不是从梵学中来的。我们的讨论有助于进一步认识《说文》中的反切现象，有利于上古音的研究和《说文》学的研究。我们的任何论断都是立足于考据，毫无凭空立论或专造假设之嫌，希望能引起学者们的兴趣。

注释

①如《颜氏家训·音辞篇》："孙叔言创《尔雅音义》，是汉末人独知反语。至于魏世，此事大行。高贵乡公不解反语，以为怪异。"承袭这种说法的还有唐代张守节《史记正义·论音例》和陆德明《经典释文·例言》。谢启昆《小学考》（汉语大词典出版社，1997年）卷三十一第17页引述宋代的《云谷杂记》曰："古者字未有反切，故训释者但曰'读如某字'而已。至孙炎始作反切，其实本出于西域梵学也。"《崇文总目·序》："孙炎始作字音，于是有切韵之学。"宋代的王应麟也附和此说。清代大儒钱大昕《十驾斋养新录》卷五"孙炎始为翻语"条也主此说［《嘉定钱大昕全集（第七册）》，江苏古籍出版社，1997年，第111页］。在现代学者中，黄侃《声韵略说·论反切之起源》（载于《黄侃论学杂著》）广征博引，坚决主张反切起于孙炎之说，对其他各家之说逐一进行批驳。这是现代学者中主张传统说法的最重要的一篇文献，不可不观。

②如周祖谟《颜氏家训·音辞篇注补》（《周祖谟语言学论文集》，商务印书馆，2001年）："案反切之兴，前人多谓创自孙炎。然反切之事，决非一人所能独创，其渊源必有所自。章太炎《国故论衡·音理论》即谓造反语者非始于孙叔然，其言曰：'案：《经典释文·序例》谓汉人不作音，而王肃《周易音》，则序例无疑辞，所录肃音用反语者十余条。寻《魏志·肃传》云："肃不好郑氏，时乐安孙叔然授学郑玄之门人，肃集《圣证论》以讥短玄，叔然驳而释之。"假令反语始于叔然，子雍岂肯承用其术乎？又寻《汉书·地理志》广汉郡梓潼下应劭注："潼水所出，南入垫江。垫音徒浃反。"辽东郡沓氏下应劭注："沓水也，音长答反。"是应劭时已有反语，则起于汉末也。'"由是可知反语之用，实不始于孙炎。颜师古《汉书》注中所录劭音，章氏亦未尽举，而应劭音外，复有服虔音数则。如惴音章瑞反，鲰音七垢反，臑音奴沟反（《广韵》人朱切），痏音于鬼反（《广韵》荣美切），踢音石臭反（《广韵》他历切），是也。故唐人亦谓反切肇自服虔。如景审《慧琳〈一切经音义〉序》云：'古来反音，多以旁纽而为双声，始自服虔，原无定旨。'唐代日本沙门安然《悉昙藏》引唐武玄之《韵诠》反音例，亦云：'服虔始作反音，亦不诘定。'（《大正新修大藏经》）。是皆谓反切始自服虔也。服、应为汉灵帝、献帝间人，是反切之兴，时当汉末，固无疑矣。然而诸书所以谓始自孙炎者，盖服、应之时，直音盛行，反切偶一用之，犹未普遍。及至孙炎著《尔雅音义》，承袭旧法，推而广之，故世以孙炎为创制反切之祖。至若反切之所以兴于汉末者，当与象教东来有关。清人乃谓反切之语，自汉以上即已有之，近人又谓郑玄以前已有反语，皆不足信也。"章太炎注意到《汉书·地理志》的应劭注已有反切，周祖谟更注意到颜师古注《汉书》多引有服虔的反切，并参证唐朝人的意见，认为服虔已用反切来注音（黄侃先生《尔雅略说·论尔雅注家一》也说过："然他书所引汉人音，如应劭、服虔等《汉书音义》已有反语，宜不始于叔然。"光华按，黄侃先生在后来专门讨论反切的起源的文章《声韵略说》中的观点与此不同，本书采用《声韵略说》中的观点）。章太炎撰，庞俊、郭诚永疏证《国故论衡疏证·音理论》（中华书局，2008年）引郝懿行之言曰："反语非起于孙叔

然，郑康成、服子慎、应仲远年辈皆大于叔然，并解作反语，具见《仪礼》、《汉书》注，可考而知。”可见远在章太炎之前的郝懿行已有同样的见解，章太炎没有注意到郝懿行的论述。另可参看曾运乾《音韵学讲义》（中华书局，2000年）第97～100页。清代末年的大学者王先谦《释名疏证补·序》有曰：“故吾以为《说文》直音之肇祖，《释名》者反切之统宗也。”王先谦认为东汉末年的《释名》一书中已经有了反切。一代大儒刘申叔先生《正名隅论》[《刘申叔遗书（下）·左盦外集》，江苏古籍出版社，1997年，第1426页] 在自注中指出马融注《易》、郑众注《周官》均有反切之音，以证明反切为我国所固有。但这只是把孙炎创制反切之说稍稍提前而已。而且根据我们下面所引述的黄侃先生的论述，汉代学者所有的“反切”都不是东汉学者自己所作，而是六朝学者根据东汉学者的训诂或音义所作的。

③见本页上注。

④黄侃：《黄侃论学杂著·声韵略说》，中华书局，1964年。

⑤本章后面有引述。

⑥《颜氏家训·书证》称：“《通俗文》，世间题云‘河南服虔字子慎造’。虔既是汉人，其叙乃引苏林、张揖；苏、张皆是魏人。且郑玄以前，全不解反语，《通俗》反音，甚会近俗。阮孝绪又云‘李虔所造’。河北此书，家藏一本，遂无作李虔者。晋《中经簿》及《七志》，并无其目，竟不得知谁制。然其文义允惬，实是高才。殷仲堪《常用字训》，亦引服虔《俗说》，今复无此书，未知即是《通俗文》，为当有异？近代或更有服虔乎？不能明也。”可知六朝后期的颜之推已经不清楚《通俗文》是否是汉代的服虔所作，且言郑玄以前的学者不懂得反语。

⑦黄侃先生虽然没有论及马融、郑众的例子，但依据他的理论和论述方法，马融、郑众的反切也应当是出于六朝学者的增补，而非原书所应有。

⑧光华按，黄先生这句话的意思是说他对《毛诗音》中有毛传反切说的批评同样适用于对郑玄、许慎、刘熙、服虔、应劭等汉代学者已有反切说的批评。

⑨光华按，洪亮吉此言不见于洪亮吉《汉魏音·叙》[《洪亮吉集（第一册）》，中华书局，2001年，第179页]。但《汉魏音·叙》有曰：“其后儒以反语改汉人之音者，亦置不录，以其非旧也。”

⑩吴承仕：《经籍旧音序录》，中华书局，1986年。

⑪现在还有的学者不能认识到这点，如林明波《唐以前小学书之分类与考证》第131～133页“尔雅音义”条（台湾商务印书馆，1975年）也还是用服虔、应劭的反切音来作为东汉时代已有反切的证据；裴宰奭《服虔、应劭音切所反映的汉末语音》（《古汉语研究》1998年第1期）一文还是根据章太炎《国故论衡》的观点，把服虔、应劭的反切音当作是他们自己所作的反切，没有注意到黄侃、吴承仕早已有的精辟论述。裴宰奭的出发点就已经错误。

⑫顾延龙：《续修四库全书·经部（第245册）》，上海古籍出版社，2002年，第569～570页。

⑬后文有详细的引述。

⑭只是有极少数例外，后有详说。

⑮我国主张反切之法来源于西域梵学的学者在宋代比较多，如郑樵、沈括、陈振孙，还有清朝的纪晓岚、姚鼐，现代的周祖谟等；傅定淼先生《梵文拼音原理传入与反切起源关系新探》（《汉字文化》2001年第1期）一文坚决主张我国古代反切的起源与梵文拼音的传入毫无关系。他注意到我国古代的汉族人直到西晋时代也没有直接参与翻译佛经，只是作为笔受。而笔受者在汉魏六朝一般不懂得梵文或西域文的原典。他说：“隋唐以前载籍并无任何确切材料可以证明东汉人学习、懂得梵文或其他西语文拼音。”他指出东汉的严佛调只是安玄翻译佛经的笔受，严佛调应该不懂得梵文。他还根据季羡林的研究说：东汉时代的翻译佛经的原语本来不是梵文，而是吐火罗等中亚古语。而且当时翻译佛经一般是根据口授，并无写本。因此，东汉的佛经翻译不可能对用于汉字表音的反切的起源发生影响。我觉得傅定淼的观察很有道理。现在我们不妨对这个问题作进一步的考察。所谓的梵文拼音法就是指梵文的字母表《悉昙章》。据周广荣《梵语〈悉昙章〉在中国的传播和影响》（宗教文化出版社，2004年）一书“绪论”的介绍，《悉昙章》的入华年代有汉代说、魏晋说、晋宋说、隋唐说。周广荣自己采用晋宋说（严格地讲是东晋说）。此说是根据饶宗颐先生的观点。饶宗颐先生《论悉昙异译作“肆昙”及其入华之年代》（收入饶宗颐《梵学集》，上海古籍出版社，1993年）指出东晋时代的高僧道安编撰的佛经目录中已经有《悉昙慕》二卷。在刘宋时代的高僧求那跋陀罗翻译的《楞伽经》中

包含有《悉昙章》。北凉时代的昙无谶翻译的《大涅槃经》中的《文字品》有《悉昙章》，而“悉昙”又音译作“肆昙”。饶宗颐作结论说：“故知悉昙学之入华，与《大般涅槃学》之翻译有密切关系。”从以上的介绍可知，讲梵语拼音的《悉昙章》最晚在东晋时代已经传入我国。但当时没有什么影响。悉昙学真正在我国发生影响是在北凉的昙无谶翻译的《大涅槃经》南传以后。我国文人学者中最先关注悉昙学的似乎是谢灵运，已在东晋。我们确实不能在佛典及其他典籍中发现悉昙学在曹魏时代已经流行的证据。孙炎的《尔雅音义》开始用反切来为汉字注音不可能受到梵语悉昙学的影响［关于《尔雅音义》的文献学的情况参看姚振宗《三国艺文志》，见《二十五史补编》（中华书局，1955年）第3211页；林明波《唐以前小学书之分类与考证》（台湾商务印书馆，1975年）第132～133页；谢启昆《小学考》］。而且梵语悉昙学中也没有类似汉语反切的拼音方法。梵语悉昙学对我国音韵学的影响更主要是在汉语等韵学上面，对等韵图的编制也许发生过一定的影响（例如清末大学者沈曾植《海日楼札丛》卷一“等韵原始于观音”条在引述了《天竺字母说》后，有一个观点：“此以神珙《等韵》为持诵经咒而制，是僧家相传师说。”），但与反切的起源毫无关系。

⑯刘博平：《刘赜小学著作二种》，上海古籍出版社，1983年。

⑰刘博平：《刘赜小学著作二种》，上海古籍出版社，1983年，第1175～1178页。

⑱本应全录原文，但由于文中怪僻字甚多，所以节录其大部分原文。

⑲刘先生尚举有其他例证。

⑳而《说文》说的从“亦省声”的“亦”的上古音是余母铎部，与锡部有所不同。

㉑参看王国维《观堂集林》卷十三“鬼方昆夷玁狁考”一文。王国维称“狄”本为对远方异民族的称呼，“因之凡种族之本据远方而当驱除者，亦谓之狄”。王国维此文有一个很重要的观察：“经传所记，自幽、平以后，至于春秋隐、桓之间，但有‘戎’号；庄、闵以后，乃有‘狄’号。”这已经是汉语史的方法了。

㉒《说文》：“水，准也。北方之行。象众水并流。”云云。

㉓另可参看袁珂《中国神话大词典》（四川辞书出版社，1998年）第206页、袁珂《中国神话资料萃编》（四川省社会科学院出版社）第141～144页。

㉔如《楚辞·大招》：“北至幽陵。”王注：“幽陵，犹幽州也。”《大戴礼记·五帝德第六十二》（中华书局，1998年）第122页王聘珍《解诂》称：“幽州，北裔。”《吕氏春秋·有始》：“北方为幽州。”《释名·释州国》：“幽州，在北方幽昧之地也。”《尔雅·释地》：“燕曰幽州。”《释文》：“幽州，北方太阴，古以幽冥为号。”显然是以幽州为北方之地。他证甚多。

㉕我国古代的妓院经常位于城邑的北部。

㉖刘先生所举的例子中有个别未必合于古音，但也是有原因的，并非出于杜撰。如刘先生说：“分极”反切为“必”。但“必”是收－t尾的，而“极”收－k尾。刘先生此例确不可靠。这是因为他笃信今本《说文》所致。各本《说文》皆称：“必，分极也。从八弋。弋亦声。”卑吉切。清代注家中唯段玉裁改为“八亦声”，并称：“八，各本误弋，今正。古‘八’与‘必’同读也。”段玉裁是对的，所改合于古音。我认为正是因为刘博平先生拘于大小徐本《说文》，忽视了段玉裁的意见，才有这样的失误。刘钊《古文字构形学》（福建人民出版社，2006年）第93页“必”字条认为“八”是“必”的后起声符，在甲骨文中没有声符。

㉗参看李荣：《语音演变规律的例外》，《音韵存稿》，商务印书馆，1982年。

㉘虽有上声与去声的不同，但这可以解释为分音词与单音节词之间存在的差异，后文有述。

㉙此二书为《四库全书》本。

㉚例如：俞敏《后汉三国梵汉对音谱》（《俞敏语言学论文集》，商务印书馆，1999年，第20页）称：“－d变－l最容易。维吾尔族隋唐译成‘韦纥’、‘回纥’、‘回鹘’，西北汉族方音好像都用－l。罗先生《唐五代西北方音》里的藏文对音也有－d、－l、－r三样。高丽译音一律用－l；日‘il’、七‘tɕ·il’。”同书第18～20页的梵汉对音谱指出：后汉三国时期的翻译佛经是用收t的“钵”对音梵文pal，用收t的“掘”对音梵文gul，用收t的“末”对音mal。这都表明t与l音近可通。据张盛裕《潮阳声母与广韵声母的比较（一）》（见《方言》1982年第1期）称潮阳方言中的

来母字有的白读音为 t－声母，如“滤、鹿、辣”等；又，熊燕《客赣方言语音系统的历史层次》（北京大学博士学位论文，2004 年）第 17～18 页指出在客赣方言中，端母的一些细音字读成边音 l－。如高安 1、高安 2、高安 3、新余 1、新余 2 等方言。熊燕在列举了相当多的例子后说：在客赣方言中“端母读 l 只在齐齿韵前，说明音变与介音－i 有关。t 是舌尖前塞音，l 是舌尖前边音，可能是由于介音－i－使得二者之间易于转化。如客赣方言还有两种比较常见的音变：（1）来母 l 变同端母 t，（2）来母 l 变同透定母，音变条件无一例外的都是－i－介音。”陈昌仪《赣方言概要》（江西教育出版社，1991 年）的“都昌土塘话同音字汇”中，来母在齐齿呼前读同透定母 d。辛世彪《新会荷塘话音系特点及分析》（《汉语方言研究文集》，暨南大学出版社，2002 年）指出中古音的端母字在新会荷塘话中读 l－声母，举证数十例（如“多、躲、打、都、妒、低、帝、岛、到、刁、对、丹、端、短”等皆读 l－声母）。傅国通《武义方言的连读变调》（《方言》1984 年第 2 期，第 109～127 页）描写了武义方言中的古端母开尾韵和入声要读 ʔl 声母，如“多、都、带、岛”等。据王均等《壮侗语族语言简志》（民族出版社，1984 年）的“傣语”章第 212 页：“西傣一部分地区还保留浊塞音声母 b 和 d；德傣没有 b 和 d。d 在德傣的大部分地区并入 l。”

㉛有一个例子可作旁证：《山海经・海内经》：“又有青兽如菟，名曰㞨狗，有桂山。有翠鸟。有孔鸟。”郭璞对“㞨”字注音为“音朝菌之菌”。“㞨”与“菌”的字形分别正是一个从“山”，一个从“艸”。

㉜为了避免行文烦冗，对顾炎武以前的学者的论述，我们都以脚注形式引述。

㉝沈括《梦溪笔谈》卷十五：“切韵之学，本出于西域；汉人训字，止曰读如某字，未用反切。然古语已有二声合为一字者，如‘不可’为‘叵’；‘何不’为‘盍’；‘如是’为‘尔’；‘而已’为‘耳’；‘之乎’为‘诸’之类，似西域二合之音，盖切字之原也。如软字文从而犬，亦切音也。殆与声俱生，莫知从来。”沈括已经意识到“古语已有二声合为一字者”。他说的古语是指梵学进入中国以前的古汉语。

王观国《学林》卷八“辟”条：“虽总古今之字，不逃乎音切。固有即音切而知其字之义者。‘之乎’切为‘诸’；‘而已’切为‘耳’；‘如是’切为‘尔’；‘何不’切为‘盍’；‘不可’切为‘叵’；此即音切而知其字之义也。下至闾阎鄙语，亦有以音切为呼者。‘突鸾’为‘团’；‘屈陆’为‘曲’；‘鹘仑’为‘浑’；‘鹘卢’为‘壶’；‘忒暰’为‘太’；‘咳洛’为‘觳’。凡此类非有师学授习之也，其天成自然，莫知所以然者，沈约所谓入神殆此类耶。”王观国明确把这些合音都解释为反切，这毫无疑问是正确的。

洪迈《容斋三笔》卷十六“切脚语”条：“世人语音有以切脚而称者，亦间见之于书史中。如以‘蓬’为‘勃笼’、‘盘’为‘勃阑’、‘铎’为‘突落’、‘叵’为‘不可’、‘团’为‘突栾’、‘钲’为‘丁宁’、‘顶’为‘滴𩕳’、‘角’为‘砣落’、‘蒲’为‘勃卢’、‘精’为‘即零’、‘螳’为‘突郎’、‘诸’为‘之乎’、‘旁’为‘步廊’、‘茨’为‘蒺藜’、‘圈’为‘屈挛’、‘锢’为‘骨露’、‘窠’为‘窟驼’是也。”另亦可参见《示儿编》卷二十二所引《容斋随笔》。

《说郛》卷二十三下“俗语切脚字”条：“俗语切脚字，‘勃笼’，‘蓬’字；‘勃蓝’，‘盘’字；‘突落’，‘铎’字；‘窟陀’，‘窠’字；‘黠頼’，‘坏’字；‘骨露’，‘锢’字；‘屈挛’，‘圈’字；‘鹘卢’，‘蒲’字；‘突郎’，‘唐’字；‘突栾’，‘团’字；‘吃落’，‘角’字；‘只零’，‘精’字；‘不丁’，‘兵’字；即释典所用合字。”宋代学者说的‘切脚字’就是反切，万万不可做别的解释。类似的论述还有俞文豹《吹剑录》的“俗语切脚字”条，此不录。

郑樵《通志略・六书略・谐声变体论・论急慢声谐》：“急慢声谐者，慢声为二，急声为一也。梵书谓二合声是矣。梵人尚音，故有合二而成声，合三合四而成声。华人尚文，惟存二合，此于梵书中论之矣。《诗序》曰‘声成文，谓之音’。知声有急慢，则发而为文；抑扬合度，铿锵中节，笺释之家，全不及此。至于语辞浑而无别，但取言中之义，不问句中之节。故柳宗元极论语辞之义，良由不知急慢之节，所以辞与句不相当。慢声为‘者焉’，急声为‘旃’，‘旃’为‘者焉’之应；慢声为‘者与’，急声为‘诸’，‘诸’为‘者与’之应；又如慢声为‘而已’，急声为‘耳’；慢声为‘之矣’，急声为‘只’；慢声为‘者也’，急声为‘者’；慢声为‘也者’，急声为‘也’；慢声为‘呜呼’，急声为‘呜’；慢声为‘噫嘻’，急声为‘噫’，皆是相应之辞也。此并载籍中常语，先儒不知考究。又如语言之中慢声为‘激搏’，急声为‘郭’，慢声为‘中央’，急声为‘张’者，亦是也；古艳歌曰：‘兰草自然香，生于大道傍；十月钩镰起，并在束薪中。’此‘中央’之为‘张’也；张平子《西京赋》云：‘翔鹍仰而弗逮，况青鸟与黄雀；伏棂槛而俯听，闻雷霆之相激。’此则‘激搏’之为‘郭’也。可以触类而长。”郑樵非常敏锐地指出“慢声为二，急声为一”，“慢声”二字反切就是急声的“一”字。如引文中的“中央”反切为“张”，“激搏”反切为“郭”。只是郑樵所引的《古艳歌》和《西京赋》中的例子，我们暂时还无法理解，只有阙疑。刘申叔先生《正名隅论》（收入《刘申叔遗书》，江苏古籍出版社，1997 年）表示赞同郑樵之说。

明朝的田汝成《西湖游览志余》卷二“委巷琐谈”条：“杭人有以二字反切一字以成声者，如以‘秀’为‘鲫溜’；以‘团’为‘突栾’；以‘精’为‘鲫令’；以‘俏’为‘鲫跳’；以‘孔’为‘窟窿’；以‘盘’为‘勃阑’；以‘铎’为‘突落’；以‘窠’为‘窟驼’；以‘圈’为‘屈挛’；以‘蒲’为‘鹘卢’。”田汝成说这些现象是“出自宋时梨园市语之遗”。而直到明代的杭州人还有这样的语言习惯。这种语言现象实际上有非常古老的来源，绝不是到宋朝才突然兴起的。

宋景文《笔谈》：“孙炎作反切语，本于俚语常言，故谓‘就’为‘鲫溜’；凡人不慧者，即曰‘不鲫溜’。”称“孙炎作反切语”是“本于俚语常言”，可知民间的俚语常言早已流行反切语。

赵彦卫《云麓漫钞》卷十二：“若夫‘跛扈’、‘即溜’，悉魏时回切语；‘即溜’切‘就’字，‘跛扈’切‘固’字；《周礼》‘负固不服，则侵之’。”今按：“跛扈”不能切出“固”字。观后所引《周礼》之文，可推知“固”当是“负”之误，因为《周礼》“负固”连言，因而致误。“跛扈”正切“负”（光华按，“负”字古为重唇音）。清代以前的学者还有一些类似的论述，我们不再一一引述。另可参考王瑛《试说“切脚语”》（载《纪念王力先生百年诞辰学术论文集》，商务印书馆，2002 年），王瑛先生对“切脚语”在文献中的用例有比较具体的疏证。李蓝博士《方言比较、区域方言史与方言分区——以晋语分音词和福州切脚词为例》（载《方言》2002 年第 1 期）对古文献中关于合音词、分音词的论述有所综论，与本书所引材料部分重叠，亦颇堪参考。本书不再引述王瑛、李蓝之文。

宋代的陆游《老学庵笔记》卷一还举有一个例子：“市井有补治铁器者，谓之‘骨路’，莫晓何义。……余案，‘骨路’正是‘锢’字反语。”“骨路”这一分音词的产生正是对反切的运用。

《宋史·唃厮啰传》：“河州人谓佛‘唃’，谓儿子‘厮啰’。”聂鸿音《汉文史籍中的西羌语和党项语》（《语言研究》2000 年第 4 期）一文指出：《宋史》中的“唃厮啰”在《续资治通鉴长编》卷一八八嘉佑三年九月乙亥条作“嘉勒斯赉”。《宋史》用一个“唃”字，而《续资治通鉴长编》用“嘉勒”两个字来音译。从审音上看，“唃”这个字的音与“嘉勒”这两个字连起来的音并不相近（在宋代绝无复声母 kl 存在），但是与“嘉勒”这两个字的反切音却比较接近。

唐朝人的《资暇集》卷下：“又为阿宅家子，‘阿’助词也，急语乃以‘宅家子’为‘茶子’。”这里的“急语”就是反切，言“宅家”反切音近于为“茶”，否则其“急语”之义不可解。

从我们以上引述的文献资料来看，“切脚字”的方法在宋代颇为流行。我认为“反切”的方法在宋代广为盛行是与宋代比较流行的种种文字游戏分不开的。如宋代的民间有“射字法”，就是一种与音韵关系密切的文字游戏。赵与时《宾退录》卷一称（据《四库全书》本引录）：“俗间有击鼓射字之技，莫知所始。盖全用‘切韵’之法，该以两诗，诗皆七言。一篇六句，四十二字，以代三十六字母，而全用五支至十二齐韵，取其声相近，便于诵习。一篇七句，四十九字，以该平声五十七韵，而无侧声。如一字字母在第三句第四字则鼓节先三后四。叶韵亦如之。又以一二三四为平上去入之别，亦有不击鼓而挥扇之类，其实一也。”南宋的耐得翁在端平二年成书的《都城纪胜·瓦舍众伎》卷（据《四库全书》本引录）有曰：“‘商谜’旧用鼓板吹贺圣朝，聚人猜‘诗谜’、‘字谜’、‘戾谜’、‘社谜’，本是隐语。有‘道谜’（原注：来客念隐语说谜，又名‘打谜’）、‘正猜’（原注：来客索猜）、‘下套’（原注：商者以物类相似者讥之人名对智）、‘贴套’（原注：贴智思索）、‘走智’（原注：改物类以困猜者）、‘横下’（原注：许旁人猜）、‘问因’（原注：商者喝问句头）、‘调爽’（原注：假作难猜以定其智）。”从此可见，在宋代非常流行文字游戏。王瑛在《宋元明市语略论》中（《近代汉语词汇语法散论》，商务印书馆，2004 年）对宋代以来在民间流行的文字游戏作了比较详细的论述。这些文字游戏在当时人看来就是“隐语”，而“切脚字”也正是一种隐语。另可参看周祖谟《射字法与音韵》[《问学集（下）》，中华书局，1981 年]，周祖谟此文对宋代流行的与音韵密切相关的文字游戏“射字法”和“字谜”作了介绍。宋代的“字谜”、“射字法”与宋代的“切脚字”应该是同类文字游戏，虽然具体的方式不同。

我们附带论及：佛经中的二合法与反切不同，我国古代学者把二合法与反切相比附是错误的。梵学家钢和泰在《音译梵书与中国古音》（《胡适学术文集·语言文字研究》，中华书局，1993 年）一文中注意到宋代初年的僧人法天在翻译梵文中的咒语的时候，有时为了精确地音译梵文原音而采取“二合”的方法，也就是用两个字的合音（非反切）来表示一个梵文音节的音译，这种“二合”的方法与宋朝人比较广泛使用的切脚字不同，未可相混。我国古代学者一致认为佛经中的二合法是反切，这是误会。如沈括《梦溪笔谈》卷十五说：“切韵之学，本出于西域；汉人训字，止曰读如某字，未用反切。然古语已有二声合为一字者，如‘不可’为‘叵’；‘何不’为‘盍’；‘如是’为‘尔’；‘而已’为‘耳’；‘之乎’为‘诸’之类。似西域二合之音，盖切字之原也。”这是用“西域二合之音”来比附古汉语的“盖切字之原”，是错误的。俞文豹《吹剑录》的“俗语切脚字”条最后明称：宋代流行的切脚字“即释典所谓二合字”。清代著名的《说文》学家王筠《说文释例》卷十二“双声叠韵”条也强烈认为反切为我国所固有，并非来自西域。其文曰：“梵书有二合音，吾儒未尝无也。彼有二合音，不复有两字分其音，是以长存也。吾儒有二合音，又有两字分记其音，是以沿袭而不觉也。双声叠韵非乎？‘茨，蒺藜也’；茨、蒺双声，茨、藜叠韵。‘之于，诸也’；诸、之双声，诸、于叠韵。经典中形容之词，如窈窕、参差之等莫不然；无论知与不知，作诗属对必不误。”同书第 281 页下称：“‘宨’下云‘污衺’者，污、宨双声，衺、宨叠韵也；‘窳’下云‘污窬’放此。与《尔雅》‘茨，蒺藜’同。此反切之祖也。后人穷思毕精，不能出古人范围之外。”王筠就是这样明确认为二合音就是反切法的运用，这都是不对的。现代音韵学家李荣先生在其名著《切韵音系》（科学出版社，1956 年）第 120 页“由梵文字母对音证不送气说”提到了佛经中的二合法，李荣认为二合法是上字的声母拼加下字的整个读音（就是声母和韵母）。虽然李荣先生没有列举出根据，但结论是可信的。按照这种理解，二合法就会产生复声母。钢和泰在《音译梵书与中国古音》中所举的例子不是很典型，如用“昨贺”二字二合为梵文的 J’a，用“摩野”二字二合为梵文的 Mya，用“枳也”二字二合为梵文的 kya，这三个二合音的例子的第二字的声母都是喉音或宋代的喻四声母（已与喻三合流而为 j 音），这样的声母可以与第一个字的声母形成自然连读（可参看陈澧《切韵考》，广东高等教育出版社，2004 年，第 164 页）。而马伯乐《唐代长安方言考》（中华书局，2005 年）第二编“辅音系统”第 27 ~ 28 页排比了一些利用二合法来音译梵文密咒的例子，我们发现与二合相当的梵文原文都是复辅音。李方桂《藏语复辅音的中文转写》[见《国立中央研究院历史语言研究所集刊（第五十本）》，“国立中央研究院”历史语言研究所，1932 年，第 235 ~ 238 页] 有同样的论述，而且举例颇丰，论述翔实。所以，我们认为李荣对二合法的理解是对的。佛经中的二合法与反切无关。近来在香港中文大学 CC 图书馆读到了台湾学者林光明的《大悲咒研究》（佶茂出版社，1996 年）第五章，其文对佛典中的“二合、三合”的方法有详切的阐释，与我们的观点相同。稍引其言：“二合用罗马拼音来解释，可说是将前一个子音接到另一个带有母音的子音之前，表示前一个汉字的罗马拼音只有字音，而后一个汉字的罗马拼音则是一个子音加上母音。二合的汉译在还原成悉昙时只写成一个字，虽然汉字有两个字。”其文还引述了《佛顶尊胜陀罗尼真言》卷十九的解释：“所注二合者，两字相合，一时急呼，是为二合也。”此书在其他地方还讨论了二合法的实例，如第 137 ~ 138 页。在异民族诸语言之间进行翻译的时候，有时也用“二合法”。据无忧著《巴利语文字简况及其佛典》（《世界佛学名著译丛·佛教语言论集》，华宇出版社，1987 年）一文称：“自公元前一世纪末，锡兰首先用僧伽罗字母音译巴利佛典时，为了拼写巴利语而借入了它所没有的送气清浊塞音和唇音及鼻音等音位，同时创制了一些二合字母的专用符号和某些略符。”二合字母或许与音韵学上的二合法不尽相同，但原理有相通之处。我们在讨论自反一节中提到了《龙龛手镜》中的一些自反字也属于二合字 [另可参看松本文三郎《中国的印度音译字》，收入松本文三郎《佛教史杂考》（华宇出版社，1984 年）]。又如，在 1190 年左右成书的《番汉和时掌中珠》中的西夏文有汉语和藏语的对音，王静如《西夏文汉藏译音释略》[《民族研究文集》，民族出版社，1998 年，但此文发表于 1930 年的《国立中央研究院历史语言研究所集刊（第二本第二分）》] 一文指出：“在西夏汉译里边还有两字音一个西夏字的现象。这是很可注意的事情，同时也是我们最难想象而前人好弄错的一件事。因为《番汉合时掌中珠》上把两个字横排起来，所以他们对于读法也产生次序的差异。……现在我们更知道有一个很有力的证明，就是凡用两字注一音的第一音‘尼’等字仅作浊音用的，殊非伊凤阁说的前置字音，更非接尾语。”这无疑属一种二合法。日本学者沼本克明《日本汉字音的历史研究》（汲古书院，1997年）第六部第一章第一节“梵语复辅音的假名标记”第728～730页讨论了公元900年以前成书的《假名字体表》是用二合法来表示梵语的复辅音声母。梵语的三合复辅音声母，古日语是用三个音节来表示。这既表明古日语没有复辅音声母，也表明二合法通过佛教徒而被广泛地运用。慧琳《一切经音义》卷五在对《大般若经》四百一十五卷进行音义注释后比较详细地讨论了二合法的问题。二合法的兴起是梵汉对音精确化的重要标志，此法在唐代以前未闻，其法昌盛盖与佛教密宗有关。二合法对古汉语音韵学研究有很大的参考价值。且举一例：我们上面提到宋代初年的法天用“摩野”二字二合为梵文的Mya，考慧琳《一切经音义》卷五“野”字注音：“此‘野’字正与梵音相当。”也就是唐宋时代汉语的“野”与梵文的ya是一模一样的发音，日语音读中的“野”也是ya。

㉞龙宇纯《上古阴声字具辅音韵尾说检讨》（《国立中央研究院历史语言研究所集刊（第五十本第四分）》，“国立中央研究院”历史语言研究所，1932年，第696页）对这条材料有所批评，称：“其余‘之矣’为‘只’一条，矣、只古韵亦远，似应改‘只’为‘止’。”龙说颇精。龙宇纯对顾炎武列举的其他一些材料也有所辩证。然而无关全局。

㉟光华按，此为《诗经·豳风·七月》语。

㊱光华按，王引之《经义述闻》（中华书局，1998年）卷二十七第409页“不律谓之笔”条称“不律”的“不”是发声词，没有意义。王引之在这里未能注意到上古汉语确实已经有了反切的现象，我们不采取王引之的说法。

㊲《陈独秀音韵学论文集》（中华书局，2001年）第174页也称：“狮子古名狻猊，或作狻麑（或为西域语之译音），后假师众字为之，以师为狻猊二字之合音也。”

㊳龙宇纯《上古阴声字具辅音韵尾说检讨》（见《国立中央研究院历史语言研究所集刊（第五十本第四分）》，“国立中央研究院”历史语言研究所，1932年，第696页）在引述了顾炎武的这段论述后，称这些合音词与相应的单音节词之间“或韵有不同，或声有差异，或两者俱有为别，但都显然可以解释为方音现象，顾氏以为合音，就音而言，并无过误”。

㊴（清）陈澧：《切韵考》，广东高等教育出版社，2004年，第157页。

㊵何九盈先生《中国古代语言学史》（广东高等教育出版社，2000年）第93页也早已注意到汉代以前的合音“不只是以双声叠韵为特点，它的前两字与后一字在意义上是相等同的”。与我们的观点相同，且先于我而发。但我们认为顾炎武说的合音就是反切，而何先生认为这些合音不是反切。在这点上，我们不赞成何先生的意见。

㊶（清）钱大昕：《十驾斋养新录》，《嘉定钱大昕全集（七）》，江苏古籍出版社，1997年。

㊷《丛书集成》本。

㊸古文字学家对此一般未能明了，如曹锦炎《吴王寿梦之子剑铭文考释》（《吴越历史与考古论丛》，文物出版社，2007年；原文发表于《文物》2005年第2期）在讨论“寿梦”的问题时说：“应是以中原音记‘寿梦’的急读音，或即以‘乘’记‘寿’音。”这就没有明白先秦时期的反切现象，而曲为之说。

㊹《左传·襄公三十一年》：“书曰‘莒人弑其君买朱锄’，言罪之在也。”杨伯峻注：“买朱锄即密州。买、密音近，‘朱锄’急读音近于‘州’，‘州’缓读音近‘朱锄’。”

㊺上引顾炎武也持此说，应为可信。但刘申叔先生《新方言序》［《章太炎全集（第7卷）》，上海人民出版社，1982年，第134～135页；亦见《刘申叔先生遗书》中的《左盦集》卷四］有不同的解释：“淮、泗之间列溜音于语末，‘娄、溜’叠韵，故邾曰邾娄。”刘申叔先生以小字自注曰：“今北方语无论名辞、动辞，其下皆系以儿音，儿、娄本异纽而今相近，则邾娄之语徧行矣。”这就把“邾娄”的“娄”看成了上古方言中的语尾词，相当于现代方言中的儿化音。此说似不如顾炎武之说通达。

㊻原注——汪君文台云是拆“兵”字——光华按，当以汪文台之说为确。

㊼游汝杰《汉语方言学导论（修订本）》（上海教育出版社，2000年）第147页引述到乾隆年间编的《宝山县志》：“俗呼精曰即零，精字反切也。”这很清楚地说明了“即零”反切就是“精”。游汝杰说：“‘即零’就是‘精’字的分音。”可见分音的原理就是反切。

㊽（清）陈澧：《切韵考》，广东高等教育出版社，2004年，第157页。

㊾（清）戴震：《声韵考》，《戴震全书》，黄山书社，1994 年，第 284 页。

㊿（清）戴震：《戴震全书》，黄山书社，1994 年。

51王力先生《同源字典》（商务印书馆，1982 年）第 190 页赞成朱骏声的观点："按，朱说甚是。'髑髅'的初义应即是'头'。后来词义分化，'髑髅'指死人的头骨。《庄子·至乐》'庄子之楚，见空髑髅'。"

52王力先生《同源字典》（商务印书馆，1982 年）第 331 页同意朱骏声的观点："按，当云'钲者，丁宁之合音也'。"《左传·宣公四年》："著于丁宁。"注："丁宁，钲也。"《国语·吴语》："鸣钟鼓丁宁。"注："丁宁，钲也。"王力先生《同源字典》（商务印书馆，1982 年）第 401 页还认为《尔雅》中的"虺颓"、《诗经》中的"虺隤"就是"瘪"字的合音。王筠认为《说文》无"瘪"字，其本字当是《说文》中的"瘣"字。王力和王筠的解释都是正确的。

53见朱骏声《说文通训定声》（中华书局，1998 年）第 441 页；又见周法高《周秦名字解诂汇释补编》（中华丛书编审委员会，1964 年）第 78 页。

54唐作藩先生《从同源词窥测上古汉语的复辅音声母》（《汉语史学习与研究》，商务印书馆，2001 年）一文、向熹《简明汉语史（上册）》（高等教育出版社，1998 年）第 64 ~ 65 页、向熹《简明汉语史（修订本）》（商务印书馆，2010 年）第 64 ~ 65 页、严学宭《原始汉语复声母类型的痕迹》（《古汉语复声母论文集》，北京语言文化大学出版社，1998 年）、尚玉河《"风曰孛缆"与上古汉语复辅音声母的存在》［《语言学论丛（第 8 辑）》，商务印书馆，1981 年］、郑作广《上古汉语复辅音再探》（《方言与音韵研究》，广西教育出版社，1998 年）都与王力先生的观点不同，而赞成林语堂的说法。只是向熹《简明汉语史（修订本）》第 65 页把话说得有点活："但是确定上古汉语里有无复辅音，应根据形声字、双声叠韵、联绵字、现代汉语方言、亲属语言等各种材料进行全面、综合的研究。现在这种研究还做得很不够，许多还只是雾里看花，并没有真正弄清楚。所以我们在构拟上古汉语声母系统的时候，没有拟定复辅音。"向熹先生此书出版在拙著《论汉语上古音无复辅音声母》之后，在讨论复声母问题时对拙著的详尽研究完全不提，岂得谓为与时俱进耶？他在此书的第 64 ~ 65 页将根据反切原理造出的方言里的分音词全部理解为复辅音声母的分化，并据此推定上古汉语有复声母，这是毫无根据的。

55收入（清）郝懿行：《晒书堂文集·反语考》，《续修四库全书（1481 册）》，上海古籍出版社，2002 年，第 513 ~ 515 页。

56见《黄侃论学杂著》。

57黄侃先生此文所引郝懿行之言与原文颇多出入，且有错字。今据原文校订的地方很多。

58侃案，此反衍字。

59侃案：《诗》释文引《释名》曰：古者曰车声如居，所以居人也。今曰车，音尺奢反，声近车舍也。韦昭《辨释名》曰：古皆尺遮反；自汉以来，始有居音。据此及郝所引，是《释名》中有反切矣。然《书》正义及今本《释名》无音尺奢反四字，证知此反切音为后人随文作之。五经疏中，往往引书加音，正此比。

60侃案以舌职为殖，割裂名氏，误。

61侃案：此不可解。

62自"推是"以下数句，黄侃对郝氏原文颇多省略。

63其他还有两三个例子，尚未成为定论，后有说。

64王利器在《颜氏家训集解》中引证了郝懿行的观点，但是仅仅摘引一小部分而已，且字句与原文多有出入，而且王利器此书没有注明郝懿行文章的出处。

65（清）郝懿行：《荀子补注·宥坐篇》，《郝懿行全集》，齐鲁书社，2010 年，第 4644 页。

66（清）王筠：《说文释例》，中华书局，1998 年。

67在清代学者中有类似意见的还有刘禧延等人，参看《丛书集成新编（14 册）·刘氏遗著》（新文丰出版公司，1985 年）第 203 页。此不录。

68（清）陈澧：《切韵考》，广东高等教育出版社，2004 年，第 157 页。

69转引自黄侃：《黄侃论学杂著》，上海古籍出版社，1980 年，第 126 ~ 127 页。

(70)黄侃先生注：案说见《广川书跋》。

(71)似乎只有黄侃先生引用过。

(72)（清）刘熙载：《刘熙载文集》，江苏古籍出版社，2000年，第385页。

(73)黄侃：《黄侃论学杂著》，上海古籍出版社，1980年。

(74)光华按，此言鲜明地表明黄侃先生主张古人的合音就是反切。

(75)光华按，黄侃《尔雅音训·释天第八》（上海古籍出版社，1983年）第168页称：“焚轮犹纷纶，言紊乱耳。焚轮合声为坋。……扶摇谓之猋。猋者扶摇之合声。”与此同。

(76)章太炎：《新方言·释言第二》，《章太炎全集（第七卷）》，上海人民出版社，1999年，第43页。

(77)何建章：《战国策注释》，中华书局，1990年。

(78)章太炎：《新方言·释器第六》，《章太炎全集（第七卷）》，上海人民出版社，1999年，第103页。

(79)也就是古人说的急声慢声。

(80)王钟翰主编《中国民族史（增订本）》（中国社会科学出版社，2001年）第四章“匈奴”第200页称：“据王国维考证，‘匈奴’二字急读为‘胡’。”也就是“匈奴”二字反切就是“胡”。这是很重要的一个意见。

(81)吴秋辉：《侘傺轩文存》，齐鲁书社，1997年。

(82)光华按，原文的“考正”恐是“考证”之误。

(83)吴秋辉《侘傺轩文存》（齐鲁书社，1997年）第207页“巷”字条称“胡同”反切为“巷”。古书中早就有了“巷”字，“胡同”是根据“巷”造的反切语。张清常先生写了几篇论文详细讨论过“胡同”一词的语源问题，认为是蒙古语“huto”的译音，本是“水井”的意思。详细的讨论还可参看方龄贵《元明戏曲中的蒙古语》（汉语大词典出版社，1991年）第110条“胡同”；现在看来，“胡同”一词未必是蒙古语等阿尔泰语的译音，因为一是从“水井”引申出北京人意识中的“胡同”不一定很容易；二是“胡同”与有关的蒙古语的对音在韵尾上不是很吻合；三是“胡同”的反切与古文献中的“巷”音义皆合；四是据方龄贵此书第324~325页的论述，蒙古语中的“水井”一词在汉语音译中的某些其他写法明显不同于“胡同”，如在《至元译语》中作“忽都”，在《华夷译语》中作“古都黑”，在《登坛必究》中作“苦堵四”，这些“井”的译音与“胡同”显然不同，不应该当作同一外语词的异译。正因为如此，我个人并不赞同张清常、方龄贵的观点。

(84)刘盼遂：《刘盼遂文集》，北京师范大学出版社，2002年。

(85)原书“畴”误为“田”，今订正。

(86)沈兼士：《沈兼士学术论文集》，中华书局，2004年，第315~316页。

(87)沈兼士先生也注意到：“扇”在仙韵收n，“阎”在盐韵收m，不能相通。但他认为：“当时方音容亦有例外与?”我们认为沈兼士先生推测之言也是有根据的。我们把自己收集到的材料排比如下［《诗经》中没有-m与-n合韵的现象，参看《陆志韦语言学著作集（第一卷）》，中华书局，1985年，第186~187页］，作为沈兼士先生此言的补充：在汉代语音中，m与n有时通押。罗常培、周祖谟《汉魏晋南北朝韵部演变研究》（科学出版社，1958年）第53页注意到在西汉时期“侵谈两部还有极少数与收n尾的字通押的例子。……在西汉时期是否有一些方言侵谈两部的尾音m已经变为n，还不清楚，但是这几个例子是值得注意的”。张清常在《-m韵古今变迁一瞥》（《语言学论文集》，商务印书馆，1993年）的论文中说：“据罗常培、周祖谟研究结果，看出两汉时期m与n通押的例子并不太多，大约只有三十四例。”其实这样的通押现象已经不少了，足以形成规律。丁启阵《秦汉方言》（东方出版社，1991年）第110页统计汉代诗文的合韵中，m与n合韵通押之例至少有十次。同书第115页称在蜀汉方言中m与n、ng可以合韵混押。冯承钧译《摩尼教流行中国考》引法西勒夫之言曰：“中国语中无‘z’音，尾声之‘m’变为‘n’音，且波斯之萨山王朝，亦可译为寻寻也。”［《西域南海史地考证译丛（第二卷）·第八编》，商务印书馆，1995年）。清代大儒钱大昕《十驾斋养新录》（《嘉定钱大昕全集（七）》，江苏古籍出版社，1997年）卷十四“古音不甚拘”条早已注意到m与n在中古以前有通押之例。其文曰：“郤正《释讥》云‘夫人心不同，实若其面。子虽光丽，既美且艳’。以‘艳’与‘面、见、练’为韵。又云‘方今朝士山积，髦俊成群，犹鳞介之潜乎巨海，毛羽之集乎邓林’。以‘林’与‘群、殷'为韵。如此类者，今世必谓之失韵，然古人以有之。皇甫谧《释劝论》以'音'与'莘、滨、秦、屯、神、伦、伸'为韵，以'心、岑'与'鳞、辰、尘、人、臣、伦'为韵，以'沈、衾、岑'与'真、臣、人、邻、贫、滨'与韵。杨戏《季汉辅臣赞》以'风'与'滨、真、文、身'为韵，盖读'风'为'分'也。"钱大昕这里说的完全是m与n通押的问题。这应该理解为在东汉时代的方言中，m尾就有了音变为n的情况。讨论到同样问题的还有陆志韦《陆志韦语言学著作集（一）》第186~187页。《颜氏家训·音辞篇》："《字林》音'看'为口甘反。"黄侃《文字声韵训诂笔记》（上海古籍出版社，1983年）第170~171页也说："案'看'读平声，应音口寒反。今吕音口甘反，是寒谈不分也。然可证今江河流域收舌收唇两鼻音不甚分别，亦本于古，未为大缪。收舌以浙西为准，收唇以广东为准。"同书117页论及："张炎《山中北云词》最不讲韵，真、蒸、青、侵合而为一，此则各从其便耳。"前秦时期的王嘉《拾遗记》（《汉魏六朝笔记小说大观》，上海古籍出版社，1999年）卷六第532页称："俗谓之'相陵'，与'霜林'之声相讹。""陵"是后鼻音的蒸韵，"林"是唇鼻音的侵韵，二者可以音通（其中的音变过程可能是"陵"在六朝时的西北方音中读成了前鼻音的-n尾，再与-m相混）。章太炎《新方言》第115页："今人华盖、雨盖皆谓之苫，音正作失冉切。讹入元寒作繖。《通俗文》曰'张帛避雨谓之繖盖'。是汉末音韵已歧矣。"这是说收-m的"苫"在东汉末年有的时候或在有的方言中已经音变成了收-n的"繖"了。邹汉勋《读书偶识》（中华书局，2008年）卷十第216页："自汉以后侵、覃诸韵，读近真、文诸韵。"在东汉学者的声训中也有例证可寻。如《礼记·缁衣》郑玄注："禁，犹谨也。"（《广韵》："禁，谨也。"）。这是明显的声训。"禁"为-m尾，"谨"为-n尾（此例似乎表明郑玄时代的山东方言又将-m和-n相混的现象）。本师张双棣《淮南子用韵考》（商务印书馆，2010年）三"淮南子韵谱"第127~128页归纳《淮南子》中-m与-n通押的例证甚多，甚至还有-m与-n通押的现象。

时代较晚的例子如宋代刘攽《贡父诗话》有曰："荆楚以'南'为'难'。……荆楚士题雪用'先'字，后曰'十二峰峦旋旋添'，反读'添'为'天'是也。"可知在荆楚之音中韵尾的m读成n。因为"南、添"都是以m收尾，而"难、天"则是以n收尾。陈鹄《两塘集耆旧续闻》卷七有类似的论述称："荆楚以'南'为'难'。"吴梅《词学通论》（复旦大学出版社，2006年）第三章"论韵"还称："所易混者，第六部之真谆，第十一部之庚耕，第十三部之侵，即宋词中亦有牵连混合者。张玉田《山中白云词》，至多此病。如《琐窗寒》之'乱雨敲春'，《摸鱼子》之'凭高露饮'，《凤凰台上忆吹箫》之'水国浮家'，《满庭芳》之'晴卷霜花'，《忆旧游》之'问蓬莱何处'，皆混合不分。"这种现象似乎发生得很早。裘锡圭先生《释郭店〈缁衣〉"出言有丨，梨民所訁"——兼说"丨"为"针"之初文》（《中国出土古文献十讲》，复旦大学出版社，2004年）一文提到了在战国时代的楚系文字中有侵部字与真部、文部字相通的现象。其文论述较繁，此不录。唐代的胡曾《戏妻族语不正诗》："唤针将作真。""针"是m韵尾。"真"是n韵尾。伍铁平《语言词汇的地理分布》（见《中国社会科学》1984年第6期；又收入周荐编《二十世纪现代汉语词汇论文精选》，商务印书馆，2004年）提到唐代慧琳的《一切经音义》中的"竿蔗"又作"甘蔗"，而"竿"收n尾，"甘"收m尾。《章太炎国学讲义》（海潮出版社，2007年）第82页："北宋人词侵、覃与真、寒不混，而南宋人词则混用不分。"明朝的凌濛初《南音三赖评语》［参看俞为民、孙蓉蓉《历代曲话汇编（明代编第三辑）》（黄山书社，2009年）第273页］评《风流合三十》的《正宫·白练序》："杂用庚青、真文、侵寻。"同书第269页评《拜月亭》的《仙侣·上马踢》："用先天韵。内'惨'字犯廉纤。"同书第262页评高东嘉《闺怨》的《仙侣·二犯月儿高》："用先天韵，内'掩'字犯廉纤。"在明代的戏曲中类例很多。1442年的《韵略易通》还有-m尾，但在1642年的《韵略汇通》已经没有-m了（不过《韵略易通》是诗韵，容易存古；而在《韵略易通》年代的实际语音中未必还有-m存在）。

在异族语中也有此现象。如突厥语kön进入蒙古语后成为köm。李增祥《突厥语概论》（中央民族学院出版社，1992年）第236页曰："突厥语族的大多数语言中位于词尾的n在楚瓦什语中有时还变为m。如：古突tytyn'浓烟'，楚tidym。"云云。凡此均可引为旁证。

(88)蒋礼鸿：《义府续貂》，中华书局，1981年。

(89)徐德庵《古代汉语论文集》（巴蜀书社，1991年）第20页，吾师何九盈教授《中国现代语言学史》第428~429页引述了徐德庵此文的这个例子。

⑨⓪此吴王名，学者们的考释颇多歧异，这里采用郭沫若《青铜器铭文研究·〈者减钟〉韵读》的考释，也是现在学术界一般采用的说法。另可参看《金文诂林（第十二册）》（香港中文大学出版社，1974年）第5989页。

⑨①载《故宫博物院院刊》1958年第1期，第9页。

⑨②唐兰：《石鼓年代考》，江苏教育出版社，1998年。

⑨③不过，郭沫若《两周金文辞大系图录考释》［《郭沫若全集·考古编（第八卷）》，科学出版社，2002年］第334~336页《吴王元剑》篇称《史记》《左传》中“诸樊”的“诸”是“谒”的错字，“谒樊”合音为“元”，吴王元就是诸樊。此说不大被注意，可供参考。

⑨④杨树达：《积微居金文说》，中华书局，1997年，第124页。

⑨⑤郭沫若《卜辞通纂》［见《郭沫若全集·考古编（第二卷）》，科学出版社，2002年，第294~295页］对第176片卜辞的考释称：“戋甲当即河亶甲。河亶者戋之缓言也。”这只能解释为“河亶”反切与“戋”音相通。郭沫若此书一再证明“戋甲”就是“河亶甲”。

⑨⑥此为正字，俗字作“勾”。

⑨⑦《经典释文》音“句”为“古侯反”。

⑨⑧另如“句”在《广韵》中有“其俱”切一读，为群母；《礼记·明堂位》：“叔之离磬。”郑注：“无句作磬。”《释文》：“句，其俱反；字又作劬。”“句”字本来就有群母一读，“权”也是群母。

⑨⑨这里仅举本师张双棣教授《吕氏春秋词汇研究（修订本）》（商务印书馆，2008年）为例，张老师指出《吕氏春秋》中的“鱼、侯”合韵多达16例。参看此书第359页。张老师的《淮南子韵谱》（《第三届汉语史学术研讨会暨第六届中古汉语国际学术研讨会论文》，四川大学，2007年）指出《淮南子》中“鱼、侯”合韵的现象甚为普遍，多达84例（另参看张双棣《淮南子用韵考》，商务印书馆，2010年，第104~106页）。《韩非子》中合韵5次；《文子》中合韵7次。张老师在《吕氏春秋词汇研究》（修订本）中还对“鱼、侯”合韵的现象作了较细致的考察，其书第360~363页论曰：“在《诗经》、《管子》、《楚辞》（光华按，张老师认为《楚辞》中没有‘鱼、侯’合韵，恐为失考。参看赵彤《战国楚方言音系》，中国戏剧出版社，2006年，第94~95页）、《老子》、《庄子》、《荀子》中都没有‘鱼、侯’合韵的现象。只是到了《吕氏春秋》和《韩非子》才开始出现‘鱼、侯’合韵。”因此，“鱼、侯”合韵的现象可以认为是战国末期才出现的，汉代开始较为普遍，罗常培、周祖谟《汉魏晋南北朝韵部延边研究》（中华书局，2007年）甚至主张西汉时期的鱼部和侯部已经合并（但邵荣芬还是主张西汉时期的鱼部和侯部要分立，参看《邵荣芬音韵学论集》，首都师范大学出版社，1997年）。因此，“权舆”反切为“句”这样的音变现象在战国末期才可能出现。

⑩⓪我们可以举出类似的旁证，如李蓝博士《方言比较、区域方言史与方言分区——以晋语分音词和福州切脚词为例》（载《方言》2002年第1期）一文注意到分音词与其所本的单音节词之间有时候由于音变而造成了不能完全拥有对应关系。如，在获嘉方言中，“惊”的分音词是“圪灵”；在太原方言中，“搅”的分音词是“圪捞”；在伊盟方言中，“角”的分音词是“圪捞”。但这些分音词的上字“圪”与其相应的单音节词的“惊、搅、角”在声母上并不完全相同。这实际上是各自的音变造成的，不能否定原来所拥有的对应关系。李蓝说：“本字音一定已经历了见组字在今细音韵母前舌面化的音变过程，因此声母变成了舌面音；前面的声母字因韵母是洪音而保留了早期舌根音的读音，因此，声母字和本字音的声母就不一致了，实际上是本字音的读音发生了变化而声母字还保留了原来的读音。”李蓝的解释是对的，可作为我们的旁证。例如李新魁《汉语音韵学》（北京出版社，1986年，第413页）举有一例：“《字林》中的蝷字注曰‘急读为蝷，缓读为蜥蜴’。蜥，先击切，心纽；蜴，羊益切，以纽，古读如定纽。蜥蜴一词合起来读为［sekdek］，……则蝷字极可能读为［sdek］。”李先生所解释的合音是复辅音，这点我们不能认同，因为我们认为合音乃是反切。但《字林》说的“急读为蝷，缓读为蜥蜴”，李先生明确表示这是合音现象。这至少说明蝷与蜥的声母有相通的地方。而“蜥”的中古音为心母，蝷，《集韵》为“之石切”，则中古音为章母。无论是上古音还是中古音，章母与心母均有一定的区别，而《字林》明确说蝷缓读为“蜥蜴”，则“蜥蜴”只能理解为蝷的分音形式。足见分音词的合音与相应的单音节词并不一定精确对应，只要符合通转的条件就可以。

⑩①不过，训为“萌芽”的“句”和“芽”很可能是同源词。

⑩麦耘：《读〈尔雅·释诂〉札记两则》，《古文字与汉语史论集》，中山大学出版社，2002 年。

⑩“权”为群母，“舆”为疑母。

⑩东汉以后的例子不能作为讨论词源学的证据。

⑩麦耘先生此文提到了李新魁主张上古音中的一部分的余母是牙喉音，以此来作为自己立说的旁证。实际上，李新魁的说法在具体的问题上与麦耘有所不同。据李新魁《汉语音韵学》（北京出版社，1986 年，第 403～404 页）称：“中古的以纽字，也有一部分来自上古的牙音组声母。谐声上以纽与见组字互谐的甚多，……古籍通假也不乏其例。……方言读音也有将以纽字读为见组的。”但李新魁是把这一部分的以纽字的上古音构拟为 g□j，与后鼻音的疑母不同。李新魁并没有主张过上古音中有余母读为后鼻音的情况，因此与麦耘之说有所区别。

⑩不能认为“容舆”的“舆”与“权舆”的“舆”是不同的词。因为“权舆”的“舆”本来就应该写作“容舆”的“舆”，王念孙称“舆”是后人妄改，参看王念孙《读书杂志》（江苏古籍出版社，2000 年）第 423 页。

⑩费振刚等辑校：《全汉赋》，北京大学出版社，1993 年，第 89 页。

⑩“容舆”一词在《楚辞》中出现 11 次，参看袁梅编著《楚辞词典》（山东教育出版社，2000 年）第 171 页。另外在《昭明文选》中出现了很多处“容舆”，在汉赋中颇多。稍稍举例：班固《西都赋》：“容舆徘徊。”司马相如《子虚赋》：“王乃弭节徘徊，翱翔容舆。”注引郭璞曰：“翱翔容舆，言自得也。”班彪《北征赋》：“越安定以容舆兮。”班叔皮是班彪，乃班超之父。类例在《文选》中甚多，不烦详举。

⑩参看朱谦之：《老子校释》，中华书局，1993 年，第 58～59 页。

⑩只是王本“忽”作“惚”。

⑪参看高明：《帛书老子校注》，中华书局，1996 年。

⑫关于这个句式中“叠韵”的情况，可参看孔广森《诗声类》（中华书局，1983 年）第 62 页“句中韵例”条“甫田”一节。例如《诗经·齐风·甫田》：“婉兮娈兮，总角丱兮。”“婉”与“娈”为叠韵；《诗经·采菽》：“优哉游哉，亦是戾矣。”“优”与“游”为叠韵。类例颇多。

⑬郭庆藩《庄子集释（第三册）》（中华书局，1995 年）第 678 页引《经典释文》的注音为“侗”吐功、敕动二反，“傥”音敕动反，足见二者为双声。“侗”当以“敕动”反为确，因为这与“傥”同为上声，而“吐功”反为平声，稍有不合。郭锡良先生《汉字古音手册》（北京大学出版社，1986 年）第 288 页以“侗”的上古音完全归入定母，不列透母一音，稍嫌不备。何九盈先生《古韵通晓》（中国社会科学出版社，1987 年）第 267 页“侗”字列举有透母的平声音，是为详切，然而也没有列举出其上声音。

⑭王引之：《经义述闻》，《清人十三经注疏》，中华书局，1998 年，第 377 页。

⑮参看宗福邦等主编：《故训汇纂》，商务印书馆，2003 年，第 1888 页。

⑯郭注：言胎睪烦愦也。音宰。

⑰郭注：言无所闻常耸耳也。

⑱如《周礼·考工记》：“则莫能以速中，且不深。”郑注：“故书‘速’或作‘数’。郑司农云：字从‘速’。‘速’，疾也。”这里的异文只能理解为“速”与“数”相通，而“速”的古音是心母，“数”的古音是山母。这说明山母与心母在上古音是非常接近的。在古汉语的双声联绵词中，心母与山母常常构成双声联绵词。如“蟋蟀”、“萧瑟”、“肃爽”、“萧梢”（如江文通《待罪江南思归赋》：“木萧梢兮可哀，草林离而欲暮”）、“蟏蛸”（见《说文》、《尔雅》）。类例颇多，此不详录。可参看高文达《新编联绵词典》（河南人民出版社，2001 年）。

⑲郭晋稀：《声类疏证》，上海古籍出版社，1993 年，第 586 页。

⑳另有一例可为参考：孙景涛先生《“屋漏”探源》（《语言研究》2005 年第 4 期）一文考证了在《尔雅》中义为“屋内西北角”的“屋漏”是“乌侯切”的“区”的分音词。我赞同孙先生的这个观点，只是我认为这样的分音词是上古汉语对反切的运用，与山西方言的切角字在原理上没有区别。另外，在方言中存在的“衍音词”可以明显地表明复音词的形成与复声母无关。例如，据黄伯荣《汉语方言语法类编》（青岛出版社，1996 年）第 669 页“上海话的被动句”条，上海方言中表示被动的标志词是“拨”，但这个词常常用复音词的形式“拨辣”。“拨辣”显然是“拨”的

衍音词，而且明显与上古汉语的复声母毫无关系。

㉑其细音成分是反切上字带来的。

㉒《汉语方言词汇》（语文出版社，1995年）第551页写作左“人”右“因”结构的字，这是现代人造的方言新字。

㉓我们也要注意防止滥用“合音”来解释古汉语的一些现象。如《方言》卷一：“虔，慧也。”丁惟汾《方言音释》（齐鲁书社，1985年）第2页称：“此虔为欺骗（古音读聘）之合声。”按，丁惟汾此言不可信。考儒家《十三经》中没有“欺骗”一词。先秦至东汉的诸子书及其他文献中也没有“欺骗”一词。在《史记》《汉书》《后汉书》《三国志》《宋书》《魏书》中都没有“欺骗”一词。我粗略考察古文献的结果，发现似乎在唐朝以前的文献中并没有“欺骗”一词，甚至在《资治通鉴》中也没有“欺骗”这个词。足见“欺骗”是唐代以后才出现的一个俗语词。丁惟汾却说《方言》中的“虔”是“欺骗”的合声，这显然是不可靠的。更考“欺骗”的“骗”当是“谝”的后起俗字。《说文》：“谝，便巧言也。从言扁声。《周书》曰‘戳戳善谝言’。《论语》曰‘友谝佞’。”部田切。《尚书·秦誓》伪孔传释“谝”为“辨佞”。今本《论语·季氏》“谝”作“便”。段玉裁注称：“谝、便叠韵。”《玉篇》：“谝，巧佞之言也。”《广韵》：“谝，巧佞言也。”所以，我们认为“欺骗”的“骗”应该是“谝”的后起俗字。考《说文》无“骗”字。《玉篇》：“骗，上马也。”《广韵》：“骗，跃上马。”慧琳《一切经音义》卷三十五“骗上马”条注引《考声》：“骗，跃身上马。”可见“骗”的本义是“跃身上马”，用为“欺骗”的“骗”当是“谝”的假借字，也可以说是“谝”的后起俗字。又《方言》卷一：“敦，大也。”丁惟汾《方言音释》（齐鲁书社，1985年）第11页称：“敦为浑沦之合声。浑沦无边际，故谓之大。”今按，“敦”的上古音声母是端母，“浑”是匣母，发音部位与发音方法都相去很远，无缘相通转。因此，“敦”不可能是“浑沦”的合声。冯胜利《论上古汉语的重音转移与宾语后置》（见《语言研究》1994年第1期）提到：“焉”是“于是”的合音，且不说这里的“于”应作“於”，他说的这个合音一定是杜撰，与音理不合。

㉔黄侃《文心雕龙札记》对此所举例证甚多，可以参看。其例不转录。另参看詹锳《文心雕龙义证》。而杨明照《增订文心雕龙校注》对于这里的“反音取瑕”没有任何注解和阐释。

㉕刘盼遂《六朝唐代反语考》（载《刘盼遂文集》）对六朝至唐代的典籍中用反切语为修辞方法的现象作了比较详细的钩稽和考证，举证多达33例，文繁不录。黄侃《文字声韵训诂笔记》（上海古籍出版社，1983年）第104页引证《世说新语·言语》和《三国志·诸葛恪传》，谓反语起于东汉中叶，钱钟书《管锥编（第二册）》“反语”条也多有论述，王利器《颜氏家训集解》卷四的注解广征文献，对“反语”颇有论列。周法高《〈颜氏家训·金楼子〉“伐鼓”解》（见《中国语言学论文集》，联经出版事业公司，1981年）也讨论了“反语”的问题。

㉖傅定淼：《反切起源考》，上海古籍出版社，2003年。

㉗收入赵元任：《赵元任语言学论文集》，商务印书馆，2002年。

㉘赵先生提到的只有容肇祖《反切的秘密语》和陶燠民《闽语研究》。

㉙赵元任的论文没有注意到郝懿行的文章。

㉚我们再举一个少数民族语言的材料作为旁证：龙耀宏《侗语研究》（贵州民族出版社，2003年）第214页论述了用汉字的反切来记录侗语的音的情况，其文称：“用反切的方法来记录侗语。一般是用两个汉字记录侗语的一个音节，或上字取声、下字取韵。例如用‘九吾’来记录ʔu323（九），用‘尼亚’来记录ʔa55（河）；或上字取声韵，下字取韵尾。例如用‘达姆’来记录tam55（柄），用‘得克’来记录tek33（出声）。少数也有用三个汉字来记录侗语一个音节，上字取声，中字取韵腹，下字取韵尾。例如用‘其呵母’来记录ʔham13（走）。……汉字记侗音已流行了相当长的时间。”这说明侗族人也从汉民族中学会了用汉字的反切来记录侗语的读音，而且形式还比较灵活多样。李蓝《方言比较、区域方言史与方言分区——以晋语分音词和福州切脚词为例》（《方言》2002年第1期）一文也注意到：“古代的反语一直是一种活的语言现象，在社会上广为流行。这是古代韵书可以用反切来提示汉字读音的语言基础和社会基础。”我近来在英语的构词法中注意到了有与我国的反切一模一样的现象。在英语中有混成词的现象，英语是blend。例如：smoke与fog合音为smog，motor与hotel合音为motel，breakfast与lunch合音为brunch，flash与gush或

blush 合音为 flush，dance 与 handle 合音为 dandle，no 与 one 合音为 none，not 与 either 合音为 neither，all 与 ways 合音为 always，founder 与 blunder 合音为 flounder，snake 与 shark 合音为 snark。类例甚多。对这个问题进行全面详尽论述的是钱歌川先生的《英语混成字研究》（《现代英语表现法》，香港中外出版社，1975 年）。钱歌川先生在此文中列举了众多的例证，表明这种混成词在英语中也广泛存在。文繁不录［另可参看 R. L. Trask《历史语言学》（外语教学与研究出版社，2000 年）第 34 页对“blending”的论述和举证］。我认为英语中的这种混成词与我国的反切之法几乎完全相同。足见反切的原理出于人类语言的自然，并非几个专家的发明。我国古代小说有时候也用反切为隐语修辞法，如《镜花缘》第十九回：多九公道：“林兄且慢取笑。我把来路说说：当时谈论切音，那紫衣女子因我们不知反切，向红衣女子轻轻笑道：‘若以本题而论，岂非“吴郡大老倚闾满盈”么？’那红衣女子听了，也笑一笑。这就是当时说话光景。”林之洋道：“这话既是谈记反切起的，据俺看来：他这本题两字自然就是甚么反切。你们只管向这反切书上找去，包你找得出。”多九公猛然醒悟道：“唐兄：我们被这女子骂了！按反切而论：‘吴郡’是个‘问’字，‘大老’是个‘道’字，‘倚闾’是个‘于’字，‘满盈’是个‘盲’字。他因请教反切，我们都回不知，所以他说：‘岂非“问道于盲”么’！”

⑬王立达《太原方言词汇的几个特点和若干虚词的用法》（《中国语文》1961 年第 2 期）一文所介绍的太原方言中的合音现象也是民间自然形成的对反切的运用，如在太原方言中，“老人”合音为“朗”；“这块”也可以合音为一个单音节词。

⑬郝志伦：《汉语隐语论纲》，巴蜀书社，2001 年。

⑬载于日本《史林》第 9 卷第 1 号。后收入《羽田博士史学论文选集》下卷《语言·宗教篇》。

⑬沈树真之文是指戴震《声韵考》所附的“跋”。

⑬张惠英：《崇明方言研究》，中国社会科学出版社，2009 年。

⑬光华按，我的重庆方言中也有类似的现象，重庆土话说的“不消”就是“不需要”的合音，“不消说”就是“不必说”的意思。

⑬张惠英所举的例子中还有“实在”的合音、“出来”的合音、“昨晚”的合音、“胎生”的合音，都是反切的运用。

⑬钱大昕《潜研堂文集》［《嘉定钱大昕全集（九）》，江苏古籍出版社，1997 年］卷十五有如下的问答：“问：双声昉于魏、晋以后，古人未之知也。三百篇中间有近似者，衹是偶合，初非先觉，子乃谓双声之秘，肇于三百篇，毋乃矜管蠡之智以强附古人乎？曰：人有形即有声，声音在文字之先，而文字必假声音以成。综其要，无过叠韵、双声二端，而叠韵易晓，双声难知。‘股肱’、‘丛脞’，虞廷之赓歌也；‘次且’、‘劓刖’，文王之演《易》也；至《诗》三百篇兴，而斯秘大启：《卷耳》之次章，‘崔嵬’、‘虺隤’两叠韵，三章‘高岗’、‘玄黄’两双声；《硕人》之次章，‘巧笑’叠韵，‘美目’双声；《大叔于田》之次章，上句‘磬控’双声，下句‘纵送’叠韵；《出其东门》之首章，‘綦巾’双声，次章‘茹芦’叠韵；《七月》之‘觱发’、‘栗烈’双声兼叠韵，上下相对；《东山》之‘伊威’、‘蠨蛸’、‘町疃’、‘熠耀’四句连用双声；‘佻兮达兮’、‘哆兮侈兮’、‘既敬既戒’、‘既沾既足’、‘如蜩如螗’、‘如蛮如毛’、‘不吴不敖’、‘不竞不絿’、‘允文允武’、‘令闻令望’、‘宜岸宜狱’、‘式夷式已’、‘之纲之纪’、‘以引以翼’，隔字而成双声；‘啴啴’、‘哼哼’、‘禹禹’、‘卬卬’迭字而成双声；‘与与’、‘翼翼’，隔句而成双声；‘居居’、‘究究’，隔章而成双声；‘死生契阔’、‘搔首踟蹰’，一句而两双声；‘旅力方刚’、‘山川悠远’，一句而一叠韵一双声；其组织之工，虽七襄报章，无以过也；其音节之和，虽埙篪迭奏，莫能加也。其尤妙者，‘角枕粲兮，锦衾烂兮’，不独‘粲’、‘烂’韵而‘枕’、‘衾’亦韵，‘锦’、‘衾’叠韵，‘角’、‘锦’，又双声也；‘不敢暴虎，不敢冯河’，‘暴’、‘冯’双声，‘虎’、‘河’亦双声也。此岂寻常偶合者可比！乃童而习之，白首而未喻，翻谓七音之辩，始于西域，岂古昔圣贤之智乃出梵僧下耶？四声昉于六朝，不可言古人不知叠韵；字母出于唐季，不可言古人不识双声。自三百篇启双声之秘，而司马长卿、扬子云作赋，益畅其旨。于是孙叔然制为反切，双声叠韵之理，遂大显于斯世，后人又以双声类之而成字母之学。双声在前，字母在后，知双声则不言字母可也，言字母而不知双声不可也。而双声已昉于三百篇，吾于是知六经之道，大小悉备，后人詹詹之智能，早不出圣贤范围之外也。”清代学者俞樾《湖楼笔谈》

五（《九九销夏录》中华书局本，1995年，第240页）称："其实反切之法，止是双声叠韵。双声为主，叠韵辅之。理本浅而易见，初无艰深难晓之事，亦无神妙难传之学。"江有诰《音学十书》（中华书局，1993年）第23页也称："后人双声叠韵之说亦肇于《诗》。《卷耳》首章之'倾匡'，三章之'高岗'、'玄黄'（江有诰原文为避康熙皇帝讳作'元黄'，径改如原文），双声也；……"另可参看马宗霍《音韵学通论·古音篇》三"双声叠韵释例"（台湾泰顺书局，1972年）、章太炎《国故论衡》上卷"古双声说"、周祖谟《文字音韵训诂讲义》（天津古籍出版社，2007年）第112~116页。王观国《学林》（中华书局，2006年）卷八"双声叠韵"条有些议论匪夷所思。

⑬⑨我们现在比较详细地引述王云路的一篇论文作为旁证。王云路《望文生训举例与探源》（《词汇训诂论稿》，北京语言文化大学出版社，2002年）对于"首鼠两端"一词的辨析讨论，我们可以将之引为旁证。王云路的文章考究颇为详密，我们详细地引述其文如下：

首鼠两端。此词较早见于《史记·魏其武安侯列传》："武安已罢朝，出止车门，召韩御史大夫载，怒曰：'与长孺共一老秃翁，何为首鼠两端？'"解释此词，许多人从"鼠"字上作文章：宋陆佃《埤雅·释虫》："旧说鼠性疑，出穴多不果，故持两端为之首鼠。"今人则进一步发挥，王伯祥曰："鼠将出穴，必探头左右顾望，故以首鼠两端喻心持两端的人，盖亦当时流行的成语。"张友鸾等曰："鼠将出穴，常先探头左右视。"显然把"首鼠"理解成老鼠探头了。当然，也有许多学者抛开"鼠"字的束缚，裴骃《集解》引服虔曰："首鼠，一前一却也。"宋袁文《瓮牖闲评》卷二："首鼠犹言进退耳。"王念孙说："首鼠亦即首尾之意。""首尾两端，即今人所云进退无据也。"朱谋玮《骈雅·释训》："首施、首鼠，迟疑也。"刘大白也认为首鼠、首施都是踌躇的叠韵转变字。服、袁、王三说为一类，朱、刘之说为一类，此两类从音理上似乎都说得通，然验之古籍疑团顿生：古书中有"首鼠两端"，有"畏首畏尾"，却未见"首尾两端"，同样，"迟疑"、"踌躇"也从不与"两端"相搭配，那么"首鼠两端"究竟是什么意思呢？宋人陆佃《埤雅》说得最准确："持两端为之首鼠。"验之《史记》原文，韩安国也正是"持两端"的态度："上问朝臣：'两人孰是？'御史大夫韩安国曰：'魏其言灌夫父死事，身荷戟驰入不测之吴军，身被数十创，名冠三军，此天下壮士，非有大恶，争杯酒，不足引他过以诛也。魏其言是也。丞相言灌夫通奸猾，侵细民，家累巨万，横恣颍川，凌轹宗室，侵犯骨肉，此所谓"枝大于本，胫大于股，不折必披"，丞相言亦是。'"韩安国不知究竟谁胜，所以怀二心、持两端以观望，田蚡责怪他"首鼠两端"正是指这种有二心的态度。

"首鼠两端"作"有二心"不独《史记》，验之他书，亦皆通畅。如《陈书·虞寄传》："首鼠两端，唯利是视。"显然这里丝毫没有畏首畏尾或犹豫不决的问题，而是骑墙观望，唯利是图。《旧五代史·王司同传》："潞王让之曰：'尔何首鼠两端，多方误我？'"又作"首施两端"，或"首摄两（多）端"。《盐铁论·利议》："以其首摄多端，迂时而不要也。"黄侃曰："摄与鼠、施声转。"《后汉书·西羌传》："大豪卢忽、忍良等千余户，别留允街而首施两端。"李贤注："首施犹首鼠也。"又同上："月氏来降，与汉人错居。虽依附县官，而首施两端。"又《邓训传》："虽首氏两端，汉亦时收其用。"以上各例"首鼠（施、摄）两端"皆是怀二意、持二心之义，也有时省作"首鼠"，其义相同，如《三国志·吴志·诸葛恪传》："缓则首鼠，急则狼顾。"

除此之外，古人还常用"操持两心"和"持两端"表示"怀二心"的意思。如《汉书·王嘉传》："外内顾望，操持两心。"又："外附诸侯，操持两心。"较多见的是"持两端"。《新语·怀虑》："怀异虑者不可以立计，持两端者不可以完成。"《史记·郑世家》："晋闻楚之伐郑，发兵救郑。其来持两端，故迟，比至河，楚兵已去。"又《魏公子传》："魏王使将军晋鄙将十万众救赵……魏王恐，使人止晋鄙，留军壁邺，名为救赵，实持两端以观望。"《汉书·李广利传》："乌孙发二千骑往，持两端，不肯前。"又《萧望之传》："乌孙持两端，亡坚约，其效可见。"又《西域传》："望之复以为乌孙持两端，约难结。"又《西南夷两粤朝鲜传》："兵至揭，以海波为，不行，持两端，阴使南粤。"

以上"持两端"与"首鼠两端"义同。然则为何"首鼠两端"会有"持两端"的意思呢？原来，首施、首鼠、首摄就是"持"字的缓读（或曰长言），换言之，"持"的反语即是首施或首鼠。正像"不律"为"笔"，"不可"为"叵"，"于檡"为"虎"，"蔽膝"为"韠"，"胥路"为"锢"一样。"首施"正是"持"的缓读，而古人有听音为字的习惯，常往动物上附会，就写成音近的"首鼠"了。"首"为书纽，"持"为定钮，根据照三归端的原理，属于同一发音部位，即舌音，“首”、“持”为准双声；“鼠”属“鱼”韵，“持”属“之”韵，而在两汉时代，“之”“鱼”通押的例证极多，故“鼠”与“持”叠韵。宋人陆佃已发现了“持两端为之首鼠”的含义，只是探源不免望文生训。

上面就是王云路的文章，可以为本书的观点添一佐证。王云路的这篇论文揭示了古人的反切原理和训诂学的关系，更进一步显示了古人对于“反切”的广泛运用。但是我们还要补充介绍黄侃先生的意见以供参考，黄侃《说文段注小笺》称：“首鼠两端之首鼠谓首尾也。以鼠尾长故古人称尾为鼠。”见黄侃《说文笺识四种》（上海古籍出版社，1983年）第187页。另外，“之”、“鱼”通押的现象据龙宇纯《先秦散文中的韵文》（《丝竹轩小学论集》，中华书局，2009年）的归纳和统计，在《管子》有3次，在《孙子》有1次，在《庄子》有4次，在《逸周书》有2次，在《吕氏春秋》有1次，在《灵枢》有6次。

⑭沈兼士：《扬雄方言中有切音》，《沈兼士学术论文集》，中华书局，2004年。

⑭刘申叔先生《正名隅论》［《刘申叔遗书（下）·左盦外集》卷六，江苏古籍出版社，1997年，第1425～1426页］在论反切时说：“若两字合成一名者是犹以两字之音切一字之音也。以两字之音切一字之音者如‘中’字为‘丁仲’反，‘否’字为‘方有’反，皆反切也。谓‘丁仲’二字之音即‘中’字一字之音，‘方有’二字之音即‘否’字一字之音，此固确不可易。谓‘丁仲’之义与‘中’字同，‘方有’之义与‘否’字同，虽愚者皆知其非。彼一字而有两字之名者即古人之反切只取其音不取其义，岂可谓此二字之名即彼一字之名（如以‘胡芦’即‘壶’字之义，‘鞠躬’即‘芎’字之义是）而谓二义不甚相远哉?”刘申叔先生说的情况符合用反切纯粹标音的方法，而不符合在东汉之前的我国上古时代所用反切的事实。

⑭类似的故训甚多，可参看宗福邦等《故训汇纂》（商务印书馆，2003年）第1534页。

⑭丁声树在其著名论文《释否定词弗、不》（《庆祝蔡元培先生六十五岁论文集》，“国立中央研究院”历史语言研究所，1935年，第967～996页）一文指出古汉语中的否定词“弗”后面的动词不能带宾语，“弗”的语法功能相当于“不之”。后来美国学者Boodberg就明确提出“弗”是“不之”二字的合音。如果这位美国学者的观点是正确的，这种合音方式也不是反切，而是“之”的声母并入“不”的韵母，从而合音为入声字的“弗”。王力先生《汉语语法史》（商务印书馆，1989年）第55页指出：在近代汉语中，“咱每”合音为“昝”；“你每”合音为“您”；同书第56页说：“‘怹’字也应该是‘他们’的合音。”这些例子中“每”的声母并入“咱”的韵母就成为“昝”音，“每”的声母并入“你”的韵母就成为“您”音；“们”的声母并入“他”的韵母就成为“怹”音。郭必之《香港粤语疑问代词“点（tim^{35}）”的来源》［《语言学论丛（第27辑）》，商务印书馆，2003年］经过详细的论证后确认香港粤语疑问代词“点（tim^{35}）”的来源是“底物”二字的合音。这种合音显然也是“底”加上“物”的声母m而形成的，与反切合音不同。作者提到主张这种观点的学者还有张惠英和李如龙。另可参考作者所附的第十个附注（同书第75～76页，此注中提到梅祖麟的一篇论文讨论过类似的问题，此不录）。又如，《集韵·沁韵》：“妗，俗谓舅母曰妗。”“舅母”合音为“妗”，也是“母”的声母m并入“舅”的韵尾（其他学者已经指出这点，如龙宇纯《上古阴声字具辅音韵尾说检讨》，见《国立中央研究院历史语言研究所集刊（第五十本第四分）》，“国立中央研究院”历史语言研究所，1932年；白宛如《广州方言连读音变举例》，见《方言》1982年第1期）。这些合音方式都与反切不同，但只是少数的变例，更重要的是这几个例子都是近代汉语中的现象，在中古以前，这种例子是罕见的，在上古文献中十分罕有。我们正视这个事实，却不能据以否定占大多数的通例的存在。我们说古人的合音的绝大多数情况是反切，这是符合事实的。另外在方言中还有比较特别的合音现象，如项梦冰《客家话反复问句中的合音现象》［《语言学论丛（第25辑）》商务印书馆，2002年］论述在客家方言的反复问句中，“VP唔VP”里面的否定词“唔”在连读中常常要和前一个VP发生合音，其表现方式是用“唔”的声调去置换或加合前一个VP的尾音的声调，然后否定词“唔”声消失。这是很特殊的方言合音现象，在上古音中没有发现类似的例子，所以与本书的讨论无关。

⑭另外，据《现代汉语方言大词典（合订本一）》“四十二处方言概况”第124页“丹阳方言的内部差别”和第127页“丹阳方言的特点”：在丹阳方言中的“格麽”合音为“根”，“过麽”合音为“功”。这也是后一个字的声母m并入前一个字的韵尾。也许是受到前一个字的声母k的同化，m从而音变为ŋ。据同书同章第130页“崇明方言的内部

差别”称在陈家镇地区的方言中，“室你”可以合音为“甚”，表示第二人称“你”。

⑮其他学者把古书中的分音词与合音词作为构拟古有复声母的依据尽同此破。这里只补充提及一个例子：《左传·僖公二十四年》：“初晋侯之竖头须守藏者也。”杜注：“头须一曰里凫须。”《经典释文》引《韩诗外传》云：“晋文公亡过曹，里凫须。”俞敏、汪启明等学者都认为这是古有复声母的证据（参看汪启明《先秦两汉齐语研究》，巴蜀书社，1999年，第177页）。其实不然，根据我们本章的讨论，这只是古书中常见的分音词与合音词的现象，也就是“里凫”合音或反切就是“头”音，此与复声母无关。

⑯其他学者如李新魁《汉语音韵学》（北京出版社，1986年）第410页不了解古代大量的分音词是反切的运用，而认为是复辅音声母的体现，这显然是错误的。李新魁先生此书提到的一些例子，实际上在我们上面引述的清代学者的论著中已经有所提及。我们不再细辨。

⑰见林语堂：《语言学论丛》，《林语堂名著全集》，东北师范大学出版社，1994年。

⑱《说文》：“聿，所以书也。楚谓之聿，吴谓之不律，燕谓之弗。”则以“不律”是吴方言；《尔雅·释器》：“不律谓之笔。”郭璞注：“蜀人呼笔为不律。”则以“不律”是蜀方言。不能确定到底哪个正确，也有可能两者都对，即吴方言和蜀方言都称“笔”为“不律”。《说文》段注称：“郭注《尔雅》、《方言》皆不称《说文》。”这是值得注意的。

⑲据岑仲勉《突厥集史（下）》“突厥语及其相关外语之汉文译写的考定表”（《岑仲勉著作集》，中华书局，2004年）1133页，在突厥文中“佛”读作“Bur”，这个古突厥文词曾被音译为中古汉语的“勃”。据力提甫·托乎提主编《阿尔泰语言学导论》（山西教育出版社，2004年）第523～524页的论述，早期的突厥语通过汉语借入了一些梵语词汇，如突厥文中的“佛”作burxan，这与岑仲勉的说法相吻合。突厥文的“佛”burxan在我国古书中还有更加完整直接的音译词作“婆罗汉”。考明代姚旅《露书》卷九“风篇下”称：在甘肃近疆的虏语中，“菩萨曰婆罗汉”。此“婆罗汉”必为突厥语“佛”burxan的对音无疑。沈曾植《海日楼札丛》（辽宁教育出版社，1998年）卷二“甘肃近疆虏语”条还提到：“植按《语解》：布尔罕，佛也。婆罗汉即布尔罕。”则突厥文的burxan又音译为“布尔罕”。据贾敬颜、朱风编《蒙古译语·女真译语》（天津古籍出版社，1990年）所录“华夷译语”454条称：“佛，不尔罕，borqan。”则蒙古文的borqan也是从突厥文burxan借入，又音译为“不尔罕”。由于在宋代的时候，北方话中的入声大都已经消失，因此宋代北方话中的“孛”已经不是收t的入声，于是“Bur”才被译音为“孛而”。我们相信《鸡林类事》中的“佛曰孛而”的“孛而”应该是突厥文“Bur”的音译，根本不是从汉语直接过来的译音词，与古汉语是否有复辅音没有关系。又据古伊朗志费尼著、何高济译《世界征服者史（上册）》（商务印书馆，2004年）第60页：“畏吾儿人崇拜偶像。”翻译者注22曰：“but－parasti。这里指佛教：but‘偶像’，是从佛陀（Buddha）而来。”维吾尔语中的“佛”作“but”，这可能是从吐火罗语中表示“佛”的词音译而来的，这个词与突厥文中的“bur”在音理上是完全可以相通转的。

⑳另如罗常培《语言与文化》（北京大学出版部，1950年）第105～106页、邢公畹《原始汉台语复辅音声母的演替系列》（《语言论集》，商务印书馆，1983年；又《邢公畹语言学论文集》，商务印书馆，2000年，第448～450页）、俞敏《古汉语“风”字确实有过像“孛缆”的音》（《民族语文》1982年第5期）、张玉来《汉藏语系“风”字的读音——兼论上古汉语“风”的构拟》（《山东大学学报》1989年第1期）、沙春英《说“风”》（《华中理工大学研究生学报》13卷第2期）、邓晓华《南方汉语中的古南岛语成分》（《民族语文》1994年第3期）、王远新《中国民族语言学史》（中央民族学院出版社，1993年）第499～503页对各家的讨论作了一些综述，可以参看。

㉑尚玉河《“风曰孛缆”与上古汉语复辅音声母的存在》［《语言学论丛（第8辑）》，商务印书馆，1981年］多方举证，力主《鸡林类事》中的“风曰孛缆”是上古汉语复辅音的表现。我们既然要批驳此说，那么对此文所列举的主要材料和证据就不能加以检讨，以说明为什么哪些材料不能证明“风曰孛缆”可以反映上古汉语有复辅音。尚玉河在文章中首先考订了“孛缆”所体现的朝鲜语词汇的转写是“palam”，然后指出“孛缆”也是古汉语的借词，并不如有的学者说的那样“孛缆”是朝鲜古代就有的自身的词汇。尚玉河已经意识到“孛缆”是《尔雅·释天》中的“焚轮”和《楚辞·远游》中的“飞廉”，并且批评了由应琳提出的“孛缆”是阿尔泰语的借词的观点（我们要指出的是《尔

雅・释天》中的“焚轮”和《楚辞・远游》中的“飞廉”应该是两个不同的词，而不是同一个词的异体写法，二者的读音差别较大。尚玉河将二者混为一谈是不可取的）。然而，令人失望的是尚玉河的长篇论文并没有对上古汉语的“风”是复辅音的观点作正面的论证，也没有提供直接的证据。而是列举了其他一些合音词的材料，说现在的普通话中还残留了上古的一些复辅音的痕迹。今转录于下：名词：角——旮旯；孔——窟窿；茨——蒺藜。动词：哄——糊弄；扒——扒拉；划——划拉。形容词：莽——孟浪；精——机灵；浑——囫囵。尚玉河注意到了上举的双音节词的第二个音节的声母都是边音 l，他认为“风曰孛缆”就犹如“哄曰糊弄”、“角曰旮旯”。这是他举出的第一组证据。他因此说：“这说明，汉语中的一部分双音节词和单音节词实际上原来是一回事。”他还举有第二组证据，说：“复辅音的遗迹在冀南的现代方言里大量存在，听起来与复辅音几无差别。”他随即列举了一些例子，如：名词：埂、圈、罅；动词：搅、拌、箍；形容词：卷、活、懵。这一组例子事实上同前一组一样把单音节词读成双音节，其中后一个音节的声母是 l。我们可以非常明确地说这两组例子都不能成为证明上古有复辅音声母的证据，这些分音词也不是上古的所谓复辅音的遗迹。这些例子都是现在学者们讨论很多的所谓“嵌 l 词”。总的来说，“嵌 l 词”根本不是上古复辅音的遗迹，而只是自唐宋以来，尤其是宋代以来在民间颇流行的一种利用反切语的方法把单音节词分音为双音节词（我们上文提到过在宋代非常流行各种文字游戏和隐语）。反过来，这些双音节词的反切合音就是原来那个单音节词的音。这正是本章下大力论证的“合音”即“反切”。尚玉河所举的材料都是属于反切语的运用，与所谓的复辅音毫无关系。尚玉河的文章除此以外再没有提出有力、直接的证据。因此，他认为“风曰孛缆”是上古汉语复辅音的遗迹的观点是站不住脚的。尚玉河在文章中还列举有我们在上文已经论及属于反切合音的一些例子，并认为那些都是复辅音的表现，而我们已经证明古文献中的“切脚字”的材料属于反切的运用，无关复辅音。关于“嵌 l 词”的问题，有不少的学者都发表过论文，后文有述。

⑮黄有福：《“孛缆”语源考》，《民族语文》1982 年第 2 期，第 55～57 页。

⑮金永哲：《关于“风曰孛缆”和复辅音——与尚玉河同志商榷》，《延边大学学报》1984 年第 4 期，第 78～87 页。

⑮应琳：《“风曰孛缆”考》，《民族语文》1980 年第 2 期，第 79 页。

⑮尉迟治平：《“风”之谜和夷语走廊》，《语言研究》1995 年 2 期，第 24～37 页。

⑮另可参看王远新《中国民族语言学史》（中央民族学院出版社，1993 年）第 499～503 页的综述和讨论。但吾友萧旭兄坚决反对“孛缆”一词来自阿尔泰语的观点，其说自成一家之言（参看萧旭《风曰孛缆再考》，待刊。肖旭此文收集相关材料十分完备，功力深厚，详考与“孛缆”相关的同源词。只是有些音转尚有疑问，我劝萧兄暂缓发表）。

⑮丁启阵：《论古无复辅音声母》，澳门语言学会，2000 年，第 20～23 页。

⑮马学良主编《汉藏语概论》（民族出版社，2003 年）第 88 页根据壮侗语中的“风”多读为来母，便认为上古汉语中的“风”也读复辅音声母 pl，这是不可信的。

⑮另可参看《甲骨文字诂林》第二册（中华书局，1996 年）第 1706～1714 页所引述各家之说。姚孝遂先生加按语曰：“卜辞‘凤’字皆假借为风雨之风。”

⑯参看陈初生《金文常用字典》（陕西人民出版社，2004 年）1085～1086 页。《甲骨文字诂林（第四册）》（中华书局，1996 年）第 2843～2850 页所引各家之说尤其详备。何琳仪《战国古文字典》（中华书局，1998 年）第 1422～1423 页；于省吾《甲骨文字释林》的“释凡”篇认为在甲骨文中“凡”有的时候通用为“犯”。而“犯”字从不与来母发生通假关系和谐声关系，因此，“犯”的上古音声母不会是 pl 这样的复辅音，这就反过来证明“凡”及从“凡”得声的字的上古音声母也不会是复辅音 pl。否则，先秦古汉语和古文字中的通假关系就会混乱。

⑯顾学颉、王学奇：《元曲释词》，中国社会科学出版社，1984 年。

⑯据《吴县志》卷五十二下“风俗”二所言，孔曰窟窿，团为突栾，这样的词汇是吴方言的现象；参看《勾吴集史》（江苏古籍出版社，1998 年）第 403 页。

⑯吴秋辉：《侘傺轩文存》，齐鲁书社，1997 年。

⑯参看王辉：《古文字通假字典》，中华书局，2008 年，第 462～463 页。

⑯王立达：《太原方言词汇的几个特点和若干虚词的用法》，《中国语文》1961 年第 2 期。

⑯赵秉璇：《晋中话“嵌 l 词”汇释》，《中国语文》1979 年第 6 期。

⑯徐通锵：《山西平定方言的“儿化”和晋中的所谓“嵌 l 词”》，《中国语文》1981 年第 6 期。

⑯梁玉璋《福州方言的“切脚字”》（《方言》1982 年第 1 期）第 37～46 页有专门的“切脚字表”，收录作者调查所得的福州方言“切脚字”214 个，分为动词、象声词、量词，材料极为丰富，颇为难得。

⑯栗治国：《伊盟方言的“分音词”》，《方言》1991 年第 3 期。

⑰张崇：《“嵌 l 词”探源》，《中国语文》1993 年第 3 期。

⑰李蓝：《方言比较、区域方言史与方言分区》，《方言》2002 年第 1 期。

⑰丁启阵：《论古无复辅音声母》，澳门语言学会，2000 年。

⑰王洪君：《汉语非线性音系学》，北京大学出版社，1999 年。

⑰王洪君此书第 209 页有曰：“嵌 l 词 tɕ 变 k 是词根历时音形在共时派生词中的保留，不是受共时音理制约的调整。由此看来，太原嵌 l 词的历时层次较早，在尖团音合流之前已经定型。”

⑰徐通锵此文明确地认为：“有人推测这些‘嵌 l 词’可能是上古［l］的复辅音的遗迹。这样的推测看来根据不足。上古带［l］的复辅音是瑞典汉学家高本汉根据汉字谐声的原则拟测出来的……这是理论上的一种假设。‘嵌 l 词’很难证明这种假设。如果说‘嵌 l 词’是上古带［l］的复辅音的遗迹，那么现在和‘嵌 l 词’相应的单音节语素应该和某些‘来’母字有谐声关系。事实上我们找不到这种谐声关系。而且，上古究竟有没有带［l］的复辅音，本身就是一个疑案。高本汉自己也说，拟测这些复辅音只是一种尝试，详细的拟测仍然是不一定的。如果我们以上存在带［l］的复辅音为前提来讨论‘嵌 l 词’的形成，恐怕更为不妥。”这真是明通之论（录自《中国语文》1981 年第 6 期，第 413 页）。

⑰这是指王敬骝《佤语的反切》一文（《民族调查研究》1983 年第 1 期）。

⑰另外如潘渭水《建瓯话中的衍音现象》（《中国语文》1994 年第 3 期，第 206～207 页）比较详细地讨论了福建的建瓯方言中存在的通过嵌 l 从而造成分音词的现象。稍引其言：“建瓯话中的衍音词构成形式很固定、明确、简单，只需把单音节词作为将扩衍的双音节词的第一个词的第一个词素，加上一个用［l］声母替换原单音节声母，保留原音节韵母和声调的新音节，作为扩衍的双音节的第二个词素，就将单音节词扩展、衍生成双音节词了。……这类衍声现象，在建瓯话中是十分常见的，几乎所有的单音节动词，都可以扩衍成双音节词；其次，也较多地出现在单音节形容词中。……有的衍音词由于使用频率高，竟至喧宾夺主，取代了原单音节词，以致使人认为衍音词就是本词，而对原单音节词反而觉得生疏了。”作者在此文中列举了大量例证，非常鲜明地阐明了这些衍音词都是方言中的衍音现象，与复声母丝毫无关。这篇论文应该引起注意。侯精一《分音词与合音词》（《现代晋语的研究》，商务印书馆，1999 年）列举了山西方言中大量的分音词与合音词的现象，其文称：“平遥方言的分音词与南宋洪迈《容斋随笔》记载的以‘蓬’为‘勃笼’，以‘盘’为‘勃阑’，以‘团’为‘突栾’的诸多切角词是一回事。其中，如：以‘团’为‘突栾’的说法，今天的平遥方言里头还说。平遥方言说‘把纸团住’，而说‘把纸突栾住’。晋语地区多有分音词，构造的方式大致相同，只是分音词的数量各地不同。”侯精一明确认为晋语中的分音词与洪迈《容斋随笔》中的“切角词”是一回事。侯精一此文列举的晋方言中的分音词的例子很多，非常清楚与复声母毫无关系。姑且转引数例：“卷”分音为“骨联”，“圈”分音为“窟联”，“孔”分音为“窟窿”，“滚”分音为“郭拢”，“捆”分音为“哭拢”，“羯”分音为“骨力”，“提”分音为“滴离”，“吊”分音为“滴料”，“拖”分音为“特罗”，“刮”分音为“郭拉”，“搭”分音为“特勒”。类似的例证很多，都是现代方言中还活着的构词方式，岂能妄牵到上古音的复声母？此文还讨论了晋方言中合音词的问题，“人家”合音为“牙”，“我家”合音为“哑”，“子家”合音为“渣”。据侯精一主编《现代汉语方言概论》（上海教育出版社，2002 年）第 80 页，在宣州片吴语的厚岸方言中，表示第二人称“你”的“认”是“尔人”的合音。我们还可以举出其他的例子：李如龙《福建县市方言志 12 种》（福建教育出版社，2001 年）第 8 页称在福建的南安方言中“有些常用多音词在口语中常常合成一个音节”。其例不录。白宛如《广州方言连读音变举例》（《方言》1982 年第 1 期）指出：广州话“口语有快慢之别，快读合二音为一音”。如“即刻”读 tsiak，“未曾”读

mɛŋ，“唔好”读 mou，“先生”读 siaŋ 等。据《现代汉语方言大词典（合订本一）·扬州方言》（江苏教育出版社，2002 年）第 35 页，在扬州方言中“还简”合音为“悫”，“井幹”合音为“简”，“马上”合音为“忙”，“告送”合音为“共”，“不要”合音为“鳔”，“子啊”合音为“喳”，“的哎”合音为“呔”，“個样”合音为“杠”。而“悫、简、鳔、杠”等在扬州方言中都不是复声母，而是单辅音声母。据同书第 148 页《苏州方言的特点》称在苏州话中有五个常用的合音词，如“勿要”合音为 fiæ，“勿曾”合音为 fən，“阿曾”合音为 ã，“纳亨”合音为 nã，“实梗”合音为 zã。据同书《忻州方言》第 114 页，在忻州方言中“人家”合音为“伢”；“绊”分音为“不烂”，“摆”分音为“不来”。这样的分音词与我们这里谈的“嵌 l 词”是同样的原理，都是对反切的利用。据同书第 127 页《丹阳方言的特点》，丹阳方言中有很多合音词，有不少是用反切来造合音词，其例不录。梁玉璋《福州方言的“切脚字”》（《方言》1982 年第 1 期）一文列举的分音词材料多达 214 例，全部是“嵌 l 词”，梁玉璋对其中的内部情况还有所分析。吴静《万荣方言的合音词》（见《语文研究》1995 年第 2 期）讨论了万荣方言中一些合音词的现象，其基本的方式明显是反切（只是合音词的声调往往是取双音节词的前一音节的声调）。其例不录。另可参考陈建生《“角里”音读考》（《安徽广播电视大学学报》1999 年第 1 期）、周长楫在《上古汉语有复辅音说之辨难》（《厦门大学学报》1998 年第 2 期）均讨论了合音词的问题。

⑱据傅定淼的考察，早在《诗经》中的许多诗已经能够对反切有充分的运用，反切是诗中最为重要的一种修辞技巧。参看傅定淼《合音韵探源》（见《中国韵文学刊》2001 年第 1 期），其文甚有趣。

⑲黄家教、崔荣昌：《韶关方言新派老派的主要差异》，《中国语文》1983 年第 2 期。

⑳也就是韶关新派方言有 nt 韵尾和 ŋʔ 韵尾。

⑱此文后面还说：“这里着重说明的是阴平。阴平是一个降升调，……老派读音，在降升之间，声门紧闭，略呈停顿。这就是韵母中间夹着个 ʔ，好像整个音节分成两个部分似的。”例如：在老派读音中，“苏”读为 ʃɛʔɛu；“桑”读为 ʃuʔuŋ；“烧”读为 ʃiʔiu；“三”读为 ʃaʔa。这不正像是分音词么？岂能与复声母发生关系？

⑱邢公畹：《汉语方言调查》，华中工学院出版社，1982 年。

⑱曾广衢：《布依语的反语》，《中国语文》1956 年 3 月号。

⑱王敬骝：《佤语的反语》，《民族调查研究》1983 年第 1 期。

⑱王春德：《燕子口苗语的反切语》，《民族语文》1979 年第 2 期。

⑱石林：《汉语榕江方言的反语》，《语言研究论丛（第 4 辑）》，南开大学出版社，1987 年。

⑱张成材：《西安方言的反语》，《语言研究》1987 年第 2 期，第 123 ~ 124 页。

⑱曹聪孙：《汉语隐语说略》，《中国语文》1992 年第 1 期。

⑱黄侃《经籍旧音辨证笺识》第 88 条（见吴承仕《经籍旧音辨证》，中华书局，2008 年，第 391 页）不赞成此为反语之说。而解释为：“貍有喉、舌、唇三音。读唇音者，声近不字，……读舌音者，声同来字。……貍之言不来，合两音以说之也，非反语也。”黄侃先生之说也颇能通。即使这个例子不是倒纽的反语现象，也与复声母毫无关系。本书旨在破复辅音声母。就算这个例子不属于倒纽，倒纽的语言现象也是不容忽视的。我们这里也有必要提到张永言先生《语源札记》（《民族语文》1983 年第 6 期；又张永言《语文学论集》，语文出版社，1999 年，第 256 ~ 257 页）根据《方言》的郭璞注：“今江南呼为貔貍。”《尔雅·释兽》郭璞注：“今或呼貔貍。”于是张永言将“貔貍”与今川滇黔苗语对野猫的称呼 pli/pˑle 相联系，认为二者是同一语源。张永言说：貔貍“这个词的原型声母当为 pl/pˑl，其作 p/pˑ ~ l 乃是后来复辅音声母解纽的结果。这样看来，《方言》著录的这组称‘貍’的词实为同一个词的变体，而其源盖出于属于苗瑶语族苗语支的古代语言。”光华按，张永言先生此言不可信。细考古文献，“貔貍”一语出现于《尔雅》和《方言》的郭璞注，而不是《尔雅》和《方言》的本书，郭璞还明说“貔貍”一词是东晋时江南的口语。在西汉以前的古文献中并没有“貔貍”一名，而都是单音节的“貔”或“豾”或“貍”或“豨”，这些都是对同一动物的称呼，于是到了后代的东晋或稍前，江南人将两个同义的单名连起来使用成为并列复合词“貔貍”。这种构词方式在古汉语中极为常见，无需举证。也就是说“貔貍”本是由单音节词复合而成，而不是单音节的“貔”、“豾”、“貍”等由复音词的“貔貍”分化而成。这在古文献上是很清楚的，无可置疑。因此，张永言先生之说完全是倒置了因果，其主张复辅

音的观点显然是站不住脚的。如果真如张先生所说的那样，古汉语的“狉狸”与现代的苗语中的野猫名称是关系词的话，我们倒认为是苗语用一个复辅音词从古汉语中借入了“狉狸”一词，而不可能是相反。张先生把现代苗语中的一个口语词当成是东晋时的古汉语中的“狉狸”的语源词，这在方法论上是很不严谨的。退一步说，如果东晋时代的“狉狸”是从古苗语中的一个声母为pl/phl之类复辅音词借入的话，也只能表明东晋时的汉语是用双音节的“狉狸”来音译古代异族的一个复辅音词。这正好说明东晋时代根本没有复辅音声母。我们对于汉语与少数民族语言中的关系词到底是借词还是同源词要非常谨慎，不可轻言。而且，如果是借词的话，到底是谁从谁借入也是要认真考证的，不可轻下结论。

⑲⓪（清）胡培翚：《仪礼正义》，江苏古籍出版社，1993年。

⑲①董同龢《汉语音韵学》（中华书局，2001年）第297页记为“不来为貍”，这是错误的。“貍”只有明母音，没有来母一读。这里只能作“狸”，不是“貍”。

⑲②傅定淼：《反切源于合音新证》，《贵州文史丛刊》1996年第2期。

⑲③张世禄先生指出：“二合音的切成一音，是依据于语言变异中的‘节缩作用’，而倒序的反切，却是依据于音素的‘位置转换’”，“通常所谓上字取其声，下字取其韵，也不过是反切方法当中的一种罢了”。沈兼士先生《联绵词音变略例》指出：连语二字往往交互影响而引起声母或韵母的同化作用，这种音变有顺序的，也有倒序的，倒序的如，“呶”字从鱼部“奴”声而音女交切（宵部），实为“唠（宵部）呶”连语的倒组合音。

⑲④陶燠民：《闽语研究》，《国立中央研究院历史语言研究所集刊（第一本第四分）》，“国立中央研究院”历史语言研究所，1930年。

⑲⑤有关的文献可参看谢启昆《小学考》（汉语大词典出版社，1997年）第386～387页。

⑲⑥据《现代汉语方言大词典（合订本一）·忻州方言》（江苏教育出版社，2002年）第114页，在忻州方言中存在着很多的逆序词，如“情愿”读作“愿情”，“武打”读作“打武”。这种构词现象与倒组的原理似乎也一脉相通。另外，古汉语中的“反语”实际上是包含了“倒组”的现象。如《隋唐嘉话》卷下：“反语卢浩上为老胡。”这是说“卢浩”切为“老”，“浩卢”切为“胡”［《唐代笔记小说大观（上）》，上海古籍出版社，2000年，第116页］；《朝野佥载》卷一：“魏仆射子名‘叔麟’，谶者曰：‘叔麟’，反语‘身戮’也。后果被罗织而诛”［见《唐代笔记小说大观（上）》第13页］。则是“叔麟”切为“身”，“麟叔”切为“戮”；同书同页：“梁王武三思，唐神龙初封德靖王。谶者曰：‘德靖’，鼎贼也。果有窥鼎之志，被郑克等斩之。”则“德靖”切为“鼎”，“靖德”切为“贼”。关于古书中的反语现象，钱钟书《管锥编（第二册）》第758～759页举例最为详尽，可以参看。可知古书中的“反语”已经包含有“倒组”的原理。

⑲⑦马重奇：《闽南漳州方言的la－mi式和ma－sa式音秘密语形式》，《中国语言学报（第9期）》，商务印书馆，1999年。

⑲⑧马重奇此文详细讨论了闽南漳州方言的la－mi式、ma－sa式音的秘密语与福州切脚字在某些方面有所不同，但二者都是对反切的利用。马重奇此文的材料主要是倒组。

⑲⑨我国语言还有一种构造复音词的方法与倒组相通而不相同，也有参考价值。赵元任《汉语口语语法》（商务印书馆，2001年）第四章第125页在讨论后缀的时候提到了一个例子：“‘眨巴’来源于‘眨’的古音tsap。”可惜赵元任先生没有对这种现象作更多的说明。而李新魁先生《从方言读音看上古汉语入声韵的复韵尾》（《李新魁音韵学论集》，汕头大学出版社，1997年，第47～48页）称：“但是，有一些词的读音显示了有趣的现象。如北方话（或北京话）的口语中，有些原来收－p、－t、－k韵尾的字，它们通过一种衍音形式而保存了原来的韵尾。如收－p尾的‘眨、杂、龄、掐’等字，它们在口语中保存有各种词语的特殊读法：涩→涩巴；眨→眨巴；杂→杂巴凑儿；龄→龄巴；掐→掐巴。……这些词中的pa（巴），其声母原是韵尾－p的遗留，它通过在－p之后再加上原音节的韵母形成‘叠韵联绵词’而保存原来的入声韵尾。……又如收－t尾的字‘嘎、抹’等也有相似的情形：嘎→嘎搭；迥→迥跌；瞎→瞎搭；抹→抹搭；收－k尾的字‘得、啬’等也如此：恶→恶格；得→得颏；啬→啬壳；……上举这些词语，原都是入声字，其韵尾－p、－t、－k等从总体上说是消失了，但在某些词语中，它通过把韵尾重复拼上前面的韵母构成叠韵词的形式

而保留下来。”李新魁先生在此文中的其他的一些推论我们并不赞成，但他指出的这种衍音构词法确实是很有趣的，有韵尾的复音来倒拼前面的元音，这种方法似乎与本书讲的倒纽原理有一脉相通之处，所以我们把李新魁先生此文的一些论述转录于此作为旁证。张惠英《回忆丁先生的教导》（《学问人生　大家风范——丁声树先生百年诞辰纪念文集》，商务印书馆，2009 年）一文提到丁声树先生的一个观点：“先生说：‘荨麻’的‘麻’是带出来的一个音，云南方言‘荨麻’只说‘荨’。”丁声树的意思只能理解为“荨”的韵尾 - m 外加一个 - a，从而衍生出“麻”这个音和字。张惠英还引用了李荣对“荨”的一些论述。

⑳在古书中还有一个例子可以用倒纽的理论来解释。李调元《卍斋琐录》称：“栲栳音考老，盛物器，即古之簝，屈竹为之。见《正字通》。”李新魁《汉语音韵学》（北京出版社，1986 年）第 410 页认为：“这个簝在上古时期可能读为［k·l］。”我们认为李先生的意见是可以商榷的。按照倒纽的理论，“栲栳”二字的倒纽反切（即“栳栲切”）就是“簝”音。考“簝”的中古音，《广韵》有曰“鲁刀切”，《集韵》、《韵会》有音“郎刀切”，正是“栳栲切”之音。

第五节　从自反原理论上古音的复声母问题

在我国古代的文字中有一种表音的方式非常重要，学者们注意得不够，以至有不少文字的谐声结构不能被正确地解释，进而被有的学者利用为构拟上古复声母的证据。这实际上是对我国古代文字造字原理理解不全面的表现。这种造字原理的名称叫“自反”。我们现在就对文字学中的这一特殊体例详加诠释。

《北齐书·废帝纪》：“废帝殷，字正道，文宣帝之长子也，母曰李皇后。天保元年，立为皇太子，时年六岁。性敏慧。初学反语，于‘迹’字下注云‘自反’。时侍者未达其故，太子曰：‘迹字，足傍亦为迹’，岂非自反耶?”[①]

《论衡·商虫篇》：“夫虫，风气所生，仓颉知之，故‘凡’‘虫’为‘风’之字。”“凡”与“虫”相切就是“风”音。其他例子如“舍予”反切为“舒”音；“欠金”反切为“钦”音。这种“自反”原理是很值得注意的音韵学问题。

徐锴《说文解字系传·祛妄》卷三十六[②]“矤”字下提到，唐代的文字学家李阳冰也注意到自反的问题：“《说文》云：词也。从矢引省声。矢者，取词之初所之。阳冰云：仓颉作字，无形象者，则取音以为之训。‘矢引’则为‘矤’，其类往往而有之。‘矣’字是也。”李阳冰的观察本来是有根据的，《说文》中颇有自反之例。但徐锴不能理解，他坚决不认同李阳冰的说法。徐锴反驳说：“臣锴以为《周礼》六书无形象者莫过声字，则取法于耳。又尒字则取象气散。皆有以象之，不尔则会意亦虚象也。今言‘矢引’为‘矤’，在左右皆音，六书所未闻。六书之中欲附何处。若有全以音为字，则是‘七书’，不得言‘六书’，此浅俗之甚。”徐锴的观点完全拘于“六书”之说，认为只要六书以外的观点都是外道邪说，无视文字的复杂现象，结果不能正确认识我国古文字中确实存在的自反现象。所以徐锴对李阳冰的批评是无力的。[③]

宋代沈括的《梦溪笔谈》卷十五也早已注意到这种自反的现象和规律，沈括说：“切韵之学，本出于西域；汉人训字，止曰读如某字，未用反切。然古语已有二声合为一字者，如‘不可’为‘叵’；‘何不’为‘盍’；‘如是’为‘尔’；‘而已’为‘耳’；‘之乎’为‘诸’之类。似西域二合之音，盖切字之原也。如‘輭’字文从‘而犬’，亦切音也。殆与声俱生，莫知从来。”这段论述中的“‘輭’字文从‘而犬’，亦切音也”一句最值得注意，意思是说“輭”字从“而”，从“犬”。“輭”字之音是“而犬切”，沈括称这也是“切音”[④]。

清代大学者俞正燮[⑤]《癸巳类稿》卷七“反切证义”条有精辟而翔实的论述，今引录其文如下：

“《北齐书·废帝纪》云：迹字自反，足亦反为迹，足责反为迹也。其先亦有此义，《说文》云：风动虫生，从虫凡声。《论衡·商虫篇》云：夫虫，风气所生，仓颉知之，故‘凡’‘虫’为‘风’之字，是仓颉从凡虫省。《太平御览》引《春秋考异邮》云：其字虫动于凡中者为风。则凡虫自切为风也。推之舍予自切为舒，赤经自切为赪，赤贞自切为赪，朱口自切为咮，剌（音辣）贝自切为赖，秃贵自切为穨，束疋自切疏，巾氏自切为帋，羽异自切为翼，羽立自切为翊，女襄自切为娘，女信自切为倿，至秦自切为臻，雨云自切为云，日安自切为晏，邑牙自切为邪，延（音曳）亶自切为延，人脊自切为偤，十脊自切为肸，宀必自切为宓，皀亼自切为食，衣谷自切为裕，（口丂自切为号），欠金自切为钦，言台自切为诒，目少自切为眇，角奇自切为觭，火斤自切为炘，火共自切为烘，虫之自切为蚩，羊久自切为羑，月又自切为有，肉𠫓（‘育’上部偏旁的字，音突）自切为育，肉臾自切为腴，佳奚自切为鸡，目民自切为眠，麦丏自切为麪，（麦牟自切为麰，文允自切为夋），委鬼自切为魏，八弋自切为必，者竹自切为箸，如此之类，半为双声，半为叠韵。李阳冰亦言矢引为矧，《说文系传》讥为‘七书’，今略举之，其类甚多，六书中谐声一义，岂七书耶？知两合为反切，则缓读急读，古人用文字中自有反切，两合自反，则古人制文字中亦自有反切。”

俞正燮详密的论说非常精彩，尽管所举例证中或许有个别尚需讨论[⑥]，然而他所揭示的现象和规律是非常重要的音韵学问题，有助于澄清上古音研究中的一些疑难点。构拟复辅音的音韵学家们在利用形声字来讨论上古音的时候，很少有人重视“自反”问题，这是很大的疏忽。

顾炎武在《音学五书·音论卷下》也早已注意到自反的存在：“北齐济南王立为皇太子，初学反语，于‘跡’字下注云：‘自反。’侍者未达其故，太子曰：‘跡’字‘足旁亦’，岂非自反邪？以‘足亦’反为‘跡’也。如矢引为矧，女良为娘，舍予为舒，手延为挻，目亡为盲，目少为眇，侃言为諐，欠金为钦之类，皆自反也。赵宧光曰：释典译法，真言中，此方无字可当梵音者，即用二字聚作一体，谓之切身，乃古人自反之字。则已先有之矣。”顾炎武绝没有反对过自反原理。而且赵宧光早已指出在佛典密宗的真言翻译中，有时为了精确对音而采用自反的方法。

朱骏声《说文通训定声·自叙》也注意到了我国自古就有自反的造字原理，其文曰：“目少眇而手延挻，自谐以成字。”朱骏声的意思是说“目少”相切就是“眇”音[⑦]，“手延”相切就是“挻”音。这正是自反原理，顾炎武早已论述到了。

林语堂《汉字中之拼音字》[⑧]也注意到汉字中有自反的现象，林语堂把它叫作“汉字中之拼音字”。他说：“但是古字中尚有不止如此单纯的谐声作用，而并有几乎可以说是‘拼音’的结合。所谓‘拼音’者，与纯粹形声字不同，形声字一形一声。其声乃是整个的，非合拼切成的。‘拼音’则至少要有二声合并，方合定义。我找到的这种字，虽不算多，却也不少，且至少有几条可以成立的。其中可分数类。而推其用意，无非欲使所谐之字声，与所用的偏旁比较吻合，比较精确；每有第一谐声偏旁不能完全吻合的，加上第二个谐声偏旁以补其缺。这已经可以说是一种拼音字了。”[⑨]我们这里仅转录三条实例。①“钦”字，上引俞正燮《癸巳类稿》已称其为自反字，所谓“欠金自切为钦”。林语堂未提及俞正燮之书，但也认为“钦”是拼音字。林语堂说：“如此说法，则‘钦’[⑩]原谐声字，以‘欠’为声母，而韵母不合，故又缀‘金’字，是声母k；从‘欠’，韵母及声调从‘金’，而收m音，故欠金二文皆声。”林语堂的观察颇与清儒之说相合，无疑是正确的。②“誓”字，《尔雅·释诂》：“鲜，善也。”《释文》：“鲜本或作誓。”可知“鲜”与“誓”相通。而“誓”为什么会有“鲜”音呢？林语堂解释说是“誓”从斯从言，斯言切正为“鲜”。③“諐”字，《诗经·荡》：“既愆尔止。”《释文》：“愆又作諐。”是“諐”与“愆”相通。林语堂说：“按‘侃言’切‘諐’（古k母声），与以‘斯言’切‘鲜’相同。”林语堂还举有其他的例证，我们不再引录。他所举出的实例有的可以商榷，但所描述的文字现象应是毋庸置疑的。马宗霍《音韵学通论》[⑪]第279～280页有一节专门介绍了自反现象，列举了顾炎武《音学五书》中的一些举证。马宗霍称：“且书中误处不少。今但略举其近正者，以广自反之例。”可见马宗霍并不否定有“自反”存在。

傅定淼《反切起源考》的“事实篇”七“上古合音字”坚信有自反字的造字原理，并认为自反字[12]的产生时代“同反切起源问题至关密切”。傅定淼先生此书列举了相当数量的自反字来作为例证。我们这里转录一部分以作旁证。

①《说文》：“肰，犬肉也。从肉犬，读若然。”“肰”即“犬肉”的倒组合音词。也就是肉犬切为“肰”。傅定淼还提到现代汉语有“甭”字是“不用”二字的反切合音。这确实可以证明自反的存在（第120页）。②《说文》：“臭，大白，泽也。从大从白。古文以为泽字。”傅定淼先生批评了段玉裁、钮玉树、桂馥、朱骏声等人之说，认为“古文以臭为字是取其形义，并非取古老切之音，音则取之于字形中‘大白’合音为‘泽’，意谓肥泽之‘泽’即‘大白’的合音词。”这就是说“臭”之所以是古文中的“泽”，就是因为大白切为“泽”音（第120页）。③《战国策·韩策一》：“必为天下笑矣。”《史记·韩世家》作：“王必为天下大笑。”而这里的“笑”字，马王堆帛书《战国纵横家书》作“芯”。帛书整理者认为“芯”是“笑”的异体字。傅定淼说：“帛书此‘芯’于形义皆无取，又非同音相借，实为‘笑’的合音别体字。此字从艹从心，艹古音幽部，汉代转入宵部。‘心、艹’凭切合音为‘笑’。《集韵》的‘芯’应是同形别构的另一字。”（第122页）[13]④《说文》：“忝，辱也。从心天声。”傅定淼认为“天心切”为“忝”（第123页）。⑤《说文》：“耎，稍前大也。从大，而声，读若畏偄。”傅定淼认为“耎”字之音当得于“而大切”。“耎”为元部，“大”为月部，为阳入对转（第123页）。孙奕《示儿编·集字二》引《缃素杂记》：“而犬为耎。”傅定淼此文还举有其他例子，我们不再逐一引述。从傅定淼的论述中，我们可以进一步确定自反现象的存在。

张玉金《当代中国文字学》[14]也稍稍论及文字中自反的问题，不过张玉金的书没有自反这样的术语，其书第102页称：“另一种情况是：字的读音是由用作字符的两个字反切而成的。例如：‘䄙’的读音是‘名夜反’。‘䶒’的读音是‘亭音反’。‘䵷’的读音是‘亭夜反’。”张玉金还举有三个很奇特的字：一个是结构为“左‘名’右‘养’”的字，其读音是“名养反”。一个是结构为“左‘名’右‘也’”的字，其读音为“名也反”。一个是结构为“左‘亭’右‘匠’”的字，其读音为“亭匠反”。张玉金所举的例子虽然比较生僻，但确实是汉字中的自反现象[15]。

汉字中的自反原理并不是偶然的巧合，也不是仅凭孤例虚拟出来的，自反是一种重要的造字原理，是汉字形声构造的一种不可忽视的重要现象[16]。自反的构造原理与汉语上古音韵的研究有很大的关系[17]。构拟复辅音的音韵学家们往往因为不能正确认识自反原理，而错误地分析了汉字的谐声情况，故得到的结论不可信。现在我们具体讨论自反字的材料和上古音声母研究的关系。

例一，陆志韦《古音说略》[18]第265页在论述“上古喉牙音跟舌齿音的通转”的时候举例有“宫（居戎切）/殹（徒冬切）”。有的音韵学者利用它来构拟上古复辅音dk。我们认为此例不能成立。《说文》：“殹，击空声也。从殳宫声。”大徐本注音“徒工切”，又音“火宫切”。我们认为殹是自反字，得音于“殳宫切”，而不是仅仅得音于“宫”。“殳”的上古音声母是禅母，在上古音中与定母非常接近[19]，不少音韵学家甚至主张上古音中的禅母要归入定母。如黄侃《音略》三“古声”称：“禅，此亦定之变声。”周祖谟《禅母古读考》[20]也考定上古音中的禅母与定母相近。李方桂《上古音研究》的上古音声母系统中没有禅母，而是把禅母归入了定母。殹音“徒冬切”，上古音正是定母。因此，“殹”肯定是自反字，得音于“殳宫反”。这绝不是偶合。所以不能利用“宫/殹”这组谐声材料来证明“上古喉牙音跟舌齿音的通转”。当然也不能把这个字当作一般的从“宫”得声的形声字。古代的异读音有时是由对文字结构的不同分析造成的[21]，而与复辅音声母没有关系[22]。

例二，《说文》："棽，木枝条棽俪皃。从林今声。"丑林切。今按，"棽"是自反字，乃是得音于"林今切"，上古音为来母，而"丑林切"的音上古为透母，本书多次说过透母与来母上古音常常可以通转，与复辅音无关。因此，"棽/今"这组材料与复辅音无关。

例三，《说文》："䍃，下平缶也。从缶乏声。读若㚇。"土盍切。《说文系传》作"读若簿引㚇"。段玉裁注本采用了小徐本[23]，且认为"下"当是"不"之误。但并没有怀疑《说文》对"䍃"形声结构的分析和注音，且说："㚇与替双声。替者，一偏下也。"王筠《说文解字句读》对小徐本"读若簿引㚇"注说"未详"。《说文解字诂林》所引各家注均未能对"䍃"的读音问题作出解析。《广韵》注音为"土盍切"，《集韵》注音为"敌盍切"，都与《说文》的"读若"音相合。所以，《说文》此处的"读若"音绝对没有错误，古音本来就是如此。这从音理上怎么解释呢？许多音韵学家为此感到困惑[24]。有的音韵学者用这个例子来构拟上古复辅音声母。我们认为"䍃"读若"㚇"与复辅音没有关系。"䍃"是自反字，并非仅仅得音于"乏"，而是得音于"缶"与"乏"相切。《广韵》音"缶"为"方久切"，也是唇音。但古文字材料表明："缶"在先秦时代的古文字中有很多时候是用作"陶"字，要读定母。根据何琳仪《战国古文字典》[25]第242～243页，战国的燕国陶器铭文中的"陶尹"的"陶"就是写作"缶"，燕国陶器铭文"缶攻"要读为"陶工"，韩国陶器铭文"亩缶"中的"缶"也要读为"陶"[26]。因此，"䍃"所从的"缶"实际上要读为"陶"音，而不是唇音。这样，"缶"（音"陶"）与"乏"相切正是"土盍切"的"㚇"音。这与复辅音毫无关系。这个例子也是古汉语中确实有自反原理存在的有力证据。

例四，"侣"字不见于《说文》，但出现在《庄子·天地》："侣侣耕而不顾。"《广韵》"侣"字注："侣侣然耕貌，出《庄子》。""侣"大概是魏晋以后出现的字，后人用以改《庄子》。《广韵》、《集韵》、《韵会》并音"直立切"，则中古以前的音当是定母。裘锡圭先生在《从殷墟卜辞的"王占曰"说到上古汉语的宵谈对转》[27]一文中认为这个字应该分析为从"邑"得声[28]，并据此认为影母和定母在古音中可通转。我们认为裘锡圭先生的这个看法还是有待商榷的。首先，"侣"字不见于《说文》，也不见于迄今为止发现的古文字材料中，所以本来就不适合用以讨论上古音。其次，按照我们的观点，"侣"字中古音"直立切"事实上是"侣"字分析为自反字，得音于"人"与"邑"相切，"人"的古音为日母，中古音以前读如泥母[29]，与定母旁纽为双声，音近可通，此为常识，无须举证。所以"人"与"邑"相切可以音转为定母的"侣"。这与复辅音无关，也不能说明影母和定母能够相通[30]。

例五，《说文》："櫜，木葉陊也。从木皀声，读若薄。"他各切。《唐韵》的注音为透母，而《说文》自身的注音是"读若薄"，是並母。这个怎样解释呢？我们认为这是由古人对"櫜"的形声结构有不同的分析造成的。《唐韵》以降的韵书注音为"他各切"是把"皀"当作声符，而《说文》注音为"薄"是把"櫜"分析为自反字，并非仅仅得音于"皀"，而是得音于"木皀切"，是明母音，与並母音近似，可以相通。所以许慎注音为"读若薄"[31]。如果不把"櫜"分析为自反字，就不容易理解《说文》自身用"读若"来表示的注音。可见自反的原理在《说文》中肯定存在。

例六，《说文》："聉，无知意也。从耳出声，读若孽。"今按，"孽"的古音是疑母三等，在古方言中的实际语音读与泥母、日母相近[32]，因此"耳出切"正与"孽"音相通。"聉"绝不是仅从"出"得声。此例足证《说文》中有"自反"之体例。也可见"聉"的声母与复辅音无关。

例七，《说文》："岑，山小而高。从山今声。"鉏箴切。今按，据反切，"岑"的上古音当为崇母，而"今"为见母，二者相差较大，没有相通的可能。实则，"岑"是自反字，得音于"山今反"。山母与崇母非常音近，旁纽为双声，完全可以相通。因此，不能利用"岑/今"来构拟复辅音。由此例也可进一步证明在古汉语中确实有自反字的存在，这岂能是偶合？

例八，《说文》："龏，悫也。从廾龙声。"纪庸切。此字颇见于甲骨文和金文。今按，"龏"可以分析为自反字，得音于"廾龙反"，并非仅从"龙"得声，故不得利用此字来证明上古有复声母 kl[33]。

例九，《说文》："弯，持弓关失也。从弓䜌声。"细读《说文》此文，可知《说文》是在用"关"来声训"弯"。这个声训关系不容置疑。因此，只能把"弯"分析为自反字，"弯"不是仅仅从"䜌"得声，而是得声于"弓䜌切"，"弓"是见母，与影母同为喉牙音[34]，为旁纽双声，颇为音近。只有这样解析，"关"与"弯"的声训关系才能成立。故"弯"这样的字例与复辅音无关。严学窘[35]以"弯/䜌"为根据来构拟喉塞音加来母的复辅音，这是错误的。又，《说文》："蛮，南蛮，蛇种。从虫䜌声。"莫还切。很多学者利用"䜌"是来母，而"蛮"是明母，从而推导上古音中的复声母 ml。我们不赞成这样处理。古文字学材料显示出这个问题很复杂。遍考古文字，在甲骨文中没有发现"蛮"或"䜌"；然而值得注意的是在金文中只有"䜌"字形，没有"蛮"字。而且在金文中的一些"䜌"明显要读为明母的"蛮"，而不是来母音。徐文镜《古籀汇编》[36]第 101 页引吴大澂之说称："（䜌）古文以为蛮字，古'蛮'字不从'虫'，如《虢季子白盘》'用征䜌方'。"吴大澂《说文古籀补》还注意到金文《鬼方戈》等中的"蛮"也不从"虫"。《金文诂林（第三册）》第 1269 页引方濬益曰："蛮古止作䜌。《禹贡》马融注'蛮，慢也'。郑注'蛮之言缗也'。《左氏·昭公十六年·经》'楚子诱戎蛮子，杀之'。《公羊》作'戎曼子'。……古读'䜌'为'蛮'。"同书第 1270 页引高田忠周《古籀篇》曰："按，（䜌）元用为'蛮'，省文假借也。"《金文编》第 144 页称："䜌孳乳为蛮。"在金文的《秦公鎛》《秦公簋》《虢季子白盘》中的"䜌方"或"䜌夏"都明显读为蛮。《金文诂林补编》第 600 页引李学勤之言称金文中的"方䜌"要读为"方蛮"。同页引戴家祥之说与李学勤相同，《金文编》也从此说。陈初生《金文常用字典》[37]第 257 页也称："䜌通蛮。"《墙盘》中的"方䜌"读为"方蛮"。《说文》："新城，䜌中。"而《续汉书·郡国志》河南尹新城："有鄤聚，古鄤氏，今名蛮中。"这分明是以"䜌中"为"蛮中。"[38]容庚《金文编》、何琳仪《战国古文字典》、汤馀惠等《战国文字编》、李守奎《楚文字编》等书都没有收入"蛮"字，因此"蛮"有可能是战国时期秦系文字中的用字。其字后加"虫"旁，盖同于"它"后加表意的"虫"而为"蛇"[39]。我们对其读音还可以用转注法来解释：在先秦文字中的"䜌"有两个读音，一读来母，一读明母，二者的意思本不相同，并没有同源关系，后来在秦系文字中，为了区别二者，于是在读明母的"䜌"下加上了表意的"虫"，成为"蛮"，专门指南方蛇种的异民族，从而与来母音相区别。这可以解释宋景公的名字在金文中作"䜌"，在《史记》作"头曼"是把"䜌"读为明母音；在《汉书·古今人表》作"头栾"是把"䜌"读为来母音，因为古文字中的"䜌"本来就有明母和来母二读。《史记》和《汉书》各自选择了不同的读法，从而形成了这样的异文。总之与复声母无关。

我们还可以从通假字系联的角度来论证，"蛮"只能是明母音。《春秋经》中"戎蛮"的"蛮"在《公羊传》中作"曼"，这只能是通假关系[40]。而上古音中的"曼"只能是明母音，不可能是复声母 ml，这就反过来证明"蛮"也是明母，不是复声母 ml，不然二者不会是通假字。声训的例子如：《玉篇》："蛮，慢也。"《史记·夏本纪》："三百里蛮。"《集解》引马融曰："蛮，慢也。"《风俗通义》："蛮，慢也。"类例甚多[41]。更考《史记·周本纪》："定王元年，楚庄王伐陆浑之戎。"《正义》引《括地志》云："故麻城谓之蛮中，在汝州梁县界。左传'单浮馀围蛮氏'，杜预云'城在河南新城东南，伊洛之戎陆浑蛮氏城也。俗以为麻蛮声相近故耳'。"此分明以"麻"与"蛮"声相近，而"麻"的上古音只能是明母，与任何复声母无关，因此"蛮"的上古音只能是明母。又如，据《说文》"㒼"读若"蛮"，而"㒼"声字都是明母，如"濷、瞞、鏋、樠、顢"等，所以根据这个材料也可以说"蛮"的上古音只能是单辅音的明母，与任何复声母都无关[42]。

我们还可以从民族语言学的对音角度来论证。美国汉学家拉铁摩尔《中国的亚洲内陆边疆》[43]第十四章第291页有一段论述很有趣："蛮（勉）这个部落名字可以在今日中国南部的瑶族语言中找到，'勉'的意思是'人''人们'。盘古瑶自称为'优勉'，而叫红头瑶为'布龙勉'。这种部落的名字是具有地方性的。闽（福建）和缅（缅甸）大概与'蛮'很有些关系。……我想，南方蛮族的名字很可能与中国的'民'字有关。"我认为这段简洁的论述对于从对音的角度来理解我国的民族关系有启发性。我国自古将南方的少数民族称为"南蛮"，而这个"蛮"字居然还存在于现代的少数民族语言中，就是瑶族语言中"勉"字的古代译音，也是"缅甸"的"缅"的古代译音，与"闽"也是同源词；拉铁摩尔还认为"蛮"可能与汉语的"民"是同源词。虽然尚待深入研究，但我认为这种可能性不能完全排除。我们知道"勉、缅、闽、民"这些字的上古音都与复声母无关，因此我们说，"蛮"的上古音肯定不是复声母 ml－就是单辅音的明母。

例十，有的学者认为"甜/甘"这组材料可以作为古有复辅音的证据，理由是"甜"与"甘"是同源词。我们认为"甜"与"甘"绝不是同源词，"甜"并非以"甘"为声符。考《说文》甘部："甜，美也。从甘从舌。舌，知甘者。"根据《说文》的体例，"甜"不是形声字，应该是会意字，并非从"甘"得声。我们在前文已经说明《说文》在原则上有一个体例：每一个部中所属的字一般不会以那个部首字为声符，这是一条通则。"甜"在《说文》中属于"甘"部，一般不会是以"甘"为声符。因此"甜/甘"与复辅音无关。朱骏声《说文通训定声》称："甜与甘字声义并同。"这是看到了"甜"与"甘"的韵母相同，而忽视了声母上的巨大差别。朱骏声的话显然是不严谨的。但是，我们仔细考察会发现"甜"是自反字，其与"甘"叠韵并非出于偶然。"甜"当是得音于"舌甘"反，"甜"的上古音为定母，"舌"为船母，在上古音中船母读与定母相近，几乎可以相混。因此"舌甘"反正好是"甜"音。这也进一步确认"甜/甘"这组材料与复辅音无关。

例十一，有很多音韵学家用"缪、谬/翏"这组材料来构拟上古复辅音 ml。我们认为这组材料不能成立。《说文》："缪，枲之十絜也。一曰绸缪从纟、翏声。"武彪切。我们认为"缪"是自反字，得音于"纟、翏"相切，而不是仅仅得音于"翏"。"纟"正是明母字。古文字学研究表明，"缪"字确实是先秦就有的古文字。在古陶文、《诅楚文》、《睡虎地秦墓竹简》中都发现有"缪"字[44]。而"谬"虽然见于《说文》，但有证据显示"谬"是较晚才出现的字，可能是在小篆中产生的字，因为在迄今为止的大量先秦古文字材料中没有发现"谬"字[45]。在儒家十三经中，只有公认的伪古文《尚书·冏命》出现了一次："绳愆纠谬，格其非心。"伪孔传释"谬"为"过误"。这显然是汉代以后才产生和混入的。"谬"实际上是"缪"的后起字，在先秦经典中多用"缪"字。《说文》："谬，狂者之妄言也。"段玉裁注："古差'缪'多用从'纟'之字，与此'谬'义别。"《说文》："误，谬也。"段注曰："谬当作缪。古谬误字从纟，如绸缪相戾也。"段玉裁此说非常正确，与古文字材料相合。朱骏声《说文通训定声》："谬，经传多以缪为之。"如《史记·屈原贾生列传》："云蒸雨降兮，错缪相纷。"

"错谬"最早确实写作"错缪"。先秦典籍中的"谬"字往往有别本作"缪"[46]。早在唐代的李涪《刊误》卷下"仅甥傍缪廒荐"条已经有很好的见解："缪者，名与实爽曰缪。又'绳愆纠缪'，又如'织纴纰缪'。近者凡书'缪'字悉皆从'言'遂使'纰缪'废而不用。"可知唐代学者已经注意到先秦古书中"谬误"的"谬"应该是作"缪"，作"谬"为后起。《说文解字诂林》引《群经正字》对这个现象论述最详，其言曰："今经典'疵谬'往往作'缪'。《礼记·大传》'五者一物纰缪'。《经解》'差若毫氂，缪以千里'。《仲尼燕居》'不能诗，于礼缪'。《中庸》'考诸三王而不缪'。而《释文》载旧本亦多互用。如《易·乾》注'不谬于果'。《释文》'谬本或作缪'。《尔雅·序》'并多纷缪'。而李氏《刊误》直谓'近者凡书"缪"字，悉皆从"言"，遂使"纰缪"废而不用'。竟以'缪'为疵谬正字，则是非倒置矣。不可不援《说文》以定之。"这本是一段很精彩的论述，但最后过分拘于《说文》，认为"谬"为谬误的本字。不知"谬"是在小篆中才有的，是后起的本字。在先秦文献中的谬误字都是作"缪"。李涪、段玉裁、朱骏声等人的见解是完全正确的。"谬"是"缪"的后起分化字。因此，"谬"的古音不能根据"谬"字形来分析，而应该根据"缪"字形来分析。而正如我们所指出的一样，"缪"是自反字，得音于"纟翏切"，正是明母，并不存在来母和明母相谐声的问题。所以，我们说"缪、谬/翏"这组材料不能作为构拟上古复辅音 ml 的证据[47]。

我们从通假字系联也可证明"缪"的上古音声母不会是复辅音 ml。因为在古书中"缪"与"穆"相通。《礼记·大传》："序以昭缪。"郑玄注："缪读为穆，声之误也。"二者必为音变。《荀子·王制》："则有昭缪。"杨注："缪读为穆。"《汉书·韩安国传》："昔秦缪公都雍。"颜师古注："缪，读与穆同。"《文选·张衡·东京赋》："而惶缪公于宫室。"薛综注："缪，穆。"徐锴《说文系传》"稑"字下说："臣锴曰：古者缪、穆；稑、陆声相乱。故秦缪公亦呼秦穆公。"可知"缪"与"穆"古音相通。[48]而"穆"的上古音声母只能是明母，不会是复辅音 ml，因为"穆"从不与来母字发生通假关系和谐声关系[49]。这就可以证明与"穆"古音相通的"缪"的上古音声母也不会是复辅音 ml[50]。古文献中还有一个证据似乎可以说明"翏"声字只能是单辅音声母。考《庄子·齐物论》："而独不闻之翏翏乎？"郭象注："翏翏，长风之声。"《经典释文》："翏翏，李本作飂。"《广雅·释训》："飂飂，风也。"[51]可见"飂/翏"在先秦的《庄子》中可用作拟声词，描写长风之声。古往今来，有风的声音可作复声母 ml 的么？我以为"翏"声字只能是单辅音声母的来母。

但是在古文字中的一个材料必须加以辨明，否则将贻人口实。考金文《叔弓鎛》有个从"翏"从"攴"的字（左右结构），此字在《叔弓鎛》与"龢三军"等字连用，于省吾《双剑誃吉金文选》[52]第87页采用孙星衍的观点，将此字读为"穆"；于省吾《双剑誃诸子新证》第47页也称此字"同缪，缪、穆古籍通用，龢同和"[53]；我们认为孙星衍、于省吾对《叔弓鎛》的从"翏"，从"攴"的字的解释是错误的，这个字不能读为"缪"或"穆"[54]，它是"戮"的异体字，是来母音。因为在古文字中，作为偏旁的"攴"与"戈"常常通用，例证甚多[55]。这个"戮"就是"戮力同心"的"戮"，后来又有后起本字作"勠"，是"并、合"的意思。考《尚书·汤诰》："聿求元圣，与之戮力，以与尔有众请命。""戮力"言"并力、合力"[56]。《国语·吴语》："戮力同德。"韦注："戮，并也。"《左传·成公十三年》："昔逮我献公，及穆公相好，戮力同心，申之以盟誓。"《左传·昭公二十五年》："戮力壹心，好恶同之。"类例尚多。《叔弓鎛》乃言"戮龢三军"[57]，就是"使三军同心同德，团结一致"的意思。其实，忠周《精编金石大字典》[58]第345页"戮"字条已经明确认为"戮"有异体是从"攴"，引证有金文《齐侯钟》；郭沫若《两周金文辞大系图录考释》[59]第430页也已将此字释为"戮"，而不是“穆”；日本学者白川静《字统》第 875 页就将此字看作是“戮”的异体字。我们认为《叔弓鎛》的这个从“翏”从“攴”的字绝不能读为明母的“缪、穆”，而应该读为来母的“戮”。因此，这个例子与复声母 ml－毫无关系。

例十二，有很多学者根据“睦/坴”这组材料来构拟复辅音 ml。我们认为这也是不能成立的。因为“睦”是自反字，并非得音于“坴”，而是得音于“目、坴”相切。因而不存在来母和明母相谐声的问题。我们同样运用通假字系联法来证明“睦”的上古音声母不会是复辅音 ml。在古书中，“睦”和“穆”古音相通，二者为通假字。如《广雅・释诂一》：“睦，信也。”王念孙《广雅疏证》：“《方言》曰‘穆，信也。西瓯毒屋黄石野之间曰穆’。《逸周书・谥法解》‘中情见貌曰穆’。‘穆’与‘睦’通。《史记・司马相如列传》‘旼旼睦睦’。《汉书》作‘穆穆’。是其证也。”《说文》：“睦，目顺也。从目，坴声。一曰敬和也。”段玉裁注：“古书‘睦、穆’通用。如《孟子》注‘君臣集穆’。《史记》‘旼旼睦睦’。《汉书》作‘旼旼穆穆’是也。‘穆’多训‘敬’，故于‘睦’曰‘敬和’。”王念孙、段玉裁的意见显然是正确的。“睦”和“穆”古音相通，二者应为双声。我们在上一条说过“穆”的上古音声母只能是明母，不会是复辅音 ml。这就反过来证明与“穆”相通假的“睦”的上古音声母也只能是明母，不会是复辅音 ml。在古书中“睦”有时会因为形近而误为“陆”，而不是说二者相通。如《说文解字诂林》引苗夔《说文系传校勘记》曰：“按古有‘睦浑’之戎，《左传》作‘陆’，‘睦’之讹。”徐灏《说文解字注笺》引钱坫之说与苗夔全同。因此不能用“睦”有“陆”的异文就说二者音近相通，从而构拟复辅音 ml。古书中的异文有不少是传写之误，这是要注意的。

例十三，我们现在来探讨一个比较麻烦的例子。那就是“埋”字，从里从土。有的学者也用它来推导复声母“lm”或“ml”。“埋”字实则是一个晚起的俗字。《说文》中只作“薶”，不收“埋”。段注说：“（薶）今俗作‘埋’。”“埋”字在字书中始见于东汉的《释名・释丧制》：“葬不如礼曰埋。”毕沅《疏证》曰：“埋，俗字，《说文》作薶。”《晏子春秋・内篇谏上》：“葬埋甚厚。”孙星衍《音义》：“埋当为薶。”《玉篇》：“薶，与埋同字。”在东汉的文献中，我们能发现不少的“埋”字，这个俗字似乎产生于东汉。从古文献中考察，“薶”在儒家十三经中只见于《尔雅》。作为“薶”的异体字，“貍”只见于《周礼》。在《尚书》《诗经》《左传》《仪礼》《尔雅》《礼记》中都有“貍”字，但都是用作“狐貍”的“貍”，是兽名，没有一例用作“薶”的异体。《尔雅》和《周礼》被公认为是战国时代的书。《尔雅・释言》：“窒、薶，塞也。”《尔雅・释天》：“祭地曰瘗薶。”郭注：“既祭埋藏之。”阮元《校勘记》曰：“按此经作薶，注作埋。”郭注分明用后起的“埋”解释古文的“薶”。今本《左传》《仪礼》《周礼》中的“埋”当是后人从“薶”所改。《尔雅》为训诂书，容易保留古文之形，所以还留有“薶”字。但“埋”字形是早已存在的。高明、葛英会编著《古陶文字征》第 58 页录有古陶文中的一例“埋”字[60]。然而正如上文所论，我们怎能根据一个俗字去推论上古音呢？在古文字学中，甲骨文中有从凵，从牛的字，罗振玉最早把这个字释读为“薶”，以后古文字学界长期采用这个观点，如王襄的《古文流变臆说》第 34～35 页、吴其昌的《殷墟书契解诂》第 345 页、中国社会科学院考古研究所编《甲骨文编》[61]第 21 页、高明《古文字类编》、臧克和等《说文解字新订》[62]以及屈万里等人都采用此说。但是裘锡圭先生在《甲骨文考释（八篇）》[63]一文里一反旧说，考证了甲骨文中的这个字不能释为“薶”，而应当释为“坎”。裘先生的论述详密精审，令人信服。姚孝遂在《甲骨文字诂林（第二册）》第 1531 页的按语中赞同裘先生之说，曰：“裘锡圭说是有道理的。该字可读为‘坎牛’‘坎羊’‘坎犬’‘坎女’等，较释‘薶’为优，于字形较合。”自从裘锡圭先生此说出来以后，学术界已经普遍接受。因此，我们可以说在甲骨文和金文中还没有发现“薶”字，“薶”这个字很有可能是在战国时期才产生的。

陈独秀《中国古代语音有复声母说》[64]就说：“读明母之埋从来母之里得声，读明母之霾、薶从来母之狸得声，狸从里得声，在来母，而古语狸曰不来。其例一。”林语堂《古有复辅音说》也有类似的观点。其他主张古有复辅音的学者大都举此例以论证古有复辅音声母。但我认为这些议论是不可靠的。因为“薶”是个明母字，并不是从来母的“里”得声。《说文》也只说“霾、薶”是从“貍”得声，而没有说从“里”得声[65]。《汉书·江充传》：“得桐木人。”师古曰：“《三辅黄图》云：充使胡巫作而薶之。”可知《三辅黄图》仍用“薶”，不用“埋”。今本《汉书》“薶、埋”并用。《周礼·大宗伯》：“以貍沈祭山林川泽。”郑玄注以“埋”解“貍”。这是说东汉中晚期已经有了“埋”字形，而在郑玄的眼中，“貍”是先秦的古文字，所以才需要注释。《经典释文》：“貍，亡皆反；刘莫拜反。”是说“貍”有平声和去声两读，与来母无关。《周礼·鳖人》：“……鱼鳖龟蜃凡貍物。”《释文》：“貍，莫皆反。”《周礼·郁人》：“遂貍之。”《释文》：“貍，亡皆反。本亦作埋。”马王堆帛书《胎产书》：“包（胞）貍（埋）阴垣下。”在帛书中有多处“貍”字，均不作“埋”。何琳仪《战国古文字典》第84页引秦国的陶文曰：“志是貍封。”何琳仪说：“秦陶貍读薶。”也不作“埋”。朱骏声《说文通训定声》称“霾”与“薶”为通假字。

即使把俗字的“埋”字分析为形声字，也不能说“埋”就是从“里”得声。据藤堂明保《学研汉和大字典》第275页“埋”字下注称“埋”是从土从貍省声。可知藤堂先生也认为“埋”并非从“里”得声。镰田正等著的《汉语林》第235页也说“埋”是从“貍”得声，而不是从“里”得声。足见“貍”读明母。而读来母的“貍”是狐貍和貍猫的“貍”的异体字[66]，与读“亡皆反”的“貍”是异字同形。我们认为“貍”字之形有可能是从另一个在古文字中从“鼠”（左旁）从“里”（右旁）的字演变来的。因为在包山楚简、望山楚简、曾侯乙墓竹简中的“貍”都是从“鼠”，而不是从“豸”。[67]凡是从“豸”的字如“豹、貘、豻、貍、貂”无一例外都是从“鼠”，这可以说是战国文字或至少是楚系文字的显著特色。裘锡圭、李家浩在《曾侯乙墓竹简释文与考释》[68]第503页的注释15有很精辟的论述：“简文貘、豻、貍、貂等字所从的‘豸’旁，原文均写作‘鼠’。古代‘豸’‘鼠’二形旁往往混用。《隶释》所录魏三体石经《春秋》宣公三年‘叔孙豹’之‘豹’古文作‘鼩’。‘貂’在古书中亦作‘鼦’。《集韵》所收异体有‘鼦’。故释文径书上引诸字所从鼠旁为豸旁。”朱德熙、裘锡圭、李家浩合撰的《望山楚墓竹简释文与考释》[69]第88～89页注解14根据楚简的材料也说过：“但望山二号墓遣册‘貍’‘貘’‘豻’等字皆从‘鼠’旁，似当时‘鼠’‘豸’二旁不甚区别。”另外《正字通》也收有从“鼠”的“貂”字形。正因为“豸”与“鼠”作为偏旁义近，从“鼠、里”的字由于偏旁义近替换而变为“貍”字，这一来就和“薶”的省写字“貍”变得同形了。在文字学中也有类例，如《说文》有“𪕊”字，钱玄同《说文段注小笺》[70]称：“𪕊，今作猢。”段玉裁注、桂馥注也有类似的观察。这样从战国的古文字系统就可以很清楚地看到：战国文字中的“貍”字只能是“薶”的省写，没有用作“狐貍”的“貍”字。在文献中的类例如《墨子·备城门》：“机长六尺，貍一尺。”孙诒让《墨子间诂》[71]第462页称：“案：貍，薶之借字。薶，《备梯篇》作埋，俗字。”而“狐貍”的“貍”在战国文字中是写作从“鼠、里”之形，根本不从“豸”。只是在秦系文字中由于偏旁义近相混，从“鼠、里”的字才变成“貍”，从而与“薶”的省写字同形。二者本来是不同系统的字，在古文字中是不相混的。

最大的问题是“薶”是从“貍”得声，“貍”也应该是从“里”得声，为什么会读明母呢？这其实是因为古文字中的“貍”是自反字，得音于“豸里反”，并不是仅仅得音于“里”。这里的“豸”不是音“直氏反”，而是如唐兰《古文字学导论》[72]第269页曰：“‘貍’就是‘猫’。可见‘豸’音当和‘埋’或‘猫’相近。”唐兰先生的观察是相当敏锐的。只是唐兰先生的书没有多少论证，所以不大被人注意。我们找到了一条铁证，《说文》：“皃，颂仪也。从人白，象人面形。凡皃之属皆从皃。貌，皃或从页豹省声。貌，籀文皃从豹省。”莫教切。王筠《说文解字句读》认为“籀文皃从豹省”后面夺“声”字。《说文》清楚地表明“貌”和“貌”是以左边的“豸”为声符，“豸”是“豹”之省。篆文的“皃”，《说文》明称其“象人面形”，则是以“皃”为象形字，而在籀文和异体字中，“皃”都加有“豸”旁作为声符。日本学者的著作大都同意《说文》的解释，如尾崎雄二郎等《角川大字源》1671页、镰田正等《新汉语林》第1035页都认为“貌”所从的“豸”是“豹”的省形，是“貌”的声符。也就是说“豸”作为声符有时候是“豹”之省，要读唇音，而且要稍稍音转为明母[73]。张儒等《汉字通用声素研究》第247页：“古豸、豹通用。豸即豹之象形初文，后加声符勺，是豸、勺古同声也。”[74]这个铁证就可以解释为什么“貍”要读明母。我们认为“貍”所从的“豸”也是“豹”之省，是声符的一部分，如同作为“貌”的声符一样，作为“貍”的声符的“豸”要读明母[75]。明母的“豸”与“里”相切正是古书上所标的“莫皆反”的“貍”音。在《说文》中还有一个类似的例子。《说文》：“貉，北方豸钟。从豸各声。孔子曰：‘貉之为言恶也。’[76]莫白切。”有的学者也提出“貉”从“各”声而读明母可能是源于上古复辅音的分化。实际上这与复辅音毫不相干。当“貉”读“莫北切”的时候，所从的“豸”是“豹”之省，是声符的一部分。“貉”得音于“豸”与“各”相切，正是“莫白切”的“貉”音[77]。可知“豸”作为“豹”之省而作声符在《说文》中并非孤例[78]。还有一个证据可以支持我们的观点，就是凡是从“里”得声而读明母的字[79]，实际上都是从“貍”，例如，“霾”字，也是从“貍”得声，不是从“里”得声。这就说明“貍”确实有明母一读，而单纯的“里”声字不能读明母，因为纯粹的“里”声字没有自反的问题[80]。我们也因此认为不能用“薶/里”这一组材料作为上古有复辅音ml的证据[81]。

另外，我们还可以从同源字的角度对其予以论证。藤堂明保《学研汉和大字典》第275页“薶”字下注称“薶”与“墨、默、霉”三字是同源字[82]。“墨、默”的上古音为明母职部；霉为明母之部。之、职为阴入对转。所以“薶”与“墨、默、霉”在古音上完全吻合。考《说文》：“瘗，幽薶也。”《尔雅·释言》：“瘗，幽也。”郭注：“幽亦薶也。”《全唐诗》卷381孟郊《吊元鲁山诗》：“幽埋尽洸洗。”《全唐诗》卷617陆龟蒙[83]诗：“幽埋力须掘。”知古人以“幽埋”联言[84]。“幽”有“黑”义，与“墨、默、霉”义近。可证“薶”与“墨、默、霉”音义皆近。而“墨、默、霉”三字均为明母，从不与来母字发生谐声关系和通假关系[85]。如把“薶”的上古音的声母构拟为ml这样的复声母，那么就得把作为同源字的“墨、默、霉[86]”的上古音也构拟为复声母ml。这显然是没有根据的。因此，我们从同源字的角度也可以证明“埋”或“薶”的上古音绝对不可能是复声母ml[87]。

我们再用通假字系联法来证明“里”的上古音不可能是复辅音ml。在汉代以前的文献中，“里”和“李”古音相通。如《史记·天官书》：“左角李。”《索隐》：“‘李’即‘理’，理，法官也。故《元命包》云：左角理，物以起；右角将，帅而动。”同是《天官书》又曰：“杓携龙角。”《正义》：“案：左角为理。”《汉书·天文志》正作“理”。《管子·大匡》：“国子为李。”注：“李，狱官也。”刘绩补注：“李、理同。”朱骏声《说文通训定声》称：“李，假借为理。”段玉裁《说文解字注》

“李”字注曰：“古李、理同音通用，故‘行李’与‘行里’并见，‘大李’与‘大理’不分。”《潜夫论·志氏姓》：“生子舆，为李。”汪继培《笺注》曰：“‘李’，《晋语》作‘理’。理、李古字通。”《睡虎地秦墓竹简·日书甲种》：“天李正月居子。”整理者注：“天李即天理。”马王堆汉墓帛书《经法》：“四时有度，天地之李也。”整理者释“李”为“理”。《经法》又曰：“天地之道也，人之李也。”“李”也读为“理”。而“李”从来不与明母字发生通假关系和谐声关系，没有理由认为“李”的上古音声母是复辅音 ml，其只能是来母。因此与“李”古音相同的“里”的上古音声母必然是单辅音来母，而不会是复辅音 ml。

又如，王国维《观堂集林》卷九“殷卜辞中所见先公先王考”中指出：“又帝俊之子‘中容季釐’，即《左氏传》之‘仲熊季貍’，所谓高辛氏之才子也。”郭沫若《卜辞通纂》[88]第 324 页在对第 259 片卜辞的考释中引述了王国维之说。这分明是以“釐”与“貍”相通假，二者都是来母字。而“釐”从不与明母字发生通假关系和谐声关系，其上古音声母不可能是复辅音 ml。这就反过来证明与“釐”相通假的“貍”也不会是 ml 声母，而只能就是来母。

但是最近有学者根据古文字材料企图说明“里”有明母一读。如《郭店楚墓竹简》中的《太一生水》有曰：“此天之所不能杀，地之所不能釐。”其中的“釐”字，竹简原文虽然从“里”，但不作“釐”形，而是结构为上“来”下“里”的一个字[89]。整理者根据《古文四声韵》和金文释读为“釐”，并引《后汉书·梁统传》的李贤注：“釐，犹改也。”对这条注解，裘锡圭先生未加按语。但有的学者认为这个从“里”的字不能释为“釐”，而应该释为“埋”[90]。吾友赵彤博士在《战国楚方言音系研究》[91]第 125 页就利用这条材料来证明明母和来母可以相谐。我们认为楚简整理者的意见是正确的。《太一生水》原文的那个字应该释为“釐”，而不能释为“埋”。理由有：①上文我们已经证明了“埋”是汉代以后才有的俗字，先秦似乎没有“埋”字形。这是古代小学家的共识。上文所举的高明、葛英会编著《古陶文字征》第 58 页录有古陶文中的一例“埋”形，但是否就是后代的“埋”字，尚难确定。战国陶文中的那个“埋”其实是一个左“里”右“土”的字形，且是一个绝无仅有的孤例。这个孤例不能作为上古有“薶”的异体字的“埋”的证据[92]。②竹简整理者引《后汉书》的注把“釐”释为“改”，是可以讲通的，只是材料的时代偏晚。我们这里提供另一种解释：《逸周书·谥法》：“有伐而还曰釐。”知上古汉语的训诂中“釐”有“伐”义。而楚简《太一生水》原文作“此天之所不能杀，地之所不能釐”，正是以“天杀”与“地伐”相对应，“伐”与“杀”义近。这就是后来成语“天诛地灭”的意思。所以我们把“釐”释为“伐”[93]，这样理解，原文的意思就很通畅[94]。③《郭店楚墓竹简》中的这个字也见于西周金文，如西周晚期的铜器《史伯硕父鼎》，学者们一般也是释读为“釐”。春秋晚期的《庚壶》铭文中也出现过这个字，用作地名，似乎没有根据把它释读为“埋”。况且金文中多有“釐”字，甚至还有“釐”的繁化字，就是从“釐”从“子”[95]。④日本人编的《汉字异体字典》第 298 页也把此字归入“釐”的异体字。⑤今本《荀子》在流传中产生的讹误颇多，清代以来的小学家们下了很大功夫来加以校勘，也还没有尽善尽美。《荀子》中的这个“埋”字也有可能是后人所改，非古本之真。我遍考六朝以前的古书，注意到只有今本《荀子》此处才有“地不能埋”这样的话，并不见于其他文献。基于这些理由，我们认为楚简原文不能释为“埋”，而应当释为“釐”。因此，这条材料不能作为来母与明母相谐声的证据。

例十四，有的学者利用“桊/釆”这组谐声材料来构拟 bk 之类的上古复辅音。我们认为这是不对的。考《说文》：“桊，抟饭也。从廾釆声。釆古文办字，读若书卷。”居券切。《说文系传》曰：“臣锴曰：卷、眷从此，俱办反。”这是个典型的自反字，“𢍏”字得音于“廾釆”相切，并非仅仅得音于釆（音办）。“廾（音居竦切）釆”相切正是书卷的“卷”音。因此，此字与复辅音毫不相干，不能作为构拟上古复辅音的证据。

例十五，有的学者利用“变/䜌”这组谐声字来构拟复辅音 pl。这是不能成立的。《说文》：“变，更也。从攴䜌声。”秘恋切。段玉裁没有对其谐声结构作任何注解。其实，“变”是自反字，得音于“攴䜌切”。“攴”的上古音声母为滂母，“变”为帮母，二者旁纽为双声，音近相通。所以“攴䜌切”近于“变”音。可知“变/䜌”这组谐声字与复辅音无关[⑯]。有的学者虽然不同意滥用复辅音来解释谐声现象，但由于不懂得汉字的自反原理，因此不能有力地解释比较复杂的谐声。如藤堂明保《学研汉和大字典》第 294 页、镰田正等《新汉语林》第 249 页的“变”字注就把“变”处理为会意字，而不看成形声字。这就是因为藤堂先生不明白自反的原理，事实上，《说文》把“变”当作形声字是对的。小川环树《角川新字源》第 444 页、尾崎雄二郎《角川大字源》第 780 页承认“变”是形声字，但认为来母的“䜌”音能向帮母的“反”音演变，所以读为“变”音。这真有点像前人所说的“无所不通，无所不转”了。在不明确音变条件的时候，我们应当慎言音转。当然，正如上文所论，“䜌”有明母，可以音转为帮母，所以“变”不分析为自反字也没关系。

我们深信本书强调的自反原理是汉字构造非常重要的一种方法，这绝不是偶然的现象，而是自上古以来就一直被古人用来制造汉字的原理。自反字可以说是一种特殊的形声字，不是一般的形声字。由于自反原理长期没有得到文字学家和音韵学家的充分重视，所以有许多汉字的形声结构得不到合理的解释，从而被一些音韵学者利用来作为构拟上古汉语复辅音声母的依据。我们这一节的研究无论对于文字学还是音韵学，都具有重大的价值。在后面讨论训读的时候，我们还将探讨在自反字中存在的训读现象。

注释

① 另见《北史》卷七（中华书局，1987 年）。

② 徐锴：《说文解字系传 · 祛妄》，中华书局，1987 年，第 320 页。

③后来，现代学者唐兰等人也未能正确对待自反的问题，同徐锴一样不相信有自反。唐兰在《中国文字学》（上海古籍出版社，2001 年）第 108 页说：“一个字而有两个声母（即声符），这真匪夷所思了。所以我们说形声文字只有一形一声，凡所谓二形一声、一形二声的字，如其不是错误，那都是緟益字或复体形声字。”张世禄《中国音韵学史（上）》（上海古籍出版社，2001 年）第 48 ~ 49 页也认为不存在自反字：“中国文字上的表音方法，完全是某音某式的一种直音，绝不是一种拼音；拼音的原则，可以说真正汉字的结构上始终没有存在过。”他还批评自反字（又名合音字）“只是根据偶然巧合的事实，来推定拼音的方法也是中国造字的一种原则，终不免文人学士好奇之过”。唐兰和张世禄两位学者都不承认有自反的造字原理存在，他们认为自反现象只是一种偶合。其实他们根本没有提出有力的证据来反驳自反字存在的现实。他们所说的理由实际上完全不成其为理由，没有任何新的论证。

④不过俞正燮《癸巳类稿》不同意此说，曰：“若沈括引‘𩉎’为‘而犬’两合，此又不学之过，‘𩉎’字岂得从‘犬’？亦僧徒之莠言矣。”但不可忽视的是在俗字中，作为偏旁的“大”和“犬”有时可以相混。如“突”字从“犬”，而在《篇海》中的“突”有一字形不是从“犬”，而是从“大”。

⑤《清史稿》（辽宁教育出版社，2011 年）卷 385 称：“幕客俞正燮、张穆、苗夔诸人，并朴学通儒。”《清史稿》卷 486《本传》称：“俞正燮，字理初，黟县人。性彊记，经目不忘。”支伟成《清代朴学大师列传》（岳麓书社，1998 年）所附《章太炎先生论订书》称：“俞理初学问典博，辩论精切，贯串经史百家。”同书“俞正燮”条称：俞正燮“研究史籍暨诸子百家九流等说，剖析疑似，莫不服其精确”。

⑥如“委嵬自切为魏”，“魏”是疑母，“委”是影母，虽然二者声母也较近，但是如果说“魏”从“鬼”声似乎也无不可，因为从“鬼”声的“隗”是疑母。

⑦我们上文所引述的其他学者也有这样认为的，并非仅仅朱骏声一人这样说。而国外的一般汉学家并不懂得汉语中有自反的原理。如包拟古《释名复声母研究》（《古汉语复声母论文集》，北京语言文化大学出版社，1998年，第111页）说：“‘眇’字在结构上属于会意，由‘目’‘少’之义并合而成。以‘少’作声符的字，也有拟作mjog的，所以高氏（光华按，指高本汉）认为‘眇’字应该是个省声字，我以为其说未必可信。这里的‘小’字，很可能是复声母sm。”我们认为无论高本汉还是包拟古，其解释都是错误的。我国清代的小学家们早已清楚地指出“眇”是自反字，得音于“目少反”，与复辅音完全无关，不得曲为之说。更考《说文解字叙》：“以其所知为袐妙。”段玉裁注：“‘妙’古作‘眇’，‘妙’取精细之意，故以‘目小’之义引申假借之，后人别制‘妙’文。蔡邕题曹娥碑有‘幼妇’之言，知其字汉末有之。许书不录者，晚出之俗字也。”段玉裁到此为止的注释都是非常精辟的。可知“妙”是东汉才有的俗字，所以《说文解字》没有采录。“妙”的音义都是得于“眇”，“妙”只是“眇”的晚起俗字，音义皆同。从“妙”这个俗字的文字结构上看不出“妙”这个字最初的形声关系，因此，不能根据晚起的俗字“妙”来作为构拟上古音的材料。更考《老子》十五章：“微妙玄通。”马王堆帛书乙本“妙”作“眇”。《老子》二十七章：“是谓要妙。”马王堆帛书甲乙两本“妙”都作“眇”。类例尚多。今本《老子》中的“妙”在帛书《老子》中都作“眇”。可确知“眇”早于“妙”。段玉裁后面说“妙”是“从女，少声”。这是不恰当的。我们还可以进一步考论“眇”为什么会滋生演化出“妙”字。这是因为在古代的训诂学中，作为偏旁或复合词中的“女”有“小”的意思，正与“眇”义相符，所以才有这样的演变。考《尔雅·释木》：“女桑，桋桑。”郭注：“今俗呼桑树小而条长者为女桑树。”《释名·释宫室》：“城上垣曰睥睨，言於其孔中睥睨非常也；亦曰陴。陴，裨也；言裨助城之高也。亦曰‘女墙’，言其卑小，比之於城，若女子之於丈夫也。”可见小桑树称“女桑”，城上的垣因为小而被称为“女墙”。《方言》卷八：“桑飞，自关而东谓之工爵，或谓之过鸁（音螺），或谓之女鴎。”郭注：“今亦名为巧妇，江东呼布母。”钱绎《方言笺疏》（中华书局，1991年）第290页注称：“小桑谓之女桑，城上小墙谓之女墙，犹小雀谓之女鴎也。”刘申叔先生《物名溯源续补》（见《刘申叔遗书（下）·左盦外集》卷七，江苏古籍出版社，1997年，第1448页）有类似的论述：“小雀谓之女鴎，犹小桑谓之女桑（《尔雅》郭注），城上小墙谓之女墙也（见《释名》）。”又，《说文》：“杪，木標末也。从木，少声。亡沼切。”我们认为“杪”的明母音有两种分析法：一是当作自反字，得音于“木少”切；二是根据刘博平先生所说的《说文》内部自身有反切为音的体例，可以认为“木、標”切为“杪”音（《广韵》“標”有音“必小切”和“方小切”，是上声。“標”还有平声音）。古有叠韵联绵词“標杪”。《广韵》：“標，標杪，木末。”又，《说文》中还有“秒”字，也是明母音。《说文》：“秒，禾芒也。从禾少声。”亡沼切。《说文系传》称：“秒之言妙也，微妙也。弥小反。”这显然是以“秒”与“妙”同源。“秒”的明母音是由“杪”字类推而来。正如《说文》段注称：“禾芒曰秒，犹木末曰杪。”“秒”当是得音于“杪”，犹如“妙”是得音于“眇”。这是古人以音义类推的方法造字［如“木”与“禾”在意思上有些关联，作为偏旁时有时可以互换，刘钊《古文字构形学》（福建人民出版社，2006年）第335页称：“古文字中木、禾二旁在用作表意偏旁时可以通用。”但在字音上本来毫无关系］，而新造的字由于字形偏旁的变化，字形与字音已经失去了必然的联系，我们只有找出这个由类推而造的新字所根据的本字或根源字，才能正确理解这个新造字读音的来源。我们这里所揭示的这种文字学的现象似乎前人还很少论述，这是值得学者们高度关注的文字学和音韵学的问题。我们用这种分析方法可以解释一系列复杂而奇怪的谐声现象，而无须求助所谓的复辅音声母。

⑧林语堂：《语言学论丛》，《林语堂名著全集》，东北师范大学出版社，1994年。

⑨林语堂举了一些例证，有的例子学者们认为不大站得住。但是林语堂所阐发的道理是完全可以成立的。

⑩光华按，原文误为“欠”，今据上下文义校正。

⑪马宗霍：《音韵学通论》，台湾泰顺书局，1972年。

⑫傅定淼称其为合音字。

⑬光华按，在《郭店楚墓竹简》中“笑”不从“竹”，而从“艹”，是以“艹”为声符。濮茅左考释的《上海博物馆藏战国楚竹书》第一册《性情论》、第三册《周易》和第四册《柬大王泊旱》都将楚简中的从“艸”，从“犬”

的字释为“笑”；邹汉勋《读书偶识》（中华书局，2008 年）第 209 页对“笑”字的考论最精，已经指出“笑”本从“艹”，从“夭”，且论及“笑”的俗字作“关”（光华按，日语中的“笑”字还保留了这个俗字写法）。今人多不曾参考。刘钊《谈考古资料在〈说文〉研究中的重要性》[《中国古文字研究（第一辑）》，吉林大学古文字研究室编，吉林大学出版社，1999 年] 第 10 条也注意到《马王堆帛书老子乙本》及其前面的古逸书、《战国纵横家书》、《银雀山汉墓竹简·孙子兵法》等西汉前期的考古文献都有从“艸”从“犬”的“笑”字，所从的“犬”后来演变为“夭”，唐朝的李阳冰就把“笑”分析为从“夭”，而不是从“犬”，李阳冰的说法已经被古文字资料所否定（何琳仪先生将此字释为“莽”，非是）。

⑭参见张玉金《当代中国文字学》（广东教育出版社，2000 年）第二章“汉字的文化内涵”第四节“汉字结构的文化特征”。

⑮实则裘锡圭的《文字学概要》（商务印书馆，1996 年）第 108 页的“合音字”一节也略谈及自反字的问题：“合音字就是读音由用作偏旁的两个字反切而成的字。中古时代的佛教徒为了翻译梵音经咒，曾造过一些合音字，来表示汉语里所没有的音节。……在现代使用的汉字里，表示‘不用’的合音词的‘甭’，表示吴方言中‘勿要’‘勿曾’的合音词……都既是会意字，又是合音字。”但裘锡圭似乎并不认为这样的自反字是上古以来的汉字所固有的一种造字原理。他说：“过去有些文字学者认为早在使用反切的表音方法之前，汉字里就已经出现了一些带有合音字性质的字，如‘矧’（矢引反），‘羑’（羊久反），‘眇’（木少反）之类。其实这类字是一般的形声字，只不过它们和所从的形旁的读音声母恰好相同而已。”我完全不能理解裘先生这个结论的根据是什么。如“眇”是明母，如是一般形声字，其声符是“少”，是心母，二者相差甚远，不能通转，怎能说是声母相同？其他例证尽同此破。

⑯尤其是学者不能因为自反字不太多就根本否认有自反的原理存在，更何况在《龙龛手鉴》中这类自反字实在不少，数量近百（吾友萧旭兄最近研考《龙龛手鉴》也发现了这个现象）。我们可举出旁证：在《说文》中的双声符字仅仅只有两个，许慎称构成字的两个偏旁为“皆声”。但是从古到今没有一个学者否认过有双声符字的存在，而且在古文字材料中还找到了不少的双声符字的材料可以作为《说文》的补充。有关的材料可以参看陈伟武《双声符字综论》[《中国古文字研究（第一辑）》，吉林大学出版社，1999 年]。裘锡圭的《文字学概要》（商务印书馆，1996 年）第 108 页的“两声字”一节也略谈及双声字的问题。又如，许慎《说文叙》中提到的“奇字”（如“儿”是“人”的奇字）、“指事字”在《说文》中都很少，但许慎并没有把它们归入其他类别。在音韵学中也有这样的现象。如李荣等学者力主《切韵》音系中有俟母存在，“俟母”字字数很少，而王力先生《汉语语音史》采用了此说，而且认为上古音也有俟母。王力先生《汉语语音史》第 21 页说：“三十六字母中没有俟母。俟母是依照李荣的考证增加的。证据确凿，使我不能不相信。”固未因其字少而抹杀俟母的存在。

⑰我们这里从其他方面列举一些例子，以见正确理解“自反原理”的重要性。如孟蓬生博士的《上古汉语同源词语音关系研究》（北京师范大学出版社，2001 年）第 61 页第二章“同源词概说”指出有一些牙舌音之间能够发生音转现象的同源词。其例 2 称“甘”与“甜”是同源词。其根据是《说文》：“甘，美也。”又，“甜，美也。”朱骏声曰：“‘甜’与‘甘’字声义并同。”光华按，此说不确。“甘”与“甜”虽然韵部相同，但二者的声母相去甚远，不可能是同源词。我们认为“甜”是自反字，得音于“舌甘”切，并非仅仅得音于“甘”。考《广韵·二十六咸》，“甜”的中古音为“徒兼切”，则其上古音与中古音声母都是定母［孟蓬生此书把“甜”的上古音声母误成了透母，非是。郭锡良《汉字古音手册》（北京大学出版社，1986 年）第 210 页也是把“甜”的上古音声母归入定母，而非透母］。而“舌”的古音声母是船母，在上古音读与定母相近。黄侃《音略》（《黄侃论学杂著》，中华书局，1964 年，第 73 页）就明确说过：“‘神’，此亦‘定’之变。‘蛇’，食遮切；此即‘它’之重文，声韵俱变，古亦读如‘沱’。”“神”母就是“船”母。在黄侃与钱玄同的上古音系中都归入定母。因此，“舌、甘”相切正是“甜”音，丝毫不爽。这岂能是偶合？此例进一步证明自反原理的存在已是泰山难移。

⑱陆志韦：《陆志韦语言学著作集（一）》，中华书局，1985 年。

⑲例如，从“殳”声的“投”就是定母；在古文字中也颇有从“殳”声的字读定母，参看黄德宽主编《古文字谱系疏证（第二册）》（商务印书馆，2007 年）第 1014～1015 页。

⑳周祖谟：《问学集》，中华书局，1981 年。

㉑嗀字，据周祖谟《广韵校本（下册）》（中华书局，2004 年）第 25 页第 15 条，此字有异体从“攴”，不从“殳”，这当是俗体写法。在古文字中作为偏旁的“攴”与“殳”常常可以相通，例证甚多，不烦详举。

㉒古文献中还有一个可以参考的旁证：《水经注》卷十“浊漳水注”：“衡漳又东，径东昌县故城北，……俗名之东相。”按“昌”是昌母，与书母旁纽为双声。“相”是心母字。《水经注》的“俗名之”就是指当时方言的音变。可见在六朝的方言中昌母可以读成心母，这只能理解为方言里的音变现象，绝对与复辅音无关。又，在迄今为止的古文字材料中没有发现“損”字之形。今本《老子》第四十八章：“为道日損。”在《郭店楚墓竹简·老子》乙本中，“損”作“员”。在马王堆帛书乙本作“云”。另外，“損”在秦汉间的古文字中有异体作从“员”从“攴”之形（左右结构），如马王堆帛书《老子》[参看陈松长《马王堆简帛文字编》（文物出版社，2001 年）第 130 页]，在新蔡楚简中也有这个字（参看高明等《古文字类编》，上海古籍出版社，2008 年，第 440 页），也是“損”的古字。这使我们怀疑先秦文字中尚没有“損”字的字形，后来的“損”在先秦只作“员”（作“云”是通假字），后滋乳为从“员”从“攴”之形［左右结构。类例如“斁”字在春秋以前的金文如《毛公鼎》《静簋》中都没有从“攴”，其最早从“攴”的例子似乎是春秋中后期的《栾书缶》，到了战国文字（如《中山王壶》）中也从“攴”。参看《古文字类编（增订本）》（中华书局，1982 年）第 431 页；又如，“敬”字在金文的《盂鼎》和《班簋》中都不从“攴”，在《石鼓文》中才开始有“攴”旁；《正字通》称“属”有俗字作从“属”从“攴”之形作“斀”；据《玉篇》，“渔”有后起字作从“攴”的“敽”。考段玉裁《说文解字注》（上海古籍出版社，1995 年）第 582 页，小篆作“渔”，《周礼》当从古作“鱼人”，作从“鱼”从“攴”者次之，作斀者非也。当然，从“攴”的字也有很多是非常古老的，不可一概而论］。由于作为偏旁的“手”与“攴”在古文字中常常可以义近互换。例如，信阳一号楚墓第 24 简“播”字从“攴”，不从“手”，《说文》也称“播”的古文从“攴”；“敢”字或从“又”；“叙”或从“攴”；“扶”字在长沙楚帛书和新蔡楚简中都作从“攴”之形，从“手”从“堇”（左右结构）的字在包山楚简和上博楚简中从“攴”（以上二例参看《古文字类编》第 445 页）；据《说文》：“攺，抚也，从攴亡声，读与抚同。”二者音义皆同，实是异体字［黄侃《说文笺识》（中华书局，2006 年）第 17 页也称二者是同源词］。据《说文》，“抚”的古文从“攴”作“㧻”。据《集韵》，“軙”有异体字从“手”不从“攴”。据《正字通》，“拙”或从“攴”。据《集韵》，“收”或从“攴”作“敊”。《说文》中的“敂”字后来写作了“扣”。据《集韵》，“挌”或作“敋”。“捍”在《说文》中从“攴”。据《集韵》，“捅”或从“攴”。据《集韵》，“掃”或从“攴”；据《集韵》，“捻”或从“攴”。据《集韵》，“朿”有异体字或从“手”，或从“攴”。据《集韵》，“揊”或从“攴”作“敀”。据《集韵》，“揩”或从“攴”。据《集韵》，“抌”或作从“甚”从“攴”之形。据《说文》，“扬”的古文从“攴”。据《龙龛手鉴》，“拂”或从“攴”。据《集韵》，“摽”或从“攴”。据《玉篇》和《集韵》，“操”或从“攴”。据《集韵》，“敼”或从“手”。据《集韵》和《正字通》，“斅”或从“手”。据《班马字类》，“救”有异体字作从“手”之形。据《集韵》，“扡”或从“攴”。类例甚多，所以也滋生出了“損”［在银雀山汉简和马王堆帛书已有“損”字。参看《银雀山汉简文字编》（文物出版社，2001 年）第 379 页和《马王堆简帛文字编》（文物出版社，2001 年）第 490 页］。“損”字很可能是秦系文字的小篆中才有的字形。其“苏本切”的读音也是根据自反原理所造的秦系文字的读音。在战国的楚系文字中没有发现“損”字［滕壬生《楚系简帛文字编》（湖北教育出版社，2008 年）没有出现“損”字；《古文字类编（增订本）》也没有“損”字形］，只作“员”，其读音也很可能就读为匣母的“员”。古文字的系统性是我们必须重视的。或许是古文字中的“员”有“云”和“損”二音，后来在秦系文字中为了区别二者，就根据自反原理造了一个“損”字，以与“云”音相区别。

㉓清代的《说文》学家大都采用小徐本的说法，可参看《说文解字诂林》所引各家说。

㉔如董同龢《汉语音韵学》（中华书局，2001 年）第 299 页就把“䞓/乏”用来作为 t－系字跟 b－系字相谐的证据。

㉕何琳仪：《战国古文字典》，中华书局，1998 年。

㉖比何先生此书更晚成书的黄德宽主编《古文字谱系疏证》（商务印书馆，2007 年）“缶”声字条却没有提到“缶”声字读定母的情况，似为疏忽。

㉗裘锡圭：《从殷墟卜辞的“王占曰”说到上古汉语的宵谈对转》，《中国语文》2002 年第 1 期，第 70 ~ 96 页。

㉘《康熙字典》（中华书局，1992 年）第 104 页称“俋”音“邑”。这个注音很可疑，因为“邑”的古音是影母缉部，与“直立切”相去太远。

㉙管燮初《从〈说文〉中的谐声字看上古汉语声类》（《中国语文》1982 年第 1 期）一文的附注 7 列举了日母与泥母相谐声的形声字 38 字。章太炎《国故论衡》卷上有专章讨论古声母中的“娘、日”归“泥”的问题。实则，黄侃《文字声韵训诂笔记》（上海古籍出版社，1983 年）第 109 ~ 110 页已经注意到“娘、日”归“泥”说实际上在宋代的《切韵指掌图》中已经出现。《切韵指掌图》称：“日下三为韵，音和故莫疑，二来娘处取，一四定归泥。”黄侃先生加按语曰：“此娘日归泥之说之始见者。清刘熙载及今日馀杭章君之说皆与之暗合。”更考清代学者刘禧延［《刘氏遗著》，《丛书集成新编（第 14 册）》，新文丰出版公司，1985 年］也早已说过：“吴下土音，日母实作泥母呼。”

㉚裘锡圭先生在《从殷墟卜辞的“王占曰”说到上古汉语的宵谈对转》一文中还提到今本《周易·否卦》六三爻辞中“包羞”的“羞”，在马王堆帛书本中作“忧”。“羞”是心母字，“忧”是影母字。裘锡圭先生据以说明心母与影母可通。我们认为这是不能成立的。《周易》今本与帛书本的这个异文不应当理解为通假字，而应看作是意思相近的异文，因为“羞”与“忧”确实在意思上是相近的，“包羞”与“包忧”是因为意思相近而互用，不必看作通假。因此，裘锡圭先生所举的这个材料不能说明古汉语中有心母与影母相通的现象。考论上古音的重要前提是所用的材料一定要可靠，这是本书反复强调的。

㉛古汉语中的明母字在日语的音读中往往被读如唇塞音。如“莫”在日语音读中是 baku；“墨”音在日语音读中是 boku；“木”在日语音读中有 boku 国一读，也有 moku 一读；“母”在日语音读中读如 bo。类似的例子非常多，此不详列。

㉜参看本书第三章“论复声母 sn 的构拟”一节。

㉝当然，这条例子不用自反原理也可以解释。我们在第三章第一节讨论了上古音中的来母与见系字相谐声的问题。在《郭店楚墓竹简》中有“龚”作从“恣”。

㉞上古喉音与牙音不分。

㉟参看严学宭《原始汉语复声母类型的痕迹》，美国佛罗里达州第十四届国际汉藏语言学会议论文，1981 年。

㊱徐文镜：《古籀汇编》，上海书店出版社，1998 年。

㊲陈初生编纂，曾宪通审校：《金文常用字典》，陕西人民出版社，2004 年。

㊳另参看李学勤《䜌书缶释疑》（《中国古代文明研究》，华东师范大学出版社，2005 年）。

㊴类例如“虹”在甲骨文中是象形字，不从“虫”，在商代金文中已经有从“虫”之形；“蜀”在甲骨文中没有“虫”旁，从周的金文开始加上了“虫”旁［周原甲骨的“蜀”已经从“虫”。不过，季旭升《说文新证》（福建人民出版社，2010 年）第 933 页不赞成甲骨文中的这个字是“蜀”的古字。但学术界的通说还是把甲骨文中的这个字认作是“蜀”的古字。我们认为季旭升之说不妥。他称：“周原甲骨从视，从虫，所会意不明。”今观甲骨文和金文《何尊》（《殷周金文集成》6014 器）、《卅五年盉》（《殷周金文集成》9449 器）中的“视”字，均与周原甲骨的“蜀”所从的字形不合，周原甲骨的“蜀”虽然从“虫”，但绝不从“视”。季旭升所说不可信］。“蛮”字之所以变得从“虫”，大概是因为古代中原的汉族人认为南方的蛮族是蛇种，类似的还有福建自古称作“闽”，也是因为被当作“蛇种”的缘故。至于《汉书·地理志》中的“南䜌（孟康音良全反）”则与南蛮毫无关系。有的比较文化学者认为我国历史文化中“南蛮”的“蛮”与英文的“man”同源。今考《钱伯斯语源学辞典》（Robert K. arnhart，The H. W. Wilson Company，2002）第 627 页“man”词条，可知在古伊朗的阿维斯塔语中作 Manus，在梵语中作 Mánu-s，原始印欧语的构拟是 manus 或者 monus。这与上古汉语的“蛮”正好可以对音，只是古人在音译时只取前一个音节，这种省译在古今的翻译中极为常见。“蛮”正对音“man”。因此，二者极有可能真是同源词。

㊵参看宗福邦等主编：《故训汇纂》，商务印书馆，2003 年，第 2039 页。

㊶参看宗福邦等主编：《故训汇纂》，商务印书馆，2003 年，第 2039 页。

㊷《古文字诂林（第十册）》（上海教育出版社，2004 年）第 69 ~ 70 页“蛮”字条引述蔡运章《甲骨金文与古史研究》（中州古籍出版社，1993 年）论及 1975 年山西长治市博物馆征集到长子县景义村出土的一件铜鼎，器内有铭文 6 行，其中有一个字的字形结构是上“㒼”下“虫”，明母的“㒼”显然是声符，蔡运章疑读为“蛮”。由于“㒼”（即“满”的声符）只能是明母。因此，其所通假的“蛮”只能是明母。此例可作参考。

㊸［美］拉铁摩尔著，唐晓峰译：《中国的亚洲内陆边疆》，江苏人民出版社，2005 年。

㊹不过，“缪”在《诅楚文》中明显是同用作来母的“戮力同心”的“戮”，这就是把“缪”分析为普通的形声字而不是自反字的原因。这是文字学中的一形多用的现象，和同源词并无关系。而且《诅楚文》的真伪问题在古文字学界尚有不同看法，陈炜湛等《古文字学纲要》（中山大学出版社，2009 年）第 94 ~ 95 页在概述《诅楚文》时就怀疑其是伪刻；陈炜湛《诅楚文献疑》［《古文字研究（第 14 辑）》，中华书局，1986 年］明确认为《诅楚文》是唐宋间好事者所作，非先秦古物。这个问题尚无定论。光华按，陈炜湛之说固然值得注意。但是秦统一以来，“缪”没有用作“戮力同心”的“戮”的现象，而《诅楚文》有这种用法，这恐怕非后世人所能伪造。“缪”在古音中还有见母和来母的读音，二者是同源一系的，与明母音不同源，不可相混。

㊺《老子》第十四章：“其上不皦，其下不昧。”马王堆帛书乙本“皦”作“谬”。这样的异文只能是通假字。这里的“谬”肯定不是明母的谬误字，而只能是同于见母的“轇、膠”之类的读音，所以才产生这样的异文。见母的“谬”与明母的“谬”只能看作是异字同形，二者在意思上毫无关系，绝不是同源字。

㊻可参看宗福邦等主编：《故训汇纂》，商务印书馆，2003 年，第 2146 页。

㊼周祖谟《汉代竹书和帛书中的通假字与古音的考订》（《周祖谟语言学论文集》，商务印书馆，2001 年）第 137 页根据马王堆帛书《老子》甲本揭示了一组通假字材料“寥/僇”。周祖谟认为这是对复声母 ml－的反映。我们认为这是周先生的千虑一失。考古代韵书，“寥/僇”均为来母，并无明母一音。如《玉篇》《广韵》《集韵》《韵会》《正韵》以及大小徐本《说文》的反切，“寥/僇”都只有来母音。因此，“寥/僇”与复声母 ml－无关。周先生盖一时误记。考《老子》第二十五章：“有物混成，先天地生。寂兮寥兮。”马王堆帛书甲本“寂兮寥兮”作“繡呵缪呵”。我们认为这里的“缪”应该是读为来母的“寥”，而不是明母字。这是由于前面的“繡”字发生偏旁同化作用，使得来母的“寥/僇”被同化为“缪”，这就与明母的“缪”变得同形。这样的情况在古书中有很多（我在马来西亚吉隆坡的茨厂街的关帝庙看到一副对联，其左联将“屈指一算”的“屈指”写作“掘指”，这分明是“指”的偏旁同化的结果）。同在《老子》第二十二章：“曲则全。”马王堆帛书甲本“全”作“金”，乙本作“全”。这不说明“全”与“金”古音相通，而是由于在战国文字中存在繁化现象，从而把“全”加上装饰笔画而成为“金”。这个“金”的读音就是“全”，而不是“金银”的“金”。

㊽类似的例证极多，可参看《故训汇纂》（商务印书馆，2003 年）第 1775 页。又，“穆”在金文中已多见，陈初生《金文常用字典》（陕西人民出版社，2004 年）第 714 ~ 715 页已有解说。《金文编》《金文诂林》《殷周金文集成》收集“穆”字甚多。

㊾黄侃《说文笺识四种》（上海古籍出版社，1983 年）5 页称“苗”与“穆”是同源词，则“穆”必是单辅音的明母无疑。

㊿钱大昕《十驾斋养新录》卷四“缪”条（《嘉定钱大昕全集》，江苏古籍出版社，1997 年，第 99 ~ 100 页）也讨论了“穆”与“缪”古音相通的问题。钱大昕还谈到秦穆公为什么会谥为“穆”：“《史记·蒙恬传》‘昔者秦穆公杀三良而死，罪百里奚而非其罪也，故立号曰缪’。然则秦缪公之谥当读如‘谬’，所谓‘名与实爽曰缪’也。蒙恬，秦人，其言必有自矣。”

51可参看王叔岷：《庄子校诠》，中华书局，2007 年，第 44 ~ 45 页。

52于省吾：《双剑誃古金文选》，中华书局，1998 年。

53后来冯胜君《二十世纪古文献新证研究》（齐鲁书社，2006 年）第 75 页完全采用于省吾的解释，称：“从辞例来看，于氏的说法很可能是正确的。”这个判断是草率的。

㊹据《玉篇》，“穆”有古文作从“攴”之形作“𢿫”，但其左旁不是“翏”，不能与本文所讨论的问题混为一谈。

㊺如“寇”字在战国时代的三晋兵器铭文中多从“戈”而不是从“攴”，据滕壬生《楚系简帛文字编》（湖北教育出版社，2008 年）第 310 页，在包山二号墓楚简第 102 简和九店 56 号墓楚简第 32 简中，“寇”都从“戈”，另参看高明等《古文字类编（增订本）》（上海古籍出版社，2008 年）第 432 页，“寇”在战国时的陶文和玺印文字中多从“戈”；据滕壬生《楚系简帛文字编》（湖北教育出版社，2008 年）第 312 页，“攻”在《郭店楚墓竹简·遵德义》《郭店楚墓竹简·成之闻之》《上海博物馆藏战国楚竹书·容成氏》中都从“戈”，不从“攴”。据滕壬生《楚系简帛文字编》（湖北教育出版社，2008 年）第 310 页，信阳一号墓楚简第 29 简中的“败”从“戈”不从“攴”；又如“救”字，在战国时期的中山王鼎和壶的铭文中作从“戈”之形，而不从“攴”；在《包山楚简》中“救”有好几个从“攴”的例子［参看滕壬生《楚系简帛文字编（增订本）》第 305 页］。《包山楚简》中有一个作左“堇”右“戈”之形的字，这个字在《包山楚简》中有异体作左“堇”右“攴”之形。容庚《金文编》（中华书局，1985 年）第 210 页“启”字下录《虢吊钟》铭文中的“启”字作从“戈”之形，不从“攴”。《金文编》第 220 页“敔”字下录有金文中的异体作从“戈”之形，而不从“攴”。又“搏”字，《金文编》第 776～777 页录有金文中的异体作左“尃”右“戈”之形，而何琳仪《战国古文字典》（中华书局，1998 年）第 598 页引录《古玺汇编》0335 号、《包山楚简》142 号简、《搏武钟》铭文中的“搏”是作左“尃”右“攴”之形。马王堆帛书中的“敌”有的作从“戈”之形；王国维《观堂集林》卷十三“鬼方昆夷玁狁考”一文指出：鬼方之名，在《易》《诗》作“鬼”，然古金文作从“鬼”从“戈”之形，或作从“鬼”从“攴”（左右结构）之形。王国维还说：“凡从攴从戈，皆有击意，故古文往往相通。”王国维此文颇有举证。张政烺先生曾指出：“战国秦汉间文字，从‘攴’常改为从‘戈’，盖形近致误，马王堆帛书中其例不可胜举。”（见《张政烺文史论集》，中华书局，2004 年，第 479 页）；高明《中国古文字学通论》（北京大学出版社，1996 年）第 142 页的第 14 条专门论述了在古文字中，作为偏旁的“攴”与“戈”因为意思相近而常常通用，多有举证，此不详录。

㊻孔传曰：“戮力犹勉力也。”不是很准确。

㊼原文后面还有二字，其中一字太生僻，此不录，务必参看金文原文。

㊽忠周：《精编金石大字典》，黄山书社，1988 年。

㊾《郭沫若全集·考古编（第八卷）》（科学出版社，2002 年）“叔夷钟”篇。郭沫若释为“叔夷钟”，而不是“叔弓钟”，且明确批评释为“弓”。后来一般学者都采用了郭沫若的观点。

㊿可注意的是《古陶文字征》所举的文例仅仅是“廿埋”二字，文义不明。这里的“埋”是否就读与“薶”同，尚待其他的证据。何琳仪《战国古文字典》就没有收陶文里的“埋”字。

(61)中国社会科学院考古研究所编：《甲骨文编》，中华书局，2004 年。

(62)藏克和等校订：《说文解字新订》，中华书局，2002 年。

(63)裘锡圭：《甲骨文考释（八篇）》，《古文字研究（第 4 辑）》，中华书局，1980 年。

(64)陈独秀：《陈独秀音韵学论文集》，中华书局，2001 年。

(65)至于“貍”是否就是仅仅从“里”得声，下文有述。

(66)《说文》：“貍，伏兽。从豸里声。”

(67)可参看滕壬生《楚系简帛文字编》（湖北教育出版社，2008 年）第 743～750 页，例证有上百条。

(68)湖北省博物馆编：《曾侯乙墓》，文物出版社，1989 年。

(69)湖北省文物考古研究所、北京大学中文系编著：《望山楚简》，中华书局，1995 年。

(70)钱玄同：《钱玄同文集（第五卷）》，中国人民大学出版社，1999 年，第 280 页。

(71)（清）孙诒让：《墨子间诂》，中华书局，1986 年。

(72)唐兰：《古文字学导论》，齐鲁书社，1981 年。

(73)岑仲勉先生《中外史地考证（下）》（中华书局，2004 年）第 710 页：“唐译突厥 bagha 曰‘莫贺’，buirug 曰‘梅録’；回纥译华则‘昧’作 bai，‘万’作 ban，m－与 b－发声，在两种语言中常互相转变也。”类例极多，我们在本书的其他地方还会提到。

⑭甲骨文中的“豹”字有明显的圜文特征，与“虎”不同。也是象形字。参看《甲骨文字诂林（第二册）》（中华书局，1996年）第1624页。“豹”在甲骨文中本是象形字，在小篆中才加上了声符“勺”，而象形的部分则有所简化。另可参看龙宇纯《中国文字学》（五四书店，1996年）第113页。

⑮另可参看郭沫若《卜辞通纂》对第259片卜辞的考释［《郭沫若全集·考古编（第二卷）》，科学出版社，2002年，第327页］。郭沫若称：“皃与豹声相近。”

⑯今本《说文》所引孔子之言不确切，应作：“‘貉’之言‘貊’；貊，恶也。”《经典释文》卷四所引《说文》正是如此，当从《释文》所引。但是段玉裁《说文解字注》‘貉’字条认为应该作“‘貉’之言‘貉貉’，恶也”。段玉裁称作“貊”是“浅人所改”，还说：“‘貉’与‘恶’叠韵，‘貉貉’，恶貌。”《说文解字句读》采取段玉裁之说。

⑰张儒等《汉字通用声素研究》（山西古籍出版社，2002年）第415页称“白”声字与“各”声字相通，举“貉、貊”为例，非是。

⑱古书中还有一个“貊”字也读“莫白切”。“貊”与“貉”是怎样的关系呢？我们必须指出这与复辅音没有关系。古人早已指出“貊”是“貉”的俗字。考《说文》中只有“貉”，没有“貊”字。“貊”是“貉”的后起俗字。《说文》“貉”字条段注曰：“俗作貊。”《尚书·周官》：“肃慎来贺。”《经典释文》卷四曰：“貊，孟白反。《说文》作‘貉’北方豸种。孔子曰：‘貉’之言‘貊’；貊，恶也。”这里所引孔子说的“貉”之言“貊”，显然是声训，二者应为双声。《经典释文》卷七：“貉，本又作貊，武伯反，静也；德正应和曰貉；《左传》作‘莫’，音同；《韩诗》同，云：‘莫，定也。’”可见“貊”在《左传》作“莫”，必是明母字无疑。《墨子·非攻中》：“其所以亡于燕代胡貊之间者。”孙诒让《墨子间诂》称：“貊，貉之俗。”《诗经·大雅·韩奕》：“其追其貊。”马瑞辰《毛诗传笺通释》：“貊，通作貉。”《诗经·周颂·桓》小序曰：“讲武类禡也。”孔颖达疏：“《周礼》作‘貉’，‘貉’又或为‘貊’字，古今之异也。”这是说“貉”为古字，“貊”为今字。“貉”之所以会有“貊”这样的异体字出现，是因为汉代以后有些人已经不大懂得自反的原理，不明白为什么“貉”从“各”声而读明母，于是就造了个后起的形声字“貊”来作为“貉”的异体字。“百”作为声符与“貉”音近。如《诗经·周颂·桓》小序曰：“讲武类禡也。”孔颖达疏：“貉之言百，祭祀此神求获百倍。”孔颖达以“貉”与“百”为声训。根据上引《诗经》及其孔颖达疏，可知“禡”与“貉”在先秦古书中是通假字，都是明母。类例如《周礼·甸祝》：“甸祝掌四时之田表貉之祝号。”郑注：“杜子春读‘貉’为‘百尔所思’之‘百’。书亦或为‘禡’。貉，兵祭也。故有兵祭。《诗》曰：是类是禡。”训“貉”为“兵祭”，这分明是以“貉”为“禡”的通假字。“禡”在古训中是“师祭”之义（参看《故训汇纂》，商务印书馆，2003年，第1610页），与“兵祭”同义。《周礼·肆师》：“凡四时之大甸猎，祭表貉。”注：“貉，师祭也；貉读为十百之百。”《集韵》：“禡，或作貉。”而汪启明《先秦两汉齐语研究》（巴蜀书社，1999年）第187页却说“貉”是匣母字（光华按，“貉”当然有匣母音，但不是仅为匣母），《周礼》注称有明母的异文是反映了先秦时候有m—h型复辅音。这显然是错误的。“貉”在中古以前确实有明母一音，与匣母音并存，这是无可置疑的。原因就是我们所说的是古人对“貉”字的形声结构有不同的分析。而且这两种不同的读音是要区分意义的。“貉”读匣母的时候是“貈”的同义词，读明母的时候是指北狄民族，并非兽。可参证《尔雅·释兽》：“貈子貆。”《经典释文》：“貈，乎各反；《字林》云：似狐，善睡。本作‘貉’，亡白反。《字林》云：北方人也，非兽也。”另可参看顾炎武《音学五书》（中华书局，1982年）第504页的“貊”字条和第505页的“貉”字条。我们还认为这里的“貉”有明母和匣母两读与我们在后面说的晓匣母与明母相谐不是一回事，因为正如我们后文所论述的，晓匣母与明母相谐的语音条件是晓匣母为合口。而“貉”似乎一直是开口音。如果将来发现了有关证据表明“貉”在古音中有合口音，那么“貉”读明母就是匣母合口自然音变为明母，属于古音通假，与自反原理无关。但我更倾向于认为“貉”读明母是自反原理造成的，从古文献的注音上看，其明母音似乎要早于匣母。这个问题尚可作进一步的深入研究。

⑲除俗字“埋”以外。

⑳至于《方言》卷一郭璞注说的从“心”从“貍”的字（下“心”上“貍”）音“悝”，又音莫佳反。这绝不能作为构拟复辅音的理由。王念孙《方言疏证补》（《高邮王氏遗书》，江苏古籍出版社，2000年，第58页）已经指出郭

璞注中的“悝”是“埋”字之误。另可参看周祖谟《方言校笺》。

⑧据《现代汉语方言大词典（合订本4）》（江苏教育出版社，2002年）第3061页，“埋”在厦门方言中要读为tai音，相当于古音中的端母。罗常培《厦门音系》［《罗常培文集（第一卷）》，山东教育出版社，1999年，第77页］也有同样的记载。但是这个方音的例子与我们这里讨论的问题没有关系。因为《现代汉语方言大词典》第3061页已经指出“埋”字在厦门方言中的读音是训读字，有人写作俗字“乣”。既然是训读字，那么就与音变无关，不可作为构拟古音的证据。

⑫语源义为“黑”。

⑬参见陆龟蒙《读襄阳耆旧传，因作诗五百言寄皮袭美》。

⑭最近注意到刘钊《谈考古资料在〈说文〉研究中的重要性》［收入《中国古文字研究（第一辑）》，吉林大学出版社，1999年］第33条论及《说文》中有一个重要的体例，如《说文》：“等，齐简也。”要读为“等，齐、简也”，意思是“等，齐也，简也”；“瘗，幽薶也。”要读为“瘗，幽、薶也”，意思是“瘗，幽也，薶也”。颇有类例，此不详录。刘钊的意见值得注意，但不影响本文的论述。

⑮“默”就是“墨”的异体字。考《广雅》：“默，黑也。”王念孙《广雅疏证》：“默亦墨字也。《韩诗外传》云‘默然而黑’。”《说文》“默”字下注称“默读若墨”。藤堂先生在这里说的“默”并非沉默不语之义，也不是如《说文》所说：“默，犬暂逐人也。”

⑯此为“梅雨”的“梅”的专字。

⑰然而奇怪的是藤堂先生的《字典》却把“埋”的上古音声母构拟为ml，完全自相矛盾。

⑱郭沫若：《卜辞通纂》，《郭沫若全集·考古编（第二卷）》，科学出版社，2002年。

⑲刘钊《郭店楚简校释》（福建人民出版社，2003年）第42页就作如此隶定，我们这里姑且采用这样的隶定法。然而细审《郭店楚墓竹简》第13页《太一生水》的图版，其字下部是“里”无可疑，但上部难以隶定，字形与楚系文字中的“来”有细微的区别，似乎不好隶定为“来”字。楚系文字中的“来”字形可参看何琳仪《战国古文字典（上）》（中华书局，1998年）第79～81页、滕壬生《楚系简帛文字编》（湖北教育出版社，2008年）第423页。

⑳如刘钊《郭店楚简校释》第46页（福建人民出版社，2003年）。学者们这样认为的根据是发现了郭店楚简中的这句话可与《荀子》中的一句话相对应。《荀子·儒效》有曰：“天不能死，地不能埋。”我们认为不可根据今本《荀子》来释读《郭店楚墓竹简》，而是应该反过来，根据《郭店楚墓竹简》来校勘今本《荀子》之误。我们认为古本《荀子》很可能是作“地不能里（或堇）”，其中的“里”或“堇”当读为“釐”（《说文》：“堇，草也。从艸里声。读若釐”）。然而汉代以来的学者不能懂得《荀子》的这层意思，遂将“里”或“堇”改为“埋”。不知古文献中并没有“地埋、地能埋、地不能埋”这样的说法。在古书中，“里”确有误为“埋”的例子。考《庄子·则阳》：“不冯其子，灵公夺而里。”《经典释文》：“一本作‘夺而埋之’。”赵谏议本“里”作“埋”。郭庆藩《庄子集释（第四册）》（中华书局，1995年）第908页，采取“埋”字。王先谦《庄子集解》采取“里”字，甚至没注明有“埋”的异文。我们认为作“埋”字是后起的俗本，先秦古本当是作“里”［我们说过西汉以前还没有“埋”字形。而且，《释文》称：“里，居处也。”这也可证古本作“里”。若作“埋”，则断不可能训为“居处”。王叔岷《庄子校诠》（中央研究院历史语言研究所，1988年）第1030～1031页引证宣《解本》和洪颐煊之说皆认为当作“里”，而不是“埋”。如洪颐煊曰：“俗本作埋字，非是。”我们甚至可认为这里的“埋”就是“里”的异体字，只是增加了“土”作偏旁而已。增加“土”为繁化偏旁，这在战国文字中是比较常见的现象。参看滕壬生《楚系简帛文字编·序言》（湖北教育出版社，2008年）第34页、何琳仪《战国文字通论（订补本）》第216页、《王国维文集（第四卷）》“致容庚”第423页。“里”读为“釐”。又考《韩诗外传》卷一（《韩诗外传笺疏》，巴蜀书社，1996年，第31页）：“与日月并而（不）息，天不能杀，地不能生，当桀纣之世不之能污也。”审《韩诗外传》此处上下文之意，可知“地不能生”的“生”字义不可通，必是误字。窃谓当为“里”或“堇”之误，读为“釐”。我们还可举一旁证：王念孙《读书杂志·淮南子内篇第十二》“七里”条第871～872页称：“星必三行舍，舍行七里。……念孙案，‘七里’当为‘七星’，字之误也。……《吕氏春秋》《新序》《论衡》皆作‘舍行七星’。”可知“里”与“星”形近易讹。而“星”从“生”声，

常常可通。我们也可以推测《韩诗外传》本来的“里”或“堇”字先误为形近的“星”。后儒以为作“星”不可通，遂改为“生”（考《史记·周本纪》：“子幽王宫涅立。”《集解》引徐广曰：“涅，一作‘生’。”可为旁证）。更考《淮南子·缪称篇》：“怀情抱质，天弗能杀，地弗能薶也。”此处作“薶”，但对应《公羊传·哀公十二年》汉何休注：“天不能杀，地不能理。”却作“理”字。因此，我们可以根据《公羊传》此文判断《淮南子》此处的“薶”当是读为来母的“理”音，而不会是读明母，正如“貍”是读来母而非明母一样。吾友萧旭先生根据《公羊传》认为《荀子》的“埋”当是“理”的错字，甚为允当。然而，萧旭兄认为这里的“釐”当读为“赉”，谓“地之所不能赉”，与上文的“天之所不能杀”相对立，而不是相承接，不是我说的“天诛地灭”的意思。萧兄此处讲通假立意虽新颖，然细观其文并无旁证（我这里提到的萧旭的文章是他发给我的电子邮件中的稿件），且此种文义在古书中甚为罕见，恐不可从。因为我们知道古人常常有“上天所赐、上天所赏”或“上天保佑、上天恩宠”之类意思的文句，都不是说“大地能够赏赐”之类的意思。所以萧兄训解为“地之所不能赉”与古人思想不合。今为答复萧兄，故举证如下：《易经·师·象》：“承天宠也。”郑玄注：“宠，光耀也。”“宠”，王肃本作“龙”。《诗·商颂·长发》：“何天之龙。”郑笺：“龙当作宠。宠，荣名之谓。”同篇又称：“何天之休。”“休”也是“福”或“保佑”之类的意思（参看裘锡圭《文字学概要》，商务印书馆，1988 年，第 143～144 页）。《左传·宣公三年》：“用能协于上下以承天休。”《左传·襄公二十八年》：“以礼承天之休。”《尚书·泰誓》：“惟其克相上帝宠，绥四方。”传：“当能助天宠安天下。”《传》释“上帝宠”为“天宠”。《周易·系辞上》：“自天祐之。”又曰：“天之所助者顺也。”《墨子·法仪》：“天必福之。”同篇又曰：“故天福之。”《墨子·天志中》：“故古者圣王明知天鬼之所福。”《国语·周语下》：“皇天弗福。”《文选·宋孝武宣贵妃诔》：“天宠方降。”《隋书·音乐志下》：“感灵心，廻天眷。”天眷即天宠。《周易·大有·上九》：“自天祐之。”《周易·无妄·彖》：“天命不祐。”我们从上列诸文句看，古人凡讲“宠、休、佑、福、眷”皆指“天”，而不是“地”。我还找到了一个最重要的证据：《说文》：“来，周所受瑞麦来麰。天所来也。”可见《说文》称作为麦子的“来”是“天所行来”，也就是“天所赏赉”，可见古人的观念是“天行来”，而不是“地赏赉”。萧兄此处似为千虑一失。

⑪赵彤：《战国楚方言系研究》，北京大学博士学位论文，2003 年。

⑫后来，高明等编撰的《古文字类编（增订本）》（上海古籍出版社，2008 年）第 351 页“埋”字条下没有收入甲骨文或金文的“埋”字，只收有战国陶文的左“里”右“土”结构一个字，我相信这个字与东汉以后的“埋”断然不会是同一个字，这个战国陶文应该是“里”的繁文，因为在古文字中加“土”字偏旁而繁化是很正常的文字现象。

⑬以训诂学言之，“釐”训“杀伐”，当为“刘”的借字，考《说文》无“刘”字，但多有以“刘”为偏旁的字。“刘”在《说文》中当是作“镏”字：“镏，杀也。”《尔雅·释诂》：“刘，杀也。”《尚书·盘庚上》：“重我民，无尽刘。”孔传：“刘，杀也。”张衡《思玄赋》：“吊祖江之见刘。”“见刘”就是“被杀”。《尔雅》又称：“刘，克也。”这实际上与训“杀”是一回事。《广雅》：“刘，刀也。”把“刘”解释为“刀”这样的刑具，所以可用为“杀、伐”之义。

⑭以训诂学言之，这里的“釐”似乎也可以训为“治、理”。考《广韵》：“釐，理也。”《诗经·周颂·臣工》：“王釐尔成。”郑玄注：“釐，理也。”另参看朱骏声《说文通训定声》“釐”字注。又如，《尚书·尧典》：“允釐百工。”孔传：“釐，治。”

⑮参看《郭沫若全集·考古编（第八卷）》（科学出版社，2002 年）的“者减钟”条的考释，第 331 页。

⑯不过，“变”的形声结构也可以不用自反原理来解释。因为上古汉语中的“䜌”有来母和明母二音（明母音如“蛮”字），而明母是唇音，与帮母同部位，音近相通，因此帮母的“变”可以用明母字来作声符。这样的解释似乎更加明快。

第六节　从经典异读异文论上古音的复声母问题

音韵学家们常常将古书中的异文和异读来作为推论上古音复辅音的根据。学者们利用得最多的书当然是《经典释文》和《集韵》，其中的异读或又音在有些音韵学家看来能够提供上古汉语有复辅音的信息。然而，在我们看来，《经典释文》所收的异读音情况很复杂，远远不是某些音韵学家所认为的那么单纯。我们在这一章里重点探讨以《经典释文》为中心的典籍中所收的异读字，这些异读字中有很多其实并不是指一个字有不同的读音，而是因为《经典释文》根据不同的版本或不同的注释，从而提供了异读音。这些异读音事实上是对不同的字的注音，而不是同一个字的又读音[①]。《经典释文》中的这个体例至关重要，因为它容易造成很多字音上的假象，因此我们在利用异读音的时候必须慎重。由于相当多的音韵学家对这个问题认识不够清楚，所以本书特别设立这一节对异读字予以专门的探讨。我们首先列举一些具体的例子以观察我们所讲的体例，以下所举的例子如果没有注明研究者，那就是我们自己的研究：

例一，《列子・力命》："若何滴滴去此国而死乎?"唐朝人殷敬顺《释文》："滴滴或作滂滂，并音普郎切。"说"滴滴"音"普郎切"，其实就是认为"滴滴"有别本异文作"滂滂"，并非"滴滴"本来就有"普郎切"一音。杨伯峻《列子集释》注曰："《列子释文》之例，甲字应作乙字，或者义同乙字者，即以乙字音之，不论两字之音理可通假不也。下文云，行假音何假。盖谓'行'当作'何'，非谓'行'字有'何'字之音。'滴'之与'滂'同音亦同此例。"杨伯峻先生所指出的古人注疏的体例是很重要的。

例二，《列子・黄帝》："则物之造乎不形。"《列子释文》："造音作。"这是说"造"有别本异文为"作"，并非"造"有"作"音。

例三，《礼记・丧大记》："君、大夫鬊爪实于绿中，士埋之。"郑玄注："'绿'当为'角'，声之误也。角中，谓棺内四隅也。鬊，乱发也；将实爪发棺中，必为小囊盛之。此'绿'或为'篓'。"《经典释文》给郑注中的"囊"注音曰："'囊'，乃刚反；徐音'托'。"这并不是说"囊"有"托"音，而是说这里的"囊"有别本（徐邈本）异文作"橐"。"橐"正音"托"。"囊"与"橐"在古籍中常常因形近而互讹[②]。

例四，《左传・成公十一年》："妇人怒曰：'已不能庇其伉俪而亡之，又不能字人之孤而杀之，将何以终?'遂誓施氏。"《经典释文》："已，音以，又音纪。"杨伯峻《春秋左传注》称："己，自己，指孝叔，与下文'人'字相对。"首先我们要指出《经典释文》中的"音以，又音纪"并不是对同一个字的两个注音，而是说《左传》的原文有两个版本，一个作"已经"的"已"，一个作"自己"的"己"。由于"已"和"己"形近易混，才造成了《左传》原文的异文，《经典释文》用异读的形式来表示原文有异文。《经典释文》中的这种体例至关重要，研究反切者必当留心。另外我们认为杨伯峻这里采用原文为"己"的说法是不妥当的[③]。

例五，"药"字在《类篇》的异读音引起了学者们的兴趣。在《类篇》中"药"一音"乙角切"，一音"丁历切"[④]。黄焯《古今声类通转表》[⑤]第9页认为这是影母可与端母相通的证据。我们认为这是不可信的。考《广韵》："芍，莲中子也。亦作'的'。见《尔雅》。都历切。"而"芍"字不仅有异体作"的"，而且有异体作"菂"。《尔雅·释草》："菂，薂。"郭璞注："即莲实。"正音"丁历切"。《康熙字典》第1036页也明确指出"菂"与"芍"是异体字。由于"糸"与"白"义近，从"糸"的"丝、素"都有"白"义，据高明《中国古文字学通论》[6]第151～152页的论述可知在古文字中作为偏旁的"糸"与"素"可以因为义近而互换，如"缓"字或从"素"，"络"字有异体从"素"，"绰"有异体从"素"，"縡"有异体从"素"，而"素"明显有"白"的意思。如《说文》："素，白致缯也。"段注："缯之白而细者也。"《战国策·燕策一》："齐人紫败素也。"鲍彪注："素，白缯也。"《急就篇》卷二颜师古注："素，谓绢之精白者。"类例颇多，此不详录。正因为如此，"菂"字如果将所从的偏旁"白"变换为意思相近的"糸"，那么就会变得与"葯"字同形[7]。我们认为《类篇》给"葯"注音为"丁历切"，这时候的"葯"实际上是"菂"的异体字，这是一种"异字同形"。而"菂"正音"丁历切"。我们这样论证并非完全出于推理，还有直接的证据。因为我们在古文献中发现确实有"约"与"的"构成异体关系的实例。如《文选·枚乘·七发》："九寡之珥以为约。"李善注引《字书》[8]曰："'约'亦'的'字也。的，琴徽也。""都狄切。"《方言》卷十三："葯，薄也。谓薄裹物也。葯犹缠也，音决的。"钱绎《方言笺疏》[9]第470页称："'约'与'的'，古通字。"这应该理解为"约"与"的"在字形上可通，并非音理上的通假。然而，其他的问题又来了。《说文》："约，缠束也。从糸勺声。""於略切。"《说文解字诂林》所引各家注都没有怀疑《说文》的分析。从"勺"声的字怎么会读影母呢？我们认为"约"是自反字，得音于"糸、勺"相切，并非仅仅得音于"勺"。但"糸"是明母，与影母相去甚远。这是因为"糸"在古汉语中可训读为"幺"。如《玉篇》："糸，幺也。""幺"正是影母字，"幺勺切"正是"於略切"之音。这样一来，所有的问题都得到了合理的解释。这与任何复辅音声母都没有关系。我们还要提及在《说文》中从"勺"得声的字有很多[10]，只有"约"是影母，则其读音必定有其特殊来源。如果从"勺"得声的字有复声母，那么一定会呈现出一定的规律性，不会仅有一例。孤证难立，我们断不可采用复声母这样简单的解释[11]。

例六，《汉书·地理志上》："黝，渐江水出南蛮夷中，东入海。成帝鸿嘉二年为广德王国。莽曰愬虏。"师古曰："黝音伊，字本作黟。其音同。"今按，"黝"并无"伊"音，此处师古注可解释为师古认为"黝"为误字，正确的应该是"黟"，所以说"字本作黟"，而"黟"音"伊"，于是师古标音为"黝音伊"。这是用注音表错字。师古注明显是将《汉书》此处正确的文本理解为"黟"，而不是"黝"。类例如郝懿行《尔雅义疏·释诂上》："《书·酒诰》云'若畴圻父'。《诗》'圻父'，《正义》引郑注'顺寿万民之圻父'。《释文》'马、郑音受'。按，'畴'无'受'音，马、郑本盖作'寿'而音'受'也。"郝懿行的解释完全正确，这种又音反映了原文自身的不同，无关音变。

例七，《周礼·大司徒》："其植物宜早物。"《经典释文》："早，音皁，本或作皁。"这个例子很能说明《经典释文》的注音体例。把"早"注音为"皁"，事实上是有别本异文作"皁"，也就是原文的"早"应该是"皁"之借或"皁"之误[12]。因为"早"是常用字，"皁"比"早"难解，不可能用难字去注释常用字。

例八，《诗经·大雅·皇矣》："帝迁明德，串夷载路。"毛传："串，习；夷，常；路，大也。"郑笺："串夷即昆夷，西戎国名也。"《经典释文》："串，古患反；郑云：串夷，混夷也；一本作'患'，或云郑音患。"这个例子也说明"串"的郑音"患"是表明有别本异文作"患"，虽然"串"与"患"二者音近，可以相通假，但毕竟是两个不同的字[13]。

例九，《列子·汤问》：“偃师大慑。”殷敬顺《列子释文》称：“慑，而涉切。”[14]李若晖博士《〈列子释文〉反切考》[15]认为这是《列子释文》中的章母日母混切的现象。我们认为这个孤例不能反映唐代中期成书的《列子释文》有章母日母混切的现象。李若晖在该文中也指出在整个《列子释文》中章母日母混切的现象仅此一例。这个孤例应该有其他的原因。考《广韵·二十九叶》：“嗫，之涉切。又，而涉切。”[16]而“慑”在《广韵》中音“之涉切”，与“嗫”同属一个小韵，紧排在“嗫”的后面。由于在文字学中，作为偏旁的“口、言、心”三者可以相混[17]，所以“慑”有时可以写作“嗫”。《列子释文》把“慑”注音为“而涉切”就是因为《列子释文》所看到的《列子》有别本作“嗫”[18]，而不是作“慑”。这是通过注音来表示异文，而不是说在《列子释文》中章母日母可以混切[19]。

例十，“冥”字的读音也是一个很好的例子。《唐韵》音“莫经切”。《集韵》《韵会》音“忙经切”。《正韵》音“眉兵切”。《说文》：“冥，幽也。从日从六，冖声。日数十，十六日而月始亏，幽也。”古代韵书中的这些注音毫无疑问是正确的。但是“冥”还有另一个注音。《集韵》《韵会》《正韵》都有“莫狄切”一音。当时的意思，据《康熙字典》第131页总结说是：“覆也。以绳縻取禽兽之名。《周礼》有‘冥氏，掌设弧张。为阱擭以攻猛兽’。”《集韵》以来韵书给“冥”注音为“莫狄切”的现象到底该怎样理解呢？聂鸿音《中国文字概略》[20]第93页称《集韵》音“冥”为“莫狄切”是“一个怪音”。我们认为“冥”音“莫狄切”并不是“一个怪音”，而是有合理的解释的。考古文献知“冥”（音“莫狄切”）实际上是“幂”的通假字，所以把“幂”的音转移到了“冥”上。《周礼·序官》：“冥氏。”郑玄注：“以绳縻取禽兽之名。”孙诒让《周礼正义》称：“后郑意此‘冥’为‘幂’之借字，取禽兽当掩覆羁縻之，故谓之‘幂’。”上引《康熙字典》称“冥”音“莫狄切”的时候，“冥”是“覆”的意思，而“幂”的意思正是“覆”[21]。把古音可以相通假的音转移到本字音上，这是我国古代注音很重要的一条通例。因此，我们绝不能说“冥”为“莫狄切”是“一个怪音”，而且这个音与我国古代异民族语言的借词音毫无关系，不得曲为之说。

例十一，《周礼·鬯人》：“凡祼事用概，凡疈事用散。”郑注：“祼当为埋，字之误也。”《经典释文》称：“祼音埋。”郑玄注明明说的是“祼”是“埋”的错字，而《释文》却说是“祼音埋”。这并不是《经典释文》误解了郑玄注的意思，而是此书用注音的形式来表示错字（也可以说是表训诂）。这样的体例，读《经典释文》者不可不知。

例十二，《易经·损卦》：“可用享。”马王堆帛书本作：“可用芳。”这是否是复声母的反映呢？我们认为至少这个例子不能这样说。因为从文字学的角度看，上古汉语没有“享”字，只作“亨”。而“亨”表示两个不同的字：享受的“享”和烹调的“烹”。马王堆帛书本作“芳”就表明《易经》原文的“亨”应该读作烹调的“烹”，是唇音字，而不能是晓母的“享”。唐写本《周易音义》正是作“亨”[22]。

例十三，《周礼·伤医》：“以五气养之，以五药疗之，以五味节之。”注：“五气当为五穀，字之误也。”《经典释文》：“气音穀。”郑玄注说“气”是“穀”的错字，而《经典释文》据此注音为“气音穀”，这就表明《释文》有时候确实是用注音来表错字的。

例十四，《礼记·少仪》：“运笏，泽剑首。”注：“金器弄之，易以汗泽。”《释文》：“汗，户旦反，一音乌。”今按，“汗”并无“乌”音，《释文》这里是表示原文的“汗”有异文作“污”。因为二者形近，所以产生这样的异文。

例十五，《周礼·校人》：“丽马一圉，八丽一师。”注：“八皆宜为六，字之误也。”《释文》：“八皆音六。”这也是用注音表错字，绝不是说“八”有“六”音。类例如：《周礼·典丝》：“则受良功而藏之。”郑注：“良当为苦，字之误。”《释文》：“良音古。”不是“良”有“苦”音，而是以注音表错字。《周礼·夏采》：“以乘车建绥复于四郊。”郑注：“绥者当作緌，字之误也。緌者，《士冠礼》及《玉藻》冠緌之字，故书亦多作緌者。今礼家定作蕤。”《释文》：“绥，而谁反。下同。”“而谁反”是“蕤”引，《释文》说“绥”是“蕤”的错字。《周礼·大司徒》：“其植物宜膏物。”郑注：“玄谓膏当为櫜，字之误也。”《释文》：“櫜古毛反。”古毛反为膏，不是櫜。这是《释文》不赞成郑玄注，以注音驳郑注。《周礼·鬯人》：“凡裸事用概。”郑注：“裸当为埋，字之误也。”《释文》：“裸音埋。”“裸”无“埋”音，以注音表示当以作“埋”为正确。《周礼·司服》：“祭社稷五祀则希冕。”郑注：“希读为絺，或作黹，字之误。”《释文》：“希，陟里反。下同。”则《释文》赞同郑注希为絺之误。《周礼·大司乐》：“九磬之舞。”郑注：“九磬读当为大韶，字之误。”《释文》：“九音大。”言“九”是“大”的错字。《周礼·筮人》：“一曰巫更，二曰巫咸。”郑注：“巫读皆当为筮，字之误也。”《释文》：“巫皆音筮。”言“巫”是“筮”的错字。《周礼·隶仆》：“诸侯之缫斿九就瑉玉三采。”郑注：“侯当为公，字之误也。”《释文》：“侯依注音公。”这清楚地说明《释文》以注音表错字。《周礼·职方氏》：“其浸卢维。”郑注：“卢维当为雷雍，字之误也。卢维上音雷，下于恭反。”“卢维上音雷”说“卢”是“雷”的错字。“于恭反”是雍字，说“维”是“雍”的错字。类例尚多。

例十六，《诗经·曹风·候人》：“维鹈在梁，不濡其咮。”毛传：“咮，喙也。”《释文》：“徐：喙，虚秽反；又尺税反，又陟角反，鸟口也。”按，“喙”又音“陟角反”，是表明“喙”有异文作“啄”，二者形近易混[23]。另外，据丁邦新教授提示，这里的“尺税反”的读音是“喙”的一种方言转音，在闽方言中还存在。考《厦门方言词典》[24]，在厦门方言中的“喙”读音为 ts‘ui，而且构词能力颇强。考《广韵·二十废》：“喙，又昌芮反。”余迺永《新校互注宋本广韵》第895页校注称：“祭韵无穿母合口。……《全王》不录又反。……《集韵》祭韵充芮反有‘喙’字。”我认为《全王》不录又反音是正确的，大概是因为《全王》认识到《释文》的“尺税反”不是“喙”本身的音。而《广韵》却根据《释文》收录为“尺芮反”，这其实是《广韵》误读了《释文》。我们认为《经典释文》这里的“尺税反”应该是“啜”字的反切音，《广韵·祭韵》“啜”音“尝芮反”。因此，《经典释文》的“喙”音“尺税反”是表明有异文作“啜”。我认为厦门方言中读 ts‘ui 的“喙”似乎可以看作是一个俗讹音，这个读音实际上是把“喙”错读成了“啜”字。

例十七，《史记·张义列传》：“苴、蜀相攻击。”《集解》引徐广曰：“谯周曰益州‘天苴’读为‘包黎’之‘包’，音与‘巴’相近，以为今之巴郡。”《索隐》：“苴音巴。谓巴、蜀之夷自相攻击也。今字作‘苴’者，按，巴苴是草名，今论巴，遂误作‘苴’也。或巴人、巴郡本因芭苴得名，所以其字遂以‘苴’为‘巴’也。注‘益州天苴读为芭黎’，天苴即巴苴也。谯周，蜀人也，知‘天苴’之音读为‘芭黎’之‘芭’。”今按，“苴”不可能音“巴”。三国时的谯周与唐代的司马贞《史记索隐》皆曰：“苴音巴。”实际上是认为这里的“苴”应该作“巴”，即“苴”是“巴”的错字。而且根据《史记正义》注引《华阳国志》来看，是巴国向秦国求救，并非“苴国”直接向秦国求救。

例十八，《庄子·山木》：“颜回端拱还目而窥之。”《经典释文》：“还音旋。”这个注音只能解释为《庄子》原文的“还”有别本异文作“旋”，不必作其他解释。当然二者也非常可能是通假字的关系。

例十九，《史记·平原君虞卿列传》：“秦既解邯郸围，而赵王入朝，使赵郝。”《集解》“郝”音

“释”。引徐广曰：“一作‘赦’。”《索隐》“郝”音“释”。《集解》和《索隐》的意思并不是“郝”有“释”音，而是说“郝”有别本异文作“赦”，而“赦”正可音“释”。这个现象也表明《集解》和《索隐》都认为《史记》原文应该作“赦”，而不是“郝”。

例二十，《史记·苏秦列传》：“篡芮。”《集解》：“篡音伐。”《索隐》：“‘篡’与‘瞂’同，音伐，谓楯也。芮音如字，谓系楯之绶也。”《正义》方言云：“盾，自关东谓之瞂，关西谓之盾。”今按，无论上古、中古，“篡”皆无“伐”音。《集解》和《索隐》的“篡音伐”是说这里的“篡”有异文作“瞂”，而“瞂”正音“伐”。

例二十一，《史记·苏秦列传》：“苏秦曰：臣闻饥人所以饥而不食乌喙者。”《集解》引《本草经》曰：“乌头，一名乌喙。”《索隐》：“乌啄，音卓，又音许秽反。今之毒药乌头是。”《正义》引《广雅》云：“一岁为乌啄。”今本《史记》作“乌喙”，而根据以上的注解，《集解》本、《索隐》本、《正义》本都是原文作“乌啄”。《索隐》说的“乌啄，音卓，又音许秽反”，不是说“啄”又音许秽反，而是说此处原文有异文作“喙”。而“喙”正音“许秽”反。

例二十二，《史记·张仪列传》：“此所谓两虎相搏者也。”《集解》引徐广曰：搏“或音‘戟’”。这绝不是“搏”有“戟”音，而是这里的“搏”有异文作“戟”。

例二十三，《史记·西南夷列传》：“及元狩元年，博望侯张骞使大夏来，言居大夏时见蜀布、邛竹杖。使问所从来，曰‘从东南身毒国’。”《集解》徐广曰：“字或作‘竺’。《汉书》直云‘身毒’，《史记》一本作‘乾毒’。骃案：《汉书音义》曰一名‘天竺’，则浮屠胡是也。”《索隐》：“身音捐，毒音笃。一本作‘乾毒’。”《索隐》的“身音捐”并不是“身”有“捐”音，而是有别本异文作“捐毒”。“天竺”或“身毒”与“捐毒”分明为两个不同的国家，断无相混之可能。例如《汉书·西域传》称：“捐毒国，王治衍敦谷，去长安九千八百六十里。户三百八十，口千一百，胜兵五百人。”可见其为西域小国，弹丸之地，人口仅千余，岂能与天竺国相提并论？[25]

例二十四，《史记·殷本纪》：“祖乙迁于邢。”《索隐》：“邢音耿。近代本亦作耿。今河东皮氏县有耿乡。”这样的记载最好不要理解为匣母的“邢”与见母的“耿”相通假（虽然二者也许可以相通），而是《史记》原文有不同的版本，正如《索隐》所言有“近代本”作“耿”这样的异文，于是《索隐》就注音为“邢音耿”。

例二十五，《史记·孝武本纪》：“不虞不骜。”《索隐》：毛传云：“虞，譁也。”姚氏案：何承天云“虞”当为“吴”，音洪霸反。又说文以“吴，一曰大言也”。此作“虞”者，与“吴”声相近，故假借也。或者本文借此“虞”为欢娱字故也。光华按，“吴、虞”决无“音洪霸反”之可能。“洪霸反”当是“譁”的注音。由于毛传云：“虞，譁也。”所以后人把“譁”的音转注到“吴、虞”上了。这也可以说是一种训读，与音变无关。

例二十六，《尔雅·释木》：“谓榇，采薪；采薪，即薪。”《经典释文》称：“汇者，茎也；如竹箭，一读曰枹也。”此称“汇”一读曰“枹”，是说“汇”的意思可别解作“枹”，或是原本的“汇”有异文作“枹”，古人是用“读曰”的形式来表示，并不是说“汇”本来就有“枹”的读音。此例与复辅音无关。

例二十七，《史记·屈原贾生列传》：“细故穊葪兮，何足以疑。”《索隐》：“葪音介。《汉书》作‘介’。张揖云：遰介，鲠刺也。以言细微事故不足遰介我心，故云‘何足以疑’也。”《正义》：“葪，加迈反。”光华按，“葪”及其有关谐声字不可能有“介”音。《史记索隐》“葪音介”是表示这里的

“彝”有异文作“介”，而且应该以作“介”为确切，结果其音就训读为“介”，也就是“加迈反”。其实“加迈反”不是“彝”音，而是“介”音。因此，《史记索隐》的“彝音介”不能作为构拟复辅音 kl 的证据[26]。

例二十八，《诗经·兔爰》：“有兔爰爰，雉离于罗。”郑玄笺有曰：“有所躁蹙也。”《释文》注音：“躁，七刀反，本亦作懆。沈七感反。”按，“躁”和“懆”都不能有“七感反”音，《释文》的注音是说“懆”有别本异文作“惨”，正音“七感反”。

例二十九，《汉书·黄霸传》：“时京兆尹张敞舍鹖雀飞集丞相府。”苏林曰：“今虎贲所著鹖也。”师古曰：“苏说非也。此鹖音芬，字本作鳻，此通用耳。鳻雀大而色青，出羌中，非武贲所著也。武贲鹖者色黑，出上党，以其斗死不止，故用其尾饰武臣首云。今时俗人所谓鹖鸡者也，音曷，非此鳻雀也。”颜师古说的“此鹖音芬”意思是“鹖”应该作“鳻”，并非鹖真的有芬音[27]。这可以说是用注音表示校勘，与音变无关。

例三十，“䡆”字有影母和知母二音。如《玉篇》音“於进切”和“竹四切”，《类篇》音“煙奚切”和“陟利切”。这其实与音变毫无关系，而是由古人对这个字的结构的不同的分析造成的。有人把这个字的“氐”当作声符，于是就读成“竹四切”；有人把右边的“垔”当作声符，于是就读成“於进切”。

例三十一，《庄子·知北游》：“自本观之，生者，喑醷物也。”其中的“醷”，《经典释文》音“於界反”，一音“他感反”。这个又读该怎样解释呢？我认为可能是“於界反”音，《庄子》此文分明以“喑醷”为双声联绵词，都是影母，如读透母就不是双声了。“醷”音“他感反”实际上是表明这里的“醷”有异文作“黮”（音“他感反”），而“喑黮”是叠韵联绵词，都是侵部字。因此，《庄子》原文到底是“喑醷”还是“喑黮”很不容易确定，六朝时代的学者就已经不能明了了。我个人的意见是当以作“喑醷”为上，因为由“喑”构成的复音词中，以影母的双声词比较常见（可参看《汉语大词典》的“喑”条），而叠韵联绵词几乎没有。但有的材料使这个问题复杂化了。考《楚辞》中刘向的《九叹·远游》有曰：“望旧邦之黯黮兮，时溷浊犹未央。”王注：“黯黮，不明貌也。”洪兴祖《补注》：“黯，乌感；黮，都感切。”这二字正是叠韵联绵词。不过，我还是认为《庄子》原文是“喑醷”，而不是“喑黮”（与“黯黮”相通）。这是考虑到从文义上讲，“喑醷”是“聚气貌”[28]，《庄子》原文的意思是：生命由气聚合而成。这是很通畅的。如果作“喑黮”与“黯黮”相通，那么解释就是“不明貌”，这显然不符合《庄子》原文的意思，故原文作“喑黮”不可取。

例三十二，《淮南子·修务篇》：“不惮悇痒心而悦其色矣。”高诱注：“惮悇，贪欲也。”王念孙《读书杂志》[29]曰：“钱氏献之曰：‘惮，注读探，必非惮字。据《楚辞》及冯衍赋，应作“憛悇”为是。形之讹耳。’念孙案：钱谓惮当作憛，是也。然《楚辞·七谏》：‘心悇憛而烦冤兮。’王注云：‘悇憛，忧愁貌。’《后汉书·冯衍传》：‘终悇憛而洞疑。’李贤注引《广苍》云：‘悇憛，祸福未定也。’皆与高注‘贪欲’之义不同。”钱献之认为《淮南子》的“惮”，注读探，则必非“惮”字，应以作“憛”为是，形之讹耳。王念孙赞同钱说谓惮当作憛。光华按，这分明也是用注音表错字。

以上各例表明用注音表示异文、训诂、校勘、错字是古代注疏家广泛使用的方法，并不仅限于《经典释文》。只是《经典释文》规模庞大，材料最多。《经典释文》的这种注音体例对后来的《集韵》影响甚大。黄侃述《文字声韵训诂笔记》第 173 页在引述了《集韵·韵例》之后称：“此可见《集韵》全以陆氏《释文》为蓝本，陆氏书既集群经音义之大成，则《集韵》集韵书之大成矣。”同书第174页称："盖《集韵》者，乃用音韵以穿贯文字、训诂之书也。"研究《集韵》异音者不可不知，不幸的是这个重大的问题并没有引起研究《集韵》的学者的充分注意。

唐朝的颜师古似乎懂得汉代学者已经有用注音表示训诂或异文的体例。例如《汉书·礼乐志》："灵安留，吟青黄。"服虔注："吟音含。"颜师古注："服说非也。吟谓歌颂也。青黄谓四时之乐也。"颜师古明白服虔注不仅仅是注音，而且是用注音表训诂，把《汉书》原文的"吟"解释为"含"的通假字，或原文的"吟"当作"含"。颜师古认为服虔的这个注解是错误的，《汉书》原文就应该作"吟"，是"歌颂"的意思，因为后面的"青黄"的意思是指"四时之乐"。颜师古的注解显然比服虔合理，而且深明东汉学者的注解体例。

清代大学者戴震《论韵书中字义答秦尚书蕙田》[30]一文对古书中的异读音现象的产生提出了很精辟的见解，很有启发性，在这里非引述不可。戴震曰："其或异字异音，绝不相通，而传写致讹，淆溷莫辨。如：《诗·月出篇》'劳心惨兮'，与'照、燎、绍'为韵；而《释文》'七感反'，《正月篇》'忧心惨惨'，与'沼、乐、炤、虐'为韵。《抑篇》'我心惨惨'，与'昭、乐、藐、教、虐、耄'为韵；及《北山篇》'或惨惨劬劳'，'或惨惨畏咎'，《释文》反音并同，不知皆'懆'字之讹也。'懆'，采老切，愁不安也。《白华篇》'念子懆懆'，此一处幸而未讹，《释文》亦加以'七感反'之音，是直不辨'懆'、'惨'之为二字矣[31]。《陈风》'歌以讯之'，与'萃'为韵；《小雅》'莫肯用讯'，与'退、遂、瘁'为韵，而《释文》以音'信'为正，不知皆'谇'字之讹也。'谇'，告；'讯'，问。'谇'音'粹'，'讯'音'信'。《广韵》二十一震'讯'字下云'问也，告也'，不知'告'之义属'谇'，不属'讯'，入六至不入二十一震也。《释文》于《尔雅》既作'谇，告也'。引沈音'粹'，郭音'碎'，幸而未讹也。又云：本作'讯'，音'信'，是直不辨'谇、讯'之为二字。……《考工记》'搏埴之工'。郑注云'搏之言拍也'。（原注：张参《五经文字》'拍'音'搏'）。刘熙《释名》云'拍，搏也，手搏其上也'。又云'搏，博也，四指广博，亦似击之也'。则'搏'当音'博'，不音'團'。而《释文》列'團、博'两音，且'團'音在前，是直不辨'摶、搏'之为二字[32]。……又有本无其字，因讹而成字。如：《尔雅》之……'鼀'，力竹反，从'尢'得声，讹而为'鼁'，遂读起据反；《方言》之'銶……'，郭璞音柬，曹宪于《博雅》音銶。《集韵》据郭忠恕《佩觿》之臆说，于一东增'銶'，引《方言》[33]；则'銶'讹而为'銶'，遂与'东'同音。有字虽不讹，本无其音，讹而成音。如《诗》'有瀰济盈，有鷕雉鸣'[34]。'鷕'从'唯'得声，与'瀰'为句中韵，下复举'济盈'、'雉鸣'，亦句中韵。旧音'鷕'，以水反（原注：见《释文》），'水'讹作'小'，遂有'以小反'之音。《广韵》于是收入三十小，改'小'作'沼'。并其所由致讹，几不可考。《汉书·地理志》'汝南郡鲖阳'。孟康曰：'鲖，音纣红反。''鲖'从'同'得声，'纣红反'之音是也。《广韵》《集韵》皆收入四十四有，与'纣'同音，岂不见'红反'二字，而以为'音纣'与？[35]诂训音声，自汉以来，莫之能考也久，无怪乎释经论字，茫然失据。此则字书、韵书所宜审慎不苟也。虽旧韵相承，其中显然讹谬者，宜从订正。"戴震的这段精彩的论述对于我们恰当地利用古书中的异读异文来考论古音是有重要的参考价值的。研究古音千万不能将古书中的异读异文的材料简单化，而应该从文字学、校勘学、古文献学的角度充分认识到这些异读异文所包含的复杂的信息，力求依据最可靠的材料来讨论古音。

黄侃《声韵略说·论反切之起源》[36]也有非常精辟的见解，而且少有人提及，我们这里应当作详细的引述，以见先贤之功。其文曰："《史记·晋世家》，《索隐》引服虔音：辂，五嫁反；此《左传·僖公十五年》'辂秦伯'辂字之音也。案《集解》引服虔曰：辂，迎也，故音者依之翻为'讶'字之音。杜注同服。《释文》云：辂，五嫁反，不云杜音。此足以证《索隐》所引，亦非服音。

《左传·成公二年》：'且惧奔辟'，《释文》：辟，音避，注同。徐：扶臂反；服氏：扶亦反。盖服训辟为行辟人之辟，故翻为扶亦反；又徐音在上，知服音亦由徐传之也。

《左传·襄公九年》：'弃位而姣'，正义引服虔读姣为放效之效，言效小人为淫；《释文》则云：姣，户交反，注同；徐又如字，服氏同；嵇叔夜：音效。盖嵇有《左传音》，即取服义；故《释文》不云嵇同服，而云服同嵇，明服氏无音书也。

《左传·襄公廿五年》：'陪臣干掫'，正义引服虔一曰，干，扞也；《释文》引徐云，读曰扞，胡旦反；注同，服：如字。盖服仅引《尔雅》释传，《尔雅》之干扞，干固如字；杜、徐则破干为扞也。

《左传·襄公廿七年》：'公丧之，如税服终身'，正义引服虔曰：衰麻已除，日月已过，乃闻丧而服，是谓税服，服之轻者；《释文》引徐云：税读曰穗，音岁，注同，谓穗衰也；服音吐外反。此音以义而知，盖丧服小记税服，郑读如无礼则税之税；服义同郑，音亦同；故音者翻为吐外反。

《左传·昭公三年》：'其相胡公大姬'，正义引服虔曰：相，随也；《释文》云：其相，息亮反；服：如字。云服如字，盖以相之训随，理宜平读，与相之训助应去读者，异也。

《左传·昭公十六年》：'几为之笑。'《释文》云：几为居岂反，数也；服音机，近也。居岂之音，由训数得之；机之音，亦由近得之也。

如上诸文，服氏无《左传》音明甚，后人依义翻出，本图便于学人；假使立文之际，称曰服读某，或曰服义音某，则不致使人迷惘矣。"

黄侃先生的这段非常精彩的论述指出《经典释文》的注音有很多是六朝经师根据汉代学者的训诂而"依义翻出"的反切音。《经典释文》中的又音异读往往是表示了学者们不同的训诂[37]，或原文有异文，或训读。这是研究《经典释文》的异读音的学者必须充分考虑到的。清代学者洪亮吉《汉魏音·叙》[38]称："古之训诂即声音。……夫求汉魏人之训诂，而不先求其声音，是谓舍本事末。"不能轻易地将异读音作为构拟上古汉语复辅音的证据。如黄侃先生在这里举的第一个例子：《史记·晋世家》的《索隐》引服虔音："辂，五嫁反。"其实正如黄先生所说："五嫁反"并不是对"辂"的注音，而是表明这里的"辂"有异文作"讶"。"五嫁反"是对"讶"的注音[39]。

《诗经·邶风·匏有苦叶》："旭日始旦。"《释文》注音："旭，许玉反；徐又许袁反。"黄侃《经籍旧音辨证笺识》称："又许袁反者，读为'日以晅之'之'晅'。"黄侃的意见十分正确，《释文》说的"徐又许袁反"其实是说原文的"旭"有异文作"晅"。非关音变。[40]

前辈大学者吴承仕先生的名著《经籍旧音辨证》[41]是很有功力的一部著作，然而对《经典释文》中的这种以注音表异文的体例未能深入体会，受到了黄侃先生的批评[42]。黄侃《经籍旧音辨证笺识》[43]对吴承仕的此类辨证颇多批评，甚为敏锐，多能匡吴氏所未逮。例如《经籍旧音辨证·孝经音义》："莫不被。"《释文》："被，皮寄反，一作章移反。"吴承仕加按语："唯章移一音竟何所施，未闻其审。"黄侃《笺识》："章移反者，盖有本作'祇'也。"可知黄侃确知《释文》用注音表异文的体例。

葛信益《广韵丛考》[44]中所收录的一些论文也早已注意到这样的问题。这是前辈学者很犀利的观察，是很有价值的，我们这里应当介绍。其文《〈广韵〉异读字有误认声旁之讹者》指出《广韵》中有的异读字是由于字形讹误后产生的。如《广韵》："平声五支臇、遵为切、臇臛；又子兖切。"葛信益先生按曰："遵为切，与隽声不谐。考《说文》'臇'，从肉隽声，读若纂。大徐音子沇切。《广雅·

释器》‘䐿’，曹宪音子兖反。其他载籍亦均无‘遵为切’一音。疑俗书‘隽’、‘雟’二字相混（如‘携’俗作‘携’是），因是误认声旁‘隽’为‘雟’，遂读‘遵为切’。韵书遂据以入支韵耳。”这样的观察和解释确实是敏锐而深刻的。又如同文称：“（《广韵》）二十一侵棽、丑林切，木枝长，又林森二音。”葛先生按曰：“按侵韵棽字此注，故宫本王仁昫《刊谬补缺切韵》作‘又所林反’，敦煌本王韵作‘又所金反’。均与‘森’音同，而无‘林’音。《集韵》、《类篇》此字亦均无‘林’音。余以为‘林’盖讹音，系误认‘林’旁为声，遂制此音耳。”葛先生的解释是正确的。有的学者由于没有注意到葛先生此文的论述，所以至今还不明白为什么“棽”有“林”音，其实这只不过是误认“棽”所从的“林”为声旁所致。葛信益此书收录的“陆德明《经典释文》异读与《广韵》”一文也有很好的论述，其文分为四条来阐述。我们略引其文：“一曰：经本不同，《释文》每出其异音，而不具列异文，致音与字不相侔者。《庄子》‘瞒然惭，俯而不对’。《释文》瞒反武版。又引李轨‘天典’一音。‘天典’则读从‘典’声，字当作惧《说文》云‘青徐谓惭曰惧’，是其证也。又‘求狙猴之杙者，斩之’。《释文》‘杙’音‘以职、羊植’二反。又引郭象‘且羊’一音。案：‘杙’不得音‘且羊’，其所据本应作‘戕’，因读斯音耳。二曰：有为读者误认为某字而作音者。《尔雅》‘蓝荑’。《释文》‘蓝’音亡符反。又云：读者或‘常制反’，又‘户耕反’。‘常制’盖以形近误认为‘筮’字（《广韵》‘筮’，时制切），‘户耕’又以形近误为‘茎’字耳（《广韵》‘茎’，户耕切）。三曰：《释文》有依注为音而不破字者。《周礼·太祝》郑注引赵文子曰‘是全要领以从先大夫于九京也’。《释文》‘京’字音‘原’。案：‘京’无‘原’音，盖即‘原’之讹字。《檀弓》‘京’下《释文》已谓依注音‘原’矣。是《释文》所音，不可一概目某音即为所出字之音也。”[45]

葛信益先生的这些见解是富有启发性的，特别是提醒音韵学家们[46]在利用经典的异读音的时候一定要注意这些异读音是怎样产生的，是不是真的异读音。

在古文字中也有类似的现象。如在战国时期的赵国兵器文字中，相邦建信君的“信”有的被写作“䠶”。本来“䠶”音“居戎切”[47]，为见母字。但是赵国兵器铭文上的“建䠶君”在典籍中是写作“建信君”。考《战国策·赵策一·谓皮相国章》：“谓皮相国曰：以赵之弱而据之建信君。”《史记·刘敬传》有曰：“乃封敬二千户，为关内侯，号为建信侯。”可见西汉前期的刘敬也“号为建信侯”。为什么“䠶”会既读为“居戎切”，又读如“信”呢？其实这是因为古人对“䠶”的形声结构的不同分析所造成的异读音。古人一般以“䠶”所从的“吕”为声旁，则读“居戎切”[48]，但也有人把“䠶”所从的“身”当作声旁[49]，则“䠶”的读音就与“信”相通[50]，于是“建信君”就被写作“建䠶君”。这种异读音与复辅音的分化毫无关系[51]。其他的例子如《广韵》中的“蘬”有两个音：荣美切、古对切。这也是古人对此字有不同的分析造成的，其“荣美切”音是把所从的“有”读云母；其“古对切”音是把此字所从的“有”读如“贿”。又如“毹”字在《广韵》音“山刍切”，这是把“毹”所从的“俞”分析为“输”之省；在《唐韵》音“羊朱切”，这是把以母的“俞”作声符。类似的情况在古书中非常多。

在方言中也有类似的情形。王福堂先生在《汉语方言语音中的层次》[52]一文中介绍了一个方言中的例子：在广州话中的“纠”的声母要读 t，这并不是由音变造成的，而是广州方言误认了“纠”所从的偏旁不是“丩”，而是“斗”，以为“纠”是从“斗”声，所以才把“纠”读成 t 声母。我认为王福堂先生的解释是可信的，因为在汉字中确实存在着作为偏旁的“丩”与“斗”相混的情况，从“斗”的一般是俗字写法，如“叫”有异体俗字作“㪺”[53]。这种由于误认汉字的偏旁而造成的读音改变在汉字中颇多类例，我们在下文的论述中还有举证。王福堂先生在此文中特别论述了在汉语方言中由于不同方言的相互影响而造成一个字的异读现象，这种现象在汉语方言中是非常普遍的。这种异读音实际上是借音现象，王福堂先生称之为“汉语方言语音中的层次”，这不是语音的直接的音变。在古代方言中也肯定会有类似的情况，凡是属于借音现象的材料都绝对不能作为探索上古音的根据。

清代著名学者钱大昕《十驾斋养新录》[54]卷四“汜”字条就批评了唐朝的张守节《史记正义》把本来不同的字错误地加以混同，从而导致了一字多音的现象。今举钱大昕此文为证：“‘汜’、‘氾’两字音声全别，而张守节《史记正义·发字例》举‘一字三四音’，有云：‘汜’，音祀，水在成皋。又音‘凡’，邑名，在襄城。又孚剑反，为水，在定陶，高帝即位处也。又音‘夷’，楚人呼‘上’为‘汜桥’。是误合为一字矣。其音‘祀’、音‘夷’者当从‘巳’旁，其音‘凡’与‘孚剑反’者当从‘㔾’旁。”不过，这样的混同似乎发生得很早，不可归咎于张守节一人。考《汉书·高帝纪》：“汉果数挑成皋战，楚军不出，使人辱之数日，大司马咎怒，渡兵汜水。”师古注：“张晏曰：‘汜水在济阴界。’如淳曰：汜音祀。《左传》曰：‘鄙在郑地汜。’臣瓒曰：‘高祖攻曹咎于成皋，咎渡汜水而战，今成皋城东汜水是也。’师古曰：瓒说得之，此水不在济阴也。‘鄙在郑地汜’，释者又云在襄城，则非此也。此水旧读音‘凡’，今彼乡人呼之音‘祀’。”[55]

前辈学者对这个重大的音韵学问题也有所论及。《章太炎国学讲义》[56]第81页早已指出：“‘等’字一多肯切，一多改切；……‘等’本与‘待’相通借，多改切之‘等’，即出于‘待’。”这是很敏锐的观察，可惜章太炎没有更详细的阐述。蒋希文先生《徐邈反切系统中特殊音切举例》[57]注意到了同样的问题，并说：“这些比较特殊的音切，其内容概括起来大致有以下三点：①依据师儒故训或依据别本、古本，用注音的方式改订经籍中的被音字。这种情况相当于汉儒注经，有所谓某字‘当为’或‘读为’另一字。②根据经籍的今、古文传本的不同，用注音的方式对被音字加以改订。一般以今文改订古文（但有个别的例外），或以汉以后通行的文字改订经籍中传抄的古字。③以注音的方式对被音的字的意义加以阐释。一般是以专语释专语，以专语释泛语或以泛语释专语。”我们认为蒋希文先生的概括是很正确的。[58]

最近，万献初《〈经典释文〉音切类目研究》[59]第二章“反切”的第五节“用于辨字形和明假借的切语”对于《经典释文》中的用于辨字形和明假借的反切注音有比较充分的讨论，这是近年来比较有系统的论述，很有参考价值。我们稍引其文：“切语直接用于辨析字形和明假借是其变通用法。往往是A字应作B字形并当为B字的音和义，或者A字是B字的通假字，所注切语虽是在A字头下出现却实际上只是给B字注音，B字有时出现有时不出现，则所注切语不是真正给被注字头的A字注音，而只是它的假性注音音切。这样做也还是为了用切语来显示符合文意的正确的形音义。”据万献初此书统计，《经典释文》用于辨析字形的切语有95次，其中辨析版本异文的切语有10次，辨析形讹字的切语有85次；用于明假借的切语有509次，其中辨析同音借用字的切语有90次，辨析同源通用字的切语有98次，标示专名用字音变的切语有321次。万献初在这一节中共举了34例来作具体的说明，都有参考价值[60]。我们不详录[61]。类似的现象在《经典释文》中很多时候不是用反切语来表示，而是用“音”这个术语来表示，即“A音B”有时是表示辨析字形的不同，或者是通假字。龙宇纯《上古汉语四声三调说证》[62]一文列举了一些例子说明异读异文有时表示不同的字，所举例子精当，论述也颇有启发性。本文不再转述其例，然其文必当参考。

然而某些音韵学者由于没有注意到经典中的异读音的这种复杂性，错误地利用了异读音来推论上古汉语的所谓复辅音。现在我们继续来举例讨论具体的情形。

例一，《周礼·乐师》："有氂舞。"《经典释文》在这里有对"氂"的异读注音："旧音毛，刘音来，沈音狸，或音茅。"有的音韵学者利用这条异读材料构拟"氂"的上古音声母为复辅音 ml 或 mr。我们认为这是不可信的。清代学者王筠《说文解字句读》"犛"字下注曰："然'毫犛'，《礼记》作'豪氂'。本是两字，不必以音别之。"足证"氂"与"犛"在古书中形近易混。王筠的解释针对的是段玉裁《说文解字注》说的"犛"可与"氂"相通假的观点。我们认为段玉裁、王筠的观点都是正确的，并不矛盾。《经典释文》这里用的异读是与《周礼》原文"氂"有不同的异文，也表示"氂"有不同的读音。"旧音毛"是说汉代经学家看到的版本原文就是"氂"字，与今本一致。"刘音来"是说刘昌宗看到的原文版本是作"斄"，"沈音狸"是说沈重看到的原文版本是作"犛"，只有最后一个异读"或音茅"是"氂"自己的又读音。事实上，《经典释文》紧接着就明确地写道："字或作'氂'，或作'斄'，皆同。"《汉书·王莽传中》："以氂装衣。"师古曰："毛之强曲者曰氂，以装褚衣中，令其张起也。氂音力之反，字或作斄。音义同。"特别要注意的是古人的注释明确指出"氂"有"斄"、"犛"这样的来母音，音"力之反"。这该怎样解释呢？我们认为这是古人对有的文字的复杂结构有不同的分析。《说文》："氂，犛牛尾也。从犛省，从毛。"这个字的声符到底是哪个？这使得一些学者颇感困惑。有的认为"氂"所从的"毛"是声符，于是就注为"毛"音；有的认为"氂"所从的"𠩺"是声符，于是就注为"里之切"，是来母。考《说文》氂部："氂，西南夷长髦牛也。从牛𠩺声。凡氂之属皆从氂。"又《说文》心部："憗，楚颍之间谓忧曰憗。从心𠩺声。"《说文》又部："斄，引也。从又𠩺声。"里之切。《说文》文部："斄，微画也。从文𠩺声。"里之切。《说文新附》："嫠，无夫也。从女𠩺声。里之切。"[63]这些字《说文》和《说文新附》都是明确以"𠩺"为声符，读来母。我们认为《说文》中的"氂"的古本音当是读来母音[64]；镰田正等《新汉语林》第 606 页也认为"氂"是从"犛"省声，不以"毛"为声符；但《说文》氂部又说："斄，强曲毛，可以箸起衣。从氂省来声。"这又认为声符"斄"所从的是"来"，不是𠩺[65]，但并没有认为"毛"是声符。因此我们认为正是因为古人对"氂"的形声结构有不同的分析，认为"氂"以"毛"为声符的就注为"毛"音，认为"氂"以"𠩺"为声符的就注为来母的"里之切"。也就是说"氂"这个字本身就有两种不同的读音，其原因是学者们对"氂"的形声结构的分析不同[66]，绝不是因为上古复辅音的分化。我们认为从造字本源上看，"氂"所从的"毛"应该是义符，"𠩺"才是声符。段玉裁《说文解字注》中已经注意到了这个问题："氂旧音毛，但许不言毛亦声。而《左传》'晏氂'，《外传》[67]作'晏莱'；《后汉书》魏郡《舆人歌》'岑熙狗吠不惊[68]，足下生氂'，与灾、时、兹三字韵；则是'犛'省亦声。在第一部也。"段玉裁的这段论述观察犀利，很有说服力[69]。因此这个例子不能作为构拟"氂"的上古音声母为复辅音 ml 或 mr 的根据。

例二，陆志韦《古音说略》[70]第 265 页在论"上古喉牙音跟舌齿音的通转"时举证有"臭"，此字有异读音为"古老切"和"昌石切"。陆志韦认为这个异读音反映了上古音中的喉牙音跟舌齿音的通转。有的音韵学家便利用此例来构拟复辅音声母。我们认为此例不能作为构拟上古复辅音的证据。"臭"之所以有这两种异读音是可以合理解释的。大徐本《说文》："'臭'，大白泽也。从大从白。古文以为'泽'字。"古老切。对《说文》的这个注释，清代的小学家颇有不同的说法。段玉裁注认为"大白泽"的"泽"是衍文，称"各本白下有'泽'字，其误不知始于何时？……'臭'以白大会意，则训之曰'大白'也。犹下文'大'在'一'上为'立'耳。浅人妄增，《玉篇》《广韵》仍之。

说《石鼓文》者又引为证。古来郢书燕说类多如此。”王筠《说文解字句读》认为“泽”非衍文，但有新的断句：“臭，大白。泽也。”王筠注曰：“大白者，以形解义。此句言其色。泽也者，光润也。此句言其光芒也。通两句言之，只是白而有光耳。”王筠认为这里的“泽”不是水泽的泽，而是光泽的泽。这在清代学者中是比较独特的解释，姑备一说。但王筠事实上和段玉裁一样意识到“大白”与“泽”不可连读，只是王筠认为“大白”与“泽”中间要断句，而段玉裁认为“泽”是衍文。对“大白泽”的理解关系到“臭”的音读问题，不可等闲视之。如果按照大徐本《说文》的解释，“大白泽”三字连读，那么《说文》下面说的“古文以为‘泽’字”就可以解释为训读。因为“臭”的意思是“大白泽”，实际上与“泽”意思相近，古文以为“泽”字，于是“臭”就有了“泽”音，也就是“昌石切”一读[71]。按照王筠注，“泽”是色泽之义，那么训为“大白”的“臭”仍然与“泽”义近，“臭”读为“泽”音还是可以解释为训读。如果按照段玉裁的解释，“臭”与“泽”在意思上没有关系，而古文以“臭”为“泽”，那么就可以解释为异字同形。然而还有一种意见不可忽视，就是《说文》“古文以为泽”的“泽”字是“皋”的误字。桂馥《说文解字义证》“臭”字注认为：“古文以为泽字者，‘泽’当为‘皋’。”桂馥指出“皋”在隶书中作从罒（在上）从羊（在下）之形，与“泽”形近而误。桂馥还指出经典中的“皋”往往有“泽”的异文。如《左传·襄公十七年》“泽门之皙”，《诗经》正义引作“皋门”；《诗经》“鹤鸣于九皋”，薛君《韩诗章句》以“皋”为“泽”；《孙叔敖碑》“收九臭之利”，《汉隶字源》以为“九泽”。这些证据不可轻视。段玉裁《说文解字注》也指出过《说文》第二个“泽”字是“皋”之误。因此，依照桂馥、段玉裁的这个意见，《说文》“古文以为泽字”的“泽”就是“皋”之误，《说文》事实上是说“臭”古文以为“皋”字。桂馥《义证》已经指出：“臭，经典通作皋。”段玉裁也说过：“皋、臭义相近，音同。”朱骏声《说文通训定声》也指出用“臭”与“皋”相通[72]。由于“音随形变”[73]，“臭”或‘皋’既然误成了“泽”形，后世的字书、韵书就把“臭”或“皋”注为“泽”音，即“昌石切”。这就是“臭”有“昌石切”一读的来源。王筠《说文解字句读》似乎已经意识到“昌石切”与“古老切”是没有关系的两个读音，彼此间不存在音变。王筠说：“案许云古文以为泽字，是必自有音读也。则《唐韵》‘古老切’不与‘泽’同音，亦必有所受之。而《玉篇》《广韵》皆有‘昌石切’，《集韵》又有‘施只切’，皆训‘白泽’。则音不必定用，古老切，也。”[74]综上所述，《说文》所说的“臭”“古文以为泽字”无论解释为训读、异字同形还是误字，都不能根据“臭”有“昌石切”一读作为“上古喉牙音跟舌齿音的通转”的证据，更不能据以构拟复辅音。但是正如我们在“论自反”一章里所列举的一样，傅定淼先生在《反切起源考》第120页中有独到的解释：“古文以臭为字是取其形义，并非取古老切之音，音则取之于字形中‘大、白’合音为‘泽’，意谓肥泽之‘泽’即‘大、白’的合音词。”这就是说“臭”之所以是古文中的“泽”，就是因为“臭”是自反字，“大白”切为“泽”音。这种独特的解释可备一说，不可忽视。

例三，“泷”从“龙”声而又读为“双”。这个字也经常被人用来构拟复辅音声母。我们认为这是不可靠的。《说文》：“泷，雨泷泷皃。从水龙声。”力公切[75]。《广韵》注“泷”又音“双”。“双”的中古音为山母，上古音读如心母。这有两种解释：我们在第三章第七节里指出在方言中来母可以擦音化而音变为心母和邪母，这在闽方言中有大量例子。正因为如此，本为来母的“泷”可以音变为“双”音；还有一种解释就是把“泷”分析为自反字，得音于“水龙反”，“水”的古音为书母，上古音和心母比较音近，都是清擦音。因此，“水龙反”的音与“双”比较音近，可以相通。这两种解释都能讲通，都与复辅音声母无关。

例四，《说文》："虘，白虎也。从虎昔省声。读若鼏。"莫狄切。《说文系传》称："臣锴按，今人多音'酣'，唯隋曹宪作《尔雅音》云'音觅'，又云'梁有顾虘、费虘，不知其名。音为'酣'。"《说文》明称"虘"字读若"鼏"，怎么会又有"酣"音呢？其实，这是因为"虘"所从的"日"在古文字中与"甘"字形相近，从而讹变成了"甘"。这样一来，"虘"就产生了"户甘切"的又读音。这种情况属于"音随形变"。朱骏声《说文通训定声》称《尔雅·释兽》中的释为"白虎"的从"虎"从"甘"的字就是"虘"的错字，"日"与"甘"在篆文中相似。他还指出《玉篇》《广韵》对"虘"的注音把"鼏"音和"酣"音两收是错误的。桂馥《说文解字义证》"虘"字注广征文献，考证颇详，也认为《尔雅·释兽》中的那个从"虎"从"甘"的字是"虘"之误。桂馥最后说："'日'旁误为'甘'，音随文变也。李善师事曹宪，亦误读《尔雅》。"桂馥的见解完全正确，他说的"音随文变"是古汉语"又读音"产生的一个重要原因。

例五，来母的"獠"字中古有知母音。这该如何解释呢？《说文》："獠，猎也。从犬，尞声。"力昭切。这是正常的读音。但是《广韵》又音"张绞切"，《集韵》《类篇》又音"竹绞切"，中古音是知母，上古音是端母。我们认为这样的又音实际上不是音变，而是音随形变。古书中有"獔"字，不见于《说文》，也不见于汉代以前的典籍，是六朝以后，甚至到了唐代才产生的俗字。我们认为"獔"字就是由"獠"字讹变而来，是"獠"在六朝以后的一个别字，正史如《史记》《汉书》《后汉书》《三国志》《宋书》等都只有"獠"字，没有"獔"字。由于"獠"在字形上讹变为"獔"，于是音随形变，人们后来便以为"獔"是从"巢"得声，就产生了"张绞切"这样的音。这是中古才出现的后起俗音，字书中始见于唐朝。考慧琳《一切经音义》卷八十二"蛮獠"条注称："或从巢。"作从豸从巢（左右结构）之形。宋代的《集韵》："獔，西南夷种，或作狐。"音"竹狡切"，又音"侧绞切"。古代西南夷族人自称是"獠"。"獠"音"张绞切""竹绞切"，实际上是读成了"獔"音；獔，据《集韵》《类篇》也有"鲁皓切"，这实际上是读成了"獠"音，看成是"獠"的异体字，以"尞"为声符。在《集韵》中也确实是把獔列为"獠"的异体字。这只能解释为音随形变，而不是音变，不存在来母与知母之间的演变问题。有的学者利用这个材料来构拟复声母是错误的。

例六，包拟古《原始汉语与汉藏语》[76]第 132 页在构拟上古汉语的复声母 kl－的时候，所根据的材料有"古/居"。"古"是见母，"居"根据《广韵》有"当古切"一音，则是端母。这个异读音怎样解释呢？考《说文》："居，美石也，从厂，古声。"《说文诂林》各家注都注音为"侯古切"，则是匣母音，这是正常的读音，段注又音"当古切"，但各家对这个端母又音都没有作出解释。我认为"居"有"当古切"音是中古时代产生的新音，这不是"居"的本音。考《集韵》："居者，语辞。董五切。"正与"当古切"音相当。我认为在中古时代的"者"有一种俗体写法与"居"字形相似，从而造成"居"有了"当古切"的"者"音。也就是"当古切"不是"居"的本音，而是对"者"的注音。因此，这个又音与复声母无关。

例七，包拟古《原始汉语与汉藏语》第 132 页在构拟上古汉语的复声母 kl－的时候，所根据的材料有"敢/厰、澉"。"厰、澉"二字都是透母音[77]，"敢"是见母，这个谐声应该有合理的解释。我认为有证据表明作为声符的"敢"和"炎"有通用的现象，如《太玄·交》："猛则噉。"《释文》"噉"又作"啖"，二者是异体字[78]；又如"瞰"或从"炎"，二者是异体字，"澉"与"淡"也是异体字。类例尚多。其原因可能是为了避晋武帝司马炎的讳，而不是二者之间存在音韵上的通转关系或同源关系。为什么避司马炎的讳要改“炎”旁为“敢”旁呢？这可能与《诗经》有关。考《诗经·大车》：“大车槛槛，毳衣如菼。岂不尔思？畏子不敢。”“菼”和“敢”押谈部；《诗经·节南山》：“忧心如惔，不敢戏谈。”“惔、敢、谈”三字押韵。而“炎”的古音有以母和定母的读法，“炎”声字也有透母音的例子，如“菼、毯、緂”等[79]。因此，我认为“敢”声字读舌尖塞音的现象是因为避讳而把“敢”声读成了“炎”声。这就是从“敢”声的“厰”“澉”二字可以读透母音的理由。这与复声母无关。

例八，包拟古《原始汉语与汉藏语》[80]第132页在构拟上古汉语的复声母 gl－的时候，所根据的材料有“果/碟”。包拟古说“碟”读 d 声母，而“果”是见母字。我认为此例不可靠。考“碟”不见于《说文》和《广韵》，是很晚才出现的后起字，不可据以考上古音。《康熙字典》引《玉篇》“碟”音“乌火切”，引《集韵》音“邬果切”，都是影母音[81]，怎么会读定母音呢？也许是包拟古搞错了[82]，这个字根本没有定母音。

例九，钱大昕《十驾斋养心录》卷二“贷”条称：“《月令》‘贷’字三见。陆氏《释文》于‘孟春宿离不贷’则云‘吐得反，徐音二’，于‘季夏无或差贷’则云‘音二，又他得反’，于‘仲冬毋有差贷’亦云‘音二，又他得反’，皆兼存两音，而先后微异，似‘差贷’字以音二为正。以予考之，殊未然也。”“贷”无“二”音，徐音“二”是因为徐仙民看到的版本不是作“贷”，而是作“貮”。所以钱大昕接着说：“六朝字体不正，或讹为‘貮’，故徐仙民有此音，陆氏不能辨正，沿讹到今。”

不过，《经典释文》的又音反切中确实有存在错字的情况，这给我们辨音带来了困难。吴承仕《经籍旧音辨证》在辨证《经典释文》注音的错字方面狠下功夫，有的分析得很精彩，但也有的难以解决。例如《庄子》的“朱泙漫”，《释文》给“泙”字注音称：“李音平，郭敷音反，徐敷耕反。”吴承仕按：“敷音反，音在侵部，韵部较远，《篇韵》亦不收此切，疑音字讹。各本并同，无可据正。”吴承仕的观察是正确的。考《广韵》《集韵》的“侵”韵根本不与唇音相配，因此古音中根本就没有“敷音反”这样的读音。其中的“音”必是错字，吴承仕难以确考。我考订“音”当作“声”，因义近而误[83]。“敷声反”当是“聘”字。因此，郭璞所据的《庄子》的“泙”当是作“聘”。

学者们常常奇怪《淮南子》的高诱注音有时很离奇，于是有人便认为那是因为东汉时代的古音有的后来已经失传，幸亏高诱注保留了。其实，《淮南子》高诱注音很多是用注音来表示异文、训读、错字，非关音变。张双棣师乃研究《淮南子》的专门名家，所撰《淮南子校释》收罗详备；吾友萧旭兄《淮南子校补》旁稽博考，发明甚多。然二氏皆未能发微高诱音注，殆待我将来为之也。姑举一例：《淮南子·俶真篇》：“沈垢弗能薶。”高诱注：“薶，污也。‘薶’读倭语之‘倭’。”高诱注音说“薶”读音同于“倭”，而“倭”字从来没有明母音，古书中没有任何证据说“倭”能读音同“薶”音，而且“薶”无“污”义。然而据我推断：高诱注在这里是表明“薶”有异文作“涹”或“薶”是“涹”的错字，与“倭”同音。考《广韵》：“涹，浊也。”正与“污”同义。高诱注《淮南子》肯定已经有了用注音表错字或异文的体例[84]，断不能一概用音变去解释。

注释

① 陆志韦、林焘《〈经典释文〉异文之分析》对这种现象作过一些论述，可以参看，本书不详引。

②在《经典释文》中“橐”和“囊”构成异文的地方很多。又，《史记·陆贾列传》：“赐陆生橐中装。”《索隐》：“橐音托。又案：《诗传》曰‘大曰橐，小曰囊’。《埤苍》云‘有底曰囊，无底曰橐’。谓以宝物入囊橐也。”

③《左传》原文应为“已经”的“已”，参看拙著《左传新证》（待刊）。此不详说。

④光华按，这个“药”不是医药字，古汉语就作“药”，而不是“藥”。

⑤黄焯：《古今声类通转表》，上海古籍出版社，1983年。

⑥高明：《中国古文字学通论》，北京大学出版社，1996年。

⑦不过，朱骏声《说文通训定声》将“的”和从“素”从“勺”（左右结构）的字分为二字。

⑧关于唐朝学者注释古典时所引用的《字书》有两种，一为三卷本、一为十卷本，载于《隋书·经籍志》，均不知作者姓名。有关的介绍和考证可参看林明波《唐以前小学书之分类与考证》（台湾商务印书馆，1975年），第544～548页。

⑨（清）钱绎：《方言笺疏》，中华书局，1991年。

⑩参看朱骏声《说文通训定声》，中华书局，1998年，第335～337页。

⑪还有一个可能的解释是从“勺”声的“约”本来是喻四音，但在六朝以前（甚至汉代以前）的江南方言中喻四就音变为j－，从而容易与影母相混。也就是“约”读影母是从喻四音变来的，只是这个音变可能在上古时代的方言中就已经完成。考《尔雅·释宫》的《经典释文》称：“彴，音斫。《广雅》云：步桥也。案今江东呼彴音约；沈徒的反。”则六朝时代的江东方言确实有将“勺”声字读为零声母的倾向。“彴”本有定母音，而江东方言读影母。这样解释就简洁明了得多。

⑫可参看阮元《十三经注疏校勘记》对于此条的校勘和说明。黄侃《广韵校录》（上海古籍出版社，1985年）卷十“正讹”第356页也指出：“皁（昨早切）。皁即早之讹。”

⑬有的注音似乎很奇特，实际上也可以理解。如《史记·吴起列传》：“卒有病疽者，起为吮之。”《索隐》：“吮，邹氏音弋软反，又才软反。”“吮”有“弋软反”一音是因为邹氏认字认半边，认为“吮”的读音同于“允”。上古音是喻四，这个音在后世也没有流传下来。但从古音学看，邹氏的注音并没有错。《广韵》“吮”有三个读音：从母、邪母、船母，并无“弋软反”一读。实际上，“弋软反”是相当于《广韵》中的邪母一读。上古音中的邪母与喻四音近可通。

⑭杨伯峻：《列子集释》，中华书局，1991年，第180页。

⑮李若晖：《〈列子释文〉反切考》，《语言研究》2003年第1期，第45～48页。

⑯余迺永：《新校互注宋本广韵》，上海辞书出版社，2000年，第540页。

⑰《列子·汤问》中就有曰：“王试废其心，则口不能言。”佛经中的《普贤观行语》曰：“在心曰念，发言曰诵，言由于心，故曰念诵。”足见古人认为心与口、言关系密切。《张政烺文史论集》（中华书局，2004年）第2页曰：“盖心为思想源泉一观念初民未知也，心之所喻惟知口说而已，故殷墟卜辞无‘心’及从‘心’之字。后世从‘心’之字古多从‘言’，更早多从‘口’。”张政烺《獵碣考释初稿》对在古汉语中的作为偏旁的“心、口、言”可以相通的现象有比较详细的论述，多有举证，此不详引。高明《中国古文字学通论》（北京大学出版社，1996年）上编第三章第135页的第三节“意义相近的形旁互为通用”的第5、第6两条专门论述了在古文字中作为偏旁的“口”与“言”可以通用、“心”与“言”可以通用，举证翔实，无可置疑。刘钊《古文字构形学》（福建人民出版社，2006年）第336页称：“古文字中‘心、言、口、音’诸字在用做义符时可以通用。”例如，“误”又作“悮”；“怵”又作“訹”；“谋”在《郭店楚墓竹简》中一般都写作从“母”从“心”（上下结构）。我们只补充一点，在《郭店楚墓竹简》中从“心”的字已经有很多，而且很多本来不从“心”的字也被写成了从“心”。例如，《礼记·大学》：“此之谓自谦。”郑注：“谦读为慊。”孔颖达疏同。“欣”又作“忻”；“恤”古又作“卹”；而且作为偏旁的“心”有时候可有可无，并不影响文义。如《老子》第五章“动而愈出”，马王堆帛书甲乙本的“愈”都作“俞”。“宪”在金文中不从“心”，而在小篆中已经明显有“心”旁了。《战国策·中山策》的“司马喜”的“喜”别本作“憙”。“冯河”的“冯”后又写作“憑”。“悬”的古字本是“县”。“怡”的古字本是“台”。《说文》“宛”字条称“宛”或从“心”。据《广韵》，“吝”又作“悋”。据《集韵》，“拘”又从“心”（上下结构）。马王堆帛书《老子》乙本“恶”不从“心”作“亚”。据《龙龛手鉴》，“和”或从“心”从“和”作“惒”。在甲骨文中“悔”都写作“每”。《集韵》称：“巧，伪也，或从心”。《集韵》称“固”字古从“古”从“心”（上下结构）。《集韵》称“弼”字或从“弗”从“心”（上下结构）。“靈”字在春秋前期的《秦公钟》和《秦公鎛》中不从“巫”而从“心”（上下结构）。［参看《殷周金文集成》（中

华书局，2007年）第262~269页。不过，金文中似乎没有“靈”字，只有“霝”字（可用作“令”，训“善、美”），因此，也许更准确的说法是“霝”在金文中可加“心”旁，其意义与用法皆不变。参看王文耀《简明金文词典》（上海辞书出版社，1998年）第456~457页]。“寧”在甲骨文中没有“心”旁，金文《寧女父丁鼎》的“寧”也没有“心”旁，但更多的金文“寧”已经从“心”。需要注意的是先秦的货币文中的“寧”有许多不从“心”，与甲骨文字形近似。从此可知货币文字有存古的倾向。今本《老子》第二章“音声相和。”马王堆帛书甲本“音”作“意”，帛书整理者认为这是帛书传写之误，当以作“音”为确。其实，帛书本《老子》并没有误，在帛书中的“意”是“音”的繁化写法，只是在“音”的下面加了一个“心”旁而已，这是从战国中期以来的惯例，是楚文字的一种带有规律性的文字现象（汉武帝及之前的汉文化受楚文化影响很大）。《诗经·邶风·谷风》：“既阻我德。”阜阳汉简本《诗经》“德”（古文作“悳”）作“直”。《史记·夏本纪》：“辅德。”《尚书·益稷》“德”作“直”，皆无“心”旁。类例极多。刘钊《古文字构形学》（福建人民出版社，2006年）第十六章第342页称：“战国文字中一些文字可以加“心”旁繁化。”钱大昕《十驾斋养心录》卷一“愬风”条称：“《桑柔》‘如彼遡风’，唐石经本作‘愬’，今改作‘遡’者，宋人为之也。”知从“心”的字有时是别本异文，与思想情态无关。《郭店楚墓竹简》中大量从“心”的字表明先秦确实用“心”作装饰[在青铜器的纹饰上也有用“心”形来作装饰的，如马承源主编的《中国青铜器》（上海古籍出版社，1992年）第469页提到：巴蜀地区的青铜兵器常有用“心形”这样的铭记；考《文心雕龙·序志》称：“昔涓子《琴心》，王孙《巧心》，心哉美矣，故用之焉。”]。这条规律甚至有助于释读古文字。考《郭店楚墓竹简·老子》中的“始”字作左“忄”右“㇇”之形。古文字学者对此字从字形上多不能精确分析。光华按，此字当是“司”的异体字，只是在郭店楚简中所从的“口”写作了“心”，二者在古文字中本来就是可以互用的。“司”的上古音是之部心母，“始”的上古音是之部书母，音非常近，完全可以通假。又如，《郭店楚墓竹简·语丛二》中的“谷（欲）”字都把其中的“口”旁写作了“心”旁。《说文》的“譬”字在敦煌木简的《急就篇》中不从“口”，而从“心”。“哲”或从“心”作“悊”。“唯”与“惟”在古书中常常相通[王力主编《古代汉语（第二册）》（中华书局，2007年）第549页有一个有意义考察：“《左传》和《论语》比较喜欢用‘唯’，《孟子》用‘惟’，《诗经》用‘维’。《诗经·大雅·文王》‘其命维新’，《孟子》引用时写成‘其命惟新’。”光华按，据此我们稍作推论：春秋以前习惯用“维”，春秋和战国初期习惯用“唯”，战国时代习惯用“惟”。从这个现象，我们可以看出一个字如果有“口”字旁和“心”字旁两个异体字，那么“口”字旁的字形一般要早于“心”字旁的字形。郭店楚简中“心”字旁的字形很多，这正是战国时代文字的特点。更考《墨子·明鬼下》：“犳隹人面。”毕沅注：“隹，古惟字。”从此可以推测原文作“隹”的《墨子》保存了战国初期以前的文字特征。尤其值得注意的是在先秦古文字中居然没有发现“惟”字，只有“维”和“唯”，可参看黄德宽主编《古文字谱系疏证（第三册）》（商务印书馆，2007年）第2938~2955页。这表明“惟”字肯定产生于“维”和“唯”之后。《古文字谱系疏证（第三册）》第2942页录《郭店楚墓竹简·尊德义》等古文字资料有作结构为上“唯”下“心”的字，认为是“古惟字”。果真如此，则后来的“惟”字可能是从战国时代的那个上“唯”下“心”的字简化而来，当然也可能是从“隹”字加“心”旁的字繁化而来，尚待深考]。

⑱施向东《联绵词的音韵学透视》（《音史新论》，学苑出版社，2005年，第387页）认为这是由于联绵词“嚅嚅”发生声母同化音变造成的，可备一说。

⑲附带言及，李若晖先生此文尚有其他的失误，如在“论‘声调’”一节中，如《列子·天瑞》：“画其终，惑於数也。”《列子释文》：“画，胡麦切。计策也。”李若晖认为这是“以入切去”。今按，李若晖之说实为误会。“画”字本身就有入声音“胡麦切”。考《广韵》《集韵》《韵会》《正韵》中的“画”都有“胡麦切”一音，并非仅有去声一读，“画”在日语的音读中还保留了收-k的入声。而且考慧琳《一切经音义》卷100“画碌”条称：“上华骂反。借音用也。本音获。”则“画”读入声为正音，读去声为借音。又，《列子释文》：“告，古沃切。”李若晖认为这是“以入切去”。此实不可信。“告”的中古音有去、入二读，并非仅有去声。考《广韵》的“告”有二音，既有音去声的“古到切”，又有音入声的“古沃切”。入声在沃韵，见余迺永《新校互注宋本广韵》（上海辞书出版社，2000年）第460页。又，《列子释文》：“刺，七亦切。”李若晖认为这也是“以入切去”，这是错误的。在《广韵》去声的“刺”字注就有曰：“又七亦切。”“刺”又见于《广韵》的入声“昔韵”。又，《列子释文》：“射，食亦切。”李若晖认为这

也是“以入切去”，这是错误的。考《广韵》，“射”有去声和入声两读，入声在昔韵，正音“食亦切”。又，《列子释文》：“哑，乌陌切。”李若晖认为这是“以上切入”。这是错误的。“陌”在《广韵》中是入声的“陌韵”，怎能当作上声？而且“哑”在《广韵》中分别见于上声的马韵（乌下切）、去声的禡韵、入声的陌韵和入声的麦韵。李若晖把“哑”仅仅看成入声字，这也是不正确的。

⑳聂鸿音：《中国文字概略》，语文出版社，1998 年。

㉑如《仪礼・既夕礼》：“幂用疏布。”郑玄注：“幂，覆也。”《仪礼・大射》：“有丰。”郑玄注：“幂，覆尊巾也。”《诗经・大雅・韩奕》：“鞹鞃浅幭。”孔颖达疏：“幂为覆盖之名。”

㉒另可参看邓球柏《帛书周易校释》（湖南出版社，1996 年）第 121～122 页、裘锡圭《文字学概要》（商务印书馆，1996 年）第 224 页。类似的误解还出现在《经典释文》中。考《庄子・山木》：“命竖子杀雁而烹之。”其中的“烹”，《经典释文》注音“普彭反”。王叔岷《庄子校诠》（中华书局，2007 年）第 721 页引王念孙《读书杂志》之言批评《经典释文》的误解：“愚案此亨读为享，‘享之’谓享庄子。故人喜庄子之来，故杀雁而享之。享与饗通，《吕氏春秋・必己》篇作‘令竖子为杀雁饗之’，是其证。古书享字作‘亨’，烹字亦作‘亨’，故《释文》误读为烹，而今本遂改亨为烹矣。若作‘烹’，则无须音释。”

㉓考王念孙《读书杂志》（江苏古籍出版社，2000 年）第 233～234 页“鸟喙、喙为鸟星”条称：“柳为鸟喙。念孙按，‘喙’当为‘啄’，字之误也。《淮南・氾论篇》‘颜啄聚’，今本讹作‘颜喙聚’。凡隶书从‘豖’从‘彖’之字多相乱。字本作‘咮’或作‘噣’，通作‘啄’。”王念孙此条考证颇详，文繁不录。同书第 885 页“颜啄聚”条也称：“啄、喙二字书传往往相乱。”

㉔周长楫：《厦门方言词典》，江苏教育出版社，1998 年，第 134～135 页。

㉕夏曾佑《中国古代史》（河北教育出版社，2001 年）第 335 页称“捐毒”在“今俄属西布鲁特地”。可资参考。后来范新干《“身毒”的“身”字今音考》（《中国音韵学》，南京大学出版社，2008 年）对“身”“音”“捐”的注音有所考辨，但我们的解释与范新干不同。读者可以比观。

㉖本来“介”和“鳞”在先秦人的眼中是不同类的。如《周礼・大司乐》：“三变而致鳞物及丘陵之示，四变而致毛物及坟衍之示，五变而致介物及土示。”三变中的“鳞物”是与五变中的“介物”相对举的，二者必不同类。又如《说文》“虫”字下曰：“或行或毛或蠃或介或鳞。”也是以“介”与“鳞”并列对举，二者应有所不同。古人不会相混同。

㉗“鹖”与“鴠”不同，参看王观国《学林》卷十“鹖”条（中华书局，2006 年，第 348 页）。

㉘据《经典释文》所引学者之言。

㉙（清）王念孙：《读书杂志》，江苏古籍出版社，2000 年，第 945 页“惮悇”条。

㉚（清）戴震：《论韵书中字义答秦尚书蕙田》，《戴震全书》，黄山书社，1994 年，第 334～337 页。

㉛光华按，依照戴震的观点，实际上，以上《诗经》各篇中的“惨”都是“懆”的通假字。在这里应该读为“懆”音，才会押韵。也可以解释为“惨”训读为“懆”，或“惨”为“懆”的错字。

㉜光华按，《释文》这里列两音“搏”和“抟”是表示原本有异文作“抟”，而不是“搏”，因为“搏”与“抟”形近易混，所以才产生了这样的异文，《经典释文》用异读音是表示原文有异文，并非不辨“搏、抟”之为二字。戴震对《释文》的这种体例也未能深入体悟。

㉝按《戴震全书（三）》（黄山书社，1994 年）第 336 页此处原文标点将“引《方言》”三字属下读，此不确，径改。

㉞按，此二句见于《诗经・邶风・匏有苦叶》。

㉟光华按，“鲖”字，《广韵》还收有“徒红切”一音。周祖谟《广韵校本》“鲖”字校注与戴震相同。持同样观点的还有钱大昕《廿二史考异》［《嘉定钱大昕全集（第二册）》，江苏古籍出版社，1997 年］卷六 130 页称：“鲖阳县，孟康云：‘鲖，音纣红反’。正合同声。俗儒不通反切，妄谓鲖有纣音，大可怪也。”然而王念孙《读书杂志・汉书第六》（江苏古籍出版社，2000 年）“鲖阳条”第 253 页引述王引之的考证不同意戴震和钱大昕的观点，列举七证认为

孟康注原文就是“鮦”音“纣”，“红反”二字是后人所加。证据充分，论证有力，当属可信。龙宇纯的校本就采取王引之的说法，不同意周祖谟的观点。如《汉书·高帝纪》颜师古注：“假令地名为射，自是假借，亦犹鮦阳音纣，莲勺音酌，当时所呼，别有意义，岂得即定其字以为正音乎？”分明认为“鮦阳音纣”。周祖谟《广韵校本》（中华书局，2004年）“鮦”字已经放弃了旧说，没有校注，大概是注意到了王念孙和王引之的说法。另可参看余迺永《新校互注宋本广韵》第825页所引诸家之说（余迺永之文没有提到戴震和钱大昕的论著）。蜀中大儒赵振铎先生曾告诉我“鮦阳音纣”与音“徒红切”二说皆确，不可偏废。这一点在现代汉语方言中还可以举出旁证。考《汉语方音字汇（第二版重排本）》（语文出版社，2003年）第104～105页，在武汉方言中，遇摄的明母的阴声韵字往往生出一个后鼻音韵尾，如“暮”moŋ，“慕”moŋ，“墓”moŋ，“募”moŋ；还有通摄和宕摄的一些入声字也读后鼻音韵尾，如“木”moŋ，“目”moŋ，“牧”moŋ，“幕”moŋ。这些本来收－k尾的入声字在武汉方言中应该不是从－k直接音变为－ŋ，而是先变为阴声韵，然后再变为－ŋ。在四川方言中也有类似的音变，如我的母语重庆方言往往把“皱”读成“众”。

㊱黄侃：《黄侃论学杂著》，中华书局，1964年。

㊲沈兼士《〈广韵〉异读字研究序》（《沈兼士学术论文集》，中华书局，2004年，第342页）也称：“有汉人注经有形似说音而实为明义者，例如《周礼·冢宰》‘主以利得民’。注：‘利读如上思利民之利。’《中庸》：‘仁者人也。’注：‘读如相人偶之人。’自古迄今未闻‘利、人’二字别有读音。是盖以注音方式比类释义，非有异读。”这是有见地的。

㊳（清）洪亮吉：《汉魏音》，《续修四库全书·经部（第245册）》，上海古籍出版社，2002年，第569页。

㊴钱大昕《十驾斋养新录》［见《嘉定钱大昕全集（七）》，江苏古籍出版社，1997年，第93页］卷四“徐仙民多古音”条称：“《诗》‘无已大康’。徐‘勑佐反’；‘含既大甚’，徐‘他佐反’；《庄子》‘且女亦大早计’。徐、李‘勑佐反’。徐仙民、李轨皆晋人，勑佐、他佐二反即‘泰’之转音，今韵书更为唐佐切，而此音遂废。”钱大昕之说是对的，但不太精密。因为古汉语中的“大”字可以代表两个词“大”和“太”（又可作“泰”）。徐仙民注音的“勑佐反”、“他佐反”是表明这里的“大”是代表“太”字，而不是定母的“大”。

㊵不过，黄侃也有搞错了的时候。如《庄子·徐无鬼》：“委蛇攫搔。”《释文》注“攫”字：“俱缚反。徐居碧反。《三苍》云搏也；郭又七段反。司马本作攫。”黄侃《笺识》：“郭七段反者，盖读为‘撮’。撮、篡声通，故有七段之音。”黄侃的意思是郭璞注本的《庄子》原文“攫”作“撮”，二者形近易混。而且“撮”“篡”声通，所以“撮”有“篡”音，读为“七段反”。我认为其具体结论稍嫌迂曲。吴承仕认为这里的“段”当是“叚”的错字：“盖瞿声、叚声皆属鱼部，故得相切，如作七段反，则韵部不相比近矣。”［参看吴承仕《经典释文序录疏证（附经籍旧音二种）》（中华书局，2008年）第296页］我认为吴承仕的见解比较正确。王叔岷《庄子校诠》（中华书局，2007年）第955页引世德堂本正作“叚”。王叔岷也采取吴承仕的说法。

㊶收入吴承仕：《经典释文序录疏证（附经籍旧音二种）》，中华书局，2008年。

㊷我只是说吴承仕未能深入体会，并非完全没有注意到。古人注解用注音表异文的现象。例如《淮南子》卷七《精神》：“烛营指天。”注：“烛，阴华也。营，其窍也。上，指天也。烛营读曰括撮也。”“烛营”不能与“括撮”相通假。吴承仕《经籍旧音辨证》指出：“疑注文‘读曰括撮’一下当是许、高二注错杂之文。‘读曰’疑即‘读为’，若郑笺之改字矣。”吴承仕明确说高诱注的“烛营读曰括撮”是改字，也就是异文或错字，非关古音相通。这是很敏锐的观察。倒是黄侃《经籍旧音辨证笺识》此处强说通假，反而失于窒碍迂曲。

㊸收入黄侃：《量守庐群书笺识》，武汉大学出版社，1985年。

㊹葛信益：《广韵丛考》，北京师范大学出版社，1993年。

㊺考《礼记·檀弓下》：“是全要领以从先大夫于九京也，北面再拜稽首。”郑玄注：“‘京’盖字之误，当为‘原’。”《后汉书·郡国志五·太原》：“……平陶、京陵春秋时九京。”李贤注称：“《礼记》曰：赵武从先大夫于九京。郑玄曰：晋卿大夫之墓地。‘京’，字之误，当为‘九原’。”可以证实葛信益先生的说法。

㊻李荣《语音演变规律的例外》（《音韵存稿》，商务印书馆，1982年）一文中的“字形的影响”一节也讨论了字形对于汉字读音的影响，主要是由于人们对汉字的结构有不同的分析以及利用声符进行类推从而造成了异读音。李荣此文很有参考价值，此不录。

㊼《广韵》："船，身也、亲也。"

㊽张政烺《何尊铭文解释补遗》(《张政烺文史论集》，中华书局，2004年，第456页）说过："吕字在甲骨文、金文中出现，有两种方式：一是专名词，作人名、氏族名、国名、地名，大约音铝，无本义可寻。一是作为宫、雝等字的声符，不独立存在，大约音邕，其义也不详。"另可参看黄锡全《汉简注释》(武汉大学出版社，1990年）第279页。

㊾在《郭店楚墓竹简·穷达以时》中"窮/竆"字省略了"弓/吕"，这样的写法可能与当时人对"窮/竆"的形声结构的分析有关。

㊿"身"与"信"古音相通为训诂常谈，不烦举证。

[illegible]localhost51此例承蒙李家浩先生提示，特致谢忱。在古书中还有类例。如《潜夫论》卷九"志氏姓"："苦城，城名也，在塩池东北，后人书之，或为枯；齐人闻其音，则书之曰库成；敦煌见其字呼之曰车成；其在汉阳者，不喜'枯、苦'之字，则更书之曰'古城氏'。"敦煌人把"库成"字读为"车成"，则分明是把"车"当作是"库"的声符。考《说文》："库，兵车藏也。从车在广下。"段注："会意，车亦声。"依据《说文》的体例，"库"应该是会意字，但段玉裁又说"车亦声"则是把"车"读如"居"音，而非车船音。《释名·释车》："车，古者曰车声如居，言行所以居人也；今曰车，车舍也。"我们认为古人有的把"库"所从的"车"读为车船音（也就是《释名》音"舍"），那么"库"就是会意字；如果把"库"所从的"车"读为"居"音，那么"库"就是会意兼形声。汉代的古人已经有这样不同的认识。我在吉隆坡教学期间有一个学生名"晔"，可是其父母亲戚和同学都把她叫作"华"，这显然是误读，无关音变。类似的材料有很多，可参看罗常培《误读字的分析》(《罗常培语言学论文集》，商务印书馆，2004年）。

(52)北京大学中国语言学研究中心：《语言学论丛（第27辑）》，商务印书馆，2003年，第2页。

(53)但是日本人编的《汉字异体字典》第206页"2855纠"字条所列举的异体字中没有从"斗"之形，应属遗漏。

(54)（清）钱大昕：《十驾斋养新录》，《嘉定钱大昕全集（七）》，江苏古籍出版社，1997年，第108页。

(55)黄侃《广韵校录》(上海古籍出版社，1985年）卷十"正讹"也讨论了《广韵》中的一些异读音是由形体讹变造成的。姑举数例：《广韵校录》第351页称："肜（祭名），以戎切，又敕林切。肜乃彤之变。焯案，彤，《说文》训'船行'，丑林切。肜之又音与《说文》彤字音正同。"可知《广韵》读为"敕林切"的"肜"实际上是"彤"的讹变，并非"肜"本来就有"敕林切"一音。又如《广韵校录》第359页称："椺（胡狄切，又胡老切），当为檄之讹。檄，《唐韵》'與辟切'。""椺"从"保"声，不能有"胡狄切"之音。黄侃认为"椺"读"胡狄切"是檄的讹字，应属可信。类例颇多。

(56)章太炎：《章太炎国学讲义》，海潮出版社，2007年。

(57)收入蒋希文：《汉语音韵方言论文集》，贵州人民出版社，2005年。

(58)本书初版没有注意到蒋希文先生的这篇文章，是不应有的疏忽。蒋先生此文具体讨论了41例，皆有按语分析，确凿可信，先得我心，这是前辈学者很敏锐的观察。蒋先生分析的例子我们不再转录。

(59)万献初：《〈经典释文〉音切类目研究》，商务印书馆，2004年。

(60)只是万献初先生对某些例子的说明有时不完全妥当，主要是把形近造成的错讹字当作了通假字，实则有时候二者并无音韵上的关系，应该从字形讹变造成异文的角度去解释。

(61)我们仅仅转录一二例作为样本：例一，《诗经·小雅·小弁》："我躬不阅。"毛传："有越人于此关弓而射之。"《释文》："关弓：乌环反，下同，本亦作弯。"万献初解释说："'乌环反'是'弯'的切语，直接给'关'注'乌环反'显示了'关'在当句中是'弯'的假借字。"例二，《礼记·明堂位》："秋省。"《释文》："秋省：读为獮，先浅反。"万献初解释曰："直接给'省'注'思浅反'显示了'省'在当句中是'獮'的假借字。"万献初的这些理解是对的，类例在《经典释文》中非常多。

(62)龙宇纯：《中上古汉语音韵论文集》，五四书店、利氏学社，2002年。

(63)另可参看慧琳《一切经音义》(上海古籍出版社，1988年）第346页"豪氂"条，慧琳非常清楚地说"氂"读"力之反"。

⑭另可参看于省吾《甲骨文字诂林（第二册）》（中华书局，1999 年）第 1461 ~ 1462 页所录的古文字学家们对甲骨文中的“嫠”和“𠩺”的分析意见，古文字学家都是以“嫠”所从的“𠩺”为声符，本书不详引。

⑮其实这是双声字，“来”和“𠩺”都是声符。

⑯小川环树等编《角川新字源》（角川书店，2006 年）第 551 页已经认为“𠩺”和“毛”都有可能被当作声符，从而造成来母音和明母音两个读音。在古文字中也有把不是声符的偏旁误认为声符的例子，参看《张政烺文史论集》（中华书局，2004 年）第 36 页。

⑰光华按，就是《国语》。东汉以后的经学家把《国语》看作是《春秋外传》。

⑱光华按，段玉裁的引文对《后汉书》原文稍有节省，且详引其歌原文如下：“我有枳棘，岑君伐之。我有蟊贼，岑君遏之。狗吠不惊，足下生氂。含哺鼓腹，焉知凶灾？我喜我生，独丁斯时。美矣岑君，于戏休兹！”这里似乎“之”也要入韵。

⑲另参看王观国《学林》（中华书局，2006 年）卷一“釐”条第 26 ~ 27 页。王观国早已注意到“釐”与“氂”可以相通：“按字书，釐字，里之切。理也，福也；氂字，十毫也。所谓氂釐者，常用氂字。而太史公用釐字者，假借用之也。世用毫氂丝忽者，皆假釐字用之，盖釐、氂二字，古今通用之也。”

⑳陆志韦：《古音说略》，《陆志韦语言学著作集（一）》，中华书局，1985 年。

㉑“昌石切”本为“泽”音。

㉒汪中《经义知新记》（见《新编汪中集》，广陵书社，2005 年，第 4 页）称《左传·襄公十七年》中的“皋门”当为“泽门”之误，采取《经典释文》之说，认为皋门与泽门不同。光华按，汪中之说最确。“泽”字古文作“臭”，所以很容易误写成“皋”。“臭”字已见于金文，确实是“泽”的古文。

㉓关于论述“音随形变”的论文，可参看张永言《语文学论集（增补本）》（语文出版社，1999 年）第 162 ~ 163 页，张涌泉《论“音随形变”》一文（《旧学新知》，浙江大学出版社，1999 年）。

㉔王筠在其代表作《说文释例》（中华书局，1998 年）卷三“一字数音”条也把这个字的读音归入一字数音的范围，这实际上是异字同形。

㉕《柳河东集注》卷二十九“游黄溪记”：“北至于浯溪，西至于湘之源，南至于泷泉。”注：“泷，闾江切。大奔湍也。”“泷”本有来母音，也见于《广韵》。

㉖［美］包拟古著，潘悟云、冯蒸译：《原始汉语与汉藏语》，中华书局，1995 年。

㉗“厰”在《郭店楚墓竹简·语丛二》中出现了两次，都读为疑母的“嚴”，非透母音。

㉘见《广韵》“瞰”字条。

㉙颜森：《广集韵谱》，江西人民出版社，2005 年，第 230 页。

㉚［美］包拟古著，潘悟云、冯蒸译：《原始汉语与汉藏语》，中华书局，1995 年。

㉛《中华大字典》只引《集韵》音。《汉语大字典》也只引《集韵》音，又称可以用作“颗”的异体字。两者都没有记录定母音。日本学者诸桥辙次等编的《广汉和辞典》没有收录此字。

㉜包拟古一般不注明所根据的材料来源，这是不合学术规范的。

㉝音与声在古书中有时义近而误，参看《故训汇纂》（商务印书馆，2003 年）第 2489 页。

㉞这样的体例在古书中实有类例。如《汉书·地理志上》：“黝，浙江水出南蛮夷中，东入海。成帝鸿嘉二年为广德王国。莽曰愬虏。”师古曰：“黝音伊，字本作黟。其音同。”今按，“黝”并无“伊”音，此处师古注可解释为师古认为“黝”为误字，正确的应该是“黟”，所以说“字本作黟”。而“黟”音“伊”，于是师古标音为“黝音伊”，这是用注音表错字。

第七节　从材料的时代性论上古音的复声母问题

我们在利用汉字的谐声构拟上古音的时候，千万不可忘记这个汉字至少应该在先秦就已经存在。如果上古的汉语中根本没有这个字，我们怎能依据它来推论上古音呢？可是，有的学者就常常用时代较晚的汉字去推考上古音，这如何能令人信服？如高本汉《谐声说》[①]就不懂得这个汉语史的原理，他从《康熙字典》中选出12 000字，以便从其谐声结构去构拟上古音的声母。这些字中有很多是晚出的字，不能作为推导上古音的根据。林语堂《古有复辅音说》已经注意到："此外如汉朝经学家直接的证据也是一条无有，但是汉朝实已太迟了，要听我们老祖宗说南蛮鴃舌的话，非远超周秦而上不可。"林语堂的话是正确的。许慎《说文解字叙》就批评了汉代的"俗师"是"小学不修，莫达其说久矣"。在汉宣帝时候，通晓《仓颉》中古字的学者已经非常罕见了[②]。从《说文解字叙》来看，在汉代已经有很多俗字流行了，以至于在东汉出现了《通俗文》这样的字书。

董同龢《汉语音韵学》[③]就批评过高本汉所选定的"材料的时代性竟大成问题，并且，在研究古代声母，态度也远不如他研究古代韵母那么谨慎，所以缺点依然很多"。董同龢《上古音韵表稿》也说："我们最早的字书《说文》，才有九千多字。其中因冷僻而未经他采用的一定还不少。由此可见他的根据总有一半的样子简直是汉以后的了。取材不慎，自然也要影响到他的结论。"[④]高本汉在该文中虽然意识到这点，但他仍然说："可是咱们也得记得在中国文字史当中，谐声是造字法的最后时期，而且在上古中国语的时候大多数的谐声字都已经造定了。在那时候虽不无方言的差异，可是总不见得有现在方言不同的那么厉害。"这些话多是无稽之谈，不值一驳。但是高本汉在《汉语词类》一书中似乎意识到了这样的问题。他在该书[⑤]中批评李方桂的一篇论文时说："李氏为要证明如此，就从《广韵》上引出一些统计。他所举给我们的字体，其中许多是六朝时的构造，并非发生于周秦汉时代的——毕竟不足以用来证明的。"[⑥]

《说文》中的"六书"说，虽然据张政烺《六书古义》[⑦]的论述是源自刘歆之说[⑧]，但作为汉字原理的"六书"是以《说文》中的小篆、古文、籀文以及当时所能见到的金石文等古文字为对象而归纳出来的[⑨]，汉代的隶书和草书已经多不符合"六书"[⑩]，更何况后代的俗字和新生的简易字，焉能全凭"六书"的原理去推论上古音？事实上，如同我们上文所征引的文献所表明的一样，汉代的人很多时候是以会意字去分析汉字的结构，而不是从形声字的角度去分析文字的构造。我们再举几例：

《史记·律书》："日月成，故明也。"这是典型的会意解字法。《史记》此言可能是承袭了《周易·系辞下》："日月相推而明生焉。"另如《风俗通义》佚文[⑪]有曰："狱，自三王制肉刑始有狱，夏曰下[⑫]台，周曰囹圄，令人思諐改恶。狱字二犬守言，无情状，犬亦得之。囚字罪人置诸圜土，故囚字从囗中人。"《风俗通义》解说"狱"和"囚"字都是用会意的方法，而并没有举形声字的例子。宋朝王安石的《字说》尤其如此。后世的新字与俗字产生的原因很复杂，不能一概地用"六书"的原理去分析，尤其不能据之以考上古音[⑬]。六朝以后，俗字俗音甚多，变化多端，有许多是用字的问题，非关音变，这是要特别注意的。且举一例：《经典释文》卷二十九"陕"字条称："户夹反。《说文》云：隘也。从阜，夹声。俗作狭，或作狎字，下甲反。今人以陕弘农县。字书陕字音失冉反。狭代陕，行之久矣。”“陕”本是“狭”的本字，二者音义皆同，但“陕”在六朝就用作了“陕西”的“陕”，音义皆与“狭”无关了。

例一，陈寅恪在《五胡问题及其他》[14]就说：“羯人与欧罗巴人为同种，其语言亦属印欧语族，尤以数词与拉丁文近，仅‘万’字系自汉语借入，读若 Tman。此由汉语‘万’，古本为复辅音，如‘虿’‘迈’二字声母止别为‘t’‘m’，即系由此分化而成。”

我们认为陈寅恪先生的这个观点不能成立。因为“虿”是个产生时间非常晚的汉字。今检《说文》《广雅》《玉篇》《广韵》《集韵》等书均不见此字，而是始见于清朝人吴任臣编的《字汇补》。我们从文献中考索的结果，也表明“虿”字不会早于宋代。我们可以断定在宋代以前没有“虿”字。若果真如此，我们怎能依据它来拟定上古音的声母呢？我利用《四库全书》的光盘版进行检索，发现在整部《四库全书》中“虿”字共出现了 42 次，最早的作者也只是宋朝人，而且无一可信。南宋人杨简《慈湖诗传》卷八：“迈，力制切[15]。《说文》以从虿得声，许慎读虿如厉。”考今各本《说文》均无“虿”字，《说文》只有“蛋”的正字作萬，此字的上部根本不是“万”。段注已经明确指出“蛋”是俗字，此字本来就不是从“万”得声。元末明初人梁寅《诗演义》卷十五：“彼都人士，垂带而厉。彼君子女，卷发如虿；我不见兮，言从之迈。垂带而厉，带之下垂也。谓之厉者，大带而有緣饰也；卷发如虿，言鬓傍短发不可敛者，曲上卷然以为饰也。旧注云：虿者螫虫。其末榩然，如妇人发末上曲。言从之迈，谓得见则从之以行矣，爱慕之甚也。”实际上，文渊阁《四库全书》所载的“虿”均为“蛋”之误。《左传》中的郑国人“公孙蛋”，《四库全书》本的宋人程公说《春秋分记》卷六十一就改为“公孙虿”。《诗经·小雅·都人士》原本只作“蛋”而不是“虿”。另如《后汉书》卷六十四《卢植传》论曰：“夫蜂蛋起怀。”《四库全书》本亦改“蛋”为“虿”。前人多议《四库全书》版本之失，此为一佳例。《四部丛刊》本《太平御览》中有“蛋”字 35 个，但《四库全书》本《太平御览》中只有 26 个，另外 9 个中有 4 个被改为或误为“虿”。大概是因为“蛋”为毒虫[16]，是凶恶字，所以遭到避讳。我利用《四部丛刊》的光盘进行全文检索，共有 3 个“虿”的用例，皆不早于宋。金国的赵秉文《闲闲老人滏水文集》卷十：“蜂虿有毒。”这里的“虿”显然是“蛋”之误[17]。另两例为《梅村家藏稿》卷一、《敬业堂诗集》卷四十，此二例的“虿”也都是“蛋”之误，一览即明。我们甚至还找不到“虿”在明代以前的文献中的用例。总之，“虿”是个出现得相当晚的字，绝不能据以考论上古音。而且还有的学者主张“虿”也不是一个形声字[18]，所从的“万”不是声符，这个意见也值得重视[19]。

例二，有的学者根据藏文“毯”klam 读音对应汉语“毯” ＊tʻam，便认为藏文的 klam 与汉语的“毯”是汉藏语系中的同源字。我们认为这也是不能成立的，我们有汉语史的证据。今考字书，《说文》中没有“毯”字，《说文》緂字下曰：“帛骓色也。从纟，剡声。《诗》曰‘毳衣如緂’。臣铉等曰‘今俗别作毯，非是’。土敢切。”《说文系传》与《复古编》（《四库全书》本）卷上亦同。今本《诗经·王风·大车》作“毳衣如菼”。徐铉说的“今俗别作毯”大概是在唐朝已经有这样的俗别字了。慧琳《一切经音义》卷二十四“毯毻”条注曰：“毯，又作緂。”段玉裁注曰：“骓者，苍白色也。”桂氏《说文解字义证》采郑玄之说曰：“毳衣之属，衣缋而裳绣，皆有五色焉。其青者如骓。”徐铉的注本来是说“緂”与“毯”是不同的两个字，切不可误会“毯”的本字早已见于《说文》。緂从“纟”是表示“緂”的质地，从“炎”声是表示“緂”的颜色，《说文》各家注皆如此说。后来的“毯”字是魏晋以后的人造的后起字。因为“毯”是由羊毛织成，所以其字从“毛”。我们还不知其字从“炎”声所表何意。《说文》中的“罽”与“毯”本来是不相干的。“毯”是后起的新字。这个字最早也是在晋朝才产生的。遍检正史，“毯”字最初出现于唐朝人编撰的《晋书·张轨传》：“轨即遣参军杜勋献马五百匹、毯布三万匹。”张轨镇守西凉，本与西羌关系密切（《晋书·本传》亦称：“帝遣使者进拜镇西将军、都督陇右诸军事。”陇右为西羌之地），张轨所献之“毯”当是陇右所产。古人都说“毯”本出自西羌。慧琳《一切经音义》卷八十一“毯席”条注引唐朝人的《考声》曰：“毯，织毛为之，出土蕃中。”同书卷六十二“毛毯”条注曰：“毯，织毛为之，出西戎也。”《龙龛手鉴》（《四库全书》本）明称：“毯，吐敢反，毛席，出土蕃。”《龙龛手鉴》中保存了一些先秦的材料，已经得到古文字学[20]研究的证明，不能因其书晚出而一概认为其中的材料都晚出。又《太平御览》卷五六七引《乐府杂录》曰：“舞有骨鹿舞、胡旋，俱于一小圆毯子上舞，纵横腾掷，两足终不离于毯上，其妙皆若夷舞也。”胡旋舞本是西域异族的夷舞，西域胡人的习俗是在毯上舞蹈。顾炎武《天下郡国利病书》[21]有曰：“自汶川以东，皆有屋宇，不立碉巢。豹岭以西，皆织毛毯，盖屋如穹庐。”顾炎武已确知织毛毯为西羌民俗。可知“毯”确为西羌人的发明[22]。唐朝与周边异族交流频繁，西域和土蕃的“毯”大量流入中国，我国人在唐朝就已经非常熟悉“毯”。但在晋代以前，我国没有“毯”字的概念。在字书中，《玉篇》始见“毯”字[23]。《太平御览》卷九六九引《李邺侯传》曰：“唐肃宗尝夜坐，召颍王等三弟，同坐于地炉罽毯上食。”“罽毯”正是来自外族，本非我国所固有。有的学者根据《汉语大词典》认为这里“罽毯”中的“罽”是毛织物，罽毯即毛毯，未必是外族所产之毯。其实我们的解释与《汉语大词典》并不矛盾，不能用《汉语大词典》来作为批评我们的理由。细考古书，知我国在魏晋以前把毛毯称作“罽”，《尔雅》作“罽”，《说文》作“𦆓”。《说文》《广雅》《玉篇》均释“罽”为“鱼网”，这是“罽”的本义，故其字从“网”。当“罽”为“毛布”之义时，古人明确认为这种毛布是来自异族，古来学者并无异见。如《资治通鉴·汉纪四十七》：“以文罽为坛饰。”胡三省注：“西夷织毛为布曰罽。”可知“罽”作为毛布本为西夷所产。《后汉书·李恂传》：“西域殷富，多珍宝，诸国侍子及督使贾胡数遗恂奴婢、宛马、金银、香罽之属，一无所受。”李贤注：“罽，织毛为布者。”《晋书·食货志》：“辽西旃罽之乡，葱右蒲梢之骏。”可知作为毛布的“罽”本来是出自西域。此字在《说文》中有专字作“𦆓”。《说文》：“𦆓，西胡毳布也。”段注：“毳者，兽细毛也。”《说文》：“紕，氐人𦆓也。”这是《说文》明确地说“𦆓”是西胡的氐人所有，在古汉语中叫作“紕”。慧琳《一切经音义》卷六十六注引《考声》曰：“𦆓，西国毳布也。”同书卷六十六注又引《古今正字》：“𦆓，西戎毛锦也。”以上材料都证明作为毛布的罽或𦆓确实是最初来自西域异族[24]，应无疑问。《尔雅·释言》：“氂，罽也。”郭璞注：“毛氂所以为罽。”邢氏疏曰：“毛氂所以为罽。舍人曰‘氂所谓毛罽也。胡人续羊毛而作衣。然则罽者，织毛为之，若今之毛氍毹，以衣马之带鞅也’。”注释《尔雅》的舍人是西汉武帝时候的学者，舍人已经清楚“胡人续羊毛而作衣”，认为“罽”是胡人织毛为之。[25]郝懿行《尔雅义疏》以《尔雅》中的“罽”为“𦆓”之借。段玉裁《说文解字注》也说：“𦆓，亦假‘罽’为之。”以上的文献清楚表明“毯”在我国魏晋以前叫作“𦆓”或“罽”，这两个字与后起的“毯”和藏文的 klam 在读音上相去极远，绝不可能有同源关系。因此，不能利用藏文“毯”klam 的语音与汉语“毯” ＊t‘am 近似来作为构拟复辅音的证据。

我国六朝人新造的一个特别用来表示毛毯的“毯”字，其读音是否来自异族语的译音是很难判断的，但我们可以肯定地说“毯”不可能是藏文 klam 的译音。因为现代的古音学已经足以证明晋朝时的语音中并没有复辅音声母的存在。如果认为“毯”是藏文 klam 的译音词，那就等于承认最少在晋代时还有复辅音声母，这显然是错误的。因此在谈对音时，要万分审慎，不可轻易比附[26]。另外，我国上古有“氈”字，据《说文》：“氈，捻毛也。”段注：“《周礼·掌皮》‘共其毳毛为氈’。古多假‘旃’字。”另如《周礼·掌次》：“王大旅上帝，则掌氈。”[27]而“氈”与“毯”判然二物，音义皆殊[28]，毫无关系，决不可认为“毯”在上古是作“氈”[29]。

例三，有的音韵学者利用“吮/允”这组谐声材料来构拟上古汉语的复辅音声母[30]。我们认为这是不能成立的，“吮”的上古音声母与复辅音无关。考《说文》：“吮，欶也。从口允声。”徂沇切。《广韵》还有“食尹切”一读。《说文》以“吮”与“欶”互训。《说文》：“欶，吮也。”段玉裁注、桂馥注、朱骏声注等对“吮”的形声结构没有新的说法。今按，如果“吮”的上古音是相当于《广韵》的“徂沇切”，那么“吮”的上古音就是从母。从母与喻母难以相通，所以有的学者就用构拟复辅音的方式来解释其谐声问题。但是，我们的研究表明《说文》训“吮”为“欶”不是“吮”在古文献中最早的意思，也就是说“吮”音“徂沇切”不是“吮”在上古音的读音，而是一个后起的读音。《广韵》所载的“食尹切”一读（即船母）才与“吮”的上古音相当。今考证如下：

据《广韵》，“吮”音有三读，读“徂沇切”的意思是“欶”，与《说文》同，其上古音声母应为从母，另外还有“徐兖切”一读（即邪母），意思同样是“欶”[31]；读“食尹切”的意思是吮舐，上古音声母是船母，也就是说如果根据《广韵》《说文》“吮”训“欶”，“吮”要读为“徂沇切”音，且为从母而不是船母，但是考儒家《十三经》并没有出现“吮”字。在战国末期至西汉前期的文献中有了“吮”。《韩非子·备内》：“医善吮人之伤，含人之血，非骨肉之亲也。”《韩非子·外储说左上》：“故桓公藏蔡怒而攻楚，吴起怀瘳实而吮伤。”《韩非子·外储说左上》：“吴起为魏将而攻中山。军人有病疽者，吴起跪而自吮其脓。伤者之母立泣，人问曰：将军于若子如是，尚何为而泣？对曰：吴起吮其父之创而父死，今是子又将死也，今吾是以泣”。此文又见于《史记·吴起列传》：“卒有病疽者，起为吮之。卒母闻而哭之。人曰：‘子卒也，而将军自吮其疽，何哭为？’母曰：‘非然也。往年吴公吮其父，其父战不旋踵，遂死于敌。吴公今又吮其子，妾不知其死所矣。是以哭之’。”《史记·佞幸列传》：“文帝尝病痈，邓通常为帝唶吮之。…… 已而闻邓通常为帝唶吮之，心惭，由此怨通矣。”我们的文献考察表明：“吮”字在古文献中最早出现于《韩非子》和《史记》，而这些最早的古文献中的“吮”的用法都是与医学有关的，相当于《广韵》所说的“吮舐”的意思，而不是《说文》说的“欶”义。“吮”训“欶”反而是后起的意思。《说文》对“吮”的释义并不是“吮”在古文献中最早的意思。而当“吮”训为“吮舐”的时候，据《广韵》要读为“食尹切”，而不是“徂沇切”。因此，根据以上的考证，我们有充分的理由说“吮”读“食尹切”（意思是吮舐）一音要早于“徂沇切”（意思是“欶”）一音。“吮”的上古音应该是相当于“食尹切”一音，而“食尹切”正好是船母而不是从母。何九盈、陈复华《古韵通晓》[32]正好是把“吮”的上古音声母看成是船母，完全与古文献相吻合。“吮”的从母一读当为后起音，唐代学者如司马贞的《史记索隐》大都是把“吮舐”的“吮”注音为从母，这是不妥当的，从而也可知唐代学者已经不容易了解西汉以前（包括西汉）的古音。而船母在上古音中读音与定母相近。黄侃《音略》三“古声”：“神，此亦定之变声。”神母就是船母。也就是说“吮”的上古音声母要读如定母。而“吮”所从的“允”为喻母，上古音也读与定母相近。正因为如此，“吮”才从喻母的“允”声而读为船母的“吮”。其谐声关系非常自然，完全符合音理，与复辅音没有关系。综上所述，“吮/允”这组谐声材料与复辅音无关，不能作为构拟复辅音的根据。

例四，有的学者用喻四声母的“沿、铅”和溪母的“铅”来讨论喻四和溪母的关系。这就忽略了材料的时代性。考“铅”的古音在所有韵书中都是喻四音，读“与专切”，从来没有溪母音。更考《经典释文》卷三：“铅，寅专反。字从㕣，㕣音。以选反。”《经典释文》卷二十九：“鈆，悦全反。”《康熙字典》所收“铅”的各种音也没有溪母，都是以母音。有证据表明在宋代的苏东坡时代，“铅”还是读如“沿”。考苏东坡《续养生论》：“何谓铅？凡气之谓铅，或趋或蹶，或呼或吸，或执或击，凡动者皆铅也。”苏东坡这里明显把“铅”当作“沿”的同源词，用作动词，必是以母。后来北京话和吴方言中读溪母的“铅”是出现得非常晚的音，在清代以前的注音中都没有出现过，因此绝非上古音的直线音变。“铅”的溪母音来历不明，出现年代恐在鸦片战争以后，尚待深考，断不可据以论上古音。

注释

①［瑞典］高本汉著，赵元任译：《谐声说》，《赵元任语言学论文集》，商务印书馆，2002年。

②《汉书・艺文志》：“《苍颉》多古字，俗师失其读，宣帝时征齐人能正读者。”

③ 董同龢：《汉语音韵学・第十二章》，中华书局，2001年。

④ 沈兼士《声训论》（《沈兼士学术论文集》，中华书局，2004年）第260页称：“惟高氏为外国学者，故其选字注义，于古今正俗之分，变易孳乳之例，尚嫌未能得其鰓理。”何九盈先生《中国现代语言学史》（广东教育出版社，2000年）第256页评价说：“从总体来看，董同龢对谐声资料的考察、利用，比之高本汉严谨、深入。他纠正高本汉高本汉在构拟上的一些错误，堪称‘后出转精’。”

⑤［瑞典］高本汉著，张世禄译：《汉语词类》，商务印书馆，1937年，第75～76页。

⑥ 原注——这是一种方法上的错误，统李氏论文当中，时有发现。

⑦ 见《国立中央研究院历史语言研究所集刊（第十本）》。后收入张政烺《张政烺文史论集》（中华书局，2004年）。

⑧ 姚孝遂《许慎与说文解字》（中华书局本）、《精校本许慎与说文解字》（作家出版社，2008年）也主张此说。刘歆乃一代硕儒，是东汉古文经学的鼻祖，这是古人的通识。今考古文献如下，以供研究刘歆参考。《中论・历数》：“刘歆用平术，而广之以为三统历，比之众家，最为备悉。”《文心雕龙・才略》曰：“二班、两刘，奕叶继采。旧说以为固文优彪，歆学精向。”《太平御览》卷五九九引《傅子》曰：“或问刘歆、刘向孰贤？傅子曰‘向才学俗而志中，歆才学通而行邪’。”《隋书・礼仪志二》载许善心、褚亮等议曰：“考论诸儒之议，刘歆博而笃也。”《文心雕龙・檄移》曰：“及刘歆之《移太常》，辞刚而义辨，文移之首也。”《意林》卷三引《新论》：“刘子政、子骏、子骏兄弟伯玉，俱是通人。”《论衡・乱龙》：“子骏汉朝智囊，笔墨渊海。”《论衡・佚文》：“王莽时，使郎吏上奏，刘子骏章尤美。”贾公彦《周礼正义・序》引马融《传》曰：“至孝成皇帝，达才通人刘向子歆校理秘书。”（见《十三经注疏》，中华书局，1998年，第635页）。《汉书・韦贤传》引班彪之言曰：“考观诸儒之议，刘歆博而笃也。”《后汉书・李通传》：“（李通）初事刘歆，好星历谶记，为王莽宗卿师。”《后汉书・杜林传》：“（河南郑兴）尝师事刘歆。”（亦见《郑兴传》）。《后汉书・桓谭传》：“（桓谭）数从刘歆、杨雄辨析疑异。”《后汉书・孔奋传》：“孔奋少从刘歆受《春秋左氏传》。”《后汉书・贾逵传》：“贾徽从刘歆受《左氏春秋》。”《后汉书・律历志上》：“至元始中，博征通知钟律者，考其意义，羲和刘歆典领条奏，前史班固取以为志。”《汉书・律历志上》在“刘歆等典领条奏”后有“言之最详”四字。《后汉书・律历志中》：“其后刘歆研机极深，……少有阙谬。”据《汉书・平帝纪》平帝三年春，刘歆等杂定婚礼。平帝五年，刘歆等四人使治明堂、辟雍。《汉书・律历志上》：“（刘）向子歆究其微眇，作《三统历》及《谱》以说《春秋》，推法密要。”《汉书・王莽传上》：“刘歆典文章。”《汉书・楚元王传》：“（刘）歆乃集六艺群书，种别为《七略》。”《汉书・艺文志》：“（刘）歆於是总群书而奏其《七略》。”《汉书・李寻传》称刘歆以鬼神灾异之事不合五经。刘歆还是古文经学的开山鼻祖，他将重要古文经典《周官》《左传》等力加揄扬，成为显学。足见刘歆遍治群经，且精通天文历法。《汉书・董仲舒传》赞曰：“至向曾孙龚，笃论君子也，以歆之言为然。”《汉书・楚元王传》：

“（刘）歆亦湛靖有谋。父子俱好古，博见强志，过绝于人。”刘歆本精赡才学，蔚然一代儒宗，古人久有定评，岂康有为之流所得诬乎？另可参考钱宾四《刘向歆父子年谱》、杨向奎《绎史斋学术文集》所收《论刘歆与班固》。

⑨ 当然以小篆为主。

⑩ 而且据黄侃《文字声韵训诂笔记》称《说文》中“古文如此”之类，是表明许慎已经不明白这个古文的结构及形音义之间的关系。

⑪ 吴树平：《风俗通义校释》，天津人民出版社，1980 年，第 419 页。

⑫ 光华按：“下”当为“夏”之误。

⑬ 耿振生教授在《20 世纪汉语音韵学方法论》（北京大学出版社，2004 年）一书第七章“历史比较法”中在谈到利用同源词来构拟汉语上古音的时候，要注意材料的时代性问题。我们这里引述耿先生的论述作为参考。耿先生在该书第 223 页称：“如果把晚近出现的词作为汉藏语历史比较的材料，就犯了知识性的错误。我们确实看到，有的研究者把后代的词义当作古代的词义。例如包拟古拿汉语的‘本’（他的拟音是☆ pun）跟壮语的‘册’pløn 对比（中译本第 129 页）]，拿汉语的‘崩’（他的拟音是……光华按，耿先生原文此处有排印错误）跟藏语的‘被打败、被征服’[’pham]对比 [（中译本）第 142 页]，都是把后起词义误解为古义。汉语中的‘本’作为‘书本’‘本册’的词义出现得很晚，在上古时代‘本’有‘树根’‘根本’‘本原’等意义，或者作为树木的名量词（相当于‘棵’。光华按，‘本’相当于‘棵’的用法，至今还保留在日语中），没有“书本”的意思。汉语的‘崩’在上古时代的意义是‘山崩’或‘土崖崩塌’，比喻义是帝王死亡，没有‘军队崩溃’之类的用法。这两例是以后起义误作古义。”

⑭ 陈寅恪：《陈寅恪集·讲义及杂稿》，生活·读书·新知三联书店，2001 年。

⑮ 原注——按原本三字脱。

⑯《诗经·都人士》孔疏引《通俗文》云“长尾为虿，短尾为蝎”。

⑰ 古书中常常以“蜂虿”连用，如《淮南子·俶真篇》：“蜂虿螫指而神不能憺。”同篇又曰：“非直蜂虿之螫毒。”《文心雕龙·檄移》：“摧压鲸鲵，抵落蜂虿。”

⑱ 裘锡圭先生对我这样说过。

⑲ 另外，从汉藏诸语言彼此之间的借词来看，也可以知道陈先生的看法是不确切的。据黄布凡主编《藏缅语族语言词汇》（中央民族学院出版社，1992 年）第 276 页“万”字条，“万”在阿昌语中作 mun^{31}；在载瓦语中作 mun^{21} [但是据《藏缅语语音和词汇》（中国社会科学出版社，1991 年）第 1314 页“万”字条，载瓦语中的“万”作 mun^{55} 和 van^{55}，与黄布凡主编的书有所不同]；在彝语中作 va^{55}，又作 me^{21}。民族语言学者公认这些民族语中的“万”的读音是借自汉语的“万”，而都没有带舌尖塞音的复辅音。这也可以证明汉语中的“万”字的读音本来就不是复辅音声母。

⑳ 尤其是战国文字。

㉑《四部丛刊》本。

㉒ 毛制品最先出现于北方或西部的草原游牧民族，已经得到考古学的证明。可参看林梅村教授《汉唐西域与中国文明》（文物出版社，1998 年）一书。

㉓ 但是否为原本《玉篇》所有，尚不可知，中华书局本《原本玉篇残卷》没有“毛”部字。

㉔ 先秦两汉的汉民族明确区分西羌和西胡，从外未相混。西胡不是羌族，而是西域的异民族。如《说文》：“鄯，鄯善，西胡国也。”鄯善是新疆地区的民族。

㉕ 武敏先生在《新疆近年出土毛织品研究》[载殷晴主编《新疆经济开发史研究（下）》，新疆人民出版社，1995 年，第 117 ~ 135 页] 一文中就认为毛织品的“罽”是得名于“罽宾”。

㉖ 蒲立本诸人用对音之法已嫌草率，不足为训。聂鸿音先生的《番汉对音和上古汉语》（《民族语文》2003 年第 2 期）对蒲立本讲的对所音多有批评。

㉗ 阮元《校勘记》称“氈”别本又作“氊”。“氈”与“毡”为异体字。

㉘“毡”的上古音为元部，而“炎”及从“炎”声的字上古音为谈部。

㉙ 我们这里介绍两个例子作为旁证：例一，劳费尔《中国伊朗编》（商务印书馆，2001 年）第 94 页指出《北户

录》和《齐民要术》卷十所录的“扶留”是一个译音词，相当于古安南语的 blə̂u、和亨语的 plu、吉蔑语的 m - luw、斯帝恩语的 m - lu、巴那语的 b ö - lou、卡语的 b - lu。现在似乎没有人对劳费尔的这个论断提出批评，其说应属可信。可见六朝时代成书的《北户录》和《齐民要术》是用双音词的“扶留”来音译 C + L 型复辅音的外语词。这足以反证六朝时期的汉语不存在 C + L 型复辅音。例二，唐朝人是用两个单音节词去音译藏文的复声母。据陈寅恪《吐蕃彝泰赞普名号年代考》(《金明馆丛稿二编》，生活·读书·新知三联书店，2001 年）一文指出《新唐书·吐蕃传》中的吐蕃赞普“可黎可足”就是《长庆唐蕃会盟碑》中的藏文 Khri - gtsug 的译音。这个考订为一般学术界所接受，当属可信。则唐朝人是用“可黎”二字来音译藏文的复辅音音节 Khri，用“可足”二字来音译藏文的复辅音音节 gtsug。例如，朱文旭的《“吐蕃”考》可以作为旁证。朱文旭的文章首先考察了“吐蕃”一词在我国历史上出现的时期，然后考订了“吐蕃”一词所对应的藏文原文。他说：“汉文史志中出现‘吐蕃’二字指称藏族是唐朝中叶，如《旧唐书》卷三：贞观八年，‘龟兹、吐蕃、高昌、女国、石国遣使朝贡’。对于‘吐蕃’二字在史志上的出现，唐朝史家自己也在汉文史志中对其藏族称谓的变化作过一些解释。《旧唐书》卷一九六：‘吐蕃，在长安之西八千里，本汉西羌之地也。……以秃发为国号，语讹谓之吐蕃。’《新唐书·吐蕃传》：‘吐蕃本西羌属。……蕃，发声近，故其子孙曰吐蕃。’另外有些史家也作过一些解释，如《旧五代史》卷一三八：‘吐蕃，本汉西羌之地，或云南凉秃发利鹿孤之后，其子孙以秃发为国号，语讹为吐蕃。’从当时人这些记述来看，两点可以肯定，一是‘吐蕃’称谓来源历史上沿用下来的藏族自称，并不是唐人所杜撰，二是说明当时藏族自称在语音上已经有所语音演变现象。同时还说明，‘吐蕃’之称刚出现在史志中时，大家并非普遍认可，所以才作一些必要的解释，以免引起误会。首先肯定了‘吐蕃’为藏族自称的固有称谓词以后，我们再来看藏语中有没有与此相关的称谓上问题。……古藏文中称‘前’为 dbus，称‘后藏’为 gtsang。我们认为‘前藏’称谓 dbus 就是唐时‘吐蕃’称谓的来源。以藏族来说，也是多自称的。‘藏’可能来源‘后藏’称谓 gtsang。使用藏语的藏族今天都自称‘博’。…… 根据汉藏语系语言的语音演化情况和古藏文记载的藏族自称情况，我们初步可以认定，‘dbus’这一藏族自称在当时的唐人听觉中成了‘吐蕃’，即藏语的复辅音声母演化成汉语的两个音节。犹如‘烛’章纽屋部 - k 尾，彝语凉山话就念‘支格’。藏语复辅音声母 db 唐人自然会念或写成相关的两个音节。”按，我们认为朱文旭的论证是可信的。只是根据《旧唐书》的记载，唐太宗贞观八年，“吐蕃”已经遣使来朝贡，完全可能这时早已有“吐蕃”之名。而且考《通典》卷一九〇“边防六·吐蕃”条：“其赞普弄赞，雄霸西域。隋开皇中，其主论赞索弄赞都牂牱西疋播城已五十年矣。国界西南与婆罗门接。自大唐初，已有胜兵数十万，号为强国。”因此，“吐蕃”之称至少在隋代初年以前乃至六朝时候就早已存在，并非如朱文旭所说晚到唐代中叶。至于为什么《隋书·西域传》中没有《吐蕃传》呢？我们认为这是因为隋末大乱，文书档案多有亡佚的缘故。《隋书·西域传》序曰：“大业年中，相率而来朝者三十余国，帝因置西域校尉以应接之。寻属中国大乱，朝贡遂绝。然事多亡失，今所存录者，二十国焉。”明称“事多亡失，今所存录者，二十国焉”，可见《隋书》没有记载的国名未必就没有。

我们既然确定在唐代以前已有“吐蕃”之名，且根据朱文旭的考证，“吐蕃”是藏文 dbus 的译音，可知对于藏文的复辅音“db”，我国中古时期是用双音节词来翻译的。正如朱文旭所说：“藏语复辅音声母 db 唐人自然会念或写成相关的两个音节。”这就作为旁证进一步证明了我们在上文论证的我国中古时期的单辅音声母 t·不会用来对译外语的复辅音 kl。

但是我们这里还是要补充一个材料以供参考。现代法国著名的东方学家伯希和《汉译吐蕃名称》[《西域南海史地译从（第一卷)》第二编，商务印书馆，1995 年] 考证了“吐蕃”一名并不是藏文 bod 的直接译音 [马长寿《马长寿民族学论集》(人民出版社，2003 年）第 347 页和马学良主编《汉藏语概论》(民族出版社，2003 年）第 93 ~ 94 页还是按照普通的说法认为吐蕃中的“蕃”是藏语中的 bod 或 pod 的音译，马长寿此文没有注意到伯希和的研究；安应民《吐蕃史》(宁夏人民出版社，1989 年）前言第 1 页也说：“一般认为‘吐蕃’是从古代藏族自称的‘大蕃’意音合译而来的。‘大蕃’藏语作‘蕃青布’，其中‘青布’意为高、大、上之意，所以就译为‘大蕃’。”这些论述都忽视了伯希和的研究]，而是从突厥文 Tüpüt 音译过来的名称。突厥文 Tüpüt 是对“吐蕃”的称呼，也就是说汉语中的“吐蕃”一词本来是突厥文对西藏的称呼。后来的岑仲勉《突厥集史（下)》“突厥语及其相关外语之汉文译写的考定表”(《岑仲勉著作集》，中华书局，2004 年）第 1132 页就是采取了伯希和的这个意见，认为汉语的“吐蕃”是突厥文 Tüpüt 的音译［又据耿世民《古代突厥文碑铭研究》（中央民族大学出版社，2005年）中《阙特勤碑》一文的转写和论述，古代的突厥文确实用tüpüt来指“吐蕃”，但耿世民没有明确说二者之间有对音关系］。这种意见虽然早已存在，现在看来也丝毫不过时。朱文旭的文章没有提到伯希和的这篇论文。伯希和此文还认为“吐蕃”的“蕃”要读如“翻”音，是阳声韵尾，非读如“播”音。我注意到日本学者一般也是把“吐蕃”的“蕃”读如“翻”。据格勒《藏族早期历史与文化》（商务印书馆，2006年）第59页和第70页的介绍，“吐蕃”的“蕃”是西藏原始宗教“本教”的“本”（bon）的译音［bon后来音变为bod。光华按，考《新唐书·吐蕃传》：“吐蕃本西羌属，盖百有五十种，散处河、湟、江、岷间，有发羌、唐旄等，然未始与中国通。居析支水西。祖曰鹘提勃悉野，健武多智，稍并诸羌，据其地。蕃、发声近，故其子孙曰吐蕃。”可知在唐朝（至少在宋朝的欧阳修时期），“吐蕃”的“蕃”是音近于bod，只有如此才能与“发”声相近，不可能读阳声韵）］。这些意见都是值得重视的。正因为有这样种种复杂的情况，所以我们强调讲对音务必要慎重。后来，郑张尚芳《古译名勘原辨讹五例》（见《中国语文》2006年第6期）、杨军《“吐蕃”的读音问题》（收入中国音韵学研究会《中国音韵学》，南京大学出版社，2008年）都主张“吐蕃”的“蕃”读阳声韵，与伯希和的观点相同（而且杨军还认为“蕃”不是译音字，就是表示蕃国的意思）。

李方桂《藏语复辅音的中文转写》（《国立中央研究院历史语言研究所集刊（第五十本）》，“国立中央研究院”历史语言研究所，1979年，第231～240页）一文考察了7—9世纪的藏语中的专有名词与相应的汉语对音词的对音关系。李方桂在235～238页指出藏文的复辅音有时被音译为汉语的两个汉字，其中第一个汉字表示藏语复辅音的第一个辅音，第二个汉字表示藏语的第二个辅音加上元音及辅音韵尾（李方桂说这又可细分为两类）。例如，藏语klu音译为“矩立”，srong音译为“苏笼”，khri音译为“绮立”，khri gtsug音译为“可黎可足”，lde音译为“卢提”，srong音译为“宗弄”，spu音译为“窣勃”，snya音译为“悉若”，stag音译为“悉诺”，stang音译为“悉当”，snam音译为“悉南”，khri音译为“乞力”，bran音译为“勃阑”，bzang音译为“勃藏”，bro音译为“没卢”，dgu音译为“突瞿”等。这些宝贵的材料很能说明问题（李方桂此文还提到另一种有趣的汉藏对音现象，比较特殊，我们不再转录其例子）。

㉚“允”的古音声母为余母，“吮”的中古音声母有从母、船母、邪母三读。

㉛其所以会如此是因为在中古音中，有的方言是邪母与从母可以相混。

㉜何九盈、陈复华：《古韵通晓》，中国社会科学出版社，1987年，第310页。

第八节　从连音变读论上古音的复声母问题

造成各种音变现象的原因中有一种叫作“同化”。同化作用一般是在语流中产生音变现象，因此也可以称作“连音变读”。我们在这一节要用同化作用或连音变读来解释古汉语的一些比较特殊的谐声现象，并要指出这些特殊的谐声与复辅音声母并没有关系，不能靠构拟复辅音声母来解释某些特殊的谐声关系。介绍一些音变中的同化作用的原理是非常必要的。

罗常培、王均《普通语音学纲要（修订本）》[①]第六章“语流音变”中“同化”一节称：“当两个不相同或不相似的音连起来发的时候，两个音由于互相影响，互相适应，变为相同或相似的音。为什么会发生这种作用呢？这是很容易理解的。如果两个音不相同或不相似，那么当两个音连在一块儿的时候，叫发音的人在一瞬间改变发音部位或改变发音方法去进行长音是有困难的，这容易把两个音中的一个音改成跟另一个音发音部位或发音方法相同的音，这样就产生了同化作用。……同化的程度有全部和部分的区别。全部的同化是一个音使另外一个音跟自己完全相同；部分的同化是一个音使另外一个音跟自己发音部位或发音方法相同。辅音的同化一般又分为“前进的”和“后退的”两种。……前进的同化又叫顺同化，即前一个音影响后一个音。发生这种同化的原因是因为前一个音发完以后，紧接着就发后一个音，发音部位或发音方法或部位和方法一时来不及改变，以致把后一个音给同化了。……后退的同化，又叫作逆同化。后一个音影响前一个音。发生这种同化的原因是由于说话人在未发前一个音时已经预料要发后一个音并开始作发后一个音的准备，就在准备的当中发出了前一个音，因而前一个音受了影响，被后一个音同化。”无论是前进的同化还是后退的同化，都分为全部同化和部分同化。此书还举有不少的例子，我们不再转录。

林焘、王理嘉《语音学教程》[②]第六章“语流音变”第152～154页也讨论了语流音变中的同化作用，我们这里选录其中的一些片断：“不相同的音在语流中相互影响变得发音相同或相似，这种音变称为同化作用。音节内部的同化作用往往表现为各音之间发音部位的协调。例如，辅音处在圆唇元音之前时，往往被同化为圆唇化辅音。……音节之间的同化最容易出现在两音节相连的地方，也就是说，前音节的末尾和后一音节的开头，这个位置以辅音最多，因此，最容易产生辅音的同化作用。福州话声母t、tʻ、s前面音节如果是鼻音韵尾，就全都被这鼻音韵尾同化成为舌尖鼻音n。……音节之间逆同化的例子也很多，北京话－n韵尾后面音节如果是双唇音声母，就可以被逆同化成双唇音－m，如‘面包’‘分配’‘门面’。许多方言都有类似的逆同化现象。”[③]

在现代方言中，同化现象确实非常普遍，比较典型的材料可以参看陶燠民《闽语研究》[④]“声母之类化”一节。我们不再多举例证[⑤]。在古汉语的音变中，同化作用发生得很早，在上古汉语中就已经存在。有的学者已经注意到了这种现象。如俞敏在20世纪40年代完成的论文《古汉语里面的连音变读（sandhi）现象》[⑥]就是一篇很有分量的论著。俞敏在这篇重要的论文中用“连音变读”[⑦]的原理来解释古汉语中的一些特殊的音变现象，很有说服力[⑧]。由于俞敏的这篇论著被重视得不够[⑨]，而且与本书关系密切，因此我们要具体引述一些俞敏所讨论和解释的例子。如：

例一，《仪礼·士虞礼》：“中月而禫。”注：“中犹间也。禫，祭名也，与大祥间一月，自丧至此凡二十七月。禫之言澹澹然平安意也。古文禫，或为导。”《经典释文》：“禫，大感反。”《礼记·丧大记》：“禫而内无哭者，乐作矣故也。”郑注：“禫或皆作道。”《释文》：“禫，大感反。道音导。”《说文》丙字注：“读若三年导服之导。”段玉裁注称今文经作“禫”，古文经作“导”。为什么古文经中的“导”会变为今文经中的“禫”呢？俞敏解释说这是因为在上古的礼经中，“导服”常常作为一个联绵词使用，由于“服”的上古音声母是双唇音的並母 b，这使得“服”前面的“导”发生连音变读而带上了 b 韵尾。由于汉语上古音实际上并没有 b 韵尾存在，因此又音变为同部位的阳声韵尾 m，这样一来“导”就音变为“禫”音[10]。俞敏的解释应该是可信的，而且是发前人所未发。

例二，《礼记·燕礼记》：“凡公所辞皆栗阶。”郑注：“栗，蹙也。谓越等级趋君命也。”凌廷堪《礼经释例》称：“‘栗’与‘历’声相近。窃谓‘历阶’当即是‘栗阶’。”俞敏对凌廷堪此说深表赞同，称：“凌氏此说甚是。”朱骏声《说文通训定声》“栗”字注也说过：“‘栗’假借为‘历’。”俞敏也说：“这话很正确。”但是“栗”是收 t 韵尾的，“历”是收 k 韵尾的，二者为什么能够相通呢？俞敏解释说“栗阶”中的“阶”是见母字，上古音声母是 k，由于连音变读[11]的作用，“栗阶”中的“栗”的 t 韵尾便被同化为 k 韵尾，于是就变得与“历”同音了。我们认为俞敏的解释是可信的。

例三，《说文》：“邯，赵邯郸县。从邑，甘声。”“邯”字在先秦古文字材料中就已经存在，如《侯马盟书》《睡虎地秦墓竹简》等。“邯郸”的“邯”是从“甘”声，古音应为谈部，是收 m 韵尾的。但是《庄子·秋水》中有“邯郸学步”的故事，《经典释文》两处都说“邯”音“寒”，《汉书·地理志》的颜师古注也是说“邯”音“寒”，大小徐本《说文》的注音都是“胡安切”。这是为什么呢？俞敏解释说这是因为“邯郸”的“郸”的声母是 t，使得前面的“邯”发生连音变读，从而“邯”的 m 韵尾被同化为 n 韵尾。俞敏的解释是对的。但我还要补充一点。俞敏此文在这里有一处笔误，即把“邯郸”的“郸”错误地当作是 m 韵尾了，并把其古音构拟为 tam。实际上，“郸”的中古音是寒韵，上古音是元部，是收 n，而不是 m 韵尾。因此，我认为“邯郸”的“邯”被古代的学者注音为“寒”，也应当是受到了“郸”的 n 韵尾的同化作用。这样就造成了叠韵联绵词，二者本来是不叠韵的。此例足证连音变读现象在上古汉语中确实存在，绝非学者的杜撰。

例四，《汉书·地理志下》：“浩亹。”孟康曰：“浩亹音合门。”师古曰：“浩音诰。浩，水名也。亹者，水流峡山，岸深若门也。《诗·大雅》曰‘凫鹥在亹’，亦其义也。今俗呼此水为閤门河，盖疾言之，‘浩’为‘閤’耳。”“浩”为什么会读为入声的“閤”呢？俞敏解释说这是因为“浩亹”一词连用，从而发生连音变读。“亹”的声母是 m，使得前面的“浩”发生同化音变而带上了同部位的 p 韵尾。俞敏的解释无可非难。我想补充的是由于“亹”是收 n 韵尾的，这使得前面的“浩”没有被同化为 m 韵尾，而成了 p 韵尾。不然的话，“m、m、n”相连接，比较拗口，反而会发生异化作用了。

俞敏此文还举了一些其他的例子，也都很有趣，我们不再转录。我们自己在古书也找到了一个例子。《汉书·西域传上·皮山国传》：“西南至乌秅国千三百四十里。”郑氏曰：“乌秅音鷃拿。”师古曰：“乌音一加反。秅音直加反。急言之声如鷃拿耳，非正音也。”颜师古认为郑氏说的“乌秅音鷃拿”是“急言之声”，也就是连音变读。而连音变读并不是“正音”，也就是单字本来的读音。

有了上面的论述，我们现在就可以用连音变读的原理来解释谐声字中的一些特殊的谐声现象，而不必乞灵于所谓的复辅音声母。

例一，有很多音韵学者利用“荅/合”这组谐声材料来构拟复辅音声母。我们认为这是不能成立的。这组谐声材料与复声母无关。“荅”字虽然见于《说文》，但《说文》却有一个古文是作“畣”。

《尔雅·释言》和《玉篇》都作“畣”。《尔雅·释言》：“畣，然也。”《经典释文》：“畣，古‘荅’字，一本作‘荅’。”《玉篇》称：“畣，今作荅。”这都是认为“畣”是“荅”的古文。我们分析一个字的形声关系应该以它的最古的字形为根据，因此应该根据“畣”而不是“荅”来讨论它的形声关系。但是“畣”也应该是以匣母的“合”为声符，这该怎样解释呢？我们认为“合”字在先秦本来就有定母一读。考《说文》：“鞈，鼓声也。从鼓，合声。古文鞈从革。徒合反。”《说文系传》：“臣锴按，相如赋曰‘锵锵鼞鞈，洞心骇耳’。道合反。”鞈就是从“合”得声而读定母，因此，我们认为“合”在先秦的古文字中本来就有定母音[12]。更考先秦古文字，可知“合”字形在先秦就可以用作“荅”字。在金文中，“答”“荅”有时都是作“合”。战国晚期的《陈侯因齐敦》[13]：“合扬厥德。”此可比对《尚书·顾命》：“用答扬文、武之光训。”于省吾《双剑誃吉金文选》[14]第205页注曰：“吴北江先生曰：合即答字。《左传》‘既合而来奔’。杜注以‘合’为‘答’。”何琳仪《战国古文字典（下册）》[15]第1386页也认为这里的“合扬”应读为“答扬”。戴家祥《金文大字典（上册）》[16]第1294页也采用此说。《金文诂林（第七册）》第689条引高鸿缙《中国字例》更是明确主张：“合”是对答之字的本字，凡对答必须用口，故“合”字从口，亼声。高鸿缙还认为“答”是“合”的通假字。可知金文中的这个“合”就是《尚书》中的“答”。这个“合”应该理解为“答”的古文和异体字，读音就是“答”，而不是匣母的“合”。在先秦文献中，《尔雅》：“合，对也。”郭璞注：“皆谓相当对也。”我们认为这里的“合”并非匣母的“合”，而应该是“答”的古文。《左传·宣公二年》：“既合而来奔。”杜注：“叔牂言毕，遂奔鲁。合，犹荅也。”这也应该理解为“合”是“荅”的古文，并非仅仅是义训。朱骏声《说文通训定声》：“合，即今所用之答字，古或作‘畣’。”桂馥《札朴》[17]卷五第177页“荅”条称：“古无荅字，合即荅也。”这些证据都表明上古时期的“合”字有“荅”音。更考《庄子·齐物论》：“嗒焉似丧其耦。”据《经典释文》，这里的“嗒”又作“荅”，音“吐荅反”，则为透母音。而慧琳《一切经音义》卷88“哈焉”条引《庄子》此文的“嗒焉”作“哈焉”，且称“哈”音“吐荅反”[18]。可知“合”在上古必有舌尖塞音一读。定母可稍转而为透母，这是很正常的音变。《睡虎地云梦秦简》、马王堆帛书《战国纵横家书》中的“答”字都是写作“合”。刘钊《古文字构形学》[19]第三章第49页称，“合”字旧多以为象器盖相合形是错误的，其最早的字形象两“口”相对形，是“答”字初文。

在春秋时期的《晋公盆》中的“荅”字又作从合从曰（上下结构）之形。这个字形还见于《包山楚简》《信阳楚简》等[20]。这个字被公认为是“合”的异体字。我们应该解释为在先秦文字中，同一个“合”字形包含两个读音，一为匣母，一为定母。在战国时代的齐系文字中为了对二者进行区分，就造了一个“畣”，作为舌头音的“答”的古文，与匣母的“合”明确分为二字。后来作为舌头音的“合”就只出现在文字的谐声偏旁之中[21]，不再作为“答”的古文或异体字使用。这几种字形出现的先后顺序是：合→畣→荅→答（此为最晚的字形，其产生恐在六朝）[22]。

然而另一个问题又来了：根据以上的论述，“答”“荅”的上古音应该是定母[23]，但根据后世的反切是读为端母，这该怎样解释呢？我们认为这是由连音变读造成的。考古文献，可知至少在魏晋六朝时已有了“对答”和“答对”这样的词。例证如下：

《后汉书·孙景传》注引蔡质《汉仪》曰：“周景以尺一诏召司隶校尉左雄诣台对诘，雄伏于廷答对。”《三国志·管辂传》注引《管辂别传》曰：“子春及众士互共攻劫，论难锋起，而辂人人答对。”《三国志·杨洪传》注引《益部耆旧传·杂记》曰：“诸葛晨往，祇悉已暗诵，答对解释。”《后汉书·孔融传》：“会董卓废立，融每因对答。”《宋书·百官志上》：“尚书郎口含鸡舌香，以其奏事答对。”《宋书·孔季恭传》：“而灵符答对不实，坐以免官。”在古人的训诂中常常用“对”与“答”互训，而“对”正是端母字。《玉篇》：“答，对也。”《诗经·皇矣》：“以笃于周祜，以对于天下。”笺云：“对，答也。”在古书中例证非常多[24]。因此，由于“对答”和“答对”这样的词的连音变读和“对”字的类推作用，本为定母的“畣”就被同化为端母。在中古的韵书中“畣”已经是端母（《广韵》音“都合切”），其本来的定母音就消失了。另外，我们从《说文》的注释中也可分析出“畣”本来的读音应该是浊音，而不是清音。因为《说文》称“荅”是从“合”声，而“合”的声母是匣母，是浊音，所以“荅”的读音即使与“合”类隔，也至少得是浊音，不能是清音。其清音是后来的音变造成的。在《诗经》中有一个例子很可能表明在先秦时代的“答”就与“对”有训读关系。考《诗经·雨无正》：“戎成不退，饥成不遂。曾我暬御，憯憯日瘁。凡百君子，莫肯用讯。听言则答，谮言则退。哀哉不能言，匪舌是出，维躬是瘁。”其中的“退、遂、瘁、讯、答、退、出、瘁”为韵[25]。江有诰《音学十书·诗经韵读》、王力《诗经韵读》认为其中的“答”不入韵。但陆志韦《诗韵谱》认为“答”字入韵[26]，不过陆志韦实际上是把这里的“答”拟成了“对”音。龙宇纯《再论上古音-b尾说》也认为这里的“答”入韵，要转读为“对”。这其实是训读。陆志韦、龙宇纯的意见是正确的。马瑞辰《毛诗传笺通释》[27]指出这里的“答”在《新序》《汉书》中就引作“对”[28]。足见“答”与“对”确实关系密切，可以彼此训读[29]。这里的“答”训读为“对”就入韵了[30]。

例二，“魄”这个字是从“白”得声，古书多注为“普伯切”或“匹陌切”，是滂母字。但奇怪的是“魄”还有一个读音是“他各切”，见于《广韵》《正韵》；《集韵》《韵会》又作“闼各切”，则是透母音。这个特殊的现象该怎样解释呢？是否与复辅音声母有关呢？郑张尚芳《上古音系》[31]第268页认为“魄”的上古音声母是从 phl > th 音变，这是承认了上古音有 phl 这个复辅音声母[32]。我们的研究不赞成郑张尚芳先生的这个结论。首先，我们注意到“魄”读透母音只出现于“落魄”这个联绵词中。《广韵》：“魄，落魄，家贫无业。”《集韵》：“魄，落魄，不得志貌。”又曰：“落魄，无节。”《广韵》《集韵》把这个“魄”都注为透母音。考“落魄”一词在古书中早已出现于《史记》和《汉书》。《史记·郦生列传》：“好读书，家贫落魄。”《集解》引应劭曰：“落魄，志行衰恶之貌也。”晋灼曰：“落薄，落讬，义同也。”《索隐》案：郑氏云“魄音薄”。可见《史记》的旧注并没有说这里的“魄”要读为透母。据郑氏之说，“魄音薄”，是读唇音。《汉书·郦食其传》大致上转录了《史记》之文。《康熙字典》第1461页“魄”字注有一个很重要的按语：“按《史记》《汉书》俱音薄。”则“魄”读透母音在东汉时代还没有出现，是在六朝才有的。根据上引晋灼之言：“落薄，落讬，义同也。”晋灼是东晋时代的人，可知在东晋时代就有“落讬”一词，与“落魄”同义[33]。我们也可以认为“落魄”的“魄”在东晋时代已经读为透母了。之所以会发生这样的音变，我们认为这是由连音变读造成的。“落魄”本来是叠韵联绵词，二者的声母有较大的区别。由于连音变读的原理，滂母的“魄”被来母的“落”同化为塞音，于是就读为了透母[34]。所以，“落魄”就可以读成“落讬”这样的音了。不过这个音变似乎也可以解释为训读。我们也从而可知并不存在郑张尚芳先生说的从 phl > th 音变。

例三，“饕”字的读音也与连音变读有关。《说文》：“贪也。从食，號声。叨，饕或从口，刀声。籀文饕从號省。”“叨”字在古文字中见于金文《叨孳簋》等，“土刀切”。“饕”从匣母的“號”得声而读透母的“土刀切”，这是由连音变读造成的。因为上古就有“饕餮”这个联绵词，而且“饕”也主要用于“饕餮”这个联绵词中。而“餮”是“他结切”，是透母音。《说文》“餮”字注引《春秋传》曰：“谓之饕餮。”《说文》中凡引《春秋传》都是指《左传》。《左传·文公十八年》：“天下之民以比三凶，谓之饕餮。舜臣尧，宾于四门，流四凶族浑敦、穷奇、梼杌、饕餮，投诸四裔，以御魑魅。”《史记·五帝本纪》：“缙云氏有不才子，贪于饮食，冒于货贿，天下谓之饕餮。”《正义》：“谓三苗也。言贪饮食，冒货贿，故谓之饕餮。”《史记·五帝本纪》：“讙兜进言共工。”《正义》：“讙兜，浑沌也。共工，穷奇也。鲧，梼杌也。三苗，饕餮也。”《五帝本纪》又曰：“迁三苗於三危。”《正义》引《神异经》云：“西荒中有人焉，面目手足皆人形，而胳下有翼不能飞，为人饕餮，淫逸无理，名曰苗民。”《文选·陈琳·为袁绍檄豫州》：“饕餮放横。”《文选·张衡·东京赋》：“涤饕餮之贪欲。”《后汉书·窦武传》：“而陛下委任近习，专树饕餮。”《后汉书·袁绍传》：“饕餮放横，伤化虐人。”《战国策·燕策三·燕太子丹质于秦亡归章》：“今秦有贪饕之心，而欲不可足也。”《潜夫论·班禄》：“灭典礼而行贪叨。”《后汉书·党锢传》：“父豫，为南郡太守，以贪叨诛死。”《后汉书·皇后纪下》：“其贪叨罪慝，多见诛废。”《后汉书·梁统传》：“皆贪叨凶淫。”《后汉书·张晧传》：“而专为封豕长蛇，肆其贪叨。”从以上各证可知，东汉及其以前常用“饕餮”或“贪叨、贪饕”这样的联绵词。“饕餮”的“餮”和“贪”都是透母字，是送气音，比不送气的音强一些，而且透母比起浊音的定母来是强音。在音理上，强音可以同化弱音，弱音不可同化强音，此为语音学家所公认。因此，本来是读端母的“叨”由于在“贪叨”一词中，被透母的“贪”字同化而读成了音近的透母，从而形成了双声；本来是定母的“饕”由于在“饕餮”一词中，也被透母的“餮”字同化成了透母音，从而形成双声。正因为有常语“饕餮”一词，所以本来是匣母音的“饕”就被透母的“餮”同化，发生连音变读，从匣母音变为透母。这就是“饕”从匣母演变为透母的原因，与复声母无关。

例四，“涒”字的谐声结构也常常被学者利用为构拟复声母的材料。《说文》：“涒，食已而复吐之。从水，君声。《尔雅》曰‘太岁在申曰涒滩’。”《唐韵》《集韵》并音“他昆切”。“涒”从见母的“君”得声而读为透母的“他昆切”。这是为什么呢？我们认为这也是由连音变读造成的。《尔雅·释天》：“太岁在寅曰摄提格，……在申曰涒滩。”可知“涒滩”一词是上古时期的天文学的术语，是很固定的联绵词，因此容易发生连音变读。由于“滩”的上古音是透母，《广韵》《集韵》《韵会》并音“他干切”。在《说文》是从“鸟”作“鷬”，又有异体字作“潬”。“滩”的透母音肯定在上古已经存在。正是因为“涒滩”所造成的连音变读，本来读见母的“涒”被“滩”同化为透母[35]。当然“涒”本来的见母音一直是存在的，读“俱伦切”。

例五，“砢”字从“可”得声而读来母的“来可切”，《集韵》《韵会》并音“朗可切”。《史记·司马相如列传》引《上林赋》：“阬衡閜砢。”《集解》骃案：郭璞曰“骩音委。閜音恶可反。砢音鲁可反”。我们认为这也是由连音变读造成的。因为自古以来就有“磊砢”这个联绵词。《说文》：“砢，磊砢也。”《玉篇》：“磊砢，众小石貌。”《正字通》“砢”字条注：“人性体卓特者亦曰磊砢。”《汉书·司马相如传上》引《上林赋》：“水玉磊砢。”师古曰：“磊音洛贿反。砢音洛可反，又音可。”可知“磊砢”一词早见于西汉中前期的司马相如的赋中。“砢”读来母是由于“磊砢”一词中的“磊”发生同化作用，使溪母的“砢”被同化为来母。沈兼士《联绵词音变略例》[36]用“同化音变”来解释：“兼士案‘可’声字不应读来纽，此涉上文‘磊’字而变其声纽耳。”沈兼士的说法应该是可信的[37]。钱玄同《说文段注小笺》[38]称：“磊落当作砢，落砢双声。”文字学家把“落”与“砢”当作双声。但“砢”的舌根音还是存在的，所以颜师古说“又音可”。因此，“砢”读来母与任何复声母都无关[39]。

同化作用是语流音变的一种，有时会对声母产生影响，从而发生例外音变。学者们在谈古音通转的音理结构的时候，不能忽视同化作用所造成的音变。

注释

① 罗常培、王均：《普通语音学纲要（修订本）》，商务印书馆，2002 年。

② 林焘、王理嘉：《语音学教程》，北京大学出版社，1999 年。

③ 另可参看戴维·克里斯特尔编《现代语言学词典》（商务印书馆，2000 年）第 30 页“同化”条、第 314 页“连读变音”条；哈杜默德·布斯曼著《语言学词典》（商务印书馆，2003 年）第 49 页“同化”条、第 460 页“连接音变”条。在古代印度的梵语语法中就广泛存在连读音变的现象，梵语学者人人皆知。我再举一个例子：据曹志耘《严州方言语音特点》（《语言研究》1997 年第 1 期）提到严州方言各土话的音系中，古汉语早期的 - m 尾已经消失。但有很多通江宕摄字音变为 - m 尾。我注意到这样的 - m 尾的字的主元音都带有圆唇倾向，因此应该理解为这些通江宕摄字本来的［ŋ］尾由于受到圆唇主元音的同化而音变为 - m 尾。

④ 见《国立中央研究院历史语言研究所集刊（第一本第四分）》（“国立中央研究院”历史语言研究所，1930 年）第 459 ~ 460 页。后来的学者对陶氏此文的论述颇有增修。如陈天泉、李如龙、梁玉璋《福州话声母类化音变的再探讨》（《中国语文》1981 年第 3 期）对福州话声母类化音变的现象作了更加深入细致的研究，详细论述了声母类化与语法结构的关系、与多音节词的重音的关系。其文有曰：“福州话连语声母类化音变是语音现象，但与语法关系密切，已如上述。在语法关系制约下，今天福州话连语声母类化音变，基本上仍符合陶燠民《闽语研究》中提出的类化规律。”更难得的是此文还注意到了例外的现象，如“送气清辅音较不送气清辅音有拒绝连语类化音变趋势”。

⑤ 论及同化音变的学者还有：沈兼士《联绵词音变略例》（《沈兼士学术论文集》，中华书局，2004 年）一“异音复词中一字韵变而为迭韵连语”称：“设有一联绵词，两字异音，今以 a、b 表示异纽，以 x、y 表示异韵，其式为 ax + by。然因读音之便，发生同化作用，往往涉上文或下文而变为迭韵连语，其式如下：ax + by→ax + bx 或 ax + by→ay + by。”其文二“异音复词中一字声变而为双声连语”称：“设有两字异音之联绵词 ax + by，因读音之便，发生同化作用，其中下一字随上字声变而为双声连语，其式如下：ax + by→ay + ay。”其文三“异音复词或叠韵连语中一字韵变或声变而为叠字连语”称：“异音复词之变式为 ax + by→ax + bx→ax + ax，即一变而为叠韵语，再变而为叠语矣。”沈兼士在这三节中各有举证，文繁不录。李荣《语音演变规律的例外》（《音韵存稿》，商务印书馆，1982 年）也举例讨论了同化作用造成的音变。在现代方言中的例子如：“木樨”的“樨”本应读如“西”音，但受到了前面“木”的韵母的同化作用而音变如“需”音；“女婿”的“婿”本音当如“细”（光华按，在重庆方言中就读如“细”音），但受到了前面的“女”的韵母的同化作用而音变如“序”。李荣先生在这篇文章的“连音变化”一节中作了相关讨论，富有启发性。吴启禄、戴庆厦《闽语仙游话的音变规律》（《中国语文》1961 年 1 月号）一文对仙游话中的同化音变作了相当详细的讨论，分为“向前同化”“向后同化”“相互同化”三节。这篇论文至今还有着重要参考价值，文繁不录。黄典诚《〈诗经〉中“日居月诸”的连读音变》（《黄典诚语言学论文集》，厦门大学出版社，2003 年）一文指出《诗经·邶风·柏舟》中的名句“日居月诸”是从“日乎月乎”变来的。因为连音变读的关系，“日乎”的“乎”受到前面的“日”的入声尾 - k 的影响，从而变为见母的“居”；“月乎”的“乎”受到前面的“月”的入声尾 - t 的影响，从而音变为章母的“诸”（按，在上古音中照三归端）。黄典诚的意见是可信的［黄典诚此文还专门谈到了为什么说“日”是收 - k 尾的问题。但我要补充的是这里的“居”也可能是先秦时齐鲁一带的方言俗语。考《礼记·檀弓》：“何居？我未之前闻也。”郑玄注：“居，读为姬姓之姬，齐鲁间语助也。”《郊特牲》：“二日伐鼓，何居？”注：“居读为姬，语之助也。”如果这样，那就可能与连读音变无关。另参看王观国《学林》（中华书局，2006 年）卷四“方俗声语”条］。袁家骅《汉语方言概要（第二版）》（语文出版社，2001 年）第 60 页“苏州音系”称：在苏州方言中“在多音节的词语里，前一音节的 - n 尾往往受后一音节声母发音部位的影响而发生同化作用”。举有“门面、饮马桥、混江龙”等例子。白宛如《广州方言连读音变举例》（《方言》1982 年第 1 期）讨论了广州方言中同化作用：“有的是整个韵母或韵尾受前后韵母的影响而变化。……有的是韵尾受后字的声母的影响而变化。”所举实例甚多。饶秉才等编《广州话词

典》（广东人民出版社，1997 年）第 379～380 页讨论了广州方言中“语音的同化”现象，多有举例。董同龢《汉语音韵学》（中华书局，2001 年）第二章“国语音系”第 27～29 页、龙宇纯《上古阴声字具辅音韵尾说检讨》（《国立中央研究院历史语言研究所集刊（第五十本第四分）》，中央研究院历史语言研究所，1979 年，第 697 页）、李如龙先生《福州话声母类化的制约条件》（《方言与音韵论集》，香港中文大学中国文化研究所，1996 年）、游汝杰《汉语方言学导论》（上海教育出版社，2000 年）第五章第二节“语流音变”所讨论的也是同化音变。郑张尚芳《上古音系》中有的地方附带提到过同化音变的问题。凡此皆不录。用同化的原理有时可以解释一些比较麻烦的音变现象。如“讷”是从“入”得声，古音本应是－p 尾，但《广韵》作“肉骨切”，是没部，则是－t 尾。这样的音变如何解释呢？李方桂《上古音研究》（商务印书馆，1998 年）第 44 页认为：“但是‘讷’nəp＞nə（－p＞－t 是不规则的变化）＞nuə。”李方桂先生仅仅用“不规则的变化”就带过去了，我们认为这实际上是由同化作用造成的，韵尾的－p 是受到了声母n－的同化作用从而音变为同部位的－t。在日语的汉字音读中也有这样的音变现象，如“立”在《广韵》中是“力入切”，是缉部，收－p，但在日语的音读中往往读为 litu 这样的音，从而音变为收－t 的入声了，这是后起的俗读音。其所以会发生这样的音变就是辅音和元音的 li 使得韵尾辅音－p 发生同化作用，从而音变为－t。这在音理上是完全通达的。施向东《联绵词的音韵学透视》（《音史新论》，学苑出版社，2005 年）对联绵词中的同化音变现象予以了讨论，有所举证。文繁不录。在异民族语言中也有同化现象，如力提甫托乎提《阿尔泰语言学导论》（山西教育出版社，2004 年）第 174 页讲到了蒙古族语言中存在的同化现象，属于语流音变的一种，此不详录。据林向荣《嘉戎语研究》（四川民族出版社，1993 年）第 68 页称：在嘉戎语中“塞音 p、t、k 作为前一音节韵尾时，如果它的后续音节的起首辅音为鼻音，则 p、t、k 常被逆同化为同部位的鼻音。……清擦音 s 作为前一音节韵尾时，如果它的后续音节的起首辅音位浊音、鼻音、半元音 w 时，则 s 常被同化为同部位的浊音 z。……双唇鼻音 m 为前一音节韵尾时，如果它的后续音节的起首辅音为其他部位的鼻音时，则后续音节的起首辅音常被顺同化为与前一音节鼻音尾相同的鼻音。”日本学者水野弘元《巴利文法》（华宇出版社，1986 年）第五章“巴利语与梵语等的发音和缀字的比较”第 65～70 页讨论了梵文和巴利语中的同化现象，文繁不录。钱歌川《英文疑难详解续篇》（中国对外翻译出版公司，1981 年）第 139 条“同化作用”专门论述了英语句子中的同化现象，也当参考。R. L. Trask 的《历史语言学》（外语教学与研究出版社，2000 年）第 53～55 页讨论的也是同化和异化的问题，将同化从不同的角度分为部分同化和全部同化，接触同化和远距离同化，逆向同化与顺向同化，还指出了有相互同化（mutual assimilation）的现象存在，其例不录。李家浩先生《读书札记四则》（《尽心集：张政烺先生八十庆寿论文集》，中国社会科学出版社，1996 年）第三则第 332 页指出：古书中的“兜鍪”的早期形式是作“鞮鍪”（如《战国策·韩策一》《墨子·备水》《居延汉简》作“鞮瞀”）、“鞮鞪”（如《汉书·韩延寿传》）等。李家浩说：“鞮鍪是一个双音节词，后来‘鞮’字受‘鍪’字字音的同化作用转音为‘兜’，使原来不是叠韵的‘鞮鍪’一词变为叠韵的‘兜鍪’一词。”另外，法国学者保尔·巴西著、刘复译《比较语音学概要》（商务印书馆，2013 年）第 247～252 页也专门讨论了语音学中的“同化”现象，比较详细，现在已经较少被人提及。其中有些论述现在也还值得注意：“先说声与气的同化。两个子音连接在一起，若然一个是有声的，一个是无声的，结果往往可以使两个都变做了有声的，或者是两个都变做了无声的。……法语中的同化，大都是后音影响前音，所谓‘逆同化’。……流音也不能发生什么同化作用；在处节首或节尾的时候，却可以受到前接或后接无声子音的影响而变为无声。……两字相接，如果紧接得和一个字一样，则相借处亦可照常发生同化作用。若然并不紧接得和一个字一样，则虽然同化，也只是部分的，不是全体的。……英语中的同化，大都是前一个音影响后一音，所谓‘顺同化’。……不过，英语中的同化比法语中少，所以也尽有无声子音与有声子音接用的时候。德语中的同化也是顺的；但在说话说得快的时候，并不十分明显。美国人和法国南部人把后面接鼻音的母音都读做了鼻化母音。……西班牙人和葡萄牙人，都和法国西南部人一样，读母音后面的有声的爆发音，气道并不完全闭塞，结果是 b、d 变成了 v、ð”云云（光华按，此段最后一句有个别音标难以写出，故略去）。此文举了不少的例子，都有参考性，我们不再转引。

⑥ 收入俞敏：《俞敏语言学论文集》，商务印书馆，1999 年；也收入俞敏：《俞敏语言学论文集》，黑龙江人民出版社，1989 年。本书引述此文是根据商务印书馆本。

⑦ 我们这一节的标题没有采用“同化音变”“连音变化”“连读音变”“语流音变”这样的术语，而是采用了“连

音变读"这个提法就是根据了俞敏先生此文，以此表示对这位前辈学者的纪念。我最近注意到方言学名家李如龙先生《论汉语方言语音的演变》(《语言研究》1999年第1期)一文也用"连音变读"这样的提法。

⑧ 只是俞敏先生此文采用高本汉等人的观点，把古汉语的阴声韵尾当成是有浊塞音，本书不采取这个观点。在后面引述的俞敏此文的例子中，我们一概不提浊塞音韵尾的说法。

⑨ 张永言《〈水经注〉中语音史料点滴》[《语文学论集（增补本)》，语文出版社，1999年，第156页]一文中的一个注解提到了俞敏先生此文，张永言的这篇论文在注解中所举的那个例子也是转录了俞敏文中的例子。

⑩ 这个例子可以反过来进一步证明上古汉语中的阴声韵并没有浊塞音韵尾，所以"导"才被同化为唇鼻音的"禫"，否则这样的同化音变不会发生。

⑪ 光华按，这属于逆同化。

⑫《说文》："鼛，鼓声也。从鼓合声。古文鼛从革。"徒合反。《说文系传》："臣锴按，相如赋曰'铿锵鼞鼛，洞心骇耳'。道合反。"段玉裁注本把注文中的"鼓"改为"鼙"。且曰："鼙各本误作鼓，今正。《司马法》曰'鼙声不过阘'。《音义》曰'阘，吐腊反。刘，汤荅反'。'阘'即'鼛'字也。……《史记·上林赋》'铿锵鼞鼛'。《汉书》《文选》作'闛鞈'。郭璞曰'闛鞈，鼓声也'。此浑言之耳。鼙亦鼓也。《淮南·兵略训》'若声之与响，若镗之与鞈'。高诱注'镗鞈，鼓鼙声也'。此谓镗声、鞈鼙声也。"段玉裁注是各家注中最详尽的。从"合"得声的"鼛"或"鞈"而读如定母，这只能证明"合"本身有定母音，与任何音变无关。从段注所引录的各种古文献中，可知古有连语"鼞鼛"，这个词有各种异体，如在《淮南子·兵略》中作"镗鞈"，在《汉书》和《文选》中作"闛鞈"。因为这个联绵词是形容鼓鼙之声，所以应该是双声联绵词。"鼞"音"土郎反"，似乎为透母，但是"土"字确实有定母一音。据《广韵》："土，土田地主也。本音吐。徒古切。"正是定母音。因此，作为鼓声的象声词的"鼞"应该是浊音的定母，而不会是清音的透母。所以，"鼛"或"鞈"才有可能与"鼞"构成双声联绵词。不过，"鼛"或"鞈"在《广韵》中是作透母的"他合切"。我认为这是因为中古时期的人有的把音"土郎反"的"鼞"分析成了透母，所以"鼛"或"鞈"也就被同化成为透母。这就是《说文》所取的反切与《广韵》的反切不同的原因。这与复辅音没有关系。(在《广韵》中"鼛"字还有"仓杂切"一音。这又是怎么一回事呢？段玉裁在《说文解字注》的"鼛"字注中说"鼛"所从的"缶"是"去"的错字。而"鼛"和"鼕"都是"鼛"的讹误之形。段玉裁认为"鼕"应该是从"去"声，"古或入侵部也"。正可读为"仓杂切"。段玉裁的意见是对的。鼛读"仓杂切"是因为鼛有鼕这样的从"去"得声的异体字，这与音变无关，完全是文字学的问题。可以看成是"音随形变")。

⑬ 见中国社会科学院考古研究所《殷周金文集成（第九册)》，中华书局，2007年，第4649条；容庚《金文编》，中华书局，1985年，第362页。今用通行文字写出。

⑭ 于省吾：《双剑誃吉金文选》，中华书局，1998年。

⑮ 何琳仪：《战国古文字典》，中华书局，1998年。

⑯ 戴家祥：《金文大字典》，学林出版社，1995年。

⑰ 桂馥：《札朴》，中华书局，1992年。

⑱ 可参看王叔岷：《庄子校诠》，中华书局，2007年，第41页。

⑲ 刘钊：《古文字构形学》，福建人民出版社，2006年。

⑳ 可参看滕壬生《楚系简帛文字编》(湖北教育出版社，2008年）第410~411页、李家浩先生《包山二六六号简所记木器研究》[见袁行霈主编《国学研究（第二卷)》，北京大学出版社，1994年；又见《著名中年语言学家自选集·李家浩卷》，安徽教育出版社，2002年]、裘锡圭《战国玉璜铭考释》(收入《裘锡圭学术文化随笔》，中国青年出版社，1999年，第89~90页)、黄锡全《汉简注释》(武汉大学出版社，1990年）第212页。

㉑ 如"鞈"在《集韵》和《韵会》中有异体字正是从"荅"作"鞳"(可参看《康熙字典》第1390页"鞳"字注)。又如，在《广韵》中的"佮"字的读音是"他合切"，是透母字，而这个字显然是从"合"得声。我们也认为"佮"所从的"合"是"荅"的省形，本来的读音是定母或端母，而不是匣母，所以"佮"才会读为透母音。而《集

韵》作“葛合切”。又音“渴合切”。这是因为《集韵》把“佮”所从的“合”看作了匣母的“合”，而不是“荅”的异体。这就产生了与《广韵》不同的异读音。不过，“佮”字不见于《说文》，是晚起的俗字，而且几乎不见于古文献。这个字产生的情况不明，不好用作讨论的例子。我们不打算深究。

㉒ 邹汉勋《读书偶识》（中华书局，2008 年）第 209～210 页：“今俗作‘答’，盖‘荅’字之讹。”邹汉勋也注意到在《汉书》中“答”作“畣”。但他说《说文》无“畣”，这是疏忽了。

㉓ 只有解释为定母，才能说明它与匣母相通的原因。

㉔ 可参看宗福邦等主编《故训汇纂》，商务印书馆，2003 年，第 1928 页。

㉕ 江有诰《音学十书·诗经韵读》卷二“小雅”第 61 页认为这里的“讯”要叶音“谇”。江有诰的解释是对的，只有这样理解，《诗经》这里的押韵才能顺畅。江有诰这里说的“叶音”其实是错字。王力《诗经韵读》径将原文改为“谇”。《十三经注疏》阮元校勘记称：“唐石经、小字本、相台本同。案，《毛郑诗考正》云‘讯乃谇字转写之讹。谇，告；讯，问；声义不相通借’，是也。”光华按，《毛郑诗考正》是清代学者戴震的著作，已收入《戴震全书（一）》（黄山书社，1994 年）。《黄侃手批白文十三经》于此处无解。光华按，《经典释文》称：“讯音信。”也就说如果是错字，那么至少在六朝时期，“谇”就错成了“讯”。这是很有可能的。考《史记·屈原贾生列传》：“讯曰……。”《集解》李奇曰：“讯，告也。”张晏曰：“讯，离骚下章乱辞也。”《索隐》作“谇曰”。引李奇曰：“谇，告也，音信。”张晏曰：“讯，离骚下章谇乱也。”刘伯庄音“素对反”。讯犹宣也，重宣其意。周成、师古音碎也。可见《史记索隐》、刘伯庄、周成、颜师古都认为古本要作“谇”。王念孙《读书杂志·史记第六》（《高邮王氏四种》本，江苏古籍出版社，2000 年，第 172 页）明确认为：“以二者相较，则《索隐》本皆古字，而今本皆俗书也。”王念孙也认为作“谇”是古本，作“讯”是俗字。这是完全正确的。而龙宇纯《再论上古音 -b 尾说》（《中上古汉语音韵论文集》，五四书店、利氏学社，2002 年，第 357 页）认为“讯”是“谇”的转语，所以读为“谇”。龙氏的看法是不对的，应该直截了当地说“讯”是“谇”的错字，或是一种俗别字。

㉖ 参看陆志韦《陆志韦语言学著作集（二）》，中华书局，1999 年，第 105 页。

㉗ 马瑞辰：《毛诗传笺通释》，中华书局，1992 年，第 626～627 页。

㉘ 考《新序·杂事第五》：“诗曰：‘听言则对，……’”《汉书·贾山传》引《诗》曰：“听言则对，……’”《诗经·大雅·桑柔》正是作“听言则对”。

㉙ 马瑞辰认为“答”与“对”是双声相通，这样处理不稳妥，还是理解为训读较好。

㉚ 龙宇纯此文还有一些类似的论述，可以参看。另外，石光瑛《新序校释》（中华书局，2001 年）第 780～781 页也有同样的论述，主张“答”读为“对”，从而入韵。

㉛ 郑张尚芳：《上古音系》，上海教育出版社，2003 年。

㉜ 郑张尚芳《上古音系》（上海教育出版社，2003 年）第 137 页有同样的观点。

㉝“落魄”在古籍中出现的年代要早于“落讬”。

㉞ 其之所以没有变成其他的舌头音，是因为滂母与透母的发音方法相同，都是送气清塞音。

㉟ 有的学者倒过来解释，认为“滩”读透母是由于“涒滩”中的“涒”的同化。我们不采取此说，因为“涒”是比较生僻的字，不怎么常用。同化作用一般是常用字同化不常用的字，而不是相反。“滩”是比较常见的字，其透母音是自上古以来就有的，从未被怀疑过（泥母与透母相通是比较常见的现象，如《史记·天官书》：“魁下六星，两两相比者，名曰三能。”《集解》苏林曰：“能音台。”《索隐》：“魁下六星，两两相比，曰三台。案：《汉书》东方朔‘原陈泰阶六符’。孟康曰‘泰阶，三台也，台星凡六星。六符，六星之符验也’。”“能”在上古汉语中代表两个不同的词，一为泥母的“能”，一为透母的“態”，这两个音是完全可以相通的。“態”与“台”古音相通，所以“態”可以用作“台”的古字。《史记会注考证》引陈仁锡之说：“能，古台字。”《文选·谢庄·月赋》：“增华台室。”李善注：“能，古台字。”《礼记·礼运》：“故圣人耐以天下为一家。”孔颖达疏：“古以能为三台字。”朱骏声《说文通训定声》：“能，假借为台。”《荀子·天论》：“耳目口鼻形能。”王念孙《读书杂志》称：“能，读为態。”《墨子·经说下》：“貌能白黑。”孙诒让《墨子间诂》注称：“能，態字”）。因此应该是“滩”同化“涒”，而不会是相反。

㊱ 沈兼士:《沈兼士学术论文集》，中华书局，2004 年，第 286 页。

㊲ 当然，这个例子即使不用同化理论也可以解释。我们在本书的第三章第一节中对上古音中的来母的音值及其与见系字谐声的问题作细致的讨论。

㊳ 钱玄同:《钱玄同文集（第五卷)》，中国人民大学出版社，1999 年，第 277 页。

㊴ 最近注意到施向东《联绵词的音韵学透视》(《音史新论》，学苑出版社，2005 年，第 387 页）也用同化音变来解释，与我所述相同。但彼此乃独立研究而得。

第九节　从训读论上古音的复声母问题

在古汉语中一些字的读音既不是自古相传的音，也不是古代方言中的音变，也不是一般意义上的语音讹变，而是由于这个字与另一个字在意思上相同或相近，于是便被读成了和那个意思相同或相近的字的读音。这就是所谓的训读。训读音不是直线式的音变，与复辅音也没有关系。训读现象产生得很早，在先秦就很可能已经存在。训读是音韵学和训诂学上很重要的现象。许多不合规律的读音现象都与训读有关，前人对此也颇有论述。然而，不少主张古有复辅音的学者对古汉语中的训读现象未能给予充分的注意，而是根据训读音的材料来构拟复辅音，这是不可信的。为了便于精确地讨论，我根据长期收集的材料，在这里比较详细地列举前辈学者关于训读的论述及其相关著作，但本书不引录原文的论著并非说其不重要[①]。

唐朝的颜师古《匡谬正俗》卷八“仇”条鲜明地指出当时有训读之例。其文曰：“怨偶曰仇，义与雠同。尝试之字，义与曾同。邀迎之字，义与要同。而音读各异，不相假借。今之流俗，径读仇为雠，读尝为曾，读邀为要。殊为爽失。”[②]

《后汉书·段颎传》：“颎复追击于鸾鸟，大破之。”李贤注：“鸟音爵，县名，属武威郡，故城在今凉州昌松县北也。”《后汉书·西羌传》：“贤追到鸾鸟，招引之。”注：“鸾鸟，县名，属武威郡，鸟音爵。”“鸟音爵”的注音该怎样理解呢？这实际上是训读。因为“鸟”与“雀”义近，而“雀”与“爵”古音相同，都是精母药部，所以唐代的学者可以注音为“鸟音爵”。古有“鸾雀”一词。考《史记·礼书》：“和鸾之声。”《集解》引《续汉书·舆服志》曰：“鸾雀衡也。”《后汉书·舆服志上》：“龙首衔轭，左右吉阳筩，鸾雀立衡。”可知《后汉书》注的“鸟音爵”完全可以理解为“鸾鸟”训读为“鸾雀”，这与任何复声母都没有关系[③]。

《周礼·大宰》：“以扰万民。”郑注：“扰犹训也。”扰，徐音“寻伦反”。实则，这是训读的问题。“寻伦反”为“训”音。“扰”义为“训”，音亦读为“训”。当然也可以理解为徐邈所看到的版本原文是作“训”，而不是作“扰”[④]。古人这样的标音法很容易导致训读的大量出现。

《周礼·封人》：“凡祭祀饰其牛牲，设其楅衡，置其絼，共其水稾。”郑玄注：“郑司农云：楅衡所以楅持牛也，絼著牛鼻绳所以牵牛者，今时谓之雉，与古者名同，皆谓夕牲时也。玄谓絼字当以豸为声。”《经典释文》：“絼，持忍反。”《集韵》承袭《经典释文》之音，注“絼”音为“持忍反”。但郑玄不同意这样的注音，所以他说：“絼字当以豸为声。”如果从纯粹的音韵学本身来看，确实应当如郑玄所说的“絼字当以豸为声”，断无读“持忍反”的道理。为什么《经典释文》和《集韵》都注音为“持忍反”呢？这其实是训读的问题。把“絼”字注音为“持忍反”其实是“纼”的训读。明代学者黄生不懂训读的问题，但已经注意到了这个现象。黄生《字诂》[⑤]的“絼纼”条赞同郑玄的观点，说：“据此，絼、雉当同音明矣。《疏》云‘絼本又作纼。持忍切[⑥]’。按《礼·少仪》云‘牛则执纼’。纼则絼之别名。云别名，则二字同义不同音可知。字书止因絼本又作纼，二字遂误合为一音，殊属鲁莽。”黄生解释“絼”读“持忍反”的原因是正确的，尽管他批评训读不合音理，但训读现象的大量存在是不可置疑的事实。

明代学者陈第《读诗拙言》也论及了训读，眼光很犀利，其文曰：“故音有相通，不妨其字之异也；义有可解，不妨其音之殊也。古之达人如郑康成辈，往往读与俗异。……盖不改其字而音是更，不变其章而读互转，亦变通之权宜也。故‘杂佩以赠之’，今读‘赠’为‘贻’；‘烝也无戎’、‘以修我戎’，并读‘戎’为‘武’。而《东门》《车攻》《桑柔》《烝民》《召旻》《闷宫》六章，上下不叶，皆借而读之。”陈第指出的《诗经》中的“杂佩以赠之”，读“赠”为“贻”；“烝也无戎”“以修我戎”，读“戎”为“武”。这是典型的训读。

清代大儒钱大昕《潜研堂文集》卷十五有论训读曰：“毛公《诂训传》每寓声于义，虽不破字，而未尝不转音。《小旻》之‘是用不集’，训‘集’为‘就’，即转从‘就’音；《鸳鸯》之‘秣之摧之’，训‘摧’为‘莝’，即转从‘莝’音；《瞻仰》之‘无不克巩’，训‘巩’为‘固’，即转从‘固’音；《载芟》之‘匪且有且’，训‘且’为‘此’，即转从‘此’音。明乎声随义转，而无不可读之诗矣。”同书第233～234页也论曰：“问毛公《诗传》既不破字，何以知其有转音？曰：《大雅》‘俔天之妹’，《韩诗》‘俔’作‘磬’，而毛亦训为‘磬’，音随义转，即读为‘磬’矣。《小雅》‘外御其务’，《左传》‘务’作‘侮’，而毛亦训为‘侮’，即读如‘侮’矣。《郑风》‘方秉蕑兮’，毛训‘蕑’为‘兰’，《说文》有‘兰’无‘蕑’，知‘蕑’读如‘兰’也。《卫风》‘能不我甲’，《韩诗》‘甲’作‘狎’，毛亦训为‘狎’，即读如‘狎’也。《小雅》‘神之吊矣’，毛训为‘至’，‘吊’与‘质’为韵，是读‘吊’为‘至’也。毛无破字，其说盖出于王肃。肃欲与郑立异，故于郑所破之字，必别为新义。虽自谓申毛，未必尽得毛旨也。试以它经证之，‘赓’之正音当如‘庚’，而《书》‘乃赓载歌’，既从‘续’音。《说文》‘续’，古文作‘赓’是汉古文《尚书》读‘赓’为‘续’矣。‘丱’之正音当近‘贯’，故《齐风》以‘丱’与‘娈、弁’为韵，而《周礼·丱人》借‘丱’为‘矿’字，《说文》‘磺’或作‘丱’，此依《周礼》读非谓《诗》‘总角丱兮’亦当读为‘磺’也。‘赓、续’以义转，‘丱、矿’以声转，此古经转音之例。魏晋以后，此义不讲，而读经者动多窒碍矣。”钱大昕在这里说的“音随义转”“声随义转”就是训读，其论述十分精湛。钱大昕已经知道“赓”可以读为“续”音是训读，《说文》并没有错。而我们在前面第二章提到的古文字学家如李孝定、容庚等人坚持认为“赓”是形声字，批评《说文》的错误，这实在是没有懂得《说文》中有训读之例[⑦]。

钱大昕《十驾斋养新录》[⑧]卷四“斫”条所讨论的实际上也是训读的问题：“斫，之若切。今世俗读如‘坎’。偶阅张文潜《明道杂志》有一条云……东北人谓‘斫伐’为‘坎’，乃知此音之讹由来已久矣。”这是把“斫”训读为“坎”。

清代另一位大学者俞樾在《古书疑义举例五种》[⑨]卷三“以双声叠韵字代本字例”中也有过精彩的论述，而似乎少有人注意。俞樾称：“‘集’与‘就’双声，而《诗·小旻》篇：‘集’与‘犹’、‘咎’、‘道’为韵，是即以‘集’为‘就’也[⑩]。‘戎’与‘汝’为双声，而《诗·常武》篇：‘戎’与‘祖’、‘父’为韵，是即以‘戎’为‘汝’也[⑪]。此以双声字代本字之例也。”俞樾这里讲的实际上就是训读，可知训读现象早在春秋以前就已经出现，古人早已懂得训读之法。龙宇纯《再论上古音－b尾说》[⑫]也谈到了同样的问题。刘申叔先生《左盦集》卷四“新方言序”[⑬]中的小字自注有过与俞樾类似的论述，也很有价值，此不录。

我们在古书中颇能举出因避讳而采取训读改音的例子。《宋史·礼志》：“庙讳。绍兴二年十一月，礼部、太常寺言：渊圣皇帝御名，见于经传义训者，或以威武为义，或以回旋为义，又为植立之象，又为亭邮表名，又为圭名，又为姓氏，又为木名，当各以其义类求之。以威武为义者，今欲读曰‘威’；以回旋为义者，今欲读曰‘旋’；以植立为义者，今欲读曰‘植’；若姓氏之类，欲去‘木’为‘亘’。又缘汉法，‘邦’之字曰‘国’，‘盈’之字曰‘满’，止是读曰‘国’、曰‘满’，其本字见于经传者未尝改易。”[14]我们可以看见古人不改字而改音读的办法。宋代的渊圣皇帝宋钦宗叫赵桓。为了避“桓”讳，经传群书中的“桓”并不改字或缺笔，而是将“桓”字读成意思相同的其他字的读音，如书中的“桓”为威武之义，就将“桓”读成“威”音；如书中的“桓”为回旋之义，就将“桓”读成“旋”音等。陈垣先生《史讳举例》第四“避讳改音例”称：“避讳改音之说，亦始于唐。”陈先生文中所举的其他例子也可供参考。

宋代郭忠恕《佩觿》卷上：“颜渊之渊（乌玄翻），读之如泉，水名之治（直之、直吏二翻），读之如理；其避讳有如此者。”这是因为要避唐高祖李渊的讳，于是读“渊”为“泉”音；要避唐高宗李治的讳，于是读“治”为“理”音。

又如宋代的周密《齐东野语》卷四“避讳”条：“本朝高宗讳构，避嫌名者，仍其字更其音者‘勾涛’是也。”这是说为了避讳而把“勾”读成“涛”，字形还是写作“勾”。这些避讳改读实际上可以看成是一种训读[15]。

又如《红楼梦》第二回说到，由于林黛玉的母亲的名字是“敏”，林黛玉在读书的时候便采用避讳改音之法。《红楼梦》说：“雨村拍手笑道：是极。我这女学生名叫黛玉，他读书凡‘敏’字，他皆念作‘密’字，写字遇着‘敏’字亦减一二笔。”这些都是避讳改音的好例[16]。

张盛裕在《潮阳方言的训读字》[17]一文指出闽南方言的潮阳话中有很多训读现象，举例多达66条。如在潮阳话中，“欲”又读 ai 音，乃是“爱”的训读；“吹”又读 puŋ 音，乃是“喷”的训读；“打”又读 pha 音，乃是“拍”的训读；“高”又读 kuai 音，乃是“悬”的训读；“一”又读 tsek 音，乃是“蜀”的训读。类似的例证非常多[18]。

尤其值得我们注意的是杨树达先生关于形声字中有训读的论述。《积微居小学述林》卷三“释鼌”篇论之颇精[19]，今详引其文如下：“《说文》十三篇下黾部云：‘鼌，匽鼌也，读若朝。扬雄说：匽鼌，虫名。杜林以为朝旦，非是。从黾，虫旦。’按鼌读若朝者，《左传》王子朝，《汉书·五行志》作王子鼌。《史记》鼌错，《汉书》作朝错。《汉书·严助传》云：‘鼌不及夕。’亦假鼌为朝：此皆许君说所本也。字从黾从旦而读若鼌者，《说文》七篇上云：‘朝，旦也’。古人字音不如今日之确定，旦朝同义，‘旦’字即有‘朝’音也。有类例乎？曰：有。《说文》十一篇雨部云：‘需，䇓也，遇雨不进，止䇓也。从雨而声。’音相俞切。相俞切之音与‘而’字声韵皆远，而‘需’读如是者，九篇下而部云：‘而，颊毛也。’九篇上须部云：‘须，面毛也。’‘而’与‘须’同义，‘而’字即有‘须’音也。三篇䢅部云：‘農（今作农），耕也，从䢅，囟声’，音奴冬切。‘囟’与‘农’声远，前人多疑之。吾友沈兼士云：‘农声字有獶巎二字，《广韵》皆在豪韵，音奴刀切。又肴韵有硇字，重文作碙，此囟可读匘之礄证。’树达按：沈说是也。《说文》云：‘囟，头会匘盖也。’囟、匘义同，故囟字有匘音，而農字以为声也。”杨树达先生之文还从经典中列举了其他一些例证，我们不再一一详录。可知形声字的谐声偏旁中存在着训读。总之，在古汉语中，训读现象是广泛存在的。杨树达先生总结说：“夫字各有音，今读甲为乙，得无紊乎？曰：古文以屮为艸，屮艸音异也。古文以丂为于，丂于音异也。古文以臭为泽，臭泽音非一也。文字若此类甚众。盖字各一音，不相杂越，此约定俗成以后乃能如是。若其始初，同义之字往往同音，字音之界限不严，彼此可以互用也。”杨树达先生的精彩论述是非常重要的。黄侃先生也有过类似的论述。黄侃《说文段注小笺》[20]称："需，音远而义同之字有时亦可通借。如《诗·文王》借'躬'为'身'。《说文》云'古文以丂为于'，是其证。'需'之从'而'亦是此例。借'而'为'须'，以'而、须'义同也。"[21]我们在研究上古汉语的音韵时，千万不可忽视了文字中的训读现象。文字中的训读问题虽然早就有人论及，但注意到文字的谐声中有训读现象存在的学者则是黄侃、杨树达和沈兼士先生[22]，这是必须引起音韵学家们高度重视的问题，千万不可马虎。最近注意到古文字学者刘钊《谈考古资料在〈说文〉研究中的重要性》[23]一文的第28例所讨论的例子事实上就是探讨在形声字的偏旁中存在训读的现象，简单转述于下：《说文》："褎，袂也。从衣采声。似又切"。刘钊认为这里作为谐声偏旁的采要训读为"秀"，所以才有"似又切"这样读音。我们认为刘钊的意见是可信的。又如，据《说文》："尻，处也。从尸，得几而止。《孝经》曰'仲尼尻'。尻谓闲居如此。""尻"训为"处"，而在先秦时代的楚系文字中就有训读为"处"的用例。如《包山楚简》第三十二号简有曰："居尻名族。"学者们已经公认这里的"尻"的读音就是"处"，而不是见母音。我们可以认为这是先秦时的训读现象[24]。我们现在根据自己的研究再讨论一些例子：

例一，《说文》："杓，枓柄也。从木从勺。臣铉等曰：今俗作市若切，以为桮杓之杓。甫摇切。"考《广韵》"桮杓"作"杯杓"。段玉裁注本称其为形声字，作"从木勺声"。这样，段注本就将大徐本的会意字改成了形声字。《学研汉和大字典》第627页称"杓"是会意兼形声。且说从"勺"声的同源字多有"取出"之义。"杓"为"舀出"之义，同源的"酌"为"舀酒"，把酒从酒器中取出来；"钓"为把鱼从水中取出来。从同源字的角度看，"杓"只有本读"市若切"才能与"酌""钓"构成同源字；若读"甫摇切"，则明显不能与"酌""钓"形成同源关系。藤堂明保进一步指出："杓"读"甫摇切"实际上是训读成了"瓢"字之音。因为"杓"与"瓢"义近，所以就把本应该是"市若切"的"杓"读成了"甫摇切"[25]。考《广韵》，读"甫遥切"的"杓"字下注曰："又音漂。"《广韵》中从"票"声的字有好些都是"甫遥切"，如摽、瘭、标、幖等。所以藤堂先生从同源字的角度来研究是比较有力的。我们认为汉字是形音义三位一体，在讨论形与声的关系时，不可忽视意思的作用。考"杓"读"市若切"时，其义当是"杯杓"。这时"杓"字又作"勺"。如《汉书·息夫躬传》："霍显之谋将形于杯杓。"师古注："杓，所以抒挹也。字与勺同。"玄应《一切经音义》卷18"瓢杓"条注曰："杓作勺同，可以斟食者也。"当"杓"读"甫摇切"时，其义当是"北斗柄"。如《说文》、《广韵》、高诱注《淮南子·俶真篇》、慧琳《一切经音义》卷87"之杓"条注等；读"市若切"的"杓"和读"甫摇切"的"杓"是异字同形，没有同源关系。而大徐本《说文》称当时的俗音是把作"北斗柄"（当音"甫摇切"）的"杓"读成了作"杯勺"义的"市若切"的"杓"。"北斗柄"的杓读"甫摇切"当与"瓢"是同源字，音义皆与"瓢"相通，而与"杯杓"字没有同源关系。在古书中"瓢"与"杓""勺"为同类。《庄子·逍遥游》："剖之以为瓢。"成玄英疏："瓢，勺也。"《汉书·货殖传》："而颜渊箪食瓢饮，在于陋巷。"颜师古注："瓢，瓠勺也。"二者有联称之例。如《南史·陈暄传》："吾口不离瓢杓。"《南史·卞彬传》："以瓠壶瓢勺杬皮为具。"[26]从造字上看，北斗柄的"杓"（甫摇切）因为形状象杯勺的"勺"（市若切），所以就取"勺"为字的偏旁；又因为其音义皆得于"瓢"，所以音读为"甫摇切"。而判断同源字的标准是二字的音义相通，无关字形。因此，不能因为同是一个"杓"有"甫摇切"和"市若切"二音，就牵连到所谓复辅音。藤堂明保《学研汉和大字典》用同源字和训读来解释是深刻的，只是没有注意到异字同形的现象。我们知道了"勺"可训读为"瓢"，这可以解释一个重要的谐声问题。有不少的音韵训诂学学者利用"豹、钓"

二字都从“勺”声而构拟复辅音 tp。现在我们有充分的理由认为这是错误的。“勺”之所以能成为“豹”的声符就是因为“勺”可以训读为“瓢”。因此“豹/钓”这组材料与复辅音无关。

例二，有很多音韵学者利用“吏/使、史”这一组材料来构拟上古复辅音 sl 等。我们认为这组材料不能成为构拟复辅音的根据。今讨论如下：“史、事、士”三字同源，王国维《观堂集林》卷六《释史》论之最精，其言曰：“殷人卜辞皆以‘史’为‘事’，是尚无‘事’字。周初之器，如《毛公鼎》《番生敦》二器，‘卿事’作‘事’，‘大史’作‘史’，始别为二字。”王国维接着指出金文《毛公鼎》《小子师敦》等铭文中的“事”字“皆所以微与‘史’之本字相别，其实犹是一字也。古之官名多由‘史’出，殷周间王室执政之官，经传多作‘卿士’，而《毛公鼎》、《小子师敦》、《番生敦》作‘卿事’，殷墟卜辞作‘卿史’。是‘卿士’本名‘史’也。又天子、诸侯之执政通称‘御事’，而殷墟卜辞则称‘御史’。是‘御事’亦‘史’名也。又古之六卿，《书·甘誓》谓之‘六事’。司徒、司马、司空，《诗·小雅》谓之‘三事’，又谓之‘三有事’，《春秋左氏传》谓之‘三吏’。此皆大官之称‘事’，若‘吏’即称‘史’者也。……其后，三者各需专字，于是‘史、吏、事’三字于小篆中截然有别，持书者谓之‘史’，治人者谓之‘吏’，职事谓之‘事’。此盖出于秦汉之际，而《诗》《书》之文尚不甚区别，由上文所征引者知之矣。”王国维之说极为精湛，已成定论。据何琳仪《战国古文字典》第 104～105 页，在战国文字中的“吏”还常常读为“史”和“事”。“史”和“吏”是由一字分化而成，已是定论。只是我们该怎样说明“吏”是来母而不同于“史、事、士”呢？我们认为王国维所说的“‘史、吏、事’三字于小篆中截然有别，持书者谓之‘史’，治人者谓之‘吏’，职事谓之‘事’。此盖出于秦汉之际”这一精辟的论断已经揭示了答案[27]。“吏”本来的读音应与“史、事、士”三字无别，但在小篆中“吏”字开始读为来母，之所以会如此就是如王国维所说的，“吏”在小篆中的意思已经如《说文》所说：“吏，治人者也。”这时候的“吏”实际上是训读成了“理”声。我们认为“吏”读来母是来源于“理”的训读。今举证如次：从义训上看，“吏”可训“治”和“治人”，这显然是与“理”相通。《左传·襄公二十五年》：“自六正、五吏。”孔颖达《正义》：“吏者，治也。”《后汉书·百官志五·亭里》：“边县有障塞尉。”注引《太公阴符》曰：“武王曰：‘吏者治也。’”《艺文类聚·刑法部·刑法》引《风俗通》曰：“夫吏者，治也。”《汉书·惠帝纪》：“吏，所以治民也。”《汉书·景帝纪》：“夫吏者，民之师也。”而“理”训“治”实为训诂常识，不烦举证，可参看《故训汇纂》第 1451 页。可证“吏”和“理”在意思上相同，因而“吏”就有可能在读音上被训读为“理”。从声训上看，考贾谊《新书·大政下》：“吏之为言理也。”《汉书·王莽传下》：“夫吏者，理也。”《汉书·百官公卿表》：“是为长吏。”颜师古注：“吏，理也。”显然是以“理”为“吏”的语源，二者为双声，治人曰“吏”，治玉曰“理”。这时候的“吏”必读来母无疑，也就是已经被训读成了“理”音。藤堂明保《学研汉和大字典》第 215 页也意识到“吏”和处理的“理”同源，但他没有认识到“吏”读为“理”是由于训读，而不是“吏”本来就有的读音。黄侃《文字声韵训诂笔记》第 191 页论曰：“再就‘吏’字言之，《说文》‘吏，治人者也。从一从史，史亦声’。治本水名，本作理。吏与史实为一字。……按史与士、事同字。史于古有二说，就广义言之，凡作官者为史；论其狭义，则为刑官。吏训治人，《孟子》称为天吏，亦以吏为法官。假借作理，又借作李。”[28]黄侃也认为“吏”本与“史”同字[29]，“吏”与“理”“李”又可为双声相通假。不过黄侃先生认为：“吏属来纽咍韵，亦可读齿音。”黄侃先生此言的意思不是很清楚：到底是“吏”所有的来母和齿音都是没有关系的两个读音呢？还是来母可以直接音变为齿音？我们不敢代替黄先生作出判断。

从通假字系联来看，上文所引的声训表明“吏”与“理”为双声。如果把“吏”的上古音声母构拟为 sl 之类的复辅音，那么就得把“理”的上古音声母也构拟为 sl 之类的复辅音，这显然是没有根据的，因为“里”声字从来不与 s 声母的字发生通假关系和谐声关系，没有理由把“理”的上古音声母构拟为 sl 之类的复辅音。这就反过来证明与“理”为双声的“吏”的上古音声母不可能是复辅音 sl 或 sr。如果“理”的上古音声母单独是一个 l 或 r 这样的音，则不能与复声母 sl 或 sr 构成声训关系。

又从上引王国维之文可知，“使、史”，“士、事”是同源字，古音相通，常常混用。今更稍引他证：徐文镜《古籀汇编》第 123 页“事”字下引吴大澂《说文古籀补》曰：“古文‘使、事’为一字。”又引容庚《金文编》曰：“‘事’与‘使’为一字。”又引商承祚之说曰：“卜辞‘事’字从有持简书，执事之象也，与‘史’同字同义。”《甲骨文编》[30]第 127 页：“卜辞‘史、事’同字，‘御史’亦即‘御事’。”《甲骨文字诂林（第四册）》第 2961 页姚孝遂按曰：“卜辞‘史’‘事’‘使’无别。”姚先生特别批评将卜辞中的“史”“事”“使”强生分别是“皆沿袭《说文》之讹误，卜辞无此等区分”。高明《古文字类编》第 62 页也说：“吏、事、使古字形相同。”古文字学家们的这些论述显然是正确的。“事”字据《说文》是从“之”省声，而“事”从来不与来母字发生通假关系和谐声关系，其上古音声母绝不会是复辅音 sl 之类。这就反过来证明与“事”古音相通的“使”的上古音声母也不会是复辅音 sl。

再引别的材料与之稍作系联：《周礼・占人》：“史占墨。”《白虎通・蓍龟》引“史”作“士”。郭沫若《卜辞通纂》第 489 页对 615 片卜辞的考释有曰：“卿史，罗振玉释为卿士。今按‘其令卿史’犹《大雅・常武》‘赫赫明明，王命卿士’矣。”罗振玉、郭沫若的研究与王国维相合，是可信的，可知“士”与“史”在甲骨文中就古音相通。“士”与“事”相通的例证在古书中有很多[31]，而“士”也从来不与来母字发生通假关系和谐声关系，其上古音声母不可能是复辅音 sl 之类，因而与“士”有通假关系和声训关系的“史”的上古音声母也不会是复辅音 sl。因此，不能利用“吏/使、史”这组材料来证明上有复辅音 sl。因为“吏”在古文字中本来是“史”的异体字，音义皆同；到了小篆中，“吏”才读为来母，实际上是训读为来母的“理”，并非“吏”自甲骨文以来就有来母一读。这里面既有时代的先后问题，又有训读的问题，正确理解材料就非常困难。

例三，很多音韵学者利用“唐/庚”这组材料来构拟上古复辅音 dk 之类的声母。我自己久经思考，认为这条材料不能成立，我们可以解释“唐/庚”的谐声问题。[32]我们认为“唐”所从的“庚”是“赓”的省略形式。我们可以举出很多例子说明在古文字中“贝”可以作为羡文，可有可无，对意思并无影响。如在战国文字中，“造”有很多例子是从“贝”从“告”[33]的，“贤”字在古文字中常常省去“贝”，只作“臤”。《郭店楚墓竹简》和《九店楚简》中的“亡”多是从“亡”（在上）从“贝”（在下）。《郭店楚墓竹简・缁衣》引《论语》“人而无恒”的“恒”从“贝”从“亘”。《郭店楚墓竹简》的《语丛一》88 号简、《语丛三》55 号简、《古玺汇编》5297 号玺印中的“宾”字形都不从“贝”。容庚《金文编》第 220 页硰字下所录的金文《辛鼎》《克鼎》《多友鼎》等铭文中的“硰”字有“贝”作偏旁。《包山楚简》145 号简中的“归”作从“贝”从“帚”之形。《包山楚简》92 号简中的楚国行政长官“令尹”的“尹”作从“贝”从“命”之形。《郭店楚墓竹简・语丛四》的 26 号简有一个从“贝”（在下）从“人”（在上左）从“石”（在上右）结构的字，整理者释读为“祏”。《语丛四》一号简有一个从“贝”（在左）从“寿”（在右）结构的字。裘锡圭在按语中将此字读为“酬”或“雠”。裘锡圭、李家浩《曾侯乙墓竹简释文与考释》第 528 页注 253 指出曾侯乙墓竹简中的从“贝”从“兮”的字（此字在曾侯乙墓竹简中多次出现）当释为“兮”。同书第502页注13指出曾侯乙墓竹简中的“纷”有异体作从“贝”从“纷”，“颁”有异体作从“贝”从“颁”[34]。在《信阳楚简》中的“貳”省作“弍”。战国中山国胤嗣壶铭文上的“赁”字，张政烺读为“任”[35]。又，“货”的古文又作“化”，无“贝”旁[36]。类例尚多，在古文献中也有例可寻。考《周礼·缝人》：“衣翣柳之材。”注：“故书：翣柳作接櫍。郑司农云：接读为踂，‘櫍’读为‘柳’，皆棺饰。”《经典释文》：“櫍音柳。”“櫍”读音如“柳”，所从的“贝”为羡文。此例实与复声母无关。“藏”在《郭店楚墓竹简·太一生水》以及楚简《老子》中从“贝”[37]，“益”在楚简《老子》中从“贝”[38]，“亡”在楚简《老子》中有从“贝”[39]之例。而“赓”正是“续”的古文。《说文》：“续，连也。赓，古文续，从庚，从贝。”《尚书·益稷》：“乃赓载歌曰。”《经典释文》：“赓，加孟反，刘皆行反。《说文》以为古‘续’字。”[40]“赓”在古文字中还见于高明《古文字类编》第221页收录“鄂君启节”和战国时期的陶文中的“赓”字，罗福颐《汉印文字征》[41]13·2上。我们可以认为是“赓”训读为“续”。段玉裁注论之颇为精辟：“按《说文》非误也。许谓会意字，故从庚贝会意。‘庚贝’者，贝更迭相联属也。《唐韵》以下皆谓形声字，从贝庚声，故当‘皆行反’。不知此字果从贝庚声，许必入之贝部或庚部矣。其误起源于《孔传》以‘续’释‘赓’，故遂不用许说。抑知以今字释古文，古人自有此例。即如许云‘舄，也’，非以今字释古文乎？《毛诗》‘西有长庚’。《传》曰：‘庚，续也’。此正谓‘庚’与‘赓’同义。‘赓’有‘续’义，故古文‘续’字取以会意也。认会意为形声，其瞀乱有如此者。”段玉裁的见解非常精到。[42]但在古文字中“庚”又可能是“赓”的省写形式，读音不同于“皆行反”，而同于“续”。“赓”为“续”的古文，其音同“续”。钱大昕《潜研堂文集》[43]卷十五在答问中论“声随义转”时说：“‘赓’之正音当如‘庚’，而《书》‘乃赓载歌’，即从‘续’音。《说文》‘续’，古文作‘赓’，是汉古文《尚书》读‘赓’为‘续’矣。”钱大昕说的“声随义转”实际上就是训读。而“续”上古音为邪母屋部，“唐”的上古音为定母阳部。屋部的阳声为东部，东部与阳部在战国时代读音相近[44]，完全可通假。邪母与定母关系非常密切，许多学者主张邪母古读如定母[45]。因此，我们可以说邪母屋部的“赓”与定母阳部的“唐”的上古音是非常相近的，作为“赓”的省略写法的“庚”（也可以说“唐”是从“赓”省声）完全可以作“唐”的声符，没有任何不自然，绝对牵连不到复辅音的问题。以上的解释表明“唐/庚”这组谐声材料不能作为构拟上古复辅音声母的根据[46]。

我们还可以用通假字系联法来证明“唐”的上古音声母绝不可能是复辅音dk之类。有证据显示“唐”与“荡”有声训和通假关系。如《论衡·正说》：“唐之为言荡荡也。”《文选·七发》：“浩唐之心。”李善注：“唐犹荡也。”五臣本“唐”作“荡”。《白虎通义·号》：“唐，荡荡也。”《太玄·唐》：“唐处冥。”范望注：“唐者，荡荡之貌也。”商朝开国之君“成汤”的“汤”在甲骨文中都作“唐”。“唐”与“荡”应为双声关系[47]。如果把“唐”的上古音声母构拟为复辅音dk，势必也得把“荡”的上古音声母也构拟为thk之类的复辅音，但“荡”从来不与见母字发生通假关系和谐声关系，没有理由把其上古音声母构拟为带有见母的复辅音，这就反过来证明与“荡”有双声关系的“唐”的上古音声母不会是带有见母的复辅音dk等，否则二者不能有声训关系。类似的证据还有“唐”与“堂”有声训和通假关系。如《淮南子·修务篇》：“唐牙莫之鼓。”高注：“唐犹堂。”《后汉书·延笃传》：“少从颍川唐溪典受《左氏传》。”李贤注：“《风俗通》曰：‘吴夫概王奔楚，封堂溪，因以为氏。’典为五官中郎将。‘唐’与‘堂’同也。”《史记·魏世家》的“仓唐”，《汉书·古今人表》作“仓堂”。类例尚多。足证“唐”与“堂”音近相通，而“堂”从不与见母字发生通假关系和谐声关系，因而“堂”的上古音声母不可能是带有见母的复辅音，这就反过来证明与“堂”有声训关系的“唐”的上古音声母也不会是带有见母的复辅音。

例四，我们再举“果/祼”这组谐声材料来讨论训读的问题。“祼”的古音本来是读与“果”同，后来读与“灌”同音实在是后起的训读音。《说文》：“祼，灌祭也。从示果声。”段玉裁注曰：“按此字从果为声，古音在十七部。《大宗伯・玉人》字作‘果’或作‘淉’，注两言‘祼之言灌’。凡云‘之言’者，皆通其音义以为训诂，非如‘读为’之易其字、‘读如’之定其音。……以是言之，‘祼’之音本读如‘果’。”段玉裁此注还有大量举证，称汉人训诂中的“之言”不一定是声训，此不录。后来王国维也有非常精辟的论述。王国维《观堂集林》卷一载有《再与林博士论洛诰书》一文专论“果/祼”之音，稍详引王先生之言：“康成于《大行人》注云‘故书祼作果’，于《玉人》注云‘祼或作果或作淉’。案殷周古文未见从示之祼，以示部诸字言之，如禄，古文作录；祥，古文作羊；祖，古文作且；古文作彭；禘，古文作帝；籞，古文作御；社，古文作土；知古祼字即借用果木之果。《周礼》故书之果，乃其最初之假借字，而祼乃其孳乳之形声字。故果字最古，祼字次之。惟《论语》《戴记》始有‘灌’字。此‘灌’字果为先秦以前所用之字与？抑汉人以训诂字代本字与？疑不能明也。此‘祼、灌’二字之不同也。祼字之音，陆德明《音义》以降，皆读如‘灌’，唐本《切韵》以入换韵。段氏玉裁《说文注》始正之……‘祼’之形音义三者皆不必与‘灌’同，则不必释为灌地降神之祭。……《诗》《书》《周礼》三经与《左传》《国语》有‘祼’字，无‘灌’字，事实也；‘祼’，《周礼》故书作‘果’，事实也；‘祼’从果声，与‘灌’从雚声部类不同，事实也；……吾侪当以事实决事实，而不当以后世之理论决事实。”段玉裁、王国维之言颇精。在先秦“祼”本作“果”，读音就是果木的果。在中古以后“祼”才开始有“灌”音，这实际上是把“祼”训读为“灌”，并非“祼”本有“灌”音。

例五，《说文解字》中已有训读之例。如《说文》：“囮，译也；从口化。率鸟者，系生鸟以来之，名曰囮；读若讹。五禾切。圝，囮或从繇。”囮又作圝，事实上是把的“圝（音‘由’）”训读成了“囮”。大徐本注：“圝又音由。”其实这才是它的本音。因此，《说文》说的“囮或从繇”与复辅音无关，不能作为构拟复辅音声母的根据。

例六，《说文》：“貈，似狐，善睡兽。从豸，舟声。《论语》‘狐貈之厚以居’。”下各切。是匣母铎部。大徐本称：“舟非声，未详。”“貈”从“舟”声怎么会读成“下各切”呢？这其实是训读的问题。段玉裁注：“凡狐貉连文者皆当作此‘貈’字，今字乃皆假‘貉’为‘貈’，造‘貊’为‘貉’矣。下各切，按此切乃‘貉’之古音，非此字本音也。其字‘舟’声则古音在三部。《邠诗》‘貈、貍、裘’为韵，一部三部合韵也。”钮树玉《说文解字校录》也认为“貈”是以“舟”为声符，举《诗经・豳风》的押韵为证。其实，《说文》对“貈”的形声结构的分析是对的。段玉裁注非常有见地。“貈”读“下各切”是训读成了“貉”音。因为在古书中“貈”有异体字就是“貉”。《尔雅・释兽》：“貈子貆。”《经典释文》：“貈，乎各反；《字林》云：似狐，善睡。本作‘貉’，亡白反。《字林》云：北方人也，非兽也。”光华按，“亡白反”的字又作“貊、貃”。《康熙字典》第1201页指出“貉”本作“貈”[48]。虽然我们现在不大清楚为什么“貉”会成为“貈”的异体字和同义词（“各”与“舟”在古文字中的字形并不接近）[49]，但是事实就是“貈”读“下各切”是“貉”的训读音，段玉裁已经意识到了这点。

例七，《尔雅・释诂》：“艐，至也。”郝懿行《尔雅义疏》：“艐者，《说文》云‘船著不行也’。

《方言》云‘艐，至也’。《史记·司马相如传》云‘蹋以艐路兮’。徐广注本《尔雅》‘艐，至也’。《汉书》张揖注本《说文》‘艐，著也’。‘著’与‘至’义亦近。郭本孙炎以‘艐’为‘届’，注竟作‘届’，‘届’字误也。郭注《方言》‘宋曰艐’。今误作‘届’。证以《释文》，‘艐’郭音‘届’。孙云古‘届’字。可知孙、郭本并非改‘艐’为‘届’矣。《释言》云‘届，极也’。极、至义同。张参《五经文字》以为‘艐’《尔雅》或作‘届’。盖自唐本已误矣。”然而考《说文》“艐”字下注音曰“读若莘”。《唐韵》注音为“子红切”。邢昺《尔雅疏》所引《释文》注音“艐”音“宗”。“艐”无论读“子红切”还是“读若莘”都与“届”音不同。但是由于《尔雅·释诂》将“艐、届”都训为“至”，二者是同义词。于是古人有的就将不大常见的“艐”读为“届”。这完全是训读，与音变或通假无关。朱骏声《说文通训定声》明确指出“艐”与“届”古音不同，曰：“郭注古‘届’字。按届、㚇声隔，届义非届声。”朱骏声的意见是对的，但未能注意到古人在训诂中常用训读之法。最早将“艐”读音为“届”的可能是孙炎的《尔雅》注。《经典释文》：“艐，郭音届；孙云古届字；顾子公反。”[50]东晋郭璞的《方言》注承袭了孙炎之说。《方言》卷一：“艐，至也。艐，宋语也。”郭璞注曰：“艐，古届字。”本来“艐、届”二字是同义词，并无语音上的关系，自从孙炎注《尔雅》和郭璞注《方言》把二者标为古今字以后，人们就把二者的读音混同了。且据上引《经典释文》“艐，郭音届”，表明郭璞已经把“艐”读音为“届”。《史记·司马相如列传》《集解》引徐广曰：“艐音介，至也。”《索隐》引孙炎云：“艐，古‘界’字也。”徐广是南朝刘宋时期的学者。郭璞之后的《玉篇》注“艐”音同“届”。邢昺《尔雅疏》：“‘艐’读为‘届’。”《广韵》注“艐”有“古拜切”一音，曰：“《尔雅》云至也，一云古届字。”钱绎《方言笺疏》[51]第30页称：“家君曰：‘艐’‘届’古声同。”[52]黄侃《尔雅音训》第12页也说：“艐与《释言》之届异体。”阮元《十三经注疏校勘记》[53]已经觉察到经典用“艐”，古注用“届”。阮元曰：“张参《五经文字》云‘艐’《尔雅》或作‘届’，此依注改经，非也。”上引郝懿行《尔雅义疏》对《五经文字》也有类似的批评。然而古人颇为流行训读之法是不争的事实，这与上古复辅音的分化没有关系，绝不能利用为构拟复辅音的材料。

例八，有的音韵学家利用“尼/匕”这组材料来构拟复辅音 np 或 ngp。我们认为这是不可靠的。考《说文》：“尼，从后近之。从尸匕声。”女夷切。段玉裁注：“古音盖在十五部。”就是脂部[54]。这就有了一个问题，泥母的“尼”怎么会从帮母的“匕”得声呢？段玉裁注、桂馥注都没有作出说明。其实这个问题很好解答。因为“尼”所从的“匕”虽然字形是帮母的“匕”，但“匕”却是“人”的变体写法。王筠《说文解字句读》[55]“尼”字注曰：“言从后者，於字形得之。‘尸’是卧人，‘匕’是反人。匕者，比也。人与人比是相近也。人在人下是从后也。”《说文》：“匕，相与比叙也。从反人。”[56]正因为如此，“匕”才可以训读为“人”，或者干脆认为就是“人”的异体。“尼”从“匕”得声，实际上是从“人”得声[57]。“人”的上古音为日母真部。在上古音中，日母读如泥母，脂部与真部为严格的阴阳对转。这就合理地解释了为什么“尼”是从匕得声。日本学者诸桥辙次《广汉和辞典》第1044页“尼”字注也认为：“因为匕是人的异体字，所以大概可以把‘匕’看作与‘人’形音皆同。”这样也不失为一种处理办法，就是如同《广汉和辞典》一样干脆就把“尼”所从的“匕”看成是“人”字的异体[58]。类似的例子如“死”所从的“匕”也是“人”的变体写法，非唇音字[59]。总之，“尼/匕”这组材料与复辅音无关，不能用作构拟复辅音的证据。

例九，包拟古《原始汉语与汉藏语》[60]第132页在构拟上古汉语的复声母 khl－的时候，所根据的材料有“去/鲑”这组谐声字。“去”是溪母，“鲑”是透母。今按，“鲑”其实也是溪母，并非透母。

考《唐韵》音“去鱼切”、《集韵》音“丘於切”。这应该是其本音。但《广韵》又音“吐盍切”、《集韵》又音“讬盍切”，则是透母音。我们对此有合理的解释。“魼”的透母音其实不是其本音，而是训读成了“鰈”。“鰈”正音“吐盍切”。考《说文》：“鰈，比目鱼也。”《尔雅·释地》：“东方有比目鱼焉，不比不行，其名谓之鰈。”可知“鰈”是比目鱼，而“魼”在古代有时可以指比目鱼。考《类篇》：“魼，一曰比目鱼。”《汉书·司马相如传》：“禺禺魼鳎。”注：“魼，比目鱼也。”《玉篇》“魼”一作“鰈”。可见二者作为比目鱼的时候是同义词，所以可以发生训读关系，于是溪母的“魼”就又音透母的“鰈”。这样的训读音是很清楚的，与任何复声母无关。

例十，有的学者利用“岡/网”来构拟上古的复辅音声母。我们认为这也是不可信的。《说文》：“岡，山骨也。从山网声。”古郎切。《说文解字诂林》所引各家注都认为《说文》的“山骨”应是“山脊”之误，这是正确的。但“网”是明母字，“岡”是见母字，明母的“网”怎能作为见母的“岡”的声符呢？而且《说文》各家注都没有怀疑过《说文》对“岡”的形声结构的分析[61]。我们认为“岡”的形声结构中包含了训读和自反的问题。“岡”是自反字，得音于“山网切”，而不是仅仅得音于“网”。“山”的古音声母是山母，上古音与心母相近，与见母仍然相去甚远。我们认为“岡”所从的“山”要训读为“高”。今举证如次：《说文》：“山，宣也。……有石而高。”《管子·形势解》：“山，物之高者也。”《左传·庄公二十二年》：“风为天于土上，山也。”孔颖达疏：“山，是地之高者。”《孙子兵法·军争》：“不知山林险阻沮泽之形者，不能行军。”曹操注：“高而崇者为山。”《易·遯·象传》：“天下有山。”孔颖达疏：“山者，地之高峻。”《广雅》：“土高有石，山。”《玉篇》：“高大有石曰山。”足见“山”有“高”义实为常谈[62]。正因为如此，“山”可训读为“高”。“高网切”正是“岡”音。这与复辅音声母没有关系。

从东汉的声训材料也可以证明“岡”与复声母无关。考《释名》：“岡，亢也。在上之言也。”这明显是声训[63]，而“亢”的上古音绝不能是 mk－之类的复声母，只能是单辅音的舌根塞音，因此，“岡”的上古音只能是单辅音的见母，不可能是任何复辅音。

例十一，今本《老子》第64章：“慎终如始，则无败事。”帛书甲乙本都作“慎”。而《郭店楚墓竹简·老子》与“慎”字相当的是“誓”。这个异文关系该怎样解释呢？我认为这个现象不是“慎”与“誓”是通假字，而是这个“誓”并非“发誓、誓愿”的“誓”，而是从“斤”得声的形声字。上古汉语中的“斤”与“堇”都是见母文部字，古音相通[64]，所以“谨”和从“斤”声的“誓”古音相通，只是“誓”增加了“手”作为饰符，这就与“誓愿”的“誓”变得同形了。所以《郭店楚墓竹简·老子》的“誓终如始”当读成“谨终如始”，这与“慎终如始”完全同义。而且我们释为“谨”的这个字有可能在《郭店楚墓竹简》中因为与“慎”义近而训读为“慎”。在《郭店楚墓竹简》中有的“从言从斤”的字被学者读成了“慎”，这是可以解释为训读的。那些字可参看张守中等撰集《郭店楚简文字编》[65]。如今本《老子》第四章：“和其光，同其尘。”帛书乙本也作“尘”。而郭店简本此处与“尘”相当的字是“从幺从言从斤”，此字按照我们的分析，这就是“谨”的异体字，但这里只好解释成训读为“慎”，从而与“尘”古音相通，形成通假字。

例十二，有的音韵学者利用“更/丙”这组谐声材料来构拟复辅音 pk 或证明上古音中的唇音和舌根音相通。我们认为此例不能成立。《说文》：“更，改也。从攴丙声。”古孟切，又古行切。“更”字的形声结构虽然比较难解，但是清代著名的《说文》学四大家段玉裁、朱骏声、桂馥、王筠都没有表示过怀疑。现代的古文字学家于省吾《甲骨文字释林》[66]中的《释更》一篇对《说文》的解释也是深信不疑，认为“丙”“更”为叠韵，所以“更”以“丙”为声符。于省吾释甲骨文中的“更”为“鞭”的古文。高鸿缙《字例》二篇第302页有与于省吾大致相同的观点[67]。然而林义光《文源》注意到“丙”与“更”的声母相差太大，不易相通，林义光认为“更”所从的“丙”本来不是“丙”字，而是“庚”之误，因为“丙”的古文与“庚”的古文比较形近，故而致误。林义光的观点似乎有道理，然而并不见得正确。《金文诂林（第四册）》第1905页录有张日昇之说就反对林义光的说法，张日昇曰：“林义光谓丙、更不同音，疑从攴庚声。按古音丙、更同在阳部，而古文‘更’字无一从‘庚’者，丙、庚分别至显，未可谓形讹。”张日昇的见解是有说服力的，我们也认为不能轻易地说“更”所从的“丙”就是“庚”的古文的形近错字[68]。那么“更”的形声结构该怎样解释呢？古文字学家们对“更”和“丙”的声母的巨大差异都不能作出合理的解释。我们的研究认为“更”确实是如同《说文》所说的“从攴丙声”，但“更”是自反字，并非仅仅得音于“丙”，而是得音于“攴丙切”。“攴”的古音是滂母，与“更”的古音见母相去甚远，这又是为什么呢？其实这里面有训读的问题。在故训中，“攴”与“击”义近。如《说文》：“攴，小击也。”《说文》：“击，攴也。”这明显是以“攴”与“击”互训。《玉篇》：“攴，小击貌。”《广韵》：“攴，击也。”《诗经·豳风·七月》：“八月剥枣。”毛传：“剥，击也。”段玉裁《说文解字注》“攴”字注和“剥”字注都指出这里的“剥”为“攴”之借。足见“攴”训“击”是训诂常谈，正因为如此，所以作为偏旁的“攴”才可能训读为“击”，而“击”的古音是见母，“击”与“丙”相切正是“更”声。这绝不是偶合。

我们也可以将“更”所从的“攴”训读为意思相近的“戈”。在古文字中，作为偏旁的“戈”与“攴”义近可以互通。如“寇”字在战国时代的三晋兵器铭文中多从“戈”而不是从“攴”，例证甚多[69]。又如“救”字，在战国时期的中山王鼎和壶的铭文中作从“戈”之形，而不从“攴”。《包山楚简》中有一个作左“堇”右“戈”之形的字，这个字在《包山楚简》中有异体作左“堇”右“攴”之形。容庚《金文编》第210页“启”字下录《虢吊钟》铭文中的“启”字作从“戈”之形，不从“攴”。《金文编》第220页“敔”字下录有金文中的异体作从“戈”之形，而不从“攴”。又“搏”字，《金文编》第776～777页录有金文中的异体作左“尃”右“戈”之形，而何琳仪《战国古文字典》第598页引录《古玺汇编》0335号、《包山楚简》142号简、《搏武钟》铭文中的“搏”是作左“尃”右“攴”之形。王国维《观堂集林》卷十三“鬼方昆夷玁狁考”一文指出：鬼方之名，在《易》《诗》作“鬼”，然古金文作从“鬼”从“戈”之形，或作从“鬼”从“攴”（左右结构）之形。王国维还说：“凡从攴、从戈，皆有击意，故古文往往相通。”王国维此文颇有举证。张政烺先生曾指出：“战国秦汉间文字，从‘攴’常改为从‘戈’，盖形近致误，马王堆帛书中其例不可胜举。”[70]高明《中国古文字学通论》[71]第142页第14条专门论述了在古文字中，作为偏旁的“攴”与“戈”因为意思相近而常常通用，多有举证，此不详录[72]。足见在古文字中作为偏旁的“戈”与“攴”义近可互作。因此“攴”可以训读成“戈”，而“戈”的古音是见母，“戈”与“丙”相切正是“更”音。这也是合理的解释。我们以上的两种解释都是采取了训读的方法才能合理地说明“更”的形声结构。

我们还可以从通假字系联的角度证明“更”的上古音声母绝不会是复辅音pk。朱骏声《说文通训定声》指出“更”与“庚”古音相通。“更”与“庚”有声训关系，例证甚多。如《释名·释天》：“庚，犹更也。”《玉篇》同。《礼记·月令》：“其日庚辛。”郑玄注：“庚之言更也。”《广雅·释诂三》：“庚，更也。”《广雅·释言》：“更，偿也。”王念孙《广雅疏证》：“更、庚、赓并通。”钱大昭《广雅疏义》：“古更与庚通。”[73]类例尚多。而“庚”从不与帮母发生通假关系和谐声关系，其上古音声母不可能是复辅音 pk，这也反过来证明与“庚”为双声相通的“更”的上古音声母也不会是复辅音 pk[74]。

于省吾在上引文中还举有一条旁证：《周礼·考工记·轮人》：“视其绠。”注：“郑司农云：绠读为关东言饼之饼，谓轮箄也。”我们这里举出《经典释文》的注音：“绠，音饼，又方善反，又姑杏反，一音补管反。”《经典释文》的几个又音该怎样解释呢？其实这是《周礼》的注释家们对“绠”的形声结构有不同的认识造成的。郑司农读“绠”为“饼”音是认为“绠”从“更”得声，而“更”又是从“丙”得声，而“丙”与“饼”古音相近。把“绠”读为“方善反”是认为“绠”所从的“更”是“便”之省，也就是说“绠”是从“便”省声；把“绠”读为“姑杏反”是认为“绠”从见母的“更”得声；“补管反”一音则并不是对“绠”的直接注音，而是说这里的“饼”有异文作“饆”。“饆”与“饼”形近易混，而且二者意思相近，《广韵》：“饆，屑米饼也。”无论是因为“饆”与“饼”形近相混，还是因为“饆”与“饼”义近而相互替代，总之，“饼”有异文作“饆”，所以研究《周礼》的学者才注音为“补管反”，这与“绠”自身的读音没有直接关系。关于怎样认识经典中的异读音问题，本书后面还有专章研究。基于以上的研究，我们的结论是“更/饼”不能作为构拟复辅音 pk 的根据，也不能说明上古音中的喉牙音与唇音相通[75]。

我们再顺便提及“便/更”的问题。“便”是会意字，不是形声字，不是从“更”得声，这是古来学者的共识。因此“便/更”这组材料与复辅音无关，更不能作为批评本书的理由。考《说文》：“便，安也。人有不便，更之。从人更。房连切。”根据《说文》的体例，“便”应为会意字，不可能是形声字。段玉裁《说文解字注》、朱骏声《说文通训定声》都明确地说“便”是会意字，不是会意兼形声字。

例十三，“姏”的读音让不少学者感到困惑。“姏”不见于《说文》，应该是东汉以后才出现的俗字。从字形结构分析，“姏”应该是从“甘”得声的形声字，可是《广韵》《集韵》都注音为明母。《广韵》音“武酣切”，《集韵》音“谟甘切”。这是为什么呢？关于这个字的意思，《集韵》：“姏，老女自称。”《广韵》：“姏，老女称。”[76]有的学者就利用这个词的读音来构拟复辅音声母。且不说这个字不见于东汉以前，不能作为构拟上古音的根据。我们不必借助复声母也能解释其读音的来源。我们可以把“姏”分析为自反字，得音于“女甘切”，而不是仅仅得音于“甘”。“姏”的意思是“老女自称”，而“老女”正是“姥”的意思。考《集韵》：“姥，女老称。”慧琳《一切经音义》卷八十一注引《江表传》：“姥，妇人老称也。”同书卷九十一注曰：“姥，村中妇人老称也。”《玉篇》：“姥，老母也。”所以“姏”所从的“女”应该训读成“姥”，“姥甘切”正是“姏”音。这与任何复声母都没有关系。

例十四，有的学者利用“区/枢”这一组谐声字来构拟上古音复辅音。我们认为这组谐声材料与复辅音（昌母加溪母）无关。本来这组材料可以有很简明的解释：“枢”是昌母三等字，为照三系；“区”是溪母三等字，为见系。照三系字与见系三等字在古音中可以相通[77]，这是许多学者的共识，已成定论，与复辅音声母毫无关系。这样简单的解释是非常通达的，没有任何困难。

不过，我们这里也提供一种比较复杂的解释：《说文》：“枢，户枢也。从木区声。”昌朱切。段玉裁注对“枢”的形声关系别无新解。今按，我们可以把“枢”当作自反字，乃得音于“木区切”，非仅仅得音于“区”。可是“木”是明母字，与“枢”的昌母相去较大。这该怎样解释呢？其实，这里的“木”要训读为意思相同的“触”。考《白虎通·五行》：“木之为言触也。阳气动跃，触地而出也。”《春秋元命苞》：“木之为言触也。”《淮南子・天文》：“东方木也。”高注：“木，触地而生也。”高诱注实际上也是以“触”训“木”。“木”训“触”是有古人的观念作根据的。《风俗通义》卷六《声音》“角”条引刘歆《钟律书》曰：“角者，触也。物触地而出，戴芒角也。五行为木。”足见西汉末年的刘歆已经通过五行观念把“木”和“触”联系到一起了，东汉学者普遍接受了这一观念。刘歆是古文派经学家，其说当是汉代古文经学家上代流传下来的学说，定有根据。因此“木区切”实际上要读成“触区切”，这正好是“枢”音，因为“触”与“枢”的上古音同为昌母。所以，“区/枢”这组材料与复辅音无关。

如果有人提出批评说五行观念是战国以来才盛行的，未必与“枢”在造字时的读音有关，也就是说“枢”读“昌朱切”的音如果是产生在春秋以前，那时五行思想尚未出现，又怎能用五行观念来解释“枢”的读音呢？我们对这个可能有的批评作出以下的答复：①五行观念现在看来出现得很早，并非像有的学者说的那样晚[78]。今考古文献，如《尚书・洪范》就说过：“五行：一曰水，二曰火，三曰木，四曰金，五曰土。”《尚书・甘誓》：“王曰：嗟！六事之人，予誓告汝：有扈氏威侮五行，怠弃三正。”把这些话当作夏代开国之君夏启时代的语言当然是不可信的，但总是在战国以前的语言，绝不会晚至西汉，因为司马迁《史记・夏本纪》已经引用到了这些语言，可证司马迁是把《甘誓》中的这些话当作战国以前的语言。《左传・昭公二十五年》子大叔对赵简子说：“天地之经，而民实则之。则天之明，因地之性，生其六气，用其五行。气为五味，发为五色，章为五声。”《左传・昭公二十九年》：“故有五行之官，是谓五官。实列受氏姓，封为上公，祀为贵神。社稷五祀，是尊是奉。木正曰句芒，火正曰祝融，金正曰蓐收，水正曰玄冥，土正曰后土。”《左传・昭公三十二年》：“（史墨）对曰：物生有两，有三，有五，有陪贰。故天有三辰，地有五行。”《左传》说的“五行”显然是指“水火木金土”。《左传》中也常常提到五行的水、火、木、金、土相生相克的观念，此不详录。《国语・晋语二》：“虢公梦在庙，有神人面白毛虎爪，执钺立于西阿，公惧而走。……觉，召史嚚占之，对曰：‘如君之言，则蓐收也，天之刑神也，天事官成。’”这里分明以“白毛虎爪”之神与西方相配。这是典型的五行思想，因为在“五行说”中，西方在色是白，在兽是虎。可见五行思想早在春秋以前就已经存在，并非晚至战国[79]。春秋战国时期正是我国文字大量新生的时期，因此文字的产生完全有可能受到了五行思想的影响。②在先秦古文字中，从甲骨文、金文到战国时期的各国古文字资料中都没有发现“枢”字[80]。我们有理由说“枢”字的产生最早也只可能是在战国时代，不可能更早。有可能“枢”是在战国时期的秦国的小篆文字中出现的一个字，时代较晚。那时五行思想早已流行于世。因此，“枢”非常有可能是在五行思想的影响下产生的一个字。以上两点说明是我对可能出现的批评的答复。我们无论采取哪一种解释，“枢/区”都与复辅音声母无关。

例十五，与上一个例子的情况有些相似，有的学者利用“杵/午”来构拟复辅音声母。我们认为这组谐声材料与复辅音无关。《说文》称“杵”从木午声。实则“杵”是自反字，得音于“木午”相切，并非仅仅得音于“午”。正如上一条所论述的一样，“木”可训读为“触”。“触”的古音声母是昌母，与“杵”为昌母相同，“触午”相切正是“杵”音。如此惊人的吻合岂能视为牵强附会？更考古文字资料，可知从甲骨文直到战国古文都没有“杵”字[81]。现在发现的最古的考古文字资料也是《睡虎地云梦秦简・日书》中才开始出现“杵”字。我们似乎可以说“杵”是战国晚期以来的秦系文字中的一个新生字形，时代已晚，不能据以论上古音。因此不能根据“杵/午”来构拟任何复辅音声母。

例十六，有许多音韵学家根据“庞/龙”来推测上古的复辅音 bl/bhl，因为“庞”是从“龙”得声而读唇音。我们的考证认为这个证据不能成立。《说文》：“庞，高屋也。从广龙声。”薄江切。“庞”字早已见于甲骨文，但是我们认为“庞”在上古就有並母与来母两个不同的读音，而与复辅音没有关系。考古文献中“庞”出现得最早的用例是《诗经·车攻》：“四牡庞庞。”毛传：“庞庞，充实也。”[82]《经典释文》：“庞，鹿同反。徐扶公反。”[83]《诗经》这里的“庞”音，古代学者的意见颇有分歧。有的认为读“鹿同反”[84]，是来母字；读唇音的“扶公反”是晋代的徐邈的注音。后来《切韵》系韵书注“庞”为“薄江切”、《玉篇》有“步公、步江”二切、《说文系传》为“贫双反”，这些注音实际上是沿袭了徐邈的注音。《康熙字典》“庞”字注已经指出《诗经》《汉书·司马相如传》的“庞”读音如“笼”，因为《康熙字典》是在引录《集韵》《韵会》的注音“庞”为“庐东切”之后，紧跟着就列举了书证《诗经·小雅》和《汉书·司马相如传》。《故训汇纂》“庞”字条下也认为《诗经·车攻》“四牡庞庞”中的“庞”要读如来母。诸桥辙次《广汉和辞典（上册）》第1215页以及《王力古汉语字典》[85]“庞庞”条也是把“庞庞”二字都注为来母。但是我们经过研究后认为《诗经·车攻》“四牡庞庞”肯定是读为並母的“庞”，断然不会是来母，也不会是复辅音 bl。因为类似的文句在《诗经》的其他地方也有出现。如《诗经·小雅·北山》：“四牡彭彭，王事傍傍。”毛传：“彭彭然不得息，傍傍然不得已。”[86]《广雅·释言》：“彭彭、傍傍，盛也。”《诗经·郑风·清人》：“驷介旁旁。”郑玄注：“驷，四马也。”这与“四牡庞庞”显然是同一类型的文句，是《诗经》中的常语。而“彭”“旁”都是唇音，所以“庞”必读唇音的並母无疑。更考战国时期的中山王墓出土的中山国胤嗣壶上的铭文有曰：“四牡汸汸。”这正是引用《诗经》“四牡庞庞”或“四牡彭彭”之言，而“庞”作“汸”[87]。《说文》“騯”字下引《诗经》也是作“四牡騯騯”。翟灏《通俗编》[88]卷三十五“声音·庞庞”[89]条也称：“唐子西诗‘叠鼓闹庞庞’。按，《博雅》：韸韸，声也；《广韵》：韸，鼓声，匹江切。唐氏亦但以音发之。”《通俗编》认为“庞庞”与“韸韸”相通，当是唇音无疑[90]。据此各证，可知《诗经》“四牡庞庞”中的“庞”肯定是读为並母，不可能读来母。还有可参考的旁证如《诗经·四牡》：“四牡騑騑。”这与“四牡庞庞”是同样的句式变现。而“騑”的上古音只能是从“非”得声的唇音单声母字，不可能与复辅音相关。因此，这个旁证也可以表明“庞庞”一定是並母音，不可作其他解释。《诗经》中其他例子如《采薇》中的“戎车既驾，四牡业业。岂敢定居？一月三捷。驾彼四牡，四牡骙骙”。其中的“业业”“骙骙”都不可能是复声母，无须详辨。也就是说《诗经》中凡是与“四牡”相配搭的重叠联绵词没有一个复声母，怎么可能单单一个“庞”是复声母呢？

但是“庞”的並母音是怎样产生的呢？[91]我们有合理的解释。考《说文》：“厖，石大也。从厂尨声。”段玉裁注：“石大其本义也。引申之为凡大之称。……或假此厖为尨杂字。”《尔雅·释诂》：“厖，大也。”《方言》卷一：“庬，大也。庬，深之大也。”[92]而在古文字中，“龙”与“尨”有的时候可以混用，如《周礼·玉人》：“天子用全，上公用龙，侯用瓒，伯用将。”注：“郑司农云：全，纯色也；龙当为尨。尨谓杂色。”《周礼·牧人》：“凡外祭毁事用尨可也。”注：“故书毁为甈，尨作龙。杜子春云：甈当为毁，龙当为尨；尨谓杂色不纯。”《经典释文》：“尨，亡江反。”《周礼》的郑司农注和杜子春注都说“龙当为尨”，“当为”二字如段玉裁所说是汉代人表示误字的用语[93]。因此，“庞”在先秦时代就可以用作“庬”字，这可以看作是异字同形，不应认为是二者由于韵母同为东部而通假。也可以解释为训读，因为“庞”与“庬”皆有“大”义[94]，所以本为来母的“庞”就可以训读为明母的“庬”[95]。“庬”的上古音为明母，完全可能稍稍音变而为並母。因此，古人用“庞”字来表示竝母音的“扶公反”。也就是说“庞”之所以有並母的读音是因为“庞”可以用作“庬”，是得音于“庬”。这与复辅音无关。我们还可以从通假字系联的角度予以证明。如“龙”在上古汉语与“弄”有通假关系。《老子》十三章：“宠辱若惊。”马王堆帛书家本“宠”作“龙”，乙本作“弄”。这样的异文只能解释为通假关系。而“弄”的古音声母只可能是来母，这就证明与“弄”有通假关系的“龙”的古音声母也只会是来母，不会是复声母的bl/bhl。因此，“庞”的並母音一定另有来源，决不会仅仅是得音于来母的“龙”。

“庞”的来母音上古就有。桂馥《说文解字义证》称：“庞，通作栊。《广雅》‘栊，室也’。”今遍考文献，“栊”字从无唇音一读，古今都只有来母的读音。如“栊”《广韵》作“庐红切”，《集韵》《韵会》作“庐东切”、《正韵》作“庐容切”，均为来母字。而且“栊”又与“櫳”相通。《古今韵会举要》[95]称：“‘栊’与‘櫳’通。”又称：“櫳若鸟兽之笼也。”分明也是以“栊”只有来母音，没有唇音一读。《说文解字义证》称“庞”与“栊”相通就是说“庞”本来是读来母。朱骏声《说文通训定声》更是明确地说：“庞，《吴越春秋》载禹《涂山歌》叶庞王昌行。按，读如‘郎’也。今音如‘旁’，误。”朱骏声非常犀利地指出“庞”读如“旁”是后世的误读音，而不是上古时其本来的读音。再如《水经注》卷十五引《竹书纪年》曰：“晋出公十九年，晋韩龙取卢氏城。”考“龙”字，传本《竹书纪年》作“庞”。《水经注》卷三十九：“都山即都庞之峤。”《四部丛刊》本有校注曰：“案，‘都庞’近刻讹作‘部龙’。”“都”为“部”是讹误，“龙”与“庞”却是通假。更考《汉书·地理志下》：“居风，都庞。”东汉学者应劭注曰：“庞音龙。”师古曰：“音聋。”钮树玉[97]称：“庞，又力容切，县名。”这是说“庞”作地名时要读来母。我们通过考察文献可知“庞”在先秦时就有用作地名的用例。如《史记·魏世家》：“十三年，使子击围繁、庞，出其民。”同篇：“与秦战少梁，虏我将公孙痤，取庞。”这些“庞”都读如“龙”[98]。

例十七，更考《说文》：“奅，窖也。从穴卯声。”匹皃切，是滂母音。而此字《集韵》音：“居效反。”是见母音。这是否与复声母有关呢？完全无关。“奅”音“居效反”实际上是训读成了“窖”音。

综上所述，训读现象不是语音自身的演变，而是因为二字的意思相同，就把二字的读音也读成一样，这实际上不属于语音的演变问题。然而，有许多音韵学家忽视了古文字和古汉语中的训读问题，把文字谐声中的异常读音一概当作直线性的音变。学者们所标举的复辅音声母有许多事实上是训读现象，而不是语音自身的演变。这是在研究上古音声母时要特别注意的。

注释

① 现在先将有关训读的论著资料列举如下，不再详尽介绍学者们的论述。学者论及训读者有钱大昕《十驾斋养新录》卷一“毛诗多转音”条［《潜研堂文集》卷十五，《嘉定钱大昕全集（九）》，江苏古籍出版社，1997年，第232页］。现代学者讨论过训读问题的尚有杨树达《积微居小学述林》卷三“释晁”与卷七“复沈兼士书”，裘锡圭《文字学概要》“同义换读”一章，詹伯慧《汉语方言及方言调查》（湖北教育出版社，2001年）第115页、第132～133页、第168页等处。严学宭《汉语中的训读现象》（见《语言文字学术论文集》，知识出版社，1989年），沈兼士《吴著经籍旧音辨证发墨》《汉字义读法之一例》《汉魏注音中义同换读例发凡》（均见《沈兼士学术论文集》，中华书局，2004年），黄侃《经籍旧音辨证笺识》（《量守庐群书笺识》，武汉大学出版社，1985年），吴承仕《经籍旧音序录》（中华书局，1986年），李荣《文字问题》（商务印书馆，1987年）的“同义替代”一章及《语文论衡》（商务印书馆，1985年）第125页，黄焯《经典释文汇校》（中华书局，1980年）的“前言”，黄侃《文字声韵训诂笔记》（上海古籍出版

社，1983年）第216页，吕叔湘《语文常谈》（“生活、读书、新知”三联书店，1999年）第31～33页，孙雍长《论“声（音）随义转”说》（《管窥蠡测集》，岳麓书社，1994年）及孙雍长《训诂原理》（语文出版社，1997年）第二章的“声随义转”一节，丁忱《论黄焯先生经典释文的研究及其成就》（《古汉语研究》1996年第3期），蒋冀骋《评〈汉语俗字研究〉》（《古汉语研究》1996年第4期），刘晓南《宋代闽音考》（岳麓书社，1999年）下篇第三章的“训读俗读”一节，姚永铭《论“音随义转”》（《古汉语研究》1999年第2期），周长楫在《上古汉语有复辅音说之辩难》（《厦门大学学报》1998年第2期），杨剑桥《实用古汉语知识宝典》（复旦大学出版社，2003年）第231页的“训读”条，詹伯慧《海南方言中同义字的“训读”现象》（《中国语文》1957年6月号），刘新中《海南闽语的语音研究》（中国社会科学出版社，2006年）一书的第五章“海南闽语中的训读现象”，梁猷刚《琼州方言的训读字》（见《方言》1984年第2期）、《琼州方言的训读字（二）》（《方言》1984年第3期），陈鸿迈《琼州方言训读字补》（见《方言》1993年第1期）。其中尤其是严学宭《汉语中的训读现象》一文对古汉语和现代汉语方言中的训读现象作了相当详密的讨论，是同类文章中比较有分量的一篇，特别应当参看，其文论述详博，文繁不录。这些论著都讨论到了古汉语中的训读问题，颇堪参考。在日语中训读的现象极为显著，此为常识，不烦举证。

② 鲁国尧先生在《初读〈敦煌音义汇考〉》（《语文研究》1997年第4期）揭示了唐朝的白居易所用的一则训读用例，本书不详引。又见《鲁国尧语言学论文集》（江苏教育出版社，2003年版）第297页。

③ 黄焯《古今声类通转表》（上海古籍出版社，1983年）一书第185页就错误地理解了这条文献材料，以为是古音声类通转的问题。黄焯此书虽然功夫下得很大，疏谬错误也很多。难以逐一辩驳。

④ 吴承仕《经籍旧音辨证》卷二（中华书局，2008年）第252页不明白《经典释文》的这种用注音表训读或异文的体例，只曰：“音扰为驯，韵部虽亦可通，而声类不近，字书韵书亦不收此音。疑昔人并以徐邈、李轨为异读，不谓扰字兼有驯音也。”而黄侃深明此为训读，《经籍旧音辨证笺识》对吴承仕有所批评：“此徐、李迳读为‘驯’，不关音理。”

⑤（清）黄生：《字诂义府合按》，中华书局，1984年，第41页。

⑥ 光华按：原文“持”误为“特”，径改。

⑦《淮南子》高诱注音有时难以理解（《文字声韵训诂笔记》（上海古籍出版社，1983年）第162～163页已经感叹高诱注不易理解），我们认为其中有的应该从训读的角度去理解。

⑧（清）钱大昕：《十驾斋养新录》，《嘉定钱大昕全集（七）》，江苏古籍出版社，1997年，第108页。

⑨（清）俞樾：《古书疑义举例五种》，中华书局，1983年。

⑩ 江有诰《音学十书》（中华书局，1993年）第61页“小旻”称：“当从韩作‘就’。”。我们认为江有诰没有懂得古人训读的道理，《毛诗》的“集”不必改从《韩诗》的“就”，而可以训读为“就”音。钱大昕、俞樾的论述是对的。

⑪《诗经·大雅·常武》的原文作：“赫赫明明。王命卿士，南仲大祖，大师皇父。整我六师，以修我戎。”江有诰《音学十书》的《诗经韵读》（中华书局，1993年）卷三第83页对此的解释有所不同，称：戎“疑当作‘武’，说见《总论》。鱼部”。光华按，俞樾把《诗经》的“戎”训读为“汝”是错误的，在意思上讲不通。应该认为这里的“戎”是训读为“武”。江有诰在《古韵总论》（同书第25页）中批评了顾炎武读“戎”为“汝”之说，称：“按，‘戎虽小子’‘戎有良翰’，义可训‘汝’，若‘烝也无戎’‘以修我戎’，改音为‘汝’，韵虽协而义乖矣。”江有诰的批评是有道理的。但是江有诰认为“戎”是“武”的错字，说：“此必是戎字传写误耳。”则又未必。古人自有训读之例，不必改字（不过，“戎”与“武”的古文之形很近似，也说不定就是传写之误。现在还不好把结论说得太肯定）。实际上，俞樾这里举的《诗经·常武》的例子，顾炎武在《音学五书》中已经谈到了，以至于江有诰在《古韵总论》中对顾炎武此说提出了批评。

⑫ 龙宇纯：《中上古汉语音韵论文集》，五四书店、利氏学社，2002年，第357页。

⑬ 见《刘申叔遗书（下）》（江苏古籍出版社，1997年）第1242页。但是《章太炎全集（七）》（上海人民出版社，1999年）所载的《新方言》中所附的刘申叔先生的序文中没有转录刘申叔先生的这段重要的自注，这是不应该出

现的疏漏。

⑭ 避讳制度兴盛于周朝，在殷商时期还没有。《左传·桓公六年》有一段话论周朝的名讳情况比较详细，今引述如下："不以国，不以官，不以山川，不以隐疾，不以畜牲，不以器币。周人以讳事神名，终将讳之（光华按，《经典释文》称："'周人以讳事神名'绝句，众家多以'名'字属下句。"这是应该多加注意的意见，我们这里暂时采用《十三经注疏》本的断句）。故以国则废名，以官则废职，以山川则废主，以畜牲则废祀，以器币则废礼。晋以僖侯废司徒，宋以武公废司空，先君献，武废二山，是以大物不可以命。"（录自《十三经注疏》，中华书局，1998 年，第 1751 页）。

⑮ 宋代避讳甚严，参看张元济《校史随笔》（上海古籍出版社，1998 年）第 18 页"避宋讳特严"条、王欣夫《文献学讲义》（上海世纪出版集团，2005 年）"宋刻本的避讳"一节。

⑯ 有些似乎与古音学不相干的古文献有时却能提供语音方面的讯息，所以我们要时时留心，以扩大材料的使用范围。例如学者们一般认为在元代的《中原音韵》中疑母的音值还是舌根鼻音，有的学者认为当时已经有向零声母转变的趋势。我们在明代的著名小说《三国演义》中发现了一个例子可以证明《三国演义》时代的疑母应该是读零声母。考《三国演义》第 74 回有曰："又见襄江水势甚急，看了半晌，唤向导官问曰：'樊城北十里山谷，是何地名?'对曰：'罾口川也。'关公喜曰：'于禁必为我擒矣。'将士问曰：'将军何以知之?'关公曰：'鱼入罾口，岂能久乎?'"这段话分明是用"于"和"鱼"的谐音关系，才使关公认为曹操的大将于（与"鱼"谐音）禁将会失败。这时候的"鱼"理应是读为零声母，而不是舌根鼻音。

⑰ 张盛裕：《潮阳方言的训读字》，《方言》1984 年第 2 期。

⑱ 类似的训读例子如：张建《说"戊"字的读音》（《中国语文》1993 年第 2 期，第 111 页）指出"戊"依《广韵》和《说文》反切本应读"莫候切"，为明母字；而现在的实际读音是 wu 的去声。这是为什么呢？张建解释说："梁开平元年五月，为避太祖朱温曾祖茂琳的名讳，把常用的'茂'字改用其它文字代替。……又'戊'与'茂'同音，为了避嫌，这年六月'癸卯，司天监奏：日辰内有戊字，请改为武。从之'……音随字变，渐渍历年，习非成是，后来'戊'也就被读成了 wù。"

王福堂等编《汉语方音字汇（第二版重排本）》（语文出版社，2003 年）第 68 页指出："'蚀'字在成都、扬州、梅县、广州、阳江等地的方言白读音实际上不是'蚀'本身所具有的音，而是'折'（损折）的训读，音常列切。"同页又指出："'识'字在厦门、潮州的方言中的俗读音并非'识'本身所有的音，而是'别'的训读，音方列切。"同书第 59 页指出："'似'字在北京、济南的又读音非'似'字本身所固有，实际上是'是'的训读。'姊'字在潮州方言中有一俗读音并非'姊'本身所有，而是'姐'的训读，音兹野切。"同书第 52 页指出："'叶'字在潮州、厦门、建瓯的方言中的俗读音并非'叶'本身所固有，而是'箬'的训读，音而灼切。"同书第 53 页指出："'缺'字在福州方言中的白读音实际上是'隙'字训读。"同书第 105 页指出："'浮'字在建瓯方言中的俗读音不是'浮'本身的读音，而是'飞'的训读，音甫微切。"类似的例子在此书中到处可见，全书至少有一百多例，一览即明，无须再举。

詹伯慧《汉语方言及方言调查》（湖北教育出版社，2001 年）第 115 页说："还有一种'同义训读'的现象，也是海南闽语突出的特色。'黑'训读为'乌'，'兄'训读为'歌'，'木'训读为'柴'，'看'训读为'望'等，这在汉语方言中是比较少见的。在闽方言中也是独树一帜，只有隔海相望的雷州半岛闽语，也存在着'训读'比较丰富的现象。"同书第 132 ~ 133 页专门设有"训读"一节，为"训读"作了一些阐释，举有闽方言的例子如读"饿"为"枵"，读"多"为左"禾"右"齐"结构的一个字。同书第 168 页也讨论到了"同义训读"的问题。李如龙《汉语方言学》（高等教育出版社，2001 年）第 68 页举了一个海南话的训读例子，在海南话中"思"读"想"的音。李荣《考本字甘苦》（《方言》1997 年第 1 期）也提到了一个训读的例子，很有趣："黏米因占城得名，就是占米。上引《广东新语》一开头就说明。秥米、黏米也就是占米。因为占米是粮食，所以借用黍旁、禾旁和米旁的字形。'黏米'容易误会为有黏性的米，而占米又跟有黏性的糯米相对，容易引起误会。参看上文武汉占米注。《广韵》'黏'字'女廉切'，'粘'是'黏'的俗体。《现代汉语词典》'黏'音 nián；'粘'音 zhān，又同'黏'。占米写作占，符合来历，不必另造专用字。假如实在要造专用字，用'粘'或用'秥'比用'黏'方便多了。上文萍乡与安仁写作□米，其实与

‘占’同音，就是‘占’米。安仁又以为□米是‘粳’米，娄底写作‘粳’米，两处‘粳’都与‘占’同音，‘粳’是训读字，本字是‘占’字。有一点要特别强调的，本书说某地某字与占字同音，都是就本方言而言。”李荣《语音演变规律的例外》（《音韵存稿》，商务印书馆，1982年）一文中的“本字问题”所讨论的“同义字互相替代”的问题实际上就是训读的问题。举两个例子：梅县等多地客家话把“柴”读作“樵”。又如把“舐”读作“舔”音，这是训读现象。因为《广韵》：“舐，以舌取物。”音“神纸切”。今读作“他点切”是训读成了“舔”音。

另外，李如龙《汉语方言的比较研究》（商务印书馆，2001年）第48页也讨论了在方言中的训读现象。学者们所揭示的这些材料都是很宝贵的，具有多方面的参考价值。另如张振兴《漳平（永福）方言的文白异读》（《著名中年语言学家自选集·张振兴卷》，安徽教育出版社，2002年，第57页）一文称：在闽语的永福方言中，“牛”要读为bu音，如在地名“石牛岭”中。张振兴说：“‘牛’是疑母字，按语音演变规律当读g－声母，如在‘牛马’里读gu。今读如微母，与‘无’字同音，例外。”我认为“牛”在闽语永福方言中读为bu音，并不是从疑母的“牛”音发生音变而成的。读为bu音的“牛”应该是同义词“牡”的训读音。据王福堂等编《汉语方音字汇（第二版重排本）》（语文出版社，2003年）第104页，“牡”在福州方言中的白读音是mu，而在闽方言中的m声母与b声母常常可以互变，如“牡”在厦门方言中就读b声母（明母字读b声母在厦门方言中极为普遍），在潮州方言中读bou。因此，福州方言中的“牡”白读音为mu，在同是闽方言的永福方言中完全可以读为bu音。“牛”在永福方言中读bu是训读音，也可能是由于合口介音的同化作用而发生了ŋu→mu→bu的音变过程。这样解释就与训读无关了。另如，据陈水润《水东方言的语音特点》［《广东石油化工专科学校学报（社科版）》1994年第2期］的介绍，作为闽南方言的一支的水东话的文白异读中，有一个例子很特殊：“亮”的文读音是liaŋ，白读音为kui（如在“天亮”一词中），其白读音显然与音变无关。我认为其白读音应该是“光”的训读音（温州方言的“天光”的“光”也失落了后鼻音韵尾。闽南方言和浙江温州方言的“天光”应当是同源词），在重庆方言中常常将“天亮”说成“天光”。在全国方言中把“天亮”说成“天光”的地方很多，参看《汉语方言词汇（第二版）》（语文出版社，1995年）第325页“天亮”条。《汉语方音字汇（第二版重排本）》（语文出版社，2003年）很注意各地方音的训读现象，但偶尔也有失察的地方。考其书第100页称在潮州方言中的“疫”读音是mok和muk，而“疫”的中古音是以母昔韵，没有读明母的可能。我认为这里的“疫”音是“瘼”的训读。考《说文》：“瘼，病也。”《急就篇》卷四颜师古注：“瘼者，无名之病，常漠漠然也。”这正与“疫”的意思相当。《广韵》音“幕各切”。“瘼”在中古前后都是东齐海岱的方言。考《方言》卷三：“瘼，病也。东齐海岱之间曰瘼。”《尔雅·释诂下》：“瘼，病也。”郭璞注：“今江东呼病曰瘵，东齐曰瘼。”另可参看《故训汇纂》（商务印书馆，2003年）第1510～1511页。潮州方言的这个训读音应该是古代文化交流的结构，可能是由东齐海岱一带的古老居民移民至潮州而带来了这个方音。

⑲ 另可参见同书卷四“造字时有通借证（下）”“义同借其音”节。

⑳ 黄侃：《说文笺识四种》，上海古籍出版社，1983年，第195页。

㉑ 考钱大昕《十驾斋养新录》［见《嘉定钱大昕全集（七）》，江苏古籍出版社，1997年］卷四“需有耎音”条第92～93页博征典籍，指出“需”的古音有“耎”音一读，文繁不录。

㉒ 上文已列举，本书不再详引。

㉓ 刘钊：《古文字考释丛稿》，岳麓书社，2005年。

㉔“居”与“处”在上古文献中有异文关系。如《老子》第二章：“是以圣人处无为之事。”马王堆帛书甲乙本“处”皆作“居”。

㉕ 考先秦古书中已有“瓢”字。如《论语·雍也》：“子曰：贤哉回也！一箪食，一瓢饮，在陋巷。”《周礼·鬯人》：“禜门用瓢赍。”《说文》中也有“瓢”字。

㉖ 另见玄应《一切经音义》卷十八“瓢杓”条注引《三仓》。

㉗ 张政烺《利簋释文》（《张政烺文史论集》，中华书局，2004年，第466～467页）称：“‘事’与‘吏’古为一字，至秦代，如《云梦睡虎地秦简》，二义分化明显，而字形有无区别。周代典籍中，早多作‘事’，晚则作‘吏’，如《毛诗·雨无正》有‘三事大夫’，《常武》有‘三事’，而《逸周书·大匡》有‘三吏大夫’，《左传·成公二年》

有‘三吏’。然与‘有’字连接则多用‘司’字，《毛诗·十月》之‘三有事’即《毛公鼎》之‘参有司’。”

㉘ 光华按：黄侃所说的“天吏”，如《孟子·公孙丑上》：“天敌于天下者，天吏也。”赵注：“天吏者，天使之也。为政当为天所使，诛伐无道，故谓之天吏也。”《孟子·公孙丑下》：“则将应之曰，‘为天吏，则可以伐之’。”赵注：‘天吏，天所使，谓王者得天意者也。”

㉙ 黄侃说的“同字”也就是“同源字”。

㉚ 中国社会科学院考古研究所编辑：《甲骨文编》，中华书局，2004 年。

㉛ 姑举一例：《说文》“壬”字下曰：“士，事也。”参看张儒等《汉字通用声素研究》（山西古籍出版社，2002 年）第 34 页和宗福邦等《故训汇纂》（商务印书馆，2003 年）第 453 页。

㉜《说文》：“唐，大言也。从口庚声。古文‘唐’从口昜。”徒郎切。从《说文》的古文可知“唐”在战国文字中从“昜”声，“昜”为余母，古与定母相近，而“唐”正是定母。这表明“唐”在先秦的读音就是定母无疑，定母的读音不会是中古以后才新出现的。

㉝ 此与告诉的“告”有别，本书别有详说。

㉞ 何琳仪《战国古文字典》（中华书局，1998 年）第 1358 页也称此字是“颂”之繁文。

㉟ 张政烺：《张政烺文史论集》，中华书局，2004 年，第 504 页。

㊱ 参看宗福邦等主编《故训汇纂》，商务印书馆，2003 年，第 263 页，所引材料颇多，此不录。

㊲ 上下结构。

㊳ 左右结构。

㊴ 上下结构。

㊵ 参看《十三经注疏》，中华书局，1998 年，第 144 页。

㊶ 罗福颐：《汉印文字征》，文物出版社，1978 年。

㊷ 根据段注，《诗经·小雅·大东》“东有启明，西有长庚”中的“庚”与“赓”（音续）同义，并不是“庚”要读成“续”音（即“赓”音）。因为根据《诗经》原文的押韵情况来看，这里的“庚”一定要读为“皆行反”，不可音“续”，否则将失韵。今举《大东》原文为证：“或以其酒，不以其浆。鞙鞙佩璲，不以其长。维天有汉，监亦有光。跂彼织女，终日七襄。虽则七襄，不成报章。睆彼牵牛，不以服箱。东有启明，西有长庚。有捄天毕，载施之行。维南有箕，不可以簸扬。维北有斗，不可以挹酒浆。”这是明显的押阳部韵，各家韵读皆无异说。江有诰《音学十书·诗经韵读》（中华书局，1993 年）第 64 页特别在“庚”字下注音为“音冈”。这无疑是正确的。

㊸（清）钱大昕：《潜研堂文集》，《嘉定钱大昕全集》，江苏古籍出版社，1997 年。

㊹ 且举一个被学者常常忽视的材料。如《四库提要》关于《中原音韵》的提要称：“夫语言各有方域时代，递有变迁，文章亦各有体裁，三百篇中‘东、阳’不叶，而孔子《象传》以‘中’韵‘当’，老子《道经》以‘聋’韵‘盲’。此参用方音者也。”《周易》的《象传》现在公认出于战国时代的儒家，非孔子亲笔。因此，这是说战国时代的东部与阳部相近。

㊺ 如钱玄同有论文《古音无邪纽证》[初载北京师范大学《国学丛刊》1932 年第 1 卷第 3 期；后收入《钱玄同文集（第四卷）》，中国人民大学出版社，1999 年] 在列举了大量例证后，作结论说：“从大多数言，可说邪纽古归定纽。”李方桂《上古音研究》（商务印书馆，1998 年）第 14 页：“跟喻母四等很相似的有邪母，这个声母也常常跟舌尖塞音及喻母四等互谐，一个字又往往有邪母跟喻母四等的两读。……其实邪母与喻母四等的谐声状况很相似。”李方桂《上古音研究》把“邪”母归入“喻四”，而“喻四”与定母上古音相通已成定论。陆志韦《古音说略》[《陆志韦语言学著作集（一）》，中华书局，1985 年] 第 240 页在批评高本汉的时候说：“定跟邪的通转是大路，不是例外。”陆志韦此书还有类似的话，不再详引。吴文祺《上古音中的几个问题——评王力〈诗经韵读〉》[见《语言文字研究专辑（下）》，上海古籍出版社，1986 年] 也是明确主张上古音的邪母要归入定母，其文曰：“邪母从 d 变来的是大路，从 g 变来的在谐声中为数不很多。在《上古声母表》中，z 可以并入 d。另外加上一个附注，说明其中也有一小部分是从上古 g 变来的。”虽然我们并不赞成在上古音系中取消邪母 z，但邪母与定母关系密切却是事实。可举旁证 g 如英文 cider

一词对应古西班牙语中的 sizra，在现代西班牙语中音变为 sidra，这是 z 与 d 相通转的例子。

㊻ 现代汉语方言中的 g 读为 d 的现象不能作为上古汉语中就有 g 与 d 相通的证据。如袁家骅《汉语方言概要（第二版）》（语文出版社，2001 年）第 115～116 页指出在湖南双峰方言中，“群母字：今开合口读 g，齐齿大都读 dʑ，撮口读 d。……章知见三组字与古三等韵（不论开合）相拼，今多读舌尖塞音 t－、tʻ－、d－”。如“渠、巨、拒、瞿、具、惧、琼、郡、裙”这些字都读 d 声母，“掘、倔”读 t 声母。在见母与溪母也有同样的情形。这些见系字都是三等韵。同时章昌船三母、知彻澄三母也分别读为 t－、tʻ－、d－。这些见系字读舌尖塞音应该是后起的现象，不可能是保留了古音，与上古音无关。因为这些读舌尖塞音的见系字只与撮口呼相拼，而撮口呼是在宋元以后才出现的。谢奇勇《湘南永州土话声母类型比较》（《湘南土话论丛》，湖南师范大学出版社，2004 年）一文也论到在道县祥林铺、江华白芒营的方言中的见母字和溪母字分别读 t 和 tʻ声母，从所举例子来看几乎都是撮口呼与齐齿呼的字。但是其中包含了二等字的“腔、教、搅、角、狡、绞”，这说明这种音变现象是发生在二等字腭化之后，时代颇晚，与上古音无关。作者构拟了一个音变的路线是：k、kʻ→ts、tsʻ→t、tʻ。我们认为有可能还有一个环节，应该是 k、kʻ→tɕ、tɕʻ→tsʻ、tsʻ→t、tʻ。冯蒸《释湖南双峰话的部分古合口三等见系字读 t－系声母》（《汉语音韵学论文集》，首都师范大学出版社，1997 年）对于双峰方言的这个现象有一个理论上的解释，他认为这是由舌根音唇化所造成的，由于圆唇舌根音加上－i－介音，从而音变为舌尖塞音。冯蒸引证了原始印欧语的辅音材料和李方桂关于汉语上古音中有圆唇舌根音的观点。我经过反复思考，不同意冯蒸先生的解释。因为有许多共时的材料显示这些三等见系字并不是直接音变为 t－系字，而是经过了舌面塞擦音这一环。又由于撮口呼的产生，导致这些舌面塞擦音继续前化，从而音变为舌尖塞音。而且李方桂先生《上古音研究》中的圆唇舌根音从来不与舌尖塞音发生关系，而是用于解释中古音的合口的来源。冯蒸先生援引李方桂之说实在不能支持自己的观点。总之，读为 t－系的见系字与撮口呼关系密切，其音变的时代不可能早于元代以前，因而与上古音无关。据王福堂等编《汉语方音字汇（第二版重排本）》（语文出版社，2003 年）第 302 页，群母合口的“群、裙”在双峰话中读 duan，同书第 301 页称见母三等合口字“军、均、君、钧”在双峰话读 tuan，这应该理解为撮口失去细音成分而音变为合口（有一个旁证：《汉语方音字汇》第 298 页，昌母三等合口的“蠢”在长沙话中读 tʻuan，在双峰话中读 tʻuan，双峰话的这个读音在时代上肯定晚于长沙话中的读音，在长沙话中有撮口音，而在双峰话中是合口音，可见这一定从撮口音变为合口音。而且在双峰话中合口三等读为撮口呼是非常普遍的）。在湖南的娄底方言中有类似的现象。据李荣主编《娄底方言词典·引论·娄底方言特点》（江苏教育出版社，1994 年）第 12 页的论述：“古知、章、见三组的三等字，很多今有 t、tʻ、d 和 tɕ、tɕ、dʐ 两读，其中所举的‘捲、劝、拳、掘’都是撮口呼，只有‘腔’是例外。”我们注意到这样读舌头音的见系字总是与知章组的三等字相平行。因此，我们有理由认为读为舌头音的知章组三等字发生过回头音变，绝不是保留了上古音。不过，冯蒸先生列举的印欧语的音变材料却可以表明舌根塞音在一定条件下能够直接音变为舌尖塞音。这在音理上是可能的，与复声母无关。晋南方言中有的音变现象可以作为旁证参考。王临惠《试论晋南方言中的几种文白异读现象》（《语文研究》1999 年第 2 期）一文提到：“（在晋南方言中）在河津、万荣、侯马、襄汾、临汾、洪洞、浮山等方言里，古见组开口二、三、四等字的声母今有文白异读。文读为 tɕ、tɕʻ；白读有两种：一是 tʃ、tʃʻ（河津、万荣、侯马），一是 ȶ、ȶʻ（襄汾、临汾、洪洞、浮山）。”这样的见系字的腭化音变过程是很清楚的，并非由其他原因造成。所以当见系字腭化成 tʃ、tʃʻ、ȶ、ȶʻ之后，如果再发生前化音变，就很可能音变为舌尖塞音。这样的音变过程与任何复声母无关，而且与合口介音无关。据王福堂等编《汉语方音字汇（第二版重排本）》第 91 页，群母的“旗、其、祁、奇、骑、鳍”在合肥方言中读舌尖塞擦音 tsʻ 声母，在温州方言读 dz，在双峰、苏州读舌面塞擦音 dʑ，在其他很多方言中读 tɕʻ。我们有理由认为群母字读 tsʻ声母是从 tɕʻ前化而来，读 dz 声母是从 tɕʻ前化而来，不可能是群母直接音变为舌尖塞擦音。据同书第 87 页，见母三等的“几”在温州方言中的白读音是 k 声母，文读音是 ts 声母；据同书第 135 页，清母的“趋”在建瓯方言中有两个读音：一是 tsʻy，一是 kʻy。其 kʻy 音的产生应该是经过了 tsʻy →tɕʻy→kʻy 这个过程，而且从建瓯方言中的清母字的一般情况来考察，“趋”音 kʻy 应该是外来音。董正谊《湖南攸县方言记略》（《方言》1990 年第 3 期）称在湖南攸县方言中，澄母的“厨、锤”读 khy，澄母的“逐”读 khyo，昌母的“处”读 khy，澄母的“虫”读 khyəŋ，同时“群”读 khyn。这些读舌根音的知组字和章组字都是撮口呼，其群母合口字一定发生了回头音变，并非保留了中古音。据曹志耘《严州

方言语音特点》(《语言研究》1997年第1期)的考察，见系通摄三等字“穷、胸”等，在淳安、遂安、建德读ts组声母，在寿昌读tɕ组声母。例如在淳安，“菊、穷、局”读ts声母，“胸”读s声母。这样的音变过程只能解释为见系通摄三等字在细音介音前音变为舌面塞擦音tɕ组声母，然后由于细音介音失落，于是发生前化音变而为ts组声母(这时的ts组声母已经没有细音介音)。这也是一种回头音变。曹志耘此文还提到了在遂安方言中“追、卷、春、缺”这样的知见两系的合口三四等字是读k、k·声母，这样的情况无一例外地都在韵部中含有撮口介音y。可见“追、春”读k、k·声母是与撮口呼的产生有密切关系的，并非从上古音直接音变而来。我甚至怀疑这里的“卷、缺”读k、k·声母都不是古本音的遗留，而是发生了回头音变造成的，其回头音变的原因也是撮口介音y的产生。我这样处理绝不是庸人自扰，而是有音韵学上的考虑的。刘纶鑫《江西客家方言概况》(江西人民出版社，2001年)第82页称宁都县梅讲镇的方言音系中，“古见、溪、群、晓、匣诸母细音韵字今读ts、ts·、s，韵母变为洪音”。在该书的同音字表中列举例证甚多。而其精组细音字倒读为tɕ、tɕ·、ɕ表明见组细音字在精组细音字之前发生了腭化音变，先音变为舌面塞擦音和擦音tɕ、tɕ·、ɕ，然后由于精组细音字腭化音变为tɕ、tɕ·、ɕ，从而推动了见组细音字继续前化为ts、ts·、s，避免了合流。这个音变过程很清楚，从而使得见组声母在细音前演变为精组声母，发音部位虽然发生了很大的转移，其实完全是由正常的音变造成的。

㊼“汤”的上古音为透母，与定母的“唐”旁纽为双声。

㊽ 在古书中证据颇多，不烦屡举。可参看《说文解字诂林》所引各家注中的材料。

㊾ 朱骏声《说文通训定声》认为是“貃”与“貉”形近而误，曰：“今本‘狐貉’字皆作‘貉’，形近而误也。”如果是这样的话，那么这种情况就是音随形变，而不是训读了。朱骏声的观点可备一说。

㊿ 单行本《经典释文》与邢昺《尔雅疏》所引《释文》颇有不同，尤堪注意。

51 (清)钱绎:《方言笺疏》卷一，中华书局，1991年。

52“家君”当是指钱绎之父钱大昭。

53 (清)阮元校刻:《十三经注疏》，中华书局，1998年，第2573页。

54 一般的古音学家也都把“尼”的上古音归入脂部。

55 (清)王筠:《说文解字句读》，中华书局，1998年，第316页。

56“比”与“匕”相通，见段玉裁《说文解字注》(上海古籍出版社，1995年)第384页“匕”字注。

57 关于古文字中偏旁的方向和位置的不同这个问题，可参看陈梦家《中国文字学》(中华书局，2006年)第41~43页。陈梦家有所举证。

58《广汉和辞典》对“尼”还有一种分析法，就是把“尼”分析为会意字，其字形表示两个人很亲近。这种说法也不无道理。

59 各家学者对“死”的结构的分析都无异说，日本学者的汉和字典也是如此。另可举一旁证：“守”从字形上看是从“寸”，但据镰田正等著《新汉语林》(大修馆书店，1989年)第297页的分析，其所从的“寸”实际上是“手”的变体写法，是作为“守”的声符。我认为这个分析非常有道理。在金文中的“守”既有从“寸”的，也有从“手”的。在古陶文中从“手”。小川环树等编《角川新字源》(角川书店，2006年)第271页认为“守”不是从“寸”，而是从“丑”，是声符，“寸”是“丑”的变形。《角川新字源》的看法不如《新汉语林》合理，因为《新汉语林》的分析可以得到古文字材料的印证和支持。当然，我们也不可忽视传统的分析。《说文》称：“守，守官也。从宀，从寸。”则《说文》把“守”分析为会意字，而非形声字；段玉裁注和白川静《字统》(平凡社，1984年)第399页也认为是会意字。

60 [美]包拟古著，潘悟云、冯蒸译:《原始汉语与汉藏语》，中华书局，1995年。

61 董莲池《说文解字考正》(作家出版社，2006年)“罔”字条也没有从古文字的角度对《说文》的分析提出异议。但是日本汉学家藤堂明保《学研汉和大字典》(学习研究社，1981年)第390页、白川静《字统》(平凡社，1984年)第293页都认为“罔”不是形声字，而是会意字，“网”不是声符。这是看到了“网”与“罔”在声母上面有较大的差别，难以相通。《金文编》(中华书局，1985年)第655页和《金文诂林(第九册)》(香港中文大学，1975年)

第1237条收录了金文中的“岡”字形，是从“冈”不从“网”。但《金文诂林》此条引述了高田忠周和马叙伦之说都否认这个字是“岡”，其字的下部明显不是“山”。要注意的是作为偏旁的“网”字有时在古文字中可以省写作“冈”，而且比较普遍。如据《睡虎地秦简文字编》（湖北人民出版社，1993年）第139页，《银雀山汉简文字编》（文物出版社，2001年）第262页，“罔”字在秦简和汉简中是从“冈”，不是从“网”。《银雀山汉简文字编》第262～263页所收的从“罔”的字如“罪、罢、置”都是从“冈”，不从“网”。《马王堆简帛文字编》（文物出版社，2001年）第321～322页所收的从“网”的字如“罔、罪、罢、置、罗”都有从“冈”的现象。据何琳仪《战国古文字典》（中华书局，1998年）第730页，战国文字中的从“网”的字也多从“冈”。我产生了一个假设：在先秦直到西汉的古文字中，“冈”这个字形符号也许可以代表两个不同的字，一个是见母的“刚、岗”的声符，一个是明母的“网”的省写符号。由于“冈”和“网”在字形上仅仅繁简之别有，所以二者在古文字中可以字形相通（不是声韵相通），后来本为明母的“网”也可以用作见母的“冈”。这样一来，作为偏旁的“冈、网”都具有了明母和见母二音。这是异字同形。如果这个假设可以成立，那么“岡”的形声结构就与训读无关，也与自反无关，而是属于异字同形的问题。从古文字资料来看，这种可能性很大。更有一旁证：《说文》：“茻，众草也。读若与冈同。”模朗切。这里的“冈”就是“网”的省写，是明母字，而不是见母字。我们更可以由此作出一个结论：“冈”本来是见母字，“网”本来是明母字（还有一铁证：《说文》中的“网”有一个异体字是从“亡”得声的“罔”，而“亡”声字与见母字没有谐声关系和通假关系，这说明“网”肯定是明母音，与任何复声母都无关），但在先秦时代“冈”可以有繁化写法作“网”（类例甚多，如“秦”的籀文从两个“禾”，“虻”有异体字从两个“虫”），从而与本为明母音的“网”变得同形了。明母的“网”可以有省写别体作“冈”，从而与见母字的“冈”变得同形了。这实际上是个异字同形的问题，与音变无关。自然也与复声母无关。这样的解释如能成立，则本条讨论的例子就不属于自反问题，也不是训读问题了。我现在更倾向于这个解释。

㉜ 参看《故训汇纂》（商务印书馆，2003年）“岡”字条。

㉝《集韵·唐韵》：“岡通作阬。”日本学者镰田正等《新汉语林》（大修馆书店，1989年）第331页也指出“岡”与“亢”相通。

㉞ 另参看张儒等：《汉字通用声素研究》，山西古籍出版社，2002年，第968页。

㉟ 张守中等撰集：《郭店楚简文字编》，文物出版社，2000年，第43页。

㊱ 于省吾：《甲骨文字释林》，中华书局，1993年。

㊲ 亦见周法高主编：《金文诂林（第四册）》，香港中文大学，1975年，第1904～1905页。

㊳ 在先秦古文字中的“丙”声字和“庚”声字都很多，二者字形从不相混。有关的字形材料参看黄德宽主编《古文字谱系疏证（第二册）》（商务印书馆，2007年）第1775～1780页，第1935～1941页。

㊴ 参看何琳仪《战国古文字典》（中华书局，1998年）第347页。何琳仪称：寇“或以戈易攴”。

㊵ 张政烺《张政烺文史论集》（中华书局，2004年）第479页。唯张政烺先生以为“盖形近致误”则非是，应是偏旁义近可混用。

㊶ 高明：《中国古文字学通论》，北京大学出版社，1996年。

㊷ 高明先生此书的举证与本书这里所举的例子有所不同，彼此可以互相参证。高先生所举的例子如：“肇”字在《说文》中还有从“戈”之形，“啟”字在《魏孝文帝吊比干文碑》中作从“戈”从“启”之形，《集韵》中的从“辱”从“攴”的一个字又作从“辱”，从“戈”之形。何林仪《战国文字通论（增补本）》第四章第四节“异化”中“形符互作”也列举了在战国文字中的“戈”旁与“攴”旁相通用之例，如“救”或从“戈”，“寇”或从“戈”。刘钊《古文字构形学》（福建人民出版社，2006年）第335页称：“古文字中‘戈’与‘攴’在用作表意偏旁时有时通用。”

㊸ 徐复主编：《广雅诂林》，江苏古籍出版社，1998年，第394页。

㊹ 力主古有复声母的郑张尚芳先生《上古音系》（上海教育出版社，2003年）第279页没有怀疑《说文》对“更”的形声结构的分析，而把“更”构拟为kr－声母，把“丙”构拟为pr－声母。这样的复声母构拟完全不能解释

“更”与“丙”的谐声关系。如果认为作为第二辅音的 r－由于是舌头音，可以把舌根音的 k－的发音部位前移，从而与 p－相通，这简直是乱推测，因为果真存在这样的音变，那么“更”在中古音应该有唇音的异读音，然而“更”只有见母音，没有唇音读法。因此，郑张先生的构拟不合音理。

⑮ 如陆志韦先生《古音说略》所论。另如郑张尚芳《上古音系》（上海教育出版社，2003 年）第 149 页也不懂得古书中的这个异读音的复杂情况，把这个例子用作构拟上古复辅音的证据，是不可信的。

⑯ 另可参看《故训汇纂》（商务印书馆，2003 年）第 512 页“姏”字条。

⑰ 在古书中例子颇多，例如《晋书·乐志上》：“商为臣，商之为言强也。”这是以“强”训“商”。“商”的古音是书母，是照三系字；“强”的古音是群母，二者可以理解为声训关系。

⑱ 可注意的是《说文》中常常用五行的观念来解释文字，这在《说文》并非罕见。

⑲ 另可参看齐思和《五行说之起源》（《中国史探研》，河北教育出版社，2001 年）。其言有曰：“然黄帝制五行之说，虽不足据，要迟至春秋之时，五行之说，已甚普遍，此则可以以《左传》《国语》证之。《左传》《国语》记载当时之言论，涉及五行者甚多。”

⑳ 另可参看黄德宽主编《古文字谱系疏证（第二册）》（商务印书馆，2007 年）第 953～957 页。此书收入的“区”声字中没有“枢”字。我还参阅了其他很多古文字资料，可以得出同样的结论。

㉑ 参看黄德宽主编《古文字谱系疏证（第二册）》（商务印书馆，2007 年）第 953～957 页。此书收入的“午”声字中最早的资料就是《睡虎地秦竹简》中的“杵”，没有别的材料；而此书收入的从“午”声的字在古文字中有很多。我还参阅了其他很多古文字资料，结论同样如此。值得注意的是《睡虎地秦墓竹简》中的这个“杵”字，一般意见还认为要读为疑母的“牾”，训“逆”，则“杵”的昌母音的产生恐更在稍后。果真如此，则更不能据此形声结构来讨论上古音。

㉒ 古人驾车以“四牡”为高贵，通常在四马中都会有牝马，不会纯是牡马。考《周礼·校人》：“凡马，特居四之一。”注引郑司农曰：“四之一者，三牝一牡。”孙诒让《周礼正义》（中华书局，2000 年）第十册第 2614 页引证《列女传》和《韩非子》，孙诒让曰：“则五路之马，或纯牡，或间以牝，亦无不可。但纯牝则为贱，非驾路所宜。……明卿大夫以上乘车不用纯牝矣。”现在的考古学研究表明，在商代还只有二马驾一车，没有发现四马驾一车的情况。如殷墟的考古出土的马车和 1986 年在陕西西安以东 27 公里的老牛坡的商代墓地中出土的马车，都属于二马驾一车的类型。学者们的有关论述可参看：杨宝成《殷代车子的发现与复原》（《考古》1984 年第 6 期）、西北大学历史系考古专业《西安老牛坡商代墓地的发掘》（《文物》1988 年第 6 期）、夏含夷《中国马车的起源及其历史意义》（《汉学研究》第 7 卷第 1 期）、李学勤《中国和中亚的马车》（《比较考古学随笔》，广西师范大学出版社，1997 年）、林梅村《青铜时代的造车工具与中国战车的起源》（《古道西风》，三联书店，2000 年）。其中，林梅村先生之文最为博雅。李学勤先生之文认为中国商代马车的起源是受到了中亚和西域文化的影响，而林梅村先生之文认为我国商代的马车的起源是受到了北方的阿尔泰民族文化的影响。

㉓ 段玉裁《说文解字注》“庞”字注也引此文。

㉔ 从毛传和后来的韵书来看，很可能毛传就认为这里的“庞”要读如“龙”音。

㉕ 王力主编：《王力古汉语字典》，中华书局，2005 年。

㉖ 段玉裁《说文解字注》“彭”字注提到：“凡言彭彭皆谓马，即《郑风》‘驷介旁旁’之异文；彭、旁皆假借，其正字则马部之騯也。”

㉗ 可参看张政烺：《张政烺文史论集》，中华书局，2004 年，第 508 页。

㉘（清）翟灏：《通俗编》，文渊阁《四库全书》本，上海古籍出版社，2003 年。

㉙（唐）陆德明：《经典释文》，《续修四库全书（第 194 册）》，上海古籍出版社，2002 年，第 622 页。

㉚ 另参看段玉裁《说文解字注》‘彭’字注；黄侃《广韵校录》（中华书局，2006 年）第 394 页认为“韸”是“逢”的后出字。

㉑ 对这个问题可能还存在另一种解释：《说文》称"庞"是从"广龙声"。我们认为"庞"是自反字，得音于"广龙反"。而"广"要训读为"磐"。考《说文》："广，因广为屋，象对刺高屋之形。"段玉裁注改"广"为"厂"，称："厂者，山石之厓岩，因之为屋，是为广。"段玉裁注是正确的。"广"的确含有"山石"之义，而"磐"正有"山石"之义。如《易经·渐》："鸿渐于磐。"《经典释文》："磐，山石之安者。"王弼注同。孔颖达疏引马云："山中石磐纡，故称磐也。"《集韵》也称："磐，山石之安者。"远古人们的"广"一定是以"山石之安者"为屋。因此"广"可训读为"磐"，"磐龙切"正是"庞"音。这就是"庞"读並母的原因。这也可以解释为什么从"龙"声的字只有"庞"读並母，而没有其他的"龙"声字读並母，原因就在于"庞"所从的"广"也是声符的一部分，而且有训读存在。这样的解释也颇能自圆其说，不可忽视。虽然未为定论，也可以参考。

㉒"庬"有异体字作"厖"。但《原本玉篇残卷》引《方言》是作"庬"。另可参看周祖谟《方言校笺》（中华书局，1993年）第4页。

㉓ 段玉裁《说文解字注》"衹"字注曰："古人云'当为'者皆是改其形误之字。"

㉔ 如段玉裁所说"庞"与"庬"都可以引申为"凡大之称"。《方言》卷二："朦、庬，丰也。自关而西秦晋之间凡大貌谓之朦，或谓之庬；丰，其通语也。"另见《广雅·释诂四》及王念孙的疏证。

㉕ 有学者甚至认为明母与来母本来就可以通转，如王力先生的《同源字典》，还有其他学者也这样认为。果真如此，那么来母的"庞"就可以和明母的"庬"发生直接音变，也就是通假。这种解释也与复辅音无关。不过，这种解释不大可靠。

㉖（元）熊忠：《古今韵会举要》，中华书局，2000年，第30页。

㉗《说文解字校录》（见《说文解字诂林》所引）。

㉘ 从通假字系联的角度来看，"龙"的上古音与"弄"相通，必为双声无义。考《老子》第十三章："宠辱若惊。"其中的"宠"，马王堆帛书甲本作"龙"，乙本作"弄"。这肯定是古音通假现象。而"弄"字决不与唇音字发生通假关系和谐声关系，其上古音声母不可能是bl之类的复声母。因此，"龙"的上古音也只能是来母，否则不能与"弄"发生通假关系。这样，"庞/龙"的谐声关系就不能简单地用复声母来解释。如果"庞"是复声母bl，而"龙"又只能是单辅音的来母，那么二者之间就没有谐声关系的可能。可见"庞/龙"的谐声关系必须有特别的解释，"庞"的並母音肯定另有来源，绝不会是仅仅来源于来母的"龙"。而我们这里的解释正好可以避免古汉语各方面的矛盾。

第十节　从叠韵互音论上古音的复声母问题

我们有时候也应当注意运用其他方法和理论来分析汉字的异读音。这一节要讨论古汉语音韵学中的一个重要而特殊的原理：叠韵互音。且举一例来说明这个理论。例如“果/祼”这一谐声材料是见母和来母相谐声的体现。考《说文》：“𧝝，袒也。从衣𣎆声。祼，𧝝或从果。”郎果切。段玉裁注明确称“果”是“祼”的声符，这应无问题。《说文》是把“祼”作为“𧝝”的异体字。《说文》中本来有个从“衣”从“果”的字作“裹”，《说文》：“裹，缠也。从衣果声。”古火切。这个“裹”与“祼”在《说文》中是完全不相干的两个字，虽然二者形式上的差别仅仅在于偏旁“衣”的位置不同[①]。而“裹”是从“果”声的见母字，“祼”是从“果”声的来母字。“祼”的谐声关系应该怎样解释呢？这个例子是否能成为构拟复辅音 kl 的证据呢？我们认为“果/祼”与复辅音 kl 没有关系。“果/祼”这组谐声字是音韵学中的一条不大为人所知的重要规律——“叠韵互音”的表现。所谓“叠韵互音”就是作为叠韵联绵词的两个字中的一个字的读音可以读成这个联绵词中的另一个字的读音。“祼”从“果”声而读如见母的“𧝝”，就是因为古有“果蠃”这个叠韵联绵词。“果蠃”一词见于《尔雅》的《释草》（“蠃”有异文作“祼”），《释虫》作“果蠃”，还见于《诗经·豳风·东山》[②]。“果蠃”一词在古书中颇多转语，清代学者程瑶田有一篇著名的论文《果蠃转语记》[③]专门讨论“果蠃”在古书中的各种不同的变形。“蠃”的古音与“𧝝”相同。因此我们说从“果”得声的“祼”之所以会读如“𧝝”，正是因为有“果蠃”这个叠韵联绵词和“叠韵互音”的原理[④]。“果蠃”是叠韵联绵词，所以在单用的时候“果”可以读成“蠃”和“蠃”，这正是“𧝝”（祼）音。“叠韵互音”的理论是黄侃先生在晚年所阐发的重要音韵学原理，黄焯又有所发挥。黄侃《文字声韵训诂笔记》第 100 ~ 101 页有“叠韵互音”一节，对古代音韵中的“叠韵互音”的现象有重要而精彩的阐释，我们有必要转录其全文如下，并且以“光华按”的形式附上我的意见：

叠韵字往往互音，如“𧝹旒”一语，则“膘”可有喉音。（黄先生以小字自注——《说文》：“膘，牛胁后髀前合革肉也。从肉票声。读若繇。”敷绍切。即今之“脂油”油字。光华按，“膘”从票声而读若繇，就是因为有“𧝹旒”这个叠韵联绵词，膘事实上是读成了“旒”音。不过这个例子也可以解释为训读，因为“膘”与“油”意思相近，所以可以训读为脂油的油）[⑤]。”“裹”“祼”本同字，只二义相反。果、蓏一语之变，特散言有分尔。《周礼·龟人》：“东龟曰果属。”《释文》“鲁火反”。注“蠃”同，注云“杜子春读果为蠃”（光华按，这个例子是典型的叠韵互音，我们上文已经指出古有“果蠃”一个联绵词，所以“果”可读成“蠃”）。《仪礼·丧服》注“坐鼜为之”。《释文》“古狄反”。刘“薄历反”。此皆叠韵互音之理。《说文》“鼜，令适也”。“甓，令甓也。”《诗》“中唐有甓”。《传》云“甓，令适也”。鼜、甓互训，故昌宗“鼜”音“薄历反”，而读为“甓”也。（光华按，“令甓”的“令”在古书中多作“瓴”。黄侃先生此例不妥当。因为叠韵互音的原理只能适用于“叠韵联绵词”，而不是凡同韵的字都可以有叠韵互音现象，否则“叠韵互音”会被滥用，而且会与通假字的现象相混同，因为同韵的字有可能是通假字。由于古书中并没有“鼜甓”或“甓鼜”这样的叠韵联绵词，因此这不属于“叠韵互音”。刘昌宗把“甓”注音为“薄历反”，是因为刘昌宗所见到的版本原文是作“甓”，而不是作“甓”。在《经典释文》中，这种体例非常明显，类例很多，本书有专节讨论这种异读现象，这实际上与音变无关，不能与叠韵互音相混）《左传·宣七年》“庶有豸乎”？杜注“豸，解也”。段玉裁曰：“古多假豸为解廌之廌，廌与解古音同部，是以廌训解。”按“解、廌”为叠韵，叠韵互音故也（光华按，黄先生此例不妥当，此例与叠韵互音无关。杜注《左传》的“解”也就是“獬”。这个词又写作“獬豸”，是叠韵联绵词。杜注是以联绵词中的一个字去解释另一个字，在《说文》中有很多这样的例子。黄先生的解释不能成立）。《公羊·僖十六年》：“闻其磌然。”《释文》“之人反，又大年反，声响也。一音芳君反，本或作砰，八耕反”。按以“平、便”通字（黄先生自注——《诗·采菽》“平平左右”，《韩诗》作“便便”。《书·尧典》“平秩东作”。《史记》作“便程”）证之，“平”古音亦跨“先”部，真声字有唇音，亦叠韵互音之理也（光华按，黄先生此例也不妥。“磌”，《经典释文》又音“八耕反”，这是说“磌”有异文作“砰”，《经典释文》已经明说“本或作砰”。因此，此例与叠韵互音无关）。《论语·先进篇》“屡空”，《释文》力从反。钱大昕曰（《竹汀日记钞》卷一）：“阅谈平阶《读论语》一篇云《释文》‘屡空’，力从反，似‘空’有‘龙’音。按，‘空’有‘龙’音，以‘巃嵸’同字说之则解矣，龙亦有喉音，龚龏是也。”[⑥]焯按：叠韵互音之理，在音学上必须诠明，此为先叔晚年所阐发者。余偶涉猎诸经传，于《诗·采菽》“优哉游哉”，《韩诗外传》八“游”作“柔”，“优游”连语，“优柔”亦连语，此亦叠韵互音之证。《尔雅·释木》“瘣木”，《释文》“瘣”，郭“虚罪”反，施“胡罪”反，盖“瘣”读如“磊”，亦叠韵互音。犹状山形曰畾嵬，亦曰嵬畾也（光华按，此例为我所不解）。《释虫》“蜉蝣”，《释文》“蝣”，郭音“由”，本又作“蝤”，谢音流，亦蝤、蝣互音也。《庄子·庚桑楚》“内韄者不可缪”。《释文》“缪，又音稠”，是“绸、缪”互音也（光华按，“缪，又音稠”确实可以理解为叠韵互音，因为古语有叠韵联绵词“绸缪”）。《外物》注“视之儡然”，《释文》“儡”，律悲反[⑦]；旧鱼鬼反，又鱼威反”。傀儡连言，此读儡为傀，亦叠韵互音之证（光华按，此例正是叠韵互音。旧音“鱼威反”是表明原文有异文作“巍”。这里的“鱼鬼反”是表明原文有异文作“嵬”）。再考之《方言》，如“㧑，抌、推也。沅涌㵟幽之语或曰挡”（卷十）。郭注：挡音晃。按《广韵》挡字注云“挡𢭃捶打”，是“挡𢭃”本连语（光华按，这应该是典型的叠韵互音）。又“蜉蝤”（卷十一），郭注“浮由”二音。“暖”（卷十二），郭音“段”（黄焯先生注——《广韵》廿九换“暖，火贯切”）。暖、段同在换韵，此皆叠韵互音也（光华按，此确为叠韵互音，但黄焯先生错讲了理由，并不是因为“暖、段同在换韵”就可以“叠韵互音”，而是二者必须是叠韵联绵词才有可能叠韵互音。考《楚辞·离骚》有叠韵联绵词曰“婵媛”，其辞曰：“女媭之婵媛兮，申申其詈予。”洪兴祖《补注》“婵媛”音“蝉爰”。而“婵、蝉”的古音为禅母，上古音读与定母相近，“段”的古音正好是定母。因此，由于古有叠韵联绵词“婵媛”和“叠韵互音”的原理，所以“暖”可以如郭注音“段”。由此也可见要确证“叠韵互音”的具体读音是很复杂的，很不容易确定）。他如《类篇》：“目部毗睚，牛懈切，又仕懈切，或作睚毗，此亦叠韵互音也。”（光华按，此例确为叠韵互音，否则不能解释）

凡此可见“叠韵互音”的原理可以解释古汉语中的一些特别的注音，但是要确定是否属于真正的“叠韵互音”非常不容易。尤其是不能认为只要是叠韵字就有可能互音。“叠韵互音”必须以叠韵联绵词为前提，我们千万要防止滥用“叠韵互音”的理论，以免把不是“叠韵互音”的语音现象错误地解释成“叠韵互音”。黄侃是“叠韵互音”理论的首创者[⑧]，黄焯是其理论的重要阐发者，而这两位学者都错误地把一些不是“叠韵互音”的材料当成了“叠韵互音”。足见发现原理是一回事，正确地运用原理是另一回事，二者的完美统一是很困难的。

我们谨慎地运用叠韵互音的理论有时可以解释一些疑难的音韵问题，而不必与复声母发生牵连。

例一，《说文》：“姰，钧适也。男女併也。从女旬声。”居匀切。《康熙字典》第260页也注为“规伦切”。有的学者就利用“姰/旬”这个谐声材料来构拟汉语的复辅音声母zk或sk。我们认为这是错误的。《说文》明确认为“姰”是从女旬声，其本音没有理由读为见母。事实上，“姰”确实还有心母一读。《广韵》有“相伦切”一音，《集韵》有“须伦切”一音，都是心母音。《说文系传》的解释中有“读若旬”三字，则为邪母音。段玉裁注本就采取《系传》的文本。我们认为邪母或心母才是《说文》中的“姰”的本音。而且在各本《广韵》中并没有“居匀切”一音。那么“居匀切”一音是怎么回事呢？我认为很有可能《说文》这里的原文在传抄中有脱误。《说文》原文应该是：“姰，姰钧，适也……”[⑨]原文脱漏了一个“姰”字。这种情况在《说文》中比较常见，因为第二个“姰”在六朝以后的写本中一般是写作重文号，在唐写本《说文解字》木部字的残卷中颇有这样的例子[⑩]。这样的重文号所以很容易在传抄中脱落，以至于清代的著名学者钱大昕在其名著《十驾斋养新录》[⑪]中认为《说文》有连上篆读的体例。实际上，文字学家们现在已经比较清楚地认为《说文》中并没有钱大昕说的“连上篆读”这样的体例，而是正篆下面紧接着它的隶书由于往往被写作重文号，从而容易脱落。这就造成了《说文》有“连上篆读”的假象[⑫]。我们就是根据这个规律认为《说文》“姰”字下本来应该还有一个“姰”，由于被写作重文号，所以在传抄中脱落了。《说文》原文的“姰钧”应该是一个叠韵联绵词，而不当分割开来让“钧适”组成一词。由于“姰钧”是一个叠韵联绵词，根据我们所介绍的黄侃先生提出的“叠韵互音”，则“姰钧”中的本来是心母的“姰”可以读成叠韵联绵词“姰钧”中的另一个字“钧”的读音，这就是“居匀切”之音。我们还认为这样的注音很早就存在，而且与避汉宣帝刘询的讳有直接的关系。也许正是因为避汉宣帝刘询的讳，汉代人才用了“叠韵互音”的注音方法。我认为这就是邪母或心母的“姰”读为见母的“居匀切”的原因，而这与任何复辅音声母都没有关系。

例二，裘锡圭先生《关于〈孔子诗论〉》[⑬]认为上古音中存在明母和影母相通的例子，列举有“瀴”字既有影母音，也有明母音为例子[⑭]。我们认为裘锡圭所举此例不当。考“瀴”字本来只有影母音。其明母音是后起的。其来源可考。考《文选》卷十二《海赋》：“经途瀴溟。”李善注：“瀴溟，犹绝远杳冥也。”其中的“瀴”音“乌冷切”，是影母。但据《文选》此文可知古有叠韵联绵词“瀴溟”。根据本书第三章第一节所讨论的“叠韵互音”的原理，“瀴”可能滋生出“溟”这个音来，这与任何音变都无关系。更考《广韵》上声四十一“迥”韵，“瀴”和“溟”二字紧密相连，完全同音，都是“莫迥切”[⑮]，这肯定是“叠韵互音”的原理造成的。因此，《广韵》把“瀴”注音为“莫迥切”，这实际上不是“瀴”字的本音，而是“溟”字的读音。这只是因为古有叠韵联绵词“瀴溟”，所以才把“溟”字的读音转移到了“瀴”字上。这个异读音不能成为明母和影母相通的证据[⑯]。

例三，包拟古《原始汉语与汉藏语》[⑰]第132页在构拟上古汉语的复声母kl－的时候，所根据的材料有“鬼/魄”。“鬼”是见母，而魄是端母。今按，考《集韵》魄有“虎猥切”，则是晓母音；又音“胡限切”，则是匣母音。这才是魄的本音。《广韵》上声《十四贿》魄音“都罪切”，是端母音，有异体字作“脂”。而魄脂是叠韵联绵词，于是可以发生“叠韵互音”的现象。本为晓母音的魄读成端母的“都罪切”实际上是读成了脂音；而脂又有“呼罪切”，实际上是读成了脢音。余迺永《新校互注宋本广韵》第764页力主这是复辅音现象，并且批评周祖谟的观点：“《广韵》中之叠韵连语，其下字间有音变而与上字为双声之说。”其实周祖谟先生此言正是黄侃先生的“叠韵互音”的理论，虽然周先生也许没有注意到黄侃的论著。而余迺永先生显然不懂得“叠韵互音”的理论。

注释

① 但黄侃认为“祼”与“裹”本来同字。

② 参看朱祖延：《尔雅诂林》，湖北教育出版社，1998年，第3022~3024页。

③ 魏建功：《古音系研究》，中华书局，1996年，第16~29页。

④ 黄侃先生已有此意，下文有说。

⑤ 更考古书，知古有叠韵联绵词“旚繇”。《说文》：“旚，旌旗旚繇也。匹招切。”《说文系传》作“旚摇”。徐锴称：“旚，摇也。”段注称：“旚，今字作飘。”朱骏声《说文通训定声》已经明称“旚繇”是“叠韵连语”。《玉篇》：“旚，匹遥切。旍旗旚摇之貌。”这个叠韵联绵词在古书中有种种形式。如《汉书·霍去病传》：“大将军受诏，予壮士，为票姚校尉。”服虔曰：“音飘摇。”师古曰：“票音频妙反。姚音羊召反。票姚，劲疾之貌也。荀悦《汉纪》作票鹞字。去病后为票骑将军，尚取票姚之字耳。今读者音飘遥，则不当其义也。”则“票姚”“票鹞”都是“旚繇”的异体形式。钱大昕《十驾斋养新录》卷四“票姚”条赞同服虔的注音，并有所举证。王筠《说文解字句读》、朱珔《说文假借义证》、朱骏声《说文通训定声》都指出汉代马融《广成颂》中的句子“语旄纷其髟鼬”，其中的“髟鼬”就是“旚繇”的假借。我们认为非常有可能“膘”从票声而读若“繇”，就是因为有叠韵联绵词“旚繇”。黄侃先生说的“旚旇”当然也是“旚繇”的异体。但“旚旇”一词不见于《说文》。而且据《说文》“旇”是名词，意思是“旌旗之流也”。我甚至怀疑在汉代以前的典籍中到底有没有叠韵联绵词“旚”这个词，至少据我考察古书的结果，似乎并没有“旚旇”这样的联绵词。如果我的考证不误，那么，“膘旇”从票声而读若“繇”，应该是因为有叠韵联绵词“旚繇”，而不是黄侃先生说的“旚旇”。

⑥ 光华按，黄先生此例言之成理，但单独一个“空”字表示“贫”义在古书上是罕见的。《故训汇纂》“空”字下注“空”有“贫穷”之义也只引有《论语·先进》此文及其相关的古注，别无他证。后来的陶渊明《五柳先生传》曰：“环堵萧然，不蔽风日，短褐穿结，箪瓢屡空。”也是“箪瓢”与“屡空”联言，这也明显是引《论语》的典故。不过从古文献来看，西汉中前期的司马迁看到的《论语》就是作“屡空”，如《史记·伯夷列传》：“且七十子之徒，仲尼独荐颜渊为好学。然回也屡空，糟糠不厌。”东汉前期的《论语》版本仍然是作“屡空”，如《汉书·货殖传》：“然孔子贤颜渊而讥子赣，曰：回也其庶乎，屡空。”嵇康《六言诗》有曰：“弃背膏粱朱颜，乐此屡空饥寒。”西晋大文豪陆机的《文赋》称：“患挈瓶之屡空，病昌言之难属。”卞壶《上笺自陈》：“家产屡空，养道多阙。”东晋郭璞《答贾九州愁》：“德非颜原。屡空蓬舍。”《后汉书·贾逵传》称东汉章帝之言曰：“贾逵母病，此子无人事于外，屡空则从孤竹之子于首阳山矣。”这里的“屡空”显然是出典于《论语》。因此，如果“屡空”的“空”是错字的话，那么在先秦就已经错了。西汉以来的学者看到的《论语》都是作“空”，并无其他异文。我们在没有确凿证据的情况下，只有认为《论语》原文就是作“屡空”。黄先生对“空”音“力从反”的解释是可取的，这完全有可能是“叠韵互音”。不过，我们也不可忽视吴承仕《经籍旧音辨证》（北京师范大学出版社，1986年）第149~150页不同于黄侃的说法，认为“力从”或为“口从、苦从”之讹。吴承仕的观点自成一家之言，未可轻易抹杀。另外，沈兼士《联绵词音变略例》（《沈兼士学术论文集》，中华书局，2004年，第286~287页）用“同化音变”来解释“空”读来母。由于《论语》中的“屡空”已经成为一个典故，所以容易发生同化音变，也就是“屡空”的“空”受到前面的“屡”的同化作用而音变为来母，其言甚精，不可不录：“兼士按《集解》于‘空’有二解，一为空匮，一为虚中。俞樾《群经平议》谓‘屡’古止作‘娄’，《说文》‘娄，空也。从毋中女，空之意也。一曰娄务’（光华按，此为大徐本，段注本有所不同，作“娄空之意也”。段玉裁也指出：“古有‘娄’无‘屡’”）。‘娄空’二字即本此经，盖古语有如此而许君犹及

知之也。凡物空者无不明，故以人言则曰离娄，《孟子》离娄之明是也。以屋言则曰丽娄，《说文》囧部曰窗牖丽廔闿明是也。‘离’与‘丽’皆‘娄’字之双声，长言之曰离娄，曰丽娄，实即娄空之义而已。孔子以娄空称颜子，盖颜子之心通达无滞，亦若窗牖之丽廔闿明也。窃以为俞氏本何氏虚中之说解‘屡空’为联绵词，甚是。‘屡空’殆犹今人谓聪慧为玲珑耳。或曰空不当有龙音，案《汉书·司马相如传》‘岩岩深山之谾谾兮，通谷豁乎谽谺兮’。晋灼曰：谾音笼，古豅字也。徐广曰：谾力工反。此空声字读来纽之例。”我们认为这种解释万全可以成立。从俞樾和沈兼士的论述来看，“屡”就是《说文》中的“娄”，与“空”同义。“屡空”为联绵词，是虚空之义，因空而明，与贫困无关。这个训诂颇为有力，为学者所不曾言及。我们这里对“空”的意思也提出一个自己的解释。我认为“屡空”的“空”当通假为“窮”。考《诗经·小雅·白驹》：“在彼空谷。”《文选·西都赋》、陆机《苦寒行》的李善注音“空”作“穹”。《周礼·考工记》：“穹者三之一。”郑司农云：“穹读为志无空邪之空。”《尔雅·释诂》：“穹，大也。”邵晋涵《尔雅正义》：“是穹与空声近义同。”郝懿行《尔雅义疏》：“穹通作空。”而“穹”与“窮”音义皆通（参看《故训汇纂》，商务印书馆，2003年，第1644页）。因此，“空”可训“窮”，意思是“困”或“困之极”（参看《故训汇纂》，商务印书馆，2003年，第1651页）。如此训诂，则揆之本文而谐，验之它卷而通。

然而以上的解释都因为一个偶然的事情而全被推翻。我现在有了全新的见解。我在2009年5月15日收到畏友萧旭先生用电邮发给我的讨论敦煌写本《庄子》的学术札记《敦煌写本P. 2531〈庄子·山木篇〉校补》，请我提意见。谁知其中的材料使我意外地发现有助于解决《论语》的“屡空”这个千古难题（这也许是萧旭兄也没有想到的）。先引述萧兄原文如下：

(8) 衣弊履空，贫也，非惫也。按：空，今本作“穿”。王叔岷曰：“唐写本穿作空，旧钞本《文选·袁彦伯·三国名臣序赞》注引同。空犹穿也……作‘空’是故书。”王说“空犹穿”是也，《汉书·鲍宣传》：“衣敝履空。”颜师古注：“空，穿也。”然不能必作“空”为故书，《御览》卷689、《事类赋注》卷12引并作“穿”。《御览》卷410引袁淑真《隐士传》：“衣弊履穿，以鹖为冠。”《类聚》卷36引“穿”作“空”，亦其比。《易林·萃之家人》：“衣空履穿，无以御寒。”空、穿同义对举。

以上这一段是萧兄的论述。这使我注意到《庄子·山木》篇称：“庄子衣大布而补之，正絜系履而过魏王。魏王曰：‘何先生之惫邪?’庄子曰：‘贫也，非惫也。士有道德不能行，惫也；衣弊履穿，贫也，非惫也，此所谓非遭时也。’”这一段是描写庄子很贫困，其表现是“衣弊履穿”，可是其中的“穿”根据上引萧旭兄的材料，在敦煌写本中作“空”，《汉书·鲍宣传》也作“衣敝履空”。《艺文类聚》卷36也引述作“空”。萧旭兄认为故书未必作“空”，我却认为故书一定是作“空”，不是作“穿”。我认为表示庄子贫困的“履空”就是在《论语》中表示颜回贫困的“屡空”，“履、屡”二字可以相通，此为训诂常识，无须举证。从“空”有“穿”的异文，且结合《庄子》来看，“屡空”的意思就是鞋底磨穿了而没有钱买新鞋，与“衣弊”同类对举，这都是贫困的表现［尚需注意的是《庄子》这里的“履空”与《说文》“鞔，履空也”（中华书局，1989年，第60页）不是一回事，参看段玉裁《说文解字注》（上海古籍出版社，1995年）第108页］。随着时代的变迁，后世的文籍往往作“履穿”。考《说苑》卷十一“善说”：“君将掘君之偶钱，发君之庾粟，以补士，则衣弊履穿而不赡耳。”《太平御览》卷四百一十引袁淑真《隐士传》曰：“鹖冠者，或曰楚人也，隐居山林，衣弊履穿，以鹖为冠，莫测其名，因服成号。”（又见《太平御览》卷五百一十所引）。

《艺文类聚》卷二引《史记》：“东郭先生衣弊履不完，行雪中，履有上无下，足尽践地。”（也见《太平御览》卷十二和卷四百八十四所引）。这正可为“屡（履）空、屡（履）穿”作注脚，“屡（履）空、屡（履）穿”的意思正是“履不完，履有上无下，足尽践地”。《论语》中的这一千古之谜今得以确解，我为之狂喜。

我们进而对《论语》“屡空”的“空”为什么可以音“力从反”作一个新的解释，我认为也可以不用“叠韵互音”的理论来解释，而可以解释为这里的“空”有异文作“龙”，二者是同义的异文，因为考《广韵》：“龙，通也。”“通”与“空、穿”义近。所以“屡龙”和“屡空、屡穿”都是同义异文。

⑦ 光华按，《经典释文》（上海古籍出版社，1985年）第1555页“悲”作“非”。

⑧ 我最近注意到沈兼士《联绵词音变略例》[《沈兼士学术论文集》（中华书局，2004 年），此文作于 1941 年，晚于黄侃之文] 有与黄侃先生非常相似的观点。此文第三节“异音复词或叠韵连语中一字韵变或声变而为叠字连语”称：“异音复词之变式为 ax + by→ax + bx→ax + ax，即一变而为叠韵语，再变而为叠语矣。”这个条例与黄侃说的“叠韵互音”是很相似的。我们转录沈兼士先生在这一节中举的一个例证：“剅剆”，《玉篇》“剅，丁侯切，小裂也”。“剆，卢兜切，穿也。”而《广韵》侯韵，“兜，罗侯切，小穿，又音兜。剆，落侯切，剅剆，小穿”。其变盖如下式：端侯 + 来侯→来侯 + 来侯。沈兼士此文还举有一些例子，不录。可知由于“剅剆”是叠韵联绵词，所以端母的“剅”可以读为来母的“剆”音。这正是黄侃的“叠韵互音”的理论。沈兼士此文对于联绵词的研究有不小的贡献，他指出“委蛇、威夷”可因同化作用而音变为“施施”，“犹豫、容与”之与“与与”，“旁皇、仿佯”之与“皇皇”都是因为联绵词发生同化音变的结果。沈兼士总结说：“或本异字而同化，或本同字而异化，要皆源于音变。”这是富有启发性的意见。

⑨《说文解字》的诸家注多以为这里的“适”当读为“敌”，即“匹敌、相当”的意思。参看《说文解字诂林》“姰”字条。可举类例。1.《说文》：“蓮，蓮莆，瑞草也。”2.《说文》：“苌，苌楚，銚弋。一曰羊桃。”3.《说文》：“緰，緰赀，布也。”4.《说文》：“蓮，蓮莆，瑞草也。”这正是《说文》中同样的体例。近似而稍有不同的体例如：《说文》：“萿，桂萿，苏也。”《说文》：“苦，大苦，苓也。”

⑩ 可参看莫友芝撰，梁光华注评《唐写本说文解字木部笺异注评》（贵州人民出版社，1998 年）。后来张涌泉的《说文“连撰读”发覆》（《文史》2002 年第 3 辑）一文也专门论述过同样的问题，相当细致。

⑪ 见钱大昕《十驾斋养新录》（江苏古籍出版社，1997 年）第 80 页卷四“说文连上篆字为句”。后来的古文字学家姚孝遂《许慎与说文解字》（作家出版社，2008 年）坚持钱大昕的观点。

⑫ 清代的小学家有的就不赞成钱大昕的说法。《说文》：“靈，靈巫也。”段玉裁《说文解字注》（上海古籍出版社，1995 年）第 19 页“靈”字条注曰：“各本‘巫’上有靈字，乃复举篆文之未删者也。许君原书篆文之下以隶复写其字，后人删之，时有未尽。此因巫下脱也。”《说文》：“莧，莧菜也。”段注称：“菜上莧字乃复写，隶字删之仅存者也。”段注在这里有详细的论述，讨论了一些例子，指出今本《说文》“概以为复写字而删之，此不学之过。《周易音义》引宋衷云‘莧，莧菜也’。此可以证矣”。《说文》：“罜，罜麗，鱼罟也。”《说文》：“鄯，鄯善，西胡国也。”《说文》：“啁，啁嘐也。”段注称：“此复举字未删者。”《说文》：“駮，兽也。”段玉裁《说文解字注》第 469 页作：“駮，駮兽也。”段注称：“駮字今补。”《说文》：“河，水也。”段玉裁《说文解字注》第 516 页“河”字条作：“河，河水也。”注称：“各本‘水’上无‘河’字，由尽删篆下复举隶字，因并不可删者而删之也。许君原本当作‘河水也’三字。”《说文》：“岏，山也。”段注本第 438 页“岏”字条作“岏山也”。段注称：“三字句。各本无岏字，浅人所删，乃使文理不完。许书之例，以说解释文字，若‘岏’篆为文字，‘岏山也’为说解。浅人往往泛谓复字而删之。如髦篆下云髦髮也，巂篆下云巂周，河篆、江篆下云河水、江水，皆删一字，今皆补正。”另外段注本第 29 ~ 30 页的注解中也有类似的论述。段玉裁的论述十分精湛。王筠《说文释例》卷十二“捝文”第 561 页称：“陋儒之删《说文》也，每删连语之上一字，而连篆文读之。”莫友芝《唐写本说文解字木部笺异》“椷”字条称：“椷，= 窬，褻器也。=，叠篆‘椷’字。按，此知传本解说首字同篆者率以 = 书之。如巂周、离黄之类，段注宷补者甚众，殆以是与?” = 就是所谓的重文号。其实。清代著名学者俞樾在其名著《古书疑义举例》（《古书疑义举例五种》，中华书局，1983 年）中早已讨论过“重文号”的问题。其书卷五“重文作 = 画而致误例”一节称：“古人遇重文，止于字下加 = 画以识之，传写乃有致误者。”俞樾举了《诗经》和《庄子》为例，此不转录。俞樾同书卷五《重文不省而致误例》讨论了叠字而误的问题，也颇有趣，值得我们引述在此。其文曰：“亦有遇重文不作 = 画，实书其字而致误者。《周书・典宝篇》‘一孝子畏哉，乃不乱谋’。按，本作‘一孝，孝畏哉，乃不乱谋’。犹下文曰‘二悌，悌乃知序’。‘悌’下叠‘悌’字，则‘孝’下必叠‘孝’字矣。今作‘孝子畏哉’，‘子’即‘孝’字之误也。下文曰‘三慈惠，兹知长幼’。当作‘三慈惠，慈惠知长幼’。‘慈惠’下叠‘慈惠’字，犹‘孝’下叠‘孝’字，‘悌’下叠‘悌’字也。今作‘兹知长幼’，‘兹’即‘慈’字之误也。此皆重文不省，而转以致误者也。”俞樾这里论述的叠字问题很有参考价值。在先秦的古文字中已经多有用重文号“ = ”的例子，可参看何琳仪《战国文字通论（订补本）》（江苏教育出版社，2003 年）

第252页以及这一节中的有关论述。据孙延钊撰《孙衣言孙诒让父子年谱》（上海社会科学院出版社，2003年）第95页录孙诒让之文有曰：“彦从喜言文字异同，而考证甚疏。如写字遇重文作两点，商周金识已有此例，而此据《石门颂》中遭元：不可读作‘元元’，遂谓其误。”

⑬ 收入裘锡圭：《中国出土古文献十讲》，复旦大学出版社，2004年。

⑭ 参看《康熙字典》（中华书局，1992年）第661页所汇聚的注音。裘先生此文还举了“蛮”和“弯”这样的例子来作为影母和明母相通的证据，这也不恰当。本书其他地方有辨析。

⑮ 郭锡良先生《汉字古音手册》（北京大学出版社，1986年）第281页“溟”字仅收平声的“莫经切”一音，不收其上声一读，未为完备。

⑯ 从此也可知裘锡圭此文对《孔子诗论》的有关疑难文字的考释是不可信的。光华按，《孔子诗论》中的那个从“阜”从“文”从“心”从“厶”的字（其字的声符当是“厶”，而不是“文”）也不能像有的学者认为的那样读为来母的“怜”或“离”（或如裘锡圭那样读为“隐”），而是应该读为“吝”，《孔子诗论》乃言“诗无吝志”云云。考《论语·泰伯》：“子曰：如有周公之才之美，使骄且吝，其余不足观也已。”《论语·尧曰》：“犹之与人也，出纳之吝谓之有司。”《尚书·仲虺之诰》“用人惟己，改过不吝。”《周易》中用“吝”字甚多，如《周易·同人》象传有“吝道”之言，正与“吝志、吝情、吝意”同类。而且《周易·巽》称：“九三：频巽，吝（此处的句读乃根据《黄侃手批白文十三经》第34页的读法）。象曰：频巽之吝，志穷也。”从此可知上古时代确实可以有“吝”和“志”相关联的现象。中古时代的范缜《神灭论》称：“吝情动于颜色。”陶渊明《五柳先生传》：“曾不吝情去留。”都是“吝情”的用例。其他学者有的也认为应读“吝”，有关各家说参看刘信芳《孔子诗论》（安徽大学出版社，2003年）中的《诗论集解》所汇编的资料。

⑰［美］包拟古著，潘悟云、冯蒸译：《原始汉语与汉藏语》，中华书局，1995年。

第三章　从音理上辨上古音无复辅音声母

这一章将具体地从音理上辨析汉语上古音无复辅音声母。有了前面两章的基础，才有利于展开我们下面的讨论。这一章的论述方式与上一章不同，主要不是从方法上，而是从音理上系统地辨析学者们用于构拟复辅音声母的材料。我们在这一章中所讨论的某一类材料都不是零散的，而是穷尽性的，因为我们所揭示的音理是适用于有关的所有谐声材料。在某些节里面，我们并没有把有关的谐声字的材料全部列举出来，这并不是我们没有注意到这些材料，而是我们所阐明的音理完全可以解释相同类型的材料。这是我们要特别声明的。

第一节　论上古音中来母的音值及其谐声问题

关于汉语上古音中来母的音值问题这些年来有颇多新的观点。我们在这一节中要对这个问题作一些考察，并提出自己的观点。

有不少学者利用汉藏对音、古汉越语以及其他的对音材料证明上古汉语的来母的音值不是 l，而是 r，到了东汉甚至六朝时期，来母才从 r 音变为 l。这些学者的论著有：蒲立本 *Some new hypothesis concerning words families*①，俞敏《等韵溯源》②，郑张尚芳《上古音系》③，潘悟云《汉语历史音韵学》④，龚煌城《上古汉语与原始汉藏语带 r 与 l 复声母的构拟》⑤。另外梅祖麟等人也赞成把上古音中的来母构拟为 r，而不是 l。

学者们在这个问题上所用的材料基本上都是对音材料。我们在第一章就说过：利用对音材料应当慎重。学者们这里的有些材料是没有说服力的。如《汉书·匈奴传》："匈奴谓天为'撑犁'。"学者们认为"撑犁"是古代突厥语⑥ tengri⑦ 的译音，"犁"是对音 ri；《逸周书·克殷》中的"轻吕"、《汉书·匈奴传》中的"径路"，有的学者认为是古突厥语 kingrāk 的译音⑧。其中的"吕、路"是对音 rāk。我们认为即使这两个对音的例子是可信的，也不能证明上古汉语中的来母就是 r。因为 l 和 r 在音理上是可以相通的，上古音完全可以用 l 来对音外语的 r。事实上，在中古的翻译佛经中就常常用来母字同时去对音梵文和中亚语佛经的 l 或 r，并没有明显的分别⑨。我们的意见是：上古音中的来母的音值为 lh 这样的送气流音⑩，在汉代演变为 l 音。这个送气流音在上古音中同时有两个音位变体，一是 l－，一是 h－。我们这样的构拟可以解释很多复杂的谐声现象，以及声母的演变问题，而不必求助于构拟复声母。我们把上古音中的部分来母字构拟为 lh 声母有如下的理由和价值：

第一，在音理上，lh 这样的声母是存在，在藏语中就有。据蒙朝吉《瑶族布努语方言研究》⑪第 35 页称在大化弄京东努话音系中，"边擦音 ɬ，实际是边音的送气音 lh"。据周植志等《从现代佤语的方音对应看古代瓦语的辅音系统》⑫一文为古代佤语构拟的辅音系统中就有送气流音 lh、rh 等。周植志等

《佤语方言研究》[13]第三章“佤语方言比较”第137页指出巴饶克方言的lh声母与佤方言的l声母相对应；第138页指出阿佤方言和巴饶克方言的rh声母与佤方言的r声母相对应。据燕宝《黔东苗语中新出现的音变现象》[14]一文指出了在黔东苗语中的一些有趣的音变现象[15]。可见hl→l是非常正常的现象，而且hl确实可以分化为两个音位变体h与l。黔东苗语的音变现象确实可以支持我们的构拟。在英语中这样的例子很多，如rhetoric、rhotic、rhino、rhyme、rhythm、rheumatism等单词中的h都是经过弱化而失落了，虽然还是写出来，但都不发音。也就是存在rh→r的音变。还有旁证如：李永燧《彝语先喉塞鼻音声母考察》[16]一文讨论了巍山彝语中存在的带先喉塞的鼻音声母，作者构拟了两套清鼻音，其中一套是mh、nh、ŋh，这套清鼻音很容易向浊鼻音m、n、ŋ转化[17]。据《阿昌语简志》第11页，阿昌语中的部分清鼻音词汇可以自由变读为浊鼻音。据李赋宁《英语史》[18]第126页，古英语的辅音组合hl、hn、hr到了中古英语分别简化为l、n、r。古英语的hw在中古英语南部方言演变为w。

在现代汉语方言中也发现了送气流音。如蒋冰冰《吴语宣州片方言音韵研究》[19]第二章的“宣州市裘公乡音系”第6~7页所记述，在宣州裘公乡方言中，古定母字“同、电、夺”要读为送气流音声母r，裘公乡方言中的r是舌尖滚音，送气成分很重[20]。侯精一主编的《现代汉语方言概论》[21]第79页指出吴语宣州片铜泾小片的“古全浊声母今读v、f、ɾ、l、z、ʐ、j等一类通音，多数地点带清喉擦成分。……定母今读hl－或hɾ－”。许宝华先生的记音hl－或hɾ－似乎要比蒋冰冰的r－要精确[22]。非常有趣的是许宝华先生指出，定母的“头”在泾县茂林镇读h声母，而在裘公乡读hl，在太平乡读hɾ[23]。这表明带有送气成分的边音或闪音有可能脱落，从而产生h这样的音位变体。这是非常重要的音变现象，与我们这一章的理论有密切的关系[24]。我们正是认为上古音中的来母hl/lh可以产生h/x这样的音位变体，从而与见系字相通[25]。在民族语言中也有这样音变的证据。据张均如、梁敏等《壮语方言研究》[26]第198~199页称：在壮语南部方言邕宁、龙安读作hl的声母，是独立音位，钦州并入l，其他地区多并入h（砚山、文山和文马土语念x，也属h声母）。例如：

	武鸣	邕南	龙州	靖西	广南	砚山	钦州
吠	ɣ	hl	h	h	h	x	l
苋菜	ɣ	hl	h	h	h	x	l
臼	ɣ	hl					l
炒菜锅	ɣ	hl	h				l

这些材料是很有说服力的[27]。伍文义、辛维、梁永枢《中国布依语对比研究》[28]5.7“边音”第208页指出在原始布依语中有hl声母，且说：“hl原始声母词的反映形式有l声母。”同书指出在原始布依语中还有hɾ声母。据马学良主编《汉藏语概论·苗瑶语篇》[29]称：“古清鼻音声母现在大多数地区仍然是清鼻音（个别变浊鼻音），其中有的送气，有的不送气；少数地区变成了浊鼻音（个别变浊擦音）。古清边音的演变与清鼻音相同，只有畲语变成了浊鼻音。”其举例称其在养蒿方言是送气清边音，而在大坪方言是浊边音ɬ[30]。

日本学者水野弘元《巴利文法》[31]第59页称：梵语的dh在巴利文中有音变成lh的现象。

袁家骅《汉语方言概要》[32]第59页“苏州音系”称：在苏州方言中存在着“清塞浊流”的语音现象。“鼻音和边音出现在阳调字中也有同样的情形。”例如苏州方言中l声母的阳调字实际读为lɦ声母，带有浊流送气成分[33]。李荣先生《温岭方言语音分析》[34]一文指出在温岭方言中的次浊声母分为两套：一套是带有清的喉塞音 ʔ；另一套带有浊流送气成分的 ɦ，如 ʔl－、ɦl－。这是吴方言中保留的极为重要的送气流音现象[35]。因此，在上古音中作为次浊声母的来母读 lh－是完全可能的[36]。

据《现代汉语方言大词典（合订本一）》“崇明方言”第 130～131 页，在崇明方言中存在带浊音气流的鼻音 ɦm、ɦn、ɦȵ、ɦŋ，边音 ɦl 和喉擦音 hŋ。其中就有带浊音气流的边音 ɦl，如“勒”字就读 ɦl 声母。这些音在连读音变时可以清化为 ʔl[37]。其他的送气鼻音也有这样的音变。

我国学者较早主张上古音有送气流音的有张永言《上古汉语有送气流音声母说》[38]一文。此文明确主张汉语上古音有送气流音 lh，并且认为汉藏语系中的清鼻音和清流音实际上是一种送气兼清化的音，“清化是由较强的送气作用造成的结果，在发音上送气应是主要的音素。可以推想，上古汉语里这一类音的性质也与此相似”。张永言先生的论断完全与语音学相符，是正确的。

后来李方桂《上古音研究》为上古音声母系统独立构拟出了一整套的清音，包含有清流音 hl。然而正如张永言先生所说清边音实际上是由送气流音造成的，清边音明显含有送气音的成分。虽然我说的送气流音与李方桂的 hl 在音位作用上有所不同，但是我们都承认上古音中有送气流音存在[39]。郑张尚芳《上古音系》所构拟的上古音中也有送气流音 lh/hl。

蒲立本《上古汉语的辅音系统》“边音”[40]章第 83～84 页早已认识到：“也许还应该为上古汉语构拟一个送气的 lh，与送气的鼻音类似，以此来解释 l 与 th、th 的交替现象——不过有时候可能是一个复辅音。”我们并不采取蒲立本所说的复辅音的观点，而且按照我们下面的论述，送气流音 lh 有很强的解释能力，不限于解释上古音中的来母与透母相谐相通的问题。但是我们完全赞同蒲立本主张的上古汉语有 lh 的观点[41]。

我们把上古音中的来母构拟为送气流音 lh（同时包含有 hl），而这个送气音有两个音位变体，一是送气成分导致了边音的 l 脱落，只留下 h，从而与见系字可以相通[42]；另一个音位变体是 l－。这样就可以解释上古音中的来母与见系字相通的问题。

第二，李方桂《上古音研究》第 20 页为了解释上古音中的来母与透母相谐声的现象，而构拟了汉语上古音中的来母的清音 hl。李方桂构拟的 hl 与我们的 lh 在音值上比较接近，但其音位特征却有明显的不同。我们后面有详说。这里仅仅指出用我们构拟的来母 lh 完全可以解释与透母谐声的问题。在音理上，二者都是送气音；l 和 t 都是舌头音，发音部位相同。我们也可以得到对音材料的证明。李方桂此书就根据《唐蕃会盟碑》[43]指出：“藏语的清边音，普通写作 lh－的，唐代译音多用透母来译。”李方桂举的例子如唐朝用“贪”字来音译藏文的 lham；用“他”来音译藏文的 lha；用“土”来音译藏文的 lho。这就说明透母与 lh 的确是很音近的，完全可以通转。因此，我们把上古音中的来母构拟为 lh 可以合理地解释上古音中的来母与透母谐声和通假的问题[44]。这些谐声字如：①獭/赖；②体/礼；③离/離；④宠/龙；⑤瘳/醪；[45]在现代方言中来母与透母相通的例子非常多。

第三，我们的构拟有助于解释上古音中存在的来母与心母相通相谐的现象。我们在本章第七节的讨论来母与心母谐声的时候将要指出：在上古音中存在着来母与心母直接相通的现象，并不是来母先音变为邪母 z，然后才变为 s，与中古以后的音变不同。其原因就是上古音中的来母与中古以后的来母音值不同，是 lh，而不是 l。lh 有送气清边音的性质，当然可以发生擦化[46]，直接音变为心母 s，而不是变为 z。这样就可以解释在上古音中为什么来母只和心母发生谐声关系，而极少与邪母发生谐声关系或通假关系。主张上古音有复声母的学者似乎也没有构拟过复声母 zl 这样的音。正因为如此，我们在后面讨论来母与心母相谐时候，认为王福堂先生所说的 l > z > s 这样的音变是中古以后才发生的。其前提是来母的音值已经是 l。但是由于上古音中的来母主要不是 l，而是 lh，上古音中的 l – 只是 lh – 的音位变体，所以在上古音中没有 l > z > s 这样的音变，而是 lh > s 的音变，李如龙先生已经明确地指出这在音理上是可能的[47]。这是完全正确的。张永言先生《上古汉语有送气流音声母说》[48]一文更是明确主张上古汉语有送气流音，注意到了来母与心母相谐相通是因为来母本身就是送气流音 lh[49]。这与李如龙先生的观点完全一致，而且时间要早于李如龙。当然也可以说上古音中存在着 rj > z 的音变，但这是余母音变为邪母，与来母无关。清楚地认识到这点至关重要。

还有一个重要的旁证：在现代方言中的日母的读音往往可以分为浊擦音的 ʐ、z[50]和 l 两系。这表明 l 确实与 ʐ、z 关系密切，而与 s 比较疏远。据《现代汉语方言大词典（合订本一）》“四十二处方言概况”第 6 页引曹志耘的研究称：济南人将北京合口呼 ʐ 声母有的读为 l 声母。

据同书第 6 页“济南方言”：“另一部分是北京合口呼 ʐ 声母字，老派读 l 声母而新派是 ʐ 声母。”同书第 9 页称济南方言的合口日母字读与来母同音。如：入与路同音，若与洛同音，锐与类同音，软与卵同音，容与龙同音。

据同书第 2 页“哈尔滨方言的特点”称“乳、锐、扔、入”这些字要读 l 声母。

据同书第 135 页“上海方言的内部差别”称：在上海方言中“老派、中派读为 z 的日母字，新派读为 l”。例如“如、人、刃、入”等字，老派、中派读 z 声母，新派读 l 声母。

据罗常培《厦门音系·厦门音与广韵的比较》[51]说：“次浊日母字音读 dz，但话音多变入 l、n 两母。”又如“人”字在忻州方言和南昌方言、厦门方言中都要读为 l 声母。

据钱曾怡《山东肥城方言的语音特点》[52]，在山东肥城方言中，日母字“软”读 l 声母，“儿”读零声母，“日、认”读 ʐ 声母。

袁家骅等《汉语方言概要（第二版）》[53]第 256 页指出在闽南方言中，“泥、娘、来、日”四母要读为 l 声母，如“人、惹、乳、儿”读 l 声母。林伦伦《粤西闽语的音韵特征》[54]指出：在雷州话中的“泥、娘、来、日”四母有的要读为 l 声母。其中的日母字如“而、尔、耳、儿、蕊”读 l 声母。

钱曾怡主编《山东方言研究》[55]第 42 页指出在山东西区西齐片的方言中，“日母字读音比较复杂。……济南、泰安等地开口呼韵母前读 ʐ，合口呼韵母前读舌尖中音 l；淄博、章丘一带则一律读 l”。

据鲍明炜等《南通地区方言研究》[56]第三章“南通方言语音”第 181 页，日母止摄开口白读在南通地区的海门方言中读 l。

钱乃荣《当代吴语研究》[57]第二章第 29 页“丹阳音系”中的日母字读与来母同音，如“闰、如”读 l 声母。这种现象在吴方言中相当普遍。

董同龢《汉语音韵学》[58]第七章“中古音系”第 154 ~ 155 页注意到：中古音的日母在一部分的官话方言和闽方言中是读 n 或 l。这些都是日母与 l 相通在方言中的证据[59]。

据王福堂等《汉语方音字汇（第二版）》，“蕊、锐”等日母字在济南、扬州、南昌、梅县、厦门、潮州、福州、建瓯读 l – 声母，在太原、成都、苏州、温州读 z 声母。类例极多。

据张盛裕《潮阳声母与广韵声母的比较（二）》[60]称潮阳方言中的日母字有 66 个读 z – 声母，有 2 个读 l – 声母，有 2 个有 l/z 两读，没有一例读为 s – 声母。

以上的证据是令人信服的，正如王福堂先生所说，在闽方言中的 l 读为 s 的现象事实上是经过了 l→z→s 的音变过程，正因为如此，我们才说在上古汉语中的来母由于不与 ʐ、z 声母相通，而是与 s

声母相通，所以其音值不会是l，而是lh。

第四，我们的构拟还有助于解释上古音中的来母与晓母相谐相通的现象。张永言先生在《上古汉语有送气流音声母说》[61]一文早已主张上古汉语有送气流音lh。张永言先生在此文中注意到了来母与h相通相谐的现象，主张构拟lh来解释这个问题。现在看来，张永言先生此文是很有见地的，不仅远在我们之前已经提出了上古汉语有送气流音声母的观点，而且还在李方桂先生、李如龙先生之前。张永言此文列举了来母与晓母相通相谐的不少材料，主要是谐声字和通假字[62]。徐德庵《论汉语古有复辅音说的片面性》[63]一文排比了大量的来母与溪母、群母、晓母、匣母相谐声的例字。这些谐声字与复声母完全无关，我们现在已经可以从音理上作出合理的解释。因为上古音中的来母是lh，由于送气成分前面或后面的边音l在上古时有的方言中容易弱化，甚至脱落，这就使得上古音中的来母实际上读成了晓母，从而与溪母、群母、晓母、匣母都能发生谐声关系。这是非常自然的谐声现象，岂能用复声母来解释[64]？

我们这里可以把自己收集的文献材料作一些补充性的介绍和解释。

例如：有不少音韵学者利用“里/悝”这组谐声材料来证明古有复辅音khl/khr。我们认为这是不能成立的。考《说文》：“悝，啁也。从心里声。《春秋传》有孔悝。一曰：病也。”[65]“苦回切”[66]，是溪母。实际上，这个字很可能还有晓母一音[67]。如段玉裁《说文解字注》、桂馥《说文解字义证》、王筠《说文解字句读》“悝”字注、黄侃《正字初编》[68]第51页都明确认为“悝”[69]就是“诙谐”的“诙”的本字。《广雅》：“诙，调也。”而“诙”正是晓母（与“火”同声纽）。于省吾先生《双剑誃吉金文选》[70]第150页就是把孔悝的“悝”注音为同“恢”。而且“诙”字从不与来母字发生通假关系和谐声关系，其上古音声母不会是复辅音的khl/khr[71]。用通假字系联法也可以证明“悝”与复辅音khl无关。朱骏声《说文通训定声》称“悝”古与“悔”相通，当为可信。而“悔”从不与来母字发生通假关系和谐声关系，其上古音声母不可能是复辅音khl/khr，这就反过来证明与“悔”古音相通的“悝”的上古音声母也不会是复辅音khl/khr[72]。

古人的训诂表明晓母与来母确实可以直接相通。例如：

例一，《尔雅》：“伦，劳也。”郭璞注训“伦”为“伦理事务”。王引之《经义述闻》二十六第391页批评郭璞注，明确指出这里的“伦”与“熏”音近相通。王引之曰：“今案，‘伦’与‘熏’通。《淮南子·精神篇》曰‘人之耳目曷能久熏劳而不息乎’？是‘熏’为劳苦之劳也；‘伦’又与‘勲’通。《祭统》曰‘周公旦有勲劳于天下’。是‘勲’为功劳之劳也。熏、勲、伦声相近。熏、勲之通作伦，犹薰、勲之通作沦。《小雅·雨无正篇》‘沦胥以铺’。《汉书·叙传》晋灼注引齐、韩、鲁《诗》‘沦’并作‘薰’。《后汉书·蔡邕传》注引《韩诗》作‘勲’，是其例也。”王引之的论述应当是可信的[73]。“熏、勲”的上古音皆为晓母，“伦、沦”的上古音声母是来母，二者既然能够是通假字，这就表明晓母与来母之间能够发生音转，而不必用构拟复辅音声母来解释。

例二，在上古典籍中晓母的“僖”与来母的“釐”是公认的通假字。例如《汉书·匈奴传上》：“齐釐公与战于齐郊。”师古曰：“釐读曰僖。”《汉书·张良传》：“父平，相釐王。”师古曰：“釐读曰僖。”《左传·庄公八年》的“僖公”，《史记·齐太公世家》作“釐公”。《左传》的“僖负羁”，《淮南子·道应》作“釐负羁”。类似的例证非常多，可参看《故训汇纂》第156～157页“僖”字条。

例三，《礼记·乐记》：“胎生者不殰而卵生者不殈。”郑玄注：“殈，裂也。今齐人语有殈者。”孔疏：“齐语称‘裂’为‘殈’。”“裂”是来母，“殈”是晓母，在汉代以前的齐方言中，“裂”可音变为“𤘋”，这表明来母可与晓母相通[74]。

我们认为来母的一等字在后代的方言中很可能还保留有带送气音的读法。据周季文《藏译汉音的般若波罗蜜多心经校注》[75]的介绍和研究，大致在唐代宗宝应二年到唐宣宗大中五年[76]，汉语的《般若波罗蜜多心经》被逐字音译为藏文。其中与藏文对应的汉语音应该是唐代中后期的西北方音。汉语的《般若波罗蜜多心经》中的“老”字被音译为藏文的“leɦu”；又“罗”字在藏文音译的《金刚经》《阿弥陀经》《千字文》中被音译为藏文的“leɦa”。ɦ是送气音成分很重的喉擦音。“老、罗”都是一等字，而三等字的“利、离”在藏文译音中就不含送气音的成分。

据李如龙《福建方言》[77]第113页，李如龙认为在闽方言中的一些来母字的读音与壮傣语有明显的对应关系。如“六、雷、笼、露”在壮语的武鸣方言中读ɣ声母（相当于古汉语的匣母）[78]，“六、笼”在壮语的龙州方言中读h声母，“六”在傣语的德宏方言和西双版纳地区的方言中读h声母。这只能解释为古汉语中的一些来母字通过方言借入壮傣语中音变为喉擦音或舌根浊擦音[79]。有证据表明在壮语内部也有类似的音变。据张均如、梁敏等《壮语方言研究》[80]第196页称：“壮语北部方言有一个声母，文字符号是r。它在北部方言各地的方音变体就有r、ɣ、z、hj…等几种浊擦音。”同书第198页列举了r与ɣ相对应的一系列材料[81]。马学良《汉藏语概论》[82]第710页称：在壮语的“北部方言有r－类声母（包括多种地方变体，多数地区是ɣ）。南部方言绝大多数地区没有这个声母”。这说明在壮语的北部方言内部，r可以有ɣ这样的变体。既然是变体，那么就绝对与复辅音声母无关[83]。由复辅音声母分化而来的单辅音声母绝不能称为变体。我们可以肯定地说变体就是音变，而不是复辅音声母的分化。周植志等《佤语方言研究》[84]第一章第6～7页称：“马散、阿瓦来和大芒糯颤音r，在细允话里读为擦音ɣ。”举有三例。我们可以设想这些汉语词汇中的来母音最初本来就不是l，而是lh[85]。而且在壮傣语的各种方言中，可以与汉语的来母字相对应的关系词里面似乎还没有发现有相关的复辅音的例子。在白语的古汉语借词中，我们也能找到来母音变为喉擦音的证据。根据赵衍荪、徐琳《白汉词典》[86]第472页的论述可知：有一些古汉语流摄的来母字在借入白语后音变为浊擦音的匣母，如汉语的“柳、漏”在借入白语后变为了匣母。类似的音变现象在汉藏诸语言之中比较常见，可参看袁家骅《壮语/r的方音对应》[87]，中国科学院少数民族语言研究所《布依语调查报告》[88]与王辅世《苗语简志》[89]。因此，我们有理由认为在上古音中的来母与晓母、匣母是可以直接相通转的，这与复辅音声母无关。音理上的解释是送气流音的送气成分增强在某些方言中导致前面的边音脱落，只剩下送气音，从而与晓匣母相通。

例四，我们的构拟还有助于解释上古音中的来母与见系声母相通相谐的问题。来母与见母相通相谐的材料大致有[90]：①果/裸；②各/路、洛、略、赂；③剑、检/脸、敛、裣；④柬/阑、澜；⑤兼/廉；⑥降/隆；⑦京/凉、谅；⑧鬲/隔[91]；⑨娄/窭；⑩林/禁；⑪吕/莒[91]；⑫革/勒；⑬镠、胶/蓼、戮；⑭龚/龙；⑮蓝、滥/监[92]；⑯“谷”又音“鹿”[93]；⑰“羹”又音“郎”[94]；⑱监/览；⑲激/敫；⑳咎/绺；㉑廪/矜[95]。这些材料如果不用构拟复声母kl或kr，我们能否从单辅音的角度来清楚地解释呢？我们认为这是完全可能的。因为我们构拟的上古音中的来母不是l或r，而是lh这样的送气音。上古音中的l－只是lh－的音位变体。这个送气流音在先秦时代的各地方言中不是很稳定，有变体音。正如同透母th会在方言中因为失去塞音成分t而音变为h一样，lh在先秦时代的方言中就有一种音位变体是失去前面的l，从而音变为h这样的音位变体，这就可以与见系字相通[96]。而且边音确实有脱落的现象，如边音在细音前面发生脱落的音变现象，前辈学者早就有所留心。高本汉《中国音韵学研究》[97]

第359～360页指出了古汉语的来母字，“高丽译音在i元音的前头失掉声母，不论i的后面是否随着别的音，例如：利i，国音li；林im，国音lin。泾州话在长的y音前头失掉l，例如：驴y，国音ly”。高本汉的观察很重要，说明了l音声母在i、y的前面有脱落的可能。另如“囊”在湘语、赣语中读l声母[98]，但在闽南话中为零声母，以i音开头。赵元任《方言性变态语音三例》[99]一文指出在汉语方言的变态性音变中声母l可以音变为i。如“来”可以音变为“崖”，“楼”可以音变为“油”。赵元任所举的三个例子中都有这种音变现象。据鲍明炜等《南通地区方言研究》[100]第三章“南通方言语音”称l－在i、y前可以兼读为零声母，如“犁、里”可读为i（ji）。据蒋冰冰《吴语宣州片方言音韵研究》[101]第八章“各地字音对照表”第93页“吕、驴、滤”等字在宣州片吴语有的方言中要读零声母。类例颇多[102]。

这样解释，许多困扰学者们的难题完全可以迎刃而解。如“立/泣”：“泣”的上古音声母是溪母，由于来母的“立”可以产生h/x这样的音位变体，所以就可以产生“泣”这样的谐声字。我们之所以不把有关的材料予以穷尽性的排比，仅仅是因为有关的谐声字太生僻。我们所讲的音理是适用于所有的材料的。

我们在这里还是要作一些具体的论证，分析具体的材料。

例一，《礼记·丧大记》：“君、大夫鬊爪实于绿中，士埋之。”郑玄注：“‘绿’当为‘角’，声之误也。角中，谓棺内四隅也。鬊，乱发也；将实爪发棺中，必为小囊盛之。此‘绿’或为‘篓’。”孔颖达《正义》：“知‘绿’当为‘角’者，上文‘绿’为色以饰棺里，非藏物之处。以‘绿’与‘角’声相近。经云‘绿中’，故读‘绿’为‘角’。”《经典释文》[103]第794页：“绿音角，出注。”《十三经注疏》本《礼记正义》所附《释文》无此言。朱彬《礼记训纂》[104]从《释文》：“绿音角，出注。”从郑玄注可知，至少在东汉时候，见母字的“角”可以音变为来母字的“绿”，所以郑玄说“绿”是“角”的“声之误”[105]。孔颖达明明说过：“‘绿’与‘角’声相近。”这句话的意思只能理解为“绿”与“角”的古音可以通转，也就是可以互相假借。孙希旦《礼记集解》卷四十四《丧大记》第二十二之二[106]称：“愚谓‘绿’当为‘篓’。”即使从孙希旦之说“绿”为“篓”。这里的“篓”正如《经典释文》的注音也是“鲁口反”，为来母字。可知见母字可与来母字相通，并非来自上古复辅音的分化。

例二，音韵学家们常常举“禁/林”这组材料。《说文》：“禁，吉凶之忌也。从示林声。居阴切。”许多音韵学者利用“禁”从“林”得声，从而构拟上古的kl之类的复辅音。我们现在有证据表明这个例子不能作为上古有复辅音kl的证据。今考证如下：

我们可以从语言的系统性来考察，如果把“禁”的上古音的声母构拟为kl，将会导致无法克服的困难。我们可以举出三个反证来批评：①从大量的古文献记载可知，“禁”和“金”音义皆通，当是同源字。如《释名·释天》：“金，禁也。气刚毅能禁制物也。”《白虎通·五行》：“金之为言禁也。”《尚书·洪范》：“四曰禁。”江声《集注音疏》：“金之为言禁也。”《荀子·正论》：“金舌弊口，犹将无益也。”杨注：“金或读为噤。”朱骏声《说文通训定声》：“金假借为噤。”《说文》：“捺，捦或从禁。”《战国策·赵策》：“韩乃西师以禁秦国。”马王堆帛书《战国纵横家书·苏秦献书赵王章》与此同，而“禁”作“唫”。《尔雅·释器》：“衣眦谓之襟。”郝懿行《尔雅义疏》：“襟者，《说文》作‘裣’，——通作襟。”后世的材料也可以作为旁证，如《资治通鉴·汉纪三十五》：“追至禁溪。”胡三省注：“《水经注》及《越志》皆作‘金溪’。”[107]这些声训、谐声和通假的材料表明“金”和“禁”自先秦以来就音义皆通。如果“禁”的上古音声母是kl，那么“金”的上古音的声母也必然只能构拟为

kl。这显然是没有根据的。因为除了我们正在讨论的“禁”字外，“金”从来不与来母字发生通假和谐声的关系，也就是说“金”与来母字没有声音上的同源关系，因而其上古音的声母绝不可能是复辅音 kl，这就反过来证明“禁”的上古音声母也不会是复辅音 kl。②还有一个类似的证据可以得出同样的结论，就是古人还用“谨”作为“禁”的声训。《礼记·缁衣》：“君子道人以言，而禁人以行。”郑玄注：“禁，犹谨也。”《广韵》：“禁，谨也。”这显然也是声训。而“谨”字从来不与来母字发生通假或谐声关系，因而“谨”的上古音声母不可能是复辅音 kl。如果“禁”的上古音是复辅音 kl，那么“禁”和“谨”就不能构成声训。③据《说文》“禁”字段注：“禁、忌双声，‘忌’古亦读如‘记’也。”段玉裁所说是有根据的。既然“禁、忌”为双声，如果把“禁”的上古音声母构拟成复声母 kl，那么“忌”的上古音声母也必然要构拟为复辅音 kl，这也是完全没有根据的，因为“忌”字从不与来母字发生通假关系和谐声关系，其上古音声母不可能是复辅音 kl。这也反过来证明“禁”的上古音声母不是复辅音 kl，否则二者不能构成双声关系。再如，《文选·高唐赋》有“惏悷”这个双声联绵词，其时代在先秦，而“悷”的上古音声母只能是来母，因此“惏”的上古音声母也只可能是来母，不会是复声母。而且“禁”是从“林”得声，如果“禁”是复声母 kl，那就等于说“林”的上古音声母也是 kl。这显然是不可能的。

我们就这样从词汇的系统性出发得出结论认为“禁”的上古音不可能是复声母 kl。我们最后的结论只能是见母的“禁”之所以从来母的“林”得声，就是因为在上古的方音中见母和来母是能够相通的，是可以发生音转的，而不是得自复辅音的分化。

例三，《白虎通·五行》：“吕者，拒也。……吕之为言拒也。”这显然是声训。“吕”是来母开口三等字，“拒”是群母开口三等字[108]，二者古音可以相通。

例四，上面列举的第十二组材料“革/勒”，据《说文》革部：“勒，从革力声。”分明是以“力”为声符，而不是从“革”得声。“力”与“勒”声韵皆通，似乎并不牵涉到见母与来母相谐声的问题。另如《史记·齐悼惠王世家》：“以勒侯孝文十六年为济南王。”《索隐》：“勒，《汉书》作‘朸’，并音‘力’。”实际上，“勒”可能是双声字，即“革”和“力”都是声符。银雀山汉简《唐革（勒）赋》中的“勒”作“革”，这可以解释为通假字。段玉裁《说文解字注》第 110 页“勒”字注曰：“《尔雅》‘辔首谓之革’。‘革’即‘勒’之省。”王筠《说文解字句读》第 562 页“鋚”字注称：“勒者，革之正也。”[109]这也是见母与来母直接相通的证据。

例五，根据清代小学家的研究，“降”与“隆”在训诂学中可以是通假字。如果此说不误，那么也是见母可与来母直接音变的证据。考王念孙《读书杂志·墨子第一》[110]“隆”条曰：“念孙案，古者‘降’与‘隆’通，不烦改字。……是隆、降古同声，故‘隆’字亦通作‘降’。”王念孙在此列举了大量的异文材料，证据确凿，不容置疑。《读书杂志·荀子第八》[111]“隆物”条也称：“念孙案，‘降’与‘隆’同。古字或以‘隆’为‘降’。”《诗经·小雅·都人士》：“彼君子女，绸直如发。”郑笺云：“无隆杀也。”《经典释文》：“‘隆’俗本作‘降’。”[112]“降”与“隆”古音相通是没有疑问的[113]。既然二者是通假字，那么正如我们在本书的绪论指出的一样，这一定是见母与来母发生直接的音变，与复辅音无关。

例六，我们现在讨论一个前面没有提及的见母与来母相通的例子。《礼记·内则》：“濡鱼，卵酱实蓼。”郑玄注：“卵读为鲲，鱼子。或作攔也。”《经典释文》注攔音“古门反”，音“关”。有的学者利用这条材料构拟复辅音 kl。我们认为这条材料不能成立。考《诗经·齐风·甫田》：“总角丱兮。”

段玉裁《毛诗故训传定本小笺》卷八："丱者，古文卵字。"段玉裁《说文解字注》"卵"字下引《五经文字》曰："卝，古患反。见《诗·风》。《字林》不见。又古孟反，见《周礼》。《说文》以为古卵字。"段注又引《九经字样》曰："《说文》作'卝'，隶变作'卵'。"段玉裁总结说："是唐本《说文》有此无疑。……然正可以证唐时《说文》之有'卝'。《汉简》以'卝'为古文'卵'。皆据本书，郭氏所见《说文》尚完好也。'卵'之古音读如'管'。引申之，《内则》'濡鱼卵酱'。郑曰：卵读为鲲。鲲，鱼子。或作㸑。"段注本因此将"卝"作为"卵"的古文收入《说文》正文。段玉裁的注解非常详尽精确。不仅如段注所说《汉简》以"卝"为古文"卵"，而且战国古文字如滕壬生《楚系简帛文字编》第951页所录包山2号墓265号简、望山2号墓的遣策简都有"卵"的古文作"卝"。足见段玉裁的见解是正确的。段玉裁甚至明说"卵"之古音读如"管"。段注是很通达的。[114]这也说明见母与来母在上古音中可以直接相通。总之，郑玄说的"卵读为鲲"这条材料与复辅音kl没有关系，不能作为构拟复辅音的根据[115]。

例七，《诗经·小雅·斯干》："如矢斯棘。"《经典释文》"棘"，《韩诗》作"朸"。同篇："如鸟斯革。"《韩诗》"革"作"朸"。在古文字中，我们找到了类似的例子：今本《老子》三十二章："师之所处，荆棘生焉。"其中的"棘"字，马王堆帛书《老子》甲本作来母的"朸"。上古音为见母职部的"棘"与来母的"朸"可以直接相通。在《郭店楚墓竹简·穷达以时》中有一个结构为上"来"下"止"的字[116]，古文字学者们公认这个字与"棘"相通。这只能解释为音变，不可能与复辅音声母有关系。由于古人用字往往习惯相承，即使在音系有所变化之后，还有可能存在存古的语音现象。所以在六朝以降的方言中还存在"棘"与"力"相通的现象，而在六朝时代的语音中，学术界已经公认为没有复辅音声母存在。如《水经注》卷三十一"淯水"条："棘水自新野县东，而南流入于淯水，谓之为'力口'也。'棘、力'声相近，当为'棘口'也。又是方俗之音，故字从读变，若世以'棘子木'为'力子木'是也。"这条材料很有说服力，表明在郦道元时代的方言中"棘、力"声相近，可以在方言中相通[117]，当然这也可能是方言中的存古现象，不能说明l-与k-可以直接相通，而是上古音中的lh-与k-可以相通的遗迹。这是见母与来母之间能够发生直接音变的铁证，非理论可磨灭[118]。这已经是中古时期的音变现象，岂能用复辅音声母来解释？

例八，在古人的声训中也有类似的现象，如《诗经·小雅·天保》："俾尔戬穀。"毛传："穀，禄也。"《尔雅·释言》："穀，禄也。"《周礼·天府》："若祭天之司民、司禄而献民数、穀数，则受而藏之。"注："禄之言穀也。"孙诒让《周礼正义》[119]第1527页称："明祭司禄取其司穀数也。……《孟子·滕文公》篇'穀禄不平'。赵注云'穀者，所以为禄也'。"[120]此为声训无疑，前辈学者已有定论。黄侃《文字声韵训诂笔记》[121]第41页称："又'录、穀'同声。耕稼之时以获穀为福。"朱骏声《说文通训定声》"禄"字注也说："禄，假借为穀。……按，经传凡云'穀、禄'，一借一正，实同字。"[122]《孟子·告子上》："性，犹杞柳也。"赵注："杞柳，柜柳也。"钱大昕《十驾斋养新录》卷五"双声叠韵"[123]条称："柜柳，木之双声也。"钱大昕明确说见母的"柜"与来母的"柳"是双声。如果上古音中的来母仅仅是l-，这些著名学者怎么会说上古音中的来母与见母、群母可以构成双声呢？而且清代小学家以及章黄学派都从来没有主张过"古有复辅音声母"。

如果采用我们所构拟的上古音的来母为lh音值，那么这所有的谐声现象和通假材料全部可以得到合理的解释，根本不用构拟任何复声母。到了汉代，来母才从lh-或hl-完全变为l-。我们对于上古音中的来母的构拟确实可以解释很多关于来母的复杂的谐声问题。

我最近重新研究了这个问题，再次仔细审查了来母与见母谐声和通假的问题。我猛然觉得上古音的来母应该不止一个读音，除了送气舌尖边音的读法外，凡是与见母谐声和通假的来母字都应该是舌根边音 L－，这个 L－带有清音的性质，也可标注为 hL－。这个舌根边音的来母 L－或 hL－与见母相通是很正常的音变。我之所以这样认为，是因为我考察了所有与见母谐声和通假的来母字都绝不与舌尖塞音发生谐声关系或通假关系，如上文列举的①果/裸；②各/路、洛、略、赂；③剑、检/脸、敛、裣；④柬/阑、澜；⑤兼/廉；⑥降/隆；⑦京/凉、谅；⑧鬲/隔[124]；⑨娄/窭；⑩林/禁；⑪吕/莒；⑫革/勒；⑬轇、膠/蓼、戮；⑭龚/龙；⑮蓝、滥/监[125]；⑯谷又音鹿；⑰羹又音郎；⑱监/览；⑲激/敫；⑳咎/绺；㉑廪/矜。这些材料中的来母字在古文献和文字学、训诂学中都不与舌尖塞音发生谐声关系或通假关系，只与舌根塞音的见母发生谐声关系或通假关系。因此，这些来母字在上古音中必定另属一类，与那些跟透母字谐声或通假的来母字不同。我判断汉语上古音存在舌根边音，与舌尖送气流音形成音位对立。在汉代（尤其是到了东汉），这些舌根边音和舌尖送气边音都并入舌尖边音 l－。我认为这样的解释比较通达。我们取“各”声字为例，只与见组声母和来母字发生谐声和通假关系，凡是例外者皆不可信。例如，《管子·国蓄》：“故讬用于其重。”“讬”字在《管子·地数》作“各”，在《管子·轻重乙》作“度”。这样的异文不能解释为通假字，而是意思相近而换用，“讬”训“寄”；“度”训“考量、量度”，“各”为“格”之借，正训“量度”[126]。故“各”与“度”乃义近通用，非关古音通假。不得以此例为“各”与舌头音相通之证[127]。遍考群书，我们没有发现“各”声字与端组字相通假的确实例证。其他材料可作如是观。我们据此断定上古音系中的来母分为两系：一是舌尖边音，与透母等谐声或通假；一是舌根边音，与见母等谐声或通假。二者似乎都带有清音的性质。到了东汉，各种来母音都合为半浊音的舌尖边音。我们也因此得出结论：凡是来母与透母相通，来母与见母相通的现象都是东汉以前的语音现象。来母一旦音变为半浊音，就不容易与透母相通；来母一旦统一为舌尖边音，就不能与见母相通。我离析上古音中的来母的读音，将之分为两系，这是我的最新结论。这样我就不用 lh/hl→h－的音变来解释来母与见母相通的问题。我相信此说不误。

我们这里译述一位日本学者批评复声母以及论述舌根边音的论文片断。日本学者尾崎雄二郎在《上古汉语的复声母问题》[128]一文也明确表示反对古汉语有复声母。此文的论述与我们的观点互相发明。由于其文很少被我国学者参考，所以我们这里译出其关键段落如下[129]：“我认为‘各’的古音与今音相同，就是 k－声母，‘洛’的古音也与今音相同，是 l－声母，只不过这是强度腭化的 l－，就如同 Bernard－Bloch 与 George. L－Trager 在《语言学分析纲要》等中所说的‘后舌面边音（Dorsal lateral）’L，只是这个作为声母的 L 特别靠后。他们书中的 L 是处于与塞音的 k、g，擦音的 χ、γ，鼻音的 ŋ，颤音的 R 相对应的位置，因此可以得知他们用这个语音符号所表现的音是什么样的性质。高本汉《中国音韵学研究》观察了大同、文水、平阳、兰州等方言中存在的 χu（大同方言中的‘路’）中的 χ，这个音的进一步腭化就是我们所说的‘洛’的上古音声母[130]。‘洛’字的古音经过中古音[131]从而演变为现代汉语标准音的过程可以权且认为是：L→χ→l。大致说来，L→χ→l 这样的演变途径是逐渐缩小从舌尖到后舌面之间的较大的调音面，最后到纯粹的舌尖边音[132]。……包拟古在其所著《释名的语言学研究》中企图证明《释名》中存在高本汉所说的复声母。《释名》在用声训解释中古音的来母字的时候，除了多用来母字以外，事实上还用了不少的舌根音字和喉音字。而且在解释中古音的舌根音字和喉音字的时候也用了来母字。这个事实表明来母的古音是如我们所说的强度腭化的 l，也就是 L。这说明在《释名》的语言中，造字时代的 l 的性质还鲜明地存在。这个意见似乎可以说是合乎情理的。中古音的来母细音往往用舌尖擦音去解释。例如：'林，森也。''林'字的L由于后接细元音，因此所发出的噪音令人感觉到近似于'森'的摩擦音声母。这似乎可以认为是声训。另外，虽然同是舌尖音，如塞音，尤其是清塞音很难带有噪音，所以不容易与L相结合。"[133]尾崎先生还注意到上古音中的来母很少与端母谐声，但与送气音的透母谐声很多，因此他推断上古音中的来母应该带有噪音。尾崎的观点与我们的论述相合[134]。尾崎在该书的第37～39页对根据汉藏语系的同源词来构拟复声母的做法也提出了批评。今大致译述如下："轻易地从所谓的同系语言中零碎地检出几个单词，拿来和上古汉语的形式进行比较，以证明自己的构拟是正确的。我对这样的方法不能怀有敬意。所谓泰语的k·ram（gram）与汉语的'蓝'（高本汉glâm）；所谓泰语的Plian与汉语的'变'（高本汉构拟为Pl声母[135]）；……这些例子有时被用来证明上古汉语有复声母存在。……但是这样的例子太少，而且可以说太接近高本汉的上古音。我不能赞成把这几个少数雷同的例子看作是汉泰两种语言同源的重要材料。尤其是认为泰语保留了汉语古音的观点，我觉得是没有说服力的。汉泰语的单词，例如上面列举的组合形式，不能否认二者在语源上可能有同源性。另一方面，也有借词的可能。但我认为有可能是从汉语借入泰语。例如，在中国的《诗经》中已经可见作为栽培植物的'蓝'之名，在印欧语中作'Indigo'，其名称显示有可能本属南方植物。然而，直到唐代，还有迹象表明'蓝'并不为泰族人所知和利用（原注：唐樊绰《蛮书》）。因此，唐以后的汉语借入了泰语，在泰语的音韵系统中被赋予了作为泰语的形式，可以认为是被泰语音韵系统给翻译了。那时候的汉语就像大同方言鲜明地保留了腭化的l一样，尽管大同方言的ɬu是很特殊的例子。比如，高本汉《汉语词类》（张世禄译）根据马伯乐引述的八个泰语单词，整体上酷似现代的南方汉语，一见就可知是借词。其中只有'告'字近似Klau。也就是'告'字在其谐声系列中尽管没有发现来母字，然而这里却是kl－。汉语的'告'在借入泰语后，在泰语的音韵系统中经过了复声母化，汉语的k－只有在被翻译为kl－之后，才有可能融入泰语音系中。自然有可能是泰语的复声母的第二音素l与汉语的这类谐声字的合口成分相对应，但是在泰语中的这类复声母的第二音素有时会无声化，至少现代泰语是如此，在小孩的口中甚至会脱落，也就是说那是一个弱化的音素[136]。有鉴于此，人们对汉语本来有复声母的观点就会产生诸多怀疑[137]。无论如何，这些泰语单词不足以成为上古汉语有复声母的可靠材料，这是无可置疑的。李方桂在《在台语中的某些古汉语的介词》[138]中引用的'丑'在Ahom语中作Plāo，这也是同样的情形。……我认为在音理上与其说是从kl－、gl－分化出k－、l－，不如说是从汉语的k－产生出了泰语的kl－，汉语的l－同样产生出了泰语的gr－，这样的可能性要大得多。"[139]他在该书的第41～42页指出了一个有趣的现象[140]：在汉语中有一个规律是声调要受到声母的清浊的影响，全浊声母、清声母和次浊声母三者所造成的声调上影响是不同的。很多与见母字谐声的来母字如果构拟为gl－，那么在声调上必然应该是阳调，然而在粤方言中有不少这样的来母字是归入阴调，如"拉""捞""洛""络""烙""劣""碌""酹"等[141]。这样的字不可能是来自复声母gl－[142]。而且，在泰语中的复声母，如gl、gr是第一个音素g－对声调的影响要远远大于第二个音素l对声调的影响。在古汉语中，如果存在过复声母gl－，那么gl－中的g脱落时必然会留下某些标记，如在声调上；就算是某些标记会脱落，但绝不至于全部消失得干干净净，总会留下些痕迹。然而学者们没有能够指出复声母中的第一个辅音的脱落所造成的标记。尾崎先生这样的观察是敏锐而深刻的，国内主张古有复声母的学者似乎还少有人注意到这个问题。我们认为尾崎先生的见解值得重视。因为我们在汉藏对音材料中发现了类似的现象。例如，王静如《西夏文汉藏译音释略》[143]一文指出：在1190年左右成书的《番汉和时掌中珠》中的西夏文有汉语和藏语的对音，其中有的材料显示出汉语对音的单辅音，在藏语中有时是用复辅音来对音。这就表明单辅音的字在音译为藏语的时候，藏语有时会转换成复辅音。例如，在西夏语中表示“列、折”意思的字，汉语音译为“藐”，而藏语音译为dbuh，变成了复辅音；西夏文表示“下”的字，音译为汉语的“迷”，却音译为藏语的dbhi，是复辅音。王静如先生明确认为这是藏语译音新加了前置子音（也就是辅音）。此文提到聂斯基、劳费尔、王静如都明确主张西夏语没有复辅音声母。这是值得注意的。罗常培《唐五代西北方音》一书有一章“唐蕃会盟碑中之汉藏对音”注意到见母与藏语的rg有对音的现象。如“颊”对音rgyal-b，“幹”对音rgan，“结”对音rgyal。罗常培称：“伯希和以为在这一类的对音里-g-的带音成素恐怕受前缀r-的截留已然变成不带音的k，照现在所有的例字来看，他的假设也或许是对的。”我们绝不能说中唐以后的汉语的见母还是复辅音声母。据邢公畹《红河上游傣雅语》[144]第11~12页的论述，傣雅语有一些复辅音声母，但邢公畹先生明确说：“带复辅音声母的词看来可能都是后起的。现在把这些词全部写在下面。”其例不录。邢公畹先生的这个论断是用具体的例证说明了复声母完全可能是后起的，不是一种语言的原始状态，这与尾崎雄二郎的观点相呼应。

我们本节对上古音中的来母的研究可以解答一些音韵学者的困惑。例如有些学者认为上古音中的来母的音值是r-，因为他们发现有些对音材料表明上古汉语不是用来母去对音外语的l-，而是用来母去对音外语的r-，用以母对音外语的l-。这些学者还列举了一些汉藏语系的一些所谓同源词和古汉越语与古汉语的一些关系词来作为证据。潘悟云《汉语历史音韵学》[145]上古篇第十七章“上古汉语的流音和带流音的辅音序列”综述了这一派学者的意见，比较详细清晰，我们不再转录有关的材料和论述[146]。我们现在既然证明了上古汉语的来母的音值分为两系，一是舌尖送气流音，一是舌根流音（带有清音的性质），这样音值的来母自然不会与外语l-对音，倒是上古汉语的以母r-更接近外语的l-，所以学者们列举的以母与外语l-对音的材料，如果经过审查和考证是可信的，这也只能说明上古音的来母的音值不是l-，所以才不用来母去对音l-，而不能证明来母的音值是r-，以母的音值是l-。学者们的这派构拟观点有明显的缺陷，断然不可信。今简要批驳如下：

A. 如果来母的音值是r-，那就不可能在单辅音框架内解释来母与见母相通的问题。

B. 汉语谐声字有相当多的来母与透母相通的现象，我们在上文已有讨论，这是任何音韵学者都承认的事实。如果来母的音值是r-，那就不可能解释来母与透母相通的问题。r-在音值上应该更接近于定母，而不是透母，但来母与透母相通的现象要远远多于与定母相通的现象。这就表明上古音的来母不可能是r-。

C. 这派学者称上古音的来母r-到了中古都音变为l-，而且这样的音变是毫无例外的。我们认为这样的音变构拟显然是不可信的。藏缅语中的r-普遍是与z-或ʐ音近相通，没有一个藏缅语中的r-是毫无例外地音变为l-。

D. 来母与书母、心母相通是上古汉语很明显的现象。如果来母的音值是r-，那就不可能在单辅音框架内解释来母与书母、心母相通的问题。而按照我们的构拟，则可以从音理上把送气流音hl或lh解释为发生了擦音化的音变，从而圆满地解释这个问题。

E. 把以母构拟为l-，这会有很多麻烦。最明显的是以母在中古只出现在三等韵，也就是只以lj-的形态出现，一般语言都有的la、lu、lo、le这样简单而普遍的音节在古汉语都不存在；而且上古汉语的l-要在中古毫无例外地全部消失，上古的r-在中古全部音变为l-。这样的主张简直毫无道理，近于妖妄之谈。无论你怎样强词夺理，虽能胜人之口，万难服人之心。

F. 上古音中普遍存在“喻四归定”的语音规律，这条规律表明上古音中的喻四不是很稳定，在上古的诸多方言中容易并入定母。如果喻四的音值真是 l－，那么 l－是比较稳定的，没有可能“归定”，在现代汉语的众多方言中，l－最显著的是前鼻音的 n－容易相混，很罕见有把 l－普遍地读成d－的方言现象。这说明上古音中的喻四肯定不是 l－。

我们在本节的最后谈谈我们构拟的送气流音 lh 与李方桂《上古音研究》中的清边音 hl 在音位上的区别：①李方桂先生的清边音 hl 在他的上古音系统中是为了解释来母与透母谐声和相通的现象而设立的，因为透母是清的送气音，而单纯的边音 l 是浊音；但是我们的送气流音 lh 却可以解释来母与包括透母在内的许多声母谐声和通假的现象。②在李方桂先生的上古音系中，有一整套的清声母，除清边音外，还有三个清鼻音[47]。而且有浊音的 l 与之相对立。严格来说，李方桂系统中的 hl 不是上古音中的来母，l 才是来母；而我们的送气流音 lh 就是上古音中的来母，我们认为不送气的流音 l 并不与之形成音位对立，而是 lh/hl 的音位变体；这样可以解释为什么中古音有来母与 z 相通的音变现象，而上古音中只有来母与 s 相通相谐，而没有来母与 z 相通相谐的现象。③我们的送气流音 lh/hl 在上古音中与 l 形成音位对立。作为舌根边音的 l 可与见母相遇。这样可以解释来母与见系字谐声和通假的问题。而李方桂的清边音 hl 在他的音系中显然没有这样的功能。以上三点是我们的送气流音与李方桂《上古音研究》中的清边音在音位上的区别，虽然二者的音值很相近。

注释

① 见 *Journal of Chinese Linguistics*，1973 年。

② 见俞敏：《俞敏语言学论文集》，商务印书馆，1999 年。

③ 郑张尚芳：《上古音系》，上海教育出版社，2003 年，第 90～92 页。

④ 潘悟云：《汉语历史音韵学》，上海教育出版社，2000 年，第 267～271 页。

⑤ 见龚煌城：《汉藏语研究论文集》，北京大学出版社，2004 年。

⑥ 实际上，蒙古语也是如此。

⑦ 这个词后来一般音译为“腾格里”，如“腾格里沙漠”。

⑧ 学者们的有关论述可参看张永言《“轻吕”和“乌育”》［见张永言《语文学论集（增补本）》，语文出版社，1999 年］。

⑨ 在民族语言中有类似的证据。据张均如、梁敏等《壮语方言研究》（四川民族出版社，1999 年）第 199 页称：在壮语的各方言中，r 与 l 有对应关系，“广南（侬）的 r 正在演变为 l 的过程中，有些词 r、l 自由变读，有些词只有 l 一种读音”。韩国学者金泰完《训民正音与汉语复辅音声母再论》（《语文研究》1998 年第 1 期）提到：“东亚人的听觉上 r 、l 不分（韩国语、日语、蒙古语、通古斯语、满语等 r 、l 不分）。”从音理上看，r 音变为 l 是有可能的，在古印度的方言音变中就有这种现象。参看季羡林《再论原始佛教的语言问题》（《印度古代语言论集》，中国社会科学出版社，1982 年）。R. L. Trask《历史语言学》（外语教学与研究出版社，2000 年）第 55 页在讨论异化的时候提到：r 与 l 二者常常因为异化现象而相互通转。并说：“流音辅音的异化是特别普通的。”其举例有：拉丁语 arbor→西班牙语 ǘrbol；意大利语 colonello→西班牙语 coronelo。日本梵学大家水野弘元《巴利文法》（华宇出版社，1986 年）第五章“巴利语与梵语等的发音和缀字的比较”第 60 页指出：“梵语的 r 变成 l；相反的 l 变成 r，前者多是摩揭陀语化的缘故。……例：ālambana 所缘→ārammana；kila 传说→kira。”据赵明鸣《突厥语词典语言研究》（中央民族大学出版社，2001 年）第 175 页的论述，《突厥语词典》中也存在辅音 l 与 r 之间的交替。英国学者拉尔夫·伊利斯《埃及禁果》（陕西师范大学出版社，2005 年）附录五“希伯来语—古埃及语字典”提到：古代埃及语的 r 在借入古希伯来语后音变为 l。据《中亚文明史（第一卷）》（中国对外翻译出版公司，2002 年）第十五章“印度—伊朗人的出现：印度—伊朗

语”的论述，在印欧语比较语言学中，存在原始印欧语 l→原始伊朗语 r 的音变。

⑩ 也有可能是 hl，与李方桂先生构拟的清鼻音在音值上相近，而音位特征不同。hl 这样的声母在少数民族语言中是有的，如瑶语中的布努语的声母系统中就有 l 与 hl 的对立（参看蒙朝吉《汉瑶词典（布努语）》，四川民族出版社，1996 年，第 6 ~ 7 页）。总之，是个送气音。但是我们的理论却与李方桂颇不相同（后有说）。严格地从音理上分析，辅音的送气可以分为辅音前送气和辅音后送气，苏格兰高卢语和其他一些语言这两种送气都有（参看戴维·克里斯特尔《现代语言学词典》，商务印书馆，2000 年，第 29 页）。本书把上古音中的送气流音记作 lh，同时包含有 hl 这样的情况，二者没有实质性的分别，送气成分与 l 是同时发音，没有先后之分。可能记作 hl 更合理，本书暂且作 lh。

⑪ 蒙朝吉：《瑶族布努语方言研究》，民族出版社，2001 年。

⑫ 周植志等：《从现代佤语的方音对应看古代瓦语的辅音系统》，《语言研究》1983 年第 1 期。

⑬ 周植志等：《佤语方言研究》，民族出版社，2004 年。

⑭ 燕宝：《黔东苗语中新出现的音变现象》，《民族语文》1994 年第 1 期。

⑮ 第一种类型　部分清化和送气声母的词在土语间发生裂变，一分为二。如：

1．hnaib（n̥hɛ³³“太阳”）　haib（hɛ³³“太阳”），naib（nɛ³³“太阳”）
2．hniut（n̥hu⁴⁴“年”）　hiut（hiu⁴⁴“年”），niut（ȵu⁴⁴“年”）
3．hmub（m̥hu³³ 苗族自称）　hub（hu³³“苗”），mub（mu³³“苗”）
4．hlat（l̥ha⁴⁴“月亮”）①　lat（la⁴⁴“月亮”），hat（ha⁴⁴“月亮”）

第二种类型　部分词的声母失去清化和送气音。如：

1．hmat（m̥ha⁴⁴“说”）　→mat（ma⁴⁴“说”）
2．hniongd（ȵ̊hoŋ³⁵“重”）→niongd（ȵoŋ³⁵“重”）
3．hlieb（l̥hiə³³“大”）　→lieb（liə³³“大”）
4．hxab（ɕha³³“怕”）　→xab（ɕa³³“怕”）
5．hfab（fha³³“轻”）　→fab（fa³³“怕”）

⑯ 李永燧：《彝语先喉塞鼻音声母考察》，《语言研究》1996 年 1 期。

⑰ 再举一个语言学上的旁证。据《大英百科全书》*Iranian languages* 条称：“Two negative features have also resulted in differentiation between Indo - Aryan and Iranian. One is the result of the coalescence in Proto - Iranian of aspirated and unaspirated voiced stops. Thus, Indo - European ＊b and ＊bh were maintained in contrast in Indo - Aryan as b and bh, but they fell together in Iranian as b.”可知在上古伊朗语中存在 bh→b 的音变现象。我们说的 lh→l 是同样性质的音变。

⑱ 李赋宁：《英语史》，商务印书馆，2005 年。

⑲ 蒋冰冰：《吴语宣州片方言音韵研究》，华东师范大学出版社，2003 年。

⑳ 日本学者水野弘元《巴利文法》（华宇出版社，1986 年）第 59 页称：梵语的 d 在巴利文中有变成 l 或 r 的现象，多有举例。

㉑ 许宝华撰：《吴语》，《现代汉语方言概论》，上海教育出版社，2002 年。

㉒ 古定母字在宣州片吴语中读为 hl - 或 hʃ - 可以从音理上解释为浊塞音的通音化和气音化。在宣州片吴方言中还有 hv、hz、hj、hʐ 这样的带清喉擦成分的送气音。许宝华同书第 80 页还指出：“高淳城关淳溪镇 d 在快读时变成滚音 r；当涂博望 d 变成 r，而 b 和 hβ 可以任意变读。”

㉓ 类例如“茶、床、船”在泾县茂林镇读 h 声母，而在裘公乡读 hz，在太平乡读 hz。蒋冰冰《吴语宣州片方言音韵研究》一书还举有其他材料可以作为本书的旁证。如该书第 12 ~ 13 页“黄山区永丰乡音系”有送气浊擦音 hz、hv、hʐ，蒋冰冰注称：“hʐ 声母中浊擦音 ʐ 较弱，有消失的趋势。”同书 13 ~ 14 页“黄山区广阳乡音系”也有 hz、hv、hʐ 这样的送气浊擦音声母。蒋冰冰注称：“在男发音人的语音中 hʐ 有读为 hj 的趋势。hv 声母的实际音值接近唇齿无擦通音。”这些材料表明送气成分后的浊擦音有弱化和失落的趋势。这样的送气音还见于同书“当涂县湖阳乡音系”和“当涂县年徒乡音系”。这后两个音系中还有送气流音的 hr 或 ɦr。类似的例子在蒋冰冰此书中比较普遍。

㉔ 据李如龙《福建县市方言志 12 种》（福建教育出版社，2001 年版）第 4 页在讨论属于闽南方言中的南安方言的

文白异读的时候指出："耳、燃、肉、诺"的白读音是h声母，文读音是l·（相当于我们说的lh）。这个方言现象与我们这里讲的音变似乎不是一回事，尚待深入研究。

㉕ 在现代方言中偶尔也可找到类似的例子。据张盛裕《潮阳声母与广韵声母的比较（一）》（见《方言》1982年第1期）称在潮阳方言中作为姓字的"连"读为h声母。

㉖ 张均如、梁敏等：《壮语方言研究》，四川民族出版社，1999年。

㉗ 同书第199页还提供了一个类似的音变材料，也很有参考价值。其文曰：来自r的清声（单数调）的词，在龙州和崇左都读h。而r的清声与hl/lh在音值上是很相近的，在壮语方言中也有对应关系。同书第199页也明确说在壮语南部方言中，r、hl、h（x）、l之间有对应关系。同书第201页称在壮语的南部方言中，hl、l、h、kh四者之间有对应关系，列举6例，如"六、量、笑"在邕南为hl，在崇左为l，在龙州为h，在靖西为kh。

㉘ 伍文义、辛维、梁永枢：《中国布依语对比研究》，贵州人民出版社，2000年。

㉙ 马学良主编：《汉藏语概论》，民族出版社，2003年版。

㉚ 在梅珠方言和老书村方言是边擦音Φ，在下水村方言是前鼻音n。

㉛［日］水野弘元著，许洋主译：《巴利文法》，华宇出版社，1986年。

㉜ 袁家骅：《汉语方言概要（第二版）》，语文出版社，2001年。

㉝ 赵元任《现代吴语的研究》已经注意到吴方言中的"清塞浊流"的问题。

㉞ 李荣《温岭方言语音分析》（《中国语文》1966年第1期）；又见李荣《语文论衡》（商务印书馆，1985年）。

㉟《现代汉语方言大词典（合订本一）》"苏州音系"以及汪平《苏州方言语音研究》都没有讨论苏州方言的"清塞浊流"的问题，不知何故？钱乃荣《当代吴语研究》对吴方言中的清音浊流的问题有所讨论。

㊱ 在上古音中是否存在着音位意义上的l-与lh-相对立，我还没有十分成熟的意见。有的学者从语言类型学的角度认为上古音应该存在l-声母，这当然是可能的。但是类型学的观点不见得一定可靠。例如李荣《温岭方言语音分析》一文就认为温岭方言的声母系统中没有单纯的l-，而有ʔl-、ɦl-。本书只是强调上古音有送气流音声母存在，并没有否认可能存在l-声母。所以把上古音中的l-处理为lh-/hl的音位变体。布龙菲尔德《语言论》第二十五章"文化上的借用"第550页提到："美诺米尼语只有一组清塞音，没有边音和颤音。"程适良《突厥比较语言学》第一章第50页参考了国外突厥学专家的意见指出：古代突厥语l、z、r、n等辅音基本不出现在词首。那么古突厥语就没有l-声母［有一个旁证可以表明类型的观点不一定可信。根据赵明鸣《突厥语词典语言研究》（中央民族大学出版社，2001年）第157页的论述，舌根不送气浊擦音的g在《突厥语词典》的音系中不出现在词首，也就是古代突厥语（至少是在11世纪以前）没有g-声母，这似乎不符合一般语言类型学的观点，然而语言事实非理论所能抹杀］。据赵明鸣《突厥语词典语言研究》第161页的论述，《突厥语词典》中的辅音l"多出现于词间，其次为词尾，极少出现于词首。出现于词首时多为借词"。据英国学者伊利斯《埃及禁果》（陕西师范大学出版社，2005年）附录五"希伯来语—古埃及语字典"提到：古代埃及语没有l辅音。

㊲ 据汤志祥《嘉定音系记略》（《吴语论丛》，上海教育出版社，1988年）一文的介绍，在嘉定方言音系中也存在着次浊声母的鼻音和边音分为两套的情况，其中一套带有起首喉塞音ʔ，应当具有清音的性质。

㊳ 见《古汉语复声母论文集》（北京语言文化大学出版社，1998年）；又见于张永言《语文学论集（增补本）》（语文出版社，1999年）。另外，郑张尚芳《上古音研究十年回顾与展望（一）》（《古汉语研究》1998年第4期）对学者们关于上古音中的送气流音的研究作了一些综述。

㊴ 至于张永言、李方桂都构拟了一整套的清鼻音（董同龢《上古音韵表稿》也构拟了清的m）。

㊵［加］蒲立本著，潘悟云、徐文堪译：《上古汉语的辅音系统·边音》，中华书局，1999年。

㊶ 梅祖麟、罗杰瑞《试论几个闽北方言中的来母s-声字》（《清华学报》1971年第9期）也主张在闽方言中读为s-声母的来母字本来应是lh声母。后来的李如龙《闽西北方言"来"母字读s-的研究》一文也持这样的观点，张贤豹先生也同意lh声母可能是存在的，参看本书第三章"论来母与心母相通"一节。法国汉学家沙加尔《上古汉语词根》（上海教育出版社，2004年）也主张上古汉语有送气流音hl/hr，不过我们的理论与沙加尔不同。另外还可参看萨

丕尔《语言论》（商务印书馆，2003 年）第 180 ~ 181 页。

㊷ 来母字读为舌根音 ŋ 在方言中有例子。据詹伯慧主编《广东粤方言概要》（暨南大学出版社，2002 年）第 189 页称：有些地方来母字今音声母混同于疑母，读 ŋ。例如部分东莞人罗、讹同音，都读 ŋ 声母，赖、艾同音，都读 ŋ 声母。同书第 120 ~ 121 页也指出："古来母字在粤海片粤语中声母读 l，可是莞宝片莞城话把不少来母字的声母读成 ŋ，与疑母字的声母 ŋ 同音。"如"牢、洛、林、立"等在莞城方言中读 ŋ 声母。同书第 318 页和第 340 页"广东粤方言代表点字音对照表"，"礼、拉"在广东的东莞方言中读 ŋ 声母。

㊸ 李方桂著，吴玉贵译：《唐蕃会盟碑考释》，耿升主编：《国外藏学研究译文集（第八辑）》，西藏人民出版社，1992 年，第 1 ~ 96 页。另可参看李方桂《藏语复辅音的中文转写》（《国立中央研究院历史语言研究所集刊（第五十本）》，"国立中央研究院"历史语言研究所，1979 年，第 233 页）李方桂对这个问题用英文作了较为具体的论述。

㊹ 有的学者不解为什么"勅"会从来母的"力"得声，实际上，"勅"的中古音是彻母，上古音是透母，与来母相通是很正常的现象。

㊺ 日本学者宇井伯寿《译经史研究》中的"支谶翻译中的音译通览"指出东汉时代的支娄迦谶是用"麟"来音译 t。"麟"是来母，这里的 t 是罗马字母，不是国际音标，因此相当于透母，而不是端母。这样的译音材料足以表明在东汉的方言中透母可与来母相通，而这是直接的音变，有此铁证，可知透母与来母相谐与复辅音无关，而且与清辅音的 l 无关。又如伯希和《吐火罗语与库车语》一文的注解四（《吐火罗语考》，中华书局，2004 年，第 141 页）指出：汉文典籍中出现的突厥部落"处月"一名中的"月"是突厥语 gil 的译音。这是古汉语用 t（入声收尾的辅音，相当于端母）去音译外语 l 的例子。另，罗常培《临川音系》第四章"比较的音韵"（《罗常培文集（第一卷）》，山东教育出版社，1999 年，第 506 页）称：在临川方言中"来纽的三、四等今作齐、撮呼的却和端纽 t 同读作 t"。同书第 381 页的"自序"中也说："来母字在 I 元音的前头从 l 变成 t。"罗常培这里的观察很重要，他注意到在临川方言中的 l 音变为 t 的条件是要有 i 介音。何大安《规律与方向：变迁中的音韵结构》（北京大学出版社，2004 年）在第 41 ~ 42 页的注解 2 中指出在平江方言中的"来母细音读 th，如'李'thi，'莲'tuien"。扬雄《方言》卷五"箸筩"条有注："桶或作筩，音笼冠。"注解的意思是"'筩'的音如'笼冠'之'笼'"。这是定母与来母相通的例子。

㊻ 擦化音变是很重要的音变现象。英国学者特拉斯克《语音学和音系学词典》（语文出版社，2000 年）第 245 页"擦音化""spirantization"条称："破裂音转化为擦音的音系过程：弱化的一种，例子包括原始印欧语的清爆破音转化为原始日耳曼语的擦音（原始印欧语 peisc→英语 fish；trei'三'→英语 three），拉丁语元音间浊爆破音发展成为罗曼语的擦音（拉丁语 hab　re→'有'→法语 avoir，avere；拉丁语 ripa'河岸'→法语 rive）。"由此知重唇音向轻唇音的音变是一种擦化音变，不仅我国语音史上有这种音变，他国也有这种音变。有的人毫无根据地说什么"古无重唇音"，可谓颠倒是非，全不顾音变的规律。《语言学百科词典》（上海辞书出版社，1998 年）第 652 页"擦音化"条解释和讨论很详细，为各种工具书之冠："塞音因受相邻元音的影响或因处于弱读的语音位置而发成擦音的现象属联合音变中的协音变化或随位音变中的弱化。联合音变中最容易引起擦音化的条件是处于元音之间，因为发元音要求气流通道没有阻碍，容易把塞音原来的闭塞改变为缝隙，因而发出擦音。浊塞音因声道中持续有带嗓音的气流冲入，闭塞难以持久，因而较清塞音容易擦音化；小舌和舌后的塞音因闭塞不及舌前和舌中的塞音有力，从而也较后两者容易擦音化。就弱化而言，塞音因闭塞不够有力也会擦音化。俄语、西班牙语和德语方言中都有擦音化，尤以西班牙语为多见。汉语普通话的口语中也会把'哥哥'的后一声母擦音化为 γ"云云，还多有举例，此不详录。此书的解说详尽精确，超过了西方学者。德国学者布斯曼《语言学词典》（商务印书馆，2003 年）、英国学者克里斯特尔编撰的《现代语言学词典》（商务印书馆，2000 年）、《牛津简明语言学词典》都没有详细阐释"擦音化"的音理。古汉语音变中很著名的重唇音声母合口三等韵向轻唇音声母转变也是一种擦化音变。蒙古语族中也有擦音化音变。据《中国大百科全书·语言卷》"蒙古语族"条称："在非词首部位时清音不送气一套只有当它的前后都是元音，或一边是元音一边是鼻音、边音颤音时才可能浊化，或浊化并擦音化。"在爱尔兰语中的弱塞音也有擦音化的趋向。据同书同卷"房德里耶斯"条（岑麒祥撰）："房德里耶斯注意到：在语音方面，爱尔兰语中本来有强塞音与弱塞音的对立，可是由于弱塞音有擦音化的倾向，这样就越来越弱。"

㊼ 参看本章第七节的讨论。

㊽ 见赵秉璇、竺家宁主编《古汉语复声母论文集》（北京语言文化大学出版社，1998 年）；又见于张永言《语文学论集（增补本）》（语文出版社，1999 年）。

㊾ 张永言先生的文章在注解中还提到了美国语言学家萨丕尔《语言论》中已经有关于清边音与 s 有交替关系的论述。

㊿ 据陈章太、李行健主编《普通话基础方言基本词汇集（第五卷）》（语文出版社，1996 年）第 4718 页“古日母的读音”，可知日母读为 z 的北方方言有许多地区，如二连浩特、张家口、集宁、太原、济宁、涟水、信阳、襄樊、达县、南充、成都、重庆、汉源、遵义、昭通、毕节、贵阳、大理、蒙自、吉首等等。据《现代汉语方言大词典（合订本一）》“四十二处方言概况”第 124 页“丹阳方言的内部差别”，在老派的丹阳方言中，日母字“二、儿”读 z 声母。

51 见《罗常培文集》编委会：《罗常培文集（第一卷）》，山东教育出版社，1999 年，第 76 页。

52 钱曾怡：《山东肥城方言的语音特点》，《方言》1991 年第 3 期。

53 袁家骅等：《汉语方言概要（第二版）》，语文出版社，2001 年。

54 林伦伦：《粤西闽语的音韵特征》，《语文研究》1998 年第 2 期。

55 钱曾怡主编：《山东方言研究》，齐鲁书社，2001 年。

56 鲍明炜等：《南通地区方言研究》，江苏教育出版社，2002 年。

57 钱乃荣：《当代吴语研究》，江苏教育出版社，1992 年。

58 董同龢：《汉语音韵学》，中华书局，2001 年。

59 这种音变在语言学上叫做 lambdacism，有时可以称作“边音化”。从历史音韵学的角度来看，日母在汉语各大方言中读为边音 l 应该怎样解释呢？我认为应该从音理上解释为：日母读为 l 是因为日母原本读为前鼻音 n，而在许多方言中 n 与 l 可以相混，于是被读为 l。这个解释应该可以成立。如据王福堂等《汉语方音字汇（第二版重排本）》（语文出版社，2003 年）中的“方言音系简介 · 武汉话声韵调”，武汉话的“南、里、忍、研”都读 n 声母，其附注二称：声母 n 有自由变体 l；其附注七称：“老年中年人口音日母字‘热、人’等声母为 n，青年人口音转为 ɻ。”可知武汉方言中的日母读 l 是由 n 变来的；同书“扬州话声韵调”称“南、里、绕”读 l，附注一称：声母 l 有自由变体 n。也就是日母的“绕”可以有 n 声母一音，其声母 l 一定是从 n 变来的。同书“南昌话声韵调”称“努、乱、热”读 l 声母。日母的“热”与泥母的“努”读 l 声母，同时有 n 声母的自由变体。则日母的“热”读 l 是从 n 变来的。胡萍《绥宁关峡苗族“评话”的语音调查》（《湘南土话论丛》，湖南师范大学出版社，2004 年）称在湘南土话的关峡苗族“评话”中，“日母字有一部分归入泥母，读 n 或 l”。这分明显示日母读 l 是来自 n。据李如龙《福建县市方言志 12 种》（福建教育出版社，2001 年）中的《仙游县方言志》，在仙游县方言的音系中，“日、女”的白读音和“纽”都读 l 声母，同时也有“忍、量”的白读音为 n 声母的现象，这也显示日母读 l 是经过了 n 的阶段。类似的例子在全国的方言中很常见，从中可以看出一条规律：凡是日母读 l 声母的方言音系中，一定有泥母也同时读 l。因此，我们可以很明确地认为日母读 l 声母是从 n 变来的。

60 张盛裕：《潮阳声母与广韵声母的比较（二）》，《方言》1982 年第 2 期。

61 见赵秉璇、竺家宁主编《古汉语复声母论文集》（北京语言文化大学出版社，1998 年）；又见于张永言《语文学论集（增补本）》（语文出版社，1999 年）。

62 可参看《古汉语复声母论文集》（北京语言文化大学出版社，1998 年）第 230 ~ 231 页。由于冷僻字太多，我们不再转录。

63 见徐德庵：《古代汉语论文集》，巴蜀书社，1991 年，第 163 ~ 168 页。

64 我们在前面论训读一章中讨论“臨/品”这组材料的时候指出：三等的重唇音与三等的来母可以直接相通。滂母三等的“品”很有可能直接音变为“臨”。在山西闻喜方言中的“品”就读为 tʻ声母。如果这个解释能够成立，那么就表明上古音中的三等来母是与三等的送气音滂母发生谐声关系和通转关系。由于滂母是送气音，我们可以自然地推测上古音中的来母也是送气音。

㊅ 段玉裁注称汉代人少用“悝”作人名。

㊆《礼记·祭统》：“故卫孔悝之鼎铭曰。”《经典释文》注音也是“苦回反”。孙希旦《礼记集解》、朱彬《礼记训纂》对“悝”都没有别的注音。《左传·襄公十一年》：“郑人赂晋侯以师悝。”《经典释文》注音也是“苦回反”。

㊇ 在广东方言中溪母读为晓母是很正常的，一般音理上的解释是由于送气成分导致了前面的舌根塞音脱落。

㊈ 黄侃：《正字初编》，武汉大学出版社，1983 年。

㊉ 训“啁”，即“嘲”字。

㊊ 于省吾：《双剑誃吉金文选》，中华书局，1998 年。

㊋ 还有一种分析法，可以把“悝”分析为自反字，并非得音于“里”，而是得音于“心里反”。但是“悝”是溪母，心是心母，这该怎样解释呢？这里面有训读的问题。古人认为“心”与“火”意思相通，故训甚多。如《白虎通·情性》：“心，火之精也。”《急就篇》卷三：“肠胃腹肝肺心主。”颜师古注：“心，火藏也。”《广韵》：“心，火藏也。”《淮南子·时则》和《吕氏春秋·季夏》都曰：“祭先心。”高注：“心，火也。”东汉的纬书《春秋元命苞》：“心者，火之精。”《左传·襄公九年》：“心为大火。”《大戴礼记·夏小正》：“大火者，心也。”《公羊传·昭公十七年》：“大火也。”何休注：“大火谓心。”类例甚多，不胜枚举。正因为古人认为“心”与“火”意思相通，所以“心”才可能训读为“火”。“心里反”实际上可以训读为“火里反”，而“火”为晓母，与“悝”的溪母非常相近，古音相通的例子很多。因此，我们认为“悝”是得音于“火里反”。这里还有一条证据：“里”是开口三等字，而“悝”是合口一等字，如果认为“悝”仅仅是从“里”得声，那么“里”和“悝”之间的等呼的差异就不容易得到解释。如果把“悝”解释为得音于“火里”反，“火”正是合口一等字，“悝”的等呼不是来自反切下字，而是来自反切上字，这就容易解释“悝”的合口一等的来源。我们认为这绝不是巧合。这种解释也不可忽视，可备一说。

㊌ 考《老子》二十章：“而我独顽似鄙。”其中的“鄙”，马王堆帛书乙本也作“鄙”，而帛书甲本作“悝”。这里的“悝”不能当作是溪母的“悝”，而应当看作是“鄙俚”的“俚”的异体字，二者是异字同形。只有认为是“俚”的异体字，才能解释与“鄙”的异文关系。可参看高明《帛书老子校注》（中华书局，1998 年）第 325～326 页。

㊍ 张永言《语文学论集（增补本）》（语文出版社，1999 年）第 149 页有类似的讨论。

㊎ 张永言先生《上古汉语有送气流音声母说》［《语文学论集（增补本）》，语文出版社，1999 年］一文从训诂学的角度对来母与晓母相通也有所举证，可以参看。

㊏ 周季文：《藏译汉音的般若波罗蜜多心经校注》，《语言研究》1982 年第 1 期。

㊐ 8 世纪中期到 9 世纪中期。

㊑ 李如龙：《福建方言》，福建人民出版社，2000 年。

㊒ 在古汉语方言音中发现了类似的例子。考慧琳《一切经音义》卷四十一“裸形”条注称：“上力果反，前文已具释，俗音华瓦反。”“裸”字本为来母，在唐代的方言俗音中读为匣母。如果当时的方言音中的来母本没有送气成分，那么发生擦化音变是应该变为 z 或 dz，而不该是舌根浊擦音；现在是音变为匣母，就说明原本的来母一定是送气流音。

㊓ 据李如龙《福建县市方言志 12 种》（福建教育出版社，2001 年）第 74 页在讨论晋江方言文白异读的时候指出：“‘肉’的文读音是 l 声母（如在‘骨肉’一词中），白读音是 h 声母（如在‘肉骨’一词中）。”虽然这个例子的性质有待于深入研究，但也可以参考。

㊔ 张均如、梁敏等：《壮语方言研究》，四川民族出版社，1999 年。

㊕ 例如：贵港壮语读 r 声母的，武鸣壮语读 l，并列举有十八例，文繁不录。

㊖ 马学良：《汉藏语概论》，民族出版社，2003 年。

㊗ 也许正是这样的材料使得林亦相信在汉语上古音中也存在喻四归匣的现象。

㊘ 周植志等：《佤语方言研究》，民族出版社，2004 年。

㊙ 李方桂《上古音研究》（商务印书馆，1998 年）第 21 页把 r 与 l 并列放在通音的位置上。龚煌城、梅祖麟、潘悟云都认为在汉语上古音中存在着从 r 到 l 的音变。虽然龚煌城等人的观点可以商榷，但是 r 与 l 在音理上是比较接近的，是可以相通转的。这点不可置疑。其语言学术语有时是 lambdacism。

⑯ 赵衍荪、徐琳：《白汉词典》，四川民族出版社，1996 年。

⑰ 袁家骅：《壮语/r 的方音对应》，《语言学论丛（第 5 辑）》，商务印书馆，1963 年。

⑱ 中国科学院少数民族语言研究所：《布依语调查报告》，科学出版社，1959 年。

⑲ 王辅世：《苗语简志》，民族出版社，1985 年。

⑳ 有趣的是在民族语言中居然发现了 l 可与 k/g 相通转的现象。如据朝克《满—通古斯诸语比较研究》（民族出版社，1997 年）第 134 页的论述，在通古斯诸语言中："毫无疑问，鄂温克语同其他四种语言的 l 相对应的 g、k 是由 l 演化而来的。"原书举证甚多，不录。而民族语言学的有关专家并没有认为这是由复声母造成的。自命为审音派的学者理当对这些语言现象作出合理的解释。

㉑ 从通假字系联的角度来看，"鬲"只能是来母字，例如上古文献中的"历山"在《郭店楚墓竹简·穷达以时》作"鬲山"，这只能是通假关系。而"历"字上古音只能是来母，不会是 kl 复声母。这反过来证明"鬲"的上古音只能是见母，不可能是复声母。

㉒ 另外还有"宫/吕"这组谐声材料。从古文字学来看，"吕"有两个不同的读音。张政烺《何尊铭文解释补遗》（《张政烺文史论集》，中华书局，2004 年，第 456 页）说过："吕字在甲骨文、金文中出现，有两种方式：一是专名词，作人名、氏族名、国名、地名，大约音铝，无本义可寻。一是作为宫、雝等字的声符，不独立存在，大约音邕，其义也不详。"因此，"吕"本身就有来母和见母两个不同的读音，这是异字同形，与复辅音无关。

㉓ 韦庆稳《试论百越民族的语言》（《百越民族史论集》，中国社会科学出版社，1982 年）一文将《说苑·善说》篇中的"古越人歌"中的记音词与壮语各方言进行了比对，因为学者们认为"古越人歌"的文应该是古百越语，是现代壮语的古语。韦庆稳先生采取了复辅音声母的观点。把"古越人歌"中的记音的"滥"字（古百越语的意思是"晚"）的上古音构拟为复声母 gl。但是韦庆稳所采用的壮语各方言的对音词中，没有一个是复辅音声母 gl 的例子。如在壮语融水方言中作 ɡam，在壮语龙州方言中作 kam，在壮语来宾方言中作 ŋam，在壮语武鸣方言中作 ham，都不是复声母 gl 或 kl。而且在壮语的现代方言中都还有 kl 这样的复声母。但是与上古汉语"滥"相对音的词恰好是单声母，而不是复声母。这个有力的证据就可以证明"滥"在春秋时代就不是复声母 gl/kl 之类，只能是单辅音。上古汉语绝对不会用一个复声母的字去音译一个单辅音的外语词。韦庆稳最后构拟的上古壮语与汉语的"滥"相对音的词的声母是 ŋg·，这个声母也断然不可能与古汉语的 gl 或 kl 发生对音关系，在音理上无论如何讲不通。

㉔ 如《史记·匈奴列传》《集解》服虔曰："谷音鹿。"《汉书·宣帝纪》注引服虔曰："谷音鹿。"师古曰："谷，服音是也。"另见《汉书·霍去病传》和《常惠传》的师古注。是用作"谷蠡王"的名号时的专用读音。

㉕ 关于"羹"读"郎"音的问题，宋代学者王观国《学林》（中华书局，2006 年）卷六"羹"条已经有比较详细的讨论，且曰："羹音郎者，自古所呼如此。……凡地名有他音者，字书亦多不载，羹音郎之类是也。"

我们可以用通假字系联法证明"羹"的上古音声母绝不是复辅音 kl。如在古书中"羹"有'更'的异文。《左传·昭公十一年》："楚子城陈蔡不羹。"《释文》："羹，《汉书·地理志》作"更"字。"《尔雅·释草》的"盗庚"，《经典释文》称："庚，本又作羹。""更、庚"二字皆不与来母字发生通假关系和谐声关系，其上古音声母必不是复辅音 kl，这就反过来证明与"更、庚"相通假（应是双声）的"羹"的上古音声母不可能是复辅音 kl。当然，按照本节的论述，"羹"读来母完全是正常的音变，可能与"汁汪郎"毫无关系，读者宥其枝蔓。

㉖《释名·释宫室》："廪，矜也。"这显然是声训。

㉗ 见母 k 与晓母 h 或 x 相通是很正常的现象，不可置疑。由于有的学者认为 k 与 h/x 不容易相通，我们稍稍举点例子来说明。王力《汉语语音史》（中国社会科学出版社，1986 年）第 23 页称："晓匣两母在上古和见系相通的情况最为常见，和影母相通的情况反而罕见。"据高永安《明清皖南方音研究》（北京大学博士学位论文，2004 年。此书 2007 年于商务印书馆出版）第 133 页称在明末的徽州方言中，"概、既、炯、蹇、浇、邝"等见母字要读为晓母 x；据同书同页，还有"侠、黄、横"等 18 个匣母字读为见母 k（另参看高永安《明清皖南方音研究》，商务印书馆，2007 年，第 213～214 页）；据陈章太、李如龙《闽语研究》（语文出版社，1991 年）第 147 页，闽北方言中有的见母字读 x，如"教、韭、肝、桔、救"等字。据李冬香、庄初升《韶关土话调查研究》（暨南大学出版社，2009 年）第三章第

25页，晓母的“轰”在韶关土话各点都读k，匣母的“校”在大村、石陂、周田、桂头读k；伍铁平《语言词汇的地理分布》(《中国社会科学》1984年第6期；又收入周荐编《二十世纪现代汉语词汇论文精选》，商务印书馆，2004年）一文“三”也提到：“h和k的发音部位相同，在许多语言中都发生历史的和（或）现代的语音交替。用汉语音韵学的术语说，汉语中的见母（k-）和晓母也曾发生过旁纽（光华按，‘发生过旁纽’这样的语句稍嫌不通）。”历史语言学中的著名的格里姆定律就指出过在古日耳曼语中存在过k→h的音变［参看徐通锵《历时语言学》（商务印书馆，1996年）第103~104页；何大安《声韵学中的观念和方法》（大安出版社，1998年）第93页；丹麦学者威廉·汤姆逊著，黄振华译《十九世纪末以前的语言学史》（世界图书出版公司，2009年）第126~127页］。赵元任《语言问题》（商务印书馆，1997年）第八讲“何为正音”第109页提到：“比方tag（日子），多数德国人念［tax］。”据林向荣《嘉戎语研究》（四川民族出版社，1993年）第70页称：在嘉荣语中“塞音k作为第二音节的前置辅音时，常弱化为x音”。多有举证，其例不录。清格尔泰在《蒙古语巴林土语的语音和词汇》［《清格尔泰民族研究文集》（民族出版社，1998年）］一文中称：在蒙古语巴林土语的语音中，“当g出现在t、tʃ、ʃ前面时要变读为［x］，如：bagʃ读作［paxʃ］。……x在舌根鼻音后可以自由变读为k”。布龙菲尔德《语言论》（商务印书馆，1997年）第十九章“方言地理学”第424页称：“瑞士德语区的西南角在drink（喝）一类词里把古日耳曼的［k］变为擦音［x］，同时丢了前面的鼻音。”布龙菲尔德《语言论》第433页：“在其他语言的清塞音，在日耳曼语里相应的是清擦音：［k—h］拉丁语centum：英语hundred；拉丁语caput：英语head；拉丁语cornū：英语horn。”据日本学者北村甫主编《世界的语言》(《讲座语言（第6卷）》，大修馆书店，1981年）中的“乌拉尔诸语言”一章（小泉保所撰）第88页指出：在匈牙利语中，k加后舌元音的时候，k音变为h。据同书“阿伊努语”章第417页指出：在原始阿伊努语音节末尾p、t、k到了桦太阿伊努语中音变为h。德国学者布斯曼《语言学词典》（商务印书馆，2003年）第163页“擦音化”条称：“指通过同部位摩擦音取代爆破音。比如古高地德语的语音演变→Lautverschiebung。在这一演变中，日耳曼语中作为中间音和尾音的p、t和k在元音之后演变为双摩擦音ff、zz和hh。请比较……古高地德语中的mahhon和古萨克逊语中的makon。”R. L. Trask《历史语言学》（外语教学与研究出版社，2000年）第59页论述道：“有一些英语固有词汇的［h］一般是来自早期的［*k］的弱化，如head、heart、help、hill，这些词在远古的英语中是以［k］开头。但这个［k］先被弱化成［x］，进而在弱化成［h］。现在［h］弱化为零声母，只是完成了持续数千年之久的弱化进程而已。……在英国城市利物浦，词首的［k］已经变成了塞擦音［kx］，其他位置的［k］已经弱化成了擦音［x］。”同书第55页在讨论异化的时候提到：在荷兰语词汇中的sx在其一个分支语言中有被异化为sk的现象。还可参看冯蒸《尔雅音图音注所反映的k-/x-相混》(《语言研究》1991年增刊)。又斯里兰卡的古代名称叫“僧伽罗”，这个词是梵文Sinhala的音译（参看岑麒祥《汉语外来语词典》，商务印书馆1990年，第330页；宇井伯寿《佛教辞典》，大东出版社，1977年，第662页)，其中见母的“伽”对音ha。黄锡惠《汉语东北方言中的满语影响》(《语文研究》1997年第4期）一文也提到了一个例子：在东北的满洲语音译词中的“固剌”可音变为“护剌”，k与x可发生交替。在温州方言中的部分见母字读h-声母，如“嫁”ha；“垢”hau；“间”ho；“勾”hau；在建瓯方言也有部分见母字读h-声母的现象，如“嫁、肝、韭、桔、救”等（参看李如龙《汉语方言的比较研究》，商务印书馆，2001年，第182页）。据刘新中《海南闽语的语音研究》（中国社会科学出版社，2006年）第126页的考察，海南闽语中的晓母字“憨、豁、吸”在文昌方言中读k声母。据同书第127页，匣母字“厚合寒县行”在海南闽语各地方言中都是k声母；匣母的“校”在文昌方言是k声母，在琼海、万宁等各地闽语中都读h。另外，“户会横兄”在海南的许多闽方言点中读h声母。这就表明海南闽语中的匣母古音不会是浊塞音的g，应该是浊擦音ɦ。其中的晓匣母读k不会是从g清化而来，而是从h音变而来。在战国楚文字中似乎也有这样的音变现象，参看赵彤《战国楚方言音系》（中国戏剧出版社，2006年）第70页（只是赵彤举的例子也可以有其他的解释，现在不好作定论）。《郭店楚墓竹简·老子丙》的见母的“过”写作从晓母的“化”；更考古文献如《史记·刺客列传》：“曹沫者，鲁人也。”《索隐》：“沫音亡葛反。《左传》《穀梁》并作曹刿，然则沫宜音刿，‘沫、刿’声相近而字异耳。”这里的“沫音亡葛反”是错误的，应该是晓母音，字当作“沬”，音如《唐韵》“荒内切”、《集韵》“呼内切”、《正韵》“呼对切”，与见母的“刿”是“声相近”，这是晓母与见母可以相通。若是明母音，与见母岂能声相近?《汉书·匈奴传下》：“咸等至，多遗单于金珍，因谕说改其号，号匈奴曰‘恭奴’，单于曰

‘善于’，赐印绶。”王先谦《汉书补注》于此无解。光华按，“单”和“善”上古音都是禅母，为双声，可知王莽将“单于”改名“善于”不仅仅是名号比较吉祥雅致，确实也考虑到了声韵上的问题；因此，将“匈奴”改称“恭奴”也肯定是照顾了音韵相近的问题，据此例可知在王莽时代的晓母的“匈”与见母的“恭”音近可通（然而日本大学者白鸟库吉《塞外民族史研究（上册）》第1页居然说“匈”的古音就是“恭”，是见母，这是误读了《汉书·匈奴传下》）。《荀子·大略》：“仁非其里而虚之，非礼也。”杨注：“虚读为居，声之误也。”“虚”的上古音为晓母鱼部，“居”的上古音是见母鱼部，二者在唐朝学者的眼中确实音近可通。《尔雅·释天》中记载的五月名是见母的“皋”，而战国楚帛书与相对应的月名是晓母的“好”，二者只能是古音通假关系。据王福堂等《汉语方音字汇（第二版重排本）》（语文出版社，2003年）第94页，晓母的“吸”在建瓯方言中有xi和ki两读。另可参考的是：据水野弘元《巴利文法》（华宇出版社，1986年）第58～59页指出：梵语的不送气塞音在巴利语中常常变为同部位的送气塞音。如梵语的k、p、b、在巴利语中向kh、ph、bh转化。这也可作为旁证。在汉语的谐声字中，如：1. 见母的“高”与晓母的“蒿”谐声；2. 晓母的“虹”从见母的“工”得声；3. 晓母的“銎”从见母的“巩”得声；4. 晓母的“挥”从见母的“军”得声；5. 晓母的“眭”从见母的“圭”得声；6. 晓母的“蚬”从见母的“见”得声；7. 晓母的“煆”从见母的“叚”得声；8. 晓母的“憨”从见母的“敢”得声；9. 晓母的“鼾”从见母的“干”得声；10. 晓母的“罕”从见母的“干”得声；11. 晓母的“酣”从见母的“干”得声；12. 晓母的“蚶”从见母的“甘”得声。

以上的材料和论述有助于解释现代方言中的一些特殊的音变现象。《李新魁语言学论集》（中华书局，1994年）第14～15页列举了一些匣母字在汕头音、福州音、厦门音读为见母k，如“咸、汗、滑、下、猴、厚、侯、寒、衔、县、行、糊、含、杭、猾、怀、合”。李新魁先生解释说这是因为匣母在上古音要归入群母，读g，而不是浊擦音ɣ。据李新魁《潮音证古》（声母部分）（《李新魁音韵学论集》，汕头大学出版社，1997年）一文称：“潮州方言将中古某些匣组字读为［k］的阳调，如：侯（姓）、猴、厚、下、糊、腄、挟、行、寒、汉、悬、县、衔、含、鹹、猾、滑、峡。……必须指出，匣组字念为［k］，是闽南方言的共同特点，这说明这种语音现象并不是偶然地出现于潮语之中，也说明这种语音现象具有悠久的历史。”据《现代汉语方言大词典（合订本一）》“四十二处方言概况”第118页：在绩溪方言中“个别匣母字的白读为［k·］声母”。例如匣母的“糊”有k·u一读；“环”有k·uo一读。万波《赣语安义方言匣母字读音的历史层次及一组相关本字的考释》（《汉语方言研究文集》，暨南大学出版社，2002年）指出在赣语的安义方言中的一些一二等的阳调字读kh声母，其本字不明。万波认为这可能是由古代的匣母字演变而来，他对相关本字的考释可以得出这个结论。另外在闽北的石陂方言中也有类似的现象。乔全生《晋方言语音史研究》（中华书局，2008年）第三章第五节也讨论了晋方言中的古匣母字在白读中读为k、k·的现象。乔全生也解释为上古音的匣母的音值是g，主要根据李荣和朱晓农的观点。

本书在后面论证了上古音中已经存在浊擦音ɣ。如果在上古存在g→ɣ的音变，那么这种音变要早于上古汉语，属于远古汉语的现象。在春秋以后的上古音中这种音变已经完成，上古音中的群母已经只有三等，与中古音同。也许上古音中的匣母有g和ɣ两读。这种可能性很大。陆志韦《古音说略》（《陆志韦语言学著作集（一）》，中华书局，1985年）第282页：“例如我们明知有的ɣ←g，可是有的不知道。所以《切韵》的‘胡’类译成上古音，有时作g，有时作ɣ。因为形声字的杂乱，方言的假借，音素的沿革无从确定。”《邵荣芬音韵学论集》（首都师范大学出版社，1997年）中有两篇论文专门论证上古音中的匣母一分为二，一是g，一是ɣ。其说可信，但与我们的观点有所不同（因为邵荣芬似乎认为g和ɣ之间不能通转，我们认为这是不对的。另外，邵荣芬根据柯蔚南的东汉梵汉对音手册认为东汉时代还有匣母字读g的现象，这与俞敏先生的观点相同。然而我们不取此说，认为东汉时代的匣母和群母的格局已经和《切韵》相同）。我们最好不要轻易将现代汉语方言现象与上古音直接相连。我认为闽方言中的匣母读为见母不是从上古音直接音变而来，而是经过了ɣ→g→k的音变过程。这个音变过程发生在闽方言中的疑母字音变为g声母以前。正是因为ɣ→g，从而与群母合流，再清化为k，这就在音系中失去了g声母，于是吸引ɣ→g的音变（这样的音变在闽方言中比较常见）。例如在厦门方言中的ɣ有三种音变方向，一是清化为h（如“下、回、淮、害、熊”）；一是音变为零声母（如“胡、何、话、黄”）；一是ɣ→g→k，从而读为见母。如果把厦门方言中的匣母读k的现象解释为是g→k，而不是ɣ→g→k，那么就无法解释厦门方言中存在的大量的匣母读h和零声母的现象，因为作为声母的g→h或g→ɣ的音变无论如何在音理上难以成立（当然如果有若干中间环节则另当别论。客赣方言中有群母读为零声母的现象，参看刘泽民《客赣方言历史层次研究》，甘肃民族出版社，2005 年）。另外，在温州方言中的匣母字“厚、怀、衔、陷、馅”读 g 声母也是我的一个旁证（“厚”在厦门、福州、潮州、建瓯等闽方言中读 k 声母）。我认为这个例子只能解释为 ɣ→g 的音变（擦音塞化的现象在方言中广泛存在，如 s→t 的音变），不能认为是上古音中的匣母要读为 g 的例证（温州方言中大量的匣母字读 ɣ）。另据汤珍珠《宁波话的一二等群母字》（《吴语研究》，上海教育出版社，2005 年）的考察，在宁波话中的不少 g 声母的洪音字是来自中古音的见母、溪母、匣母和影母。其中的匣母字读 g 的如“怀”、“环”等。这样的 g 声母一定是后起的。高本汉《中国音韵学研究》（商务印书馆，1995 年）第 267 页列举了不少汉语方言中的匣母读为 k 或 k‘的例子，很值得注意。高本汉在此书的 273 页有一段音理上的总结：“这些南方方言中 x 的大多数变作 h，但有些特殊的字反把舌根的发音加强，于是发生了 k‘、k。……我们在见溪母跟在晓匣母里都看得见古语中见溪跟晓匣间很显著的相混的痕迹。这证明我们刚才在近代方言中所指明晓匣跟舌根塞音间相混的现象不是很近的，而是很古的。那么，x：k 相混，ɣ：k（高本汉原注：是 k，不是 g，因为这个浊 g 有很强的送气 gɦ）相混是合理的。”高本汉这里说的是 ɣ：k 相混，也就是匣母和见母可以直接相通。高本汉同书同页列举了一些方言中群母字都读 h 声母的例子（音变过程应该是 g→ɣ→h）。邵荣芬《匣母字上古一分为二试析》（《邵荣芬音韵学论集》，首都师范大学出版社，2007 年）如同李新魁一样主张用 g→k 音变来解释汉语方言中的匣母字读 k 的现象，这是我不能苟同的。我不认为上古音中的 ɣ 和 g 是决然隔绝的，而是认为上古音的一个匣母字可能有 ɣ 和 g 两读，至少到了东汉时代，这样的两读现象消失，读为 g 的匣母字和上古音中的群母的一二四等全部归入 ɣ，从而造成了中古音中匣母字只读 ɣ 和群母字只有三等没有一二四等的情况。我们有理由认为 ɣ 和 g 在音理上可以相通转。例如根据梁敏、张均如《侗台语族概论》（中国社会科学出版社，1996 年）第 971 页所介绍的水语音系，作者在注中说：在水语中作为浊擦音的 ɣ 往往可以与 g 自由变读。据王太庆《铜陵方言记略》（《方言》1983 年第 2 期），在安徽的铜陵方言中存在群母读为 ɣ 的现象。据 R. L. Trask《历史语言学》（外语教学与研究出版社，2000 年）第 58 页提到一个例子：在前土耳其语中的 ＊dag（山）→ ＊daɡ。赵元任《语言问题》（商务印书馆，1997 年）第 109 页提到：“还有比方 wagen（车），在多数德国人念起来，那个当间儿的 g 不念塞音 g，而念通音 ɣ，就是 x 的浊音。”据王均等《壮侗语族语言简志》（民族出版社，1984 年）“黎语”章（此章是欧阳觉亚、郑贻青撰）第 689 页，在黎语中的 g 是不带喉塞音的舌根浊塞音，略带摩擦，近似 ɣ。《壮侗语族语言词汇集》（中央民族学院出版社，1985 年）第 13 页也称：在黎语保定话音系中“g 是不带喉塞音的舌根浊擦音，略带摩擦，近似 ɣ”。据蒙古语专家道布的《蒙古语概况》（《道布文集》，上海辞书出版社，2005 年，第 3 页）称：在蒙古语中“g 在词首读作清塞音 k，在词中或词末读作浊擦音 ɣ”。蒙古语的权威学者清格尔泰在《蒙古语巴林土语的语音和词汇》（《清格尔泰民族研究文集》，民族出版社，1998 年）一文中称：蒙古语中的巴林土语“g 出现在两个元音中间时，要变读为舌根浊擦音 ɣ”。例如：xagas 读作［xaɣas］。另参看《中国的语言》（商务印书馆，2007 年）的“蒙古语”一章。据曹志耘《南部吴语语音研究》（商务印书馆，2002 年），在南部吴语的方言中，匣母常常可以读为 g。

⑱［瑞典］高本汉著，赵元任译：《中国音韵学研究》，商务印书馆，1995 年。

⑲ 在吴方言、粤语、客家话、普通话中都是 n 声母。

⑩⓪ 见赵元任：《赵元任语言学论文集》，商务印书馆，2002 年。

⑩① 鲍明炜等：《南通地区方言研究》，江苏教育出版社，2002 年。

⑩② 蒋冰冰：《吴语宣州片方言音韵研究》，华东师范大学出版社，2003 年。

⑩③ 在民族语言中也有辅音 l 脱落的现象。如买提热依木·沙依提《突厥语言学导论》（民族出版社，2004 年）第 90 页指出在突厥语中存在着辅音 l 脱落的现象，不过这种情况中的 l 一般不是作为声母的首辅音，而是在词的中间，与我们这儿讲的情况有点不同。细音介音确实容易导致声母失落。再举一旁证：据曹志耘《严州方言语音特点》（《语言研究》1997 年第 1 期）的考察，在严州地区的淳安、遂安的方言中，泥母细音读为零声母。这说明泥母在细音前面也会失落，虽然前鼻音的 n 在古汉语音变史上作为声母很少会失落。而且这样的音变不会是 n 音变为 l 后再失落，因为严州方言的其他地区如寿昌的泥母细音是读 ŋ，而不是 l。

⑩④（唐）陆德明：《经典释文》，上海古籍出版社，1985 年。

⑩(清)朱彬:《礼记训纂》,中华书局,1996年,第684页。

⑩考郑玄注《周礼》《礼记》《诗经》共有"声之误"一语80次。其中《毛诗》郑笺有一次:《诗经·大雅·绵》:"其绳则直,缩版以载,作庙翼翼。"毛传:"言不失绳直也;乘谓之缩,君子将营宫室,宗庙为先,厩库为次,居室为后。"郑笺云:"绳者营其广轮方制之正也。既正,则以索缩其筑版,上下相承而起,庙成则严显翼翼然。'乘'声之误,当为'绳'也。"《经典释文》:"'绳'如字,本或作'乘'。案《经》作'绳',《传》作'乘';《笺》云《传》破之"乘"字,后人遂误改《经》文。""绳"与"乘"古音相通,都是船纽蒸部,完全符合通转的条件,绝对与复辅音无关。郑玄注《周礼》《礼记》用"声之误"者共有79此,除了这里举的"绿"为"角"的"声之误"之外,尚有78次。我对这78例的"声之误"作了穷尽性的考察,发现没有一例与音韵学家说的复辅音有关,78例全部符合古音通转的条件和规律。在郑玄的80次"声之误"用例中,难道偏偏就可以认为"绿"和"角"是由复辅音分化而成的吗?正如先贤所说"例不十,法不立"。我们只能认为"绿"与"角"是古音相通,其声母通转与复辅音无关。

再如《周礼·考工记·匠人》:"里为式然后可以傅众力。"郑玄注:"里读为已,声之误也。"《四部丛刊》本的《经典释文》:"里音巳。"《十三经注疏》本《经典释文》作:"里音以。"《四库全书》本《经典释文》作:"里读为已,音以,出注。"黄焯《经典释文汇校》(中华书局,1981年)对此没有任何讨论。贾公彦疏:"释曰必破'里'为'已'者,'里'则于义无取,为'已'则于义合,故从已也。"从《周礼》的上下文和各本《经典释文》考察,可以明确的是"里读为已"的"已"是已经的"已",而不是自己的"己"。"已"的上古音是余母之部,"里"的上古音是来母之部,余母古与定母相近,与来母旁纽为双声,音近可通,符合声音通转的条件,不可能有复辅音的问题。

又如《荀子·非相》:"《诗》曰:雨雪瀌瀌,宴然聿消,莫肯下隧,式居屡骄。此之谓也。"杨注:"《诗·小雅·角弓》之篇,今诗作'见晛曰消',作'宴然',盖声之误。""见"的上古音为见母,"宴"的上古音为影母,都是喉牙音,音近可通,无关复辅音。"然"的上古音为日母元部,"晛"为匣母元部,虽然声母区别较大,但是《诗经》是用的叠韵联绵词,"见晛"和"宴然"均为元部叠韵,因为方言关系,其中单字的声母有所转音,这在联绵词中是颇为常见的现象。不能脱离联绵词这个整体而说"晛"有"然"的异文就认为其声母是来自复辅音的分化。杨注称其为"声之误"是非常合理的。

再如《荀子·大略》:"仁非其里而虚之,非礼也。"杨注:"虚读为居,声之误也。""虚"的上古音为晓母鱼部,"居"的上古音是见母鱼部,同为喉牙音,完全符合通假的条件,与复辅音无关。类似的例子还有一些,我们在经过穷尽式的考察后确认古人的注释中凡言"声之误"者没有一例是来自复辅音的分化,我们一共考察的例子有95例,这里不再一一列举。因此,我们根据《礼记·丧大记》的郑玄注,可以比较明确地认为在汉代及其以前的方言中,见母可以音转为来母,这是方言中的音变现象,而不是来自上古的复辅音的分化。顾炎武《唐韵正》卷十五(《音学五书》,中华书局,1982年,第433~434页)"角"字条称"角"的古音为"禄",排比了近百条证据。

⑩(清)孙希旦:《礼记集解》,中华书局,1989年,第1181页。

⑩考《后汉书·刘隆传》:"隆别于禁溪口破之。"注:"交阯郡麊泠县有金溪穴,相传音讹,谓之禁溪。"李贤注用了"音讹"二字表明这是古方言中的音变。

⑩《广韵》:"拒,其吕切。"

⑩别的有关材料可参看段玉裁《说文解字注》(上海古籍出版社,1995年)第702页、桂馥《说文解字义证》(齐鲁书社,1994年)第1220页、王筠《说文解字句读》(中华书局,1998年)第562页"鐾"字注、张政烺《张政烺文史论集》(中华书局,2004年)第17页。

⑪(清)王念孙:《读书杂志·墨子第一》,江苏古籍出版社,2000年,第567页。

⑫(清)王念孙:《读书杂志·荀子第八》,江苏古籍出版社,2000年,第735页。

⑬类似的例证参看《故训汇纂》(商务印书馆,2003年)第2434页,此不录。

⑭另可参看王叔岷《庄子校诠》(中华书局,2007年)第507页注解八。

⑮类似的例子如《说文》:"绾,从糸官声。……读若鸡卵。"段注:"卵,古读如官。绾音亦如是,说详卵部。"

⑯ 还有的材料似乎可以表明见母可以直接音变为来母字，然而却需要审慎地使用。如《水经注》卷九“淇水注”：“袁本初自往征瓒，合战于界桥南二十里。绍将麹义破瓒于界城桥。……世谓之鬲城桥，盖传呼失实矣。”这似乎是切实的证据。见母的“界”在六朝及以前的方言中又读成来母的“鬲”，郦道元称这是“传呼失实”，则分明是认为“界”读为“鬲”是方言中的音变。既然是音变，那就绝对不是复辅音的分化。“界”是二等字，“鬲”是三等字。在六朝及以前的方言中，“界”可以音变为“鬲”。这是事实。然而我们认为这并不是见母与来母相通的很有力的证据。因为“鬲”至少在中古音中确实已经有见母一读。《广韵》《正韵》“鬲”字有“各核切”一音，《集韵》《韵会》“鬲”字有“古核切”一音，这个见母音肯定在六朝就存在（在上古音中是否存在，我们暂不下断言）。因此，《水经注》说的“界”可以音变为“鬲”很可能不是指见母音变为来母，而是去声的“界”音变为入声的“鬲”。这从音理上是可以解释的，因为《水经注》原文是以“界桥”为一个专有名词，所以“界桥”二字长期连用，从而容易发生我们在上一章里讨论过的“连音变读”，使得“界”的韵尾受到群母的“桥”的首辅音的同化而产生出 k 尾。这样类似的音变，张永言《语文学论集（增补本）》（语文出版社，1999 年）第 160 页注解三有所讨论。但是张永言同书第 155 页注解三却把《水经注》中的“界桥”音变为“鬲桥”看作是“入声韵尾 k 趋于脱落的倾向”。这样的解释是不对的。

⑰ 裘锡圭先生认为这是来去的“来”的后起本字。

⑱ 李格非《释“艻”“棘”》（《古汉语复声母论文集》，北京语言文化大学出版社，1998 年）一文指出在古代西域有一古城，《北史·高昌传》作“白棘”，《魏书·唐和传》与《大慈恩寺三藏法师传》作“白力”，吐鲁番出土文书作“艻”。《资治通鉴·唐宣宗大中十二年》胡三省注“昔尝见一书从艸从力者，读与棘同”云云。李格非先生指出的这个材料也表明“艻、力”与“棘”古音可以相通。而李格非认为这是复声母的反映，显然是不确切的。

⑲ 遍考古文献，“棘”的古音只能是见母，不可能是复声母 kl。因为“棘”与“戟”古音相同，证据甚多，可参看《故训汇纂》（商务印书馆，2003 年）第 1117 页。而“戟”不与来母字发生通假关系和谐声关系，其上古音不会是复声母 kl，这就证明“棘”的上古音声母也不是复声母 kl，只能是见母。

⑳（清）孙诒让：《周礼正义（第六册）》，中华书局，2000 年。

㉑ 类例甚多，参看《故训汇纂》（商务印书馆，2003 年）第 1633 页。

㉒ 黄侃：《文字声韵训诂笔记》，上海古籍出版社，1983 年。

㉓“禄”在先秦古文字中皆作“录”。《甲骨文字诂林（第四册）》（中华书局，1996 年）第 2926 页引罗振玉之说称“禄”字“古文皆不从示”。古文字学家们列举的材料主要是金文。在金文中只有“录”，没有“禄”字。诸桥辙次等《广汉和辞典》（大修馆书店，1982 年）卷中第 1402 页在对“禄”字的分析解释中说甲骨文、金文中的“禄”都作“录”，在小篆中才加上了“示”旁。

㉔（清）钱大昕：《十驾斋养新录》，《嘉定钱大昕全集（七）》，江苏古籍出版社，1997 年，第 120～121 页。

㉕ 从通假字系联的角度来看，“鬲”只能是来母字，例如上古文献中的“历山”在《郭店楚墓竹简·穷达以时》作“鬲山”，这只能是通假关系。而“历”字上古音只能是来母，不会是 kl 复声母。这反过来证明“鬲”的上古音只能是见母，不可能是复声母。

㉖ 韦庆稳《试论百越民族的语言》（《百越民族史论集》，中国社会科学出版社，1982 年）一文将《说苑·善说》篇中的“古越人歌”中的记音词与壮语各方言进行了比对，因为学者们认为“古越人歌”的原文应该是古百越语，是现代壮语的古语。韦庆稳采取了复辅音声母的观点，把“古越人歌”中的记音的“滥”字（古百越语的意思是“晚”）的上古音构拟为复声母 gl。但是韦庆稳所采用的壮语各方言的对音词中，没有一个是复辅音声母 gl 的例子。如在壮语融水方言中作 gam，在壮语龙州方言中作 kam，在壮语来宾方言中作 ŋam，在壮语武鸣方言中作 ham，都不是复声母 gl 或 kl。而且在壮语的现代方言中都还有 kl 这样的复声母。但是与上古汉语“滥”相对音的词恰好是单声母，而不是复声母。这个有力的证据就可以证明“滥”在春秋时代就不是复声母 gl/kl 之类，只能是单辅音。上古汉语绝对不会用一个复声母的字去音译一个单辅音的外语词。韦庆稳最后构拟的上古壮语与汉语的‘滥’相对音的词的声母是 ŋgˑ，这个声母也断然不可能与古汉语的 gl 或 kl 发生对音关系，在音理上无论如何讲不通。

㉗ 参看宗福邦等主编：《故训汇纂》，商务印书馆，2003 年，第 1102 页。

⑫⑧ 张儒等《汉字通用声素研究》（山西古籍出版社，2002年）第430页称“讬”与“各”相通，举《管子》这里的异文为例，非是。

⑫⑨ 见［日］尾崎雄二郎：《汉语音韵史研究》，创文社，1986年。

⑬⓪ 其文比较冗长，有些部分对我国音韵学者来说不必翻译。

⑬① 此处的翻译采取了意译和技术性的处理。如果照原文直译，则不符合中文的表达习惯。

⑬② 原文作“今音”，音韵学上一般指《广韵》所代表的中古音。为了避免误会，我直接意译为“中古音”。

⑬③ 尾崎还认为上古音中与见母有交替关系的来母和与见母没有交替关系的来母在音值上可能有所不同。他也认为纯粹的舌尖边音不能与见母发生谐声关系。

⑬④ 以上译文参看原书第33～35页。

⑬⑤ 只是尾崎说的“林”与“森”有声训关系还可以商榷。

⑬⑥ 光华按，原文是高本汉构拟的整个语音形式，因为个别音标符号难以打出，所以作如此的技术性处理。

⑬⑦ 光华按，我们可举一旁证以支持尾崎先生此说。据王均等《壮侗语族语言简志》（民族出版社，1984年）“壮语”章（此章是韦庆稳、覃国生撰）第25页，壮语中的“腭化声母pj、mj、kj在武鸣读作pl、ml、kj；有的地方读作pl、ml、kl；有的地方并入p、m、k”。这表明复声母pl、ml、kl中的l是一个很弱化的音。

⑬⑧ 此处的日语原文拖沓烦冗，绝不能照原文的形式直译，我的翻译作了较多的技巧性的处理，请读者比对原文。

⑬⑨ 原文是英文。

⑭⓪ 尾崎先生此文还有一些有价值的论述，我们不再转译了。不过，尾崎此文没有正面批驳上古汉语有pl－、ml－的观点。我们在本书中的工作弥补了尾崎先生的遗憾。另外，尾崎先生此书中还有《再论来母》（日语原文是《来母再说》）一文，同样批评了上古汉语有带l的复声母的观点，可以参看。

⑭① 我们这里作综述性的介绍，只是为了避免原文烦琐的行文。

⑭② 尾崎先生共举了30个来母字。

⑭③ 不过，我们认为这些来母字读阴调不排除是后来的音变。赵元任《语言问题》（商务印书馆，1997年）第九讲“语史跟比较语音学”第132页有论述称：“固然起头呐，大致都是古不带音声母的字变阴平，古带音声母的字变阳平，可是以后就可能没有这个限制，比方新起的，或者旧字新读的，改了新的说法了。象‘妈、捏、拉、扔、摸’这一类的字，我本来觉得大概有十来个字，后来我算一算，有二、三十个常见字，在古音声母浊音，现在还带音，照规矩如果念平声应该念阳平，可是现在念成阴平，在阴变的条例上好像不可能的，而事实上现在是有这么许多读法的字出来。”即使全浊声母也有在清化后读阴调的情况，在全国方言中例子很多。例如据《汉语方音字汇（第二版重排本）》（语文出版社，2003年）第105～106页建瓯方言里的一些奉母字“符、浮、辅、赴、附”的声调以及“服、伏、腐”的文读都是阴调，而不是阳调。

⑭④ 见王静如《民族研究文集》（民族出版社，1998年）。但此文发表于1930年的《国立中央研究院历史语言研究所集刊（第二本第二分）》。

⑭⑤ 邢公畹：《红河上游傣雅语》，语文出版社，1989年。

⑭⑥ 潘悟云：《汉语历史音韵学》，上海教育出版社，2000年。

⑭⑦ 另参考郑张尚芳：《上古音系》，上海教育出版社，2003年，第90～92页。

⑭⑧ 有的学者从方言音变的角度认为古有清鼻音存在。如邓晓华《古南方汉语的特征》（《古汉语研究》2000年第3期）称：“相当数量的中古次浊鼻音声母字在闽、客等南方方言中演变成阴调类，而跟北方方言演变成阳调类不同。闽、客等南方方言的音变形式跟苗瑶、壮侗语言相同，反映次浊鼻音声母字的原始形式有二类：浊鼻音声母字和清鼻音声母字，分别演变成阴、阳两个调类。”尚待深入研究。

第二节　论明母、晓母相谐的问题

自从古有复辅音说流行以来，有相当一些音韵学家根据汉字中的 x（或 h）母与 m 母（即晓母与明母）[①]相谐的现象认为我国上古音有复辅音声母 xm 或 mx。为了讨论方便，我们这里把有关材料作比较详细的排比：

①每/悔、晦、诲[②]。②无/膴、怃、鄦、幠。③尾/娓[③]。④微/徽、徽、徽。⑤勿/曶、忽、笏。⑥靡/攠。⑦亡/巟、衁、肓、萌。⑧民/昬[④]。⑨瞢/薨。⑩墨/黑。⑪奤/明。⑫荒/㡆。⑬滅/威。⑭㥶/幔。⑮釁/虋。⑯毛/秏。⑰冒/勖[⑤]。

以上是晓母与明母谐声的主要材料[⑥]，这些材料是否像有的学者说的那样要用构拟复辅音才能解释呢？诸如此类的现象，如何从音理上予以解释呢？高本汉把这里面的 x 母字的上古音拟为 xm，李方桂认为拟为 mx 也无障碍。

我们认为把这些字拟为 xm 或 mx 是没有必要的，因为我们有可能从音理上找到合理的解释。我发现上举的晓母与明母相通的字基本上是合口字（一等和三等），如上举①、②、③、④、⑤、⑥、⑦、⑧、⑨、⑫、⑭、⑰这些例子中的晓母字都是合口字。也就是说晓母的合口字与明母音近，容易相混。另外的“海”“黑”“秏”是开口字，李方桂《中国上古音声母问题》[⑦]认为这是极个别的例外，李先生说：“少数例外是圆唇失落，这还不知道是什么原因，如海 x－、黑 x－便是。”我们认为汉语语音在发展过程中，确实有合口与开口互变的情况。[⑧]

我认为正是晓母为“合口”这一语音条件使得晓母与明母相通。我们可以举出类似的例子。王力《汉语语音史》卷下第六章（三）说：“在合口呼［u/iu］的前面，［f］往往转化为［h］，［h］往往转化为［f］。日语吴音早已有先例。‘夫’字在日语吴音读［ho］，‘方’字在日语吾音读［ho］，等等。在现代闽语里没有［f］音，非敷奉三母字在厦门、潮州、福州多数转化为［h］。例如：发、罚、法、乏、佛、非、废、繁、凡、反、饭、坟、分、粉、方、防、封、逢、风、附、服、服、福、腐、妇、父、富。也有相反的情况。晓匣合口字，在现代长沙话里多数转化为［f］，少数读［x］；在梅县话里，多数转化为［f］，有些匣母字转化为［w］；在广州话里，晓母合口字变［f］，匣母合口字变［w］。”王力先生的这些观察完全符合事实[⑨]。在四川话里面也有类似的情形。四川人惯常将合口的 h 读成 f。如读“胡”为“福”，读“互、户”为“父”之类，皆是确证。在闽南话中，“副”读去声的 hu、“赴”读去声的 hu、“麸”读平声的 hu。袁家骅《汉语方言概要》[⑩]第 107 页称长沙话：“中古非敷奉晓匣五组合口韵字，长沙声母或 f 或 x，或分或混，与韵摄有关。”同书第 115 页称：“古轻唇音非敷奉微变为今舌根擦音 x－、……。双峰音系里没有 f，这一特点令人联想到闽方言。”在湖南娄底的老湘语中这种现象也非常明显[⑪]。罗杰瑞《汉语概说》[⑫]也说：“关于北方方言的声母，……需要以下几点说明：①很多方言在圆唇元音 u 前，x 和 f 不分，而北京话 xu 和 fu 分得很清楚，成都话则只有 fu。”据庄初升《粤北土话音韵研究》[⑬]第二章“粤北土话音系”之“南雄市乌迳音系”第 41 页，在粤北土话的乌迳音系中，“非、斧、坏、活”的声母相同，都读成 f。同书第 43 页“南雄市雄州音系”中，“花、惠、饭、芳”同读为 f 声母[⑭]。据张盛裕《潮阳声母与广韵声母的比较（一）》[⑮]称在潮阳方言中有大量的非母合口字读为 h 声母的合口。在湘方言中这样的音变极为普遍，无须举例。高本汉《中国音韵学研究》[16]第 250 页也有类似的论述，此处不录。

早在明朝，张位的《问奇集》就注意到在闽粤方言中，“府为虎，方为荒”[17]。黄侃《文字声韵训诂笔记》[18]第 204 页已经指出过晓母可与明母相通。黄先生曰：“昏训冥。虽一在明纽，一在晓纽，其音义实相近也。今湖北黄安人读黄为房，长沙人读风为烘。凡喉唇二类之今音相通者，古音亦然。”上文提及“幠”从“无”得声而为晓母。《尔雅·释诂》：“幠、吁、宇，大也。”吁、宇为匣母。而黄侃《尔雅音训》第 9 页称：“幠、吁、宇同字并见。”章太炎《新方言·释地第八》[19]也有类似的主张，他说：“《说文》：穴，土室也。胡决切。惠、潮、嘉应之客籍谓小洞为穴；凡牙音南方多发为轻唇，穴音如弗。”章太炎《国故论衡》上卷“正言论”有很明确的意见“轻唇音归牙音界：除广东，他省多有”。同文又曰：“牙音误轻唇音界：广东。”这都是实在的牙音和唇音相通的现象[20]。

杨树达《积微居小学述林》卷一“释簠”称：“簠字经典或作胡，或作瑚。”“胡簋”即是“簠簋”。实际上，自清代学者阮元以来，学者们多主此说[21]。许瀚《古今字诂疏证》[22]第 383 页也称“胡簋”即是“簠簋”。吴大澂《字说》与许瀚同。唐兰《周王㝬钟考》一文[23]有曰：“铜器之簠，铭中多作𠤗字，从匚古声，即经传‘瑚琏’之‘瑚’也。”《金文诂林（第六册）》第 2791 页引吴闿生之说称在古文中𠤗、瑚、簠三者为异体字，与唐兰之说相同。实则，明代的字书《正字通》已经注指出：“𠤗，同医，见古钟鼎文。”医是簠的异体字，是从“夫”声，而𠤗是从“古”声[24]。这个例子确实可以说明唇音的“夫”与喉牙音的“古”音近可通。近来的侯志义《金文古音考》[25]的“自序”5 页也采取传统的说法：“按‘瑚’或‘胡’皆言‘簠’。”[26]持同样见解的还有高明《盬、簠考辨》[27]。虽然后来有的古文字学家认为“胡簋”的“胡”当释作“瑚”，“胡簋”不是“簠簋”，而是“瑚簋”，也就是“瑚”和“簋”。但我们认为古文献中的“胡簋”就是“簠簋”，考察古文献，可以得出这样的结论。“胡簋”一词在经典中只有一次出现于《左传·哀公十一年》：“仲尼曰‘胡簋之事，则尝学之矣’。”杜注：“‘胡簋’礼器名，夏曰胡，周曰簋。”今按，杜注似不合情理。考《论语·公冶长第五》：“子贡问‘赐也何如？’子曰‘女器也’。曰‘何器也？’曰‘瑚琏也’。”注：“包曰：瑚琏之器，夏曰瑚，殷曰琏，周曰簠簋，宗庙之器贵者。”古书皆以“瑚琏”联言，夏曰瑚、殷曰琏，果如杜注所言“夏曰胡，周曰簋”，为什么偏偏漏掉中间的“殷”不提呢？考《论语》中的孔子言及“夏”都是“夏殷”联言或对举，没有“夏”与“周”联言或对举之例。略举例证：《论语·为政》：“子曰：殷因于夏礼，所损益，可知也；周因于殷礼，所损益，可知也。”《论语·八佾》：“子曰：夏礼，吾能言之，杞不足征也；殷礼，吾能言之，宋不足征也。”同篇：“宰我对曰：夏后氏以松，殷人以柏，周人以栗。”宰我也是以夏、殷、周三者对举，没有只言“夏、周”而不提“殷”的。《论语·卫灵公》：“子曰：行夏之时，乘殷之辂，服周之冕。”也以夏、殷、周三者对举，没有只言“夏、周”而不提“殷”。因此，我们从文例上也可推断杜注《左传》说孔子以“夏、周”之器对举是不可信的。如果把《左传》的“胡簋”解释为“簠簋”，则文从字顺，毫无问题。考《礼记·乐记》：“簠簋俎豆、制度文章，礼之器也。”儒家以簠簋与制度文章为同类，都是“礼之器”，与战争兵甲之事不同。而上引《左传》原文曰：“仲尼曰：胡簋之事，则尝学之矣。甲兵之事，未之闻也。”正是以“胡簋”与“甲兵”对举，也就是以“制度文章”与“甲兵”对举，因此，把《左传》的“胡簋”理解为《礼记》的“簠簋”，是完全合乎儒家思想的，没有任何困难。我们再比对《论语·卫灵公》：“卫灵公问陈于孔子。孔子对曰：‘俎豆之事则，尝闻之矣；军旅之事，未之学也。’”据孔注：“陈，军陈行列之法。”这里的“陈”就是后来的“阵”，指军阵行列[28]。《论语》此处的孔子之言正是用“俎豆”与“军旅”对举，而《左传》中的孔子之言是以“胡簋”与“甲兵”对举，而且在句法和语气上极其相似。再根据上引《礼记》之文是以“簠簋俎豆”为同类的礼器而联言。因此，我们有充分的根据相信杨树达等学者以“胡簋”为“簠簋”之说是正确的，只有这样解释，《左传》《论语》《礼记》三者才相互吻合。后来的学者释“胡”为“瑚”和杜注《左传》都不与古文献相合，是不可靠的[29]。

又，郭沫若《卜辞通纂》[30]第442页对第518片卜辞的考释有曰：“考金文‘簠’字，……乃象下器上盖，而中从五声。‘簠’亦名‘匡’（原注：即‘筐’之古文）。足证筐、簠同器，亦为同字（原注：乃阴阳对转）。”诚如郭沫若的考释，“簠”与“筐”既是同器，也是同字。可知作为唇音的“簠”与作为牙音的“筐”其声纽必能通转[31]。

又《晏子春秋》卷一第二十二：“景公举兵将伐宋，师过泰山，公瞢见二丈夫立而怒。”银雀山汉简本“瞢”作“薨”。这显然是将晓母的“薨”假借为明母的“瞢”。

《尔雅·释丘》：“方丘，胡丘。”这应该是声训。“方”的古音是帮母阳部，“胡”是匣母合口鱼部，二者在韵部上是阴阳对转，声母之间肯定关系密切，应该能够通转。

金文《毛公鼎》：“女毋敢妄宁。”古文字学家们公认这里的“妄宁”就是《尚书·无逸》的“荒宁”。“妄”为明母，“荒”为晓母合口[32]。

《荀子·富国》：“芒轫僈楛。”杨注：“芒，或读为荒。荒言不习熟也。”《周礼·考工记·总序》：“设色之工，画、缋、钟、筐、㡃。”郑玄注：“㡃读为芒芒禹迹之芒。”“㡃”的古音是晓母，“芒”是明母。郑玄注凡是“读为”之处都是指古音通假，绝不能用于构拟复辅音。因此，《周礼》郑玄注此言只能理解为晓母与明母相通，是古代的音变[33]。在唐代还有类似的例子，如柳宗元《祃牙文》：“北方荐役。”蒋之翘辑注曰：“方，一作荒。”这样的异文有可能是“方”与“荒”音近相通的反映[34]。

h与f的发音部位相去甚远，似乎不能通转。但现在的很多南方方言的语言事实证明了并非如此，二者是可以通转的，只是前提条件要晓母是“合口呼”。由于上古音中没有轻唇音，合口的晓母可以和重唇音的明母相通转。晓母的合口是关键条件。合口介音u/w能影响声母，从而改变谐声，这还有其他类似的证明[35]。罗杰瑞《汉语概说》[36]第170页注意到：“在西北方言如西安等地，卷舌声母在u元音前，变成唇齿音声母。”詹伯慧《汉语方言及方言调查》[37]第154页说：“有的不仅古非、敷、奉读f，连晓、匣合口呼字（客家方言和赣方言），甚至溪母合口字（粤方言）也读f；有些方言则根本没有f声母，最为明显的是闽方言，几乎没有例外。……闽方言各地都把非、敷、奉母字白读p、p‘声母，文读则为h（或x）。”此书举有“夫、呼、飞、灰、方、荒”等字为例。同书第196页称：“石岐市区粤语古非、敷、奉母三等和古晓、匣合口一等读为h。”[38]刘纶鑫《江西客家方言概况》[39]第136页指出在江西南康市蓉江镇的方言中，u韵母的字如“呼、夫、肤、敷、俘”同音为f声母44调，“乎、胡、糊、狐、壶、湖、符、芙、苻”同音为f声母11调，“苦、虎、浒、斧、府、腑、俯、釜、腐”同音为f声母42调。在同书第131页指出“冯”与“红、鸿、洪”同音为h声母11调。同书第145页指出在安远县欣山镇的方言中，“谎”和“仿、纺、访、缝”同音为f声母31调。类似的例子在此书中还有很多，不再引录[40]。据李如龙《福建县市方言志12种》[41]第156页所介绍的仙游县方言中，“分、纺、风、飞、腹、芳、丰”的文读音声母为h，其白读音声母为重唇音的帮母或滂母。罗常培《厦门音系·厦门音与广韵的比较》[42]称：厦门方言“话音轻唇、重唇不分，但字音轻唇非、敷、奉均转入h母”。类例在闽方言中极多[43]，这些都是铁证[44]。据侯精一、温端政主编《山西方言调查研究报告（下卷)》[45]“西区方言的声母”一节第441页称：在山西的西区方言中，“古非敷奉和晓匣母字今合流。中阳、方山、离石、兴县、石楼、隰县、永和7个点都读成［x］声母的合口呼”。据《现代汉语方言大词典（合订本一)》“四十二处方言概况”第118页“绩溪方言的特点”：在绩溪方言中“晓匣母今北京话读合口呼的字多数读f声母”。例如，“虎、灰、欢、婚、徽、华、湖、回”等合口字都读f声母。何大安《规律与方向：变迁中的音韵结构》[46]第三章“特殊的演变方向”第45页指出在临湘方言中，“非敷奉母在－u－ʌŋ两韵中读成h。古晓匣两母字配合口介音的，在平江都读f，临湘除今－u、－o之前读h外，都读f。”在外语中也有同样的音变。R. L. Trask《历史语言学》[47]第62页提到：在西部Basque[48]，单词joan（意思是“去”），本来发音是xwan，但在某些地区发音为fan。x与w一起融合为f。在日语的语音演变史上，存在过fa→ha，fi→hi，fu→hu，fe→he，fo→ho的演变，这是日语专业的学者都明白的，无须举证。据R. L. Trask《历史语言学》[49]第58页提到：“西班牙语获得过一些新的［h］，这些［h］是由［f］弱化而来。”Trask显然是把f→h的音变看成是一种弱化音变。据王均等《壮侗语族语言简志》[50]第616页称：“汉语单元音u前的h在毛难语中读w或f。例如：wu^4‘互’、fu^4‘护’。在u介音（除uo韵外）前的h一般读做w。”据《中国大百科全书·语言文字卷》第382页“通古斯语支”条的论述：“满语支语言出现在词首的f，在埃沃基次语支为h～x～o，在那乃次语支为p～x。”劳费尔《中国伊朗编》第262页[51]“拂林语考”条称：“正如梅叶所说：当头是hr的古代亚美尼亚字是来自帕提亚语。帕提亚方言把伊朗字当头的f改成h，例如古伊朗字framana（现在是ferman，‘秩序、命令’）成了亚美尼亚语hraman，因此，它是出自帕提亚语的hraman。”[52]

我们还可以从现代方言的特殊音变现象中引取类似的例证。王福堂先生《汉语方言语音的演变和层次》第95～97页论述了赣方言对闽北方言发生影响，致使闽北方言发生链移音变的现象。其中的一个音变现象就是“少数滂並母字和个别溪匣母字声母发生同样的变化，则是由tʻ→h音变引起的pʻ→h……音变的结果。这是一种感染作用产生的变化”。在同书第95页，王先生指出建阳话的h声母有“少数来自滂並母”。我们转录王先生所举的例证，为了行文方便，我们只录声母，省略韵母和声调。其例如：

滂：爬h、破h、品h、屁h

並：稗h、鼻h、皮疲h、被h

可见在一定的外来音的影响下，完全可能会发生滂母、並母这样的重唇音向喉音转化的音变现象，虽然二者的发音部位相去甚远。而且这种音变与复辅音的分化绝对没有关系。王福堂先生的分析是很精到的。王先生举的例子完全可以作为本书的旁证[53]。不过，这种音变可以解释为滂母和並母的送气成分加强导致唇塞音脱落。

在方言中还发现有其他证据。据《现代汉语方言大词典（合订本一)》[54]“四十二处方言概况”第108页“太原方言的声韵调”一节所称：“（在太原方言中）［pʻ、tʻ、kʻ］与开口呼韵母相拼时送气强烈，发音时带有舌根清擦音［x］，实际音值是pʻx、tʻx、kʻx。”[55]这个方言现象也可以解释重唇音的滂母可以与晓母相通转的原因。《罗常培文集（第一卷)》[56]第76页称：“但是厦门音帮系三等合口的字音一律变成h音，开口却没有变的。”在古方言中也应该有类似的音变存在。

我们在古代的对音材料中发现了合口的匣母与唇音相通的现象。日本学者宇井伯寿《译经史研究》[57]对东汉来自月支的高僧支娄迦谶的佛经翻译作过精密的研究，此书有“支谶翻译中的音译通览”[58]一章，对支娄迦谶的音译作了详细的考察。在此书最后，宇井伯寿先生还将此章讨论的内容总结为独立的一章“从印度语看中国文字的发音”[59]，我们这里根据宇井伯寿先生的研究来观察东汉时候的语音状况。宇井伯寿先生指出支娄迦谶是用“和”字来音译 pa、va[60]；用“曰”来音译 pu。“和、月”的古音都是匣母，是牙喉音；而 v、p 都是唇音。则在东汉时期的方言中匣母可与唇音的 v、p 相通。宇井伯寿还指出支娄迦谶是用“洹”来音译 ban、pan 等。“洹”的古音是匣母，而在东汉时可以对译重唇音。支娄迦谶还用“垣”来音译 bhan。而“垣”也是匣母。这些材料可以证明在东汉时的喉牙音与唇音相通相谐的现象与复辅音无关[61]。而且还可以得到闽方言中的特殊音变的证明。据陈章太、李如龙《闽语研究》[62]第 11 页所收的《论闽方言的一致性》一文称：匣母合口的“话、画（动词）”在闽方言中的大田方言中读音是 bua。无论这是直接的音变还是经过了中间过程的，匣母合口读如并母的音变总是事实。秋谷裕幸、陈泽平《闽东区古田方言研究》[63]第 23 ~ 24 页指出大桥方言中有匣母字读为 ph－的现象，例如“衡、获、划”等。这应当是匣母先音变为并母，再清化为 ph－。同书第 77 页指出杉阳方言中也有同样的音变现象。

另如沙俄时代的梵学家钢和泰在《音译梵书与中国古音》[64]一文中说过：“我虽然不曾仔细研究过那些更古的译本，但我偶然翻看他们，已发现了一些很妙的结果，例如……‘越’字好像读如 vat。”今按，“越”的上古音是匣母，而用于翻译 v 这样的唇齿浊擦音。钢和泰先生此文并没有举证，但我们却找到了证据。据宇井伯寿先生的《佛教辞典》[65]第 11 页，佛经中的“阿鞞跋致”有异译为“阿惟越致”。其中重唇音並母的“跋”又可音译为匣母（中古云母）的“越”，二者同是梵文的 var 的音译。这确实可以表明匣母与唇音的 v 可以相通，与复辅音无关。而且这并不是孤例。据宇井伯寿《佛教辞典》第 245 页“犍駄罗国”条的注释，“犍駄罗”是梵文 Gandhara 的译音，但是这个梵文词在汉译佛典中还有两个不同的音译“乾陀越”和“乾陀婆那”。这是很值得注意的现象。其中匣母的“越”可以与“婆那”在语音上相通，都是梵文音 hāra 的译音。“婆”的古音声母是並母。此可证匣母与並母在古音中可以相通。又，据宇井伯寿《佛教辞典》第 1147 页，汉译佛典中的“和修吉”一词是梵文 Vasuki 的音译，这里匣母字的“和”是对音梵文的 Va。据同书同页，汉译佛典中的“和须密多”一词是梵文 Vasumitra 的音译，古音为匣母的“和”是对音梵文的 Va。这些梵汉对音都是六朝以降的材料只能理解为合口的匣母与唇音的 v 能够相通[66]。又考《出三藏记集》卷一“胡汉译经文字音义同异记第四”[67]称：“旧经云‘乾沓和’，新经云‘乾闼婆’，此国音之不同也。”[68]符秦时代来华的罽宾高僧“僧伽提婆”又译作“僧伽提和”。这表明匣母合口的“和”可与並母的“婆”可以相通，此非理论所能磨灭。佛教中的“涅槃”又音译作“涅洹”，其中的“槃、洹”对音的梵文是 vā、巴利文是 bā[69]。

其他的学者也有类似的发现。考《华阳国志·南中志》：“今南人言论虽学者亦半引《夷经》。与人为姓曰‘遑耶’。”这里的“遑耶”显然不是当时汉语的通语或方言词汇，肯定是当时南方某异民族的一个词。黄懿陆在《滇国史》[70]的“滇国典籍中的西南夷僰文一览表”中认为是古代的壮语词汇，其中“遑耶”的“遑”字是匣母字[71]，其壮语原文的对音词的声母是 v。这只能说明匣母合口与 v 可以相通。

黄懿陆《滇国研究》[72]第 55 页在讨论古代的百越民族的语言与汉语的关系的时候指出：“对‘王’的称谓，壮族称‘veŋ’，其实是‘黄帝’的‘黄’的变称。”“黄”的上古音是匣母合口，而在古越语中音变为唇音的 v。这也是合口匣母与唇音 v 相通的一个证据。

《南史·谢庄传》：“又王玄谟问庄何者为双声，何者为叠韵。答曰：‘玄护为双声，磝碻为叠韵。’其捷速若此。”宋代学者王观国《学林》卷八在论及谢庄这里所说的双声时称：“玄、护同为唇音。”

今按，“玄、护”都是匣母合口字，而王观国称之为唇音，则必是读为 v 声母。王观国的话断然没有错，并非他缺乏音韵学常识[73]。

北京大学考古系的林梅村教授《“和尚”词源考》[74]在注解中提到：伯希和《马可波罗注》卷二第 213 页（巴黎，1963 年）在对“和尚”一词的注释中也注意到汉语中“和尚”的“和”的声母可以对音外语的 v[75]。要注意的是以上与唇音相通的匣母字都是合口。

董同龢《汉语音韵学》[76]第七章“中古音系”第 151 ~ 152 页早已指出：中古音中的匣母合口在客家方言中读 v 声母。何大安《规律与方向：变迁中的音韵结构》[77]第四章“结构调整”第四节“音音妥协”第 72 ~ 73 页根据杨时逢《湖南方言调查报告》对湘方言中的邵阳方言作了讨论，指出中古音的匣母一二等合口字在邵阳方言中有的读为 v 声母。如“魂、横、黄、会、惠、或、怀、坏、话、画、滑、户、狐”这些匣母字都读为 v 声母。黄家教、崔荣昌《韶关方言新派老派的主要差异》[78]一文有曰：在韶关方言中，“中古‘匣’母（部分‘晓’母）的字老派读 k 或 v 的，新派一般读为 h”。例如，在老派的语音中，中古匣母字的“幻”读为 vuɛ，“滑”读为 vuɛʔ[79]。据《现代汉语方言大词典（合订本一）》“四十二处方言概况”第 118 页“绩溪方言的特点”：“匣母今北京话读合口呼的字白读为［v］或零声母，文读为［x］或［f］声母。”例如（只列声母）：胡 v，会 v，坏 v，换 v，还 v。鲍明炜主编《南通地区方言研究》[80]第三章“南通方言语音”第 180 页也指出中古音的匣母字在南通方言中读 v 声母，如匣母合口的“坏”、匣母开口的“核”都读 v 声母[81]。同书第 265 页称中古音的匣母模、灰、魂、德、铎韵的合口一等，麦韵合口二等以及蟹摄、山摄的大部分合口二等字在南通地区的四甲方言中有 v 与 ɤ 的自由变体。据詹伯慧主编《广东粤方言概要》[82]第三章第六节第 189 页在讨论东莞宝安片方言的共同特点时称：“回、换、活，莞宝片粤语大多读为 v。”据王福堂等《汉语方音字汇（第二版）》，中古音为匣母的“何、河、和、贺、禾、荷”这些字在温州方言中都读 vu 音，其中只有“贺”是中古音的开口字，其他都是合口字[83]。张双庆主编《连州土话研究》[84]第四章“连州土话音系与中古音系的比较”第一节“声母的比较”第 26 页指出中古音的匣母在保安方言、丰阳方言、星子方言中有 h/v 两读，在连州方言中有 h－声母与零声母两读；熊燕《客赣方言语音系统的历史层次》[85]第 30 页称匣母合口一二等在梅县方言中大多读 v 声母，而且是白读音。如“禾、和、会、怀、换、滑、还、黄、划”都读 v 声母。林伦伦《广东揭西县方音研究》[86]称在揭西县的河婆镇方言中，“读［v］声母的字主要来源于中古的微、匣、云母的合口呼字，在普通话中读［x］或零声母，如‘话黄会，闻王文’等”。李蓝《湖南城步青衣苗人话》[87]第一章第 7 页指出在儒林镇方言音系中，合口匣母的“胡、回、魂”读 v 声母[88]。据丁邦新《儋州村话》[89]一书对海南岛的儋州村话的调查，匣母合口在儋州村话的白读音中读 v 声母，如“黄、换、坏、活”[90]。在粤方言中，这种现象颇为显著。据张晓勤《宁远平话研究》[91]第 96 页，湖南宁远平话中的匣母合口有的读 v，如“换、胡、禾”等字[92]。

庄初升《粤北土话音韵研究》[93]第二章“粤灶话音系”之“南雄市雄州音系”第 43 页，在粤北土话的雄州音系中，古音为匣母的“禾、黄、镬”都读成 v 声母。同书第 45 页“南雄市百顺音系”中的“黄、镬”与“闻、围”同声母，都读成 v 声母。同书中揭示了颇多类似的材料。这只能理解为音变，绝不可能来自任何复辅音的分化。庄初升在《粤北土话音韵研究》第四章“粤北土话的声母”之“匣母合口字读零声母的现象”一节中作了一些解释：匣母字读成 v 声母是因为这些匣母字都是合口，匣母由于弱化而脱落，音变为零声母[94]。由于这些本来的匣母字都是合口字，因而容易发生唇齿化的作用，进而从零声母音变为 v[95]。这种音理上的解释应该是无可非难的。在民族语言的借词中也有类似的例子：据赵衍荪、徐琳《白汉词典》[96]第473页，汉语匣母合口的“胡”字在白语的借词中作wu音，这应该解释为匣母脱落[97]。

如果用这种观点来解释中古及其以前的合口的匣母与v相通的现象，那么就只能说合口的匣母在汉代的方言中就已经有了脱落的现象[98]。但是还有一种可能性，就是认为合口匣母的舌根浊擦音中古以前没有脱落。这样的话，我们对于中古以前的合口匣母与v相通的现象就可以采取另一种解释：匣母ɣ与v虽然发音部位相去较远，但是发音方法却是相同的，都是浊擦音。而且合口的ɣ还带有圆唇成分，容易发生唇齿化的音变，从而在发音部位上也靠近唇音。因此，合口的匣母ɣ完全有可能直接与v相通，而没有经过任何中间阶段[99]。邵荣芬先生《匣母字上古一分为二试析》[100]一文也认为：在东汉时代的翻译佛经中，对译v的都是匣母合口字，这是因为在东汉时期的汉语里面还没有v声母，而合口的舌根浊擦音读起来与v比较接近。所以才用匣母合口字来音译v音。邵荣芬的意见实际上是认为匣母合口可以与v直接相通，与我们的观点相符。以上的两种解释都符合音理，而与复辅音没有关系。

但是我们现在明确地倾向于第二种解释，也就是匣母合口或喻三可与v直接相通。我们之所以这样认为，是因为有比较充分的音韵学上的理由。

第一，如果认为匣母在合口前脱落并进而发生唇齿化音变的现象在东汉时期（甚至以前）就已经存在了，那么在其发生唇齿化音变以前就应该与影母合口合流，二者一起音变为v[101]。但事实显然不是如此，古代的对音材料从来没有用影母合口去对音外语的v，这就说明古代的影母合口没有发生明显的唇齿化音变，虽然从现代方言来看，w音变为v是很正常的。

第二，我在本书第三章第十三节根据宇井伯寿先生揭示的东汉时代的梵汉对音材料指出，在东汉时期有的方言中的喻四就已经读零声母。如果这时候的匣母合口的舌根浊擦音脱落而为零声母，那么就会与已经读零声母的喻四合流，喻四的合口就会与匣母合口一起发生唇齿化音变从而为v声母。然而事实上，东汉时代的梵汉对音材料中合口的喻四从来不用于对音外语的v。这就表明当时已经读零声母的喻四根本没有发生唇齿化音变。

第三，再证以我们上文列举的鲍明炜主编《南通地区方言研究》第三章“南通方言语音”第25页称中古音的匣母模、灰、魂、德、铎韵的合口一等，麦韵合口二等以及蟹摄、山摄的大部分合口二等字在南通地区的四甲方言中有v与ɣ的自由变体。v与ɣ的合口既然是自由变体，那就只能理解为二者可以直接相通转，不可作其他解释。据《娄底方言词典》[102]中的“引论”12页，在娄底方言中的古奉母在舒声中读为ɣ。据徐越《嘉善方言音系》[103]，在嘉善方言中，v与u、oŋ、oʔ这三个韵母相拼的时候，有ɣ的自由变体。据波兰学者帕维尔·玛突来维切《浙江洞头县大门岛方言音系》[104]，“围”字在西浪方言中读vø，在东边和小荆方言中读ɦø。这是现代汉语方言音变的铁证。作者认为这是v→ɦ。据赵明鸣《突厥语词典语言研究》[105]第177页的论述，成书于11世纪70年代的《突厥语词典》中存在辅音ɣ—v的交替，所举例子中的ɣ都紧接着u。[106]

第四，我在上面详细讨论了现代汉语有许多方言（如客赣语、粤语、湘语等）普遍存在晓母合口与唇齿清擦音f相通的现象。这是不可置疑的语言事实。这个事实在音理上同匣母合口和唇齿浊擦音v相通是完全一致的，只有清浊的不同。

第五，音韵学界公认在东汉时代的喻三并没有弱化为零声母，依然是匣母细音（一般是合口），也就是喻三归匣。从音理和语言事实来看，喻三一定比一般的匣母合口要更早地失去声母而演变为零声母。因为喻三是三等字，带有软音成分的介音 j，因此其声母的舌根浊擦音很容易弱化[107]；再加上喻三多是合口，其合口成分容易与舌根浊擦音发生异化作用。这也进一步促成舌根浊擦音声母的失落。在隋唐时代的北方通语中，喻三已经是零声母[108]，但匣母的开合口都是舌根浊擦音，并没有失落其声母，而是后来清化为晓母。这就说明没有三等韵的匣母比起喻三来不容易发生声母弱化现象。既然在东汉时代的喻三还是归入匣母，是舌根浊擦音，那么这时候的匣母合口也一定还是舌根浊擦音，不会是零声母。正因为如此，匣母合口和唇齿浊擦音 v 相通完全是直接的音变，没有经历任何中间过程。

第六，据欧阳觉亚等《黎语调查研究》[109]第 279 页“方言、土语之间的语音比较”所提供的资料，保定黎语中的 hw 声母，有时是对应中沙和黑土黎语的 v 声母。这只能解释为直接的音变。据王辅世、毛宗武《苗瑶语古音构拟》[110]第 81～82 页构拟有苗瑶语古音的 ɣ 声母，在现代苗瑶语中有时音变为 v；他们还构拟有苗瑶语古音的 v 声母，在现代苗瑶语中有时音变为 h。这是民族语言学上的音变的证据。

第七，梵汉对音的现象进一步证实了我的这个观点。因为东汉时代的梵汉对音中，匣母合口不仅仅用于对音外语的 v，还对音外语的 b 或 bh。而这些印度俗语、中亚古语或梵文中的 b 或 bh 有很多时候本来是用汉语的並母字来对音的。如果没有用並母字，而用了匣母合口字，那么就只有把这些匣母合口字解释为 v，才有可能比较准确地对音。如果匣母合口还是 ɣu 或是 w，那么与外语的 b 或 bh 就有较大的距离，不如选用並母字来对音。因此，匣母合口对音外语的 b 或 bh 这一事实就说明了东汉时代的匣母合口就有 v 这样的音位变体。而且在东汉的梵汉对音中，从来没有用影母合口或喻四合口去对音外语的 b 或 bh 的现象。所以，东汉时代的 ɣu 一定是直接音变为 v，没有经过零声母的中间阶段。

第八，现代汉语方言中的一些特殊音变也能证成本文的观点。据《汉语方音字汇（第二版重排本）》[111]第 105～107 页，在湖南的双峰方言中，遇摄合口的奉母字“符、扶、浮（文读）、腐、父、附”都读 ɣ声母。这一定是从奉母的 v 直接演变而来的，否则其音变不能得到合理的解释。

因此，我们坚定地认为：古代的匣母合口确实是直接与外语的 v 相通转，而不是先失去浊擦音声母，再发生唇齿化音变，从而产生 v 音。我的结论可以概括为：东汉时代的梵汉对音显示出的音变现象是 ɣw→v，而不是 ɣw→w→v。现代汉语方言中的匣母合口读为 v 的现象，如果影母[112]、喻三、喻四各自的合口没有同时也读 v，而依然是读零声母，那么这样的音变就一定发生在匣母清化为晓母之前，而且是匣母合口直接音变为 v，而不是 ɣw→w→v 这样的音变过程。这是本书明确的结论。

这一节的论述有助于解决古文字的重大问题和一些奇异的文字谐声问题。《郭店楚墓竹简·穷达以时》有曰：“穷四海，致千里，遇造古也。”李家浩先生《读〈郭店楚墓竹简〉琐议》[113]指出简文中的“造古”相当于文献中的“造父”。“古”为“父”之借。又《郭店楚墓竹简·穷达以时》：“舜耕于鬲山，陶拍于河匿。”[114]。这里的匿，学者们多释为“浦”[115]。李家浩先生之文还特别举出了旁证，谈到了帮母和见母通转的问题，很有参考价值，我们理应转述：“但是从有关资料看，‘古’的古音似与帮母的字有密切的关系。例如，铜器铭文里，有一个用为姓氏的字，作从‘夫’从‘古’，此二旁皆声，读为‘胡’。‘夫’有甫无切、防无切两读，前一读属帮母，后一读属並母。帮、並二母都是唇音。《仪礼·士相见礼》‘士相见之礼，挚……夏用腒’。《白虎通·瑞贽》引‘腒’作‘脯’。《左传》哀公十一年‘胡簋之事，则尝学之矣’。《孔子家语·正论》记此事，‘胡’作‘簠’。‘腒’从‘居’声，‘居’‘胡’皆从‘古’声。‘脯’‘簠’皆从‘甫’声。据此，‘河匿’当读为‘河浦’。”[116]另据何琳仪《战国文字通论（订补本）》第 239 页：在战国古文字中，匿有异文作医。这也是“古”与“夫”相通的好例。不过，我怀疑郭店简此处的“造古”的“古”要读为匣母，而不是见母，可以认为这里的“古”是“胡”或“祜”之省或之讹。“古”声字多与匣母相涉，如“胡、祜、怙、岵、瓳”等均为匣母[117]。而匣母合口容易产生 v 这样的音位变体，所以就可以与並母的“父”相通假。如果把这里的“古”看作是见母，则不好解释与“父”的通假关系。李家浩先生此文列举的见系字与唇音声母字相通假的例子都应该作这样的理解[118]。这些材料中的见系字都是合口。同样的道理，作为匿的异体字的医所从的“古”也一定是读为匣母合口的“胡”，否则其异文关系难以从音理上予以合理的说明[119]。匣母合口可以音变为 v－声母，从而与並母相通，这是很正常的。

在古文字中的《信阳楚简》第 101 简曰：“於夫。”古文字学家公认这就是文献中的“於乎”。可见“夫”与“乎”相通，“夫”是並母合口，“乎”是匣母合口。这是合口介音使匣母发生唇化音变，与复声母无关。

《尔雅·释草》：“华，荂也。”郭注：“今江东呼华为荂，音敷。”[120]一般认为“华”是匣母合口，“敷”是滂母。然而从音理上看，匣母合口应该可以音变为並母，而不是滂母。但“敷”在古音中只有滂母一音，没有並母音。我认为这是因为这里的“华”不是匣母音，而是晓母音，同“花”。正因为如此，晓母合口的“华”才是唇化音变为滂母，而不是並母。以上的材料和论证表明上古汉语一定有舌根浊擦音声母，绝不能把上古的舌根浊擦音全部归入舌根塞音，也就是所谓匣母归群。否则不能解释匣母合口与並母相通的问题。

在宋代的文献中有一个例子也很能说明问题。俞文豹《吹剑录》的“俗语切脚字”有一条称：“鹘盧蒲字。”《吹剑录·俗语切脚字》这条所举的例子是讲在宋代流行的切脚字，也就是反切的运用问题。因此，俞文豹说的“鹘盧蒲字”只能理解为“鹘盧”二字反切为“蒲”音。魏建功《古音系研究》四“研究古音系的方法”[121]在引述了《吹剑录·俗语切脚字》的这条材料后，也解释说：“‘蒲’正切‘鹘盧’。”而“鹘”的古音是匣母，“蒲”的古音声母是並母，在宋代的语音或方音中二者可为双声。足见喉牙音的晓母与重唇音的滂母可以相通。我们总不能认为在宋代还有复辅音声母存在。

更考《史记·吴太伯世家》：“太伯之饹荆蛮，自号句吴。”《索隐》称：“荆者，楚之旧号，以州而言之曰荆。蛮者，闽也。南夷之名；‘蛮’亦称‘越’。”《史记索隐》明称“蛮”亦称“越”。古书中也有“蛮越”一词。如《后汉书·南蛮西南夷列传》：“及吴起相悼王，南并蛮越。”现在看来二者应该是同源字，只是因为古方言的不同而产生了异读。“蛮”的上古音为明母元部，“越”的上古音为匣母月部。在韵部上是严格的阴阳对转，其声母也应该是可以相通的[122]。

在少数民族语言的羌语中的一个音变的例子可以作为本书的旁证。据《羌语简志·麻窝话音位系统》[123]第 23～24 页，在北部羌语的麻窝话中，“双唇清擦音 Φ 主要出现在汉语借词中，但读音不稳定，有的人把 Φ 声母的汉语借词读成 x。例如把‘法院’Φawan 读成 xuawan”。羌语中的这种音变，学术界公认为与复辅音没有关系[124]。据《汉彝词典》[125]第 353 页，“鸡”在彝语中作 va[126]，而在傈僳族语中有同源词的“鸡”作 ɣa。据杨再彪《苗语东部方言比较》[127]的附录“六个土语的词汇比较”第 258 页，在苗语东部方言中，“天花”一词中的“花”在丹青方言中读 xwa^{53}，在蹬上方言中读 ma^{22}，丹青方言和蹬上方言的“天花”的读音都应该是从汉语中来的借词，这说明 xw 与 m 是可以相通的，这些汉语借词的时代并不很古老，只能理解为近代的音变，与汉语上古音是否有复辅音没有关系，也与任何清鼻音无关。这些材料可与本书相参证。

对于合口的晓母字与明母相通的现象，我们可以提出音理上的解释：因为明母是双唇音，也是唇鼻音，本身既有合口的成分[128]，也有送气的成分。m 作为唇鼻音的送气成分比前鼻音和后鼻音都更强[129]。而合口的晓母也是既有送气的成分（晓母本身就是送气音），也是合口。因此，明母与合口的晓母在发音方法上非常相似，二者都是合口，也都含有送气成分。更重要的是由于晓母合口的介音 u 有一个很重要的功能是能够使得舌根清擦音的晓母发生唇化音变[130]，从而使得晓母在发音部位上靠近唇音的 m，所以古人觉得二者的发音本来就是接近的，是容易发生通转的[131]，就如同现在的南方方言中的合口的 h 和 f 容易相混一样，湖南人是非常自然地把“湖南”念成“符南”。古人也是如此[132]。因此，我们对合口的晓母与明母相谐的现象完全可以从音理上予以合理的解释，而且能够得到现代方言的印证。我们也因此可以非常肯定地认为合口的晓母与明母相谐绝对与复辅音无关。合口介音可能改变谐声，这是必须注意的重要现象。另据《现代汉语方言大词典（合订本一）》“四十二处方言概况”[133]第 24 页“徐州方言的内部差异”称：“徐州市区及东南市区（原注：不含邳州北部）[ʂ] 拼合口呼韵母的字，西北县份（原注：邳州北部，铜山北部），市属贾汪区，丰、沛两县沿微山湖一带读 [f]。”所举的例子有：树、书、税、水、刷、说、顺、秫、鼠、叔，这些字在徐州的西北县份全部要读成 f 声母。这样的音变与合口呼有密切的关系，可知合口介音能够影响谐声[134]。林焘、王理嘉《语音学教程》[135]第六章“语流音变”第 152 页称：“辅音处在圆唇元音之前往往被同化成圆唇化辅音，北京话除唇音声母外，其他声母处在合口呼和撮口呼韵母之前时都要受 [-u] 和 [-y] 的影响圆唇化。”这实际上是说 u 介音对声母会发生影响[136]。

藤堂明保教授在《汉字语源辞典》第 29 页的一段论述也可以支持我们的观点。他明确反对高本汉认为的介音 i 和 u 的有无与词族的框架无关的观点。藤堂博士认为介音 i 的有无当如高本汉说。但在考虑词族框架的时候，介音 u 的有无是很重要的问题，不可忽视。他举有两个例子：耑—端—喘、元—玩—完[137]。他认为开口字可以没有介音 i，但合口字却必有介音 u，且 u 绝不进入开口字的谐声系[138]。他说：“总之，有必要确认介音 u 是一个在区分词族相互间的意义时发挥作用的要素。”虽然藤堂博士未能详尽地展开论述，但他已经意识到合口介音有特殊的作用。上面列举的方言现象和文献材料就能证明这一点[139]。我们上面论证了合口的晓母与明母可以相互转化，现在还要进一步论证为什么就一定不会是“xm”或“mx”这样的复辅音。我们现在仅举学者们讨论最多的“黑/墨”为例。考《说文》：“黑，火所熏之色也。”段注：“熏者，火烟上出也。”高田忠周《古籀篇》十四第 3 ~4 页称：“然熏而后黑色有焉。字，黑为先出；而义，熏为先矣。可知‘黑’字夙受义于‘熏’。”[140]从此可知“黑”与“熏”有语源上的关系[141]。根据我们在前面论反切的起源一章所引的刘博平教授的观点和方法，我们认为“黑”字得音于“熏色”相切，正是晓母职部[142]。如果此说不误，那么“黑”与“熏”在造字时代就是双声，而“熏”几乎不与明母字发生通假关系和谐声关系，其声母不可能是复辅音 xm 或 mx[143]，这就反过来证明“黑”的上古音声母绝不是复辅音 xm 或 mx，只能是单辅音的晓母[144]。我觉得“黑”的古音可能合口音，观“黑”中古音“呼北反”，反切上字的“呼”是合口字，“黑”古音中的合口成分应该是反切上字带来的，只是在现代汉语方言中几乎没有保留。

现在我们把几组没有讨论的材料加以分析。

例一，首先讨论“奣/明”。有的学者认为“奣”是从明得声，而读晓母[145]。我们认为这个例子显然不能成立。考《说文》《广韵》中均不载“奣”字，“奣”是相当晚才兴起的俗字。今考字书，"知“奣”始见于明朝人编的《字汇》一书，音“虚晃切”，义为“开明”[146]。其字时代太晚，不能据以构拟上古音。而且从这个晚起的俗字的构造来看，“奣”很可能是会意字，而不是形声字。无论如何，“奣”不能作为构拟上古音复辅音的证据。

例二，关于“滅/烕”这组材料，我们这里要特别加以说明。考《说文》：“滅，尽也。从水烕声。”亡列切。而《说文》：“烕，滅也。从火从戌。火死于戌。阳气至戌而尽。《诗》曰‘赫赫宗周，褒似烕之’。”许劣切。以“滅”训“烕”实为常训，又见于《广雅》《玉篇》《广韵》《诗经·正月》《毛传》等[147]。考《说文》引《诗经·小雅·正月》作“褒似烕之”，今本《诗经》也作“烕”。但是《经典释文》此处称：“烕，本或作滅。”陈奂注曰：“烕，古滅字。”《逸周书·度邑》：“亦不宾烕。”朱右曾《逸周书集训校释》称：“烕，《史记》作滅。”惠栋《九经古义·毛诗上》[148]引证《灵台碑》《驺氏竟铭》《诅楚文》《毛诗·正月》等材料力证在古文中“皆以烕为滅”。可见“烕”与“滅”是异体字。《说文》对“烕”的解释完全是从阴阳五行的观点出发，其所以会加上“水”作为表意偏旁是因为在五行思想中，水能灭火、水能胜火，并没有别的深意。这种观念产生得很早，在春秋以前已经存在。如《左传·哀公九年》已曰：“水胜火。”因此“烕”与“滅”的读音应该相同，也就是说“烕”的上古音就应当读如“滅”，而不会是《广韵》标注的“许劣切”。从古文字材料来看，迄今为止的古文字材料中没有发现“滅”字之形，在战国文字中发现有“烕”，如《睡虎地秦墓竹简》、《诅楚文》、《信阳楚简》、《汗简》、《十钟山房印举》、战国金文中的《子禾子釜》等。何琳仪先生《战国古文字典》第945页称“烕”字，“典籍多以‘滅’字为之”。《汉书·古永传》师古注：“烕，亦滅也。”又如《晏子春秋》[149]卷八“仲尼见景公景公欲封之晏子以为不可第一”：“自大贤之滅，周室之卑也。”[150]银雀山汉简本“滅”作“烕”。因此，“烕”就是“滅”的异体字或古字，“滅”是“烕”的后起的加繁偏旁的字，二者必然是音义皆同[151]。那么《广韵》为什么会给“烕”注音为“许劣切”呢？其实这个问题很容易解决。根据《说文》的体例和对“烕”的解释，“烕”是会意字，而不是形声字。段玉裁注也明称“烕”是会意字。这样分析，“烕”的上古音声就是明母，与“滅”同音[152]。但是“烕”在上古就有晓母一音也是事实，中古的学者对“烕”的结构有了不同的分析，认为“烕”是形声字。考《经典释文》卷六《毛诗》“烕之”条注曰：烕“呼悦反，齐人语也。《字林》武劣反。说又云：从火戌声。火死于戌，阳气至戌而尽。本或作滅”。足见“烕”读晓母合口是齐地方言。晋代吕忱的《字林》都还是把“烕”注为明母的“武劣反”，也就是滅的异体字。《经典释文》同时也指出在中古时期就有一种观点认为“烕”是形声字，是“从火戌声”。于是《广韵》就注音为“许劣切”，是晓母合口三等字。清代学者朱骏声《说文通训定声》、桂馥《说文解字义证》都认为“戌”是“烕”的声符，作为古文字学家的何琳仪先生也相信了朱骏声等人的说法，认为“戌”是“烕”的声符。如果把“烕”看成是以“戌”为声符的形声字，那么“烕”的读音当然不会是明母。实际上，《说文》和段玉裁注是正确的，因为古文字材料已经证明“烕”在战国古文字中清清楚楚地是用作“滅”的异体字，因此二者必然音义皆同。“烕”字在六朝以降被有的学者当作以“戌”为声符的形声字，而晓母的“烕”的声母和心母的“戌”是可以有谐声关系的[153]。根据《经典释文》说的烕“从火戌声”，《四部丛刊》本《经典释文·毛诗》作：“滅之，如字。《诗》作‘烕’，音呼悦反。”上古学者也许有一种做法是把“烕”看成是自反字，即“烕”是得音于“火戌”反，正好就是《广韵》的“许劣切”的音。很可能“烕”在上古有晓母和明母两读。“烕”作明母是“滅”的古字，是会意字；作晓母是上古齐方言的读音，是把它分析成自反字的结果[154]。这个例子也进一步证明上古时代就有自反原理存在。不然就难以解释“烕”从心母的“戌”得声而中古的反切却是要读为晓母。后来，古人为了区分“烕”的明母音和晓母音，就造了一个“烕”的后起字“滅”专读明母，而“烕”就专读晓母，其明母音消失[155]。

基于以上的论述，我们认为“烕”音“许劣切”是被当作自反字而不是一般的形声字才出现的读音。其上古音有明母和晓母两读。因此“滅/烕”与 xm 或 mx 之类的复辅音无关，不能作为构拟上古复辅音的证据。不过这里确实有一个偶合的情况：“烕”的中古音是晓母合口三等，按照我们上文的论述，当其上古音是“许劣切”的时候，也可以和明母的“滅”相通。但这是通假字，与复辅音无关。

我们还可以从通假字的角度证明“滅”的上古音声母不会是 xm 或 mx 之类的复辅音。考《逸周书·克殷》：“侮滅神祇不祀。”黄怀信等《逸周书汇校集注》[156]上第 374 页引卢文弨云：“《史记》‘滅’作‘蔑’。”则“蔑”与“滅”为古音相近的通假字，而“蔑”从不与晓母字发生通假关系和谐声关系，其上古音声母不可能是 xm 或 mx 之类的复辅音，这就反过来证明与“蔑”古音相通的“滅”的上古音声母也不会是 xm 或 mx 之类的复辅音。“蔑”与“滅”自上古以来就都是明母，为双声。又据钱大昕《十驾斋养新录》卷五“双声叠韵”条称：“古人名多取双声叠韵。”其双声之例如“澹台滅明”，其中的“滅明”为双声，而“明”的上古音声母只能是单辅音的明母音，因此“滅”的上古音声母也一定是单辅音的明母，否则与“明、滅”不能构成双声。

例三，“釁/亹”这组材料中的“釁”的中古音是晓母开口三等字。但我们有理由认为“釁”本来有合口一读，其合口成分在中古以后丢失了。考《周礼·天府》：“釁宝器及宝镇。”郑玄注引郑司农曰：“釁读为徽。”可知在汉代时“釁”有“徽”音，而“徽”是晓母合口三等字。另据朱骏声《说文通训定声》称“釁”与“熏、薰”古音相通，而“熏、薰”都是晓母合口三等字。可证“釁”的上古音本有合口一读，后来才变为开口。

例四，《诗经·邶风·旄丘》：“旄丘之葛兮。”而阜阳汉简本《诗经》“旄”作“鴞”。学者们一般认为这种异文属于通假字[157]。“鴞”在《广韵》为“于娇切”，中古音为喻三宵韵开口，但我们认为其上古音应该有合口成分。高本汉上古音的宵部主元音构拟为圆唇元音 o；王力《汉语语音史》与高本汉同；李方桂《上古音研究》构拟为圆唇舌根音韵尾；吾友赵彤博士《战国楚方言音系研究》[158]甚至将王力《汉语语音史》的上古音中的幽部与宵部的音值互换，认为宵部为 u，幽部为 o，其说虽晚出，然不可忽视[159]。近年来施向东《试论上古幽宵两部与侵缉谈盍四部的通转》[160]回到了王力先生《汉语史稿》的观点，认为上古音的幽部为复合元音 əu、宵部为复合元音 au[161]，以解释上古幽宵两部与侵缉谈盍四部的通转。因此上古音中的宵部本身就带有合口的成分。正因为如此，上古音为匣母（中古为喻三）宵部的“鴞”可以与明母的“旄”古音相通，这既与复声母无关，也与清鼻音无关[162]。

我们最后也有必要辨析一些被学者错误地用来证明“明母”与“晓母”相通的例子。如李新魁先生在《音韵学与中国古代文化的研究》[163]称：“《史记·屈原列传》：‘人又谁能以身之察察，受物之汶汶者乎’，汶汶即昏昏，……都是 m 与 x 通。”光华按：李先生所言非是。“汶汶”与“昏昏”不同。关于“汶汶”，《集解》引王逸曰：“蒙垢污。”《索隐》：“汶汶者，音闵。汶汶犹昏暗也。”但“汶”与“昏”不是同源字。《史记》以“身之察察”与“物之汶汶”对举。考《老子》二十章：“俗人昭昭，我独昏昏。俗人察察，我独闷闷。”朱谦之《老子校释》：“谦之案：傅、范本如此。又‘闷闷’，傅、范作‘闵闵’。”马王堆帛书乙本“闷闷”作“閩閩”。则必是明母字。又《老子》第五十八章：“其政闷闷，其民淳淳；其政察察，其民缺缺。”《老子》此二章都以“察察”与“闷闷”对举，且“闷”一作“闵”。而《史记索隐》说过“汶音闵”。则证明《史记》“汶”当是与“闷”相通，而不是与“昏”相通。李新魁先生之说不确。马王堆帛书《老子》乙本“闷”作从“门”从“糸”

（“糸”在“门”内）之形。高明《帛书老子校注》[164]第109页称：“按……从糸门声，当与从糸文声之‘紊’同字异体。”同书同页引高亨曰：“‘闷’‘闵’均借为‘潣’。潣潣，水混浊。‘其政潣潣’，是说国家的政治混混沌沌……”从马王堆帛书的本子来看，那个字也是从“门”声，高亨认为本字当作“潣”。则断不会读成晓母。《楚辞·渔父》的洪兴祖补注[165]称：“汶，音门。……一音昏。”现在我们可以根据《老子》断定“汶”音“门”是对的，音“昏”是错的[166]。

李新魁同文还说：“《说文》水中鱼罕。罕是晓纽，网是微（明）纽。”李新魁以此例来说明晓母与明母相谐声。我们认为这也是不恰当的。“罕”是从干声，“网”是意符，非关读音，故不能以此来作为晓母与明母相通的根据。

又《仪礼·既夕礼》：“甸人掘坎于阶间，少西为垼，于西墙下东乡。”郑注：“今文乡为面。”汪启明《先秦两汉齐语研究》[167]第188页认为《仪礼》郑注所揭示的古今文是晓母与明母相通的现象。“乡”是晓母，“面”是明母。我们认为郑玄注此言与晓母、明母相通无关。二者虽然声母可以相通，但韵部相差较大，不宜看成是通假字。而应当认为是“乡”与“面”因为意思相近而互换，这种情况在古籍中的异文里常见，我们应当留心这与古音通假不是一回事[168]。

注释

① 有的时候是匣母与明母相谐。另外，我们强烈主张晓母的声母是 x，而不是 h。即应是舌根擦音，而不是喉擦音。因为有证据表明喉擦音 h 是比较弱的辅音，容易失落；而汉语的晓母很难失落，因此，不会是喉擦音。二者的区别似微妙而实显著。

② 这些晓母字都是合口字，还有“海”是开口字。

③ 此是“毁”的异体字。

④ 此为代表例子，类例很多，此从略。

⑤ 这样的谐声和古音相通假的例子在商周时期就已经出现。郭沫若《十批判书》[《郭沫若全集·历史编（第二册）》，人民出版社，1982年]第20~21页提到西周金文《禽簋》有曰：“王伐奄侯，周公某禽祝。”其中明母的“某”读为晓母的“诲”。

⑥ 管燮初《从〈说文〉中的谐声字看上古汉语声类》（《中国语文》1982年第1期）一文附注5列举的晓母与明母谐声的材料共有26个谐声字，与本书所举大致相同。

⑦ 载李方桂：《上古音研究》，商务印书馆，1998年。

⑧ 如《颜氏家训·音辞》称：“北人以庶为戍，以如为儒。”“庶”为开口，“戍”为合口；“如”为开口，“儒”为合口。而六朝时的北方人把开口读为合口。《颜氏家训·音辞》又曰：“北人之音多以举、莒为矩。唯李季节云：‘齐桓公与管仲于台上谋伐莒，东郭牙望桓公口开而不闭，故知所言者莒也。然则莒、矩必不同呼。’此为知音矣。”今按，“举、莒”为开口字，“矩”为合口字，而颜之推称“北人之音多以举、莒为矩”。也是北人把开口字读成了合口字[关于《颜氏家训》中的这两处，确实应该理解为是开口读为合口，而不是合口读为开口，可参看日本学者平山久雄《中古汉语鱼韵的音值》（《中国语文》1995年第5期；又见王云路、方一新编《中古汉语研究》，商务印书馆，2000年）一文的论述。另可举一旁证：据宋代的江少虞《事实类苑》卷六十一称：“今之姓胥、姓雍者，皆平声，春秋胥臣、汉雍齿、唐雍陶皆是也。蜀中作上声、去声呼之。盖蜀人率以平为去。出笔谈。”（《履斋示儿编》卷二十二引作《杨文公谈苑》）这里的“蜀人率以平为去”意思非常明显是把平声读为去声。这很有助于我们正确理解《颜氏家训》中的同类的文句。《事实类苑》与《示儿编》皆据《四库全书》本]。又考《水经注》卷七“济水注”：“分为二水，一水东南流，俗谓之为‘衍水’，即‘沇水’也。‘衍、沇’声相近，转呼失实也。”按，“衍”为开口，“沇”为合口，而郦道元称“转呼失实”，这分明是说在当时的方言中合口可以变为开口。“转呼失实”一语只能理解为音变。又

《水经注》卷十一“滱水注”：“其城东侧，因阿仍墉筑一城，世谓之寡妇城。贾复从光武追铜马五幡于北平所作也。世俗音转”，“故有是名矣”。类似的材料又见于《水经注》卷二十一“汝水注”：“合为一渎径贾复城北，复南击郾所筑也。俗语讹谬，谓之寡妇城。”这两段文献中的“贾”是开口字，“寡”是合口字。郦道元称因为“世俗音转、俗语讹谬”，所以“贾”可以音变为“寡”，这就是开口可以音变为合口。又《水经注》卷三十一“潕水注”：“东南径建城东，‘建’当为‘卷’，字读误耳。《郡国志》云：叶县有卷城。”郦道元指出由于“字读之误”，“卷”可音变为“建”。“卷”是合口，“建”是开口。“卷”误读为“建”就是把合口读成开口。又《水经注》卷三十八“湘水注”：“湘水又北径南津城西，西对橘洲。或作吉字（《四部丛刊》本原注：案此四字亦注内之小注）。”按，“橘”为合口字，“吉”为开口字，这个异文表明在六朝时的方言中合口可以音变为开口。另可参看张永言《水经注中语音史料点滴》[《语文学论集（增补本）》，语文出版社，1999 年]。王力《清代古音学》第九章“江有诰的古音学”在评述江有诰的上古音研究时说：“鱼侯两部的开口到了后代变合口，不可不知。”[《王力文集（第十二卷）》，山东教育出版社，1990 年，第 566 页]。宋代的陆游《老学庵笔记》卷六称：“蜀人讹‘登’字，则一韵皆合口；吴人讹‘鱼’字，则一韵皆开口。”按，在《广韵》中鱼韵与虞韵有开合的不同，鱼韵本来就是开口韵。吴人读鱼为开口实则是保留了古音，而陆游称之为“讹”，可知陆游时代的雅语及多数方言都是把鱼读为合口，这就与虞韵相混了［另可参看马伯乐《唐代长安方言考》（中华书局，2005 年）第 8 页。马伯乐指出在日语吴音中鱼韵字和虞韵字的主要元音有所不同。但马伯乐的其他推论不一定都可靠；还可参看周祖谟《宋代方音》（《周祖谟语言学论文集》卷三，商务印书馆，2001 年，第 318～319 页）］。在现代方言中也有合口变为开口的现象。如王福堂《汉语方言语音的演变和层次》（语文出版社，1999 年）第 8 页：“以北京话为例。‘内、馁、嫩、麐’等泥母蟹臻摄合口字，由于发音部位靠前的声母和韵尾的共同影响，舌位偏后的介音 u 逐渐趋于不稳定，多数字的韵母开始由合口韵向开口韵转变。”据《现代汉语方言大词典（合订本一）》（江苏教育出版社，2002 年）“哈尔滨方言”第 3 页：“古山摄合口一等桓缓换韵泥来母的‘鸾暖卵乱’的韵母，北京方言中今读合口呼［uan］，哈尔滨方言读开口呼［an］。古通摄合口一等冬韵泥母的‘农脓’和合口三等钟韵泥母的‘浓’的韵母，北京方言中今读［uŋ］韵，哈尔滨方言读［əŋ］。”都是把古音的合口读成了开口。据同书“四十二处方言概况”第 24 页“徐州方言的内部差别”称：徐州方言“古果摄合口一等戈韵见、晓组字，老派一律读［uə］韵母，新派已有部分读为［ə］韵母”。新派是把合口读成了开口。同页又曰：“‘队、岁、伦’等字，徐州市区及西北县份今读合口呼韵母，东南县市今读开口呼韵母。”董同龢《汉语音韵学》（中华书局，2001 年）第七章“中古音系”第 175 页指出：“阳韵开口庄系字官话多变合口，颇不好解释，不过这样的变化的力量很大，江摄并入宕摄之后，知庄章三系声母又混，所有江韵的知庄系字也全变合口了。”我们还可以参看张成材《中古合口三等韵字在岐山方言中遇知组、照组、日母读开口》（《中国语文》1983 年第 4 期）一文，此文专门讨论了合口变开口的现象，此不详引［光华按，依照日本学者平山久雄《中古汉语鱼韵的音值》一文的论述，知庄系字的开口读为合口是可以解释的，因为知庄声母是卷舌音，而卷舌音是容易造成圆唇成分，从而形成合口的。平山久雄有曰：“如果八鱼韵拟做 -Iə，朝鲜音是极容易说明的，庄组的 -o 可解释为卷舌声母往往带一种轻微圆唇（以便使舌头后退）的影响。越南音、汕头音都当是 -Iə 变成了单纯的高元音，不过庄组声母的卷舌性控制了元音的高化，并在汕头使元音带圆唇性质了。”我们认为平山久雄的音理分析是能够成立的］。据高本汉《中上古汉语音韵纲要》（齐鲁书社，1987 年）第 69 页称：“但是在同一个真韵里（或者确切些说，在与真相配的上声轸韵里）我们发现了一些字，这些字虽然列在开口韵中，但却还是合口。”严学宭《小徐本说文反切之音系》（《民族研究文集》，民族出版社，1997 年。此文发表于 1943 年）将小徐本《说文》中的反切和《广韵》中的反切相比较，注意到：“开合呼之混淆。以本篇所得韵类与广韵对校，如何（歌）之与多（戈），监（衔）之与凡，安（寒）之与桓，密（质）之与术，昌（唐）之与阳，以及皆（皆）介（怪）迷（齐）计（霁）删（删）行（庚）等韵之开口呼与合口呼各自混淆。”据张振兴《广东省雷州半岛的方言分布》（见《方言》1986 年 3 期）一文的考察，中古音中的一些见系开口一等字在雷州半岛上的吴阳方言读为合口。如“该”音 kuai，“盖”音 kuai，“感”音 kuam，“甘”音 kuam，“高”音 kuau，“肝”音 kuaŋ，“寒”音 huaŋ。李方桂《上古音研究》（商务印书馆，1998 年）第 18 页：“语助词在音韵的演变上往往有例外的地方（失去合口成分）。”还可参看薛凤生《汉语音韵史十讲》（华语教学出版社，1999 年）第 146～147 页。据杨时逢《湖南方言调查报告》（中央研究院历史语言研究所，1974年）51“桂阳（城内）”（这一方言的记音人是赵元任）一节的考察（第923页），桂阳城内方言的山摄舒声合口三等来母读开口，山入开口三等精组读合口。同书36“汝城（南乡）”（此节为赵元任记音）一节的考察（第668页），汝城南乡方言中的“端系一等开口在臻摄舒声读合口，果摄二三等合口在庄组及见系字均读开，咸山摄入声一等开口见系读合”。同书“长沙（城内）”第31页称：“蟹摄合口端系读开，山摄合口一等端组读开，通摄入声知系读开口。”类似的开合口相混的情况在湖南方言中非常普遍，此书列举的例证众多，不胜枚举。黄侃先生的古韵二十八部本来是三十二部，包含有“歌戈、曷末、寒桓、痕魂”八部，但这八部互为开合韵，因此黄侃把它们分别合并为一部。知上古音不以开合口而分别为不同的韵部。据王仁煦《刊谬补缺切韵》各韵目的小注，知夏侯、阳、杜将合口的“灰”韵与开口的“咍”韵相混（举平以赅上去，上去声有平行的相混现象。后来在唐代的许敬宗定下的独用同用例中，此平上去六韵也分别同用）；夏侯将合口的“怪”韵与开口的“泰”韵相混；吕、阳、夏侯将合口的“魂”韵与开口的“痕”韵相混。在唐代许敬宗定的同用例中，合口的“谆”韵与开口的“真、臻”韵相混。类例尚多。又，“劣”在《广韵》为合口，而在现代的北方方言中多读为开口。据《现代汉语方言大词典（合订本一）》（江苏教育出版社，2002年）“四十二处方言概况”第24页，在徐州方言中，“‘队、岁、伦’等字，徐州市区及西北县份今读合口呼韵母，东南县市今读开口呼韵母”。同书同页又称“活生生”一词中的“活”在徐州市区及西北县份读合口，在东南县市读开口。据同书第19页“牟平方言的特点”一节称：“古蟹臻合口一三等字和止摄合口、山摄合口一等字，逢端系声母，今读开口韵母。”另据王福堂等《汉语方音字汇（第二版重排本）》（语文出版社，2003年）第93页，“气”字在厦门、潮州、福州三处方言中，白读为合口，文读为开口。据同书第96页，“洗、细”二字在厦门方言中，白读为合口，文读为开口。同书第98页，“倚”字在厦门、潮州方言中白读为合口，文读为开口。类例尚多，颇见于福建方言。黄侃《文字声韵训诂笔记》（上海古籍出版社，1983年）第127页称：“脂变为今纽，复合口变为开口。”这里的“脂”是指《广韵》的脂韵。黄侃同书第124页称：“今则北人能辨歌戈，南人不能分。”“歌”为开口，“戈”为合口。在四川方言中，“歌、戈、锅”三者同音，皆为合口洪音。据曹志耘《严州方言语音特点》（《语言研究》1997年第1期）的考察，在严州地区的淳安、遂安、建德的方言中，合口的蟹止山（一等）臻（一等）各摄的端系声母没有合口介音［u］，是读为开口。慧琳《一切经音义》卷十七“觜星”条注称：觜“子移反，吴音；醉唯反，秦音也”。这分明是说“觜”读开口是吴方言音，读合口是陕西方言音。另参看姚永铭《慧琳音义与切韵研究》（《语言研究》2000年第1期）一文的有关讨论。邓海峰《湖南新田沙田土话的语音特点》（《语言研究》2002年增刊）论及湖南新田沙田土话的语音中，蟹摄合口一等灰韵字读为开口，如“对、推、雷、碎、罪、堆、退”都读i韵母。孟庆惠《徽州方言》（安徽人民出版社，2005年）第36～37页称：“古果、宕摄合口韵字，今绩歙片方言除深度的宕摄字外，大都读成开口洪音韵母；其他古合口韵的帮系和端泥组声母字，今音除遇摄字之外也大都读成开口洪音韵母”。

而且据《广韵》，“海”为“呼改切”，“秏”为“呼到切”。由于反切下字的“改”被认为是开口字，所以一般也将“海”归入开口。但不可忽视的是其反切上字“呼”是合口字，有相当多的音韵学家认为开合口与反切上字有时候是有关系的。清代的廖廷相在《切韵考外篇跋》（《切韵考外篇》，广东高等教育出版社，2004年）中已经指出：“《广韵》切语以下字分开合，然亦有歧出者。如纸韵‘绮’墟彼切，原韵‘影’於丙切，愿韵‘建’居万切，绮影建开口而彼丙万合口，此以合切开也。”廖廷相还举了不少以开切合的例子，此不录。李荣《切韵音系》（科学出版社，1956年）第103页“反切下字和被切字开合不同总表”有曰：“a. 反切上字开口，反切下字合口，被切字开口；b. 反切上字合口，反切下字开口，被切字合口；c. 反切上字独韵，反切下字开口，被切字合口。”李荣先生对此各条分别有举证，此不录。李荣先生同篇又说：“拿合口字做反切上字的小韵，大多数是合口。有九个小韵，上字合口下字开口，其中倒有七个（为、伪、位、会、县、往、役）是合口，只有两个是开口。开口字拿遇摄字做反切上字的很多，要是遇摄合口，开口字不能老拿遇摄字做反切上字。”李荣同书第37节“反切上字里的合口字”有较为详细的材料排比，我们不再引述。陆志韦《古反切是怎样构造的》（《陆志韦集》，中国社会科学出版社，2003年，第319页）非常赞同李荣的观点。我们这里比较详细地转录陆志韦的论述：“（1）凭切上字定开合口，不凭切下字。‘为’，薳支反。《切三》《王二》《广韵》同。‘伪’，危赐反。《王二》同。‘位’，洧冀反。《王二》同。‘会’，黄带反。《王二》同。‘县’，黄练反。《王一》《唐韵》《广韵》同。‘往’，王两反。《切三》《王一》《王二》同。《广韵》‘于两切’，也同。‘役’，营只反。《切三》《王一》《王二》《广韵》同［光华按，高本汉《中国音韵学研究》（商务印书馆，1995 年）“出版说明”第 2 页也论及此条］。（2）凭模、鱼韵系的切上字定开合口，不凭切下字。‘旷’，苦浪反。‘荒’，呼浪反。《广韵》同。‘潢’，胡浪反。《王二》作‘呼浪反’。‘夐’，虚政反。《王二》同。《唐韵》‘休正反’，《广韵》同。《集韵》回到‘虚政切’。‘荧’，胡丁反。《切三》同。《王二》‘乎丁反’，也同。《集韵》还有‘荧，於丁切’。‘泂’，古鼎反。《切三》同。《广韵》作‘户顶切’。……从此可见，切下字管开合口，在《王三》不能算是一个原则，例外并不少，绝大多数并且流传到《广韵》时期。这里又有两点可以特别注意。一则是所有的例子都是用开口切下字切合口字的，没有相反的。二则被切字又全都是喉牙音字。这两点可以联起来看。中古音一定有某种特点，叫人正在这场合难以审音，或是以为不必计较开合口。”陆志韦先生的论述非常精彩。日本学者平山久雄《中古汉语鱼韵的音值》（《中国语文》1995 年第 5 期；又见王云路、方一新编《中古汉语研究》，商务印书馆，2000 年）一文也有很敏锐的观察，称：“关于开合口问题，我们也可以在韵图以外的资料中找到鱼韵为开口的佐证。敦煌发现的 S. 2729、P. 3383 两种《毛诗音》残卷，如平山久雄（1990 年）所述，似都出于唐初的撰本，而其反切结构颇为特殊。就开合方面讲，上字的开合和被切字的开合照例是一致的：要是被切字是开口，上字几乎一定是开口；要是被切字是合口，上字则大多是合口。……八九世纪之交的慧琳《一切经音义》，其反切多用与被切字同韵异调的上字。例如，鱼韵平声反切多用鱼韵上声（语韵）或去声（御韵）的上字。除了这种反切以外，被切字开口则上字亦是开口，不夹杂合口字，被切字合口则上字混用开口字与合口字。就黄淬伯（1931）、上田正（1987）所载鱼韵反切总表，鱼韵在这一点上也显示出开口的特色，即反切上字里没有合口字。”平山久雄的这段论述是非常重要而精辟的。黄侃《文字声韵训诂笔记》（上海古籍出版社，1983 年）第 129 页在论述《广韵》中的“覃、谈”二韵的开合问题时称：二者都是唇音收声，但“覃韵”没有唇音声母字，属于开口韵；“谈韵”有唇音声母字，属于合口韵（光华按，黄侃此看法甚独到，为他人所不曾言。但非无可疑之处。因为“谈韵”字若是唇音声母再加合口成分，那么由于是收 -m 的闭口韵，理当发生异化现象，使韵尾转为 -n。然而这种异化并没有发生，所以“谈韵”还是算作开口较好）。黄侃特别提到“覃”的反切应是“唐含切”，“谈”的反切应是“徒甘切”，反切上字有开合之别。则黄侃认为“谈”的合口成分是由反切上字“徒”带来的。黄侃同书第 109 页更是明确指出：“向来言反切者，上一字论清浊不论洪细，下一字论洪细不论清浊。由今论之，上字不但论清浊且论洪细也。”可谓先贤卓见，而少被人提及。黄侃《声韵通例·与人论治小学书》（《黄侃国学文集》，中华书局，2006 年）：“唇音但有合口，而可以切开口之音，开口之音，亦可以切唇音；此由唇音介于开合之间，故可以互用为切，开口之音至唇而必合。”史存直《汉语音韵学论文集》（华东师范大学出版社，1997 年）第 275 页在论反切的上下字与开合口的关系时说：“切语下字定开合，……（有少数例外，且唇音声母后面的韵母可以开合两算）。”董同龢《汉语音韵学》（中华书局，2001 年）第七章“中古音系”第 177 页在讨论流摄字的音值的时候称：“幽韵字韵图都摆在四等，可是实际上他们都是三等字，因为：（1）这个韵只有唇牙喉音，反切上字都用‘居、方’等见于三等韵的那些类的字，而不用‘古、博’等见于一二四等韵的那些类的字。”这样的观点和分析法是说韵图中的等与反切上字关系密切。同书第八章第 190 页称：“据白涤洲氏，《集韵》有使反切上字与所切之字同声调以及同开合洪细的倾向，这是明清以来改革反切的滥觞。”同书第八章第 194 页称：《古今韵会举要》“事实上有些按三十六字母属娘母的字他已认作‘泥’母，例如真韵的‘纫’与麻韵的‘拏’；并且凡他归入‘娘’母的字又都在没有介音 i 的韵内而不在有介音 i 的韵内，……这又显出是他把介音算在声母上的结果……”据高永安博士《明清皖南方音研究》（北京大学博士学位论文，2004 年）第三章（上）的介绍，明代末期新安人吴继仕的《音声纪元》一书的声母系统有 66 个声母，但是其中有的声母是带有介音 i、u 的所谓“声介合母”，也就是把介音算作声母的一部分。这是古代学者的很重要的一个音韵分析法。严学窘《小徐本说文反切之音系》（《民族研究文集》，民族出版社，1997 年。此文发表于 1943 年）早已论述道：“全观本篇与开口相混之合口音，似只为一种轻微之合口［u］，故反切下字为开口，而反切上字则多为［u］韵字，尤以古见系字为极显著，如戈，古多反；科，苦何反；和，户歌反；跨，苦夜反；怪，古卖反；坏，胡介反；怀，户埋反；携，户迷反；官，古安反；桓，户寒反；广，姑沆反；晃，胡莽反；横，户更反等皆其例，似今声介合拼之理，亦研究反切者所不可忽视之现象。”据颜森《黎川方言研究》（社会科学文献出版社，1993 年）第 20 页，在黎川方言中，“由于声母［k、kʻ］和零声母拼［u］介音时，［u］介音看作是声母的一部分，所以，韵母表中除［u、uŋ、 uʔ］三个韵母之外，没有以［u］开始的韵母”。在方言中还有一个特别的材料表明合口标记 u 与声母关系密切。在太原的分音词（又名“嵌 l 词”）中，如果这个原始单音节词有合口 u 的音素，那么这个合口 u 是在分音词中既归入上一音节，也归入下一音节。而其他任何介音成分都只是归入下一音节，不归入上一音节。这个材料很能说明问题。台湾龙宇纯《例外反切研究》（《中上古汉语音韵论文集》，五四书店、利氏学社，2002 年，第 480 页）等一系列论文力证在早期的反切中，大量存在着被切字的开合洪细等第由反切上字决定的现象。龙先生对这种反切现象有精详的论述，举证翔实，无可置疑（龙先生的其他论文如《切韵系韵书两类反切上字之省察》《陈澧以来几家反切系联法商兑并论切韵系韵书反切系联法的学术价值》等都讨论了同样的问题）。龙先生的论著是同类著作中最精湛的，不可不参考，文繁难以详引。李新魁《重纽研究》（《李新魁语言学论集》，中华书局，1994 年，第 66 页）有曰：“从韵书的反切来看，许多重纽的 B 类字，往往有合口的又音。或者在早期的语音材料中，以合口字为反切下字。如支韵 B 类的陂，《广韵》彼为切，縻字靡为切（《字镜》同）；彼字甫委切；纸韵的被字，《释文》徐邈音作扶伪切；寘韵的贲字，《释文》作彼伪反；等等。陂、铍、皮、縻等 B 类字，在《韵镜》中均列于开口三等，但《广韵》均以合口字为切下字，周祖谟先生《陈澧切韵考辨误》谓‘当以例外视之’，这种例外，是因为它们带有唇化音，所以用合口字为切。在现代闽方言中，这些字多读为［ue］。又如脂韵的湄字，《名义》作莫归反；旨韵的鄙字，《字镜》及《名义》均作补鲔反；至韵的閟字，《释文》作笔位反；媚字《名义》作靡愧反；同小韵的娓字作妄鬼反；线韵的弁字（与下字同小韵），《释文》作皮眷反。这些字多属 B 类字，本属开口字俱多用合口字为切下字，这又表明这些开口字有读为合口的可能，如支韵的麾字（《广韵》许为切），《释文》作毁皮切，这表明皮字可能读为合口字。又如至韵的位字（《广韵》于愧切），《字镜》作黄靡反，狝韵的卷字（《广韵》居转切），《字镜》九勉反，等等。这些开合混用的字主要是喉牙唇音字，特别是唇音字，旧说谓唇音字的开合口的区别不严格。”光华按，李新魁先生这里是认为这些重纽 B 类字在上古音是唇化辅音。我们认为李新魁的解释未必精确。其实，唇音字的反切下字是合口字而在韵图上归入开口，这是因为它们的反切上字是开口字，唇音字的开合更多是取决于反切上字，而不是反切下字；上举的牙喉音字的开合口与反切下字不合，但与反切上字相合，这明显反映出这些喉牙音字的开合口是由反切上字来决定。如上举的支韵的麾字（《广韵》许为切），《释文》作毁皮切。这不是如李新魁所说的“皮”可能读合口，而是因为反切上字的“毁”是合口。至韵的位字（《广韵》于愧切），《字镜》作黄靡反，这是因为“位”的合口成分来自反切上字的“黄”；狝韵的卷字（《广韵》居转切），《字镜》九勉反，这是因为“卷”的合口成分来自反切上字的“九”。李新魁先生始终都没有注意到被切字的开合可能是来自反切上字，而不是反切下字的这一重要现象。

“海、黑”是喉牙音字。我们完全有理由认为“海、黑”的上古音有合口一读。从声训材料也可以得出这样的结论，如《礼记・乡饮酒义》：“祖天地之左海也。”郑玄注：“海，水之委也。”郑玄这是以“委”来声训“海”，而“委”是影母合口字。又如《释名・释水》：“海，晦也。”《广雅・释水》：“海，晦也。”类似的材料很多，参看《故训汇纂》（商务印书馆，2003 年）第 1261 页。而“晦”是合口字，因此在东汉时“海”完全有可能是合口字。在现代方言中，据王福堂等《汉语方音字汇（第二版）》（语文出版社，2003 年）第 153 页，“海”在建瓯方言和双峰方言中都是读合口。上举的在福建各方言中白读为合口的“气、洗、细、倚”，其在《广韵》中的反切上字都是合口字。因此，我们认为这些字在《广韵》以前的上古时代可能有合口一读，也许同时就有开口音，二者并存。读合口的时代层次比较古老。我们在现代方言中也发现有旁证，据《现代汉语方言大词典（合订本 4）》（江苏教育出版社，2002 年）第 3488 页“娘娘啊”条，在忻州方言中“娘啊”的合音读为“nia”音。在河北方言词汇中也有同样的合音现象。这显然是把“娘”的声母 n 和介音 i 连在一起，与“啊”发生合音（这个合音也可以看成是反切）。这个合音的介音是合音上字带来的，而不是由下字决定。这是现代方言中的很好的旁证。在异民族语言中也有这样的音变。如据杨再彪《苗语东部方言土语比较》（民族出版社，2004 年）第二章“论苗语东部方言的六个土语”第 46 页，苗语东部方言的花垣吉卫土语音系中由于没有合口呼和撮口呼，因此，从汉语中来的借词凡是合口韵一律变为开口韵，凡是撮口韵一律变为齐齿韵。另如李方桂《上古音研究》（商务印书馆，1998 年）第 75～76 页论述道：“有些韵虽有开合之分，但是唇音字究竟入开口还是合口各人的办法不一致。其中如阳韵的唇音字反切下字多用开口字，《韵镜》入开口，李荣同，一般人多入合口。戈韵的唇音字，《切韵》入歌韵（戈歌不分两韵）反切下字多用开口字，李荣入开口，可是

《广韵》已把反切下字改为合口字，一般韵书（如《韵镜》）多入合口戈韵。桓韵唇音字，《切韵》反切下字有开口字也有合口字，李荣入开口（《切韵》寒桓不分韵），一般韵书如《韵镜》入合口。”这虽然是说的唇音字的开合口的情况，但是李方桂先生在论述中古的合口韵的时候，认为唇音与圆唇舌根音同类，与合口的起源关系最大。

⑨ 另如刘祥柏《徽州方言晓组合口一二等字的声母今读》（《长江学术》2002 年第 2 辑）也论述到在徽州方言中，作为声母的 h 与 f 相混的现象。

⑩ 袁家骅：《汉语方言概要（第二版）》，语文出版社，2001 年。

⑪ 参看《娄底方言词典》（江苏教育出版社，1994 年）中的“引论”第 12 页。

⑫ 罗杰瑞：《汉语概说》，语文出版社，1995 年，第 169 页。

⑬ 庄初升：《粤北土话音韵研究》，中国社会科学出版社，2004 年。

⑭ 另参看李冬香、庄初升《韶关土话调查研究》（暨南大学出版社，2009 年）第二章和第三章。

⑮ 张盛裕：《潮阳声母与广韵声母的比较（一）》，《方言》1982 年第 1 期，第 55 页。

⑯［瑞典］高本汉著，赵元任译：《中国音韵学研究》，商务印书馆，1995 年。

⑰ 见罗常培《汉语方音研究小史》一文所引，具体参看《罗常培语言学论文集》（商务印书馆，2004 年）第 165 页）。

⑱ 黄侃：《文字声韵训诂笔记》，上海古籍出版社，1983 年。

⑲ 章太炎：《新方言·释地第八》，《章太炎全集（卷七）》，上海人民出版社，1999 年。

⑳ 古书中有的例子比较复杂，有时候会有不同的分析。如《晏子春秋》卷五第二：“晏子为庄公臣，言大用，每朝。”银雀山汉简本“每”作“晦”。这当然可以理解为明母的“每”与晓母的“晦”古音相通，但是也可以理解为由于原文是“每朝”联言，“每”受到“朝”的影响而发生偏旁类化［在历史语言学理论上叫类推。在文字学中，偏旁类化的现象是非常普遍的。如“辗转”一词，在古书中最早是作“展转”，由于偏旁类推而后成为“辗转”；“稼穑”的“穑”本来只作“啬”，后来由于“稼啬”一词颇为常用，因而发生偏旁类化，“稼啬”就变成了“稼穑”；“恍惚”一词在古书中最早是作“恍忽”，由于偏旁类推而后成为“恍惚”。《广韵》：“懘，惉懘，音不和也。惉，《乐记》作‘怗’。”余迺永《新校互注宋本广韵》第 377 页的校勘指出《广韵》这里的惉，其他版本如南宋祖本、巾箱本、黎本、景宋本作“惉”。又，“帖”作“怗”，合《乐记》。我们认为《乐记》本作“怗”，古本作“怗懘”，由于偏旁类化而成为惉懘。俞樾《古书疑义举例》（中华书局，1983 年）八十例“字因上下相涉而加偏旁例”对这种文字演变现象有精彩的简论；刘钊《古文字构形学》（福建人民出版社，2006 年）第六章“古文字中的‘类化’”对古文字中的类化现象讨论得很详细具体，例证甚多。另如欧昌俊、李海霞《六朝唐五代石刻俗字研究》（巴蜀书社，2004 年）第四章第六节“字形同化类”也举有比较丰富的文字同化的例子，可以参看］，于是“每”就加上“日”旁而成为“晦”。因为“朝”是从日、从月的字。如果是这种情况，那么这里的“晦”就是“每”的异体字，是明母而不是晓母。

㉑ 可参看《金文诂林（第六册）》（香港中文大学，1975 年）第 2785 ~ 2797 页所引各家之说，如阮元、方濬益、刘心源、商承祚、屈万里、张日昇。

㉒ 许瀚：《攀古小庐全集（上）》，齐鲁书社，1985 年。

㉓ 故宫博物院编：《唐兰先生金文论集》，紫禁城出版社，1995 年，第 41 页。

㉔ 只是我怀疑这里的“古”不是见母，而是匣母。否则其通假关系不易解释。

㉕ 侯志义：《金文古音考》，西北大学出版社，2000 年。

㉖《洛阳庞家沟五座西周墓的清理》（《文物》1972 年第 10 期）一文根据洛阳西周墓出土的铜器铭文把铜壶、铜簋、铜鬲等不同的青铜器都叫做“簠”，于是称：“因此知簠为青铜礼器的通称。”同文也称簠与胡、瑚可以通假。

㉗ 高明：《䀇、簠考辨》，《文物》1982 年第 6 期，第 71 ~ 72 页。

㉘ 参看宗福邦等主编：《故训汇纂》，商务印书馆，2003 年，第 2425 页。

㉙ 如《金文诂林（第六册）》（香港中文大学，1975 年）2788～2789 页引强运开之文称："未可认为匠即簠之古文。窃谓匠之为器实即胡梿之胡。匠为正字，而胡、瑚则借字也。"实际上，簠、胡、匠三字在古文字中可以互相通借，并非彼此毫无关系。

㉚ 郭沫若：《卜辞通纂》，《郭沫若全集·考古编（第二卷）》，科学出版社，2002 年。

㉛ 无论是把"簠"和"筐"看成同源字或通假字，都不影响我们的结论。另可参看《金文诂林（第六册）》（香港中文大学，1975 年）2796～2797 页所引孔德成之说，称"簠"之形似"匡"，故又曰"匡"。"簠"和"筐"都是方形器，二者有密切关系。且称："'簠'、'筐'后出字，其初只匡字尔。"

㉜ 汪启明《先秦两汉齐语研究》（巴蜀书社，1999 年）第 189 页说"荒"是匣母，非是。

㉝ 另可参看王念孙《读书杂志·淮南内篇第一》的"忽区"条所引王引之的论述，也是明母与晓母相通的证据，此不详录。从其他的通假字看，晓母合口确实可以与明母直接相通，这点无可置疑。如《郭店楚墓竹简·太一生水》："青（请）昏（问）其名。"这里的"昏"只能解释为"问"的通假字。又，今本《老子》四十一章："上士闻道，勤而行之；中士闻道，若存若亡；下士闻道，大笑之。"而与此相对应的《郭店楚墓竹简·老子乙》中的"闻"都是作"昏"字。这里的"昏"与"闻"也只能解释为通假字，不可作其他解释。"问"、"闻"都从"门"声，其上古音声母只能是明母。

㉞"方"与"荒"字形相去甚远，不可能是形近而误。不过，有的学者认为这个异文不一定表明"方"与"荒"在这里是通假字。这也是可能的。考"北荒"一词不仅在宋代的《资治通鉴》中出现了九次，而且在唐朝的佛经类书《法苑珠林》卷四十九所引《述证记》和六朝的江文通的文章中都已经出现。因此，"北荒"一词至少可追溯于六朝，其产生也许与《山海经》的影响有关。"北方"与"北荒"在韩愈的文章中确实有可能只是意思上有关，不一定就是通假字。但"方"与"荒"无论在古音还是今音的方言中都可以相通，这是没有任何问题的。我们上面所引述到的明朝的张位《问奇集》就说过在闽粤方言中，"方为荒"。

㉟ 可以举出旁证如：罗常培《临川音系》第四章"比较的音韵"（《罗常培文集（第一卷）》，山东教育出版社，1999 年，第 507 页）称：在临川方言中"疑纽一、二等的合口失落声母"。据赵元任《现代吴语的研究》第 23 页的辅音表可知在吴方言中的某些点的疑母开口读 ŋ，合口读 n。这都是合口介音影响声母的例子。

㊱［美］罗杰瑞著，张惠英译：《汉语概说》，语文出版社，1995 年。

㊲ 詹伯慧：《汉语方言及方言调查》，湖北教育出版社，2001 年。

㊳ 另可参看詹伯慧主编《广东粤方言概要》（暨南大学出版社，2002 年）第三章第 109 页称："古非敷奉母的字与古晓母合口一二等韵的字粤方言中都念 f－。"同书第 121 页称："古溪母字在粤海片粤语一部分声母读为 f 或 h，读 h 的为开口韵，读 f 的为合口韵。这个特点也体现了粤语的普遍特点。"如"宽、阔、枯"在粤方言中一般都读为 f 声母。

㊴ 刘纶鑫：《江西客家方言概况》，江西人民出版社，2001 年。

㊵ 另可参看罗常培"临川音系"第四章"比较的音韵"［《罗常培文集（第一卷）》，山东教育出版社，1999 年，第 507 页］。罗常培有曰：在临川方言中"晓、匣的一、二等，开口读作喉部擦音 h，合口变成齿唇擦音 f"。

㊶ 李如龙：《福建县市方言志 12 种》，福建教育出版社，2001 年。

㊷ 见《罗常培文集（第一卷）》（山东教育出版社，1999 年）第 76 页。

㊸ 魏建功《古音系研究》（中华书局，1996 年，第 55～56 页）第三章"研究古音系的材料"也举了一个类似的例子，可作为本书的旁证，可以参看。我们不再引述。

㊹ 在少数民族语言中的类似的音变可作为旁证：据杨再彪《苗语东部方言比较研究》（民族出版社，2004 年）第二章"论苗语东部方言的六个土语"第 46 页，苗语东部方言的花垣吉卫土语音系中由于没有音位 f，因此，凡是从汉语来的借词读 f 声母的，一律音变为 xw。如汉语"飞"借入吉卫苗语后读 xwei44，"翻"借入吉卫苗语后读 xwan44。在阳孟苗语、蹬上苗语中有同样的音变现象。据《中国大百科全书·语言文字卷》"东乡语"条，在古代蒙古语中的首辅音 h－到了现代的东乡语中有的演变为 f－。

㊺ 侯精一、温端政主编：《山西方言调查研究报告》，山西联合高校出版社，1993 年。

㊻ 何大安：《规律与方向：变迁中的音韵结构》，北京大学出版社，2004 年。

㊼［英］R. L. Trask：《历史语言学》，外语教学与研究出版社，2000 年。

㊽ 一般音译为“巴斯克语”。

㊾［英］R. L. Trask：《历史语言学》，外语教学与研究出版社，2000 年。

㊿ 王均等：《壮侗语族语言简志》，民族出版社，1984 年。

51 劳费尔《中国伊朗编》（商务印书馆，2001 年），此序写于 1962 年。

52 劳费尔此文是利用了伯希和的观点论证了古籍中的“拂林”一词是音译自古伊朗语的 Frim 或 Frīm。

53 前辈学者也有过类似的观察，如章太炎《文始》一“歌泰寒类”有曰“‘皮’本音‘为’，又作重唇如今音”云云。见《章太炎全集（七）》（上海人民出版社，1999 年）第 172 页。章太炎的这段话是根据《说文》：“皮，从又，为省声。”符羁切。有的学者利用《说文》说的“皮”从“为”省声来构拟复辅音声母 ɣb。耿振生先生《20 世纪汉语音韵学方法论》（北京大学出版社，2004 年）第 106 页批评了《说文》对“皮”的文字结构的分析，认为“皮”不是形声字，而是指事字，“为”不是“皮”的声符。耿先生批评有的学者利用“皮/为”来构拟复辅音声母，这当然是正确的。不过，章太炎在《文始》中的意思是说“皮”字的读音本来就有两个：一为匣母合口，一为並母，二者之间可以相通转（而与复辅音无关，章太炎是不主张古有复辅音声母的）。从我们所引述的方言材料和对音材料来看，这在音理上是完全可能的。《说文》对“皮”的文字结构的分析是不可靠的，但在音理上《说文》有可能是对的，这还需要作进一步的研究。这有梵汉对音材料的证明。如在东汉支娄迦谶的佛经翻译中，存在着用“滑”的合口匣母来音译 p，用“会”和“洹、洹”的合口匣母来音译 bh 这样的现象。在现代方言中有很多例证。如据张盛裕《潮阳声母与广韵声母的比较（一）》（《方言》1982 年第 1 期）称在潮阳方言中有的并母字有 p 与 h 两读的情况，其中 p 是白读。所举例子如“棒、蚌”都不是三等字，并没有先变为轻唇音，然后才音变为 h。h 虽为后起音，但与 p 毕竟可以构成异读。类似的例子在闽方言和粤方言中有很多。龙宇纯《古汉语晓匣二母与送气声母的送气成分》（《中上古汉语音韵论文集》，五四书店、利氏学社，2002 年，第 480 页）认为“皮”与“韦”是同源词，龙宇纯称：“韦有皮义，即与皮为转语，皮字符羁切，其声之转，犹咆与嗥及方与航。许君说皮从韦声，虽于字形不合无可取，其必取为字之音，韵同之外，或亦有其声母的观点。为与韦双声。”龙宇纯此文还认为“方”与“航”是同源词，“芳”与“香”是同源词，“葩”与“花”是同源词，“芬”与“薰”是同源词，“咆”与“嗥”是同源词，“嚭”与“喜”音近可通（这一条材料可参看朱骏声《说文通训定声》“嚭”字条注）。另外，我们还可以合理地解释古汉语中的一个异读问题。“亨”字有“香两反”“普庚反”，作“香两反”时是“进献”之义，作“普庚反”时就是后来的“烹”字。为什么会一为晓母、一为滂母呢？就是因为滂母在古汉语的方言中，有的失去了唇塞音的成分从而音变为晓母，这与复声母没有关系。而且在现代的闽方言和粤方言中，作为声母的 ph 与 h 构成文白异读的情况有很多，其中 h 声母是文读音。另外，bh 音变为 h 在音理上是有可能的，在古印度的方言音变中就有这种现象，参看季羡林《再论原始佛教的语言问题》（季羡林《印度古代语言论集》，中国社会科学出版社，1982 年）。辛岛静志《早期汉译佛教经典所依据的语言》（《汉语史研究集刊（第十辑）》，巴蜀书社，2007 年）通过对《道行般若经》的梵汉对音研究，指出：“在这些词里，‘呵’和‘诃’可能都反映了中世印度语中 - bh - → - h - 的发展。”同文通过对《法华经·提婆达多品》的梵汉对音研究，指出：“在这里，‘休’表明在所依据的原典中有中世印度语中 - bh - → - h - 的发展。”万波先生在第十届国际粤方言学术研讨会（香港，2005 年）上发表的论文专门讨论粤方言中送气清塞音由于送气成分的加强而失落其塞音的现象，举证很多。只是他不应当把这种现象产生的原因归为百越语底层的影响，而应该看作是汉语方言很自然的音变。

54《现代汉语方言大词典（合订本）》，江苏教育出版社，2002 年。

55 参看侯精一、温端政主编：《山西方言调查研究报告》，山西联合高校出版社，1993 年，第 389 页“太原音系”有相同的论述。

56《罗常培文集》编委会：《罗常培文集（第一卷）》，山东教育出版社，1999 年。

57［日］宇井伯寿：《译经史研究》，岩波书店，1971 年。

58 光华按，日文原文作“一斑”，今意译为“通览”。

(59) 光华按，宇井伯寿用“印度语”，而不用“梵语”，这是很精确的。因为支娄迦谶根据的外语原文是印度俗语，而不是典雅的梵语。支娄迦谶的时代有没有纯正的梵文佛经都还不能确定，没有的可能性很大，最多在西域有混合梵文的佛经。由于支娄迦谶来自中亚的月氏国，其国流行多种语言，而以吐火罗语为主。支娄迦谶所根据的佛经原始语不排除是吐火罗语的可能，至少混入了吐火罗语的成分。尚待深考。水野弘元《佛典成立史》（东大图书股份有限公司，1996 年）第三章“经典的流通状况”第 106 页论及支娄迦谶的翻译：“在这些音译用语或名词里，也有些跟正确的梵文不符，原来，支谶译的原本不是梵文，很可能来自印度俗话，或中亚语言的经典。不过，他的翻译仍相当扎实。”又，宇井伯寿日文原文用的是“支那”，今译为“中国”。

(60) 另据宇井伯寿《佛教辞典》（大东出版社，1977 年）第 619 页，古印度高僧世亲的梵文名是 Vasuvandhu，中文音译为“婆薮槃豆、和修槃头、伐苏畔度”，则梵文中的 Va 可对音古汉语的“婆、和、伐”诸字；据同书 618 页，古印度高僧世友的梵文名是 Vasumitra，中文音译为“伐苏蜜怛罗”，又音译为“和须蜜”，则梵文中的 Va 可对音古汉语的“伐、和”。因此，中古及以前汉语的合口匣母的“和”必有 Va 音。

(61) 宇井伯寿在这里揭示的材料和得出的结论很重要，有助于解决上古音声母的一些重要问题。因为根据宇井伯寿这里的研究以及我们在下面紧接着列举的材料来看，匣母合口（一般是一等字）在东汉时代既然是可以与外语的 v 相对音，那么在东汉时代的匣母合口的音值就一定是与 v 可以相通转。王力先生《汉语语音史》（中国社会科学出版社，1985 年）卷上第二章第 82 页称：“可以假定，汉代声母和先秦声母一样，或者说变化不大。”王力先生这里说的汉代是指东汉。如果真如王力先生所说，那么东汉时代的匣母合口的音值就应该与上古音的匣母合口的音值一致。这样一来，就产生了一个很严重的问题。根据李方桂先生《上古音研究》所构拟的上古音声母系统，汉语上古音中的匣母合口是构拟为圆唇舌根音声母 gw。这个构拟被有的音韵学者接受。但是我们在这里揭示的梵汉对音材料显示，如果真如李方桂所说的那样，上古音中的匣母合口是圆唇舌根塞音，那么就不可能与外语的 v 相对音，这在音理上无法解释。俞敏《后汉三国梵汉对音谱》（《俞敏语言学论文集》，商务印书馆，1999 年）也注意到同样的现象，俞敏知道如果认定东汉时代的匣母合口如果就是圆唇舌根塞音，那将无法解释梵汉对音所显示的现象。因此，俞敏在此文中把东汉时代的匣母合口一分为二，匣 1 是舌根音 g，匣 2 是唇齿浊擦音 v，认为匣 1 和匣 2 是两个不同的来源。我不完全赞成俞敏的构拟。我认为俞敏之所以被迫把东汉时代的匣母一分为二是因为他始终认可上古音中的匣母只是 g 的构拟，而不承认自上古以来就有舌根浊擦音的匣母。这就迫使他在东汉的梵汉对音材料面前将匣母一分为二。但是如果我们采用王力先生的构拟和董同龢《汉语音韵学》中的构拟，认为上古音中的匣母与群母并非合一，且匣母有开合对立，匣母的上古音音值为舌根浊擦音 ɣ，那么将能够完全合理地解释在东汉时期的梵汉对音的现象，而且不需要将匣母一分为二，至于在梵汉对音中有用匣母字去音译 g 的情况，这是可以理解的。因为 g 与 ɣ 的发音部位相同，都是舌根音，只是发音方法有所不同，二者在音理上完全可以通转。因为合口的舌根浊擦音 ɣu 与外语中的 v 在发音方法上是相同的，都是浊擦音，都有合口成分；而且合口介音会使得 ɣ 发生唇齿化的音变，从而在发音部位上靠近唇音的 v，这就使得匣母合口可以与 v 音近相通。这种音理上的解释是无隙可击的。我们也因此认为汉语上古音中的匣母合口并非如李方桂所说是圆唇舌根音，而应当如王力、董同龢的构拟是 ɣ，而且有开合口的对立。

李方桂先生的圆唇舌根音声母据说可以得到粤方言材料的证明。曾经有许多学者认为在广州方言音系中存在圆唇舌根音，而不存在合口介音的 u。如黄家教《广州话无介音说》（《学术研究》1964 年第 2 期）、黄家教《广州话有没有介音——粤方言研究中一个有争议的问题》（第一届国际粤方言研讨会论文，香港，1987 年），直到詹伯慧主编《广东粤方言概要》（暨南大学出版社，2002 年）第三章第 122 页还称：“粤海片粤语有圆唇化的声母 kw 和 k‘w。”例如，“寡、夸、裙”等字。

但有很多学者已经放弃了在粤方言中有圆唇舌根音声母的说法，而且其论述证据有力、逻辑严密。李荣先生《关于方言研究的几点意见》（《方言》1983 年第 1 期）坚持认为广州方言有 u 介音。詹伯慧《珠江三角洲方言调查报告》、白宛如《广州方言词典》、王福堂等《汉语方音字汇（第二版重排本）》等书中的广州音系都没有圆唇舌根音 kw、k‘w。在第十届国际粤方言学术研讨会上（2005 年 12 月在香港中文大学举行），黄伯荣先生的论文指出阳江话的音系中没有必要设立圆唇舌根音 kw、k‘w，应该直接用合口介音 u 来表示。在同会上，暨南大学的伍巍等发表的《广州音系舌根音

kw、k·w 讨论》一文列举了比较有说服力的理由，坚决主张广州音系中没有必要设立圆唇舌根音 kw、k·w 来与 k、k·构成音位对立。伍巍的论文较有启发性，例如他指出如果设立 kw、k·w 这样的音位，那么中古音的舌根塞音的合口字在粤方言中就要被归入开口，而同部位的合口影母字却还是归入合口，这样处理显然不合理。他认为 kw（这是 k^w 的方便写法）与 ku 只能解释为自由变体，而不能构成音位对立。我们赞成粤方言中没有必要设立圆唇舌根音 kw、k·w 这种说法。另外，施其生先生《广州方言的介音》（《方言》1991 年第 2 期；又见施其生《方言论稿》，广东人民出版社，1996 年。今据后者）详细论证了广州方言本来有合口介音 u，只是有消失的趋势，不能认为存在着圆唇舌根音的声母（施其生此文较有说服力。李新魁在为《方言论稿》写的“序”中称赞此文：“作者亦运用共时描写与历史分析相结合之方法加以探究，于广州话介音之存废问题发表新说。此类论述，颇能‘辩问周明’，精察之功不慢，于汉语语音史及南方方言发展史之探究，确有意义。”这个评论应非过誉）这一问题。我们这里要详细介绍此文。施其生在 1988 年对广州近郊 23 个点的方言调查中注意到：“从近郊到老市区，随着地理位置的渐移，语音是渐变的。每一个音都有一个渐变的链，老市区的音系，只不过是从这些链中切出来的一些环的集合。从这些渐变的链看广州音，我们认为介音目前还未达到完全‘无’的阶段，也就是说，广州方言还有介音。——广州的近郊，有介音的韵母较多。随着地理上逐渐接近老市区，有些介音趋向消失，其音质上的渐变有三种类型：1. 主要元音高化，最终与介音合二为一。2. 介音弱化，舌位向主要元音靠拢，最终被吸收。3. 介音与主要元音相互影响，最后合二而一，变成一个新的主要元音。”施其生认为从广州的近郊到老市区存在一个从有介音到无介音的过程，这就体现出有介音韵母和声母的结合面缩小。施其生说：“这往往是由于韵母音质的演变受声母的制约引起的。在某些声母之后介音的消失可能较快，在另一些声母之后可能慢一些。这样，当某一有介音韵母在某些声母之后变为无介音时，在另一些声母之后仍未完成其变化。此时，这个有介音韵母仍存在于韵母系统中，韵母系统没有发生调整，但是声韵配合关系已经发生了调整，有介音的音节减少了，渐变的过程已经前进了一步。”施其生的这些观察都是合乎事实的，广州话绝不是从来就没有合口介音，音韵学者更不能据现在的广州话来推断汉语上古音就没有合口介音，那样的出发点就已经错误。施其生指出在广州老市区还存在带 u 介音的韵母十五个，“可以看到这种情况正处于介音从有到无的渐变过程的中间阶段，而不是终极。近郊有一些带介音的韵母是广州所无的”。有的地方如石井、江高、新市存在一些带介音 u 和不带介音 u 两读的现象。施其生有一段话很有参考价值：“假使我们同意无介音说，认为上述十五个韵母无介音，［u］只是圆唇声母的要素，那些随地域的渐移而渐变的链条便只好看作声母的突变：随着地理位置的渐移，圆唇声母一类接一类地突然变为不圆唇——音质上的突变，与韵母的配合范围突然降为零。——我们宁可认为是含［-u］介音的韵母在音系中逐渐缩小其‘地盘’，而不是圆唇声母突然整类消失，因为这才符合语音逐渐演变的规律。”我们认为这样的见解是比较通达的。施其生还提到：“近郊带［-i-］介音的韵母数量不少，且与声母的结合面较广。越近老市区，带［-i-］介音韵母的‘地盘’越小。具体情况有三：一种是还未到老市区介音就已经消失；另一种是［-i-］介音在部分声母之后完全失去，在部分声母之后变成流音［e］，在部分声母之后仍保留；还有一种情况是［-i-］介音在辅音声母之后已消逝得完全不留痕迹。”施其生因此认为不能否认广州话中有 -i- 介音的存在。光华按，有的音韵学者称汉语上古音没有 -i- 介音，往往以现代广州方言为例，认为现在的广州方言是上古音的遗留状态。我们现在可以说这种看法实在是误会。施其生先生在此文的第三节还讨论了如果承认圆唇舌根音 kw、k·w 将会导致广州方言语音系统上的一系列问题，其论证也较有启发性。其中指出了一点很值得注意，就是在广州音中存在圆唇程度很高的 y，可与 k、k·声母相拼，但 ky、k·y 却不被当作圆唇舌根音。这是一个很尖锐的问题。我们不再具体引述原文。

麦耘先生《广州话介音问题商榷》（《中山大学学报》1999 年第 4 期）虽然主张现代的广州话没有介音，但明确认为早期的广州方言是有介音的，其言曰：“笔者同意早期粤方言有介音，并与中古汉语的介音系统有对应关系；后来的发展是介音趋于消失，而广州话是粤方言中介音消失得比较快的一支。”其文最后有这样一段论述：“笔者认为，广州话的［j，w］到底是介音还是声母，其实是个表面的问题，真正的关键在于学者们是否同意下述这一观点：介音消亡（且不论是认为已经消亡还是正在消亡）是广州音系带有本质性的特点，或者说是发展的大趋势，而在归纳广州话音位系统时，把其中相当于其他音系的介音的成分放到声母层面去处理（且不论是视为‘介音转化为声母’还是‘介音属声’）最能体现这一特点或趋势。如果论辩双方都同意这一点，那就有了进一步讨论的基础。笔者认为广州话介音渐变式的消亡在过去的某个时候已达到足以发生突变的程度，介音作为一个系统已不再能独立存在，剩余的介音就转入了声母系统，包括与［k，kh］结合的［w］在内。”这段话分明显示出即使认为广州话有圆唇舌根音声母，那也是后起的，是由中古音的合口成分融入声母而形成的。这个观点正好与李方桂的观点相反。因为李方桂认为上古音就有圆唇舌根音声母，而且发展到中古音时演变为合口。而麦耘的看法正好相反，是中古音的合口并入舌根音声母才形成了广州话的圆唇舌根音声母。因此，即使承认现在的广州话有圆唇舌根音，也不能认为汉语上古音就有圆唇舌根音声母。

刘叔新等《介音 u 是广州话的语言事实》（《方言》2000 年第 1 期）论述说：“声谱图及实验语音学数据证明，广州话和普通话一样存在 u 介音。从历史音韵看，广州话也没有弃失 u 介音的可能。因此，所谓广州话无介音的认识是不符合语言事实的。”其文有一些论述很有趣，我们稍详引述：“普通话语音系统中，公认有［u］元音音位，而且确认它不仅可以高舌位作单韵母，以比［u］舌位低一点的［ʊ］作为韵母主要原因或韵尾出现，还可以以［ʊ］这个变体形式充作介音出现在韵腹之前、辅音声母之后。那么广州‘瓜’‘娃’音与普通话的基本一致，广州话又一样有［u］音位作单韵母（如‘姑、估、顾’），以此元音音位的［ʊ］变体作韵母主要元音，而且也一样有个［ʊ］音出现在韵腹之前和辅音声母之后，那就有力地说明，广州话音系之中具有［u］介音。”其文又曰：“把［u］介音并入声母里去的处理方法，似是比附 w 声母的结果。不过，利用标写形式的一致，把半元音 w 由声带颤动带来的‘声’去掉，使它仅标示‘圆唇化’，于是‘瓜、关、夸、葵’等字的声母是 kw－、k‘w－。若 w 在这里还是个半元音，——一种只有轻微摩擦的浊辅音，而且它确如标示的那样接着在 k、k‘之后出现，广州话就存在复辅音；若这个半元音 w 是与 k、k‘同时出现的，广州话便有两个浊塞音声母；而若这里的 w 仅是发 k 和 k‘音时双圆唇化的标记，则广州话舌面后清塞音声母除了 k、k‘之外，就还有分别与它们对立的 kw、k‘w。这三种可能设定的情况，无一符合广州音的实际。广州话不可能有复辅音。确定‘瓜、关、夸、葵’等字的广州音声母是复辅音，就如同认为这些字的辅音声母是个复辅音一样谬误。古浊塞音发展到现代粤音已完全清化，是公认的事实，因而要把 kw、k‘w 看成浊塞音声母也绝对违理。设定出的 kw、k‘w 只好单看作成圆唇化的清塞音声母了。这是否符合广州音实际呢？根本不符合。广州人发‘瓜、关、夸、葵’等字音，绝非一开始就把双唇圆化而发个舌根塞音。……取消介音 u，把它并到舌根清塞音声母里去而‘被圆唇化’所‘化’掉，这种处理法不仅不符合语言实际，不符合确定和归纳音位的原则，而且也有违语音系统组织的条理性。”此文还有许多有说服力的论述，文繁不录。

其他学者的论述尚多，我们难以详录。总之，现在的方言学界已经越来越明确地肯定广州音系中不存在圆唇舌根音 kw、k‘w。我们更不能认为广州话中的所谓 kw、k‘w 是上古音的遗留。因此，李方桂先生《上古音研究》中的一整套的圆唇舌根音的构拟实在得不到汉语自身的各种材料的支持。日本方言学的权威学者柴田武在其名著《方言论》（平凡社，1988 年）一书的第二章“方言的分布与变迁”中专门讨论了 kwa（根据原书的论述，这里的 kw 是典型的圆唇舌根音，而不是一般意义上的合口音）在日本方言中的分布和变化，指出了圆唇舌根音 kw 的演变方向是 kwa→ka，从来没有 kw→ku 的演变。据哈尔马塔《印度—伊朗人的出现：印度—伊朗语》［《中亚文明史（第一卷）》第十五章，中国对外翻译出版公司，2002 年，第 269 页］称：“原始波罗的海语和达基—迈西亚语中亦如原始印度—伊朗语，出现了‘原始印欧语 k^w、g^w、g^wh > k、g、gh’的发展。”原始印欧语的圆唇舌根音的演变也是失去圆唇成分，而并没有因此产生出圆唇元音。据《中国大百科全书·语言文字卷》第 457 页“印欧语系语言的主要特点”（此条为黄长著撰）论及：“希腊语中的唇化软腭塞辅音在不同情况下变为几个不同的塞音。在古希腊雅典城邦的希腊语中，kw 在 a 或 o 前变为 p，在 e 或 i 前变为 t，在 u 前变为 k。”可见在原始印欧语中的 k^w 甚至可以出现在 u 的前面，而且任何时候都不会产生 u。据欧阳觉亚等《黎语调查研究》（中国社会科学出版社，1983 年）第 279 页“方言、土语之间的语音比较”所提供的资料，在保定黎语中的 kw/khw 声母，是对应中沙和黑土黎语的 k 声母；保定黎语中的 gw 声母，是对应中沙和黑土黎语的 g 声母（有时对应黑土黎语的 r）；保定黎语中的 ŋw 声母，是对应中沙和黑土黎语的 ŋ 声母；保定黎语中的 hw 声母，有时是对应中沙和黑土黎语的 h 声母（有时对应 v 声母）；这说明黎语中的圆唇牙喉音声母的演变趋势主要是失去圆唇成分。作者在 280 页总结道：保定的唇化声母在中沙一概失去圆唇成分 w，多有举证。而李方桂先生的圆唇舌根音是为了解释中古合口介音 u 的来源，因此李先生的这种音理上的解释也得不到历史语言学的支持。我们认为汉语上古音就有合口存在，而不存在圆唇舌根音声母。

据高本汉《中上古汉语音韵纲要》（齐鲁书社，1987 年）第二章一“上古声母”称：中古音的舌根浊擦音声母在上古音中要归入送气的舌根浊塞音。这个观点后来得到了李方桂和丁邦新的继承和发扬。赵元任《语言问题》（商务印书馆，1997 年）第 134 页也认为江浙一带的匣母字“厚、环、携”读为舌根浊塞音的现象“大概是因为它们保存更古一点的阶段，它们所自来的方言不完全是长安的方言，因为更古一点啊，[ɣ] 的音本来是个 [gʻ]，一般变成 [ɣ]，而这许多地方没有变，这是一个不规则的来源”。我们认为把上古音中的匣母一概归入群母是不对的。邵荣芬先生《匣母字上古一分为二试析》（《邵荣芬音韵学论集》，首都师范大学出版社，1997 年；《语言研究》1991 年第 1 期）也认为上古音中的匣母本来就有浊擦音一读，邵荣芬同时还认为上古音中的匣母还有 g 音一读。邵荣芬先生虽然认为上古音中的匣母一分为二，但也始终认为其中之一是舌根浊擦音；丁邦新先生也主张上古音中的匣母是读舌根浊擦音，同时认为上古音中的群母一二四等在东汉以后演变为浊塞音的匣母，从而使得中古音的群母没有了一二四等（参看丁邦新《从闽语论上古音中的 g－》，载《汉学研究》1983 年第 1 卷第 1 期）。喻世长《用谐声关系拟测上古声母系统》[《音韵学研究（第一辑）》，中华书局，1984 年]、郑张尚芳《上古音系》（上海教育出版社，2003 年，第 85 ~ 87 页）都不赞成李方桂的观点。朱晓农《群母入匣探因》（《音韵论丛》，齐鲁书社，2004 年）一文从音理和生理的角度探索了群母的一二四等演变为浊擦音的原因。

根据宇井伯寿提供的支娄迦谶的译音材料，可以发现在东汉的梵汉对音材料中对音外语的 ga 或 gam、gan 的多是匣母或见母。在梵文或印度俗语中的 gi，就是用群母的“耆、祇”来对音，不用匣母字。这样的对音材料能显示出东汉时代的群母确实只出现在细音之前。根据俞敏《后汉三国梵汉对音谱》的“对音字谱”提供的材料，群母的“掘、群、俱、瞿”这些字可以用于对音 gu 或 go（省略韵尾）。我们认为这是因为这些群母字都是合口，具有合口介音，所以才可以对音 gu 或 go，不能清楚地说明群母有一二等韵（否则应该用匣母字来对音，因为只有匣母字才有一二等洪音字，中古的群母只有三等，其一二等已经变入匣母）。只有群母的月部字，如“竭、揭”可以对音 ga、gat、gad，这是因为群母的月部字（竭、揭）的主元音是 a，所以 gja 可以与 ga 对音，“竭、揭”也是公认的三等字。因此，这样的材料断然不能证明那些主张群母在东汉时代还有一二等韵的观点。李方桂、李荣、丁邦新等诸多学者认为上古音中的群母一二四韵在中古时代并入了匣母，所以在《切韵》中只有三等。我们认为这样的音变在上古时代之前就已经完成，在上古音的匣母已经有浊擦音，或者是浊擦音和浊塞音两读，二者是自由变体。如果我们能够确认东汉时代的群母字只有三等，没有一二四等，那么我们就可以确定东汉时代的匣母不是 g，而是 ɣ。因为匣母字只有一二四等，如果承认东汉时代的匣母有 g 音，那这就是上古的群母音。因此，这就等于承认东汉时代的群母还有一二四等，没有擦化为 ɣ。于是我们得出结论说：上古音中的群母字的一二四等音变为 ɣ 的年代和匣母字失去 g 音一读的年代是完全相同的。这个音变过程在东汉时代肯定已经完成了。刘广和教授《西晋译经对音的晋语声母系统》和《东晋译经对音的晋语声母系统》（《音韵比较研究》，中国广播电视出版社，2002 年）两篇论文承其师说，对东晋时代的匣母甚至分为三类：v、g、h（其师俞敏先生认为东汉时代的匣母才分两类：v、g）；这实际上就等于认为西晋和东晋时代的群母还有一二四等。其说不可取。另外，我不把匣母的音值分为两类：v、ɣ，这是有音系上的考虑。我认为匣母合口可与 v 相通转，但不形成音位对立，因此没有必要在音系上分为两类。就如同在现代汉语方言有很多地方的 n 和 l 可以相通转，好些方言点可以自由变读，但方言学家并没有把泥母在音系中分为两类，一是 n，一是 l。音位的设置主要考虑区别特征，而不是音值的变体。我认为东汉时代的匣母在音位上的处理就是 ɣ，没有必要分为几类。

我曾经有一个疑问：我认为群母一二四等从浊塞音演变为浊擦音在音理上似乎讲不通。因为中古的群母与匣母的关系是塞音与擦音的关系，群母并入匣母可以解释为塞音的擦音化。然而从音理上看，应该是群母三等最容易擦音化，因为有三等介音 j，而 j 正是一个摩擦音。结果群母三等反而没有擦音化为匣母，倒是没有 j 介音的一二四等擦化为舌根浊擦音的匣母，这从音理上似乎讲不通［光华按，如据詹伯慧主编《广东粤方言概要》（暨南大学出版社，2002 年）第 163 页称：“粤语中当声母看待的 j、w，在粤北地区的白话中，大都不是标准的半元音，有的地方干脆就是纯粹擦音 z、v，更不能看作半元音了。”这是说 j 可以进一步擦音化为 z。据林伦伦《粤西闽语的音韵特征》（《语文研究》1998 年第 2 期）的论述，雷州话的“疑母字多数保留 ŋ 声母，但有一些字读 z 声母，如‘御愚玉雅尧’等（都是齐齿呼非闭口韵尾字）。估计是雷州话受北方方言影响而丢失 ŋ 声母，但 i 音开头时前面摩擦较重，便与日母字合流而念 z 声母了。喻母字中也有念 z 声母的，道理与此相同”。林伦伦指出的这个现象非常重要，这表明古音的三等字一定有 j 介音，只有如此，当细音的疑母和喻母失去声母后才有可能进一步擦化为 z。［有的学者认为中古音中的三等字与一二四等字的对立不是有没有 j 介音的对立（他们的理由太简单了，就是他们认为似乎没有语言是一半左右的字音带有 j 介音），而是元音的长短或元音的松紧等等的对立，这是不符合事实的］。陈新雄先生《李方桂先生上古音研究的几点质疑》（收入陈新雄《文字声韵论丛》，东大图书公司，1994 年）一文指出李方桂《上古音研究》主张的匣、群、为三个声母在上古音中同出一源的观点与音理不合。陈新雄指出：上古音声母在三等韵前普遍容易发生音变，以至于在中古以后产生新的声母，如舌音的知徹澄娘、唇音的非敷奉微，另外还有近代音中的见系开口三等字演变为舌面塞擦音，类例颇多。但为什么偏偏群母三等 gj/ghj 不发生音变，而是其一二四等要音变为舌根浊擦音呢？我的这个疑团持续了很久。然而朱晓农先生《从群母论浊声和摩擦》（《语言研究》2003 年 6 月）一文消除了我的疑虑。其文下了很大的功夫，他的某些观点与我们正好相反，他认为群母正是因为有三等介音 j，使得群母的舌根浊塞音的发音部位得以前移，距离声带稍远一点，实际上已经不是软腭音，而是硬腭音，所以才避免了发生擦化的音变，没有弱化为浊擦音。而群母的一二四等韵正因为没有介音 j，所以才擦化了，于是混入中古的舌根浊擦音。朱晓农此文在音理上的解释很下功夫，且利用了语言类型学，有较大的说服力。我的困惑得以消除，现在基本上同意他的意见。上古音的群母应该有一二四等，由于舌根浊塞音靠声带太近，发音时的气流冲击发音部位的力量较强，所以舌根浊塞音容易擦化为舌根浊擦音。这在音理上是可以接受的。但朱晓农此文根据几个早期的梵汉对音材料也主张把上古音中的匣母完全归入舌根塞音，又几乎无保留地接受李方桂的上古音构拟，这就造成了难以克服的困难。例如，李方桂把中古音的云母也归入上古音的群母，为圆唇舌根浊塞音。众所周知，云母与匣母关系密切，曾经是匣母的三等细音，所谓喻三归匣，这在音韵学上已成定论。如果云母在上古也是舌根浊塞音，那就与群母合流，二者在中古时期的音变趋势应该一致，但事实完全不是这样。云母在中古音演变成零声母或 j 声母，而群母在以后的音变中从来没有失落声母而为零声母。这就证明在上古音中的云母和匣母绝没有完全归入 g 声母。而且东汉时代的梵汉对音材料显示东汉的云母和匣母合口可以与外语的 v 相对音。其音值肯定是舌根浊擦音了，否则其对音现象不能解释。因此按照朱晓农此文的论述和我们所讨论的梵汉对音材料，朱晓农的观点与李方桂把云母的上古音归入圆唇的 g 的这一主张是难以融合的。无条件接受李方桂构拟主张的朱晓农先生自己并没有意识到这点矛盾。

如果李方桂先生构拟的上古音中的圆唇舌根音是真的存在过的话，那么也应当是在汉语上古音之前的音，在上古音时代已经消失（西方历史语言学家构拟的原始印欧语和原始日耳曼语都有圆唇舌根音，但这是原始语音，远在上古音之前）。如果采用李方桂的圆唇舌根音为上古音的构拟，那么就必须想办法证明匣母在东汉时代已经音变为 ɣ，而且已经有了开合口的对立，也就是说匣母合口作为圆唇舌根塞音在东汉时代肯定已经不存在了。如果东汉时代的声母系统是和西汉以前一样的话，那就只能说明在西汉以前的匣母合口不是圆唇舌根塞音，而是舌根浊擦音的 ɣ。这样一来，严重的问题又产生了。因为在李方桂《上古音研究》中的上古音声母系统中，没有浊擦音的存在。李方桂把上古音中的浊擦音的匣母归入了群母（同于李方桂之说者还有高本汉、周法高、李新魁。此说当是发源于高本汉），把邪母归入了喻四（朱晓农先生赞成上古音没有浊擦音的观点）。这当然是考虑到了音韵系统的问题。现在我们既然证明了上古音系中有舌根浊擦音的匣母存在，那么同样从音韵系统的角度来看，就不会单单仅有一个舌根浊擦音的匣母，同时应该存在舌尖浊擦音的邪母 z。这个 z 不能归入喻四，应该独立。董同龢《上古音韵表稿》［《国立中央研究院历史语言研究所集刊（第十八本）》，“国立中央研究院”历史语言研究所，1948 年］已经论证过在上古音系中应该有浊擦音存在。这与我们的论证完全相合。王力先生的上古音系中也有浊擦音存在（主张此说者还有陆志韦、包拟古、蒲立本、余迺永等学者），这是合理的。这样，我们就证明了李方桂《上古音研究》的上古音声母系统中取消浊擦音是不对的。据英文本《钱伯斯语源学辞典》所载的原始日耳曼语音系和印欧语音系，都有浊擦音（但是连一套塞擦音都没有，这也可见浊擦音和清擦音声母一样具有原始性，不可能都是后起的）。

储泰松《梵汉对音与上古音研究》［《南京师范大学学报（社会科学版）》1999 年第 1 期］虽然很重视梵汉对音在古音研究上的价值，但他没有注意到我们这里讨论的问题。

(62) 陈章太、李如龙：《闽语研究》，语文出版社，1991 年。

⑥③ [日] 秋谷裕幸、陈泽平著：《闽东区古田方言研究》，福建人民出版社，2012 年。

⑥④ [俄] 钢和泰著，胡适译：《音译梵书与中国古音》，《胡适学术文集·语言文字研究》，中华书局，1993 年，第 238 页。

⑥⑤ [日] 宇井伯寿：《佛教辞典》，大东出版社，1977 年。

⑥⑥ 注意到同样现象的学者还有俞敏和邵荣芬。

⑥⑦ (梁) 释僧佑：《出三藏记集》，中华书局，1995 年，第 14 页。

⑥⑧ 又见严可均辑录《全梁文》卷七十一僧佑《梵汉译经音义同异记》和僧佑《前后出经异记》。

⑥⑨ [日] 宇井伯寿：《佛教辞典》，大东出版社，1977 年，第 845 页。

⑦⓪ 黄懿陆：《滇国史》，云南人民出版社，2004 年。

⑦① 匣母的国际音标是 ɣ，而《滇国史》第 331 页错成了 r，当是排印之误。

⑦② 黄懿陆：《滇国研究》，云南美术出版社，2001 年。

⑦③ 还有一个旁证可以说明晓母与明母可以相通。据饶宗颐先生《鸠摩罗什通韵笺》(《梵学集》，上海古籍出版社，1993 年) 一文的论述，在梵文的元音字母中，有这样一对作为长短音对立的 am (在汉语的《悉昙章》中音译为"庵") 和 ah (在汉语的《悉昙章》中音译为"痾")。在梵文字母中，am 和 ah 的区别主要在于长短音的对立，这足以表明 m 与 h 是可以相通的，并不是互相隔绝的两个音。

⑦④ 见林梅村：《西域文明》，东方出版社，1995 年。

⑦⑤ 林梅村此文提到：唐代出现的"和尚"一词在输入藏文之后对音，其中的"和"被音译为藏文的"Hva"。林梅村说："该词曾作为唐德宗 (780—805 年) 时入藏传教的汉族法师摩诃衍的法号写入藏语。……汉语'和尚'大概就是在这个时期——约 8 世纪末借入藏语。"今按，林梅村教授这里的记音有误。"Hva"当作"Hwa"，唐代的"和"的藏文对音是 hwa，而不是 hva。可参看罗常培《唐五代西北方音》("国立中央研究院"历史语言研究所，1933 年) 第 191 页。魏建功《古音系研究》(中华书局，1996 年) 三"研究古音系的材料"第 57 页根据慧琳《一切经音义》卷二十二和卷五十九也讨论了与"和上"一词有关的音韵问题，但没有涉及"和上"一词的语源问题。聂鸿音先生的《番汉对音和上古汉语》(《民族语文》2003 年第 2 期) 一文提到了"和尚"一词的语源问题，但没有注意到林梅村的这篇论文，聂鸿音的讨论不够详密深入。

⑦⑥ 董同龢：《汉语音韵学》，中华书局，2001 年。

⑦⑦ 何大安：《规律与方向：变迁中的音韵结构》，北京大学出版社，2004 年。

⑦⑧ 黄家教、崔荣昌：《韶关方言新派老派的主要差异》，《中国语文》1983 年第 2 期。

⑦⑨ 这里所引述的注音省略了声调。

⑧⓪ 鲍明炜主编：《南通地区方言研究》，江苏教育出版社，2002 年。

⑧① 据鲍明炜主编：《南通地区方言研究》(江苏教育出版社，2002 年) 第 180 页称：古音的匣母字在海门方言中"声母脱落，合口呼变为唇齿擦音 v"。如"回、还、坏、滑"。

⑧② 詹伯慧主编：《广东粤方言概要》，暨南大学出版社，2002 年。

⑧③ 再举两个合口音发生唇齿化音变的旁证：据鲍明炜等《南通地区方言研究》(江苏教育出版社，2002 年) 第三章"南通方言语音"第 56 页，中古的疑母合口在南通方言中往往音变为 v，这就是因为疑母脱落后，合口性质的 u 唇齿化音变为 v。据张晓勤《宁远平话研究》(湖南教育出版社，1999 年) 第 96 页，湖南宁远平话中的疑母合口有的读 ŋ，有的读 v，如"月、原、午"等，有的影母合口也读 v，如"煨、碗、温、稳"等字 (光华按，张晓勤此处将云母的"王"也当作影母，这是错误的)；据侯精一、温端政《山西方言调查研究报告 (下卷)》第 666 页指出山西的闻喜方言中的日母合口字"软、如、戎"要读为 v 声母。这是因为日母脱落后变为零声母 (光华按：日母脱落在现代方言中是很常见的现象)，如据侯精一、温端政主编《山西方言调查研究报告》(山西联合高校出版社，1993 年) 第 396 ~ 397 页的"文水音系"一节里指出：在山西文水方言中，日母的"耳"读零声母。在同书第 398 页的"交城音系"一节里指出，日母的"耳、荣"读零声母。在同书中类例颇多。钱曾怡主编《山东方言研究》(齐鲁书社，2001 年)

第42页指出在山东东区东潍片方言中，“除了临朐、青州外，日母字都读零声母”。在现在的东北黑龙江的方言中也有类似的日母脱落的现象，如“肉”读如“右”，“柔”读如“油”，“热”读如“夜”。据《现代汉语方言大词典（合订本一）》“哈尔滨方言”第2页，在哈尔滨方言中的日母字“饶、仍”读零声母。据李启群《吉首方言研究》（民族出版社，2002年）第二章“语音”第69页和第72页，湘西吉首方言中非合口的日母字一般读零声母，如“二、而、尔、儿、耳、饵、贰”都读零声母。蒋希文《赣榆方言的声母》（《中国语文》1961年9月号）指出赣榆方言中多有日母脱落的现象，如其文表九所列的日、任、忍、肉、揉等许多日母字都读零声母，以i起头。《现代汉语方言大词典（合订本一）》“四十二处方言概况”第19页“牟平方言的特点”一节称：“古日母字除‘仍、扔、辱’读l声母外，其余读零声母。”如“瓤”与“羊”同音，“认”与“印”同音，“人”与“雨”同音，“软”与“远”同音。同书同章第117～118页称绩溪方言中的日母字“少数读零声母。部分有ȵ、零声母两读，则ȵ为白读，零声母为文读”，再由于合口音发生唇齿化而音变为唇齿擦音的v。据陈庆延、文琴《晋语的声母特征》（《语文研究》1994年第1期），晋语中的疑母合口字多数读零声母，也有一部分读v声母。类例在山西方言中颇多。据《现代汉语方言大词典（合订本一）》第9页“济南方言”：“济南方言合口呼的零声母字限于单韵母u，凡北京u以外的合口呼零声母，济南是v声母，韵母为开口呼。”据同书第25页“徐州方言的声韵调”：“以往的调查报告，徐州方言古为影云以四母合口字以及部分疑母合口字今读v声母。从目前的调查情况看，徐州东南部几个县份普遍有v声母，西北部县份则不明显。”据同书同章第130页“崇明方言的内部差别”称在陈家镇地区的方言中，“古晓匣母今字和古非组字拼合口呼韵母时，声母都读f或v。例如：河=扶，祸=武，贺=附，慌=方，小伙子=小夫子，老虎头=老斧头”。在重庆方言中，u声母的字发生唇齿化音变非常显著，如“无、五、吴、武、物、乌、屋”都音vu；邓海峰《湖南新田沙田土话的语音特征》（见《语言研究》2002年增刊）论及湖南新田沙田土话的语音中“在零声母u韵前，常伴有唇齿的浊擦音v。但vu与u不构成对立”。另如，据《藏缅语语音和词汇》（中国社会科学出版社，1991年）第59～160页“安多方言（牧区话）语音系统”，藏语安多方言“w单独作声母时唇齿略微摩擦，实际读音近似v”。同书第197页“普米语北部方言语音系统”：“舌尖中塞音t、th、d与u相拼发生齿化现象。”这可以说都是合口造成的唇齿化的音变（又见陆绍尊《普米语简志》，民族出版社，1983年）第4页。据《普米语简志》第3～4页，汉语的w声母在借入普米语后音变为v声母。比较特殊的例子是西安方言中的生母合口字如“霜、双、爽”读faŋ，这也可以解释为由合口介音产生了唇齿化音变。

(84) 张双庆主编：《连州土话研究》，厦门大学出版社，2004年。

(85) 熊燕：《客赣方言语音系统的历史层次》，北京大学博士学位论文，2004年。

(86) 林伦伦：《广东揭西县方音研究》，《汕头大学学报》1994年第3期。

(87) 李蓝：《湖南城步青衣苗人话》，中国社会科学出版社，2004年。

(88) 在儒林镇音系中有全浊声母存在。

(89) 丁邦新：《儋州村话》，“国立中央研究院”历史语言研究所，1986年。

(90) 参看丁邦新：《儋州村话》，“国立中央研究院”历史语言研究所，1986年，第142页。

(91) 张晓勤：《宁远平话研究》，湖南教育出版社，1999年。

(92) 光华按，在宁远方言中，日母读n、ŋ或零声母，但日母合口没有读v的现象。我们据此推断：宁远方言中的日母合口读零声母一定是后起的音变现象，时代相当晚，这个音变应该发生在疑母合口、匣母合口、云母、影母合口都发生唇齿化音变读v之后。否则日母合口如若先音变为零声母，那么就会与读零声母的疑母合口、匣母合口、云母、影母合口合流，共同音发生唇齿化音变为v。但事实不是如此。

(93) 庄初升：《粤北土话音韵研究》，中国社会科学出版社，2004年。

(94) 我们可以举出许多方言中的类似的音变现象作为旁证：高本汉《中国音韵学研究》（商务印书馆，1995年）第267页列举了不少汉语方言中的匣母读为零声母的例子，证据很充分。高本汉在第276～277页总结说：“我们于是可以说匣母的失落是闽粤语的特征。声母的失落普通只影响到匣母，而不影响到晓母，可见一定发生在匣母因为失去浊音性而与晓母相混之前。”高本汉的这个观察真是有见地。章太炎撰，庞俊、郭诚永疏证《国故论衡疏证》（中华书局，2008年）的“正言论”第245页称：“匣纽变喻纽界浙江。”这也是说匣母失去浊擦音声母。据杨时逢《湖南方言调查报告》（"国立中央研究院"历史语言研究所，1974 年）第 80 页中对益阳方言的描写，益阳方言的匣母字在开口一等和合口一二等以及别的一些条件下要读为零声母。罗常培《临川音系》第四章"比较的音韵"（《罗常培文集（第一卷）》，山东教育出版社，1999 年）第 507 页称：在临川方言中"匣纽一、二等合口的话音（原注：还有四等的'萤'字），完全把声母失落"。在闽南方言中也存在同样的现象。据袁家骅《汉语方言概要（第二版）》（语文出版社，2001 年）第 257 页指出：在闽南方言中，匣母白话音多变零声母，与喻母相似。陈章太、李如龙《闽语研究》（语文出版社，1991 年）第 11 页所收的《论闽方言的一致性》一文称：在闽方言中的福州、古田、宁德、周宁、福鼎、莆田、厦门、泉州、永春、漳州、龙岩、大田、尤溪、永安、沙县、建瓯、建阳、松溪十八处方言都存在匣母读为零声母的现象，可见这在闽方言中十分明显，十分普遍。林伦伦《粤西闽语的音韵特征》（《语文研究》1998 年第 2 期）指出：雷州话的匣母字白读相当多为零声母，如"下胡湖乎鞋画话后闲皖活黄学红喉馅洪"。据王福堂等《汉语方音字汇（第二版重排本）》（语文出版社，2003 年）第 214 页，中古音为匣母的"后"在福州方言和厦门方言中都读 au，其声母已经脱落。据周长楫《厦门方言词典》（江苏教育出版社，1998 年）第 407 页，匣母的"活"在厦门方言中读 uaʔ，匣母脱落了［另可参看王福堂等《汉语方音字汇（第二版重排本）》第 41 页］。据张光宇《海口方言声母的由来》（《切韵与方言》，台湾商务印书馆，1990 年）一文的考察，古声母"匣、云"在闽南方言读零声母的，在海口方言也读零声母。例字如活、红、有，这些字在闽南方言和海口方言中都读零声母，这只能理解为原有的喉擦音脱落。据李如龙《福建县市方言志 12 种》（福建教育出版社，2001 年）第 291 页在讨论沙县方言文白异读的时候指出"学、闲、画、下"在沙县的白读音是零声母，文读音是 x 声母（文读音当是受到官话的影响）。据同书"南安市方言志"，匣母的"下、学、会、活"的白读音是零声母。据张盛裕《潮阳声母与广韵声母的比较（二）》（《方言》1982 年第 2 期）称在潮阳方言中的匣母字有 25 个字读为零声母，如"华、湖、画、鞋、完、丸、获、换、活、匣、狎"等等；另外还有 17 个字有 h－与零声母两读，而零声母为白读。据徐越《嘉善方言音系》（上海教育出版社，2001 年），在嘉善方言中匣母开口字"毫、豪、浩、号"和合口字"淮、槐、坏"都读零声母。万波《赣语安义方言匣母字读音的历史层次及一组相关本字的考释》（《汉语方言研究文集》，暨南大学出版社，2002 年）指出在江西赣语的安义方言中的匣母合口一二等的白读为零声母，如"禾、会、话、滑、黄、胡"。万波此文特别指出：在安义方言中的匣母合口有四种读音 f、h、ç、零声母；其中"合口一二等白读零声母的读法是较为早期而接近中古层次的"。这是在匣母清化为晓母之前就已经脱落了（万波此文第 4 页还说："比较其他方言，发展变化较快的北方方言较少发现匣母字读零声母的情况，而较为保守和存古的南方方言中这种情况较多，如闽、客、粤等方言中都有这种现象。并且范围比安义方言更大。这也从另一个方面说明安义方言合口一二等白读零声母的读法是较为早期的层次。"）据陈水润《水东方言的语音特点》［见《广东石油化工专科学校学报（社会科学版）》1994 年第 2 期］的介绍，作为闽南方言的一支的水东话的匣母合口有的读零声母，如"学、话"等。据岳立静《萍乡方言的文白异读及其音变特点》（《语文研究》1998 年第 4 期）提到属于赣语系统的萍乡方言的匣母字"合口一二等字今一般读［ f ］声母或零声母，读零声母时，韵母全读合口呼。……第二种是合口一二等字的文白异读，今读零声母的为白读，今读［ f ］声母的为文读"。如"还、黄、换、横、话"的白读是零声母。顾黔《通泰方言音韵研究》（南京大学出版社，2001 年）第 66 页提到在通泰方言中匣母合口字"雄、黄、活"都读零声母（只是顾黔奇怪地说这是"喻三归匣"的残迹，真是不该有的错误）。"匣"字在厦门、福州、潮州三地的方言中读零声母。匣母的"下"在福州、潮州、建瓯的白读音中是零声母。匣母合口的"画"的白读音和"华、划"在建瓯方言中读零声母。陈章太、李如龙《闽语研究》（语文出版社，1991 年）第 11 页列举了闽方言十八个方言点中的匣母字读零声母的现象。又如，林焘、王理嘉《语音学教程》（北京大学出版社，1999 年）第六章"语法音变"第 156 页称："福州话声母［k、k‘、x］处在开尾韵音节之后时减音变成零声母。"如在"米缸"一词中的"缸"读 ouŋ，"词汇"一词中的"汇"读 uoi，"机器"一词中的"器"也失去了 k‘声母。据唐湘晖《湖南桂阳县燕塘土话语音特点》（《湘南土话论丛》，湖南师范大学出版社，2004 年）的考察，湘南土话的燕塘方言中的"匣母很多字在口语中读成［ø］"。例如：禾、话、滑、黄、横。不过，我们注意到这些字都读合口，这是一个重要的语音条件，而唐先生未能指出［这个语音特征确实是土话的现象。据杨时逢《湖南方言调查报告》（"国立中央研究院"历史语言研究所，1974 年）第 51 页"桂阳（城内）"（这一方言的记音人是赵元任）一节的考察，桂阳城内方言的匣母合口就没有读为零声母的现象］。据王福堂等《汉语方音字汇（第二版重排本）》第 55 页，匣母开口的“学”在厦门、潮州、福州、建瓯等方言中都读零声母，虽然在中古音是开口，但在这些方言中其主元音都带有圆唇成分。李新魁《广东的方言》（广东人民出版社，1994 年）第 433 页论及：在雷州方言中，匣纽字少量念为零声母，如“下、鞋、话”等。在吴方言中，匣母脱落而读零声母的现象也比较多。例如根据曹志耘《南部吴语语音研究》（商务印书馆，2002 年）第八章“11 个代表点方言字音对照”第 231 页，在浙江的南部吴语方言中，古音为匣母合口二等字的“话、画、怀”和第 237 页的匣母开口一等的“号”都有失落匣母的现象，其中的“怀”在文成方言中失落匣母后发生唇齿化而读 va2。［同书同页还指出晓母合口二等字的“歪”在磐安、金华、龙游、常山、广丰、遂昌、云和、庆元、温州各处的方言中都失落了晓母。不过，这里有个问题。“歪”是个唐宋以后才有的后起俗字，《广韵》《集韵》中不见“歪”字，似乎始见于明朝人的《正字通》和《字汇》。此字从来就是读影母，在字书中没有读过晓母。读晓母的本字是出现于《说文》中的“竵”字，义为“不正”。《广韵》音“火娲切”，正是晓母。《康熙字典》（中华书局，1992 年）第 576 页“歪”字条已经指出“歪”是“竵”的俗字。所以不必认为“歪”读零声母是晓母脱落。因为按照一般音变规律，浊音的匣母容易失落，而晓母却不容易失落（光华又按，这个话不能说得太死，因为在汉语方言中确实有晓母读零声母的例子，1902 年出版的《同音字汇》已经注意到在吴方言中存有晓母读零声母的现象；还有类例）。至于“歪”在汤溪方言中读 xua，这只能看作是在方言保留了“竵”的读音，不能认为晓母是“歪”的古本音声母］。类似的例子有很多。赵元任《现代吴语的研究》对此也有所提及。1902 年出版的《同音字汇》已经注意到在吴方言中存在匣母合口读零声母的现象。据庄初升《粤北土话音韵研究》（中国社会科学出版社，2004 年）第 165 页指出：“事实上粤北土话中的晓母字基本上没有今读零声母的反映。所以，我们认为读零声母是匣母合口字在浊音清化之前就独立演变的结果，应该说其年代已相对久远。”周祖谟先生在《万象名义中之原本玉篇音系》［《问学集（上）》，中华书局，1966 年］中分析日本高僧空海《篆隶万象名义》与《玉篇》的关系的时候认为：“今本《玉篇》喻母四等字，《名义》中或有以胡类字为切者，此类字原当为匣母字，今本《玉篇》致用喻母四等字为切，乃后世之音变。《名义》以胡类字为切，仍保持旧音，非胡余为一类也，不可不辨。”我们认为周先生的这段话可以商榷。今本《玉篇》的喻母四等字作反切上字与《篆隶万象名义》的胡类字作反切上字相对应，当属完全吻合，毫无出入。这是因为今本《玉篇》的编撰者正确意识到原本《玉篇》的那些作为反切上字的胡类字（匣母合口）事实上是读零声母，在原本《玉篇》的年代就与喻三喻四已经合流，这是梁代吴音的特点，而不是舌根浊擦音。但宋代今本《玉篇》的作者很清楚在宋代的北方通语中匣母合口并不读零声母，为了避免当时人的误解，所以将原来的以胡类字为切者改用喻母四等字为切。这只能表明北宋语音学者审音精确，而且用心良苦，非窜乱古书者可比。在现代汉语的官话中，中古音为匣母合口的“完、丸、皖、纨、莞”都读为零声母。

在突厥语中也有类似的音变现象。据赵明鸣《突厥语词典语言研究》（中央民族大学出版社，2001 年）第 398 ~ 402 页指出：11 世纪成书的《突厥语词典》中的突厥语词汇与现代的突厥语族词汇有对应关系。赵明鸣此书排比了一系列的词汇作比较。我们发现这些材料显示：《突厥语词典》（光华按：现在的汉语版叫《突厥语大词典》）中的带 taɣ 的词汇，在现代的突厥语族词汇中，有的就失去了 ɣ 而变成 w 或完全脱落。如例一，“山”在《突厥语词典》中作 taɣ，而在现代的哈萨克语、乌兹别克语、塔吉克语中是作 taw。例二，“嘴”在《突厥语词典》中作 aɣïz，而在现代的哈萨克语、塔吉克语中是作 awïz。例三，“男孩”，《突厥语词典》中作 oɣul，而在现代的哈萨克语、塔吉克斯坦语中是作 ul，失去了 ɣ。例四，“切碎”，在《突厥语词典》中作 toɣra，在现代的哈萨克语中作 tuwra，在柯尔克孜语中作 tuura，在塔吉克语中作 tora。例五，“黄”，在《突厥语词典》中作 sarïɣ，而在现代的哈萨克语、柯尔克孜语、塔吉克语、撒拉语中作 sarï。ɣ 正是相当于古汉语的匣母。以上各例表明古代突厥语在向现代突厥语发展的过程中，ɣ 确实有脱落的倾向。又，据马学良主编《汉藏语概论・苗瑶语篇》（民族出版社，2003 年）第二章第二节（三）“全清连读音的读音”第 541 页所排比的苗语方言中似乎也有类似的现象，如养蒿方言的 ɣ 往往与野鸡坡方言的 ʔwj 相对应。据黄布凡主编《藏缅语族语言词汇》（中央民族学院出版社，1992 年）第 109 页“狐狸”条，藏文阿力克方言中的“狐狸”作 ɣa，而在藏文书面语中作 wa。这表明在藏文各方言的音变中，ɣ 也有音变为 w 的情况。据金鹏主编《藏语简志》第 131 页，藏语“低调零声母的音节实际上有一个喉擦音声母 ɦ，本音系都作零声母处理”。可见浊擦音声母 ɦ 确实是很弱的一个音（虽然与舌根浊擦音稍有不同）。浊擦音容易脱落，不仅仅是匣母，z 也有脱落的时候。例如据《现代汉语方言大词典（合订本一）》“四十二处方言概况”第 131 页“崇明方言的声韵调”称：在崇明方言中“[z] 声母在阳调变阴调时，失去擦音成分而元音化”。

本节的论述可以解释一些复杂的汉字谐声现象。如“堨、遏、谒”是影母，而“曷”是匣母。《广韵》“曷”音“胡葛切”，由于反切上字是合口，我们认为“曷”在古音中很可能有合口音，正因为如此，其舌根浊擦音声母才会失落，从而产生零声母的谐声字。凡是匣母合口与零声母有谐声关系或通假关系的现象都可作如此解释。

㊺ 影母合口字发生唇齿化音变非常普遍。例如：张双庆主编《连州土话研究》（厦门大学出版社，2004 年）第四章第 28 页指出星子、保安、连州、西岸、丰阳等地的方言中的影母合口读 v－为常例。刘俐李等《江阴方言新探》（世界图书出版公司，2013 年）第 47 页谈到江阴方言的文白异读时称“亡、忘、蚊、问”白读为 m－声母，文读为 v－声母。其文读音显然是由零声母发生唇齿化音变而成。类似的例子在现代方言中非常普遍。这种现象在异民族语言的汉语借词中也有所出现。如聂鸿音《回鹘文玄奘传中的汉字古音》（《民族语文》1988 年第 6 期）注意到在 11 世纪左右成书回鹘文译本的《玄奘传》中作为汉语借词的喻三的“王”，在回鹘文音译中是作 vaŋ。“维”（以母）在回鹘文的音译中的声母作 v。这个音变过程从其时代性看，似乎不是云母本来舌根浊擦音直接音变为 v，而是云母已经演变为零声母，由于是合口，于是发生唇齿化音变而成 v。

㊻ 赵衍荪、徐琳：《白汉词典》，四川民族出版社，1996 年。

㊼ 汉语的匣母字在借入白语之后也有不少仍然保持是匣母的例子，如据《白汉词典》（四川民族出版社，1996 年）第 473 页，汉语匣母的“和、虾”在借入白语后还是匣母。

㊽ 俞敏《后汉三国梵汉对音谱》（《俞敏语言学论文集》，商务印书馆，1999 年）也注意到匣母与 v 有对音的现象。但是俞敏根据后汉三国时代的翻译佛经的梵汉对音认为后汉三国时代的匣母分为两系，一是 g，一是 v，并且说：“‘匣’要是 [w]，那么‘狐’字在藏话该怎么念？也许是 wa 吧？对了。藏话狐狸正叫 wa。看起来这些字从来没有经过 ɣw 一阶段。到唐朝，人们把它们和另一部分来源不同的音合成一个‘匣’纽，那是两支合流。谁要是讲上古音只会‘匣’字推上去，我就不信他的话。”而且俞敏也注意到了与 v 对音的匣母字是合口，而且把东汉时代的与 v 音相通的匣母合口在音位上处理为 v，这是先我而发。只是我们认为这样的匣母合口仍然是舌根浊塞音，可与 v 音近相通，或者说有 v 这样的音位变体，这可以理解为是在古方言中的特殊音变。我现在倾向于俞敏先生说的匣 2 是唇齿浊擦音 v（只是我们不同意他的匣 1 是舌根音 g 的观点，而认为匣 1 就是舌根浊擦音）。这种说法似乎有一个很大的困难：如果东汉时代的匣母有 v 一读，那么为什么在《切韵》中完全看不出这个痕迹呢？这样的 v 在中古音中处于什么位置呢？这是很棘手的问题。然而我们认为东汉时代的匣母合口在音位上有 v 这个变体是当时方言中的音变现象。考《切韵序》：“因论南北是非，古今通塞，欲更捃选精切，除削疏缓。”正是由于《切韵》有这样的审音原则，所以六朝以前的一些方言中的音变没有在《切韵》中得到保留。匣母合口读 v 在东汉甚至以前的方言音变中肯定已经存在。

㊾ 周耀文、罗美珍《傣语方言研究》（民族出版社，2001 年）第二章第三节“方言土语语音对应规律”第 60 页指出在傣语方言中，h 与 v 之间有对应关系：“黄牛：景洪、金平 ho，孟连、元阳、元江、马关 vo，武定、绿春 vu。”同书第 55 页：“头：景洪 ho，元江 vo。”另据汤志祥《嘉定音系记略》（《吴语论丛》，上海教育出版社，1988 年，第 161 页）称：“凡 [ɦ] 声母的 [u－] 介音字，都读作双唇浊擦音 [β] 声母字，如：活 [βəʔ]，回[βe]，……”。从喉擦音变为唇擦音，这显然与合口介音 u－有密切关系。

⑩⓪《邵荣芬音韵学论集》（首都师范大学出版社，1997 年）；又见于《语言研究》1991 年第 1 期。我们附带指出邵荣芬此文有一个例子不大妥当。如他认为东汉翻译佛经中的“恒河”是来自梵文的译音词，这是不可靠的。季羡林先生在《吐火罗语的发现与考释及其在中印文化交流中的作用》（《中印文化关系史论文集》，生活·读书·新知三联书店，1982 年）一文早已指出：“恒河”一词不是从梵语中直接音译来的，而是从吐火罗语中音译来的词。不过，这点并不影响邵荣芬先生的结论及其相关讨论。

⑩① 即使影母合口不完全是零声母，而是 ʔw，但与 w 也不会形成明显的音位对立，也就是这个细微的语音差别不会有别义的功能，只应该是音位变体。不过，这个问题还很有研究的余地。由于影母字在后代声调上的特征是阴调，而

不是阳调。所以其喉塞音 ʔ 的功用也不好过于忽视。似乎也有可能正是因为合口影母 ʔw 有 ʔ 这个喉塞音阻碍了其合口成分 w 进一步唇齿化为 v。如果真是这样，那么东汉时代的合口匣母即使失落了舌根浊擦音的声母，也不会与当时的影母合口完全合流。我们就不能用当时的影母合口没有发生唇齿化音变而否定失去声母的匣母合口就一定不会唇齿化为 v。所以，我们这里列举的第一条理由未必能成立，姑且放在这里以供参考，非为定论。当然，即使这条理由不成立，也不会影响我们的结论。

⑩2 颜清徽、刘丽华编著：《娄底方言词典》，江苏教育出版社，1994 年。

⑩3 上海市语文学会、香港中国语文学会合编：《吴语研究（第三届国际吴方言学术研讨会论文集）》，上海教育出版社，2005 年。

⑩4 上海市语文学会、香港中国语文学会合编：《吴语研究（第三届国际吴方言学术研讨会论文集）》，上海教育出版社，2005 年。

⑩5 赵明鸣：《突厥语词典语言研究》，中央民族大学出版社，2001 年。

⑩6 不过，赵明鸣此书的这个地方恐有排印错误，尚待修订。

⑩7 在汉语语音演变史上三等韵的声母发生弱化是相当常见的现象。例如只有三等韵前的重唇音才发生轻唇化的音变；照三系字在上古为舌面塞音，在中古演变为舌面塞擦音；近代的见系三等字音变为舌面塞擦音；上古端系的三等字演变为中古的知系字；这些都是弱话音变。另可参看陈新雄《李方桂先生上古音研究的几点质疑》（《文字声韵论丛》，东大图书公司，1994 年）。曹志耘《严州方言语音特点》（见《语言研究》1997 年第 1 期）提到严州方言各土话的音系中，深臻曾梗摄开口三等影组和日疑母的舒声字，在遂安读自成音节的 n，在淳安、建德、寿昌多读 in 一类的声母。这个音变过程应该是 in→n。i 因弱化而失落。

⑩8 参看拙著《论汉语音韵学研究中对材料的理解和运用》（待刊）。

⑩9 欧阳觉亚等：《黎语调查研究》，中国社会科学出版社，1983 年。

⑪0 王辅世、毛宗武：《苗瑶语古音构拟》，中国社会科学出版社，1995 年。

⑪1 王福堂：《汉语方言字汇（第二版重排本）》，语文出版社，2003 年。

⑪2 影母可能有例外。

⑪3 李家浩：《读〈郭店楚墓竹简〉琐议》，载《中国哲学（第二十辑）》，辽宁教育出版社，1999 年。

⑪4 楚简释文用通行文字引述。

⑪5 参见李家浩《读〈郭店楚墓竹简〉琐议》（《中国哲学（第二十辑）》，辽宁教育出版社，2000 年）、刘钊《郭店楚简校释》（福建人民出版社，2003 年）第 170 页。

⑪6 引文见《郭店楚简研究》（《中国哲学（第二十辑）》，辽宁教育出版社，1999 年）第 353 ~ 354 页。

⑪7 据沈兼士《广韵声系》（中华书局，1985 年）第 93 页，从“古”声的字有 10 个字读为匣母。章太炎《国故论衡》上卷“古双声说”称：“汉魏南北朝，反语不皆音和，以是为齐。及夫喉、牙二音，互有蜕化，募原相属，先民或弗能宣究。正以声类，……古声为胡。”

⑪8 唯独李家浩列举的《仪礼・士相见礼》“士相见之礼，挚……夏用腒”，《白虎通・瑞贽》引“腒”作“腒”，这个异文材料可以理解为义近互换，或汉代的经学家不同的传授，未必是古音相通。裘锡圭先生在北京大学给我们上课时就表示过这样的意见。

⑪9 在藏语中存在 k→ɣ 的音变，可资参考。据《阿里藏语》第一章“语音”的说明，在阿里藏语的“第二音节的塞音和塞擦音，经常读成相应的浊擦音”。例如 ts→z 的音变，k→ɣ 的音变。这样的音变在阿里藏语中虽然发生在第二音节，有一定的语音条件，但毕竟表明 k→ɣ 的音变并非不可能。而汉语上古音中存在大量的见母字与匣母字谐声的现象。有许多学者是认为这样的匣母在上古音中要读为 g，并据以认为群母上古音中有一二四等。这当然有一定的根据。但阿里藏语的音变现象使我也觉得不能排除上古汉语中也存在 k→ɣ 音变这种情况，这就是见母音变为舌根浊擦音的匣母。我现在强烈认为见母的“古”在上古也有 ɣ 声母一音。另如《史记・高祖本纪》：“高祖为亭长时，常告归之田。”《集解》服虔曰：“告音如‘嗥呼’之‘嗥’。”孟康曰：“古者名吏休假曰告。告又音嚳。”《索隐》韦昭云：“告，请

归乞假也。音‘告语’之‘告’。故战国策曰‘商君告归’，延笃以为告归，今之归宁也。刘伯庄、颜师古并音古笃反，非号嗧两音也。按：东观汉记田邑传云‘邑年三十，历卿大夫，号归罢，厌事，少所嗜欲’。寻号与嗥同，古者当有此语，故服氏云‘如号呼之号’，音豪。今以服虔虽据田邑‘号归’，亦恐未得。然此‘告’字当音诰，诰、号声相近，故后‘告归’‘号归’遂变耳。”光华按，唐朝大学者司马贞明确说“诰、号声相近”，上古时的“告归”也可作“号归”，则是以见母和匣母音近可通。《郭店楚墓竹简》的“造古”用为“造父”的例子也说明用作匣母的“古”的上古音声母绝不会是舌根浊塞音 g，只能是舌根浊擦音 ɣ，否则不能与“父”相通。k→ɣ 的音变是一种弱化音变，

⑳ 有关的注解参看朱祖延《尔雅诂林》（湖北教育出版社，1998 年）第 3466 ~ 3467 页。

㉑ 魏建功：《古音系研究》，中华书局，1996 年，第 165 页。

㉒ 我国古称南方民族为“蛮”，有的学者认为“蛮”是古越语的译音。潘其旭《从地名比较看壮族与泰族由同源走向异流》（《广西民族研究》2001 年第 1 期）一文认为因为古越人把居住的村落称为“板（坂）”或“万（曼）”，故而被汉人音译为“蛮”。黄懿陆《滇国研究》（云南美术出版社，2001 年）第 94 页也提到在壮语中“寨子”称为“曼”。且称《后汉书·西南夷列传》中的“零高坂”的“坂”就是壮语“曼”的译音，意思是“寨子”。

㉓ 孙宏开：《羌语简志·麻窝话音位系统》，民族出版社，1981 年。

㉔ 虽然在北部羌语中有比较多的复辅音声母，参看孙宏开《羌语简志》。

㉕《汉彝词典》编译委员会：《汉彝词典》，四川民族出版社，1989 年。

㉖ 本书引述的少数民族语言一般都省略声调。

㉗ 杨再彪：《苗语东部方言比较》，民族出版社，2004 年。

㉘ 董同龢《汉语音韵学》（中华书局，2001 年）第 158 ~ 159 页指出：“为什么一遇到唇音字反切就容易把开合的系统混乱了？高本汉氏有一个极合情理的解释。他说：中古唇音的读法大概是属于‘软’的一派，就是说，两唇放开的时候，动作比较缓慢；既然如此，声母之后往往会带个近乎［w］的音，于是作反切的人有时就会在这种似是而非的合口音与真的合口韵之间犹疑不定了。”这说明古代的唇音往往带有合口成分。

㉙ 据周季文《藏译汉音的般若波罗蜜多心经校注》（《语言研究》1982 年第 1 期）的介绍，在唐代中后期，汉语的《般若波罗蜜多心经》在被音译为藏文时，汉语的明母字“灭、蜜”的声母被音译为藏文的送气音“ɦb”，这样的音译还见于藏文音译的《金刚经》《阿弥陀经》《大乘中宗见解》。不过也有其他的明母字在藏文音译中没有被译为送气音的，如“梦、明”等字，这也许只能解释为汉语本身方音的不同，或藏文方音的不同，尚需深入研究。

㉚ 合口介音 u 有使声母发生唇齿化的功能，这在现代汉语的方言中是比较普遍的现象，为语言学家和方言学家所一致公认，不可置疑。我们上文已经多有举证。在异民族语言中有类似的现象。这里补充一例：如据黄布凡主编《藏缅语族语音词汇》（中央民族学院出版社，1992 年）637 页“普米语兰坪话音位系统”指出：在普米语兰坪话中，“舌尖中塞音 t、th、d 与后高元音 u 相拼时，有明显的齿化现象”。

㉛ 魏建功《古音系研究》（中华书局，1996 年）第 279 页也明确认为古音中有“明、晓之转”。

㉜ 还有一个可以参考的旁证：据季羡林先生《中世印度雅利安语二题》（《季羡林学术论著自选集》，北京师范学院出版社，1991 年）一文的论述，在中世印度西北俗语中，存在着语尾的 -am 向 -o 与 -u 转化的现象。季羡林先生列举了大量证据，无可置疑［《季羡林自选集》（重庆出版社，2000 年）中还有一篇专门的长篇论文研究了中世印度语言中的这种音变现象］。季羡林先生还有《新疆古代民族语言中语尾 -am > u 的现象》（《季羡林自选集》，重庆出版社，2000 年）论述了新疆古代民族的语言中同样存在 -am 向 u 转化的现象，证据也很充分。我们认为从音理上看，正因为 m 与 o、u 都有合口的性质，所以 -am 合音可以成为 -o 或 -u。冯蒸《汉语音韵学论文集》（首都师范大学出版社，1997 年）中有专文讨论到同样的问题，可以参看。

㉝《现代汉语方言大词典（合订本一）》“四十二处方言概况”，江苏教育出版社，2002 年。

㉞ 我们在方言中还发现了可资参证的材料，例如王福堂等《汉语方音字汇（第二版重排本）》（语文出版社，2003 年）第 9 页称在山东方言中，年轻人口音中的日母合口字（如：如、软），声母由 l 转变为 ʐ。这种音变与合口有关。又，据张光宇《海口方言声母的由来》（《切韵与方言》，台湾商务印书馆，1990 年）一文的论述，古疑母字在海口方

言中有的要读成唇齿浊擦音的 v，而在闽南方言中读 g。例字如："我"在海口方言中读 vua；"月"在海口方言中读 vui。这也是舌根音与唇音相通的例证。据庄初升《粤北土话音韵研究》（中国社会科学出版社，2004 年）第 41 页，在粤北土话的乌迳方言中，古疑母字的"外"要读为 v 声母。据同书第 43 页"南雄市雄州音系"，雄州方言中的古影母合口字"委"要读为 v 声母。庄初升在"说明"中指出：k、零声母等与合口呼韵母相拼时，由于唇齿化的作用，k 变成 kv（如"瓜、桂、怪、裙"在雄州方言中读 kv 声母）、零声母 v。我们现在可以解释古疑母字在方言中读 v 的现象。我认为这是因为这些古疑母字都是合口字，首先失去疑母而变成影母，再由于合口音唇齿化的作用，从而音变为 v 声母。这样解释完全符合音理，没有任何困难。总之，这种音变不可能是来自复辅音的分化，这是毫无可疑的。

⑬⑤ 林焘、王理嘉：《语音学教程》，北京大学出版社，1999 年。

⑬⑥ 同其他元音相比，i 介音和 u 介音这两个高元音都对声母产生比较显著的影响。徐通锵《语言论语义型语言的结构原理和研究方法》（东北师范大学出版社，2000 年）第 150 页称："i 介音使舌尖音和舌根音腭化为舌面音，而 u 介音则使声母前化为唇齿音或后化为舌根音，因为 u 本身的发音就是舌根上抬，唇齿有轻微的接触。这两个介音，实际上是 i 使声母发音部位'央'化，而 u 则使发音部位'前化'或'后化'。"在少数民族语言中也可以找到例子。如赵衍荪、徐琳《白汉词典》（四川民族出版社，1996 年）第 466 页指出在白语的碧江方言中，"碧江方言的一部分［u］前面的舌面音［tɕ］、［tɕh］和剑川、大理两方言的双唇音相对应"。如"文"在碧江方言中读 tɕ 声母，而在剑川和大理方言中读 b 声母。这是合口介音 u 对声母发生影响的一个比较显著的例子。又据黄布凡主编《藏缅语族语言词汇》（中央民族学院出版社，1992 年）第 636 页"羌语音位系统"（这只是羌语的北部方言茂县雅都乡峨口村话的音系）指出：在这个羌语方言中，"舌尖部位的塞音、塞擦音在带介音 u 的复韵母前唇化，气流强时还轻微颤唇"。可知，u 介音能够使舌尖塞音和舌尖塞擦音唇化。在汉语方言中有同样的例子。据《现代汉语方言大词典（合订本一）》（江苏教育出版社，2002 年）"四十二处方言概况"第 77 页"西安方言的内部差别"称：在西安方言中"老派话［tʂ、tʂ·、ʂ、ʐ］不与合口呼韵母相拼。古知系合口字与宕摄庄组字和江摄知庄组字以及其他少数字老派读［pf、pf·、f、v］，新派读［tʂ、tʂ·、ʂ、ʐ］"。例如：

	猪	出	书	入	砖	穿	拴	软
老派：	pf	pf·	f	v	pf	pf	f	v
新派：	tʂ	tʂ·	ʂ	ʐ	tʂ	tʂ·	ʂ	ʐ

可知在西安方言中的知章庄系的合口字在老派的读音中可以发生唇齿化的音变而转为唇齿塞擦音。又据同书同章第 24 页徐州方言的内部差别称："徐州市区及东南县市（不含邳州北部）［ʂ］拼合口呼韵母的字，西北县份（邳州北部、铜山北部），市属贾汪区，丰、沛两县沿微山湖一带读［f］。"例如：

	树	书	税	水	刷	说	顺	秫	鼠	叔
徐州市区：	ʂ	ʂ	ʂ	ʂ	ʂ	ʂ	ʂ	ʂ	ʂ	ʂ
西北县份：	f	f	f	f	f	f	f	f	f	f
东南县市：	ʂ	ʂ	ʂ	ʂ	ʂ	ʂ	ʂ	ʂ	ʂ	ʂ

发生唇齿化音变的都是合口字。这是方言音变中的宝贵材料，断然不能用复声母来解释。另可参看王临惠《试论晋南方言中的几种文白异读现象》（《语文研究》1999 年第 2 期）一文。

⑬⑦ 本书作者案：这些都是合口字，藤堂博士本有拟音，今省却。

⑬⑧ 严学宭《小徐本说文反切之音系》（《民族研究文集》，民族出版社，1997 年），此文发表于 1943 年。

⑬⑨ 它如《现代汉语方言大词典（合订本一）》"忻州方言"第 114 页："古日母（除止摄外）开口字与合口字今声母读音不同。"例如："日、人"读 ʐ 声母，"软、润"读 z 声母。

⑭⓪ 亦见周法高主编：《金文诂林（第十二册）》，香港中文大学出版社，1975 年，第 6010 页所引。

⑭① 但此二字并非严格意义上的同源词，因为二者的韵部不能相通。古文字学家们对"黑"字在古文字中（如甲骨文）的构形和意义有不同于《说文》的说法，然而古文字学者之间的意见并不一致，尚无定论，可参看《金文诂林补

（第五册）》（“国立中央研究院”历史语言研究所，1982年）第2696～2697页所引唐兰、于省吾之说。我们这里还是采用《说文》的观点。

⑭ 我们在第二章论反切的起源时已经引述刘博平教授《说文有合音说》一文称：“熏色合音为黑。”这个观察是很敏锐的。

⑭ 竺家宁《古汉语复声母研究》（台湾中国文化大学博士学位论文，1981年）第117页称：“熏字叶为‘眉贫反’。熏字是x，上古可能是xm。”我们认为说“熏”叶“眉贫反”是没有根据的。“眉贫反”是“瘤”字。瘤是痻的异体字。而“痻”既有“眉贫反”一音，也有“呼昆切”一音［见《集韵》《韵会》《正韵》以及《康熙字典》（中华书局，1992年）第775页］。我们认为“熏”应该是叶“呼昆切”的“痻”，而不是“眉贫反”的“痻”。

⑭ 我们可以用通假字系联法来证明“墨”的上古音声母非复辅音（实际上，王力先生《同源字典》只是把“黑”构拟为复辅音mx，而认为“墨”还是明母，既不是复辅音，也不是清鼻音）。第一，我们认为“墨”与“莫”音义皆近（语源义为“黑”），应是同源字。“墨”与“莫”为同源字就犹如“黑”与“晦”为同源字。《释名》：“黑，晦也。如晦冥时色也。”而“莫”与晓母字不发生谐声关系和通假关系。如果把“墨”的上古音声母构拟为“xm”或“mx”，那么就得把作为同源字的“莫”的上古声母也构拟为“xm”或“mx”，这显然与事实不符。这就反过来证明“墨”的上古声母就是明母，而不可能是复声母。第二，从同源字上看，“墨”与“蒙、梦、瞀”音义皆通，都应该是同源字；如“墨”为“xm”或“mx”复声母，那么作为同源字的“蒙、梦、瞀”的上古音声母都应该是“xm”或“mx”。这显然也与事实不符。因为“蒙、梦、瞀”这些字从来不与晓母字发生谐声关系和通假关系，也没有声训上的关系，没有理由把它们的上古音声母构拟为“xm”或“mx”。这也反过来证明“墨”的上古音声母不会是复辅音“xm”或“mx”。第三，从古文献考察，“墨”与“牧”是通假字，为双声。《淮南子·览冥》《竹书纪年》《列子·黄帝》中的“力牧”，汉代纬书《论语摘辅象》作“力墨”。《郭店楚墓竹简·穷达以时》：“为伯牧牛。”竹简原文的“牧”作结构为左“墨”右“攴”的字，裘锡圭按语称此字读为“牧”，当为可信。“牧”字的上古音声母只能是明母，不可能是复辅音“xm”或“mx”，因为“牧”从来不与晓母字发生通假关系和谐声关系。这也反过来证明作为与“牧”古音相通假的“墨”的上古音声母不是复辅音“xm”或“mx”，只能是明母，否则“墨”和“牧”就不能为相通。还有一条古文字的材料可以进一步证明“牧”的上古音声母不是复辅音“xm”或“mx”。如先秦的古文字材料中有“牧”和“谋”相通的例子。如《睡虎地秦墓竹简》中的《法律答问》有曰：“臣妾牧杀主，可（何）论？”同篇又曰：“可（何）谓牧？欲贼杀主，未杀而得，为牧。”整理者注释：“牧，读为谋。”这是对的。“牧”与“谋”相通，二者必为双声（其韵部是之职对转）。而“谋”的上古音声母只能是明母，不可能是复辅音“xm”或“mx”。因为“谋”从来不与晓母字发生通假关系和谐声关系。这就反过来证明与“谋”为双声的“牧”的声母不可能是复辅音“xm”或“mx”。这样系联的结果就可以相当确定地认为“墨”的上古音声母不会是复辅音“xm”或“mx”，只能是明母。至于郑张尚芳《上古音系》（上海教育出版社，2003年）第351页把一等字的“墨、默”的上古音声母构拟为复辅音ml，我们就完全感觉莫名其妙了。

陈世辉、汤馀惠《古文字学概要》（吉林大学出版社，1988年）第134～135页录有齐国早期的刀币文上的“节墨”的“墨”不是从土，而是从勹（上“黑”下“勹”）。且引何琳仪先生之说称“勹”是加注的声符。何琳仪确实认为“墨”有从“勹”声之例。而“勹”是唇音，与晓母字从不发生谐声关系和通假关系。这条古文字学上的证据足可以表明“墨”的上古音声母不会是所谓的复声母“xm”或“mx”。

⑮ 如董同龢《上古音韵表稿》（《国立中央研究院历史语言研究所集刊（第十八本）》，“国立中央研究院”历史语言研究所，1948年）。

⑯ 我不知“奤”是否是“煌”的后起俗字。“煌”虽是浊音的匣母，但在宋代以后就已经清化为晓母，“奤”也许是全浊声母清化后才出现的“煌”的俗字写法，其造字原理应该是会意，而非形声。

⑰ 可参看宗福邦等主编：《故训汇纂》，商务印书馆，2003年，第1351页。

⑱《皇清经解》（上海书店，1988年）卷363第12～13页。

⑭⑨ 吴则虞：《晏子春秋集释》，中华书局，1982 年。

⑮⓪ 此文在《史记·孔子世家》作："自大贤之息，周室既衰。"

⑮① 我们从古文献和文字学的角度可以举出许多类似的例证：《老子》第六章："谷神不死，是谓玄牝。"其中的"谷神"，帛书作"浴神"。郭店楚简《老子》中的"谷"皆作"浴"。为什么会有这种差异呢？我认为那是因为"谷"中本来有水，加上水字偏旁就更能表现出"谷"中有水的特征［类似的文字演变现象可参看俞樾《古书疑义举例》（中华书局，1983 年）七十九"文随义变而加偏旁例"］。如《说文》："谷，泉出通川为谷。从水半见出于口。"段注："亦音浴。"《山海经·海外东经》："朝阳之谷，神曰天吴，是为水伯。"谷中之神称水伯，足见谷中多水。又如《老子》六十六章："江海之所以能为百谷王者，以其善下之，故能为百谷王。"《管子·水地》："故涸泽数百岁，谷之不徙，水之不绝者生庆忌。"今更以马王堆出土文献证之。帛书《老子》乙本："上德如浴。"又曰："犹小浴之与江海也。"帛书《周易》："入于要（幽）浴（谷）。"帛书《十六经》："专利及削浴。"帛书《二三子问》："犹地之有川浴也。"以上各例中的"浴"均当读为"谷"。所以，帛书与楚简《老子》中的"谷"作"浴"符合当时的惯例。这里的"浴"读音就读"谷"，与沐浴的浴乃异字同形。汉语中与水相关的字，多可加水旁来表意。他例如《说文》："睿，或从水。濬，古文睿。"《论语·微子》："欲潔其身。"汉石经"潔"作"絜"。在古文字材料中"酒"常常作"酉"。马王堆帛书《十大经》："康沈而流面者亡。"面与湎通。《战国纵横家书》："而不汲今令有功于国。"汲与及通。《阴阳十一脉灸经》乙本："唐泄。"唐与溏通。《春秋事语》："宋荆战弘水之上。"《春秋》三传"弘"均作"泓"。其中《穀梁传·僖公二十二年》作："宋公与楚人战于泓水之上。"（《春秋》三传中唯有《穀梁传》此言与帛书最合，可见《穀梁传》多存古书之真，未可以其成书较晚而疑其言）。帛书《老子》甲乙本均曰："虚而不淈。"今本《老子》第五章"淈"作"屈"。帛书《周易》："溍其角。"溍与晋通。帛书《五星占》："溉已去之。"溉与既通。帛书《十问》："必亓阴精屚。"屚与漏通。《说文》州，段注："州，俗作洲。"《易·杂卦》："豫怠。"《释文》："（怠）京作治。"《诗经·终风》："终风且暴。"《说文》引暴作瀑。《说文》风字下曰："濯羽弱水。"段注："弱，水部作溺。"《说文》漾，段注："《汉书》作养，《史记》作瀁。"《说文》淯，段注："《汉书》作育。"《仪礼·既夕礼》："弓矢之新沽功。"郑玄注："今文沽作古。"《诗经·关雎》："参差荇菜。"三家诗的"荇"都从水旁。《诗经·东山》："零雨其蒙。"鲁诗"蒙"作"濛"。《诗经·竹竿》："淇水滺滺。"马瑞辰曰："滺，古止作攸。"《说文》渊字注："渊或省水。""渊"在《说文》中的一个异体没有水旁，在金文中的"渊"字大都没有"水"旁（参看陈初生《金文常用字典》，陕西人民出版社，2004 年，第 962 ~ 963 页）。《易经·鼎》："其形渥。"京氏渥作剭。《易·系辞上》："圣人以此洗心。"《经典释文》："（洗）京作先。《石经》同。"《春秋·成公六年》："郑伯费卒。"《史记·郑世家》《汉书·律历志》卷下均引作费加水旁。《史记·五帝本纪》："帝喾溉执中而遍天下。"《集解》引徐广曰："古'既'字作水旁。"《说文》渻，段注："今减省之字当作渻，古今字也。"许慎《说文解字叙》："渥衍沛滂。"段注："（沛）盖古祗作市，水之大至，如艸木之盛，后人乃假沛字为之。如昷暖字、水罙字，后人乃假温、深也。"段注颇具卓识。又，古书常常以"昆"与"混"相通，古人对于此二字每混用不别。《汉书·晁错传》："陇西太守臣昆邪。"颜师古注："昆读曰混。"《诗经·小雅·采薇》："西有昆夷之患。"《经典释文》："昆，本又作混。"《说文》"啬"字条称："啬，爱濇也。"这分明是以"啬"与"濇"为同源字和同义词。《礼记·乐记》："五者不乱，则无怗滞之音矣。"《史记·乐书》"怗"作"惉"。据《康熙字典》（中华书局，1992 年）第 84 页，"乾"的古文从"水"。《诗经·小雅·伐木》："出自幽谷。"阜阳汉简《诗经》"谷"作"浴"（参看于茀《金石简帛诗经研究》，北京大学出版社，2004 年，第 98 页）。《史记·五帝本纪》："帝喾溉执中而遍天下。"《集解》引徐广曰："'溉'，古'既'字作水旁。""霸桥"在陆游的《求波媚》中作"灞桥"。类似的例证极多，此不详举。以上所举各例可为有力的佐证。

⑮② 国外的汉学家如包拟古《释名复声母研究》也承认"威"是会意字，并非形声字。参看赵秉璇、竺家宁《古汉语复声母论文集》（北京语言文化大学出版社，1998 年）第 111 页。

⑮③"戌"的中古音是心母三等字，而"许劣切"的"威"音是晓母合口三等。在六朝时晓母和心母可以相通。

⑮④ 这个例子也透露出一个可能的结论：汉字的自反原理有可能是先秦时代的齐国学者发明的，说不定与稷下学者

有关。后当详考。

⑮⑤ 这就是本书第一章二节所阐述的转注理论。

⑮⑥ 黄怀信等：《逸周书汇校集注》，上海古籍出版社，1995 年。

⑮⑦ 参看于茀：《金石简帛诗经研究》，北京大学出版社，2004 年，第 36 页。

⑮⑧ 赵彤：《战国楚方言音系研究》，北京大学博士学位论文，2003 年。

⑮⑨ 赵彤的博士论文《战国楚方言音系研究》为了证明《诗经》音系中的宵部为 u 和幽部为 o 列举了六条理由。后来赵彤修订出版的《战国楚方言音系》（中国戏剧出版社，2006 年）第 78 页坚持原来的主张，将理由减成了三个，似乎更加醒目且有针对性。赵彤又发表了《上古汉语后元音的构拟》［收入中国人民大学《语言论集（第六辑）》，转载于人大复印资料《语言文字学》2009 年第 6 期］继续坚持这个构拟。我认为赵彤的这个观点是对的，比王力先生《汉语语音史》中的构拟更合理。从汉语语音史发展的角度来看，先秦音系的构拟应该要能够解释从先秦到汉代的语音演变。考王力先生《汉语语音史》［《王力文集（第十卷）》，山东教育出版社，1987 年］的东汉音系中的幽部里的一部分字是从先秦的侯部音变而来。而根据王力先生自己的构拟，我们有理由说先秦的侯部到了汉代转入宵部 o 的可能性要远远大于转入幽部 u 的可能性，侯部的后中低元音不能越过 o 直接高化为 u。如果侯部是经过了→o →u，那么这个音变的过程就明显不合理。因为侯部一旦先音变为 o，那就与王力先生的宵部 o 合流了，其后只能是二者一起音变成幽部的 u。其必然性的后果是东汉时代的音系中就没有了宵部 o，然而王力先生《汉语语音史》中的东汉音系不仅有宵部，而且其音值也与先秦一样是 o，这就造成了不可克服的内部矛盾。而且王力先生《汉语语音史》还认为先秦的很多幽部字到了东汉是转入了宵部，宵部字的范围因此扩大。但王力先生居然没有想到如果幽部是 u、宵部是 o，那么主元音从 u →o 的音变是很不自然的。按照王力先生《汉语语音史》自身的音系构拟，这个矛盾是无法解决的。如果按照赵彤的意见，认为《诗经》音系中的宵部为 u 和幽部为 o，则一切问题都将迎刃而解。只是赵彤兄此书对战国楚方言韵母系统的构拟尚未尽善，可议之处颇多，后当别论。

⑯⓪ 施向东：《试论上古幽宵两部与侵缉谈盍四部的通转》，《天津大学学报（社会科学版）》1999 年第 1 期。

⑯① 俞敏先生对宵部也这样构拟。

⑯② 我们这里附带提及清鼻音的问题。有的学者采用清鼻音来解释晓母与明母相谐的现象，认为凡是与明母谐声的晓母字的上古音应该是清鼻音 hm。主张这种观点的学者有董同龢《汉语音韵学》（中华书局，2001 年）、李方桂《上古音研究》（商务印书馆，1998 年）、张永言《上古汉语有送气流音声母说》［见张永言《语文学论集（增补本）》，语文出版社，1999 年］、邵荣芬《汉语语音史讲话》（天津人民出版社，1979 年）、汪启明《先秦两汉齐语研究》（巴蜀书社，1999 年）。郑张尚芳《上古音系》（上海教育出版社，2003 年）第 351 页也把“黑”构拟为清鼻音 hm。董同龢、李方桂等学者主要根据藏语、苗语等少数民族语言中有清鼻音存在以及汉字的谐声情况，从而认为汉语上古音也有清鼻音存在。另外，在缅甸语中也有清鼻音声母。李方桂《上古音研究》（商务印书馆，1998 年）第 19 页：“大体看起来 hm 似乎变成中古晓母合口 xw（xu）等，但是也有少数变成开口的，如海、黑等。”但是我们认为既然从音理上可以解释晓母合口能够与明母相通，我们就无须求助于清鼻音。我们认为上古音中本来就有晓母合口，而不是如李方桂所说中古晓母合口都是从清鼻音 hm 变来的。因为也有很多晓母合口字从来不与明母字发生通假关系和谐声关系，如“凶、诇、夐、胸、惠、撝、晖、喙”等等，例子非常多，至少在百例以上。这些字从不与明母字相通或相谐，不可解释为是从清鼻音 hm 演变来的。还有一条通假字的材料可以作证：王引之《经义述闻》（中华书局，1998 年）第 48 页“在治忽”条指出在上古的经典中“忽”与“滑”古音相通，王引之曰：“滑、忽古同声，故字亦相通。”王引之指出《尚书·夏书》的“在治忽”的“忽”，在《史记·夏本纪》中作“滑”。王引之之说是正确的。而“滑”的上古音声母是匣母，从不与明母字发生通假关系和谐声关系，因而“滑”的上古音声母既不会是清鼻音，也不会是 mx 或 xm 这样的复辅音，只能是单辅音声母。这就反过来证明与“滑”古音相通的“忽”的上古音声母也不可能是清鼻音或复辅音，否则将不可能与“滑”发生通假关系。龙宇纯《上古清鼻音声母说检讨》（《中上古汉语音韵论文集》，五四书店、利氏学社，2002 年）一文也坚决反对上古汉语有清鼻音声母的观点。龙宇纯之文详尽列举了晓母与明母相谐声的形声字材料，后逐一指出这些晓母字不仅与明母字谐声，而且同时也与牙喉音字谐声，而那些牙喉音字从不与明母字发生

谐声关系和通假关系。而且龙先生还特别强调了晓母的合口成分是晓母与明母相通的条件，这与我们的观点完全吻合。龙宇纯明确认为与明母字相关的晓母字是不折不扣的 h/x。光华按，龙宇纯此文的论证方法与本书完全相同。我在写作此文时没有读到龙先生此文，彼此观点与方法雷同是各自独立研究的结果（虽然，龙先生此文作于 1978 年，早我 25 年。先贤伟业诚可惊叹）。另外，更据燕宝《黔东苗语中新出现的音变现象》（《民族语文》1994 年第 1 期）一文指出了在黔东苗语中的一些音变现象如声母 hn→n（如 hnaib→naib 或 haib）、hl→l/h 这样的音变。据马学良主编《汉藏语概论·苗瑶语篇》（民族出版社，2003 年）第 545 页称："古清鼻音声母现在大多数地区仍然是清鼻音（个别变浊鼻音），其中有的送气，有的不送气；少数地区变成了浊鼻音（个别变浊擦音）。"可见清鼻音的演变方向是向浊鼻音转化，如 mh→m；nh→n；而不会向 h/th 转化。据邢公畹《汉台语比较手册》（商务印书馆，1999 年）第 59 页的论述，台语上古音的 hm 音变为傣雅语和泰语的 m 声母，即使根据这种观点，也表明 hm 是演变为 m，而不是音变为 h（李方桂构拟的 hm 是音变为 h。其音变方向与邢公畹说的不协调）。同书同页还谈到在傣雅语中可能存在 hl→l 和 hn→n 的音变，这与李方桂讲的音变方向完全不同。李方桂《上古音研究》构拟的 hn 是为了解释上古音中的透母与泥日娘母之间的谐声关系，认为这样的透母 th 是来自清鼻音 hn。但是燕宝此文揭示出苗语方言中 hn 是音变为 h 或 n，而不是 th；李方桂的 hl 也是为了解释上古音中的来母与透母相谐的现象，李先生认为存在着上古音的 hl→th 的音变，也就是说这样的透母字是来自 hl。可是燕宝之文揭示的音变是 hl→l/h，而不是 hl→th。这些现实中存在的音变现象可以否定李方桂的构拟。又，在藏语中存在的一种清鼻音现象也要注意。据黄布凡主编《藏缅语族语言词汇》（中央民族学院出版社，1992 年）第 633 页"藏"语阿力克话音位系统称：在藏语阿力克话音位系统中，"清化鼻音不能单独作声母，只出现在复辅音声母里"。因此，从这个现象看，李方桂先生主张上古汉语有清鼻音的单声母的观点也是可以质疑的。

不过，我这里要修正我从前的一个错误。那就是有的学者以及我自己曾经从联绵词的角度来反驳复声母 xm/mx。根据上古汉语中的双声联绵词"恍惚"（古文献多作"恍忽"，由于偏旁类化作用，"忽"才变为"惚"）一词，此二字均为晓母合口。（考古文献如《老子》十四章："是谓无状之状，无物之象，是谓忽恍。"朱谦之《老子校释》有谦之案："'忽恍'二字，与御注、景福、河上、李道纯各本同。诸王本作'惚恍'，傅、范本作'芴芒'。《释文》出'怳'字，陆希声、黄茂材、陈景元、曹道冲各本作'惚怳'，道藏河上本作'忽怳'，要之'怳''恍'字同。奚侗曰：'忽怳'亦可倒言'怳忽'，与'仿佛'同谊。蒋锡昌曰：'惚恍'或作'芴芒'，或作'惚怳'，双声叠字皆可通用。盖双声叠字以声为主，苟声相近，亦可通假。'恍惚'亦即'仿佛'……而老子必欲以'恍惚'倒成'惚恍'者，因'象''恍'为韵耳。"光华按，朱谦之先生的分析应该是正确的。"恍惚"与"仿佛"当为同源词，考王念孙《读书杂志·淮南内篇第一》"怳忽"条："念孙案，'怳忽'当为'忽怳'。《文选·七发》注引作'忽荒'。'荒'与'怳'通。'怳'与'往、景、上'为韵，若作'怳忽'，则失其韵矣。"王念孙这里指出了《淮南子·原道》中的"怳忽"应该作"忽怳"，与《老子》正同（光华按，考《说文》无"恍"字，而有"怳"字，称："怳，狂之皃。"则本字当作"怳"）。又，《老子》二十一章："道之为物，唯恍唯忽。忽恍中有象，恍忽中有物。"《淮南子·原道》："忽兮怳兮，不可为象兮；怳兮忽兮，用不屈兮。"《文选·司马相如·上林赋》："芒芒恍忽，视之无端，察之无涯。"《文选·夏侯孝若·东方朔画赞》："此又奇怪惚恍，不可备论者也。"如果因为"惚"从"勿"声，从而认定"惚"的上古音声母是清鼻音 hm。而"怳"字从不与明母字发生通假关系和谐声关系，其上古音声母必不是清鼻音 hm，这样一来，"恍惚"一词就不能看成是双声联绵词了，因为一为晓母合口（即"怳"），一为清鼻音声母（即"惚"），这显然与事实不符。因为上古汉语确实存在大量的双声联绵词，而"恍惚"一词在上古汉语中只能理解为是双声联绵词，如果采取清鼻音的观点，将与这一基本事实不相容。郭锡良教授《音韵问题答梅祖麟》（《古汉语研究》2003 年第 3 期）第 3 页讨论了上古文献中的"恍惚"一词，就是采用这样的论证方法。我从古文献的角度作了一些申论。同时我以为这个联绵词的例子还可以证明"忽"的上古音声母也不会是复辅音，否则"恍惚"也不会是双声联绵词。"恍惚"在古书中还有一种形式作"慌惚"。如《礼记·祭义》："夫何慌惚之有乎？"阮元《校勘记》指出"慌惚"别本又作"恍惚"（阮元的校记较详，此不多引）。《礼记·祭义》又曰："以其慌惚以与神明交。"我们上面既然确定"恍惚"既不是复辅音的联绵词，也不是清鼻音的联绵词，那么作为"恍惚"的异体形式的"慌惚"也不可能是复辅音的联绵词或清鼻音的联绵词。这也可以证明"慌"与"惚"虽然都是从明母字得声，但它们的上古音都只能是晓母，与复辅音无关。然而，我通过进一步的材料考察，发现这个材料不是很有力。因为马王堆帛书《老子》乙本的“恍惚”的“恍”就是作明母的“望”，这只能解释为通假关系。这表明“恍”字可以与明母字发生通假关系，因此不能用“恍惚”一词来反驳清鼻音的观点。我现在觉悟到在音韵学研究中联绵词的材料应该慎重使用，例如“仿佛”一词，理应为双声联绵词，但“仿”是唇音的滂母，而“佛”是唇音的並母，二者是旁纽为双声，并非完全相同的声母，这样的旁纽声母仍然可以构成联绵词，此非理论所能磨灭。因此，即使是 hm 声母的字也可以与 m 声母的字构成准双声的联绵词。我们不能认为双声联绵词声母一定要完全相同，其实只要非常相近就可以。所以，我们要正视联绵词材料的各种客观现象，用于音韵学研究时不能简单化。

⒃《李新魁语言学论集》，中华书局，1994 年，第 449 页。

⒃ 高明：《帛书老子校注》，中华书局，1998 年。

⒃（宋）洪兴祖：《楚辞补注》，中华书局，2000 年。

⒃ 根据古人的各种音义书的惯例，古人常常用注音的方式来表示异文。这里的“一音昏”本来就不是注音，而是用来表示这里的“汶”有另外的版本是作“昏”，是表异文，跟读音无关。

⒃ 汪启明：《先秦两汉齐语研究》，巴蜀书社，1999 年。

⒃ 罗常培、王均《普通语音学纲要（修订本）》（商务印书馆，2002 年）第 182 页是用异化的理论来解释唇音与喉音之间的音变。其文曰：“后面的音使前面的音异化。这是因为发音人在未发前面的音时，已经预料要发后面的和前面相似的音，为了避免前后雷同，在发前面的音时就改得和后面的不相同或不相似了。例如‘凡’字在隋代读作……声母、介母和韵尾都是唇音，这个字在现代的潮州话里读作［huam］，韵尾和合口介母没有变，而唇音声母改为声门音［h］了，这是唇音声母受韵尾［m］和合口介母异化的结果。又‘法’字在隋代读作……声母、介母和韵尾都是唇音，这个字在现代的潮州话里读作［huap］，韵尾和合口介母没有变，而唇音声母改为声门音［h］了，这是唇音声母受韵尾［p］和合口介母异化的结果。”罗常培先生构拟的“凡、法”的中古音是唇音的合口，由于异化作用而音变为 h 声母。这种解释直接影响了后来的孙玉文教授的观点。最近读到孙玉文教授新撰的论文《试论跟明母谐声的晓母字的语音演变》（《古汉语研究》2005 年第 1 期），孙先生此文的观点与本书颇有相通之处，但对有些问题的处理也有些不同。如其文曰：“当明晓相通时，我们可以把初相通时的晓母归入明母，而不必把明母归入晓母，或者作别的处理。”我们则认为合口的晓母与明母本来是不同的音，只是非常相近，容易相混而已，似乎不必把这些晓母字最初直接就归入明母，然后从明母中分化出来。又，孙先生此文认为明母与晓母相通的条件是明母为合口。孙先生此文中有一大段从音理上解释合口的明母如何音变为晓母，这实际上就是高本汉、罗常培、王力等学者所主张的异化理论。这种解释也颇能自圆其说，但也不是完全没有问题。如“忽”从“勿”得声而读晓母，这一派的解释意见认为“勿”的上古音声母本来就是合口的明母，所以才异化为晓母。但同是从“勿”得声的“物”为什么没有异化为晓母呢？如果为了解释“荒”从“亡”声而读晓母，便认为“亡”的上古音本来是合口的明母，但同是从“亡”得声的“忙”为什么一直是明母而没有异化为晓母呢？用异化理论来解释，可以说我们在本节开头列举的每一组谐声字都有同样的问题。这从音理上不好解释。而且上古音的明母是否分开合口在学术界还没有定论，如李方桂《上古音研究》（商务印书馆，1998 年）第 17 页称：“唇音的开合口字在《切韵》时期已不能分辨清楚，在上古时期也没有分开合的必要。”所以我们从音理上强调明母与晓母相通的条件是晓母为合口，而不是明母是否合口，因为无论明母是否有合口介音，明母都带有合口的成分。晓母的合口成分会使晓母本身发生唇化音变的作用，从而使合口的晓母在发音部位上靠近明母，这样就与明母容易相通。这样的解释是无可非难的。李方桂先生在《中国上古音声母问题》一文中强调的也是晓母的合口，而没有提及明母的合口。本书的论述与孙先生之文在结论上是相合的，在论述的方式和使用的材料上则有相当大的不同，所以本书可与孙先生之文互相印证，凡是孙先生之文详细讨论的地方，本书不再重复。

第三节　论晓母、心母相谐的问题

主张古有复辅音的学者排比了一系列的谐声字材料，认为晓母与心母相谐声是上古汉语有复辅音的证明。这个假设的大前提就是上古汉语中的晓母与心母不可能直接发生通假关系。然而，据我们研究，这个前提条件是不能成立的，我们有比较充分的证据说明晓母与心母是能够直接相通转的，完全没有必要用构拟复辅音的方式来解释晓母与心母相谐声的问题。今论证如下：

考《颜氏家训·音辞篇》："前世反语又多不切。徐仙民《毛诗音》反骤为在遘，《左传音》切椽为徒缘。不可依信，亦为众矣；今之学士，语亦不正。古独何人必应随其讹僻乎？《通俗文》曰'入室求曰搜'。反为兄侯。然则兄当音所荣反；今北俗通行此音，亦古语之不可用者。玙璠，鲁之宝玉，当音余烦。江南皆音藩屏之藩，岐山当音为奇，江南皆呼为神祇之祇，江陵陷没，此音被于关中，不知二者何所承案？以吾浅学，未之前闻也。"据此文可知，"兄"本为晓母而有所荣反一音，则读山母；东汉时候的《通俗文》已有此音，六朝时的北方通行此音。可知这是北方方言现象，不会是由上古音的复声母发生的分化式音变[①]。我们这就可以解释一个被许多学者利用为复辅音材料的例子：

《诗经·小雅·伐木》："伐木许许。"此为《毛诗》，三家诗"许"作"所"。《说文》《玉篇》"所"字下引《诗经》皆作"伐木所所"。"许"和"所"音近可通，这是北方方言把"许"读成了"所"，与复辅音毫无关系。王先谦《诗三家义集疏》说："许、所字古通。凡'何所'言'何许'，'几所'言'几许'也。亦作'浒'者，《后汉·朱穆传》《颜氏家训·书证篇》《初学记·器物部》引《诗》作'浒浒'。'许、浒'皆借字，以'所'为正。"王氏之言颇为明通。《史记·扁鹊仓公列传》："受读解验之，可一年所。"王念孙《读书杂志·史记第五》"所"曰："念孙案：'一年所'犹言'一年许'也。'许'与'所'音近而义同。《小雅·伐木篇》'伐木许许'，《说文》引作'伐木所所'。《汉书·疏广传》'数问其家金余尚有几所'。师古曰：'几所犹言几许也。'是其证。下文曰'要事之三年所'、又曰'今庆已死十年所'、又曰'肾部上及界要以下者，枯四分所'、又曰'十八所而病愈'；《续滑稽传》曰'率娶妇一岁所，即弃去'；《汉书·游侠传》曰原'涉居谷口半岁所'；《檀弓》注'封高四尺所'。《正义》曰'所是不定之辞'。义并与此同。"王念孙的论说颇为详尽圆通。王筠《说文解字句读》"所"字注与王念孙略同，曰："许音浒，所亦从户声。"王筠《说文释例》[②]称："'所'下引诗'伐木所所'。案，'所''许'古通。'几所'即'几许'，'何许'即'何所'也。而'许'字古音如'浒'。故《三国志》呼'许褚'为'虎痴'，许虎、褚痴音相谐也。"亦言"许"与"所"音近可通。段玉裁《说文解字注》"所"字下曰："此'许许'作'所所'者，声相似。"则段玉裁认为"许"与"所"古音相近，非关复辅音的分化。朱珔《说文假借义证》[③]第762～763页论"许"与"所"相通也较为详密。朱珔曰："'许'当为'所'之假借，声相似也。……'所'与'许'古多通用。"朱珔举证有为诸家所不及者，如《汉书·张良传》："父去里所，复还。"师古注："里所犹里许也。"桂馥《说文解字义证》也称："所、许声相近。"且举有魏子才和李献吉之言为例。唐兰先生《中国文字学》"文字的发生"章之七"中国原始语言的推测"[④]也说过："从'午'得声的'许'字，在若干地方和'所'字通。"有以上的证据可知"所"与"许"古音可以相通是无可置疑的。这些铁证可以否定有的音韵学者利用“所/户”来构拟 sg 之类的复辅音声母[⑤]。《说文》称“所”从“户”得声与复辅音没有关系，这完全是在古汉语的音变范围之内[⑥]。

发音方法相近而发音部位相去较远，但是二者仍能相通。晓母与心母的发音部位并不相近，但是由于晓母与心母都是清擦音，发音方法相同[⑦]，所以晓母与心母在古汉语中颇有相通的例证。这完全符合音理，与复辅音的分化没有关系，不得根据晓母与心母相通的现象去构拟任何复辅音声母。我们且举一些晓母与心母通转的例子，作为本章论述的旁证：

第一，从“血”声的字，一般是晓母字，如血、桖、洫、侐，而同是从血声的字如“恤”“恤”却是心母字。我们认为这应当是在六朝以前的某些北方方言中，晓母字有的被读成心母字，而与复辅音无关。我们在古文字中找到了证据，在战国早期的《陈逆𠤳》铭文中[⑧]有“血宗家”之言。古文学家们公认为这里的“血”要读为“恤”[⑨]。另如，“国”有异体字作閾。“国”字从不与心母字发生通假关系和谐声关系，上古音不可能是复声母 sk，这证明了从“血”得声的閾也只能是喉牙音，不会牵涉到复声母。

第二，《礼记·月令》：“天子乃鲜羔开冰。”郑玄注曰：“鲜当为献，声之误也。”“献”为晓母字，“鲜”为心母。而郑玄称西汉成书的《礼记》中本当作“献”的字误作了“鲜”，可见在记录《礼记·月令》的人所讲的方言中晓母与心母音近易混。更考《周礼·春官·司尊彝》：“郁齐献酌。”郑注：“献读为摩莎之莎，齐语声之误也。”《礼记·郊特牲》：“汁献涚于盏酒。”郑注：“献读当为莎，齐语声之误也。”本书在后面讨论见母与来母相通的时候将指出郑玄注所说的“声之误”没有一例关系到复辅音的问题，完全是直接的音变。《仪礼·大射仪》：“两壶献酒。”郑注：“献读为沙。沙酒浊，特沸之，必摩沙者也。”《礼记·明堂位》：“周献豆。”孔颖达疏：“献音娑。娑是希疏之义。”“莎、娑”是心母字，“献”是晓母字，而郑玄说在汉代及以前的齐方言中心母的“莎”有被读成晓母的“献”的现象。足见这是当时的方言现象，与所谓的复辅音无关。

第三，《易经·震》：“震：亨。震来虩虩，笑言哑哑。”《经典释文》：“虩虩，荀作愬愬。”又《易经·履》：“九四《象》曰：愬愬终吉。”《释文》：“愬愬，马本作虩虩。”虩是晓母，愬是心母。也可证明晓母与心母相通。

第四，“鲜”与“罕”是同源字，而且在古训中被当作是声训。如《尔雅·释诂》：“鲜，罕也。”《礼记·中庸》：“民鲜能久矣。”郑注：“鲜，罕也。”《礼记·表记》：“民鲜克举之。”郑注：“鲜，罕也。”《论语·雍也》：“民鲜久矣。”邢氏疏：“鲜，罕也。”“罕”是晓母字。朱骏声《说文通训定声》“鲜”字下注称“鲜”训“罕”是声训。可知古人确实认为晓母与心母可以通转，绝对不是来自所谓复辅音的分化。[⑩]因此，从“宣”得声的“喧、萱、暄、谊”是晓母，同是从“宣”得声的“瑄、愃”是心母（“宣”是心母），“心”母可以向“晓”母转化，这与复声母无关。

第五，据《说文》：“处，止也。得几而止。処或从虍声。”也就是昌母的“处”是以晓母的“虍”为声符。

清代学者邹汉勋《五韵论》[⑪]卷上第 358 页已经注意到同样的问题，并企图提出解释：“三十论审群当并于晓之晓属。三十二论邪当并许。”[⑫]这些结论和解释虽然未必可信，但他从根本上是相信审母与晓母、邪母与许母是能够发生直接音变的[⑬]。

黄侃《文字声韵训诂笔记》第 171 页早已注意到：“北音心、晓不分。西、希、洗、喜今多不能分。所以然者，钱坫《诗音表》所谓清声送气则同也。”黄侃先生的观察是非常敏锐的。后来的陆志韦先生《古音说略》[14]第270页也曾经相当明确地表示古方言一定有晓、匣母直接通s、z的现象，并说："摩擦音通转的范围较广……"[15]同书第282页称："留下来的痕迹只有x、ɣ通s、z的反切。"由于晓母与溪母上古音非常相似，所以我们有时能看到心母与溪母谐声的例字，如"楔/契"这样的谐声字。"楔"为心母，"契"为溪母，心母与溪母能够谐声就犹如心母与晓母能够谐声，这没有任何困难。溪母在现代汉语方言中读x的现象非常普遍[16]，无须举证。而有的学者就利用"楔/契"这样的谐声材料来构拟复辅音声母[17]，这是毫无道理的[18]。

我们在古书中还找到了心母与晓母相通的铁证。如：

例一，《颜氏家训·书证篇》："柏人城东北有一孤山，古书无载者。唯阚骃《十三州志》以为舜纳于大麓，即谓此山，其上今犹有尧祠焉；世俗或呼为宣务山，或呼为虚无山，莫知所出。"这是很清楚地表明"宣务山"在六朝时的方言中又叫做"虚无山"。"宣"是心母，"虚"是晓母。足见在六朝时的方言中心母与晓母可以互相发生音变[19]，王利器《颜氏家训集解》注引《路史·发挥五》："今柏人城之东北，有孤山者，世谓麓山，所谓巏嵍山也。记者以为尧之纳舜在是。《十三州志》云：'上有尧祠。俗呼宣务山，谓舜昔宣务焉。或曰虚无，讹也。'"这里称"宣务"山"或曰虚无"是"讹也"。"讹也"的意思只能理解为音变，也就是音转。既然是音变、音转，那么就只能是二者在方言中相通，绝对与复辅音无关。这样的以古证古的铁证是很有说服力的。一切审音也只能在考古的基础上进行。

例二，《诗经·还》："子之还兮。"《韩诗》"还"作"嫙"。王引之《经义述闻》五第81页"子之还兮"条引述王念孙之言论证了"还"与"嫙"是通假字，其结论曰："作'还'者，假借字耳。"这个论断是无可怀疑的。"还"的上古音声母是匣母，"嫙"的上古音声母是邪母，这表明上古音中的匣母可与邪母相通[20]。因此，我们可以认为晓母与心母可以直接相通，就犹如匣母与邪母可以直接相通[21]，二者只有清浊之别。此与复辅音无关。

例三，《周礼·天官冢宰·大宰》："正月之吉始和布治于邦国都鄙。"王引之《经义述闻》八第114～115页"和布"条论证了这里的"和"与"宣"相通，当假借为"宣"。王引之曰："'宣'之为'和'，犹'桓'之为'和'。"这无疑是正确的。孙诒让《周礼正义（第一册）》[22]第117页和第120页赞成王引之之说，称"和布当读为宣布"云云。"宣"的上古音声母是心母，"和"的上古音声母是匣母，而王引之认为二者在上古可以相通。此与复辅音无关[23]。王引之的这个论述很重要，有助于我们解释一些特殊的谐声现象。如《说文》："损，减也。从手员声。"苏本切。今按，我们现在确实可以把心母的"损"直接分析为从匣母（中古音为喻三）的"员"得声，因为匣母与晓母只有清浊的不同，是可以相通的[24]。藤堂明保《学研汉和大字典》第546页认为"损"与"逊、刌"是同源词，基本含义是"减少"。而"逊、刌"的上古音声母不可能是复声母。因此"损"的声母和复辅音无关[25]。

这样我们就可以对一个古音问题作出终极的判断：《诗经·谷风》："既生既育，比予于毒。"郑玄笺："其视我如毒螫，言恶已甚也。"《经典释文》[26]："螫，失石反；何呼洛反。"吴承仕《经籍旧音辨证》曰："失石反，《释文》当时之音；呼洛反，则旧音。"黄侃《经籍旧音辨证笺识》[27]称："从赤声者如郝、郝皆喉音，则螫读喉音不足骇异。""失"的古音为书母，上古音与心母相近。"呼"的古音为晓母。吴承仕认为"螫"音书母是六朝时候的读音，音晓母是汉代及其以前的旧音。黄侃认为从"赤"声的字本有读晓母之例，这并不奇怪。我们认为黄侃之说比较明通。《经典释文》关于"螫"的又读音书母和晓母是自上古以来就并存的，是由于方言中的音变而产生的同源异读音，没有所谓当时音和旧音之别。“螯”读晓母也是六朝时候的一个方言音。原因就在于即使在六朝时期，晓母与心母、书母在当时方言中是可以相通的[28]。

我们在一向被看成是属于近代汉语文献的敦煌变文中发现了一个材料很有说服力。黄征、张涌泉《敦煌变文校注》卷五“维摩诘经讲经文（三）”[29]有曰：“一日一夜，照四天下，消（晓）昏攸睹。”原卷是作“消”，张涌泉最后校订为“晓”的通假字。我们认为这是完全正确的，只有这样解释，原文才流畅贯通。这个通假字材料表明在唐末五代时期的敦煌变文中存在着“消（心母）”和“晓（晓母）”相通转的现象。我们总不能毫无根据地说在敦煌变文的时代还有复辅音存在[30]。这样的铁证有力地表明古音中的心母与晓母确实是可以通转的，与复辅音没有关系。

在梵汉对音材料中也有这样的证据。如据宇井伯寿《佛教辞典》第 377 页，梵文的 samāhita 是音译为古汉语的“三摩呬多”。正是用古汉语的“呬”在对音梵文的 hi。台湾学者林光明《大悲咒研究》[31]第 147 页注意到了《大悲咒》中存在用“斯”来对音梵文 h 的现象[32]。足见二者语音可以相通。

在现代方言中也有类似的证据：据《罗常培文集（第一卷）》[33]第 507 页：在临川方言中，晓、匣“这二组的三、四等无论开、合口都变成舌面擦音，和心、邪的四等同类”。这是在赣方言中，晓、匣与心、邪相通的证据。

在现代的重庆方言里至今还是把“傻”读成“哈”[34]，“傻子”说成是“哈子”。在重庆人看来这是很自然的音变，与训读无关，更与复辅音无涉。

据《现代汉语方言大词典（合订本一）》“四十二处方言概况”[35]第 107 页“太原方言的内部差异”一节说：“（在太原方言中）古晓匣母字城区有文白读差别，文读声母是［ç］，白读声母是［x］。南郊区没有文白读差别，声母一律为［x］。”这是书母（上古音与心母相通）与晓母相通在现代方言中的证据。据同书第 24 页“徐州方言的内部差异”一节所称，在徐州方言里的“谁说的”一语中的“谁”，在徐州市区及西北县份读 s 声母，在徐州的东南县市读 x 声母。这岂能用复辅音的分化来解释?

据《现代汉语方言大词典（合订本一）》“四十二处方言概况”第 118 页“绩溪方言的特点”：在绩溪方言中，蟹摄开口三四等字、止摄开口三等见晓组字，因韵母高化从而读为［ts、ts‘、n、s］声母。例如，鸡 ts，溪 ts‘，系 s，牺 s，祁 ts‘，嬉 s，基 ts，气 ts‘，希 s。这种音变就是三四等字的主元音进一步高化造成的，断然与复声母无关。据同书同章第 107 页“太原方言的内部差别”称：在太原方言中“古晓匣母字城区有文白读的差别，文读声母是［ç］，白读声母是［x］”。如“瞎、匣、下、鞋”这些晓匣母字在太原城区的白读声母是 ç。ç 是舌面擦音，相当于上古音中的书母，与心母 s 很接近[36]。这些方言中的证据都是过硬的。鲍明炜《南通地区方言研究》[37]第三章“南通方言语音”称在南通方言中，晓匣母的开二文读与今音细音的字（晓母的三四等以及匣母的开合四等）读为 ç 声母，与今音细音的心母字同声母。据杨时逢《湖南方言调查报告》之 36“汝城（南乡）”[38]第 668 页，汝城南乡方言中的“晓匣在蟹止两摄开口三四等字大都读 s”。如：希、系、戏。据王福堂等《汉语方音字汇（第二版重排本）》第 54 页，晓母合口三等的“靴”在扬州方言中读 suəi。

黄家教、崔荣昌《韶关方言新派老派的主要差异》[39]称：在韶关方言中，“老派读 h 的，新派念 j（个别念 h 或 s）”。

据王辅世《湖南泸溪瓦乡话语音》[40]一文的介绍，在湘西的泸溪方言中，古音为晓母的字有的读为 s 声母和 ç 声母，如“吸（气）”读 s 声母，“稀、晓（得）、兴（工）、响”读 ç 声母。

据王福堂等《汉语方音字汇》[41]中的“方言音系简介”之“武汉话声韵调”，匣母合口的“玄”在武汉话中读 s 声母[42]。

据李冬香、庄初升《韶关土话调查研究》[43]第三章第 25 页：晓母“石陂、周田和石塘三四等部分字腭化，腭化后石陂读，周田和石塘读 ʃ”。另外据同书同页，匣母腭化后在石陂读 ʃ，在周田和石塘读 ʃ。这与复声母绝对无关。

在民族语言中，我们也可以找到类似的音变现象。赵明鸣《突厥语词典语言研究》[44]第四章“词汇”第一节“词汇的构成”第 398 ~ 402 页指出：11 世纪成书的《突厥语词典》中的突厥语词汇与现代的突厥语族词汇有对应关系。其中揭示的有些音变值得我们参考。如：

例一，“五”，在《突厥语词典》中作 bäx，而在现代的哈萨克语、裕固语中作 bes。

例二，“绿”，在《突厥语词典》中作 yaxïl，而在现代的哈萨克语中作 jasïl。

例三，“好”，在《突厥语词典》中作 yahxï，而在现代的哈萨克语中作 jaqsï。

例四，“事情”，在《突厥语词典》中作 ix，而在现代的哈萨克语中作 is。

例五，“头”，在《突厥语词典》中作 bax，而在现代的哈萨克语中作 bas。

例六，“牙齿”，在《突厥语词典》中作 tix，而在现代的哈萨克语中作 tis。

例七，“鸟”，在《突厥语词典》中作 qux，而在现代的哈萨克语中作 qus。

以上七例表明，古代突厥语中的 x 在现代突厥语中有音变为 s 的现象。我们并不是用突厥语中音变的例子来比附汉语，只是借此说明在音理上 x 可以音变为 s，而与复辅音无关。在汉藏诸语言的同源词中也有同样的现象，如“长”，在载瓦语中作 xiŋ，在阿昌语中作 səŋ[45]。并没有民族语言学者说这是由复辅音分化而成的。据梁敏、张均如《侗台语族概论》[46]的论述和构拟，古声母 x 在现代的侗南语中音变为 s 或 ɕ 声母，在毛南语、佯僙语、锦语中音变为 s 或 h 声母，也没有认为这是由复辅音声母分化而成。周耀文、罗美珍《傣语方言研究》[47]第二章“语音”之三“方言土语语音对应规律”第 56 页指出在傣语方言中：“武定、绿春以 s 和其他地区的 x 对应。”例如（只转录声母）：

	姜	胳膊	绿	牙齿	针
景洪	x	x	x	x	x
武定	s	s	s	s	s
绿春	s	s	s	s	s

这些例子都颇能说明问题。在古汉语中的晓母与心母能够直接相通转，在音理上是一回事。

美国学者鲍培《阿尔泰语比较研究》[48]第 33 页称：满语和鄂温克语的 s，与拉穆特语的 h 相对应。

曾晓渝《论水语声母 s - >h - 的历史音变》[49]一文讨论了中古汉语借词的擦音声母心母字水语以 h - 、ɕ - 对应，生母（审二）、书母（审三）字则以 s - 对应；现代汉语借词的心母以及生母、书母字全都以 s - 对应。如汉语的“三、散”是心母一等字，在借入水语后是读 h - 声母。曾晓渝指出现代水语的部分 h - 声母字是在中古时期由 s - 演变而来。此文还列举了大量例证表明在侗水语的同源词中，水语的 h - 声母字在相对应的侗语同源词中是作 s - 声母。曾晓渝还介绍了法国语言学家 Ferlus 的研究成果，认为在东南亚几十种语言中，s - >h - 的音变是非常普遍的，而几乎没有相反的音变现象[50]。

孙竹《蒙古语文集》一书的第 11 页在论述蒙古族语的方言时提到：在内蒙古方言中的巴尔虎布利亚特次方言的语音中“具有其他土语所没有的喉鼻音 h，同其他土语的 s 辅音相对应”。据黄布凡主编《藏缅语族语言词汇》[51]第 102 页“老虎”条，在藏文书面语中是 stag，在藏语的夏河方言中是 hatχ。

这只能解释为声母 s→h 的音变。

据 R. L. Trask《历史语言学》[52]第 58 页提到的一个例子：西班牙语的 mismos→西班牙语方言的 mi［h］mo［h］。作者在此书的第 58～59 页有相当详尽的音理上的阐释，颇有说服力。我们稍稍译述如下："要特别注意其他的清辅音演变成［h］是经常性的。［h］音可以被看作是一个最微弱的辅音，只是稍微带有一点辅音性。从语音学上说，［h］只是不带音的元音，只涉及最低程度的发音。稍稍再弱一点就不能发音了。因此，［h］是个典型的微弱而不稳定的辅音，确实常常脱落。拉丁语的许多词都带有［h］，……（其例不录），但这些［h］在很早的时期就完全失去了。没有一个这样的［h］留存到拉丁语的任何现代形式中。虽然这些［h］有时候还被写出来，如西班牙语的 honor 和 hora，法语的 homme（人），但这纯粹是为了存古。这些［h］已经有 2000 年不被任何人发音了。……"[53]这些音理上的论述确实有价值。在英语中这样的例子非常多，如 rhetoric、rhotic 等单词中的 h 都是经过弱化而失落了，虽然还是写出来，但都不发音[54]。克里斯特尔《剑桥语言百科全书》[55]第 48 页"h 脱落"条称："在英国英语中，最标准的口音发词首的'h'如'head'。但是在英格兰和威尔士的大多数其他口音中，这个位置上的'h'一般省略。然而，正如从这个变项在挪威奇和布拉德福德中的研究结果可以看到的那样，地区范围内'h'发不发音亦不完全一致。……社会阶层越低，'h'脱落就越多。"

日本梵学大家水野弘元《巴利文法》[56]第五章"巴利语与梵语等的发音和缀字的比较"第 60～61 页有一段精彩的论述："梵语的ś、ṣ、s 变成 h。例：snāna 沐浴→hnāna→nhāna、nahāna；tasmāt 因此→tahmā→tamhā；praśna 问→pahna→pañha、paṇhā；tṛṣṇā渴爱→tahṇā→taṇhā；Viṣṇu 毗湿奴天→Vihṇu→Veṇhu；kariṣyati 做吧→kāhati、kāhiti。未来动词的语基结尾辞 －ssa，在俗语变成 －āsa，也变成 －āha、－āhi。……又，齿擦音（sibilants = s、ś、ṣ）变成 h。其相反的情形，世界到处都可看到。尤其印度雅利安语的齿擦音，在伊朗语变为 h。例：asura 阿修罗→ahura；Sindhū 辛头河→Hindhū；Sarasvatī 河名、神名→Harahvatī。"同文还指出："梵语的ś、ṣ，在巴利语变成 ch。"其例不录。据王均等《壮侗语族语言简志》[57]"壮语"章（此章是韦庆稳、覃国生撰）第 26 页，壮语中的 ɣ 在有的方言中读作 z，这表明舌根擦音与舌尖擦音可以相通。s→h 的音变可以从音理上解释为一种"非口腔化（debuccalization）"。据克里斯特尔《现代语言学词典》[58]第 98 页"debuccalized"［非口腔化］条称："有些非线性音系学模型使用的术语，指缺少口腔部位特征的辅音，如声门塞音或［h］。这种辅音形成的过程称作'非口腔化'。例如，［t］>［ʔ］，［s］>［h］。"据 R. L. Trask《语音学与音系学词典》[59]第 106 页"deoralization"［非口腔化］条称[60]："这是指辅音段丧失其口腔发音的过程。例如，在西班牙语中的常见的不位于元音之前的［s］非口腔化为［h］。"其所举一例不录[61]。日本音声学会编《音声学大辞典》[62]居然没有收录"deoralization"一条，实在不应该。

施向东《上古汉语声母 s 与 x 的交替》[63]收集了大量的例证以说明古汉语中的 s 声母和 x 声母相通和相谐的现象。但是他的解释与我们完全不同，他认为在古汉语中存在着 s－前缀的现象。施向东在《汉语和藏语同源体系的比较研究》第 162 页明确认为 s 声母和 x 声母之间不能发生直接的语音转变，他说："认为声母交替是一种在有限范围内的误差。比如谐声中同部位的塞音允许互谐，舌尖擦音和舌擦音可以互谐（李方桂，1971）。但是 s－与 x－的发音部位不同，上述谐声条例不能说明 s－与 x－之间的交替。"不过，施向东同时也认为："但是 s－与 x－是否也来自复辅音（sx－或 xs－）？这种可能性是极小的。"他在同书第 164 页引证了张琨的一篇论文之后说："我们赞同张氏的观点。上古汉语 s－和 x－交替的根源在周秦之前的汉语中的 s－前缀及其引起的变化。"同书第 168 页总结说："为了解释这一现象，我们提出如下假设：s－前缀也像其他一些前缀一样在周秦之前的汉语中是确实存在过的。甲骨文字记录了这种语音事实。因此，在卜辞中，声磬同字、丧噩同字、修攸同字、兽嘼同字、获只同字、悔每同字，等等。这些用后代语音无法解释的现象，在引进s－前缀的假设后，就能得到合理的解释。”我们认为施向东的结论和假设是不能成立的，施向东此文除了谐声字以外的材料有很多是不可信的，如他以“生”和“降”是同源词，以“粱”与“忽”为同源词，以“溲”与“朽”为同源词，以“斯”与“撆”为同源词，这些材料都不可靠，没有理由认为它们都是同源词，而施向东因其为近义词就认为它们都是同源词，这是不可信的。他以“亡”为“丧”的声符则是承袭了《说文》之误[64]。类似的材料鉴别不当的问题在文章中比较严重。至于他所举的甲骨文的例子也没有一条可以证明他的结论和假设，我们不再逐一辨析。我们认为在古汉语中的s声母和x声母之所以能相通和相谐就是因为s声母和x声母之间能够发生直接的音变，并不涉及复辅音和s－前缀的问题[65]。前辈学者黄侃、陆志韦已经说得很明确。讨论过类似问题的学者还有李方桂《上古音研究》[66]、梅祖麟《汉藏语的“岁、越”，“还（旋）、圜”及其相关问题》[67]与《内部拟构汉语三例》[68]。李方桂、梅祖麟也都主张用s－前缀来解释心母与晓母相通相谐的现象[69]，这也是本书所不能赞同的[70]。现代的音韵学者过分相信现在的审音方法，常常未能充分注意古代方言之间可能存在有较大差别的声母之间的音转。主张古有复辅音的学者在方法上有一个颇为严重的倾向：过分强调复辅音分化为单辅音，不能实事求是地看待不同发音部位的声母之间确实客观地存在着的通转现象。主张复辅音声母的学者常常批评主张单辅音的学者滥用通转，动不动就指责“那是无所不通、无所不转”。如果说滥用声母通转是音韵学上的过分单纯化，那么滥用复辅音来解释声母之间的通转同样是音韵学上的过分单纯化。

注释

① 而“山母”在上古音中就是读如“心母”。可参看钱大昕《十驾斋养新录》卷五“翻切古今不同”条。

②（清）王筠：《说文释例》，中华书局，1987年，第490页上。

③（清）朱珔：《说文假借义证》，黄山书社，1997年。

④ 唐兰：《中国文字学》，上海古籍出版社，2001年，第41页。

⑤ 杨剑桥：《汉语现代音韵学》，复旦大学出版社，1996年，第150页。

⑥ 对“许”与“所”能相通有明确认识的话有助于解决一些训诂学上的问题。如胡敕瑞先生《〈论衡〉与东汉佛典词语比较研究》（巴蜀书社，2002年）第三章第178页在论述“相因生义”时，举有“许”字为例。胡先生曰：“‘骨肉不净，皆当弃捐，还归其本，不得常住。身不我有，财物非我许，心无有形，了无常名。’（630，453，1）句中‘财物非我许’与‘身不我有’相对应，即‘财物非我所有’的意思，‘许’义为‘所有’。这个词义的产生当是相因生义的结果。‘许’和‘所’都有‘处所’的意思，但是‘所’还有‘所有’的意思，如：‘三者心念万物皆非我所。’（350，190，1）‘三者自念身非我所，万物皆非我所。’（602，171，1）‘身非我所’与首例中的‘身不我有’完全同义，‘所’即‘所有’。因为在‘处所’这一义位上‘许’‘所’相同，通过相因生义，结果使得‘许’也有了‘所’的另一义‘所有’。而且，从整个句义来看‘财物非我许’与‘万物皆非我所’也基本相同。”今按，胡先生此书功力深厚，多有胜义。然而此条却可以讨论。我们认为与其用“相因生义”来解释这里的“许”与“所”都有“所有”之义，不如直截了当地认为“许”是“所”的通假字，所以“许”有“所有”的意思。其实，胡先生此书第78页“何许”条已经意识到“何许”与“何所”同义，但胡先生未能注意到王念孙、王先谦等前辈学者早已指出“许”与“所”古音相通，能够互为通假字。因此，我们认为“许”有“处所”和“所有”两种意思都是因为“许”假借为“所”，不存在“相因生义”的问题（“所”能表示“处所”的意思是因为“所”假借为“处”。朱骏声《说文通训定声》“所”字下注称“所”与“处”相通，列举有大量例证）。

⑦ 擦音很容易是带有送气成分的，不仅在汉语方言中是如此，在少数民族语言中也有旁证，如据《羌语简志》（民族出版社，1981 年）第 24 页，在羌语的麻窝方言中，“舌面前浊擦音 ʑ 在语流中有极强烈的送气现象”。据《阿侬语研究》（民族出版社，2005 年）第 28 页，在阿侬语中部分擦音在语流中有比较明显的送气现象，但擦音的送气与不送气不形成对立，不区别意义（然而在现代缅甸语中存在一个现象很值得注意：清擦音 s 与送气的 sh 形成音位对立，其他的清擦音都没有这样的音位对立。这有待于缅甸语专家的论定）。据《中国大百科全书·语言文字卷》第 454 ~ 455 页“印度—伊朗语族”（此条为季羡林撰）条称：“伊朗语支的浊塞音或摩擦音与印度语支的浊或清送气音相当。”

⑧ 共有两件，见《殷周金文集成》（中华书局，2007 年）第 4629 号和第 4630 号。

⑨ 参看何琳仪《战国古文字典》（中华书局，1998 年）1082 页；王文耀等《金文引得·春秋战国卷》（广西教育出版社，2002 年）第 67 页引作《陈逆簠》。《金文引得》读“血”为“卹”。而《经典释文》常常以“恤”与“卹”互为异文。

⑩ 我们附带提及一个问题，就是王念孙《广雅疏证》卷二上“……干也”条说：“晞亦暵也，语之转耳。暵与罕同声，晞与希同声；晞之转为暵，犹希之转为罕矣。”王念孙这里是把“晞”与“暵”、“希”与“罕”当作了同源字。而蒋绍愚先生《读〈广雅疏证〉札记》（《纪念王力先生百年诞辰学术论文集》，商务印书馆，2002 年）对此说有所批评：“表示‘晒干’有两个同义词‘晞’和‘暵’，表示‘稀少’有两个同义词‘希’和‘罕’。‘晞’和‘希’都是晓母微部字，‘暵’和‘罕’都是晓母元部字。虽同属晓母，但微元通转的例子罕见，所以‘晞’和‘暵’，‘希’和‘罕’不是变音词，而是同义词。表‘晒干’的两个同义词和表‘稀少’的两个同义词恰好都是一个晓母微部字和一个晓母元部字，这是一种偶合。”蒋绍愚先生实际上是认为“晞”和“暵”，“希”和“罕”只是同义词，而不是同源字，没有音韵上的联系。我们认为蒋先生的批评是有道理的，正如本书所指出的一样，“罕”与“鲜”才是同源字，与“希”没有同源关系。《学研汉和大字典》（学习研究社，1981 年）第 404 页认为“希”与“几”是同源字，应该是可信的。

⑪（清）邹汉勋：《五韵论》，《续修四库全书（第 248 册）》，上海古籍出版社，2002 年。

⑫ 邹汉勋此书只留下这些提纲，其具体的论述也许失传，也许根本就没有写成，我们无法见到。

⑬ 耿振生教授《音韵通讲》（河北教育出版社，2001 年）第 254 页在评价邹汉勋的古声母研究时说：“这几类声母的处理虽然过于简单，但都有根据，是很有见地的。”

⑭ 陆志韦：《陆志韦语言学著作集（一）》，中华书局，1985 年。

⑮ 我们在古代异族语中也找到了旁证：唐玄奘《大唐西域记》卷二“印度总述”称：“详夫天竺之称，异议纠纷，旧云身毒，或曰贤豆，今从正音，宜云印度。”季羡林等《大唐西域记校注》（中华书局，1995 年）第 162 ~ 163 页对“印度”的异名有详细的考证：“由于梵文和古伊朗语都属于印欧语系的同一分支，其读音中存在 s - h 相替的现象，而在古伊朗语中没有 dh 一类的送气浊辅音，所以梵语 Sindhu 一词在伊朗语中被读为 Hindu。后来 Hindu 一词因 h 弱化而成为 Indu，故他们称印度河为 Indus，印度人为 Indoi。”可知梵文的 s 在借入古伊朗语的时候，要音变为 h。这就说明在音理上 s 确实可以音变为 h。类似的例子如梵文中的 [asura -]（中文音译为“阿修罗”），在上古波斯语中对应的同源词作 [ahura]。s 与 h 相对应。而印欧语言学家没有一人认为这种现象是由原始的 sh 分化而成。日本学者佐藤圭四郎《古代印度》（《世界历史》6，河出书房新社，1989 年）第 58 页也对这个问题有所论述，今据日文本摘要翻译如下：“古伊朗语如果语头是 s - ，下面紧接着元音，或者 s 处在两个元音之间，则 s 就会音变为 h。例如，‘七’在拉丁语是 septem，在希腊语是 epta，在梵语是 sapta，在伊朗语是 hapta。”俞敏先生《佛教词语小议》（《俞敏语言学论文集》，黑龙江人民出版社，1989 年，第 334 页）也讨论到了同样的问题，可以参看。我们自己找到的例子如：梵语 hávate，在上古伊朗的阿维斯塔语中作 zavaiti，二者是同源词（意思是“他祈祷”）。参看《钱伯斯语源辞典》（The H. W. Wilson Company，纽约，200 年）第 440 页 GOD 条。

又如，根据《中亚文明史（第二卷）》（中国对外翻译出版公司、联合国教科文组织，2002 年）的第十四章“贵霜帝国的宗教”（此章是匈牙利著名历史语言学家哈尔马塔等人所撰）第 246 页所论述：“与此相反，它恰恰表明了‘A-hura - mazdāh - ’一名先于索罗亚斯德教而存在，这一观点因为在亚述资料中以‘Asara - mazas’之形式出现而得到证实，这反映了‘Ahura－mazdáh－’一名的原始伊朗语形式为［Asura－mazdás－］。”哈尔马塔的这段论述表明原始伊朗语中的s在上古波斯语（光华按，这就是波斯上古宗教索罗亚斯德教的经典《阿维斯塔》所用的语言）中音变为h。这样的证据很有说服力，岂是空理论所能否定的？另可参看《中国大百科全书·语言文字卷》第454～455页“印度—伊朗语族”（此条为季羡林撰）条：“梵语s变为波斯语h。”日本梵学大家榊亮三郎有一篇关于古代波斯Mithra教及其信仰的讲演［见于日本大汉学家宫崎市定《榊亮三郎博士的Mithra教研究笔记》（桑山正进译《大唐西域记》的添页，中央公论社，1987年）。榊博士此文的要点在日本国书刊行会出版的《榊亮三郎论集》也有所提及。此文几乎不被我国学者所知］，极为精湛。此文也论及梵语的asura与上古波斯文的ahura同源，只是在古印度的asura是恶神，而古波斯拜火教的ahura却是最高的善神。另据英文版的*Chambers dictionary of etymology*（光华按，此书为历史比较语言学的重要参考书，是最新最全的英语语源词典，非同类书所可及）第440页“God”条的论述，梵文的hứvate与阿维斯塔语zavaiti是同源词。类例如：梵文中的Soma（圣饮、月神）［光华按，中文一般音译为“苏摩”，参看魏庆征《古代印度神话》（山西人民出版社、北岳文艺出版社，1999年）第795页。也可参看荻原云来《梵和大辞典》（讲谈社，1996年）第1505页］在古伊朗语中的同源词是Haomo［中文一般音译为“豪摩”，参看魏庆征《古代伊朗神话》（山西人民出版社、北岳文艺出版社，1999年）第432页］；梵文中的suru，在阿维斯塔语中的对应同源词是hur［参看R. L. TURNER《印度雅利安语比较词典》（印度德里，1999年）卷一第778页。光华按，此书为历史比较语言学的重要研究成果和参考书，共4册，国内极难见到。香港中文大学的CC图书馆参考书部有收藏，不能外借。香港的其他大学图书馆均无此书］。根据《中亚文明史（第一卷）》（中国对外翻译出版公司、联合国教科文组织，2002年）第271页的论述，在公元前3800—公元前3500年之间发生过原始印度伊朗语－as、－is、－us→原始印度伊朗语－aḥ、－iḥ、－uḥ的音变。同书同章269页还提到阿维斯陀语zasta－在古印度语中的关系词是作hasta－。日本学者水野弘元《巴利文法》（华宇出版社，1986年）第60页称：梵语的ṣ、s在巴利文中变成h。举例甚多，此不转录。

又如，朝鲜人自称是鲜族，而南部朝鲜人又自称是大韩民族。实际上，“鲜”就是“韩”，二者是同源词。“韩民族”就是“鲜民族”，在朝鲜文中“韩”本来没有汉字，记音作han，汉语音译为“韩”（“韩”的中古音本来是匣母，唐以后清化为晓母），与心母的“鲜”能够成为同源词。这也证明晓母与心母彼此能够相通，断然与复辅音无关。另可参考的是：李方桂为了解释上古音中的明母与晓母相谐相通的现象，曾提出在上古音中，hm会向x发生音变的构拟。苏联学者雅洪托夫则提出了sm向x发生音变的假设。而梅祖麟《内部拟构汉语三例》（《梅祖麟语言学论文集》，商务印书馆，2000年，第358页）综合了李方桂和雅洪托夫的观点，提出上古汉语存在着sm→hm→x这样的音变转化的过程，这是梅祖麟为了解释上古音中的明母与晓母相谐相通的问题而提出的假设。郑张尚芳《上古音系》（上海教育出版社，2003年）第216页提到：“到上古后期，元音和鼻音后的－s弱化为－h，－ɡs也变为－h。”同书第215页指出了有些异民族的语言的－s尾常常可以音变为－ih。如佤语的来迭话的－s尾在岩帅话中音变为－ih尾。类例颇多。同书第217～218页也谈到了兄弟语言的－s尾在发展中可以变为－h。同书第144页也讨论了同样的问题：“s－与h－可以交替。”郑张先生还举了一些例子，我们不再转录。郑张尚芳此书不止一次指出：s音变为h是一种弱化现象。郑张尚芳《上古汉语的s－头》（《温州师范学院学报》1990年第4期）对s与h可以交替的问题也有所讨论。我们虽然不赞同郑张尚芳和梅祖麟的某些理论，但这实际上是在音理上承认了在上古音中的s声母会向h声母发生音变。我们认为这点应该是合理的。

⑯ 如海口方言的溪母全部读x，与晓匣母h形成对立。在粤方言中溪母读x也很常见。

⑰ 如杨剑桥《汉语现代音韵学》，复旦大学出版社，1996年，第150页。

⑱ 我们还可以从古方言中举出类似的证据：《山海经》卷十八《海内经》：“百穀自生冬夏播琴。”郭璞注：“播琴犹播殖，方俗言耳。”郝懿行《山海经笺疏》（中国书店,1991年，第483页）注曰：“毕氏云‘播琴，播种也。《水经注》云楚人谓冢为琴。冢、种声相近也’。今按，毕说是也。又刘昭注《郡国志·鲖阳》引《皇览》曰‘县有葛坡乡，城东北有楚武王冢。民谓之楚武王岑’。然则楚人盖谓冢为岑。岑、琴声近，疑初本谓之‘岑’，形声讹转为‘琴’耳。”袁珂《山海经校注》（巴蜀书社，1996年）第507页引述郝懿行之说，并无新解。今按，郝懿行注是有见地的，

可从。“岑”的古音是崇母侵部，上古音读如从母。“琴”是群母侵部。二者都是浊音。据《山海经》此文可知，上古音读如从母的“岑”可以由于方言的原因而音转为群母的“琴”，这与心母可以音转为晓母或溪母在音理上是一样的。另可参看邓少琴《灵山与楚音》[《邓少琴西南民族史地论集（上）》，巴蜀书社，2001 年]。

⑲《颜氏家训·书证》还说道：“余尝为赵州佐，共太原王邵读柏人城西门内碑。碑是汉桓帝时柏人县民为县令徐整所立，铭曰：‘山有巏嵍，王乔所仙。’方知此巏嵍山也。巏字遂无所出。嵍字依诸字书，即旄丘之旄也；旄字，《字林》一音亡付反，今依附俗名，当音权务耳。入邺，为魏收说之，收大嘉叹。值其为《赵州庄严寺碑铭》，因云：‘权务之精。’即用此也。”王利器《颜氏家训集解》注还引陈汉章曰：“《水经·浊漳水注》引应劭说云：‘《尚书》曰：“尧将禅舜，纳之大麓之野。”钜鹿县取目焉。’”器案：李云章《朴村诗集》六《送王思远之任唐山》：“千言邻卫俗，巏务古尧封。”原注云：“巏务，今名宣务，阚骃《十三州志》以为舜纳于大麓，即此山。”则字又作“巏务”。“权”是溪母，与晓母音近，同样可以与心母相通。这也只能理解为方言间的音变，不可能牵涉到复辅音。

⑳ 在粤方言中就有喻三读为 z 的现象。据詹伯慧《广东粤方言概要》（暨南大学出版社，2002 年）第五章“广东粤方言代表点字音对照表”第 339 页和第 358 页，喻三的“右、有、园、远、粤、曰”以及匣母的“县、穴”台山、开平方言中读为 z 声母。

㉑ 二者相通的例子在古文献中非常多，参看高亨等《古字通假汇典》（齐鲁书社，1997 年）第 168 ~ 169 页。

㉒（清）孙诒让：《周礼正义》，中华书局点校本，2000 年。

㉓ 与此相类似的例子还有“斯/其”这一组谐声字。“其”的上古音声母是群母，“斯”是心母，二者的谐声关系是非常自然的，与复辅音声母完全无关。

㉔ 在《说文》中还有一个类似的例子：“膭”也是心母的苏本切（《说文》注音“读若逊”）。类似的例子如“所”字，《说文》分析为从匣母的“户”得声。但《金文诂林补（第六册）》（“国立中央研究院”历史语言研究所，1982 年）第 3463 ~ 3464 页引日本学者白川静《说文新义》把“所”分析为会意字，不是形声字。白川静称：“字为‘户’声，然声不合也。盖为会意字。”在金文中多用为“圣所”之义。《广汉和辞典》中卷第 144 页也认为“所”是会意字，释义与白川静大致相同：“在金文中，多用为高贵的人所在之地。”其所从的“斤”是表示把“斧斤”放在有地位的人家的门前作为其身份的象征。这种意见不可忽视，因为金文中的“所”确实与“王、祖考、公伯”相联系。“所”字很可能不是形声字，而是会意字。

㉕ 不过藤堂明保认为“损”是会意字，不是形声字。

㉖ 这是根据上海古籍出版社 1984 年影印本的《经典释文（上册）》第 227 页，而《十三经注疏》本所附的《经典释文》没有“何呼洛反”四字。

㉗ 载黄侃《量守庐群书笺识》（武汉大学出版社，1985 年）第 317 页。

㉘ 后来读到姚永铭《慧琳音义与切韵研究》（《语言研究》2000 年第 1 期）一文讨论了慧琳《一切经音义》中关于“螫”的异读音问题。慧琳《音义》明确说“螫”读心母书母音是关西方言音，读晓母是山东方言音。二者的区别乃是古代方音的不同，与上古复声母绝无关系。

㉙ 黄征、张涌泉：《敦煌变文校注》，中华书局，1997，第 827 页。

㉚ 因为学术界公认《切韵》时代已经没有复辅音。而《切韵》中的读书音有的可以早到东汉时代，大量是六朝时的读书音。

㉛ 林光明编注：《大悲咒研究》，佶茂出版社，1996 年。

㉜ 只是林光明先生不是专门研究音韵学和方言学的，所以他在文中竟说：“对此‘斯’字发 h 音百思不得其解，我请教过不少中印声韵学教授，大家也都不知道原因。”

㉝《罗常培文集（第一卷）》（山东教育出版社，1999 年），此为“临川音系”部分。

㉞ 钱玄同《说文段注小笺》称：“今语称騃不晓事之人曰‘傻子’，傻即傞字之音变。”[《钱玄同文集（第五卷）》，中国人民大学出版社，1999 年，第 263 页]。也就是认为“傻”的本字是“傞”。

㉟ 参见《现代汉语方言大词典（合订本一）》（江苏教育出版社，2002 年）“四十二处方言概况”。

㊱ 钱大昕《十驾斋养新录》卷五“翻切古今不同”在引了《颜氏家训・音辞篇》“音‘伸’为‘辛’”之后，加按语说：“古无心审之别。”章太炎《新方言・音表第十一》[《章太炎全集（第七卷）》，上海人民出版社，1999 年，第 132 页] 甚至将“心”母并入“审”母（审母即书母）。谐声字如“哂”是从“西”得声，而“西”的上古音是心母，“哂”是书母，可证上古音中心母与书母相通。周祖谟《审母古音考》（《问学集》，中华书局，1981 年）有曰：“然而今之审母三等字尚有一类不可详考者，其古音盖与心母相近。如少，书沼失照二切，古与小声近义通。故力小亦曰力少，少君亦称小君，少主亦称小主，少腹亦称小腹。小，心母字也。”另外，审母二等字，黄侃、高本汉、周祖谟都认为其上古音当与心母相近。更考古文献：《周礼・典瑞》：“侯执信圭伯执躬圭。”注：“信当为身，声之误也。”《经典释文》：“信音身。”“信”的古音为心母真部，“身”的古音为书母真部。郑玄认为“身”音可以误成“信”音，也就是“身”音可以音变为“信”音，这分明是说书母与心母上古音相通。从音理上讲，“心母”与“书母”都是清擦音，发音方法相同。又，心母为舌尖齿音，书母为舌面颚音，发音部位相去也不远，所以二者音近可通。据《现代汉语方言大词典（合订本一）》“四十二处方言概况”第 124 页“丹阳方言的内部差别”，丹阳“郊区邪母多数字今声母作 [ç]”。邪母清化后一般是作 s，而在丹阳郊区方言中作 ç，这是因为 ç 与 s 本来就是音近可通的。

㊲ 鲍明炜：《南通地区方言研究》，江苏教育出版社，2002 年。

㊳ 此节为赵元任记音。

㊴ 黄家教、崔荣昌：《韶关方言新派老派的主要差异》，《中国语文》1983 年第 2 期。

㊵ 王辅世：《湖南泸溪瓦乡话语音》，《语言研究》1982 年第 1 期。

㊶ 王福堂等：《汉语方音字汇（第二版重排本）》，语文出版社，2003 年。

㊷ 据同书同页，还有类似音变的旁证。见母三等的“捐”读 ts 声母（光华按，“捐”本为以母音，其见母音当为后起俗音，盖由见母的“涓”字类推而成），与‘左赵’同声母；群母（只有三等）的“拳”读 ts‘。

㊸ 李冬香、庄初升：《韶关土话调查研究》，暨南大学出版社，2009 年。

㊹ 赵明鸣：《突厥语词典语言研究》，中央民族大学出版社，2001 年。

㊺ 据黄布凡主编：《藏缅语族语言词汇》，中央民族学院出版社，1992 年，第 324 页。

㊻ 梁敏、张均如：《侗台语族概论》，中国社会科学出版社，1996 年，第 79 页及前后的相关论述。

㊼ 周耀文、罗美珍：《傣语方言研究》，民族出版社，2001 年。

㊽ [美] 鲍培著，周建奇译：《阿尔泰语比较研究》，内蒙古教育出版社，2004 年。

㊾ 收入曾晓渝：《历史语音探索——曾晓渝自选集》，南开大学出版社，2004 年。

㊿ 此文还提到了盖兴之、覃国生、远藤光晓等学者的研究，指出了在藏缅语、侗台语、越南语、日语京都话中都存在 s－>h－的音变。这些语言事实千万不可忽视。在方言研究中，也有另一个现象可以作为旁证：何大安《规律与方向：变迁中的音韵结构》（北京大学出版社，2004 年）第三章第 44 页指出，晓母 x 和匣母 ɣ 的细音在平江方言和临湘方言中读舌面前的ś；而舌面前的ś和心母的 s 在临湘方言中是可以相通的。这个材料也值得重视。江蓝生《后置词“行”考辨》（《近代汉语探源》，商务印书馆，2000 年，第 213～217 页）一文讨论了近代汉语和现代汉语方言中的后置词“上”可以音变为“行”的现象，证据确凿，多有引证，文繁不录。另外，东北土话有的把“啥”念成“哈”。

51 黄布凡主编：《藏缅语族语言词汇》，中央民族学院出版社，1992 年。

52 [英] R. L. Trask：《历史语言学》，外语教学与研究出版社，2000 年。

53 作者这里的论述相当详尽，务请参看原文。

54 光华按，Trask 的这段论述很有价值，对我们研究汉语音韵学有一定的启发作用。汉语音韵学者们对古汉语中晓母的音值到底是 h 还是 x，发生过争执。现在我们知道古汉语中晓母的音值应该是 x，而不是 h。理由是古汉语中的晓母很不容易失落，一般很难弱化为零声母。而 h 是一个容易失落的很弱化的辅音（另如古代的蒙古语有首辅音 h－，但在现代蒙古语中已经失落），在现代南方方言中有不少的晓母音值是 h 不是 x。在海口方言中甚至有 x（溪母）和 h（晓匣母）形成对立。在现代汉语方言中发现有晓母（是 h－，不是 x－）读零声母的现象。所以，古汉语中晓母的音值应该是x，后来在南方方言的音变中有的读成了h，如吴方言和闽方言。本书中凡是中古汉语及其以前的晓母的音值一律定为x，而不是h。也就是舌根擦音，而不是喉擦音。在英语、日语等语言中，一般没有x和h的对立，二者的区分不严格，一般是记作h。所以本书有时也写作h。这只是一种随大流的做法，其严格的音值应该是舌根擦音。高本汉《中国音韵学研究（第三卷）》（商务印书馆，1995年）第九章也早已认为古汉语的晓母本来是x，而不是h。只不过在后来的南方方言中发生过x→h的音变（在蒙古语中曾经发生过相反的音变。古代的蒙古语的首辅音h－，在现在的东乡语中有的音变为x－）。高本汉的音韵学研究每多卓见，此其一端。后来的王力先生《汉语语音史》和其他的一些音韵学家也是把上古音中的晓母构拟为x，而不是h。

(55)［英］戴维·克里斯特尔：《剑桥语言百科全书》，中国社会科学出版社，2002年。

(56)［日］水野弘元著，许洋主译《巴利文法》，华宇出版社，1986年。

(57) 王均等：《壮侗语族语言简志》，民族出版社，1984年。

(58)［英］戴维·克里斯特尔编，沈家煊译：《现代语言学词典》，商务印书馆，2000年。

(59)［英］R. L. Trask：《语音学与音系学词典》，The Routledge Company，1996年。

(60) 我将原文的英文翻译为中文。

(61) 据日本著名语言学家大野晋《日语的起源》（岩波书店，2003年）一书第8页的论述，古代日语和日语方言中存在一个音变现象，就是日语的开头的s声母有失落的现象，而不影响单词的意思。这只能解释为擦音声母的弱化，与s→h/x是差不多的性质。

(62) 日本音声学会编：《音声学大辞典》，三修社，1976年。

(63) 见施向东《汉语和藏语同源体系的比较研究》（华语教学出版社，2000年）；又见《语言研究》1998年增刊。

(64) 参看本书第一章引赵彤之说。

(65) 关于原始藏缅语中s－前缀的问题，可参看吴安其《汉藏语同源研究》（中央民族大学出版社，2002年）第160～163页。

(66) 李方桂《上古音研究》（商务印书馆，1998年）第26页根据了一个对音材料来作为上古汉语有s词头的证据。这个例子是汉语的“午”在台语的借词中有的读作saŋa，也有的读作sa。李先生所举的这个例子被学者们广泛地引用。这个例子该怎样解释呢？我们认为这与汉语上古音是否有复辅音声母没有关系。本书专门讨论过在古汉语的谐声中有不少心母与疑母相谐声的现象。因此，古台语从古汉语方言中借入了读sa音的“午”，这是古汉语的方言音，不存在于通语中，但在汉字的谐声中保留了较多的同类的现象，如同从疑母“鱼”得声的“稣、蘇”要读为心母一样，这与所谓复辅音声母没有关系。我们认为“午”在台语中读sa音要早于读saŋa音。“午”在台语中读saŋa应该是汉语的“午”先后进入台语的两个读音sa和ŋa相加而成，其时代自然要晚于读sa（举一个旁证：我在香港黄大仙看到有一牌匾曰“观世音自在”。实际上我国古代只有“观世音”或“观自在”，二者在梵语和中亚语中的区别很微妙，非常容易混，所以才产生这样不同的翻译。后来的人们把这两个不同的音译叠加在一起就成了“观世音自在”，其时代很晚）。因此，这不能作为汉语上古音有s词头的证据。我们还可以从通假字系联的角度予以证明：在上古汉语中，“午”与“五”古音相通。如《周礼·壶涿氏》：“则以牡橭午贯象齿而沈之。”郑玄注：“故书午为五。”孙诒让《周礼正义》称：“五、午一字，古音义皆同。”朱骏声《说文通训定声》称：“午，又借为五。”《仪礼·大射仪》：“度尺而一。”胡培翚《仪礼正义》：“午与五声同，古相通用。一纵一横曰午，正五字古文之形。”而“五”从不与心母字发生通假和谐声关系，其上古音不可能带有s－前缀［主张古有复声母的郑张尚芳《上古音系》（上海教育出版社，2003年）第492页对“五”的拟音也是ŋ－声母，不是复辅音声母］。这就反过来证明与“五”古音相通（甚至同声）的“午”的上古音声母不可能是复声母sŋ，只能是单辅音ŋ－。又“午”与“语”在上古汉语和古文字中有相通假的现象，而“语”的上古音只能是单辅音ŋ－，这也证明“午”的上古音也是单辅音ŋ－，不可能牵涉到复声母sŋ。我认为“午”读sa的音变过程可能是ŋa→xa→sa（本章有专节讨论疑母与晓匣母相通的问题）。

另外，我还有一个很不成熟的推论，本来不必在这里提及。但是作为一个可供参考的思路，我还是想提一下，这并不是我的结论，甚至连假设都不是。根据杨再彪《苗语东部方言土语比较》（民族出版社，2004年）第四章第134

页的论述，在苗语的东部方言中存在着词缀 ta^{44} 加上词根的构词规律，这个构词规律一般用于家畜等动物上面，而且出现在从汉语来的借词中。如苗语东部方言的“羊、牛、鸡、狗、猪、鸟、蛇、龙、蚂蚁、蚯蚓、甲鱼、毛虫”等词汇都带有前缀词头 ta^{44}，这个词头并不表示特别的意义，只是构词上的需要而已（杨再彪在同书同页还指出在苗语东部方言的另一个词缀 pa^{44} 没有具体意义，与泛指“雄性”意义的 pa^{44} 是同音词。类似的前缀词头颇见于苗语的东部方言，杨再彪此书有详细的讨论，可以参看）。我因为读杨再彪此书，因此联想到汉语的“午”在进入台语后读 saŋa 音，其中的 sa 是否有可能是用在动物词汇前面的词缀呢？“午”在动物就是“马”。台语 saŋa 中的 sa 是否有可能相当于苗语中的用于动物词汇前面的词头 ta^{44} 呢？sa 和 ta 在音理上是完全可以相通的，参看本书第三章第六节。可惜我没有能力对这个问题作进一步的研究，这只是一个联想而已。有待于有关台语专家的论定。另外，我不知道台语“午”读 sa 是否与藏文中的“马”读 ta^{53} 有关系？这也要请教有关专家。据林向荣《嘉戎语研究》（四川民族出版社，1993 年）第 148～149 页的论述，藏语的名词词汇在借入嘉戎语后有时会加上嘉戎语的固有名词构词前缀 ta 或 tə。这样的改造并不改变其基本意思。

(67) 梅祖麟：《汉藏语的“岁、越”、“还（旋）、圜”及其相关问题》，《梅祖麟语言学论文集》，商务印书馆，2000 年；又见《中国语文》1992 年第 5 期。

(68) 梅祖麟：《内部拟构汉语三例》，《梅祖麟语言学论文集》，商务印书馆，2000 年。

(69) 根据《李方桂先生口述史》（清华大学出版社，2003 年）第 134 页李方桂的谈话，可知关于古汉语的 s－前缀的观点的提出，梅祖麟要早于李方桂。

(70) 在《后汉书·西南夷列传》中记录的《白狼歌》所反映出的古代白狼民族的语言也没有 s－或 x－这样的词头。马学良、戴庆厦《〈白狼歌〉研究》（《民族语文》1982 年第 5 期）一文中说：“从声母的构造特点上看，白狼语没有鼻冠音复辅音声母，也没有前附 s、x 等擦音的复辅音声母，接近于只有单辅音或以单辅音声母为主的语言。这个特点也说明它接近于缅语支，而不同于彝语、纳西语，更不同于藏、嘉荣、羌等语言。……从白狼语的注音中，我们尚未发现白狼语存在复辅音声母的迹象。这首歌中有些词，藏缅语族一些语言是复辅音声母或带弱化音节的，而白狼语则是单辅音声母。”马学良、戴庆厦此文的考证相当深入细致。可见在东汉初年的异民族语言中也存在没有复辅音声母的语言。难道汉语的上古音就一定要有复辅音声母不可吗？

第四节 论复声母 ml 的构拟

学者们构拟 ml 或 mr 这样的复辅音是主要根据了以下的材料：①亡/良；②麦/来；③吝/文；④䜌/蛮；⑤缪、谬/翏；⑥睦/坴；⑦貍/里；⑧卯/柳；⑨命/令；⑩“氂”有来母和明母两读。以上十条材料，本书都逐一详细地研讨过，与复辅音声母并无关系。现在重新归纳总结如下：

例一，亡/良。我们在第一章里讨论过“良”在《说文》中从“亡”声是战国时代以来的讹误之形，在甲骨文、金文中“良”都不从“亡”。因此，“亡/良”与复辅音 ml 无关。

例二，麦/来。我们在第二章里讨论过《说文》不是以“麦”从“来”声，《说文》是以“麦”与“貍”为声训。二者韵母上的关系是偶合现象。近来的古文字学家们的研究也表明“麦”与“来”在甲骨文中并非一字。因此，“麦/来”与复辅音 ml 无关。

例三，吝/文。段玉裁《说文解字注》明确说“吝”不是从“文”得声。而且张文虎明确表示了赞成段玉裁之说。藤堂明保《学研汉和大字典》第 222 页、诸桥辙次《广汉和辞典（上卷）》第 544 页、镰田正等《新汉语林》第 196 页也主张“吝”是会意字，从“文”，为文饰之义，完全同于段玉裁之说。我们赞成段玉裁、张文虎的意见，“吝”应该是会意字，不是从“文”得声。因而不能利用“吝/文”来证明上古汉语有复辅音 ml。

例四，䜌/蛮。我们在论“自反”一节里指出䜌在上古汉语中包含明母和来母二音，这是异字同形的问题，也是本书所阐述的汉字的转注现象，在上古汉语中常见。因此，“䜌/蛮”与复辅音 ml 无关。

例五，缪、谬/翏。我们在论“自反”一节里指出“缪”是自反字，得音于“糸、翏”相切，而不是仅仅得音于“翏”。“糸”正是明母字。“谬”是“缪”的后起字。因此，“缪、谬/翏”与复辅音 ml 无关。

例六，睦/坴。我们在论“自反”一节里指出“睦”是自反字，并非得音于“坴”，而是得音于“目、坴”相切。因而“睦”才是明母字，不存在来母和明母相谐声的问题。所以，“睦/坴”与复辅音 ml 无关。

例七，貍/里。我们在论“自反”一节里指出古文字中的“貍”是自反字，得音于“豸、里反”，并不是仅仅得音于“里”。这里的“豸”不是音“直氏反”，而是“豹”之省，要读唇音。唇音的“豸”与“里”相切正是古书上所标的“莫皆反”的“貍”音。所以，“貍/里”与复辅音 ml 无关。

例八，卯/柳。我们在论“异字同形”一节里指出在古文字中“卯”可以明母和来母两读。“卯”的来母一音是因为“卯”又可用作古文的“酉”（即“丣”字）。正因为如此，“卯”在先秦就有“酉”音，即余母幽部。现代音韵学家公认余母（即喻四）与来母关系密切。李方桂《上古音研究》第 13 页甚至说：“因此可以推测喻母四等很近 r 或者 l。”梅祖麟、蒲立本、龚煌城等人都主张上古音来母是 r，喻四是 l。所以，当“卯”声字读来母时实际上是以“卯”为“酉”的异体字或古文。本书主张的来母是送气流音 lh/hl，这与 r 也能够相通。我们主张“卯”自上古就有明母与来母两读是毫无可疑的。因此，“卯/柳”与复辅音 ml 无关。

例九，命/令。我们在论“异字同形”一节里指出：在甲骨文中表示“命”和“令”的同一个字形“令”是有两个读音，一读如“命”，一读如“令”，并不存在语音的分化问题。因此，“命/令”与复辅音 ml 无关。

例十，“氂”有来母和明母两读。这也不能作为构拟复辅音 ml 的根据。正如我们在论“经典异读字”一节所论述的一样，那是因为古人对“氂”的形声结构有不同的分析造成的。古人有的意见认为“氂”所从的“毛”是声符，于是就把“氂”注为“毛”音；有的意见认为“氂”所从的“𠩺”是声符，于是就注为“里之切”，是来母。这就是“氂”有明母和来母两读的原因，与复辅音毫无关系。

我们根据以上的归纳辨析，可知上古汉语语音中根本不存在所谓的复辅音 ml/mr，用于论证复辅音 ml/mr 的主要材料都与复辅音 ml/mr 无关。我们也没有任何切实的根据说明母与来母可以谐声。

但是我们在现代汉语方言中发现了一种例外的音变。在山西的闻喜方言中，明母的细音字有读为来母细音的现象。如“面”liəe，“蜜”li 等等。这种音变现象仅限于明母与来母都是细音字，这与 i 介音密切相关。所以，由于上述例证中的“命”是耕部三等字，“令”是耕部四等字，二者都是细音；“亡/良”“文/吝”都是三等字，是细音，因此这三组字有可能如同山西闻喜方言一样，明母音变为来母[①]。而且就是说来母与明母相通也是二者直接的音变，与复声母 ml/mr 没有关系。闻喜方言中的音变现象也是反驳复声母的好材料，至少可说明明母与来母在细音前是可以相通的，并非二者绝不可通。详细的研究可参看潘家懿先生《闻喜变音与汉越语变音》[②]。潘家懿在此文中举出了帮组字读为舌齿音三个明显的语音条件：重唇、开口、细音（三四等韵）。朱晓农《唇音齿龈化和重纽四等》[③]也从实验语音学的音理和语言类型学的材料方面指出：“唇音加上辅音性滑音 j 有变成齿龈音的倾向。这种音变不但出现在汉越语中，不但出现在汉藏系的其他语言如官话、藏语、独龙语中，还出现于印欧语言和班图语中。不但在历史上出现过，就是在现实的活语言中也可以见到共时变异、共时交替。也就是说 bj > d、pj > t、mj > n/l 是普遍现象。”朱晓农此文提到唇音齿龈化的现象在龙州土语、藏语、独龙语中都存在。

还要注意的是，在英语、法语等西方语言的音节和词汇中完全没有 ml - 或 mr - 这样的复声母存在。

注释

① 在战国文字中，“良”讹变为从“亡”也可能是有意使偏旁成字，而且声符化（何琳仪先生《战国古文字典》认为“良”从“亡”是“良”的偏旁声符化的结果，可备一说）。也就是说字形虽然讹变，但使得本来不是形声字的字讹变成了形声字。这种可能性不能排除。在文字发展史上，一个本不成字的偏旁演化为独立的字形，或使之声符化，以及非形声字演化为形声字，这是汉字发展的重要现象，参看刘钊《古文字构形学》（福建人民出版社，2006 年）第五章和第七章。如其书第 93 页：“因形体的变化，一些本为象形或会意字的构形，有的误认为是形声字，而大量的本为形声字的构形，又被误认为是象形字或会意字。”第 92 ~ 93 页称：“一些文字中本应属于构形成分中表义的部分，却被误当作声符而进行了同音替代，这是文字表音化趋势强烈的表现，也是对构形不明而产生的误解。”“吝”字也有可能是以“文”作声符的形声字（另可参看裘锡圭《中国出土古文献十讲》，复旦大学出版社，2004 年，第 304 ~ 305 页）。这样的明母与来母相通的例子只限于二者都是三四等字，不可扩大。

② 见《语文研究》1995 年第 2 期，以及潘家懿《山西闻喜方言古帮组声母字的读音》（《方言》1985 年第 4 期）。在汉越语中有同样的音变现象。可参看王力《汉越语研究》，三根古彻《越南汉字对照表》（《中古汉语与越南汉字音》，汲古书院，1993 年），潘悟云、朱晓农《汉越语和切韵唇音字》[《语言文字研究专辑（上）》，上海古籍出版社，1982 年]。

③ 朱晓农：《唇音齿龈化和重纽四等》，《语言研究》2004 年第 3 期。

第五节　论复声母 sn 的构拟

李方桂《上古音研究》第 19 页说："有少数审母三等字也跟鼻音声母谐声，例如，恕、如，女、摄，聂、饟、让、囊，儺、然，鼍、尔等。这类字是清鼻音在三等介音 j 前演变而来，其演变的程序跟日母的情形很相似，只是这类审母字因为是从清鼻音来的缘[①]故，鼻音失去得较早。"李方桂并没有利用这些谐声材料来构拟复辅音声母，而是用来构拟清鼻音声母。但是其他的一些学者却利用这些材料来构拟上古汉语有复辅音声母 sn。如高本汉列举的谐声材料有：襄、纕，需、絮，玺、猕，隼、羞。严学宭在《原始汉语复辅音声母的痕迹》[②]一文把李方桂、高本汉的材料加以综合，稍作增益，认为这些谐声材料是原始汉语有复辅音声母的反映。加拿大汉学家蒲立本《上古汉语的辅音系统》[③]一书有专门的"s + 舌齿音的复辅音"一章，根据大致相同的材料认为上古汉语有复辅音声母 sn，并说 sn 又变成 zn。我们认为这些谐声材料的存在是事实，但与复辅音没有关系，完全不能据之以构拟复辅音声母。因为有证据表明在上古汉语中的书母、心母与日母可以相通转。今论证如下：

证据一，战国中山王墓出土的鼎铭中有"亡不若""诒死罪之有若"，其中的"若"字，朱德熙《平山中山王墓铜器铭文的初步研究》[④]读为"赦"。张政烺先生采取此说[⑤]。"若"为日母，"赦"为书母。这只能解释为书母与日母之间可以发生音变[⑥]，也就是通假。而上古音的书母与心母非常音近，相通的地方很多。

证据二，"仁"字在战国古文字中有时是写作从心（在下）身（在上）声[⑦]，"身"的上古音是书母。这也是书母与日母相通假的证据，与复辅音声母无关。

证据三，"信"字，现在的古文字学家们公认是以"人"为声符[⑧]，而"信"是心母。这是心母与日母相通转的有力证据。这个例子不可能用复声母来解释。这可以用通假字系联来证明。①考《荀子·哀公》："故明主任计不信怒。"杨注："信，亦任也。"《新序·杂事五》"信"作"任"[⑨]。又，《左传·定公十三年》的"韩不信"，在《史记·赵世家》作"韩不佞"。这样的异文只能解释为通假字。②"信"在上古汉语中与"申、伸"相通，而"申、伸"与日母从不发生通假关系和谐声关系。《释名·释言语》："信，申也。"在古书中例证极多[⑩]。这也可以证明"信"的上古音声母不会是复声母 sn，否则不能与"申、伸"构成声训关系和通假关系。③"信"在《说文》中有古文作"𧥻"，这个字明显应该分析为从"心"得声，与"信"构成古今字或异体字。如果"信"的上古音声母是复声母 sn，那怎能与 s 声母的"𧥻"构成通假关系呢？既然证明了"信"的上古音声母不是复声母 sn，那么就只能说明心母的"信"与日母的"人"是直接的通假关系。

证据四，古人以为"心"与"任"有声训关系，这就足以表明心母与日母是可以通转的。如《白虎通·性情》："心之为言任也。"《广雅·释亲》："心，任也。"[⑪]《春秋繁露·深察名号篇》："故心之为名栣也。"这样的声训材料只能解释为心母可与日母相通转，不得作任何其他的解释。

证据五，《礼记·檀弓上》："其慎也，盖殡也。"注："慎当为引。礼家读'然'，声之误也。"《经典释文》："慎，依注作引。羊刃反。""慎"的上古音是禅母真部，"引"的上古音是余母真部，"然"的上古音是日母元部。郑玄称"声之误"是说"然"的上古音可以与"慎、引"相通，肯定是通假字。这个有力的证据表明在东汉以前，日母与禅母、余母音近可通。因为郑玄用了“声之误”这个术语，我们前面已经指出过凡是有“声之误”的地方都应该是通假，也就是直接音变，不可能是复辅音。

证据六，《方言》卷五：“宋魏之间谓之渠挐（郭璞注：今江东名亦然。诺猪反），或谓之渠疏。”郭璞注：“语转也。”按，“挐”为泥母三等字，“疏”的古音为山母，上古音读如心母。郭璞称为“语转”，意思就是二者的语音能够相通，因为同是宋魏之间的方言。这条方言材料是泥母与心母相通的铁证，不可作其他解释。

证据七，《说文》：“日，实也。大阳之精不亏。”段玉裁注：“以叠韵为训。”实际上，《说文》此处不仅是叠韵，其声母也关系密切，可以说是准双声。考《释名·释天》：“日，实也。光明盛实也。”《春秋元命苞》：“日之为言实也。”《白虎通·日月》：“日之为言实也。”这些古注只能理解为声训，不可作别的解释。还有证据表明“日”与“实”确实是通假字。考《左传·昭公二十年》：“今王室实蠢蠢焉。”《说文·心部》“惷”字下引《左传》[12]此文“实”作“日”。足证“实”与“日”的上古音相通，不可能牵涉复辅音。“实”的上古音声母是船母，与日母旁纽为双声。在日语中，“日”与“实”的读音相同，与复辅音无任何关系[13]。汉语中的日母字在日语音读中读塞擦音声母的例子有很多，而在古日语中都是舌尖塞音的细音。此为日语常识，不烦举证。据高本汉《中国音韵学研究》[14]第676页“如”字在汕头方言中读dz声母，在温州、上海、太原、兴县、文水、凤台、三水等地方言中读z声母。据侯精一、温端政《山西方言调查研究报告》[15]所列举的山西各地的众多的音系来看，日母在山西各地方言中读z声母是非常普遍的现象。如在湘西汉语方言中，日母字“箬、乳、惹、柔、染”等读z声母[16]；据杨再彪《苗语东部方言土语比较》[17]第四章“词汇”第147页的论述，汉语的日母字在苗语的借词中有一部分就读ʐ声母。

伯希和《吐火罗语与库车语》[18]指出汉语的日母字在唐代的突厥语和吐蕃语的音译中有时翻译为z，这是值得注意的。马学良先生在《白狼歌中的“偻让”考》[19]一文中指出《后汉书·西南夷列传》中的“偻让”的“让”是古代彝语的译音词，相当于现代彝语中的su³³或sy³³，是表示泛称的“人”。在彝语方言中还可以读为za³³、zu³³。这可以说也是古汉语中的日母可以与s和z声母相通的一个证据。[20]

证据八，黄征、张涌泉《敦煌变文校注》[21]卷五《维摩诘经讲经文（三）》第827页有曰：“尔（舍）利佛曰：……。”此篇一般都是作“舍利佛”，而这里偏偏“舍”作“尔”。我们认为这里不可能是错字[22]，只能是音近相通假。“舍”的古音是书母，“尔”是日母。这是唐末五代时期的书母与日母相通假的明证，也就是说书母与日母之间可以音转，与复辅音无关。我们没有任何理由说唐末五代的语音中还有复辅音存在。

证据九，关于“鼄/尔”这组材料的谐声问题，我们有必要加以诠释。大徐本《说文》和《说文角字系传》称其读音为“从黾尔声”。而《唐韵》和《说文解字系传》的反切为“式支切”。我们可以用通假字系联法来证明鼄的上古音声母不可能是复辅音sn。有证据表明鼄在上古音中与“施”相通。考《诗经·新台》：“得此戚施。”《说文》“鼄”字下引“施”作“鼄”，并释曰：“言其行鼄鼄。”《说文》各家注皆称“鼄”与“施”相通[23]。王筠《说文解字句读》说：“言其行鼄鼄者，《王风》‘将其来施施’；《孟子》‘施施从外来’。”桂馥《义证》也说：“言其行者，《孟子》‘施施从外来’。”段注：“鼄鼄犹施施也。”而“施”字的上古音声母绝不可能是复辅音sn[24]，其上古音声母只能是单辅音的书母。这就反过来证明与“施”有声韵通假关系的鼄的上古音声母不会是复辅音sn。它“从黾尔声”，而读“式支切”，只是因为日母与书母在古音中确实相通，与复辅音并无关系[25]。

以上的证据都是很有说服力的，这无可争辩地说明汉语古音中的心母、书母与日母、泥母的三四等（即泥母的细音）是可以相通转的，与复辅音没有关系。因此凡是心母、书母与日母、泥母（的细音）相谐声的材料都不能作为古有复辅音声母 sn 的证据[26]。《说文》：“壐，王者印也，所以主土。从土尔声。玺，籀文从玉。”“壐”的上古音是心母脂部，“尔”是日母。上古音中的心母与书母非常相近，与日母旁纽为双声，完全在古音通转的范围之内[27]。这与复声母 sn 没有关系。在现代汉语方言中，据《罗常培文集（第一卷）》[28]第 78 页第六表所记载，在厦门方言中的本为泥母四等的“嬲”要读为 s 声母；“嫩”要读为 dz 声母。这是在现代方言中的不可忽视的旁证[29]。董同龢《汉语音韵学》[30]第七章“中古音系”第 155 页也注意到：“一部分闽语的 dʑ 则是 ȵ 的变值。”董同龢说的变值就是音变。董同龢还特别指出了 ȵ 可以发生擦音化，从而音变为 ʑ。我们可以从音理上说，上古音中的日母、泥母的细音与心母、生母相通的现象都可以解释为日母、泥母发生了擦音化的音变，从而与擦音的心母、生母相通，这与复声母丝毫无关。

但是有的学者从其他方面发现了似乎可以证明古有复辅音 sn 的证据。蒲立本在《上古汉语的辅音系统》[31]第 104 页称：“佛经Viṣṇu的译音也许可以说明复辅音 sn 仍然存在。在中印度语中咝音已经消失，如巴利文的Veṇhu，但是中亚的俗语就不是这样，这可从和阗语的专有名词Viṣṇu得到判定。已发现的这个词的译音有：毗纽（或钮）、韦（违）纽、苇纽（还有其他明显带咝音的例子，见《法宝义林》第 67 页）。”我们对这个例子必须辨明，否则不足以驳倒古有复辅音之说。

考日本梵学家荻原云来主编的《梵和大辞典》[32]第 1256 页，梵文Viṣṇu确有“毗纽、毗忸、毗纽天”这样的音译，这些译音中也确实没有梵文原文的咝音。但这个词同时也有“毗瑟笯、毗搜纽、毗瑟弩、毗搜纽天”这样的译音[33]。非常明显，这些译音词完全可以对音梵文原文的Viṣṇu，并不牵涉任何复辅音的问题[34]。至于“毗纽、毗忸、毗纽天”这样的译音词，我认为很可能不是从梵文音译过来的，而是从巴利文音译过来的。蒲立本自己根据英国东方学家 Bailey[35]的研究提到在巴利文中咝音已经消失。因此，“毗纽、毗忸”很可能是巴利文Veṇhu的译音，并不是从梵文Viṣṇu直接音译过来的[36]，故而不能与梵文原文精确对音，只是相当于梵文的Viṣṇu。考日本学者水野弘元《巴利语辞典》[37]第 270 页所录的巴利文Veṇhu、Venhu、Veṇḍu 这三种形式都是相当于梵文的Viṣṇu，正好与“毗纽、毗忸”对应，与复辅音无关。本书前面已经指出过早期佛经并非从梵文直接译出，而是从巴利语、印度俗语、犍陀罗语、东伊朗语、吐火罗语等语言翻译出来的。这个例子很好地说明讲对音一定要慎重，不可轻易比附。综上所述，蒲立本的这个梵文对音材料不能成为证明古有复辅音的根据。

以上所论述的古音中心母与日母、泥母相通相谐是无可争辩的事实，与复辅音无关。这就有利于我们利用以上的材料和结论去解释另一类困扰着很多音韵学者的似乎很奇怪的谐声现象，即在谐声字中有不少心母（或书母）与疑母谐声的现象。今将有关谐声字的主要材料排比如下：

①产/彦；②稣、蘇/鱼；③朔/屰；④铄（书母）/乐；⑤烧/尧；⑥失/疑；⑦亵/执；⑧卸/御。⑨《释名·释言语》：“言，宣也。宣彼此之意也。”此为声训无疑。

类似的例子还有一些[38]，我们不再逐一列举。心母（或书母）与疑母可以谐声是客观事实，并非是古人一概错误地分析了这些文字的形声结构。我们现在可以利用本节的研究结论来解释心母与疑母相谐声的现象，而无须乞灵于复辅音声母。我们的观察和研究发现，凡是可与心母（或书母）相谐声的疑母字都是三、四等字，几乎没有例外[39]。这就是说与心母相谐声的疑母字有一个语音条件是：这样的疑母字应该是细音。而疑母的细音在音理上往往可以直接音变为 n 或 ȵ，也就是泥母和日母。甚至还有相反的情况，就是日母可以读为疑母的细音。这在现代方言音变中有很多证据。简单举证如下：章太炎《国故论衡·音理论》[40]："及夫疑、尼二母，其音易以爻错。今世呼疑、牛、颙、仰，皆乱于尼。然疑母至于撮口齐齿，终不得不与尼母同呼。"董同龢《汉语音韵学》[41]第七章"中古音系"第151 页已经能够注意到：中古音的疑母在现在的苏州方言及梅县客家方言中，洪音读为 ŋ，细音读为 ȵ。董同龢还说：古音的疑母"还有些方言开口音声母变 n"[42]。根据曹志耘《南部吴语语音研究》[43]第八章"11 个代表点方言字音对照"第 234 页，日母的"耳"在磐安、金华、汤溪、文成、温州这几个方言中读 ŋ 声母，在其他的南部吴语方言中有的读 n 或 ȵ；同书第 232 页称"儿"在金华、汤溪、文成、温州等方言中读 ŋ 声母，在其他的南部吴语方言中有的读 n 或 ȵ[44]；据鲍明炜等《南通地区方言研究》[45]第 57 页，在南通方言中，疑母的细音读与泥母相同[46]。庄初升《粤北土话音韵研究》[47]第 41 页，在粤北土话的乌迳方言中，古疑母字有的读为 ȵ，如"严、业"等。同书第 43 页"南雄市雄州音系"指出，在粤北土话的雄州方言中，古日母字的"惹、让"与"义、月"同声母，都读为 ȵ。同书的"仁化县长江音系"指出在仁化县的长江方言中古日母字"耳"与古疑母字"鱼、艺"同声母，都读为 ȵ。类似的材料在粤北土话中比较普遍，庄初升此书作了比较细致的描述，我们不再引录。据李启群《吉首方言研究》[48]第二章"语音"第 183 页和第 73 页，中古音疑母在吉首方言中一分为三：零声母、疑母和 ȵ 声母（如疑母的"艺"字读 ȵ 声母）。中古的泥母在吉首方言中有的也读［ȵ］，如"年"。这样的疑母和泥母都是细音齐齿呼，在古音为三等。据龙耀宏《侗语研究》[49]第二章"语音"第 36 页的论述，古汉语的娘母、日母和疑母三等字在借入侗语后都读为 ȵ 声母。事实上，疑母三等字往往与泥母相近，在汉语方言中就是如此[50]。我们反过来根据古汉语在侗语中的借词的读音而说古汉语的娘母、日母和疑母三等字的声母本来都是相近的，可以相通转。据王福堂等《汉语方音字汇》[51]第97 页，"疑"在西安、成都、苏州、长沙、南昌、梅县等地的方言中读为 ȵi（按，不计声调），类例颇多（如疑母三等的"仪、宜"在苏州、南昌、温州等地的方言中都读 ȵi）。在现代汉语的普通话中，中古音为疑母三等的"牛"是读为泥母的 niəu 音。在方言中有些声母与韵母的配合关系也能说明问题。如颜清徽、刘丽华编著《娄底方言词典·引论》[52]第 12 页指出："娄底方言今读 n 声母的。不限于古泥来母字。部分古日母、疑母、影云以母今读细音的字也读 n 声母。"如"惹、迎、牛、阉、炎"等字就读 n 声母。据鲍明炜等《南通地区方言研究》[53]第三章"南通方言语音"第 183 页，泥母、疑母的开合三四等字和部分日母字的白读音在海门方言中都读 ȵ。据侯精一、温端政主编《山西方言调查研究报告（下卷）》[54]第 666 页"闻喜方言"一节指出：在山西南部的闻喜方言中，ŋ 声母只拼开口呼和合口呼，ȵ 只拼齐齿呼和撮口呼。我们认为这就是因为 ŋ 本来有的齐齿呼细音早已音变成了 ȵ 声母。在闻喜方言中的疑母细音的"硬、牛"就是读 ȵ 声母。据同书第 668 页"垣曲音系"一节，中古音本来是疑母二等字的"眼"在垣曲方言中也要读为 ȵ 声母。这是因为在垣曲方言中的"眼"不是二等字，而是细音。据同书第 669 页，在山西的稷山方言中的 ȵ 声母也是只拼细音。据同书第 681 页，在翼城方言中的 ȵ 声母也是只出现在齐齿呼和撮口呼之前。据同书第 594 页在山西北部的神池方言中，同书第 592 页在山西北部的灵丘方言中，同书第 579 页在五台方言音系中，同书第 564 页在山阴方言音系中，n 与齐齿呼、撮口呼韵母相拼的时候读为 ȵ 声母。类似的情况在山西方言中非常普遍，不胜枚举。据同书下卷"西区方言的声母"一节第 441 页称：在山西的西区方言中，"古疑母字在今细音前，岚县、静县、蒲县 3 点读鼻音声母 ȵ，与古泥母字在今细音前的读音合流。如牛牙咬眼（以上疑母），年宁聂女（以上泥母），今读［ȵ］声母”。据《现代汉语方言大词典（合订本一）》“四十二处方言概况”第24页“徐州方言的内部差别”称：徐州方言“古蟹摄开口四等，止摄、梗摄入声开口三等疑母字如‘倪霓拟逆’，老派读［Ø］声母，与北京音不同；新派读［n］声母，与北京音相同。”同书同章第25页称徐州方言“［n］逢细音韵母实际音值为［ȵ］”。张双庆主编《连州土话研究》[55]第四章“连州土话音系与中古音系的比较”第一节“声母的比较”第26页指出中古音的疑母在保安方言、连州方言中有ȵ/ŋ两读，在丰阳方言中有n/ŋ两读，在星子方言中读［ȵ］。据何科根《吴化片粤语的语音特点》[56]一文提到在吴化片粤语的语音存在nj这样的声母，主要来自古声母的疑母三等和日母，与泥娘母无关。邓海峰《湖南新田沙田土话的语音特征》[57]提到在湖南新田沙田土话的语音中，在与an、uan、yan、ən、in这些韵母相结合时，n与ŋ自由互混，不构成对立。

根据以上征引的材料，我们甚至可以认为在上古时期的泥母三四等字也是读为ȵ声母，而不是n。在垣曲方言中的“女”也是读ȵ声母，类似的音变现象应该在上古时期就存在。人们所构拟的复辅音声母既可以说是sn，也可以说是sȵ[58]。自上古以来的ȵ声母中就包含了泥母三四等、日母和疑母的三四等[59]。

我们认为在造字的谐声时代，有相当数量的疑母三四等字由于方言音变的关系，很早就有了泥母三四等或日母一读，其音值为ȵ[60]。而我们前面论述过泥母三四等、日母与心母、书母是完全可以相通相谐的，在谐声字时代就常常相混，于是这些疑母的三四等字母就可以与心母相通，这样一来就出现了疑母与心母相谐声的现象。这完全是正常的音变，与复辅音声母没有关系。

在古文字中，疑母的“逆”与山母（上古音读如心母）的“朔”可以是通假字。如西周《同毁》：“毕逆至于玄水。”郭沫若《两周金文辞大系考释》第87页：“‘逆’当读为‘朔’。”西周金文《五祀卫鼎》：“于邵（昭）大室东逆。”唐兰也读“逆”为“朔”[61]。这些古文字中的通假字材料也可以证明疑母三等的“逆”可与山母、心母字相通。

杨树达《积微居金文说》[62]卷二第39页考证金文中的“驭方”与“朔方”古音相通，曰：“愚疑‘驭’者‘朔’之假字，驭方即朔方也。朔方为周室邻近玁狁之地。《诗经·小雅·出车》云‘天子命我，城彼朔方。赫赫南仲，玁狁于襄’。是其证也。文云朔方玁狁，谓朔方附近之玁狁也。”杨树达的考证当为可信[63]。“朔”的上古音声母为山母，与心母非常音近。“驭”为疑母。二者在金文中可以相通。

《诗经·郑风·女曰鸡鸣》：“琴瑟在御。”阜阳汉简本《诗经》“御”作“蘇”。这样的异文只能理解为通假字，不可作其他解释。“御”是疑母，“蘇”是心母。

《周易·渐·九三》爻辞“利御寇”，马王堆帛书本《周易》作“利所寇”。“御”与“所”只能解释为通假字[64]。“御”是疑母三等字。

陈剑《据战国竹简文字校读古书两则》[65]一文根据战国古文字材料《郭店楚墓竹简》等，论证了《论语·乡党》“色斯举也”中的“色”是“疑”的通假字，当读为“疑”。“色”的上古音声母是山母，“疑”是疑母，二者都是开口三等字。在先秦文字中，二者音近可通。

以上的古文字学上的证据充分表明在先秦汉语中的疑母三等字完全可以与心母、山母相通转，与复辅音声母没有关系。其所以会如此，就是因为疑母三等事实上与日母是非常音近的，以致容易相通转。而日母与心母、山母有时可以直接相通的。所以，我们才会有以上的结论，我们的证据是无可辩驳的。

在英语中有可供参考的材料。从英语的发展史来看，英语中的 sn－复声母从古到今都没有发生单辅音化的音变，现代英语的 s－声母或 n－声母的词汇没有一个是从古代的 sn－复声母音变来的。英语中凡是 sn－这样的复声母词汇中的 s 或 n 都是要发音的，没有一个例外，如 snack，snaffle，snag，snail，snake[66]，snap，snare，snarl，snatch，sneak，sneeze，snide，sniff，snip 等等，类例甚多。这样的参证材料也可以反驳古汉语中存在 sn－→s 或 n 的音变。

注释

① 李方桂书本作“原”，今正。

② 赵秉璇、竺家宁编：《古汉语复声母论文集》，北京语言文化大学出版社，1998 年，第 136 页。

③［加］蒲立本著，潘悟云、徐文堪译：《上古汉语的辅音系统》，中华书局，1999 年。

④ 朱德熙：《朱德熙文集（第五卷）》，商务印书馆，1999 年。

⑤ 参看张政烺：《张政烺文史论集》，中华书局，2004 年，第 488～489 页。

⑥ 朱德熙和裘锡圭两位先生讲的这个通假有训诂学上的意义。考《楚辞·天问》：“何献蒸肉之膏，而后帝不若?”王注：“蒸，祭也。后帝，天帝也。若，顺也。……天帝犹不顺羿之所为也。”王逸注把“不若”解释为“不顺”。这当然是有训诂学上的根据，因为“若”训“顺”实为训诂常识。参看《故训汇纂》第 1915 页。但是如果这里采用朱德熙先生的解释，把“不若”读为“不赦”，这似乎与《楚辞·天问》原文的“后帝”（王逸注、洪兴祖补注都把“后帝”释为“天帝”）更相吻合。类例如《论语·尧曰》；“舜亦以命禹。曰：予小子履敢用玄牡，敢昭告于皇皇后帝：有罪不敢赦。帝臣不蔽，简在帝心。朕躬有罪，无以万方；万方有罪，罪在朕躬。”这里正是将“皇皇后帝”与“有罪不敢赦”相配应。因此，我们认为把《楚辞·天问》的“后帝不若”释为“后帝不赦”是更精确的训诂。春秋以前就已经有“无赦”一词。考《左传·僖公二十三年》：“期而不至，无赦。”《左传·宣公十二年》：“不可许也，得国无赦。”《左传·文公十八年》：“主藏之名，赖奸之用，为大凶德，有常无赦，在《九刑》不忘。”光华按，这里的“常”是“常刑、常法”之义。如《左传·哀公三年》：“有不用命，则有常刑，无赦。”正是作“常刑”。《尚书》中也多有“无赦”一词。如《尚书·胤往》引《政典》曰：“先时者杀无赦，不及时者杀无赦。”《尚书·康诰》：“乃其速由文王作罚，刑兹无赦。”《史记·殷本纪》：“汤曰：汝不能敬命，予大罚殛之，无有攸赦。”类例甚多，此不备举。

⑦ 如《郭店楚墓竹简》，另可参看张守中《郭店楚简文字编》（文物出版社，2000 年）第 117～118 页。

⑧《说文》把“信”分析为纯粹的会意字，这点已经被现代古文字学者所修正。

⑨ 类似的材料很多，可参看宗福邦主编《故训汇纂》（商务印书馆，2003 年）第 125 页。

⑩ 可参看宗福邦主编：《故训汇纂》，商务印书馆，2003 年，第 125～126 页。

⑪ 王念孙《疏证》引《白虎通》此文。

⑫《说文》作《春秋传》。

⑬ 不过，我认为船母的“实”在与“日”相通的时候是读擦音，而不一定是塞擦音。考王福堂等《汉语方音字汇（第二版重排本）》（语文出版社，2003 年）第 67 页，“实”在各地方言中基本都是读擦音，而不是塞擦音（只有厦门方言的白读音是塞擦音声母）。

⑭［瑞典］高本汉著，赵元任、罗常培、李方桂译：《中国音韵学研究》，商务印书馆，1995 年。

⑮ 侯精一、温端政主编：《山西方言调查研究报告》，山西高校联合出版社，1993 年。

⑯ 据《现代汉语方言大词典（合订本一）》“扬州方言”（江苏教育出版社，2002 年）第 35 页，在仪征方言中“人、软、让、若”读 z 声母。类例极多，难以详举。

⑰ 杨再彪：《苗语东部方言土语比较》，民族出版社，2004 年。

⑱［法］伯希和、［法］烈维著，冯承钧译：《吐火罗语与库车语》，《吐火罗语考》，中华书局，2004 年，第 106 页。

⑲ 马学良：《白狼歌中的“偻让”考》，《马学良民族研究文集》，民族出版社，1992 年，第 548 页。

⑳ 另可参看韩儒林《女真译名考》（《穹庐集》，河北教育出版社，2001 年，第 540 ~ 541 页），韩儒林此文对五代时期的河北、山西方言中日母、泥母的音值有所论述，此不详引。

㉑ 黄征、张涌泉：《敦煌变文校注》，中华书局，1997 年。

㉒ 虽然在敦煌变文中错字很多。

㉓ 如朱骏声《说文通训定声》称：“鼉、施一声之转。”

㉔ 即使主张古有复辅音的学者也没有说过“施”的上古音或远古音的声母是复辅音。

㉕ 其余的例字如“僁”也还可以探讨。大徐本《说文》释为“从人然声”，注音为人善切。《说文解字系传》注音为“尔件”反。《玉篇》《集韵》均曰：“僁，戁也。”此为声训。“僁”，据《说文》和《系传》则为日母，《玉篇》《集韵》都以泥母的“戁”字来作声训。而且此字虽然见于《说文》，但是儒家《十三经》中不见此字。甚至在全部先秦文献中，我们还没有发现有此字的用例。我们认为《说文》中的“僁”字最初的读音是否是审母，还难以断言。《说文解字诂林》所引《说文》各家注无一言及“僁”的古音为审母。依据《说文》的体例，凡是读音比较特殊的或比较容易被误读的字往往注音为“读若”“读与某同”。许慎自己不明其音义的字就注上“阙”。但是《说文》对“僁”的解释和注音非常普通，完全没有把它当作任何特别的字来看待，《说文》明确说“僁”是从人然声。李方桂先生说此字上古音为审母，当是根据《广韵》的又音“式善切”和《玉篇》“式善、如善二切，意急惧也”。我们认为式善切有可能是中古以后由于方言中的音变才兴起的读音，不可当作“僁”的古本音。而且根据《广韵》，式善切一音并不表示其他的意思，还是引《说文》“意膬也”为释（“膬”或作“脆”）。这表明“僁”读日母或读书母并没有区别意义的功能。因此，“僁”有日母与书母两读只能理解为是在方言中的音变。

㉖ 我们以上的研究还有利于正确分析一些似乎很困难的谐声现象。如关于“迺”字的形声结构是困扰许多学者的问题。考《说文》无“迺”字之形。在《说文》中，“迺”作𠧧字之形。《说文》曰：“惊声也。从乃省，卤声。籀文𠧧不省。或曰：𠧧，往也。读若‘仍’。”段注：“卤声，宋本作西声，不误。赵钞及俗刻作鹵声，误甚。从乃省者，从乃而未尽其曲折也。卤者，籀文‘西’字。以西为声也。锴本从乃卤省声，非是。………《诗》《书》《史》《汉》发语多用此字作“迺”，而流俗多盖为‘乃’。按：《释诂》曰：‘仍、迺、侯，乃也’。以‘乃’释‘迺’，则本非一字可知矣。西声则古音当在十三部。古音西读如诜，又读如仙。”段氏之说颇为精辟，他毫不怀疑“迺”字从东西的“西”得声。这个字的读音很让人伤脑筋。“迺”字的读音通于“乃”，而《说文》和段注都说“迺”字是从“西”得声。这个现象如何解释呢?

我们首先从文献中确定“乃”与“迺”的关系。今考《列子》中的《天瑞》《汤问》《周穆王》三篇的殷敬顺的《释文》均曰：“迺，古乃字。”另如《龙龛手鉴》卷四、《广韵》上声十五“海”亦以“迺”为“乃”的古文。《尔雅》亦曰：“迺，乃也。”《尔雅》是以今语释古文。据以上各证，可知在经典中，“迺”为古文，“乃”为今文。我们可以肯定地说二者的读音相通。这个大前提的确立是非常重要的。考《说文》乃部：“迺，惊声也。从乃省，卤声。读若‘仍’。”徐铉曰：“卤非声，未详。如乘切。”徐铉认为“卤”非声。有一种观点认为，“迺”字既然是从“乃”，而且与“乃”是音义皆通的字，那么“迺”字应当是从“乃”得声，而绝不可能是从“卤”得声。今本《说文》可能有讹误。有的日本学者已经注意到这个问题。如镰田正等《新汉语林》（大修馆书店，1989 年）第 1085 页的解释，“迺”是从西从辶声，而不是从西声。陆志韦、林焘《经典释文异文之分析》[见《陆志韦语言学著作集（二）》，中华书局，1999 年，第 570 页] 也称《说文》原文当作“从卤乃声”。而“辶”这个偏旁正是小篆“乃”字隶变后讹误之形，与普通的“辶”是异字同形，实无关系。正是因为作为偏旁的“乃”字在隶变后形体大变，才让很多学者误认为它不可能是声旁。所以现在有的学者竟然根据“迺”字是从西声而读与“乃”同，就断定“迺”字的上古音是复声母。这也是根据隶变后的形体去推求古音，其结论是不可靠的。但是后来裘锡圭先生在审查我的一篇论文时告诉我“迺”字从“乃”声的观点是没有根据的，因为“迺”在甲骨文中之形明显不是从“辶”或“乃”。现在，基于本书上面的论证，我认为《说文》对“迺”的形声分析很可能是对的，“迺”就是从“西”得声。根据反切音，“迺”的古音声母是日母，“西”是心母，二者本来就是可以相通转的，与复辅音或清鼻音没有关系。

我们这里还介绍一下日本学者藤堂明保的观点。据藤堂先生《学研汉和大字典》（学习研究社，1981 年）第 1313 页的解释，“迺”字是会意字，不是形声字，字虽从“西”，却不是从“西”得声。“迺”所从的“西”是“遷”之借，与“迁”是同源字，当得意于变迁、迁移的“迁”（藤堂先生的这点关于“西”与“迁”是同源字的见解是有根据的。我们可以举出旁证，如《说文》“遷”字条列举有其古文从手从西。又《汉书・律历志》：“西，遷也。”《白虎通・五行》：“西方，遷方。”又，“茜”从“西”声而读“仓甸反”。可证“遷”与“西”可通。顾炎武《音学五书・唐韵正》卷二“西”字条论“西”古音“先”，列举了许多证据说明“西”与“遷”古音相通。参看《音学五书》，中华书局，1982 年，第 255 ~ 256 页），表示话语有间隔或经过曲折而变迁。藤堂先生的这个解释虽然有不妥当之处（因为“迺”字确实是形声字，“迺”就是从“西”得声），但他认为“迺”所从的“西”有表意的作用，这点很有参考价值。

陈独秀《小学识字教本》（巴蜀书社，1995 年）第 21 页认为迺所从的卤是误字，陈氏曰：“按‘卤’即滷亦即卣，非西也，隶变作西。”日本学者小川环树等人所编《角川新字源》角川书店也认为迺与逌同字，当是从卣得声，迺所从的西是卣讹误之形。后来的日文版《角川大字源》也如此认为。我以为以迺所从的西为误字，这也不一定妥当，应说“迺”所从的“西”是个俗字，是卤的隶书的写法。陈独秀与小川环树等以迺从卣得声，这是错误的。《说文》“乃”部分明以迺与逌二字并存，未尝相混。“迺”字早在甲骨文、金文中已经广泛存在，从未与“逌”相混。今考“迺”在甲骨文、金文中所从得声的字与甲骨文、金文中的“西”字同形。《玉篇》和《广韵》录“西”的籀文之形，《集韵》和《类篇》、崔希裕《纂古》录“西”的古文字形为“卤”，与㢠所从的卤同形。《秦汉魏晋篆隶字形表》（四川辞书出版社，1985 年）第 310 页录秦简中的“迺”字、《居延汉简》中的“迺”字，我另检得马王堆帛书《二三子问》有曰：“无迺利”，以上三处“迺”字均是明显从“西”字之形。也就是说在西汉及以前的出土隶书文献中，迺字已经是从“西”之形。让我们去仔细看看马王堆帛书中的“西”字的写法。帛书《阴阳五行》甲篇：“西南毁。”《易之义》：“西南得崩（朋）。”《周易》：“利西南。”《出行占》：“东中西中有得。”《五星占》：“西北乃生天枪。”《银雀山汉简文字编》（文物出版社，2001 年）第 372 页录有两个“西”字之形。这些隶书中的“西”的字形，与后来通行的“西”已经没有大的区别。何琳仪《战国文字通论》（中华书局，1989 年）第 223 页指出“西”在战国时的玺印中的形体已经与隶书中的“西”吻合无间。凡此皆足以证明《说文》中的“迺”不可能是“逌”的误字。《小学识字教本》与《新字源》之说不可信。

㉗ 另可参看《朱德熙文集（第五卷）》（商务印书馆，1999 年）第 103 页注解 7 把战国中山王墓鼎铭中的一个从“人”的字（有的学者隶定为“恁”）读为“信”［中山王鼎铭文中的这个字，王文耀等《金文引得・春秋战国卷》采用朱德熙的讲法，读为“信”；而张亚初《殷周金文集成引得》读为“任”。《张政烺文史论集》（中华书局，2004 年）第 489 页对此字缺疑未释］。

㉘ 罗常培：《厦门音系》，《罗常培文集（第一卷）》，山东教育出版社，1999 年。

㉙ 还有个别材料可以采用其他的解释方法，例如“絮/如”这样的谐声材料，我们就可以用训读与自反来解释。自高本汉以来有许多音韵学者利用“絮/如”这个谐声关系来构拟上古复辅音 sn。我们认为此例与复辅音无关。《说文》：“絮，敝緜也。从糸如声。”息据切。今按，“絮”可以分析为自反字，得音于“糸如”反，并非仅仅得音于“如”。“糸”是明母字，但因为与“丝”意思相近，于是可以训读为“丝”。考《说文》：“糸，细丝也。象束丝之形。”《说文》“系”字下录有“系”的籀文从“丝”，不从“糸”。《说文》“繘”字的古文和籀文都是从“丝”，而不是从“糸”。《说文》“彝”字下附有一个古文之形从“丝”，不从“糸”。《说文》“绝”字下所附古文也是从“丝”不从“糸”。据此各证，知“糸”可训读为“丝”，毫无可疑。后来的韵书干脆就把“糸”注有心母一读，如《集韵》称“糸”有“新兹切”一音，且称“丝”或省作“糸”。《说文》的“糸如”切实际上要读成“丝如”切，这正好是“絮”音。“丝”和“絮”的上古音声母都是心母。如此声韵密合，天衣无缝。这种解释也颇能自圆其说，而与复声母无关。

㉚ 董同龢：《汉语音韵学》，中华书局，2001 年。

㉛［加］蒲立本著，潘语云、徐文堪译：《上古汉语的辅音系统》，中华书局，1999 年。

㉜［日］荻原云来主编：《梵和大辞典》，讲谈社，1996年。

㉝《梵和大辞典》此处还收入了一个译音词“毗细天”，我怀疑这其中的“细”是“纽”的错字，不应作为讨论对音的根据。据《中华佛教百科全书》“毗湿奴天”条称：“印度教神祇。音译又作毗纽、毗搜纽、微瑟纽、毗瑟怒、毗瑟奴、尾瑟努、吠舍怒、吠卒怒、毗细、毗留、韦纽、韦糅、苇纽、违细等。意译为遍闻、遍胜、遍入、遍净或幻惑。此外，又名诃梨（Hari）。”

㉞这个词在神话学中一般音译为“毗湿奴”，意译为“遍入天”，是印度神话中著名的大神。可参看魏庆征：《古代印度神话》，山西人民出版社、北岳文艺出版社，1999年，第765～768页。

㉟一般音译为“贝利”，此人在东方语言学方面造诣很深，颇负盛名。

㊱日本著名梵学家中村元主编的《佛教语大辞典》（东京书籍株式会社，1985年）第1134页没有能够认识到这一点。

㊲［日］水野弘元：《巴利语辞典》，春秋社，1970年。

㊳我们这里没有把疑母与心母有关的谐声材料作穷尽式的排比仅仅是因为有些形声字太生僻，用电脑难打出来。我们在音理上的解释完全适用于所有的谐声材料。

㊴上面举的“铄/乐（音乐的乐）”中的“乐”，《广韵》音五角切，是二等字，不是三等。但我们认为“乐”很可能是从上古音中的三等变入中古音的二等。因为以“乐”为声符“藥”是开口三等字。另外，“烁、铄”都是三等字。而且，我认为“铄、烁”所从得声的“乐”非常有可能不是读为“音乐”的“乐”，而是读为“快乐”的“乐”。因为疑母的“乐”是名词，来母的“乐”是形容词，而我国汉代以前的训诂学认为名词往往是来源于动词或形容词（也就是现代人说的谓词），也就是说动词或形容词是名词的语源（参看庞光华《〈释名〉书后》，《古籍研究》2003年第2期）。作为名词的语源的动词或形容词的读音应该是要早于相应的名词。如东汉末年刘熙的《释名》就是一部用动词和形容词解释名词的训诂学和语源学的专著（可参看饶宗颐先生《〈尼卢致论〉与刘熙的〈释名〉》，载《梵学集》，上海古籍出版社，1993年）。考古代的训诂学是用快乐的“乐”来作为音乐的“乐”的语源。如《释名·释言语》：“乐者，乐也，使人好乐者也。”第一个“乐”是音乐的“乐”，第二个“乐”是形容词快乐的“乐”。《白虎通·礼乐》：“乐者，乐也。君子乐得其道，小人乐得其欲。”《说苑·修文》：“乐者，乐也。”《礼记·乐记》：“乐者，乐也。”《荀子·乐论》：“夫乐者，乐也。”《史记·乐书》：“夫乐者，乐也。”这都是用快乐的“乐”来解释音乐的“乐”。因此，来母的“乐”是疑母的“乐”的语源。所以，我认为在上古甚至更早的谐声字时代作为谐声偏旁的“乐”应该是来母的形容词的“乐”，而不是疑母的名词的“乐”。以来母的“乐”为声符而读心母，这是谐声中比较常见的现象。本书有专门的一节讨论来母与心母相谐声的问题。按照我们这样的解释，“铄/乐”这组谐声材料就不属于书母与疑母谐声的范围，疑母二等的“乐”就不是我们所说的规律的例外。因此我们这里讲的语音条件（疑母三四等）是很严密的。

至于侯精一、温端政主编《山西方言调查研究报告（下卷）》（山西高校联合出版社，1993年）第584页“朔州音系”一节所说的：“古影、疑母开口一二等字，今声母读鼻音n。”这个方言中的音变现象是否与我们这里揭示的音变条件相违背呢？其实彼此并不冲突。因为在山西北区的朔州方言音系中根本就没有ŋ声母，古代的ŋ声母的一二等字早已混入泥母之中了。ŋ声母的细音应该是变入了ȵ声母之中。因为该书指出：朔州方言中的n声母和齐齿呼、撮口呼韵母相拼时是舌面音ȵ（不过，该书编者没有把ȵ声母纳入朔州方言的音系中，这似乎不妥）。

㊵章太炎：《国故论衡·音理论》，中华书局，2008年，第93页。

㊶董同龢：《汉语音韵学》，中华书局，2001年。

㊷据《现代汉语方言大词典（合订本一）》“哈尔滨方言”（江苏教育出版社，2002年）第1页：“蛾、鹅、俄、饿、讹、熬、额等古疑母字和爱、矮……等古影母字，郊区和老派读［n］声母。”

㊸曹志耘：《南部吴语语音研究》，商务印书馆，2002年。

㊹清朝学者刘禧延《刘氏遗著》已经注意到：“吴下土音泥母齐齿字一如疑母。”据英国学者罗宾斯《简明语言学史》（中国社会科学出版社，2004年）第四章“中世纪”的介绍（第84～85页），公元12世纪的一位冰岛学者写的

《第一篇语法论文》已经注意到了 n 有 ŋ 的音位变体。

㊺ 鲍明炜等：《南通地区方言研究》，江苏教育出版社，2002 年。

㊻ 在元代的《中原音韵》中已经明显有了这种现象。王力先生《汉语语音史》（中国社会科学出版社，1985 年）第 318 页就指出了在《中原音韵》中疑母的“臬”和“齧”都为“尼夜切”。

㊼ 庄初升：《粤北土话音韵研究》，中国社会科学出版社，2004 年。

㊽ 李启群：《吉首方言研究》，民族出版社，2006 年。

㊾ 龙耀宏：《侗语研究》，贵州民族出版社，2003 年。

㊿ 正因为如此，我们在方言中可以发现疑母三等字可与来母三等相通。据王福堂等《汉语方音字汇（第二版重排本）》（语文出版社，2003 年）第 215 页，中古音为疑母开口三等的“牛”在合肥方言和扬州方言中读［l］声母。其音变原理就是疑母三等的读音与泥母相似（“牛”在普通话中就读泥母），而泥母与来母相通是汉语方言中很正常的现象。

51 王福堂等：《汉语方音字汇（第二版重排本）》，语文出版社，2003 年。

52 颜清徽、刘丽华编著：《娄底方言词典·引论》，江苏教育出版社，1994 年。

53 鲍明炜等：《南通地区方言研究》，江苏教育出版社，2002 年。

54 侯精一、温端政主编：《山西方言调查研究报告》，山西高校联合出版社，1993 年。

55 张双庆主编：《连州土话研究》，厦门大学出版社，2004 年。

56 何科根：《吴化片粤语的语音特点》，《语文研究》1997 年第 3 期。

57 邓海峰：《湖南新田沙田土话的语音特征》，《语言研究》2002 年增刊。

58 不过，在现代方言中日母读 n 的情况也很普遍，从而与泥母相混。

59 另外如何大安《规律与方向：变迁中的音韵结构》（北京大学出版社，2004 年）第三章第 45 页在总结平江方言和临湘方言的声母特征的时候说：“泥疑日三母在三、四等韵前分裂为 ń。”这个 ń 就是舌面鼻音 ȵ 的另一种写法，并无区别。

60 在古文献中，我们寻得一例证。考《史记·货殖列传》：“昔者越王勾践困于会稽之上，乃用范蠡、计然。”《集解》徐广曰：“计然者，范蠡之师也，名研，故谚曰‘研、桑心算’。”骃案：范子曰“计然者，葵丘濮上人，姓辛氏，字文子，其先晋国亡公子也。尝南游于越，范蠡师事之”。前人对于“计然”的名字颇有议论。然而有一个事实是无疑的。“计然”又叫“计研”，我认为二者是音变的关系。日母元部的“然”与疑母元部的“研”音近相通。我们从这个角度来看也可以认为腭化现象在上古音中就发生了。以上所揭示的事实有助于我们解释一个疑难的谐声问题：“今/念”。有的音韵学者利用“念/今”这组谐声材料来构拟复辅音声母 nk。我们认为“念/今”的谐声关系与复辅音无关。《说文》：“念，常思也。从心今声。”奴店切。段玉裁注、王筠注、朱骏声注、桂馥注对“念”的谐声关系都没有新的解说。“念”是泥母字，其声符是“今”。但是我们认为这样的谐声关系与复声母无关。因为“念”是泥母三等字，在古代的某些方言中与疑母三等可以相混，“今”是见母三等字，见母与疑母发音部位相同，都是舌根音，旁纽为双声，完全可以相通，与复声母毫无关系。我们的这个解释非常圆通，并无困难。我们还可以用通假字系联法来证明“念”的上古音声母不会是复辅音 nk 之类。如《释名·释言语》：“念，黏也。意相亲爱，心黏著不能忘也。”朱骏声《说文通训定声》明确说：“念、黏双声。”而“黏”从不与见母字发生通假关系和谐声关系，其上古音声母不会是复辅音 nk 之类，因此这就反过来证明与“黏”为双声的“念”的上古音声母也不会是复辅音 nk，否则“念”和“黏”就不会有声训关系，不可能是双声。日本学者镰田正等《新汉语林》（大修馆书店，1989 年）第 396 页甚至把“念”分析为会意字，不以“今”为声符。

61 全广镇《两周金文通假字研究》（台湾学生书局，1989 年）第 336～337 页也注意到这里的通假字的问题。

62 杨树达：《积微居金文说（增订本）》，中华书局，1997 年。

63 实则郭沫若《中国古代社会研究》附录九“夏禹的问题”［《郭沫若全集·历史编（第一卷）》，科学出版社，2002 年，第 308～309 页］已经有与杨树达一样的见解。

⑭ 参看邓球柏:《帛书周易校释(增订本)》,湖南出版社 1996 年,第 330 页。

⑮ 张光裕主编:《第四届国际中国古文字学研讨会论文集》,香港中文大学,2003 年。

⑯ 有趣的是英语的 snake 这个词,据《钱伯斯语源学辞典》(The H. W. Wilson Company,2002 年)第 1025 页,无论是在古英语中,还是在原始日耳曼语、古冰岛语和印欧语中都是 sn 声母。这个词可能与梵语中表示"龙、蛇"的 Naga 这个词同源。这样看来,snake 的 s - 是后起的,而且一旦产生就从来没有消失过。也就是从 snake 这个词的演变历史来看,存在 n→sn 的演变(当然,这不是音变,而是形态变化),不存在 sn→n 的演变。

第六节　论心母、喻四及舌头音相谐的问题

喻四、舌头塞音与心母的谐声问题是否与复声母有关呢？本节要讨论这个问题[①]。

有一个不见于《说文》，但常见于上古典籍中的字“肆”。这个字似乎应该分析为从“聿”得声。但“肆”的古音声母是心母，“聿”的古音声母是喻四。这是否与复辅音有关呢？我们认为这与复辅音毫无关系，因为在古音中心母与喻四是可以相转的。古文字学家们就认为在金文中的“聿”有时应读为“肆”[②]。我们在东汉的翻译佛经中找到了用喻四字去翻译 s 声母的现象。日本学者宇井伯寿《译经史研究》[③]对东汉来自月支的高僧支娄迦谶的佛经翻译作过精密的研究，此书有“支谶翻译中的音译通览”一章，对支娄迦谶的音译作了详细的考察。在此书最后，宇井伯寿先生还将此章讨论的内容总结为独立的一章“从印度语看中国文字的发音”，我们这里根据宇井伯寿先生的研究来观察东汉时候的语音状况。该书第 483 页指出：支娄迦谶是用汉语的“拘翼”二字去音译印度语“Kosik（a）”，也就是用喻四去翻译 s[④]。这个印度语词汇不是梵文。它在梵文中作“Kauśika”[⑤]。这个词还省译为“俱夷”。则东汉时期的方言中必然有将喻四读近心母 s 的现象，也就是说在东汉时期喻四与心母可以相通，此与复辅音的分化毫不相干。我们自己找到的类似的例子是巴利文中的“Asoka”音译为汉语的“阿育（王）”[⑥]。“育”的古音是喻四，而用来音译 s 声母。“阿育”在梵文中作“Aśoka”[⑦]。这个梵文词音译为“阿恕伽”“阿输迦”，其中的“恕、输”都是书母字，声母与梵文的 ś 完全可以对音。不过，我们认为“阿育”这个词最早有可能是从巴利文“Asoka”音译而来。

梵学家钢和泰在《音译梵书与中国古音》[⑧]指出宋代的法天以前的古老的翻译佛经中，“‘叶’字好像读如 Ssab”。“叶”的古音声母是喻四，可以对译梵文的 s 声母。

这就可以从音理上解释“修/攸”的谐声问题。《说文》：“修，饰也。从彡攸声。”息流切。则其古音声母为心母，而“攸”的古音声母是喻四。有的学者利用这样的谐声材料来构拟复辅音声母，这是完全不可信的。东汉时代的翻译佛经材料的对音研究显示喻四和心母之间是可以通转的，与复辅音无关，因为古印度语的对音词中并没有复辅音存在。我国古人总不会用复辅音去音译外语的单辅音。

另如，在金文中“夷方”都是写作“尸方”。古文字学家们现在有不少人认为金文中的“尸”是“夷”的通假字[⑨]。而“尸”的上古音声母是心母，“夷”的上古音声母是喻四。这也是心母和喻四古音可以相通转的证据。今举证据如下：徐文镜《古籀汇编》[⑩]第 295 页引吴大澂之说曰：“古‘夷’字作‘尸’。”《金文诂林（第十册）》第 5302 页引林义光《文源》曰：“尸象人箕踞形。‘尸’古与‘夷’同音。”郭沫若《两周金文辞大系考释》第 14～15 页称：“古金文凡夷狄字均作‘尸’。卜辞屡见尸方，亦即夷方。”《礼记·丧大记》：“男女奉尸夷于堂。”郑玄注：“夷之言尸也。”《经典释文》：“夷，尸也。”《周礼·凌人》：“大丧共夷槃冰。”郑注：“夷之言尸也。”《说文》“夷”字段注曰：“《周礼》注‘夷之言尸也’者，谓‘夷’即‘尸’之假借也。”这是明确地说“尸”与“夷”古音相通。《孝经·开宗明义章》：“仲尼居。”《经典释文》[⑪]第 1333 页：“居，又音‘夷’。字作𡰥，古夷字也。”《汉书·樊哙传》：“与司马𡰥战砀东。”师古注：“𡰥与夷同，尸本古夷字。”[⑫]我们可以说自上古以来，心母与喻四就是可以相通转的，与复辅音无关。

汉代的声训材料也能证明这点。《释名·释天》："西，秀也。秀者物皆成也。""西"是余母，"秀"是心母，二者为声训，足证心母与余母必能直接相通。

1978年夏天，李学勤先生在武汉市文物商店发现了一枚三国时代的吴国的铜镜。这面铜镜上有铭文，录有《诗经·硕人》。据李学勤《硕人铭神兽镜》[13]一文的研究，今本《诗经·卫风·硕人》："齐侯之子。"铜镜铭文"齐"作"夷"。今本《硕人》又曰："领如蝤蛴。"铜镜铭文"蛴"作"夷"。这是很重要的异文，只能解释为古音通假现象。"夷"的古音是余母，"齐"是从母，二者在三国时代的吴方言中是相通的。而从母与心母旁纽为双声，发音部位相同，都是齿头音，可以相通转[14]。东吴时代已经属于六朝，这样的通转现象不可能与复声母有关，只能理解为音变。这个材料也证明心母与余母相通转是完全可能的，不会是来自复声母现象[15]。又考《淮南子·缪称》："老子学商容。"其"商容"在《说苑·敬慎》作"常枞"，这个异文只能理解为通假字，"容"是余母东部，"枞"是清母东部，其声母可以相通转。据高大伦等主编《中国文物鉴赏辞典》[16]第300页"神人龙虎镜"条，此铜镜属于东汉晚期，出土于湖北荆门。镜铭文有"山人子乔、赤踊子"，"赤踊子"就是典籍中的"赤松子"，"踊"为以母东部，"松"为邪母东部，但以"松"为声符的字如"崧、菘、蜙"都是心母。据同书第300页《车马神人画像镜》、第301页《半圆方枚神兽镜》（均为东汉晚期）铭文有"三商"一语[17]，而孔祥星等编《中国铜镜图典》[18]第490页收录《初平元年四兽镜》铭文作"三羊"，二者明显是异文通假，"羊"是以母，"商"是书母，二者在东汉时代可以相通[19]。

李新魁《潮音证古》（声母部分）[20]一文指出：在潮州方言中，有的喻四字读s声母的阳调。如"榕、绳、檐、翼、液"这些字在潮州方言中都读s声母。由于这些字都是阳调字，它们应该是由舌尖浊擦音z清化而形成的。另如"盐"字，当用作《广韵》"以盐渍物，以赡切"的时候，在福州方言中，要读成s声母[21]。不过这样的s声母也应该是从z清化而来[22]。

从音理上分析，我认为余母和心母相通转的音变过程是余母先音变为邪母z，这是很自然的音变，进而与心母s相通。这也就是rj→z→s的音变。有趣的是"邪"字本身就有余母和邪母两读，而其余母的读音应更古老。从音韵学上看，rj→z很自然，z→rj不自然，甚至不可能。

陈章太、李如龙《闽语研究》[23]第13页列举了古音以母读s和ts等擦音、塞擦音的例子，与邪母同音，一般是阳调字，所以也是z→s的音变。

郑张尚芳《古来母以母今方言读擦音塞擦音问题》[24]一文注意到上古汉语的喻四字在借入白语后读s声母的现象。如"蝇、养、叶"在借入白语后的读音是s声母。郑张先生认为这些s有可能是经过浊音z清化而来。

庄初升《闽语平和方言中属于以母白读层的几个本字》[25]一文讨论了古代的20余个以母字在闽语平和方言的口语白读层中读为s、ts、ts'的现象。我注意到这些字无一例外都是读阳调，应该是由相对应的浊擦音和浊塞擦音清化而来。然而以母可与塞擦音、擦音相通转肯定是事实。

喻四与心母相通在音理上该怎样解释呢？我们认为无论是采用王力先生《汉语语音史》对上古音系中的喻四的构拟（即ʎ），还是采用李方桂《上古音研究》中的构拟（即r），都可以合理地解释这种音变现象。因为这几家所构拟的r、ʎ，都可能发生擦音化的音变从而与z/s音近。这在音理上与复辅音声母没有关系[26]。我认为古音以母字与心母字相通的现象在音理上可能有两种音变模式：一是以母r→z→s；二是以母r→j→z→s。这两种音变模式大同小异，都有道理。前一种音变发生的时代很久远，应该在上古音时代。现代汉语方言中的以母读s的现象一般应归属第二种音变模式。由于上古音中的音通或音转是可以指语音相近而不一定是音变，所以上古音中可以有以母和心母相通的现象。由于上古音中的以母与邪母和心母都能相通，所以上古音中的以母可能分为两系，与邪母、定母相通的以母是 r；与心母相通的以母是 rh 或清音的 r。这个问题尚待深入研究。

我们在第一章里举了这样一个例子：《周礼·腊人》："凡祭祀，共豆脯，荐脯、朊、胖，凡腊物。"注："脯非豆实，豆当为羞，声之误。""羞"是心母，"豆"是定母。我们前面说过凡是郑玄用"声之误"的地方一定是通假关系。这是汉代以前心母可与定母相通的铁证。类似的例子在谐声字中可以发现。考《说文》："靸，小儿履也。从革及声。读若沓。"酥合切。"沓"为定母音，"酥"是心母音。这说明的是在先秦方言中有心母音变为定母的现象，这种方言说不定是先秦时期的齐鲁方言。

《方言》卷三："庸谓之倯，转语也。"郭璞注："倯犹保倯也。今陇右人名孏为倯。"倯，相容反。"庸"的古音是余母，"倯"的古音据反切是心母。据《方言》此语，"庸"与"倯"的关系是"转语"。二者应该是古音通假关系。钱绎《方言笺疏》[27]称："庸、倯、甬，声义并相近。"[28]这条材料表明在西汉以前的方言中，余母与心母确实可以通转。这个古方言材料不容易推翻。

我们还可以举出旁证来作为参考：喻四与邪母相通是很正常的现象，此为音韵学定论，不烦举证。另外根据高本汉《中国音韵学研究》[29]第 718 页，喻四的"弋"字在安南话中读 z 声母；据同书第 722 页，喻四的"药"字在安南话中读 z 声母[30]。又，春秋时齐国名臣"管夷吾"在《郭店楚墓竹简·穷达以时》中作"管寺吾"。以母的"夷"作邪母的"寺"[31]。《史记·孝武本纪》："天子始巡郡县，侵寻于泰山矣。"《索隐》："侵寻即侵淫也。小颜云'浸淫渐染之义'。盖'寻、淫'声相近，假借用耳。""寻"是邪母，"淫"是喻四，《索隐》称其"声相近"。而 z（即邪母）与 s（即心母）旁纽为双声，只有清浊的不同，完全在相通的范围之内。喻四声母既然可以与邪母相通，我们就有理由说喻四声母也可以与心母相通[32]。这是符合音理的[33]。

在民族语言中也有这样音变的证据。据张均如、梁敏等《壮语方言研究》[34]第 196 页称："壮语北部方言有一个声母，文字符号是 r……在少数地方也有并入 l 或 j、s 等声母的。"同书第 197 页称在壮语的桂北土语中，r 与 s 有对应关系。据林向荣《嘉戎语研究》[35]第 69 页称：在嘉戎语中"颤音 r 作复辅音的前置辅音时，在清辅音前常清化似ʂ 音……在浊音、鼻音、半元音前不变。"此例可作旁证。根据北村甫编《世界的语言》"阿伊努语"[36]章第 420 ~ 421 页论及：在日本北海道东部的一些阿伊努语中，有一些同化音变现象值得注意。例如：rs→ss，这样的同化音变显示出 r 与 s 在音理上可以相通，因为这样的音变并不是具有语法功能或别义功能的形态变化。我们在现代方言和其他材料中颇能发现类似的证据，表明心母与端系字关系密切[37]。

据《罗常培文集（第一卷）》[38]第 80 页第六表，心母字的"塞"在厦门方言中要读 t 声母（透母，非端母）。张光宇《海口方言声母的由来》[39]称："古声母'心、邪、生、审、禅'在闽南方言读 s 的，在海口方言读 t。"例字如：西、心、邪、谢、沙、驶、收、屎、是、常。这些字在闽南方言中都读 s 声母，在海口方言中都读 t 声母。林伦伦《粤西闽语的音韵特征》[40]指出：在雷州话中"齿音组中几乎每个声组中都有一两个字读舌尖塞音"。多有举证。他还提到："联系到厦门话的'在唇'等读［t］、'塞窗锄盾筛'等读［tʻ］，潮汕话的'从在蘸诈滓锄盾唇'读 t、'塞窗筛铲'等读［tʻ］的现象，雷州话的这种现象便不能视为偶然。"刘新中《海南闽语的语音研究》[41]第六章"擦音塞化"一节讨论了中古音的"心邪生书禅"诸擦音声母在海南闽语中读为不送气的塞音 t，分布甚广；还有"塞擦音塞化"一节，讨论了"精从知澄庄崇章船"等塞擦音声母在海南闽语中读为 t 的现象，这种语音现象在海南岛也有广泛的分布。[42]

黄典诚《崇武方音特点》[43]一文注意到在海南的闽南方言中有 s 变为 t 的现象。如“三、四、死、新、税、收、细”都要读为 t 声母[44]。在漳州方言中，“先”读为 tan。其他学者如何大安《规律与方向：变迁中的音韵结构》[45]第三章“特殊的演变方向”第 35 页也注意到：“例如海南岛的澄迈方言（原注：何大安 1981a），原为一种闽南方言。闽南方言的 t，在澄迈变成了 ɗ，s 和一部分的 ts 变成了 t，而 tsh 又变成了 s。”何大安所举的例子有“死、三、谢、山、生”，这些本来是 s 声母的字在澄迈方言中读 t 声母。何大安先生明确地揭示了音变的过程[46]，与复声母无关。又，精系字读为端系字的现象在粤方言中多得不可胜数[47]。据詹伯慧主编《广东粤方言概要》第四章第 233 页，精清从三母在广东的布田、沙头、赤坎、台山、雅瑶的方言中要读如 t 组声母。

法国语言学家奥德里古尔《历史和地理可以解释某些语音上的发展》[48]一文指出了在越南语中存在着 s > t 这样的音变现象。他的这篇文章首先指出了越南语中的 t 发生浊音化，变为带喉塞音的浊塞音，然后说：“但是越南语里还是有 t 这个音位。t 这个音位是由 s 变来的，现在房语（phong）里以 s 为声母的词，到越南语都变成以 t 为声母了[49]。……汉语借词也遭遇了相同的命运，如‘西’tay、‘心’tim。在北部芒语里，古代的 s 没有保存，但又不能变成 t，因为古代的 t 还保存着，于是只好变成了一个比较少见的音位 th。邻区安沛巴卡语、沾化土佬语的方言也是一样。其他泰语的 s 都变成了 th，只有在广安省沿海一带可以看到泰语的 s 变成了 t。”[50]他认为这样的音变是由古汉语对古越南语的影响造成的。奥德里古尔还注意到了闽方言中的福佬话里存在同样的音变现象。例如：

	福州话	厦门话	海南岛福佬话（我们这里只录声母）
心	s	s	t
三	s	s	t
声	s	s	t
山	s	s	t
神	s	s	t

奥德里古尔还提到泰语的倍方言里面也有 s > t 的音变现象[51]。他所指出的音变现象是可信的，足以表明 s 可以向 t 发生音变，也就是说 s 与 t 之间可以通转，与复声母无关。

郑张尚芳先生《上古音系》[52]第 212 页也提到：朝鲜语 -s 尾的字，有的变读为 -t。其书第 214 页还专门谈到 -t 与 -s 可以相通的问题：“鉴于缅甸蒲甘时代古碑文 -t、-s 可自由替换，khjas = khjat，sas = sat［汪大年（1983）］、朝鲜谚文 -s 尾今混读 -t 尾等现象，我们认为汉语的这种通押是立足于 -s尾和 -t 尾互读的基础上。”[53]

曾晓渝《论水语声母 s- > h- 的历史音变》[54]一文提到了法国语言学家 Ferlus 的研究成果，认为在东南亚几十种语言中，s- > t- 的音变是非常普遍的，同样的音变在藏缅语中广泛存在[55]。

大野晋《日语的起源》[56]一书力主日语和印度达罗毗荼语系的泰米尔语同源，列举了不少的同源词，彼此间有明显的对应关系。其书《日语和泰米尔语对应词一览表》第 6 ~7 页指出了日语的 s 声母和泰米尔语的 t 声母相对应。转述部分例子如下：

日语	泰米尔语
sin－ai（粟）	tiŋai（粟）
sin－a（科、级）	tiṇ－ai（阶级、级）
sir－u（知道、了解）	ter－i（知道、了解）
sir－usi（显著）	ter－i（显著）
sir－a（白）	tel－i（变白）

在少数民族语言中有方向相反的音变。据爱新觉罗·乌拉熙春《满洲语语音研究》[57]第四章“满洲语的语音发展”第304页称：在现代满洲语中，“元音间的t可能变为z，…… 有某些tʻ擦化为s”。此可作为旁证参考。王力先生《同源字典》所揭示的一些同源字也可以表明心母与定母之间可以发生音变。如《同源字典》第514页称“遁（定母）”与“逊”（心母）是同源字。第530页称“濯（定母）”与“涑（心母）”是同源字。这些同源字的关系只能理解为心母与定母之间的音变，与复辅音没有关系[58]。裘锡圭先生在《从殷墟卜辞的“王占曰”说到上古汉语的宵谈对转》[59]也注意到心母与定母关系密切，如《穆天子传》的“盗骊”，在《荀子·性恶》中作“纤离”。“盗”是定母，“纤”是心母。“趙”是定母，而所从得声的“肖”是心母[60]。

我们以上的研究有助于一个比较复杂的谐声字解释：酒/酉。“酒”是精母字，而“酉”是余母[61]。《说文》：“酒，就也（桂馥《说文解字义证》：“酒、就声相近。”）。所以就人性之善恶。从水从酉。酉亦声。一曰造也（段玉裁注：“造”，古读如“就”。桂馥《说文解字义证》：“酒造声相近。”）。吉凶所造也。古者仪狄作酒醪，禹尝之而美，遂疏仪狄。杜康作秫酒。”子酉切。《说文》分明说了“酉亦声”，则“酒”是会意兼形声（段注：“以水泉于酉月为之。”段注的这个解释是分析“酒”的会意结构），“酉”是“酒”的声符。段玉裁注、桂馥注、王筠注、朱骏声注都没有怀疑“酉”是“酒”的声符[62]。这样的谐声关系该怎样解释呢？根据《说文》，“酒”在上古时代就是读为精母字，因为《说文》这里的解释是用的声训。“酒”训“就”、训“造”当为声训无疑。“就”“造”都是从母字[63]。因此，只有把“酒”的上古音声母也看作是精母才能说明这里的声训关系。而且《释名·释饮食》：“酒……亦言踧也。”《释名》用“踧”来声训“酒”。“踧”正是精母。

我们认为余母的“酉”在上古的方言中可以音变为心母，而心母与精母发音部位相同，都是齿头音，旁纽为双声，可以相通，于是心母可以音转为精母[64]。这就是精母的“酒”可以从余母的“酉”得声的原因。所以东汉时期的《释名·释饮食》：“酒，酉也。”这说明“酒”与“酉”之间有声训关系。《说文》：“酉，就也。”这也是用从母的“就”来声训余母的“酉”。二者必然古音相通[65]。在甲骨文中“酒”多作“酉”。《甲骨文字诂林（第二册）》第1276页姚孝遂加按语曰：“卜辞酒祭之‘酒’多假‘酉’为之。”[66]《说文》“酉”字，王筠注：“酉乃古酒字。”《周礼·天官·酒正》：“二曰醫。”孙诒让《周礼正义》[67]引藏琳之说称：酉即酒也。《金文诂林（第十五册）》第8354页引林义光《文源》之说称：“按，古酒字皆作酉。……酉本义即为酒，象酿器形，酒所容也。”同书第8355页又引高田忠周之说称：“按，此最古酉字，即酒本字。”[68]郭沫若《两周金文辞大系考释》[69]第37页“小盂鼎”条有曰：“酉用为酒，当即‘归而饮至’之礼。”[70]

我们本节的研究也有助于解释一个困难的谐声字的谐声结构问题：疑/癡。在《说文》中作“癡”[71]，后来又产生了它的俗字“痴”[72]。“癡”的上古音是透母，其声符“疑”是疑母。《说文》：

“癡，不慧也。从疒疑声。”丑之切。这个形声结构似乎颇令人费解。实际上，“癡”的上古音是透母三等字，“疑”也是三等字，在古方言中可以读与泥母无别。在现代方言中，“疑”也常常被读为泥母，如在四川方言中就是如此。而泥母与透母相通是很正常的音变，二者的发音部位相通，是舌头音。类似的例子如：“難”是泥母，而同声符的“滩、嘆”是透母。这与任何复声母都无关。

另外，古音中有关的谐声现象也可以得到合理的解释，如书母与喻四谐声的问题，就应当认为完全与复声母无关，如同心母可与喻四相通一样。考心母在上古音中与书母关系密切，相当接近，可以通假。钱大昕《十驾斋养新录》卷五“翻切古今不同”在引了《颜氏家训·音辞篇》“音‘伸’为‘辛’”之后，加按语说：“古无心审之别。”章太炎《新方言·音表第十一》[73]甚至将“心”母并入“审”母[74]。谐声字如“哂”是从“西”得声，而“西”的上古音是心母，而“哂”是书母，可证上古音中心母与书母相通。周祖谟《审母古音考》[75]有曰：“然而今之审母三等字尚有一类不可详考者，其古音盖与心母相近。如少，书沼失照二切，古与小声近义通。故力小亦曰力少，少君亦称小君，少主亦称小主，少腹亦称小腹。小，心母字也。”另外，审母二等字，黄侃、高本汉、周祖谟都认为其上古音当与心母相近。更考古文献《周礼·典瑞》：“侯执信圭伯执躬圭。”注：“信当为身，声之误也。”《经典释文》：“信音身。”“信”的古音为心母真部，“身”的古音为书母真部。郑玄认为“身”音可以误成“信”音，也就是“身”音可以音变为“信”音，这分明是说书母与心母上古音相通[76]。从音理上讲，心母与书母都是清擦音，发音方法相同。又，心母为舌尖齿音，书母为舌面颚音，发音部位相去也不远，所以二者音近可通。例如据杨时逢《湖南方言调查报告》[77]之4“益阳”称中古音的书母开口读 s 声母，合口读 ɕ；禅母平声开口读 z，合口读 ɕ。据张晓勤《宁远方言研究》[78]第95页，在宁远方言中的章组声母都有舌尖音和舌面音两读，书母字有的读 s，如“屎、捨、诗、深、手”；有的读 ɕ，如“书、鼠”等。类似的现象在全国方言中甚为普遍。

我们可以列举一些喻四与书母谐声的例子：

例一，《说文》：“失，纵也。从手乙声。”今按，“失”上古音为书母，其声符“乙”是喻四[79]。

例二，《说文》：“矤，况也，词也。从矢引省声。从矢，取词之所之如矢也。”式忍切。今按，矤是书母，而得音于喻四的“引”[80]。

例三，《说文》：“抒，挹也。从手予声。”神与切。今按，“抒”为书母，得音于喻四的“予”。

例四，《说文》：“输，委输也。从车俞声。”式朱切。今按，“输”是书母，得音于喻四的“俞”[81]。

现在，我们可以明确地说这些喻四与书母相谐的字是正常的音变现象，与复声母完全无关。我们在现代方言中还发现了证据。据刘新中《海南闽语的语音研究》[82]第四章“历史音韵”第130页的考察，海南闽语中的以母字“酉、莠、蝇”读 ɕ 声母，正是古音的书母。

注释

① 在上古音系中并没有明确主张有复辅音声母的李方桂在《上古音研究》（商务印书馆，1998年）第25页也说：“我觉得也该有 st-、sk-等复声母。”竺家宁《古汉语复声母研究》第八章第一节力主有复声母 st、sd、sr 等等。其他有类似意见的学者还有很多。

② 可参看张亚初《殷周金文集成引得》（中华书局，2001年）第1304页。不过，这些观点都还可以讨论，并非最终的定论。

③［日］宇井伯寿：《译经史研究》，岩波书店，1971年。

④ 据李如龙《福建县市方言志12种》（福建教育出版社，2001年）第291页在讨论沙县方言的时候指出“翼”在

沙县方言中有文白异读，文读为 i，白读为 sia。同书第 74 页指出“翼”在晋江方言的白读音是 sit，文读音是零声母。其白读音与东汉时的对音材料相合，很可能是保留了汉代的古音。同书第 291 页同时指出喻四的“赢、痒、蝇”在沙县的白读音都是 s 声母，文读音是零声母。同样的现象还见于同书 5 页对南安方言的文白异读的讨论。可知喻四字与心母相通并非孤例。

⑤ 可参看荻原云来主编《梵和大辞典》（讲谈社，1997 年）第 383 页。

⑥ 意译是“无忧”。可参看水野弘元《巴利语辞典》（春秋社，1970 年）第 45 页。

⑦ 可参看荻原云来主编《梵和大辞典》（讲谈社，1997 年）第 159 页。

⑧ 姜义华主编：《胡适学术文集·语言文字研究》，中华书局，1993 年，第 238 页。

⑨ 郭沫若《卜辞通纂》（科学出版社，1982 年）第 462 页在讨论第 569 片卜辞时说：“尸方亦见于金文。……旧多释‘尸’为‘人’。余谓当是‘尸’字，假为‘夷’（原注：金文南夷、东夷字作南尸、东尸）。……则尸方当即东夷也。征尸方所至之地有在淮河流域者，则殷代之尸方乃合山东之岛夷与淮夷而言。”虽然后来的陈梦家等学者仍然释为“人方”。但是李学勤先生《重论夷方》（《当代学者自选文库·李学勤卷》，安徽教育出版社，1999 年）一文坚决支持郭沫若的观点，认为还是应当释为“尸方”，而不是“人方”，这应为定论。

⑩ 徐文镜：《古籀汇编》，上海书店出版社，1998 年。

⑪（唐）陆德明：《经典释文》，上海古籍出版社，1985 年。

⑫ 另可参看徐中舒：《徐中舒历史论文选辑》，中华书局，1998 年，第 185 页。

⑬ 李学勤：《缀古集》，上海古籍出版社，1998 年。

⑭ 李新魁《潮音证古》（声母部分）（《李新魁音韵学论集》，汕头大学出版社，1997 年）称喻四字的“维、惟、唯、遗、愈、臾、萸、谀、俞、喻”……在潮州方言中读浊塞擦音［dz］，这正是古音的从母。这也是闽南方言中很可注意的现象，完全与东汉时代的铜镜所反映的古音通假现象相吻合。这表明喻四字在方言中可能擦音化为心母或塞擦音从母，而且时代可以追溯到东汉，甚至以前。黄典诚、李新魁、丁邦新等学者都相信闽方言中有的成分是保留了上古音的遗迹。现在看来这是很有可能的。当然具体的现象还需要具体的论考，不可笼统言之。又据《现代汉语方言大词典（合订本一）》（江苏教育出版社，2002 年）“四十二处方言概况”第 130 页“崇明方言的内部差别”称在崇明地区的“南盘滧镇的语音特点是，城桥等地读［z］声母的字多读作［dz］声母”。这是方言中的邪母与从母相通的例子。在上海方言中，dz 与 z 也是相混的。由于喻四与邪母相通是很正常的现象，加上邪母与从母又可以相通（从邪相混的现象在中古汉语中早已经存在），因此喻四就可以与从母发生通假关系。这在音理上是毫无困难的。

⑮ 另可参看于茀：《金石简帛诗经研究》，北京大学出版社，2004 年，第 52～58 页。

⑯ 高大伦等主编：《中国文物鉴赏辞典》，漓江出版社，1993 年。

⑰ 据高大伦等主编《中国文物鉴赏辞典》（漓江出版社，1993 年）第 303 页《半圆方枚神兽镜》（六朝作品）的铭文也有“三商”一语。

⑱ 孔祥星等编：《中国铜镜图典》，文物出版社，1994 年。

⑲ 初平元年是公元 190 年，是东汉末期汉献帝时期。

⑳ 李新魁：《李新魁音韵学论集》，汕头大学出版社，1997 年。

㉑ 另参看刘俐李等《现代汉语方言核心词·特征词集》（凤凰出版社，2007 年）第 114 页。

㉒ 附带论及：在苏州方言中“盐”读 ɦiI，其声母的音变可以解释为余母先音变为 j 声母，这是舌面浊擦音声母，然后发生喉音化音变（也就是舌位后移），于是音变为喉擦音声母。

㉓ 陈章太、李如龙：《闽语研究》，语文出版社，1991 年。

㉔ 郑张尚芳：《古来母以母今方言读擦音塞擦音问题》，《语言（第三卷）》，首都师范大学出版社，2002 年。

㉕ 庄初升：《闽语平和方言中属于以母白读层的几个本字》，《语文研究》2002 年第 3 期。

㉖ 有的例子与我们这里讨论的问题相似，但有实质性的不同。我们稍稍提一下：野/墅。“野”是余母字，“墅”是禅母字。但禅母的上古音读与定母相近，黄侃《音略》（《黄侃论学杂著》，中华书局，1964 年，第 73 页）称：“禅，

此亦定之变声。”而定母与余母在上古音上非常音近，可以直接相通，与复声母毫无关系。而且在中古音中的“野”本来就有禅母一音“承与切”。“野、墅”都有以母和禅母二音。

㉗（清）钱绎：《方言笺疏》，中华书局，1991年，第133页。

㉘《方言》中称“转语”或“语之转”的地方有六处，见于卷三、卷十、卷十一。有的是音韵上的通假关系，有的没有音韵上的关系，是方言中的词汇现象。但这一条明显是音韵上的通转关系，另可参看华学诚《周秦汉晋方言研究史》（复旦大学出版社，2002年）第130页。华学诚也认为“庸”与“佁”之间有音韵上的关系。

㉙［瑞典］高本汉著，赵元任、罗常培、李方桂译：《中国音韵学研究》，商务印书馆，1995年。

㉚ 据詹伯慧主编《广东粤方言概要》（暨南大学出版社，2002年）第三章第六节第189页称：在广东东莞、宝安片方言中“逾、摇莞宝片粤语声母大多读为z”。

㉛ 同门师兄赵彤《从楚简中所反映的一处语流音变看上古音拟测的几个问题》（《中国音韵学》，南京大学出版社，2008年）把“夷”与“寺”相通解释为语流音变，并且坚持用复声母来解释音变，这是我们不能赞成的。赵彤此文还采用了阴声韵带辅音尾的说法，本书在第一章的有关注解中已经详细地批驳过这样的观点。赵彤此文还过于拘泥上古音中脂部与之部不能相通的观点（这是清代大学者段玉裁和王念孙都主张的）。我们认为脂部与之部在上古音中分为两部确为事实，但二部可以相通也不能完全否认。考段玉裁《六书音均表》四“古合韵”，《馋鼎铭》中“世怠”合韵，世是脂部，怠是之部；《离骚》脂部的“沬”与之部的“兹”合韵；《楚辞·九章·思美人》中十五部的“出”合韵之部的“佩、异、态”［这里是否有合韵值得注意。江有诰《音学十书·楚辞韵读》（中华书局，1993年）第142页在“出”下加注：“韵未详，或脱偶句。”台湾学者林莲仙《楚辞音韵》的合韵表中没有列举脂部和之部合韵的例子］。《诗经·桑柔》之部的“疑”合韵脂部的“资、维、阶”。汪启明《先秦两汉齐语研究》（巴蜀书社，1999年）第320～321页列举之脂二部合韵三例，有《管子·枢言》《官子·法禁》《晏子春秋·内篇问下》等，第347页还有《孙膑兵法·见威王》一例。张双棣师《淮南子用韵考》（商务印书馆，2010年）第108页指出《淮南子》的之脂二部合韵有19例。张老师《吕氏春秋词汇研究（修订本）》（商务印书馆，2008年）第365～368页讨论了《吕氏春秋》中的之脂支三部的合韵问题，其中之脂二部合韵有8例。

㉜ 王力先生《汉语语音史》把上古音中的喻四构拟为一个边音，李方桂《上古音研究》把喻四也构拟为r，还有不少学者把上古音中的喻四构拟为l，这也是一个边音。我们认为上古音中的喻四是边音的可能性很大，而边音的谐声能力比较强，既能与清声母相通，也能与浊声母相通。

㉝ 另可参看董同龢《上古音韵表稿》［《国立中央研究院历史语言研究所集刊（第十八本）》，“国立中央研究院”历史语言研究所，1948年］2.5节第18～19页的有关论述，董同龢也注意到了类似的现象。这样的音变在上古汉语中是非常正常的现象，也就是喻四与邪母相通，在古汉语中例子甚多。

㉞ 张均如、梁敏等：《壮语方言研究》，四川民族出版社，1999年。

㉟ 林向荣：《嘉戎语研究》，四川民族出版社，1993年。

㊱［日］北村甫编：《世界的语言》，《讲座语言（第6卷）》，大修馆书店，1981年。

㊲ 学者们一般同意上古音中喻四归定之说（至少是二者音近可通），也就是说喻四母与端系声母关系密切。我们如果能够证明心母与端系字相通，也就可以证明心母与喻四声母有相通的可能。

㊳《罗常培文集》编委会：《罗常培文集》，山东教育出版社，1999年。

㊴ 张光宇：《切韵与方言》，台湾商务印书馆，1990年。

㊵ 林伦伦：《粤西闽语的音韵特征》，《语文研究》1998年第2期。

㊶ 刘新中：《海南闽语的语音研究》，中国社会科学出版社，2006年。

㊷ 唐伶《永州南部土话语音研究》（北京语言大学出版社，2010年）第132页论述在永州南部土话中，有的方言点将精组声母读为端组：“精组读如端组的现象主要分布在道县西北部、江永南部和江华，以及双牌打鼓坪。”同页图5－3“精组是否读如端组”标注甚为清晰，可知精组读如端组在永州南部土话相当普遍。这是正常音变，属于塞擦音的塞化音变，失落了擦音成分。

㊸ 黄典诚：《崇武方音特点》，《黄典诚语言学论文集》，厦门大学出版社，2003 年。

㊹ 另如丁邦新等所编《儋州村话》（“国立中央研究院”历史语言研究所，1986 年）一书也讨论了海南的儋州方言中的 s 音变为 t 的现象，认为在儋州方言的白话音中心母今读 t（当然文读音则不是这样的）。

㊺ 何大安：《规律与方向：变迁中的音韵结构》，北京大学出版社，2004 年。

㊻ 何大安还加了一个注解：“像澄迈这样的变化，普遍见于海南岛、两广的汉语方言。……非汉语方言（张均如，1986b）和越南的汉越语（三根谷彻，1972）。事实上这是一套连锁变化的一部分。这套变化的影响地区，可以一直向东北延伸到长江口（游汝杰，1984），时间上可以上溯到第十世纪（Haudricourt，1959）。”何大安在这个注解中还列举了很多学者的研究，此不录。

㊼ 参看詹伯慧主编《广东粤方言概要》书后所附录的方音字表。

㊽ 岑麒祥译：《国外语言学论文选译》，语文出版社，1992 年。

㊾ 奥德里古尔这里举了一些例子，如：

	房语	越南语（写法）	山西芒语（我们这里只转录其声母）
手	s	t	th
耳	s	t	th
发	s	t	th

㊿ 还有反方向的音变。辛岛静志《早期汉译佛教经典所依据的语言》［《汉语史研究集刊（第十辑）》，巴蜀书社，2007 年］依据《长阿含经》的梵汉对音研究，指出在中古时代存在犍陀罗语的 - th - 向梵语 - s - 的音变。

51 例如：

	泰语	倍语
三	s	t
四	s	t

52 郑张尚芳：《上古音系》，上海教育出版社，2003 年。

53 郑张尚芳用这些材料本来是要证明上古汉语中的去声 - s 尾。本书不打算讨论上古音的声调问题，只是采用其关于音变的材料。

54 收入曾晓渝：《历史语音探索——曾晓渝自选集》，南开大学出版社，2004 年。

55 此文还提到了盖兴之、覃国生、远藤光晓等学者的研究，指出了在藏缅语、侗台语、越南语中都存在 s - > t - 的音变。这些语言事实千万不可忽视。

56 ［日］大野晋：《日语的起源》，岩波书店，2003 年。

57 爱新觉罗·乌拉熙春：《满洲语语音研究》，玄文社，1992 年。

58 R. L. Trask《历史语言学》（外语教学与研究出版社，2000 年）第 81 页提到：在 Oscan 语和 Etruscan 语中，确实有过两个元音之间的 d 音变为 s 的现象。据日本著名语言学家服部四郎《日语的系统》（岩波书店，1999 年）第 355 页的介绍，日本阿伊努语的卡拉夫脱方言的一大半存在一种音变现象：音节末的辅音 p、t、k 可以弱化演变为 h、s。此二例可作旁证。

59 裘锡圭：《从殷墟卜辞的“王占曰”说到上古汉语的宵谈对转》，《中国语文》2002 年第 1 期。

60 有的音韵学者认为这是复辅音声母的反映。如李方桂《上古音研究》（商务印书馆，1998 年）第 25 页称：“心母字普遍跟精系或照系二等的字谐声（上古都是舌尖塞擦音或擦音），从这些例子看起来它差不多可以跟各种不同的声母的字谐声，这是不合乎一般的谐声条例的。这些字显然是从复声母来的。高本汉等已经拟有 sl - 、sn - 等复声母，我觉得也该有 st - 、sk - 等复声母。”然而有趣的是李方桂此书第 25 页本来已经意识到汉越语中的心母字可以读成 t - ，他说：“越南汉字读音把心母字读成 t - ，把审母字多读成 th - ，这虽是越南后来的演变，与汉语无关，但是成了一个恰合的现象。上古也许还有 sd - 变成了后来的 dz - 、z - ，不过很难分辨出来。”李先生既然指出在越南汉字中有心母音变为t - 的现象，而且这是后来的演变，这就说明这种音变是自然的音变，不会是复声母的分化，我不明白为什么李方桂先生还要坚持牵扯上复声母来解释呢？这不是自相矛盾吗？有的音韵学者对这样的谐声和通假现象比较迟疑，不下明确的断语。如李新魁《汉语音韵学》（北京出版社，1986 年）第四编“上古音”第十五章“上古音的声母系统”第413 页认为：“至于心母、审母、邪母、禅母等与其他声母互谐的现象，能否据此便认为是复辅音，即是否有[st－]、[sd－]、[sk－]、[zt－]、[zd－]、[zk－] 等类型的复辅音，对这一问题必须持慎重态度。这类谐声关系也许只表示 [s]、[z] 与 [t]、[d] 等同出一源，即后代的 [s]、[z] 从 [t]、[d] 或 [d‘] 变来（即邪母归定），也许确是复辅音的痕迹。为慎重起见，我们对这种情况暂时不拟为复辅音。”李新魁先生的慎重态度是对的，现在我们已经证明这样的谐声现象与复辅音声母无关，完全是直接的音变。李先生还举有一个例子：“‘筛’字《广韵》作山佳切，在生纽，现代潮汕方言的说话音读为 [t‘]。这些例子是否可以作为 [st－]、[zt－] 等复辅音存在的证据，尚须进一步研究。”我们现在已经明了这样的例子就是直接的音变，在闽方言中颇为多见，与复辅音实无关系。方言学家没有一人用复辅音声母来解释。至于李新魁先生这里举的另外一个例子实际上是合音词的问题，我们在讨论反切的起源一节里已经提到了。黄侃《声韵通例》（《黄侃国学文集》，中华书局，2006 年）：“舌、齿，有时为双声。”这是承认精系字与端系字古音可以相通，这与粤方言中的音变现象完全符合，可参看詹伯慧主编《广东粤方言概要》中的各个音系和书后所附的方言字表。

㉛ 闽方言中有以母读 ts 声母的现象。参看陈章太、李如龙《闽语研究》（语文出版社，1991 年）第 13 页。

㉜《睡虎地秦墓竹简・田律二》（文物出版社，2001 年）第 22 页“酒”正作“酉”。

㉝“造”本来还有清母一读。但《说文》这里的“造”从文义上看似乎应该读为从母。

㉞ 据《现代汉语方言大词典（合订本一）》“四十二处方言概况”第 124 页“丹阳方言的内部差别”：在丹阳方言中“从母、澄母、崇母字中，部分字城区作 ts，郊区作 s”。ts 相当上古音中的精母，s 相当于上古音中的心母。又据张盛裕《潮阳声母与广韵声母的比较（一）》（《方言》1982 年第 1 期）称在潮阳方言中，中古音为心母的字与 ts、ts‘关系非常密切。许多心母读为 ts、ts‘，或者其白读音为 ts、ts‘。

㉟ 我最近认为似乎还有另一种解释的可能：据《说文》：“酉，就也。八月黍成，可为酎酒。象古文酉之形。凡酉之属皆从酉。古文酉从卯，卯为春门，万物已出；酉为秋门，万物已入，一闭门象也。”與久切。另如《广雅》《玉篇》《广韵》均称：“酉，就也。”《释名・释天》：“酉，秀也。秀者物皆成也。”也是说“酉”有“成就”的意思。据《说文》可知上古时代的观念中，“酉为秋门。”而且古人是在“八月黍成”之后才“可为酎酒”。八月正是秋天。可见在古人心中，“酒”与秋天关系密切。又，在古人的观念中“秋”也正是“就”的意思。《文选・潘岳・秋兴赋》李善注引《释名》曰：“秋，就也。”《广雅・释天》：“秋，谷熟也。”王念孙《广雅疏证》：“秋之言成就也。”今本《释名・释天》：“秋，緧也。緧迫品物使时成也。”这其实也是“成就”的意思。这些证据表明“酉”与“秋”在古人的观念中是很接近的，都有“成就”的意思。因此，我认为“酒”所从的“酉”有可能是训读为“秋”。而“秋”的上古音声母是清母，与精母极为音近，所以从“酉”（也就是从“秋”）得声的“酒”就可以读为精母。这样的解释完全能言之成理，与复辅音声母没有关系。我现在认为这个训读的解释是不可忽视的。

㊱“酉”字无论据《说文》，还是据古文字之形，都是象形字。

㊲（清）孙诒让：《周礼正义（第二册）》，中华书局，2000 年。

㊳ 高田忠周此文论证颇详，此不细引。《金文诂林》此条还引有高鸿缙之文，不录。

㊴ 郭沫若：《两周金文辞大系考释》，上海书店出版社，1999 年。

㊵ 关于“酒/酉”的谐声关系还可以有另外一种解释方法：据《现代汉语方言大词典（合订本一）》（江苏教育出版社，2002 年）“四十二处方言概况”第 157 页“宁波方言的内部差别”：“城区模、鱼两韵精组（精清）、庄组（庄初崇）声母为舌尖前音 [ts、ts‘、dz]。鄞县西部的章水地区（樟村、密岩、童家、大皎、杜岙、周公宅）以及东部地区的横溪、金山、模枝、韩岑等读 [t、t‘、d]。”例如：

	租	祖	组	粗	醋	初	助
宁波城区	tsu	tsu	tsu	ts‘u	ts‘u	ts‘u	dzu
樟村	tu	tu	tu	t‘u	t‘u	t‘u	du

这些宁波方言材料是非常宝贵的，表明了模韵、鱼韵的精系字和庄系字可以发生向舌尖塞音的音变。而这些字在宁波方言中的主元音都是 u。这可以说明 ts 系声母在主元音 u 的前面可能音变为舌头音 t 系声母，也就是塞擦音演变为塞音。据王力《汉语语音史》和其他一些学者的观点，汉语上古音中的“幽部”的主元音正是 u。“酒”的上古音是精母幽部，因此在上古音中很可能有端母这样的转音，这样就与喻四音近。正因为如此，精母的“酒”才用喻四的“酉”来作为声符（当然，根据《说文》及段注，“酒”所从的“酉”还有表意的作用，这也是用“酉”作声符的一个原因）。从音理上作出这样的解释也令人信服，可备一说。另外，据《现代汉语方言大词典（合订本一）》“四十二处方言概况”第 124 页“丹阳方言的内部差别”：在丹阳方言中的“则”字，在城区读 ts 声母，在郊区读 t 声母。这种音变与 u 元音又没有关系了。

⑪ 不过慧琳《一切经音义》卷十六注称“癡”也是俗字，正字应该是从心作懝。这个字在《说文》中作“懝”，只有上下结构和左右结构的不同。我们同意慧琳的意见，《说文》既然释义为“不慧”，那么其本字应是“懝”，而不是“癡”。不过，“癡”在汉语史上的出现倒不一定比“懝”晚。这还需要作进一步的考证，此不详及。

⑫ 朱骏声《说文通训定声》称：“癡，俗作痴。”

⑬ 章太炎：《章太炎全集（第七卷）》，上海人民出版社，1999 年，第 132 页。

⑭ 审母即书母。

⑮ 周祖谟：《审母古音考》，《问学集》，中华书局，1981 年。

⑯ 古文献中还有一个可以参考的旁证：《水经注》卷十“浊漳水注”：“衡漳又东，径东昌县故城北……俗名之东相。”按“昌”是昌母，与书母旁纽为双声。“相”是心母字。《水经注》的“俗名之”就是指当时方言的音变。可见在六朝的方言中昌母可以读成心母，这只能理解为方言里的音变现象，绝对与复辅音无关。

⑰ 杨时逢：《湖南方言调查报告》，“国立中央研究院”历史语言研究所，1974 年。

⑱ 张晓勤：《宁远方言研究》，湖南教育出版社，1999 年。

⑲ 段玉裁注：失“古多假为逸去之逸，亦假为淫泆之泆”。而《睡虎地秦墓竹简·语书》“淫泆”正作“淫失”，足见段说之精。

⑳ 我曾经试图将“矧”分析为自反字，得音于“矢、引”切，而“矢”正是书母，但我最终放弃这个想法。因为据古文字学家的研究，“引”在金文中有时可以用为虚词，就假借为“矧”（可参看裘锡圭《说金文“引”字的虚词用法》，《裘锡圭学术文化随笔》，中国青年出版社，1999 年）。在先秦典籍中是有“矧”字的，而且典籍中的“引”没有用为“矧”的例子。这可以有两种解释：先秦的“引”字本身就有两个读音，一为余母，一为书母，读为书母音的后来出现了相应的分化字“矧”；或者认为在金文中通假为“矧”的“引”就是“矧”的省文形式。但这种观点必须要有一个前提：在西周金文时代已经有了“矧”字形，否则不能说“引”是“矧”的省文。我倾向于认为先秦的“引”字本身就有两个读音，一为余母，一为书母，二者是古音通假关系。

㉑《说文》中还有几个从“俞”得声而读书母的字，此不录。由于余母是三等字、书母是照三系字，所以我认为以上的材料表明在上古音中确实发生过加大规模的语音腭化现象。详细的情形当另撰文讨论。

㉒ 刘新中：《海南闽语的语音研究》，中国社会科学出版社，2006 年。

第七节 论来母、心母相谐的问题

在汉语的谐声字系统中，有来母与心母相谐声的现象。有的音韵学者就利用这些材料来构拟上古汉语的复辅音声母 sl 或 sr。如“数/娄”便是这样的谐声材料[①]。我们认为这也是不能成立的，因为这组谐声字中包含有方言音变的情况，我们可以利用方言材料给以合理的音理上的解释。《说文》：“数，记也。从攴娄声。”[②]所矩切。段玉裁、王筠等清代学者都没有怀疑其为形声字。在《睡虎地秦墓竹简》中有此字。“娄”声字在《说文》中多为来母，为什么偏偏“数”的上古音声母按王力先生的上古音系统会读山母呢？这是否是来自复辅音的分化呢？我们有理由认为这与复辅音无关，而是出自方言的音变。中古音的山母是照二系字，依据黄侃先生“照二归精”之说，“山”母在上古音要读如“心”母 s[③]。这样我们就可以利用方言材料来解释来母和心母的关系。在公认为保存古音成分最多的闽方言中，有一种方音现象很引人注目，就是许多来母字要读成心母。方言学家早已注意到这个问题，并且予以了探索。

据王辅世《湖南泸溪瓦乡话语音》[④]一文的介绍，在湘西土家族，苗族自治州的泸溪、吉首、古丈、大庸四县居住着自称为“瓦乡”的人，人口30万。瓦乡人的语言，当地的汉族、苗族、土家族人都听不懂。经研究，瓦乡话是一种汉语方言。在瓦乡方言中，古音为来母 l 的词汇有的是读为 z，如“来、梨、漏”；有的读 dz，如“林、乱、陋、流”；有的读 ts，如“聋、留、两（个）”。在瓦乡方言中，来母有的读为浊擦音或塞擦音[⑤]。不过，王辅世先生对这种音变现象的解释似乎不能让人满意，他说：“来母在瓦乡话中有 ts、dz 的读法，这样的读法在别的方言中没有见过。我认为《切韵》的来母可能有几个来源，也就是说，《切韵》以前有几个声类到《切韵》时代在绝大多数方言中合并为来母，读作 l。”这其实并没有从音理上作出合理的具体的解释。

陈章太、李如龙《闽语研究》“闽西北七县市的方言”[⑥]一章中也介绍了闽西北方言中来母读为心母的现象，其书第237页称：“部分古来母字多数点今口语中读为 s、ʃ 声母，这是和闽北、闽中方言共同的特点。”这七个方言点是邵武、光泽、泰宁、建宁、顺昌、将乐、明溪。其中除了建宁方言以外，其余六个方言点中本为来母的“螺、箩、露、篮、力、笠、鳞、六、聋、卵”等字大多要读为 s 声母或 ʃ 声母[⑦]。

李如龙先生在《闽西北方言“来”母字读 s-的研究》[⑧]对闽方言中来母读 s 声母的现象作了相当仔细的讨论和归纳，这是一篇很有分量的论文，所以我们要比较详细地加以引述。李如龙先生注意到：“把部分‘来’母字读为清擦音这个方言现象，分布在闽西北地区相毗连的十六个县市。”他将自己收集的31个例字在十一个方言点的读音统计成表。他认为：“部分‘来’母字读清擦音声母，应该是早期闽方言的特点。理由有四：第一，这一部分‘来’母字无法从《广韵》系统找出分化的条件。……第二，在闽方言的其他地区也可以发现‘来’母字读 s 的现象。……第三，闽西北地区是汉人入闽开发最早的地区。在这里更多地保留了早期闽方言的特点是符合历史逻辑的。……第四，‘来’母字读 s 的现象既是早期闽方言的特点，何以集中保留在闽西北地区的方言里？这和闽西北地区的另一个历史特点直接相关。据《宋书·州郡志》载：建安郡‘本闽越，秦立为闽中郡。汉武帝世，闽越反，灭之，徙其民于江、淮间，虚其地。后有遁逃山谷者颇出，立为冶县，属会稽’。这说明汉以前这里的居民主要还是闽越人，后来的汉人入闽后也是同闽越人杂处的。在汉人和越人的杂处过程中，语言上必然相互影响。我们在下文第四节就要论证，‘来’母读清擦音的现象在现代壮语、苗语中都有明显的反映。古越人和现代的壮人、苗人应有渊源关系。”李如龙先生认为来母读 s 母的“渊源在汉语里可以追溯到上古汉语的谐声时代”。李如龙此文根据沈兼士《广韵声系》排比了《广韵》中的“来”母与“心、邪、生、书、禅”母的有谐声关系的谐声字，李如龙统计这类字多达369个，可见这种关系绝对不是偶然现象，而且是从造字时的谐声时代就存在的，因此应该有一个合理的音理上的解释。李如龙还注意到在壮语、布依语、傣语、苗语中也有同类的音变现象[⑨]，李先生称：“这就有力地说明闽西北方言的这一特点乃是汉语和台语、苗语的同源现象。”[⑩]李如龙明确表示了反对高本汉、董同龢、李方桂等学者用构拟复辅音声母 sl 来解释这样的谐声现象，认为“拟测为送气流音 lh 更能说明语音演变的原理”。因为在以上的汉藏诸语言中，来母也可以音变为 h、ɣ、j，构拟 sl 复辅音声母无法解释这些音变[⑪]。其实，张永言早在《上古汉语有送气流音说》就明确说：“高本汉在 *Grammata Serica* 中把一部分这类字的上古声母构拟为复辅音 sl－，看来也未必可信。”李如龙先生在此文中还赞成梅祖麟、罗杰瑞《试论几个闽北方言中来母 s－声字》和罗杰瑞《闽语声调的发展》中的观点，因为梅祖麟、罗杰瑞也有构拟 lh 来解释这里的音变现象。李如龙反对构拟 sl 是对的，他主张构拟 lh 来解释来母与心母相通，这种音理上的解释是正确的。但这样的音变似乎只发生在上古时代，对于闽方言中的来母读为 s 声母的现象，不必认为这样的来母本身就是 lh 这样的送气流音。我们认为王福堂先生对这个问题的解释是正确的。

王福堂《汉语方言语音的演变和层次》[⑫]第 99 页指出在闽北的建瓯话中，有很多来母字读 s 声母。如平声的“箩、螺、狸、芦、雷、篮、鳞、郎、聋、笼”，上声的“李、老、卵、两、㝗”，去声的“露”，入声的“力、笠”等大量的来母字都是读成心母 s。另外闽中永安话中的“癞”，闽南泉州话的“濑”都要读为 s 声母[⑬]。王福堂先生在同书第 98 页还提到了湖南老湘语的泸溪乡话方言把来母字多读为邪母的 z。如“来、梨、漏”等来母字要读为 z 声母。“林”要读为 dz 声母。注意到这些方言现象的学者还有罗杰瑞等人。王福堂先生指出在湖南泸溪乡话中的来母读成 z 和 dz“显然是边音擦音化的结果。据此可以推测，闽北话来母字的声母 s 也可能是同样音变的结果。……泸溪乡话来母字的变化：l→z（dz），是次浊音向浊擦音的变化。……这样，建瓯话这部分来母字声母的音变过程就应该是：l→z→s，即次浊音先变成浊擦音，再变成清擦音”。这就是王福堂先生的解释[⑭]，王福堂先生在书中批评了罗杰瑞的解释。我们认为王福堂的解释是有说服力的[⑮]。这些方言中的音变现象表明来母可以浊化为浊擦音 z 或 dz[⑯]，而 z 与 s 是旁纽为双声，音近可通[⑰]，z 清化就是 s。王福堂先生已经注意到这些读为 s 声母的来母字都是阳调字，因此其声母本来应该是浊声母。也就是说存在着 l→z→s 的过程，而不是简单的 l→s，也不是 lh→s。这就比李如龙、罗杰瑞、梅祖麟等人的意见有说服力。反对罗杰瑞、梅祖麟等人的见解的还有丁启阵的《论闽西北方言来母 s 声现象的起源》[⑱]。丁启阵在此文中认为：“闽西北方言来母 s 声现象不但与上古汉语无关，甚至跟《切韵》也没有联系，可能是一种晚近出现的情况。”如果考虑到 l→z→s 的音变过程，其中包含了浊擦音的 z 清化为 s 的音变，这当然可以说是一种晚于《切韵》的现象，因为《切韵》时代的 z 还没有清化为 s。丁启阵先生的观点是合理的，只是在论述上与本书有较大的不同，而且：①没有揭示出那些读 s 的来母都是阳调字，不是阴调字这一次现象；②没有揭示出上古音和谐声字中不存在来母与 z 相通相谐的现象，只存在来母与 s 等清擦音相通相谐的现象；③没有揭示出 l→z→s 的音变过程。而这三点是极其重要的。

张光宇《闽方言古次浊声母的白读 h－和 s－》[19]一文中的“来母的白读舌尖擦音”一节阐述了与王福堂先生比较近似的观点：“从以上方言的对应或变体，不难看出舌尖边音和擦音间的密切关系。从正常的发音情况来说，发边音时气流经由舌体两边外出，发舌尖音时气流集中在舌体中央外出。相对而言，前者为‘边’音，后者为‘央’音。从 l 到 s 即为气流改道由边到央的变化，中间过程有两个可能，或者是 lh，或者是 z。据此，我们可把来母 s 声的演变写成下式：l→lh 或 z→s。”只是其中的送气流音 lh 这个过程应该取消。

郑张尚芳《古来母以母今方言读擦音塞擦音问题》[20]一文对这个问题的论述与王福堂先生相近，而所用材料多有不同。郑张先生的论述也很值得注意。首先，他批评了李如龙和梅祖麟等人的观点，认为闽方言的这种音变不是 lh→s：“中间的 lh 如果是清流音的话，今方言应该读阴调才对。而闽西北方言却不是这样……（其例证省略）除了邵武、建瓯，可以看出都以读阳调为主，邵武浊平声字读阴入，建瓯读阴去，则是非正常对应，只表示阳平白读（邵武很可能是小称变调）跟阴入或阴去恰好合值，而不是表明它们的调类本属阴入或阴去。因此虽然我也主张上古汉语有复辅音声母和清鼻流音声母，但闽西北来母读 s 似乎与之关系不大。”郑张先生明确反对用复声母来解释闽方言中的来母读 s 的现象。郑张先生在讨论了以母字有同样的音变现象后，作结论说：“从以上各种事实看，我赞同流音本身齿擦音化的主张，闽语‘来’‘以’母原先的读法大概类同布依、越语，而且跟乡话、白语有平行的演化过程。”并且有与王福堂先生一样的结论：“因此闽语流音读 s，早先该是浊擦音 z。”

“数”的上古音读如心母 s，到底是经过了 l→z→s 这样的演变阶段，还是直接发生来母→s 音变呢？我的看法是在上古音中来母直接音变为心母，没有经过 z 这个阶段。这是根据汉字的谐声情况作出的判断，因为在谐声字中不存在来母与邪母发生谐声关系的例子，只存在来母与清擦音的心母、山母发生谐声关系的现象。这是一个极为重要的谐声现象。而且根据李方桂先生《上古音研究》的研究，上古音的声母系统中根本没有邪母（即 z），邪母要读如喻四三等（李方桂先生拟音为 rj）[21]。其他一些音韵学家认为上古音的邪母要归入定母。因此，我不大赞成在上古音中有过来母→z→s 这样的音变，而是赞成有过来母→s 的音变。但在上古之后的中古音时代或其后也发生了 l→z 的音变，这与来母→s 的音变并不是一个连续的过程。在上古音时代就发生过来母→s 的音变，在中古以后才出现了 l→z→s这样的音变。这是两个不同阶段的音变。王福堂先生这样认为的理由是：“这样，建瓯话来母 s 声母字实际上只和阳调配合，它早期就应该经历过浊声母 z 的阶段[22]，目前的清声母音值 s 只是后来浊音清化的结果。”这是指中古以后的音变，在上古音的谐声字时代似乎并没有经历这个过程。无论如何，方言材料表明来母可以发生擦音化而音变为心母或邪母，方言学家们没有采用复辅音的观点，就可以很清楚地解释这一点。王福堂先生特别指出：“这就说明，来母字的声母 s 是来母本身音变的结果，没有特殊的历史来源。”这是说来母字的声母 s 与复辅音声母无关。为什么在上古音中与在中古音中的音变过程会不相同呢？正如我们在第三章“论上古音中的来母的音值”一节里所指出的一样，上古音中的来母实际上不是 l，而是 lh（也可能是 hl），也就是一个较清的带有送气成分的边音，并不是一个浊音的 l，因而可以直接音变为 s，而不必经过 z→s 这个阶段。到了汉代以后，由于上古音中的 lh/hl 已经变成了 l，是一个浊音，因此发生擦化的过程就是 l→z→s，不再是上古音中的 lh/hl→s 这样的音变过程。事实上，我们从上古音中不存在来母→z 的音变，也可以推知上古音中的来母与中古音及其以后的来母是不同的音值。我们只能说 l 是比较稳定的，却不能说从上古以来的来母的音值一直是稳定的，因为上古音中的来母的音值并不是 l。上古音中的 l－只是 lh－/hl－的音位变体。

我们再举几个类似的谐声字的例字如：①“晒/丽”。《说文》称“晒”从日丽声。“晒”的古音为山母，为照二系字，根据黄侃先生“照二归精”之说，山母 ʃ 上古音要读如心母 s，李方桂《上古音研究》中的上古音声母系统里根本就没有“照二系”声母，只有精系。我们以上的论证表明了在方言中的来母可以音变为心母[23]，因此，“晒”从“丽”得声完全是直线性的音变，与任何复辅音声母都没有关系。而有的音韵学者利用“晒/丽”来构拟复辅音 sl/sr[24]，这是没有根据的。②《说文》：“孿，一乳两子也。从子䜌声。”生患切。今音读为 shuan 的去声。这也与复辅音无关。“生”为生母（山母），其上古音与心母相近。正如上文所论，在上古音中从来母䜌得声的“孿”可以擦音化为心母。所以不能利用“孿/䜌”来构拟复辅音。从此可知，音韵学家们构拟的 sl/sr 的复辅音声母在上古音中是不存在的[25]。

我们从古汉越语的借词中可以得出同样的结论。王力先生《汉越语研究》[26]曾指出：以来母字作声符的越南字喃往往带有声母 s（即心母）。如①sach4，洁也，从水，历声；②sao1，星也，从星，牢声；③sau1，后也，从后，娄声；④song5，波也，从水，弄声；⑤set5，霆也，从雨，列声。潘悟云《汉语历史音韵学》[27]第 276～277 页也有类似的举证，如：六—sau5；亮—sang5；莲—sen1；蜡—sap5 等[28]。这些材料都表明来母与心母可以相通[29]，可为旁证，而且是比较过硬的证据。根据本书的论述，这些古汉越语的借词的时代性应该早到汉语上古音，至少在汉代以前。因为汉代以后的来母已经读为 l，如果发生擦化音变，也只能音变为 z，而不是 s；然后再从 z 清化为 s。如果在古汉越语的借词中存在过这样的过程，那么它的时代就很晚，甚至要晚到唐代，乃至以后。这关系到古汉越语的时代性问题，要由有关专家来作出最终的判断。

从通假字系联也能证明“数”的上古音声母不会是复辅音 sl。如《周礼·司尊彝》：“凡六彝六尊之酌郁齐献、酌醴齐缩。”注：“故书‘缩’为‘数’。”这里的异文只能解释为通假字，不可附会为其他意思（如错字之类）。“缩”的古音为“所六切”，中古音是山母，上古音读如心母，与“数”为双声相通假。“缩”字从不与来母字发生通假关系和谐声关系，其上古音不可能是 sl 这样的复辅音。因此，“数”的上古音声母也只能是心母，否则与“缩”不能有通假关系。

日本学者宇井伯寿《译经史研究》[30]中的“支谶翻译中的音译通览”和“从印度语看中国文字的发音”指出东汉的支娄迦谶是用“洛”来音译印度俗语的 su。这样的铁证足以表明东汉时期的方言中就有来母音变为心母的现象，这清楚地表明来母与心母相谐与复辅音毫无关系。

正因为如此，我们认为“数/娄”以及一切来母与心母相谐的现象都与复辅音的分化无关，其谐声关系是古代方言的音变现象，类似的音变关系在现在的闽方言和湘方言中还存在[31]。上举的张光宇《闽方言古次浊声母的白读 h－和 s－》一文还专门反驳了梅祖麟、罗杰瑞根据方言中的来母读 s－的材料而构拟复声母的观点[32]。张光宇指出：“由于他们（指梅祖麟和罗杰瑞）无法从汉语内部的资料去说明这些复声母如何变到 s－声，于是尝试从其他语系去寻求奥援。例如‘六’在越语读 s……。他们的意思是说，这六个语言或方言的复声母最后变成了越语的 s－，从而闽西北地区来母 s－声的现象可以从复声母去解释。其实，这是把问题复杂化了，根本缺乏理据。在那六个语言或方言中，声母可分三类：舌根音、舌尖音、唇音[33]。他们首先在这里就遇到难题，这个难题不先解决，而企图以之为解释汉语方音现象之助，那是没有说服力的。”我们赞成张光宇的意见。

我们以上的论述有助于解释一些复杂的谐声现象。如“刅/梁”。有的学者利用“刅/梁”这组谐声材料来构拟复声母 tshl，这也是不可信的。考《说文》："梁，水桥也。从木从水刅声。"吕张切。《说文》还录有"梁"的古文不从"刅"。"梁"的古音是来母，"刅"的古音是初母，由于"照二归精"，上古音读如清母。有的学者认为《说文》的分析不可信。如容庚《金文编》第 732 页："《说文》以为从木从水刅声非。"[34]诸桥辙次《广汉和辞典》中卷第 603 页称"梁"不是形声字，而是会意字，所从的"刅"是鱼梁的象形字。"梁"在金文中象用石截断水流之形[35]。如果照诸桥辙次的这个解释，那么"梁"所从的"刅"的读音就是"梁"，而不是初母的"刅"（《说文》训"伤"）。这种说法并不是完全没有道理。因为《说文》所录的"梁"的古文的右边是从"木一木"（上下结构），并不从"刅"[36]。而《说文》中所录的小篆中的"刅"与金文中的"梁"所从的"刅"在字形上有明显的区别，二者是否同字还不好下定论。这是一种解释。另外就是采取《说文》正统的说法。清代小学家段玉裁、桂馥、朱骏声、王筠等人并没用怀疑《说文》的分析。朱芳圃《殷周文字释丛》第 121 页采取《说文》的分析[37]、小川环树等《角川新字源》第 509 页也取《说文》之说。现在看来，《说文》以"梁"从"刅"声的观点也是可能成立的。上古音中的送气边音来母很有可能发生擦音化音变而成为送气塞擦音 tsh，就如同上引王辅世《湖南泸溪瓦乡话语音》介绍的在瓦乡方言中的来母 l 的词汇有的是读为 dz，如"林、乱、陋、流"；有的读 ts，如"聋、留、两（个）"。这完全是直线式的正常音变，与复声母无关。因此，《说文》的说法是不好轻易否定的。从通假字系联的角度也可以证明"梁"的上古音声母不会是复声母 tshl。因为"梁"与"良"在上古是通假字，有很多异文材料[38]，二者必然是双声。而"良"从不与精系字发生通假或谐声关系，其上古音声母不会是 tshl/tsl，这就反过来证明"梁"也不是复声母 tshl。另外，《文选》卷二张衡《西京赋》："怪兽陆梁。"注："陆梁，东西倡佯也。"朱骏声《说文通训定声》第 910 页称：陆梁"亦双声连语"。如果"梁"是复声母 tshl，那怎能与"陆"构成双声连语？朱骏声还提到"梁"与"谅"是通假字，而"谅"也从不与精系字发生通假或谐声关系，其上古音声母不会是 tshl/tsl，这反过来证明"梁"也不是复声母 tshl。我们的论证应该是比较可信的。

正如本章"论心母与舌头音相谐"一节所论述的一样，心母与舌头音的谐声关系非常密切，心母在闽方言中也常常读如舌头音，来母也是舌头音，所以从这个角度看，心母与来母相谐也与复声母无关。据高玉振《福清方言的声母连读音变》[39]：在福清方言"下字的声母是 ts、ts'、s，则变为同部位的 z，部分字变 l。"如"白菜"中的"菜"读 lai；"蒲扇"中的"扇"读 liɛŋ。李如龙等《福州话语音演变概述》[40]也有类似的论述可以参考。

注释

① 类似的谐声字材料非常多，我们这里仅以此为例，作音理上的说明，所以不必将有关的谐声字作穷尽性的排比。

②《说文》对于"娄"的构形的分析不一定准确，参看《张政烺文史论集》（中华书局，2004 年）第 506 页。

③ 考古文献，知上古音中的山母确实与心母相通。如《周礼・甸师》："祭祀共萧茅。"注："郑大夫云：'萧'字或为'茜'。'茜'读为'缩'。束茅立之祭前，沃酒其上，酒渗下去，若神饮之，故谓之缩。缩，浚也。故齐桓公责楚不贡苞茅，王祭不共，无以缩酒。杜子春读为'萧'。萧，香蒿也。"《经典释文》称"茜"音"所六反"，则古音为山母。"缩"也是山母。而"萧"是心母。这里无论是"萧"读为"茜"还是读为"缩"，都表明心母与山母音近相通。这样的证据是很有力的。类似的例子是"崇母"与"从母"上古音相通。如《周礼・里宰》："里宰掌比其邑之众寡，与其六畜兵器。治其政令，以岁时合耦于锄，以治稼穑。"注引郑司农云："'锄'读为'藉'。"而"锄"的古音是崇母，"藉"的古音是从母。则在汉代以前的上古音中，崇母读与从母相近，音近相通。以上引文皆据中华书局《十

三经注疏》本。本书在其他地方还有举证。

④ 王辅世：《湖南泸溪瓦乡话语音》，《语言研究》1982 年第 1 期。

⑤ 擦音与塞擦音关系密切。据王辅世《湖南泸溪瓦乡话语音》（《语言研究》1982 年第 1 期）的介绍，在湘西泸溪瓦乡话的语音中，“中古汉语的擦音在瓦乡话中有读作塞擦音的，如心母在中古汉语中读作 s，在瓦乡话中虽然也一般读作 s，但有读作 ts·的；晓母在中古汉语中读作 h，在瓦乡语中有一种读法是 tɕ·；书母在中古汉语中读作 ç，在瓦乡话中有一种读法是 ts”。据《中国大百科全书 · 语言文字卷》“阿非罗—亚细亚语系”条提到：在闪语族中，古代的塞擦音已经消失，代之以咝音 s、z 等等。

⑥ 陈章太、李如龙：《闽语研究 · 闽西北七县市的方言》，语文出版社，1991 年。

⑦ 光华按：“篮”字，用作“篮球”的时候，要读 l 声母，这显然是在官话影响下产生的文读音；用作“篮子”的时候，要读 s 声母，这是白读音。据李如龙《福建县市方言志 12 种》（福建教育出版社，2001 年）第 291 页在讨论沙县方言的时候指出，“留、李、笠、螺”在沙县方言中有文白异读，文读为 l 声母，白读为 s 声母。李如龙同书第 260 页指出：部分普通话读为 l 声母的字，三明方言的中片读为 s 声母，同书第 374 页指出在泰宁方言中来母字读 l 声母是文读，读 s 声母是白读，其例不录。李如龙此书类例颇多。

⑧ 李如龙：《闽西北方言“来”母字读 s－的研究》，《中国语文》1983 年第 4 期；又见李如龙：《方言与音韵论集》，香港中文大学中国文化研究所，1996 年。

⑨ 李如龙先生在这里主要参考利用了其他学者的研究，如袁家骅《僮语/r/的方音对应》［《语言学论丛（第 5 辑）》，商务印书馆 1963 年］；中国科学院少数民族语言研究所《布依语调查报告》（科学出版社，1959 年）；喻世长《布依语几个声母的方音对应研究》（《语言研究》1956 年第 1 期）等文献。我们这里不再转录学者们的这些重要研究。又，据杨再彪《苗语东部方言土语比较》（民族出版社，2004 年）第 144 页的论述，苗语东部方言在汉语的借词中，汉语的来母字有相当一部分被读成苗语的 ʐ 声母。如汉语的“漏、楼、龙、岭、拢、梨、林、临、利、力、栗”这些字在阳孟苗语的借词中都读 ʐ 声母。杨再彪认为这些借词的时代是比较早的。

⑩ 讨论过同样问题的学者还有王天昌《福州语音研究》（台湾世界书局，1970 年），王辅世《湖南泸溪瓦乡话语音》（《语言研究》1982 年 2 期），梅祖麟、罗杰瑞《试论几个闽北方言中的来母 s－声字》（台湾《清华学报》新九卷），曾光平《闽西北方言来母字读 s－的再研究》（《第十九届国际汉藏语言学会议论文集》，美国俄亥俄州大学），张光宇《闽方言古次浊声母的白读 h－和 s－》（《切韵与方言》，台湾商务印书馆，1990 年），另外李如龙先生《福建方言》（福建人民出版社，1997 年）第 113 页也提到同样的问题，日本学者平田昌司《闽北方言的来母 s 化现象》（《汉语史的诸问题》，京都大学人文科学研究所，1988 年）。

⑪ 另可参考的是赵元任《方言性变态语音三例》（《赵元任语言学论文集》，商务印书馆，2002 年）一文，其指出在汉语方言的变态性音变中声母 l 可以音变为 i。如“来”可以音变为“崖”；“楼”可以音变为“油”。赵元任所举的三个例子中都有这种音变现象。

⑫ 王福堂：《汉语方言语音的演变和层次》，语文出版社，1999 年。

⑬ 其他的学者偶尔也在别的论述中提及这样的现象，如张惠英《语言与姓名文化》（中国社会科学出版社，2002 年）第 121 页有曰：“据史志记载，福建人常以‘官、使、宋’为名，‘官、使’都是官的名称，‘宋’，闽北一带和‘郎’同音，所以‘官、使、宋’就是‘官、使、郎’，都是官的名称。”

⑭ 邢公畹《说“鸟”字的前上古音》（《民族语文》1982 年第 3 期，第 10 页）一文在提及李方桂对原始台语“鸟”音的构拟后，说：“看来是声母 n－失落，第二声母 r/l 变 z－。”可知邢公畹先生也承认 r 或 l 在音理上可以变 z。

⑮ 这个规律的发现很重要，可以解释古书中一些比较困难的通假现象。如《周礼 · 缝人》：“衣翣柳之材。”郑玄注：“柳之言聚。”《释名 · 释丧制》：“柳，聚也。”《尚书大传》：“火祀柳谷华山。”郑注：“柳，聚也。齐人语。”足见自西汉以来的齐方言中，“柳”与“聚”古音相通无疑。而“聚”的上古音为从母 dz，“柳”为来母。有的学者利用这条材料来构拟复辅音声母，这是错误的。我们在本书的绪论中就说过，凡是可以确定为通假关系的字，就一定不能用于构拟复辅音声母，只能是音变。现在湖南老湘语的方言材料证明了 l 可以音变为 dz。可证这确实是通假现象，是直

接的音变，与复辅音无关。但是这种音变发生在汉代，在先秦并不存在。

⑯ 在方言中的日母往往有 l－和 z－两读，可见作为声母的 l－和 z－关系密切。这个旁证可以支持王福堂先生的观点。如据《现代汉语方言大词典（合订本一）》“扬州方言”第 35～36 页：“仪征有舌尖前浊擦音声母，扬州与之对应的是边音。例如‘人、软、让、若’等大部分日母字扬州话读［l－］声母，仪征话读［z－］声母。”另可参看本书第三章第一节。

⑰ 在现代汉语方言中也发现有边擦音声母，据詹伯慧主编《广东粤方言概要》（暨南大学出版社，2002 年）第三章第六节第 189 页称：“部分位于东莞东北部的地区如凤岗、清溪、塘厦、桥头等几个镇的粤语与四邑的台山等地粤语一样，有广州话所没有的舌尖前清边擦音声母。”例如，桥头方言的“三、四、削”读清边擦音 ɬ 声母。同书第三章 122 页称：“在高雷片粤语中，古心母字声母多读为边擦音 ɬ。四邑片粤语里也有 ɬ 声母，如台山、开平、鹤山的粤语里把上述字（光华按，这些字是‘写、絮、司、秀’）的声母均读为 ɬ，古清母的有些字，如‘刺、次、此、鹊’的声母也读为 ɬ。”同书第 207 页：“阳江话声母有一个清边音 ɬ－，主要是古心母字和部分古邪、审二母的字。”同书第五章“广东粤方言代表点字音对照表”第 319 页心母的“西、洗、细”在广东的台山方言、开平方言、信宜方言、廉江方言中读为边擦音 ɬ 声母，据同书第 338 页心母的“修、秀”在台山方言、开平方言、信宜方言、廉江方言中读为边擦音 ɬ 声母。据同书第三章第 175 页称西江流域粤语“从母、心母则读 ɬ。古邪母字除少数字（如羡、旋）读擦音 s 外，多数粤语读为塞擦音 ts、ts‘，而在粤西有的点则读擦音 s、θ 或边擦音 ɬ，以郁南最为典型”。例子颇多，此不录。另外，詹伯慧《汉语方言及方言调查》（湖北教育出版社，2001 年）第 103～104 页也有类似的论述：“粤方言区中有相当一部分地区有边擦音 ɬ，古心母字就念 ɬ－。四邑片、高阳片、桂南片都普遍有 ɬ 声母。”据李如龙《福建县市方言志 12 种》（福建教育出版社，2001 年）第 140 页在仙游县方言中也有边擦音声母，如“先、洗、思、食、前”等。在同音字表中例子很多。郑作广《广西平话的边擦音声母及其形成》（《方言与音韵研究》，广西教育出版社，1998 年）一文称广西桂南平话中有边擦音声母 ɬ，其文曰：“平话声母 ɬ 的来源限见诸端系的心母和知系的崇、邪、生、船、书、禅六母。其中大部分字来自心母，小部分字分别来自邪、生、书、禅四母，崇、船二母字数极少。”举例甚多，如傻、须、西、搜、三、信、想、屑、雪、索、绪、遂、率、缩等都读 ɬ。郑作广此文还认为这些边擦音声母与古百越语的底层有关，在壮傣语支、侗水语支、黎语支都存在边擦音声母，而且分布在桂南平话的周围。由于语言接触的影响，使得桂南平话的清擦音和一部分塞擦音发生边音化的音变，从而成为边擦音。在徽语的黄山话中也发现了清边擦音，可参看孟庆慧《黄山话的 tɬ、tɬ‘、ɬ 及探源》（见《中国语文》1981 年第 1 期）。孟庆慧也认为这是在古代的山越人的语言的影响下，由于民族和语言的融合而产生的方言现象，而不是古汉语自身就有的语音。陶燠民《闽音研究》［《国立中央研究院历史语言研究所集刊（第一本第四分）》］四“声母之类化”一节称在闽方言中，上字韵母为元音，下字声母为 l－的连语，则下字的 l－声母要同化为 s－。另外讨论过边擦音问题的论著还有袁家骅《汉语方言概要（第二版）》、李新魁《粤方言语音特点探论》（《广东社会科学》1990 年第 1 期）；梁振仕《桂南粤语说略》（《中国语文》1984 年第 3 期）。在异民族语言中也有类似的例证。马学良、戴庆厦《〈白狼歌〉研究》（《民族语文》1982 年第 5 期）一文将《后汉书·西南夷列传》中的《白狼歌》中的词语与现代藏缅族语言进行了比较，指出：在二者的同源词中“边音多同边音对应，也有转为浊擦音的，如‘来（留）、雨（螺）、石（禄）’”。可见在古代的异民族语言中也有边音转为浊擦音的现象。清边擦音还见于壮语、藏语、彝语、黎语、苗语以及布依语的镇宁方言。例如据伍文义等《中国布依语对比研究》（贵州人民出版社，2000 年）第 209 页，在布依语中存在着 s、z→ɬ 的音变。在藏语、勉语中也有边擦音声母。据王均等《壮侗语族语言简志》（民族出版社，1984 年）“壮语”章（此章是韦庆稳、覃国生撰）第 25～26 页，壮语中的 s 声母在“南部方言及北部方言的右江土语读作边擦音 ɬ，红水河流域一部分地区读作舌尖前清擦音 s”。美国学者鲍培《阿尔泰语比较研究》（内蒙古教育出版社，2004 年）第 91 页称：“与蒙古语的 l 相当的，在许多突厥语词中都是 š。各个不同的研究者都认为，在这种情况下，š 是原始，它是在蒙古语中发展成为 l 的。……总之，早先的看法是，蒙古语的 l 是一个次生音。实际上，反面的意见才是正确的。正是突厥语的 š（在有些突厥语中→s）起源于 l 音。突厥语的这个 š，不仅相当于蒙古语的 l，而且还相当于楚瓦什语、满洲通古斯语，甚至还有朝鲜语中的 l。因此，与突厥语的 š 相对应的，是所有其他阿尔泰语的 l。还有一种情况也是应注意的：匈牙利语的出自前突厥语或类突厥语的最

古的一些借词，所表明的正是 l，就像萨彦萨摩耶德语中的古借词所表明的也不是擦音 š 而是 l 一样。所以，毫无疑问，此处的 l 是原始的，现今突厥语的 š 才是一种较晚的发展。……在以上所举的证据之外，还可以补充一个表明原始复音是 l 而不是 š 的证据，这就是说擦音 š 在突厥语中，只在与 l 相同的位置出现。”此书举例甚多。

⑱ 丁启阵：《论闽西北方言来母 s 声现象的起源》，《语言研究》2002 年第 3 期。

⑲ 见张光宇：《切韵与方言》，台湾商务印书馆，1990 年。

⑳ 刘利民、周建设主编：《语言（第三卷）》，首都师范大学出版社，2002 年。

㉑ 当然，李方桂先生的这个论断不一定正确，我们还是同意王力先生的上古音系统的处理，认为上古音系中的邪母应该独立，虽然与定母、余母很近似，可以通转，但在音位上应该独立。参看本书讨论明母与晓母相谐声的那一节。

㉒ 光华按，王福堂先生原书这里衍一个“的”，有两个“的”。

㉓ 上引材料表明来母还可以音变为 ʃ 声母。

㉔ 如杨剑桥：《汉语现代音韵学》，复旦大学出版社，1996 年，第 149 页。

㉕ s 与 r 之间确实可以发生直接的音变，这在异民族语言中可以得到证实。如据张均如、梁敏等《壮语方言研究》（四川民族出版社，1999 年）第 192 页称：“壮语中有一个舌前擦音声母 s。……河池、环江、永福这个音位已并入 r，这些地方也有 s 这种读音，但它却不属 s 声类而与其他地方的 ts 或 ɕ 相对应，所以各地的 s 声类与 r 声类的变体 ð、z、r、ɣ 等并不相混。”王均先生《壮语中的汉语借词》（《王均语言学论文集》，商务印书馆，2004 年，第 62 页）一文也早已指出：“在声韵母的对应上也是一样。例如，其他地区壮语中的 s 音位和阳调类的 r 音位，在环江、河池、永福等地都读成 r；别处声母读作 s 的外来借词，在这些地方也都读作 r 声母。如‘送、仙、沙、生、色、熟’这些汉语借词在环江、河池、永福都读为 r 声母。”这些材料表明 s 与 r 在音理上并不是绝不相通的。

㉖ 王力：《龙虫并雕斋文集（第 2 册）》，中华书局，1982 年。

㉗ 潘悟云：《汉语历史音韵学》，上海教育出版社，2000 年。

㉘ 另可参见丁邦新、孙宏开主编：《汉藏语同源词研究（一）》，广西民族出版社，2000 年，第 232 ~ 233 页。

㉙ 另可参看阮才谨：《越语语音史教程》，越南教育出版社，1997 年。

㉚［日］宇井伯寿：《译经史研究》，岩波书店，1971 年。

㉛ 我们注意到还有一种解释也不可忽视，就是把“数”看成是会意字。日本学者诸桥辙次主编《广汉和辞典》中卷（大修馆书店，1982 年）第 324 页就把“数”分析成会意字，所从的“娄”旁表示“不间断地持续”的意思，左边的“攴”表示“敲击”之义，“数”的意思是持续不断地敲击。这是可备一说的。大概古人计数的方法是用持续不断的敲打来进行，与“计”的方法不同。但“数”与“计”散文则同。如《诗经·小雅·巧言》：“心焉数之。”如果此说能成立，那么“数”根本就是会意字，不存在谐声的问题，不能用来构拟复辅音。但是这种解释也不是定论，因为来母与心母相通的谐声字很多，并不仅仅只有“娄/数”这一组例子，还是把“数”看成形声字比较稳妥，如果没有有力的证据，不可轻易否定《说文》的分析。

㉜ 罗杰瑞的相关论述还见于罗杰瑞的《闽方言中的来母字和早期汉语》（《民族语文》2005 年第 4 期）。

㉝ 张光宇先生这里本来附有国际音标，今省却不录。

㉞“梁”在金文中不从“木”，其金文中的字形可参看容庚《金文编》（中华书局，1985 年）第 732 页，周法高《金文诂林（第九册）》（香港中文大学，1975 年）第 4531 页，戴家祥《金文大字典》（学林出版社，1995 年）第 2495 页。

㉟《广汉和辞典》可能是采取了郭沫若的观点。《金文诂林（第九册）》（香港中文大学，1975 年）第 4532 页引郭沫若的观点：“揆梁字之初义当为‘堰’，象以耒掘沙石以障水，人可以渡，后以木架桥以渡人，故从木作‘梁’。屋梁之义又其后起者。以屋梁象乔，故亦谓之梁。”“梁”训“鱼梁”颇见于《诗经》的毛传、郑笺。王筠《说文解字句读》（中华书局，1998 年）第 216 页称：“案，‘桥’字见《仪礼》《礼记》者皆不谓梁，而梁亦不当以桥为正义。恐后人改以鄙说。”

㊱ 朱骏声《说文通训定声》（中华书局，1998 年）第 910 页就认为“梁”的古文“从二木，会意”。不是形声字。

㊲ 戴家祥《金文大字典》（学林出版社，1995 年）第 2495 页采取朱芳圃的观点。但《金文诂林》及其《补编》都没有引述朱芳圃之说。杨树达《积微居金文说（增订本）》（中华书局，1997 年）第 161 页根据金文认为金文中的“梁”是从“刱”声，没有明言是从“刅”声（当然，“刱”也是从“刅”得声）。

㊳ 可参看宗福邦等主编：《故训汇纂》，商务印书馆，2003 年，第 1113 页。

㊴ 高玉振：《福清方言的声母连读音变》，《中国语文》1978 年第 4 期。

㊵ 李如龙：《福州话语音演变概述》，《中国语文》1979 年第 4 期。

第八节　论晓匣母、疑母相谐的问题

李方桂《上古音研究》[①]第20页为了解释晓母与疑母相谐声的问题，而构拟了疑母的清鼻音，这些清鼻音后来演变为晓母，其言曰："上古清的舌根鼻音ng、ngw等也可以从晓母字跟疑母互谐得其线索，如[②]许x：午ng，化x：货x：吪ng，牺x：义ng，謔x：虐ng……拟x又读ng。这类晓母字不大跟别的舌根塞音互谐，我们可以比较肯定地说它们是从上古hng、hngw来的，可是有些晓母字不但跟疑母字谐声，也跟别的舌根塞音谐声，这类字就不能十分确定是从清鼻音来的了，如罕x：岸ng，也有'干'k等字，㧑x：伪ng，也有妫k等字混入其中。"实则，早在1956年，张永言先生就写作了一篇论文《上古汉语有送气流音说》，后于1984年改题为"上古汉语有送气流音声母说"[③]，此文早已注意到晓母与疑母相谐相通的现象，所列举的谐声字材料比李方桂的更多，张永言还举了两条通假字的材料。后来的汪启明《先秦两汉齐语研究》[④]第189～191页根据上古汉语的通假字材料也主张上古音有ng－h型的声母，汪启明主张这是一种清鼻音。但他还是不能十分肯定，他说："关于疑母与擦音，王引之在《经义述闻》中已有论述，但是究竟如何处理为好，这个问题还值得研究。"还有的学者根据"讹/化"等材料来构拟复辅音。现在看来，根据晓母与疑母相谐的材料来构拟清鼻音和复辅音都是不必要的。因为有证据表明在古代的方言中，晓母与疑母是可以相通的。

考《方言》卷三："苀（郭璞注：音花）、讹（郭璞注：讹言）、譁（郭璞注：五瓜反），化也。"郭璞注："皆'化'声之转也。"《方言》的这条材料和郭璞注很值得注意。"化"是晓母，"讹"和"五瓜反"的"譁"都是疑母，而郭璞认为这些疑母字都是由晓母的"化"声转来，也就是音变而来[⑤]。足见在郭璞的眼中晓母与疑母之间可以发生音变，也就是可以通转，这与复辅音没有关系。我们总不能认为在《方言》中的作为通语的"化"是清鼻音hng声母，因为没有任何证据表明在扬雄时代的西汉末期的通语中还有清鼻音存在。学者们构拟清鼻音或复辅音的前提条件是晓母与疑母之间不能相通，现在既然根据东晋学者郭璞的论述，知道了在《方言》中存在着晓母与疑母之间的音变现象[⑥]，那么我们就可断言由晓母与疑母组成的谐声字与清鼻音或复辅音无关。从音理上看，上古音中的牙音与喉音不分，也就是"晓、匣"与"见、溪、群、疑"的发音部位相同，"疑母"是舌根鼻音，是半浊音。半浊音声母是既能与清声母相通，也能与浊声母相通。疑母因为是鼻音，所以在发音方法上一定带有送气成分，否则这个舌根鼻音不能发出声来。晓母、匣母都是牙喉音（与疑母发音部位相同），也都是送气音（与疑母发音方法相同）。所以，二者在音理上可以相通，毫无困难。

我们还可以根据一系列其他证据证明没有所谓的清鼻音存在。如《释名·释形体》："眼，限也。瞳子限限而出也。""眼"是疑母，"限"是匣母。《释名》例主声训。在《释名》中，"眼"和"限"一定是声训，其声母为准双声，一定是能够相互通假的。类例如《周礼·考工记·轮人》："望其毂，欲其眼也。"郑注："郑司农云：'眼'读如限切之'限'。"《经典释文》："眼，鱼恳反。限，鱼恳反；又如字，下同切，如字。"郑司农这里用了"读如"一词，则必是通假字无疑，不可作其他解释。正因为这里是通假字，所以《经典释文》的注音就干脆把"限"也注为"眼"，音"鱼恳反"。这表明《经典释文》也认为匣母与疑母可以相通转。这里的声训材料和通假字材料表明疑母与匣母之间能够相通，与清鼻音或复辅音无关。疑母与晓母能够相通和疑母与匣母能够相通是同样的音理。如果把与疑母相通的晓母构拟为清鼻音 hng，但这样的晓母音又往往与匣母相通，这该怎样解释呢？音韵学家们没有能够回答这样的问题。在我们看来，这个问题也难以回答[7]。另外，匣母与疑母相通是确凿不移的事实，与清鼻音和复辅音无关。如《礼记·丧大记》："加伪荒。"郑注："'伪'当为'帷'，或作'于'，声之误也。"我们在绪论章里已经说过郑玄注经中凡是加注"声之误"的地方都是指通假。"帷、于"二字的上古音都是匣母，"伪"是疑母，这是疑母与匣母能够相通假的铁证。再如，《周礼·司尊彝》："凡六彝六尊之酌郁齐献酌。"郑注："郑司农云：'献'读为'仪'。仪酌有威仪多也。""献"是晓母[8]，"仪"是疑母。郑司农用了"读为"一词表明二者是通假字无疑，不可作别的解释。这是晓母与疑母相通的明证，与清鼻音和复辅音无关。类似的例证很多，约举如下：

《诗经·邶风·简兮》："硕人俣俣，公庭万舞。"《经典释文》引"俣俣"作"扈扈"。这里的异文只能解释为通假字，而"俣"是疑母，"扈"是匣母，这是疑母与匣母相通的例子[9]。

《诗经·小雅·十月之交》："无罪无辜，谗口嚣嚣。"《潜夫论·贤难篇》引"嚣嚣"作"敖敖"。《经典释文》引《韩诗》与《汉书·刘向传》引《诗经》皆作"嶅嶅"。《尔雅·释训》："敖敖，傲也。"《经典释文》："敖，本又作嶅，又作嚣。同。""敖、嶅"都是疑母，"嚣"音"许娇切"，为晓母。这只能解释为晓母与疑母相通。

《诗经·大雅·瞻卬》："式救尔后。"《列女传·晋范氏母》引《诗经》"后"作"讹"。"后"是匣母，"讹"是疑母。此例也只能理解为疑母与匣母相通。

《礼记·曲礼上》："宦学事师，非礼不亲。"郑玄注："学或为御。"郑玄所揭示的异文只能解释为通假字，不会是错字，当以"学"字为正。"学"是匣母，"御"是疑母。

《诗经·大雅·下武》："昭兹来许。"《续汉书·祭祀志下》刘昭注引谢沈书作："昭哉来御。"《太平御览》卷531"宗庙"部所录《东观汉记》引《大雅》曰："昭哉来御。"[10]"许"是晓母，"御"是疑母。

《尚书·周书·旅獒》："西旅献獒。"传曰："西戎远国贡大犬獒。"《经典释文》："五羔反。马云作'豪'，酋豪也。"这条材料清楚地表明"獒"与"豪"是通假字，"獒"音"五羔反"，则是疑母；"豪"是匣母。此例也只能解释为疑母与匣母相通转[11]。

《史记·殷本纪》："得说于傅险中。"《集解》徐广曰："尸子云傅岩在北海之洲。"《索隐》："旧本作'险'，亦作'岩'也。"这里的"险"与"岩"一定是通假字，"险"是晓母，"岩"是疑母，二者上古音皆为谈部。

另外，在上古文献中，"夏"与疑母的"雅"相通为训诂常识。如《左传》的"子雅"，《韩非子·外储说右上》作"公子夏"。《荀子·荣辱》："君子安雅。"王念孙《读书杂志》引王引之曰："雅读为夏。"《诗经》的"大雅、小雅"在《上海博物馆藏竹简·孔子诗论》中作"大夏、少夏"。"雅"是疑母，"夏"是匣母，二者完全可以相通。直到唐代的方言语音中还有这样的音变例子。玄应《一切经音义》卷一有"狗齩"词条，注音称："五狡反，中国音也；又下狡反，江南音也。"[12]则唐代的中原音读"齩"为疑母，而江南的吴音读为匣母。二者只能是音变关系，不可作其他任何解释。《颜氏家训·音辞篇》："李登《声类》以'系'音'羿'。"[13]黄侃《文字声韵训诂笔记》[14]第172页"李登声类以系音羿"也说："系，胡计反。羿，五计反。此匣疑不分也。"

以上这些异文材料都是通假字[15]。我们在汉语的现代方言中发现了匣母与疑母可以直接相通的证据。

据侯精一、温端政主编的《山西方言调查研究报告》[16]第389页讨论太原音系的一节中说："［ɣ］、［ŋ］可以自由变读，老派人多读［ɣ］声母。"[17]

钱曾怡《山东肥城方言的语音特点》[18]一文称："北京开口呼零声母字（原注：'俺'字除外），巧山等地老派读［ŋ］声母，新派读［ɣ］声母；下寨、石乌、湖屯、旅店、中固留、西里村、西徐庄、赵吕、大龙岗石、北栾等地老派读［ɣ］声母，新派［ɣ］已不明显或者失落。"

钱曾怡主编《山东方言研究》[19]第42页指出在山东东区东潍片的方言中，"北京话开口呼零声母字，约有一半的县市读舌根鼻音ŋ，青岛话读不太明显的舌根浊擦音ɣ，另一部分地区则同北京话，读零声母"。又指出在山东西区西齐片的方言中，"北京话开口呼零声母的字，如'爱、癌、安、岸、案、恩、欧、藕、昂'，多数县市读舌根浊鼻音ŋ，聊城等少数县市读舌根浊擦音ɣ"。同书第43页指出在山东西区西鲁片的方言中，"北京话开口呼零声母字，如'爱、藕、案、恩'几乎全部读舌根浊擦音［ɣ］"[20]。这样的零声母字一定经过了ŋ这个中间环节才有可能音变为ɣ。

据陈庆延、文琴《晋语的声母特征》[21]，在山西南部地区的某些点，如长治、晋城、阳城，其疑母的开口呼读为ɣ。

据赵元任《绩溪岭北音系》[22]，在绩溪方言中，"话"字有两种读音，一为h声母，一为ŋ声母，赵元任称"话"读ŋ声母是白话音，也就是说"话"读ŋ声母是绩溪方言本身固有的读音。考《广韵·去声·十七夬》："话，下快切。"则其中古音是匣母合口二等字。在绩溪方言中，只能理解为匣母在清化为晓母之前就音变为疑母，成为绩溪方言中的白读音。绝没有任何理由推论到上古音中的所谓复辅音声母的分化，因为在中古音及之前，"话"并没有疑母的读音，"话"的疑母读音是在中古音之后产生的，这就明确地知道"话"的疑母读音是在中古音之后才出现的，就是由匣母音变而成。

据赵元任《现代吴语的研究》第23页所列的辅音表可知，疑母在吴方言中的某些点开口读ɦ，合口读ŋ；有的点正好相反，合口读ɦ，开口读ŋ。

据王福堂等《汉语方音字汇》[23]第215页，中古音为疑母开口三等的"牛"在扬州方言的白读音中读ɣ声母。遍考古音，"牛"在中古音之前并没有匣母一读。因此，在扬州方言中"牛"读匣母只能是在中古以后由疑母直接音变而成，不可能是由上古复辅音声母的分化造成的。因为如果"牛"的匣母音是来自上古音复声母的分化，那么这种分化必然在六朝至隋唐时期就已经完成。但是在六朝至隋唐时期的"牛"没有匣母音，这就说明"牛"在方言中的匣母音是在唐宋以后产生的，与复辅音声母没有关系。同书第27页，中古为匣母的"核、鹤"在苏州方言中读ŋ声母；"鹤"在温州方言中也读ŋ。对于这些方言中的音变，我们不能主观地认为这是上古复辅音声母的分化[24]，而只能认为是匣母与疑母之间发生的直接音变。我们可以认为这样的音变现象在音理上完全有可能出现在上古时代。

据鲍明炜等《南通地区方言研究》[25]第三章"南通方言语音"第81页，中古音有的疑母字如"牙、五、御、月、乐"在南通地区的海门方言中读为喉擦音ɦ。同时中古音的某些匣母字也读ɦ，如"胡、下、校、穴"。

据李新魁《潮音证古》（声母部分）[26]一文称：潮州方言中的一部分疑纽字读为h。如"鱼、渔、艾、蚁、瓦、讶、迓、讹、额、颜（姓）"，这些疑母字在潮州方言都读晓母。李新魁此文还列举了一些《广韵》中的晓匣纽字是从疑母字得声，如"晓"从尧声，"谑"从虐声[27]。李新魁《广东的方言》[28]第433页论及："中古的疑母字，有一部分在雷州话中念为［h］，如鱼、渔、蚁、瓦等，这与潮汕话相同。”只是李新魁认为这是由古汉语的复声母造成的，这个解释应该不能成立。由于这些例子的声调都是阳调，所以应该经过了 ŋ→ɦ→h。

詹伯慧等主编《粤西十县市粤方言调查报告》[29]的“字音对照表”指出，肇庆方言中的疑母字读 h 声母很常见，如“吴、蜈、吾、梧、五、伍、午”都读 hoŋ（不计声调）。不过从肇庆及相邻地区音系的整体情况来看，这样的音变发生得并不很早。其音变过程是 ŋ→hŋ→hoŋ。[30]

据汪平《苏州方言语音研究》[31]第 38 页，匣母的“衔”在苏州方言中的读音是 ŋ 声母。

据侯精一主编《现代汉语方言概论》“吴语”[32]章第 80 页指出：“我”在吴语宣州片的高淳淳溪读 ŋo，在宁国南极读 ɣa。这都是疑母与匣母在方言中可以相通的事实。

李星辉《湖南永州岚角山土话音系》[33]称疑母的“鱼、硬”读 ɣ 声母。邓海峰《湖南新田沙田土话的语音特征》[34]提到在湖南新田沙田土话的语音中，匣母的“贤”读为后鼻音声母 ŋ。钱乃荣《当代吴语研究》[35]第二章第四节“宜兴音系”第 25 页称：“古疑匣母今 u 韵字（如：吴、胡），可 ɦu/βu 两读。”则疑母、匣母合口在宜兴方言中都有浊擦音 ɦ 一读。

据陈章太、李如龙《闽语研究》[36]所收的“论闽方言的一致性”一文第 11 页称：匣母在一些闽方言中要读 ŋ。

据刘俐李等《江阴方言新探》[37]第二章第三节“同音字汇”，在江阴方言老派音中，疑母字如“吴、蜈、梧、误、吾、悟、涯、崖、言、彦、鱼、渔、御、虞、愚”等都读 ŋ[38]。

周祖谟《宋代汴洛语音考》[39]一文认为在宋代的汴洛方言中，疑母的上声字必已逐渐演变为口音 ɣ。这是从音理上承认 ŋ 与 ɣ 可以相通。

又，“獒”字据《广韵》音胡刀切，是匣母；《唐韵》音五牢切，《集韵》音牛刀切，是疑母。其疑母音显然早于匣母音，这只能解释为疑母向匣母的音变。

又，据高本汉《中国音韵学研究》第 713 页[40]，古音为疑母字的“轭”字在现在的开封方言和凤台方言中读为匣母，在平凉、西安、三水、四川等地的方言中要读疑母。据同书第 712 页，古音为疑母的“额”字在开封、怀庆、太原、凤台等地的方言中读匣母，在广州、福州、温州、上海、平凉、西安、三水、四川等地的方言中要读疑母。这些都是在现代方言中匣母与疑母直接相通转的铁证。在厦门方言和潮阳方言的白读音中，日母、泥母、疑母都有读为 h 的现象。今举疑母字为例：

疑母字	厦门方言白读音声母	潮阳方言白读音声母
瓦	h	h
艾	h	h
蚁	h	h
鱼	h	h
砚	h	h
岸	h	h
额	h	h

这样的音变也是经过了 ŋ→ɦ→h 的过程。有一个重要的旁证是据李星辉《湖南永州岚角山土话音系》[41]称疑母的“鱼”读 ɣ。这是在现代方言中晓母、匣母与疑母相通的证据[42]，实在不能轻易抹杀。高本汉此书第八章第 256 ~ 259 页在关于疑母的讨论中，指出了疑母在现代的凤台等方言中有读为舌根

浊擦音的现象，讨论比较细致，有关材料不再转录[43]。据同书第 722 页，疑母的“疟”在高丽音读中是 hak。据李如龙《福建县市方言志 12 种》[44]中的“南安市方言志”，南安方言中的疑母字如“额、艾、岸、蚁”的白读音是 h 声母。以上高本汉和李如龙列举的材料都是 h 的阳调字。其音变也是经过了 ŋ→ɦ→h 的过程。王福堂先生《汉语方言语音的演变和层次》第 99 页对疑母等鼻音读 h 的现象有一个解释说：“闽南话部分次浊的明、泥、日、疑母字鼻音声母变成 h，是一种鼻辅音向口辅音的转化。鼻音声母气化后失去鼻音成分，就成为清擦音 h。闽南话次浊字鼻音声母也有变成浊塞音的。这也是一种鼻辅音向口辅音的转化。两种变化虽然结果各异，性质上却有共同点。……罗杰瑞也认为闽南话次浊母字声母 h 是鼻音变化的结果。不过从现代方言的情况看，它不是原始闽语时期特殊声母演变的结果，而只是一种近期的鼻辅音向口辅音的演变（平南闽南话甚至还正在开始这一音变）。这一近期的音变，可能和闽方言中非汉语的底层有关。”[45]这样的解释是正确的。我只是稍作补充：那些日母、泥母都得先音变为后鼻音的疑母 ŋ，然后发生 ŋ→ɦ→h 的音变。这样的音变与非汉语的底层未必有关系，因为在汉语上古音时代的谐声字中有大量的晓匣母和疑母相通的现象。这些从 ŋ 音变来的 h 是阳调；如果这样的 h 是从清鼻音演化而来，那就应该是阴调。例如，李方桂《上古音研究》中清鼻音在中古都演变为清声母，都是阴调。如 hn→th，hm→h 等等。由于从 ŋ 变来的 h 都是阳调，所以我主张这样的音变没有经过清鼻音的中间环节。李玉《平南闽南话的音韵特征及声母的古音痕迹》[46]所揭示的后鼻音有一种清鼻音的现象属于另一种音变类型，与我们这里讨论的 ŋ→ɦ→h 的音变无关。王福堂先生把那个清鼻音作为 ŋ→h 音变的中间环节，恐无根据。因为李玉在文章中明说那个清鼻音与 ŋ、h 形成音位对立，如果只是 ŋ→h 音变的中间环节，那么就不可能有明显的别义功能，也就是不能构成音位对立。而且那个清鼻音声母有不少字根本不是古音的疑母字，其来源复杂，如“叶”是以母字，“援”是云母字，“嗯”是影母字，在平南闽南话中都读后鼻音的清鼻音。因此，我认为不能把李玉说的那个清鼻音作为 ŋ→h 音变的中间环节。在现代汉语方言中，如果一个方言音系中有 ɣ 声母，那么 ŋ 是更容易倾向于音变为 ɣ，而不是 x/h；但在汉语古音中，ŋ 似乎既与 ɣ 相通，也与 x/h 相通，因为古人在造谐声字的时候，其审音受到了当时当地的方音的影响，而且审音并不十分严格，只取音似，不同于六朝以后的音韵学家。当然也可能是 ŋ 声母有 ɣ 的音位变体，从而与晓母 x/h 相通。

据王福堂等《汉语方音字汇》第 94 页，晓母的“吸”字在福州方言中有 xeiʔ 和 ŋeiʔ 两读，这只能解释为 x→ŋ 的音变，没有任何中间环节。我有这样一个观察：晓母音变为疑母是直接的音变，而疑母音变为晓母则是经过了 ŋ→ɦ→h 的过程。

张光宇在《闽方言古次浊声母的白读 h－和 s－》一文中还对这种方言中的音变现象作了音理上的解释。张光宇先生的解释完全不采取复辅音或清鼻音的观点。读者可以参看，我们这里不再引述。张光宇《海口方言声母的由来》[47]一文还提到古疑母字在海口方言中有的读为晓母，例字如：瓦、鱼、外，这些疑母字在海口方言中读晓母。

林伦伦《粤西闽语的音韵特征》[48]指出：在雷州话中“疑母字中有一些字念 h 声母，如‘鱼渔蚁瓦砚’等[49]，厦门话、潮汕话也有此现象，可能是上古音的遗留。因为上古音中疑母字跟晓匣母字互谐者屡见不鲜，如‘尧’与‘晓’、‘牙’与‘呀’（许加切）、‘虐’与‘谑’（虚约切）、‘午’与‘许’等等”。只是林伦伦在这里采用李新魁的说法，认为这是由于上古的疑母是复声母 ŋg 音变而来。这样的音理上的解释完全没有道理，远不如王福堂、罗杰瑞等学者的观点有说服力。

据张盛裕《潮阳声母与广韵声母的比较（二）》[50]称潮阳方言中的疑母字有 4 个字读为 h－声母，

有3个字有h/ŋ两读，其中的h-为文读。

我们还在中古时期的典籍中找到了一条对音材料：《华阳国志》卷四："永昌郡，古哀牢国。哀牢，山名也；其先有一妇人名曰：'沙壶'（《四部丛刊》本原注：《后汉》作'沙壹'），依哀牢山下居，以捕鱼自给。忽于水中触一沉木，遂感而有娠。度十月，产子男十人。后沉木化为龙，出谓沙壶曰：'君为我生子，今在乎？'而九子惊走，惟一小子不能去，陪龙坐，龙就而舔之，沙壶与言语，以龙与陪坐，因名曰'元隆'，犹汉言'陪坐'也。"这段话中的"元隆"二字显然不可能是汉语方言，只能是古代哀牢地区的异民族语言，所以《华阳国志》才说"汉言'陪坐'"。有的学者如黄懿陆在《滇国史》[51]的"滇国典籍中的西南夷僰文一览表"中认为其是古代的壮语词汇，其中"元隆"的"元"在壮语中读"hen"，壮语义为"旁边"，与汉语译文的"陪"意思很接近。我们认为黄懿陆先生的意见是可信的。这就是说古代西南夷僰文中的"hen"被东晋时代的《华阳国志》音译为疑母字的"元"，这说明东晋时代的疑母都还是可以与h相通转的。

据周季文《藏译汉音的般若波罗蜜多心经校注》[52]的介绍和研究，大致在唐代宗宝应二年到唐宣宗大中五年[53]，汉语的《般若波罗蜜多心经》被逐字音译为藏文。其中汉语原文的疑母字被音译为藏文的带有送气成分的舌根音，今举证如下：汉语《般若波罗蜜多心经》中的"眼、五、碍"都是疑母字，其声母都被音译为藏文的ɦg[54]。这样的汉藏对音表明，唐代中后期的西北方音中的疑母一定是个带有送气成分的舌根音[55]，也正因为如此，我们认为疑母与送气成分很重的匣母是直接相通转，与复辅音无关。我们总不能认为唐代中后期的疑母还是复辅音[56]。实际上，罗常培《唐五代西北方音》[57]第89页已经提到匣母和疑母相通的现象。

在古文字材料中发现有类似的现象。今本《老子》十三章："吾所以有大患，为吾有身。及吾无身，吾有何患？"马王堆帛书本《老子》也是作"吾"。但《郭店楚墓竹简》的《老子》乙篇在这里的字不是"吾"，而是一个从"虍"从"壬"[58]的字。这个字明显是以"虍"为声符。整理者把它读为"吾"。这个解释已经得到学术界的公认[59]。这个异文的关系只能理解为通假字。而"虍"的上古音声母是晓母，"吴"的上古音声母是疑母。这就说明上古音中的疑母与晓母确实相通，无可置疑。如果要据此以构拟复辅音或清鼻音，那么将导致上古汉语的通假字关系的混乱[60]。

在民族语言与汉语的关系词中也可以找到证据。周耀文、罗美珍《傣语方言研究》[61]第二章"语音"三"方言土语语音对应规律"第60页指出在傣语方言中，h与ŋ有对应关系："黄牛：景洪ho、金平ho，芒市ŋo。"[62]

高田时雄《敦煌·民族·语言》[63]中的《于阗文书中的汉语语汇》论道：汉语有的疑母字在借入于阗文中的时候要读h声母[64]。

据严学宭《论古越族在现代汉语闽南方言中的投影》一文[65]的介绍，瑶语方言的词汇与闽南语词汇之间有不少的关系词，其对应关系比较明显，其中有些材料可供我们参考。如"额"在瑶语方言中有的读ŋje，而在闽南方言中关系词读为hia[66]。这也是ŋ与h相通的证据。

据赵明鸣《突厥语词典语言研究》[67]第186页的论述，成书于11世纪70年代的《突厥语词典》中存在辅音ŋ→ɣ的音变，其例不录。

以上的材料和结论已经无可争辩地表明疑母与晓母、匣母在音理上是可以相通的，和复辅音声母没有关系。而且这种相通现象是自上古以来的方言中就存在的，断然不会是在近代才出现的音变[68]。

我们这一节的研究有助于解释现代方言中的一些特殊语音现象。如据鲍厚星《东安土话研究》[69]第二章第 11 页，在东安花桥土话中，日母字的“儿”读 ɣe，“人”读 ɣnŋ，与匣母字同音。这该怎样解释呢？我认为这是因为这些日母字存在这样一个音变过程：ȵ→ŋ→ɣ。有的方言中存在的日母字读 h 的现象也应该是 ȵ→ŋ→ɣ/ɦ→h 的音变[70]。日母字在全国方言中读 ŋ 的情况很多。例如据詹伯慧主编《广东粤方言概要》[71]第 231 页，在广东的新会、台山、赤坎、斗门镇、三水、牛江等地的方言中的日母就读 ŋ 或 ɡ。

又如，据王福堂等《汉语方音字汇》[72]201 页，匣母开口二等的“淆”在西安方言中读 ȵiau。这也可以有合理的解释，应该是与上一个例子的音变过程相反：ɣ→ŋ→ȵ。据同书同页，“淆”在全国方言中读 ŋ 声母的情况很多。

我们这一节的讨论还有助于讨论汉语谐声字中的一大疑难问题，就是在形声字中存在大量的见母与匣母谐声的问题，如“胡/古”，“现/见”之类。高本汉、李方桂、李新魁等许多学者都根据形声字中存在大量的见母与匣母谐声的现象把上古音中的匣母的音值构拟为舌根浊塞音 ɡ。我们采取邵荣芬的观点，认为在上古音中的匣母有舌根浊擦音 ɣ 和舌根浊塞音 ɡ 两读。我们这里根据本章的论述提出另外一种音理上的可能的解释。见母与匣母相谐相通的现象其音变原理也可能包含有 ɣ→ŋ，从而与 k 相通。也就是匣母 ɣ 在上古音中应该存在 ŋ 的变体或转音，而 ŋ 与见母的 k 相通是很正常的现象。在形声字中见母与疑母谐声的例子很多，这都是直接的音变。如：

见母：诡、浇、艮、开、皋、见、敢、冠、龟、今、斤。

疑母：危、尧、眼、研、翱、砚、巖、元、嵬、吟、龂。

类例甚多，另参看《古汉语复声母论文集》第 129 页，以及竺家宁《古汉语复声母研究》第 52 ~ 55 页。异读音如“峣”，在《广韵》音五聊切，《唐韵》音古僚切；据陈鸿迈《海口方言词典》[73]的“单字音表之四”，在海口方言中的“禁”有 kim 和 ŋim 两读，这都是见母和疑母相通。正因为如此，我们便推测匣母与见母谐声的现象可以解释为舌根擦音的匣母由于产生了 ŋ 这样的音位变体，所以和见母发生通转，这是非常自然的音变，与复声母无关。当然，我们这样的解释并不否定匣母在上古音中有 ɡ 的音值并与 k 相通的观点[74]。

注释

① 李方桂：《上古音研究》，商务印书馆，1998 年。

② 为了行文方便，我们这里只引用李方桂构拟音的声母，不引韵母。

③ 张永言《上古汉语有送气流音声母说》发表于《音韵学研究（第一辑）》（中华书局，1984 年）。后收入张永言《语文学论集（增补本）》（语文出版社，1999 年）。看此书第 148 页。

④ 汪启明：《先秦两汉齐语研究》，巴蜀书社，1999 年。

⑤ 在《方言》中还可以找到旁证，如《方言》卷五：“南楚之间谓之赵。”郭璞注：“‘赵’当作‘兆’，声之转也。”按，“赵、兆”的上古音都是定母宵部，声韵皆同。而郭璞还说二者是“声之转”，足见在郭璞心中的“声之转”一定是指能相通的相近或相同的语音。

⑥《史记·天官书》：“鬼哭若呼，其人逢俉。化言，诚然。”注：“俉，迎也。伯庄曰：音五故反。”《索隐》：“俉音五故反。逢俉谓相逢而惊也。亦作‘迕’，音同。‘化’当为‘讹’，字之误耳。”陈独秀《小学识字教本》（巴蜀书社，1995 年）第 77 页也说：“《史记·天官书》之‘化言’即‘讹言’也。”唐代学者认为这里的“化”是“讹”的

错字，其实完全可以理解为“化”是“讹”的通假字，无关字形的正误。

⑦ 我们要注意区分音近相通和语音互变这两个不同的概念。在上古音中只要音近相通就可造成形声字和通假字，但不一定存在客观的音变。例如我们这一节所讨论的疑母字和晓母字相通转在上古音中是音近相通，没有经过任何中间环节；但在现代汉语方言中的疑母字读为晓母字的现象则是经过了 ŋ→ɦ→h 的音变过程。疑母比起晓母来更接近匣母，但与晓母还是音近的，可以有谐声关系和通假关系。我们这里特别强调音通和音变是不同的范畴。上古音中的谐声关系和通假关系主要是音通的概念，而不是音变的概念。因此，上古音中的谐声关系、通假关系与现代汉语方言音变有不完全一致的地方，前者更自由一些。也就是如果能够得到汉语方言音变的证明，那在上古音就可以相通；如果不能够得到汉语方言音变的证明，在上古音也有可能相通。

⑧ 汪启明《先秦两汉齐语研究》（巴蜀书社，1999 年）第 191 页说“献”是匣母，这显然是错误的。

⑨《诗经·陈风·泽陂》：“有美一人，硕大且俨。”《说文》嬐字下引《诗经》此文“俨”作“嬐”。注音是“五感切”。则“嬐”也是疑母，而汪启明《先秦两汉齐语研究》（巴蜀书社，1999 年）第 189 页居然说“嬐”是匣母，认为《说文》引《诗经》的异文是匣母与疑母相通的表现，这显然是错误的。

⑩ 汪启明《先秦两汉齐语研究》（巴蜀书社，1999 年）第 190 页引作“昭兹来御”，非是。

⑪ 另如《史记·秦本纪》：“武公元年，伐彭戏氏。”《正义》：“戏音许宜反，戎号也。盖同州彭衙故城是也。”王国维《观堂集林》卷十三《鬼方昆夷玁狁考》一文认为“戏”是错字，当作从“虍”从“鱼”（上下结构）的字。我们认为不必改字，完全可以认为“戏”与“衙”古音相通假。“衙”是疑母鱼部，“戏”是晓母歌部，二者完全可以相通。

⑫ 另参看储泰松：《唐代音义所见方音考》，《语言研究》2004 年第 2 期。

⑬ 参看王利器《颜氏家训集解（增补本）》（中华书局，1993 年）第 545 页及其相关注解。

⑭ 黄侃：《文字声韵训诂笔记》，上海古籍出版社，1983 年。

⑮ 如张永言《语文学论集（增补本）》（语文出版社，1999 年）第 148 ~ 149 页、汪启明《先秦两汉齐语研究》（巴蜀书社，1999 年）第 189 ~ 191 页。

⑯ 侯精一、温端政主编：《山西方言调查研究报告》，山西高校联合出版社，1993 年。

⑰ 据《现代汉语方言大词典（合订本一）》“四十二处方言概况”第 108 页“太原方言的内部差别”称：在太原方言中，“北京话‘袄、爱、我、安、恩’的声母，老派读舌根擦音［ɣ］，新派读舌根鼻音［ŋ］”。王福堂等《汉语方音字汇（第二版重排本）》（语文出版社，2003 年）中的“方言音系简介”之“太原话声韵调”第 11 页提及：太原话中的疑母字“岸、鹅”读 ɣ 声母。我们可以从音理上给予合理的解释。我认为这是因为在太原方言中这些影母字和疑母字本来是读为舌根鼻音 ŋ 声母，由于 ŋ 与 ɣ 可以自由变读，于是被读成了 ɣ。在太原方言中的影母字读 ɣ 声母是一个很晚近的音变，绝对在中古音之后，与上古音变无关。有关材料还可参看沈明《太原方言词典》（江苏教育出版社，1994 年）中的“太原方言单字音表”，其所举材料甚完备。

⑱ 钱曾怡《汉语方言研究的方法与实践》（商务印书馆，2002 年）；原载于《方言》1991 年第 3 期。

⑲ 钱曾怡主编：《山东方言研究》，齐鲁书社，2001 年。

⑳ 另可参见钱曾怡《山东方言的分区》一文（《汉语方言研究的方法与实践》，商务印书馆，2002 年，第 142 ~ 143 页；《山东方言研究》，齐鲁书社，2001 年，第 57 页）。

㉑ 陈庆延、文琴：《晋语的声母特征》，《语文研究》1994 年第 1 期。

㉒ 赵元任：《赵元任语言学论文集》，商务印书馆，2002 年，第 578 ~ 581 页。

㉓ 王福堂等：《汉语方音字汇（第二版重排本）》，语文出版社，2003 年。

㉔ 事实上也没有方言学家用复辅音声母来解释这里的音变。

㉕ 鲍明炜等：《南通地区方言研究》，江苏教育出版社，2002 年。

㉖ 李新魁：《李新魁音韵学论集》，汕头大学出版社，1997 年。

㉗ 然而李新魁先生对这种现象的解释却是我们不能苟同的，我们不欲多提及。

㉘ 李新魁：《广东的方言》，广东人民出版社，1994 年。

㉙ 詹伯慧等主编：《粤西十县市粤方言调查报告》，暨南大学出版社，1998 年。

㉚ 同书的广宁字音中的“伍、五”读 oŋ。据同书第 119 页，在粤西的新兴方言中的“吴、蜈、吾、梧、五、伍、午”都读 hoŋ，则有两种音变的可能，一是疑母失落后鼻音直接音变为影母，这在全国方言中很常见；二是疑母先擦化为匣母，然后失落喉擦音声母从而读零声母。我更倾向于后一种音变解释。

㉛ 汪平：《苏州方言语音研究》，华中理工大学出版社，1996 年。

㉜ 侯精一主编《现代汉语方言概论·吴语》（上海教育出版社，2002 年），此章是许宝华先生所撰。

㉝ 李星辉：《湖南永州岚角山土话音系》，《湘南土话论丛》，湖南师范大学出版社，2004 年。

㉞ 邓海峰：《湖南新田沙田土话的语音特征》，《语言研究》2002 年增刊。

㉟ 钱乃荣：《当代吴语研究》，上海教育出版社，1992 年。

㊱ 陈章太、李如龙：《闽语研究》，语文出版社，1991 年。

㊲ 刘俐李等：《江阴方言新探》，世界图书出版公司，2013 年。

㊳ 据同书第 54 页，影母字的“苑”等也读 ŋ，这一定是影母先音变为后鼻音的疑母，再擦化而读喉擦音。

㊴ 周祖谟：《问学集》，中华书局，1981 年。

㊵［瑞典］高本汉著，赵元任、罗常培、李方桂译：《中国音韵学研究》，商务印书馆，1995 年。

㊶ 李星辉：《湖南永州岚角山土话音系》，《湘南土话论丛》，湖南师范大学出版社，2004 年。

㊷ 讨论过在闽方言中晓匣母与疑母相通的学者和论著有：李如龙、陈章太《论闽方言内部的主要差异》（《中国语言学报》1985 年第 2 期），董同龢《四个闽南方言》（《国立中央研究院历史语言研究所集刊（第三十本）》，“国立中央研究院”中央语言研究所，1960 年），李永明《潮州方言》（《中国语文丛书》，中华书局，1959 年），詹伯慧《潮州方言》［《方言与普通话集刊（第二本）》，中华书局，1959 年］，张盛裕《潮阳声母与广韵声母的比较》（《方言》1982 年第 1 期，第 52～65 页、129～145 页、196～202 页），张振兴《漳平（永福）方言同音字汇》（《方言》1982 年第 3 期，第203～228 页），张光宇《闽方言古次浊声母的白读 h－和 s－》（《切韵与方言》，台湾商务印书馆，1990 年）。詹伯慧主编《广东粤方言概要》（暨南大学出版社，2002 年）第 171 页提到广东的广宁方言中有的日母字、泥母字和疑母字读 h 声母。我的解释是这些日母字、泥母字和疑母字都经过了 ŋ→ɦ→h 的音变过程（要注意的是这样音变的日母字、泥母字和疑母字的数量都不多，应该看成是例外音变）。如果一个方言中只有日母读 h，而泥母和疑母不参与这个音变，那么音理上的解释就不通了。参看本章第十三节的有关注解。

㊸ 我们从现代方言中还可以举出一个旁证：据陈章太、李行健主编《普通话基础方言基本词汇集》（语文出版社，1996 年）第一卷“大同音系”第 253～254 页，“知”在大同方言中的鼻音韵有的读为 əɣ。舌根鼻音韵尾的字如“灯、冰、钟、穷”等都读为 əɣ 韵。其中的韵尾 ɣ 就是舌根浊擦音。这样的材料也表明浊擦音 ɣ 与舌根鼻音 ŋ 可以相通。另外，我们还可以举出一个旁证：据陶燠民《闽音研究》［《国立中央研究院历史语言研究所集刊（第一本第四分）》］四“声母之类化”一节称在闽方言中，上字韵母为-ŋ，下字声母为 x－的连语，则下字的 x－声母要同化为 ŋ-声母。高本汉《中国音韵学研究》（商务印书馆，1995 年版）第 267 页列举了安南话中的匣母字“痕很”和吴语中的“鹤”读为 ŋ 的例子。在宁波话中的“项、宦、患”有又音 ŋ 声母。

㊹ 李如龙：《福建县市方言志 12 种》，福建教育出版社，2001 年。

㊺ 王先生此书第 100 页还引述了李玉《平南闽南话的音韵特征及声母的古音痕迹》（《语言研究》1990 年第 1 期）一文的研究，指出平南闽南话中的疑母的“艾”读清声送气的后鼻音，但这是近期的鼻音气化现象，而且是正在进行着的现代方言的音变，王福堂先生亲口向我强调过这种音变与上古音无关。李玉揭示的音变过程是：ŋ-→清鼻音→h。其实这个音变过程也与李方桂先生的观点有所不同，不能因为二者都有清鼻音的观点而加以混同。因为李方桂这里说的清鼻音 hŋ-是为了解释与 ŋ-谐声的问题，进而演变为中古音的晓母；但李玉讲的清鼻音是从 ŋ-变化而来，进而演变为晓母。然而李方桂讲的清鼻音绝不是从 ŋ-变化而来，而是与 ŋ-形成音位对立的。而且李玉讲的清鼻音可能与非汉语的底层方言的影响有关，而李方桂主张的清鼻音显然与非汉语的影响无关。

㊻ 李玉：《平南闽南话的音韵特征及声母的古音痕迹》，《语言研究》1990 年第 1 期。

㊼ 见张光宇：《切韵与方言》，台湾商务印书馆，1990 年。

㊽ 林伦伦：《粤西闽语的音韵特征》，《语文研究》1998 年第 2 期。

㊾ 另参看林伦伦《粤西闽语雷州话研究》（中华书局，2006 年）第 107 页。

㊿ 张盛裕：《潮阳声母与广韵声母的比较（二）》，《方言》1982 年第 2 期。

51 黄懿陆：《滇国史》，云南人民出版社，2004 年。

52 周季文：《藏译汉音的般若波罗蜜多心经校注》，《语言研究》1982 年第 1 期。

53 8 世纪中期到 9 世纪中期。

54 ɦ 在国际音标中是一个浊的喉擦音，送气成分很重。

55 据同文，《般若波罗蜜多心经》中的溪母字“揭”的声母也被音译为藏文的 ɦg，而溪母是公认的送气音，这表明藏文音译的 ɦg 确实是用来表示汉语中的送气音，而与复辅音没有关系。

56 聂鸿音《回鹘文〈玄奘传〉中的汉字古音》（《民族语文》1988 年第 6 期）注意到在 11 世纪左右成书（光华按，《玄奘传》回鹘文译本的成书时间学术界尚有不同意见，此不详及）的回鹘文《玄奘传》中的汉语借词中的疑母字“彦”在回鹘文中作 hin。这是因为在回鹘文中，ŋ 不能作为声母出现在词头，只能出现在词中和词末（另可参看邓浩、杨富学《西域敦煌回鹘文献语言研究》，甘肃文化出版社，2002 年，第 119 页）。所以用音近的送气成分很重的 h 来表示 ŋ。

57 罗常培：《唐五代西北方音》，“国立中央研究院”历史语言研究所，1933 年。

58 上下结构。“虍”在上，“壬”在下。

59 有关的一些讨论综述可参看吴辛丑《简帛典籍异文研究》（中山大学出版社，2002 年）第 25 页。

60 还有一个可供参考的对音方面的材料。据饶宗颐《上古塞种史若干问题》（《于阗史丛考》，上海书店，1993 年）一文的论述，《左传·襄公十四年》中的瓜州戎之祖“吾离”是古代外语 Hurri 的对音。“吾”的上古音声母是疑母，用来音译 Hu。如果饶宗颐先生所指出的这个对音是可信的，那么这也是疑母与晓母相通的一个证据。但是饶宗颐先生的这个研究也不是没有困难。根据郭锡良《汉字古音手册》（北京大学出版社，1986 年）第 91 页的拟音，“吾”的上古音是 ŋa，在元音上与 Hu 有所不同，上古音不能说就是非常相近；但是由于“吾”的中古音是合口，《广韵》音“五乎切”；根据李方桂先生的《上古音研究》的拟音，“吾”的上古音声母就是圆唇舌根鼻音 ŋw，或者干脆就承认上古的牙喉音有开合口的对立，那么“吾”的上古音就是 ŋwa（我们不接受李方桂先生说的上古音的鱼部有塞音韵尾 g 的观点。因为按照李方桂的这个观点，饶宗颐先生指出的这个对音就显然不能成立）或 ŋua，这与 Hu 就音近可通。由于这个例子牵涉的问题较复杂（不仅仅是声母的问题，而且有韵母的问题），所以我们也只是点到为止，不打算作深究。饶宗颐先生揭示的这个例子尚需要进一步的研究，现在只可作参考，不能视为定论。

61 周耀文、罗美珍：《傣语方言研究》，民族出版社，2001 年。

62 省略了声调不录。

63 [日] 高田时雄著，钟翀译：《敦煌·民族·语言》，中华书局，2005 年。

64 也有读 g 声母的，参看该书第 246 ~ 247 页。

65 严学窘：《论古越族在现代汉语闽南方言中的投影》，《严学窘民族研究文集》，民族出版社，1997 年。

66 这里省略了声调。

67 赵明鸣：《突厥语词典语言研究》，中央民族大学出版社，2001 年。

68 我们的论述有助于方言疑难问题的研究。杨伯峻、何乐士《古汉语语法及其发展》（语文出版社，2001 年）第 103 页：“更有很多小地方，如江西萍乡县自称为‘项’（拟音），是不是‘卬’的遗存而音转，则待调查研究。”杨伯峻、何乐士没有定论，按照我们这里揭示的大量材料，我们有理由认为江西萍乡县自称为“项”很可能是上古汉语表示第一人称的“卬”（参看杨伯峻、何乐士《古汉语语法及其发展（上）》第 101 页）的音变，“卬”是疑母。章太炎曾认为上古第一人称“卬”后来音变为“俺”，这倒是不可信的。吕叔湘认为“俺”是来自“我们”的合音，应属可信，与“印”无关。

⑲ 鲍厚星：《东安土话研究》，湖南教育出版社，1998 年。

⑳ 另一种可能的音变模式是 ȵj→j→ɣ/ɦ→h。到底是哪一种音变过程，这要具体考察那个方言的整体的音系情况。如果有疑母字也音变为 h，则是 ȵ→ŋ→ɣ/ɦ→h 的音变模式；如果鼻音中只有日母字读 h，没有泥母和疑母参与，那就是 ȵj→j→ɣ/ɦ→h 的音变模式。

㉑ 詹伯慧主编：《广东粤方言概要》，暨南大学出版社，2002 年。

㉒ 王福堂等：《汉语方音字汇（第二版重排本）》，语文出版社，2003 年。

㉓ 陈鸿迈：《海口方言词典》，江苏教育出版社，1996 年。

㉔ 只是群母为什么在中古音中置于三等字，这个问题必须解释。有的学者认为上古音中的群母有一二四等，在《切韵》以前就音变入浊擦音的匣母。此说可以成立，我还是赞同邵荣芬先生的观点，上古音中的匣母要分为 g 和 ɣ 两系，而不是李新魁说的“晓匣归见溪群”。

第九节　论透母、晓母相通的问题

有的学者利用透母与晓母可以相通的现象来构拟上古汉语有复辅音声母 thk 之类的复辅音。我敬仰的老师、著名语言学家何九盈先生在《商代复辅音声母》[①]一文中谈到了与“祆”字读音有关的问题。何先生写道：“刘熙《释名·释天》‘天，豫司兖冀以舌腹言之；天，显也；在上高显也。青徐以舌头言之；天，坦也；坦然高而远也’。汉末方言‘天’有晓母、透母两读，这正是复辅音 sth－分化的结果。……另外，从天得声的‘祆’，《广韵》音呼烟切，《集韵》云：‘关中谓天为祆’。”何老师还举有现代方言为证，海口市的“天”读喉擦音 h，属于透母的“土吐拖兔偷天铁”等字的声母也读 h。

我们认为读 h－的“天”不论是在古代，还是在现代，都是汉语方言中的特殊音变，不会是来自上古汉语复辅音的分化。古书中明确称读晓母的“天”和“祆”确实是方言读音。《释名·释天》：“天，豫司兖冀以舌腹言之；天，显也；在上高显也。”[②]《释名》明确称“天”声训为“显”是汉代的豫司兖冀等地的方音现象，可以肯定是音变，而不是复辅音的分化[③]。我们一定要承认古代有方音的转变，方言的影响所造成的音变不能作为批评雅言音系的理由，也不能成为构拟复辅音的根据。事实上，方言学家早已注意到了在现代方言中这样的特殊音变，并且作出很好的解释。王福堂先生《汉语方言语音的演变和层次》[④]第 95～97 页对这个音变现象作了很好的研究。王先生在此书第 95 页指出：“以建阳话为例，h 声母大部分来自透定彻澄母。”[⑤]王先生还作了很精辟的解释：“建阳话上述 h 声母字，根据历史来源和周围方言的情况考虑，原来极有可能都是送气塞音。如果从这一角度出发来考虑问题，则可以认为是不同发音部位的送气塞音在建阳话中都变成了 h。就音变机制看，上述例字中，透定彻澄母字的声母可以认为是送气塞音 t‘丢失了闭塞成分转化了成喉擦音，音变过程是 t‘→h。（原注：如果把 t‘写成 th，音变原因就更容易明白：th→h）……观察周围方言可以看到，赣方言区南部许多方言中存在送气塞音声母 t‘ 转化为 h 的现象，有的方言还因此产生了链移音变。下面列举临川、高安、黎川等方言的透定（开口一四等和合口）、彻澄（二三等）母字，并和邵武、建瓯、建阳等方言比较。”[⑥]

王先生继续解释说：“从表中可以看出，透定母字声母 t‘在临川、高安方言今开口韵字中变成 h，在邵武话开口一等韵字中变成 x，在黎川话则今开齐合撮韵字中都变成 h。[⑦]……赣方言的这一链移音变影响到了闽北话部分地区。建瓯话没有受到影响，t‘声母没有任何变化。建阳、崇安方言则受到了影响。由于闽方言中知组字还没有从端组字中分化出来，端知组声母相同，因此当赣方言 t‘→h 音变的影响进入时，建阳话中的透定彻澄字声母就一并发生了 t‘→h 的音变。少数滂並母字和个别溪匣母字声母发生同样的变化，则是由 t‘→h 音变引起的 p‘→h 和 k‘→h 音变的结果。这是一种感染作用产生的变化，涉及的字很少，没有形成有规律的对应。”王福堂先生非常精彩的论述充分阐明了在方言中透定母字的声母向晓母转化的现象及其转化的音理机制，王先生的研究是很有说服力的[⑧]。另外如“拖”字在文昌方言中要读为 hua 音。李如龙《汉语方言的比较研究》[⑨]第 59 页称：“‘拖’是透母歌韵，声母的变化是 t‘→h（原注：海南的 h 是 t‘变的）。”

据丁邦新《儋州村话》[10]一书对海南岛的儋州村话的调查，中古音中的“透、定”母在儋州村话的白话音中读h声母，如“汤、土、炭、塔、田、蹄、弟、定、敌”等；“透、定”母字有的文言音也读h声母，如“汤、土、炭、塔、田、蹄”[11]。丁邦新也认为这是th→h音变，也就是舌尖塞音脱落，只留下送气成分，与复声母无关。

刘纶鑫《客赣方言比较研究》[12]第四章第四节“关于古透、定母字读［h］”指出在江西中部地区，一些地方的透定母读h，有的是无论洪细都读h，有的是在洪音前读h。刘纶鑫说：“除了上述地区和福建建宁的赣方言有透、定二母读［h］的现象外，人们还在珠江三角洲的斗门、江门（白沙）、新会（会城）、台山（台城）、开平（赤坎）、恩平（牛江）、鹤山（雅瑶）等地的粤方言和海南的闽方言中发现有同样的现象。”他批评了何大安等学者的观点，认为透定母读h的现象发生得相当早，在赣方言中往往是作为白读音存在。刘纶鑫还举了不少的旁证。颜森《黎川方言研究》[13]第19页称在黎川方言中，“透定母字今读h声母”。如“拖、驼、天、田、土、渡、突”都读h－声母，而少数字的文读反而是tʻ－声母。

吾友熊燕博士《客赣方言语音系统的历史层次》[14]第16～17页排比了大量材料，说明了客赣方言中有不少的方言点的透定母都读为h，如南城、建宁、东乡、临川1、南丰、宜黄、黎川、上高、高安1、新余、莲花、永丰、泰和等等。熊燕称：“透定母在上述方言中一般读擦音h，或有读成擦音h的白读音。……透定母读擦音h的一般只在今洪音韵前，只有少数方言还在今细音韵前也读h，如建宁、南丰、黎川、泰和、宜黄等地。”这样，透定母就与晓匣母合流[15]。据詹伯慧主编《广东粤方言概要》[16]第四章“广东粤方言特点示意图”第229页，古透母今读h－声母的地区有白沙、雅瑶、新会、牛江、赤坎、台山等地区，确实是一种较普遍的音变现象。

陈章太、李如龙《闽语研究》[17]中的“闽西北七县市的方言”第231页称闽方言中的邵武、光泽、泰宁、建宁四个方言点的古透定母字多读x/h，和赣东南城话相似，如“拖、吞、塔、托、袋、潭、糖、桐[18]”。据李如龙《福建县市方言志12种》[19]的描述，在闽方言中的建阳和崇安方言中的透定母字也读h声母，同音字表中例子甚多。

因此，我们认为在东汉《释名》中所揭示的“天”与“显”为声训的现象只能如王先生所说，是方言中的透母由于塞音成分t脱落，剩下送气成分h，于是透母音变为晓母，这完全是直线性的音变，绝对与上古复辅音的分化无关。因此，我们认为《释名》中的“天/显”不能成为构拟复辅音的材料，我们完全能从方言的角度合理说明其音变。我们还在别的方言中发现了类似的现象。据《现代汉语方言大词典（合订本一）》[20]，黎川方言的“天”的声母也读h。据同书第四册第3900页，黎川方言和海口方言的“贪”读ham。《现代汉语方言大词典（合订本一）·四十二处方言概况》“海口方言的特点”第261页指出：平声的透母和定母字在海口方言中多读为h声母。如“胎、梯、提、谈”这些字在海口方言中读为h声母。张光宇《海口方言声母的由来》[21]一文称：“古声母‘透、定、彻、澄’在闽南方言读th的，在海口方言读h。”所举例字如“塔、天、读、头、拆、柱、赚、虫”，这些字在海口方言中都读成h声母[22]。

据詹伯慧主编《广东粤方言概要》[23]第383页，在广东的开平方言和台山方言中，“通、桶、同、秃”四个舌头音的声母都读成h声母。同书第314页“胎、台”的声母，第315页“太”的声母，第318页“梯、涕、蹄”的声母在广东开平方言和台山方言中要读成h声母[24]。这些声母都是由送气的舌尖塞音因为失去塞音成分而变为清擦音，与复辅音的分化沾不上边。上举字例中只有“同”在中古音是定母，其余都是透母。“同”在广东的其他现代方言中也要读透母，端母字没有读成 h 声母的。可知只有送气的舌尖塞音才有可能变为清擦音，送气成分是很重要的语音条件[25]。根据詹伯慧先生主编的此书第四章第 229 页的广东粤方言特点示意图，透母读如 h 的广东方言点有：白沙、新会、雅瑶、牛江、赤坎、台山、斗门镇。

在古书中，我们还找到了其他的证据。如：“醯”字，《广韵》音“呼鸡切”，《集韵》音“馨奚切”，都是晓母音。但在汉译佛经材料中，我们发现晓母音的“醯”有时能够对音透母音。据宇井伯寿《佛教辞典》[26]第 996 页，汉译佛典中的“秣菟罗”是梵文 Mathurā 的音译，而这个梵文词在汉语中还有一个异译是“摩醯罗”。这明显是用晓母的“醯”来对音梵文的 thu，而 th 正相当于古汉语的透母。这就表明梵文原文的 th 在古汉语的某处方言中被读成了 h，这才有可能用晓母的“醯”去翻译。这个对音材料是能说明问题的。日本梵学大家榊亮三郎有一篇关于古代波斯 Mithra 教及其信仰的讲演[27]，其文论及：古伊朗语的 Mithra，在大月氏是作 Mihira、Mihr、Mahira 等形式。这是 th→h 音变的例证。雅柯布森《类型学研究及其对历史比较语言学的贡献》[28]有一段论述也很有参考价值：“斯拉夫语、波罗的语、凯尔特语、吐火罗语当中送气音与不送气音的区别已经丧失，而希腊语、印度语、日耳曼语、亚美尼亚语对送气音与不送气音的处理不同；所有这些语言在早期都曾把口腔音位变成［h］。”可见口腔音变成 h 是很正常的。

至于“祆”字读晓母，古人明确认为这是方言现象，因此完全可以用上面王福堂先生的论述来作合理的解释。但是对于“祆”字，我们还要作一些特别的考证。首先我们要注意“祆”这个字是唐代初年才有的。著名史学家陈垣先生《火祆教入中国考》[29]一书中第四章“唐初祆字之创见”曰：“曰天神、曰火神、曰胡天神，皆唐以前之称。祆字起于隋末唐初，北魏南梁时无有。……‘祆’盖唐初之新造字也。”陈氏此言实是沿袭方以智《通雅》之说。陈垣先生《火祆教入中国考》第五章就指出：“证以近年敦煌发现唐人手写陆法言《切韵》，亦可为唐以前字书无‘祆’字之一证。”这是说“祆”字是唐代才产生的新字。在唐以前的西域有广为流行的天神崇拜，故唐初时的人就造“祆”字以表示专门的天神崇拜，加“示”旁只表明那是一种祭祀、一种宗教，别无深意。“祆”字的读音应同于“天”。[30]

前揭陈垣书第五章《字书祆字之增入》集录古书中关于“祆”字的反切最丰博，诸书多注为“呼烟切”，中古音为晓母。我们既确以“祆”字从天声，天神之“天”或“祆”为什么偏偏就读成了晓母的“呼烟切”呢？这也是方言的读音。慧琳《一切经音义》卷 36“祆祠”条称：“胡人谓神明曰天，语转呼天为祆。前贤随音书出此字，从示从夭以别之。”同书卷 37 引《考声》曰：“胡谓神为天，今关中人谓天神为祆也。”[31]唐代的《考声》此条后被元代的杨桓《六书统》引用，《康熙字典》祆字下引《说文》曰：“关中谓天为祆。”陈垣批评说今本《说文》并无此语，而认为《康熙字典》乃是从元代的《六书统》转引，而误标书名为《说文》。我们赞同陈垣之说，且认为《六书统》之言又是从唐代的《考声》中引来，实与许慎《说文》无关。希麟《续一切经音义》卷九引《方言》曰：“本胡地多事于天，谓天为祆，因以作字。”这里的《方言》与扬雄的《方言》无关。这些材料表明“祆”读晓母是关中方言的特殊读音，不是雅言音系的表现，更何况“祆”是唐代才产生的字。因而“祆”的读音不能作为构拟上古汉语复辅音的证据。[32]

基于以上的论述，我们现在再来讨论一个让很多音韵学家伤脑筋的例子。有许多音韵学者利用“贪/今”这组材料来构拟上古 thk 之类的复辅音。我们认为“贪”从“今”声而读透母是方言中特殊的音变现象。古书表明“贪”字本是楚方言。考《方言》卷一：“晋魏河内之北谓惏曰残，楚谓之贪，南楚江湘之间谓之欺。”这分明是说“贪”是楚系方言。更考《左传·昭公二十八年》：“生伯封，实有豕心，贪惏无厌，忿纇无期，谓之封豕。”《经典释文》称：“《方言》云：楚人谓贪为惏。”《方言》卷二：“陈楚曰惏。”这说明楚方言既有“贪”字，也有“惏”字。在《楚辞》中多用“贪”字。如《离骚》：“众皆竞进以贪婪兮。”王注：“爱财曰贪，爱食曰婪。”同篇又曰：“浞又贪夫厥家。”《楚辞·九辩》：“凤亦不贪餧而妄食。”《楚辞·七谏·沉江》：“不顾地以贪名兮，心怫郁而内伤。”当然本为楚方言的“贪”在春秋时期就已经进入了雅言之中[33]。我们既然确定了“贪”本来是楚语的方言用字，在春秋时期由于楚是一等强国，楚的方言很容易扩散进入中原和齐鲁的雅言之中[34]，在《左传》中已多有“贪”字。但“贪”的读音应该是有楚方言的特色。

但我们还可以对战国时代的古文字中所谓“贪”作一些考察。考迄今发现的先秦古文字材料，可以确定的“贪”字几乎没有发现。在甲骨文和金文中没有“贪”字[35]。在战国楚简中作从心的“念”，有时繁化为从“含”从“心”（上下结构，加口只是“念”的繁化写法，别无含义[36]。下面此字用 A 来表示）。有学者认为应读为“贪”字。考《郭店楚墓竹简·语丛二》：“A 生于欲，倍生于念。”李零《郭店楚简校读记》[37]认为其中的 A 和念都要读为“贪”。上博简（二）《从政》甲第 15 简：“毋暴、毋虐[38]、毋恻（贼）、毋 A。”其中的 A 从文意上看似乎可读为“贪”。张光裕、李零都读“贪”，此说被学术界广泛采纳，如刘钊《郭店楚简校释》第 204 页，李守奎等《上海博物馆藏战国楚竹书（1～5）文字编》第 334 页，白于蓝《战国秦汉简帛古书通假字汇纂》第 906～907 页。现在看来，这样的释读是错误的，A 读为“念”就是思念字，不能读为“贪”。我们将“念”字带入楚简中通读，无一不畅。我们再补充两个材料。更考在战国时代《中山王鼎》中的 A 绝不能读“贪”，就是思念的“念”。我们找到一个材料可以补充张政烺先生的考释。《中山王鼎》铭文称：“呜呼，A（念）之哉。”考《尚书·吕刑》正作王曰：“呜呼，念之哉。”中山王鼎显然是套用《尚书·吕刑》此文。可知 A 在中山王鼎必是“念”的繁文，就是思念不忘的意思，而且不能读“贪”。另《郭店楚墓竹简·成之闻之》：“民不从上之命，不信其言，而能 A 德者，未之又（有）也。”裘锡圭加按语称 A 可能读为“念”，这是完全正确的（原整理者以为读“含”）。考《左传·文公二年》：“孟明念之矣，念德不怠。”正作“念德”，经典中无“贪德”之说。《左传》此文足以支持裘锡圭之说。可见 A 只能是“念”的繁文，任何时候都不读“贪”。《语丛二》是说“念生于欲，倍生于念”，与“贪”无关。上博简《从政》甲也是“毋念”，不能读作“毋贪”。“毋念”的意思是不要长久执着地念叨不忘，“念”训“常思”[39]（其实这与“贪念”义近，只是比较中性，没有“贪”那样明显的贬义）。

又，在《郭店楚墓竹简·语丛三》第 19 简中有“贪”字：“地能贪之生之者。”原整理者将“能”下一字读为“均”，显然不通。裘锡圭在按语中称：“‘能’下一字也有可能是‘贪’，或可读为‘含’”，裘锡圭此说被学者接受[40]。也就是说《郭店楚墓竹简·语丛三》的这个字形虽然是“贪”，但音义均与“贪婪”字无关，只是“含”的一种古体写法，是字形多用，非关音变。况且裘锡圭此说也还不是定论，因为在古文字中作为偏旁的“贝”与“口”很少有混用之例，而且在古文献中也没有“贪”与“含”构成异文的例证，且战国时代的楚系文字中的作为偏旁的“貝”中间都是两横，没有作一横的例子。而这里的所谓“贪”字形所从的“貝”中间是一横，与楚系文字的通例不合。因此，此字未必可以隶定为“贪”。总之，这个字绝不是贪婪字，这是毫无疑问的，不是透母音。

上博简（二）《从政》甲第 5 简有个从“吟”从“贝”（上下结构，下面用 B 来表示此字）的字，上博简整理者将此字读为“贪”。有的学者接受此说[41]。原文语境是：“事则B，闻之曰。”但是在上古文献中的“贪”字不与“事”相搭配，而且读为“贪”在意思上也不贯通。因此此字存疑，不是真正的“贪”字。

我认为“贪”所从的“今”实际上是“念”之省，也即是从念省声。“念”为泥母，与透母音近，可通，如同透母的“摊、滩、瘫”都是从泥母的“难”得声。“心”作为偏旁可增可省，这在古文字学中已是定论。增加“心”旁在战国文字中极为普遍，常见于郭店简和上博简。省“心”旁的如《诗经·小雅·巧言》：“予忖度之。”《释文》引本又作寸。又，“忘”在古文献中常常省作“亡”[42]。“忠”在古文献中常常省作“中”[43]，类例甚多。“念”之作为“贪”的声符，不仅是声音相通，而且二者在意思上也相通，古人选择形声字的声符往往兼顾表意的作用。

附带论及，“贪”与“婪”、“惏”同“源”。《说文》：“惏，河内之北谓贪曰惏。从心林声。”《左传·僖公二十四年》：“狄固贪惏。”孔颖达《正义》曰：“《方言》云：‘杀人而取其财曰惏。’”“惏”为来母，“贪”为透母，旁纽为双声，音近可通，犹如“体”和“礼”音近相通一样，无关复辅音。“贪”与“惏”音义皆近，当为同源字，而与复辅音的分化无关。来母和透母等舌头音能够音近通转，有的音韵学家解释说这是一种声母的弱化现象，即透母等舌头音弱化为来母。这在现代的汉语方言中有大量的例证[44]。总之，不能利用“贪”字来构拟所谓的复辅音[45]。

还有一种不可忽视的纯粹音理上的解释。根据我们在上面的论述可知，在汉语方言中，透母因为失去舌尖塞音而读为晓母的现象是比较普遍的，而且时间很早，在先秦时就已经存在。我们也可以认为“贪”在先秦的造字时代的方言中，本来就有晓母的异读音，与透母并存[46]。而且，我们认为“贪”读晓母的音很可能就是在楚方言中的读音，而在中原的雅言音系中要读透母音[47]。据《现代汉语方言大词典（第四册）》[48]第3900页，在黎川方言和海口方言中的“贪”读ham音，正是晓母音[49]。而“今”的上古音声母是见母，与晓母旁纽为双声，音近可通，所以古人就用“今”来作为晓母的“贪”的声符，这是非常自然的。“贪”这个字形是在“贪”读为ham的楚系方言中产生的。后来这个字形扩散进入了读tham的通语之中。这样就使本来是在楚方言中产生的读ham的“贪”字形被读成了tham音，字形和字音发生了分离。也就是说春秋时中原文化中有tham音，没有“贪”这个字形，这个“贪”字形是从楚方言中借入的[50]。但是后来读晓母的“贪”在古代的通语和读书音中没有保留下来，只存在于方言之中。我认为这种解释似乎可备一说。

我们还可以用通假字系联法来证明“贪”的上古音声母不可能是复辅音thk之类的声母。在古书中“贪”和“探”在汉代以前就是通假字。《释名·释言语》：“贪，探也。探取入他分也。”这是典型的声训。《后汉书·郭躬传》：“舍状以贪情。”注：“贪与探同也。”朱骏声《说文通训定声》“贪”字下注称“贪”与“探”相通假。据此可知，“贪”与“探”为双声通假无疑。而“探”字从来不与见母字发生通假关系和谐声关系，没有理由把“探”的上古音声母构拟为thk之类的复辅音，这就反过来证明与“探”音近相通的“贪”的声母不会是thk之类的复辅音。否则，二者不会有声训和通假关系。

我们这一章的论述有助于解释一些古文字学上的疑难问题。考上博简（四）中的《曹沫之陈》第65简和上博简（一）中的《缁衣》第3简都把“成汤”的“汤”称作“康”。“汤”是透母字，“康”是溪母字，李零、陈佩芬都说这是通假字。我认为把二者处理为通假字是对的。其音理上的解释是“汤、康”都因为送气成分的增强而失去塞音成分，音变为x/h，故而二者相通。这在音理上无可置疑，不得作出其他任何解释，尤其与复声母无关。类似的古文字材料都应该作这样的理解。这样的材料可以表明透母字读如晓母的音变确实早在先秦就已经存在，绝不是晚起的音变现象。

类似的谐声字还有《说文》中的“靦”字：“面见也。从面、见，见亦声。”他典切。是透母音。《诗经·何人斯》：“有靦面目。”其字有异体字作“䩄”，从“旦”声。段玉裁注并没有怀疑其谐声结构。按照音理来说，从“旦”声的“䩄”读为他典切才是正常的。我认为如同“贪”从今声一样，“靦”可以从见声。“靦”在造字时的方言中应该有晓母一读，从而用见母字为声符。在作“䩄”的方言中，透母还是送气舌尖塞音，没有失落塞音成分。这样的分歧在先秦时代的方言中已经出现了，在《说文》中“靦”有“䩄”作异体字就是明显的例子。

以上的分析和研究表明，无论是在古汉语中，还是在现代汉语的方言中，透母与晓母相通的现象与复辅音声母没有关系。虽然我们这里只是举出比较典型的例子加以讨论，但是其他类似的材料可以用同样的音理来解释。

注释

① 何九盈：《商代复辅音声母》，《音韵丛稿》，商务印书馆，2002 年，第 6 页。

② 这个“舌腹”到底是指舌面音还是舌根音，学者间意见有分歧［与何先生相同的观点还有黄侃《文字声韵训诂笔记》（上海古籍出版社，1983 年）第 201 页也说：“天，显也。此谓天有显音。”赵振铎《中国语言学史》（河北教育出版社，2000 年）第 117 页称舌腹音是舌根音］。有著名学者认为这里的“显”要读舌音。如王国维《观堂别集》卷四“〈《尔雅草木虫鱼鸟兽释例》自序”引沈曾植之言：“君不读刘成国《释名》乎？每字必以其双声释之，其非双声者，大抵讹字也。”沈氏释“天，显也”，曰：“显与湿，俱从显声。湿读它合反，则显亦当读舌音，故成国曰‘以舌腹言之’。”沈曾植是清末的一代大学者，深通音韵学。他认为《释名》中的“显”应读舌音，从而与“天”构成声训。沈曾植显然是把舌腹音看成了舌面音，而不是说“天”要读晓母。劳乃宣《等韵一得》明确认为《释名》中的“舌腹”是舌面音，又叫“轻舌音”。现在看来，沈曾植、劳乃宣之说恐不可靠［参看赵彤《利用古文字资料考订几个上古音问题》。赵彤在此文中说：“㬎声巠声《说文·阜部》：‘隰，阪下溼也。从阜，㬎声。’《水部》：‘溼，幽溼也。从水；一，所以覆也，覆而有土，故溼也。㬎省声。’隰、溼古音都在缉部，是一对同源词。《说文》谓二字均为从‘㬎’得声，这是有问题的。《说文·日部》：‘㬎，众微杪也。从日中视丝。古文以为顯字。’《上海博物馆藏战国楚竹书·孔子诗论》第 6 简则‘丕顯’之‘顯’正作[illegible]。林义光《文源》：‘隰㙲皆从溼得声。㶛当与溼同字（假借为水名），字讹从㬎，与顯偏旁相乱。㬎《说文》以为古文顯，与溼声隔。’其说近是。隰，《孔子诗论》第 26 简作[illegible]，《容成氏》第 18 简作[illegible]。溼，《郭店楚墓竹简·太一生水》第 4 简作[illegible]。很明显，隰、溼并不从‘㬎’，而是从‘坙。’㬎声在元部，坙声在缉部，由于字形讹变，两个偏旁相混。溼字古籍中也写作‘㶛。’㶛音他合切，古音在缉部。林义光说‘溼’、‘㶛’同字是对的。赵国货币文字有“坙城”，即‘隰城’。黄德宽（1999）认为‘坙’是‘隰’的古体，从土，[illegible]声。”赵彤的意见应该是可信的］。黄侃《文字声韵训诂笔记》第 162 页批评了沈曾植的这种解释，曰：“夏氏又云‘《释名》以天显为舌腹，天坦为舌头，今显在喉部，疑非旧读’。案舌头舌腹，宁可以后世舌头舌上之名比附之？即如夏言，则天显仍在舌头，何言舌腹？近日沈曾植、王国维亦暗同夏说而不悟者也。”这里的“夏氏”是指清代学者夏燮及其书《述韵》卷十［光华按，夏燮此书收入《续修四库全书·经部》（第 249 册），上海古籍出版社，2002 年。北平富晋书社 1930 年出版有单行本］。

③ 季羡林等《大唐西域记校注》（中华书局，1995 年）第 163 页认为《后汉书·西域传》中出现的“天竺”一词中的“天”是读晓母的 x，并认为“天竺”一词是音译自古伊朗语 Hindu 或 Hinduka。如果真是如此，那么“天竺”的“天”就是读如《释名》说的“显”音。不过有一种意见也不可忽视：岑麒祥《汉语外来语词典》（商务印书馆，1990 年）第 368 页认为“天竺”一词是古波斯土音 Thendhu 的译音。这种意见可供参考，尚待进一步的考证。季羡林等

《大唐西域记校注》（中华书局，1995 年）第 162 页指出过“古伊朗语中没有 dh 一类的送气浊辅音”。根据《大英百科全书》“伊朗语”条，原始印欧语的送气浊塞音在原始伊朗语中与不送气浊塞音合流了。也就是远古伊朗语存在 dh→d 这样的音变。可惜我没有能力对这个问题作出终极的判断。

④ 王福堂：《汉语方言语音的演变和层次》，语文出版社，1999 年。

⑤ 我们下面列表转述王先生的例子，为了避免国际音标复杂标音的麻烦，我们仅仅列出其声母，省略韵母和声调：

透：他 h、替 h、听 h、退 h、炭 h

定：桃 h、头 h、啼 h、桶 h

彻：撑 h、趁 h、超 h、丑 h、畅 h

澄：澄 h、虫 h、杖 h、程 h

⑥ 本书只转述其中的“透定”母字，而且同样只录其声母：

	临川	高安	黎川	邵武	建瓯	建阳
吞一	h	h	h	x	t'	h
头一	h	h	h	x	t'	h
踢四	t'	t'	h	t'	t'	h
啼四	t'	t'	h	t'	t'	h
腿合	t'	h	h	t'	t'	h
团合	h	h	h	t'	t'	

⑦ 王先生原注：要说明的是，这些方言中不送气的端母字声母 t 不发生音变，如黎川“多” to。

⑧ 光华按，据李如龙《福建县市方言志 12 种》（福建教育出版社，2001 年）中的《建阳市方言志》第二章“语音系统”第 433 页：“p'声母字有时读为 h－声母。”在其“同音字表”中举例甚多。据同书《崇安县方言志》第 470 页：“p'发音时双唇接触很轻，有时与 h－为自由变读。”在民族语言中也有类例。据江荻《藏语语音史研究》（民族出版社，2002 年）第 201 页称：在藏语的方言音变中也存在 ph→h 音变的现象。

⑨ 李如龙：《汉语方言的比较研究》，商务印书馆，2001 年。

⑩ 丁邦新：《儋州村话》，“国立中央研究院”历史语言研究所，1986 年。

⑪ 丁邦新：《儋州村话》，“国立中央研究院”历史语言研究所，1986 年，第 133～134 页。

⑫ 刘纶鑫：《客赣方言比较研究》，中国社会科学出版社，1999 年。

⑬ 颜森：《黎川方言研究》，社会科学文献出版社，1993 年。

⑭ 熊燕：《客赣方言语音系统的历史层次》，北京大学博士学位论文，2004 年。

⑮ 根据熊燕此文的论述，在客赣方言中的透定母四等字变 h 声母的时间一般晚于晓匣母三四等腭化；透定母遇摄、通摄一等变 h 一般晚于晓匣母遇摄、通摄一等唇齿化。我对于熊燕的这个时间层次的推断不予置评，因为我利用客赣方言的音变材料只是为了说明透定母与晓匣母在音理上可以相通，与复声母无关，并不牵涉时间层次的问题。

⑯ 詹伯慧主编：《广东粤方言概要》，暨南大学出版社，2002 年。

⑰ 陈章太、李如龙：《闽语研究》，语文出版社，1991 年。

⑱ 邵武方言中的“糖、桐”是例外，读透母。

⑲ 李如龙：《福建县市方言志 12 种》，福建教育出版社，2001 年。

⑳ 李荣主编：《现代汉语方言大词典（合订本一）》，江苏教育出版社，2002 年，第 437 页。

㉑ 张光宇：《切韵与方言》，台湾商务印书馆，1990 年，第 38 页。

㉒ 另如丁邦新等所编《儋州村话》（《国立中央研究院历史语言研究所专刊（第八十五种）》，“国立中央研究院”历史语言研究所，1986 年）一书也讨论了海南的儋州方言的白话音中的定母和透母今读为 h－，在文读音中定母平声和透母今读 h－。

另外，在侗台语的同源词中也可以发现类似的音变现象。据梁敏、张均如《侗台语族概论》（中国社会科学出版社，1996 年）第 147 页，“满”在侗台语族中一般读 t 或 th 声母，但在侗台语族的柳江语中读 h 声母。据同书同页，“芭蕉叶”在一般侗台语族中读 t 或 th 声母，而在柳江语中读 hj 声母“屁”在一般侗台语族中读 t 或 th 声母（也有读 d 声母的），而在柳江语中读 hj 声母据同书第 148 页，“起（起床）”在一般侗台语族中读 t 或 th 声母，而在武鸣语和柳江语中读 h 声母“石头”在某些侗台语中读 t 或 th 声母，而在另一些侗台语中则读 h 声母。据同书第 149 页，“挑担”在一些侗台语中读 t 声母，而在另一些侗台语中读 h 声母“提（提水）”在某些侗台语中读 t 或 th 声母，而在另一些侗台语中则读 h 声母。类似的例子在《侗台语族概论》中非常多。我们认为在侗台语族的各方言中应该是存在着舌尖塞音与喉擦音之间的音变现象，不必一概认为是由古代的复声母分化演变而来，方言之间相互影响而导致的音变是不可忽视的。我们重视此书所揭示的语言事实，至于作者的古音构拟，我们不拟作评论。上古伊朗语中有一种音变可作旁证。据《大英百科全书》“Iranian languages”条称：“h developed also in Indo－Aryan but from Indo－Iranian ＊źh and ＊gh before front vowels（e. g. ，e andi）。”可见在古伊朗语中的 ＊źh and ＊gh 在前元音 i/e 的前面容易失落最前的辅音声母，只剩下送气成分，从而产生喉擦音 h。

㉓ 詹伯慧主编：《广东粤方言概要》，暨南大学出版社，2002 年。

㉔ 据詹伯慧《广东粤方言概要》第 340 页和第 358 页，在开平、台山方言中读为 h 的透母音还有“吞、贪、踏”等。

㉕“天”读晓母音在古文献中的记载虽然始见于东汉末年的《释名》，但有证据表明在先秦时的方言中，“天”就有可能读为晓母。根据赵衍荪、徐琳《白汉词典》（四川民族出版社，1996 年）第 469 页论述，在白语中的“天”读如 hein。这被公认为是从汉语来的借词。而白语从汉语中借词最早可以追溯到战国时代。那时，楚将庄跷率领远征军征讨云南，后来因为秦军攻占巴蜀，截断了庄跷回归楚国的道路，从而使得庄跷的军队永久性地住在了云南，与当地的白族先民混居，从而使得白族语能够从汉语中大量借词。现在有不少的语言学家都深刻意识到白语中保留的上古汉语借词对研究汉语上古音的重要性，如郑张尚芳先生等人。因此，“天”读晓母很可能在先秦的方言中就已经存在，这与复辅音的分化毫无关系。

㉖［日］宇井伯寿《佛教辞典》，大东出版社，1977 年。

㉗ 见于日本大汉学家宫崎市定《榊亮三郎博士的 Mithra 教研究笔记》（桑山正进译《大唐西域记》，中央公论社，1987 年）。此文还有一个非常有趣的观点：在佛教信仰中很重要的“弥勒”在语源上相当于上古波斯语的 Mithra，此语本为太阳神的意思，弥勒信仰最早当发源于波斯地区，后来发生变异进入了佛教信仰中。

㉘［俄］罗曼・雅柯布森著，钱军、王力译注：《雅柯布森文集》，湖南教育出版社，2001 年。

㉙ 根据陈垣《明季滇黔佛教考》（河北教育出版社，2001 年）一书所附。

㉚ 邹汉勋《读书偶识》（中华书局，2008 年）第 210 页也有类似的论述。古人颇有类例。如宗庙石主名曰祏。王者的大祭“谛祭”名曰禘。果祭名曰祼。以事类祭天神名曰禷。告祭曰祰。合祭曰祫。会祭曰禬。土地之主曰社。礼吉有喜乐曰禧。古人惯于在特有的祭祀名或神名或福祥字之上旁加“示”以为标识。《说文》：“示……观乎天文以察时变、示神事也。”王国维《观堂集林》卷一“再与林博士论《洛诰》书”论之颇详：“案殷周古文未见从示之祼。以示部诸字言之，如禄，古文作录；祥，古文作羊；祖，古文作且；𥛱，古文作彭；禘，古文作帝；禦，古文作御；社，古文作土；知古祼字即借用果木之果。《周礼》故书之果，乃其最初之假借字，而祼乃其孳乳之形声字。”王氏之言颇精。《金文诂林（第六册）》（香港中文大学，1975 年）第 2793 页引胡吉宣之说：“古文事涉于某，即加某为偏旁，其通例也。”另可参考刘钊《马王堆汉墓简帛文字考释》［《语言学论丛（第 28 辑）》，商务印书馆，2003 年，第 86 页］。《甲骨文字诂林》“示”字条，姚孝遂案语曰：“示‘本象神主之形，其旁所加之小点，盖象征祭祀拜祷时灌酒之状’。”同书同条引张亚初之说曰：“在商代卜辞中，示与主二字是经常通用的。”同书同条又引屈万里之说曰：“示，神主也。”陈梦家《殷墟卜辞综述》第十三章第三节“集合的庙主”曰：“集合的庙主即某些先王相集合成为若干示。”亦释“示”为“庙主”。何琳仪《战国文字通论》（中华书局，1989 年）第 291 页曰：“如果再参照甲骨文‘示王’‘示癸’，

《史记·殷本纪》作‘主王’‘主癸’，可见‘主’‘示’实乃一字之分化（舌音双声）。以战国文字衡量，司马迁的读法并不错。”近年来，雷汉卿《〈说文〉“示部”字与神灵祭祀考》（巴蜀书社，2000 年）一书在“‘示’类考”章中引据群说，力证“示”为神主，取象于石崇拜文化时期初民所崇奉之灵石。且曰：“在卜辞，‘示’为天神、地祇及先公、先王之通称，是神主之专用字。……卜辞之‘示’其作用及意义相当于后世神主之‘主’，只不过当时只称‘示’而不称‘主’。神主在语言中被叫做‘主’是周代以后的事。从文献记载知道‘主’就是树立的木牌。”另可参看《张政烺文史论集》（中华书局，2004 年）第 475 ~ 476 页的论述。学者们的这些考述都是正确的。基于这种认识，我们就明白古人以祆字表示天神崇拜或祭祀天神。但是，这里的天神是表示一种特定的宗教崇拜，并非泛指天上的神灵。现在，多数学者认为天神崇拜是指古代波斯的拜火教，也有人说那是指古天竺的大自在天崇拜（如杨宪益先生的《译余偶拾》一书就这样主张）。

㉛ 光华按：今本“关中”误为“开中”。径改。

㉜ 我们还注意到一个问题。“祆”既然是关中方言的读音，专指胡天神崇拜，那么这种宗教信仰是否有可能会影响到“祆”的读音呢？我们也提出另一种可能的解释。我们必须强调这个“祆”所代表的“天神”是专指胡天神，而不是一般的天神，也不是我国所固有的天神。古书中对这里的天神的称呼特别叫作胡天神。如《晋书·载记第七》：“龙骧孙伏都、刘铢等结羯士三千伏于胡天，亦欲诛闵等。”“胡天”就是“胡天神”的简称。《魏书·列传第一》：“废诸淫祀，而胡天神不在其列。”《隋书·志第二》：“（北齐）后主末年，祭非其鬼，至于躬自鼓儛，以事胡天。邺中遂多淫祀，兹风至今不绝。后周欲招来西域，又有拜胡天制，皇帝亲焉。其仪并从夷俗，淫僻不可纪也。”《广韵》：“祆，胡神。”任继愈主编《宗教大辞典》（上海辞书出版社，1998 年）第 899 页说：“祆者天神的省文，不称天而称祆，说明他是外国的天神。”我认为作为胡天神的“天”或“祆”的晓母读音有可能是“胡天”二字的反切音，本来是匣母字。匣母与“呼烟切”的晓母旁纽为双声（且韵母一致），只有清浊的不同。我们注意到古代的字书和韵书关于“祆”字的“呼烟切”或“火千切”这样的注音是始于希麟《续一切经音义》和徐铉《说文新附》，其时已在五代宋初。这时在北方话中的浊声母已经清化，“胡”字已经读成晓母而不是读匣母，所以“祆”字的读音就被注为“呼烟切”。李肇《国史补》卷下有曰：“今荆襄人呼提为堤，……关中人呼稻为讨，呼釜为付。”这是唐代已有浊音清化的明证。详细的讨论可参考罗常培《唐五代西北方音》和周祖谟《唐五代的北方语音》（《周祖谟语言学论文集》，商务印书馆，2001 年）。吾友李若晖博士在《列子释文反切考》（《语言研究》2003 年第 1 期）注意到唐朝中后期的殷敬顺所作的《列子释文》中的反切已经有十例清声母和浊声母互切的现象。这说明当时浊音已经清化。（据清代学者任大椿《列子释文考异序》称《列子释文》“其书引《荀子》杨倞注，则宪宗以后人也”。唐宪宗已经是中唐时候，而殷敬顺更在其后）更考《水经注》卷三十一：“水南有汾陂，俗音粪。”“汾”是並母，“粪”是帮母，而六朝时的方言（也就是郦道元说的“俗音”）可以把並母读成帮母。张永言《水经注中语音史料点滴》［《语文学论集（增补本）》，语文出版社，1999 年，第 153 页］认为：“这个例子显示当时有的方言里浊塞音声母已有清化的迹象。”日本学者大岛正二《唐代字音研究》（汲古书院，1981 年）。大岛正二此书第 100 ~ 101 页通过详细的考察指出唐朝初年已经存在全浊声母清化的现象，如《汉书音义》《文选音义》这样的初唐文献。不过，我认为“胡天”反切又清化为“祆”的解释仅仅是一种可能，不是定论。日本学者石田干之助提到过一种观点。石田在《石田干之助文集（第二册）·关于中国的琐罗亚斯德教》（六兴出版社，1985 年）第 210 页根据大学者白鸟库吉的说法认为“祆”音“呼烟切”是来自作为“祆”字偏旁的“示、天”相切。这种看法在音理上并不是没有道理的，这种反切法在古书中叫“自反”，是很值得注意的音韵学问题，本书已有专节讨论。但我们要指出的是：如同陈垣所说，“祆”字之形是唐朝才有的。在唐以前只作“天”。而且“祆”如果音“示天切”，也与“呼烟切”的读音有一定距离。我们因此认为“祆”字之音不可能是来自“示、天”相切。白鸟与石田之说不可信。奇怪的是石田干之助的文章也提及陈垣的论文，注意到“祆”字是唐初才有，却忽视了这一事实与其文的结论不符。

㉝ 我们遍考古文字，在甲骨文、金文中都没有发现“贪”字，甚至在战国文字中也几乎没有看到“贪”字。徐文镜《古籀汇编》、高明《古文字类编》、容庚《金文编》、何琳仪《战国古文字典》、汤馀惠等《战国文字编》、滕壬生《楚系简帛文字编》、陈振欲等《睡虎地秦简文字编》、黄德宽主编《古文字谱系疏证》（商务印书馆，2007 年）第四

册“今”声字条（但此书的第3878页提到《甲骨文合集》第17468条有一个从“贝”从“亼”的字，编撰者称是“贪之初文”。在甲骨文中不详。我们认为这个字未必是后世的“贪”的初文，在甲骨文中的音义无考。而且其上部的声符“亼”与“今”在古文字材料中相似而不相同。以古文字规律论之，这个字所从的“贝”很可能是装饰符号，与文字的音义无关）等资料书都没有收“贪”字。但在《郭店楚墓竹简》的《语丛三》第十九号简有一个字，整理者释为从“匀”（在上）从“贝”（在下）。裘锡圭先生在按语中释此字为“贪”。我们细考原竹简照片的字形，此字的上部偏旁确实是“今”，而不是“匀”。

㉞ 李学勤先生《中国古代文明十讲》（复旦大学出版社，2003年）第63页称：“长江中游的楚国是另一庞大文化圈的中心，这就是历史、考古学界所艳称的楚文化。随着楚人势力的强大和扩张，楚文化的影响殊为深远。在楚国之北的好多周朝封国，楚国之南的各方国部族，都渐被囊括于此文化圈内。”同书第64页称：“楚文化的扩展，是东周时代的一件大事。春秋时期，楚人北上问鼎中原，楚文化也向北延伸”云云。华学诚《周秦汉晋方言研究史》（复旦大学出版社，2002年）第123页称：“这里必须考虑从战国到汉代楚方言强大的向外扩散力量。……魏方言是受到楚方言强烈影响的一种方言。”

㉟ 台湾学者张建葆的《说文假借释义》（文津出版社，1991）第169页对“贪”的形音义的关系作了解释：“‘贪’从今声，无所取义，贪与《说文》欠部训欲得之‘欲’训食不满之‘歁、歉’，乃音义相同之转注字。‘贪’与‘歉’同为音摄，‘欲’与‘歉’同为奄摄，旁转相通，贪、欲同为透纽，是贪与欲属同音转注。”

㊱《郭店楚墓竹简》的整理者将此字读为“念”字，在《郭店楚墓竹简·成之闻之》中有此字，裘锡圭加按语称可能读为“念”。此字还见于金文《中山王鼎》。张政烺先生在《中山王鼎铭》文考释中说：“A从心，含声。鼎铭以含为今，此即念字。”[《张政烺文史论集》（中华书局，2004年）第489页]。容庚《金文编》（中华书局，1985年）第714～715页明确将此字归为“念”的异体。何琳仪《战国古文字典》（中华书局，1998年）第1389页明称A“疑是念之繁文”。汤馀惠等《战国文字编》第702页将A归为“念”字。黄德宽等《古文字谱系疏证（四）》（商务印书馆，2007年）第3879页将A读“念”，或读“贪”。

㊲ 李零：《郭店楚简校读记（增订本）》，北京大学出版社，2002年，第162页。

㊳“虐”，原整理者张光欲读为“號”。

㊴ 参看宗福邦主编：《故训汇纂》，商务印书馆，2003年，第774页。

㊵ 如刘钊《郭店楚简校释》（福建人民出版社，2003年）第214页，李守奎《楚文字编》（华东师范大学出版社，2003年）第384页，高明等《古文字类编（增订本）》（上海古籍出版社，2008年）第1177页，滕壬生《楚系简帛文字编（增订本）》（湖北教育出版社，2008年）第604页。

㊶ 如高明等《古文字类编（增订本）》（上海古籍出版社，2008年版）第1177页，李守奎等《上海博物馆藏战国楚竹书文字编（1～5）》（作家出版社，2007年）第334页。

㊷ 参看宗福邦主编：《故训汇纂》，商务印书馆，2003年，第772页。

㊸ 参看宗福邦主编：《故训汇纂》，商务印书馆，2003年，第774页。

㊹ 从音理上看，舌尖塞音读为l可以解释为是弱化现象，这在方言中比较常见。我们稍稍举例：在闽北的建阳方言中，“赌、毒、道、长”都读为l声母；在重庆话中“的”常常弱化音变为轻声的li这样的音。据张盛裕《潮阳声母与广韵声母的比较（一）》（《方言》1982年第1期第62页）称潮阳方言中的来母字有的白读为tʻ声母，如“赖、癞”等；熊燕《客赣方言语音系统的历史层次》（北京大学博士学位论文，2004年）第18页指出在客赣方言中，透定母读为边音l的有都昌方言，另外“客赣方言较为常见的音变是来母读同透定母，主要集中在赣语北部地区”。据王福堂《闽北方言弱化声母和“第九调”之我见》（《中国语文》1994年第6期；黄家教等《汉语方言论集》，北京语言文化大学出版社，1997年）一文所介绍的材料，在福州方言和江西永新方言中有t、tʻ→l，在湖南泸溪、益阳等地的方言中有定母→l，在湖北崇阳方言中有dʻ→lʻ，在福建浦城方言中有端、知→l。另外，在谐声字中，“龙”为来母，而以“龙”为声符的“宠”是透母。类例甚多，本书在其他地方还有举证。

㊺ 据颜清徽、刘丽华编著《娄底方言词典·引论》（江苏教育出版社，1994年）第12页指出：在娄底方言中“古

知、章、见三组的三等字，很多今有t、tʻ、d和tɕ、tɕʻ、dʑ两读”。如见系字的“卷、劝、拳、掘、腔、琼”等字都读为t或tʻ声母，而且这些字全是合口字。我们认为这样的方言音变材料似乎不好用来证明上古时代就有见系字与端系字相通的现象。而且娄底方言的知章系字今读舌头音也不能认为是保留了上古音。知章系字与见系合口三等字的同步音变应当是中古以后的音变现象。这是由于本来已经演变为tɕ、tɕʻ、dʑ的知章系字（这些字在娄底方言中都带有i介音）的舌面塞擦音声母，在前高元音i的影响下发生前化音变，从而音变为舌头音。由于知系字的上古音读为舌头音，所以这对知系字而言，可以说是一种回头音变。见系三等字在中古甚至以前就有与照三系字相通相谐的现象，这在学术界已成定论。这可以解释为见系三等字的舌根音声母在三等介音的影响下发生前化音变，从而音变为舌面音的tɕ、tɕʻ、dʑ，从而与照三系字（即章系字）相通。在娄底方言中，可能是在读tɕ、tɕʻ、dʑ声母的知章系三等字音变为t、tʻ、d的带动下，同样读为tɕ、tɕʻ、dʑ的见系三等字也发生了同化音变，从而音变为舌头音声母。也就是说见系三等字读为tɕ、tɕʻ、dʑ的时间要早于读t、tʻ、d的时间。正因为如此，我们认为娄底方言中的见系三等字读t、tʻ、d的现象不能用来证明上古音中存在着见系字与舌头音之间相通的现象。

㊻ 这种异读现象并非孤例。另如“畜”字，《说文》称：“畜，田畜也。《淮南子》曰‘玄田为畜’。”丑六切。则其上古音声母是透母；但《广韵》《集韵》《韵会》《正韵》都注有异读音“许六反”。则其音又为晓母。《康熙字典》（中华书局，1992年）第761页专门作注曰：“按，六畜之畜古俱‘许六反’，今人并读作‘昌六反’。”这只能理解为古音中的晓母与透母可以相通。

㊼ 我们认为“贪”这样的写法应该是起源于先秦的楚方言，而后扩散进入雅言之中。在先秦的古文字材料中，至今没有发现中原文字系统中的“贪”字的形体结构。

㊽ 李荣主编：《现代汉语方言大词典（合订本四）》，江苏教育出版社，2002年，第437页。

㊾ 蒙北京大学东语系越南语教研室咸梦雪老师见告，在汉越语中“贪”就读为ham，可作为本书的旁证。王福堂等《汉语方音字汇（第二版重排本）》（语文出版社，2003年）第229页所录的“贪”在二十种方言的读音中没有读ham的材料。另外“贪”在古代有一个异体字似乎可以表明“贪”自古以来就有非舌音一读。《原本玉篇残卷》（中华书局，1985年）“贪”字下引有“贪”的古文作从“先”从“欠”（左右结构）之形，另外《碧落碑》有“贪”字也作此形。这个字似乎应该分析为以溪母的“欠”作声符。这个异体字表明“贪”的古音与溪母的“欠”有古音通假的可能，否则不易解释为什么会有这个异体字。另可参看徐在国《隶定古文疏证》（安徽大学出版社，2002年）第139页。

㊿ 犹如北京人常常说出租车“taxi”是“的士”，但北京话中的“的士”与英语“taxi”根本不能对音。其实北京话的“的士”是从粤方言中借入的，粤方言中的“的”保留了收-k的入声，与英语“taxi”的发音比较近，可以对音。又如全国方言都用“沙发”一词，但官话的“沙发”与英语“sofa”不能精确对音。其实，“沙发”是在上海方言中产生的一个译音词，上海话的“沙”的读音与英语的“so”音近，所以可以对音。正因为如此，我认为上古汉语的“贪”字一定是在读透母为x/h声母的方言中产生的一个字形。

第十节　论复声母 pl 的构拟

有不少音韵学家构拟了上古汉语的复辅音声母 pl，他们的主要根据是以下的一些谐声字等材料：①丙/陋；②廪/禀；③笔/律；④胪/肤；⑤古书中的“风曰孛缆”；⑥岚/风；⑦剥/录；⑧变/䜌；⑨乐/檪。然而我们经过仔细的考察发现，这些谐声字材料没有一个能支持复声母 pl 的存在。现在我们将这些所谓的谐声字作逐一详细的考辨。

例一，严学宭先生《原始汉语复声母类型的痕迹》①以及其他的一些音韵学家利用“丙/陋”这组谐声材料来构拟原始汉语的复辅音 pl。我们认为这条材料不可靠，不能作为构拟复辅音的证据。陋就是“陋”的本字。大徐本《说文》：“陋，侧逃也。从匚丙声。一曰：箕属。臣铉等曰：丙非声，义当从内会意。疑传写之误。卢侯切。”可见大徐本已经怀疑《说文》对“陋”的形声结构的分析是错误的，“陋”所从的“丙”不是声符。徐铉认为“丙”是“内”之误，而且“陋”是会意字，根本不是形声字。清代的《说文》学家大都怀疑《说文》对“陋”的形声结构的分析，几乎没有人相信《说文》此说。朱骏声《说文通训定声》采取徐铉的意见，认为陋所从的“丙”是“内”之误，而且陋不是形声字，是会意字。段玉裁《说文解字注》称：“按：丙声不可通。大徐本云当是从‘内’会意，传写之误。玉裁按，或从谷部之㐭声。艹部之茵从㐭声而读若‘陆’。‘陆’与‘陋’（光华按，原文误作‘漏’，径改。王筠《说文解字句读》第 508 页引段玉裁之说也作‘漏’）音相近也。”段玉裁也认为《说文》说的“陋”不可能从丙声，“陋”所从的“丙”是㐭的错字。桂馥《说文解字义证》有和段玉裁同样的意见“丙声者，‘丙’疑为㐭。本书㐭，他念切。读若三年导服之导。陋、㐭声相近”。王筠《说文解字句读》转引了桂馥、段玉裁、严铁桥三家的观点，而没有提出自己的意见。总之，《说文》对“陋”的形声结构的分析是不可信的，前辈学者们都清楚地意识到“陋”的形声关系存在严重问题，因此我们断然不能利用“丙/陋”这一组谐声材料来构拟复辅音 pl。

例二，自高本汉以来，有很多音韵学家把“廪/禀”用作构拟上古汉语有复辅音 pl 的根据。我们认为这条证据是不能成立的，是错误地理解了汉字的谐声原则。今考证如下：《说文》：“㐭，穀所振入，宗庙粢盛，仓黄㐭而取之，故谓之㐭。从入回，象屋形中有户牖。凡㐭之属皆从㐭。”《说文解字系传》：“臣锴曰：振，举也。仓㐭有户牖以防蒸熟也。”力甚反。大小徐本《说文》都说：“廪，㐭或从广从禾。”《系传》作“从广禾”，少一“从”字。这就说“廪”是“㐭”的异体字，音义皆同。“廪”可以分析为从“㐭”得声，而不是从“禀”得声。考《说文》可知，“禀”是会意字，而不是形声字，不是从“㐭”得声。《说文》：“禀，赐谷也。从㐭从禾。”《说文解字系传》与此同。根据《说文》的体例，“禀”必是会意字，而不是形声字。《说文》各本和各家注皆无“禀”从“㐭”声之说。段玉裁注：“禾犹谷也。谷在于㐭。”这是段玉裁解释“禀”的意思为“谷在于㐭”。这完全是典型的会意字分析。《说文》中，“禀”属于“㐭”部，紧排在“㐭”之后。我们上文说过，《说文》的体例是据形系联，形声字原则上不会用该字所在部的部首字作为声符。部首字一般是作为该部所隶属的字的意符。虽然有变例，但《说文》确实有这条通则。《说文》“㐭”部所属的三个字“禀、亶、啚”没有一个是从“㐭”得声。因此，从《说文》的体例上说，处于“㐭”部的“禀”不会是以

“㐭”为声符，也就是说不是从“㐭”得声，否则要加上“亦声”二字。这是《说文》的通例。《说文》各家注都没有把“稟”看成是形声字。藤堂明保《学研汉和大字典》第939页和镰田正等《新汉语林》第801页也说“稟”是会意字。而小川环树《角川新字源》第735页把“稟”看作会意兼形声字，是错误的。后来《角川新字源》的日文增补本《角川大字源》第1298页已经改正了《角川新字源》的提法，称“稟”就是会意字，而不是会意兼形声字，并且解释说：“‘稟’读‘彼锦切’是因为与‘畀’有音义上的同源关系[②]。”这是应该注意的。因此，音韵学家们把“稟”当作形声字看待，认为“稟”是从“㐭”得声，从而构拟复辅音pl，这是完全没有根据的。

我们用通假字系联法可以证明“㐭”远在西周时候的读音就是来母，因为在西周金文中，从“㐭”的字有不少是通假作“林”，如西周金文的《兮仲钟》《克钟》《南宫乎钟》《楚公钟》[③]等等。金文中多有从“林”（在上）从“㐭”的字，其“林、㐭”都是声符，应为双声字[④]。镰田正等《新汉语林》第801页提到“稟”和“品”可以相通，而“品”的上古音声母不可能是复声母pl或phl，只能是单辅音声母。这也可证明“稟”的上古音声母不会是任何复辅音。

例三，有的学者利用“笔/律”来构拟复辅音pl。我们认为这是不可靠的。《说文》：“聿，所以书也。楚谓之聿，吴谓之不律，燕谓之弗，秦谓之笔。”也就是说“聿”在先秦楚系文字中是用为“笔”义，但不是“笔”音。春秋时期的楚国青铜器《楚王頵钟》[⑤]有铭文曰：“其聿其言。”这里的楚系文字的“聿”应该读为“律”，古文字学家都无异辞。东周时代的《者氵刀钟》[⑥]铭文曰：“光之于聿。”学者们对这里的“聿”有不同的释读，如何琳仪[⑦]读为“笔”。但王文耀等[⑧]采用的释读是读为“肆”[⑨]。这也是大多数学者的意见。我们认为把这里的“聿”读为“笔”是不可取的，这个“聿”还是要读为“律”，意思是“光之于音律”。因为根据我们考察，在西汉及其以前的文献中“笔”字的前面没有直接连用“於/于”的文例。如果释读为“肆”，“光之于肆”，其义又不可通（若释“肆”为“朝肆”的“肆”[⑩]，则古书与金文皆无此等文例），古书中也没有类似的文例。但是西汉前期的《礼记·乐记》：“感于物而动，故形于声。”同篇又曰：“情动于中，故形于声。”同篇又曰：“若夫礼乐之施于金石，越于声音。”同篇又曰：“乐必发于声音。”《礼记·间传》：“此哀之发于声音者也。”金文中的“光之于律”，其意思和结构都近于《礼记》的“形于声”“越于声音”（“越”即发越、发扬之义）、“发于声音”。更何况该青铜器本来就是作为乐器的“钟”。另如《淮南子·主术》：“乐生于音，音生于律。”《淮南子·缪称》：“故歌而不比于律者，其清浊一也。”这些都是“于律”连称的例子。又《史记·乐书》太史公曰：“正教者皆始于音。”“于音”与“于律”义近。因此，我们认为金文中“光之于聿”的“聿”要读为音律的“律”，不可释为“笔”或“肆”。可知同是先秦的“聿”字，或读为“律”。“律”是来母，“聿”是余母，二者上古音近可通，无关复辅音。至于“笔”字，《说文》释“笔”为“秦谓之笔，从聿从竹”，这分明是会意字，不是从“聿”得声，与复辅音不相干。因此不能利用“笔/律”来构拟复辅音声母。我们在本书“论反切的起源”一节里还讨论了“笔”读唇音实际上是得音于不律切。

例四，李玉博士《秦汉简牍帛书音韵研究》[⑪]第二章第四节“pl-类型复辅音声母”第（三）和第（五）两个例字都举“胪/肤”这一组材料为证据来论证上古汉语有复辅音pl。我们认为这个材料不可靠，不能作为支持复辅音的证据。考《说文》：“胪，皮也。从肉卢声。‘肤’，籀文‘胪’。”力居切。《说文解字系传》：“锴按，此字亦音‘闾’。故《汉书》用为‘鸿胪’字。今人亦言‘皮胪’也。连于反。”段玉裁注：“今字皮肤从籀文作‘肤’。‘肤’行而‘胪’废矣。《晋语》‘听胪言于市’。

《史》、《汉》‘胪句传’苏林曰：‘上传语告下为胪。’此皆读为‘敷奏以言’之‘敷’也。《史记》‘胪于郊祀’。《汉书》‘大夫胪岱’。韦昭《辨释名》‘鸿，大也；胪，陈序也。谓大以礼陈序宾客’。此皆读为‘廷实旅百’之‘旅’也。……其本义则皮肤也。甫无切。”段玉裁的注释只能理解为“胪”在古文字中代表两个不同的字，也就是“异字同形”。而不是说“胪”作皮肤的“肤”的异体字与鸿胪的“胪”是同源字。古代的小学家都是如此认为。明代的《正字通》就鲜明地认为“胪”表示两个读音不同的字，其文曰：“《说文》胪从肉庐声。孙氏力居切。籀文作肤，义同音别。二文宜并存。胪音庐，肤音趺。‘皮肤’通作‘皮胪’。‘胪傅’必不可言‘肤傅’，‘鸿胪’必不可言‘鸿肤’，各从其类，音义两无殽互。”段玉裁的《说文解字注》与《正字通》的观点完全一致。《说文解字诂林》引《说文拈字》也完全采取《正字通》的说法。为什么会有这样的情况呢？我们认为这是因为在战国文字中，“膚”与“盧”二字形近易混，有时把“膚”写成“盧”，有时把“盧”写成“膚”，结果造成了同形字[12]。《广韵》注“膚”为甫无切，《集韵》注“膚”音为“凌如切”。我们必须注意到“膚”读唇音和读来母时的意思毫不相同，因此我们说唇音的“膚”与来母的“膚”是两个不同的词。《广雅》：“膚，传也。”王念孙《广雅疏证》：“《说文》‘膚，籀文胪’。”

我们还可以从假借字的角度把“鸿胪”的“胪”和“皮胪”的“胪”区分开来，确认二者是异字同形。朱骏声《说文通训定声》说作为“皮胪”的“胪”可以假借为“尃”和“敷”。《史记·孝景纪》《索隐》引韦昭曰：“胪，附也。”朱骏声认为这是声训。而朱骏声又说“胪”与“旅”相通。各有举证，兹不录。朱骏声所讲的通假都是正确的，毫无自相矛盾之处。其所以“胪”会有这样的通假情况，就是因为“胪”能表示两个不同的字或词。遍考古籍，“尃”和“敷”、“附”从来不与来母字发生通假关系和谐声关系，其上古音声母只能是重唇音，绝不可能是复辅音 pl，因此作为“皮胪”的“胪”的上古音声母也只能是唇音字，不会是复辅音 pl。而与“旅”相通的“胪”，古来字书都注为来母，如《玉篇》：“胪，力居切。陈也。”其他字书不一一列举。“旅”的上古音声母只能是来母，不可能是复辅音 pl，因为“旅”从来不与唇音字发生通假关系和谐声关系，其同源字中没有一个是唇音字。这就反过来证明与“旅”为双声相同假的“胪”的上古音声母也只能是来母字，不会是复辅音 pl，否则二者不能相通。从通假关系来看，清代学者朱珔的《说文假借义证》也提供了很好的材料：“《礼记·投壶》‘室中五扶’。注‘扶与肤同’。又《公羊·僖三十一年传》‘肤寸而合’。注‘侧手曰肤’。《尚书大传》作‘扶寸’。‘肤’乃‘扶’之假借。”《易》“剥床以肤”。《释文》“肤”，京本作“簠”。“簠”当为“肤”之假借。”这里的“扶”和“簠”的上古音声母也只能是重唇音，不会是复辅音 pl，因为“扶”和“簠”从不与来母字发生通假关系和谐声关系，没有任何理由把“扶”和“簠”的上古音声母构拟为复辅音 pl，这就反过来证明与“扶”和“簠”可以通假的“肤”的上古音声母也只能是单辅音的唇音，而不可能是复辅音的 pl，否则它们之间的古音不能够相通。而徐灏《说文解字注笺》百般强辩，认为唇音的“肤”和来母的“胪”的古音声母是双声，可以相通，牵强附会，毫无道理，不足以难段玉裁之说。在上海博物馆藏竹简的《容成氏》第二十五简有地名为上“竹”下“膚”结构的字，整理者释读为“莒”。而“吕”声字显然不可能是 pl 这样的复声母[13]。因此，读为来母的“膚”的上古音声母就是单辅音的来母，与任何复声母都无关。李玉《秦汉简牍帛书音韵研究》不明白在古文字中多有“异字同形”的现象，用“胪/肤”来支持古有复辅音 pl，这是不能成立的。

例五，我们在第二章讨论反切的起源的时候，已经详细地辨明了《鸡林类事》中的“风曰孛缆”

这条记载与复辅音声母 pl－没有关系。

例六，有不少的音韵学家利用“岚/风”为根据之一来构拟上古汉语的复辅音 pl。我们的考察认为这是不能成立的。因为“岚”是个相当晚才出现的字，不能作为构拟上古音的证据，先秦的时候根本就没有“岚”这个字。考字书，可知《说文》中没有“岚”字。“岚”字在字书中最早见于三国时候张揖《埤苍》，其后是梁朝时成书的顾野王的《玉篇》，后来的慧琳《一切经音义》《广韵》《说文新附》《集韵》都收此字。《文选》收谢灵运诗《晚出西射堂》有“岚”字，知东晋时“岚”字已经比较通行。我们详细考察文献的结果显示：儒家《十三经》中没有“岚”字的用例。《史记》《汉书》也没有“岚”字。先秦西汉的诸子百家书中也没有出现“岚”。《后汉书·何进传》：“乃率常侍段珪、毕岚等数十人。”是作为人名用字。《括地志》中有“岚州”，此为北周所设置。“岚”在《后汉书》中只是人名用字。这个字在正史中最早出现于《后汉书》，另外还见于东汉时期翻译的佛经[14]，也就是说“岚”是东汉才产生的新字。我们怎能以它为根据来证明上古有复辅音呢？而且本书在前面已经提到过，东汉时期由于谶纬思想的流行，世俗的今文派学者的造字和解字也颇受影响，当时除了许慎这样的古文经学家以外，一般造字都是用会意的方法，而不是用形声的方法。“岚”这个字从后来字书的释义来看也应该是会意字，而不是形声字。如《文选》李善注引《埤苍》、慧琳《一切经音义》卷三十八注引《韵诠》及卷三十九注引《古今正字》均释“岚”为“山风也”。这是典型的会意解字法。另如《广韵》《集韵》《韵会》都说：“岚，山气也。”这分明是因为“风”与“气”义近，所以用“山风”会意为“岚”。更考《左传·昭公元年》：“在《周易》，女惑男，风落山”。《周易·蛊》象传曰：“象曰：山下有风。”东汉以后人也许正是根据《左传》的“风落山”、《周易》的“山下有风”创造了“岚”字。因此，从“岚”的造字来源来看，必是会意字无疑。以上材料都表明古人是把“岚”当作会意字，而不是当作形声字[15]。小川环树《角川新字源》第 306 页、尾崎雄二郎《角川大字源》第 537 页都认为它是会意字，藤堂明保《学研汉和大字典》第 395 页、镰田正等《新汉语林》第 335 页以“岚”为形声字，这是错的。《学研汉和大字典》之所以认为“岚”是从“风”得声的形声字，是因为《学研汉和大字典》本来就认为“风”的上古音是 bl 或 pl 式的复辅音，这是完全错误的。马学良主编《汉藏语概论》[16]第 88 页也说“岚”是从“风”得声，并因此说：“可见‘风’字在上古应是复辅音声母 pl。”[17]这都是没有根据的。本书有专条讨论“风”的上古音绝不是复辅音。我们既然确知“岚”不是形声字，那就不适用谐声原则[18]，更何况“岚”是晚至东汉才产生的新字，又焉能据以考论上古音呢？据慧琳《一切经音义》卷三十八“岚颲”条曰：“上音蓝。此‘岚’字诸字书并无，本北地山名，即岚州出木处是也，亦北藩语也。后魏孝昌于此地置岢岚镇，城西有山，多孟风，因名此山为岚山，书出此‘岚’字。后周因岢岚镇城，遂改置为岚州，在太原西北。”这是一段颇为详细的解释。慧琳甚至认为“岚”音“蓝”是得音于中古时期北方的阿尔泰语。陈秀兰博士发现东汉佛经中已有“岚”字，并且认为“岚”是梵文 vairambha 一词中的 ram 的译音。这个对音材料也显示“岚”在东汉就不是复声母。我们可以肯定地说“岚”的读音与上古汉语有没有复辅音完全无关。根据慧琳《一切经音义》的解释，“岚”可以说是典型的会意字，绝对不是以“风”为声符，这是显而易见的。关于“岚”的意义，学者们倒是很有兴趣，可参看曾良《“岚风”小考》[19]、何亚南《释“岚”》[20]、陈秀兰《也考“岚风”》[21]，都有益于参考。

例七，有很多音韵学者利用“剥/录”这组材料来构拟上古复辅音 pl 之类。我们认为这是不可信的。《说文》：“剥，裂也。从刀从录，录，刻割也；录亦声。㓗，剥或从卜。”北角切。《说文解字系传》稍有不同：“剥，裂也。从刀录声。一曰：录，克割也。”逼朔反。桂馥《说文解字义证》称“一曰”后的“录”当作“剥”。此说不无道理。因为慧琳《一切经音义》卷六十四“若剥”条就称：“剥，克割也。”段注本又有所不同，此不录。我们不可忽视大小徐本《说文》的差异。大徐本《说文》称“从刀从录”后又曰“录亦声”，这种现象可以有两种解释：第一，“录亦声”为后人所加，非《说文》原本所有，则“剥”为会意字，非形声字；第二，“录亦声”为《说文》原文所有，“剥”是会意兼形声字。如果参照小徐本“从刀录声”之言，则“剥”为形声字的可能性较大。那么“剥”的形声关系该怎样解释呢？我们可以有两种解释：第一，“剥”为会意字，其异体字㓟明显是从“卜”声的形声字。“剥”与“㓟”的关系就犹如“嵩”与“崧”的关系，“嵩”与“崧”是异体字，其区别在于“嵩”是会意字而“崧”是形声字，均为山高之义。类例如①“廟”和“庿”为异体字，二者的关系为“廟”是会意字而“庿”是形声字[22]。②“姦”为会意字，其异体字“姧”是形声字。③“朢”是会意字，而“望”是其后起形声字[23]。④“淼”为会意字，“渺”为其形声字。⑤“囿”为形声字，而籀文中有其会意字作“𡈀”。⑥“擤”是会意字，而“揩”是其形声字。⑦“簋”是会意字，而其异体字“机”是从“九”得声的形声字。⑧“辤”是会意字，而其籀文是从“台”声的形声字“辝”[24]。⑨据《说文》，“雹”有古文之形不从“包”，而是从“冰雹”的象形符号，粗略隶写为“晶”，明显是会意字。我们把“剥”看成会意字是有根据的。上引《说文》：“录，刻割也。”《说文解字系传》作：“录，尅割也。”此处可知“录”与“割”义近。又据《说文》“录”字下曰：“录，刻木录录也。象形。”《玉篇》《广韵》都释“录”为“刻木”。“录”本为“刻木”之义，引申则为泛义的“刻”。那么“剥”的本义就是用刀刻割，完全可以解释为会意字，所从的“录”并非声符。朱骏声《说文通训定声》“剥”字注就称“剥”是会意字[25]。在古文字中，甲骨文、金文、战国文字中都发现有“录”字[26]，但至今没有发现“剥”字[27]。“剥”虽然是由“录”直接滋乳而成，但其音却是得自㓟，而不是得自“录”。这样的例子在古汉语中不少[28]，不烦多举例。我们可以说“剥”大约是在战国时期根据㓟而造的会意字，因为作为形声字的㓟，其表意性不是很明显，于是另造一个音义皆同的会意字“剥”[29]。把“剥”分析为会意字可以减少很多麻烦，而且毫无牵强之处。第二，把“剥”分析为形声（兼会意）字，“录”为声符。我们也不必采用复辅音来解释其形声关系。我们可以认为“剥”是自反字，其音并非仅仅得自“录”，而是得自“刀录”反，正如同徐锴《说文解字系传》所说的“从刀录声”。因此大徐本的解释不如小徐本正确，我们采取小徐本的说法。问题是“刀”是端母，与帮母相去较远，这该怎样解释呢？其实这里面有偏旁义近相通的问题或训读的问题。在故训中，“刀”与“兵”义近。如《说文》：“刀，兵也。”段玉裁注：“刀者，兵之一也。”《急就篇》卷三[30]曰：“矛鋋镶盾刃刀钩。”这里所列举的是七种兵器，刀居其一。颜师古注：“刀，大小众刀也。”《玉篇》：“刀，兵也，所以割也。”在典籍中常常“刀兵”联言。《史记·刺客列传》：“执问涂厕之刑人，则豫让，内持刀兵。”《汉书·尹翁归传》：“奴客持刀兵入市斗变。”《汉书·萧望之传》：“吏民当见者，露索去刀兵。”《汉书·酷吏传》：“而鲜衣凶服被铠扞持刀兵者，悉籍记之。”《后汉书·列女传》：“娥阴怀感愤，乃潜备刀兵。”足见古人认为“刀”与“兵”义近，为同类。所以作为偏旁的“刀”可以训读为义近的“兵”。“剥”得音于“刀录”反，由于“刀”与“兵”义近可通（非关读音），于是作为偏旁的“刀”被训读成“兵”，所以“剥”实际上是得音于“兵录”反。“兵”的上古音声母正是帮母，与“剥”的帮母为双声。在偏旁中包含有训读是很难辨识的。我们把“剥”分析为自反字，而其偏旁的“刀”又训读为“兵”，这样“剥”的形声关系就得到圆满的解释。

我们还可以从通假字系联的角度来证明“剥”的上古音声母不会是复辅音 pl。《集韵》：“攴，或作剥。”段玉裁《说文解字注》“剥”字注称：“《豳风》假剥为攴。‘八月剥枣’，毛曰‘剥，击也’。《音义》云‘普卜反’。故知‘剥’同‘攴’也。”朱骏声《说文通训定声》“剥”字注也称“剥”假借为“攴”。段玉裁、朱骏声之说无疑都是正确的[31]。知“剥”与“攴”音近可通[32]，而“攴”从不与来母字发生通假关系和谐声关系，其上古音声母不可能是复辅音 pl 之类，就是主张古有复辅音的学者也不认为“攴”的上古音声母是复辅音 pl。这也反过来证明与“攴”音近相通假的“剥”的上古音声母也不会是复辅音 pl，否则二者不能相通。

例八，关于“变/䜌”这组谐声字，我们在第二章讨论自反的时候，已经证明这组材料与复辅音声母 pl 无关。因为“变”可以分析为自反字，得音于“攴䜌”切。“攴”的上古音声母为滂母，“变”为帮母，二者旁纽为双声，音近相通。所以“攴䜌”切近于“变”音。可知“变/䜌”这组谐声字与复辅音声母 pl 无关。或䜌本有明母音，帮母的“变”可用明母字为其声符。

例九，关于“乐/䮀”这组材料。“乐”的古音有疑母与来母两读，而从“乐”得声的“䮀”古音是“北角切”，是帮母。于是有的音韵学家就利用这组谐声字构拟复声母 pl－。我们认为这是不能成立的。因为我们遍考古文献，发现“䮀”不仅不见于《说文》《尔雅》《广雅》《玉篇》，而且不见于六朝以前的古文献。我们甚至认为“䮀”可能是唐朝中后期才出现的一个俗字，时代太晚，不能据以说上古音。考《说文》：“驳，马色不纯也。从马爻声。”北角切。段玉裁注：“引申之为凡色不纯之称。”我们可以说本字当作“驳”，“䮀”应该是“驳”的后起俗字或异体字。这个字一般只出现于“䮀荦”这个联绵词中[33]。

以上各条材料是学者们构拟复声母 pl－的主要依据，现在我们已经予以各个击破，证明这些材料都与复辅音声母 pl－没有关系。可知汉语上古音中根本没有复辅音声母 pl－的存在。

在英语发展史上，有很多 pl－声母的词汇，从来没有发生过单辅音化的音变，从古到今都是复声母 pl，其中的 p 和 l 都要发音，无一例外。如 place，placate，placid，plague，plaid，plain，plait，plan，planet，plate 等，类例甚多。现代英语中的 p 或 l 声母的词汇没有一个是从古英语的 pl－复声母音变来的。英语中的 pl－从来没有分化为 p－或 l－。英语的例子足以证明学者们构拟的复声母 pl－不能成立。

注释

① 见赵秉璇、竺家宁编：《古汉语复声母论文集》，北京语言文化大学出版社，1998 年，第 139 页。

② 光华按，这个解释似乎可以成立，但也有待进一步的考证。

③ 楚公之名用电脑难以打出，所以省略。

④ 我们附带讨论一个文献校勘的问题。《礼记・中庸》：“既廪称事，所以劝百工也。”《经典释文》注音：“禀，彼锦反。一本又力锦反。”怎样理解《经典释文》的这个注音呢？这实际上是因为《经典释文》所根据的《礼记》的版本有两个，一个原文作“禀”（音彼锦反），一个原文作“廪”（音力锦反）。今本的《礼记》作“廪”，而《经典释文》作“禀”。阮元《十三经校勘记》就已经指出：“《释文》廪作禀，不误。”《说文解字诂林》“禀”字下引清代的另一位经学家臧琳《经义杂记》认为：“知古谷食字皆作‘禀’也。《释文》作‘禀’与许书合。《注疏》本作‘廪’，非。”二者都认为《释文》作“禀”为确，今本《十三经注疏》的《礼记》作“廪”非是。但是在古文献的用例中，“禀”却可以作为“廪”的省文使用，也就是“禀”可以有两个音，一为帮母，一为来母，这是代表两个不同的词。这是由于字形相似而被混用，与造字结构无关。参看本书讨论“异字同形”章。另外，“廪”在上古文献中有唇音读

法，然而与复声母无关，纯粹是用字的问题。如《史记·殷本纪》："帝甲崩，子帝廪辛立。"《索隐》："《汉书·古今人表》及《帝王代纪》皆作'冯辛'。"可见"廪"可用作唇音字，与"冯"相通，而"冯"从不与来母字发生通假关系和谐声关系，其上古音声母只能是唇音的並母。关于古代注音的校勘问题，可参看黄焯《经典释文汇校》、吴承仕《经籍旧音辨证》及简启贤《字林音注研究》（巴蜀书社，2003 年）第 358 ~ 366 页"音注校勘"一节。

⑤ 关于这件青铜器的断代问题的讨论，可参看刘彬徽《楚系青铜器研究》（湖北教育出版社，1996 年）第 301 ~ 302 页，以及李学勤《走出疑古时代》第 288 页（辽宁大学出版社，1997 年）。

⑥ 关于这件青铜器的断代问题可参看白川静《金文通释（卷四）》（白鹤美术馆，1966 年）第 606 ~ 609 页，此不详引。

⑦ 何琳仪：《战国古文字典》，中华书局，1998 年，第 1246 页。

⑧ 王文耀等编：《金文引得·春秋战国卷》，广西教育出版社，2002 年，第 18 页。

⑨ 白川静《金文通释（卷四）》（白鹤美术馆，1966 年）第 606 ~ 609 页引述了郭沫若、饶宗颐的考释，是把这里的"聿"释读为"肆"。张亚初《殷周金文集成引得》也是把这里的"聿"释读为"肆"。白川静的日语译文把"聿"翻译为"此"义［光华按：当是相当于古人训诂中的"今"义，参看《故训汇纂》（商务印书馆，2003 年）第 1844 页。但是"肆"训"今"的时候是作为虚词表连接作用，一般用于句首，而不用于句尾。参看王引之《经义述闻》（《清人十三经注疏》，中华书局，1998 年）第 393 页，王引之举证多例，此不录。而金文此处是"聿"处于句末。因此，白川静的译释是有问题的，本书难以苟同］，把"光"看成是人名，而我们是把"光"看作动词。关于这篇金文的考释，古文字学家之间意见分歧较大，我们自己的意见也是一家之言，并非定论。

⑩ 也就是解释为"市"，参看《故训汇纂》（商务印书馆，2003 年）第 1843 页。

⑪ 李玉：《秦汉简牍帛书音韵研究》，当代中国出版社，1994 年。

⑫ 这里举一个类似的例子为旁证：朱骏声《说文通训定声》（中华书局，1998 年）第 591 页"柅"字注称："柅木也。实如梨，从木尼声，与杘之或体柅别。"朱骏声这里指出的实际上也是异字同形。我们可以对此例稍作解释：由于在古文字中偏旁的位置不很固定［参看裘锡圭《文字学概要》（商务印书馆，1996 年）第 166 ~ 167 页论述："有时候，同样的形旁和声旁由于配置方式不同而形成不同的形声字。……这种依靠偏旁配置方式来区分同成分形声字的办法，在先秦古文字里通常是看不到的。"］，所以"杘"字所从的"木"可以移动到"尸"的左边，这样一来，'杘'的下部就没有木字，因而变得空虚。在战国文字中，这样的空白地方往往会加上笔画来填实，以保持字体的平衡。于是这时候的"尸"就可以写成"尼"。这样就变得与另一个本来不同的字"柅"同形了。另据裘锡圭《谈谈上博简和郭店简中的错别字》（《中国出土古文献十讲》，复旦大学出版社，2004 年）一文的论述，郭店楚简《性命自出》第 60 简的"愢"字在上博简中作"思"。李零认为"愢"是"思"的错字。裘锡圭认为："从文义看，其说可从。'愢'字的'心'旁原来写在下方，字形与'思'相近。"又如，"滅"字在古文字中有时写成上下结构，把"水"字旁移到形体的下面，从而省略上面的"火"（参看《康熙字典》，中华书局，1992 年，第 642 页）。又如《郭店楚墓竹简·语丛二》的"欲"都不从"欠"，是从"心"，而且是上下结构（"心"在最下面），这样一来，就省掉了"谷"所从的"口"。我们对"膚"与"盧"的关系也可以这样来解释。我们认为"臚"字在战国文字中也许有上下结构的写法，把"月（肉）"写在"盧"的下面，这样一来，字体就上下重叠变得很繁复，于是就省略掉原有的"皿"。这样就变得与"膚"同形了。所以说在古文字中的"膚"可以代表皮肤的"膚"和"臚"这两个不同的字。刘钊《古文字构形学》（福建人民出版社，2006 年）第 342 页称："战国文字中，当一些字写成上下结构而显得过长时，常常可省去上边那个构形的一部分。"

⑬ 还有一种意见读为"筥"。

⑭ 如东汉无名氏译《分别功德论》卷一："随岚吹造宫殿讫。"

⑮ 阴铿的名句："花逐下山风。"王建《霓裳词》："朝元阁上山风起。"李峤《桃》："山风凝笑脸，朝露泫啼妆。"骆宾王《早发诸暨》："野雾连空暗，山风入曙寒。"孙逖《登越州城》："山风吹美箭，田雨润香粳。"王昌龄《和振上人秋夜怀士会》："白露伤草木，山风吹夜寒。"刘长卿《自道林寺西入石路至麓山寺过法崇禅师故居》："野雪空斋掩，

山风古殿开。”孟浩然《采樵作》：“日落伴将稀，山风拂萝衣。”岑参《暮秋山行》：“山风吹空林，飒飒如有人。”杜甫《铁堂峡》：“山风吹游子，缥缈乘险绝。”杜甫《春日江村五首》：“经心石镜月，到面雪山风。”古书中例证甚多。

⑯ 马学良主编：《汉藏语概论》，民族出版社，2003 年。

⑰ 另外邢公畹《原始汉台语复辅音声母的演变系列》（《邢公畹语言学论文集》，商务印书馆，2000 年）也主张“风”的上古音是复声母 pl。据马学良主编《汉藏语概论》（民族出版社，2003 年）第 88 页的论述，在壮侗语中的“风”在泰语 lom、侗语 ləm、龙州话 lum、莫家话 lum 等（省略声调），邢公畹先生认为这是古汉语复声母的表现。这是不可信的。我认为不如认为古汉语的“岚”是东汉时代由音译壮侗语族的“风”而来。

⑱ 我们细考古文献，可以认为“岚”字读来母音很可能是由另一个从“艸”从“风”的字“葻”的读音类推而来的。这个字见于《说文》，读音如“婪”。本书在讨论“反切的起源”一节中对这个字的读音有所分析，可以参看。

⑲ 曾良：《“岚风”小考》，《中国语文》1998 年第 3 期。

⑳ 何亚南：《释“岚”》，《中国语文》1999 年第 4 期。

㉑ 陈秀兰：《也考“岚风”》，《中国语文》1999 年第 4 期。

㉒ 考《说文》：“廟，尊先祖皃也。从广朝声。”则今本《说文》把“廟”分析为形声字。桂馥《说文解字义证》与王筠《说文解字句读》从《说文》而无新解。然段玉裁注称：“声字盖衍。古文从苗为形声。小篆从广朝，谓居之与朝廷同尊者，为会意。”段玉裁把“廟”分析为会意字，显然是正确的。日本学者诸桥辙次等《广汉和辞典（上册）》（大修馆书店，1982 年）第 1212 页、白川静《字统》（平凡社，1984 年）第 729 页“廟”字注也把“廟”分析为会意字，与段玉裁相同。小川环树《角川新字源》（角川书店，2006 年）第 333 页也是把“廟”分析为会意字，而“庿”才是会意兼形声。考《国语·鲁语下》：“子弗闻乎？天子及诸侯合民事于外朝，合神事于内朝。”“合神事”的地方就是“廟”，而上古时代可称为“内朝”，所以古人造字时就用“朝”来作为“廟”的意符。“廟”就是“内朝”。

㉓ 另参看裘锡圭《文字学概要》（商务印书馆，1996 年）第 131 页。同页提到“饮”在甲骨文中为会意字，后来加上“今”而成为形声字。

㉔ 此条参看朱骏声《说文通训定声》“辫”字注。

㉕ 不过，朱骏声似乎认为“剥”是会意兼形声。我们在此还应该注意日本学者白川静《字统》（平凡社，1984 年）对“剥”的分析。《字统》（平凡社，1984 年）第 689 页“剥”字条明确认定“剥”是会意字，而不是形声字，也不是会意兼形声。值得注意的是白川静分析说，“剥”所从的“录”并不是训为“刻割”的“录”字，而是像兽皮之形的象形字。“剥”的本义是用刀剥兽皮。这个解释极少为我国学者所知，虽然尚需确证，但也不失为一家之言。

㉖ 在甲骨文中的“录”字主要是用作地名。其本义如何？古文字学家们至今没有统一的意见。《甲骨文字诂林（第四册）》（中华书局，1996 年）第 2927 页引述李孝定的意见批评了《说文》对“录”的本义的解释，称在甲骨文中的“录”是辘轳的象形初文。日本学者诸桥辙次等编撰的《广汉和辞典（中册）》（大修馆书店，1982 年）第 1402 页对“录”的本义的分析采取了李孝定之说。《广汉和辞典（上册）》第 1258 页却又说“录”的本义不明，但基本上还是采用了李孝定的说法。金文中的“录”字形与甲骨文略同。在出土文献中，“剥”字似乎开始出现于马王堆帛书，可参看陈松长《马王堆简帛文字编》（文物出版社，2001 年）第 177 页。马王堆帛书本《周易》中多有“剥”字，参看邓球柏《帛书周易校释（增订本）》（湖南人民出版社，1996 年）第 116 页“剥”节。邓球柏此书第 116 页对“剥”字有一种说法：“剥字的本义当为攻龟的方式，谓杀龟制甲版时割去其腹甲表皮。故‘剥’字的异体从卜，作刂。刂，谓以刀刮割龟，引申为剥皮。”这种见解可备一说。

㉗ 但是“剥”字在上古文献中是存在的，见于《诗经》《易经》《左传》《周礼》等，因此“剥”字在战国时代应该已经产生。

㉘ 例如，“林”和“森”的关系。“森”字应该是从“林”字滋生出来的，但是《说文》等古代小学书都没有把“森”分析为从“林”得声（陈新雄有专文讨论这个问题，参看陈氏《梅祖麟〈有中国特色的汉语历史音韵学〉讲辞质疑》，《语言研究》2003 年第 3 期），二者上古音都为侵部是偶然相合，断不能据此认为二者在声母上也有相通的关

系。我们可以从同源字的角度认为“林”与“森”只有意义上的关联，在语音上没有同源关系。我们认为“森”当是与“三、参”同源，得音于“三、参”。考《说文》：“森，木多貌。从林，从木。读若曾参之参。”《说文》“读若”之音揭示了“森”与“参”在语音上的密切关系。《文选·左思·魏都赋》：“朱桷森布而支离。”李周翰注：“森，多也。”《后汉书·张衡传》：“百神森其备从兮。”李贤注：“森，众貌也。”知“森”以“多、众”为常训，而古书正以“三”表“多”，参看汪中《述学·内篇一·释三九》、刘申叔《左盦集·古籍多虚数说》（见《刘申叔遗书（下）》，江苏古籍出版社，1997 年，第 1286～1287 页）。足见“森”与“三、参”音义皆通，必为同源字无疑。陈第《毛诗古音考》卷一明称“三音森”（《丛书集成》，中华书局，1991 年，第 14 页），引证了吴棫之说，当为可信。这就可以证明训“木多貌”的“森”是“三、参”音义皆通，所从的“木、林”只是表意，“林”与“森”并没有语音上的同源关系。因此，“林/森”这组材料与复辅音声母或者 s－词头没有关系。类似的例子还有“来/麦”，二者也是仅仅在意思上有关联，韵母上的阴入对转是偶合现象，不能据此认为明母与来母在上古有相通的关系或者据此构拟复声母 ml－。我们在本书第二章第二节有专门的讨论。从文字学的角度来看，“林”与“森”没有声音上的同源关系就如同“吅”和“品”不同源，“蚰”和“蟲”不同源，“艸”和“芔”不同源，“圭”和“垚”不同源，“林”与“森”不同源，“双”与“叒”不同源，“駻”与“驫”不同源（更有趣的是“駻”作上下结构的时候是完全不同的字；“驫”作三马并列的左右结构的时候也是完全不同的字。《康熙字典》言之甚明）；“鱻”与“鱻”不同源；类例颇多。

㉙ 黄侃《说文笺识》（中华书局，2006 年）第 28 页称：“‘剥’即‘卜’之后出。同剖。”黄侃《说文笺识四种》（上海古籍出版社，1983 年）第 17 页：“卜同剖，即剥之古文。”这分明是以“剥、卜、剖”三字同源，则“剥”必为单辅音的帮母无疑，因为“卜、剖”的上古音声母都只能是单辅音的唇塞音声母，不可能与复声母有关。

㉚（汉）史游：《急就篇》，岳麓书社，1989 年，第 214 页。

㉛《经典释文》的注音和段玉裁、朱骏声的解释使得我们相信《诗经·豳风》“八月剥枣”的“剥”很有可能在先秦的古本就是作“攴”，这样说也与古文字材料相合。据马国翰《玉函山房辑佚书（第一册）》（江苏广陵古籍刻印社本，1990 年）第 18 页所辑录战国时代成书的《归藏》有“僕”条，《太平御览》卷 840 引作“剥”。作“僕”当是先秦古本。“剥”很可能是在秦系文字的小篆中才出现的一个字形，这也可以解释在马王堆帛书中有“剥”字，因为马王堆帛书的文字正是从秦系文字发展而来的。万献初《经典释文音切类目研究》（商务印书馆，2004 年）第 204 页也指出这里的“剥”音“普卜反”事实上是明假借，是对“攴”的注音。“剥”本音“北角反”，《经典释文》的注音多是“邦角反”。并非“剥”从来就有“普卜反”的音。后来《集韵》“剥”字下收有“普卜反”是把“剥”的通假字的读音直接当作了“剥”本来的读音，《广韵》“剥”字就没有“普卜反”这样的音。

㉜ 二者旁纽为双声。

㉝ 更考《广韵》释为“臊荦，杂乱”，《康熙字典》（中华书局，1992 年）第 997 页引《广韵》同例。而《中华大字典》（中华书局）第 1651 页引《广韵》作：“荦，杂乱貌。”《字汇》释为“祭肉”。《汉语大字典》“肉部”竟没有收录这个字。《集韵》中没有“臊”字，而是作“皪”。《集韵·入声·四觉》：“皪，皪荦，杂色。”《集韵》中的“皪”显然相当于《广韵》中的“臊”，而不是《广韵》中的“皪”。我们如果把“皪”分析为自反字，得音于臊“白乐”切，则正好是帮母音的“驳”字音。我们认为“皪”字形的产生一定要早于臊。“皪”读为帮母的“驳”也进一步说明了自反原理肯定存在。古书中有“驳荦、駮荦、駮乐、剥落”这样的联绵词，参看朱起凤《辞通》（上海古籍出版社，1983 年）第 2309 页。

第十一节　论复声母 sm 的构拟

主张古有复辅音声母的音韵学者们一般是根据以下的一些谐声材料来构拟上古汉语有 sm 这样的复辅音声母：①䴢/昔；②犀/尾；③丧/亡；④眇/少；⑤筮/巫；⑥“糸”字在《类篇》有莫狄切、新兹切二音。另外还有个别异文材料。但是，我们认为这些材料都不能成为构拟 sm 复声母的根据，我们能够对这些材料作出合理的音理上的或文字学上的解释。

例一，《说文》：“䴢，白虎也。从虎昔省声。读若鼏。”莫狄切。《说文解字》的研究家大都怀疑《说文》在这里有讹误，认为䴢不是从“昔”省声，而是从“冥”省声。段玉裁注称：“‘昔’当作‘冥’，字之误也。水部曰‘汨从冥省声’；《玉篇》曰‘䴢俗䴢字’，可证也。又按，《汉书》‘金日磾’，说者谓‘密低’二音。然则，‘日’声可同‘密’。蚰部‘蠠、密’同字。《礼》古文‘鼏’皆为‘密’。则‘鼏、密’音同也。”朱骏声《说文通训定声》就是采用了段玉裁的观点，称：“白虎也。从虎冥省声。读若鼏。”《说文解字诂林》引叶德辉的《说文读若考》也是采取了段注的说法而加以疏证。我们赞同段玉裁的意见。足见《说文》此处的“昔”是“冥”的错字。“䴢”实际上是从“冥”得声。“冥”的上古音是明母耕部，“鼏”是明母锡部，耕部与锡部为阳入对转。因此，这组材料与复辅音声母完全无关，不能作为拟构 sm 复声母的根据。

例二，有的学者利用“犀/尾”来构拟复辅音声母 sm。我们认为这是不能成立的，但可以用训读和自反理论来解释这里的形声结构。《说文》：“犀，南徼外牛[①]。一角在鼻，一角在顶。似豕。从牛尾声。”先稽切。《说文解字系传》作“斯低反”。《说文解字诂林》所引各家注都没有对“犀”的形声结构提出过怀疑和批评，则“犀”从“牛尾声”是不可轻疑的[②]。但我们认为这与复辅音声母无关。因为据分析，“犀”应该分析为自反字，得音于“牛尾”切，而不是仅仅得音于“尾”。“牛”的古音是疑母，而“犀”是心母，这该怎样解释呢？我们认为“犀”所从的“牛”要训读为“牲”，“牲”的古音是山母，上古音读如心母，就是所谓照二归精。考《说文》：“牲，牛完全。从牛生声。”朱骏声《说文通训定声》：“牲者，祭祀之牛也。”《国语·楚语下》：“天子禘郊之事，必自射其牲。”韦昭注：“牲，牛也。”《国语》下文紧接着说：“诸侯宗庙之事，必自射牛。”这里分明是以“牲”与“牛”互文同义[③]。《左传·僖公三十一年》：“牛卜日曰牲。”杜注：“既得吉日，则牛改名曰牲。”《春秋穀梁传·哀公元年》：“全曰牲，伤曰牛，未牲曰牛，其牛一也，其所以为牛者异。”在古文献中，类似的证据尚多。因此，我们认为“牛”在上古时可以训读为“牲”，这是无可置疑的。“牲、尾”相切正是心母的“犀”音。可知“犀/尾”这组材料与复辅音声母无关，不能作为构拟复声母 sm 的根据。从通假字系联来看，“犀”与“师”相通。如《诗经·硕人》：“齿如瓠犀，螓首蛾眉。”其中的“瓠犀”二字，据李学勤《硕人铭神兽镜》[④]所录三国时吴国的《硕人》铭神兽镜是作“会师”。这只能解释为通假字，而“师”从不与明母发生通假关系和谐声关系，其上古音声母不会是复声母 sm，这就反过来证明与“师”相通假的“犀”的上古音也不会是复声母 sm。类似的证据还有。

例三，利用“丧/亡”这组材料来构拟复辅音 sm 是不可靠的。本书在第二章论会意字一节中引用了吾友赵彤博士在其论文《利用古文字资料考订几个上古音问题》（待刊）关于这个问题的考论。这里再引述一遍[5]：

《说文·哭部》："丧，亡也。从哭，从亡，会意。亡亦声。""丧"甲骨文作[6]，于省吾先生认为"本从桑声"，"其所从之两口是代表器形，乃采桑时所用之器"，"为采桑之本字"。[7]按，甲骨文"桑"字作，丧从桑声是很清楚的。金文"丧"字作，[8]下部从"亡"，后来发展为小篆"丧"字的写法。其所从的"亡"究竟是形旁还是声旁？这个问题可以从楚简中找到答案。楚简中"丧"有三种写法：[9]、[10]、[11]。第一种写法直接承自甲骨文，第二种写法加"亡"，第三种写法加"死"，从"亡"从"死"显然是同义意符互换。[12]可见，《说文》根据小篆对"丧"字字形的分析完全是错误的。有些学者把"丧"的上古声母拟作 * sm -[13]，现在看来是不对的，因为：第一，"丧"并不从"亡"声；第二，"丧"本从"桑"声，"桑"并没有与明母相通的证据；第三，免簋铭文有一个从日、丧声的字，读为"昧爽"之"爽"[14]，"爽"字也没有与明母相通的证据。至于"亡"和"丧"是否同源关系，目前也无法证实。

因此，"丧/亡"这组材料不能证明古有复声母 sm。

例四，"眇/少"这组材料也不能证明古有复声母 sm。我们在讨论自反原理一节中已经详细讨论过"眇"是自反字，得音于"目、少"相切，正是明母的"眇"音，并非仅仅得音于"少"。因此，"眇/少"与复声母 sm 无关。"妙"只是"眇"的后起俗字，得音于"眇"，不能简单地分析为以"少"为声的形声字。我们还可以从联绵词的角度予以证明。考东晋时代的郭璞《江赋》："江妃含嚬而绵眇。"《先秦汉魏晋南北朝诗·晋诗》卷十二录张翼《赠沙门竺法頵三首》诗之一："泊寂清神气，绵眇矫妙纵。"《乐府诗集》卷三十三录谢惠连《鞠歌行》："古绵眇，理参差，单心慷慨双泪垂。"其中的"绵眇"是双声联绵词，还有不同的形式作"缅邈"，如西晋大文豪陆机《列仙赋》[15]有曰："年缅邈其难老。"又作"绵邈"，陆机《感时赋》[16]："夜绵邈其难终。"其中的"邈"只能是明母音。还有西汉的司马相如《上林赋》："微睇绵藐。""藐"也只能是明母。因此"绵眇"中的"眇"只能是单辅音的明母。

又如，《诗经·大雅·崧高》："寝庙既成，既成藐藐。"毛传："藐藐，美貌。"其中的"藐藐"在《楚辞》中有同源词作"眇眇"。考《楚辞·九歌·湘夫人》："帝子降兮北渚，目眇眇兮愁予。"王注："眇眇，好貌。""好貌"就是"美貌"，"藐藐"与"眇眇"必是同源词，而"藐"的上古音只能是单辅音的明母，这就说明"眇"也只能是单辅音的明母，与任何复声母都无关[17]。

例五，有的学者利用"筮/巫"来构拟复辅音 sm。这也是不可靠的。考《说文》："筮，《易》卦用蓍也。从竹从𢍉。𢍉，古文巫字。"时指切。根据《说文》的体例，"筮"是会意字，并不是从"巫"得声，这是非常清楚的。《说文解字系传》就明确称"筮"是会意字。《说文解字诂林》所引各家注皆不言其为形声字。至于《经典释文·周礼音义上》称："九巫皆音筮。"这可以理解为"巫"有版本异文作"筮"。其他学者有另外的解释：黄侃《说文笺识四种》[18]第 97 页曰："《周礼》以巫为筮字，则巫亦有筮音，且筮即从巫。"又见黄侃《说文笺识》[19]第 122 页"巫"字条。黄侃先生的意思只能理解为"筮"有时可以省略"竹"旁而为"巫"形，这时候的"巫"就有两个来源不同的读音，一读明母的"巫"，一读如"筮"。这种情况只能理解为"一形多用"或"异字同形"，绝不能作为构拟复辅音的根据，因此，"筮"与"巫"断然不会是同源字。

例六，与上一例的情形比较类似。“糸”字《类篇》有莫狄切、新兹切二音。有学者根据这样的异读来构拟复辅音声母 sm。这也是不可靠的。“糸”字的本音只有“莫狄切”一读，“新兹切”一音是“丝”的读音。这只能理解为“丝”字可以省略两个同形偏旁中的一个，从而与“糸”变得同形，类似的例子如在战国文字中“器”字有时可以省略下面的两个口，从而变得与“哭”同形。这种现象在战国文字中非常普遍[20]。在《说文》中也有类例，如《说文》“屮”字注称“屮”，“古文或以为艸字”。这是说在战国古文中，“艸”有时可以省略一个“屮”，从而变得与“屮”同形；《说文》“袭”字注称“袭”是从“龖”省声，可知“龖”可以省减为“龙”。刘钊《古文字构形学》[21]第三章第 44 页称在古文字中“屮”与“艸”作为偏旁可以相通。“梅”的异体字“槑”有时可以省略作“呆”，从而与发呆的“呆”同形；又，《说文》：“蝘或从䖵。”《说文》：“强，籀文‘强’从䖵从彊。”“秦”的籀文从两个“禾”。“虻”有异体字从“䖵”。裘锡圭《文字学概要》[22]第 114 页称：“至迟在秦汉时代就已经有人把‘虫’当作‘蟲’字用了。”在古文字中，“冈”可以繁写为“网”，而“网”可以省写为“冈”。《说文》“宜”的古文作两个“宜”并列。“次”字的籀文从两个“水”并列。“败”的籀文从上下结构的两个“贝”作“敗”。“糸”的籀文从爪丝会意[23]。《信阳一号墓竹书简》第 023 简有“月”作三个“月”形；《长沙仰天湖二十五号墓竹简》第 30 简有“骨”字的上面部分作重叠之形；《包山二号墓竹简》第 227 简有“蚀”字从三个“虫”；《包山二号墓竹简》第 217 简有“融”字从两个“虫”；“吾”在石鼓文中从两个“五”[24]；“草”在石鼓文中从“茻”；“艿”在古文字中或从“茻”[25]；“芳”在古文字中有从“茻”之例[26]；“荐”在古文字中或从“茻”[27]；“道”在石鼓文中从“行”[28]。“妣”在籀文中作“𡚱”。“车”在金文中有的写作两个“车”（上下结构）[29]。“择”在金文中常写作从“廾”，也就是从两个“又”；金文《师酉簋》中的从“丝”从“同”的字，陈梦家认为就是从“糸”的“絅”[30]。据《说文》，小篆的“渔”在籀文中从“𩺰”之形[31]。据《说文》，“善”从“誩”，而篆文从“言”；据《说文》：“靃，飞声。雨而双飞者其声靃然。”靃，省作霍。类例尚多。王筠《说文释例》[32]卷五“籀文好重叠”一章对这个问题也有所论述，可以参看。故我们只能认为说同是一个“糸”字形代表了两个不同的词，一为“糸”，一为“丝”，这两个词并非同源词，没有音韵上的同源关系[33]。因此不能根据“糸”有莫狄切、新兹切二音来构拟复辅音声母 sm。陈梦家《中国文字学》[34]第三章“汉字的结构”第 37 和第 39 页讨论了先秦古文字中的“全体化为半体”的现象，可以参看。何琳仪《战国文字通论》增补本第四章“战国文字形体演变”中第三节“繁化”列举了战国文字中同形偏旁重叠的许多例证，文繁不录。

例七，学者们构拟复辅音 sm 往往引用下面一个材料：《史记·五帝本纪》：“钦哉，钦哉，惟刑之静哉！”《集解》引徐广曰：“今文云‘惟刑之谧哉’。《尔雅》曰‘谧，静也’。”《索隐》注：“惟形之谧哉。案：古文作‘恤哉’，且今文是伏生口诵，‘恤’‘谧’声近，遂作‘谧’也。”今按，“恤”为古文经，为心母；“谧”为今文经，为明母。二者发音部位相去甚远，而唐朝的司马贞以为在伏生的口诵中二者已经音近。这个现象怎样从音理上解释呢？我们的研究表明这实际上与音近相通毫无关系。我们根据古文字学的考察，认为《史记索隐》提到的古文经的“恤”很可能并非真正的“恤”字，而是一个从心从皿（上下结构）的字被误认成了“恤”。在战国中山王墓出土的方壶铭文上有一个从心从皿（上下结构）的字，有的学者就误释为“恤”。如高明《古文字类编》第 150 页收有战国中山王方壶铭文中的那个字释为“恤”字，但那个字实在不能释为“恤”。张政烺先生的考释认为那个字应该分析为从心皿声，读为“罔”[35]。何琳仪《战国古文字典》没有收入“恤”字，也就是认为中山王方壶铭文中的那个字不是“恤”。汤馀惠主编的《战国文字编》[36]虽然也把那个字分析为从心从皿，但不以“皿”为声符，而是读为“寧”。现在看来，《战国文字编》的意见是对的。“寧”字在古文字中常作“寍”[37]。《说文》：“寍，安也。”战国文字中颇有此字[38]。而在战国古文字中有没有偏旁“宀”往往不影响文字的音义[39]。“寍”省掉“宀”就成为从心从皿的字。在西周中期的青铜器铭文也有此字，裘锡圭等古文字学家就读为“寍”[40]。因此，《史记索隐》所引的古文经“恤”很可能原文是从心从皿的字（上下结构）[41]，也就是“寍”字的省写，而被汉代的经学家误认为是“恤”字[42]。我们这样说还有别的理由。因为有证据表明“恤”字形确实是一个比“卹”后起的字。《尚书·舜典》：“惟刑之恤哉。”段玉裁《古文尚书撰异》[43]卷一下：“卹，今本作恤。此卫包所改也。《尚书》本皆作‘卹’。卫改为‘恤’。妄谓卹、恤古今字也。考《说文》血部‘卹，忧也’。心部‘恤，忧也’。是二字音义皆同。然古书不容径改。”段玉裁《说文解字注》“恤”字注已明言：“恤与卹音义皆同。又疑古只有‘卹’，‘恤’其或体。”段玉裁的见解十分精辟。王引之《经义述闻》三第45页“惟刑之卹哉”条从段玉裁之说，称：“今本‘卹’作‘恤’，乃卫包所改。《古文尚书撰异》已辩之。”段玉裁、王引之的这个见解是对的，现代的古文字学也表明先秦的古文字中只发现了“血”字，还没有发现确实可靠的“恤”字。邹汉勋《读书偶识》[44]卷一第8页：“《小畜》六四‘血去，惕出’。马季长读‘血’为‘恤’，晁说之以‘血’古文‘恤’。《涣》上九‘涣其血去，逖出’。《说卦传》‘坎为血卦’。以《小畜》例之，《涣》之血去亦当读恤。”可知在古文确实没有“恤”字，只作“血”。因此我们说先秦的《古文尚书》中的那个字应该是“寍”的异体字，而不当释为“恤”[45]。这样解释，《史记》原文就与今古文《尚书》都互相和谐。因为“寧（寍）”与“静、谧”意思非常接近，完全可以同义互换，并不是以“寧”与“静、谧”为通假字[46]。《史记索隐》实际上是说作“寧”为古文经，作“谧”为今文经。这与古文献完全相合。考先秦经典中的《尚书》《诗经》《左传》表示“安宁、安静”之义都用“寧”字[47]，而没有用“谧”字之例。在汉语史上，“谧”显然是比“寧”晚出的字。因此说“‘寧’为古文经，‘谧’为今文经”是非常准确的。《史记》这里的异文与复辅音声母无关，不能用来构拟复辅音。古代典籍中的异文有时是错字，而且有的错字要依靠古文字学的材料才能辨析，难度很大。这是用异文来构拟复辅音的学者应该高度重视的。

例八，有的学者还举出了“算/簩”这个例子。据《集韵》“簩”的反切是“莫故切”。今考字书，“簩”不见于《说文》，开始出现于宋代的《集韵》，乃是后起俗字，不可据以论上古音。而且我们没有足够的理由认定此字是以“算”为声符。二者不仅声母毫无关系，其韵母也相差甚远，不能认为二者有谐声关系。

例九，有的学者甚至举出“命/信”为根据构拟复声母 sm - 这例子，其理由是《诗经·周颂·昊天有成命》毛传：“命，信也。”我们认为这个根据是不可用的。因为《诗经》毛传的许多训诂都不是音义皆通的声训，这个训诂材料仅仅是释义，与上古音通转无关。

学者们用以构拟复声母 sm 的证据主要就是以上各例[48]。我们逐一辨析，证明了这些材料都不能成为构拟复声母 sm 的根据。可见，汉语上古音中根本没有所谓的复声母 sm 存在。在英语中 sm - 复声母词如 smack、small、smarmy、smart、smash、smarter、smear、smell、smelt、smidgen、smile、smirch、smirk、smite、smith、smock、smog、smoke、smolder、smooch、smooth、smother、smudge、smug 等从古到今都是复声母 sm -，从来没有分化为 s - 或 m -。可知汉语复辅音 sm - 的构拟与西方语言史不合。

注释

① 段注本无“南”字。

② 金文的《犀伯鼎》《子禾自釜》《睡虎地秦墓竹简》《古玺汇编》都有“犀”字，“犀”字还广泛见于先秦古文献，参看黄德宽主编《古文字谱系疏证（第三册）》（商务印书馆，2007年）第2986页（古文字学家也没有怀疑“犀”的形声结构），以及清代的《说文》四大家的注释。但日本学者白川静《字统》（平凡社，1984年）第339页认为“犀”是会意字，不是从“尾”声的形声字，并且指出古文献中谈到“犀”的时候，没有一个例子特别提到犀牛的牛尾。《新汉语林》（大修馆书店，1989年）第705页也认为是会意字。但《角川新字源》（角川书店，2006年）第638页有独到的分析，认为“犀”是形声字，但不是从“尾”得声，而是从“屖”省声。“屖”字见于《说文》和先秦古文字材料［参看黄德宽主编《古文字谱系疏证（第三册）》，商务印书馆，2007年，第2987页］，正音“先稽切”，而且在古文献中还与“犀”相通（参看《康熙字典》，中华书局，1992年，第302页）。我认为小川环树《角川新字源》的见解最精，“犀”很可能是从“屖”省声，而不是从“尾”声。如果这样，那么，“犀”字的形音结构就与自反、训读无关。我们在正文保留自反分析法，以备一说。总之与复声母无关。

③《国语》此处的前后文确实是互文。如《楚语下》：“天子禘郊之事，必自射其牲，王后必自舂其粢；诸侯宗庙之事，必自射牛，刿羊、击豕，夫人必自舂其盛。”上言“王后必自舂其粢”，下言“夫人必自舂其盛”。韦昭注曰：“在器曰盛。上言‘粢’，此言‘盛’，互其文也。”可证“牛”与“牲”也必然是互文。徐元诰《国语集解》（中华书局，2002年）在此处没有别的注释。

④ 李学勤：《缀古集》，上海古籍出版社，1998年。

⑤ 今按照赵彤先生发给我的电子版原文引述。

⑥ 参看《甲骨文编》（中华书局，2004年）第54页。

⑦《甲骨文字释林》（中华书局，1993年）第76页。亦可参看《甲骨文简明词典》（中华书局，1988年）第334页。按，“丧”或许是从“桑”分化出来，专门表示“丧失”之“丧”的，未必是“采桑”的本字，但其从“桑”声则是很清楚的。陈剑先生说：也可能“丧”所从“吅”或众口作义符乃表示哭泣意（犹“哭”之从口，或“嚣”之“㗊”，表示众口发声），故“丧”或即丧事之丧之本字。

⑧ 参看《金文编》（中华书局，1985年）第79页。金文中还有一个从走从丧的字，《金文编》录于“丧”字头下，陈剑先生说：“此字可能本是从走丧声的另外一个字。”

⑨《上海博物馆藏战国楚竹书·民之父母》第6、7、11、12简。

⑩《郭店楚墓竹简·语丛一》第98简，《郭店楚墓竹简·语丛三》第35简。此形上部写法与另外两形不同，或许不是楚系固有的写法。《郭店楚墓竹简·语丛》前三篇中多有此类情况。

⑪《郭店楚墓竹简·老子》丙本第8、9、10简，《性自命出》第67简，《上海博物馆藏战国楚竹书·性情论》第29简，《民之父母》第9、13、14简。

⑫ 加藤常贤已经注意到金文“丧”字所从的“亡”是意符，他说：“而观之丧字之从亡，乃用为意符，似非用为声符也。”参看《金文诂林补（第一册）》（“国立中央研究院”历史语言研究所，1982年）第492页。

⑬ 如张琨、张谢蓓蒂《汉语＊S－鼻音声母》、郑张尚芳《上古汉语的S－头》，均收入《古汉语复声母论文集》。李方桂《上古音研究》也把“丧”的声母拟作＊sm－，但是括注问号。

⑭ 参看容庚：《金文编》，中华书局，1985年，第232页。

⑮ 参看（三国吴）陆士衡撰，刘运好校注：《陆士衡文集校注（卷三）》，凤凰出版社，2007年。

⑯ 参看（三国吴）陆士衡撰，刘运好校注：《陆士衡文集校注（卷一）》，凤凰出版社，2007年。

⑰ 类似的同源词材料可参看朱起凤《辞通》（上海古籍出版社，1993年）第1427～1428页。《辞通》列举的同源词材料颇充分，本书不再详录。

⑱ 黄侃：《说文笺识四种》，上海古籍出版社，1983年。

⑲ 黄侃：《说文笺识》，中华书局，2006年。

⑳ 类似的旁证可以参看何琳仪：《战国文字通论（订补本）》（中华书局，1989年）第208~209页。

㉑ 刘钊：《古文字构形学》，福建人民出版社，2006年。

㉒ 裘锡圭：《文字学概要》，商务印书馆，1996年。

㉓ 另参看王筠《说文释例》（中华书局，1998年）卷五“籀文好重叠”条，例证甚多。

㉔ 上下结构。类似的例子是古文字中的从“吾”从“攴”（左右结构）的字在金文中常常从上下结构的两个“五”［参看高明《古文字类编（增订本）》，上海古籍出版社，2008年，第435页］。

㉕ 参看忠周：《精编金石大字典》，黄山书社，1998年，第692页。

㉖ 参看忠周：《精编金石大字典》，黄山书社，1998年，第693页。

㉗ 参看忠周：《精编金石大字典》，黄山书社，1998年，第697页。

㉘ 参看裘锡圭：《文字学概要》，商务印书馆，1996年，第65页。

㉙ 参看黄德宽主编：《古文字谱系疏证（第二册）》，商务印书馆，2007年，第1486页。

㉚ 参看陈梦家：《西周铜器断代（上册）》，中华书局，2004年，第244页。

㉛ 参看段玉裁：《说文解字注》，上海古籍出版社，1995年，第582页。

㉜ 王筠：《说文释例》，中华书局，1998年。

㉝ 另参看刘钊《古文字构形学》（福建人民出版社，2006年）第341页关于古文字中可以重叠一些笔画的论述及其举证。陈梦家《中国文字学》（中华书局，2006年）第三章第44页在讨论“同文会合”时有一段论述颇有见地：“同文会合，有一点与指示作用相类，即在它独立表现为一文字时才能发挥它会合的意义。反之，若它为另一个字的偏旁，则它的会合意义可以隐没。如独立为文时，人与从、木与林，在声义上都不同；但金文的‘旅’字可以从一人可以从二人三人而都是‘旅’字；金文的‘楚’字可以从一木而都是‘楚’字。”另如，甲骨文中的“亘”在战国文字中可以省形为“亘”，二者的关系只是繁简之别，与音变或通假无关。《说文》“克”所附的古文字形是篆文“克”的下面部分重迭之形。

㉞ 陈梦家：《中国文字学》，中华书局，2006年。

㉟ 参看张政烺：《张政烺文史论集》，中华书局，2004年，第473页。

㊱ 汤馀惠：《战国文字编》，福建人民出版社，2001年，第319页。

㊲ 参看（清）张玉书、陈廷敬主编《康熙字典》（中华书局，1992年）第291页。

㊳ 滕壬生《楚系简帛文字编（增订本）》（湖北教育出版社，2008年）第682页收录了不少楚系文字中的“窋”，只是从“穴”，不从“宀”。

㊴ 参看滕壬生《楚系简帛文字编・序言》（湖北教育出版社，1995年）第31页，何琳仪《战国文字通论（订补本）》（江苏教育出版社，2003年）第216~217页，例证甚多。我自己举例如：在《郭店楚墓竹简・穷达以时》中“拘”作从“宀”从“句”（上下结构）的字；又今本《老子》第十五章：“熟能浊以久静之徐清，熟能安以久动之徐生。”（光华按，《老子》此章异文很多）而马王堆帛书甲乙二本的“安”都是作“女”，省掉了上面的“宀”。另可参看陈剑博士《说“安”》［见《语言学论丛（第31辑）》（商务印书馆，2005年）］。《郭店楚墓竹简・五行》里的“中”都写成从“宀”从“中”。《郭店楚墓竹简・唐虞之道》里的“主”写成从“宀”从“主”（上下结构）。在金文中的“宿”有不从“宀”的例子（虽然少见）。据马国翰《玉函山房辑佚书》所辑李登《声类》的佚文，“宝”的古文作“珤”（另参看《康熙字典》，中华书局，1992年，第293页）；刘钊《古文字构形学》（福建人民出版社，2006年）第十六章第340页：“古文字中一些字可加宀旁为繁化。”在金文中“亲、造”等字有时写作从“宀”（如“寴”，从而与《说文》中训“至也”的“寴”相混）。“宠”在《诗经》中又写作“龙”。滕壬生《楚系简帛文字编（增补本）》（湖北教育出版社，2008年）第690页所录的两个“宿”字都不从“宀”，同书第691页所录的“寡”字在楚系简帛文字中都没有“宀”旁，同书第691页的“寝”字在《信阳楚简》中都不从“宀”。《郭店楚墓竹简》中的“留”字写作从“宀”旁，“夭”字从“宀”旁。何琳仪《战国古文字典》（中华书局，1998年）第82页称战国文字中的从

“来”从“里”(上下结构)的字有异体带有“宀”。据《集韵》古文“煋”有“宀”旁。又，“是”古文又作“寔”。“惺”有异体带“宀”旁。“蟄”或作从“宀”从“執”。“梦”或作从“宀”从“梦”。据《康熙字典》(中华书局，1992年)第286页，“宵”古文或不从“宀”旁。更考《周礼·小祝》：“寧风旱。”其中“寧”一作“寍”，没有“宀”。

㊵ 参看裘锡圭《中国出土古文献十讲》(复旦大学出版社，2004年)第66页；以及《金文诂林补(第12册)》(“国立中央研究院”历史语言研究所，1982年)第2406～2407页“寍”字条周法高的按语。金文中既有“寍”字(参看陈初生《金文常用字典》，陕西人民出版社，2004年，第729～730页)，也有不从“宀”之形，如《殷周金文集成》第5940条铭文和9735条铭文都有此字(参看张亚初《殷周金文集成引得》，中华书局，2001年，第523页)。

㊶ 刘钊《古文字构形学》(福建人民出版社，2006年)第339页称：“古文字中皿、血二字经常相混。”陈梦家《中国文字学》(中华书局，2006年)第三章“汉字的结构”第48页：“血、盟一字(原注：金文亦同，后来金文加明字为声符)。”光华按，原文的“盟”或许当作“皿”。

㊷ 可举类例：郭沫若《十批判书》[《郭沫若全集·历史编(第二册)》]中的第一篇文章(第21页)论述到：西周金文中有“寽”字，在《尚书·吕刑》中作“率”，抑或作“律”；古文《尚书》误作“鍰”。郭沫若这是说：“东汉的古文家们古文程度并不深，时时爱读别字。”《说文解字叙》有称：东汉时代“今虽有尉律不课，小学不修，莫达其说久矣。”许慎在此文中还严厉批评了东汉时代的“俗儒鄙夫，玩其所习，蔽所希闻，不见通学，未尝睹字例之条，怪旧艺而善野言”。许慎认为当时学者对文字的分析解释有很多“不合于孔氏古文，谬于史籀”。

㊸(清)段玉裁：《古文尚书撰异》，《四部要籍注疏丛刊》，中华书局，1998年，第1805页。

㊹(清)邹汉勋，陈福林点校：《读书偶识》，中华书局，2008年。

㊺ 举一旁证：邹汉勋《读书偶识》(中华书局，2008年)卷二第33页：“古文‘平在朔易’，今文‘便在伏物’。汉勋案：‘易’当作‘昒’，昒、昧、蔑、微，一声之转。微，藏也。昒与物俱从勿声，故今文作‘物’；古文作‘易’者，移‘日’于‘勿’上作之。后人不识，妄认为变易之易耳。”邹汉勋的这段论述十分精彩，他讨论的情况与本文的论述非常相似。

㊻ 本书从古文字的角度作出解释，与段玉裁、王引之企图用通假来解释有所不同。

㊼《尚书》《诗经》和《左传》三种比较古老的经典中根本没有“謐”字。战国时代的古文献《国语》也只有“宁”，没有“謐”字。如《国语·周语下》：“密，寧也。”《周语中》：“故能光有天下，而和宁百姓。”《国语》用“宁”二十多次。

㊽ 还有一个明显不可靠的例字，前辈学者已经辨明。参看沈兼士《广韵声系》(中华书局，1985年)第652页，此不录。

第十二节　论复声母 mn 的构拟

古汉语的三等介音对于谐声或音变往往会发生较大的影响，例如在近代汉语中，“见、溪、群”的三等字与“精、清、从”的开口三等字的声母都同样变化为 j、q、x（此为汉语拼音），这是由于三等介音作用的结果[①]。李方桂在《上古音研究》中注意到了审母三等字与日母（日母只有三等）可以有谐声关系，这也是不能忽视三等介音作用的。李方桂在《上古音研究》第 15～16 页称：“中古的照三、穿三、床三、禅、日等母都跟舌尖前塞音谐声，又只在三等有 j 介音的韵母前出现，我们前面已经定他是舌尖前塞音受到腭化作用而变成中古时期的塞擦音。”同书第 21～22 页称：“中古的三等韵里可以有的声母也远比一、四等韵里的复杂，也比二等韵里的复杂一点儿。只能在三等韵前出现的声母如照三、穿三、床三、审三、神、群、邪、喻，以及后起轻唇音非敷奉微等母。显然这都跟这个三等介音 j 有关，所以在上古音字里也得保留这个介音，否则不但上古的声母系统复杂，我们也无法去解释许多谐声的现象。有些声母受介音 j 的影响所发生的演变，在上面上古讨论声母的时候已经说过了。”我们确实不可轻视三等介音对谐声的影响。[②]

李方桂非常看重三等介音对谐声的影响，这是有道理的，李方桂还有一些论述，我们不再一一引录。我们这里根据自己的研究再举出一个例子，这就是明母的三等字可以与泥母的三、四等字以及日母相通，而与复辅音无关。

如明母三等的“弥”字，在广州方言中读为 nei。据张盛裕《潮阳声母与广韵声母的比较（一）》[③]称明母细音的“弥、弭、瀰”在潮阳方言中读 n 声母[④]。“猫”读 ŋiãu 声母[⑤]，其 ŋ 声母一定是从 n 音变来的。在谐声字中也有证据。如《说文》：“弭，弓无缘可以解辔纷者。从弓耳声。弭或从兒。”绵婢切。小徐本注音为：“弭，面侈反。”都是明母字。段玉裁注：“兒声也。㢰盖此篆之政体。故亦作‘弥’”。尔、兒声同。”考《经典释文》卷十：“招弥，亡婢反。又作弭。”按，“尔、兒、耳”都是日母字，而以之为声者“弥、弭、㢰”却是明母字[⑥]。又，《说文》：“浝，满也。从水尔声。”奴礼切。《广韵》还收有又读音“绵婢切”。则此字有明母和泥母两读。段注本依《诗·释文》补“水”字，作“水满也”。段玉裁注引《诗经·邶风》“河水瀰瀰。”则段玉裁是以“瀰”为“浝”的异体字或通假字。而“瀰”在《广韵》中有两读，一为泥母的奴礼切；一为明母的绵婢切（还有明母的武移切一读）。考《说文》无“瀰”字。“瀰”应该是与“浝”音义皆同的字，本应读泥母。但至少自汉代以来就被学者认为有明母音。如《经典释文》卷五：“瀰，弥尔反。深水也。”《诗经·新台》：“河水瀰瀰。”《释文》：“瀰，莫爾反。徐又莫启反。水盛也。《说文》云：水满也。”又如《说文》：“镾，久长也。从长爾声。”武夷切。“镾”从日母的“尔”声而读明母的“武夷切”。这是上古典籍中的明母与泥母相通的现象。对这个问题该怎样解释呢？我们注意到凡是日母、泥母与明母相通的字都是泥母是三、四等字，明母是三等字，而日母只有三等，都是细音。

又如，据《现代汉语方言大词典（合订本三）第 2412 页，“泥”字在西宁方言和牟平方言中要读为 mi 音。罗常培《厦门音系》[⑦]的第六表注意到在《广韵》和上古音中都是明母的“猫”字，在厦门方言中要读为 n 声母[⑧]。这个例子也符合我们所说的语音条件。

考《广韵》的“猫”字既有二等韵的“莫交切”一音，也有三等韵的“武瀌切”一音。在厦门方言中读为n声母的“猫”字是相当于《广韵》中三等韵的“武瀌切”一音，而不是“莫交切”一音。张振兴《章浮（永福）方言的文白异读》[⑨]一文也注意到同样的现象。而且根据张振兴先生此文的拟音，“猫”在闽语永福方言中的声母正是ni，带有三等介音。

据曹志耘《南部吴语语音研究》[⑩]第八章“11个代表点方言字音对照”第235页，古音为明母三等的“尾”字在南部吴语的磐安方言中读n声母（而且没有韵尾），在金华、汤溪、温州方言中读ŋ[⑪]。在异民族语言中也有同样的现象。据戴庆厦、孙宏开等人编的《藏缅语语音和词汇》[⑫]第659页的289条，“人”在羌语中有两种读音：一是nə，一是mə^{33}。在羌语中虽然有数十个复辅音声母，但并没有mn这样的复声母。因此，只能认为是nə与mə^{33}之间能够发生直接的音变，而不会是来自复辅音的分化。据杨再彪《苗语东部方言土语比较》[⑬]第四章“词汇”第146页的论述，在苗语的汉语借词中，汉语的日母可与苗语声母的m相对应，而且时代很早，其言曰：“有人认为古汉语‘日’母字对应苗语声母m时间最早，是较早时期的对应形式，因而我们把这层称为上古借词层。”如古汉语的“箬、乳、尔、汝、耳”在苗语中的借词都读m声母。据张永言《语源探索三例》[⑭]的介绍，闻宥先生曾经研究指出：古汉语里m－/ȵ－互谐互通的字，其演变大抵为m（j）－→ȵ－，而在藏语里也有m（j）－→ȵ－这样的音变。

据汪平《苏州方言语音研究》[⑮]38页，“尾”在苏州方言中的读音是ȵ声母。再据李树俨《银川方言读音例外字例释》[⑯]一文的论述，在银川方言的例外音变中，有一种是舌尖鼻音与双唇鼻音之间的互变。例如：n声母的“泥、倪、匿、鲇”都读为m声母，而本为m声母的“灭”要读为n声母。这里的例子全都是三四等字，是细音。

据孙立新《西安方言研究》[⑰]第27页，明母的“谬”在西安方言读n声母。而“谬”也是细音字。

我们以上的论述还可以解决古文献中的一个比较麻烦的问题。《史记·汉兴以来将相名臣年表》：“都尉金日磾为车骑将军，秺侯。”《史记·平津侯主父列传》：“受遗则霍光、金日磾。”在《汉书》中，“金日磾”一名多次出现。其中的“日”自古以来读为“密”音，是明母字，根据上文的论述，这是完全正常的音变。但是聂鸿音《中国文字学概要》[⑱]第91页却说：“‘日’的声母［ȵ］在上古汉语里几乎不可能和［m］构成语音转变关系。”并于同书第92页称：“日”读明母“实际上是古羌族人读汉字日的训读，换句话说，汉字‘日’至少在汉武帝时代就传入羌族地区，并被羌族人借用来记录自己的语言”。同书第93页还说读为明母的“日”字“是中国少数民族借用的汉字，后来再回到汉族地区的时候，还带着它那个古怪的读音”。我们不能接受聂鸿音的意见。我认为“日”读明母音不会是古代羌族人的训读音，而是古代汉语自身的内部方言中的音变[⑲]，我们在上面已经多加举证。即使借入了古代羌语中而读明母，也是正常的音读，而不是训读音[⑳]。

据王均等《壮侗语族语言简志》[㉑]“壮语”章（此章是韦庆稳、覃国生撰）第26页，壮语中的腭化声母mj在有的方言中并入n。这条民族语言上的证据有力地支持本书的论断。据德力格尔玛、波·索德编著《蒙古语族语言概论》[㉒]第78页的论述：蒙古语族书面语中以n－开头的词在方言中有时变成m－。如蒙古书面语nis－（飞），到了东乡语和保安语中成了m－的词了。

我们在古文献中还找到了一条比较过硬的证据：《后汉书·耿纯传》：“扬病瘿，欲以惑众，与绵曼贼交通。”注：“绵曼，县名，属真定国，故城在今恒州石邑县西北，俗音讹，谓之‘人文’故城也。”李贤注称“绵曼”误为“人文”是“俗音讹”，则只能理解为古方言中的音变，也就是明母的

“绵”音变为日母的“人”。这个音变肯定发生在东汉以后，唐代以前，岂能与复声母有关？

在谐声字中有例可考。如《说文》：“柔，木曲直也。从木矛声。”耳由切。“柔”是日母，其声符“木”是明母。《郭店楚墓竹简·老子》“柔”作左“矛”右“求”之形。考《说文解字诂林》所引各家注皆不怀疑其谐声结构。《说文假借义证》称：“《海外北经》‘柔利国’一云‘留利国’，此不定谁为假借，柔、留叠韵字。”本书论证过“留”的上古音只能是来母单辅音；汉语上古音中娘日归泥，“柔”必与泥母音相通，而泥母与来母相通是非常正常的。因此，“柔”的上古音必是单辅音的日母或泥母，才可能与“留”形成通假字，不可能是任何复声母。

考《仪礼·公食大夫礼》：“昌本南，麋臡，以西，菁菹、鹿臡。”郑玄注：“今文臡皆作麋。”㉓这样的异文只能理解为通假字。“臡”的上古音是泥母脂部（其异体字“腝”是日母字，只有三等），“麋”是明母脂部，都是三等字，这也是明母和泥母三等字相通的例子，一定是 n 和 m 之间的音变。

更考《史记·殷本纪》：“帝乙长子曰微子启。”《索隐》：“微，国号。爵为子。启，名也。《孔子家语》云‘微’或作‘魏’，读从‘微’音。邹本亦然。”“微”的上古音是明母，“魏”是疑母，都是三等字，二者都是微部字，必是通假字无疑。盖“魏”的上古音声母 ŋj 在上古音方言中有读为 nj 的，从而与明母细音字相通。

据钱大昕《十驾斋养新录》卷五“双声叠韵”条称：“古人名多取双声叠韵。”其双声之例如“提弥明、士弥牟、王孙弥牟、公孙弥牟”中的“弥明”为双声，“弥牟”为双声，而“明、牟”的上古音声母只能是单辅音的明母音，因此“弥”的上古音声母也一定是单辅音的明母，否则与“明、牟”不能构成双声。

又，据王福堂等《汉语方音字汇》㉔第 215 页，中古音为明母三等的“谬”字，在潮州方言中要读 nīū 音，在太原方言中读 niəu。据同书第 71 页，“日”在建瓯方言中的文读是 ni，白读是 mi。又据同书第 131 页，“女”在西安方言中的白读音是 mi。我们认为正是三等这个语音条件使得明母与泥母、日母可以相通。并不是说在古音中凡是明母都可以与泥母、日母相通，二者相通的语音条件是明母与泥母都必须是细音，一般是三等字，泥母可以是四等字。因此不能利用明母与泥母、日母有相通的现象来构拟 mn 或 mn̥ 这样的复辅音㉕。郑张尚芳《上古音系》㉖一书中构拟的复声母 mn 是不可信的㉗。

在谐声字中的“柔”字也可以有合理的解释。《说文》：“柔，木曲直也。从木矛声。”耳由切㉘。“矛”是明母三等字，是细音，《广韵》音“莫浮切”。“柔”是日母字。这个例子也完全符合我们说的明母也应该是细音的语音条件。我们认为“矛”在上古音中应该就有细音一读。考《仪礼·士相见礼》：“在野则曰草茅之臣。”郑玄注：“古文茅为苗。”《孟子·滕文公上》：“画尔于茅。”孙注：“茅，张云：或作苗。”“苗”是明母三等字。因此，有的学者利用“柔/矛”来构拟复声母也是错误的。

再从语言类型学上看，西方语言如英语没有 mn－这样的复声母。法语只有关于“记忆”一词是 mn－复辅音，绝为后起无疑。藏缅语族也少见 mn－这样的复声母。

注释

① 这个现象现在看来在古代方言中可能发生得很早。考《方言》卷一：“京、奘、将、大也。燕之北鄙、齐楚之郊，或曰京，或曰将，皆古今语也。”郭注：“语声转耳。”郭璞注说的“语声转耳”应该理解为音变。“京”是见母三等字，“将”是精母三等字。但二者之间可以如郭璞所说的“语声转”，也就是可以相通。这是在上古的方言中，见母三等与精母三等相通转的铁证，此非任何理论所能否定。在异民族语言中也有这样的音变。如据黄布凡主编《藏缅语族语音词汇》（中央民族学院出版社，1992 年）第 636 页“羌语音位系统”指出：在羌语的方言中，“x 在带介音 i 或 y

的复韵母前常自由变读为ç"。这可以说与汉语是同样的音变。

② 我们在前面讨论训读一节中已经提及：徐通锵《语言论》（东北师范大学出版社，2000 年）第 150 页称："i 介音使舌尖音和舌根音腭化为舌面音。"徐通锵先生此书中还提到："山西闻喜一带的方言双唇音 p、p'、m，在 i 前变读为 t、t'、l（城关以外的地区为 n）就是 i 介音影响的结果。"侯精一、温端政主编的《山西方言调查研究报告（下卷）》（山西高校联合出版社，1993 年）第 666 页指出："今读双唇音 p、p'、m 声母的字，在蟹止效流咸深山臻梗十摄开口三四等今读细音的可以变读为舌尖中音 t、t'、l。这种来自双唇音的 t、t'、l 音节共有 17 个，全部出现在白读中。"如 ti（闭），li（米），tie（憋），lie（明），tiao（表），liao（苗）等，例子很多。足见三等介音 i/j 对声母的影响之大，可以在相当大的程度上改变谐声。在汉越语中也有同样的情形。古汉语的唇音纯四等字汉越语中有的读如舌头音。如据三根古彻《越南汉字对照表》（参见三根古彻《中古汉语和越南汉字音》，汲古书院，1993 年），"篦"在汉越语中读 ti，"劈、癖、僻"读 tich，"并"读 tinh（另可参看丁邦新《论切韵四等韵介音的有无问题》提纲。此为 2004 年 12 月 25 日丁邦新先生在北京大学汉语语言学研究中心的讲稿）。周耀文、罗美珍《傣语方言研究》（民族出版社，2001 年）第 59 页指出在傣语方言中，在主元音 i 前面的 l 可以与 v、b 相对应："胆：景洪 bi，金平 vi，芒市、孟连、元阳、武定、元江、马关、绿春 li。"这也是类似的旁证。另可参考潘家懿《闻喜方言古帮组字声母的读音》（《方言》1985 年第 2 期）；朱晓农《唇音齿龈化和重纽四等》（《语言研究》2004 年第 3 期）也从实验语音学的音理和语言类型学的材料方面指出："唇音加上辅音性滑音 j 有变成齿龈音的倾向。这种音变不但出现在汉越语中，不但出现在汉藏系的其他语言如官话、藏语、独龙语中，还出现于印欧语言和班图语中。不但在历史上出现过，就是在现实的活语言中也可以见到共时变异、共时交替。也就是说 bj > d、pj > t、mj > n/l 是普遍现象。"朱晓农此文提到了唇音齿龈化的现象在龙州土语、藏语、独龙语中都存在。熊燕《客赣方言语音系统的历史层次》（北京大学博士学位论文，2004 年）也非常注意细音介音 i 对声母音变的影响。

③ 张盛裕：《潮阳声母与广韵声母的比较（一）》，《方言》1982 年第 1 期，第 55 页。

④ 据《汉语方音字汇》第二版重排本（语文出版社，2003 年）第 76 页，"弥"在梅县方言、广州方言、潮州方言中都读 n 声母。

⑤ 另参看北京大学中国语言文学系教研室编：《汉语方言词汇》，语文出版社，1995 年，第 58 页。

⑥ 在《郭店楚墓竹简·老子》中"弥"就写作"尔"。

⑦《罗常培文集》编委会：《罗常培文集（第一卷）》，山东教育出版社，1999 年，第 77 页。

⑧ 另参看北京大学中国语言文学系教研室编：《汉语方言词汇》，语文出版社，1995 年，第 58 页。

⑨ 张振兴：《著名中年语言学家自选集——张振兴卷》，安徽教育出版社，2002 年，第 56 页。

⑩ 曹志耘：《南部吴语语音研究》，商务印书馆，2002 年。

⑪ 没有韵尾。我们这里省略了声调。

⑫ 戴庆厦等编：《藏缅语语音和词汇》，中国社会科学出版社，1991 年。

⑬ 杨再彪：《苗语东部方言土语比较》，民族出版社，2004 年。

⑭ 见张永言：《语文学论集（增补本）》，语文出版社，1999 年，第 272 页。

⑮ 汪平：《苏州方言语音研究》，华中理工大学出版社，1996 年。

⑯ 李树俨：《银川方言读音例外字例释》，《语文研究》2004 年第 4 期。

⑰ 孙立新：《西安方言研究》，西安出版社，2007 年。

⑱ 聂鸿音：《中国文字学概要》，语文出版社，1998 年。

⑲ 段玉裁《说文解字注》"鼆"字注就说过明母的"日"读音同于"密"。

⑳ 史佩信《"金日磾"的"日"为什么读"密"》（《文史知识》1997 年第 8 期）一文认为"金日"二字连读造成连读音变，从而使得"日"受到"金"的 -m 的同化，所以变为 m- 声母。这样的解释也颇能成立。后来王健《"日"字为什么读"mi"》（《古汉语研究》2002 年第 3 期）不赞成史佩信之说，认为读为"密"的"日"是"冥"的省声。我们认为王健的文章不足以反驳史佩信之说。不过后来史佩信《再说"金日磾"的"日"为什么读 mì》（见徐时仪等

编《佛经音义研究》，上海古籍出版社，2006 年）改变了旧说，认为这里的“日”是“曰”的错字。可备一说。

㉑ 王均等：《壮侗语族语言简志》，民族出版社，1984 年。

㉒ 德力格尔玛、波・索德编著：《蒙古语族语言概论》，中央民族大学出版社，2006 年。

㉓ 详细的注释参看胡氏《仪礼正义》（江苏古籍出版社，1993 年）第 1209 页。其中提到胡承珙之说称郑玄注应作“今文黂皆作腝”。重要的根据是“黂”在《说文》等古籍中有异体作“腝”。我们认为胡承珙之说的根据不足，不能轻改郑玄注的原文。

㉔ 王福堂等：《汉语方音字汇（第二版重排本）》，语文出版社，2003 年。

㉕ 在藏语阿里克方言中有复辅音声母 mn 和 mɲ。

㉖ 郑张尚芳：《上古音系》，上海教育出版社，2003 年。

㉗ 本来郑张尚芳此书对 i 音的重大作用确有充分的注意，他的有些论述也颇有见地。如他的《上古音系》坚决主张汉语上古音有主元音 i，此书第 160～161 页称：“如果上古没有主元音 i，我们不能解释有些上古 -k 尾字，怎么变成了 -t 尾。”郑张尚芳在列举了一系列的谐声字和通假字材料后，从音理上作了解释：ik 尾其所以会音变为 it 尾，就是因为 i 是前高元音，是锐音，“由于前高锐元音 i 的影响，使韵尾由钝音变成了锐音 -t。……相对的鼻音尾韵 -in、iŋ 也有相似关系。‘黾’有弭尽、母耿二切，‘渑’有‘泯、缅、绳’三音，‘倩’有‘仓甸、七政’二切，‘瞑、零’都先、青两韵，‘奠’谐‘郑’通‘定’，‘臣’与‘铿’、‘辛’与‘骍’谐声。……汉语中古上述 -n 尾字，上古也应来自 -iŋ。可见这些鼻尾字也应是以 i 为主元音才会引起 -ŋ 韵尾锐化为 -n。”这段音理上的阐释，我们认为基本上是正确的。然而相反的语言事实也不可忽视。据王福堂等《汉语方音字汇（第二版重排本）》（语文出版社，2003 年）第 71 页，“日”在中古音是 -t 尾入声，在厦门方言是 lit，在潮州方言是 zik，这只能解释为是 it→ik 的音变。这又该做何解释呢？李方桂先生《上古音研究》（商务印书馆，1998 年）中早已有了类似的考察，其书第 65 页称：“有些字如‘即’，《广韵》入职韵 tsjŋək，‘洫侐’等也入职韵 xjwək，显然有 -t 跟 -k 相混的现象。从《诗经》的用韵看起来应当是 -t，那么《切韵》里的字音当是代表另外一种方音，换言之有些方言 -t 在 i 的后面有变 -k 的可能。也许还有另外一个解释就是说有些方言古代 -k 在 i 的后面受同化作用向前移动 > -kj > -tj > -t，所以《诗经》里至少有些收 -t 的字来源可能是从 -k 来的，这也许是比较合理的解释。”我们认为李方桂先生的后一种解释是正确的，郑张尚芳后来对这种音变的原理作了发挥和补充。许宝华《论入声》（见《许宝华汉语研究文集》，中华书局，2006 年）也详细论述了：韵尾 -k 在前元音 i 的影响下变作 -t。韵尾 -p 在前元音 i 的影响下变作 -t。多有举证，很值得参考。这在重庆方言中可以得到印证。在重庆方言中，“民”与“名”同音，“近、尽”与“静、敬”同音。同时，“跟、根”与“耕、庚”同音，其主元音的 e 也是前元音的锐音，可以将后鼻音 -ŋ 韵尾锐化为前鼻音 -n。这样的音变原理可以解释《楚辞》和《淮南子》等上古文献中的“真、耕”合韵的现象（董同龢《与高本汉先生商榷“自由押韵”说兼论上古楚方言特色》一文对上古文献中的“真、耕”合韵的现象有统计。收入丁邦新编《董同龢先生语言学论文选集》，食货出版社，1974 年，第 10 页）。本师张双棣《淮南子用韵考》（商务印书馆，2010 年）第 123～124 页指出《淮南子》的真耕二部合韵极为普遍，多达 75 例。张老师《吕氏春秋词汇研究（修订本）》（商务印书馆，2008 年）第 370～372 页讨论了《吕氏春秋》中的真耕二部的合韵问题，二部合韵有 20 例。陆志韦《楚辞韵释》（收入《陆志韦语言学著作集（二）》，中华书局，1993 年）专门讨论了《楚辞》中的耕部通真部的现象，指出都是后鼻音音变为前鼻音；林莲仙《楚辞音韵》的韵例统计表列举耕部与真部合韵共六例。钱大昕《潜研堂文集》卷十五（嘉定《钱大昕全集（九）》，江苏古籍出版社，1997 年，第 228 页）：“问：古今言音韵者，皆以真、谆为一类，耕、清为一类，而孔子赞《易》，语此两类，往往互用。”钱大昕在答问中还颇有引证（参看此书第 228～230 页）。孔广森《诗声类》卷八：“阳部则耕青通真文，而不通蒸登。”章太炎《国故论衡疏证》（中华书局，2008 年）第 100 页在讨论古本韵的时候称：“青当从支韵之先。”后又曰：“青韵古音如今先、仙……所以异于真部。”（光华按，郭诚永的疏证对此不能领会，实则章太炎的观察颇有见地，非不明于音理）。同书《成均图》也称：“清真旁转。……清寒亦有旁转”。同书《正言论》：“青真二韵无别界除广东，他省皆然。”王力先生《汉语语音史》的上古音系统中的“真、耕”的主元音都是 e。李方桂《上古音研究》的上古音韵母系统中的“真、耕”的主元音都是 i。无论采取哪一派的意见，都可以从音理上合理地说明上古

音中的“真、耕”合韵现象。再如，耕部三等的“冥”与真部三等的“民”在唐朝其读音还都是可以相混的。这可以从一个避讳的例子看出：古代四象之一的北方名为“玄冥”，但是到了唐朝被改名为“玄武”。这是因为要避唐太宗李世民的“民”的嫌名讳，这就表明在唐朝时后鼻音的“冥”与前鼻音的“民”读音非常相近（在现在的重庆方言中，二者的读音完全不能分别，“冥”读如“民”），而二者都是三等字，有三等介音 j，从而使得后鼻音前化为前鼻音。据杨时逢《湖南方言调查报告》（“国立中央研究院”历史语言研究所，1974 年）“长沙（城内）”第 32 页，在长沙的城内方言中“深臻曾梗全收 n 尾。”如“耕”读 kən。据六朝时代王嘉《拾遗记》卷九（《汉魏六朝笔记小说大观》，上海古籍出版社，1999 年，第 555 页）：“憎其名，改‘伤魂’为‘相弘’。”“魂”是前鼻音，“弘”是后鼻音。

据罗常培《厦门音系》[见《罗常培文集（第一卷）》，山东教育出版社，1999 年] 第 63 页“入声韵尾互变的”一条称：“iek→it：拭鲫穑（职）；脊（昔）。iet→ap 屑（屑）。iek→at：力（职）；贼塞（德）；踢（锡）。”厦门方言中的这些音变完全符合音变的原理，没有一处例外。由于罗常培先生原文没有对这些音变作出音理上的解释。我们在此稍加说明：iek→it 或 at 是因为 iek 的 k 受到前面的 i 和 e 这两个前高元音和中高元音的影响，发生同化音变，从而使得k→t。至于 iet→ap 屑（屑），则要联系声母来加以考察。其音变的原理正好相反，属于异化作用。“屑”的中古音是心母开口四等字，一般学者的拟音为 siet。其中的 i 和 e 是前高元音和中高元音，韵尾的 t 是舌头音，声母的 s 是齿音，这四个音素的发音部位都非常相近，从而容易产生异化作用，使得韵尾的 t 被异化为 p。同书第 62 页《 - ng 尾变 - n 尾的》：“ieng→an：层等（登）。iong→in：雄（东）。ieng→in：轻（清）；应（蒸）。”这些后鼻音音变为前鼻音的例子中，所有的后鼻音的字都带有 i 这个前高元音，从而使得韵尾的后鼻音被这个前高元音同化为前鼻音。这样的音变完全符合音理。赵元任《南京音系》一文（《赵元任语言学论文集》，商务印书馆，2002 年，第 277 页）也早已指出在南京话中，“[ŋ]、[n] 的韵尾也有时受同样的同化作用，其中以 [əŋ、iŋ] 最不稳，[əŋ、yin] 次之，[oŋ、ioŋ] 最不受影响。[əŋ] 韵字独念时往往又用 [ən]。”赵元任称在南京方言中的这种音变是同化作用，这是完全正确的。王力先生《汉语语音史》卷下第七章“条件的变化”（三）也注意到了“韵头 [i] [y] 使主要元音前化”。如麻韵齐齿呼、戈韵撮口呼的元音前化都是由前高元音 i 这个介音造成的。王先生曰：“麻韵在隋唐时代读 [a]，元代麻韵齐齿呼字分化出来，成为车遮韵，读 [e]，到了清代，受卷舌声母的影响，麻韵齐齿呼知照系字又分化出来，读 [ə]。这是因为韵头 [i] 是前元音，影响到后面的元音发音部位向前移了。”这样的音变原理还有助于我们理解古书中的一些通假字的现象。如钱大昕《廿二史考异》（《嘉定钱大昕全集（二）》，江苏古籍出版社，1997 年）卷七第 167 页：“齐郡，钜定。《水经注》作‘巨淀’，‘定’有‘澱’音，语之转也，后人有加水旁。”则“定”既有前鼻音一读，又有后鼻音一读。同书同卷 170 页：“牂柯郡。同并，应劭曰：‘并音泮’。并、伴声相近”（光华按，此见于《汉书·地理志上》，中华书局，第 1602 页）。同书同卷第 174 页：“子之营兮，遭我乎嶩农之间兮。古书‘营’与‘环’通，《说文》：‘营，市居也，读如阛阓’。‘还’与‘环’音亦同也。”以上三例都是前鼻音与后鼻音相通的例子，钱大昕称之为声相近 [类例如《史记·苏秦列传》：“齐之为苏生报仇也。”《集解》称徐广曰：“‘生’一作（先）。”这也是耕部与文部相通之例，也是前后鼻音相通；又如，《史记·齐太公世家》：“鲁人患之，遂杀子纠于笙渎。”《索隐》：又按：邹诞生本作‘莘渎’，‘莘、笙’声相近。笙如字，渎音豆。《论语》作“沟渎”，盖后代声转而字异，故诸文不同也”。“莘”是真部字，“笙”是耕部字而古人称其“声相近”。《史记·龟策列传》：“问其长老，云龟千岁乃游莲叶之上。”《集解》引徐广曰：“莲，一作‘领’。领与莲声相近，或假借字也。”“领”是耕部字，而“莲”是元部字，二者可以相通]。而“定（耕部，四等）、营（耕部，三等）、并（並母，四等）”的主元音或介音都是前高元音或前中高元音。因而可以使后鼻音被同化为前鼻音（附带提及：有的学者主张四等字没有介音 i，认为其主元音是 e；而高本汉、王力、李方桂、丁邦新等学者的观点是认为上古音中的四等韵有 i 介音。例如，这里的“并”是阳部四等韵，古有“伴”音。我现在认为无论承认“并”的上古音有 i 介音，还是承认四等字的主元音是 e，都能解释后鼻音的“並”可与前鼻音的“伴”相通。因为 e 是前中高元音，与 i 的功能相近）。事实上，在吴方言、湘方言、赣方言、四川方言等方言语音中，把后鼻音韵尾读为前鼻音韵尾的现象是相当普遍的，尤其是当主元音是前高元音 i、前中高元音 e，以及前中元音 ɛ 的时候。

然而语言的复杂性常常出人意料。据钱乃荣《当代吴语研究》所介绍的许多吴方言的音系来看，吴方言往往有 iŋ

韵母，而没有 in 韵母；在山西方言中也有这样的现象。如山西平遥方言中的“新、心、星”同音，皆读 iŋ 韵母。南京话常常把普通话中的 in 读成 iŋ，如‘巾、仅、银、因、寅”，而且南京方言中根本没有 - in（参看《赵元任语言学论文集·南京音系》，商务印书馆，2002 年；高本汉《中国音韵学研究》后的“方言字汇”对南京方言的记音）。另如：岳立静《萍乡方言的文白异读及其音变特点》（《语文研究》1998 年第 4 期）称在赣语系统的萍乡方言中，“如梗摄开口字的文读合为深臻摄开口字的读音一样，梗摄合口字的文读音也与深臻摄合口字的读音合流，即：梗摄合口三四等文读与深臻摄合口三等读音合流，读为［yəŋ］；梗摄合口二等文读与深臻摄合口一等读音合流，读为［əŋ］”。这种现象在全国的方言中并非孤例。张维佳《关中方言鼻韵尾的演变模式》（《语言研究》2001 年第 4 期）也提到在关中方言中存在一种鼻音韵尾的合流现象：ən→ə ŋ（分布于宝鸡、岐山、扶风）；iəŋ→iəŋ（分布于凤翔、陇县、千阳）。这些方言音变现象似乎令人费解，但语言的事实就是如此。尤其明显的现在的普通话音系中居然没有 tin 这样的音，而只有 tiŋ。有的方言是把普通话的 tiŋ 读为 tin，这只是音位变体。为什么普通话中的舌尖塞音不能与 in 相结合，而只能与 iəŋ 相结合？这也不容易解释（似乎可以尝试用异化理论来解释。因为 tin 中的三个音素都是舌位靠前，从而发生异化）。还有其他现象也比较费解。如据王福堂等《汉语方音字汇（第二版）》，在梅县方言中的 ɛn 韵和 ɛŋ 韵的韵尾不是很稳定，有自由变体的韵尾 - əŋ、 - k。而 ɛ 是前中低元音。

我曾经常常苦于不能解释 - k 尾的入声字为什么与 - t 的入声字有谐声和通假关系，现在看了李方桂、郑张尚芳的论述，总的来看，我认为这个问题可以比较圆满地解决了。虽然语言的复杂性常常显示出很多例外，但是这或许有其他规律在发生作用。

㉘ 藤堂明保《学研汉和大字典》（学习研究社，1981 年）第 640 ~ 641 页和镰田正《新汉语林》（大修馆书店，1989 年）第 554 页、白川静《字统》（平凡社，1984 年）第 415 页都把“柔”分析为会意字，不认为是从矛得声的形声字。小川环树《角川新字源》（角川书店，2006 年）第 500 页分析“柔”是象形指事。其说并非。

第十三节　论喻四与见系字谐声的问题

在上古音时代就有喻四与见系字谐声和相通的现象是困扰许多音韵学家的难题，至今似乎没有满意的解释。我们先把有关的材料大致排比如下：

①姜、羌，《说文》说都是从余母的“羊”得声[①]；②余母的“羑”是从见母的“久”得声；③“谷”有余母和见母两读；④“钧、均”都从喻四的“匀”得声而读见母[②]；⑤衍/愆；⑥矞/橘；⑦異/冀；⑧與/举；⑨遗/贵；⑩“蛊”与“野、冶”在古籍中相通[③]。类似的材料还有一些，不再详列。

在现代方言中还有遗迹可寻。李新魁《潮音证古》（声母部分）[④]四“以（喻四）纽字的各种读法”称在潮州方言中，喻四字的“易”读为 k 声母；“曳、页、叶、役、昱、煜、毓”等字读为晓母音的 h 声母。在粤方言中存在喻四读为 h 声母的现象。据詹伯慧主编《广东粤方言概要》[⑤]第三章第 171 页称广东肇庆、广宁的方言有云母与喻四读为 h 的现象[⑥]。今以喻四字为例。如：

	叶	姨	以已	演
肇庆	h	h	h	h
广宁	h	h	h	h

这种现象值得注意[⑦]。喻四读 h 的方言现象其音变的过程完全可以得到合理解释。这种音变出现的时代非常晚近，断然不能推往上古，以解释喻四与见系字相通的问题。我对此音变的解释如下：由于喻四读为匣母 ɦ 的现象在各方言中广泛存在，各方言往往同时存在喻三、疑母、影母都读 ɦ 的现象。因此我们有充分的理由将其音变的过程构拟为两类：一是有疑母也读 ɦ 的情形，其音变过程：首先喻三、喻四和影母合流，读零声母，然后发生后鼻音化的音变，三者从而与疑母合流；进而后鼻音的ŋ－发生擦化音变和气化音变，从而音变为 ɦ，再清化就是 h－。简化为：喻三、喻四→ʔ－－→ŋ－－→ɦ→h－[⑧]。这个音变过程十分清晰，每一步音变都非常自然，毫无任何牵强；二是没有疑母也读 ɦ 的情形，则音变过程是喻三、喻四合流为 j－－→ɦ→h－[⑨]。这个音变过程也很自然。无论是哪一种过程，都是很晚近的音变，与上古音无任何关系。

以上的谐声字中，“遗/贵”这组材料不可靠。我们在第二章第一节里引述赵彤博士的意见已经证明“遗”在金文中所从的不是“贵”，而是由于字形讹变造成了与“贵”同形[⑩]。因此，这个材料可存疑[⑪]。

我们对此问题的解释是一部分的喻四字在上古音方言中与喉塞音的影母 ʔ 相混，而影母 ʔ 是清音[⑫]，也是塞音，与见母、溪母的发音部位与发音方法都相同或相近，从而发生谐声和通假关系。这在音理上是很自然的。

董同龢《汉语音韵学》[⑬]第十二章“上古声母”第 295 页已经注意到：喻四字“从谐声字来看，后来变［ʔ－］的大致是自成一类的。央 ʔ－：英 ʔ－，殃 ʔ－，盎 ʔ－；昷：温 ʔ－，煴 ʔ－，醞 ʔ－。所以一向都假定他们在上古已是 ʔ－”。董同龢已经注意到喻四与见系字谐声的问题，也看到“喉音与舌根音是紧邻”。我们认为董同龢的这个意见是很重要的见解，表明上古音中的喻四在方言中很可能就已经有了影母一音。这个意见本来在前辈学者中已经存在，但自从曾运乾的“喻四归定”说出来以后[14]，这个观点就被学术界否定或忽视了。

考钱大昕《潜研堂文集》卷十五[15]在音韵答问时称：“问：古音于晓、匣、影、喻四母似不分别。曰：凡影母之字，引而长之，即为喻母。……‘于、於’同声亦同义，今则以‘于’属喻母，‘於’影母矣。此等分别，大约始于东晋。考颜之推《家训》云：字书‘焉’者，鸟名，或云语辞，皆音於愆反。自葛洪《字苑》分‘焉’字音训，若训‘何’训‘安’，当音於愆反；若送句及助词当音矣愆反。江南至今行此分别，而河北混同一音，虽依古读，不可行于今也。据颜氏说，知古无‘影、喻’之分。葛洪强生分别，江南学者，靡然从之，翻谓古读不可行于今，失之甚矣。”

江永《音学辨微》称：“阴字影母为清，阳字喻母为浊也。”又曰：“影最清，喻之清；喻次浊，影之浊。”分明称影母是喻母的清声母，二者是清浊关系。

陈澧《切韵考》外篇卷三《后论》明确称影母和喻母是清浊相配：“《切韵指掌图》影晓匣喻四母之次第甚谬，竟不知喻母为影母之浊矣。《四声等子》《五音集韵》《切韵指南》皆以晓匣影喻为次第，则影喻清浊相配不谬。”陈澧之说完全同于江永。

劳乃宣《等韵一得·内篇》：“母之清浊相对者，影与喻。”

黄侃《音略》[16]三“古声”：“喻，此影之变声，今音读喻者，古音皆读影。”[17]

章太炎《新方言·音表第十一》[18]也是把上古音的喻母归入影母[19]。

现在看来，把上古音中的喻母一概归入影母是错误的，曾运乾的“喻三归匣、喻四归定”确实是很大的发明，已经得到学术界的普遍认可。但是“喻四”的谐声和通假关系比较复杂[20]。学者们已经看到不能不加分别地认为“喻四归定”。喻四与见系字谐声的事实使我们重新审视钱大昕、陈澧、章太炎、黄侃等前辈学者的喻母与影母密切相关的说法，我们认为这个观点虽然有其严重的片面性，但不能一概抹杀。董同龢已经认识到上古音中的喻四与影母确实有关系。我们认为喻四在上古方音中确实存在过失去声母而音变为影母 ? - 的现象[21]，而影母 ? - 与见系字等喉牙音相通是很正常的音理现象[22]。王力《汉语语音史》[23]第 317 页也称：“在元代，疑母消失了，原疑母字并入喻母，而元代的喻母包括守温字母的影喻两母。”在现代普通话中的喻母平声字读阴平调的也很多，如“悠、攸、鸢、庸”等等。

我们的观点可以从对音材料中得到证明。音韵学家们认为《切韵》中喻四的音值是零声母，如高本汉、李荣、邵荣芬，或认为是 j，如王力、郑张尚芳。这两种意见并没有实质性的差别[24]。我们从对音材料上看，可以确证喻四在东汉时代的方言中就已经有了零声母或 j 这样的读音[25]。日本学者宇井伯寿《译经史研究》[26]中的“从印度语看中国文字的语音”一文对东汉高僧支娄迦谶翻译佛经中的音译现象作了总结，指出支娄迦谶的音译中有的时候是用喻四的“耶”音译 ya，“由”音译 yo，“夷”音译 yi 或 j，“延”音译 yan，“曳”音译 ya，“阅”音译 ja 或 ya[27]。这样的对音材料是很有说服力的。由于东汉是上古到中古的过渡时期，其中的方言现象完全有可能是上古音的遗迹，也即是说上古音中的喻四就已经有了零声母这样的音位变体[28]。在民族语言学中有的研究可作旁证。李永燧《彝语先喉塞鼻音声母考察》[29]一文指出在巍山彝语有带先喉塞的鼻音声母，这种声母与其他藏缅语所具有的清鼻音声母相对应。作者通过比较语言学判断：这样的先喉塞鼻音声母可能是从原始藏缅语的前缀 s - 或 r - 演变来的，因为藏语中的关系词带有前缀 s - 或 r - 。这项研究实际上认为 r - 可以向先喉塞音演变。而且既然前缀 s－或 r－也还与清鼻音声母相对应，那么 r－也就可以向清声母演变，未必一定要经过浊声母的中介。

据日本学者辛岛静志《〈长阿含经〉的原语研究》[30]通过对《长阿含经》中的音译词的研究，发现《长阿含经》是用羊母（也就是喻四）在对音 y。他批评了蒲立本和柯蔚南对汉代的喻四音值的构拟，认为汉代的喻四不是前舌面的 ź，而是近似 y 这样的音。其书第 55 页还提到了平山久雄在 1987 年的讲义中指出上古音中的喻四的音值同中古音一样是前部硬腭的弱摩擦音 j[31]。

我最近在联绵词中找到了相当翔实的证据显示东汉时代的喻四确实可以影母相通，必为 j－音无疑。考《荀子・非相》："今世俗之乱君，乡曲之儇子，莫不美丽姚冶。"其中的"姚冶"是双声联绵词，都是喻四声母。杨注："《说文》曰'姚，美好貌'。冶，妖。"[32]《荀子・礼论》："故其立文饰也，不至于窕冶。"杨注："窕读为姚。姚冶，妖美也。"《荀子・乐论》："姚冶之容、郑卫之音，使人之心淫。"《荀子・乐论》："乐姚冶以险，则民流慢鄙贱矣。"而"姚冶"在东汉以来就有同源异体词作"妖冶"。考东汉张衡《七辩》："金石合奏代叙，妖冶邀会。"三国魏刘劭《赵都赋》："妖冶呈饰，颜如春英。"西晋陆机《文赋》："务嘈囋而妖冶。"《文选》卷 25 陆士龙的赠答诗："京室多妖冶。"也就是说战国晚期《荀子》时代的喻四字"姚（窕）"在东汉以来就与影母字"妖"相通，因此东汉时代的喻四必定与影母可以相通[33]，已经是 j－音，甚至有零声母的变体读音。我们没有任何理由否认"姚冶"和"妖冶"是同源词。

还有一个联绵词的例子。西汉末期扬雄《甘泉赋》："崇崇圜丘，隆隐天兮。登降峛施，单埢垣兮。"李善注："峛施，斜道也。"又考东汉张衡《西京赋》称："既乃珍台蹇产以极壮，墱道逦倚以正东。"薛宗注："逦倚，一高一下，一屈一直也。"《甘泉赋》的"峛施"一词与《西京赋》的"逦倚"音义皆通，当是同源词[34]，其中的"施"上古音是喻四歌部，"倚"是影母歌部，这表明张衡时代的声母喻四已经与影母可以相通，与定母完全无关了。张衡（78—139 年）是东汉中期人，我们可以明确地认为东汉中期的喻四已经是 j－声母，可与影母相通，而不与定母相涉了。

在谐声字中也有证据可寻。《说文》："黟，黑木也。从黑多声。丹阳有黟县。"乌鸡切。《集韵》音"烟奚切"。这个字在字书和韵书中只有影母一读。"黟"从"多"得声如何会读为影母呢？而且从"多"声的字有不少是读为喻四，如"移、栘"等，几乎没有读为影母的例字。这个例外该怎样分析呢？根据我们这一节的讨论，可以认为从"多"得声的"黟"在上古音中最早本是喻四声母，但在汉代的丹阳方言中，"黟"由喻四音变为影母，这是很有可能的[35]。黄焯《古今声类通转表》[36]第 9 页认为"黟"从"多"声而读影母是喉舌通转中的影、端相通转，这是错误的[37]。至于"鸡"的上古音为支部，"多"上古音为歌部，二者的韵部是可以相通的。在段玉裁的《六书音均表》中"支部"为第 16 部，"歌部"为第 17 部，为相邻的两部，音近可通。

在古文字材料中也有证据。如 1959 年在安徽淮阳市发掘的战国墓中出土一件戈，上有错金铭文"（越）王者（旨）於睗"，经学者研究其中的"於睗"可对应《越绝书》的"與夷"[38]，则分明是以余母的"與"与影母的"於"相通。又如，《郭店楚墓竹简・唐虞之道》称："先圣牙后圣。"古文字学者公认这里疑母的"牙"通为喻四的"與"。古文字中的"與"字，学者们公认为是从"牙"得声。这是疑母字与喻四字相通的例子，可以解释为喻四字先变为喉塞音的影母，从而与疑母相通[39]。这样的解释合于音理[40]。这个古文字材料有助于我们解释一个让许多人感到困惑"牙/邪"的谐声问题。这个谐声现象完全可能有合理的解释：考《说文》："邪，琅邪郡。从邑牙声。"以遮切。《广韵》

同。《集韵》《韵会》《正韵》都音“余遮切”。则“邪”本来读余母，后读邪母，当是由余母音变而成[41]。余母与邪母古音关系密切，常常相通，此为常识，不烦举证。问题是“邪”显然是以疑母的“牙”为声符，这该怎样解释呢？我们认为正如“牙”与喻四的“與”可以相通一样，喻四的“邪”从疑母的“牙”得声是很自然的谐声现象。这时候的“邪”应该是读零声母，所以才用疑母的“牙”来作声符。否则，在音理上不易解释[42]。类似的问题也可以因此而得到解释。例如，上古汉语就有第一人称代词可以分为两系：一是疑母的“我、吾”；一是余母的“余、予”[43]。这两组到底是不是同源词？学者们往往不敢轻言。我认为疑母的“我、吾”与余母的“余、予”就是同源词，“余、予”首先音变为零声母，再音变为疑母，这是很自然的音变过程。这就如同从疑母“牙”得声的“邪”可读成余母一样。古文献中还有一个类似的例子。考《淮南子·主术》：“业贯万世而不壅。”王念孙曰：“业，当为叶，声之误也。”[44]而“业”是疑母，“叶”是余母，王念孙以为二者可以相通，并非不合音理。

据丁邦新《儋州村话》[45]一书对海南岛的儋州村话的调查，儋州村话的白话音中，疑母的开合口三等字有的 z 声母，有的有 z 和 ŋ 两读。如“牙、崖、涯”就有 z 和 ŋ 两读[46]。这些字在中古音都限于细音[47]。其中的音变过程应该是：首先疑母的后鼻音 ŋ 脱落，留下了三等介音 j；j 从介音自然成为声母，这个 j 是舌面浊擦音，继而发生前化（也就是舌尖化）的音变，从而音变为舌尖擦音 z。这样的音变过程是很自然的。

李新魁《广东的方言》[48]第 432～433 页论及：在雷州方言中，齐齿呼而非闭口韵的疑母字如“愚、遇、寓、御、玉、原、源、雅、尧、月”读为 z 声母，这是读书音。“它们在普通话中念为［j］，粤方言也失去［ŋ］，雷州话读同普通话和粤语，念为［j］，但因发［j］时摩擦成分很强，遂混入［z］声母。”

其音变过程可以码化为：ŋj→j→z。问题是这样的音变现象在上古是否就已经存在呢？现在不好下判断。如果将来有证据表明这样的音变发生在先秦的方言中，那么“牙/邪”这组谐声字也可以从另外的角度得到非常顺利的解释。但无论如何与复声母无关。

据陈晓锦等《广西北海市粤方言调查研究》[49]第二章的“合浦县沙田镇海边话音系”第 82 页，“忧、友、右”和“腰、摇”都读 z 声母[50]。这样的音变过程一定是影母、云母、以母都先同读为 j 声母，然后继续擦化和前化音变，于是音变为 z。这样的音变应该较晚起，与先秦的汉语音变无关。

上古汉语中的联绵词也表明以母在上古时代就有 j 声母的音变读法。考先秦文献中的联绵词有的是“影母 + 以母”的构成形式。如①“逶迤”一词，在《诗经·羔羊》作“委蛇”，《庄子·至乐》作“委虵”，《楚辞·九章·悲回风》作“委移”，《山海经·大荒南经》作“委维”，西汉王褒《九怀·陶壅》作“威夷”[51]，其中作为以母的“虵、移、维、夷”都应该读为 j 声母，这样才容易与影母字构成双声或准双声联绵词。②《诗经·周颂·潜》：“猗与漆沮，潜有多鱼。”其中的“猗与”为联绵词，表示赞叹[52]。其中的以母字“与”应该读为 j 声母，这样才和影母的“猗”构成双声或准双声联绵词。

我们这里的研究可以解决出土文献上的一些疑难问题。考今本《老子》三十二章：“天地相合，以降甘露。”而马王堆帛书皆作“以俞甘洛”。“洛”读为“露”当无可疑。其中的“俞”的上古音是喻四声母，帛书整理组称：“‘俞’疑读为‘揄’或‘输’。”高明《帛书老子校注》第 399 页认为：“愚以为‘俞’字当借为‘雨’。”高明先生此处讲通假在意思上毫无问题，但却不被一般学者所接受，因为喻三喻四在上古音中区分甚严格[53]，不好轻言相通。但是我最近发现在甲骨文中的一个例子颇令人惊异，似乎可以支持高明先生的观点。那就是卜辞中的商王自称为“余一人”是很正常的，但是在甲骨文中有时写作“于一人”[54]，这分明是以母的“余”和云母的“于”古音相通[55]，不能作出其他解释。我的解释是在商代的“余”和“于”都有零声母的音位变体，所以才出现这样的异文现象。我们的观点也进一步得到了古文字学的支持。从此也可知曾运乾先生的“喻三归匣、喻四归定”的论断肯定有其局限性，在上古音中的喻三有时就有零声母的异读[56]。

对于马王堆帛书的这个问题，帛书整理组的意见很牵强，于训诂难通。我自己还有另一种解释：马王堆帛书本此处的“俞”很可能是“予”的通假字，在古音上没有困难。考“俞”的上古音为喻四侯部，“予”的上古音为喻四鱼部，二者为双声；鱼部和侯部在在西汉时期非常近似，有的学者甚至认为可以合并[57]，完全可以相通转。更考古文献如《春秋繁露·尧舜不擅移汤武不专杀》：“天以天下予尧舜。”《淮南子·泰族》：“欲知轻重而无以予之权衡。”《吕氏春秋·原乱》：“背秦德而不予地。”因此，读“俞”为“予”之借，在马王堆帛书中完全可以讲得通，所以才出现这样的异文。

我们认为由于《切韵》中的以母已经是零声母，所以中古以来的韵书在标注反切的时候，有时实际上是用以母字来作影母字的反切上字，这就造成了对上古音研究的影响。其实，这样的以母字在上古音就是影母，而不是与定母关系密切的喻四。这个现象非常值得注意。古人造的反切，尤其是比较早期的反切，其审音不见得很精密，而且有方言的因素混在里面。在中古时期，有的学者在审音的时候并不严格区分以母和影母，从而使用以母字来作为影母字的反切上字，这样的注音后来被收入了《切韵》系韵书。曾运乾先生对此未能细考，提出中古音中的喻四声母在上古音中一概归入定母，这就出现了混乱，从而不能解释上古音中的以母字和见母字、影母字相谐相通的现象。有的学者又根据以母字复杂多样的谐声情况提出了以母在上古音中是复声母的观点，这也是完全错误的。我们再举一例子：“肙”声字一般读为影母或见母，而“捐”字《广韵》注音为“与专切”，《集韵》是“余专切”，都是以母音。其实“捐”的中古音就是影母，其上古音也是影母，而与定母毫无关系。1978 年阿富汗和苏联学者在阿富汗北部席巴尔干东北发掘一批古墓，其中的三号墓出土有一面汉镜，上有铭文。李学勤先生在《比较考古学续笔（四篇）》[58]一文中对这些铭文作了释文，其中有句曰：“心污结而捐（怨）愁。”其中的“捐”的古音是以母，李学勤认为在这里读为影母的“怨”。我认为这样通读是正确的。这是汉代的以母字和影母字相通的例子。这样的以母字其实是真影母，假以母。

我们的结论是：第一，与见母字有通假或谐声关系的以母字在上古音都是影母字，这样的以母字一般都与端系字不发生通假或谐声关系；第二，还有一部分与端系字关系密切的以母字也有可能在上古音中已经存在零声母的异读音，从而与见母字相通。而见母与影母相通是非常普通的音变现象。

总结以上的论述，上古音中存在的喻四与见系字相通相谐的现象与复声母无关。

注释

① 尾崎雄二郎《角川大字源》（角川书店，1993 年版）第 1411 页“羌”字注认为“羌”是从羊从儿的会意字，并非以“羊”为声符；但同书第 447 页又认为“姜”是从“羊”声的形声字。白川静《字统》（平凡社，1984 年）第 192 页根据甲骨文和金文认为“羌”的字形是本来是象形字，不是形声字。同书第 193 页认为“姜”是形声字。但是我们可以从拟声词的材料认为“羌”自不可能是复声母。考《说文》中有“咣”字：“秦晋谓儿泣不止曰咣。从口羌声。”丘尚切。段注更有讨论。意为“儿泣不止”的“咣”似乎没有理由是复声母。

② 关于“均”和“钧”的读音及谐声问题，我们还可以有别的解释：《说文》：“钧，三十斤也。从金匀声。古文

‘钧’从‘旬’。”居匀切。《说文》明称“钧”从“匀”或“旬”得声（“匀”的上古音是余母，“旬”的上古音是邪母，非常近似，可以相通），然而《唐韵》的反切却是见母音。这该怎样解释呢？我认为“钧”有可能是自反字，得音于“金匀”相切，并非仅仅得音于余母的“匀”。“金匀”切正是“居匀切”的见母音，这绝非偶然。但是，《说文》中还有一个“均”字也是从“匀”得声而读见母，与“钧”同音。这又该怎样解释呢？《说文》：“均，平徧也。从土从匀，匀亦声。”居匀切。《说文系传》作“从土匀声”。《韵会》引《说文》作“从土匀声”。《韵会》当是根据《说文系传》。段玉裁注称：“古多假‘旬’为‘均’，亦假‘钧’为‘均’。”段玉裁的注又该怎样理解呢？我们认为段玉裁注是精辟的。本来依照《说文》本身的解释，“均”一定是读余母的“匀”声，而不会读见母音。当“均”读余母时，与邪母的“旬”非常音近，完全可以相互通转，所以段玉裁说“古多假‘旬’为‘均’”。这里的“均”是余母，而不是见母。段玉裁的这个观察与古文字材料相符合。考先秦古文字材料中的“均”似乎都是读为余母，而不是见母。如春秋时期的《蔡侯钟》。战国时代的“均”有的是作为人名用在玺印上，难以确切断定其读音，但似乎没有证据表明玺印文中的“均”是读见母。所以读余母的“均”可以用作“韻”的古字。如《文选·啸赋》：“音均不恒。”李善注：“均，古韻字。”清代小学家朱珔《说文假借义证》称：“按，音部‘韻’字在《新附》注引裴光远曰‘与均同’。是‘韻’即‘均’之假借。《集韵》云‘韻’或作‘韵’。”也就是说“音韵”的“韵”的古字是作“均”，其所以加“土”字偏旁，大概是因为“土”在上古时代也是八音之一，有不少的乐器是用土作的。段玉裁说的“古亦假‘钧’为‘均’”，这是说见母的‘均’字在上古文献中多是写作‘钧’。也就是‘钧’字在上古文献中的出现要早于读见母的‘均’字。作为偏旁的‘金’后来变成了‘土’，这是因为金和土都属于上古五行观念中的成份，关系密切（或者是因为二者都可用作乐器的原料），所以可以偏旁互换（可举一旁证：《周礼·凌人》：“春始治鑑。”郑注：“鑑如甀，大口以盛冰，置食物于中，以御温气；春而始治之，为二月，将献羔而启冰。”《经典释文》：“鑑，胡暂反。本或作监。音同。”这里的“鑑”实际上就是读匣母的“濫”。参看《康熙字典》（中华书局，1992 年）第 657 页“濫”字条注。《康熙字典》有曰：“‘鑑’或从水，作‘濫’”。水与金都是属于五行，所以作为偏旁可以互换。不过这个例子也可以有另外的解释：正如《经典释文》所说，本来是作“監”，如果着眼于其制作的材料，就加金旁而成“鑑”，如果着眼于其功用是盛水，就加水旁作“濫”。这个在文字学上的解释也颇能成立。另可参看裘锡圭《文字学概要》（商务印书馆，1996 年）第 168 ~ 169 页；又如，“荥”又从“火”作“荧”，“荥阳”又作“荧阳”）。但是“钧”由于变换形旁而为“均”，这样就与另一个读余母的“均”字变得同形了。我们认为同是一个“均”包含着两个来源不同的词，一个本来是音韵的“韵”的古字，从“匀”得声，读余母；一个是从“钧”字变换形旁而来，可以看作是“钧”字的异体，所以读音同“钧”字相同为见母。这可以理解为是本书前面讲的“异字同形”，见母的“均”与余母的“均”并非同源字（光华按，见母的“均”与余母的“均”在意思上出入很大，这是不能看作同源字的一大理由），不是一音之转。如果这个解释能够成立，那么“钧、均”这组材料就与喻四、见系字相谐无关。尚待深考。当然，如果采用本节的论述也能够很清楚地解释其谐声情况，没必要考之过深。

③ 我们认为古籍中存在的见母的“蛊”与喻四的“野、冶”有异文关系是属于通假。如《后汉书·马融列传第五十上》：“兹飞，宿沙、田开、古蛊。”李贤注：“蛊音冶。”又曰：“蛊与冶通。”（王先谦《后汉书集解》在这里没有提供更多的材料）。《晏子春秋·内篇谏下》：“公孙接、田开疆、古冶子事景公，以勇力搏虎闻。”正是作“古冶子”。吴则虞《晏子春秋集释》（中华书局，1982 年）第 166 页引述了刘申叔先生的研究：《乐府解题》作“固野子”。《广韵》十姥“古”字注：“《晏子春秋》有齐勇士古治子。”其中的“治”当为“冶”之误。又，《潜夫论·志氏姓》（汪继培笺，彭铎校正，中华书局，1985 年。）第 462 页：“古漆雕开、公冶长，前人……书‘冶’复误作‘蛊’，后人又传作‘古’。”《史记·货殖列传》：“休则掘冢作巧奸冶。”《集解》引徐广曰：“一作‘蛊’。”段玉裁《说文解字注》（上海古籍出版社，1995 年）第 571 页“冶”字注曰：“《易》‘野容诲淫’。陆德明‘本作冶容’。按，野、冶皆蛊之假借也。张衡赋言‘妖蛊’，今言‘妖冶’。”（段玉裁说的张衡赋见于《文选·张衡·西京赋》：“妖蛊艳夫夏姬。”中华书局影印胡刻本，1995 年，第 27 页）。慧琳《一切经音义》卷五“蠱道”条注音：“上音‘古’，又音‘野’，或云‘野道’，前一百二卷中已具释。”可知“冶’与“蛊’在古汉语中可以相通是事实（另外还有一些材料，可参看《故训汇纂》，商务印书馆，2003 年，第 209 页）。但是杨剑桥《实用古汉语知识宝典》（复旦大学出版社，2003 年）第 231 页

的“训读”条却把这条材料处理为训读，认为是“蛊”训读为“冶”，并不是语音上的通假关系。我们认为杨剑桥的意见未必可信。因为这样的异文也出现在人名的用字中（如据《潜夫论》，“公冶长”又作“公蛊长”），而人名用字是不大好用训读来解释的，除非是因为避讳。

④ 见李新魁：《李新魁音韵学论集》，汕头大学出版社，1997 年。

⑤ 参看詹伯慧主编《广东粤方言概要》（暨南大学出版社，2002 年）。另参看詹伯慧等主编《粤西十县市粤方言调查报告》（暨南大学出版社，1998 年）。

⑥ 据同书第 126 ~ 127 页：“古喻母在广州话里读半元音浊擦音 j。但南海县部分地区（如沙头）和顺德的粤语，古喻母字声母有念为 h 的现象，这在珠江三角洲粤语中是独有的现象。”据同书第 238 页，这样的广东地区有沙头、顺德、明城。据李如龙《福建县市方言志 12 种》（福建教育出版社，2001 年）中的《仙游县方言志》，在仙游县方言的音系中，“渔”的白读音和“鱼”是 hy。据王福堂等《汉语方音字汇（第二版重排本）》（语文出版社，2003 年）第 52 页，以母字“页”在潮州方言读 hieʔ（原注为俗读音，同页提到以母的“叶”也是 hieʔ，是俗读），在福州方言是 hieʔ，在建瓯方言读 ŋ 声母。我认为潮州方言和福州方言中的这些 h/x 声母一定是由 ŋ 声母演变而来。而且这样的音变在《广韵》中已经存在。如“咦”字明显是从以母的夷得声，在《广韵》音喜夷切，是晓母，而在《唐韵》音以之切，是以母字。这只能解释为在《唐韵》中的以母已经与零声母合流，从而产生 ŋ 的变体，进而在方言中音变为晓母。字随音变，这个字后来写作嘻。

⑦ 对这个现象进行专门研究的学者还有林亦《喻四归匣——古以母演变的另一形式》（《语言研究》2004 年第 1 期），此文征引颇广博，材料翔实。张振兴、张惠英《音韵与方言——关于以母读同晓匣母》［石家庄音韵学会议论文，2002 年。但收入张惠英的论文集《语言现象的观察与思考》（民族出版社，2005 年）］，对这个音韵问题的相关学术研究作了相当全面的综述和介绍。彭小川《沙头话古云、以母字今读初析》（《粤语论稿》，暨南大学出版社，2004 年）；刘俐李等《江阴方言新探》（世界图书出版公司，2013 年）第二章第三节“同音字汇”，在江阴方言老派音中，喻四字许多都读 ɦ。高本汉的《中国音韵学研究》也早就论述了同样的问题。还有张晓山《广宁话的 h 声母》（收入《第五届国际粤方言研讨会论文集》，暨南大学出版社，1997 年），丁邦新《儋州村话》（“国立中央研究院”历史语言研究所，1986 年），冯爱珍《福清方言研究》（社会科学文献出版社，1993 年），李如龙等《客赣方言调查报告》（厦门大学出版社，1992 年）等等。

⑧ 根据张均如、梁敏等《壮语方言研究》（四川民族出版社，1999 年）第 198 ~ 201 页的论述，在壮语方言中存在着 r 声母与 h 声母的对应关系，举证甚多。据日本学者北村甫主编《世界的语言》（《讲座语言（第 6 卷）》，大修馆书店，1981 年）中的“南亚语族”章（日本学者坂本恭章所撰）第 182 页指出：“在高棉语的普弄边（光华按，这是根据日语音译词的汉字音写，我暂时没有查到其固定的音写形式）方言中，［r］在二合复辅音中，或者脱落，或者音变为［h］。单辅音的［r］则音变为［h］。”据同书的“阿伊努语”章第 417 页指出：“在原始阿伊努语中，处于音节末尾的 r 到桦太阿伊努语中有时会音变为 h。”

⑨ 尤其是同方言中还有云母字也读 h，这就让人怀疑这样的喻四字是在与云母合流以后才发生的一种较为后期的音变，与上古音完全无关。举一个旁证：据《藏缅语语音和词汇》（中国社会科学出版社，1991 年）175 页，在墨脱门巴语语音系统中“声母 w，如果后边元音是 u 而且是在词首音节，有人读作 ɦ。”这种音变应该是声母的异化和气化。在西方历史语言学中也有类似的音变现象。据 R. L. Trask《历史语言学》（外语教学与研究出版社，2000 年）第76 ~ 77 页的论述，在巴斯克语的吉普日刊方言（gipuzkoan）中，单词里的 j 都无一例外地演变为 x（其所举例子似乎都是 j 处于单词的开头位置）。如 jan→xan；jaun→xuan。这个旁证让人更加确信汉语方言中的喻四读 h 的现象是一种晚期的音变，不是 r→h 的音变。这从音理上也可以解释。以母字读 j 继续往前移动就音变为 z（如粤方言中的东莞、台山、开平等地的方言就有以母字读 z 声母的现象，参看詹伯慧主编《广东粤方言概要》）。j－如果往后移动就音变为 ɣ，再清化就是 h。因此，林亦《喻四归匣——古以母演变的另一形式》（《语言研究》2004 年第 1 期）把方言中的喻四读 h 的现象解释为 r→ɣ→h 的音变过程应不可信（但在民族语言中这样的音变可能是存在的），我自己认为在汉语方言中似乎是 r→j→ɣ→h 的音变过程。林亦此文提到的一些音变不大可信，如她说：流音 l 容易擦化为 h，这是不大可能的，从音理

上难以解释。我前面只说过上古音存在 lh→x/h 音变的现象，不能承认 l→h 的音变（林亦说这是擦化音变，但 l 似乎只应擦化为 z，再清化为 s，不大可能直接擦化为 h。因为二者的发音部位差得较远）。她还提出了汉语方言中存在 r→ɣ→h→的音变过程，恐也难以令人相信。这样处理过于复杂，不如就认为是［r］→［j］的音变（因为上古汉语的喻四在中古已经是 j－，这是直接音变，是声母失落，没有经过任何中间过程）。不过，林亦的这篇论文确实有参考价值，揭示出了新的思路和材料，虽然我不赞成有所谓的喻四归匣的观点。彭小川《沙头话古云、以母字今读初析》也注意到了广东的沙头话中的以母字有读为 h 的现象（如“羊、余、夷、异、移、誉、与、预、愉、叶、页、艳”等等。另外，彭小川《粤语论稿》中还有一篇《沙头话同音字汇》可以参看)，有的还进一步从 h（合口字）音变为 f。但她对以母字读 h 声母的现象所作的音理上的解释是归结为韵摄上的不同类别，与我们这里的解释不同。她说：“联系沙头话喻三保留 h－，h－比较稳定的特点，不难设想，这之间有个类化的问题。即沙头话古云、以母字在演变的过程中，遇、止(开三)、咸、山、宕等韵摄，喻四向喻三靠，念 h－；蟹、止（合三)、流、臻、梗等韵摄，则喻三向喻四靠，念j－(合口则念 w－)。总之，喻三、喻四以韵摄分，向两个不同方向合流，而不是像全国大多数方言一样喻三从喻四。”彭小川指出的韵摄上的分布是值得注意的。但她没有从音理上清楚地讲明音变的原理。我认为沙头话中云以母字这样的音韵特征是发生在云母和以母合流为 j 之后，也就是在六朝以后，与上古音无关。由于 j－的发音部位发生后化音变，擦音成分加强，向牙喉音靠近，从而音变为 ɦ/ɣ［例如，据李如龙《福建县市方言志 12 种》（福建教育出版社，2001年）的“崇安县方言志”第 470 页：崇安县方言中“j 实际上是 ɦ，因只见于齐齿呼标为 j”。据同书“建阳市方言志”同音字表，以母字的“也、野、叶、耀、鹞、酉、预、育、愈、誉”等都读 ɦ 声母，同时许多云母字也读 ɦ 声母，如“羽、于、为、围、违、盂”。我们认为这不是云母保留了上古音的读法，而是同以母字合流以后从 j 音变而成。因为按照建阳方言音变的规律，古音的晓匣母字是读为 x 声母而不是 h 声母，x－和 h－在建阳方言中形成音位对立（光华按，另外在海口方言也是如此。张惠英的文章似乎也认为这是上古音的音变现象，列举有不少的形声字为例)。可知现在的建阳方言有的云母字读 ɦ 声母决不是上古音的遗留。因此，我们要特别警惕现代方言中的云母读 h 的现象不能成为上古音的云母归匣的证据。另外，建阳方言中的日母字有时也读为 ɦ，如“人的文读音、任、仁、刃、仍、让、热、弱、若、如、茹”（参看李如龙《福建县市方言志 12 种》中的“建阳市方言志”同音字表)。这也是经过了 ȵj→j→ɦ 音变而来。值得注意的是在建阳方言中并没有泥母字和疑母字读 ɦ 声母的现象。因此，建阳方言中的日母字读为 ɦ 的音变不可能是经过了 ȵj→ŋ→ɦ 这样的过程。类似的辅音后化音变如袁家骅《汉语方言概要》（语文出版社，2001 年）第111 页所举的湖南双峰话的禅母的“寿”“常”读舌根浊擦音 ɣ，则必定是经过了 ʑ→ɣ 的辅音后化音变。另外，在温州方言和建瓯方言中也有部分禅母字读 ɦ 的现象，不再详举。据李如龙《建阳市方言志·同音字表》，“绍、邵”读 ɦ 声母，这也是辅音后化音变］，后又发生清化，从而成为 h。这就是音变的过程，与上古音全无关系。但由于这样的音变过程没有影母字参与，所以这个音变应该发生在影母字失去喉塞音 ʔ 之前。按照我们这里的解释，广东方言中云母读 h 的现象也就不能看作是上古音的“喻三归匣”的遗留（彭小川就认为云母读 h 的现象是上古音的“喻三归匣”的表现，这是不对的)，而应该认为这是一种回头音变。另外，据赵元任研究，在官话中也有类似的音变。一个纯元音开头的词为了在语流中抗拒被前一个词的辅音韵尾（如前后鼻音）连读，容易在词首滋生出一个舌根浊擦音 ɣ（参看赵元任《官话中的舌根浊擦音声母》，《赵元任语言学论文集》，商务印书馆，2006 年)。再如，据刘新中《海南闽语的语音研究》（中国社会科学出版社，2006 年）第四章“历史音韵”的考察和论述，海南闽语中的云母有的字要读 ɦ/h 声母，如文昌方言中的“晕、域、雨”读 ɦ 声母；我认为这也不是“喻三归匣”的残留，与上古音无关。而是一种后起的音变。因为海南闽语中的云母字有不少字在不少方言点要读 ɦ 或零声母，还有读 dz 声母的。我们只能认为这些云母字早就是 j 声母，在有的地方变成零声母；在有的地方前化为 z 声母；在有的地方后化为 j 声母（然后在清化为 h)；在有的地方由于合口的原因，所以唇齿化为 v（云母的“袁、辕”在文昌方言读 b 的现象应该是从 v 音变而来)；只有这样分析，云母在海南闽语中的不同音值才有统一的音理上的解释。如果把文昌方言中的“晕、域、雨”看成是“喻三归匣”的残留，那么文昌方言中的其他云母字读 dz 或 b 的现象明显是晚近的，不可能是上古音变。这就会造成音理上统一解释的困难。而且文昌方言中以母字“阅、拽、舀”也读 h 声母。我们上面说过，凡是以母字读 h 声母一般是经过了 j→ɦ→h 的音变过程。甚至文昌方言中的一些影母字如“温、瘟、熨”也是 ɦ 声母，这肯定是 ф→j→ɦ 的音变。我们可以说 j→ɦ 的音变在文昌方言中一定存在过。最近读到梅祖麟《闽语“舆”、“浴”两字阳调 h－声母的来源》（《方言》2007 年第 4 期）居然通过所谓的汉藏对音把闽方言中的“舆”“浴”两字读阳调 h－声母的现象解释为是来自上古汉语复声母 gl－。真是乱造假设，闭眼瞎说，全无根据，不值一驳。他对我们上面提到的诸位学者的论文一概不提，还自以为是他最先在解释这个现象。此文发表在本书初版问世两年之后，可对本书的详尽论述一概置若罔闻，岂能谓为学者态度？他在文章中所言及的一些音变不经论证，难以服人。例如，他把上古音中的“谷”构拟为复声母 kl－，把以“谷”为声符的“峪”构拟为单辅音 l－声母。这样的构拟怎能说明二者的谐声关系？难道复声母 kl－的字可以作为单辅音 l－字的声符吗？他说“舆”的古音经历过“lagx”→“jwo”的音变，可是他完全没有解释其音变的原理。我们没有理由相信汉语发展史上存在过这样的音变现象。此辈贯于大言欺人，真可谓颜厚如堵。梅祖麟此文的推论在很大程度上是立足于龚煌城关于汉藏语比较的观点和构拟，这是完全不可信的。我常常惊讶于汉藏语比较学者的异想天开的构拟，我今后对梅祖麟辈的这类近于妖妄的无聊怪论将不再予以讨论。

⑩ 不过古文献有一个材料也不可忽视。考《老子》第二十章：“众人皆有余，而我独若遗。”马王堆帛书甲本也作“我独遗”。而许多学者都认为这里的“遗”要读为溪母的“匮”。只有这样读才通畅。参看高明《帛书老子校注》（中华书局，1998 年）第 321～322 页。这个例子也可以解释为喻四的“遗”在上古就弱化为零声母，所以能与见系字相通。

⑪ 李新魁《潮音证古》（声母部分）（《李新魁音韵学论集》，汕头大学出版社，1997 年）《中古音系》在讨论喻四与见系字相谐声和通假的时候，举有一例：《易·屯》：“雷雨之动满盈。”荀爽本作“满形”。“盈”在以纽，“形”在匣纽。我们认为李新魁先生举的这个例子不可靠。荀爽本作“满形”当是为避汉惠帝刘盈的讳而改“盈”为“形”字，这样的避讳改字与古音无关。

⑫ 董同龢《汉语音韵学》（中华书局，2001 年）第 153 页称：“有一项重要的线索足以帮助我们第一步分别影与两个喻的，就是声调的变化。……现在姑且以平声字为例：凡是中古声母是清音的，各方言都是阴平调，凡是中古声母是浊音的，他们都是阳平调。影母字与两个喻母字怎样呢？影属前一派，与帮滂端透……同；两个喻母都属于后一派，与并明定泥……同。于是我们可以进一步推断，影母字在中古都是以喉塞音 ʔ－起首的，ʔ－是清音，所以声调变化与帮滂等母字同；两个喻母字的起首都是浊音，所以在声调变化上他们都走了并明等母字的路。”实则，早在 1917 年，赵元任已经注意到了影母与喻母的这个分别。据《胡适学术文集·语言文字研究卷》（中华书局，1993 年，第 224 页）“赵元任辨音”一文，赵元任致信胡适称：“影纽之字，皆以韵起，或以喉端音起。其字皆属上声（原注：此上声，指上平、上上、上去、上入，非仅第二声也）。……凡属喻纽之字，皆以韵起。其字皆在下声（原注：下声指下平、下上、下去、下入）。”赵元任说的“上声”是指阴声调，“下声”指阳声调。也就是影母字皆分布于阴声调，喻母字皆分布于阳声调，可见影母与喻母的区别。这种精细的观察确实很有见地，远在董同龢之前。难怪胡适在此文中感叹：“元任辨音最精细，吾万万不能及也。”《韵镜》早已把“影母”归入了清声，把“喻母”归入次浊。清代音韵学家江永《音学辨微》有曰：“‘阴’字影母为清，‘阳’字喻母为浊也。”也指出影母是清声，喻母是浊声。另可参看罗常培《释清浊》（《罗常培语言学论文集》，商务印书馆，2004 年）。民族语言中有类例，如在白语中，所有自成音节的元音前都带有轻微的喉塞音（参看孙宏开等主编《中国的语言》，商务印书馆，2007 年，第 517 页）。

⑬ 董同龢：《汉语音韵学》，中华书局，2001 年。

⑭ 黄侃《声韵通例》（《黄侃国学文集》，中华书局，2006 年）已有喻三喻四的分别，然未详论。黄侃晚年很佩服曾运乾的这个观点。

⑮（清）钱大昕：《潜研堂文集》，《嘉定钱大昕全集（九）》，江苏古籍出版社，1997 年，第 242 页。

⑯ 黄侃：《黄侃论学杂著》，中华书局，1964 年。

⑰ 黄侃《声韵通例》（《黄侃国学文集》，中华书局，2006 年）：“喻，为影浊。”

⑱ 章太炎：《章太炎全集（七）》，上海人民出版社，1999 年，第 132 页。

⑲ 章太炎、黄侃的这个观点受到王力先生的批评，王力先生认为曾运乾的《喻母古读考》的观点是对的。

⑳ 何九盈先生《中国现代语言学史》（广东高等教育出版社，2000 年）第 248 页也承认：“喻四的情形比较复杂，

曾氏的考证可备一说。”

㉑ 王力先生《汉语语音史》（中国社会科学出版社，1986 年）第 496 页在注解中说：“影母字，有时标作［ʔ］，有时标作［ø］，但从音位观点看，［j］、［w］、［ø］都是［ʔ］的变体。”

㉒ 有关的谐声字可参看《古汉语复声母论文集》（北京语言文化大学出版社，1998 年版）第 134～135 页。最明显的例子是“女娲”的“娲”根据韵书反切是见母，而现在却读影母。在现代方言中还有见母与影母相通的现象。如云南的玉溪方言中，见母的“光、公、刚、骨”都读为喉塞音的声母，溪母的“坤、恐、可、刻”读为 ʔ·声母，参看杨时逢《云南方言调查报告》（“国立中央研究院”历史语言研究所，1969 年）第 393 页。赵元任先生在为此书写的序言中也提到：“离昆明不远西南一点玉溪一带，就有腭塞音读喉塞音的现象。”赵先生还有些阐述，此不录）。在闽方言中也有见母读零声母的现象，参看陈章太、李如龙《闽语研究》（语文出版社，1991 年）第 147 页。见母的“锅”在厦门方言中读零声母（参看周长楫《厦门方言辞典·引论》，江苏教育出版社，1998 年，第 10 页）。在文学作品中也有一例可资参考。茅盾的小说《动摇》有曰：“‘张铁嘴怎么说的?’胡太太惴惴地问。‘很好。不用瞎担心事了。我还有委员的福份呢’。‘么事的桂圆?’‘是委员。从前行的是大人老爷，现在行委员了。你还不明白?’”胡太太把张铁嘴说的“委员”听成了“桂圆”，“委”是影母字，“桂”是见母字，二者音近易混。

㉓ 王力：《汉语语音史》，中国社会科学出版社，1985 年。

㉔ 因为喻四本来就是出现在三等韵前面，带有三等介音 j。因此，说喻四是零声母就不包含三等介音 j，说喻四是 j 就包含有三等介音。二者并不冲突。

㉕ 当然这样的读音也有可能是当时方言中的音位变体，也可能是当时雅言中的读音，尚待深考。俞敏《后汉三国梵汉对音谱》（《俞敏语言学论文集》，商务印书馆，1999 年）根据东汉时代的梵汉对音考出东汉的喻母为 y－音；耿振生教授《音韵通讲》（河北教育出版社，2001 年）第四章第六节“两汉音系”已经认为东汉时代的喻四是 j－音（耿先生在书中利用了俞敏文章中的材料）。但我们此节的论述举证多非前人所及。

㉖［日］宇井伯寿：《译经史研究》，岩波书店，1971 年。

㉗《季羡林文集》第十一卷（江西教育出版社，1998 年）第 59～60 页指出了在古印度方言中存在较多的 ya 和 ka 之间的音变。在犍陀罗语中也有 y 和 k 互相音变的情况。举例甚多，此不录。从这些材料推论，如果上古汉语中的以母有音变为 y 的现象，然后在方言中再音转为 k 就是很正常的音变。

㉘ 还有旁证可寻。例一考《老子》二十章：“唯之与阿，相去几何？美之与恶，相去若何?”马王堆帛书甲本“阿”作“诃”，乙本作“呵”。但各本都作“唯”。这里的“唯”就是“唯唯诺诺”的“唯”，是表示赞同、顺从时候的应声词。如《论语·里仁》：“子曰：‘参乎！吾道一以贯之。’曾子曰：‘唯’。”《史记·平原君列传》：“楚王曰：唯唯，诚若先生之言，谨奉社稷而以从。”《史记·范雎列传》：“秦王屏左右，宫中虚无人。秦王跽而请曰：‘先生何以幸教寡人?’范雎曰：‘唯唯。’有间，秦王复跽而请曰：‘先生何以幸教寡人?’范雎曰：‘唯唯。’若是者三。”在古文献中类例甚多。而“唯”的上古音是余母，如果这时的音值还是 r 或王力先生说的 ʎ，那么就难以成为应声词。我认为作为应声词的“唯”的声母已经是零声母。因为在语言中，零声母或摩擦音的声母作为应声词是很正常的。如英语是“OK、Yes”，日语是“Hai”现代汉语是“好、是”。吾友赵彤把上古音的余母构拟为 ql，这样的声母能够成为应声词吗？在语言类型学中能有根据吗？这样的构拟怎样解释上古音中的“喻四归定”现象呢？［把上古音的以母构拟为复声母 ql 有很久的历史了，古文字学家陈梦家《中国文字学》（中华书局，2006 年）］第 106 页就是这样构拟的，而陈梦家又可能是根据了其他音韵学家的观点。因此，这个构拟并不是赵彤的发明，赵彤的文章没有提到陈梦家的著作］。据说 ql→d 的音变在音理上有的学者称为流音塞化，如包拟古、郑张尚芳、潘悟云等人皆有流音塞化之说。也就是边音的 l 把前面的小舌塞音同化为舌尖浊塞音，然后 l 消失。这个边音不仅要使小舌音前移为舌尖音，而且要把清塞音浊化（我可以对此举出反证。据德国突厥语学权威学者冯·加班《古代突厥语语法》（内蒙古教育出版社，2004 年）第 45 页所论，在古突厥语中“浊辅音与 r、l 在一起时，时常清化”。其例如 bärgä→bärkä；birdäm→birtäm；bulYa→bulqa）。但我实在很怀疑这个 l 真的有这么大的同化力吗？在民族语言中倒是相反地存在流音 r、l 被塞音同化的例子。如据朝克《满—通古斯诸语比较研究》（民族出版社，1997 年）第 48 页指出：“总的说来，鄂温克语和鄂伦春语的辅音逆同化现

象比较多，其中最为常见的，一是舌尖音 r、l 被塞音逆同化为 b、p、d、t、g、k。”这种现象显示塞音的同化力要大于流音，并不是流音来同化塞音。其实，这才是名正言顺的“流音塞化”。另外，据周植志等《佤语方言研究》（民族出版社，2004 年）第 6 页指出：“马散土语的浊塞音与 l、r 组合成复辅音，在阿瓦来、大芒糯、和细允等土语里都分别变成了相同部位的鼻音。”转述例证如下（只录声母部分）：

词义	马散	阿瓦来	大芒糯	细允
睁	bl	ml	ml	ml
偷	br	mr	mr	mr
团结	gr	ŋr	ŋr	ŋɣ
消失	gr	ŋr	ŋr	ŋɣ
吓	ghl	ŋl		ŋl

可见这种音变模式是忽视的，这与所谓的“流音塞化”恰好相反。我们也因此认为即使存在复声母派学者所谓的“流音塞化”现象，这个规律也不能被滥用。而且怎样解释到中古音时喻四演变为零声母呢？这从音理上简直难以证明。例二我还有证据可以说明上古音的余母不可能是 ql。因为这样的构拟有一个音变现象作为大前提，就是在上古音中或是上古音以前存在 ql→d 的音变，这是为了解释“喻四归定”的问题。但我有理由认为这个音变不能成立。因为这样的构拟表明上古音有复声母是一个事实。而复辅音派的学者都承认上古音有 kl 和 gl 这样的复声母（本书第三章第一节有详细的讨论）。今将部分谐声字转录于下：1. 果/裸；2. 各/路、洛、略、赂；3. 剑、检/脸、敛、裣；4. 柬/阑、澜；5. 兼/廉；6. 降/隆；7. 京/凉、谅。类例尚多。如果在上古音中或是上古音以前存在 ql→d 的音变，其音变原理是 l 是把 q 同化为舌尖浊塞音 d（因为 l 是舌尖边音）。那么复辅音派学者构拟的 gl 和 kl 为什么没有被大规模地同化为 d 呢？从音理上讲，g 或 k 的发音部位比 q 更靠前，更接近 d 的部位，应该是 gl 和 kl 更容易音变为 d 才对，然而事实绝非如此，上举的几组谐声字没有一个与定母字发生通假关系和谐声关系，更不能把其上古音一概归入定母。这个鲜明的事实有力地说明汉语上古音中肯定不存在 ql→d 的音变，这个音变过程是伪造的。即使在其他语言中存在类似的音变，但不能毫无根据地类推到汉语上古音中。这也证明上古音的余母不可能是复辅音 ql。例三，在上古汉语中的自身代词有“余、予”，这两个词是同源字，都是余母。由于自身代词是属于基本词汇，很常用，其语音形式不可能复杂得很难发音。如在英语是 I，在日语是 watashi，是用元音或半元音开头，发音极自然。我实在难以相信 ql 这样发音艰难的复声母能够成为自身代词“余、予”的声母。而且如果我们确认上古音中的余母有零声母这一变体，就容易解释同样是自身代词的“吾（在上古有时假借作“鱼”）、我”实际上与余母的“余、予”有同源关系。我认为“余、予”在上古时代已经有了零声母一读，这样作为自身代词才显得自然（附带言及，陈梦家《殷墟卜辞综述》第三章“文法”的“代词”一节第 96～97 页通过对甲骨文中的“余、我”的用力的考察，发现“余”在卜辞中是用作第一人称的单数，“我”是用作第一人称的复数，多有举证，应属可信）。例四，在上古文献中，作为喻四的“邪”可作反问语气词，例证甚多，不烦列举。作为反问语气词的“邪”怎么可能是 ql 这样的声母？而且“邪”可以用作人们干重体力劳动时候的呼喊声。考《淮南子·道应》：“今夫举大木者，前呼邪许，后亦应之。此举重劝力之歌也，岂无郑、卫激楚之音哉？”这里的“邪许”是劳动者举大木时候的喊声，古今皆有同样的现象。人们举大木时候的呼喊声怎么可能包含有 ql 这样语音。在外国语和民族语言中能有类似的证据吗？同样的证据还见于《文子·微明》：“今夫挽车者，前呼邪轩，后亦应之，此挽车劝力之歌也。”《吕氏春秋·淫辞》：“前乎舆謣。”高诱注：“舆謣或作邪謣。前人唱，后人和，举重劝力之歌声也。”“舆”也是喻四字。ql 以及其他的复声母都没有可能成为举重挽车时候劝力的歌声。这样的证据岂能用后世的理论来抹杀？在中古文献中也还有同类的证据。考《南史·曹景宗传》：“为人嗜酒好乐，腊月于宅中使人作邪呼逐除。”“邪呼”就是上古文献中的“邪许”。我认为不仅六朝时候的喻四已经是零声母，就是上古文献中的作为语气词和劝力歌声的喻四也应该是零声母，如果读为 r 或 ʎ，那么作为语气词和劝力歌声都是非常不合理的。在英文中，凡是疑问或反问的语气词都没有以 r 开头的，更没有由舌根塞音（或小舌音）加擦音的复声母开头的。我们列举的理由同样适合对前辈大学者龙宇纯先生的批评，因为龙宇纯先生是把上古音中的喻四构拟为复声母 zɦ。例五，据《说文》：“咦，南阳谓大呼曰咦，从口夷声。”以之切。“咦”是喻四字，而用作“大呼”，怎么可能是 ql 这样的复声

母。例六，在上古文献中，在表示周代纪年的时候常常有“唯王”多少年的字样，这是一个套语，在青铜器铭文中也非常普遍。而这个“唯”是作为接头词（也可能有表示尊敬的意思），是喻母字。如果“唯”的声母是 ql 这么难发的复声母，那就没有理由成为接头词。类例如《史记·苏秦列传》：“燕王曰：‘唯先生之所为’。”例七，在上古汉语中存在余母和心母相通的现象，如金文中的“尸方”就是“夷方”；“唯”与“虽”相通。ql 这样的声母怎么可以和 s 声母相通，这从音理上根本不能解释。难道要把相关的上古音构拟为 sql 这样的复声母吗？这简直匪夷所思。例八，据王辅世、毛宗武《苗瑶语古音构拟》（中国社会科学出版社，1995 年）第 341 页构拟有苗瑶语古音的 ql 声母，而这个复声母在现代二十三种苗瑶语方言中没有任何一处方言音变为零声母或 j 声母。因此，赵彤说的 ql→j 的音变是不存在的，是虚构的音变。总结以上论述，我们有相当的信心说 ql 这样的构拟经不住上古汉语自身材料的检验。上古汉语的喻四声母肯定有零声母这样的音位变体，凡是不能解释这一现象的构拟都是错误的。最近看到赵彤兄出版的博士论文《战国楚方言音系》（中国戏剧出版社，2006 年）第 66 ~ 67 页仍然坚持其对古音以母有 ql 的构拟，我认为这很有辨析的必要。我与赵彤有同门之谊，这里的不同意见只是有论无争。

㉙ 李永燧：《彝语先喉塞鼻音声母考察》，《语言研究》1996 年第 1 期。

㉚［日］辛岛静志：《〈长阿含经〉的原语研究》，平河出版社，1994 年。

㉛ 平山久雄的原文未见，商务印书馆本的《平山久雄语言学论文集》未见这样的观点。

㉜ 光华按，杨注引《说文》与今本《说文》异。然不误。更观《方言》卷十三：“姚，好也。”《广雅》：“姚，好也。”杨注恐是引自《字林》。唐朝学者常常把《字林》也当作《说文》。

㉝ 古书中有一相关材料需要辨明。考西汉中前期的司马相如《上林赋》：“妖冶娴都。”这是《文选》本；而《史记·司马相如列传》“妖”作“姣”。《史记索隐》：“姣冶闲都。郭璞云：‘姣，好也。都，雅也’。《方言》云：‘自关而东，河济之间，凡好或谓之姣’。音绞。”光华按，当以《史记》的“姣”为古本，《文选》的“妖”是东汉以后的异文。考西汉以前的文献中“妖”没有“美好”之义。“十三经”中的“妖”全是贬义，多是“妖孽、妖祥”一类的意思，无一例外。所以司马相如的《上林赋》不能成为本文的可靠材料。

㉞ 参看郭珑：《〈文选·赋〉联绵词研究》，巴蜀书社，2006 年，第 234 页。

㉟ 余母和影母相混在汉语方言中很常见，不必多举例子。只看高永安《明清皖南方音研究》（商务印书馆，2007 年）第二章第三节讨论明末宣城话的音系时认为《音韵正讹》中已经影母和喻母相混为零声母。同书第四章第二节称明末徽州方言的音系中影母、喻母、疑母有很多混并。

㊱ 黄焯：《古今声类通转表》，上海古籍出版社，1983 年。

㊲ 在现代汉语方言中的端母读为零声母的现象不能随便用来解释上古的谐声字。如广东的台山方言和开平方言都把端母读为零声母（参看詹伯慧主编《广东粤方言概要》，暨南大学出版社，2002 年），这是很晚近的音变现象，似乎是在全浊声母清化之后才发生的。

㊳ 参看曹锦炎《越王姓氏新考》（《吴越历史与考古论丛》，文物出版社，2007 年；原文发表于《中华文史论丛》1983 年第 3 期）。

㊴ 與的上古音只能是余母，不可能是任何复声母。这里举一个古文字材料的证据。今本《老子》十五章：“豫焉若冬涉川。”马王堆帛书本甲乙本《老子》和河上公本“豫”都作“與”，而《郭店楚墓竹简》本《老子》作“夜”。三者明显是通假字，都是余母。由于“豫”和“夜”的上古音声母只能是余母，所以与二者相通假的“與”的上古音也只能是余母，不能是任何复声母，否则这里的异文通假关系不能解释。

㊵ 在方言中有“喻母”被读成疑母的现象。《胡适学术文集·语言文字研究》（中华书局，1993 年）“赵元任辨音”一文录赵元任之言称：“有数种方言，其《喻》纽之字皆读以‘ng’（疑）发端。”胡适在此文中还谈到在安徽方言中影母读疑母的现象，胡适举例如：哀、安、恩、谙、欧、爱、懊、蔼、恶，这些影母字在安徽方言中要读成疑母。据《现代汉语方言大词典（合订本一）》（江苏教育出版社，2002 年）“四十二处方言概况”第 79 页“西安方言的特点”一节称：“古疑母影母开口一二等字，西安话今逢开口呼韵母读［ŋ］声母。”这是说西安方言中也有影母读为疑母的现象。据庄初升《粤北土话音韵研究》（中国社会科学出版社，2004 年）第 41 页，古代影母字的“爱”与疑母字

的“牙、饿、额”都读为后鼻音的 ŋ。鲍明炜《南通地区方言研究》（江苏教育出版社，2002 年）第 29 页称：“有许多不是来自中古疑母的开口呼音节往往总带有声母。”同书第 59 页称：在南通方言中的影母白读音如“鸦、恶、沤、淹、鸭、晏”都读 ŋ 声母。据侯精一、温端政主编《山西方言调查研究报告》（山西联合高校出版社，1993 年）一书所列出的众多的山西各地方言的音系来看，影母在山西方言中读为疑母的现象相当普遍。何大安《规律与方向：变迁中的音韵结构》（北京大学出版社，2004 年）第三章“特殊的演变方向”也论述到：“部分回头演变，虽然演变方向特殊，在汉语方言中却并非罕见。例如，中古影、疑母开口一二等字在官话方言的发展过程中曾经丢失了声母而合并，复在某些方言的洪音韵母前产生一个鼻音声母 n 或 ŋ。”例如，影母字的“爱、安”和疑母字的“藕、昂”这些字在通化读零声母，在长春读 n 声母，在济南读 ŋ 声母。董同龢《汉语音韵学》（中华书局，2001 年）第 152 ~ 153 页对此作了音理上的解释：“在闽、粤、客家、吴语以及许多北方官话，影母字大都没有声母；在下江官话与西南官话他们大致是开口音与疑母字混为 ŋ -，合齐撮都没有声母；有少数的北方官话则以上述的 ŋ - 为 n -。……下江官话与西南官话开口音的 ŋ - 可以解释为是后加的，开口韵的元音，最多是半高的。可是在一个字的开头，我们往往需要器官紧缩。在这种情形下，字首添加一个 ŋ - 是很容易的（董同龢原注：半高以下的原因时声带的作用比较显著，离喉头最近的是舌根，而在舌根音中，ŋ 的用力不如 k 或 g 那样强）。”董同龢这段音理分析是合情合理的。赵元任在其英语论文“*The Voiced Velar Fricative as an Initial in Mandarin*”（《赵元任语言学论文集》，商务印书馆，2006 年）对普通话中的零声母前常出现后鼻音和浊擦音的现象有所论述。这种现象在汉语音韵史上很早就出现了。另可参看岑仲勉《中外史地考证（上）》（中华书局，2004 年）“蜀吴之梵名”一文第 111 页论古汉语“严道”的对音一节。在少数民族语言的借词中也有这样的音变现象。如根据龙耀宏《侗语研究》（贵州民族出版社，2003 年版）第 43 页的论述，现代汉语在作为借词进入侗语以后，凡是汉语的零声母都要音变为 ŋ 声母。我们认为赵元任说的“喻母”读为“疑母”的音变也应该是“喻母”首先变为零声母的影母，然后再音变为疑母。在中古音以前的喻四声母与定母、来母音近，似乎难以直接音变为疑母。不过，中古音以前的喻三因为读如匣母，所以可以与疑母直接相通。本书有专门一节讨论晓匣母与疑母相通的问题。据鲍明炜等《南通地区方言研究》（江苏教育出版社，2002 年版）第 29 页称：南通方言“有许多不是来自中古疑母的开口呼音节往往总带有［ŋ］声母。”类似的音变在全国各地的方言中普遍存在，难以枚举。这是值得注意的方言现象。我们在这里列举的方言材料是为了说明音变的现象，以证明不同的声母可能相通的条件和事实，并不是把后世出现的某些音变现象机械地推往上古。这是我要强调的。我也注意到著名的方言学家极少用复声母来解释方言中的声母通转现象。

㊶ 有一个证据表明“邪”的上古音肯定有余母音。据俞樾《古书疑义举例》（《古书疑义举例五种》，中华书局，1983 年）卷四“也邪通用例”的论述，在上古文献中存在作为语助词的“也”与“邪”相通假的现象，多有举证。而且陆德明《经典释文·叙录》也说过：“邪、也弗殊。”而“也”的上古音只能是余母。

㊷ 俞正燮《癸巳类稿》卷七“反切证义”条把“邪”分析为自反字，得音于“邑、牙”相切。“邑”是影母字。正如上文所论，影母在上古音中确实与喻四有关系。俞正燮的说法可为一家之言。另外，有一个相关的字也要解释：“衺”字也见于《说文》，是从衣牙声。《广韵》音“似嗟切”，是邪母，在古书中往往与“邪”相通，训为“不正”，可参看《故训汇纂》（商务印书馆，2003 年）第 2054 页。学者们多认为“邪恶”的“邪”的本字就是作“衺”。这个“衺”也是从“牙”声而读邪母，这又怎样解释呢？段玉裁《说文解字注》“衺”字注称：“衺，今字作邪。”似乎是认为“衺”是古字，“邪”是后起的字。然而事实不是如此。因为在先秦的古文字材料中，只发现有“邪”字，没有发现“衺”字。如徐文镜《古籀汇编》（上海书店出版社，1998 年）第 230 页、何琳仪《战国古文字典》（中华书局，1998 年）第 512 页、高明《古文字类编》（上海古籍出版社，2008 年）第 435 页，都收有“邪”字，但这些书都没有“衺”字。我还查阅过其他的古文字材料，可以得出同样的结论。考古文献，在儒家“十三经”中，只有战国时代成书的《周礼》出现过五次“衺”字。战国以前的文献如《诗经》《左传》，以及《尚书》《易经》都没有“衺”字，然而都有“邪”字。我们因此认为“邪”字在汉语史和文字史上出现得比“衺”字早，“邪恶”字最早就是写作“邪”，而“衺”反而是后起本字（本义是“衣不正”，故从“衣”），其音得于“邪”，所以才读为邪母。“衺”字的形和音已经脱离了关系，《说文》把“衺”分析为从“牙”声是错误的，不如说是从“邪”省声，最早是以母字，后为邪母，

其以母音反而消失。“衺”应是得音于“邪”，所以才读为邪母，不能简单地分析为从“牙”得声。由于在汉代的隶书中，作为偏旁的“牙”与“耳”形近易混，所以“邪”在汉代后就产生了一个异体字“耶”，而“耶”只有以母音，没有邪母音，可知在汉代的隶书中，“邪”还是读以母音，而不是舌尖浊擦音的邪母。可参看裘锡圭《文字学概要》（商务印书馆，1996年）第224页。

㊸ 这里姑且只讨论这两组，还有其他的词从略。参看王力《汉语语法史》（商务印书馆，1989年）第41页。王力先生没有从音变的角度予以解释。

㊹ 参看王念孙《淮南子杂志》（《读书杂志》，中国书店，1985年，第57页）。字或作揲，《广雅》：“揲，积也。”《俶真篇》：“揲贯万物。”字或作叶，《方言》卷三：“叶，聚也，楚通语也。”此文正用楚语。《广雅》：“叶、积，聚也。”《原道篇》：“叶累而无根。”王念孙《疏证》引此文，云：“叶与揲通……牒与揲声亦相近。”王念孙《广雅疏证》（收入徐复主编《广雅诂林》，江苏古籍出版社，1998年，第38页）；“业贯”即“揲贯”。这条材料承蒙畏友萧旭兄提示，特此致谢（这段时间萧旭兄正在研治《淮南子》的训诂和校勘，常与我讨论《淮南子》中的训诂和通假问题）。

㊺ 丁邦新：《儋州村话》，“国立中央研究院”历史语言研究所，1986年。

㊻ 参看丁邦新：《儋州村话》，“国立中央研究院”历史语言研究所，1986年，第143页。

㊼ 丁邦新列举了疑母读z声母的字有10余个。

㊽ 李新魁：《广东的方言》，广东人民出版社，1994年。

㊾ 陈晓锦等：《广西北海市粤方言调查研究》，中国社会科学出版社，2005年。

㊿ 这些例子中只有“摇”是以母字，其他是影母字和云母字。

51 参看高文达主编：《新编联绵词典》，河南人民出版社，2001年，第417～419页。

52 郑玄笺：“猗与，叹美之言也。”

53 但近年来林亦《喻四归匣——古以母演变的另一形式》（《语言研究》2004年第1期）一文结合方言材料讨论了古汉语的喻四归匣的问题；郑张尚芳《上古音系》也有观点类似的论述。他们似为独立进行研究，所见略同。但所提出的解释并非没有商榷的余地。

54 参看孟世凯：《甲骨学辞典》，上海人民出版社，2009年，第56，302页。

55 光华按，要注意的是这里的“于”不是作“於”。

56 考《尔雅》：“于，於也”。这一定是声训［类似的文献材料参看高亨《古字通假会典》（齐鲁书社，1997年）第823页；《故训汇纂》（商务印书馆，2003年）55页］，似乎可以表明先秦时代的“于”已经有零声母或j-声母一读，甚至可以说至少战国时代的“于”在很多时候已经不是归入匣母，而是与隋唐时代的“于”同声母了。

57 罗常培、周祖谟《汉魏晋南北朝韵部演变研究》（中华书局，2007年）第21页：《诗经》时代的鱼部字“在西汉时期和《诗经》一样是在一起押韵的，但是还跟《诗经》的侯部字合用，没有显著的分别。……鱼侯两部合用是西汉时期普遍的现象，这是和周秦音最大的一种不同”。邵荣芬《古韵鱼侯两部在前汉时期的分合》（《邵荣芬语言学论文集》，商务印书馆，2009年，第59～60页）专门收集了西汉时期鱼侯两部通押的材料，甚是详尽。王力《汉语语音史》（中国社会科学出版社，1985年）第二章“汉代音系”所列的“汉代的韵部”表甚至取消了侯部，归入了鱼部（还有幽部）。其书第84页称：“鱼部范围改变。先秦侯部……等字转入鱼部。”后来耿振生《音韵通讲》（河北教育出版社，2001年）基本承袭王力的观点，其书第298页还称：“侯部一等与三等与鱼部合韵。”

58 李学勤《比较考古学续笔（四篇）》（《山西师范大学学报》2003年第3期），后收入李学勤《中国古代文明研究》（华东师范大学出版社，2005年）。

第十四节　论汉语古音中有腭化声母及重纽问题

本书详尽研讨了上古汉语没有复声母的存在。这个结论与上古音研究中的其他问题有密切的关系，使得我们对上古音中的其他音韵学问题能够从新的角度去看待。本节要附带讨论一个问题：照三系字与见系三等字在上古音中可以谐声和通假，这是许多学者的共识，已成定论，我们现在既然断定其与复辅音声母无关系，那么到底该怎样解释呢？我们先把有关的文献材料和前人的研究大致介绍如下：

论述过古音中照三系字可与见系字相通（上古音中舌根音和喉音为一系）的有高本汉《谐声说》[①]、董同龢《汉语音韵学》十二章及《上古音韵表稿》第一章第七节[②]以及第16页、《陈独秀音韵学论文集》第113～114页[③]、梅祖麟《跟见系字谐声的照三系字》[④]、李方桂《上古音研究》[⑤]第91～93页。以上论著都讨论了古音中的照三系字与舌根音谐音的问题，均可供参考。黄侃《声韵通例》[⑥]："舌、齿、唇，有时与喉、牙为双声。"这是承认晓母与明母可以相通，也是承认照三系字与见系三等字可以相通，只是黄侃先生未能展开论述。

陆志韦《古音说略》第十四章五"上古喉牙音跟舌齿音的通转"采辑例字最为详尽，今略引数例：

见系字：芍、技、屈、稽、祇、羖。

舌音字：勺、支、出、旨、氏、殳。

陆氏此书所收类例还有很多，此不详录。这里还补充一个我自己收集的材料：在中古的佛经翻译中，梵文的keyura，中文有两种音译，一为"吉由罗"，一为"枳由邏"[⑦]。"吉"的古音为见母三等，"枳"的古音为章母三等。这是见母三等与章母相通的比较过硬的证据[⑧]。

在现代方言中也有类似的音变，如何大安先生《规律与方向：变迁中的音韵结构》[⑨]第三章"特殊的演变方向"第50～51页根据杨时逢的《湖南方言调查报告》指出："醴陵和浏阳是相邻的两个赣方言。这两个方言的音韵结构也非常接近。比方说中古的知系、章系字，在大部分开口韵母前都读成了卷舌声母ts、tsh、s。例如……。但是在y韵母之前，醴陵的知、章系字却和见晓系字一样，读成k、kh、h；相反的，浏阳却在ч韵母前，把见晓系字读成知、章系的ts、tsh、s。"例如，"猪、追、除、专、船、垂、书、拘、均、群、许"这些字在醴陵方言中分别读为k、kh、h声母，在浏阳方言中分别读为ts、tsh、s声母。这个方言材料值得重视。

李新魁《潮音证古》（声母部分）[⑩]三"某些章组字读为［k］"指出："潮语中另有一较为特殊的现象，把中古时的章组字读为［k］，如'枝、栀、指、痣、粥'等。"李新魁称："我们认为，这些材料展示章组字同样来源于上古的牙音组［kj］声母。"这是对的。李新魁此文还列举了一些古文献中的材料。由于有的学者对这个现象不够重视，所以把类似的形声字看成是复声母的反映，这是不当的。例如："收/丩"。《说文》："收，捕也。从攴丩声。"式州切。"收"是书母字，而其声符"丩"是见母，由于二者都是幽部三等字，使得"丩"发生舌面化音变，从而与舌面音的"收"相通。这与复声母毫无关系。另可参看林亦《车字古有居音》[⑪]，此文举证较充分，但没有明确意识到照三系字与见系字相通的问题。虽在音理上探讨不深入，然举证可喜。

我们认为这个问题从音理上应该解释为在上古音中已经存在明显的腭化音变现象。照三系声母在上古音中本为舌面塞音[12]，而见系三等的声母在上古通语音或上古方言中一定是属于腭化声母 kj、khj、gj，从而也接近舌面塞音[13]。这样一来，照三系声母和见系三等声母在发音部位和发音方法上都相当接近，因此二者之间可以发生谐声或通假关系。这个音变的前提是上古音中三等韵已经同中古音的三等韵一样带有舌面细音介音 j，正是这个介音 j 使得上古音中的照三系声母和见系三等声母可以发生通转。我们的解释在音理上是无可非难的。其实董同龢《汉语音韵学》[14]第十二章在讨论上古音声母的时候对这个问题非常重视，在他的上古声母系统中就构拟了一套舌面前音（这就是上古的照三系声母），还有一套舌面后音（包括了见系三等声母）[15]，构拟的这两套声母实际上就是腭化声母，就是为了解释照三系字和见系三等字相通的问题。我认为董同龢的意见是很正确的，他明确认为这个问题就是声母腭化的问题，而不是复声母的问题，虽然董同龢在《上古音韵表稿》和《汉语音韵学》中都主张上古音有复声母[16]。

如果我们的这个解释能够成立，那么在上古音中的三等韵和一二四等韵在音位上的对立就只能理解为是否带有舌面细音介音 j，而不是一些学者所说的是长短元音的对立或松紧元音的对立。否则就不能在单辅音的框架中解释大量存在的照三系字与见系三等字在上古音中可以谐声和通假的问题[17]。我们明确主张古音中的三等韵前的声母是腭化辅音，这在上古音中就存在。其腭化介音 j 是属于声母部分，也许在古代的某些方言中可以作 -i-，二者是音位变体，不容易构成音位对立[18]。三等韵前的腭化声母在语音演变上总的趋势当然是腭化。如照三系声母在上古是舌面塞音，在中古音腭化成舌面塞擦音；知组声母经历了舌尖塞音→舌面塞音→舌面塞擦音的音变过程[19]。类似的腭化音变在古音和现代汉语方音中很常见。我们可以明确地说三等韵前的腭化声母总的演变趋势是不断腭化。一般是在腭化之后才发生其他的音变[20]。

本来这个问题早已由高本汉提出了[21]，即所谓的 j 化问题。高本汉根据《切韵》一二四等反切上字与三等的不同，主张一二四等的声母是纯粹的，三等声母是［j］化的。但高本汉的这个重要见解受到一些著名学者的批评。如陆志韦在《三四等及所谓“喻化”》[22]指出“三四等之分别断不在乎辅音之真正化为腭音与否”，“喻化”说掩盖了三四等对立的实质，即主元音的不同。赵元任《中古汉语的区别性》[23]用介音和谐说代替 j 化说，认为反切上下字有的介音有求同的趋势。李荣《切韵音系》[24]指出“［j］化说在方言里头没有根据”。邵荣芬的《切韵研究》也明确反对 j 化说。有的学者因此认为 j 化说应该取消[25]。然而今天，我要重新回到高本汉的结论，认为 j 化说是完全正确的。罗杰瑞《汉语概说》[26]第九章“南方方言”第 187 页有一段论述值得注意：“汉语的腭化音问题，可以看作有两次。《切韵》之后舌根音在北部和中部方言中的腭化是比较晚的一次，较早的一次是上古汉语和中古汉语之间，中古汉语的腭化音‘枝’‘齿’‘指’都是从上古的舌根音腭化而来。到底那时在什么样的情况下才腭化还不太清楚，有争议，但有这个事实这一点是用不着争议的。闽语仍保留着一些较早的没腭化的舌根音。如厦门‘枝’‘齿’‘指’。客家只保留一个字‘枝’。粤语还未见这个现象。从唇齿音、腭化音这些情况看，南方有些方言从来不爱读塞擦音。”[27]我认为罗杰瑞说的汉语在上古时代就有腭化音的说法是非常正确的[28]，这就是高本汉的 j 化说。更考《史记·夏本纪》：“淮海维扬州：彭蠡既都，阳鸟所居。”《集解》引郑玄曰：“《地理志》彭蠡泽在豫章彭泽西。”孔安国曰：“随阳之鸟，鸿雁之属，冬月居此泽也。”《索隐》：“都，古文尚书作猪。”孔安国云：“水所停曰猪”。郑玄云：“南方谓都为猪，则是水聚会之义。”郑玄说的“南方谓都为猪”表明上古时代的南方方言有腭化音变的特征[29]，因为“都”是一等韵，“猪”是知母（上古音为端母三等）鱼部，这是上古时代的南部方言把一等韵读成了三等韵，因此我认为腭化音变是上古时代南部汉语的语音特点。

我们认为高本汉的j化说是很犀利的观察，断然不能取消。而且我们认为j化说的问题与音韵学中的重纽问题有直接的关系。

我们在上文虽然肯定了三等韵前的声母的一般演变趋势是腭化音变，但任何规则都有例外，其中的喉牙唇音的十个声母的腭化声母在“支脂祭真仙宵尤侵盐”九个韵中要分为两类：一类在等韵图上处于三等位置，是保持了腭化声母的特点，这就是一般被称为的重纽三等，与普通三等韵的特点及演变规律一致；另一类在等韵图上处于四等位置，失去了腭化声母的特点，一般被称为重纽四等，与普通四等韵的特点及演变规律一致；这是我对重纽三四等的区别的总的看法和音理上的解释[30]。重纽四等后来的腭化音变是发生在重纽三等之后，已经与纯四等合流。后来在很多方言中三四等再合流，一起或者进一步腭化，或者不腭化[31]。我对重纽问题这个千古之谜的解释是很简单明了的，我是把这个问题和腭化声母的问题联系在一起。有的前辈学者在很大程度上忽视了古音中的腭化声母的问题。喉牙唇音的十个声母的腭化声母在“支脂祭真仙宵尤侵盐”九个韵前的演变趋势要分为两类；一是继续腭化音变；一是失去腭化介音，中止腭化音变。这主要由反切上字来决定。同一类的反切上字与同一类的反切下字却有不同的演变方向，这就出现重纽问题。例如，中古音中的群母只有三等韵，则群母是腭化辅音，在现代汉语方言中的群母字不仅有大量的腭化音读法，也有失去腭化介音而读洪音的现象，例证也很多，如普通话中的“共、狂、揆、葵、逵、馗、夔”等都是群母字，并没有保留三等介音，这与群母字一般的腭化音变有别。在粤方言中的三等字一概失去三等介音，没有发生腭化音变[32]。日母字只有三等韵，古音一般构拟是ȵj，是舌面鼻音，也是一个腭化辅音。但在现代汉语方言中有不少的地方的日母是读成舌尖鼻音n甚至有读舌根鼻音的现象，失去了腭化成分[33]。中古音的照三系声母是典型的腭化辅音，但现代汉语方言中有的方言点的照三系声母与精组声母合流，读［ts］系声母，这也是失去了腭化成分[34]。叶宝奎《明清官话音系》[35]第一章“明代前期官话音”第54页论及：明代韵书《韵略易通》的音系中“侵寻、幽楼庄组三等韵转为洪音”。再如，据《现代汉语方言大辞典》（合订本）第一册第77页：西安方言“古端组字今逢齐齿呼韵母，城区和水流、灞桥、长延堡、三桥、草滩读［t、tʻ］声母，狄寨读［tɕ、tɕʻ］声母（与长安县相同）”。可见西安方言中的端组细音在某些方言点要腭化，在很多方言点也不腭化”。据陈章太、李如龙《论闽方言的一致性》[36]所描写和归纳的“闽方言十八点声母对照表”，可以很清晰地知道闽方言的十八点方言都没有腭化音变后的声母，也就是没有舌面前塞擦音和擦音，凡是中古音为舌面塞擦音和擦音的一概要读为舌尖音。这就说明三四等韵的声母在闽方言中没有发生腭化音变，或者腭化后又发生了回头音变，失去了舌面音的成分。十八点以外的其他闽方言也是如此[37]。广东的梅县方言和广州方言[38]、东莞方言，广西的南宁平话等方言的声母系统也只有舌尖塞擦音和擦音，没有舌面前塞擦音和擦音。陈晓锦等《广西北海市粤方言调查研究》[39]所考察的北海市的五个粤方言点的声母系统都只有舌尖塞擦音和擦音，没有舌面塞擦音和擦音。可见闽方言和粤方言普遍没有舌面音，也就是没有硬腭化的塞擦音和擦音[40]。类例尚多，难以详列。

可见出现在三等韵前的腭化辅音的演变趋势可以分为腭化音变和非腭化音变两类，这就是重纽三四等的区别：重纽三等保持腭化音变，重纽四等是非腭化音变。用我的理论和观点来解释所有的重纽现象，我没有发现任何困难。实际上，前辈学者如陆志韦、王静如，日本学者有坂秀士、河野六郎都主张重纽三等是软介音 j，重纽四等是硬介音 i，李荣、邵荣芬都接受这一观点。这样的处理正是承认重纽三等是腭化辅音。然而奇怪的是陆志韦、李荣、邵荣芬都一直反对高本汉的 j 化说。我不知道为什么会出现这样的矛盾。

中古音的四等韵有的直到现代汉语都不发生腭化音变，这是很明显的。如端组声母后的四等韵“青、迥、径”等韵。总的来看，端组声母的四等韵基本上都没有发生腭化音变。但是见组、晓组和精组声母的四等韵基本上都在现代北方方言中腭化了，但在粤方言中还是没有腭化。

我们这里举一个例子。在重纽中，影母所结合的韵最多，其反切上字以“於”字用得最多。考《广韵》的“於”有二音：一是三等鱼韵的“央居切”；二是一等模韵的“哀都切”（也就是“呜呼”的“呜”的异体字）。根据我们本节所决定的重纽的原理，可以说凡是作为重纽四等反切上字的“於”都应该读为一等韵的“哀都切”，凡是作为重纽三等反切上字的“於”都应该读为三等韵的“央居切”。具体的材料不录[41]。

注释

① ［瑞典］高本汉著，赵元任译：《谐声说》，《赵元任语言学论文集》，商务印书馆，2002 年，第 231～232 页。

② 董同龢：《汉语音韵学》，《国立中央研究院历史语言研究所集刊（十八册）》，中华书局，1987 年，第 42 页。

③ 陈独秀：《陈独秀音韵学论文集》，中华书局，2001 年，第 113～114 页。

④ 梅祖麟：《跟见系字谐声的照三系字》，《中国语言学报》1979 年第 1 期；又见《梅祖麟语言学论文集》，商务印书馆，2000 年。

⑤ 李方桂：《上古音研究》，商务印书馆，1998 年。

⑥ 黄侃：《黄侃国学文集》，中华书局，2006 年。

⑦ ［日］荻原云来主编：《梵和大辞典》，讲谈社，1996 年，第 377 页。

⑧ 更考《说文解字》：“敲，三足鍑也。一曰滫米器也。从鬲支声。”鱼绮切。光华按，据《唐韵》反切是疑母，而其声符是“支”。可以推知：“支”的上古音一定有见母一读，才有可能音转为疑母，因同为舌根音。有关的谐声字如“妓、技、歧”都是见母字。另可参看高亨《古字通假汇典》（齐鲁书社，1997 年）第 458～460 页，张儒等《汉字通用声素研究》（山西古籍出版社，2002 年）第 502～503 页。梅祖麟等用复声母来解释照三系字和见系字相通的问题，这是不可信的。因为这样的字如“支”声字还可以和疑母音相通。

⑨ 何大安：《规律与方向：变迁中的音韵结构》，北京大学出版社，2004 年。

⑩ 李新魁：《李新魁音韵学论集》，汕头大学出版社，1997 年。

⑪ 林亦：《车字古有居音》，《古汉语研究》2001 年第 3 期。

⑫ 我们认为王力先生《汉语史稿》和《汉语语音史》的观点是可信的，照三系声母在上古音中是舌面音，而不是黄侃先生说的那样完全归入端系声母。否则，在上古音中的照三系声母将与知系声母三等韵合流。从而不能说明二者后来不同的演变。事实上，上古音中的照三系声母与端系声母只能看成是音近可通。黄侃先生在古音学上的一大失误是否认上古音有三等韵。他认为中古三等韵是从古本韵四等韵分化出来的，这个观点虽不完全正确，但在一定程度上有启发性。我认为中古的三等韵特别多而四等韵很少就是因为上古音中的四等韵在中古音中已经演变成了三等韵，与三等韵合流了很多。三等韵声母一般是腭化声母，四等韵是上古音中的细音，凡是上古四等韵发生腭化音变的，在中古音中都并入了三等韵；凡是没有发生腭化音变的四等韵在中古音中都保持了四等韵的地位，这就是黄侃说的古本音了。因此，正如一些音韵学家所说，三等韵的介音是 j，四等韵的介音是 i，i 介音→j 介音的音变就是腭化音变。我曾经很奇怪：为什么在古音的音变中，二等韵和三等韵的声母往往有很相近的演变趋势，而并不同时包含四等韵声母。按照音理上来说，四等韵应该比二等韵更加接近三等韵。但知系声母和庄系声母都包含二三等韵，而不能与四等韵相

结合。我现在认为这是因为三等韵声母是腭化声母，很多四等韵在上古和中古之间就演变成了三等韵，也就是中古音的三等韵本来就包含了不少上古音中的四等韵，这是腭化音变造成的，没有发生腭化音变的四等韵在中古就还是四等韵，只是数量已经不多了。这样音变的结果是造成中古音中的三等韵特别多的一个重要原因。还有一个原因是本书在第一章的注解中论述过的，上古音中的来母二等韵基本上在中古音中并入了三等韵，这也造成了中古三等韵特别多。我们这里的论述进一步证明了三等韵的介音是 j，四等韵的介音是 i。而不是像现在有的音韵学者所作出的一些离奇的解释。只是根据本书的论述，上古音声母系统中存在腭化声母 tj－等，这就是上古音中的照三组声母。腭化声母 tj－与王力《汉语语音史》、董同龢《汉语音韵学》构拟的舌面塞音在音值上很近似（王力、董同龢构拟舌面塞音的处理应该是从高本汉那里来的），我们只是遵照国际学术界和民族学的做法构拟为腭化塞音声母，当然这样处理也有音系学上的考虑。我同意李方桂《上古音研究》（商务印书馆，1998 年）第 10～11 页的意见："高本汉等拟了一套上古的舌面塞音……。这套声母跟上古的舌尖塞音 t－、th－、d－、dh－互谐……。这两套依高本汉的拟定一套是舌面音，一套是舌尖音，发音部位并不相同，不应当谐声。这两套所以谐声的缘故，一定是原来发音部位相同。再者我们也不难决定他们原来的发音部位，因为世界上的语言有舌尖塞音的多，有舌面塞音的少。舌面塞音多数是从舌尖塞音腭化来的，高本汉这套舌面音只见于有介音 j 的三等韵里，其条件正合乎一般语言的原理。"我认为李方桂对高本汉的这点批评是正确的。据英文本《钱伯斯语源学辞典》所载的原始日耳曼语音系和印欧语音系，都只有舌尖塞音，没有舌面塞音。印欧语中有腭化舌根塞音。

⑬ 由于见系三等韵是在近代汉语语音中发生全面的腭化音变，所以我们认为上古音中的见系三等声母是腭化辅音 kj 等，而没有完全舌面化。虽然如此，也能使见系三等声母与照三系声母可以相通。我从民族语言中发现了一个有力的证据：据《瑶族语言简志》的"勉语"章称："舌面音声母（tɕ、tɕh、tɕw……）舌位比较后。这一类声母在一些地方（如广西的宜山、荔浦、忻城、罗城等）是舌根音声母（kj、khj、kjw……）。"勉语中的这个音变现象正好解释上古汉语中的照三系字与见系三等字相通相谐的问题，与任何复声母都无关。另外，独龙语的例子可作参考：独龙语的声母系统存在腭化辅音，如 pj、lj 是独立的声母，而同时又存在圆唇舌根音 kw 这样的声母。除非有明显的证据证明独龙语的声母系统中的腭化辅音 pj、lj 等是晚起的，不然，我更倾向于认为这些腭化辅音与圆唇舌根音声母同样古老。在勉语、布努语、拉珈语中也是同时存在腭化声母和唇化声母。在壮侗语族中，腭化声母是普遍存在的。据《壮侗语族语言词汇集》（中央民族学院出版社，1985 年），在壮语中有腭化声母 pj、kj、mj，在武鸣方言中还有 j 声母；在布依语望谟话中有腭化声母 pj、mj、ʔj；在侗语榕江章鲁方言中有腭化声母 pj、phj、mj、ʔlj；在仫佬语中的腭化声母有很多，不仅有 pj、phj、mj、ʔlj，还有 fj、tj、thj、nj、tsj、tshj、sj；另外在毛南语环江下南话中的腭化声母也非常多。总之，腭化声母在壮侗语族中广泛存在。据邢公畹《红河上游傣雅语》（语文出版社，1989 年）第 11 页的论述，傣雅语有很系统的腭化声母，数量较多。值得注意的是有 tj 系、pj 系、kj 系、fj、vj、lj、hj 这样的腭化声母，但是没有塞擦音的腭化声母。这个现象很重要，因为古汉语的重纽声母也指出现在喉牙唇组声母，不出现在章庄知精这样的塞擦音声母。古汉语这样的重纽分布与傣雅语的腭化声母的分布有相通之处。这为我们的观点：重纽三四等的实质问题即是否腭化的问题添一佐证。R. L. Trask《历史语言学》（外语教学与研究出版社，2000 年）第 60～61 页讨论了腭化音变的问题。其举例如：英语 key 中的 k 比 car 的 k 的发音部位更靠前，这是因为 key 中的 k 紧接着上腭元音 i，而 car 中的 k 后面却没有这样的元音。这样的腭化音变虽然不十分明显，但也很重要。较为明显的是：在古英语的 cheese/child/chin/church 这些词汇中的 ch 都要读为 k，只是后来发生了腭化音变。其书 62 页讨论"fusion"的时候所举的例子其实也属于腭化。如英语中的 tj/dj/sj 常常腭化为 tʃ j/dʒj/ʃ j。西方历史语言学家所构拟的原始印欧语中也有腭化辅音，一般是腭化舌根音。腭化音变是一种非常重要的音变形式，也可以看成是一种弱化（lenition・weaken）。腭化音变分为硬腭化（palatalization）与软腭化（velarization），我们在本书中讨论的腭化一般是说硬腭化。在印欧语中发生腭化音变是很普遍的。据《中国大百科全书・语言文字卷》"类型语言学"条提到："在英语、俄语、法语、拉丁语、意大利语、西班牙语、德语、梵语等语言史中都有过类似的腭化现象。"另可参看《中亚文明史（第一卷）》（联合国教科文组织，中国对外翻译出版公司，2002 年）第 268～269 页的论述。克里斯特尔《现代语言学词典》（商务印书馆，2000 年）第 254 页"palatal"条；布斯曼《语言学词典》（商务印书馆，2003 年）第 384 页；《简明牛津语言学词典》（英文本，牛津大学出版

社，2005 年）第 262 页；特拉斯克《语音学和音系学词典》（语文出版社，2000 年）第 188 页；《语言学百科词典》（上海辞书出版社，1998 年）第 615 页；日本音声学会编《音声学大辞典》（东京三修社，1976 年）第 299～305 页。

⑭ 董同龢：《汉语音韵学》，中华书局，2001 年。

⑮ 董同龢：《汉语音韵学》，中华书局，2001 年，第 300 页。

⑯ 董同龢在《上古音韵表稿》中明确称照三系字与见系三等字相谐声、相通假与复声母无关。参看《国立中央研究院历史语言研究所集刊（第十八册）》（中华书局，1987 年），第 17 页。

⑰ 对这个音韵学问题的深入研讨有助于澄清上古音中的一些其他重要问题。例如王力先生《汉语语音史》中的上古音系是照三系声母独立，构拟为舌面塞音，而李方桂的《上古音研究》的上古音声母系统没有舌面塞音和舌面塞擦音，黄侃也早已主张“照三归端”。现在我们根据照三系声母与见系三等声母大量相通相谐的事实可以证明王力先生确定上古音系有舌面塞音的意见最正确。黄侃、李方桂的处理是不对的。这个问题的澄清也表明上古音系的三等韵声母应该独立，不能如黄侃主张的那样认为三等韵是后起的，取消上古音中的三等韵是不对的。

⑱ 我们主张腭化声母的介音成分是 j，而不是 i，这还有语言类型学上的考虑。如白语中的舌根音声母 k、kh、x、ɣ、ŋ 都不能跟 i 相结合［参看孙宏开等主编《中国的语言》（商务印书馆，2007 年）第 518 页。广东地区各方言的舌根音声母 k、kh、x、ŋ 也都不能跟 i 相结合。

⑲ 这两个例子是根据王力《汉语语音史》所讲的音变，其他各家有不同的看法。

⑳ 当然，在现代汉语方言中有的精组声母音变为端组声母，在粤方言和闽方言中颇有这种现象。这与本书论述的重纽问题无关。

㉑ 最早提出三等韵前的声母是腭化声母的西方学者可能是 Schaank。他于 1897 年和 1898 年在《通报》上发表了《古汉语语音》的系列论文，提出了三等字在隋唐以前是腭化声母的观点。高本汉受到了他的影响。

㉒ 陆志韦：《陆志韦语言学著作集（二）》，中华书局，1999 年。此文于 1939 年发表。

㉓ 英文本，原题是“*Dsitinction within Ancient Chinese*”（收入《赵元任语言学论文集》，商务印书馆，2006 年）。

㉔ 李荣：《切韵音系》，科学出版社，1956 年。

㉕ 附和反对 j 化说的学者还有杨剑桥《汉语现代音韵学》第二章第二节、潘悟云《汉语历史音韵学》中古篇第二章。

㉖［美］罗杰瑞著，张惠英译：《汉语概说》，语文出版社，1995 年。

㉗ 引文省略了例字的拟音。

㉘ 另可参看日本学者藤堂明保《驳高本汉的谐声说》（《汉语语言学论集》，汲古书院，1957 年）、河野六郎《中国音韵史研究的一个方向》（《河野六郎著作集 2》，平凡社，1993 年）、龚煌城的英文论文“*The Palatalazation of Velars in Old Chinese*”（《汉藏语研究论文集》，北京大学出版社，2004 年）。龚煌城用复声母来解释，本书不取其说。

㉙《史记·夏本纪》还接着说：“菏泽，被明都。”《集解》引孔安国曰：“菏泽在胡陵。明都，泽名，在河东北，水流泆覆被之。”《索隐》：“明都音孟猪。孟猪泽在梁国睢阳县东北。《尔雅》《左传》谓之孟诸，今文亦为然，唯周礼称望诸，皆此地之一名。”

㉚ 关于重纽问题的有关文献资料，张渭毅教授在《魏晋至元代重纽的南北区别和标准音的转变》（《语言学论丛（第 27 辑）》，商务印书馆，2003 年）一文所附的参考文献收集得最为详尽，我们不再转述；此文后收入张渭毅的论文集《中古音论集》（河南大学出版社，2006 年）。

㉛ 我们这里要对四等韵到底有没有 i 介音的问题提出自己的看法。这个问题很重要，前辈学者有很多议论。可分两派：高本汉、赵元任、周法高、李方桂、王力、丁邦新等学者主张有 i 介音；马伯乐、陆志韦、李荣、邵荣芬、王静如、李新魁主张没有，这一派学者主张四等韵的 i 介音是后起的。后一派学者在材料上用了梵汉对音，如李荣的《切韵音系》、邵荣芬的《切韵研究》，这是前一派学者没有利用过的材料，应该是一大利器。我自己经过反复思考，最终赞成后一派学者的意见，认为《切韵》时代乃至唐代的四等韵没有 i 介音。除了马伯乐、陆志韦、李荣、邵荣芬、王静如、李新魁所列举的理由外，我补充以下的论证：第一，三等的 j 介音和 i 介音不容易形成对立。我们不能说只有 j 介

音才能导致腭化音变，而 i 介音不能是声母产生腭化音变。事实上，在现代汉语方言中不仅有 i 介音可以使声母产生腭化音变，而且 i 的圆唇音 y 也能使声母产生腭化音变。这是很清楚的事实，断然不能忽视或否认。所以不能认为只有辅音性的 j 介音才能导致腭化音变。第二，在西方语言如英语、德语、意大利语等印欧语中，i 介音确实能够使声母发生腭化音变。这是任何西方语言学家都承认的事实。以上两个理由显示如果唐代以前的四等韵有 i 介音，那么一定会发生导致声母腭化音变，然而种种语言现象表现出唐代以前的四等韵一般没有发生过腭化音变（似乎也有例外）。第三，我将李荣、邵荣芬利用的梵汉对音材料进行了检对，虽稍有例外，但不能否定这些梵汉对音所显示的总的语音信息。更重要的是我自己根据日汉对音的材料可以进一步确证古汉语四等韵字没有带 i 介音。例如，四等韵的敌 teki，狄 teki，底 tei，嫡 teki，梯 tei，第弟 dai，帝 tei，齐 sai/sei，先 sen，陛 hei，丽黎 rei，铭 mei，屏 hei，妻 sai。类例非常多，难以尽举。第四，四等韵在现代汉语方言中有的不带 i 介音，如在广州方言、闽南方言和客家方言中都有例子。李新魁《汉语音韵学》第二编第八章第四节第 201～202 页对此有论述。根据以上的理由，我认为唐代以前的四等韵没有 i 介音。四等韵的 i 介音是在唐代以后甚至恐怕要到宋代以后才产生的。因为四等韵的 i 介音的产生标志着三四等韵开始合流，也意味着重纽的消失。这以后的四等韵也开始了或者腭化音变，或者腭化音变的两个演变过程。

㉜ 我们断然不能认为三等韵没有 j 介音才是古本音，而是要高度重视三等韵失去 j 介音从而音变为洪音的现象。

㉝ 例证甚多。如据刘泽民《客赣方言历史层次研究》（甘肃民族出版社，2005 年）第 93 页，日母字在客赣方言中的许多方言点都读 n，如新建、阳新、万年、莲花、永新、武平等 27 个点。

㉞ 例如詹伯慧主编《广东粤方言概要》（暨南大学出版社，2002 年）、詹伯慧等主编《粤西十县市粤方言调查报告》（暨南大学出版社，1998 年）所讨论的各粤方言中照三系声母读成精组声母的现象很普遍。类例很多。

㉟ 叶宝奎：《明清官话音系》，厦门大学出版社，2002 年。

㊱ 李如龙：《论闽方言的一致性》，《闽语研究》，语文出版社，1991 年。

㊲ 如海南岛地区各方言点的闽方言也是如此，参看刘新中《海南闽语的语音研究》（中国社会科学出版社，2006 年）。李如龙《福建县市方言志 12 种》（福建教育出版社，2001 年）所考察的 12 种闽方言也是如此。

㊳《汉语方音字汇》把广州方言声母系统的塞擦音记作舌叶音，《现代汉语方言大词典（合订本一）》（江苏教育出版社，2002 年）和詹伯慧主编《广州话正音字典》（广东人民出版社，2002 年）都记作舌尖音。

㊴ 陈晓锦等：《广西北海市粤方言调查研究》，中国社会科学出版社、线装书局，2005 年。

㊵ 另可参看王福堂等《汉语方音字汇（第二版重排本）》（语文出版社，2008 年）所收的材料。

㊶ 参看周法高《广韵重纽的研究》（《周法高语言学论文集》，联经出版事业公司，1981 年），董同龢《广韵重纽试释》（《董同龢先生语言学论文选集》，食货出版社，1974 年），以及其他有关重纽的很多论著。

第四章　音韵学相关问题研究

汉语音韵学研究既需要考古的功夫，也需要审音的功夫。纯粹的考古派和纯粹的审音派都容易流于偏执。但无论考古还是审音，都必须立足于对相关材料的精确理解。汉语古文献浩瀚，且材料的性质复杂，有时候一不小心就会误解材料，从而推导出错误的结论。我就平日浏览所及，举证若干例，短则百余言，长则上万言，多与理解材料相关，有时也牵连到复杂的理论和考据。这里所讨论的音韵学问题有的地方涉及我敬仰的学者。我非敢唐突高明，只是求全责备而已。我的意见不一定都对，尚望学者们的批评。

一、再论重唇音轻唇化的年代问题

有的学者主张重唇音轻唇化的发生时间可以早到六朝。如张洁教授《再论清重唇音的分化》[①]一文列举的例子有“父、爸”“无、麽、吗”“逢、逄”等。张洁教授认为：“《广雅》：‘爸，父也’。王念孙疏证：‘爸者，父声之转’。《集韵·祃韵》：‘爸，吴人呼父曰爸’。可见，《广雅》时代，‘父’字已经有轻唇音一读了。”

我们实在难以苟同张洁教授这样的推论。考“爸”的中古音为並母果韵上声的“捕可切”，“父”为並母麌韵上声的“扶雨切”，一为果摄一等，一为遇摄三等，当然不同音。中古时期的吴方言是把並母上声的遇摄三等音读成了果摄一等音，这与重唇音轻唇化毫无关系。我们还顺便讨论一个类似的例子。考严可均辑录《全梁文·僧佑·前后出经异记》在讨论旧译佛经中的术语和新译佛经的术语有所不同时，称：“旧经须扶提，新经须菩提。”可知至少在僧佑生活的梁代，从前的佛教术语“须扶提”被新译为“须菩提”，也就是“扶”变成了“菩”。我认为这与重唇音轻唇化毫无关系。考“扶”的中古音是並母虞韵三等合口平声，“菩”是並母模韵一等平声，二者的声母相同，但是韵母不同。

又如，张洁教授此文认为：作为语气词用的“麽、磨、摩”来代替“无”的时候就是重唇音轻化的时候，而用“麽”代替“无”早在唐初的王梵志诗中已出现。她说：“所以我们可以推测，‘磨’作为疑问语气词出现大约是在隋末唐初，这也是‘无’字轻唇化的时间。”

我们也不赞成这样的推论。考《全唐诗》卷597有高骈的诗曰：“人间无限伤心事，不得尊前折一枝。满宫多少承恩者，似有容华妾也无。”这里的“无”只能理解为疑问语气词，而高骈是唐代中晚期的人，死于唐僖宗光启三年[②]，为公元887年，已是唐末。又《全唐诗·张迥·寄远》诗曰：“蝉鬓凋将尽，虬髯白也无。”这里的“无”也必然是疑问语气词。而据《全唐诗》小传[③]，张迥是唐末人。又《全唐诗·朱庆余·近试上张籍水部》曰：“妆罢低声问夫婿，画眉深浅入时无。”这个“无”也只能是疑问语气词，而朱庆余[④]与张籍同时，也是中唐人。《全唐诗·徐光溥·同刘侍郎咏笋》：“出来似有凌云势，用作丹梯得也无。”这里的“无”也相当于“麽”。可见中晚唐时代的“无”也还是读重唇音，没有轻唇化。当然这也可能是存古的现象[5]。邓廷桢《双砚斋笔记》[6]卷四258页称：“无者对有之称，然唐人诗如‘能饮一杯无’‘画眉深浅入时无’‘近来还有长卿无’之类，皆作问辞，如近时里语之麽。”邓廷桢也意识到了这些例子中的“无”要读重唇音。

张洁此文还引述钱大昕《十驾斋养新录》“古无轻唇音”条认为“逄”是在“逢”变为轻唇音后才新造的字，其时当在六朝。我认为此说不可信。虽然“逄”在《广韵》《集韵》《康熙字典》《中华大字典》中只有重唇音一读，但“逄”只能理解为是在六朝以后产生的“逢”的后起俗字，似与音变无关。考黄征《敦煌俗字典》[7]第113页、张涌泉《敦煌俗字研究》[8]第578页，可知在晚唐五代的敦煌文献中的“逄”确实是用作“逢”的异体俗字[9]。据韩国出版的《高丽大藏经异体字典》[10]第1080页，在《高丽大藏经》中，义为“遇”的“逢”可以写作“逄”。另可参看刘晓东《匡谬正俗平议》[11]卷八“逢”条第277~281页[12]。在晚唐五代以后，轻唇音已经产生，“逄”字肯定有轻唇音一读，后来的韵书、字书皆漏收。总之，“逢、逄”正如《干禄字书》所说是正字与俗字的关系，与任何音变都没有关系，不能作为轻唇音产生的证据。这些例子表明准确理解古书是很不容易的，与此相关联的训诂学、校勘学方面的问题还不在其中。

更考《洛阳伽蓝记》卷五：“时陇西李元谦乐双声语，常经文远宅前过，见其门阀华美，乃曰‘是谁第宅过佳?’婢春风出曰‘郭冠军家’。元谦曰‘凡婢双声’。春风曰‘佇奴慢骂’。”这分明显示在六朝时代的“凡”与“婢”为双声，可见当时重唇音尚未轻唇化[13]。《南史・羊戎传》：“子戎少有才气，而轻薄少行检，语好为双声。江夏王义恭尝设斋，使戎布侨，须臾王出，以侨狭，乃自开侨。戎曰：‘官家恨狭，更广八分。’王笑曰：‘卿岂唯善双声，乃辩士也。’”羊戎话中的“官、家”为见母双声，“恨、狭”为匣母双声，“更、广”为见母双声，“八、分”为帮母双声。可知在羊戎的刘宋时代的“分”一定没有轻唇化。钱大昕《十驾斋养新录》[14]卷十六“双声”条列举六朝以至唐代的双声例子最多[15]。

我们从地名学上也可以获得证据。考2008年5月12日发生大地震的四川省汶川县，地处岷江上游。“汶川”这个地名是北周所改定，相沿至今。汶川或汶水就是岷江，之所以定名“汶川”是因为“汶”与“岷”古音相通[16]。我们可以说在北周时期还是“汶”还是读重唇音，是明母。

聂鸿音《西夏语中汉语借词的时间界限》[17]提到在西夏语中的早期汉语借词里面，汉语的“非、敷、奉、微”四个声母是双唇音，这是很值得注意的现象。我们要充分注意材料的复杂性。一般学者认为初唐的《汉书音义》已经有明显的轻唇声母和重唇声母不相混切的现象。另外《切韵》中的重唇音常常用轻唇音作反切上字，而颜师古的《汉书音义》常常把它改为重唇音的反切上字[18]。所以有学者认为轻重唇声母在初唐已经分离。但要注意的是在盛唐时代成书的何超《晋书音义》还存在轻重唇声母混切的情况。如《晋书音义》称：曼音万，斌音府巾切，汶音岷，娓音门，邳音符悲切，费音祕，类例甚多[19]。除非有证据说何超《晋书音义》是在刻意存古，否则我们应该正视这些语言事实。事实上，重唇音在轻唇化过程中，确实存在一个现象：重唇塞音的发生轻唇化的时间要早于唇鼻音。这在唐代的音义书中有明显的反映[20]。例如，慧琳《一切经音义》卷六七的第2691页“麋鹿”条注称：“麋，亡皮反。”这是用后代轻唇音的“亡”来作重唇音的“麋”的反切上字。这是慧琳时代明母三等还没有轻唇化的反映，虽然这时的唇塞音已经轻唇化了[21]。

我们最后提及一个问题。玄奘《大唐西域记》卷一记载了“梵衍那国”。据伯希和《中国载籍中之梵衍那》[22]一文的考证，其中的“梵”是对音 bam 或 bām；唐玄奘音译的“梵衍那”[23]在《隋书》卷 83 作“帆延”[24]，在《册府元龟·外臣部·朝贡三·请求》作“范延”，在《慈恩传》卷二作“梵衍”[25]，慧超《往五天竺国传》作“犯引”。这些文献对音 bam 或 bām 的都是轻唇音字[26]，其中最早的是《隋书》，这个材料该怎样理解呢？我们认为这是《隋书》和玄奘《大唐西域记》是采用《切韵》来作为审音标准的缘故。作为《切韵》音的“梵、范、犯、帆”都没有轻唇化，当然可以对音 bam 或 bām。后来宋代的著作如《册府元龟》都是根据传闻异词，并非重唇音没有轻唇音化。既然玄奘《大唐西域记》的音译所根据的汉语标准音是《切韵》，那么就不能作为初唐时代的汉语实际语音来看待[27]，我们在利用《大唐西域记》的音译来进行音韵学研究的时候一定要注意这个问题，不能过分夸大其价值。这就可以解释为什么玄应《音义》没有轻唇音化的现象[28]，而与玄应《音义》几乎同时成书的《汉书音义》却有明显的轻唇音化的现象，其原因就是玄应《音义》所根据的汉语标准音是《切韵》，而《汉书音义》根据的是当时的实际语音[29]。

古代日语的音变过程也可以作为旁证。据日本音韵学家对上古日语，也就是奈良朝（公元 710—794 年）的日语的研究，现代日语的 ha 行的辅音，在原始日语时期不是辅音 h，而是 p，到了奈良时代才有可能轻唇化为 pf 或 f，直到平安朝初期（公元 794 年以后），才有比较确切的材料表明音变成了双唇摩擦音 f。上古日语辅音发生这样轻唇化音变的时代无论如何是在公元 8 世纪之后，相当于我国的盛唐和中唐前期。古日语的重唇音轻唇化也许是受到了我国语音演变的影响。如果在六朝时期，我国就发生了重唇音轻唇化的音变，那么这样的音变应该会影响到日语的吴音，但上古日语的吴音并没有出现这样音变的痕迹。这可作为旁证表明我国语音史上的轻唇化时代不可能早到六朝时期。

注释

① 张洁：《再论清重唇音的分化》，《音史新论》，学苑出版社，2005 年。

② 谭正璧：《中国文学家大辞典》，上海书店，1985 年，第 480～481 页。

③ 参看《全唐诗（下）》（上海古籍出版社，1991 年）第 1823 页。

④ 朱庆余的生卒年月，《全唐诗》的小传不详；谭正璧《中国文学家大辞典》没有收“朱庆余”条。而《古今图书集成》中的《文学典》收有“朱庆余”条，可以参考［看《中国历代文学典（第一册）》，江苏广陵古籍刻印社，1992 年，第 323 页］。

⑤《红楼梦》第三十四回：“窗前亦有千竿竹，不识香痕渍也无？”这也许是存古的用法。

⑥（清）邓廷桢：《双砚斋笔记》，中华书局，1987 年。

⑦ 黄征：《敦煌俗字典》，上海教育出版社，2005 年。

⑧ 张涌泉：《敦煌俗字研究》，上海教育出版社，1996 年。

⑨ 另可参看李圃：《异体字字典》，学林出版社，1997 年，第 92 页。

⑩ 此书为韩国高丽大藏经研究所编著，正文多达 1303 页，附有笔画检索。实为研究俗字的巨著，我国学者甚少利用。但版权页都是韩文，我不认识，所以没法详细引述其出版情况。香港科技大学图书馆参考书部（不能外借）有此书。

⑪ 刘晓东：《匡谬正俗平议》，山东大学出版社，1999 年。

⑫ 罗振玉《雪堂类稿（乙）·图籍序跋》（辽宁教育出版社，2003 年）第 116 页对这个问题早已有了论述，值得注意。

⑬ 另可参看章太炎著，庞俊等疏证：《国故论衡·音理论》，中华书局，2008 年，第 84～85 页；《中国大百科全书·语言文字卷》的“体语”条（俞敏撰）。

⑭ 钱大昕：《十驾斋养新录》，《嘉定钱大昕全集（七）》，江苏古籍出版社，1997 年。

⑮ 另有钱大昕的《声类》专集双声联绵词；邓廷桢《双砚斋笔记》（中华书局，1987 年）卷一“鞠躬如也”条，卷三“双声叠韵字通乎声则明”条，“双声字不必尽囿于形”条，卷六“双声字连缀成诗”条都专门讨论双声的问题。

⑯ 参看贾文毓、李引主编《中国地名辞源》（华夏出版社，2005 年）第 405 页“汶川县”条。

⑰ 聂鸿音：《西夏语中汉语借词的时间界限》，见《民族语文》1994 年第 1 期。

⑱［日］大岛正二：《唐代字音研究》，汲古书院，1981 年，第 63～66 页。

⑲ 另参看万久富《〈晋书音义〉的汉语史史料价值》，《古籍整理研究学刊》2000 年第 6 期。

⑳ 日本学者大岛正二《唐代字音研究》（汲古书院，1981 年）第 66 页指出：微母从明母中分化出来，不论南北字音，在重唇音轻唇化的过程中是时代最晚的。在现在的粤方言中已经普遍发生了重唇音轻唇化的音变，但微母字至今读与明母同。客家话中微母字读 m 的现象也很多。可参看项梦冰等《汉语方言地理学》（中国文史出版社，2005 年）中有关微母的方言地图。据王福堂等《汉语方音字汇（第二版重排本）》（语文出版社，2003 年）第 130 页，“无”在梅县的白读音和广州、阳江、福州、建瓯等地的方言中都读 m 声母。在厦门、潮州读 b 声母则是从 m 声母音变而来。客家话中“无”读 m 声母也是很正常的读音。但我们这里还需要注意一个文献学的问题：颜师古的《汉书音义》在相当大的程度上有可能是承袭了隋代学者萧该的《汉书音义》。有关该书的情况可参看胡玉缙撰（吴格整理）《续四库提要三种》（上海书店出版社，2002 年）第 46 页“汉书音义三卷”条。《隋书·经籍志》有称：“《汉书音义》十二卷，国子博士萧该撰。”只是胡玉缙误以为萧该是六朝时人，且称其“时代事迹无考”，这是大学者不免一时疏忽（胡玉缙是非常渊博的国学家，古文献学造诣极深，其所作的古书提要丝毫不亚于《四库提要》的水平）。因为《隋书·经籍志》明确称：“梁时，明《汉书》有刘显、韦棱，陈时有姚察，隋代有包恺、萧该，并为名家。”则萧该为隋代的国子博士，非六朝时人。如果颜师古的《汉书音义》主要是利用了萧该的《汉书音义》，那么重唇音轻唇化的时代就可以推到隋代。从隋代到初唐似乎不可能有语音上的突变。

㉑ 另如：董志翘《笔记小说与语言文字研究》［《汉语史研究集刊（第十辑）》，四川出版集团、巴蜀书社，2007 年］第 75 页指出《太平广记》卷 252“不调子”条（出《玉堂闲话》）中有“鱼偏美”和“驴偏尾”谐音的例子，其中的明母的“美”和微母的“尾”谐音，则《玉堂闲话》时代的“尾”尚读明母。《玉堂闲话》是五代时候的书，参看《中国古代小说百科全书》（中国大百科全书出版社，1993 年）第 711 页“玉堂闲话”条、谭正璧《中国文学家大辞典》（上海书店，1981 年版）第 512 页“王仁裕”条、《古代小说百科大辞典》（学苑出版社，1991 年版）第 16 页“王仁裕”条。王仁裕是甘肃天水人，其母语属于唐末五代的西北方音。这条材料还显示出一个重要的语音信息：在王仁裕时代的西北方音中还存在疑母的“鱼”和来母的“驴”谐音的现象，这从音理上可解释为疑母三等韵的“鱼”在方音中被读成了泥母，从而与来母相混。这种音变在现代汉语方言中也颇有例证。董志翘虽然注意到了这个谐声材料，但并没有作出音理上的解释。

㉒ 冯承钧译：《西域南海史地考证译丛（第一编）》，商务印书馆，1995 年。

㉓ 又见《释迦方志》卷上。

㉔ 又见《新唐书》卷 22 下，《太平寰宇记》卷 156，《资治通鉴》卷 200。

㉕ 又见《续高僧传》卷四。

㉖ 还可参看季羡林等《大唐西域记校注》（中华书局，1995 年）第 130 页，日本水谷真成译注的《大唐西域记》（平凡社，1999 年）第 122 页，桑三正进译注《大唐西域记》（中央公论社，1988 年）第 154～155 页。

㉗ 上引日本学者大岛正二《唐代字音研究》（汲古书院，1981 年）第 16 页早已指出：“将音译资料完全当作唐代字音的声韵是危险的，正如高本汉、河野六郎博士所指出的那样：音译资料最多只能当辅助性材料看待。”

㉘ 且举一个梵汉对音的例子。玄应《音义》收有“梵辅天”一语，这个词又音译作“梵富楼”，其梵文是 brahma-purohita（参看有贺要延《佛教语读音辞典》，日本国书刊行会，1993 年，第 1015 页；宇井伯寿《佛教辞典》，大东出版社，1977 年，第 992 页；中村元《佛教语大辞典》，书籍株式会社，1985 年，第 1273 页）。“辅、富”是对音 pu，是重唇音。玄奘于公元 651 年翻译的《俱舍论》卷八和卷十一，也有“梵辅天”一词。慧琳《一切经音义》（上海古籍

出版社，1988 年）卷 72 第 12 页收入“梵富楼”和“梵辅天”。

㉙ 张惠英《回忆丁先生的教导》（《学问人生　大家风范——丁声树先生百年诞辰纪念文集》，商务印书馆，2009 年。原载《方言》2009 年第 2 期）一文提到丁声树先生对杜甫诗的观点：“‘三顾频烦天下计，两朝开济老臣心’，‘频烦’双声，‘开济’叠韵，一等和四等相叠。”则丁声树认为在盛唐时代的重唇音还没有轻唇化。只是“频烦”一词早在西晋以前已经存在，杜甫恐怕只是套用一个成词，未必能说明二者还是重唇音的双声。考西晋曹摅《赠石崇诗》：“嘉我乃遇，遭彼频烦。”（《文馆词林》卷百五十七所引；《先秦汉魏晋南北朝诗·晋诗卷八》）。《先秦汉魏晋南北朝诗·陈诗卷一》录沈炯《独酌谣》：“频烦四五酌，不觉凌丹霄。”严可均《全三国文·卷六十九·吴七》录陆瑁《重表谏起宫》：“臣闻宫功当起，夙夜反侧，是以频烦上事。”《全晋文》卷 113 录纪瞻《久疾上疏》：“横逢大运，频烦饕窃。”类例尚多。可知“频烦”一词出现在杜甫诗中不能作为杜甫时代重唇音还没有轻唇化的证据。事实上，中唐时代韩愈的诗中也有“频烦”一词，我们是否可以说中唐时代的重唇音还没有轻唇化呢？

二、“樴”的上古音问题

《周礼·考工记·弓人》：“凡昵之类不能方。”郑注：“故书‘昵’或作‘樴’。杜子春云：‘樴’读为不义不昵之‘昵’。”《经典释文》：“樴音职。”汉代学者注经中的“读为”一般是指通假字，也就是在二者的古音能够相通的情况下才用“读为”这个术语。因此，杜子春说的“樴”读为“昵”是指二者的古音能够相通，与复辅音无关。“昵”的上古音为泥母，关于“樴”的上古音声母，何九盈先生的《古韵通晓》（第204页）将其归入章母，而郭锡良先生的《汉字古音手册》和李珍华、周长楫《汉字古今音表》都没有收入“樴”字。考《广韵·入声·职韵》“樴”音“之翼切”，《古韵通晓》大概就是根据《广韵》此注和《经典释文》的注音把“樴”的上古音归入章母。但是《广韵·入声·德韵》也收有“樴”字，注音为“徒得切”。则据此可推知“樴”的上古音声母有定母一读，定母与泥母旁纽为双声，完全在古音相通的范围之类，与复辅音无关。我们认为《经典释文》对“樴”的注音是错误的。杜子春认为与“昵”相通的“樴”的上古音应该是定母，而不是章母。“樴”的上古音本有定母和章母两读。而定母与泥母相通是非常正常的现象。我们这里可举一个不大为学者引用的例子，如据王辅世《湖南泸溪瓦乡话语音》[①]的介绍，在湘西泸溪的瓦乡话中，定母有一种读法是读作 n。刘广和《历史语言的若干研究方法评议》[②]和《大孔雀明王经咒语义净跟不空译音的比较研究》[③]提供的一个材料也很有说服力。中唐时代的高僧义净和不空都翻译了一部佛经《大孔雀明王经》，其中在音译梵咒的时候显示出了二者用字的差别，同时也反映了当时方言之间的音变[④]。梵文的 d，义净的音译用字是定母字“陀、驮、达、地、宕”，而不空的音译用字都是泥母字“那、努、南、能”。这时的年代已经是中唐，这种梵汉对音用字的差别只能表明 d 与 n 之间可以相通转。据燕宝《黔东苗语中新出现的音变现象》[⑤]一文指出了在黔东苗语中的一些音变现象中有声母 d→n 的音变，例如 dos→nos。

注释

① 王辅世：《湖南泸溪瓦乡话语音》，《语言研究》1982 年第 1 期。

② 刘广和：《历史语言的若干研究方法评议》，《汉语学习》2000 年第 5 期。

③ 刘广和：《大孔雀明王经咒语义净跟不空译音的比较研究》，《语言研究》1994 年增刊。

④ 据刘广和说，“义净”代表当时北方东部的语音，“不空”代表当时北方西部以长安为中心的语音。

⑤ 燕宝：《黔东苗语中新出现的音变现象》，《民族语文》1994 年第 1 期。

三、上古音的去声问题

自从段玉裁提出“古无去声”以来，音韵学家们对“上古音中到底有没有去声”这个问题争执不休。《王力文集》第十卷第86页称：“一字凡是有去入两读者，其入声为古读。”王先生曰：“‘极’从‘亟’声，《广韵》‘亟’字有去入两读，应以入声为古读。‘察’从‘祭’声，‘祭’在上古应属入声。”然而古文献显示：至少唐朝的学者是认为在一字两读中，其去声一音可能会早于入声音。例如古书中的“贪墨”又作“贪冒”，朱骏声《说文通训定声》已经指出。钱大昕《十驾斋养新录》卷四“冒”条认为“冒”字本来就有去声和入声两读，未言谁先谁后。据我们对古文献的考察，在今传的经典中多用“贪冒”，六朝以后的文献才多用“贪墨”。而“冒”确实有去入两读。如《左传・成公十二年》：“及其乱也，诸侯贪冒，侵欲不忌，争寻常以尽其民。”《经典释文》注音：“冒，莫报切；又亡北切。”又《左传・昭公三十一年》：“贪冒之民将寘力焉。”《释文》：“冒，亡北切。又亡报切。”《左传・哀公十一年》：“若不度于礼，而贪冒无厌。”《释文》：“冒，亡北切；又莫报切。”《史记・韩信列传》：“秋，匈奴冒顿。”《索隐》：“上音墨，又音莫报反。”《史记・匈奴列传》：“单于有太子名冒顿。”《索隐》：“冒音墨，又如字。”这里的《索隐》称“又如字”就是说唐朝很渊博的学者司马贞认为“冒”的本音是去声的“莫报反”，而读入声的“亡北切”不是本音古读，应该是转音。司马贞学识渊博，且去古未远，其说当有根据。我们考论古音不能忽视这些古代学者的意见。[①]

注释

① 关于“冒顿”的古匈奴语的原文构拟，学者们的意见颇有不同，尚无定论。可参看余大钧译著《北方民族史与蒙古史译文集》（云南人民出版社，2003年）第6页所录内田吟风《史记匈奴传笺注》：冒顿“蒙古语Baghadur勇者，一说Bogd神圣”。同书第313页录俄国学者俾丘林之说：“冒顿接近于蒙古词modo树木。”其他学者的说法很多，难以断案。

四、长言短言问题

《公羊传·庄公二十八年》："春秋伐者为客，伐者为主。"何休注："伐人者为客，读伐，长言之；齐人语也。见伐者为主，读伐，短言之，齐人语也。"沈兼士《广韵异读字研究序》[①]称："所谓长短缓急，恐即指声调而言。"但学者们对此还是有不同的理解。如钱大昕《十驾斋养新录》卷四"伐"条："长言，若今读平声；短言，若今读入声。《广韵》平声不收'伐'字，盖古音失传者多矣。"一代大儒钱大昕认为何休注的"长言"是指平声，然而没有论证。而陈立《公羊传义疏》旁征博引力证长言之"伐"当读去声；清代学者刘逢禄《诗声衍·条例（二）》[②]称："按：何氏读'伐'长言之，今所谓去声也；读'伐'短言之，今所谓入声也。"邹汉勋《五韵论·五音二十五论》称："按，邵公于'伐、伐'有'长言、短言'之辩，即后世之去入也。"顾炎武《音学五书·音论》卷中《古人四声一贯》也早说过："长言，则今之平上去声也；短言，则今之入声也。"黄以周《礼书通故》[③]第四册第四十三第1732页也说："何氏读'伐'长言之，今所谓去声也；读'伐'短言之，今所谓入声也。"《王力文集》卷十第90页也论证了何休注的"长言"是指去声[④]。黄侃述《文字声韵训诂笔记》[⑤]第163页也认为"伐"读"房废切"的时候是"长言之伐"。则显然以长言为去声。当以陈立、黄侃、王力先生之说为确。其他的学者还各有自己的解释，可参看华学诚《周秦汉晋方言研究史》[⑥]第356页提到的各家说，此不录。另外，孙玉文先生《汉语变调构词研究》[⑦]第252～256页也讨论了上古音中的"伐"的读音问题，颇为详尽。但我们还要补充一点：上古时代也有很多时候并不用四声来区分主动与被动。例如《史记·苏秦列传》："夫破人之与破于人也，臣人之与臣于人也，岂可同日而论哉！"这里的"破"与"臣"以主动与被动对举，没有用四声来作区别。

注释

① 沈兼士：《沈兼士学术论文集》，中华书局，2004年，第341页。

②（清）刘逢禄：《诗声衍·条例（二）》，思贤书局，1896年。

③（清）黄以周撰，王文锦点校：《礼书通故》，中华书局，2007年。

④ 然而王力先生之书没有提及陈立的研究。

⑤ 黄侃：《文字声韵训诂笔记》，上海古籍出版社，1983年。

⑥ 华学诚：《周秦汉晋方言研究史》，复旦大学出版社，2002年。

⑦ 孙玉文：《汉语变调构词研究》，北京大学出版社，2000年。

五、《老子》“沌沌”的通假问题

《老子》第二十章：“我愚人之心也哉，沌沌兮。”其中的“沌沌”，马王堆帛书乙本作“湷湷”，甲本作“惷惷”，这里的异文应为古音通假关系。而《老子》第十五章：“混兮其若浊。”帛书甲乙本的“混”都作“湷”。高明《帛书老子校注》第294页认为这里的“湷”应与“混”相通。我以为高明此说不可靠。此处的“湷”还是要读为“沌”，只是意思与“混”相近，合则言“混沌”。麦耘有《帛书老子校注音韵求疵》一文在网上（如东方语言学网）发表，专门批评高明此书讲通假的错误。至于第二十章“沌沌兮”的“沌沌”当依帛书甲本作“惷惷”为本字。“惷”训愚，就是后来愚蠢的“蠢”的本字，可参看《古训记纂》“惷”字条第2~6的解释。只有释读为愚蠢，才与前面的“愚”字相呼应。更考《左传·昭公二十四年》：“今王室实蠢蠢焉。”《说文》心部引“蠢”作“惷”。二字皆以春为声符，例可通假。

六、“车”的古音问题

黄侃的《文字声韵训诂笔记》[①]第142页论及“车”的古音问题：“凡昧于本音者，往往以变音为本音。如《释文》(《诗·何彼秾矣》)引韦昭曰‘车，古皆音尺奢反。后汉以来始有居音’。按，尺奢舌音，读‘居’喉音。岂有自汉以来由舌而变为喉，可证三国时已不知本音之说矣。”则黄侃先生的意见只能是“车”在上古时读如“居”音，这与刘熙《释名》相同。韦昭与刘熙时代大致相同，而审音的结果正好相反。我认为当以刘熙和黄侃之说为确。另可参看林亦《车字古有居音》[②]。林亦此文的观点与我相同，力主“车”在上古音中已经有“居”音，举证较充分，且批评了时建国《说车字的“居”音》[③]一文的观点，当为有力。实则，明代的学者陈第《毛诗古音考》卷一早就论述过“车音姑”，举证甚多[④]。

注释

① 黄侃：《文字声韵训诂笔记》，上海古籍出版社，1983年。

② 林亦：《车字古有居音》，《古汉语研究》2001年第3期。

③ 时建国：《说车字的“居”音》，《语文研究》1997年第4期。

④ 明陈第《毛诗古音考》(《丛书集成》，商务印书馆，1937年)第15页。邓廷桢《双砚斋笔记》(中华书局，1987年)卷三“车古读若居”也有论述。

七、南方方言中的唇鼻音声母没有轻唇化

储泰松《唐代音义所见方音考》[①]中的“轻重唇音混”条论及“蟁蝱”：慧琳《一切经音义》卷79注音：“上音文，吴音密彬反。”希麟《续一切经音义》卷4有“蚊蝱”条：“上勿汾反，《说文》作蟁。吴音闽。”储泰松把这条材料当作轻重唇音相混的例子，我们认为是不正确的。我认为这条材料只能理解为“蚊”在希麟时代的北方音中已经轻唇化了，而在当时的吴方言中还是读重唇音的明母。也就是吴方言重唇鼻音轻唇化的发生年代比北方通语要晚。另如广东方言和闽方言中的“微”母至今还读唇鼻音。这个现象值得注意。

注释

① 储泰松：《唐代音义所见方音考》，《语言研究》2004年第2期。

八、云母字读晓母问题

林亦《喻四归匣——古以母演变的另一形式》[①]讨论了一个例子：《类篇》卷十一："雨，王矩切。《说文》雨貌，方语也。又火五切，北方谓雨曰雨。吕静说，又呼句切，又王遇切。《博雅》舒也。""王"是云母字，"火、呼"均晓母字，可证云母读 h－。今闽粤及平话地区，"雨"念 h－声母的方言不少。光华按，用这个例子证明云母曾经读如晓母是不妥当的。因为这些材料只能证明"雨"有云母和晓母两读，"雨"的晓母音一定产生得很晚。我认为"雨"本来是具有云母和匣母两读，到了唐代以后其匣母清化为晓母。考王福堂等《汉语方音字汇（第二版重排本）》第 141 页，"雨"在厦门、福州、潮州、建瓯方言中的白读音读 h/x 声母，其声调是阳调，因此 h/x 应该是由浊音 ɣ 清化而来。另据詹伯慧主编《广东粤方言概要》第五章第 313 页，云母的"雨、羽"在广东的顺德方言中读 hy 的阳上调，因此也是从浊擦音演变而来。张晓勤《宁远平话研究》[②]第 96 页提到宁远方言中的"有"读 x。我认为林亦的这些材料不能说明云母曾经读成晓母。如果云母字有晓母的异读音就说云母本身就有晓母一读，这无论如何在道理上讲不通，音韵学研究不能用这样的推论方法。在今闽粤及平话地区的"雨"念 h－声母的方言现象不能支持林亦的观点[③]。

注释

① 林亦：《喻四归匣——古以母演变的另一形式》，《语言研究》2004 年第 1 期。

② 张晓勤：《宁远平话研究》，湖南教育出版社，1999 年。

③ 我在本书第三章第十三节的一个注解里对方言里的云母和以母字读 h－的现象有讨论和解释。

九、音韵学中的“清浊”问题

音韵学中的“清浊”一语有不同的含义，古人用得比较混乱。一可以用来指声母。这是好理解的，不再多言。二可以用来指韵母。三可以用来指声调。稍考后两种含义如下：

第一，“清浊”指韵母。《切韵序》：“吴楚则时伤清浅，燕赵则多伤重浊。”其中的“清浅”和“重浊”到底该怎样理解呢？洪诚《中国历代语言文字学文选》在注解中介绍了罗常培和王国维的说法，罗常培说指声调而言，王国维说指韵母而言①。洪诚则没有定见。考王国维《观堂集林》卷八《天宝〈韵英〉陈廷坚〈韵英〉张戬〈考声切韵〉武玄之〈韵铨〉分部考》有曰：“唐人所谓清浊，盖以呼等言。陆、孙诸家撰韵时，故亦清浊分类。陆氏云‘欲广文路，自可清浊相通；若赏知音，即须轻重有异’。孙氏云‘欲令清浊昭然，魏鹤山所藏《唐韵》前有部叙，于一东下注：德红反，浊，满口声。自此至三十四乏皆然’。皆其证也。然所分清浊，固有未尽。”云云。王国维认为清浊是指呼等而言。我认为其说十分精辟。唐代的景审《慧琳一切经音义序》：“吴音与秦音莫辨，清韵与浊韵难明。”苏鹗《演义》：“法言著《切韵》，时俗不晓其韵之清浊。”则确实用清浊指韵部而言②。台湾著名音韵学家龙宇纯《李登声类考》③也明确认为：清浊是指韵母而言。其文旁征博引，考论周详，应属可信④。但龙宇纯也没有具体指明什么样的韵母是清，什么样的韵母是浊。我认为韵部的清浊的意思应该是指韵部的洪细而言，洪为浊，细为清。《切韵序》“吴楚则时伤清浅，燕赵则多伤重浊”的意思是吴楚方言的细音偏多，燕赵方言的洪音偏多⑤。我在西汉时代的古书中找到了一个材料。考刘向的《列仙传》卷下“子主”条称：“子主者，楚语而细音。”⑥这个古文献的证据十分有力。

观宋代的魏了翁《鹤山文抄·吴彩鸾唐韵后序》：“部叙于一东下注：德红反，浊，满口声。”这分明说“浊”音是指“满口声”，则正是指洪音⑦。有的学者认为“清浊”是指声调，但是“德红反”的“红”分明是平声，理应属清，而不是浊（而且声母是端母，也是清声母），因此这里的清浊肯定是指韵母而言。另外，《切韵序》所言的“清浅”，是“清”与“浅”相连，只有韵母才能说“浅”，声调不能用“浅”来描述。细音有 i/j 作介音，是前元音或舌面前半元音，因此发音部位属于“浅”；洪元音韵母或带 u/o 介音的韵母，由于洪元音或 u/o 介音是后高元音，其发音特征属于“重浊”。因此，《切韵序》所谓“吴楚则时伤清浅，燕赵则多伤重浊”中的“清浅”⑧和“重浊”当是指韵母而言⑨。

第二，“清浊”指声调。古人有时候对同一用语会作出各自的理解和运用，“清浊”一词在唐朝以前也可以用来指声调，而且是比较普遍的用法。我们从古人所言之五声“宫商角徵羽”也分清浊这个问题上找到了一些研究的线索。首先，这在古代的音乐方面也是如此。例如，《国语·周语下》：“耳之察和也，在清浊之间。其察清浊也不过一人之所胜。”韦昭注：“清浊，律吕之变也。黄钟为宫，则浊；大吕为角则清。胜，举也。”同书同卷又曰：“今王作钟也，听之弗及。”注：“耳不及知其清浊也。”《文心雕龙·声律》：“古之教歌，先揆以法，使疾呼中宫，徐呼中征。夫宫商响高，征羽声下；抗喉矫舌之差，攒唇激齿之异，廉肉相准，皎然可分。”《礼记·月令》：“其音角。”郑注：“谓乐器之声也。三分羽，益一以生角。角数六十四属木者，以其清浊中民象也。……凡声尊卑取象五行，数多者浊，数少者清，大不过宫，细不过羽。”郑玄注分明说“数多者浊，数少者清，大不过宫，细不过羽”，古人以宫商为浊，以徵羽为清[10]。《太玄》卷八：“其在声也，宫为君，徵为事，商为相，角为民，羽为物。”注：“各以其数清浊别之义。”《荀子·正名》：“声音清浊，调竽奇声，以耳异。”注：“清浊，宫徵之属。”《文选·陆士衡·演连珠》：“臣闻弦有常音。”注：“刘曰常音谓君臣宫商之音。……清浊之声难越。”宋玉《高唐赋》：“纤条悲鸣，声似竽籁。清浊相和，五变四会。”《后汉书·序》：“性别宫商，识清浊。”嵇康《声无哀乐论》：“犹琴瑟之清浊不在操者之工拙也。”《宋书·律志》：“凡弦歌调张清浊之制，不依笛尺寸之，则不可知也。”《全唐文·颂东夷》：“尝闻古天子，朝会张新乐。金石无全声，宫商乱清浊。”可知古人常常将“清浊”与“宫商”连举，二者必为同类。而“宫商”从来就是指声调。

考《隋书·文学传·潘徽传》：“至于寻声推韵，良为疑混，酌古会今，未臻功要。末有李登《声类》、吕静《韵集》，始判清浊，才分宫羽，而全无引据，过伤浅局，诗赋所须，卒难为用。”可知从李登《声类》、吕静《韵集》开始，古代学者对清浊的问题特别重视起来。这已在魏晋时期，此前的学者并非严判清浊。我们从《隋书·潘徽传》的这段记载来推断，很可能李登的《声类》并非如后来的韵书以四声为纲，分列各韵，而是用“宫商角徵羽”为纲来分收各韵，也就是用五分法[11]，而不是用“平上去入”四声这样的四分法（现存的韵书都是四分法）[12]。因此，李登所理解的“清浊”或“宫羽”犹如唐代以来的平仄，必是指声调而言[13]。日本弘法大师《文镜秘府论·南卷·集论》[14]称：“而清浊之音第一，宫商之调斯在。”这是明称“宫商之调”[15]。《南史·陆厥传》称：“时盛为文章，吴兴沈约、陈郡谢朓、琅邪王融以气类相推毂，汝南周颙善识声韵。约等文皆用宫商，将平上去入四声，以此制韵”。说得最清楚的是《魏书·乐志》：“寻调声之体，宫商宜浊，徵羽用清。”

《颜氏家训·音辞篇》还明确提到：“而古语与今殊别，其间轻重清浊，犹未可晓。”“轻重”与“清浊”为同类，而“轻重”只能是指声调而言，韵母不能有“轻重”的分别[16]。还有李清照《论词》：“而歌词分五音，又分五声，又分六律，又分清浊轻重。”[17]据此可知“清浊”必指声调。王通《中说·天地》：“上陈应刘，下述沈谢，四声八病，刚柔清浊，各有端序。”这分明把“清浊”与“四声”相对举，则“清浊”必指声调无疑。

钟嵘《诗品序》：“余谓文制本须讽读，不可蹇碍，但令清浊通流，口吻调利，斯为足矣。至平上去入，则余病未能。”钟嵘这段话表明在他心中的“清浊”虽然不是“平上去入”四声，但也必是就声调而言，不能扯到其他。那么“清”当是指平声，“浊”是仄声[18]。可见钟嵘对诗文的声律只懂得清浊这样的二分法，不懂得平上去入这样的四分法[19]。

注释

① 洪诚没有指出是王国维的什么论著。光华按，当是指王国维《观堂集林》卷八之《天宝〈韵英〉陈廷坚〈韵英〉张戬〈考声切韵〉武玄之〈韵铨〉分部考》。

② 直到清朝的孔广森《诗声类》卷八还说：“侯声清于模而浊于幽，在二部之间。”可知古人的确可以用清浊指韵。

③ 龙宇纯：《李登声类考》，《中上古汉语音韵论文集》，五四书店、利氏学社联合出版，2002年。

④ 只是龙宇纯没有提及王国维之文，而王国维并非简单地说清浊是指韵部，而是明确地说是呼等，则已经意识到清浊是指开合洪细而言，然而王国维到此就没有细论了。

⑤ 由于中古的吴楚方言更多地带有存古的成分，因此吴楚方言细音偏多的现象应该是上古音的遗留。考段玉裁

《六书音韵表》一“古十七部音变说”：“大略古音多敛，今音多侈。之变为咍，脂变为皆，支变为佳，歌变为麻，真变为先，侵变为盐，变之甚者也。其变之微者，亦审音而分析之。音不能无变，变不能无分别。明乎古有正而无变，知古音之甚谐矣。”段玉裁的见解自成一家之言，他说的“古音多敛，今音多侈”就是上古多细音，中古以后的北方音多洪音。这样的分别正是中古时代的南方吴楚方言和北方燕赵方言之间的分别。我们据此还可以解释《切韵》中为什么三等韵特别多，也就是细音特别多，其实这是上古音就有的现象，不过一直保持到了中古而已。不过，这个问题很复杂，学者们有不同的意见，现在还不好说得太死。如果根据王力《汉语语音史》卷上的论述，那么应该是上古时代的洪音多，东汉以后有的洪音转入了细音，如上古时代的阳部字，到东汉时代有不少转入了耕部字；上古时代的歌部字，到东汉时代有不少转入了支部字。这样的音变趋势值得注意。这样也可以解释中古音里面为什么三等韵很多，因为上古音的不少洪音字转入了中古音的细音字。章太炎撰，庞俊、郭诚永疏证《国故论衡疏证》（中华书局，2008 年）第 101 页对段玉裁此说也有所批评：“段氏言古音敛，今音侈，悉以支韵还就正韵。则支、脂、之何以分，东冬何以辨焉。钱君驳之曰：歌部字今多入支，此乃古侈今敛之征也。余以古人呼泰，若今北方人呼麻之去。今乃与代、队、至乱，亦古侈今敛也。”另参看钱大昕《潜研堂文集》卷十五“答问”十二。我自己从《诗经》的押韵情况来考察，确实可以发现古多洪音，中古后转入细音的现象。略举数例如次：《诗经·秦风·无衣》第三节：“岂曰无衣？与子同裳。王于兴师，修我甲兵。与子偕行！”其中“裳、兵、行”押韵为阳部，主元音是 a，为洪音，而“兵、行”在中古后演变出细音的读法。此为古洪今细之例。《诗经·鄘风·相鼠》第一节：“相鼠有皮，人而无仪！人而无仪，不死何为？”其中的“皮、仪、为”押歌部韵，而上古歌部韵的主元音也是 a 之类的洪音，而“皮、仪”中古后演变出细音读法。也就是上古音中的许多阳部字、歌部字在中古时其主元音从洪音已经演变为细音。附带论及，郑张尚芳先生认为在古汉语音变规律中，阳声韵的鼻音韵尾可以限制前面的元音不发生大的音变。现在看来，这个论断不甚精密。上古音的阳部是后鼻音韵尾，但是许多阳部字的主元音在后来却发生了细音化的音变。倒是阴声韵的鱼部开口的唇音声母、舌头音声母以及舌根音声母的字保留了上古时代的主元音的读音，一般是 a，如“把、巴、靶、葩、钯、帊、马、骂、茶、拏、牙、下、夏、暇、雅”等等。这些鱼部字在现代汉语的读音还是以 a 为主元音，其元音与上古音相同。

⑥（西汉）刘向：《列仙传（第四册）》，《龙溪精舍丛书》，中国书店，1991 年，第 191 页。

⑦ 关于“满口”一词在音韵学上的含义，清代学者有不同的用法。如沈乘麐《韵学骊珠》（中华书局，2006 年）中有许多标注“满口”的地方。吴宗济先生在序言中指出其中的“满口”这一术语的含义是“韵母为合口单声母，或复合韵母的介音为合口的字”。这是符合《韵学骊珠》的体例的。

⑧ 唐代诗歌中有反映，如刘长卿《戏赠干越尼子歌》曰：“云房寂寂夜钟后，吴音清切令人听。人听吴音歌一曲，杳然如在诸天宿。”则明言“吴音清切”。

⑨ 更观章太炎《检论》（《章太炎学术论著》，浙江人民出版社，1998 年）卷五“方言”篇第 128 页：“陆法言曰‘吴、楚则时伤清浅，燕赵则多伤重浊’。此以纽切言之，燕、赵多以轻唇为牙音，故云‘重浊’。若音响之缓急刚柔，则反是。”则章太炎明显把《切韵序》的“重浊”理解为声母，非是。

⑩ 参看黄侃《文心雕龙札记·声律》篇。

⑪ 清朝的陈澧《切韵考》卷六“通论”（广东高等教育出版社，2004 年）第 160 页认为：“古无平上去入之名，借宫商角徵羽以名之。……此所谓宫商角徵羽，即平上去入四声；其分为五声者，盖分平声清浊为二也。陆氏《切韵》清浊合为一韵，其平声分为二卷，但以字多而分之。……所谓宫羽徵商，即平上去入也。”陈澧后认为“角”是平声宫之浊。光华按，平声的清浊就是平声的阴阳。果如陈澧所言，则六朝时代的平声就已经分阴阳了。尚待深考。周祖谟《文字音韵训诂讲义》（天津古籍出版社，2007 年）第 118 页的注解［1］称：“北齐李季节《音谱决疑》认为‘商不合律，盖与宫同声’。以宫商为平，徵为上，羽为去，角为入。见空海《文镜秘府论》所引隋刘善经《四声论》。”此说与陈澧不同。陈澧应该没有读过《文镜秘府论》。李季节为北齐人，为六朝时代的著名音韵学家，其说应为可信。陈澧的六朝已有平分清浊（阴阳）之说恐不可信，因为四声分清浊（阴阳）应该发生在全浊声母清化之后，而六朝时代的全浊声母保留完整，断然没有清化，所以那时候的四声不会有清浊（阴阳）之别。但古人言“宫商角徵羽”是就声调而言，此则不可疑。

⑫［日］弘法大师《文镜秘府论·天卷·四声论》（卢盛江《文镜秘府论汇校汇考》，中华书局，2006年，第214页）称："宋末以来，始有四声之目。沈氏乃著其谱，论云起自周颙。"后来有人辩论说"四声"之名起自东晋，然未能确证。参看卢盛江《文镜秘府论汇校汇考》第220～228页所引各家之说。周祖谟《文字音韵训诂讲义》（天津古籍出版社，2007年）第118页也说："四声的名称是宋末人开始提出来。洛阳人王斌有《五格四声论》，到齐武帝（萧赜）永明年间才有平上去入四声的名目。"周祖谟应该是采用了空海的观点。

⑬更考《史记·历书》："盖闻昔者黄帝合而不死，名察度验，定清浊，起五部，建气物分数。然盖尚矣。《书》缺乐弛，朕甚闵焉。朕唯未能循明也。䌷绩日分，率应水德之胜。今日顺夏至，黄钟为宫，林钟为徵，太簇为商，南吕为羽，姑洗为角。自是以后，气复正，羽声复清，名复正变。"此明言"羽声复清"，则古代确以"宫调"为浊，以"羽调"为清。《初学记》卷十六引《筝赋》："清浊代兴，有始有终。哀起清羽，乐混大宫。"也是称"羽"为"清"。又《续汉书·律历志上》："竹声不可以度调，故作准以定数。准之状如瑟，长丈而十三弦，隐间九尺，以应黄钟之律九寸，中央一弦，下有画分寸，以为六十律，清浊之节，均中其弦，使应黄钟之声。"

⑭［日］弘法大师撰，王利器校注：《文镜秘府论》南卷，中国社会科学出版社，1983年，第364页。

⑮陈澧《切韵考》卷六"通论"（广东高等教育出版社，2004年）第160～161页明确提到："所谓宫羽徵商，即平上去入也。……《宋书·范蔚宗传》'性别宫商，识清浊'；此但言宫商，犹后世之言平仄也。盖宫为平，商为仄欤？《谢灵运传论》云'欲使宫羽相变，低昂互节'。《隋书·潘徽传》云'李登《声类》、吕静《韵集》，始判清浊，才分宫羽'。此皆但言宫羽，盖宫为平，羽为仄欤？……以意度之当如此，然不可考矣。"陈澧后面还引述了段安节《琵琶录》和戴震《声韵考》的言论，都明确认为古人的宫商角徵羽是指声调而言。既然六朝时代的学者都用"清浊"与"宫商"连类而言，那么"清浊"一定是指声调。但是陈澧下面紧接着就提到孙愐《唐韵序·后论》和江永《音学辨微》的观点，说"平上去入"都分清浊。这里的清浊显然说的就是声调的阴阳，与六朝学者说的清浊不是一回事。

⑯更考张世南《游宦纪闻》（文渊阁《四库全书》）卷九："字声有清浊非强为差别。夫轻清为阳，阳主生物，形用未著，故音常轻；重浊为阴，阴主成物，形用既著，故字音必重，如衣施诸身为衣，冠加诸首为冠，衣与冠读作平声者，其音重；已定之物属乎阴也，读作去声者，其音轻；未定之物属乎阳也，物所藏曰藏，人所处曰处，藏平声，处上声者轻；其作去声者，皆重，亦其类也。"张世南这里分明说"轻重"是指声调。只是他的具体论述不太科学，他前说平声为重，去声为轻，后又说平声上声为轻，去声为重。这就不知所云了。不过，现在看来，这个问题比较复杂。储泰松《唐末以前音义文献中的"轻重"及其涵义》（《中国音韵学》，南京大学出版社，2008年）一文广征博引，认为"轻重"在音韵学中含义甚多，可以指韵母和声调，以及声母的清浊。此文广征佛典，颇下功夫，值得注意。

⑰李清浊此文提到的"清浊轻重"是指声调而言，一般的文论学者多不能明。如夏承焘《唐宋词字声之演变》［《夏承焘集（第二册）》，浙江古籍出版社，浙江教育出版社，1997年］："惟其五音、清浊、轻重之涵义，易案未有解说。"夏承焘自己说："清浊则元人论曲之阴阳也。"［后来夏承焘《评李清照的词论》没有讨论这个问题了。收入《夏承焘集（第二册）》中的《月轮山词论集》］而"阴阳"只能指声调而言，声母和韵母不能有阴阳的分别。郭绍虞主编《中国历代文论选（第二册）》（上海古籍出版社，1987年）第352页注解［16］："五音、清浊、轻重的涵义，清照未有解说。"张少康主编《中国历代文论精选》（北京大学出版社，2007年）第239页注解［25］称："清浊轻重，本文具体所指不详。"学者多列举张世南《游宦纪闻（卷九）》（张少康书误"宦"为"官"）和周德清《中原音韵》为参考（张少康此文的注解主要参考利用了郭绍虞主编的书，而全书不列参考文献，这似乎有点不应该）。

⑱这个问题不那么简单，前辈学者已经做过了诸多的探索。如朱自清《中国文学批评史讲义》（天津古籍出版社，2004年）第66～67页阐述了一个观点："我们以为，平仄之分恐在唐朝时才有。六朝时讲四声，是把声音分为四个单位，而不是平仄两个单位的。'飞沉浮切'，似乎是分两个单位，不过我们以为'飞'是指平、上、去三个声，而'沉'指入声。因为入声是有k、t、p尾的，这就使母音（韵母）声音短促，于是'沉则响发而断'。这种分发与后日分发不一样。"又说："飞沉是注重字调方面。"我觉得朱自清的解释值得注意［更考《宋书·谢灵运传论》："夫五色相宣，八音协畅，由乎玄黄律吕，各适物宜。欲使宫羽相变，低昂互节，若前有浮声，则后须切响。一简之内，音韵尽殊；两句之中，轻重悉异。妙达此旨，始可言文。"周祖谟《文字音韵训诂讲义》（天津古籍出版社，2007年）第

121 页称：“‘前有浮声’指平，‘后须切响’指仄，‘平仄’的名称起于唐代。”则六朝时代确有将声调二分的方法]。果真如此，则六朝时代的学者曾经把“平上去”三调归为一类，“入声”自成一类；朱自清的这个解释很独特，虽没有被学者们普遍接受，但也不能轻易完全否定，尚待深考［更考吴梅《词学通论》（复旦大学出版社，2006 年）第二章“论平仄四声”称：“盖入声字重浊而断，词中与上去间用，有止如槁木之致。今南曲中遇入声字，借重读而作断腔，最为美听。”按照吴梅的这段论述，则重浊可以专指入声而言，不同时包括上去二声。这与朱自清的观点相近；而且清朝的著名词韵学家戈载《词林正韵发凡》似乎也认为仄声可以专指入声而言。刘永济《词论》（中华书局，2007 年）卷上“通论·声韵第四”在谈到戈载《词林正韵发凡》时说：“词之用韵，平仄两途，而有可以押平韵，又可以押仄韵者，正自不少。其所谓仄，乃入声也。”这是很可注意的］。黄侃《文心雕龙札记·声律》已经很明确地认为“飞是平声，是清声；沉是仄声，是浊声”，其文曰：“飞谓平清，沈谓仄浊。”（黄侃《文心雕札记》的版本很多，各本在此没有出入）。稍后的郭绍虞有更详细的解释。郭绍虞《中国文学批评史》（上海古籍出版社，1988 年）第 91 页在引述了《蔡宽夫诗话》，并加以讨论说：“那么，蔡氏所谓‘清浊’，指些什么呢？蔡氏说过‘四声中又别其清浊以为双声，一韵者以为叠韵，盖以轻重为清浊尔，所谓前有浮声则后有切响者是也。’根据此节，可知蔡氏所谓清浊，即是轻重。自来音韵学者往往以轻重代平侧，或以轻重来说明平侧。顾炎武《音论》云：‘五方之音有迟疾轻重之不同，……其重其疾则为入、为去、为上，其轻其迟则为平。’钱大昕《潜研堂集·音韵答问》云：‘古无平上去入之名，若音之轻重缓急，则自有文字以来，故区以别矣。……大率轻重相间，则平侧之理已具。’因此，所谓清浊，所谓轻重，也未尝不可看作平侧的异称。我们要知道有四声之分然后才有平侧之称。平侧之称是后起的。在当时，或称为‘轻重’，如沈约《宋书·谢灵运传论》所谓‘两句之中，轻重悉异’，或称‘飞沉’，即刘勰《文心雕龙·声律》篇所谓‘声有飞沉：……沉则响发而断，飞则声扬不还’。总之尽管有平侧之实，但是所用术语，还不称为平侧。直到四声之论十分固定，于是利用轻重飞沉的分别，对于平而言侧，才有所谓平侧之称。”郭绍虞先生引证了顾炎武、钱大昕的观点，明确认为六朝时代的“清浊、轻重、飞沉”都是指平侧而言（可注意的是郭绍虞认为“飞沉”也是“平仄”，与朱自清的解释不同，因为朱自清认为“飞”是指平、上、去三个声，而“沉”指入声）。可知，黄侃、郭绍虞都认为六朝时代学者说的“清浊”是指声调的平仄而言。后来的周祖谟《文字音韵训诂讲义》（天津古籍出版社，2007 年）有同样的见解，其书第 118 页引述了南朝宋范晔《狱中与诸生书》“性别宫商，识清浊，斯自然也”。周祖谟称：“这里所说的宫商和清浊实际上就指的是声调高低的差别。”

⑲ 又，龙宇纯此文认为李登《声类》的“不立诸部”是按字形分类的部首的“部”，犹如《说文》的部首之类；周祖谟《文字音韵训诂讲义》（天津古籍出版社，2007 年）第 130 页称：“所谓‘不立诸部’就是没有分别韵部，也没有韵部的名称。”我们认为龙宇纯的解释是正确的，而周祖谟的解释不可信。这个“部”是《说文》的 540 部首的“部”，而不是音韵学中韵部的“部”。这个问题何九盈师的《“不立诸部”新解》（《中国语文通讯》1983 年第 3 期）有与龙宇纯几乎同样的见解。何九盈师《中国古代语言学史（新增订本）》（北京大学出版社，2007 年）第 120 ~ 121 页也谈到了这个问题（另参看何师此书第 121 页的注解）；又，封演《封氏闻见记》：周颙“好为体语。因此切字有声纽，纽有平上去入之异”。周祖谟《文字音韵训诂讲义》第 115 页解释说：“所谓‘纽’即同一声母，‘纽有平上去入’就是同纽的四声字，……因此后代也称声母为‘声纽’。”我认为周祖谟的理解有问题。《封氏闻见记》分明说“纽有平上去入之异”，则这里的“纽”并非是声母，而是指声调而言。我国古代的韵书都是以声调为纲，按声调分类编排，声调才是韵书的枢纽。

十、“狖”的读音问题

慧琳《一切经音义》卷二十七“狖”字条注：“狖，《字林》余绣反，江东之名；又余季反，建平之名。《山海经》‘鬲山多蜼’。郭璞云：似猕猴而大，苍黑色，尾长四五尺，似獭，尾头。”光华按，“狖”从“穴”得声，古音应是匣母合口，而《字林》注音为余母[①]。这是否如有的学者[②]说的“喻四归匣”呢？我们认为不是。考《说文》：“蜼，如母猴，卬鼻、长尾。从虫，隹声。余季切。”《玉篇》：“蜼，余季、余救二切；似猴而鼻仰、尾长；雨则悬于树，以尾塞鼻。”《玉篇》的“余救切”就是《字林》的“余绣反”。《经典释文》卷三十《尔雅音义下》：“蜼，音诔。《字林》‘余绣反’或‘余李、余水’二反。”可知“狖”音“余季反”或“余绣反”实际上是“蜼”的训读。其本字是“蜼”，“狖”是“蜼”的后起异体字，当是产生于六朝，不可据以论上古音。“隹”声字多与余母相涉，如“维、惟、唯、帷”等。

注释

① 如果有证据显示“余”是“于”的错字，那就是正常注音。但原文这里似乎不可能是错字，原注音是对的。

② 如郑张尚芳和林亦。

十一、沈曾植误解“纽”字

清末民初的大学者沈曾植《海日楼札丛》[①]卷一“声类”条称：“李登《声类》，其《切韵》分纽之祖欤？分部有古今，分纽亦有古今。类隔音和，其显著者也。”这实在是误解。李登《声类》的“声”不是指“声纽”，而是指“韵”。台湾学者龙宇纯有专文讨论，很详细。参看龙宇纯《李登声类考》[②]。又，六朝人谈的“纽”往往不是指“声母”，而是指“声调”，唐朝人对此还有正确的认识。考《封氏闻见记》卷二《声韵》：“周颙好为体语，因此切字皆有纽，纽有平上去入之异。”这分明是用“纽”来表声调，非关辅音。

注释

①（清）沈曾植：《海日楼札丛》，辽宁教育出版社，1998 年。

② 龙宇纯：《李登声类考》，《中上古汉语音韵论文集》，五四书店、利氏学社，2002 年。

十二、真耕通押问题

张民权《程迥〈古韵通式〉及古音说通考》[①]在论述朱熹《诗集传》的叶音时说，讨论到《诗经·鄘风·蝃蝀》是用“命”与“人、姻、信”为韵，朱熹《诗集传》称这里的“命”叶读弥并反。张民权先生加按语说：“按‘并’字《广韵》去声劲韵畀政切，韵尾为 -ŋ，韵与调均不合。而‘信’字《集传》又叶读平声斯人反，故‘命’字叶读弥并反仍不协韵。”光华按，张民权先生这里没有注意到上古音中的真耕通押是非常普遍的现象，在《诗经》以外，还常见于《楚辞》《老子》《淮南子》[②]等。《陆志韦语言学著作集（一）》[③]第194~198页，罗常培、周祖谟《汉魏晋南北朝韵部演变研究》[④]都有详尽的论述；张双棣师《吕氏春秋词汇研究》[⑤]指出《吕氏春秋》中真耕合韵达20次。汪启明《先秦两汉齐语研究》第345页排比了耕文真合韵、耕元合韵、耕真合韵、耕真阳合韵的文献材料。同书第350页排比了真耕合韵、真耕阳合韵的材料。在段玉裁《六书音均表》中，“耕”为第十一部，“真”为第十二部，可以通转。《六书音均表》四的《古合韵》中，举有“真”“耕”合韵的例子。参看许惟贤整理《说文解字注》第1429页和第1432页。另可参看本书第三章第十二节的注解㉗。王楙《野客丛书》[⑥]卷二十三“地名语讹”条有曰：“喻隰州石楼县本汉吐军县，后魏置吐京县，亦胡语之讹也。此类甚多。”“军”是前鼻音尾，音变为后鼻音尾的“京”[⑦]。

在重庆方言中，后鼻音的“名、明、鸣”与前鼻音的“民、岷”完全同音，读为前鼻音的“民”。而在闽方言中则有的是把前鼻音读成后鼻音。考李如龙《福建县市方言志12种》[⑧]中的《仙游县方言志》，在福建的仙游县方言的音系中，“民、泯、敏、皿、悯”和“命”的文读音都读 miŋ，在仙游方言中根本没有前鼻音 -n 韵尾；在闽方言中类例甚多。在现代汉语方言中前后鼻音相混的现象很多，尤其是当主元音是 i 和 e 的时候。这种音变现象在上古音中早已发生，“命、令”二字在上古音中都有真部耕部两读，段玉裁、江有诰已有此说[⑨]。魏慧斌《宋词用韵研究》（陕西人民教育出版社，2009年）第257~276页“庚真通押”条排批宋词中“庚真通押”的用例近千例。同书第276页列举了宋词中“庚真东通押、寒庚通押、寒庚真通押”的用例。钱毅《宋代江浙诗歌合韵谱》（西南交通大学出版社，2013年）第三章排比了真文与庚青的合韵用例共有130人、450例。崔彦《全金诗韵部研究》（大连出版社，2011年）第70~71页列举了金诗中曾梗摄与深摄通押5例，臻摄与曾梗摄通押2例。臻摄与通摄通押2例，戈载《词林正韵发凡》称吴烺等人的《学宋斋词韵》[⑩]在《词林正韵》出来以前影响甚大，被学者奉为金科玉律，而《学宋斋词韵》以“真谆臻文欣魂痕”和“庚耕清青蒸登”同用；这显然是有实际的语音作根据的。明朝的凌濛初《南音三籁评语》[⑪]多次指出在明代的戏曲和散曲中有庚青和真文杂用的现象。如评《风流合三十》的《正宫·白练序》：“杂用庚青、真文、侵寻韵。韵不足法，但取其古而得体耳。”[⑫]又评《红梨记路叙》的《正宫·雁鱼锦》：“用庚青韵。内‘分’字犯真文。”[⑬]又评《荆钗记苦别》的《羽调·胜如花》：“用庚青韵。内‘姻’字、‘亲’字犯真文。”[⑭]又评《琵琶记路途》的《仙侣·月云高》：“用真文韵。内‘影’字犯庚青。”又评陈大声《四十闺怨》的《仙侣·三犯桂枝香》：“用庚青韵。内‘深’字犯侵寻，‘人’字犯真文。”[⑮]类例颇多，此不被录。吴梅《词学通论》[⑯]第三章“论韵”转述了戈载此言。吴梅《词学通论》第三章“论韵”还称：

“所易混者，第六部之真谆，第十一部之庚耕，第十三部之侵，即宋词中亦有牵连混合者。张玉田《山中白云词》，至多此病。如《琐窗寒》之‘乱雨敲春’，《摸鱼子》之‘凭高露饮’，《凤凰台上忆吹箫》之‘水国浮家’，《满庭芳》之‘晴卷霜花’，《忆旧游》之‘问蓬莱何处，皆混合不分。’清代学者刘禧延[17]早已指出：弋阳土音寒山桓欢先天韵中字或混入江阳韵。如“官关”作“光”，“难”作“囊”，“完”作“王”等等[18]。黄节《汉魏乐府风笺》[19]卷十四《焦仲卿诗》第275页比较详细地考察了汉魏以前的前鼻音和后鼻音通押的现象，举证颇丰，文烦不录。刘坚《大唐三藏取经诗话写作时代蠡测》[20]考察了在敦煌变文中存在臻摄与曾摄通押，梗摄与深摄、臻摄通押，梗摄与曾摄、臻摄通押的现象，颇有举例。

而且张民权此文还引述辅广《协韵考异》曰：“陈云：按弥宾反方与人字叶。虽转却本字亦不害为切响同音，今方言亦有以命为民者。”辅广说得很清楚“今方言亦有以‘命’为‘民’者”，这分明是把后鼻音读为前鼻音。朱熹称这里的“命”叶读弥并反，一定是因为朱熹的方言中“并”读成前鼻音尾。因此，朱熹的注音其实并没有错。只是在闽方言中把前鼻音尾读成后鼻音尾的现象更加常见[21]，这在现代的闽方言研究中已经是很清楚的事实。

注释

① 张民权：《程迥〈古韵通式〉及古音说通考》，《语言研究》2005年第1期。

②《淮南子》中“真、耕”通押的现象可参看本师张双棣教授《淮南子韵谱》（第三届汉语史学术研讨会暨第六届中古汉语国际学术研讨会会议论文，四川大学，2007年）。又见张老师《淮南子用韵考》（商务印书馆，2010年）第123页。举证甚多。今人龙宇纯《先秦散文中的韵文》（《丝竹轩小学论集》，中华书局，2009年；原文发表于《崇基学报》1963年第3卷第1期）对先秦散文中的真耕合韵现象有充分的注意。

③ 陆志韦：《陆志韦语言学著作集（一）》，中华书局，1985年。

④ 罗常培、周祖谟：《汉魏晋南北朝韵部演变研究》，科学出版社，1958年。

⑤ 张双棣：《吕氏春秋词汇研究（修订本）》，商务印书馆，2008年。

⑥（南宋）王楙：《野客丛书》，中华书局，2007年。

⑦《元和郡县志》卷十五：“石楼县，本汉土军县也，属西河郡，晋省，后魏孝文帝于此城置吐京郡，即汉土军县，葢胡俗音讹以‘军’为‘京’也。”《舆地广记》卷十八：“石楼县本汉吐军县，属西河郡，东汉省之，后魏置吐京县及吐京郡，盖胡俗语讹也。”

⑧ 李如龙：《福建县市方言志12种》，福建教育出版社，2001年。

⑨ 另如朱骏声《说文通训定声》“苓”字注称：“古韵：《诗·简兮》叶榛苓人；《采苓》叶苓颠信。”分明是真耕合韵。段玉裁《六书音韵表》四第十二部《古合韵》列举了不少的真耕合韵现象。第十一部的《古合韵》明确指出了“命、令”在《诗经》中与真部合韵的现象，例证甚多。

⑩ 此书是清朝出现的，具体的文献学方面的概述参看《中国词学大辞典》（浙江教育出版社，1996年）第469～469页；王兆鹏等主编《宋词大辞典》（凤凰出版社，2003年）第903页。

⑪ 参看俞为民、孙蓉蓉：《历代曲话汇编（明代编第三辑）》，黄山书社，2009年。

⑫ 参看俞为民、孙蓉蓉：《历代曲话汇编（明代编第三辑）》，黄山书社，2009年，第273页。

⑬ 参看俞为民、孙蓉蓉：《历代曲话汇编（明代编第三辑）》，黄山书社，2009年，第272页。

⑭ 参看俞为民、孙蓉蓉：《历代曲话汇编（明代编第三辑）》，黄山书社，2009年，第272页。同书第271页又评《拜月亭途穷》的《仙侣·羽调排歌》：“用庚青韵。内‘近’字犯真文，疑是‘迥’字、‘进’字之误。”此例仅供参考。

⑮ 参看俞为民、孙蓉蓉：《历代曲话汇编（明代编第三辑）》，黄山书社，2009 年，第 263 页。

⑯ 吴梅：《词学通论》，复旦大学出版社，2006 年。

⑰（清）刘禧延：《刘氏遗著》，《丛书集成新编（14 册）》，新文丰出版公司，1985 年。

⑱ 另参看张竹海：《中州音韵研究》，中华书局，2007 年，第 321 页。

⑲ 黄节：《汉魏乐府风笺》，中华书局，2008 年。

⑳ 刘坚：《大唐三藏取经诗话写作时代蠡测》，《刘坚文存》，上海教育出版社，2008 年，第 40 页。

㉑ 另参看蒋绍愚师《近代汉语研究概要》（北京大学出版社，2006 年）第 66 页。闽方言的前鼻音读为后鼻音的情况可参看陈章太、李如龙《闽语研究》（语文出版社，1991 年）第 149 页，主要在闽北方言；另李如龙《福建县市方言志 12 种》（福建教育出版社，2001 年）。

十三、一二四等与三等之间的区别问题

有的学者认为上古汉语的元音的一二四等与三等之间的区别是元音的长短或松紧的对立，其重要理由之一就是壮侗诸语言中有不少的语言有长短元音的对立，还有一些藏缅语言存在松紧元音的对立。然而随着语言学研究的深入，学者们意识到存在元音的长短松紧对立的语言有很多情况并不是从原始状态就已经如此，而是有一个渐变的过程。例如，戴庆厦主编《二十世纪的中国少数民族语言研究》[①]第65页对这个问题稍有总结："不同语言间相同的语言现象，有可能是由不同的语言现象转化而成的，即'异源同流'，如藏缅语的松紧元音对立，有的语言（如哈尼语）来自舒促韵母的对立，有的语言（如载瓦语）来自清浊声母的对立，两种不同的语音对立汇成相同的语音现象。"而且松紧元音与声调有特定的配合关系。如哈尼语的松元音在哈尼语的三个声调上都出现，而紧元音只出现在两个声调上。周植志等《佤语方言研究》[②]一书指出佤语方言中的元音的松紧有向声调转化的趋势。其书第二章第三节第120页指出："声调与元音松紧对应关系很有规律。艾帅话紧元音音节与大寨话的高平调、高降调相对应。艾帅话松元音音节与大寨话的低平调、低降调相对应。"举例甚多。如此之类的配合关系往往是研究汉语上古音的学者没有注意到的。可见元音的松紧是与声调相关联，而不可能与汉语古音的"等"相关联。因此，参照现代的民族语言从而认为汉语上古音的一二四等与三等的区别是元音松紧的对立，其立论显然是错误的。

注释

① 戴庆厦主编:《二十世纪的中国少数民族语言研究》，书海出版社，1998 年。

② 周植志等:《佤语方言研究》，民族出版社，2004 年。

十四、“月氏”的“月”的读音问题

中国古书中的“月氏”中的“月”到底读什么音？《中国大百科全书·外国历史卷》“大月氏”条（马雍撰）特别将“月”注音为“肉”。但同条又说“月氏”又音译为“禺支”“禺氏”“牛氏”。今按，“禺、牛”都是疑母字，因此“月氏”的“月”只有读为月亮的“月”，而不是“肉”，才能产生“禺、牛”这样的异文。马雍先生盖未解古音。饶宗颐《上古塞种史若干问题》[①]提到英国著名东方学家Henning的论著《历史上最初的印欧人》（1978年刊），此文指出我国西汉以前就有的“月氏”一名是源于Guti（一般音译为“古提”），而Guti一名是经常出现在西亚苏美尔人的楔形文之中。这说明与我国历史文化有密切关系的“月氏”民族与西亚的远古文化也有文化接触。后来徐文堪《外来语古今谈》[②]第16页根据孔甫烈的研究，认为“月氏”一词是音译自吐火罗语，义为“拥有一块土地”。然而其文列举的外语音与“月氏”的古音不合，不可信[③]。又，梁启超《佛教与西域》[④]的注释一称：“月氏乃译义而非译音，我族盖认为氐族之一。其冠以月名者，示别于氐，犹言阴戎、骊戎耳。”此说很独特，然恐不可信[⑤]。如果根据日本学者的研究，“月氏”一名断然是音译词。据日本东洋学大家江上波夫《论月氏的民族名》[⑥]的考证和研究，“月氏”是中亚土语gusch或qasch的译音，其义为“玉”。在现代语言中与新疆的“喀什”相对应。即“喀什”一词在2000多年前的汉语中的语言形式是“月氏”。月氏在被匈奴攻灭以前是西域大国，是东西文化交流的重要中介。在中西亚，“月氏”既被认为是玉的民族，也被认为是丝绸的民族，其玉得自和田，其丝绸得自中国。江上波夫还认为西方古书中的“Seres”虽然义为“丝国”，但不是指中国，而是指作为转贩丝绸的中介大国月氏。这个观点很有参考价值，尚待深究，现在不可作定论。江上波夫在论文的最后一节论及《韩非子》《淮南子》等书中的“和氏之璧”的故事非历史之事实，乃是寓言，其中的“和氏”就是“月氏”的异体形式。我们认为这是很敏锐的观察，“和”的上古音为匣母歌部，“月”为疑母月部，二者为阴入对转，匣疑同为牙喉音，于音理可通，无可置疑[⑦]。因为我国学者对江上波夫此文很少注意，所以我们不避枝蔓，作以上的介绍[⑧]。根据以上各外国学者的研究，“月氏”中的“月”也一定是“月亮”的“月”音，不可能“肉”音[⑨]。

注释

① 饶宗颐：《上古塞种史若干问题》，《于阗史丛考》，上海书店，1993年。

② 徐文堪：《外来语古今谈》，语文出版社，2005年。

③ 其所以找出吐火罗语来对应应该是因为学者们一般认为月氏是说吐火罗语的民族。另可参看林梅村《开拓丝绸之路的先驱：吐火罗人》（《西域文明》，东方出版社，1995年）。

④ 梁启超：《佛教与西域》，《佛学研究十八篇》，辽宁教育出版社，1998年。

⑤ 后来，郑德坤《月氏为虞后及“氏”和“氐”的问题：答徐中舒先生》（《郑德坤古史论集选》，商务印书馆，2007年）在反驳徐中舒的时候，再次提到“月氏”的“氏”本应是“氐”，是我国古代西部氐羌族的一支。“氐”误为“氏”是在宋代以后。梁启超和郑德坤把“月氏”看成氐羌族的一支是不对的，现在学术界已有定论。

⑥［日］江上波夫：《论月氏的民族名》，《和田博士还历记念东洋史论丛》，大日本雄辩会讲谈社，1951年。

⑦ 本书第三章第八节讨论匣母和疑母相通的问题。

⑧ 江上波夫的论文还提到了日本东洋学大家桑原骘藏、松田寿男、内田吟风等人的论著，对“月氏”都有考证，均不可忽视。

⑨ 岑麒祥《汉语外来语词典》（商务印书馆，1990 年）、高名凯等《汉语外来语词典》（上海辞书出版社，1984 年）均不收“月氏”一词。

十五、中唐时期的匣母和喻三读音相近问题

我在拙著《论汉语上古音无复辅音声母》[①]第109～110页的注解［111］中根据赵振铎先生的启示，认为中唐柳宗元时期的匣母和喻三还是音相近的，喻三的音值应该还是匣母的细音，读舌根浊擦音ɣ。我是根据这样一些古文献材料：《柳宗元集注·游黄溪记》称："传者曰：黄神，王姓。莽之世也，莽既死，神更号黄氏，逃来择其深峭者潜焉。始莽尝曰：余，黄虞之后也，故号其女曰'黄皇室主'。'黄'与'王'声相迩。""黄"的中古音是匣母，"王"的中古音是喻三，在上古音中是喻三归匣。这条材料清楚地表明在中唐时代的柳宗元的语音中，"黄"与"王"还是声相迩，应该理解为喻三与匣母合口相近[②]。钱大昕《十驾斋养新录》卷五"声相近而讹"称："浙之东言'黄''王'不辨（钱大昕小字自注：《癸辛杂识》。'黄'匣母，'王'喻母）。"《癸辛杂识·续集卷下》："浙之东言语，黄、王不辨，自昔而然。"《癸辛杂识》是南宋周密在杭州所作。可知南宋时的浙东尚且是喻三与匣母相近，而且远在南宋之前就是如此。宋代的《猗觉寮杂记·卷下》称："黄、王不分，江南之音也。岭外犹甚。"明代的张位《问奇集》也称在吴越方言中"黄为王"。我是根据这些材料认为王力、董同龢、李荣、邵荣芬、李新魁、李思敬等先生所构拟的《切韵》音系中的喻三的音值为ɣ的观点是正确的。王力先生《汉语语音史（卷上）》第四章"隋—中唐音系"甚至坚持在隋至中唐时代，都还是喻三归匣，与喻四不同[③]。我在上面列举的古文献材料似乎可以支持王力先生的这个观点。

然而，我近来在反复思考后认为以上列举的古文献材料不能证明中唐的柳宗元时期的北方通语音系中还存在喻三归匣。以上的材料应作其他的解释。我现在认定：上述"黄、王"不分的现象是客观事实，但这是在江浙地区的中唐时期甚至以前就早已存在的方言现象，其产生年代很可能在柳宗元之前。南宋周密的《癸辛杂识·续集卷下》："浙之东言语，黄、王不辨，自昔而然。"其中的"自昔而然"虽然难以确定具体早到什么年代，但肯定是在柳宗元以前[④]。我认为在中唐甚至以前的江浙地区就存在的"黄、王"不分的现象，即喻三与匣母不分，不能解释为是保留了上古音以来的喻三归匣的语音特征，而应该解释为是匣母合口失去舌根浊擦音声母而变得与已经是零声母的喻三同音。这其中有一个语音条件就是"黄、王"都是合口。这种音变是唐代的江浙地区的吴方言现象，在当时的粤方言中似乎也存在。而在中唐时期的北方通语中并不存在这样的匣母合口失去舌根浊擦音声母而变得与零声母的喻三同音，如《慧苑音义》和《慧琳音义》中就没有匣母和云母相混的现象。而且自初唐以来的《汉书音义》《急就篇注》《后汉书音义》《史记索隐》《史记正义》《晋书音义》《敦煌出土礼记音残卷》这些唐代的文献和《切韵》相比较，都没有出现匣母和云母相混的现象[⑤]。因此，我认为王力先生《汉语语音史（卷上）》第四章坚持中唐时代的北方通语中还存在喻三还是归匣的观点未必可信。如果王先生的说法是对的，那么为什么宋代以来的学者都明确说"黄、王"不分是浙东或江南地区的方言现象呢？可见这种现象在北方通语中不存在。可洪《新集藏经音义随函录》卷十三有"熊羆"条："乎宫反。……又《切韵》作羽弓反。此为和会吴音也。唯应和尚经音直作'胡弓反'，是也。"[⑥]可洪说喻三音的"羽弓反"是吴音，是和会的方言现象，这说明可洪时代的北方通语中的喻三与匣母肯定已经不同音了[⑦]。而且可洪提到玄应的《一切经音义》是注音为匣母，而不是喻三，且完

全同意玄应的注音。因此，我们据此只能认为初唐时代的玄应《音义》中的喻三与匣母就已经不同音了。其结果只能是喻三在初唐就读零声母，与喻四合流了。而且在中唐的江浙地区存在的“黄、王”不分的现象不能理解为是喻三归匣，这中间的匣母有一个语音条件似乎是合口（因为“黄”是匣母合口），开口的匣母很可能仍是舌根浊擦音，与已经是零声母合口的喻三不相混⑧。

我这样解释是基于我看到了现代南部地区广泛存在的方言事实以及民族语言的现象，我收集到的材料可参看本书第三章第二节的有关注解。我判定柳宗元时代浙东地区的“黄、王不分”应该是同于现在的闽方言、吴方言、粤方言等中的“黄、王”不分一样，是读为合口的零声母⑨，而不同于上古音中的喻三归匣。

注释

① 庞光华：《论汉语上古音无复辅音声母》，中国文史出版社，2005 年。

② 又可参看赵振铎：《中国语言学史》，河北教育出版社，2000 年，第 256 ~ 257 页。

③ 高本汉认为在《切韵》音系中喻三已经与匣母发生分离，而与喻四相近，拟喻三为 j，喻四为零声母。李方桂《上古音研究》（商务印书馆，1998 年）第 7 页的中古声母音系与高本汉的系统一脉相承，拟喻三为 j－，喻四为 ji－。李方桂在注解 1 中说：“有些人以为喻三可以跟匣相配而写作 ɣj－，这也许是在《切韵》时期以前的情形，到了隋唐的时候显然喻三已与匣母分离而近乎喻四了，因此我也暂以区别重纽三四等的办法去区分他。”

④ 我有证据认为在六朝时代的吴方言中就是如此。因为我在古典日语中的吴音借词中发现了很重要的同类现象。古日语从古汉语来的借词中，吴音是最早的语音形式，是六朝时代主要通过我国典籍以及佛经从江东传到日本的读音（一般认为可能经过了朝鲜半岛这个中介），其中有不少读音是保留了东汉时代的古音，因此很值得重视。我发现在那些吴音借词的音读中，古汉语的匣母合口或喻三字有不少确实是失去了舌根浊擦音声母。这是很重要的证据，今举例如下：1. “会”的古音是匣母合口，而在日语的吴音音读中是 we。2. “惠、慧”的古音是匣母合口，而在日语的吴音音读中是 we。3. “回”的古音是匣母合口，而在日语的吴音音读中是 we。4. “为”的上古音是匣母合口（中古音是喻三），而在日语的吴音音读中是 wi。5. “钺”的上古音是匣母合口（中古音是喻三），而在日语的吴音音读中是 woti。在日语的汉音音读中是 wetu。6. “坏、怀”的古音是匣母合口，而在日语的吴音音读中是 we。7. “和”的古音是匣母合口，而在日语的吴音音读中是 wa（如“和尚”中的“和”）。8. “王、往”的上古音是匣母合口（中古音是喻三），而在日语的吴音音读中是 wau。9. “黄”的古音是匣母合口，而在日语的吴音音读中是 wau。10. 喻三的“于”读 wu。类似的例子非常多，不胜枚举。从以上的材料可以看出，在六朝时代传入日本的吴音中的匣母合口字的匣母确实已经脱落掉了，只是保留了合口成分 w。因此，我们可以认为这些匣母合口字在六朝时代的某些方言中本来就已经失去了匣母。也即是说“黄、王”同音在六朝时代的吴方言中已经存在，而且都是读零声母。据王力先生《汉语语音史（卷上）》第五章“晚唐—五代音系”所考察，南唐时代朱翱的反切系统（保存在徐锴的《说文系传》中）存在匣母和喻散、喻四合流的现象，也就是匣母和喻三喻四混切（参看《汉语语音史》，中国社会科学出版社，1985 年，第 233 页）。王力先生对此只是说：“匣母和喻三、喻四混合，和现代吴语相符合。这恐怕是方言现象。现在我们依守温字母，把喻三、喻四合并为喻母，匣母独立。”王力先生的解说到此为止。我们现在可以补充的是：朱翱反切音系（也就是当时的吴方言）存在匣母失去浊擦音声母而读零声母的现象，从而与已经是零声母或 j 的喻三、喻四合流了。这个合流也不是从朱翱时代的吴方言开始的，而是至少从六朝时代就已经存在了。有的学者提出日语的“胡”在吴音中音读是 ko，作为不同意我们的根据。我们认为且不说这仅是一个孤例，而且“胡”音 ko 的时代性颇为可疑，认为这是汉音也有可能。学者应该有专文讨论日语“胡”音 ko 的时代性。

⑤ 但是《玄应音义》似乎存在匣母和云母相混的现象，参看周法高《玄应反切考》（《周法高语言学论文集》，联经出版事业公司，1975 年）第 182 页。周法高明确提到了曾运乾、葛毅卿、罗常培的论著，认为在《玄应音义》存在喻三归匣；王力《汉语语音史（卷上）》第四章“隋—中唐音系”也考察过《玄应音义》，也认为《玄应音义》所反

映的音系中存在喻三归匣（但王力先生在这个问题上没有列举具体的材料，这与王先生《汉语语音史》的惯常做法不同。而且王先生也没有提到周法高的论文。让人感到遗憾），我认为这实在是误解。且不说周法高先生举例甚少，不能成气候；而且所举之例基本上都是一个字有云母和匣母两读。我们可以明确地说这样的两读音不能证明玄应反切中还存在喻三归匣，而应当解释为其云母音是吴方言中的读音，是零声母 j 或 w；其匣母音是北方方言中的读音，是舌根浊擦音。

⑥ 另参看储泰松：《唐代音义所见方音考》，《语言研究》2004 年第 2 期。

⑦ 可洪的注音和观察很重要。其实在《韵镜》和《七音略》中的“雄”也是匣母，《集韵》作“胡弓切”。“雄”的后世读音是沿袭了玄应、可洪、《集韵》、《韵镜》和《七音略》的注音。在日语的汉字音读中的“雄”的读音是ゆう，相当于汉语古音的云母，不是匣母。龙宇纯《韵镜校注》（台湾艺文印书馆，2003 年）第 38 页，李新魁《韵镜校证》（中华书局，2004 年）第 129 页、陈广忠《韵镜通释》（上海辞书出版社，2003 年）第 246 页都没有指明“雄”的云母音是吴方言。

⑧ 匣母开口也有失去舌根浊擦音的现象，但数量没有匣母合口那么大，而且似乎匣母开口失去声母要晚于合口。

⑨ 匣母在合口前脱落是在匣母清化为晓母之前。高本汉早就注意到这点。如高本汉《中国音韵学研究》（商务印书馆，1995 年）第 276～277 页称：匣母“在汕头话厦门话里有一个很显著的失落趋向。在福州话、客家话（原注：看例外）里我们可以看出一个朝着同一方向走的微弱趋向。我们于是可以说匣母的失落是闽粤语的特征。声母的失落普通只影响到匣母，而不影响到晓母，可见一定是发生在匣母因为失去浊音性而与晓母相混之前”。高本汉的这段论述是很有见地的。据庄初升《粤北土话音韵研究》（中国社会科学出版社，2004 年）第 165 页指出：“事实上粤北土话中的晓母字基本上没有今读零声母的反映。所以，我们认为读零声母是匣母合口字在浊音清化之前就独立演变的结果，应该说其年代已相对久远。”我自己在广东和香港所听到的粤方言也是“黄、王”同音，都读为零声母的 wong，而不是喻三归匣。

十六、再论《切韵》中云母的音值问题

高本汉《中国音韵学研究》、李方桂《上古音研究》、周法高等认为《切韵》中的云母已经是 j 声母[①]。但这一观点由于论证不充分受到后来多数学者的批评。罗常培、王力、李荣、邵荣芬、李新魁、董同龢、浦立本、郑张尚芳、潘吾云等学者都坚持认为《切韵》中的云母还是喻三归匣，是匣母细音。后一派学者的观点现在是主流。可是我最新的考察却发现《切韵》中的云母应该是 j 声母或零声母，已经不是舌根浊擦音的匣母细音。我的这个观点与上一个例子的讨论有密切的关系。我有如下的理由：

（一）我在上文的考察中确定了《柳宗元集注·游黄溪记》所称的“黄”与“王”声相迩是如同现在南部方言中的云母和匣母合口都读为零声母。这是中唐时代可以确证的吴方言现象。但这个现象不可能是从中唐时期的柳宗元时代才开始的，柳宗元记载这个语音现象的时候应该在吴方言中早已存在很长时间了。有直接的证据表明在初唐时代就是如此。日本学者大岛正二《唐代字音研究》[②]第 101 页通过考察发现唐代的音义书中，只有初唐的《文选音义》存在于母和匣母相混的现象，而大岛先生此书在文献考证的时候就认为李善的《文选音义》是反映唐朝南方字音的文献。所以他说：“于匣两母相混也许是唐代南方字音的一个特征。”[③]我认为在吴方言中的“黄王同音”的现象在六朝时代肯定已经存在了。

（二）日语中的汉字吴音是六朝时代从江南传入日本的读音。在日语的汉字吴音音读中，明显存在云母和匣母合口都读为零声母的现象。而从唐朝传入日本的汉音音读中，由于这是唐朝的北方通语语音，其匣母合口绝不读为零声母，无一例外。我在上文的注解中举了一些日语吴音音读的例子，今再转录如下：1. “会”的古音是匣母合口，而在日语的吴音音读中是 we；2. “惠、慧”的古音是匣母合口，而在日语的吴音音读中是 we；3. “回”的古音是匣母合口，而在日语的吴音音读中是 we；4. “为”的上古音是匣母合口（中古音是喻三），而在日语的吴音音读中是 wi；5. “钺”的上古音是匣母合口（中古音是喻三），而在日语的吴音音读中是 woti，在日语的汉音音读中是 wetu；6. “坏、怀”的古音是匣母合口，而在日语的吴音音读中是 we；7. “和”的古音是匣母合口，而在日语的吴音音读中是 wa（如“和尚”中的“和”）；8. “王、往”的上古音是匣母合口（中古音是喻三），而在日语的吴音音读中是 wau；9. “黄”的古音是匣母合口，而在日语的吴音音读中是 wau；10. 喻三的“于”读 wu。类似的例子非常多，不胜枚举。从以上的材料可以看出，在六朝时代传入日本的吴音中的匣母合口字的匣母确实已经脱落掉了，只是保留了合口成分 w。因此，我们可以认为这些匣母合口字在六朝时代的吴方言中就已经失去了匣母。也即是说“黄、王”同音在六朝时代的吴方言中已经存在，都是读零声母。

（三）我们有理由认为匣母合口由于浊擦音声母的弱化而失落，从而读为零声母这一音变现象发生的时间一定不能早于云母读零声母的时间。因为云母本来是匣母细音，是三等韵，带有软音成分的介音 j，因此其声母的浊擦音很容易弱化[④]；再加上云母多是合口，其合口成分容易与舌根浊擦音发生异化作用。这也进一步促成浊擦音声母的失落。在唐朝的北方通语中，云母已经是零声母，但匣母的开合口都是浊擦音，并没有失落其声母，而是后来清化为晓母。这就说明没有三等韵的匣母比起三等韵的云母来不容易发生声母弱化现象。既然从日汉对音知道了在六朝时代的吴方言中匣母合口已经不是浊擦音，而是弱化为零声母。那么这个时候的云母一定早于或至少同时就已经是零声母。这个论断是无可置疑的。

（四）在《广韵》中有些从云母得声的字要读为零声母，如“迂、纡、扜”都音“亿俱切”，是影母音。这也可以证明《切韵》中的云母已经是零声母。另外，“媁”在《广韵》音於非切，是零声母；在《唐韵》音羽非切，是云母。这不是《唐韵》中的云母到了《广韵》音变为零声母，而是《唐韵》中的云母已经与零声母合流。更考《说文》：“邘，周武王子所封，在河内，野王是也。从邑于声。又读若‘区’。”大徐本注音“况于切”。今按，“邘”从云母的“于”得声，则古音应是云母，其又音“区”的读音不应是溪母，而应是影母，音“欧”[⑤]。这个例子显示出云母在东汉时代的方言中可能就有了影母的音变。

（五）简启贤《字林音注研究》[⑥]第三章“音系”第91～92页有一段论述值得注意：“但是在汉末至魏晋的齐鲁方言中，匣母和以母的情况却与通语大不相同。《释名》匣、匣自训共有30例，云、云自训共有13例，匣云互训却只有2例。”因此，匣母和云母在《释名》音系中明显已经分化。《字林》匣、云的情况与《释名》类似。《字林》匣母《释文》类和其他类共31个音注，没有与云母混同的。《字林》云母《释文》类反切共12个，与匣母混同的2个，即被注音字“騩”和“䙡”。前者读匣母，后者《广韵》虽读晓母，但《字林》切上字“于”本不该与一等桓韵相拼，对《字林》来说，声母本该为匣。《字林》云母其他类反切共7个，与匣母混同的一个，即被注字“雽”，《广韵》读匣母。这个音注的韵母是二等狎韵，声母不当为云母。从这些材料来看，《字林》相当一部分云母字已经与匣母有了显著的区别，变成另一个声母了。可见在东晋成书的《字林》中的云母和匣母已经不同，我们可以因此认为《字林》时代的云母很可能已经读j－声母了，但这时的匣母还是舌根浊擦音。而且要注意的是东汉《释名》中匣母和云母的关系已经不很密切了。然而我们这样的推断必须要面对原本《玉篇》中大量的云母和匣母互切的现象。我们必须对此提出解释。据周祖谟《万象名义中之原本玉篇音系》[⑦]这一长篇论文的考述，《万象名义》所反映的原本《玉篇》的音系中，今本《玉篇》的反切上字是云母的，有不少在《万象名义》中是匣母。也有不少相反的情况，其例不转录。周祖谟先生据此言：“据以上所举可知等韵喻母三等字《玉篇》实与匣母为一类，音读当为x之浊音ɣ。等韵喻三与匣分为两类，当为后日之音变。”我们认为周先生考察的事实是精确的，但他的解释似不可信。顾野王《玉篇》乃是南朝的梁代成书的，应该有相当的吴音色彩。我注意到周先生所列举的云匣互切的材料中的匣母字是“胡、乎”作反切上字，二者都是匣母合口字，我认为其在原本《玉篇》的梁代已经读为零声母，因此可以和已经是零声母的云母互为反切上字，二者的声母应该是w，这就是柳宗元所说的吴方言中的“黄、王同音”现象。在现代方言中，“胡”在广州、阳江的方言中读wu，在南昌方言读u，在温州方言读vu，在建瓯方言读u，在潮州方言的白读音是ou[⑧]。这样的音变在中古时代就已经存在了。原本《玉篇》的这个现象显示出至少在顾野王时代的吴方言中的匣母合口已经是零声母，失去了舌根浊擦音，而不是保留了上古音中的喻三归匣。但是这中间有些匣母字在北方方言中还是读ɣ，所以到了唐代的《玉篇》时，学者就把原本《玉篇》中的云母的切上字改成了匣母字来做反切上字，这只是回避吴方言的一种改进工作。

（六）我们的观点还可以得到更多材料的证明。日本汉学家坂井健一《魏晋南北朝字音研究》[⑨]把

《经典释文》所引述的东汉魏晋六朝时代的各家音注材料予以分类研究，其结果显示在《释文》所收的各家音义中，云母和匣母明显有区别，和《切韵》相比照，云母和匣母很少相混。我们作一些简单的介绍：在徐邈音义中，和《切韵》构成云匣异读的只有一例，是《尚书音》中的“违”音“回”，《切韵》音“王非反”。光华按，“违”音“回”应该是存古现象，保留了上古音，《切韵》读云母，已经是 w 声母了。在刘昌宗的音义中，和《切韵》构成云匣异读的只有二例，坂井健一明确认为那只是上古音中的残余现象。在李轨音义中，没有和《切韵》构成云匣异读的例子。在郭璞音义中，和《切韵》构成云匣异读的只有一例，是《尔雅音》中的“蟥”，音“王”，《切韵》音“胡光反”。我认为“蟥”是 w 声母，是白读音，而且是吴方言音；而《切韵》认字认半边，认为“蟥”音同其声符的“黄”，所以注音“胡光反”，而且是北方音。在郭象音义、韦昭音义、向秀音义、王元规音义、崔譔音义、戚衮音义、沈旋音义、谢峤音义、顾野王音义、孙炎音义、王肃音义、何胤音义、施乾音义这众多的音义中，完全没有和《切韵》构成云匣异读的例子。这是各家学者都比较注意审音的结果，显示出至少从东晋以来，云母和匣母确实有所不同，云母已经是零声母了[⑩]。

（七）罗常培《经典释文和原本玉篇反切中的匣于两组》[⑪]在结论中说：“到了六世纪末，［ɣ］在［ĭ］音前面已经［j］化，所以在《经典释文》的反切里这两类分化的倾向渐强。”罗常培还说：“不过从发音原理上讲，这个［ɣj］音不会保持长久，很快就会变成［j］的。”罗常培以上的见解都是正确的[⑫]。但罗常培此文似有矛盾的地方。因为他认为《切韵》中的云母还是匣母细音，不是 j。而《经典释文》的成书年代要早于《切韵》。既然《经典释文》中的云母已经是 j，那么晚于《经典释文》的《切韵》中的云母怎么可能反而是 ɣj 呢？而且罗常培接受周祖谟的文章的观点，认为成书于梁代的顾野王《玉篇》中存在云匣相混的情况是上古音的残余“喻三归匣”，但《经典释文》中所收的诸多注音的年代要早于顾野王《玉篇》，而其中的云匣两母基本不相混。这样的矛盾，罗常培没有注意到，更没能解决。如果采用我的观点：顾野王《玉篇》中存在云匣相混的情况不是上古音“喻三归匣”的残余，而是匣母合口和云母都读零声母[⑬]。这样解释，一切矛盾都能化解。在六朝时代有时还有的“喻三归匣”是上古音的遗迹，如罗常培此文列举的王融、庾信的两首双声诗明显以云母和匣母为双声，这应该理解为当时的大诗人为卖弄学问而有意存古，不能理解为是当时的实际语音。这种现象就如同六朝时代诗人好作拟古诗一样。

（八）我们还有必要提及在《切韵》中的云母和匣母的关系问题。考《广韵》音切，“越”有二音：一是末韵的“户括切”，是名词，一是月韵的“王伐切”，主要是动词或虚词。根据《广韵》列举的释义来看，其匣母音和云母音肯定是不同的系统，在意思上相差很大，其云母已经是零声母，而其匣母音是存古现象。况且这是异读音，不是反切上字相混。如果《广韵》的“越”只有“户括切”一音[⑭]，没有“王伐切”音，这才能说明在《广韵》中是喻三归匣。然而事实不是如此。又，“云、雲”在《广韵》都音“王分切”音，大徐本《说文》所引《唐韵》，以及唐写本《刊谬补缺切韵》均同。《敦煌出土礼记音义残卷》音“于君切”，今本《玉篇》同。而葛毅卿《隋唐音研究》[⑮]第 144 页提到《切韵》本身的“云、雲”在《广韵》都音“户分反”音，不知何据？只是《原本玉篇残卷》[⑯]第 55 页称“云”音胡勋反。我们上面已经说过原本《玉篇》中匣母合口的“胡”已经是零声母。日语吴音中“云”音 wun，也是零声母。因此，《广韵》自身的材料不能证明《切韵》中还存在上古音中的“喻三归匣”。

（九）《颜氏家训・音辞篇》：“案：诸字书，焉者鸟名，或云语词，皆音於愆反。自葛洪《要用字苑》分焉字音训：若训何训安，当音於愆反，‘於焉逍遥’，‘於焉嘉客’，‘焉用佞’，‘焉得仁’之类是也；若送句及助词，当音矣愆反，‘故称龙焉’，‘故称血焉’，‘有民人焉’，‘有社稷焉’，‘托始焉尔’，‘晋、郑焉依’之类是也。江南至今行此分别，昭然易晓；而河北混同一音，虽依古读，不可行于今也。”这表明“焉”在六朝时代有影母和喻三两读，“矣愆反”是喻三音。这时候的喻三不会是匣母细音，而应该是 j，影母也许是喉塞音，二者稍有分别。“河北混同一音”不正是喻三与影母相混吗？另外，从“焉”得声的“蔫”也有喻三音⑰。

正因为以上的根据，再加上《切韵》所反映的是主要是南朝时期齐梁陈的读书音，其语音系统以六朝后半期的金陵音为主⑱，正是吴方言系统，也综合了一定的北方通语的语音。因此，我相信《切韵》中的云母的音值已经是零声母 j 音，而不再是上古音中的喻三归匣。有趣的是王力先生《汉语语音史》⑲第 111 页本来早已注意到六朝的云母已经读为零声母：“从南北朝某些方言喻四和喻三混合的情况可以看出，喻三已经由舌根擦音［ɣ］变为半元音［j］。因为［ji］和［ɣj］音相近，才容易相混。”这本是一个很正确的观察，但王力先生仅仅把它作为一个方言现象而一笔带过，王力先生此书的“魏晋南北朝的声母”一节还是“喻三归匣”，这不能不让人感到遗憾。

注释

① 但诸家都没有认为喻三与以母完全合流。高本汉构拟的以母是零声母 ø，李方桂构拟的以母是 ji，周法高的构拟与高本汉相同。我们认为这样强生分别没有必要。《切韵》中的云母和以母应该认为已经合流了，音值都是 j。至于在后来的方言中有读为零声母的情况只是音位变体。二者在现代方言中往往是一起发生同样的音变。

②［日］大岛正二：《唐代字音研究》，汲古书院，1982 年。

③ 只是大岛先生没有意识到初唐时代的南方方言中的于匣两母相混不是上古音中的喻三归匣，而是同读零声母（包括 j 和 w）。

④ 在汉语语音演变史上三等韵的声母发生弱化是相当常见的现象。例如，只有三等韵前的重唇音才发生轻唇化的音变；照三系字在上古为舌面塞音，在中古演变为舌面塞擦音；近代的见系三等字音变为舌面塞擦音；上古端系的三等字演变为中古的知系字。这些都是弱话音变。另可参看陈新雄《李方桂先生上古音研究的几点质疑》（《文字声韵论丛》，东大图书公司，1994 年）。曹志耘《严州方言语音特点》（《语言研究》1997 年第 1 期）提到严州方言各土话的音系中，深臻曾梗摄开口三等影组和日疑母的舒声字，在遂安读自成音节的 n，在淳安、建德、寿昌多读 in 一类的声母。这个音变过程应该是 in→n。i 因弱化而失落。

⑤“区”的古音有溪母、见母、影母三读。

⑥ 简启贤：《字林音注研究》，巴蜀书社，2003 年。

⑦ 周祖谟：《万象名义中之原本玉篇音系》，《问学集（上）》，中华书局，1981 年。

⑧ 并见王福堂等：《汉语方音字汇（第二版重排本）》，语文出版社，2003 年，第 128 页。

⑨［日］坂井健一：《魏晋南北朝字音研究》，汲古书院，1975 年。

⑩ 但并没有与影母合口相合流，因为云母是浊音，而影母是清音，前有喉塞音。

⑪ 罗常培：《经典释文和原本玉篇反切中的匣于两纽》，《罗常培语言学论文集》，商务印书馆，2004 年。

⑫ 李如龙《福建县市方言志 12 种》（福建教育出版社，2001 年）中的“建阳市方言志”第 433 页称：“ɦ 拼齐撮呼韵母时实际发音为 j。”足见 ɦ 在 j 前面容易失落。

⑬ 只是声母前面没有喉塞音。

⑭ 光华按，“越”有“户括切”一音还见于唐代学者张守节的《史记正义》。《广韵》说不定是从张守节那里转引来的。《原本玉篇残卷》正缺“走”部。

⑮ 葛毅卿：《隋唐音研究》，上海古籍出版社，2003 年。

⑯（南朝梁）顾野王：《原本玉篇残卷》，中华书局，2004 年。

⑰ 我们这里附带辨析一个古文献中的材料。《颜氏家训·音辞篇》："谓'郢州'为'永州'，元帝启报简文，简文云：'庚辰吴入，遂成司隶。'如此之类，举口皆然。元帝手教诸子侍读，以此为诫。"周祖谟曰："案：至如谓'郢州'为'永州'，则声韵皆非矣。郢《切韵》以整反，在静韵，永荣昺反，在梗韵。梗、静韵有洪杀，以、荣声有等差，岂可混同？其音不正，是不学之过也。"这表明六朝时代梁朝的有些方音把"郢州"念成"永州"，周祖谟先生认为这是把喻三和喻四混同了。我们认为周祖谟先生这里的评析乃是无的放矢。梁朝时代的喻三和喻四已经混同，都读为 j，这是客观事实，没有错误可言；如果那时的喻三还是读匣母细音，是浊擦音的话，那么从音理上讲不容易把喻四 j 读成 ɣj。我认为这里的问题应该如钱大昕所说："'永州'是'雍州'的错字。"（参看王利器《颜氏家训集解》第 565 页）"雍州"在汉代属于司隶。而"雍"是影母字与喻四的"郢"声母相近而不完全相同。二者在六朝时代的北朝往往相混，但在南朝被严格区分。所以这里的问题应该是梁朝有的人把喻四读成影母（据王力先生《汉语语音史（卷上）》第五章，在晚唐五代的朱翱音系中，喻母和影母还是有分别的；据同书卷上第六章，在朱熹音系中，影母和喻母才合并了，是影母并入了喻母。现在可知，在南朝的梁代已经有人不分喻母和影母了，而且是喻母并入影母，虽然这仅仅是南朝的某些方言现象），而不是读成喻三。喻四和喻三在南朝的语音中早已融合，不是个别现象，不可能当作错误来看待。古文字中有材料显示出云母战国时代似乎就可能在某些时候读为 j，已经失落声母了，也许这种音变在先秦时代还不普遍，但未必没有出现。例如，在甲骨文中的"裘"字是作为皮衣的"裘"的象形字，在金文中有时增加"又"为声符，有时用"求"为声符，这时候二者应该音近相通（"求"字本身就是从"又"得声）。但这个字最终在秦系文字的睡虎地秦墓竹简中定形为从"求"，而不是从"又"，这个现象也许可以表明在战国的秦系文字中的云母的"又"字与群母的"求"字在读音上已经有明显的区别，"又"声字和"求"声字之间在战国秦汉时代似乎没有出现过通假字和异体字，在古文字中似乎通常也是如此，可参看黄德宽等《古文字谱系疏证》中的"又"声字和"求"声字。这个现象似乎暗示云母的"又"可能已经失去辅音声母，变成 j 声母了。不过，这个问题牵涉甚广，不能靠孤证立论，尚待深考。

⑱ 唐朝学者李涪《刊误》明确称《切韵》中多吴音。

⑲ 王力：《汉语语音史》，中国社会科学出版社，1985 年。

十七、上古音中的真耕二部的主元音问题

有的学者认为上古音中一定存在 i 这个主元音，如上古音中的真耕二部。王力先生把真耕二部的主元音构拟为 e。且不说二者的差别不是很大，也确实有证据表明王力先生的这个构拟是有根据的。例如，在现代汉语方言中存在一个比较广泛的音变现象 iŋ→in 演变，这是因为前高元音的 i 对后鼻音的 ŋ 发生同化作用，使后鼻音的发音部位前移为前鼻音。但是在方言中同样存在 eŋ→en 的演变，如在好些方言中，存在“风”读“分”，“彭”读“盆”，“蒸”读“真”，“横”都“痕”，“烹”读“喷”，“等”读“扽”，“腾”读 ten，“冷”读 len。类例甚多。可见 e 对后鼻音 ŋ 也可以发生同化作用，从而变为前鼻音 n。有的学者根据上古音中的“真耕”二部可以相通，于是推定真耕二部的主元音是 i，这虽然是承认 iŋ→in 演变，但没有注意到同样可以存在 eŋ→en 的演变。因此，我们认为不能根据 iŋ→in 演变就否定王力先生把上古音中的真耕二部的主元音构拟为 e 的观点。

十八、“夥”字的形音结构问题

我的同门大师兄赵彤在《以母的上古来源及相关问题》[1]一文提到：“夥”字是以“多”为声符。《广韵·果韵》：“夥，楚人云多也。”《方言》也有类似的记载。然而，我们认为根据文字学的分析，“夥”应该是以“果”为声符[2]，“多”是表意的，而不是表音的。赵彤在最近出版的《战国楚方言音系》一书中对有的材料作了不恰当的处理，主要是把一些方言词汇的现象当作音变现象来处理，并构拟了一些音变模式。这是难以取信于人的。如其书第 67 页认为匣母的“夥”与端母的“多”是同源词，溪母的“锴”和透母的“铁”是同源词，这都是不可信的。我们认为这些方言之间的不同现象应该理解为方言词汇上的不同，不是音变的结果。

注释

① 赵彤：《以母的上古来源及相关问题》，《语言研究》2005 年第 4 期。

② 从此字在《广韵》中入“果韵”也可推知。

十九、《楚辞》的一处押韵问题

《楚辞·天问》："比干何逆，而抑沈之？雷开何顺，而赐封之？"此节以"沈、封"为韵。江有诰《音学十书·楚辞韵读·天问》、王力《楚辞韵读》都认为这是侵东合韵，或称借韵[①]。今按，江、王二氏之说不确。这里的"封"当是"窆"的借字或错字，此处原文的"封"当作"窆"。考《礼记·檀弓上》："悬棺而封。"《释文》："封依注作窆。"《礼记·曾子问》："遂既封。"郑玄注："封亦当为窆。"朱骏声《说文通训定声》："封，假借为窆。"《礼记·丧服大记》："凡封。"郑玄注："封，《周礼》作窆。"类例甚多[②]。"窆"是侵部字[③]。因此，我认为《天问》这里不是侵东合韵，甚至不存在任何合韵的问题，就是押侵部。这样理解要顺畅得多。

注释

① 王念孙《毛诗群经楚辞古韵谱卷上》（见罗振玉编《高邮王氏遗书》，江苏古籍出版社，2000年，第83页）列为押东部，明显不确，因为"沈"在《广韵》中也是-m韵尾，从无东部或阳部之音。

② 参看《故训汇纂》（商务印书馆，2003年）第599页。王观国《学林》卷十"封窆"条也有详细的讨论（中华书局，2006年，第352页）。王观国还讨论了"封"和"窆"本来是不同的，至少在汉代就被人搞混了。

③ 这是依据《王力古汉语字典》（中华书局，2005年）第857页、何九盈等《古韵通晓》（中国社会科学出版社，1987年）第315页。郭锡良《汉字古音手册》归入"谈部"，稍误。

二十、“节”的上古音问题

《楚辞·离骚》：“汝何博謇而好修兮，纷独有此姱节？薋菉葹以盈室兮，判独离而不服。”陈昌齐《楚辞辨韵》（《丛书集成新编》本）认为此以“节”和收－k的职部“服”为韵，当属可信。江有诰《音学十书·楚辞韵读》、王力《楚辞韵读》认为此节无韵。我取陈说。考《切韵》“即”音子力切，是职韵开口三等字。郭锡良先生《汉字古音手册》[①]第69页将“即”的上古音归为质部，收－t尾。我认为根据“即/节”这组谐声字，与其将上古音中的“即”归为收－t的质部，不如将“节”归为收－k的职部，在《切韵》之前发生了－k→－t的音变[②]。这样解释，《离骚》这里就是以“节”和“服”为韵，押职部。

注释

① 郭锡良：《汉字古音手册》，北京大学出版社，1986年。

② 这是由于三等介音对韵尾辅音发生同化作用而发生的音变。

二十一、钱钟书误解古音一例

钱钟书《管锥编（二册）》[①]“列子·天瑞”篇第473页竟谓：“‘鱼’训‘我’时，当为‘予’之借。”光华按，此言可谓疏于古音矣。考《国语·晋语二》：“暇豫之吾吾。”韦注：“吾，读如鱼。”《列子·黄帝》：“姬，鱼语女。”注：“鱼当作吾。”《水经注》卷八“济水注”谓鱼山即吾山。“鱼”训“我”，当为“吾”之借，非“予”之借。

注释

① 钱钟书：《管锥编》，中华书局，1979年。

二十二、上古音中押双声的问题

前辈学者注意到《诗经》中存在押双声韵的现象。这是很重要的规律[①]。如钱大昕《十驾斋养新录》[②]卷十六“双声亦韵”条称：“双声亦可为韵。《小雅》‘决拾既佽，弓矢既调。射夫既同，助我举柴’。‘佽、柴’固韵，‘调、同’双声，亦韵也。”邓廷桢《双砚斋笔记》[③]卷一“古人用韵不甚拘”条称：“钱少詹《养新录》云：《说文》斐字下引《易》‘君子豹变，其文斐也’。斐即蔚之异文。斐与分声相近，故亦可与君协韵。桢按，古人用韵不甚拘。同部之字则以叠韵为韵，异部之字则以双声为韵。‘非、分’正双声也。《周礼》‘匪颁之式’。郑司农云：匪，分也。疏云：谓若分赐群臣也。‘匪、分’双声，故假‘匪’为‘分’耳。”曾运乾《音韵学讲义》[④]第400～402页也讨论了押双声韵的问题，举例如：《诗经·车攻》：“决拾既佽，弓矢既调。射夫既同，助我举柴。”“调、同”为定母双声。《诗经·斯干》：“乃生女子，载寝之地。载衣之裼，载弄之瓦。”“地、裼”旁纽为双声。《正月》：“谓天盖高，不敢不局。”“高、局”见母为双声。《有客》：“有客宿宿，有客信信。”“宿、信”心母为双声。《载芟》：“匪且有且，匪今斯今，振古如兹。”“且、兹”精母为双声。押双声是很重要的音韵学问题，现在学者已经很少注意了，有时容易被学者们误解为是韵部的合韵现象[⑤]。

注释

① 这在英语诗中也存在，称“alliteration”，一般叫“押头韵”。参看德国学者布斯曼《语言学词典》（商务印书馆，2003年）第21页“alliteration”条。而英国学者克里斯特尔编撰的《现代语言学词典》（商务印书馆，2000年）、英文本《牛津简明语言学词典》都没有收录“alliteration”条。例如，1. Care killed the cat. 2. with might and main. 3. The sun sank slowly. 4. Love me little，Love me long. 这些都是英语中押头韵的例子。

② （清）钱大昕：《十驾斋养新录》，《嘉定钱大昕全集（第七册）》，江苏古籍出版社，2000年。

③ （清）邓廷桢：《双砚斋笔记》，中华书局，1987年。

④ 曾运乾《音韵学讲义》，中华书局，1996年。

⑤ 钱大昕《十驾斋养新录》卷十六“诗句中有韵”条称：“《诗》三百篇，往往句中有韵，韵不必在句尾也。”多有举例。这也是很重要的问题，对研究《诗经》的艺术会有启发。论述同样问题的还有戴震《论韵书中字义答秦尚书》、姚维锐《古书疑义举例增补》六“句中用韵例”（《古书疑义举例五种》，中华书局，1983年）。孔广森《诗声类》（中华书局，1983年）第62页“句中韵例”条；陈钟凡《中国韵文通论》（《民国丛书》，上海书店，1990年）第一章八“用韵”节的“中韵”条论述了同样的问题；宋朝的沈义父《乐府指迷》有“句中韵”条讨论词中的句中韵问题；陈钟凡《中国韵文通论》第一章八“用韵”节的“起韵”条所论述的押起韵的现象也值得注意，所举例如：“舒而脱脱兮，无感我帨兮，无使尨也吠。”（见《召南·野有死麕》）。每句开头的字“舒、无、无”押韵。如“鴥彼晨风，郁彼北林”（见《秦风·晨风》）。“鴥、郁”为韵。又如“父兮母兮，畜我不卒。胡能有定？报我不述”（见《邶风·日月》），“父、胡”为韵；又如“汎彼柏舟，在彼中河。髧彼两髦，实维我仪”（见《鄘风·柏舟》），“汎、髧”为韵。杨树达《中国修辞学》（上海古籍出版社，2006年）第十七章第184页有“句中韵”条，举例是《诗经·君子于役》。

二十三、梵汉对音中的轻声问题

潘悟云《汉语历史音韵学》[①]第270～271页根据李荣《切韵音系》所附录的“根本字译音表”称：“东晋法显译佛说大般泥洹经卷第五文字品第十四（417年）用‘罗对音la时有一个注：轻音，对音ra时则没有。这或许意味着，音译者认为‘罗’的读音在印度的la、ra两者之间更接近ra。北凉天竺昙无谶译《大般涅槃经》第八‘如来性品’第四之五（414—421年）以及后来的许多音译中，ra用带‘口’旁的‘罗’表示。……可见当时的汉语中已经没有r这个音了。”潘悟云这里是想证明来母的上古音的音值是r，不是l。然而我认为潘悟云是误解了对音材料的性质。我检核了李荣《切韵音系》所附录的“根本字译音表”，发现在音译中用“轻声”这个术语一般是声调要读上声，而与声母无关。举证如下：①la，法显注“轻音罗”，昙无谶注“轻罗”，唐代的地婆诃罗注“罗上声”；②na，僧伽婆罗注“轻那”，而地婆诃罗注“那上声”；③da，僧伽婆罗注“轻陀”，而地婆诃罗注“陀上声”；④tha，僧伽婆罗注“轻他”，而地婆诃罗注“他上声”；⑤ta，僧伽婆罗注“轻多”，而地婆诃罗注“多上声”。以古证古，可知在梵汉对音中是用“轻声”或“轻”来表示声调是上声，不可作其他解释。因此，潘悟云不能用这个对音材料证明上古音的来母是r。

注释

① 潘悟云：《汉语历史音韵学》，上海教育出版社，2000年。

二十四、音韵与避讳问题

《楚辞·天问》：“勋阖梦生，少离散亡。何壮武历，能流厥严？”王力《楚辞韵读》称“亡、严”是阳谈合韵[①]。江有诰《楚辞韵读》称“严”当作“庄”。我认为江有诰的意见是正确的。这里的“严”原本应该是“庄”，乃是避汉明帝刘庄的讳而改，这在汉代的文献中是很常见的现象。因此，《天问》原文是押阳部，不存在合韵的问题。黄灵庚《楚辞异文辨证》[②]第312页也取江有诰之说，然未言古韵。一代宗师王念孙的《合韵谱》可议之处甚多，我们应当慎言合韵。

唐代的许敬宗奏请将《切韵》中的“支、脂、之”三韵同用。陈新雄《诗韵的通转》[③]一文认为：“其实许敬宗奏合而用之，所据的才是当时的雅音，因为开科取士，用韵必有标准，不可人用其乡。这个标准是什么？就是当时的雅言或承用的书音了。而且许氏的合并，也不是看见韵窄就并入他韵，例如肴韵至窄，也没有并入萧宵或豪韵。欣韵至窄，也没有并入文或真韵。而脂韵甚宽，却并入于支之。可见他的合并，一定有实际的语言作标准，若许氏所据的就是雅言或书音，则《切韵》所据的就绝不是当时的雅言或共同标准的书音了。”我认为陈新雄先生的观察完全符合事实，只是没有从古文献中举出实例。我从古书中找到了一个例子可以表明在唐代的实际语音（而不是诗赋韵文的押韵关系[④]）中确实是“支、脂”二韵已经混而不分。

考《新唐书·韦皋传》：韦皋“兄聿，弟平。聿以廕调南陵尉，迁秘书郎，以父嫌名换太子司议郎”。据《唐文粹·权德舆南康郡王家庙碑》，韦皋之父名“贲”[⑤]。这个避讳现象显示出在唐代“贲”与“秘”字同音。而据《广韵》，“贲”有音“彼义切”，为寘韵，是支韵的去声；“秘”音“兵媚切”，为至韵，是脂韵去声。二者在唐代的实际语音中可以构成嫌名讳，可知二者已经同音。这个避讳的例子显示出在唐代的实际语音中“支、脂”二韵确实已经相混同了[⑥]，而且根据《颜氏家训·音辞篇》的论述，其混同在六朝时代的北方通语中就已经发生[⑦]。虽然在六朝时南方的读书音中二者有严格的区别，而这个区别被保留在了《切韵》中。这个事实表明《切韵》音系并非以隋唐时代的北方（无论长安还是洛阳）的实际语音为基础，其审音的原则确实是从分不从合，兼包南北方音。而唐初许敬宗定下的“同用”例，正如陈新雄先生等所言是立足于唐代北方通语的实际语音[⑧]。

另外，《颜氏家训·音辞篇》提到：“北人以庶为戍，以如为儒。”段玉裁曰：“如在九鱼，人诸切；儒在十虞，人朱切。”这是说六朝时代的北方通语中存在“鱼、虞”不分的现象。这在隋代的北方通语中也还是如此。我们找到了一个材料。1999年，在山西太原有一个重大的考古发现，那就是虞弘墓。其中出土一方墓志，表明墓主人是隋代的“虞弘”，且自称来自西域的“鱼国”。这篇墓志中的两个“鱼国”的“鱼”都是经过凿去重刻的，其痕迹很明显。如今学者们已经公认那个最早刻成的字应该是“虞”，后被改成了“鱼”。这个事实说明隋代北方通语或方言中的“鱼、虞”是可以有谐音关系的，二者的实际读音应该混而不分。黄侃《文字声韵训诂笔记》[⑨]第121页早已注意到：“‘支、脂；鱼、虞’在今日南北皆不能分，即唐人亦已混同。”[⑩]

注释

① 后来的赵彤《战国楚方言音系》（中国戏剧出版社，2006 年）第 145 页的注解［3］也坚持《天问》这里的“亡、严”是阳谈合韵。

② 黄灵庚：《楚辞异文辨证》，中州古籍出版社，2000 年。

③ 陈新雄：《诗韵的通转》，《文字声韵论丛》，东大图书公司，1994 年。

④ 王兆鹏：《唐代科举考试诗赋用韵研究》，齐鲁书社，2004 年。

⑤ 可参看陈垣《史讳举例》第七十一“避讳存古谊古音例”。

⑥ 李新魁《历代避讳在古音研究上的利用》（《李新魁音韵学论集》，汕头大学出版社，1997 年）一文已经提到这个例子。

⑦ 据于安澜《汉魏六朝韵谱》，西晋以来的作家也有“支、脂”合韵的，如陆机《百年歌》之九、陆云《陆公诔》、石崇《楚妃叹》、张华《女史箴》、郑豊《中陵诗》、张翰《赠张弋阳》等。唐长孺《“士衡多楚”释》（收入《唐长孺文存》，上海古籍出版社，2006 年）也注意到了同样的问题。

⑧ 与陈新雄持同样观点的学者尚有多人，此不详列。

⑨ 黄侃：《文字声韵训诂笔记》，上海古籍出版社，1983 年。

⑩ 李新魁《历代避讳在古音研究上的利用》（《李新魁音韵学论集》，汕头大学出版社，1997 年）有一段论述称：“宋英宗名叫曙，为避嫌名讳把树称为木，可知当时曙、树同音。案曙为御韵字，常恕反，树为遇韵字，常句切。可见宋时鱼、虞韵的读音已经没有分别了。案鱼、虞两韵之合晚唐已然。如变文《父母恩重经》中‘语、母、负、乳、度’为韵。‘语’为鱼韵字，‘负、乳’等为虞韵字。”光华按，李先生的论述固然言之成理，但他还没有注意到鱼、虞两韵之合并非始于晚唐而是在北朝后期已经如此了，唐朝只不过继承了北朝以来的一个语音传统而已。

二十五、中古音里的云母和以母两读问题

现在有的学者提出了上古音存在“喻四归匣”的现象。这个观点是有启发性的。如果一个字的中古音有云母和以母两读，我们该怎样解释呢？根据我们这一章的有关论述，在《切韵》中的云母已经是j[①]，与以母已经合流，所以《切韵》系韵书中以母字和云母字有时可以互为反切上字，这就造成了上古音中似乎有“喻四归匣”的现象。例如，“捐”字在《广韵》《集韵》中是以母音，但在《正韵》中有“于权切”音，则是云母。其实其声母并无异读，都是零声母或j声母，不能将其中古以后的云母和以母二音推往上古，说“捐”字上古音中也存在云母和以母二音的分别，其实“捐”的上古音只有零声母，“肙”声字的见母音是零声母的转音。音韵学家们对这个问题似乎没有充分的注意，以致对上古音产生误解。这个问题其实极为重要。有的音韵学家认为上古音中的喻四在有的方言中混入了喻三，从而与牙喉音谐声或通假，也就是“喻四归匣”，只是这样的喻三在中古音时代混入了喻四。主张这种见解的除了林亦的《喻四归匣——古以母演变的另一形式》[②]一文之外，还有郑张尚芳《上古音系》[③]第87页“部分喻四字古归云母”也称：“必须指出，有一部分谐声跟云母或见系合口相同的字，比如‘荣、营、颖、役、尹、匀、捐、鹬’等，韵图却归入喻四，而且反切上字也表明是喻四。但谐声表明它们上古跟云母是一类，原来应属喻三才是。那为什么在中古变了声母呢？注意这些字只在重纽三四等韵脂真质、支清昔、祭仙、宵韵中出现，这些韵都是前元音韵”云云。我现在认为郑张尚芳先生和林亦指出的现象值得重视。郑张先生所举的“荣、营、颖、役、尹、匀、捐、鹬”在上古有的是云母或匣母细音字（如荣、营[④]、颖），其中的“捐”在上古是零声母，“役、匀”是真正的以母。云母或匣母细音字其所以在中古的反切上字用以母字，是因为《切韵》中的以母和云母已经相混，所以有时可用以母字来作云母字的反切上字，也就是中古音的以母字有的在上古是属于云母，也就是所谓“喻四归匣”。类似的例子在明代的陈第《毛诗古音考》和《屈宋古音义》中已经存在。据邵荣芬《明代末年福州话的声母系统》[⑤]分析《毛诗古音考》和《屈宋古音义》的注音，发现陈第有时用云母注音以母，用以母注音云母，用以母注音匣母[⑥]，邵荣芬认为这是明末福州方言中的“微影云以”四个声母都是零声母的现象。在陈第的音注中有“完、丸”音“延”的现象，这是匣母合口与以母相通。这样的材料绝不能证明上古音中存在“喻四归匣”的现象，也就是在上古音中不存在真正的以母字读ɣj的现象，而是匣母合口与以母在陈第的方音中都读零声母[⑦]。这些字与上古音中真正的以母字不同，绝不与端组字发生谐声或通假关系。至于以母和见系声母在上古相通相谐的现象，我们在本书第三章第十三节已讨论。

注释

① 似乎不是喉塞音。

② 林亦：《喻四归匣——古以母演变的另一形式》，《语言研究》2004年第1期。

③ 郑张尚芳：《上古音系》，上海教育出版社，2003年。

④ 例如，与“营”同样声符的“莹、荧、萤”等都是匣母字，而“营”是以母字。类例尚多。

⑤ 邵荣芬：《明代末年福州话的声母系统》，《邵荣芬音韵学论集》，首都师范大学出版社，1997年，第601页。

⑥ 这是此文的第七节，主要讨论陈第用“疑影云以”四母互相注音的问题。

⑦ 然而邵荣芬先生没有注意到这个现象，在其声母表中还是将匣母一概列为 h 声母，没有充分意识到匣母合口读为零声母的现象，这是不对的。

二十六、战国楚方言音系中的元音构拟问题

赵彤《战国楚方言音系》[①]在讨论《诗经》音系的时候对王力先生《汉语语音史》的上古音系有所修订。虽然赵彤的意见有合理的地方，但也有不合理的地方。例如，为了解释上古音的冬部从唇鼻音韵尾向后鼻音韵尾的演变，赵彤将《诗经》音系中的冬部构拟为 om，战国楚方言音系中的冬部构拟为 ouŋ，战国楚方言的侵部构拟为 om。我认为这个构拟很不合理。从音理上看，《诗经》音系中的 om 向战国楚方言音系中的 ouŋ 的演变可以解释为主元音和唇鼻音韵尾之间发生异化作用（因为二者都有合口成分），从而将唇鼻音尾异化为后鼻音尾。而且这个音变没有例外，是很整齐的音变，因此这个音变肯定是很强势的很容易发生的音变。但是赵彤又把战国时代楚方言中的侵部也构拟为 om。然而这个侵部的 om 在上千年的语音演变史上再也没有发生异化音变而成为 ouŋ 之类的音。而且《诗经》时代的侵缉部和谈叶部的主元音对立是央元音 ə 和低元音 a 的对立，而赵彤的战国楚方言音系将二者的对立构拟为后中高元音 o 和后中低元音之间的对立。这样的构拟显然不合理。因为赵彤构拟的这个音位对立在语音演变史上是很容易相混的[②]，而侵缉部和谈叶部的主元音对立在后来的语音发展史上从来没有消失，这就说明赵彤的这个音位对立的构拟不合理。另外，赵彤在此书第 101 页构拟的 ou→au 的音变实质上是说后中高元音的 o 向前低元音 a 的音变，这从音理上不容易解释。反过来，au→ou 的音变似乎更自然，更合音理[③]。

注释

① 赵彤：《战国楚方言音系》，中国戏剧出版社，2006 年。

② 从音理上讲，后中低元音在唇鼻音韵尾的影响下，容易进一步发生圆唇化的音变，从而与后高元音 o 相混。《王力文集（第十卷）》（山东教育出版社，1987 年）第 101 页认为从先秦到东汉时代的入声药部 ok 的后中高元音向后中低元音演变。这样的音变构拟未必合乎音理。

③ 赵彤此书还有一个问题很容易引发争议。此书有一个明显的倾向是要从音理上解释从《诗经》音系向战国楚方言音系的发展。这样的处理是有问题的。因为《诗经》音系被公认为是西周春秋时代中原王朝的雅言音系，与战国楚方言未必有直接的音变关系。赵彤构拟的战国楚方言音系不如说是战国时代楚国的雅言音系，其方言色彩是很有限的。

二十七、王力《汉语语音史》中的提法有不当

王力先生《汉语语音史（卷上)》第二章“汉代音系”关于东汉时代韵部音值的演变有不恰当的提法。如王力先生说：“歌部范围改变。先秦‘鱼部家华牙邪……’等字转入歌部。”但是王力先生《汉语语音史》先秦音系中的歌部拟音是 ai，鱼部拟音是 a；汉代音系中的歌部拟音是 a，鱼部拟音是后中低元音。也就是先秦的鱼部和汉代的歌部音值相同，所以并没有发生音值上的转变，先秦 - a 韵的“家华牙邪……”字在东汉时代依然是读 - a 韵。因此，王力先生这里说的“转入”一词是容易引起误会的。同样的问题还出现在对“鱼部范围改变”的描述上。

又王力《汉语语音史（卷上)》第六章“宋代音系”称朱熹的《诗集传》和《楚辞集注》的音系中舌叶音已经消失，一部分并入精组，一部分并入章组。但同书第七章“元代音系”在讨论卷舌音兴起的时候又说元代的卷舌音声母主要来自庄系和知系二等，差不多所有的庄系字都由舌叶音变为卷舌音。这显然有自相矛盾的地方。因为王力《汉语语音史》所讲的各代音系是直线发展而来的。南宋时代的舌叶音已经分别演变为精组声母和章组声母，已经不存在独立的舌叶音声母，怎么到了元代反而会有舌叶音音变为卷舌音？除非特别强调南宋朱熹的音系是宋代的南部方音，而元代的音系是根据《中原音韵》和《中州音韵》归纳出的，有南北音的区别，也就是元代的北方音系不是从南宋的江南地区的音系直接发展而来。只有这样区分，才能避免王力先生论述上的矛盾，但王力先生自己并没有指出这点。何九盈先生似乎注意到了王力先生此书的某些不足①。

注释

① 参看何九盈师《汉语语音通史框架研究》(《语言丛稿》，商务印书馆，2006 年)。何九盈师有曰：“《汉语语音史》建立的九个音系，并不是十全十美的，它克服了旧的局限，又产生了新的局限。我首先感到疑惑的是，除了第九章‘现代音系’外，其余八个时代各只有一个单独音系，这个音系能在多大程度上反映那个时代的语音面貌呢？如‘主要是根据朱熹反切’建立起来的宋代音系，对宋代语音的代表性到底有多高？与南北两宋同时的辽金西夏地区的语音情况又如何呢？用一个音系就证明一个时代。这就掩盖了一个时代语音的复杂情况。其次，就个别音系而言，它或许是可信的、是很有价值的，但把这些音系组合在一条直线上，谈它们之间的直线发展，这就要求这些音系具有同质的基础方言，如果这些音系基础方言差异很大，语音发展的路子方向就会互有参差，将互有参差的东西取直，就很难避免主观主义、形式主义的构拟。”何九盈先生的这个批评可以说是击中了要害（《语言丛稿》，商务印书馆，2006 年，第 93 ~ 94 页)

二十八、王力《汉语语音史》所论音变恐有不当

王力先生《汉语语音史（卷上)》第二章“汉代音系”称：“宵部范围扩大。先秦幽部……（例字略）等字转入宵部。”王力先生此书的先秦音系和汉代音系的幽部都是u，宵部都是o。王力先生这样描述就等于说先秦的很多 -u 韵字演变成了东汉的 -o 韵字。这样的元音低化音变不是很自然，恐不可信。

二十九、日母的音值问题

有的学者明确提出汉语方言中的日母字的音值不是浊擦音，而是无擦通音（continuent）或近音 ɻ，朱晓农先生力倡日母为近音说。王力先生《汉语语音史》也持这样的观点。朱晓农的《从群母论浊声和摩擦——实验音韵学在汉语音韵学中的实验》[①]一文很有分量，说汉语方言中的日母是近音 ɻ，最接近半元音 j，与浊呼音 ɣ 和元音也接近[②]。不过，我们即使根据朱晓农此说，也正好表明近音 ɻ 与浊擦音的关系并不很远，因为半元音 j[③]与浊呼音 ɣ 都是浊擦音；而这个近音 ɻ 在历史音韵学上也应该是由 ʐ、z 失去摩擦成分演变而来。近音 ɻ 既然是 ʐ、z 失去摩擦成分而来，而且根据大量汉语方言音变材料，我们可以认为这个近音 ɻ 不是接近浊呼音 ɣ。因为在汉语方言中极其罕见古日母字音变为 ɣ[④]，所以不大好说二者就很音近[⑤]。我们比较肯定地认为现代汉语方言中的日母读浊擦音 ʐ、z 的时代层次要早于读近音的时代层次，保留了较早期的读音[⑥]；日母读为近音 ɻ，这是在浊擦音之后，是浊擦音 ʐ、z 失去擦音成分而变来的[⑦]。我认为日母读为零声母的现象应该是从鼻音声母 ȵ/ɳ 失落了鼻辅音而变来的，而不是从近音 ɻ、浊擦音 ʐ 或边音 l 演变而来。据曹志耘《严州方言语音特点》[⑧]的考察，在严州地区的淳安、遂安的方言中，泥母细音读为零声母。这说明泥母在细音前面也会失落；日母字在淳安、遂安读零声母，在建德部分读零声母，部分读鼻音 ɳ，在寿昌全部日母字读鼻音 ɳ。据《阿依语研究》[⑨]第 27 页，在阿依语中 ȵ 与元音 i 相拼时可以脱落。据《壮侗语族语言词汇集》[⑩]，壮语中的 ȵ 声母在武鸣部分地区并入 j。这样的材料表明日母读零声母一定是由鼻音声母在细音前失去鼻辅音演变而来。这个结论应无可疑。

我结合粤方言中日母的各种不同的音值来讨论日母的音变规律，及其各种音值的时代层次。据詹伯慧主编《广东粤方言概要》[⑪]第四章“广东粤方言特点示意图”第 231 页“古日母今读”，古日母读零声母或 j－的地区有很多，是广东省粤方言区的主流读音；读后鼻音 ŋ 声母或 ɡ 声母的地区有新会、台山、赤坎、牛江、三水、斗门镇等；读 ŋ 或 ɡ 的地区有罗定、德庆、南丰、布田等。读 z 的地区有东莞等；还有的地方分别读 ŋ、j、h。我想从音理上推断古日母在粤方言区的这些不同读音的时代层次，及其音变的序列。结合古音来考察，我的推断是：古日母读 ȵ 是时代层次最早的读音，是中古音乃至上古音的遗留，其他一切读音都是从这里演变出来的。其音变的规律如下：

第一，日母 ȵ 由于是舌面前音，一般带有软介音 j，容易使声母发生弱化音变，失去舌面鼻音声母，音变为 j－，零声母只是 j－的音位变体，不能有别义功能。这个 j－发生前化音变，也就是舌位前移，摩擦成分增强，从而音变为 z－或卷舌音 ʐ。

第二，日母 ȵ 由于是舌面前音，也可以发生舌位后移的音变，从而音变为舌根鼻音 ŋ，ŋ 如果发音强度增加，发生塞化音变，就演变成 ɡ。这是一种音变的规律。据曹志耘等所编绘《汉语方言地图集·语音卷》[⑫]第 85 页“熬（疑洪）的声母”，疑母洪音的“熬”在闽方言和粤方言中的清新方言、乳源方言里要读 ɡ 声母；据同书第 86 页，疑母细音的“银”也是如此，而且“银”在台湾地区的不少方言中要读 ɡ 声母。闽方言中的疑母读 ɡ 的现象很普遍，此为方言学常识，无须举证。在粤北的韶关土话中，向阳土话和桂头土话的疑母就有读为 ɡ 的现象[⑬]。同时向阳土话和桂头土话的日母也有读 ɡ

的现象，其音变的过程明显是本读零声母或 ȵ 声母的日母→ŋ→ɡ。鼻音声母音变为同部位的塞音应该说是一种很正常的音变[14]。

第三，日母 ȵ 由于是舌面前音，可以发生舌位后移的音变，从而音变为舌根鼻音 ŋ，ŋ 发生气化音变[15]，从而音变为［ɣ］，再清化为h－或 x。这也是很自然的音变。

第四，日母 ɲ 或 ȵ 由于是舌面前音，在方言中也可能发生前化音变，也就是舌位前移，从而音变为n－。又由于很多方言中的泥母与来母相混，于是日母在方言中读 l－声母的现象非常普遍。

我所分析和归纳的四种音变的规律可以解释古日母在现代汉语方言中的不同的音变，及其时代层次，从而判定中古音乃至上古音中的日母的音值不是高本汉构拟的舌面鼻擦音，就是单辅音的 ɲ 或 ȵ。

但是，我们也对一些离奇的读音现象感兴趣。据曹志耘等所编绘《汉语方言地图集・语音卷》073“热（日开）的声母”，日母开口的“热”在江西乐平方言中读 v－声母；刘纶鑫《客赣方言比较研究》[16]第六章“客赣方言词汇比较”第 341 页对“热”的记音也是 v－声母。而且学者们都没有指出这里存在训读的问题。我认为“热”在乐平方言中应该本来是读合口[17]，后因为失去声母而读 w－声母，再由于擦音成分的产生（也就是擦音化），进而音变为 v－声母。

注释

① 朱晓农：《从群母论浊声和摩擦》，《语言研究》2003 年第 2 期。

② 当然，他也承认河南和中国西北地区的一些方言的日母是浊擦音。

③ 只是 ʐ、z 的擦音成分远远强于 j。j 的辅音成分增强，继续前移就成了 z。在汉语方言中已有例子。

④ 据曹志耘等所编绘《汉语方言地图集・语音卷》（商务印书馆，2008 年）073“热（日开）的声母”，日母开口的“热”在该方言地图所揭示的全国方言中，只有闽方言中的蒲城闽方言才读 ɣ，而蒲城吴方言读舌根鼻音 ŋ。我认为蒲城闽方言的日母开口读 ɣ 一定是后起的读音，以音理推论，当是从舌根鼻音 ŋ 音变而来。据李如龙《福建县市方言志 12 种》（福建教育出版社，2001 年）《蒲城县方言志》，南浦方言音系中的日母开口或读零声母，或读 ŋ，当以读 ŋ 为更古。日母开口的“热”的读音应该是在蒲城闽方言中发生气化音变，从而形成 ɣ。这样的后鼻音气化现象在上古时代就已经存在，在谐声字中有所体现。如“完（匣母），元（疑母）”“为（匣母），讹（疑母）”“亥核［匣母，阂（疑母）］”。另据曹志耘等所编绘《汉语方言地图集・语音卷》085“熬（疑洪）的声母”，疑母洪音的“熬”字在河南方言、山东方言中有很多地方读舌根浊擦音，在浙江方言的某些地方读喉门浊擦音（要注意的是根据曹志耘此书 086，疑母细音的“银”字在全国各方言中的读音没有发生过气化音变的现象）。

⑤［ɣ］的送气成分很重，而近音［ɻ］几乎不送气。

⑥ 不过也没有早到中古以前。

⑦ 还有一旁证：据孙宏开、刘光坤《阿依语研究》（民族出版社，2005 年）第 28 页，在阿依语中，卷舌半元音 ŋ 单独作声母时读音不稳定，有时可以变读为 z 或 ŋ。足见二者关系密切，属于语音通转的范围。

⑧ 曹志耘：《严州方言语音特点》，《语言研究》1997 年第 1 期。

⑨ 孙宏开、刘光坤：《阿依语研究》，民族出版社，2005 年。

⑩ 中央民族学院少数民族语言研究所第五研究室编：《壮侗语族语言词汇集》，中央民族学院出版社，1985 年。

⑪ 詹伯慧主编：《广东粤方言概要》，暨南大学出版社，2002 年。

⑫ 曹志耘等编绘：《汉语方言地图集・语音卷》，商务印书馆，2008 年。

⑬ 参看李冬香、庄初升《韶关土话调查研究》（暨南大学出版社，2009 年）第二章和第三章。

⑭ 不过，塞音声母音变为同部位的鼻音声母确实很罕见的，我似乎还没发现有确切的证据。也就是说塞音化音变远比鼻音化音变要普通。

⑮ 气化音变并不罕见，且举一例："恚"字今读 hui，是晓母音。可是《广韵》音"於避切"，是影母（而且各家的校勘都无异说，如周祖谟《广韵校本》，余迺永《新校互注宋本广韵》定稿本），现代汉语的读音必是影母发生气化音变而来。

⑯ 刘纶鑫：《客赣方言比较研究》，中国社会科学出版社，1999 年。

⑰"热"的中古音据反切是开口。据王福堂等《汉语方音字汇（第二版重排本）》（语文出版社，2003 年）第 22 页所引 20 种方言的"热"的读音基本上都是开口，但是厦门方言和潮州方言的白读音是合口。我认为乐平方言中的"热"一定有白读音是合口，如同厦门方言和潮州方言的白读音一样（虽然三者的声母各不相同）。如果不假定"热"在乐平方言中有合口音，则其读 v 声母就不能从音理上获得解释。

三十、去声为入的问题

我们该怎样解释上古汉语中明显存在的去声和入声相通的现象呢？王力先生《汉语语音史》把上古音中的去声构拟为长入，以解释去声和入声相通的问题。但大多数学者还是承认上古音有去声存在，而且还有别义功能。我们认为不必将上古音中的去声一概归为长入，而应当用上古方音去解释去入相通的现象。因为在上古以来的秦陇这样的西北地区方言中存在一种很广泛的方言音变：把去声读为入声。由于西周、秦、西汉的国都皆在陕西，东周虽然迁都洛阳，但这仅意味着西周以来的西北方音进一步扩散到中原一带，这就如同北宋王朝灭亡后，王室成员从开封南渡到杭州，从而将中原方言带到杭州。至今杭州方言还带有北方话的若干特征，与周边的吴语不同。今将古文献和现代方言中的去声读为入声的材料大致收集如下：

《切韵序》："秦陇则去声为入。"洪诚《中国历代语言文字学文选》[①]第137页注曰："这是陆法言等人根据听觉分析的结果：秦陇地方的去声，类似他们音系中的入声调值。"吾师何九盈先生亲口告诉我《切韵序》的这句话只能理解为秦陇方言是把去声读为入声，而不是把入声读为去声。这与洪诚的观点一致。赵振铎先生也持同样见解[②]。我后来找到了一个铁证可以明确说明秦陇方言真的是把去声读为入声。考慧琳《一切经音义》卷27"无复"条注曰："下吴音扶救反，秦音冯目反。"可见慧琳《一切经音义》明确指出"复"读去声是吴方言音，读入声是秦陇方言音[③]。《魏书·萧衍传》："景宣言曰：'城中非无菜，但无酱耳。以戏侮之。'"陈寅恪《书魏书萧衍传后》[④]称："'菜'即指'兵卒'之'卒'而言。"这是把去声的"菜"读如入声的"卒"，所以才有这样的双关语[⑤]。陈先生此文还提到"宇文黑獭"又名"宇文黑泰"也是西北方言将去声读为入声的反映。秦国的先世"伯益"在古书中又作"柏翳"，"益"是收-k的入声，而"翳"是去声。玄应《一切经音义》卷十八称："《通俗文》：'小儿戏谓之狡狯'[⑥]，今关中言狡刮，讹也[⑦]。""刮"是收-t的入声，"狯"是去声，二者在关中方言中可以相混，是把去声读为入声。《水经注·河水注》："河水又北，薄骨律镇城在河渚上，赫连果城也。桑果余林，仍列洲上，但语出戎方，不究城名，访诸耆旧，咸言赫连之世有骏马死此。取马色以为邑号，故目城为白口骝。韵转之谬，遂仍今称，所未详也。"这是说"白口骝"音转为"薄骨律"，其中的"口骝"为阴声韵，"骨律"为收-t的入声韵。章太炎撰、庞俊等疏证《国故论衡疏证》[⑧]第109页还提到："《魏略》称徐庶白垩涂面而曰白垩突面。"这是把阴声韵而且非去声的"涂"读成了收-t的入声"突"。《水经注》卷十五"洛水注"："洛水又东，……注于公路涧，但世俗音讹，号之曰光禄涧，非也。上有袁术固，四周绝涧。"光华按，"公路涧"是根据袁术的名字命名的，袁术字公路。"路"为去声，被读成了入声收-k的"禄"[⑨]。这样看来，秦陇一带的西北方音很可能远在先秦时期就把去声读为入声。

顾炎武《音学五书·音论·四声之始》："今考江左之文，自梁天监以前，多以去入二声同用，以后则若有界限，绝不相通。是知四声之论起于永明，而定于梁陈之间也。"难道在梁天监以前（如宋齐）时代的阴声韵都还带有浊塞音尾吗？

江永《音学辨微》二"辨四声"称："去声逢浊位，方音或有似入者（原注：婺源土音如此），非入也；北人呼入似平，其实非平。南人听之不觉耳。”[10]黄侃《文字声韵训诂笔记》98—99页称：“汉师之音为韵书所遗者多矣。若去入不分，观《文选》音“闭”为“别”可知。又江文通《拟谢康乐杂体三十首》中，去入亦不分。”据黄侃同书139页称：“今日萧部入声如祝、肉、育等字古皆读平声。”则萧部入声如祝、肉、育等字的入声读音是后起的，由平声演变而来。在现代汉语方言中还有遗迹可寻，如据王福堂等《汉语方音字汇》第二版，中古音为并母去声的“鼻”字，在太原、合肥、扬州、苏州、上海、泰州、南昌等地的方言中，以及厦门、福州的文读音都读为入声韵。这个问题还可以和古文献相印证。考宋代学者朱彧《萍洲可谈》卷二：“周治之西距江，名赤鼻矶，俗呼鼻为弼。”孙奕《示儿编》卷十八：“以鼻为弼。”“弼”正是收［-t］的入声[11]。又，据陈章太《邵武方言的入声》[12]指出：“邵武方言的入声调有两种情况值得注意：一种是一部分鼻音韵尾字可读入声调；另一种是一部分属古平声、上声、去声的字邵武方言变读为入声调。这两部分字都不是个别的例外，而是字数不少。”陈章太此文还提到：在建瓯话中“古非入声字有的也变读为入声调”。多有举例。据李小凡《释厦门、苏州、庆元（竹口）方言的声调变异》[13]，在南部吴语的庆元地区的竹口镇方言中存在着古浊平声字不读阳平，而读为带喉塞音尾的入声字。李小凡先生对此作过很好的分析和解释，文繁不录。在英语中也存在着一个单词的末尾添加辅音而无任何语法功能的现象，参看R. L. Trask《历史语言学》[14]67页对“paragoge”的解释。不过英语中的这种添加辅音的前面一般紧接着的是辅音而不是元音，与我们这里说的古汉语的情况有所不同。

最近注意到储泰松《唐代音义所见方音考》[15]一文也论及唐代的北方方言阴声韵促化的现象，与我的观点异曲同工。不过邢向东《小议部分“舒声促化字”》[16]一文讨论了“鼻、臂、譬、秘、蔗、厕、裕”这些去声字在现在的某些方言中要读入声，他根据王力先生长入短入的观点认为这些入声音是它们的古本音，只是在某些方言中变读为去声，在某些方言中保留了上古音中的入声读法。我认为由于这些字都是去声字，不如采用《切韵序》的“秦陇则去声为入”来解释比较好，在唐朝的安史之乱和唐末大乱、五代大乱之后，每次都有秦陇地区的人散逃各地，于是秦陇地区的方音得以扩散到其他方言。

另外，郑张尚芳《方言中的舒声促化现象说略》[17]、贺巍《晋语舒声促化的类别》[18]都讨论了汉语方言中的后起入声的问题。万久富《〈晋书音义〉的汉语史史料价值》[19]一文注意到了盛唐时代的何超《晋书音义》中有去声和入声相混的情况，然而万久富对这种现象作了不正确的解释，他一概认为那是入声变读为去声：“《音义》注为入声字的音切多达1053条次，正说明何超时代入声字有转入他声调的情况，何超认为有必要一一注明，以辨正音读，标明古义。”其实其中很多情况属于去声变读为入声。举例如下：贷音徒得切，音忒；厌音于叶切；澳音于六切；奥音于六切；袂音灭；较音角，古学古岳二切；襮音博。我们认为这些例子都属于去声读为入声的现象，而不是入声读为去声。

我们还注意到在白语中的一些汉语借词中，汉语中的阴声韵的全浊音去声字在借入白语的时候有不少是收［-t］的入声字，如据《白汉词典》第473～474页所列举的一些例子可知，如“步、地、树、和、箸、盗、旧、第”这样的全浊去声字借入白语中是收［t］的[20]。

据我们这一节的研究，对上古和中古音的去入通押的现象完全可以解释为方言中的去声为入的现象，也就是去声本来就可以在方言中音变为入声，这并非是来源于上古音中的阴声韵带有浊塞音尾。

注释

① 洪诚：《中国历代语言文字学文选》，《洪诚文集》，江苏古籍出版社，2000 年。

② 从古汉语的角度来看，也只能作出这样的解释。我们从古书中发现有类似的文句。考《世说新语·文学》：“庾阐始作《扬都赋》，道温、庾云：‘温挺义之标，庾作民之望。方响则金声，比德则玉亮。’庾公闻赋成，求看，兼赠贶之。阐更改‘望’为‘俊’，以‘亮’为‘润’云。”庾阐把“玉亮”改成“玉润”，这是为了避庾亮的讳。文中的“以‘亮’为‘润’”只能是把“亮”改成“润”的意思。因此“去声为入”只能是把去声读成入声，而不是相反。

③ 我们也不要忽视“复”是浊音的并母，而不是清声母，这可能是个语音条件。

④ 陈寅恪：《书魏书萧衍传后》，《金明馆丛稿初编》，三联书店，2001 年。

⑤ 不过，贾作林 2006 年 7 月 17 日在《光明日报》发表了《关于陈寅恪先生“菜”“酱”之商榷》不同意陈寅恪先生的观点：“即使‘去声为入’，秦陇地域也绝非‘卒’‘菜’通读，而是另有待发之覆。考中国古代敌对双方一般均斥对方曰‘贼’；又今甘肃天水市（晋略阳郡）全境以及通渭县（晋平襄县，属略阳郡）与其所邻安定、陇西、漳县等秦陇故地之方言均说‘贼’为‘财’（清音入声），故可断定‘贼’‘财’通读乃略阳古语，而一经引用点化，于是乎转音变调，以浊为清，以去为平，遂成戏侮。可见，‘菜’者，‘贼’也，盖在泛贬梁武上下，并非专讽南朝兵卒，且于对仗亦属工稳；而所谓读‘卒’为‘菜’之说，难免望文生义之嫌。”贾作林此说可为一家之言，但似乎不足以颠覆陈寅恪之说。

⑥ 光华按，此为《通俗文》原文。又见于《玉函山房辑佚书（第六册）》第 34 页所辑，江苏广陵古籍刻印社，1990 年。

⑦ 光华按，此为玄应自己加的说明。

⑧ 章太炎撰，庞俊、郭诚永疏证：《国故论衡疏证》，中华书局，2008 年。

⑨ 张永言先生在《语文学论集（增补本）》第 160 页注解三所说的去声的“路”受到后面的“洞”的影响，会在末尾添出一个韵尾辅音 k 来，从而音变为入声的“禄”。张先生用同化音变来解释。总之这是把去声读为入声。

⑩ 可参看《续修四库全书·经部（第 253 册）》（上海古籍出版社，2002 年）第 65 页。江永的这条材料承何九盈师见告，特此申谢。

⑪ 另参看王恩保：《吴淑〈事类赋〉用韵研究》，《古汉语研究》1997 年第 3 期。

⑫ 陈章太：《邵武方言的入声》，《中国语文》1983 年第 2 期；又见黄家教等《汉语方言论集》，北京语言文化大学出版社，1997 年。

⑬ 李小凡：《释厦门、苏州、庆元（竹口）方言的声调变异》，《陕西师范大学学报》2004 年第 5 期。

⑭［英］R. L. Trask：《历史语言学》，外语教学与研究出版社，2000 年。

⑮ 储泰松：《唐代音义所见方音考》，《语言研究》2004 年第 2 期。

⑯ 邢向东：《小议部分“舒声促化字”》，《语文研究》2000 年第 2 期。

⑰ 郑张尚芳：《方言中的舒声促化现象说略》，《语文研究》1990 年第 2 期。

⑱ 贺巍：《晋语舒声促化的类别》，《方言》1996 年第 1 期。

⑲ 万久富：《〈晋书音义〉的汉语史史料价值》，《古籍整理研究学刊》，2000 年第 6 期。

⑳ 白语的这些借词材料与上一条注解所引江永《音学辨微》的论述完全吻合，可证江永音学之精。

三十一、长入问题

音韵学家之间一直在争论上古汉语到底有没有去声。自从段玉裁提出“古无去声”以来，章太炎、黄侃、王力、何九盈等学者都深信其说①，认为中古的去声是由上古的入声（王力先生说是长入声）音变而来的。但也有不少的学者主张上古有去声。这个问题至今还在争论。但是在现代汉语方言中发现有长入的存在。据《现代汉语方言大词典（合订本一）》“海口方言”第261页称：海口方言“古入声字按声母的清浊今读分为阴入和阳入，都带p、t、k尾，但一部分阴入字白读自成一类，读元音韵或元音尾韵，本词典叫作长入。……古入声调海口话分为长入、阴入、阳入三个调，长入读舒声韵母”。又据刘纶鑫《江西客家方言概况》②第二章“江西客家代表方言点的声韵调系统”指出：在南康市芙蓉镇的方言音系中，“单字音的入声均为长调，无塞音韵尾，也就没有入声韵母。但在连读中，特别是入声字在前时，读高短调，有轻微喉塞音，文读字也读高短调”。同书第54～55页称在崇义县横水镇方言中，“其入声为高平长调，无任何喉塞音韵尾，所以没有入声韵母，只是一个单纯的调类”。在同书中类例颇多。可见在有的客家方言中的入声字可能读长调，也就是长入。据方松熹《浙江义乌方言里的“n”化韵》③一文所附的“义乌方言音系”的说明1和2，义乌方言的入声字白读要去掉喉塞音，归入相应的阴声韵。而且入声字的白读音为长调，阴入为33调，归阴平；阳入为213调，归阳平。我们认为王力把汉语上古音中的入声分为长入与短入两类，这是指入声的声调可以分为长短两类，并非指塞音尾分为长短两类。

注释

① 王筠《说文释例》（中华书局，1987年）第273页上“睒”字注：“以此推之，或四声萌芽于汉乎？”

② 刘纶鑫：《江西客家方言概况》，江西人民出版社，2001年。

③ 方松熹：《浙江义乌方言里的“n”化韵》，复旦大学中国语言文学研究所吴语研究室编：《吴语论丛》，上海教育出版社，1988年。

三十二、上古音中的浊塞音韵尾的商榷

在上古音研究中，有相当多的音韵学者主张上古音的某些（甚至全部）阴声韵的音节，在其韵尾带有浊塞音。这些学者认为只有这样构拟才能解释上古音中广泛存在的阴阳入三声对转的现象和相应的通假字现象，以及押韵现象。但也有不少学者不赞成这样的观点。我们这里明确表示不赞成上古音的阴声韵也收辅音尾的观点。台湾学者龙宇纯《上古阴声字具辅音韵尾说检讨》[①]一文批评了上古阴声字具辅音韵尾的观点，其文数万言，颇为雄辩。龙宇纯此文是同类文章中最有份量的一篇，然而大陆学者对此引述不多。赵彤《战国楚方言音系》[②]第二章“声调”第21～22页列举三点理由指出阴声韵尾不带辅音韵尾，与入声韵尾有别。在前辈学者中反对阴声韵具辅音尾的还有林语堂《语言学论丛》，王力《汉语史稿》和《汉语语音史》，魏建功《古阴阳入三声考》，陈新雄《古音学发微》《古音研究》和《上古阴声韵尾再检讨》[③]，郭锡良《也谈上古韵尾的构拟问题》[④]等等。此数家中以陈新雄的论述最为精审。丁邦新先生在《上古汉语的音节结构》[⑤]中力主上古汉语的音节结构是CVC，阴声韵有辅音韵尾，且对陈新雄有所答复和批评；后来陈新雄在《古音研究》[⑥]第401～402页对丁邦新的三点批评逐一作了反驳。

我们这里首先从另外的角度证明上古音的歌部字不是收r尾的[⑦]。例如：“盍”字，根据古人的训诂，这个字在表示反问语气的时候，应该是“何不”二字的合音。其合音的方式是“不”的声母并入了“何”的韵母，而成为闭口韵的“盍”。这在古人的训诂中有很多证据。如《左传·桓公十一年》：“盍请济师于王。”杜注：“盍，何不也。”《论语·先进》：“盍彻乎?”《集解》引郑玄曰：“盍者，何不也。”《左传·襄公二十一年》：“子盍诘盗?”孔颖达《正义》：“郑玄、服虔皆以“盍”为“何不”也。”《礼记·檀弓上》：“子盍言子之知于公乎?”郑玄注：“盍，何不也。”《国语·鲁语上》：“君盍以名器请籴于齐?”韦昭注：“盍，何不也。”《孟子·公孙丑下》：“子盍为我言之?”赵注：“盍，何不也。”《论语·公冶长》：“盍各言尔志?”皇侃疏：“盍，何不也。”类例还有很多。而“何”正是歌部字，如果“何”的上古音是收r[⑧]，那么“何不”合音为“盍”之后的读音就成了－rp尾了[⑨]。这是绝对不可能的事。从这个例子可以证明上古音的歌部绝不是收r尾的，只能是开音节。龙宇纯《上古阴声字具辅音韵尾说检讨》[⑩]对此已有精辟的论述，颇为犀利。类似的合音例子如据吕叔湘的观点，“我们”合音为“俺”，“你们”合音为“您”，“他们”合音为“怹”，“咱们”合音为“喒”[⑪]；蒋希文《赣榆方言的人称代词》[⑫]提到在赣榆方言中，“他们”读音为tʻam，这分明是“们”的声母m－并入了“他”的韵尾。据张惠英《崇明方言研究》[⑬]第66～69页所讨论的上海崇明方言中的合音现象，可以很清楚地知道崇明方言中的合音有一类明显是这样的合音。如崇明方言中，“演”是“爷儿”的合音。“各先”的“先”是“下儿”的合音。这都是“儿”的声母（古音是泥母）并入上一字的韵尾。类似的现象在汉语方言中还有。

关于上古音阴声韵有“浊塞音尾”的观点，我们在此可以再作辨析。前辈学者不少人如高本汉、陆志韦、董同龢、李方桂、严学宭、丁邦新都主张上古阴声韵有“浊塞音尾”。丁邦新先生《上古阴声字具辅音韵尾说补正》[⑭]一文称：“在大的趋势上，《诗经》时代去声字跟入声字收－k尾和－t尾押韵的数目相当，两汉韵文跟《诗经》的情形相近。到东汉时，跟 -k 尾字押韵的去声字显著减少，跟 -t尾押韵的显著增多。魏晋则成为奇怪的现象，去声字跟 -k 尾入声字押韵的用例连一个也没有。这种趋势一定有一个道理，我们应该如何解释呢？假设阴声字没有辅音韵尾，我们无法了解何以韵母一直保持元音的去声字和入声字押韵的情形前后会有不同，因为，据龙宇纯（第683～688页）的分析，一直到中古，阴声和入声仍然是可以相配的，……但在魏晋的时候，除脂质有大量的来往外，其余相配各韵连一次通押的情形都没有。可见中古阴、入相配的关系和上古阴、入可以押韵的关系迥然不同。假设阴声字具有辅音韵尾，那么就可以说到东汉的时候，跟 -k 尾相当的阴声字 -g 开始失落，到魏晋时代已全无痕迹，因此去声字变成开音节，就无法再和收 -k 尾的入声字押韵了。而有 -d 尾的阴声字因为失落的步调较慢，所以到魏晋时代仍跟 -t 尾的入声字有相当频繁的押韵现象。”丁邦新先生此文统计出在魏晋时代跟 -t 尾押韵的去声字是脂、祭、泰、皆四部，入声字是质、月、曷三部，彼此押韵有86次。其中祭部与月部通押54次，脂部与质部通押22次，数量最多。然而，我们认为丁邦新先生指出的这个现象不能作为魏晋时代还有阴声韵尾 -d 的证据。因为丁先生提到了与入声质、月、曷三部相通押的去声字脂、祭、泰、皆四部在中古都是收 i 尾，无论是采取高本汉、王力、李方桂中哪一家的中古音系统，都是如此。而 i 是前高元音，与 -t 的发音部位较接近，可以押韵。不必把这些去声字都构拟为带有 -d 尾。我们这样的观点完全可以推到上古，也就是说在上古音中凡是与 -t 尾入声相配的阴声韵都是收 -i 尾的。王力先生《汉语语音史》的上古音系中就是这样处理的，把上古音中的脂、微、歌三部都构拟为带有 -i 尾，这正好解释其与 -t 尾的入声相配的问题。我们完全赞成王力先生的观点，不承认古音（无论是上古还是中古）中的阴声字有过浊塞音尾 -d。龙宇纯《上古阴声字具辅音韵尾说检讨》[15]也有类似的见解：“如果从阴阳入相配的观点试予观察，其间还有一个大致的界限，主要元音为 i 或收 -i 尾的与收 -n 的阳声和收 -t 的入声相配，而不配韵尾为 -ŋ、为 -k的阳、入声；不具此条件的其他阴声字，则与收 -ŋ 的阳声和收 -k 的入声相配，而不配韵尾为 -n、为 -t 的阳、入声。这种现象当然是根据现代方言拟测古音的自然结果，不是有意安排的，因为讲中古音大家都只注意到阳和入的相配，不甚知道或根本不知道阴阳入三声的实际关系。”这样的观察是很有见地的。龙宇纯此文还有许多精辟的观察和议论，文繁不录。另外，顾炎武《音学五书·音论·四声之始》：“今考江左之文，自梁天监以前，多以去入二声同用，以后则若有界限，绝不相通。是知四声之论起于永明，而定于梁陈之间也。”难道在梁天监以前（如宋齐）时代的阴声韵都还带有浊塞音尾吗？

我们还可以利用有些合音词材料作论证：丁声树在其著名论文《释否定词弗、不》[16]中指出古汉语中的否定词“弗”后面的动词不能带宾语，“弗”的语法功能相当于“不之”。后来美国学者 Boodberg 就明确提出“弗”是“不之”二字的合音。如果这位美国学者的观点是正确的[17]，那么这种合音方式就是“之”的声母并入“不”的韵母，从而合音为入声字的“弗”。吕叔湘《论毋与勿》[18]在进行严密的考证后，称“勿”可以用来代替“毋之”。但是由于当时的音韵学界流行阴声韵有辅音韵尾的观点，所以吕叔湘不敢明确主张“勿”是“毋之”的合音，只说在语法上有用“勿”来代替“毋之”的趋向。然而我们现在可以说“勿”是“毋之”的合音，是“之”的声母并入“毋”的韵母后而成为入声字“勿”的音。“不”的上古音是之部，“毋”的上古音是鱼部，如果“不、毋”的上古音韵尾是带浊辅音 -g 的，那么“不之”合音“弗”的韵尾就成了 -gt，“毋之”合音的“勿”的韵尾也成了 -gt，这显然是不可能的。因此我们可以肯定地认为上古音的之部、鱼部不可能带有辅音韵尾 -g。这是我们可以明确的结论。

我们还可以从同源词（或同族词）的角度论证阴声韵不带浊塞音尾的观点。如“我、吾”是公认的同源词或通假字（参看王力《同源字典》[19]第135页；在训诂中证据很多，可参看《故训汇纂》第844页、第328页；藤堂明保《汉字语源辞典》[20]第589～594页。由于坚持歌部带－r，鱼部带－g，所以只好不把“我、吾”列为同源词。这显然是不对的。根据另一位日本学者尾崎雄二郎《“吾”·“我”的分用问题》[21]一文的论述，“吾、我”显然也应该看作是同源词，该文主张由“我”分化出“吾、我”[22]。此文还引述了金守拙《再论吾我》[23]的观点，认为“吾、我”是由同一字分化而来，二者意思上和功能上的区别是通过声调上的分化来表现的。“吾”是平声，“我”是非平声；平声的“吾”非重读，仄声的“我”要重读；“吾”不出现在句末，“我”可以出现在句末。不过，尾崎先生对金守拙此文的某些观点有所批评，如关于重读与非重读的观点，尾崎就不同意）。而“我”是歌部字，“吾”是鱼部字，按照王力先生的上古音系的观点，鱼部与歌部音近可通[24]。但是如果认为鱼部为－ag，歌部为－ar，那么二者断然没有通假的可能，也不会是同源词。在上古典籍中，鱼部歌部合韵确为事实。如段玉裁《六书音均表》四[25]第十七部“古合韵”中的“路”字、“齭”字注；段玉裁《说文解字注》第111页“虘”字条称：“鱼歌古又通，虍声即鱼歌之合也。”汪启明《先秦两汉齐语研究》[26]第355页指出《晏子春秋·内问上》有“化（歌部）、假（鱼部）”合韵[27]。江有诰《音学十书·古韵凡例》第21页称：“鱼之半入于麻，麻之半通于歌，则当以鱼次五，歌次六。”据龙宇纯《先秦散文中的韵文》[28]的归纳和统计，鱼部与歌部通押在《管子》有2次，在《鹖冠子》有2次，在《素问》有2次。足见“歌、鱼”二部音近可通。张双棣师《吕氏春秋词汇研究》[29]指出《吕氏春秋》中鱼部与歌部合韵3次；张双棣师《淮南子韵谱》[30]指出《淮南子》中鱼部与歌部合韵10次；邵荣芬《古韵鱼侯两部在前汉时期的分合》[31]指出在西汉时期鱼部和歌部通押的例子有13例[32]。因此，只要认为“吾、我”是同源词或通假字，那么歌鱼二部就只能都是开音节，不可能带有辅音尾（类似的例证如①“何”与“胡”是同源词或通假字，参看王力《同源字典》第435～436页，高亨《古字通假会典》[33]第666页，《故训汇纂》第1852页，章太炎《新方言》[34]。“何”是歌部，“胡”是鱼部。②“夫（鱼部）”与“彼（歌部）”有通假关系。《孙子兵法·九地》：“夫霸王之兵。”银雀山汉简本“夫”作“彼”。另可参看《故训汇纂》第482页。③《庄子·应帝王》：“以告蒲衣子。”“蒲（鱼部）衣”，《淮南子·道应》作“被（歌部）衣”。学者们公认这里的“蒲”与“被”是通假字。④“于（鱼部）”与“为（歌部）”有通假关系，参看《故训汇纂》第56页，高亨《古字通假会典》第662页，王辉《古文字通假释例》[35]第645页。⑤“亚（鱼部）”与“阿（歌部）”有通假关系，参看王辉《古文字通假释例》第631页。类例颇多。由上可知，歌部与鱼部相通应无可疑。这个事实就可以否定歌部ar、鱼部ag的构拟。李方桂《上古音研究》中构拟上古音的某些错误，可以用同样的方法予以阐明）。类似的合韵现象也是很好的证据。例如，虽然段玉裁等人主张上古音之支脂三分，但是都承认“脂、支”合韵是事实。如孔广森《诗声类》[36]2页在讲阴阳对转的时候就说：“支与脂通用。”同书第26页称：“是支佳脂微齐皆灰间有通用者。”江有诰《音学十书·古韵凡例》21页称：“歌之半入于支，支之一与脂通，则当以支次七，脂次八。”《音学十书》和段玉裁《六书音均表》都多次指出“支、脂”合韵的现象[37]，绝非孤例，如《馋鼎铭》中“世息”合韵，世是脂部，息是之部；《离骚》脂部的“沬”与之部的“兹”合韵；《楚辞·九章·思美人》中十五部的“出”合韵之部的“佩、异、态”[38]；《诗经·桑柔》之部的“疑”合韵脂部的“资、维、阶”。汪启明《先秦两汉齐语研究》[39]第320～321页列举之脂二部合韵3例，有《管子》的《枢言》和《法禁》，《晏子春秋·内问下》，第

347页还有《孙膑兵法·见威王》1例。据龙宇纯《先秦散文中的韵文》[40]的归纳和统计，“支、脂”合韵的现象在《管子》有1次，在《逸周书》有1次，在《六韬》有1次，在《文子》有2次，在《素问》有1次，在《灵枢》有1次。这些例证不能一概抹杀。如果按照李方桂《上古音研究》的拟音，“支”为ig，脂为ig，那么二者就不可能合韵，因此学者们为“支、脂”各自构拟的浊塞音尾肯定行不通。还有上古音中的“歌、支”合韵是任何学者都承认的事实，不必举证。如果“歌”部拟音为ar（郑张尚芳《上古音系》拟音为al），“支”为ig，那么二者绝不可能合韵。可知，我们从合韵现象就能判断阴声韵带辅音韵尾的观点是站不住脚的。

另外，与魏建功先生观点相似，高亨《古韵鱼部元读考》[41]从上古汉语的拟声词材料证明上古音的鱼部不收辅音韵尾。高先生此文共举6证，此转录3例：①《吕氏春秋·淫辞》：“今举大木者前呼舆謣，后亦应之，此其于举大木者善矣。”高注：“舆謣，或作邪謣，前人倡，后人和，举重劝力之歌声也。”又见《淮南子·道应》作“邪许”。舆、邪、謣、许四字的上古音都为鱼部，此为举大木者前后相应之声，为拟声词。现代人已每每如此，断无收浊塞音尾的可能。②李斯《谏逐客书》：“夫击瓮叩缶，弹筝搏髀，而歌呜呜快耳者，真秦之声也。”李善《文选注》曰：“《说文》曰：瓮，汲瓶也；缶，瓦器也。秦人鼓之以节乐。”《五臣注》称：“翰曰：呜呜声也。”杨恽《报孙会宗书》：“奴婢歌者数人，酒后耳热，仰天抚缶，而呼呜呜。”“呜呜”是鱼部字，为歌呼的拟声词。如构拟为收浊塞音尾，则于常理不合。③《尚书·益稷》：“启呱呱而泣。”《诗经·生民》：“后稷呱矣。”《说文》：“呱，小儿啼声。”“呱”是鱼部字，为婴儿的哭啼声，本于天然，岂能带有浊塞音尾[42]？李荣先生用英文写成的论文《读汉书东方朔传》[43]通过分析《汉书·东方朔传》中的一段对话中的拟声词，认为至少在公元前2世纪中期阴声韵已经没有浊辅音尾。因为那几个阴声韵拟声词表示的是狗的叫声，而狗叫声显然不可能带有浊辅音尾。朱德熙先生《方言分区和连读变调刍议》[44]批评潘悟云对古吴语声调的构拟时称：“讨论古声调构拟的文章往往是猜测多于论证，所以很难加以评论。……果真如此，古吴语就是一种没有声调的语言，或者是像瑞典语那样虽有声调而无辩义作用的语言。这实在是让人很难想象的事。”潘悟云构拟的古吴语的声调是上声和去声都有辅音韵尾。

另外，我自己还要补充六个重要证据：

第一，据R. L. Trask《历史语言学》[45]第60页的论述，在俄语中的收浊塞音尾的词发生过浊塞音尾的清化现象。如xl·eb→xl·ep；sad→sat；drug→druk（同书第69页强调这种浊音清化是一条严格的规律，没有例外）。作者指出浊辅音尾发生清化是世界各语言中非常普遍的现象（转录其英语原文如下：Such devoicing of consonants at the end of a word is extremely common in the languages of the world）。作者有一个有趣的解释，说这可以解释为一种同化现象（a kind of assimilation），因为浊塞音尾之后就是无声的沉默（the following silence），所以这个浊塞音尾被同化为清塞音。同书第91～92页还讨论了一个例子：依地语（Yiddish）明显是中期高地德语（Middle High German）的一个分支，也是现代标准德语的祖先。中期高地德语是从古高地德语发展而来。古高地德语有的单词是收浊塞音尾，但在向中期高地德语发展的过程中，所有的浊塞音尾都清化了。例如，tag→tac［tak］；weg→wec；aveg→avec；ab→ap；lied→liet。现代德语虽然还是写作浊塞音尾，但实际上已经是读为清声了。而不处于单词末尾位置的浊塞音反而不会清化。另参看布龙菲尔德《语言论》第272页[46]。布拉格学派的主要学者之一特鲁别茨科伊的名著《音系学原理》在讨论“中和”原理的时候也提到了德语和俄语的这两个例子。据《保安语简志》第11页，保安语中的“辅音g在音节末可以与舌根清擦音x或清塞音k自由变读，但多读作 x”。其例不录。据藏语学者（如格勒等人）的研究，古藏语中的单辅音韵尾的浊辅音的演变趋势也是浊音清化，而不是完全失落。据黄布凡主编《藏缅语族语言词汇》第 102 页，“老虎”在藏语书面语中作“stag”，在藏语阿力克方言作“rtak”，这只能解释为藏语书面语中的 -g 清化成了 -k。据周季文等《敦煌吐蕃汉藏对音字汇》[47]“汉—藏古今字音对照表”所揭示的古藏语 -g、-b 在现代藏语方言中也没有完全消失，很多时候是清化为 -x（或 -ʔ）、-p，例证众多，一览即明。德国著名女学者冯·加班《古代突厥语语法》[48]第 46 页论述古代突厥语的语音有浊音结尾变成清音的规律：“词尾的浊音有时变成清音。igid→igit；ilig→ilik。”光华按，这些例子表明浊塞音尾的一个重要的音变趋势是清化为清塞音尾，而不是总会脱落掉。而主张上古汉语的阴声韵有浊塞音尾的学者都一致称那样的浊塞音尾的演变结果是无一例外的脱落。这显然不符合语言类型学的音理，因为这忽略了浊音清化的可能。而且从中期高地德语发展而来的依地语（Yiddish）至今保留有浊塞音尾，没有清化，也没有失落。这也是反驳上古汉语阴声韵有浊塞音尾的好例子，因为浊塞音尾不见得容易失落。

第二，我们从另一个角度也可以说明上古汉语的入声韵尾与阴声韵尾不会是清浊塞音的对立。因为入声的清塞音尾从音理上讲可以因为前面的元音而发生浊化，因而根本不可能与浊辅音尾形成音位对立，只有可能是变体关系。吴宗济先生《试论普通话语音的“区别特征”及其相互关系》[49]一文称：“此外，清辅音在元—辅结合时也常会受到同化作用而浊化。这类问题早就为人们所注意。”李新魁《汉语音韵学》[50]第 366 页认为：“这些韵尾在上古音中是否确实存在，目前不容易断定，因为现在的汉语方言，还没有发现一种具有［-p］、［-t］、［-k］与［-b］、［-d］、［-g］两种收尾对立的现象。而且，［-b］等浊音收尾跟在元音之后，在音色上是否与［-p］、［-t］、［-k］（它们也跟在元音之后，由于受元音发音的影响，也常常声带颤动，发生浊化）有较为明显的差别而其辨义的作用，实在也很难说。”陈其光《汉藏语声调探源》[51]：“最后我们看平声。上古汉语的平声字，高本汉、李方桂、董同龢等构拟了 -b、-d、-g 等浊塞音韵尾，王力则没有。我取王说，不仅上古汉语的平声字没有 -b、-d、-g，其他亲属语言的平声字也没有。因为不除阻的清塞音和浊塞音的区别是很小的，很难想象，在一个语言里会同时存在这两种韵尾，而除《诗经》里有平入相押外，在其他现代语言里也找不到残存迹象。”李新魁、吴宗济、陈其光的意见无疑是正确的。

第三，原始日语所有音节都是开音节，所以从汉语借入的阳声韵和入声韵的字都加上了元音尾。如果上古汉语的阴声韵带有浊辅音尾，那么在原始日语的汉语借词中应该会有所反映，也就是会在辅音尾后加上元音形成开音节，从而演变为双音节词。但实际上，上古日语的汉语借词中的阴声韵词汇全部是单音节和开音节，无一例外。这样的借词材料也表明上古汉语的阴声韵不带浊辅音尾[52]。

第四，东汉时代较早的汉译佛经有支娄迦谶的翻译作品，日本学者宇井伯寿《译经史研究》[53]第 537～540 页对支娄迦谶的译音用字作了详细的排比。稍引述有关阴声韵的音译字如下：伊 i；夷 yi、j；沤 u；优 u；卫 vā；曳 ya；只 gi；伽 ga；休 go；鸠 ku；拘 ko；丘 khu、ku；呼 ho；睺 ho；差 cha；斯 sa、si；支 ce；沙 sa；舍 sa、cha；遮 ca；修 sa；首 su；须 su；素 su；提 di、ti、de、dhi；陀 ta、da；致 ti；调 de；弟 de；帝 te；兜 tu；泥 ni、ne；比 bhi；俾 pi；牟 ma；无 ma；俌 pa；摩 ma；魔 ma；每 mai；昧 mai；罗 ra、la；由 yo；耶 ya；维 pi；惟 vi、vai；利 ri、li；丽 re；和 va。从这些支娄迦谶的梵汉对音材料来看，东汉时代的汉语阴声韵肯定不带辅音尾。

第五，我们还可以从西汉以前的译音词来获得证明。例一：考《孟子·公孙丑上》：“齐人有言曰：‘虽有智能，不如乘势；虽有镃基，不如待时。’今时则易然也”。《孟子集注》：“镃音兹。镃基，田器也”。学者认为“镃基”一词在汉语中无理据可说，当是译音词，可比对日语中表示“锄”的“【すき】suki”[54]。如果此说可以成立，则阴声韵的“镃基”二字（上古音都为“之”部）都无浊辅音尾。例二：上文已经言：饶宗颐《上古塞种史若干问题》[55]提到英国著名东方学家Henning的《历史上最初的印欧人》（1978年刊），此文指出我国西汉以前就有的“月氏”一名是源于Guti（一般音译为“古提”），而Guti一名经常出现在西亚苏美尔人的楔形文之中。另据日本东洋学大家江上波夫《论月氏的民族名》[56]的考证和研究，“月氏”是中亚土语gusch或qasch的译音，其义为“玉”。无论是根据Henning还是江上波夫所比对的译音，“氏”（上古音为“支”部）字在上古都没有浊辅音尾。例三：《史记·大宛列传》：“其西则条枝，北有奄蔡、黎轩。”则司马迁时代已有“条枝”的译音词，据方豪《中西交通史》第149页[57]，“条枝”可能是“taoki”的对音。如果此说可信[58]，则上古音为幽部的“条”对音“tao”，支部的“枝”对音“ki”，都无浊塞音尾。细心搜求，还可找到更多的证据。只是西汉以前的译音词很难精确比对和还原，我们应该慎用。

第六，从语言类型学上讲，确实有语言本来就都是开音节，没有辅音收尾，至少没有塞音收尾，如日语从古到今都没有塞音收尾，南部的达罗毗荼语都是元音结尾。罗曼·雅柯布森《类型学研究及其对历史比较语言学的贡献》[59]有曰：“有些语言没有以元音开始的音节，或者没有以辅音结尾的音节，但是没有一种语言没有以辅音开始的音节，或者没有以元音结尾的音节。”这样从语言类型学提出的意见应该是对的。据布龙菲尔德《语言论》[60]第273页提到：“萨摩亚语（Samoan）提供了另一种实例，这个语言绝对不容许任何词尾辅音的存在。”同书第162页提到：福克斯语（Fox）不允许有词尾的辅音，每一段话语都以短元音结尾。原始日语所有音节都是开音节，所以从汉语借入的阳声韵和入声韵的字都加上了元音尾，其变异规律很明显[61]。如果汉语的阴声韵也收辅音尾，那么上古汉语就没有开音节，这不符合语言类型学。王力先生也有同样的意见。R. L. Trask《历史语言学》[62]第64页论述到一般语言中喜欢的音节结构是CV，其次是CVC。

我以上列举的理由对批驳古音阴声韵有浊辅音尾说是很有力的。

注释

① 龙宇纯：《上古阴声字具辅音韵尾说检讨》，《历史语言研究所集刊（第五十本第四分）》，“国立中央研究院”历史语言研究所，1979年。

② 赵彤：《战国楚方言音系》，北京大学博士学位论文，2003年。

③ 陈新雄：《上古阴声韵尾再检讨》，《语言研究》1998年第2期。

④ 收入郭锡良：《汉语史论集（增补本）》，商务印书馆，2005年。

⑤ 丁邦新：《上古汉语的音节结构》，《丁邦新语言学论文集》，商务印书馆，1998年。

⑥ 陈新雄：《古音研究》，五南图书出版社公司，1998年。

⑦ 主张上古音歌部收r尾的除高本汉外，还有李方桂《上古音研究》（商务印书馆，1998年）第53页、金理新《上古汉语音系》第十九章等等。反对此说的学者极多，如王力、董同龢等人。

⑧ 李方桂《上古音研究》（商务印书馆，1998年）第53页拟音为gar；郑张尚芳《上古音系》（上海教育出版社，2003年）第392页拟音为gaalʔ。

⑨ 根据郑张尚芳的拟音“盍”的上古音就成了 - lʔp 韵尾。

⑩ 龙宇纯：《上古阴声字具辅音韵尾说检讨》，见《国立中央研究院历史语言研究所集刊（第五十本第四分）》，“国立中央研究院”历史语言研究所，1979年，第698页。

⑪ 参看吕叔湘《中国文法要略》（商务印书馆，1982 年）第 158 页、吕叔湘《汉语语法论文集·释您、俺、咱、喒，附论们字》（商务印书馆，1987 年）。

⑫ 蒋希文：《赣榆方言的人称代词》，《汉语音韵方言论文集》，贵州人民出版社，2005 年，第 156 页。

⑬ 张惠英：《崇明方言研究》，中国社会科学出版社，2009 年。

⑭ 丁邦新：《上古阴声字具辅音韵尾说补正》，《丁邦新语言学论文集》，商务印书馆，1998 年。

⑮ 龙宇纯：《上古阴声字具辅音韵尾说检讨》，《历史语言研究所集刊（第五十本第四分）》，“国立中央研究院”历史语言研究所，1979 年，第 707 页。

⑯ 丁声树：《释否定词弗、不》，《庆祝蔡元培先生六十五岁论文集（下册）》，“国立中央研究院”历史语言研究所，1935 年，第 967 ~ 996 页。

⑰ 按，这位美国学者与赵元任、李方桂都有密切的交往。他对我国的民族语言学有研究，中文译名一般翻译为“卜弼德”；《李方桂先生口述史》（清华大学出版社，2003 年）第 67 页提到过此人。而《美国中国学手册（增订本）》（中国社会科学出版社，1993 年）漏收了这位汉学家。

⑱ 吕叔湘：《论毋与勿》，《汉语语法论文集（增订本）》，商务印书馆，1999 年。

⑲ 王力：《同源字典》，商务印书馆，1987 年。

⑳［日］藤堂明保：《汉字语源辞典》，学灯社，1965 年。

㉑［日］尾崎雄二郎：《“吾”·“我”的分用问题》，《汉语音韵史研究》，创文社，1986 年。

㉒ 尾崎先生指出在甲骨文、早期金文乃至《诗经》中都没有用“吾”的例子，但是有“我”的用例；陈梦家《殷墟卜辞综述》第三章第四节讨论卜辞中的人称代词的时候，也指出卜辞中有“余、我、朕”，没有提到“吾”。值得注意的是陈梦家观察到的卜辞中的“我”是表示复数、是多数，“余”是少数或单数。这个区别似乎也适用于“我”与“吾”。后来的张玉金《西周汉语代词研究》（中华书局，2006 年）有比较详细的论述。

㉓ 金守拙：《再论吾我》，《国立中央研究院历史语言研究所集刊（第二十八本）》，“国立中央研究院”历史语言研究所，1957 年。

㉔ 章太炎撰，庞俊等疏证《国故论衡疏证》（中华书局，2008 年）第 110 页早已称：“鱼部古音皆阖口，从是开口则近歌，此鱼部所以常与歌、支相转。”章太炎的《成均图》对此也有阐发。张双棣师《吕氏春秋词汇研究（修订本）》（商务印书馆，2008 年）第 359 页指出《吕氏春秋》中鱼部歌部合韵 3 次；在西汉以来，鱼部与歌部合韵的现象比较普遍。张双棣《淮南子用韵考》（商务印书馆，2010 年）第 109 页指出《淮南子》中的鱼部与歌部合韵共有 10 次。另可参见罗常培、周祖谟《汉魏晋南北朝韵部演变研究（第一分册）》（科学出版社，1958 年）第 151 ~ 152 页以及第 157 页，例证颇多，此不录。于安澜《汉魏六朝韵谱·韵部沿革总叙》（河南人民出版社，1989 年）第 9 页也称：“鱼模字复与歌戈混淆。如班彪《北征赋》之‘邪图峨家’为韵；张衡《西京赋》之‘峨罗䯀波’为韵；《南都赋》之‘葩鹅鸬波’为韵。”［要注意的是在先秦两汉的齐方言中鱼部与歌部几乎没有合韵的现象（仅仅在《晏子春秋》中有一例合韵），二者在齐鲁方言中应该有较大差别，参看汪启明《先秦两汉齐语研究》（巴蜀书社，1999 年）］。

㉕ 参看（清）段玉裁：《说文解字注》，上海古籍出版社，1995 年，第 857 页。

㉖ 汪启明：《先秦两汉齐语研究》，巴蜀书社，1999 年。

㉗ 江有诰《音学十书》（中华书局，1993 年）中的《先秦韵读·晏子春秋》第 179 页没有指出这里的合韵现象。

㉘ 龙宇纯：《先秦散文中的韵文》，《丝竹轩小学论集》，中华书局，2009 年。

㉙ 张双棣：《吕氏春秋词汇研究（修订本）》，商务印书馆，2008 年。

㉚ 张双棣：《淮南子韵谱》，本文为第三届汉语史学术研讨会暨第六届中古汉语国际学术研讨会论文，四川大学，2007 年。

㉛ 邵荣芬：《古韵鱼侯两部在前汉时期的分合》，《邵荣芬音韵学论集》，首都师范大学出版社，1997 年。

㉜ 邵荣芬收集的《淮南子》的例子只有一例，远不如张双棣师详密。

㉝ 高亨：《古字通假会典》，齐鲁书社，1997 年。

㉞ 章太炎：《新方言》，《章太炎全集（第7卷）》，上海人民出版社，1999年，第7页。

㉟ 王辉：《古文字通假释例》，台湾艺文印书馆，1993年。

㊱（清）孔广森：《诗声类》，中华书局，1983年。

㊲ 另可参看夏燮《述韵》卷二《论合韵》。

㊳ 这里是否有合韵值得注意。江有诰《音学十书·楚辞韵读》（中华书局，1993年）第142页在“出”下加注：“韵未详，或脱偶句。”台湾学者林莲仙《楚辞音韵》的合韵表中没有列举脂部和之部合韵的例子。

㊴ 汪启明：《先秦两汉齐语研究》，巴蜀书社，1999年。

㊵ 龙宇纯：《先秦散文中的韵文》，《丝竹轩小学论集》，中华书局，2009年。

㊶ 高亨《古韵鱼部元读考》，最早发表于1935年3月。后收入《高亨著作集（第十卷）》，清华大学出版社，2004年。今据后者引述。

㊷ 再举一旁证：上古音中的鱼部与之部有相通的现象（如合韵），这是任何音韵学家都承认的事实。考《庄子·养生主》文惠君看了庖丁解牛的过程后，“文惠君曰：嘻，善哉！技盖至此乎？”其中的“嘻”明显是拟声词，感叹庖丁解牛的绝技。“嘻”的上古音是晓母之部，一定没有阴声韵尾，否则不会成为拟声的感叹词。由于鱼部与之部有时可以相通转，因此上古音的鱼部也一定没有浊塞音韵尾，否则与之部不能相通，不能合韵。

㊸ 李荣：《读汉书东方朔传》，《语文论衡》，商务印书馆，1985年。

㊹ 朱德熙：《方言分区和连读变调刍议》，《朱德熙选集》，东北师范大学出版社，2001年。

㊺［英］R. L. Trask：《历史语言学》，外语教学与研究出版社，2000年。

㊻［美］布龙菲尔德：《语言论》，商务印书馆，1997年。

㊼ 周季文等：《敦煌吐蕃汉藏对音字汇》，中央民族大学出版社，2006年。

㊽［德］冯·加班著，耿世民译：《古代突厥语语法》，内蒙古教育出版社，2004年。

㊾ 此文初次发表于1979年的哥本哈根国际语音科学会议，后收入《吴宗济语言学论文集》，商务印书馆，2004年。

㊿ 李新魁：《汉语音韵学》，北京出版社，1986年。

51 陈其光：《汉藏语声调探源》，《民族语文》1994年第6期。

52 光华按，这条证据似乎存在时代性的问题，因为上古日语对汉语的借词只能追溯到魏晋以后，不能远到西汉。所以这条证据只能作为参考。

53［日］宇井伯寿：《译经史研究》，岩波书店，1971年。

54 参看《顾颉刚学术文化随笔》（中国青年出版社，1998年）第一篇“殷人自西徂东”条引述陈文彬的观点。

55 饶宗颐：《上古塞种史若干问题》，《于阗史丛考》，上海书店，1993年。

56［日］江上波夫：《论月氏的民族名》，《和田博士还历纪念东洋史论丛》，大日本雄辩会讲谈社，1951年。

57 方豪：《中西交通史》，岳麓书社，1987年。

58 光华按，方豪的观点有可能是引自其他学者的考证，由于时间有限暂未详加溯源。

59［俄］罗曼·雅柯布森，钱军、王力泽注：《类型学研究及其对历史比较语言学的贡献》，《雅柯布森文集》，湖南教育出版社，2001年，第70页。

60［美］布龙菲尔德：《语言论》，商务印书馆，1997年。

61 关于古日语的简明的论述参看春日和男《新编国语史概说》（有精堂，1995年）第82页。

62［英］R. L. Trask：《历史语言学》，外语教学与研究出版社，2000年。

三十三、语音史上入声消失的年代问题

在通语中的“入声”的消失到底在什么时候呢？这是音韵学界颇有争议的问题。根据王力先生《汉语语音史》的论述，南宋朱熹时代的语音系统中还有完整的入声存在，只是到了元代的《中原音韵》中，入声才完全消失。有的学者甚至认为在《中原音韵》中还存在入声。我在本书中利用元代戏曲中的外来词的对音材料证明了元代确实已经没有了入声。但从古方言来看，我们认为在我国唐代以前的方言中有的就没有入声，中古及以前的方言有的把入声读为去声等阴声韵。今考古文献如下：

日本学者宇井伯寿《译经史研究》[①]中的《从印度语看中国文字的语音》一文对东汉高僧支娄迦谶翻译佛经中的音译现象作了总结，指出支娄迦谶的音译中有的时候是用“萨”音译 sa，“伐”音译 va，“末”音译 ma，“佛”音译 bu，“蜜”音译 mi，“弗”音译 pu，“拔”音译 pa，“钵”音译 pa，“辟”音译 pa，“达”音译 da，“曰”音译 pu，“剌”音译 ra，“勒”音译 re、ra。以上的这些例子古音都是入声字，而在东汉时代就用来音译舒声的外语，这只能说明这些入声字在东汉时代的方言中就有舒声一读。

据方豪《中西交通史》[②]第一篇第十一章第 154 页，《史记·大宛列传》提到汉使取“苜蓿”，又写作“目宿、牧蓿、木粟”，则西汉前期的“苜蓿”二字必定都是收 - k 的入声无疑。方豪称：“按此草名见于斯托拉波地理书中。或以为乃 Buso 译音，里海附近土人呼以此名。伊朗语作 Musu，音更近。”方豪这里提及的对音很可能是正确的，则“苜蓿”二字在西汉前期的西北方言中都是阴声韵，不带入声尾 - k，很可能是读为去声。

《后汉书·西域传》：“安息国，居和椟城，去洛阳二万五千里。北与康居接，南与乌弋山离接。地方数千里，小城数百，户口胜兵最为殷盛。其东界木鹿城，号为小安息，去洛阳二万里。”其中的“木鹿”在安息东方，在东汉已有此名。唐高宗显庆年间在中亚置有“木鹿”一个羁縻州[③]。“木”在《广韵》为屋韵，是收 - k 的入声。而根据德国学者夏德《大秦国全录》[④]第 43 ~ 44 页称：木鹿是“其大夏的旧名，波斯经典 Zend - Avsta（火袄教经）称为 Mouru，即中古时代之 Merw。Mouru 一名与中国人所称之“木鹿”，不能轻轻放过，认为是偶然的巧合”。[⑤]日本大学者坪井九马三《史学研究法》[⑥]的研究称，“木鹿”在用中亚古语写成的袄教经典《阿维斯塔》中作 mouru 这样的音；据冯承钧《新唐书西域羁縻州府考》[⑦]所记，“木鹿”是 Mourou 的对音，则“木”字在东汉时代的某些北方方言（可能是西北方言，不应是洛阳方言）中应该不读入声，而是读去声，且声调较长。在日语“木棉”一词中“木”的读音是 mo，没有入声尾。

《汉书·隽不疑传》：“每行县录囚徒还。”师古曰：“省录之，知其情状有冤滞与不也。今云虑囚，本录声之去者耳，音力具反。而近俗不晓其意，讹其文遂为思虑之虑，失其源矣。”可知汉代时的入声的“录”在唐代的口语中已经音变为去声的“虑”。

《后汉书·廉范传》：“廉叔度，来何暮？不禁火，民安作。平生无襦今五绔。”注：“作，协韵音则护反。”这是一首民歌，以“度、暮、作、绔”为韵。所以李贤注称“作”音“则护反”，是说东汉时代的入声字“作”在这里读为去声。《康熙字典》第 99 页“作”字注称：“今方言‘作’读

‘佐’，俗用‘做’。”[8]《集韵》“作”有“子贺切”一音，现在可知此音远在唐代以前就有。日语“作粲”一词中的“作”音读是 sa，没有塞音尾。

《后汉书·窦融传》：“融至姑臧。”注称：“姑臧，县名，属武威郡，今凉州县也。《西河旧事》曰：“凉州城昔匈奴故盖臧城。后人音讹，名‘姑臧’也。”“盖”是收 - p 的入声，“姑”的上古音是鱼部，中古音是模韵。这是指入声在唐代以前的方言中有的就音变为阴声。“音讹”就是“音变”。

白居易的诗《阴山道》：“纥逻敦肥水泉好。”陈寅恪《元白诗笺证稿》[9]根据俄罗斯突厥学家 Radloff《突厥方言字典》考定“纥逻”一词是突厥语“Kara”之译音。则“纥”是“Ka”的译音，而“纥”在《广韵》中是音“下没切”，为匣母没部，是收 t 的入声；另有一音是“九傑切”，是见母，也是 - t 的入声。而唐朝人以之对译阴声韵的“Ka”，足见在唐代的西北方音中入声多变为去声[10]。

《旧五代史》卷 138“外国传·回鹘”载回鹘有职官曰“密録”。韩儒林《突厥官号考释》[11]称其官名为突厥文“Buiruq”的译音。而“密”是收 t 的入声，突厥文原文并无 t 这样的辅音，可知唐末五代时候有的北方方言中“密”并不读入声，而是阴声韵。

在古代西域有“覩货逻”国，《高僧传》[12]卷一《昙摩难提传》称：“昙摩难提，此云法喜，兜佉勒人。”此人于公元四世纪中后半期到长安翻译了《中阿含经》《增一阿含经》。另，僧伽跋澄于公元 383 年到长安翻译的《鞞婆沙论》中也有“兜佉勒”一词。因此，“兜佉勒”这个译音词至少在公元四世纪已经产生。“兜佉勒”一名，在古书中有不同的译名，在《魏书》中作“吐呼罗”，在《隋书》《旧唐书》作“吐火罗”，在《大唐西域记》卷一作“覩货逻”。唐玄奘自注：“旧曰吐火罗，讹也。”梵文原文作“Tokhara”或“Tuhara”。西藏文和回鹘文中都有这个词[13]，这个词在各种语言中的收尾音都没有舌根塞音之类的辅音。因此，至少在公元四世纪，“勒”在西北方音中就要读舒声，而不是收 k 的入声。在翻译佛经中我们还可以找到大量的例子，此不详及。

又如岑仲勉《突厥（维吾尔）文译汉语》[14]指出中古汉语中的“禄存”在突厥文中的对音中有的是作“lusun”或“luusun”，这只能说明“禄”在当时的方言中有阴声韵一读。

根据岑仲勉《西突厥史料补阙及考证》第 248 页，汉语的“六”在突厥文中的音译作“lu”，并没有收 k 的辅音尾。这也说明中古时期的“六”在西北方言中有阴声韵之音。同书第 251 页指出中古汉语“天历”在突厥文的音译中作“tiin li”，这是说“历”在突厥文中的音译作阴声韵的“li”，而不是收 - k 尾的入声。这只能证明“历”在当时的西北方言中本来就有阴声韵之音，突厥文就是通过这种方言中的读音音译过去的。

又，在中古的翻译佛经中，梵文的 keyura，中文音译为“吉由罗”[15]。“吉”字，据《广韵》为入声质韵，音“居质切”，收 - t 韵尾。但梵文原文根本没有 t 这样的辅音，这并不是梵文学家们找错了对音，而是入声的“吉”在中古方言中本来就有阴声韵一读。在上古的日文音读中，“吉”就有阴声韵的 ki 一音，而非入声。

古代印度的佛学大家世亲，其梵名 Vasubandhu，汉语音译为“婆薮槃豆、筏苏槃豆、筏苏畔徒、婆薮槃头、婆修槃头”等。其中的“筏”是收 - t 的入声，属月韵，又为末韵。而对音梵文的 Va，又有异译作“婆”。因此，“筏”在中古必有阴声韵的读法。

据宇井伯寿《佛教辞典》[16]第 996 页，汉译佛典中的“秣菟罗”是梵文 Mathurā 的音译，而这个梵文词在汉语中还有一个异译是“摩突罗”。“突”是收 - t 的入声，相当于梵文的 thu。因此，这里的“突”一定是读阴声韵尾。

王楙《野客丛书》[17]卷二十三“地名语讹”条称：“凉州有姑臧县，《河西旧事》谓旧匈奴盖藏城也。后讹为姑臧。”于是入声韵 -p 的“盍”音变为阴声韵的“姑”。

唐玄奘《大唐西域记》中记载有“屈支”国，即现在的“库车”。其名称在《梵语杂名》和竺法护翻译的《申日经》中作“归兹”，在《水经注》所引道安《释氏西域记》中作“屈茨”，在古书中更多作“龟兹”或“丘兹”。而“屈”是收 -t 的入声，而“丘、归、龟”都是平声字，而且与“屈支”相对应的梵文原文是 Kuci，也没有 t 音[18]。可知入声的“屈”在唐玄奘的口语中是没有入声尾的。

唐玄奘《大唐西域记》卷一：“跋禄迦国东西六百余里。”据季羡林等《大唐西域记校注》第 66 页的注释：“跋禄迦，梵文 Bālukā 或 Vālukā 的音译。义云‘沙’，即今阿克苏。”这个对音当属可信。而“跋”是收 -t 的入声，“禄”是收 -k 的入声。这个对音材料显示玄奘时代的“跋”和“禄”在西北方言中应该有阴声韵的读法。类似的材料非常多，我们不再列举。

《四库提要》卷 199《中原音韵》的提要称：“考齐梁以前，平上去无别。至唐时，如元稹诸人作长律，尚有遗风。惟入声则各自为部，不叶三声。然如《檀弓》称‘君辱与弥牟之弟游’。注谓‘文子名木，缓读之则为弥牟’[19]。又古乐府《江南曲》以‘鱼戏莲叶北’韵‘鱼戏莲叶西’。注亦称‘北’读为‘悲’。是以入叶平，已萌于古。又《春秋》‘盟于蔑’，《谷梁》作‘盟于昧’。《春秋》‘定姒卒’，《公羊》作‘定弋卒’。是亦方言相近。故上去入可以转通也。北音舒长迟重，不能作收藏短促之声，凡入声皆读人三声。自其风土使然。——唐初《回波》诸篇，唐末《花间》一集，可覆按也。其法密于宋，渐有以入代平，以上代平诸例。”这段提要论述颇具卓识，不仅唐初的《回波》、唐末五代的《花间集》中已经有入声读为平声的现象，而且远在先秦、西汉、六朝都有入声读为舒声的现象。《四库提要》的这段精彩论述似乎常常被音韵学者所忽略。

注释

① ［日］宇井伯寿：《译经史研究》，岩波书店，1971 年。

② 方豪：《中西交通史》，岳麓书社，1987 年。

③ 参看《中国历史大辞典》编纂委员会《中国历史大辞典·历史地理卷》（上海辞书出版社，1997 年）第 103 页。

④ ［德］夏德著，朱杰勤译：《大秦国全录》，商务印书馆，1964 年。

⑤ 夏德自己做的注解［2］也值得参考，文烦不录。

⑥ ［日］坪井九马三：《史学研究法》，早稻田大学出版社，1913 年，第 92 页。

⑦ 冯承钧：《新唐书西域羁縻州府考》，《西域南海史地考证译丛（第三卷）》，商务印书馆，1995 年，第 64 页。

⑧《康熙字典》还引有韩愈的一首诗，以“过、作”为韵，则韩愈此诗中的“作”读去声，非入声。

⑨ 陈寅恪：《元白诗笺证稿》，生活·读书·新知三联书店，2001 年。

⑩ 这里的“纥”可能是见母的入声，而不是匣母的入声。

⑪ 韩儒林：《突厥官号考释》，《穹庐集》，河北教育出版社，2001 年，第 375 页。

⑫ ［南朝梁］释慧皎撰，汤用彤校注：《高僧传》，中华书局，1992 年。

⑬ 参看季羡林《大唐西域记校注》（中华书局，1995 年）第 101 ~ 102 页。

⑭ 岑仲勉：《西突厥史料补阙及考证》，中华书局，2004 年，第 248 页。

⑮ 参看荻原云来主编《梵和大辞典》（讲谈社，1996 年）第 377 页。

⑯ ［日］宇井伯寿：《佛教辞典》，大东出版社，1977 年。

⑰ ［南宋］王楙撰，王文锦点校：《野客丛书》，中华书局，2007 年。

⑱ 季羡林等：《大唐西域记校注》，中华书局，1995 年，第 55 页。

⑲ 光华按，本书前面已经证明“缓读”就是反切，“弥牟”二字反切就是“木”音，“木”是收 - k 的入声。四库馆学者认为这里的“木”是舒声。我认为《四库提要》的意见是正确的。

三十四、关于清音浊化音变的问题

有的学者认为在语音演变史上，浊音清化是常见的音变现象，而清音浊化很不常见。我想大概正是由于这样的偏见有时才会影响了其对汉语音韵学和汉语方言学中有的音变的正确解释。其实，清音浊化不能说是罕见的现象，今将我收集的相关材料排比如下，以供学者参考：

印欧语学者常常称在印欧语中位于两个元音之间的清辅音一般会浊化为浊辅音。历史语言学中著名的维尔纳定律发现：非重读元音与重读元音之间的辅音位置叫中间位置，处于这一位置中的清辅音容易弱化为浊辅音[①]。另参看丹麦学者威廉・汤姆逊的《十九世纪末以前的语言学史》[②]第 126 ~ 127 页。R. L. Trask 的《历史语言学》[③]第 56 ~ 57 页在讨论弱化与强化（lenition and fortition）问题的时候指出，清辅音向浊辅音演变是一种弱化音变，举例有：①拉丁语 strata→意大利语 strada；②拉丁语lacu→意大利语 lago；③拉丁语 catēna→西班牙语 cadena（另参看此书第 69 页。但在意大利语中这条音变规律的例外甚多）。而当拉丁语发展为西班牙语后，两个元音中的清辅音都发生了浊化音变，涉及所有的单词，没有例外（又见此书第 91 页）。布龙菲尔德的《语言论》[④]第十八章“比较法”第 382 页论及：“所有古日耳曼语言的词都以［f］开头。假使我们没有较古的记载，我们就会考虑一件实事——今天英语区有些方言和荷—德语区有些方言是用浊擦音［v］开头的，但是即使如此，地理的分布告诉我们［f］是较古的类型。”这可以理解为 f→v 的浊化音变。另如，英语的 heaven 的古语形式是 heofon。据日本学者北村甫主编《世界的语言》[⑤]中的“乌拉尔诸语言”一章（小泉保所撰）第 87 页指出：“奥斯加克语中的［a］是发音为［köt］，因此可以在为其构拟的原始语应该有［t］音，后来在摩尔多瓦语中浊化为［d］。”在摩尔多瓦语种中存在 - te→ - de 的音变。据伊朗学者所编的波斯文本《阿维斯塔》[⑥]一书所附录的“琐罗亚斯德教传说中的先知生土和帝王英雄”（光华按，此表当是伊朗学者总结了世界有关专家的研究成果而作成，非完成于一人之手，应属相当可信）所排比的比较语言学的材料，可举出一些例子：

阿维斯塔文	帕拉维文	波斯文（以下各例省略其汉译）
Jāmāspa	Jāmāsp	Jāmāsb
	Hushētar	Ushīdar
Keresāspa	Karshāsp	Garshāsb
	Frētōn	Farīdūn
	Yimshēt	Jamshīd
Kavāta	Kavāt	Qobād
Pāpak	Bābak	
	Artay - Virāf	Ardā - Vīrāz

以上各对应的同源词的年代顺序是（从早到晚）：阿维斯塔文→帕拉维文→波斯文。

万波《赣语永新方言量词的清声浊化》[⑦]指出在赣语的永新方言中存在着清声母的量词浊音化现象，而且浊化有明显的规律。唇音清声母一般浊化为 v，舌尖音清声母一般浊化为 l，舌根音、舌面音清声母一般浊化为零声母，韵母为合口呼或后高元音 o 时，浊化为 v。万波也认为这是一种语音的弱化音变。另外，学者们热烈讨论的粤方言中的内爆音 ɓ 和 ɗ 也是由古音的清塞音帮母和端母浊化而来[⑧]。在现代日语中的一些浊声母是由古代的清辅音浊化而来的。如“激”的古音是见母，而在现代日语音读中是 geki，是浊声母。这样的浊化现象是后起的。另外日语中的 n－后面的清辅音也常常受 n－的同化作用而发生浊化音变。在日语中颇有类似的清音浊化现象。R. L. Trask 的《历史语言学》[⑨]第 77 页也提到在巴斯克语中有两个不带音的咝音，可记作 z 和 s，但如果在鼻音前面，则要发生浊化现象。如 esne（牛奶）和 ozmin（刺骨的冷）中的咝音 s/z 都要发音成带音的咝音。吴宗济先生《试论普通话语音的“区别特征”及其相互关系》[⑩]一文称：“此外，清辅音在元—辅结合时也常会受到同化作用而浊化。这类问题早就为人们所注意。”李新魁《汉语音韵学》[⑪]第 366 页认为：“这些韵尾在上古音中是否确实存在，目前不容易断定，因为现在的汉语方言，还没有发现一种具有［－p］、［－t］、［－k］与［－b］、［－d］、［－g］两种收尾对立的现象。而且，［－b］等浊音收尾跟在元音之后，在音色上是否与［－p］、［－t］、［－k］（它们也跟在元音之后，由于受元音发音的影响，也常常声带颤动，发生浊化）有较为明显的差别而起辨义的作用，实在也很难说。”李新魁、吴宗济的意见无疑是正确的。章太炎撰，庞俊、郭诚永疏证《国故论衡疏证》[⑫]的“正言论”第 244 页称：“清音去声变浊音界湖北、湖南、广东、广西、福建。”郭诚永疏证：“今湘方言、粤方言、闽方言、客家话，去声皆分清浊。”朱晓农《从群母论浊声和摩擦——实验语音学在汉语音韵学中的实验》[⑬]第八节“为什么浊塞音还未绝迹”也列举了不少清音浊化的例子。日本学者水野弘元《巴利文法》[⑭]第 62 页论述了梵语的硬音在俗语中变软音的现象。例如，在梵语和巴利语之间存在不少的浊化音变，例子甚多，此不录。据汤珍珠《宁波话的一二等群母字》[⑮]的考察，在宁波话中的不少 g 声母的洪音字是来自中古音的见母、溪母、影母，例子甚多，如“解、搅、绞、掼、艮、搁、鲠、谏、扛”等都读 g 声母。这样的 g 声母一定是后起的，是清塞音浊化的结果。刘泽民《客赣方言历史层次研究》[⑯]第七章“见系的历史层次”中“溪母浊化的性质和历史层次”一节讨论了赣方言中的湖口、都昌、星子、修水、永修、德安、平江等地的方言广泛存在溪母发生浊化音变，与群母合流的现象。刘泽民此文还提到了一些学者对这个现象的解释，如平田昌司、何大安、沙加尔、万波。冯·加班《古代突厥语语法》[⑰]第 46 页论述古代突厥语的语音有清辅音在词间变浊音的规律。如 kitär→kidär；bütün→büdün；oqït－→oqïdïp。

注释

① 见徐通锵《历史语言学》（商务印书馆，1996 年）第 108～109 页；而《中国大百科全书·语言文字卷》第 398～399 页的“维尔纳”条表述有所不同：“但在后期原始日耳曼语中，只有位于词首或紧跟重读元音之后的原始印欧语清塞音 p、t、k 才变为 f、th、h，而在其他位置的清塞音 p、t、k 则变为浊塞音 b、d、g。”此条为岑麒祥所撰。

②［丹麦］威廉·汤姆逊著，黄振华译：《十九世纪末以前的语言学史》，世界图书出版公司，2009 年。

③［英］R. L. Trask：《历史语言学》，外语教学与研究出版社，2000 年。

④［美］布龙菲尔德著，袁家骅等译：《语言论》，商务印书馆，1997 年。

⑤［日］北村甫主编：《世界的语言》，《讲座语言（第 6 卷）》，大修馆书店，1981 年。

⑥［伊朗］贾利尔 ·杜斯特哈赫选编，元文琪译：《阿维斯塔》，商务印书馆，2005 年。

⑦ 万波：《赣语永新方言量词的清声浊化》，《语文研究》1996 年第 3 期。

⑧ 另可参看王福堂：《壮侗语吸气音声母 ɓ ɗ 对汉语方言的影响》，《语言学论丛（第 33 辑）》，商务印书馆，2006 年。

⑨［英］R. L. Trask：《历史语言学》，外语教学与研究出版社，2000 年。

⑩ 此文初次发表于 1979 年的哥本哈根国际语音科学会议，后收入《吴宗济语言学论文集》（商务印书馆，2004 年）。

⑪ 李新魁：《汉语音韵学》，北京出版社，1986 年。

⑫ 章太炎撰，庞俊、郭诚永疏证：《国故论衡疏证》，中华书局，2008 年。

⑬ 朱晓农：《从群母论浊声和摩擦》，《语言研究》2003 年第 2 期。

⑭［日］水野弘元撰，许洋主译：《巴利文法》，《世界佛学名著译丛（5）》，华宇出版社，1986 年。

⑮ 汤珍珠：《宁波话的一二等群母字》，《吴语研究》，上海教育出版社，2005 年。

⑯ 刘泽民：《客赣方言历史层次研究》，甘肃民族出版社，2005 年。

⑰［德］冯·加班撰，耿世民译：《古代突厥语语法》，内蒙古教育出版社，2004 年。

三十五、对李方桂《上古音研究》的意见

李方桂先生的《上古音研究》[①]对汉语上古音作了全面系统的研究和构拟，本书前面的论述中对其所构拟的上古音系作了不少的批评和辨正。例如：①李方桂取消上古音中的浊擦音声母是错误的；②李方桂取消上古音中的舌面音声母是错误的；③李方桂假设的二等韵带有 r 介音是错误的；④李方桂构拟的一套清鼻音声母的音变模式是错误的；⑤李方桂对上古音的邪母的构拟是错误的；⑥李方桂设定的谐声原则之一“上古的舌尖塞擦音、擦音不与舌尖塞音互谐”是错误的；⑦其书第 15 页称“与唇音谐声的喻母四等的音值构拟是 brj－”毫无根据。我不知道到底有多少字是喻母四等与唇音谐声，因为李方桂一个例子也不举。而且我所知道的各家学者都没有论述过喻母四等与唇音谐声的现象[②]。喻四主要与定母、邪母、见母等相通相谐，在六朝时代已经是 j－声母了。我在谐声字中还没有发现上古音中有喻母四等与唇音谐声的现象[③]。

我们本节还要讨论李方桂《上古音研究》的另外一个错误。李方桂构拟的上古声母系统的一个特点是有一整套的圆唇舌根音，这是为了解释中古音系中舌根音合口的来源。他说：“《切韵》系统里有许多合口韵母，只见于唇音及舌根音声母，在别的声母后绝对不见或极少见，如微、废、齐、夬、佳、皆、元、先、文、唐、阳、登、庚、耕、清、青等韵（举平以赅上去入）。此外有些韵不分开合（有的被认为开，有的被认为合），如模、鱼、虞、豪、肴、宵、萧、侯、尤、幽、江、东、冬、钟以及覃、谈、衔、咸、盐、添等韵。至于合口韵母见于一切声母之后的例子不多，如歌（戈）、寒（桓）、咍（灰）、泰、祭、山、删、仙、痕（魂）等，这些韵似乎很有规律，韵尾多收－n（－t）、－i，少数－â。如果暂时把这少数的韵除外，留到后来讨论每个韵部的时候再来叙述这类合口的来源，我们可说合口介音多半是受唇音及圆唇舌根音声母的影响而起的。唇音的开合口字在《切韵》时期已不能分辨清楚，在上古时期也没有区分开合的必要，只有舌根音的开合口应当区别。合口的介音 w 或 u 有的是后起的，从开口演变来的，这个现象在有些韵里已经公认了。”李方桂先生构拟圆唇舌根音是否合理姑且不讨论。但他明确认为“唇音的开合口字在《切韵》时期已不能分辨清楚，在上古时期也没有区分开合的必要，只有舌根音的开合口应当区别”。这样的论断是我们不能苟同的。我近来觉得上古音中的唇音声母与开口韵、合口韵相结合会有不同的音变趋势，唇音声母不一定能让开口韵发生合口化的音变，唇音声母后面的开口韵有很多是一直保留了开口的读音，这样的保留经过了两千多年始终不变。今讨论如下：

上古音中的唇塞音（帮母和滂母、並母）鱼部开口的“巴”声字如“巴、把、靶、耙、钯、豝、羓、葩、吧、杷”等字，从上古音一直到现代汉语，差不多三千年了，读音几乎没有发生任何变化，都是 pa、pha、ba[④]，这些字在《切韵》时代都是开口韵。唇塞音的帮母和滂母、並母并没有让这些鱼部开口字发生合口化的音变。这些鱼部字的上古音的韵母是－a，现代汉语中还是－a。可见唇塞音声母未必能把开口韵同化为合口韵。唇鼻音方面有完全一样的情形，如“马”声字从古到今近三千年读音没有发生明显的变化，尤其没有发生合口化音变。

相反，唇音声母后面的鱼部合口韵的字却普遍地能够对主元音发生圆唇化的音变。例如，众多的

“夫”声字、“甫”声字、“武”声字、“无”声字、“莫”声字，以及“布、步”等字都发生了主元音圆唇化的音变，其音变过程学术界公认是 a→o→u（也许这中间还有一些过程），其主元音圆唇化的过程十分明显。

与鱼部相对应的上古音的阳部韵也完全一样。阳部的上古音一般构拟为 -aŋ，收舌根鼻音尾。阳部一等韵的唇音字的读音从上古到现在主元音几乎没有发生任何变化，例如数量众多的“旁”声字⑤；阳部二等韵的唇音字的读音现在一般读 əŋ 韵，如“孟”声字、“彭”声字，以及“萌、氓”等字。阳部三等韵的唇音字如果发生轻唇化音变，则其读音现在一般是 -aŋ 韵，如很多的“方”声字。如果没有发生轻唇化音变，则其读音现在一般是 iŋ 韵，如很多“丙”声字⑥，以及“兵”声字。从上可知，唇音声母的阳部韵无论是一等、二等还是三等，其主元音都没有发生圆唇化的音变，虽然这时的主元音前面有唇音声母，后面有舌根音声母，但最终都不能使得主元音圆唇化。更值得注意的是唇音声母的阳部三等合口字，即使加上了合口介音，但仍然没有能够令主元音圆唇化，只是唇音声母发生了轻唇化的音变，最终的音变结果，韵母还是 -aŋ，如许多“方”声字。可见舌根音和唇音并没有李方桂先生说的能够产生合口介音的能力。唇音声母和舌根音声母在上古都一定有开合口之别。

与鱼部相配的入声韵是铎部，其唇音声母的开口韵字在现代汉语方言中有的读开口，有的读合口。如“甫”声字虽然在许多方言中主元音已经圆唇化，但在扬州方言、潮州方言中，主元音还是没有圆唇化，读 -a，这样的主元音必定是上古音的保留。再如“白”声字中的“白、拍、怕、百、柏”在上古音中都是铎部开口，主元音是 -a，到了现代汉语的一些方言里面，其主元音一点没有变，完全保留了上古音的读法。铎部开口的“魄”，主元音虽然在一些现代汉语方言中已经圆唇化了，但是在广州方言、阳江方言、梅县方言中还是读 -a，在其他的一些方言中虽然不是读 -a，但很多也没有圆唇化。铎部的“迫”，在北京方言中虽然已经圆唇化，但有白读音的主元音还是读 -a，而且在温州方言、太原方言、双峰方言、广州方言、福州方言（文读音）主元音都是读 -a。可见，虽然铎部的唇音字拥有唇音声母和 -k 韵尾，但也不一定能使主元音圆唇化⑦。

唇音声母后面的歌部的主元音的音变趋势与鱼部的情形完全相同。凡是唇音声母与合口的歌部韵相接，则其主元音发生圆唇化音变。只举一例，如从“番”的字有很多读阴声韵，入歌部合口，如“鄱阳湖”的“鄱”，还有“播”“僠”“蕃”“嶓”“譒”，这些歌部合口字在现代汉语中都读 bo，主元音明显已经圆唇化。这并不是唇音声母同化的结果，而是合口介音影响的结果。而凡是唇音声母与开口的歌部韵相接，则其主元音不向圆唇化方向音变。这样的规律简直没有例外，如开口韵的“皮”声字、“麻”声字等。

与歌部相对应的阳声韵是元部，其完全是一样的情形。唇音字的歌部开口字的主元音从上古到现在始终没有发生圆唇化音变，如开口的“分”声字、“反”声字、“曼”声字，以及“变、边、攀、片、骈、便”等字，数量很多，毫无例外。甚至唇音字的歌部合口字的主元音也没有发生圆唇化音变，如“半”声字、“番”声字、“般”声字，这些唇音合口韵的主元音在现代的主要北方方言中都没有发生圆唇化的音变⑧，反而失去了合口介音。合口三等韵的唇音字发生了轻唇化的音变，但是主元音还是 -a。我们可以从音理上解释唇音歌部合口韵为什么没有使主元音圆唇化：这可能是因为元部的舌尖鼻音尾限制了主元音的演变，舌尖鼻音没有任何圆唇化的语音功能。

与歌部相配的入声是月部。我发现月部开口唇音字从上古到现代汉语方言，主元音基本上都没有发生圆唇化音变，不容易找到例外。凡是主元音圆唇化的都是合口字。这个现象清晰地表明合口介音可以使主元音圆唇化，而单独的唇音声母不能使主元音圆唇化。

甚至唇音声母的合口字还有可能发生失去合口介音的音变。如“杯”音“布回反”，是帮母合口字，据《汉语方音字汇（第二版重排本）》第156页，“杯”在南方的广州、阳江、厦门、潮州、福州等方言中都有合口介音u，在建瓯方言中主元音已经圆唇化，作o；但在许多北方方言和江浙方言中，都没有合口介音，主元音也没有圆唇化。帮母合口的“背”字与“杯”字在方言中的开合口的分布很相似。据同书第157页，帮母开口的“贝”中古音“博盖反”，在现代汉语方言中多读开口，但在诸多的南部方言如广州、阳江、厦门、潮州、福州等方言中都有合口介音u，在建瓯方言中主元音已经圆唇化，作o。我认为“贝”读合口是古音，因为其反切上字的“博”是合口，“贝”的合口成分是反切上字带来的，自古如此，断非后起。

以上各种语音现象的对比非常清楚地显示出：唇音声母后面的韵母是开口还是合口，有没有合口介音w或u，对主元音的影响巨大。如果没有合口介音，则唇音声母不能使后面开口度较大的主元音发生圆唇化音变；而带有合口介音，则唇音声母后面的开口度较大的主元音就会发生圆唇化音变。由于这是两条明显的路线，因此，我们必须承认上古音系中的唇音声母所接的韵母要有开口与合口的分别，唇音声母后面韵母的开合不可能是中古时代才产生的。单纯的唇音声母不能使开口度大的元音发生圆唇化音变，也不能自动产生合口介音。

我们这一节的论述还有其他方面的价值。例如，学者们对上古音的鱼部主元音的构拟除了高本汉之外一般都构拟为-a之类的开口低元音[9]。只有高本汉构拟为圆唇元音o。高本汉的这个构拟明显是错误的。因为唇音声母的鱼部开口字如“巴”声字在现代汉语中都是读-a元音，没有读圆唇元音的。如果上古音的鱼部是圆唇高元音，那么唇音声母后的圆唇高元音没有理由会音变成开口低元音。这在音理上讲不通[10]。

另外，有学者主张上古音的歌部的主元音是圆唇元音。这个观点也因为本节的讨论而不能成立。

注释

① 李方桂：《上古音研究》，商务印书馆，1998年。

② 例如王力《汉语语音史》，董同龢《汉语音韵学》、《上古音韵表稿》，以及其他各家学者都是如此。

③ 我们这里暂不指出李方桂所构拟的上古音韵部的一些错误，例如我们前面已经论述了带-r尾的韵部构拟是不可信的，阴声韵带浊塞音尾是不可信的，等等。我觉得李方桂《上古音研究》中最大的贡献只是构拟了清边音声母和喻四为r-这两条。其余的论断大多是错误的。很多时候他讲的一些音变是莫名其妙的，例如他说上古音的hl-→中古音的透母th-，这简直是毫无根据的乱推测，一点都不讲道理。我们只认为上古音的清边音hl-（来母）与上古音的th-（透母）可以相通相谐，清边音在西汉以后是音变为中古音的来母l-（次浊声母），绝不会全部音变为中古音的透母。李方桂在书中自称他所构拟的上古音系是一个假想的系统，这是很清醒的自我评估。现在的一些音韵学者对之推崇过甚，以为李方桂的上古音系很严密，实在是昧于精鉴，徒慕虚名。

④ 除了並母平声字在清化后要送气之外，这个音变与韵母毫无关系，不在我们讨论的范围之内。

⑤ 因为有个别‘丙’声字是二等韵。

⑥ 因为有个别‘丙’声字是二等韵。

⑦ 类似的现象还出现在铎部的见系字上面。如“郭”是铎部见系合口字，按照一般学者讲的音变规律，其主元音在中古以后一定发生了圆唇化的音变，但是事实上在现代汉语的太原方言（白读音）、扬州方言、建瓯方言中，其主元音还是-a。其他有的方言虽然不是-a，但主元音也很多都没有圆唇化，虽然还是保留了合口介音u，如潮州方言、成都方言、重庆方言中的主元音是e，厦门方言中的主元音也是e（在厦门方言中甚至连合口介音也失去了）。还有铎部

开口见母的“各”声字，在一些汉语方言中从古到今始终没有发生主元音圆唇化的音变，虽然声母和韵尾都是舌根塞音，但并不能使主元音圆唇化（不过，“阁”在各方言中主元音圆唇化的现象比较多，这是个例外，而在太原方言的白读音还是 - a）。

⑧ 要注意的是这些合口字在南方方言中有的带有合口介音，如厦门方言、潮州方言、福州方言、建瓯方言、扬州方言；有的连主元音也圆唇化了，如广州方言、阳江方言、长沙方言、南昌方言、苏州方言、温州方言。也就是说以上的南方方言有保留合口音的顽强能力，如有合口成分，则不轻易失落。但是唇音元部开口字在这些方言中还是读开口，如“攀、盼（‘盼’只是在福州方言产生了合口介音，主元音未变）、蛮、慢、板、版、办、扮、瓣”等字。可见唇音声母确实不具备产生合口介音或使主元音圆唇化的功能，个别例外不能否定该规律，所谓“例外不十法不破”。

⑨ 如王力《汉语语音史》、董同龢《汉语音韵学》、李方桂《上古音研究》、郑张尚芳《上古音系》、潘悟云《汉语历史音韵学》等。

⑩ 潘悟云《汉语历史音韵学》（上海教育出版社，2000 年）第十二章“鱼韵和鱼部”对高本汉的这个错误有很详细的辩驳和批评，值得注意。不过，本书对高本汉的批评是从另外的角度入手的，读者自能明断。

三十六、湘方言中表示“给与”的“阿”

据黄伯荣主编《汉语方言语法类编》[①]第669页“湖南临武话的被动句”条称：“相当于普通话的动词‘给’的，临武话有两个意义完全一样的词：‘畀［piou^{21}］’和‘阿［a^{55}］’。如‘畀我’、‘阿我’都等于‘给我’。他们的区别在于：‘畀’是纯粹的动词，‘阿’则既可做动词，也可做介词。表示被动的‘被’字，临武话很少用（干部、学生用得稍多一些），经常使用的是‘阿’。如：1. 书是阿弟撕坏的。2. 阿你害苦的。”光华按，“畀”作为动词“给”的用法很容易理解，只是这个既用做动词的“给”也表示被动的“阿”该怎样解释呢？其读音和意思在汉语史上的时代性如何呢？我经过考证，认为临武话中的这个特殊用法的“阿”无论从其读音还是从其意思上看，都可能是保留了先秦时代的特征，其本字乃是上古时代的“与”字。考“与”的上古音是以母鱼部，《广韵》音“余吕切”。上古音的鱼部的拟音，各家构拟的主元音一般是a[②]。我在本书第三章第十三节论述过：上古音中的以母有零声母的变体读音，则“与”的上古音正近似“阿［a］”。而上古汉语的“与”正有作为动词的“给与”和表示被动两种意思。“与”训“给与”，当是和“予”相通，常见于古书[③]。其表示被动的情况最常用的例证是：①《战国策·秦策五》：“吴王夫差栖越于会稽，胜齐于艾陵，为黄池之遇，无礼于宋，遂与勾践禽，死于干隧。”[④]②《战国策·西周策》：“秦与天下罢，则令不横行于周矣。”[⑤]不过，学者们一般只能从上古文献中举出这两个例子，例子太少，不好据此作定论。更重要的是汉魏六朝时代的文献极少有“与”用作表示被动的例子。根据江蓝生《汉语使役与被动兼用探源》[⑥]一文的考察，在唐代及以后的文献中，“与”表示被动的现象很常见。我们从江蓝生此文转引数例：①世间一等流，诚堪与人笑。（寒山诗）。②鬼识人与料，客辨羊肉厄。（王梵志诗）。③和尚是高人，莫与他所使。（《祖唐集》）。④我的孩儿应该与这杀材骗的。（《醒世恒言》卷八）。⑤只不敢与凤姐看见。（《红楼梦》69回）。这些例子都明显地带有口语色彩，而民间口语是有可能保留很古老的词汇的。那么湖南临武话中的这个“阿”到底是从先秦传下来的呢？还是从唐代以后才产生的呢？这就牵涉到了唐代的鱼韵的音值问题。由于唐代的“语”韵已经是后圆唇元音，不大可能是“阿［a］”音[⑦]，所以我认为其音应该来自上古[⑧]，而其作为动词的“给与”和表示被动两种意思的现象是从先秦直接传承来的，还是从唐代以来流传下来的，这尚待进一步的考证。我曾考虑过临武话的这个“阿”是否有可能是“挨”的转音？现在我认为这不大可能。因为“挨”在方言中虽然能表示被动[⑨]，但不能同时表示“给与”之义。因此，临武话的这个“阿”不会是“挨”的转音。

注释

① 黄伯荣主编：《汉语方言语法类编》，青岛出版社，1996年。

② 如王力、李方桂、董同龢、郑张尚芳、潘悟云等，只有高本汉构拟为圆唇元音，高本汉的构拟不确。

③ 参看宗福邦主编《故训汇纂》（商务印书馆，2003年）第1888页。用作介词的“与”，参看何乐士《古代汉语虚词词典》（语文出版社，2006年）第554页，高树藩《文言虚词大词典》（湖北教育出版社，1992年）第819~820页，《虚词诂林》所引《经传释词》《古书虚字集释》《经传衍词》。

④ 何建章：《战国策注释》，中华书局，1996年，第261、263页。

⑤ 参看何建章《战国策注释》（中华书局，1996 年）第 65 页。据王念孙《读书杂志》，这里的“与”是表示被动，与介词的“为”同。另参看杨树达《词诠》“与”字条、高树藩《文言虚词大词典》（湖北教育出版社，1992 年）第 819 页、江蓝生《近代汉语探源》（商务印书馆，2000 年）第 230 页、谢质彬《被动句在发展过程中出现的若干特殊句式》（《河北大学学报》，1989 年第 3 期）。只是王力先生《汉语语法史》（商务印书馆，1989 年）第二十一章“被动式的产生及其发展”以及唐钰明先生关于古汉语被动句的系列论文都没有提到“与”表示被动的情况（参看《著名中年语言学家自选集・唐钰明卷》，安徽教育出版社，2002 年），蒋绍愚师也刻意回避这个问题，大概是因为先秦的例子较少，不容易断案。还可参看蒋绍愚、曹广顺主编《近代汉语语法史研究综述》（商务印书馆，2005 年）第十二章“被动句”（宋绍年教授撰）。

⑥ 江蓝生：《汉语使役与被动兼用探源》，《近代汉语探源》，商务印书馆，2000 年。

⑦ 不过在诸家之中，偏有李荣《切韵音系》对鱼韵的构拟与此音相似。

⑧ 据杨时逢《湖南方言调查报告》（“国立中央研究院”历史语言研究所，1974 年）第五十三节对临武方言的调查，临武方言的遇摄字一般读 u 或 y。我说这个作为动词的“给与”和表示被动两种意思的“阿”可能是来自上古，这只是个别词汇的存古现象，并不意味着临武话作为一个整体都保留了很古老的语音。

⑨ 参看黄伯荣主编《汉语方言语法类编》（青岛出版社，1996 年）第 666 页“江苏宿迁话的被动句”条，宿迁话的被动句用“挨”为标记。

三十七、上古汉语中“法、废”相通问题

在上古时代的训诂中似乎存在“法”与“废”相通的现象。考西周晚期的《大克鼎》铭文有曰：“勿法朕令（命）。”西周早期的《大盂鼎》也有：“勿法朕令（命）。”同样的话还见于西周中晚期的《伯晨鼎》、西周晚期的《逆钟》等，此语实为金文习语。而在经典中，这里的“法”作“废”。《尚书·洛诰》：“不敢废乃命。”《尚书·多士》：“厥惟废元命。”古文字学家们公认金文中的“法”为“废”之借。而“法”是收 - p 的入声，“废”是收 - t 的入声（中古多为去声），二者虽同为唇音，而韵尾差别较大，但是二者确实是通假字，这该怎样解释呢？我们在本书中讨论“异化”问题的时候采用了“异化”理论来解释二者通假的问题。我当时说：“其实这里面有唇音异化的问题。‘法’的上古音是帮母叶部，声母和韵尾都是同样的唇音 p，于是发生异化作用使韵尾异化为 t，从而与‘废’的古音相近。此例可证异化作用发生的时间是很早的。”类似的例子如《郭店楚墓竹简·缁衣》：“古心以体法。”裘锡圭在按语中说：“简文‘法’字疑当读为‘废’，二字古通。”但是，我最近注意到“法”与“废”相通的现象固然可以用异化理论来解释，但是以上所引用的金文材料还可以有其他的解释，似乎也可以不涉及“异化”的音变问题。我认为上述金文中的“法”从音理上讲很可能不是通假为“废”，而是通假为“乏”。“乏”和“法”的古音完全可以相通，此为音韵常谈。在先秦文献中的“乏”有“荒废、耽误”的意思，却不一定与“废”有语音通假关系。考《战国策·燕策三》：“虽然，光不敢以乏国事。”言不敢耽误国事；《庄子·天地》：“子往矣，无乏吾事。”言不要耽误吾事[①]；《左传·僖公十年》：“失刑乏祀，君其图之。”言耽误了祭祀。类例如《左传·襄公十四年》：“若困民之主，匮神乏祀。”马王堆汉墓帛书《十六经·正乱》：“帝曰：毋乏吾禁。”一般学者认为这里的“乏”通假为“犯”。帛书的“乏”其实就是“荒废”的意思，不必言通假。用这样的“乏”来解释以上金文中的“法”，无不文从字顺，而且毫无音理上的障碍。

注释

① 光华按，以上两个例子，《汉语大字典》、《汉语大词典》、台湾的《中文大辞典》的“乏”字条都加以引用。我们还可以比对“废”字的类似的用法。考《尚书·胤征》：“义和废厥职。”“废厥职”就是“乏国事”的意思，也相当于《左传·襄公二十七年》：“仕而废其事。”

三十八、谈《文心雕龙·声律》篇的一个问题

《文心雕龙·声律》:“又诗人综韵，率多清切，《楚辞》辞楚，故讹韵实繁。及张华论韵，谓士衡多楚，《文赋》亦称不易，可谓衔灵均之馀声，失黄钟之正响也。凡切韵之动，势若转圜；讹音之作，甚于枘方。”须注意的是《文心雕龙》此处论及“士衡多楚”，陆士衡（陆机）是出身于东汉吴方言区的名门望族，而西晋名士张华称其诗文押韵多楚声，可见在西晋时代楚声就有比较大的影响[①]。更考《全晋文》卷102陆云《与兄平原书》第十五通称：“不审兄平之云何？愿小有损益，一字两字，不敢望多。音楚，愿兄便定之。兄音与献彦之属，皆愿仲宣须赋献与服繁。张公语云云，兄文故自楚，须作文，为思昔所识文，乃视兄作诔，又令结使说音耳。”张华原文今不可考。恐怕当时刘勰就是根据陆云此文才说“张华论韵，谓士衡多楚”，非别有依据。

然而我们究竟该怎样理解《文心雕龙》“士衡多楚”一句的含义呢？唐长孺先生有一篇专门论文《“士衡多楚”释》，对此有很详尽的考释[②]，主要是从用韵的角度进行阐述。我作以下的补充：

其一，考钟嵘《诗品》卷上“晋平原相陆机”条：“其源出于陈思。才高辞赡，举体华美。”此论对后来的诗论颇有影响。如明代许学夷《诗体辨源》卷五称：“士衡乐府五言，体制声调与子建相类。”清代的何义门《义门读书记》卷四十七：“陆士衡乐府数诗，沉着痛快，可以直追曹、王。”这都是说陆机的风格受曹植的影响很大。而曹植正是非常爱好楚调曲的乐府古辞，我们可以观察以下的例子：

属于楚调曲[③]的乐府古辞有《白头吟》“皑如山上雪，皎若云间月；闻君有两意，故来相决绝”云云。开篇就表示了决绝之意。《梁甫吟》有曰：“力能排南山，文能绝地纪；一朝被谗言，二桃杀三士。”这完全是慷慨悲凉之情。《怨诗行》有曰：“天德悠且长，人命一何促！百年未几时，奄若风吹烛；嘉宾难再遇，人命不可续；齐度游四方，各系太山录；人间乐未央，忽然归东岳。当须荡中情，游心恣所欲。”全诗押入声韵觉部，颇有激讦之调。《怨歌行》（班婕好作）：“新裂齐纨素，鲜洁如霜雪；裁为合欢扇，团圆似明月；出入君怀袖，动摇微风发；常恐秋节至，凉飇夺炎热；弃捐箧笥中，恩情中道绝。”这也是一首伤叹恩情断绝的情诗，通篇用比喻，伤感诀别之意甚强烈，且全诗押入声韵月部，语调激讦，断无缠绵之态。而《泰山梁甫行》（曹植作）：“八方各异气，千里殊风雨；剧哉边海民，寄身于草墅；妻子象禽兽，行止依林阻；柴门何萧条，狐兔翔我宇。”也是悲凉哀怨之情，全诗押鱼部上声。曹植还有楚调曲的《怨诗行》：“明月照高楼，流光正徘徊；上有愁思妇，悲叹有余哀；借问叹者谁，言是宕子妻。君行踰十年，孤妾常独栖；君若清路尘，妾若浊水泥；浮沉各异势，会合何时谐；愿为西南风，长逝入君怀；君怀良不开，贱妾当何依？”此诗是支部与微部合韵。《怨歌行》：“为君既不易，为臣良独难；忠信事不显，乃有见疑患；周公佐成王，金縢功不刊；推心辅王室，二叔反流言；待罪居东国，泣涕常流连；皇灵大动变，震雷风且寒；拔树偃秋稼，天威不可干；素服开金縢，感悟求其端；公旦事既显，成王乃哀叹；吾欲竟此曲，此曲悲且长；今日乐相乐，别后莫相忘。”此诗除最后的常套外，全篇押元部韵。这些都是哀怨愁绝之意。以上所录的例证可以表明曹植热衷于楚调曲的乐府五言，这样的风格传统直接影响了西晋的陆机，因此钟嵘《诗品》才说陆机之源出于陈

思，这正是说陆机的诗风受楚调曲的乐府五言的影响，故张华说“士衡多楚”。陆机的楚风诗是直接从曹植那里继承来的。

其二，从其一所列举的楚调曲的乐府五言来看，可以很清楚地看出中古以前的楚调曲乐府歌词的风格是激昂悲怨，而不是中正平和之音。陆机的诗风正是以激昂悲怨为主。这种激昂悲怨的楚调曲乐府歌词直接影响了中古以后的吴方言区的音乐风格，一直到唐代。考《刘宾客文集》卷二十七“《竹枝词》序”：“四方之歌异音而同乐；岁正月，余来建平，里中儿联歌竹枝，吹短笛，击鼓以赴节；歌者扬袂睢舞，以曲多为贤；聆其音，中黄钟之羽，卒章激讦如吴声。虽伧儜不可分，而含思宛转，有淇濮之艳；昔屈原居沅湘间，其民迎神，词多鄙陋，乃为作《九歌》，到于今，荆楚鼓舞之。”这段话提到“卒章激讦如吴声”，可知唐代吴地音乐的特色之一是“激讦”，唐代人吴声的这种风格是继承和发展了中古以前的楚声风格。

陆机多楚风格的形成也与晋代的时代风尚有关。因为在西晋时代确实很流行楚调曲乐府，如曹植的《怨诗行》，在晋代就不断被演奏。汉代的楚调曲乐府古辞《白头吟》在晋代也经常被演奏；这样的演奏也许经常是在宫廷或上流社会进行的，这对陆机自然会有影响。

注释

① 对于“士衡多楚”一句，黄侃《文心雕龙札记》、范文澜《文心雕龙注》、杨明照《增订文心雕龙校注》、詹瑛《文心雕龙义证》都没有详细的注释。

② 唐长孺《“士衡多楚”释》，收入《唐长孺文存》（上海古籍出版社，2006 年）。此文是唐长孺先生的未刊稿。后收入《唐长孺文集·山居存稿续篇》（中华书局，2011 年）。

③ 本文所引述的楚调曲都是根据郭茂倩《乐府诗集》（中华书局，2007 年）；另参考黄节《汉魏乐府风笺》（中华书局，2008 年）。

三十九、《文心雕龙》札记二则

《文心雕龙·序志》："茫茫往代，既沉予闻；眇眇来世，倘尘彼观也。"其中的"倘"字难以理解，各家注本都没有从训诂学上给以精确的解释。我认为这里的"倘"应该是"当"的假借字，就是表示推测的"应当"。"倘"和"当"都是从"尚"得声，例可通假，《序志》乃言"可能会让后世的人们感到模糊"。

又，《文心雕龙·序志》："位理定名，彰乎大易之数。"很多学者指出其中的"易"应该是"衍"的错字，但往往说不出原因。我认为这不必解释为错别字，而是刘彦和有意为之，因为这明显是刘彦和为了避梁武帝萧衍的讳，而改"衍"为"易"。

四十、说“熊蹯”

《左传·文公元年》曰：“食熊蹯而死。”注：“熊掌难熟。”云云。《春秋公羊传·宣公六年》：“熊蹯不熟。”注：“蹯，掌。”今按：“蹯”字即今“巴掌”的“巴”的本字。《说文》作“番”，一般的注解都说“蹯”的古音是阳声韵，读 fan。其实从“番”的字有很多读阴声韵，如“鄱阳湖”的“鄱”，还有“播”“僠”“蕃”“嶓”“譒”都读阴声韵 bo。因此，“番”或“蹯”在上古必有阴声韵的读音，属歌部字。近代音的 o 元音在上古音中往往读 a 或 ai，如“播”上古音为帮母歌部，正是 a 或 ai[①]。“巴”的上古音为帮母鱼部，一般也构拟为 a 元音。二者为双声，歌部和鱼部上古音可以相通，此为音韵学常识，人皆尽知[②]。更考《说文》：“巴，虫也。或曰食象蛇。象形。”则“巴”的本义是一种巨大的蛇，可以把象吞下去。其字在篆文中确实像蛇形，不可能引申为“巴掌”的意思。训为“巴掌”的“巴”一定是假借字。以音义考之，必是“番”或“蹯”的假借无疑。考《说文》：“番，兽足谓之番。”《玉篇》：“番，兽足也。或作蹯。”则“巴”与“番”或“蹯”音义皆合[③]。

注释

① 也就是从阴声韵的“番”得声的字上古音入歌部。参看何九盈等《古韵通晓》（中国社会科学出版社，1987 年）第 181 页。不过，段玉裁《六书音均表》的第十七部声符归类没有收入“番”，似为遗漏。

② 值得注意的是“巴”的读音从先秦的上古音到现代汉语的读音居然一直没有发生变化，两千多年一直读 pa（此为国际音标，非汉语拼音），其元音并没有发生圆唇化音变。

③ 不过，“番”或“蹯”读阳声韵的时候，也可能有“脚掌”的意思，现代汉语方言常称“手”为“手板”，“脚”为“脚板”，其中的“板”很可能是“番”或“蹯”的异写。章太炎《新方言》已有这样的见解，当属可信。

四十一、再说中古“虞、模”的音值

《切韵》中的“虞、模”的音值构拟，诸家意见不完全一致。高本汉《中国音韵学》称“虞”是ju，“模”是uo[①]；王力《汉语史稿》称“虞”是ǐu，“模”是u；李荣《切韵音系》[②]和邵荣芬《切韵研究》[③]同是构拟“虞”为io，“模”为o。罗常培《〈切韵〉鱼虞的音值及其所据方音考》[④]经过详密的文献考证后得出结论说：“《切韵》鱼、虞两韵在六朝时候沿着太湖周围的吴音有分别，在大多数的北音都没有分别。鱼韵属开口呼，所以当读作io音；虞韵属合口呼，所以应当读作iu音。后代y音的演变是经过io→iu→y这样一个历程的。”黄典诚《切韵综合研究》[⑤]构拟“虞”为iuo，“模”为o。各家之间互不认同。我从梵汉对音的材料中找到了一个证据，可以对这个问题作一裁断。

严可均辑录《全梁文》卷71僧佑《前后出经异记》在讨论旧译佛经中的术语和新译佛经的术语有所不同时，称：“旧经须扶提，新经须菩提。”[⑥]可知至少在僧佑的梁代，从前的佛教术语“须扶提”被新译为“须菩提”，也就是“扶”变成了“菩”。考“扶”的中古音是並母虞韵三等合口平声，“菩”是並母模韵一等平声，二者的声母相同，只是韵母不同。而无论旧译的“须扶提”还是新译的“须菩提”都是梵文Subhûti的译音。据《佛光大辞典》“须菩提”条称：“梵名Subhûti，巴利名同。又称苏补底、须扶提、须浮帝、薮浮帝修、浮帝、须枫。意译为善业、善吉、善现、善实、善见、空生。乃佛陀十大弟子之一。”《中华佛教百科全书》“须菩提”条称：“梵Subhûti，巴Subhûti，藏Rab－h！byor。释尊十大弟子之一。又称须浮帝、须扶提、苏部底、苏补底、薮浮帝修、浮帝、须枫，意译善现、善吉、善业、善实、空生。”另参看日本梵学大家宇井伯寿《佛教辞典》第486页“须菩提”条。可知对应“须菩提、须扶提”的梵文和巴利文都是Subhûti。其中的旧译的“扶”和新译的“菩”都对音梵语和巴利语的bhû，其主元音是û，而不是uo或o。旧译虞韵的“扶”字被认为对音不精确，而被齐梁时代的新译用的模韵的“菩”字替代[⑦]。可见模韵的主元音是u。而模韵和虞韵只是一等和三等的区别，新译不取虞韵字，应该是因为虞韵带有三等介音j，而梵语原文没有带细音介音。因此，虞韵的音值是ju，不能认为其主元音是o。还要注意的是：“须菩提”还有一个异译是“须浮帝”，其中的“浮”对音bhû，而“浮”的中古音是並母尤韵平声三等字，属流摄，带有u音，而没有o音。这个现象进一步显示出模韵、虞韵的主元音是u音，而不是o。更考唐玄奘《大唐西域记》卷四《劫比他国》：“如来自天宫还赡部洲也。时苏部底（玄奘自注：唐言善现。旧曰须扶提。或曰须菩提。译曰善吉。皆讹也）宴坐石室。”[⑧]玄奘采用“部”来代替六朝的“扶”和“菩”。实则据《广韵》，“部”是姥韵上声一等合口遇摄字，只是模韵的上声字而已，其主元音必然是u。玄奘之所以选择用上声的“部”，而不是平声的“菩”，完全是因为声调的原因，与主元音无关。梵文的bhû是短元音，玄奘认为应该对音上声字的“部”，不能对音平声字的“菩”，平声比上声在声调上要长一些[⑨]。另外，玄奘用“苏”字来对音梵文的Su，“苏”是模韵一等心母字，而“须”是三等字，梵文并没有软介音，因此一等韵的“苏”比三等韵的“须”更加对音精确。而且玄奘这里也是用模韵字来对音梵语的u[⑩]。再举一个玄奘的音译例子。陈朝的高僧真谛在翻译的《俱舍释论》中的“优波离”，在玄奘翻译的《俱舍论》中作“邬波离”，其对音的梵语是upāli。玄奘选用的“邬”是影母模韵字，“优”是尤韵字，玄奘不取尤韵字，而用模韵字“邬”来对音 u，则模韵应是 u 无疑。

另据高桥壮《两部汉译〈俱舍论〉中的音译对照表》⑪，《俱舍论》梵语的 hetu－，真谛音译为“醯兜”，玄奘音译为“醯都”。“兜”的中古音是端母侯韵开口，“都”是端母模韵合口。玄奘不取真谛用侯韵的“兜”来对音 tu－，而用模韵的“都”来对音。据同书，玄奘用“卢”对音 ru，而“卢”的中古音是来母模韵。据同书，玄奘用“苏”对音 su，而“苏”的中古音是心母模韵⑫。这表明模韵的音值只能是 u。

从这个对音证据来看，高本汉、罗常培、王力三家对虞韵的构拟是一致的，都是正确的。高本汉构拟的模韵音值差得较远，不精确。王力构拟的模韵的音值最精确。李荣、邵荣芬所构拟的模韵和虞韵的音值都不精准。

我们也有注意其他材料。如佛经中的“菩提”一词，学术界公认是对音梵语 bodhi，巴利语同。则“菩”对音 bo，其主元音是 o。我想这也是李荣、邵荣芬将模韵构拟为 o 的重要依据。但我则有别的解释。我认为这不一定是因为模韵的主元音是 o，而是因为中古音里面主元音是 o 的鱼韵是三等韵，带有三等介音，而梵语 bo 没有软介音。所以佛经翻译家没有用鱼韵字，而是用模韵字来对音 o 元音。u 和 o 也是容易相通的⑬。

注释

① 李方桂《上古音研究》从高本汉的中古音构拟，采用高本汉拟音的还有罗常培和董同龢。

② 李荣：《切韵音系》，科学出版社，1956 年，第 150 页。

③ 邵荣芬：《切韵研究（校订本）》，中华书局，2008 年，第 157 页。

④ 罗常培：《〈切韵〉鱼虞的音值及其所据方音考》，《罗常培语言学论文集》，商务印书馆，2004 年。

⑤ 黄典诚：《切韵综合研究》，厦门大学出版社，1994 年，第 222 页。

⑥ 亦见僧佑《出三藏记集》卷一。

⑦ 考严可均辑录《全梁文》卷 71 僧佑《梵汉译经音义同异记》：“若夫度字传义，则置言由笔，所以新旧众经，大同小异。天竺语称维摩诘，旧译解云无垢称，关中译云净名，净即无垢，名即是称，此言殊而义均也。旧经称众佑，新经云世尊，此立义之异旨也。旧经云乾沓和，新经云乾闼婆，此国音之不同也。略举三条，余可类推矣。是以义之得失，由乎译人；辞之质文，系于执笔。或善梵义，而不了汉音；或明汉文，而不晓梵意。虽有偏解，终隔圆通。若梵汉两明，意义四畅，然后宣述经奥，于是乎正，前古译人，莫能曲练。所以旧经文意，致有阻碍，岂经碍哉，译之失耳！昔安息世高，聪哲不群，所出众经，质文允正，安玄严调，既亹亹以条理，支、越、竺、兰，亦彬彬而雅畅。凡斯数贤，并见美前代，及护公专精，兼习华梵，译文传经，不愆于旧。逮乎罗什法师，俊神金照，秦僧融肇，慧机水镜。故能表发挥翰，克明经奥，大乘微言，于斯炳焕。至昙谶之传涅槃，跋陀之出华严，辞理辩畅，明逾日月，观其为美，继轨什公矣。”从这段精彩的论述可知，在僧佑看来，自西晋的竺法护以后的译经算是新译，竺法护以前的翻译是旧译（现在的佛教学者对竺法护的译经评价很高）。新译中杰出者有相当于东晋时代（北方的后秦）的鸠摩罗什、道融、僧肇，北凉时代的昙无谶翻译的《涅槃经》，东晋的佛陀跋陀罗译的《华严经》。至于后来，唐代的玄奘批评隋以前的译经为旧译，玄奘自己的翻译为新译，这是唐朝以来的观念。实则，新译、旧译的分别在六朝时代已经存在。再如严可均《全晋文》卷 153 录姚兴《遗释慧远书》称：“《大智度论》新译讫，此既龙树所作，又是方等旨归，宜为一序，以伸作者之意。”则姚兴请慧远写序的《大智度论》是新译，这本《大智度论》是后秦鸠摩罗什所译，在东晋已被称为新译。《全晋文》卷 160 录僧睿《小品经序》：“考之旧译，真若荒田之稼，芸过其半，未讵多也。”在僧睿的眼中晋代以前的译经是旧译，也可知则晋代的译经已属新译，僧睿是鸠摩罗什的高足弟子。

⑧ 另见《翻译名义集》卷一“须扶提”条。

⑨ 关于唐玄奘对音中对声调的选定，参看施向东《玄奘译著中的梵汉对音研究》（收入《音史寻幽——施向东自选集》，南开大学出版社，2009 年）。蒋绍愚师《近代汉语研究概要》（北京大学出版社，2005 年）第三章第一节“唐代声调的研究”对施向东的研究有所综述。

⑩ 季羡林《中印文化关系史论文集》（生活·读书·新知三联书店，1982 年）第 377 页说：“在玄应《音义》、慧琳《音义》和玄奘《大唐西域记》里，我们常常看到：‘旧言某某，讹也（或讹略也）这一类的句子。其实这些旧日的音译也不‘讹’，也不‘略’，因为据我们现在的研究，有很多中译佛典的原文不是梵文，而是俗语，或中亚古语言。这些认为是‘讹略’的旧译就是从俗语或中亚古语言里译过来的。”季羡林先生的观点是有见地的，本节讨论的具体例子可以进一步证明这点。旧译的“须扶提”，玄奘新译的“苏部底”，比较二者，发现旧译的“须扶”二字是三等字，有腭化音，而玄奘选用的“苏部”二字是一等字，没有腭化音。现在的语言学研究已经表明：古代的吐火罗语的大部分辅音都呈腭化（参看日本学者井ノ口泰淳著，张桐生译《丝路出土的佛典》，收入台湾《世界佛学名著译丛（第 58 册）》，华宇出版社，1987 年；《中华佛教百科全书》的“吐火罗语”条）。因此，“须扶提”一语有可能是来自吐火罗语的译音。

⑪［日］高桥壮：《两部汉译〈俱舍论〉中的音译对照表》，《世界佛学名著译丛·佛教语言论集》，华宇出版社，1987 年。

⑫ 据同书，玄奘用“牟”对音“mu”，而“牟”的中古音是明母尤韵三等，非模韵字。《切韵》的模韵是有明母字的。我推想这可能是因为三十卷的《俱舍论》中的音译并非玄奘一人亲自包办决定，也有其他的助手参与，而玄奘并不能逐一审定，于是出现了用尤韵字对音 u 的情况。这种现象也表明在唐代初年的方言中，有的存在尤韵读 u 的音变现象。

⑬ 在唐代及之前的诗文中“鱼韵、虞韵”和“模韵”通押的现象很普遍。参看鲍明炜《唐代诗文韵部研究》（江苏古籍出版社，1990 年）。罗常培《切韵鱼虞的音值及其所据方音考》（收入《罗常培语言学论文集》，商务印书馆，2004 年），周祖谟《魏晋宋时期诗文韵部的演变》（收入《周祖谟语言学论文集》，商务印书馆，2001 年）在讨论鱼部时称：“魏晋宋时期这一部的鱼模虞三类字多数的作家是通用不分的，而有的作家模类与鱼虞两类分用。”另可参看日本学者坂井建一《魏晋南北朝字音研究》（汲古书院，1975 年）、张建坤《齐梁陈隋押韵材料的数理分析》（黑龙江大学出版社，2008 年）、刘纶鑫主编《魏晋南北朝诗文韵集与研究》（中国社会科学出版社，2002 年）。这种情况在齐梁以后有所变化。周祖谟《齐梁陈隋时期诗文韵部研究》（收入《周祖谟语言学论文集》，商务印书馆，2001 年）在讨论鱼部、模部时称：“到齐梁以后，鱼韵即独成一部，而模虞两韵为一部，这与刘宋以前大不一样。……就模部模虞两韵来说，一般是通用不分的，不过也有几家模虞分用。”

四十二、论六朝时代的吴方言和楚方言的分野

在现代的吴方言中有不少地区只有后鼻音韵尾，没有前鼻音韵尾。在吴方言中，-n 往往变为 -ŋ。这种方言音变也可能早在中古的楚方言中就已经存在。据考《宋书·乐志一》："空侯，初名坎侯。汉武帝赛灭南越，祠太一后土用乐，令乐人侯晖依琴作坎侯，言其坎坎应节奏也。侯者，因工人姓尔。后言空，音讹也。古施郊庙雅乐，近世来专用于楚声。"从这段文献来看，前鼻音的"坎"音变为后鼻音的"空"的现象有可能发生在流行楚声的方言区[①]，当然只能是楚方言。据考古文献可知自先秦以来，楚地楚人与吴地吴人的区别甚明显，从未相混。西汉景帝时期的吴楚和七国之乱中的吴王与楚王区分甚明。淮南一带流行楚语，与当时的吴方言不同，这在东晋及以前是很清楚的。黄侃述《文字声韵训诂笔记》第 167 页称："南北朝时，南人谓北为伧，北人又以南为伧，或谓为楚。此皆敌国相嘲，不为典要。以楚为南人之通称，意以为夷狄也。刘裕，丹阳京口，楚也；桓玄，谯国龙亢，楚也。"黄侃先生此说本有见地，只是其"以楚为南人之通称，意以为夷狄也"这句话不够精确。事实上，东晋时代的吴人和楚人区分是很明显的。这个问题关系到现代吴方言的来源，十分重要，我们考论如下：

我们首先确认淮南地区流行楚方言，而不是吴方言。再如《南史·孔范传》中的孔范是会稽阴山人，是六朝时代比较正宗的吴方言区中的人，他称"司马消难狼子野心，任蛮奴淮南伧士，语并不可信"。可知在吴方言区中的人把楚方言区中的人叫作"淮南伧士"。万绳楠《陈寅恪魏晋南北朝史讲演录》第 176 页称："则伧在吴人心目中，为包括淮南楚子在内的北人。"《北齐书·王琳传》："琳乃缮舰，分遣招募，淮南伧楚，皆愿戮力。"《南齐书·王融传》："招集江西伧楚数百人，并有干用。"《宋书·殷琰传》："回所领并淮南楚子，天下精兵。"又曰："义军主黄回募江西楚人千余。"《魏故沧州刺史石使君墓志铭》[②]有曰："恩感伪疆，威震伧楚，民谣歌颂。"可知淮南是楚人的大本营，肯定流行楚方言。六朝时颇流行"伧楚"一词[③]，更考《全唐诗·刘禹锡·历阳书事七十韵》："本吴风俗剽，兼楚语音伧。""伧楚"从来不指吴方言区中的吴人。这是中古文献中很清楚的事实。陈先生指出："南朝史乘称淮北徐兖之地亦为楚。"陈寅恪先生指出南朝的宋齐梁的皇室实际上正是操楚方言的武人集团，而不是吴方言中的土著人。吴方言区中的土著在当时战斗力比较弱。据《魏书·刘裕传》："岛夷刘裕，字德舆，晋陵丹徒人也。其先不知所出，自云本彭城人，或云本姓项，改为刘氏，然亦莫可寻也，故其与丛亭、安上诸刘了无宗次。裕家本寒微，住在京口，恒以卖履为业。意气楚剌，仅识文字。"丹徒、京口、彭城都是流行楚方言的地区。同书《萧道成传》："岛夷萧道成，字绍伯，晋陵武进楚也。"明言齐朝的开国皇帝萧道成是楚人。梁武帝萧衍也是楚人。陈先生有一个观察比黄季刚的看法合理："然而《魏书》所谓龙亢楚、丹徒楚、武进楚，是对南朝境内北方人的贬称。北朝人诋毁南朝人，凡中原人流徙南来的，北朝人具以楚目之。故楚之名变成一个轻蔑的名词，为北朝呼南朝疆域内北人的通称。"[④]

又，《文选·鲍明远·芜城赋》："吴、蔡、齐、秦之声。"分别以四者对举，各自代表不同的风土音乐，而"蔡"就是楚地，显然与吴音不同。《楚辞·招魂》有曰："吴歈蔡讴，奏大吕些。"这也说

明“吴歈”与楚音的“蔡讴”不同。葛洪《抱朴子外篇·广譬》称：“采菱之清音，不能快楚隶之耳。”“采菱之清音”正是指六朝时代的吴方言，考《乐府诗集·清商曲辞·江南弄上》[⑤]所收入的梁武帝《江南弄七首》，其中有《采菱曲》，属于江南的清商曲，确为吴音无疑。这样的吴歌不能让楚人开心悦耳。明显是说六朝时代的吴方言和楚方言颇有不同。《世说新语·豪爽》：“王大将军年少时，旧有田舍名，语音亦楚。”可见当时的“楚”决不指吴人（王敦不是吴人）。《世说新语·言语》：“桓玄问羊孚：何以共重吴声？羊曰：当以其妖而浮。”桓温、桓玄父子都是楚地人，对吴方言没有好感。《世说新语·言语》：“蔡洪赴洛，洛中人问曰：‘幕府初开，群公辟命，求英奇于仄陋，采贤俊于岩穴。君吴、楚之士，亡国之余，有何异才而应斯举？’”《宋书》卷五十二：“史臣曰：高祖虽累叶江南，楚言未变，雅道风流，无闻焉尔。”可见宋高祖刘裕虽然在江南吴方言区多年，但他的楚方言特点还是没有改变，这是说刘裕既不会讲吴方言，也不会讲来自洛阳地区的北方标准音。陈寅恪先生说：“刘裕虽不能说洛下语，但也未被吴人所同化，说吴语。”[⑥]陈先生此章还有许多精辟的观察和讨论，可以参看。陈寅恪《魏书司马叡传江东民族条释证及推论》[⑦]称南朝的宋齐梁陈各自的家族“是皆与东晋皇室同时南渡之北人也。刘陈二族，出自寒微，以武功特起。二萧氏之家世，虽胜于宋陈帝室，然本为将家，亦非文化显族，自可以善战之社会阶级视之。然则南朝之政治史概括言之，乃北人中善战之武装寒族为君主领袖，而北人中不善战之文化高门，为公卿辅佐。互相利用，以此成江左数百年北人统治之世局也”。可知六朝时代的南朝皇室都不是吴方言区中的土著，所以整个六朝时代真正的吴方言土语没有能够正式进入上层的文人学者中间，最多只是稍有混入而已，如王导偶尔说吴语以取悦吴人，这是为了有意识地团结吴人以抗拒北方异民族的威胁[⑧]。也许陈霸先称帝后，吴语的势力有所抬头[⑨]，但未能成气候，立国仅32年就被隋朝消灭。总之，在东晋南朝时代的人们的意识中，吴方言和楚方言区分甚明显，当时的人从不用“楚”来泛指吴人。在以上讨论的基础上，我们可以明确地说在六朝时代的淮南地区流行的是楚方言[⑩]，而不是吴方言。现在有的学者分别从语音、语法、词汇的角度来论证现在的吴方言在古代曾经到达过淮南地区[⑪]，这是正确的，与古文献考证相吻合。但是这些学者没有意识到现代的吴方言的前身多不是东晋时代的吴方言，而有相当一部分是东晋时代的楚方言。因此，不能认为古代的吴方言曾经向北扩张到江淮地区，而应该说江淮地区本来就是现代吴方言的重要发祥地之一，在东晋时期江淮地区的楚方言向南扩展到现在的吴方言区，与当时的吴方言从此开始较大规模的接触，共同成为现代吴方言的前身。现代吴语中的 an→a 的音变现象主要是东晋时代以前就有的楚方言的语音特征，而不是东晋的吴方言的语音特征。这一点至关重要，不可忽视之。由于宋齐梁三朝都是流行楚方言，东晋时代以后的吴方言除了有一部分与楚方言相互融合外，另是作为底层方言存在于土著中。古代学者论声韵和方言时常常“楚夏”并举[⑫]，却从来没有“吴夏”并举的例子，足见当时楚方言更受人重视，吴方言在文人学者中没有势力。这也是楚方言在江南地区流行的一个原因。实际上，吴方言区的文人学士也在努力学洛下语[⑬]，只是有本方言底层的影响，有时候学得不标准，带有方音色彩[⑭]，这种性质的音后来可能有一部分进入了《切韵》。到了唐朝，北方学者已经不能严格区分江南地方的吴方言和楚方言，一概称之为吴方言[⑮]。这样的混同在东晋时代及其以前的时代是不存在的。其实唐朝人对楚方言有时还是有感觉的。如刘长卿《同姜濬题裴式微馀干东斋》：“吏体庄生傲，方言楚俗讹。屈平君莫吊，肠断洞庭波。”

但我们也要避免另一个极端，不能说先秦时代的吴方言和楚方言是异民族语言，不是汉语方言[⑯]。我们只可说有异民族语言的底层混入了吴方言和楚方言，似限于词汇方面，但其根干还是汉语方言。

今略考论如下：

通过先秦时吴楚地区的青铜器发现，其文字构造虽有方言特色[17]，但毕竟是汉字。因此，更可能的是汉语方言和古壮侗语并存于上古的吴越地区，且以汉语方言为强势语言。不然的话，春秋时代北方（山东地区）的军事家孙武怎么会迁居到吴国，而且成为吴国的上将军。如果当时的吴国士兵都说壮侗语，孙武怎能有效地指挥吴军攻破楚国？另外，为吴国称雄立下大功的伍子胥是楚国人，后成为吴国重臣。如果彼此的语言完全隔绝，伍子胥在吴国恐不易为政。吴国后来会盟中原各诸侯国，如果不通汉语，怎能争霸中原？考《左传·哀公十二年》："大宰嚭说，乃舍卫侯。卫侯归，效夷言。子之尚幼，曰：'君必不免，其死于夷乎！执焉，而又说其言，从之固矣。'"这里的"夷言"显然是指吴国方言。于是有学者认为春秋时的吴国是说异民族语言。此说不尽然。吴越之地在商代和西周早期应该是以壮侗语民族为主的地方，但在春秋时代已经汉化得很厉害，至少上层人物是说汉语的。因为只有汉化才能与中原各强国交往。根据《史记·吴太伯世家》，吴国君王是周王室之后，本来就是说汉语，只是统治下的民族有可能多是古壮侗语族，犹如秦朝的赵佗等人率领秦军占据岭南，统治了那里的百越人，推动了岭南地区的汉化，但上层集团显然是汉人。吴国人的大规模汉化应该是在吴王寿梦的年代，正是这个寿梦才开始与中原各国交往，并且使得吴国开始强大，且开始称王。考《史记·吴太伯世家》："寿梦立而吴始益大，称王。自太伯作吴，五世而武王克殷，封其后为二：其一虞，在中国；其一吴，在夷蛮。十二世而晋灭中国之虞。中国之虞灭二世，而夷蛮之吴兴。……王寿梦二年，楚之亡大夫申公巫臣怨楚将子反而奔晋，自晋使吴，教吴用兵乘车，令其子为吴行人。吴于是始通于中国。吴伐楚。十六年，楚共王伐吴，至衡山。"可见正是在吴王寿梦时期，吴国开始与中原交通，也正是在这个时期中原文化开始在吴国流行，有一个现象可以说明中原文化流行吴国不能早于寿梦。因为迄今为止发现的吴国青铜器没有一件早于寿梦时期，最早的一件钟似乎是寿梦的儿子诸樊为王时期的。而青铜钟本身就是中原汉文化的典型代表，在中原王朝是从西周开始有的。由于在春秋及其以前的古老时期确实有大量的异民族居住吴国，所以吴越之地一向被中原人视为蛮夷。即使在汉化之后，也还是被称作蛮夷。这种现象在中国文化史上很常见[18]。另参看钱穆《国史大纲》[19]上册第二编第四章。钱穆同书第75页称："秦、楚则自始即以蛮夷见外于诸夏。"古书中例证甚多（如《左传·襄公十三年》："君命以共，若之何毁之？赫赫楚国，而君临之，抚有蛮夷，奄征南海，以属诸夏。"《史记·楚世家》楚武王熊渠自称"我蛮夷也"。春秋时代的楚国肯定已经是以汉民族为主体，流行汉语，但还自称蛮夷。《左传·昭公十三年》："邾人、莒人诉于晋曰：'鲁朝夕伐我，几亡矣。我之不共，鲁故之以。'晋侯不见公，使叔向来辞曰：'诸侯将以甲戌盟，寡君知不得事君矣，请君无勤。'子服惠伯对曰：'君信蛮夷之诉，以绝兄弟之国，弃周公之后，亦唯君。寡君闻命矣。'"那时的邾人、莒人一定是主要说汉语的人群，但在鲁国人的眼中还是蛮夷）。也就是说汉语民族的人如果居住在蛮夷之地也要被当作蛮夷之人。更考《文选·潘安仁·杨荆州诔》称："吴夷凶侈，伪师畏逼。"晋代的潘安还是站在中原王朝的立场把"吴国"称为"吴夷"。因此，《左传》中的"夷言"可以指吴国底层的壮侗语，也完全可以指吴国的汉语方言[20]。绝不能据此认为春秋时期的吴国没有汉语方言，全都是壮侗语。扬雄《方言》中提到的吴方言词汇难道全都是外族语言吗？而扬雄《方言》所记录的各地方言词汇显然是从先秦以来就存在的，断然不会全部是西汉时期才出现的。我们对《左传》的"夷言"还有一个正面的解释，即因为春秋时代吴国的国君居然称王，与周天子抗衡，《春秋》笔法一直贬之为"子"，把它当作夷狄看待，所以《左传》把吴国的方言称作夷言。这未必说明吴方言全是异民族语言，只是春秋笔法的表现。

东晋以后有一部分吴方言被排挤到了现在的粤方言区和闽方言区、湘方言区［《颜氏家训·音辞篇》说的“南染吴越”，就包含了“越人”，越人的方言（即古代浙江地区的方言）与吴方言（古代江苏地区的方言）应该有所不同。我相信有一部分越人后来到了广东地区，其方言成为现在粤方言的前身之一］。我有确切的证据可以说明。考《世说新语·排调》：“刘真长始见王丞相，时盛暑之月，丞相以腹熨弹棋局，曰：‘何乃渹?’刘既出，人问王公云何，刘曰：‘未见他异，唯闻作吴语耳。’”当时的吴方言把“冷”叫作“渹”，断然不是当时楚方言中的词。这个“渹”不见于现代各处的吴方言，这是一个词汇上的证据，表明东晋的吴方言在词汇上与现代吴方言有区别，然而这个词却出现在现在的闽方言中。这里牵涉到文本的考证。考《世说新语》此处的“渹”有异文作“瀙”。《太平御览》卷755引“何乃渹”作“何如乃瀙”，注：“吴人以冷为瀙。”音楚敬切。《集韵》《类篇》同云：“瀙，冷也。吴人谓之瀙。亦作渹。”音楚敬切。《说文》：“瀙，冷寒也。”段注引证文献称瀙与渹同音楚庆切。余嘉锡《世说新语笺疏》[21]第792～793页引述有关的考证和讨论最为详尽，还可参考俞正燮《癸巳类稿》卷七第319～322页[22]。又考《说文》：“凊，寒也。”这个“凊”与瀙应该是同源词，二者皆为本字。若更讨字源，我认为瀙最早恐怕应作瀙，应该从“仌”，而不是从“水”，这样才与“寒冷”之意相合。无论原文是瀙还是作渹，都应该音楚敬切；以语源学言之，当以作瀙为确。我们发现正是这个表示寒冷义的瀙不存在于现在的吴方言，而是存在于现在的闽方言和湘方言。据《汉语方言词汇》[23]第520页，在厦门、福州、建瓯的方言中表示“冷”的词汇中有“凊”，而在吴方言中并没有用“凊”来表示“冷”。“凊”正是瀙的同源词或异体字。在长沙和双峰等湘方言区中也有用“凊”来表示“冷”的。这个词汇上的证据显示东晋时代的吴方言后来扩展到了闽方言和湘方言，而且后来这个词汇有了更大的使用范围。根据《现代汉语方言大词典（合订本)》第3326～3327页，“凊”字还用于成都方言、柳州方言和乌鲁木齐方言。我的母语重庆方言也有这个词，如“冰凊人、凉凊凊、凊一下”之类（四川方言往往据现在的读音写成“浸”字）。丁邦新先生《吴语中的闽语成分》[24]从词汇上论述了现在闽方言流行的方言词“骹”和“侬”在历史上出现于东晋六朝的吴方言区。丁邦新甚至认为：“我们可以说南北朝时代的吴语就是现在闽语的前身，而那时的北语则是现在吴语的来源。”丁先生只是把话说得绝对了一点，但也是有根据的，与我们这里揭示的一个词语证据可以相呼应。畏友萧旭先生最近告诉我在吴语的靖江方言中也存在用“凊”来表示“冷”的现象[25]，可知古吴语并没有完全被排挤出江浙地区。张光宇先生《闽方言音韵层次的时代与地域》[26]也认为六朝时期的金陵吴语是闽南方言的主要渊源，与丁邦新的观点相似。李如龙先生《闽方言中的古楚语和古吴语》[27]一文列举了15个保存在现代闽方言中的古吴语词语例子，5个保存在现代闽方言中的古吴楚通语的例子。证据确凿，不可置疑，远比丁邦新先生之文论述得详尽具体。可贵的是李如龙先生清楚地意识到古吴语和古楚语的不同，二者都在闽方言中有遗留可考。林宝卿《闽南方言与古汉语同源词典》[28]一书详细研讨和考察了闽南方言的词汇在古文献中的词源，考察的规模较大，原原本本，有不少例子确实是古吴语和古楚语。此书的研究非仅举一二例子可比，乃步趋章太炎《新方言》之轨则。罗杰瑞早在1983年就发表的《闽语里的古方言字》[29]、张光宇《吴闽方言关系试论》[30]、王福堂《汉语方言语音的演变和层次》[31]第四章第二节“闽方言和吴方言的关系”都主张闽方言中残留有古代的吴语和楚语。王福堂此文的参考文献提到了一些有关的论著，不再转录。周振鹤、游汝杰《方言与中国文化》[32]第一章“方言与移民”第49页认为：“但是闽语的形成应该后推至汉末三国晋初的百年之间，这一时期，来自江南浙北的移民分别从海路和陆路大批涌入福建。……形成了古闽语的基地。这时的福建方言即是当时的吴语。”古代的吴语、楚语与现在的闽语有密切的亲缘关系已是铁案难移。只是王福堂先生的意见和丁邦新先生不完全相同。王福堂一面承认：“现代闽方言和吴方言有许多重要的共同点。”（见其书第 70 页）一面又说（其书第 71 页）：“闽方言并不是中古吴语的继承者。现代闽方言和吴方言各自的重要语音特点——如古浊声母的不同音值，作为早期的历史性语音标准，应该很早就有所表现。”其实林语堂早就写过《闽粤方言的来源》一文③，但他并没有在文章中具体从语言学的角度讨论闽方言和古代吴方言的关系，而主要从移民的角度予以了讨论，而且概述了汉语和异民族语言之间互相影响的问题。虽所论不深切，亦自有见地。

不过，我们对学者们的论述还要稍作补充，唐朝及以前的闽方言并不仅仅是融合了吴方言，而且也融合了古代的越方言。吴方言主要流行于江苏地区。而越方言主要流行于浙江地区，越方言更容易进入闽语区。越方言（即古代浙江地区的方言）在闽流行，唐朝人已经注意到了。考刘长卿《送崔载华、张起之闽中》：“不识闽中路，遥知别后心。猿声入岭切，鸟道问人深。旅食过夷落，方言会越音。西征开幕府，早晚用陈琳。”刘长卿就认为闽方言是越音。吴方言固然与闽方言有关系，但古代的越方言与闽方言关系更密切。这个问题尚待专论深考。

注释

① 在藏缅语族中也有这样的音变，参看《藏缅语语音和词汇》（中国社会科学出版社，1991 年）第 103 页。

② 赵超：《汉魏南北朝墓志汇编》，天津古籍出版社，1992 年，第 306 ~ 307 页。

③ 万绳楠：《陈寅恪魏晋南北朝史讲演录·楚子集团与江左政权的转移》，黄山书社，1999 年。

④ 陈寅恪：《陈寅恪集·金明馆丛稿初编》，生活·读书·新知三联书店，2001 年，第 98 页。

⑤（北宋）郭茂倩：《乐府诗集（第三册）》，中华书局，2007 年，第 726 ~ 727 页。

⑥ 万绳楠：《陈寅恪魏晋南北朝史讲演录》，黄山书社，1999 年，第 180 页。

⑦ 陈寅恪：《陈寅恪集·金明馆丛稿初编》，生活·读书·新知三联书店，2001 年。

⑧ 陈寅恪：《述东晋王导之功业》，《陈寅恪集·金明馆丛稿初编》，生活·读书·新知三联书店，2001 年。

⑨ 陈寅恪先生论述过：陈霸先利用过吴方言区的土豪洞主这样的武士集团。但这些集团的成员带有南方异民族的性质，有不少是溪族，未必全是操吴方言的人群。参看万绳楠《陈寅恪魏晋南北朝史讲演录·梁陈时期士族的没落与南方蛮族的兴起》（黄山书社，1999 年）。

⑩ 关于古代的楚方言的论述可参看严学窘《论楚族和楚语》（《严学窘民族研究文集》，民族出版社，1997 年），周祖谟《骞公楚辞音之协韵说与楚音》（《问学集》，中华书局，1981 年），董同龢《与高本汉先生商榷“自由押韵”说兼论上古楚方言特色》（《董同龢先生语言学论文选集》，食货出版社，1974 年），赵彤《战国楚方言音系》（中国戏剧出版社，2006 年），陈立中《论汉代南楚方言与吴越方言的关联性》（《中南大学学报》2004 年第 2 期），陈丽桂《淮南多楚语——论〈淮南子〉的文字》（《汉学研究》1984 年第 2 卷第 1 期），陈广忠《〈淮南子〉楚语考》[《儒道国际学术研讨会：两汉论文集（第二届）》，国立台湾师范大学出版社，2005 年]，李水海《老子〈道德经〉楚语考论》（陕西人民教育出版社，1990 年），李翘《屈宋方言考》（芬熏馆刊行，1925 年刻本），骆鸿凯《〈楚辞章句〉征引楚语考》（《师大国学丛刊》1931 年第 1 卷第 2 期），林语堂《〈周礼〉方音考》（《语言学论丛》，开明书店，1933 年），徐仁甫《〈孟子〉方言考》（《志学》1942 年第 5 期），马宗霍《〈说文解字〉引方言考》（科学出版社，1959 年），姜书阁《屈赋楚语义疏》（《求索》1981 年第 1、2 期，《先秦辞赋原论》，齐鲁书社，1983 年），萧旭《〈淮南子〉古楚语举证》（待刊）。

⑪ 有关的研究参看袁毓林等《吴语的动词重叠式及相关的类型学参项》（《汉语语法研究的认知视野》，商务印书

馆，2004 年）一文及其所提到的参考文献、李小凡、陈宝贤《从“港”的词义演变和地域分布看古吴语的北界》（《方言》2002 年第 3 期）、《鲁国尧语言学论文集》（江苏教育出版社，2003 年）。

⑫ 今从文献中稍稍举证如下：《荀子·儒效》：“工匠之子，莫不继事，而都国之民安习其服，居楚而楚，居越而越，居夏而夏，是非天性也，积靡使然也。”《申鉴》卷二：“文有磨灭，言有楚夏。”《文选·魏都赋》：“盖音有楚夏者，土风之乖也。”六臣注的注释也有所举证。《经典释文》卷一“叙录”：“加以楚夏声异，南北语殊，是非信其所闻。”《文镜秘府论·天卷·四声论》：“齐仆射阳休之，当世之文匠也，乃以音有楚夏。”《后汉纪》卷九：“土风乖，则楚夏殊音。”《颜氏家训·音辞篇》：“古今言语，时俗不同，著述之人，楚夏各异。”《山海经·海内东经》郭璞注：“历代久远，古今变异，语有楚夏，名号不同。”《法苑珠林》卷 119：“盖承声有楚夏耳。”

⑬ 万绳楠：《陈寅恪魏晋南北朝史讲演录》，黄山书社，1999 年，第 180 页。

⑭ 如《抱朴子·外篇·讥惑》称：“况于乃有转易其声音，以效北语，既不能变良，似可耻可笑。所谓不得邯郸之步，而又匍匐之嗤者。”《抱朴子》此章大谈东晋以来的北方京洛文化如何深刻影响了吴方言区的文化，大可参看。据杨明照《抱朴子外篇校笺（下册）》（中华书局，1997 年）。

⑮ 我们可以举出一个旁证：唐朝诗人李白《梁园吟》：“吴盐如花皎白雪。”其实李白说的“吴盐”是现在的淮盐，严格说当时应该叫“楚盐”，而不是六朝时代的吴方言区产的盐。李白称为“吴盐”，则是他不辨吴楚之别的表现。杜甫《客居》：“蜀麻久不来，吴盐拥荆门。”荆门就是唐朝的荆门县，在今湖北的荆门市，在六朝是楚地。刘长卿《初贬南巴至鄱阳，题李嘉祐江亭》：“稚子能吴语，新文怨楚辞。”似乎吴语和楚语已经相混。

⑯ 周振鹤、游汝杰《方言与中国文化（修订本）》（上海人民出版社，1998 年）第三章就持此说。

⑰ 例如战国时代青铜器上的吴楚文字不少是鸟虫书。

⑱ 万绳楠《陈寅恪魏晋南北朝史讲演录》有所讨论。唐朝的开国名臣褚遂良被武则天骂为“獠”，并不能说明褚遂良是南方的少数民族。

⑲ 钱穆：《国史大纲》，商务印书馆，2004 年。

⑳ 也于此可见春秋时代的吴方言已经与中原以及山陕地区的汉语方言大不相同了。有的著名学者居然随意说先秦时代汉语各地方言差别不大，可谓疏于深考。

㉑ 余嘉锡：《世说新语笺疏》，上海古籍出版社，1993 年。

㉒（清）俞正燮：《癸巳类稿》，《俞正燮全集（一）》，黄山书社，2005 年。

㉓ 北京大学中国语言文学系教研室编：《汉语方言词汇》，语文出版社，1995 年。

㉔ 丁邦新：《吴语中的闽语成分》，《丁邦新语言学论文集》，商务印书馆，1998 年。

㉕ 一般的方言字典或字汇没有提及靖江方言中有这个现象。

㉖ 张光宇：《闽方言音韵层次的时代与地域》，台湾新竹《清华学报》1989 新 19 卷第 2 期。

㉗ 李如龙：《方言与音韵论集》，香港中文大学中国文化研究所，1996 年。

㉘ 林宝卿：《闽南方言与古汉语同源词典》，厦门大学出版社，1999 年。

㉙［美］罗杰瑞：《闽语里的古方言字》，《方言》1983 年第 3 期。

㉚ 张光宇：《吴闽方言关系试论》，《中国语文》1993 年第 3 期。

㉛ 王福堂：《汉语方言语音的演变和层次》，语文出版社，1999 年。

㉜ 周振鹤、游汝杰：《方言与中国文化》，上海人民出版社，1998 年。

㉝ 林语堂：《语言学论丛》，《林语堂名著全集（第 19 卷）》，东北师范大学出版社，1994 年。

四十三、对王士元《白马非马》的商榷

王士元在《白马非马：一个俗词源的考察》[①]中探讨了一个很有趣的问题：东汉洛阳白马寺的白马并不是真正的白马，而是梵文 padma 的译音，意思是“莲花”。其文还引证丁启阵、潘嘉懿、许宝华的研究，认为在汉代的西北方音中存在 -t 与 -k 相混的现象。且不说王士元的引述存在一些不严谨的地方[②]，我们认为“白马寺”的“白马”不可能是梵文 padma 的译音。王士元先生的考证不正确，我们的理由如下：

（1）据汤用彤先生的名著《汉魏两晋南北朝佛教史》[③]第 13～14 页的考证，最早的汉文典籍并没有把这个寺叫作白马寺。汤用彤称：“又按白马寺之名，始见于西晋竺法护译经诸记中。”这是很精确的文献考证。由于竺法护主要是在洛阳的白马寺译经，因此，如果“白马”是一个音译词，那就可能出自西晋竺法护用西晋的中原方言所作的翻译，与东汉无关。

（2）在东汉明帝时代传入的佛经绝对不可能是用梵语写成，那时在印度和西域尚且没有梵语佛经。因此东汉最初的梵汉对音的外语原词不可能在梵语中寻找。

（3）古汉语的“白”在作为音译词来对音外语的时候似乎从来没有对音过“pad”。我对梵文和巴利文中含有“pad”的词作过粗略的考察，其音译词从来不用“白”。刘广和《西晋译经对音的晋语声母系统》[④]一文没有列出“白”用作对音词的例子。王士元如果不能举出旁证，则其说不可信。

（4）梵语的 padma，在汉译佛经中有许多不同的音译：波昙、波慕、波头摩、钵特摩、波头暮、钵昙摩、波陀摩[⑤]。在巴利文作 paduma[⑥]，音译作波头摩、钵昙摩。这些音译中绝没出现“白”字。

基于以上的根据，我们认为王士元根据梵汉对音来论证“白马”是梵文“莲花”的对音是不可信的。

注释

① 王士元：《白马非马：一个俗词源的考察》，《语言的探索——王士元语言学论文选译》，北京语言文化大学出版社，2000 年。

② 例如王士元在文中说：“许多学者认为 t/k 合并最早是从西北方言开始的。”但其所引述的丁启阵的《秦汉方言》明明说的是周洛方言存在职质通押。周洛方言是河南地区的中原音，不是西北方音。而且白马寺在洛阳，是十足的中原地区，即使“白马”是译音词，也与西北方言无关。王士元还说“白马寺”建于公元前 67 年左右，应该作“公元 67 年左右”。各书记载白马寺建于东汉明帝永平年间，怎么可能会是公元前 67 年左右？

③ 汤用彤：《汉魏两晋南北朝佛教史》，中华书局，1988 年。

④ 刘广和：《音韵比较研究》，中国广播电视大学出版社，2002 年。

⑤ 参看荻原云来主编《梵和大辞典》（讲谈社，1996 年）第 733 页。另可参看宇井伯寿《佛教辞典》（大东出版社，1977 年）第 1123 页“莲花”条、石田瑞麿《例文佛教语大辞典》（小学馆，1997 年）第 1122 页“莲花”条。

⑥ 参看水野弘元《巴利语辞典》（春秋社，1970 年）第 168 页。

四十四、对汉语研究中字本位理论的意见

自从徐通锵等学者提出应该在汉语研究中用字本位的理论来代替词本位的理论以来，不仅字本位和词本位两派有着激烈的论争，而且牵动了另一个问题的讨论：到底能不能用西方语言学的理论来研究与印欧语系不同源的汉语？两派学者各有自己的主张和理据。我个人认为不能一概排斥词本位和西方语言学（如结构主义语法学）的方法，我们可以用汉语汉字自身的一些特征来弥补西方语言学理论方法的不足，却不能断然拒斥它，我们不能用汉语和印欧语属于不同的语系的说法来作挡箭牌。我在其他学者之外补充如下的理由：

（1）日语也与印欧语不同源，不是同一系的语言，但日本学者主要是采用印欧语言学的理论和方法来考察、描述日语，并取得很大的成绩。日本学者也采用西方语言学的词本位的观点。类似的外语的例子很多，如学者们研究阿尔泰语系的诸语言也是用印欧语言学的方法，也取得很大的成绩。阿尔泰语和印欧语显然不属于同一个语系。古代阿拉伯语的语言学者对阿拉伯语的语法研究实际上受到古印度学者和古希腊学者很大的影响，而阿拉伯语和梵文、古希腊文并不是同一语系，前者属闪语系，后者是印欧语系。阿拉伯语学者也没有完全机械地套用印欧语法的全部，而是有自己灵活的运用和独特的解释。

（2）我国有许多民族语言，一般都与印欧语不同源，如藏缅语族、苗瑶语族、壮侗语族都与印欧语不同源。但我国民族语言学家在进行民族语言的调查研究时，主要是采用西方语言学的理论和方法来予以描述和考论，取得很大成绩。我国民族语言学者也是采用词本位的观点。并不能因为二者是不同源的语言，就认为一定不可以借鉴利用对方的理论和方法。

（3）近代以来所考古发现的一些已经死亡的远古时代的文字有的与印欧语不同源，如古埃及文字、古苏美尔文字，这些语言与印欧语不属于同一语系。但正是印欧语言学家用印欧语言学的方法破读了这些不同语系的死亡文字。其成就不能抹杀。

（4）印欧语言学的词本位方法是一套相当成熟的语言学方法，早已广泛地用于描写和分析各种语言，其形式分析比较有系统性和可操作性。而字本位的理论现在还停留在提倡阶段（也就是楼梯响的阶段），没有成熟的形式分析系统。因此，在目前阶段，从可操作性来讲，字本位理论也不能取代词本位理论。

（5）语言类型学的研究和发展显示出不同语系的语言之间可以拥有共通的规律性。当然，汉语确实有自身的特性，我们应该立足于词本位的形式分析法，同时吸收字本位理论的一些合理的观点和方法，以便于更精确地描写和研究汉语。二者在一定的程度和范围内可以相互结合，不一定是“你死我活”的关系。

四十五、“背包”的“背”的读音问题

现在有的学者对“背包”的“背”读平声还是去声这一问题发生了争执，读平声是动词，读去声是名词。有些人的习惯不同，似乎没有一定的标准。我却认为这里的“背”应该明确地读平声，是动词，这是有语言学上的根据的。因为在“包”构成的词汇中，有与“背包”相同的构词现象，如“提包、挎包、拎包”，并没有因为“提包”是手提的，就说“手包”[①]；并不因为“挎包”是肩挎的，就说“肩包”。因此从汉语构词法上说，“背包”的“背”应该是动词，读平声，而不是读去声的名词，不是表示包所在的位置是“背”。动词作定语在汉语中是非常普遍的现象。如飞鸟、走兽、鸣禽、卧虎、奔马、存款、提案、积雪、飞船、补药、赠品、舞厅、奖状、燃料、熏炉，类例甚多[②]。从此可知“背包”的“背”是动词作定语。

注释

① 而是必须加入动词，说成是“手提包”才行。

② 参看陆志韦：《陆志韦语言学著作集（三）》，中华书局，1990 年，第 325 ~ 327 页。

四十六、“李”字的形声结构新考

“李/子”这组材料常常被学者利用来构拟复辅音 tsl。观《说文》：“李，果也。从木子声。”良止切[①]。“李”字的形声结构让许多学者大伤脑筋。我最近试图从古文字的角度破解这一难题。今考论如下：

徐中舒《甲骨文字典》[②]、沈建华和曹锦炎的《甲骨文字形表》[③]没有收入“李”字，刘钊等《新甲骨文编》[④]第 346 页收入甲骨文何组的一个“李”字，与小篆并无多少不同。朱歧祥《殷墟甲骨文字通释稿》[⑤]也认为甲骨文中有“李”。高明等《古文字类编（增订本）》[⑥]第 561 页列举了甲骨文中的三个“李”字形，其中的两个一期的“李”明显是从“来”，而不是从“木”，都是上下结构；另一个也是一期的甲骨文，是从“木”，还有周代的《五祀卫鼎》中的“李”字也是从“木”[⑦]，都与小篆基本相同。这样，我们就可以判断在甲骨文中的“李”有两种写法：一种是从“来”，一种是从“木”，二者字形相似，而从“来”应该是甲骨文的正规的写法，是标准字形，从“木”应该是“李”在甲骨文中的省略形体，后来的“李”字一般是沿袭了从“木”的写法，而不是从“来”的写法。到了战国时代的《鄂君舟节》中的“李”是左右结构，所从的“子”受左边的“木”字偏旁的影响而上部稍有繁化[⑧]，但形声结构未变。高明等《古文字类编（增订本）》收录的战国时代的“李”字形甚丰富。所可注意的是战国时代的楚系文字如《包山楚简》022 号简和 023 号简、上博简的《容成氏》、《曾侯乙墓竹简》中的“李”明显是从“来”从“子”，上下结构。其中的曾侯乙墓的竹简中的“李”是从“木”从“来”从“子”（“木”在左边，“来”与“子”为上下结构）[⑨]。

这样一排比，我们发现一个很清楚的事实：“李”在甲骨文中本来是形声字，是从“来”得声，“来”的上古音正是来母之部，与“李”基本同音[⑩]。甲骨文中从“木”的“李”只是从“来”的变体写法或省形写法。也可以解释为：甲骨文中的“李”从“来”是形声字，从“木”是会意字（或表意字）。这是很清楚的文字事实，绝对不是以“子”为声符。西周以后的“李”大多从“木”不从“来”，只不过是沿袭了甲骨文中的一种俗体写法或会意字的写法而已。但到了战国时代，楚系文字明显恢复了从“来”的写法，甚至有最繁化的写法是既从“来”又从“木”。这样，所从的“木”就是表意，所从的“来”就是表音。小篆是秦系文字的传统，沿袭西周春秋以来的传统，“李”字一直是写作从“木”而不是从“来”。何琳仪先生的《战国古文字典》[⑪]第 79 ~ 80 页收集了不少战国文字中从“来”从“子”的字，但大多没有能够正确地释读为“李”[⑫]。但是何琳仪在此书第 80 页却把楚系文字中的从“木”从“来”从“子”的字正确地解读为“李”。倒是郑刚《战国文字中的“陵”和“李”》[⑬]早就认为战国文字中从“来”从“子”的字就是“李”字，这是完全正确的[⑭]。汤馀惠等《战国文字编》[⑮]第 354 页收录《包山楚简》和《曾侯乙墓》竹简等楚系文字的“李”字从“来”，不从“木”[⑯]。“来”明显是声符。刘彬徽等《楚系金文汇编》[⑰]第 544 页所收录的两个楚系金文的“李”都是从“来”，不从“木”，编撰者明确指出这就是“李”字。李守奎《楚文字编》[⑱]第 340 ~ 341 页、滕壬生《楚系简帛文字编（增订本）》[⑲]第 538 ~ 539 页所收录的《包山楚简》《楚帛书》等楚系简帛文字中的“李”字甚多，无一例外都是从“来”，不是从“木”，《楚系简帛文字编（增订本）》所排比的字形多达48例，字形极为明显。这简直是铁案难移了。黄德宽等《古文字谱系疏证》[20]第一册第190页虽然没有把从“来”从“子”的字解释为“李”字，但也指出：作为姓氏，“典籍及后世多借‘李’字”。此书也排比了不少字例[21]。但在迄今发现的秦系文字中，“李”都是从木从子，没有从“来”的。而西汉以来的文字主要是承袭了秦系文字的写法。倒是楚系文字的“李”从“来”声是保留了其正确的形声结构。

我们现在讨论为什么“李”字会从“子”？我认为“李”所从的“子”不可能是声符，只能是形旁。“李”之所以用“子”为形旁，是因为在古代的人们的意识中，“李”的果实或叶似“卵”。考李时珍《本草纲目》卷29“果一·李”：李“其子大者如杯如卵”。《中药大辞典》[22]第1104页“李子”条称：叶“或椭圆状倒卵形”。《汉语大字典》和《汉语大词典》都出注称李“叶似倒卵形”。而“子”在古汉语中正是“卵”的意思。考《文选·西京赋》李周翰注：“卵，鸟子也。”《史记·龟策列传》司马贞《索隐》：“卵，鸡子也。”《慧琳音义》卷66引《考声》：“卵，鸟子未分也。”商朝王室之所以姓“子”，就是因为商朝的远祖“简狄”吞玄鸟之卵而生“契”[23]，商朝祖先因生为姓，所以姓“子”。这分明是以“子”与“卵”同义。综上所述，“李”所从的“子”只能是形旁，与声音无关。

从通假字系联来看，《说文》各家注都称“李”与“里”古音相通[24]，而“里”从不与精母字发生通假关系和谐声关系，其上古音声母不会是复辅音tsl之类，这就反过来证明与“里”为双声相通的“李”的上古音声母不会是复辅音tsl。

综上所述，《说文》所称的“李”从“子”得声的分析是错误的，大量的古文字材料显示出自甲骨文以来的“李”实际上不是从“子”得声，而是从“来”得声，其所从的“木”是“来”的变体写法或会意写法。“李”从“来”是形声字，从“木”是会意字，所从的“子”从来不是声符。因此，“李”的形声结构与任何复声母都没有关系。这个例子足以见出古文字材料对上古音研究的极端重要，《说文解字》是分析汉字结构的经典，但我们也不能过分迷信权威。

注释

① 不过有的现代学者就怀疑《说文》对“李”的谐声结构的分析，如藤堂明保《学研汉和大字典》（学习研究社，1981年）第631页、镰田正《新汉语林》（大修馆书店，1989年）第545页、白川静《字统》（平凡社，1984年）第869页都明确认为“李”是会意字，不是形声字，并非从“子”得声，这大概是因为把它当作形声字的话，其形声关系难以解释。

② 徐中舒：《甲骨文字典》，四川辞书出版社，2006年。

③ 曹锦炎：《甲骨文字形表》，上海辞书出版社，2008年。

④ 刘钊等：《新甲骨文编》，福建人民出版社，2009年。

⑤ 朱歧祥：《殷墟甲骨文字通释稿》，文史哲出版社，1989年。

⑥ 高明等：《古文字类编（增订本）》，上海古籍出版社，2008年。

⑦ 据容庚《金文编》（中华书局，1985年）第389页、张亚初《殷周金文集成引得》（中华书局，2001年）第1139页。但金文中此“李”字的下部字形与“子”有所不同，至少不是金文中“子”字的典型写法。

⑧ 据刘和惠《鄂君启节新探》（《考古与文物》1982年第5期）称：该字即李字古写，即行李之李。刘和惠明确认为该字就是“李”。

⑨ 信阳楚简中的“李”作“杍”。

⑩ 只不过“来”是一等字，“李”是三等字。

⑪ 何琳仪先生：《战国古文字典》，中华书局，2007 年。

⑫ 此书末尾所附录的程燕所作的“订误”也没有指出这些字应该释读为“李”。

⑬ 郑刚：《战国文字中的“陵”和“李”》，中国古文字学会成立十周年学术研讨会论文，1988 年。

⑭ 郑刚之文见中国古文字研究会第七次会议大会论文，后来白于蓝的《简牍帛书通假字字典》（福建人民出版社，2008 年）第 9 页采用郑刚之说，认为《楚帛书》和上博简《容成氏》中从“来”从“子”的字就是“李”。李零《读〈楚系简帛文字编〉》（《出土文献研究》第五辑，科学出版社，1999 年，第 146、148 ~ 149 页）重申郑刚的观点，并举出了可以证明此字为“李”的例证。2002 年，《上海博物馆藏竹简（二）》出版，其中《容成氏》篇简 29 有“乃立皋陶以为李（理）”的话，其中的“李”正作“𡥀”。李零在此篇的释文注释中说：（𡥀）即“李”，法官。字亦作“理”。《书·皋陶谟》说舜命皋陶“作士”，《管子·法法》说“皋陶为李”。“李”字，简文从“来”从“子”，郑刚《战国文字中的“陵”和“李”》（中国古文字研究会成立十周年学术研讨会论文，1988 年）指出此字应释“李”（“来”、“李”都是来母之部字），简文可以证明郑说之确。以上是李零之说。李守奎等编撰《上海博物馆藏战国楚竹书（1 ~ 5）》卷六（作家出版社，2007 年）第 291 页“李”字条也将《容成氏》的定为“李”字，显然是取郑刚之说。因此，“李”在楚系文字中的写法已得到不少古文字学家的认可，绝非无根据。反驳者必须提出正面的理由，不得妄加揣度，故为疑似之言。

⑮ 汤馀惠等：《战国文字编》，福建人民出版社，2001 年。

⑯ 但此书收录的战国时代的秦系文字从“木”不从“来”。

⑰ 刘彬徽等：《楚系金文汇编》，湖北教育出版社，2009 年。

⑱ 李守奎：《楚文字编》，华东师范大学出版社，2003 年。

⑲ 滕壬生：《楚系简帛文字编（增订本）》，湖北教育出版社，2008 年。

⑳ 黄德宽等：《古文字谱系疏证》，商务印书馆，2007 年。

㉑ 白川静《字统》（平凡社，1984 年）第 869 页明确认为“李”是会意字，不是形声字，并非从“子”得声。但作为金文专家的白川静并没有能够利用任何古文字材料对“李”的文字构造作出精辟的分析。他没有注意到古文字中大量存在的从“来”从“子”的字就是“李”字。他也没有注意到甲骨文的材料。

㉒ 南京中医药大学编：《中药大辞典》，上海科学技术出版社，2007 年。

㉓ 参看《诗经·玄鸟》《史记·殷本纪》《吕氏春秋·音初》《诗含神雾》《楚辞·天问》《楚辞·九章·思美人》《列女传（卷一）》《论衡·案书》等。

㉔ 在上古文献中例证甚多，避繁不录。如大理又作大李，李姓出于理官之类。另参看王辉《古文字通假字典》（中华书局，2008 年）第 23 页，收集“李”与“理”相通假的古文字材料甚多。

四十七、“股”字的形声结构分析

《说文》：“股，髀也。从肉殳声。”公户切。《说文》称见母的“股”是从禅母的“殳”得声[①]。《说文解字诂林》所引各家注都没有怀疑“股”是从殳矛的“殳”声。而且“股”字的上古音声母确实应当是见母，这有其他声训的材料为证。如《释名·释形体》：“股，固也。为强固也。”另如《周礼·考工记·轮人》：“参分其股围。”郑玄注引郑司农曰：“股，谓近毂者也。”郑司农注分明是用“毂”来声训“股”，此不可疑。《尚书·益稷》：“臣作朕股肱耳目。”《经典释文》：“股音古。”《左传·襄公二十五年》：“又射之，中股。”《释文》：“股音古。”类似的注音颇多。可见六朝以前的古人认为“股”音同“古”，只能是见母字，不可能牵涉到复声母的问题。又如，《尚书》《左传》中都有“股肱”一词，二者显然是双声，由于“肱”的上古音只能是单辅音的见母，如果把“股”构拟为复声母，那么“股肱”就不会是双声关系了。也就是说“股”在上古音中就是见母，它的见母音并不是中古以后才产生的。

还有一个“羖”字也是从“殳”声。《说文》：“羖，夏羊牡曰羖。从羊殳声。”《说文》各家注都不怀疑《说文》对“羖”的形声分析。这又该怎样解释呢？藤堂明保先生《学研汉和大字典》第1029页“羖”字注称：“羖”是从“股”省声。我们认为这个解释很可能是正确的。我有理由认为“羖”就是从见母的“股”省声。这有语源学上的根据。因为《说文》明称“羖”是表示牡羊，也就是公羊。而“股”的上古音是见母侯部，“公”是见母东部，是严格的阴阳对转，且为双声，所以古音必能相通。“羖”有牡羊之义必是因为所从得声的“股”与“公”同源，才能表示“牡”的意思。而“公”的上古音任何人都承认只是见母。那么《说文》说的“股”从“殳”声该怎样解释呢？

我现在明确认为“股、羖”所从的“殳”应该是“毂、縠”等字的声符“㱿”之省，“㱿”的读音应该同于“毂、縠”，是见母屋部。而“股、羖”的上古韵部，按照段玉裁《说文解字注》“股”字注称：“殳字古音在四部，股、羖字古音在五部，见于《诗》者如此。”段玉裁的四部是侯部，五部是鱼部。江有诰《音学十书·诗经韵读》[②]第69页也把“羖”归入鱼部。徐灏《说文解字注笺》曰：“侯、鱼二部古音相转。古读‘殳’近‘徒’。”《王力古汉语字典》以及郭锡良先生的《汉字古音手册》采用了段玉裁、江有诰的意见，但《故训汇纂》把“羖”的上古韵归入侯部[③]。如果都归入侯部的话[④]，那么“股、羖”就与“㱿”是双声，在韵部上也是侯、屋对转。如果把“股、羖”的上古音归入鱼部，那么与“㱿”也可以旁对转。侯、鱼二部上古音合韵的较多，关系很密切。由于“㱿”在古文字中只是作为声符存在，所以从“㱿”省声也不容易被看出来。金文中已经有从“㱿”声的字，《金文诂林》第8218页收录了一个从子㱿声的字[⑤]。朱骏声《说文通训定声》[⑥]第379～380页将“㱿”声的许多字都列为“需部”，也就是“侯部”，只是朱骏声不是将这些字分析为“㱿”声，而是分析为“壳”声，这与我们的分析没有实质性的区别，因为“壳”也是从“㱿”声[⑦]。朱骏声将这些“㱿”声字归入侯部的入声（即屋部）的做法是正确的[⑧]。我们可以说凡是读见母的“殳”声字实际上都是从“㱿”省声。

更考金文《师询簋》中的股肱的“股”就直接写作“殳”[⑨]。此器时代在西周晚期[⑩]。考《殷周金文集成》共有“殳”的六个用例，只有此例用作“股”，其余都是兵器或人名。我认为这个“殳”应该就是“殸”的省形或异体写法⑪。

当然，也可以把“殳”分析为自上古以来就有两个音，一是禅母音，一是见母音，二者是两个系统，意思各别，并非同源。这样处理最为简洁明了⑫，可以减少纷争，但却回避了疑难。我强烈倾向于上文的分析。总之，“股/殳”与复辅音声母无关。

注释

① 藤堂明保《学研汉和大字典》（学习研究社，1981 年）第 1054 页认为“股”是会意字，“殳”不是“股”的声符，并认为“股”与“跨”是同源字。这大概是因为藤堂明保看到了声母的问题不容易解释。实则，藤堂的分析是不对的，不能没有根据地批评《说文》的分析。而尾崎雄二郎等人主编的《角川大字源》（角川书店，1993 年）第 1445 页就采取了《说文》的观点，认为“殳”是“股”的声符。但《新汉语林》（大修馆书店，1989 年）第 521 页“股”字条注称“股”所从的“殳”是“鼓”之省。白川静《字统》（平凡社，1984 年）第 275 页也把“股”分析为会意字。

②（清）江有诰：《音学十书·诗经韵读》，中华书局，1993 年。

③ 但奇怪的是《故训汇纂》把“股”归入鱼部。

④ 这是可能的，因为上文所引的《周礼》郑司农注是用“毂”来声训“股”。这个材料值得重视。

⑤ 阮元、陈梦家都如此释读，字形分明，不能如马叙伦的异说。

⑥（清）朱骏声：《说文通训定声》，中华书局，1998 年。

⑦ 不过，从《说文通训定声》自身来看，朱骏声似乎并没有意识到“殸”可以作为声符。这点比较明显。而《说文》多处明确称“殸”可以是声符，朱骏声对此没有充分重视。

⑧ 何九盈先生等《古韵通晓》（中国社会科学出版社，1987 年）第 61 页“殳’字条的备注对各家的“殳’声字的归部意见作了排比。

⑨ 参看《金文诂林》（“国立中央研究院”历史语言研究所，1982 年）第 1840 页、《殷周金文集成（修订增补本）》第 4342 条《师訇簋》（张亚初释文）、陈初生《金文常用字典》（陕西人民出版社，2004 年）第 351 页。各家对金文中的这个“殳”释读为“股”无异说。

⑩ 参看刘雨等：《商周金文总著录表》，中华书局，2008 年，第 646 页。

⑪ 古文字中省形的现象比较常见。例如孙诒让《古籀拾遗》（中华书局，2005 年，第 12 页）卷上《宰辟父敦》称：“古文多省形用声，然亦有省声用形者。”杨树达《积微居金文说》（中华书局，1997 年）第 59 ~ 60 页有精彩的论述。杨树达此文指出：《说文》霸字，在金文《高克尊》中省形作“雨”；皇，在《穆公鼎》中省形作“自”，省掉了“王”；旂，在《宰辟父敦》省形作“方人”，省掉“斤”；旦，在《龙敦》省形作“日”；吉，在《冀师槼》省形作“士”，省掉“口”；思，在《冀师槼》省形作“囟”，省掉“心”；杨树达总结说：“大抵周时文字点画自由，略无定律，其弊至六国而极，故秦政一统，不得不谋统一之方。由今论之，文字之整齐划一，始皇李斯有大功焉。如以约定俗成后之所闻见疑当时不当错乱如此，则拘墟不达之见也。”杨树达还认为《师询簋》中的“日天”是“旻天”的省形［李学勤《师询簋与祭公》（《中国古代文明研究》，华东师范大学出版社，2005 年）根据《逸周书·祭公》认为“日天”当为“昊天”的省形。光华按，西周无“昊天”一词，而西周金文《毛公鼎》有“敃天疾畏（威）”，其中的“敃天”正对应《诗经》的“旻天”，因此当以杨树达之说为确，“日天”为“旻天”省形，而不是“昊天”省形）。另参看裘锡圭《文字学概要》第八章第三节“省声和省形”、何琳仪《战国文字通论》（江苏教育出版社，2003 年）第四章第二节“简化”、刘钊《古文字构形学》（福建人民出版社，2011 年）第八章“古文字中的‘简省分化’”、滕壬生《楚系简帛文字编》（湖北教育出版社，2008 年）‘前言’第 9 页。

⑫ 还有一点很值得注意：在《说文》中，“股”是在“肉”部，所以才有可能从“殳”得声；而《说文》有

“殳”部，其中收二十字，没有一个从“殳”得声（本书前面已经论述过《说文》的这个体例）。从声训上看，“殳”在上古就是读为禅母。如《说文》：“殳，以杸殊人也。”这实际上是用“殊”来声训“殳”。另如《释名·释兵》：“殳，殊也。”这明显是声训。按照《说文》的这个解释，“殳”是动词；其名词在《说文》中作“杸”。二者实际上是同源词和同义词，“殳”在古文献中一般也是用作名词，而不是动词。《说文》大概是因为“殳”字从“又”（就是“手”），所以把它分析为动词。由于“殳”在古文献中一般是作为名词，所以后来在表示相关的动词的时候又再加了“手”旁而成“投”字。“投”是根据“殳”所造的后起字。在《说文》中，“投”的本字作“豉”。《说文》：“豉，繇击也。”“繇”就是后来的“遥”。《玉篇》：“豉，古文‘投’。”从通假字系联来看，“殳”声字与“朱”声字、“豆”声字、“耑”声字、“兜”声字相通（参看张儒等《汉字通用声素研究》，山西古籍出版社，2002年，第276页），这些字都是单辅音的舌音字，不可能是复声母，这就证明“殳”的上古音只能是单辅音的舌音字，不会是复声母。

四十八、“搅”的古韵问题

郭锡良《汉字古音手册（增订本）》[①]第259页、《王力古汉语字典》第405页都将“搅”的上古音归为觉部入声，但何九盈等《古韵通晓》觉部不收“搅”字，而是将其归入幽部。二者谁更合理呢？考古文献可知，至少在西晋时代“搅”就已经是阴声韵了，在《广韵》音“古巧切”，上声，巧韵。考《昭明文选・陆机・叹逝赋》：“然后弭节安怀，妙思天造。精浮神沦，忽在世表。寤大暮之同寐，何矜晚以怨早？指彼日之方除，岂兹情之足搅？感秋华于衰木，瘁零露于丰草。在殷忧而弗违，夫何云乎识道？将颐天地之大德，遗圣人之洪宝。解心累于末迹，聊优游以娱老。”[②]注：“言既寤之，则彼死日之方除，岂能乱我情乎？言不足乱也。毛诗曰：日月其除。又曰：秖搅予心。毛苌曰：搅，乱也。”根据李善注可知原文确实是作“搅”，而不是其他字。陆机此文的用韵是“造、表、早、搅、草、道、宝、老”相押。因此陆机此文的“搅”一定是阴声韵，而不是入声韵。如果将“搅”的上古音归为入声觉部，那么就必须承认觉部入声在西晋甚至更早的年代就演变为阴声韵，失去入声韵尾。这显然是不符合汉语音韵学的音变规律的。我们只有承认“搅”的上古音就是阴声韵，或者其上古音有阴声和入声两读才合理。其他稍晚的押韵材料如齐梁时代的刘勰《文心雕龙・杂文》：“赞曰：伟矣前修，学坚才饱。负文馀力，飞靡弄巧。枝辞攒映，嘒若参昴。慕颦之心，于焉只搅。”其中以“饱、巧、昴、搅”押韵，必是阴声韵无疑。因此，何九盈先生的观点比王力先生、郭锡良先生更合理。

注释

① 郭锡良：《汉字古音手册（增订本）》，商务印书馆，2010年。

② 又见《艺文类聚》三十四，严可均《全晋文》卷九十六。

四十九、陆机《文赋》的一处用韵

西晋大文豪陆机的名篇《文赋》有云："揽营魂以探赜，顿精爽于自求。理翳翳而愈伏，思乙乙其若抽。是以或竭情而多悔，或率意而寡尤。虽兹物之在我，非余力之所勠。故时抚空怀而自惋，吾未识夫开塞之所由。"这段明显是以"求、抽、尤、勠、由"为韵。其中的"勠"读平声尤韵的力求切，见《唐韵》《集韵》，非关阴入通押[①]。但《王力古汉语字典》第82页"勠"字的按语称："此勠字读力求切，与'流、求'为韵。"然而陆机《文赋》原文并没有"流"字。

更要注意的是，魏晋时代的为数不多的所谓阴入通押的现象也许不是真正的阴入通押，这样的入声字原本就有阴声韵的读音。这就是说不能据此认为魏晋时代的阴声韵还有浊塞音尾，从而与入声押韵。

注释

①《康熙字典》（中华书局，1992年）第149页已经指明这点，正举《文赋》为例。

第五章　本书的总结

我们在这一章里要对本书以上的内容做一个总结，力求简洁明了，不再有任何引经据典的考证。

（一）

总的说来，学者们构拟的复声母可以大致分为 S + C 式的复声母与 C + L 式的复声母这两种类型，还有一些不大成系统的复声母。本书虽然没有对学者们构拟的所有复声母作穷尽性的辨析，但是论述已经具有相当的代表性。按照本书的论述，有不少有关的复声母从音理上已经不能成立。

例如，我们在第三章论证了 sl、st、sr 这些复声母在音理上都不能成立，因此从音理上讲，sd、sdh、sth 这些 s + 舌尖塞音的复声母也就完全不能成立。舌尖清擦音 s 能够与舌尖塞音直接相通转，不可能与复声母的分化有关。

至于心母与来母可以相通是因为上古音中的来母有一部分是送气流音，可以发生擦音化的音变，直接与清声母的心母 s 相通。也可能有另一种情况存在：上古音的心母发生边音化的音变，使得心母读为边擦音 ɬ①，从而与来母相通。这与复声母无关。

我们在第三章第三节论证了心母与晓母相通和复声母无关，这不仅否定了学者们构拟的 sx 这样的复声母，而且从音理上也可以推论出 sk、skh、sɣ、sg、sgh 这些复声母都不能成立。因为在古音中 s 可以直接音变为 x，而 x 与 k、kh、ɣ、g、gh 都是舌根音，发音部位相同，可以直接相通。心母与见母、溪母可相通就犹如心母与晓母可以相通，或者心母在古音或古方言中先音变为晓母，从而与 k、kh、ɣ、g、gh 相通。这与复声母无关②。因此，学者们构拟的 s + 舌根塞音或舌根擦音式的复声母都不能成立。

我们在第三章还论证了 sm、sn、sȵ、sŋ 这样的 s + 鼻音式的复声母不能成立。其中学者们构拟 sm 式复声母是因为错误地理解了古文献中的材料，而不是说 s 与 m 从音理上可以相通。sn、sȵ、sŋ 这样的复声母不能成立确实是因为与心母相通的 n、ȵ、ŋ 都是三四等字，是细音，与心母确实可以直接相通，可以解释为是鼻辅音向口辅音转化，这是很自然的音变，与复声母无关。

在 C + L 式复声母中，学者们构拟的 ml、pl、bl、phl 都是因为错误地运用了古文献和谐声字的材料，我们在第二章和第三章作了详尽的讨论，学者们依据的材料都与复声母无关。

我们在前辈学者研究的基础上把上古音中的部分来母构拟为送气流音 lh/hl，同时我认为在消声字中凡是与见母字相通的来母字都是舌根边音 L。这样有利于解释很多复杂的谐声和通假的现象。我们在第三章第一节里论证了这样的送气流音可以解释上古音的来母与透母相通、与晓母相通、与见系字相通的诸多复杂的现象，而无需用构拟复声母的方法来作出解释。从而论证了 kl、khl、gl、ghl、thl、 xl 这样的复声母都不能成立。

另外，我们在第三章还论证了明母与晓母相通的语音条件是晓母为合口，从而指出 mx 或 xm 式的复声母不能成立。我们论证了明母与日母、泥母相通的语音条件是明母与泥母都是三等，正是三等介音使得彼此可以直接相通，与复声母 mn 无关。我们论证了晓母、匣母与疑母可以直接相通，与复声母无关。我们还指出了透母在古今方言中可能会失去塞音成分，只剩下送气成分，从而产生 h/x 这样的音位变体，这就使得透母可以与见系字相通，与复声母无关。学者们常常感到困惑的一大难题是喻四字不仅与舌头音相通相谐，而且与见系字（主要是见母和溪母）相通相谐，我们在第三章十三节指出了这是因为上古音中的喻四字很可能有影母 ʔ 这样的音位变体，从而可与见系字相通，这在音理上是无可置疑的。

本书对学者们构拟的主要的复声母的类型提出了全面的质疑和批评。其他的如 dn、dr、thn、tn、tr 之类的复声母本身就是牵强附会，不合音理的。d、n、r、t、th 彼此之间是完全可以互相通转的，因为它们都是舌头音，发音部位相同，只有发音方法不同。我们这样认为这绝不是什么无所不通、无所不转，而是基于音理和语言事实本身。另外如 kŋ、gŋ 之类的复声母也与音理不合，因为 k、g、ŋ 三者都是舌根音，发音部位相同，彼此可以相通，这是毫无疑义的。还有一些类似的现象，我们在第一章中已经有所提及。总之，我们有信心说上古汉语没有所谓的复声母存在，这是我们明确的结论。

注释

① 我们在第三章第七节指出过在现代的粤方言和闽方言中都有心母字读为边擦音声母的现象。

② 不过，学者们列举的心母与见、溪、群声母相通的不少谐声字材料是不可靠的，本书第二章有过一些考证。对有关材料作穷尽性的梳理有待于他日。

（二）

我们在论证古无复辅音声母的时候，不仅从音理上和语言事实上力求作出充分的论证，而且努力从文献学、文字学、训诂学、方言学、民族语言学的角度指出学者们用于构拟复声母的材料有许多是不可靠的。有些材料虽然本身没有问题，但完全可以有其他合理的解释，不必求助于复声母。上古音研究本来就不完全是音韵学自身范围内的事，而是与我们上面提到的这些学科紧密相关。我们运用这些相关学科的知识不仅有助于讨论上古音是否有复声母之说，且对汉语史本身的研究有着多方面的贡献。

例如，我们在第二章第四节引证大量文献论证了反切起源于上古。上古文献中存在的大量合音现象实际上主要就是反切，而与复声母无关。现代汉语方言中的所谓“嵌 l 词”、切脚字也是对反切的运用，不是上古音复声母的遗迹。上古文献中的大量的联绵词与复声母毫不相关，双音词在上古汉语中早已存在，绝不是统统来自复声母的分化。不能利用上古汉语的联绵词来作为构拟复声母的根据。

在古汉语中有一种造字原理是自反。这是非常重要而又常常被学者们忽视的文字学原理。我们在第二章第五节中对“自反原理”作了详细的介绍，并用以分析形声字的谐声问题。这样，我们可以解释很多复杂的谐声现象。在《说文》的谐声字中，自反结构的谐声字与一般的谐声字混在一起，我们要分析哪些是自反结构的形声字，哪些是一般的形声字，这只能实事求是，具体分析，未可一概言之。学者们错误地使用了大量的形声字材料的一个重要的原因就是忽视了在某些形声字中有自反的问题。目前来看，虽然不是我首先揭示自反原理，但似乎是我首先把自反原理用于上古音声母研究。

我国经典的旧注和《经典释文》《广韵》《集韵》都有大量的一字多音的现象以及经典的各种异文现象，学者们往往不加辨析地利用一字多音来构拟复声母。我们在第二章第六节详细地讨论了古书中的异读异文的问题，指出了六朝时代的学者往往用注音的形式来表示训诂和异文，甚至表示错字。有时候并不是一字多音的问题，而且一字多音的问题比较复杂。这些异读音往往不是同一时代产生的读音，有的是后代的俗音；有的是不同的文字由于形体相混而产生了异读音；有的是文字形体讹变，其声符改变，于是音随形变，从而产生异读音；有的是古人对文字结构有不同的分析和理解而产生了异读音；有的是古代不同的方言相融合而产生了异读音。异文和异读音的现象很复杂，要实事求是地具体分析，不能轻易地将其用来作为构拟复声母的根据。

连读音变或同化作用可以产生种种异读音，前辈学者沈兼士和俞敏对古汉语中的连读音变有精辟的论述。我们在第二章第八节里运用连读音变的原理来解释古汉语中的一些特殊的读音现象，指出凡是可以用连读音变来解释的语音现象都不能作为复声母的根据。研究古汉语的音韵问题，连读音变是不可忽视的重要原理。

古汉语中的一些异读音是由训读产生的，训读现象至少在汉代已经存在。而且根据杨树达、沈兼士、黄侃等前辈学者的论述，在形声字的谐声偏旁中也存在训读现象。我们在第二章第九节里对古汉语中的训读现象作了详尽的介绍和论述，尤其指出了在形声字的偏旁中有训读现象存在，而且这种训读可能与自反原理并存。我们运用训读和自反原理可以解释一些复杂的谐声问题，而不必求助于构拟复声母。构拟复声母的学者一般都忽视了训读和自反的问题，这造成了对某些异读音和形声字的谐声结构的错误理解。

另外，我们对汉藏语系及汉藏语对音问题的论述、对汉字形体变迁的论述、对古汉语异字同形的论述、对材料时代性问题的论述、对形声字与会意字问题的论述、对译音材料的论述、对方言问题的论述都有助于正确理解古文献和古汉语的各种材料问题，有助于论证上古汉语无复辅音声母。这些问题都是主张上古有复声母的学者们容易忽视的，结果导致其对材料的错误运用。我们的这些工作对于古汉语音韵研究以及其他各方面的研究无疑是有参考作用的。

（三）

由于音韵学问题强调系统性原则，牵一发而动全局，我们对某些音韵学问题的讨论不可避免地要与另外一些音韵学问题发生牵连。因此，我们在讨论上古音有没有复声母的问题的时候，对上古音声母的其他问题以及别的一些音韵学问题也提出了自己的观点，并有一些论证[①]。这些工作主要体现在本书的注解中，是本书的重要组成部分。我们把这方面的工作简要归纳如下：

李方桂《上古音研究》为上古音的声母系统提出了一整套的圆唇舌根音并把匣母归入群母，这个意见颇为流行。而我们在第三章第二节的注解中，根据梵汉对音的材料指出了在东汉时代的梵汉对音中，存在着用匣母合口字去对音 v 的现象，这就表明东汉时代的匣母合口肯定不是圆唇舌根塞音，而是合口的舌根浊擦音。东汉时代的古音声母较多地保留了上古时代的特征，因此我们认为上古音中的匣母不能归入群母，应该就是舌根浊擦音[②]。

这样一来，由于音系有系统性原则，我们进而赞成王力、董同龢等学者的意见，认为上古音声母中的邪母不能如李方桂先生所说要归入喻四为 rj，而是应该作为舌尖浊擦音 z 独立。李方桂先生的观点不合音理。因为喻四事实上只出现在三等韵中，本身就带有介音 j，也就是说喻四的音值就是 rj，如果把上古音中的邪母也构拟为 rj，那么就与喻四完全同音，从而不能解释二者后来分化的语音条件[③]。而且我们既然证明了上古音中存在舌根浊擦音，那么从系统性的角度看，在音系中也不会仅仅只有一个舌根浊擦音，同时应该也有舌尖浊擦音与之构成音位对立，这才符合系统性的要求。因此，我们认为上古音系中存在舌根浊擦音 z[④]，这就是邪母。在上古音中，喻四与邪母相通可以从音理上解释为 rj 发生擦音化的音变。对李方桂《上古音研究》提出比较全面的批评的是龙宇纯《上古音刍议》[⑤]，龙氏此文的批评有的相当尖锐，可以参看。

我们有证据显示在晚唐的时候喻三和喻四已经合流了。例如晚唐的皮日休写了一首双声诗《奉和鲁望叠韵双声二首・双声溪上思》[⑥]："疏杉低通滩，冷鹭立乱浪。草彩欲夷犹，云容空淡荡。"皮日休自称这是双声诗，此诗每一句的前两个字应为双声，"疏杉、冷鹭、草彩、云容"，否则不能成为双声诗[⑦]。而其中的"云容"二字正好是喻三和喻四，足见晚唐的皮日休时代的喻三和喻四确实已经合并，所以皮日休以之为双声。但是我们还认为实际上在六朝后期的吴方言中，喻三和喻四已经合流为零声母了，在《切韵》中的喻三已经是零声母。

有的学者认为上古音中的歌部字带有 r－尾。我们在第一章第六节中根据大量的对音材料指出我国古代的对音材料主要是用－n 尾字和－t 尾字去对音外语的－r 尾，同时利用上古汉语的合音词材料，否定了上古音中的歌部带－r 尾的观点。我们同时根据合音词的材料以及其他的证据，进而指出上古音的阴声韵尾不可能带有浊塞音－g、－b、－d 等。

我们指出了《说文》中的一些形声字与声符有时候语音相差较大，是因为形声字的声符往往要兼顾表意的作用，这就使得这样的形声字不是选择语音最近或相同的字来作为声符，而有时是选择声音可以相通，同时意思相近的字作为声符。

我们根据粤方言研究的最新进展，并参考其他学术研究，证明了李方桂《上古音研究》中构拟的整套圆唇舌根音是不能成立的。

我们根据大量的对音材料指出了在唐代及其以前的方言中就有入声读为阴声韵的现象。

关于《中原音韵》和元曲中有没有入声的问题，学者们有不同的意见。我们根据元曲中的蒙古文的音译词认为元曲中不可能有入声存在。

汉字"六书"中的"转注"问题是文字学界的一大千古难题，我在研究汉字的异字同形的时候获得了灵感，对"转注"问题予以了独到的解释，我的研究从林沄教授的文章中得到了一些启发，但作出了和他不一样的解释。我认为"转注"的精确含义是把一个古老的本字中包含的各种音义用专门的分化字来表达，从而产生新的后起分化字。这是一种造字法。我因而对王国维的六书中存在四体二用的说法提出了批评，我认为六书都是造字法，都是体，没有体用之分。

在音理分析上，我们吸收了语音学和方言学的一些分析法。例如，我们指出匣母合口与 v 可以相通是因为合口介音能够使舌根擦音的匣母发生唇齿化的音变；送气流音 lh/hl 可以产生擦音 h/x 这样的音位变体，也可能是上古音存在舌根边音 l，从而与见母字相通。我们利用方言学的研究成果指出，在现代方言中的 l→z→s 是中古以后的音变现象，在上古音中只存在来母→s 的音变，没有经过 z 这个中介，因为上古音中只存在来母与心母相谐相通的现象，不存在来母与邪母相谐相通的现象⑧，这就证明上古音中的来母与中古音的来母是不同的音值。

在闽方言中的喻四字读为 dz 的现象也是很古老的音变现象，已经得到三国时代的吴国铜镜铭文的证实。这证明闽方言中有的方言现象出现的时代确实很古老，可以早到东汉，甚至先秦⑨。

我在第一章第八节的注解中利用现代汉语方言中的内爆音现象对汉语和侗台语是否同源的问题进行了论述，否定了二者是同源的观点。我还认为现在能够发内爆音的汉语人群在上古时代不是汉民族，而是古百越语民族，其内爆音是在他们汉化的过程中带入汉语的。

我们在第一章中辛勤收集的一些考古材料和古文献材料对于汉藏语系的研究和汉藏语是否同源的问题是有参考作用的，这与上古音声母问题的研究事实上也有不可分割的联系；我们在本书的注解中列举了不少的旁证，对音韵学的研究也会有参考价值。我们对西方学者的一些批评绝不是出于民族主义的保守观点，而是强调学术研究要有自由的思想、批评的态度、独立的精神⑩，对西方学者不要过于迷信。我并不排斥理论假设，而是强调理论假设要有坚实的考据功夫为其基础，尤其是不能根据未经证明的假设来推导其他的结论。学术研究当然应该提出假设，但不能把学术研究的基础放在假设上面。我十分痛心地看到汉藏语系的假设在没有得到充分证明的时候，就被许多学者依赖为汉藏同源词对音的基础，并据此构拟汉语上古音。我在本书中对此提出异议，我的心情十分沉重，我知道这对许多学者来说简直是晴空霹雳，有的学者近半生的辛勤研究的基础要被我粉碎。我的这一研究会让很多老学者伤心，但我绝无意伤害别人，我只能说我的研究是出自我的良知，是一个青年学者真诚探索真理的结果。至于我的结论是否正确，将有待于学术性的批评，我希望在严肃的学术研究中不要出现人身攻击。我相信一个真诚的学者的态度是认真面对学术的最新发展，而不是一味地固步自封或视而不见。

注释

① 我们在注解中对有的音韵学问题的讨论虽然离上古音声母问题较远，但是却关系到音韵学的方法问题和材料问题，而且多有独到的论述。因此我们的讨论对音韵学研究也会有所贡献。

② 另外，我注意到一个有趣的语言学事实：在所有的全浊音声母中，浊擦音似乎留存的时间要长于浊塞音和浊塞擦音。很多语音系统中往往保留有浊擦音声母，而没有浊塞音和浊塞擦音声母。在白语的音系中，只有浊擦音声母 v、j、ɣ，没有任何浊塞音和浊塞擦音声母。

③ 李方桂《上古音研究》承认上古音三等字有 j 介音。朱晓农《从群母论浊声和摩擦》（《语言研究》2003 年第 2 期）一文的第七节强调了群母三等的 i/j 介音的产生一定发生在群母的一二四等擦音化以前，正是三等介音阻止了群母三等韵擦化，从而保留了舌根浊擦音。否则群母三等会与一二四等一起发生擦化，从而在中古音混入匣母。此说颇能言之成理。

④ 李方桂先生在上古音中取消 z 也许与他参照西方语言学有关。R. L. Trask《历史语言学》（外语教学与研究出版社，2000 年）第 78 ~ 79 页提到：在前拉丁文的音系中，不存在作为独立音位的 z。两个元音之间的 s 容易浊化为 z，这样的音变只是音位变体，无关音系。而且我国前辈音韵学家钱玄同有专门论文称古无邪母。上古音中的邪母要归入定母。我认为钱玄同的论文应该影响了李方桂的上古音观点。但我们不能赞同这样的说法。黄侃《声韵通例》（《黄侃国学文集》，中华书局，2006 年）也认为上古音无邪母，要归入心母，而不是钱玄同说的归入定母。

⑤ 龙宇纯：《上古音刍议》，《中上古汉语音韵论文集》，五四书店、利氏学社，2002 年。

⑥《全唐诗》卷 613。

⑦ 皮日休同时代的陆龟蒙也有一首双声诗《双声溪上思》（《全唐诗》卷 630）："溪空唯容云，木密不陨雨。迎渔隐映间，安问讴雅橹。"这首双声诗的每句的前两个字也分别是双声。这个材料似乎显示出"问"的声母已经轻唇化为微母，而非明母。尚待深考。

⑧ 这个事实也可证明上古音中的邪母的音值不会是李方桂《上古音研究》中所说的 rj，因为上古音中的来母也有三等，三等来母与 rj 在音理上并非完全不能相通，然而事实上，上古音中的来母与邪母从不发生通假关系和谐声关系。这也可以说明上古音中的邪母不是 rj，而是浊擦音的 z-。

⑨ 因为在先秦古文字材料中存在喻四与心母相通的现象。更考邓廷桢《双砚斋笔记》（中华书局，1987 年）卷五 354 条称："闽人呼粥为糜，语最近古。"考论较详。

⑩ 这是陈寅恪先生大力倡导的。陈寅恪先生留学欧美十余年，深通西方汉学，但他的著述很少引述西方汉学家的研究，因为他知道当时西方汉学家对我国历史的研究水平很有限，西方学者的强项是我国的边疆民族史、中外交流史、宗教史、民族语言、边疆历史地理考证、对音研究以及高本汉的汉语音韵研究（傅斯年在《历史语言研究所工作之旨取》中也发表过类似的意见，如曰："如希腊艺术如何影响中国佛教艺术，中央亚细亚的文化成分如何影响到中国的物事，中国文化成分如何由安西西去等等，西洋的东方学者之拿手好戏，日本近年也有竟敢去干的，中国人目前只好拱手谢之而已。"傅斯年在《"城子崖"序》中称："请看西洋人治中国史，最注意的是汉籍中的中外关系，经几部成经典旅行记，其所发明者也多在这些'半汉'的事情上。……总而言之，西洋人作中国考古学，犹之乎他们作中国史学之一般，总是多注重在外缘的关系，每忽略于内层的纲领，这也是环境与凭借使然。"具见《中国现代学术经典——傅斯年卷》）。纯粹的汉文化研究要立足于对古汉语和古文献的深入修养，如汉语的文字学、古文字学、训诂学、古文献学，此非西方学者所长，其远远不及日本学者的成绩。

（四）

本书中的一切观点都努力做到公正客观，实事求是，原原本本。我们引证的材料都是翔实可靠的；本书中凡是引述其他学者的观点，哪怕是片言只语，我们都详注所出，绝不掠人之美[①]。同时也表示我对这些学者的敬意。然而本书有时未免引证过甚，博而溺心，辞繁难节，如《文心雕龙·诠赋》所谓："繁华损枝，膏腴害骨。"难免见笑君子。我之所以采取宁详毋略的态度是因为我记住了王国维《国学丛刊序》[②]中的一些话："故材料之足资参考者，虽至纤悉不敢弃焉。……迂远繁琐之讥，学者有所不辞焉。"卢文弨《抱经堂文集·段若膺说文解字读序》[③]称："一一考而复之，悉有佐证，不同臆说。详稽博辩，则其文不得不繁。然若楚金之书以繁为病，而若膺之书则不以繁为病也。何也？一虚辞，一实证也。"两者相权，因而本书的态度是宁失于繁，不失于简。

注释

①《陈寅恪集·讲义及杂稿》（生活·读书·新知三联书店，2001 年）第 459 页称："凡经参考之近人论著，尤宜标举其与本论文之异同之点，盖不如此，则匪特不足以避除因袭之嫌，且无以表示本论文创获之所在也。"同书第 461 页陈寅恪先生在《某学生论文评语》中说："李商隐《风雨诗》，须注明在《李义山诗集》上。此诗之解释乃是我个人的见解，从前没有人如此说过，亦须注出我的名字。"裘锡圭先生在《读魏晋南北朝词语例释》（《裘锡圭学术文化随

笔》，中国青年出版社，1999 年）一文中表达过意见“作者在前言中说‘在撰写过程中还参考了前人及时贤的不少论著，因体例及篇幅的限制，未能逐条作说明。’我们觉得对这样一部专著来说，不逐条说明所参考的论著，恐怕不是妥当的办法。这使读者失去了进一步研究有关问题的线索，并且使他们弄不清究竟哪些意见是作者自己的创见。”徐文堪先生的《外来语古今谈》（语文出版社，2005 年）虽为小册子，然而撰述之法颇不中绳墨。喜欢搞学术综述的学者在这方面的问题比较严重，他们常常在文章或专著的末尾有很详尽的参考文献，但在正文中没有详明的交代，这种情况现在必须看成是学术不规范现象，甚至是有意剽窃。古人也有窃取者，可为殷鉴。观《晋书・王隐传》：“时著作郎虞预私撰《晋书》，而生长东南，不知中朝事，数访于隐，并借隐所著书窃写之，所闻渐广。是后更疾隐，形于言色。预既豪族，交结权贵，共为朋党，以斥隐，竟以谤免，黜归于家。贫无资用，书遂不就。”《四库提要》“焦氏笔乘”条称：“明焦竑撰。竑有《易筌》已着录。是书多考证旧闻，亦兼涉名理，然多剿袭说部，没其所出。如《周易举正》一条乃洪迈《容斋随笔》语；《秃节》一条乃宋祁《笔记》语；《开塞书》一条乃晁公武《读书志》语；《一钱》一条乃师古伪苏轼《杜诗注》语；《花信风》一条乃王逵《蠡海集》语；《玉树菁葱》一条乃《封演见闻记》语；《何逊诗》一条乃黄伯思《东观余论》语；《乌鬼》一条乃沈括《梦溪笔谈》语；《仓颉》一条乃张华《博物志》语；《续史记》一条乃无名氏《尊俎余功》语；如斯之类，不可缕数。其中《周易举正》条末称此书举世罕见，晁公武所进《易解》多引用之。盖洪迈当南宋孝宗时，故其言云尔；至明代则郭京书有刊本，而晁公武书久佚，正与迈时相反。乃仍录原文，斯非不去葛龚耶？竑在万历中以博洽称，而剽窃成书至于如是，亦足见明之无人矣。”可知学术腐败自古就有。更考钱大昕《十驾斋养新录》（《嘉定钱大昕全集（七）》，江苏古籍出版社，1997 年）卷十八“诗文盗窃”条：“皎然《诗式》著‘偷语、偷义、偷势’之例。三者虽巧拙攸分，其为偷一也。后代诗文家能免于三偷者寡矣。向秀注《庄子》，郭象窃之。郗绍著《晋中兴书》，何法盛窃之。姚察撰《汉书训纂》，后之注《汉书》者隐没名字，将为己说。顾宁人谓有明一代之人所著书无非盗窃，语虽太过，实切中隐微深痼之病。唐张怀庆好偷窃名士文章，时人为之语曰‘活剥张昌龄，生吞郭正’。今之举业文字，大率生吞活剥，其词必己出者百无一二。士习之不端，于作文见之矣。”俞曲园《九九消夏录》（中华书局，1995 年）第六卷“窃人著述”条举例讨论了明朝人把别人的著作窃为己有的事情，其文最后提到：“国朝张时为《界轩集》，有拟奏疏一通，请凡假名著书者，视杀人之罪加一等。”现代名家钱玄同的《说文段注小笺》（《钱玄同文集》第五卷，中国人民大学出版社，1999 年）与黄季刚先生的《说文段注小笺》（《说文笺识四种》，上海古籍出版社，1983 年；《黄侃文集・说文笺识》，中华书局，2006 年）几乎完全相同，黄季刚先生曾经在北大的课堂上公开声称钱玄同在东京盗窃了他的文字学手稿。现在看来，黄季刚此言并非无中生有，他喜欢骂人有时也有根据（黄季刚与钱玄同是同门师兄弟，但钱玄同主张新文化运动，提倡白话文和罗马拼音，这为旧学家的黄侃所不能容忍，终致失和）。也许钱玄同是利用黄侃的《说文段注小笺》来作为文字学的教学参考书或讲义，后人不察，以为是钱玄同自己的著作，所以编入了《钱玄同文集》。这不能看作是钱玄同有意盗窃黄侃的著作。我认为现代人著作参考利用其他学者的书不在文中详明出注，而只是在文末附录参考文献时提及，这也是学术不规范的现象。我相信百年之后的人们将视这种现象为抄袭。我注意到现代有的名家名著（曾获国家图书奖）就有这种行为。

② 王国维：《观堂别集》卷四，《观堂集林（中）》，河北教育出版社，2001 年。

③（清）卢文弨：《抱经堂文集》，中华书局，2006 年，第 33 页。

跋　叹学问之难

在本书完成之际，我要深深感谢我的导师张双棣教授对本书的写作给予了精心的指导，提出了方向性的宝贵意见，使我更加明确了写作的重心和方向，并为本书撰序。孙玉文教授也给我提供了指导，使我避免了不少的错误。毫无疑问，本书中剩余的一切不当之处都应该由我承担责任。我深深感谢何九盈教授、蒋绍愚教授、耿振生教授、刘广和教授、张联荣教授、李家浩教授、朱庆之教授、王洪君教授、李小凡教授、沈培教授、张渭毅教授、胡敕瑞教授以及马铭先生、陈剑博士、赵彤博士、孙洪伟博士、杜轶博士。以上各位师友给了我许多的帮助和指教，云天高谊，不减古人。北京外国语大学的著名学者何建章教授多年来一直非常关心我的学业，给了我无尽的关爱，且对我期望拳拳。我不知道这部论著能否让爱护我的师长们感到一点点满意？著名语言学家何九盈先生爱护后学，对我颇多过奖之词。先生淡泊名利，精心学术，学问宏通，立言不朽，可谓泰山遍雨、河润千里。鲁国尧先生对拙著多有奖掖，朱庆之教授对我推毂逾实，沈培教授、冯蒸教授都鼓励我尽快出版此书。在我人生的重大时刻，陆俭明教授、何九盈教授、张敏教授三位著名学者给了我巨大的帮助，使我得以开拓人生的新纪元。

我要深深感谢爱妻薛宏宇女士，如果没有她多年来对我深情的爱和无私的付出，我的学业肯定举步维艰。在重庆的妈妈病体沉重，我不能膝下尽孝，反而一直得到妈妈的关心和理解，真是愧为人子。哥哥光明二十年来一直给我巨大的帮助和支持，友于之爱，血浓于水。岳母张万春也给了我很多的帮助和体谅。如今面对这部论著，我不禁一再回思这些珍贵的亲情，而感到无边的幸福。我想起了初中时代的郑世言老师，高中时代的岑平老师、赵义华老师，大学时代的何建章老师、闻琳老师、续三义老师、张志老师，这些旧日的师长当年都对我寄予殷切希望，盼望我能在学术上有所作为。

我在初中时就立志要做科学家，迄今已历二十年。在艰辛的跋涉中，我痛感治学之艰难。哲人说：“在科学的路上没有平坦可言。”人生当以勤勉为指针，我很欣赏《国语·鲁语下》所记载的一个鲁国女性的名言：“夫民劳则思，思则善心生；逸则淫，淫则忘善，忘善则恶心生。沃土之民不材，逸也。瘠土之民莫不向义，劳也。”这段格言至今有不灭的光辉。如此精粹的人生哲学出自春秋时代一个女性之口，我国先民之伟大智慧，于此可窥豹一斑。

我并不惧怕学问上的魔障。学问的成功本是深渊中的骊珠，险峰上的灵芝。须得沉潜回水，才能探宝珠；苦行求索，才能摘仙草。然而令人沮丧的是，深潜苦海后，才知明珠已被他人所先取；艰辛攀援后，才知仙草已被他人先摘。这漫长的艰苦，岂不白费了！我已不止一次体验这种剧痛，因为我曾经千辛万苦写出了一篇论文，自以为有所发明创造，不久竟发现前辈学者早已作出了同样的结论。你说那发明权会归属我么？现在就举出实例来，诉说我的懊恼。

《山海经》中有“羽民国”，《楚辞·远游》中有“羽人”。《神异经》：“西荒中有人焉，面目手足皆人形，而胳下有翼不能飞，为人饕餮，淫逸无理，名曰苗民。”《山海经·大荒北经》：“黑水之北，有人有翼，名曰苗民。”前辈学者多只以为羽人就是仙人，别无深考。我费了好些气力写了一篇《羽人考》，谓羽人的实质就是生有翅膀的天仙。《抱朴子·对俗》：“又云：古之得仙者，或身生羽翼，变化飞行。”王嘉《拾遗记》卷一“唐尧”条：“挂星查，羽人栖息其上。”在汉代的考古发掘中，发现有“流金羽人铜饰”。杨宗荣《战国绘画资料》[①]第33图《飞仙龙纹铜镜》的画面是三个带有羽翼的仙人和三条龙，羽人的羽翼非常清晰。这是战国时代的青铜镜上有羽人的铁证[②]。这条材料一般被人所忽视。另外，在汉代的铜镜上常有羽人之像[③]。高大伦等主编《中国文物鉴赏辞典》[④]第181页“羽人玉奔马”条提到1966年在陕西省咸阳市汉昭帝陵出土了一件羽人骑着奔马形状的玉器，其时代必在西汉昭帝以前。据顾森《中国汉画图典》[⑤]四“仙人·神只”卷第486、487、488、490、492、494、496、498、499页等所著录的山东嘉祥东汉画像石许多都表现有带翅膀的羽人，形象分明，不可置疑。可知直到东汉时期，带翼羽人的观念在山东地区十分流行。据张道一《画像石鉴赏》[⑥]第400页著录的山东沂南县北寨村出土的羽人画像石，羽人飞翔于天空，分明带着翅膀。有翅膀是羽人的根本特征。到了唐朝，这种观念已经很流行。如《全唐诗·刘长卿·对雨赠济阴马少府考城蒋少府兼献成武五兄南华二兄》：“此心欲引托，谁为生羽翼。”《全唐诗·王勃·观内怀仙》：“浆犹类乳，石髓尚如泥。自能成羽翼，何必仰云梯。”《全唐诗·崔融·拟古》：“思君正如此，谁为生羽翼。”《全唐诗·张悦·游洞庭湖湘》：“此处学金丹，何人生羽翼。”《全唐诗·李乂·次苏州》：“无因生羽翼，轻举托还飙。”《全唐诗》卷168李白《驾去温泉后赠杨山人》：“忽蒙白日回景光，直上青云生羽翼。”类例尚多。

这种神仙观念当是源于西亚，经过中亚在先秦时已流传至我国[⑦]，成为战国时仙人思想的催化剂。在新疆米兰寺院发现了大约作于公元3世纪的带翼仙人的壁画[⑧]。英国学者马歇尔著《犍陀罗佛教艺术》[⑨]图21~25，皆为带翼的仙人石像，马歇尔将这些艺术造型置于犍陀罗人的发萌期，即塞克人时代。在图22的石像上有佉卢文题词，马歇尔说：“从古文字来看，这些题字是属于公元1世纪前半期的。”古代伊朗的塔科依布石室门浮雕的飞天，背上有两个很大的羽翼；阿富汗巴米扬的飞天也带有羽翼。希罗多德《历史》中已有关于带翼神的记录。如该书[⑩]第104页有曰：“在梦中他好像看见叙司塔司佩斯的长子在肩头上生长了翅膀，一只翅膀遮住了亚细亚，另一只翅膀遮住了欧罗巴。”古希腊的赫西俄德《神谱》[⑪]称：“哈耳皮厄是两个神，一个名叫埃洛（急风暴雨），另一个名叫俄库珀忒（快飞者），她们有翅膀。”古希腊著名的米诺斯神话中的米诺斯想要杀死修建迷宫的代达洛斯，代达洛斯用羽毛和蜂蜡做成翅膀从迷宫中飞走，投奔西西里国王科卡洛斯[⑫]。米诺斯的神话至少产生于公元前5世纪以前，最早甚至可以推到公元前10世纪。希腊化时代的萨莫色雷斯的尼开神像是生有双翼的女神，雕塑于公元前306年。在1980年，考古发掘了阿富汗的一古墓群，其年代为大月氏统治大夏之时。1号墓出土一带翼小天使的雕像。2号墓出土一带翼小天仙骑鱼的雕像。《龟兹壁画线描集》[⑬]第27页有三位带翼仙人图。据《中国大百科全书·考古学卷》“阿契美尼德时代考古”条：“目前所发现的最早的浮雕，是帕萨加第城城楼门侧的护卫神神像。神像有4只翅膀，高约270厘米，建于公元前6世纪居鲁士大帝在位期间。”据同书《考古学卷》“贝希斯顿铭文”条，在古代波斯的大流士时代的贝希斯顿铭文上方有浮雕，其中有阿胡拉·马兹达的浮雕像，身长双翅。此为公元前5世纪初期的作品。据朱伯雄主编《世界美术史》[⑭]第二卷第一章第七节“亚述美术”第65页提到：在古代亚述尔那西帕二世宫殿的浮雕中，“有一幅表现祭祀仪式的浮雕，亚述王站在圣树旁边，背后有长着飞翼的神灵向他洒水”。附图38[⑮]。在古巴比伦遗址考古发现了陶土石板的莉丽斯女神站立像，背带双翼，其时代在公元前2025—公元前1763年[⑯]。在古亚述遗址出土有怪兽帕苏苏的青铜站立雕像，背带一双巨大的翼，其年代在公元前1000—公元前500年[⑰]。古代的阿卡德人已经有了对伊斯达尔女神的崇拜，这个女神的背后带有双翼[18]。《古代西亚艺术》[19]第56页所收的“祭祀陶瓶”彩图，上面刻画一个举起双手的带翼神像，此陶瓶发现于拉尔萨的苏美尔古皇城，时代在公元前1900—公元前1800年。同书第125页著录公元前12世纪由巴比伦掠到苏萨的“未完成的界石碑雕刻”，石碑上部雕刻的两个神人分明带有羽翼。同书第233页所收的图117《赐福神灵》和图118《长着双翼的赐福神》都是背带巨大双翼的神像，发现于萨尔贡二世的王宫，时间是公元前8世纪末。同书第148页著录一面青铜镜，标名为“动物女神”，出土于伊朗西部的卢里斯坦，这面青铜镜的表面分明刻画着一个张开双手的女神，女神带有双翼。同书第248页的图145是亚述的圆柱印章，图像是一个天神双手举起带翼的太阳，左右两边各有带翼的天神站立。斯特拉德威克《古埃及》[20]第126页所收的死者的守护女神欧西里斯的石刻画像带有很大的双翼；高火编《埃及艺术》[21]第178页收录举双手用一长板撑天顶的带翼裸体女神，其年代是公元1—2世纪[22]；同书第206页的第56图收录的真理之神玛特神的图像，是一带双翼的女神[23]。据罗世平、齐东方《波斯和伊斯兰美术》[24]第48页著录了古代波斯波利斯的阿胡拉·马兹达的浮雕神像，年代在公元前6—公元前5世纪，马兹达的神像带有一对巨大的羽翼。同书第79页著录了萨珊时代摩崖浮雕上的一个带着巨大双翼的女神，时代在公元5世纪。如果刻意搜求，类似的考古材料可以找到很多。以上材料显示带翼神的形象观念在古代西亚有长久而广泛的传统，产生年代至少可以推到公元前2000年以前[25]。

我以为《楚辞》《山海经》中的羽人、羽民的观念必是自西方传入。这是我国先秦与中亚文化交流的一个例证，且与我国文化史关系重大。但我后来读到了《徐中舒历史论文选辑·古代狩猎图像考》[26]，其文第九章博征我国古籍中关于羽人的记载，且提及青铜器中有羽人壶。徐先生已明确指出：“此羽人飞兽之形，在埃及、米诺、巴比伦、希腊、罗马之遗物中，素极普遍。其传至中亚阿姆河流域时，当在公元前五世纪前后。其由此以入中国，亦正与杕氏壶年代相当。”徐先生此文作于1932年，发表于1933年，比我作《羽人考》早六十多年[27]。虽然我用的材料有许多非徐氏所知[28]，但观点已被徐氏道破[29]。我只好将《羽人考》从我的文集中删除[30]。我想补充的是：古人既有羽化登仙之语，有时也省略为一个“化”字。如《楚辞·远游》：“贵真人之休德兮，美往世之登仙，与化去而不见兮，名声著而日延。”“化去”就是羽化登仙，即生出翅膀成羽人[31]。郭璞有游仙诗称：“淮海变微禽，吾身独不化。”“不化”就是没能够生出翅膀成羽人。《广弘明集》卷二：“道以清净无为，有仙化之证。”同篇又曰：“上云羽化飞天。”《水经注》卷十五“伊水注”：“石上菖蒲，一寸九节，为药最妙，服久化仙。”道家说的“化”与佛教徒说的“化”有时有所不同。《高僧传》卷三《无竭传》：“八人于路并化。”化即死。金陵本“化”正作“死”。同卷《智严传》：“无疾而化。”但道家、道教所讲的“化”也常常可以指死亡。《淮南子·精神》：“故形有摩而神未尝化者。”高注：“化犹死也。”则东汉时的高诱已经认为道家的“化”可以理解为“死”。陆以湉《冷庐杂识》[32]卷八：“场屋中用忌讳字，往往被黜。嘉庆丁丑，孔梧乡学博卷已入额，旋因诗中‘圣化’二字见摈，以‘死’亦言‘化’也。”

我写了一篇论文《论〈西京杂记〉的写作年代及其作者》，指出《西京杂记》一书有取资于佛典《生经》之处。但后来发现钱钟书《管锥编》早已注意到这点。不过我认为《西京杂记》乃无名氏所作，不能把作者当作那位旷代大儒葛洪。要说《西京杂记》与《抱朴子外篇》是同一作者，我总觉怀疑。

又如，《楚辞·天问》中有曰：“皇天集命，惟何戒之？受礼天下，又使至代之。”其中“至”字难解，旧注均未安。我在《古书新证六篇》中考释“至”当为“周”之借，自诩为独得。今转录如下：

《楚辞·天问》："皇天集命，惟何戒之？受礼天下，又使至代之。"王注："言王者既已修行礼义，受天命而有天下矣，又何为至使异姓代之乎？""代"一作"伐"。洪氏《补注》："受礼天下，言受王者之礼于天下也。有德则兴，无德则亡。三代之王，是不一姓，可不慎乎？"

今按：王、洪二家注皆未谛。"受"即"纣王"，"礼"为"理"之借，即治理之意。"至"为"周"之借。言殷王治理天下，天又使周代替之。考《逸周书·祭公解》："皇天改大殷之命，维文王受之。"《墨子·非攻下》："赤乌衔珪，降周之岐社，曰'天命周文王，伐殷有国'。"《太平御览》《事类赋》皆作"伐"。窃疑"伐"当为"代"之误。《艺文类聚》卷九十九引作："命周文王代殷。"正作"代"字，乃言"代殷有国"。[33]此可映证《史记·周本纪》："膺更大命，革殷，受天明命。"《诗·大雅·皇矣》小序："美周也。天监代殷，莫若周。周世世修德，莫若文王。"《诗序》此文正与《天问》数句相应，可互发明[34]。

"受"与"纣"通，"礼"与"理"通，甚为明晰，为训诂之常谈。"至"与"周"古音皆为章母，虽韵部略异，然为双声可互通，毫无可疑。衡以《诗·鹿鸣》："人之好我，示我周行。"毛传："周，至也。"《白虎通·号》："周，至也。"《论衡·正说》："周，至也。"《论语·尧曰》："虽有周亲，不如仁人。"孔氏曰："周，至也。"[35]《逸周书·谥法解》："周，至也。"《文选·幽通赋》："我冥然而不周。"曹大家曰："周，至也。"亦"周"与"至"相通之证。因此，训"至"为"周"当无可疑。

以上是我对《楚辞·天问》中几句疑难文句的考释，费了我不少的功夫。没想到郭在贻《训诂丛稿》[36]中头一篇《楚辞解诂》已有和我一模一样的考证结论。当然我用的材料有不少是郭氏所忽视的，读者可以比观。但在问题的结论上，郭氏已着先鞭。而且郭在贻在案语中又说到清人刘梦鹏的《屈子章句》已把"至"释为"周"。于是我只好把文章改名为《古书新证五篇》[37]。类似的事情还常见于学术界。例如：

杨树达《积微翁回忆录》[38]第324页称他写《甲文说·目录》，汰去了两篇，因为于省吾已先于他而发。

裘锡圭在《说弜》[39]一文的末尾称美国学者司礼义和中国前辈学者张政烺已经先于他得出了同样的结论。

《朱德熙文集》[40]第五卷中有一文《战国匋文和玺印文字中的"者"字》指出战国陶玺文中常被学者们释为"向"或"尚"的字，应当释为"者"。但李家浩注意到清末学者吴大澂《读古陶文记》已认为该字宜释为"者"。

《清史稿·王念孙传》称王念孙的古音学也主张"支、脂、之"分三部，与段玉裁《六书音均表》同，但"念孙以段书先出，遂辍作"[41]。

现代学人论及"通感"者，朱光潜早于钱钟书。朱先生《诗论》译为"感通"[42]。

轰动一时的夏商周断代工程最后通过的周武王伐纣的时间是公元前1046年，而美国学者班大维早就有专门论文得出同样的结论。

李学勤《眉县杨家村器铭历日的难题》[43]一文提到眉县青铜器上的一般人释读为"逨"的字当读为"佐"，后来又注意到汤馀惠早在1998年发表的《读金文琐记》已经有同样的结论，且讨论甚详。李学勤先生感叹道："我未能征引，实属失检。"

郭沫若《中国古代社会研究》中的《夏禹的问题》[44]说："顾颉刚所编著《古史辨》第一册，最近始由朋友寄来，我因为事忙，尚没有过细地翻阅；但就我东鳞西爪的检点，我发现了好些自以为新颖的见解，却早已在此书中由别人道破了。"

学者们一般赞同王国维《观堂集林·桐乡徐氏印谱序》是讨论战国文字的好论文，但却不恰当地忽视了罗振玉的《玺印文字征序》[45]。我认为罗振玉此文的学术价值断不在王国维文之下。

杨树达《积微翁回忆录》谓王国维《尔雅草木虫鱼鸟兽名释例》之精义早见于刘申叔《物名溯源》及《续补》。此洵为知言。

裘锡圭先生《文字学概要》在讨论文字学的"六书"的时候不重视"转注"，甚至认为没有必要再用"转注"这个术语。但陈梦家《中国文字学》[46]第四章第 113 ~ 114 页早已称："我们如今解释转注，认定它是六国、秦、汉时人对于文字的一种看法，这种看法受到了文字形体讹变的影响，往往是不正确的；而这种转注对于文字学只是一个历史的名词，并无甚价值可言。"[47]陈梦家持说远在裘锡圭之前。

施向东《玄奘译著中的梵汉对音和唐初中原方音》[48]根据玄奘译著中的梵汉对音指出玄奘时代的去声是长调，这是正确的。今考《大唐西域记》卷一："出铁门至睹货逻国。"玄奘自注："旧曰吐火罗国，讹也。"日本学者水谷真成在《大唐西域记》的日文译注本[49]第 93 ~ 95 页指出：玄奘以为"睹货逻"和"吐火罗"的差别主要是"火"是上声，"货"是去声，而梵名原文 Tukhāra 的第二音节是长元音。也就是玄奘认为应该用去声而不是上声来对音梵语的长元音[50]。这分明是说去声调长于上声调[51]。而且水谷真成《译写梵语音的汉字的声调功能》这一长篇论文[52]，通过梵汉对音来讨论汉语的声调问题非常详尽，远在施向东之前。施向东没有参考水谷真成的这篇重要论文，实属疏忽。

可知在学术界中类似的事情是不少的[53]。《文心雕龙·指瑕》称："又制同他文，理宜删革。若掠人美辞，以为己力，宝玉大弓，终非其有。全写则揭箧，傍采则探囊。然世远者太轻，时同者为尤矣。"数学家丘成桐指导的研究小组最终完成了著名数学难题"庞加莱猜想"的证明，丘成桐很快向媒体和大众宣布了这项业绩。后来有人问丘成桐为什么在还没有得到数学界广泛验证的时候，这么快就公开宣布"庞加莱猜想"已经得到证明，丘成桐回答说："这是因为竞争太激烈。"我现在似乎能够理解丘成桐先生当时的心情。只愿我艰苦完成的这篇博士学位论文对学术研究会有些新的贡献。然而复声母及其相关问题非常繁难，我虽尽力而为，终囿于智力，恐不免竭情而多悔，精思而愈疏。这次纵然费心补订，也不可能至于无漏之境，唯遗求阙之叹[54]。

有的朋友问及我为什么会从日语专业转向汉语史？且不说我的日语专业知识可以对我的古汉语研究有极大的帮助，而且我还可以举出如下理由：我国学术大师多以习洋学始，以治国学终，如王国维、陈寅恪、胡适、汤用彤、钱钟书、傅斯年都是显著的例证。朱光潜称其代表作为《诗论》，而非《文艺心理学》《悲剧心理学》或《西方美学史》。钱歌川自负者乃身为散文家[55]，而非翻译家或英语研究家。陈寅恪平生学习过二十多种语言，但称最有用的语言还是中文。他留学国外十余年，后成为公认的国学大师。胡适留学美国获哲学博士学位，回国后做研究，自称有汉学家的考据癖，其国学上的造诣远在其西学之上。有人说钱钟书的英语比他的中文还好，钱钟书正色辩诬，其《管锥编》《谈艺录》非国学大师不能为功。季羡林留学德国十年，研治古印度的梵文、巴利文、吐火罗文，在"文革"中独力翻译 200 多万字的梵文大史诗《罗摩衍那》，后又译释吐火罗文的《弥勒会见记》，还撰有论述古代印度语言的论文集，主编《大唐西域记校注》，卓然为梵学权威。而晚年的季羡林专搞中国文化，为写《糖史》整天翻检《四库全书》。最有趣的是辜鸿铭完全生长在海外，通晓十余种外语，晚年为北京大学拉丁文教授，且赴日本用英语讲学三年。但他醉心于中国文化，蓄发辫、纳小妾、诵诗书，用英文写作《春秋大义》，向西方极力推广中国固有的文明，且英译过儒家经典[56]。张永言通晓多种外语，但都是为国学研究服务。吕叔湘本是习英文出身，留学伦敦学的是图书馆学，而回国后成为汉语言学著名专家。巴金本是留学法国的，而成为汉语作家泰斗。闻一多留学美国学的是艺术，而后半生用传统的汉学家的方法研究《诗经》《楚辞》《庄子》《周易》[57]，且涉猎金文。鲁迅留学日本学的是西医，后来学外国文学，但用我国传统的方法写出《中国小说史略》。郭沫若留学日本最初也学医科，后来学习西洋文学，最后竟然因为古文字学上的卓越贡献而当选第一届中央研究院的考古组院士。其文学作品颇有局限，而其古文字研究的论著至今光彩夺目。赵元任留学美国主要学的是数学和物理，但后来成为清华研究院的语言学导师。李方桂留学美国学的是外语和民族语言学，但晚年花费了很大的功夫来研究汉语上古音。杨宪益通多种外语，其与夫人英译的中国古代文学名著将青史留名，而其所著《译余偶拾》非国学家不能为。许国璋是英语教育家，而晚年费了不少的精力钻研《说文解字》和《马氏文通》。我现在步武先贤，深感心安理得。

庞光华　改订于沉香斋

注释

① 杨宗荣：《战国绘画资料》，中国古典艺术出版社，1957 年。

② 这面铜镜是新中国成立后在湖南长沙大冬瓜山出土的，原器由湖南省文物管理委员会收藏（光华按，这是据原书的说明）。

③ 可参见孔祥星、刘一曼编《中国铜镜图典》（文物出版社，1992 年），所录材料甚多。

④ 高大伦等主编：《中国文物鉴赏辞典》，漓江出版社，1993 年。

⑤ 顾森编著：《中国汉画图典》，浙江摄影出版社，1997 年。

⑥ 张道一：《画像石鉴赏》，重庆大学出版社，2009 年。

⑦ 古希腊的带翼人或神的观念及艺术造型也是从西亚传来的。这在学术界已成定论。

⑧［日］羽田亨撰，耿世民译：《西域文明史概论》，中华书局，2005 年，第 22 ~ 23 页。

⑨［英］马歇尔著，许建英译：《犍陀罗佛教艺术》，新疆美术摄影出版社，1999 年。

⑩［古希腊］希罗多德著，王以铸译：《历史》，商务印书馆，1997 年。

⑪［古希腊］赫西俄德著，张竹明等译：《神谱》，商务印书馆，1997 年。

⑫ 参看鲁刚等编译《希腊罗马神话词典》（中国社会科学出版社，1984 年）第 174 ~ 175 页、魏庆征《古代希腊罗马神话》（山西人民出版社、北岳文艺出版社，1999 年）第 835 页。而苏联学者编撰的《神话词典》（商务印书馆，1997 年）第 198 ~ 199 页“米诺斯”条没有提及代达洛斯用羽毛和蜂蜡做成翅膀从迷宫中飞走的故事，这个疏忽是不应该的。

⑬ 潘丁丁等绘：《龟兹壁画线描集》，新疆人民出版社，1985 年。

⑭ 朱伯雄主编：《世界美术史》，山东美术出版社，1987 年。

⑮ 另参看高火《古代西亚艺术》（河北教育出版社，2003 年）第 130 ~ 131 页所收的羽人图。又，我国古代的带翼兽的观点和相关文物也是受远古西亚文化的影响而形成的。如据高大伦等主编《中国文物鉴赏辞典》（漓江出版社，1993 年）第 192 页所收的“金异兽形饰件”条所述，1982 年 7 月在陕西凤翔县马家庄春秋秦宗庙遗址出土的春秋中期

的金异兽形饰件是一虎头兽，身长双翼［另参看《中国文物大典》（中国大百科全书出版社，2009年）第251页“凤翔金兽”条］；据同书第713页《吕仁墓附插孔玉辟邪》提到的东汉时代的玉辟邪带有羽翼（出土于陕西省宝鸡市）。另，在战国时代的中山王墓出土有两个青铜器的带翼兽。我认为带翼神的观念和形象应该产生于西亚地区，后扩散至中亚和古希腊。其产生应该与古埃及无关，埃及的带翼神雕像是吸收西亚文化的结果（也与古印度文化无关，无论是印度的哈拉帕文化还是雅利安文化如阿旃陀石窟等都没有带翼神人的形象，印度石刻或壁画中的早期飞天都没有羽翼）。有一个证据很值得注意。据《中国大百科全书·考古学卷》“斯芬克斯”条（刘文鹏撰）称：古代埃及的狮身人面雕像本来是没有带翼的，但在传入西亚和古希腊后变得带翼了。这个观察是正确的。《古代西亚艺术》（河北教育出版社，2003年）第123页所收的公元前8世纪的象牙雕刻“狮身人面像”（高7.8厘米，藏于叙利亚阿莱普博物馆）正是一个带有羽翼的形象。据苏联学者阿甫基耶夫《古代东方史》（生活·读书·新知三联书店，1956年）第364页，1907年在小亚细亚东北部考古发现了上古时代的喜特（光华按，今通译作“赫梯”）的一个大城墙遗址，装饰其大门圆柱柱基的是一个带翼的狮身人面像（同页有附图），同书第391页有两幅插图：真吉尔里出土的刻有两只带翼狮身人面兽的柱基［光华按，《中国文物大辞典》（中央编译出版社，2008年）第118页“镇墓兽”条附有瓷器的北周镇墓兽图也为带翼的狮身人面像，这绝对是西亚文化影响的结果］。同书第392页有一插图，是塞浦路斯岛上发现的古代腓尼基圆盘上的图像，这个圆盘图像的构图很复杂，上面有明显的带翼神和带翼兽（尤其要注意的是其图像的中心部位有明显的带翼日盘，这可能是带翼日盘形象最早的发源地）。这个现象表明带翼神的观念决不会起源于古代埃及。在西亚的考古中，发现了卡拉赫·阿淑尔纳西帕二世宫殿门的两侧有带翼的人面牛身雕像。公元1845—1847年，英国考古学家莱正德在西亚的尼姆路德发掘出巨大的带翼牛和带翼的人头狮，其名为“拉马苏”，是公元前9世纪亚述时代的作品（参看李建群《古代埃及和美索不达米亚美术》，中国人民大学出版社，2004年，第218~220页）。2001年7月，在伊拉克北部考古发掘出一座古代神庙。据考古学家推证，其年代至少在公元前800年。神庙外有一带翼的巨大石狮。在巴黎罗浮宫美术馆藏有一件苏美尔时代的银壶，壶身的中央刻画有一个神兽张开巨大的双翼，其时代在公元前2450年（参看李建群《古代埃及和美索不达米亚美术》第194页）。《古代西亚艺术》（河北教育出版社，2003年）第73页和第126页所收的“巴比伦的卡西特国王牌”是公元前12世纪被掠到苏撒的战利品，其产生的时代必然远早于公元前12世纪，这个著名的国王牌上有一浮雕的带翼神兽（彩图又见于同书第73页）。同书第66~67页收有齐姆雷·利姆王宫主殿大厅的“授权”壁画，时间是公元前18世纪初（现藏巴黎罗浮宫博物馆）。画中至少有三头带翼的狮子。同书第82页收有毕布勒国王浮雕图（局部，上方刻有腓尼基文字），时间约在公元前10世纪。同书第123页收有亚述时代的一个象牙雕塑图，是狮身人面像，带有双翼。李建群编著《古代埃及和美索不达米亚美术》提到背带双翼的神人雕像最早起源于古苏美尔，后来的巴比伦和亚述都是继承了古苏美尔的传统。在阿卡德的雕像中已经有了带翼神，同书第183页收有的圆筒印章《吉尔伽美什斗群狮》（时代在公元前2340—公元前2279年）上的两头狮子带有双翼。然而林梅村先生在《西域文明》（东方出版社，1995年）中的《大夏黄金宝藏的发现及其对大月氏考古研究的意义》一文中指出翼兽的观念来自古代波斯的祆教，列举了一些考古学的材料。现在看来，林梅村先生的这个论断是错误的。因为远在西亚的苏美尔、阿卡德、巴比伦、亚述和腓尼基的文明中已经有了翼兽的雕像或图像，远远在古代波斯的祆教产生之前。例如，德黑兰博物馆藏有一个公元前5世纪的“翼狮金角杯”（高32厘米，参看《古代西亚艺术》第171页所收彩图）。其时代远远晚于苏美尔、阿卡德、巴比伦等的古老翼狮形艺术品。我国《山海经》中的神话传说恐怕有不少与西亚和中亚文化有关系。容后详考。河北战国时代的中山国王墓出土的两个带翼青铜神兽的观念和造型肯定来自远古西亚文明。后来到了唐朝，我国的艺术品有描写天马为带翼马的形象，可以飞腾于空中，这显然也是受到西亚艺术的影响。李学勤先生《虎噬鹿器座与有翼神兽》（《比较考古学随笔》，广西师范大学出版社，1997年）一文论及有翼神兽的艺术形象是来自斯基泰—西伯利亚的艺术造型，颇有举证。其实，斯基泰—西伯利亚的有翼神兽的艺术形象也应该是从远古的西亚地区传来的，可能经过了古代波斯这个中介。《古代西亚艺术》一书收集了一些有翼神兽的艺术品资料，不逐一转录。

⑯ 李建群：《古代埃及和美索不达米亚美术》，中国人民大学出版社，2004年，第206页。

⑰ 李建群：《古代埃及和美索不达米亚美术》，中国人民大学出版社，2004年，第217页。

⑱ 李建群：《古代埃及和美索不达米亚美术》，中国人民大学出版社，2004 年，第 183 页。

⑲ 高火编：《古代西亚艺术》，河北教育出版社，2003 年。

⑳［英］海伦·斯特拉德威克总编辑，刘雪婷、谭琪等译《古埃及史话》（上海科学技术文献出版社，2014 年）。原文是英文，英文全名为《古埃及百科全书》。此书是研究古埃及文化的很有参考价值的工具书，所收彩图甚多，且有细致的解说。

㉑ 高火编：《埃及艺术》，河北教育出版社，2003 年。

㉒ 光华按，我不知道这一罗马时代的彩画是否与我国上古时代的女娲补天的神话有关系，但总觉得二者有相同之处，很可能是我国的女娲补天的神话影响了罗马时代的埃及文化，发生的变异是女神带有了双翼。这又是受到了西亚文化影响的结果。

㉓ 古埃及雕像中的带翼神似乎都是女神，没有男神，也没有半人半兽的带翼形象。

㉔ 罗世平、齐东方：《波斯和伊斯兰美术》，中国人民大学出版社，2004 年。

㉕ 光华按，在古代西亚，带翼神（即羽人）的观念和带翼兽的观念两者到底谁产生得更早？这个问题很有趣，一时难以作出确切回答。但我认为似乎带翼兽的观念更早，在带翼兽观念的影响下产生了带翼神的观念，二者都在公元前两千年前就产生并流行了。

㉖ 徐中舒：《徐中舒历史论文选辑》，中华书局，1998 年。

㉗ 神话学专家袁珂先生似也没有注意到徐氏此文。

㉘ 徐中舒先生写此文时受到当时考古学材料的局限，未能广泛取材。然而我们不应苛求前人。我在这里收集的考古材料对于理解古代的“羽人”文化还是有重要参考价值的。最近我注意到梁思成《佛像的历史》（中国青年出版社，2011 年）第 5 页称：汉代山东曲阜的“兽像则造型优美，雄壮而有生气。狮子和吐火兽常常有翼（原注：考虑到中国早期建筑不用人像和兽雕保卫大门，这一做法很可能是在与北方和西方满族接触中从西亚传来的）”。

㉙ 另外，孙作云先生《敦煌画中的神怪画》（见《孙作云文集·美术考古与民俗研究》，河南大学出版社，2003 年）一文中有“飞仙（羽人）和飞天”一节，从古文献和敦煌学的角度讨论了“羽人”的问题，可以参看。

㉚ 我最近读到曹锦炎先生的《浙江鄞县出土春秋时代铜器》（《吴越历史与考古论丛》，文物出版社，2007 年；原文发表于《考古》1984 年第 8 期），此文提到 1976 年浙江鄞县（今鄞州区）出土的一件春秋时期的青铜钺带有“羽人划船”纹饰，并称古代文化中的“羽人”的含义“应该是指那些在某种场合喜用鸟羽作衣冠装饰的民族”。我认为曹锦炎的这个观点是错误的，那些所谓“头戴羽冠”的人物实际上与我国古代的羽人毫无关系，因为在大量古籍来看，先秦两汉的羽人的形象都是生有翅膀的仙人，其特点是能够飞升上天，古书从不将羽人和划船相联系。读到曹锦炎的这篇论文，我感到我对这个问题的论述还不是明日黄花，似乎还有一定的现实意义。更观蒋文光主编《中国历代名画鉴赏（上册）》（金盾出版社，2004 年）第 414 ~ 415 页“羽人戏龙飞仙图”上的戏龙人根本没有羽翼，不能算作羽人，因此这幅南齐时代的墓室壁画上的神人实在与羽人无关。学者们对此画的命名是错误的。

㉛ 另可参考杨树达《积微居小学述林》卷三。

㉜（清）陆以湉：《冷庐杂识》，中华书局，1984 年。

㉝ 古书中“代”与“伐”常互讹，例证甚多。考《淮南子·人间》：“简公遇杀，身死无后，陈氏伐之。”伐，别本作代。当以作“代”为确。《文心雕龙·诸子》：“盖上古遗语，而战伐所记者也。”郝懿行、孙诒让皆指出“战伐”当作“战代”。《鹖冠子·天则》曰：“唯民知极，弗之代。”代一作伐。近年来文字学者谓敦煌文献中“代”与“伐”常混而不分。实则在战国时已然。《老子》七十四章：“夫代司杀者杀，是谓代大匠斲。夫代大匠斲者，希有不伤其手矣。”帛书《老子》甲本中三个“代”字皆作“伐”。《信阳楚简》107 简：“皆三伐之子孙。”三伐即三代。《曾侯乙墓竹简》有曰：“迅弁伐之骐为右……。”“弁伐”即“弁代”。《包山楚简》中的“伐阳”即是“弋阳”（另参见何琳仪《战国古文字典》，中华书局，2007 年，第 69 页；滕壬生《楚系简帛文字编》，湖北教育出版社，2008 年，第 666 页）。《墨子·明鬼下》：“祥上帝伐元山帝行。”伐，一本作代。《管子·霸言》：“骥之材而百马伐之，骥必罢矣；强最一伐，而天下共（攻）之，国必弱矣。”王念孙《读书杂志》（江苏古籍出版社，2000 年）第 450 页称：“念孙案，百马伐之

伐，当依宋本作代。……强最一伐，伐，亦当依宋本作代。……代、伐字相似。”另可参看《读书杂志·墨子第六》第625页“代之服罪”条，同书《荀子第六》第709页“代皋而食”条，同书《淮南内篇第九》第843页“不伐之言”条，不具引。《墨子·非命上》：“常伐之恶。”而《非命中》作“式是恶”。“伐”又作“式”。《尚书·康诰》：“自作不典式。”《潜夫论·述赦》引“式”作“戒”。《诗经·荡》：“式号式呼。”《释文》“式”一本作“或”。《后汉书·五行志五》：“财则有下人伐上之痾。”郑玄曰：“夏侯胜说‘伐’宜为‘代’，书亦或作‘代’。”可证作为偏旁的“戈”与“弋”在古汉语中容易相混。朱起凤《辞通》（上海古籍出版社，1993年）第744页指出《史记·天官书》中的“玄戈”在《文选·张衡·西京赋》中作“玄弋”（此例中“戈”正“弋”误）。《朱德熙文集（第五卷）》（商务印书馆，1999年）第169页有曰：“战国时期的‘弋’字，无论是作为独体字或作为偏旁，都可以写得跟‘戈’字一样。”朱德熙此文转录了李家浩的一篇论文中的一些材料。刘钊《古文字构形学》（福建人民出版社，2006年）第十六章第337页：“古文字中弋、戈二字相混，弋旁多讹变为戈。”陈梦家《中国文字学》（中华书局，2006年）第三章“汉字的结构”第36页提到：“古弋戈本一字。”最近读到曹锦炎先生《〈越绝书〉“戈船”释义》（《吴越历史与考古论丛》，文物出版社，2007年；原文发表于《文史》第36辑）对这个问题也有专门讨论，颇有举证。

㉞ 更考《史记·夏本纪》：“汤乃践天子位，代夏朝天下。”《吕氏春秋·首时》：“王子光代吴王僚为王。”《史记·儒林列传》：“是高帝代秦即天子位。”《史记·管蔡世家》：“楚公子弃疾弑其君灵王代立。”《史记·陈杞世家》：“楚太子商臣弑其父成王代立。”《史记·秦始皇本纪》：“庄襄王死，政代立为秦王。”《史记》中类例尚多。《史记·儒林列传》：“汤武代立践南面。”古书常以“代”为“改朝换代”之意。《荀子·解蔽》：“文王监於殷纣，此其所以代殷王而受九牧也。”《楚辞·天问》：“帝降夷羿，革孽夏民。”注：“帝，天帝。革，更也。”《尚书·多方》：“简代夏作民主。”《尚书·多方》：“乃惟有夏，图厥政，不集于享。天降时丧，有帮间之。”传：“使天下有国，圣人代之。”《尔雅·释诂》：“间，代也。”《尚书·康王之诰》：“敢敬告天子，皇天改大邦殷之命。”[《十三经注疏》本在“皇天”下点断，不确。《黄侃手批白文十三经》（上海古籍出版社，1986年）对《尚书》此处的断句与我相同。《十三经今注今译》（岳麓书社，1994年）第224页的断句也与我同]。《逸周书·商誓解》：“肆上帝命我小国曰‘革商国’。”革商国即代商国。《春秋元命苞》：“代殷者为姬昌。”又曰：“故知周苍代殷者为姬昌。”严可均《全上古三代文》卷二引《程寤》：“王及太子发并拜吉梦，受商之大命于皇天上帝。”卷七引《金匮》曰：“皆曰‘天代殷立周，谨来受命’。”云云。《楚辞·天问》：“启代益作后。”这些古文献材料都可作为我们的旁证。

㉟《尚书·泰誓中》与《墨子·兼爱中》同。

㊱ 郭在贻：《训诂丛稿》，上海古籍出版社，1985年。

㊲ 近观黄灵庚《楚辞异文辩证》（中州古籍出版社，2000年）第310页，不取郭在贻释“至”为“周”之说，而臆断“至”为“挚”之误，言《无问》此数够指伊尹代商政之事。我现在所举之例证多非郭在贻所及，然足证郭氏不误，黄说不可信。后来又读到郭小武《“受礼天下，又使至代之”解》一文（载《殷都学刊》，2002年第2期），郭小武此文释“至”为“隹”的误字，“隹”读为“谁”。我们认为郭文不可从。郭小武毫无根据地改动原文的顺序，说“使至代之”当作“至使代之”，并认为“至”与“隹”在草书中形近，易互讹。郭小武最重要的理由是《天问》的文例有两句一问的规律，又有“何……谁……”对举的规律。我认为《天问》中也有四句一问的句式特征。前两句为问，为抽象的理，后两句为具体的事例。如《天问》：“何圣人之一德，卒异其方梅伯受醢，箕子详狂。”此四句为一节，前二句为问，后二句为事例。同样的句式又如《天问》：“天命反侧，何罚何佑？齐桓九会，卒然身杀。”这也是四句为一节。《天问》：“皇天集命，惟何戒之？受礼天下，又使至代之。”句法正与此同。前二句为问，后二句为前二句的例证。因此，我们不取郭小武之说。我们还有《离骚》作旁证。四句为一节在《离骚》中实为惯例，因为《离骚》基本上都是每四句为一个押韵单位，通篇如此。在《天问》的韵例也是如此，一般也是四句为一个韵节（参看王力《楚辞韵读》）。《天问》此节是“戒、代”为韵，此前后四句都押鱼部，与此节无涉。

㊳ 杨树达：《积微翁回忆录》，上海古籍出版社，1986年。

㊴ 裘锡圭：《古文字论集》，中华书局，1992年。

㊵ 朱德熙：《朱德熙文集》，商务印书馆，1999年。

㊶ 此事最早见于王念孙《与江晋三书》（载江有诰《音学十书》，中华书局，1993年）。王国维《观堂集林》卷八《高邮王怀祖先生〈训诂音韵书稿〉叙录》讨论较详，且云：“而先生之精密，要在戴、段二家之上也。世人或以先生书本于戴、段者，故附论之。”

㊷ 朱光潜《诗论·诗与乐》曰：“一部分象征诗人有‘着色的听觉’（colour-hearing）一种心理变态。听到声音，就见到颜色。他们根据这个现象发挥为‘感通说’（correspondance，参看波德莱尔用这个字为题的十四行诗），以为自然界现象如声色嗅味触觉等所接触的，在表面虽似各不相谋，其实是遥相呼应，可相感通的。”钱钟书先生的著名论文《通感》没有提到朱光潜此文。

㊸ 李学勤：《眉县杨家村器铭历日的难题》，《宝鸡文理学院学报》2003年第5期。

㊹ 郭沫若：《郭沫若全集·历史编（第一卷）》，科学出版社，2002年，第303页。

㊺ 罗振玉：《雪堂类稿（乙编）》，辽宁教育出版社，2003年，第267~270页。

㊻ 陈梦家：《中国文字学》，中华书局，2006年。

㊼ 当然，我们并不同意否定转注。本书前已指出“转注”的实质是创造出后起分化字。前人对此意多不能明了。

㊽ 施向东：《玄奘译著中的梵汉对音和唐初中原方音》，《语言研究》1983年第1期。

㊾ 水谷真成《大唐西域记》（平凡社，1999年）共三卷。但此书最早出版于20世纪70年代。

㊿ 这是我概括原文而言，非直译日语原文。

51 季羡林等《大唐西域记校注》卷一“覩货逻国”条，《校注》称：“玄奘以‘覩货逻’三字校正‘吐火罗’的译法，或许意在强调梵名原文Tukhāra第二音节为长元音。”这完全是采用了水谷真成的说法。此书采用水谷真成注本的地方很多，但没有逐一说明，似为不妥。

52 水谷真成《译写梵语音的汉字的声调功能》，收入《名古屋大学文学部二十周年记年论集》。此文写作于1968年。

53 当然学者们殊途同归，从各自的材料、方法和研究得出同样的结论，这也是学术界的正常现象，所谓英雄所见略同，不能概以抄袭目之。虽然朱光潜先生的《诗论》讨论“通感”比钱钟书时间早，但钱钟书《通感》取材广博，贯通中西，非朱先生之文可比。夏商周断代工程最后确定周武王伐纣的时间是公元前1046年，其研究论证相当严密，是多学科合作的结果，断非抄袭美国学者班大维的论文。

54 学术之难当然不止于此。实际上，对有关的专业文献的收集、阅读和钻研也绝不是轻松的事。最近看到网上有大数学家丘成桐的言论称：数学家曹怀东、朱熹平关于庞加莱猜想的研究论文有350页，“在几个月之内，真正能读懂这篇文章的人，在全世界也不会超过十个”。并且说：中国的数学院士“能够在一年之内全部看懂的话，我愿意送他1万块钱”。可见对专业文献的透彻掌握何等艰难。

55《钱歌川文集》（辽宁大学出版社，1988年）四大卷，近三百万言，包含散文集20多种。

56 季羡林留学德国十年，晚年常常鼓吹二十一世纪是东方文明的世纪，所谓东风压倒西风。这时的季羡林似乎与回国后的辜鸿铭有相通之处。我非民族主义者，与辜老先生不同。

57 不过，闻一多的神话学研究很可能受有弗洛伊德泛性论的影响。其研究《诗经》《楚辞》也很重视其中的性文化，这点稍与清代的旧学家不同。其是非功过留与后人论定。

参考及引用文献①

经学之部

[1]（清）阮元校刻：《周易正义》，《十三经注疏》，中华书局，1980 年。

[2]（清）阮元校刻：《尚书正义》，《十三经注疏》，中华书局，1980 年。

[3]（清）段玉裁：《古文尚书撰异》，《四部要籍注疏丛刊》，中华书局，1980 年。

[4]（清）阮元校刻：《毛诗正义》，《十三经注疏》，中华书局，1980 年。

[5]（清）阮元校刻：《周礼注疏》，《十三经注疏》，中华书局，1980 年。

[6]（清）孙诒让：《周礼正义》，中华书局，2000 年。

[7]（清）阮元校刻：《礼记正义》，《十三经注疏》，中华书局，1980 年。

[8]（清）阮元校刻：《春秋左传正义》，《十三经注疏》，中华书局，1980 年。

[9] 杨伯峻：《春秋左传注（修订本）》，中华书局，1980 年。

[10]（清）阮元校刻：《春秋公羊传注疏》，《十三经注疏》，中华书局，1980 年。

[11]（清）阮元校刻：《春秋穀梁传注疏》，《十三经注疏》，中华书局，1980 年。

[12]（清）阮元校刻：《论语注疏》，《十三经注疏》，中华书局，1980 年。

[13]（清）刘宝楠：《论语正义》，《清人十三经注疏》，中华书局，1980 年。

[14]（清）程树德：《论语集释》，《新编诸子集成》，中华书局，1997 年。

[15]《孟子注疏》，《十三经注疏》，中华书局，1998 年。

[16]《尔雅注疏》，《十三经注疏》，中华书局，1998 年。

[17]（清）郝懿行：《尔雅义疏》，中国书店，1982 年。

[18]（清）邵晋涵：《尔雅正义》，《续修四库全书》，上海古籍出版社，2002 年。

[19]（唐）陆德明：《经典释文》，《十三经注疏》，上海古籍出版社，1985 年。

[20]（明）焦竑：《俗书刊误》，文渊阁《四库全书》，上海古籍出版社，2003 年。

[21]（清）阮元：《十三经注疏校勘记》，中华书局，1998 年。

[22]（清）钱大昕：《十驾斋养新录》，《嘉定钱大昕全集（七）》江苏古籍出版社，1997 年。

[23]（清）俞正燮：《癸巳存稿》，《新世纪万有文库》，辽宁教育出版社，2003 年。

[24]（清）俞正燮：《癸巳类稿》，《新世纪万有文库》，辽宁教育出版社，2001 年。

[24]（清）王聘珍：《大戴礼记解诂》，中华书局，1998 年。

[25] 王国维：《观堂集林》，河北教育出版社，2001 年。

[26]（唐）玄度：《新加九经字样》，《丛书集成》，商务印书馆，1936 年。

[27]（清）惠栋：《九经古义》，《皇清经解》，凤凰出版社，2008 年。

[28]（清）孙希旦集解:《礼记集解》，中华书局，1989 年。
[29]（清）朱彬:《礼记训纂》，中华书局，1996 年。
[30]（清）王先谦:《诗三家义集疏》，中华书局，1987 年。
[31]（清）焦循:《孟子正义》，中华书局，1996 年。
[32]（清）王引之:《经义述闻》，《清人注疏十三经》，中华书局，1998 年。
[33]（清）陈立:《公羊义疏》，《清人注疏十三经》，中华书局，1998 年。
[34]（清）洪亮吉:《春秋左传诂》，上海古籍出版社，1994 年。
[35] 刘文淇:《春秋左氏传旧注疏证》，科学出版社，1959 年。
[36]（清）孙星衍:《尚书今古文注疏》，中华书局，1988 年。
[37]（清）皮锡瑞:《今文尚书考证》，中华书局，1989 年。
[38]（清）王先谦:《尚书孔传参正》，《四部要籍注疏丛刊》，中华书局，1998 年。
[39]（清）顾炎武:《日知录》，《日知录集释》，花山文艺出版社，1991 年。
[40]（清）顾炎武:《音学五书》，中华书局，1982 年。
[41]（清）江有诰:《音学十书》，中华书局，1993 年。
[42]（清）孔广森:《诗声类》，中华书局，1983 年。
[43] 陈梦家:《尚书通论》，《二十世纪中国史学名著》，河北教育出版社，2001 年。
[44] 邓球柏:《帛书周易校释（增订本）》，湖南出版社，1996 年。
[45] 胡平生等:《阜阳汉简诗经研究》，上海古籍出版社，1988 年。
[46] 吴静安:《春秋左氏传旧注疏证续》，东北师范大学出版社，2005 年。
[47]（清）陈第:《毛诗古音考·屈宋古音义》，中华书局，2008 年。
[48] 黄侃:《黄侃手批白文十三经》，上海古籍出版社，1986 年。
[49] 黄侃:《尔雅音训》，中华书局，2007 年。

史书之部

[1]（西汉）司马迁:《史记》，中华书局，1997 年。
[2]（东汉）班固:《汉书》，中华书局，1962 年。
[3]（南朝宋）范晔:《后汉书》，中华书局，2012 年。
[4]（西晋）陈寿:《三国志》，中华书局，1982 年。
[5]（唐）房玄龄等:《晋书》，中华书局，1974 年。
[6]（南朝梁）沈约:《宋书》，中华书局，2008 年。
[7]（北齐）魏收:《魏书》，中华书局，1974 年。
[8]（唐）令狐德棻:《周书》，中华书局，2001 年。
[9]（唐）魏征:《隋书》，中华书局，2008 年。
[10]（五代）刘昫:《旧唐书》，中华书局，2010 年。
[11]（北宋）欧阳修:《新唐书》，中华书局，2003 年。
[12]（清）王先谦:《汉书补注》，中华书局，1993 年。

[13]（清）王先谦：《后汉书集解》，《四部精要》，上海古籍出版社，2006 年。
[14]（唐）李延寿：《南史》，中华书局，1975 年。
[15]（唐）李延寿：《北史》，中华书局，1974 年。
[16] 赵尔巽等：《清史稿》，中华书局，1998 年。
[17]（三国吴）韦昭注：《国语》，上海古籍出版社，1988 年。
[18]（三国吴）韦昭注，徐元诰集解：《国语集解》，中华书局，2002 年。
[19]（唐）张守节正义：《史记正义》，文渊阁《四库全书》，上海古籍出版社，2003 年。
[20] 杨宽：《战国史》，上海人民出版社，1998 年。
[21] 杨宽：《杨宽古史论文选集》，上海人民出版社，2003 年。
[22] 顾颉刚：《顾颉刚古史论文集（第一册）》，中华书局，1988 年。
[23] 胡厚宣、胡振宇：《殷商史》，上海人民出版社，2003 年。
[24] 王玉哲：《中华远古史》，上海人民出版社，2000 年。
[25] 杨宽：《西周史》，上海人民出版社，1999 年。
[26] 许倬云：《西周史（增补本）》，生活・读书・新知三联书店，2001 年。
[27] 万绳楠：《陈寅恪魏晋南北朝史讲演录》，黄山书社，1999 年。
[28] 齐思和：《中国史探研》，河北教育出版社，2001 年。
[29] 夏曾佑：《中国古代史》，河北教育出版社，2001 年。
[30] 张荫麟：《中国史纲》，上海古籍出版社，1999 年。
[31] 钱穆：《国史大纲》，商务印书馆，2004 年。
[32] 顾颉刚等编：《古史辨》，上海古籍出版社，1982 年。
[33] 顾颉刚：《古史辨自序》，河北教育出版社，2002 年。
[34] 郑天挺等主编：《中国历史大辞典（音序本）》，上海辞书出版社，2007 年。
[35] 郑德坤：《郑德坤古史论集选》，商务印书馆，2007 年。
[36] 饶宗颐：《饶宗颐史学论著选》，上海古籍出版社，1993 年。
[37] 京大东洋史辞典编纂会编：《新编东洋史辞典》，创元社，1991 年。
[38] 王桐龄：《中国民族史》，文化学社，1934 年。
[39] 王钟翰：《中国民族史（增订本）》，中国社会科学出版社，2001 年。

小学之部

[1]（东汉）许慎：《说文解字》，中华书局，1989 年。
[2]（清）段玉裁：《说文解字注》，上海古籍出版社，1995 年。
[3]（清）段玉裁：《六书音均表》，上海古籍出版社，1995 年。
[4]（清）朱骏声：《说文通训定声》，中华书局，1998 年。
[5]（清）王筠：《说文解字句读》，中华书局，1998 年。
[6]（清）王筠：《说文释例》，中华书局，1998 年。
[7]（清）桂馥：《说文解字义证》，齐鲁书社，1994 年。

［8］（南唐）徐锴：《说文解字系传》，中华书局，1998 年。
［9］（清）朱珔：《说文假借义证》，黄山书社，1997 年。
［10］徐复：《广雅诂林》，江苏古籍出版社，1998 年。
［11］丁福保：《说文解字诂林》，鼎文书局，1983 年。
［12］朱祖延：《尔雅诂林》，湖北教育出版社，1998 年。
［13］（北宋）司马光：《类篇》，中华书局，1984 年。
［14］余迺永：《新校互注宋本广韵》，上海辞书出版社，2000 年。
［15］（北宋）丁度：《集韵》，中华书局，1989 年。
［16］（北宋）张有：《复古编》，文渊阁《四库丛书》，上海古籍出版社，2003 年。
［17］（辽）释行均：《龙龛手鉴》，中华书局，1991 年。
［18］（元）熊忠：《古今韵会举要》，中华书局，2000 年。
［19］（南宋）洪适：《隶释》，《四部丛刊》，中华书局，1986 年。
［20］（唐）颜元孙：《干禄字书》，文渊阁《四库全书》，上海古籍出版社，2003 年。
［21］［日］镰田正、米山寅太郎编：《新汉语林》，大修馆书店，1989 年。
［22］［日］藤堂明保编：《学研汉和大字典》，学习研究社，1981 年。
［23］［日］小川环树等人编：《角川新字源》，角川书店，2006 年。
［24］［日］小林信明：《新选汉和辞典》，小学馆，1985 年。
［25］［日］尾崎雄二郎：《角川大字源》，角川书店，1993 年。
［26］［日］藤堂明保：《汉字语源辞典》，学灯社，1966 年。
［27］［日］诸桥辙次等：《广汉和辞典》，大修馆书店，1977 年。
［28］徐文镜：《古籀汇编》，上海书店出版社，1998 年。
［29］郭沫若：《两周金文辞大系考释》，上海书店出版社，1999 年。
［30］高明编：《古文字类编》，中华书局，1982 年。
［31］滕壬生：《楚系简帛文字编》，湖北教育出版社，1995 年。
［32］高明、葛英会编著：《古陶文字征》，中华书局，1991 年。
［33］唐兰：《古文字学导论》，齐鲁书社，1981 年。
［34］唐兰：《中国文字学》，上海古籍出版社，2001 年。
［35］容庚：《金文编（第四版）》，中华书局，1985 年。
［36］中国社会科学院考古研究所：《甲骨文编》，中华书局，2004 年。
［37］宗福邦等主编：《故训汇纂》，商务印书馆，2003 年。
［38］［日］白川静：《金文通释》，白鹤美术馆，1966 年。
［39］徐中舒主编：《汉语大字典》，湖北辞书出版社、四川辞书出版社，1992 年。
［40］罗竹风主编：《汉语大词典》，上海辞书出版社，2007 年。
［41］（南朝宋）慧琳：《一切经音义》，上海古籍出版社，1986 年。
［42］张儒等：《汉字通用声素研究》，山西古籍出版社，2002 年。
［43］高亨：《古字通假会典》，齐鲁书社，1997 年。
［44］陈独秀：《小学识字教本》，巴蜀书社，1995 年。

[45] 黄侃：《文字声韵训诂笔记》，上海古籍出版社，1983 年。

[46] 黄侃：《黄侃论学杂著》，中华书局，1964 年。

[47] 黄侃：《尔雅音训》，上海古籍出版社，1983 年。

[48] 黄侃：《量守庐群书笺识》，武汉大学出版社，1985 年。

[49] 黄侃：《正字初编》，武汉大学出版社，1983 年。

[50] 董同龢：《上古音韵表稿》，《国立中央研究院历史语言研究所集刊（第十八本）》，中华书局，1987 年。

[51] 董同龢：《汉语音韵学》，中华书局，2001 年。

[52] 陆志韦：《古音说略》，《陆志韦语言学著作集（一）》，中华书局，1985 年。

[53] 李方桂：《上古音研究》，商务印书馆，1998 年。

[54] 杨树达：《积微居小学金石论丛（增订本）》，中华书局，1983 年。

[55] 杨树达：《积微居小学述林》，中华书局，1983 年。

[56] 杨树达：《中国文字学概要》，上海古籍出版社，1988 年。

[57] 徐在国：《隶定古文疏证》，安徽大学出版社，2002 年。

[58] 裘锡圭：《文字学概要》，商务印书馆，1988 年。

[59] 何琳仪：《战国文字通论（订补本）》，江苏教育出版社，2003 年。

[60] 李家浩：《战国官印考释（六篇）》，《安徽大学语言文字研究丛书 · 李家浩卷》，安徽大学出版社，2013 年。

[61] 李家浩：《战国官印考释两篇》，《著名中年语言学家自选集 · 李家浩卷》，安徽教育出版社，2002 年。

[62] 陈炜湛：《甲骨文简论》，上海古籍出版社，1987 年。

[63] 蒋绍愚：《古汉语词汇纲要》，北京大学出版社，1989 年。

[64] 李守奎：《楚文字编》，华东师范大学出版社，2003 年。

[65] 陈世辉、汤馀惠：《古文字学概要》，吉林大学出版社，1988 年。

[66] 骈宇骞：《银雀山汉简文字编》，文物出版社，2001 年。

[67] 陈长松：《马王堆帛书文字编》，文物出版社，2001 年。

[68] 汤馀惠等：《战国文字编》，福建人民出版社，2001 年。

[69] 李学勤：《秦简的古文字学考察》，《云梦秦简研究》，中华书局，1981 年。

[70] 李学勤：《试说张家山简〈史律〉》，《文物》2002 年第 4 期。

[71] 鲁国尧：《鲁国尧自选集》，河南教育出版社，1994 年。

[72] 鲁国尧：《鲁国尧语言学论文集》，江苏教育出版社，2003 年。

[73] 陈独秀：《陈独秀音韵学论文集》，中华书局，2001 年。

[74] 郭锡良：《汉字古音手册》，北京大学出版社，1986 年。

[75] 何九盈、陈复华：《古韵通晓》，中国社会科学出版社，1987 年。

[76] 章太炎：《新方言》，《章太炎全集（卷七）》，上海人民出版社，1999 年。

[77]（清）王念孙：《读书杂志》，《高邮王氏四种》，江苏古籍出版社，2000 年。

[78]（清）王念孙：《广雅疏证》，《高邮王氏四种》，江苏古籍出版社，2000 年。

［79］李荣：《音韵存稿》，商务印书馆，1982 年。

［80］李荣：《语文论衡》，商务印书馆，1985 年。

［81］李荣：《文字问题》，商务印书馆，1987 年。

［82］于省吾主编：《甲骨文字诂林》，中华书局，1996 年。

［83］郭沫若：《卜辞通纂》，《郭沫若全集·考古编（第二卷）》，科学出版社，1982 年。

［84］郭沫若：《殷契粹编》，《郭沫若全集·考古编（第三卷）》，科学出版社，2002 年。

［85］（清）王先谦：《释名疏证补》，上海古籍出版社，1984 年。

［86］（清）钱绎：《方言笺疏》，中华书局，1991 年。

［87］赵元任：《赵元任语言学论文集》，商务印书馆，2002 年。

［88］刘盼遂：《刘盼遂文集》，北京师范大学出版社，2002 年。

［89］傅定淼：《反切起源考》，上海古籍出版社，2003 年。

［90］刘师培：《刘申叔遗书》，江苏古籍出版社，1997 年。

［91］陈梦家：《西周铜器断代（上、下）》，中华书局，2004 年。

［92］罗振玉：《读碑小笺（增订本）》，《雪堂类稿（甲编）》，辽宁教育出版社，2003 年。

［93］祝敏申：《说文解字与中国古文字学》，复旦大学出版社，1998 年。

［94］王力：《同源字典》，商务印书馆，1982 年。

［95］王力：《汉语语音史》，中国社会科学出版社，1985 年。

［96］王力：《汉语史稿》，《王力文集》，山东教育出版社，1988 年。

［97］王力：《中国语言学史》，《王力文集》，山东教育出版社，1988 年。

［98］王力：《清代古音学》，《王力文集》，山东教育出版社，1988 年。

［99］王力：《汉越语研究》，《龙虫并雕斋文集（2 册）》，中华书局，1982 年。

［100］陈振裕、刘信芳：《睡虎地秦简文字编》，湖北人民出版社，1993 年。

［101］刘赜：《刘赜小学著作二种》，上海古籍出版社，1983 年。

［102］高文达：《新编联绵词典》，河南人民出版社，2001 年。

［103］李新魁：《李新魁语言学论集》，中华书局，1994 年。

［104］陶燠民：《闽语研究》，《国立中央研究院历史语言研究所集刊（第一本第四分）》，“国立中央研究院”历史语言研究所，1930 年。

［105］林语堂：《语言学论丛》，《林语堂名著全集（第十九卷）》，东北师范大学出版社，1994 年。

［106］［加拿大］蒲立本：《上古汉语的辅音系统》，中华书局，1999 年。

［107］赵秉璇、竺家宁编：《古汉语复声母论文集》，北京语言文化大学出版社，1998 年。

［108］赵彤：《战国楚方言音系》，北京大学博士学位论文，2003 年。

［109］王福堂：《汉语方言语音的演变和层次》，语文出版社，1999 年。

［110］王福堂等：《汉语方音字汇（第二版重排本）》，语文出版社，2003 年。

［111］郑张尚芳：《上古音系》，上海教育出版社，2003 年。

［112］唐作藩：《王力先生的“谐声说”》，《语言学论丛（第 28 辑）》，商务印书馆，2003 年。

［113］沈兼士：《右文说在训诂学上之沿革及其推阐》，《沈兼士学术论文集》，中华书局，

2004 年。

［114］邵荣芬：《邵荣芬音韵学论集》，首都师范大学出版社，1997 年。

［115］施向东：《玄奘译著中的梵汉对音和唐初中原方音》，《语言研究》1983 年第 1 期。

［116］杨剑桥：《汉语现代音韵学》，复旦大学出版社，1996 年。

［117］施向东：《上古汉语声母 s 与 x 的交替》，《汉语和藏语同源体系的比较研究》，华语教学出版社，2000 年。

［118］陈初生：《金文常用字典》，陕西人民出版社，2004 年。

［119］商承祚：《说文中之古文考》，上海古籍出版社，1983 年。

［120］黄侃：《说文笺识四种》，上海古籍出版社，1983 年。

［121］何九盈：《音韵丛稿》，商务印书馆，2002 年。

［122］何九盈：《中国现代语言学史》，广东教育出版社，2000 年。

［123］何九盈：《中国古代语言学史》，广东教育出版社，2000 年。

［124］赵振铎：《中国语言学史》，河北教育出版社，2000 年。

［125］濮之珍：《中国语言学史》，上海古籍出版社，1999 年。

［126］丁启阵：《论古无复辅音声母》，澳门语言学会出版，2000 年。

［127］刘又辛：《古汉语复辅音说质疑》，《文字训诂论集》，中华书局，1993 年；又见《音韵学研究（第一辑）》，中华书局，1984 年。

［128］曾宪通：《长沙楚帛书文字编》，中华书局，1993 年。

［129］罗常培等：《普通语音学纲要》，商务印书馆，2002 年。

［130］朱德熙：《秦始皇“书同文字”的历史作用》，《朱德熙文集（第五卷）》，商务印书馆，1999 年。

［131］吕叔湘：《把我国语言科学推向前进》，《吕叔湘文集（第四卷）》，商务印书馆，1992 年。

［132］吕叔湘：《汉语语法论文集（增订本）》，商务印书馆，1999 年。

［133］曹述敬：《音韵学辞典》，湖南出版社，1991 年。

［134］侯志义：《金文古音考》，西北大学出版社，2000 年。

［135］庞光华：《〈文字学概要〉书后》，《书目季刊（第三十七卷第四期）》，台湾学生书局，2004 年。

［136］李新魁：《李新魁音韵学论集》，汕头大学出版社，1997 年。

［137］丁邦新、孙宏开主编：《汉藏语同源词研究（一）》，广西民族出版社，2000 年。

［138］刘纶鑫：《江西客家方言概况》，江西人民出版社，2001 年。

［139］刘钊：《郭店楚简校释》，福建人民出版社，2003 年。

［140］荆门市博物馆编：《郭店楚墓竹简》，文物出版社，1998 年。

［141］詹伯慧：《汉语方言及方言调查》，湖北教育出版社，2001 年。

［142］强运开：《说文古籀三补》，中华书局，1986 年。

［143］李孝定：《汉字的起源与演变论丛》，联经出版事业公司，1986 年。

［144］裘锡圭：《关于〈孔子诗论〉》，《中国哲学（第二十四辑）》，辽宁教育出版社，2002 年。

［145］李荣等主编：《现代汉语方言大词典（合订本）》，江苏教育出版社，2002 年。

[146]（清）许瀚：《攀古小庐全集（上）》，齐鲁书社，1985 年。

[147] 徐通锵：《语言论》，东北师范大学出版社，2000 年。

[148] 李如龙：《闽西北方言“来”母字读 s－的研究》，《中国语文》1983 年第 4 期。

[149] 郭必之：《香港粤语疑问代词“点［tim35］”的来源》，《语言学论丛（第 27 辑）》，商务印书馆，2003 年。

[150] 王福堂：《汉语方言语音中的层次》，《语言学论丛（第 27 辑）》，商务印书馆，2003 年。

[151] 周祖谟：《问学集》，中华书局，1981 年。

[152] 周祖谟：《广韵校本》，中华书局，2004 年。

[153] 潘悟云：《汉语历史音韵学》，上海教育出版社，2000 年。

[154] 李如龙：《福建县市方言志 12 种》，福建教育出版社，2001 年。

[155] 陈章太、李如龙：《闽语研究》，语文出版社，1991 年。

[156] 李如龙：《方言与音韵论集》，香港中文大学中国文化研究所，1996 年。

[157] 徐通锵：《汉语研究方法论初探》，商务印书馆，2004 年。

[158] 李方桂：《汉语研究的方向》，《中国语言学论集》，台湾幼狮文化事业公司，1997 年。

[159] 张斌、许威汉主编：《中国古代语言学资料汇纂——文字学分册》，福建人民出版社，1993 年。

[160] 张斌、许威汉主编：《中国古代语言学资料汇纂——音韵学分册》，福建人民出版社，1993 年。

[161] 张斌、许威汉主编：《中国古代语言学资料汇纂——训诂学分册》，福建人民出版社，1993 年。

[162] 袁家骅：《汉语方言概要（第二版）》，语文出版社，2001 年。

[163] 李如龙：《汉语方言学》，高等教育出版社，2001 年。

[164] 李如龙：《汉语方言的比较研究》，商务印书馆，2001 年。

[165] 李如龙：《福建方言》，福建人民出版社，2000 年。

[166] 颜清徽、刘丽华编著：《娄底方言词典》，江苏教育出版社，1994 年。

[167] 于省吾：《双剑誃吉金文选》，中华书局，1998 年。

[168] 王文耀：《殷周文字声类研究》，上海书店出版社，2004 年。

[169] 华学诚：《周秦汉晋方言研究史》，复旦大学出版社，2002 年。

[170] 湖北省博物馆编：《曾侯乙墓》，文物出版社，1989 年。

[171] 湖北省文物考古研究所、北京大学中文系：《望山楚简》，中华书局，1995 年。

[172] 湖北省文物考古研究所、北京大学中文系：《九店楚简》，中华书局，2000 年。

[173] 张永言：《语文学论集（增补本）》，语文出版社，1999 年。

[174] 施其生：《方言论稿》，广东人民出版社，1996 年。

[175] 李荣：《切韵音系》，科学出版社，1956 年。

[176] 陆志韦：《古反切是怎样构造的》，《陆志韦集》，中国社会科学出版社，2003 年。

[177]［瑞典］高本汉著，赵元任、罗常培、李方桂译：《中国音韵学研究》，商务印书馆，1995 年。

［178］［瑞典］高本汉著，潘悟云等编译：《汉文典》，上海辞书出版社，1997 年。

［179］［加拿大］蒲立本著，潘悟云、徐文堪译：《上古汉语的辅音系统》，中华书局，1999 年。

［180］薛凤生：《汉语音韵史十讲》，华语教学出版社，1999 年。

［181］耿振生：《音韵通讲》，河北教育出版社，2001 年。

［182］丁惟汾：《方言音释》，齐鲁书社，1985 年。

［183］施谢捷：《吴越文字汇编》，江苏教育出版社，1998 年。

［184］梅祖麟：《梅祖麟语言学论文集》，商务印书馆，2000 年。

［185］魏建功：《古音系研究》，中华书局，1996 年。

［186］耿振生：《20 世纪汉语音韵学方法论》，北京大学出版社，2004 年。

［187］饶秉才编：《广州音字典》，广东人民出版社，1987 年。

［188］孙雍长：《训诂原理》，语文出版社，1997 年。

［189］孙雍长：《音转研究述要》，《河北师院学报（社会科学版）》，1994 年第 4 期。

［190］吴承仕：《经籍旧音辩证》，中华书局，1986 年。

［191］张守中：《郭店楚简文字编》，文物出版社，2000 年。

［192］张舜徽：《张舜徽学术论著选》，华东师范大学出版社，1997 年。

［193］（清）陈澧撰，罗伟豪点校：《切韵考》，广东高等教育出版社，2004 年。

［194］姚孝遂：《许慎与说文解字》，中华书局，1983 年。

［195］岑麒祥：《汉语外来语词典》，商务印书馆，1990 年。

［196］汪启明：《先秦两汉齐语研究》，巴蜀书社，1999 年。

［197］任继昉：《汉语语源学》，重庆出版社，1992 年。

［198］［瑞典］高本汉著，赵元任译：《谐声说》，《赵元任语言学论文集》，商务印书馆，2002 年。

［199］高名凯等：《汉语外来词词典》，上海辞书出版社，1984 年。

［200］［俄］钢和泰：《音译梵书与中国古音》，《胡适学术文集·语言文字研究》，中华书局，1993 年。

［201］谢启昆：《小学考》，汉语大词典出版社，1997 年。

［202］梅祖麟：《跟见系字谐声的照三系字》，《中国语言学报（第一期）》，商务印书馆，1983 年。

［203］姜义华主编：《胡适学术文集·语言文字研究》，中华书局，1993 年。

［204］史存直：《汉语音韵学论文集》，华东师范大学出版社，1997 年。

［205］张政烺：《六书古义》，《张政烺文史论集》，中华书局，2004 年。

［206］侯精一、温端政主编：《山西方言调查研究报告》，山西高校联合出版社，1993 年。

［207］孙玉文：《上古音构拟的检验标准问题》，《语言学论丛（第 31 辑）》，商务印书馆，2005 年。

［208］张玉金：《当代中国文字学》，广东教育出版社，2000 年。

［209］张玉金：《论汉字中的同形字符》，《文字学论丛（第 2 辑）》，崇文书局，2004 年。

［210］张涌泉：《汉语俗字研究》，岳麓书社，1998 年。

[211]［俄］雅洪托夫：《汉语史论集》，北京大学出版社，1986 年。

[212] 冯蒸：《汉语音韵学论文集》，首都师范大学出版社，1997 年。

[213] 李蓝：《方言比较・区域方言史与方言分区——以晋语分音词和福州切脚词为例》，《方言》2002 年第 1 期。

[214] 张光宇：《切韵与方言》，台湾商务印书馆，1990 年。

[215] 王天昌：《福州语音研究》，台湾世界书局，1970 年。

[216]［英］P. H. Matthews 编撰：《牛津简明语言学词典》，牛津大学出版社，2005 年。

[217] 李新魁：《汉语音韵学》，北京出版社，1986 年。

[218] 曾光平：《闽西北方言来母字读 s－的再研究》，《第十九届国际汉藏语言学会议论文集》，美国俄亥俄州立大学。

[219]《罗常培文集》编委会：《罗常培文集（第一卷）》，山东教育出版社，1999 年。

[220] 李如龙、陈章太：《论闽方言内部的主要差异》，《中国语言学报》1985 年第 2 期。

[221] 董同龢：《四个闽南方言》，《国立中央研究院历史语言研究所集刊（第三十本）》，“国立中央研究院”历史语言研究所，1960 年。

[222] 李永明：《潮州方言》，《中国语文丛书》，中华书局，1959 年。

[223] 詹伯慧：《潮州方言》，《方言与普通话集刊（第二本）》，中华书局，1959 年。

[224] 鲍厚星等：《湘南土话论丛》，湖南师范大学出版社，2004 年。

[225] 张振兴：《漳平（永福）方言同音字汇》，《方言》1982 年第 3 期。

[226] 严学宭：《汉语中的训读现象》，《语言文字学术论文集》，知识出版社，1989 年。

[227] 黄侃：《经籍旧音辩证笺识》，《量守庐群书笺识》，武汉大学出版社，1985 年。

[228] 黄焯：《经典释文汇校》，中华书局，1980 年。

[229] 孙雍长：《管窥蠡测集》，岳麓书社，1994 年。

[230] 丁忱：《论黄焯先生〈经典释文〉的研究及其成就》，《古汉语研究》1996 年第 3 期。

[231] 蒋冀骋：《评〈汉语俗字研究〉》，《古汉语研究》1996 年第 4 期。

[232] 施向东：《上古介音 r 与来纽》，《音韵学研究（第三辑）》，中华书局，1994 年。

[233] 黄典诚：《黄典诚语言学论文集》，厦门大学出版社，2003 年。

[234] 蒋冰冰：《吴语宣州片方言音韵研究》，华东师范大学出版社，2003 年。

[235] 王瑛：《试说“切脚语”》，《纪念王力先生百年版诞辰学术论文集》，商务印书馆，2002 年。

[236] 尉迟治平：《“风”之谜和夷语走廊》，《语言研究》1995 年第 2 期。

[237] 周季文：《藏译汉音的般若波罗蜜多心经校注》，《语言研究》1982 年第 1 期。

[238] 俞敏：《俞敏语言学论文集》，商务印书馆，1999 年。

[239] 俞敏：《俞敏语言学论文集》，黑龙江人民出版社，1989 年。

[240] 刘晓南：《宋代闽音考》，岳麓书社，1999 年。

[241] 张振兴：《著名中年语言学家自选集——张振兴卷》，安徽教育出版社，2002 年。

[242] 熊燕：《客赣方言语音系统的历史层次》，北京大学博士学位论文，2004 年。

[243] 王云路：《词汇训诂论稿》，北京语言文化大学出版社，2002 年。

［244］孙宏开：《羌语简志》，民族出版社，1981 年。

［245］庄初升：《粤北土话音韵研究》，中国社会科学出版社，2004 年。

［246］钱曾怡：《汉语方言研究的方法与实践》，商务印书馆，2002 年。

［247］钱曾怡主编：《山东方言研究》，齐鲁书社，2001 年。

［248］李荣：《考本字甘苦》，《方言》1997 年第 1 期。

［249］孟蓬生：《上古汉语同源词语音关系研究》，北京师范大学出版社，2001 年。

［250］周长楫：《厦门方言词典》，江苏教育出版社，1998 年。

［251］林焘、王理嘉：《语音学教程》，北京大学出版社，1999 年。

［252］周法高：《中国语言学论文集》，联经出版事业公司，1981 年。

［253］黄树先：《上古汉语复辅音声母探源》，《语言研究》2001 年第 3 期。

［254］鲁国尧：《宋词阴入通叶现象的考察》，《音韵学研究（第二辑）》，中华书局，1986 年。

［255］黄侃笺识，黄焯编次：《广韵校录》，上海古籍出版社，1985 年。

［256］王瑛：《近代汉语词汇语法散论》，商务印书馆，2004 年。

［257］裘锡圭：《从殷墟卜辞的“王占曰”说到上古汉语的宵谈对转》，《中国语文》2002 年第 1 期。

［258］李若晖：《列子释文反切考》，《语言研究》2003 年第 1 期。

［259］鲁国尧：《初读〈敦煌因义汇考〉》，《语文研究》1997 年第 4 期。

［260］周长楫：《上古汉语有复辅音说之辨难》，《厦门大学学报》1998 年第 2 期。

［261］朱庆之：《佛典与汉语音韵研究》，《汉语史研究集刊（第二辑）》，巴蜀书社，2000 年。

［262］喻遂生：《从纳西东巴文看甲骨文研究》，《甲金语言文字研究论集》，巴蜀书社，2002 年。

［263］郑张尚芳：《上古音研究十年回顾与展望（一）》，《古汉语研究》1998 年第 4 期。

［264］郑张尚芳：《上古音研究十年回顾与展望（二）》，《古汉语研究》1999 年第 1 期。

［265］储泰松：《梵汉对音与上古音研究》，《南京师范大学学报（社科版）》1999 年第 1 期。

［266］张建民：《二等韵介音研究综述》，《兰州大学学报（社科版）》2001 年第 3 期。

［267］李启群：《吉首方言研究》，民族出版社，2002 年。

［268］马学良、戴庆厦：《〈白狼歌〉研究》，《民族语文》1982 年第 5 期。

［269］陈剑：《释𡰪》，《追寻中华古代文明的踪迹——李学勤先生学术活动五十年纪念文集》，复旦大学出版社，2002 年。

［270］陈剑：《据战国竹简文字校读古书两则》，《第四届国际中国古文字学研讨会论文集》，香港中文大学，2003 年。

［271］王辅世：《湖南泸溪瓦乡话语音》，《语言研究》1982 年第 1 期。

［272］叶贵良：《“三刀”考索》，《中国语文》2001 年第 6 期。

［273］杨再彪：《苗语东部方言土语比较》，民族出版社，2004 年。

［274］乔全生：《山西南部方言称“树”为［po］考》，《中国语文》2002 年第 1 期。

［275］裘锡圭：《“东夏”解》，《庆祝王元化教授八十岁论文集》，华东师范大学出版社，2001 年。

［276］张建葆：《说文假借释义》，文津出版社，1991 年。

［277］施向东：《上古介音 r 与来纽》，《音韵学研究（第三辑）》，中华书局，1994 年。

［278］赵彤：《利用古文字资料考订几个上古音问题》，待刊。

［279］庞光华：《释名书后》，《古籍研究》2003 年第 2 期。

［280］（清）莫友芝原撰，梁光华注评：《唐写本说文解字木部笺异注评》，贵州人民出版社，1998 年。

［281］张涌泉：《〈说文〉“连撰读”发覆》，《著名中年语言学家自选集·张涌泉卷》，上海教育出版社，2011 年。

［282］聂鸿音：《番汉对音和上古汉语》，《民族语文》2003 年第 2 期。

［283］聂鸿音：《中国文字学概要》，语文出版社，1998 年。

［284］聂鸿音：《回鹘文〈玄奘传〉中的汉字古音》，《民族语文》1988 年第 6 期。

［285］聂鸿音：《西夏语中汉语借词的时间界限》，《民族语文》1994 年第 1 期。

［286］聂鸿音：《汉文史籍中的西羌语和党项语》，《语言研究》2000 年第 4 期。

［287］何九盈：《上古音》，商务印书馆，1991 年。

［288］黄焯：《古今声类通转表》，上海古籍出版社，1983 年。

［289］林明波：《唐以前小学书之分类与考证》，台湾商务印书馆，1975 年。

［290］姚永铭：《论“音随义转”》，《古汉语研究》1999 年第 2 期。

［291］管燮初：《从〈说文〉中的谐声字刊上古汉语声类》，《中国语文》1982 年第 1 期。

［292］孙玉溱：《元杂剧中的蒙古语曲白》，《中国语文》1982 年第 1 期。

［293］史金波：《西夏语中的汉语借词》，《中央民族学院学报》1982 年第 4 期。

［294］张盛裕：《潮阳方言的训读字》，《方言》1984 年 2 期。

［295］丁邦新等编：《儋州村话》，《国立中央研究院历史语言研究所专刊（第八十五种）》，“国立中央研究院”历史语言研究所，1986 年。

［296］刘祥柏：《徽州方言晓组合口一二等字的声母今读》，见《长江学术》2002 年第 2 辑。

［297］梅祖麟、［美］罗杰瑞：《试论几个闽北方言中的来母 s－声字》，台湾《清华学报》1971 年新 9 卷第 12 期。

［298］吴启禄、戴庆厦：《闽语仙游话的音变规律》，《中国语文》1961 年第 1 期。

［299］［英］戴维·克里斯特尔编，沈家煊译：《现代语言学词典》，商务印书馆，2000 年。

［300］［德］哈杜墨德·布斯曼：《语言学词典》，商务印书馆，2003 年。

［301］［法］奥德里古尔撰，岑麒祥译：《历史和地理可以解释某些语音上的发展》，《国外语言学论文选译》，语文出版社，1992 年。

［302］游汝杰：《汉语方言学导论（修订本）》，上海教育出版社，2000 年。

［303］刘钊：《马王堆汉墓简帛文字考释》，《语言学论丛（第 28 辑）》，商务印书馆，2003 年。

［304］徐德庵：《论古汉语有复辅音说的片面性》，《古代汉语论文集》，巴蜀书社，1991 年。

［305］杨剑桥：《古汉语实用知识宝典》，复旦大学出版社，2003 年。

［306］王远新：《中国民族语言学史》，中央民族学院出版社，1993 年。

［307］曾晓渝：《语音历史探索——曾晓渝自选集》，南开大学出版社，2004 年。

［308］（清）张廷书、陈廷敬主编：《康熙字典》，中华书局，1992 年。

［309］李香：《关于“去声源于－s尾”的若干证据的商榷》，《语言学论丛（第28辑）》，商务印书馆，2003年。

［310］周世烈：《同形词词典》，中国国际广播出版社，1995年。

［311］欧昌俊、李海霞：《六朝唐五代石刻俗字研究》，巴蜀书社，2004年。

［312］何大安：《规律与方向：变迁中的音韵结构》，北京大学出版社，2004年。

［313］王均：《王均语言学论文集》，商务印书馆，2004年。

［314］蒋希文：《赣榆方言的声母》，《中国语文》1961年第9期。

［315］邢公畹：《说“鸟”字的前上古音》，《民族语文》1982年第3期。

［316］黄家教、崔荣昌：《韶关方言新派老派的主要差异》，《中国语文》1983年第2期。

［317］潘渭水：《建瓯话中的衍音现象》，《中国语文》1994年第3期。

［318］张清常：《语言学论文集》，商务印书馆，1993年。

［319］罗常培：《罗常培语言学论文集》，商务印书馆，2004年。

［320］万献初：《经典释文音切类目研究》，商务印书馆，2004年。

［321］［日］白川静：《字统》，平凡社，1984年。

［322］［日］平山久雄：《中古汉语鱼韵的音值》，《中国语文》1995年第5期；又见王云路、方一新编：《中古汉语研究》，商务印书馆，2000年。

［323］侯精一：《现代晋语的研究》，商务印书馆，1999年。

［324］侯精一主编：《现代汉语方言概论》，上海教育出版社，2002年。

［325］张惠英：《回忆丁先生的教导》，《学问人生　大家风范——丁声树先生百年诞辰纪念文集》，商务印书馆，2009年。

［326］邓晓华：《古南方汉语的特征》，《古汉语研究》2000年第3期。

［327］郑作广：《方言与音韵研究》，广西教育出版社，1998年。

［328］邢公畹：《邢公畹语言学论文集》，商务印书馆，2000年。

［329］［美］爱德华·萨丕尔撰，陆卓元译：《语言论》，商务印书馆，2003年。

［330］孟庆慧：《黄山话的tɬ　tɬ‘　ɬ‘及探源》，《中国语文》1981年第1期。

［331］［法］马伯乐撰，聂鸿音译：《唐代长安方言考》，中华书局，2005年。

［332］李方桂：《藏语复辅音的中文转写》，《国立中央研究院历史语言研究所集刊（第五十本）》，“国立中央研究院”历史语言研究所，1979年，第231～240页。

［333］高永安：《明清皖南方音研究》，北京大学博士学位论文，2004年。

［334］龙宇纯：《上古阴声字具辅音韵尾说检讨》，《国立中央研究院历史语言研究所集刊（第五十本第四分）》，“国立中央研究院”历史语言研究所，1979年。

［335］白宛如：《广州方言连读音变举例》，《方言》1982年第1期。

［336］张盛裕：《潮阳声母与广韵声母的比较（一）》，《方言》1982年第1期。

［337］张盛裕：《潮阳声母与广韵声母的比较（二）》，《方言》1982年第2期。

［338］张盛裕：《潮阳声母与广韵声母的比较（三）》，《方言》1982年第3期。

［339］徐通锵：《山西平定方言的“儿化”和晋中的所谓“嵌L词”》，《中国语文》1981年第6期。

[340] 马凤如：《山东金乡话儿化对声母的影响》，《中国语文》1984 年第 4 期。

[341] 丁声树：《释否定词弗、不》，《庆祝蔡元培先生六十五岁论文集》，“国立中央研究院”历史语言研究所，1935 年。

[342] 王继如：《训诂问学丛稿》，江苏古籍出版社，2001 年。

[343] 丁启阵：《秦汉方言》，东方出版社，1991 年。

[344] 赵元任：《中山方言》，《历史语言研究所集刊（第二十册上）》，中华书局，1987 年。

[345] 孙宏开：《藏缅语若干音变探源》，《中国语言学报（第一期）》，商务印书馆，1982 年。

[346] 金理新：《上古汉语音系》，黄山书社，2002 年。

[347] 郑张尚芳：《古来母以母今方言读擦音塞擦音问题》，《语言（第三卷）》，首都师范大学出版社，2002 年。

[348] 史佩信：《“金日磾”的“日”为什么读“密”》，《文史知识》1997 年第 8 期。

[349] 王健：《“日”字为什么读“mi”》，《古汉语研究》2002 年第 3 期。

[350] 郭锡良：《音韵问题答梅祖麟》，《古汉语研究》2003 年第 3 期。

[351] 罗骥：《论汉语主体源于东夷》，《古汉语研究》2002 年第 3 期。

[352] 王珊珊：《梵汉对音中的一个特殊现象》，《古汉语研究》2003 年第 1 期。

[353] 陈立中：《湘语与吴语音韵比较研究》，中国社会科学出版社，2004 年。

[354] 钱乃荣：《当代吴语研究》，上海教育出版社，1992 年。

[355] 李如龙主编：《汉语方言研究文集》，暨南大学出版社，2002 年。

[356] 陈伟武：《战国秦汉同形字论纲》，《于省吾教授百年诞辰纪念文集》，吉林大学出版社，1996 年。

[357] 陈伟武：《双声符字综论》，《中国古文字研究（第 1 辑）》，吉林大学出版社，1999 年。

[358] 张双庆主编：《连州土话研究》，厦门大学出版社，2004 年。

[359] 叶国泉等：《信宜方言的变音》，《方言》1982 年第 1 期。

[360] 朱正义：《关中方言古词论稿》，上海古籍出版社，2004 年。

[361] 于茀：《金石简帛诗经研究》，北京大学出版社，2004 年。

[362] 刘纶鑫：《客赣方言比较研究》，中国社会科学出版社，1999 年。

[363] 王福堂：《闽北方言弱化声母和“第九调”之我见》，《中国语文》1994 年第 6 期。

[364] 王太庆：《铜陵方言记略》，《方言》1983 年第 2 期。

[365] 陈章太：《邵武方言的入声》，《中国语文》1983 年第 2 期。

[366] 颜森：《黎川方言研究》，社会科学文献出版社，1993 年。

[367] 林伦伦：《广东揭西县方音研究》，《汕头大学学报》1994 年第 3 期。

[368] 蒋绍愚：《近代汉语研究概况》，北京大学出版社，2001 年。

[369] 蒋冀骋等：《近代汉语纲要》，湖南教育出版社，1997 年。

[370] 李范文：《宋代西北方音》，中国社会科学出版社，1994 年。

[371] 周祖谟：《周祖谟语言学论文集》，商务印书馆，2001 年。

[372] 曾运乾：《音韵学讲义》，中华书局，2000 年。

[373] 何九盈：《汉语和亲属语言比较研究的基本原则》，《语言学论丛（第 29 辑）》，商务印书

馆，2004 年。

［374］竺家宁：《韵赖声母演变的类化现象》，《语言学论丛（第 29 辑）》，商务印书馆，2004 年。

［375］李小凡：《释厦门、苏州、庆元（竹口）方言的声调变异》，《陕西师范大学学报》2004 年第 5 期。

［376］冯蒸：《中国大陆近三年（1996—1998）汉语音韵研究述评》，《无锡教育学院学报》1999 年第 1 期。

［377］蒋冀骋：《朱熹反切音系中已有舌尖前高元音说质疑》，《古汉语研究》2001 年第 4 期。

［378］金有景：《汉语史上［ɿ］（ɿ、ʅ）音的产生年代》，《徐州师范大学学报》1998 年第 3 期。

［379］陈天泉、李如龙、梁玉璋：《福州话声母类化音变的再探讨》，《中国语文》1981 年第 3 期。

［380］孙玉文：《试论跟明母谐声的晓母字的语音演变》，《古汉语研究》2005 年第 1 期。

［381］复旦大学中国语言文学研究所吴语研究室：《吴语论丛》，上海教育出版社，1988 年。

［382］马重奇：《闽南漳州方言的 la－mi 式和 ma－sa 式音的秘密语形式》，《中国语言学报（第 9 期）》，商务印书馆，1999 年。

［383］邢公畹：《汉语方言调查基础知识》，华中工学院出版社，1982 年。

［384］曹广衢：《布依语的反语》，《中国语文》1956 年 3 月号。

［385］王敬骝：《佤语的反语》，《民族调查研究》1983 年第 1 期。

［386］王春德：《燕子口苗语的反切语》，《民族语文》1979 年第 2 期。

［387］石林：《汉语榕江方言的反语》，《语言研究论丛（第 4 辑）》，南开大学出版社，1987 年。

［388］张成材：《西安方言的反语》，《语言研究》1987 年第 2 期。

［389］曹聪孙：《汉语隐语说略》，《中国语文》1992 年第 1 期。

［390］李蓝：《湖南城步青衣苗人话》，中国社会科学出版社，2004 年。

［391］谢维扬、朱渊清主编：《新出土文献与古代文明研究》，上海大学出版社，2004 年。

［392］［英］R. L. Trask：《历史语言学》，外语教学和研究出版社，2000 年。

［393］蔡永贵：《复辅音声母：一个并不可信的假说》，《宁夏大学学报》2005 年第 2 期。

［394］刘志诚：《两周金文音系的声母系统》，《川东学刊》1995 年第 3 期。

［395］刘广和：《历史语言的若干研究方法评议》，《汉语学习》2000 年第 5 期。

［396］刘广和：《大孔雀明王经咒语义净跟不空译音的比较研究》，《语言研究》1994 年增刊。

［397］祝敏鸿：《通城方言入声的特点》，《语言研究》2002 年特刊。

［398］R. L. Turner：《印度雅利安语比较词典》，Motilal Banarsidass Publishers Private limited，1999 年。

［399］［日］水野弘元著，许洋主译：《巴利文法》，华宇出版社，1986 年。

［400］［英］Robert K. Barnhart：《钱伯斯语源学辞典》，The H. W. Wilson Company，2002 年。

［401］储泰松：《唐代音义所见方音考》，《语言研究》2004 年第 2 期。

［402］林亦：《喻四归匣——古以母演变的另一形式》，《语言研究》2004 年第 1 期。

［403］［日］北村甫主编：《世界的语言》，《讲座语言（第 6 卷）》，大修馆书店，1981 年。

［404］燕宝：《黔东苗语中新出现的音变现象》，《民族语文》1994 年第 1 期。

[405] 陈新雄：《文字声韵论丛》，东大图书公司，1994 年。

[406] 陈建生：《“角里”音读考》，《安徽广播电视大学学报》1999 年第 1 期。

[407] 万波：《赣语永新方言量词的清声浊化》，《语文研究》1996 年第 3 期。

[408] 吴宗济：《吴宗济语言学论文集》，商务印书馆，2004 年。

[409] 陈水润：《水东方言的语音特点》，《广东石油化工专科学校学报（社会科学版）》1994 年第 2 期。

[410] 赵杰：《北京话的满语底层和“轻音”“儿化”探源》，北京燕山出版社，1996 年。

[411] 朱晓农：《从群母论浊声和摩擦》，《语言研究》2003 年第 2 期。

[412] 朱晓农：《汉越语和切韵唇音字》，《语言文字研究专辑（上）》，上海古籍出版社，1982 年。

[413] 曹志耘：《严州方言语音特点》，《语言研究》1997 年第 1 期。

[414] 林亦：《车字古有“居”音》，《古汉语研究》2001 年第 3 期。

[415] 时建国：《说车字的“居”音》，《语文研究》1997 年第 4 期。

[416] 罗骥：《论汉语主体源于东夷》，《古汉语研究》2002 年第 3 期。

[417] 聂鸿音：《鲜卑语言解读述论》，《民族研究》2001 年第 1 期。

[418] 尉迟治平：《对音还原法发凡》，《南阳师范学院学报》2002 年第 2 期。

[419] 尉迟治平：《周隋长安方言初探》，《语言研究》1982 年第 2 期。

[420] 刘镇发：《客、粤语与邻近民族语言的共同词》，《语文研究》1998 年第 4 期。

[421] 黄锡惠：《汉语东北方言中的满语影响》，《语文研究》1997 年第 4 期。

[422] 赵杰：《北京话中的满汉融合词探微》，《中国语文》1993 年第 4 期。

[423] 李永燧：《彝语先喉塞鼻音声母考察》，《语言研究》1996 年第 1 期。

[424] 李如龙：《论汉语方言语音的演变》，《语言研究》1999 年第 1 期。

[425] 姚永铭：《慧琳音义与切韵研究》，《语言研究》2000 年第 1 期。

[426] 岳立静：《萍乡方言的文白异读及其音变特点》，《语文研究》1998 年第 4 期。

[427] 张维佳：《关中方言鼻韵尾的演变模式》，《语言研究》2001 年第 4 期。

[428] 陈剑：《说“安”》，《语言学论丛（第 31 辑）》，商务印书馆，2005 年。

[429] 聂鸿音：《音节简省是外来新词语规范化的首要原则》，《语文建设》1994 年第 1 期。

[430] 邓海峰：《湖南新田沙田土话的语音特征》，《语言研究》2002 年增刊。

[431] 冯胜利：《论上古汉语的重音转移与宾语后置》，《语言研究》1994 年第 1 期。

[432] 张民权：《程迥〈古韵通式〉及古音说通考》，《语言研究》2005 年第 1 期。

[433] 邢向东：《小议部分“舒声促化字”》，《语文研究》2000 年第 2 期。

[434] 郑张尚芳：《方言中的舒声促化现象说略》，《语文研究》1990 年第 2 期。

[435] 贺巍：《晋语舒声促化的类别》，《方言》1996 年第 1 期。

[436] 冯蒸：《论汉语上古声母研究中的考古派和审音派》，《汉字文化》1998 年第 2 期。

[437] 黄长著：《各国语言手册》，重庆出版社，1990 年。

[438] ［日］大野晋：《日语的起源》，岩波书店，2003 年。

[439] 万久富：《〈晋书音义〉的汉语史史料价值》，《古籍整理研究学刊》2000 年第 6 期。

[440] ［日］服部四郎：《日语的系统》，岩波书店，1999 年。

[441] [日] 杉勇：《楔形文字入门》，讲谈社，2006 年。
[442] 龚煌城：《汉藏语研究论文集》，北京大学出版社，2004 年。
[443] 北京大学中国语言文学系语言学教研室编：《汉语方言词汇》，语文出版社，2005 年。
[444] 鲍厚星：《东安土话研究》，湖南教育出版社，1998 年。
[445] 白川静：《说文新义》，日本白鹤美术馆，1985 年。
[446] 许宝华：《许宝华汉语研究文集》，中华书局，2006 年。
[447] [日] 大岛正二：《唐代字音研究》，汲古书院，1981 年。
[478] [日] 坂井健一：《魏晋南北朝字音研究》，汲古书院，1975 年。
[449] 徐时仪等编：《佛经音义研究》，上海古籍出版社，2006 年。
[450] 张玉金：《甲骨文语法学》，学林出版社，2001 年。
[451] 沈培：《殷墟甲骨卜辞语序研究》，文津出版社，1992 年。
[452] 葛毅卿：《隋唐音研究》，上海古籍出版社，2003 年。
[453] 王力：《汉语语法史》，商务印书馆，1989 年。
[454] 颜森编：《广集韵谱》，江西人民出版社，2005 年。
[455] [日] 三根古彻：《中古汉语与越南汉字音》，汲古书院，1993 年。
[456] 上海市语文学会、香港中国语文学会编：《吴语研究》，上海教育出版社，2003 年。
[457] 上海市语文学会编：《吴语研究》，上海教育出版社，2005 年。
[458] 张渭毅：《中古音论集》，河南大学出版社，2006 年。
[459] 袁毓林：《汉语语法研究的认知视野》，商务印书馆，2004 年。
[460] 陈昌齐：《楚辞辨韵》，《丛书集成新编》，新文丰出版公司，1985 年。
[461] 陆志韦：《陆志韦语言学著作集（二）》，中华书局，1999 年。
[462] 刘新中：《海南闽语的语音研究》，中国社会科学出版社，2006 年。
[463] 曹志耘：《金华汤溪方言帮母端母的读音》，《方言》1990 年第 1 期。
[464] 傅国通：《武义方言的连读变调》，《方言》1984 年第 2 期。
[465] 杨时逢：《湖南方言调查报告》，“国立中央研究院”历史语言研究所，1974 年。
[466] 杨时逢：《云南方言调查报告》，“国立中央研究院”历史语言研究所，1969 年。
[467] 杨时逢：《四川方言调查报告》，“国立中央研究院”历史语言研究所，1984 年。
[468] 赵元任等：《湖北方言调查报告》，“国立中央研究院”历史语言研究所，1948 年。
[469] 邢公畹：《汉台语比较手册》，商务印书馆，1999 年。
[470] 王辅世、毛宗武：《苗瑶语古音构拟》，中国社会科学出版社，1995 年。
[471] 罗振玉编：《高邮王氏遗书》，江苏古籍出版社，2000 年。
[472] 陈新雄：《锲不舍斋论学集》，台湾学生书局，1984 年。
[473] 陈新雄：《古音研究》，五南图书公司，1999 年。
[474] 陈新雄：《广韵研究》，台湾学生书局，2004 年。
[475]（清）洪亮吉：《汉魏音》，《续修四库全书（第 245 册）》，上海古籍出版社，2002 年。
[476] [日] 上田正：《切韵残卷诸本补正》，三秀舍，1973 年。
[477] [日] 上田正：《切韵诸本反切总览》，京都均社，1975 年。

［478］［日］上田正：《切韵逸文的研究》，汲古书院，1984 年。

［479］［日］上田正：《慧琳反切总览》，汲古书院，1987 年。

［480］日本音声学会编：《音声学大辞典》，三修社，1976 年。

［481］［日］小泽重男：《元朝秘史蒙古语辞典》，《元朝秘史蒙古语文法讲义》，风间书房，1993 年。

［482］方龄贵：《古典戏曲外来语考释词典》，汉语大词典出版社、云南大学出版社，2001 年。

［483］李圃：《异体字字典》，学林出版社，1997 年。

［484］［日］桥本万太郎：《桥本万太郎著作集（一）》，内山书店，2000 年。

［485］［日］桥本万太郎：《桥本万太郎著作集（二）》，内山书店，2000 年。

［486］［日］桥本万太郎：《桥本万太郎著作集（三）》，内山书店，2000 年。

［487］余迺永：《上古音系研究》，香港中文大学出版社，1985 年。

［488］王力主编：《王力古汉语字典》，中华书局，2005 年。

［489］刘泽民：《客赣方言历史层次研究》，甘肃民族出版社，2005 年。

［490］李新魁：《韵镜校证》，中华书局，2004 年。

［491］陈广忠：《韵镜通释》，上海辞书出版社，2003 年。

［492］龙宇纯：《韵镜校注》，艺文印书馆，2003 年。

［493］丁邦新编：《董同龢先生语言学论文选集》，食货出版社，1974 年。

［494］特拉斯克：《语音学和音系学词典》，语文出版社，2000 年。

［495］赵元任：《赵元任语言学论文集》，商务印书馆，2006 年。

［496］戚雨村等：《语言学百科词典》，上海辞书出版社，1998 年。

［497］李赋宁：《英语史》，商务印书馆，2005 年。

［498］彭小川：《粤语论稿》，暨南大学出版社，2004 年。

［499］詹伯慧等主编：《粤西十县市粤方言调查报告》，暨南大学出版社，1998 年。

［500］林宝卿：《闽南方言与古汉语同源词典》，厦门大学出版社，1999 年。

［501］周季文等：《敦煌吐蕃汉藏对音字汇》，中央民族大学出版社，2006 年。

［502］项梦冰等：《汉语方言地理学》，中国文史出版社，2005 年。

［503］曹志耘：《南部吴语语音研究》，商务印书馆，2002 年。

［504］鲍明炜、王均：《南通地区方言研究》，江苏教育出版社，2002 年。

［505］索绪尔：《普通语言学教程》，商务印书馆，1996 年。

［506］沈淑：《陆氏经典异文补》（《丛书集成初编》），商务印书馆，1937 年。

［507］李珍华、周长楫：《汉字古今音表》，中华书局，1993 年。

［508］王海根：《古代汉语通假字大字典》，福建人民出版社，2006 年。

［509］吕叔湘：《吕叔湘语文论集》，商务印书馆，1983 年。

［510］李新魁：《汉语等韵学》，中华书局，1983 年。

［511］（明）杨慎：《转注古音略》，《杨升庵丛书（一）》，天地出版社，2002 年。

［512］陈梦家：《中国文字学》，中华书局，2006 年。

［513］刘又辛等：《汉字发展史纲要》，中国大百科全书出版社，2000 年。

［514］李得春：《朝鲜对音文献标音手册》，黑龙江朝鲜民族出版社，2002 年。

［515］刘钊：《古文字构形学》，福建人民出版社，2006 年。

［516］傅定淼：《梵文拼音原理传入与反切起源关系新探》，《汉字文化》2001 年第 1 期。

［517］［日］水谷真成：《译写梵语音的汉字的声调功能》，《名古屋大学文学部二十周年纪念论集》，1968 年。

［518］忠周：《精编金石大字典》，黄山书社，1988 年。

［519］刘钊：《古文字考释丛稿》，岳麓书社，2005 年。

［520］［日］高田时雄著，钟翀译：《敦煌·民族·语言》，中华书局，2005 年。

［521］王文耀等：《金文今译类检（殷商西周卷）》，广西教育出版社，2003 年。

［522］周祖谟：《方言校笺》，中华书局，1993 年。

［523］潘玉坤：《西周金文语序研究》，华东师范大学出版社，2005 年。

［524］叶宝奎：《明清官话音系》，厦门大学出版社，2002 年。

［525］唐作藩：《汉语史学习与研究》，商务印书馆，2001 年。

［526］郭锡良：《汉语史论集（增补本）》，商务印书馆，2005 年。

［527］郭沫若：《古代文字之辨证的发展》，《郭沫若全集·考古编（第十卷）》，中国科学出版社，2002 年。

［528］李文泽：《金末元初北方话中的入声分析》，《汉语史研究集刊（第 10 辑）》，四川出版集团、巴蜀书社，2007 年。

［529］蒋冀骋：《古谚“室於怒市於色”所反映的原始汉语状格助词》，《汉语史研究集刊（第 10 辑）》，四川出版集团、巴蜀书社，2007 年。

［530］董志翘：《笔记小说与语言文字研究》，《汉语史研究集刊（第 10 辑）》，四川出版集团、巴蜀书社，2007 年。

［531］杨军：《韵镜校笺》，浙江大学出版社，2007 年。

［532］黄克定：《从〈诗经〉到〈中原音韵〉》，辽宁人民出版社，2003 年。

［533］黄伯荣主编：《汉语方言语法类编》，青岛出版社，1996 年。

［534］陈新雄：《声类新编》，台湾学生书局，1992 年。

［535］周法高：《中国音韵学论文集》，香港中文大学出版社，1984 年。

［536］［德］海涅曼：《汉梵、梵汉陀罗尼用语用句辞典》，《世界佛学名著译丛（9）》，华宇出版社，1985 年。

［537］［日］八田幸雄著，林胜仪、林光明合译：《真言事典》，嘉丰出版社，2002 年。

［538］施向东：《联绵词的音韵学透视》，《音史新论》，学苑出版社，2005 年。

［539］陈章太、李行健主编：《普通话基础方言基本词汇集》，语文出版社，1996 年。

［540］唐钰明：《著名中年语言学家自选集·唐钰明卷》，安徽教育出版社，2002 年。

［541］江蓝生：《著名中年语言学家自选集·江蓝生卷》，安徽教育出版社，2002 年。

［542］詹伯慧等主编：《粤北十县市粤方言调查报告》，暨南大学出版社，1994 年。

［543］黎锦熙：《比较文法》，中华书局，1986 年。

［544］周大璞主编：《训诂学初稿（修订版）》，武汉大学出版社，2005 年。

[545] 黄德宽主编：《古文字谱系疏证》，商务印书馆，2007 年。

[546] 张维佳：《关中方言鼻韵尾的演变模式》，《语言研究》2001 年第 4 期。

[547] 复旦大学出土文献与古文字研究中心编：《出土文献与古文字研究（第一辑）》，复旦大学出版社，2006 年。

[548] 周祖谟：《文字音韵训诂讲义》，天津古籍出版社，2007 年。

[549] 梅祖麟：《闽语“與”、“浴”两字阳调 h - 声母的来源》，《方言》2007 年第 4 期。

[550] 金守拙：《再论吾我》，《国立中央研究院历史语言研究所集刊（第二十八本）》，“国立中央研究院”历史语言研究所，1957 年。

[551] 高亨：《古韵鱼部元读考》，《高亨著作集（第 10 卷）》，清华大学出版社，2004 年。

[552] 彭兰玉主编：《语言学简史》，湖南大学出版社，2007 年。

[553] 蒋希文：《汉语音韵方言论文集》，贵州人民出版社，2005 年。

[554]《中国大百科全书》总编委会：《中国大百科全书·语言学卷》，中国大百科全书出版社，1987 年。

[555] 刘冠才：《两汉韵部与声调研究》，巴蜀书社，2007 年。

[556] [日] 春日和男：《新编国语史概说》，有精堂，1995 年。

[557] 香港中国语文学会：《近现代汉语新词词源词典》，汉语大词典出版社，2002 年。

[558] 姚孝遂：《许慎与说文解字（精校本）》，作家出版社，2008 年。

[559] 刘俐李：《现代汉语方言核心词·特征词集》，凤凰出版社，2007 年。

[560] 沈乘麐：《韵学骊珠》，中华书局，2006 年。

[561] [英] 罗宾斯著，许德宝等译：《简明语言学史》，中国社会科学出版社，2004 年。

[562] 张竹海：《中州音韵研究》，中华书局，2007 年。

[563] 孙宏开等主编：《中国的语言》，商务印书馆，2007 年。

[564] 何九盈：《中国古代语言学史（新增订本）》，北京大学出版社，2007 年。

[565] 俞敏监修，谢征锋编纂：《虚词诂林》，黑龙江人民出版社，1992 年。

[566] 张亚初：《殷周金文集成引得》，中华书局，2001 年。

[567] 罗振玉编：《三代吉金文存》，中华书局，1983 年。

[568] 黄布凡等：《羌语研究》，四川人民出版社，2006 年。

[569] 洪文涛等：《说文八种单字索引》，中华书局，1996 年。

[570] 中国音韵学研究会编：《中国音韵学》，南京大学出版社，2008 年。

[571] 林莲仙：《楚辞音韵》，昭明出版社，1979 年。

[572] 包智明等：《生成音系学理论及其应用》，中国社会科学出版社，2007 年。

[573] 章太炎撰，庞俊、郭诚永疏证：《国故论衡疏证》，中华书局，2008 年。

[574] [英] 克里斯特尔：《剑桥语言百科全书》，中国社会科学出版社，2002 年。

[575] [日] 辛岛静志著，徐文堪译：《早期汉译佛教经典所依据的语言》，《汉语史研究集刊（第 10 辑）》，巴蜀书社，2007 年。

[576] 鲁国尧：《语言学文集：考证、义理、辞章》，上海人民出版社，2008 年。

[577] 滕壬生：《楚系简帛文字编（增补本）》，湖北教育出版社，2008 年。

［578］刘志基等：《古文字考释提要总览（第一册）》，上海人民出版社，2008 年。

［579］刘钊：《谈考古资料在〈说文〉研究中的重要性》，《中国古文字研究（第一辑）》，吉林大学出版社，1999 年。

［580］龙宇纯：《丝竹轩小学论集》，中华书局，2009 年。

［581］周庆生主编：《中国语言人类学百年版文选》，知识产权出版社，2009 年。

［582］［法］梅耶著，岑麒祥译：《历史语言学中的比较方法》，世界图书出版公司，2008 年。

［583］杜其容：《杜其容声韵论集》，中华书局，2008 年。

［584］谢建猷：《广西汉语方言研究》，广西人民出版社，2007 年。

［585］乔全生：《晋方言语音史研究》，中华书局，2008 年。

［586］孟庆惠：《徽州方言》，安徽人民出版社，2005 年。

［587］邵荣芬：《切韵研究（校订本）》，中华书局，2008 年。

［588］孟世凯：《甲骨学辞典》，上海人民出版社，2009 年。

［589］王辉：《古文字通假字典》，中华书局，2008 年。

［590］白于蓝：《简牍帛书通假字字典》，福建人民出版社，2008 年。

［591］［丹麦］威廉·汤姆逊著，黄振华译：《十九世纪末以前的语言学史》，世界图书出版公司，2009 年。

［592］何九盈：《语言丛稿》，商务印书馆，2006 年。

［593］郭珑：《〈文选·赋〉联绵词研究》，巴蜀书社，2006 年。

［594］张建坤：《齐梁陈隋押韵材料的数理分析》，黑龙江大学出版社，2008 年。

［595］刘纶鑫主编：《魏晋南北朝诗文韵集与研究》，中国社会科学出版社，2002 年。

［596］蔡梦麒：《广韵校释》，岳麓书社，2007 年。

［597］张双棣等：《吕氏春秋词典（修订本）》，商务印书馆，2009 年。

［598］徐无闻主编：《甲金篆隶大字典》，四川辞书出版社，2005 年。

［599］施向东：《音史寻幽》，南开大学出版社，2009 年。

［600］刘钊等：《新甲骨文编》，福建人民出版社，2009 年。

［601］沈建华、曹锦炎：《甲骨文字形表》，上海辞书出版社，2008 年。

［602］黄侃：《广韵校录》，中华书局，2006 年。

［603］黄侃述、黄焯记：《黄侃国学讲义录》，中华书局，2006 年。

［604］黄侃：《说文笺释》，中华书局，2006 年。

［605］张双棣：《吕氏春秋词汇研究（修订本）》，商务印书馆，2008 年。

［606］张双棣：《淮南子韵谱》，《第三届汉语史学术研讨会暨第六届中古汉语国际学术研讨会论文》，四川大学，2007 年。

［607］张双棣：《淮南子用韵考》，商务印书馆，2010 年。

［608］孙立新：《西安方言研究》，西安出版社，2007 年。

［609］［日］高桥壮：《两部汉译〈俱舍论〉中的音译对照表》，《世界佛学名著译丛（22 本）》，华宇出版社，1987 年。

［610］张惠英：《崇明方言研究》，中国社会科学出版社，2009 年。

［611］詹伯慧主编：《广州话正音字典》，广东人民出版社，2002 年。
［612］詹伯慧主编：《广东粤方言概要》，暨南大学出版社，2002 年。
［613］史存直：《汉语史纲要》，中华书局，2008 年。
［614］张清常：《张清常文集（第一卷）》，北京语言大学出版社，2006 年。
［615］张惠英：《语言现象的观察与思考》，民族出版社，2005 年。
［616］李圃等：《古文字释要》，上海教育出版社，2010 年。
［617］李冬香、庄初升：《韶关土话调查研究》，暨南大学出版社，2009 年。
［618］陈独秀：《陈独秀著作选编（第六卷）》，上海人民出版社，2010 年。
［619］张晓勤：《宁远平话研究》，湖南教育出版社，1999 年。
［620］刘坚：《刘坚文存》，上海教育出版社，2008 年。
［621］唐伶：《永州南部土话语音研究》，北京语言大学出版社，2010 年。
［622］白于蓝：《战国秦汉简帛古书通假字汇》，福建人民出版社，2012 年。
［623］裘锡圭：《裘锡圭学术文集》，复旦大学出版社，2012 年。
［624］［日］秋谷裕幸、陈泽平：《闽东区古田方言研究》，福建人民出版社，2012 年。
［625］刘俐李：《江阴方言新探》，世界图书出版公司，2013 年。

子部与集部及其他

［1］戴望：《管子校正》，《诸子集成》，中华书局，2006 年。
［2］郭沫若：《管子集校》，《郭沫若全集·历史编（5～8）》，人民出版社，1982—1985 年。
［3］黎翔凤：《管子校注》，中华书局，2004 年。
［4］张双棣：《淮南子校释》，北京大学出版社，1997 年。
［5］苏舆：《春秋繁露义证》，中华书局，1992 年。
［6］（清）孙之騄辑：《尚书大传》，文渊阁《四库全书》，上海古籍出版社，2003 年；王闿运：《尚书大传补注》，《丛书集成初编》，商务印书馆，1937 年。
［7］何建章：《战国策注释》，中华书局，1990 年；范祥雍：《战国策笺证》，上海古籍出版社，2006 年。
［8］（春秋）公孙龙：《公孙龙子》，文渊阁《四库全书》，上海古籍出版社，2003 年。
［9］（春秋）尹文：《尹文子》，文渊阁《四库全书》，上海古籍出版社，2003 年。
［10］（春秋）邓析《邓析子》，文渊阁《四库全书》，上海古籍出版社，2003 年。
［11］（西汉）班固撰，陈立疏证：《白虎通》，中华书局，1994 年。
［12］（东汉）应劭撰，吴树平点校：《风俗通义校释》，天津人民出版社，1980 年。
［13］（南朝梁）刘勰撰，王利器校证：《文心雕龙》，上海古籍出版社，1980 年。
［14］（北魏）郦道元撰，陈桥驿校释：《水经注》，《四部丛刊》，杭州大学出版社，1999 年；（清）杨守敬、熊会贞撰，段熙仲点校，陈桥驿复校：《水经注疏》，江苏古籍出版社，1989 年。
［15］（南朝梁）颜之推撰，王利器集释：《颜氏家训集释》，中华书局，1993 年。
［16］旧题（秦）孔鲋：《孔丛子》，文渊阁《四库全书》，上海古籍出版社，2003 年。

[17]（南宋）王应麟：《困学纪闻》，文渊阁《四库全书》，上海古籍出版社，2003年。

[18]（清）顾炎武：《天下郡国利病书》，文渊阁《四库全书》，上海古籍出版社，2003年。

[19]（北宋）李昉等编：《太平御览》，中华书局，1992年。

[20]吴则虞点校：《晏子春秋集释》，中华书局，1982年。

[21]陈寅恪：《讲义及杂稿》，《陈寅恪集》，生活·读书·新知三联书店，2002年。

[22]陈寅恪：《元白诗笺证稿》，《陈寅恪集》，生活·读书·新知三联书店，2001年。

[23]陈寅恪：《金明馆丛稿初编》，《陈寅恪集》，生活·读书·新知三联书店，2001年。

[24]陈寅恪：《金明馆丛稿二编》，《陈寅恪集》，生活·读书·新知三联书店，2001年。

[25]马王堆帛书：《战国纵横家书》，文物出版社，1976年。

[26]中国社会科学院考古研究所编：《居延汉简》，中华书局，1980年。

[27]（北宋）郭忠恕：《佩觿》，文渊阁《四库全书》，上海古籍出版社，2003年。

[28]银雀山汉墓竹简整理小组：《临沂银雀山汉墓出土〈王兵〉篇释文》，《文物》1976年第12期。

[29]（南朝梁）萧统：《文选》，中华书局，1995年。

[30]（清）钱大昕：《潜研堂文集》，《嘉定钱大昕全集（九）》，江苏古籍出版社，1997年。

[31]张文虎：《舒艺室随笔》，辽宁教育出版社，2003年。

[32]陈奇猷：《韩非子新校注》，上海古籍出版社，2000年。

[33]陈奇猷：《吕氏春秋校释》，学林出版社，1984年。

[34]（清）翟灏：《通俗编》，《续修四库全书（第194册）》，上海古籍出版社，2002年。

[35]（清）崇文书局编辑：《百子全书》，浙江古籍出版社，1998年。

[36]朱谦之：《老子校释》，中华书局，1984年。

[37]高亨：《文史述林》，中华书局，1980年。

[38]章太炎：《国故论衡》，上海古籍出版社，2003年。

[39]张政烺：《张政烺文史论集》，中华书局，2004年。

[40]李学勤：《重写学术史》，河北教育出版社，2002年。

[41]李学勤：《中国古代文明十讲》，复旦大学出版社，2003年。

[42]（清）钱大昕撰，陈文和主编：《嘉定钱大昕全集》，江苏古籍出版社，1997年。

[43]（清）桂馥：《札朴》，中华书局，1992年。

[44]余嘉锡：《世说新语笺疏》，上海古籍出版社，1993年。

[45]季羡林等：《大唐西域记校注》，中华书局，1995年。

[46]孙毓棠：《孙毓棠学术论文集》，商务印书馆，1995年。

[47]朱杰勤主编：《中外关系史辞典》，湖北人民出版社，1992年。

[48]杨明照：《抱朴子外篇校笺》，中华书局，1997年。

[49][日]石田干之助：《石田干之助著作集（2）》，六兴出版社，1985年。

[50]《中国历史大辞典·历史地理卷》编纂委员会编：《中国历史大辞典·历史地理卷》，上海辞书出版社，1997年。

[51][日]坪井九马三：《史学研究法》，早稻田大学出版社，1913年。

［52］［日］宇井伯寿：《译经史研究》，岩波书店，1971 年。

［53］（南朝梁）慧皎撰，汤用彤校注：《高僧传》，中华书局，1992 年。

［54］逯钦立：《先秦汉魏晋南北朝诗》，中华书局，1984 年。

［55］冯承钧：《西域南海史地考证译丛（第一卷）》，商务印书馆，1995 年。

［56］冯承钧：《西域南海史地考证译丛（第二卷）》，商务印书馆，1995 年。

［57］冯承钧：《西域南海史地考证译丛（第三卷）》，商务印书馆，1999 年。

［58］张星烺：《中西交通史料汇编（全四册）》，中华书局，2003 年。

［59］（清）俞樾：《古书疑义举例》，《古书疑义举例五种》，中华书局，1983 年。

［60］刘梦溪主编：《中国现学术经典——廖平蒙文通卷》，河北教育出版社，1996 年。

［61］杨树达著，杨逢彬整理：《积微居友朋书札》，湖南教育出版社，1986 年。

［62］（清）郝懿行：《山海经笺疏》，《龙溪精舍丛书（第一册）》，中国书店，1991 年。

［63］袁珂：《山海经校注》，巴蜀书社，1996 年。

［64］邓少琴：《邓少琴西南民族史地论集》，巴蜀书社，2001 年。

［65］（清）马国翰：《玉函山房辑佚书》，江苏广陵古籍刻印社，1990 年。

［66］韩儒林：《穹庐集》，河北教育出版社，2001 年。

［67］（清）龚自珍：《龚自珍全集》，上海古籍出版社，1999 年。

［68］（清）纪昀主编：《四库全书总目提要》，海南出版社，1999 年。

［69］王国维：《王国维文集（第四卷）》，中国文史出版社，1997 年。

［70］朱德熙：《朱德熙文集（第五卷）》，商务印书馆，1999 年。

［71］［法］烈维撰，冯承钧译：《所谓乙种吐火罗语即龟兹语考》，《女师大学术季刊》1930 年第 4 期。

［72］季羡林：《季羡林自选集》，重庆出版社，2000 年。

［73］季羡林：《季羡林学术论著自选集》，北京师范学院出版社，1991 年。

［74］冯承钧译：《吐火罗语考》，中华书局，2004 年。

［75］［日］荻原云来：《梵和大辞典》，讲谈社，1996 年。

［76］［日］中村元：《佛教语大辞典》，东京书籍株式会社，1985 年。

［77］（清）阮元：《揅经室集》，中华书局，1993 年。

［78］岑仲勉：《岑仲勉史学论文续集》，中华书局，2004 年。

［79］岑仲勉：《西突厥史料补阙及考证》，中华书局，2004 年。

［80］岑仲勉：《突厥集史（上、下册）》，中华书局，2004 年。

［81］岑仲勉：《汉书西域传地里校释》，中华书局，2004 年。

［82］岑仲勉：《中外史地考证（上、下册）》，中华书局，2004 年。

［83］郑天挺：《清史探微》，北京大学出版社，1999 年。

［84］陈连开：《中国民族史纲要》，中国财政经济出版社，1999 年。

［85］吴永章：《中南民族关系史》，民族出版社，1992 年。

［86］翁独健：《中国民族关系史纲要》，中国社会科学出版社，1990 年。

［87］徐中舒：《徐中舒历史论文选辑》，中华书局，1998 年。

［88］黄征、张涌泉：《敦煌变文校注》，中华书局，1997 年。

［89］蒙文通：《古族甄微》，巴蜀书社，1993 年。

［90］马学良：《马学良民族研究文集》，民族出版社，1992 年。

［91］马长寿等编：《马长寿民族学论集》，人民出版社，2003 年。

［92］林梅村：《西域文明》，东方出版社，1995 年。

［93］张广达：《论隋唐时期中原与西域文化交流的几个特点》，《西域史地丛稿初编》，上海古籍出版社，1995 年。

［94］吕思勉：《吕著中国通史》，华东师范大学出版社，1992 年。

［95］柳诒徵：《中国文化史》，中国大百科全书出版社，1988 年。

［96］［日］水野弘元：《巴利语辞典》，春秋社，1970 年。

［97］刘梦溪主编：《中国现代学术经典——傅斯年卷》，河北教育出版社，1996 年。

［98］［美］劳费尔著，林筠因译：《中国伊朗编》，商务印书馆，2001 年。

［99］童恩正：《南方文明》，重庆出版社，2004 年。

［100］童恩正：《古代的巴蜀》，重庆出版社，2004 年。

［101］饶宗颐：《梵学集》，上海古籍出版社，1993 年。

［102］（清）罗振玉编：《高邮王氏遗书》，江苏古籍出版社，2000 年。

［103］武敏：《新疆近年出土毛织品研究》，《新疆经济开发史研究（下）》，新疆人民出版社，1995 年。

［104］朱德熙：《朱德熙先生纪念文集》，语文出版社，1993 年。

［105］李学勤：《走出疑古时代》，辽宁大学出版社，1997 年。

［106］李学勤：《商代通向东南亚的道路》，《学术集林（卷一）》，上海远东出版社，1994 年。

［107］李学勤：《当代学者自选文库·李学勤卷》，安徽教育出版社，1999 年。

［108］林梅村：《古道西风》，生活·读书·新知三联书店，2000 年。

［109］朱庆之：《从几组汉梵同理据词看中印文化的早期交流》，《学术集林（卷十一）》，上海远东出版社，1997 年。

［110］王钟翰主编：《中国民族史》，中国社会科学出版社，2001 年。

［111］［俄］沙畹撰，冯承钧译：《西突厥史料》，中华书局，2004 年。

［112］高明：《高明论著选集》，科学出版社，2001 年。

［113］季羡林：《中印文化关系史论文集》，生活·读书·新知三联书店，1982 年。

［114］季羡林：《吐火罗文研究》，《季羡林文集（第十二卷）》，江西教育出版社，1998 年。

［115］曾国庆：《藏族历史文化》，民族出版社，2004 年。

［116］苏秉琦：《中国文明起源新探》，生活·读书·新知三联书店，1999 年。

［117］霍巍：《西藏古代墓葬制度史》，四川人民出版社，1995 年。

［118］［日］石田干之助：《长安之春》，讲谈社，1984 年。

［119］吴辛丑：《简帛典籍异文研究》，中山大学出版社，2002 年。

［120］吴安其：《汉藏语同源研究》，中央民族大学出版社，2002 年。

［121］（南宋）赵与时：《宾退录》（文渊阁《四库全书》），上海古籍出版社，2003 年。

[122]（南宋）耐得翁：《都城纪胜》（文渊阁《四库全书》），上海古籍出版社，2003 年。

[123] 黄懿陆：《滇国史》，云南人民出版社，2004 年。

[124] 黄懿陆：《滇国研究》，云南美术出版社，2001 年。

[125] 黄懿陆：《壮族文化论》，云南教育出版社，2001 年。

[126] 中国考古学会编：《考古学年版鉴 1992》，文物出版社，1994 年。

[127]（唐）张彦远：《法书要录》，辽宁教育出版社，1998 年。

[128] 王森：《西藏佛教发展史略》，中国社会科学出版社，1997 年。

[129] 杨贵明、马吉祥编译：《藏传佛教高僧传略》，青海人民出版社，1992 年。

[130] 中国社会科学院考古研究所编：《新中国的考古发现和研究》，文物出版社，1984 年。

[131] 魏庆征：《古代印度神话》，山西人民出版社、北岳文艺出版社，1999 年。

[132]（明）陈继儒：《群碎录》，《丛书集成初编》，商务印书馆，1937 年。

[133] 何光岳：《氐羌源流史》，江西教育出版社，2000 年。

[134] 何光岳：《汉源流史》，江西教育出版社，1996 年。

[135] 中国社会科学院考古研究所编著：《中国考古学——夏商卷》，中国社会科学出版社，2003 年。

[136] 文物出版社编：《新中国考古五十年》，文物出版社，1999 年。

[137] 赵明鸣：《突厥语词典语言研究》，中央民族大学出版社，2001 年。

[138] 力提甫·托乎提主编：《阿尔泰语言学导论》，山西教育出版社，2004 年。

[139] 黄布凡主编：《藏缅语族语言词汇》，中央民族学院出版社，1992 年。

[140] 戴庆厦、孙宏开等：《藏缅语语音和词汇》，中国社会科学出版社，1991 年。

[141] 龙耀宏：《侗语研究》，贵州民族出版社，2003 年。

[142] [匈] 哈尔马塔主编，徐文堪、芮传明译：《中亚文明史（第 2 卷）》，中国对外翻译出版公司、联合国教科文组织，2002 年。

[143] 梁敏、张均如：《侗台语族概论》，中国社会科学出版社，1996 年。

[144] 黄怀信等：《逸周书汇校集注》，上海古籍出版社，1995 年。

[145] [日] 江上波夫：《东西交通史话》，《江上波夫著作集（卷四）》，平凡社，1985 年。

[146] 耿世民：《维吾尔古代文献研究》，中央民族大学出版社，2003 年。

[147] 饶宗颐：《上古塞种史若干问题》，张广达、荣新江：《于阗史丛考》，上海书店，1993 年。

[148] [法] 伯希和撰，王国维译：《今日东方古言语学及史学上之发明与其结论》，《王国维遗书（第十册）》，上海书店出版社，1983 年。

[149] 甘肃省博物馆文物队：《甘肃灵台白草坡西周墓》，《考古学报》1977 年第 2 期。

[150] 伊盛平：《西周蚌雕人头种族探索》，《文物》1986 年第 2 期。

[151] 张惠英：《语言与姓名文化》，中国社会科学出版社，2002 年。

[152] 余太山：《柔然、阿瓦尔同族论质疑》，《文史（第 24 辑）》，中华书局，1985 年。

[153] 朱庆之、梅维恒编：《荻原云来〈汉译对照梵和大辞典〉汉译词索引》，巴蜀书社，2004 年。

[154] 陈雄根：《〈读书杂志〉资料便检》，香港中文大学出版社，1989 年。

[155] 周耀文、罗美珍：《傣语方言研究》，民族出版社，2001 年。

[156] 龚群虎：《汉泰关系词的时间层次》，复旦大学出版社，2002 年。

[157] 李学勤：《〈尚书孔传〉的出现时间》，《古籍整理研究学刊》2002 年第 1 期。

[158] 李增祥：《突厥语概论》，中央民族学院出版社，1992 年。

[159] 戴庆厦：《汉语与少数民族语言关系概论》，中央民族学院出版社，1992 年。

[160] 邓浩、杨富学：《西域敦煌回鹘文献语言研究》，甘肃文化出版社，2002 年。

[161] [美] W. M. 麦高文著，章巽译：《中亚古国史》，中华书局，2004 年。

[162] 支伟成：《清代朴学大师列传》，岳麓书社，1998 年。

[163] 洛阳博物馆：《洛阳庞家沟五座西周墓的清理》，《文物》1972 年第 10 期。

[164] 姚大力：《探新应当有坚实的依据——评〈中国北方诸族的源流〉》，《九州学林（创刊号）》，复旦大学出版社，2003 年。

[165] 任乃强：《羌族源流探索》，重庆出版社，1984 年。

[166] 韦庆稳：《试论百越民族的语言》，《百越民族史论集》，中国社会科学出版社，1982 年。

[167] 朱文旭：《“吐蕃”考》，《中国藏学》2000 年第 2 期。

[168] [日] 山中襄太：《地名语源辞典》，校仓书房，1975 年。

[169] [日] 石田瑞麿：《例文佛教语大辞典》，小学馆，1997 年。

[170] [日] 有贺要延：《佛教语读音辞典》，日本国书刊行会，1993 年。

[171] [日] 中村元：《佛教语大辞典》，东京书籍株式会社，1985 年。

[172] [日] 宇井伯寿：《佛教辞典》，大东出版社，1977 年。

[173] 严学宭：《民族研究文集》，民族出版社，1997 年。

[174] 蒙朝吉：《汉瑶词典（布努语）》，四川民族出版社，1996 年。

[175] 张均如、梁敏等：《壮语方言研究》，四川民族出版社，1999 年。

[176] 汉彝词典编译委员会：《汉彝词典》，四川民族出版社，1989 年。

[177] 马学良主编：《汉藏语概论》，民族出版社，2003 年。

[178] 赵衍荪、徐琳：《白汉词典》，四川民族出版社，1996 年。

[179] 赵彤：《藏语声母演变的几个问题》，《语言学论丛（第 26 辑）》，商务印书馆，2002 年。

[180] 周一良：《中国的梵文研究》，《周一良学术论著自选集》，首都师范大学出版社，1995 年。

[181] 周耀文、罗美珍：《傣语方言研究》，民族出版社，2001 年。

[182] 曹翠云：《苗汉语比较》，贵州民族出版社，2001 年。

[183] 裘锡圭：《中国出土古文献十讲》，复旦大学出版社，2004 年。

[184] 罗曼·雅柯布森：《雅柯布森文集》，湖南教育出版社，2001 年。

[185] 张均如、梁敏等：《壮语方言研究》，四川民族出版社，1999 年。

[156] 买提热依木·沙依提：《突厥语言学导论》，民族出版社，2004 年。

[187] 王彦坤：《历代避讳字汇典》，中州古籍出版社，1997 年。

[188] 龚煌城：《汉藏语研究论文集》，北京大学出版社，2004 年。

[189] 杨宪益：《译馀偶拾》，生活·读书·新知三联书店，1983 年。

[190] 李方桂撰，王启龙译：《李方桂先生口述史》，清华大学出版社，2003 年。

[191] 余大钧译：《北方民族史与蒙古史译文集》，云南人民出版社，2003 年。

［192］［日］白鸟库吉：《白鸟库吉全集（第6卷）》，岩波书店，1970年。

［193］伍文义、辛维、梁永枢：《中国布依语对比研究》，贵州人民出版社，2000年。

［194］中国社会科学院民族研究所、国家民族事务委员会文化宣传司主编：《中国少数民族语言使用情况》，中国藏学出版社，1994年。

［195］［意］杜齐撰，向红笳译：《西藏考古》，西藏人民出版社，2004年。

［196］陆绍尊：《门巴语方言研究》，民族出版社，2002年。

［197］蒙朝吉：《瑶族布努语方言研究》，民族出版社，2001年。

［198］周植志等：《从现代佤语的方音对应看古代佤语的辅音系统》，《语言研究》1983年第1期。

［199］周植志等：《佤语方言研究》，民族出版社，2004年。

［200］陆绍尊：《普米语方言研究》，民族出版社，2001年。

［201］黄烈：《谈汉唐西域四个古文化区汉文的流行》，《纪念陈寅恪教授国际学术讨论会文集》，中山大学出版社，1989年。

［202］张琨：《中国境内非汉语研究的动向》，《中国语言学论集》，台湾幼狮文化事业公司，1977年。

［203］岑仲勉：《隋唐史》，中华书局，1982年。

［204］湖北省文物考古研究所：《江陵九店东周墓》，科学出版社，1995年。

［205］陈金方：《周原与周文化》，上海人民出版社，1988年。

［206］［英］李约瑟：《中国科学技术史·天文学》，科学出版社，1975年。

［207］林梅村：《汉唐西域与中国文明》，文物出版社，1998年。

［208］李济：《安阳》，河北教育出版社，2000年。

［209］林向荣：《嘉戎语研究》，四川民族出版社，1993年。

［210］潘其旭：《从地名比较看壮族与泰族由同源走向异流》，《广西民族研究》2001年第1期。

［211］［伊朗］贾利尔·杜斯特哈赫选编，元文琪译：《阿维斯塔（中文本）》，商务印书馆，2005年。

［212］戴鞍钢等主编：《中国地方志经济资料汇编》，汉语大词典出版社，1999年。

［213］［英］史坦因著，王吉森译：《西藏人的思想、政治与宗教》，《西洋汉学家佛学论集》，华宇出版社，1985年。

［214］《大英百科全书》编委会：《大英百科全书》，大英百科公司，2010年。

［215］包尔汉等：《中国大百科全书·民族学卷》，中国大百科全书出版社，1986年。

［216］孙毓棠等《中国大百科全书·历史学卷》，中国大百科全书出版社，1986年。

［217］夏鼐等：《中国大百科全书·考古学卷》，中国大百科全书出版社，1987年。

［218］［日］佐佐木教悟等编著，杨曾文等译：《印度佛教史概说》，复旦大学出版社，1989年。

［219］俞伟超：《先秦两汉考古学论集》，文物出版社，1985年。

［220］张光直：《商代文明》，北京工艺美术出版社，1999年。

［221］朝克：《满—通古斯诸语比较研究》，民族出版社，1997年。

［222］童恩正：《略谈秦汉时代成都地区的对外贸易》，《巴蜀考古论文集》，文物出版社，

1987 年。

［223］孙祥星、刘一曼编：《中国铜镜图典》，文物出版社，1992 年。

［224］萧登福：《道家道教影响下的佛教经籍》，新文丰出版公司，2005 年。

［225］［日］服部正明、长尾雅人著，许明银译：《印度思想史与佛教史》，天华出版公司，1998 年。

［226］［英］拉尔夫·伊利斯著，李旭大译：《埃及禁果》，陕西师范大学出版社，2005 年。

［227］李学勤：《中国古代文明研究》，华东师范大学出版社，2005 年。

［228］［苏联］罗瑞奇撰，迟钰骅译，杨富学校：《蒙古语中的藏语借词》，《国外藏学研究译文集（第 16 辑）》，西藏人民出版社，2002 年。

［229］［英］恩默瑞克撰，荣新江译：《于阗语中的藏语借词和藏语中的于阗文借词》，《国外藏学研究译文集（第 6 辑）》，西藏人民出版社，1989 年。

［230］［印度］拉克斯曼·S·塔库尔撰，陈玉栋译：《金诺尔和拉霍尔—斯比提地区所发现的藏文历史铭文考述》，《国外藏学研究译文集（第 15 辑）》，西藏人民出版社，2001 年。

［231］［英］J. P. Mallory、D. Q. Adams：《印欧语文化百科全书》，Fitxroy Dear Born Publishers，1997 年。

［232］［日］高楠顺次郎、木村贤泰撰，高观庐译：《印度哲学宗教史》，台湾商务印书馆，1995 年。

［233］格勒：《藏族早期历史与文化》，商务印书馆，2006 年。

［234］余太山：《内陆欧亚古代史研究》，福建人民出版社，2005 年。

［235］竺可桢：《竺可桢文录》，浙江文艺出版社，1999 年。

［236］［苏联］阿甫基耶夫著，王以铸译：《古代东方史》，生活·读书·新书三联书店，1956 年。

［237］李永宪：《西藏原始艺术》，河北教育出版社，2001 年。

［238］［英］迈克尔·怀特撰，陈可岗译：《牛顿传》，中信出版社、辽宁教育出版社，2004 年。

［239］韩康信：《丝绸之路古代居民种族人类学研究》，新疆人民出版社，1994 年。

［240］石硕：《西藏文明东向发展史》，四川人民出版社，1994 年。

［241］饶宗颐：《饶宗颐二十世纪学术文集》，新文丰出版公司，2003 年。

［242］胡厚宣：《胡厚宣先生纪念文集》，科学出版社，1998 年。

［243］李建群：《古代埃及和美索不达米亚美术》，中国人民大学出版社，2004 年。

［244］［美］斯宾塞·韦尔斯撰，杜红译：《出非洲记》，东方出版社，2004 年。

［245］杨希枚：《先秦文化史论集》，中国社会科学出版社，1995 年。

［246］顾颉刚：《浪口村随笔》，辽宁教育出版社，1998 年。

［247］顾颉刚：《顾颉刚学术文化随笔》，中国青年出版社，1998 年。

［248］方豪：《中西交通史》，岳麓书社，1987 年。

［249］张国刚等：《中西文化关系史》，高等教育出版社，2006 年。

［250］王小甫等：《古代中外文化交流史》，高等教育出版社，2006 年。

［251］沈福伟：《中西文化交流史（第二版）》，上海人民出版社，2006。

[252] 石云涛：《早期中西交通与交流史稿》，学苑出版社，2003 年。

[253] 陈登原：《国史旧闻》，中华书局，2000 年。

[254] 萧兵：《藏獒》，上海文艺出版社，2007 年。

[255] 萧兵等：《山海经的文化寻踪》，湖北人民出版社，2004 年。

[256] 陈文华：《农业考古》，文物出版社，2005 年。

[257] 唐云明：《唐云明考古论文集》，河北教育出版社，1990 年。

[258] 张云：《上古西藏与波斯文明》，中国藏学出版社，2005 年。

[259] 中央民族学院少数民族语言研究所第五研究室：《壮侗语族语言词汇集》，中央民族学院出版社，1985 年。

[260] 欧阳觉亚等：《黎语调查研究》，中国社会科学出版社，1983 年。

[261] ［日］弘法大师撰，王利器校注：《文镜秘府论》，中国社会科学出版社，1983 年。

[262] ［日］水野弘元著，刘欣如译：《佛典成立史》，东大图书股份有限公司，1996 年。

[263] ［日］小泽重男：《元朝秘史》，岩波书店，1994 年。

[264] 邹逸麟编著：《中国历史地理概述（修订本）》，上海教育出版社，2005 年。

[265] 邹逸麟：《有关我国历史上蚕桑业的几个历史地理问题》，《椿庐史地论稿》，天津古籍出版社，2005 年。

[266] 周振鹤、游汝杰：《方言与中国文化（修订本）》，上海人民出版社，1998 年。

[267] 朱龙华：《世界历史·上古部分》，北京大学出版社，1994 年。

[268] ［日］岸本通夫等：《古代东方》，河出书房新社，2004 年。

[269] 支伟成：《清代朴学大师列传》，岳麓书社，1998 年。

[270] 吴文化研究促进会：《勾吴集史》，江苏古籍出版社，1998 年。

[271] 萧兵：《楚辞的文化破译》，湖北人民出版社，1991 年。

[272] 道布：《道布文集》，上海辞书出版社，2005 年。

[273] 德力格尔玛、波·索德编著：《蒙古语族语言概论》，中央民族大学出版社，2006 年。

[274] ［德］冯·加班著，耿世民译：《古代突厥语语法》，内蒙古教育出版社，2004 年。

[275] 江荻：《藏语语音史研究》，民族出版社，2002 年。

[276] 钱钟书：《钱钟书英文文集》，外语和教学研究出版社，2005 年。

[277] 刘信芳：《孔子诗论》，安徽大学出版社，2003 年。

[278] 邢公畹：《红河上游傣雅语》，语文出版社，1989 年。

[279] 吴秋辉：《侘傺轩文存》，齐鲁书社，1997 年。

[280] 王政：《战国前考古学文化谱系与类型的艺术美学研究》，安徽大学出版社，2006 年。

[281]（清）罗振玉：《雪堂类稿（乙编）》，辽宁教育出版社，2003 年。

[282] ［英］达尔文撰，潘光旦等译：《人类的由来》，商务印书馆，2005 年。

[283] 汤用彤：《汉魏两晋南北朝佛教史》，中华书局，1988 年。

[284] 吕澂：《中国佛学源流略讲》，中华书局，1988 年。

[285] 蒋天枢：《陈寅恪先生编年事辑（增订本）》，上海古籍出版社，1997 年。

[286] 佑佑木教悟等撰：《印度佛教史概说》，复旦大学出版社，1989 年。

［287］印顺：《初期大乘佛教之起源与开展》，正闻出版社，1992 年。

［288］［日］水野弘元著，许洋主译：《水野弘元著作选集一：佛教文献研究》，法鼓文化事业股份有限公司，2003 年。

［289］季羡林：《印度古代语言论集》，中国社会科学出版社，1982 年。

［290］沈曾植：《海日楼札丛》，辽宁教育出版社，1998 年。

［291］［印度］G. P. Malalasekera：《巴利文正名辞典》，Munshiram Manohariai Publishers Private Ltd. 1995 年。

［292］［日］羽田亨著，耿世民译：《西域文明史概论・西域文化史》，中华书局，2005 年。

［293］［日］羽溪了谛著，贺昌群译：《西域之佛教》，商务印书馆，1999 年。

［294］（清）邓廷桢：《双砚斋笔记》，中华书局，1987 年。

［295］［日］水谷真成译注：《大唐西域记》，平凡社，1999 年。

［296］［日］桑山正进译注：《大唐西域记》，中央公论社，1983 年。

［297］《中国历史大辞典・民族史》卷编纂委员会：《中国历史大辞典・民族史（卷）》，上海辞书出版社，1995 年。

［298］［日］水野弘元、中村元等：《新佛教解题事典》，春秋社，1968 年。

［299］梁启超：《佛学研究十八篇》，辽宁教育出版社，1998 年。

［300］任继愈主编：《佛教大辞典》，江苏古籍出版社，2002 年。

［301］刘宝金：《中国佛典通论》，河北教育出版社，1997 年。

［302］［美］鲍培著，周建奇翻译：《阿尔泰语比较研究》，内蒙古教育出版社，2004 年。

［303］王根林等校点：《汉魏六朝笔记小说大观》，上海古籍出版社，1999 年。

［304］张元济：《校史随笔》，上海古籍出版社，1998 年。

［305］王欣夫：《文献学讲义》，上海世纪出版集团，2005 年。

［306］钱钟书：《管锥编》，中华书局，1994 年。

［307］［日］小泽重男：《元朝秘史》，岩波书店，1994 年。

［308］上海古籍出版社编：《唐五代笔记小说大观》，上海古籍出版社，2000 年。

［309］郭绍虞：《中国文学批评史》，上海古籍出版社，1988 年。

［310］吴梅：《吴梅戏曲论文集》，中国戏剧出版社，1983 年。

［311］顾千里：《顾千里集》，中华书局，2007 年。

［312］周寿昌：《思益堂日札》，中华书局，2007 年。

［313］马承源主编：《中国青铜器》，上海古籍出版社，1992 年。

［314］蓝吉富主编：《中华佛教百科全书》，台湾中华佛教百科文献基金会，1994 年。

［315］慈怡主编：《佛光大辞典》，佛光出版社，1989 年。

［316］张江凯等：《新石器时代考古》，文物出版社，2006 年。

［317］中国社会科学院考古研究所：《中国考古学中碳十四年代数据集（1965—1991）》，文物出版社，1991 年。

［318］赵国璋等：《文献学大辞典》，广陵书社，2005 年。

［319］中国历史博物馆编：《简明中国文物辞典》，福建人民出版社，1992 年。

[320] 朱自清：《中国文学批评史讲义》，天津古籍出版社，2004 年。

[321] [日] 遍照金刚撰，卢盛江考校：《文镜秘府论汇校汇考》，中华书局，2006 年。

[322]（南宋）王观国：《学林》，中华书局，2006 年。

[323]（南宋）王楙：《野客丛书》，中华书局，2007 年。

[324] 席龙飞等编：《中国科学技术史 · 交通卷》，科学出版社，2004 年。

[325] 夏承焘：《夏承焘集（第二册）》，浙江古籍出版社，浙江教育出版社，1997 年。

[326] 夏承焘：《夏承焘集（第八册）》，浙江古籍出版社，浙江教育出版社，1997 年。

[327] 王国维撰，滕咸惠注：《人间词话新注》，齐鲁书社，1991 年。

[328] 赵超：《汉魏南北朝墓志汇编》，天津古籍出版社，1992 年。

[329] 王恒杰、张雪慧：《民族考古学基础》，中央民族大学出版社，1999 年。

[330] [印度] 阿底峡尊者发掘，卢亚军翻译：《西藏的观世音》，汉欣文化事业有限公司，2004 年。

[331] 唐长孺：《唐长孺文存》，上海古籍出版社，2006 年。

[332] 吴梅：《词学通论》，复旦大学出版社，2006 年。

[333] 沈起炜等编：《中国历代人名大辞典》，上海古籍出版社，2006 年。

[334] 马兴荣等主编：《中国词学大辞典》，浙江教育出版社，1996 年。

[335] 王兆鹏等主编：《宋词大辞典》，凤凰出版社，2003 年。

[336] 刘永济：《词论》，中华书局，2007 年。

[337]（清）戈载：《词林正韵》，《丛书集成续编》，上海书店出版社，1994 年。

[338] 李学勤：《李学勤早期文集》，河北教育出版社，2008 年。

[339] 陈寅恪撰，刘隆凯记录整理：《陈寅恪元白诗证史讲席侧记》，湖北教育出版社，2006 年。

[340] 章太炎：《章太炎国学讲义》，海潮出版社，2007 年。

[341] [美] 欧文 · 拉铁摩尔撰，唐晓峰译：《中国的亚洲内陆边疆》，江苏人民出版社，2005 年。

[342]（清）邹汉勋撰，陈福林点校：《读书偶识》，中华书局，2008 年。

[343]（明）焦竑撰，李剑雄点校：《焦氏笔乘》，中华书局，2008 年。

[344] 孙机：《汉代物质文化资料图说（增订本）》，上海古籍出版社，2008 年。

[345] 贾文毓、李引主编：《中国地名辞源》，华夏出版社，2005 年。

[346] 孙宏开、刘光坤著：《阿依语研究》，民族出版社，2005 年。

[347] 陈钟凡：《中国韵文通论》，《民国丛书》，上海书店，1990 年。

[348] 高火编：《古代西亚艺术》，河北教育出版社，2003 年。

[349] 高火编：《欧洲史前艺术》，河北教育出版社，2003 年。

[350] 高大伦等主编：《中国文物鉴赏辞典》，漓江出版社，1993 年。

[351] 徐文堪：《吐火罗人起源研究》，昆仑出版社，2007 年。

[352] 曹锦炎：《吴越历史与考古论丛》，文物出版社，2007 年。

[353] 俞为民、孙蓉蓉：《历代曲话汇编 · 明代编》，黄山书社，2009 年。

[354] 夏德：《大秦国全录》，商务印书馆，1964 年。

[355]（北宋）郭茂倩编：《乐府诗集》，中华书局，2007 年。
[356] 刘雨等：《商周金文总著录表》，中华书局，2008 年。
[357] 戴庆厦主编：《二十世纪的中国少数民族语言研究》，书海出版社，1998 年。
[358] [日] 佐藤圭四郎：《古代印度》，《世界历史（6）》，河出书房新社，1989 年。
[359]（清）黄节：《汉魏乐府风笺》，中华书局，2008 年。

注释

①由于本书的写作和修订经历十年，有时在北京，有时在广州，有时在香港，有时在马来西亚，有时在江门，所以参考书的版本有个别地方很不一致，我都随文出注了。

附录一：何建章教授與《戰國策》研究

龐光華[①]

（一）

我從教書之日起就常常回想我的老師，想從昔日的老師身上吸取滋养，而我接觸交往最多的恩師是何建章先生。從1964年至1982年，何先生付出了整整十八年辛勤的努力完成了百萬字的《戰國策注釋》[②]，飲譽學林。我瞭解關於何先生與這部學術名著的一些故事。

何先生並非大學中文系科班出身。他在上海同濟大學醫學院讀的是醫學專業，但興趣所鍾卻是我國文史。他1925年出生，很早就參加革命，是覺悟很高、律己甚嚴的共產黨員。五十年代服從黨組織的安排，往北京外國語學院中文部教書。他告訴我在五十年代開始教書的時候為增強業務能力，一天到晚騎着自行車奔波於各大學聽課，做了很詳細的筆記，親炙許多著名的老一輩學者，如北大的王力、林庚、王瑤，北師大的陸宗達、劉盼遂等等。

上世紀五十年代的人精神大多很單純。何先生上世紀從五十年代後半期開始受到不公正待遇，原因是他出於一個共產黨員的良知，兩次在北外的政治學習會上發言批評“大躍進”得不償失，於是他在1958年被開除黨籍，直到二十年後才得以平反昭雪。當年整他的老領導在“文革”后到何先生家中來專門向他道歉，並宣布組織決定為他恢復黨籍和名譽。

在被開除黨籍期間，何先生雖然心情鬱悶，但並不消沉頹唐。他始終認為人生的意義在於創造，他決心將後半生的光陰專注於學術研究，以出世的精神做入世的事業。他景仰清儒整理先秦兩漢典籍是功德無量的事業，因而“擯落塵滓，藝殫墳素”。他踵武前賢，最終選定《戰國策》來做專書研究。

對前人研究業績的收集和檢討是相當煩瑣的事。在“文革”中，何先生得知上海圖書館存有清儒于鬯的《戰國策注》的手稿本，他請求北京圖書館的趙英康先生通過館際聯繫，幫忙借閱。趙先生當時很驚詫在那個年月居然還有人研究《戰國策》，他佩服何先生“塊孤立而特峙，非常音之所緯”[③]。於是很爽快地答應幫忙。但因是珍本手稿，此書不能借予私人。趙先生將此書全部拍照，把底片借給何先生。何先生自己將這些底片清洗放大，有數百張之多。先生曾將這些照片讓我寓目。我所見到的當今學者們的《戰國策》校釋書，如諸祖耿《戰國策集注匯考》[④]、繆文遠《戰國策新校注》均未能收入于氏的校注。于鬯此書至今沒有整理出版，學術界要利用于鬯此書還只有通過何先生的《戰國策注釋》和2006年出版的范祥雍《戰國策箋證》[⑤]。

程恩澤、狄子奇的《國策地名考》共五冊，已收入《叢書集成》，並非冷僻書。但限於各種條件，何先生在“文革”中只能買到三冊。另兩冊則借來全書抄錄。金正煒的《戰國策補釋》是清人研究《戰國策》的重要成果。何先生買不到，只好借來全書手抄。現在常用影印機和電腦的人們大約難以想象抄錄書籍是何等的艱辛。據說古文字學名家裘錫圭先生在年輕時也曾手抄過羅振玉的《殷虛書契考釋》、郭沫若的《兩周金文辭大系考釋》。我見到何先生手抄的各種資料至少在百萬字以上。先生為治學方便，還親自着手編輯了古書中的通假字和錯字的資料匯編，有一百多萬字。《太平御覽》、《冊府元龜》中有關《戰國策》的引文和材料，先生全部摘編，以考異同。

我曾經將唐朝高僧慧琳《一切經音義》中所有《戰國策》的引文檢錄出來寄給先生參考，先生在給我的回信中稱我“真是有心人”。《徐復語言文字學論稿》[⑥]中因為有一篇《戰國策正詁》，我於是買了一部送與先生，先生特別高興。先生後給徐復氏寫了一封長信，對徐復此文提出異議二十餘處。徐復先生也給何先生寫有回信，表示感謝，我看過原信。我記得信中說：他（徐復）是在很年輕的時候寫的《戰國策正詁》，那時不到30歲，後來又長期沒能專門研究《戰國策》，當年的研究實在打磨不夠，好些觀點並不成熟。

江蘇有位自學成材、研究古籍的青年學者蕭旭，他將所作讀《戰國策注釋》劄記十餘萬言的稿本寄贈何先生。何先生非常感動，極其認真地通讀了蕭旭的《戰國策劄記》，此後以完全平等的態度與蕭旭長時間保持通信往還，逐條討論相關問題，非常嚴謹。他們的討論常使我想起清代學者段玉裁和江有誥之間關於上古音韻的學術探討。段玉裁在學術辯論中，完全忘記了江有誥是比自己年輕幾十歲的晚輩[⑦]。這種平等的態度說起來容易，卻並非一般學者能夠做到，我對此深有感觸。後來，蕭旭初次赴北京訪書，住在何先生家裏。何先生陪他去遊歷北京名勝，而先生比蕭旭年長四十歲。先生曾向我極口讚美蕭旭的研究業績和治學精神，介紹我與蕭旭相識。如今我與蕭旭兄已是極為親密的朋友。蕭旭發現有一部今譯的《戰國策》幾乎一字不改地照抄了何先生在嶽麓書社出版的《白話戰國策》。何先生知道後，淡淡地說：“讓他抄吧，反正也是在普及文化。”蕭旭敏疾好古，性耽深思，追踵乾嘉，篤好倉雅；拔跡於塵俗之中，竭情於往聖之學。他視學問如柴米油鹽，一日不可離。他樂此不疲地精研訓詁、校勘和虛詞，數十年寢饋於文史典籍，校釋群書，著述數百萬言，引證浩博，新見迭出，彷彿當今之劉申叔[⑧]。蜀學前輩屈守元先生以畢生心血裁成《韓詩外傳箋疏》[⑨]，程千帆甚表佩服。蕭旭卻指出此書的問題多達數百處。他把部分手稿寄給我看過[⑩]。可嘆賦命不辰，他多年來一直在一個小城鎮的糧店裏當差，後來糧店倒閉，他下崗了。幸虧天惜英才，當地賢達介紹他去廣電局工作，業餘時間從事學術研究，總算為我民族保全了一讀書種子。

孔夫子曾言：“知之者不如好之者，好之者不如樂之者。”何先生數十年獻身於學術，從未有過一分錢的科研經費，但他毫無怨尤。我問先生堅韌不拔的動力安在？先生只說“樂在其中”。先生在“文革”後擔任了北京外國語學院中文系的系主任和黨總支書記。他責任心極強，事必躬親，但常常苦於會議太多，浪擲了不少精力。他一直嚮往無官一身輕的書齋生涯，最不喜歡應酬。

我在北外讀本科期間選修了一年何先生開設的“文字音韻訓詁”的課程，竟成為我後來研治小學的初階。我是日本語言文學專業出身，但自審在國學上的成績反遠在日本學以上。我不能不感謝何先生對我的啟蒙。

何先生的謙遜令人感動。他常常把他的學術文章給我看，讓我多提意見。在北外讀本科和研究生期間，我經常在他的書房裏和他討論訓詁學上的問題。我記得在與何先生討論完某些問題后，先生常常說：“你看，學術研討多有趣呀。”由於我的日語背景，我能夠比較輕鬆地參考日本學者藤堂明保的《學研漢和大字典》、諸橋轍次的《廣漢和辭典》和《大漢和辭典》等工具書。我在北外讀書期間對何先生手稿提出的意見主要就是參考藤堂明保和諸橋轍次的辭典。先生還將三大卷的最新日文譯注本《戰國策》送給我，他說自己不能運用日文資料。我覺得日本學者在《戰國策》的訓詁上並無什麼發明，甚至在收集有關文獻資料上也不無遺珠[⑪]。我後來注意到臺灣商務印書館出版了一套先秦兩漢要籍索引叢書，其中有一部《戰國策逐字索引》，我向先生推薦此書。先生費了許多周折請在臺灣的侄子幫忙購買了一部。他興奮地對我說“此逐字索引為治學利器”[12]。

我從北京日本學研究中心日本文學碩士畢業後，到廣州一所大學就職。臨行前一天晚上，先生專門設宴為我送行，叮囑我一定要愛護身體。在我離開北京外國語大學的那天早晨，先生一早就來看我，還對我說起前兩天我們討論過的蘇軾《前赤壁賦》中的“寄蜉蝣於天地，渺滄海之一粟”的訓詁問題，他說這兩句應該解釋為“寄如蜉蝣於天地，渺如滄海之一粟”，蘇軾行文省略了兩個“如”字，遂使後人難於索解[13]。他還說“一葉扁舟”的“扁舟”是“孤舟”的意思，不是泛指小舟[14]。

我到廣州後的工作是在外語系教日語，苦於沒有國學同道，時時和先生有通信往還。先生有一次在電話裏對我說，他也很懷念我們在一起切磋學術的日子。在先生的學生中，我也許是唯一耕耘小學的人。先生有一次過生日剛好被我碰上，先生在席間對他的家人說：“我教書幾十年，能真正繼承我的學術的學生，只有光華一人。”先生還誇獎我治學有靈性。我感謝先生的知遇之恩，同時也隱隱感到先生在治學中的孤寂。先生在給我的書信中常稱我為“學棣”，而先生長我四十三歲。我多年來一直為人生的抉擇而苦悶，不知此生的學術歸宿是國學還是日本學？因為今天的學術已經異常專門化、精密化，學者同時騎兩匹馬已不可能。我有時將這種苦惱流露給先生，先生極力鼓勵我選擇國學。先生曾對我說：“你將來不管在哪裏，不管遇到什麼挫折，你都不能放棄學問。因為你的工作不僅為國家，而且是為全人類服務。”雖然我的某些研究並不為許多人所知道，但先生的話鼓勵我甘坐冷板凳，誓不趨俗，所作文字，原原本本，既不欺人，亦不自欺。我十年磨一劍的《上古音及相關問題綜合研究》[15]一書也許能夠將王力先生的古音學發揚光大，總算沒有完全辜負何先生。只是我努力不夠，家事繁多，好些已有眉目的研究還沒有做，愧對先生的期待。

先生的性情仿佛王國維、湯用彤，除讀書治學外別無嗜好。我在北外讀本科期間，他有次在課堂上對我們說：“如果有人說你們是書呆子，那是對你們真正的恭維[16]”。他不抽煙、不飲酒，有時看電視節目中的《動物世界》。他對我說要觀察清楚動物的生活規律須付出很大的努力！他多次向我提到陳景潤、裘錫圭是如何苦學而取得成就的。他讚嘆錢鍾書真是把學問做通了[17]，陳寅恪不隨流俗的精神和人格是多麼可貴[18]。他對我提到北師大教授劉盼遂的藏書在“文革”中要被紅衛兵焚毀，劉盼遂捨身撲向已經著火的書籍。五十年代的語言學界是如何亂批唐蘭。郭在貽英年早逝，良可嘆惋[19]。何先生對我說起許國璋晚年讀《說文解字》時，許國璋向他借了臺灣版的《說文解字詁林》第一冊，並多次向他詢問《說文解字》中的有關問題。何先生告訴我，當年許國璋主要是讀了《說文解字敘》[20]。我有回對先生說：“陳夢家《殷虛卜辭綜述》第 343 頁以為昏與冥二字古音相同，裘錫圭《評殷墟卜辭綜述》一文批評陳氏不明古音。實則，陳氏比較正確，裘錫圭先生糾歪了。”何先生說：“批評名流未嘗不可，但一定要注意措辭。年輕人血氣方剛，寫文章尤其要臨筆不苟，持論公允。應實事求是，就事論事。不可隨意挑剔名家。”於此可窺先生醇儒的態度。我自己學習寫論文也重實據、惡空疏。學術批評，必多舉證。雖受惠於《劉申叔先生遺書》，亦歸美於何先生的耳提面命。先生還多次提醒我要注意健康，說搞學術研究很傷身體，千萬要注意鍛煉和休息，飯吃八分飽，多吃蔬菜水果，少吃肉，不要熬夜，心情要始終保持平靜，對一切外在的干擾都要置若罔聞，對人生的得失不要過分掛慮。先生多次引用《論語·八佾》“君子無所爭，必也射乎”來提醒我不要與世俗爭利，尤其不要與人爭口舌之勝，要潛心於自己的著述。先生平生評論人物往往都是稱讚他人的成就，我幾乎沒有聽過他貶斥別人。只有一次，他對我說：“繆文遠《戰國策新校注》校注得太簡單了。”這是實事求是的學術批評，學術界都知道。他對我說起北外的另一位老教授程金造[21]生前兩次在何先生面前罵顧頡剛，說顧頡剛搞的《古史辨》是文化虛無主義的東西[22]。

1998年版的楊寬《戰國史》介紹《戰國策》的注釋書，今人中只提到何先生《戰國策注釋》和諸祖耿《戰國策集注匯考》[23]，足見何先生之書受學術界的重視。魯惟一主編《中國古代典籍導讀》[24]的《戰國策》章將先生書列入《戰國策》研究選目。北大歷史系教授吴榮曾先生在《書品》上專文介紹何先生《戰國策注釋》，倍加推崇，雖然也提出了少許商榷意見[25]。北京大學張雙棣師從前利用諸祖耿的《戰國策集注匯考》，見到何先生書後，便改用《戰國策注釋》了。中華書局告訴先生，海外時常有人訂購他的書。我曾經注意到孔夫子舊書網上一度把何先生《戰國策注釋》炒到較高的價格。

先生曾對我說前人對於《戰國策》校釋所下的功夫雖然有一些，但結果是“玄道未攄，真宗猶昧”。關於《戰國策》的各種疑難問題，依然“群言糾紛，異議舛馳，原始要終，罕能正說”。先生在1990年《戰國策注釋》出版后一直不斷地收集相關的資料，焚膏繼晷地對《戰國策》“研核奧旨”。在1996年版的《戰國策注釋》的末尾就增補了先生所做的168條考訂，全部是各種專業性材料的補充和新證，無一句常套話。先生並不滿足於此，終於在七十六歲高齡還對《戰國策》“情發討源，志存詳考”。他答應中華書局的邀約，重新撰寫《戰國策注釋》，改名為《戰國策校釋》（繁體豎排），這是迄今為止關於《戰國策》校注最詳盡精密的本子。先生不熟悉電腦，寫作都是用繁體一字一字手寫，稿紙極為整潔，字跡異常清麗。我至少數十次見到先生手跡，慨嘆前輩的功力和態度非我等後生所能望塵。

《戰國策校釋》的參考書籍遠遠超過《戰國策注釋》，何先生對許多問題重新做了全面的考證和探索，其學術性更加引人注目。《戰國策校釋》的寫作過程長達十二年，先生在其間兩次被診斷出癌症。多年來他堅持每天寫作八小時，患病後每天寫作四小時。先生在忍受巨大病痛中筆耕不輟，以鐵杵磨針的精神完成這一宏業。現在，此書業已殺青，先生已經年近九十，還擬撰述《戰國大事編年考辨》（約200萬言），規模遠遠超過楊寬的《戰國史料編年輯證》。先生還想寫《戰國策人名考》、《戰國策地名考》、《戰國策虛詞研究》[26]、《古書錯別字匯考》[27]諸書，積累的資料都已相當完備。先生最近常常對我說：“《戰國策》在性質上，與其說是一部史書，不如說更像是一部子書。”他想把這個觀點寫成一篇完整的論文[28]。先生曾樂觀地說：“王念孫的《讀書雜志》是八十歲後完稿的，歷經三十年。今人屈守元《韓詩外傳箋疏》亦殺青於八旬之後。陳奇猷已年逾八十，還在修改他的《韓非子校注》。”先生的學問德操可謂不減古人，我虔心默祝先生文章老更成。

我翻閱《戰國策校釋》，感嘆這部學術名著歷經了三十年的精鋼百煉才終於成就。何先生獨行求法，驟移灰管[29]，從熱血沸騰的中年進入了暮年的黄昏。他為學術無怨無悔，至今還在秉燭夜讀。我不禁想起《晉書·忠義傳》的名句：“能守鐵石之深衷，厲松筠之雅操，見貞心於歲暮，標勁節於嚴風；書名竹帛，畫象丹青，前史以為美談，後來仰其徽烈者也”。

（二）

何先生《戰國策校釋》對《戰國策》校注中的一系列疑難問題下了很深的功夫，考釋詳明，舉例如下[30]。

例一，《西周策》第三章：“昔智伯欲伐厹由。”

建章按：智伯：晉大夫荀林父的弟弟荀首（即智莊子）因食采邑於智，故別為智氏。智首子罃，罃子盈，盈子躒，躒子甲即智宣子。《史記·趙世家·索隱》引《世本》“甲”作“申”，梁《表考》云：“《呂氏春秋·當染》注訛‘甲’為‘申’。”甲子智伯瑤，即智襄子。《國語·晉語九》：“智宣子將以瑤為後。”韋注：“瑤，宣子之子襄子智伯。”《呂氏春秋〈不苟論〉·自知》：“吴王、智伯不自知而亡。”高注：“智伯，晉卿智襄子也；智伯為趙襄子所殺。”然此章高注：“智伯，晉卿智襄子孫也。”于注：“此必誤，或‘孫’字衍。”世襲為晉卿，後為趙、魏、韓三卿所滅。厹由，靠近晉國的少數民族狄國，故城在今山西省盂縣東北，為智伯所滅。“厹由”字古書頗異，計：（1）厹由，《西周策》第三章；（2）厹猶，《漢書〈地理志〉》；（3）厹繇，《呂氏春秋·權勳》；（4）厹猶，《說文繫傳》；（5）仇由，《韓非子·說林》下，又《喻老》，《淮南子·精神》；（6）仇猶，《史記·樗里子傳》；（7）仇酋，《呂氏春秋·權勳》高注；（8）仇首，《西周策》高注；（9）夙繇，《呂氏春秋·權勳》舊本。又見楊《輯證》90頁。“夙”疑“厹”之形似而誤，餘蓋音近或音同可通用。

此注對“厹由”在古文獻中的各處異文網羅無遺，頗有助於考異文和古音通假[31]。

例二，《趙策一》第九章：“風雨時至。”

鮑本、閔本、李本無“至”字。關《補正》無“至”字，曰：“高有‘至’字。”横田《正解》有“至”字，《考異》：“坊本‘時’下無‘至’字。”馬《繹史》引《策》無“至”字。《趙世家》、《戰國縱横家書》並作“時雨至”。建章按：《韓非子·難二》：“若天事，風雨時，寒溫適，土地不加大，而有豐年之功，則入多。”《呂氏春秋·仲夏紀·大樂》：“能以一治天下者，寒暑適，風雨時。”《漢書·晁錯傳》：“陰陽調，四時節，風雨時，膏露降，五穀孰。”可見“風雨時”是戰國秦漢間人習慣用語。《大樂》高注：“時，不差忒。”猶言“及時、應時、適時”。疑因不明“時”字之義，而據《趙世家》“風雨至”誤補“至”字。

此注的校釋十分精彩。這個“時”就是“按時”的意思，相當於現在說的“遵循自然規律”。因為我國古代是農業社會，靠天吃飯，寒暑風雨都要有規律地按時更替，該降雨時降雨，該無雨時無雨，這就是“時”。《趙世家》《戰國縱橫家書》並作“時雨至”也是正確的，與《戰國策》的“風雨時”意思相近，皆為古本。《白虎通·四時》：“時者，期也，陰陽消息之期也。”《釋名·釋天》：“時，期也，物之生死各應節期而止也。”[32]今更考《管子·禁藏》：“故風雨時，五穀實，草木美多，六畜蕃息。”《周髀算經》卷下：“周則風雨時，風雨時則草木蕃盛而百穀熟。”《韓詩外傳》卷五：“陰陽調，則寒暑均；寒暑均，則三光清；三光淸，則風雨時；風雨時，則群生寧。”《春秋繁露·王道》：“故天爲之下甘露，朱草生，醴泉出，風雨時，嘉禾興。”《前漢紀》卷十一：“而民不犯，陰陽和，風雨時。”《史記·天官書·索隱》應劭引《黄帝泰階六符經》曰：“三階平，則陰陽和，風雨時。”這些材料都能證成何先生之說。雖然《國語》卷三《周語下》：“陰陽序次，風雨時至，嘉生繁祉，人民龢利。”[33]類例還有《莊子·秋水》：“秋水時至，百川灌河。”但古書用語各有其體例，這些例子都不能成為反駁何先生的根據[34]。

例三，《魏策二》第十五章：“而悔其過行。”

各本皆無注。鮑本、閔本、李本、馬《繹史》"其過"作"過其",《冊府》作"其過"。建章按:《秦策三》第十七章:"是王過舉顯於天下。"《齊策六》第三章:"君臣過計。"《韓策三》第五章:"豈不為過謀哉?"《燕策二》第九章:"將軍過聽。"據此四例,當作"過行",作"過其"者當是誤倒。"過行"猶言"錯誤的做法"。

何先生根據《戰國策》四個內證說明原文作"過行"為確切,當為不刊之論。在古書中與"過行"結構相類似的還有"過言、過辭",意思是說錯話,這也可做旁證。考《禮記》卷十五《經解》:"君子過言,則民作辭;過動則民作則;君子言不過辭,動不過則,百姓不命而敬恭。"[35]《禮記》的"過動"相當於《戰國策》的"過行"。《說苑》卷十六《談叢》:"默無過言,愨無過事。""過事"也就是"過行"。《新序》卷九《善謀》:"孝公違龍摯之善謀,遂從衛鞅之過言。"《楚辭·九章·惜誦》:"吾聞作忠以造怨兮,忽謂之過言。"這些例子都能證明何先生之說是正確的[36]。

例四,《秦策一》第七章:"是我一舉而名實兩附,而又有禁暴正亂之名。"

各家"正"字皆無注,似乎理解為"糾正"義。按《詩·邶風·終風·小序》:"見侮慢而不能正也。"毛傳:"正猶止也。"《詩·小雅·賓之初筵》:"屢舞僛僛。"毛傳:"僛僛,舞不能自正也。"陸《釋文》:"一本'正'或作'止'。"《莊子·應帝王》:"不震不正。"陸《釋文》:"崔本作'不震不止'。"《孟子·公孫丑上》:"必有事焉而勿正。"焦《正義》:"正之義通於止也,趙氏讀'正'為'止'。"則此"正亂"即"止亂"。"禁暴"與"止亂"正相對應。

何先生引述《詩經》《莊子》《孟子》四例證明"正亂"的意思就是"止亂",這是完全正確的。何先生用的四個材料都不見於高亨《古字通假會典》[37],完全是他自己所收集。從文字學的角度看,"正"從一從止。《說文》:"正,是也。从止,一以止。凡正之屬皆从正。古文从二。"則"正"的古文是"正"上多"一"横;"天"字在金文《齊侯壺》作"天"上多"一"横,這種寫法在甲骨文[38]和戰國時代的楚文字中極為普遍[39]。"下"字在楚簡中很多時候上面多一横[40]。"元"字在《侯馬盟書》作"兀",則"元"字的頂上"一"横省略,從而與"突兀"字相混[41]。"示"在甲骨文中常可省掉頂上一横[42]。劉釗《古文字構形學》[43]第十六章345頁:"古文字中凡字形上部為横劃的字,大都可以加一横劃短筆為飾筆。"我因此頗疑心"正亂"的"正"是"止"的繁化寫法,在"止"上加一横,從而與"正"相混。這個"正"本身就是"止"的異體字,讀音就是之部的"止",而不是耕部的"正"。"止亂"一詞見於《韓非子·顯學》《春秋繁露·王道》《潛夫論·衰制》。這是一個比較複雜的解釋,可備一說,不為定論[44]。現在,我們即使不利用古文字材料也可以合理解釋"正亂"。我以為這個"正"完全可以解釋為"定"或"平",參看《故訓匯纂》"正"字條[45],在古籍為常訓。"正亂"就是"定亂、平亂",與"止亂"義近。這樣的解釋最為簡單明了,不煩改讀,我強烈傾向於此說。考《戰國策》此文又見於《新序》卷九《善謀》,也是作"禁暴正亂"。則作"正亂"當為先秦古本。《鹽鐵論》卷十《大論》:"以箠楚正亂,以刀筆正文,古之所謂賊,今之所謂賢也。"也言"正亂"。《戰國策》卷三十《燕策二》第十一章:"必誅暴正亂,舉無道。"《太平御覽》卷367引《戰國策》此文也作"誅暴正亂"。又,《秦策三》第十八章:"君者為主正亂、批患、折難,廣地、殖穀,富國、足家、強主。"也言"正亂"。更考《史記·秦始皇本紀》太史公曰引賈生《過秦》:"禁暴誅亂而天下服。”漢初的賈誼已用“禁暴誅亂”，而不是“禁暴正亂”。則“正亂”一詞必為戰國時代所用語，非後世所妄改。有趣的是古書中還有“正治”的說法[46]，可以作動賓結構，與“正亂”構詞相同。考《周禮・大司徒》：“歲終則令教官正治而致事。”“正治”與“致事”對舉，應為動賓結構；《孔叢子・論書》：“夫能用可用，則正治矣；敬可敬，則尚賢矣。”“正治”與“尚賢”對舉，當爲動賓結構，與“正亂”構詞法相同；《漢書・韓安國傳》：“臣聞用兵者以飽待饑，正治以待其亂。”“正治”與“用兵”對舉，必為動賓結構[47]。

例五，《齊策六》第五章：“外懷戎翟，天下之賢士。”

建章按：……《禮記・月令》：“聘名士，禮賢者。”[48]對“戎翟”是“懷”，對“賢士”是“禮”，因為脫一“禮”字，則“戎、翟”和“賢士”都用一個“懷”字，顯然，這不符合詞的搭配要求。當於“天”上補一“禮”字。《資治通鑒》正作“禮天下賢士”。

這是完全承繼了王念孫《讀書雜志》的方法，結論毫無爭議。若不補“禮”字，則全句不通。類例如《後漢紀》卷十一：“行服進退，必以禮賢良。”古書中還有更多的用例是“禮賢”，不煩枚舉[49]。

何先生此書的貢獻不僅在於校勘和訓詁，對《戰國策》中記載的史實以及先秦的重要文化問題也多有考辨，例如《東周策》第五章關於“蘇秦死年”的討論，先生收集各家學說，列舉了八種觀點；《東周策》第十一章對“三歸”的討論，也很詳密。先生將東漢以前關於“三歸”的記載收集了十二種文獻，分為四類，又收集了歷代關於“三歸”的解釋十一種。先生博採文獻，慎下斷語[50]。《趙策一》第九章：“趙收天下，且以伐齊。”先生對此章系年的考辨廣征博引，折衷眾說，已入史學家範圍，非斤斤於字句而已[51]。類似的博辨在書中屢見不鮮。何先生此書多達一百多萬言，唐以前典籍凡與《戰國策》有關聯者幾乎都已收集[52]，今人相關的重要論著無不參考。引證廣博，辨析詳切，精解頻現，無愧前人所云“言尋真相，博考精微；廓群疑於性海，啟妙覺於迷津”[53]。上舉數例只是嘗鼎一臠，固不能以一磚窺長城，以一瓢測滄海。先生積三十年之功，所成就者乃是苦寒後的馨香、風雨後的明媚，堪比司馬遷之發憤著書。其書所得斷非專搞短頻快之流所能追步。

（三）

《戰國策校釋》考證嚴謹，成就卓著，但個別地方也並非不能討論。請抒愚拙，聊以攻錯。

例一，《魏策二》第十五章：“非完事也。”

歷代無注。《說文》：“完，全也。”《易・繫辭上》：“通變之謂事。”高《今注》：“通事物之變化，採取行動，是謂之‘事’。”猶言“計策、謀略”。完事，猶言“萬全之策”。

此注對“事”的解釋很獨到。《漢語大字典》《漢語大詞典》都沒有收錄“事”訓“謀略”之義。但何先生舉證稍嫌不足，那是因為“事”訓“謀略”在先秦兩漢書中極為罕見，故訓中完全沒有提到（《故訓匯纂》中沒有收“事”訓“計策、謀略”之類的條目），所以從語言的時代性和社會性的角度看，此說恐怕孤證難立。我以為這裏的“事”不如就解釋為“事情”，是一種較為虛化的用法。“完事”就是“完美之事、最好的事”，不好將這裏的“事”翻譯為“策略”。在《戰國策》中“完”字用例甚多。如《秦策一》第七章：“不如伐蜀之完也。”《魏策二》第十五章：“大王欲完魏之交，而使趙小心乎？……然則魏信之事主也，上所以為其主者忠矣，下所以自為者厚矣，彼其事王必完矣。”《魏策四》第二章：“臣以此為不完，願王之熟計之也。”《魏策四》第二十五章：“近習之人，其摯讒也固矣，其自纂繁也完矣。”《韓策三》第一章：“秦已善韓，必將欲置其所愛信者，令用事於韓以完之。”《燕策一》第十四章：“仁義者，自完之道也，非進取之術也。”類例尚多。這些“完”都是“完美”之義，本為形容詞，作動詞是使動用法，隨語境的不同可以靈活地隨文解釋，但其本義就是“完美、完善”。“完事”就是“完美之事”，不一定非要解釋為“萬全之策”。至於何先生援引的關鍵證據《易・繫辭上》：“通變之謂事。”高亨的注解是錯誤的。這個“事”的意思是“大事”或“重要的事”，這句話說“通變”是大事情（或：很重要的事情）。類例如《荀子・正名》：“正利而為謂之事。”意思是：“正利而為”可以稱作“大事”。《漢書・禮樂志二》：“事為之制，曲為之防。”王念孫《讀書雜志》：“大事曰事，小事曰曲。”先秦確有將“大事”省稱作“事”的現象。考《左傳・文公二年》：“祀，國之大事也。”《禮記・禮器》：“故作大事。”鄭玄注：“大事，祭祀也”。又，《尚書・大誥》：“我有大事。”孔傳：“大事，戎事也。”《左傳・成公十三年》：“國之大事，在祀與戎。”可知上古慣於用“大事”來指祭祀和戰爭。但上古文獻也用“事”來指祭祀和戰爭，參看《故訓匯纂》“事”字注第15～25條，以及第26～32條。可見“事”的意思有時就是“大事”。更觀《易・繫辭上》前文曰：“富有之謂大業”。“事”（大事）與“大業”義近。《周易集解》引虞翻釋“事”為“事業”。李道平《周易集解纂疏》、惠棟《周易述》皆取虞翻說[54]。而“事業”正與“大事”義近，非“策略”之謂[55]。

例二，《東周策一・秦興師臨周而求九鼎章》對“九鼎”有詳細的考證：

秦興師臨周而求九鼎，王《輯考》云：“伯五〇三四‘而’作‘以’。”《事類賦》卷十六引作“秦興師於周求九鼎”。〇臨：《西周策》第八章高注：“猶‘伐’也。”“九鼎”之說見《左桓二年傳》孔《正義》，《左宣三年傳》、《呂氏春秋・先識》、《慎勢》、《適威》、《達鬱》陳奇猷《校釋》、《史記・秦本紀》瀧川引陳霆說、《始皇本紀》瀧川引沈家本說、《論衡・儒增篇》、蘇軾《漢鼎銘引》、程大昌《演繁露》卷七“周鼎”條、王先謙《漢書・郊祀志》上《補注》及引沈欽韓說、錢《繫年》九十九節《附社亡鼎淪解》、顧《雜識》“九鼎”條[56]、楊雜著《九鼎考略》所論七題：鑄人、鑄地、鼎數、鼎形、圖像、銘詞、沿革，論辯甚詳，云：“九鼎入秦，史公之實錄；九鼎沒泗，方士之空談。秦所求泗之鼎，漢所出汾陰之鼎，均非禹鼎也。”[57]〇石《校釋》：“顏率之言，本屬無稽，鼎果有九，則楚莊問大小輕重，不知何鼎之問，而王孫滿答詞，敘鼎所由有，亦祇似一鼎，何也。當如汪中《釋三九篇》說，以九不為實數，始與《左傳》合，孔疏誤。”〇建章按，《史記・楚世家》楚相昭子曰：“今子將欲誅殘天下之共主，居三代之傳器，吞三翮六翼，以高世主，非貪而何?”《索隱》：“三代之傳器，謂九鼎也。三翮六翼，亦謂九鼎也。空足曰翮。六翼即六耳，翼近耳旁。”《正義》：“‘翮’誤，當作‘鬲’，音歷。《爾雅》云‘附耳外謂之釴，款足謂之鬲’，曲足鼎也。翼，近鼎耳也。三翮六翼，即九鼎。”張輯校《爾雅・釋器》文。鬲，《爾雅》作“鬲”，云：“款足者謂之鬲。”《說文》云：“鬲，鬲或从瓦。”鬲乃“鬲”之異體。段玉裁《說文》注引此句史文且釋之曰：“按‘翮’者‘鬲’之假借；‘翼’者‘釴’之假借。九鼎，款足者三，附耳於外者六也。”《淮南子・俶真》高注：“九鼎，九州貢金所鑄也。一曰：象九德，故曰九鼎。”高釋為鼎名之由，非謂有九隻鼎也。則“九鼎”似為鼎名，只一鼎耳。

何先生根據《淮南子》高誘注所引的“一曰”和《說文》段注推論上古文獻出現的“九鼎”並非九個鼎，而是一個鼎，鼎名就是“九鼎”。現代學者持同樣觀點的還有石光瑛[58]。“九鼎”的問題很重要，也很複雜。楊明照先生《九鼎考略》[59]旁徵博引，彙集古書中關於“九鼎”的資料最為翔實，已經論及“九鼎”究竟是一鼎還是九個鼎的問題。根據楊先生此文的考證，自上古以來一直被認為是九個鼎[60]，只是到了初唐的孔穎達在《尚書召誥序》的《正義》中開始說：“九鼎者，案宣三年《左傳》王孫滿云‘昔夏之方有德也，貢金九牧，鑄鼎象物’。然則九牧貢金為鼎，故稱九鼎，其實一鼎。”後來南宋羅泌《路史》沿用孔穎達此說[61]。楊明照此文明確反對孔穎達和羅泌之說，堅持傳統的觀點。我們認為傳統以為“九鼎”就是九個鼎的說法應該是可信的。孔穎達諸人根據《左傳》王孫滿說的“昔夏之方有德也，貢金九牧，鑄鼎象物”，就認為“九鼎”只是一個鼎，這是主觀臆斷。細讀《左傳》原文，完全得不出九牧貢金只是鑄造了一個鼎的結論。至於《淮南子·俶真》高誘注所引：“一曰：象九德，故曰九鼎。”只是說“九鼎”象徵“九德”，也沒有說就是一個鼎。段玉裁《說文》“鬲”注稱：“九鼎，款足者三，附耳於外者六也。”這是毫無根據的。“款足”猶言“空足”，“款”訓為“空”[62]。“鬲”與“鼎”的不同在於“鬲”的三足是空心的，足本身可以裝米等食物來燒煮，而鼎的三足或四足都是實心的，足本身不能裝東西。這是鼎與鬲在形制上的區別。鼎足或三或四，在對鼎的命名上從來沒有把鼎足的數量加上外附的幾個耳朵來作為命名根據的現象，段玉裁對“九鼎”語源的解釋毫無道理。四足鼎為方鼎，三足鼎為圓鼎，方鼎遠比圓鼎要珍貴，多為王室重器，一般的大臣貴族不能鑄造或擁有四足方鼎。因此，大禹所鑄的九鼎應該都是四足的方鼎，而不是三足圓鼎，只是在考古學上還沒有發現夏代初年的四足方鼎[63]。更考《墨子·耕柱》：“昔者夏后開使蜚廉折金於山川而陶鑄之於昆吾，是使翁難卜於白苦之龜，曰‘鼎成，四足而方，不炊而自烹，不舉而自臧，不遷而自行，以祭於昆吾之墟’。”[64]正是說夏后開鑄造方鼎。據《史記·秦本紀》：“（秦昭王）五十二年，周民東亡，其器九鼎入秦。”《正義》：“器謂寶器。禹貢金九牧，鑄鼎於荊山下，各象九州之物，故言九鼎。歷殷至周赧王十九年，秦昭王取九鼎，其一飛入泗水，餘八入於秦中。”此言“各”字，則必為九個鼎；沉入泗水的只有一鼎，而八鼎入於秦；山東嘉祥縣武氏祠左石室第三石所描繪的正是從泗水打撈沉鼎的故事[65]。《漢書·郊祀志上》：“有司皆言：聞昔泰帝興神鼎一，一者壹統，天地萬物所繫象也。黃帝作寶鼎三，象天、地、人。禹收九牧之金，鑄九鼎，象九州。皆嘗鬺亨上帝鬼神。其空足曰鬲，以象三德，饗承天祜。”此文以泰帝一鼎，黃帝三鼎，大禹九鼎相對舉，九鼎象徵九州，則九鼎必是九個鼎。《逸周書·克殷解》：“乃命南宮百達、史佚遷九鼎三巫。”九鼎與三巫對舉，則《克殷》篇已經認為“九鼎”是九個鼎[66]。《子華子·陽城胥渠問》：“夫周之九鼎，禹所以圖神奸也。黃帝之鑄一，禹之鑄九。”[67]更是明言為九個鼎。細考古籍，在孔穎達之前沒有一人主張“九鼎”是一個鼎。孔穎達僅據片言，臆解古書，斷不足憑。為什麼遠古帝王用“鼎”來象徵王權呢？我以為這是因為“鼎”是“定”的諧音，可以象徵“平定、統一”。大禹鑄九鼎是象徵平定九州[68]，這是最初的含義，不是象徵九德。

本書在體例上還有一個問題。全書廣徵博引，但引述的文獻有時只注明某書，而沒有同時具體注明某一頁。如上文討論“九鼎”時引石光瑛《新序校釋》的話，只說“石《校釋》”，隨後是引文，沒有說明那些引文是出自《新序校釋》第1175頁，而《新序校釋》全書有1405頁。這會使得學者們難以檢索按核。雖然清儒引書只標書名，往往不列出具體的篇章節，但現代學術著作一般要考慮到讀者核查的需要，不能一味求簡便。

以上吹毛求疵縱然可見君子之過，亦只是日月之蝕，何損其明。

（四）

另外，《戰國策》雖經劉向編纂，其底本畢竟產生於先秦。雖有帛書本《戰國縱橫家書》可以相互參證，然而帛書篇幅有限。近三十年來，戰國文字的研究迅猛發展，出土了不少戰國竹簡資料，相應的古文字工具書和專著很多，而且也有相當的水準，例如何琳儀《戰國古文字典》、《戰國文字通論》（訂補本），黃德寬等《古文字譜系疏證》（四冊），劉志基等《古文字考釋提要總覽》（已出三冊），劉釗《古文字構形學》（修訂本），湯餘惠《戰國文字編》，滕壬生《楚系簡帛文字編》（增訂本），李守奎《楚文字編》、《上海博物館藏戰國楚竹書1～5文字編》，白於藍《戰國秦漢簡帛古書通假字彙纂》，王輝《古文字通假字典》，劉信芳《楚簡帛通假彙釋》，于省吾《甲骨文字詁林》，周法高《金文詁林》及其《補編》，華東師範大學《古文字詁林》，戴家祥《金文大字典》，張亞初《殷周金文集成引得》，《裘錫圭學術文集》（六卷），李學勤的多本學術論文集等等，都有參考價值。其中有些書何先生已經注意到，並經常使用，只是在《戰國策校釋》中利用得還不是很充分[69]。何先生此書在方法上主要繼承了王念孫《讀書雜志》的傳統，這當然是為往聖繼絕學。如果能夠更多利用戰國古文字的研究成果，《戰國策校釋》在校勘和訓詁上或許能更多一些發明。且舉一例：

《齊策三》第十章："犬兔俱罷，各死其處。田父見之，無勞倦之苦，而擅其功。"何先生注稱"見"當爲"得"之誤，"得"古文作"㝵"，在傳抄中失落下部的"寸"，從而誤為"見"，引述了俞樾《諸子平議》、陳奇猷《韓非子集釋》。光華按，較早注意到古籍中"得"誤為"見"的似乎是王念孫《讀書雜志·戰國策二》"未見一城"條[70]："'夫用百萬之眾，攻戰逾年曆歲，未見一城也。'念孫案，'見'當爲'㝵'，㝵古'得'字，形與'見'相近，因訛為'見'。說見《經義述聞·周語·見神下》。下句曰'今不用兵而得城七十'，即其證也。《史記·趙世家》正作'未得一城'。"俞樾《諸子平議》完全沿用了王念孫《讀書雜志》[71]，非俞樾獨見。又見《趙策一》第十一章何先生注[72]。以現在的戰國文字材料而論，王念孫、俞樾的觀點是正確的。但王念孫推導致誤之由則不完全正確。考戰國楚系簡帛文字中的"得"字作上'目'下'又'之形㝵（楚系文字中的此字上部為"目"，不是"貝"，字形極清楚），與楚系文字的'見'形近易誤，參看滕壬生《楚系簡帛文字編》（增訂本）第181～184、789～791頁；李守奎《楚文字編》第120～121、526～528頁；湯餘惠《戰國文字編》第116～117、595頁；何琳儀《戰國古文字典》[73]第15～16頁分類收集"得"在戰國時代的古文之形甚全面，黃德寬等《古文字譜系疏證》[B74]第156～158頁都分別梳理了"㝵"從甲骨文到戰國文字的演變過程，甚為清晰。可知"㝵"在甲骨文和西周金文中都是從"貝"從"又"，無從"寸"之形，因此從"寸"的"㝵"必為後起之形，當是從"又"演變而來；從春秋金文開始"得"作從"目"從"又"之形。戰國時代的齊系文字、三晉文字、楚系文字都是從"目"從"又"。三晉文字和燕系文字偶有從"寸"的；而在秦系文字中從"寸"常見，而且開始有"㝵"之形。王念孫提到的古文㝵之形在戰國文字中只出現於秦系文字。從文字源流上推考，"㝵"當是從㝵訛變而來。在古文字學中，作為偏旁的“寸”與“又”常可互作，“見”與“目”常可互作。此為文字學通識，不煩舉證。從古文字學上看，“𠭰”比起“㝵”更容易被訛為“見”。也就是說今本《戰國策》的“見”不是從秦系文字的“㝵”訛誤而來，而是從東方六國文字的“𠭰”訛誤而來。以上的考證如果是正確的，那我們就可以由此推出一個有意義的結論：戰國時代的原本《戰國策》不可能是用秦系文字寫成的，而是用東方六國文字寫成，主要可能是用齊系或三晉或楚系文字寫成[75]。

這樣具體而繁碎的事已不能苛求年近九十的何先生了，更何況上博簡和郭店簡中的《緇衣》、郭店簡中的《老子》剛好可以與傳世文獻相比對，著名的古文字學家用古文字材料校勘上古典籍也不是容易的事[76]。今舉一例：

今本《老子》十三章：“寵辱若驚，貴大患若身。何謂寵辱若驚？寵為下，得之若驚，失之若驚，是謂寵辱若驚。”馬王堆帛書甲本“寵”作“龍”，乙本作“弄”。郭店簡本乙有重要異文未能引起古文字學者們的充分注意。今以通行字引楚簡本：“寵辱若纓，貴大患若身。何謂寵辱？寵為下也。得之若纓，失之若纓，是謂寵辱若纓。”《郭店楚墓竹簡》的編撰者根據今本將“纓”讀為“驚”[77]。而且完全忽視了楚簡本作“何謂寵辱”而不是“何謂寵辱若驚”。有的學者認為簡本原文脫落“若纓”二字[78]。但也有學者認為沒有“若纓”才是古本。如彭浩稱：“想爾注本、河上公本、范應元本、龍興觀碑本等同簡本。‘何謂寵辱？’其意極明，‘問何謂寵，何謂辱’（河上公注），且與下文‘寵為下也’銜接得當。……全段文意暢通，想爾注本、河上公本等所據同簡本，故作‘何謂寵如’。王弼本等所據通帛書本，故作‘何謂寵辱若驚’。”[79]彭浩雖然堅持認為簡本為古本，但所作解釋卻難以令人信服。

光華按，眾說均非。楚簡本作“人寵辱若纓”，其中的“人”字應屬上讀，“寵”表被動，是“受寵、被寵”，就是指得到國君或主君的寵愛。原文的語法結構是“寵”為主語，“辱”為謂語，“若纓”為補語（當然也可以將“辱若纓”一起當做謂語），“寵”與“辱”是主謂關係，而不是並列關係，“寵辱”意思是“受寵愛是恥辱”。下文接著說“何謂寵辱”，意思是“為什麼說受寵是恥辱”。下面緊接著解釋道：“寵為下也。”意思是“受寵表明你的身份是低下的（或低人一等）”。因為總是主人寵愛下人、君王寵愛臣子，受寵的人身份總要低下一些。潘玉坤教授對我說這裏的“為”應當是動詞，不宜處理成介詞，其說可信。楚簡本只作“何謂寵辱”，沒有“若纓”二字，正是古本之真。帛書本已經不知“寵辱”是主謂結構，而不是並列結構，所以加上“若驚”二字，古意遂隱。另外，《老子》此段下文只講“寵”，不講“辱”，也可證明“寵辱”不是並列關係，而是主謂關係。想爾注本、河上公本、范應元本、龍興觀碑本等同簡本只作“何謂寵辱”，無“若纓（或若驚）”二字，則是保留了古本的原始面貌，彌足珍貴。

學術界有一種觀點認為《老子》這裏的“寵辱”可以分析為偏正結構，即“寵之辱”。這種見解確實有啟發性。我結合《老子》這段的上下文來綜合考察，覺得還是分析為主謂結構較妥當。因為①如果分析為偏正結構，義為“寵之辱”，那麼此語的核心成分就是“辱”而不是“寵”，下文“得之、失之”的“之”就是指代“辱”，而不是“寵”。這顯然不是《老子》的本義。②如果把“得之、失之”的“之”處理為指代“寵（之）辱”，就成為“得寵辱若驚（或纓），失寵辱若驚（或纓）”，這就不能成為對“寵辱”一語的解釋了，從而不能成為對“何謂寵辱”的回答。③《老子》原文是“寵辱若驚，貴大患若身”。如果“寵辱”是偏正結構，那麼與下一句“貴大患若身”在句法上就沒有對應關係。

“若纓”的“纓”當為《老子》原始古本，不可改讀，今人多讀“纓”為“驚”，全失古意。據帛書本和今本為“驚”（解釋為“驚懼、驚恐”），在文意上完全不通，毫無哲學意味可言。多虧有楚簡本作“纓”，才讓今人得以了解古本《老子》的真面目。“纓”的意思是“受到約束、受到束縛”[80]。“寵辱若纓”全句的意思是“受到貴人的寵愛是耻辱的，好像受到束縛一樣”。下文“得之若纓，失之若纓”意思是“得到寵愛猶如被束縛，失去寵愛也猶如被束縛”。爲什麽説“失之若纓”呢？因為“失寵”也是很不愉快的事，一般人會因失寵而耿耿於懷，老是念著失去的“寵”，從而人的心情和精神都會被失去的“寵”所束縛。這就是“失之若纓”的哲學含義。若將“纓”讀為“驚”，那就文意不通了。這種用法的“纓”在上古典籍中多作“攖”。朱駿聲《説文通訓定聲》：“攖，即纓。”“攖”或訓“引（即引導、牽引），結（即束縛），梏（即桎梏，也是約束），羈落（也是約束，落即絡）”，或訓“擾”，皆通[81]。裘錫圭先生將楚簡本原文的那個字讀為“纓”。其實按照先秦典籍的用字慣例，讀為“攖”更好。“纓”用作動詞是在東漢以後，在上古典籍中一般是用作名詞，上古作動詞則用“攖”。考《莊子・在宥》：“老聃曰：女慎無攖人心。人心排下而進上，上下囚殺。”同篇：“昔者黄帝始以仁義攖人之心。”同篇：“天下脊脊大亂，罪在攖人心。”《莊子・徐無鬼》：“修胸中之誠以應天地之情而勿攖。”同篇：“吾與之乘天地之誠而不以物與之相攖。”《莊子・庚桑楚》：“夫至人者，相與交食乎地而交樂乎天，不以人物利害相攖。”《吕氏春秋・本生》：“能養天之所生而勿攖之謂天子。”注：“攖猶戾也。”《淮南子・俶真》：“夫憂患之來攖人心也，非直蜂蠆之螫毒而蚉？之慘怛也。”注：“攖，迫也。”《淮南子・繆稱》：“勿撓勿櫻。”高誘注：“櫻，纓。”櫻是攖的異體字。可見“攖”是黄老思想的重要概念。

但問題還有更複雜的一面。白於藍教授在《讀郭店簡瑣記（三篇）》[82]根據李守奎的一篇論文指出在戰國楚系文字中“貝”與“見”無論作為獨體字還是作為偏旁都很常見，二者的字形有明顯的區别。楚簡《老子》一般釋讀為“纓”字的上邊其實不是從“貝”的“賏”，而是從“目”的“䀠”。《説文》：“左右視也。從二目。凡䀠之屬皆從䀠，讀若拘，又若‘良士瞿瞿’。”白於藍認為楚簡該字應該分析為從䀠縈聲。在釋讀上，白於藍提出兩種意見：①該字是“䁝”字異構。因為在古文字中偏旁重疊的可以省卻一個，所以䀠可以省形為“目”。《説文》：“䁝，惑也。从目榮省聲”。在簡文中讀為“驚”。②字書中“䀠”及從“䁝”之字亦多具有驚顧、驚視之義[83]。因此，楚簡該字也可能是是“驚”字異構[84]。

我們認為白於藍的觀點不能成立。楚簡該字既不能釋讀為䁝，也不能釋讀為“驚”的異體。雖然在楚系文字中“目”與“貝”在字形上有分别，但二者在實際的運用中卻有相混的現象。何琳儀《戰國文字通論》[85]第235頁、劉釗《古文字構形學》（修訂本）[86]第340頁都指出在古文字中作為偏旁的“目”與“貝”可以混用[87]。因此，楚簡該字在字形上雖然是作“䀠”，但完全可能是“賏”的異構，並用作該字的聲符。因此將該字釋讀為“纓”，借為“攖”，這樣處理是沒有問題的，而且可與上古的道家文獻相印證。事實上，白於藍的論證不夠充分。雖然在古文字中重疊的形旁可以省卻一個，如“敗”的籀文作“敱”，“秦”的籀文從“秝”，“靃”有異體從“雔”，“雙”有異體從“隹”，作為形符的“艸”可省形為“中”，“楚”可省形從“木”，作為形符的“从”可省形為“人”，類例甚多，還可參看何琳儀《戰國文字通論》（訂補本）[88]第四章“戰國文字形體演變”第208～209頁“刪簡同形”節。但在運用這條規律來具體論證的時候需要舉出具體的用例。我們可以從三個方面指出白於藍論證的不足之處。

（1）作為偏旁的“䀠”雖然從理論上可以省形為“目”，然而在古文字中這樣的用例幾乎不見。

例如“瞿”字或“瞿”聲字都沒有省形從“目”的異體字。由於白於藍的文章沒有舉出實際的用例，其論證自然不可信。

（2）在文字學中，重疊形符省形為單一形符的時候，其位置通常是不改變的。也就是說，原來在左的不會變到右邊去，在上邊的不會變到下邊來。上舉的籀文“敱”省形為“敗”，“艸”省形為“中”等等各例都是如此。另如，“靁”省形為“雷”，“曐”省形為“星”，“雧”省形為“集”，“晨”省形為“晨”，“塵”本從“麤”可省形為“塵”，省形的部分都沒有改變位置。何琳儀《戰國文字通論》（訂補本）[89]第四章“戰國文字形體演變”第208～209頁列舉眾多“刪簡同形”的例證，表明在古文字中，刪簡了同形的形符後，剩下的那一個形符並沒有改變位置[90]，證據充分，無一例外。另可參看劉釗《古文字構形學》（修訂本）[91]第三章三“形體的省略”和四“形體的繁簡”。白於藍主張楚簡該字所從的“䀠”省形為“目”，這時這個形符的位置從上面轉到了下面。這與重疊形符省形的通例不合，當不可信。

（3）不能籠統地說重疊的偏旁都能省形為單一的偏旁。我認為作為偏旁的“䀠”不能省形為“目”，就猶如“竝”不能省形為“立”，“奻”不能省形為“女”，“多”不能省形為“夕”，“圭”不能省形為“土”，“吅”不能省形為“口”，“聑”不能省形為“耳”，“㚘”不能省形為“大”，“㼌”不能省形為“瓜”，“畕”不能省形為“田”，“步”不能省形為“止”。

以上三條理由似可推倒白於藍之說。

如果採用白於藍對字形的分析意見，將該字的上部字形定為“䀠”。我們也可以有其他合理的分析，未必採用白於藍的釋讀。根據《說文》，“䀠”古音讀若“拘”，在該字中作聲符兼表意，下面的“縈”是表意的，所表之意為“纏繞、繞”（參看《故訓匯纂》“縈”字條，含有“用繩捆束”之義），並非聲符。該字可讀為“拘”，與“攖”義近。該句意思為“得到貴人的寵愛是一種羞辱，如同受到囚禁一樣”。“拘”在上古文獻中就是“拘執、拘束、拘檢、縶、執、縛”之類的意思[92]。更考文獻：《易經》卷上《隨卦》：“上六：拘系之乃從。”《象》曰：“拘系之，上窮也。”《尚書·酒誥》：“盡執拘以歸於周，予其殺。”《爾雅》：“囚，拘也。”《莊子·盜蹠》：“文王拘羑裏。”同篇：“小盜者拘，大盜者為諸侯。”《左傳》《戰國策》中類例甚多，不遑枚舉。可見“拘”在上古是囚禁，是一種刑罰，當然是一種恥辱[93]。“拘”同時也有比喻用法。如《莊子·天地》：“不拘一世之利以為己私分。”《莊子·秋水》：“井蛙不可以語於海者，拘於虛也。”同篇：“無拘而志，與道大蹇。”《莊子·秋水》：“故聖人法天貴真，不拘於俗。”可見將楚簡該字釋讀為“拘”沒有問題。考慮到“寵辱若拘”有“辱”字，我覺得將該字釋讀為“拘”可能比釋讀為“攖”更好，因為“拘”（囚禁）更能體現“辱”。另外，白於藍的兩種讀法都是最終將該字讀為“驚”。而我們上文已言，如果將該字強行比對為“驚”，在《老子》中其實是沒有哲學意味的，甚至意思都不大通。我們應該用古文字材料來校勘古書，探索古本之真，而不是用古文字材料來牽合古書。白於藍的做法並不可取[94]。

後來，古文字学大家裘錫圭先生在《“寵辱若驚”是“寵辱若榮”的誤讀》一文[95]中同意白於藍將楚簡該字的上部釋為“䀠”，放棄了自己從前釋為“賏”的觀點，且同意釋讀為“䁝”，但認為應該通假為“榮”。裘先生此文的主要觀點可以概述如下：①該字讀為“榮”，而不是“驚”；②“寵辱”是動賓結構，不是並列結構；③今本的“驚”是被帛書本以來的學者所誤讀造成的，不是古本。裘先生的第一和第二個見解與我正好相反，我讚成裘先生的第三個觀點。我在思考後，比較堅持自己的觀點，申述如下：

（1）如果按照裘先生的解釋，“寵辱若榮”的“寵辱”是動賓結構，似乎正好與下一句“貴大患若身”在句法上相對應。但上古文獻多有錯綜行文之例[96]，我以為楚簡此文不是“寵”與“貴”相對應，而是“辱”與“貴”相對應。按照裘先生的解釋，則楚簡“寵辱若榮（假定從裘先生釋為“榮”），貴大患若身”這兩句是近似的意思，前後兩句的意思是順接的。按照我的解釋，則這兩句的意思是從正反兩個方面來說的。“辱”與“貴”相對應，“寵”與“大患”相對應。而楚簡本《老子》多有從正反兩面來說理的例子。如①《老子甲》（以通行字引述）：“禍莫大乎不知足；知足之為足，此恒足也。”上一句從反面說，下一句從正面說。②同篇：“以道佐人主者，不欲以兵強於天下。”這雖是一句話，但上半句從正面說，下半句從反面說。③同篇：“善者果而已，不以取強。”上一句從正面說，下一句從反面說。④同篇：“知之者弗言，言之者弗知。”上下兩句從相反的兩個方面說。當然，同書也有兩句順接的例子。例如同篇：“甚愛必大費，厚藏必多亡。”又同篇：“知足不辱，知止不殆，可以長久。”但這樣順接的例子不能反駁我們的說法。

（2）從楚簡本的上下文的意思來看，將“寵辱”釋為動賓結構似乎也不合理。因為下文有“何謂寵辱？寵為下也。”如果是動賓結構，那麼“寵為下也”一句將無法合理解釋。而按照我們上文的解釋，則意思極為通暢。“寵辱”意思是“得到寵愛是耻辱”。“何謂寵辱”，意思是“為什麽說受寵是耻辱”？“寵為下也”意思是“受寵表明你的身份是低下的（或低人一等）”。因為總是主人寵愛下人、君王寵愛臣子，受寵的人身份總要低下一些，所以“是謂寵辱（受寵是耻辱）”。裘先生將“寵為下”解釋為動賓結構，“為下”的意思是“為人之下、處於下位”，也就是以“為下”為“寵”。我覺得裘先生的解釋不是很穩妥。

（3）如果該字讀“榮”，那麼下文的“得之若榮，失之若榮”，就完全不能合理解釋了。因為原文作：“寵為下也，得之若榮，失之若榮。”裘先生解釋說：“得之若榮，失之若榮的意思，就是得‘為下’若得榮，失‘為下’若失榮。”我以為這樣的理解沒有根據。按照古漢語語法，其中的“之”只能指代“寵”，這裏的“寵”只能是名詞性的。按照裘先生的解釋，其中的“之”是指代“為下”。這與古漢語語法不合，當不可信。古漢語語法中的“之”沒有這樣的指代用法。“之”只能指代名詞性的“寵”，我們上文已經給出了合理的解釋。

（4）裘先生指出前人有的已經將“寵”解釋為動詞，引述了元代吴澄的解釋：“寵，猶愛也。名位之尊，人以為榮，反觀之，則辱也。”細讀吴澄原文，可知吴澄的觀點正是將“寵”視為“辱”，與我的觀點完全一致，與裘先生的主張似乎沒有關係。

（5）《老子》四十四章稱：“知足不辱，知止不殆。”可見在《老子》中的“辱”也是不好的事，《老子》並沒有將“辱”當作“寵”的觀念。更考今本《老子》第四十一章：“明道若昧；進道若退；夷道若類；上德若穀；廣德若不足；建德若偷；質真若渝；大白若辱。”全面考察《老子》此文，可知其中的“辱”也沒有褒義。

總之，①我將“寵辱”釋為“以寵為辱”，裘先生釋為“以辱為寵”。②我以“寵辱”為主謂結構，裘先生釋為動賓結構。③相當於今本“驚”的字，我釋為“拘”或採用裘先生從前的讀法為“纓（通攖）”。裘先生現在釋為“榮”。④“寵為下”，我解為陳述句，“寵”是為了身份低下的人；裘先生解釋為動賓結構，意思是“以處於下位為榮寵”。以上四點是我與裘先生的基本分歧所在。裘先生是我在北京大學的老師[97]，也是我崇敬的大學者。我實在不敢自信，願以此求教於裘先生和白於藍教授。

楚簡本《老子》已是國際顯學，學者雲聚，論著山積，尚有如此麻煩。此例足見以古文字材料校釋傳世典籍確非易事。

（五）

此文是應何建章老師的囑託為其新版《戰國策校釋》寫作的序言。修訂完稿後，寄給何老師看過。何老師在電話中對我表示深感滿意。然而天道無常，禍福難測，於2014年4月26日，何老師不幸在北京醫院因喉癌引發呼吸道疾病而仙逝，享年九十歲。學人薨逝，草木銜悲。我在廣州沒有來得及赴京告別。念及與恩師近三十年的情誼，我中心悲愴，痛何如哉！唯有“酌彼金罍，維以不永懷。酌彼兕觥，維以不永傷”。

先生對我十分信任，矚望殷切。例如他很重視《戰國策》的今譯，幾次對我說想要修訂在嶽麓書社出版的《白話戰國策》，為此他甚至一度想讓我住到他家裏幫他寫完剩下大約一半的《戰國策校釋》，好讓他有時間來重新撰寫《白話戰國策》。遺憾的是，我當時在北大讀博士課程，為完成博士論文《論漢語上古音無複輔音聲母》而日夜忙迫。畢業後我去香港科技大學做博士后研究，然後又出國教書。終於沒有時間幫助何先生達成心願。何先生抱病堅持獨立完成《戰國策校釋》的全部寫作，身體再也撐不住了[⑱]。此書交稿僅僅一年，何先生就病發住院，終至不起。他在前年就明確對我說過：萬一他不能在生前完成他的寫作計劃，希望我能夠接手他收集的材料，好好利用起來。最近，何先生的哲嗣何洪先生在電話中正式對我表示希望我能繼軌何老師的未竟之業。我深切感到義不容辭，在我有生之年一定要完成《戰國大事編年考辨》（至少200萬字）的撰述，以告慰恩師於九泉。

恩師在年齡上是我的祖父輩，而虛懷若谷，不棄芻蕘，乃至邀下愚為其耗盡畢生心血的著作撰寫序文，我自慚“學非博古，文無麗藻，徒飽食而終日，誠面牆而卒歲”，實在不能唐突高明。但恩師說我知他最深，世間名流先達雖不乏其人，皆敬而難親。我於是只好不揣淺陋，恭承鈞命，慚梟企鶴，瀝辭鐫思，“磨鈍勵朽，力疲曳蹇”，疾感於苦思，氣竭於沉慮，含筆而腐毫，輟翰而驚夢。“淺才褊能，多所闕漏；或有盈辭，尚無刊落”[⑲]，終不免竭情而多悔、精思而愈疏，以致玷污聖賢。

恩師生前常對我說他數十年潛心於《戰國策》的校釋，只是想為世人提供一個儘量精確詳悉的校注本，方便大家準確理解戰國文化。《戰國策校釋》是先生留在人間的文化遺產，對今後的《戰國策》研究必將如“泰山遍雨，河潤千里”，膏潤無數學者。後世讀者能依據本書而對《戰國策》中的人文風采洞若觀火，對戰國時代的迷人文化當能“想千載如目擊，覽萬里若躬遊”。

注釋

①龐光華，北京外國語大學日語碩士，北京大學漢語史博士，現為廣東五邑大學文學院副教授。

②何建章《戰國策注釋》（中華書局，1990年），先生此書實際上在1982年就已經向中華書局交稿了。

③語出陸機《文賦》。

④諸祖耿《戰國策集注匯考》（江蘇古籍出版社，1985年），2008年出增補本。何先生《戰國策注釋》於1982年交稿，所以未能參考諸祖耿此書。

⑤范祥雍《戰國策箋證》（上海古籍出版社，2006年）。范祥雍先生此書據稱完稿於1965年。“文革”後，范先生對此書做了重大修訂，直到1993年范先生去世時尚未親自定稿。何先生的《戰國策注釋》初版於1990年（1982年交稿），當時范先生健在，不應不知中華書局出版的《戰國策注釋》，但《戰國策箋證》的參考書目沒有提及何先生的

《戰國策注釋》，也沒有提到諸祖耿《戰國策集注匯考》。范、何二先生當是各自獨立完成其工作。但范先生完全不提何先生書是不應該的。我沒有全面對照二位先生的《戰國策》校注。但何先生有一次親口對我說："范先生的《箋證》確實下了功夫。"當范先生的《箋證》出版時，何先生的《戰國策校釋》已經寫成一半以上，所以何先生在其工作的後半部分參考了范先生的《箋證》，並加以注明。

⑥徐復：《徐復語言文字學論稿》，江蘇教育出版社，1996年。

⑦參看段玉裁《經韻樓集》（《段玉裁全集》之二，鳳凰出版社，2010年）卷六《答江晉三論韻》。另參看同書同卷《江氏音學序》。

⑧蕭旭刊有專著《古書虛詞旁釋》、《群書校補》（四卷）、《群書校補續編》（十一卷）、《淮南子校補》（四卷），皆極精博，受到學術界的廣泛重視和好評。他已發表學術論文近百篇。蕭兄從牙縫里省錢來買書，從未得到過任何科研經費。可謂稀世之俊傑。

⑨屈守元：《韓詩外傳箋疏》，巴蜀書社，1996年。

⑩後來蕭旭將《韓詩外傳補箋》收入他的《群書校補》（廣陵書社，2011年）第一冊，只是他校釋《韓詩外傳》的一部分。

⑪林秀一翻譯上、中二冊，福田襄之介、森熊男翻譯下冊，《新釋漢文學大系》本，日本明治書院，平成五年（即1993年）。此書的"語釋"部分為注解，然僅作一般性校釋，參考書目遠遠不及何先生《注釋》和《校釋》、諸祖耿《集注匯考》、范祥雍《箋證》。例如此書居然不知金正煒《戰國策補釋》，更不知于鬯《戰國策注》。其注解完全不能貫穿群書，悖於清儒之法，因而其學術性有限。但此書確是日本學者對《戰國策》最新的理解，融匯了日本幾代《戰國策》學者的心血。但此書有一個亮點值得注意：全書每一策根據各章內容時代的先後，調整了各章原文的順序，雖與今本《戰國策》的目次有所參差，卻有其科學性。例如《趙策一》的第一章本為"知伯從韓、魏兵以攻趙"，第二章是"知伯帥趙、韓、魏而伐范、中行氏"，第二章內容的時代明顯早於第一章內容的時代，於是日本學者將此二章的順序互換，以明時代的先後。且各策各章都標明所屬各國君王的世系。這樣處理明顯有其科学性。

另如日本學者藤田勝久1998年完成的《〈史記〉戰國史料研究》（上海古籍出版社，2008年），其參考書居然不知何先生的《戰國策注釋》。關於《左傳》，只參考杜預《春秋經傳集解》和楊伯峻《春秋左傳注》，不知劉文淇《春秋左氏傳舊注疏證》、洪亮吉《春秋左傳詁》；關於《淮南子》，不知劉文典《淮南鴻烈集解》；關於《史記》，不知王叔岷《史記斠證》；關於《漢書》，不知王先謙《漢書補注》、楊樹達《漢書窺管》、陳直《漢書新證》；關於《後漢書》，不知王先謙《後漢書集解》；關於《史通》，不知趙呂甫《史通新校注》；且對徐中舒先生、張政烺先生、裘錫圭先生的學術論文一概不提。對李學勤先生的論文也了解不全面，甚至不怎麼提顧頡剛的研究。有人過分誇大日本學者熟悉文獻，吾不信也。

⑫直到2013年11月，北京商務印書館才出版了李波等人編撰的《戰國策索引》，這是逐字索引。

⑬李之亮箋注《蘇軾文集編年箋注》（巴蜀書社，2011年）對此也沒有能夠正確解釋。其他一般選本幾乎都迴避這個疑難問題。

⑭"扁舟"一詞出典於《史記·貨殖列傳》："范蠡既雪會稽之恥，……乃乘扁舟，浮於江湖。"《集解》引《漢書音義》曰："扁舟，特舟也。"《索隱》："扁音篇，又音符殄反。服虔云：'特舟也。'《國語》云：'范蠡乘輕舟。'"《正義》："《國語》云：句踐滅吳，反至五湖，范蠡辭於王曰：'君王勉之，臣不復入國矣。'遂乘輕舟，以浮於五湖，莫知其所終極。"考《國語·越語下》作："范蠡對曰：'臣聞命矣。君行制，臣行意。'遂乘輕舟以浮於五湖，莫知其所終極。"今本《國語》中的范蠡之言與《史記正義》所引有所不同，但作"輕舟"則同。《史記》作"扁舟"，則司馬遷以"輕舟"與"扁舟"同義。東漢學者服虔釋"扁舟"為"特舟"。考"特"當訓"獨、孤"（參看《故訓匯纂》"特"字第6～20條），所以服虔的"特舟"就是"獨舟、孤舟"。《漢語大詞典》"扁舟"條僅僅釋為"小舟"，泛而不切，當據古書釋為"輕舟"或"孤舟"。

⑮龐光華《上古音及相關問題綜合研究：以複輔音聲母為中心》，未版。

⑯我隱約記得梁啟超說過類似的話，一時檢索不出。

⑰我記得錢鍾書先生曾經自稱為通人。錢老這樣的自信是當之無愧的。錢老曾經面折諾貝爾文學獎評審成員馬悅然［他是瑞典著名漢學家高本漢的學生，著有《我的老師高本漢》（吉林出版集團有限公司，2009 年）］，指出諾貝爾文學獎多次錯發給名不副實的人，如賽珍珠之流。錢先生的氣節足以彰顯中華民族的自信力。

⑱陳寅恪在“文革”中被打成反動學術權威，陳寅恪臨終前承認自己正是反動學術權威。陳寅恪的《金明館叢稿初編》在 20 世紀 60 年代準備出版，編輯部要他改動一個提法，陳先生嚴詞拒絕，結果該書因此而不能出版。另參看陳寅恪《寒柳堂集》中的《贈蔣秉南序》、《金明館叢稿二編》中的《清華大學王觀堂先生紀念碑銘》以及他答復中國科學院邀請他做第二歷史研究所所長的回信《對科學院的答復》［參看陸健東《陳寅恪最後的二十年（修訂本）》，生活·讀書·新知三聯書店，2014 年，第 104 ~ 107 頁］。

⑲何先生為郭氏《訓詁叢稿》中討論的各要點，按音序編了一份明細的索引，方便檢閱。

⑳據姚小平《一位語言學者的求索與遺產——為紀念許國璋先生逝世五週年而作》（《外語教學與研究》1999 年第 4 期）所言：“為此，許國璋一頭扎進了《說文解字》。他為這部古代文字學第一書付出了大量精力物力。據周流溪在《許國璋先生生平業績》一文中說，為了弄懂《說文》，‘他在八十年代初上過一個自費學習班’。而據我所知，許國璋曾出資延請北外中文教師何建章，為他單獨講解《說文》。1983 年，北外成立外國文學研究所和外國語言研究所，王佐良、許國璋分任所長。許國璋為語言所陸續購置的圖書中，相當一部分屬《說文》學，不僅有清代四大家（段玉裁《說文解字注》、王筠《說文釋例》和《說文句讀》、桂馥《說文解字義證》、朱駿聲《說文通訓定聲》），而且有近人丁福保的一套 20 冊《說文解字詁林》。”光華按，許國璋向何先生學習《說文解字》確有其事，但是否向何先生支付過費用，則我所不知。我只聽何先生說過：有一次許國璋對何先生說他有一筆經費，可以幫何先生報幾十塊錢的書費。後來《許國璋論語言》（外語教學和研究出版社，1991 年）中收入的《從〈說文解字〉的前序看許慎的語言哲學》一文（此文曾在《中國語文》發表），便是許國璋讀《〈說文解字〉敘》的成果。不過，許國璋先生這篇文章的學術性似乎不高，有不少專業性的錯誤。今考辨如下：1. 此文的題目稱“《說文解字》的前序”是有問題的，《說文解字》不稱“序”，而稱“敘”，且其“敘”不是放在全書的前面，而是按照漢代以前著作的慣例放在全書的最後，所以嚴格說可稱“後敘”，不能稱“前序”。2.《許國璋論語言》第 67 頁稱：《〈說文解字〉敘》“‘鳥獸之文’的‘文’即是圖像，指整個身體。一說‘文’指足趾留下的腳印。”這裏的“文”並非指鳥獸的“整個身體”，也不可能是“足趾留下的腳印”，訓詁中無此用法，而應當是指鳥的羽毛和獸皮上的“文采”。3.《敘》稱“鳥獸之文與地之宜”。許國璋完全不管其中的“與”字，大概是認為“與”就是連詞，不需要解釋，所以只講“地之宜”。這樣解讀是錯誤的。實則“與地”為一詞，就是“大地”的意思，這裏的“與”其實是上古以來就有的一個比喻用法。古人看到大地承載萬物如同車廂承載物體一樣，於是就將大地比喻為車廂，因此就有“與地”一詞，“與”讀為“輿”，是車廂的意思，不能當做連詞。4. 許國璋把“與地之宜”的“宜”解釋為“適宜”，說：“‘之宜’可以解釋為適宜於不同地方生存的物類。”這明顯是錯誤的。以訓詁學言之，這裏的“宜”當為“儀”之借（參看《故訓匯纂》“宜”字第 46 ~ 52 條），訓為“表”（參看《故訓匯纂》“儀”字第 62 ~ 67 條），與地之宜”就是“大地之表”或“大地之象”。大地的表面有山川縱橫，使大地頗有文理，聖人見之而悟出該怎樣創造“文字”。大地“適宜於不同地方生存的物類”與造字何干？5. 許國璋釋“近取諸身”的“身”為“人”，這不準確，應釋為“人的身體”。古漢語的“身”沒有泛指“人”的。《說文解字》中有一些字是來源於人的身體及其各部位。現在有的學者戲稱這是文字學上的“以人為本”；6.《敘》稱：“及神農氏結繩為治而統其事，庶業其繁，飾偽萌生。”許國璋對這一段的解釋誤信了段注。他說：“‘及神農氏’的意思是‘從庖犧氏起直到並包括神農氏’。”這是根據段玉裁注。實則，段注是不準確的。從《說文敘》本身來看，其意思是庖犧氏作八卦以垂憲象，等到了神農氏就開始結繩為治。結繩是開始於神農氏，並不包括庖犧氏。許國璋根據段注大事發揮，昧於審辨。7.《說文敘》稱：“黃帝之史倉頡，見鳥獸蹏迒之迹，知分理之可相別異也。初造書契，百工以乂，萬品以察。蓋取諸夬。”許國璋對此有曰：“書契發明以後，各項公職的執行就方便了（百工以乂）。”這個解釋不準確。“乂”不是“方便”，而是“治理”（今本《周易》正作“治”），乃言“有了文字以後，各種公職人員就能得到有效的管理（或治理）”。另外今本《周易》“工”作“官”，“品”作“民”。這樣的異文不是小問題，許國璋漠然置之，未為嚴謹。8. 許國璋對“蓋取諸夬”這一句評議稱：“這句話看來是本句的總結，但它對於語言文字的發展並

沒有做出什麼說明。……它的語言學意義是不大的。清代名小學家王筠認為‘與文字無涉’。”這是許國璋沒有正確理解許慎的原文精神。由於兩漢時期《易經》的地位崇高，且被當時學者公認為是最古老的經典，實際作於戰國時代的《易傳》被當時學者認為是孔子所作，於是《易傳》中講文字產生的話受到許慎的重視。《易傳》“蓋取諸夬”是說因為最早的文字是用刀來刻的（“契”的意思就是“刻劃”），不是用毛筆來寫，所以刀刻文字總會在竹簡或木板（合稱“簡牘”）或甲骨上留下刻劃的切口，這個“切口”就是《易經》所稱的卦名之一的“夬”（光華按，“夬”聲字多有“割裂、斷絕、殘缺”之義）。《易傳》說“蓋取諸夬”的意思是倉頡發明了用刀刻劃文字，其靈感是來源於《易經》的“夬”卦。這是文字起源的重要問題，怎能說“與文字無涉”？9.《敘》稱：“夬揚于王庭，言文者宣教明化於王者朝廷，君子所以施祿及下，居德則忌也。”許國璋對此說：“這一句無論怎樣解釋，它和語言文字起源的關係是不大的。它或者是衍文，或者是作者出於對儒家傳統的尊重，不得不放在這裏的。”這也是因為許國璋不能理解《說文》。根據《說文敘》上文，這個“夬”是代表文字，“夬揚于王庭”意思是“文字被廣泛應用於朝廷政治”；下一句的“言文者宣教明化於王者朝廷”正是對“夬揚于王庭”的進一步的解釋，其中的“言”的意思就是表示具體的解釋，乃是說“文字能夠使聖人的教化在帝王的朝廷上得到宣揚”。這顯然是在講文字的功能，雖然無關於文字的起源，但也不是不重要，更不可能是衍文。10.《敘》稱：“夬揚于王庭。”這是引用《易經》《夬》卦原文。許國璋依據《易經》原文斷句為“夬，揚于王庭”。但許慎這是引文，最好不要斷開。將主謂語分離，恐不妥當。11.《說文敘》稱：“倉頡之初作書，蓋依類象形，故謂之文。”許國璋稱這一段“是全序最精彩之段，也是包含語言哲學最深之段。‘依類象形’，指按物的類來畫它的形，不是按一件具體的物來畫出它的形。即是說，所象之形是諸形的概括。‘故謂之文’的‘文’，是一種抽象的符號”。《敘》的這一段是說最早的文字是象形文字，與“語言哲學”毫無關係。許國璋平白無故將此與語言哲學掛鉤，實在沒有根據。12.《敘》稱：“其後形聲相益，即謂之字。”許國璋解釋說：“顯然他認識到，一個字有形無聲就不能叫做字。”這是許國璋曲解了《說文》。在文字學上很多“字有形無聲”都是字，如《說文》中數量不少的會意字，還有合體象形字、指事字都沒有聲符，也是字。許慎說的“形聲相益”包含了增加形符和增加聲符兩個方面的意思，並不單單指增加聲符。13.《敘》稱：“文者，物象之本也”。這一句各本所無，是段玉裁注本根據《左傳》所加。許國璋至少應該說明一下。況且我們認為段玉裁的增加沒有什麼道理。許國璋解釋道：“‘文’是簡化了的圖形。”細讀段玉裁所加的《左傳》之文，可知《左傳》的這個“文”絕不是指文字，而是指“文綵”。《左傳》的意思是“文綵是物象最重要的因素（即‘本’）。”這與文字沒有直接的關係，因此段玉裁所增只是膽大妄為。許國璋妄稱“這是非常精彩的一句”，完全是無的放矢。如果誠如許國璋所解釋“‘文’是簡化了的圖形”，那麼這樣的“文”還能叫做“物象之本”嗎？14.《敘》稱：“字者，言孳乳而浸多也。”許國璋解釋說：“這是許慎的獨創。六經沒有‘字’這個字，秦時的刻石有‘文字’。把文和字分開來講，又把‘字’解作有聲的，並且是象鳥生子那樣漸漸增多的東西，這是許慎卓越的見解，也是重要的語言學理論。”許國璋此言極為粗疏。首先，六經中有“樂經”是關於音樂的，在戰國末年的戰亂中已經失傳，西漢人已經見不到“樂經”的真面目。其中有無“字”許國璋如何得知？更何況，現傳的《周易》《尚書》《毛詩》《左傳》《儀禮》《禮記》都有“字”字，彰彰可考，許國璋信口亂說六經無“字”，不知是何道理？另，上文已言《說文敘》說的“字”並不是專指“形聲字”，也包含沒有聲符的字。其實許慎此言最關鍵的核心是說“字”的音義來源於“孳乳”的“孳”。這是解釋“字”作為詞的語源問題（而且此二字都從“子”，所以在字形上也有關聯）。如此關鍵的語源學問題，許國璋完全沒有看出來，這顯然缺乏古漢語文字學的專業眼光。許國璋空言理論，殊未中肯。15.《敘》稱：“箸於竹帛謂之書，書者如也。”許國璋解釋說：“這裏許慎敘述漢語語言文字發展從文到字又從字到書的第三個階段，即產生了寫在竹帛上可以廣為傳播的語言，形成了‘書’。”其實《說文》這是解釋“書”的語源和形態特征。“書”的語源是“如”，也就是要真實地傳達事或心。其形態是用毛筆寫在竹帛上面，而不是用刀具來刻劃。這與語言學理論也沒有直接關係。許國璋還說：“許慎的說文和解字工作，主要是說明書面語的作用。”這話不嚴謹。“書面語”是和口語相對的概念，《說文解字》也解說了當時不少的方言用字，這些方言字必然也存在於口語中，不都是書面語。

總之，許國璋此文錯誤甚多。由此可見許先生作為英語專家沒有學通《說文解字》。上揭姚小平之文還稱許先生重視理論，不重視材料。以我所知，這是確實的。更觀《許國璋論語言》中的 *Letter to Noam Chomsky*（《給喬姆斯基的信》英文本），許先生在此文中居然說："語言學要麼是哲學，要麼什麼都不是。"（參看《許國璋論語言》第165頁）另可參看《許國璋論語言》中的《論索緒爾的突破精神》和《布龍菲爾德和索緒爾》。

但許國璋先生《從〈說文解字〉的前序看許慎的語言哲學》有一個觀點稱：中國古代的"字"相當於西方語言學中的"詞"（參看《許國璋論語言》第75頁）。這卻是很正確的見解，是許先生此文的可取之處。我在北大中文系常常聽見學者們辯論如何區分古漢語中的"字"和"詞"（還有"詞"和"詞組"的界定。這樣的區分好像是趙元任首先提出來的）。一般人似乎沒有注意到許國璋先生的這個觀點，這是不應該的疏忽。我在北外讀日語系本科時，許國璋先生曾讚揚我比英語系的學生好學。我有一次在王佐良教授主持的翻譯研討會上狂妄發言支持北大許淵沖教授的觀點，當面頂撞過王大教授。許國璋先生聽說後不但沒有怪我，反而誇了我幾句。我這裏對許先生的諸多批評只是因為"我愛我的老師，但我更愛真理"，並不妨礙我對許先生的尊敬。

㉑程金造著有《史記索隱引書考實》（中華書局，1998年）。我覺得這本書還是很不錯的。

㉒不過，對顧頡剛有意見的還有著名學者劉永濟等人［參看《蘇雪林自傳》（江蘇文藝出版社，1996年）中蘇雪林回憶在武漢大學期間的故事］，他們的主要觀點就是批評《古史辨》派學者搞文化虛無主義，要否定中國的遠古文化傳統。近數十年的考古學發現證明《古史辨》派學者的某些具體觀點是錯誤的（王國維在20世紀20年代撰有《古史新證》就明確表達了對過分疑古的批評。李學勤先生有一本論文集名叫《走出疑古時代》），但其考辨的方法有其科學性，不能一概抹殺（郭沫若也曾表示對顧頡剛《古史辨》的讚賞）。

㉓實則諸祖耿此書只是薈萃歷代關於《戰國策》的注釋，並沒有多少自己的研究，更談不上貫穿群書，其價值與何先生的《戰國策注釋》不可相提並論。

㉔［英］魯惟一主編：《中國古代典籍導讀》，遼寧教育出版社，1997年。

㉕何先生曾對吳榮曾先生提出的二十幾個問題逐一做過詳細的辯駁，原稿已經寄給吳榮曾先生，我在何先生家中看到過。

㉖從前有學者如劉建鷗已經寫了一部《戰國策虛字類釋》（黎明文化事業股份有限公司，1977年），何先生此書如能完成，成就必在劉書之上。

㉗何先生還有《資治通鑒新注（第一冊）》（山西人民出版社，1998年），全書共十冊。何先生應邀擔任第一冊新注和點校工作。他還出版過其他一些書。不過，何先生用功最多的還是《戰國策》。他幾乎不向我提起他寫的其他書，我想這是因為他覺得那些書都不是學術專書，只是通俗讀物。

㉘《漢書・藝文志》將《戰國策》歸入《春秋》類，則是當作歷史書，沒有歸入縱橫家類，即沒有算作子書。《隋書・經籍志》《四庫提要》都將其歸入《雜史》部，也不入子書。晁公武《郡齋讀書志》才將《戰國策》歸入諸子之一的縱橫家。何晉《戰國策研究》（北京大學出版社，2001年）第三章第二節"論《戰國策》非史著"論證《戰國策》乃子書，而非史書。

㉙典皆出於《大唐西域記》中辯機所撰的《記讚》。參看季羨林等《大唐西域記校注》（中華書局，1995年）第1040頁。

㉚北京大學陰法魯教授在《戰國策注釋序》中舉有四例，茲不重複。何先生自己在此書前言中對本此書的特色和價值也有很詳細的相關論述。

㉛何先生此注比范祥雍《戰國策箋證》（上海古籍出版社，2006年）第91～92頁的箋證更加詳悉，收羅的文獻異文更豐富。且何先生稱："'夙'疑'厷'之形似而誤，余蓋音近或音同可通用。"這樣的論斷不見於范祥雍書。

㉜參看《故訓匯纂》"時"字第33～41條。

㉝參看徐元誥《國語集解》（中華書局，2002年）第111頁。

㉞范祥雍《戰國策箋證》（上海古籍出版社，2006年）第974頁僅舉出帛書作"時雨至"為參考，別無校釋，過於簡略。林秀一譯注《戰國策》第804頁對"時"注釋為"得其適時"，也是正解。

㉟又見《大戴禮記・哀公問於孔子》、《孔子家語・大婚》。

㊱范祥雍《戰國策箋證》（上海古籍出版社，2006年）對此無校注。林秀一譯注《戰國策》第991頁對此的解釋

也是正確的，只是沒有講出根據。

㊲高享：《古字通假會典》，齊魯書社，1997 年。

㊳參看劉釗等《新甲骨文編》（福建人民出版社，2009 年）第 2 ~ 3 頁。在甲骨文中“天”從“二”十分常見。

㊴參看滕壬生《楚系簡帛文字編》（湖北教育出版社，2008 年）第 9 ~ 11 頁；李守奎《楚文字編》（華東師範大學出版社，2003 年）第 3 ~ 5 頁；李守奎等編著《包山楚墓文字編》（上海古籍出版社，2012 年）第 6 頁；李學勤主編，沈建華、賈連翔編《清華大學藏戰國竹簡（壹—叁）文字編》（中西書局，2014 年）第 1 ~ 2 頁“天”字條所收錄的數十個“天”字上面都有一横，這在楚簡中十分普遍。

㊵參看李守奎《楚文字編》（華東師範大學出版社，2003 年）第 8 ~ 10 頁、李守奎等編著《包山楚墓文字編》（上海古籍出版社，2012 年）第 7 ~ 8 頁、滕壬生《楚系簡帛文字編》（湖北教育出版社，2008 年）第 19 ~ 21 頁。

㊶“元”省形為“兀”在甲骨文中已常見，參看劉釗等《新甲骨文編》（福建人民出版社，2009 年）第 2 頁。

㊷參看劉釗等《新甲骨文編》（福建人民出版社，2009 年）“示”和“示”為形符的字。

㊸劉創：《古文字構形學（修訂本）》，福建人民出版社，2011 年。

㊹光華按，這種解釋有困難。因為古文字中從“一”的字可能寫作從“二”，“天、下”都是如此。而“止”不從“一”，所以不能繁化寫作“正”。

㊺宗福邦等主编：《故訓匯纂》，商務印書館，2003 年，第 2202 頁。

㊻此說承畏友蕭旭兄提示。

㊼范祥雍《戰國策箋證》（上海古籍出版社，2006 年）第 207 頁也訓“正”為“止”，校注得過於簡略。林秀一譯注《戰國策》（日文本）第 138 頁解釋“正”為“匡正”，不確。

㊽光華按，此文又見於《呂氏春秋・盡數》《淮南子・時則》。

㊾林秀一譯注《戰國策》（日文本）第 515 頁對此的解釋完全錯誤，彼不知《資治通鑒》的引文。

㊿先生此書的 1990 年版已經有這樣的研討，材料完全是先生獨立收集。先生當時並沒有見到楊希枚於 1965 年在臺灣的《大陸雜誌》第 30 卷第 2 期發表的關於“三歸”的長文《從七出談到三歸》。楊希枚此文後來收入其論文集《先秦文化史論集》（中國社會科學出版社，1995 年）。大陸學者才開始見到楊希枚此文，而何先生關於“三歸”的注釋和討論早在 1982 年就已經完成，在 1990 年已經出版發表，因此其討論與楊希枚之文無關。更何況楊希枚此文將“三歸”的“歸”解釋為女子出嫁，“三歸”之義是女子多次出嫁、常嫁（見楊希枚此書第 482 ~ 483 頁）。楊希枚的這個解釋直到今天也無人相信，雖然其文引證也很廣博。范祥雍《戰國策箋證》（上海古籍出版社，2006 年）第 36 ~ 37 頁取鮑彪之說，釋“三歸”為娶三姓女，恐不可信。因為古書說管仲有三歸是指管仲奢靡，富於公室，以掩飾齊桓公奢靡之過。管仲貴為相國，娶三個女子不足怪。鮑彪注當非。

(51)范祥雍《戰國策箋證》（上海古籍出版社，2006 年）對此章的系年完全沒有討論。

(52)宋朝的洪邁《容齋四筆》卷一《戰國策》條稱：“劉向序《戰國策》，言其書錯亂相糅。苜本字多誤脱為半字，以趙爲肖，以齊爲立。如此類者多。予案，今傳於世者大抵不可讀。其《韓非子》《新序》《說苑》《韓詩外傳》《高士傳》《史記索隱》《太平御覽》《北堂書鈔》《藝文類聚》諸書所引用者，多今本所無。向博極群書，但擇焉不精，不止於文字脱誤而已。惟太史公《史記》所採之事，九十有三則，明白光艷，悉可稽考，視向爲有間矣。”我覺得何先生《戰國策注釋》的附錄四《歷代戰國策序跋》應該把洪邁的這一段文獻收錄進去。另外，胡玉縉撰、王欣夫輯《四庫全書總目提要補正》（上海書店出版社，1998 年）第 465 ~ 466 頁所集錄趙與時《賓退錄》、方苞《望溪文集・書刺客傳后》、吴汝綸《吴摯甫文集・記太史公所錄左氏義後》，及劉勰《文心雕龍》、劉知幾《史通》涉及《戰國策》的論述，都應作為《戰國策校釋》的附錄採入。當然，偶有遺珠，在所難免。

(53)這是初唐文豪敬播在玄奘、辯機《大唐西域記》的序言中稱頌玄奘的話。參看季羨林等《大唐西域記校注》（中華書局，1995 年）第 8 頁。

(54)參看李道平《周易集解纂疏》（中華書局，1994 年）第 563 ~ 564 頁、惠棟《周易述》（中華書局，2007 年）第 259 頁。朱熹《周易本義》（中華書局，2012 年）第 229 頁釋“事”為“行事”，未確，但也非“謀略”之義。

55范祥雍《戰國策箋證》（上海古籍出版社，2006年）對此無校注。

56光華按，顧頡剛《浪口村隨筆》（遼寧人民出版社，1998年）也收入“九鼎”條。

57光華按，何先生關於“九鼎”的文獻漏收了唐蘭《關於夏鼎》（最早發表於《文史（第七輯）》，中華書局，1980年；後收入《唐蘭先生金文論集》，紫禁城出版社，1995年），唐蘭此文甚重要，有關於“九鼎”的考證。

58參看石光瑛《新序校釋》（中華書局，2009年）第1175頁。

59發表于1938年《文學年報》第四期；後收入楊明照《學不已齋雜著》（上海古籍出版社，1985年）。

60參看楊明照《學不已齋雜著》（上海古籍出版社，1985年）第142～143頁。

61參看楊明照《學不已齋雜著》（上海古籍出版社，1985年）第143頁。

62參看《故訓匯纂》“款”字注。

63參看《中國考古學·夏商卷》（中國社會科學出版社，2003年）第二章“二里頭文化”第109～111頁。在二里頭文化第四期才發現了一個青銅鼎。一二三期均無青銅鼎發現。顧頡剛《九鼎》［據《浪口村隨筆》（遼寧人民出版社，1998年）第102頁引述］也早已指出：“然近年考古事業漸發達，自仰韶、小屯、龍山諸遺址之發掘而知青銅器時代不能甚早，中國實經過一長期之石器時代，夏代當居新石器時代之末，陶則有之，銅則無有，禹鑄九鼎之說乃不擊而自倒。”顧頡剛稱夏代沒有銅器，已經被考古學所否定（因為二里頭遺址確有青銅器），但說大禹時代還沒有青銅鼎發現則是事實。顧頡剛此文懷疑關於“九鼎”的故事是春秋戰國時代人編造的，大禹時代並沒有真實的“九鼎”存在（顧頡剛還引述了胡適的觀點，胡適也認為“九鼎”的存在是神話）。但至少春秋時代的人們確信遠古以來有“九鼎”存在。唐蘭《關於夏鼎》（《唐蘭先生金文論集》，紫禁城出版社，1995年）從甲骨文中的“鼎”的象形文字推斷“鼎”字的字形結構是根據四足方鼎，而不是根據三足圓鼎來造字的，夏代應該已有銅鼎（《唐蘭先生金文論集》第511頁）。

64“四足”一作“三足”，當作“四足”，參看孫詒讓《墨子間詁》（上海書店，1992年）第256頁；吴毓江《墨子校注》（中華書局，1993年）第667～668頁；王煥鑣《墨子集詁》（上海古籍出版社，2011年）第998頁全引《墨子間詁》，別無稱述。又考趙明誠《金石錄》（據金文明《金石錄校證》，廣西師範大學出版社，2005年，第199頁）卷十一“古器物銘第四”：“《真宗皇帝實錄》：咸平三年乾州獻古銅鼎，狀方而有四足。上有古文二十一字。詔儒臣考正。而句中正、杜鎬驗其款識，以為《史信父甗》。中正引《說文》‘甗，甑也’。又引《墨子》‘夏后鑄鼎，四足而方’。《春秋傳》晉侯賜子産二方鼎。云‘此其類也’。”也作“四足而方”。

65類似的畫像石在東漢頗多，參看張道一《漢畫故事》（重慶大學出版社，2006年）“泗水升鼎”節。

66關於此文的“三巫”，學者意見頗分歧，參看黄懷信等《逸周書匯校集注》（上海古籍出版社，1995年）第378頁所引各家說。孔晁釋“三巫”為地名；洪頤煊反駁其說，而根據《史記》釋為“寶玉”，以“巫”為“玉”之誤；唐蘭《關於夏鼎》認為當以作“寶玉”為確，同於洪頤煊（見《唐蘭先生金文論集》第511頁）。于鬯釋“巫”為“革”之誤。

67今本《子華子》保留了不少先秦古老的思想，不能一概認為是後世偽造。考嚴可均《全漢文》卷三十七劉向有《子華子書錄》，可見在西漢末年，先秦古本的《子華子》還存在。具體而言，例如《子華子·陽城胥渠問第一》曰：“棲三陽之正氣于水，樞其專精之名曰太一。太一，正陽也。太玄，正陰也。……水涵太一之中精。”云云。“水涵太一之中精”一句與郭店楚墓竹簡中《太一生水》的“太一藏于水”完全吻合。《荀子》《吕氏春秋》《淮南子》《禮記》《大戴禮記》都言“太一”，但都未言及“太一”和“水”的關係。因此，《子華子》《郭店楚墓竹簡》關於“太一”的觀念與以上諸書無關。可知《子華子》絕非後人所能向壁虛構。顧炎武《日知錄》卷三十有“太一”條，顧頡剛早年著有《三皇考》一書（見《古史辨》第七冊；後收入《顧頡剛全集·顧頡剛古史論文集》卷二，中華書局，2011年）對漢代以前文獻中的“太一”問題考論甚詳，近年研究楚簡《太一生水》的論著多未參考顧炎武之文和顧頡剛此書。

68這樣的象徵意義在上古確實存在。考《史記·武帝本紀》：“有司皆曰：聞昔大帝興神鼎一，一者壹統，天地萬物所系終也。黄帝作寶鼎三，象天地人也。”又見《漢書·郊祀志上》。可見“一”可以象徵“壹統”，“三”可以象徵

“天地人”。而且漢武帝時的官員把這種象徵用法推到遠古，並非創始於西漢時期。

⑲運用古文字材料於古籍校勘，學術界常常稱為“新證”。王國維最早有《古史新證》，嗣後，于省吾有《雙劍誃群經新證》《雙劍誃諸子新證》《澤螺居詩經新證·澤螺居楚辭新證》，陳直有《史記新證》《漢書新證》，楊樹達有《漢書窺管》，季旭昇有《說文新證》［利用古文字考論《說文》學的學者和論著頗多，非僅季旭昇一人而已。如前輩學者商承祚有《說文中之古文考》，現代學者董蓮池有《說文解字考正》，臧克和有《說文解字新訂》。日本學者白川靜《說文新義》《字統》都結合古文字（尤其是金文）對漢字的結構作出分析。甚至《漢語大字典》和日本學者編撰的《學研漢和大字典》《廣漢和辭典》都排比了相應的古文字之形］、《詩經古義新證》，揚之水有《詩經名物新證》，王暉有《古文字與商周史新證》，還有李學勤、裘錫圭的一些學術論文也非常注意用古文字材料來參證古文獻。馮勝君《二十世紀古文獻新證研究》（齊魯書社，2006 年）對二十世紀的“新證”學作了較為全面的綜述和梳理。現代學者非常熱衷於出土文獻與傳世典籍的比對研究。

⑳（清）王念孫：《讀書雜志》，江蘇古籍出版社，2000 年，第 55 頁。

㉑另參看王引之《經義述聞》（鳳凰出版社，2013 年）卷二十第 480 頁“見神”條，王念孫根據《說文》《古文官書》等指出“㝵”為“得”的古文。

㉒林秀一譯注《戰國策》（日文本）第 834 頁也把“見”翻譯為“得”，但沒有注釋，也沒有提王念孫《讀書雜志》。

㉓何琳儀：《戰國古文字典》，中華書局，2007 年。

㉔黃德寬等：《古文字譜系疏證》，商務印書館，2007 年。

㉕也許以上三種文字的抄本《戰國策》都存在，因為劉向當時看到了六種版本的《戰國策》。據嚴可均《全漢文》卷三十七劉向《戰國策書錄》（何先生《戰國策注釋》附錄題為《劉向〈戰國策〉序》），那六種版本的書名稱各不同，分別是《國策》《國事》《短長》《事語》《長書》《修書》，這些不同版本的《戰國策》應該不是統一用某一系文字寫成。《戰國策》這個書名是劉向定的。

㉖例如吳大澂用金文證明《尚書》中的“寧王”是“文王”之誤，裘錫圭先生考證古文獻中讀為“設”的“埶”及其與“執”互訛之例，都稱得上是很有意義的發現。裘錫圭先生還有《考古發現的秦漢文字資料對於校讀古籍的重要性》、《談談地下材料在先秦秦漢古籍整理工作中的作用》、《用出土文字資料檢驗清儒在語文學方面的一些具體見解》、《簡帛古籍的用字方法是校讀傳世先秦秦漢古籍的重要根據》、《談談古文字資料對古漢語研究的重要性》［並參看《裘錫圭學術文集（4）》，復旦大學出版社，2012 年］。李學勤先生這方面的文章也很多，散見於他的多本論文集，有的地方相當精彩。

㉗同樣意見的還有劉釗《郭店楚簡校釋》（福建人民出版社，2003 年）第 31 頁，劉釗釋“驚”為“驚恐”。廖名春《郭店楚簡老子校釋》（清華大學出版社，2003 年）第 408 頁：“纓當爲驚之借，故書當作驚。”廖名春書引趙建偉文稱：“纓、驚音義相同。驚與警意義相通相涵，謂驚懼警惕。”

㉘參看彭裕商等《郭店楚簡老子集釋》（巴蜀書社，2011 年）引李零、廖名春、聶中慶、陳錫勇之說。彭裕商加按語也認為楚簡本奪“若纓”二字。

㉙參看彭裕商等《郭店楚簡老子集釋》（巴蜀書社，2011 年）第 419 ~ 420 頁所引。

㉚《故訓匯纂》“纓”字條有訓為“縻（即羈縻），係（即捆束），纏，繞，纏繞”，都是“約束、束縛”之義。

㉛參看《故訓匯纂》“攖”字條。

㉜見《古文字研究》（中華書局，2006 年）第 26 輯。

㉝白於藍此說不甚嚴謹。《說文》所收的以“䀠”为形符的䀠字、奭字都沒有驚顧、驚視之義。他列舉的幾個字都不見於《說文》的䀠部，而是以“䀠”為聲符。只有當“䀠”作聲符時，其字才有“驚視”之義（我以為䀠作聲符表“驚”義時，當與“懼”字同源），䀠作形符時，《說文》所收三字都沒有“驚視”的意思（饒炯、徐灝之說恐不足憑，段玉裁注未言䀠有驚視義）。因此，白於藍所舉的例子至少不能充分證明他的觀點。

㉞白於藍此文說“驚”的上古音是影母，這是錯誤的，應該是見母。

㉝何琳儀：《戰國文字通論（訂補本）》，江蘇教育出版社，2003年。

㊱劉釗：《古文字構形學（修訂本）》福建人民出版社，2011年。

㊲裘錫圭先生有《談談上博簡和郭店簡中的錯別字》一文（收入《裘錫圭學術文集（2）》，復旦大學出版社，2012年），劉釗《古文字構形學（修訂本）》（福建人民出版社，2011年）第十章“古文字中的‘訛混’”討論古文字中偏旁因形近而訛混的現象，都很有意義。東漢大學者鄭玄注《毛詩》《周禮》《禮記》，多稱“字之誤也”，也是敢於認定原始文獻自身有錯別字。更考嚴可均《全漢文》卷三十七劉向《戰國策書録》稱：“本字多誤脱為半字，以‘趙’為‘肖’，以‘齊’為‘立’，如此字者多。”同卷劉向《晏子敘錄》：“中書以‘夭’為‘芳’，‘又’為‘備’，‘先’為‘牛’，‘章’為‘長’，如此類者多。”可見西漢大學者劉向校書時所看到藏於皇家檔案館的戰國時代的原始文獻確實有錯別字。

㊳何琳儀：《戰國文字通論（訂補本）》，江蘇教育出版社，2003年。

㊴何琳儀：《戰國文字通論（訂補本）》，江蘇教育出版社，2003年。

㊵何琳儀先生自己並沒有做出這樣的概括。

㊶劉釗：《古文字構形學（修訂本）》，福建人民出版社，2011年。

㊷參看《故訓匯纂》“拘”字條。

㊸“拘”在上古文獻中既表主動，也表被動。

㊹裘錫圭先生在《“寵辱若驚”是“寵辱若榮”的誤讀》一文中也反對將楚簡該字與帛書本及傳世本的“驚”相比附。

㊺《中華文史論叢》，2013年第3期，總第111期。

㊻參看俞樾《古書疑義舉例》卷一第五“錯綜成文例”，見俞樾等《古書疑義舉例五種》（中華書局，2005年）。

㊼我在北京大學聽過裘先生講授“郭店楚墓竹簡研究”和“出土文獻與傳世典籍互證”兩門課程。遺憾的是沒有來得及聽到裘先生講“金文研究”一課，裘先生就調往復旦大學了。聽其他同學說，裘先生在金文課上會講授好些自己還沒有發表的研究心得。

㊽我是2005年從北大博士畢業，何先生完成其書的寫作是在2013年。我畢業後，何先生還用了整整八年時間才寫完此書。由於我是用電腦操作，如果當初我能協助先生寫作，肯定用不了這麼長的時間。何先生可以因此而完成更多的工作。可嘆造化弄人，天不遂人願。

㊾以上三處用典皆出於玄奘、辯機《大唐西域記》中辯機所撰的《記讚》。參看季羨林等《大唐西域記校注》（中華書局，1995年）第1049頁。

附录二："司空"新考

——兼考《尚書·洪範》的成書年代及其他

龐光華[①]

摘　要："司空"一名出現於春秋，在商周金文中作"司工"，在商周以前作"共工"。司空的主要職權是主管土地和工程建設，在春秋以前還監管百工，在春秋時代與工師分為二職，不相從屬。司空的職權從西周到春秋有所變遷。"司工"從文字上變為"司空"是為了突出"司空"主土的職官特徵。《洪範》應該寫成於商末，不會晚至戰國。

關鍵字：司空；司工；共工；工師；工正；百工；洪範；於乎

（一）

"司空"一職肇自太古，但"司空"一名卻非虞夏所有，始見於殷商，作"司工"。何以理解這個職官的職權範圍呢？古今學者多以為"司空"一名是來自"司工"，是百工的主管，也就是掌管各種手工業。近人吴大澂[②]、楊樹達[③]均以為"司空"即"司工"[④]，"空"為"工"之假借。"司空"主理百工之事，唐虞以上稱"共工"。錢玄《三禮辭典》[⑤]略述吴、楊之說，並表贊同。黄季剛《說文段注小箋》[⑥]亦謂："司空之空借為工。"錢玄同《說文段注小箋》亦稱司空為司工之借[⑦]。《中國歷史大辭典·先秦史》[⑧]的"司空"條（繆文遠、王連升撰）："掌管工程營建及製作。銘文作'司工'。商代已置，西周、春秋戰國多沿用。"舉有《管子·立政》和《呂氏春秋·季春》為例。郭沫若《金文叢考·周官質疑》[⑨]也指出"司空"在金文中作"司工"。在戰國文字中也是如此[⑩]。何琳儀《戰國古文字典》[⑪]第1478頁及第109頁、李學勤主編《中國古代文明與國家形成研究》[⑫]第426頁稱："可知司空是手工業的總管。"此書還說："在西周金文中，司工與司徒、司馬並稱為三司，是司工即司空之證。"[⑬]今按，此說實是影寫郭沫若《周官質疑》之言。郭沫若《周官質疑》八《司工》曰："以司空而兼司寇，足見司寇之職本不重要。古者三事大夫僅司徒、司馬、司空，而不及司寇也。"[⑭]郭氏之文明確將金文中的"司工"與文獻中的"司空"相等同。實則劉申叔先生《春秋時代官制考》已經指出："且周制，大國三卿，司徒兼冢宰，司馬兼宗伯，司空兼司寇。"[⑮]當時劉申叔先生未見金文，而此見解與金文相合，足見劉申叔先生觀察之精，遠早於郭沫若的研究。張亞初、劉雨《西周金文官制研究》[⑯]第22～24頁對西周金文中的"司工"考證甚詳悉，認為金文中的"司工"相當於文獻中的"司空"，主管手工業和土木工程[⑰]。

李學勤主編此書又引《甲骨文合集》第5628條辭曰："貞惟弓令司工。"然于省吾《甲骨文字釋林》[⑱]第73頁明言卜辭中的"司工"乃主管貢納之官，工為貢之借，非關百工[⑲]。沈長雲《上古史探研》[⑳]中的《談古官司空之職》一文支持于省吾之說，認為"司空"主土是由司空主管貢納演變來的。此中是非後文有說。

沈長雲先生《上古史探研》中的《談古官司空之職》[㉑]一文力反眾說，堅決反對金文的"司工"、文獻中的“司空”是“主管百工”的說法，主張“司工、司空”都是“主土”之官，引證廣博，言之成理。在司空主土這一點上，我完全贊成沈長雲的觀點。但其中有些複雜的問題，沈文沒有辨析清楚。另外，我不贊成沈文中另外的一些提法。我認為前人關於“司空”的解釋尚未能盡善。今重新考論“司空”如下[22]：

手工業的主管在西周稱“工師”，最多是“司工”的屬官，未可相混，也不是職位對等的不同職官，說見左言東《先秦職官表》[23]第48頁“司空”與“工師”二條。金文中頗多“工師”之言，且分為數職，如武庫工師、往庫工師、左庫工師、右庫工師、上庫工師、下庫工師等，這些工師才是分管各手工業的官員，在西周應該是“司工”的屬官。

春秋以來才有的“司空”在西周金文作“司工”，猶如“司空”在夏商以前又作“共工”。“工”為本字，顯然要早於“空”字。金文中多有“百工”之例，但從無“百工”與“司工”相關聯之例。在殷周及以前應該是“司工”監管百工，鄭玄注《考工記》以為司空監百工，那麼各種工師就是“司空”的屬官。但很可能春秋時“司工”已與“工師”分化為二職，不是上下級關係了。春秋時代的“工師”未必是“司空”的屬官。那時司空已不再監管百工，而主要是主管水土的治理，還負責各種土木工程，同時監管服苦力的囚徒[24]。“司空”在夏商時的名稱很可能是“共工”或“司工”，但在甲骨文中還只能發現“工、多工”這樣的說法，沒有確實的“共工”字樣[25]。

古以“司空”即“共工”，是根據《周禮·考工記》鄭玄注：“司空掌營城郭、建邑。立社稷、宗廟，造宮室、車服、器械、監百工者。唐虞以上曰共工。”《通典》卷二十《職官一》稱“共工”為虞舜時期的古官[26]。足見“共工”一名起源於遠古，在夏商以前已經存在。

但上古文獻確有“司空”與“工師”並列為二職的根據。考《文子·自然》：“昔堯之治天下也，……禹為司空，……奚仲為工師。”[27]注：“造器物備民用。”工師當是主管各種手工業的官員，而與司空並列平行。《漢書·百官公卿表上》以司空與共工分立對舉，以司空主土。注引應劭曰：“為共工，理百工之事也。”《尚書·舜典》亦以司空與共工為二職。《尚書·舜典》：“僉曰：‘伯禹作司空。’”又曰：“俞，咨！垂，汝共工。”分明以禹為司空，垂為共工[28]，這個“共工”當是“工師”的別名。《呂氏春秋·季春紀》也分明以“工師”和“司空”分為二職。《荀子·王制》：“彫琢文采，不敢專造於家，工師之事也。”《淮南子·時則》：“工師效功，陳祭器。”《孟子·梁惠王下》：“則必使工師求大木。”這說明工師與司空不同。《續漢志》補注引應劭《漢宮儀》曰：“綏和元年，罷御史大夫。官法周制，初置司空。”似應劭以司空為周代職官，周代以前不稱司空。但沒有證據表明殷商時沒有“司工”一名。司空在商代以前又名共工，因與神話相合，或非臆說。《尚書·舜典》和《漢書·百官公卿表上》都以司空與共工分立對舉，這是春秋以後的觀念，從此可見《尚書·舜典》產生於春秋以後，而《漢書·百官公卿表上》則是依據《尚書·舜典》將司空與共工分為二職，這是將“共工”和“工師”相混同的結果。實則，在西周及以前，“工師”是“司工（空）”的屬官。

“司空”自古以來均為主土之職，今古文經皆同。但至少春秋時“司空”與“共工”或“工師”已分為二職。更考《左傳·莊公二十二年》：“齊侯使敬仲為卿。……使為工正。”《左傳·昭公四年》言之甚明：“復命而致之君，君不敢逆王命而復賜之，使三官書之。吾子為司徒，實書名。夫子為司馬，與工正書服。孟孫為司空，以書勳。今死而弗以，同棄君命也。書在公府而弗以，是廢三官也。”分明以“司徒、司馬、工正、司空”四者並立，這時的“工正”應非“司空”的屬官。

《左傳·昭公十七年》：“祝鳩氏，司徒也；鴡鳩氏，司馬也；鳲鳩氏，司空也；爽鳩氏，司寇也；

鶻鳩氏，司事也。五鳩，鳩民者也。五雉，為五工正，利器用、正度量，夷民者也。九扈為九農正，扈民無淫者也。”分明以“司空”與“工正”各自獨立，官階應對等。

《左傳・宣公四年》：“及令尹子文卒，鬬般為令尹，子越為司馬。蔿賈為工正。”則春秋楚國有“工正”之官，而明代的董說《七國考》卷一[29]謂楚國的莫敖即司空之職。《藝文類聚》卷四十七引《齊職儀》曰：“楚改司空為莫敖。”董說蓋本此立言。則在春秋時期的楚國，司空與工正分為二職。工正又稱工尹[30]。

《左傳・襄公九年》：“九年春，宋災。樂喜為司城以為政。使伯氏司里，……使皇鄖命校正出馬，工正出車，備甲兵。”宋國的“司城”就是“司空”，與“工正”顯然為二職。在宋國，“司城”的地位明顯高於“工正”（因為《左傳》稱其可以“為政”。以春秋時代的慣例論之，“為政、執政”就是掌朝的“上卿”，即總理大臣）[31]。則在春秋時的宋國，司空與工正分為二職。

從秦始皇兵馬俑考古發現的兵器銘文來看，戰國時代秦國的百工是由相邦或丞相直接監管（如戰國時代秦國的兵器銘文有“相邦張儀造”“相邦呂不韋造”之類）[32]，秦國的工師直接對相邦負責。則先秦秦國的百工與司空無關，況且秦國的中央政府根本沒有“司空”一職[33]。

齊國有“工師”，沒有發現確實的“司空”一職[34]。

魏國有“工師”，沒有發現確實的“司空”一職[35]。

《呂氏春秋・開春》：“韓氏城新城，期十五日而成。段喬為司空，有一縣後二日。段喬執其吏而囚之”。則韓國有“司空”，且主管築城，與百工無明顯關係。韓國有“工師”[36]。可見韓國的司空與工師分為二職。

“司空”一詞產生於春秋時期，這個詞之所以出現就是因為“司空”已經專門主管水土，而不是同時主管百工。而“共工、司工”這兩個詞表明西周及以前既要管理水土，也要管理百工。春秋以來，“司空”專主水土，“共工”管理百工之事。“共工”是遠古之名，在春秋時代一般稱工師、工正、工尹，多見於《左傳》，今不詳舉[37]。春秋時的人已知“司空”不直接主管百工之事[38]。現博徵古籍中關於“司空”的記載，以為論考之資，古書似乎都是強調“司空”主管土地，包括各種土木工程、修路、修城、修宮殿、修水利設施、治理洪水、疏通河流等。

《尚書・洪範》：“四曰司空。”傳：“主空土以居民。”《尚書・周官》：“司空掌邦土，居四民，時地利。”《禮記・王制》：“司空執度度地。居民山川沮澤，時四時，量地遠近，興事任力。”注：“司空，冬官，卿。掌邦事者，度丈尺也。”司空主地，掌興事任力。故作役之事亦屬司空執掌。《周禮・鄉師》：“大役，則率民徒而至，治其政令。既役，則受州里之役要。以考司空之辟，以逆其役事。”疏謂：“辟謂功程。司空主役作。”鄭司農注辟為法，甚是，《正義》訓“辟”為“功程”，不確。“考司空之辟”猶言依據司空之法，量刑作役。《周禮・司救》謂：“凡民之有邪惡者，……恥諸嘉石。役諸司空。”疏：“使事官作之也者，以其司空主事故也。”《周禮・大司寇》：“凡萬民之有罪過，而未麗於法而害於州者，桎梏而坐諸嘉石，役諸司空。”因司空為主土木工程之官，故有罪之民當罰到司空處作苦力。《太平御覽》卷六百四十三引《風俗通義》言及《周禮》此文，而“役諸司空”之後有“令平易道路也”一句，則更可看出“司空”是管理土地和土木建設之官。《史記・儒林列傳》《集解》引徐廣曰：“司空，主刑之官也。”《漢書・百官公卿表上》稱宗伯“屬官有都司空令丞”。如淳注：“律，司空主水及罪人。賈誼曰‘輸之司空，編之徒官’。”[39]因為司空主管土木工程的建設，需要勞動力，所以犯了罪的人便被送到司空處下苦力服刑，所以徐廣說：“司空，主刑之官也。”[40]

《國語・晉語七》曰："使為元司空。"韋注："司空掌邦事，謂建都邑，起宮室，經封洫之屬。"元司空即大司空。《漢書・溝洫志》："大司空椽王横。"師古曰："善治水。"《太平御覽》卷二百零八引《續漢志》曰："司空為冬官，掌帑事。凡營城起邑，復溝洫，修墳防之事，則議其利，建其功，四方水土功課。歲盡則奏其殿最而行賞罰。"[41]《史記・五帝本紀》："舜舉八愷，使主后土。"《集解》引王肅曰："君治九土之宜。"又引杜預曰："后土地官。"《索隱》曰："后土'主土。禹為司空，司空主土，則禹在八愷之中'。"《正義》引《春秋正義》云："后，君也。天曰皇天，地曰后土。"

《左傳・桓公六年》："宋以武公廢司空。"杜注："武公名司空廢為司城。"知"空"與"城"必定在意思上有相通之處[42]。在春秋時代已經與百工無直接關係[43]。《韓詩外傳》卷八："司空主土。"《北堂書鈔》五十引"主土"作"主地"。《呂氏春秋・季春紀》："命司空曰'時雨將降，下水上騰。循行國邑，周視原野。修利堤防，導達溝瀆，開通道路，無有障塞'。"[44]高注："司空，主土官也。"亦見《禮記・月令》《淮南子・時則》，小有異同。此文最能見出"司空"乃主管水土之官。更觀《淮南子・天文》："北方為司空。"高誘注亦謂："司空，主土。"《淮南子・時則》："正月官司空。"高注："司空，主土。"又曰："司空，主土之官也。"《尚書・舜典》以禹為司空，就是因為禹能治水。治水為司空之職。《淮南子・齊俗》："禹為司空。"《潛夫論・五德志》："（禹）為堯司空，主平水土，命山川，畫九州，制九貢。"魚豢《魏略》："禹為司空，披九山，通九澤，定九州。使各以其職來貢，地方五千里，至荒服。"《左傳・文公十八年》："使主后土。"杜注："禹作司空平水土，即主地之官。"馬承源主編《上海博物館藏戰國楚竹書（二）》[45]中的"容成氏"第 23 簡稱："乃立禹以為司工。"則戰國楚簡仍然保留春秋以前金文的用字慣例作"司工"，而不作"司空"[46]。如果"司空"是管理手工業的主管，那麼歷史為什麼沒有說大禹發明製造了器物，而只說其治理水土。足見"司空"與百工無直接關聯，乃是主管水土之職，主管宮殿、城邑、道路、水利、邊疆等各種土木工程的建設。

《白虎通・封公侯》引《別名記》曰："司空主地。"《初學記》卷十一引崔駰《司空箴》："空臣司土。"《太平御覽》卷二百零八引《尚書大傳》："溝瀆壅遏，水為民害，田廣不墾，則責之司空。"《漢書・百官公卿表上》有水司空一職。《大戴禮記・千乘》："司空司冬，以制度制地事。"《水經注》卷七《濟水注》："漢明帝之世，司空伏恭薦樂浪眾王景，字仲通，好學多藝，善能治水。"[47]明言司空善於治水。所以大禹為司空，說明這個職務就是專門治理水土的。《藝文類聚》卷四十七引《尚書刑德考》："禹長於地理、水泉、九州，得括象圖，故堯以為司空。"《尚書中侯》："司空於周為冬卿，掌制國之五溝，行導水之事。"《左傳・襄公二十五年》："司徒致民，司馬致節，司空致地，乃還。"《左傳・襄公三十一年》："司空以時平易道路。"《左傳・昭公十七年》："鳲鳩氏，司空也。"杜注："鳲鳩平均，故為司空平水土。"《藝文類聚》卷四十七引《續漢書》曰："大司空，水土之官也。"金文中的《揚毁》："王若曰：揚作司工，官司量田甸……"亦以"司工"掌田甸，與古文獻合[48]。

《春秋元命苞》："危東六星，兩兩為比，曰司空，主水。"《漢官解詁》："下理地道，上和乾光，謂之司空。"[49]《韓詩外傳》卷八："山林崩陁，川谷不通，五穀不殖[50]，草木不茂，則責之司空。"《孔子家語・相魯》："孔子初仕為中都宰。……於是二年，定公以為司空。乃別五土之性，而物各得其所生之宜[51]，咸得厥所。"《白虎通・封侯》："司空主土。"《禮記・祭法》孔疏引《世本》："根國生冥。"宋衷曰："冥為司空，勤其官事，死於水中，殷人郊之。"冥為司空治水，終於以身殉職，殷人用郊祭的大禮隆重祭奠冥。另見《國語・魯語上》："冥勤其官而水死。"《魯語上》又曰："以死勤事則祀之。"故殷人郊祀冥[52]。《漢書・百官公卿表上》："禹作司空，平水土。"《百官公卿表上》又曰：

“司空主土。”《呂氏春秋・行論》：“禹不敢怨，而反事之，官為司空，以通水潦。”高注：“禹，……治水土者也。”陳奇猷《呂氏春秋校釋》[53]謂：“‘治’上當脫‘司空’二字。”《國語・晉語七》韋注：“司空掌邦事，謂建都邑、起宮室、經封洫之屬。”《戰國策・東周策》：“宋君奪民時以為臺，而民非之。子罕釋相為司空，民非子罕而善其君。”子罕不當丞相，而為司空以司築臺之事，代君蒙非，頗似管仲為“三歸”之家，以掩齊桓公之非。《毛詩・大雅・緜》：“乃召司空。”鄭箋：“司空掌營國邑。”《開元占經》卷六十八引《春秋合誠圖》：“司空主土城。”同書卷七十引同。另見《通典》卷二十“職官二”的《司空》條[54]，討論“司空”的沿革較詳。足見司空一職主水土，決無可疑[55]。

從以上各證知：“司空”古為主水土之官，凡水旱災異之事、土木工程之役皆由“司空”掌管。以訓詁學言之，“空”確實可訓為土地。《說文解字》中有一重要的信息常常被學者忽略。今考《說文》“窯”字下曰：“北方謂地空，因以為土穴，為窯戶。”[56]故知“空”可訓“地”乃遠古時代的北方方言，這個訓詁的來源是因為“空”有“土穴”之義。《說文》：“空，竅也。”《玉篇》同。正是“土穴”之義。段玉裁注稱：“今俗語所謂‘孔’也。天地之間亦一孔耳。古者司空主土。……治水者必通其瀆，故曰司空，猶司孔也。”段注釋“空”為“孔”，正是孔穴之義，空與孔同源。段注極為精闢[57]。周法高《金文詁林》第九冊1020條（第4815頁）引高田忠周《古籀篇》也以“空”與“孔”同源[58]。《漢書・百官公卿表》顏師古注：“空，穴也。”《通典》卷二十“職官二”的“司空”條：“空，穴也。古者穿土為穴以居人。”[59]仰韶文化半坡類型等很多地方的新石器時代的建築已經由考古學證明有淺穴式和半地穴式建築[60]。足見古書所言遠古人穿穴而居的記載極為精確[61]。

“空”為“地”或“土穴”之義，所以古書恒稱：司空主土或司空主地[62]。金文中已多有“疆”字，為什麼不用“司疆”而用“司空”呢？我以為那是因為在金文中“疆”字是嘏辭“萬壽無疆”、“眉壽無疆”的用語。古人為與之區分，故不用“司疆”。而且金文中的“疆”訓“邊界”，與“土地”之義有所分別，不能相互替代。“疆”本義是田地的邊界，後來才引申為疆土，意思是有邊界劃分的土地，重在邊界，與可以穿穴而居的土地不同。

為什麼“司空”又稱“共工”呢？以訓詁學言之，“共”當訓為“執”，即執掌、主管，正與“司”義近。考《詩・大雅・抑》：“克共明刑。”毛傳：“共，執也。”《詩・大雅・韓奕》：“虔共爾位。”毛傳：“共，執也。”《詩・商頌・長發》：“受小共大共。”鄭箋：“共，執也。”《尚書・舜典》：“帝曰：俞，咨！垂，汝共工。”孔傳：“共，謂供其職事。”《資治通鑒・周紀一》胡三省注引《謚法》：“執事堅固曰共。”這個意思的“共”在《爾雅》中作“拱”。《爾雅・釋詁》：“拱，執也”。郭注：“兩手持為拱。”“拱、共”訓“執”，也就是“執掌”之義[63]，與“司”義近。《說文》釋“共”為“同”，然以古文字之形考之，“共”當以訓“執”為本義，“同”應為引申義。“共”本從兩隻手，後來偏旁重疊再加一個“手”從而作“拱”。“拱”顯然是訓“執”的“共”的後起繁化字。

訓“執”的“共”與“御”同源，音義皆通。“御”的古音為疑母魚部，魚部的陽聲為陽部，與東部可通。且疑母與群母（“共”古音為群母）旁紐為雙聲，例可通借[64]。《尚書》中多言“御事”。更考《國語・周語》：“王即齊宮，百官御事。”“御事”義即“司事”。“御”與“司”義近[65]。《尚書》中的“御事”就是後來的“執事”，因為是官員，所以後來演變為對他人的尊稱。

甲骨文中沒有“空”字，只有“工”。更考金文，知在春秋以前的金文中沒有“空”字，只有戰國晚期的《十一年庫嗇夫鼎》才有“空”。此前的“空”在金文中只作“工”。則春秋以前的甲骨文和金文的“工”包含有“工”和“空”兩種讀音和意思。經典為何用“空”不用“工”呢？我以為那是因為春秋時代以來各國已明確以"司工"為主土之官，故在工字上加穴以表示"土"義，結果就成為"空"字。作為偏旁的"穴"與"土"在古文字中相通，可以互換通作。例如：①《玉篇》："盜，與垣同。"②《廣韻》："竆，《說文》作堋。"③"寘"又作"填"。《說文》寘字段注："寘、填同義，填行而寘廢矣。"④"窟"又作"堀"。慧琳《一切經音義》卷37（第1468頁）："窟，或從土作堀，亦通俗字。"又，《說文》："穴，土室也。"知"穴"含"土"義。故遠古的"共工"、金文的"司工"，到春秋戰國時的文獻中就成了"司空"。"共工、司工"的"工"都應讀為"空"，上聲韻，音同"孔"，非平聲的"虛空"音[66]。"工"加上"穴"是為突出其"土"義。在古文字中確實有加"穴"旁而不變其義之例，只是突出其與"土"有關。考《詩·大雅·綿》："陶復陶穴。"《說文·穴部》引"復"作"寝"。《康熙字典》："寎，《韻海》與向同。""窗"的古文字沒有"穴"旁。類似的旁證有"女工"，由於"女工"的主要工作是紡織之類以針綫布帛為主，所以"女工"後來就被寫成了"女紅"，但讀音還是"女工"。

共工（商代西周為司工，春秋以降為司空）本是治水主土之官，後在神話中為水神。考《左傳·昭公十七年》和《漢書·律曆志下》："共工氏水紀，故為水師而水名。"《淮南子·本經》："舜時，共工振滔洪水，以薄空桑。"[67]注："共工，水官名也。"《左傳·昭公二十九年》："共工氏有子曰句龍，為后土。"句龍嗣父職，為掌水土之官，故稱"后土"。《尚書·舜典》稱舜流共工，因其不能治洪水，故改用禹為司空。《文子·上義》："共工為水害，故顓頊誅之。"《史記·律書》："顓頊有共工之陳，以平水害。"《集解》引文穎曰："共工，主水官也。少昊氏衰，秉政作虐，故顓頊伐之。本主水官，因為水行也。"《潛夫論·五德志》："顓頊身號高陽，世號共工。其德水行，以水紀，故為水師而水名。……共工氏有子曰勾龍，能平九土，故號后土，死而為社，天下祀之。"則《潛夫論》以"顓頊"為"共工"，與《史記》、《文子》明顯不同，當是傳聞異辭。《韓非子·外儲說右上》："堯不聽，又舉兵而誅共工於幽州之都。"古時水旱之災變皆歸罪於共工（司空）失職。上古典籍常言堯誅共工，舜流共工，皆是聖王誅討共工。因此《史記》和《文子》說的顓頊誅共工當為合理，《潛夫論》以顓頊為共工當是傳聞之誤。《山海經·大荒北經》："祝融降處於江水，生共工。共工生術器，術器首方顛，是復土穰，以處江水。"蔡邕《獨斷》卷上："社神蓋共工氏之句龍也，能平水土。"這樣的人格在我國文化史上是很容易演變為水神的。只不過，作為水神的共工是由遠古時代治理水土的世襲職官演變而來，與春秋戰國時代的民間水神"河伯"是不同系統和不同來源的水神。另外，為什麼只有"共工"演變為水神，而"司空"沒有被後世傳為水神呢？我認為那僅僅是因為"共工"是遠古之名（五帝時已有），時代很久遠，容易被神怪化，而"司空"一名產生於春秋，對於先秦人來說時代很近，春秋戰國時期的周王室和有些諸侯國就有"司空"一職，當時人顯然不可能將其神化為水神。因此，從"共工"演變為水神這一事實來看，鄭玄所說"共工"一名在唐虞時代就已經存在的觀點是完全正確的。

以時代序列言之，可作如下歸納：商代以前作"共工"→商代西周作"司工"→春秋戰國作"司空"。

（二）

沈長雲先生《上古史探研》[68]中的"談古官司空之職"一文相當博雅，與本文都主張"司空主土”。但本文的論證、材料和某些觀點仍與沈氏有較大不同，可匡補其缺陷。讀者可以比觀。我自己大致歸納如下：

（1）沈長雲先生此文注意到司空的主要職責是主土，而不是管理百工。我則以為百工、工師在西周及以前應該是司空的屬官。沈先生過分強調司空與百工無關，似乎沒有注意到“司空”這一職官的時代變遷。我以為“司空”與工師完全分離是在春秋時代才開始有的。

（2）沈先生說管理百工的是“宰”，我認為這個“宰”也是“司空”的屬官。鄭玄注《考工記》說得很清楚，司空要監管百工。沈先生不相信鄭玄注，我認為沒有理由否定鄭玄注。

（3）本文中有關“司空”訓詁學和文字學的研究是沈長雲文章中沒有的。

（4）本文排出的時代序列：夏代及以前作“共工”→商代西周作“司工”→春秋戰國作“司空”。這是沈文所未強調的。

（5）沈文不知金文中的各種“工師”與春秋時代的工師、工正或工尹的職權可能有所不同。在西周時代，各種“工師”應該是“司工”的屬官，因為西周中期的《盠方尊》[69]明確將“司工”與“司徒、司馬”並列，應該同為三卿；西周中期的《五衛祀鼎》[70]也以“司徒、司馬、司工”連舉[71]。且鄭玄注《考古記》明稱司空監管百工。因此西周及以前的“司工”與“百工、工師”並非毫無關係。

（6）沈文沒有辨析“共工”的問題，不知道為什麼鄭玄說“共工”與“司工”是同一職官，只有時代先後的不同？我則從訓詁學予角度以了解釋。

（7）沈長雲根據于省吾《甲骨文字釋林》的觀點，認為西周金文中的“司工”要讀為“司貢”。我不同意此說。因為西周金文的“司工”在西周中期的《盠方尊》、《五衛祀鼎》中清楚地與“司徒、司馬”並列為三卿，郭沫若《周官質疑》的考釋為李學勤、張亞初等學者完全認可，已是泰山難移。古文獻中絕無主管貢納的“司貢”位列三卿之說，絕無與“司馬、司徒”相並列的根據。

（8）本文出現在後，有好些參考文獻非沈文所知。奇怪的是沈文雖然提到金文《揚𣪕》[72]，卻忽視了很重要的西周中期青銅器《盠方尊》和《五衛祀鼎》。這就忽視了金文中的“司工”是與“司徒、司馬”並列的三卿，監管百工，而不是與一般工師平列的職官。

（三）

本文對於“司空”的考辨還關係到學術史上的一個重大問題，那就是《尚書·洪範》的時代性問題。一些學者認為《洪範》作成於西周[73]，有的認為作成於戰國時代[74]。各有其理由和根據，本文經過考證不贊成戰國說，支持商代說。西周初年說實際上就是商代末期說，二者沒有本質區別。站在箕子的立場就是商代說，站在周武王的立場就是周初說。不過，我認為《洪範》成書應該比西周初年還要早，在商代就已經成書了，只是經過商代末期的箕子傳到了周武王那裏。由於《尚書》和《史記》都未說《洪範》是箕子所創作，因此我們只有認為《洪範》在箕子以前就已經存在，斷斷不可能成書於戰國。考辨如下：

我們還可以舉出文獻學和語言學上的證據，以證明《洪範》一定有春秋時代以前的古本，絕非成書於戰國，很可能真是成書於商代。

（1）《洪範》已經在春秋末期或戰國初期成書的《左傳》中引述三次，《洪範》被《左傳》稱為《商書》，則其書必然成立在《左傳》之前。至少是戰國前期成書的《周禮》引述過一次《洪範》。戰國末期成書的《荀子》引述過兩次《洪範》。考①《左傳·襄公三年》:"《商書》曰:'無偏無黨,王道蕩蕩。'其祁奚之謂矣!"《商書》之文出於《洪範》,襄公三年是公元前570年。②《左傳·成公六年》引《商書》曰:"三人占,從二人。"《商書》文出於《洪範》,成公六年是公元前588年。③《左傳·文公五年》寧嬴對其妻曰;"以剛。《商書》曰:'沈漸剛克,高明柔克。'夫子壹之,其不沒乎。"《商書》文出於《洪範》,文公五年是公元前622年,在春秋中前期[75]。④《周禮·匡人》:"無敢反側,以聽王命。"鄭玄注:"《書》曰'無反無側,王道正直'。"可見東漢大儒鄭玄也認為《周禮》此處的"無敢反側"是取典於《尚書·洪範》的"無反無側"。⑤《荀子·修身》和《荀子·天論》稱:"《書》曰'無有作好,遵王之道;無有作惡,尊王之路'。"《書》文出於《洪範》。另外,《尚書大傳》至少兩次取典於《洪範》之文,因《尚書大傳》成書在以上諸書之後,故此不錄。《左傳》成書於春秋之末或戰國初年,其書取材於春秋時代保存於魯國的原始史料。據《左傳》引述《洪範》,可知公元前622年的寧嬴已經很熟悉《洪範》。因此《洪範》在春秋初年或以前就已經成書。《左傳》三次稱《洪範》為《商書》,可見春秋時代的文人官僚確信《洪範》是在箕子和周武王時代已經存在。孔子站在周武王的立場,就把《洪範》編入《周書》。實際上,孔子以前的文人社會的一般立場都是將《洪範》看做《商書》,因為是商朝人箕子將《洪範》傳授給周武王。而且在《洪範》內部有直接的證據。考今本《洪範》稱:"惟十有三祀,王訪于箕子。"其中用"祀",而不用"年",這正是商朝的紀年用字。考《爾雅·釋天》:"夏曰歲,商曰祀,周曰年,唐虞曰載。"可見《洪範》創作的時代,周武王雖然克殷,但還是沿用商朝的紀年用字"祀",並沒有改用"年"字。這說明《洪範》成書於周朝用"年"來紀年以前。以上兩點證據,即《左傳》稱《洪範》為《商書》以及《洪範》用商朝紀年用字"祀"表明《洪範》確實是在商朝末年已經成書了,由商朝王族箕子傳授給周武王。又,《周禮》至少成書於戰國中前期以前,已經將《洪範》作為經典來引述,因此《洪範》絕不可能成書於戰國,肯定在春秋以前。上古文獻的這些證據不可置疑。李學勤先生《周易溯源》[76]第一章第二節《〈洪範〉卜筮考》有類似的考證,且稱:"從這些例子來看,春秋戰國時人已把《洪範》一篇奉為經典,援引其中帶有原理性質的文句,加以推闡引申,儒、墨、法等家均不例外。足見《洪範》絕不是晚出的作品,其年代應早到西周。"

(2)至於《洪範》中有明顯的"五行"思想(金木水火土)。這絕不能作為《洪範》產生於戰國時代的證據。因為這樣的"五行"思想產生得很早,在春秋以前就有了,不能晚至戰國時代才出現。考《左傳·文公七年》:"六府三事謂之九功。水、火、金、木、土、穀,謂之六府。"文公七年為公元前620年。《左傳·昭公元年》:"天有六氣(杜注:謂陰陽風雨晦明也),降生五味(杜注:謂金味辛、木味酸、水味鹹、火味苦、土味甘,皆由陰陽風雨而生),發爲五色(杜注:辛色白、酸色青、鹹色黑、苦色赤、甘色黄),徵爲五聲(杜注:白聲商、青聲角、黑聲羽、赤聲徵、黄聲宫),淫生六疾(杜注:淫,過也。滋味聲色所以養人,然過則生害)。"沒有理由否定杜注的正確性。此節比對《洪範》:"五行:一曰水,二曰火,三曰木,四曰金,五曰土。水曰润下,火曰炎上,木曰曲直,金曰從革,土爰稼穡。润下作鹹,炎上作苦,曲直作酸,從革作辛,稼穡作甘。"可知《洪範》的思想正是"水作鹹,火作苦,木作酸,金作辛,土作甘",與《左傳》完全一致,《左傳》的五行和五味觀念應當是從《洪範》來的。

《左傳·昭公二十五年》子大叔對趙簡子說:"天地之經,而民實則之。則天之明,因地之性,生其六氣,用其五行。氣為五味,發為五色,章為五聲。"《左傳·昭公二十九年》:"故有五行之官,是謂五官。實列受氏姓，封為上公，祀為貴神。社稷五祀，是尊是奉。木正曰句芒，火正曰祝融，金正曰蓐收，水正曰玄冥，土正曰后土。”《左傳·昭公三十二年》：“（史墨）對曰：物生有兩，有三，有五，有陪貳。故天有三辰，地有五行。”《左傳》說的“五行”顯然是指“水火木金土”。《左傳》中也常常提到五行的水、火、木、金、土相生相剋的觀念，此不詳錄。在《左傳》中“五行”又稱作“五材”。如《左傳·襄公二十七年》：“天生五材。”杜注：“金木水火土也。”《左傳·昭公十一年》：“且譬之如天，其有五材，而將用之。”杜注也以“五材”為金木水火土。《國語·晉語二》：“虢公夢在廟，有神人面白毛虎爪，執鉞立於西阿，公懼而走。……覺，召史嚚占之，對曰：‘如君之言，則蓐收也，天之刑神也，天事官成。’”這裏分明以“白毛虎爪”之神與西方相配，是典型的五行思想，因為在五行說中，西方在色是白，在獸是虎。可見“五行”思想早在春秋以前就已經存在，至少在公元前620年以前就廣為人知，其起源於商代末年不可能有什麼困難，斷不可能晚至戰國。齊思和《五行說之起源》[77]有曰：“然黃帝制五行之說，雖不足據，要遲至春秋之時，五行之說，已甚普遍，此則可以以《左傳》《國語》證之。《左傳》《國語》記載當時之言論，涉及五行者甚多。”這是完全正確的。楊向奎《五行說的起源及其演變》[78]也主張“五行”遠在戰國之前就已經成立，在商代已經萌芽：“據舊說，《洪範》為周初箕子所傳，《尚書序》說‘武王勝殷，殺受立武庚，以箕子歸，作《洪範》’。這不是沒有根據的說法，五行說的萌芽在殷代產生，所以箕子能夠掌握這種學說，到亡國後，他還在傳佈著。”楊向奎同時表示不同意劉節《洪範疏證》中《洪範》作於戰國末年的觀點。沈建華《從甲骨文圭字看殷代儀禮中的五行觀念起源》[79]稱：“《周禮》的祭祀制度，基本上是繼承和保留了殷代的禮儀，我們通過對圭字的考證，從而認識到中國五行起源與天地四方象征的瑞玉的內在關係。過去認為五行思想起於戰國時期，而實際上從甲骨文中看到的殷人在執圭祭天活動中，已構成五行觀念的雛形，它有待於後來五行的相配發展。”

另外，《尚書》的《甘誓》也言及“五行”，絕對是西周以前的說法。劉起釪《釋〈尚書·甘誓〉的“五行”與“三王”》、《〈洪範〉這篇統治大法的形成過程》[80]、《五行原始意義及其分歧蛻變大要》[81]對原始“五行”起源的討論很詳盡和科學，他指出遠古時代金木水火土的“五行”觀念是來源於“五星”的觀念。而“五星”觀念的起源應該早於“二十八宿”的觀念，這真是石破天驚的發現。

“二十八宿”在我國遠古時代起源極早。我依據陳遵媯《中國天文學史》[82]上第三編第五章“二十八宿”一“二十八宿的起源”簡述學術界的有關研究如下（並稍作其他引證）：1840年，俾俄主張二十八宿起源於中國，成立於大約公元前2400年，印度的二十八宿是從中國傳過去的。天文學家瑪得那贊成其說。什雷該爾《星辰考源》極力主張中國起源說，其結論有四點：①西方從埃及、希臘傳授的星座，除少數外，大多不是西方所創造的。②中國星宿完全是自己創造的。③西方星座和中國星宿相同的很多，都是從中國傳過去的。④中國星宿歷史的悠久，可以從天文地質各方面來證明。得索諸爾在20世紀初發表《中國天文學》一書，主張二十八宿起源於中國。中國科學家竺可楨的《二十八宿起源之時代和地點》和夏鼐《從宣化遼墓的星圖論二十八宿和黃道十二宮》提供有力證據論證二十八宿起源於中國。日本天文學史權威學者新城新藏《東洋天文學史研究》[83]第四編“二十八宿之起源說”第268頁稱：“即二十八宿中就有十五宿得明晰其命名之意義者，是殊可注意之事。蓋由是對於二十八宿為中國所固有之說，益可信矣。”同書第284頁有十條重要結論，因其書不易得，所以直錄如下：“①對於中國存在之二十八宿得追其跡至周初。②由“朔”之研究，或可得其證據，亦未可知。③對於巴比倫二十八宿之存在，迄今尚未得其確實之證據。④十二宮與二十八宿者，是全為相異之目的所設定者焉。⑤印度之二十八宿系相當於中國二十八宿起源時之狀態。⑥二十八宿之發源地當為如次之地方，即於古代，主以北斗為觀測之標準星象之地方。⑦二十八宿之發源地恐為古代有牽牛織女之傳說之地方。⑧二十八宿傳入印度以前，有停頓於北緯四十三度內之地方之形跡。⑨二十八宿之分配於四陸者，中國與印度不同。⑩總括以上所述，則可察知：二十八宿系於中國在周初時代或其前所設定，而於春秋中葉以後，自中國傳出，經由中亞細亞傳於印度，更傳入波斯、亞拉伯方面者焉。"[84]新城新藏的結論是二十八宿的起源是在周初以前，這是十分正確的[85]。陳遵媯贊同新城新藏之說（見《中國天文學史》第214頁）。竺可楨先生早年也把其起源推到公元前二三千年，比新城新藏推得還要早（當然竺可楨先生的意見後來有變化，但後來的改變未必正確）。陳遵媯在《中國天文學史（二）》第313頁作結論說："近代對於二十八宿的中國起源說，幾乎可以說已成定論。"陳遵媯本人還對二十八宿不起源於中國的各種說法和證據都予以了反駁，甚為有力，應當可信。李約瑟《中國科學技術史（第四卷）·天學》[86]第二十章"天文學"第161頁："但是，現在我們已可確定，二十八宿體系是從殷代中期開始逐漸發展起來的，因為它的核心部分在公元前十四世紀已經出現了。"劉操南《二十八宿釋名》[87]考證了二十八宿的名稱在古漢語中皆有意義可說，其訓詁符合星象與古文字學，必是起源於遠古中國，非外來觀念[88]。《日本大百科全書》[89]第十七卷第733頁"二十八宿"條（渡邊敏夫撰）採用新城新藏的觀念，稱二十八宿形成於中國，其年代是周初，為約公元前1100年左右[90]。《中國大百科全書·天文學卷》"二十八宿"條敘述二十八宿創立的年代，將其上限定在距今五千年前。其文還提到學術界的一種觀點認為其起源應在商末周初。我們可以提供一個考古學證據支持"二十八宿"的遠古起源。1987年在河南濮陽西水坡45號墓考古發現了公元前4500年的蚌殼塑的左龍右虎的圖像，二者中間是墓主人。有的學者（如馮時）認為這是我國最早的天文圖[91]，尚待進一步的考徵[92]。但這個仰韶文化時期的墓葬確實顯示出公元前4500年漢民族人已經有左龍右虎相配的觀念，這難道與天文學上的四象無關嗎？與二十八宿密切關聯的四象遠在新石器時代的原始社會已經有存在的跡象，那時距今6 500年。更何況現代學者根據對商代金文和甲骨文中的星宿和祭星的研究，也基本上確認在甲骨文中已有二十八宿及相關祭祀的存在，其論證相當科學[93]，反駁者必須做出正面的論證，不能毫無根據地亂說"也不可信"。我們因此可以說二十八宿的觀念在公元前一千年以前已經存在是完全合理的[94]。

因此，"五星"觀念既然早於"二十八宿"的起源，而金木水火土的"五行"觀必在公元前620年（春秋中前期）以前就廣泛流行，決不能簡單地認為五行觀就是在公元前620年前後才成立。那麼"五行"觀起源於西周初年以前是完全可能的。

（3）《洪範》曰："王乃言曰：嗚呼！箕子。惟天陰騭下民。"《史記》"惟"作"維"。這樣的類例共有十一例，《史記》全作"維"。這個細節十分重要。《史記》的"維"在時代上要遠遠早於今本《洪範》的"惟"。王力主編《古代漢語》[95]第二冊第549頁的一個考察很有意義："《左傳》和《論語》比較喜歡用'唯'，《孟子》用'惟'，《毛詩》用'維'。《毛詩·大雅·文王》'其命維新'，《孟子》引用時寫成'其命惟新'。"據此我們稍作推論：春秋中後期以前的文獻慣用虛詞"維"，春秋後期和戰國初期慣用"唯"，戰國中期以後慣用"惟"。考《毛詩》皆用"維"字，只有一處用"惟"字。而且這唯一的"惟"字在《毛詩》中不是用作虛詞，而是用作動詞的"思維"之義。觀《毛詩·大雅·生民》："載謀載惟。"所以《毛詩》中凡是虛詞的"維"皆不作"惟"。無一例外，規律嚴整，為《毛詩》用字的一大特點。《毛詩·東山》的小序有虛詞"唯"字（不是一般的虛詞，義訓"唯

一、唯有”)，但不見於《東山》本文；《毛詩·小雅·斯干》：“無非無儀，唯酒食是議。”這個“唯”也不是毫無意義的接頭詞，有實際的意思，訓“唯一、唯有、僅僅”。《斯干》同時還有這樣的文句：“吉夢維何？維熊維羆，維虺維蛇。大人占之：維熊維羆，男子之祥；維虺維蛇，女子之祥。”皆用“維”字，絕不訓“唯一、祇有、僅僅”，當訓“乃”。這樣的“維”作為虛詞與《毛詩》的“唯”明顯不同。在《毛詩》中從不相混。在《毛詩》中，作為接頭詞或一般虛詞只用“維”，有“唯一、唯有”之義則用“唯”。因此，《毛詩》中“維、唯、惟”三字的意思和用法全不相混，絲毫不亂，區分極為清晰[96]。因此，從今本《洪範》的這個虛詞“惟”字，我們就可以推斷今本《洪範》是戰國時代的抄本[97]（古文經《毛詩》的“惟”是實詞，訓“思維、思考”。可知春秋時代的古文經不用“惟”作虛詞，只用“維”，據金文或作“隹、唯”）。《史記》用“維”是因為司馬遷見到的《洪範》不是今本的《洪範》，而是孔壁中書的《洪範》，屬於春秋末期戰國初期楚文字系統的版本（後有說），同時保持了春秋時代的虛詞“維”。考《漢書·儒林傳》：“孔氏有古文《尚書》，孔安國以今文字讀之，因以起其家逸《書》，得十餘篇，蓋《尚書》茲多於是矣。遭巫蠱，未立於學官。安國為諫大夫，授都尉朝，而司馬遷亦從安國問故。遷書載《堯典》《禹貢》《洪範》《微子》《金縢》諸篇，多古文說。”這段文獻十分重要，表明司馬遷從孔安國學古文《尚書》，《史記》所述《洪範》乃是依據孔安國傳本，因此《史記》作“維”必為古文《尚書》之本。《儒林傳》說的“以今文字讀之”的意思是相當於現代學者說的“隸定”，並不是轉寫成西漢流行的文字。孫星衍《尚書今古文注疏》[98]、皮錫瑞《今文尚書考證》[99]、王先謙《尚書孔傳參正》[100]都說作“維”是今文，可謂顛倒是非[101]。今更考《洪範》：“王省唯歲，卿士唯月，師尹唯日。”而《史記·宋微子世家》“唯”作“維”，“省”作“眚”。如果司馬遷是將古文《尚書》的文字轉寫成西漢流行的通用字，那麼他就會將古文《尚書》的“眚”轉寫為“省”，且與今文《尚書》合。但司馬遷並沒有這樣做，而是保留古文的“眚”。這就說明同一句中“眚”後面的“維”也是保留了古文寫法，而不是今文用字。而且從《史記集解》引述東漢古文經學家馬融的注解來看，馬融看到的古文經本就是作“眚”，而不是作“省”。類例尚多，表明“眚”為古文經用字，“省”為今文經用字。考《周禮·大司徒》：“七曰眚禮。”孫詒讓《周禮正義》：“眚即省之借字。”可見作為古文經的《周禮》用“眚”。《左傳·莊公二十二年》經文：“肆大眚。”《公羊傳》作“省”。《左傳》為古文經，《公羊傳》為今文經。《釋名·釋天》：“眚，省也。”可見“眚”為古字，“省”為當時通行字，因為訓詁只能是用當下的通行字去解釋古字，而不是相反。所以司馬遷稱述的古文《尚書》作“維”絕不是今文，只能是壁中書古文經的用字，猶如“眚”是古文經用字一樣。段玉裁《古文尚書撰異·序》稱：“按此謂諸篇有古文說耳，非謂其文字多用古文也。”段玉裁此說恐不盡然（我沒有說段玉裁的這個觀點完全錯誤）。

細讀三家之書，發現其根據是《呂氏春秋·君守》引《洪範》作“惟”。孫星衍此書第293頁有一句說明：“《呂覽》引《洪範》者，先秦人《書》說也。”不知《呂氏春秋》乃戰國末期的書，所引《洪範》作“惟”乃是保持了戰國中後期的用字慣例，《呂氏春秋》所根據的《洪範》也是戰國中後期的抄本。而司馬遷從孔安國傳古文《尚書》，很可能保留了春秋後期以來楚文字系統的用字（後文有詳說）。不過，有的字形南北文字系統是一樣的，“維”字作為虛詞可能在春秋時代是南北通用的。“維”作為虛詞當是周王室東遷以來的一個俗字，《毛詩》中保留得最充分，春秋時代的金文還是用“隹、唯”。而“惟”作虛詞是戰國中後期北方文字系統的用字慣例，是由虛詞“唯”字演變而來。安得反以《史記》所保持的古文經用字為今文耶[102]？另可舉一旁證：《史記·屈原賈生列傳》載賈誼

《弔屈原文》（或以為賦）有曰："嗚呼哀哉，逢時不祥！"[103]另參看費正剛等《全漢賦》[104]的《弔屈原賦》。《漢書・賈誼傳》[105]"嗚呼"作"烏虖"，而西周以來的金文（如《禹鼎》，下文詳論）都是作"烏虖"，沒有作"嗚呼"的。可見東漢時代成書的《漢書》所保留的字形反而與西周金文一致，西漢中前期成書的《史記》此處最多只是保留了秦統一後的字形。前人以《漢書》多古字，真是不易之論。

《漢書・律曆志》引《周書・武成》："惟一月……"今本《逸周書・世俘》作"維"，與古文《尚書》和《毛詩》合。則《漢書》所引《武成》是戰國時代北方文字系統的抄本，今本《世俘》保存了春秋時代的文字特征[106]。

甲骨文中無"維"字。考金文，知"維"字出現於西周晚期的《虢季子白盤》[107]："經維四方。"其字用作動詞，字形作從"維"從"殳"（上下結構）。其文例可對應《毛詩・小雅・節南山》："四方是維。"《毛詩》此文引用於《荀子・宥座》，必是《毛詩》產生時就有的古本。"維"字最早是作動詞和名詞，春秋時才用作虛詞。在甲骨文和金文中作虛詞時皆是"隹"或其繁化的"唯"。在金文中的"惟"字形出現於戰國晚期的《陳侯因齊敦》[108]，其相關銘文是"其惟因齊揚皇考"，這個"惟"的用法以金文文例（"其惟"加人名）觀之，應該是虛詞，但同篇的接頭虛詞還是"唯"。在甲骨文中頗多"其唯"的用例[109]。因此以金文詞例來看，"惟"作為虛詞一定是從"唯"演化而來[110]。由於《毛詩》大量的"維"是虛詞用法，因此"維"作為虛詞最初就一定與"惟"是不同系統的文字[111]。

作為虛詞的時代序列應該是："隹"（甲骨文早期開始）→"唯"（甲骨文晚期開始）[112]→維（春秋開始）→惟（戰國中期開始）[113]。

要注意的是"維"在金文和戰國出土文字中皆無虛詞的用法。《毛詩》用虛詞"維"與甲骨文、金文、戰國出土文獻皆不合。今本《尚書》《左傳》皆無"維"字。今本《十三經》中只有《毛詩》和《易經》有"維"的虛詞用法，其年代應在春秋。而且《易經》《尚書》《毛詩》中的"唯"沒有一個是用作語氣詞，都是實詞，表示"唯一"的意思。這三種春秋以前（包含春秋）的文獻在這個用字規律上完全一致，雖與金文不合，但文獻彼此吻合，當是用字的時代特征使然。甚至《左傳》《儀禮》《周禮》中的"唯"都幾乎沒有虛詞用法，這是承襲了春秋以來的文獻用字傳統，與金文用字的慣例不同系統。我們可由此推測：古文《尚書・洪範》原本應該就是用虛詞"維"，"維"當是由西周時代的"隹"字繁化而來，被保留在孔壁書中，是春秋時代的用字。孔壁中書的《洪範》如果是成書於戰國，那應該是用戰國時代的用字"惟"。因此原本《洪範》不可能是形成於戰國時代。

（4）今本《洪範》稱："王乃言曰：嗚呼，箕子！……""嗚呼"，《漢書・五行志》引作"烏嘑"，《史記・宋微子世家》作"於乎"。這種異文有很大的研究價值。

從漢語史論之，聯綿詞容易發生偏旁同化的現象，例如：①"展轉"，由於這個聯綿詞的同化作用，後演變作"輾轉"。②"息婦"由於聯綿詞的同化作用，後演變為"媳婦"。③"女胥"由於聯綿詞的同化作用，後演變為"女婿"。④"觱篥"有異形詞作"悲栗"，由於聯綿詞的同化作用，後演變為"悲慄"[114]。⑤"峨眉"由於聯綿詞的同化作用，後演變為"峨嵋"。⑥"空峒"由於聯綿詞的同化作用，後演變為"崆峒"。⑦"悲戚"由於聯綿詞的同化作用，後演變為"悲慼"。⑧賈誼《弔屈原文》有"鶬翔"一詞，由於聯綿詞偏旁的同化作用，後演變為"翱翔"。⑨"烏呼"由於聯綿詞偏旁的同化作用，後演變為"嗚呼"。⑩"昏姻"由於聯綿詞偏旁的同化作用，後演變為"婚姻"。類例極多，不能詳舉。我們可以說凡是發生聯綿詞偏旁同化之前的字形一般要早於偏旁同化之後的字形。

因此，《漢書·五行志》作“烏嘑”，其字形和用詞一定要早於今本《洪範》的“嗚呼”。更考金文，完全沒有“嗚呼”這個聯綿詞，金文皆作“烏虖”，無一例外。除了加“口”旁為晚出字形外，用作語氣詞的“虖”比“乎、呼”都要古老，在西周已經存在。在金文中的“乎”都是用作“呼喚”義，作動詞，沒有作語氣詞用的。金文中完全沒有“呼”字[115]。更考《左傳·襄公三十年》：“烏乎，必有此夫。”作“烏乎”。《左傳》為古文經，此保留了古字形。尤其是作“烏”不作“嗚”，與金文吻合。如西周晚期的《禹鼎》[116]，還有《殷周金文集成》第2824器[117]，又西周早期的《效尊》[118]。《殷周金文集成》第6014器也屬於西周早期[119]，都是作“烏”。羅振玉編纂《鳴沙石室佚書正續編》[120]所收《唐寫本隸古定尚書殘卷》皆作“烏呼”，無一例作“嗚呼”，正保留了古本。遺憾的是《唐寫本隸古定尚書殘卷》的“烏呼”都沒有作更古老的“烏虖”或“烏嘑”。

作為語氣詞的“烏”，在今本儒家《十三經》中只見《左傳》，其餘各經都作“嗚”。考《左傳·宣公二年》：“烏呼！我之懷矣。”阮元《校勘記》批評各本作“嗚”不正確[121]。足見阮元等清儒知道“烏呼”要早於“嗚呼”。《左傳·昭公二十七年》：“嗚呼，為無望也夫。”阮元《校勘記》稱：“石經、淳熙本，嗚作烏，是也。古‘烏呼’字不作‘嗚’。”《左傳·哀公十六年》：“嗚呼哀哉。”阮元《校勘記》稱當以作“烏”為是[122]。真是專門學者明通之論[123]。則《左傳》都是作“烏”，沒有作“嗚”的，與金文完全吻合[124]。《金文詁林》第2439頁的按語稱：“烏，俗別作嗚，非。”如以時代先後排出序列，可以排比如下：

烏虖→烏嘑→烏呼→嗚呼。

“嗚呼”必是秦漢時代才有的字形，不存在於春秋戰國及以前。我甚至懷疑“呼”字形是在秦系文字的小篆中都沒有的字形，必是由“嘑”簡化而來。在古文字中只能看到“虖、嘑”，完全沒有“呼”。甚至在秦統一後的秦系文字中還只能發現“嘑”[125]。陳松長編《馬王堆簡帛文字編》[126]有一處“嘑”，沒有“呼”字；駢宇騫編《銀雀山漢簡文字編》[127]也沒有“呼”字。張守中編《張家山漢簡文字編》有兩處“嘑”字，沒有“呼”字。季旭昇《說文新證》[128]乾脆不收“呼”字，未為無見。因此，我們雖然可以確定“呼”字是“嘑”簡化而來。但是直到西漢中後期以前都只有“嘑”，沒有“呼”。直到某些漢印才出現“呼”字[129]。據臧克和《漢魏六朝隋唐五代字形表》[130]第289頁，“呼”有兩處出現於《居延新簡》。這是目前能夠找到最早的“呼”字形[131]。我們因此認為《說文》的“呼”是許慎自己加進小篆的，也就是所謂“漢篆”。在西漢中後期以前根本無“呼”。可知今本《十三經》和西漢中期以前典籍中凡是“呼”字皆是在西漢中後期以降才由“嘑”簡化而來。東漢時代流行不少簡化字，說不定“呼”字是在東漢才廣泛流行[132]。我推測可能是由東漢注經的經學大家根據東漢簡化的俗字所改。今本《洪範》作“嗚呼”不合於金文和《左傳》，肯定是抄寫於戰國以降。其“呼”字的原本應是作“嘑”，這是戰國和西漢中期以前的字形，保存在《漢書·五行志》中。其“嗚”原本是“烏”，秦以後由於“烏嘑”作為聯綿詞聯用從而偏旁同化造成“嗚”。“嗚”在先秦古文字中不存在。《說文》沒有“嗚”字。迄今為止的先秦古文字材料中沒有發現“嗚”字。我們的結論是：先秦典籍中所有的“嗚嘑”字，原本在西周春秋都是作“烏虖”，在戰國的北方文字作“烏嘑”（戰國金文保留西周春秋的傳統也用“烏虖”），在戰國的楚系文字作“於虖”；在《楚辭》中作為虛詞只有“乎、虖”（以“虖”為古），沒有“呼（嘑）”，與出土楚文字資料完全吻合。

作"烏嘑"屬於戰國時代北方文字系統，而《漢書·五行志》引《洪範》正作"烏嘑"，是保留了戰國時代北方文字系統的字形[133]。秦系文字中也有這個字形，因為"嘑"字形出現在《關沮秦漢墓簡牘》中[134]。前人言《漢書》多古字，此為一嘉例。更考徐無聞主編《甲金篆隸大字典》[135]第80～81頁收有《侯馬盟書》和秦漢時代的"嘑"字。何琳儀《戰國古文字典》[136]第456頁也收入《侯馬盟書》的兩個"嘑"字。黄德寬《古文字譜系疏證》[137]第1282頁收《侯馬盟書》和《餘義鐘》的"嘑"字。《侯馬盟書》的年代學界有異說[138]，當以戰國時代為確[139]。《餘義鐘》[140]的銘文和時代疑問甚多，學術界沒有定說，不能作為討論的根據。"嘑"不見於西周春秋的金文，甚至不見於戰國時代的金文[141]。我們確定凡是出現可靠的"嘑"（西漢中後期開始簡化為"呼"）字的文獻都屬於戰國以後，不能早至春秋，春秋時代沒有"嘑"字形。這個尺規極為重要，有助於考察判定很多典籍的成書年代或抄寫年代。

我們可以斷定"烏嘑"不是南方楚文字系統的字形。根據現在出土的大量的戰國楚系文字顯示，在戰國的楚系文字中，"烏嘑"都是作"於虖"。戰國楚文字中沒有發現虛辭的"嘑"字。是否有"口"作偏旁雖不影響其字的含義，卻可以看出時代的先後序列或使用區域系統的不同。戰國楚系文字作"虖"是保留了春秋以前的字形，戰國北方文字作"嘑"是戰國時代的字形，而作為虛辭的"烏"是從西周到戰國北方文字的字形。作"於"是春秋初期以來就有的簡體俗字形，但"於乎（虖）"在十三經中只保留在《毛詩》的《周頌》和《大雅》中，大量保存於戰國時代的南方楚文字中。雖然現在發現的楚文字資料都是戰國時代，但其文字系統應該與春秋時期的楚文字一脈相承。在沒有明顯反證的情況下，我們有理由相信春秋時代的楚文字也是作"於虖"。《詩經》雖然是春秋時代北方系統的文獻，但由於《毛詩》中的"於虖"與南方楚文字的用字慣例完全吻合，反而與春秋戰國時代北方文獻系統的用字慣例不合。我們因此推斷：今本《毛詩》應該是用春秋時代末期或戰國時代初期的楚系文字寫成的。《史記》引《洪範》作"於乎"的字形和用詞可追溯到春秋末期的楚系文字，與《毛詩》的《周頌》和《大雅》相合，已經得到大量戰國楚文字的證明。因此，司馬遷從孔安國學到的古文《尚書》也應該屬於春秋戰國時代的楚文字系統。

在金文中除了"烏虖"外，似乎還有一些"於虖"的用例，在此不可不辨析，如《殷周金文集成》第183器、第185器[142]、第2840器（即戰國中後期的《中山王鼎》）、第9734器[143]等等。張亞初先生《殷周金文集成引得》[144]將金文中的"烏"隸定為兩類，一類為"烏"，一類為"於"。在古文字學上，"烏"與"於"確實是同源字，二者的區別僅僅是"烏"的形體較繁，筆劃較多（戰國時代金文的"烏"也有筆劃較簡省的），多少保留有"烏"的形狀；"於"形體簡化，筆劃較少，完全看不出"烏"形。如果從這個角度來分析，我們可以說張亞初先生將金文的"烏"分為"烏、於"兩類是不恰當的。金文中實際上只有"烏"，沒有"於"。戰國文字中的大量的"於"字的寫法與張亞初先生在金文中從"烏"分出的"於"在字形上有明顯的不同。雖然容庚《金文编》、季旭昇《說文新證》對金文中的"烏、於"不加區分，歸為同源字[145]。但戴家祥《金文大字典》[146]、董蓮池《新金文编》[147]、湯志彪《三晉文字编》[148]都只收"烏"，不收"於"，也就是他們都認為金文中沒有"於"，只有"烏"。這樣處理顯然更加合理。"於"是"烏"的簡化俗字，當出現於春秋早期。但這個分別一旦出現，就形成了各自獨立的傳統，不再相混了。

另外，由於金文中的作為動詞的"乎"與作為語氣詞和介詞的"虖"紋絲不亂，絕不相混。因此，我們強烈認為在傳世經典中作為語氣詞和介詞的"乎"是從西周以來的金文"虖"簡化而來，而不是直接承襲了金文中作為動詞的“乎”[149]。前人對此也有類似的考察。朱駿聲《說文通訓定聲》“乎”字條稱：“乎，《史記》多以‘虖’為之。”段玉裁《說文解字注》“虖”字注：“《漢書》多借‘虖’為‘乎’字。”李富孫《春秋左傳異文釋》[150]卷一：“《漢書》凡‘乎’字皆作‘虖’。”[151]這都顯示出經典中的“乎”是來源於“虖”。而且在傳世典籍中的“乎”幾乎都是作虛詞，從不與動詞的“呼”相混，即從不用作動詞表示“呼喚”。因此，典籍中作為虛詞的“乎”不是繼承了金文中作為動詞的“乎”的字形，而是從金文虛詞“虖”字簡化而來。在戰國文字中只有“虖”，沒有“乎”。“乎”字開始出現應是在秦系文字的小篆中，當是李斯將“虖”簡化為“乎”。所以《說文》中有此字。陳松長編《馬王堆簡帛文字編》[152]和駢宇騫編《銀雀山漢簡文字編》[153]都有“乎”字。據臧克和《漢魏六朝隋唐五代字形表》[154]第23頁“乎”字條收有多個西漢文書的“乎”字形。根據以上文字學的考察，我們可以判定《毛詩》的“於乎”和《史記》引《洪範》中的“於乎”原本應是作“於虖”，只是西漢以來在傳抄中被簡化為“於乎”。我們應當根據“於虖”這樣的字形來考辨相關典籍的年代，不能根據典籍在傳抄中被簡化了的字形來作推論。“烏虖”有兩條演變的軌跡：

（1）從“烏虖”（自西周金文以來的慣例）→“於虖”（春秋戰國楚文字系統）→“於乎”（秦系文字小篆以後）。

（2）從“烏虖”（自西周金文以來的慣例）→“烏嘑”（戰國時代北方文字系統）→“嗚嘑”（秦系文字小篆以後）→“嗚呼”（西漢中後期以降）。

以上兩條演變規律是一個形體簡化的過程，其演變的軌跡甚為清晰，因而有助於我們考論相關古籍的成書或抄寫的年代和區域。例如《尚書·康誥》：“嗚呼！敬明乃罰。”其中的“嗚呼”，內野本作“烏虖”，則內野本此處保留了春秋以前金文的古老字形，彌足珍貴。

在戰國楚簡文字中，“烏”的形體明顯比“於”要繁化得多[155]，這在《郭店楚墓竹簡》中有明顯的反映。郭店簡中形體複雜的“烏”和形體簡略的“於”同時存在，但二者的形體區別卻甚為明顯，沒有相混的可能。即使《說文》“烏”字指出的“烏”有兩個古文形體，一繁一簡，這兩個形體的古文也不可能字形相混。其中簡體的古文明顯是“於”的來源。尤其要注意的是在《上博簡一》的“孔子詩論”第六簡和《上博簡二》的“魯邦大旱”第五簡都出現了“於虖”這樣的語氣詞，字形清楚，其中的“於”絕不可能與“烏”相混。秦系文字中的“烏”和“於”分別跟楚簡近似，“烏”字形繁，“於”字形簡，二者區別明顯，不可能相混，詳細的例證參看方勇《秦簡牘文字編》[156]第108～109頁。因此，從上博簡和郭店簡、清華簡等戰國楚簡和秦漢簡帛的字形資料來看，先秦西漢的古人沒有可能將“烏虖”偶爾誤寫為“於虖”，二者的交替只能是時代變遷和區域用字差異的結果。

從“烏虖”簡體化來的“於虖”一詞應該至少是在春秋末期的楚文字地區已經產生。也就是說司馬遷見到孔安國傳的古文《洪範》應該是抄寫於春秋以降，不能早至西周。因為西周金文的用字慣例是用“烏虖”，而不是“於乎（虖）”。“於乎（虖）”常見於《毛詩》。考《毛詩·周頌·維天之命》：“於乎丕顯，文王之德之純。”[157]《毛詩·大雅·負旻》：“於乎哀哉。”[158]《毛詩·周頌·烈文》：“於乎前王不忘。”《毛詩·周頌·防落》：“於乎悠哉。”《毛詩·周頌·旻予小子》：“於乎皇考。”同篇：“於乎皇王。”《毛詩·大雅·抑》：“於乎小子。”《毛詩·大雅·桑柔》：“於乎有哀。”整部《毛詩》全作“於乎”，沒有一處用“烏乎”、“烏呼”或“嗚呼”。而且在《十三經》中只有《毛詩》的《周頌》和《大雅》才有“於乎”，其餘各經皆無此用法。這顯示出《毛詩》的用字特徵與一般北方系統的經典不同，恰恰吻合於春秋戰國時代的楚文字系統。有的戰國儒家文獻出現“於乎”往往是引述了春秋時代的典籍。如《禮記·坊記》：“《君陳》曰：爾有嘉謀嘉猷，入告爾君於內。女乃順之於外。曰：此謀此猷，惟我君之德。於乎，是惟良顯哉！”戰國時代成書的《坊記》引用《尚書·周書》的《君陳》有“於乎”，則《君陳》篇當是春秋末期或戰國初期以前用楚文字抄寫而成，其成書必在春秋以前，不可能成書於戰國。上博簡和郭店簡的《緇衣》都引述了《君陳》，可證原本《君陳》絕不可能成書於戰國，更不可能是後世僞造。且其書在楚地流行，因此《君陳》必有楚文字系統的抄本存在。今本《君陳》作“嗚呼”，則今本《君陳》是抄寫於戰國時代的北方地區[159]。

《大戴禮記》卷十《文王官人》：“王曰：於乎敬哉！女何慎乎?”《文王官人》中的這段話也應該是根據春秋末戰國初用楚文字抄寫的古文《尚書》中引述來的，只是其篇名失考。而《逸周書》皆作“嗚呼敬哉”。《逸周書》中出現“嗚呼敬哉”的《酆保》篇、《寶典》篇、《皇門》篇應當皆是用戰國時代的北方文字抄寫（不一定是成書年代）[160]，故而有此不同（其中的“呼”原本應是“虖”，是戰國北方文字的特徵，故而我們有此判斷）。而且《逸周書》的“嗚呼敬哉”與《文王官人》所引的“於乎敬哉”雖然用字不同，但語彙明顯同源，二者只是抄寫的時代和地域不同，或許是出典於周初成立的《康誥》：“王曰：嗚呼！封，敬哉。”因此《逸周書》的《酆保》篇、《寶典》篇、《皇門》篇都應是成書於春秋以前，今本是抄寫於戰國時代的版本。《大戴禮記》卷一《主言》引孔子對曾子之言有“於乎”[161]，當是出於春秋戰國時代的楚文字系統的文獻。“於乎”一詞不出現於戰國時代北方系統的傳世文獻和出土文獻，《禮記》和《大戴禮記》的“於乎”都是引述了春秋末期以來的楚文字系統的文獻，並非戰國時代的北方文獻自身的用字慣例，而是楚文字系統的用字特徵。

《荀子》中有三處“於乎”，一處是引用《毛詩》，其餘兩處用“於乎”，這是因為《荀子》的某些篇章是在楚國成立並傳抄的，所以保留了戰國楚系文字的特點。東漢時代成書的《吴越春秋》和《越絕書》多用“於乎”字形，則是繼承了《毛詩》和戰國時代楚文字的傳統[162]，吴越之地在戰國中期以後就為楚國所佔據，併入了楚文化圈，楚方言用字在吴越之地流行很正常。

更考《穆天子傳》卷一：“天子曰：於乎！予一人不盈於德。”從“於乎”一詞來看，《穆天子傳》是產生於春秋戰國時代的楚文字系統。雖然《穆天子傳》出土於戰國時代的魏襄王墓，但完全可能是從楚文化圈傳自魏國的，未必一定是用魏國文字寫成[163]。有證據表明楚文化圈在春秋時代就非常熟悉穆天子的故事。考《左傳·昭公十二年》楚國左史倚相回答楚靈王曰：“昔穆王欲肆其心周行，天下將皆必有車轍馬跡焉。祭公謀父作《祈招》之詩以止王心。”昭公十二年是公元前530年，楚國左史倚相能夠背誦西周前期周穆王時代的大臣祭公謀父所作的《祈招》之詩。戰國時代的《楚辭·天問》：“穆王巧梅，夫何爲周流？環理天下，夫何索求?”“梅”讀為“牧”，“理”訓為“履”。因此，埋藏於戰國魏襄王墓的《穆天子傳》是從楚文字區域傳出，這是完全可能的。《穆天子傳》的原始古本當然是在西周或春秋的北方文字系統中產生，只是這個原始版本沒有流傳下來。

抄寫於戰國時代的今本《尚書》各篇都沒有“於乎”一詞，只有“嗚呼”。《論語》也沒有“於乎”，只有“嗚呼”。則今本《尚書》各篇和《論語》都抄寫於戰國的北方地區，故而有用作虛詞的“呼（虖）”字。

還有類例可考。如《毛詩·大雅·抑》：“於乎小子。”考王逸《楚辭章句》敘：“詩人怨主刺上曰：‘嗚呼小子。’”則東漢學者王逸看到的是三家詩的今文經作“嗚呼”，其古本屬於戰國北方文字系統。《毛詩》作為古文經作“於乎（虖）”是保留了春秋末以來楚文字的文字慣例[164]。因此“於乎”一詞作為區別性特徵十分重要。

就“於乎（虖）”這個詞而言，其中的“虖”，我根據時代的先後順序將有關字形的演變排列如下：

（1）虖（西周春秋金文及戰國楚系文字）→嘑（戰國北方文字）→呼（西漢中後期俗字）。

（2）虖→嘑→謼[165]。

我們在此基礎上來考辨《洪範》的成書年代到底是不是戰國？今本《尚書》各篇作“嗚（烏）呼（嘑）”是戰國時代北方系統的文字特征，可知今本《尚書》是抄寫於戰國時代的北方文字系統。《史記・宋微子世家》所引作“於乎（虖）”，這是孔壁中書的古文《尚書》，屬於春秋戰國時代的南方楚文字系統。《洪範》的“於虖”與戰國時代南方楚系文字的用字慣例完全吻合。但作為儒家經典的《洪範》明顯不可能成書於春秋戰國時代的楚國，這點不可置疑。因此，戰國時代北方系統的“烏嘑”與春秋戰國時代楚文字系統的“於虖”，根據西周春秋的金文，可知都是來源於一個共同的古本作“烏虖”。也就是西周春秋的北方文字“烏虖”，到戰國時期的北方文字演變為“烏嘑”［到西漢再變為“嗚呼（嘑）”］；到春秋戰國時期的南方楚系文字演變為“於虖”。因此，春秋時代古本《洪範》應是作“烏虖”，這才與西周春秋的金文吻合。司馬遷看到的古文《尚書》是孔壁中書，是用春秋戰國的楚文字寫成。因此，假設原本《洪範》成書於商末周初的北方文字，則沒有任何矛盾，與各方面都符合。今本《毛詩》的《周頌》和《大雅》雖然是“於乎”，但以上我們對古文字學的研究表明其“乎”是小篆以來的簡化字，原本《毛詩》應作“於虖”。而《史記》引《洪範》正作“於乎”（其原本也應是“於虖”）。總之，《史記》引《洪範》文字與《毛詩》的文字相同，要麼如今本都是“於乎”，要麼根據古文字學的推論都是“於虖”（顯然應當以後者為確）。而“於虖”正是春秋后期以來就有的南方楚文字系統的寫法。因此，《洪範》有兩個文字系統的版本，一個是抄寫於戰國時代北方文字系統，作“烏嘑”；一個是春秋後期以來的楚文字系統，作“於虖”，二者應是共同來源於春秋時代以前的北方文字系統的古本《尚書》的“烏虖”。因此《洪範》肯定是成書於春秋時代以前的北方文字系統，不可能晚至戰國[166]。斷不能根據今本《洪範》在戰國時期傳抄過程中混入了戰國文字的特徵就把《洪範》成立的時間後移。這是本文明確的結論。

我們依據對古文獻學和古文字學材料的研究，可以判定司馬遷看到的古本《洪範》（即孔安國傳的孔壁中書）應該是抄寫於春秋末期戰國初期的楚文字系統[167]。李學勤先生主編的《清華大學藏戰國竹簡》就收有用戰國楚系文字寫成的《尚書・金縢》。這說明在戰國時代確實有用楚文字寫的《尚書》。孔壁中書的《洪範》完全可能是用楚文字而不是用齊魯文字寫成的。今本《洪範》則是從抄寫於戰國時代北方系統文字的版本發展而來。古本《洪範》必是成書於春秋以前，不可能晚至戰國。

（四）

我們還必須辨析《洪範》中的一處記載與西周金文不合的問題。考《洪範》中有曰：“八政：一曰食，二曰貨，三曰祀，四曰司空，五曰司徒，六曰司寇。”已經作“司空”，而不是“司工”，與西周金文作“司工”不同，因此從文字上看，今本《洪範》應該抄寫於春秋或戰國時代，所以混有春秋戰國時代的文字特征，這完全不足以否定其書成立於商末周初。所以“司工”後來被抄寫成“司空”，這一現象與《洪範》原本的成立時代無關。

重要的是《洪範》此處以“四曰司空，五曰司徒，六曰司寇”三者相並列，而西周金文《盠方尊》《五衛祀鼎》是“司工、司徒、司馬”相並列，前揭郭沫若《金文叢考》也指出：“以司空而兼司寇，足見司寇之職本不重要。古者三事大夫僅司徒、司馬、司空，而不及司寇也。”可見《洪範》將“司空、司徒、司寇”列為三卿，與西周金文不合。更考《尚書·立政》也是以“司徒、司馬、司空”三者並舉，不及“司寇”。《尚書·牧誓》“王曰：嗟！我友邦冢君御事，司徒、司馬、司空……”沒有“司寇”。《尚書·梓材》“我有師師、司徒、司馬、司空、尹、旅”，也沒有“司寇”。與金文《盠方尊》《五衛祀鼎》合，因此《立政》《牧誓》《梓材》當成立於西周[168]，是可信的西周文獻，不会晚至春秋。

“司寇”地位的提高是在春秋，在王室為卿官。但在諸侯國一般是大夫，沒有位列三卿。如春秋時代魯國的孔子做過司寇，卻不是卿官，甚至連亞卿也不如，魯國的三卿是司徒、司馬、司空，保存了西周的官制。晉國的屠岸賈為司寇，也不是卿官[169]。司寇到了春秋是否升為卿爵還有待於考證。即使在春秋時代成為卿爵，這種變化不會是發生於魯國、晉國、楚國、宋國、秦國、齊國[170]，只能產生於周王室。考其原因，大概是因為周平王東遷洛陽之後，周王室的武力衰微，王室兵力太弱。在國家的政治中，王室軍隊的地位和作用降低，因此在西周掌管兵馬的卿官“司馬”［在商末周初其名為“大（太）師”，為軍隊長官，三卿之一，姜子牙曾任此職。與之並列者為“太傅、太保”］地位降低，而主管司法的“司寇”地位上升，最終“司寇”代替“司馬”成為三卿之一。這個推測尚待證實。

由於《洪範》以上這點事實與西周金文不合，似乎可以因此而表明《洪範》成書於春秋或戰國時代，不會早到西周。因此，我們必須對這個事實予以正面闡釋。

我們認為在春秋戰國時代的抄書過程中將“司馬”誤抄為“司寇”不大可能。西周金文的“司工、司徒、司馬”並舉和《洪範》“司空、司徒、司寇”並舉只能是時代文化不同的反映。細考《洪範》原文作：“八政：一曰食（孔傳：勸農業）；二曰貨（孔傳：寶用物）；三曰祀（孔傳注：敬鬼神以成教）；四曰司空（孔傳注：主空土以居民）；五曰司徒（孔傳注：主徒眾教以禮義）；六曰司寇（孔傳：主姦盜，使無縱）；七曰賓（孔傳：禮賓客無不敬）；八曰師（孔傳：簡師所任必良士，卒必練士）。孫星衍《尚書今古文注疏》[171]注引鄭玄曰：“司寇，掌詰盜賊之官。賓，掌諸侯朝覲之官，《周禮》大行人是也。師，掌軍旅之官，若司馬也。”[172]可見鄭玄注《尚書》是以“師”為“司馬”，並沒有將“司馬”漏掉。鄭玄注比孔傳精確。《洪範》這裏排比八政，並非刻意將“司空、司徒、司寇”作為三卿並舉，也就是說《洪範》原文排比八政，並沒有將“司空、司徒、司寇”當作三卿來看待。因此與西周金文的性質不同，不具有可比性，況且《洪範》並沒有遺漏“師（即司馬）”。而且《盠方尊》《五衛祀鼎》屬於西周中期金文，《洪範》在《左傳》中就被當做是《商書》，其中的“八政”應是商代已經成文的提法，屬於商代文獻，自然與西周中期的金文不合，這是非常正常的現象。王國維《觀堂集林》卷十《殷周制度論》[173]早已指出：“中國政治與文化之變革，莫劇於殷周之際。……故夏、殷間政治與文物之變革，不似殷、周間之劇烈矣。”所以不能因為《洪範》與西周中期金文《盠方尊》《五衛祀鼎》的文例不合而認為《洪範》是戰國時代所作。顧頡剛、劉起釪《尚書校釋譯論（第三冊）》[174]第1159頁注解5未能明白這點，稱：“這裏沒有司馬而列了司寇，說明它不是西周原制，但又比《周禮》整整齊齊的體系要早，可知它是《周禮》成書以前西周官制在演變改易過程中所形成的一些說法。”這些議論完全是無的放矢，未能中肯。

（五）

如果《洪範》是在春秋戰國時期的諸侯國中產生，應該不可能成為儒家崇奉的《尚書》中的經典。《尚書》中的各篇都應該作如是觀[175]。哪怕是《堯典》《舜典》《皋陶謨》這樣公認為戰國時代才寫定的文獻，也是已經式微的周王室的官員根據遠古傳承下來的資料校訂而成。如果是戰國時代的民間託古偽造，那麼先秦的儒家絕不會將其編入《尚書》。事實上，戰國時代託古偽造的書很多，都只是作為子書流傳，如託名鬻熊的《鬻子》[176]、託名姜太公的《陰符》、託名風后《握奇經》、託名姜太公的《六韜》，《漢書·藝文志》有《風后》十三篇，有《力牧》二十二篇，有《伊尹》五十一篇，有《伊尹說》二十七篇[177]。以及託名黃帝的《黃帝內經》。這些書在儒家眼中都是子書。考《漢書·藝文志》："《黃帝四經》四篇。《黃帝銘》六篇。《黃帝君臣》十篇（注：起六國也，與《老子》相似也）。《雜黃帝》五十八篇（注：六國時賢者所作）。《力牧》二十二篇（注：六國時所作，託之力牧。力牧，黃帝相）。《黃帝泰素》二十篇（注：六國時韓諸公子所作）。孔甲《盤盂》二十六篇（注：黃帝之史，或曰夏帝孔甲，似皆非）。《大禹》三十七篇（注：傳言禹所作，其文似後世語）。《黃帝說》四十篇（注：迂誕依託）。《天一兵法》三十五篇。《神農兵法》一篇。《黃帝》十六篇，圖三卷。《封胡》五篇（注：黃帝臣，依託也）。《風后》十三篇，圖二卷（注：黃帝臣，依託也）。《力牧》十五篇（注：黃帝臣，依託也）。《鵊冶子》一篇，圖一卷。《鬼容區》三篇，圖一卷（注：黃帝臣，依託）。《黃帝雜子氣》三十三篇。《黃帝五家曆》三十三卷。《黃帝陰陽》二十五卷。《黃帝諸子論陰陽》二十五卷。《黃帝長柳占夢》十一卷……"類例甚多。班固自注《漢書》已經很清楚有相當多的古文獻是戰國時代的民間依託遠古聖賢之名而作。而這些戰國時代產生的文獻沒有一部被當做儒家經典，都是作為諸子書流傳，在戰國秦漢都是如此。因此，被《尚書》收入的今本《洪範》《堯典》《舜典》《皋陶謨》即使寫定於戰國，也一定是周王室官員根據上代文獻整理校勘而成。其中縱然混入了戰國時代的語言和觀念，並不影響其有古老的來源，正似《文心雕龍·諸子》所言："篇述者，蓋上古遺語，而戰代所記者也。"這就猶如司馬遷《史記》敘述先秦文化時將《尚書》《左傳》《國語》的語言改編成西漢前期的語言[178]，我們能夠因此而說《史記》中記載的上古史是偽造的麼[179]？由於學術界常常稱道《堯典》是戰國時代所作，我們可舉一個常常為人們忽略的證據。李約瑟《中國科學技術史（第四卷）·天學》[180]第二十章"天文學"第166頁的注解二是關於《堯典》年代的見解："有少數人（指顧頡剛）認為，應把這一篇的年代推遲到孔孟之間，甚至推遲到漢代。但這樣會使天文學方面的任何解釋更加困難。此外，他們似乎沒有注意到，其中'三百有六旬有六日'的說法非常古老。不同位的數字中間嵌入連接詞，是公元前十四世紀卜辭中的典型數字寫法（董作賓1）。不僅如此，董作賓還發現，較晚的卜辭已略去數字中的連接詞了。參閱《數學》一章第二節。這一段文字似乎是年代很早的周代遺聞，不管它的上下文是否可作其他解釋。"李約瑟參考的是董作賓的《殷曆譜》。根據其書第808頁參考文獻所示，還有董作賓的《稘三百有六旬有六日新考》一文。則《堯典》的表數法與甲骨文相合，與春秋戰國時代的表數法不合，戰國人怎麼偽造得來？

西漢末年的劉向校勘群書，又編撰《說苑》、《新序》，是依據了西漢皇家檔案館中收藏的先秦文獻，但經劉向用西漢語言作過一部分的改編（應該不是全部翻譯），我們能因此說《說苑》《新序》和劉向校勘的群書是偽造的麼？劉向校勘過的先秦古書自己又命名為"新書"，這就是因為其校勘過的書與先秦古本在形式上有諸多不同，但絕不是劉向偽造了古書[181]。例如，劉向根據他當時所見的六種

《戰國策》的古本，綜合校勘，去其重複，勘定編成為今本《戰國策》。今本三十三卷《戰國策》這個形態的書在先秦事實上是不存在的，這是劉向綜合了先秦六種版本的縱橫家書而成[182]，我們不能因此說今本《戰國策》完全是西漢時代的文獻。極端的例子如同我們現在用簡體字排印了《十三經注疏》，後世的人們不能因此而說簡體字版的《十三經注疏》是二十世紀的人們偽造的，其內容反映的是二十世紀的社會思想，理由是"十三經"時代的文字沒有今天的簡體字。我舉這個極端的例子是想喚起"專門疑古"的學者的反思。

（六）

綜上所述，今本《尚書》收入的《洪範》是用戰國時代的北方文字抄寫，孔壁中書的《洪範》是春秋戰國時代用楚系文字抄寫成。其原本應當相信傳統的說法就是成書於商末周初，其後在傳抄過程中混有戰國時代的文字特徵。但古本《洪範》不可能成書於戰國。戰國時代的語言混入《洪範》主要是在傳抄過程中造成。我把本文所論《洪範》不是戰國時代成書的證據大致歸納如下：

（1）《左傳》三次引述《洪範》，稱為《商書》，可見《左傳》確實將《洪範》當作商代末年的書。其書除了開頭部分有關箕子和周武王的開場白外（那是交代《洪範》開始流傳的背景），確應是在商代已經成書了。《說文解字》有六個字的解釋引述了《洪範》，其中四次稱為《商書》，兩次稱為《尚書》。以《說文》通例，凡是引用《尚書》皆帶有時代名稱，如《虞書》《夏書》《商書》《周書》，還有《逸周書》，沒有稱《尚書》的，因此那兩次的《尚書》還是要讀為《商書》。參看劉起釪《古史續辨》第313頁。劉先生此書第313頁還說："（《漢書·儒林傳》）把《洪範》列在《商書·微子》之前，顯然也認為是《商書》。"這個觀察是承襲了皮錫瑞《今文尚書考證》的觀點，是有見地的。

（2）據《左傳》，最早在公元前622年，北方的人們已經熟悉《洪範》，並在當時人物的語言中引用了《洪範》。因此，《洪範》斷不可能成書於戰國，只能成書於西周以前。

（3）《洪範》稱："惟十有三祀，王訪于箕子。"其中用"祀"，而不用"年"，這正是商朝的紀年用字，與甲骨文文例相合，斷不可能出於春秋以後的偽造。可見在《洪範》傳到周武王的年代，周武王雖然克殷，但還是沿用商朝的紀年字"祀"，並沒有改用"年"字。直到周成王七年才改元用"年"不用"祀"。這說明《洪範》成書於周朝用"年"來紀年以前。據夏商周斷代工程的研究結果，周成王七年當是公元前1036年。怎麼可能晚至戰國？王夫之《尚書稗疏》[183]第129頁"十有三祀"條，顧頡剛、劉起釪《尚書校釋譯論》[184]第三冊第1143～1144頁對此有詳細的討論。曾侯乙墓出土的楚惠王為曾侯乙所作的鎛有銘文稱："隹王五十又六祀。"楚系金文也用"祀"不用"年"，則楚惠王以前的楚國應該用過殷曆[185]。

（4）《周禮》至少成立於戰國中前期以前，已經將《洪範》作為經典來引述，因此《洪範》絕不可能成書於戰國。

（5）西周中期金文《盠方尊》《五衛祀鼎》"司工（空）、司徒、司馬"並列為三卿，沒有"司寇"，與《洪範》"八政"文例不合，這是因為《洪範》是商代文獻，其文例自然與西周中期金文《盠方尊》《五衛祀鼎》不合。這是很正常的現象。而且《洪範》的"八政"是八件大事並舉，並沒有刻意將"司工、司徒、司寇"作為三卿來對舉。所以西周金文《盠方尊》《五衛祀鼎》與《洪範》

的文例沒有可比性。因此，不能據此懷疑《洪範》成書於西周初年以前。

（6）戰國時代諸子依託遠古聖賢編撰的書在戰國時代都是作為諸子書流傳，絕不被先秦儒家奉為經典。戰國時代的儒家從不把這些書當作《尚書》中的經典來看。而編入《尚書》的經典都是周王室的官書[186]，有正宗的來源，不會出於諸子之手。這是先秦文化的一大規律。

（7）今本《洪範》出現虛詞的“惟”字，而虛詞“惟”是春秋以前所沒有的用字，這顯示出今本《洪範》抄寫於戰國中後期。這樣的虛詞“惟”雖然不能證明今本《洪範》成書於戰國，但確實是在抄寫的時候混入的戰國時代的文字特徵。今本《洪範》中的“惟”字，根據孔壁古文《尚書》在《史記·宋微子世家》皆作“維”，而語氣詞“維”是春秋時代的虛詞，與《毛詩》、《易經》相合。這說明司馬遷看到的孔壁中書的《洪範》保留了春秋時代文字的特徵。因此，古文《洪範》原本應是抄寫於春秋末戰國初的文字系統。由於原本《洪範》必是成書於北方文字系統，戰國時代北方文字系統是用“惟”，而不是“維”。春秋末以來楚文字系統沿用了春秋時代北方文字系統的“維”。戰國時代北方文字系統的“惟”與南方楚文字系統的“維”應是共同來源殷商西周時代北方文字系統的《洪範》的“隹”或“唯”。其原本《洪範》成書必在楚文字系統抄寫本古文《洪範》成立之前，因此絕不可能成書於戰國。

（8）今本《洪範》出現作為語氣詞的“嗚呼”，這樣的字形是西漢中後期以後才有的，相應的戰國時代北方文字系統作“烏嘑”，即作“烏嘑”的《洪範》是抄寫於戰國時代北方文字系統的版本。《史記·宋微子世家》作“於乎（虖）”是根據孔壁古文《尚書》，與古文經《毛詩》吻合，為春秋末期以降的楚系文字的《洪範》抄本。但楚文字系統本《洪範》也不能早至西周，因為西周金文是作“烏虖”，與楚系文字的“於虖”在字形上大不相同。從“於”字產生之日起，“於”和“烏”就從不相混，雖然“於”是從“烏”簡化而來。“烏”在金文中的簡體字也多少帶有“鳥”的形體特徵，與“於”在字形上不混，也不容易發生傳抄之誤。再加上，原本《洪範》必是北方系統的文獻，不可能最初就誕生於楚文字系統，因此，戰國時代北方文字系統的“烏嘑”和春秋末期以來楚文字系統的“於虖”肯定是共同來源於西周以前的原本《洪範》“烏虖”，絕不可能成書於戰國。

（9）裘錫圭《遂公盨銘文考釋》[187]注意到西周中期後段的《遂公盨》和《洪範》語詞與思想的關係密切。例如這件青銅器有“好德”一語，而在《尚書》各篇中只有《洪範》出現了三次“好德”[188]，其餘各篇皆無。於此可見二者的關係。李學勤《論遂公盨及其重要意義》[189]三“與傳世文獻的關係”指出此器銘文中的禹作民父母（銘文“成父母”）與《洪範》“天子作民父母”正好對應[190]。因此，《洪範》應該是產生於商代，流傳於西周初期，這是完全可能的。

（10）《洪範》中明顯的“五行”思想（金木水火土）絕不能作為《洪範》產生於戰國時代的證據。因為這樣的“五行”思想產生得很早，在春秋以前就廣泛流行，不可能晚至戰國時代才出現。“五行”觀念起源於商代以前是完全可能的。劉起釪《釋〈尚書·甘誓〉的“五行”與“三王”》、《〈洪範〉這篇統治大法的形成過程》[191]、《五行原始意義及其分歧蛻變大要》[192]指出遠古時代金木水火土的“五行”觀念是來源於“五星”的觀念，“五星”觀念起源應該早於“二十八宿”的觀念，這是驚人的發現，應該是正確的。而“二十八宿”觀念的起源至少在殷商周初以前[193]。因此，不能依據《洪範》中有“五行”思想就斷定其成立於戰國。

（11）劉起釪《〈洪範〉這篇統治大法的形成過程》[194]、李學勤《帛書〈五行〉與〈尚書·洪範〉》[195]和《叔多父盤與〈洪範〉》[196]都指出西周晚期的《叔多父盤》的銘文中的“利於辟王、卿士、師尹"可以比對《洪範》的"王省唯歲，卿士唯月，師尹唯日"。並由此推斷《洪範》為西周以前的作品是完全可能的，其說不可不信。"師尹"的"師"訓"眾"，言"眾尹"。金文和《洪範》的"師尹"相當於甲骨文中的"多尹"[197]。

（12）劉節《洪範疏證》、屈萬里《尚書集釋》和《尚書釋義》關於《洪範》成立於戰國時代的各種證據都被徐復觀《陰陽五行及其有關文獻的研究》[198]和劉起釪《〈洪範〉這篇統治大法的形成過程》[199]全面擊破，無一能站立得住。因此，《洪範》成立於戰國的觀點已經得不到任何證據的支撐。

（13）《洪範》曰："王乃言曰：嗚呼！箕子。惟天陰騭下民。"其中的"陰騭"一詞在先秦文獻中僅此一見，也不見於出土的任何先秦文獻。凡是後代偽造必有根據，且容易帶上語言文字的時代印跡。"陰騭"一詞頗為奇詭，訓詁學家至今沒有定論，因此必為商末周初特有語言的遺留，春秋以降是偽造不來的。

（14）《左傳·昭公十二年》："王出，復語。左史倚相趨過。王曰'是良史也，子善視之。是能讀《三墳》《五典》《八索》《九丘》（注：皆古書名。索，本又作素）。'對曰：'臣嘗問焉。昔穆王欲肆其心周行，天下將皆必有車轍馬跡焉。祭公謀父作《祈招》之詩以止王心。'"昭公十二年是公元前530年，楚國左史倚相能夠背誦西周前期周穆王時代的大臣祭公謀父所作的《祈招》之詩。可見西周中前期的文獻到了春秋後期還是存在的，並且為文人官員所知悉。而且根據這段文獻，可知對春秋時代的人們來說已經是遠古文獻的《三墳》、《五典》[200]、《八索》、《九丘》還存在。如果這些書當時都消失了，那麼楚靈王怎麼會用"能讀"二字呢？更考《周禮·外史》："掌書外令（鄭玄注：王令下畿外），掌四方之志（鄭玄注：志，記也。謂若魯之《春秋》、晉之《乘》、楚之《檮杌》），掌三皇五帝之書（鄭玄注：楚靈王所謂三墳五典）。"《周禮》至少成立於戰國中期以前，當時還存有"三皇五帝之書"。可見商代以前的文獻到了戰國中期都還存在一些（當然也應該是經過了歷代的傳抄）。後來西漢的司馬遷撰《五帝本紀》一定是根據戰國時代還保留了的"五帝之書"，難道司馬遷會憑空杜撰《五帝本紀》的內容嗎？近代大儒劉申叔《國學發微》（一）[201]稱六藝之學皆起源於唐堯虞舜時代，並非濫觴於周公，頗近情理。因此，我們從文化史的角度看，也絕不能懷疑《洪範》成書於商代。當然，其書在西周春秋的傳抄中也可能混入了稍後一些的東西，誠如劉起釪先生所言。

我們還把本文從"於乎"這個特徵詞的角度來考辨相關典籍年代的結論大致歸納如下：

（1）一向被認為是齊魯文獻的孔壁中書很多應是春秋戰國時代的楚文字版本（當然不是全部），如古文《孝經》等，尤其是其中的古文《尚書》[202]。

（2）在西晉發掘於魏襄王墓的《穆天子傳》是用春秋戰國時代的楚文字寫成的。其書埋藏於戰國的魏襄王墓，不等於就成書於魏國（或三晉文字圈）。晉朝的《列子·周穆王》引述剛出土的《穆天子傳》就作"於乎（虖）"，可見這是《穆天子傳》的原文如此，其"於乎（虖）"字樣不會是後來傳抄所改。魏襄王墓雖然不屬於楚地，不入戰國時代的楚文化範圍，但其中的《穆天子傳》完全可能從楚地傳入。

（3）《荀子》某些篇成書於戰國的楚地，因此用了戰國楚文字系統的"於乎（虖）"。《荀子》中凡是有"於乎（虖）"的各篇都是成書於戰國楚地。這樣的篇目至少有《仲尼》和《王霸》兩篇。

（4）由於戰國時代的《中庸》[203]和《荀子》引述的《毛詩》都是作"於乎（虖）"，因此可知最初的古本《毛詩》就已經是作"於乎（虖）"，不會是戰國時代人抄寫造成的。《毛詩》應該是誕生於春秋末期至戰國初期的楚文字系統。齊魯韓三家詩則屬於北方文字系統。

（5）今本《尚書》各篇和《論語》都作“嗚呼”，根據古本異文和古文字資料重建其原文應作“烏嘑”（《漢書·五行志》就作“烏嘑”），這是戰國時代的北方文字系統；《史記·宋微子世家》引述的古文《尚書》作“於乎（虖）”，則是屬於春秋戰國時代的楚文字系統。因此孔壁中書的《尚書》是屬於春秋戰國時代的楚文字系統，而今本的《尚書》和《論語》都抄寫於戰國時代的北方地區。

（6）戰國時代成書的《坊記》引述了古文《尚書·君陳》篇有“於乎（虖）”字樣，且戰國時代的楚簡本（包括郭店楚簡本和上博館藏楚竹書本）《緇衣》引述到了《君陳》，因此可以推斷《君陳》成書於春秋時代或以前。古文《尚書·君陳》至少是抄寫於春秋末至戰國初的楚文字系統。今本《君陳》作“嗚呼”則表明今本是抄寫於戰國時代的北方文字系統。今文派經學家認定《君陳》是僞書，這是毫無根據的，因為當代出土的戰國楚系文獻上博簡和郭店簡的《緇衣》已經引述到了《君陳》，且與今本吻合[204]。

（7）《逸周書》中出現“嗚呼”的《酆保》《寶典》《皇門》《小開》等數十篇應當皆是戰國時代北方文字系統的抄寫本，其成書很可能在春秋以前。戰國時代人所稱的“周書”都是指成書於西周和春秋的書，戰國時代成立的書在當時並不稱為“周書”。這還可以有進一步的證明。①考《戰國策·秦策一》[205]第十一章“田莘之為陳軫說秦惠王”：“荀息曰：《周書》有言‘美女破舌’[206]。……荀息曰：《周書》有言‘美男破老’。”此文所引《周書》之言見於《逸周書·武稱》篇，則《武稱》篇必成於西周，因為春秋時代晉國的荀息死於西元前651年，荀息生前早已熟悉《武稱》，因此《武稱》篇必定在荀息之前就早已廣泛流傳，其成文必在西周。②《戰國策·魏策一》第一章《知伯索地於魏桓子》：“《周書》曰：將欲敗之，必姑輔之；將欲取之，必姑與之。”王應麟《困學紀聞》卷二：“任章引曰《周書》云云，此豈蘇秦所讀《周書》《陰符》者歟？老氏之言出於此。朱子曰‘老子爲柱下史，故見此書’。”任章是春秋末期人，他已經熟悉《周書》，而《周書》此言又見於《老子》三十六章，馬王堆帛書甲乙本略同。是知《老子》此言也是根據《周書》，則此《周書》必出於春秋以前（不見於今本《逸周書》），很可能成立於西周。③《戰國策·魏策一》第十章“蘇子為趙合從說魏王”蘇秦稱：“《周書》曰：綿綿不絕，縵縵奈何；毫毛不拔，將成斧柯。’”所引《周書》此文見於《逸周書·和寤》篇，則《和寤》篇必成立於春秋以前，很可能是西周文獻。④《戰國策·魏策三》第三章魏國的須賈對秦國的穰侯說：“《周書》曰：維命不于常。”此《周書》當是《康誥》，已為魏國外交官須賈所熟知。則《康誥》必為春秋以前的文獻。更考《國語·晉語九》春秋晚期晉國的智伯國對智襄子說：“《周書》有之曰‘怨不在大，亦不在小’。”《周書》此文在《康誥》。《左傳》多次引用《康誥》，稱為《周書》。如《左傳·僖公二十三年》：“卜偃稱疾不出，曰《周書》有之‘乃大明服’。”杜注：“《周書·康誥》言君能大明，則民服。”此為公元前637年。《左傳·宣公六年》：“《周書》曰‘殪戎殷’。”杜注：“《周書·康誥》也。義取周武王以兵伐殷，盡滅之。”此為公元前603年。則至少在公元前637年以前，《康誥》已經廣為人知。因此《康誥》完全可能成立於西周。類例頗多。事實上，春秋戰國時代人眼中的《周書》基本上都是西周時代的王室官方文獻。《尚書》中只有《秦誓》是秦穆公時代的文獻，恐為孔子所編入。孔子編輯《尚書》有時不完全按照春秋時人的觀念，如春秋戰國時代普遍將《洪範》當作《商書》，而孔子將《洪範》編入《周書》。《秦誓》在春秋並不被人們視為《周書》，而孔子因為讚美秦穆公從而將《秦誓》編入《周書》[207]。戰國時代的人們絕不將當時成立的文獻稱為《周書》。戰國時代的學者託古著述的風氣很盛，但似乎沒有託名《周書》來著書的。近人疑古太過，容易導致文化虛無主義。

（8）西周金文《盠方尊》《五衛祀鼎》“司工（空）、司徒、司馬”並列為三卿，沒有“司寇”，而《尚書》的《立政》《牧誓》《梓材》是以“司徒、司馬、司空”三者並舉，不及“司寇”，與西周中期金文《盠方尊》《五衛祀鼎》合，因此《尚書》中的《立政》《牧誓》《梓材》得到古文字學的證明，當是成立於西周。

王國維《觀堂集林》卷七《戰國時秦用籀文六國用古文說》主張將戰國文字分為東西兩系。學術界多從其說，故而不甚言及戰國文字也分南北兩系。本文的研究希望可以引起學術界對南北文字異同的重視。

以上所言也是本文的重要結論。

日本語要旨

司空という用語は、春秋時代に初めて古典に見える。商と周時代の金文に司工に作る。商時代以前の共工に相当する。司空の主な職權は、土地と土木建設のことを司り、春秋時代以前に種種

の手工業をも主管する。しかし、春秋時代以降、司空は、工師と分離して、手工業を司らなくなった。司空という表記は、司工に由来する。《尚書・洪範》の作成年代は、商の末期ないし西周の初頭であるべき、戰國時代ではないこうとが判断できる。

注釋

①1968 生，男，北京大學漢語史博士，現為廣東五邑大學文學院副教授。本文承蒙畏友蕭旭兄精心校正，並提出寶貴的修改意見，特致謝忱。本文是《東亞文獻研究》第十五輯龐光華《司空新考》的增訂修改本。

②見徐文鏡編《古籀彙編》（上海書店出版社，1998 年）170 頁“工”字條。

③見《積微居小學述林全編》（上海古籍出版社，2007 年）卷六“司徒司馬司空釋名”。

④参看錢玄《三禮辭典》（江蘇古籍出版社，1998 年）“司空”條，第 265 ~ 266 頁。

⑤錢玄：《三禮辭典》，江蘇古籍出版社，1998 年。

⑥收入《說文箋識四種》（上海古籍出版社，1983 年）。也見《黃侃文集》（中華書局，2006 年）的《說文箋識》。

⑦見《錢玄同文集》（中國人民大學出版社，1999 年）第五卷。不過，錢玄同《說文段注小箋》和黃侃《說文段注小箋》幾乎雷同，二者的雷同絕非巧合，必是同出一源。黃侃曾說錢玄同竊其文字學手稿。黃侃雖善罵，而世人皆知其箋釋群書，未聞錢玄同有過箋釋古書之事。因此，《說文段注小箋》恐本為黃侃所作。吾友蕭旭兄告訴我郭萬青兄經考證後認為黃侃、錢玄同的此二書恐都是源自聽章太炎講《說文解字》的筆記。故此二書與《章太炎說文解字授課筆記》（中華書局，2010 年）頗多雷同。郭萬青兄曾將黃侃、錢玄同此二書與《章太炎說文解字授課筆記》做過比較，參看郭萬青《黃侃、錢玄同〈說文段注小箋〉比勘》（見《臺北大學中文學報》2014 年第 15 期）。我以為此說頗有理。

⑧鄭天挺，譚其驤主编：《中國歷史大辭典・先秦史》，上海辭書出版社，1996 年，第 168 頁。

⑨見《郭沫若全集・考古編（第五卷）》（科學出版社，2002 年）第 153 ~ 155 頁。附和“司空”就是金文“司工”的還有徐連達《中國歷代官制大詞典》（廣東教育出版社，2002 年）第 393 頁，呂宗力主編《中國歷代官制大辭典》（北京出版社，1995 年）。

⑩據畏友蕭旭兄告知：《元和姓纂》卷二：“司工：周宣王時司工錡，因官氏焉。”《玉海》卷一百二十五引《氏族略》、《姓氏急就篇》卷下同。據《墨子・明鬼下》所引《周春秋》“司空”也作“司工”。

⑪何琳儀：《戰國古文字典》，中華書局，2007 年。

⑫李學勤主編：《中國古代文明與國家形成研究》，雲南人民出版社，1998 年。

⑬另參看李學勤主編、王宇信等著《中國古代文明與國家形成研究》（中國社會科學出版社，2007 年）第 305 ~ 306 頁。

⑭見《郭沫若全集・考古編（第五卷）》（科學出版社，2002 年）第 154 頁。另參看郭沫若《兩周金文辭大系考釋》［《郭沫若全集・考古編（第八卷）》，科學出版社，2002 年］第 253 ~ 254 頁對《揚毀》的考釋。

⑮見《左盦外集》卷十，收入《劉申叔先生遺書》（江蘇古籍出版社，1997 年）。又見《儀征劉申叔遺書》第十一冊（廣陵書社，2014 年）第 4670 頁。

⑯張亞初、劉雨：《西周金文官制研究》，中華書局，2004 年。

⑰“工”與“空”相通還可參看王輝《古文字通假字典》（中華書局，2008 年）第 462 頁。白於藍《戰國秦漢簡帛古書通假字彙纂》（福建人民出版社，2012 年）第 643 ~ 644 頁。

⑱于省吾《甲骨文字釋林》（中華書局，1993 年），亦見《甲骨文字詁林（第四冊）》（中華書局，1996 年）第 2912 ~ 2913 頁。

⑲“工”與“貢”相通還可參看王輝《古文字通假字典》（中華書局，2008 年）第 457 頁。

⑳沈長雲：《上古史探研》，中華書局，2002 年。

㉑最早發表於《中華文史論叢》（上海古籍出版社，1983 年）第 3 輯。

㉒下中邦彥主編《亞洲歷史事典》（平凡社，1962 年）沒有獨立的“司空”條；日本京都大學東洋史辭典編纂會《新編東洋史辭典》（創元社，1991 年）沒有“司空”條；

㉓左言東：《先秦職官表》，商務印書館，1994 年。

㉔就是現在的勞改犯。

㉕甲骨文中的“工、多工”不一定與春秋時代的“工師”相對應。有可能“多工”就是“多官”的意思，相當於《尚書》《毛詩》《左傳》中的“多士”。“工”訓“官”實為常談，參看《故訓匯纂》“工”字 30 ~ 36 條。

㉖（唐）杜佑：《通典》，中華書局，2007 年，第 482 頁。

㉗亦見《淮南子・齊俗》。只是“工師”在《淮南子》作“工”，其實“工”也有“工師、工官”之義，參看《故訓匯纂》“工”字條；另參看張雙棣師《淮南子校釋（增訂本）》（北京大學出版社，2013 年）第 1154 ~ 1155 頁。張雙棣師在箋釋中列舉了一些關於“工師”的文獻。“工師”又稱“監工”。考《呂氏春秋・季春紀》：“是月也，命工師，令百工，審五庫之量，金鐵、皮革筋、角齒、羽箭幹、脂膠丹漆，無或不良。百工咸理，監工日號，無悖於時，無或作為淫巧，以蕩上心。”高注：“監工，工官之長。”又見楊寬等《戰國會要》（上海古籍出版社，2005 年）第 498 頁。在《荀子・解蔽》作“器師”：“工精於器，而不可以為器師。”

㉘“共工”與“司空”分為二職是春秋以來才有的，這可證明《舜典》是春秋以後才寫定的。

㉙（明）董說：《七國考》，中華書局，1998 年，第 35 頁。

㉚參看楊寬等《戰國會要》（上海古籍出版社，2005 年）卷五十八“職官七”。

㉛可能是受到宋國文化的影響，春秋時的小國曹國也有“司城”一職，而且應為卿爵。考《左傳・哀公七年》：“及曹伯陽即位，好田弋。曹鄙人公孫彊好弋，獲白鴈，獻之。且言田弋之說，說之，因訪政事。大說之，有寵，使爲司城，以聽政。”曹國的一個農民公孫彊因為善於“田弋”而被曹伯任用為“司城”，以掌國政。曹國的“司城”應該就是“司空”，與宋國相同。

㉜秦設丞相一職在秦武王時代，屬於戰國中前期。考《史記・秦本紀》：“（秦）武王二年，初置丞相。”

㉝在秦國官職中，中央政府沒有“司空”一職，只有地方才有“縣司空、邦司空、國司空”這樣的職官。參看孫楷著、楊善群校補《秦會要》（上海古籍出版社，2004 年）、孫楷著、徐復訂補《秦會要訂補》（中華書局，1998 年）、楊寬等《戰國會要》（上海古籍出版社，2005 年）。王輝《古文字通假字典》（中華書局，2008 年）第 462 頁稱：“‘司工’本主管工程之官，秦稱司空。睡虎地秦簡有《司空》律。”王輝還指出戰國璽印中的“司工”就是“司空”。不過，秦律中的“司空”與春秋以前作為三卿的“司空”僅僅是名稱相同，其地位和職權完全不同，不可相混。

㉞參看楊寬等《戰國會要》（上海古籍出版社，2005 年）卷五十七“職官六”。

㉟参看楊寬等《戰國會要》（上海古籍出版社，2005年）卷六十"職官九"。

㊱参看楊寬等《戰國會要》（上海古籍出版社，2005年）卷六十一"職官十"。

㊲《漢書・百官公卿表》稱王莽改少府曰共工。共工又為少府的別稱。

㊳由於《尚書・舜典》已經將"司空"與"共工"分離對舉，這是春秋以後的現象，商代以前的"司工"就是"共工"的別名，是同一職官的不同稱呼。當然有時代先後的不同，"共工"早於"司工"。因此《尚書・舜典》必然產生於春秋戰國之間，不會早於春秋。它已經不明白商代以前的"司空"就是"共工"。

㊴另參見宋翔鳳《過庭錄》卷十二"輸之司空"條。

㊵從此可見郭沫若《金文叢考・周官質疑》和《兩周金文辭大系考釋》說在西周時的"司工"兼有"司寇"之職的觀點是有根據的。春秋戰國都是司寇主管刑罰，而徐廣、如淳都說司空主刑。這是說司寇主持判刑的罪犯很多要到司空處接受強制勞動以服刑（當然，死刑犯、肉刑犯除外）。司空負責監管那些被強制勞動的囚徒。戰國秦漢有一些"司空"的屬官也叫"司空"，前面往往加一些定語加以限制。這與戰國以前作為三卿的司空不同。"司空"的職權在秦漢以降頗多變遷。如西漢成帝於公元前8年改御史大夫為大司空，顯然這時的"大司空"是御史大夫的異稱，應是監察官吏的職官，雖然也位居三卿，但與戰國以前主管土木工程的公卿"司空"職權不同。公元51年，光武帝劉秀將"大司空"改名"司空"，與太尉、司徒並為三卿。東漢末的曹操就曾任"司空"，職能明顯與戰國以前不同。參看《通典》卷二十"職官二"（中華書局，2007年）第517頁、呂宗力主編《中國歷代官制大辭典》（北京出版社，1995年）第317～318頁的"司空"條。

㊶《墨子・號令》："吏率民死者，輒召其人與次司空葬之。"《墨子・襍守》："城守司馬以上，……署都司空。……大城四人……次司空。"《墨子》中的都司空、次司空皆為守城之官。

㊷古代的"城"為土城，司空主土，所以宋武公改"司空"為"司城"。

㊸《呂氏春秋・召類》："司城子罕觴之。"高注："司城，司空，卿官。宋武公名司空，故改為司城。"《藝文類聚》卷47引《齊職儀》："宋以武公之諱，改司空為司城。"

㊹此文又見於《禮記・月令》。

㊺馬承源主編：《上海博物館藏戰國楚竹書》，上海古籍出版社，2002年。

㊻戰國時代的楚系文字在用字上有存古的現象，下文討論"於乎"時有詳說。

㊼本書所引《水經注》皆據陳橋驛《水經注校釋》（杭州大學出版社，1999年）。

㊽《揚𣪘》的年代是西周末年，或以為懿王，或以為厲王。其考釋參看郭沫若《兩周金文辭大系考釋》（《郭沫若全集・考古編》第八卷，科學出版社，2002年）第253～254頁，陳夢家《西周銅器斷代》（中華書局，2011年）第192～193頁，《金文今譯類檢・殷商西周卷》（廣西教育出版社，2003年）第205～207頁，《殷周金文集成》第4295器。白川靜《金文通釋》（白鶴美術館，1971年）卷三上第131器（第81～86頁）。光華按，白川靜此文主要轉述了郭沫若和陳夢家的考釋，加上自己的一些批評意見（例如不同意郭沫若關於"司約、司盟"的考釋意見），並列舉了一些銅器銘文作為參考比較。

㊾其中的"地"，《太平御覽》卷208引作"坤"。

㊿殖一作豐。作"豐"顯然是為了與前面的"通"押韻，但此數句本應無韻，當以作"殖"為古本。

(51)一本無"各得"二字，當以無此二字為長。"物"訓物色，義為觀察。

(52)《通典》（中華書局，2007年，第517頁）卷二十"職官二"："冥，亦為夏司空。"

(53)陳奇猷：《呂氏春秋校釋》，學林出版社，1995年。

(54)（唐）杜佑：《通典》，中華書局，2007年。第516～518頁。

(55)唯需注意的是治水土的司空為三卿之一，乃上卿之位。當別於作為屬官的司空。《漢書・百官公卿表上》稱宗伯（即秦官宗正）的屬官有"都司空令丞"。少府有屬官"左右司空"。此種司空與作為三卿的司空無關。

(56)段注稱："因地之孔為土屋也。""空"與"孔"同源，訓"穴"，即土穴、地穴。新石器時代的西安半坡文化已經考古發現有地穴式的房屋。因此，"空"為地穴之義很可能在新石器時代就已經存在，雖然當時還沒有文字。

(57)只是段玉裁稱“天地之間亦一孔耳”，此說大誤。乃實不知遠古人類穴居之俗。

(58)《金文詁林》對“空”的解釋只引有高田忠周之說，《金文詁林補編》沒有“空”字條。可見古文字學家對“空”沒有更多的研究，其原因就是金文本來就只有一個“空”字的用例。並非古文字學家有意忽略。

(59)（唐）杜佑：《通典》，中華書局，2007 年。第 516 頁。

(60)參看西安半坡博物館編《西安半坡》（文物出版社，1988 年）、嚴文明《仰韶房屋和聚落形態研究》［《仰韶文化研究（增訂本）》，文物出版社，2009 年］、《中國大百科全書・考古學卷》的“半坡遺址”條。中國社會科學院考古研究所《中國考古學・新石器時代卷》（中國社會科學出版社，2010 年）第 6214 ~ 6215 頁“半坡文化”。還有甘肅秦安的大地灣遺址、甘肅的大何莊遺址、河南鄭州北的大河村遺址、四川巫山縣的大溪遺址、山西夏縣的東下馮遺址、陝西西安西南的豐鎬遺址以及二里頭文化都考古發現有半地穴式房屋，或圓形，或方形。並參看《中國大百科全書・考古學卷》的以上各條。還參看傅熹年《中國科學技術史・建築卷》（科學出版社，2008 年）第 11 ~ 22 頁。劉敘傑主編《中國古代建築史》（中國建築工業出版社，2003 年）第 55 ~ 66 頁。

(61)或者是因為古代北方有“地空”的觀念，所以用“空”表示“地”。這就猶如《論語》稱：“三十而立，四十而不惑。”於是後來人們就用“而立”表示三十歲，用“不惑”表示四十歲。這樣的語言現象在古漢語中很普遍。

(62)但春秋時，共工已為管理百工之官，是工師、工正、工尹的同義詞，與治水的司空已無關。

(63)古訓甚多，參看朱祖延主編《爾雅詁林》（湖北教育出版社，1998 年）第 682 ~ 684 頁。

(64)俞樾《古書疑義舉例》七十七“兩字一義而誤解例”稱“共”與“御”同義。實則二者是同源詞。

(65)參看《故訓匯纂》“御”字第 95 ~ 97 條。訓“治、理”，明顯與“司”義近。

(66)參看《故訓匯纂》“空”字第 74 ~ 91 條。

(67)所以《尚書・舜典》稱：“流共工於幽州”。

(68)沈長雲：《上古史探研》，中華書局，2002 年。

(69)見《殷周金文集成》第 6013 器《盠方尊》的銘文。《盠方尊》屬於西周中期，參看劉雨等《商周金文總著錄表》（中華書局，2008 年）第 908 頁。

(70)見《殷周金文集成》第 2832 器。劉雨等《商周金文總著錄表》（中華書局，2008 年）第 427 頁，此器屬於西周中期。

(71)關於“三卿”為“司徒、司馬、司空”可參看《中國大百科全書（中國歷史）》卷“三有事”條（吳榮曾撰）。

(72)實則郭沫若的《金文叢考》早已討論到《揚𣪘》。

(73)劉起釪《〈洪範〉這篇統治大法的形成過程》（《古史續辨》，中國社會科學出版社，1997 年）經過詳細考辨和論證，“可推知《洪範》的原本最初當是商代的”。（見《古史續辨》第 314 頁）還稱：“可以說《洪範》的中心思想只能是商代的。”（見《古史續辨》第 315 頁）劉先生此文對劉節《洪範疏證》主張的《洪範》成書於戰國的四點證據逐一反駁，極為有力，不可不信。劉先生此文還說：“現在所見的《洪範》，正是經過層累地加工，經過周代史官粉飾過的，所以其中有他們加工潤飾時順手帶進去的東西。不過大都是西周或東周初期所加，至遲不晚於春秋前期。”（見《古史續辨》第 315 ~ 316 頁）。劉先生從六個方面舉證說明在商代以後有西周和東周初期混入的成分，都很有參考價值。劉先生此文梳理文獻非常詳細，至今無出其右。而且劉先生此文已經提到了西周金文的《叔多父盤》與《洪範》在文例上的比對，遠遠先於李學勤先生而發。劉先生此文寫成於 1979 年，發表於 1980 年第 3 期的《中國社會科學》，1987 年再次修訂，遠遠早於後來李學勤和裘錫圭對《洪範》成書年代的研究，而李學勤先生的兩篇相關論文對劉先生極有分量的這篇論文都一字不提；裘錫圭先生的相關論文只是輕描淡寫地提及劉先生此文，似不應該。李學勤先生《帛書〈五行〉與〈尚書・洪範〉》（《簡帛佚籍與學術史》，江西教育出版社，2001 年，第 284 頁）稱：“（《洪範》）其成文年代，也有學者懷疑，如劉節先生的《洪範疏證》。近年有新的研究，指出該篇是較早的作品。惟屈萬里氏《尚書釋義》仍以《洪範》為晚，提出篇內有‘王省惟歲，卿士惟月，師尹惟日’句，師尹在卿士之下，與《詩》、《書》及早期金文不合。按金文有卿士、師尹並列的，有叔多父盤，系西周晚期器，銘云：‘利於辟王、卿士、師尹。’恰與《洪範》相合。這證明《洪範》肯定是西周時期的文字。”李先生利用的《叔多父盤》一向被視作偽器，《殷周金文集成》不予著錄。但嚴一萍《金文總集》承認其真實性。李學勤先生後來在《叔多父盤與〈洪範〉》（收入李學勤：《中國古代文明研究》，華東師範大學出版社，2005年）進一步確認《叔多父盤》是西周晚期的重要青銅器，並對銘文進行了考釋。李先生指出此銘文中的"利於辟王、卿士、師尹"可以比對《洪範》的"王省唯歲，卿士唯月，師尹唯日"，並說："這樣看來，《洪範》為西周作品是完全可能的。"李學勤先生的推論很可能是正確的，只是其說法早已被劉起釪《〈洪範〉這篇統治大法的形成過程》所道破了。更考《國語·魯語下》："是故天子大采朝日，與三卿九卿，祖識地德；日中考政，與百官之政事，師尹維旅、牧、相，宣序民事。"［今按，此數句斷句甚難，且依《國語》（上海古籍出版社，1988年）第205頁斷句，徐元誥《國語集解》（中華書局，2002年）第195頁的斷句與此不同，恐不可靠］。也是"天子（即'王'）、公卿、師尹"並舉。《國語》除《越語》外，大都成書於春秋，與《洪範》和西周金文相合。這樣的文例在戰國時代的典籍幾乎找不到，是春秋以前的文獻特征。這點至少可以否定《洪範》成書於戰國之說。裘錫圭《𤔲公盨銘文考釋》（收入《裘錫圭學術文集3·金文及其他古文字卷》，復旦大學出版社，2012年）通過對西周中期後段的《𤔲公盨銘文》和《洪範》文本、思想的比對，認為在這件青銅器的製作時期，人們已經熟悉了《洪範》，因此《洪範》應該是產生於西周初期（見《裘錫圭學術文集3·金文及其他古文字卷》第164頁）。劉起釪、李學勤、裘錫圭先生的觀點與傳統說法一致，應該是正確的。比以上三位都要早的還有徐復觀《陰陽五行及其有關文獻的研究》（此文寫成於20世紀六十年代。收入徐復觀《中國思想史論集續篇》，上海書店出版社，2005年；又見徐復觀《中國人性論史·先秦篇》，生活·讀書·新知三聯書店，2001年，第451～516頁）一文中的《洪範的成立時代及其中的五行問題》對劉節的《洪範疏證》予以了全面而詳盡的尖銳批駁，同時批評了同樣主張《洪範》戰國說的屈萬里的觀點。徐復觀的論證很充分，頗有說服力。丁四新《近九十年〈尚書·洪範〉作者及著作時代考證與新證》（見《中原文化研究》2013年第5期）對各家觀點所作的綜述最為詳細，並有所辨析，對西方漢學家中所流行的戰國成書說予以回擊。李若暉《〈尚書·洪範〉時代補證》（《中原文化研究》2014年第1期）對丁四新的文章的某些細節作了進一步的駁論，並且依據夏含夷的論文《略論今文尚書周書各篇的著作年代》（《古史異觀》，上海古籍出版社，2005年）認為今本《洪範》寫定於春秋前期。李若暉的這個觀點與劉起釪完全相同，其文雖與丁四新立異，但論證並無多少獨創。要注意的是，由於夏含夷的論文並沒有詳細地排比金文用例的原始材料，只是給出了最終的統計數字，其精確性和可信性還有待于驗證。我不知道李若暉兄是否核查過這些數據？對《洪範》最新的綜合研究是張華《洪範與先秦思想研究》（中國社會科學出版社，2014年），其書第一章《洪範的作者與成篇時代》綜述了各家的觀點，并最終認為《洪範》成篇於箕子和周武王時代，由箕子陳述，周史官記錄而成（見其書第49頁），這也是傳統的觀點。

㉔劉節《洪範疏證》［初見於《古史辨》第五冊，後收入《劉節文集》（中山大學出版社，2004年）］考證《洪範》成書於戰國。台灣學者屈萬里《尚書集釋》（中西書局，2014年）第115～117頁詳細闡述了劉節的論證，基本贊成劉節之說，在論據的細節上有所補正，並稱："由以上諸證觀之，本篇之著成，蓋約當戰國初葉至中葉時也。"陳夢家《尚書通論》和《西周銅器斷代》（中華書局，2011年）第193頁贊成《洪範》成書於戰國。郭沫若《中國古代社會研究》［見《郭沫若全集·歷史編（第一卷）》］第二篇第一章稱："《洪範》這一篇，照它本文說來是箕子做的，真假我們現在不想斷定。不過這篇文章即使不是箕子所做，但也不會是東周以後的儒者所假造。"並列舉了《左傳》《莊子·天運》和《毛詩·小閔》三方面的證據和一個思想上的內證［《郭沫若全集·歷史編（第一卷）》第130～132頁］。郭沫若的這個觀點本來很有見地。但後來郭沫若轉變了觀點，認為《洪範》"事實上是戰國時代的儒家所假託，我推想是出自子思或其門下。它和《堯典》、《皋陶謨》、《禹貢》是一套"（《郭沫若全集·歷史編（第一卷）》第131頁作者自己加的的注解）。郭沫若《青銅時代》的《先秦天道觀之進展》（《郭沫若全集·歷史編（第一卷）》，人民出版社，1982年）第323～324頁也說《洪範》是子思氏之儒所作，其出世的時期在《墨子》之後和《呂氏春秋》之前。其書第366～368頁對此有進一步的闡釋（他甚至說《堯典》《皋陶謨》《禹貢》都是子思子所作，這簡直毫無根據）。這就疑古太過，難以讓人信服了。後來，劉起釪《〈洪範〉這篇統治大法的形成過程》（《古史續辨》，中國社會科學出版社，1997年）對戰國說綜述甚詳，參看《古史續辨》第311～312頁。丁四新《近九十年〈尚書·洪範〉作者及著作時代考證與新證》（《中原文化研究》2013年第5期）對戰國成書說的觀點也有綜述。

㉕以上三處《左傳》引述《洪範》之文前人已經注意到，參看阮元《詩書古訓》卷五下、陳夢家《尚書通論（外

二種)》第一部第一章的“左傳節”、《郭沫若全集·歷史編（第一卷)》第131頁。

⑯李學勤:《周易溯源》，巴蜀書社，2006年。

⑰收入齊思和:《中國史探研》，河北教育出版社，2001年。

⑱見《文史哲》1955年第11期。後收入《甲骨文獻集成》第30冊。

⑲見《文物》1993年第5期。後收入《甲骨文獻集成》第30冊。

⑳劉起釪:《古史續辨》，中國社會科學出版社，1997年。

㉑劉起釪:《尚書研究要論》，齊魯書社，2007年。

㉒陳遵嬀:《中國天文學史》（二)，上海人民出版社，1980年。

㉓［日］新城新藏，沈璿翻譯:《東洋天文學史研究》，翔大圖書有限公司，1993年。

㉔陳遵嬀《中國天文學史》（二）第211頁引述新城新藏之結論甚簡略，只相當於本文所引述的第⑩條結論。其書第314頁引述了新城新藏的5條結論。

㉕日本學者飯島忠夫與新城新藏論爭，主張二十八宿制定於公元前396年—公元前382年，是從西方傳入中國。但曾侯乙墓出土了寫有二十八宿名稱的漆箱蓋，墓主人下葬年代在公元前433年或稍晚，但無論如何總在公元前400年以前［參看李學勤《曾國之謎》，其文的第一部分發表於1978年10月4日的《光明日報》，後收入《當代學者自選文庫·李學勤卷》（安徽教育出版社，1999年）；亦可參看王人聰《關於曾侯乙墓的年代》（《江漢考古》1985年第2期)、《中國大百科全書·考古學卷》的“曾侯乙墓”條、譚維四《曾侯乙墓》（文物出版社，2001年）第43頁］。因此曾侯乙墓的這個漆箱蓋的出土完全否定了飯島忠夫之說。我國考古學家夏鼐於1976年第2期的《考古學報》發表重要論文《從宣化遼墓的星圖論二十八宿和黃道十二宮》由於沒有看到曾侯乙墓的漆箱蓋，也把二十八宿起源的時代推得太晚，以為在公元前四世紀，最多在公元前七世紀。但夏先生也說:“真正的起源可能稍早，但現下沒有可靠的證據。”［參看夏鼐《考古學論文集》（河北教育出版社，2001年）第406頁］後來的陳美東《中國科學技術史·天文學卷》（科學出版社，2003年）第二章第68頁基本上贊同夏鼐的觀點。但此書討論“二十八宿”的起源問題比較簡單，遠不如陳遵嬀之書詳盡深入，雖然陳美東之書晚出。

㉖［英］李約瑟，《中國科學技術史》翻譯小組譯:《中國科學技術史（第四卷）·天學》，科學出版社，1975年。

㉗收入劉操南:《古代天文曆法釋證》，浙江大學出版社，2009年。

㉘唯劉操南先生認為二十八宿形成於春秋末戰國初年，這已由曾侯乙墓的漆箱蓋的發現而證明是錯誤的。

㉙［日］小學館編:《日本大百科全書》，小學館，1989年。

㉚劉操南《二十八宿釋名》引述《日本大百科全書》“二十八宿”條（鈴木所撰）稱二十八宿起源於四千年前。光華按，此可備一說，未必無據。劉先生此文發表於1979年1月的《社會科學戰綫》，他所根據的《日本大百科全書》是舊版。我手中無此版可核查日文原文。《世界百科大事典》（平凡社，1983年，第268頁）第23卷“二十八宿”（青木信仰撰）條對其起源問題不發表意見。

㉛參看馮時《中國天文考古學》（社會科學文獻出版社，2001年）第六章“星象考源”第四節、李學勤《西水坡“龍虎墓”與四象的起源》［《走出疑古時代（修訂本)》，遼寧大學出版社，1997年］、饒宗頤《濮陽龍虎蚌塑圖像涵義蠡測》［收入《饒宗頤二十世紀學術文集（卷一）·史溯》，中國人民大學出版社，2009年］。

㉜我認為也可能是為了闢邪，相當於後來的鎮墓獸。因為漢代的銅鏡銘文上經常說左龍右虎能闢邪。李學勤《西水坡“龍虎墓”與四象的起源》（收入《當代學者自選文庫·李學勤卷》，安徽教育出版社，1999年）一文認為:“我們不妨大膽猜想，西水坡45號墓室内的龍、虎圖形是象徵死者魂昇天上，而墓室外人騎龍圖形則表示其昇天的過程。”李先生引用了一件漢代銅鏡銘文作例证:“駕蛟龍，乘浮雲，白虎引兮直上天。”李先生的觀點也很有道理，可備一說。饒宗頤先生《濮陽龍虎蚌塑圖像涵義蠡測》［見《饒宗頤二十世紀學術文集（卷一）·史溯》，中國人民大學出版社，2009年］一文主張不從天文學上解讀濮陽龍虎圖的含義，而是從風水的角度予以解釋，且對馮時的觀點有所批評。饒先生一代大儒，其說值得注意。饒先生還提到此龍虎圖像“必具有以龍虎表示拱衛區穴的意念，故用蠙珠來砌成龍虎之象”。尤其是引用了郭璞《藏書》之言“龍虎抱衛，主客相迎。四勢朝明，五害不親”。這分明是說龍虎能闢邪。這

與我的觀點一致。達爾文《人類的由來》（商務印書館，2005年）第一篇第三章第140頁："在野蠻人中間，對邪惡的精靈的信仰比對善良的精靈的信仰要普遍得多。"由於對邪惡的精靈的恐懼，就產生了闢邪文化。我國青銅時代的饕餮形象就是為了闢邪，所以形象兇惡；後來的門神和門前石獅子都是為了闢邪；把住宅的大門漆成紅顏色也是為了闢邪；佛寺和道觀中形象兇怒的護法神手執兵器也是為了闢邪。在我國遠古文化觀念中，龍虎都是能够闢邪的動物，在東漢以後慢慢發展出了獅子闢邪的文化，六朝時的用為鎮墓獸的闢邪實際上就是石獅子（光華按，在東晉的鎮墓獸稱爲闢邪而不叫獅子，是因為在晉代要避晉景帝司馬師的名諱）。

⑬陳邦懷《商代金文中所見的星宿》[《古文字研究（第八輯）》，中華書局，1983年]稱："我今年整理商代金文拓本，曾留意所謂'族徽'銘文。發現商之族徽有多種，有些取於地名，有些取於職名，有些則取於星宿之名。取於星宿名的族徽，最初只發現一、二個，當時未嘗不欣然以喜，然而又恐是單文孤證，未敢信其必然。此後又陸續發現了十來個，這些星宿都是後來二十八宿中的。我將這些星宿排列起來，已經初具二十八宿體系的雛形，頗為驚奇，疑慮遂釋。這些星宿族徽，或作全名，或作簡稱，亦或稱別名。"陳邦懷先生對每一宿有逐一簡要的考證。甲骨文中的二十八宿問題參看饒宗頤《殷卜辭所見星象與參、商、龍、虎二十八宿諸問題》[《饒宗頤二十世紀學術文集（卷二）·甲骨（下）》，中國人民大學出版社，2009年]第865～884頁、沈建華《甲骨文中所見二十八宿星名初探》[《中國文化》1995年第10期；後收入《甲骨文獻集成》第32冊]、馮時《百年來甲骨文天文曆法研究》（中國社會科學出版社，2011年）第二章第二節"二十八宿"。

⑭譚維四《曾侯乙墓》和陳美東《中國科學技術史·天文學卷》都提到了西水坡的龍虎之形陪葬這個材料。

⑮王力：《古代漢語》，中華書局，2007年。

⑯裘燮君《商周虛詞研究》（中華書局，2008年）第四章有"詩經"維"字用法通考"，較詳备地討論了《毛詩》"維"的各種用法。

⑰另參看拙文《從漢語史論〈論語〉早於〈老子〉》，載上海師範大學、韓國交通大學編《東亞文獻研究（第十三輯）》（韓國交通大學出版社，2014年）。拙文對古文字中是否帶"心"旁的字的時代性討論較詳，從文字學和古文獻中舉證甚多。

⑱（清）孫星衍：《尚書今古文注疏》，中華書局，2011年，第293頁。

⑲（清）皮錫瑞：《今文尚書考證》，中華書局，2011年，第241頁。

⑳（清）王先謙《尚書孔傳參正》（中華書局，2011年），第543頁。王先謙此書第542頁還推論稱："蓋史公用歐陽本作'維'，班氏用夏侯本作'惟'，與古文同也。"皮錫瑞《今文尚書考證》第241頁也推測說："或史公用歐陽說，服虔、應劭、高誘皆用夏侯說歟?"（孫星衍《尚書今古文注疏》沒有這樣的推論）。而據《漢書·藝文志》，可知歐陽高、大小夏侯所傳的《尚書》皆源自伏生，在漢宣帝時列為學官，都是今文經。孔安國得孔壁中書，傳古文經。司馬遷從孔安國問學，必是傳古文《尚書》無疑，與歐陽、大小夏侯所傳今文經無關。王說蓋非。

㉑顧頡剛、劉起釪《尚書校釋譯論（第三冊）》（中華書局，2010年）第1144頁也採用《匡謬正俗》的觀點以"維"為今文，"惟"為古文。頗為失考。

㉒《尚書》和《史記》這樣的異文現象很多，其他文獻也有同樣的異文情況，都可參看高亨等《古字通假會典》（齊魯書社，1997年）第493～496頁，收集的文獻材料甚多。

㉓（西漢）司馬遷：《史記》，中華書局，2013年，第3006頁。

㉔費振剛：《全漢賦》，北京大學出版社，1993年，第8頁。

㉕參看王先謙《漢書補注（第八冊）》（上海古籍出版社，2008年）第3638頁。袁梅《楚辭詞典》（山東教育出版社，2000年）居然收入賈誼《弔屈原文》的材料，雖然可議，但此《詞典》是根據《漢書·賈誼傳》收入字形，則頗具卓識。

㉖關於《世俘》的有關文獻研究，參看李學勤《〈世俘〉篇研究》（《古文獻叢論》，上海遠東出版社，1996年）。《世俘》為西周文字，已經得到學術界的公認。《世俘》就是孟子所言及的《武成》的異名。

㉗參看容庚《金文編》（中華書局，1998年）第862頁、董蓮池《新金文编》（作家出版社，2011年）第1804頁。

陳夢家《西周銅器斷代》歸入宣王時器。"維"字古文字中出現的概況，可參看高明等《古文字類編（增訂本）》（上海古籍出版社，2008年）第1028頁、何琳儀《戰國古文字字典》（中華書局，2007年）第1207頁、黃德寬主編《古文字譜系疏證》（商務印書館，2007年）第2950～2951頁。

⑩⑧參看董蓮池《新金文編》（作家出版社，2011年）第1489頁。《殷周金文集成》僅此一例。另外，金文中還有一個從"惟"從"又"（上下結構）的字（參看董蓮池《新金文編》第1489頁），出現於《殷周金文集成》第8877器（西周早期）。此字斷非"惟"字異構，不得以為"惟"的異體字在西周早期已經出現。

⑩⑨參看徐中舒主編《甲骨文字典》（四川辭書出版社，2006年）第91頁，張玉金《甲骨文虛詞詞典》（中華書局，1994年）"唯"字條，只是張玉金此書完全不區分"唯"和"隹"。二者作為虛詞在甲骨文中實有時代早晚的分別，姚孝遂論之甚清晰（參看《甲骨文字詁林》第1667～1670頁"隹"字條）。

⑪⑩一個字如果有從"口"和從"心"兩種寫法，那麼從"口"的字形一般要早於從"心"的字形。這是古文字學的一條較明顯的規律。《左傳》中的"唯"，《史記》往往改為"惟"。類似的現象很多，也很複雜（有時要根據古文獻的特殊情況進行考辨），可參看高亨等《古字通假會典》（齊魯書社，1997年）第492～493頁，收集的文獻材料很多。

⑪⑪《毛詩》用"維"，漢石經《魯詩》作"惟"。更考《毛詩・小雅・裳裳者華》："維其有之，是以似之。"《左傳・襄公三年》引此文"維"作"惟"。這顯示出今本《左傳》是抄寫於戰國中後期，根據的是戰國時代北方文字系統抄本的《毛詩》，可能是《魯詩》系統。《左傳》依據的《詩經》版本肯定不是《毛詩》。

⑪⑫參看《甲骨文字詁林》（中華書局，1996年）第1740頁"唯"字條和第1667～1670頁"隹"字條。

⑪⑬我用"開始"一詞是因為在開始作為虛詞後，雖然後來有了新的虛詞，但最早的虛詞還是在使用，並沒有發生完全的新舊更替。

⑪⑭參看高文達《新編聯綿詞典》（河南人民出版社，2001年）第13頁。

⑪⑮考《十三經》中只有古文經的《周禮》有一個"虖"字，今本其餘各經各篇都沒有。《周禮》的"虖"正好與金文的字形相合，也多見於戰國時代的楚系簡牘文字中，必為先秦廣泛流行的古字。《說文》釋"虖"為"哮虖"。則為動詞，與西周春秋金文不合。段玉裁《說文解字注》："疑此'哮虖'當作'哮唬'。《漢書》多借'虖'為'乎'字。"段玉裁此注斷定今本《說文》的"哮虖"當作"哮唬"，當為可信。他指出《漢書》多借"虖"為"乎"字，則是《漢書》保留古字較多，正與金文相合。此例可證《周禮》作為古文經的寶貴價值，斷不可能是劉歆偽造。今本《十三經》的"乎"字都是在東漢時代從"虖"簡化而來（其中的幾部今文經可能在西漢晚期就將"虖"簡化為"乎"了）。《周禮》保存了一個"虖"字，與金文吻合，極為珍貴。康有為《新學偽經考》污蔑劉歆偽造《周禮》，是十足的冤假錯案。

⑪⑯見《殷周金文集成》第2833器。

⑪⑰劉雨等《商周金文總著錄表》（中華書局，2008年）第425頁歸此器為西周中期。

⑪⑱見《殷周金文集成》第6009器。

⑪⑲參看劉雨等：《商周金文總著錄表》，中華書局，2008年，第908頁。

⑫⑳羅振玉編：《鳴沙石室佚書正續編》，北京圖書館出版社，2004年。

⑫①參看《十三經注疏》（中華書局，1998年）第1871頁。

⑫②參看《十三經注疏》（中華書局，1998年）第2184頁。

⑫③《禮記・檀弓上》作"嗚呼哀哉"。二者的微妙差別正是春秋時代和戰國中後期用字慣例的不同。

⑫④從前有人如康有為之流居然說《左傳》是劉歆偽造的。劉逢祿《左氏春秋考證》［見《續修四庫全書（第125冊）》］力證《左氏春秋》為劉歆偽造，乃分解《國語》而成。後來康有為《新學偽經考》（生活・讀書・新知三聯書店，1998年）"《漢書・藝文志》辨偽第三上"根據劉氏之說稱：《史記》"凡三言左丘明，俱稱《國語》。然則左丘明所作，史遷所據，《國語》而已，無所謂《春秋傳》也。劉歆以其飛博之學，預奪孔子之經，而自立新說以惑天下。…求之古書，得《國語》和《春秋》同時，可以改易竄附"（見此書第86～87頁）。郭沫若曾經還相信過康有為的謬論。

台灣當代學者陳槃《左氏春秋義例辨》（上海古籍出版社，2009 年）還堅持《左傳》是從《國語》離析出來。徐仁甫《左傳疏證》（《徐仁甫著作集》，中華書局，2014 年）更是煞費苦心將《左傳》與西漢以前的群書相對照，一概指為《左傳》抄襲群書。真是妖妄之言。在《十三經》中"嗚呼"字作"烏"的只有《左傳》，恰好與金文一致，其餘各書皆作"嗚"。尤其是今本《尚書》各篇都作"嗚"。《論語·八佾》也作"嗚呼"。《毛詩》《周禮》《孟子》《爾雅》中的"烏"都是指"烏鴉"，不是語氣詞。《左傳》如何能偽造得與金文完全一致？而與傳世經典的《尚書》《論語》《禮記》都不同。又，在《十三經》中只有《左傳》才有"烏乎（虖）哀哉"一語（《禮記·檀弓上》明顯是襲用《左傳》而又帶有戰國以後的字形特徵），《毛詩·大雅·負旻》作"於乎哀哉"。而西周晚期的《禹鼎》正好有"烏虖哀哉"一語。劉歆如何偽造得與西周金文完全一致？如果要偽造，那麼劉歆也是根據《毛詩》作"於乎哀哉"。事實是《左傳》與《毛詩》不合，而是與西周金文相合。這個鐵證表明《左傳》絕為春秋時代的文獻，斷非任何人所能偽造。《左傳》的"烏呼"古本應作"烏嘑"，這正是戰國時代的字形，在西漢後期以降才被省形為"烏呼"。

⑫5參看方勇《秦簡牘文字編》（福建人民出版社，2012 年）第 31 頁。袁仲一等編著《秦文字通假集釋》（陝西人民教育出版社，1999 年）第 277～278 頁。

⑫6陳松長編：《馬王堆簡帛文字編》，文物出版社，2001 年。

⑫7駢宇騫：《銀雀山漢簡文字編》，文物出版社，2001 年。

⑫8季旭昇：《說文新證》，福建人民出版社，2010 年。

⑫9見《漢印文字徵》（文物出版社，1978 年）卷二第 5 頁。

⑬0臧克和：《漢魏六朝隋唐五代字形表》，南方日報出版社，2011 年。

⑬1臧克和《漢魏六朝隋唐五代字形表》（南方日報出版社，2011 年）第 289 頁還同時列舉了秦代和西漢的三個"呼"字，其實其字形皆為"嘑"，明顯與"呼"不同。二者應該分立字頭，不當合併。

⑬2陳初生《金文常用字典》（陝西人民出版社，2004 年）第 97 頁收入金文的"呼"，並解釋："呼字金文不從口。"這樣處理似是而非，容易引起混亂。事實上，金文中根本沒有"呼"字形。只能說西漢以後作動詞的"呼"在金文作"乎"。董蓮池《新金文編》（作家出版社，2011 年）第 105 頁收入西周中期的《虎簋蓋》的一個所謂"呼"字，審其字形，並無"口"旁。當為誤收。

⑬3在"十三經"中只有《周禮》和《孟子》有"嘑"字。考《周禮·巾車》："嘑啟開陳車。"《周禮·雞人》："夜嘑旦以嘂百官。"《釋文》："嘑，火吳反。本又作呼。"（《十三經注疏》，中華書局，1998 年，第 773 頁）。從古文字和《釋文》來看，"嘑"是"呼"的古字，"呼"是"嘑"的後起簡化字。《孟子·告子上》（《十三經注疏》，中華書局，1998 年，第 2752 頁）："嘑爾而與之。"《周禮》《孟子》都是戰國時代北方系統的文獻，所以"嘑"是戰國時代北方文字系統的用字。段玉裁《說文注》"嘑"字注："《銜枚氏》'嘂呼嘆嗚'、《大雅》'式號式呼'以及諸書云'叫呼'者，其字皆當作'嘑'，不當用外息之字。"

⑬4第 330 簡和第 376 簡。參看方勇《秦簡牘文字編》（福建人民出版社，2012 年）第 31 頁。

⑬5徐無聞主編：《甲金篆隸大字典》，四川辭書出版社，2005 年。

⑬6何琳儀：《戰國古文字典》，中華書局，2007 年。

⑬7黃德寬：《古文字譜系疏證》，商務印書館，2007 年。

⑬8參看《中國大百科全書·考古學卷》的"侯馬盟書"條，郭沫若《侯馬盟書試探》和《新出侯馬盟書釋文》（收入《郭沫若全集·考古編（第十卷）》，中國科學出版社，2002 年），《張頷學術文集》（中華書局，1995 年）收入張頷四篇關於《侯馬盟書》的論文。

⑬9郭沫若《侯馬盟書試探》（收入《郭沫若全集·考古編（第十卷）》，中國科學出版社，2002 年）稱："我認為這些玉片上的朱書文，是戰國初期，周安王十六年，趙敬侯章時的盟書，訂於西元前三八六年。"參看此書第 131 頁。高明等《古文字類編》（上海古籍出版社，2008 年）"嘑"字條也引《侯馬盟書》，將"嘑"歸入戰國時代。湯志彪《三晉文字編》（作家出版社，2013 年）第 148 頁收入《侯馬盟書》的三個"嘑"字，文句皆為"嘑明（盟）者"，其中的"嘑"明顯與作為語氣詞的"烏嘑"不同。湯志彪採用春秋晚期說，不確。《中國考古學大辭典》（上海辭書出版

社，2014 年）的《侯馬盟書》條只說為周代，迴避到底是春秋還是戰國的問題。更詳細的資料參看《侯馬盟書》（山西古籍出版社，2006 年）。

⑭見山東省博物館編《山東金文集成》（齊魯書社，2007 年）第 77 頁。“餘義鐘”全名“楚之良臣餘義鐘”。此器銘文有可疑之處。其中關鍵的“嘑”字磨損嚴重，字形模糊，難以清晰辨認。中國社科院考古所編《殷周金文集成釋文》（香港中文大學中國文化研究所出版，2001 年）第 144 頁就只是暫定為“乎”字。後來《殷周金文集成》（中華書局，2007 年）第 193 頁採用張亞初的釋文考定為“虖”字。根據《山東金文集成》的摹本，則該字明顯從“口”，當隸定為“嘑”。但這個摹本未必可信。因此，此器的銘文和時代存疑，不能據此作出任何推斷。有學者認為是春秋晚期，未必可信，可能是戰國時的銅器。如果該字真的從“口”作“嘑”，那麼其用字與《孟子》《周禮》這樣的戰國北方文獻相同，正可以說明餘義鐘為戰國時器。沒有堅強的證據表明餘義鐘為春秋晚期的銅器。《金文詁林》第 2435 頁應是根據摹本寫作“嘑”字，遂為黃德寬等《古文字譜系疏證》所本。參考利用《餘義鐘》的前輩學者還有商承祚等人，似遜謹慎。

⑭戰國時代的金文承襲春秋金文的某些字寫特點，金文的“虖”沒有演變為“嘑”。

⑭此二器，劉雨等《商周金文總著錄表》（中華書局，2008 年）第 40 頁以為是春秋後期。

⑭一般認為是戰國後期的壺。參看劉雨等《商周金文總著錄表》（中華書局，2008 年）第 1378 頁。

⑭張亞初：《殷周金文集成引得》，中華書局，2001 年。張亞初先生此書出版後影響很大，以致新版的《殷周金文集成》（中華書局，2007 年）的釋文完全採用了張亞初先生的釋文。

⑭《金文詁林》（香港中文大學出版社，1975 年）第 2436 頁引方濬益之說：戰國時的金文“烏”字“並為漢人隸書‘於’字之所本”。

⑭戴家祥：《金文大字典》，學林出版社，1995 年，第 5418 ~ 5421 頁。

⑭董蓮池：《新金文編》，作家出版社，2011 年，第 453 ~ 455 頁。

⑭湯志彪：《三晉文字編》，作家出版社，2013 年。

⑭李學勤主編《字源》（天津古籍出版社、遼寧人民出版社，2012 年）第 80 頁“呼”字條（陳英傑撰）認為漢代以來的“呼”字在字形上直接承襲商代和西周的“乎”。似無根據。我以為漢代以來的“呼”是由戰國時代的“嘑”簡化而來，時代在西漢中後期。小篆中的“呼”是許慎自己所加，秦代的小篆似無“呼”字。李學勤《字源》不收“嘑”，實為重大遺漏。金文用作動詞的“乎”沒有傳承下來。相關的演變過程是：西周春秋金文用作虛詞的“虖”到了戰國時代，保留了金文中虛詞的用法，同時為與這個虛詞相區別，“虖”又演變為動詞的“嘑”（呼喊）。因為動詞的“嘑”在戰國北方文獻中流行，西周春秋金文中用作動詞的“乎”就失傳了。西周春秋金文中用作動詞的“乎”與先秦文獻用作虛詞的“乎”沒有任何關係。先秦古文獻用作虛詞的“乎”是從“虖”簡化而來，這種簡化的時代是秦系文字的小篆時代。

⑮見李富孫《春秋左傳異文釋》，收入《續修四庫全書》（上海古籍出版社，2002 年）第 144 冊。

⑮另參看《故訓匯纂》“乎”字第 29 ~ 32 條。

⑮陳松長編：《馬王堆簡帛文字編》，文物出版社，2001 年。

⑮駢宇騫編：《銀雀山漢簡文字編》，文物出版社，2001 年。

⑮臧克和：《漢魏六朝隋唐五代字形表》，南方日報出版社，2011 年。

⑮參看滕壬生《楚系簡帛文字編》（湖北教育出版社，2008 年）第 377 ~ 391 頁、李守奎《楚文字編》（華東師範大學出版社，2003 年）第 244 ~ 247 頁、李學勤主編《清華大學藏戰國竹簡（壹—叁）文字編》（中西書局，2014 年）第 107 ~ 109 頁的“烏”字條所排比的字形。要注意的是饒宗頤主編《上博藏戰國楚竹書字彙》（安徽大學出版社，2012 年）第 521 ~ 529 頁已經將上博簡中的“於”和“烏”分為兩個字頭，上博簡中數量眾多的“於”明顯字形簡化，而僅有的一個“烏”字則顯然比“於”形體繁複，且字形有較大差異。清華簡的《赤鵠》篇有“於”的鳥蟲書繁化字（即在“於”的左邊加“鳥”形符），這個繁化字才是楚簡中的“烏”字，同篇也有“於”字，二者絕不相混。清華簡的這個用字現象表明，在楚簡中“於”和“烏”斷無相混的可能，不能以為二者是同源字就可以隨意相通用。郭店簡

和清華簡都堅強地證明了這點。

⑯方勇：《秦簡牘文字編》，福建人民出版社，2012年。

⑰考《禮記·中庸》："於乎不顯，文王之德之純。"顯然是引用《毛詩》。則戰國時代成書的《中庸》所根據的《毛詩》版本已經是作"於乎"，則屬於《毛詩》無疑。因此，《毛詩》作"於乎"一定是春秋末戰國初就有的版本。戰國時代的楚系文字廣泛用"於乎（虖）"。

⑱考《荀子·樂論》："於乎哀哉！不得成也。"同於《毛詩》，不同於《左傳》。則《荀子》根據的《毛詩》已經是作"於乎哀哉"。必是春秋末期或戰國初期的古本。

⑲今本《君陳》參看王先謙《尚書孔傳參正（下冊）》（中華書局，2011年），以及《十三經注疏》本。孫星衍《尚書今古文注疏》，皮錫瑞《今文尚書考證》，楊筠如《尚書覈詁》（陝西人民出版社，2005年），顧頡剛、劉起釪《尚書校釋譯論》（中華書局，2010年）不收《君陳》，大概是以之為僞書。閻若璩《古文尚書疏證》（上海古籍出版社，2010年）卷二第二十七條第118～121頁與王鳴盛《尚書後案（下冊）》（北京大學出版社，2012年）第796～799頁力證《君陳》為僞書。現在根據郭店簡和上博簡的《緇衣》都引述《君陳》這個事實，可知《君陳》絕非僞書。閻若璩《古文尚書疏證》之言尤為淺薄荒唐，盛名難副其實，信可知矣。

⑩今本《尚書·君陳》也有"敬哉"一詞。

⑪《孔子家語》卷一《王言》篇略同，當是抄襲《大戴禮記》。孔子對曾子之言不見於今本《孝經》。但說不定是來自孔壁中書的古文《孝經》，所以才有楚系文字的"於乎（虖）"。孔壁中書有古文的《孝經》和《論語》。

⑫吴越之地在戰國併入楚國，此後開始流行楚文化和楚文字。

⑬不能因為《穆天子傳》最初可能是北方系統的文獻，就一定不能用春秋戰國時期的楚系文字寫成。後來《列子·周穆王》引述《穆天子傳》也作"於乎"，足見原本的《穆天子傳》就是作"於乎"，不存在傳寫之誤的問題。

⑭只是"乎"原作"虖"。《尚書·康誥》："王曰：嗚呼小子。"《尚書·蔡仲之命》："王曰：嗚呼小子，胡汝往哉？無荒棄朕命。"都作"嗚呼小子"，則此二篇必是抄寫於戰國時代，雖然其成立可能在春秋以前。其中的"嗚"古本應作"烏"，"呼"原本應作"嘑"（"嘑"為戰國用字，春秋以前作"虖"，無"口"旁）。作"嗚呼"是東漢才有的簡化形體。我們不能根據東漢以後才有的簡體俗字來判斷經典的成立年代，必須根據各本推定古本的原字形。這類似於西方歷史語言學的"重建"或"重構"（即 reconstruction）。

⑮"謼"在十三經中只見於《爾雅》的解釋用字，不用作字頭。顯然是戰國後期以來的通行用字。《說文》以"謼"與"嘑"為二字，段注"謼"字注稱"與嘑異義而通用"。

⑯上文引述的《尚書》之《君陳》的話已經引用進戰國時代在北方成書的《禮記·坊記》，則《君陳》篇當是成書於春秋，不可能晚至戰國（作為《尚書》中的文獻《君陳》絕不可能是最早用戰國時代的楚系文字寫成）。古本《洪範》與《君陳》都用"於乎（虖）"，不用"嗚呼（嘑）"，則其時代應相同。

⑰一般學者都認為孔壁中書是戰國時代的魯國文獻，從本文討論的"於乎"這個詞來看，孔壁中書的《尚書》至少是用春秋時代的文字寫成的。

⑱王國維《古史新證》（收入《王國維全集（第十一卷）》，浙江人民出版社、廣東教育出版社，2010年）第一章"總論"認為《立政》《牧誓》《梓材》為當時所作（除了明顯的僞古文外，王國維對今文《尚書》相當信任，甚至認為《堯典》《皋陶謨》《禹貢》《甘誓》都是周初所作，沒有晚於春秋的。見《王國維全集》第十一卷第242頁）。郭沫若《青銅時代》的《先秦天道觀之進展》［收入《郭沫若全集·歷史編（第一卷）》，人民出版社，1982年］也說："《周書》上的周初的幾篇文章，如《多士》，如《多方》，如《立政》，都以夏、殷相提並論。"［見《郭沫若全集·歷史編（第一卷）》第317頁］。也認為《立政》為周初文獻。陳夢家《西周銅器斷代》（中華書局，2011年）第193頁也承認《立政》成書於西周。

⑲《通典》（中華書局，2007年）中的《職官》各卷都沒有說"司寇"在歷史上為卿爵。《通典》卷二十三"職官五"的"刑部尚書"條第643頁稱："《周禮·秋官》，大司寇掌邦之三典，以佐王刑邦國，蓋其任也。"知《通典》以"大司寇"比於"刑部尚書"，而未列於三卿之數。

⑰更不可能產生於楚國，楚國的“司寇”名為“司敗”，根本不叫“司寇”。在春秋時的宋國有六卿，“司寇”列六卿之末。考《左傳・哀公二十六年》：“宋景公無子，取公孫周之子得與啓畜諸公宫（杜注：周元公孫子高也。得，昭公也；啓，得弟。畜，養也）。未有立焉。於是皇緩為右師，皇非我為大司馬，皇懷為司徒（杜注：皇懷，非我從昆弟），靈不緩為左師（杜注：不緩，子靈圍龜之後），樂茷為司城（杜注：茷，樂溷之子），樂朱鉏為大司寇（杜注：朱鉏，樂挽之子）。六卿三族降聽政。”楊伯峻《春秋左傳注》（中華書局，1990 年）第 1729 頁注稱：“宋之官序，為右師、左師、司馬、司徒、司城、司寇。”司寇雖在宋國為卿爵，但宋國司空因為避宋武公之諱而不叫“司空”，改為“司城”，而且宋國有六卿，與西周金文的三卿官制不合。因此《洪範》不會成書於宋國。齊國沒有發現明顯的“司寇”一職，考《史記・滑稽列傳》稱齊國有“執法”一職，與“御史”對舉，也許相當於列國的“司寇”。但齊國畢竟沒有“司空、司寇”這樣的職官，因此《洪範》不能成書於齊國。至於春秋時的秦國中央政府根本沒有“司空、司寇”這樣的職官名稱（戰國時的秦國地方官中有加定語的“司空”，乃微末小吏，非中央大員，斷與三卿無涉），秦國的職官體系與中原諸國有明顯的不同（另如秦國的二十爵位也是秦國特有的，如左更、右更、中更、左庶長、右庶長、少良造、大良造、大庶長之類爵名只有秦國才有）。《通典》（中華書局，2007 年，第 517 頁）卷二十“職官二”：“秦無司空，置御史大夫。”《洪範》完全不可能成書於秦國。

⑰（清）孫星衍：《尚書今古文注疏》，中華書局，2004 年，第 300 頁。

⑰另參看王先謙《尚書孔傳參正》（中華書局，2011 年）第 559 ~ 561 頁。

⑰參看《王國維全集》（浙江教育出版社、廣東教育出版社，2010 年）第八卷第 302 頁。

⑰顧頡剛、劉起釪：《尚書校釋譯論》，中華書局，2010 年。

⑰他例如《周禮》（本名《周官》）也必是春秋戰國時代的周王室的官書，非成書於列國或諸子。

⑰《文心雕龍・諸子》：“至鬻熊知道，而文王諮詢，餘文遺事，録為《鬻子》。子目肇始，莫先於兹。”

⑰《文心雕龍・諸子》：“昔風后、力牧、伊尹，鹹其流也。篇述者，蓋上古遺語，而戰代所記者也。”

⑰司馬遷《史記》是怎樣用自己的語言改編《左傳》語言的？可參看一代大儒劉申叔先生的傑出論著《司馬遷〈左傳〉義序例》（見《劉申叔遺書・左盦外集》卷三，江蘇古籍出版社，1997 年；又見《儀征劉申叔遺書（10）》，廣陵書社，2014 年，第 4150 ~ 4177 頁）。

⑰因為《史記》有很多不是西周春秋的語言。

⑱［英］李約瑟著，《中國科學技術史》翻譯小組譯：《中國科學技術史》，科學出版社，1975 年。

⑱關於劉向校書的詳細情況，參看鄧駿捷《劉向校書考論》，人民出版社，2012 年。

⑱劉向編撰《戰國策》時參考的版本沒能參考馬王堆帛書本的《戰國縱横家書》，因為此本已經埋入墳墓中了。而《戰國縱横家書》正是一部分《戰國策》的抄本。如果劉向當年看到，就是第七種版本。可見當初劉向列舉的六種版本，都分别只是一部分抄本，劉向將各種抄本綜合而成今本的《戰國策》，厥功甚偉。當代發現的郭店楚簡本的《老子》被公認為是一種摘抄本，並非古本《老子》全貌。現存的先秦古籍在當時往往是以摘抄本的形式流傳。余嘉錫先生《古書通例》已經論述過。

⑱見王夫之《尚書稗疏、尚書引義》（嶽麓書社，2011 年）。

⑱顧頡剛、劉起釪：《尚書校釋譯論》，中華書局，2010 年。

⑱這條材料很重要，因為楚系青銅器銘文的一般格式是“隹”之後往往接某“月”（作“正月”居多），而不是“年”或“祀”。參看劉彬徽等《楚系金文彙編》（湖北教育出版社，2009 年）。但此書第 392 頁著録《曾姬無卹壺》的銘文稱：“隹王二十又六年。”又用“年”字。郭沫若《兩周金文辭大系考釋》（《郭沫若全集・考古編（第八卷）》第 358 頁）以為是楚惠王 26 年。劉節《壽縣所出楚器考釋》（《古史考存》，人民出版社，1958 年）考定為楚宣王 26 年，此說為學術界認可［參看李家浩《從曾姬無卹壺銘文談楚滅曾的年代》，見《文史（第 33 輯）》，中華書局，1990 年；劉彬徽《楚系青銅器研究》，湖北教育出版社，1996 年，第 341 ~ 343 頁］。楚宣王 26 年為公元前 344 年。楚惠王 56 年為公元前 433 年。二者相距 90 年。莫非這期間楚國紀年從殷曆改用周曆？楚國紀年比較複雜，還有很多用“歲”字，且用某大事發生之歲來紀年，這種紀年是楚國特有的曆法，稱“荊曆”，與殷曆、周曆都不同。學者相關研究很

多，參看朱曉雪《包山楚簡綜述》（福建人民出版社，2013 年）第四章第一節"紀時"所綜述各家說；王勝利《試論楚國曆法的創新工作》（《江漢論壇》2007 年第 8 期）。但學者通過對《包山楚簡》的研究確認戰國中後期確實用過殷曆。關於《曾姬無卹壺銘文》的考釋，重要的文獻還有黃德寬《曾姬無卹壺銘文新釋》［見《古文字研究（第 23 輯）》，中華書局，2002 年］、房鄭《曾姬無卹壺的銘文集釋》（見《淮南師範學院學報》2014 年第 1 期）對關於《曾姬無卹壺銘文》的各家考釋作了綜述。

⑱⑥周王室的官書還有很多沒有編入《尚書》，後來被彙編成《逸周書》，此書價值巨大。

⑱⑦收入《裘錫圭學術文集 3・金文及其他古文字卷》（復旦大學出版社，2012 年）。

⑱⑧不過，在上古文獻中，"好德"還見於《毛詩》和《論語》，但不見於《左傳》。

⑱⑨收入李學勤《中國古代文明研究》（華東師範大學出版社，2005 年）。

⑲⓪只是李學勤先生此文對此銘文與《洪範》的關係強調得沒有裘錫圭先生那麼充分。關於《豳公盨》銘文考釋的資料彙編參看周寶宏《近出西周金文集釋》（天津古籍出版社，2005 年）。

⑲①都收入劉起釪《古史續辨》（中國社會科學出版社，1997 年）。

⑲②收入劉起釪《尚書研究要論》（齊魯書社，2007 年）。

⑲③參看劉起釪《古史續辨》（中國社會科學出版社，1997 年，第 200 頁）。

⑲④收入劉起釪《古史續辨》（中國社會科學出版社，1997 年）。

⑲⑤收入李學勤《簡帛佚籍與學術史》（江西教育出版社，2001 年）。

⑲⑥收入李學勤《中國古代文明研究》（華東師範大學出版社，2005 年）。

⑲⑦參看孟世凱《甲骨學辭典》（上海人民出版社，2009 年）第 263 頁"多尹"條；姚孝遂等《殷墟甲骨刻辭類纂》（中華書局，1998 年）第 353 頁"多尹"條所引甲骨文各例。

⑲⑧收入徐復觀《中國思想史論集續篇》（上海書店出版社，2005 年），又見徐復觀《中國人性論史・先秦篇》（生活・讀書・新知三聯書店，2001 年）第 451 ~ 516 頁。

⑲⑨都收入劉起釪《古史續辨》（中國社會科學出版社，1997 年）。

⑳⓪"五帝"之書稱"典"，所以《尚書》有《堯典》《舜典》。《說文》："典，五帝之書也。从冊在丌上，尊閣之也。莊都說：典，大冊也。"

⑳①收入《儀征劉申叔遺書（4）》（廣陵書社，2014 年），第 1385 ~ 1386 頁。

⑳②李學勤先生《郭店楚簡與儒家經籍》（見《中國哲學（第二十輯）》，遼寧教育出版社，1999 年，第 21 頁。後收入李學勤《重寫學術史》，河北教育出版社，2002 年）提到："孔壁在曲阜，曲阜原為魯都。魯國在公元前二五六年已被楚國吞併，因而曲阜屢有戰國晚年的楚國文物出土。孔家壁藏的竹簡書籍，很可能是用楚文字書寫的，從孔壁流傳的古文和郭店簡類似是自然的。"在 2002 年，李學勤先生又在《論孔子壁中書的文字類型》（收入《李學勤講中國文明》第六章第十一，2008 年；原發表於《齊魯文化研究》2002 年第 1 輯）指出孔壁書中的有些文字是楚系文字（尤其是晚期文獻），而不是齊魯文字（齊魯文字在孔壁書中是早期文獻）。李學勤先生舉的例子是：①郭店楚簡中"道"寫作"衍"，與《汗簡》等所引古《尚書》一致；②魏石經《尚書・多士》中"逸"字所從的"兔"字形與上博楚簡《性情論》中的"逸"所從的"兔"字形相同。因此，李學勤先生認為在公元前 256 或公元前 257 年楚國滅亡魯國後，楚系文字或楚文字寫成的經典開始流行於魯國。從而使得孔壁書中的某些晚期的文獻屬於春秋戰國的楚文字系統。我認為通過對區別特徵詞"於虖"的研究，可以進一步證實李學勤先生的意見是正確的。另外，李學勤關於"衍"字的研究還可參看李學勤《說郭店簡"道"字》（《重寫學術史》，河北教育出版社，2002 年）。

⑳③《中庸》為子思所作，遠在《孟子》之前。

⑳④參看林志強《古本〈尚書〉文字研究》（中山大學出版社，2009 年）第六章"古本《尚書》的綜合研究"第 71 頁和第 75 頁。虞萬里《上博館藏楚竹書〈緇衣〉綜合研究》（武漢大學出版社，2009 年）第八章第 374 ~ 377 頁。

⑳⑤《戰國策》之文本皆依據何建章《戰國策注釋》（中華書局，1996 年）。

⑳⑥依據王念孫《讀書雜誌》之說，"舌"為"后"之誤。

⑳参看《春秋公羊傳·文公十二年》。考《禮記·大學》引用《秦誓》，與今本《秦誓》吻合，表明今本《秦誓》確實是春秋文獻。又，春秋戰國時代的儒家學派引用《尚書》多稱篇名或《書》，而不是用《虞書》《夏書》《商書》《周書》這樣的形式。其餘各家如《左傳》《國語》《戰國策》《呂氏春秋》等引用《尚書》多稱《虞書》《夏書》《商書》《周書》。